2012 中共山西年鉴

中　共　山　西　省　委 主办
中共山西省委党史办公室　编

中央文献出版社

《中共山西年鉴》编审委员会

《中共山西年鉴》编辑委员会

2011年4月3日，中共中央政治局常委、国务院总理温家宝在兴县刘家湾村与刚放学的孩子们亲切交流。

2011年5月7日，中共中央政治局常委李长春在永济市蒲州镇西闫郭村考察调研基层公共文化体系建设情况。

2011年3月8日，中共中央政治局常委、国务院副总理李克强参加十一届全国人大四次会议山西代表团审议。

2011年6月10日，中共中央政治局常委、国务院副总理李克强在太原罗克佳华工业有限公司考察物联网技术应用情况。

2011 年8 月12日，中共中央政治局常委、中央纪委书记贺国强在昔阳县大寨村考察。

2011年9月24日，中共中央政治局委员、国务院副总理王岐山在中国重汽集团大同齿轮有限公司考察。

2011年2月14日，中共中央政治局委员、国务院副总理回良玉在临汾市尧都区吴村镇洪堡村考察。

2011年3月21日，中共中央政治局委员、国务委员刘延东在左权县宏远学校考察。

2011年3月2日，中共中央政治局委员、中央书记处书记、中央组织部部长李源潮看望出席十一届全国人大四次会议的山西代表团成员。

2011年6月9日，中共中央政治局委员、国务院副总理张德江在平朔煤业井工一矿考察。

2011 年7 月11日，中共山西省委书记、省人大常委会主任袁纯清在昔阳县红旗一条街调研县城旧城改造情况。

2011年8月27日，中共山西省委副书记、省长王君在中国(太原)煤炭交易中心参观第五届山西品牌节、2011中国山西旅游博览会展示，并检查场馆运营情况。

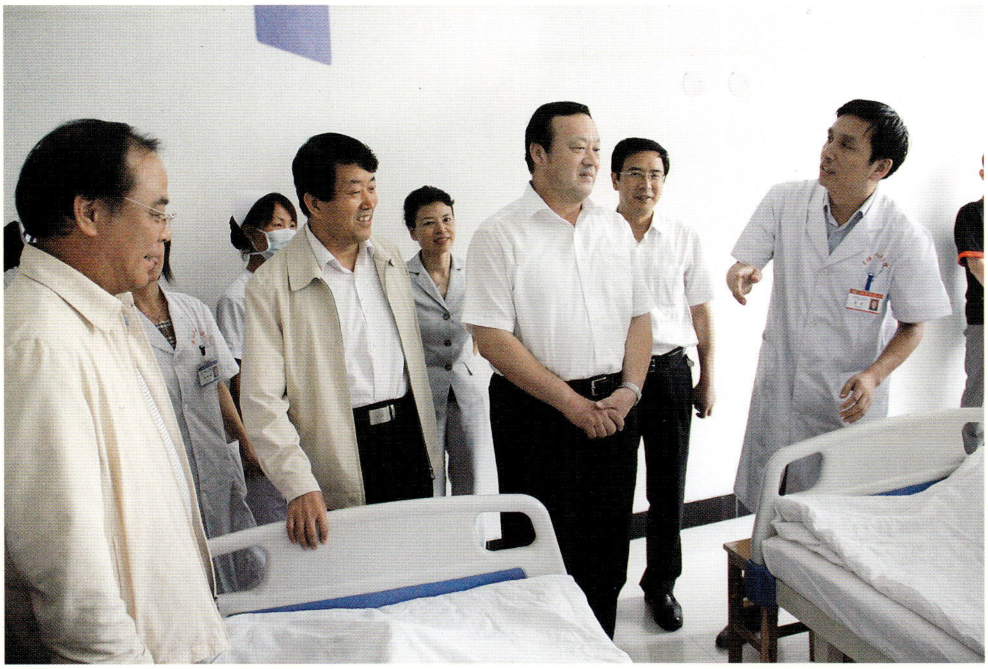

2011年8月18日，中共山西省委副书记金道铭在襄垣县人民医院调研。

2011年6月25日，中共山西省委常委、常务副省长李小鹏在太原南站及相关工程建设工地调研。

2011年5月27日，中共山西省委常委、宣传部部长胡苏平在第21届全国图书交易博览会山西展台调研。

2011年5月5日，中共山西省委常委、副省长高建民在太原市调研保障性住房建设情况。

2011 年3月8日，中共山西省委常委、组织部部长汤涛在晋城市调研。

2011年10月11日，中共山西省委常委、省纪委书记李兆前在介休市调研。

2011年2月20日，中共山西省委常委、太原市委书记陈川平在太原市大营盘集贸市场调研。

2011年9月13日，中共山西省委常委、省军区政委张少华在襄垣县人民武装部调研。

2011年11月29日，中共山西省委常委、政法委书记、省人民检察院检察长王建明在省公安厅交管局调研。

2011年2月9日，中共山西省委常委、统战部部长聂春玉在省宗教局调研。

2011年12月21日，中共山西省委常委、吕梁市委书记杜善学为吕梁市“三项整治”工作中的先进集体颁奖。

2011年6月30日，山西省纪念建党90周年暨创先争优表彰大会在太原工人文化宫隆重举行。

2011年9月26日，第六届中国中部投资贸易博览会在中国（太原）煤炭交易中心隆重开幕。

2011年10月27日至31日，中国共产党山西省第十次代表大会在太原召开。图为大会会场。

2011年11月1日，中共山西省委十届一次全体会议上选举产生的新一届省委常委。左起：杜善学、王建明、陈川平、汤涛、胡苏平、金道铭、袁纯清、王君、李小鹏、高建民、李兆前、张少华、聂春玉。

2011年11月16日，纪念徐向前元帅诞辰110周年暨徐向前元帅纪念馆揭牌仪式在五台县永安村隆重举行。

编 辑 说 明

《中共山西年鉴》是中共山西省委主办的一部大型党史工具书，按年度连续出版，全面记录中共山西省委一年来召开的重要会议、发布的重要文件、进行的重大活动、开展的重要工作，系统反映全省各部门、各市县党的建设和其他各方面工作情况，为各级领导干部了解情况、科学决策、指导工作提供有力借鉴。

《中共山西年鉴》2012版记录的时限范围是2011年1月1日至2011年12月31日。所收资料采用分类编排法，共设置11个栏目。在保留传统栏目的基础上，为庆祝中国共产党成立90周年和中共山西省第十次代表大会的召开，特别设立了“纪念中国共产党成立九十周年”和“中国共产党山西省第十次代表大会”专栏。本书资料来源主要由省委办公厅和各市县、各部门党委办公室提供，还有少部分转载自《山西日报》、《山西工作》和《前进》杂志等，“附录”部分由省市统计部门和省委组织部供稿。各部门工作概况中统计数字和领导机构名录以各部门所报资料为准。在组稿、编辑、印刷、出版过程中，得到了各有关部门的大力支持和协助，在此，表示诚挚的谢意。

由于《中共山西年鉴》2012版内容浩繁，涉及面广，编纂难度较大，加之编辑水平所限和部分单位未能按要求提供稿件，因此，所收资料错误和遗漏之处难以避免，恳请广大读者批评指正，以便在今后的编辑工作中加以改进。

目　录

中央领导关注山西

中共山西省委工作概况

重要会议

重 要 文 献

省委工作部门工作概况

省人大常委会党组工作概况

省政府党组工作概况

省政协党组工作概况

省纪委（监察厅）工作概况

省高级人民法院党组工作概况

省人民检察院党组工作概况

省政府各厅局党组（委）工作概况

省直属事业单位党组（委）工作概况

群团组织党组工作概况

省管国有企业党委工作概况

中央部属单位党组（委）工作概况

驻晋部队党委工作概况

高等院校党委工作概况

市、县（市、区）委工作概况

中共太原市委工作概况

中共大同市委工作概况

中共朔州市委工作概况

中共忻州市委工作概况

中共吕梁市委工作概况

中共晋中市委工作概况

中共阳泉市委工作概况

中共长治市委工作概况

中共晋城市委工作概况

中共临汾市委工作概况

纪念中国共产党成立九十周年

中国共产党山西省第十次代表大会

领导与专家论坛

人事变动

人　　物

大事记要

附　　录

中央领导关注山西

力争旱岁夺大熟

——回良玉在山西考察侧记

料峭的寒风，严重的旱情，都不能阻挡春天的脚步。广袤的黄土地上，汾河两畔，一个个勤劳的身影，已经忙活起来。

在这春耕生产和抗旱保苗的关键时刻，中共中央政治局委员、国务院副总理回良玉，带着党中央、国务院对山西的关心和支持，带着对抗旱一线广大干部群众的亲切慰问，亲临山西考察指导。

俯身看墒情，座谈问良计。回良玉关于保障好农业生产和春浇抗旱的一系列重要指示精神，给全省上下科学开展抗旱工作、努力夺取夏粮丰收以有力指导。一线的察访，亲切的问候，给正在加快转型跨越发展的山西人民以巨大鼓舞和鞭策。

一同莅晋的有水利部部长陈雷、农业部部长韩长赋、国务院副秘书长丁学东、国家发改委副主任杜鹰等国家部委领导。山西省委书记袁纯清、省长王君和省领导金道铭、李政文、刘维佳等陪同考察或参加座谈汇报。

（一）

沃野千畴，灌渠与田垄交汇；麦苗返青，希望在早春升腾。春天的画卷，永远是诱人的。

2月14日上午，回良玉一行乘车来到这次考察的首站——得到国家2700多万元资金支持的临汾市洪洞县农业节水工程。

这一工程，做到了“田、林、路、渠、井”五配套，既增强农业生产能力，又对新农村建设和生态建设产生深远影响，综合效益十分显著。累计1080公里的防渗渠道，使亩次灌溉用水由之前的130立方米下降到80立方米，每年可节水5400余万立方米，为农民节约浇地费用6000多万元。

不远处的大槐树镇秦壁村，一幢幢日光节能蔬菜大棚十分气派，吸引了回良玉的目光。穿过一条逼仄的通道，他饶有兴致地走进一户村民的蔬菜大棚。棚内温暖湿润，绿油油的黄瓜长势十分喜人。

村委会主任刘小平高兴地告诉回副总理，秦壁村是洪洞县节水工程的受益村，也是全县设施农业的重点村。目前，全村已建起蔬菜大棚113座，与省农科院、山西农大等进行技术合作。采用黄瓜、苦瓜套种技术后，效益明显提高。全村仅大棚种植一项，人均年收入就超过5000元。

回良玉听后十分高兴，他问：“生长期长吗？”

“这种瓜秧能一直生长。我们一般是头年10月份定秧，第二年4月下旬倒茬。”

“大棚是农民自己经营吗？”

“我们成立了专业合作社，按保护价收购黄瓜，最大限度保护农户利益。”

“一般收购价是多少？春节期间是多少？”

回良玉问得认真，刘小平答得流利……

走出大棚，一台气象监测仪格外显眼。这是农业生产的百灵鸟，应对灾害的前卫哨，作用大呀！回良玉立住脚步，对围上来的村民说：“搞设施农业，对气象的要求高啊，祝愿你们收入越来越高！”大家高兴地鼓起掌来。

（二）

2000多年前，汉朝政论家晁错，在他的《论贵粟疏》中恳切地提出，“务农桑、广畜积、实仓廪、备水旱”为国家之要。

作为农业大国和人口大国，粮食，始终牵动着每一个中国人的情愫，是我们永续发展的命脉和根基。

于是，便有了关注“三农”、关注水利的一个个中央一号文件。于是，便有了国家高层领导对基层抗旱工作的劳神和关切。

去冬以来，全省已连续100多天无有效降水，夏粮增产面临着巨大的困难和考验，牵动着全省上下。在洪洞县曲亭镇师村的麦田里，临汾市气象局观测站站长郭勤芳，正会同省气候中心专家王志伟进行麦田墒情监测分析，指导基层抗旱保墒。这样的工作,春节前就已经展开了。

回良玉健步走到两位专家面前,询问道:“墒情怎么样?”

王志伟答:“按照小麦一般根系深度,20厘米测土结果为:含水量9.8%,相对湿度40%,属于重旱。”

听了专家的回答,回良玉的神情更加凝重。

洪洞县委书记陈玉士告诉回副总理,为抗旱保浇,全县启动了所有的水利设施,并实行严格的定人、定岗、定任务和包村、包渠、包面积的“三定三包”责任制。县财政还挤出1000余万元专项资金,对各乡灌溉设施及电力、燃油、农机进行补贴。通过努力,全县水地小麦已全部冬浇,春浇正有序进行。

回良玉对在场的干部群众说:“洪洞县坚持以工补农兴水抗旱,发动群众投工投劳,路子是对的,效果也是好的。希望你们继续努力,力争大旱之年不减产。”随后,他又强调说:“什么是不减产?就是要努力实现增产。”

(三)

14日下午,回良玉一行前往临汾市尧都区吴村镇洪堡村,考察那里的小麦万亩高产示范片。元宵节就要到了,沿途的街巷里,响起了热闹喜庆的锣鼓声,欢迎着远方的客人。

心系老区,情倾农桑,不辞辛劳,这已是回良玉的第四次山西之行。山西的干部群众熟悉他、崇敬他。一张张质朴的笑脸,流露着内心的激动和喜悦。作为主管农业的副总理,回良玉为农业发展倾注了大量的心血,他熟悉泥土的味道,了解农民的心思。他对土地有着深深的爱,他对禾苗有着浓浓的情。

正在田里施肥的村民左小爱,怎么也没想到,回良玉副总理会来到她的面前,和她拉起了庄户人的话题。

“正在施的是什么肥?”

左小爱显然很紧张。稳住情绪后,她把自己知道的,一一告诉回副总理:“是县里专门配制的有机复合肥。”

“今年得到了哪些补贴?”

“有抗旱补贴,肥料补贴……好几种呢!”

“一亩麦子能收入多少钱?”

“去年每亩收入超过一千元。”

回良玉高兴地点点头。看到麦田采用了秸秆还田技术,回良玉对在场的干部群众说:“这很好,增加肥力,变废为宝。”

回良玉离开后,一些村民围住了左小爱,她满怀喜悦地告诉大家,和她说话的,是北京来的大干部,还有不少省领导呢!

(四)

14日晚,回良玉副总理主持召开汇报座谈会,研究解决当前抗旱春浇面临的困难和问题。小麦专家孙美荣、董方红作旱情分析后,省委书记袁纯清、省长王君汇报了山西经济社会发展总体情况和全省抗旱工作。

回良玉对山西认真贯彻落实党中央、国务院决策部署,全力抗旱保夏粮的各项举措给予充分肯定,向奋战在抗旱一线的干部群众表示亲切慰问。他指出,当前,全国正面临几十年一遇的严重旱情,加之全国干旱地区与小麦主产区相互重叠,干旱发生的时间与国际粮价上涨的时段相互重合,干旱带来的影响与当前经济社会发展的主要矛盾又相互交错,形势严峻,影响重大,必须引起高度重视。旱灾给粮食生产带来困难,给农产品价格带来影响,物价控制的难度相应加大,如果处理不好就会影响经济发展、群众生活和社会稳定。所以,在当前特殊的季节、特殊的经济形势下、特殊的国际环境中,必须把抗旱工作作为重中之重,千方百计地加大抗旱力度,加大粮食生产力度,确保夏粮有个好收成。

回良玉指出,山西抗旱工作部署有力,扎实推进,已经取得了阶段性成效。具体来说,一是领导亲自过问,一线指挥。二是抗旱工作启动早,应对及时。三是强化了资金和物资投入,支持有力。省市县都安排资金对泵站、机井等进行补贴,还降低了农业灌溉的电价水价,是很大的举措。四是加强了对基层的指导服务。五是广泛动员群众参与,使各项政策变成群众的自觉行动。

回良玉强调,做好当前抗旱工作制约很多,困难较大,确实需要付出更多的努力。近期山西部分地区出现降水,但还不足以从根本上缓解旱情,综合考虑气象等因素,一定要把旱情看得更严重一些。山西最大的优势在煤炭,最大的劣势在水。无论是生产生活,还是经济社会发展,无论是当前还是长远,对水利工作丝毫不能放松。一定要有清醒的认识,牢固树立抗大旱、抗长旱、抗多种灾害的思想,高度关注旱情发展,克服麻痹侥幸心理。当前,要把抗旱春浇和农业生产摆上各级党委、政府的重要工作日程,建立责任制,加强督促检查。要投入更加充足的资金和人力、物力,进一步完善政策措施,确保抗旱工作到位有效。要强化科技支撑,进行科学的技术指导,水利、农业、气象、财政等各方面要形成合力。要完善应急预案,加强水资源统一管理调度,尽最大可能减少干旱损失,同时还要统筹安排好城乡居民生活、生产和生态用水。

回良玉要求,面对当前“三农”工作的繁重任务,要切实做到统筹安排。要把发展县域经济作为抓手,推动经济社会发展,实现强省富民。要在推进工业化、城镇化的同时,同步推进农业现代化,加快城乡统筹发展步伐。要加强农田水利建设,搞好农资供应和“菜篮子”建设,力争全省蔬菜实现自给,这对于促进农民增收、调整产业结构、维护城市稳定、保持物价平稳,都具有重要意义。

回良玉高度评价了近年来山西经济社会发展所取得的成绩,指出山西在经济转型、结构调整、发展方式转变方面下了很大的功夫,取得了明显的成效,充分肯定了山西为国家改革开放和现代化所作出的重大贡献。他指出,山西有一个很好的领导集体,“十二五”规划思路很好,干部群众精神状态很好,目前发展势头很好、基础很好、环境很好、氛围很好,机遇难得。希望山西认真贯彻落实中央各项决策部署,在省委领导下,按照省委、省政府提出的转型发展、跨越发展的战略部署,珍惜大好局面,紧紧把握机遇,成功应对挑战,走出一条工业化、城镇化与农业现代化三化同步推进的新路子,走出一条转型发展、跨越发展的新路子,走出一条富民强省的新路子,实现“十二五”的良好开局。

袁纯清在表态发言中指出，回良玉副总理的讲话充满感情，语重心长，对我们既是鼓励，又是鞭策。我们要认真贯彻落实党中央、国务院决策部署和回良玉副总理讲话精神，认识再提高、力度再加大、工作再落实，进一步做好抗旱工作，通过扎实有效的努力，确保山西今年的粮食有一个好收成。我们有信心、有决心在党中央、国务院的领导下，努力把山西的事情办好，加快推动山西转型跨越发展。

（贺 锴）

殷殷问民生 声声总关情

——李克强参加山西代表团审议《报告》侧记

“煤炭资源整合后，下井工人的安全情况怎么样？下井人数减少了多少？”

“山西的旱情缓解了吗？”

“棚户区改造进展如何？”

3月8日上午，中共中央政治局常委、国务院副总理李克强参加山西代表团审议，他边听边问，对安全生产、“三农”、保障性住房等民生问题非常关心，对山西这个资源大省如何转型跨越发展尤为关注，对山西“十一五”时期经济社会发展给予充分肯定，希望山西以提高资源循环利用水平为着力点，加快推进资源型经济转型升级，加强保障和改善民生工作，加大保障房建设和棚户区改造等重大民生工程实施力度，使经济得发展、环境得改善、群众得实惠。

“山西的经济实力、发展水平、人民生活水平又上了一个大台阶”

人民大会堂一楼东大厅，华灯璀璨，鲜花竞放。

上午9时，主持会议的山西代表团团长袁纯清说，今天我们举行全团会议，审议计划报告和预算报告，结合审议政府工作报告。中共中央政治局常委、国务院副总理李克强同志参加我团的审议，体现了党中央、国务院对山西的关心，让我们以热烈的掌声表示欢迎。

袁纯清首先发言。他围绕政府工作报告、“十二五”规划纲要草案、计划报告和预算报告作了发言，并汇报了山西经济社会发展成就和转型跨越发展、再造一个新山西的思路。他说，政府工作报告和纲要草案描绘了未来五年我国经济社会发展的宏伟蓝图，体现了战略性、前瞻性和指导性的有机统一。特别是将山西综合能源基地包括晋北晋中晋东煤炭基地、太原城市群、太原城市轨道交通、汾渭平原小麦玉米主产区、山西资源型经济转型综合配套改革试验区列为“十二五”发展重点，作为国家直接支持的项目，对煤制液体燃料、煤层气开发利用、煤矸石综合利用等作出部署，为山西转型发展指明了导向和路径。“十二五”时期，是实现我省经济社会转型跨越发展的关键时期，我们要以建设转型综改试验区为统揽，以工业新型化、农业现代化、市域城镇化、城乡生态化为战略重点，以循环经济为基本路径，以不断提高群众生活质量为落脚点，下工夫做好三篇文章：一是做好转型的文章，就是以转变经济发展方式为主线，走出资源型地区科学发展的路子；二是做好跨越的文章，就是努力缩小与全国平均水平和兄弟省区市的差距，努力争先进位；三是做好创新社会管理和着力改善民生的文章，提高社会和谐度和人民群众的幸福指数。

代表团副团长王君在发言中高度评价了政府工作报告，对“十二五”规划纲要草案和计划报告、预算报告表示赞同。他简要介绍了山西省“十一五”期间特别是应对国际金融危机两年来经济社会发展情况，分析了“十二五”期间我省经济社会发展的形势和任务，他说，“十二五”期间特别是今年，我们要在六个方面下工夫：在保持经济平稳较快发展上下工夫，统筹发挥投资、消费和出口“三驾马车”的作用，努力促进经济再上新台阶。在加快调整经济结构和转变经济发展方式上下工夫，大力推进工业新型化、农业现代化、市域城镇化和城乡生态化，不断提高经济发展的质量和效益。在加快发展社会事业和改善民生上下工夫，重点解决基本民生问题，加快实施重大民生工程。在深化改革开放上下工夫，既要完成好国家下达的各项改革任务，又要抓住转型综改试验区建设的机遇，在重点领域和关键环节有所突破，进一步扩大开放，增强经济社会发展的动力和活力。在强化科技、人才支撑上下工夫，要贯彻落实好国家和我省科技、教育、人才中长期发展规划纲要，大力实施科教兴省战略和人才强省战略。在加强和创新社会管理上下工夫，为经济社会发展创造更加良好的环境和条件。

李克强认真听取大家的发言，不时插话询问。当王君谈到煤矿安全时，李克强关切地询问：“现在煤矿百万吨死亡率是多少？”

听到山西通过煤矿资源整合，煤矿安全生产能力大幅提升，煤炭生产百万吨死亡率由2005年的0.905下降到0.188，仅为全国平均水平的1/4时。李克强连说：“不容易，要加大对矿工生命安全的保护力度。”

李克强询问：“现在棚户区改造进展怎么样？村级卫生所建设进展如何？旱情是否得到缓解？”王君一一作答。

郭凤莲在介绍大寨新农村建设时，李克强问：“大寨的农产品加工怎么样？”

郭凤莲说：“仅核桃露一项年收入就达到2.8亿元。”

李克强叮咛：“发展食品加工业，前提是安全。”

郭凤莲说：“克强副总理说得对，大寨不仅是山西的大寨，也是中国的大寨，请克强副总理放心，我们一定把大寨的事情做好，也请您有机会到大寨看看。如今的大寨是看山山绿，看水水清。”

民营企业家、山西潞宝新能源集团总裁韩长安致富思源，回报社会，每年拿出企业利润的10%做慈善事业，尤其是两次主动接回汶川、玉树地震灾区2000多名学生，在他的长安慈善学校免费食宿和就读。李克强听了大为赞赏,关心地问:"现在还有多少孩子就读?"

韩长安回答说:"1127个。"

李克强称赞:"这体现了山西人民乐善好施的优良品格,我们对你和乡亲们大爱无疆的精神表示钦佩,祝孩子们健康成长、全面发展!"

吴永平、董洪运、李晓波等代表也先后作了发言。

听了大家的发言后,李克强说,很高兴来山西团和全团代表一起审议政府工作报告。今天不仅和大家一起共商国是,也共议山西发展的大计。我听了7位代表发言,总的感觉是,"十一五"以来,山西的经济实力、发展水平、人民生活水平又上了一个大的台阶。而且,我也从中感受到山西人民顽强拼搏的精神状态以及乐善好施的优良品格。山西是中华民族的发祥地之一,是革命老区,也是我国重要的能源基地,省委、省政府根据中央的精神,从山西的实际出发,来谋划"十二五"发展的新思路新举措,我听了几位代表的发言,大家心往一处想,劲往一处使,考虑如何推进资源型经济的转型,在再造新山西的过程中,特别注重在"新"字上做文章,山西"十二五"乃至更长时间发展的前景十分广阔。

就山西经济社会发展,李克强讲了几点建议。

"在中部崛起中实现山西又好又快发展"

李克强说,我国经济社会发展取得了巨大的成绩,站在了新的起点上,但同时又面临着不全面、不协调、不可持续的突出问题。要解决这些问题,一个重要的举措就是促进区域经济协调发展,实现我国经济社会全面发展。中部崛起是党中央、国务院统筹区域协调发展作出的重大举措。随着我国经济发展迈上新台阶,我国经济由东向西梯度推进的势头会越来越明显。山西和其他中部地区都是可以起到承东启西、连南贯北的作用,促进中部地区崛起,本身就是加快转变经济发展方式的一个重要举措,所以说,加快转变经济发展方式对山西来说,机遇大于挑战。

中央在确定实现中部崛起的战略当中,对中部地区的产业发展有明确定位,即"三个基地、一个枢纽"。"三个基地"分别是:粮食基地、能源原材料基地、高新技术和现代装备制造业基地;"一个枢纽"是综合交通枢纽。这"三个基地、一个枢纽"山西都有份,都有一定的潜力,在某些方面还有独特的能力,那就是山西是我国十分重要的能源基地。

我国能源是煤炭为主的结构,煤和油有着联动的关系,山西在保障国家能源方面发挥了独特的、不可替代的作用。当然,希望山西合理开发各类资源,即使在应对国际金融危机冲击最困难的时候,山西也还是把保增长和调结构统筹进行考虑。这段时间以来,山西不断推进煤炭资源整合,发展清洁煤技术等等,对全国来说,有利于缓解全国能源资源制约,对山西来说,也是增强发展的动力。山西作为中部地区,还处在工业城镇化、农业现代化发展的进程中,山西太原城市群列入国家"十二五"规划纲要草案,要统筹进行推进。

"加快资源型地区的经济转型升级"

李克强说,山西作为国家转型综改试验区为主要载体来加快推进,应该说,这是一个很好的平台,希望山西抓住自身优势,在经济结构上下更多工夫,在体制创新上先行先试,来推动经济转型、结构调整,突出加快转变经济发展方式这条主线,可以走出一条新的路子。我们要实现中部崛起,要在新的起点上去实现,创新理念、思路,创新发展模式。

刚才几位同志发言中都突出强调了循环经济,我很赞同。资源型经济要转型升级,循环经济可以说是个重要的抓手。刚才纯清和王君同志都提出希望国家有关部门对转型综改试验区给予相应的政策支持,我觉得在发展循环经济方面可以给山西更多的倾斜,这是一个很重要的抓手,也符合在绿色发展中走出新路子的要求。

在推进城市化中,可以加快服务业的发展,提升服务业在国民经济结构中的比重,这本身也是绿色发展。在推进资源转型过程中,要推进节能环保,发展循环经济。调整整体结构要依靠改革开放。山西作为内陆省份,在改革开放中要迈出更大的步伐。

推进城镇化、发展服务业还要依靠发展各类所有制经济,包括大力发展引导扶持民营经济。

"发展的成果要更好地体现在保障改善民生上"

李克强非常关注民生,他说,"十二五"规划纲要草案提出,努力实现居民收入增长和经济发展同步,劳动报酬增长和劳动生产率提高同步,使发展成果更好地、更多地体现在改善人民生活水平上,这是我们发展的目的。要扩大内需,刺激居民消费,提高居民收入也是必然的选择。要依靠扩大内需走内生增长之路,这些都需要我们结合当地实际,进一步围绕群众基本需求来实施好重大民生工程。

民生工程是民心工程,这是我们党的执政基础。民生工程的实施,不仅有利于保障和改善民生,也有利于经济发展方式的转变,山西在这方面做了很多事,也积累了一些经验,希望创造更多、更新的经验,取得更大的成果。

山西面临着新的更大的发展机遇,在我国经济由东向西梯度推进过程中,山西有优势、有特色。在我国经济发展不可持续问题的解决上,山西可以发挥独特的作用。在推进科学发展,使转变经济发展方式贯穿到经济社会发展的各个领域当中,山西已经有了探索,有了新的谋划,全省上下正在形成新的共识,相信会走出一条中部崛起的路子,在新的起点上实现又好又快发展。

李克强说,会上,代表们就山西发展乃至全局有关方面提出的问题,请在座的国务院部委同志带回去进行梳理,认真研究,统筹考虑,积极支持。

袁纯清最后说,李克强副总理对我省工作给予充分肯定,对山西今后发展作了重要指示,寄予殷切期望,这既是一种激励,也是一种鞭策,有很强的针对性和指导性。我们要认真贯彻落实李克强副总理的指示精神,进一步把山西的工作做好。一要坚定一个信念,就是树立转型跨越发展、再造一个新山西的坚定信念,在"新"字上做文章。二要抓住一条主线,就是按照科学发展观要求,以循环经济为基本路径,加快山西经济发展方式转变。三要发扬一种精神,就是只争朝夕,立说立行,狠抓落实,把宏伟蓝图变成美好现实。四要实现一个目标,就是努力建设绿色、平安、富裕、文明的现代新山西。请党中央、国务院放心,我们一定会加倍努力工作,团结带领全省人民在新的起点上进一步开创发展新局面,把山西的事情办得更好,让全省人民享有更加美好的生活。

代表团副团长申联彬、李小鹏、胡苏平、杜玉林、杨安和参加审议。国土资源部部长徐绍史、国务院副秘书长尤权、国家发改委副主任解振华、国家能源局局长刘铁男、科技部副部长张来武、国务院研究室副主任宁吉喆以及全国人大、发改委、财政部等有关部门的同志到会听取意见建议。

(孟银凤　尚慧辉　左燕东)

建好校舍安全工程 推动教育科学发展

——刘延东在山西考察调研侧记

早春时节,三晋大地处处展现出生机与活力。

3月20日至22日,中共中央政治局委员、国务委员刘延东一行,深入太原、晋中、忻州等地考察调研,全面了解山西校舍安全工程建设、教育教学质量提升和文化旅游产业发展等方面的情况,亲切看望广大基层教职员工和省城部分晋剧艺术家,广泛听取干部群众的意见和建议。她充分肯定了近年来山西经济社会发展取得的成绩,特别是推进中小学校舍安全工程建设中所取得的成绩。刘延东指出,当前党和国家把教育置于优先发展的战略地位,对教育的投入逐年加大,各级政府和相关部门要认真贯彻落实中央决策部署,按照全国教育工作会议精神和《国家中长期教育改革和发展规划纲要》要求,锐意进取,扎实工作,推动教育事业科学发展,为广大人民群众提供更加丰富、更加公平、更高质量的教育。

一路上,句句叮嘱,次次询问,体现出党中央、国务院对山西教育事业的高度重视和深切关怀。这是对全省广大干部群众的极大激励和鼓舞。

发扬革命老区优良传统,建设家乡美好明天

3月21日,群山连绵的太行山深处迎来了远方的客人。经过近3个小时的车程,刘延东一行来到了左权县麻田八路军总部纪念馆。

麻田八路军总部纪念馆是全国100个红色旅游经典景区之一,也是全国爱国主义教育基地。在参观了八路军总部办公室、邓小平旧居等革命遗址后,当地开花调艺术团用歌舞剧《再见了,麻田》生动地再现了老一辈无产阶级革命家与麻田人民的鱼水深情。刘延东指出,今年是中国共产党建党90周年。70多年前,老一辈无产阶级革命家领导开辟了华北抗日根据地,太行儿女和八路军将士在党的领导下浴血奋战,为民族的独立与解放作出了巨大贡献。这段历史,党和人民永远会铭记。今天,我们欣喜地看到,老区人民的生活水平得到了很大提高。希望广大干部群众继续发扬革命传统,在以胡锦涛同志为总书记的党中央领导下,继往开来,开拓创新,努力建设更加美好的未来。

登车离开时,麻田村的老乡自发地拿着当地盛产的核桃和亲手缝制的鞋垫,要送给北京来的客人。一张张质朴的笑脸,流露着内心的感激和喜悦。刘延东动情地对周围群众说:“太行山区是一块英雄的土地,左权是闻名全国的革命老区,大家要发扬老一辈无产阶级革命家的优良传统,大力发展地方经济,提升红色旅游产业,把家乡建得更好。要进一步加大宣传力度,让更多的青少年了解党的历史,了解抗战历史,激发爱国主义感情,把先辈们开创的事业一代代传下去!”话音刚落,现场响起了热烈的掌声。

心系老区,牵念教育。

太行山脚下的麻田中学,是左权县规模最大的一所乡镇初中。近年来,麻田中学以“建和谐校园,创一流学校”为目标,教育教学工作取得了长足发展,成为省基础教育教学研究实验学校。刘延东来到麻田中学,看望了正在上课的师生们。在142班教室,刘延东和孩子们亲切交流。

“离家远么?多长时间回趟家?”

“不远。一周回去一次。”

“平时想家么?”

“想,但是习惯了。”

“将来想做什么?”

“想当企业家。”

听了刘森亮同学的回答,刘延东十分欣慰:“很有抱负啊,只要好好学习,你的理想一定会实现。”她满含希望地说:“同学们作为老区英雄儿女的后代,一定要珍惜青春年华,努力掌握知识和本领,将来成为国家的建设者和接班人,把家乡建设好,把祖国建设好。大家有没有决心?”“有——”略显稚气但嘹亮的回答声回荡在教室里。

随后,刘延东又来到左权县宏远学校。宏远学校是左权县教育布局调整中兴建的一所寄宿制学校,重点服务对象是全县边远农村的适龄儿童和青少年。该校在课堂教学中形成的“合作学习、自由探究”的教学模式,为孩子们展示自我提供了空间。在一个农村基层学校,看到灵活的教学方式和师生互动的课堂气氛,刘延东很高兴:“左权的未来、山西的未来、国家的未来都要靠大家的双手创造。同学们一定要努力学习,锻炼身体,传递好手中的接力棒。”一路上,刘延东叮咛随行的省、市、县相关负责人,要高度重视推进城乡教育一体化发展,在实现教育公平上不断探索新路,同时鼓励广大教师大力开展教育改革创新,提高教育教学质量,让农村特别是老区孩子也能享受到良好教育。

大力推进校舍安全工程,把学校建成师生最安全的场所

3月22日,全国中小学校舍安全工程现场会在山西省太原市召开。上午,刘延东一行先后深入太原、忻州等地的学校对我省校舍安全工程进行了实地考察。

2008年底，山西省委、省政府汲取汶川地震教训，在全国率先启动中小学校舍安全改造工程。2009年国务院决定用3年时间在全国实施中小学校舍安全工程后，省委、省政府结合我省实际，提出了3年任务2年完成的目标。经过全省上下的共同努力，截至2010年底，累计完成投资170亿元，建设改造项目学校9729所，面积2224.5万平方米，全面完成了我省中小学校舍安全改造工程任务，提前1年让师生用上了安全坚固的新校舍。

在太原市第四实验中学、阳曲一中、阳曲大盂中学等3个不同类型的新改扩建学校，刘延东看到教学楼宽敞明亮，学生餐厅干净整洁，宿舍区、晨读区布局科学、环境宜人，操场上各种活动设施齐备，跑道上铺设着塑胶或彩色沥青，感到非常欣慰。她指出，党中央、国务院十分重视教育改革发展，胡锦涛总书记、温家宝总理在不同场合多次强调，要全面贯彻党的教育方针，办好人民满意的教育，明确要求要把中小学校舍安全工程作为教育工作的重要内容。她说："校舍安全工程既是一项民生工程，又是一项民心工程，体现了党和政府以人为本、执政为民的执政理念，是在教育工作中落实科学发展观的重要举措，各级各部门一定要很好地落实。"同时特别嘱咐，既要确保校舍安全达标，又要避免超标浪费和简单大拆大建。要建立常态管理机制，真正把中小学校舍安全工程建成中央放心、群众安心、确保师生安全的优质工程。

刘延东非常关注寄宿制学生的生活问题。每到一所学校，都要详细询问学生的食宿和费用情况。

"每天吃饭要花多少钱？"

"大概9元。"

"学生宿舍有晾晒衣服的地方么？"

"阳台可以晾晒。"

"有洗澡的地方么？"

"建有集体澡堂。"

刘延东听后十分高兴。

参观阳曲一中时，正值该校进行消防安全演练：图书馆发生了火灾，现场浓烟滚滚，学校立即启动了应急预案，师生们在消防队员的疏导下，迅速向安全地带有序撤离。刘延东称赞阳曲一中做得非常好。她说，中小学校舍安全工程不仅要使学校校舍达到国家规定的抗震设防标准，而且还要提高综合防灾能力。有了安全的学校，还要全面开展防灾安全知识教育，经常组织防灾演练，增强学生自我保护意识，提高师生的应急避险能力。

忻州市的田家炳中学在校舍加固过程中采用了先进的隔震加固施工技术。这项技术通过在建筑物的基础部分和上部结构之间设置橡胶隔震支柱，把地下和地上建筑隔离开来形成隔震层。地震时，可利用隔震层阻止地震力向上部结构传递，降低建筑物上部结构的地震反应。当听到现场专家介绍说，这项技术具有施工范围小，高空作业少，工程造价低，还可以边施工边教学的优点，而且通过这项技术加固的校舍可以达到9度的抗震设防标准时，刘延东不住地点头赞许。她饶有兴致地询问了隔震加固技术的造价等问题，并要求教育部在全国推广这项技术，同时要组织专家开展深入研究，把更多抗震、隔震、减震的新技术用于中小学校舍加固改造中。

考察中，刘延东对教育工作也提出了许多要求。她说："随着国家对教育投入的不断加大，不少学校的硬件设施上去了，下一步重点是要提高教育教学质量，促进学生德智体美全面发展。"她强调，要注意培养高素质的教师队伍，不断创新课程体系、教学内容、教学方法，努力提高教育教学质量。在每一所学校，刘延东都特别叮嘱学校负责人，要按照育人为本、以德为先、全面发展的目标，高度重视孩子的知识、能力，特别是个性、品德的养成，培养全面发展的社会主义建设者和接班人。

增强文化软实力，为转型跨越发展提供强大支撑

近年来，山西文化事业和文化产业的发展取得了显著成绩。在晋考察期间，刘延东还视察了山西博物院，看望慰问了省城部分晋剧艺术家。

山西博物院是我省最大的文物收藏、保护、研究和展示中心，也是目前国内屈指可数的大型现代化、综合性博物馆之一，荟萃了全省珍贵藏品约20万件。在省博物院，刘延东一边兴致勃勃地参观展厅，一边向负责人询问博物院的文物馆藏、陈列管理、文物修复等情况。刘延东强调，山西作为文物大省，在博物馆建设方面要进一步创新机制，借鉴国内外博物馆的先进经验和技术手段，更好地为广大人民群众提供服务。同时注意培养文物保护、修复等方面的专业人才，不断提高山西博物院科学管理水平。

晋剧艺术是我国优秀传统戏曲艺术的重要部分。21日晚，刘延东同志不顾一天长途颠簸的辛劳，欣然来到山西省晋剧院看望慰问文艺工作者。她首先和武凌云、胡嫦娥、谢涛等6位中国戏剧"梅花奖"获得者亲切交谈。她说：作为表演艺术家，过去你们为晋剧的繁荣发展作出了很大贡献，现在又肩负着推动社会主义文化大发展大繁荣的重要使命，希望你们认真贯彻党的十七大和十七届五中全会精神，努力工作，积极创新，创作更多更好的舞台艺术精品，为人民群众提供更加丰富的精神食粮，让晋剧这枝"花"在戏曲百花园中绽放出更加绚丽的光彩。山西省晋剧院的艺术家们纷纷表示，一定会继续努力，为广大人民群众提供更好的文化服务。

刘延东对山西的考察把党中央、国务院对山西人民的深切关怀和殷切希望留在了春意渐浓的三晋大地上，必将激励和鼓舞全省广大干部群众在转型跨越发展的道路上奋勇前进。

（程国媛）

闻问皆民生　俯仰总关情

——温家宝在山西考察侧记

四月春暖，禾木竞绿；三晋大地，生机勃发。

4月2日至4日，在全国“两会”闭幕不久，“幸福中国”的宏伟蓝图鼓舞人心，全省上下奋力转型跨越、努力实现“十二五”良好开局的重要时刻，中共中央政治局常委、国务院总理温家宝踏上三晋大地，走进吕梁山区，在省委书记袁纯清、省长王君的陪同下，对三个国家扶贫开发工作重点县——岚县、兴县、临县进行了深入考察。这也是他18年来，十到山西、三上吕梁。

国家发改委主任张平，财政部部长谢旭人，水利部部长陈雷，农业部部长韩长赋，国研室主任谢伏瞻，国务院副秘书长、总理办公室主任丘小雄，国务院副秘书长项兆伦，国研室副主任田学斌，国务院扶贫办主任范小建等随同考察。

深情的目光投向吕梁山区，深切的关怀送到群众心中。刚刚下过一场春雨，空气清爽，春意更浓，田间地头已有不少人在为春耕生产忙碌。温家宝走进田间地头、温室大棚、水库枣林、农业科研基地、农业合作社、卫生院、学校、集贸市场和农家院落，重点了解农业水利灌溉、人畜饮水、春耕备耕、扶贫开发、新农合推广、新农保试点、义务教育等情况，深情询问百姓的日常生活，与基层干部群众亲切交谈，一起干农活、拉家常……

闻问皆民生，俯仰总关情。欢呼的人群，喜悦的笑脸，激动的声音。记者跟随采访，见证了这动人的场面，难忘的一字字、一句句、一幕幕……

水库要确保安全，提高灌溉效益——全力抓好春耕春播工作

水利是生命之源、生产之要、生态之基。2日下午，温家宝来到此行考察的第一站——岚县岚城水库。该水库属黄河流域汾河水系，位于岚县县城北20公里的岚城镇石咀头村，控制流域面积73平方公里，总库容645万立方米，是一座防洪、灌溉综合利用小型水库。水库于1972年建成，去年底完成除险加固建设，设计灌溉面积1.2万亩。在大坝上，温家宝凭栏远眺，详细询问，当听说这个项目深得民心，实施后已经让群众受益时，当即给予肯定。他说，水库有两个目标，一是确保安全，二是提高灌溉效益。项目资金一定要使用好，特别是贫困县，筹点钱不容易，更要把有限的钱花好，让它真正发挥作用。温家宝接着来到水库管理站，看望管理人员，了解他们的工作和生活状况，建议他们在管护好水库的同时，可以养点鱼、搞点副业，增加点收入。温家宝特别叮咛管理人员要抓好两件事，一是制度，二是责任，要把制度制定好，把责任落实好，这样才能把水库管好、用好。

岚城水库使其下游2乡2镇直接受益，包括岚城镇万亩灌溉区示范田。在岚城镇万亩灌溉区示范田，温家宝一下车便径直走进田间，一边察看已经返青的小葱，一边与正在地里干活的乡亲们亲切交谈。

“人均几亩地？”

“2亩半。”

“准备种什么？”

“大棚菜。主要是大葱、豆角。”

“一亩挣多少钱？建大棚是不是得贷款？能贷到吗？”

“去年挣了七八千元。建大棚县里扶持，可以贷款。”

“还种粮吗？”

“能浇上水，主要还是种菜。”

“你们现在已经开始送粪备耕了？”

“是。这是羊粪、鸡粪，是有机肥，得一锹锹撒开。”

“那咱们一起干。”

说话间，温家宝拿起一把铁锹，走向就近的一个粪堆，将一锹锹农家肥撒向空地……

今年39岁的范乃花激动地说，我这是第二次见到温总理，1993年农历五月，温总理去了我娘家的岚城镇南关村，还和我们全家合了影，今天又在我婆家的岚城镇北关村见到总理，我要把这个好消息告诉所有的人。温总理记忆出奇得好，马上脱口而出：“上次是阳历7月2日。”范乃花说，我就是那年出嫁的，这些年农村变化大了，都是党的政策好，都是总理您领导得好。一席话说得大伙都笑了。

小土豆、大产业，高科技、能致富——山西农业要做好“特色”文章

温家宝十分重视科技兴农，此行只调研了一个企业，就是康农薯业有限公司。

得益于水土气候等自然条件，岚县土豆好是出了名的。围绕“三晋种薯第一县”目标，该县建成了康农薯业有限公司马铃薯脱毒种薯基地。

2日下午，温家宝来到该公司，面对展台上摆放的基地育出的脱毒薯苗、育成的几种马铃薯一级种，表现出了浓厚的兴趣。他仔细听取有关原种引进、培育工艺的介绍，并关切地询问基地的种植经营情况。他还兴致勃勃地参观化验室、温室大棚，查看育苗情况，了解种植土壤结构、种苗培育周期，并亲手为脱毒苗浇水。当听说在基地带动下，去年全县种植马铃薯15万亩，每亩纯收入5000多元时，温家宝高兴地说：“小土豆、大产业，高科技、能致富。”

袁纯清说：“山西正在全面推进‘一村一品’、‘一县一业’，加快农业产业化步伐，把农民带上致富的路子！”

兴县高家村镇张家湾村，滔滔黄河岸边，2000亩枣林绵延2.5公里。3日上午，温家宝来到正在为枣树剪枝的农民中间，调研种枣致富的现状和前景。

他称赞说山西农业是特色农业，既有特色干果、也有特色杂粮，许多农产品都有很好的品质，要大力发展特色农业，引导农民沿着这条致富路子闯出一片新天地。说话间，他还从枣农手中接过剪刀，在枣农的指导下，饶有兴致地为几棵枣树剪枝。

临县是我省最大的国家扶贫开发工作重点县。3日下午，温家宝来到该县城庄村，走进村民吕志斌种植的温室蔬菜大棚，了解品种、技术、产量、销路和收入等情况，称赞当地政府支持建设温室蔬菜园区是给农民办了一件大好事。紧接着，温家宝来到城庄镇万亩玉米高产创建示范片，一进田间，便急切地抓起一把深土察看墒情，并关切地询问地膜、种子的价格和供应，以及亩产等情况。去冬我省大面积干旱，2月下旬出现一次大范围降水过程，使旱情明显缓解。温家宝说："农民好了，国家才能好。农业稳了，国家才能稳。"农民张云庆说："以前是电视上看到总理，今天我们好激动，总理就在我们面前！"总理一听，高兴地主动提议与大家合影留念。

从小立大志，长大干大事——注重教育、培养人才是希望所在

温家宝十分关心吕梁山区的教育事业。18年前，他在临县白家坪村看到4个年级的孩子共用一个昏暗的窑洞上课，就一直惦记在心。这次当地干部专门带来了白家坪村新学校的照片，温家宝看了十分高兴。在岚县北关村和兴县张家湾村，听说两个村庄都培养了上百名大中专学生，还出了几名博士、研究生，温家宝欣慰地说，这才是吕梁山区的希望所在。

晋绥中学是位于原晋绥抗日根据地蔡家崖的一所农村寄宿制初级中学。3日上午，正值清明假期，温家宝来到这里，和孩子们一起上了一堂别开生面的"缅怀晋绥先烈、弘扬晋绥精神"主题活动课。他和孩子们坐在一起听老师讲课，并听了孩子们讲的晋绥英烈故事。他说，你们生活的这块土地是英雄的土地，我们纪念晋绥先烈，就应该向他们学习 爱父母、爱家乡、爱人民。我听说你们多数是留守儿童，所以你们是应该得到更多关照的小朋友。你们的爸爸妈妈外出打工创收，这对改善全家的生活乃至农村的面貌是很重要的，但是也带来一些困难，特别是你们小小年纪就和父母不在一起生活，得到父母的关爱较少。党和政府有责任给予你们更多的关心和呵护，有责任让你们感到学校像家一般温暖，老师像亲人一样的好。他还说，家境比较困难的孩子，往往成长成熟得更快一些，希望你们自尊、自爱、自信、自立、自强，从小立大志，长大干大事，成为国家栋梁之才。为了鼓励孩子们发言，总理又引导同学们对他的讲话做一回应，让孩子们对他的讲话作个"评价"。一个孩子腼腆而激动地说，我要记住爷爷的话，好好学习。总理称赞地向他点点头……最后，在《歌唱祖国》的歌声中，这堂令孩子们终生难忘的主题活动课画上了句号。离开学校的时候，总理依依不舍，与孩子们一起合影留念。挥别时刻，一些孩子喜极而泣，热泪盈眶……

小病不出乡，大病不出县，疑难重症才去大医院——这些年医疗改革的效果是明显的

卫生等社会事业发展得如何，老百姓反映的看病难问题解决得怎样，是总理挂心的事情。新建的岚县普明镇中心卫生院，占地4000平方米，除基本医疗服务外，还全面开展了九大类基本公共卫生服务。2日下午，温家宝在这里与看病的群众亲切交谈，深入交流，对卫生院的建设、农民在这里看病及报销等情况表现出极大的关切。

他首先到药房询问基本药物制度实行情况。

"基本药物达到多少种？"

"307种。"

"基本药物制度实行以后影响不影响你们的收入？"

"影响不大。"

温家宝说，实行基本药物制度以后，直接受益的是群众，国家花点代价、花点钱补贴医疗单位，医疗单位实行基本医疗制度，等于把好处给了群众。

接着，温家宝又询问药房工作人员的收入，并仔细察看公示栏张贴的各项报销明细。在健康档案室，他向工作人员询问了村民健康档案覆盖、婴幼儿保健和儿童预防接种疫苗等情况。他说："现在居民健康主要是新三件：基本药物制度、公共卫生档案、健康档案。你们的居民健康档案一年就做了30%，速度不慢，不简单，成绩是很大的。"

在新农合办公室，温家宝在仔细了解就诊病人的病情、新农合报销情况后说：新农合实行以后，激活了基层卫生院。新农合在农村的覆盖面普遍超过90%，岚县是92%，几乎是全覆盖。下一步的重头任务是把乡卫生院的服务水平提上去，要让农民尽量在乡镇解决一般性的疾病，县医院解决稍大一点的病。这样就不至于都到省城太原，甚至到北京了。三句话：小病不出乡，大病不出县，疑难重症才去大医院。近年来我们几项并举：新农合、乡村卫生院所、提高医疗装备水平，形成了一个比较完整的县乡村医疗服务体系。改革开放以来，我们把农村医疗的一段空白填补了，下工夫解决农民看病难，甚至无路可走的问题，这是事关众多农民的大事，这个钱花得值。应该说，这些年医疗改革的效果是明显的。

土地在升值，种地要尊重农民意愿——土地是农民最重要的社会保障

温家宝与农民座谈时总是要问："现在的土地政策执行得好不好？有没有乱占农民土地的问题？"他还说，土地问题是他关心的一件大事。

2日下午，温总理在与岚县岚城镇北关村农民座谈时强调，土地问题是个大事，种地不缴税又给补贴，因此土地的价值升高了，谁都不愿把家里的地随便给别人。所以土地流转一定要尊重农民意愿，不能搞强迫命令。现在农民最大的利益就是土地，对耕地还得保护。对山西来讲，一个是爱护地，一个是节约水。这是我关心的很大的一件事情。因为现在矛盾不在税上，往往在地上，农民不管是出去打工还是在家种田，地都由他自己做主，土地的经营权、承包权都由他做主。搞建设、修路都不能乱占农民耕地，因为这不光是农民利益，也是国家利益，咱们国家人多、地少。在你们这里还有个水的问题，我说山西的优势在煤多，山西的劣势在水少，就得想办法开源节流。

3日下午，在兴县恶虎滩乡刘家湾村，温家宝又一次与农民促膝座谈，并再次对土地问题进行了强调。他说，农民外出打工后，生产经营形式必然会随之发生变化，就是土地流转、规模经营。土地流转要注意两条：首先一条，进城打工人员的承包田和他的宅基地，即使他搬了家，搬到城里，还得根据他自己的意愿，还要保留，这是他的基本权益。维护农民的基本权益，在农村最重要的就是这一点。所以我们把这个定了一条，写进《政府工作报告》。还有一条就是土地流转必须自愿和协商，不能强迫命令，这样他出去就安心了，他在外面有工作就做，没工作回来还能种地，这就是进退有路。现在农业税免了，种粮给补贴，新农合几乎达到全覆盖，养老保险也逐步建立起来了，那么农村当前最容易出现的矛盾是什么呢？是土地。农民越来越感觉到土地值钱，因为种粮给补贴，种粮的收益都是自己的。将来不管怎样，土地会越来越值钱，农民对土地会越来越珍视。这时候，要特别重视维护农民的合法权益，主要是土地方面。大伙儿都赞成总理的话，说总理讲到他们心坎上了。

走访农户，倾听民声，细察民情——千方百计让群众生活得更幸福

从岚县到兴县再到临县，每去一个村，温家宝都要坚持到农户特别是贫困户的家里走走看看。

2 日下午，在岚县岚城镇北关村，温家宝一路走，一路看，一连进了 3 户贫困人家。第一户是 71 岁的张完拴，早年前从外村迁来，和老伴租住的 4 间老房是五六十年前建的，是全村最贫困的人家之一。第二户叫邸建生，全家 5 口人住 3 间旧砖瓦房，主要靠种地和在本地打零工维生，也是村里的穷人家。再就是经济状况在村里能达到中等偏下水平的郭生亮，他今年 41 岁，全家 3 口人，有 4 间还算新的平板房。

因为清明节快到了，温总理来到郭生亮家时，正遇上老乡们聚集在一起做面塑。他一边与大家交流，一边尝试着捏面塑，并欣然为刚刚捏好的面龙用画笔点睛。之后，温总理特地召集大家一起到院里座谈。

当听说村里吃上了自来水时，温总理边问“水好不好喝”边拿起水壶倒了一杯品尝，然后点头说：“水质还可以。”

他接着又问：“你们还有什么难事没有？”

78 岁的冯侯奴高兴地说：“都挺好。用上自来水，一户一年才收 10 元钱。种田不要钱，还给钱。”

“粮食够吃吗？”

“把自己产的玉米、山药蛋卖了，买大米、白面吃，过去吃不上，现在吃不了。”

“今年肥料、种子贵吗？”

62 岁的袁怀龙答：“比往年稍贵一点。”

温总理还关切地问，村子里特别困难的人家多不多？有没有吃低保的？低保标准是多少？基本养老金能拿上吗？还希望政府为你们办什么事？

村委主任程桃拴回答说，吃低保的有，困难户也有，但不多。低保的标准去年是 900 多元，春节补助 100 元，一年拿 1000 多元。基本养老金给 60 岁以上老人，每月是 60 元。总的看比过去的日子好多了，老百姓的温饱没问题。王君省长解释说，基本养老金在国家确定的 55 元的基础上，山西又提高了 5 元。

3 日上午，在岚县大蛇头乡沙沟村，温家宝路经这里临时决定停车，走进了住在村头的白毛生家探望，与他全家说农事、拉家常。许多群众闻讯赶来，60 岁的翟亮成握着总理的手两行热泪扑簌簌掉下来，激动地说：“想不到这辈子能见到温总理。您辛苦了，大老远的、又赶上过节，专门来看我们。”

紧接着，温家宝又赶到兴县恶虎滩乡刘家湾村，下车一路步行，走进村边的科技示范户阎平平家，与全家人一起探讨脱贫致富的途径。山区农村往往是住得越高，家里越穷，因为高处交通不好，生活不便。从阎平平家出来，温家宝径直走向村子最高处，先后看望张交大和魏海海两户农家。张交大今年 75 岁，老两口与智障儿子相依为命，今年 40 岁的魏海海则是全家四口人租房而住。

3 日下午，在临县城庄镇阳宇会村，温家宝又走访了郭来明、郭如意和薛凤平 3 家比较贫困的农家。总理对他们每一户都送上了问候，关心他们面临的困难，使他们备受感动，欣喜万分。

菜价关乎千家万户，太高或太低都是不合适的。3 日下午日落时分，温家宝来到此行考察的最后一站——临县城北瓜果蔬菜综合市场。该市场占地 5400 平方米，是临县最大的农贸市场。温家宝一来到市场，热情的顾客就纷纷围拢过来。他来到商铺、摊点前，向商户刘改莲询问蔬菜供应、销售等情况，向商户杜秀爱了解近期肉价特别是猪肉价格的波动情况。

当看到顾客秦林秀刚买了一兜新鲜的蔬菜，温家宝立刻上前打问。秦林秀说：“菜价和去年这时候比是贵了些，但还可以接受。”温总理说：“那还行。最近一段时期粮食和蔬菜价格有所上涨，政府已经在采取有力措施加以稳控，相信物价不会太多地影响大家的生活。”他还吩咐基层干部说，群众的米袋子、菜篮子工程是各级党委、政府的头号工程、民心工程，一定要更加重视物价问题，千方百计把群众的生产生活安排好。

以煤为基、多元发展，走出一条新的发展路子——总理对山西的明天寄予厚望

温家宝总理在吕梁山上住了两个晚上，每个晚上都不顾白天的劳累，安排了座谈会。2 日晚上，总理主持召开第一季度经济运行情况分析座谈会，省委书记、省人大常委会主任袁纯清汇报了全省工作和一季度经济运行情况，吕梁市县的负责同志作了发言；3 日晚上，总理主持召开座谈会，听取基层干部群众的意见建议，包括乡村干部、普通农民、农业技术人员、小学教师、卫生院大夫、个体经营户，总理特意让农民先发言。每一次，总理都仔细听取大家的发言，就一些问题与大家进行讨论，还不时地作笔记，并作重要讲话。他要求，准确把握国际国内经济形势，千方百计保持物价总水平稳定，加快推进经济结构战略性调整，加强社会保障，努力改善民生。同时强调，要高度重视农业，大力发展粮食生产，全面加强水利建设，继续加大扶贫开发的力度。

温家宝还对山西经济社会发展情况给予充分肯定。他回忆起过去几次来山西考察时的所见所闻，说山西这几年确实发生了很大的变化，经济保持了较好的发展态势，粮食产量创出历史新高，结构调整迈出新的步伐，基础设施建设有新的突破，群众收入较快增长，就业、社保都有明显的改善。特别是山西近几年煤炭资源整合、煤矿兼并重组取得重大成果，这不仅对资源的合理开发利用、对环境保护具有重要意义，而且对促进安全生产发挥了重要作用。山西自然资源丰富，产业基础较好。去年12月1日，国务院批准山西为国家资源型经济转型综合配套改革试验区，加上正在实施的促进中部地区崛起的重要政策措施，可以说山西正面临着难得的发展机遇。希望山西紧紧抓住机遇，充分发挥优势，坚持科学发展，加快转变发展方式，走出一条新的发展路子。

温家宝强调，山西的优势在煤，要继续深入推进煤炭资源整合和煤矿兼并重组，提高现代开采技术和安全生产水平，注重煤矿接续资源勘探和煤炭资源的转化，建设全国重要的、可持续的煤炭基地。要坚持以煤为基、多元发展，做到依托煤而不依赖煤，兴于煤而不困于煤，让得天独厚的煤炭资源发挥最大的经济效益、社会效益和生态效益，让非煤产业得到更大的发展，使山西的产业结构发生脱胎换骨的新变化。

温家宝指出，吕梁是我国扶贫开发的重点地区。这些年来，面貌发生了很大变化。但我们也必须看到，包括吕梁在内的贫困地区，农民生活水平仍比较低，农村的生产生活条件还比较差。要继续加大对贫困地区的扶持力度，鼓励、引导社会各方面积极参与扶贫开发，经过10多年的努力，使吕梁山区及其他贫困地区的面貌有更大的变化。

袁纯清在座谈时说，全国"两会"刚刚结束，温家宝总理就来山西视察，体现了党中央、国务院对山西的关怀。总理心系群众的情怀，求真务实的作风，使山西的群众深为感动，山西的干部深受教育。两天来，总理一路风尘仆仆，问民事，访民情，处处表达了对群众生产生活的关心。总理两个晚上听汇报、听情况，作了重要讲话，一路上也讲了许多重要、深刻的思想、观点和意见，对山西的工作有很强的指导性。总理对山西工作成绩和发展思路的肯定，对我们是巨大的鼓舞，使我们信心更足。总理对山西工作提出的要求，给我们进一步指明了努力的方向。我们要把总理的讲话精神学习好、贯彻好、落实好，以良好的精神状态，以求真务实的工作作风，加快推进富民强省进程，努力开创山西各项工作的新局面。

省委副书记、政法委书记金道铭，省委常委、常务副省长李小鹏，省委常委、秘书长李政文，副省长刘维佳先后陪同考察或参加座谈会。

（徐补生）

春风化雨润如酥

——李长春在山西考察侧记

五月好景致，三晋逢甘霖。

5月6日至10日，正当全省人民全面实施"十二五"规划，奋力推进转型跨越发展，以优异成绩迎接中国共产党成立90周年的重要时刻，中共中央政治局常委李长春，带着党中央对山西人民的深切关怀，来到了我省生产一线，走进了干部群众中间。这是李长春时隔近7年后，再次踏上三晋大地——这块他一直牵挂的热土。

李长春同志对山西工作十分关心，对山西人民怀有深厚感情，对山西改革发展和宣传思想文化工作给予有力的指导、支持和帮助。他精辟概括的"节俭勤奋、明理诚信、精于管理、勇于开拓"的晋商精神和"不怕牺牲、不畏艰险，百折不挠、艰苦奋斗，万众一心、敢于胜利，英勇奋斗、无私奉献"的太行精神，丰富了民族文化内涵和时代精神，成为我们前行的精神动力。在他的关怀指导下，八路军太行纪念馆在改扩建后成为国家一级博物馆和4A级旅游景区；他对我省推出的文艺作品给予鼓励和指示，进一步扩大了山西文化产品的影响力。

5天时间里，李长春在省委书记、省人大常委会主任袁纯清，省委副书记、省长王君等陪同下，顶烈日，冒雨天，足迹遍及运城、临汾、太原、晋中等地，深入园区企业、宣传文化单位、科研院所和乡村农户，围绕加快转变发展方式、提高自主创新能力，深化文化体制改革、推动文化事业大发展大繁荣，进行了深入细致的考察调研。

人民日报社社长张研农、中宣部副部长孙志军、文化部副部长王文章、国家广电总局副局长张海涛、新闻出版总署副署长阎晓宏、光明日报社社长胡占凡、经济日报社社长徐如俊等陪同调研。

炎炎烈日下，问询无巨细；蒙蒙细雨中，叮咛有期许……李长春对转型山西寄予厚望，对文化山西充满期待——

抓新兴产业，加快转变发展方式，加大调整结构力度，要长久地做下去

山西作为煤炭大省和老工业基地，如何破解转型难题，如何发展新兴产业，李长春极为关注。

6日下午，运城关公机场，烈日当空，热浪滚滚。李长春一下飞机，便直奔位于运城空港新区的山西大运汽车制造有限公司。该公司2009年正式投产，是一个集科研、开发、生产、销售、服务为一体的重型卡车企业。

"大运摩托是你们产的？"

"是我们生产。"

"重卡像你们这样的档次全国有几家？"

"民营企业我们是第一家，刚好排第十位。"

当介绍到大运拥有驾驶室、模具等自主知识产权，整车出口巴西等8个国家时，李长春当即称赞这一转型发展项目"不容易"，并健步登上近两米高的驾驶室，手握方向盘，亲身体验了解各项性能。看到车内有调频收音机、空调，设施齐全，他连连称好。

在离开大运的时候，李长春意犹未尽，嘱咐大运提高科技含量，要舍得投入搞研发，舍得在培训职工、开拓市场和加强售后服务上下本钱。他说，山西要加快转变发展方式，深化结构调整，必须一手抓煤炭资源整合重组，一手抓新兴产业发展，长久地做下去。

闻喜银光镁业集团具有较强的自主创新能力，过去5年，主要经济指标及企业综合实力均居全国同行业首位，更重要的是因拥有目前中国镁行业唯一的国家级企业技术研究中心，成功研发生产了板材、型材、棒材、压铸件等7大系列百余种深加工产品。李长春称赞说："你们这个方向好，提高自主创新能力，就是要提高传统产业，发展新兴产业，就是要大力采用新材料、新工艺、新装备、新技术。你们这就是新材料，在几个'新'里面材料的新更不容易。"

山西森特煤焦化工程集团有限公司具有成套能力，多次面向国外完成从设计、土建、安装及设备生产的安装调试，直至生产出合格产品的"交钥匙"工程。李长春高兴地说，成套能力是一个国家装备制造水平的综合标志。一个企业如果能从产品开发、设计到生产实现成套输出，附加值就会大大提高，并可带动我国许多相关行业的出口，这是十分了不起的。

罗克佳华工业有限公司将信息物联网技术成功运用到安全生产、节能环保、智能物流、数字城市等国计民生领域，李长春给予高度评价。他说，物联网总体在全国还处于示范阶段，山西已经大面积使用，这是一大亮点。特别是广泛用于煤炭企业和环保领域，很了不得。他叮嘱随行的中央有关部门领导要总结宣传这样的好典型，在更大范围、让更多群众推广和了解物联网技术。

中日合资榆次油研液压有限公司曾是原机械部惟一直属的液压企业，在一些领域已达到了国际先进水平。李长春参观后鼓励说，可喜的是，在整个装备机械工业最困难的情况下，你们挺过来了，保留下来了。你们的工艺可以说是山西的绝活，希望进一步扩大研发队伍，加大研发力度，走国际化兼并购的路子，把液压器械的高端拿下来。

李长春还考察了具有重大技术装备自主研发和工程总承包能力的太原重型机械集团有限公司，以及太原理工大学煤科学与技术重点实验室。在太重集团，他对围拢上来的职工说，太重这几年每年都以百分之二三十的速度增长，今年能够达到销售额170亿元，而且国际市场占企业销售总额的20%以上，打入俄罗斯、印度、巴西、智利等一些新兴国家，成果非常可喜，表明我们国家重型装备制造业水平大大提高。重型装备制造，在国民经济中占有十分重要的地位，它是一个国家实力之所在，是一个国家有多少钱、有多少外汇都取代不了的。他对太重提出五点希望：一是把加大研发投入、提高研发能力作为企业的生命线抓住不放；二是加强市场开发和售后服务；三是抓住核心领域，掌握关键技术，走出专业化、社会化、集约化发展的路子；四是积极开拓国内国际两个市场；五是抓住难得机遇，大胆收购、兼并，实现跨越式发展。他还要求太重能够在推动自主创新、发展重大技术装备上，争当全国的排头兵。

文化本身就是生产力，让文化产业闯市场，既符合艺术规律，又符合市场规律

山西是文化资源大省，如何在深化文化体制改革、促进文化产业中向文化强省迈进，始终牵动着李长春的心。

地处夏县的山西宇达集团，是国家文化产业示范基地，拥有国内惟一的青铜文化产业园，国内大城市的标志性雕塑大都出自这里，海内外包括韩美林、吴信坤等在内的近百名一流艺术家的许多雕塑作品，也都在这里生产。所以，一进宇达集团，就仿佛进到了雕塑公园、进到了博物馆，面对的是艺术精品，进行的是与艺术家乃至历史文明的对话。

一件一件作品、一个一个展馆，李长春看得津津有味。在玲珑剔透的"平安五福兔"青铜工艺品前，当了解到增加掐丝珐琅花后可以多卖3000元时，李长春说："这就是文化的力量，加几朵花，就多卖几千块钱，文化本身就是生产力。"他还说，要培养企业自身的创作队伍，做到科技与艺术的高度结合，努力让古老的传统艺术焕发新的生机活力。

对于演艺名人领办院团闯市场，李长春热情称赞，关爱有加。8日，他连续乘车近3个小时，在中午时分赶到清徐县孟封镇南里旺村，看望扎根这里的第18届中国戏剧"梅花奖"得主、著名晋剧演员胡嫦娥，考察她创办的山西清徐嫦娥文化艺术有限公司。

"你们有多少人？"

"团里演职员170多，还有60多人在戏校学习。"

"能不能保证演出水平？"

"没问题。聘任的艺术总监、音乐总监、导演都是国内一流的艺术工作者。"

"一年演多少场？"

"1500多场。"

"都到哪里演出？"

"大部分时间在本省，周边的陕西、内蒙古、河北和河南我们都去过。我们的信条是羊能上去，人就能上去；人能上去，戏就要上去。"

李长春高兴地说："你现在走的就是梅兰芳的路子。梅兰芳这个名角怎么来的？不是官方任命的，也不是专家认定的，他是群众公认的。梅派、程派怎么产生的？什么标准？是来自市场的。名角民办，民营艺术院团闯市场，这才既符合艺术规律，又符合市场规律。人民群众是艺术创作的源泉，是艺术的享有者，是艺术的最终评判者。艺术必须跟人民群众结合起来，这样才能既有社会效益，又有经济效益。"他对嫦娥文化艺术有限公司的成功实践表示祝贺，对他们大胆开拓的精神表示敬意，希望他们总结经验、继续探索，走出山西，走向世界，为扩大山西文化影响作贡献。他要求有关部门和新闻媒体积极为民营院团鼓与呼，在政策上、作品的评选上、演员的晋级上，对民营院团也要一视同仁。

五千年文明看山西。由于文化与旅游的深度融合，旅游业已成为山西新的经济增长点。李长春还先后考察了解州关帝庙、永济普救寺和鹳雀楼，以及洪洞大槐树寻根祭祖园等景区。在了解文物发掘和景区开发、规划、效益等情况后，他指出，旅游是体，文化是魂，这两者密切结合，有利于把思想性、知识性、艺术性、观赏性更好地体现出来，有利于增强文化的传播力，这样搞旅游才更有意义、更有价值。

要让百姓的日子越过越好，让大家都跳起来、蹦起来、乐起来

群众生活好起来了，文化生活有什么新要求，基层公共文化体系建设得怎么样，是李长春最挂念的。

永济市蒲州镇西闫郭村，是我省2006年确立的第一批省级新农村建设试点村。7日上午，李长春一走进西闫郭村文化广场，就被浓烈的文化气氛深深地吸引住了。

李长春先后走进党员活动室、阳光农廉网查询点、农家书屋和特色文化展示室，看到村民有的在上网查询、有的在看书学科技、有的在写字绘画，乐得其所，脸上露出欣慰的笑容。

热闹的文化广场大院里，除黄河锣鼓队、道情宣传队在表演外，还可见扎麦草、刻木雕、剪纸、刺十字绣、缝布老虎等三五成群的各色民间艺人，进行传统工艺制作展示。

扎麦草是用麦秆制作麦草画，又称麦秆画，起源于清朝。对李新德师徒仨制作的麦草画，李长春表现出浓厚兴趣。

“好卖吗？”

“好卖，主要是作旅游纪念品。”

“一般卖多少钱？材料成本多少？”

“能卖200元。麦草没人要，没啥成本。”

闻听此言，李长春昂起头若有所思，旋即坚定而有力地说：“大家听见了吧，这幅画连一把麦草都用不了，却卖到200元。这就是艺术的价值！”随后拉着李新德的手亲切嘱咐：“好好搞，一定要做强做大做优，做出知名度。”

接着，李长春又走到正在剪纸的村民中间，她们中最大的已是80岁高龄。李长春拿起剪刀，在叠好的红纸上认真剪起来，剪好打开后，是“人寿年丰”四个字，大家激动地热烈鼓掌。村民张武走上前来，动情地说，今年是“十二五”开局年，是建党90周年，真是双喜临门，边说边熟练地剪出了一个红双喜。李长春称赞他叠得好、剪得好、内容好。

李长春对十字绣等民间工艺品走向市场也十分看好。他边看董俊芳递过来的绣花，边深有感触地说：“这些刺绣，咱们看很普通，外国人看是很新鲜的。这样做文化遗产得到了弘扬，农民加快了致富步伐，自身也受到了文化熏陶，一举多得。”临了，他高兴地招呼大家过来一起合影留念。

李长春还专门到村民杨保学家做客，与他全家和赶来的村民围坐在一起拉家常。从耕地、收入和住房，到上网、看电视，以及看病报销等，一一详细问询。当听说晚上除了看电视外，还打牌、下棋、跳舞时，李长春动情地说：“芝麻开花节节高，我们就是要让百姓的日子越过越好，让大家都跳起来、蹦起来、乐起来！”深情的话语说到了大家的心坎上，欢声笑语久久回荡在小院里。

座谈中，李长春还特意把随行的宣传、广电、新闻等部领导一一介绍给村民，希望大家就改进农村公共文化服务体系等问题提出意见和建议，引起了部长与村民的一番对话。

永济蒲津渡遗址博物馆内保存着4尊铁牛，1989年出土，是迄今为止我国发现历史最早、体积最大、分量最重、数量最多、工艺最精的渡口铁牛。李长春对黄河大铁牛，以及蒲州古城修复计划等情况了解后指出：“我主张对文物和历史遗迹进行抢救性修复，对那种痕迹都没有了的，硬要从零做起，没有必要。”

襄汾县新城镇丁村遗址，是我国旧石器时代考古领域的重大发现。在这里，李长春仔细听取专家关于丁村遗址的保护和研究情况，参观丁村民俗博物馆，察看丁村明清民居开发利用情况。他说，对具有市场前景的民间传统工艺和文化遗产，要鼓励在国家政策支持下进入市场，特别是要与旅游业紧密结合，要在与产业和市场的结合中，实现传承和可持续发展。

作为文物大省，博物院具有重要的窗口作用。山西博物院不仅是山西文物的宝库，在全国博物馆中也是一流水准。2004年8月16日，李长春曾对正在建设中的山西博物院进行过考察，给予指示和支持。9日下午，来到气势恢宏的山西博物院，他十分高兴，饶有兴趣地听取介绍，观看文物，探寻历史，并详细了解文物收藏、保护、展示情况。他强调，要充分发挥公共博物馆在传承文明、传播知识、陶冶情操、提高思想道德素质等方面的重要作用，努力实现社会效益最大化。

改革创新是文化产业发展的动力，文化必须跟科技、市场和群众新的需求相结合

经历高温，又逢雨天。8日下午，李长春冒雨对3家大型文化企业进行了调研。

山西新华物流中心配送网络辐射全国，物流区达4.3万平方米，已入选全国出版发行行业10大物流基地。在这里，李长春对晋版获奖图书看得十分仔细和认真，并饶有兴趣地参观了数字化、自动化的拣选、配送、打包、发运流水线。当了解到卖得最好的书是《公司的力量》和《央企真相》时，他肯定《公司的力量》很有影响，并为《央企真相》正面反映整个央企的贡献叫好。他说，山西出版传媒集团改革激发活力再次说明，改革是解放和发展文化生产力的必由之路。改革要走在前面，这是基础，接着要技术改造，上数字化手段、信息化手段。改革、改组、改造，三者缺一不可，还要引入现代管理。他勉励企业员工，要用先进的文化为人民群众提供精神食粮，打造百亿出版集团。

山西广电信息网络集团、山西广播电视传媒集团同列刚刚组建的省属五大文化集团。在兴致勃勃地听取了情况介绍后，李长春说，要按照可管可控、双向互动、绿色安全的要求建设广电信息网络，企业效益的立足点，一要放在为各级政府政务信息化提供服务上，二要面向广大终端用户开展增值服务，三要加强网络互通，拓展服务领域，开展网上广告、网上商务等业务，让群众放心使用。在节目集成播控中心、多媒体演示中心，看到工作人员年轻而富有朝气，他说，信息技术是年轻人的天下。要用信息技术的最新成果来武装我们的广播电视事业。调研结束时，看到楼下热情等待的广电员工，李长春冒着大雨、趟着积水，走上前与大家一一握手，向大家问好，平易近人的作风和亲民爱民的形象，感动了在场的每一个人。

9日上午，李长春还与我省文化单位、文化企业负责同志，基层文化院团代表进行了座谈，听取大家对文化改革发展的意见建议。省委常委、宣传部部长胡苏平，省发改委主任李宝卿，山西出版传媒集团有限公司董事长齐峰，高平市委书记谢克敏，太原日报报业集团董事长赵国柱，省社科院人文资源研究中心主任、研究员马志超，太原话剧团团长韩林，临猗县楚侯乡文化站站长陈舫等先后发言。李长春一边听、一边记，并就一些重要问题与大家深入交流。每个人发言后他都要点评，对改革问题进行阐释，对提出的建议逐一回应。在听了大家的发言后，李长春对山西文化建设和文化体制改革取得的成绩给予充分肯定。他说，山西文化改革建设后来居上，所涉及的领域和取得的成果是全面的、深入的、实实在在的。山西能够从实际出发，把改革和发展紧密结合，与文化资源重组、先进技术改造紧密结合，与体制机制转变紧密结合，把政府支持与调动各方面积极性紧密结合，开展大作品制作、大项目运筹、大工程支撑，取得了好的效果，创造了很多行之有效的好做法、好经验，在全国进入先进行列。这是山西省委、省政府高度重视的结果，是宣传部门积极推动、组织协调，各个部门各负其责、各尽其职的结果，也是广大基层文化工作者积极性、主动性、创造性进一步迸发的结果。

一句句谆谆寄语，一声声殷殷期望，一次次热烈掌声。一路从南到北，从企业到农村，从旅游景区到文化单位，李长春每到一处都与干部群众亲切交谈、紧紧握手，有时汇报情况的同志比较拘束，他还会以诙谐的语言与大家互动，使紧张的气氛顿时轻松活跃起来……

加快转型跨越发展。深切的关怀、殷切的期望让我省广大干部群众倍感振奋和鼓舞

10日上午，李长春听取了山西省工作情况汇报。省委书记、省人大常委会主任袁纯清代表省委、省政府汇报了全省经济社会发展情况，中央和国家有关部门负责同志作了发言。李长春对山西经济社会发展取得的成绩给予充分肯定。他说，近年来山西省委、省政府高举中国特色社会主义伟大旗帜，以邓小平理论和“三个代表”重要思想为指导，深入贯彻落实科学发展观，牢牢抓住国家实施应对国际金融危机冲击一揽子计划和促进中部地区崛起的重大机遇，团结带领全省干部群众，解放思想、迎难而上、开拓奋进，胜利完成了“十一五”规划的目标任务，“十二五”开局呈现出良好势头。经济保持平稳较快发展，逐步驶入经济发展快车道；产业结构调整迈出新步伐，经济发展质量和效益明显提高；保障和改善民生不断取得新成效，人民群众得到了更多实惠；高度重视宣传思想文化工作，着力深化文化体制改革，文化事业和文化产业发展实现了新的突破；干部群众展现出良好状态，呈现出聚精会神搞建设、一心一意谋发展的氛围。时隔近7年来到山西，看到三晋大地经济发展，政治稳定，文化繁荣，社会和谐，人民群众安居乐业，呈现出一派热潮涌动、欣欣向荣的景象，深感振奋、深受鼓舞。李长春要求，紧紧抓住加快转变经济发展方式这条主线，大力推进结构优化升级，加快转型发展步伐；紧紧抓住提高自主创新能力这个战略核心，推动山西经济社会跨越发展；进一步加强宣传思想文化工作，以高度的文化自觉加快推动文化大发展大繁荣。

袁纯清在汇报会上说，李长春同志视察我省，正值“十二五”开局的关键时刻，对3500万山西人民是巨大的鼓舞。5天来，李长春同志风尘仆仆、不辞辛劳，深入企业园区、宣传文化单位、科研院所、乡村农户，访民情、听民意，与基层干部群众亲切交谈，所到之处，问得很细、了解得很透、讲得很深，一路作了许多重要指示。李长春同志深入务实、亲民爱民的作风，为我们作出了榜样，使我们深受教育。李长春同志的讲话立意很高、内容丰富、内涵深刻，思想性、针对性和指导性很强，饱含深情，充满期望。李长春同志对山西工作和发展思路的肯定，对我们是巨大的鼓舞和鞭策。对山西经济社会发展，尤其是加快转变经济发展方式提出的要求，使我们开阔了眼界、提升了境界，坚定了信心、增强了干劲。我们要认真学习贯彻李长春同志重要讲话精神，在文化体制改革上要做到认识有新的提高，措施更加具体，行动更加扎实，成效更加明显，进一步把全省转型跨越发展的势头发展好，确保“十二五”期间实现更大、更好的发展，使人民群众得到更多实惠，生活更加幸福。

省领导李小鹏、胡苏平、高建民、李政文、李兆前、陈川平、聂春玉、申联彬、牛仁亮、张平、任润厚、左世忠、王建明等分别参加座谈或陪同考察。

（徐补生）

为了安全的嘱托

——张德江在山西考察侧记

6月的三晋大地绿树成荫，花香四溢，一派生机盎然的景象。

6月8日至9日，正当全省人民全力实施“十二五”规划，着力推动国家资源型经济转型综合配套改革试验区建设，加快推进转型跨越发展的重要时刻，中共中央政治局委员、国务院副总理张德江带着党中央、国务院的深切关怀到山西考察。

在省委书记袁纯清、省长王君的陪同下，张德江一行深入太原、忻州、朔州等地，进企业、下矿井、访群众，深入一线，体察实情。他强调，要牢固树立科学发展、安全发展理念，坚持以人为本、安全第一、预防为主、综合治理，始终把安全生产工作放在重要位置，常抓不懈，继续深入开展“安全生产年”活动，坚定不移地打击非法违法生产经营建设行为，狠抓安全生产责任落实，严格执行安生生产规章制度，加大预防工作力度，坚决有效防范各类事故发生，确保人民生命和财产安全，以更加扎实的工作促进安全生产形势持续稳定好转，迎接建党90周年。

提高煤矿安全生产水平是一项长期而艰巨的任务

煤矿安全生产是张德江这次考察的重点。从中煤能源集团平朔煤业有限责任公司安家岭露天矿、井工一矿到山西中煤东坡煤业有限公司，不同的时间、不同的地点，张德江一直强调着同一个问题——安全。

6月9日下午，张德江专门抽出时间在平朔煤业井工一矿下井视察。他头戴安全帽、脖围白毛巾、身着深蓝色矿工服，按照一个普通矿工的要求，规范地做好下井前的准备工作。在井下工作面，他与一线矿工亲切握手，叮嘱他们牢记安全生产，警钟长鸣。当得知井工一矿已率先在井下配备救生舱后，张德江特意走进救生舱，席地而坐，详细了解救生舱的设计、配置和功能。他指出，配置救生舱应该根据井下实际情况因地制宜，一旦发生事故，要让其发挥最大作用，真正起到救生的作用。

升井之后，张德江直奔安家岭露天矿复垦区和山西中煤东坡煤业有限公司调度指挥中心。在指挥中心，通过监控屏幕，能够看到煤矿生产的各个环节，包括井口状况、井下瓦斯监测数据、传送皮带工作场面等。听完负责人介绍，张德江充分肯定了山西经济社会发展所取得的成绩，他说，近年来，山西省委、省政府团结带领全省人民，深入贯彻落实科学发展观，加快调整经济结构和转变经济发展方式，加快转型跨越发展，经济社会各方面的工作都取得了显著成绩。特别是抓住机遇，以壮士断腕的决心和勇气推进煤炭资源整合煤矿兼并重组，力度很大，效果很好。山西煤炭行业不论技术装备水平还是安全生产水平，都上了一个新的台阶，进入了一个新的发展阶段，为山西的长远发展奠定了坚实的基础。他强调，提高煤矿安全生产水平是一项长期而艰巨的任务，一定要始终把安全生产放在重要位置，切记以人为本、安全第一，预防为主、综合治理，把安全生产搞得更好。同时要发挥好煤炭资源的优势，坚持以煤为基、多元发展，不仅要开采好资源，而且要保护好环境，实现经济社会又好又快发展。

坚持走科学发展的路子

太原钢铁(集团)有限公司，始建于1934年，是集铁矿山采掘和钢铁生产、加工、配送、贸易为一体的特大型钢铁联合企业，也是目前全球最大、工艺技术装备水平最高、品种规格最全的不锈钢企业。张德江来到4350立方米高炉前，这是目前国内最大型的高炉之一。冒着炉前高温，他一路走一路问，详细了解生产情况。随后，又参观了不锈钢冷轧厂宽幅生产线。相关负责人介绍，太钢所产钢材已经广泛应用在石化、电力、造船等众多领域，张德江特意询问在民用方面的情况。该负责人表示，太钢产品在吸油烟机、灶台等民品中同样有着广泛的应用。

成立于2002年10月的山西鲁能晋北铝业有限责任公司，由山东鲁能集团公司和山西省经济建设投资公司共同出资组建。公司开发建设的晋北铝业项目是全国八大铝工业基地之一，也是国家产业调整振兴规划重点支持延伸产业链的铝工业基地，是我省转型跨越发展的重点工程。

来到技控楼展示大厅，张德江认真观看产业链延伸示意图、循环经济示意图、氧化铝生产流程示意图等。在总调度室，张德江询问企业节能降耗、市场销售等情况。企业负责人向张德江报告，企业管理先进，各项主要指标均走在行业前列，马上投产的三期铝加工项目，是延伸产业链、带动相关产业的好项目，有利于节约资源和综合利用。张德江说，面对日益严峻的资源环境问题，我们必须以科学发展观为指导，按照中央提出的建设资源节约型、环境友好型社会的要求，坚持走新型工业化的路子，不断延伸产业链，发展下游产业，集约利用资源，注重节能降耗，保护好生态环境。

公路安全首先要抓好客运

在太原考察时，张德江一行还专程前往太原汽车客运西站，考察交通运输安全。张德江先后来到售票大厅、旅客安检通道、候车大厅、发车区以及车辆安全检测线，认真地了解每一个安全细节。

进入宽敞整洁的售票大厅，张德江径直走到2号售票窗口，他向售票员详细询问“今天卖了多少张票？”“省内多还是省外多？”“最远的客运车到哪里？”……张德江亲切地对售票员说：“你们在第一线工作很辛苦。公路运输在中国占有很重要的地位，老百姓出行相当多的还是选择乘公交，所以你们的任务很重。”

在总监控室，张德江了解到，车站内装有37个摄像头，可以监控整个车站的秩序和治安状况，并可以监督几个主要岗位的履职情况。太原市交通局的负责人介绍，现有的GPS监控平台，省里负责整个平台的建设和维护，市级负责对企业平台运行情况进行监督，企业具体履行对车辆的监控职责。张德江随即询问：“太原一共有多少家客运企业？”该负责人答：“15家客运公司，21家旅游汽车公司。”张德江强调，搞好道路交通安全工作，一定要把责任落实到企业。如果运输企业不规范，安全生产就会有漏洞，比如会用报废车、淘汰车，找一些没有资质的司机，或者超载超速，这些都是极大的安全隐患。交通部门一定要死死盯住交通运输企业，检查企业安全生产制度的建立和责任的落实。

通过安检通道，张德江来到候车大厅，与正在等车的乘客亲切交谈。他问乘客张海瑞：“今天坐车到哪儿？”答：“去交口。”问：“经常坐这个车吗？你感觉现在公路运输方面还有哪些问题需要改进？”答：“现在条件比以前好多了，从我个人来说挺满意的，特别是服务、安全各方面都比以前强。”听了张海瑞回答，张德江露出了满意的笑容。

随后，张德江来到车辆安检车间。凡是车站的客车，发车前必须进入安检车间进行 8 项例检，其中就包括客车的转向、制动和传动等。一辆客车驶入安检车间，液晶屏上立刻显示出该车的相关数据信息。张德江得知所有客车均装有 GPS 定位系统后，特意上车察看。他向司机仔细询问了定位系统的使用情况后说："卫星定位，主要是为旅客的安全着想。但要牢记，安全是旅客的安全也是你的安全。"

随同考察的有国家安全生产监督管理总局局长骆琳、国务院副秘书长肖亚庆、国家煤矿安全监察局局长赵铁锤等。省领导李政文、陈川平、任润厚等陪同考察。

（杨　文）

无边光景映深情

——李克强在山西考察侧记

初夏的三晋大地，绿意浓浓，清新宜人，生机盎然。

6 月 10 日上午，长治机场，一架银白色的飞机缓缓降落，舱门打开，大家看到了那熟悉而亲切的面庞——中共中央政治局常委、国务院副总理李克强又一次踏上了山西这块他深深挂念的土地。

李克强副总理对山西人民怀有深厚感情，对山西发展十分关心。这是他时隔一年半后再次来到山西，也是自 2008 年以来第三次亲临我省考察。今年"两会"期间，他参加山西代表团审议并作了重要讲话。去年我省被国务院批准为国家资源型经济转型综合配套改革试验区，李克强倾注了心血，给予了指导和帮助。

此次考察，转型发展和民生改善是李克强深切关注的两大主题。在省委书记袁纯清、省长王君的陪同下，李克强顶烈日，冒风雨，先后来到长治和太原，主要围绕深入贯彻落实科学发展观，加快转变经济发展方式特别是促进山西转型发展和保障性住房建设、社会救助等民生工作，进行了深入细致的考察调研。

言之谆谆话发展，情之切切系民生。一路上，无论是在企业、实验室还是在社区、光荣院，无论是在车间流水线旁还是建设施工现场，李克强都以饱满的热情、充沛的感情，与基层干部群众亲切交谈，送上问候、倾听民声。

温暖的笑容，务实的作风，殷切的叮咛。李克强带着党中央、国务院对山西人民的深切关怀，给正在奋力转型跨越，努力实现"十二五"开好局起好步，推进转型综改试验区建设，以优异成绩迎接中国共产党成立 90 周年的三晋儿女以巨大的鼓舞和信心……

潞安集团把"臭煤"变成"香煤"，废料变成原料，废品变成产品，宝藏变成宝物，找到一条资源型产业可持续发展的有效途径

李克强十分关心山西加快发展循环经济，探索资源型经济转型的情况。

潞安集团弃采高硫煤资源综合利用循环经济项目，为我省资源型产业的转型和工业新型化探索出一条新的路径。他们利用弃采高硫煤作为主要原料，焦化厂剩余焦炉煤气和煤矿预抽瓦斯气作为补充原料，加上氢气、氮气和排放的二氧化碳，生产高品质柴油、润滑油基础油、石脑油、合成氨、尿素等，利用低热值尾气进行 IGCC 发电，大力发展循环经济，全系统能量转化效率达到 41.6%，核心技术分别列入国家科技部、中国科学院两项"863"计划和一项"973"计划。

10 日上午，李克强一下飞机便来到这里考察。他疾步来到生产控制中心，登上 20 多米高的制高点鸟瞰，望着蔚为壮观和充满生机的厂区，兴致勃勃地与企业负责人进行交谈，了解循环生产工艺流程和产品研发、生产情况。他对企业介绍的多联产、多技术、多循环的发展路径给予充分肯定。

"原料煤含硫、含灰多少？"

"含硫 3%—5%，含灰 8%，当地老百姓叫'臭煤'，过去向来扔掉不烧。我们通过技术创新加以循环利用，发展煤化工产业，吃干榨尽，变废为宝。"

"生产的柴油品质如何？"

"品质很好，无硫、无氮、无重金属等有害杂质，质量达到欧Ⅴ标准。"

"发展煤化工，水有问题吗？"

"水没问题，长治是有水地区，是北方的富水地区。"

李克强还对煤炭资源以及废弃物的循环利用、加工增值，催化剂的研发生产、使用寿命以及节能减排效果一一仔细询问，对循环利用原理和次数项项加以了解。他还称赞说，该项目既属循环经济，又是劳动密集型产业，带动劳动力就业多，路子选得好。

考察结束时，工人们鼓掌相送，李克强与大家一一握手，即兴发表了热情洋溢的讲话。他说，看了你们的企业、你们的产品，非常高兴，特别振奋，很受鼓舞。你们通过努力，把"臭煤"变成了"香煤"，把废料变成了原料，把废品变成了产品，把宝藏变成了宝物，十分了不起。你们的产品能在市场上打开局面，你们的做法经验值得推广。希望你们继续努力，用循环经济破解资源瓶颈制约难题，找出一条资源型地区可持续发展的有效途径，创造一流业绩。

太重要发挥大型国企的优势，做大做强煤机装备制造产业，再创奇迹，走向世界

山西是老工业基地、煤炭大省，在推进工业新型化过程中，发挥以太原重型机械集团有限公司为代表的大型国企的优势，做大装备制造业特别是煤机产业，具有战略意义，李克强对此寄予厚望。

太重始建于 1950 年，是新中国自行设计、建造的第一座重型机器厂，现已跻身中国制造业 500 强，成为我国现代装备制造业的骨干力量。前不久，太重煤机公司以 1.26 亿澳元成功并购威利朗沃国际集团。这不仅是改革开放以来山西最大的一起跨国收购企业案，而且是我国煤机装备制造业第一次大的跨国并购。

10日下午，李克强来到这里考察，详细了解太重的轴承、热连轧、国内外市场份额、整机研发等情况，深入车间与一线工人亲切交谈，仔细询问他们的生产、生活情况和工资收入水平。

“三峡工程的结构件你们参与了吗？”

“参与了。现在正生产着升船机结构件，这是世界上最大的，提升能力在万吨以上。”

“希望你们做好它，在世界市场上赢得好声誉。”

李克强还特地与几位刚参加工作不久的大学生交心，与他们谈理想、谈工作、谈学习，问他们是哪个大学毕业，学什么专业，能否适应环境，对工作条件是否满意，勉励他们利用所学，发挥所长，勤奋学习，努力工作，不仅要建设和保护好中国的名牌，而且要创造世界名牌，为太重再次创造奇迹做出成绩、做出贡献。

临别时，李克强望着淳朴、坚毅、兴奋的一个个太重人，语重心长地说，太重是现代装备制造业的骨干力量，要致力于打造世界名牌。你们现在已经在世界上有了一定影响，三峡的水钻机就是一个很好的例子。我们进军国际市场，占领更多市场份额，可能更多的是大型装备制造业。这就需要我们在国际市场上有更多、更具竞争力的知名品牌。太重是中国装备制造业的长子，希望你们的技术和产品走在世界的前面。

物联网波及领域广泛，应用范围广阔，是一个非常有前景的大产业，我相信你们能干出一番大事业

李克强十分关心山西提高自主创新能力的情况。

罗克佳华工业有限公司2003年在太原高新区投资建设，现已有员工600余人，并逐步成为集研发、生产、工程、服务为一体的全国物联网技术的输出基地。听不到机声隆隆，看不到车床转动，员工都是高学历，人手一台电脑工作，车间更像实验室，是罗克佳华给人印象最深的地方。该公司去年实现产值10亿元，今年一季度上缴税金2500万元。

10日下午，李克强冒着骤然而至的风雨来到这里考察。

物联网技术生产开发平台让人眼花缭乱：以数字城管、数字土地、数字校园、数字交通为基础，结合感知地下的“地眼工程”，通过物联网政府管理系统和公共服务系统平台，在太原市政府云计算中心指挥下，形成了3.2平方公里的“数字太原”智慧城市试验区……李克强边走边看，边听边问，表现出了极大的兴趣，对这一充满创意和活力的企业给予高度评价。

“材质方面有什么障碍？”

“政策支持方面有没有问题？”

“物联网在山西的应用情况如何？”

当一连串的问题都得到比较满意的回答时，李克强深有感触地说，物联网是战略性新兴产业，是现代服务业的全球制高点，中国有潜力巨大的市场，一方面做物联网，一方面做服务，前景广阔，大有可为。

临走前，李克强拿起一本企业负责人递上来的手册《走进物联网时代》，高兴地称赞说，你们不只是走进物联网时代，而是跨进了物联网时代。你们正在做的物联网，触及的领域很广泛，范围很广阔，是一个非常有前景的大产业。你们的企业充满生机活力，服务触角已遍及煤矿管理、节能减排、环境保护、城市建设等领域，可喜可贺。他强调，物联网技术服务输出必须加强推广工作，要积极深入经济发展第一线，加强与管理部门、主管人员的沟通，建立联系，让更多的人了解熟悉这项技术。只有这样，才能适应实际工作，提供优质服务。我相信，你们有广阔的发展前景，而且能闯出一番大事业。

保障性住房既要建好，又要分好，真正把党和政府的好政策转化成惠及广大群众的实事好事

近年来，省委、省政府坚持把保障性住房建设作为重要的民生工程来抓，出台一系列政策措施，组织各级各部门齐抓共管。截至2010年底，全省共开工建设保障性住房94.11万套，竣工60多万套，完成投资约910亿元。按国家要求，“十二五”期间我省保障性住房建设规划由原定的80.86万套调整为116.93万套，其中2011年保障性住房建设任务37.54万套，截至5月底已开工155529套，各项工作都在扎实推进之中。

李克强对山西这个煤炭大省和老工业基地的保障性住房建设十分关心。2009年12月28日，李克强亲临大同出席全国城市和国有工矿棚户区改造工作会议，对我省棚户区改造工作给予充分肯定，提出殷切希望。这次来山西考察，他特别提出要看一看保障性住房建设特别是低收入群众购买保障性住房的情况。在太原市西华苑保障性住房项目现场，李克强认真了解项目总体构想和招标、建设、销售、配套建设等情况，仔细查看住房销售的相关流程。当得知这个占地417.3亩的项目除建有6898套保障性住房，还建有小学、幼儿园等配套设施时，李克强表示满意；当得知项目通过出租底层商铺来维持物业服务时，李克强认为开辟了盘活资源的新途径。

太原胶管厂的女工李恒双，一家人在20平方米的地下室住了18年，通过摇号幸运地获得了购买保障性住房的排位号。当她赶来看户型、看位置时，见到李克强副总理在场，喜出望外，激动地说，谢谢党和政府让我从地下室的小黑屋搬到亮堂堂的大楼房。李克强说，改善广大群众的住房条件是党和政府的重要责任，也是以人为本的重要体现，要通过积极的工作使所有住房困难的低收入家庭，都能住上宽敞、舒适、明亮的房子。当听说李恒双选的80平方米的房子马上就要竣工时，李克强高兴地祝她早日乔迁新居。之后，李克强又深入建设工地，走进在建新房，实地考察房屋质量、户型，一会儿摸摸墙面看砂浆比例，一会儿打量门框窗户是否结实，十分“较真”，并与建筑工人师傅握手，叮嘱他们不辞辛劳，把房子建好。

快要离开时，李克强叮嘱项目负责人和地方干部说，保障性住房是涉及群众切身利益的事，施工一定要确保质量，分配一定要确保公开、公平、公正，要发挥人大、政协、纪检、监察、媒体等多个方面和多个渠道的力量，引入全程监督，把党和政府的好政策真正转化成群众的实惠，把好事真正办在群众的心坎上。

中华民族的独立、新中国的建立是老八路、老战士浴血奋战换来的，让他们高高兴兴安度晚年是全国人民的共同心愿

山西是具有光荣历史的革命老区，长治是八路军总部所在地。考察期间，李克强专门来到长治市郊区光荣院，看望慰问生活在这里的老八路、老战士。

长治市郊区光荣院坐落在城郊接合部，始建于1984年9月，在收养的各类优抚对象中，有17人是浴血抗战的老八路、战功赫赫的解放军和志愿军战士，最大的86岁高龄，最小的也已75岁。为了不打破这里的安谧、清静，李克强坚持把车停在距离大门六七十米远的路边，步行进入。

"有几位是抗日老战士？"

"7位。有的有子女，但他们愿意住在这里。"

"对老战士要放宽一点，让他们选择自己喜爱的养老方式安度晚年。"

李克强边走边关心地询问有关情况。

李福昌是长治市郊区马厂镇张庄村人，张贵林是大辛庄镇西旺村人，两人都83岁了。听说李克强副总理要来，不仅穿上了绿军装，而且戴上了荣获的晋中战役、淮海战役、渡江战役等军功章和纪念章。

李克强说，我们今天的好生活是你们与战友一起浴血奋战换来的。今年是我们党建党90周年，我们来是向你们表达敬意的，感谢你们为中华民族实现独立解放、为建设新中国做出的巨大贡献。

随后，李克强与在这里生活的老八路、老战士围坐一起，亲切交谈，并向他们送上慰问金。平常吃的好不好、饭菜是不是可口，参加不参加健身活动，有没有健身的器材……当听说一切都好时，李克强欣慰地点头称好。他对这些老前辈说，中华民族的独立、新中国的建立是你们浴血奋战换来的，给你们特殊照顾是理所应当的，是全国人民共同的心愿。他还一再叮嘱大家，有什么困难，有什么问题，有什么需要，都可以跟院领导反映，希望大家都健康长寿，愉愉快快地过生活，高高兴兴地度晚年。

"感谢党和政府的关心，感谢李副总理在百忙中看望我们。"大家几次对李克强的讲话报以掌声，并表达了发自肺腑的感激之情。

临别，看到院子里种植了许多蔬菜，李克强进到地里，蹲下身子，抓起一把土仔细察看墒情，并了解种植蔬菜的品种。对光荣院办的一件件好事，他由衷高兴，一再称赞。

站在新起点，实施"十二五"，山西要做好转型跨越发展和保障民生这两篇大文章

6月11日上午，李克强在太原接见了省四套班子领导和有关部门及太原市主要负责同志，并作了重要讲话。李克强指出，山西不仅为中国革命的胜利做出过重大贡献，而且为新中国独立完整工业体系的建设做出了不可替代的重大贡献，为全国提供了重要的能源保障。"十一五"期间，山西各项事业都取得显著成绩，圆满完成了确定的目标。目前，广大干部群众心齐、气顺、劲足，有一种向上的干劲、冲劲。

李克强指出，去年以来，山西省委、省政府集中全省的智慧创新思路，规划了"十二五"发展蓝图，提出了"转型跨越"这样一个既符合中央以推动科学发展、加快转变经济发展方式为主题主线的要求，也符合山西实际的新的发展战略。山西已经站到了一个新的起点上，希望你们做好转型跨越发展和保障民生两篇大文章。做好转型跨越发展这篇大文章，就是要在发展中促转变、在转变中谋发展。实现了转型的跨越，才会是高质量的发展，符合未来经济结构要求的发展，可持续的发展。山西转型跨越发展具有巨大潜力和希望，特别是通过循环发展，有条件实现转型跨越，有条件把国家确定的资源型经济转型综合配套改革试验区建设好。做好保障民生这篇大文章，就是要在提高城乡居民收入的基础上，做好保障民生的各项工作。保障民生既事关群众生产生活，又是促进消费、转变发展方式、保持经济平稳较快发展的重大措施，是民生工程也是发展工程。山西的同志们干劲很足，工作扎实，我相信会在保障性安居工程、义务教育、就业、基本养老、基本医疗等重大民生项目方面，为人民群众不断办好事，使群众得到更多实惠，同时也为全国提供新鲜经验。

李克强强调，山西这样一个典型的能源资源大省，如果实现了转型跨越，对全国其他省份有启示意义，对我们破解能源资源难题也会起重大的作用。国家会在发展循环经济等方面给予山西更大的支持。山西大有希望，祝山西人民幸福安康。

袁纯清指出，在纪念建党90周年的前夕，在"十二五"的开局之年，在山西综改试验区建设的起步阶段，李克强副总理亲临山西视察，对山西人民是巨大鼓舞。李克强副总理对山西人民怀有深厚感情，对山西在历史上做出的贡献，在解放60多年来为国家发展特别是提供能源支持所做出的贡献给予充分肯定，对山西近年来创新发展思路、推进煤炭资源整合等工作给予充分肯定，对我们是鼓舞，也是鞭策。李克强副总理要求我们做好转型跨越发展和保障民生两篇大文章，为我们更好地贯彻落实科学发展观，更好地实施"十二五"规划进一步指明了方向，我们要认真贯彻落实。我们要在以胡锦涛同志为总书记的党中央领导下，按照科学发展观的要求，以求真务实的作风努力奋斗，让党中央、国务院放心，让山西人民更加幸福。

一路风尘仆仆，一路深情寄语。李克强把党中央、国务院的亲切关怀带到了三晋大地，把对老区的深深情意留在了山西人民心间。充满感情和期望的一声声问候，一句句嘱托，将激励山西人民在转型跨越发展的征程中创造新的辉煌。

陪同考察的还有财政部部长谢旭人、国土资源部部长徐绍史、住房城乡建设部部长姜伟新、国务院副秘书长尤权、国家发展改革委副主任解振华、国研室副主任宁吉喆；山西省领导金道铭、高建民、李政文、陈川平、任润厚。

（徐补生）

风日正好情愈浓

——贺国强在山西考察侧记

初秋时节，绿意尤浓，气候宜人。城乡生机盎然，大地丰收在望。

8月12日至16日，正当全省上下深入学习贯彻胡锦涛总书记“七一”重要讲话精神，全面实施“十二五”规划，转型跨越发展再鼓干劲、再掀高潮的重要时刻，中共中央政治局常委、中央纪委书记贺国强踏上三晋大地，就加快转变经济发展方式、促进经济平稳较快发展以及加强党风廉政建设和反腐败工作进行考察。

这是5年来贺国强第二次来晋考察。看到他矫健的步履、和蔼的笑容，山西的干部群众倍感亲切；听到他一声声嘱托，山西的干部群众更增强了信心和力量。

5天时间、1900公里行程，风尘仆仆，风雨兼程。贺国强这样概括自己的山西行：“一路走下来，一直都在认真地看、仔细地听。”察民情、听民声，看变化、谋发展，多少惦念和祝福寄托在这朴素的表达里！

5天里，从太行山区到汾河岸畔，在省委书记袁纯清、省长王君等陪同下，贺国强入企业、进社区，访村户、看群众，带来了党中央的亲切关怀，表达了对基层党员干部群众的热切关心。

“十一五”圆满收官，“十二五”开局良好。16日，在听取了省委、省政府的工作汇报后，贺国强高度评价说：“我上次来是2006年，时隔5年，山西城乡面貌焕然一新，所见所闻令人振奋和鼓舞！”

大寨既能继承艰苦奋斗的传统，又能与时俱进，不断改革创新。大寨精神值得我们永远学习

贺国强此次山西考察，是从昔阳县大寨村开始的。

12日上午，贺国强一行乘列车抵达阳泉北站后，换乘汽车直奔大寨村。

大寨，一个只有205户人家、520口人的小山村。大寨，一块影响了几代人、承载了太多历史辉煌与现实荣光的土地。大寨，不仅是中国，而且是全世界知名度最高的村庄。

大寨是我国农业战线的一面旗帜，以自力更生、艰苦奋斗为核心内涵的大寨精神，受到了毛泽东、周恩来等老一辈无产阶级革命家的充分肯定。当年，多达134个国家的2.5万多名外宾，以及960万国人参观访问过大寨。改革开放后大寨二次创业，在巩固和加强农业基础的同时，迅速发展了煤炭、建材、旅游、农副产品加工产业，逐步走上共同富裕之路，创造了新的辉煌。

12日下午，贺国强顶着炎炎烈日，健步登上虎头山。在昔日铁姑娘、今日大寨村党总支书记郭凤莲的引领和介绍下，贺国强饶有兴趣地边走边看，并不断与大家交流。

“虎头山海拔多少？”

“1167米。”

“造多少林了？”

“1320多亩，现在综合覆盖率是68%。”

“旅游投资进去多少？来旅游的人多吗？”

“1.2亿元。每年接待游客40多万人次。”

周恩来纪念亭、虎头山标志石、叶帅吟诗地、陈永贵墓地、郭沫若诗魂碑、孙谦纪念碑……今天的一个个景点带出了昨天的一个个故事。在大寨展览馆，贺国强仔细观看一幅幅照片、一件件实物，钦佩之情油然而生，他欣然题词：弘扬大寨精神，建设社会主义新农村。

才上虎头山，又进狼窝掌。狼窝掌是大寨7条大沟中最大的一条，沟深坡陡。经过搬山填沟造平原，今天的狼窝掌早已变成了肥沃的农田、浓密的林地。贺国强走进田地，察看庄稼长势，对种植、收入等情况一一详细了解。

在大寨村广场，贺国强对闻讯赶来的村民们说，我代表党中央、代表胡锦涛总书记来看望乡亲们，希望大家发扬光荣传统，扎实推进社会主义新农村建设，把大寨建设得更美好。

贺国强专程登门看望了老劳模宋立英。这位大寨村的第一个女共产党员、第一任妇联主任，尽管已是80高龄，身子骨仍然十分硬朗，经她一手办起来的宋立英旅游精品店，一直经营得红红火火。

贺国强称赞宋立英是大寨精神的创立者之一。他拉着老人家的手，走进她的家里，看这看那，问长问短，并送上慰问金，还问她有没有什么困难，对党委、政府的工作有什么建议。在小院里，贺国强招呼闻讯赶来的群众围坐在一起，亲切交谈。他说，中华民族的优良传统在大寨得到了发扬光大，大寨精神鼓舞了我们几代人的成长。当年，在那么艰苦困难的条件下，大寨这面旗帜鼓舞了全国农民，鼓舞了全国人民。大寨这面旗帜讲的就是怎么克服困难，怎么来建设我们的国家，这是一个常讲常新的话题，所以大寨精神要一直学下去，一直发扬下去。大寨好就好在既能继承传统，弘扬过去的精神，又能与时俱进，不断赋予大寨精神新的时代内涵，正是因为把二者很好地结合了起来，大寨今天才能仍然走在全国前列，人均年收入达到一万块钱以上，才能让全国各地的人慕名而来。这次我来看了后很是感慨，觉得大寨有许多东西值得学习。同时也借这个机会祝愿大寨的乡亲们能够一年比一年过得好，一年比一年更幸福！

太行精神是党和国家的宝贵财富。我们永远不能忘、不能丢

太行精神，光耀千秋。太行革命老区一直是贺国强心中深深的牵挂。

不顾路途遥远，不怕山高弯多。13日上午，贺国强一行离开大寨，连续行车近3个小时，专赴武乡县瞻仰八路军总部王家峪旧址。

丘陵山区中,三处农家院,便是当年的八路军总部、中共北方局所在地。睹物思人,倍感亲切,从朱德、彭德怀、左权、刘伯承、邓小平、杨尚昆、陈赓、陈锡联等老一辈无产阶级革命家的居住室,到一件件保存下来的生活战斗用品,贺国强怀着崇敬的心情,一处不落,听得十分认真,看得格外仔细,不时地询问有关情况,多次发出由衷的赞叹。

走进这里,便是走进革命的历史;亲近这里,便是亲近老区的百姓。面对围上来的乡亲,贺国强大步迎上去,紧紧握手,动情地说,我来王家峪是代表党中央、代表胡锦涛总书记,看望太行老区人民。中国革命取得胜利,不应该忘记王家峪。

太行山高,可以呼远。位于武乡县城西部、全面反映八路军8年抗战历史的八路军太行纪念馆,同样深深地吸引了贺国强深情的目光。

13日下午,贺国强怀着崇敬的心情,来到八路军太行纪念馆。庄严肃穆的纪念大厅、生动感人的史实再现,在反映彭老总忍饥挨饿、与老区人民共度灾荒的图片前,在壮烈殉国的左权将军的雕像前……贺国强一次次伫立良久,几回回眼角湿润。他感慨地说:"在异常艰苦、险恶的环境下,我们党带领八路军和太行儿女浴血奋战,打击日本侵略者,不断发展壮大,取得抗战胜利,靠的是与人民群众的血肉联系,靠的是伟大的太行精神。"

贺国强还与张金鱼、王官林、郭贵云、李发祥、郝金牛、魏拴紧、王水林等7位老八路亲切座谈。他与大家一一握手,认真听取老八路对革命生涯的追述,关切询问大家的生活和身体状况。贺国强饱含深情地说,这次来山西,我代表党中央、代表胡锦涛总书记看望大家,特意到八路军总部王家峪旧址和八路军太行纪念馆参观学习,尽管时间不长,但感触很深。今年是建党90周年,胡锦涛总书记在"七一"讲话中概括建党90周年的历史讲了三件大事,这三件大事都凝结着在座各位老同志以及所有离退休老同志的心血和汗水,特别是第一件大事,更不能忘了战斗在太行山区的老八路、老战士,大家是共和国的有功之臣。太行精神和井冈山精神、长征精神、延安精神、西柏坡精神一样,是我们党和国家的宝贵财富。尽管我们现在生活好了,条件改善了,但是当年那种太行精神、那种艰苦奋斗精神,我们永远不能忘、不能丢。

贺国强还说,做纪检监察工作同样需要学习和弘扬太行精神,把老同志培育的好作风传承下去,这是我学习参观后的又一个感想。我们党要长期执政,把政权世世代代传下去,就得有好的党风作保障。把八路军太行纪念馆作为廉政教育的一个基地,目的就是要让纪检监察战线的同志们更好地向革命前辈学习,大力弘扬太行精神,按照中央的要求把党风廉政建设搞好,把反腐败工作搞好。

临别,贺国强向每位老战士送上慰问金,一起合影留念,祝大家安度晚年。同时希望各级党委、政府,一定要照顾、关心好老同志。

山西不仅是煤炭大省,也是煤层气大省,开发利用煤层气一举多得,这条路走得好

山西被确立为国家资源型经济转型综改试验区,不仅给全省人民以巨大鼓舞,而且受到了党中央、国务院的高度重视。考察中,贺国强对"气化山西"表现出浓厚兴趣,给予了极大的关注。

12日下午,贺国强在昔阳考察了漾泉蓝焰煤层气公司。该公司由晋煤集团投资28亿元,主要对阳煤集团寺家庄矿区124平方公里范围内的煤层气进行地面预抽和开发。一尘不染的崭新厂区,一字排开的运气重卡;没有机器轰鸣,更没有油烟异味。

"晋煤集团到昔阳地界上采气,了不起啊!"贺国强赞叹地说。

晋煤集团是我省乃至全国发展煤层气产业的排头兵,2010年煤层气抽采达到9亿立方米,占到全国总量的62.75%。对晋煤集团主动转型、大力发展煤层气产业的做法,贺国强给予高度评价。他称赞说,先采气再采煤,可以降低乃至杜绝瓦斯爆炸,保证煤矿安全生产;多烧气少烧煤,既节能又环保,又弥补了能源的缺口。这是对资源的有效利用,是一举两利的大好事、变废为宝的大好事,要坚持下去,大力发展。

当了解到山西煤矿60%是高瓦斯井,煤层气总储量达10万亿立方米,占全国总储量的1/3时,贺国强高兴地说,山西不仅是煤炭大省,也是煤层气大省,"气化山西"这条路走对了,要坚定不移走下去。

看到你们生活得好,日子富裕了,环境改善了,我很高兴

如何更好实现城乡统筹发展,进一步加快城镇化进程,创新社会管理,是贺国强此次调研的又一重点。

一幢幢高层大楼鳞次栉比,一排排临街店铺比肩而立。昔日破破烂烂、乱乱叨叨的旧村模样,今天已经在宣传展板上定格为历史。万柏林区阎家沟村——随着迎泽西大街打通,1994年被列为太原市首批"城中村"改造试点,发生了翻天覆地的变化。

16日上午,中巴车在迎泽西大街停下,贺国强健步走进阎家沟村,一下子就被这个与其说是农村,却更像是城市社区的都市村庄吸引住了。

村党支部书记康海金介绍说,阎家沟村西1公里处就是区政府,拆了平房盖楼房、建市场,从种地变成做生意。9万平方米的简陋平房,变成了近30万平方米的新式楼房、10万平方米临街市场,外来人口达到8000多,是本村人口的4倍。村集体经济1994年负债600万元,去年实现盈利2000多万元、社会总收入6亿元、人均收入过万元。

"拆迁很难,你们是怎么完成的?"

"两委干部带头拆,先安置困难户、孤寡老人和残疾人,最后才是村干部。"

从农廉办公室、档案室,到图书室、会议室;从反映村容村貌、发展变化的几个展板,到创先争优活动党员公开承诺栏;从治安管理监控室到农村社区服务中心,贺国强边走边看,边听边问,不断给予赞许。

考察中,贺国强还特地到王树华家里走访,和老人亲切地拉家常。王树华今年77岁，是村里的老支书，3个儿子已经成家另过，都有稳定的工作和收入。当看到老两口住得宽敞舒适，了解到他们不仅享受新农保、看病有医保，而且每年可以从村里领到4万多元退休金和分红时，贺国强欣慰地说："看到你们生活得好，日子富裕了，环境改善了，我很高兴。"

技术和人还是要很好地结合起来。更重要的是工作要加强，要创造好的环境

如何更好地利用高科技、确保高科技运用安全，使高科技产业安全发展、健康发展；怎样更好地吸引人才、使用人才，让人才更有作为、发挥更大作用？贺国强牵挂在心，至为关切。

8月16日时近中午，贺国强来到罗克佳华公司。令他高兴的是，罗克佳华是一家物联网高科技企业，在李玮、邓中恒、吴晓创三位海归的带领下，立足山西，走向全国，已把物联网联到了矿山、污水处理厂、脱硫塔，在安全生产、节能减排等方面发挥了实实在在的作用。

"标准化、信息化，高品质、高效率"，这是罗克佳华一直以来的追求。当了解到他们成功研制物联网管理优化系统，即将在中博会煤炭交易中心使用时，贺国强语重心长地叮咛："推广自动化要考虑到一旦出现故障怎么办。完全自动化的高科技还得人来操作，技术和人还是要很好地结合起来，要保证系统一旦发生问题，能够及时发现，及时跟进，及时解决。"

考察中，贺国强临时决定，要与罗克佳华的管理团队进行座谈。

"你们这些'千人计划''百人计划'引进来的人回来创业，中央给了一些政策，包括科研费用，人才安置费用等，落实得怎么样？"

"落实得都挺好！"

"你们是带着抱负回来干事业的。有什么困难和问题，都可以说说。"

"各方面对我们很好、很支持，但还有些人不相信我们、不相信物联网，怀疑我们这些从国外回来的书生是不是能干起来。其实我们每天都在努力，主要是希望有个好的氛围，希望得到认可。"

"你们一方面要宣传，一方面要培训，这是一个不断提高的过程，也是一个不断接受的过程。有个好的氛围很重要，一方面政府帮着做，一方面你们也要做普及工作，当别人理解了，支持了，也就好开展了。"

最后，贺国强总结说："你们的意见很重要，就是把你们引进来了，还要把你们的作用发挥好，相关工作要加强，要创造好的环境。"

加快自主创新，加快走出去，使我们的重型机械设备能够跻身世界一流

山西是老工业基地，装备制造业在全国占有一席之地。对此，贺国强十分关心，寄予厚望。

16日上午，贺国强兴致勃勃地来到太重。值得一提的是，贺国强曾在1968年来过这个新中国自行设计、建造的第一座重型机器厂，当时他是来购置设备。光阴荏苒，43年过去，贺国强再次来到这里，感到分外亲切。

进入厂区，贺国强直奔展览厅，了解太重61年艰苦创业、砥砺前行、改革奋进、跨越发展的光辉历程。然后去挖掘焦化设备分公司，详细了解自主研发、生产工艺、市场销售等情况。

一进车间，贺国强就被一台台即将出厂的挖掘机吸引住了。排在最前面的一台是35立方米挖掘机，高26米、重900吨，也就是一铲下去可挖掘35立方米，举到26米以上的高度。

轰隆隆往前、推压，高高地提升、回转，咣当一声，重重地卸载。这台庞然大物的精彩演示，将大力度、重量级、强震撼展露无遗，博得大家热烈鼓掌。

"这些产品都有主了吧？"

"是的。我们的产品属技术密集型，走的是单件小批量订单生产的路子。刚才演示的那台是给华能的，后面几台要卖给俄罗斯、印度、南非、智利、秘鲁。"

临别，面对围上来相送的太重职工，贺国强发表了热情洋溢的讲话。他说，非常高兴来到太重参观学习，看到我们太重的发展感到非常高兴。咱们创造了中国重型机械设备史上的几百个第一，其中有一个我就经历了，就是国内最大的煤气发生炉。当时全国一共生产了8台，我所在的工厂就用了3台，三米六的直径。时隔43年，再来看我们太重的变化、发展、壮大，太重已经是一个跨国集团公司，产品走向了世界。太重的发展是我们国家工业建设发展的一个缩影，也是我们整个国家经济社会发展的一个缩影，太重的发展凝聚着几代太重人所付出的劳动和贡献。现在太重站在一个新的起点上，希望大家加快发展，加快自主创新，加快走出去，使我们的重型机械设备能够跻身世界一流！"

在晋期间，贺国强还主持召开全国部分省（区、市）巡视工作座谈会，观看话剧《立秋》，看望了省纪委省监察厅干部并与大家一起合影。

以推进转型综改试验区为龙头，推动山西经济社会又好又快发展，努力走出一条资源型经济全面转型发展的新路子

8月16日，贺国强听取了省委书记袁纯清和省委常委、省纪委书记李兆前关于山西经济社会发展、党的建设和反腐倡廉工作情况的汇报，发表了重要讲话。他说，时隔5年再来，感到山西各方面又发生了很大变化，城乡面貌焕然一新，广大干部群众精神状态很好，三晋大地到处呈现出转型跨越、加快发展，心齐气顺、风正劲足的良好局面，所见所闻令人振奋和鼓舞。近年来，山西省委、省政府认真贯彻落实中央决策部署，积极应对国际金融危机冲击及其他各种困难，各项事业在过去工作的基础上又取得新的显著成就，发展思路更加清晰，经济实力大幅提升，结构调整迈出重要步伐，基础设施建设和生态建设成效显著，人民生活水平显著提高，党的建设扎实推进。你们深入贯彻落实科学发展观，从山西实际出发，明确提出了"以转型跨越发展为目标，大力推进工业新型化、农业现代化、市域城镇化、城乡生态化,再造一个新山西”的奋斗目标,全省经济社会发展的方向更加明确。当前,山西改革发展已经站在新的历史起点上,面临难得历史机遇,一是中央关心支持,二是国家实施促进中部地区崛起战略的机遇,三是国家实施“十二五”规划的重要机遇,四是国家批准山西为国家资源型经济转型发展综合配套改革试验区的机遇,五是加快发展的条件具备。希望全省广大干部群众紧紧抓住宝贵机遇,充分发挥自身优势,进一步解放思想、开拓进取,团结奋斗、真抓实干,不断开创改革开放和社会主义现代化建设新局面。要切实增强推进资源型经济转型发展的责任感和紧迫感,以推进国家资源型经济转型发展综合配套改革试验区建设为龙头,推动山西经济社会又好又快发展,努力走出一条资源型经济全面转型发展的新路子。要大力加强干部队伍作风建设,继承和发扬光荣革命传统,在加强作风建设方面走在全国前列,为改革发展稳定提供有力保证。

袁纯清在汇报会上指出,在全省人民深入学习贯彻胡锦涛总书记“七一”重要讲话、加快推进转型跨越、确保“十二五”取得良好开局的关键时刻,贺国强同志亲临我省视察,带来了党中央对山西人民的关怀。在5天的时间里,贺国强同志风尘仆仆,不辞辛苦,深入农村、企业、社区和机关,与基层干部群众亲切交谈,看望慰问老八路、老劳模和纪检监察干部,考察经济社会发展和纪检监察工作。贺国强同志关爱民生、求真务实的作风给我们树立了典范。袁纯清指出,贺国强同志的重要讲话政治立意高,思想理论深刻,工作针对性、指导性强,对山西发展提出明确要求,寄予殷切期望,使我们的思路更清晰、眼界更开阔、路径更明确。我们要把贯彻落实贺国强同志重要讲话精神,与深入学习贯彻胡锦涛总书记“七一”重要讲话精神相结合,充分认识党的建设面临的“四个考验”和“四种危险”,始终把反腐倡廉建设作为重大政治任务,旗帜鲜明、一以贯之地抓下去,全面落实党风廉政建设责任制,加快建设具有山西特色的惩治和预防腐败体系。要坚持科学发展的主题,切实加大转变经济发展方式力度,抓住建设转型综改试验区的重大机遇,以煤为基、多元发展,先行先试、改革创新,改造提升传统产业,发展壮大新兴产业,解决好民生问题,加强和创新社会管理,走出资源型地区科学发展的新路,在转型跨越中加快全面建设小康社会进程。

中央纪委副书记张惠新、中央纪委秘书长崔少鹏,省领导薛延忠、金道铭、李小鹏、胡苏平、高建民、李政文、汤涛、陈川平、张少华、聂春玉、申联彬、张平、刘维佳、张建欣分别陪同考察或出席汇报会。

(徐补生)

丰收时节的希冀

——王岐山在山西考察侧记

金秋九月,硕果飘香,远山层林尽染,田野丰收在望,三晋大地一派美好景象。

9月23日至25日,前来山西出席第六届中国中部投资贸易博览会开幕式的中共中央政治局委员、国务院副总理王岐山在我省进行了工作考察。他先后深入大同、朔州、忻州、太原,对古城和文物保护工程、旅游景区、装备制造企业、中博会场馆进行实地察看,听取工作汇报,提出指导意见,把党中央、国务院的亲切关怀和激励带到广大干部群众心里,带到为筹办中博会付出辛苦努力的工作人员心里,让行进在转型跨越发展征程上的山西人民备感振奋。

“要深入挖掘旅游景区文化内涵,促进文化与旅游融合发展,做大做强旅游产业”

塞北大同,天际高阔,秋风送爽,不远处,座座高楼拔地而起。这座回响争鸣号角和积淀佛教文化的历史名城,浓郁的现代化气息同样吸引着世界的目光。

9月23日下午,王岐山首先来到大同古城保护开发标志性工程——东城墙恢复现场考察。该城墙已于2010年9月修复完成,整座城墙雄浑庄重,尽显古风。

“原来的城砖什么时候扒掉的?”

“上世纪七八十年代。”

“城门前的吊桥也能吊起来吧?”

“可以。”

详细询问相关情况,在听取大同市政府负责同志的回答和介绍后,他对这一“原工艺、原形制、原材料、原风貌”的文物修复工程给予充分肯定。

2010年9月完工的大同华严寺修复及环境整治工程,是大同古城保护的一大亮点。雄浑壮阔、布局完美的寺宇内,各种建筑、造像、彩绘充满艺术魅力,完美地体现了辽金时期的建筑风格,展示了大同厚重的宗教文化,吸引了王岐山的目光。

走进华严寺薄伽教藏殿,殿内的雕木藏经阁兼艺术价值与实用价值于一体,保护完好,对于研究我国古代建筑艺术具有重要的科学价值。面对这一被梁思成惊叹为“海内孤品”的古建筑,王岐山连声称赞:“真是宝贝!”

云冈石窟及周边环境综合治理,是大同市着力打造的又一文物保护开发工程。景区新建的云冈石窟陈列馆、现代演艺中心、周总理纪念室及影壁、水榭、凉亭等,极大地提升了景区品位,吸引了大批游客。王岐山说:“山西历史悠久,文化厚重,包括佛教文化在内的人文资源十分丰富和宝贵,要加强研究，深入挖掘山西深厚的文化内涵，加强优秀文化传承，促进文化与旅游的融合式发展，着力打造文化旅游品牌，把文化旅游资源优势转化为经济优势和发展优势，实现人文资源大省向文化旅游强省转变。”

王岐山还考察了应县木塔景区和五台山景区，他指出，要注重景区文化的挖掘、整理、提升和宣传工作，分门别类地进行宣传介绍，帮助游客了解景区景点，使大家看前有感受、看后有归纳，使各类游客的不同要求都能得到满足。要从文明敬香、导游培训管理等细处入手，不断提升景区的文化品位，加强景区功能的完善配套，着力提升服务水平。

总之，要在文化的弘扬和传承中给游客留下更深的印象，这也是进一步提升我们的文化软实力、促进文化大发展大繁荣的要求。

“要积极‘走出去’，学习世界先进装备制造技术，增强核心竞争力”

位于大同市装备制造产业园区的中国重汽大同齿轮有限公司，是王岐山这次考察的一个重点。该公司是大同市整体搬迁改造升级项目，首期建设已经完成，年产变速箱 15 万台，预计“十二五”末年产能达到 85 万台，年销售收入近 100 亿元，利税突破 15 亿元。

公司总经理武正河介绍了企业搬迁发展情况，他告诉王岐山副总理，公司目前已经掌握德、美、日变速箱三大主流技术，部分齿轮产品打入国际市场，具有一定的竞争力。

王岐山对企业取得的成绩表示祝贺，他说：“汽车制造代表着工业生产的基本水平，现在我们的发动机制造技术水平和国外相比还有很大差距，希望我们的企业能够积极地‘走出去’，努力学习和追赶世界一流技术。比如，可以走出去收购欧洲的一些小型制造企业。有些国外小厂专门给大厂做配套，只生产一两种零件，但技术非常精湛，设计、创新都是世界一流的，他们的老一辈企业家年纪大了，年青一代又不愿意干，加上欧债危机的加深，给了我们通过收购、合作获得先进制造技术的机会。事实上，我们的许多民营企业已开始这么做了。”

王岐山还语重心长地对大家说：“‘走出去’就要进一步解放思想。现在许多企业还是热衷于出去买资源，包括土地、矿产、油田，但资源对任何一个国家来说，都有很强的政治属性，政策一变就会产生很大的风险。我们国家现在外汇储备丰富，有力量支持企业大胆‘走出去’。企业要挑选好的技术项目，通过收购的方式，在当地生产产品然后用于国内配套，同时在项目合作过程中把人家的技术学回来，使我们能够逐步赶超世界一流技术水平。当然，人家一两百年练出来的东西，不可能一下学会。这需要一个过程，不能太急功近利。”

王岐山走进生产车间，深入了解企业生产情况。在轴加工操作台前，王岐山亲切地询问年轻师傅郭佳琦：“哪个学校毕业的？”郭佳琦答：“中北大学。”王岐山听后，满意地点点头。看到王岐山副总理出现在车间，工人师傅们高兴地鼓起掌来，向王岐山问好。

视察中博会场馆，高兴地称赞“真气派”

9 月 25 日下午，王岐山抵达太原，兴致勃勃地来到设在中国（太原）煤炭交易中心的第六届中部博览会展馆，巡视了展馆布展、接待等各项准备工作。

碟形的场馆内，中博会开幕式各项准备工作已经就绪。中部六省及有关参展单位精心布展，一个个设计别致、充满现代科技味道的展台，生动地展示着中部各省的产业基础、文化脉络、创新成果，展示着中部崛起的雄姿和蓬勃的生机。王岐山一一察看了各个展位，听取了参展单位的介绍，连连点头赞许。他在晋城煤业集团展位前驻足停留，了解了晋煤集团煤层气抽采工艺和开发情况介绍。

实施开放引进战略，是我国的基本国策。王岐山指出，中部省份要充分利用好中博会这个大平台，进一步扩大对外开放，有效利用“两种资源、两个市场”，推进产业转型升级，促进发展方式进一步转变，加快中部地区转型跨越发展。

在展馆出口处，王岐山回望展厅，高兴地称赞：“场馆真气派！”他接着问：“场馆是哪一年修建的？”“前年开工，中博会前正式完工。”当了解到包括太原煤炭交易中心在内的省城十大建筑正以崭新的面貌迎接中外来宾，展示山西对外开放的良好形象时，王岐山高兴地点头肯定。

在晋考察期间，王岐山睿智幽默的话语、平和朴实的作风，给山西的干部群众留下深刻印象，沿途所到之处，各地群众热烈欢迎，鼓掌问好，大家感谢他对山西改革发展的关心支持，感谢他在这丰收时节里留下的美好希冀。

和王岐山一同莅晋的，有国务院副秘书长毕井泉、国家工商总局局长周伯华、国家质检总局局长支树平、商务部国际贸易谈判代表兼副部长高虎城、中国人民银行副行长马德伦、国家旅游局副局长杜江。山西省委书记袁纯清、省长王君和省领导李政文、牛仁亮先后陪同考察。

（贺　锴）

中共山西省委工作概况

省委书记　袁纯清

2011年，在党中央的正确领导下，山西省委团结带领广大干部群众，以邓小平理论和"三个代表"重要思想为指导，深入贯彻落实科学发展观，全面贯彻党的十七大和十七届三中、四中、五中、六中全会精神，坚持以科学发展为主题、以加快转变经济发展方式为主线，着力推动转型跨越发展，全面推进经济、政治、文化、社会建设以及生态文明建设和党的建设，各项工作取得新进展新成效，实现了"十二五"的良好开局。

一、全面贯彻落实中央决策部署，在保持经济平稳较快发展的基础上综合实力迈上新台阶

我们把保持经济平稳较快发展作为贯彻落实中央宏观调控政策的首要任务，深入分析、正确把握经济发展面临的形势，抓住机遇深化改革开放、加快转型发展，狠抓项目建设，加大新兴产业、基础设施、民生工程、生态建设等领域的投资力度，积极扩大城乡消费需求和对外贸易，着力实现保增长、调结构、稳物价的统一。党中央、国务院批准我省建设转型综改试验区后，我们及时举办领导干部研讨班，在"为什么转型"、"向哪里转型"、"怎么转型" 等重大问题上形成共识。成立综改试验区领导组及工作机构，编制《总体方案》和各市、各部门、试点县行动方案。确定"一市两县"、"一市两园"、"一县一企" 和11个省属大型国有企业为先行先试试点，启动实施潞安煤基多联产、大同协鑫多晶硅及光伏产业、太榆科技创新城等重大转型标杆项目，创新产业、财税、土地、金融、科技和行政管理等体制机制，下功夫招商引资引智，转型项目成为引资平台和投资重点，转型综改试验区建设顺利起步。在前两年固定资产投资高位增长的基础上，2011年，全省固定资产投资完成7373亿元，增长27.3%。继续实施企业税费减免缓缴政策，积极促进中小微型企业发展，促进煤电企业战略合作，千方百计保障企业正常生产经营。完善消费政策，改善消费环境，规范市场秩序，推进农村便民店、农产品批发市场和"农超对接"工程，促进城乡消费快速增长。采取多种措施，控制物价过快上涨，居民消费价格总水平上涨控制在5.3%左右。认真贯彻落实国家鼓励外贸出口的一系列政策措施，巩固传统市场，开拓新兴市场，设法增加高新技术产品出口。全年地区生产总值完成11100.18亿元，增长13%；财政总收入、一般预算收入分别达到2260.6亿元、1213.2亿元，增长24.9%、25.1%；城乡居民人均收入分别达到18123.9元和5601.4元，增长15.8%和18.3%；社会消费品零售总额达到3773.6亿元，增长17.6%；城镇登记失业率控制在3.5%以内；万元生产总值综合能耗、工业增加值用水量和主要污染物排量全部实现国家下达的目标任务。尤其是主要指标均创历史新高，包括GDP进入万亿元俱乐部，财政总收入突破2000亿元，高速公路突破4000公里，煤炭产量达到8.72亿吨，电力装机达到5300万千瓦，粮食总产量达到119.3亿公斤，进出口总额达到147亿美元，为今后发展打下良好基础。

二、全面实施"四化"战略，转型跨越发展迈出坚实步伐

把转型跨越发展作为科学发展在山西的具体化，重点推进工业新型化、农业现代化、市域城镇化、城乡生态化，加快转变经济发展方式，不断提升经济发展质量和效益。

一是加快改造提升传统产业，大力发展循环经济。巩固煤炭产业的基础地位，推进煤炭产业高效、清洁、绿色发展，提高资源就地转化率。煤炭资源整合和煤矿兼并重组圆满完成，过渡矿井全部关闭，保留矿井加快技改，煤炭产业集中度和矿井机械化、信息化水平显著提高，晋北、晋中、晋东煤炭基地以及晋东南煤电基地建设进展顺利，煤炭产量增长近两成。煤矸石综合利用发电装机达到400.5万千瓦，风电装机达到100万千瓦，新增并网投产装机800万千瓦。全年外送

煤炭5.8亿吨，外送电683.5亿千瓦时。建立循环经济激励机制，加快传统产业循环化改造，把全循环作为新项目、新产业准入门槛，启动太原、长治、晋城、运城国家级循环经济标准化试点，确定太原不锈钢产业园区、同煤集团塔山工业园区等15个省级循环经济试点园区，试点企业由69家增加到121家，朔州获批全国第一个固废综合利用示范区。煤焦油和焦炉煤气回收利用率明显提高。全面启动焦化、冶金、电力、建材等行业整合重组，非煤矿山由793处整合为591处，独立焦化企业由223户减少到157户。原材料深加工能力得到提升，以太原为中心建设铝镁合金及深加工基地。

二是着力推进多元发展，新兴产业呈现良好发展势头。依托煤炭和资源优势，大力发展、引进新兴产业项目。确定十大重点领域战略性新兴产业，着力培育经济发展新优势。确定1100个重点推进的非煤技改项目，涉及装备制造、煤化工、新能源、新型材料等新兴产业。全年非煤产业投资和新兴产业投资分别完成2097.3亿元和914亿元，分别增长35.2%和49.9%。先进装备制造、现代煤化工、新型材料、特色食品四大行业增加值平均增长20%，高出工业平均增幅2个百分点。非煤产业比重明显提高，五大煤炭集团非煤产业比重达到55%。煤层气开发利用取得实质性进展，能源结构优化步伐加快。同煤集团40亿立方煤制天然气、焦煤集团60万吨焦炉煤气制甲醇制烯烃等现代煤化工重点项目建设顺利推进，潞安21万吨煤制油和晋煤10万吨甲醇制汽油项目顺利投产。启动实施7个重大科技专项和22个科技示范工程。精密制造、新能源汽车、节能环保、信息等产业快速发展，富士康年产2200万支第4代苹果手机生产线建成投产，太钢0.02毫米超薄不锈钢带钢走俏市场，晋城科技园5500台机器人如期下线，大运5万辆重卡、晋中吉利10万辆新能源汽车、阳泉百度云计算以及大同协鑫太阳能光伏、孝义乐百利特LED芯片等高新技术项目加快建设。文化旅游产业持续快速发展，云冈石窟环境综合治理全面完成，五台山景区提升，印象平遥大型实景演出项目进展顺利。全省旅游总收入1312亿元，增长21%。

三是加强基础设施建设，强化转型跨越发展支撑。大西客运专线、中南部出海大通道等加快推进，铁路建设营运总公里超过3750公里，新增高速公路1003公里。引黄工程北干线国庆节前通水到大同、朔州，五年投资1000亿元的六河连通“大水网”工程全面启动。运城、大同机场改扩建进展顺利，吕梁、临汾、五台山机场加快建设，投资百亿元的省城十大建筑全部建成。

四是全面推进“一村一品”、“一县一业”，切实提升农业现代化水平。完善强农惠农富农政策，实施“双十”强农惠农工程，全年“三农”投入达到650亿元。首批培育42个“一县一业”基地县和2000个“一村一品”专业村。推进农产品加工龙头企业“513”工程。完善农产品流通体系，加快发展农民专业合作社。狠抓2000个新农村重点村建设，启动实施100个新农村集中连片建设工程。组织乡镇以上实职领导干部开展“一对一”住村包村增收活动，重点解决人均纯收入在2500元以下的6426个村的农民收入翻番问题。组织社会力量开展“一矿一企帮一村”等活动，在山区实施“一村一井”工程，五年实现农民人均一亩水浇地。以片区开发为重点推进扶贫工作，覆盖贫困村1054个，又有20万贫困人口脱贫。

五是按照“一核一圈三群”格局，加快城镇化步伐。坚持规划引领，完成“一核一圈三群”（太原都市区，太原都市圈，晋北中部、晋南中部、晋东南中部城镇群）规划编制。利用世行、亚行等国际金融组织贷赠款开展城乡经济社会协调发展示范项目建设。开展城市容貌和人居环境专项治理，加快改造城中村、棚户区和老旧基础设施。加快城市扩容提质，完善公共服务设施，增强综合承载能力。加快太原——晋中同城化步伐，实施大县城战略和百镇建设工程，建设特色宜居城镇。加快上党（长治）城镇群和汾河百公里城镇经济带建设，增强对周边地区的辐射带动作用。加快发展县域经济，协调推进工业化、城镇化和农业现代化。

六是强力推进节能减排，生态环境显著改善。严格实行节能减排目标责任制，实施六大高耗能行业和千家企业重点节能工程，淘汰落后产能，在全国率先实施燃煤电厂烟气脱硝、非电行业脱硫工程，建立省排污权交易中心，推进太原西山地区重点污染企业搬迁改造，污水处理厂实现县级全覆盖。完成营造林453万亩。推进气化山西进程，加快煤层气、天然气、焦炉煤气、煤制气一体化发展，建设“三纵十一横”骨干输气管网及支线管线，加快推进市、县、重点镇及工业园区气化全覆盖。能耗增速低于GDP增速3.82个百分点，万元GDP能耗下降3.5%；化学需氧量、二氧化硫、烟尘和工业粉尘等四项主要污染物分别削减0.5%、1.5%、2%和2%，11个重点城市空气质量优良率达到96%。

七是深化重点领域改革，全方位推进对外开放。深化国有企业改革，完善国有经济布局，增强国有企业实力，省属国有企业由原来的34家重组为21家，继太钢、焦煤、煤销之后，又有同煤、阳煤、潞安、晋煤4户企业销售收入超过千亿元。完善民营经济发展政策，拓宽民营经济投资领域，民营企业活力进一步增强。推进行政审批制度改革，取消、下放、调整行政审批事项和行政事业性收费事项364项。事业单位分类改革清理规范工作基本结束。医药卫生体制改革五项重点任务全部完成。集体林权制度改革深入推进。在22个县启动扩权强县试点。推动以资源换项目、换技术、换人才，推动与发达地区的能源供应和产品供需关系向产业互动关系转变。通过举办央企恳谈会、民企恳谈会、沪浙苏招商推介会、农博会以及欧洲北美等国招商推介会等一系列活动，全省招商引资到位资金3620亿元，为2010年的2倍，30家世界500强企业落户山西。成功举办中部论坛和中博会，来自45个国家和地区的1.6万名嘉宾参加，我省签订项目1198个，协议引资2.4万亿元。与国家部委、兄弟省份和大型企业签订战略合作框架协议19个。

为期4年的支援四川茂县恢复重建工作圆满完成，共投资21.6亿元。积极开展对口支援新疆昌吉州阜康市和新疆生产建设兵团农六师五家渠市的各项工作，加强组织领导，狠抓工作落实，全年投资2亿元，建成项目18个，援疆工作取得阶段性成果。

三、加强民主政治建设，依法治省水平得到提升

坚持和完善人民代表大会制度，支持人大及其常委会依法履行职能，营造自觉学法守法用法的良好氛围。把加强地方立法工作摆在重要位置，组织人大代表围绕转型跨越开展专题调研9项、立法调研16次，审议通过地方法规11件。认真贯彻《监督法》，支持省人大常委会有计划听取和审议“一府两院”专项工作报告，就法律法规实施情况开展执法检查。支持省人大作出《关于加强人民检察院对诉讼活动法律监督工作的决定》。建立和完善人大代表履职登记、代表活动经费管理等一系列规章制度，加强和改进代表工作。

坚持和完善中国共产党领导的多党合作和政治协商制度，召开省委政协工作会议，出台贯彻《中共中央关于加强人民政协工作的意见》的实施意见，并组织进行督查调研。支持政协委员就经济社会发展中的重大问题调研视察，开展“我为转型跨越发展作贡献”主题活动。举办纪念辛亥革命100周年系列活动。加强同各民主党派和无党派人士的合作共事，深入实施“同心”品牌工程。协助各民主党派筹备换届工作。加强宗教工作和民族工作，坚决抵制境外利用宗教进行渗透破坏活动。加强和改进新形势下工商联工作，侨务工作、党外知识分子和港澳台海外统战工作取得新进展。

扎实推进“法治山西”建设。加快推进法治政府建设，提高各级领导干部依法决策、依法办事的意识和能力以及全社会的法治化管理水平，严格规范行政执法，强化行政执法监督。加强对政法工作的领导，稳步推进司法体制和工作机制改革，加强行政执法与刑事司法衔接工作，加强政法基础设施建设，完善司法保障体系。弘扬社会主义法治精神，扎实开展“六五”普法，加强法律服务和法律援助。健全基层群众自治机制，完善基层民主管理制度，强化城市社区建设，推进厂务公开，完善政务公开、村务公开和公共企事业单位办事公开等制度。充分发挥工会、共青团、妇联等人民团体联系群众、服务群众、教育群众、维护群众权益的作用。

支持国防和驻晋部队现代化建设，加强国防动员能力建设和民兵预备役工作，“探索——2011”等军事活动取得圆满成功。健全军地协调和维稳指挥机制，提升党政军联合组织指挥、军警民联合遂行任务能力。军民融合式发展成效显著，军地“双服务”取得新成绩。

四、加强宣传思想文化工作，加快文化强省建设步伐

认真学习贯彻党的十七届六中全会精神，结合实际制定了实施意见，召开文化强省建设大会，通过强化精神支撑、创优舆论环境、提升山西形象、壮大文化实力、增强发展动力，加快建设中部地区经济强省和文化强省。

一是加强社会主义核心价值体系建设。坚持用中国特色社会主义理论体系武装干部群众，把社会主义核心价值体系教育融入山西转型跨越实践。进一步解放思想，更新观念，深化对科学发展观和省情特点的认识，探索资源型地区转型规律，不断增强广大干部群众的凝聚力和创造力。

二是营造良好文化环境和舆论氛围。正确把握导向，围绕中央重大决策部署开展舆论宣传，充分发挥主流媒体的主渠道、主阵地作用，深入回答转型跨越发展、再造一个新山西面临的理论和实践问题。组织宣讲团深入基层宣讲党的十七届六中全会精神和省第十次党代表大会精神。健全舆论引导机制，加强对社会热点问题的引导。加强互联网、手机等新兴媒体的建设、运用和管理，净化网络文化环境。

三是扎实开展思想道德建设和精神文明创建活动。大力弘扬太行精神、吕梁精神、右玉精神等宝贵精神财富，培育塑造具有山西风格和特色的精神理念。在实践中提炼“山西精神”。引深群众性文明和谐创建活动，长治市成为我省首个全国文明城市。推荐评选开展道德模范，加强大学生思想政治教育和未成年人思想道德建设，加强爱国主义教育基地的建设管理。通过开展民俗文化与节庆文化活动，丰富群众精神文化生活。

四是深入推进文化体制改革。制定《山西省文化体制改革和文化产业发展“十二五”规划》，经营性文化单位转企改制取得明显成效，非时政类报刊出版单位和重点新闻网站改革积极推进。广播电视初步形成“一张网”。继山西出版集团之后，组建山西广电网络集团、山西演艺集团、山西日报传媒集团、山西广电传媒集团、山西影视集团等五大国有文化产业集团，并初步建立现代企业制度。文化体制改革继续走在全国前列。

五是大力发展文化事业和文化产业。实施文化惠民工程，完善公共文化服务体系，文化信息资源共享、乡镇文化综合服务和农村电影放映等惠民工程扎实推进，乡镇文化站、农家书屋实现全覆盖。文物和非物质文化遗产保护进一步加强。实施大作品展现、大集团运作、大景点支撑、大服务引领、大会展集聚“五大战略”，推出电视连续剧《天地民心》、《革命人永远是年轻》、《红军东征》和京剧《知音》、舞剧《千手观音》、《粉墨春秋》等精品力作。发展新型文化业态，加强文化产业龙头项目、示范县和示范基地建设，引导和鼓励民营资本进军文化产业。文化产业增加值占到GDP的3.12%。

五、加强社会建设和管理创新，切实保障和改善民生

中央举办省部级主要领导干部社会管理及其创新专题研讨班后，我们抓紧贯彻落实，立足资源型地区社会管理的特点，强调要夯实转型这个基础、严守安全这个红线、突出民生这个根本、抓好基层这个重心、强化干部这个保证，及时举办全省主要领导干部专题研讨班，围绕35个课题进行大调研，出台加强和创新社会管理的实施意见，采取一系列举措，确保社会和谐稳定。

一是民生工程扎实推进。启动农村新的“五个全覆盖”工

程，投资300亿元，用两年时间实现农村街巷硬化、便民连锁商店、文化体育场所、中等职业教育免费、新型农村社会养老保险全覆盖，目前，年度任务均超额完成，有的已提前一年实现全覆盖。从2011年起，由省内国有煤炭企业为全省低收入农户每年每户免费提供1吨取暖煤，688万农户受益。新建200所标准化幼儿园，招聘2150名特岗教师到农村任教，高中阶段毛入学率达到87.5%。高校新区建设加快推进。启动县域医药卫生一体化综合改革，投资25亿元新建改造一批基层医疗卫生机构，药物价格下降30%以上，食品药品安全保障水平明显提升。加大廉租住房、公共租赁住房、经济适用住房、限价普通商品住房建设力度，开工建设各类保障性住房44万套，完成投资415亿元，超额完成国家任务，开工率居全国前列。开工改造农村危房6万户。有效调控房地产市场，出现了房地产投资增加、销售面积基本稳定、销售价格下降的良好态势。

二是就业和社保工作得到加强。新增城镇就业50万人，转移农村劳动力40万人，大学生就业率达到89%。扩大社保范围，完善最低工资制度，提高城乡居民最低生活保障标准。启动社保"一卡通"工作，城镇社保综合覆盖率达到90%，城镇居民、新型农村社会养老保险覆盖率均在82%以上，城镇医疗保险、新农合参保率均在96%以上，企业退休人员基本养老金标准居中部首位，未参保集体企业退休人员、国企"老工伤"人员和工亡职工家属全部纳入社保范围，242万城乡低保和农村五保对象应保尽保。建立社会救助和保障标准与物价上涨挂钩联动机制，在全国率先实行单月CPI涨幅超过5%或食品价格涨幅超过10%即向低收入群体发放临时性价格补贴的措施，有效保障了困难群众的基本生活。

三是安全生产形势持续明显好转。深入开展"安全生产年"活动，严格落实企业安全生产和政府安全监管两个主体责任，开展以煤矿为重点，覆盖非煤矿山、尾矿库、道路交通、特种设备、易燃易爆物品、学校、水库等各行业各领域的安全生产整治行动，加大隐患排查治理力度，严肃责任追究，有效防范和遏制重特大事故发生，安全生产形势继续明显好转。各类安全生产事故死亡人数在前两年减少1523人的基础上，2011年又减少202人，没有发生特别重大事故，煤矿百万吨死亡率下降到0.085，居于国内领先水平。

四是社会管理和维护稳定工作全面加强。严格落实维护稳定责任制，引深"平安三晋"创建活动，深入推进社会治安综合治理，完善社会应急管理机制，加强对敌斗争，严厉打击各种违法犯罪活动和黑恶势力。围绕重点产业、项目和工程建设搞好法律服务。深化社会矛盾化解、社会管理创新、公正廉洁执法三项重点工作。健全群众权益保障机制、稳定风险评估机制、社会矛盾调处机制。加强流动人口管理和校园安全防范管理。创新基层社会管理服务，建设乡镇(街道)综治工作中心，在城区推行网格化管理。确定1市13县开展加强和创新社会管理试点。加强和改进新形势下群众工作，用群众工作统揽信访工作，省对各市进行稳定和信访工作面对面点评，领导干部包处化解信访积案，信访工作连续3年保持信访总量同比下降、进京非正常上访总量下降、重复进京非正常上访量下降、到省重复上访量下降和形势持续好转的"四降一好转"态势。

六、圆满完成省市县乡党委换届工作，省第十次党代表大会圆满成功

认真落实中央关于党委换届的部署要求，按照德才兼备、以德为先的标准，紧紧围绕转型跨越发展选干部、用人才。坚持"书记抓、抓书记"，加强领导、精心组织，完善程序、发扬民主。省委主要领导与11个市委主要负责同志逐一面对面研究换届工作，多次深入市县乡专题调研和指导换届工作。省委常委每人联系一个市，直接指导换届工作。在干部任用上提出"六个优先"(一线的同志优先、关键岗位的同志优先、在艰苦地方工作的同志优先、适应转型跨越要求的同志优先、具有特别强的潜质的同志优先、业绩突出的同志优先)，要求领导干部正确对待进退留转，把精力集中在促进发展和为民惠民上。坚持把严肃纪律和加强监督贯穿换届全过程，在严格执行中央"5个严禁、17个不准、5个一律"规定的基础上，制定12条配套措施，向干部发放"换届纪律明白卡"，对两起拉票贿选案件及时作出严肃处理，保证了换届选举风气正、干部群众心气顺。市县乡换届推进了年轻化，强化了基层导向，加大了交流力度，新一届县级党政领导班子具有乡镇领导经历的占新提拔人员的77.5%，市县乡党委领导班子平均年龄均比上届下降，省管干部和市县干部任职交流的分别有253人、1187人，通过竞争性选拔方式产生的干部占调整干部总数的1/3以上。在此基础上，10月25日至11月1日召开省第十次党代表大会，明确了今后五年的指导思想和工作要求，选举产生了新一届省委班子，批准了省纪委班子成员，圆满实现了中央批准的人事安排格局。大会提出今后五年乃至更长一个时期要办好两件大事：一件是在全面建设小康社会进程中，力争全面小康实现程度五年达到全国平均水平；一件是抓住建设转型综改试验区的机遇，率先走出资源型地区转型跨越发展新路。同时，围绕再造一个新山西，提出经济总量有新提升、产业发展有新体系、区域发展有新格局、民生福祉有新水准、社会管理有新作为、生态环保有新局面、发展环境有新气象的具体目标。四级党委领导班子换届，换出了活力、换出了正气、换出了干劲，取得了组织满意、干部满意、群众满意的效果。全省干部群众进一步统一思想、凝聚共识，明确了山西科学发展的路径，坚定了加快转型跨越的信心。

七、切实加强和改进党的建设，为转型跨越发展提供坚强保证

一是加强学习型党组织建设。召开学习型党组织建设暨理论工作座谈会，推广典型经验做法。省委中心组学以致用、用以促学的"六学六用"模式受到中宣部肯定。深入推进干部选学，新确定16个干部选学基地，3.7万名干部参加了410多个班次的选学培训。开通"山西干部在线学院"，注册学员

21万，基本覆盖了党政机关干部和大学生村干部。推进优质培训资源向基层倾斜和延伸。初步形成组织调训、干部选学、在线学习“三位一体”的干部教育培训大格局。

二是深入开展创先争优活动。按照坚定目标抓转型、坚持经常抓机制、强化载体抓岗位、兑现承诺抓评议、检验效果抓惠民五个环节，深入推进创先争优活动。94.5%以上的基层党组织和91%以上的党员作出公开承诺，130名市县委书记、2035名部门党组（党委）书记、99053名基层党组织书记带头深入基层点评。开展“三晋先锋在行动”主题实践活动，组织13名优秀基层党员作巡回报告，将其先进事迹编成《三晋先锋》印发各级党组织，引深了创先争优活动。

三是加强领导班子和干部队伍建设。实施干部人事制度“6+7”改革举措，公开选拔18名副厅级领导干部，一次性选拔15名县委书记担任副厅级领导职务，遴选15名省直部门和省管企事业单位优秀正处级干部担任县（市、区）长，从省直部门选拔8名优秀年轻副厅级领导干部到市任职，使市县两级党政班子结构得到优化。实行省委主要领导与县委书记谈心制度。全面推行干部任免票决制，推进干部选任提名制度改革。选派58名领导干部到省外综改试验区挂职锻炼。首次面向国有企业职工招录公务员，组织省直单位公务员到基层和重点工程建设一线实践锻炼。实行年度目标责任考核，奖优罚劣，形成鲜明导向。创新人才政策，健全党委联系专家制度，新引进海外高层次人才50人，超额完成“百人计划”目标。采取灵活方式引进两院院士30名。

四是加强基层党组织建设。圆满完成村级组织活动场所建设任务。开展农村“两委”换届选举工作，截至2011年底，全省26985个应换届的村级党组织96.58%完成换届；28190个应换届的村委会98.9%完成换届。大学生村干部当选为村级党组织书记和村委会主任的分别为1420人和546人。社区党组织组建率达99.3%。国有企业深入开展“四强四优”争创活动。成立非公有制经济组织工作委员会，规模以上非公有制企业全部组建党组织。

五是大力加强作风建设。注重用先进典型带动作风建设，以集中整治推动作风改进。省领导带队对各市进行观摩检查，重点检查新兴产业、城市建设、民生工程等方面情况，有效促进了工作落实。对各级领导干部加强政绩观教育，省委主要领导倡导并带头开展下乡住村包村。全省7万多名机关党员干部下基层，帮助解决实际问题6.6万个，形成调研报告2.4万个，投入帮扶资金26.6亿元，为群众办实事、做好事100多万件。狠刹闲话生非的不良风气、拉拉扯扯的庸俗风气、吃拿卡要的恶劣风气，狠刹大办婚丧嫁娶事宜、赌博等歪风，开展纪律作风集中教育整顿月活动，查处一批上班迟到早退，工作时间休闲娱乐，利用职务吃拿卡要和参与赌博等违纪干部，整肃了干部风气。

六是全面加强反腐倡廉建设。认真执行党风廉政建设责任制，省委常委带队对各市党风廉政建设情况进行检查。加强对重大决策部署落实情况的监督检查，开展行政效能专项监察，处理一批不作为、乱作为案件。统筹推进教育、监督、改革、制度建设等预防腐败工作，加快建立具有山西特色的惩治和预防腐败体系。引深煤焦领域反腐败专项斗争。推进工程建设领域突出问题专项治理，开展清理规范庆典、论坛、研讨会、党政机关公务用车问题和“小金库”专项治理。深化农村、国有企业、高校党风廉政建设。加强领导干部廉洁自律工作，坚决整治领导干部违规收受礼金以及住房违规等问题。省委常委向全省干部群众作出八项承诺，自觉接受监督。巡视机构进一步健全，工作得到加强。严肃查办违纪违法案件。纪检监察机关立查案件7963件，处分违纪党员、干部8987人，其中市厅级干部13人、县处级干部314人，挽回经济损失2.05亿元。

七是通过隆重庆祝建党90周年加强党性教育。召开全省纪念建党90周年暨创先争优表彰大会，广泛开展报告会、理论研讨会、演唱会和知识竞赛、图片展及重温入党誓词等活动，在八路军太行纪念馆举行的“在太行山上”群众歌咏大会获得央视大奖，推出一批专栏文章和精品力作。特别是兴起学习宣传贯彻胡锦涛总书记“七一”重要讲话精神热潮，引导广大党员干部学习党的历史，传承优良传统，汲取营养力量，坚定理想信念，更加爱党爱国爱社会主义，积极投身转型跨越、富民强省实践。（任兆宇）

附：中共山西省第九届委员会组成人员名单
(2011.1.1—2011.10.31)

书　记：袁纯清

副书记：王　君　金道铭(满族)

常　委：申联彬　杜玉林　李小鹏　胡苏平(女)　高建民　李政文　汤　涛　陈川平　张少华

委　员：(按姓氏笔画为序)

马景龙　丰立祥　王大高　王凤祥　王守祯　王国正
王清宪　王淑珍(女)　王雅安　牛仁亮　左世忠　田喜荣
白　云(女)　令政策　朱先奇　刘　巩　刘银才　刘维佳
安焕晓(女)　杜创业　杜善学　李天太　李东福　李永宏
李旺明　李高山　李悦娥(女)　李雁红　李潭生　杨　波
宋广义　张　健　张九萍(女)　张兵生　张茂才
张建欣(女)　张崇慧　郑建国　郝志远　洪发科　袁升德
耿怀英　聂春玉　高卫东　高彦斌　郭良孝　郭贵春
郭海亮　梁志祥　董洪运　谢　海　靳善忠　潘军峰
薛延忠

候补委员：(按得票多少为序)

王茂林　毛金明　张高宏　王树新　侯晋川　李良森
韩和平　廉毅敏　张义平　李平社　孟原生

重要会议

省委常委会研究农村宣传统战政法及高校党建工作 1月10日，省委常委会召开会议，传达学习中央农村工作会议精神、全国宣传部长会议精神、全国统战部长会议精神、全国政法工作会议精神、第十九次全国高校党建工作会议精神，研究我省贯彻落实意见，审定省委常委会2011年工作要点。省委书记袁纯清主持会议。

会议指出，中央上述会议精神非常重要，我们要深刻领会，结合实际抓好贯彻落实。过去的一年，全省农业农村、宣传、统战、政法工作以及高校党建工作取得显著成效，为促进转型跨越发展，圆满完成“十一五”规划作出了贡献，提供了支撑和保障。各级党委要进一步加强对农业农村、宣传、统战、政法工作以及高校党建工作的领导，强化措施，破解难题，狠抓落实，进一步开创工作新局面。

会议认为，要牢固树立“三农”工作是“重中之重”的战略思想，协调推进工业化、城镇化、农业现代化，以科学发展为主题，以转变农业发展方式为主线，以“一村一品”“一县一业”为切入点，以确保农产品有效供给和大幅增加农民收入为核心，加快农业现代化步伐，积极推进农村改革创新，大力发展县域经济，扎实推进新农村建设，促进农村经济社会转型跨越发展。要完善强农惠农政策体系，大幅增加“三农”投入。以农田水利为重点加强农业基础设施建设，加强农业物质技术装备建设，增强农业发展支撑能力，培育壮大特色优势产业，积极实施造林绿化重点工程。加大农民培训转移就业力度，增强农民增收的支撑点，多渠道持续增加农民收入。启动新的农村“五个全覆盖”工程，实施“五大扶贫工程”。加强农村基层党组织建设和农村党风廉政建设，提高农村社会管理水平。要完善支持县域经济发展的政策措施，建立健全县域经济考核评价体系。

会议指出，要围绕中心、服务大局，坚持团结稳定鼓劲、正面宣传为主的方针，进一步加强宣传思想文化工作，做好主题宣传、典型宣传、成就宣传，为推动转型跨越发展营造良好氛围。要不断深化理论武装，扎实推进学习型党组织建设，提升党员干部推进转型跨越发展的能力和水平。抓住纪念建党90周年和辛亥革命100周年等重大契机，深入宣传社会主义核心价值观，唱响共产党好、社会主义好、改革开放好、伟大祖国好、各族人民好的主旋律。大力推进文化体制机制改革，努力构建公共文化服务体系，繁荣发展文化产业，推动文化与旅游产业融合发展，加快文化强省建设步伐。高度重视阵地建设、队伍建设和人才培养，进一步焕发宣传思想文化战线的生机和活力。

会议指出，统战工作要以主题教育凝聚共识，以创新思维破解难题，以优势资源打造亮点，以队伍建设夯实基础，进一步深化“凝聚力工程”，动员全省各级统战组织和统一战线成员，为“十二五”开局和转型跨越发展作出新贡献。要进一步巩固统一战线广大成员共同思想政治基础，引导统一战线成员围绕转型跨越发展全局积极建言献策出力。要推进多党合作事业健康发展，加强党外代表人士队伍建设，引导非公有制经济人士等新社会阶层人士健康成长，努力提高依法管理宗教事务水平，拓展创新港澳台海外统战工作，加强和改进工商联工作。要优化发展环境，引导民营资本积极投入转型跨越发展，更好地投资山西、发展山西。

会议指出，政法工作要以深化三项重点工作为着力点，以深化司法体制和工作机制改革为动力，以加强政法机关党的建设为保证，切实解决人民群众最关心的公共安全、权益保障、社会公平正义问题，为转型跨越发展、再造一个新山西创造和谐稳定的社会环境、公平正义的法治环境、优质高效的服务环境。

要依法调节经济社会关系，建立健全科学的预防化解矛盾机制，有效解决突出治安问题和社会管理面临的重点问题，严厉打击各类严重刑事犯罪，提升对新社会组织、非公有制经济组织和新兴媒体的服务管理水平。要把政法队伍建设摆在核心位置，着力夯实基层基础，树立公正廉洁形象，提高执法规范化水平。

会议认为，加强和改进高校党的建设，是促进高等教育科学发展、建设创新型省份的重要保证。要充分发挥高校党委的领导核心作用，坚持和完善党委领导下的校长负责制，增强高校领导班子的整体功能和办学治校能力。认真贯彻《中国共产党普通高等学校基层组织工作条例》，落实高校党建工作责任制，健全高校党组织工作制度，加强政治辅导员队伍建设，切实加强民办高校党的建设，实现高校党组织和党的工作全覆盖，加大校园环境综合治理力度，不断提高高校党建科学化水平和教学科研水平。

会议审定省委常委会2011年工作要点。指出，2011年是中国共产党成立90周年，是实施"十二五"规划的开局之年，也是全面推动转型跨越发展的关键一年，国家资源型经济转型综合配套改革试验区起步之年，省市县乡四级党委换届之年。全省广大党员特别是各级领导干部务必增强机遇意识、忧患意识和责任意识，更加紧密地团结在以胡锦涛同志为总书记的党中央周围，团结带领全省人民真抓实干、攻坚克难，努力实现"十二五"发展的良好开局，以优异成绩迎接中国共产党成立90周年。

省委常委会研究召开全省"两会"有关事宜 1月11日，省委常委会召开会议，讨论省政府拟提请省十一届人大五次会议审议的《政府工作报告》稿，研究召开省十一届人大五次会议、省政协十届四次会议有关事宜，部署全省农村党风廉政建设。省委书记袁纯清主持会议。

会议指出，"十一五"时期是我省发展史上极不平凡的五年。面对国际金融危机的严重冲击，面对经济结构深层次矛盾的重重困扰，面对保增长保民生保稳定的繁重任务和安全生产的巨大压力，我们在党中央、国务院的坚强领导下，认真贯彻落实党的十七大和十七届三中、四中、五中全会精神，深入贯彻落实科学发展观，奋力进取、扎实工作，经济社会发展和各项工作都取得了新的成就，圆满完成了"十一五"规划目标任务。我省取得的成绩来之不易，这是党中央、国务院正确领导、亲切关怀的结果，是省委统揽全局、科学决策的结果，是省人大、省政协支持配合、有效监督的结果，是全省广大干部群众团结奋斗、辛勤劳动的结果，也是社会各界关心支持、无私奉献的结果。省政府和各级政府认真履行职责，求真务实，攻坚克难，工作卓有成效。

会议强调，"十二五"时期，是全面建设小康社会的关键时期，是深化改革开放、加快转变经济发展方式的攻坚时期，也是实现转型跨越发展的重要时期。特别是2011年是中国共产党成立90周年，是"十二五"规划的开局之年。全省上下要全面贯彻落实党的十七届五中全会和省委九届十一次全会精神，深入贯彻落实科学发展观，紧扣科学发展这一主题，紧紧围绕加快转变经济发展方式这一主线，突出转型跨越发展。要以解放思想为先导，以转型跨越发展为目标，以推进国家资源型经济转型综合配套改革试验区建设为重要抓手，以安全生产为重要保障，大力推进工业新型化、农业现代化、市域城镇化、城乡生态化，在建设国家新型能源和工业基地的基础上，建设全国重要的现代制造业基地、中西部现代物流中心和生产性服务业大省、中部地区经济强省和文化强省，再造一个新山西。

会议指出，开好省十一届人大五次会议和省政协十届四次会议是全省人民政治生活中的一件大事。要增强大局意识、责任意识和服务意识，精心做好"两会"的筹备和组织工作，为代表、委员搞好服务，营造良好社会氛围，确保把"两会"开成民主团结、求实鼓劲的大会，进一步激发全省人民推进转型跨越发展的热情和干劲，确保"十二五"开好局、起好步。

会议指出，农村党风廉政建设是整个党风廉政建设的重要组成部分。近年来，全省农村党风廉政建设注重研究农村工作新情况，着力解决农民群众反映的突出问题，积极探索创新，工作不断深入，一些工作走在全国前列，为农村改革发展稳定和新农村建设提供了有力保障。要认真贯彻落实中纪委六次全会精神和全国农村党风廉政建设工作座谈会精神，围绕转型跨越发展的大局和建设新农村、推进农业现代化的部署，以规范和制约权力运行为核心，以加快推进"阳光农廉网"为手段，以保障强农惠农政策落实、维护农民权益为重点，以促进农业发展、维护农村稳定为目标，坚持全覆盖、更深入，坚持因地制宜、分类指导，抓落实、抓巩固、抓深化、抓提高，总结推广好的经验和做法，推动农廉工作再上新水平。要加大对中央和省委、省政府关于"三农"工作决策部署落实情况监督检查的力度，认真解决损害农民利益的突出问题；加强农村基层党员干部作风建设，切实做好新形势下的群众工作；加强农村集体资金、资产、资源管理，深入推进农村基层民主建设；加强农村信访工作，严肃查处农村基层党员干部违纪违法案件；加强组织领导，落实工作责任，为不断深化农村党风廉政建设提供保证。

全省对外宣传工作会议 1月13日，全省对外宣传工作会议在太原召开。会议确定2011年我省对外宣传工作的总体要求是，全面贯彻党的十七届五中全会和省委九届十一次全会精神，学习贯彻全国宣传部长会议、全国外宣工作会议精神，紧密结合我省实际，围绕省委、省政府的中心工作，加大对外宣传和对外文化交流力度，为实现再造一个新山西的奋斗目标营造良好的舆论氛围。

会议明确了2011年我省对外宣传的七项重点任务。一、组织好"十二五"开局经济社会发展情况的对外宣传。二、围绕第六届"中博会"做好各类贸易活动的对外宣传。三、围绕省委、省政府中心工作，做好全省新闻发布工作。四、整合资源、拓展渠道，加大对外文化交流。五、积极推进互联网新闻宣传和管理，营造良好的网上舆论氛围。六、抓好队伍建设，提高我省对外宣传工作整体水平。七、形成合力，构建大外宣格局。

省委常委会讨论山西省"十二五"规划纲要 研究党风廉政建设和反腐败斗争 1月13日，省委常委会召开会议，讨论《山西省国民经济和社会发展第十二个五年规划纲要（草案）》，学习贯彻十七届中央纪委六次全会精神特别是胡锦涛总书记在全会上的重要讲话精神，研究我省贯彻落实意见。省委书记袁纯清主持会议。

会议指出，《山西省国民经济和社会发展第十二个五年（2011—2015）规划纲要（草案）》全面贯彻了党的十七届五中全会精神和省委九届十一次全会精神，是在《中共山西省委关于制定国民经济和社会发展第十二个五年规划的建议》指导下，在深入调查研究的基础上编制的，广泛征求了各方面的意见。《规划纲要（草案）》阐明了我省经济社会发展的指导思想、战略取向和目标任务，突出了转型跨越发展，是学习贯彻科学发展观的重要成果和具体体现，是山西“十二五”时期科学发展的路线图，是按照国家要求建设资源型经济转型综合配套改革试验区的具体体现，具有先进的思想基础、广泛的群众基础、良好的发展基础和坚实的政策基础，具有较强的指导性、前瞻性和可操作性，总体上是一个成熟的稿子。进一步修改后提交省十一届人大五次会议审议，成为全省人民的共同意志。

会议强调，“十二五”时期是全面建设小康社会的关键时期，也是我省实现转型跨越发展的重要时期。全省上下要切实抓住和用好难得的发展机遇，全面贯彻落实党的十七届五中全会精神和省委九届十一次全会精神，高举中国特色社会主义伟大旗帜，以邓小平理论和“三个代表”重要思想为指导，深入贯彻落实科学发展观，紧扣科学发展这一主题和加快转变经济发展方式这一主线，突出转型跨越发展，以解放思想为先导，以转型跨越发展为目标，以推进国家资源型经济转型综合配套改革试验区建设为重要抓手，以安全生产为重要保障，大力推进工业新型化、农业现代化、市域城镇化、城乡生态化，在建设国家新型能源和工业基地的基础上，建设全国重要的现代制造业基地、中西部现代物流中心和生产性服务业大省、中部地区经济强省和文化强省，再造一个新山西。《规划纲要（草案）》从十四个方面对“十二五”经济社会发展作出规划，对完善规划实施机制，加强规划协调管理提出了明确要求。

会议指出，胡锦涛总书记在十七届中央纪委第六次全会上的重要讲话，从全局和战略的高度，全面总结了近年来党风廉政建设和反腐败斗争取得的成效和积累的经验，深刻分析了当前面临的形势，明确提出了今年反腐倡廉建设的主要任务，特别是科学阐述了切实把以人为本、执政为民贯彻到党风廉政建设和反腐败斗争中的重要性和紧迫性，并作出总体部署，对于深入推进反腐倡廉建设具有重大而深远的意义。全省各级各部门要认真学习领会，全面贯彻落实。

会议指出，2010 年全省党风廉政建设和反腐败工作取得了明显成效，但是仍面临一些突出问题，反腐败斗争形势依然严峻，任务依然艰巨。要全面贯彻党的十七届四中、五中全会精神，按照中央纪委六次全会和省委九届十一次全会的部署和要求，坚持标本兼治、综合治理、惩防并举、注重预防的方针，加快推进具有山西特色的惩治和预防腐败体系建设，切实把以人为本、执政为民贯彻落实到党风廉政建设和反腐败斗争之中，进一步加强以保持党同人民群众血肉联系为重点的作风建设，进一步深入推进煤焦领域反腐败专项斗争，进一步解决反腐倡廉建设中人民群众反映强烈的突出问题，着力加强领导干部廉洁自律工作，坚持围绕中心、服务大局，坚持整体推进、突出重点，坚持改革创新、狠抓落实，不断提高反腐倡廉建设科学化水平，以党风廉政建设和反腐败斗争的实际成效取信于民，为全省转型跨越发展创造良好环境。

全省党风廉政建设干部大会 1月 25 日上午，全省党风廉政建设干部大会在太原举行。省委书记、省人大常委会主任袁纯清出席会议并讲话。省委副书记、省长王君主持会议。省政协主席薛延忠等出席会议。省委副书记、省纪委书记金道铭宣读全省纪检监察系统先进集体和先进工作者表彰决定。

在全省党风廉政建设干部大会上，省委书记、省人大常委会主任袁纯清在发表讲话时，代表省委常委向全省干部群众郑重作出八项廉政承诺，并请全省各级党组织、广大党员干部和人民群众进行监督。一是不接受任何单位或个人的礼金、购物卡、有价证券和贵重物品；二是不干预或插手工程建设项目承发包、土地使用权出让、政府采购、房地产开发与经营、矿产资源开发利用、中介机构服务等市场交易活动；三是不超标准配备使用车辆；四是不允许配偶、子女、亲友和身边工作人员利用自己职务上的便利和影响谋取私利；五是不多占用住房，不买卖经济适用房等保障性住房；六是不搞个人封官许愿，不搞任人唯亲，对跑官要官、买官卖官要予以制止；七是不搞迎来送往和超标准接待，下基层轻车简从；八是不参加高档娱乐活动，未经批准不参加庆典、研讨会、论坛等活动。

袁纯清在讲话时指出，胡锦涛总书记在中纪委六次全会上的重要讲话，是指导当前和今后一个时期党风廉政建设和反腐败斗争的纲领性文献，我们要认真学习贯彻，增强忧患意识和责任意识，以更加坚定的决心和更加有力的举措，坚决惩治腐败、有效预防腐败，进一步提高反腐倡廉建设科学化水平。

袁纯清对去年我省党风廉政建设和反腐败斗争取得的成效予以充分肯定，并分析了当前和今后一个时期面临的形势和任务。他指出，转型跨越发展、再造一个新山西，是山西未来希望所在，是全省人民福祉所系。开展党风廉政建设和反腐败斗争，要把服务、保障和促进转型跨越发展作为主要目标和基本任务，找准工作的结合点、着力点和突破点，使转型跨越发展有严明的纪律作保证。一要以严明政治纪律为重点，坚决维护党的集中统一。把坚决维护党章、坚决维护党的团结统一、坚决维护党的政治纪律，作为首要政治任务，对中央的决策部署，要认识统一、态度坚决，行动自觉、落实有力，维护中央权威，确保政令畅通。二要以加强监督检查为重点，进一步推动工作落实、创优发展环境。

把落实“十二五”规划纲要、推进转型跨越发展重大部署的贯彻落实作为监督检查的重中之重，加强对省委九届十一次全会、全省经济工作会议、全省“两会”精神贯彻落实情况的监督检查。加强对重点工程建设情况的监督检查，严肃查处干扰项目落地的人和事，切实纠正查处工程审批实施和资金分配使用等环节的违法违规行为。围绕建设绿化山西、气化山西、净化山西、健康山西，围绕提高群众社会保障水平、收入水平、健康水平和科技教育水平，围绕农村新“五个全覆盖”及其他向群众作出的承诺，加强监督检查。把提高行政效能作为政府建设的重要基础工程，加强执法监察、廉政监察和效能监察，深化行政审批制度改革，建设服务政府。三要以煤焦领域反腐败专项斗争为重点，加快构建具有山西特色的惩治和预防腐败体系。坚持和完善反腐败领导体制和工作机制，坚持标本兼治、综合治理、惩防并举、注重预防的方针，大力推进反腐倡廉理念思路、工作内容、方式方法和体制机制创新，牢牢把握新形势下党风廉政建设和反腐败斗争的主动权。要继续深入开展煤焦领域反腐败专项斗争，抓住重点部位和关键环节，深化体制机制改革，加强岗位廉政教育和廉政风险防控体系建设。要旗帜鲜明惩治腐败分子，加大案件查办力度，以反腐败的实际成效取信于民。四要以整治收受礼金和治理公务用车违规问题为重点，深化干部廉洁自律工作。加强对领导干部的教育和监督，形成以廉为荣，以贪为耻的风尚。严格落实廉洁自律各项规定，坚决整治领导干部收受礼金问题，坚决整治领导干部公务用车违规问题。五要以整肃风气为重点，进一步加强干部作风建设。大力弘扬太行精神和右玉精神，教育引导领导干部勤政为民、廉洁奉公，令行禁止、雷厉风行，干事创业、狠抓落实。把治理庸懒散问题作为加强基层干部队伍作风建设的突破口，深入治理吃拿卡要、大操大办和赌博歪风，对利用职权吃拿卡要、不给好处不办事、影响招商引资和项目建设的，一律先免职再处理。健全干部管理、监督和绩效考核等制度，形成有效的激励和约束机制。六要以农村社区企业为重点，切实加强基层党风廉政建设。从战略高度加强基层党组织建设和政权建设，引深创先争优活动，加强对基层干部的教育、管理和监督。认真落实岗位责任制、服务承诺制等制度，加大对损害群众利益行为的问责力度。深入推进基层事务公开和透明，保障群众的知情权。全面加强农村党风廉政建设，扎实推进企业党风廉政建设，抓好高校、城市社区党风廉政建设，积极探索非公有制经济组织和新社会组织开展反腐倡廉建设的途径和方法。七要以治理拉票贿选为重点，确保全省换届工作风清气正。严格执行党政领导干部选拔任用工作有关规定，把保证换届风清气正作为提高选人用人公信度的一场硬仗，严明工作纪律，加强监督检查，严格执行干部选拔任用四项监督制度，严肃查处违纪违规用人问题。

袁纯清围绕贯彻落实胡锦涛总书记在中纪委六次全会上的讲话精神，对领导干部提出五点要求：一要站稳人民立场，深刻领会密切联系群众是我们党的最大政治优势，脱离群众是我们党执政后的最大危险，真正做到以民为天，以人为本，以勤为首，以廉为要，做到权为民所用、情为民所系、利为民所谋。二要牢记群众观点，坚持思想上尊重群众、感情上贴近群众、工作上依靠群众，真诚倾听群众呼声，真实反映群众意愿，真情关心群众疾苦，始终与人民群众同呼吸、共命运、心连心。三要践行为民理念，着眼于“为民”科学制定决策，建立健全体现以人为本、执政为民要求的决策机制，让人民更多地参与到与他们自身利益相关的决策过程中来；着眼于“为民”协调好利益关系，统筹兼顾各方面群众关切，把群众反映的问题和矛盾化解在基层，解决在萌芽状态；着眼于“为民”推进各类工程建设，把好政策、好规划、好前景向群众讲清楚，把群众应得的补偿发到位，把群众的生活安排好。四要强化公仆意识，牢记权力就是责任、干部就是公仆、领导就是服务，领导干部的权力来源于人民，只能归于人民并造福人民，努力为群众办实事，抵制诱惑、控制私欲，做到俯仰无愧、内心光明、人生充实。五要树立百姓情怀，把人民群众当亲人、当朋友、当兄弟姐妹，深入基层、深入群众，融洽党群关系、干群关系，鼓励群众对转型跨越发展积极建言献策，听取群众的诉求，诚恳接受群众对我们工作失误提出的批评，努力把工作做得更好。

袁纯清指出，各级党委、政府特别是主要领导干部，要切实担负起反腐倡廉建设的政治责任和领导责任，支持纪检监察机关依照党章开展工作。各级纪检监察机关和广大纪检监察干部要坚定使命，增强政治责任感和事业光荣感，自觉把做好纪检监察工作与推动转型跨越发展紧密结合起来，对积极推进转型跨越的要予以保护，对违反党的纪律、干扰转型跨越、损害群众利益的要坚决查处；要加强学习，坚持用马克思主义中国化最新成果武装头脑、指导工作，加强业务知识学习，提高工作效率和水平；要严格自律，把自律作为纪检监察干部基本的政治觉悟、基本的行为习惯和基本的价值尺度，严格执行党的各项规定和纪律要求，守规矩、讲纪律、明法纪，永葆共产党人的蓬勃朝气、昂扬锐气、浩然正气；要提高水平，大力提高法制水平、政策水平、业务水平，提高组织协调能力，增强依法行政的能力，把依法依纪办事贯穿于工作的全过程。

王君要求，一要充分认识党风廉政建设和反腐败斗争的重要意义。要正确估价当前党风廉政建设和反腐败斗争面临的形势，充分认识反腐败斗争的重要性、艰巨性、复杂性，进一步增强做好反腐倡廉工作的责任感和使命感，把思想和行动统一到中纪委十七届六次全会和这次会议精神上来，统一到中央和省委关于党风廉政建设和反腐败斗争的部署和要求上来，把这项工作摆在全省各级党委、政府重要工作日程，切实抓紧抓好。二要全面抓好党风廉政建设和反腐败斗争的各项工作。要统筹做好党风廉政建设和反腐败斗争各项工作，当前尤其要抓好中央重大决策部署和省委、省政府工作部署的贯彻落实，确保中央和省委的各项部署落到实处；要加强对群众反映强烈的突出问题的治理，深入推进工程建设等重点领域的专项治理和煤焦领域反腐败专项斗争，坚决惩治损害群众利益的腐败行为；要加大对违纪违法案件的查处力度，严肃查处各领域各行业发生的腐败案件，以党风廉政建设和反腐败斗争的实际成效取信于民；要进一步加强领导干部廉洁自律工作，落实好领导干部廉洁从政的各项规定，促进领导干部廉洁自律；要继续加强惩治和预防腐败体系建设，建立和完善反腐倡廉制度，不断提高预防腐败的能力和水平；要加强干部队伍作风建设，进一步提高行政效能和工作效率，以优良的作风确保各项工作的落实；要加强对各级党委换届工作的纪律监督，保证换届工作风清气正、健康顺利进行。三要切实加强党风廉政建设和反腐败斗争的组织领导。要把反腐倡廉工作纳入本地区本部门本单位的总体工作之中,一起部署、一起检查、一起考核、一起落实。要进一步完善反腐败领导体制和工作机制,加强对反腐倡廉工作的领导,尤其是党政主要负责同志要切实履行好反腐倡廉第一责任人的职责,带头落实党风廉政建设责任制,确保反腐倡廉各项工作落到实处。要加强队伍建设,充分发挥各级纪检监察部门的作用,围绕中心、服务大局,忠于职守、扎实工作,为做好2011年的各项工作,确保"十二五"开好局、起好步提供有力保障。

王君强调,胡锦涛总书记在中纪委六次全会上关于把以人为本、执政为民贯彻落实到党风廉政建设和反腐败斗争之中的重要观点和精辟论述,思想深刻,内涵丰富,为做好我省反腐倡廉工作指明了方向,提出了新的要求,各级各部门要深刻领会,认真落实。要充分认识以人为本、执政为民的极端重要性,牢固树立群众观点,坚持群众路线,始终同人民群众同呼吸、共命运、心连心;要坚持问政于民、问需于民、问计于民,做到科学决策、民主决策;要把实现好、维护好、发展好最广大人民的根本利益作为一切工作的出发点和落脚点,解决好人民最关心最直接最现实的利益问题,切实维护好人民群众的合法权益;要充分调动广大人民群众的积极性、主动性、创造性,凝聚各方面的智慧和力量,为推动全省转型跨越发展、再造一个新山西做出新的贡献。

参加会议的还有:省委、省人大、省政府、省政协负责同志,省法、检两长,各市市委书记、市长,省直各部门主要负责同志,中央驻晋单位主要负责同志,省属高等院校、国有企业党委负责同志,参加九届省纪委六次全会的全体人员。中央纪委对这次会议很重视,专门派员参会。

省委常委会讨论山西省中长期教育改革和发展规划纲要 2月15日,省委常委会召开会议,讨论《山西省中长期教育改革和发展规划纲要(2010—2020)》,就贯彻落实中央精神,严肃换届纪律,保证换届风清气正作出部署。

省委书记袁纯清主持会议。

会议认为,优先发展教育,加快教育改革和发展步伐,是推进转型跨越发展、再造一个新山西的必然选择。要深入落实科教兴晋战略、人才强省战略,健全确保教育优先发展的领导体制、决策机制和监督制度,提高教育现代化水平,充分发挥教育在经济社会发展中的基础性、先导性和全局性作用。坚持"突出在特色、出路在改革、关键在投入、重点在加快、根本在提高"的思路,紧紧围绕转型跨越发展推进教育结构战略性调整,从投入、编制、政策等方面加强教育事业发展,抓好重点学科的建设,努力占领学科和产业的制高点。从完善社会管理、促进公平正义的高度加快推进中等职业教育"全覆盖",把这项工作放在重中之重、急之又急的位置。着眼于实现城乡、区域教育协调发展,加大对农村寄宿制学校的扶持力度。要以项目化的思路和办法,加强教育基础能力建设,在增加政府投入的同时,引导民间资本投资各级各类教育,扩大优质教育资源覆盖面,全面提升办学水平和人才培养质量。要深化教育体制改革,形成更具活力的教育体制机制,引导各级各类学校立足实际、特色发展,创新人才培养体制、办学体制、教育管理体制。要整合教育资源,促进高等学校与企业、科研院所的结合,增强教育服务发展能力,提升人力资源开发水平。加强和改善党委、政府对教育工作的领导,确保我省到2020年在中西部地区率先基本实现教育现代化,进入教育强省和人力资源强省行列。

会议传达学习了中央纪委、中央组织部严肃换届纪律保证换届风清气正视频会议精神。指出,省市县乡四级党委换届是全省党员干部群众政治生活中的一件大事,要按照中央要求,以严肃态度加以对待、以严格纪律加以保证,把严肃换届纪律与做好换届工作同步推进,严禁拉票贿选,严禁买官卖官,严禁跑官要官,严禁违规用人,严禁干扰换届,确保换届工作顺利进行。要坚持教育在先、警示在先、预防在先,加强对干部选拔任用和换届选举工作政策法规、纪律要求的学习与宣传,引导、鞭策党员干部自觉遵守换届纪律。要畅通监督渠道,前移监督关口,发现问题及时加以处置。要严肃惩处违反换届纪律的行为,狠刹歪风邪气,对典型案件要公开通报。建立严肃换届纪律工作责任制,把换届风气作为党风廉政建设责任制考核的一项重要内容,列为组织工作满意度民意调查的内容,作为考核整治用人不正之风工作成效的重要指标。从省委常委做起,各级领导干部要带头执行中央和省委要求,坚持党性立场,旗帜鲜明地反对不良风气,做到层层负起责任,层层狠抓落实,用铁的纪律保证换届风清气正。

省委中心组举行加快转变经济发展方式学习报告会 2月24日,省委中心组举行"深入学习贯彻党的十七届五中全会精神,加快转变经济发展方式"学习报告会。省委常委、宣传部长胡苏平主持。国务院发展研究中心副主任、研究员卢中原辅导。省领导金道铭、薛延忠、申联彬、杨安和、靳善忠、安焕晓、张平、刘维佳、张建欣、任润厚、郭良孝、周然、李雁红、李潭生、令政策、卫小春以及省法院院长左世忠、省检察院检察长王建明出席。省直各部门、中央驻晋单位、驻并本科院校、省管国有骨干企业等单位的主要负责人参加。

省委提出"转型跨越发展、再造一个新山西"的战略思路,是科学发展观在山西的具体化,它的核心就是转变经济发展方式。国家批准我省为资源型经济转型综合配套改革试验区,为我们实现转型跨越发展、再造一个新山西的发展目标提供了千载难逢的历史机遇。春节上班后的第二天,省委、省政府在省委党校举办了"十二五"规划暨转型综改试验区领导干部研讨班。省委书记袁纯清在开班式上强调,要把"十二五"规划纲要和转型综改试验区的新精神新部署新要求领会好、讨论好、拓展好、落实好,通过认识再提高、思想再聚焦、工作再动员,积极探索资源型经济转型发展新路子,确保"十二五"开好局、起好步。

卢中原曾在英国牛津大学进修经济学,先后参加了党中央、国务院一系列重要文件的起草工作,是"十二五"规划建议的主要起草人之一。他十分关注山西的经济社会发展,积极为山西的改革发展建言献策。在辅导报告中,卢中原深刻剖析了当前国际经济结构调整的动向、趋势和规律,从全球经济格局调整、中国经济发展和转型的主要脉络、目标和举措、中国经济转型与增长前景预测等三个层面，深入浅出地论述了《全球经济格局调整和中国经济转型》这个主题。

胡苏平在总结讲话中指出，认真学习贯彻党的十七届五中全会精神和省委九届十一次全会精神，是当前和今后一个时期我省各级党组织和广大党员干部面临的重要而紧迫的政治任务。学习贯彻十七届五中全会精神，最根本的是要领会和把握科学发展的主题和加快转变经济发展方式的主线，把十七届五中全会精神与山西实际紧密结合起来，特别是与加快我省转型跨越发展的战略举措的落实结合起来，把学习贯彻的成果体现到促进经济社会又好又快发展上。

胡苏平强调，山西当前正处在转型跨越的关键时期，面临的任务艰巨，破解难题、加快发展是当务之急。要进一步提高认识、统一思想、凝聚力量，努力使学习的过程成为完善思路、推动工作、破解难题的过程，成为坚定信念、强化责任、狠抓落实的过程。要紧密结合山西资源型经济转型综合配套改革试验区的实际，更好地确立起科学的发展理念，切实把思想和行动统一到中央和省委的决策部署上来，更加有力地推进转型跨越发展。

全省县域经济暨农村工作会议 2月25日，全省县域经济暨农村工作会议在太原召开。会议深入贯彻落实党的十七届五中全会、中央农村工作会议精神和省委九届十一次全会、全省“两会”精神，研究部署县域经济及农业农村工作，进一步统一思想、明确任务、强化措施，促进全省县域经济转型跨越发展。会上，省委、省政府表彰了“十一五”时期经济社会发展先进县、2010年度农业和农村工作先进集体，省委农村工作领导组表彰了2010年度集体林权制度改革、农机化生产、扶贫开发工作先进集体、农产品加工“513”工程、企业帮扶新农村建设先进单位。会议讨论了省委、省政府关于《进一步加快县域经济发展的若干意见》《县域经济社会发展考核评价暂行办法》。省委书记、省人大常委会主任袁纯清主持会议并作重要讲话，省委副书记、省长王君作工作报告，省委副书记、省纪委书记金道铭作总结讲话。省领导薛延忠、高建民、李政文、陈川平、郭海亮、刘维佳、任润厚等出席会议。

袁纯清对获奖集体表示祝贺，对进一步加快我省县域经济发展提出四点要求。

一要把握发展县域经济的新定位。在我省转型跨越发展大局中，县域经济具有基础性、全局性、根本性。发展县域经济是加快转型跨越发展的重要支撑，全省经济要全面转型必须以县域经济的转型为基础，全省经济要真正跨越必须以县域经济的跨越为依托。发展县域经济是破解“三农”问题的根本途径，县域经济发展的过程就是逐步地全面地解决“三农”问题的过程。发展县域经济是推进城镇化建设的重要抓手，在我省“一核一圈三群”城镇化布局中，县城和小城镇是重要基础和环节。发展县域经济是再造一个新山西的重点难点所在，我们提出“十二五”时期实现翻番，许多指标以县域经济为主，重中之重是农民人均纯收入翻番，只有县域经济发展了，才能够为农民提供就业机会、增收机会，实现农民收入的快速增加。

二要树立发展县域经济的新理念。发展县域经济首先要坚持走特色之路，顺应世界潮流，瞄准发展前沿，用好资源禀赋，因地制宜制定发展战略，打造具有鲜明地方特色的县域经济。发展县域经济关键要强化主体作用，对县级给予更大支持，完善县级主体功能，激发县级内生动力。发展县域经济重点要形成竞争格局，加大对县级的考评力度，鼓励先进，鞭策落后，促进各个县锐意进取，奋勇争先。发展县域经济根本要靠鼓励创新，县域经济是最具活力、最富有创新潜力的板块，建设转型综改试验区拉开了我省大发展、大改革、大转型的序幕，要鼓励各县消除制约县域经济发展的体制机制障碍，在领异标新、争奇斗妍中又好又快发展。

三要实现发展县域经济的新突破。要在发展“一村一品”“一县一业”上实现突破，瞄准五年时间建成1万个“一村一品”专业村和60个“一县一业”基地县的目标，抓紧建立领导机构，完善组织体制；制定出台具体政策措施，建立政策体系；加大宣传发动力度，营造浓厚氛围。要在县域工业化上实现突破，坚持有所为、有所不为，发挥资源优势，放大资源效应，形成一两个打翻番仗的产业；传统产业以循环经济为基本路径，新兴产业抓引进抓培植；以园区为主要承载，在招商引资上用资源变资本、换技术，建成一批具有较强影响力的循环类经济园区、高新技术园区、现代农业园区和现代服务业园区。要在城镇化上实现突破，引导生产要素和优势资源向县城集中，建设一批特色名镇，抓紧研究制定下放权限、改革户籍制度等支持重点镇发展的具体措施，完善城镇建设融资平台。要在统筹城乡发展上实现突破，加快新农村建设步伐，完善农村路网水电等基础设施，实施农村新的“五个全覆盖”，着力提高农民的社会保障水平、收入水平、健康水平和科技教育水平，统筹城乡规划、统筹产业发展、统筹管理制度，实现城乡更深层次的融合互动。要在转变发展方式上实现突破，以绿化山西、气化山西、净化山西、健康山西为突破口，大力推进节能减排，强化环境准入和环境管理，大力淘汰落后产能，加强生态建设和修复，为县域经济发展和人民安居乐业营造良好生态环境。

四要强化发展县域经济的新举措。各级党委、政府要把支持县域经济发展作为推进转型跨越发展的一项基础性工作，建立支持县域经济发展的长效机制。有关部门要把服务县域经济发展作为重要职责，制定支持和促进县域经济发展的具体政策措施。建立健全对县域经济社会发展的考核评价体系，把县域经济发展水平列入省、市、县三级党政班子和主要领导考核范畴，鼓励各县争先进位、勇创一流。抓住今年换届的机遇，把政治坚定、工作务实、熟悉基层、具备较强领导经济工作和构建和谐社会能力的干部，充实到县级领导岗位上。切实加强县级领导班子的思想、能力和作风建设，不断提高县级班子的领导能力和领导水平。

袁纯清对县委书记、县长提出四点要求，一是要提高学习力。抓好理论学习，打好理论基础，坚定理想信念。围绕县域经济发展、转型跨越发展以及信息化时代所需要的知识加强学习，提素质、强本领，做一个有时代感的领导者。二是要提高引领力。一方面是工作的引领力，善于谋划发展思路，把握发展方向，带领干部群众前进；一方面是形象引领力，用人格的魅力、过硬的作风、良好的口碑，为干部群众作出榜样。三是要提高创新力。敢于在转型跨越的进程中创造新的更好的路径模式，敢于在大开放的背景下承接产业转移、拓宽发展半径，敢于在转型综改试验区的总揽下不等不靠、先行先试、大胆实践，全面推进思路创新、产业创新、工作创新。四是要提高执行力。认真贯彻落实中央和省委、省政府作出的决策部署，做好县级“十二五”规划与省、市两级规划的衔接配套，切实解决在落实规划过程中遇到的困难和问题，确保我省“十二五”规划作出的各项部署都能在县级开花结果。

王君充分肯定了“十一五”期间全省“三农”工作和县域经济发展所取得的成绩，深入分析当前“三农”工作和县域经济发展面临的新形势，对全省县域经济发展和农业、农村工作进行了全面安排部署。他指出，当前和今后一个时期，我省加快发展县域经济要坚持科学发展这个主题，以围绕加快转变经济发展方式为主线，按照统筹城乡发展、推动转型跨越发展的要求，同步推进工业新型化、特色城镇化、农业现代化。要因地制宜、分类指导，突出特色、发挥比较优势，大力培育发展特色主导产业。要加大改革创新力度，着力增强县域经济发展的活力和动力，推动县域经济实现大发展、大跨越。要认真贯彻落实今年的中央一号文件，进一步增加“三农”投入，加大强农惠农力度，努力促进农业增效、农民增收和农村发展繁荣。

王君强调，加快发展县域经济，要重点抓好几方面工作，一是大力发展现代农业，夯实县域经济发展的基础。要进一步优化农业产业布局，大力发展现代特色农业。要加快农业结构调整，实现农业产业化、规模化、集约化、标准化经营。要建立健全农业服务体系，深入实施农业机械化推进工程。要加大政策支持力度，启动实施“十项惠农政策”和“十大强农工程”。二是加快发展县域工业，壮大县域经济实力。要立足县情、充分发挥矿产资源、农业资源等特色优势，下大气力延长产业链条，加快培育地方骨干企业，着力抓好工业园区建设，大力促进县域工业集群化、板块化发展。三是积极发展县域服务业，优化县域经济结构。要坚持市场化、产业化、社会化的发展方向，大力发展各类服务业。要完善支持服务业发展的政策体系，特别是加快推动资源循环式利用、产业循环化发展。四是积极实施大县城战略和百镇建设工程，努力提高县域城镇化水平。要按照全省城镇化建设的总体要求和“一核一圈三群”的总体布局，统筹推进县城、中心镇和新农村建设，形成城镇化与工业化、城镇化与新农村建设良性互动的发展格局。五是抓好县域基础设施建设和社会事业发展，努力改善县域经济发展的环境和条件。要加强县域基础设施建设，大力发展县域社会事业，着力保障和改善民生，使广大农民群众过上更加美好的生活。六是着力推进扶贫开发，加快贫困县脱贫致富步伐。要增强贫困地区的自我发展能力，鼓励社会各界扶贫济困，形成加快贫困地区发展的强大合力。

王君要求，各级各部门要进一步加强对发展县域经济的组织领导，科学编制规划，强化政策支持，完善体制机制，加强考核评价，努力形成人人有责任、有担子，一级抓一级、层层抓落实的工作机制，推动县域经济发展迈上新的台阶。

金道铭对会议作了总结。他指出，这次会议主题鲜明、重点突出、开法新颖、成效明显，对于我们深入贯彻中央“在工业化、城镇化深入发展中同步推进农业现代化”战略部署，统筹推进我省县域经济和“三农”工作，加快转型跨越发展步伐，具有重大而深远的意义。他强调，要准确把握新形势下县域经济发展的特点和规律，把推进工业新型化作为加快县域经济发展的重要支撑，进一步壮大以工促农的实力；把推进市域城镇化作为加快县域经济发展的重要途径，进一步提升以城带乡的水平；把推进农业现代化作为加快县域经济发展的重要任务，进一步增强农业和农村经济社会发展的后劲；努力在统筹推进县域经济和“三农”工作上取得新进展、实现新突破。他要求，全省各级党委、政府特别是各级领导干部要深入学习贯彻会议精神，切实把思想和行动统一到省委、省政府的决策部署上来。要进一步理清思路、明确目标、强化措施，有针对性地提出贯彻意见。各级领导干部要带头落实省委转变作风的要求，建立健全市县领导干部联系点制度，深入开展调查研究，与基层干部群众共同研究破解难题、改进工作的对策措施，不断提高指导工作的水平。要按照省里出台的县域经济社会发展考核评价《暂行办法》，建立严格的目标责任制，确保把会议确定的各项任务和措施落到实处。

各市市委书记、市长，各县（市、区）委书记、县（市、区）长及省直有关部门负责人参加了会议。

全省换届工作会议　2月25日，省委召开全省换届工作会议，对今年换届工作进行部署。省委书记、省人大常委会主任袁纯清作重要讲话。他强调，要认真贯彻落实中央的部署和要求，以对党和人民高度负责的精神，认认真真、扎扎实实抓好换届工作，通过换届换出更好的班子，换出更好的队伍，换出更好的作风，为再造一个新山西提供坚强有力的组织保障。省领导金道铭、陈川平、申联彬、郭良孝出席会议。省委常委、组织部长汤涛主持会议。

根据中央的统一部署和有关法律章程规定，2011年我省省、市、县、乡四级党委，县级人大、政府、政协，乡镇人大、政府和部分市人大、政府、政协将进行换届。省委对换届工作高度重视，省委常委会专门进行了研究，省委印发了《关于认真做好市县乡领导班子换届工作的通知》。

袁纯清就搞好换届工作提出四点要求。一是要明确形势任务，提高思想认识，切实增强搞好换届工作的政治责任感。搞好换届工作，是顺利实施“十二五”规划、全面推进转型跨越发展的重要保证，是建设坚强有力、奋发有为领导班子和干部队伍的重要契机，是推进组织工作改革创新、提高组织工作科学化水平的重要实践。搞好换届工作，就可以把广大干部群众的斗志和活力激发出来，把各方面的优秀人才聚集起来，形成为转型跨越发展不懈奋斗的强大合力。二是要突出工作重点，树立正确导向，着力选优配强各级领导班子。要坚持德才兼备、以德为先的用人标准，突出科学发展导向和重视基层导向，努力把各级领导班子建设成为坚强有力、奋发有为，在转型跨越发展上有大作为、有大建树的领导班子。要重点选好配强市县乡正职特别是党政正职领导干部，择优选配好各级班子特别是党政班子成员，注重选拔政治坚定、党性原则强、自觉贯彻落实科学发展观、勇于改革创新、善于做群众工作、实绩突出的具有基层领导经历和基层工作经历的优秀干部。要形成合理结构、增强班子整体功能，努力使领导班子成员在年龄、经历、专长、性格等方面搭配合理，做到优势互补、合力增强。要注意选拔优秀女干部、少数民族干部。

要树立干事创业的良好风气和正确导向，创新和完善干部选拔任用机制，健全领导班子和领导干部考核评价制度，全面、历史、辩证地评价干部。要通过换届，把干部群众公认的推动转型跨越发展有思路、有激情、有经验、有贡献，敢于革新、敢于突破、敢为人先、敢于担当，想发展、谋发展、干发展并且能大发展的干部选出来、用起来，通过换届换出更好的班子，换出更好的队伍，换出更好的作风。三是要坚持教育为先，严守换届纪律，确保换届风清气正。各级党委要严格执行中央和省委有关纪律要求，把正风肃纪牢牢抓在手上，加强教育，严格监督，把严肃纪律贯穿换届工作全过程，以铁的纪律保证换届风清气正。要教育引导党员干部增强党性观念、大局观念、组织观念，正确对待个人进退留转，正确行使民主权利，坚决抵制不正之风。要严格执行干部选拔任用责任追究等四项监督制度，推行全程记实制度，强化组织监督、制度监督、民主监督，把提名推荐、考察、公示、选举等各个环节都置于组织、干部、群众的有效监督之下，努力提高选人用人公信度。对拉票贿选、买官卖官、跑官要官、违规用人、干扰换届等行为，要从快从严查处。强化追究问责，对换届风气不好、惩治违纪行为不力的，要严肃追究主要领导的责任。四是要加强组织领导，注重统筹协调，高质量完成换届工作各项任务。各级党委要科学安排部署，明确职责任务，及时研究解决换届工作中的重大问题，党委书记要切实履行职责、公道正派、当好表率、搞好协调。要严格把握政策，做深做细工作，特别是深入细致地做好思想政治工作。要加强沟通协调，形成工作合力，组织部门要及时掌握工作动态，主动做好组织协调工作；纪检部门要充分发挥监督职能，加强对换届工作的全程监督；宣传部门要坚持正确舆论导向，加强正面宣传，努力营造良好舆论氛围。人大、政府、政协要自觉做好相关工作。特别要强调的是，要把换届工作纳入年度目标责任考核体系中进行严格考核，把换届风气作为党风廉政建设责任制考核的重要内容。要确保换届工作健康顺利进行，向党和人民交一份满意的答卷。

省委议军会 2月27日，中共山西省委议军会议暨推进国防动员建设军民融合式发展会议在省军区召开，传达贯彻中央军委、北京军区党委扩大会议精神，回顾总结“十一五”时期国防动员和后备力量建设情况，安排部署“十二五”时期及今年工作重点，对省军区提请的问题进行审议，讨论并通过《山西省国防动员建设军民融合式发展“十二五”规划》。省委书记、省人大常委会主任袁纯清主持会议并讲话。省委副书记、省长王君讲话。省委副书记、省纪委书记金道铭宣读表彰决定。省党政军领导刘云海、张少华、李小鹏、李政文、陈川平、何永才、姬亚夫、曾广超、张韧、黄献军、谢新宁等出席会议。

袁纯清在讲话中指出，“十一五”以来，省军区各项工作取得新进展新突破，受到总部、北京军区的充分肯定。驻晋部队和民兵预备役人员全力支援地方建设，有力地促进了改革发展稳定，赢得了各级党委、政府和广大群众的高度赞誉。今年是中国共产党成立90周年，是实施“十二五”规划的开局之年，也是在更高层次和更高水平上加强国防和军队建设的重要一年。做好今年的工作，对于加快推动转型跨越发展，对于进一步提升军民融合式发展水平，统筹经济建设和国防建设，都具有十分重要的意义。

袁纯清对深入推进国防动员建设军民融合式发展提出三点要求。一要进一步增强抓好军民融合式发展的责任感紧迫感。坚持以科学发展观为统领，以新时期军事战略方针为指导，深刻领会推进军民融合式发展的重大意义、理论价值和实践作用，积极探索新的路径办法，总结推广成功经验，以军民融合式发展的新成效，为维护国家主权、安全、发展利益，为推动山西转型跨越发展作出新的更大贡献。二要大力提升军民融合式发展的质量效益。按照需求牵引、政府主导、市场驱动的原则，立足国防建设领域民用效应最大化和经济建设领域国防效应最大化，促进我省国防动员建设与经济建设协调发展。率先在寓军于民的武器装备科研生产维修体系、军民统一的社会服务保障体系、军地两用的人才基础教育培养体系、军民融合的国防动员体系等“四个体系”建设上取得新突破，开辟军民融合式发展的广阔前景。按照国防动员“十二五”规划，突出加强党管武装，抓好预备役部队和民兵建设等重点，加大军地协调力度，搞好资源整合，形成齐抓共管，做到力量共用、项目共建、成果共享，努力实现发展生产力和提高战斗力双赢目标。三要切实加强对推进军民融合式发展的组织领导。各级党委、政府要发扬党管武装的优良传统，抓好部队思想政治建设，大力支持国防动员建设。各级国动委及其办事机构要加强与部队和政府部门的协调，共同研究解决推进军民融合式发展过程中遇到的矛盾和问题，协调和督导各成员单位、各相关行业抓好工作落实。要适应新形势新任务的需要，不断提高部队党的建设科学化水平，扎实推进学习型党组织建设和创先争优活动，深入开展双拥共建活动，不断开创国防后备力量建设新局面，努力在转型跨越发展中创造新的业绩，以优异成绩迎接中国共产党成立90周年！

王君充分肯定了“十一五”时期我省国防动员建设和军民融合式发展取得的成绩，对今年及今后一个时期推进全省军民融合式发展的工作提出了要求。他指出，目前山西跨入了一个新的五年规划时期，面对新的形势和任务，我们要坚持以科学发展观为指导，全面贯彻落实党中央、国务院的决策部署，在做好经济社会发展各项工作的同时，统筹推进国防建设，努力完成国防动员建设的各项任务，把我省军民融合式发展提高到一个新的层次和水平。

要进一步深化对军民融合式发展重大意义的认识，充分认识加快推进军民融合式发展对于贯彻落实科学发展观，对于实现富国和强军相统一，对于加快我省转型跨越发展的重大意义，增强推进军民融合式发展的责任感和使命感。要进一步明确我省军民融合式发展的任务和要求，继续围绕实现富国强军的根本目的，着眼转型跨越发展与军民融合式发展的有机统一，统筹军地两个方面资源，突出重点，提升质量，拓宽军民融合发展领域，加快推进科技、经济、教育、人才等各个领域的合作，推动国防动员建设和经济建设深度融合、协调发展。要进一步完善军民融合式发展"十二五"规划，明确军民融合发展的战略目标和主要任务，突出重点领域和关键环节，找准军民融合的结合点、切入点和突破口，精心组织规划的实施，加强对工作的领导和指导，完善体制机制和政策措施，严格督促检查和考核奖惩，确保规划顺利实施。要进一步解决军民融合式发展和国防动员建设的实际问题，采取切实有效措施，帮助部队解决实际问题，既要解决好基础设施、物资储备、经费补助、后勤保障等国防动员建设方面的问题，也要解决好军转安置、家属就业、子女入学、干部住房等关系部队官兵切身利益的问题，充分调动各方推动融合式发展的积极性，不断开创我省军民融合式发展新的局面。

省军区司令员刘云海传达了中央军委和北京军区党委扩大会议精神，对全省国防动员建设进行总结部署；省委常委、省军区政委张少华围绕推进国防动员建设军民融合式发展、在转型跨越发展进程中发挥后备力量生力军作用进行部署；省军区参谋长张韧就制定《山西省国防动员建设军民融合式发展"十二五"规划》作了说明。会议还表彰了先进集体和先进个人。

省委常委会传达学习省部级领导干部社会管理及其创新专题研讨班精神 2月28日，省委常委会召开会议，传达学习省部级主要领导干部社会管理及其创新专题研讨班精神，结合我省实际提出贯彻落实意见。会议听取了省考核办对各市各部门考核情况的汇报，审定2010年度目标责任考核结果。省委书记袁纯清主持会议。

会议指出，中央举办社会管理及其创新研讨班，主题鲜明、内容重要、非常及时。胡锦涛总书记作的重要讲话，科学分析了当前国内外形势的新变化新特点，深刻阐述了社会管理中存在的突出问题，对加强和创新社会管理、做好新形势下群众工作作出全面部署，就促进社会和谐、全面落实"十二五"规划提出新的要求。讲话立意高远，内涵丰富，思想深刻，通篇贯穿了科学发展观的要求，标志着我们党对共产党执政规律、社会主义建设规律、人类社会发展规律的认识达到了新的高度，是一篇重要的纲领性文献。各级各部门要认真学习贯彻落实胡锦涛总书记、习近平副主席、周永康同志的重要讲话精神，切实把思想和行动统一到中央精神上来，增强忧患意识和责任意识，充分认识加强和创新社会管理是继续抓住和用好我国发展重要战略期、推进党和国家事业的必然要求，是构建社会主义和谐社会的必然要求，是维护最广大人民根本利益的必然要求，是提高党的执政能力和巩固党的执政地位的必然要求，站在战略高度，结合我省实际，下大力气加强和创新社会管理。

会议强调，各级党委、政府要按照中央的部署和要求，强化责任，理清思路，完善举措，有序推进，在加强和创新社会管理上重点做好以下工作：一要夯实转型这个基础，通过加快转型促进经济社会协调发展。我省转型发展不仅是经济问题，也是社会问题，是搞好社会管理的治本之策和基础工程。要全面实施以煤为基、多元发展的整体转型思路，同时做好开发地下资源和用好地上资源两篇文章，实现由采掘文明到制造文明的跨越。特别是要抓住建设国家资源型经济转型综合配套改革试验区的机遇，着力解决资源环境生态破坏严重的问题、地区和城乡之间不协调的问题，着力解决社会事业欠账较多、社会发育程度较低的问题，为社会和谐稳定奠定坚实基础。二要严守安全这个红线，坚持把安全生产作为社会管理重中之重的大事来抓。深入推进煤炭资源整合和企业兼并重组，为安全生产构建产业和工程基础。始终紧绷安全生产这根弦，加强安全生产管理，深入推进煤焦领域反腐败专项斗争，推动全省安全生产形势由明显好转向稳定好转转变。三要突出民生这个根本，切实加强以保障改善民生为重点的社会建设。着力提高群众的社会保障水平、收入水平、健康水平、科技教育水平，落实好农村新的"五个全覆盖"，让人民群众共享改革发展成果。四要抓好基层这个重心，筑牢加强管理、维护稳定的第一道防线。提升基层党组织覆盖面，在社会管理服务中充分发挥党组织的战斗堡垒作用和党员的先锋模范作用；强化基层政权组织的社会管理服务职能，做到工作有条件，服务有平台，管理有手段；充分发挥工会、共青团、妇联以及其他社会团体、行业组织、中介机构、志愿者团体的作用，让各类社会组织有效汇入社会管理服务大格局，进而在基层实现群众权益有保障、诉求有渠道、矛盾能纾解、怨气可释放、危机能控制。五要强化干部这个保证，着力提高干部队伍的社会管理水平。大力开展社会管理的学习活动，使广大干部学习掌握社会管理服务方面的新知识、新理念、新政策，尤其是做好群众工作的新方法；切实改进干部作风，以党群、干群关系的和谐促进社会和谐；加强社会管理人才的培养和引进，完善目标责任考核体系，以鲜明的导向推动社会管理不断迈上新台阶。会议提出，要围绕社会管理和创新深入开展调查研究，摸清我省社会管理面临的新情况新问题，总结基层创造的新经验好做法，提出加强和创新社会管理的有效对策，不断提高社会管理科学化水平。

会议指出，省委、省政府决定对全省工作实行年度目标责任考核，是贯彻落实中央关于干部考核的"一个意见、三个办法"的重要举措，是推动转型跨越发展、再造一个新山西的现实需要，具有很强的引领、导向、带动作用。会议同意省考核办的汇报，审定考核结果。会议强调，年度目标责任考核是推进考核工作系统化、科学化的重要实践，开创了更好地加强管理、推动落实的新途径和新范式。要认真总结，积极探索，不断完善考核机制和方式，提高考核质量和水平。要运用好考核结果，做好对考核情况特别是存在问题的反馈工作，把考核结果与干部的使用培养结合起来，通过考核推动又好又快发展，调动干部群众的积极性、创造性，把各级各部门和领导干部的精力引导到想发展、干发展、大发展上，在转型跨越中创造新的业绩。

省委省政府年度目标责任考核总结表彰大会 3月2日，省委、省政府召开2010年度目标责任考核总结表彰大会。省委书记、省人大常委会主任、省年度目标责任考核领导组第一组长袁纯清作重要讲话，省委副书记、省长、省年度目标责任考核领导组组长王君主持会议。省委副书记、省年度目标责任考核领导组副组长金道铭宣读《省委、省政府关于表彰2010年度目标责任考核优秀单位的决定》，省委常委、常务副省长、省年度目标责任考核领导组副组长李小鹏宣读《省政府关于2010年度全省安全生产控制目标考核奖励的通报》，省委常委、组织部长、省年度目标责任考核领导组副组长兼考核办主任汤涛通报目标责任考核工作情况。省领导胡苏平、高建民、李政文、李兆前、陈川平、杨安和、刘维佳、张建欣、任润厚、郭良孝，省法检两长左世忠、王建明出席会议。

袁纯清在讲话中指出，省委、省政府决定实行年度目标责任考核，从政策要求来讲，是贯彻落实中央关于干部考核“一个意见、三个办法”的重要举措；从管理科学来讲，是对目标管理理论的探索和实践；从机制创新来讲，是对过去各类考核工作的综合和提升；从发展大局来讲，是我省推动转型跨越发展、再造一个新山西的迫切需要。省委、省政府对目标责任的落实和考核高度重视，作为推动全省工作的一个重要抓手，多次研究部署。各地各部门认真贯彻落实省委、省政府的决策部署，以良好的精神状态，强化责任、落实目标，积极配合考核。实践表明，年度目标责任考核客观准确地反映了各地各部门的工作情况，排名优次分明，激励作用明显，达到了预期效果。

袁纯清指出，今年是中国共产党成立90周年，是“十二五”的开局之年，是转型综改试验区的起步之年，是省市县乡四级党委换届之年，要围绕转型跨越发展大局，进一步搞好目标责任考核，促进重大决策和工作部署的落实，确保“十二五”开好局、起好步。要充分肯定考核成效，进一步增强抓好目标责任考核的责任感和使命感。过去的一年，全省各级各部门面对复杂形势和艰巨任务，认真贯彻中央和省委、省政府决策部署，圆满完成全年和“十一五”各项目标任务，工作有亮点、有经验、有突破。这次全面考核，明确奋斗目标，对全省发展发挥了引领作用；鼓励大干实干，对干事创业发挥了导向作用；强化为民理念，对干部作风发挥了提升作用；科学评价工作，对干部队伍发挥了激励作用；领导班子带头，对干部群众发挥了带动作用。通过考核，较好地梳理了工作，推动了发展，鞭策了干部。

袁纯清强调，要不断完善考核办法，进一步提高目标责任考核的科学化水平。要进一步突出转型跨越，增强目标责任考核的针对性，按照转型跨越发展的要求，科学确定目标任务，突出重点内容，特别是突出对“十二五”重点工作、发展循环经济、转型综改试验区建设、换届工作的考核。要进一步注重实绩考评，增强目标责任考核的准确性，坚持科学定标，坚持区别对待，坚持统筹兼顾，通过科学的考核，真正考出领导干部履行岗位职责的实绩和水平。要进一步完善运作方法，增强目标责任考核的科学性，优化考核流程，创新考核手段，既要严格考核、严密程序，又要简便可行、注重实效，重视平时考核、量化考核、群众考核，考核结果要切实做到准确和公平。要进一步强化结果运用，增强目标责任考核的标杆性，将考核情况反馈给被考核单位，并要求抓好整改，确保把考核的着力点放在发现差距、解决问题、改进工作上；考核结果要与干部的使用结合起来，与精神文明建设创建活动等挂钩，与领导干部的培训、交流、储备、培养等各个环节连接起来，作为干部管理的基础性依据，形成引导鼓励干部干事创业、改革创新、奋力赶超的氛围。

袁纯清指出，考核是手段，发展是目的。各地各部门要认真研究考核结果，明确努力方向，积极争先进位。要以目标责任考核为抓手，把考核的压力变为推动转型跨越发展的能力，增进人民福祉的动力，抓好任务落实的执行力，确保今年目标任务圆满实现。要切实强化考核导向，开创转型跨越发展新局面。

省委常委（扩大）会议传达贯彻全国两会精神 3月16日，省委常委会召开（扩大）会议，传达贯彻十一届全国人大四次会议、全国政协十一届四次会议精神和中央领导对山西工作的指示和要求，省委书记袁纯清主持会议，并提出贯彻落实意见。省四套班子负责同志和省法院院长、省检察院检察长出席会议。

会议指出，今年全国两会是全面总结“十一五”、科学谋划“十二五”的重要会议。我们要认真学习、深刻领会、全面落实全国两会精神。下功夫学习领会、贯彻落实政府工作报告等文件精神和“十二五”规划纲要，胡锦涛总书记等中央领导在审议讨论中的重要讲话精神，李克强同志在参加山西代表团审议讨论时的重要讲话。要充分认识以科学发展为主题，是时代的要求，关系改革开放和现代化建设大局；以加快转变经济发展方式为主线，是推动科学发展的必由之路，是我国经济社会领域的一场深刻变革，必须贯穿到经济社会发展的全过程和各领域。要领会和把握国家总体布局和政策措施中有关我省的内容。特别是要认识到，国家将山西综合能源基地包括晋北晋中晋东煤炭基地、太原城市群、太原城市轨道交通、汾渭平原小麦玉米主产区、山西资源型经济转型综合配套改革试验区列为“十二五”发展重点，对煤制天然气、煤制液体燃料和煤基多联产研发示范，对煤层气开发利用、建设大型坑口燃煤电站和煤矸石等综合利用电站作出部署，为我们这样的资源型省份实现转型提供了新的机会和路径。

要通过学习领会，切实把思想和行动统一到两会精神上来，统一到中央要求上来，进一步增强推进工作的科学性、有效性。

会议指出，进一步坚定信心和目标，增强推进转型跨越发展的责任感和紧迫感。省委、省政府提出的以转型跨越发展、再造一个新山西为核心的发展思路和我省的"十二五"规划纲要，符合中央要求，符合全国发展大势，符合全省人民心愿。实现这一目标，我省有基础、有空间、可承载。同时也要充分认识到形势的复杂性，保持清醒的头脑和昂扬的姿态，切实增强政治责任感和工作紧迫感，抓转型坚定不移，谋跨越毫不懈怠，不断取得实实在在的效果。

会议指出，要加快推进重点工作，确保"十二五"开好局、起好步。要下大力气抓项目，以项目建设引领产业升级，承载转型跨越。对在建和续建项目要抓紧建设，尽快达效。积极争取新的项目，确保尽快落地。要坚持落实政策与先行先试相统一，把"十二五"规划提出的目标、任务、措施转化为具体的、可操作的项目。抓紧制定转型综改试验区实施方案，早日批复实施。要统筹推进工业新型化、农业现代化、市域城镇化、城乡生态化，按照循环经济的路径改造提升传统产业，加快发展新兴产业，推进工业化与信息化的融合；大力发展"一村一品"，培育县域主导产业；着力抓好太原都市圈、区域性中心城市和大县城建设；加强节能减排和生态建设，改善城乡环境。要加大改善民生力度，办一批实事、上一批工程，不断增强人民群众的幸福感。要围绕办好中博会加强招商引资。中博会是山西近年来承办的最大规模的展会，是向中部省份学习的机会、招商引资的机会，也是一次宣传山西、推介山西、发展山西的重大契机，要抓紧做好各项筹备工作，确保办出特色、办出水平。

会议指出，当前工作任务很重，各级党委要科学安排，狠抓落实，确保各项工作有序有效推进。要统筹把握大局，既要确保"十二五"发展和转型综改试验区开好局、起好步，又要组织好四级党委换届。要在转型跨越发展的实践中识别评价干部、配强配优班子，把想干事、能干事、干成事的干部选拔上来，通过换届换出干劲、热情和积极性。各级领导干部要深入基层狠抓落实，督查工作落实、了解民生民情、解决困难问题，把时间和精力用在推动地方发展、增进群众福祉上。要组织好庆祝建党90周年的各项活动，毫不松懈地抓好安全生产，全面加强和创新社会管理，扎实做好新形势下的群众工作，把矛盾和隐患化解在萌芽状态，营造和谐稳定的社会环境。要抓好春耕备耕，解决好农民群众生产生活中的困难和问题，确保今年粮食有个好收成，促进经济社会又好又快发展。

省委常委会研究部署医药卫生体制改革及工商联工作　3月24日，省委常委会召开会议，传达学习全国深化医药卫生体制改革工作会议与加强和改进工商联工作会议精神，研究我省贯彻落实意见，讨论省委、省政府贯彻落实党中央、国务院印发的《关于实行党风廉政建设责任制的规定》的实施办法。省委书记袁纯清主持会议。

会议指出，深化医药卫生体制改革是一件涉及广大群众的大事、好事，是民生工程、民心工程，也是健康工程、幸福工程，是建设绿色富裕平安文明新山西的重要内容。近年来，我省医药卫生体制改革扎实推进，取得了明显成效，有的工作走在了全国前列。今年是医药卫生体制改革近期三年目标的最后一年和攻坚之年。要根据中央部署和要求，围绕"保基本、强基层、建机制"的原则，进一步突出体制机制综合改革，突出惠民便民正确导向，确保完成三年重点任务，使人民群众不断得到改革带来的实惠。要完善基本医疗保障制度，在基层实现基本药物制度全覆盖，健全基层医疗卫生服务体系，推进公共卫生服务均等化，抓好公立医院改革试点工作。要全面启动实施基层医药卫生体制综合改革，扎实推进县域医药卫生一体化综合改革，积极探索、创造经验，抓出特色、抓出成效。各级党委、政府要加强组织领导，明确目标责任，强化财力保障，加大宣传力度，严格绩效考核，确保医药卫生体制改革顺利健康进行。

会议指出，工商联工作是党的统一战线和经济工作的重要内容。近年来，全省工商联工作有活力、有亮点，有效促进了非公有制经济健康快速发展。要认真贯彻落实中央的决定部署，准确把握新形势新任务新要求，着眼于转型跨越发展大局，进一步加强和改进工商联工作，建立健全各级工商联组织，充分发挥工商联在非公有制经济人士思想政治工作中的引导作用，在非公有制经济人士参与国家政治生活和社会事务中的重要作用，在政府管理和服务非公有制经济中的助手作用，在行业协会商会改革发展中的促进作用，在构建和谐劳动关系中的积极作用。要切实加强党委对工商联工作的统一领导，不断完善政府对工商联工作的指导和支持，加强和改进工商联自身建设。要通过教育培训，引导非公有制经济组织投身转型跨越，投资新兴产业，扩大招商引资，建立现代企业制度，造就现代企业家，为实现再造一个新山西的目标作出更大贡献。

会议指出，党中央、国务院新修订的《关于实行党风廉政建设责任制的规定》，是深入推进党风廉政建设和反腐败斗争的一项重要基础性法规，为反腐倡廉建设提供了体制机制保证。要结合实际制定好我省贯彻落实的《实施办法》，突出科学性、针对性、准确性，进一步强化各级领导班子和领导干部抓反腐倡廉建设的政治责任，以党风廉政建设和反腐败工作的实际成效，为加快转型跨越发展提供有力保障。要坚持党要管党、从严治党，坚持标本兼治、综合治理、惩防并举、注重预防，扎实推进具有山西特色的惩治和预防腐败体系建设。要严格实行党风廉政建设责任制，坚持"一岗双责"，把党风廉政建设纳入领导班子、领导干部目标管理，与经济建设、政治建设、文化建设、社会建设以及生态文明建设和业务工作紧密结合，一起部署，一起落实，一起检查，一起考核。各级领导班子要对职责范围内的党风廉政建设负全面领导责任，主要负责人要认真履行第一责任人职责，做到重要工作亲自部署、重大问题亲自过问、重点环节亲自协调、重要案件亲自督办，带头落实党风廉政建设各项制度，带头遵守领导干部廉洁自律各项规定，领导班子其他成员要督促分管部门认真完成党风廉政建设工作任务，对职责范围内的党风廉政建设负主要领导责任。要建立党风廉政建设责任制的检查考核制度，坚持日常考核与集中考核相结合，全面考核与专项考核相结合，将领导班子和领导干部落实党风廉政建设责任制的情况作为业绩评定、奖励惩处、选拔任用的重要依据，确保各项责任落到实处，不断取得反腐倡廉建设的新成效。

省委中心组关于中国特色社会主义法律体系学习报告会 3月29日，省委中心组和省人大常委会举行学习报告会，邀请全国人大常委会法制工作委员会主任、中央机构编制委员会办公室副主任李适时同志就中国特色社会主义法律体系作辅导报告。省委书记、省人大常委会主任袁纯清主持并讲话，省委副书记、省长王君，省领导李小鹏、胡苏平、高建民、李政文、汤涛、李兆前、陈川平、聂春玉、申联彬、杜玉林、杨安和、靳善忠、安焕晓、郭海亮、王雅安、张平、张建欣、郭良孝、周然、李雁红、王宁、左世忠、王建明等出席，省人大常委也参加了报告会。

李适时同志长期从事法制研究和领导工作，具有深厚的理论造诣和丰富的实践经验。李适时同志的报告深刻阐明了中国特色社会主义法律体系形成的重要意义，中国特色社会主义法律体系的构成、基本特征和内容，以及完善中国特色社会主义法律体系的主要任务，既有思想性、理论性，又有现实针对性、指导性，与会同志听了报告深受启发。

袁纯清在主持报告会时强调指出，要坚定正确政治方向，坚持走中国特色社会主义政治发展道路。中国特色社会主义法律体系是我国社会主义伟大事业的重要组成部分，它以宪法和法律的形式，确立了国家的根本制度和根本任务，从制度上、法律上解决了国家发展中带有根本性、全局性、稳定性和长期性的问题。我们要把学习实施法律体系作为学习贯彻全国“两会”精神的重要内容，通过学习要坚持和维护中国共产党的领导地位，坚持和维护马克思列宁主义、毛泽东思想、邓小平理论和“三个代表”重要思想的指导地位，坚持和维护我们国家的国体和政体，坚持走中国特色社会主义发展道路。要进一步强化政治意识和法治观念，把思想和认识统一到中央的分析判断和决策部署上来，统一到法律体系所确立的政治道路、表明的政治立场和提出的政治任务上来，在涉及国家根本制度等重大原则问题上头脑要清醒、立场要坚定，增强对中国特色社会主义的信念和信心，沿着中国特色社会主义的正确道路奋勇前进。

袁纯清指出，要学习把握法律体系，进一步强化社会主义法治理念。通过学习中国特色社会主义法律体系的主要内容、重大意义和基本经验，进一步增强各级党委依法执政的意识，增强各级政府依法行政的能力和水平，增强各级干部和国家机关工作人员依法办事的素质和本领，特别是各级领导干部要高度重视宪法法律的学习，以自身良好的法律素养和依法办事的实际行动，带动全社会法律意识和法治观念的提升，在全省上下营造学法、懂法、用法、守法的浓厚氛围，推进依法治省不断取得新成效。

袁纯清强调，要着眼转型跨越发展，进一步提高地方立法水平。地方立法是中国特色社会主义法律体系的重要组成部分。中国特色社会主义法律体系形成后，我国的立法工作进入了一个新的历史时期，地方立法要站在新的起点和高度来思考和布局，把握立法工作的正确方向，坚持社会主义法制统一。要着眼于突出地方特色，坚持走群众路线，重点做好调整经济结构、转变发展方式、改善保障民生、加强创新社会管理等方面亟需的立法工作，切实增强地方法规的针对性、实效性和可操作性，使我省地方法规体系更科学、更合理、更完善。

袁纯清指出，要抓好法律法规实施，营造良好的法治环境。坚持公正司法和依法行政，加强司法工作和行政执法工作，加强对执法活动的监督。扎实搞好“六五”普法，构建“大普法”格局。加强执法队伍建设，提升执法队伍素质，优化执法环境。营造良好的法治环境，维护人民群众和投资者的合法权益，进一步扩大对内对外开放，促进全民创业和民营经济快速健康发展，为转型跨越发展、再造一个新山西提供坚强的法治保障。

全省重点工程建设总结表彰暨动员大会 4月6日，全省重点工程建设总结表彰暨2011年建设动员大会在太原召开。会议表彰了2010年度重点工程建设先进集体和个人，总结去年重点工程建设工作，安排部署今年的工作。会前，省委书记、省人大常委会主任袁纯清，省委副书记、省长王君等领导接见了先进集体和先进个人代表。王君出席大会并讲话，省委常委、常务副省长李小鹏作动员讲话，省人大常委会副主任、省总工会主席郭海亮，省政协副主席令政策等出席，副省长牛仁亮主持会议。

在接见2010年全省重点工程建设先进集体和先进个人代表时，袁纯清代表省委、省政府向他们表示热烈祝贺，对他们为转型跨越发展作出的突出贡献表示感谢和慰问。他说，山西的重点工程建设仍处于机遇期、关键期、攻坚期，在未来较长时期内仍需要大力度予以加强。我省要在“十二五”全面推进工业新型化、农业现代化、市域城镇化、城乡生态化，在转型跨越中再造一个新山西，关键是把五万亿元固定资产投资落实到项目上，通过建设一大批交通、水利和民生等领域的重点工程，解决转型发展的瓶颈，形成跨越发展的支撑。他希望受表彰的先进集体和先进个人充分认识重点工程建设的重要意义，发扬成绩、再接再厉，加大力度、加快进度，保证质量、保证安全，把省委、省政府重视和全省人民期盼的大事办好，为推动全省又好又快发展作出更大成绩。

王君在讲话中强调指出，重点工程建设是圆满完成当年经济指标、促进当前经济增长的重要举措，是增强长远发展后劲和可持续发展能力的重要举措，是改变城市面貌、提升城市品位、促进对外开放的重要举措，是进一步提高人民群众生活质量和水平的重要举措。各级各部门一定要站在全省经济社会发展全局的高度，深刻认识加快重点工程建设的重要意义，切实把思想和行动统一到省委、省政府的决策部署上来，扎扎实实抓好各项重点工程建设。一是要明确目标，细化任务、落实责任，将重点工程建设的各项任务落实到市、落实到县、落实到部门、落实到建设和施工单位。二是要明确工作重点，突出抓好重要基础设施、重大产业发展项目、重大民生工程、重要生态环境治理工程等项目的建设，示范和带动全省重点工程全面有序推进。三是要明确工程建设需要解决的主要问题，着力解决好用地指标、建设资金、征地拆迁等问题，加快建设进度，确保重点工程早日建成投产投用。他要求，要加强对重点工程建设的组织领导，特别是主要领导要担负起重点工程建设的第一责任，把重点工程建设摆上重要工作日程，定期研究重点工程建设重要事项，及时解决重点工程建设遇到的问题，加强对重点工程建设的指导，强化重点工程建设目标考核，进一步掀起重点工程建设的新高潮，努力把每项重点工程都建设成优质、高效、安全、廉洁的精品工程，建设成经得起历史和人民检验的德政工程、民心工程。

在动员讲话中，李小鹏指出，重点工程为实现全省固定资产投资目标，圆满完成“十一五”任务作出了重要贡献，在推进全省经济发展和结构调整中真正发挥了“火车头”和“主力军”的作用。

进一步做好重点工程建设，项目是载体，好项目、大项目是加快发展的重要引擎，是实现“十二五”五年5万亿、平均一年1万亿目标任务的重要抓手。各级各部门都要树立“抓项目就是抓机遇、抓发展，就是抓转型、抓跨越”的思想，进一步加强领导、明确目标、落实责任、分解指标，统筹做好重点项目储备、重点项目签约、重点项目落地和重点项目工程建设四个阶段的工作，做到“四位一体、统筹推进”。他要求，今年重点工程建设任务繁重而艰巨，各有关单位要在确保安全和质量的前提下，抓开工、抓进度、抓投资，坚定信心、齐心协力、真抓实干、奋力拼搏，圆满完成今年重点工程建设的各项任务，确保全省投资任务圆满完成，为我省的转型跨越发展，再造一个新山西再创佳绩、再立新功，以优异的成绩向中国共产党成立90周年献礼！

会上，太原市、省交通运输厅、省住房和城乡建设厅、大西客专公司、同煤集团分别作了表态发言，省政府向11个市颁发了2011年重点工程建设目标责任状。

省直各部门负责人，各市市长、分管重点工程建设的副市长，有关中央驻晋单位和省属重点企业负责人，各市重点办、省重点工程项目负责人等参加会议。

全省教育工作会议 4月7日，省委、省政府召开全省教育工作会议。省委书记、省人大常委会主任袁纯清，省委副书记、省长王君出席会议并作重要讲话。省委副书记金道铭主持会议。教育部党组副书记、副部长杜玉波到会并讲话。省领导李小鹏、胡苏平、李政文、安焕晓、张平、郭良孝出席会议。

袁纯清充分肯定了近年来全省教育工作取得的成绩。他指出，全省各级党委、政府高度重视教育工作，认真实施科教兴省和人才强省战略，坚持把教育摆在优先发展的战略地位，全省教育事业整体上已由解决“有书读”问题转向“读好书”的新阶段，在人才培养、知识创新、经济发展、社会服务、民生改善等方面发挥了重要作用。这些成绩的取得，是各级各部门共同奋斗的结果，特别是广大教师和教育工作者辛勤耕耘、默默奉献，付出了心血和汗水，作出了突出贡献。他代表省委、省政府，向全省广大教师和教育工作者致以崇高的敬意，向长期以来关心支持教育事业改革发展的广大干部群众和社会各界人士，表示衷心感谢！

袁纯清强调，要着眼转型跨越发展大局，从战略高度谋划和推进教育改革发展。我省是处于转型期的资源型地区，处于跨越期的欠发达省份，教育事业的改革发展不仅具有基础性、根本性，而且更具有特殊的重要性、紧迫性。优先发展教育是实现转型跨越发展的重要支撑，是满足人民群众新期盼的根本途径，是应对人才竞争的基础战略。教育是山西的希望所在。山西要转型，教育首先要转型；山西要跨越，教育首先要跨越。转型跨越，既对教育事业提出了要求，也为教育事业提供了机遇。

袁纯清指出，要创新思路，狠抓落实，加快教育强省和人力资源强省建设。要按照“突出在特色、出路在改革、关键在投入、重点在加快、根本在提高”的思路，全面落实教育改革发展规划纲要，充分发挥教育对经济社会发展的先导性、战略性、引领性作用。突出在特色，就是要以发挥优势、创出特色引领教育事业的发展，抓好具有山西特点的重点学科建设，抓好适应转型发展的职业教育，抓好体现三晋历史文化底蕴的校园文化建设，加快培养适应煤化工、装备制造、新材料、新能源、生物技术、物联网、生态环保、文化旅游等领域需要的人才。出路在改革，就是在改革创新中为教育事业注入活力和动力，正确处理政府、学校、社会的关系，坚持教育公益性原则，提高公共教育服务水平，适应工业新型化、农业现代化、市域城镇化、城乡生态化的战略重点，建立科学动态的人才需求预测机制和专业调整机制，倡导启发式、探究式、讨论式、参与式教学，提高学生的学习能力、实践能力、创新能力。关键在投入，就是要善于筹钱、舍得花钱、能花好钱，大幅度增加公共财政对教育的投入，积极引导社会资本、民营资本投向教育，引导社会资金以多种方式进入教育领域，形成多元化、多渠道投入体系。进一步加大农村特别是贫困地区教育投入，完善困难和特殊群体教育资助政策体系。重点在加快，就是要在尊重规律的前提下实现教育的跨越式发展，做好大中小学校的布局结构调整工作，在提高义务教育普及水平的基础上，加快普及学前教育和高中阶段教育，进一步提高高等教育毛入学率，着力促进公共教育资源配置公平。根本在提高，就是要牢牢把握提高质量这一教育事业发展的生命线，把提高质量作为教育改革和发展的核心任务，树立以提高质量为核心的教育发展观。要把教育资源配置和学校工作重点集中到强化教学环节、提高教育质量上来，坚持育人为本、德育为先，加强对教师队伍建设，不断提高教师队伍的整体素质。

袁纯清要求，要加强组织领导，形成推进教育改革发展的强大合力。

各级党委、政府要切实加强对教育事业的领导，形成党以重教为先、政以兴教为责、师以爱教为荣、民以助教为乐的良好局面。第一，加强领导重在优先，要切实把教育摆在优先发展的战略地位，健全教育工作领导体制和工作机制，及时研究解决教育改革发展的重大问题和群众关心的热点问题，切实保障经济社会发展规划优先安排教育发展，财政资金优先保障教育投入，各级党政主要负责同志要重视抓教育、自觉抓教育、用力抓教育，各级领导干部都要有重视教育的责任、关爱师生的情怀。要加强和改进教育系统党的建设，加强教育系统党风廉政建设，为教育事业发展提供坚强保证。第二，尊教兴教重在环境，要充分调动全社会关心和支持教育的积极性，引导和鼓励社会各界更新教育观、成才观、用人观，支持教育改革创新。要深化未成年人思想道德建设，加强大学生思想政治教育，引导广大青少年树立正确的世界观、人生观、价值观。第三，工作落实重在措施，要围绕“六大重点工程”和改革任务，明确领导责任，明确工作推进的路径和时间表，明确保障投入的主体和资金来源，明确要达到的目标和标准，明确考核评价的步骤和办法，提升教育工作的整体水平。第四，以人为本重在师生，坚持以学生为主体，以教师为主导，坚持抓教育工作从关心师生做起。关心教师的成长进步，维护教师权益，改善教师待遇，关心教师身心健康，吸引更多优秀人才从事教育工作，支持和鼓励教育工作者长期从教、终身从教。要为学生学习生活提供温馨和谐安全的环境，改善食宿条件，改进服务管理，消除安全隐患，让他们能够安心学习、快乐生活、健康成长。

王君在讲话中指出，新世纪以来特别是近两年，省委、省政府坚持以科学发展观为指导，全面实施“科教兴晋”和“人才强省”战略，突出教育优先发展地位，完善教育投入保障机制，着力解决影响和制约教育发展的突出问题，有力地促进了全省各类教育快速健康发展，办学条件得到显著改善，教育公平迈出重大步伐，教师队伍建设不断加强，教育服务经济社会发展的能力逐步增强。但是，与人民群众对教育的新期盼比、与转型跨越发展对教育的新要求比，我省教育改革发展的任务还十分艰巨。王君要求，全省各级各有关部门要进一步强化“兴晋必先兴教、强省必先强教”的思想，全面贯彻落实胡锦涛总书记、温家宝总理在全国教育工作会议上的重要讲话精神，按照“优先发展、育人为本、改革创新、促进公平、提高质量”的要求，大力实施国家和我省《教育改革发展规划纲要》，努力办好人民满意的教育。一要以扩大学前教育资源为抓手，加快发展学前教育。认真落实国务院《关于当前发展学前教育的若干意见》，实施好国家“学前教育三年行动计划”和我省“学前教育推进工程”，着力扩大学前教育资源，提高学前教育质量水平，保障全省适龄儿童接受基本的、有质量的学前教育。二要以推进义务教育标准化建设为基础，努力提高义务教育水平。加快推进义务教育标准化建设，深化教学改革，加强日常管理，科学安排学生的学习、生活、锻炼，纠正违规补课和乱收费等行为，减轻学生课业负担，确保适龄少年儿童接受良好的义务教育。三要以培养技能型、实用型人才为重点，大力发展职业教育。加快推进“职业教育基础能力建设工程”，全面实施我省中等职业教育免费全覆盖工程，加快示范学校、特色学校建设，提高职业教育办学质量，努力为转型跨越发展培养更多的技能型、实用型人才。四要以服务转型跨越发展为目标，全面提升高等教育质量。坚持把人才培养作为高校工作的重要任务，把人才培养质量作为衡量高校办学水平的根本标准，加快建设学科特色鲜明、具有引领作用的地方高水平大学和我省急需的特色型本科院校，大力提升高等教育服务我省经济社会发展的能力和水平。五要以促进学生德智体美全面发展为导向，深入实施素质教育。坚持育人为本，德育为先，帮助学生树立正确的世界观、人生观、价值观。强调学思结合，倡导知行统一，包容个性发展，着力培养学生的探索精神、创新能力。坚持因材施教，充分发挥每个学生的优势和潜能，把每一个学生都培养成社会有用之才。六要以保障人人享受平等教育为根本，大力推进教育公平。认真贯彻落实促进教育公平的政策措施，加快实现义务教育阶段教育资源均衡配置，全面落实国家和我省的助学制度，妥善解决流动就业人员随迁子女、农村留守儿童、残疾学生等特殊群体孩子的上学问题，切实保障人民群众公平享有受教育的机会和权利。王君最后强调，教育是千秋大计，百年基业。今后10年，特别是“十二五”时期，我省深化教育改革、加快教育发展的责任重大、使命光荣。各地各部门要把思想和行动统一到中央和省委、省政府的部署上来，坚持把教育改革发展放在更加突出的位置，深化各项改革，强化资金保障，加强队伍建设，坚持依法治教、依法治校，营造尊师重教氛围，努力开创我省教育改革发展的新局面，为推进转型跨越发展、“再造一个新山西”提供有力的人才保证和智力支撑。

杜玉波首先代表教育部对这次会议的召开表示祝贺，并对多年来山西教育工作取得的成绩给予了充分肯定。他指出，山西省委、省政府高度重视教育工作，切实把教育放在优先发展的战略地位，坚定不移地实施科教兴晋和人才强省战略，教育投入大幅增长，办学条件显著改善，教育改革逐步深化，办学水平不断提高，各类教育事业得到稳步发展。特别是近年来省委、省政府实施的“五个全覆盖”等重点民生工程中均把教育作为重点领域予以支持。教育事业的发展极大地提升了人口整体素质，为山西转型发展、跨越发展提供了强有力的人才保障、智力支持和科技支撑。

杜玉波强调，山西省是目前国家批准的唯一在全省域、全方位、系统性的进行资源型经济转型综合配套改革试验的省份。“十二五”时期是全面建设小康社会的关键时期，是实施中长期教育规划纲要的关键五年，也是山西省转型跨越发展的关键时期。山西在未来10年的教育改革和发展进程中，要把握机遇、抢占先机、服务转型，进一步做好以下几个方面的工作：一是强化责任、健全机制，努力在优先发展教育方面取得新成绩。二是开拓进取、敢闯敢试，力争在深化教育改革方面取得新突破。三是抓住重点，统筹协调，争取在促进教育公平方面取得新进展。四是围绕核心、内涵发展，切实在提高教育质量方面取得新成效。五是适应需求、服务转型，着力为经济社会发展做出新贡献。

省委常委会研究贯彻落实温家宝总理考察山西重要讲话精神 4月8日，省委常委会召开会议，传达温家宝总理考察山西重要讲话精神，研究贯彻落实的意见，传达贯彻全国市县乡换届工作座谈会精神。省委书记袁纯清主持会议。

会议指出，温家宝总理这次来我省考察，正值全省上下认真贯彻落实全国两会精神、奋力实现“十二五”发展良好开局的关键时刻，体现了党中央、国务院对山西工作的高度重视和对全省人民的亲切关怀。温家宝总理的重要讲话，深入分析了当前国际国内经济形势，对做好当前和今后一个时期工作提出了明确要求，具有很强的思想性、针对性和指导性。温家宝总理对我省经济社会发展取得的成绩和转型跨越发展的思路给予充分肯定，使全省干部群众提升了信心、增添了力量，明确了发展路径和工作重点。全省上下要认真贯彻落实温家宝总理重要讲话精神，进一步开创各项工作新局面。

会议指出，山西正面临难得的发展机遇，我们要珍惜机遇、抢抓机遇、用好机遇，特别是要用足用好转型综改试验区等政策，学习借鉴其他综改试验区的政策，以先行先试的精神探索形成新的政策，不断为山西改革发展注入新的活力和动力，使“十二五”时期成为有大的作为、转型跨越取得明显进展的时期。今年以来，我省主要经济指标继续保持较快增长势头，经济步入平稳较快、正常向好的发展区间。要保持清醒头脑，加强宏观经济运行情况的分析和研判，积极破解面临的矛盾和问题，引导和保护好干部群众奋发进取、干事创业的热情和干劲，千方百计保持物价总水平基本稳定，保持全年经济平稳较快发展，确保“十二五”开好局、起好步。

会议指出，要坚定转型信心，强化转型的措施，增强转型的实效，努力使产业结构发生脱胎换骨的新变化。要做好煤炭这篇文章，继续推进和完善煤炭产业兼并重组整合，落实煤矿安全生产责任，提高煤炭生产规模化、集约化、信息化水平。要以循环经济为基本路径改造提升传统产业，集中力量发展壮大新兴产业，促进产业结构的高端化、轻型化、合理化。要坚持不懈抓好节能减排和生态建设，努力实现天更蓝、水更清、空气更清洁、环境更优美的目标。要加强以水利为重点的基础设施建设，加快大水网建设，加强农田水利基本建设，统筹推进高速公路、铁路、机场建设，推动我省基础设施全面改善。要加强“三农”工作，扎实推进农业现代化，切实把特色农业产业做大做强，千方百计提高农民收入，加快推进新农村建设，加大扶贫攻坚力度。当前，要把春季农业生产作为农业农村工作的中心任务，扩大春种面积，确保全年粮食有个好收成。要完善城乡社会保障体系，发展社会事业，着力改善民生，让人民群众共享改革发展成果。要动员全省干部群众增强使命感和责任感，加快推进转型跨越、富民强省大业，以实际行动和优异成绩，向党中央、国务院交一份满意的答卷。

会议指出，要认真落实全国市县乡换届工作座谈会精神，结合我省市县乡换届工作进展情况和基层实际，对市县乡换届工作要加强领导、科学统筹、精心组织，加强换届中的党内民主实践，加强换届时的党政正职选配，加强对年轻干部、女干部、少数民族干部和党外干部的培养选拔，加强党对市县乡人大、政府和市县政协换届工作的领导，加大从基层一线选拔培养党政领导干部的力度，把班子配优配强。要加强具体指导，总结试点经验，有关方面要搞好配合。党委和组织部门要广泛开展换届谈心谈话活动，认真做好思想政治工作，教育引导广大干部正确对待进退留转，自觉服从组织安排。要严肃换届工作纪律，加强对换届工作全过程的监督，切实做到换届纪律人人知晓、举报渠道路路通畅、违纪事项件件必查，做到风清气正、赢得民心、振奋干部，确保换届工作健康顺利进行。

省委省政府传达贯彻温家宝总理考察山西重要讲话精神电视电话会议 4月9日，省委、省政府召开全省电视电话会议，传达贯彻中共中央政治局常委、国务院总理温家宝考察山西重要讲话精神。省委书记、省人大常委会主任袁纯清提出贯彻意见，省委副书记、省长王君传达温家宝总理讲话，省委副书记金道铭主持会议。省领导李小鹏、高建民、李政文、汤涛、李兆前、陈川平、聂春玉、申联彬、杜玉林、杨安和、靳善忠、郭海亮、王雅安、张平、刘维佳、张建欣、任润厚、郭良孝、李雁红、李潭生、令政策、王宁、左世忠、王建明出席会议。

4月2日至4日，温家宝总理对我省进行了考察，深入吕梁山区的岚县、兴县和临县了解经济社会发展情况，两次主持召开座谈会，作了重要讲话。

袁纯清指出，温家宝总理十分关心山西发展，1993年以来10次亲临我省、3次深入吕梁视察指导工作，体现了党中央、国务院对山西工作的高度重视和对全省人民的亲切关怀。温总理的重要讲话，深入分析了当前国际国内经济形势，对做好当前和今后一个时期工作提出了明确要求，具有很强的思想性、针对性和指导性，使全省干部群众提升了信心、增添了力量，进一步明确了发展路径和工作重点。

袁纯清就贯彻落实温家宝总理重要讲话精神提出六点意见。

一、增强机遇意识，保持经济平稳较快发展。要抓住和用好政策机遇，特别是中部崛起和转型综改试验区给山西带来的机遇，用足用好中央出台的政策，学习借鉴其他综改试验区的政策，以先行先试的精神探索形成新的政策，不断为山西改革发展注入新的活力和动力。要抓住和用好市场机遇，发挥能源资源优势，巩固、拓展、提升能源基地的位置，为转型发展积累更多的条件、提供更多的资金、打下更好的基础。要抓住和用好转型跨越机遇，在更大范围内整合生产要素和各种资源，开拓更多产业空间，保持可持续发展。同时，要保持清醒头脑，加强宏观经济运行情况的分析和研判，积极破解面临的矛盾和问题，保持物价总水平的基本稳定，引导和保护好干部群众奋发进取、干事创业的热情和干劲，保持全年经济平稳较快发展，确保“十二五”开好局、起好步。

二、坚定转型信心，努力使产业结构发生脱胎换骨的新变化。“十二五”时期，是调整经济结构、转变发展方式的攻坚期，要进一步坚定转型的信心，强化转型的措施，增强转型的实效。要做好煤炭这篇文章，继续推进和完善煤炭产业兼并重组整合，加快实现煤矿综合机械化开采，着力推进煤炭产业循环发展，提高煤炭生产规模化、集约化、信息化水平。要以循环经济为基本路径改造提升传统产业，加大循环技术研发和推广力度，加强共伴生矿产及尾矿综合利用，提高资源综合利用水平。要加大发展壮大新兴产业的力度，以“龙头企业、特色园区、产业集群”为着力点，以试点项目和示范工程为抓手，以科技创新为动力和支撑，培育发展新兴产业，促进产业结构的高端化、轻型化、合理化。要坚持不懈抓好节能减排和生态建设，重点抓好结构减排、工程减排、管理减排和技术减排，严格产业准入门槛，大力淘汰落后产能，继续推进生态环境综合治理“2+10”工程建设，加快绿化山西步伐，确保全省每年植树400万亩以上，努力实现“天更蓝、水更清、空气更清洁、环境更优美”目标。

三、力克瓶颈制约，进一步加强以水利为重点的基础设施建设。要加快大水网建设，加强农田水利基本建设，加快推进小型农田水利重点县建设，支持“五小水利”工程建设，大力发展节水灌溉。要大力推进节水，建立和完善水权制度，推进国家和省级节水型社会试点建设，到“十二五”末，使全省万元GDP用水量降到53立方米以下。同时，统筹推进高速公路、铁路、机场建设，推动全省基础设施全面改善。

四、狠抓特色农业，扎实推进农业现代化。要以改善农业生产条件为基础，扎实推进粮食高产创建工程，提高粮食综合生产能力。要以“一村一品”“一县一业”为载体，加快推进农业结构调整，抓好运城、晋中、大同三大现代农业示范区建设，抓好设施蔬菜百万棚、规模健康养殖、干鲜果经济林、小杂粮、中药材种植等工程建设及其加工业发展，抓好农产品加工龙头企业“513”工程，重视社会化服务体系建设，提高农业产业化经营水平，切实把特色农业产业做大做强。要以实施农村新的“五个全覆盖”为抓手，加快推进新农村建设，全面提高农村产业发展、基础设施建设、公共服务、社会保障和社会管理水平。要以协调推进工业化、城镇化和农业现代化为重点，大力推进县域经济发展，加大招商引资力度，壮大县域板块经济。要以落实强农惠农政策为突破，千方百计提高农民收入，完善以工补农特别是以煤补农机制，坚持“一村一策”，加快提高农民收入。要把实现“十二五”农民人均纯收入翻番目标作为考核市县党政领导班子的重要内容。当前，要把春季农业生产作为农业农村工作的中心任务，确保全年粮食有个好收成。

五、搞好扶贫攻坚，加快实现基本消除绝对贫困目标。要加大政策支持、资金投入和帮扶力度，对农村低收入人口全面实施扶贫政策，加强金融扶贫工作，建立财政扶贫资金稳定增长机制，抓好机关单位定点扶贫工作，启动实施“千企帮千村”工程，鼓励社会各界帮贫济困。要进一步完善片区扶贫开发方式，把吕梁、太行两区连片特困地区作为主战场，以县域为单位、产业为纽带，实施扶贫开发板块式推进战略。要继续推进移民搬迁扶贫，实施好整村推进规划，帮扶移民新村发展特色产业，确保稳定脱贫。要把基本公共服务向贫困地区延伸，加快贫困地区社会事业发展，扎实推进教育扶贫“万人助学”工程，完善贫困地区社会保障制度。

六、着力改善民生，让人民群众共享改革发展成果。要大力发展教育事业，确保我省到2020年在中西部地区率先基本实现教育现代化，进入教育强省和人力资源强省行列。高度重视农村教育发展问题，扩大农村优质教育资源，加强农村教师队伍建设，完善义务教育经费保障机制。进一步提高医疗卫生发展水平，深入推进医药卫生体制改革，提高新农合参合率和政府补助标准、报销比例和补偿最高支付限额。实施好基本药物制度，健全基层医疗卫生服务体系，实现城乡居民“一卡通”看病。要不断完善城乡社会保障体系，在全面提升社会保障水平的同时，严格执行被征地农民社会保障政策，抓好对城乡困难群众的救助，逐步提高低保水平。要搞好房地产市场的调控，调整住房供应结构，加大公共租赁住房建设力度，确保保障性住房、棚户区改造住房、中小套型普通商品住房用地和开发建设达到规定比例。

在主会场参加会议的有省直各部门、中央驻晋单位、本科院校、省管国有骨干企业和省委农村工作领导小组负责同志。在各市、县(市、区)分会场参加会议的有各市、县(市、区)四套班子负责同志、有关部门主要负责同志、各乡镇党政主要负责同志。

全省煤炭工作会议 4月20日，全省煤炭工作会议在并召开，传达贯彻温家宝总理考察我省时对我省煤炭工作的重要指示精神，总结近两年全省煤炭工业改革发展取得的成绩和积累的经验，安排部署新一年的工作，表彰全省煤炭工作中成绩突出的先进单位。省委副书记、省长王君出席并讲话。省人大常委会副主任、省总工会主席郭海亮，省政协常务副主席郭良孝等出席会议。副省长任润厚主持会议。

山西之长在于煤，煤炭资源是我省最大的优势资源，煤炭工业是我省最重要的支柱产业。多年来，我省煤炭工业为全省经济社会发展作出了重要贡献，为全国现代化建设提供了重要的能源支撑。“十一五”时期，特别是应对国际金融危机冲击两年来，我省煤炭工业实现了新的跨越，进入了一个全新的发展阶段。产业素质明显提高。全省矿井总数由2600座减少到1053座，30万吨以下的小煤矿全部淘汰，70%以上的保留矿井达到90万吨以上，培育形成了4个亿吨级、3个5000万吨级、11个千万吨级以上的大型煤炭企业集团。安全生产水平明显提高。2010年和2005年相比，全省煤矿事故总起数下降了61.8%，其中，重特大事故起数下降了80%；煤矿事故死亡人数下降了72%；煤炭生产百万吨死亡率由0.905下降到0.187，下降了80%，是全国平均水平的1/4，今年一季度又进一步下降到了0.092。经济效益明显提高。2010年，全省煤炭产量达到7.4亿吨，创历史最好水平；煤炭行业实现工业增加值2560亿元，同比增长31%，是2005年的2.7倍，占到全省工业增加值的56%；上缴税费816亿元，同比增长38%，是2005年的4.2倍，对全省可用财力的贡献率高达60%。

王君在讲话中说，全省煤炭工业之所以在较短的时间内取得这样好的成绩，关键在于我们坚持把煤炭资源整合煤矿兼并重组作为推动煤炭工业可持续发展的治本之策并全力加以推进，从根本上改变了我省煤矿多、小、散、乱的状况，从源头上提高了安全生产保障能力；坚持把抓好安全生产作为推动煤炭工业可持续发展的重中之重，通过一系列行之有效的措施，大大提高了煤矿安全生产水平，有力地带动了安全生产形势的明显好转；坚持把改革创新和争取国家政策支持作为推动煤炭工业可持续发展的重要动力，统筹推进煤炭行业管理体制和企业改革，扎实推进煤炭工业可持续发展政策措施试点，成功争取国务院批准我省为国家资源型经济转型综合配套改革试验区，为煤炭工业可持续发展提供了强有力的政策支持；坚持把加强行业管理、强化班子和队伍建设作为推动煤炭工业可持续发展的重要保证，从整体上提升了煤炭管理人员和煤炭企业职工队伍的素质。这既是我们在过去工作中积累的宝贵经验，也是进一步推动我省煤炭工业可持续发展必须坚持的重要原则。

王君强调，"十二五"乃至今后很长一段时期内，我省作为全国能源基地的地位不会改变，煤炭工业对全省经济社会发展所起的支柱作用无法替代。

特别要看到，尽管这两年我省煤炭工业改革发展取得了重大进展，但与科学发展观的要求相比，与国际先进水平相比，与全省转型跨越发展的需要相比还有一定差距，尤其是煤炭行业的秩序还不够规范。进一步整顿和规范煤炭行业秩序，推动我省煤炭工业可持续发展，仍是今年全省煤炭工作的主要任务。对此，各级各部门和企业一定要保持清醒头脑，切忌提不切实际的口号，切忌提脱离实际的工作要求，切忌搞名目繁多、花样翻新的表面文章，而是要按照温家宝总理考察山西时的重要讲话精神和省委、省政府的统一部署和今天会议的要求，以整顿和规范煤炭行业秩序为重点，扑下身子，埋头苦干，扎实做好煤炭工业改革发展各项工作。一要善始善终地完成好煤炭资源整合煤矿兼并重组各项任务，进一步整顿和规范采矿秩序；二要持之以恒地抓好煤矿安全生产，进一步整顿和规范煤矿安全生产秩序；三要落实监管责任，发挥好兼并重组主体企业的作用，进一步整顿和规范煤矿基本建设秩序；四要理顺体制机制，加强行业管理，进一步整顿和规范煤炭生产经营秩序。在此基础上，要坚持"以煤为基，多元发展"的思路，在用好煤上狠下功夫，大力发展煤炭深加工产业和相关联产业，让得天独厚的煤炭资源发挥最大的经济效益、社会效益和生态效益，使全省的产业结构发生脱胎换骨的新变化。

全省市县乡换届工作会议 4月27日，省委在运城市召开市县乡换届工作座谈会。省委书记、省人大常委会主任、省委换届工作领导组组长袁纯清指出，各级党委要站在政治和全局的高度，把换届作为一件大事要事来抓，切实高度重视、端正用人导向、充分发扬民主、严格纪律要求、提出好的报告、加强组织领导，确保换届工作顺利健康进行，为转型跨越发展提供坚强动力和保证。省委常委、秘书长李政文出席会议，省委常委、组织部长、省委换届工作领导组副组长汤涛主持会议。

袁纯清指出，全省换届工作开展以来，各级党委认真贯彻落实中央和省委的部署要求，高度重视，精心组织，扎实推进，整个换届工作推进是健康的、进展是顺利的。他对做好下一步的换届工作提出六点要求：一要切实高度重视。今年省市县乡四级换届，是全省人民政治生活中的一件大事要事。换届涉及面广、涉及层次多、涉及干部人数多，各级党委特别是主要领导在思想上、工作上要予以高度重视。要充分认识到，我省转型跨越发展正当其时，要抓住换届机遇，努力把各级领导班子建设成为坚强有力、奋发有为的领导集体，为推进转型跨越发展提供政治、组织、领导、干部保证。各级党委要以足够精力抓换届工作，特别是党委书记作为换届工作第一责任人，要担当其职、负起其责，履行好政治责任，切实做到亲自部署安排，亲自听取工作汇报，亲自研究人事安排方案，亲自解决换届过程中遇到的问题，亲自提出推进工作的意见，保证换届工作顺利健康进行，实现中央和省委提出的要求。二要端正用人导向。端正导向、配强班子是换届工作把握的根本。发展要转型，首先干部要转型，换届就是要选拔能够有效推进转型的干部。要打破论资排辈、按部就班的习惯做法，在识人用人上有一些新的举措。在同等条件下，要坚持基层一线的干部优先，关键岗位上的干部优先，长期在艰苦地区工作的干部优先，适应转型跨越发展要求的干部优先，业绩突出的干部优先，有较大发展潜质的干部优先。需要强调的是，党政一把手处于核心地位、起着关键作用，关系到一个班子、一个地方的整体工作水平，选好党政一把手对于搞好换届工作，对于推进事业发展具有十分重要的意义，因此要高度重视选好党政一把手。要坚持德才兼备、以德为先，对干部重点看政治立场、看人品德行、看廉洁自律，真正把优秀的干部选上来，有效避免带病提拔。三要充分发扬民主。把发扬民主贯彻换届全过程，落实好党员和群众的知情权、参与权、选举权、表达权和监督权，把充分发扬民主与严格执行党章、严格依法办事结合起来，既要尊重民意，又不以票取人，用科学的程序、群众的眼光选出最好的领导干部，使换届成为统一思想、提高认识和提高选人用人公信度的过程，选出组织放心、党员信任、群众满意的坚强领导班子。四要严格纪律要求。不折不扣地执行中央和省委关于换届工作的纪律要求，以铁的纪律来维护和保证换届风清气正，以最坚决的态度整治用人上的不正之风。要早警示、早教育、早预防，教育引导各级干部增强党性观念、大局观念、组织观念，服从组织、敬畏纪律、严守规矩，不做有损形象、干扰换届的事。要加强对换届工作各个环节的监督，对出现的违规违纪行为要坚决查处。五要提出好的报告。作好报告、配好班子是换届的两件大事。各地党代表大会的报告，要认真总结过去五年的工作，深入进行理性思考，注重把握规律性的东西。特别要深化对转型跨越的认识，充分认识只有转型跨越，山西才有美好前途。要在调查研究的基础上,按照科学发展观和转型跨越发展的要求,提出一些新的见解、新的举措、新的布局,提出更加具体更加符合实际的目标、方针、任务和路径,使报告成为一面旗帜,感召引领组织干部群众共同奋斗。特别是县乡两级要实行“三化”并举,加快推进农业现代化、城镇化、工业化,把落脚点放在实现农民收入翻番上,这样才能抓住问题的本质,抓住发展的关键。要看到,实现农民收入翻番,关系“三化”推进,关系转型跨越发展,关系人民福祉,也是一项难度很大的工作,未来五年能实现农民收入翻番的班子,就是优秀领导集体,就是创造了突出的业绩。六要加强党的领导。换届工作要坚持在党委领导下进行,重大事情党委常委会要集体研究决定。从一把手到班子成员,都要加强对干部的思想政治教育,有针对性地开展过细的思想政治工作,深入谈心,理顺情绪,关心干部,教育广大干部增强党性观念和宗旨意识,正确对待名权位,正确对待换届中的进退留转,保持良好心态,营造良好的换届氛围。

袁纯清强调,省委对换届工作高度重视,不仅出台了一系列措施,还确定每位省委常委联系一个市的换届工作,及时了解情况,加强工作指导,帮助解决问题。总之,要通过坚强的领导和过细扎实有效的工作,确保换届选举工作顺利进行,确保形成一个干部群众都认可的好报告,以换届工作为动力,推动当前工作和各项事业又好又快发展。

汤涛在主持会议时指出,今年的换届选举将产生肩负转型跨越发展历史重任的领导班子,任务艰巨,责任重大,影响深远。各级党委要认真贯彻落实袁纯清同志重要讲话精神,切实把换届工作摆上重要议事日程,对换届选举工作的代表选举、报告起草、人事安排等要通盘考虑,统筹安排,精心组织,有序推进。组织部门要充分发挥参谋助手作用,集中精力抓好换届选举工作,省委驻各地督导组要加大督查指导力度,帮助完成好换届任务。要以对党和人民事业高度负责的态度,齐心协力、努力工作,确保市县乡换届工作扎实有序推进。

座谈会上,运城市、临汾市、长治市、晋城市、芮城县、平陆县圣人涧镇党委主要负责同志汇报了换届工作进展情况。

山西省“五一”表彰大会 4月30日,我省召开“五一”表彰大会,表彰为我省经济社会发展作出突出贡献的一批先进集体和先进个人。省委书记、省人大常委会主任袁纯清,省委副书记、省长王君出席会议,省委副书记金道铭代表省四套班子讲话。省委常委、秘书长李政文,省人大常委会副主任王雅安,副省长任润厚,省政协常务副主席郭良孝等出席会议。会议由省人大常委会副主任、省总工会主席郭海亮主持。

会上,宣读了《山西省劳动竞赛委员会关于表彰2010年度全省先进集体和先进个人的决定》和《中华全国总工会关于表彰全国五一劳动奖状、全国五一劳动奖章和全国工人先锋号的决定》,为获奖单位和个人代表进行了颁奖。太钢不锈钢公司第二炼钢厂等113个单位获“山西省五一劳动奖状”称号,山西国阳新能发供电分公司第二热电厂高勇等520人获“山西省五一劳动奖章”称号,同煤集团燕子山矿综采三队等186个集体获得省“工人先锋号”称号,会议还表彰了金长福等10名省“十佳金牌工人”、栗俊平等10名省“十佳班组长”、谭鹏辉等10名省“十佳科技创新标兵”、冯建刚等10名省“十佳重点工程建设标兵”、裴永强等10名省“十佳节能减排标兵”、李学花等10名省“十佳安全生产标兵”、王占峰等10名省“十佳造林绿化标兵”、申纪兰等10名省“十佳新农村建设标兵”、王收秋等10名省“十佳创先争优标兵”。会议还为7个获得全国五一劳动奖状和26个获得全国工人先锋号、30名获得全国五一劳动奖章的先进集体和先进个人代表颁奖。

金道铭代表省委、省人大、省政府、省政协向全省各条战线的劳动者和建设者表示节日的问候,向受表彰的先进集体和先进个人表示热烈的祝贺。他在讲话中强调,当前,我省正处于全面推进转型跨越发展的关键时期。全省工人阶级和广大劳动群众要肩负起光荣的历史责任,在前进道路上不断建立新的业绩。要大力弘扬劳模精神,用劳模的先进事迹感召人民群众,用劳模的优秀品质引领社会风尚,同时积极做好劳模服务管理,为推进转型跨越发展凝聚强大精神力量。要充分激发创造活力,加强创新型班组、创新型企业建设,深入开展“当好主力军、建功十二五”劳动竞赛活动,围绕加快经济结构调整、推动战略性新兴产业发展、转变经济发展方式等重大任务,不断进行思想观念创新、管理体制创新、科学技术创新,为推进转型跨越发展提供不竭动力。要着力提高劳动者素质,深入实施职工素质建设工程和高技能人才振兴工程,大力开展多种形式的群众性精神文明创建活动,引导广大劳动者不断提高思想道德素质、科学文化素质和技术技能水平,为推进转型跨越发展提供强有力的人力资源支持。要切实保障劳动者权益,进一步健全完善以职工代表大会为基本形式的企事业单位民主管理制度、厂务公开制度,进一步健全完善社会保障体系、劳动关系协调机制、劳动保护机制,切实加强和创新社会管理,做好新形势下的群众工作,为推进转型跨越发展营造和谐环境。

山西省纪念五四运动92周年暨“转型跨越”青年群英大会 5月4日,山西省纪念五四运动92周年暨“转型跨越”青年群英会在太原隆重举行。省委书记、省人大常委会主任袁纯清,省委副书记、省长王君亲切接见受表彰的青年代表。省委副书记金道铭出席大会并讲话,省领导胡苏平、高建民、李政文、汤涛、王雅安、郭良孝等出席会议。省军区司令员刘云海参加接见,省军区副司令员张韧出席会议。

大会对631名转型跨越“山西青年五四奖章”获得者、425个转型跨越“山西青年五四奖状”获得单位和集体进行了表彰。3名获奖代表先后发言,以成才创业的奋斗历程和敢闯敢试、奋力赶超的先进事迹,激励和动员全省广大团员青年积极投身转型跨越的伟大实践。

金道铭代表省委、省人大、省政府、省政协,向全省广大团员青年致以节日的问候,向受表彰的青年先进集体和青年英模表示热烈的祝贺。他强调，青年只有把使命和个人追求与党和国家的事业同步，才能真正成为推动历史发展和社会进步的重要力量。前不久，胡锦涛总书记、温家宝总理分别在不同场合向全国青年提出希望和要求，为广大青年进一步顺应时代要求，全面健康成长指明了方向，全省党员干部和广大青年一定要认真学习、深刻领会、落实行动。

金道铭说，当前我省正处于"十二五"开局和转型综改试验区起步的关键时期，全省广大团员青年要大力弘扬"五四"精神，立足本职、勤于学习、勇于探索，在推进山西实现转型跨越发展的伟大实践中贡献青春、磨砺自我，积极成才。一定要坚定永远跟党走的理想信念，更加自觉地把思想和行动统一到中央和省委的重大战略决策部署上来，把个人理想抱负与实现"十二五"时期的各项目标任务紧密结合，在脚踏实地的工作实践中实现自我价值，展现青春风采。一定要提升干事创业的能力本领，珍惜青春时光，向书本学习，向实践学习，向群众学习，通过持之以恒的学习和实践，开阔眼界，提升境界，努力成为学有所长、业有所专、技有所精的行家里手。

一定要保持敢于争先的精神状态，迎难而上，攻坚克难，主动参与各个领域、各种形式的创新活动，在各个方面探索突破，特别要用创新成果加快经济发展方式转变，推动全省产业结构优化升级。一定要树立勇于担当的责任意识，用心谋事，用心干事，努力做到愿负责、敢负责、能负责，积极投身和谐社会建设和社会管理创新，积极参加各种公益活动，努力在为祖国、为人民服务的火热实践中创造出无悔青春。

金道铭要求，各级共青团组织要进一步加强对青年的组织、引导和服务，最大限度地把广大青年凝聚在党的周围，使全省团的工作不断焕发新的生机活力。各级党委政府要进一步加强领导，认真研究解决共青团和青年工作遇到的困难和问题，积极推动全社会形成关心青年成长成才、支持青年干事创业的良好氛围。

会上，团省委副书记、省青联主席高键带领青年英模代表庄严宣誓：爱党爱国爱山西，坚定信念，提升本领，解放思想，艰苦奋斗，勇做先行先试的排头兵，争当攻坚克难的突击队，转型跨越做贡献，青春建功新山西。

省委常委(扩大)会议研究贯彻落实李长春同志考察山西重要讲话精神 5月12日，省委召开常委扩大会议，传达学习中共中央政治局常委李长春同志考察山西重要讲话精神，研究贯彻落实意见。省委书记、省人大常委会主任袁纯清主持会议，省委副书记、省长王君传达李长春同志考察山西时的重要讲话，省委副书记金道铭等出席。

会议指出，李长春同志此次来我省考察，正值全省人民全面实施"十二五"规划，奋力推进转型跨越发展，以优异成绩迎接中国共产党成立90周年的重要时刻，带来了党中央对山西的亲切关怀，对全省工作是有力的推动，对全省人民是巨大的鼓舞。李长春同志的讲话立意很高、内涵深刻，语重心长、饱含深情，思想性、针对性和指导性都很强。李长春同志对我省工作和发展思路给予充分肯定，对加快转变经济发展方式、加快转型跨越步伐、加快文化体制改革作了深刻阐述，提出明确要求，使我们进一步坚定了信念，提升了境界，明确了路径。我们要把李长春同志的讲话精神贯彻落实到各项工作中。

会议指出，要坚持煤与非煤两手抓，切实加快转型跨越发展步伐。充分发挥山西的资源优势，进一步解放思想，坚持以煤为基、多元发展，把开发地下资源和开发地上资源结合起来，以提高自主创新能力为核心，推动煤炭产业上水平，推动非煤产业大发展，切实做好转型这篇大文章。要以循环经济为基本路径，加快产业结构调整，改造提升传统产业，坚定不移、善始善终搞好煤炭资源整合煤矿兼并重组。要切实提高自主创新能力，大力发展新兴产业，推动全省走上循环、绿色、安全、可持续的发展道路。要充分利用转型综改试验区这个平台，加快引进一批大项目好项目，强化产业支撑，拓宽发展半径。

会议强调，要着眼解放和发展文化生产力，加快文化体制改革步伐。完善"四轮驱动"机制，把改革与发展结合起来，把体制改革与机制转变结合起来，通过改革确立新范式、新标准，使我省文化体制改革迈上新的台阶，使文化生产力得到更大发展，使文化潜力得到更大释放。

会议指出，要面向群众、面向基层、面向市场，推动文化事业和文化产业繁荣发展。坚持一手抓公益性文化事业、一手抓经营性文化产业，始终把社会效益放在首位，实现经济效益和社会效益的有机统一。按照公益性、基本性、均等性、便利性的要求，坚持政府主导，吸引社会力量参与，加强文化基础设施建设，实施好文化惠民工程、文化精品工程，加快构建覆盖城乡的公共文化服务体系，更好地保障人民群众的文化权益。要繁荣发展哲学社会科学，加强新闻媒体和互联网等新兴媒体的建设管理，搞好文化遗产保护。要按照规模化、集约化、专业化的要求，大力实施"大作品展现、大集团运作、大景点支撑、大服务引领、大会展集聚"战略，推进文化与科技和旅游产业的融合，加强文化产业基地和区域特色文化产业群建设，积极引导支持非公有制经济、民营资本特别是煤焦企业以多种形式进入文化产业，拓展国内国际文化市场，使文化产业尽快成为山西的支柱产业。

会议强调，要加强组织领导，营造宣传思想文化工作良好环境。各级党委、政府特别是主要负责同志要以更加清醒的文化自觉、更加强烈的责任意识、更加有力的组织领导、更加务实的政策措施，扎扎实实抓好宣传思想文化工作，为宣传思想文化工作提供坚强保障。要认真研究解决宣传思想文化工作中遇到的新情况新问题，既要适应市场经济规律，又要保证正确的发展方向和舆论导向。要管班子、抓大事，加强宣传思想文化队伍建设，加强宣传思想文化单位领导班子建设，牢牢掌握宣传思想文化的领导权和主导权。

省委常委会研究部署治理公务用车和党的基层组织党务公开工作 5月13日，省委常委会召开会议，传达贯彻中央精神，对在全省开展清理和规范庆典、研讨会、论坛活动和党政机关公务用车专项治理进行研究部署。省委书记袁纯清主持会议。

会议指出，要认真学习贯彻中共中央政治局常委、中央纪委书记贺国强同志在全国开展清理和规范庆典、研讨会、论坛活动工作和党政机关公务用车问题专项治理工作电视电话会议上的重要讲话精神，提高思想认识，加强组织领导，狠抓工作落实，确保清理规范和专项治理工作取得明显成效，促进党政机关和领导干部改进工作作风，规范从政行为，始终保持艰苦奋斗的优良传统和作风，树立起求真务实、深入实际、面向基层、真抓实干的良好形象，保持党同人民群众的血肉联系。

会议指出，清理和规范庆典、研讨会和论坛活动工作要按照“全面清理、分级负责、严格审核、统一规范”的原则，坚持清理与规范并举、治标与治本结合，以党政机关为重点，摸清底数，严格规范，认真实施，进一步健全控制和规范庆典、研讨会、论坛活动的长效机制，努力实现活动数量大幅减少、举办行为逐步规范、基层负担明显减轻的目标。举办活动应符合国家有关法律法规及中央和省委、省政府有关文件规定，做到依据明显、规模适度、数量适当、经费合规。凡不符合规定的，要坚决予以撤销；确需举办的，要按规定履行审批程序；经批准举办的，要严格规范实施。要认真落实党政机关和领导干部公务用车配备使用管理规定，坚持分级负责、齐抓共管，总量控制、规范管理，积极稳妥、注重实效，标本兼治、纠建并举的原则，着力解决突出问题、加强规范管理、建立健全制度，进一步提高公务用车配备使用管理的规范化制度化水平，促进领导干部廉洁从政。

会议学习贯彻了中央关于党的基层组织党务公开工作的部署和要求，讨论了关于在全省党的基层组织实行党务公开的实施办法。会议指出，党务公开是党内民主的重要内容。党的基层组织实行党务公开，对于加强和改进新形势下党的基层组织建设，以改革创新精神全面推进党的建设新的伟大工程，具有重要意义。要坚持党要管党、从严治党，尊重党员主体地位，扎实推进党内基层民主建设，按照发扬民主、广泛参与，积极稳妥、注重实效，统筹兼顾、改革创新，区别对待、分类指导的原则，全省企业、农村、机关、学校、科研院所、街道社区、社会组织和其他单位党的基层组织全面实行党务公开，实现公开内容、公开程序、公开结果、公开方式的规范化。要总结经验，建立长效机制，不断提高党的基层组织党务公开工作的科学化、制度化、规范化水平，不断提高党的基层组织的创造力、凝聚力、战斗力，为推动转型跨越发展、促进社会和谐提供坚强保证。

省委中心组关于“坚持科学发展、加快经济发展方式转变”专题学习报告会 5月13日，省委中心组举行（扩大）学习报告会，邀请国务院研究室党组副书记、副主任江小涓就坚持科学发展、加快经济发展方式转变作辅导报告。省委书记、省人大常委会主任袁纯清主持会议并讲话，省委副书记、省长王君，省委副书记金道铭，省领导李小鹏、胡苏平、高建民、李政文、汤涛、李兆前、陈川平、聂春玉、申联彬、杨安和、刘维佳、任润厚、周然、令政策、卫小春、王宁、左世忠、王建明等出席会议。

江小涓同志是经济学博士生导师，长期致力于工业发展，跨国投资与国际贸易，产业结构、产业组织和产业政策，国有企业改革等领域的研究。江小涓在报告中，围绕充分认识以科学发展为主题、以加快转变发展方式为主线的重要意义，转变经济发展方式面临的压力、挑战和基本路径，进一步促进服务业发展，深化改革开放等进行了深刻阐述。报告资料翔实、内容丰富、论述系统、深入浅出，体现了思想性、政策性、实践性的有机统一。

袁纯清在主持报告会时指出，推动科学发展、加快转变经济发展方式是中央作出的战略决策，是贯穿“十二五”时期发展的主题和主线，是应对世界经济、科技竞争的根本途径。山西要实现“十二五”发展目标，必须增强责任感、紧迫感和机遇意识，坚定信心和决心，紧紧抓住加快转变经济发展方式这条主线，大力促进产业结构优化升级，加快推动转型跨越发展，努力走出一条资源型地区转型发展的新路子。

袁纯清指出，要以循环经济为基本路径改造提升传统产业，把循环经济作为基本的准入标准、技术原则和生产方案，加大循环技术研发和推广力度，全面推进传统产业循环化发展；加快循环经济技术服务平台建设，完善循环经济标准规范和政策体系，增强循环经济的科技支撑、政策激励和法律保障。要以更加有力的措施发展壮大新兴产业，着力提高非煤产业的比重，

加快发展装备制造、现代煤化工、新能源、新材料、节能环保和文化旅游等新兴产业，促进产业结构的高端化、轻型化、合理化，切实提高经济效益和产业核心竞争力；充分发挥比较优势，以“龙头企业、特色园区、产业集群”为着力点，以试点项目和示范工程为抓手，以科技创新为动力和支撑，集中财力物力，推进新兴产业尽快成为战略性支柱产业。要以掌握核心技术为根本提高自主创新能力，创新科技管理体制机制，促进经济运行系统和科技运行系统的融合，大幅提高全社会研发投入，发挥核心企业示范作用，鼓励资源型企业利用资本优势引进高端人才和技术，围绕转型跨越发展实施重大科技专项，切实发挥自主创新对经济社会发展的引领和先导作用。要以“四个山西”为着力点扎实推进节能减排和生态建设，坚持“绿色、低碳、洁净、健康”的发展理念，加快构建资源节约、环境友好的生产方式和生活方式；促进经济社会发展与人口资源环境相协调，切实走上可持续发展的路子；坚持增绿增收并重、造林造景并举、绿化美化并行，深入推进造林绿化工程；精心实施重点行业和重点领域节能减排工程和生态建设工程，健全重大环境事件和污染事故责任追究制度；强化应对气候变化意识，形成人人关心节能减排、全社会推进节能减排的良好氛围，不断取得建设绿化山西、气化山西、净化山西、健康山西的新成效。要以提高群众生活质量为重点保障和改善民生，坚持把改善人民群众的生活，提高民众的幸福指数，作为转变经济发展方式的出发点和落脚点，完善符合省情特点、比较完整、覆盖城乡、可持续的基本公共服务体系，推进基本公共服务均等化，在就业、教育、医疗、社

会保障等民生领域，加大投入力度，多办实事好事，实施好农村新的“五个全覆盖”工程，全面提高人民群众的社会保障水平、收入水平、健康水平和科技教育水平，使全省人民更好地共享改革发展成果。

省直各部门主要负责同志，驻并本科院校、省管国有骨干企业主要负责同志，中央驻晋主要新闻媒体，部分民营企业代表参加了报告会。

全省双拥模范城(县)命名暨双拥模范单位和个人表彰大会 5月25日，全省双拥模范城(县、区)命名暨双拥模范单位和个人表彰大会在省城工人文化宫召开，会议回顾总结了2007年以来全省双拥工作，命名表彰了新一届省级双拥模范城(县、区)、双拥模范单位和个人，安排部署了下一阶段的全省双拥工作。省委书记、省人大常委会主任袁纯清，省委副书记、省长王君出席会议并为受表彰代表颁奖。北京军区政治部副主任廖可铎，省委副书记、省双拥工作领导组组长金道铭讲话。省委常委、常务副省长、省双拥工作领导组副组长李小鹏主持会议。省党政军领导刘云海、张少华、李政文、王雅安、郭良孝、曾广超、张声远、刘建华等出席会议。

中国人民解放军总政治部、全国双拥工作领导小组办公室分别发来贺电，向大会的召开和受表彰的双拥模范城(县)、双拥模范单位和个人表示热烈祝贺，向长期以来关心支持国防和军队建设的山西省各级党委、政府和广大人民群众表示衷心感谢！希望驻晋部队广大官兵牢记光荣传统和我军宗旨，把支持山西经济社会发展作为义不容辞的责任，深入贯彻落实科学发展观，紧紧围绕“十二五”时期经济社会发展、国防和军队发展的主题和主线，不断巩固和加强军政军民团结，为夺取全面建设小康社会新胜利、开创中国特色社会主义事业新局面作出新的更大贡献。

省委常委、省军区政委、省双拥工作领导组副组长张少华宣读了《中共山西省委、山西省政府、山西省军区关于命名双拥模范城（县、区)的决定》和《山西省双拥工作领导组关于表彰爱国拥军拥政爱民模范单位和模范个人的决定》。会议命名了太原市等59个双拥模范城(县、区)，对太原理工大学武装部、武警山西总队太原市支队一大队等106个双拥模范单位和李平贵、郑传杰等102名双拥模范个人进行了表彰，双拥模范城(县、区)代表作了表态发言。

廖可铎指出，山西有着拥军优属的优良传统，为中国革命和社会主义现代化建设作出了重大贡献。近几年来，山西各级党委、政府秉承革命老区优良传统，大力支持军事斗争准备，支持部队各项建设，积极探索军民融合式发展的方法路子，工作走在了全国前列。驻晋部队牢记军队宗旨，积极参加驻地经济社会发展建设，在抢险救灾、扶贫帮困、捐资助学、支持重点工程建设等方面做了大量好事实事，为促进山西的经济社会发展作出了积极贡献。他指出，做好新形势下双拥工作，必须紧紧抓住难得的战略机遇，进一步凝聚广大军民意志，积极投身到国家经济建设和国防现代化建设之中。军区驻晋部队要认真向受表彰的先进典型学习，努力实践当代革命军人核心价值观，驻在山西、热爱山西，建设山西。要把双拥工作作为开展创先争优活动的具体行动，保持和发扬拥政爱民的光荣传统，发挥部队优势，积极参加地方重点工程建设和抢险救灾等急难险重任务，为驻地经济社会和谐发展贡献力量。

金道铭代表省委、省政府、省军区向获得命名表彰的单位和个人表示热烈祝贺。他指出，近年来，我省各级党委、政府和驻晋部队紧密结合军地实际，在经济社会和国防军队建设中通力合作，在维护社会稳定中密切配合，在完成急难险重任务中并肩战斗，进一步巩固和发展了“同呼吸、共命运、心连心”的新时期军政军民关系，开创了我省军政军民团结奋进的新局面。他强调，要充分认识新形势下加强军政军民团结的极端重要性，广泛凝聚和调动全省广大军民的积极性、主动性和创造性，以坚强的军政军民团结为山西经济社会发展和部队现代化建设提供有力保障。一要始终坚持富国强军相统一的发展目标，以经济实力的不断增强为开展双拥工作创造更加良好的条件，为国防后备力量建设提供更加坚强有力的物质支撑和发展后劲；二要深入落实军民融合式发展的战略举措，坚持把经济社会发展与国防和军队现代化建设有机结合起来，强化意识，拓宽途径，实现更高层次、更大范围、更深程度的军民融合式发展；三要加大教育、宣传、共建力度，调动、保护和发挥好全社会参与双拥工作的积极性、主动性和创造性，为双拥工作科学发展注入不竭动力；四要把各方面力量组织起来、凝聚起来，着力完善双拥工作科学发展的长效机制，形成促进双拥工作良性发展的合力，不断提高双拥工作的整体水平。

省委省政府关于省属重点企业转型发展座谈会 6月2日，省委、省政府召开省属重点企业转型发展座谈会。省委书记、省人大常委会主任袁纯清在讲话中强调，省属重点企业要切实增强推进转型的责任感、使命感和紧迫感，拓宽发展思路，发挥自身优势，加大转型力度，加快转型步伐，在全省转型发展中充分发挥骨干作用和先锋作用。省委副书记、省长王君主持会议并讲话。副省长任润厚出席会议。

会上，太原钢铁集团、山西焦煤集团、大同煤矿集团、阳泉煤业集团、潞安矿业集团、晋城无烟煤矿业集团、太原重型机械集团、山西煤炭运销集团、山西煤炭进出口集团的负责同志就今年以来的生产经营情况和转型发展的措施、打算进行了汇报。袁纯清、王君认真听取发言，并就一些重点工作和项目与大家进行讨论，提出指导性意见。他们对省属重点企业为全省经济社会发展作出的贡献给予充分肯定，为他们未来更好的发展鼓劲、加油。

袁纯清指出，山西作为资源型产业为主导的省份，经济发展更多地靠国内国际大市场的拉动，经济增长的被动性、波动性大，同时资源利用效率低，就地转化率不高、转化深度不够，还没有取得高端效益和最高的比较效益，因此无论从加快发展速度看，还是从提高发展质量看，都必须把转型作为着力点和关键点。省属重点企业发展快、贡献大，在转型、调整、创新上迈出较大步伐，取得一定成效，但是转型项目还不大、不多，转型的支撑力不够，与国内外大企业建立战略合作关系不多，工作中还有不少困难，转型发展面临的任务仍然十分艰巨。省属企业在全省经济尤其是资源型经济中占比重地位重要、担子不轻，从一定意义上讲，省属国有企业强，则山西经济强；省属国有企业转型成，则山西转型成；省属国有企业安全抓好了，则山西安全定。希望省属重点企业树立高度的责任感、使命感和紧迫感，从六个方面进一步加快转型步伐：一是从重采煤向重转化转变。在巩固煤炭产量、保障国家能源需求的基础上，着力在用好煤上下工夫，把提高资源就地转化率作为企业转型发展的基础工程，新增煤炭产量主要用于转化加工上，使煤炭资源更多地向电转化，向煤化工转化，向载能工业转化，不断提高转化的级次和程度，进一步降低直接卖原煤、卖原材料的比例，在转化中实现资源增值。二是从线性生产方式向循环生产方式转变。全面推广循环经济模式，把循环经济作为市场准入标准、技术原则和生产方案，加强技术创新和制度创新，构建具有山西特色的循环经济发展模式。降低资源消耗，提高资源综合利用水平，对各种固态、气态、液态的资源和废弃物要做到吃干榨尽，实现绿色高效发展。三是由一元独大向多元支撑转变。要在做大做强主业的基础上，把企业的资金、技术、人才、管理优势与资源优势有机整合起来，大力发展我省优势明显的现代煤化工、现代物流、装备制造、新材料、光伏产业等新兴产业，每个省属重点企业都要上一两个具有战略带动作用的新兴产业项目，优化产业结构，形成多元发展格局。四是从单打独处到开放合作转变。省属重点企业不但是发展的主体，更是创新的平台、融资的平台、开放的平台。要发挥自身规模较大、实力较强的优势，敢于走出去，抓住产业梯度转移的机遇，通过控股、收购、兼并、重组等有效途径，实现低成本扩张，进一步做大做强，有勇气有能力建设中国一流、世界知名的企业。五是从占有资源向占领市场转变。资源优势是既定的，关键是要占领市场。要坚持资产资本化、资本证券化，不仅要占领销售市场，更要占领资本市场，加大企业上市力度，放大企业在市场中的价值量，把潜在资本变为显性资本、把潜在优势变为显性优势，实现煤炭资源和企业资产的最大价值。六是从企业管理者向现代企业家转变。省属重点企业负责人要树立世界眼光和战略思维，加强学习，提高自我，有一种干大事业的气概，增强谋篇布局能力，增强发展新兴产业的认知能力、决断能力，增强资本运作能力，做企业经营管理上的思想家、战略家、金融家，在转型中把企业做大、做强、做好。

王君在主持会议时充分肯定省属企业在推动转型跨越发展中取得的成绩和作出的贡献。他指出，当前，全省“十二五”的发展已有了一个很好的开局，面对新形势、新任务，省属国有重点企业必须进一步增强加快转型、引领跨越的使命感和紧迫感。一是省属企业占有的经济份额大，必须担当起推动转型跨越发展的历史使命。

目前，省属企业营业收入、利税总额分别占全省规模以上工业企业的58%、49%，原煤产量、煤炭运销量和不锈钢产量分别占全省的70%、85%和100%，理应发挥好推动全省转型跨越发展的主力军和排头兵的作用。二是省属企业面临的环境条件好，必须强化转型跨越发展的机遇意识。省属企业职工人数占全省国有单位在岗职工总数的1/4，专业技术人员占全省各类专业技术人员的10%。特别是省委、省政府高度重视省属企业的发展，从政策、工作和资源配置等方面给予了大力支持。省属企业一定要倍加珍惜资源，切实用好资源，努力变资源优势为经济优势和发展优势。三是省属企业拥有的发展潜力大，必须增强转型跨越发展的紧迫感。按照省“双千亿工程”和“双五百亿工程”的要求，省属企业都制定了“十二五”的翻番规划，特别是太钢、焦煤、同煤、晋煤、潞安、煤炭运销等6户企业的年营业收入将突破2000亿元，发展目标十分宏伟。但是，与国际国内一流企业相比，我省省属企业在规模、结构、布局、自主创新能力、经营管理水平等方面还存在一定差距。各省属企业要对标一流、奋力拼搏，努力开创新局面、不断攀登新高峰，真正成为山西的“经济脊梁”。王君要求，各级各部门特别是省属企业要对照年初确定的目标任务，统筹抓好安全和生产工作，善始善终完成煤炭资源整合煤矿兼并重组任务，大力推进重大项目建设，努力改善职工生活，确保“半年双过半”，确保全年目标任务圆满完成，为加快全省转型跨越发展作出应有贡献，为全面实现“十二五”奋斗目标奠定坚实基础。

省委常委会研究部署开展加快转变经济发展方式促进转型跨越发展监督检查工作 6月3日，省委常委会召开会议，研究部署开展加快转变经济发展方式、促进转型跨越发展监督检查工作，通报中纪委、中组部换届风气第三重点督导组对我省换届风气督导情况的反馈意见，研究加强换届作风建设。省委书记袁纯清主持会议。

会议指出，开展加快转变经济发展方式监督检查，是严明政治纪律，保证中央重大决策部署贯彻落实的基本要求和重要举措。各级党委、政府要按照中央精神，紧密结合山西实际，认真抓好落实。开展监督检查，要深入贯彻落实科学发展观，认真落实“十二五”规划纲要，积极推进国家资源型经济转型综合配套改革试验区建设，紧紧围绕转型跨越发展、再造一个新山西的奋斗目标，牢牢把握推进工业新型化、农业现代化、市域城镇化、城乡生态化的工作重点，坚持把加快转变经济发展方式、促进转型跨越发展放在主要位置，在发展中促转变、在转变中谋发展，及时发现和纠正工作中的偏差和问题，进一步增强各地区各部门的自觉性、主动性和责任感、紧迫感，进一步防范以权谋私、失职渎职行为的发生，为确保中央政令畅通和省委、省政府重大决策部署的贯彻落实，为转变经济发展方式取得实质性进展和经济社会转型跨越发展目标的顺利实现提供强有力保证。结合我省实际，要重点监督检查贯彻落实中央和省委、省政府关于“十二五”经济社会发展指导思想、总体思路、重大举措以及综改试验区建设、创优发展环境的情况；推进工业新型化、农业现代化、市域城镇化和城乡生态化重点项目的情况；管理通胀预期有关工作落实情况；贯彻落实党中央、国务院关于加快水利改革发展的决定和我省“大水网”建设的情况；保障性安居工程建设政策落实情况；重点产业振兴和技术改造专项投资项目实施、国家和省科技重大专项实施及其经费管理使用、科技计划项目实施及其经费管理使用情况；节能减排和环境保护政策措施落实情况；耕地保护和节约用地政策措施落实情况；安全生产法规制度落实情况。会议强调，要正确处理一般和重点的关系，重点加强对煤炭产业兼并重组整合、推进循环经济、发展新兴产业、促进农民收入翻番、农村新的"五个全覆盖"、加强安全生产、节能减排等政策措施落实情况的监督检查。监督检查中要严把政策关、资金关、项目关，坚决纠正不作为、慢作为、乱作为的问题，克服怠政，激励勤政，促进作风转变和工作落实，为转型跨越发展提供坚强保证和良好环境。

会议通报了中纪委、中组部换届风气第三重点督导组对我省换届风气督导情况的反馈意见。会议认为，中纪委、中组部督导组工作深入，作风扎实，提出的督导意见具有重要指导意义。我省换届工作开局良好，总体上风清气正，但是面临的任务还很重。要加强对各级领导干部的教育引导工作，做到教育在先、警示在先。换届各个环节要考虑细一些、工作深一些、安排周全一些，总结好的经验，克服薄弱环节，确保换届工作顺利、健康、平稳进行。要树立正确用人导向，把严肃换届纪律贯穿换届工作始终，确保换届风清气正，通过换届换出好班子，换出战斗力。

省委常委(扩大)会议传达贯彻李克强副总理考察山西重要讲话精神 6月15日，省委召开常委(扩大)会议，传达贯彻中共中央政治局常委、国务院副总理李克强考察山西重要讲话精神。省委书记袁纯清主持并提出贯彻落实意见，省长王君传达李克强副总理重要讲话，省委副书记金道铭、省政协主席薛延忠，省领导李小鹏、胡苏平、高建民、李政文、汤涛、李兆前、陈川平、聂春玉、申联彬、牛仁亮、刘维佳、任润厚等出席会议。

袁纯清指出，在建党90周年前夕，在"十二五"开局之年，在转型综改试验区起步之时，李克强副总理考察山西并作重要讲话，对山西在历史上作出的贡献和在全国经济社会发展格局中的重要位置，对山西人民的奉献精神给予了高度评价，对我省以转型跨越发展为核心的发展思路给予充分肯定，对山西今后的发展提出了希望和要求，体现了党中央、国务院对山西工作的关心和支持，对全省干部群众是巨大的鼓舞和激励。全省上下要深刻领会李克强副总理重要讲话精神，进一步坚定推进转型跨越发展、再造一个新山西的信心和干劲，强化以人为本、民生为先、更好地为全省人民谋福祉的责任感。

袁纯清就贯彻落实李克强副总理重要讲话精神提出五点意见：一是要高度重视并切实做好转型跨越发展和保障改善民生两篇大文章。李克强副总理要求我们做好转型跨越发展和保障改善民生两篇大文章，对全省工作具有很强的针对性和指导性。我们要把两篇大文章有机结合起来，与转型综改试验区建设结合起来，正确处理开发地下资源和发展地上产业的关系、转型和跨越的关系、发展和民生的关系，着力破解工作中遇到的困难和问题，在转型跨越上实现新的突破，在提高人民群众幸福指数上有更大建树，走出资源型地区科学发展、转型发展、创新发展、可持续发展的新路子。二是要坚定不移走循环经济的发展路子。从战略和全局的高度认识循环经济的重要性，按照多联产、全循环、抓高端的思路，延长煤焦化、煤电材、煤电铝等循环经济产业链，利用资源优势发展新型煤化工，提高煤矸石、粉煤灰、工业废渣等废弃物综合利用水平，加快构建循环经济关键共性技术研发体系，着力提高传统产业的循环率，在循环中提高经济效益、实现节能减排、改善生态环境、培育新的产业。三是要在培育壮大新兴产业上下更大工夫。积极主动地以资源换项目、换人才、换资金、换技术，加强与中央企业、跨国企业的战略合作，激活民间资本，引进各方面的高端人才，推进资源资产化、资产资本化、资本股份化，既在优势领域提高自主创新能力，更在引进消化吸收再创新上下工夫，集中力量推进装备制造业、现代煤化工、载能工业、现代服务业等重点产业，把资源优势、比较优势变成发展优势。四是要进一步加大保障和改善民生的力度。抓好提高城乡居民收入特别是农民收入翻番这个难点和重点，发展"一村一品""一县一业"，推动农村富余劳动力转移，多措并举增加农民的工资性收入、生产经营收入和财产性收入；把加强保障性住房建设摆到更为突出的位置，加大财政支持力度，严格落实目标责任制，切实保障土地供应，确保建设质量，确保分配公平，确保圆满完成年度建设任务；加快实现农村新的"五个全覆盖"，解决好涉及群众切身利益的生产生活问题特别是就业、教育、医疗、养老等方面的困难，真正使城乡困难群众和低收入群体得到实惠、得到保障。五是要坚持不懈地加强安全生产工作。牢固树立科学发展、安全发展理念，始终把安全生产工作放在重要位置，严格执行安全生产规章制度。在重点抓好煤炭安全生产的同时，加大交通运输安全专项治理力度，加强化工企业安全管理，加强汛期安全生产工作，以更加扎实的工作促进安全生产形势稳定好转。

袁纯清强调，要统筹做好当前各项工作，深入分析研究经济运行中面临的困难和问题，对重大项目、重点工程要协调推进、跟踪监督、确保进度。高度重视居民消费价格上涨问题，防止对低收入群众的生活造成过大影响。加强矛盾排查化解工作，维护社会和谐稳定。做好中博会的准备和组织工作，努力办一届精彩难忘的中博会。我们要以改革创新、求真务实的精神做好各项工作，以转型跨越发展的新成效向党中央、国务院交一份满意的答卷。

省委九届十二次全体会议 6月16日，中共山西省委九届十二次全体会议在太原举行。全会由省委常委会主持。全会审议通过了关于召开省第十次党代表大会的决议，讨论了关于第十次党代表大会代表名额及构成比例、产生办法、分配原则，关于第十届省委、省纪委人事安排方案。省委书记袁纯清在会上作了重要讲话，省委常委、组织部部长汤涛就决议(草案)作了说明。

出席会议的省委委员53人，省委候补委员10人。列席会议的有不是省委委员、候补委员的省人大、省政府、省政协党员负责同志,省检察院检察长,市委书记,省直工委、省国资委、省军区、省武警总队党委负责同志。

全会确定,中国共产党山西省第十次代表大会定于今年10月在太原召开。大会的主要任务是:坚持以邓小平理论和“三个代表”重要思想为指导,深入贯彻落实科学发展观,实事求是地总结第九次党代会以来的工作,提出今后五年全省经济社会发展的总体思路和工作目标,选举产生中国共产党山西省第十届委员会和纪律检查委员会,动员全省各级党组织和广大共产党员,解放思想,开拓创新,埋头苦干,奋力进取,努力推进转型跨越发展,为实现我省“十二五”规划提出的宏伟目标,再造一个新山西而奋斗。大会的主要议程:一是听取和审查中国共产党山西省第九届委员会的工作报告;二是审查中国共产党山西省第九届纪律检查委员会的工作报告;三是选举中国共产党山西省第十届委员会;四是选举中国共产党山西省第十届纪律检查委员会。

全会指出,这次省委换届,恰逢建党90周年和“十二五”开局之年;十届省委的任期,正值山西转型跨越发展、全面建设小康社会的关键时期。通过这次换届,把省委班子建设好,把省四套班子协调好,把广大党员干部群众的积极性调动好,进一步明确转型跨越的思路和举措,对于在新的起点上开创强省富民新局面具有政治保证作用。省委换届是全省政治生活中的一件大事,要把思想和认识统一到中央精神上来,增强政治意识和大局意识,加强领导、把握政策、有序推进,确保圆满成功。

全会指出,换届工作要坚持以党章为准则,严格执行《党政领导干部选拔任用工作条例》,以提高领导水平和执政能力为目标,以谋划推动科学发展、选好配强领导班子为重点,坚持德才兼备、以德为先用人标准,坚持注重实绩和正确的用人导向,推进干部人事制度改革,扩大选人用人民主,严肃换届纪律,保证风清气正,切实把政治上靠得住、工作上有本事、作风上过得硬、人民群众信得过的优秀干部选拔到领导岗位上来,努力把省委班子建设成为坚决贯彻执行党的理论和路线方针政策、善于领导科学发展、富有成效地推进转型跨越的坚强领导集体,建设一个中央放心、全省信任的新班子。

要积极发展党内民主,进一步落实党员知情权、参与权、选举权和监督权,保障党员主体地位,把发扬民主落实到代表产生、起草审议工作报告、推荐考察干部、大会选举等各个环节,广泛凝聚党员意愿和主张。要充分发挥党的思想政治工作优势,教育引导领导干部正确对待个人进退留转,正确对待选举结果,正确行使民主权利,自觉服从组织安排。要严格执行中央和省委严肃换届纪律的各项规定,营造风清气正的换届环境。

全会要求做好省第十次党代表大会的筹备工作。要把党代会报告起草好。发扬民主、集思广益,深入调查研究,既深化对省情的认识,又学习借鉴兄弟省份的好做法,形成足以反映时代特征、体现山西特色、符合人民意愿的一个好报告。要把换届人事代表工作组织好。党代表要体现党员先进性的要求。要增强代表的广泛性。适当增加基层一线的代表名额,注重推荐工人、农民、专业技术人员中的先进模范人物担任代表;女党员、少数民族党员、青年党员的代表要占一定比例。要把各项会务工作安排好,各方面要加强协调配合。要把迎接党代会的气氛营造好,通过换届换出干事创业的新气象、新作为,通过转型跨越发展的实际成效进一步激励和鼓舞全省干部群众,营造积极向上、干事创业、和谐共进的氛围。

全会指出,目前,改革发展稳定的任务很重,要以迎接省第十次党代表大会召开为动力,加强组织领导,统筹做好各项工作。要加大经济运行调控力度,及时研究解决经济运行中面临的困难和问题,确保经济平稳较快发展,确保完成全年目标任务。要抓紧制定转型综改试验区总体方案和专项方案,在实践中大胆探索,先行先试。要做好中博会的准备和组织工作,努力办一届成功出色的中博会。要把保障和改善民生放在突出位置,解决好困难群众的生产生活问题。要加强和创新社会管理,高度重视安全生产,维护社会和谐稳定。要加强对市、县换届工作的组织领导,深入开展创先争优活动,激励广大党员干部大干、真干、实干,为转型跨越发展提供坚强保证。

全会号召,全省各级党组织和全体共产党员,要紧密团结在以胡锦涛同志为总书记的党中央周围,以邓小平理论和“三个代表”重要思想为指导,深入贯彻落实科学发展观,团结全省人民,解放思想,开拓创新,埋头苦干,奋力进取,努力推进转型跨越发展,以优异成绩迎接中国共产党山西省第十次代表大会的胜利召开!

省委中心组关于党史专题学习报告会 6月24日,省委中心组举行学习报告会,邀请中央党史研究室副主任李忠杰作了题为“从党的历史中汲取营养和智慧”的辅导报告。省委书记、省人大常委会主任袁纯清主持会议并讲话。省领导李小鹏、胡苏平、高建民、李政文、汤涛、聂春玉、申联彬、杨安和、刘维佳、任润厚、郭良孝、周然、令政策、左世忠、王建明等出席会议。

李忠杰同志是博士生导师,中央马克思主义理论研究和建设工程咨询委员会委员、中共党史学会常务副会长、中国国际共运史学会副会长、中国科学社会主义学会副会长,长期从事党史党建研究工作。李忠杰在报告中,从理论与实际、历史与现实的结合上,回顾总结了我们党90年来奋斗的历史、探索的勇气和辉煌的成就,深刻阐述了怎样对待和运用党的历史的宝贵资源、怎样把握党的历史的基本内涵、怎样从党的历史中汲取营养和智慧等重要问题,内容丰富,史料翔实,论述深刻,既有理论高度,又有现实针对性,与会同志听了报告深受启发。

袁纯清在主持报告会时指出,注重从党的历史经验中汲取前进的智慧和力量,是我们党的一个优良传统和政治优势。在新的形势下,中央多次要求领导干部要学习党史,学习党的理论。我们要通过深入学习党的历史,坚定共产主义理想信念,增强中国特色社会主义事业信心。抓住庆祝建党90

周年的重大契机，深入学习和研究党的辉煌历史，深刻认识只有中国共产党才能救中国，才能发展中国、振兴中国，深刻认识中国特色社会主义是全党全国各族人民的共同理想，把全省人民的精气神鼓起来、积极性调动起来，在中国特色社会主义道路上创造新的辉煌。我们要通过深入学习党的历史，增强攻坚克难的信心和勇气，加快推进转型跨越发展。推进转型跨越发展的过程，既是书写发展的历史，也是山西党的建设的重要篇章。要牢记党的优良传统，大力弘扬“太行精神”，树立转型苦不如战争苦、跨越难不如牺牲难的意识，迎难而上，敢闯敢干，敢于胜利，以大无畏的胆识和魄力在转变思想观念、改革体制机制、创新发展路径上取得明显突破。我们要通过深入学习党的历史，继承和发扬党的优良传统，进一步加强和改进党的建设。加强党的理论武装，坚持用马克思主义中国化创新成果武装头脑、指导工作、开展实践，增强领导和推动转型跨越发展的理论指导水平。坚持德才兼备、以德为先，深化干部人事制度改革，加强领导班子和干部队伍建设，认真做好换届工作，把那些在转型跨越发展上有真才实学、有突出业绩、有胆识魄力的人选拔到领导岗位上来。大力弘扬理论联系实际、密切联系群众、批评和自我批评的优良作风，推进干部下乡住村包村制度化、常态化，始终保持良好精神风貌。加强反腐倡廉建设，严格执行党风廉政建设责任制，抓好领导干部廉洁自律，树立新时期党员干部清正廉洁形象。我们要通过深入学习党的历史，深刻认识党史工作的重要性，进一步开创党史工作新局面。山西是一块红色的土地，党史资源十分丰富，要把党史工作摆上重要议事日程，认真贯彻落实中央关于党史工作的部署和要求，切实加强党史资料征编和研究工作，开展形式多样的党史学习教育活动，用党的伟大成就激励人、用党的优良传统教育人、用党的成功经验启迪人、用党的历史教训警示人，真正把党史工作的政治优势转化为转型跨越发展的强大精神动力。

省直各部门主要负责同志，驻太原本科院校、省管国有骨干企业主要负责同志，中央驻晋主要新闻媒体参加了报告会。

山西省纪念建党90周年暨创先争优表彰大会 6月30日，山西省纪念建党90周年暨创先争优表彰大会在太原隆重召开。省委书记、省人大常委会主任袁纯清作重要讲话。省委副书记、省长王君主持大会。省委副书记金道铭宣读《关于表彰先进基层党组织、优秀共产党员和优秀党务工作者的决定》。省政协主席薛延忠，省领导李小鹏、胡苏平、高建民、李政文、汤涛、李兆前、陈川平、聂春玉、申联彬等出席大会。出席会议的还有省人大、省政府、省政协、省军区党员负责同志，省法院院长、省检察院检察长，武警山西总队主要负责同志和省级老同志。

大会在激扬的国歌声中拉开序幕，省领导为受表彰的先进集体和优秀个人代表颁奖。太原市小店区平阳路街道亲贤社区党委等200个先进基层党组织、荆保山等200名优秀共产党员和杨艳荣等80名优秀党务工作者受到省委表彰。

袁纯清在讲话中，首先代表中共山西省委，向全省广大共产党员致以亲切问候！向受到表彰的先进集体和个人表示热烈祝贺！向全省广大工人、农民、知识分子，向各民主党派、工商联、无党派人士、各人民团体和社会各界人士，向驻晋部队指战员、武警官兵、公安民警，致以崇高敬意！袁纯清深情回顾了我们党90年的光辉历程和党领导山西人民在革命、建设、改革各个时期走过的不平凡岁月，深刻阐述了党90年奋斗历程和创先争优活动的启示，强调要把党的光荣历史作为宝贵财富，把党的优良传统作为应对挑战的重要法宝，把党治国理政的成功经验作为推动发展的行动指南，进一步引深创先争优活动，把全省各级党组织和广大党员的智慧凝聚起来、力量调动起来，形成推动转型跨越发展的强大合力，谱写全面建设小康社会和创造人民美好生活的新篇章。

王君在主持大会时强调，在中国共产党成立90周年前夕，省委隆重召开这次纪念大会，全省各级党组织和广大党员共同庆祝党的90华诞，共同回顾中国共产党成立90年的光辉历程及取得的举世瞩目的伟大成就，共同缅怀几代中国共产党人前赴后继、英勇奋斗的英雄事迹，共同唱响共产党好、社会主义好、改革开放好、伟大祖国好的时代主旋律，对于鼓舞和激励全省各级党组织和广大党员更加紧密地团结在以胡锦涛同志为总书记的党中央周围，认真贯彻落实中央和省委的决策部署，加快科学发展、促进社会和谐，努力开创中国特色社会主义事业新局面，具有十分重要的意义。

王君要求，全省各级党组织和广大共产党员，要认真贯彻落实这次大会精神和袁纯清书记的重要讲话精神，把思想和行动统一到中央和省委的部署和要求上来，充分发挥好党的基层组织的战斗堡垒作用和党员的先锋模范作用，努力开创我省各项事业发展新局面，以更加优异的成绩向建党90周年献礼；要认真学习受表彰的单位和个人的先进经验和生动事迹，巩固和扩大创先争优活动成果，进一步加强党的执政能力建设和先进性建设，为推动经济社会又好又快发展提供坚强保证；要坚定建设中国特色社会主义的理想信念，增强贯彻落实科学发展观、推动转型跨越发展的责任感和使命感，认真贯彻落实中央和省委、省政府的决策部署，切实抓好当前工作，积极推进转型综改试验区建设，全力实施“十二五”规划，努力在推动转型跨越发展、再造一个新山西的伟大实践中创造新业绩、作出新贡献。

参加大会的有：省委创先争优活动领导小组成员及办公室负责同志，省直各部门和中央驻晋单位主要负责同志，省人大、省政协各工作机构和专门委员会主要负责同志，驻并本科院校和省管国有骨干企业主要负责同志，全省先进基层党组织代表、优秀共产党员和优秀党务工作者代表，省城党员干部、企业职工、高校师生、驻晋部队指战员代表。

省委常委(扩大)会议学习贯彻胡锦涛总书记重要讲话精神 7月1日，省委召开常委(扩大)会议，认真学习讨论胡锦涛总书记在庆祝中国共产党成立90周年大会上的重要讲话，联系实际谈认识、谈体会、谈打算，对在全省兴起学习宣传贯彻胡锦涛总书记重要讲话精神热潮进行了研究部署。省委书记袁纯清主持会议，省委副书记、省长王君，省委副书记金道铭,省政协主席薛延忠,省领导李小鹏、李政文、汤涛、李兆前、陈川平、聂春玉等出席会议。

会议认为,胡锦涛总书记的重要讲话,系统回顾和深刻总结了我们党90年走过的光辉历程、取得的伟大成就和积累的宝贵经验,着眼于世情、国情、党情发生的深刻变化,深刻回答了新形势下加强和改进党的建设的新课题,全面阐述了坚持和发展中国特色社会主义的新要求,提出了新的历史条件下提高党的建设科学化水平和推进中国特色社会主义伟大事业的新目标、新部署和新任务,为我们进一步指明了前进方向。讲话高瞻远瞩、视野开阔,思想深邃、论述精辟,具有很强的思想性、理论性、战略性、指导性,同时具有厚重的历史感和强烈的时代感,是我们党90年艰辛实践探索的认识升华和理论结晶,是我们党面向现代化、面向世界、面向未来的政治宣言,是全面推进党的建设新的伟大工程,夺取全面建设小康社会新胜利、开创中国特色社会主义事业新局面的行动纲领,是闪耀着马克思主义真理光芒的科学文献。讲话提出的一系列事关党和国家工作全局的创新思想和战略部署,进一步丰富了科学发展观和中国特色社会主义理论体系,体现了马克思主义中国化的最新成果,体现了中国特色社会主义伟大事业和党的建设新的伟大工程的有机结合,体现了实现中华民族伟大复兴和促进世界和平与发展的崇高使命,标志着我们党对共产党执政规律、社会主义建设规律、人类社会发展规律的认识达到新高度,对于进一步开拓马克思主义中国化新境界、开创中国特色社会主义新局面、开辟中华民族伟大复兴新纪元,具有重大现实意义和深远历史意义。要把学习宣传贯彻胡锦涛总书记重要讲话精神作为当前和今后一个时期的首要政治任务,迅速在全省兴起学习宣传贯彻胡锦涛总书记重要讲话精神的热潮,把思想和行动统一到讲话精神上来,坚定理想信念,高举伟大旗帜,致力求真务实,保持良好风貌,切实把讲话精神贯彻落实到各项工作中。

会议对学习宣传贯彻胡锦涛总书记重要讲话精神提出三点要求:一是领导带头学习,努力学深学透。各级领导干部要发挥带头表率作用,做到学得快、学得多、学得深、学得好。要从省委常委做起,从各级领导班子做起,坚持理论联系实际的学风,带着感情学、带着问题学、带着责任学,在领会科学内涵、吃透精神实质、把握基本要求上下功夫,在武装头脑、指导实践、推动工作上见实效。各级党委(党组)中心组要紧密联系党员干部的思想实际,紧密联系本地区本部门本单位改革发展稳定的实际,紧密联系党的建设的实际,在学习的基础上开展深入讨论,努力使学习的过程成为坚定理想信念、加强党性修养的过程,成为推进事业发展、造福人民群众的过程。要深刻领会讲话提出的一系列新思想、新观点、新论断,深刻领会关于党90年光辉历程、伟大成就和宝贵经验的重要论述,关于党90年来把马克思主义基本原理同中国具体实际相结合,推进马克思主义中国化、时代化、大众化的重要论述,关于倍加珍惜、长期坚持、不断发展中国特色社会主义道路、理论体系和制度的重要论述,关于在新的历史条件下提高党的建设科学化水平的重要论述,关于以经济建设为中心是兴国之要,坚持发展是硬道理的本质要求就是坚持科学发展的重要论述,关于在前进道路上继续推进改革开放、经济建设、政治建设、文化建设和社会建设的重要论述,等等,在思想认识上要有新的提高,在精神境界上要有新的提升。二是坚持形式多样,搞好宣传教育。要充分发挥主流媒体的主渠道作用,开设专栏专题,发表联系实际的评论和理论文章,推出有深度、有分量的报道,深入宣传胡锦涛总书记重要讲话的重大意义和主要精神,深入宣传讲话提出的重大理论观点、重大创新思想、重大战略部署。要充分发挥各级讲师团和理论骨干的作用,通过召开座谈会、举办研讨班等形式,做好向广大党员和干部群众的宣传阐释工作。要充分发挥各级党校、行政学院干部培训教育主阵地作用,把讲话作为干部教育的重要内容,抓好各级领导干部的培训轮训工作。要充分发挥理论研究部门的作用,深入研究讲话中提出的新思想、新观点、新论断,联系实际推出一批理论成果,加深理解,引深学习。要充分发挥基层党组织的阵地作用,采取群众喜闻乐见的形式,联系实际学习宣传贯彻讲话精神。各级组织、宣传部门要加强指导,精心组织。工、青、妇等群团组织要发挥自身优势,开展行之有效的学习贯彻活动,使胡锦涛总书记重要讲话精神家喻户晓,深入人心。三是认真贯彻落实,推动事业发展。要以胡锦涛总书记重要讲话精神为指针,进一步调动全省各级党组织和干部群众加快转型跨越发展的积极性和创造性。学习运用胡锦涛总书记重要讲话中蕴含的马克思主义立场、观点和方法,从中汲取智慧和力量,围绕建设转型综改试验区,走出资源型地区转型发展的新路子,围绕以煤为基、多元发展,推进工业新型化、农业现代化、市域城镇化、城乡生态化,围绕深化改革开放、建设重点项目、改善保障民生,实现"十二五"翻番的目标任务,开展调查研究,查找存在问题,总结新鲜经验,研究制定克服困难、化解矛盾,推动发展、促进和谐的新举措新办法,使我们的思路更加科学,政策更加完善,工作更加扎实有效。要按照胡锦涛总书记提出的新部署新要求,结合创先争优活动、结合干部下乡住村包村活动,认真落实党建工作责任制,加强学习型党组织建设和理论武装工作,加强领导班子和干部队伍建设,加强基层组织建设,深入推进作风建设和反腐倡廉建设,着力提高党的建设科学化水平,提高各级党组织的创造力、凝聚力、战斗力,为转型跨越发展提供坚强保证。

会议强调,全省党员干部群众要更加紧密地团结在以胡锦涛同志为总书记的党中央周围,高举中国特色社会主义伟大旗帜,坚持以邓小平理论和"三个代表"重要思想为指导,深入贯彻落实科学发展观,同心同德,开拓奋进,扎实推进转型跨越发展,为再造一个新山西、加快实现全面建设小康社会目标努力奋斗。

省委常委会研究贯彻落实中央水利工作会议精神 7月15日,省委常委会召开会议,传达学习中央水利工作会议精神,研究我省贯彻落实意见,听取关于社会管理领域摸底调研情况的汇报,根据中央精神就加强和创新社会管理作出部署。省委书记袁纯清主持会议。

会议指出，中央水利工作会议是在“十二五”时期开局之年、全面建设小康社会进入关键时期召开的一次重要会议。胡锦涛总书记的重要讲话，系统揭示了中国特色水利现代化道路的科学内涵，精辟阐述了新形势下水利的重要地位，明确提出了加快水利改革发展的总体要求，全面部署了当前和今后一个时期治水兴水的工作任务，具有很强的理论性、思想性、开创性，是指导中国特色水利科学发展的纲领性文献。温家宝总理的重要讲话，对事关经济社会发展全局的一系列重大水利问题进行了深入分析、作出了安排部署，具有很强的针对性、指导性和可操作性。我们要把思想认识统一到中央对水利形势的科学判断和战略部署上来，抓住难得的机遇，从我省水资源缺乏、人均水资源较少的实际出发，在全省掀起治水兴水的高潮，实现“水瓶颈”向“水支撑”转变，推动水利事业实现大发展，为转型跨越发展、再造一个新山西提供水利保障。要按照“蓄水保水、节约用水、用好黄河水、涵养地下水”的原则，通过5到10年努力，全面解决发展供水保障问题、农民收入翻番用水需求问题、建设山川秀美新山西的生态问题和事关人民生命财产安全的防洪保安问题。要突出抓好大水网建设，为转型跨越发展提供强有力的水支撑；着力加强农田水利建设，改善农业生产条件；在实现饮水安全全覆盖基础上，重点推进农村自来水入户；完成小型病险水库除险加固任务，建立预警预报体系，全面提高防洪减灾能力；抓住转型综改试验区建设契机，全力推进水生态系统保护与修复；实行最严格的水资源管理制度，全力推进节水型社会建设。各级党委、政府要加强组织领导，确保责任到位、措施到位、投入到位，切实做好治水兴水这篇大文章；明确责任、强化考核，确保各项政策措施落到实处，把水资源开发利用、节约保护主要指标落实情况作为干部综合考核评价的依据；加强对水利建设项目的监督，确保资金安全、工程安全；鼓励有能力的企业、个人以多种形式参建经营性水利工程；认真抓好人才培养和技术引进，努力提高水利建设和管理水平；抓好制度建设，加大水利宣传力度，营造加快水利建设的良好环境和氛围。

会议指出，社会管理是中国特色社会主义事业总体布局中社会建设的重要组成部分。加强和创新社会管理，事关党的执政地位巩固，事关国家长治久安，事关人民安居乐业。我省是资源型经济地区、老工业基地和欠发达省份，加强和创新社会管理面临艰巨而繁重的任务。要从全局和战略高度，深刻认识加强和创新社会管理的重要性和紧迫性，进一步增强责任感和使命感，把社会管理工作摆在更加突出的位置，准确把握社会管理规律，加强调查研究，加强政策制定，加强工作部署，加强任务落实，不断提高社会管理科学化水平。牢牢把握最大限度激发社会活力、最大限度增加和谐因素、最大限度减少不和谐因素的总要求，完善党委领导、政府负责、社会协同、公众参与的社会管理格局，加强社会管理法律、制度、体制、机制、能力建设，完善基层社会管理服务，着力保障和改善民生，积极推进社会管理创新综合试点工作，为转型跨越发展提供和谐稳定的社会环境。会议决定，近期举办全省领导干部加强和创新社会管理专题研讨班。

省委中心组关于人口计生工作学习报告会 7月15日，省委中心组举行学习报告会，邀请国家人口和计划生育委员会党组书记、主任李斌作了题为“全面做好人口工作，促进人口长期均衡发展”的辅导报告。省委书记、省人大常委会主任袁纯清主持会议并讲话。省委副书记、省长王君，省委副书记金道铭，省政协主席薛延忠，省领导李小鹏、胡苏平、高建民、汤涛、李兆前、陈川平、聂春玉、申联彬、杜玉林、杨安和、靳善忠、安焕晓、刘维佳、张建欣、郭良孝、李雁红、李潭生、令政策、刘滇生、王宁、王建明等出席报告会。

李斌在报告中，围绕贯彻落实胡锦涛总书记在中央政治局第28次集体学习时的重要讲话精神，深刻阐述了统筹解决人口问题的重大意义、战略方针和重点任务，内容翔实，思路清晰，视野开阔，观点鲜明，具有较强的知识性、启发性和指导性。

袁纯清在主持报告会时指出，人口问题本质上是发展问题。我省人口工作服务经济社会发展的能力不断提高，但人口与经济系统、社会系统、生态系统不均衡问题尚未根本解决，人口问题仍然是制约我省科学发展的重要因素。我们要认真学习贯彻胡锦涛总书记重要讲话精神，把思想和行动统一到中央的分析判断和决策部署上来，遵循人口发展规律，创新人口工作思路，坚持计划生育基本国策，以人的全面发展统筹解决好人口问题，为转型跨越发展创造更加有利的人口环境。要坚持以人为本、服务为先理念，不断推进人口工作的理念创新、管理创新、服务创新，增强统筹人口发展与转型跨越发展的能力，不断提高人口工作的科学化水平。要抓好重点工作的落实，着力稳定低生育水平，着力提高人口素质，着力促进社会性别平等，着力加强流动人口服务和管理，着力应对人口老龄化，着力增强家庭发展能力，促进人口长期均衡发展，促进人口与经济、社会、资源、环境的协调发展和可持续发展。要加强组织领导，增强国情意识、国策意识和人口意识、人均意识，把人口工作纳入国民经济和社会发展总体规划，把经济增长指标同人口、资源、环境、社会发展指标有机结合、一同落实，持续开展人口国情、计划生育方针政策的宣传教育，为人口事业发展创造良好的舆论环境和社会环境。

省直各部门主要负责同志，驻太原本科院校、省管国有骨干企业主要负责同志，中央驻晋主要新闻媒体参加了报告会。

纪念中国共产党成立90周年太行精神研讨会 7月17日，纪念中国共产党成立90周年太行精神研讨会在长治市召开，会议学习贯彻胡锦涛总书记在庆祝中国共产党成立90周年大会上的重要讲话精神，贯彻落实中央领导同志关于弘扬太行精神的重要指示精神，围绕“大力弘扬太行精神，促进转型跨越发展”这一主题，对太行精神的形成过程和历史背景、基本内涵与精神实质、历史作用及传承发展、现实意义等进行了深入探讨。

省委书记、省人大常委会主任袁纯清出席研讨会并致辞。中央党校常务副校长李景田，中央党史研究室主任欧阳淞，中国社科院常务副院长王伟光，省委副书记金道铭，国防大学原校长裴怀亮上将，原省级领导李立功出席研讨会或发言。

省委常委、宣传部长胡苏平主持会议。研讨会由山西省委、中央党校、中央党史研究室、光明日报社共同主办。

太行精神是中国共产党在抗日战争时期，团结带领八路军和太行人民建立敌后抗日根据地的过程中，在同日本侵略者进行艰苦卓绝的斗争中铸就的革命精神。太行精神与井冈山精神、长征精神、延安精神、西柏坡精神一样，是中国共产党优良传统的重要组成部分，是我们党和人民的宝贵精神财富。中央领导同志对太行精神给予高度评价，对太行精神的内涵作出“不怕牺牲、不畏艰险，百折不挠、艰苦奋斗，万众一心、敢于胜利，英勇奋斗、无私奉献”的精辟概括。

袁纯清在致辞中代表中共山西省委，对出席研讨会的各位领导和嘉宾表示欢迎，对中央有关部门长期以来给予山西工作的大力支持表示感谢。他指出，召开太行精神研讨会，共同追忆党领导人民争取民族独立、人民解放的峥嵘岁月，深切缅怀革命前辈、太行儿女创立的丰功伟绩，深入研究太行精神的形成过程、深刻内涵和时代价值，对于深化对胡锦涛总书记“七一”重要讲话精神的学习，对于在新形势下进一步继承和发扬党的优良传统，建设社会主义核心价值体系，加快全面建设小康社会进程，具有十分重要的意义。

袁纯清强调，在革命、建设和改革的各个历史时期，山西形成了一系列彰显民族气节、体现时代要求、激发人民力量的伟大精神，太行精神就是其中最具代表性的一笔宝贵财富。太行精神与井冈山精神、长征精神、延安精神、西柏坡精神一样，都是中华民族精神在革命岁月中的升华，都是我们党优良传统的重要组成部分。在血雨腥风、战火纷飞的革命年代，在意气风发、激情燃烧的建设年代，在波澜壮阔、生机勃勃的改革年代，太行精神一直激励着山西人民战胜困难，开拓创新，不断地从胜利走向新胜利。中央领导同志对太行精神给予高度评价，对太行精神的内涵作了精辟概括并强调指出，八路军和太行儿女为抗战胜利作出了巨大牺牲和贡献，抗日战争中培育的太行精神，凝聚着中国共产党人的优秀品质，凝聚着中国人民的奋斗精神，永远是中华民族的宝贵精神财富。

袁纯清强调，在新形势下大力弘扬太行精神，一要以百折不挠、敢于胜利的精神，走出资源型地区转型发展和可持续发展的新路子。坚持以建设转型综改试验区为统揽，攻坚克难，大胆实践，以煤为基、多元发展，既要以坚忍不拔的精神把地下资源的文章做好，更要以改革创新的精神把地上资源的文章做好，早日实现资源大省向经济文化强省的跨越。二要从坚定理想信念着手，加强社会主义核心价值体系建设。面对工业化、信息化、城镇化、市场化、国际化过程中思想的大活跃、观念的大碰撞、文化的大交融，坚持用党的伟大成就激励人、用党的优良传统教育人、用党的成功经验启迪人、用党的历史教训警示人，增强忧患意识、责任意识、大局意识，坚定理想信念，进一步增强建设祖国的责任感，推进科学发展的紧迫感，加快民族复兴的使命感。三要践行执政为民的宗旨，动员人民群众建设更加幸福美好的生活。特别要坚持以人为本，心系老区人民，大力推进扶贫攻坚，扎实开展领导干部下乡住村包村活动，为革命老区特别是贫困地区诚心诚意办实事、尽心竭力解难事、坚持不懈做好事，让全省人民共享改革发展成果。四要继承优良传统，切实加强和改进党的作风建设。太行精神，不仅为推动转型跨越发展提供了强大动力，也为加强作风建设提供了学习的典范。各级领导干部要勤思勤为不懈怠，真抓实干不浮躁，清正严明守纪律，以转型跨越的新成效，以昂扬向上的新风貌，弘扬太行精神，告慰先辈英烈。让在血与火的洗礼中熔铸的太行精神，在建设和改革的实践中发展，在转型和跨越的征程中光大。

研讨会上，李景田、欧阳淞、王伟光、裴怀亮、李立功，光明日报社副总编李春林，老一辈革命家和开国将帅亲属子女代表吕彤羽，全国劳模、全国人大代表申纪兰，长治市委书记田喜荣及专家学者发了言。大家共同追忆老一辈无产阶级革命家带领太行儿女浴血奋战、出生入死的顽强斗争精神，为民族独立和国家解放创立的丰功伟绩，深入研究太行精神的形成过程、深刻内涵和时代价值，交流探讨在新的形势下如何传承革命先辈和先烈崇高风范，大力弘扬太行精神，展现新的时代风采，书写新的光辉篇章。

参加研讨会的有，中央有关部门负责同志，老一辈革命家和开国将帅亲属子女，省内外专家学者，省直工委、省国资委、省高校工委、省国防科工委书记，各市委常委、宣传部长，省直宣传文化部门主要负责人，中央驻晋主要新闻单位负责人，省委党校、省委党史办、长治市委主要负责人等。

省委常委会研究部署下半年经济工作 7月19日，省委常委会召开会议，听取省政府关于上半年经济形势的汇报，研究部署下半年经济工作。省委书记袁纯清主持会议。

会议认为，今年以来，在党中央、国务院的正确领导下，全省上下坚持以科学发展为主题，以加快转变经济发展方式为主线，全面贯彻落实中央决策部署和宏观调控政策，加快转型跨越步伐，着力推进工业新型化、农业现代化、市域城镇化、城乡生态化，抓投资、上项目，帮企业、调结构，保民生、促稳定，全省经济运行呈现速度较快、效益提高、质量向好的良好态势，实现了时间过半、任务过半。主要表现在，三次产业协同发展，经济保持平稳较快增长；内需外需持续扩大，经济增长的协调性进一步增强；经济结构调整力度加大，经济发展方式转变步伐加快；经济效益与速度同步提高，发展质量进一步提升；社会事业加快发展，民生进一步改善。这些成绩的取得，是全省干部群众团结进取、顽强拼搏的结果，更加增强了我们推进转型跨越的信心。同时要看到，经济运行中还存在一些问题，主要是物价增长较快、中小企业融资困难，节能减排压力大等，对此必须引起高度重视。

会议指出，今年是“十二五”开局之年，是建设转型综改试验区起步之年，是全省四级党委换届之年，工作任务十分艰巨。各级各部门都要把思想认识统一到中央和省委、省政府对当前经济形势的分析判断和决策部署上来，保持清醒头脑，高度重视对经济形势的分析研究和预测监测，切实把握国家宏观调控政策的力度、节奏和重点，科学研判国内外经济形势变化对我省的影响，针对性地采取对策，及时解决经济运行中出现的问题，始终掌握经济工作的主动权。要坚定转型跨越的信心，以抓好换届为动力，切实转变作风，狠抓工作落实，加强经济社会发展中的薄弱环节，巩固和发展经济社会发展的良好态势，确保年初确定的各项目标任务的实现。一要坚定不移抓转型。以煤为基、多元发展，前者容易、后者艰难；转型、跨越，跨越容易、转型艰难。要抓紧做好建设转型综改试验区的各项工作，把经济结构调整作为转变经济发展方式的主攻方向，把抓转型项目放在更加突出的位置，在更大范围、更高平台以更大力度整合生产要素，以循环经济为路径改造提升传统产业，以科技创新为路径培植新兴产业，以创新创造创业为路径发展现代服务业，抓紧上一批转型发展的大项目好项目，优化产业结构，增强发展后劲。二要加大县域经济推进力度。兴起大力发展县域经济的热潮，重视解决一些地方引资少、项目少、增长慢、后劲小的问题，建立完善支持县域经济发展的政策体系和激励机制，积极推进县域工业化，提升农业产业化水平，不断增强县域经济实力和发展活力，为全省转型跨越提供有力的支撑。三要切实加大招商引资力度。抓住中博会的契机，完善招商引资政策，搭建招商引资平台，创新招商引资方式，创优招商引资环境，进一步激发各级各部门特别是市县领导干部招商引资的积极性、主动性，多招商、招大商，多引进、快落实，在引资金、引项目、引人才上实现重大突破。四要千方百计促进农民增收。把干部下乡住村包村活动摆在更加突出的位置，以促进农民收入翻番为主题，以贫困村为突破口，加大扶贫攻坚力度，不断创新以工促农、以城带乡和以企帮村的模式，大力发展“一村一品”“一县一业”，拓宽农民增收致富门路。五要着力改善民生。认真落实中央关于稳定物价的要求，落实“米袋子”“菜篮子”负责制，保障粮油菜蛋奶的生产供应，加强价格监管和预警，健全社会救助和保障标准与物价上涨挂钩的联动机制，加大对低收入群体的补贴力度。强化房地产市场调控，加快推进保障性住房建设，增加中小套型商品住房供应，加快城中村、棚户区改造步伐，稳定住房消费预期。六要加强金融支持，扩大市场直接融资。切实用好转型综改试验区政策机遇和我省存贷差较大的资金优势，加强好项目与金融机构的对接，创新融资服务，协调银行信贷，多措并举为转型、民生、“三农”等项目建设提供有力资金支持，激发民间投资活力，重视解决中小企业融资难问题。七要毫不懈怠地加强安全生产工作。树立安全生产工作什么时候都要从零开始的理念，在安全生产上任何时候都不能骄傲自满、麻痹大意、丝毫松懈，要全面落实企业安全生产和政府安全监管主体责任，深入开展覆盖所有行业和领域的安全生产专项整治活动，巩固和发展安全生产持续好转的好形势。八要转变作风、狠抓落实。扎实推进效能建设和效能监察，有关部门要围绕优化发展环境、提高审批效率，实施流程再造，完善顶层设计，进一步规范审批行为，提高行政效率。效能监察要健全机制，关口前移，引导各级领导干部切实把精力集中到推动转型跨越、增进人民福祉上来。

省委常委会研究资源型经济转型综合配套改革试验《总体方案》 7月22日，省委常委会召开会议，听取省政府关于转型综改试验区先行先试工作推进情况的汇报，研究《山西省国家资源型经济转型综合配套改革试验总体方案》。省委书记袁纯清主持会议。

会议认为，党中央、国务院确定山西为国家资源型经济转型综合配套改革试验区，使我省成为第一个以资源型经济转型为主题，全省域、全方位、系统性的国家级综合配套改革试验区，充分体现了党中央、国务院对山西这个能源基地和老工业基地的重视和关怀，给我省带来了发展的空间机遇、项目机遇、开放机遇、政策机遇，为转型跨越发展提供了重要载体和抓手，注入了新的动力和活力。

会议指出，建设转型综改试验区，要高举中国特色社会主义伟大旗帜，以邓小平理论和“三个代表”重要思想为指导，深入贯彻落实科学发展观，以科学发展为主题，以加快转变经济发展方式为主线，以转型跨越为主旋律，以改革开放、科技创新为动力，以产业转型、生态修复、城乡统筹、民生改善为主要目标，建立起促进资源型经济转型的体制机制，促进高碳产业低碳发展，加快建设资源节约型、环境友好型社会，提高产业结构水平、综合经济竞争力、可持续发展能力和居民生活质量，减少环境污染、生态破坏、资源消耗和安全事故，在资源型经济科学发展上发挥率先作用，为全国资源型地区加快转变经济发展方式、实现科学发展积累经验。转型的主要任务是，以循环经济和技术进步为基本路径，全面推进产业优化升级；以生态环境修复治理为主要抓手，着力提高可持续发展能力；以城乡统筹为基本方略，协调推进城镇化和社会主义新农村建设；以改善民生为重点，努力构建和谐社会。综合配套改革的主要任务是，创新完善产业转型促进机制，深化财税体制改革，改革完善土地管理制度，健全科技创新体制机制，加强金融创新和改革，完善资源节约和生态环境保护修复机制，改革创新城乡统筹体制机制，加快社会体制改革，推进行政管理和投资体制改革，加大对国外省外开放力度。

会议强调，要把握转型综改试验区先行先试的灵魂，把转型综改试验区建设作为全省工作的统揽，按照攻坚期、加速期、提升期的步骤，坚持改革创新、先行先试，政府主导、市场主体，着眼长远、立足当前，充分调动全省干部群众的创造创业热情，尊重基层首创精神，不等不靠、积极探索、敢闯敢试，进一步加大解放思想的力度，进一步加大先行先试力度，进一步加大改革创新力度，进一步加大开放引进力度，进一步加大重点突破力度，着力夯实资源型经济转型的思想基础、理论基础、政策基础、体制基础，选择一些地区开展先行试点，选择一些重点产业先行突破，全面落实“十二五”规划，举全省之力、集全民之智走出资源型地区科学发展的新路子，开创转型跨越发展的新局面，为再造一个新山西、加快实现全面建设小康社会目标奠定坚实基础，向党中央、国务院和全省人民交一份满意的答卷。

全省领导干部大会 7月28日，省委召开全省领导干部大会。省委书记、省人大常委会主任袁纯清作重要讲话，省委副书记、省长王君总结上半年经济工作，部署下半年经济工作。省政协主席薛延忠，省领导李小鹏、胡苏平、高建民、李政文、汤涛、李兆前、陈川平、张少华、聂春玉、申联彬等出席会议。省委副书记金道铭主持会议。

袁纯清指出，今年以来，全省上下坚持科学发展的主题和加快转变经济发展方式的主线，全力推进转型跨越，全省经济呈现出速度较快、效益提高、质量向好态势，各项指标实现"双过半"，安全生产形势为多年来最好水平，社会保持和谐稳定，改革、发展、安全、稳定总体形势向好。特别是广大干部群众对转型跨越发展、再造一个新山西的共识和激情正在转化为加快全面建设小康社会步伐的强大动力。面对"十二五"开局、转型综改试验区启动、四级党委换届的新形势新任务，我们要深入学习贯彻胡锦涛总书记"七一"重要讲话精神，巩固和发展全省工作的良好态势，以务实作风和优良状态确保今年各项目标任务圆满完成。

袁纯清指出，要把学习贯彻胡锦涛总书记在庆祝中国共产党成立90周年大会上的重要讲话不断引向深入，切实把思想统一到讲话精神上来，在认识上有新的提高，在工作上有新的进步，在发展上有新的建树，增强推进伟大工程和伟大事业的责任感和使命感。要把学习贯彻讲话精神作为一次坚定信仰、明确方向的党性教育，作为一次深化认识、把握规律的理论提升，作为一次增强本领、推动工作的实践活动，增进对党的感情，坚定中国特色社会主义信念，增强全面建设小康社会、建设富强民主文明和谐的社会主义现代化国家的信心，焕发出新的精神风貌。要带着感情学、带着问题学、带着责任学，按照讲话指明的方向、提出的要求，按照讲话中蕴含的马克思主义世界观和方法论，深入思考、加强调研，着力破解转型跨越发展、再造一个新山西面临的深层次矛盾和问题，从理论与实际的结合上，从中央精神与山西省情的结合上，提出新的举措，使我们的工作进一步体现时代性、把握规律性、富于创造性。

袁纯清指出，越是经济形势好的时候，越要保持清醒头脑，越要未雨绸缪。当前经济工作要重视抓好以下几个方面：一要持续保持强劲投资，优化投资结构。山西正处于大投资大发展期。今天的投资力度，就是明天的发展速度；今天的投资结构，就是明天的产业结构。要在结构优化的前提下，进一步加大投资力度，增强经济平稳较快发展的后劲。二要加大转型力度，加快转型发展步伐。把经济结构调整作为转变经济发展方式的主攻方向，在更广范围、更高平台以更大力度围绕转型整合生产要素，以循环经济为基本路径改造提升传统产业，以科技创新为根本动力培植新兴产业，以创新创造创业为主要抓手发展现代服务业，抓紧上一批转型发展的大项目好项目，激发转型的内生动力。三要大力招商引资，创新融资方式和金融服务。强化集团式谋划、专业化对接、点对点攻关，以资源换项目、换技术、换人才，在招商引资、招才引智上实现重大突破，加快推进"双千亿""双五百亿"工程。充分发挥主观能动性，强化重点工程、转型项目与金融机构的对接，引导信贷资金流向，鼓励企业向市场融资，重视解决中小企业融资难问题。四要增强县域经济活力，兴起县域经济发展高潮。统筹推进县域工业化、城镇化和农业现代化，打造特色产业集群，大力发展一村一品、一县一业，加快实施"大县城"战略。重视一些地方项目储备严重不足，引资少、增长慢、后劲小的问题，县级主要领导要亲自抓项目，多走出去、多跑项目、多引资金，通过上一批大项目、好项目打开转型跨越局面。五要以确保农民收入翻番为目标，千方百计促进农民增收。进一步完善强农惠农政策，不断创新以工促农、以城带乡和以煤补农、以企帮村模式，拓宽农民增收致富门路。把干部下乡住村包村摆在更加突出的位置，把更多精力和资源向低收入村倾斜，整体实现全省农民收入翻番。六要加强安全生产，确保社会和谐稳定。严格落实安全生产制度，加强过程管理和隐患排查，夯实本质安全的基础，坚决防止重特大事故发生，推进安全生产形势持续稳定好转。

扎实做好保障和改善民生的各项工作，把稳定物价总水平放在突出位置，搞好房地产市场调控，加快保障性住房建设进度。重视解决突出治安问题，增强人民群众的安全感。

袁纯清强调指出，转型综改试验区承载着党和国家的重托，寄托着全省人民的期望。转型综改试验区有两大任务，一是在生产力层面，要优化经济结构，转变发展方式；二是在生产关系层面，要深化配套改革，创新体制机制。总的目标是率先在全国趟出资源型地区科学发展的路子。当前要抓好以下几个重点：第一，要在思想观念上有大的突破。转型综改区最大的政策是先行先试，先行先试的过程，就是因地制宜探寻发展路径、拓宽发展空间、创新体制机制的过程，是认识与实践的互动过程，是发展与改革的互促过程，是探索与政策的循环过程，是上级支持推动与下级积极作为的配合过程，更是山西赢得主动、赢得优势、赢得未来的关键所在。要坚决摒除等、靠、怕、慢的思想和行为，从每个领导者开始，从现在开始，从具体项目开始，以科学的态度、敢闯的勇气、百折不挠的韧劲、敢于担当的气概、不等不靠的为先精神，抓紧先干起来，积小成而至大胜。第二，要按照转型的要求大胆进行先行先试。突出资源型经济这个特点，把握先行先试这个灵魂，抓住转型这个根本，找准先行先试的抓手，找准推进转型的杠杆，加快发展循环经济，大力发展接续替代产业，建设特色园区，重点突破一批关乎转型的关键核心技术，抓好重大生态环境修复治理工程，围绕转型发展创新体制机制。只要是有利于资源就地转化的项目，是资源全循环的项目，是符合科学发展的项目，都可以积极试，都可以抓紧向前推。第三，抓紧干几件具有标志性的大事，抓紧上马和建设一批新兴产业重大项目，形成转型综改的强劲态势。对敢闯敢干而且干得出色的地方，要在包括资金、土地在内的各种资源上大力给予倾斜。对敢闯敢干而且干得出色的领导干部要给予表彰，对特别有业绩的要优先提拔使用。

袁纯清对县乡换届工作作了总结，对搞好省委和各市委换届工作提出要求。指出，县乡换届工作圆满结束，取得了组织满意、干部满意、群众满意的良好效果。特点是，注重基层、注重实绩的用人导向更加明显，县乡党政班子年龄知识结构更趋合理，干部交流力度进一步加大，选任干部民主公开透明，妇女干部和非中共党员干部数量稳定增长。袁纯清指出，新一届省委和各市委的任期，正值"十二五"发展期、转型跨越关键期、建设转型综改试验区攻坚期，省市党委换届关乎全局、影响长远，涉及面更广、政治性和政策性更强、要求更高更严，社会关注度也更高，要增强政治责任感，加强组织领导，做好各个环节的工作。通过作好报告，进一步统一党员干部思想，明确科学发展思路，强化转型跨越举措，凝聚人民群众力量；通过配好选好班子，更好地树立科学发展的用人导向，形成团结坚强、朝气蓬勃、奋发有为的领导层。领导干部要讲党性、顾大局、守纪律，正确对待进退留转，对人民要有感恩之心，对组织要有敬畏之心，对事业要有责任之心，对职位要有平常之心，对纪律要有警戒之心，对干部要有关爱之心，使自己的言行符合党性、事业、大局的要求，经得住名利权位的考验，切实把重心放在责任上，把心思用在发展上，把精力用在为民上，把智慧用在创新上，在关键时期、特殊时刻向党和人民交一份合格的答卷。袁纯清强调，今后五年，是山西加快发展、向好发展的难得机遇期，是必须紧紧抓好的转型攻坚期，是实现全面建设小康社会目标的关键期，是可以大有作为的发展期。我们要高举中国特色社会主义伟大旗帜，深入贯彻落实科学发展观，全面贯彻胡锦涛总书记"七一"重要讲话精神，围绕转型跨越发展、再造一个新山西的战略部署，加快推进工业新型化、农业现代化、市域城镇化、城乡生态化，在发展形态上实现采掘文明向制造文明转变，在发展动力上实现资源依赖向创新驱动转变，在发展方式上实现粗放增长向绿色发展转变，在发展定位上实现煤电基地向现代产业基地转变，在发展方向上实现资源大省向经济文化强省转变，在转型发展的基础上，实现综合经济实力的跨越，实现产业结构特征和整体素质的跨越，实现城乡居民收入的跨越，实现公共服务体系和社会管理水平的跨越，实现生态文明和宜居环境的跨越，实现发展环境和创业活力的跨越，提高人民群众的社会保障水平、收入水平、健康水平、科技教育水平，率先走出资源型地区科学发展的路子，加快实现全面建设小康社会目标，努力建设创新山西、绿色山西、幸福山西。

袁纯清最后强调，让我们紧密团结在以胡锦涛同志为总书记的党中央周围，振奋精神，深化认识，扎实工作，在转型跨越中推进经济社会更好更快地发展，以优异成绩迎接省第十次党代表大会胜利召开！

王君在讲话中指出，今年以来，在党中央、国务院的正确领导下，省委、省政府团结带领全省广大干部群众，认真贯彻落实中央决策部署和宏观调控政策，以科学发展为主题，以加快转变经济发展方式为主线，以建设国家资源型经济转型综合配套改革试验区为抓手，围绕转型跨越发展，全力实施"十二五"规划，全面推进经济社会发展各项工作，全省经济在去年高位运行的基础上，继续保持良好的发展态势。上半年，全省生产总值完成5134亿元，同比增长13.3%；主要经济指标全部实现时间过半、任务过半的目标，并呈现出三次产业协同发展、内需外需持续扩大、经济发展方式转变步伐加快、经济效益与速度同步提高、社会事业加快发展、改革开放不断深化的特点。但是，当前我省经济运行中也存在一些值得关注的问题，比如物价上涨较快，重点工程建设融资趋紧，转型发展任务艰巨，新的经济增长点不多等等。对这些问题要高度重视，并采取有效措施，切实加以解决。

王君说，下半年，我省经济发展既面临诸多挑战和不确定性因素，又面临难得的机遇和有利条件，各级各部门既要清醒地看到经济运行中的问题和出现的新情况，切实增强危机感和紧迫感，又要看到当前面临的有利条件和积极因素，进一步坚定做好工作的信心和决心。他强调，做好下半年的经济工作，要认真贯彻落实中央关于经济工作的一系列决策部署和国家的宏观调控政策，按照省"两会"和全省经济工作会议的安排部署，统筹做好各项工作，保持经济平稳较快发展，圆满完成全年目标任务。重点要做好以下几方面的工作：一要采取有效措施稳定物价，切实抓好农业生产特别是粮食、猪肉和蔬菜的生产，加大重要商品的储备力度，加强物价监测和市场监管，及时发放价格补贴，保障困难群众基本生活，促进经济平稳健康运行；二要加大金融创新力度，广开渠道筹集资金，努力满足经济社会发展的资金需求，确保实现全年重点工程投资6200亿元、带动全省固定资产投资7700亿元的目标；三要大力推进节能减排和环境保护工作，加大落后产能淘汰力度，全面开展能效对标活动，抓好重点领域的减排工作，促进生态环境持续改善。四要毫不放松地抓好"三农"工作，全面落实各项强农惠农政策，突出抓好"十项惠农政策""十大强农工程"的落实，努力增加农民收入，不断巩固和发展农业农村的大好形势；五要着力保障和改善民生，切实解决好就业、住房、医疗卫生等关系人民群众切身利益的问题，特别要加快推进农村新的"五个全覆盖"工程，为明年实现全覆盖奠定坚实基础；六要进一步整顿和规范安全生产秩序，深入开展为期100天的安全生产大检查活动，突出抓好煤矿、非煤矿山、尾矿库、道路交通、消防、危险化学品、特种设备、易燃易爆物品以及重大活动、人员密集场所的安全管理，坚决杜绝重特大事故，减少一般性事故，促进全省安全生产形势持续好转；七要进一步加大转型综改试验区建设工作力度，抓住重点领域和关键环节，抓好重大项目建设，大胆先行先试，不断加快转型发展步伐。

金道铭就贯彻落实好会议精神特别是袁纯清书记和王君省长重要讲话精神，强调了三点意见：一是各地区各部门各单位要认真学习贯彻会议精神，通过迅速组织学习、深入开展讨论、广泛进行宣传，进一步把全省干部群众的思想认识统一到省委、省政府的部署和要求上来。二是要学习运用好加强和创新社会管理研讨班成果，着力提高共同治理、源头治理、综合治理的能力,有效提升社会管理的整体效能,下大力做好社会稳定工作,促进社会动态平衡,为确保完成下半年的各项目标任务创造和谐稳定的社会环境。三是要坚持求真务实作风,强化目标责任考核,真抓实干、大胆创新,敢于攻坚、善于解难,以时不我待、只争朝夕的精神状态,扎实有效推进各项工作,不断开创全省经济社会发展的新局面,以优异成绩迎接省第十次党代表大会胜利召开。

省委常委(扩大)会议传达贯彻贺国强同志考察山西讲话精神 8月19日,省委召开常委(扩大)会议,传达贯彻中共中央政治局常委、中央纪委书记贺国强考察山西重要讲话精神。省委书记、省人大常委会主任袁纯清主持并提出贯彻落实意见,省委副书记、省长王君传达贺国强同志重要讲话,省委副书记金道铭、省政协主席薛延忠,省领导李小鹏、胡苏平、高建民、汤涛、李兆前、陈川平、张少华、聂春玉、杜玉林、王雅安、张平、张建欣、郭良孝、周然、李潭生、令政策、卫小春、刘滇生出席会议。

袁纯清指出,贺国强同志十分关心山西工作,在"十二五"开局之年,在转型综改试验区起步之时,亲临山西考察并作了重要讲话,带来了党中央对山西人民的亲切关怀。贺国强同志的讲话政治立意高,思想理论深刻,具有很强的针对性和指导性。

袁纯清就贯彻落实贺国强同志重要讲话精神提出五点意见:

一是要充分认识面临的难得机遇,进一步增强富民强省的责任感、使命感和紧迫感。贺国强同志对我省发展思路和工作的肯定,对我们是巨大鼓舞,坚定了我们加快转型跨越发展的信心;对山西面临机遇的分析,使我们对发展大势和发展环境有了更清醒的把握,进一步增强了工作的责任感和紧迫感;对山西工作提出的具体要求,使我们进一步明确了努力方向和工作重点。要着眼于确保"十二五"取得良好开局,进一步解放思想,下功夫破解改革发展稳定中的难题,保持经济平稳较快发展,全面完成年初确定的各项目标任务;要着眼于确保转型综改试验区扎实起步,致力先行先试,抓紧推出一批改革开放措施,抓紧上一批转型项目,抓紧形成改革态势,让转型综改试验成为全省人民的共同行动,吸引更多的人关注山西、投资山西、发展山西;要着眼于确保四级党委换届圆满成功,进一步加强对省市换届工作的组织领导,做好每个环节的工作,特别是做好省第十次党代表大会的筹备工作,通过换届换出好思路来,换出好班子来,换出新的精神风貌来。

二是要围绕增强经济发展的核心竞争力,加大产业结构调整力度,加快转变经济发展方式。围绕以煤为基、多元发展,从四个层面抓好落实:第一,抓整合,形成规模优势。继续完善煤炭资源整合和煤矿兼并重组,建设好国家规划的三大煤炭基地,推进焦化、冶金等行业整合重组,提高产业集中度,促进产能大型化、生产集约化、利用清洁化、发展高端化。第二,抓改造,形成技术优势。大力推进煤矿综合机械化开采,推广信息化管理,建成一批世界一流的自动化、智能化矿井。大力提升焦化、冶金、建材及传统煤化工产业水平。第三,抓延伸,形成价值优势。抓紧上一批具有战略意义的煤化工项目,大力发展煤焦油、焦炉煤气等深加工,大力发展煤矸石发电、粉煤灰综合利用等循环经济产业。第四,抓非煤,形成多元优势。用资源换资本、换项目、换技术、换人才,加快发展新兴产业。以打造世界煤机成套设备基地为重点,大力发展现代装备制造业;以不锈钢、铝、镁及其深加工为重点,加快特色原材料的加工升值,加快发展LED和太阳能光伏产业;以文化和旅游融合发展、跨越发展为重点,加快文化强省建设步伐,使山西产业结构发生脱胎换骨的变化。

三是要着眼增强经济社会发展的协调性,统筹推进各项事业。要把综改试验区建设与解放思想结合起来,敢出新招、敢走新路、敢立新规,加快完善激励机制,形成一切围绕综改试验区建设、一切为了转型发展的导向,让转型综改试验区成为新思想、新技术、新项目、新产业的集散平台。要把推进城镇化与发展县域经济结合起来,按照"一核一圈三群"整体布局,抓好太原都市圈龙头,加快发展区域性中心城市,推进大县城战略,提升城市综合承载能力;协调推进工业化、城镇化和农业现代化,大力发展县域经济,建设一批特色园区。要把节能减排与生态建设结合起来,认真落实节能减排责任制,积极实施重点工程,加强监测监管,推进生态治理修复工程和造林绿化工程,完善"以煤补林"、"以黑补绿"机制,推广清洁能源,建设"气化山西"。要把保障改善民生与创新社会管理结合起来,坚持民生为本,服务为先,大力发展社会事业,健全城乡公共服务体系,加快推进农村新的"五个全覆盖",大力推进农民收入翻番工程,加大保障性住房建设和工矿棚户区改造力度,保持物价总水平基本稳定,加强安全生产工作,认真排查化解社会矛盾,维护社会大局的稳定。

四是要进一步树立良好作风,提高各级领导班子和领导干部的创造力、凝聚力、战斗力。加强政绩观教育,引导广大党员干部坚定理想信念,增强政治敏锐性和政治鉴别力,在大是大非面前头脑清醒,在大风大浪面前立场坚定,在关键时刻经得起考验,牢牢把握发展的正确方向。引导党员干部牢记根本宗旨,始终把实现好、维护好、发展好最广大人民的根本利益作为一切工作的出发点和落脚点,多做促进转型的事情,多做雪中送炭的事情,多做打基础、利长远的事情,多做增进群众福祉的事情。要大力弘扬太行精神、吕梁精神和大寨精神、右玉精神,坚定信念、心系群众,不怕困难、敢于胜利,艰苦奋斗、无私奉献,坚忍不拔、自强自立,团结带领广大干部群众攻坚克难。深入基层、深入群众、深入实际,组织好干部下乡住村、包村增收工作。深入开展行政效能建设,切实解决效能低下、懒政怠政、吃拿卡要、不负责任、执行不力等突出问题。要进一步强化改革创新意识,围绕走出资源型地区转型发展的新路,创造性地开展工作,用新的思路、措施、办法来解决发展中面临的深层次矛盾和问题。对大胆创新、敢闯敢干的要大力支持、给予鼓励、体现倾斜,形成有利于创新的氛围和机制。

五是要加强党风廉政建设和反腐败工作,提高巡视工作科学化水平。把反腐倡廉工作摆在突出位置，纳入经济社会发展全局来谋划，与经济社会发展同部署、同落实、同检查、同考核，把转型综改试验区建设、重点工程、煤炭资源整合、创优发展环境、发展循环经济等作为监督检查的重点，全面落实党风廉政建设责任制。要以煤焦领域反腐败专项斗争为突破口，加快推进具有山西特色的惩治和预防腐败体系建设，铲除滋生腐败的土壤和条件。要加强对巡视工作的组织领导，突出巡视重点，增强巡视实效，加强巡视队伍建设，为转型跨越发展提供坚强保证。

省委中心组关于推进依法行政和弘扬社会主义法治精神学习报告会 8月19日，省委中心组举行学习报告会，邀请中央党校研究生院院长、博士生导师卓泽渊教授作了题为“推进依法行政和弘扬社会主义法治精神”的辅导报告。省委书记、省人大常委会主任袁纯清主持会议并讲话。省委副书记、省长王君，省委副书记金道铭，省政协主席薛延忠，省领导李小鹏、胡苏平、高建民、汤涛、李兆前、陈川平、张少华、聂春玉、申联彬、杜玉林、王雅安、张平、张建欣、郭良孝、周然、李潭生、令政策、卫小春、刘滇生、左世忠、王建明等出席报告会。

在报告中，卓泽渊教授全面阐述了我国依法行政的发展历程、重要成就和现实任务、具体举措，并结合我省转型跨越发展和建设转型综改试验区的实际，提出一些独到的见解，视野开阔，论述精辟。

袁纯清在主持报告会时指出，今年是“十二五”的开局之年，也是推进依法治省、实施“六五”普法的起步之年。要抓好三项重要工作：一要把推进依法行政、弘扬社会主义法治精神作为依法治省的重要内容，加快建设法治山西。认真贯彻落实胡锦涛总书记在中央政治局第27次集体学习时的重要讲话精神，从坚持立党为公、执政为民和推动科学发展、促进社会和谐的高度加快建设法治山西。要认识到，市场经济是法治经济，抓法治建设就是促进和保障经济发展；依法行政能力是党的执政能力的重要组成部分，增强领导干部综合素质必须提高依法行政能力。各级领导干部一方面要把依法行政作为一种自觉追求和行为规范，做依法办事的表率，一方面要把依法行政贯穿于经济社会发展的各个方面，使经济社会发展纳入依法规范有序的轨道。二要把推进依法行政、弘扬社会主义法治精神作为转型跨越的重要保障，营造良好法治环境。转型跨越发展，既要在经济结构调整和发展方式转变上下功夫，又要在创优法治环境上下功夫。要围绕绿色发展、清洁发展、安全发展，围绕工业新型化、农业现代化、市域城镇化、城乡生态化，围绕建设转型综改试验区，完善地方法规，加强执法监督，形成有利于促进新兴产业壮大、发展循环经济、加强节能减排、保护生态环境的法规体系，

从法治层面破解发展难题和体制机制矛盾，坚决纠正不讲法治、不讲诚信的现象，为企业和投资者提供高效率、高水平的服务和公平竞争环境。在加强和创新社会管理中，要善于运用法律手段化解社会矛盾、协调利益关系，引导公民理性表达诉求，保障群众的合法权益。三要把推进依法行政、弘扬社会主义法治精神作为政府管理创新的重要途径，着力建设法治政府。把执政为民与依法行政有机结合起来，把依法行政的理念贯穿于政府自身建设的各个方面、施政行为的各个环节，创新行政运行、行政管理的理念和方式，实施流程再造，完善决策程序，严格行政问责，使政府工作做到依法规范、高效优质、公开透明、清正廉洁。要教育引导各级领导干部和公务员牢固树立在宪法和法律范围内活动的观念，牢固树立国家一切权力属于人民的观念，牢固树立尊重和保障人权的观念，增强依法行政的意识和能力，正确行使人民赋予的权力。要深入开展全民法制宣传教育，形成学法、懂法、守法、用法的良好社会氛围。

省委依法治省领导组成员，省直各部门和中央驻晋单位主要负责同志，各市市委依法治市领导组组长、宣传部长和依法治市领导组办公室主任参加了报告会。

省委常委会讨论省第十次党代表大会报告 8月29日，省委常委会召开会议，讨论省第十次党代表大会报告稿，听取第六届中国中部地区投资贸易博览会和中部论坛太原会议筹备情况的汇报，要求精心做好筹备组织工作，确保各项活动圆满成功。省委书记袁纯清主持会议。

会议指出，省第十次党代表大会是在全省上下深入学习贯彻胡锦涛总书记在庆祝中国共产党成立90周年大会上的重要讲话精神，加快转型跨越发展、加快全面建设小康社会进程关键时期召开的一次十分重要的会议。起草好大会报告，对于进一步统一思想，明确方向，凝聚力量，团结带领全省广大党员和干部群众，率先走出资源型地区转型跨越发展新路，为再造一个新山西、加快实现全面建设小康社会目标努力奋斗，具有十分重要的意义。会议对报告起草工作给予肯定，对报告稿进行了认真讨论。会议决定，对报告稿进一步修改完善后，印发各市和省直各部门以及有关方面征求意见。

第六届中博会和中部论坛太原会议将于近日在我省举行。会议指出，办好中博会和中部论坛，是贯彻落实国家促进中部地区崛起战略的重大举措，关乎全省发展，关乎山西形象，对我省来说是一次难得的历史机遇，也是对我省发展水平、精神状态、组织能力的一次检验。省委、省政府对筹备工作高度重视，有关部门做了大量工作。当前，筹备工作进入冲刺阶段，要进一步增强责任感、紧迫感，集中精力，统筹协调，精心组织，细化活动方案，完善运作流程，落实工作责任。要科学安排、热情周到，切实做好各方面来宾的接待工作。要扩大交流，深化合作，广交朋友，积极宣传山西、推介山西，充分展示山西改革开放新成就，树立转型跨越新形象，全面推进山西对外交流与合作。要坚持安全第一，周密部署，健全预案，确保万无一失。要加强组织领导，狠抓各项工作的落实，确保办出特色、办出水平，确保办成隆重热烈、简朴务实、周到安全、成效明显的盛会。

省委常委会研究贯彻落实全国构建和谐劳动关系先进表彰暨经验交流会 9月9日，省委常委会召开会议，传达学习全国构建和谐劳动关系先进表彰暨经验交流

会和全国深化创新厂务公开民主管理工作会议精神，结合我省实际，研究制定具体贯彻落实意见。省委书记袁纯清主持会议。

会议传达学习了全国构建和谐劳动关系先进表彰暨经验交流会精神特别是习近平同志重要讲话精神，要求各级党委、政府充分认识构建和谐劳动关系的重大意义，着力提高构建和谐劳动关系工作水平。会议指出，构建和谐劳动关系是增强党的执政基础、巩固党的执政地位的必然要求，是党执政为民宗旨的重要体现，也是推进转型跨越发展的重要保障，是一项紧迫而重要的政治任务。我省在构建和谐劳动关系上做了大量工作，创造了不少好的经验，劳动关系总体和谐，但是还面临许多新情况新问题。要按照中央的部署和要求，深化认识、完善思路，突出重点、突破难点，准确把握新形势下劳动关系发展变化的特点和趋势，坚持以人为本，解决广大职工最关心最直接最现实的利益问题，切实维护他们的经济、政治、文化、社会权益；坚持促进企业发展和维护职工权益相统一，同时调动劳动关系主体双方的积极性、主动性，推动企业与职工群众协商共事、机制共建、效益共创、利益共享，重点健全劳动合同制度、集体协商和集体合同制度、协调劳动关系机制、劳动关系矛盾调处机制。要深入开展创建劳动关系和谐企业活动，认真实施劳动法律法规，合理调节企业工资收入分配，努力化解劳动关系矛盾，切实加强企业党组织建设，支持和促进企业健康发展。要加强组织领导，把党政力量、群团力量、企业力量、社会力量紧密结合和统一起来，共同做好构建和谐劳动关系工作。

会议指出，新形势新任务对厂务公开民主管理提出了新的要求。要坚持和完善职工代表大会制度，推动厂务公开民主管理制度成为现代企业管理制度的有机组成部分，积极开展创建厂务公开民主管理示范单位活动，着力推进厂务公开民主管理法制化建设。要勇于实践，不断推进厂务公开民主管理工作创新，拓展工作领域，丰富工作内容，创新工作方式，完善工作机制，推动厂务公开民主管理工作取得新成效。

会议强调，要扎实推进企业党组织和工会组织全覆盖，为构建和谐劳动关系、推进厂务公开民主管理夯实基础、提供保证。要完善以职工代表大会为基本形式的民主管理制度，支持职工参与管理，充分发挥职工的主人翁作用。要深入调查研究，认真总结推广我省在构建和谐劳动关系和推进厂务公开民主管理方面的经验，针对性地解决面临的问题，动员各方力量开创构建和谐劳动关系和厂务公开民主管理新局面，为加快转型跨越发展、再造一个新山西创造良好条件和环境。

省委巡视工作会议 9月19日，省委召开巡视工作会议，听取省委巡视组汇报，对深入贯彻落实部分省（区、市）巡视工作座谈会精神作出部署。省委书记、省人大常委会主任袁纯清出席会议并作重要讲话，他要求以贯彻落实贺国强同志在部分省（区、市）巡视工作座谈会上的重要讲话精神为契机，创新理念、增强责任、扎实工作，不断提高巡视工作科学化水平，为转型跨越发展、再造一个新山西提供坚强保证。省委常委、秘书长李政文，省委常委、组织部长汤涛出席会议，省委常委、省纪委书记李兆前主持会议。

袁纯清对我省巡视工作取得的成绩给予充分肯定。他指出，近年来，我省巡视工作不断加强，领导体制和工作机制逐步健全，方式方法不断改进，监督成效越来越明显，为加强领导班子建设，引深党风廉政建设和反腐败工作，推动改革发展稳定事业发挥了重要作用。我们要按照中央的部署特别是贺国强同志重要讲话精神，适应形势任务的要求，把握巡视工作的特点和规律，更加注重科学理论指导，更加注重服务大局，更加注重整体推进，更加注重完善制度，更加注重队伍建设，切实加强和改进对县巡视工作的领导，努力提高巡视工作科学化水平，为转型跨越发展、再造一个新山西提供坚强保证。

袁纯清对做好下一步巡视工作提出四点要求：

一是围绕大局，抓好中央和省委重大决策部署的贯彻落实。把维护党的政治纪律作为巡视工作的首要任务，坚持党要管党、从严治党，牢固树立政治意识和大局观念，切实加强对党的路线方针政策贯彻落实情况的监督检查，加强对贯彻执行民主集中制情况的监督检查，加强对违反党的政治纪律行为的监督检查，确保各级领导班子在思想上、政治上、行动上与党中央保持高度一致，确保中央政令畅通和省委决策部署得到贯彻执行。把服务转型跨越发展作为巡视工作的中心工作，紧紧围绕省委确定的以煤为基、多元发展的思路，“十二五”规划的实施，推进工业新型化、农业现代化、市域城镇化、城乡生态化的路径，加快转型综改试验区建设的部署，以及重点工程建设、煤炭资源整合和煤矿兼并重组、创优发展环境等方面的要求，扎实开展巡视工作，及时发现问题，认真加以整改。把党风廉政建设作为巡视工作的重点领域，加强对领导干部廉洁自律、执行《廉政准则》情况的监督，深入了解和发现领导干部作风建设存在的突出问题。有问题的解决问题，发挥“啄木鸟”作用；没有问题的加以提醒，发挥“预防针”作用；对干事创业的正派干部，发挥“保护神”作用。把对县巡视作为巡视工作的基础工程，加强组织领导，完善协调机制，推动对县巡视工作步入制度化、规范化、科学化轨道。把民生工程作为巡视工作的重要方面，围绕提高群众社会保障水平、收入水平、健康水平和科技教育水平，以及农村新的“五个全覆盖”推进情况加强监督检查，着力发现和推动解决损害群众利益的突出问题，确保省委、省政府部署的重点民生工程顺利健康推进。

二是把握规律，着力提高巡视工作的科学化水平。在新的形势下，巡视工作的重要性越来越凸显，作用越来越大，同时也面临许多新的挑战。要创新工作理念，善于通过学习拓宽思路、提升水平、增强能力，积极探索符合实际的巡视工作新路子，善于从关键领域、核心部位、重点环节上查找、发现和解决问题，善于把巡视工作作为一个有机整体来统筹谋划、全面推进。要创新机制制度，研究制定适应新形势新任务的具体规定，加快形成以《巡视工作条例（试行）》为核心，内容科学、程序严密、配套完备、有效管用的巡视工作体系，切实抓好制度落实。要创新方式方法,大胆探索运用信息技术等新的方式方法,探索新形势下坚持走群众路线的新途径,努力提高掌握真实情况、发现突出问题的能力,使巡视工作形式更加丰富、方法更加灵活、渠道更加多元、成效更加明显。

三是举一反三,强化巡视成果运用。要督促被巡视单位按照目标、要求和时限抓好整改,及时认真解决存在问题。要全面反映情况,通过巡视报告、专门材料等方式,全面、真实、准确地向省委反映被巡视单位的情况和问题,为省委了解班子、指导工作和作出决策提供依据。要及时移交转办,对巡视中掌握的情况和提出的建议,依据干部管理权限和归口管理原则,及时移送有关部门,切实做到事事有着落、件件有回音。要狠抓核查整改,特别是有重点地解决一些带有倾向性的突出问题,切实将巡视成果运用到经济社会发展、违纪违法案件查处和干部管理使用中。

四是树立形象,加强巡视队伍建设。坚持德才兼备、以德为先,突出巡视工作对自身干部更为严格的要求,真正把那些政治坚定、公道正派、敢抓敢管的干部选拔充实到巡视机构,特别是要选好配强巡视组组长、副组长。完善巡视干部轮岗交流、提拔任用、考核培训等制度,优化结构,提升素质,使巡视队伍保持生机和活力。加强对巡视干部的管理和约束,使巡视干部增强党的意识,强化组织观念,严格遵守各项规章制度和巡视守则,树立公正无私、刚直不阿、光明磊落、清正廉洁的良好形象。及时研究巡视工作中遇到的困难和问题,理直气壮地支持巡视组开展工作,坚决保护坚持党性、坚持原则的巡视干部。进一步解决好巡视工作制度建设、经费保障等方面的问题,为巡视工作提供必要条件。

中部论坛太原会议 9月25日,中部论坛太原会议在晋祠宾馆隆重举行。论坛以“深化全面合作、加快转型跨越、促进中部崛起”为主题,中部六省党政主要领导及国家有关部委负责同志聚首龙城,共议中部合作,共商崛起大计。

山西省委书记袁纯清主持会议致欢迎词并作总结讲话。山西省省长王君,安徽省委书记张宝顺、省长王三运,江西省委书记苏荣、代省长鹿心社,河南省省长郭庚茂,河南省委副书记、省政协主席叶冬松,湖北省省长王国生,湖南省委书记周强,山西省委常委、秘书长李政文,国务院发展研究中心主任李伟,工业和信息化部副部长刘利华,交通运输部党组副书记、副部长翁孟勇,财政部党组成员、部长助理刘红薇,铁道部党组成员、全国铁路总工会主席何玉华,水利部总工程师汪洪,国务院国资委副主任邵宁,国家安监总局副局长赵铁锤,国家能源局副局长吴吟,国家促进中部地区崛起工作办公室副主任、国家发改委地区司司长范恒山等有关负责同志出席会议。

中部六省党政领导王三运、鹿心社、郭庚茂、王国生、周强、王君和国务院发展研究中心、工业和信息化部、交通运输部、财政部、水利部、国务院国资委、国家安监总局、国家能源局、国家发改委的负责同志先后发言。与会同志围绕“深化全面合作、加快转型跨越、促进中部崛起”这一主题,深入交流了南昌会议以来改革发展取得的新成效新经验,全面分析了面临的机遇和挑战,共同探讨了促进中部地区崛起的途径和举措,在事关中部地区发展的重大问题上达成了新的重要共识。

袁纯清指出,加快中部地区崛起是国家重要战略、中部神圣使命、人民福祉所系,要以时不我待的紧迫感和敢于争先的使命感,增强崛起责任、合作意识,努力实现又好又快发展。近年来,中部六省坚持主题主线,抢抓难得机遇,加强互利合作,奋力实现赶超,发展速度明显加快,区域综合竞争力明显增强,城乡人民生活明显改善。实践证明,中央关于促进中部地区崛起的决策部署是完全正确的。今年是“十二五”开局之年,今后五年是全面建设小康社会的关键时期,也是中部地区聚合优势、聚力突破、聚集崛起的黄金期。中部是承接东部发达地区产业转移的第一阶梯,各省近年积累的发展势能正在转化为现实生产力,中央支持中部崛起的各项政策不断完善,并且进入了深度显现期和集中释放期。中部地区需要树立大视野,把握新机遇,做好推进经济结构战略性调整和加快转变经济发展方式这篇大文章,既要着力增强自我发展能力,又要增强对全国发展的支撑能力,在全国区域发展格局中书写精彩篇章。中部对外开放水平不断提升,各省结合实际开展综合改革和区域突破试点,一波又一波改革浪潮将中部地区发展推向新的高度,在大开放中实现大发展,正在成为中部地区的鲜明特征。

中部各省交流合作日益深入务实,无论是战略协作还是项目合作,无论是产品交换还是产业互动,无论是经济联系还是人员往来,都有了大幅增加和全面提升。相信通过太原会议,这一势头将更好地保持下去。总之,中部地区全面崛起站在新起点,科学发展面临新机遇,改革开放进入新阶段,互促互动达到新境界。我们要虚心学习兄弟省宝贵经验,积极主动向中央和国家部委领导同志汇报沟通,在促进中部崛起中尽三晋儿女的全部力量。

王君作了题为《加快转型跨越促进中部崛起》的发言。他指出,中部论坛南昌会议一年来,在党中央、国务院的正确领导下,山西省委、省政府团结带领全省人民,深入贯彻落实科学发展观,认真贯彻落实中央各项决策部署,着力推动转型跨越发展,全省经济呈现又好又快发展态势,产业结构优化升级步伐明显加快,安全生产形势进一步好转,发展后劲进一步增强,农业稳定发展、农民持续增收、农村面貌发生明显变化,人民生活水平有了新的提高,改革开放进一步深化,经济社会发展和各项工作都取得了新的成绩。当前,中部地区发展已经站在新的历史起点上,发展的基础更加坚实,发展的动力和活力进一步增强,发展的思路更加清晰,发展的环境进一步优化,尤其是随着时间的推移和实践的深入,我们对中部崛起的认识也不断深化。面对新形势、新任务和新要求,山西作为典型的资源型省份,将坚持以科学发展为主题,以加快转变经济发展方式为主线,以解放思想为先导,以建设转型综改试验区为抓手,以安全生产为保障,着力推动转型跨越发展,在建设国家新型能源和工业基地的基础上,建设全国重要的现代制造业基地、中西部现代物流中心和生产性服务业大省、中部地区经济强省和文化强省。中部六省要进一步拓宽合作领域，完善合作机制，提升合作水平，重点是加强经济领域的交流合作，加强文化领域的交流合作，加强科技、人才领域的交流合作，不断健全完善省际、省部交流合作机制，促进共同发展。

与会同志充分肯定中部崛起战略实施以来中部六省取得的巨大发展成就。指出，转型跨越是中部各省共同肩负的历史使命，只有统一步调、携手合作，才能推动中部板块全面转型、整体跨越。中部六省地缘相近，人文相亲，既有各自的优势和特点，也有共同的利益和追求，合作领域广阔、潜力巨大。展望未来，中部地区发展机遇大于挑战。要按照国家提出的“一年开好局、五年大发展、十年大跨越”的要求，在加快转型中推进跨越发展，在深化合作中实现互利共赢，开辟出一条新型的区域合作道路，实现科学发展，加快中部崛起。要加快推进中部地区经济一体化进程，建立健全综合协调机制，着力构建统一、开放、竞争、有序的市场体系，促进中部区域内商品和生产要素有序流通。围绕提升“三个基地、一个枢纽”地位，牢牢抓住新一轮技术革命和产业转移的机遇，进一步加强产业承接和园区开发合作，加强文化和旅游产业的合作，加强基础产业和基础设施建设的合作，加强生态环境保护建设的合作。要优化资源要素配置，建立健全资源要素在农业与非农业、城市与农村之间合理配置的体制机制，在工业化、城镇化深入发展中探索走出特色农业现代化道路。要围绕综改试验区建设深化合作，互相学习借鉴，互通信息，取长补短，推进体制机制创新，共享改革试验成果，完成好中央交给的改革试验任务。

会议强调，中央和国家部委对中部各省给予大力关心、帮助和支持。希望一如既往地支持中部地区的改革发展，从各方面给予倾斜和支持。与会同志表示，要紧密团结在以胡锦涛同志为总书记的党中央周围，认真贯彻落实中央促进中部地区崛起的大政方针，落实好历次论坛形成的重要成果，在全面建设小康社会的新征程中，迈出中部地区坚实有力的步伐。

第六届中博会高峰论坛 9月26日，第六届中国中部投资贸易博览会高峰论坛（2011）在中国（太原）煤炭交易中心隆重举行。本次高峰论坛以“转型跨越、中部崛起”为主题，共同研判“十二五”时期中部地区面临的形势和任务，共同谋划中部崛起的思路和对策，共同探讨相互合作的方法和途径，进一步推动中部各省在更高层次上加强交流合作，促进中部地区在更高水平上实现又好又快发展。

中共中央政治局委员、国务院副总理王岐山出席并发表主旨演讲。全国政协副主席黄孟复，山西省委书记、省人大常委会主任袁纯清，国务院副秘书长毕井泉，国家工商总局局长周伯华，国家质检总局局长支树平，中国工业经济联合会会长李毅中，全国政协常委、中央统战部原常务副部长梁金泉，海峡两岸关系协会会长陈云林，中国国民党副主席蒋孝严，国家有关部委领导同志和山西省有关领导同志出席论坛。

毛里求斯共和国总统阿内罗德·贾格纳特，商务部国际贸易谈判代表兼副部长高虎城，安徽省省长王三运、江西省代省长鹿心社、河南省省长郭庚茂、湖北省省长王国生、湖南省副省长徐明华、山西省省长王君，卡特彼勒亚太总裁、卡特彼勒中国董事长金利文，太原钢铁（集团）有限公司董事长李晓波先后发表精彩演讲。商务部国际贸易谈判副代表崇泉主持论坛。

王岐山副总理在演讲中指出，实施促进中部地区崛起战略五年来，中部地区经济社会快速发展，为促进中国经济全面、协调、可持续发展作出了重要贡献。这充分表明，中央的决策部署是完全正确的。“十二五”期间，中部地区要加快转变经济发展方式，调整经济结构，努力探索新型工业化、城镇化发展道路。发挥区位、资源、人才优势，有序承接产业转移，推动产业转型升级。加快粮食、能源、原材料、现代装备制造、高技术产业基地和综合交通运输枢纽建设。他强调，推动中部地区发展，关键在于加快体制机制改革和组织制度创新，扩大对内对外开放，充分发挥市场配置资源的基础性作用。他说，正在崛起的中部地区大有希望。在各方面的大力支持下，中部地区一定能够再创辉煌。

围绕“转型跨越、中部崛起”主题，大家一致认为，转型跨越是中部六省共同的目标，加速崛起是中部六省共同的使命，中部六省应抓住机遇、乘势而上，开拓创新、携手共进，加快转变经济发展方式，全面深化各领域的合作，努力在发展中促转型、在转型中谋跨越，努力实现经济社会又好又快发展，为社会主义现代化建设作出新的更大的贡献。

在高峰论坛上，山西省省长王君发表了题为“坚持主题主线、推进转型跨越，深化互利合作、共促中部崛起”的演讲。他说，“十二五”时期，是中部地区加速崛起的重要时期，目前中部地区已经站在新的历史起点上，中部地区加速崛起不仅具备坚实的基础，而且面临难得的机遇。山西作为典型的资源型省份，将坚持紧扣科学发展主题，紧紧围绕加快转变经济发展方式主线，以转型跨越发展为目标，以推进转型综改试验区建设为抓手，以安全生产为保障，大力推动工业新型化、农业现代化、市域城镇化和城乡生态化，在建设国家新型能源和工业基地的基础上，建设全国重要的现代制造业基地、中西部现代物流中心和生产性服务业大省、中部地区经济强省和文化强省，努力在全国率先走出资源型地区科学发展的新路子。他说，山西加快发展具备许多优势和有利条件，特别是国家批准山西为国家资源型经济转型综合配套改革试验区，既为山西提供了千载难逢的发展机遇，又为广大客商来山西投资兴业提供了广阔的舞台。他衷心欢迎广大海内外朋友来晋投资兴业，共同创造美好的未来。

省委常委会研究部署加强惩治和预防渎职侵权违法犯罪工作 9月28日，省委常委会召开会议，听取了省检察院关于惩治和预防渎职侵权违法犯罪工作的汇报，就加大惩治和预防渎职侵权违法犯罪工作力度进行了研究部署。省委书记袁纯清主持会议。

会议指出，坚决惩治和有效预防渎职侵权违法犯罪，既是深入推进党风廉政建设和反腐败工作、密切党同人民群众血肉联系、巩固党的执政基础的必然要求，也是深入推进社会矛盾化解、维护社会公平正义、促进社会和谐稳定的迫切需要。各级党委和政府要深刻认识惩治和预防渎职侵权违法犯罪工作的重要意义，把惩治和预防渎职侵权违法犯罪工作纳入党风廉政建设和反腐败斗争总体格局，摆在更加突出的位置，确保把惩治和预防渎职侵权违法犯罪各项部署落到实处。

会议认为，近年来，我省不断加强惩治和预防渎职侵权违法犯罪工作，查处了一大批渎职侵权违法犯罪案件，为促进各项事业发展发挥了重要作用。同时要看到，渎职侵权违法犯罪在一些领域仍呈易发多发态势，一些部门和单位对惩治和预防渎职侵权违法犯罪工作还存在认识不到位、工作不适应的问题。要围绕我省转型跨越发展的战略部署，围绕保障和改善民生、有效化解社会矛盾，围绕推进公正廉洁执法和尊重保障人权，围绕保障正常的市场经济和社会管理秩序，重点查处发生在领导机关和领导干部中的滥用职权、失职渎职等违法犯罪案件，滥用司法权、行政执法权、行政审批权给国家和人民利益造成重大损失的渎职侵权违法犯罪案件，严重侵害群众利益、为黑恶势力充当“保护伞”、群体性事件和重大责任事故背后的渎职侵权违法犯罪案件，危害科学发展和政府投资安全、严重不负责任盲目决策造成重大经济损失的渎职侵权违法犯罪案件，重点查处主观故意、造成重大损失或恶劣影响、群众反映强烈的渎职侵权违法犯罪行为。对典型案件要进行深入剖析，开展警示教育，进一步增强领导干部和公职人员依法办事、依规办事、依政策办事意识，增强责任意识、岗位意识和法纪意识，切实做到忠于职守、履职为民、公正司法，建设廉洁政府、责任政府、服务政府，为转型跨越发展和建设国家资源型经济转型综合配套改革试验区营造良好的政务环境、法制环境和发展环境。

会议指出，各级党委和政府要进一步加强对惩治和预防渎职侵权违法犯罪工作的领导，完善相关制度，健全工作机制，抓好队伍建设，支持执法机关依法查处渎职侵权违法犯罪案件，确保取得良好的法律效果、政治效果和社会效果。要完善行政执法与刑事司法相衔接机制，形成惩治和预防渎职侵权违法犯罪工作合力。

省委常委会研究部署惩治和预防腐败体系建设和老干部工作 10月14日，省委常委会召开会议，传达学习全国惩治和预防腐败体系建设工作会议、全国老干部工作先进集体和先进工作者表彰大会精神，就加强惩治和预防腐败体系建设和老干部工作进行了研究部署。省委书记袁纯清主持会议。

会议指出，建立健全惩治和预防腐败体系，在党风廉政建设和反腐败工作中处于基础性、全局性、战略性的重要地位。我省根据中央部署和要求，在建设具有山西特色的惩防体系上取得重要进展，积累了宝贵经验，各级纪检监察机关做了大量富有成效的工作。要围绕转型跨越发展、再造一个新山西的总体部署，深化对惩防体系重大意义和科学内涵的认识，坚持改革创新，搞好顶层设计，加强组织领导，建立长效机制，加强检查考核，形成推进合力，不断巩固和发展反腐倡廉建设的良好局面。要抓好重点工作的落实，加强薄弱环节，严明党的政治纪律，加强和改进作风建设，下工夫解决反腐倡廉建设中人民群众反映强烈的突出问题和发生在群众身边的腐败问题。要抓紧完善各项制度，研究制定推进行政审批流程再造、廉政风险防控体系建设、公共资源交易平台建设等具体方案，加大从源头上防治腐败力度，增强惩防体系建设的整体性、系统性和协调性，更有效地发挥惩防体系的整体效能，为转型跨越发展提供坚强保障。

会议指出，广大老干部是党和国家的宝贵财富，老干部工作是党的组织工作和干部工作的重要组成部分。近年来全省老干部工作思路清晰、推进有力，取得了明显成效。要把老干部工作摆上重要日程，把握老干部工作规律，把对老干部政治上尊重、思想上关心、生活上照顾、精神上关怀落到实处。要找准和抓住老干部工作方针政策落实中的重点、难点及薄弱点，以制度建设为基础、以改革创新为动力，创新服务理念，加大服务投入，提高服务水平，改善服务环境，加强离退休干部党组织建设，为老干部老有所养、老有所医、老有所教、老有所学、老有所为、老有所乐创造良好条件。

省委常委会贯彻全国加强和创新社会管理工作会议精神 10月19日，省委常委会召开会议，学习贯彻全国加强和创新社会管理工作电视电话会议精神，研究我省加强和创新社会管理的实施意见。省委书记袁纯清主持会议。

会议认为，全国加强和创新社会管理工作电视电话会议，系统总结了近年来我国加强和创新社会管理工作的经验，深入分析了当前社会管理工作面临的形势，进一步明确了今后一个时期社会管理及其创新工作的指导思想、目标任务和主要措施，具有重要意义。要结合我省实际把会议精神贯彻落实好。

会议指出，社会管理是中国特色社会主义事业总体布局中社会建设的重要组成部分。近年来，我省在加强和创新社会管理上取得明显成效，社会管理水平不断提高，社会大局保持和谐稳定。要按照中央的部署和要求，牢牢把握最大限度激发社会活力、最大限度增加和谐因素、最大限度减少不和谐因素的总要求，着力打基础、抓关键、设防线、建机制，认真研究解决我省社会管理和建设面临的突出问题，为转型跨越发展、再造一个新山西营造良好社会环境。要进一步加强和完善社会管理格局，加强社会管理制度建设，加强基层社会管理服务，完善党和政府主导的维护群众权益机制，加强流动人口和特殊人群服务管理，加强非公有制经济组织、社会组织服务管理，加强公共安全体系建设，完善信息网络服务管理，营造良好社会环境，加强以保障和改善民生为重点的社会建设，努力建设具有山西特点的社会管理体系。

会议要求，各级党委、政府要加强对社会管理工作的组织领导，组织引导社会各方面积极参与社会管理服务，形成工作合力。各部门各单位要针对影响社会和谐稳定的突出问题，积极主动开展工作。建立健全科学的社会管理工作考核评价指标体系，把社会管理工作实绩作为对领导班子和领导干部综合考核评价的重要内容。加强各级领导干部社会管理能力建设，深入开展对新形势下社会管理重大问题的调查研究，着力培养社会管理专门人才，不断提高社会管理科学化水平。

省委常委(扩大)会议传达贯彻党的十七届六中全会精神 10月19日，省委召开常委扩大会议，传达学习胡锦涛总书记在党的十七届六中全会第一次全体会议和第二次全体会议上的重要讲话、李长春同志《关于深化文化体制改革、推动社会主义文化大发展大繁荣若干重大问题的决定(讨论稿)的说明》等重要文件，并就贯彻落实全会精神作出部署。省委书记袁纯清主持会议。

会议认为，党的十七届六中全会是一次十分重要的会议。一年来，党中央高瞻远瞩、总揽全局，团结带领全国各族人民，取得各项事业的新进展新成就，我国的国际地位和影响力不断提升，中华民族的凝聚力和向心力进一步增强。以胡锦涛同志为总书记的党中央具有高超的驾驭全局能力、应对复杂局面能力、引领全国人民开拓前进的能力，科学大气的战略思维、为民爱民的博大情怀、求真务实的表率作用，为全党全国人民所敬仰。全会通过的《决定》，着眼世情国情党情的新变化和中国特色社会主义大局，在总结我国文化改革发展的丰富实践和宝贵经验的基础上，提出了推进文化改革发展的指导思想、目标任务和重要方针、重大举措，具有很强的思想性、前瞻性、指导性和可操作性，是推动社会主义文化大发展大繁荣的纲领性文件。

会议指出，学习好贯彻好落实好十七届六中全会精神，是当前的首要政治任务。全省各级党组织和领导干部要认真学习、深刻领会全会精神，切实把思想和行动统一到中央的部署和要求上来，开创文化改革发展和各项事业的新局面。一要深刻领会中央决策部署，从战略和全局高度推进文化改革发展。把贯彻中央精神与创新我省文化工作结合起来，以科学发展为主题，以建设社会主义核心价值体系为根本任务，以满足人民精神文化需求为出发点和落脚点，以改革创新为动力，着力解决文化建设中面临的新情况新问题，确保文化强省建设不断取得阶段性成果。把遵循文化发展规律与体现山西文化特色结合起来，增强三晋文化的传播力和影响力，走出一条具有山西特色、符合科学发展规律的文化发展之路。把推动文化发展与加快转型跨越结合起来，发挥文化在转型跨越发展、再造一个新山西中的动力和支撑作用。把建设文化强省与推进文化惠民结合起来，使文化产业成为新的支柱产业，使具有山西特色的文化精品不断涌现，使人民群众基本文化权益得到更好保障，得到更多文化实惠。二要加强社会主义核心价值体系建设，打牢团结奋斗的共同思想基础。用马克思主义中国化最新成果武装头脑、指导实践、开展工作，建设学习型党组织。深入开展理想信念教育，坚定中国特色社会主义共同理想。大力弘扬太行精神、吕梁精神、右玉精神等山西人民在各个时期创造的精神财富，引导全省党员干部群众把转型跨越作为践行民族精神和改革创新精神的主战场。树立和践行社会主义荣辱观，深化群众性精神文明创建活动，积极推进政务诚信、商务诚信、社会诚信和司法公信建设，更好地用社会主义核心价值体系引领社会思潮。三要大力发展文化事业，深入推进文化惠民工程。坚持政府主导，坚持把社会效益放在首位，以社区、农村为重点，优先安排涉及群众切身利益的公共文化项目，加强文化基础设施建设，完善公共文化服务网络，加快城乡文化一体化发展。四要进一步深化改革创新，加快发展文化产业。稳步推进公益性文化事业单位改革，加快推进经营性文化单位转企改制，深化国有文化单位改革。认真落实“大作品表现、大集团运作、大景点支撑、大服务引领、大会展集聚”战略，促进文化与旅游、科技深度融合，做大做强省属重点文化企业，大力发展新型文化业态，推动文化产业跨越式发展。五要加强和改进对文化工作的领导，营造有利于文化改革发展的良好环境。把文化建设摆在全局工作的重要位置，形成文化建设的强大合力。加强文化领域领导班子和党组织建设，培养引进一大批高层次领军人物和高素质文化人才，加强基层文化人才队伍建设，鼓励资源型企业和资本进军文化领域。

会议指出，要统筹兼顾，狠抓落实，扎实做好当前各项工作。一要全面完成年度目标任务，确保“十二五”取得良好开局。特别是要抓紧抓好项目建设，抓好中博会签订项目的落地工作，保持较强的投资力度。着眼大局，及早谋划明年经济工作。二要加快推进转型综改区建设。在加快完善出台总体方案的同时，建立有利于转型的激励促进机制，出台具体管用的政策措施，抓紧干几件标志性的事情。试点市县和企业要雷厉风行、先行先试，发挥好表率作用。三要千方百计保障和改善民生。提高群众社会保障水平、收入水平、健康水平、科技教育水平，扎实推进新的“五个全覆盖”。关心和保障低收入群体和困难群众的基本生活，确保他们安全温暖过冬。四要切实做好宣传思想工作。加强理论学习和形势政策教育，围绕转型跨越发展、再造一个新山西的内涵、要求、重点和成效，加大宣传力度，使全省党员干部群众坚定信心，保持昂扬向上的精神风貌。五要全力维护社会和谐稳定。将安全生产责任落实到每一个领导、每一个企业、每一个环节，巩固和发展全省安全生产的良好局面。加强和创新社会管理，认真排查化解各种不稳定因素，妥善处理人民内部矛盾，加强重点地区社会治安整治，最大限度地增加和谐因素。

会议强调，要精心准备、严密组织，确保省第十次党代表大会圆满成功。省第十次党代表大会是转型跨越关键时期召开的一次具有全局性和战略性意义的大会。市县乡党委换届的成功，为开好省第十次党代表大会创造了良好条件。各地各部门要着眼大局，守土有责，做好改革发展稳定的各项工作，为省第十次党代表大会胜利召开创造良好环境。

会议强调，要紧密团结在以胡锦涛同志为总书记的党中央周围，高举中国特色社会主义伟大旗帜，以邓小平理论和“三个代表”重要思想为指导，深入贯彻落实科学发展观，同心同德、开拓创新、真抓实干，进一步开创转型跨越发展新局面，以优异成绩迎接党的第十八次全国代表大会胜利召开。

"百名法学家百场报告会"山西专场会 10月21日，省委中心组举行"百名法学家百场报告会"山西专场会，邀请清华大学法学院院长王振民教授作了题为"转型跨越发展的法治保障"的宣讲报告。省委书记、省人大常委会主任袁纯清主持并讲话。中央"双百"活动组委会副主任、中国法学会副会长胡忠讲话。省委副书记、省长王君，省委副书记、政法委书记金道铭，省领导胡苏平、高建民、李政文、汤涛、李兆前、陈川平、张少华、聂春玉、申联彬、张建欣、郭迎光、周然、李雁红、王宁、王建明等出席报告会。报告会前，袁纯清、金道铭、胡苏平、李政文等会见了中央"双百"活动报告团一行，对报告团来我省举办专场报告表示欢迎和感谢。

胡忠介绍了"双百"活动情况。他说，"双百"活动由中央有关部委和中国法学会联合举办，2006年启动以来为弘扬社会主义法治精神、培育社会主义法治文化作出了积极努力，成为具有广泛影响力的法治宣传平台。这次在山西共举办5场报告会，突出保障转型跨越发展、加强法治政府建设、推进社会管理创新等主题。他表示相信，拥有丰厚矿产资源和文化资源的山西，将在依法治省进程中更好地推动转型跨越、实现社会和谐，创造更加美好的明天。

王振民在报告中从依法治国的高度和法治建设的视角，对经济社会发展中的一些现象进行了深入思考，阐述了推进转型跨越发展与加快依法治省进程的辩证关系，提出了独到的观点和见解，内容丰富、分析深刻，具有较强的前瞻性和启发性。

袁纯清在主持报告会时指出，推进转型跨越发展，需要强有力的法治建设作保障；再造一个新山西，是涵盖经济、政治、文化、社会各领域的系统工程，建设法治山西是题中之义和鲜明标志。我们要牢固树立抓法治山西建设就是抓转型跨越发展的理念，把依法治省纳入"十二五"国民经济和社会发展总体规划，围绕转型跨越发展和转型综改试验区建设扎实推进法治山西建设，进一步完善地方法规，从法治层面破解推进工业新型化、农业现代化、市域城镇化、城乡生态化遇到的体制机制问题，抓好规范市场主体、保护知识产权、保障公平竞争、强化信用管理等环节，努力建设法治政府，打造人民满意、投资者放心的法治环境，为转型跨越发展提供坚强保障。他强调，领导干部要带头学法用法，在增强法治意识、提升法律素质、自觉依法办事上为全社会作出表率。要把法治理论纳入党委(党组)中心组学习的重要内容，把树立社会主义法治理念作为领导班子和领导干部思想政治建设的重要方面，提高运用法律思维和法律手段管理经济、政治、文化和社会事务的能力，提高依法执政、依法行政、依法办事的水平。要依法推进社会管理创新，以法治城市和法治县区创建活动为抓手，推进地方、行业、基层依法治理，以法治的途径和举措加强社会管理、协调利益关系、提升服务水平，促进重点民生问题的解决和基本公共服务体系的形成，夯实社会和谐稳定的基础。要全方位加强法制宣传教育，深入推进"六五"普法，大力弘扬法治精神和法治文化，引导广大干部群众学法、懂法、守法、用法，依法维护权益，依法履行义务，依法表达诉求，营造尊重法律、崇尚法治的社会氛围。

省直各部门主要负责同志，省人大、省政协各专门委员会和工作机构主要负责同志，驻太原本科院校、省管国有骨干企业主要负责同志，"双百"活动山西组委会成员参加了报告会。

省纪委九届七次全会 10月24日，中共山西省第九届纪律检查委员会第七次全体会议在太原召开。全会审议通过了省纪委向省第十次党代会提交的工作报告。省委常委、省纪委书记李兆前主持会议并讲话。

全会指出，五年来，在中央纪委和省委的正确领导下，省纪委团结带领全省各级纪检监察机关和广大纪检监察干部，高举中国特色社会主义伟大旗帜，坚持以中国特色社会主义理论体系为指导，坚持标本兼治、综合治理、惩防并举、注重预防的方针，认真贯彻落实中央和省委关于加强反腐倡廉建设的各项部署和要求，围绕中心、服务大局，重点突破、改革创新，全面履行党章赋予的职责，坚决维护党的纪律，扎实推进党风廉政建设和反腐败斗争，反腐倡廉各项工作都取得新的进展和明显成效。实践表明，过去的五年是全省纪检监察工作不断探索、不断发展的五年，是各方面工作不断创新、不断突破的五年，是纪检监察队伍建设不断加强、不断提高的五年。在五年的反腐倡廉工作实践中，积累并形成了一些具有山西特色的工作经验，这对今后的反腐倡廉建设具有十分重要的借鉴意义。

全会强调，即将召开的省第十次党代会，是我省改革发展进入关键时期召开的一次盛会，是全省人民政治生活中的一件大事。开好这次会议必将对全省党的建设和各项事业的发展产生重大而深远的影响。希望同志们更加自觉地把思想和行动统一到省十次党代会的精神上来，统一到省委的各项部署要求上来，紧紧围绕转型跨越发展、再造一个新山西的战略目标，坚持不懈地开展党风廉政建设和反腐败斗争，着力提高反腐倡廉建设科学化水平，努力为完成好省第十次党代会提出的各项目标任务作出积极的贡献。

省委九届十三次全体会议 10月24日，中共山西省委九届十三次全体会议在太原举行。全会由省委常委会主持。全会讨论并通过了袁纯清同志代表九届省委向省第十次党代表大会所作的报告和省纪委工作报告，酝酿了十届省委委员、候补委员和省纪委委员候选人预备人选名单。省委书记袁纯清在会上作了重要讲话。省委常委、秘书长李政文，省委常委、组织部长汤涛分别就省第十次党代表大会报告稿和十届省委委员、候补委员及省纪委委员候选人预备人选的有关情况作了说明。

出席会议的省委委员59人，省委候补委员11人。列席会议的有不是省委委员、候补委员的省人大、省政府、省政协党员负责同志，省检察院检察长，市委书记，省纪委常委。

全会对省第十次党代表大会《报告》稿进行了讨论和审议。一致认为，《报告》稿是在省委常委会直接领导下，在充分发扬民主、深入调查研究、广泛征求意见的基础上形成的，是全省党员干部群众智慧的结晶。《报告》稿立意高远、主题鲜明，结构严谨、重点突出，是一个求真务实、开拓创新，凝聚力量、催人奋进的好报告。《报告》稿高举中国特色社会主义伟大旗帜，贯穿了科学发展这一主题和加快转变经济发展方式这一主线，突出了转型跨越发展、再造一个新山西的总体战略，着眼于重要战略机遇期和全面建设小康社会的大局，总结过去五年工作实事求是，查找差距问题客观准确，概括基本经验深刻到位，部署今后五年工作思路清晰，确定的奋斗目标鼓舞人心，提出的推进措施扎实有力，既在宏观部署上突出了政治性、政策性、指导性，又在工作落实上强调了系统性、操作性、务实性，充分体现了对省情特点的深刻把握，反映了全省人民的根本利益和共同愿望，为走出具有山西特色的科学发展之路指明了方向，提供了路径。省纪委工作报告，认真贯彻中央和省委关于反腐倡廉建设的部署和要求，围绕中心、服务大局，对工作的回顾和总结客观实在，对今后工作的部署意见全面系统。

全会认为，五年来，本届省委在党中央的坚强领导下，高举中国特色社会主义伟大旗帜，以邓小平理论和“三个代表”重要思想为指导，深入贯彻落实科学发展观，认真贯彻落实党的十七大和十七届三中、四中、五中、六中全会精神，在历届省委工作的基础上，团结带领各级党组织和广大干部群众，有效应对各种困难挑战，积极争取用好难得机遇，着力推进转型跨越发展，扎实推进各项事业和党的建设，全面完成省第九次党代表大会确定的各项任务和“十一五”规划。全省综合经济实力迈上新台阶，人民生活水平显著提高，转型综改试验区成功获批并顺利启动，转变经济发展方式取得明显进展，煤炭资源整合和煤矿兼并重组取得重大成果，安全生产形势持续明显好转，改革开放实现新突破，基础设施大为改善，民主法制与文化建设深入推进，社会建设与管理全面加强，党的建设取得新成效，全省呈现出经济发展、社会进步、民生改善、政通人和的良好局面。

全会指出，五年来，全体省委委员兢兢业业、尽职尽责，同心同德、团结奋进，为山西改革发展稳定付出了辛勤劳动，作出了重要贡献。各位委员围绕加快转型跨越发展、全面建设小康社会、制定落实“十二五”规划、建设转型综改试验区、加强和创新社会管理、提高党的建设科学化水平等事关全省发展的重大问题，积极提出意见和对策，促进了省委决策的科学化、民主化；支持省委关于换届的人事安排意图，确保换届工作顺利进行；全面落实人事制度改革的各项要求，严格执行票决制，促进了干部选用工作的公平公正公开；认真讨论常委会每年向全会的工作报告，对加强和改进常委会工作提出了许多好的意见和建议；不断加强自身建设，始终保持对党负责、求真务实、干事创业的精神面貌。

全会强调，省第十次党代表大会，是在我省转型跨越发展进入关键时期召开的一次具有全局性和战略性意义的会议，是全省人民政治生活中的一件大事。这次大会，将高举中国特色社会主义伟大旗帜，坚持以邓小平理论和“三个代表”重要思想为指导，深入贯彻落实科学发展观，回顾总结过去五年的工作，分析面临的形势和任务，提出今后五年全省工作的指导思想、奋斗目标和关键举措，对经济建设、政治建设、文化建设、社会建设以及生态文明建设和党的建设作出全面部署，进一步组织和动员全省各级党组织、广大党员和人民群众，以更加坚定的信心、更加昂扬的斗志、更加勤勉的作风，率先走出资源型地区转型跨越发展新路，加快全面建设小康社会进程。要按照中央的要求和省委的部署，精心做好省第十次党代表大会的各项工作，充分发扬民主，严格纪律要求，营造良好氛围，确保这次大会开成一次团结民主、务实创新，鼓舞士气、风清气正的大会。

全会号召，全省各级党组织、广大党员和干部群众要紧密团结在以胡锦涛同志为总书记的党中央周围，高举中国特色社会主义伟大旗帜，以邓小平理论和“三个代表”重要思想为指导，深入贯彻落实科学发展观，真抓实干、开拓创新，奋力推进转型跨越发展，为再造一个新山西、加快实现全面建设小康社会目标努力奋斗。

中共山西省第十次代表大会预备会议 10月26日，中国共产党山西省第十次代表大会预备会议在太原举行。会议由袁纯清同志主持。

出席预备会议的代表、特邀代表应到702人，实到673人，因病因事请假29人，符合法定人数。

会议通过中国共产党山西省第十次代表大会代表资格审查委员会名单，通过中国共产党山西省第十次代表大会主席团名单，通过中国共产党山西省第十次代表大会秘书长名单，通过中国共产党山西省第十次代表大会议程。

中国共产党山西省第十次代表大会于10月27日举行。这次会议的主要任务有四项：一是听取和审查中国共产党山西省第九届委员会的报告；二是审查中国共产党山西省纪律检查委员会的工作报告；三是选举产生中国共产党山西省第十届委员会；四是选举中国共产党山西省纪律检查委员会。

中共山西省第十次代表大会 10月27日，中共山西省第十次代表大会在太原召开。

袁纯清、王君、金道铭、李立功、李小鹏、胡苏平、高建民、李政文、汤涛、李兆前、陈川平、张少华、聂春玉、杨晋京等出席了大会。中央纪委、中央组织部有关部门负责同志参加了会议。

出席中共山西省第十次代表大会的代表、特邀代表共702人。大会由王君同志主持。袁纯清代表九届省委向大会作题为《率先走出资源型地区转型跨越发展新路，为加快实现全面建设小康社会目标努力奋斗》的报告。报告共分九部分：一、过去五年的工作；二、坚定转型跨越，加快全面建设小康社会进程；三、抢抓机遇，全力推进转型综改试验区建设；四、“四化”引领经济又好又快发展；五、以大开放推动大发展；六、加强社会主义民主政治建设；七、加快文化强省建设步伐；八、以民生为重点加强社会建设、创新社会管理；九、着力提高党的建设科学化水平。

报告说，中国共产党山西省第九次代表大会以来的五年是极不平凡的五年。省委高举中国特色社会主义伟大旗帜，以邓小平理论和“三个代表”重要思想为指导，深入贯彻落实科学发展观，认真落实党的十七大精神，先后召开十三次全体会议，就一系列重大问题作出决定和部署。全省各级党组织团结带领广大党员干部群众，全面推进经济、政治、文化、社会建设以及生态文明建设和党的建设，胜利完成省第九次党代表大会确定的各项任务。省委作出转型跨越发展、再造一个新山西的战略部署，促进了干部群众思想大解放，描绘了科学发展新蓝图，全省呈现出人心思上、干事创业、政通人和的良好局面。

报告指出，过去五年，是思想大解放，积极探索山西科学发展新路的五年，是全省人民同舟共济、经受考验的五年，是综合实力和人民生活迈上新台阶的五年，是赢得发展大机遇、打造建设大平台的五年。五年的探索实践，使我们深切认识到：以经济建设为中心是强省之要、富民之本，必须把解决发展不足问题摆在工作首位，紧紧扭住不放；科学发展观是搞好各项工作的强大思想武器，坚持发展是硬道理的本质要求就是坚持科学发展，必须从资源型地区实际出发，走山西特色科学发展之路；解放思想是先导，必须不停歇地推动观念创新，通过打开思想的大门，进而打开发展的大门；改革开放是活力之源，必须以敢为人先的精神破除妨碍科学发展的体制机制弊端，以大开放赢得更为广阔的发展空间；民生为本是我们党的宗旨之要，必须把保障和改善民生作为一切工作的出发点和落脚点，热忱关心群众，全力造福群众，始终把安全生产放在突出位置；统筹兼顾是科学方法，必须正确处理改革、发展、稳定的关系，促进城乡、区域、经济社会协调发展；勇于担当、真抓实干是必备品格，必须弘扬只争朝夕、干事创业的精神，在顽强拼搏中加快改变山西面貌；党的建设是各项事业的根本保证，必须加强党的执政能力建设和先进性建设，用党的建设新成效保障经济社会新发展。

报告指出，今后五年全省工作的指导思想是：高举中国特色社会主义伟大旗帜，深入贯彻落实科学发展观，紧紧围绕转型跨越发展、再造一个新山西的总体战略，以解放思想为先导，以建设国家资源型经济转型综合配套改革试验区为龙头，深化改革开放，促进创新创业，以煤为基、多元发展，加快推进工业新型化、农业现代化、市域城镇化、城乡生态化，全面加强经济建设、政治建设、文化建设、社会建设和生态文明建设，以改革创新精神加强党的建设，团结带领全省党员干部群众，建设国家新型能源和工业基地，建设全国重要的现代制造业基地、中西部现代物流中心和生产性服务业大省，建设中部地区经济强省和文化强省，率先走出资源型地区转型跨越发展新路，为加快实现全面建设小康社会目标努力奋斗。

报告指出，今后五年，是大有可为、加快发展的黄金期，转型跨越的机遇期，改革开放的攻坚期，更是全面建设小康社会的关键期。能不能尽快缩小发展差距，加快全面建设小康社会进程，现实地摆在各级党组织和全省人民面前。我们要凝心聚力，奋勇前行，唱响转型跨越主旋律，打好实现全面小康攻坚战。要在解放思想中打开视野，在坚定信心中激发动力，在奋力赶超中争先进位，到2016年有一批市县实现全面小康，全省总体实现程度力争达到全国平均水平，做到经济总量有新提升，产业发展有新体系，区域发展有新格局，民生福祉有新水准，社会管理有新作为，生态环保有新局面，发展环境有新气象。

报告指出，推进转型综改试验区建设是富民、强省、利国之举，是我们赢得主动、赢得优势、赢得未来的关键所在，核心在转型，根本在改革，关键在实践。要用好转型综改试验区这个大平台、大政策、大机遇，在生产力层面优化经济结构、转变发展方式，在生产关系层面深化配套改革、创新体制机制，使山西经济形态、社会形态、自然形态特别是人的全面发展发生显著变化。要举全省之力、集全民之智，确保今后五年实现转型综改试验的重大突破，在全国率先走出资源型地区加快转变经济发展方式、实现科学发展的成功之路。

报告指出，胡锦涛总书记在庆祝中国共产党成立90周年大会上的重要讲话，为我们加强和改进新形势下党的建设进一步指明了方向。要坚持党要管党、从严治党，完善党建工作格局，以改革创新精神加强党的执政能力建设和先进性建设，充分发挥各级党组织和广大党员在转型跨越中的领导核心、战斗堡垒和先锋模范作用。

袁纯清在报告中说，今后五年乃至更长一段时期，我们要办好两件大事：一件是在全面建设小康社会进程中，力争全面小康实现程度五年达到全国平均水平；一件是抓住建设转型综改试验区的机遇，率先走出资源型地区转型跨越发展新路。我们必须增强机遇意识，鼓起时不我待、先行先试的勇气，必须增强忧患意识，激发负重爬坡、敢创一流的胆气，必须增强创新意识，保持奋发图强、勇攀高峰的锐气，必须增强责任意识，树立敢于担当、成事创业的志气，想大发展、谋大发展、干大发展，努力开创转型跨越发展新局面。

袁纯清最后强调，转型跨越使命光荣，全面小康前景灿烂。让我们紧密团结在以胡锦涛同志为总书记的党中央周围，高举中国特色社会主义伟大旗帜，坚持以邓小平理论和“三个代表”重要思想为指导，深入贯彻落实科学发展观，万众一心、励精图治，开拓创新、真抓实干，团结带领3500万三晋儿女，率先走出资源型地区转型跨越发展新路，为加快实现全面建设小康社会目标努力奋斗！

10月31日，中国共产党山西省第十次代表大会闭幕。袁纯清同志主持闭幕式并作讲话。

大会期间，代表们以高度的政治责任感，认真履行职责，正确行使权利，集思广益，献计献策，审议通过了中共山西省第九届委员会的报告和中共山西省纪律检查委员会的工作报告，按照党章规定，经过充分酝酿和民主选举，产生了中共山西省第十届委员会和中共山西省纪律检查委员会。这是一次发扬民主的大会，团结鼓劲的大会，继往开来的大会，催人奋进的大会。

31日上午，大会举行了第二次全体会议，选举出十届省委委员、省委候补委员和省纪委委员。会议由金道铭同志主持。31日下午，大会举行了第三次全体会议，通过关于九届省委报告的决议，通过关于省纪委工作报告的决议。会议由袁纯清同志主持。

中央纪委、中央组织部有关部门负责同志参加了会议。

大会完成各项议程后，袁纯清发表了讲话。他说，这次大会，全面总结了五年来的工作，确定了转型跨越、再造一个新山西的宏伟战略，提出了事关山西改革发展全局的两件大事，明确了今后五年的指导思想、奋斗目标和重点任务，选出了新一届省委班子，开得圆满成功。各位代表精神饱满，认真履职，体现了为转型跨越尽全力、为全省人民谋福祉的责任情怀。这次大会，是一次团结民主、务实创新、鼓舞士气、风清气正的大会，是一次在山西发展史和党建史上具有重要意义的大会。

袁纯清指出，这次大会结束后，摆在我们面前的首要任务，就是要把会议精神传达好、贯彻好、落实好。希望各位代表增强机遇意识、忧患意识、创新意识、责任意识，以强烈的使命感和只争朝夕的精神，紧紧围绕大会强调的战略目标和两件大事，深入传达大会精神，广泛宣传大会精神，带头落实大会精神，确保大会精神家喻户晓、落到实处，转化为全省党员干部群众的共识和行动。我们坚信，以这次大会为标志，我省转型跨越发展将进入一个新阶段，再造一个新山西的步伐将进一步加快，全省人民将迎来更加殷实幸福的新生活。

袁纯清强调，让我们紧密团结在以胡锦涛同志为总书记的党中央周围，高举中国特色社会主义伟大旗帜，以邓小平理论和“三个代表”重要思想为指导，深入贯彻落实科学发展观，团结带领全省人民，率先走出资源型地区转型跨越发展新路，为加快实现全面建设小康社会目标努力奋斗，以优异成绩迎接中国共产党第十八次全国代表大会胜利召开。

省纪委十届一次全会 11月1日，中共山西省第十届纪律检查委员会第一次全体会议在太原召开。李兆前同志主持会议。全会以无记名投票的方式，选举产生了新一届省纪委常务委员、书记、副书记，并经省委十届一次全会通过。

会议通过省纪委十届一次全会决议后，新当选的省委常委、省纪委书记李兆前讲话。他说，要把握新形势，在学习贯彻省第十次党代会精神上下功夫，切实把思想和行动统一到省第十次党代会精神上来。要牢牢把握加快转型跨越发展、再造一个新山西的奋斗目标，以更加鲜明的态度、更加坚决的举措、更加扎实的工作，为实现省第十次党代会确定的各项目标任务提供有力保障。要牢牢把握省委对反腐倡廉建设提出的各项要求，推动反腐倡廉建设不断取得新进展新成效。

李兆前要求，要破解课题，在“六个注重”上见实效，在提高反腐倡廉建设科学化水平上下功夫。要注重以科学理论为指导，注重把握科学规律，注重建立科学制度，注重运用科学手段，

注重采用科学方法，注重构建科学的组织领导体系，真正走出一条反映时代要求、适应发展大局、体现山西特色、符合群众意愿的反腐倡廉建设新路子。

李兆前要求，要创造新业绩，在狠抓反腐倡廉各项工作落实上下功夫。要切实加快具有山西特色的惩治和预防腐败体系建设，科学谋划下一个5年的惩防体系建设工作思路，着力提高惩防体系建设的综合效能。要切实加强干部队伍作风建设，大力传承和弘扬太行精神、吕梁精神、右玉精神，深入持久地开展纪律作风整顿，凝聚起干事创业的强大力量。要切实加大六项重点工作推进力度。

李兆前提出，要树立新形象，在加强纪检监察机关自身建设上下功夫。要进一步抓好常委会班子建设，增强政治意识、学习意识、服务意识、团结意识、规范意识、表率意识；进一步发挥省纪委全委会和委员的重要作用，不断增强全委会的议事能力和整体效能；进一步加强纪检监察干部队伍建设，着力打造一支清正廉洁、干事创业的干部队伍。

省委十届一次全会 11月1日，中共山西省委十届一次全会在太原举行。全会选举了十届省委常委和书记、副书记，批准省纪律检查委员会第一次全体会议选举产生的书记、副书记和常委人选。袁纯清当选为省委书记，王君、金道铭当选为省委副书记，李小鹏、胡苏平、高建民、汤涛、李兆前、陈川平、张少华、王建明、聂春玉、杜善学当选为省委常委。袁纯清主持会议并作重要讲话。

出席会议的省委委员71人、候补委员13人，不是十届省委委员、候补委员的省级党员负责同志，省纪委常委列席会议。

袁纯清在讲话中指出，省第十次党代表大会对未来五年的发展作出科学谋划和部署，激发出全省上下的巨大创业热情。特别是报告鲜明提出转型跨越、再造一个新山西的宏伟战略，强调抓好加快全面小康、走出转型新路两件大事，代表了全省人民的共同愿望和根本利益，回答了山西往哪里发展、怎么样发展、有什么作为的问题，标志着我们对山西发展规律的认知和把握达到新的高度，标志着走山西特色科学发展之路的步履更加坚实。落实好大会精神，办好两件大事，是新一届省委肩负的神圣使命，是我们必须要完成好的首要任务。

袁纯清指出，人是要有信念、信心的。信念和信心来自于崇高理想和追求，来自于对所从事事业的执着，来自于对未来的美好愿想。大会报告提出要“跳起来摘桃子”，这是对山西未来发展应采取姿态的形象性描述。希望我们面对转型跨越的宏伟事业，都成为跳起来摘桃子的人，辛勤耕耘，艰苦劳作，去收获一个新山西。我们有难得的发展机遇，良好的发展态势，坚实的发展基础，浓厚的发展氛围，坚强的发展保证，只要我们把坚定的信念和科学规划有机结合起来，把精神力量和物质力量互动起来，就能产生强大的精神动力和巨大的生产力。

袁纯清强调，省第十次党代表大会报告得到广大代表和全省人民的一致拥护和赞同，现在最关紧要的是抓好落实，就是一个“干”字。省委常委带头，从省委委员做起，要在全省营造狠抓落实、干事创业的浓厚氛围。干就要“真干”，就要“实干”，就要“大干”，就要“苦干”，就要“持续干”，舍得为发展劳心智，为百姓下苦功，为工作多流汗。时刻保持爬坡上行的压力感，保持竞位争先的使命感，保持干事创业的责任感。

袁纯清强调，新班子意味着新的使命、新的任务、新的担

当，新一届省委一定要奋力作为。一要成为政治坚强的班子。认真落实中央的大政方针，确保中央政令畅通，在关键时刻和重大问题上保持清醒头脑，始终与党中央保持高度一致。坚持把中央精神与山西实际结合起来，创造性地开展工作。上为中央分忧，下为百姓造福。二要成为善于学习的班子。把学习作为自觉行动、工作方法和生活习惯，充分汲取一切有益的知识成果，加强思想理论武装，树立世界眼光，培养战略思维，用新的知识、新的思维、新的实践开拓资源型地区新的发展路子。三要成为群众信赖的班子。始终把人民放在心中最高位置，凡是关乎民生的事，事事在心；凡是顺乎民情的事，件件落实。要堂堂正正做人、勤勤恳恳干事、清清白白为官，在干部群众中树立一个良好的形象。四要成为有所作为的班子。作为新一届班子，一定要努力在山西发展史上留下辉煌业绩，在老百姓心中留下良好口碑。要在党的建设上有所作为，在班子建设上有所作为，在队伍建设上有所作为，在转型发展上有所作为，在加快全面小康上有所作为，在加强和创新社会管理上有所作为，在保障改善民生上有所作为，让老百姓更多地得到实惠，生活得更幸福更有尊严。

袁纯清指出，要组织全省各级党组织和广大党员干部群众，认真学习、深刻领会、全面落实省第十次党代表大会精神，把思想统一到大会精神上来。各级领导干部要深入基层、深入群众、深入到第一线，以切实的行动，推进大会提出的各项任务的落实。要确保今年全年目标实现得更好一些，并及早谋划明年工作。要妥善安排群众生产生活，对困难群众加大帮扶力度。要切实加强安全生产工作，加强社会治安综合治理，维护社会和谐稳定。

袁纯清强调，让我们紧密团结在以胡锦涛同志为总书记的党中央周围，以邓小平理论和“三个代表”重要思想为指导，深入贯彻落实科学发展观，认真贯彻落实党的十七届六中全会精神，团结带领全省人民，坚定信心，狠抓落实，开拓进取，为实现省第十次党代表大会描绘的宏伟蓝图，率先走出资源型地区转型跨越发展新路，加快实现全面建设小康社会目标努力奋斗，以优异成绩迎接中国共产党第十八次全国代表大会胜利召开。

省委党建工作领导小组会议 11月7日，省委召开党建工作领导小组会议。省委书记、省委党建工作领导小组组长袁纯清主持会议并讲话。他强调，要通过抓学习、抓班子、抓队伍、抓支部、抓作风、抓管理，努力提高党的建设科学化水平，为落实省第十次党代表大会作出的部署提供强大动力和政治保证。省委副书记、省委党建工作领导小组副组长金道铭，省委常委、组织部长、省委党建工作领导小组副组长汤涛，省委常委、省纪委书记、省委党建工作领导小组副组长李兆前，省委秘书长李政文出席会议。

会议听取了省纪委、省委组织部和省直工委、省高校工委、省国资委党委、省非公经济党工委、省国防科技工业党委主要负责同志关于贯彻落实省第十次党代表大会精神、加强党的建设的汇报，研究部署了下一步全省党建工作。

在听取大家发言后，袁纯清指出，省第十次党代表大会对今后五年工作作出全面部署，对提高党的建设科学化水平提出新的要求。“政治路线确定以后，干部就是决定因素”。转型首先是干部的转型，跨越首先是干部能力、素质的提升和作风的转变。各级党委要增强抓好党的建设的政治责任感，围绕省第十次党代表大会提出的转型跨越发展、再造一个新山西的宏伟战略和加快全面小康、走出转型新路两件大事，进一步加强和改进党的建设，不断提高执政能力，始终保持先进性，充分发挥各级党委的领导核心作用、基层党支部的战斗堡垒作用和广大党员的先锋模范作用。

袁纯清指出，全面提高党的建设科学化水平，确保省第十次党代表大会确定的战略部署落到实处，要着力抓好以下六个方面：一要抓学习，加强理论武装。学习是人类进步的阶梯，学习代表着一个人的精神状态，只有学习才能增长本领、满足工作需要，才能保持先进性、跟上时代、担当其责，才能在工作中做到事半功倍。没有学习的热情就很难有工作的热情，不学习的干部也不是好干部。党员干部要强化知识和本领恐慌意识，强化危机感，从而增强学习的动力，提高学习的自觉性。党组织对广大党员干部要做到要求学习、引导学习、加强学习、组织学习，分层次搞好学习。要坚持理论联系实践的学风，在学习与实践的结合中，提升思想境界，增强工作能力，通过兴起学习的高潮带动发展的高潮。二要抓班子，建设坚强有力、奋发有为的领导班子。省市县乡圆满换届后，集中配班子的问题基本得以解决，现在主要是要通过提升各级领导班子的精神力、团结力、战斗力、执行力。精神力主要是解决肯不肯干事，想不想干事的问题，克服一些干部存在的萎靡不振、得过且过的问题，做到对事业有追求、有愿想，保持对党和人民高度负责的良好精神状态；团结力重点是提升班子成员的理念和胸怀，把大家的积极性充分调动起来，达到“1+1>2”的效果；战斗力要特别强调敢于开展积极的思想斗争，敢于开展批评与自我批评，敢于抓歪风邪气，敢于坚持原则、直面矛盾、解决问题，做到表扬好的、批评差的、处理追究错的；执行力也就是善于抓落实，提高办事效率，增强工作效果。三要抓队伍，按照干部“四化”方针和“德才兼备、以德为先”原则抓好干部队伍建设。在以德为先的前提下，加大培养选拔年轻干部的力度，优化干部知识结构，以更加年轻、更具活力、更富有知识的干部队伍和人才队伍推动转型跨越发展。要把企业家队伍建设放在十分重要的位置，尤其是大型企业，要培养适应企业大发展的管理人才。四要抓支部，打牢党的执政基础。进一步提高基层党组织的组建率，提高党的工作在非公有制经济组织等领域的覆盖率，引深创先争优活动，加强对基层党员的培训。要加强调查研究，采取有效措施，选好配强党支部书记，不断创新基层党的工作。五要抓作风，密切党与人民群众的联系。坚持从作风建设的具体问题抓起，继续落实“四个严禁”、狠刹“三种风气”，坚决反对官僚主义、形式主义、极端个人主义，真正做到问政于民、问需于民、问计于民，涉及群众的事要事事上心、事事落实。六要抓管理，强化对干部的监督考核。解决对干部重任用、轻管理的问题。加大考核力度、完善评价体系、健全反馈机制，把对党员干部的管理落到实处。

袁纯清强调，搞好党建工作，第一要强化责任，特别是党委书记要承担起党建工作第一责任人的职责，亲自抓党建工作。第二要着眼大局，围绕省第十次党代表大会提出的目标任务，下功夫、花力气、见成效。第三要改革创新，创新开展工作的方式方法，进一步推进党务公开，提高群众对党组织和党员干部的信任感和支持度。第四要扩大党内民主，落实党员的知情权、参与权、选举权、监督权，加大对干部任用工作的监督力度，有效遏制跑官要官、买官卖官等腐败现象。第五要从严治党，发扬党的优良传统，严肃党的纪律，做到纪律面前人人平等，反对各种庸俗风气对党的肌体的侵蚀，始终保持良好作风和形象。各个工委都要结合实际不断完善加强党建工作的具体措施。

省委常委会研究安排山西省选举出席党的十八大代表工作 11月15日，省委召开常委会议，贯彻落实党的十七届六中全会和中共中央《关于党的十八大代表选举工作的通知》精神，研究安排我省选举出席党的十八大代表工作。

党的十八大是我们党在全面建设小康社会的关键时期和深化改革开放、加快转变经济发展方式的攻坚时期召开的一次十分重要的会议，是全党全国各族人民政治生活中的一件大事。选好党的十八大代表，是保证党的十八大圆满成功的基础。中央分配给我省的十八大代表名额为41名。

省委要求，要认真贯彻执行中央精神，做好十八大代表选举工作，做到履行党章、发扬民主、加强领导、选好选优，突出代表的政治先进性、党员代表性。党的十八大代表应是共产党员中的优秀分子，在坚持先进性的同时应具有广泛的代表性。按照中央和省委提出的结构比例要求，要有经济、科技、政法、教育、宣传、文化、卫生、体育和社会管理等各方面的代表。代表中，既要有各级党员领导干部，又要有生产和工作第一线的党员。适当增加生产和工作第一线代表名额，注意推荐工人党员、农民党员和专业技术人员党员中的先进模范人物作为代表人选；女党员代表所占比例应有所提高，少数民族党员代表应占一定比例。代表的产生，采取“三上三下”、上下结合、反复酝酿、逐级遴选的办法进行。要深入进行宣传教育，广泛发动基层党组织和党员积极参与代表候选人的推荐提名。要加强对代表选举工作的全程监督，严肃组织纪律，营造风清气正的环境，确保党的十八大代表选举工作圆满完成。要使党的十八大代表选举产生过程，成为党性党风党纪教育的过程，成为党内民主实践和民主集中制教育的过程，成为保持和发展共产党员先进性、巩固和扩大深入学习实践科学发展观活动和创先争优活动成果的过程。要深入学习贯彻落实省第十次党代会精神，解放思想，开拓创新，埋头苦干，奋力进取，努力推进转型跨越发展，以优异成绩迎接党的十八大的胜利召开。

省委中心组学习报告会 12月2日，省委中心组举行学习报告会，邀请中国社会科学院党组副书记、常务副院长王伟光作题为“世界金融危机与马克思主义、社会主义的历史命运”的专题报告。省委书记、省人大常委会主任袁纯清主持会议并讲话。省委副书记、省长王君，省委副书记金道铭，省政协主席薛延忠，省领导李小鹏、胡苏平、高建民、汤涛、李兆前、张少华、申联彬、杨安和、靳善忠、郭良孝、周然、李雁红、李潭生、令政策、左世忠等出席会议。

王伟光同志是哲学博士、博士研究生导师、教授，曾任中央党校副校长，是十七届中央候补委员，十六大、十七大代表，十届全国人大代表，全国人大法律委员会委员，中国马克思主义研究基金会理事长，中国辩证唯物主义研究会会长，全国邓小平理论研究会会长，主持多项国家哲学社会科学基金项目，出版学术专著30余部。王伟光在报告中，从时代发展和历史方位的高度，以辩证唯物主义和历史唯物主义的观点，以深厚的理论功底和翔实的资料，结合马克思主义、资本主义的历史演变，科学阐述了人类社会发展规律，揭示了国际金融危机的深刻制度原因，阐明了中国人民选择社会主义道路是唯一正确的选择这一科学结论。报告思想性、政治性、理论性很强，与会同志听了报告深受启发。

袁纯清在主持报告会时指出，马克思主义是正确揭示人类社会发展规律的科学理论，中国特色社会主义是当代中国发展进步的根本保证，是实现中华民族伟大复兴的正确道路。要深入学习贯彻十七届六中全会精神，加强理想信念教育，坚定不移走中国特色社会主义道路，坚持用中国特色社会主义理论体系武装头脑、指导实践，不断推进马克思主义的中国化、时代化、大众化，巩固马克思主义的指导地位，大力弘扬以爱国主义为核心的民族精神和以改革创新为核心的时代精神，围绕转型跨越凝聚共识和力量，进一步夯实广大人民团结奋斗的共同思想基础。

袁纯清指出，要科学应对后国际金融危机时期的新变化，加快转变经济发展方式步伐。坚持科学发展这个主题和加快转变经济发展方式这条主线，把经济结构的战略性调整作为主攻方向，把科技创新作为根本动力，把提高经济发展质量和效益作为基本要求，努力建设资源节约型、环境友好型社会，提高发展的全面性、协调性、可持续性。特别是面对经济文化的互动融合，产业、要素的高速流动，进一步深化改革、扩大开放，利用两个市场、两种资源实现又好又快发展，继续解放思想，更新发展理念，加快重点领域和关键环节改革，利用建设综改试验区这个大平台，以国际化的视野审视山西发展，将山西发展融入全国经济大格局中，打造开放平台，创优发展环境，大力招商引资引智，在转变发展方式中推进科学发展，在对外开放中实现更大发展。

袁纯清强调，要科学把握宏观形势和时代要求，提高战略思维能力和宏观驾驭能力。树立全球视野和战略眼光，结合改革发展实际，加强对重大理论问题、实际问题、战略问题的研究，从国际国内环境的深刻变化中，准确把握党的执政环境、执政方位、执政条件面临的新情况，准确把握中国特色社会主义建设规律、党的执政规律，探索以改革创新精神加强党的建设的措施和办法，不断提高执政能力，永葆党的先进性。从经济全球化、国际金融危机、转变发展方式等问题的研究中，准确把握国际经济发展和产业转移演进规律，加强对经济走势的分析和研究，加强薄弱环节，科学有效应对，及早谋划明年的工作，促进经济平稳较快运行。从省情的研究中，准确把握山西面临的深层次矛盾和问题，积极借鉴国内外资源型地区转型发展和综改试验区建设的成功经验，充分认识转型是历史大趋势，是科学发展观在山西的具体体现，是山西科学发展的必由之路，唱响转型跨越发展的主旋律，全力抓好“两件大事”，在走出转型跨越发展新路、加快全面小康社会进程中实现再造一个新山西的宏伟目标。

省直各部门和中央驻晋单位主要负责同志，驻太原本科院校、省管国有骨干企业主要负责同志参加了报告会。

省委常委(扩大)会议传达贯彻中央扶贫开发工作会议精神 12月5日，省委召开常委(扩大)会议，传达贯彻中央扶贫开发工作会议精神，研究我省贯彻落实意见。省委书记袁纯清主持会议，省委副书记、省长王君，省委副书记金道铭，省政协主席薛延忠，省领导李小鹏、胡苏平、高建民、汤涛、李兆前、陈川平、张少华、王建明、聂春玉、杜善学、申联彬等出席会议。

会议指出，中央扶贫开发工作会议，是在“十二五”时期顺利开局、全面建设小康社会进入关键时期召开的一次重要会议，对于集中全党全社会力量深入推进新一轮扶贫开发、确保全国人民共享改革发展成果，对于巩固党的执政基础、确保国家长治久安，对于实现全面建设小康社会奋斗目标、构建社会主义和谐社会，具有重大意义。经过多年努力，我省与全国一样，扶贫开发已经从以解决温饱为主要任务转入巩固温饱成果、加快脱贫致富、改善生态环境、提高发展能力、缩小发展差距的新阶段。省第十次党代表大会对扶贫开发作出的部署，特别是提出的农民收入翻番、基本消除农民人均纯收入5000元以下的县份、确保贫困地区农民人均纯收入年均增幅高于全省平均水平、基本完成山庄窝铺移民搬迁等目标任务，完全符合中央扶贫开发工作会议精神。同时要看到，我省农业立地条件较差，贫困面较大，扶贫开发任务十分艰巨和繁重，扶贫工作既有良好的基础，又面临新的困难和挑战。

会议强调，各级党委、政府要认真贯彻落实中央提出的新时期扶贫开发的总体要求、目标任务和政策举措，把思想和行动统一到中央精神上来，按照省第十次党代表大会的部署，从转型跨越发展、再造一个新山西和办好“两件大事”的高度，充分认识加强扶贫开发工作的重要意义，充分认识我省扶贫开发任务的艰巨性和紧迫性，坚决打好新一轮扶贫开发攻坚战。要提高扶贫标准，加大投入力度，把集中连片特殊困难地区作为主战场，把稳定解决扶贫对象温饱、尽快实现脱贫致富作为首要任务，坚持政府主导，坚持统筹发展，更加注重转变经济发展方式，更加注重增强扶贫对象的自我发展能力，更加注重基本公共服务均等化，更加注重解决制约发展的突出问题，努力推动贫困地区经济社会更好更快发展。要深入调查研究，进一步摸清贫困地区和贫困群众状况，为科学制定扶贫政策措施奠定基础。要结合山西实际出台过硬举措，特别是要着力抓好“一村一品”“一县一业”，抓好干部下乡住村包村增收活动，确保农民收入翻番；加大资金投入力度，引导信贷资金和社会资金投向扶贫开发，努力满足扶贫对象发展生产的资金需求；抓好“五个全覆盖”，不断提高农村特别是贫困地区的基础设施和公共服务水平；加强农村基层组织建设，为富有成效地推进扶贫开发提供坚强保证。要加强组织领导，把扶贫开发工作列入重要议事日程，摆在更加突出位置，纳入年度目标责任考核，转变作风，狠抓落实，形成全社会积极参与、合力推进扶贫开发工作的良好局面，确保实现中央和省委、省政府确定的扶贫开发目标任务。

省委传达贯彻中央经济工作会议精神会议 12月15日，省委召开传达贯彻中央经济工作会议精神会议。省委书记、省人大常委会主任袁纯清主持会议，传达胡锦涛总书记重要讲话，并提出贯彻中央经济工作会议精神的意见。省委副书记、省长王君传达温家宝总理重要讲话。省政协主席薛延忠，省领导胡苏平、汤涛、李兆前、陈川平、王建明、杜善学、申联彬等出席会议。

袁纯清指出，胡锦涛总书记和温家宝总理的重要讲话，深刻分析了国际国内经济形势，全面总结了今年的经济工作，明确提出了明年经济工作的总体要求、大政方针和主要任务，具有很强的针对性和指导性，使我们对经济形势有了更清醒的认识，对搞好明年经济工作有了更坚定的信心。我们要把思想统一到中央精神上来，科学把握中央对形势的分析判断，科学把握事关全局的重大问题，科学把握明年的政策取向，科学把握工作重点和目标，紧紧抓住科学发展这个主题和加快转变经济发展方式这条主线，牢牢把握经济工作的主动权。

袁纯清指出，明年是全面落实省第十次党代表大会部署的第一年，是实施“十二五”规划承上启下的关键之年，是加快建设转型综改试验区的重要一年。特别是明年要召开党的十八大，做好经济工作、保持经济社会发展良好势头，具有十分重要的意义。要重点抓好五方面工作：一要增强责任、坚定信心，确保经济平稳较快发展。增强大局意识、责任意识和忧患意识、机遇意识，以积极主动的精神，把握好稳中求进的工作总基调，在稳的基础上求进，在进的前提下保稳，该稳的切实稳住，该进的加快推进，把稳增长、控物价、调结构、惠民生、抓改革、促和谐更好地结合起来，通过发挥煤炭产业的基础作用、投资的拉动作用、转型项目的带动作用、综改试验区的引领作用、城镇化的承载作用，确保经济平稳较快增长，确保社会和谐稳定。二要加大项目建设和招商引资力度，加快转型步伐。牢固树立无项目不发展，少项目、小项目小发展，多项目、大项目大发展的意识，善于用政策生项目、用优势引项目、用精力找项目、用实干落实项目，每个市、每个县都要建设一批标志性项目。重点抓好中博会等签约项目的落地，重点抓好转型项目的建设，重点抓好改革创新和节能减排，重点抓好发展环境的优化，为企业发展搞好服务，为项目早落地、快建设搞好服务。三要围绕实现农民收入翻番，大力发展现代特色农业。加大强农惠农政策支持力度，强化装备、科技等先进要素支撑,大力提高农业综合效益。加快实施"一村一品""一县一业"战略,加快农业现代化进程。深化领导干部包村增收活动,在抓好"大水网"建设的同时,加快推进农村"小水网"工程。加大扶贫开发投入,完善扶贫开发机制,提高贫困地区和贫困人口自我发展能力。四要加快推进城镇化,着力扩大消费需求。提高城市建设水平,提高公共服务水平,实施大县城战略和百镇建设工程,大力发展县域经济。加快城乡市场流通体系建设,完善促进居民消费的政策,构建扩大消费的长效机制。五要促进民生持续改善,维护社会和谐稳定。提高群众的社会保障水平、收入水平、健康水平、科技教育水平,加快推进农村新的"五个全覆盖"。加快保障性住房建设进度,加强工矿棚户区改造和沉陷区治理。建设好"米袋子"和"菜篮子",降低农产品流通成本,千方百计保持物价总水平基本稳定。加强和创新社会管理,从源头上预防和减少社会矛盾。坚持不懈抓好安全生产,巩固和发展我省来之不易的安全生产良好局面,保证人民群众安居乐业。

袁纯清强调,做好明年经济工作,任务艰巨,责任重大,要加强和改进党对经济工作的领导,科学确定明年的经济社会发展目标,及时研究解决经济运行中的新矛盾新问题。要坚持求真务实、真抓实干,促进项目落实、责任落实、政策落实、措施落实。要加强对中央和省委、省政府重大决策部署贯彻落实情况的监督检查,加强党风廉政建设和反腐败斗争,为转型跨越发展创造良好环境,以经济社会发展的优异成绩迎接党的十八大胜利召开。

省委常委会研究部署加快建设文化强省、落实全国党委秘书长会议精神 12月16日,省委常委会召开会议,讨论省委、省政府深入贯彻十七届六中全会《决定》,加快建设文化强省的《实施意见(讨论稿)》,传达全国党委秘书长会议精神,研究我省贯彻落实意见,听取省纪委关于对低收入农户冬季取暖用煤供应工作进行监督检查情况的汇报。省委书记袁纯清主持会议。

会议指出,文化建设是中国特色社会主义总体布局的重要组成部分。加快建设文化强省是贯彻落实十七届六中全会精神的重大举措,也是加快转型跨越发展的重要途径。要按照中央的部署和要求,以改革创新为动力,以建设社会主义核心价值体系为目标,以满足人民精神文化需求为宗旨,以引领山西发展、提升山西形象、增强山西综合实力为根本,发展面向现代化、面向世界、面向未来的,具有山西特色、民族风格、中国气派的社会主义文化,以高度的文化自觉和自信提高全省人民的文明素质,加快建设文化强省,努力实现文化跨越发展,为率先走出资源型地区转型跨越发展新路,加快全面建设小康社会进程,再造一个新山西提供坚强的思想保证、强大的精神动力、有力的舆论支持、良好的文化条件、有力的产业支撑。要深入推进社会主义核心价值体系建设,为转型跨越发展凝魂聚力;大力推动优秀文化产品的创作生产,为人民群众提供更好更多的精神食粮;努力发展公益性文化事业,切实保障人民群众的基本文化权益;加快发展文化产业,培育转型跨越发展的新兴力量;进一步深化改革开放,不断为文化繁荣发展提供强大动力。要立足我省文化资源禀赋的特质,推进文化和旅游深度融合,实施"大作品展现、大集团运作、大景点支撑、大服务引领、大会展集聚"战略,走出一条具有山西特色、符合科学发展规律的文化发展道路。要把文化建设摆在全局工作重要位置,建立健全党委统一领导、党政齐抓共管、宣传部门组织协调、有关部门分工负责、社会力量积极参与的工作体制和工作格局,把握文化发展规律,健全领导体制机制,改进工作方式方法,增强领导文化建设本领,为文化强省建设提供组织保障、人才保障、政策保障和机制保障,形成文化建设的强大合力。

会议指出,全国党委秘书长会议精神十分重要。近年来,全省各级党委办公厅(室)围绕党委中心工作,全面履行"三个服务"职责,认真负责、勤奋工作,努力保持一流的精神状态、追求一流的工作标准、确保一流的服务质量、建设一流的干部队伍、致力一流的党性修养,在服务党委决策、推动决策落实、确保政令畅通等方面做了大量富有成效的工作,为促进党委工作正常高效运转,维护改革发展稳定大局付出了辛勤努力,取得了突出成绩,作出了重要贡献。省委对党委办公厅(室)的工作是满意的。要认真学习贯彻全国党委秘书长会议精神,认识要进一步提高,责任感要进一步增强,能力素质要进一步提升,强化大局意识、责任意识,坚持正确政治方向,打造过硬业务能力,发扬拼搏进取精神,锤炼严谨务实作风,永葆艰苦奋斗本色,进一步做到保密、细致、及时、准确,着力提高办公厅(室)工作的科学化水平,为转型跨越发展、再造一个新山西作出新的贡献。各级党委要高度重视办公厅(室)的工作,加强队伍建设,发挥好他们的作用。

会议指出,为全省低收入农户每户免费供应一吨取暖煤,是坚持以人为本、关心困难群众的惠民之举,是保障改善民生的重要举措。各地各部门和供煤企业认真贯彻落实省委、省政府的部署和要求,积极认真做好冬季取暖用煤供应工作,任务完成情况总体是好的,广大群众反映是好的。但在供煤过程中,也出现了一些损害群众利益的问题,影响了实际效果,反映出一些地方配套实施办法不完善、工作不深不细、组织工作不力,少数干部工作作风不实、工作方法简单,缺乏对农民群众的深厚感情。各地要牢固树立以人为本、执政为民的理念,完善配套实施办法,强化监督检查,严格工作程序,改进干部作风,把好事做实,把好事办好。要及时解决群众反映的问题,对供煤工作中的违纪违法案件发现一起、查处一起,确保这项惠民政策落到实处。

省委常委会研究部署2012年经济社会发展目标任务 12月20日,省委常委会召开会议,研究部署2012年经济社会发展目标任务和主要指标,传达全国第九次文代会、第八次作代会精神,全国组织部长会议精神,全国领导干部接待群众来访工作经验交流现场会精神,结合我省实际研究贯彻落实意见。省委书记袁纯清主持会议。

会议指出,今年以来,面对繁重的发展任务,全省各级党委、政府决策有力、领导有力、措施有力、工作有力,团结带领广大干部群众,坚持以科学发展为主题,以加快转变经济发展方式为主线，以转型综改试验区建设为龙头，加快推进转型跨越发展，经济在去年高位运行的基础上继续加快增长，主要指标全面完成或超额完成，综合经济实力迈上新台阶，城乡居民生活显著改善，各项事业取得新进展新成就，巩固和发展了经济社会持续向好的势头，“十二五”实现了良好开局。2012年是全面落实省第十次党代表大会精神、加快转型跨越发展的重要一年，是实施“十二五”规划承上启下的关键一年，是喜迎党的十八大胜利召开之年。全省上下要认真贯彻落实党的十七届六中全会精神和中央经济工作会议精神，坚持稳中求进的总基调，突出转型跨越的总目标，倍加珍惜、全力保持来之不易的良好发展势头。要加快调整经济结构和转变经济发展方式，坚持工业稳增长、农业抓产业、转型促项目、发展增投资，扎实推进转型综改试验区建设，加大项目建设和招商引资力度，夯实农业农村发展基础，加快推进城镇化进程，加强生态建设和节能减排，着力保障和改善民生，加强和创新社会管理，坚持不懈抓好安全生产，保持经济平稳较快发展。各级领导干部要坚定信心、加倍努力，把握机遇、应对挑战，转变作风、整风肃纪，保持积极向上、跳起来摘桃子的精神状态，积极主动到基层抓项目、抓发展、抓落实，推动经济社会又好又快发展。

会议指出，要认真贯彻落实胡锦涛总书记在全国文代会和作代会上的重要讲话精神，结合山西实际，坚持用马克思主义中国化成果指导文艺和创作事业，努力多出人才，加大文艺人才培养力度，多出大家、名家，培养造就一批领军人物和创新型、复合型人才；多出精品力作，实施精品战略工程，不断推出具有山西特色和广泛影响力的优秀作品；多开展具有引导性和示范性的主题活动，为繁荣发展文艺和创作事业提供平台；多给文艺和创作工作以支持，加强文联和作协领导班子和队伍建设，为加快文化强省建设和转型跨越发展提供强大动力。要着眼于满足人民群众精神文化需求，加大文化惠民力度，把更多的文艺资源向农村地区、贫困地区、革命老区倾斜，让人民群众共享文化发展成果。

会议指出，要认真贯彻落实全国组织部长会议精神，进一步加强领导班子和干部队伍建设，为转型跨越发展提供坚强组织保证。要抓住全省党委换届圆满成功的机遇，以思想政治建设为重点，加强各级领导班子建设，搞好理论武装，加强能力建设，加强作风建设，加强民主集中制建设，着力提高领导班子推动科学发展、促进社会和谐能力。要以推进年轻化和作风能力建设为重点，下大力气加强干部队伍建设，积极稳妥推进干部人事制度改革，提高选人用人公信度，对优秀年轻干部要敢于破格提拔。要以引深创先争优活动为重点，全面加强基层党建工作，以转型跨越发展的实际成效检验基层党组织的战斗力，更好地服务发展、服务民生。要以建立健全培训机制为重点，通过增强针对性、专业性、适用性，努力提高党员干部队伍的素质，大力引进、培养、造就急需紧缺人才，为转型跨越发展提供人才支撑。要以改革创新的精神和开阔视野，谋划和搞好明年组织工作，不断提高组织工作科学化水平。

会议指出，要坚持用群众工作统揽信访工作，以深入开展领导干部大接访活动为载体，组织各级领导干部接待来访群众，深入基层了解社情民意，扎实开展领导接访深入年、信访积案攻坚年、源头预防推进年、基层基础夯实年、体制创新推广年、队伍建设强化年，千方百计把源头问题治理好、减少新的矛盾，千方百计解决好广大群众最关心最直接最现实的利益问题，为党的十八大胜利召开创造稳定、和谐、有序的社会环境。

山西省对口支援四川省茂县灾后恢复重建工作总结表彰大会 12月23日，省委、省政府隆重召开对口支援四川省茂县灾后恢复重建工作总结表彰大会，全面总结对口支援四川省茂县灾后恢复重建工作，并对在对口支援四川省茂县灾后恢复重建工作中做出突出贡献的先进集体和先进个人表彰和颁奖。省委书记、省人大常委会主任袁纯清，省委副书记、省长王君，省人大常委会常务副主任申联彬，省委秘书长李政文，省政协副主席令政策等出席会议。省政协主席、省对口支援茂县灾后恢复重建工作领导组组长薛延忠发表讲话。会议由副省长、省对口支援茂县灾后恢复重建工作领导组副组长牛仁亮主持。四川阿坝州委副书记白理成和茂县县委书记高加军应邀出席会议。省有关厅局、企事业单位、11个市的分管领导同志，以及评选出来的先进集体和先进个人代表参加了会议。

会前，袁纯清、王君会见了阿坝州、茂县党政负责同志。袁纯清代表省委、省政府对他们的到来表示欢迎。他说，汶川大地震以来，四川人民在党中央、国务院的坚强领导下，艰苦奋斗、顽强拼搏，夺取了抗震救灾的伟大胜利。四川人民坚忍不拔、重建家园的精神值得山西人民学习。对口援建茂县是党中央、国务院交给山西的一项重大而光荣的任务。三年多来，山西人民与茂县人民同心协力、攻坚克难，圆满完成了各项对口援建任务，茂县灾区展现出新的面貌。灾后恢复重建，为山西提供了一个为四川人民、阿坝州人民做贡献的机会，使山西的干部受到了教育，得到了锻炼，晋川两省的交流得到深化，两省人民的深厚友谊得到加强，这是双方的宝贵财富。山西和四川都是中华文明的重要发源地，加强两省之间、两省人民之间的交流往来意义重大。对口援建虽然作为阶段性任务结束了，但双方结成的友谊是永久的，要以此为新的起点，升华战斗情谊，密切交流合作，促进共同发展。希望山西的援建项目能够为推动茂县发展、富裕茂县人民发挥作用，祝愿茂县明天更美好，茂县人民幸福安康。白理成代表阿坝州人民，对山西向四川灾区提供的无私帮助表示感谢，对山西人民致以良好祝愿。希望山西省委、省政府对阿坝州一如既往给予关心、支持和帮助，使茂县发展得更好更快。

“5·12”汶川特大地震发生后，在党中央、国务院和中央军委坚强领导下，山西与兄弟省区市一道，迅速投入到支援抗震救灾的伟大斗争中。我省在第一时间派出41支1617人的各类专业救援队伍，深入一线、救死扶伤、解急帮困；投入资金5.1亿元，组织260多家企业、1.2万多名职工、200多台大型机械，为都江堰市10个乡镇、93个援建点建设活动板房37250套；各界群众心系灾区、慷慨解囊，捐款、捐物折合人民币22亿多元；广大党员积极响应组织号召，为灾区捐献“特殊党费”，捐款总数达4.65亿元、居全国第二位。这一切都为救治伤员、安置群众、恢复秩序、保障灾区平稳过渡，打好打赢抗震救灾第一仗奠定了坚实基础。

在党中央作出“一省帮一重灾县（市）”的决策部署后，山西举全省之力，迅速展开了对口支援茂县灾后恢复重建工作。面对灾区山河破碎、家园被毁、疮痍满目、百业待兴的实际，在中央和省委、省政府正确领导下，我省坚持科学援建、和谐援建、依法援建，3年多来，共完成学校、医院、住房、公路道路、广播电视、羌族博物馆和工业经济园区等10大类226个项目，投入援建资金21.62亿元，帮助茂县累计完成投资72亿多元，圆满完成了中央交给山西的援建任务，赢得了国家有关方面、四川省和当地人民群众的高度赞誉。在总结表彰大会上，茂县县委书记高加军异常激动地说：“今天，我带着茂县11万羌乡儿女的感恩之情，向山西省委、省人大、省政府、省政协的各位领导和3500万山西父老乡亲报告：截至2011年9月30日，茂县灾后恢复重建和对口援建任务全面完成，茂县人民已走出地震阴霾，羌乡大地重新焕发出蓬勃生机。”

薛延忠在讲话中指出，援建工作的圆满完成，归因于省委省政府的高度重视、坚强领导，归因于全省各方面倾情支持、合力推进，归因于全体参建队员顽强拼搏、无私奉献，归因于晋川两省携手并肩、通力协作。薛延忠说，通过两省县的共同努力，茂县灾后恢复重建工作取得了全面胜利，今天的茂县站在了新的发展起点。下一步，我们要进一步深化晋川两省合作机制，不断拓展合作领域、丰富合作内容、提升合作层次，促进两省优势互补、共赢发展；特别要认真落实好山西省和茂县政府间的对口援建长效合作协议，进一步完善合作平台、创新合作方式，扎实做好人才交流培训、产业协作开发等长期合作项目，在新起点上共同谱写两省县区域协作、科学发展的新篇章。

省建工集团第八集团公司董事长赵斌和省交通厅公路局路桥一公司董事长杨海龙，分别代表对口支援四川省茂县灾后恢复重建先进集体和先进个人作了发言，要用伟大的抗震救灾精神，鼓舞士气，凝聚力量，众志成城抓转型，同心协力促跨越，在率先走出资源型地区转型跨越发展新路子、加快全面建设小康社会的宏伟事业中创造新的业绩。

省委十届二次全体会议暨全省经济工作会议 12月26日至27日，省委十届二次全体会议暨全省经济工作会议在太原举行。会议由省委常委会主持。会议全面贯彻落实党的十七届六中全会精神和中央经济工作会议精神，听取和讨论了省委书记袁纯清受省委常委会委托作的工作报告，审议通过了《中共山西省委、山西省人民政府关于贯彻落实十七届六中全会〈决定〉，加快建设文化强省的实施意见》。省委书记袁纯清，省委副书记、省长王君分别作了重要讲话。省委副书记金道铭，省政协主席薛延忠，省领导李小鹏、高建民、汤涛、李兆前、陈川平、张少华、王建明、聂春玉、杜善学、申联彬等出席会议。省委常委、宣传部长胡苏平就《实施意见》作了说明。

出席会议的省委委员64人，候补委员10人，以及有关方面负责同志。部分基层党员代表列席会议。

会议充分肯定了省委常委会一年来的工作。指出，省委九届十一次全会以来，在党中央的正确领导下，省委常委会高举中国特色社会主义伟大旗帜，坚持以邓小平理论和“三个代表”重要思想为指导，深入贯彻落实科学发展观，紧紧依靠全委会的同志，团结带领全省干部群众，全面推进转型跨越发展，加强民主法治建设和文化强省建设，着力保障改善民生，努力加强和创新社会管理，以改革创新精神加强党的建设，各项工作取得新进展新成效，实现了“十二五”良好开局。

会议指出，明年要召开党的十八大，这是全党全国人民的一件大事、喜事、盛事，对各项事业发展提出了更高要求，确保明年经济平稳较快增长具有十分重要的意义。明年工作的指导思想是：全面贯彻落实党的十七大和十七届三中、四中、五中、六中全会精神以及中央经济工作会议精神，认真贯彻落实省第十次党代表大会精神，以邓小平理论和“三个代表”重要思想为指导，深入贯彻落实科学发展观，坚持科学发展主题、加快转变经济发展方式主线和稳中求进工作总基调，把握扩大内需的基本要求，以转型跨越发展、再造一个新山西为总体战略，以建设转型综改试验区为总抓手，大力推进工业新型化、农业现代化、市域城镇化、城乡生态化，全面加强经济、政治、文化、社会建设以及生态文明建设和党的建设，在循环经济和新兴产业发展上有新突破，在转型综改试验区建设上有新进展，在保障和改善民生上有新举措，在社会管理创新上有新成效，保持全省经济平稳较快发展、物价总水平基本稳定和社会和谐稳定，以优异成绩迎接党的十八大胜利召开。

会议指出，越是面临困难和挑战，越要增强信心，在保持经济平稳较快增长压力加大、难度加大、风险加大的情况下，必须保持积极的精神状态。信心本质上是一种科学的态度，信心要体现在化危为机上，在国内外经济形势更趋复杂、面临许多不确定因素的环境中，更应该审时度势、沉着应对；在各方面困难增多的情况下，更应该牢牢把握主题主线，不失时机转变发展方式；在保增长、调结构任务繁重的时间段，更应该用心做好就业、收入等民生工作。要正确处理“好”和“快”的关系、转型和跨越的关系、稳和进的关系，在稳的基础上求进，在进的过程中保稳。坚持工业稳增长，农村抓产业，转型促项目，发展增投资，该稳的切实稳住，该进的加快推进，抓住各种机遇，能大发展则大发展，能快发展则快发展。

袁纯清在讲话中指出，确保明年经济平稳较快增长，要着力抓好以下几方面：一要发挥煤炭产业的基础作用，巩固扩大煤炭资源整合和煤矿兼并重组成果，加快整合矿井机械化改造，做好煤炭及相关产业文章，提高煤炭洗选率和就地转化能力，打造循环链条。二要发挥投资的拉动作用，继续加大基础设施投资力度，保证对国计民生有重大带动作用的重点项目、重点领域投资需求，把握中央财政和信贷政策导向，充分挖掘民间资本潜力，加快资本市场建设，加大境外招商引资力度。三要发挥实体经济的支撑作用，要抓好两头，一头是国有大企业，加快实施“双千亿工程”，做强做大主业，实施一批大项目。每位常委联系一个特大型企业，加强指导、协调和服务。一头是中小企业，建立市县领导干部联系中小企业制度，加大对中小企业的扶持力度，建立中小企业融资推进机制，发展担保机构，降低中小企业融资成本。四要发挥综改试验区的引领作用，确保明年进入全面实施阶段。把“一市两县”、“一市两园”、“一县一企”试点与扩权强县试点结合起来。对产业转型、生态修复、城乡统筹、民生改善四大领域的重大项目，做到政策优先倾斜、要素优先供给、服务优先保障、难题优先解决。建设一批大型物流园区。五要发挥城镇化的承载作用。重点实施大县城扩容提质战略和百镇建设工程，大力发展县域经济，做大城镇体量，鼓励县城及周边乡镇组团发展。

袁纯清强调，省委、省政府把明年确定为“项目落地年”。要树立大项目大发展、多项目快发展的理念，发展围绕项目来推进，工作围绕项目来展开，转型围绕项目来加快，在项目建设上取得突破。要抓紧项目落地，加大协调力度，积极主动跟进，提高项目落地率；突出转型项目，坚持转型标杆项目优先、循环经济项目优先、新兴产业项目优先以及民生项目优先，抓紧落实与央企的战略合作框架协议；加快引进项目，引进优势资本、高新技术和新兴产业项目；创优项目环境，完善绿色审批通道和推进、跟踪服务机制。

关于农业农村工作，袁纯清指出，工业化、城镇化越是加快发展，越要加大强农惠农富农力度。确保农民收入翻番是核心，落实“菜篮子”产品生产扶持政策，大力发展农村“小水网”，实施山区“一村一井”工程，实施好新的“五个全覆盖”，引深领导干部住村包村增收活动。抓好“一村一品”“一县一业”是关键，扎实推进三大现代农业示范区、五大特色农业板块和10个现代农业示范县建设，深入实施“513”工程，鼓励资源型企业以多种方式支持“三农”。加快扶贫开发是突破点，强化扶贫开发保障机制，加大扶贫开发投入，建立健全扶贫责任制，优先向符合条件的贫困地区安排大型项目、重点工程和新兴产业项目。

关于宣传思想文化工作，袁纯清指出，要强化精神支撑，加强社会主义核心价值体系建设，加强理想信念教育，坚持坚韧不拔、锐意进取、务实守信、敢于超越的核心内涵，总结提炼“山西精神”。创新党委(党组)中心组学习模式。要创优舆论环境，坚持正确导向，发展健康向上的网络文化。要提升山西形象，推出更多大作、大片、大戏，让更多人感知山西、了解山西、支持山西。要壮大文化实力，打造文化优势企业和品牌，加快发展新型文化业态，建设具有影响力的文化产业园区。要增强发展动力，在转制文化企业建立现代企业制度，推进公益性文化事业单位改革，优先安排基层文化建设项目，鼓励和扶持群众自办文化。

关于保障和改善民生，袁纯清指出，改善民生是最大的政务，民生幸福是最大的政绩。要搞好“基本民生”，保障“底线民生”，关注“热点民生”，让全省人民共享改革发展成果。要完善覆盖城乡的公共就业服务体系，健全困难人员就业援助长效机制。要稳定市场价格总水平，完善消费网络，培育消费热点，挖掘和释放农村消费潜力。要更加注重通过制度安排解决民生问题，扩大社会保障覆盖面，提高各项社会保险统筹层次和待遇水平，落实社会救助和保障标准与物价上涨挂钩联动机制，帮助进城农民工解决好就业、居住、医疗、子女入学等方面的困难。要加快发展教育事业，深化公立医院改革、基层医疗卫生机构综合改革，继续落实好为低收入农户每户免费供应一吨取暖煤的政策，加快保障性住房建设进度。

关于安全生产和维护社会稳定，袁纯清强调，要切实增强政治意识、大局意识、责任意识，一丝不苟抓稳定、全力以赴保和谐，为党的十八大胜利召开营造良好社会氛围。要坚持不懈抓好安全生产，坚决克服麻痹松懈思想，严格落实政府和企业“两个主体”责任，全面落实各项安全生产制度，严厉查处各类安全生产非法违法行为，减少一般事故，遏制和杜绝重特大事故。要多措并举维护社会稳定，完善社会治安防控体系，严打黑恶势力和严重刑事犯罪活动，组织开展专项行动和社会治安重点整治行动，提高社会平安度，增强群众安全感，组织各级领导干部面对面接待来访群众，解决好涉及群众切身利益的问题。要扎实推进社会管理创新，建立人口服务管理新模式，扎实推进基层社会管理，加强特殊人群的服务、疏导和管理。

袁纯清指出，省第十次党代表大会描绘了今后五年的宏伟蓝图，能不能落到实处，干部是决定的因素。一要提振精神，面对发展要有一股干劲，面对挑战要有一股闯劲、一股韧性、一股钻劲，在对干部德的考核中，要把精气神作为重要内容。二要增强能力。能力不足，首要问题是发展能力不足，根本原因是学习能力不足，主要问题是提高驾驭复杂局面的能力不足，领导干部既要自觉学习，又要善于学习，善于透过表面现象抓住本质规律和发展大势，善于从错综复杂的事务中把握主要矛盾和矛盾主要方面，善于统筹协调好各方面利益关系。三要改进作风，牢固树立正确的世界观、人生观、价值观和权力观、地位观、政绩观，保持一颗敬业之心、淡泊之心、感恩之心，勤勤恳恳干事，兢兢业业为官，踏踏实实做人。要将下乡住村、包村增收、下访接访等工作常态化，在深入群众、服务群众中转变作风、经受历练。

袁纯清对加强党的建设提出五点要求：一要以过硬举措加强领导班子建设。首要环节是加强思想政治建设，强化党的基本理论学习，强化宗旨观念和群众路线教育，强化党性党风党纪教育，做到大是大非不含糊，公私利益不颠倒，真假面前不混淆，虚实分明不模糊。重要任务是抓好民主集中制建设，形成团结协作、高效运转、能及时发现解决自身问题与矛盾的领导班子工作机制和管理机制。关键举措是加大干部人事制度改革力度，坚持“六个优先”的用人导向，围绕转型跨越发展和转型综改试验区建设识别干部、考验干部、选拔干部，把优秀干部选派到转型跨越和综改试验第一线，对在转型跨越和综改试验第一线表现优秀、实绩突出的干部要优先使用。推进干部交流任职，从战略高度加大选拔年轻干部、妇女干部、党外干部的力度，以全面推进竞争性选拔干部为重点，深化干部人事制度改革。二要以务实举措加强基层组织建设，以创先争优为动力，推动党的基层组织建设全面上水平。加强对村“两委”班子换届选举工作的组织指导，加强社区、国有企业、高校、机关和非公有制经济组织、新社会组织的党建工作。做好大学生村干部工作。三要以创新举措加强人才队伍建设。完善党管人才工作体制机制，优化人才发展环境，重点引进培养现代煤化工、新材料、文化产业、现代服务业、现代金融、现代物流等紧缺人才，把各类人才集聚到转型跨越发展事业中来。四要以得力举措加强党风廉政建设。要严肃政治纪律，抓好决策落实，加强定期检查和专项督查，确保政令畅通和落实。优化发展环境，加大治庸治懒、治软治散力度，深入开展纪律作风整顿。狠抓案件查处，查处一批吃拿卡要的典型案件。加强制度建设，推进行政审批制度改革，加强廉政风险防控，加快构建具有山西特色的惩治和预防腐败体系。五要以高度负责的精神做好十八大代表推荐提名和选举工作，统筹做好省级人大、政府、政协换届有关准备工作。协助民主党派省委和省工商联搞好换届。

王君在讲话中指出，今年以来，全省上下深入贯彻落实科学发展观，全面贯彻落实省第十次党代会精神，围绕科学发展主题和加快转变经济发展方式主线，全力实施“十二五”规划，着力推动转型跨越发展，经济社会发展指标圆满完成全年任务，各项工作都取得了新的成绩。全省经济在去年高位运行的基础上继续保持平稳较快发展，基础设施条件继续显著改善，经济结构调整和经济发展方式转变步伐继续加快，农业稳定发展、农民持续增收、农村面貌明显变化，安全生产形势持续明显好转，社会事业和人民生活水平有了新的提高，转型综改试验区建设顺利起步，招商引资工作取得重大进展，经济社会发展的动力和活力不断增强，全省呈现出社会和谐稳定、人民安居乐业的良好局面。

王君指出，做好2012年的经济工作，要科学分析面临的经济形势，围绕省委关于明年经济工作的总体要求和目标任务，坚持稳中求进的工作总基调，努力保持宏观经济政策基本稳定，保持经济平稳较快发展，保持物价总水平基本稳定，保持社会大局稳定，重点做好八个方面的工作：

一要全面贯彻落实中央宏观调控政策，促进经济平稳较快发展。在优化结构、提高质量和效益的前提下，进一步扩大投资规模。紧紧扭住重点工程这一抓手，统筹抓好在建续建新建项目建设，抓好“十二五”重大转型项目建设，抓好各领域的投资，重点抓好新兴产业和服务业的发展，抓好基础设施建设、产业开发、民生工程、城镇化建设等方面的投资，力争使全省投资总额达到9000亿元。与此同时，要进一步扩大消费需求，稳定和拓展外需，形成内需和外需协调拉动经济增长的格局。

二要加快调整经济结构和转变经济发展方式，进一步提高经济发展的质量和效益。按照以煤为基、多元发展的思路，大力发展实体经济，加快推进产业结构调整、产业组织结构调整和所有制结构调整。在产业层面，突出抓好工业结构的调整和服务业的发展。进一步做好煤炭产业这篇大文章，更好地发挥煤炭工业对全省经济社会发展的支撑和带动作用；抓住整合重组和技术改造两个重要环节，进一步做优做强非煤传统产业；大力发展新兴产业，努力提高新兴产业占比率；补齐拉长服务业这个“短板”，加快发展文化旅游和现代物流业，促进服务业发展提速、比重提高、水平提升。在企业层面，大力推进“大中小微”各类企业协同发展。全力支持大型企业做大做强做优，加大对小型微型企业的政策扶持，促进其健康发展，加大对中型企业的支持力度，促进其快速成长。在所有制层面，继续加快国有经济布局和结构的战略性调整，加大对民营经济的引导、支持和服务力度，使国有经济与民营经济共同发展、相得益彰。

三要进一步夯实农业农村发展基础，不断开创“三农”工作新局面。始终把“三农”工作作为重中之重，全面做好农业农村各项工作，特别要着力在突出特色上下功夫，在农产品深加工上下功夫，在发展县域经济上下功夫，在扶贫开发上下功夫，归根结底，是要着眼于农民收入翻番，在促进农民增收上下功夫。既要深入挖掘农业内部增收潜力，积极发展农村二、三产业，增加农民生产经营性收入；又要加快农村劳动力转移步伐，鼓励农民工创业，增加农民工资性收入；还要进一步完善农业补贴政策，完善农村产权制度，增加农民的转移性和财产性收入。

四要加快推进城镇化进程，不断拓展新的发展空间。以“一核一圈三群”为骨干框架，全力支持太原率先发展，加快推进太原晋中同城化，深入实施“大县城”战略和百镇建设工程，加快建设具有我省特色、分工合理、联系紧密的城镇群、经济圈和旅游带，形成以城带乡、共同发展的新格局。以完善基础设施和健全公共服务为重点，不断提升城市综合承载能力。以户籍制度改革为切入点，着力破除农民融入城市的体制机制障碍，鼓励在城镇有稳定就业和居住的农民工落户，逐步将城镇就业、医疗、教育和社保等公共服务覆盖到农民工，促进农民工有序融入城市。

五要抓好节能减排和生态建设，切实增强可持续发展能力。强力推进减排治污，大力实施绿色生态工程，扎实推进工业源、农业源、生活源污染治理，积极推进“四气合一”，认真开展城乡清洁活动，突出抓好省城环境治理，使全省环境质量进一步改善。全力推进节能降耗，加大淘汰落后产能力度，优化能源结构，全面推进工业、交通、建筑和公共机构节能，继续抓好重点行业、重点企业节能工作，推广应用高效节能产品、设备和先进适用技术，不断降低能耗物耗水平。大力推进生态建设，继续抓好造林绿化工程，加大汾河流域生态环境治理修复力度，加快推进太原西山地区生态环境综合整治。着力健全促进节能减排的长效机制，使节能减排工作进一步走上制度化、规范化的轨道。

六要持之以恒地抓好安全生产工作，推动全省安全生产形势稳定好转。既要进一步强化抓好经济发展是政绩、抓好安全生产也是政绩的理念，又要不断强化组织、制度、措施、技术、人才、管理、纪律和体制保证；既要巩固三年多来安全生产专项整治成果，进一步加强以煤矿为重点，覆盖各行业、各领域的安全生产工作，又要遵循安全生产规律，严格落实和进一步完善安全生产制度和规程；既要进一步强化安全生产两个主体责任，又要不断强化安全生产基层基础工作，从根本上提高安全生产保障水平；既要加强对安全生产工作的考核，又要严肃对待事故，严格责任追究，促进安全生产形势稳定好转。

七要大力发展社会事业，着力保障和改善民生。要加快教育的改革发展，持续提高我省教育支出占财政支出的比例。实施更加积极的就业政策，鼓励全民创业，以创业带动就业，全面做好农民工、城镇就业困难群体和退役人员等各类人员的就业工作。继续扩大社会保险覆盖面，稳步提高社会保险统筹层次和待遇水平。加大资金投入和用地保障力度，加快保障性住房建设。继续严格执行房地产调控政策，巩固调控成果，促进房地产市场健康发展。要落实配套资金，加快建设步伐，确保农村街巷硬化、便民连锁商店、文化体育活动场所、中等职业教育免费、新型农村社会养老保险新的"五个全覆盖"目标如期实现。全面贯彻落实国家和我省稳定物价的各项政策措施，着力稳定物价总水平。进一步完善社会救助和保障标准与物价上涨挂钩的联动机制，保障困难群体的基本生活。高度重视社会管理工作，营造良好的社会环境，继续发挥好首都护城河的作用。

八要以推进转型综改试验区建设和招商引资为重点，进一步深化改革开放、创新体制机制。要不断转变政府职能，积极稳妥推进事业单位分类改革，深化文化体制改革、医药卫生体制改革和集体林权制度改革，逐步理顺煤电价格关系，推动煤电联营，形成良性互动。全面推进转型综改试验区建设，积极在产业转型方面先行先试，在生态修复方面先行先试，在城乡统筹方面先行先试，在民生改善方面先行先试。要大力推进用地机制、人才科技机制和融资方式创新，努力保障重大转型项目建设的要素投入需求。继续加大招商引资力度，尤其是要落实责任、创优环境、加强考核，切实抓好项目落地工作，力争使签约项目落地率达到 50%、落地资金超过 1 万亿元，为转型跨越发展增添新的力量。

会议强调，要把人民群众的安危冷暖放在心上，做好年末岁首的各项工作，深入开展送温暖、献爱心等慰问活动，加强市场监管，保障市场供应，精心安排群众节日文化生活，抓好安全生产和公共安全工作，全力维护社会和谐稳定，让人民群众过一个温暖祥和的节日。

会议号召，全省上下要紧密团结在以胡锦涛同志为总书记的党中央周围，坚定信心、振奋精神，扎实工作、埋头苦干，不断开创转型跨越发展新局面，以优异成绩迎接党的十八大胜利召开！

山西文化强省建设大会 12 月 28 日，山西文化强省建设大会在太原举行。会议全面贯彻落实党的十七届六中全会精神和省第十次党代会精神，总结近年我省文化改革发展取得的成就，分析当前面临的新形势、新任务，安排部署今后一个时期的文化工作，吹响加速建设文化强省的进军号。

省委书记、省人大常委会主任袁纯清，省委副书记、省长王君分别作重要讲话。省委副书记金道铭宣读《表彰决定》。省政协主席薛延忠，省领导李小鹏、高建民、汤涛、李兆前、陈川平、王建明、聂春玉、杜善学、申联彬、杜玉林、杨安和、李政文、靳善忠、安焕晓、郭海亮、张平、张建欣、郭良孝、周然、李雁红、李潭生、令政策、卫小春、王宁出席会议。出席会议的还有省高级人民法院院长左世忠、省军区副政委曾广超。省委常委、宣传部长胡苏平主持会议。

袁纯清在讲话中指出，召开文化强省建设大会具有历史性、时代性、全局性意义，吹响了向文化强省加快前进的进军号。

袁纯清对文化强省建设提出三点要求：

一要增强文化自信。山西得天独厚的文化资源令人自豪，不仅是山西人民的宝贵财富，更是中华文化不可或缺的。我省文化改革发展具有坚实基础，文化产业正在成为经济发展的重要增长极，文化体制改革取得重大突破。文化强省建设面临难得机遇，文化强省是我们的重要奋斗目标，要把握机遇，乘势而上，在文化强省建设上有新作为、有大作为。我省群众文化传统深厚，基层文化日趋活跃，文化惠民方式更加丰富，群众对享受文化实惠提出更高要求，为建设文化强省提供了肥沃土壤和内在动力。

二要提升文化自觉。要把文化建设摆在更加突出的位置，融入全省发展大局，为全省转型跨越发展提供支撑和动力。把建设文化强省作为再造一个新山西的重要目标，省第十次党代表大会提出的"七个新"的目标都包含着文化的内容和要素，建设新山西与建设文化强省具有高度的关联性、相容性、一致性。把建设文化强省作为转型跨越的主战场，统筹发挥好煤炭资源、文化资源两大优势，对历史文化资源进行高端创意、深度发掘、高位开发，将文化强省建设纳入转型综改试验区规划中，在重点领域和重大问题上先行先试。把建设文化强省作为提升综合竞争力的关键举措，选准发展路径，保持文化产业的强劲发展势头。把建设文化强省作为全省上下的共同使命，建立党委统一领导、党政齐抓共管、宣传部门组织协调、有关部门分工负责、社会力量积极参与的工作体制和工作格局，形成文化强省建设的强大合力。

三要实现文化自为。一是加强社会主义核心价值体系建设，坚持用中国特色社会主义理论体系武装党员、教育人民、指导实践，围绕转型跨越发展、办好"两件大事"，做好理论与实践结合的文章，提炼升华富有山西特色、反映时代风貌、引领转型跨越的山西精神。二是提高舆论引导能力，大力弘扬主旋律，加强中央精神和省委、省政府重大决策部署的宣传，围绕迎接党的十八大召开、学习贯彻十八大精神积极搞好宣传，深入宣传转型跨越发展成就、各行各业先进典型，塑造良好山西形象。加快建设现代传播体系，及时发布准确权威信息，做好重大突发事件新闻报道，形成良好网络文化环境。三是坚持思想性、艺术性、观赏性的统一，坚持社会效益和经济效益的统一，坚持挖掘历史底蕴和反映时代特征的统一，通过先进理念、高端策划、有效运作，创作出更多融历史感、时代美为一体的文化精品，彰显山西文化气概。四是建设覆盖城乡的公共文化服务体系，努力做到群众文化消费有能力，文化活动有场所，文化内涵有载体，文化表现有机会，把文化发展繁荣的重心放在基层，优先安排基层文化建设项目，深入开展群众性精神文明创建活动，更加切实地推进文化惠民。五是加快发展壮大文化产业，坚持大企业大园区引领，促进文化与旅游、科技深度融合，发展新型文化业态，引导社会资本尤其是民营资本和资源类企业投资文化产业，实施文化强市、文化强县、文化强镇工程，把文化资源优势转化为产业优势。六是形成充满活力的体制机制，抓住建设转型综改试验区的机遇，进一步探索文化改革的新思路新机制，深化各类文化单位改革，深化文化行政管理体制改革，完善文化市场管理，建立健全激励保障、监督约束机制，加大财政、税收、金融、用地等方面的政策扶持力度，做到文化单位有活力、文化从业人员有活力、文化要素资源有活力、文化机制有活力，打开文化发展的源头活水。七是建设宏大的文化人才队伍，深入研究文化人才培养成长规律，把培育与引进有机结合起来，健全文化人才选拔使用、评价激励机制，既要积极引进高端人才和领军人物，又要大力培养山西本土人才，既要重视高端人才和专业人才，又要重视草根人才，为文化人才提供事业平台、创造发展条件，在全社会形成热爱文化、传承文化、发展文化的浓厚氛围。

王君在讲话中指出，文化是民族的血脉，是人民的精神家园，文化建设是中国特色社会主义事业总体布局的重要组成部分，在全面建设小康社会和现代化建设中具有日益突出的地位和作用。近年来，省委、省政府高度重视文化建设，认真贯彻落实党中央、国务院关于文化改革发展的决策部署，大力实施文化强省战略，不断加强对文化建设的组织领导，深入推进文化体制改革，在加快文化事业和文化产业发展方面取得了明显的成效。全省公共文化服务体系基本建立，文化产业发展方兴未艾，文化精品创作成果丰硕，文化改革发展的氛围日益浓厚。未来五年，是我省加快科学发展的黄金期、推动转型跨越发展的机遇期、实现全面小康的关键期。加强文化建设、推动文化大发展大繁荣，是率先走出资源型地区转型跨越发展新路的必然要求，是实现全面建设小康社会总体目标的重要内容，是增强我省综合竞争力的有效举措，是实现我省由文化资源大省向文化强省转变的根本途径，对于圆满完成“十二五”规划，顺利实现省第十次党代会提出的宏伟目标，具有十分重要的意义。各级各部门要充分认识新形势下加强文化建设的重大意义，进一步增强推进文化建设的责任感和紧迫感，像抓煤炭资源整合一样抓文化资源整合，像抓经济建设一样抓文化建设，进一步兴起文化建设新高潮，努力开创文化强省建设的新局面。

王君强调，当今世界，文化越来越成为民族凝聚力和创造力的重要源泉、越来越成为综合国力竞争的重要因素、越来越成为经济社会发展的重要支撑，丰富精神文化生活越来越成为广大人民的热切愿望。在新的历史条件下，加强文化建设，必须深刻认识文化属性的双重性、渗透的广泛性、需求的多样性和传承的创新性，准确把握文化建设特点、遵循文化建设规律，按照中央的决策部署，推进我省文化建设。要全面贯彻党的十七大和十七届六中全会精神，高举中国特色社会主义伟大旗帜，坚持中国特色社会主义文化发展道路，以马克思列宁主义、毛泽东思想、邓小平理论和“三个代表”重要思想为指导，以科学发展为主题，以改革创新为动力，以建设社会主义核心价值体系为目标，以满足人民精神文化需求为宗旨，以引领山西发展、提升山西形象、增强山西综合实力为根本，发展面向现代化、面向世界、面向未来的，具有山西特色、民族风格、中国气派的社会主义文化，以高度的文化自觉和文化自信，全面抓好文化建设，全面提高全省人民的文明素质，加快文化强省建设步伐，努力实现文化跨越发展。

王君指出，做好当前和今后一个时期我省的文化改革发展工作，要全面贯彻落实我省加快建设文化强省的实施意见，重点抓好以下五个方面的工作：一要着力推进社会主义核心价值体系建设，进一步强化思想理论武装，深化理想信念教育，弘扬民族精神和时代精神，树立和践行社会主义荣辱观。二要大力发展公益性文化事业，进一步加大文化基础设施建设、文化惠民和文化保护力度，构建公共文化服务体系，提高公共文化服务能力，加强优秀传统文化传承。三要突出特色、打造品牌，做大做强文化产业，特别要依托我省深厚的文化资源，抓紧策划文化旅游资源开发项目，加快培育一批核心竞争力强的文化科技企业，大力推动文化与旅游、文化与科技融合式发展。四要弘扬主旋律、提倡多样化，不断加强优秀文化作品创作，大力实施精品战略，加强和改进新闻舆论工作，发展健康向上的网络文化，为人民群众提供更多更好的精神食粮。五要巩固成果、突破难点，进一步深化文化体制改革，着力破解制约文化发展的深层次矛盾和问题，不断解放和发展文化生产力。王君要求，各级、各有关部门要切实把思想和行动统一到中央和省委、省政府的决策部署上来，进一步加强对文化建设的组织领导，多渠道增加资金投入，不断完善相关扶持政策，切实加强文化人才队伍建设，着力营造文化改革发展的浓厚氛围，为建设文化强省提供有力保障，创造良好环境。

胡苏平就如何贯彻落实此次会议精神强调指出：一、各级党委、政府要深入学习领会党的十七届六中全会精神和省第十次党代会精神，深入学习领会省委十届二次全体会议审议通过的《中共山西省委、山西省人民政府关于贯彻落实十七届六中全会〈决定〉，加快建设文化强省的实施意见》，提高认识，坚定信心，以全新的理念加快推进文化强省建设。二、文化强省建设是一项纷繁复杂的系统工程，要强化责任，形成合力，要按照中央要求，建立健全党委统一领导、党政齐抓共管、宣传部门组织协调、有关部门分工负责、社会力量积极参与的工作体制和工作格局。三、文化是最需要创新的领域，必须要在创新理念、创新内容、创新手段、创新机制上下功夫，把文化的改革创新纳入综合配套改革试验区建设的总体规划和布局之中，走出一条具有山西特色的文化改革发展道路。四、建设文化强省是一个长期的、艰苦的过程，要把长远性目标和阶段性目标结合起来，坚持不懈，久久为功。

会议表彰了长治市等14个文化建设先进地区，山西出版传媒集团有限责任公司等17个文化体制改革先进单位，山西日报报业集团等21个公共文化服务先进单位，山西宇达青铜文化产业园等22个文化产业先进单位，话剧《立秋》等12部文化艺术精品。长治市、太原市、山西出版传媒集团有限责任公司等9个文化建设先进典型代表介绍了经验。

会议以电视电话会议形式召开，主会场设在省委多功能厅，各市设分会场。在主会场参加会议的还有各市市委书记、市长、宣传部长、分管文化工作的副市长，省直各部门、驻并高校、省属国有骨干企业、中央驻晋单位主要负责人约350人。各县(市、区)书记、县长及有关部门负责人在分会场参加会议。

全省人口和计划生育工作会议 12月28日，全省人口和计划生育工作会议在太原召开。会议总结了2011年的全省人口计生工作，并对2012年的人口计生工作进行了安排部署。省委书记、省人大常委会主任袁纯清，省委副书记、省长王君，省政协主席薛延忠，省委副书记金道铭，省领导陈川平、杜善学、安焕晓等出席会议。省委秘书长李政文主持会议，副省长张建欣作工作报告。

会议通报了2011年全省人口和计划生育工作目标管理责任制考核情况，并对2011年落实计划生育国策好书记、好县长进行了表彰。会上，王君与各市市长及省人口计生工作领导小组成员单位代表签订了2012年人口和计划生育工作目标管理责任书。

会议认为，2011年我省人口计生各项重点工作都有了新的突破。一是各级党委政府更加重视，统筹协调机制进一步形成；二是加强重点工作落实，人口出生缺陷和人口出生性别比偏高进一步得到有效控制；三是着力推进服务创新，人口计生公共服务能力进一步增强；四是构建科学管理机制，人口计生工作科学化水平进一步提高。

李政文强调，要切实把思想行动统一到中央和省关于人口计生工作的一系列决策部署上来，树立“抓人口计生工作就是抓转型跨越发展”的现代科学理念，按照目标管理责任书的要求，着力抓好稳定低生育水平、提高人口素质、促进社会性别平等、搞好流动人口服务管理、积极发展老龄事业、增强计生家庭发展能力等重点工作，及时研究解决突出问题，确保把各项人口计生目标任务落到实处，为走出转型跨越新路、加快全面小康建设作出新的更大贡献。

张建欣指出，根据我省人口与经济社会发展实际，2012年要全力抓好四项重点工作，一是要继续在“稳定低生育水平”上下功夫，重点做好非公有制经济组织的人口计生工作。二是要继续在“人口服务管理创新”上下功夫，重点做好城镇社区和流动人口服务管理工作。三是要继续在“提高计生家庭发展能力”上下功夫，重点搞好“三晋康家”工程创建活动。四是要继续在促进“人口均衡发展”上下功夫，重点做好预防出生缺陷、治理人口出生性别比偏高工作。与此同时，要重点强化组织领导体制、财政投入保障力度、人口计生队伍建设等保障措施，进一步加强对人口计生工作的组织领导和统筹协调。

全省组织部长会议 12月30日，全省组织部长会议在太原召开，会议回顾总结2011年组织工作，研究部署明年工作任务。省委书记、省人大常委会主任袁纯清作了重要讲话。他强调，组织部门和组工干部要开阔眼界，创新思维，围绕大局，改革创新，增强识人本领，完善用人办法，积极为全省转型跨越发展提供坚强干部保证和人才支撑。省委常委、组织部长汤涛主持会议并作工作报告。

袁纯清指出，今年以来，全省组织系统按照中央大政方针和省委决策部署做了大量富有成效、具有开创性的工作。主要是，圆满完成了省市县乡四级党委换届工作，注重使用基层干部，加强了干部交流，保证了风清气正，换出了新风气、换出了活力、换出了团结、换出了干劲，对全省改革发展稳定以及党的建设、组织建设、干部队伍建设具有重要意义；成功实施了干部人事制度“6+7”改革举措，倡导了正确的、积极的用人导向，激发了干部队伍活力，带来了干部队伍建设的新鲜空气；全面开展创先争优活动，取得显著成效，基层组织建设得到加强，党组织战斗堡垒作用和党员先锋模范作用明显增强；实施了年度目标责任考核，实现了从定性管理到量化管理的迈进，提高了党的建设、干部队伍建设的管理水平；切实加强组织部门自身建设，提高了组工干部的综合素质和工作本领。省委对2011年全省组织工作是充分肯定的，是十分满意的。

袁纯清强调，2012年，全省各级组织部门要根据中央要求，结合我省实际，扎实抓好以下六个方面的工作：一要以思想政治建设为重点，加强各级领导班子建设；二要以防止“四个危险”为重点，加强干部队伍建设；三要以改革创新为重点，提高组织人事工作科学化水平；四要以适应转型跨越为重点，推进人才队伍建设；五要以创先争优为重点，夯实基层组织建设；六要认真做好党的十八大代表选举工作以及省人大、省政府、省政协换届准备工作。

袁纯清强调，要做好上述重点工作，各级组织部门要切实增强政治责任感，进一步提高工作能力和水平。一要围绕转型跨越发展大局来培养选拔干部，并以此作为组织部门工作的指导方针和基本要求。现在不缺一般性干部，不缺干一般工作的干部，也不缺搞传统产业的干部，缺的是搞转型发展、搞新兴产业、搞“四化”建设的干部，组织部门有义务、有责任加强这方面的工作，解放思想、转变观念、开阔眼界，教育培训、选拔任用干部和引进人才都要向这个方向倾斜和努力。同时要注意识别和使用那些敢闯敢干、敢行敢试的干部和人才，满足转型跨越的需要。二要坚持改革创新，提高干部工作科学化水平。选任干部要突出重点，加快年轻化、注重从一线来，要坚持德才兼备、以德为先的原则和以绩取人的标准，要不断改进方法，扩大民主，落实好干部群众的知情权、参与权、选择权、监督权，切实解决能进不能退、能上不能下等问题。三要坚持公道公正，提高组织工作的公信力。选任干部要有支撑点，必须公道公正，必须符合规则制度，必须服务大局，决不能搞亲亲疏疏、拉拉扯扯，一定要跳出利益关系，按照确定的标准和规则办事，以此提升干部工作的公信力，从而鼓舞激励广大干部，增强团结力和战斗力。四要提高组工干部素质，加强自身建设。要加强思想作风建设，首先解决好对党忠诚的问题，不折不扣地落实党的要求；要加强作风建设，深入基层，深入干部，不但要深入领导干部，还要深入一般干部，出以公心地了解干部、识别干部；要加强能力建设，自觉作学习的表率，坚持开展积极的批评和自我批评，开阔眼界，创新思维，更新观念，增强本领。坚持这样做，组工干部就能越来越坚强，组织部门就会更具活力和战斗力，为全省转型跨越发展培养选拔更多优秀干部，发挥更为重要的作用。

汤涛在工作报告中提出，2012 年，全省各级组织部门要以迎接党的十八大为主线，以服务转型跨越发展为主题，以抓好领导班子思想政治建设、推进干部人事制度改革、深化创先争优、加强基层组织、落实人才发展规划为重点，改革创新、狠抓落实，努力提高组织工作科学化水平，为推动转型跨越发展提供坚强组织保证。一要以做好代表选举工作为主要任务，迎接党的十八大召开。严把思想政治素质关，注意代表人选的代表性和构成比例，确保代表人选符合中央要求。充分发扬民主，严格执行规定程序，圆满完成党的十八大代表选举工作。二要以思想政治建设为重点，建设坚强有力、奋发有为的领导班子。明年要在全省干部队伍中集中开展“对党忠诚”教育，引导干部牢固树立正确的政绩观。抓好任职培训，提高履职能力。健全集体领导和常委分工负责相结合的制度，建立团结协作、高效运转的领导班子。三要以深化干部人事制度改革为动力，建设有激情、有能力、有思路、有作为的干部队伍。创新干部选任机制，加大从基层一线选拔干部力度，逐步实现竞争性选拔干部制度化、常态化。加大干部交流力度和从基层一线考录、遴选公务员力度。加强年度目标责任考核。分类推进事业单位改革。强化干部选任工作监督制度建设，建立严肃组织人事工作纪律长效机制。四要以建立长效机制为目标，继续深化创先争优活动。继续在窗口单位和服务行业深入开展“三晋先锋在行动”主题实践活动，推出便民利民新举措，创优发展环境。大力选树典型，集中展示创先争优活动成果。总结创先争优活动，形成具有山西特色的理论成果。深化干部下乡住村活动，打造我省为民服务品牌。五要以“基层组织建设年”活动为契机，全面加强党的基层组织建设。突出抓好基层党组织书记队伍建设，深入实施基层党员增强党性、提高能力“双育”计划，全面提升基层党建工作整体水平。推行市、县委书记抓基层党建工作专项述职制度。六要以创新人才政策和推进人才工程为抓手，深入实施人才强省战略。创新和落实人才政策，引进海外高层次人才。鼓励省级开发园区在人才发展体制机制创新方面先行先试，探索建设政、产、学、研、用一体化的“人才特区”。大力推进人才强县、人才强企、人才强校、人才强院。进一步健全人才工作领导体系和党管人才运行机制。

会议期间，袁纯清、汤涛为“百人计划”第四批引进的海外高层次人才代表颁发“特聘专家”证书，为第三批海外高层次人才创新创业基地授牌。会议还对全省组织工作“创新项目”进行了展评。

重要文献

中共山西省委关于认真做好市县乡领导班子换届工作的通知

晋发〔2011〕1号

各市、县委：

根据《中国共产党章程》、《中华人民共和国地方各级人民代表大会和地方各级人民政府组织法》和《中国人民政治协商会议章程》的有关规定，按照中央和省委的统一部署，2011年，我省市、县（市、区）、乡（镇）党委，县（市、区）人大、政府、政协，乡（镇）人大、政府和部分市人大、政府、政协将进行换届。为切实做好换届工作，现将有关事项通知如下。

一、指导思想

换届工作要坚持以邓小平理论和“三个代表”重要思想为指导，深入贯彻落实科学发展观，认真贯彻党的十七大和十七届四中、五中全会精神，遵循党章、相关法律和中央关于市、县、乡党委换届工作的有关精神，坚持干部队伍“四化”方针和德才兼备、以德为先用人标准，以加强重要岗位干部管理、优化领导班子结构、增强整体功能为重点，巩固完善领导班子配备改革成果，发扬民主、推进改革、严肃纪律，大力选拔政治上靠得住、工作上有本事、作风上过得硬、人民群众信得过的优秀干部，努力把市县乡领导班子建设成为坚定不移贯彻党的理论和路线方针政策，善于领导科学发展，坚强有力、奋发有为的领导集体，为全面推进转型跨越发展，努力实现“十二五”期间再造一个新山西的宏伟目标提供坚强的组织保证。

二、有关规定和要求

（一）重点选配好党政正职领导干部。

按照对重要岗位干部重点管理的要求，严格把握标准，开阔视野，拓宽渠道，好中选优，着力选拔政治上强、具有领导科学发展能力、能够驾驭全局、善于抓班子带队伍、民主作风好、清正廉洁的干部担任市县乡党政领导班子正职。市级党政正职人选，应优先选拔具有地方基层领导工作经历的干部，一般应经过市党政领导班子副职或县级党政正职等多岗位锻炼。要注意年龄搭配合理、领导经验互补、专业知识配套、性格气质相容，逐步提高有县级党政正职经历的干部比例。县级党政正职人选，一般应具有基层领导工作经历，注重从有县级党政领导班子工作经历的干部中选拔。乡镇党政正职人选，优先从具有乡镇、街道领导岗位任职经历的人员中选拔。

（二）努力优化领导班子结构。

着眼于领导班子的长远建设，进一步优化市县乡领导班子结构，增强班子整体功能和合力。

1、坚持领导班子年龄结构的合理配备。要统筹把握领导班子中不同年龄层次干部的配备比例，注意发挥各年龄段干部的作用，形成老中青梯次配备，不能搞领导干部任职年龄层层递减。市级党政领导班子年龄结构，应在全省范围内形成合理比例。换届时，各市党政领导班子要形成以50岁左右干部为主体的梯次配备，其中43岁以下的干部要有1至2名。党政正职中，45岁左右干部的数量应有所增加。县级党政领导班子年龄结构，应在全市范围内形成合理比例。换届时，各县（市、区）党政领导班子要形成以48岁左右干部为主体的梯次配备，其中要有35岁左右的干部。党政正职中，40岁以下干部的数量应有所增加。乡镇党政领导班子年龄结构，应在全县（市、区）范围内形成合理比例。乡镇党政正职要以35岁至50岁的干部为主体，适当保留一部分富有经验、工作得力的50岁以上的干部，注意选拔35岁以下的优秀年轻干部。

2、切实改善领导班子知识、专业和工作经历结构。既要选拔熟悉党务、纪检、政法、意识形态等工作的干部，也要适应转变经济发展方式、加强社会建设、做好群众工作等实际需要，注重选拔熟悉经济、社会管理、群众工作的干部，尤其要注意选拔实际工作经验丰富、能够应对突发事件、善于解决复杂矛盾的干部。换届时，新进班子成员中由下一级党政正职或同级党政部门正职提拔的要占到三分之一以上。县级党政领导班子成员中具有乡镇和基层等领导工作经历的要逐步达到50%。

3、注重选拔优秀年轻干部、妇女干部和非中共党员干部。加大选拔优秀年轻干部力度，切实把那些忠诚党的事业、具有基层工作经历、工作能力强的年轻干部选拔上来。重视选拔优秀女干部担任市县乡党政正职；市级党委、人大、政府、政协领导班子中，应各配备1名女干部；辖县（市、区）较多的市，县级党政正职中至少要有2名女干部；辖县（市、区）较少的市，县级党政正职中至少要有1名女干部；县级党政领导班子中，力争各配备1名女干部，至少要有1名女干部；注意选拔优秀女干部进乡镇党政领导班子。市、县两级人大、政府、政协领导班子中，要配备非中共党员干部，其中政协领导班子副职中的非中共党员干部应不少于党员干部人数；换届时非中共党员干部没有成熟人选的，可通过下派或交流解决，也可暂时空缺，其职数不得占用。

（三）积极推进干部交流。

这次换届交流干部的重点对象是主要领导干部、关键岗位干部、有培养潜力的优秀年轻干部以及因工作需要交流的干部。担任市党政正职和纪检机关、组织部门、法院、检察院正职的，一般不得在本人成长地任职；担任县（市、区）党政正职和纪检机关、组织部门、法院、检察院正职的，不得在本人成长地任职。党政领导班子成员和法院、检察院正职，在同一地方的同一职位任职满两届的必须交流；在同一地方的同一职位任职5年以上的，要有计划地进行交流。推进上下之间、地方与地方之间的干部交流，特别是对县（市、区）委书记、女干部和年轻干部的任用，要打破区域界限，统筹考虑，交流使用。注意从国有企业、高等院校和科研院所选拔优秀领导人才充实各级党政领导班子。认真执行党政领导干部职务任期有关规定，注意保持班子尤其是党政主要领导的相对稳定，保持本地干部与交流干部的适当比例。交流干部应在换届选举前到位。

（四）关于领导班子职数。

1、市级。

党委领导班子职数：按照中央要求，市委常委一般设11名，其中书记1名，除兼任政府正职的副书记外，一般设专职副书记1名。现党政交叉任职3名的，可暂维持现12名职数，逐步消化。

人大领导班子职数：太原、大同、临汾市设1正7副；其他市设1正6副。

政府领导班子职数：太原、大同市设1正6副；其他市设1正5副。

政协领导班子职数：太原、大同市设1正9副；其他市设1正8副。

纪委领导班子职数：常委一般设9名，其中书记1名、副书记4名（含兼任监察局局长1名）。

2、县级。

党委领导班子职数：按照中央要求，县（市、区）委常委一般设9名，其中书记1名，除兼任政府正职的副书记外，一般设专职副书记1名。人口较多、经济发展较好的县级党委常委职数可增设1名。

人大领导班子职数: 设1正5副。

政府领导班子职数：设1正5副。

政协领导班子职数：设1正4副。

纪委领导班子职数：常委一般设7名，其中书记1名，副书记3名（含兼任监察局局长1名）。

3、乡镇。

乡镇领导班子职数设置，按照省委办公厅、省政府办公厅《关于全面推进乡镇机构改革的意见》（晋办发〔2010〕23号）的要求配备。

为落实中央关于减少领导班子职数的要求，换届时，市县党委副书记可兼任同级党委政法委书记，统战部部长可由其他党委常委或政协副主席兼任。

挂职锻炼干部在换届前到期的，办理有关手续后回原单位工作；没有到期的不占班子职数，但应参加换届选举。

换届时人大、政协领导班子职数出现空缺的，首先要考虑用于党政班子成员中需要平转的干部；职数已满的，除安排党政领导班子成员平转任职外，不得超职数配备。

（五）关于换届年龄界限。

换届时，提名为市县乡党政领导班子成员人选的，原则上要能干满一届。

1、市级。

市级党政领导班子成员和法院、检察院正职，任职年龄界限为60岁；58岁以上的，不再继续提名；提拔任职的，不超过55岁。

市级人大、政协领导班子的正职和非中共党员的副职，任职年龄界限为63岁；61岁以上的，不再继续提名；提拔任职的，不超过58岁。同级安排的人大、政协正职人选，不超过61岁。人大、政协副职中的中共党员干部，任职年龄界限为60岁；58岁以上的，不再继续提名；提拔任职的，不超过55岁。

2、县级。

县（市、区）委书记55岁以上的，不再继续提名；新任人选年龄应在53岁以下。县（市、区）长53岁以上的，不再继续提名；新任人选年龄一般应在50岁以下。县（市、区）委书记队伍中，45岁以下的要占30%左右，45岁至50岁的可占40%左右，保留一批50岁以上富有实际工作经验的干部；县（市、区）长队伍中，40岁左右的要占到三分之一以上。县级党政班子其他成员和法院、检察院正职，53岁以上的，不再继续提名，可转任到人大、政协领导班子任职，57岁以上的不再转任；提拔任职的，不超过48岁。

县级人大、政协领导班子中的中共党员干部，任职年龄界限为60岁；57岁以上的，不再继续提名。提拔任职的人大、政协正职人选，不超过55岁；其他中共党员副职人选，不超过53岁。

3、乡镇。

乡镇领导班子成员的年龄界限，由各市根据中央和省委对乡镇领导班子的结构要求，结合本地实际确定，报省委组织部备案。

市、县两级政府领导班子副职中非中共党员干部的提名年龄界限，同党员副职一样掌握。市、县两级人大、政协领导班子副职中的非中共党员干部，提名年龄界限可按比中共党员干部高3岁掌握。

换届年龄截止时间，按上级党委批准其所在地领导班子换届时间当季的最后一天计算。

三、加强组织领导，保证换届工作顺利进行

这次换届工作是在我省加快推进转型跨越发展的关键时期进行的，是全省人民政治生活中的一件大事。各级党委要高度重视、加强领导，把握全局、通盘考虑，及早谋划、精心组织，确保换届工作有序、健康、平稳开展。要统筹做好换届人事安排工作，及早进行组织调整，党委书记和组织部部长要提前到位，切实加强换届工作的领导力量。要减少下级班子主要负责人因上级班子换届而频繁变动，保持届期内领导班子的相对稳定。要教育干部讲党性、顾大局、守纪律，正确对待个人进退留转，正确对待选举结果，自觉服从组织安排。

严肃换届纪律，着力营造风清气正的换届环境。认真贯彻《党政领导干部选拔任用工作条例》，严格执行干部监督四项制度，坚决落实中央提出的“五个一律”和省委有关换届工作的具体规定，坚持原则，敢抓敢管，狠刹换届中的歪风邪气。对换届中的违规违纪行为，要坚决查处，绝不姑息。对顶风违纪的，要从快从严，重点查办。对换届风气不好、查处不力的，要严肃追究党委和有关部门主要领导的责任。坚持正确舆论导向，加强正面宣传，关注舆情，防止炒作，为换届创造良好氛围。

各级党委在完成自身换届任务的同时，要统筹兼顾、通盘考虑人大、政府、政协的换届工作，保证党委换届与人大、政府、政协换届的有序衔接。县级领导班子换届人事安排方案和乡镇领导班子换届人事安排方案，要分别报省委组织部和市委组织部批准。

换届工作中遇有重大问题，要及时请示报告。

中共山西省委

2011年1月4日

政府工作报告

（2011年1月19日）

王　君

各位代表：

现在，我代表省人民政府向大会作工作报告，并就《山西省国民经济和社会发展第十二个五年规划纲要（草案）》作说明，请予审议，请省政协委员和其他列席会议的人员提出意见。

一、“十一五”时期国民经济和社会发展回顾

“十一五”时期是我省发展史上极不平凡的五年。五年来，面对国际金融危机的严重冲击，面对经济结构深层次矛盾的重重困扰，面对保增长保民生保稳定的繁重任务和安全生产的巨大压力，我们在党中央、国务院的坚强领导下，认真贯彻落实党的十七大和十七届三中、四中、五中全会精神，深入贯彻落实科学发展观，奋力进取、扎实工作，经济社会发展和各项工作都取得了新的成就，圆满完成了“十一五”规划目标任务。

一是认真贯彻落实中央决策部署，全力应对国际金融危机冲击，经济发展跃上了新的台阶。

不断加大投资力度，5年全社会固定资产投资完成2万亿元。特别是应对国际金融危机，全力实施两年投资1万亿元的计划(实际完成1.1万亿元)，进一步加大基础设施、民生工程和企业技改等重点工程项目建设，取得明显成效。石太客运专线、太中银铁路建成通车，大西客运专线、中南部出海大通道等一批铁路项目加快建设；高速公路建设掀起新高潮，去年建成1037公里，全省通车总里程已突破3000公里；太原、长治机场改扩建全面完成，运城、大同机场改扩建顺利推进，五台山、吕梁、临汾机场开工建设。35项应急水源工程全面推进，27项建成投入使用，引黄北干工程建设进展顺利。新增发电装机2669万千瓦。省城十大建筑建设取得重要进展。大规模的投资，不仅有效地拉动了经济的快速增长，而且大大地增强了我省的发展后劲。

在全面落实国家“家电下乡”、“农机下乡”等政策的

基础上，制定实施了我省扩大消费的一系列政策措施，扩大农机补贴范围、提高补贴标准，实施旅游春季和金秋行动计划，扩大住房、汽车、文化消费，加强流通基础设施建设，建成2.7万个农家店，支持60个大型农产品批发市场和流通企业升级改造，促进了消费快速增长。“十一五”全省社会消费品零售总额年均增长18%。

着力稳定和拓展外需，进出口总额年均增长17.8%。实行社会保险“五缓四减三补”政策，实施促进民营企业发展9项优惠政策，对焦化等企业实行有关费用减免缓缴措施，大幅度减轻企业负担，协调解决企业融资难问题，帮助企业渡过了难关。

通过这些切实有效的措施，保持了经济的平稳较快发展。预计2010年全省生产总值达到8700亿元、比2009年增长13%，财政总收入完成1810亿元、增长17.8%，一般预算收入完成970亿元、增长20.3%，分别是2005年的2.1倍、2.4倍和2.6倍；城镇居民人均可支配收入、农民人均纯收入分别达到15640元、4730元，增长11.8%、11.6%。以上数据说明，我们应对国际金融危机已经取得了决定性的胜利！

二是加快转变经济发展方式，全力推进煤炭资源整合煤矿兼并重组，结构调整迈出新的步伐。

按照巩固加强第一产业、优化提升第二产业、大力发展第三产业的思路，全面推进三次产业结构调整。制定实施十大产业调整振兴规划及28个子行业实施方案，传统产业新型化、新兴产业规模化、支柱产业多元化的步伐加快。煤炭、焦炭、冶金、电力等传统行业在稳步增长的同时，质量效益明显改善，内部结构不断优化；先进装备制造业、现代煤化工、新型材料工业、特色食品工业等新兴产业快速发展，在经济中的比重逐步提高；服务业发展取得新的进展，旅游总收入突破1000亿元。

紧紧抓住国际金融危机蕴涵的机遇，以壮士断腕的决心和勇气启动实施煤炭资源整合煤矿兼并重组，取得重大成果。矿井总数已减少到1053座，办矿主体已减少到130个，70%的矿井生产规模达到90万吨以上，30万吨以下煤矿全部淘汰，保留矿井全部实现机械化开采。去年煤炭产量达到7.4亿吨，是历史最好水平。通过这一轮整合，我省煤炭工业进入了一个全新的发展阶段，产业水平显著提高，安全生产状况明显改善，采矿秩序明显好转，能源基地的地位进一步巩固，为经济社会又好又快发展奠定了坚实的基础，为全省转型跨越发展奠定了坚实的基础！

狠抓节能减排和环境保护。5年共关停小火电机组316万千瓦，淘汰落后钢铁产能5397万吨、焦炭产能4761万吨、水泥产能2586万吨、电石产能142万吨；全面启动生态省建设，深入实施“蓝天碧水工程”、造林绿化工程、生态环境治理修复工程；严格实行节能减排目标责任制，综合运用结构、工程、技术和管理节能减排措施，取得了明显成效。与2005年相比，万元地区生产总值综合能耗下降22%，化学需氧量、二氧化硫排放量分别削减16.3%、13.5%，全部超额完成了国家下达的“十一五”节能减排目标任务；11个省辖市城区空气质量二级以上天数平均达到347天，优良率提高33个百分点；完成营造林2335万亩，森林覆盖率由14%提高到18%，全省生态环境明显改善。

三是毫不放松抓好“三农”工作，不断加大强农惠农力度，“三农”工作取得新的成效。

全面落实国家各项强农惠农政策，结合我省实际，先后出台实施了玉米最低收购保护价等“五项补贴政策”、设施蔬菜大县奖补等“八项惠农政策”、盐碱地改造等“七大强农工程”。加强农业基础设施建设，完成高标准旱作农田、节水灌溉农田、中低产田改造2000万亩，农业综合生产能力稳步提高，五年来粮食产量年均超过百亿公斤，特别是去年达到108.5亿公斤，创历史新高。继续推进雁门关生态畜牧经济区建设，启动运城、晋中、大同三大现代农业示范区建设，大力实施农产品加工龙头企业“513”工程，农业结构调整取得积极进展。

扎实推进新农村建设，完成9098个新农村试点村和重点推进村建设任务。深入开展扶贫工作，105万贫困人口实现脱贫。

四是全面发展社会事业，切实保障和改善民生，广大人民群众得到了实实在在的好处。

制定实施科技、教育、人才中长期发展规划纲要，加快发展科技、教育、文化、卫生、体育等社会事业。尤其是应对国际金融危机冲击两年多来，扎扎实实地办了几件大事。在教育方面，全面实施中小学校舍安全改造，全面实行义务教育阶段教师绩效工资，免除城乡义务教育学杂费，免除中等职业学校农村家庭经济困难学生和涉农专业学生学费，制定出台家庭经济困难学生资助政策，招聘6427名特岗教师到贫困地区和农村任教，启动占地9300亩的高校新区建设，为高校增加3000名教师编制，投资3亿多元对高校危房进行改造，帮助高校解决贷款负担问题。在医疗卫生方面，全面推进医药卫生体制改革，投资30多亿元完善基层医疗卫生基础设施，在公共卫生与基层医疗卫生事业单位实行绩效工资，在67%的政府举办的基层医疗卫生机构实行国家基本药物制度，积极推进基本公共卫生服务均等化，全面实行城乡基本医疗保险制度，在23所市县级公立医院开展改革试点工作。在科技人才方面，投入9000多万元，引导实施19个重大科技专项，一批共性关键技术取得重大突破；大力培养开发本地人才，积极吸引外来人才，5年共引进国内外优秀人才5400多人，特别是近两年每年拿出5000万元，实施引进海外高层次人才“百人计划”，先后引进58人。在文化体育方面，全面加强城乡文化设施建设，有序推进文化体制改革，文艺院团试点单位改革任务全面完成，省出版系统全部转企改制，省级广播电视局台分离，市县文化、广电、新闻出版三局合一，《立秋》、《解放》等一批精品剧目和平遥国际摄影展等重大文化活动在国内外产生了广泛影响，五台山成功申遗；我省体育健儿在奥运会、亚运会等重大赛事上取得优异成绩。与此同时，积极做好双拥工作、支持军队建设，做好民族、宗教、外事、侨务、对台工作和政策咨询、参事、史志、人防、气象、地震、测绘、文物、档案工作，发展老龄事业、残疾人事业、慈善救助事业和红十字会事业，取得了新的成绩。

突出抓好保障和改善民生工作。多种渠道扩大就业。5年新增城镇就业225.7万人，转移农村劳动力185万人，城镇登记失业率控制在4%以内。多种形式建设保障性住房。5年共开工建设各类保障性住房90万套、5830万平方米，国有重点煤矿采煤沉陷区治理任务全部完成、棚户区改造任务基本完成，农村危房改造进展顺利。多方筹资建立健全社会保障体系。城镇职工养老、医疗、失业等社会保险综合覆盖率达到87%，5年提高了13.5个百分点；城镇企业职工养老保险实现省级统筹，企业退休人员养老金水平由2005年的每月人均627元提高到1500元；在全国率先启动新型农村社会养老保险试点，已扩大到50%以上的农业县；新型农村合作医疗参保率达到94.3%；219.5万城乡低保对象和14.2万农村五保对象实现应保尽保。多措并举稳定物价。五年来，居民消费价格水平平均涨幅控制在3%。特别是去年认真贯彻国家稳定物价政策措施，及时制定实施了12条具体措施，并投入5亿多元，对大中专院校学生、优抚对象、城乡低保对象、农村五保供养对象发放临时价格补贴，有效地稳定了物价，保障了困难群众的基本生活。

全力推进农村“五个全覆盖”工程。两年共投资300多亿元，新建通村水泥（油）路2.5万公里，改造中小学校舍9483所，建成6971个村级卫生室，建成各类饮水工程1.2万处，完成9638个村的村通广播电视任务。这是近年来我省影响范围最大、受益人数最多的民生工程。农村“五个全覆盖”任务的完成，使昔日的羊肠小道、泥泞土路变成了宽阔通畅的水泥（油）路，狭小昏暗、陈旧破败的危房变成了安全坚固、宽敞明亮的新校舍，苦咸水变成了干净卫生的甘泉水，广大农民实现了“小病不出村”的心愿，封闭落后的偏远山村看上了电视、享受到了现代文明，广大农民从这五大工程中得到了实实在在的好处！

与此同时，全力以赴支援南方地区抗击雨雪冰冻灾害，千方百计确保全国煤炭供应；投入大量人力物力财力，支援四川茂县恢复重建和对口援疆；积极捐款捐物，支援四川汶川、青海玉树、甘肃舟曲抗震救灾，作出了山西人民应有的贡献。

五是坚持不懈抓好安全生产工作，全力扭转被动局面，安全生产形势明显好转。

针对一度时期我省安全生产事故频发的状况，高度重视安全生产工作，切实加大工作力度，在全省范围内深入开展以煤矿为重点、覆盖各行业各领域的安全生产专项整治行动，建立完善十项安全生产制度，出台12个行业118条安全生产规定，进一步强化“两个主体”责任，配备市县长安全助理，组建煤炭工业厅，安监局与煤监局分设，严肃对待事故，严格责任追究，不断强化安全生产的组织、制度、技术、人才、管理、纪律和体制保证，安全生产形势明显好转。全省各类安全生产事故死亡人数在2009年比2008年减少1018人的基础上，2010年又比2009年减少505人，煤炭生产百万吨死亡率由2005年的0.905下降到0.187。安全生产形势的明显好转，不仅保护了人民群众的生命财产安全，保护了大批的干部，也大大地改变了山西的对外形象！

六是不断深化改革，努力扩大开放，发展的动力和活力明显增强。

全面完成省市县三级政府机构改革，取消、下放、调整行政审批事项489项。稳步推进事业单位改革试点，省直事业单位清理规范工作基本完成。深化国有企业改革，省属国有企业改革重组步伐加快。全面推进集体林权制度改革，完成确权面积5907万亩。加快推进财税体制改革，60个县实行财政省直管县体制。扎实推进金融改革，农村信用社改革取得重要进展，晋商银行及一批小额贷款公司、村镇银行等金融机构相继组建，大同煤业等16家企业在境内外成功上市，省金融办开始筹建。实行燃油税改革，政府性收费还贷二级公路收费站全部撤销。扎实推进煤炭工业可持续发展试点、循环经济省试点、生态省试点。积极开展资源型经济转型综合配套改革试验区调研申请工作，获国家正式批复，我省成为唯一的国家级、全省域、全方位、系统性的综改区。进一步扩大对外开放，成功举办能博会、农博会、装备制造业博览会、港洽会、珠洽会和央企、民企山西行等大型招商活动，积极参加世博会、中博会等重大活动，5年共引进各类资金5223亿元。

七是扎实推进民主法制建设，加强精神文明建设，社会保持和谐稳定。

各级政府自觉接受人大的监督和政协的民主监督，积极支持各民主党派、工商联、无党派人士参政议政。5年省政府共办理人大代表建议和政协提案5783件，向省人大常委会提请审议地方性法规草案48件，制定政府规章45件。全面推进“法治山西”建设，“五五”普法成效明显。不断完善基层民主制度，充分发挥群团组织作用，全面落实政府系统廉政建设责任制，切实加强审计和监察工作，深入开展煤焦领域反腐败专项斗争，依法推进治超工作，加强社会治安综合治理，社会保持和谐稳定。哲学社会科学、新闻出版、广播影视和文学艺术进一步繁荣。群众性精神文明创建活动深入开展。

在这里，我向大会郑重报告，我省“十一五”规划目标任务圆满完成，向全省人民承诺的实事全部兑现！

各位代表，回顾这五年，我们深切地感受到，办好山西的事情，必须始终坚持以科学发展观为统领，认真贯彻落实中央决策部署，把中央精神与山西实际紧密结合，创造性地开展工作；必须始终坚持解放思想、与时俱进，不断地完善发展思路、创新工作方法，以思想的大解放推动经济社会的大发展；必须始终坚持以人为本，把保障和改善民生作为一切工作的出发点和落脚点，高度重视发展社会事业和改善民生，让人民群众共享改革发展成果；必须始终坚持统筹兼顾、突出重点，既立足当前、又着眼长远，正确处理改革发展稳定的关系，切实抓好安全生产，推动科学发展、促进社会和谐；必须始终坚持求真务实、真抓实干，出实招、办实事、求实效，以优良作风确保各项政策落到实处，确保各项工作顺利开展；必须始终坚持紧紧依靠广大干部群众，凝聚各方智慧和力量，调动一切积极因素，形成同心同德、共谋发展的强大合力。所有这些，既是过去五年积累的宝贵经验，又是我们今后一个时期必须坚持的重要原则。

各位代表，五年来取得的成绩来之不易，积累的经验弥足珍贵。这是党中央、国务院正确领导、亲切关怀的结果；是中共山西省委统揽全局、科学决策的结果；是省人大、省政协支持配合、有效监督的结果；是全省广大干部群众团结奋斗、辛勤劳动的结果；也是社会各界关心支持、无私奉献的结果。在此，我代表省人民政府，向全省人民，向驻晋部队广大指战员、武警官兵和中央驻晋单位，向各民主党派、人民团体和所有关心支持山西发展的海内外各界朋友们，表示崇高的敬意和衷心的感谢！

在肯定成绩的同时，我们也清醒地认识到，我省经济社会发展还存在不少困难和问题，主要是：产业结构不合理，经济发展方式粗放，城乡区域发展不协调，科技创新能力不强，节能减排和安全生产压力较大，城乡居民收入水平不高，社会事业和民生欠账较多，制约科学发展的深层次矛盾和问题尚未从根本上解决，干部思想解放程度、政府职能转变还不能适应转型跨越发展的要求，等等。对此，我们将积极采取措施，认真加以解决。

二、“十二五”时期经济社会发展的指导思想和目标任务

“十二五”时期，是全面建设小康社会的关键时期，是深化改革开放、加快转变经济发展方式的攻坚时期，也是实现转型跨越发展的重要时期。

根据省委九届十一次全会精神及“十二五”规划《建议》，省政府编制了“十二五”规划《纲要（草案）》，明确提出“十二五”时期要全面贯彻落实党的十七届五中全会精神，深入贯彻落实科学发展观，紧扣科学发展这一主题，紧紧围绕加快转变经济发展方式这一主线，突出转型跨越发展。要以解放思想为先导，以转型跨越发展为目标，以推进国家资源型经济转型综合配套改革试验区建设为重要抓手，以安全生产为重要保障，大力推进工业新型化、农业现代化、市域城镇化、城乡生态化，在建设国家新型能源和工业基地的基础上，建设全国重要的现代制造业基地、中西部现代物流中心和生产性服务业大省、中部地区经济强省和文化强省，再造一个新山西。

“十二五”时期经济社会发展的主要目标是：经济快速健康发展，主要经济指标实现翻番，地区生产总值年均增长13%，达到17000亿元以上；财政总收入、一般预算收入分别达到3640亿元和1950亿元；全社会固定资产投资完成5万亿元。经济结构调整取得重大进展，需求结构、产业结构和要素投入结构更趋合理，城镇化率达到55%左右，城乡区域发展协调性明显增强，自主创新能力不断提高，节能减排取得新的成效，生态环境显著改善，安全生产形势稳定好转。城乡居民收入普遍较快增加，实现居民收入增长和经济发展同步、劳动报酬增长和劳动生产率提高同步，城镇居民人均可支配收入达到3万元，农民人均纯收入超过9000元。社会建设明显加强，覆盖城乡居民的基本公共服务体系逐步完善，社会主义民主法制更加健全，文化事业和文化产业加快发展，社会更加和谐稳定。改革开放不断深化，重点领域和关键环节改革取得明显进展，资源型经济转型的体制机制逐步完善，对外合作水平不断提升。这些目标，体现了中央要求与山西实际的结合，体现了长期目标与短期目标的衔接，体现了转型发展与跨越发展的统一，体现了经济发展与社会事业发展、民生改善的协调，体现了人与自然的和谐。

“十二五”时期经济社会发展的主要任务是：

（一）优化生产力布局，构建转型跨越发展的战略基础。

按照优化开发、重点开发、限制开发、禁止开发的不同功能定位和要求，编制和实施主体功能区规划，进一步优化产业布局和空间结构，提高国土资源利用效率，促进区域分工合理化、基本公共服务均等化和区际的良性互动。特别是对大运骨干通道沿线等人口密集、开发强度偏高、资源环境负荷过重的地区，要优化开发；严禁在各类自然文化资源保护区、重要水源地和其他需要特殊保护的区域进行开发。

（二）加快工业新型化、农业现代化、市域城镇化和城乡生态化步伐，推进转型跨越发展。

加快工业新型化，坚持以煤为基、多元发展，以循环经济为主要模式，以大项目、大企业、大园区为主要支撑，推进工业化和信息化深度融合，改造提升传统产业，培育壮大新兴产业，加快发展现代服务业，构建具有山西特色的现代产业体系。加快农业现代化，贯彻工业反哺农业、城市支持农村和多予少取放活的方针，进一步加大强农惠农力度，加强基础设施建设，加快农业结构调整，发展现代农业，完善农业社会化服务体系，加快建设社会主义新农村，大力发展县域经济，努力增加农民收入，全面深化农村改革，开创“三农”工作新局面。加快市域城镇化，按照“一核一圈三群”的布局，加快太原都市圈发展，充分发挥区域中心城市和城镇群的辐射带动作用，实施“大县城”战略和百镇建设工程，加强城镇化管理，形成城镇化与工业化、城镇化与新农村建设良性互动的发展格局。加快城乡生态化，着眼于建设绿化山西、气化山西、净化山西和健康山西，坚持“绿色、低碳、洁净、健康”的发展理念，努力构建资源节约型、环境友好型社会，实现经济社会可持续发展。

（三）加快发展社会事业和改善民生，保持社会和谐稳

定。

深入实施科教兴省和人才强省战略，大力发展科技、教育、文化、卫生、体育等各项社会事业，着力改善民生。积极扩大就业，合理调整收入分配关系，健全社会保障体系，加大保障性住房建设力度，逐步完善符合省情特点、比较完整、覆盖城乡、可持续的基本公共服务体系，努力使发展成果惠及全省人民。推进社会管理创新，加强社会治安综合治理。强化安全生产工作。发展社会主义民主政治，建设社会主义精神文明，全面落实依法治省基本方略，维护社会和谐稳定。

(四) 加快建设国家资源型经济转型综合配套改革试验区，走出资源型经济全面转型的新路子。

要抓住并用好这一重大机遇，充分利用试验区这个大品牌、大载体、大平台，大力推动全省转型跨越发展。着力推进产业结构转型，加快发展先进装备制造、现代煤化工、新能源、新材料、节能环保和服务业等接续替代产业，实现支柱产业由单一向多元、产品由低端向高端转变。要大力发展社会事业、创新社会管理，狠抓节能减排和生态环境保护，推进区域创新体系建设，加快资源型城市、地区转型，统筹经济社会、城乡、区域、人与自然和谐发展。坚持先行先试，创新体制机制，强化政策支撑，推进综合配套改革，为资源型经济转型提供有力保障。

(五) 深化改革、扩大开放，为推动转型跨越发展提供强大动力和活力。

全面推进各项改革，力争在重点领域和关键环节改革上取得新的突破。大力实施开放引进战略，坚持招商引资和招才引智相结合，吸引更多的人才、资金、技术落户山西、服务山西。深化区域合作，强化与国内外大企业的合作，进一步提高对外开放水平，以大开放促进大跨越。

各位代表，转型跨越在全省上下已形成共识，再造一个新山西是三晋人民的强烈愿望。《纲要（草案）》经这次人代会审议通过后，我们将尽全力抓好落实。我们坚信，通过全省人民的共同努力，一个经济更加繁荣、社会更加和谐、人民更加幸福、山川更加秀美的新山西一定会展现在世人面前！

三、2011年工作安排

2011年是中国共产党成立90周年，是“十二五”规划的开局之年，是全面推动转型跨越发展的关键之年，做好今年的工作有着十分重要的意义。

今年我省经济社会发展的主要预期目标是：地区生产总值增长12%左右，全社会固定资产投资增长22%以上，社会消费品零售总额增长16%，进出口总额增长15%，财政总收入和一般预算收入均增长15%，城镇居民人均可支配收入、农民人均纯收入分别增长10%和10%以上，城镇新增就业40万人，城镇登记失业率控制在4.2%以内，居民消费价格总水平涨幅控制在4%左右。

约束性指标是：万元生产总值综合能耗下降3.5%左右，万元生产总值二氧化碳排放量下降3.5%，二氧化硫、化学需氧量排放量分别下降1.5%和2%，氮氧化物、氨氮和烟尘、粉尘排放量分别下降1.5%、1.5%、2%、2%，万元工业增加值用水量下降5%。

实现上述目标，要在全面做好各项工作的同时，重点抓好以下工作：

(一) 牢牢把握经济工作的主动权，促进经济快速健康发展。

认真贯彻落实国家宏观调控政策，充分发挥投资、消费、出口“三驾马车”的协调拉动作用，促进经济快速增长，地区生产总值突破万亿元大关。

进一步增加投资。在优化投资结构、提高投资质量和效益的前提下，进一步扩大投资规模。加快重大基础设施建设投资。铁路方面，加快推进中南部铁路大通道、大西客运专线等项目建设，力争开工建设大同至张家口、和顺至邢台、运城至三门峡等铁路项目，启动太焦客运专线铁路前期工作。公路方面，重点抓好高速公路31个在建项目建设，再新开工建设11条，确保年内竣工1000公里，为2012年实现高速公路总里程突破5000公里奠定坚实基础；新建改建干线公路、农村公路2500公里。机场方面，加快运城、大同机场改扩建，推进五台山、吕梁和临汾新建机场项目建设。水利方面，全面完成35项应急水源工程建设；加快引黄北干工程建设，确保今年国庆节前大同、朔州用上黄河水；启动大水网建设，实施东山调水工程。电力方面，新增发电装机800万千瓦，完成1000千伏晋东南特高压输变电扩建工程，推进新一轮农村电网升级改造和智能电网建设。加大以结构优化升级为主的产业投资。加快煤炭资源整合重组保留矿井技改步伐，扎实推进其他能源原材料项目建设，积极实施太钢不锈钢管和高强度精密带钢等重大技改项目。高度重视新兴产业投资，在继续支持大运重卡一期5万辆达产的同时，加快推进太重高速列车轮轴等一批先进制造业项目、宏特高功率石墨电极等现代煤化工项目、潞安太阳能光伏产业等新能源新材料项目、吕梁杏花村白酒园区等特色食品工业项目。积极开展潞安540万吨煤制油以及煤制天然气、煤制烯烃等项目的前期工作，支持有关地市引进轿车生产线。加强社会事业和民生投资。继续抓好省城十大建筑建设，确保今年全部建成。加快推进高校新区、职业技术学校、医院、保障性住房等项目建设。与此同时，增加科技创新、生态环保、资源节约领域的投入，加大对“三农”和贫困地区的投资。

大力促进消费。落实国家和我省促进消费的政策措施，着力构建扩大消费的长效机制。努力增加城乡居民特别是低收入群体收入，提高居民消费能力；扩大社会保障覆盖面，完善公共服务体系，改善居民消费预期；深入实施“万村千乡市场工程”、“新网工程”和“双三十”农产品市场工程，扩大城乡商贸网点覆盖面，促进消费便利化；积极发展服务消费和电子商务、网络购物等新型消费业态，促进消费优化升级；采取有效措施，稳定价格水平，加强市场监管，规范市场秩序，强化信用建设，改善消费环境。

积极扩大出口。大力发展对外贸易，巩固传统出口市场，开拓新兴出口市场；提高传统优势出口商品质量和档次，高度重视装备制造等高附加值商品的出口，发展服务外包；落实出口信用保险等政策措施，加大对出口企业的支持力度。扩大高新技术、关键设备的进口，提高经济的外向度。

（二）推进工业新型化，着力构建现代产业体系。

改造提升传统产业。继续深入推进煤炭资源整合煤矿兼并重组，在关死关实淘汰小矿井的基础上，加快保留矿井升级改造步伐，建设规模化、集约化、机械化、信息化的现代化矿井；优化煤炭行业内部结构，鼓励煤炭企业大力发展与煤炭紧密相关的煤炭采掘洗选设备、煤矿安全设备、煤矿环保设备、煤基化工、煤炭物流等产业，不断提高非煤产业比重。推进焦化、冶金、电力、建材等行业整合重组，重点推进焦化企业联合重组；充分利用高新技术和先进适用技术改造提升传统产业，促进产能大型化、生产集约化、利用清洁化、发展高端化。

培育壮大新兴产业。大力发展先进装备制造业，重点做大做强煤机、汽车、铁路装备、重型机械等产品；加快发展现代煤化工，力争在煤制油、煤制气、煤制烯烃等方面取得新进展；积极发展新型材料工业，重点发展钕铁硼、铝镁合金、纳米材料等高性能结构材料和功能材料；做大做优汾酒、陈醋、乳品、小杂粮等特色食品工业；鼓励发展新能源、生物医药、新一代信息技术等产业。

加快发展服务业。落实服务业发展的政策措施，促进各类服务业协调发展。大力推进现代物流业发展，以煤炭、焦炭、钢铁等大宗商品为依托，规划建设一批涵盖保税、仓储、加工、集运、商贸、金融服务在内的现代物流枢纽和大型物流园区，支持侯马方略保税物流中心等物流企业做大做强。实施文化强省战略，深化文化体制改革，加快文艺院团的改制，积极稳妥推进五大文化集团的组建，培育发展骨干文化企业，推动文化产业的大发展。大力发展旅游业，以五台山、云冈石窟、平遥古城等旅游景区为重点，建设一批高标准景区，打造一批旅游精品线路，完善服务体系，提高管理水平，积极开发旅游新型业态，推动旅游与文化融合发展。加快发展商贸、餐饮、金融、信息等其他服务业。

大力发展循环经济。全力实施《山西省循环经济总体规划》，进一步加大对循环经济发展的政策支持和投入力度，把循环经济作为改造提升传统产业的主要手段，作为新产业、新项目的准入门槛，作为资源配置的优先领域，推动资源循环式利用、产业循环化发展。

各位代表，在我省推进工业新型化，必须坚持以煤为基、多元发展，做到依托煤而又不完全依赖煤，立足煤而又要超越煤，兴于煤而又不困于煤，让得天独厚的煤炭资源发挥最大的效益，让非煤产业得到更大的发展，使山西的产业结构发生新的变化！

（三）推进农业现代化，加快建设社会主义新农村。

完善强农惠农政策。在认真落实好国家和我省出台的一系列强农惠农政策的基础上，今年再投入13亿元，实施灌区建设补贴等“十项惠农政策”，启动高标准粮田创建等“十大强农工程”，促进粮食增产、农民增收。加强农业基础设施建设。加大水利建设投入，抓好小型水利设施建设、病险水库除险加固、中小河流治理、大中型灌区改造，加快西山引黄及抗旱水源工程建设，年内完成1800万亩农田灌溉、200万亩中低产田改造、15万亩高标准农田和10万亩盐碱地改造任务，不断提高农业综合生产能力。大力发展现代农业。加快推进运城、晋中、大同三大现代农业示范区和雁门关生态畜牧经济区建设，深入实施农产品加工龙头企业“513”工程，启动实施“一村一品、一县一业”推进工程。深化农村改革，促进土地流转，发展提升农民专业合作社，抓好科普惠农，加快农技农机推广，健全公共服务体系。落实“菜篮子”市长负责制，抓好百万亩设施蔬菜建设，加强与蔬菜大省的合作，稳定蔬菜等农产品生产供应。加快推进新农村建设。继续抓好2000个新农村重点推进村建设，实施100个新农村集中连片建设工程，提升新农村建设水平。加大扶贫开发力度，再实现20万贫困人口脱贫。壮大县域经济。编制好县域经济发展规划，明确发展路径，选准主导产业，强化政策保障，以农业现代化为基础、工业化为支撑、城镇化为载体，推动县域经济快速健康发展。

各位代表，尽快改变农村落后面貌是广大农民群众的殷切期盼。我们要在进一步完善提升已完成的“五个全覆盖”工程的基础上，启动实施农村新的“五个全覆盖”工程，即再用两年时间，实现农村街巷硬化全覆盖、农村便民连锁商店全覆盖、农村文化体育场所全覆盖、中等职业教育免费全覆盖、新型农村社会养老保险全覆盖，使广大农民群众得到更多的实惠、过上更加美好的生活！

（四）推进市域城镇化，不断拓展新的发展空间。

按照“一核一圈三群”的布局，加快构建具有山西特色的现代城镇体系。全力支持太原率先发展。落实好支持太原率先发展的用地保障、园区发展和污染企业搬迁等政策措施，支持加快城中村改造，提升城市综合承载能力和服务功能，切实增强省会城市的带动力。以基础设施建设、项目产业发展、公共服务供给为突破口，以启动共建区建设为切入点，加快太原榆次同城化步伐。积极发展以太原都市区为核心，以太原盆地城镇密集区为主体，以阳泉、忻州、吕梁为腹地的太原都市圈，形成引领我省城镇化发展的龙头。加快发展三大城镇群。统筹区域城镇布局、基础设施建设、经济社会发展和资源环境保护，建设以大同、朔州为核心的晋北城镇群，以临汾、侯马、运城为核心的晋南城镇群，以长治、晋城为核心的晋东南城镇群，培育区域经济新的增长极。大力实施“大县城”战略和百镇建设工程。引导生产要素、优势资源向县城集中，推进县城扩容提质，扶持一批基础条件好、发展潜力大的重点镇快速发展，发挥其连接城乡的纽带作用。要不断创新和完善城镇化推进机制，改革户籍制度，改善公共服务，使稳定就业和居住的进城农民有序转为城镇居民；坚持高起点规划、高质量建设、高水平管理，着力打造现代宜居城市和特色城镇，形成大中小城市和小城镇协调发展的格局。

（五）推进城乡生态化，不断增强可持续发展能力。

多方联动狠抓节能降耗。突出抓好工业领域节能，严格产业准入门槛，继续淘汰落后产能，加强新上项目能评工作，全面开展能效对标活动，在电力、冶金等高耗能行业和企业实施千项重点节能示范项目。大力推进建筑领域节能，积极推广应用节能材料和节能技术。扎实推进交通运输等领域节能工作。加强节能服务体系建设，推行合同能源管理。积极倡导绿色消费，推进全社会节能。

多管齐下狠抓污染减排。坚持总量控制的原则，抓好主要污染物减排工作。继续加大重点用煤行业的脱硫力度，启动火电行业脱硝工作。创新县城污水处理厂运行机制，新建一批城镇生活垃圾无害化处理厂。启动实施“蓝天碧水扩容提质工程”。加快太原等重点城市污染企业搬迁改造，扩大集中供热覆盖范围，严禁在城市及近郊区新建燃煤小锅炉，减少工业烟尘、粉尘排放。优化气源布局，加快管网建设，推进煤层气、焦炉煤气、煤制天然气和过境天然气“四气合一”。减少农村面源污染，加强重点流域、饮用水源地和地下水保护。强化环境评估，实行污染者付费、排污权交易等制度，加强对排污企业的监测监管，构建污染减排的长效机制。

多措并举狠抓生态建设。以建设生态省为目标，大力推进造林绿化、森林资源保护和林业产业开发工程，加强生态屏障建设，确保完成营造林400万亩，提高森林覆盖率，增加森林蓄积量，增强固碳能力和生态功能。继续深入推进“2+10”生态环境治理修复工程，促进区域生态环境明显改善。

各位代表，建设资源节约型、环境友好型社会是中央的要求，是全省人民的共同心声。我们一定要举全省之力，采取更加有力的措施，把这件关乎民生的大事抓好，让我们的天更蓝、水更清、空气更清洁、环境更优美，让全省人民生活质量有一个新的提高！

（六）加强以改善民生为重点的社会建设，让人民群众共享改革发展成果。

全面发展各项社会事业。要认真贯彻落实国家和我省中长期教育改革发展规划纲要，积极发展学前教育，切实解决幼儿入园难的问题；扎实推进义务教育均衡发展，将农村中小学校生均公用经费补助标准分别由500元、300元提高到600元、400元;大力发展中等职业教育，从今年起用两年时间实现中等职业教育免费全覆盖，让没能进入大学、高中的学生都能够免费接受中等职业教育，学到一技之长；切实解决好制约高等教育发展的突出问题，实施高校危房改造，化解高校债务负担，加快推进高校新区建设，确保明年建成使用。抓好普通高中教育、继续教育和特殊教育。要继续深化医药卫生体制改革，全面推进五项改革任务落实，着力抓好基本药物制度建设，在所有政府举办的基层医疗卫生机构和村卫生室实施国家基本药物制度；推进基本公共卫生服务均等化，将人均基本公共卫生服务经费由15元提高到25元；深入推进公立医院改革试点。探索县域医药卫生一体化综合改革。发展中医药事业。与此同时，要健全疾病预防控制体系，加强食品药品安全监管；做好妇女儿童工作、人口计生工作、老龄工作和红十字会工作；广泛开展全民健身活动，努力提高竞技体育水平。

着力保障和改善民生。积极扩大就业。实施更加积极的就业政策，大力发展服务业和劳动密集型企业、小型微型企业，多渠道开发就业岗位。以高校毕业生、农村转移劳动力和城镇就业困难人员为重点，全面做好各类人员就业工作。采取免费培训、减免税费、提供小额贷款等措施，鼓励自主创业，以创业带动就业。加强劳动执法，落实完善最低工资制度，构建和谐劳动关系。加快完善社会保障体系。提高企业退休人员基本养老金标准，每月人均增加140元；将未参保集体企业退休人员纳入基本养老保险，积极推动非公有制从业人员、灵活就业人员、农民工和被征地农民参加保险，落实基本养老保险关系跨地区转移接续办法。加快新型农村社会养老保险制度建设，两年实现全覆盖任务，今年覆盖率要超过80%。提高新农合和城镇居民基本医保财政补助标准，由人均120元增加到200元。完善社会救助体系，提高城乡居民最低生活保障标准，在国家每月人均分别增加15元、12元的基础上，省里分别再增加10 元；提高孤儿养育标准；对3万名贫困残疾人实施康复救助。大力发展社会福利和慈善事业。加大保障性住房建设力度。大力推进各类棚户区改造，加大廉租住房、公共租赁住房、经济适用住房、限价普通商品住房建设和农村危房改造力度，今年再投资240亿元，开工建设保障性住房28 万套、1665万平方米，逐步改善居民基本居住条件。

认真贯彻落实房地产市场调控政策，推动房地产业健康发展。

加强和创新社会管理。完善基层管理和服务体系，健全重大工程项目建设和重大政策制定的社会稳定风险评估机制。加强和改进信访工作，畅通诉求表达渠道，完善矛盾调处机制，有效化解社会矛盾。加强应急管理和防灾减灾能力建设，妥善应对各类突发事件。加强社会治安综合治理，严密防范、依法打击各种违法犯罪活动。加强流动人口服务和管理，做好特殊人群帮教管理工作。加强国家安全工作。落实党的民族宗教政策，做好外事、侨务、对台等工作。发展人民防空事业，支持国防和军队建设，做好双拥工作，促进军民融合式发展。

各位代表，为人民群众谋福祉是我们的不懈追求。新的一年，我们要投入更多的人力物力财力，把各项社会事业发展好，把事关群众切身利益的事情办好，让人民群众生活得更富裕、更幸福、更有尊严！

（七）做好安全生产工作，促进安全生产形势由明显好转向稳定好转转变。

安全生产是推动转型跨越发展的重要保障，没有安全生产一切都无从谈起。

要充分认识做好安全生产工作的极端重要性，紧绷安全生产这根弦，不懈怠、不放松、不麻痹，切实做到警钟长鸣、常抓不懈。进一步强化安全发展的理念，牢固树立抓好安全生产就是政绩的观念；进一步引深安全生产专项整治行动，全面排查各领域、各行业、各方面的安全隐患；进一步完善十项大的安全生产制度，落实好12个行业118条安全生产规定；进一步强化政府、企业安全生产的“两个主体”责任，突出抓好煤矿、非煤矿山、尾矿库、道路交通、消防、危险化学品、特种设备、易燃易爆物品和公共场所的安全管理，严厉打击私挖滥采和非法违法生产经营活动；进一步转变工作作风，强化现场管理，夯实安全生产基础，把各项措施落到实处。

各位代表，安全生产事关经济社会发展全局，事关人民群众生命财产安全。通过两年的努力，我省安全生产形势已实现明显好转，我们也坚信，山西人民有信心有能力把安全生产搞好，实现安全生产形势的稳定好转，实现安全生产形势的根本好转！

（八）加快改革开放步伐、强化科技人才支撑，为转型跨越发展增添新的动力。

深化改革开放。要加快乡镇机构改革，积极稳妥推进事业单位改革试点。深化国有企业改革，加大对资不抵债、扭亏无望国有企业的改革破产力度，以省属国有企业为重点加大企业联合重组力度，推进国有经济战略性调整。继续推进集体企业改革。落实好国家和我省支持民营经济发展的政策措施，着力解决制约民营经济发展的瓶颈问题，促进民营经济快速健康发展。深化财税体制改革，完善省直管县财政管理改革试点。积极推进投融资体制改革，加快组建省金融办，深化晋商银行和农村信用社改革，培育农村新型金融机构，鼓励支持国有大型银行和股份制银行发展，更好地为地方发展服务；大力发展资本市场，提高直接融资比重。全面深化集体林权制度改革，确保完成主体改革任务。实施城乡建设用地增减挂钩政策，创新矿业用地管理机制。启动国家资源型经济转型综合配套改革试验区工作，抓紧制定并落实好各项实施方案，先行先试，大胆探索，力争在相关领域有突破性进展。支持开展晋陕豫黄河金三角区域协调发展综合试验区建设。要不断优化环境、完善政策、创新方式，进一步加大招商引资和招才引智力度，重点吸引国内外大企业、大集团、重点民营企业和高层次人才来晋投资兴业、为山西建设服务。要全力办好第六届中博会。

加强科技和人才工作。实施重大科技专项，力争在煤炭清洁生产利用、现代煤化工、装备制造业、新能源新材料、节能减排以及循环经济等领域取得新的突破。积极推进大学科技园建设，组建山西省工业技术研究院，加快科技成果向现实生产力转化。认真贯彻落实人才发展规划纲要，重点抓好高层次创新型科技人才、新兴产业创业型领军人才、重点领域急需紧缺人才的培养、引进和开发。创新人才发展体制机制，促进优秀人才脱颖而出。

（九）加强社会主义民主法制和精神文明建设，保障和促进转型跨越发展。

加强民主法制建设。认真执行人大及其常委会的决议决定，广泛听取各民主党派、工商联、无党派人士的意见和建议，积极做好人大代表建议和政协委员提案办理工作，自觉接受人大、政协和社会各界的监督。支持人民法院、检察院依法履行职责，支持工会、共青团、妇联等群团组织的工作。加强基层民主建设，保障人民群众民主权利。做好第九届村委会换届选举工作。加快依法治省进程，启动“六五”普法工作，提高全民法制意识。

加强精神文明建设。加强文化基础设施建设，扎实推进文化惠民工程，加快构建覆盖城乡的公共文化服务体系，加大文化精品创作和文化遗产保护开发力度，繁荣哲学社会科学，发展新闻出版、广播影视事业。建设社会主义核心价值体系，加强理想信念教育，大力弘扬以改革创新为核心的时代精神和我省长期培育形成的太行精神、右玉精神。加强社会公德、职业道德、家庭美德、个人品德建设，深入开展群众性精神文明创建活动，提高全民文明素质和社会文明程度。

（十）加强政府自身建设，进一步提高推动转型跨越发展的能力和水平。

加强学习调研，提高履职能力。广大公务员尤其是领导干部要把加强学习调研作为履行岗位职责的一项基本功和必修课，深入学习中国特色社会主义理论特别是科学发展观，学习中央的大政方针和决策部署，学习履职所需的各种知识，通过学习增长才干、提高本领；要深入调查研究，不断研究新情况、解决新问题、开创新局面。

转变政府职能，提高行政效能。要进一步转变政府职能，深化行政审批制度改革，精简审批事项、减少审批环节、下放审批权限，对那些不该管、管不了、也管不好的审批事项，该下放的下放，该取消的取消。要切实增强服务意识和责任意识，坚决克服形式主义、官僚主义，严格落实首问负责制和限时办结制，全面提高行政效能。

增强法治意识，推进依法行政。各级政府要自觉在宪法和法律范围内活动，严格依照法定权限和程序行使权力、履行职责。坚持科学民主决策，完善重大事项公众参与、专家咨询论证和政府集体决策相结合的决策制度。加强政府法制工作，进一步提高立法质量。加强审计和监察工作，实行严格的行政问责制，强化行政监督，规范行政行为，提高政府的公信力和执行力。

坚持廉洁自律，做到为民务实清廉。认真贯彻执行中央和省委关于廉洁从政的各项规定，全面落实政府系统党风廉政建设责任制，加强惩治和预防腐败体系建设。继续深入推进煤焦领域反腐败专项斗争，认真开展重点领域渎职侵权问题专项整治工作。深化政务公开，确保公共权力在阳光下运行。大兴勤俭节约、艰苦朴素之风，坚决反对奢侈挥霍、铺张浪费，把有限的资金更多地用在发展经济、改善民生上。

各位代表，我们告别了辛勤耕耘、硕果累累的“十一五”，迎来了充满希望、大有可为的“十二五”。让我们紧密团结在以胡锦涛同志为总书记的党中央周围，在省委的正确领导下，紧紧依靠全省人民，解放思想、开拓创新，埋头苦干、扎实工作，为推动转型跨越发展、再造一个新山西而努力奋斗！

坚定信心 开拓奋进 为加快转型跨越发展而努力奋斗

——在山西省十一届人大五次会议闭幕会上的讲话

（2011年1月24日）

袁纯清

各位代表、同志们：

经过全体代表和与会同志的共同努力，山西省第十一届人民代表大会第五次会议圆满完成各项议程，就要胜利闭幕了。这次会议全面贯彻党的十七届五中全会精神和省委九届十一次全会精神，总结过去一年和“十一五”时期工作，明确了今年及今后五年的主要任务。会议充分发扬民主，严格依法办事，审议通过了政府工作报告和“十二五”规划纲要，审议通过了省人大常委会和省法院、省检察院工作报告，批准了2011年国民经济和社会发展计划及预算，补选了副省长等人选。会议开得严肃活泼、风清气正，是一次团结民主、求真务实、催人奋进的大会。会议期间，全体代表和列席会议的同志，忠实履行职责，依法行使权利，积极建言献策，展现出较高的政治素质和良好的精神风貌。在此，我代表大会主席团和省十一届人大常委会，向大家表示衷心感谢！

各位代表、同志们，刚刚过去的2010年是我省发展史上很不平凡的一年。面对复杂形势和繁重任务，全省上下以良好精神状态投入转型跨越，巩固和扩大应对国际金融危机冲击成果，推动各项事业取得新成就，圆满完成“十一五”目标任务，迈出全面建设小康社会的新步伐。在保增长上，持续保持近年来少有的投资强度，上马和建成了一批重点工程，有力带动全省经济平稳较快增长，主要指标达到或超过国际金融危机前的水平。在促转型上，传统产业改造升级加快，新兴产业发展壮大，资源深加工出现良好势头，煤炭资源整合和企业兼并重组取得明显成效，安全生产创历史最好水平，特别是我省被确立为国家资源型经济转型综合配套改革试验区，标志着山西进入一个新的发展阶段。在惠民生上，农村“五个全覆盖”圆满完成，城乡群众生产生活得到改善，生态环境明显好转。在增活力上，扎实推进各项改革事业，进一步激活发展潜力，成功举办能博会等重大招商引资活动，民营经济创业活力增强。在造氛围上，推进思想解放，创新发展思路，倡导实干大干，转型跨越成为全省工作的主旋律，形成了干事创业、争上项目、竞相发展的喜人局面。这些来之不易的成绩，是党中央、国务院正确领导、亲切关怀的结果，是省委、省政府加强领导，省四套班子团结奋斗的结果，是全省人民携手共进、顽强拼搏的结果，是驻晋部队和武警官兵支持参与的结果。各级人大及其常委会，围绕中心、服务大局，认真履行职责，积极探索创新，工作水平有新提高，自身建设有新进展，为转型跨越发展作出了重要贡献。

2011年是中国共产党成立90周年，是实施“十二五”规划的开局之年，是全面推动转型跨越发展的关键之年，是国家资源型经济转型综合配套改革试验区的起步之年，也是省市县乡四级党委换届之年。放眼大局，世界经济继续恢复增长，新兴经济体继续较快增长，我国仍处于重要战略机遇期，经济发展长期向好的趋势不会改变，国内外形势总体上对我省转型跨越发展有利。我省发展势能不断积累，发展潜力正在释放，发展环境日益改善，发展信心明显增强，只要全力以赴做好各项工作，就一定能确保“十二五”开好局、起好步。

第一，坚定目标不动摇，最大限度把全省人民的智慧和力量凝聚到转型跨越发展上来

这次会议审议通过的“十二五”规划纲要，突出了再造一个新山西的宏伟目标，展现了山西未来科学发展的蓝图。新山西“新”在哪里？概括起来说，“新”在把转型跨越发展作为山西的重大战略和主旋律，“新”在工业新型化、农业现代化、市域城镇化、城乡生态化的新的发展理念，“新”在主要经济指标总量翻一番的快速增长，“新”在把循环经济作为基本路径，“新”在安全发展、清洁发展、绿色发展、低碳发展的新的发展方式，“新”在绿化

山西、气化山西、净化山西、健康山西的美好生活，“新”在提高群众社会保障水平、收入水平、健康水平、科技教育水平的惠民举措。“十二五”规划纲要的通过使之成为全省人民的共同意志。要使全省人民都坚定这样的信念，就是“十二五”规划目标宏伟，积极可为。一是符合经济发展规律。从世界和我国近年发展经验来看，增长周期通常为10年左右。上世纪80年代以来，我国基本上是这样一个增长轨迹。尽管国际金融危机造成的经济复苏之路充满不确定性，但从2010年开始又步入新一轮增长周期，这是一个总的趋势，必将增加能源原材料消费，拉动我省经济特别是主导产业的增长。从省域经济来看，1万亿元是发展水平的重要拐点。粤苏鲁浙豫五省在经济总量突破1万亿后，经济进入起飞阶段，到2万亿只用5年左右时间，到3万亿甚至只用3年时间。今年我省经济总量将突破1万亿元，标志着进入一个新的增长区间。我省“十二五”要实现更好更快的发展，既是经济规律使然，也是发展大势所趋。二是符合科学发展观的要求。发展是科学发展观的第一要义，而发展不足是山西最大的省情。我们提出跨越发展，实现主要经济指标翻番，就是致力于破解我省发展不够“快”的问题。山西最突出的省情是经济结构畸重，发展方式粗放，因而实现科学发展，根本上要选择一条全面、协调、可持续的发展路子。

“十二五”规划纲要通篇贯穿加快经济发展方式转变这条主线，把转型作为基本着力点，就是致力于破解我省发展不够“好”的问题。因此说，转型跨越的过程就是我省贯彻和实践科学发展观的过程。三是符合全省人民意愿。我们所做的一切工作都是为了人民，我们推进发展的最终目的是为了增进人民福祉。我省群众收入水平与全国平均水平特别是发达地区还有较大差距，群众对生活质量、幸福指数、健康水平的要求不断提高。我省去年人均GDP预计会超过3870美元，这标志着群众生活由满足基本需求向更高水平、更高质量的转变。全面转型、加快跨越顺应了人民群众提高生活质量、改善生态环境、建设美好家园的要求，是全省人民的共同心愿和最大期盼。正因为如此，我们提出转型跨越发展后，全省上下精神振奋，广大群众备受鼓舞，焕发出了极大的热情和创造性，各地掀起了大干发展、争先发展的良好局面。因此，综合主客观条件，我们完全有理由坚定“十二五”的目标不动摇，完全有把握实现山西由传统到现代的转型，资源经济大省到经济强省的跨越。

第二，树立信心不气馁，始终保持攻坚克难、奋发进取的精神状态

山西是欠发达省份，但是我们认为信心比GDP更重要；山西是资源大省，我们同样认为信心比资源更重要。转型跨越、再造一个新山西，任务十分艰巨、繁重、紧迫，但是我们充满了信心。

为什么我们讲信心？有了信心才能有一种昂扬向上的精神状态。信心是事业成功的基石，是发展的引擎，是在希望和信赖的前提下“奔赴伟大荣誉之路的感情”。发端于美国的这场国际金融危机，与其说是经济危机，不如说是信心危机。一些国家因为丧失了信心，民众不敢消费，企业不敢投资，政府救市资金和措施难以奏效。反观我国，中央强调“信心比黄金更重要”，千方百计提振国人信心，全力以赴采取应对措施，我国经济率先复苏，成为拉动世界经济增长的重要力量。可见，信心不仅关乎一个人的境界、状态和潜能，而且关乎一个国家、一个民族、一个地区的发展格局和前途。我们既要不断增强干部群众的信心，又要切实把这种信心转化成为昂扬向上的精神状态，攻坚克难的精神杠杆，奋发进取的精神动力，进而转化为巨大的物质财富和发展成果。

我们的信心来自哪里？信心来自现实的条件和机遇。山西的传统优势正在转型中逐步放大。以煤为基、多元发展，用资源换资本、换技术、换市场、换项目已经成为新的共识，循环经济正在成为经济发展的基本路径，使产业优化升级、城乡生态环境改善进入快车道。软硬环境不断改善，水利制约得到缓解，土地潜力逐步释放，立体交通体系加速形成。特别需要强调的是，资源型经济转型综合配套改革试验区是全国第一个全省域、全方位、系统性的综合配套改革试验区。作为一个大品牌，我省发展将由资源生产地、能源供应体向转型创新试验区迈进，蕴含着巨大发展空间；作为一个大载体，在转型试验区总体框架内，“十二五”规划的基本思路、总体目标和主要任务，都可以得到又好又快地推进和落实；作为一个大平台，过去想做而做不成的一些事情，现在可以做了，一切有利于资源型经济转型的成果都可以拿来为我所用。

我们要什么样的信心？我们要的是敢于胜利、志在必胜的信心。信心的力量是无穷的。转型跨越发展事关全面建设小康社会的大局，事关全省人民的利益，事关山西在全国发展格局中的地位。我们没有理由不全力以赴，没有理由不志在必得。这次会议确定今年经济增长12%左右，今后五年年均增长13%，全社会固定资产投资要达到5万亿元，而且这样的速度要建立在质量和效益的基础上。我们要敢于跳起来摘桃子，而且只有跳起来才能摘到大桃子、好桃子，确保今年起好步、开好局，确保“十二五”规划目标全面实现。

第三，鼓足干劲不放松，以更大胆气和魄力开创事业新局面

一个地方的发展，干事创业的力度和氛围是决定性因素。大干大发展，小干小发展，不干不发展。我国一些发展先行区的超常发展，没有别的，都是干出来的，都是源于各级干部忘我的工作。要把宏伟蓝图变成美好现实，除了实打实地干，没有捷径可走。而且，我们在发展，别人也在发展，这就需要我们付出比别人更多的努力。一要瞄准目标艰苦奋斗、真抓实干。山西人民有着艰苦奋斗的优

良传统。勇于开拓、不断进取的晋商精神，不畏艰险、敢于胜利的太行精神、吕梁精神，战天斗地、坚忍不拔的纪兰精神、右玉精神，都产生于这块英雄的土地。这是我们的宝贵资源和精神动力。全省上下要大力弘扬艰苦奋斗的光荣传统，不管形势如何变化，无论遇到多大困难，推进转型跨越发展不懈怠，实现主要指标翻番、再造一个新山西不动摇，在中部崛起乃至全国竞相发展的格局中敢争先，既要有拼劲，更要有韧劲，苦干、实干、拼命干、持续干。各地要明确发展定位，把握发展重点，使各项工作有目标、有抓手、有办法。二要抓住机遇积极开拓、大干快干。在竞争日趋激烈、要素流动加快的形势下，机遇稍纵即逝。我们要紧紧抓住后国际金融危机时期新一轮发展机遇，抓住转型跨越蕴含的重大机遇，抓住转型试验区的难得机遇，牢固树立硬道理和第一要务的观念，摒弃安于现状、裹足不前，小打小闹、修修补补，四平八稳、循规蹈矩的心态和做法，敢干而不蛮干，大干而不小干，实干而不虚干，真干而不假干，在“好”的基础上，能发展多快就发展多快，各项指标尽量实现得更好一些。三要着眼突破奋勇争先、超常规干。转型是为了跨越，跨越才有未来。岁月无情，发展时不我待。要增强紧迫感，事事创一流，以超常规的思路、超常规的举措、超常规的干劲，实现超常规的发展。坚持先行先试，大胆探索，在改革体制机制上、在创新政策措施上、在创制新的路径模式上、在拓宽开放半径和承接产业转移上，敢于尝试、敢于突破，走出资源型经济转型发展的新路子。现在各市已经积极行动起来，不少党员干部主动加班加点，体现的就是一种敢较劲、不服输的精神状态。各级领导干部要直面艰苦、乐于吃苦、忍耐清苦、带头苦干，以实际行动凝聚起广大干部群众的智慧和力量。

第四，狠抓落实不懈怠，形成求真务实共谋发展的浓厚氛围

“天下大事必作于细，古今事业必成于实”。落实是成事之基、事业之根。布置工作如果不抓紧落实，再好的设想也只是空中楼阁，再好的规划也只是纸上谈兵。现在目标已经确立，任务已经明确，我们要把抓落实作为责任和意志，把每一项工作都当成事业去做，对工作有激情，对事业有敬畏，对群众有责任，乘势而上、顺势而为，谋实事、出实招、求实效，在层层抓落实、层层解决问题上下功夫。要在产业转型上狠抓落实，以循环经济为基本模式和路径，坚持全循环、抓高端、多联产，加快传统产业改造升级，整合资源优势、政策优势和产业优势，大力发展新兴产业，以大企业支撑大产业，加快绿色、清洁、低碳发展步伐。要在项目建设上狠抓落实，善于把政策、资源、规划、措施变成具体的项目，以项目建设带动产业转型。加大开放引进力度，加快整合和建设一批大的产业园区，走高端化、配套化、集群化发展道路。要在统筹城乡上狠抓落实，按照“一核一圈三群”的战略推进城镇化，把“一村一品”“一县一业”作为农业现代化的重要切入点，扎实推进新农村建设，增强县域经济发展实力。要在改善民生上狠抓落实，以建设绿化、气化、净化、健康山西为抓手，建设生态文明，发展社会事业，让人民群众生活得更有质量、更有保障、更有尊严。要在安全生产上狠抓落实，对山西而言，安全生产同样是第一要务。过去安全生产事故血的教训切不可忘记，今天安全生产形势的明显好转一定要倍加珍视，今后安全生产的要求要落实到每一个企业、每一个生产环节，确保生产安全、人民安康。特别要强调的是，转型跨越是全省人民的共同事业，人人都肩负着一份责任，都要尽一份心力。各级各部门特别是领导干部要把心思和精力用在推动发展上、用在破解难题上、用在为群众办实事上，立说立行，只争朝夕，今日事今日毕，定下来的就要扎扎实实去做，承诺了的就要想方设法完成，不要让宝贵的机遇在按部就班中白白错过，不要让好不容易争来的项目在推诿扯皮中白白丢掉。对利用职权吃拿卡要、不给好处不办事的，要严肃处理。各个企业要把握国家和我省产业政策，做大做强核心主业，积极进军新兴产业，提高自主创新能力，培育特色品牌，加强企业间战略联合和重组，形成国有民营共同发展、大中小企业互为支撑的生动局面。每个社会成员都要把个人事业与转型跨越结合起来，确立奋斗目标、做好具体规划，只要是有利于转型跨越的事情，都要积极去做，努力做好，力争每年有所收获、有所作为、有所进步，建设美好家园，铸造充实人生。干部要勤廉履职，工人要爱岗敬业，农民要勤劳致富，科技人员要勇于攻关，个体户和私营企业要大胆创业，真正做到人人都是软环境，人人都是创业者。

各位代表、同志们，人民代表大会是代表人民行使管理国家和经济社会事务权利的最高权力机关。人大工作在新形势下大有可为，在保证和促进转型跨越发展中具有不可替代的作用。各级人大及其常委会要坚持党的领导、人民当家作主、依法治国的有机统一，抓紧制定促进转型跨越发展和转型试验区建设的地方性法规；围绕发展大局和事关人民群众切身利益的突出问题，加强法律法规实施情况的监督，依法行使重大事项决定和重要人事任免权。要加强同代表的联系，拓宽代表知政知情渠道，扩大代表对常委会活动的参与，做好代表议案和代表建议的办理工作，为代表履行职责搞好服务。各级党委要积极支持人大及其常委会依法履行职责，为人大及其常委会开展工作创造条件。各级各部门要自觉接受人大及其常委会的监督，积极配合并支持人大及其常委会开展工作。人民代表来自人民，要进一步增强责任意识，坚持勤奋学习，不断提高素质，树立良好形象，把群众的意愿表达好、落实好，把人民赋予的职责履行好。会后，各位代表要深入宣传会议精神，带头落实各项任务，为推动转型跨越发展再立新功。

各位代表、同志们，山西正站在一个新的起点上，转型催人奋进，跨越时不我待。让我们更加紧密地团结在以胡锦涛同志为总书记的党中央周围，高举邓小平理论和“三个代表”重要思想伟大旗帜，深入贯彻落实科学发展

观，万众一心、开拓奋进，为胜利完成“十二五”规划目标任务，实现再造一个新山西的宏伟目标努力奋斗，谱写经济发展、社会和谐、人民富裕的新篇章，以优异成绩迎接中国共产党成立90周年！

在全省党风廉政建设干部大会上的讲话

（2011年1月25日）

袁纯清

同志们：

这次会议的主要任务是，深入贯彻党的十七届五中全会和中纪委六次全会精神，总结和部署全省反腐倡廉工作，为推动转型跨越发展、开创全省各项事业新局面提供坚强保证。

在不久前召开的中纪委六次全会上，胡锦涛总书记发表了重要讲话。讲话全面总结了党风廉政建设和反腐败斗争取得的成效和经验，科学分析了当前反腐倡廉形势，明确提出了今年党风廉政建设和反腐败工作的主要任务，深刻阐述了切实把以人为本、执政为民贯彻落实到党风廉政建设和反腐败斗争中的重要性、紧迫性以及总体要求、工作重点，是指导当前和今后一个时期党风廉政建设和反腐败斗争的纲领性文献。贺国强同志对加强反腐倡廉工作作了全面部署。1月13日，省委常委会学习讨论了中纪委六次全会特别是胡锦涛总书记重要讲话精神，对深入扎实推进全省党风廉政建设和反腐败斗争进行了研究。昨天，省委常委会专门讨论了省委常委向全省作出的廉政承诺。刚才，我们表彰了先进集体和个人，观看了警示教育片。下面，我强调几点意见。

一、关于全省党风廉政建设和反腐败斗争形势

刚刚过去的2010年，是全省各项事业取得重大成就的一年。我们巩固和扩大应对国际金融危机冲击成果，着力推动转型发展、跨越发展，推动思想解放和工作创新，全面加强干部队伍建设，经济保持平稳较快发展，主要指标达到或超过金融危机前的水平，为“十一五”画上了圆满的句号，全省呈现出创先争优、竞相发展、干事创业的良好局面。各级党委、政府和纪检监察机关加快建设具有山西特色的惩治和预防腐败体系，全面落实党风廉政建设和反腐败斗争各项任务，取得了新成效、积累了新经验，一些工作得到中央领导和中纪委的充分肯定。特别是加强对重大决策部署、重点民生工程、重要行业安全生产的监督检查，保障了经济又好又快发展；深入推进煤焦领域反腐败专项斗争，为煤炭资源整合和企业兼并重组创造了良好环境；通过惩防并举与建立长效机制，工程建设领域突出问题专项治理取得新成效；深入推进农村党风廉政建设，村级组织监督和村务公开得到加强；坚决惩处腐败分子，查处了一批有影响的大案要案；大力学习弘扬右玉精神，全面贯彻《廉政准则》，领导干部作风建设和廉洁自律明显加强。全省广大纪检监察干部认真履职、秉公执纪、不负重托，以改革创新精神推进党风廉政建设和反腐败斗争，为转型跨越发展作出了重要贡献。在此，我代表省委、省政府，向全省纪检监察战线的同志们表示亲切问候和衷心感谢！

刚刚闭幕的省十一届人大五次会议，审议通过了我省“十二五”规划纲要，描绘了未来五年发展蓝图，将转型跨越发展、再造一个新山西通过人民代表大会决议的形式转化为全省人民的共同意志。“十二五”规划能否得到落实、转型跨越发展能否取得成效，在很大程度上取决于我们有没有一支勤政廉洁的干部队伍，取决于有没有严明的纪律作保证。今年省市县乡集中换届，营造一个风清气正的环境至关重要，关系到换届的顺利推进，关系到干部队伍的风气和士气。同时还要看到，尽管我省党风廉政建设和反腐败斗争取得明显成绩，但少数领导干部违法违纪问题仍然比较严重，一些案件包括“小官大腐”案件触目惊心，在社会上造成恶劣影响；腐败现象在权力集中的部门和岗位、资金密集的领域和行业、土地和矿产资源领域、监管薄弱领域以及其他领域和环节仍易发多发，煤焦领域仍然是反腐败斗争的重点领域；劳动和社会保障、城镇拆迁改造、涉法涉诉、农村土地征用、矿产资源开发、企业改制等方面损害群众利益的突出问题还较为突出；一些关键领域和环节的改革进展不快，从源头上防治腐败的力度需进一步加大。正如胡锦涛总书记提出的，当前党风廉政建设和反腐败斗争的总体态势是，成效明显和问题突出并存，防治力度加大和腐败现象易发多发并存，群众对反腐败期望值不断上升和腐败现象短期内难以根治并存，反腐败斗争形势依然严峻、任务依然艰巨。我们要充分认识到，在我们党面临执政考验、市场经济考验、改革开放考验、外部环境考验的新形势下，党风廉政建设和反腐败斗争不仅丝毫不能放松，而且面临许多新的挑战，需要我们认真应对。从我省来讲，反腐倡廉工作搞得怎么样，关系到投资

发展环境，关系到人心向背，关系到山西整体形象，转型跨越发展任务越重，对反腐倡廉工作的要求越高。我们要增强忧患意识和责任意识，以更加坚定的决心和更加有力的举措，坚决惩治腐败、有效预防腐败，进一步提高反腐倡廉建设科学化水平。

二、着眼于为转型跨越提供坚强保证，扎实有效推进党风廉政建设和反腐败斗争

转型跨越发展、再造一个新山西，是全省工作的主旋律，是山西未来希望所在，是全省人民福祉所系。因此，开展党风廉政建设和反腐败斗争要把服务、保障和促进转型跨越发展作为主要目标和基本任务，找准工作的结合点、着力点和突破点，完善对策措施，增强工作实效，使工作思路与党委、政府中心任务合拍，工作举措与改革发展事业合力，工作成效与人民群众根本利益合拢。

第一，要以严明政治纪律为重点，坚决维护党的集中统一。把坚决维护党章、坚决维护党的团结统一、坚决维护党的政治纪律，作为首要政治任务，教育引导广大党员干部增强党的意识、宗旨意识、执政意识、大局意识、责任意识，增强政治敏锐性和政治鉴别力，在大是大非问题上和关键时刻立场坚定、头脑清醒，在思想上、政治上、行动上自觉同以胡锦涛同志为总书记的党中央保持高度一致。各级领导干部对中央的决策部署，要做到认识统一、态度坚决，行动自觉、落实有力，坚决纠正有令不行、有禁不止，上有政策、下有对策的行为，维护中央权威，确保政令畅通。严禁散布违背党的理论和路线方针政策的意见，严禁公开发表同中央精神相违背的言论，严禁编造、传播政治谣言，严禁以任何形式泄露党和国家秘密，严禁参与各种非法组织和非法活动。对不遵守党的政治纪律，违反党的组织原则的，要严肃处理。

第二，要以加强监督检查为重点，进一步推动工作落实、创优发展环境。一要加强对重大决策贯彻落实情况的监督检查。把落实“十二五”规划纲要、推进转型跨越发展重大部署的贯彻落实作为监督检查的重中之重，加强对省委九届十一次全会、全省经济工作会议、全省“两会”精神贯彻落实情况的监督检查，推动各级各部门以建设国家资源型经济转型综合配套改革试验区为统揽，全面推进工业新型化、农业现代化、市域城镇化、城乡生态化，推进传统产业优化升级和新兴产业发展壮大，着力培育新的经济增长点，全面改善城乡面貌，确保经济又好又快发展。二要加强对重点工程建设情况的监督检查。“十二五”时期我省固定资产投资要达到5万亿元，投资力度空前，将迎来一个建设高潮。在资金投入大、项目布局多的情况下，监督检查必须相应地跟上来，严肃查处干扰项目落地的人和事，切实纠正查处工程审批实施和资金分配使用等环节的违法违规行为，坚决防止搞“形象工程”和“政绩工程”，坚决防止形成“半拉子”工程和“豆腐渣”工程，保证重点项目真正成为发展工程、惠民工程、放心工程、廉洁工程。三要加强对民生工程实施情况的监督检查。围绕建设绿化山西、气化山西、净化山西、健康山西，围绕提高群众社会保障水平、收入水平、健康水平和科技教育水平，围绕农村新“五个全覆盖”及其他向群众作出的承诺，加强监督检查，同时要加强对社保基金、住房公积金、扶贫和救灾资金以及政府专项资金管理使用情况的监督检查，重点解决征地拆迁、住房保障、食品药品安全、环境保护、安全生产等方面损害群众利益的突出问题，确保涉及群众切身利益的政策措施和重点工程落到实处、见到实效。四要加强对行政效能建设情况的监督检查。环境也是生产力。有的地方投资发展环境不好，部门效率低下，项目服务不到位，一些工作人员甚至吃拿卡要、敲诈勒索，对招商引资乃至整个经济社会发展造成了负面影响。因此，要把提高行政效能作为政府建设的重要基础工程，加强执法监察、廉政监察和效能监察，深化行政审批制度改革，简化审批程序，提高办事效率，建设服务政府，大力整治行政不作为、乱作为特别是中饱私囊、刁难投资者等不正之风，为创业者、为来晋投资者提供良好服务。

第三，要以煤焦领域反腐败专项斗争为重点，加快构建具有山西特色的惩治和预防腐败体系。一是要认真落实中央惩防体系实施纲要、《工作规划》和我省《实施意见》。按照中央《关于实行党风廉政建设责任制的规定》，坚持和完善反腐败领导体制和工作机制，领导班子要对职责范围内的党风廉政建设负全面领导责任，主要负责人不仅要率先垂范、严格领导，而且要管好班子、带好队伍，认真履行第一责任人的职责，其他成员要根据分工，对职责范围内的党风廉政建设负主要领导责任。要坚持标本兼治、综合治理、惩防并举、注重预防的方针，突出重点、整体推进，坚持一手抓惩治、一手抓预防，一手抓治标、一手抓治本，既有效解决人民群众反映强烈的突出问题，又扎实做好打基础、利长远的工作，大力推进反腐倡廉理念思路、工作内容、方式方法和体制机制创新，注重从制度层面、从源头上解决问题，牢牢把握新形势下党风廉政建设和反腐败斗争的主动权。二是要继续深入开展煤焦领域反腐败专项斗争。煤焦领域反腐败专项斗争是一项长期、复杂、艰巨的任务，从不断查处的典型案件看，这项斗争丝毫不能放松。煤焦领域的腐败案件，不仅严重破坏经济秩序，严重败坏党风政风，而且造成重大安全隐患。几乎每起矿难背后都有腐败问题。我们要推进以煤为基、多元发展，煤炭产业的转型是一道绕不过的坎；我们要抓好反腐倡廉建设，煤焦领域反腐败专项斗争是必须打好的一场攻坚战；我们要推动安全生产形势由明显好转向稳定好转转变，煤炭资源整合和企业兼并重组以及反腐败斗争是釜底抽薪之举。由此可见，这场斗争既是保障发展，又是保护干部，还是保证安全，既是端正导向，又是端正风气。我们要坚定信心，多管齐下，让矿难频发成为山西的历史，让煤焦领域严重腐败问题得到有效遏制。要认真总结煤焦领域反腐败专项斗争的成功经验，抓住行政审批、安全监

管、生产经营、中介服务、产权交易、资金拨付等重点部位和关键环节，深化体制机制改革，堵塞制度漏洞，铲除腐败土壤，加强岗位廉政教育和廉政风险防控体系建设，形成管用有效的长效机制，最大限度地减少权力寻租空间。同时，要将煤焦领域反腐败专项斗争成果向其他领域延伸。三是要旗帜鲜明地惩治腐败分子，加大案件查办力度，以反腐败的实际成果取信于民。胡锦涛总书记指出，坚决查处侵害群众切身利益的违纪违法案件，是维护群众利益最直接最有效的手段，也是群众关注的焦点问题。从暴露出的问题看，一些握有实权的干部，利用权力垄断资源、官商结合、公权私用，违规参与经商办企业，勾结不法商人进行权钱交易，大肆侵占国家和群众利益，贪污受贿、挪用公款、逃税骗贷、开设赌场，甚至充当黑社会的保护伞。一些案件涉案金额动辄数千万上亿元，为我省历史上所罕见，在全国也引起关注。这些人完全背离了党的宗旨，失去了一个共产党员基本的操守，走到了人民群众的对立面，既没有道德，更没有官德，危害极大、影响极坏。不清除这些害群之马，不足以正纲纪，不足以平民怨。要严肃查处贪污受贿、失职渎职案件，严肃查处严重违反政治纪律和组织人事纪律的案件，严肃查处官煤勾结、权钱交易、侵吞国有资产案件，严肃查处发生在基层政权组织和重点岗位利用执法权、司法权、管理权、审批权大搞权钱交易、严重侵害群众利益的案件，严肃查处群体性事件和重大责任事故背后的腐败案件。针对案件暴露出来的问题，一方面要加强对领导干部的警示教育，一方面要更加注重健全制度，更加注重规范权力，更加注重完善程序，切实增强对干部的监督力、对权力的制约力、对廉政风险的防控力。

第四，要以整治收受礼金和治理公务用车为重点，深化干部廉洁自律工作。干部作风不廉洁、行为不检点，决不是无关痛痒的小问题，管不住小节久而久之就会有损大体。要切实加强对领导干部的教育和监督，深入开展理想信念教育、党性党风党纪教育、廉洁从政教育和警示教育，增强教育的针对性和有效性，加强廉政文化建设，形成以廉为荣、以贪为耻的风尚。每个领导干部都要严格要求自己，不断检点自己，筑牢拒腐防变的思想道德防线，不要在灯红酒绿中迷失自我，不要在待人接物中丧失人格，不要在贪得无厌中毁灭人生。要严格落实领导干部廉洁自律各项规定特别是廉洁从政《若干准则》，着重落实好领导干部报告个人有关事项和对配偶子女已移居国（境）外的国家工作人员加强管理等制度。针对当前实际，要抓好两个重点问题的整治：一是要坚决整治领导干部违规收受礼金问题。应该看到，这种风气有愈演愈烈之势，严重损害了党和政府的形象，严重败坏了正常的人际关系、工作关系，广大干部群众对此深恶痛绝。要加强监督检查，加大整治力度，探索行之有效的防治措施，明令任何人不得以任何名义收取管理和服务对象、特定关系人和单位的礼金、有价证券和支付凭证，对违反规定的依纪依法处理。马上就要过春节了，这项工作要进一步抓紧抓实，有效遏制送礼收礼之风，不仅要过一个祥和的节日，而且要过一个干净的节日。二是要坚决整治领导干部公务用车违规问题。领导干部超编制超标准配备和使用公务用车的情况较为严重，不仅造成严重浪费，而且脱离群众，已经成为一个非整治不可的问题。中央最近专门对公务用车配备使用管理作出明确规定，我们要认真抓好落实，有关部门要制定具体实施办法。对超编制超标准配备公务用车和违规换车、借车、摊派款项购车、豪华装饰及公车私用的，该清的清、该退的退、该卖的卖、该查的查，有效遏制公务用车乱象。要积极推进公务用车制度改革，规范用车管理，对事业单位、国有企业、金融机构等公务用车也要作出规范。

第五，要以整肃风气为重点，进一步加强干部作风建设。风正才能气顺，气顺才能业兴。我国历来有“民以吏为师”的传统，人民群众对干部的态度，敬佩的是作风，不满的也是作风。我省党员干部队伍作风总体上是好的，特别是去年我们集中开展了为期三个月的“整肃工作纪律，狠刹不良风气”的专项整治行动，收到明显成效。但是干部作风方面的问题仍很突出，干部队伍的精神状态与转型跨越发展的要求相比还有差距，加强作风建设任重道远。要大力弘扬太行精神和右玉精神，教育引导领导干部勤政为民、廉洁奉公，令行禁止、雷厉风行，干事创业、狠抓落实，把作风建设的成效转化为转型跨越的干劲、放胆争先的闯劲、造福民生的心劲、优化环境的韧劲。坚决反对和纠正拉拉扯扯、吃吃喝喝，互相吹捧、封官许愿的庸俗风气，心态浮躁、热衷名利、投机钻营的不良风气，请客送礼、拉票贿选，权钱交易、买官卖官的恶劣风气。要把治理庸懒散问题作为加强基层干部队伍作风建设的突破口，以治庸提能力、以治懒增效率、以治散正风气。深入治理吃拿卡要、大操大办和赌博歪风，开展滥用职权、违法行政、效率低下等方面的专项整治，对利用职权吃拿卡要、不给好处不办事、影响招商引资和项目建设的，一律先免职再处理。要健全干部管理、监督和绩效考核等制度，把明查暗访作为一项常态工作抓下去，形成有效的激励和约束机制，通过机制创新、流程再造，有效防止干与不干一个样、干好干坏一个样，使干部不敢偷懒、不敢懈怠、不敢胡为。

第六，要以农村社区企业为重点，切实加强基层党风廉政建设。党的基层工作是关系执政基础、关系政权稳固、关系人心向背的重大问题。转型跨越发展最终要靠基层落实，最终要落实到基层。要从战略高度加强基层党组织建设和政权建设，引深创先争优活动，增强对基层干部的教育、管理和监督，教育引导基层干部提高自身素质，牢固树立遵纪守法、服务群众的意识，始终把群众利益放在首位，在转型跨越中发挥先锋模范作用。认真落实岗位责任制、服务承诺制等各项制度，加大对损害群众利益行为的问责力度，坚决纠正对群众疾苦漠不关心、对群众呼声置若罔闻、对群众利益麻木不仁，甚至与民争利、以权谋私的行为。要以落实基层党务公开、政务公开、司法公开、厂务公开、村务公开和公共企事业单位办事公开为重点，深入推进基层事务公开和透明，保障群众的知情权。全面加强农村党风廉政建设，抓好城中村、矿产资源型农村、矛盾突出村的党风廉政建设。扎实推进企业党风廉政建设，加强对国有企业关键岗位管理人员的监督。抓好高校、城市社区党风廉政建设，积极探索非公有制经济组织和新社会组织开展反腐倡廉建设的途径和方法。

第七，要以治理拉票贿选为重点，确保全省换届工作风清气正。换届风气好坏，直接关系换届的成败，关系选人用人公信度。在省市县乡四级党委换届过程中，一方面要严格执行党政领导干部选拔任用工作的有关规定，明确导向、发扬民主，推进改革、严肃纪律，真正把在转型跨越发展上有胆识、有魄力、有思路、有能力、有实绩的优秀干部选拔上来。另一方面，要认真贯彻落实中纪委、中组部《关于严肃换届纪律保证换届风清气正的通知》和1月17日视频会议精神，把保证换届风清气正作为提高选人用人公信度的一场硬仗，党委统筹领导，组织、纪检部门密切配合，坚持教育在先、警示在先、预防在先，严明工作纪律，加强监督检查，确保取得满意的效果。要严格执行干部选拔任用四项监督制度，把严格监督贯穿于干部选拔任用全过程，搞好拟提拔干部的廉政考察，畅通举报渠道，加强巡视监督，严肃查处违纪违规用人问题，对拉票贿选、跑官要官、买官卖官、突击提拔干部的，要严肃处理，本人一律不得提拔重用，组织部门要记录在案。对组织管理混乱，换届风气不好的，要严肃追究主要领导和有关领导的责任。领导干部在换届中要从大局和事业出发，坚持组织原则，克服浮躁情绪，正确对待进退留转，不得通过拉关系、走门子、递条子等非正常手段谋取个人升迁，在关键时刻经得住考验，以实际行动树正气、树形象。

三、切实把以人为本、执政为民作为领导干部的人生信条和执政理念

胡锦涛总书记在党的十七届五中全会上对做好新形势下群众工作作了重要讲话，在中纪委六次全会上，再次强调以人为本、执政为民是马克思主义政党的生命根基和本质要求，是我们党的性质和宗旨的集中体现，要把以人为本、执政为民贯彻落实到党和国家全部工作中，贯彻落实到党风廉政建设和反腐败斗争之中，不断实现好、维护好、发展好最广大人民根本利益，始终保持党与人民群众的血肉联系。总书记的这些重要论述充分体现了我们党的根本宗旨，深刻揭示出人民群众的主体地位，阐明了民心向背关系党和国家的生死存亡。我们要认真贯彻落实胡锦涛总书记重要讲话精神，把以人为本、执政为民的理念贯穿到各项事业当中。在思想上和实际工作中，要注意把握以下五点：

一要站稳人民立场。立场问题是首要问题。对于共产党人来说，人民的立场是根本的立场、唯一的立场。1945年，毛泽东同志在《论联合政府》中强调："我们共产党人区别于其他任何政党的一个显著标志，就是和最广大的人民群众取得最密切的联系。"90年来，我们党从小到大、由弱到强，是人民滋养了我们；我们党战胜千难万险，取得一个又一个重大胜利，是人民赋予了我们力量。90年来，国际风云变幻，我们党的执政地位、执政环境发生了显著变化，但立党为公、执政为民的立场不能变，全心全意为人民服务的宗旨不能变。希腊神话中的英雄安泰，他的力量来源于大地母亲，只要身不离大地，就力量无穷，所向无敌；如果身体离开大地，就会失去生存能力。历史的经验教训也告诉我们，坚持人民群众的立场，我们就能把握正确的前进方向，就能获得无穷的力量源泉。站错立场，是根本性的错误，一错百错，将会走向反面。立场丢，则民心丢、政权丢。坚持和站稳人民立场，不是一句空话，有着具体的内容和要求。各级领导干部要深刻领会密切联系群众是我们党的最大政治优势，脱离群众是我们党执政后的最大危险，真正做到以民为天，以人为本，以勤为首，以廉为要，做到权为民所用、情为民所系、利为民所谋。

二要牢记群众观点。人民群众是实践的主体和历史的创造者，是我们攻坚克难、从胜利走向胜利的坚强后盾，这是历史唯物主义的基本观点。我们今天的经济实力、行政资源和科技手段都大大提高了，只要我们心中装着群众，就能更好地把握群众所思、解决群众所忧、满足群众所盼，就能依靠人民的力量把一切艰难而繁重的事情办成办好，不断把事业推向前进。各级领导干部要牢固树立历史唯物主义的观点，立党为公、执政为民的观点，向人民群众学习的观点，群众利益无小事的观点，对党负责和对人民负责相一致的观点，坚持思想上尊重群众、感情上贴近群众、工作上依靠群众，真诚倾听群众呼声，真实反映群众意愿，真情关心群众疾苦，始终与人民群众同呼吸、共命运、心连心。转型跨越是造福人民的事业，也是依靠人民才能干成的事业。转型跨越发展虽然任务十分艰巨复杂紧迫，但我们对此充满信心，就是因为转型跨越发展代表了全省人民的根本利益，反映了全省人民的共同愿望，拥有最广泛、最可靠、最牢固的群众基础和力量源泉。我们要把全省人民的积极性、主动性、创造性引导到转型跨越上来，走出资源型地区转型发展、跨越前进的新路子，创造出经得起实践、人民、历史检验的业绩。

三要践行为民理念。科学发展观的核心是以人为本，我们推动发展的根本目的是为了让人民群众过上更好生活。胡锦涛总书记要求各级领导干部要做到为民、务实、清廉，其中"为民"是前提。随着经济体制深刻变革，社会结构深刻变动，利益格局深刻调整，思想观念深刻变化，利益主体日益多元化，利益诉求日益复杂化，统筹协调利益关系特别是各方面群众利益关系的难度进一步加大。但是只要把"为民"作为出发点和总开关，就没有解决不好的问题。一些地方损害群众利益的事件屡屡发生，就是因为偏离了"为民"的宗旨，漠视群众的利益和呼声，过分倾向

于开发商的利益，过于看重眼前政绩。为此，强调三点：第一是着眼于“为民”科学制定决策。当前和今后一段时期，各级各部门围绕转型跨越发展、“十二五”规划以及转型试验区建设，需要制定方方面面的政策措施。我们作决策、定政策必须充分考虑群众利益，充分尊重群众意愿，统筹协调各方面利益关系，最大限度防止因决策不当损害群众切身利益。要建立健全体现以人为本、执政为民要求的决策机制，坚持问政于民、问需于民、问计于民，把人民拥护不拥护、赞成不赞成、高兴不高兴、答应不答应作为制定政策的依据，让人民更多地参与到与他们自身利益相关的决策过程中来。要建立重大工程项目建设和重大政策制定的评估机制，健全领导失误纠错机制和责任追究制度，对群众一时想不通、不理解的政策，要做好思想工作，对决策程序不合法、政策措施不合理导致群众利益受损的，要坚决制止和纠正。第二是着眼于“为民”协调好利益关系。人民群众看我们，不仅要看党的理论和路线方针政策是否代表他们的根本利益，而且要看身边的党员干部是否真心诚意为他们办实事、办好事。要把改善人民生活作为各级党委、政府的头等大事，正确把握最广大人民群众根本利益、现阶段群众共同利益、不同群体利益之间的关系，统筹兼顾各方面群众关切。比如，近一段时期以来，由于季节因素和物价上涨叠加，给人民群众生产生活带来一定影响，特别是对困难群众和特殊群体的影响更大，这就要求我们在做好基本民生工作的基础上，重视解决好困难群众的吃饭、取暖等问题。同时，要健全社会舆情汇集分析机制，完善矛盾纠纷排查调处制度，把群众反映的问题和矛盾化解在基层，解决在萌芽状态。第三是着眼于“为民”推进各类工程建设。近年来，因拆迁问题而引发的群体性事件和极端事件多有发生，拆迁也成为网上舆论的聚焦点和爆发点。今后几年在推进“四化”的过程中，我省将集中上一批建设项目，必将涉及到拆迁群众的切身利益。在推进工程建设中，要把我们的好政策、好规划、好前景向群众讲清楚，把群众应得的补偿发到位，把群众的生活安排好，真正做到依法拆迁、和谐拆迁、阳光拆迁，为各项重点工程建设创造良好环境。对野蛮拆迁，严重损害群众利益的行为要坚决查处。

四要强化公仆意识。1871年，巴黎公社明确提出公社的干部是为人民服务的“公仆”，把人民置于主体和主人的地位。我们党在党章中也明确规定：“党的干部是党的事业的骨干，是人民的公仆。”对党而言，执政是手段，为民是目的；对干部而言，职位是手段，服务是目的。公仆象征着一名党员干部崇高的身份和地位。不论是用生命抗击兰考“三害”的焦裕禄，还是把热血播撒雪域高原的孔繁森；不论是被称作“孺子牛”的牛玉儒，还是被誉为“任青天”的任长霞，都树立起了人民公仆的光辉形象。事实证明，拥有权力，选择了忠贞履职、为民服务，一定会受到时代的称颂和人民的拥护；拥有权力，选择了以权谋私、贪财害民，一定会遭到历史的痛斥和人民的唾弃。我省去年查处的王雁峰、申公元、高玉斌、李海明等人就是深刻的警示。党员干部手中都有一定的权力，正确的权力观应该是：权力就是责任、干部就是公仆、领导就是服务；领导干部的权力来源于人民，只能归于人民并造福人民。要经常问问自己，一个月来、一个季度以来、一年来为群众办了多少事情，在任期内为群众办了多少事情，是不是尽心尽力为群众服务了，决不能虚度时日，浪费岗位，碌碌无为。在面对各种诱惑时，要多想想年迈的父母，多想想可爱的妻儿，多想想自己艰辛的奋斗历程，多想想过去曾经有过的平常生活，以平常的心态、以平衡的心理，抵制诱惑、控制私欲，做到俯仰无愧、内心光明、人生充实。

五要树立百姓情怀。没有百姓情怀，就会高高在上，官气十足，就不会真正体会到群众的疾苦，也找不到与群众的共同语言。领导干部来自群众，要永远保持一份平常心、平民心，任何时候都不能忘本。要认识到，一个对群众特别是困难群众没有怜悯之心、同情之心、关爱之心、奉献之心的干部，很难说是一个好干部。沈浩同志任职安徽小岗村党委第一书记6年间，勤勤恳恳为小岗人做规划、办实事，大年三十还泡在村子里，一直租住在村民家中，所以小岗村记住了他，全国人民记住了他，这个时代记住了他。但是有一些党员干部，一身官僚习气，一派衙门作风，对上级领导阿谀逢迎而对基层群众盛气凌人，对小圈子百般照顾而对广大干部漠不关心，摆错了同人民群众的位置，调偏了看待人民群众的视角。群众对一些领导干部有这样形象的描述，就是五六十年代能摸得到脚，七十年代能握得到手，八十年代能听得到音，九十年代能看得到影。我们要把人民群众当亲人、当朋友、当兄弟姐妹，深入群众中间，面对面、心贴心地坦诚交流，肩并肩、手拉手地开展工作。特别是要通过深入基层、深入群众，融洽党群关系、干群关系，鼓励群众对转型跨越发展积极建言献策，听取群众的诉求，诚恳接受群众对我们工作失误提出的批评。总之，我们要明白一个道理：只有我们把群众放在心上，群众才会把我们放在心上；只有我们把群众当亲人，群众才会把我们当亲人。有了这样一份可贵的百姓情怀，我们的工作才能做得更好。

四、切实加强党对纪检监察工作的领导，着力提高干部队伍建设水平

邓小平同志说过：“党要受监督，党员要受监督，如果我们不受监督，就一定要脱离群众，犯大错误。”各级党组织是转型跨越发展事业的坚强领导核心，思想上、作风上、纪律上必须要十分过硬。各级党委、政府特别是主要领导干部，要切实担负起反腐倡廉建设的政治责任和领导责任，始终把纪检监察工作摆到突出位置，切实加强对纪检监察工作的领导，支持纪检监察机关依照党章开展工作，及时研究解决纪检监察工作中遇到的困难和问题，坚决保护坚持党性、坚持原则的纪检监察干部，为他们开展工作撑腰做主。各级纪检监察机关和广大纪检监察干部要带头

坚持以人为本、执政为民，增强责任感和使命感，切实履行党和人民赋予的神圣职责。

这里我重点强调一下纪检监察干部队伍建设问题。去年，中纪委和省纪委对进一步加强纪检监察干部队伍建设作出具体部署，我省各级纪检监察机关以反腐蚀、反诱惑为重点，大力加强对纪检监察干部的教育、管理和监督，落实“五严守、五禁止”纪律要求，取得较好成效。在此基础上，我想再提几点要求：

一要坚定使命。纪检监察干部的使命就是保护党的肌体健康，保持党的先进性和纯洁性，可以说使命光荣、任务艰巨、责任重大。作为一名老纪检监察干部，我刚到中纪委时，时任中纪委书记尉健行同志就对我说：“我们这么大的一个党，需要有人保护，中央纪委就是做保护党的工作的。你现在到这里来，就是参加到保护党的工作当中来了。”多少年过去了，这句话仍然深深地印在我心里。纪检监察干部要争做党的忠诚卫士和群众的贴心人，勇敢地称职地担负起保护党的肌体和生命的使命，使我们的干部队伍更加勤政廉洁，使我们的党永葆先进性和纯洁性。在转型跨越发展的大业中，纪检监察干部不是敲边鼓，而是生力军，要增强政治责任感和事业光荣感，自觉把做好纪检监察工作与推动转型跨越发展紧密结合起来，对积极推进转型跨越的要予以保护，对违反党的纪律、干扰转型跨越、损害群众利益的要坚决查处。

二要加强学习。在当今这样一个大变革大调整大发展时期，学习不仅可以使我们在思想上更加成熟，而且可以使我们在工作上更接近于“自由王国”。特别是纪检监察工作本身就具有很强的政治性、政策性、业务性，纪检监察干部没有一定的学习质量、学习强度，一定不会有高质量高水平的工作。要坚持用马克思主义中国化最新成果武装头脑、指导工作，通过改造主观世界增强共产主义理想信念，提高抵制诱惑、经受考验的意志力和免疫力。要适应时代发展要求，联系本职工作，加强业务知识学习，既要强化对经济、金融、贸易、财务、审计等专业知识的学习，也要熟练掌握互联网、计算机等实用技能，提高工作效率和水平。

三要严格自律。纪检监察干部是专抓纪律建设的队伍，是铁的部队，要他律必须先自律；纪检监察干部处于反腐败斗争的前沿，是腐朽思想和不法分子腐蚀的重点对象，必须严守自己的政治底线、职责底线和人格底线。要把严格自律作为纪检监察干部基本的政治觉悟、基本的行为习惯和基本的价值尺度，严格执行党的各项规定和纪律要求，在生活上要低标准，坚决不乱吃乱喝乱交友，做到堂堂正正；在工作上要严要求，坚决摒弃特权思想和侥幸心理，不做与自己身份不相称的事情，始终干干净净。总的来讲，每一名纪检监察干部都要始终绷紧一根弦，守规矩、讲纪律、明法纪，永葆共产党人的蓬勃朝气、昂扬锐气、浩然正气。

四要提高水平。纪检监察干部的工作水平，关系全省纪检监察工作成效，也事关转型跨越发展大局。纪检监察工作既要发现问题、处理问题，又不能因为工作方法简单而影响工作效果。这就要求纪检监察干部必须大力提高法制水平、政策水平、业务水平，善于学习政策、全面掌握政策、正确执行政策，充分发挥政策的导向和规范作用。要提高组织协调能力，推进党风廉政建设责任制的落实，充分调动各方面的积极性，形成齐抓共管的合力。要增强依法行政的能力，牢固树立执纪执法者首先遵守纪律和法律、严格运用纪律和法律的意识，认真执行党章规定和国家法律法规，把依法依纪办事贯穿于工作的全过程。省委常委要从自身做起，带头廉洁自律，在廉洁从政上为全省广大干部作出表率。

省委常委经过认真研究，决定除认真执行中央对党员领导干部的廉政准则要求外，特别向全省干部群众郑重作出八项承诺：一是不接受任何单位或个人的礼金、购物卡、有价证券和贵重物品；二是不干预或插手工程建设项目承发包、土地使用权出让、政府采购、房地产开发与经营、矿产资源开发利用、中介机构服务等市场交易活动；三是不超标准配备使用车辆；四是不允许配偶、子女、亲友和身边工作人员利用自己职务上的便利和影响谋取私利；五是不多占用住房，不买卖经济适用房等保障性住房；六是不搞个人封官许愿，不搞任人唯亲，对跑官要官、买官卖官要予以制止；七是不搞迎来送往和超标准接待，下基层轻车简从；八是不参加高档娱乐活动，未经批准不参加庆典、研讨会、论坛等活动。以上承诺，请全省各级党组织、广大党员干部和人民群众进行监督。

这里还想强调的是，我来山西履职的第一天，就在全省领导干部大会上作出承诺，绝不允许亲属和身边工作人员谋私利，凡是打着我的旗号做生意、谈项目，一是大家不要相信，二是坚决不能帮，三是绝不允许办。省委常委会在讨论时，大家都表态赞成这三条，并委托我在今天这个会上作为各位常委的自律性要求作出声明，一方面是亮明我们的态度，以实际行动带头自律，一方面是希望广大干部加强监督，在遇到打着我们的旗号做生意、谈项目的人时，坚决按这三条办，直至向有关部门检举。各位常委认为，这是对我们最好的帮助和爱护。

同志们，“十二五”发展的帷幕已经拉开，党风廉政建设和反腐败工作任务艰巨而繁重。让我们紧密团结在以胡锦涛同志为总书记的党中央周围，坚定信心、牢记使命，扎实工作、锐意进取，不断开创党风廉政建设和反腐败斗争新局面，为转型跨越发展提供坚强保证，以优异成绩迎接中国共产党成立90周年！

在全省县域经济暨农村工作会议上的讲话

（2011年2月25日）

袁纯清

这次全省县域经济暨农村工作会议，是在省委、省政府领题调研、认真准备的基础上召开的。主要任务是，深入贯彻落实党的十七届五中全会、中央农村工作会议精神和省委九届十一次全会、全省“两会”精神，研究部署县域经济及农业农村工作，进一步统一思想、明确任务、强化措施，促进全省县域经济转型跨越发展。刚才，王君同志作了一个很好的讲话，对推进县域经济发展进行了全面部署，各级各部门要抓好贯彻落实。会议表彰了在“十一五”经济社会发展和县域经济发展中涌现出的先进集体，集中体现了我省县域经济的发展水平。我们向获奖集体表示热烈祝贺！下面，我再强调四点意见。

一、要把握发展县域经济的新定位

县域经济是国民经济中与城市经济相对应的基本经济单元，是以县城为中心、乡镇为纽带、农村为腹地的区域经济，是以县级政权为主体优化配置资源、获取竞争优势的特色经济。当前，县域经济已不再是单纯的自然经济、农业经济、传统经济，而是重要的板块经济、市场经济、转型经济。在我省转型跨越发展大局中，县域经济具有基础性、全局性、根本性。

首先，发展县域经济是加快转型跨越发展的重要支撑。县域经济涉及到生产、流通、消费、分配各环节和三次产业各部门，是功能完备的综合经济体系。县域经济的强弱直接影响着整体经济的兴衰。全省119个县（市、区）中85个产煤，没有产煤县的“以煤为基、多元发展”就没有全省的经济转型。县域经济占全省经济总量的58.8%，没有县域经济的翻番，就没有全省经济的跨越。建设国家资源型经济转型综合配套改革试验区，县域经济更是先行先试的关键领域。概括地说，全省经济要全面转型必须以县域经济的转型为基础，全省经济要真正跨越必须以县域经济的跨越为依托。

第二，发展县域经济是破解“三农”问题的根本途径。全省农业人口超过1800万，占总人口的一半还多，解决“三农”问题的根本出路是农业工业化和农村城镇化，必须跳出农业抓农业，跨出农村看农村。县域经济既是宏观经济和微观经济的结合点，又是城乡结合部，工业化、城镇化、现代化是县域经济的发展主题和方向。发展县域经济是解决“三农”问题的切入点和根本途径，县域经济发展的过程就是逐步地全面地解决“三农”问题的过程。

第三，发展县域经济是推进城镇化建设的重要抓手。在我省“一核一圈三群”的城镇化布局中，县城和重点小城镇都是重要基础和环节，加快以县城为中心的城镇化建设，是最廉价最快捷的城镇化推进模式，既可以避免大城市的人口压力和各类城市病的出现，又可以为县域经济发展提供有效载体。江苏苏南地区，以发展县域经济为龙头带动小城镇建设，该区城镇化率已经达到70%，接近发达国家水平。相比较而言，我省小城镇建设还相对滞后，只有加快发展县域经济才能带动小城镇提速发展，从而带动全省城镇化进程。

第四，发展县域经济是再造一个新山西的重点难点所在。我省与发达地区相比，主要落后在县域经济，从全省的经济格局来看，县域经济这一板块相对较弱。我们提出“十二五”时期实现主要经济指标翻番、再造一个新山西，在所说的六项主要经济指标中，四项以县域经济为主。其中难度最大的是农民人均纯收入翻番，而且增长速度要快于城镇居民收入。目前农民来自务工的工资性收入已经上升到了两成左右，从新增的收入来看，一半以上是来自务工收入，务工收入越来越成为农民增收的一个主渠道，农民要增加收入必须转移到城镇和非农产业以及农业产业化。县域经济发展了，才能够为农民提供更多的就业机会、增收机会，实现农民收入的快速增加。

二、要树立发展县域经济的新理念

面对推动转型跨越发展的新任务和建设转型综改试验区的新机遇，面对加快转变经济发展方式的新要求，推动县域经济发展有着新的内容和要求，必须转换思维、创新理念。

发展县域经济首先要坚持走特色之路。山西是历史文化大省、煤炭资源大省和特色农产品大省，119个县（市、区）共同秉承着山西独特的资源禀赋，在全省这盘棋中，都是特色鲜明、不可或缺的重要棋子。从经济规律来说，比较优势战略是实现经济成功的核心所在。我省每一个县（市、区）都具有别人所不可比拟的自身特色，既是比较优势所在，也是发展依靠所在，因而发展县域经济说到底是培育特色经济的过程。要顺应世界潮流，瞄准发展前沿，用好资源禀赋，因地制宜制定发展战略，打造具有鲜明地方特色的县域经济。既要打造10个以上像孝义那样的强县，又要培育一批有活力、发展快、个性强的特色县。

发展县域经济关键要强化主体作用。群众是创造历史的主人，县级党委、政府是县域经济的主要责任人。发展县域经济的责任主体在县级，工作主体和实施主体也在县级，也可以说成败在县级。在省市和社会各界的支持下，只有增强县级造血功能，激发内生动力，才能促进县域经济可持续发展，县域综合实力才会不断增强。就是说，一定要把强化县级主体作用放在首要位置，通过扩权强县、加大财政和金融扶持等手段，对县级给予更大支持，完善县级主体功能，激发县级内生动力。

发展县域经济重点要形成竞争格局。实践证明，在县域经济发展中，没有激励就没有竞争，没有竞争就没有压力，没有压力就没有动力。从全省层面来看，各个县齐头并肩、亦步亦趋不是发展，你追我赶、百舸争流才是希望。近年来，我省不断完善对县域经济的监测考核体系，产生了较好的影响力和导向力。今后，必须进一步加大对县级的考评力度，鼓励先进，鞭策落后，促进各县锐意进取，奋勇争先。

发展县域经济根本要靠鼓励创新。客观地讲，县域经济是最具活力、最富有创新潜力的板块，许多改革都是最先从县域突破、取得经验，再逐步推广的。从大环境来看，建设转型综改试验区拉开了我省大发展、大改革、大转型的序幕，县域处于试验区的最前沿，坚持改革创新是大势所趋。从县域本身来看，许多历史矛盾和发展欠账在县域沉积，不从县域这个层面发力改革、推动创新，就难以给转型跨越发展提供动力源泉。要鼓励各县消除制约县域经济发展的体制机制障碍，在领异标新、争奇斗妍中又好又快发展。

三、要实现发展县域经济的新突破

发展县域经济是一项系统工程，只有找准着力点，重点突破，推动县域经济向产业经济集中、向工业经济集中、向城镇经济集中，才能加快壮大县域经济。着眼于转型跨越发展的需要，我认为要在以下五个方面实现突破。

一要在发展“一村一品”、“一县一业”上实现突破。山西农业的根本出路是发展现代农业，而现代农业的产业基础在于“一村一品”、“一县一业”。做好我省“三农”这篇大文章，必须首先发展好“一村一品”、“一县一业”。客观地讲，山西农业虽小而优，虽弱而特，有许多独特的优势，只有把这种优势建立在“一村一品”、“一县一业”上，推动规模化和产业化，才能创造出更大价值。发展“一村一品”、“一县一业”，对传统农业是思想上的革新，方式上的转变，也是效益上的跃升，我们要坚定目标，矢志前行，努力用五年时间建成1万个“一村一品”专业村和60个“一县一业”基地县。当前重点要抓紧建立领导机构，完善组织体制；制定具体政策措施，建立政策体系；加大宣传发动力度，调动农民积极性，营造浓厚氛围。

二要在县域工业化上实现突破。一方面，我省正处于工业化加速期，工业化仍是推动国民经济发展的主要动力，离开工业化搞发展就是纸上谈兵。另一方面，我省大多数县属于资源型县份，最大限度地用好资源是发展县域经济的根本依托。因此，在县域经济发展中，必须坚持以县域工业化为主导。这个战略确定以后，需要进一步把握好三个关键问题：工业化要以培育主导产业为重要环节。就是要着眼县域这个有限空间，坚持有所为、有所不为，发挥资源优势，进行深度开发利用，放大资源效应，形成一两个打翻番仗的产业。工业化要以提升传统产业和培植新兴产业为主要抓手。传统产业以循环经济为基本路径；新兴产业要抓引进抓培植。工业化要以园区为主要承载。就是一个县要倾力打造一两个园区，在招商引资上用资源变资本、换技术，在项目建设上增强要素供给能力，既要有中生优，更要无中生有，建成一批具有较强影响力的循环类经济园区、高新技术园区、现代农业园区和现代服务业园区。

三要在城镇化上实现突破。让农民向城镇集中，让农村向城镇转变，不仅是大势所趋，是民之所愿，更有利于激活县域内的资源、资金、技术等要素，加快县域经济发展。因此，必须把推进城镇化作为县域经济发展的重要承载，重点是抓好县城这个龙头和建制镇这个节点。在县城建设上，要扩大规模、增强实力、完善功能，引导生产要素和优势资源向县城集中。在建制镇建设上，要坚持政府主导、市场化运作的方式，加大扶持力度，加快产业培育，建设一批特色名镇。具体操作中，还要尽快组织修订县城的总体规划，抓紧研究制定下放权限、改革户籍制度等支持重点镇发展的具体措施。要在落实配套资金的基础上，创新体制机制，完善城镇建设融资平台。

四要在统筹城乡发展上实现突破。马克思曾说过，城乡关系的面貌一改变，整个社会的面貌也跟着改变。县域是城乡统筹的关键层次和核心舞台，只有实现城乡统筹，才能实现经济、政治、文化、社会、生态的协调发展。当前，城乡统筹的任务十分艰巨，必须努力缩小三个方面的差距。首先是加快新农村建设步伐，提高新农村建设水平，扩大新农村连片建设区域，努力缩小与城镇发展水平的差距；第二是通过完善农村路网水电等基础设施，大力实施农村新的“五个全覆盖”，努力缩小与城镇基础设施上的硬件差距；第三是着眼构建统筹城乡的社会保障体系，重点提高农民的社会保障水平、收入水平、健康水平和科技教育水平，维护农民切身利益，努力缩小与城镇居民生活质量和素质建设方面的差距。同时，还要统筹城乡规划、统筹产业发展、统筹管理制度，实现城乡更深层次的融合互动。

五要在转变发展方式上实现突破。县域经济是基层经济，但不是低层经济，不能走粗放发展、重复建设、先污染后治理的老路，必须在科学发展的基础上实现强县惠民，做到经济效益、社会效益和生态效益的统一。一些地方在发展中不惜破坏生态，一些地方只追求短期政绩而不顾百姓安康，既是发展理念的错误，更是发展方式的落后。对此，我们必须以绿化山西、气化山西、净化山西、健康山西为突破口，加快县域经济发展方式转变。第一是大力推进节能减排，建立完善的节能减排标准体系、政策支撑体系、监督管理体系和技术服务体系。第二是强化环境准入和环境管理，大力淘汰落后产能，提高技术、工艺和装备水平，逐步实现由末端治理向全过程控制转变。第三是加强生态建设和修复，每年都要安排一两个重点生态工程，加大投入力度，加强督促检查，为县域经济发展和人民安居乐业营造良好生态环境。

四、要强化发展县域经济的新举措

县域处于“城尾乡头”，处于国民经济宏观与微观的结合部，处于贯彻落实上级决策的第一线，直接面对广大群众，相对来说，整合资源有限，面临困难更多，发展难度较大。同时，县级也是出效益、出经验、出干部的地方。这就要求我们要以更大的决心、更实的举措、更高的标准，集聚各方面力量，共同推动县域经济发展。在组织领导层面，省委、省政府将成立县域经济工作领导组，制定促进县域经济发展的重大政策和措施，加强对县域经济的领导和指导；各级党委、政府要把支持县域经济发展作为推进转型跨越发展的一项基础性工作，建立支持县域经济发展的长效机制；有关部门要把服务县域经济发展作为重要职责，制定支持和促进县域经济发展的具体政策措施。在目标考核层面，要建立健全对县域经济社会发展的考核评价体系，把县域经济发展水平列入省、市、县三级党政班子和主要领导考核范畴，对年度县域经济社会发展10强县、5强区和争先进位10快县、5快区，省委、省政府要给予表彰奖励，把考评结果同干部的奖惩、使用相结合，鼓励各县（市、区）争先进位、勇创一流，形成关心、支持和献力县域经济发展的良好局面。在队伍建设层面，要把县级领导班子建设放在更加突出的位置来抓，抓住今年换届的机遇，在坚持德才兼备、以德为先标准的前提下，把政治坚定、工作务实、熟悉基层、具备较强领导经济工作和构建和谐社会能力的干部，充实到县级领导岗位上。尤其是注重选配好县（市、区）党政领导班子一把手。要适应县域推进工业化、城镇化和农业现代化的需要，进一步优化县级领导班子的知识、专业和年龄结构，切实加强班子的思想、能力和作风建设，不断提高县级班子的领导能力和领导水平。

借此机会，我给县（市、区）委书记、县（市、区）长提四点要求，一是要提高学习力。要抓好理论学习，打好理论基础，坚定理想信念；要围绕县域经济发展所需要的工业经济、金融贸易、社会管理、城镇建设、安全稳定等方面加强学习，围绕转型跨越所需要的循环经济、新兴产业和现代农业等方面加强学习，围绕信息化时代所需要的应对新兴媒体的知识加强学习，提素质、强本领，做一个有时代感的领导者。二是要提高引领力。一方面是工作的引领力，善于谋划发展思路，把握发展方向，带领干部群众前进；一方面是形象引领力，用人格的魅力、过硬的作风、良好的口碑，为干部群众作出榜样。三是要提高创新力。敢于在转型跨越的进程中创造新的更好的路径模式，敢于在大开放的背景下承接产业转移、拓宽发展半径，敢于在转型综改试验区的总揽下不等不靠、先行先试、大胆实践，全面推进思路创新、产业创新、工作创新，让县域的改革创新活力充分迸发出来。四是要提高执行力。上面千条线，下面一根针。能不能把中央和省委、省政府的重大决策部署落到实处、惠及于民，关键在县级。要认真贯彻落实省委九届十一次全会、全省经济工作会议和全省“两会”作出的决策部署，做好县级“十二五”规划与省级、市级规划的衔接配套，做到目标一致、方向一致、措施一致，切实解决在落实规划过程中遇到的困难和问题，加大督查力度，善于攻坚克难，确保我省“十二五”规划作出的各项部署都能在县级开花结果。

县域天地广阔，发展大有可为。我们要抓住机遇，勤奋工作，开拓创新，为推动我省转型跨越发展、加快强省富民作出新的贡献！

在全省县域经济暨农村工作会议上的讲话

（2011年2月25日）

王　君

这次会议的主要任务是，贯彻落实中央农村工作会议和省委九届十一次全会精神，按照全省经济工作会议和省“两会”的总体部署，总结“十一五”及2010年全省“三农”工作，安排2011年“三农”工作，重点是部署加快发展县域经济的相关工作。省委、省政府对这次会议高度重视，省委常委会、省政府常务会分别就贯彻落实中央农村工作会议精神，做好“三农”工作特别是加快发展县域经济进行了专题研究。下面，我就加快发展县域经济及做好今年的“三农”工作，讲几点意见。

一、充分认识县域经济在全省经济社会发展全局中的重要地位和重要作用，进一步增强加快发展县域经济的紧迫感和责任感

刚刚过去的“十一五”，是我省发展史上极不平凡的五年。五年来特别是应对国际金融危机冲击两年多来，面对保增长保民生保稳定的繁重任务，面对经济结构深层次矛盾的重重困扰，面对安全生产的巨大压力，省委、省政府团结带领全省广大干部群众，深入贯彻落实科学发展观，奋力进取、扎实工作，经济社会发展和各项工作都取得了新的成就，圆满完成了“十一五”规划目标任务。应对国际金融危机冲击取得决定性胜利，经济发展跃上一个新的台阶。初步测算，2010年全省生产总值达到9088亿元、比2009年增长13.9%，财政总收入完成1810.7亿元、增长17.8%，一般预算收入完成969.7亿元、增长20.3%，分别是2005年的2.2倍、2.4倍和2.6倍；城镇居民人均可支配收入、农民人均纯收入分别达到15648元、4736元，增长11.8%、11.6%。重点工程建设实现历史性突破，基础设施明显改善。五年来，不断加大投资力度，全力实施应对国际金融危机两年投资1万亿元的计划，进一步加大重点工程项目建设，取得明显成效。一批铁路、公路、机场、水利、社会事业等重点工程项目建成并投入使用，尤其是高速公路建设掀起新高潮，去年建成1037公里，全省通车总里程已突破3000公里。煤炭资源整合煤矿兼并重组取得重大成果，经济发展方式转变和经济结构调整迈出新的步伐。全面实施十大产业调整振兴规划，主要行业呈现出速度质量效益同步提高的良好态势。深入推进煤炭资源整合煤矿兼并重组，全省煤炭产业水平显著提高，安全生产状况明显改善，采矿秩序明显好转，能源基地的地位进一步巩固，为全省经济社会又好又快发展奠定了坚实的基础。社会事业全面发展，民生得到进一步改善。高度重视发展科技、教育、文化、卫生、体育等各项社会事业，着力保障和改善民生，城镇登记失业率控制在4%以内，建设各类保障性住房90万套，城镇社会保险综合覆盖率达到87%。安全生产的被动局面得到扭转，安全生产形势明显好转。全省各类安全生产事故死亡人数在2009年比2008年减少1018人的基础上，2010年又比2009年减少505人，煤炭生产百万吨死亡率由2005年的0.905下降到0.187。安全生产形势的明显好转，不仅保护了人民群众的生命财产安全，保护了大批的干部，也大大地改变了山西的对外形象。与此同时，节能减排扎实推进，生态环境发生了明显变化；改革开放取得新的进展，发展的动力和活力进一步增强。

“十一五”时期，也是我省农业发展形势最好、农村面貌变化最大、农民得到实惠最多的时期。不断加大强农惠农力度。全省“三农”投入累计达1600多亿元，其中仅省级财政2009年、2010年两年投入就高达300亿元。制定实施玉米最低收购保护价等“五项补贴政策”、设施蔬菜大县奖补等“八项惠农政策”、盐碱地改造等“七大强农工程”。全面加强农业基础设施建设。加大农田水利建设力度，完成高标准旱作农田、节水灌溉农田和中低产田改造2000万亩，农业综合生产能力稳步提高，五年粮食产量年均超过百亿公斤，特别是去年达到108.5亿公斤，创历史新高。大力发展现代农业。启动运城、晋中、大同三大现代农业示范区建设，大力实施农产品加工龙头企业“513”工程，农业发展方式转变取得积极进展；种植业、养殖业、农产品加工业等农业内部结构逐步改善，玉米、蔬菜、水果种植面积不断增加，畜牧业在农业中的比重达到25.4%，农产品加工转化率达到近40%。扎实推进新农村建设。完成9098个新农村试点村和重点推进村建设任务，深入实施“五大扶贫”工程，105万贫困人口实现脱贫。完成营造林2335万亩。不断深化农村改革。集体林权制度改革确权任务基本完成，土地流转试点稳步开展，农村金融改革积极推进，一批小额贷款公司和村镇银行组建运行。着力发展农村公共事业。农村义务教育实现全免费，新型农村合作医疗参保率达到94.3%，新型农村社会养老保险试点扩大到50%以上的农业县，127.9万农村低保对象和14.2万农村五保对象实现应保尽保。特别是全力推进农村“五个全覆盖”工程。两年共投资300多亿元，新建通村水泥（油）路2.5万公里，改造中小学校舍9483所，建成村级卫生室6971个，建成各类饮水工程1.2万处，完成9638个村的村通广播电视任务，圆满实现全覆盖目标，农村村容村貌和生产生活条件发生了明显变化，广大农民群众得到了实实在在的好处。

五年来，我省县域经济发展也取得了新的成绩。一是县域经济综合实力有所增强。2010年，全省县域经济总量占全省的比重达到58%以上，孝义、襄垣、河津、柳林、介休等14个县（市）生产总值超过百亿元；县域财政总收入占全省的比重超过50%，柳林、孝义、高平、长治、襄垣等15个县（市）财政收入超过20亿元。二是县域经济特色初步显现。各地从实际出发，有的是农业立县，有的是工业强县，有的是服务业兴县，形成了一批特色主导产业，走出了一条各具特色的发展路子。比如，在农业方面，有原平的玉米、山阴的乳业、万荣的苹果、新绛的蔬菜、汾阳的白酒、清徐的陈醋等；在工业方面，有河津的铝业、孝义和介休的焦化、定襄的法兰、高平的铸造、闻喜的钢铁、平定的耐火材料、怀仁的日用陶瓷、祁县的玻璃器皿等；在服务业方面，有侯马的物流、五台和平遥的旅游，等等，都在国内外具有较强的影响力和竞争力。三是县域基础设施显著改善。近年来，我们抓住国家扩大内需的政策机遇，加大重点工程建设力度，全省基础设施尤其是县域基础设施显著改善。目前，建制村都通了水泥（油）路，所有乡（镇）通了等级公路，88个县（市、区）通了高速公路；农村安全饮水问题得到有效解决，自来水普及率超过70%；农村电网改造取得明显成效，基本实现了城乡用

电同网同价，为加快县域经济发展奠定了坚实的基础。四是县域社会事业全面发展。在巩固和扩大义务教育成果的同时，对中等职业教育农村家庭贫困学生和涉农专业学生全部免除学费，招聘6427名特岗教师到贫困地区和农村任教，农村中小学校舍安全改造全面完成，农村办学条件和教育水平进一步提高；深化医药卫生体制改革，63%的县（市、区）基层医疗卫生机构实行国家基本药物制度，县乡村三级医疗卫生服务体系逐步完善；扎实推进文化惠民工程，县乡村文化基础设施明显改善；科技事业、体育事业不断进步，公共服务能力明显增强。与此同时，基层组织和民主法制建设进一步加强，社会保持和谐稳定。五是县域经济发展氛围日益浓厚。省委、省政府高度重视县域经济发展，特别是去年把发展县域经济作为事关我省经济社会发展全局的重大课题进行了深入调研、集中研讨，今年省委常委会、省政府常务会专题研究了扶持县域经济发展的政策措施，并确定召开这次由市委书记、市长、有关厅局主要负责同志和县委书记、县长参加的高规格会议，部署县域经济发展相关工作，必将对加快县域经济发展起到积极的推动作用。同时，各地也都高度重视加快县域经济发展，不断完善发展思路，强化推进措施，形成了加快县域经济发展的浓厚氛围。

在看到成绩的同时，我们也要清醒地认识到，我省县域经济发展与发达省份相比还存在较大差距。一是经济规模不大、实力不强。从县域生产总值这一指标来看，我省县均仅有45亿元，不仅大大低于江苏的363亿元和浙江的209亿元，低于全国85亿元的平均水平，也低于中部六省65亿元的平均水平。在“全国百强县”中只有孝义1家，而且仅排在第70位。二是产业层次不高、发展方式粗放。绝大多数的县，农业生产仍然没有从根本上摆脱靠天吃饭的局面，农业产业化发展滞后，农产品加工转化率低；工业中能源原材料产业占到70%以上；服务业比重仅为30%左右，且多为传统低端业态。县域经济增长还停留在主要依靠资源产业产品规模扩张的阶段，科技创新的支撑作用明显不足。三是发展不平衡、区域发展的协调性较差。到目前为止，全省还有57个贫困县，包括35个国定贫困县和22个省定贫困县，贫困县数量占到县（市）总数的59%，有4个县生产总值不到10亿元，5个县财政总收入不到亿元。最低的永和县生产总值仅4.6亿元，财政总收入2313万元。尤其是各级各部门对县域经济发展的认识和重视程度不够，没有站在经济社会发展全局的高度来谋划和推进县域经济发展；对县域经济发展研究得不深，思路不宽、办法不多、推进不力，囿于固有观念和传统思维方式，局限在完全依赖第二产业特别是煤炭等矿产资源的开发上，停留在挖煤、卖煤的低级阶段；体制机制改革滞后，县域经济发展活力动力不足，等等。所有这些，不仅制约着县域经济的发展，而且影响到全省经济的发展，务必引起高度重视。

常言道，“郡县治，天下安”。自古以来，县一级就在整个国家政权中占有重要地位。在新的历史阶段，加快县域经济发展，具有非常重大的意义。第一，加快发展县域经济，是实现转型跨越发展、再造一个新山西的重要支撑。我省90%的国土面积在县域，73%的人口在县域。没有县域经济的发展，就没有全省经济的发展；没有县域经济实力的快速提升，就没有全省经济实力的快速提升。“十二五”时期，要加快转型跨越发展，实现主要经济指标翻番、再造一个新山西的宏伟目标，必须把县域经济摆在重要位置，以县域经济的大发展支撑全省经济的新跨越。第二，加快发展县域经济，是统筹城乡发展、促进城乡一体化发展的重要选择。当前，无论是从全国来讲，还是从我省来看，城乡二元结构都是经济社会发展中最为突出的问题。要破解城乡二元结构这个难题，统筹城乡协调发展，必须紧紧抓住县域经济这一重要平台。只有县域经济发展壮大了，才能更好地发挥以城带乡的作用，才能形成城乡经济社会一体化发展的新格局。第三，加快发展县域经济，是推动资源型经济转型综合配套改革试验区建设、全面建设小康社会的重要举措。我省是典型的资源型省份，而绝大多数县（市、区）的经济是资源型经济，全省119个县（市、区）中有85个是产煤县。推动资源型经济转型综合配套改革试验区建设的主要任务就是推动县域资源型经济的转型。全面建设小康社会重点在农村，因为没有农村的全面小康，就没有全省的全面小康；没有农村的现代化，就没有全省的现代化。为此，只有县域经济抓好了，才能促进资源型经济全面转型，实现全面建设小康社会的目标。第四，加快发展县域经济，也是全面实现民生改善、促进社会和谐的重要途径。经济社会协调发展、居民收入增长与经济发展同步，差距在农村，难点在农民。只有发展壮大县域经济，才能更多地增加就业岗位，不断提高居民收入水平；才能进一步推动农村社会事业发展，切实解决好民生问题；才能有效化解社会矛盾，促进社会和谐。为此，各级各部门要站在全局和战略的高度，充分认识加快县域经济发展的重大意义，高度重视并切实抓好县域经济的发展。

二、准确把握新形势下县域经济发展的新规律和新特点，推动县域经济大发展、大跨越

当前，我国经济社会进入了新的发展阶段，县域经济发展呈现出许多新特点，也面临着难得的发展机遇。纵观全国县域经济发展，我们不难发现，过去那种“大而全”、“小而全”的传统发展模式正在改变，而立足县情，发挥比较优势，做大做强主导产业，走特色发展之路，已成为县域经济发展的鲜明特征；过去那种“村村点火、户户冒烟”，“先污染、后治理”的粗放发展方式已不可持续，园区化承载、集群式推进，走绿色发展之路，已成为县域经济发展的主要形态；过去那种自我封闭、画地为牢的僵化发展思维已难以奏效，适应经济全球化、区域一体化深入发展的潮流，突破县域界限，在更大范围、更广领域优化

资源配置，主动参与国际国内产业分工和协作，走开放式发展之路，已成为县域经济发展的大势所趋；过去那种城乡分割，依靠工农产品“剪刀差”推动城市经济、工业经济发展已成为历史，进入工业反哺农业、城市支持农村的新阶段，加大统筹城乡发展力度，走城乡一体化发展之路，成为县域经济发展的根本途径。同时，我们也欣喜地看到，全省各地经过多年的发展，为加快县域经济发展奠定了雄厚的物质基础和良好的产业基础；我省进入工业化、城镇化快速发展阶段，为加快县域经济发展开辟了广阔的空间；省委、省政府高度重视县域经济发展，作出了转型跨越发展的战略部署，提出了再造一个新山西的宏伟目标，为加快县域经济发展搭建了更大的舞台；资源型经济转型综合配套改革试验区等国家政策支持，为加快县域经济发展提供了巨大的推动力；改革开放不断深化，将进一步释放农村的发展潜能，激发基层干部群众的积极性和创造性，为加快县域经济发展增添强大动力。当前和今后一个时期，我省县域经济发展要坚持科学发展这个主题，围绕加快转变经济发展方式这条主线，按照统筹城乡发展、推动转型跨越发展这一要求，同步推进工业新型化、特色城镇化、农业现代化；要因地制宜、分类指导，突出特色、发挥比较优势，宜农则农，宜工则工，宜服务业则服务业，大力培育发展特色主导产业，有条件的县要率先发展，有潜力的县要加快发展，贫困县要尽快脱贫致富；要加大改革创新力度，不断完善体制机制，着力增强县域经济发展的活力和动力，推动县域经济的大发展、大跨越。重点要抓好以下几方面工作。

（一）大力发展现代农业，夯实县域经济发展基础。农业是稳民心、安天下的战略产业，是县域经济发展的重要基础。无论是传统的农业县，还是工业发展较快的县，都要高度重视“三农”工作，把农业这一基础夯实。一是优化农业产业布局。要按照“十二五”规划中关于建设五大农业产业板块经济的要求，加快建设以肉羊、奶牛和玉米为主业的雁门关经济板块，以玉米、生猪为主业的太行山经济板块，以杂粮、干果为主业的吕梁山经济板块，以蔬菜、水果、禽业为主业的晋中经济板块，以小麦、苹果和蔬菜为主业的晋南经济板块。着力抓好“一村一品”、“一县一业”推进工程，建设一大批专业村和基地县。各县（市）要按照省里的部署，制定并实施好“一村一品”、“一县一业”发展规划，加快形成集群式、板块化推进的特色农业发展格局。二是深入推进农业结构调整。要按照“稳定粮食、做强畜牧、提高果菜、发展加工”的思路，着力抓好粮食高产创建工程、设施蔬菜建设工程、规模健康养殖工程和干鲜果发展工程。继续推进运城、晋中、大同三大现代农业示范区建设和农产品加工龙头企业“513”工程，引领带动全省现代农业加快发展。各县（市）要从实际出发，宜粮则粮、宜牧则牧、宜菜则菜、宜果则果，大力发展特色农业，实现农业产业化、规模化、集约化、标准化经营，促进农业增产、农民增收。三是建立健全农业服务体系。要加强农技推广体系建设，促进农业实用技术推广应用；加强信息服务体系建设，为广大农民提供及时有效的信息服务；抓好农产品流通体系建设，畅通农产品流通渠道；强化动植物疫病防控和农产品质量安全体系建设，确保农产品质量安全；同时，要深入实施农业机械化推进工程，不断提升农业装备水平。四是加大政策支持力度。要在继续实施国家各项强农惠民政策，落实好我省近年来出台的“五项农业补贴”、“八项惠农政策”、“七大强农工程”等一系列强农惠农政策的基础上，今年省里将再投入13亿元，实施灌区水价补贴、农机补贴等“十项惠农政策”；启动实施粮食高产创建工程、现代种业工程等“十大强农工程”。市县在抓好贯彻落实的同时，也要从实际出发，制定出台各自的强农惠农政策，支持农业发展。

（二）加快发展县域工业，壮大县域经济实力。工业化是实现现代化的必由之路，也是发展壮大县域经济的现实选择。在我省发展县域工业，关键是要立足县情、发挥优势，在抓好现有产业的基础上，下大气力延长产业链，发展精深加工，发展非煤产业，实现多元发展。从产业层面讲，既要充分发挥矿产资源特别是煤炭资源的优势，深入推进煤炭资源整合煤矿兼并重组，做好煤炭开发这篇大文章，又要积极延长煤炭产业链条，做好煤炭深加工这篇大文章，把资源优势转化为发展优势、经济优势；既要发挥农业资源优势，做大做强酒类、食醋、乳品、小杂粮等特色食品工业，又要大力发展干鲜果蔬、肉制品等农副产品加工业，提高农产品附加值；既要大力发展焦化、冶金、电力等传统非煤产业，加快传统产业新型化步伐，又要大力发展先进装备制造业、现代煤化工、新型材料工业等新兴产业，加快新兴产业规模化步伐，积极构建现代产业体系。从企业层面讲，既要加强与省内外大企业、大集团的合作，加快培育地方骨干企业；又要大力发展中小企业，实施中小企业成长工程，走“专、精、特、新”的路子，实现与大企业协作配套、共同发展。从推进方法讲，要充分发挥园区的承载作用，打造一批资源集约利用、产业集群发展、服务集聚配套的各类产业园区，促进县域工业集群化、板块化发展。做大做强地方拳头产品，着力培育一批具有较强竞争力和影响力的知名品牌。同时，在依托驻地省属大企业和现有企业发展的过程中，要进一步解放思想，积极承接国外、国内沿海发达省份和先进地区的产业转移，借力发展新的工业。

（三）积极发展县域服务业，优化县域经济结构。服务业的兴旺发达，是现代经济的重要特征，也是衡量县域经济综合竞争力的重要标志。要坚持市场化、产业化、社会化的发展方向，依托第一、第二产业，面向生产、面向生活，大力发展各类服务业。适应加快农业现代化的要求，围绕产前、产中、产后各个环节，抓好农业生产、农业生产资料和农产品销售、农业科技信息服务、农业金融保险等各种农业社会化服务。适应加快工业新型化的要求，围绕提供相关配套服务，大力发展研发设计、科技咨询、信息服务、现代物流等生产性服务业。适应加快县域城镇化的要求，围绕方便人民生活、提高生活质量，大力发展商贸、餐饮、养老、家政等生活性服务业。特别是要充分发挥我省文化底蕴深厚和旅游资源丰富的优势，积极开发新型旅游项目和特色鲜明的文化旅游产品，发展农家乐、乡村旅游、观光农业和森林旅游等旅游项目，做大做强文化旅游产业。要完善支持服务业发展的政策体系，落实好对鼓励类服务业用电、用水、用气、用热与工业企业同价政策，加大金融、税收政策支持和用地保障力度，促进服务业快速发展。这里，需要强调的是，从我省实际出发，发展县域农业、工业、服务业，都要高度重视循环经济的发展。要把循环经济作为县域经济发展的基本经济形态和产业发展模式，大力发展循环型农业、循环型工业、循环型服务业，建设循环型社会，推动资源循环式利用、产业循环化发展。

（四）积极实施大县城战略和百镇建设工程，努力提高县域城镇化水平。城镇化是实现现代化的基本推动力，也是加快县域经济发展的强大动力。加快推进县域城镇化进程，要按照全省城镇化建设的总体要求和“一核一圈三群”的总体布局，统筹规划、合理布局、完善功能、以大带小，高起点规划、高质量建设、高水平管理，统筹推进县城、中心镇和新农村建设，形成城镇化与工业化、城镇化与新农村建设良性互动的发展格局。实施“大县城”战略，抓好县城的扩容提质，加大市政公用设施和公共服务设施建设力度，完善城市功能，提高县城承载能力，引导生产要素和优势资源向县城集中，着力做大做强一批县城，进一步提高县城对经济的辐射带动作用。要推进户籍制度改革，放宽县城落户条件，使在县城稳定就业和居住的农民有序转为城镇居民。实施百镇建设工程，选择100个基础条件较好、发展潜力较大的建制镇，统筹推动基础设施建设、项目产业发展、社会事业发展和资源环境保护，充分发挥其在承接县城、带动农村的桥梁纽带作用。与此同时，要按照“生产发展、生活宽裕、乡风文明、村容整洁、管理民主”的新农村建设“二十字”方针，在继续抓好2000个重点新农村推进村建设的同时，启动实施新农村连片建设提升工程，加快推进新农村建设。

（五）抓好县域基础设施建设和社会事业发展，努力改善县域经济发展的环境和条件。良好的基础设施、完善的社会服务是县域经济快速发展的重要条件。要进一步加大资金投入力度和工作推进力度，努力改善县域经济发展的环境。加强县域基础设施建设。要在抓好高速公路和国道、省道建设，确保2012年全省高速公路通车总里程达到5000公里，基本实现“县县通高速”目标的同时，重点抓好县乡公路建设和通村水泥（油）路养护工作，形成高效、便捷的县域交通网络。要在上一轮农村电网改造的基础上，启动新一轮农村电网改造升级工程，实现城乡用电同网同价，减轻农民用电负担。要按照“气化山西”的要求，依托“三纵十一横”输气管网，在有条件的地方加快输气支线管网建设，力争到2015年县城燃气普及率达到75%左右，建制镇燃气普及率达到50%左右，同时积极发展农村户用沼气、大中型沼气和集中供气工程，提高供气覆盖率。要强化工程管理和维护，巩固提高农村饮水安全工程成果；加强水利建设，提高水利对经济发展的保障能力。要逐步推进县域广播电视网、互联网、电信网“三网融合”，让城乡居民充分享受现代文明。要创新管理运行机制，确保县城污水处理厂正常运行，同时加快农村改水、改厨、改厕、改圈，实行农村垃圾集中处理，不断改善城乡生产生活条件。大力发展县域社会事业。要认真贯彻落实国家和我省中长期教育改革发展规划纲要，加快县域教育事业发展，既要抓好义务教育，又要抓好高中阶段教育，特别是要大力发展中等职业教育，实现各类教育协调发展。要大力发展科技事业，完善科技创新体系，加强科技人才队伍建设，促进科技成果转化，为加快县域经济发展提供有力支撑。要按照中央和我省的统一部署，全面推进医药卫生体制改革各项工作，重点抓好基本药物制度的实施和县级公立医院的改革，启动县域医药卫生一体化综合改革，增强基层医疗服务能力。要加快推进农村综合文化站、文化活动室、农村电影放映站、农家科技书屋、公共健身场所建设和综合利用，大力开展全民健身等群众性体育活动，不断丰富人民群众精神文化生活。着力保障和改善民生。要以农村为重点，积极扩大就业，进一步健全和完善社会保障体系，加大保障性住房建设和农村危房改造力度，尤其是要在进一步完善提升已完成的“五个全覆盖”工程的基础上，全力实施好新的农村“五个全覆盖”工程，即用两年时间，实现农村街巷硬化全覆盖、农村便民连锁商店全覆盖、农村文化体育场所全覆盖、中等职业教育免费全覆盖、新型农村社会养老保险全覆盖，使广大农民群众得到更多的实惠、过上更加美好的生活。

（六）着力推进扶贫开发，加快贫困县脱贫致富步伐。我省是欠发达省份，贫困县数量较多、贫困面较大。抓好扶贫开发，是加快发展县域经济的一项重要任务。要坚持开发式扶贫的方针，加大政策支持、资金投入和工作帮扶力度，增强贫困地区的自我发展能力，加快贫困地区脱贫致富步伐。继续实施片区扶贫开发工程，加快以规模种植、养殖为重点的项目建设，培育带动群众增收的骨干产业；实施移民扶贫工程，扩大移民扶贫范围，提高人均补助标准，确保今年完成移民扶贫5万人的任务；实施整村推进工程，加大投入、整合资源，发展特色产业，改善生产生活条件，提高扶贫效果；实施产业扶贫工程，做大做强一批龙头企业，增强自我发展能力；实施教育扶贫工程，帮助考入大中专学校、高中和职业技术学校的农村困难家庭学生完成学业，提高致富本领。同时，继续抓好机关定点扶贫和企业结对扶贫工作，鼓励社会各界扶贫济困，形成加快贫困地区发展的强大合力，确保今年20万贫困人口实现脱贫。

三、加强组织领导、完善政策措施，为加快县域经济发展提供有力保障

发展县域经济，是一项系统工程，涉及方方面面。各级各部门要高度重视，切实加强组织领导，编制好发展规划，完善政策措施，创新体制机制，推动县域经济发展迈上新的台阶。

一要加强组织领导。全省上下特别是各级领导干部要进一步提高对加快发展县域经济重要性和紧迫性的认识，把思想和行动统一到省委、省政府的决策部署上来。各有关部门要进一步转变职能，增强服务意识，及时帮助解决县域经济发展中遇到的困难和问题。县级党委、政府要把发展县域经济摆在重要位置，明确发展目标，完善发展思路，创新工作机制，推动工作落实。尤其是各县（市）党政一把手要切实担负起推动县域经济发展的主要责任，做到工作有部署、有检查、有落实，大力推动县域经济快速发展。

二要科学编制规划。要按照主体功能区规划、城乡建设规划、土地利用规划、产业发展规划的要求，科学编制好县域经济发展规划，统筹县域基础设施建设、产业发展布局、社会事业发展、生态环境保护等各项工作。规划既要符合全省规划要求，又要体现自身特点；既要全面布局，又要突出重点，实现战略性、前瞻性与针对性的有机统一，以科学的规划引领县域经济快速健康发展。

三要加大政策支持力度。在金融服务方面，要积极争取驻晋金融机构对我省发展县域经济的支持，同时要加快培育发展地方金融机构，重点是抓好农村信用社改革，加快发展农村小额贷款公司和资金互助合作社，扩大村镇银行试点，鼓励有条件的地区以县为单位组建社区银行，不断创新和优化县域金融服务体系。在土地供应方面，要以实施省部创新矿业用地管理机制合作协议为契机，积极整合利用矿用废地，大力推进土地整理开发，实行城乡建设用地增减挂钩政策，提高建设用地保障能力。在科技人才方面，要深入开展科技下乡活动，组织专业技术人员到县、乡、村服务，鼓励科研院所、高等院校与县（市）建立长期稳定的协作关系，鼓励大专院校毕业生到基层创业，加大农村实用技术人才培养培训力度，充分发挥科技和人才对县域经济发展的支撑作用。

四要建立完善体制机制。要进一步抓好“省直管县”财政体制改革试点，切实解决县级财政保障能力不足的问题。积极探索扩权强县的有关政策，省里选择30个综合实力较强、经济发展较快的县（市），在城镇规划建设、土地指标使用、项目审批、财政预决算、社会保障等方面进行扩权试点，把一些能够下放到县级的权限尽可能下放到县，进一步扩大县域经济发展的自主权。要认真贯彻落实国家和我省鼓励引导民营经济健康发展的政策措施，为发展县域经济增添新的动力。要进一步扩大开放，加大招商引资、招才引智的工作力度，提高对外开放水平，以大开放促进县域经济的大发展。

五要严格考核评价。为了保证县域经济的健康发展，省里已制定了县域经济社会发展考核评价办法，这次大会印发大家讨论，修改完善后将正式下发实施。其目的就是要通过考核和评价，引导和激励各地积极发展壮大县域经济。考核指标体系，涵盖经济发展、经济结构、民生改善、资源环境和安全生产等5个方面，包括30多项具体指标。各地和有关部门要按照考核办法，切实加强考核评价工作，并将考评结果同干部的奖惩、使用挂钩，形成人人有责任、有担子，一级抓一级、层层抓落实的工作机制。

最后，我再强调一下做好“三农”工作特别是加快水利改革发展的有关问题。

“三农”工作是我们全部工作的重中之重，抓好“三农”工作对全局工作有着十分重要的意义。关于这项工作在全省经济工作会议上和省“两会”上已经作了部署。这里我想重点强调的是，各级各部门要切实把“三农”工作摆上重要位置，贯彻落实好中央和省委、省政府的一系列决策部署，进一步增加对“三农”的投入，不断加大强农惠农力度；要加强农业基础设施建设，不断提高农业综合生产能力；要深化农业结构调整，促进农业发展方式转变；要加快农业科技创新和推广，强化科技对农业的支撑作用；要大力发展农村公共事业，着力改善和保障民生；要深化农村改革，增强农村发展活力，努力促进农业增产、农民增收和农村繁荣。

关于水利建设问题，对山西来讲这是一个非常重要的问题（我省煤长水短、十年九旱，全省近10年平均降水量473毫米，为全国平均水平的73%；水资源严重不足，全省水资源总量123.8亿立方米、仅占全国的0.4%，人均水资源占有量381立方米、为全国平均水平的17%，人均用水量174立方米、为全国平均水平的40%，亩均灌溉用水量205立方米，为全国平均水平的44%），不仅关乎农业发展，而且关乎全省长远发展，各级各部门对此务必高度重视。加快水利改革发展，就是要贯彻落实好今年中央1号文件精神，把水利工作摆在更加突出的位置，采取多种措施，包括拦蓄地表水、利用黄河水、涵养地下水、促进节约用水，建设山西大水网，切实增强水利对经济的支撑和保障能力，确保全省转型跨越发展的用水需求。今年，水利工作的重点是：要抓好重点水利工程建设项目，包括35项应急水源项目、引黄北干等水源工程项目，包括东山调水、禹门口东扩等“两纵十横、六河连通”大水网建设重点工程项目，包括西山提黄灌溉、十大灌区节水改造和六大泵站更新改造等农田水利建设项目，包括水保淤地坝、小流域生态综合治理等水土保持项目，包括“百县百河”综合整治、百座病险水库除险加固等防洪项目等。要进一步加大水利建设的投入，既要充分发挥政府在水利建设中的主导作用，不断加大公共财政对水利的投入；又要积极引导金融机构增加水利信贷资金，加强对水利建设的金融支持；还要鼓励社会办水，广泛吸引社会资金投入水利建设项目，大幅

度增加水利建设投入。要创新水利发展体制机制，加快水利工程建设和管理体制改革，推行非经营性政府投资项目代建制，充分发挥市场机制在水利工程建设和运行中的作用；积极稳妥推进水价改革，促进用水结构调整和节约用水。

当前，全省旱情依然严峻。各地要认真贯彻国务院常务会议和全国粮食生产电视电话会议精神，认真贯彻落实温家宝总理重要讲话精神和回良玉副总理在我省考察农业生产和抗旱工作时的重要讲话精神，全面落实中央和我省关于做好当前农业生产和抗旱工作的各项决策部署，加强组织领导，强化工作措施，立足于抗大旱、抗长旱，扎实做好抗旱保苗保春播的各项工作，争取今年粮食有个好的收成。

加快县域经济发展、做好“三农”工作，意义重大，任务艰巨。让我们紧密团结在以胡锦涛同志为总书记的党中央周围，解放思想、开拓创新，求真务实、真抓实干，不断开创县域经济发展和“三农”工作新局面，为推动转型跨越发展、实现再造一个新山西的宏伟目标作出应有的贡献！

中共山西省委　山西省人民政府关于印发《山西省中长期教育改革和发展规划纲要（2010—2020年）》的通知

晋发〔2011〕15号

各市、县委，各市、县人民政府，省委各部委，省直各委、办、厅、局，各人民团体,各高等院校：

省委、省政府同意《山西省中长期教育改革和发展规划纲要（2010—2020年）》,现印发给你们，请结合实际认真贯彻实施。

中共山西省委
山西省人民政府
2011年3月23日

山西省中长期教育改革和发展规划纲要（2010—2020年）

序　　言

百年大计，教育为本。教育是民族振兴、社会进步的基石，是提高国民素质、开发人力资源的根本途径。优先发展教育，提高教育现代化水平，对于我省实施赶超战略、加快推进转型跨越发展，具有决定性意义。

我省有着尊师重教的优良传统。新中国成立以来特别是改革开放以来,全省教育事业取得了巨大成就，各级各类教育快速发展，办学条件明显改善，教育改革不断深化，教育水平进一步提高。进入本世纪以来，城乡免费义务教育全面实现，职业教育快速发展，高等教育进入大众化阶段，教育普及程度大幅度提高，教育公平迈出重大步伐。教育的发展为提高公民素质、促进全省经济社会又好又快发展作出了重大贡献。

当前，经济全球化深入发展，科技进步日新月异，人才竞争日趋激烈。未来五到十年，是我省改革发展的关键时期，全省经济建设、政治建设、文化建设、社会建设以及生态文明建设全面推进，工业新型化、农业现代化、市域城镇化、城乡生态化加快发展，人口、资源、环境压力日益加大，经济发展方式加快转变，都凸显了提高公民素质、培养创新人才的重要性和紧迫性。推动转型跨越发展、实现再造一个新山西的宏伟目标，关键靠人才，基础在教育。

面对机遇和挑战，必须清醒认识到，我省教育事业还不完全适应经济社会发展和人民群众接受良好教育的要求。城乡、区域教育发展不平衡，优质教育资源不足与人民群众“上好学”的需求矛盾突出；学校办学活力不强，教育体制机制改革亟待深化；素质教育推进困难，人才培养质量总体水平不高，教育服务经济社会的能力有待进一步提高；教育投入不足，教育优先发展的战略地位尚未完全落实。教育发展的任务异常繁重，深化教育改革的要求十分迫切。

千秋大业，教育为先。各级党委、政府必须始终坚持把教育摆在优先发展的位置，以更大的决心、更多的投入、更实的举措推动教育发展。要按照面向现代化、面向世界、面向未来的要求，适应我省建设国家新型能源和工业基地、现代制造业基地、中西部现代物流中心和生产性服务业大省的需要，坚持育人为本，以改革创新为动力，以促进公平为重点，以提高质量为核心，全面实施素质教育，推动全省教育科学发展，为早日建成中部地区经济强省和文化强省作出新的更大贡献。

一、总体战略

（一）指导思想。

高举中国特色社会主义伟大旗帜，以邓小平理论和“三个代表”重要思想为指导，深入贯彻落实科学发展观，坚持“优先发展、育人为本、改革创新、促进公平、提高质量”的工作方针，落实科教兴省战略和人才强省战略，把教育摆在优先发展的战略地位，适应山西转型跨越发展对各类人才的需求，适应学生健康成长和全面发展的需求，适应人民群众对接受良好教育和终身教育的需求，遵循教育规律，办好人民满意的教育，全面推进教育事业科学发展，加快实现教育现代化。

（二）发展战略。

强化责任，优先发展。落实教育优先发展战略，健全保障教育优先发展的领导体制、决策机制和监督制度。把优先发展教育作为各级党委和政府贯彻落实科学发展观的一项基本要求，切实保证经济社会发展规划优先安排教育发展，财政资金优先保障教育投入，公共资源优先满足教育和人力资源开发需要，充分发挥教育在经济社会发展中的基础性、先导性和全局性作用。

适应需求，加快发展。适应经济社会发展的新要求和人民群众对教育的新期盼，进一步提高各级各类教育的普及程度和水平，加快教育现代化步伐。大力加强教育基础设施建设，不断扩大优质教育资源。办好每一所学校，教好每一个学生，全面提高办学水平和人才培养质量，保障人民群众接受良好教育。

优化结构，协调发展。围绕市域城镇化和产业结构调整，推进教育结构战略性调整。狠抓薄弱环节，大力发展职业教育和学前教育，加强特殊教育，实现各级各类教育全面协调发展。合理配置教育资源，继续加大对农村学校和城市薄弱学校的扶持力度，促进城乡、区域教育协调发

教育事业发展与人力资源开发主要指标

项目	2009年	2012年	2015年	2020年
学前教育				
幼儿在园人数（万人）	64.29	68.0	74.0	91.0
学前一年毛入园率（%）	75.0	80.0	90.0	98.0
学前二年毛入园率（%）	66.0	70.0	75.0	90.0
学前三年毛入园率（%）	51.1	60.0	65.0	80.0
九年义务教育				
在校生（万人）	478.96	425.0	400.0	390.0
巩固率（%）	90.85	93.0	95.0	97.0
高中阶段教育				
在校生（万人）	152.29	154.0	156.0	125.0
毛入学率（%）	85.0	88.0	93.0	95.0
职业教育				
中等职业教育在校生（万人）	71.72	74.0	75.0	60.0
高等职业教育在校生（万人）	27.74	31.0	33.0	38.0
高等教育				
在学总规模（万人）	81.89	92.0	98.0	103.0
在校生（万人）	56.90	64.0	69.0	81.0
其中：研究生（万人）	2.16	2.7	3.2	4.5
毛入学率（%）	26.5	32.0	38.0	45.0
继续教育				
从业人员继续教育（万人次）	594.0	800.0	1000.0	1200.0
人力资源				
具有高等教育文化程度的人口数（万人）	216.0	300.0	390.0	550.0
主要劳动年龄人口平均受教育年限（年）	9.37	9.80	10.5	11.2

展。优化高等学校布局和学科专业结构。建设具有山西特色的现代教育体系。

立足实际，特色发展。引导各级各类学校把多样化人才需求与学校自身办学传统、办学优势结合起来，立足各自的办学层次和类型，找准方向，科学定位，办出特色，努力满足人民群众对更加公平、更高质量、更加多样化教育的需求。

服务转型，创新发展。创新人才培养体制、办学体制、教育管理体制，改革质量评价和考试招生制度，增强教育活力，提升人力资源开发水平。加强基础研究，更加重视应用研究和技术开发，大力推进教学科研成果转化。密切教育与企业、行业、产业的结合，提高创新能力和服务水平，为转型跨越发展提供有力支持。

（三）总体目标。

到2020年，教育发展主要指标达到或超过全国平均水平，在中西部地区率先基本实现教育现代化，基本形成学习型社会，进入教育强省和人力资源强省行列。

实现更高水平的普及教育。基本普及学前教育，学前三年毛入园率达到80%以上；巩固提高义务教育，巩固率达到97%以上；普及高中阶段教育，毛入学率达到95%以上；高等教育大众化水平进一步提高，毛入学率达到45%；职业教育和培训更加发达。公民受教育程度显著提高，主要劳动年龄人口平均受教育年限达到11.2年以上，其中受过高等教育的比例达到20%以上，具有高等教育文化程度的人数比2009年增长150%。教育质量整体提升，人才培养质量、知识创新能力和社会服务水平明显提高。优质教育资源总量不断扩大，人民群众接受高质量教育的需求得到较好满足。

形成覆盖更广的公平教育。教育的公益性和普惠性充分体现，公民依法接受良好教育的权利得到保障。逐步实现基本公共教育服务均等化，缩小城乡和区域差距。切实解决进城务工人员子女和农村留守儿童平等接受义务教育问题。加强民族教育，办好民族学校。健全特殊教育体系，保障残疾人受教育权利。困难群体学生资助制度更加完善。

构建更加完备的终身教育体系。学历教育和非学历教育协调发展，职业教育和普通教育相互沟通，职前教育和职后教育有效衔接。继续教育参与率大幅提升，从业人员继续教育年参与率达到50%以上。现代公民教育体系更加完善，终身教育体系基本形成，促进全体人民学有所教、学有所成、学有所用。

健全更具活力的教育体制机制。人才培养体制开放灵活，考试招生制度更加完善。办学体制逐步优化，管理体制进一步健全。现代学校制度初步形成，教育对外交流与合作不断加强。教育法治化程度显著提高，教育投入保障更加有力。通过改革创新，形成适应我省经济社会发展要求、符合教育发展规律，结构合理、服务有力、科学完善、充满活力的教育体制机制。

二、主要任务

（一）深入实施素质教育。

牢牢把握“坚持以人为本、全面实施素质教育”的战略主题，面向全体学生，坚持德育为先、能力为重、全面发展，培养德智体美全面发展的社会主义建设者和接班人。

1、坚持德育为先。立德树人，把社会主义核心价值体系融入公民教育全过程。加强马克思主义中国化最新成果教育，加强理想信念教育，引导学生树立正确的世界观、人生观和价值观。加强以爱国主义为核心的民族精神和以改革创新为核心的时代精神教育，加强民族教育和国情、省情教育，培养学生服务祖国、服务人民的社会责任感和创新创业精神。加强社会主义荣辱观教育，培养学生良好品质。加强公民意识和健全人格教育，培养社会主义合格公民。

加强和改进未成年人思想道德建设和大学生思想政治教育工作。构建大中小学有效衔接的德育体系，将德育渗透于学校工作的各个环节，贯穿于学校教育、家庭教育和社会教育的各个方面。加强中小学校、中等职业学校德育课程和高校思想政治理论课建设，注重发挥各门课程的德育功能。创新德育形式，丰富德育内容，改革德育工作途径和方法，增强德育工作的吸引力和感染力。加强思想政治理论课教师、辅导员、班主任队伍建设。

2、强化能力培养。创新培养模式，优化知识结构，强化实践锻炼，着力提高学生学习能力、实践能力、创新能力。开发实践课程和活动课程，完善实践教学环节，增强实验、实习、实训的效果。建立覆盖全省的社会实践基地，到2015年，各市要建设一批综合性、有特色的素质教育基地，各县（市、区）要建设一批青少年校外活动中心。开展丰富多彩的校外社会实践活动，促进学生主动适应社会。

3、促进全面发展。加强和改进德育、智育、体育、美育，全面提升学生综合素质。坚持健康第一，建设完善学校体育设施，推进“阳光体育”运动，保证学生每天锻炼一小时，增强学生体质。加强卫生健康教育，全面实施学生体质健康监测制度。加强心理健康教育，建立和完善学校心理健康教育体系。加强美育，丰富学校艺术教育内容和形式，培养学生良好的审美情趣和人文素养。大力推广普通话教学，规范使用汉字。加强劳动教育，培养学生热爱劳动、热爱劳动人民的情感。重视安全教育、生命教育、国防教育、可持续发展教育。

（二）积极发展学前教育。

学前教育对幼儿身心健康、习惯养成、智力发展具有重要意义。到2020年，要全面普及学前一年教育，基本普及学前三年教育。重视0–3岁婴幼儿教育。

1、扩大学前教育资源。把学前教育作为国民教育体系的重要组成部分，纳入经济社会发展规划和城乡建设规划，坚持政府主导、社会参与、公办民办并举的办园体制，加大政府投入，建立覆盖城乡、布局合理的学前教育公共服务体系，保证适龄儿童能接受基本的、有质量的学前教育。大力发展公办幼儿园，支持街道、农村集体和有条件的行政事业单位、企业办幼儿园。鼓励社会力量办园，引导和支持民办幼儿园提供面向大众、收费较低的普惠性服务。努力扩大农村学前教育资源，充分利用中小学布局调整富余的校舍和教师，改扩建和新建一批幼儿园，到2020年所有乡、镇建起标准化的乡镇中心幼儿园。

2、大力提高保教质量。遵循幼儿教育发展规律，建立幼儿园保教质量评估监管体系，防止和纠正“小学化”倾向，促进儿童健康快乐成长。制定幼儿园办园基本标准，建立幼儿园准入和督导制度，核定收费标准，规范办园行为。合理确定生师比，逐步配齐公办幼儿园教职工。实施保教资格准入制度，加强岗位培训，5年内对幼儿园园长和教师进行一轮全员培训。依法落实幼儿教师地位和待遇。教育行政部门要加强对学前教育的指导和管理，相关部门履行各自职责，充分调动社会各方面力量发展学前教育。

（三）高质量普及九年义务教育。

义务教育是面向所有适龄儿童少年的基本公共教育服务，是教育工作的重中之重。到2020年，要全面提高普及水平和教育质量，实现区域内均衡发展。

1、全面提高九年义务教育水平。适应城镇化进程和新农村建设需要，总体规划学校布局。加快推进城镇学校建设，改善农村寄宿制学校办学条件。加大对农村教育和薄弱学校的支持力度，在财政拨款、教师配置、学校建设等方面予以倾斜，保障农村教育发展需要。支持边远山区乡镇办好一批九年一贯制学校，办好必要的农村教学点，方便学生就近入学，努力消除辍学现象。坚持以输入地政府管理为主、以全日制公办中小学为主，保证进城务工人员随迁子女平等接受义务教育，逐步推行接受义务教育后在当地参加升学考试制度。切实做好对留守儿童的义务教育和管理。

建立健全义务教育质量标准和监测制度。严格执行义务教育国家课程标准、教师资格标准，配齐学科教师，开齐开足规定课程。深化课程与教学方法改革，创新课堂教学模式。

2、推进义务教育均衡发展。各级政府要依法落实推进义务教育均衡发展的职责，健全义务教育均衡发展保障机制。实施义务教育学校标准化建设，均衡配置教学设备、图书、仪器和师资等资源，实行县（市、区）域内校长和教师定期合理流动，切实缩小校际差距。扩大优质教育资源，探索鼓励优质教育资源向新城区和农村延伸，鼓励优质中小学校采取多种方式与其他学校协作办学。加大对贫困地区、革命老区的省级财政转移支付力度，努力缩小城乡、区域差距。鼓励有条件的市县率先实现区域内义务教育均衡发展。到2015年，力争全省有80%的县（市、区）、2020年所有县（市、区）基本实现区域内义务教育均衡发展，义务教育公平度、满意度大幅度提高，择校问题基本解决。建立对县（市、区）义务教育均衡发展工作评估、通报和奖惩制度。做好“义务教育均衡发展”国家教育体制改革试点工作。

3、规范义务教育管理。严格规范义务教育阶段学校办学行为，坚决纠正违规补课和乱收费等行为。义务教育阶段严禁设置重点学校和重点班。不得将各种等级考试和竞赛成绩作为学生入学和升学的依据，不得依据考试成绩对教师、班级、学生进行排名和奖励。按照谁主管、谁负责和属地管理的原则，对区域内重大违规办学问题实行严格问责。

发挥政府、学校、社会和家长的作用，努力减轻学生课业负担，率先实现小学生减负。严格控制学生作业量和考试次数，严格控制教学中增加课时和提高难度，严格规范社会补习机构和教辅市场。建立减轻学生课业负担的专项督导制度。

（四）推动普通高中教育优质特色发展。

高中阶段是学生世界观、价值观、人生观形成以及创新能力、实践能力发展的重要时期，对提高公民素质和培养创新人才具有特殊意义。到2020年，要全面普及高中阶段教育，构建高质量、多样化的高中教育发展格局。

1、促进普通高中优质发展。优化高中阶段教育结构，保持普通高中与中等职业学校招生规模大体相当。解决公办普通高中建校债务、教师编制等困难。逐步消除大班额现象。制定普通高中办学标准，到2015年全省所有普通高中达到省定办学标准，做到布局合理，规模适度。加强学校内涵建设，全面提高教育质量，到2020年建成一批国内一流名校。

2、推动普通高中多样化办学。鼓励学校根据各自特点，形成富有特色的多样化办学模式，满足不同潜质学生发展需要。积极支持兴办一批以外语、艺术、体育、科技等为特色的高中学校，鼓励普通高中开设职业教育课程。探索综合高中发展模式，为学生发展提供多元选择的机会。建立健全促进普通高中多样化发展的督导评价制度。

3、提高普通高中学生综合素质。全面落实国家规定的必修课程，创造条件开设丰富多彩的选修课，开发建设富有本校特点的校本课程，形成适应不同学生发展需要的多样化课程体系。积极开展研究性学习、社区服务和社会实践。全面实施高中学业水平考试制度和学生综合发展报告制度。大力推进教学方式和学习方式的改革，注重培养学生多方面的能力，促进学生全面发展。建立学生发展指导制度，加强对学生理想、心理、学业等方面的指导。

（五）大力发展职业教育。

发展职业教育对于改善民生、推动经济发展具有重大意义。到2020年，要形成现代职业教育体系，满足经济社会发展对高技能、实用型人才的需要。

1、完善职业教育体系。把职业教育作为重要的发展工程和民生工程，加大财政投入，完善扶持政策，形成适应经济发展方式转变和产业结构调整要求、体现终身教育理念、中等和高等职业教育协调发展的现代职业教育体系。

加强基础设施建设，优化布局结构和专业设置，构建覆盖城乡、满足人民群众需求的职业教育培训网络，使各类城乡社会群体，特别是青壮年农民和下岗、待岗、转岗工人都能接受职业教育和技能培训。大力发展中等职业教育，逐步推进中等职业教育全免费，完善助学金制度，从2011年起用两年时间实现中等职业教育免费全覆盖，让未能进入高中、大学的初高中毕业生都能接受中等职业教育，学到一技之长。

2、增强职业教育吸引力。大力改善职业学校办学条件，到2015年全省中等职业学校办学条件达到国家基本设置标准，到2020年所有学校达到省级示范职业学校标准。积极开展中等职业教育改革示范学校、优质特色学校和高等职业教育示范校、骨干校建设，不断提高职业院校办学水平。加强实训基地建设，显著提升职业院校实验实训水平，提高实验实训设备使用效率，增强学生动手能力。完善中、高等职业教育衔接沟通的技能型人才培养体系，扩大对口升学比例。严格就业准入制度，积极推行“双证书”制度，执行“先培训、后就业”、“先培训、后上岗”规定。加大对有突出贡献高技能人才的宣传表彰力度，制定从业人员学习钻研奖励制度，提高技能型人才的社会地位和待遇，营造尊重劳动、行行出状元的社会氛围。

3、加快发展面向农村的职业教育。把加强职业教育作为服务现代农业和新农村建设的重要内容。加强基础教育、职业教育和成人教育三教统筹，促进农科教结合。办好县级职教中心，加强农业类职业院校和涉农专业建设。改革农业类职业院校办学模式和人才培养模式，采取灵活的学制和教学方式“送教下乡”，为农民提供多样化的职业教育与培训服务。支持各级各类学校积极参与新型农民、进城务工农民和农村劳动力转移培训。

4、创新职业教育发展方式。建立健全政府主导、行业指导、企业参与的办学机制，制定促进校企合作办学法规，推进校企合作制度化。鼓励行业组织、企业举办职业学校，促进校企双方在实习实训、专业建设、招生就业和教师队伍建设等方面全面合作，培养高技能人才。推进教育教学改革，根据我省产业发展需要调整专业设置，根据岗位需求调整课程设置和教学内容，根据不同的教育对象调整教学方式。创新人才培养模式，实行工学结合、校企合作、顶岗实习和订单培养，增强技能人才培养的针对性和实用性。加强对人才培养的质量监控，定期开展教学质量评估。把毕业生的职业道德、职业能力和就业质量、用人单位满意度作为考核职业院校教育教学质量的主要指标。

（六）全面提高高等教育质量。

高等教育承担着人才培养、科技创新和社会服务的重大任务。到2020年，要形成规模适当、结构合理、质量优良、服务有力的现代高等教育体系。

1、优化结构办出特色。适度扩大高等教育规模。加快推进高校新校区建设和老校区改造。优化高等教育布局结构，加强统筹规划，加快筹建我省急需的煤炭、电力、传媒艺术类本科院校，使每个省辖市至少有1所本科院校和1所高等职业院校，基本满足区域内经济社会发展对人才培养的需要。建立学科专业动态调整机制，大力扶持优势明显、特色鲜明的学科专业，加快发展煤化工、装备制造、新材料、新能源、生物技术、物联网、生态环境、现代农业、文化产业、体育产业等方面的新兴专业。扩大专业学位研究生教育规模，积极发展应用型本科教育，大力发展高等职业教育，增强应用型、复合型、技能型人才培养能力，更好地为我省经济社会发展服务。建立高校分类管理、分类指导体制机制，发挥政策指导和资源配置的作用，引导高校科学定位，克服同质化倾向，形成各自的办学理念和风格，在不同层次、不同领域办出特色，争创一流。支持山西大学、太原理工大学建成学科特色鲜明、具有引领作用的地方高水平大学。具有博士学位授予权的高等学校要积极发挥学科优势，在各自领域建成一批对我省经济社会发展具有重要支撑作用、在全国同类院校有一定影响力的学科专业，增强科技创新和社会服务能力。其他本科院校加强基本办学条件建设和教师队伍建设，不断提高办学水平和教育质量。高等职业院校要创新办学体制机制，探索校企合作、工学结合的人才培养新模式。

2、提高人才培养质量。落实教学工作中心地位，加大教学投入，确保教学资源满足人才培养需求。把教学作为教师考核的首要内容，落实教授、名师为本科生授课制度。加强实验室、实习基地、课程教材等教学基本建设。深化教学改革。探索实行弹性学制，促进文理交融，推进和完善学分制，试行校际学分互认。强化实践教学，重点建设一批省级实验教学示范中心和省级高职实训基地，支持优秀大学生参与科学研究，培养具有创新精神和实践能力的高素质专门人才。建立高校与科研院所、行业企业联合培养人才新机制。严格教学管理，建立健全教学质量标准体系、质量保障体系和质量监测体系。充分调动学生学习积极性和主动性，养成良好学风。加强创新创业教育，健全大学生职业指导和就业服务体系。推进研究生培养机制改革。实施研究生教育创新计划。建立以科学与工程技术研究为主导的导师责任制和导师项目资助制度，推进产学研联合培养研究生的“双导师制”。加大研究生学位论文质量抽检力度。

3、提升学科建设和科学研究水平。加强重点学科建设，依托科研力量较强的本科大学，整合优势资源，遴选一批对我省经济社会发展具有重大支撑作用的优势学科，加大投入，重点建设，力争有一批进入国家重点学科建设行列。加强基础研究和应用研究，提升高校承担重大项目的能力和水平，增强解决实际问题的能力。加强重点实验室、工程研究中心和博士后科研流动站等科研基地和平台建设，建设一批人文社会科学重点研究基地。加大对优秀创新团队、高层次创新人才的支持力度。完善以创新和质量为导向的科研评价机制。

4、增强服务经济社会发展能力。建立和完善产学研用紧密结合的工作机制，推动高校、科研院所、企业资源整合与共享，在山西创新体系建设中发挥重要作用。支持高校与行业、企业共建一批工程（研究）技术中心，组建一批产业技术创新联盟，组织实施一批产学研合作项目。重点围绕与改造传统产业和发展新兴产业相关的共性技术、关键技术，加强联合攻关，承担一批研发项目，形成一批应用性成果，加快成果转化，为推动科技创新和加快经济转型发展作贡献。加强大学科技园建设。充分发挥高校人才资源优势，积极为企业岗位培训、转岗工人和农民工就业技能培训服务，主动开展送教下乡和农业科技服务。大力发展哲学社会科学，推进理论创新，积极参与决策咨询，充分发挥智囊团、思想库作用。

（七）加快发展继续教育。

继续教育是终身学习体系的重要组成部分。到2020年，要基本形成全民学习、终身学习的学习型社会，为所有成年人提供接受继续教育的机会。

1、完善继续教育发展体制机制。省政府成立跨部门继续教育协调机构，统筹指导继续教育发展。将继续教育纳入各市县、各行业总体发展规划，行业主管部门或协会负责制定行业继续教育规划和组织实施办法。健全继续教育激励机制，推进继续教育与工作考核、岗位聘任（聘用）、职务（职称）评聘、职业注册等人事管理制度的衔接。加强继续教育监管和评估。

适应经济发展方式转变，开展大规模知识更新和技能培训。鼓励个人接受继续教育，支持用人单位为从业人员接受继续教育提供条件，全面推行干部自主选学。积极开展干部教育，广泛开展社区教育，大力开展农村成人教育，重视发展老年教育。推进学习型县（市、区）、学习型乡(镇、街道、社区)、学习型单位、学习型党组织创建活动。

2、建设灵活开放的终身教育体系。健全终身教育学习网络。依托高等学校、科研机构、大型企业现有教育机构，建设一批继续教育和干部培训基地。以广播电视大学为依托，办好开放大学，建设远程开放继续教育及公共服务平台，为社会成员终身学习提供服务。搭建终身学习“立交桥”，促进各级各类教育纵向衔接、横向沟通。

（八）支持特殊教育发展。

特殊教育是促进残疾人全面发展、帮助残疾人更好融入社会的基本途径，全社会要关心支持特殊教育。到2020年，建立起完善的特殊教育体系。

1、改善特殊教育办学条件。将特殊教育纳入教育事业整体发展规划，到2015年各市建成功能比较完备的特殊教育学校；30万人口以上的县（市、区）都有一所标准化的特殊教育学校。配足、充实教学设施及康复训练设备，全面改善特殊教育学校办学条件。各级各类学校要积极创造条件接收残疾人入学，不断扩大随班就读和普通学校特教班规模。全面提高残疾儿童少年义务教育普及水平，加快发展残疾人高中阶段教育，大力推进残疾人职业教育。鼓励高等学校招收符合入学条件的残疾学生。鼓励社会力量举办特殊教育。

2、完善特殊教育保障机制。加大对特殊教育投入力度，制定并落实残疾学生人均公用经费标准。从社会福利彩票公益金和残疾人就业保障金中提取一定比例用于特殊教育。逐步实施残疾学生高中阶段免费教育。实行特殊教育学校教职工特殊教育补贴制度。

（九）建设高素质教师队伍。

教育大计，教师为本。要完善培养培训体系，提升教师素质，改善教师待遇，努力造就一支师德高尚、业务精湛、结构合理、充满活力的高素质专业化教师队伍。

1、加强师德师风建设。加强教师职业理想和职业道德教育，增强广大教师教书育人的责任感和使命感。教师要关爱学生，严谨笃学，淡泊名利，自尊自律，以人格魅力和学识魅力教育感染学生，做学生健康成长的指导者和引路人。完善师德考核评价体系和监督机制，将师德作为教师考核评价、聘任（聘用）、评模评优的重要依据。加强高校学术道德和学风建设，严肃处理学术不端行为。

2、提高教师队伍素质。以农村教师为重点，提高中小学教师队伍整体素质。创新农村教师补充机制，完善制度政策，吸引更多优秀人才从教。创新教师培训制度和培训模式，建设一批教师培训基地，建立健全教师培训体系，保障教师培训经费。以教师专业发展为核心，对教师实行每五年一周期的全员培训。加强教师教育，构建以师范院校为主体、综合大学参与、开放灵活的教师教育体系。加大校长、骨干教师培养、培训和管理力度，培养造就一批教育教学名家。

以“双师型”教师为重点，加强职业院校教师队伍建设。实施中等职业学校教师素质提升计划，提高专任教师学历达标率和“双师型”教师占专业课教师的比例。依托高等学校和大中型企业，共建“双师型”培训基地。推行职业院校教师到企业实践制度。建立职业院校特聘教师制度，拓宽职业学校面向企业和社会聘用高技能人才担任专业课教师和实习指导教师的渠道。

以中青年教师和创新团队为重点，建设高素质高校教师队伍。加强教师专业能力培训，提高教师学历学位层次。实施青年骨干教师国内访问学者项目，培养一批教学名师。实施“三晋学者”支持计划，培育一批在国内外有较高学术声誉、对优秀人才有较强凝聚作用的领军人才。建设一批教学科研优秀团队。认真做好高层次人才的培养和引进工作，全面提升高校教师队伍素质。

3、提高教师地位待遇。落实教师绩效工资，依法保障教师平均工资水平不低于或者高于国家公务员平均工资水平。对农村学校教师在工资福利、专业技术职务评聘、表彰奖励、骨干教师培养遴选等方面予以倾斜。落实农村学校教师津贴补贴政策。完善并落实教师医疗、养老等社会保障政策。不断改善教师工作、学习和生活条件，定期对优秀教师进行表彰，营造全社会尊师重教的良好氛围。

4、健全教师管理制度。严格执行教师资格制度，把好教师入口关。县级以上教育行政部门按规定履行中小学教师招聘录用、职务（职称）评聘、培养培训、流动调配和考核奖惩等管理职能，推动教师区域内合理配置和流动。

建立和完善中小学校、中等职业学校、高等学校教职工编制标准和编制定期调整机制。逐步实行城乡统一的中小学教职工编制标准、学校岗位设置标准和教师专业技术职务职数结构比例，对农村边远地区实行倾斜政策。实施国家统一的中小学、中等职业学校教师职务（职称）制度改革。加强学校岗位管理，全面推行教职工聘用制，形成以聘用制和岗位管理为主要内容的新型用人机制。

建立义务教育学校校长、教师定期交流机制。完善城镇新聘教师到农村学校任教服务期制度、城镇教师支援农村教育工作制度，城镇中小学教师评聘高级职务（职称）、评选骨干教师，原则上要有一年以上农村学校任教经历。推广顶岗支教实习模式，置换农村一线教师到师范院校进修。

建立完善教师转岗和退出机制，解决中小学代课人员问题。进一步理顺中小学校长管理体制，建立并推行校长聘任制和任期制，县级以上教育行政部门依法聘任中小学校长。

（十）加快教育信息化进程。

信息技术对教育发展具有革命性影响。到2020年，要形成覆盖全省各级教育部门和城乡各级各类学校的教育信息化服务体系，以教育信息化带动教育现代化。

1、加快教育信息基础设施建设。把教育信息化纳入全省信息化发展整体战略，超前部署教育信息网络，形成覆盖城乡，满足学校、社会、家庭需求的远程教育网络。整合资源，加快山西教育骨干网和山西干部在线学院建设，推进信息系统按标准化要求互联互通。加快终端设施普及，推进数字化校园建设。重点加强农村学校信息基础建设，实现中小学班班都有多媒体教学。

2、加强优质教育资源开发与应用。加强各类教育资源库建设。建立开放灵活的教育资源公共服务平台，促进优质教育资源普及共享。推进教育信息技术应用，提高教师在教学、科研和指导学生学习等方面的应用水平，增强学生运用信息技术主动学习和分析解决问题的能力。加快全民信息技术普及和应用。

3、推进教育管理信息系统建设。建设数据中心和数据采集与技术服务系统，加强基础信息资源建设。建成教育发展监测、分析、决策支持系统和教育电子政务协同工作系统。建立统一的政务门户，建设全省教育管理公共服务平台，构建教育公共信息服务体系。加快学校管理信息化进程，促进信息标准化、规范化。

三、体制改革

（一）深化人才培养体制改革。

1、创新人才培养模式。树立全面发展、人人成才、终身学习、系统培养的人才培养观念，遵循教育规律和人才成长规律，努力促进每个学生全面、健康发展。建立大中小学教育有机衔接，学校、家庭、社会密切配合，普通教育与职业教育互相融通，教学、科研、实践紧密结合的人才培养体制。改革培养模式，注重学思结合、知行统一、因材施教。倡导启发式、探究式、讨论式、参与式教学，培养学习兴趣，提高学习能力。深化教学改革，加强实践教学，建立灵活开放的学习制度。推进分层教学、走班制、学分制、导师制等教学管理制度改革，改进学生升学推荐办法，探索高中阶段、高等学校拔尖学生培养模式。

2、改革教育质量评价和人才评价制度。建立全省中小学教育教学质量标准，完善中小学生综合素质评价的科学方法和基本程序。建立对政府、教育部门、学校工作的科学评价指标体系，克服“应试教育”倾向，坚决扭转和纠正单纯以考试分数和升学率评价教育的倾向，坚决制止向学校下达升学指标和按升学率进行奖惩的错误做法。完善高等学校教学评估和质量年度报告制度。建立社会参与的人才培养质量评价机制，改进人才选用制度，为人才培养创造良好环境。

（二）完善考试招生制度改革。

1、坚持小学、初中免试就近入学。各县（市、区）根据本区域内适龄儿童、少年的数量和分布状况，合理确定本区域内每所学校就近招生范围和招生人数并向社会公布，确保包括农民工子女在内的所有符合规定的适龄学生都能就近入学。改进普通高中考试招生方式，优质普通高中每年招生计划按不少于60%的比例合理分配到初中学校。中等职业学校实行自主招生或注册入学，建立校企联合、订单式培养制度。

2、完善高等学校考试录取改革。逐步实施高等学校分类入学考试。普通高等学校本科招生以统一入学考试为基本方式，参考高中学业水平考试和综合素质评价，择优录取。对高中阶段表现优异的学生，试行推荐录取；对在工作实践中具有特殊才能和特殊贡献的人才破格录取。逐步实施高等职业院校单独组织或校际联合组织入学考试。推进研究生入学考试制度改革，加强创新能力考查，发挥和规范导师在选拔录取中的作用。制定我省成人高等学校招生录取办法。

（三）推进现代学校制度改革。

1、建设中国特色现代大学制度。落实高等学校办学自主权，保障高等学校依法自主开展教学活动、科学研究、技术开发和社会服务，自主管理和使用学校财产及经费，并承担相应责任。完善学校章程，依照章程规范管理学校。坚持和完善公办高等学校党委领导下的校长负责制。健全议事规则与决策程序，依法落实党委、校长职权。完善大学校长选拔任用办法。充分发挥学术委员会的作用，探索教授治学的有效途径。健全工会、共青团组织，发挥教代会、学代会作用，加大政务公开、校务公开力度，保障师生员工参与学校民主决策、民主管理和民主监督的权利。探索建立高等学校理事会或董事会，健全社会支持和监督学校发展的长效机制。

2、完善中小学校管理制度。普通中小学校、中等职业学校实行校长负责制。健全校长负责、党组织发挥政治核心作用、教代会和工会参与管理与监督的运行机制，不断提高学校管理的科学化水平。完善教职工岗位聘用制。积极引导社区、学生及家长参与和监督学校管理。扩大中等职业学校办学自主权。建立和完善校企合作管理机制。

（四）深化办学体制改革。

1、深化公办学校办学体制改革。开展公办学校联合办学、委托管理等试验，扶持薄弱学校发展，扩大优质教育资源。探索让部分优秀中小学校长、幼儿园园长或管理层管理多所学校，共享先进管理经验。推动公办职业院校依托行业、企业办学。完善优惠政策，引导社会资金以多种方式进入教育领域。

2、大力支持民办教育发展。鼓励社会力量以独立举办、共同举办等多种形式捐资、出资兴办教育。制定促进民办教育发展的扶持政策。县级以上政府可采取专项投入、给予奖励等措施支持民办教育发展。依法落实民办学校、学生、教师与公办学校、学生、教师平等的法律地位。加强对民办学校的管理和监督，建立民办学校风险防范机制、学费监管和信息公开制度，促进民办学校行业自律和规范办学。依法明确民办学校变更与退出机制。完善民办学校法人治理结构。加强民办学校党的建设。完善独立学院管理和运行机制。

（五）推进管理体制改革。

1、健全政府统筹管理教育机制。省政府统筹规划全省各级各类教育发展，推动教育改革，制定发展规划、办学条件、教师编制、成本分担等基本标准。落实“以县为主、县乡共管”的学前教育管理体制。健全政府负责、分级管理、以县为主的义务教育管理体制。完善政府统筹、行业参与、社会支持、以市为主的职业教育管理体制，充分调动行业、企业参与办学的积极性。优化以省政府为主管理高等教育的体制，推进省、市共建，鼓励市政府兴办高等教育，或通过设立专项资金、土地划拨等多种形式，支持省管驻地高等学校的发展，增强高等学校服务区域经济社会发展的能力。

2、改革政府管理教育方式。各级政府要切实履行教育责任，建立健全公共教育服务体系，维护教育公平和教育秩序。改进政府宏观调控方式，更多地运用法律法规、规划引导、行业准则、政策指导、信息服务和公共财政等手段引导和支持教育发展，减少和规范对学校的行政审批和直接干预。完善教育行政决策制度，规范决策程序，成立省教育发展咨询委员会，为教育改革和发展提供咨询论证，提高重大教育决策的科学性。

3、完善社会参与机制。充分发挥中小学校家长委员会和家长学校的作用，引导社会、家长参与学校管理和监督。培育专业教育服务机构和组织，发挥教育研究、教育考试、教育评估等服务机构及行业协会、专业学会、基金会等各类社会组织和中介机构在教育公共治理中的作用，提高教育科学化水平。

（六）扩大教育开放。

1、提高教育国际交流与合作水平。鼓励本省院校与境外高水平院校建立校际关系，互派教师、互换学生、互认学分和互授、联授学位。设立“来晋留学政府奖学金”，扩大来晋留学规模，提高留学层次。支持国际汉语教育，支持学校在海外建立孔子学院（课堂）。稳步发展境外合作办学。

2、培养国际化人才。理顺公派出国留学体制，创新和完善公派留学机制。设立奖学金，遴选支持优秀大学生和研究生到国外学习。设立海外培训基地，定期开展大中小学校长和骨干教师海外研修培训。开展国际理解教育试点，培养具有国际视野、知晓国际规则、能够参与国际事务和适应国际竞争的人才。

3、积极引进优质教育资源。依法支持我省高校与国外知名大学通过多种方式合作办学，建立教学实习基地。引进境外优秀教材。吸引更多的高层次外国专家学者来晋工作。加强与港澳台地区的教育交流与合作。

四、重点工程与改革试点

（一）组织实施重点工程。

“十二五”期间，围绕国家重大项目和我省教育改革发展战略目标，着眼于促进教育公平，提高教育质量，增强可持续发展能力，组织实施一批重点工程。

1、学前教育推进工程。支持办好现有的城镇和乡村幼儿园。城市新建住宅小区必须配建幼儿园。“十二五”期间，在全省城乡新建或改扩建1000所公办标准化幼儿园，使学前三年毛入园率达到65%以上，并对幼儿园园长和教师进行培训。

2、义务教育学校标准化建设工程。完善城乡义务教育经费保障机制，改造小学和初中薄弱学校，尽快使义务教育学校师资、图书、教学仪器设备、体育场地达到省定标准，为群众提供优质均衡、公平普惠的义务教育。优先支持农村保留学校办学条件达标，确保新城镇建设和新建小区配建学校达标。改善农村学校寄宿条件，基本满足需要。加强规范化管理，提高整体水平，促进义务教育均衡发展。到“十二五”末，80%的县（市、区）达到义务教育学校标准化要求。

3、职业教育基础能力建设工程。支持建设一批高标准的县级职教中心。支持建设100个省级职业教育实训基地，提升职业教育实践教学水平。完成一批“双师型”教师培训。重点支持建成100所中等职业教育改革示范学校和优质特色学校以及10所高等职业教育示范院校，争取一批学校进入国家建设行列。

4、高等教育质量和水平提升工程。推进高校新校区建设，加快高校危旧校舍改造，2012年底完成改造建设任务。继续支持山西大学和太原理工大学重点建设。适应发展需要，支持建设40个左右对全省经济社会发展具有重大支撑作用的重点学科，支持200个特色专业，新增20个省级重点实验室、30个行业企业共建工程研究中心。深化高校本科教学质量与教学改革工程。实施研究生教育创新计划、产学研合作计划、哲学社会科学繁荣计划和高层次创新人才支持计划。启动“三晋学者”支持计划，引进和培养一批高层次领军人才。

5、农村教师队伍水平提升工程。实施农村义务教育学校教师特设岗位计划和农村学校新任教师学历提升计划，吸引高校毕业生到农村从教。以“国培计划”为示范引领，实施中小学教师培训计划，加大农村骨干教师培训力度。实施名师、名校长培养计划，造就一批教育教学名家。落实农村教师待遇倾斜政策，进一步提高农村教师工资收入水平。建设农村教师周转宿舍。

6、教育信息化工程。为中小学班级配备多媒体远程教学设备。建设有效共享、覆盖各级各类教育的数字化教育资源库和公共服务平台。基本建成较为完备的教育基础信息库。建立办公与文件信息交换、视频会议系统和门户网站，构建教育办公协同与应急指挥体系。建立教育发展动态监测、分析与决策支持系统，构建教育科学决策体系。

（二）组织开展改革试点。

在全面组织实施国家重大改革试点的基础上，针对制约我省教育发展的突出问题和薄弱环节，选择部分地区和学校组织开展改革试点。

1、推进素质教育改革试点。探索减轻中小学课业负担的有效途径和机制。完善中小学课堂教学模式改革。探索开展研究性学习活动和综合实践活动。加强基础教育课程教材建设，推进开发校本课程。开展普通高中多样化发展改革试点，建设一批特色鲜明的普通高中和普职融通的综合类高中。

2、职业教育人才培养模式改革试点。深化职业学校工学结合人才培养模式改革，完善“双证书”制度，开展“双师型”教师队伍建设试点。探索部门、行业、企业参与办学的有效机制，完善职业教育集团运行机制。探索统筹城乡职业教育发展的新途径，推动城乡中等职业学校通过多种形式合作办学。开展财政支持、校企合作、人员互动的职业教育教师特聘制度试点。

3、教师培养模式改革试点。探索建立和完善符合基础教育改革发展需求的课程体系和实践教学体系。积极探索高等学校师范生实习支教与农村教师换岗培训联动机制。探索吸收中小学优秀教师和优秀教研人员参与教师培养教育模式。开展师范生免费教育试点工作。

4、校企联合培养研究生改革试点。支持高校围绕我省新兴产业、支柱产业发展需要，与大型企业联合共建研究生教育创新中心，探索校企合作培养高层次应用性人才的新模式。

5、现代大学制度改革试点。制定和完善学校章程，探索学校理事会或董事会、教授委员会、学术委员会发挥积极性的有效机制。探索行政管理人员聘任制度和专业技术职称评聘制度改革。开展健全高校廉政风险防范机制试点工作。

6、终身教育体制机制建设试点。健全终身教育管理协调体制，探索区域内全日制与非全日制教育的衔接方式，建立完善终身学习网络和服务平台。逐步建立继续教育学习资源中心。统筹开发社会教育资源，广泛开展社区教育和学习型组织创建活动。探索建立“学分银行”制度，实施学分互认。

7、办学体制改革试点。探索公办学校联合办学、中外合作办学、委托管理等形式。探索对营利性和非营利性民办学校实行分类管理。建立民办学校财务、会计和资产管理制度。探索独立学院管理和发展的有效方式。

8、地方教育投入保障机制改革试点。完善多渠道筹措教育经费长效机制。制定各级学校学生人均经费基本标准和学生人均财政拨款基本标准。探索建立教育投入分项分担机制。探索建立对长期在农村基层工作的教师实行工资福利倾斜政策制度。

五、保障措施

（一）保障经费投入。

1、加大财政性教育经费投入。大幅度增加教育投入是教育优先发展和实现教育现代化的重要保障。各级政府要按照教育法律法规规定，年初预算和预算执行中的超收收入分配都要体现法定增长要求，保证预算内教育经费拨款增长明显高于财政经常性收入增长，保证教师工资、学生人均教育经费和学生人均公用经费逐步增长。按实际缴纳的增值税、营业税、消费税的3%足额征收教育费附加，按规定开征地方教育附加，专项用于教育事业。到2012年，确保财政教育支出占全省一般预算支出的比例达到中央核定的比例，并保持稳定增长。

2、健全多渠道筹措教育经费体制。充分调动全社会办教育积极性，多渠道增加教育投入。各地土地出让金要有一定比例用于教育事业。新城镇建设、新建住宅小区必须规划配建中小学、幼儿园。各级各类学校校舍改造实行规费减免。提高企业职工培训经费的提取比例。完善非义务教育培养成本测定办法，合理确定政府、家庭分担比例，适时调整学费标准。完善和落实财政、税收、金融和土地等优惠政策，鼓励和引导社会力量捐资、出资办学。完善捐赠教育激励机制，按有关政策规定，落实个人教育公益性捐赠支出在所得税税前扣除规定。

3、完善教育经费保障机制。义务教育全面纳入公共财政保障范围，建立由各级政府共同负担、省政府负责统筹落实的投入体制。学前教育投入由政府、社会举办者和家庭合理分担，逐步增加政府对学前教育的投入。普通高中实行以财政投入为主，其他渠道筹措经费为辅的机制。中等职业教育实行政府投入为主，行业、企业及其他社会力量依法筹集经费的政策。高等教育实行以举办者投入为主、受教育者合理分担培养成本、学校设立基金接受社会捐赠等多渠道筹措经费机制。建立健全研究生教育收费制度。

制定并提高各级各类学校学生人均财政拨款基本标准，确保学校正常运转。建立与推行以成本分析为基础、与物价水平相一致的各级各类教育生均定额标准动态调整机制。逐步实现义务教育预算内生均公用经费拨款城乡统一标准。大幅度提高普通高校预算内生均拨款标准，达到财政部、教育部关于本科高校生均拨款水平的要求。加大财政补助力度，完善学校债务化解机制，确保2015年基本化解公办学校基本建设债务。

健全各级各类学校家庭经济困难学生资助政策体系，完善助学贷款体制机制。大力推进生源地信用助学贷款。建立对普通高中家庭经济困难学生和研究生的资助和奖学金制度。逐步建立学前教育资助制度。

设立专项经费，为组织实施全省教育重大工程和改革试点项目提供资金保障。

4、健全教育经费监管机制。建立教育经费投入增长监督制度，各级政府定期向同级人民代表大会或其常务委员会报告教育经费预算和决算情况，建立市县政府教育经费增长考核制度。完善经费使用内部稽核和内部控制制度。在高等学校试行设立总会计师职务，公办高等学校总会计师由政府委派。建立经费管理和使用绩效评价监督制度，强化重大项目和经费使用全过程考评和审计。加强学校国有资产管理，防范学校财务风险。规范学校收费行为和资金使用管理。坚持勤俭办学，建设节约型校园。

（二）推进依法治教。

1、完善地方性教育法规。根据国家教育立法进程，结合我省经济社会发展的教育改革的需要，加快教育法制化建设，制定和完善促进本地区教育发展的地方性法规和政府规章。

2、全面推进依法行政和依法治校。各级政府要依法履行教育职责，认真落实教育行政执法责任制，规范教育执法行为，及时查处违反教育法律、法规的行为，努力提高教育依法行政的能力和水平，依法维护学校、学生、教师、校长和举办者权益。完善教育信息公开制度，保障公民对教育的知情权、参与权、监督权。

学校要建立和完善符合法律规定、体现自身特色的学校章程和制度，依法办学，从严治校，认真履行教育教学和管理职责。尊重和维护师生员工的合法权益，加强教师管理。积极开展依法治校创建活动。采取多种形式开展法制宣传和普法教育，提高师生员工法律素质和公民意识。

3、健全教育督导制度。探索建立相对独立的教育督导机构，独立行使督导职能。健全督学制度，建设专职督导队伍。坚持督政与督学并重、监督与指导并重。加强义务教育督导检查，开展学前教育和高中阶段教育督导检查。强化对政府落实教育法律法规和政策情况的督导检查。建立督导检查结果公告制度和限期整改制度。严格实行问责制，主动接受和积极配合各级人民代表大会及其常务委员会对教育法律法规执行情况进行监督检查。加强监察、审计等专门监督。

（三）加强组织领导。

1、加强和改善党委、政府对教育工作的领导。各级党委和政府要把优先发展教育、加快推进教育现代化作为践行科学发展观的重要内容，建立各级党委、政府领导负总责、分管领导分工负责、有关部门齐抓共管的体制机制，各级政府制定区域规划和推进新城镇建设时，要优先考虑教育发展需要，对符合教育发展规划的建设项目优先安排，优先立项，优先保证。发展改革、财政、人力资源和社会保障、住房和城乡建设、国土等部门在制定公共政策时，要有利于教育发展和人力资源开发，优先保障教育在经费、人才、规划、用地等方面的需求。图书馆、科技馆、博物馆等科技文化机构及各类爱国主义教育基地要为青少年提供免费或优惠教育服务。建立健全党委、政府定期专题研究教育工作制度和党政领导班子成员定点联系学校制度，及时研究解决教育改革和发展的重大问题和群众关心的热点问题。建立各级党政领导干部教育工作目标责任制和问责制度，把教育工作实绩作为领导干部政绩考核的重要依据。建立和落实各级政府定期向同级人民代表大会或其常务委员会报告教育工作制度。充分听取政协及民主党派的意见及建议。加强教育宏观政策和发展战略研究，提高教育决策科学化水平。

2、加强和改进教育系统党的建设。坚持社会主义办学方向，把全面贯彻党的教育方针、培养社会主义建设者和接班人贯穿学校党组织活动始终。高等学校党组织要充分发挥在学校工作中的领导核心作用，中小学和中等职业学校党组织要充分发挥在学校工作中的政治核心作用，组织动员师生员工积极投身教育改革发展。进一步加强民办学校党的建设。加强基层党组织建设，健全各级各类学校党的组织。建设学习型党组织。加强在优秀青年教师和学生中发展党员工作。重视学校工会、共青团、少先队和学生会工作。

加强学校领导班子和领导干部队伍建设，提高思想政治素质和办学治校能力。坚持德才兼备、以德为先的用人标准选拔任用学校领导干部。加大学校领导干部培养培训和交流任职力度，健全考核评价体系和激励机制，提高教育管理专业化水平。倡导教育家办学。加强教育系统党风廉政建设和行风建设，加大对干部的党性党风党纪教育，严格执行党风廉政建设责任制，建立健全惩治和预防腐败体系，强化学校廉政风险防范机制。

3、切实维护教育系统安全稳定。完善教育系统安全稳定工作长效机制和突发事件应急机制，加强安全隐患和矛盾排查整治，妥善处理各种事端。加强师生安全教育和学校安全管理，建立健全安全工作制度，强化安全防护措施。深入开展平安和谐校园创建活动，加强校园及周边环境综合治理，为师生创造安定有序、和谐融洽、充满活力的工作、学习、生活环境。

（四）认真组织实施。

贯彻实施《规划纲要》是一项社会系统工程，必须加强统筹协调，周密部署、认真实施，加强督查、严格考核，要把《规划纲要》的贯彻实施情况作为各级党委、政府政绩考核的重要内容。省政府成立教育体制改革领导小组，研究部署、指导实施教育改革工作。省教育厅负责《规划纲要》实施的组织协调，发展改革、财政及人力资源和社会保障等部门要认真履职，密切协作，共同抓好贯彻落实。各地要抓紧研究制定切实可行的实施方案，积极推进教育事业改革发展，为《规划纲要》的实施创造良好社会环境和舆论氛围。

中共山西省委
山西省人民政府
关于进一步加快县域经济发展的若干意见

晋发〔2011〕16号

（2011年3月29日）

为进一步统筹城乡发展，壮大发展我省县域经济，为转型跨越发展提供重要支撑，结合实际，提出如下意见。

一、认清形势，抢抓机遇，增强加快发展县域经济的责任感和紧迫感

1、充分认识加快发展县域经济的重要意义。县域经济是国民经济的重要基础。发展壮大县域经济，是统筹城乡发展、解决“三农”问题的迫切要求，是加快推进全省工业新型化、农业现代化、市域城镇化和城乡生态化的战略举措，是实现转型跨越发展和全面建设小康社会的重要支撑。“十一五”期间，我省着力推进县域经济发展，工业化、城镇化和农业现代化水平显著提升，社会事业全面进步，县域综合实力不断增强，有力支撑和推动了全省改革开放和现代化建设事业。但是，我省县域经济总量小、层次低、不平衡、后劲弱的问题仍然突出。再造一个新山西的基础和潜力在县域，全面建设小康社会的重点和难点在农村。各级党委、政府要充分认识加快发展县域经济的重要意义，切实增强工作责任感和紧迫感，统筹协调，因地制宜，推动县域经济又好又快发展。

2、紧紧抓住发展县域经济的良好机遇。“十二五”时期是我省转型跨越发展的加速期，加快发展县域经济面临难得的机遇。中央关于统筹城乡发展的一系列政策为县域经济发展明确了指导方针，中部崛起战略和沿海产业向中西部转移为县域承接先进技术和资本拓宽了发展领域，国家资源型经济转型综合配套改革试验区建设为县域经济发展提供了强有力的政策支撑。我们必须紧紧抓住机遇，积极利用有利条件，克服各种不利因素，不断发展壮大县域经济，为全省转型跨越发展奠定坚实基础。

二、加快县域经济发展的指导思想、基本原则和目标任务

3、指导思想。以邓小平理论和“三个代表”重要思想为指导，深入贯彻落实科学发展观，以科学发展为主题，以加快转变经济发展方式为主线，以转型跨越发展为主旋律，以推进国家资源型经济转型综合配套改革试验区为统揽，坚持统筹城乡发展方略，围绕富民强县目标，同步推进工业化、城镇化和农业现代化，深入推进结构调整，大力培育主导产业，积极发展民营经济，在项目带动、培植龙头上狠下功夫，在改革开放、创优环境上狠下功夫，推动我省县域经济形成各具特色、竞相发展的格局。

4、基本原则。

城乡统筹的原则。坚持城乡经济协调发展，同步推进工业新型化、农业现代化、市域城镇化和城乡生态化，加快形成城乡经济社会发展一体化新格局。

市场导向的原则。充分发挥市场在资源配置中的基础性作用，大力培育多元化市场主体，不断增强市场主体的活力和竞争力，积极营造公平竞争的发展环境。

突出特色的原则。依据资源禀赋和发展条件，因地制宜，准确定位，突出重点，打造特色产业。

分类推进的原则。鼓励经济较发达县（市）率先发展，支持中等发展水平县（市）加快发展，扶持经济欠发达县（市）跨越发展，形成县域经济竞相发展的局面。

改革创新的原则。深化改革，着力消除制约县域经济发展的体制性障碍，进一步建立健全支持县域经济发展的政策措施；扩大开放，促进资源、技术、资本的合理流动和科学配置，激活县域经济发展活力。

可持续发展的原则。坚持节约资源、保护环境、科技

创新，实施主体功能区战略，努力实现人口资源环境与经济社会的协调发展。

5、目标任务。到“十二五”末，全省县域经济主要指标实现翻番。县域生产总值达到1.1万亿元，年均增长13%以上；财政总收入达到1800亿元，年均增长15%以上；城镇居民人均可支配收入达到2.5万元左右，年均增长13%；农民人均纯收入达到9000元以上，年均增长13%以上。生产总值超百亿元的县（市）达到30个以上；财政总收入超10亿元的县（市）达到50个以上，超50亿元的县（市）达到10个以上，基本消除财政收入亿元以下县。

三、大力推进农业现代化，夯实县域发展基础

6、调整优化农业产业布局。坚持特色现代农业定位，依托自然优势和资源禀赋，规划建设雁门关、太行山、吕梁山、晋中盆地、晋南盆地等五大特色农业板块。分区分类制定措施，引导和促进优势农产品向优势区域集中，形成跨区域、大规模、集群式、板块化推进格局。制定“一村一品、一县一业”发展规划，启动“千村示范、万村推进”工程，在整合现有资金的基础上，每年统筹安排5亿元专项资金，扶持建设2000个专业村和36个示范基地县。到“十二五”末，全省建设1万个“一村一品”专业村，60个“一县一业”基地县。

7、加快构建现代农业产业体系。扎实推进大同、晋中、运城三大现代农业示范区建设，高起点、高标准建设一批设施农业、循环农业和观光农业示范园，引领带动全省现代农业发展。围绕农业结构调整和发展方式转变，着力推进粮食高产创建工程、百万棚设施蔬菜建设工程、千园万场规模健康养殖工程和农产品加工“513”工程，启动实施水果“双增”工程，加快构建粮、畜、果、菜协调发展，产加销一体化经营的现代农业产业体系。“十二五”期间，新发展设施蔬菜100万亩，新建养殖小区5000个，新发展标准化果园200万亩，改造老果园200万亩，新发展核桃、红枣等干果经济林500万亩，菜、果、肉、蛋、奶等特色农产品产量实现翻番。加大对龙头企业扶持力度，着力打造粮食、畜牧、乳品、果品、蔬菜、薯类、油脂、中药材等八大特色优势农产品产业链。“十二五”末，全省农产品加工产值超千亿元，农产品加工转化率达到50%以上。

8、夯实农业发展基础。建立水利投入稳定增长机制，大幅度提高各级财政对水利投入的总量和增量，从土地收益中提取10%用于农田水利基本建设，加快五大盆地灌区改造，继续实施西山地区黄河水利用工程，搞好抗旱水源工程建设，完善小微型水利设施。加快推广节水灌溉技术，大力发展有机旱作农业。继续加大中低产田和大同盆地盐碱地改造力度，稳步提高农业综合生产能力。实施农业机械化推进工程，加强农机社会化服务体系建设，加快提升农机装备水平和农机作业水平。健全农业农村信息服务体系，着力推进信息服务进村入户。加大农技推广体系建设力度，力争2011年普遍建立健全乡镇或区域性农技推广、动植物疫病防控、农产品质量监管等公共服务机构。壮大以种业为重点的农科公司，鼓励发展多种形式的农业服务企业。培育新型流通主体，规划建设一批农产品物流中心和批发市场。全面实行绿色通道政策，推进区域合作和产销对接，建立健全适应现代农业发展的大市场、大流通。

9、加大“三农”投入和政策支持力度。按照总量持续增加、比例稳步提高的要求，加大财政资金和煤炭可持续发展基金用于农业农村的份额。各级财政对农业的投入增长幅度要高于财政经常性收入增长幅度，新增基础设施和社会事业发展投入60%以上用于农村。耕地占用税税率提高后，新增收入全部用于农业。新增建设用地土地有偿使用费全部用于耕地开发、土地整理和中低产田改造。省统筹基本建设资金用于农业的投资要达到20%以上。不断完善我省强农惠农政策，2011年重点落实好灌区建设补贴等“十项惠农政策”，实施好粮食高产创建等“十项强农工程”。积极建立以煤补农长效机制，各市和有煤炭等矿产资源的县（市）都要设立以煤补农专项资金,用于农业生产和农村公益事业发展。

10、多渠道增加农民收入。继续挖掘农业内部增收潜力，提高农民家庭经营收入；大力推进农村劳动力转移就业，“十二五”期间，转移农村劳动力150万人，大幅度增加农民工资性收入；促进土地流转，提高征地补偿水平，有条件的地方要积极开展集体建设用地流转及宅基地有偿使用，增加农民财产性收入；健全农业补贴等支持保护制度，提高农业补贴和农民保障水平，增加转移性收入。“十二五”期间，确保农民人均纯收入增速高于城镇居民收入增速。

四、着力推进工业新型化，壮大县域发展实力

11、大力推进县域工业规模化、新型化。按照绿色、低碳、循环的要求，充分利用高新技术和先进适用技术改造提升传统产业，不断延伸产品产业链条，发展深加工、精加工，做大做强县域传统产业。积极培育壮大现代煤化工、节能环保、先进装备制造、生物医药、信息技术、新能源、新材料和农副产品深加工等新兴产业。组织实施“百亿企业培育工程”，到“十二五”末，力争培育10个营业收入超百亿元的企业集团。大力推进“中小企业成长工程”，重点扶持500户“专、精、特、新”中小企业成长壮大。

12、加快县域产业园区建设步伐。围绕全省产业化布局，统筹县域经济发展规划、土地利用规划、产业规划和城乡建设规划，有效整合提升已有的产业园区，在符合生态环保、产业政策的前提下鼓励发展各类循环经济园区、高新技术园区、现代农业园区和现代服务业园区。创新园区管理体制，引导、鼓励和支持县域企业入园兴业、入园发展。加快信息咨询、技术研发、产品检测等公共服务平台建设，为入园企业提供全方位服务。把县域产业园区与

培育中小企业产业集群、创业基地相结合，提升园区综合承载功能。省级设立扶持产业园区发展专项资金，“十二五”期间，对达到一定标准的县域产业园区每个补助1000万元，专项用于园区基础设施建设、入园企业贴息、担保和补助等。

13、积极促进区域工业集群化发展。立足产业优势，加快培育一批产品加工度深、企业依存度高、产业关联度大、市场竞争力强的特色产业集群，打造富有特色的板块经济。重点培育扶持汾阳白酒、清徐陈醋、大同医药、山阴乳业、定襄锻造、交城机械加工、永济油脂、盐湖果汁、祁县玻璃器皿、盂县耐火材料、怀仁日用陶瓷等100余个发展基础较好、产业特色明显的产业集群，力争到“十二五”末，全省形成20个左右规模超百亿元的产业集群。

14、大力发展民营经济。认真贯彻落实国家和我省扶持民营经济发展的一系列政策措施。凡法律法规未明确禁止准入的行业领域，全部对民间资本开放。民营企业投资县域基础产业、基础设施、市政公用事业、社会事业、文化产业等微利型社会事业项目，根据相关政策，在税收、贷款、工商管理、土地使用等方面给予支持。鼓励煤焦、钢铁等资源型产业领域的民营企业转产发展农副产品加工业。引导民营企业加快建立现代企业制度。“十二五”期间，民间投资总量要达到3万亿元，新增就业岗位200万个，民营经济增加值年均增长20%以上，率先实现翻番。

五、着力推进特色城镇化，优化县域空间布局

15、实施“大县城”战略。围绕全省城镇化“一核一圈三群”战略布局，完善县域城镇体系规划，适时调整行政区划，统筹推进大县城、小城镇、中心村建设。把县城建设作为县域城镇化发展的“龙头”，制定出台加快县城发展的具体政策，扩大规模、增强实力、完善功能，引导生产要素和优势资源向县城集中，形成县域经济发展核心。“十二五”末，人口规模10万人以上县城达到20个，5—10万人的县城达到40个。通过“大县城”建设，培育一批新的中小城市。

16、开展“百镇建设工程”。在全省选择100个基础条件较好、发展潜力较大的建制镇，按照政府主导、市场化运作的方式，予以重点扶持。注重保护小城镇的历史风貌和建筑风格，加快培育特色产业，努力打造各具特色的工业强镇、商贸重镇、旅游名镇。省直有关部门要将资金和项目向重点镇倾斜。“十二五”期间，补助每个重点镇2000万元，由省市县三级财政分担，重点用于小城镇基础设施建设。

17、强化城镇承载和服务功能。加大市政公用设施建设力度，“十二五”末，实现“三有四达标”，即各县（市）有垃圾无害化处理场、集中供热和生态文化公园，城镇燃气、供水、污水处理和道路交通设施建设达到规划目标。加快发展城镇社会公共事业。加快县域服务业发展，落实对服务业用气、用电、用水与工业企业同价政策，加大金融、税收和用地支持。加快物流基础设施建设，鼓励县级规划建设大型物流园区，支持大型物流企业落户县（市），加快推进“新网工程”，鼓励民营经济投资中小商贸流通企业和农村流通业，推进县域物流业发展。充分挖掘县域文化旅游资源，推动旅游与文化融合发展，打造县域旅游精品，大力发展“生态游”、“农家游”等乡村旅游。加快发展房地产、餐饮、商贸、金融、信息、中介咨询、电子商务、交通运输等其他服务业。

18、支持人口有序向城镇集聚。加快建立适应城镇化快速发展的户籍管理制度。放宽中小城市落户条件，取消小城镇落户限制。对落户城镇的农民可继续保留土地承包权，对自愿退出宅基地和承包地的给予一次性经济补偿。深化就业、社保、医疗等改革，实现农民工在就业、劳动报酬、子女上学、公共卫生、住房租购以及社会保障等方面与城镇居民享有同等待遇。做好农村养老保险、新型合作医疗和最低生活保障等与城镇相关社保规定的衔接工作，促进人口向城镇集中。

六、着力推进城乡一体化，提升县域整体水平

19、加快社会主义新农村建设。加大财政支持新农村建设力度，加快推进城乡基本公共服务均等化。实施农村新的“五个全覆盖”工程，即用两年时间，实现农村街巷硬化全覆盖、农村便民连锁商店全覆盖、农村文化体育场所全覆盖、农村职业教育免费全覆盖、新型农村社会养老保险全覆盖。在继续抓好每年2000个重点推进村建设的同时，以小城镇为中心，按照交通连线、产业连片、公共服务共享、文明社区共建的原则，启动实施新农村连片建设提升工程。“十二五”期间，每年推进100个新农村片区建设，进一步提升新农村建设水平。

20、统筹城乡基础设施建设。构建快速高效的县域综合交通体系，突出抓好县域乡村道路建设，“十二五”末，全省农村公路总里程达到12.3万公里。构建山西大水网，加快推进水库除险加固、中小河流治理、山洪地质灾害防治，全面完成应急水源工程，进一步解决好农村人口的饮水安全问题，“十二五”末，农村自来水普及率达95%。进一步加大农村电网改造力度，提高农网输电能力和保障水平。加快推进城镇和农村危房改造，引导和支持农民建设具有地方特色、适用宜居、节能抗震的住房。加强信息基础设施建设，推动“三网融合”，实现信息进村入户。

21、协调推进城乡社会发展。巩固农村义务教育普及成果，积极办好农村幼儿教育，大力发展农村职业教育，逐步普及高中阶段教育，实现城乡教育均衡发展。推进乡村卫生机构管理体制改革，提高新农合筹资标准，建立村卫生室运行保障机制。大力发展农村文化事业，加快推进城乡文化信息资源共享，建立文化卫生科技“三下乡”长效机制。加快完善社会保障体系和社会救助体系，逐步提

高保障标准和救助水平。大力发展社会福利和慈善事业，全面落实农村“五保户”供养政策，力争2015年集中供养率达到全国平均水平。加强和创新农村社会管理，切实做好群众服务工作。广泛开展群众性精神文明创建活动和全民健身活动，引导城乡群众树立良好道德风尚，养成健康生活方式。深入开展平安创建和社会治安综合治理，进一步健全维稳、信访、应急等长效机制，维护社会和谐稳定。

22、加大城乡生态建设力度。严格实施环境容量总量控制，积极发展低碳、环保型产业。大力实施重点行业和重点领域节能减排工程、蓝天碧水扩容提质工程、重点区域流域生态治理修复工程，大幅度降低能源消耗和工业污染物排放。加快生态省建设步伐，搞好农村环境保护。深入推进造林绿化，全面实施国家林业重点工程和我省生态建设工程，深入开展林业生态县、生态文明乡村创建活动，扎实推进县域绿化步伐。“十二五”末，全省森林覆盖率力争达到23%，水土流失治理度达到59%，70%以上的村庄实现基本绿化。扎实推进以沼气为主的可再生能源建设，五年新增农村沼气用户50万户。抓好城乡环境卫生综合整治工作。

七、着力推进扶贫产业化，强化县域发展短板

23、进一步落实和完善扶贫开发政策。落实扶贫开发全覆盖政策，将人均纯收入1550元以下的农村低收入人口全部纳入扶贫范围。继续做好扶贫开发和农村低保“两项制度”的有效衔接，落实分类帮扶政策，建立“基本生活靠最低保障、脱贫致富靠扶贫开发”的工作机制。搞好新的扶贫开发十年规划。实施脱贫激励政策，对扶贫成效明显、减贫速度快的贫困县加大资金项目扶持力度；对达到脱贫标准的贫困县，摘掉贫困帽子，在一定时期内继续享受各项扶贫优惠政策。

24、继续实施扶贫开发重点工程。对集中连片贫困村，组织实施片区扶贫开发工程，以产业开发为核心，实现集中投入，形成规模效益，带动和帮助贫困群众增收致富；对生产生活条件恶劣、长远发展潜力不大的贫困村，实施移民搬迁工程，改善生存发展环境；对片区开发难以覆盖和移民搬迁不能涉及的零星分散贫困村，继续实施整村推进规划。加大劳动力转移培训和农业实用技术培训力度，帮助贫困劳动力实现稳定转移就业；继续抓好教育扶贫，帮助农村困难家庭学生完成学业，奠定稳定脱贫和长远发展基础；加大扶贫龙头企业扶持力度，启动扶贫专业合作社试点工作，带动贫困村群众发展生产。“十二五”期间，贫困人口收入增长速度要高于全省平均水平。

25、建立健全社会化扶贫推进机制。继续抓好机关单位定点扶贫工作，组织实施好干部下乡住村“六个一”活动和企业结对帮扶贫困村工作，支持大中型企业投资贫困地区，鼓励社会各界帮贫济困，形成全社会关注、参与、支持扶贫开发的大扶贫格局。

八、着力推进改革开放，增强县域发展动力

26、推进体制创新。抓住建设资源型经济转型综合配套改革试验区的机遇，建立一批县域改革创新“试验区”、“示范区”、“先导区”，有效发挥典型示范作用。完善农村基本经营制度，促进农村土地承包经营权有序流转,发展适度规模经营。加快发展农民专业合作社，着力提升合作社发展水平。积极发展土地股份合作社、农村资金互助合作社、资产经营合作社和跨区域联合社等新型合作组织，推进供销合作社、信用社、农民专业合作社“三社联动”。“十二五”末，农民专业合作社要达到5万个。全面完成集体林权制度主体改革,积极推进配套改革。全面落实村级公益事业“一事一议”财政奖补政策。

27、创优发展环境。进一步转变政府职能，增强经济调控和市场监管能力，提高社会管理和公共服务水平。深化行政审批制度改革，下放和规范审批权力，减少审批层次、环节和前置条件，压缩审批时限，清理行政收费。加强电子政务建设，全面实行政务公开。严格执行首问负责、限时办结、超时默认、行政不作为和过错责任追究制度。要切实发挥好县（市）政务中心作用,实行一个窗口审批。对具有较强带动性、引领性的重大项目和国内外知名企业要开通绿色通道。

28、加大招商引资力度。大力实施“项目引进战略”。依托县域现有基础，顺应产业升级和结构优化大势，主动承接发达地区的产业转移。充分发挥我省资源优势，用资源换资本、换技术、换项目。发挥企业在招商引资中的主体作用，扩大招商引资规模，提高资金利用质量。制定支持项目异地落户政策，促进区域经济合作。对成绩突出的招商引资中介人，政府予以表彰奖励。

九、着力完善政策体系，激发县域发展活力

29、积极推进扩权强县。统筹考虑各县综合实力、发展潜力和区域布局，选择30个县（市）进行扩权强县试点。省级有关部门要尽快出台扩大县级经济社会管理权限事项目录和加快县域经济发展的配套政策。

30、加大财政支持力度。按照事权财权相匹配的原则，调整省市县三级地方共享收入比例，逐步提高县级留成。改革完善专项转移支付办法，扩大县（市）自主权。加大煤炭可持续发展基金用于支持县域经济发展的比例。土地出让金省级分成部分全部用于县（市）。对财政总收入3亿元以下的县，5年内将其工业企业每年新增的地方增值税和企业所得税省级集中部分，通过年终结算全部返还。实行县级税收增长奖励政策，对县级一般预算收入中税收收入比上年增长部分，省财政按上缴省级收入增加额的20%奖励给县（市、区）作为发展资金。进一步加大县级资金整合力度，提高资金使用效益。在认真总结试点经验的基础

上，加快推进县财政省直管。

31、加大金融支持力度。建立金融机构支持县域经济发展的协调考核机制。县域金融机构新增存款主要用于当地贷款，对县域金融机构用于当地贷款增长比例高的政府要给予奖励。鼓励国有银行加大对县域经济的支持力度，重点发挥好农发行、农行、邮政储蓄银行县域分支机构的作用。全面完成农村信用社县级联社股份制改造，支持部分县级联社改制为农村商业银行，稳步实施高风险农村信用社并购重组，更好地发挥其支农主力军作用。加快培育村镇银行、小额贷款公司、农村资金互助社等农村新型金融机构，省、市财政对新设立的农村新型金融机构给予补助。“十二五”末，实现农村新型金融机构乡镇全覆盖。创新支农信贷产品，探索发展大型农用生产设备、土地承包权、林权、宅基地使用权、荒地使用权等抵押贷款，大力发展农户小额信用贷款和联保贷款。建立和完善县域中小企业信用担保体系和担保风险补偿机制。鼓励企业采取多种方式上市，开展股权融资，发行债券、中期票据、短期融资券，提高直接融资比重。积极开发农业政策性保险产品，对设施蔬菜、规模养殖和干鲜果生产等进行保费补贴。

32、优化土地资源配置。全省年度土地指标和土地周转指标要进一步向县级倾斜，支持县域经济发展。积极推进城乡建设用地增减挂钩、矿业用地改革和矿业用地利用工作。对县（市）通过盘活存量、整治废弃工矿地等途径增加的建设用地，要全部留县（市）使用。鼓励企业和项目单位进一步提高土地单位面积投资强度，增大容积率。

33、强化科技和人才支撑。牢固树立人才兴县、科教兴县观念，引进高端人才、用好本地人才，县（市）可自行制定引进人才的具体政策，积极营造各类人才干事创业的浓厚氛围。加快现有科研成果转化和应用，强化科技对县域经济增长的支撑。推动科研院所、高等院校与县（市）建立长期稳定的经济技术协作机制，支持省市科技、文化、教育等部门开展对口支援服务，建立健全县域经济发展的智力支撑体系。

十、加强组织领导，为县域经济发展提供政治保障

34、加强对县域经济工作的领导。各级党委和政府要切实加强对县域经济工作的领导，把加快县域经济发展纳入重要工作日程，建立支持县域经济发展长效机制。省委、省政府成立县域经济工作领导组，制定促进县域经济发展的重大政策和措施，加强对县域经济的领导和指导。有关部门要根据本意见要求，制定支持和促进县域经济发展的具体政策措施。

35、强化县级领导班子建设。把县级领导班子建设放在更加突出的位置，坚持德才兼备、以德为先标准，把政治坚定、工作务实、熟悉基层、具备较强领导经济工作与构建和谐社会能力的干部，充实到县级领导岗位，特别要注重选配好县级党政一把手。适应县域推进工业化、城镇化和农业现代化的需要，进一步优化县级领导班子知识、专业和年龄结构，不断提高县级班子的工作能力和领导水平。切实加强县级领导班子思想作风建设，教育引导广大干部大力弘扬右玉精神，争作转型跨越表率，为县域经济又好又快发展提供强有力的组织保证。

36、完善县域经济综合考评奖励机制。建立健全县域经济社会发展考核评价体系。对全省96个县（市）年度综合考核评价前10名和名次进位快的前10名，以及23个区综合考核评价前3名和名次进位快的前3名，省委、省政府给予表彰奖励，并将考评结果同干部的奖惩使用挂钩。对县域经济发展成效显著、考核优秀的县级党政正职，优先提拔使用；对考核优秀的其他县级班子成员和乡镇、部门负责人，可相应提高待遇；对连续三年排位靠后的县（市、区），经组织考核属工作不力的，要采取相应的组织措施。进一步完善省市职能部门服务、支持县域经济发展的工作推进机制和考核评价体系，形成省市县三级推进县域经济发展的强大合力。省财政设立县域经济社会发展奖励资金，用于对年度县域经济发展先进县（市、区）的奖励。

中共山西省委
山西省人民政府
关于加强和改进新形势下工商联工作的实施意见

晋发〔2011〕17号

（2011年3月30日）

为认真贯彻落实中共中央、国务院《关于加强和改进新形势下工商联工作的意见》（中发〔2010〕16号）精神，进一步加强工商联工作，充分发挥工商联的优势和作用，结合我省实际，提出如下实施意见。

一、充分认识加强和改进新形势下工商联工作的重要意义

1、重要意义。工商联工作是党的统一战线工作和经济工作的重要内容。在全面建设小康社会、加快推进社会主义现代化的新形势下，加强和改进工商联工作，是坚持和完善我国基本经济制度、促进非公有制经济科学发展的需要，是适应政府职能转变、完善社会主义市场经济体制的需要，是坚持对外开放基本国策、不断提高我国开放型经济水平的需要，是巩固发展壮大爱国统一战线、加强党在非公有制经济领域领导的需要。加强和改进工商联工作，有利于发挥工商联在宣传贯彻党的理论、路线、方针和政策，引导非公有制经济健康发展，团结、凝聚非公有制经济人士方面的优势，为坚持改革开放、推动科学发展、促进社会和谐凝聚最广泛的力量。

2、工商联的性质和基本特征。工商联是中国共产党领导的以非公有制企业和非公有制经济人士为主体的人民团体和商会组织，是党和政府联系非公有制经济人士的桥梁纽带，是政府管理和服务非公有制经济的助手，在经济、政治、文化、社会生活中有着重要影响，在促进非公有制经济健康发展、引导非公有制经济人士健康成长中具有不可替代的作用。统战性、经济性、民间性有机统一，是工商联的基本特征。统战性主要体现在工商联是党领导的统一战线组织，决定了工商联的政治方向、政治地位和政治功能。经济性主要体现在工商联由工商界及其人士组成，直接服务于经济建设。民间性主要体现在工商联具有商会性质和职能，其组织方式和工作机制不同于政府机构。工商联工作要坚持团结、服务、引导、教育的方针，牢牢把握统战性，充分发挥经济性，切实体现民间性。

二、充分发挥工商联的职能作用

3、充分发挥工商联在全省转型跨越发展中的重要作用。实现全省转型跨越发展、再造一个新山西，必须加强和改进工商联工作，进一步推动非公有制企业全面提升自身素质，建立健全符合科学发展要求的治理结构、管理模式和企业文化，加快非公有制经济发展方式转变和产业优化升级，在“转型发展、循环经济、投资山西、经济翻番”四个方面率先发展，努力走在转型跨越发展的前列；进一步团结和凝聚非公有制经济人士的力量，不断扩大党执政的群众基础和社会基础，组织动员非公有制经济人士积极投身建设新山西的伟大事业，自觉履行社会责任，引导他们有序政治参与，促进社会阶层关系和谐，形成关心山西、热爱山西、投资山西、发展山西的良好氛围。

4、充分发挥工商联在非公有制经济人士思想政治工作中的引导作用。引导非公有制经济人士爱国、敬业、诚信、守法、贡献，做合格的中国特色社会主义事业建设者，努力建设一支思想品质优、社会贡献大、公众形象好、参政议政能力强的非公有制经济代表人士队伍，定期举办非公有制经济代表人士培训班。深入开展中国特色社会主义理论体系学习教育，引导非公有制经济人士践行社会主义核心价值体系，帮助他们增强大局意识和责任意识，提高他们的政治把握能力、调查研究能力和建言献策水平，不断增强非公有制经济人士的综合素质。树立义利兼顾、以义为先理念，引导非公有制经济人士自觉履行社会责任，致富思源、回报社会，踊跃参与“新晋商、新形象”活动，特别是“万企联万户感恩行动”、同心·科普惠“三老”等富有山西特色的光彩实践。定期开展优秀中国特色社会主义事业建设者评选表彰活动，大力宣传先进典型事迹，努力在广大非公有制经济人士中形成崇尚先进、学习先进、争当先进的良好氛围。各级各部门涉及非公有制企业和非公有制经济人士的评选表彰活动，应听取工商联意见。

5、充分发挥工商联在非公有制经济人士参与国家政治生活和社会事务中的重要作用。工商联作为党领导的统一战线组织和人民政协的重要界别，要认真履行政治协商、民主监督、参政议政的职能，引导非公有制经济人士有序参与政治生活和社会事务。要密切同非公有制经济人士的联系，充分发挥省民营经济研究会的作用，全面、深入了解他们的意愿和要求，向党和政府提出意见和建议，不断改善非公有制经济的发展环境。各级党委、政府要通过工商联加强与非公有制经济代表人士的联系，定期召开座谈会，倾听他们的意见和建议。人大及其常委会制定涉及非公有制经济的地方法规，应委托工商联征求非公有制经济人士的意见。做好非公有制经济人士政治安排工作，拓宽非公有制经济人士政治安排的渠道。工商联领导班子成员中可安排一名主要负责人担任人大常委或政协常委。聘任优秀非公有制经济代表人士担任省委书记、省长特约联络员，政府部门等聘任特邀人员应注意安排非公有制经济人士参加。

6、充分发挥工商联在政府管理和服务非公有制经济中的助手作用。各级政府要注重发挥工商联参政议政、民主监督的优势，建立促进非公有制经济发展领导组应吸收工商联参加，安排参与同级政府信息、法律、融资、技术、人才等服务平台建设。建立由统战部、政法委和工商联等部门参与的维护非公有制企业合法权益联席会议制度，开展维权咨询、法律援助等活动。加强同省外及境外工商界的交流合作，更好地为我省非公有制企业开展地区间合作提供服务。工商联要加大联系协调力度，参与完善中小企业服务体系建设和信用体系建设，充分发挥商会职能，帮助非公有制企业更好推进结构调整和自主创新，不断增强市场竞争能力、抵御风险能力、可持续发展能力，促进全省转型跨越发展。

7、充分发挥工商联在行业协会商会改革发展中的促进作用。充分发挥工商联作为非公有制经济领域社会团体业务主管单位的作用，支持工商联参与制定行业协会商会政策法规的有关工作，加强对异地商会的管理。各级工商联

要认真履行工作职责，指导和推动商会组织完善法人治理结构，规范内部管理，依照法律和章程规定，按照“自我管理、自我服务、自我协调、自我约束、自我教育”的方针开展活动，充分发挥宣传政策、提供服务、反映诉求、维护权益、加强自律的作用。以非公有制企业和非公有制经济人士为主体的行业协会商会、异地商会等经济类社团，登记注册前要听取工商联意见，并以团体会员身份加入工商联。

8、充分发挥工商联在构建和谐劳动关系中的积极作用。工商联参与协调劳动关系三方会议，同人力资源和社会保障部门、工会组织和其他有关企业方代表一道，共同推动劳动关系立法和劳动关系协调机制建设，共同研究解决劳动关系中的重大问题和调处劳动争议。要引导非公有制企业依法与工会就职工工资、生活福利等涉及职工切身利益问题进行平等协商，签订集体合同。引导非公有制企业积极创造就业岗位，严格遵守国家相关法律法规和政策措施，尊重和维护员工合法权益，依法建立工会组织，积极开展“民营企业招聘周”、“高校毕业生就业见习”、“关爱员工、实现双赢”等活动，构建和谐企业，促进社会和谐。

三、加强和改进工商联自身建设

9、工商联自身建设目标。坚持改革创新，全面加强思想、组织、作风、制度建设，不断增强凝聚力、影响力、执行力，把工商联建设成为政治坚定、特色鲜明、机制健全、服务高效、作风优良的人民团体和商会组织，促进非公有制经济健康发展和非公有制经济人士健康成长，为全省实现转型跨越发展、再造一个新山西的宏伟目标贡献力量。

10、加强工商联领导班子建设。坚持德才兼备、以德为先用人标准，选好配强各级工商联领导班子特别是领导班子正职。工商联主席一般应由熟悉经济工作的党外人士担任，符合条件的安排担任同级人大、政府或政协副职。非公有制经济比较发达的县（市、区）可选配非公有制经济人士担任工商联主席。优化领导班子中党内外、专兼职人员结构，认真贯彻民主集中制原则，加强思想政治建设和履职能力建设。把综合素质好、各方面表现优秀的非公有制经济代表人士选拔到各级工商联领导班子，并充分发挥他们的作用。大力加强工商联执委会、常委会建设，认真落实执委会议制度，建立兼职副主席轮值、述职、考评制度，健全管理监督机制，完善议事程序和规则，切实发挥执委、常委作用。上级工商联要加强对下级工商联工作的指导，形成工作合力。

11、加强工商联会员队伍建设。坚持广泛性、代表性相结合的原则，加大会员发展力度，优化会员结构，积极吸纳优秀的私营企业、股份制企业入会，特别注重在新兴行业中发展会员，不断扩大工商联会员覆盖面。提升企业会员和团体会员比重，注重吸收行业协会、行业商会、异地商会等经济类社团。加强和完善非公有制经济代表人士综合评价工作，健全科学有效的培养使用机制。各级党委、政府要加强非公有制经济组织人才队伍建设，把非公有制经济组织各类人才的培养、吸引、评价和使用纳入本地人才发展总体规划，出台人才重大政策要统筹考虑，评比表彰优秀人才要同等对待。

12、加强工商联基层组织建设。各级党委、政府要注意解决县（市、区）工商联普遍存在的公务员编制、办公经费、办公场所、交通工具等实际困难，切实保障县（市、区）工商联与开展工作相适应的基本条件。充分发挥其在发展和管理会员、联系和服务企业方面的组织作用，在推动县域经济发展、建设社会主义新农村等方面的积极作用。县级工商联要做好乡镇、街道、社区、市场、园区（开发区）等基层商会建设，注重在当地支柱产业、特色行业以及新兴产业、现代服务业建立商会组织，完善管理制度，加强工作指导，提高基层商会的管理水平。

13、加强工商联机关建设。着眼统一战线和工商联事业长远发展，大兴求真务实、调查研究之风，加强对理论、政策和现代市场经济知识的学习，加强对关系非公有制经济健康发展、非公有制经济人士健康成长的全局性、基础性、前瞻性问题的研究，更好地服务党委和政府科学决策。建立健全工作制度，促进工商联机关工作科学化、制度化和规范化，提高执行能力和工作效能，更好服务科学发展和实现自身科学发展。切实加大各级工商联机关干部教育培训、挂职锻炼、轮岗交流、选拔使用等工作力度，建立健全培养、考核、激励机制，全面提高干部综合素质，努力造就一支政治强、业务精、作风正的干部队伍。

四、加强和改善对工商联工作的领导

14、切实加强党委对工商联工作的统一领导。各级党委要把加强和改进新形势下工商联工作摆上重要议事日程，落实党委领导班子抓工商联工作责任，定期听取工作汇报，及时研究和解决工商联及非公有制经济工作中的重大问题，建立主要领导定期调研走访非公有制企业的制度，省级领导联系各地晋商商会和省外驻晋商会制度，形成推动非公有制经济发展和工商联工作的长效机制。工商联党组主要负责人不是同级党委委员的，列席同级党委全委会。党委召开经济、纪检、政法、组织、宣传、统战等重要会议，应视情安排工商联党组负责人参加。重视工商联党组协助开展非公有制经济组织党建工作。加强对工商联工作和非公有制经济的宣传，对受省委、省政府表彰的优秀企业家、优秀建设者以及投资力度大、上交税收多、吸纳就业多、经营形象好、公益捐赠多的非公有制经济代表人士，要进行重点宣传报道，特别优秀的可载入省志。

15、不断完善政府对工商联工作的指导和支持。各级政府要按照党和国家关于工商联工作的方针政策，加强对工商联工作的指导和支持，为工商联充分发挥作用创造条件，发挥好工商联管理和服务非公有制经济的助手作用。建立政府联系工商联的工作制度，政府领导班子中要有专人负责联系工商联。与非公有制经济发展有关的政府部门要建立完善同工商联的对口联系制度和业务协作关系，及时向工商联通报有关重要信息。政府召开全体组成人员会议和常务会议可视需要安排工商联负责人列席，召开经济方面的重要工作会议和有关部门工作会议可视情安排工商联负责人参加。工商联办公经费和考察调研、教育培训、法律维权、光彩事业、非公党建等专项经费要列入同级财政预算，并随着非公有制经济发展逐年增加。

16、认真落实党委统战部领导工商联党组和指导工商联工作的职责。统战部作为党委主管统战工作的职能部门，受同级党委委托，领导工商联党组。要经常研究经济领域统战工作和工商联工作，协助党委制定并贯彻落实有关工商联工作的各项方针政策；规范非公有制经济代表人士政治安排的推荐和提名，充分听取工商联党组意见，加强工商联领导班子建设。在党委统一领导下，加强对非公有制经济人士工作和工商联工作的指导和协调。工商联党组书记由党委统战部分管经济领域统战工作的副部长担任。完善各级统战部领导工商联党组和指导工商联工作的机制，支持工商联创造性开展工作。

17、充分发挥工商联党组的领导核心作用。工商联党组要切实履行职责，保证党的理论和路线方针政策、党委决策部署的贯彻落实，把握工商联工作的正确方向。按照"集体领导、民主集中、个别酝酿、会议决定"的原则，健全党组议事规则和决策程序，提高党组科学决策、民主决策、依法决策水平。按照干部管理权限，做好工商联干部人事工作，加强对工商联会员代表大会、执委会、常委会工作的指导，支持其按照工商联章程行使职权、开展工作。正确处理党员干部和党外干部的工作关系，支持工商联主席工作，发挥党外干部作用，搞好合作共事。

各地各部门要根据本意见，结合实际制定相关措施，并认真抓好落实。

中共山西省委办公厅
山西省人民政府办公厅
关于建立健全农村惩治和预防腐败体系的实施意见

晋办发〔2011〕7号

（2011年4月13日）

为扎实推进农村党风廉政建设，更好地服务全省转型跨越发展，根据中央《建立健全惩治和预防腐败体系2008—2012年工作规划》（中发〔2008〕9号）和《山西省建立健全惩治和预防腐败体系2008—2012年实施办法》（晋发〔2008〕22号）精神，制定本实施意见。

一、指导思想、基本要求和工作目标

（一）指导思想。

坚持以邓小平理论和"三个代表"重要思想为指导，深入贯彻落实科学发展观，坚持以人为本、执政为民，全面贯彻标本兼治、综合治理、惩防并举、注重预防的方针，以促进农业发展、农村稳定为目标，以维护农民群众利益为重点，以加强和改进农村基层党员干部作风为抓手，以全面推广阳光农廉网为载体，着力抓巩固、抓深化、抓创新、抓提升，推动农村党风廉政建设不断取得新成效，为全省农村改革发展稳定和社会主义新农村建设提供有力保证。

（二）基本要求。

1、坚持以人为本、执政为民，大力弘扬密切联系群众的优良作风，高度重视加强和创新社会管理工作，进一步加强和改进群众工作，教育和引导农村基层干部自觉遵守党的政治纪律、组织纪律、经济工作纪律和群众工作纪律，着力解决农民群众最关心最直接最现实的利益问题,切实解决发生在农民群众身边的腐败问题，促进农村社会和谐发展。

2、坚持把教育、制度、监督、改革、纠风、惩治六个方面的要求贯穿到农村党风廉政建设的各个领域，做到把教育的说服力、制度的约束力、监督的制衡力、改革的推动力、纠风的遏制力、惩治的威慑力结合起来，统筹协调地推动农村惩治和预防腐败的阶段性任务与战略性目标全面落实。

3、坚持因地制宜、分类指导，紧紧抓住农廉工作的重要方面和关键环节，紧密结合实际，加强具体指导，探索有效途径，解决实际问题，增强农村惩治和预防腐败体系建设的系统性、科学性、针对性和前瞻性。

4、坚持改革创新、与时俱进，针对农村基层社会管理等方面存在的突出问题，加强与改进农村惩治和预防腐败各项工作。以推进农村信息化建设、普及和运用阳光农廉网为载体，强化基层政权组织的社会管理服务职能，做到工作有条件、服务有平台、管理有手段，实现农民群众权益有保障、诉求有渠道、矛盾能缓解、怨气可释放、危机能控制，不断提高农村基层社会管理科学化水平，推动全省农村党风廉政建设。

（三）工作目标。

到2012年底，形成农村基层拒腐防变教育长效机制、用制度管权管人管事的权力运行监控机制、党的农村政策贯彻执行情况的监督检查机制、解决损害农民群众切身利益问题的排查化解机制、农村党风廉政建设工作科学考核评价机制、农村党风廉政建设领导和工作机制，充分发挥阳光农廉网的作用，依靠“制度+科技”的方法推进农廉工作，提高农村党风廉政建设的科学化水平和群众对农廉工作的满意度，建立具有山西特色的农村惩治和预防腐败体系，筑牢农村基层加强管理和维护稳定的防线，为我省转型跨越发展奠定基础。

二、主要任务

（一）夯实农村反腐倡廉教育基础。

1、突出教育重点。教育的重点对象是乡（镇、涉农街道）领导班子成员、农村“两委”干部和基层站所负责人。学习的重点内容是邓小平理论、“三个代表”重要思想和科学发展观，党章、党纪条规和《村民委员会组织法》、《土地管理法》等政策法规，农村基层党风廉政建设的各项制度以及有关政策。大力弘扬太行精神、吕梁精神、纪兰精神、右玉精神，让创先争优、创新务实成为农村基层党员干部的实际行动。

2、创新教育方式。加强理想信念教育和党性党风党纪教育，不断创新示范教育、警示教育和岗位廉政教育方式。示范教育要充分发挥促转型、谋跨越先进典型的带动作用，促进农村干部廉洁勤政；警示教育要以案说法，以案明纪，做到警钟长鸣；岗位廉政教育要认真执行农村基层干部廉洁履职有关规定，提高农村干部爱岗敬业、服务群众和自觉接受群众监督的意识。大力开展社会管理的学习活动，使广大农村干部学习掌握社会管理服务方面的新知识、新理念、新政策，尤其是做好新形势下群众工作的新方法。

3、加强廉政文化建设。依托乡（镇、涉农街道）文化站（中心）、农村文化活动室（图书室）、农村文体社团等载体，开展丰富多彩的廉政文化活动，促进廉政文艺作品创作，推动廉政文化进农村。创新廉政文化活动内容和形式，把廉政文化建设与精神文明建设、创先争优活动结合起来，营造以廉为荣、以贪为耻的良好社会风尚。

（二）健全和落实农村党风廉政建设各项制度。

1、健全决策制度。以制约和监督权力运行为核心，建立健全乡（镇、涉农街道）领导班子议事规则、重大事项集体决策等制度；大力推行“四议两公开”民主决策工作法；坚持完善和落实财务收入管理、开支审批、民主理财等制度，不断提高农廉工作的科学化、制度化、规范化水平。

2、完善监督制度。健全和落实农村党组织生活会制度、农村干部任前廉政谈话、诫勉谈话制度，村级组织负责人、乡（镇、涉农街道）领导干部经济责任审计制度，村干部勤廉双述、村民询问质询、民主评议和土地听证制度。不断规范《山西省强农惠农政策明白卡》发放工作，认真执行农村集体经济组织财务审批制度。加强对各项制度落实情况的监督检查，提高制度的执行力，维护制度的权威性。

3、坚持村务公开、党务公开、政务公开制度。村务公开要以财务公开为核心，把各级政府强农惠农政策、社会各界支持新农村建设的项目、新农村建设的各项资金及使用情况、农村集体资产和资源处置情况、宅基地审批以及对村干部的民主评议、考核和审计结果等事项，纳入村务公开内容，并做到真正公开。乡（镇、涉农街道）和农村党务公开的重点是农村基层党组织的工作目标、决策内容和程序，干部选拔任用、发展党员、党费收缴管理和使用，民主评议党员、党员干部违纪违法问题的处理以及落实党风廉政建设责任制情况等，并按照规定时间和程序进行公开。乡（镇、涉农街道）要坚持重大事项决策公开、行政及经济管理公开、办事程序公开、财务收支公开、考核奖惩公开等政务公开制度，并建立完善与村务公开相配套的公开制度。对不公开、假公开、不及时公开的，要实行责任追究。

4、强化“三资”管理制度。加强农村集体资金资产资源监督管理工作,在集体资金管理方面，重点加强财务收支、预算决算、民主理财等制度建设，保障农民对资金的使用、收益、分配情况享有充分的知情权、决策权、管理权和监督权;在集体资产管理方面，重点加强资产清查、登记、评估和经营等制度建设，确保资产保值增值；在集体资源管理方面，重点加强对资源承包、出让和开发利用的规范管理，建立公开协商、公开竞价、招标投标等制度，确保资源有效合理利用。完善土地流转、林权流转和小型水利设施管理制度。稳步推进农村集体经济组织产权制度改革，深化林权制度改革。以推进“三资”委托代理为重点，认真研究涉及“三资”管理方面的科学方法和惩防机制，加大从源头上防治农村腐败的工作力度。

5、落实城中村、矿产资源型农村、矛盾突出村（难点村）专项制度。贯彻落实我省关于加强城中村、矿产资源型农村、矛盾突出村党风廉政建设工作的指导意见，重点解决城中村土地征用不规范，土地补偿费分配使用不合理；村级总体规划执行力差，拆迁改造、房地产开发不规范；失地农民的就业安置、社会保障难；工程建设项目监管和集体经济组织财务管理混乱等问题。建立健全资源型农村资源开发利用公开竞价和招投标等一系列制度，切实解决在农村生态环境、集体资产处置、资源管理和收益分配等方面存在的问题，有效推动新农村建设。建立和规范矛盾突出村（难点村）动态管理台账，实行县、乡两级领导包村责任制，对于突出矛盾、重点问题，要落实到单位、责任到人头、体现到时效上，综合运用政策、法律、经济、行政、社会救助等多种手段，确保有问题能化解、旧问题不反复、新问题早解决。

6、完善党和政府主导的维护农民群众权益机制。加强调查研究，不断探索新途径新方法，努力形成科学有效的利益协调机制、诉求表达机制、矛盾调处机制、权益保障机制，加强社会矛盾源头治理，妥善处理人民内部矛盾，切实维护农民群众合法权益。加强涉农信访工作，充分发挥县（市、区）纪委和乡镇纪委、乡镇矛盾排查调处中心的作用，认真解决农民群众来信来访，把矛盾化解在基层、问题解决在基层。推行基层干部进村入户下访、领导干部定期接访和包案制度，建立健全涉农信访问题排查化解机制，认真做好涉农群体性事件的防范和处置工作。

（三）强化强农惠农政策监督检查。

1、明确监督检查重点。重点检查农业和农民直接补贴政策、农村土地政策、农村基础设施建设投入政策、农村社会事业支持政策等落实情况和支农惠农资金管理使用情况；乡（镇、涉农街道）机构改革、县乡两级财政管理体制改革和财政转移支付情况、农村义务教育经费保障资金落实和管理使用情况、新型农村合作医疗基金管理使用情况、新型农村社会养老保险政府补贴资金落实和新农保基金管理使用情况、被征地农民社会保障政策落实以及社保资金管理使用情况；对耕地保护和农村土地利用管理制度执行等情况。

2、改进监督检查方法。把经常性检查与专项检查结合起来，推进监督检查工作制度化、规范化。制定年度监督检查工作规划，确定监督检查的范围、方式和具体要求。加强组织协调，统筹监督检查力量，突出监督检查重点，确保真正取得实效。

3、充分运用监督检查成果。对监督检查中发现的问题要及时反馈给被检查对象并提出整改要求，存在问题的单位要认真进行整改；对发生严重问题的单位及其责任人要进行责任追究，并在各类评先评优活动中对其实行“一票否决”；将工作实绩作为干部选拔任用的重要依据，对工作成绩突出的单位和个人要表彰奖励。

（四）深化农廉工作改革创新。

1、加快阳光农廉网建设。把阳光农廉网建设作为推进农村惩防体系建设的重要抓手和加强社会管理的重要载体，列入党委和政府工作的重要议事日程。充分发挥县委的关键作用，研究制定符合当地实际的阳光农廉网建设和管理的具体措施，做到阳光农廉网覆盖所有行政村。明确县（市、区）、乡（镇、涉农街道）和有关涉农部门等信息公开的主体责任，以涉农信息公开为重点，把农村“两委”干部及其行为作为阳光农廉网监督对象。注重网络建设、管理和使用，充分发挥阳光农廉网的公开平台、办事平台和监督平台作用，不断提高农廉工作的科技含量，切实防止形式主义和铺张浪费，让农民群众切身体会到阳光农廉网建设带来的实际成效。

2、推进农村综合改革。推进乡（镇、涉农街道）财务管理体制改革，规范票据使用和管理。进一步做好农村义务教育债务清理化解工作，推进其他公益性乡村债务清理化解试点，预防发生新的乡村债务。积极探索对农村“一事一议”公益事业财政奖补政策进行监督的有效做法，推动形成以政府投入为引导、农民积极筹资投劳、社会力量广泛参与的多元化投入体系。加强对农村公益事业产权制度改革工作的监督检查，确保农村基础设施和公益事业健康发展。

3、促进乡镇职能转变。积极稳妥地推进乡镇机构改革，以转变乡镇职能为目标，理顺县级职责关系，促进城乡统筹发展。通过转变职能，加强和创新社会管理，提高乡镇和农村社会管理的科学化水平，最大限度激发社会活力，注重解决存在的突出问题，促进社会和谐稳定。

4、探索农村“两委”干部廉政风险防范机制。县、乡两级纪委要把“三资”管理、强农惠农政策落实、村级工程建设、社会事务管理等作为村干部廉政风险重点，不断完善风险预警、风险化解机制。以村纪检委员、村务监督委员会成员、乡镇农经管理部门工作人员为骨干，建立风险信息收集员队伍，及时发现和处置廉政风险。加强农村“两委”干部廉政风险研判工作，有针对性地采取批评教育、诫勉谈话、限期整改等方式，把廉政风险消灭在萌芽状态。

（五）纠正损害农民权益的突出问题。

1、切实纠正损害农民群众利益的行为。坚决制止和纠正各种涉农乱收费、乱罚款和乱摊派行为，严厉打击制售假冒伪劣农资和哄抬农资价格等坑农害农行为。坚决制止和纠正违反民主选举、民主决策、民主管理、民主监督和基层党务、乡镇政务、农村村务公开有关规定的行为。坚决制止宗教、宗族势力插手农村经济社会事务管理的行为，特别要严肃查办村级组织换届选举中贿选、黑恶势力干扰破坏选举的行为。

2、切实维护农民群众的土地权益。把纠正农村土地承包和土地征收征用过程中损害农民利益的问题，作为农村党风廉政建设的重点工作。认真解决侵害农民土地承包经营权、征地补偿不到位、社会保障不落实等问题。加强土地承包经营权流转的管理，依法加快构建农村土地承包经营纠纷仲裁体系，重点纠正违法调整和收回承包地、违背农民意愿强迫流转承包地、被征地农民社会保障不落实等问题。

3、切实解决农村基层干部作风方面存在的问题。坚持农民群众主体地位，发挥农民群众首创精神，把群众满意不满意作为工作的出发点和落脚点。按照农村基层党员干部行为规范“六要六不要”的要求，加强作风建设，重点解决农村干部因循守旧、不思进取，强迫命令、独断专行，贪图享乐、铺张浪费，以权谋私、与民争利，封建迷信、大操大办等突出问题，确保农村基层党员干部正确行使权力，廉洁履行职责，切实改进作风。

（六）严肃查处违纪违法案件。

1、突出办案重点。加强涉农违纪违法案件查办工作力度，重点查办农村基层干部虚报浮夸、与民争利的案件，贪污挪用、骗取套取、截留抵扣强农惠农资金的案件，在土地承包、流转和土地征收征用过程中严重损害农民利益的案件，贪污国家对农民直接补贴资金、发展现代农业和农村公共事业资金、扶贫和救灾资金物资等案件，违纪违法处置集体资金资产资源、侵占集体收益、私设“小金库”和农村基层党员干部“集体腐败”的案件。

2、坚持严格依纪依法查办案件。进一步规范基层查办案件，严格依照党内法规和国家法律法规开展查办案件工作。保障被调查人和有关人员的合法权利，保护农村基层干部干事创业的积极性和创造性。上级纪检监察机关要加强对下级纪检监察机关涉农案件查办工作的领导、指导和督促检查。坚持实行区域式联合办案和领导包片制度，注重发挥农村党支部纪检委员和纪检监督小组的作用，加大案件查办力度，提高办案工作质量。加大涉农案件查办工作责任追究力度，对有案不查、瞒案不报、压案不批或不认真处理上级批转信访件的，严肃追究有关人员的责任。

3、注重发挥查办案件的治本功能。切实完善重要案件剖析制度和通报制度，深入查找案发规律，进一步总结教训，堵塞漏洞，充分发挥查办案件的惩戒功能和治本功能，实现查处案件的政治效果、社会效果和法纪效果相统一。认真贯彻行政监察法，把受委托从事公务活动的村民委员会成员纳入行政监察对象范围，严肃查处农村基层干部违纪违法案件。

三、加强组织领导

各级党委、政府要把建立健全农村惩治和预防腐败体系作为一项政治任务，列入重要议事日程，同经济社会发展工作一起部署、一起落实、一起检查。严格执行党风廉政建设工作责任制，各级党委是加强农村党风廉政建设的责任主体，党委书记负总责，领导班子其他成员根据分工抓好职责范围内的工作，实行党政齐抓共管。各级纪委要充分履行职责，协助党委抓好农村惩防体系建设各项任务的分解和落实。有关部门要加强沟通、密切配合，建立健全信息共享、情况通报、工作协调机制，并按照“谁主管、谁负责”的原则，把农村党风廉政建设工作任务分解到日常工作中，明确工作责任，督促任务落实。加强农村党风廉政建设，县委是关键、乡镇是基础、农民群众是主体。县、乡两级党委、政府主要领导要亲自抓农村党风廉政建设，认真研究解决工作中遇到的重大问题。县级纪检监察机关要把推进农廉工作作为重要任务，加强调查研究、督促指导和组织协调，不断完善工作思路，提高工作水平。市、县两级要结合工作实际，建立健全农村党风廉政建设工作机构，加强基层纪检干部的思想、作风和能力建设，加强农村纪检监督队伍建设，建设一支作风过硬、素质优良的农廉干部队伍，并为他们充分履行监督职责提供良好条件。要严格考核奖惩，建立和完善农村惩治和预防腐败体系工作考核制度，把贯彻落实农村惩治和预防腐败体系工作情况列入对领导班子和领导干部的考核评价范围，作为党风廉政建设责任制年度目标考核和惩防体系考核的重要内容。

各地各有关部门要根据本实施意见制定具体实施办法。

中共山西省委
山西省人民政府
关于加快水利改革发展的实施意见

晋发〔2011〕21号

（2011年5月9日）

为认真贯彻落实中共中央、国务院《关于加快水利改革发展的决定》（中发〔2011〕1号）精神，加快推动水利事业大发展，为全省转型跨越发展提供有力支撑和保障，结合我省实际，提出如下实施意见。

一、加快水利改革发展的总体思路和目标任务

（1）总体思路。围绕全省转型跨越发展大局，紧紧抓住国家资源型经济转型综合配套改革试验区建设的有利机遇，以蓄水保水、节约用水、用好黄河水、涵养地下水为基本方略，以保障供水安全为主攻方向，以山西大水网建设为龙头，以农田灌溉、饮水安全、河流整治、病险库加固、淤地坝建设为重点，大力发展民生水利，大力推进水利强农工程，全面落实水利惠民政策，依法加强水资源管理保护，不断深化水利改革，实现水资源开发利用由“水瓶颈”向“水支撑”转变，为全省转型跨越发展提供水利

保障。

(2) 目标任务。通过5—10年的努力，基本建成山西大水网，形成稳定可靠、结构合理、配置高效、全面节水的供水网络，使全省年用水总量控制在90亿立方米以内。到2015年，全省新增实灌面积300万亩，达到2000万亩，有效灌溉面积达到2200万亩，基本实现农业人口人均一亩水浇地，农田灌溉水有效利用系数提高到0.6；城乡居民饮水安全得到全面保障，农村自来水普及率达到95%；病险水库除险加固和山洪灾害易发区预警预报体系建设基本完成，防洪保安能力明显增强；百条河流完成综合整治，重点河段防洪能力提高到10—20年一遇；全省万元GDP用水量降到53立方米以下，全省地下水位实现止降回升，水生态环境明显改善，主要河流水质达到水功能区划规定标准，汾河水长流常清。

二、突出抓好大水网建设，为转型跨越发展提供强有力的水利基础支撑

(3) 充分使用地表水。加快完成35项应急水源工程建设，开工建设东山供水、吴家庄水库和长治盆地供水工程，规划新建128座小型水库。到“十二五”末，我省境内地表水年供水量由目前的20亿立方米增加到37亿立方米，地表水资源开发利用率达到中等开发利用程度，全省供水结构实现由地下水为主到地表水为主的根本性转变。

(4) 积极用好黄河水。加快建设禹门口东扩、碛口引黄及小浪底调水等一批黄河水利用工程。积极推进黄河古贤水利枢纽工程建设。进一步扩大万家寨引黄南干线用水市场，向太原新区、阳曲、清徐及南干线忻州沿线区域供水，继续向汾河流域补充生态水。加快万家寨引黄北干线工程建设，尽快建设左云供水工程。到“十二五”末，全省年利用黄河干流水量由目前的8亿立方米增加到24亿立方米。

(5) 优化配置水资源。按照河湖连通、科学调度的水资源配置思路，通过新建一批蓄、引、提工程，构建“两纵十横、六河连通，纵贯南北、横跨东西，多源互补、保障供应，丰枯调剂、结构合理，稳定可靠、配置高效”的山西大水网，形成覆盖全省六大盆地、11个中心城市、70个县（市、区）的十大骨干供水体系。山西大水网建成后，全省包括引黄水在内的地表水供水量由28亿立方米增加到61亿立方米，地下水开采量由35亿立方米减少到25亿立方米，全省年供水量达到86亿立方米。

三、不断加强农村水利基础设施建设，确保人民群众共享水利改革发展成果

(6) 大力开展农田水利建设。推进西山引黄工程，在沿黄的临汾、吕梁、忻州3市11县，新建145处提黄灌溉工程，新增灌溉面积122万亩。完成夹马口北扩、北赵引黄、西范东扩、河曲引黄等骨干灌溉工程及渠系配套工程建设。继续实施十大灌区节水改造和六大泵站更新改造，启动一批中小型灌区配套改造，加快推进50个小型农田水利重点县建设，加强灌区末级渠系建设和田间工程配套，五年完成5万公里。支持山丘区小水窖、小水池、小塘坝、小泵站、小水渠等“五小水利”工程建设，因地制宜开发利用雨洪资源，新建和改造30万眼旱井，恢复和改造村级水池、塘坝2万处，新建1000处人字闸、翻板闸等调蓄工程。大力发展节水灌溉，推广渠道防渗、管道输水、喷灌滴灌等技术，扩大节水、抗旱设备补贴范围。

(7) 继续推进农村饮水安全建设。积极推进集中供水工程建设，提高农村自来水普及率,到“十二五”末由目前的75%提高到95%。在实现饮水安全全覆盖基础上，加强农村饮水安全工程运行管理，落实管护主体，健全体制机制。在县级抗旱服务队基础上成立农村饮水安全管护服务中心，负责本行政区域内饮水工程设备维护、运行及严重干旱时供水任务。全面提高农村饮用水水质标准，水质不达标的村庄要配套相应水处理设备，各县都要设立水质监测中心，将水质检测工作常态化，确保供水安全。积极推进农村排水工程建设。

县级政府要制定支持农村饮水安全工程建设的用地政策，确保土地供应，对建设、运行给予税收优惠，供水用电执行农业排灌用电价格。农村饮水水价原则上不高于所属县城供水水价。省市县各级财政都要列支农村饮水安全工程维修养护经费，确保工程长期发挥效益。

建设一批应急备用水源工程，有效应对特大干旱和突发水安全事件应急供水问题。“千吨万人”规模以上饮水工程要建设应急备用水源。每个乡（镇）要建设1-2处应急备用水源。到“十二五”末，全省新建应急备用水源2000处。

(8) 积极发展农村水电水产。开展水电新农村电气化县建设和小水电代燃料生态保护工程建设，搞好农村水电自供区配套电网改造。继续巩固提高水产品质量安全水平，启动实施池塘标准化建设，因地制宜发展水库渔业和特色、生态渔业。到“十二五”末全省渔业要实现产量、产值和渔民人均纯收入翻番。

四、切实提高防汛抗旱能力，为全省经济社会发展和人民群众生命财产安全提供有力保障

(9) 实施百座病险水库除险加固。巩固大中型病险水库除险加固成果，加快小型病险水库除险加固步伐，2012年底前完成列入全国规划的144座小Ⅰ型水库除险加固，2013年底前完成列入全国规划的130座小Ⅱ型水库除险加固，力争到“十二五”末，消除水库安全隐患，恢复防洪与兴利库容，在全国率先实现病险水库除险加固全覆盖。完成列入《全国大中型病险水闸除险加固专项规划》的34座大中型水闸除险加固任务。同时，积极开展以水库为依托的水利风景区建设，力争五年建成100个水库旅游景区。

(10) 加强山洪地质灾害防治。坚持工程措施和非工程措施相结合，以县为单位，建设雨量、水位、水文报汛自

动化，撤避线路和场地明确化，报汛和撤避组织规范化的山洪灾害预警预报体系，加快实施防灾避让和重点治理。

(11) 加强应急保障体系建设。建立防汛抗旱分级分部门责任人公示制度，整合气象、水文、国土信息资源，建立相关部门对重大灾害性天气联合监测、会商和预报制度，及时发布预警信号，提高预警预报能力。加强县乡村防汛抢险应急演练，积极开展防汛技能培训。在大中型城市和防洪重点县，配备防汛应急指挥车、排洪抢险车以及应急高压潜水泵、大流量防洪排涝泵，提高城市防洪排涝应对能力。加强抗旱应急水源工程建设，县级以上城市建立“双水源”储备制度。加强人工增雨（雪）作业能力建设，科学开发利用空中云水资源。

五、扎实推进水土保持和水生态保护修复，为全省生态建设奠定坚实基础

(12) 实施“百县百河”综合整治。完成汾河、桑干河、滹沱河、漳河、沁河等11条重要河流生态治理，抓好已列入全国中小河流治理专项规划的89条河流、112个项目的治理。通过实施堤防加固、河道疏浚、河水调蓄，全省百条河流重点河段防洪能力由现在的5年一遇提高到10—20年一遇。实施河道综合整治美化绿化工程，发挥河流水生态优势，实现“堤固、河畅、水清、岸绿”的目标。

(13) 狠抓水土保持生态建设。组织实施好国家及省级水土保持重点工程建设，配套实施好坝滩联治与沟坝地治理，加快坡改梯工程建设。加强重要生态保护区、水源涵养区、河流源头区及湿地的保护。实施农村河道综合整治，大力开展生态清洁型小流域建设。支持和鼓励民营水保大户开展水土流失治理与开发。强化生产建设项目水土保持监督管理。建立健全水土保持、建设项目占用水利设施和水域等补偿制度。到“十二五”末，全省建设水保淤地坝1500座，年新增沟坝地及水平梯田10万亩，使吕梁山区人均增加0.3亩沟坝地。对1000条小流域实施生态综合治理，新增水土流失治理面积1500万亩，治理度达到60%。

(14) 开展水生态系统保护与修复。积极争取中央对我省水生态系统保护与修复的支持，尽快启动以汾河、沁河、桑干河、滹沱河、漳河五大河流为主的水生态系统保护与修复工程，启动重点城市水系建设工程。加强河流源头保护，保证河流生态基流，建立水生态补偿机制，使全省主要河流水质达到水功能区划规定标准。

六、实行最严格的“三条红线”制度，确保水资源的可持续利用

(15) 确立水资源开发利用控制红线。建立和完善水权制度，充分运用市场机制优化配置水资源。两年内完成全省主要河流水量分配方案，建立市、县两级取用水总量控制指标体系，明确各行业单位产值（产量）用水量。加强相关规划和项目建设布局水资源论证工作，国民经济和社会发展规划以及城市总体规划的编制、重大建设项目的布局，要与当地水资源条件和防洪要求相适应。严格执行建设项目水资源论证制度，对擅自开工建设或投产的一律责令停止。严格取水许可审批管理，对取用水总量已达到或超过控制指标的地区，暂停审批建设项目新增取水；对取用水总量接近控制指标的地区，限制审批新增取水。强化水资源统一调度，协调好生活、生产、生态环境用水，完善水资源调度方案、应急调度预案和调度计划。

(16) 确立用水效率控制红线。把节水工作贯穿于经济社会发展和群众生产生活全过程。加快制定区域、行业和用水产品的用水效率指标体系，加强用水定额和计划管理。对取用水达到一定规模的用水户实行重点监控。加快推进国家及省级节水型社会试点建设，以水权和水市场为核心，实施水权有偿转让和初始水权分配制度，全面建立与水资源优化配置相适应、与经济社会发展相协调的节约用水体系。有条件的地方实行分质供水。完善水资源有偿使用制度。落实建设项目节水设施与主体工程同时设计、同时施工、同时投产制度。加快实施节水技术改造，抓紧制定节水强制性标准，尽快淘汰不符合节水标准的用水工艺、设备和产品。力争到“十二五”末，使城市管网漏损率降到10%，节水器具普及率达到90%。

(17) 确立水功能区限制纳污红线。从严核定水域纳污容量，严格控制入河湖排污总量。各级政府要把限制排污总量作为水污染防治和污染减排工作的重要依据，明确责任，落实措施。对排污量已超出水功能区限制排污总量的地区，限制审批新增取水和入河排污口。要以流域为单元，明确各市县境内河流的污水准入量，确定污水入河排放口。安设监控设施，对全省主要河流重点入河排污口和水功能区进行全面监测。建立水功能区水质达标评价体系，实行河流水功能区达标考核制度。建立水资源保护和水污染防治协调机制，水利、环保等部门要分工负责，密切配合，确保河流水库水资源清洁。加强水源地保护，依法划定饮用水水源保护区，强化饮用水水源应急管理。水行政主管部门负责水资源的统一管理和监督工作，并会同价格主管部门合理确定再生水价格，努力扩大再生水使用范围，强制部分行业使用再生水。到“十二五”末，全省城镇污水处理率达到72.5%，城镇污水处理回用率达到35%。

(18) 严格地下水管理和保护。全面实行关井压采行政首长负责制。在地表水供水覆盖区，除城乡饮水工程外，严禁开采地下水，现有地下水井关闭并封存，遇有特大干旱，地表水供给不足时，经用水户申请，水行政主管部门依照有关规定予以启用。严格深井审批程序，从2011年起，在地下水超采区新打日取水量超过1万立方米的井片，须经省政府批准；1万立方米以下的取水井片及单井，须经省级水行政主管部门审批。对保障部分中心城市主要生活水源的19处岩溶大泉，实行水量指标分配，建立岩溶泉水开发利用总量控制制度。建设一批人工补充地下水工程，调整泉域保护区范围，通过5—10年努力，实现兰村、古堆及洪

山等千古名泉的复流。

七、全方位、多渠道加大水利投入，为全省水利建设提供持续稳定的资金保障

（19）加大公共财政对水利的投入。充分发挥政府在水利建设中的主导作用，将水利作为公共财政投入的重点领域，进一步加大资金投入力度。大幅度增加省、市、县财政专项水利资金。进一步提高水利建设资金在全省固定资产投资中的比重。从土地出让收益中提取10%用于农田水利和水保淤地坝建设，充分发挥新增建设用地土地有偿使用费等土地整治资金的综合效益。有重点防洪任务和水资源严重短缺的城市要从城市建设维护税中划出一定比例用于城市防洪排涝和水源工程建设。进一步增加省、市煤炭可持续发展基金投入水利建设的额度。按照财政部、国家发改委、水利部联合下发的《水利建设基金筹集和使用管理办法》（财综〔2011〕2号）有关规定，建立省、市、县三级水利建设基金。切实加强水利投资项目和资金监督管理。

（20）进一步强化水利规费征收、使用和管理。加大水资源费征收力度，合理调整征收标准，扩大征收范围，充分发挥水资源费征收对水资源有效保护、科学配置和合理补偿的杠杆作用。严格水资源费征收、使用和管理，省、市、县各级征收水资源费的80%必须用于水利工程建设和更新改造。县级使用水资源费单个项目30万元以上，须经市级水行政主管部门审批；市级使用水资源费单个项目100万元以上，须经省级水行政主管部门审批。支持地税部门代征水利规费。依法征收河道工程维护管理费、河道采砂费、占用水地和水利排洪设施补偿费、水土流失治理费和补偿费。

（21）加强对水利建设的金融支持。综合运用财政和货币政策，引导金融机构增加水利信贷资金。有条件的地方根据不同水利工程的建设特点和项目性质，确定财政贴息的规模、期限和贴息率。对关系民生和发展大局的骨干水利工程，支持农业发展银行、国家开发银行、农业银行、农村信用社、邮政储蓄银行等金融机构为其提供贷款。鼓励有条件的乡村集体贷款修建小型水利、水电、水产养殖和小流域治理工程，由财政给予贴息支持。鼓励和支持发展洪水保险。探索发展大型水利设备设施的融资租赁业务，积极开展水利项目收益权质押贷款等多种形式融资。

（22）积极引导和鼓励支持社会办水。支持山西水务投资集团及各类省内外企业投资水利项目建设。鼓励用水企业入股参与水源工程和供水工程建设。有条件的市、县要按照现代企业制度要求，积极组建规模适度的水务公司，以市场化带动水利投入多元化。鼓励乡村组织和农民在统一规划的基础上，按照多干多补、先干后补原则，加大一事一议财政奖补力度，充分调动乡村组织和农民兴修农田水利与治理水土流失的积极性。完善水利工程耕地占用税政策。积极稳妥推进经营性水利项目进行市场融资。

八、不断创新水利管理体制和运行机制，为全省水利改革发展创造有利条件

（23）完善水资源管理体制。强化城乡水资源统一管理，对城乡供水、水资源综合利用、水环境治理和防洪排涝等实行统筹规划、协调实施，促进水资源优化配置。以实现大水网配置为目标，由水行政主管部门按照小流域服从大水网的原则，完善流域管理与区域管理相结合的水资源管理制度，建立事权清晰、分工明确、行为规范、运转协调的水资源管理工作机制。进一步完善水资源保护和水污染防治协调机制。

（24）加快水利工程建设和管理体制改革。积极推行农田灌溉工程建设“基建+农建”模式，确保骨干工程与田间工程同期建设、同步受益。对政府投资的公益性和准公益性水利项目，加快推行代建制。对各种渠道投资的农田水利工程，在统一规划和审批的基础上，分部门予以实施。区分水利工程性质，分类推进改革，健全良性运行机制。深化国有水利工程管理体制改革，省、市、县财政都要落实好公益性、准公益性水管单位基本支出和维修养护经费。深化小型水利工程产权制度改革，明确所有权和使用权，落实管护主体和责任，对公益性小型水利工程管护经费给予补助，探索社会化和专业化的多种水利工程管理模式。充分发挥市场机制在水利工程建设和运行中的作用，引导经营型水利工程积极走向市场，完善法人治理结构，实现自主经营、自负盈亏。强化工程质量意识，建立健全工程建设质量监督管理体系，全面推行项目法人制、招标投标制、施工监理制和质量管理责任制，全力做好工程施工、监理、档案、验收等各项工作，确保各项工程经得起历史的考验。

（25）加快推进水价改革。充分发挥水价的调节作用，积极推进用水结构与产业结构调整，大力促进节约用水。逐步实行工业和服务业用水超额累进加价，地表水与地下水差别水价和分质供水、优质优价制度，拉开高耗水行业与其他行业的水价差价。合理调整城市居民生活用水价格，稳步推进阶梯式水价制度。贯彻执行农业灌溉提引地表水各项优惠政策。按照鼓励使用地表水、严格保护地下水，提高灌溉用水效率、降低农民水费支出的原则，对取用地表水灌溉的自流和泵站灌区由财政适当补助。实施生态补水的泵站工程享受农业排灌用电价格。凡由水工程向河道补充的生态水，财政给予专项补贴。在地表水灌溉工程受益区采用地下水灌溉，其水价按高于地表水灌溉价格3—5倍核定。

九、加强教育培训和科技投入，夯实水利事业发展基础

（26）强化水文气象和水利科技支撑。加强水文气象基础设施建设，扩大覆盖范围，优化站网布局，着力增强重

点地区、重要城市、地下水超采区水文测报能力，加快应急机动监测能力建设。加快推进水利研究与技术服务、水利技术标准和计量、质量认证体系建设。以水利工程建设为载体，加强基础研究和技术研发，力争在水利重点领域、关键环节和核心技术上实现新突破，获得一批具有重大实用价值的研究成果，加大科技成果转化和应用力度。推进水利信息化建设，提高水资源调控、水利管理和工程运行的信息化水平，以水利信息化、数字化带动水利现代化。积极引进国际国内先进实用技术和设备，进一步提高水利技术引进的质量和水平。大力开展水利国际交流与合作，不断开拓水利市场。

（27）加强水利队伍和服务体系建设。适应水利改革发展新要求，全面提升水利系统干部职工队伍素质，切实增强水利勘测设计、建设管理和依法行政能力。大力支持水利职业技术教育，加强教育基础设施建设，切实增加水利教育投入。以提高实践和动手能力为重点，建立适应全省基层水利建设与管理人才需要的水利技能人才培训基地，力争在5年内使现有基层水利职工全部接受培训。建立健全职能明确、布局合理、队伍精干、服务到位的基层水利服务体系。按乡（镇）或流域大小、水利任务轻重核定人员编制，经费纳入县级财政预算。大力发展农民用水合作组织，农村小型水利工程建设主体要加快向农民用水合作组织过渡。

十、强化组织领导，形成全社会协同治水兴水的合力

（28）认真落实各级党委和政府责任，建立水利绩效考核制度。各级党委、政府要站在全局和战略高度，切实加强水利工作，把加快水利改革发展作为推进转型跨越发展的重要措施来抓，及时研究解决水利改革发展中的突出问题；要认真执行防汛抗旱、饮水安全保障、水资源管理、水库安全管理行政首长负责制，把加强农田水利建设作为农村基层开展创先争优活动的重要内容，充分发挥农村基层党组织的战斗堡垒作用和广大党员的先锋模范作用，带领广大农民群众加快改善农村生产生活条件。各级水行政主管部门要切实增强责任意识，认真履行职责，抓好水利改革发展各项任务的实施工作，严格实施水资源管理考核制度，会同有关部门加强对各地水资源开发利用、节约保护特别是地下水位升降、工农业用水效率和河道污水排入量等主要指标的考核，考核结果交由干部主管部门，作为政府相关领导干部综合考核评价的重要依据。各有关部门和单位要按照职能分工，尽快制定完善各项配套措施和办法，形成推动水利改革发展的合力。省委、省政府将对各地落实中共中央、国务院《关于加快水利改革发展的决定》和本实施意见的情况开展专项督查。对在加快水利改革发展中取得显著成绩的单位和个人，各级政府要按照国家有关规定给予表彰奖励。

（29）推进依法治水。不断完善地方水法规体系建设，全面推进水利综合执法，加快建立权责明确、行为规范、监督有效、保障有力的水行政执法体制，加大水事违法行为打击力度。严格执行水资源论证、取水许可、水工程建设规划同意书、洪水影响评价、水土保持方案等制度。健全预防为主、预防与调处相结合的水事纠纷调处机制。深化水利行政审批制度改革，清理和规范行政审批事项，积极探索建立水利行政审批和许可事项监督管理机制。加强水利法制宣传教育，加快推进依法管水进程。科学编制水利规划，进一步完善全省水利规划体系，强化水利规划对涉水活动的管理和约束作用。各级政府要进一步加大水利项目前期经费投入，做深、做细、做实前期工作，增加项目储备。做好水库移民安置工作，落实后期扶持政策。

（30）加大水利宣传和教育力度。把水利宣传纳入公益性宣传范围，大力宣传省情水情，提高全省人民水患意识、节水意识、水资源保护意识，广泛动员全社会力量参与、支持水利建设。把水情教育纳入国民素质教育体系和中小学教育课程体系，作为各级领导干部和公务员教育培训的重要内容。

各级各有关部门要根据本实施意见制定具体落实方案，加强领导、精心实施、扎实工作，努力开创我省水利改革发展新局面。

中共山西省委办公厅
关于转发《2011—2015年山西省离退休干部工作规划》的通知

晋办发〔2011〕14号

各市、县委，省委各部委，省直各委、办、厅、局党组（党委），各人民团体党组：

省委老干部局拟定的《2011—2015年山西省离退休干部工作规划》已经省委同意，现转发给你们，请认真组织实施。

中共山西省委办公厅

2011年5月30日

2011—2015年山西省离退休干部工作规划

省委老干部局

离退休干部工作是党的组织工作、干部工作的重要组成部分。为进一步加强新时期离退休干部工作，更好地为我省转型跨越发展服务，制定本规划。

一、进一步增强做好离退休干部工作的责任感

（1）充分认识全省离退休干部工作面临的新形势。2006年以来，各级各部门认真贯彻落实《2006—2010年山西省老干部工作规划》，扎实推进离退休干部工作，老干部活动阵地建设、离退休干部信访、离退休干部党组织建设和思想政治建设等工作取得明显成效，全省离退休干部工作步入了科学化、制度化、规范化轨道。同时也要看到，我省离退休干部整体进入高龄期、高发病期，退休干部人数逐年增加，服务管理任务日益繁重。随着改革的不断深化和经济社会的快速发展，广大离退休干部对提高生活质量、体现自身价值、共享发展成果的愿望更加强烈，特别是省委提出了在转型跨越发展中实现再造一个新山西的宏伟目标，既为做好新时期离退休干部工作提供了新的机遇，也对离退休干部工作提出了更高的要求。各级各部门要充分认识加强离退休干部工作的重要性，准确把握离退休干部工作的新变化新特点，切实增强工作责任感和紧迫感，采取有力措施，加大工作力度，不断开创离退休干部工作新局面。

二、指导思想、基本原则和目标任务

（2）指导思想。高举中国特色社会主义伟大旗帜，坚持以邓小平理论和“三个代表”重要思想为指导，深入贯彻落实科学发展观，以“提升服务管理水平、促进转型跨越发展”为主题，进一步加强离退休干部党组织建设和思想政治建设，建立健全离退休干部共享改革发展成果机制，更好地落实离退休干部政治、生活待遇，加强离退休干部学习活动阵地建设，组织引导离退休干部发挥积极作用，加强学习型和服务型老干部工作部门建设，为服务全省转型跨越发展作出新贡献。

（3）基本原则。坚持围绕中心、服务大局，在推动转型跨越发展中奋发有为；坚持加强思想政治建设，不断用马克思主义中国化的最新成果武装离退休干部；坚持以人为本，不断提升离退休干部服务管理水平；坚持把老有所养和老有所为结合起来，引导离退休干部在和谐社会建设中发挥积极作用；坚持在党委、政府统一领导下，整合资源，改革创新，形成齐抓共管的工作机制和社会合力；坚持以让党放心、让离退休干部满意为标准，重点突破，整体推进，实现离退休干部工作全面协调发展。

（4）目标任务。经过五年的努力，基本形成与我省转型跨越发展目标相适应的离退休干部工作机制，离退休干部各项待遇全面落实，社会服务资源充分利用，服务管理工作水平明显提升，思想政治建设更富实效，学习活动阵地建设和管理进一步加强，文体活动丰富多样，老干部教育工作科学推进，老年服务事业和产业有力拓展，老干部工作部门职能作用充分发挥，齐抓共管离退休干部工作的合力作用更加显现。

三、落实离退休干部政治待遇

（5）坚持和完善离退休干部政治待遇的各项制度。坚持按规定组织离退休干部看文件、听报告、参加重要会议和活动，有计划地向离退休干部通报中央和省委大政方针政策、本地区本部门本单位中心任务和工作部署以及组织工作等情况，坚持重大事项征求离退休干部意见和建议，创新离退休干部党务工作者和理论骨干培训工作，使离退休干部及时了解党的创新理论、方针政策、国际国内形势和我省转型跨越发展的新成就，更好地在思想上、行动上与党中央和省委保持一致，支持发展，以身作则，引导群众。

（6）积极推进离退休干部党组织建设。研究制定加强和改进新形势下离退休干部党组织建设工作的意见，扎实推进“五好”党支部（支部班子好、党员队伍好、组织设置好、活动开展好、群众反映好）和“四好”党员（学习活动好、教育后代好、发挥作用好、保持本色好）争创活动，建立离退休干部党组织和党员创先争优长效机制。按照有利于党员管理、有利于开展活动、有利于提升党组织凝聚力和向心力的要求，加大单设离退休干部党支部工作力度，符合条件的地方和部门可设立离退休干部党工委，落实离退休干部党组织活动经费，为离退休干部党务工作者发放工作补助。充分利用社区资源开展离退休干部党建工作，鼓励和支持离退休干部党员就近参加社区党组织活动。加强流动党员教育管理。

（7）加强离退休干部思想政治工作。深入开展中国特色社会主义理论体系教育，进一步加强离退休干部政治理论学习和思想引导。以各级离退休干部党组织和老年大学（老干部党校）、老干部活动中心为主阵地，充分调动离退休干部自我学习、自我教育、自我提高的积极性。加强调查研究，注重发挥面向离退休干部的报刊、广播、电视、网络等阵地在离退休干部思想政治工作中的导向作用，不断创新离退休干部思想政治建设的形式、方法和途径。坚持把开展思想政治工作与解决实际问题相结合，建立完善

思想政治工作长效机制。

四、落实离退休干部生活待遇

（8）巩固和完善离休干部“三个机制”。按照“单位尽责、社会统筹、财政支持、加强管理”的原则和经济社会发展水平，推动离休干部离休费保障机制、医药费保障机制、财政支持机制的规范运行。离休费由财政负担的，要在预算中足额安排；离休费实行基本养老保险统筹的，中央和我省统一规定的项目要全部纳入。进一步完善省直机关事业单位和省属企业离休干部医药费保障办法，加强对医药费使用情况的管理，采取有效措施方便老同志就医。加大对离休干部离休费、医药费的财政支持力度，凡应由财政负担的经费要足额列入预算，特别是对困难企事业单位离休干部“两费”的缺口部分，同级财政要给予支持。力争在2012年将省属企业和自收自支事业单位离休干部的医药费、生活补贴、公用经费等纳入同级财政负担。

（9）落实退休干部生活待遇。各级财政对供养的退休干部退休费要足额拨付，对退休干部养老统筹和医保统筹费的缺口部分要予以支持，保障国家和我省规定的退休干部生活待遇落实到位。人力资源和社会保障部门要完善退休干部养老保险制度，加大养老保险金的征收力度，加强养老保险基金管理，完善退休干部生活待遇落实保障办法和措施。

（10）建立健全离退休干部共享经济社会发展成果机制。根据经济社会发展情况，逐步提高离退休干部生活待遇水平。在涉及离退休干部切身利益的改革时，要同步研究相应的保障办法。

（11）加大特殊困难离退休干部帮扶力度。坚持精神慰藉、适当照顾、单位尽责、财政支持的原则，建立完善特殊困难离退休干部帮扶机制，进一步加大对特殊困难离退休干部资金帮扶力度。各级老干部工作部门要完善帮扶资金管理和使用办法，帮助解决离退休干部的特殊困难。

五、深化离休干部服务管理工作

（12）做好“双高期”离休干部服务管理工作。针对离休干部普遍进入高龄期、高发病期的实际，研究制定切实可行的服务管理办法，坚持亲情式、人性化服务，努力为离休干部做好事、办实事、解难事。

（13）加强国有改制、破产企业离休干部服务管理工作。进一步完善国有改制、破产企业离休干部服务管理机制。国有企业在实施改制、破产前应征询上级老干部工作部门意见，采取有力措施确保离休干部有机构负责、事情有人管、所需经费有保障。各级党委、政府要强化责任，加大督查力度，解决好改制、破产以及兼并重组企业离休干部的服务管理问题。

（14）做好易地安置离休干部服务管理工作。进一步完善易地安置离休干部服务管理办法，落实易地安置离休干部各项待遇，积极协商让易地安置离休干部同等享受接受地离休干部的医疗照顾政策。离休干部原所在地方和单位、接受安置的地方和单位要加强协作，解决老同志生活、就医等方面的实际困难，共同做好服务管理工作。坚持落实好至少每两年走访慰问一次易地安置离休干部制度。

六、加强退休干部服务管理工作

（15）健全退休干部服务管理机构。各级党委、政府要加强对退休干部服务管理工作的领导，支持老干部工作部门健全退休干部服务管理机构，明确与工作任务相适应的人员编制和经费，配备专职人员和必要的服务设施。各级组织、老干部工作、财政、人力资源和社会保障部门要履行对退休干部服务管理的宏观指导和督促检查职能。

（16）研究制定退休干部工作具体政策。完善退休干部服务管理工作机制，加强对退休干部工作的调查研究，积极探索退休干部服务管理的新途径和新办法，研究出台加强退休干部服务管理工作的意见。各级各部门要结合实际，制定本地本部门退休干部服务管理的具体办法。

（17）加强退休干部日常服务管理。退休干部的日常服务管理以原工作单位为主。老干部工作部门要牵头抓好退休干部的党组织建设、思想政治建设、文体活动开展和发挥作用工作。各级财政部门要按规定足额安排退休干部服务管理工作经费和活动经费，保障退休干部服务管理工作正常开展。

七、积极推进利用社会资源服务离退休干部的工作

（18）利用社区资源开展服务离退休干部工作。适应市域城镇化发展趋势，对利用社区资源服务离退休干部工作进行规划部署，积极开展试点工作，通过专职、兼职、志愿者服务等方式，建立一支社区老干部服务队伍，充分发挥街道、社区作用，为离退休干部就近学习、就近活动、就近得到关心照顾、就近发挥作用提供服务。继续做好离退休干部工作“四就近”典型的培养宣传和推广工作。

（19）加强对老年社会组织的宏观管理和协调指导。各级老干部工作部门要加强与老年社会组织的沟通联系，建立健全定期座谈、协同工作的联席会议制度，推动老年社会组织健康发展，形成老干部工作部门与老年社会组织资源共享、优势互补的工作机制。

（20）推动老年服务事业发展。加强对老干部工作部门所属事业单位的管理，不断提升工作水平。有条件的地方可成立老年事业发展机构，积极开展老年事业的研究和探索。继续办好中国·山西老年服务用品博览会，提升会展的档次、规模和影响力。鼓励研发老年服务产品，建立健全居家养老服务网络，推广运用“电子保姆”、可视电话等服务设施，推动老年公共服务事业发展。

八、加强老干部活动中心、老年大学工作

（21）提升老干部活动中心（室）建设水平。修订完善

《山西省老干部活动中心（室）达标创优考评细则》，引深达标创优活动。2015年底，三分之二以上的市、县（市、区）老干部活动中心（室）达到优秀标准。推进老干部活动场所向乡（镇、街道）和社区延伸，增加活动网点，拓展活动空间。继续加快省、市直单位老干部活动中心（室）建设步伐，切实改善离退休干部的学习活动环境。有条件的地方在公益性活动场所加挂老干部活动中心（室）牌子，与当地群艺馆、文化馆、图书馆等实现资源共享。各级财政要加大支持力度，进一步推动贫困地区老干部学习活动阵地建设。

（22）推进老年大学的规范管理。坚持和完善老年大学校长由同级党委分管老干部工作的负责同志担任、老干部局的主要负责同志兼任第一副校长、同时配备专职副校长的管理体制。根据办学规模，合理确定编制，配备工作人员。各级财政要为老年大学的建设和发展提供必要的经费支持。继续开展老年大学“示范校”评比活动，不断提高“示范校”的档次和办学水平。加快老年大学规范化建设步伐，统编公共科目系列教材并推广普及。进一步推广远程教育，扩大老年大学网络教育覆盖面。强化老干部教育工作办公室职能，开展老年教育理论研究，探索适应形势要求和老同志需要的学习教育新模式。

（23）发挥老干部活动中心（室）和老年大学的阵地作用。加强对离退休干部开展文体活动的指导，组织老同志开展形式多样的学习教育和文体活动，寓学于乐、寓教于乐，不断满足老同志日益增长的精神文化需求。

九、发挥离退休干部的积极作用

（24）组织引导离退休干部积极发挥作用。坚持党委领导、政府主导、社会协同、广泛参与，围绕党委、政府中心工作，本着自觉自愿、量力而行、就地就近的原则，进一步开发离退休干部人才资源，积极组织引导离退休干部面向社会、面向基层、面向群众发挥作用。适应加强和创新社会管理的要求，组织引导离退休干部发挥政治优势、威望优势和经验优势，在化解社会矛盾、理顺群众情绪、维护社会秩序中积极发挥作用。加强与涉老组织、人才市场等社会机构的合作，为离退休干部发挥作用搭建平台、提供服务。

（25）加强离退休干部发挥作用典型的宣传。注重培树离退休干部发挥作用先进典型，通过现场观摩、经验交流、评比表彰、组织巡回演讲等形式，广泛宣传离退休干部在加强党的执政能力建设和先进性建设、关心教育下一代、促进社会和谐等方面的先进集体和个人，把学全国典型与学身边典型结合起来，用身边的人、身边的事教育引导离退休党员干部，自觉加强党性修养，自觉实践党的宗旨，书写好自己的晚年人生。

十、加强老干部工作部门建设

（26）扎实开展创先争优活动。充分发挥老干部工作部门党组织的政治核心作用和党员的先锋模范作用，大力学习弘扬右玉精神，改进作风，创新载体，丰富内涵，形成创先争优的长效机制。

（27）引深文明和谐单位创建工作。巩固文明和谐单位创建成果，积极创建学习型、服务型、创新型老干部工作部门。到2015年，全省三分之二的市、县（市、区）委老干部局获本级文明和谐单位标兵称号，90%的县（市、区）委老干部局获本级文明和谐单位称号。继续做好老干部工作部门的档案管理工作。

（28）加强办公自动化和网络建设。加快办公自动化设备的更新步伐，加强办公自动化和操作技能培训。加大对老干部工作网站的投入，配备人员，保障经费，做好网站的更新维护和信息发布工作，更好地发挥网络的作用。

（29）加强老干部工作人员教育培训。把老干部工作人员教育培训纳入干部教育总体规划，大力推进自主选学，保障学习和培训经费。充分利用干部学院、党校、行政学院、高等院校和社会培训机构的教学资源，举办多层次多专题培训班。鼓励在职教育，到2013年，全省老干部工作人员本科及以上学历达到50%，2015年达到60%。

（30）重视老干部工作人员的培养、交流和使用。各级党委、政府以及组织、人事部门要关心重视老干部工作人员的成长进步，严把“入口”，畅通“出口”，把政治素质好、工作能力强、热爱老干部工作的同志提拔到老干部工作部门领导班子中，把工作业绩突出、长期服务老同志的优秀干部提拔重用。老干部工作部门要通过交流轮岗、评先选优、晋升职级等方式，增强工作队伍的生机和活力。

十一、加强离退休干部工作的组织领导

（31）高度重视离退休干部工作。各级各部门要把离退休干部工作摆到重要位置，纳入总体工作规划，坚持和完善老干部工作领导组会议、领导组成员联席会议等制度。各级党政领导要定期听取离退休干部工作汇报，及时研究离退休干部工作。各级党委组织部门要加强对离退休干部工作的指导；财政、卫生、人力资源和社会保障等部门在出台涉及离退休干部切身利益的政策规定前，要征求组织部门、老干部工作部门意见；老干部工作部门要加强调查研究，充分发挥职能作用，主动协调相关部门完善工作机制。到2012年，全面落实老干部局局长与同级党委组织部副部长互相兼任的要求。

（32）加强对离退休干部工作的督促检查。各级各部门领导班子成员要经常深入基层指导离退休干部工作。各级老干部工作部门可聘请有关人员担任离退休干部工作督查员，针对重点和难点问题进行督查指导，及时公开督导信息，完善老干部工作部门上下联动、督查指导机制。

（33）加强离退休干部信访工作。认真落实《信访条例》，进一步完善领导包案、领导接访、动态报告、定期通报、应急处置等信访工作制度，落实信访工作责任。对离退休干部信访的共性问题，要积极协调相关部门研究出台

相应的政策；对个案问题要采取有效措施给予解决，保持信访总量逐步下降态势。

(34) 加大宣传调研工作力度。各级老干部工作部门要办好内部刊物和网站，充分利用报刊、广播、电视、网络等媒体，大力宣传老干部的历史功绩与新奉献，大力宣传离退休干部工作和先进典型；建立重点课题调研制度，围绕重点、难点问题深入调查研究，努力做好调研成果的交流和转化工作。

各级各部门要按照本规划要求，明确目标，细化任务，结合实际制定具体实施意见，推动规划全面落实。

中共山西省委办公厅
山西省人民政府办公厅
关于加快发展"一村一品"、"一县一业"的实施意见

晋办发〔2011〕17号

(2011年6月15日)

为了推动山西特色现代农业发展，在全省形成"一村一品"、"一县一业"竞相发展的产业格局，促进农业转型跨越发展和农民收入翻番，发展壮大县域经济，提出如下实施意见。

一、充分认识加快发展"一村一品"、"一县一业"的重要意义

山西农业实现转型跨越发展的根本出路是发展现代农业，而现代农业的产业基础在于"一村一品"、"一县一业"。"一村一品"、"一县一业"是指以村、县为基础，在一定区域范围内，依托资源优势，按照市场需求，整合各类生产要素，整村整乡整县推进优势资源开发，推行农业专业化、标准化、规模化、集约化生产和产业化经营，培育特色优势品牌，促进主导产业优化升级，使每个村、每个乡、每个县，甚至更大的区域内拥有一个或几个区域特色明显、产业集中度高、市场潜力大的主导产业和产品，大幅度提升农业和农村经济综合实力和市场竞争力，带动农民增收致富。实践证明，发展"一村一品"、"一县一业"是加快发展特色现代农业的切入点和总抓手，是深化农业结构调整、优化区域布局、延伸农产品产业链、开发农业多种功能的着力点和突破口，是提高农业专业化、标准化、规模化、集约化、产业化水平和组织化程度的普遍形式和基本途径，是促进农民收入翻番的重要保证。

近年来，我省围绕"稳定粮食、做强畜牧、扩大果菜、发展加工"的思路，不断深化农业结构调整，优化农产品区域布局，发展壮大特色主导产业，"一村一品"、"一县一业"初见成效，涌现出了一批特色明显、效益较高并具有一定知名度的专业村、专业乡，初步形成了一批优势农产品基地县和集中连片的产业区、产业带。初步统计，主导产业收入占农民人均收入40%以上的村达到4916个，其中，占农民人均收入70%以上的村达到508个。全省形成有一定规模的优势农产品基地县30多个。同时，还催生了一批知名品牌，成为我省特色农业的名片。全省经国家有关部门认证的无公害、绿色、有机农产品2183个，农产品地理标志产品45个，获得农产品中国驰名商标11件、山西省著名商标439件。但从总体情况看，我省的"一村一品"、"一县一业"发展水平还比较低，一是主导产业规模小、区域集中度不高；二是产业链条短，龙头企业带动能力不强；三是市场营销体系建设滞后，知名度和市场占有率高的品牌不多；四是经济效益比较低，对农民增收的贡献不够大；五是多元化的投入机制还不够健全。因此，必须从农业转型跨越发展和农民收入翻番的战略高度充分认识发展"一村一品"、"一县一业"的重要性和紧迫性，科学规划，明确思路，强化措施，狠抓落实，推进全省"一村一品"、"一县一业"快速健康发展。

二、指导思想和基本原则

(一) 指导思想。

以科学发展观为指导，以农业转型跨越发展和农民收入翻番为目标，从规划引导、示范带动、政策扶持入手，创新经营形式，强化基础设施和科技支撑，加强市场营销和品牌建设，大力发展"一村一品"专业村、"一县一业"基地县和跨县市跨区域产业板块，着力提升农业的专业化、标准化、规模化、集约化和产业化水平，大幅度提高农业的劳动生产率、资源利用率和市场竞争力。

(二) 基本原则。

坚持效益优先原则。以促进农民增收为目标，在保障全省粮食生产能力稳定提高的基础上，引导农民大力发展

经济效益高的产业和产品，最大限度地挖掘农业的就业增收潜力。

坚持比较优势原则。充分发挥区域资源优势，着力推进优势产业向优势区域集中，大力发展区域特色明显的优势产业和优势产品。

坚持市场导向原则。面向市场需求，遵循市场经济规律，充分发挥市场在资源配置中的基础性作用，大力发展市场潜力大、商品率高的产业和产品，培育有竞争力的品牌。

坚持农民自愿原则。坚持农村基本经营制度，充分调动农民自主创业、发展生产的积极性和创造性，尊重农民意愿，不强迫命令，从实际出发，分类指导，注重实效。坚持整体推进原则。在基础条件较好、经济发展较快地区先走先行的基础上，大力促进贫困地区产业发展，逐步形成以点带面、竞相发展的格局。

三、目标任务

（一）大力发展“一村一品”专业村。

按照“千村示范、万村推进”的思路目标，从2011年开始，在逐级申报、审核的基础上，从产业基础较好的行政村中，每年选择2000个专业村进行重点培育。“一村一品”包括杂粮、蔬菜、干鲜果、畜牧、农产品加工、中药材、蚕桑、民间工艺、观光农业、农村服务业等涉农产业或产品，着重在扩大产业规模、推进标准化生产、加强市场营销和品牌建设、提高农民组织化程度等方面进行扶持。力争到“十二五”末,专业村60%以上的农户从事主导产业或产品生产经营活动；农户从事主导产业或产品经营活动的收入占农民人均收入的比重达到70%以上。全省“一村一品”专业村达到10000个，占到行政村总数的三分之一以上。

（二）扎实建设“一县一业”基地县。

以发展“一村一品”为基础，从基础条件较好、产业集中度较高的优势农产品大县选择建设36个“一县一业”基地县，以后根据建设情况逐年增加。“一县一业”主要包括杂粮、马铃薯、蔬菜、苹果、梨、红枣、核桃、生猪、奶牛、肉牛、羊、禽业等优势产业，着重在扩大产业规模、提高产业集中度、培育壮大龙头企业、延伸产业链条、打造区域品牌，推进服务体系建设等方面进行扶持。力争到“十二五”末，全省“一县一业”基地县达到60个，基地县主导产业产值占农业总产值的比重达到60%以上。

（三）按照五大板块布局，建设产业带和产业区。

在“一村一品”、“一县一业”发展的基础上，依托自然优势和资源禀赋，按照雁门关、太行山、吕梁山、晋中盆地和晋南盆地五大特色农业板块布局，以基地县为基础，规划建设一批优势农产品产业带和产业区，形成跨区域、大规模、集群式、板块化推进的格局。

杂粮、马铃薯重点发展雁门关、太行山、吕梁山三大产业带。以扩大种植面积、提高单产水平、提高加工转化率和市场占有率为重点，力争“十二五”末，三大杂粮产业带种植面积、产量分别达到800万亩和11亿公斤，占到全省的55%和60%以上，杂粮加工转化率达到70%以上；马铃薯种植面积、产量分别达到375万亩和337万吨，均占到全省的90%以上。

蔬菜重点发展大同盆地、忻定盆地、晋中盆地、上党盆地、晋南盆地五大产业区。以实施百万棚设施蔬菜建设工程为重点，形成若干个以千亩村、万亩乡、十万亩县为片区的设施蔬菜生产基地。力争“十二五”末，五大蔬菜产业区蔬菜面积、产量分别达到580万亩和1850万吨，占到全省的89%和92%以上。

水果重点发展晋中盆地、晋南边山丘陵区、吕梁山南麓丘陵区三大水果产业带。以实施水果双增工程为重点，扩大苹果、梨等果树面积，加大中低产果园改造力度，力争“十二五”末，三大水果产业带优果率达到60%以上，加工转化率达到35%以上。晋南边山丘陵区、吕梁山南麓丘陵区苹果面积、产量分别达到214万亩和287万吨，占到全省的70%和80%以上；晋中盆地梨面积、产量分别达到26万亩和29万吨，占到全省的40%和55%以上。

干果重点发展太行山、吕梁山两大干果产业带。以实施干果经济林建设工程为重点，扩大红枣、核桃种植面积，提质增效。“十二五”期间，全省新发展干果经济林500万亩以上，其中核桃、红枣300万亩，经济林优质果率达到90%以上。力争到“十二五”末，基本实现全省农民人均1亩干果经济林。

畜牧业重点发展以晋北奶牛、晋中肉牛、晋西北肉羊、晋东南生猪、晋南禽业为主的五大畜牧产业区。以实施千园万场规模健康养殖工程为重点，大力发展规模化、集约化、标准化养殖小区和养殖场，力争“十二五”末，晋北奶牛存栏达到46万头，奶产量达到124万吨，分别占到全省的80%和83%以上；晋中肉牛出栏达到45万头，牛肉产量7.8万吨，分别占到全省的50%和56%以上；晋西北肉羊出栏达到550万只，羊肉产量达到8.3万吨，均占到全省的50%以上；晋东南生猪出栏825万头，猪肉产量达到62万吨，分别占到全省的55%和57%以上；晋南蛋鸡存栏达到3600万只，蛋产量达到45万吨，分别占到全省的30%和32%，肉鸡出栏达到4000万只，鸡肉产量达到6.2万吨，分别占到全省的40%和41%以上。

四、推进措施

（一）创新经营形式。

按照“一村一品一社”的思路，把农民专业合作社作为“一村一品”的基本组织形式，在加快发展的同时，着力在提高质量、拓宽领域、完善机制上下功夫，同时积极引导发展土地股份合作社、农村资金互助社和跨区域联合社。力争到“十二五”末，全省农民专业合作社发展超过40000个，实现每个专业村都有合作社，每个基地县都有联合社。以“一村一品”、“一县一业”和产业板块发展为基础，优化龙头企业布局，着力推进农产品加工“513”工程，打造具有区域特色的农产品产业链，使龙头企业与专业村、基地县和产业板块实现有效对接，构建“龙头企业+专业合作社+基地+农户”、“龙头企业+商标（地理标志）+农户”的产业化经营模式和利益联结机制。进一步健全土地流转市场，引导土地承包经营权有序流转，为“一村一品”规模化发展创造条件。

（二）强化基础设施和科技支撑。

围绕“一村一品”、“一县一业”发展，大力加强农田水利建设和中低产田改造，农田建设项目资金要向专业村和基地县倾斜。加大农业科技投入力度，发挥科技的支撑和引领作用。加快建立完善蔬菜、干鲜果、杂粮、马铃薯、猪、鸡、牛、羊、特种养殖等现代农业产业技术体系，以项目为载体，组建专家团队，加大重大关键技术的研发攻关，着力在重点领域和关键环节取得突破。鼓励科研院所、大专院校和涉农企业积极参与新技术、新品种、新工艺的研发、引进和推广。力争到“十二五”末，培养100名农业科技领军人才，研发一批有自主知识产权的科研成果。健全乡镇或区域性农业技术推广、动植物疫病防控、农产品质量监管等农业社会化服务体系。大力培养农业技术推广人才和农村实用人才，充实加强基层农技推广队伍，切实增强公益性农技推广机构的服务能力。要围绕“一村一品”、“一县一业”发展，积极开展农业科技进村入户“五个一”活动，即围绕一个主导产业，制定一个发展规划，确定一位首席专家，组建一支推广队伍，培养一批科技示范户，实施农业技术推广示范行动，促进科技成果转化。力争到“十二五”末，培养农业技术推广人才3万人、农村实用人才37万人、科技示范户12万户，先进实用技术入户率达到95%以上，农业科技成果转化率达到60%以上。

（三）加强市场营销和品牌建设。

进一步推动产地、销地农产品市场建设。按照科学规划、合理布局的原则，扶持建设3-5个现代农业物流中心、建设改造一批蔬菜、水果和畜产品批发市场。实行农超对接，畅通农产品流通渠道。支持大型连锁超市与龙头企业、农民专业合作社直接对接，发展订单农业。支持龙头企业、合作社直接领办连锁配送、专卖、超市等现代流通企业。加强流通队伍建设，组建省市农产品流通协会，大力发展壮大农村经纪人队伍。整合打造特色农产品品牌，支持专业村、基地县开展“三品一标”基地认定和产品认证，鼓励具有地域特色和文化传统的产品申报注册商标和名牌产品。支持龙头企业争创中国驰名商标、山西省著名商标和国家级名牌产品。开展多种形式的展示展销活动，提高产品的知名度，扩大品牌的影响力。力争到“十二五”末，专业村、基地县“三品一标”产地认定面积达到50%以上，整合打造中国驰名商标和国家级名牌产品30个。

（四）加大政策扶持力度。

加大政府扶持力度，各级政府以及涉农部门要以“一村一品”、“一县一业”为平台，加大资金、项目整合力度，集中财力，重点扶持特色优势产业发展。在整合现有农业产业专项扶持资金的基础上，政府统筹安排专项资金，采取以奖代补、先建后补、贴息补助等方式对专业村和基地县给予重点扶持。各市县政府也要整合统筹安排资金，加大对专业村、基地县扶持力度。切实加大金融扶持力度，把“一村一品”、“一县一业”作为信贷支农的重点，建立政府扶持、多方参与、市场运作的农村信贷担保机制，降低门槛，简化手续，扩大信贷规模。加大社会融资力度，充分发挥政府支农政策的引导和调控作用，采取有效措施引导社会资本投资开发农业主导产业和特色产品，特别要鼓励引导我省资源型企业围绕“一村一品”、“一县一业”投资发展特色农业。

五、组织保障

（一）加强组织领导。各级党委、政府要统一思想，切实把推进“一村一品”、“一县一业”作为党委、政府的重要职责，纳入重要工作日程，健全工作推进机制，形成党政主要领导亲自抓、分管领导具体负责、各职能部门齐抓共管的工作格局。省政府成立发展“一村一品”、“一县一业”工作领导组，负责对“一村一品”、“一县一业”发展的组织、指导、协调和检查考核。领导组办公室设在省农业厅。各市县政府也要成立组织机构，加强组织领导，完善工作机制，落实工作责任，做到上下联动，条块结合，切实把推进“一村一品”、“一县一业”各项措施落到实处。各地要充分利用广播、电视、报纸、网络等宣传媒体，切实加大宣传力度，总结推广一批成功经验和发展模式，营造全社会支持“一村一品”、“一县一业”发展的浓厚氛围。

（二）科学制定规划。各市县都要把发展“一村一品”、“一县一业”纳入当地经济和社会发展的总体规划，并具体制定本地区“一村一品”、“一县一业”推进规划，确定主导产业，明确发展思路、目标、主要任务和具体措施，做好规划的上下衔接。“一村一品”专业村也要制定产业发展规划，明确发展思路、目标和建设重点。各地要充分考虑当地资源优势和产业发展基础，广泛听取基层和农民群众意见和建议，提高规划的科学性、民主性和可行性。

（三）组织住村帮建。结合全省开展干部下乡住村工作的要求，把推进“一村一品”、“一县一业”发展作为领导干部住村活动的重要内容，帮助制定具体的发展规划，并在资金、技术、人才等方面全力帮助住点村加快发展。每位住村干部要按照下乡住村“六个一”活动要求，围绕“一村一品”开展住村调研和组织帮建活动。

（四）严格考核奖惩。建立健全“一村一品”、“一县一业”考核评价体系。根据县、乡、村基数和现有基础，对“一县一业”基地县、“一村一品”专业村建设情况实行监测考评和动态管理，考核结果全省排队通报。对达到建设标准的成熟一个验收一个，验收合格的正式命名并给予奖励。要把“一村一品”、“一县一业”发展作为市、县、乡党政领导干部政绩考核的重要内容，考评结果同干部奖惩、使用挂钩，不断强化党政领导的责任。

中共山西省委办公厅关于印发《贯彻落实〈2010—2020年党外代表人士教育培训改革和发展纲要〉的实施意见》的通知

晋办发〔2011〕16号

各市、县委，省委各部委，省直各委、办、厅、局党组（党委），各人民团体党组：

省委同意《贯彻落实〈2010—2020年党外代表人士教育培训改革和发展纲要〉的实施意见》，现印发给你们，请结合实际认真贯彻执行。

中共山西省委办公厅
2011年6月15日

贯彻落实《2010—2020年党外代表人士教育培训改革和发展纲要》的实施意见

为全面贯彻落实中央办公厅印发的《2010—2020年党外代表人士教育培训改革和发展纲要》（中办发〔2010〕23号，以下简称《纲要》），进一步促进我省党外代表人士教育培训改革和发展，不断提高教育培训工作科学化水平，推进我省统一战线和多党合作事业科学发展，提出如下实施意见。

一、充分认识党外代表人士教育培训改革和发展的重要意义

党外代表人士是推进中国特色社会主义事业的重要力量。党外代表人士教育培训是统一战线的一项基础性、战略性工作，是全省干部教育培训的重要组成部分。大力推进党外代表人士教育培训改革和发展，是充分发挥中国特色社会主义政治制度优势的必然要求，是巩固壮大新世纪新阶段爱国统一战线的必然要求，是适应新一代党外代表人士成长规律特点的必然要求，是推动教育培训工作科学发展的必然要求。培养和建设一支数量充足、素质优良、结构合理，与我党思想上同心同德、目标上同心同向、行动上同心同行的党外代表人士队伍，能更好地发挥党外代表人士在推动科学发展、促进社会和谐、实现祖国统一中的作用。各级各有关部门要进一步提高认识，增强推进党外代表人士教育培训改革和发展的责任感和紧迫感，大力推动党外代表人士教育培训改革和发展，不断提高教育培训工作科学化水平，为坚持中国特色政治发展道路增进共识、凝聚力量，为实现我省转型跨越、再造一个新山西的宏伟目标提供重要的人才支持。

二、党外代表人士教育培训改革和发展的指导思想、基本原则、总体目标

（一）指导思想。高举中国特色社会主义伟大旗帜，以邓小平理论和“三个代表”重要思想为指导，深入贯彻落实科学发展观，坚持改革创新，以建设特色鲜明、富有活力、科学合理的教育培训体系为目标，以不断增强政治共识为核心，以全面提高培训质量为重点，着力破解发展难题，着力健全体制机制，切实发挥社会主义学院主阵地作用，不断提高党外代表人士教育培训工作科学化水平，为推进统一战线和多党合作事业科学发展提供坚实的人才支持。

（二）基本原则。

——坚持理论培训与实践锻炼相结合。始终坚持政治培训为主，把系统深入开展中国特色社会主义理论体系和社会主义核心价值体系教育作为培训的首要任务。同时，注重强化实践锻炼，使党外代表人士在投身我省转型跨越发展和兴晋富民的实践中更好凝聚共识，增强合作共事意识，提高服务经济社会发展的素质能力。

——坚持遵循规律与突出特色相结合。研究探索符合我省实际、符合党外代表人士特点的教育培训工作新路子。坚持自觉、自主、自为方针，注重激发党外代表人士学习的内在动力，因材施教，按需施教，真正做到科学发展需要什么就培训什么、党外代表人士成长缺什么就补什么。

——坚持普遍培训与重点培养相结合。分层分类，全面系统开展党外代表人士培训，既避免重复培训、多头调训，又全面覆盖、不留盲点。坚持进步性与广泛性相统一，把握代表性，重点培养一批与党亲密合作、具有较大影响、经得起风浪考验的社会活动家，着力在不同领域、不同层次形成具有引领作用的骨干队伍。

——坚持改革创新与推动发展相结合。以改革创新为根本动力，积极改革不合时宜的教育理念、培训方式、体制机制，增强教育培训的针对性实效性。着力解决突出问

题和加强薄弱环节，努力做到规模、质量、效益相统一，推动党外代表人士教育培训工作加快发展、科学发展。

（三）总体目标。到2020年，形成与我省中长期人才发展规划和干部教育培训改革要求相一致，与统一战线和多党合作事业科学发展相适应，与党外代表人士队伍建设目标任务相符合的党外代表人士教育培训体系，培养造就一支政治坚定、专业突出、群众认同的党外代表人士队伍。

——近期目标。从2010年到2013年，结合民主党派、工商联各级组织换届，省级人大、政府、政协换届，按照党外代表人士政治安排一职二备，实职安排一职三备的比例，有重点、有计划、分批次开展培训工作。

——中期目标。从2014年到2017年，重点培养150名市厅级后备干部、500名县处级后备干部，60名省级民主党派后备干部、100名无党派代表人士和新的社会阶层代表人士。

——远期目标。从2018年到2020年，在中期目标的基础上重点培养人选的规模递增10—20%，实现我省统一战线后继有人，可持续发展。

三、党外代表人士教育培训改革和发展的主要任务

（一）建立培训目标体系。按照全省的统一部署，根据不同的培训对象、培养目标和实际需要，举办相应类别的进修班、培训班、研讨班和读书班。对全省党外领导干部和党外代表人士进行全覆盖的教育培训，做到后备人选优先培养，骨干人选重点培养，紧缺人选加速培养，年轻人选全面培养。

（二）规范培训学制。省级组织中的民主党派代表人士、无党派代表人士、少数民族代表人士、宗教界代表人士、非公有制经济代表人士等，市厅级党外后备干部，以及省管高等院校、科研院所、大型企业以及省直有关单位的处级党外干部，列入省委统战部年度培训计划主体班次。主体班学制不得少于半个月，其他党外代表人士列入省委统战部年度培训计划短训班，短训班学制以5—7天为宜。

（三）深化培训工作改革。加强师资队伍建设，不断提高教育培训工作规范化、科学化水平，形成主阵地作用充分发挥，各类优质培训资源有效利用，更适应党外代表人士成长规律和特点，更具有针对性、实效性和吸引力、说服力的教育培训模式。

（四）搭建网络培训平台。推进教育培训信息化和教学手段现代化建设。社会主义学院要积极推进网络培训平台建设，积极运用信息网络技术手段，推广网络培训、远程教育、电化教育，促进教学资源共享，提高教学和管理的信息化水平，实现教学手段的现代化。

（五）建立教育培训管理体制。建立各级党委统一领导，统战部门牵头协调，有关方面各司其职、密切配合的教育培训管理体制。健全以需求为导向，组织要求与个人需求相结合，培养与使用相衔接，规范有序、运转高效的教育培训工作机制。

四、建立健全党外代表人士教育培训运行机制

（一）建立健全联合调训机制。把党外代表人士教育培训纳入全省干部教育培训总体规划，统一部署。主体班次由省委统战部与省委组织部或民主党派省委会及有关单位实行联合调训，统筹规划，合理安排，增强调训的科学性。一般情况下，凡属上级调训范围的人员，本地不再作出培训安排，尽可能避免在统一战线内部重复培训和漏训。

（二）建立健全培训计划协商机制。牢固树立按需培训理念，把需求调研作为制定培训计划的必经环节。建立健全与各民主党派、工商联等有关方面的协商机制，共同研究确定培训计划、重点班次等事项。培训机构要结合各领域党外代表人士特点和培训需求，合理设计培训项目，提出教学计划。省委统战部牵头每年至少召开一次培训工作协调会议，总结培训工作经验，听取意见和建议；协调统一战线系统各单位安排部署年度培训计划和重点，研究解决教育培训工作中的有关问题；按照各单位报送的培训申请计划，对培训班次和时间进行综合平衡和协调，作为制定年度培训计划的依据；支持各民主党派、工商联等自主开展业务培训。

（三）建立健全培训归口管理机制。省委统战部是全省统一战线党外干部和党外代表人士教育培训的牵头部门。根据培训规划和年度计划，按照分层次、分类别的原则和相应培训范围下达调训任务并落实到人。调训学员要征求所在单位和有关部门意见。抽调市厅级党外领导干部参加培训，须经省委组织部同意。各级统战部要保证完成上级部门的调训任务，学员所在单位要积极支持党外代表人士参加培训，全额支付培训费用。被抽调人员必须服从组织调训。学员在学习期间，其工资福利和其他待遇同在岗时一样对待，学习期间的生活补助费，按照财政部和其工作单位所在地区的有关规定执行。

（四）建立健全培训登记考核制度。统战部相关业务部门要加强与学员的联系，实行主体班次驻班联络员制度，对学员实行跟踪考核。建立培训信息档案，如实记载党外代表人士参加教育培训情况和考核结果，将教育培训情况和考核结果记入信息库，纳入综合评价体系，作为党外代表人士发现、培养、使用、管理的重要依据之一。拟推荐使用的党外代表人士，要按有关规定参加省社会主义学院主体班次培训。确因特殊情况未在使用前参加培训的，须在一年内补训。要把教育培训与后备人才队伍建设相结合，以培训促培养，以培养促使用，形成良性互动。

（五）建立健全教育培训成果反馈体系。各级党委统战部和社会主义学院要建立规范的教育培训成果反馈体系，及时向学员派出单位反馈学习培训情况，并建立跟踪机制。培训结束后及时将《学员鉴定表》寄发学员管理单位，归入个人档案。要重视对教育培训成果的收集、整理和汇总，

积极探索教育培训工作规律，及时总结成功经验和先进做法，加强培训制度建设。社会主义学院要挑选有代表性的培训成果进行汇编，每年出版一套学员优秀毕业论文选。

（六）建立健全教学质量评估机制。建立科学、规范、系统的教学质量评估指标体系和规范简便的评估办法，定期开展评估工作。社会主义学院要组织学员从课程设置、培训质量、师资队伍、组织管理、基础设施、经费保障等方面进行综合评估；从理论水平、授课艺术、知识储备、教学方式、教学效果、内容创新等方面进行教学质量评估；从到课率、遵守校规、学员管理、班主任责任、食宿质量、后勤服务等方面进行协调管理工作评估。要充分应用评估结果，并将其作为社会主义学院承担培训任务、推进教学改革的重要依据。

五、创新党外代表人士教育培训的内容和方式

（一）制定培训大纲。社会主义学院要以科学发展观为指导，按照理论武装、凝聚共识、继承传统、提升能力的要求，适应各领域党外代表人士不同特点，制定具体培训规划和分类培训大纲，明确培训目标、要求、内容和方式方法等，科学规范地开展教育培训。推进中国特色社会主义理论体系、统一战线理论政策、中国特色社会主义政党制度等主干课程教学大纲建设，明确基本内容、课时安排、教学方法。

（二）完善培训内容。健全培训内容更新机制，认真开展教学理论研究，及时反映马克思主义中国化最新成果，广泛吸收统一战线理论实践最新发展。不断丰富和完善以坚定走中国特色社会主义道路为主题，以基础理论、政治素养、统战政策、能力培养为内容的“一个主题、四个方面”教学布局。实施精品课程和精品教材工程，积极参与统一战线教育培训主干课程统编教材工作。

——基础政治理论培训。了解掌握党的基本理论、基本路线、基本纲领和基本经验，全面贯彻落实科学发展观，重点进行马列主义、毛泽东思想、邓小平理论和“三个代表”重要思想的教育，党的路线方针政策的教育，中国特色社会主义理论体系教育，社会主义核心价值体系教育，爱国主义教育，国情和形势教育。引导学员坚定政治信念，增强大局意识，树立正确的世界观、人生观和价值观。

——统一战线基本理论培训。理解掌握党的统一战线理论和方针政策，重点进行中国特色社会主义政党制度的教育，以及统一战线其他领域的方针政策和统战工作业务知识、方法论的教育。启发学员继承发扬统一战线优良传统，探索统一战线工作规律，掌握统一战线工作规程，熟悉统一战线工作方法，圆满完成统一战线工作任务。

——能力培训。能力培训是加强改进党外代表人士教育培训工作的迫切要求，贯穿于培训的全过程。能力培训要着眼于提高学员运用理论、方针、政策和知识解决现实问题的本领，着眼于提高政治把握能力、参政议政能力、组织领导能力、合作共事能力以及其他工作能力。

——相关素质培训。注重党外代表人士相关素质的培训，着眼于全面发展，加强历史、文学、艺术、法律、科技、管理等履行岗位职责必备知识的科学文化素质教育，加强职业道德教育。培养锻炼提高党外代表人士的综合素质。

（三）创新方式方法。改进培训班次设置方式，推行专题研讨、短期培训、小班教学，突出分类分层培训。在改进讲授式教学的基础上，推广研究式、互动式、案例式、模拟式等教学方法。要进一步提高讲授式教学质量，加大研究式教学力度，探索互动式教学方式，增加案例式教学比重，积极开展体验式、模拟式教学，不断改进和创新教学方法。要紧紧围绕提高学员参与度这一基本要求展开教学，启发学员紧密联系思想和工作实际，在交流互动过程中实现教学目的，提高培训效果。社会主义学院要注重学习借鉴党校、行政学院、干部学院在教育培训工作中的成功经验，合理利用党校、高等院校等优质培训资源、境外培训资源，探索异地培训等方式，切实提高培训质量和水平。

六、加强党外代表人士的实践锻炼

（一）强化实践教学。把实践教学作为课堂教学的延伸，坚持课堂教学与实践教学有机结合。根据培训需要，组织学员到爱国主义教育基地和统一战线传统教育基地，到沿海发达地区、中西部地区、贫困地区考察学习，通过走出去和请进来的学习交流，帮助党外代表人士开拓视野，理清思路，坚定信念，奋发作为。充分利用我省吕梁、太行革命老区丰厚的统一战线红色教育资源和历史文化资源，建立起一批主题突出、特色鲜明的统一战线实践教学基地，打造党外人士培训实践教学基地。

（二）推动挂职锻炼。建立党外代表人士教育培训与挂职锻炼相结合的机制，探索建立党外代表人士实践锻炼基地。针对党外代表人士成长特点和履职经历，加大到不同地区、不同部门、不同岗位挂职锻炼、交流任职等的力度。

（三）注重社会服务。推动党外代表人士围绕经济社会发展重大项目、重点课题，深入开展考察调研，了解社情民意，积极建言献策，开展社会服务，在社会实践中接受教育、增长才干。

七、推进社会主义学院建设

（一）充分发挥社会主义学院主阵地作用。社会主义学院是中国共产党领导的统一战线性质的政治学院，是民主党派和无党派人士的联合党校，是党和国家干部教育培训体系的重要组成部分。在党外代表人士的教育培训中，社会主义学院肩负着崇高使命，担负着历史重任。要充分发挥社会主义学院作为统一战线人才培养基地、理论研究基地、方针政策宣传基地的作用，坚持社会主义的办学方向，弘扬“爱国、团结、民主、求实”的校风，坚持特色立院、

质量强院、发展兴院。切实加大对社会主义学院基础设施等方面的投入，积极帮助改善办学条件，提高办学水平。各级党委要关心和支持社会主义学院建设，切实帮助解决实际问题，努力提高办学水平。

（二）加强师资队伍建设。坚持公开选拔、择优聘用，探索建立教师准入和退出机制，积极引进优秀人才，精心选聘兼职教师。采取切实措施，加强师资培养，大力培养学科带头人，努力建设一支政治坚定、师德高尚、业务精湛、专兼结合的师资队伍。积极推进干部人事制度改革，健全竞争激励机制，完善考核评价办法，充分调动干部职工的积极性和创造性，不断提高管理水平和服务能力。

（三）深化教学改革，推进科研创新。坚持以政治培训为主，注重能力培养，提高培训质量。要尊重教师和学员的主体地位，提高学员对教学的参与程度，真正做到教学相长、学学相长。坚持出成果与出人才相结合，建立科研创新激励机制，鼓励教师围绕统一战线和多党合作重大理论和实践问题开展科研。加强与民主党派、工商联和有关部门的协作，广泛吸纳社会力量，推动学科体系建设，逐步形成具有统战特色的优势学科。切实发挥科研的支撑作用，为提高教学水平、推动统一战线理论政策创新服务。

（四）充分发挥中华文化学院作用。社会主义学院和中华文化学院是“一个机构、两块牌子”。中华文化学院要以中华文化为纽带，以弘扬爱国主义精神、促进祖国和平统一、推动中华民族大团结大联合为目标，结合山西实际和统战工作特点，积极开展面向港澳同胞、台湾同胞和海外侨胞的研修和交流活动。

八、加强组织领导

（一）高度重视。各级党委要加强对党外代表人士教育培训工作的领导，把统一战线教育培训工作纳入人才培养的总体规划。党委统战部要建立健全教育培训工作领导机构，对教育培训工作进行统筹规划，明确目标职责。相关部门要切实保障党外代表人士教育培训工作所需经费等，统一战线教育培训工作经费要列入同级政府年度财政预算。

（二）加强指导。各级党委统战部门要在党委领导下切实履行职责，认真总结推广成功经验，不断加大对党外代表人士教育培训工作的指导力度，协调有关部门及时解决教育培训工作中的实际问题。认真贯彻执行《社会主义学院工作暂行条例》，加强对社会主义学院的管理。

（三）形成合力。要高度重视和充分发挥各民主党派、工商联的作用，针对不同需求，体现各自特色，协商做好教育培训工作。要鼓励引导、更好发挥社会各方面的积极性，形成关心和支持党外代表人士教育培训工作的合力。

（四）督促检查。各地各部门要结合实际，制定落实本实施意见的具体工作细则，明确目标要求、任务措施。各级党委统战部门要对本地区推动党外代表人士教育培训工作情况进行督促检查，确保工作扎实推进、取得实效。省委统战部要会同有关部门对本实施意见落实情况进行督促检查。

中共山西省委办公厅关于转发《2011—2015年山西党史工作规划》的通知

晋办发〔2011〕19号

各市、县委，省委各部委，省直各委、办、厅、局党组（党委），各人民团体党组：

省委党史办公室拟定的《2011—2015年山西党史工作规划》已经省委同意，现转发给你们，请认真组织实施。

中共山西省委办公厅

2011年6月27日

2011—2015年山西党史工作规划

省委党史办公室

为进一步加强和改进新形势下的党史工作，提高党史工作科学化水平，大力发展党史事业，充分发挥党史工作以史鉴今、资政育人的重要作用，结合实际，制定本规划。

一、充分认识做好党史工作的重要意义

党史工作是党的事业的重要组成部分，在党和国家工

作大局中具有不可替代的重要地位和作用。做好新形势下党史工作，对运用党的历史经验和总结党的新鲜经验、提高党治国理政水平，继续解放思想，坚持改革开放，推动科学发展，促进社会和谐；对推进党的建设新的伟大工程，不断提高党的领导水平和执政能力，始终保持和发展党的先进性；对建设社会主义核心价值体系，推进马克思主义中国化、时代化、大众化，建设马克思主义学习型政党，提高广大党员特别是领导干部素质和能力；对全面推进经济建设、政治建设、文化建设、社会建设以及生态文明建设，夺取全面建设小康社会新胜利、开创中国特色社会主义事业新局面，都具有极其重要的意义。各级党委要站在巩固党的执政地位和执政基础的高度，进一步加强和改进党史工作，深化党史研究,准确记载反映党的历史，引导广大干部群众正确认识和对待党的历史，增强党史宣传教育的吸引力和感染力，提高党史工作服务改革发展稳定大局水平。

二、党史工作的指导思想、目标要求和主要任务

（一）指导思想。

坚持以马克思列宁主义、毛泽东思想、邓小平理论和“三个代表”重要思想为指导，深入贯彻落实科学发展观，坚持解放思想、实事求是，紧紧围绕党和国家工作大局，坚持把以史鉴今、资政育人作为根本任务，全面推进党史工作，坚持实事求是研究和宣传党的历史，加强党的历史的学习和教育，不断提高党史工作科学化水平，使党史工作更好地为贯彻党的基本理论、基本路线、基本纲领、基本经验服务，为建设社会主义核心价值体系服务，为推进党的建设新的伟大工程服务，为坚持和发展中国特色社会主义服务，为加快推进山西转型跨越发展服务。

（二）目标要求。

坚持高举中国特色社会主义伟大旗帜，坚持党的思想路线，坚持围绕中心、服务大局，坚持党性原则和科学精神的统一，推动全省党史工作迈上新的台阶，在党史研究上有新突破，在党史学习教育上有新成效，在党史宣传上有新提升，在党史资料征编上有新进展，在保护和开发党史遗址上有新作为。以山西新民主主义革命、社会主义革命和建设、改革开放和社会主义现代化建设丰富的党史资源为依托，以服务大局、资政育人为根本任务，努力实现党史资源大省向党史工作强省的转变，推动党史事业大发展，使党史事业成为增强全省文化软实力的重要组成部分，成为建设经济强省和文化强省的重要组成部分。

（三）主要任务。

深化新民主主义革命时期山西地方党史研究，加强社会主义革命和建设时期、改革开放和社会主义现代化建设新时期山西地方党史研究，特别是加强具有重要历史意义和现实意义的党史专题研究；组织好党史学习教育，扩大党史宣传；搞好党史重大事件、重要人物纪念活动；抓紧党史资料征集编纂，全面完整地保存党史资料，充分利用党史资料做好党史研究和党史宣传教育工作；加强党史遗址遗迹保护工作，搞好纪念场馆建设；积极协调全省党史系统和有关方面的力量；主动争取有关部门对党史工作的支持，推动党委、政府和有关部门积极参与、紧密配合、共同做好党史工作；全面统筹做好各项党史工作，大力发展党史事业，充分发挥党史以史鉴今、资政育人的作用，坚持用党的伟大成就激励人，用党的优良传统教育人，用党的成功经验启迪人，用党的历史教训警示人。

三、继续深化党史研究

（一）组织编写地方党史基本著作。续写充实、修订再版《中国共产党山西历史》第一卷新民主主义革命时期、第二卷社会主义革命和建设时期、第三卷改革开放和社会主义现代化建设新时期，在隆重纪念建党90周年之际出版发行，作为党史研究重点成果向建党90周年献礼。推进全省市、县（市、区）党史基本著作的编撰工作。2011至2012年全省1/3的市、县（市、区）编撰出版地方党史基本著作，到2015年全省市、县（市、区）全部完成编撰出版地方党史基本著作。

（二）编撰出版地方党史大事记述。续写、修订再版《中国共产党山西历史大事记述》第一卷新民主主义革命时期、第二卷社会主义革命和建设时期、第三卷改革开放和社会主义现代化建设新时期。2011至2013年完成编撰工作并出版发行。启动和推进全省市、县（市、区）地方党史大事记述新一轮编撰工作，充实修订已出版的地方党史大事记述，续编地方党史大事记述。根据实际情况，市级地方党史大事记述可设立2卷本或1卷本，县级地方党史大事记述一般设立为1卷本。2011至2013年全省1/3的市、县（市、区）编撰出版地方党史大事记述，2015年全省市、县（市、区）全部完成地方党史大事记述。

（三）组织编写党的工作专门史。组织编写全省重点领域和行业、重点部门、国有大型企业、重点高校等党的工作专门史。与有关部门和单位合作，开展中国共产党山西执政史、新时期山西党的建设史、山西统一战线工作史等专门史的编写工作，组织编写太钢集团、太重集团、山西焦煤集团等国有大型企业党领导企业发展的专门史，组织编写建有党组织的大型民营企业发展和党的工作专门史，组织编写山西大学、太原理工大学等党领导高校发展的专门史，取得经验，随后陆续启动其他专门史的编写工作。有条件的市、县（市、区），党史部门与有关部门密切合作，精心选择重点，组织编写企业、乡（镇、街道）、村（社区）党的工作专门史。

（四）开展党史重大专题研究。继续开展党在山西领导革命、建设、改革各个时期、各个阶段的专题研究；有计划地安排对社会关注度高的山西地方党史重大事件的研究；加强对山西地方党史复杂敏感问题的内部研究和讨论。推进《中共中央领导机关在山西》、《1949：山西干部南下实

录》、《主政山西》、《为了祖国的安宁——山西抗美援朝运动回顾》、《新中国成立以来历届省委领导人谈山西发展》等重要专题的编撰出版。推进协作课题《抗日战争时期的中共中央北方局》的编撰出版。组织编撰《中国共产党山西历史若干重大问题研究》。进一步开展山西革命根据地军事建设、经济建设、文化建设、政权建设、党的建设等系列专题研究，深入总结历史经验，获取以史鉴今的认识和智慧。对山西作为新中国成立后全国重要的工业基地、改革开放以来全国重要的能源基地，在建设国家新型能源和工业基地的基础上加快转型跨越发展，进行专题研究，总结山西作为资源大省、欠发达省份贯彻和实践科学发展观的具体做法和经验。

（五）开展党史重要人物研究。继续进行中央和中央有关方面交付的《彭真传》、《华国锋年谱》、《薄一波年谱》(新民主主义革命时期）资料编写和收集工作，启动《李雪峰传》的编撰工作。在已经编撰出版《高君宇传》、《贺昌传》、《赵树理传》等基础上，继续推进对山西党史重要人物的资料征集和研究编写工作，组织编撰《晋籍军事家和开国将帅》等。

（六）开展服务大局、贴近现实的党史资政研究。围绕党委和政府关心、社会关注的热点难点问题，围绕实施转型跨越发展战略，从理论和实践、历史和现实的结合上，多视角创新性地研究和总结党在山西革命、建设、改革过程中的历史经验和新鲜经验，推出有分量、针对性强的研究成果，为党委和政府提供高质量的资政服务和决策依据。完成省委交办的研究、咨询、调研等任务。办好《党史工作内参》，向各级领导提供党史资政参考。

四、全面推进党史学习教育

（一）结合建设学习型党组织和开展创先争优活动，在全省组织开展党史学习教育活动，发挥党史以史鉴今、资政育人的作用，重点学习党领导全党全国各族人民为实现民族独立、人民解放和国家富强而不懈奋斗并取得革命、建设、改革事业伟大胜利的历史，深刻认识历史和人民选择了马克思主义、选择了中国共产党、选择了社会主义、选择了改革开放；学习党坚持把马克思主义基本原理同中国具体实际相结合、不断探索适合中国国情的革命和建设道路，实现马克思主义中国化，形成、丰富、发展毛泽东思想和中国特色社会主义理论体系伟大成果的历史，提高坚持中国特色社会主义旗帜、道路、理论体系的自觉性和坚定性；学习党加强和改进自身建设、保持和发展党的先进性，经受各种风险和挑战考验而不断发展壮大的历史，增强党要管党、从严治党的责任感和紧迫感，切实加强和改进新形势下党的建设，不断增强党组织的创造力、凝聚力和战斗力。组织党史宣讲活动，努力使党史宣讲进机关、进社区、进学校、进企业、进农村、进军营。

（二）根据领导干部、党员、群众和大中小学生不同群体的实际情况和现实需要，组织编写山西地方党史教材和读本。在编写出版《中国共产党山西历史》3卷本的同时，组织编写《山西党史知识简明读本》，为基层党员和群众提供普及山西地方党史知识的读本。组织编写供高等院校开设地方党史课程的教材。组织编写《老一辈无产阶级革命家在山西》、《山西籍志愿军将士在朝鲜》和《山西著名革命烈士和英雄模范人物故事》等丛书，供中小学生学习了解山西地方党史，自觉接受光荣革命传统和党的优良作风的教育。市、县（市、区）党史部门编写地方党史学习教育读本，统一纳入全省地方党史学习教育读本系列。

（三）发挥党史资源在党史学习教育中的作用。充分利用党史重大事件、重要人物纪念活动及党史纪念场馆、党史遗址等资源，对党员、干部和群众进行党的历史知识、光荣传统和优良作风教育。

五、加强和扩大党史宣传

（一）利用报刊、电视、互联网、广播等媒体，采取报告会、座谈会、知识竞赛等人民群众喜闻乐见的形式，具体生动地展现党的伟大历程、基本经验和光荣传统。牢牢把握党的历史发展的主题和主线,深刻揭示党的历史发展的主流和本质,广泛宣传党在山西带领人民进行的英勇奋斗和付出的巨大牺牲，宣传党的核心领导作用和光辉业绩，宣传在党的领导下山西人民为革命、建设、改革事业作出的重要贡献，宣传山西光荣革命传统和不同历史时期培育形成的太行精神、吕梁精神、纪兰精神、右玉精神，宣传山西在推动转型跨越发展中谱写经济发展、社会和谐、人民富裕历史新篇章的新成就、新经验、新风貌。

（二）组织、指导创作一批党史题材文艺作品特别是影视作品。深入挖掘山西地方党史资源，以高起点策划、大作品制作、大集团运作，努力推出一批表现山西地方党史内容、富有历史内涵和时代精神的颇具影响力的作品。特别是在山西党史、革命史题材的电视剧创作上推出有全国影响的高水平作品。2011年围绕纪念建党90周年，与有关部门联合摄制电视片《足迹——党在山西90年》，2012至2015年，规划摄制《太行精神》、《英雄出山西》、《再造一个新山西——转型跨越发展纪实》大型电视文献专题片，从历史和现实的联系结合上，宣传山西在新民主主义革命、社会主义革命和建设、改革开放和社会主义现代化建设中所具有的历史地位和作出的重要贡献。

（三）建立由省委党史办公室主办的“中国共产党山西历史网”，开辟网上党史宣传阵地。进一步发挥我省党史资源优势，逐步适应各层次上网人群学习党史的需要。

（四）继续办好《党史文汇》期刊，把握宣传导向，以通俗化大众化宣传党史为特色，进一步增强党史宣传的辐射力和影响力。

六、组织和参与重要纪念活动

（一）认真搞好中国共产党成立90周年纪念活动。续写充实、修订再版《中国共产党山西历史》3卷本；举办反映党在山西领导人民进行新民主主义革命、开国领袖将帅转战山西创建丰功伟绩为主体内容的《为了新中国》大型图片展；与有关部门共同承办和联合主办纪念座谈会、理论研讨会，制作宣传党在山西光辉历史的电视片；举办山西省“红领巾心向党”庆祝建党90周年系列活动；撰写发表反映党领导山西人民革命、建设、改革取得伟大成就的纪念文章。市、县（市、区）党史部门要按照各级党委的部署，积极参与、认真组织纪念建党90周年的相关活动，充分发挥党史宣传教育的重要作用。

（二）认真举办重要节庆日、纪念日和重要党史事件、党史人物的纪念活动。办好山西籍已故党和国家领导人徐向前同志诞辰110周年（2011年）、彭真同志诞辰110周年（2012年）等纪念活动。办好中国工农红军晋西游击队和中国工农红军第二十四军成立80周年（2011年）、平型关大捷75周年（2012年）、中国共产党山西地方组织——中共太原支部成立90周年（2014年）、中国人民抗日战争胜利70周年（2015年）、上党战役胜利70周年（2015年）、左权将军牺牲70周年（2012年）等纪念活动。

七、做好党史资料征集编纂工作

（一）积极开展党史资料搜集、整理、编纂工作。继续抢救、征集新民主主义革命时期山西地方党史资料，全面征集社会主义革命和建设时期、改革开放和社会主义现代化建设新时期山西地方党史资料，包括文献资料、口述资料、音像资料以及实物资料。采取全面征集和重点征集相结合，加大对山西地方党史重大事件和重要人物研究资料的征集力度，围绕启动和进行编撰的党史重点课题深入挖掘资料，做好现存的较为薄弱的党史资料的充实丰富工作。围绕有关重大历史事件抓紧抢救活资料。抓紧征集领导干部及社会人士个人留存的党史资料，重点征集新民主主义革命时期曾在山西工作战斗过的老同志及家属和新中国成立后担任过副省级以上领导职务的老同志及家属留存的资料。

（二）启动和推进《山西省中共党史资料文库》（百卷工程）的编纂工作，将其作为保存党的历史财富和发展党史文化的重点工程。2011至2015年，在大量征集资料的同时，编纂出版山西党史资料文库百卷工程中的30卷。

（三）组织编纂出版党史资料丛书。继续办好《中共山西年鉴》。编纂《新时期中国共产党山西历史重要文献选编》、《毛泽东有关山西工作的电文、信函、批示、按语、论述汇编》、《党和国家领导人视察山西文献资料汇编》、《已故山西籍党和国家领导人若干纪念文献汇编》、《建国后晋籍和在晋工作过的中共中央委员名录》、《山西籍志愿军老同志回忆录》、《彭真纪念文集》。推进《赖若愚纪念文集》、《陶鲁笳文集》编辑出版。协助担任过正省级领导职务的老同志编撰出版回忆录。做好《抗日战争时期山西省人口伤亡和财产损失》课题调研，组织出版出齐调研成果丛书。

（四）加强党史资料的管理和利用工作。紧密配合党的中心工作，及时收集省直有关部门、重点企业等年度党的工作资料，按照《全省党史资料征集管理办法》，积极推进全省党史资料征集管理工作制度化、规范化。提高党史资料工作电子化、网络化水平，创办特色鲜明的党史信息服务平台。按照国家有关法律法规和政策规定，既加强党史资料管理，做好保密工作，又适应社会需要加大开放力度，更好地利用党史档案资源，充分发挥党史资料在党和政府工作中的重要作用。

八、加强党史遗址保护，搞好纪念场馆建设

（一）在全省革命遗址普查工作取得重要成果的基础上，进一步做好普查资料的整理工作和后续完善工作。研究制定加强革命遗址保护办法。从已普查的全省革命遗址中，确定首批100处党史教育基地。

（二）2011年编撰出版《山西革命遗址通览》省卷和市卷，举办《矗立在三晋大地的丰碑——山西革命遗址巡礼》流动展览，以介绍革命遗址为切入点，宣传山西革命历史，弘扬党的光荣传统和优良作风。

（三）调查和征集党史非物质文化遗产，认定和编制山西地方党史非物质文化遗产名录，研究论证山西地方党史非物质文化遗产的历史和社会价值，打造山西地方党史非物质文化遗产品牌。

（四）充分利用党史遗址等资源为经济社会发展大局服务。党史部门与旅游、文物等部门合作，把保护利用党史遗址与提升文化软实力结合起来，与发展红色旅游结合起来，挖掘革命文化内涵，提升旅游文化品位，打造红色旅游线路，建设红色旅游经典景区，进一步提高红色旅游质量和水平。开发红色旅游宣传和纪念产品，编写《红色山西旅游丛书》及红色山西旅游宣传音像制品等。

（五）统筹建设党史纪念场馆。合理布局，统筹编制好党史纪念场馆建设规划方案。党史部门要会同发改委、财政、民政、文物、旅游等部门，做好已建党史纪念场馆管理利用工作，理顺产权关系和投入、管理机制，不断提升环境设施水平，丰富展示内容。建设中国共产党山西省党史馆。党史资源较为丰富的市、县（市、区）适时建设党史资料馆（室）。

（六）积极发挥已建重点厂史馆、校史馆、县史馆、乡（镇）和村史馆（室）党史宣传教育的重要作用。有条件的大型国有企业和建有党组织的大型民营企业，重点建设大学、国家示范（骨干）高职院校、省级示范高职院校和示范高中，县（市、区）和乡（镇、街道）、村（社区）可根据实际情况建设企业史馆、校史馆、县史馆、乡（镇、街道）史馆和村（社区）史馆（室），作为党史教育和爱国主义教育阵地。

九、协调推进全省党史工作

（一）充分发挥党史工作联席会议制度作用。山西省党史工作联席会议制度是新形势下我省创新党史工作机制、提高党史工作科学化水平的重要体现，有利于积极推动各有关部门共同做好党史工作。省委党史办公室要适时提出建议召开党史工作联席会议，研究党史工作有关重要事项，组织落实党史工作任务，协调解决党史工作中有关部门的具体配合等问题。

（二）加强与有关部门的合作。大力加强党史部门与党校、行政学院、高等院校、社科院、社科联、地方志、档案、文博、军队等部门的联系、交流与合作，共同完成党史研究课题。发挥离退休老同志关心和参与党史工作的积极性。主动加强党史部门与组织、宣传等部门的协调配合，适时研究党史工作方面的重要任务，依托组织、宣传、教育、共青团组织等部门的力量推进党史学习教育和党史宣传。

（三）充分利用党校、行政学院、高等院校、中小学校，抓好党史进教材、进课堂、进头脑工作，把党史作为党校、行政学院重要课程纳入教学体系，作为各级各类学校思想政治课的重要内容。

（四）做好我省有关党史题材出版物、文章文稿、影视作品、音像制品以及有关党史重大题材展览的审查工作。对与党史有关的纪念场馆、设施建设及其展陈内容提出指导、审查意见。

（五）加强业务指导。加强对市、县（市、区）党史工作的业务指导。适时召开全省党史研究部门主任会议，传达贯彻中央和省委的精神，安排部署各项党史工作，协调解决党史部门存在的困难和问题，特别是协调推动全省统一部署的重点课题和项目任务的完成。加强对山西省中共党史学会、山西省中共党史人物研究会和当代山西研究会的业务指导，充分发挥学会、研究会在党史研究和党史宣传教育工作中的重要作用。

（六）加强全省党史干部和人才队伍建设。把党史干部选拔培养使用纳入全省干部队伍建设总体规划和布局，大力培养优秀党史人才特别是年轻人才，形成合理的人才梯次结构。选送党史干部参加中央党校、井冈山干部学院、延安干部学院、浦东干部学院举办的全国党史干部培训班。安排党史干部参加省委党校、省直分校的培训学习。鼓励党史干部、研究人员参加国内外学术交流。适当组织安排党史研究人员出国（出境）考察，查阅档案资料，参加国际学术会议。根据有关规定，组织评选、表彰全省党史系统的先进集体、先进工作者以及优秀成果。

中共山西省委
山西省人民政府
转发《关于在全省开展法制宣传教育的第六个五年规划(2011—2015年)》的通知

晋发〔2011〕26号

各市、县委，各市、县人民政府，省委各部委，省直各委、办、厅、局，各人民团体：

省委宣传部、省委依法治省领导组办公室、省司法厅拟定的《关于在全省开展法制宣传教育的第六个五年规划(2011—2015年)》已经省委、省政府同意，现转发给你们，请认真组织实施。

中共山西省委
山西省人民政府
2011年8月21日

关于在全省开展法制宣传教育的第六个五年规划(2011—2015年)

省委宣传部　省委依法治省领导组办公室　省司法厅

为进一步加强法制宣传教育，增强社会主义法治理念，提高社会法治化管理水平，推进依法治省进程，为转型跨越发展营造良好的法治环境，根据中共中央、国务院转发的《中央宣传部、司法部关于在公民中开展法制宣传教育的第六个五年规划(2011—2015年)》（中发〔2011〕6号），结合我省实际，制定本规划。

一、充分认识做好法制宣传教育工作的重要意义

开展法制宣传教育是提高全民法律素质、建设社会主义法治国家的一项重要基础性工作，是实施“十二五”规划、全面建设小康社会的重要保障。2006年以来，我省认真实施“五五”普法规划，宪法和法律得到较为广泛普及，公民法律意识和法律素质明显增强，社会法治化管理水平进一步提高，法制宣传教育在服务经济社会发展、维护社会和谐稳定、促进小康社会建设中发挥了重要作用。党的十七大和十七届五中全会提出了深入开展法制宣传教育的重大任务。中国特色社会主义法律体系的形成，整个社会和广大人民群众法治意识的不断增强，对做好法制宣传教育工作提出了新的更高要求。继续深入开展法制宣传教育，对于进一步增强全社会法治观念，加快法治山西建设步伐，推动转型跨越发展，具有十分重要的意义。各级各部门要深刻认识做好第六个五年法制宣传教育工作的重要性，统一思想认识、完善工作机制、创新工作方法，确保“六五”普法规划各项目标任务落到实处，为实现经济社会又好又快发展提供有力的法治保障。

二、总体要求

（一）指导思想。高举中国特色社会主义伟大旗帜，以邓小平理论和“三个代表”重要思想为指导，深入贯彻落实科学发展观，围绕转型跨越发展和再造一个新山西的宏伟目标，立足于全面推进依法治省、建设法治山西，深入开展全民法制宣传教育，扎实推进各项事业依法治理，弘扬法治精神，树立法治权威，努力形成自觉学法守法用法的社会氛围，为我省转变经济发展方式，优化生产力布局，加快推进工业新型化、农业现代化、市域城镇化、城乡生态化，加强以改善民生为重点的社会建设，建设国家资源型经济转型综合配套改革试验区，顺利实施经济社会发展“十二五”规划营造良好的法治环境、提供有效的法治保障。

（二）主要目标。通过深入扎实地开展第六个五年法制宣传教育，进一步增强全体公民的社会主义法治理念，提高法律意识和法律素质；进一步弘扬法治精神，提高各级领导干部依法执政、依法行政、依法决策水平，在全社会形成自觉学法守法用法的良好环境；进一步提高各项事业的法治化管理水平，夯实依法治省和法治山西建设基础，保障和促进全省转型跨越发展。

三、主要任务

（一）深入开展对重点内容的法制宣传教育。

1、深入学习宣传宪法和国家基本法律。突出抓好宪法的学习宣传，大力宣传我国的根本制度和根本任务，大力宣传中国共产党的领导地位和指导思想，大力宣传我国的基本政治制度和经济制度，大力宣传宪法的基本内容和基本原则，大力宣传公民的基本权利和义务以及国家生活的基本原则等内容，使广大人民群众全面深刻理解宪法的基本原则和精神，充分认识社会主义制度的优越性，进一步增强公民的宪法意识、公民意识、爱国意识、国家安全统一意识和民主法制意识。在全社会牢固树立党的领导、人民当家作主和依法治国有机统一的观念，国家一切权力属于人民的观念，权利与义务相统一的观念，营造崇尚宪法、遵守宪法、维护宪法权威的社会环境。加强中国特色社会主义法律体系的学习宣传，深入开展宪法相关法、民法商法、行政法、经济法、社会法、刑法、诉讼与非诉讼程序法等国家基本法律的学习宣传，在全省形成学法守法用法的良好法治氛围。

2、深入开展社会主义法治理念和反腐倡廉法制宣传教育。结合建设社会主义核心价值体系，加强公民社会主义法治理念教育，倡导爱国守法和敬业诚信。增强广大党员干部特别是各级领导干部社会主义法治理念，牢固树立并自觉践行依法治国、执法为民、公平正义、服务大局、党的领导理念，切实提高党员干部的政治意识、大局意识和法治意识。加强反腐倡廉相关法律法规和党纪条规宣传教育，提高各级领导干部和公务员廉洁自律的自觉性。坚持将社会主义法治理念教育、反腐倡廉法制宣传教育与政治理论教育、理想信念教育、党的优良传统教育相结合，与弘扬我省长期培养的太行精神、右玉精神等宝贵精神相结合，引导人们尚法治、讲正气、尽义务，营造良好的社会环境。

3、深入学习宣传促进全省经济发展的法律法规规章。学习宣传国家基本经济制度和深化改革、完善社会主义市场经济体制、大力发展非公有制经济、优化生产力布局等方面的法律法规规章，促进加快转变经济发展方式；学习宣传财政、税收、金融、投资、保险、统计等方面的法律法规规章，促进经济发展活力不断增强；学习宣传农村基本经营制度和农村土地管理、土地承包、农业开发、城乡统筹、民主管理等方面的法律法规规章，促进社会主义新农村建设；学习宣传招商引资、对外贸易、知识产权保护等方面的法律法规规章，促进对外开放新格局构建；学习宣传推进科技进步、加强自主创新能力建设、人才流动管理等方面的法律法规规章，促进科教兴省和人才强省战略实施。

4、深入学习宣传促进国家资源型经济转型综合配套改革试验区建设的法律法规规章。学习宣传国务院和省委、省政府关于国家资源型经济转型综合配套改革试验区建设的战略决策和总体部署，学习宣传产业结构调整、安全生产、生态文明、环境保护、节能减排、资源能源集约利用、循环经济等方面的法律法规规章，学习宣传统筹推动区域

良性互动和城乡发展、培育战略性新兴产业、建设区域创新体系等方面的法律法规规章，优化法治环境，服务和保障国家资源型经济转型综合配套改革试验区建设。

5、深入学习宣传保障和改善民生的法律法规规章。学习宣传收入分配、社会保障、医疗卫生、社会救助等方面的法律法规规章，促进社会保障体系建设；学习宣传促进就业、劳动合同、劳动争议处理等方面的法律法规规章，促进建立和谐劳动关系；学习宣传房屋拆迁、土地征收征用与补偿、土地承包经营权流转、国有企业改制等方面的法律法规规章，维护人民群众合法权益；学习宣传安全生产、食品药品安全、防灾减灾、抗灾救灾、公共卫生等方面的法律法规规章，保障群众生命财产安全；学习宣传维护妇女儿童、老年人、残疾人权益和法律援助、法律救济等方面的法律法规规章，维护特殊群体合法权益。

6、深入学习宣传社会管理的法律法规规章。学习宣传维护国家安全、社会稳定、促进民族团结、宗教和谐等相关法律法规规章，维护社会和谐稳定；学习宣传社会治安综合治理、流动人口服务和管理、突发事件应急管理相关法律法规规章，促进提高社会管理水平；学习宣传新闻出版、广播影视、文化文艺、网络电信管理相关法律法规规章，促进文化事业和文化产业发展；学习宣传维权、信访、投诉、调解等相关法律法规规章，依法化解矛盾纠纷。加强刑事、民事和行政诉讼法律法规宣传，引导公民依法按程序表达利益诉求。加强公正廉洁执法、公正司法教育，维护社会公平正义。

7、积极推进社会主义法治文化建设。深入实施文化强省战略，大力推进社会主义法治文化建设。通过法制宣传教育，弘扬法治精神，在全社会形成遵守法律、崇尚法律、维护法律权威的氛围。充分发挥我省文化资源丰富的优势，开展丰富多彩的法治文化活动，使法制宣传教育与群众文化生活相结合，丰富法治文化活动载体和形式。引导法治文化产品创作和推广，推出一批思想深刻、艺术精湛、影响力大、群众喜闻乐见的法治文化精品，满足人民群众对法治文化产品的需求。鼓励各类文化团体参加法治文化建设，发挥公共文化场所在法治文化建设中的资源优势，探索建设法治文化教育基地。

8、继续深化“法律进机关、进乡村、进社区、进学校、进企业、进单位”主题活动。立足服务和保障转型跨越发展，深化“法律进机关”活动，提高广大公务员法律素质，促进依法执政和依法行政；深化“法律进乡村”活动，促进农村经济发展和社会稳定，建设社会主义新农村；深化“法律进社区”活动，提高社区自治和服务功能，推进社会管理创新；深化“法律进学校”活动，培育青少年法律素养和道德情操，促进青少年健康成长；深化“法律进企业”活动，建立完善现代企业制度，提高企业核心竞争力和依法防范风险的能力；深化“法律进单位”活动，促进全社会法治化管理，营造良好的法治氛围。结合我省民情、社情、经济发展状况，突出不同地方、行业和对象特点，采取有针对性的工作措施，加强长效机制建设，确保活动取得实效。

9、加强群众性法制宣传教育活动。充分利用各种法律宣传月、宣传周、宣传日，开展形式多样的法制宣传教育活动。组织好每年的“12·4”全国法制宣传日活动。完善城市、乡村公共活动场所法制宣传教育设施，创新法制宣传教育的载体和形式，充分利用广播、电视、报纸和互联网、移动多媒体等新兴传媒手段，采取法制报告会、专题培训、座谈研讨、专家解读、展览展示等多种形式，多渠道、多角度、多层次开展普法教育，推广先进典型，弘扬法治精神，繁荣法治文化，切实增强法制宣传教育的实效。

（二）加强对重点对象的法制宣传教育。

法制宣传教育的对象是一切有接受教育能力的公民。要重点加强对领导干部、公务员、青少年、企事业经营管理人员和农民的法制宣传教育，把领导干部和青少年作为重中之重。

1、切实加强领导干部学法用法，提高依法决策和依法行政能力。健全并落实党委（党组）中心组集体学法、政府常务会议会前学法、法制讲座、法制培训、任职法律资格考核、年度法律知识考试等制度，紧密结合工作实际推进领导干部学法用法，把法制教育纳入领导干部理论学习规划，纳入各级党校、行政学院和公务员培训机构教学课程。推进领导干部学法用法常态化、制度化，加强督促检查和评估考核，将依法决策、依法管理、依法办事等考核结果作为领导干部选拔任用的重要依据。

2、大力推进公务员学法用法，提高依法行政和依法履职能力。坚持和完善公务员学法用法各项制度，加强通用法律知识和履行职责相关法律知识学习，提高运用法律手段解决实际问题的能力。加大法制培训力度，定期开展专门法律知识轮训和新颁布法律法规专题培训，将学法用法考试考核情况作为公务员任职晋升的重要依据。进一步健全和完善行政执法人员持证上岗制度，提高依法行使公共权力的能力，促进严格、公正、文明执法。

3、深入开展青少年法制宣传教育，培养社会主义合格公民。根据青少年的特点和接受能力，以加强公民意识教育为核心，以培养社会主义合格公民为目标，引导青少年树立社会主义法治理念，养成遵纪守法的行为习惯。完善法制教育的内容与体系，创新法制教育的方法与途径，发挥课堂教学的主渠道作用，推进法制教育课时、教材、师资、经费“四落实”。整合各种社会法制教育资源，建立多种形式的青少年法制教育基地，健全和完善学校、家庭、社会相结合的青少年法制教育格局。加强高等学校普法教育和法学理论教育教材及师资队伍建设，引导高校学生牢固树立社会主义法治理念。结合学校及周边环境综合治理和安全工作，发挥中小学兼职法制副校长、法制辅导员的作用，加强青少年权益保护等相关法律法规教育。强化对有不良行为青少年、社会闲散青少年等特殊青少年群体法制宣传教育。

4、不断加强企事业经营管理人员法制宣传教育，增强诚信守法、依法经营观念。加强社会主义市场经济和企业经营管理相关法律法规以及安全生产、环境保护等法律法规宣传教育，落实企事业经营管理人员法制培训和学法用法考试考核制度，进一步完善企业法律顾问制度，发挥法律顾问在企业依法经营管理中的作用。加强事业单位和非公有制经济组织、新社会组织管理人员法制宣传教育，提高他们依法管理、依法办事的能力。深化企业职工法制宣传教育，引导职工遵纪守法，依法维护合法权益。

5、扎实开展农民法制宣传教育，提高广大农民的法治意识。大力加强与农民生产生活相关法律法规的宣传，加大对农民的法制培训力度，引导农民依法参与村民自治和其他社会管理活动，提高他们参与民主选举、民主决策、民主管理和民主监督的能力。加强农村“两委”干部法制培训，提高他们运用法律手段管理基层事务、防范和处理矛盾纠纷的能力。开展农村“法律明白人”教育培训，发挥他们在开展法制宣传、法律咨询和化解矛盾中的作用。加强农民工和进城务工人员法制宣传教育，突出依法表达利益诉求等内容的宣传，在农民工集中居住地、工作场所及主要活动场所开展常规性宣传教育，注重法制宣传教育与法律服务相结合，提高农民工和进城务工人员的法治观念。

（三）全面推进各项事业依法治理。

1、积极开展地方依法治理。坚持以创建法治城市、法治县区活动为载体，积极推进区域法治建设。认真贯彻国务院《关于加强法治政府建设的意见》（国发〔2010〕33号）和《关于加强市县政府依法行政的决定》（国发〔2008〕17号），健全行政执法程序，规范行政执法行为，强化行政监督和问责，完善监督体制机制，全面推进依法行政。进一步深化司法体制改革，优化司法职权配置，规范司法行为，完善司法监督，推进公正司法。进一步健全区域法治建设各项制度，完善考核评价体系，不断提高各地依法治理水平。

2、深入推进行业依法治理。加大对生产安全、交通安全、环境保护等重点领域的专项治理力度，加强执法监督，健全安全监管体系和重大事故责任追究制度。工商、质监、食品药品监督、教育、国土资源、住房和城乡建设等重点部门和行业要规范执法行为，抓住影响经济社会发展和民生改善的热点难点问题，严肃查处违法违纪案件，不断提高行业依法治理水平。

3、广泛开展基层依法治理。抓好农村、社区、企业、学校等基层单位的民主管理和依法管理，健全政务、村务、企务、校务公开和基层民主选举制度，落实群众的知情权、参与权、决策权、表达权和监督权。坚持和完善城市社区（农村）居民（村民）自治机制及企事业民主管理制度，实现政府行政管理和基层群众自治组织有效衔接和良性互动。推进“民主法治村（社区）”创建活动，完善村（社区）务公开和民主议事制度，切实保障基层群众的民主权利，不断提高基层依法治理水平。

4、大力加强社会管理法治建设。运用法律手段推进基本公共服务均等化，健全社会保障体系，构建和谐劳动关系，维护社会和谐稳定。围绕食品安全、教育、医疗、住房等民生主题，依法为民办实事、做好事、解难事，保障和改善民生。拓宽群众诉求表达、利益协调、权益保障通道，建立健全矛盾纠纷排查化解机制，探索和实践用群众工作统揽信访工作的理念，切实加强和改进信访工作。加强社会治安综合治理，完善社会治安防控体系，严厉打击各种违法犯罪活动，切实保障人民生命财产安全。继续开展省、市、县三级联创依法治理示范单位和标兵单位活动，提高社会法治化管理水平。

四、实施步骤

本规划从2011年开始实施，到2015年结束，共分三个阶段。

（一）宣传发动阶段（2011年8月中旬前）。各地区各部门根据本规划，研究制定本地本部门五年普法规划，做好宣传、发动和组织工作。各市和省直单位制定的第六个五年法制宣传教育规划，报省委依法治省领导组办公室备案。

（二）组织实施阶段（2011年8月下旬至2015年）。各地各部门依据规划确定的目标任务和要求，结合实际，制定年度计划，认真组织实施，确保规划得到全面贯彻落实。2013年开展中期检查督导和表彰。

（三）检查验收阶段（2015年下半年）。在各级党委和政府统一领导下，各级普法和依法治理领导组办公室具体组织对规划实施情况进行总结验收，对先进集体和个人进行表彰。

五、组织领导和保障措施

（一）加强组织领导。各级党委和政府要高度重视“六五”普法规划的组织实施工作，把法制宣传教育纳入国民经济和社会发展规划，纳入党委和政府目标责任考核。进一步完善党委领导、人大监督、政府实施的领导体制，建立健全各级普法和依法治理工作领导组，完善领导组定期召开会议、听取汇报、开展督查等制度。各级人大要加强对法制宣传教育工作的监督检查，推进法制宣传教育立法。各级党委宣传部门、政府司法行政部门和领导组办公室具体负责组织、协调、指导和检查规划的实施工作。

（二）健全工作机制。建立健全分工明确、协调有力、运行有序的工作机制，按照谁执法谁普法的原则，积极面向社会开展本部门本行业相关法律法规的宣传教育。建立领导组成员单位联席会议制度，发挥各自职能优势，加强协调配合，形成工作合力。各类媒体要积极承担公益性法制宣传教育责任，开设法制宣传专题专栏，创办普法宣传网站，鼓励引导各类社会组织和公民参与、支持法制宣传教育工作。

（三）完善考评体系。建立健全考核评估指标体系，完善考核评估运行机制，对规划实施情况进行年度考核、阶段性检查和专项督查。建立健全激励机制，将考评结果与奖励措施挂钩，及时总结推广典型经验，表彰先进，推动普法依法治理工作创新发展。

(四) 落实经费保障。各级政府要把普法和依法治理经费列入年度财政预算，切实予以保障，并根据工作需要和经济发展情况，建立动态增长机制。各部门各单位要安排相应专项经费，保证普法和依法治理工作顺利开展。

(五) 注重队伍建设。培养专兼职相结合的法制宣传教育队伍，加强各级普法讲师团、普法志愿者队伍建设，建立健全定期培训和管理制度，重视理论研究，准确把握普法和依法治理工作规律，提高专职法制宣传教育工作者的政治业务素质和组织指导能力，不断提高普法工作水平。

中共山西省委办公厅 山西省人民政府办公厅 关于转发《2011—2015年山西省禁毒宣传教育工作规划》的通知

晋办发〔2011〕27号

各市、县委，各市、县人民政府，省委各部委，省直各委、办、厅、局，各人民团体：

省禁毒委员会办公室拟定的《2011—2015年山西省禁毒宣传教育工作规划》已经省委、省政府同意，现转发给你们，请认真组织实施。

中共山西省委办公厅
山西省人民政府办公厅
2011年9月23日

2011—2015年山西省禁毒宣传教育工作规划

省禁毒委员会办公室

为进一步加强禁毒宣传教育工作，提高全民参与禁毒斗争的意识和抵御毒品的能力，根据《禁毒法》和国家禁毒委员会办公室等18个部门联合印发的《关于深化全民禁毒宣传教育工作的指导意见》（禁毒办发〔2010〕1号），结合我省实际，制定本规划。

一、指导思想、基本原则和目标任务

(一) 指导思想。

以邓小平理论和“三个代表”重要思想为指导，深入贯彻落实科学发展观，全面实施《禁毒法》，坚持以人为本、促进人的全面发展的理念，紧密结合禁毒工作实际，积极探索禁毒宣传教育规律，坚持长期、广泛地开展禁毒宣传教育活动，不断增强干部群众禁毒意识和自觉抵制毒品能力，推动各级各部门履行禁毒宣传教育法定职责，形成全社会“履行禁毒义务、参与禁毒斗争”的良好氛围，为进一步深化人民禁毒战争营造更加良好的社会环境。

(二) 基本原则。

坚持面向全民与突出重点人群相结合，将青少年、流动人口、毒品问题严重地区人员、有涉毒行为人员作为禁毒宣传教育的重点人群，进一步增强禁毒宣传教育工作的针对性；坚持禁毒宣传教育形式与效果相统一，将禁毒宣传教育与公民法制教育、道德教育、科普教育、健康教育、职业教育、预防艾滋病教育结合起来，贴近实际、贴近生活、贴近群众，进一步提高禁毒宣传教育工作的实效性；坚持禁毒宣传教育专业化和社会化资源相整合，注重发挥媒体优势，发展禁毒群众组织，凝聚民心，集聚力量，进一步提高禁毒宣传教育工作的社会化水平。

(三) 目标任务。

通过深入开展毒品预防知识教育、禁毒法制教育、禁毒形势教育和禁毒理念教育，使广大干部群众禁毒意识显著增强，新吸毒人员滋生速度明显减缓，合成毒品滥用势头和其他毒品违法犯罪活动得到有效遏制；禁毒宣传教育基本覆盖全体公民，全部覆盖学校和看守所、拘留所、监狱、强制隔离戒毒所、戒毒康复场所、自愿戒毒医疗机构、戒毒药物维持治疗门诊以及救助管理机构；禁毒宣传教育手段多元、内容丰富、保障有力，满足不同群众毒品认知需求，重点人群接受禁毒教育更加系统、深入；禁毒宣传教育专兼职工作队伍基本覆盖乡（镇、街道），禁毒志愿者队伍规模和专业化水平明显提高；禁毒宣传教育领导体制、工作机制进一步健全，群众满意度进一步提高，全社会参与禁毒氛围更加浓厚。

二、工作重点

(一) 进一步深化“不让毒品进校园”活动，全面推

动禁毒教育进学校，帮助学生树立远离毒品、健康成长的观念。

教育、禁毒、综治行政部门和共青团组织要充分发挥学校的主阵地作用，深入开展中小学生毒品预防专题教育，按照《中小学生毒品预防专题教育大纲》要求，分阶段开设禁毒课程，切实做到教学计划、教学材料、课时、师资“四到位”，巩固“学生不吸毒、校园无毒品”的成果；积极推进高等院校、中等职业学校和外来务工人员子女学校的毒品预防教育工作，争取在校学生受教育面达100%，通过一至五年的努力，在每个县（市、区）至少培育毒品预防教育示范中学、小学和中等职业学校各一所；教育部门要大力加强学校禁毒师资队伍建设，并将毒品预防教育实施情况纳入国家督学范畴，确保禁毒教学质量不断提高，各项禁毒教育措施落到实处。

以防范合成毒品危害为重点，把毒品预防教育与法制教育、心理健康教育结合起来，作为高等学校和中小学德育教育的重要内容，纳入教学计划，同时完善生理卫生、生物、历史等相关课程的禁毒渗透教育，逐步建立全面系统的禁毒教育教学体系。

加强对不同阶段学生心理特点和毒品认知能力的研究，丰富教学内容，开发教学资源，创新教学手段，不断增强禁毒教育的吸引力、感染力。结合学生入学、入队、入团、毕业典礼等活动，组织开展禁毒主题课外活动和社会实践，开展制作宣传板报、模拟法庭、自护教育、参观戒毒所等禁毒教育活动，确保每一名中小学生在校期间参加禁毒主题课外活动和社会实践活动不少于20个小时。

树立禁毒宣传教育品牌工程，深入开展中小学生禁毒“蓝丝带”1日佩带活动，加强对中小学生的禁毒警示教育，拓展“小手拉大手，大手护小手”活动的影响，并在全省推广。

（二）进一步深化“社区青少年远离毒品行动”，全面推动禁毒教育进社区，提高社区禁毒宣传教育服务能力。

共青团组织要继续深化“社区青少年远离毒品行动”，结合预防青少年违法犯罪工作，有针对性地面向社区闲散青少年和进城务工青年开展禁毒宣传教育；依托青少年法律学校、青少年维权服务站、进城务工青年培训学校等阵地，组织重点青少年群体开展禁毒宣传教育及生活技能训练，为青少年健康成长创造良好环境。每年寒暑假期间每个社区至少组织一次青少年禁毒教育活动。

综治、禁毒部门要积极协调相关主管部门以社区为依托，针对毒品问题严重地区、城中村、城镇周边聚居常住人员、流动人员及下岗失业人员开展禁毒宣传教育，预防和减少涉毒违法犯罪行为发生。

教育、民政、司法、卫生、文化、公安、工会、共青团、妇联等部门和群团组织要指导基层组织将社区禁毒宣传教育纳入社区建设和管理，推动禁毒文化角建设，配合开展“无毒社区”创建和社区禁毒宣传教育工作；组织禁毒宣传教育辅导员、社区志愿者、禁毒社会工作者和社区居民等力量，积极参与禁毒教育进社区活动，逐步壮大禁毒志愿者队伍。

街道办事处、居民委员会要加强社区禁毒宣传教育，落实禁毒防范措施，促进和谐社区建设；依托社区服务中心（站）、宣传文化站、警务室、居民会议室、阅报栏、法制宣传橱窗等社区公共服务设施和社区戒毒（康复）工作网络，散发、播放禁毒宣传教育资料，建立禁毒宣传教育园地、阵地，深入开展禁毒公益宣传。

（三）进一步深化“不让毒品进我家”活动，全面推动禁毒教育进家庭，完善家庭自我教育、自我防范功能。

妇联组织要以“平安家庭”创建为依托，继续深化“不让毒品进我家”活动，广泛开展面向家庭的禁毒教育，使毒品知识家喻户晓、深入人心。深入推进“无毒家庭”创建工作，积极引导家庭成员开展防范涉毒的自我教育、自我管理，推动父母对未成年子女进行毒品预防教育；加强妇女禁毒协会和巾帼禁毒志愿者队伍建设，以单亲家庭、流动人口家庭、涉毒家庭和妇女为重点，会同社区民警、居（村）民委员会等基层工作力量，深入居民家庭开展有针对性的禁毒教育和帮教活动；利用家长学校和家庭文明指导中心等阵地，组织禁毒志愿者、家长、戒毒专家和青少年参加禁毒讨论会和培训班，提高家庭防范毒品意识，帮助克服家人因吸食毒品带来的危机和困难；联合禁毒、邮政部门开展“毒品知识进万家活动”，依托邮政投递网络和巾帼禁毒志愿者队伍，将禁毒宣传教育资料送进每个家庭。

（四）进一步深化“职工拒绝毒品‘零计划’行动”，全面推动禁毒教育进单位，帮助职工和个体劳动者认识和预防毒品危害。

工会组织要继续深化“职工拒绝毒品‘零计划’行动”，利用健全的工会组织网络，引导国家机关、社会团体、企业事业单位以及其他组织加强面向本系统、本单位职工的禁毒宣传教育，广泛开展创建“无毒单位”活动。将禁毒教育纳入职工素质建设工程，作为职工岗前培训、岗位培训和领导干部学法用法的重要内容，实现禁毒宣传教育工作的经常化和制度化；利用职工书屋、职工之家、农民工培训基地及宣传橱窗、班组板报等工会文化设施网络，广泛开展为职工送图书、送电影、送法律、送文艺等多种形式的禁毒宣传教育活动；以“千万农民工援助行动”为载体，结合就业培训、岗位援助、创业指导等措施，有针对性地在外来务工人员、下岗失业人员集中的地区、行业和企业开展禁毒宣传教育，提高广大职工特别是农民工和下岗失业群体抵制毒品的能力和自觉守法意识；积极帮助吸毒职工戒断毒瘾、回归社会。

易制毒化学品生产、经营、运输和使用单位及化工市场要通过学习培训，增强职工特别是重点岗位主管人员的禁毒意识和责任意识，提高易制毒化学品行业自律能力和防范能力。

个体劳动者协会、私（民）营企业协会要在基层协会和广大会员中开展形式多样的禁毒宣传教育活动，并配合公安、工商、邮政等部门，加强对文化娱乐服务业、出租车业、物流和快递业等重点行业会员的禁毒教育培训和指导监督。

（五）深入开展禁毒“流动课堂”活动，全面推动禁毒教育进场所，提高流动人口和戒毒人员抵御毒品能力。

各级宣传、禁毒、公安、卫生、民政、司法、工商、工会、共青团、妇联等部门和群团组织要结合各自业务工作，深入开展面向无业人员和流动人口的禁毒宣传教育。重点在公共场所推进禁毒“流动课堂”活动，广泛发动禁毒志愿者，采取流动宣传车、宣传小分队等形式，深入毒品问题严重地区以及繁华街区、交通枢纽、城乡结合部、大型建筑工地、暂住人员密集区等复杂场所，开展禁毒咨询和宣讲活动。

人力资源和社会保障部门要结合就业服务和就业援助工作，利用各级公共服务机构、劳动保障工作平台等，面向无业人员开展经常性的禁毒知识宣传，并联合铁路、交通、民航等部门，在春节期间组织开展“春风行动”，向外出务工人员发放禁毒宣传品，开展多种形式的禁毒宣传。

铁路、交通、民航部门要将禁毒知识纳入对旅客宣传和职工培训内容。毒品问题比较严重的地区要设立户外禁毒公益广告牌；候车、候船、候机室要设置固定禁毒宣传点、宣传栏和宣传牌，摆放禁毒宣传教育资料；公共交通工具上要张贴禁毒标志，利用移动电视开展禁毒宣传；有影视广播播放条件的旅客集中场所要滚动播放禁毒宣传教育内容。

文化、工商、公安等部门要依照各自职责进一步加强对歌舞娱乐、宾馆酒店、洗浴桑拿、网吧、酒吧、会所等公共服务场所的禁毒管理，明确场所禁毒责任，要求场所主动公开张贴和摆放禁毒宣传品，公布涉毒举报奖励办法，安装禁毒公益宣传软件，聘请媒体和公众监督员，定期组织经营业主、从业人员开展合成毒品禁毒承诺和教育培训活动，三年内全省娱乐场所、旅店等全面依法落实禁毒防范措施，实现规范化管理，预防毒品违法犯罪行为的发生。

公安、司法、卫生、民政部门要在看守所、拘留所、监狱、强制隔离戒毒所、戒毒康复场所、自愿戒毒医疗机构、社区药物维持治疗门诊和救助管理机构等毒品受害者、毒品违法犯罪人员集中的特殊场所开展《禁毒法》、吸毒防治和预防艾滋病教育，鼓励戒毒成功人员结合个人经历开展同伴教育，对已染毒人员给予人文关怀，帮助他们认清摆脱毒品的途径，树立回归社会的信念。

（六）依托社会主义新农村建设，推动禁毒教育进农村，提高农民禁毒法制观念。

乡（镇）政府、村民委员会要立足农村有线广播、墙报宣传栏等宣传阵地，抓住农贸集市、节假日等场合和有利时机，在人群集中地点开展群众喜闻乐见的禁毒宣传教育，帮助广大农民特别是返乡农民工识毒、防毒、拒毒，免受毒品侵害。乡镇和村广播室要定时播放禁毒教育内容，毒品问题严重地区要做到乡乡有禁毒音像宣传品、村村有宣传挂图、户户有宣传手册。

宣传、教育、公安、卫生、司法、农业、文化、广播电影电视、新闻出版、共青团等部门和群团组织要结合文化科技卫生“三下乡”、“法律进乡村”活动和农家书屋、广播电视村村通、农村电影放映工程，开展禁毒宣传资料、禁毒文艺、禁毒电影进农村活动；把毒品预防知识纳入农村党员和农民职业教育内容，借助农村党员干部现代远程教育网络和农村职业教育培训网络面向农村开展禁毒教育。

禁毒、农业、林业、民政、公安等部门要指导基层组织、单位在可能种植毒品原植物地区，深入开展禁种宣传，增强群众禁种意识，防止罂粟种籽落地。

三、大力推进群众性禁毒公益实践活动

（一）推进禁毒志愿服务工作持续健康发展。加强对各类禁毒志愿服务活动的总体规划和协调指导。民政、工会、共青团、妇联等部门和群团组织要结合各自特点，进一步加强社区志愿者、职工、青年、巾帼禁毒志愿者队伍和戒毒志愿者队伍建设，推动义务性禁毒宣传教育队伍不断发展壮大，五年内各市要建立一支青年禁毒志愿者队伍。建立健全禁毒志愿服务组织体系和工作机制，从禁毒工作需要和志愿者愿望出发设计服务项目，依托禁毒教育基地对志愿者进行禁毒知识和技能培训，跟踪掌握禁毒志愿者接受培训和参加服务情况，推动禁毒志愿服务经常化和规范化。共青团组织要将禁毒宣传教育纳入大中专学生志愿者暑期“三下乡”社会实践活动，调动青年学生参与禁毒社会实践活动的积极性。有条件的地区要组建禁毒社会工作者队伍，明确其禁毒宣传教育职责，对吸毒人员家庭要重点入户宣传。

（二）积极动员民间组织或禁毒公益性组织参与禁毒实践活动。注重发挥各类民间组织特别是慈善机构和非营利性社会团体的作用，充分利用关心下一代工作委员会、慈善总会、红十字会和学生社团的优势，开展禁毒志愿服务，争取社会各界公益捐助。逐步建立禁毒协会、禁毒基金会等禁毒公益性组织，依托社会力量开展禁毒工作。到2015年要建立省级禁毒协会，各市也要建立市级禁毒协会或禁毒基金会。

（三）以树立禁毒先进人物、优秀民间禁毒人士、优秀禁毒志愿者为典型，充分发挥先锋带头作用。各地各有关部门要动员广大领导干部和社会知名人士带头参与禁毒志愿服务，积极发现、培养来自基层、贴近群众的先进典型，加大典型宣传力度，使广大群众从先进典型的感人事迹和优秀品质中受到鼓舞、汲取力量。要继续做好优秀禁毒工作者、民间禁毒人士、禁毒志愿者的评选活动。

四、积极营造全民参与禁毒的社会舆论氛围

充分发挥大众传媒禁毒宣传的主渠道作用，加大常态化、社会化禁毒宣传力度。大众传媒要定期发布禁毒公益

广告，播放或刊登的禁毒公益广告时间要逐年增加。省、市禁毒部门要在当地主要报刊、广播、电视以及重点新闻、主要教育网站设立禁毒专栏，省禁毒办、山西电视台要推动和完善《禁毒在线》栏目建设，提高节目质量。各级宣传和新闻出版主管部门要加强对禁毒宣传工作的指导和督查。各有关部门要密切与各类媒体合作，培养专门的通讯员队伍，不断提高禁毒新闻稿件的数量和质量。省禁毒办会同有关部门在每年底组织开展“全省禁毒好新闻评选活动”。

把互联网、手机等新兴媒体作为禁毒宣传教育的重要阵地，开展形式多样的网上禁毒宣传教育，特别是利用网络新技术、新手段，通过博客、播客、微客、QQ等青少年乐于接受的方式，重点加强对防范合成毒品危害的宣传教育。各级宣传和禁毒部门要会同经济和信息化部门强化通信服务商的禁毒宣传职责，通过手机媒体定期发布毒品知识和预警信息。

建立健全禁毒新闻发布制度。各市禁毒领导机构要建立禁毒新闻发布制度，或利用现有新闻发布平台定期发布禁毒新闻，公开毒品违法犯罪行为举报奖励办法，增加禁毒工作的透明度。注重培养新闻发布人才，主动设置新闻发布议题，及时发布当地毒品形势、禁毒工作措施及成效、重要案件和重大行动，切实增强新闻发布的及时性和权威性。

各地要结合每年禁毒工作重点和确定的禁毒主题，组织开展主题突出、特色鲜明、群众喜爱、富有成效的集中宣传教育活动。国家禁毒委将每年6月作为“全民禁毒宣传月”，活动期间，各级宣传、禁毒、广播电影电视、新闻出版部门要指导、督促各类新闻媒体开辟禁毒专栏、专版、专题，制作播出高质量的禁毒新闻和专题节目，开展禁毒集中宣传；社区和学校宣传橱窗要推出禁毒宣传教育专栏；公共场所和公共交通工具要利用橱窗、广播、闭路电视和电子显示屏开展禁毒宣传，以不少于商业广告2%的比例播放禁毒公益广告。法院、检察院和公安、司法行政部门要集中开展禁毒法制教育，以震慑犯罪、教育群众、弘扬正气。组织各类学校坚持开展1课时防范合成毒品专题教育，在高等学校推动禁毒社团组织建设，开展大中专学生志愿者“三下乡”等禁毒社会实践活动。省禁毒办将适时组织开展“全民禁毒宣传月宣传活动精品评先活动”。此外，各地各有关部门要抓住“6·1”《禁毒法》实施纪念日、“6·3”虎门销烟纪念日、“6·26”国际禁毒日以及“12·1”世界艾滋病日、“12·4”全国法制宣传日、“12·5”国际志愿者日等有利时机，有针对性地开展禁毒宣传教育。

五、加强对禁毒宣传教育工作的组织领导

（一）加强禁毒宣传教育领导机构建设。积极完善分级负责、各司其职、齐抓共管的禁毒宣传教育领导体系。省、市、县（市、区）禁毒领导机构内要设立禁毒宣传教育工作小组，由禁毒领导机构相关成员单位组成，重点研究解决重大和难点问题，组织落实重要活动。各级宣传部门要作为工作小组的牵头单位，把禁毒宣传教育工作纳入宣传工作总体规划，统一组织实施。禁毒部门要会同宣传部门，加强对成员单位的协调指导，及时提供禁毒宣传教育资料。各成员单位要细化本部门禁毒宣传教育职责任务，各尽其责，相互配合，把禁毒宣传教育与业务工作紧密结合起来，纳入目标管理责任制，完善措施，扎实推进。

（二）加大禁毒宣传教育经费保障力度。完善以政府投入为主、多渠道筹措资金的禁毒宣传教育经费保障机制。各级政府要把禁毒宣传教育经费作为禁毒经费组成部分列入财政预算，确保禁毒宣传教育工作需要。同时，要加强禁毒宣传教育经费管理，确保专款专用，提高资金使用效率。各有关部门要把禁毒宣传教育纳入本单位宣传教育整体规划，争取经费支持。教育事业费要保障学校禁毒教育经费的必要支出。

（三）加强禁毒宣传教育队伍建设。省、市禁毒宣传教育领导机构要逐步建立禁毒宣传教育咨询专家和培训师资资源库，研究禁毒宣传教育规律，编制禁毒宣传教育资料，开展禁毒宣传教育培训，逐步实现与全国咨询专家和培训师资的资源共享。各级禁毒宣传教育工作小组要建立禁毒宣传教育专门队伍，在街道、乡镇、学校、社区医疗机构和特殊场所内要普遍设立禁毒宣传教育辅导员，逐步建立一支专兼职结合、素质较高、人数众多、覆盖面广的禁毒宣传教育工作队伍。各级禁毒部门要积极会同相关成员单位，把握禁毒宣传教育专职人员、禁毒师资、禁毒志愿者、禁毒教育辅导员等不同对象的需求，定期举办禁毒宣传教育骨干培训班，逐步推广专兼职工作队伍网络培训和远程教育。教育行政部门和学校要重视禁毒教育兼职教师、法制副校长、校外法制辅导员、校外专家组等禁毒师资的建设，提高班主任开展毒品预防教育的能力；把禁毒教育列入教师继续教育内容和教师校本培训计划，开展禁毒教学研究工作；逐步建立禁毒教师教育课程资源的共建共享机制，充分发挥“农村中小学现代远程教育工程”的应用效益和全国教师教育网络联盟的作用，力争为每一位班主任和禁毒教育兼职教师至少提供一次禁毒培训。

（四）加强禁毒教育基地建设。进一步完善省级禁毒教育基地建设，五年内要建立两个省级大型禁毒教育基地，各市、县（市、区）要建立小型禁毒教育基地或园地，社区、行政村和中小学校要建立固定的禁毒宣传教育橱窗，形成因地制宜、规模适当的禁毒教育基地（园地）和阵地网络。充分利用强制隔离戒毒场所、戒毒康复场所、自愿戒毒医疗机构以及图书馆、青少年法制教育、爱国主义教育基地、青少年宫、儿童活动中心等场所，面向社会尤其是青少年开展禁毒教育。

（五）加强禁毒宣传教育资料建设。各地各有关部门要加大禁毒书籍、挂图、招贴画、折页、影视片、公益广告的编辑、出版力度，积极推出一批以青少年防范合成毒品危害为主题的优秀动漫和视听产品；指导各类青少年法律

学校、市民学校、家长学校、农民工业务学校、职工学校、技工学校等有计划地组织编写通俗易懂的禁毒简明教材。省广播电影电视局要及时指导、梳理各类禁毒视频资源，为群众提供点播和下载服务。

（六）加强禁毒宣传教育评估体系建设。各级宣传、综治、禁毒领导机构要以协调组织禁毒执法检查等形式，加强对当地禁毒宣传教育工作的督导检查，将禁毒宣传教育作为禁毒工作的重要内容，列入社会综合治理责任制考核范畴，严格考核，积极推动基层政府和相关部门禁毒宣传教育法定职责的落实；积极借助统计部门、社科研究机构等第三方力量开展全民禁毒宣传教育社会效果评估，注重群众对禁毒宣传教育工作的评价，根据评估结果和变化情况，不断改进工作。各有关部门要按照各自职责分工和管理范围负责本系统、本单位全民禁毒宣传教育工作的组织实施和监督检查。省禁毒办要建立健全全民禁毒宣传教育工作考核评估制度，不定期对各地各有关部门工作落实情况和实效进行督促检查，保证禁毒宣传教育工作持续、健康、科学发展。

中共山西省委办公厅
山西省人民政府办公厅
关于印发《山西省党政机关公务用车配备使用管理实施办法》的通知

晋办发〔2011〕28号

各市、县委，各市、县人民政府，省委各部委，省直各委、办、厅、局，各人民团体：

省委、省政府同意《山西省党政机关公务用车配备使用管理实施办法》，现印发给你们，请认真组织实施。

中共山西省委办公厅
山西省人民政府办公厅
2011年9月28日

山西省党政机关公务用车配备使用管理实施办法

第一条 为认真贯彻落实中央办公厅、国务院办公厅印发的《党政机关公务用车配备使用管理办法》（中办发〔2011〕2号），进一步加强和规范我省党政机关公务用车配备使用管理，推动节能减排，降低行政成本，推进公务用车配备使用制度改革，促进党风廉政建设，结合我省实际，制定本办法。

第二条 各级党政机关及其所属行政单位、各级党委和政府直属事业单位、人民团体的公务用车配备使用管理适用本办法。

各级人大机关、政协机关、人民法院、人民检察院的公务用车配备使用管理，参照本办法执行。

各级党政机关所属事业单位公务用车按照《党政机关公务用车配备使用管理办法》和本办法规定的原则管理，具体办法另行制定。

第三条 本办法所称公务用车，是指党政机关用于履行公务的小汽车，指7座（含）以下的小轿车、越野车、商务车等封闭式乘坐车，分为一般公务用车和执法执勤用车。

一般公务用车是指用于办理公务、机要通信、处置突发事件等公务活动的机动车辆。执法执勤用车是指用于办案、监察、稽查、税务征管等执法执勤公务的专用机动车辆以及特种专业技术用车（指加装特殊专业设备，用于通讯指挥、技术侦查、刑事勘察、抢险救灾、检验检疫、环境监测、救护、工程技术等的机动车辆）。

第四条 党政机关公务用车配备使用遵循经济适用、节能环保、保障公务、节约使用的原则。

第五条 党政机关公务用车实行分级管理。各级财政部门负责党政机关公务用车管理工作，包括配备标准的制定、编制的核定、配备更新或车辆过户审批、购置和运行经费的安排等，并指导监督下级党政机关公务用车管理工作。

第六条 党政机关公务用车实行编制管理。车辆编制根据单位性质、人员编制、领导职数和工作需要等确定。公务用车编制分为一般公务用车编制和执法执勤用车编制。

（一）各级党政机关一般公务用车编制按每20人不超过1辆确定。省级党政机关公务用车编制核定办法由省财政厅负责拟定；市县级党政机关公务用车编制核定办法由各市县财政部门结合工作需要和当地实际情况制定。

（二）执法执勤用车编制由同级财政部门会同公安、国家安全、司法、纪检监察及其他行政执法机关主管部门和确需配备特种专业技术用车的部门，根据车辆保障装备标准和工作需要确定。执法执勤用车不得与一般公务用车重复配备。

（三）党政机关通过上级调拨车辆、接受捐赠等方式取得的公务用车，也要纳入本单位车辆编制管理。

第七条 党政机关配备公务用车应当严格执行以下标准：

（一）一般公务用车配备排气量1.8升（含）以下、价格18万元以内的轿车，其中机要通信用车配备排气量1.6升（含）以下、价格12万元以内的轿车。配备享受财政补助的自主创新的新能源汽车，以补助后的价格为计价标准。

（二）执法执勤用车配备标准由省财政厅根据财政部《党政机关执法执勤用车配备使用管理办法》（财行〔2011〕180号）另行制定。

第八条 党政机关原则上不配备越野车。确因地理环境和工作性质特殊的，可以适当配备国产越野车。省级党政机关根据工作需要酌情配备。各市党委和政府分别按不超过2辆配备；各县党委和政府分别按不超过1辆配备。不得将配备的越野车和警卫用车作为领导干部固定用车。

第九条 公务用车使用年限超过8年的可以更新；达到更新年限但仍能继续使用的，应当继续使用，不得因领导干部提职、调任等原因提前更新。由于车辆质量、交通事故等原因，虽然没有达到更新年限，但经相关部门鉴定确实无法继续使用的车辆，可以提前更新。

旧车处置按照国有资产处置的相关规定进行，也可按照公开公正、规范节约的原则，采取与厂家置换等方式进行。车辆更新须待原车辆办理完处置手续后方可申请。

第十条 各级党政机关配备更新公务用车应本着统一、精简、效能的原则，按核定编制逐步购置。各级党政机关需配备更新公务用车时，应向同级财政部门提出申请，财政部门根据申请单位的车辆编制情况、预算安排情况、车辆实有数量、车辆使用情况等进行审批。

第十一条 省、市党政机关确需高于标准配备更新公务用车或越野车的，由同级财政部门提出意见，报同级政府领导审批，并报同级纪检监察机关备案；县级党政机关确需高于标准配备更新公务用车或越野车的，由县级政府提出意见，报市政府领导审批，并报市纪检监察机关备案。

第十二条 各级财政部门统筹安排本级党政机关公务用车配备更新资金，并制定公务用车运行费用定额标准，据以核定公务用车运行费用，列入部门预算。

第十三条 各级党政机关配备和更新公务用车应当严格执行《中华人民共和国政府采购法》等相关规定。政府采购的车型参照相关部门定期发布的公务用车选用车型目录确定。对于自主品牌和自主创新的新能源汽车，可以实施政府优先采购。

第十四条 党政机关应当加强公务用车的日常使用管理，严格按照规定用途使用公务用车。建立健全公务用车使用管理制度，降低使用和维修保养成本。

（一）明确公务用车管理机构和具体管理人员，建立公务用车使用管理责任制。

（二）加强公务用车集中管理，统一调度，严禁分散管理和使用。实行公车统一停放管理，一般公务用车严格执行回单位停放制度，节假日期间除特殊工作需要外，应当封存停驶。

（三）严格公务用车使用登记制度，严格登记用车时间、事由、地点、里程、油耗、费用等信息。

（四）严禁公车私用，不得使用公车进行婚丧嫁娶、探亲访友、度假休闲、接送亲属、学习驾驶等非公务活动，接受监督。

（五）实行公务用车保险、维修、加油政府集中采购和定点保险、定点维修、定点加油制度，健全公务用车油耗、运行费用单车核算和节奖超罚制度，降低运行成本。

（六）严禁为公务用车增加高档配置和豪华内饰，不得在车辆维修等费用中虚列名目或者夹带其他费用。严禁报销各类罚款。严禁利用公务用车以任何方式变相谋取私利。

第十五条 党政机关工作人员到外地办理公务，除特殊情况外，应当尽量乘用公共交通工具，减少公务用车长途行驶。

外事接待、会议和集体活动用车应当主要通过社会租赁方式解决。

第十六条 党政机关不得对外出租出借公务用车，不得借用、占用下属单位或者其他单位车辆，不得接受企业捐赠车辆。

第十七条 党政机关应当严格执行公务用车配备使用管理各项规定，把公务用车的配备使用管理工作纳入领导干部党风廉政建设责任制和节能减排检查考核内容，按照谁主管、谁负责的原则，明确责任分工，加强公务用车配备使用管理工作。

第十八条 建立公务用车配备更新和使用情况统计报告制度。各级财政部门负责统计本级党政机关公务用车配备更新和使用情况，并定期向本级党委、政府报告或公示，接受监督。省级财政部门负责汇总全省党政机关公务用车配备更新和使用情况。

第十九条 纪检监察机关应当加强对公务用车配备使用管理规定执行情况的监督检查，对以下行为依照党纪政纪有关规定处理：

（一）违规核定公务用车编制，审批超标准配备更新车辆，超标准、超编制安排公务用车配备更新和运行经费。

（二）未经批准擅自配备更新公务用车、出租或出借公务用车、借用或占用下属单位或其他单位车辆、接受企业捐赠车辆、豪华装饰公务用车、违规使用管理公务用车等。

第二十条 凡违反本办法购置公务用车的，交警部门不得为其办理上户落籍手续。

第二十一条　试行公务用车制度改革的市、县（市、区）应当对本地区公务用车制度改革情况进行总结和完善，可不再依照本办法核定公务用车编制和配备更新公务用车。有条件的市、县（市、区）应当结合本地区实际，加快推进公务用车制度改革。

第二十二条　本办法由省财政厅会同有关部门负责解释。

第二十三条　本办法自发布之日起施行。此前我省有关公务用车配备使用管理的规定，凡与本办法不一致的，按照本办法执行。

在主持中部论坛太原会议时的讲话

（2011年9月25日）

袁纯清

尊敬的各位领导、各位来宾，同志们：

在大家的共同努力下，经过一天广泛深入的交流，中部论坛太原会议取得圆满成功。我们围绕“深化全面合作、加快转型跨越、促进中部崛起”的主题，深入交流了南昌会议以来各省改革发展取得的新成效新经验，全面分析了面临的机遇和挑战，共同探讨了促进中部地区崛起的途径和举措，在事关中部地区发展的重大问题上达成了新的重要共识。这次论坛的成功举办，必将对中部地区进一步抓住机遇、加快崛起发挥积极促进作用。

从各位领导的发言中，我们更加深切地感受到，加快中部地区崛起是国家重要战略、中部神圣使命、人民福祉所系，必须以时不我待的紧迫感和敢于争先的使命感，增强崛起责任、合作意识，努力实现又好又快发展。作为中部论坛的轮值主持人和中部崛起的参与者，参加这次会议深受教益、倍受鼓舞，特别是有四点体会。

一、中部全面崛起站在新起点

在党中央、国务院的正确领导下，在中央和国家有关部委的大力支持和帮助下，中部六省坚持主题主线，抢抓难得机遇，加强互利合作，奋力实现赶超，发展速度明显加快，区域综合竞争力明显增强，城乡人民生活明显改善。几年来，经济总量年均增幅达15.3%，超过全国平均水平5个百分点，今年各省地区生产总值将全部突破万亿元，占全国的比重提高到21.5%，固定资产投资增速高于东部和西部地区，“三基地一枢纽”的地位更加凸显，新兴产业快速壮大，中部崛起态势日益强劲。中部六省更加自觉地把中央精神与自身实际结合起来，把加快发展与推动转型结合起来，把发展经济与保障民生结合起来，把激活内力与借助外力结合起来，积极探索符合各自实际的科学发展新路，积累了宝贵经验。实践证明，中央关于促进中部地区崛起的决策部署是完全正确的。今年是“十二五”开局之年，今后五年是全面建设小康社会的关键时期，也是中部地区聚合优势、聚力突破、聚集崛起的黄金期。我们已经站在一个新的历史起点上，必须登高望远，脚踏实地，更加富有成效地把中部地区崛起的各项工作落实好。

二、中部科学发展面临新机遇

走出具有内陆地区特点的科学发展之路，是中部诸省的共同使命。我们清醒地看到，中部地区传统产业仍然占主导地位，一方面发展不足的问题突出，面临“快”的压力，另一方面结构性矛盾突出，面临“好”的压力；在全国区域发展格局中，既面临与东部地区发展差距拉大的压力，又面临被西部地区赶超的压力。但总的来说，机遇大于挑战。中部是承接东部发达地区产业转移的第一阶梯，优质生产要素加速向中部汇集；工业化、城镇化和农业现代化快速推进过程中，中部的优势和潜力充分彰显；中部各省近年来基础设施建设取得重大突破，上了一大批具有战略带动作用的转型项目，积累的发展势能正在转化为现实生产力；中央支持中部崛起的各项政策不断完善，并且进入了深度显现期和集中释放期。中部地区需要树立大视野，把握新机遇，做好推进经济结构战略性调整和加快转变经济发展方式这篇大文章，既要着力增强自我发展能力，又要增强对全国发展的支撑能力，在全国区域发展格局中书写精彩篇章。

三、中部改革开放进入新阶段

中部因改革而受益，因开放而共赢，深化改革开放是加快实现中部崛起的根本动力。

以区域为单元寻求突破，是改革开放推进到今天的必然选择。中部各省正结合实际开展综合改革和区域突破试点，武汉城市圈建设方兴未艾，长株潭城市群“两型”社会综合配套改革试验区有效推进，皖江经济带变身承接产业转移的新标兵，中原经济区奋力书写“三化”协调发展的大文章，鄱阳湖生态经济区引领低碳经济先行，山西资源型经济转型综合配套改革试验区全面启动，一波又一波改革浪潮将中部地区发展推向新的高度。同时，中部对外开放水平不断提升，对外贸易快速发展，招商引资成效显著，中部论坛、中博会影响日益扩大，与东部地区和西部地区交流合作全面深化。从大家的发言中可真切感到，以时代要求推进改革，以宽广视野谋划开放，在大开放中实现大发展，正在成为中部地区的鲜明特征。

四、中部互促互动达到新境界

中部各省地缘相近、人文相亲，经济发展的互通性、融合性强。中部论坛和中博会举办6年来，交流合作日益深入务实，进一步拉近了距离、加深了友谊。无论是战略协作还是项目合作，无论是产品交换还是产业互动，无论是经济联系还是人员往来，都有了大幅增加和全面提升。省际间交流合作机制逐步健全，部门对接进一步强化，行业协会的桥梁作用有效发挥，企业技术交流、产业协作呈现喜人局面。在加快建设区域市场体系的同时，基础设施、公共服务和社会管理等方面的对接与融合加快推进，生态环境治理协作机制不断健全，科技、文化、教育等领域合作全面深化。相信通过太原会议，这一势头将更好地保持下去。

我们深知，促进中部崛起，离不开中央和国家部委的关心、帮助和支持。今天与会的有关部委领导同志提出的重要意见，既有很强的针对性指导性，也体现了对中部地区的关爱和支持，使我们深受启发和鼓舞。借此机会，我代表中部六省与会同志和广大干部群众，对中央和国家部委长期以来对中部地区的关心支持表示衷心的感谢！希望一如既往地关心、支持、帮助中部地区的改革发展，从多方面给予大力倾斜和支持。

各位领导、各位来宾，同志们，这次会议在太原召开，对我省各项事业是有力促进，对全省人民是巨大鼓舞。我们要虚心学习兄弟省宝贵经验，积极主动向中央和国家部委领导同志汇报沟通，在促进中部崛起中尽三晋儿女的全部力量。我们要紧密团结在以胡锦涛同志为总书记的党中央周围，认真贯彻落实中央关于促进中部地区崛起的大政方针，落实好历次论坛形成的重要成果，在全面建设小康社会的新征程中，迈出中部地区坚实有力的步伐！

中共山西省委办公厅
山西省人民政府办公厅
印发《关于进一步完善年度目标责任考核办法的意见》的通知

晋办发〔2011〕30号

各市、县委，各市、县人民政府，省委各部委，省直各委、办、厅、局，各人民团体：

省委、省政府同意《关于进一步完善年度目标责任考核办法的意见》，现印发给你们，请认真贯彻实施。

中共山西省委办公厅
山西省人民政府办公厅
2011年10月26日

关于进一步完善年度目标责任考核办法的意见

我省开展年度目标责任考核以来，不断加强组织领导，优化考核工作方法，有力地促进了科学发展，推动了工作落实。为进一步树立科学发展导向，充分发挥考核的综合效能，现就完善年度目标责任考核办法提出如下意见。

一、紧扣转型跨越发展主题，不断完善考核评价项目体系

在按年度下达的考核指标基础上，及时根据省委、省政府确定的重点目标和重点任务，对加减分项目进行调整、补充和完善，更好地发挥考核目标任务体系对科学发展的引领作用，增强考核工作的针对性和实效性。将积极开展转型综改试验区试点工作情况，加快开发区、工业园区建设情况，促进以煤为基、多元发展经济结构调整情况，让发展成果更好惠及广大人民群众情况，项目落地情况，增列为考核加分项目；将发生森林火灾的情况增列为考核减分项目。对于在转型综改试验区试点工作中，积极争取扶

持政策的省直部门（单位），先行先试、取得成功经验的市和服务业增幅快于地区生产总值增幅、居民收入增幅快于GDP增幅、新兴工业增幅快于规模以上工业增幅的市，在考核综合得分中加分。

二、突出统筹协调，不断完善综合量化评分办法

通过合理调整加、减分幅度，更好地发挥考核对工作重心的调节作用，引导和促进各级各部门在大力推进经济发展的同时，兼顾经济社会各个方面的发展要求，实现经济社会各构成要素的良性互动，增强考核工作的科学性和全面性。对于超额完成某一方面年度考核工作任务目标的，适当降低最高加分幅度。对于未完成年度考核工作任务目标的，某方面工作发生严重问题的，以及受到通报批评的市或省直部门（单位），根据不同情况，分别核减不同分值；评定考核等次时，在综合最终考核得分和各方面情况的基础上研究确定。其中，因党风廉政、环境保护、安全生产、社会稳定、人口和计划生育等方面发生严重问题减分的市和省直部门（单位），取消年度目标责任考核、领导班子考核、主要领导干部年度考核的评优资格。市、省直部门（单位）党政主要领导或三名以上领导班子成员涉及违纪违法被查处的，共性指标中党风廉政建设考核分值计零分。发生重大以上安全生产责任事故的市或省直部门（单位），安全生产项考核分值计零分。

三、坚持群众公认原则，不断完善考核测评的组织实施

在考核工作中扩大民主，提高广大干部群众对考核工作的参与度、满意度。改进测评方法，扩大民意评价面，将领导班子和领导干部置于有较强关联度和知情度的服务对象以及上级、同级、下级评价之中，促进各级机关和干部更好地提升工作水平，更好地服务群众、服务基层、服务发展。增加社会评价在考核测评中、综合评价中的分值比重，同时适当降低内部测评的分值比重。在社会评价中，增加省委全委会和“两代表一委员”对各市、省直各部门（单位）的考核测评项目，增加服务对象对执法部门、审批管理部门和窗口单位的考核测评项目。运用“计算机辅助电话调查系统”（CATI），分层次、分地区、分类别进行民意调查，丰富测评内容，建立与考核指标紧密衔接的测评指标体系，将群众最关心的内容列入测评范围，倾听群众心声；改进民意调查的现场组织方式，使被考核单位负责人能够更真实地感受到群众评价，提高民意调查与考核评价的可信度。

四、强化过程管理，不断完善日常考核与年度考核有机结合的工作模式

加强日常考核与年度考核的有机结合，完善由省考核办牵头、各责任部门分工负责的过程管理工作机制，在不

附：年度目标责任考核赋分办法调整表

项　目		内　　容
各市超额完成任务加分	生产总值	生产总值增幅最高加分为1分；生产总值增量每占全省增量（各市增量和）2个百分点，在该项任务分中加0.1分
	项目落地	重点工程落地指标超额完成目标任务者，每超出目标任务10%，在该项任务分中加0.1分，最高加0.5分
	城乡居民收入	按增幅和增量加分，最高加分均为1分
	污染治理	各市二氧化硫排放量、化学需氧量排放量、氨氮排放量、氮氧化物排放量、烟尘排放量、粉尘（工业）排放量均超额完成所下达目标任务者，各单项每超额完成所下达目标任务20%，在该项任务分中加0.1分，各单项最高加0.5分
	社会稳定	社会安全感满意度最高加分为1分
	安全生产	取消此项加分
	信访工作	各市信访两项指标均超额完成所下达目标任务者，按单项分别计算，百万人口平均信访量每低于11市平均水平10个百分点，在该项任务分中加0.05分,各单项最高加0.5分
省直部门（单位）超额完成任务加分		省委、省政府分解下达且未列入对各市考核的重点工作超额完成任务者，任务完成情况在全国系统内排位前进一名以上，且进入前5名、前6–10名、前11–15名，分别在该项任务分中加0.3、0.2、0.1分

<table>
<tr><th>项　目</th><th colspan="2">内　　容</th></tr>
<tr><td>获表彰加　分</td><td colspan="2">保留受党中央、国务院等国家级表彰加分，取消国家部委表彰加分</td></tr>
<tr><td rowspan="4">各市加快转型发展提高发展质量加分</td><td>服务业与生产总值</td><td>各市生产总值增幅和服务业增加值增幅均完成所下达目标任务者，服务业增加值实际增幅每高于生产总值实际增幅1个百分点，在综合得分中加0.2分，最高加1分</td></tr>
<tr><td>居民收入与生产总值</td><td>市生产总值增幅、城镇居民人均可支配收入及农民人均纯收入增幅均完成所下达任务者，居民收入平均实际增幅每高于生产总值实际增幅1个百分点，在综合得分中加0.2分，最高加1分</td></tr>
<tr><td>新兴产业与规上工业</td><td>各市规模以上工业增加值完成所下达目标任务者，新兴接替产业（以规模以上工业中煤、焦、冶、电以外各类工业计算）增加值实际增幅每高于规模以上工业增加值实际增幅3个百分点，在综合得分中加0.1分，最高加1分</td></tr>
<tr><td>综改区试点成绩突出加分</td><td>各省直部门（单位）在综改区试点中，积极主动，向中央争取到涉及全省的改革优惠政策者，各市在综改区试点中先行先试，取得可资在全省推广的经验者，分别在综合得分中加0.2—0.5分</td></tr>
<tr><td rowspan="2">各市和省直部门（单位）未完成任务减　分</td><td colspan="2">任务完成未达到目标要求者，按照完成程度在100%以下至90%、90%以下至80%、80%以下至70%、70%以下至60%，分别减该项任务基本分的5%、15%、25%、35%;低于目标要求60%时，该项任务基本分为0</td></tr>
<tr><td colspan="2">各市发生森林火灾者，以林木受害率0.5‰为基准，每高出0.1个千分点，在综合得分中减0.2分，最高减1分</td></tr>
<tr><td>受通报批　评减　分</td><td colspan="2">各市和省直部门（单位）受到省委、省政府或国家部委通报批评者，在综合得分中减1分；受到省部级以上通报批评者，在综合得分中减2分</td></tr>
<tr><td>发生重大问题减分</td><td colspan="2">各市和省直部门（单位）发生重大问题，并在本市或本部门(单位)、全省、全国一定范围内造成较大负面影响者，分别在综合得分中减1、2、3分</td></tr>
<tr><td rowspan="4">党风廉政、环境保护、安全生产、社会稳定、人口和计划生育发生严重问题减分</td><td>党风廉政</td><td>党政班子个别成员涉及违法、违纪被查处者，分别在党风廉政建设基本分中减1分、2分；党政班子“一把手”或3名以上成员涉及违法、违纪被查处者，党风廉政建设项基本分计零分</td></tr>
<tr><td>环境保护</td><td>空气质量恶化或环境违法问题突出或发生重大环境污染事故者，在污染治理项基本分中减2分</td></tr>
<tr><td>安　全生　产</td><td>发生重大以上安全生产责任事故者，安全生产项基本分计零分</td></tr>
<tr><td>社会稳定和计划生育</td><td>发生《山西省社会治安综合治理条例》第二十四条所列的影响社会治安和社会稳定严重问题者，人口和计划生育工作未完成任务者，分别在相对应项基本分中减1分</td></tr>
</table>

项　目	内　　容	
社会评价	完善社会评价内容	加省委全委会、"两代表一委员"和服务对象评价
	调整各项评价权重	目标任务考核分值权重调整为85%；各方面评价分值权重调整为15%，其中，年度目标责任考核测评权重25%，民意调查权重25%，省委全委会评价25%，其他项社会评价权重25%
共性指标日常考核	日常考核得分权重占共性指标考核分值的60%，其中省直工委对省直部门（单位）日常考核评定意见的量化分值为4分；年终集中考核得分权重占共性指标考核分值的40%	

说明：本调整表未涉及的项目，仍按原规定执行。

增加被考核对象工作负担、避免重复考核的基础上，扎实有效地开展日常考核，了解进度，发现问题，提出措施，促进工作。建立"山西省年度目标责任考核信息管理系统"，及时有效地实现对各市、省直各部门（单位）重点工作任务考核指标完成情况的信息采集、统计分析、监测预警和督促推进。对共性指标的考核，以日常考核与年终集中考核相结合的方式进行，并提高日常考核在共性指标量化评分中的比重。加大考核结果的反馈力度，探索推行"一表式"反馈，将目标任务完成情况、民主测评和社会评价情况、日常考核情况、考核组评价等信息，按描述性信息、对比性信息、指导性信息进行分类，向考核对象进行综合反馈，各考核对象要自加压力，明确方向，完善措施，改进工作。

中共山西省委办公厅
山西省人民政府办公厅
关于认真做好第九届村民委员会换届选举工作的意见

晋办发〔2011〕31号

（2011年10月30日）

根据《中华人民共和国村民委员会组织法》和《山西省村民委员会选举办法》（以下简称《选举办法》），按照中央办公厅、国务院办公厅《关于加强和改进村民委员会选举工作的通知》（中办发〔2009〕20号）等文件要求，我省将于2011年10月下旬至2012年1月依法全面开展第九届村民委员会换届选举工作。根据省委、省政府要求，提出如下意见。

一、充分认识村委会换届选举工作的重要意义

村委会换届选举是加强农村基层组织建设、保证村民直接行使民主权利、推进和完善农村基层民主政治建设的重要途径。搞好这次村委会换届选举工作，对贯彻落实党的十七大和十七届三中、四中、五中、六中全会精神，进一步落实胡锦涛总书记"七一"讲话精神，加强和创新农村基层社会管理，促进农村改革发展稳定，推进社会主义新农村建设，具有十分重要的意义。近年来，随着农村各项改革的深化、城镇化进程的加快、流动人口的增多，村委会换届选举面临着许多新情况、新问题。各级党委、政府要从加强党的执政基础、贯彻落实科学发展观、构建和谐社会、推进农村改革发展的高度，深刻认识村委会换届选举工作的重要意义，切实把依法做好村委会换届选举工作，作为加强基层民主法制建设，推进依法治省、建设法治山西的一项重要的基础性工作来抓，加强领导、周密部

署，精心组织、扎实工作，圆满完成村委会换届选举的各项任务，真正把村民拥护的思想好、作风正、有能力、愿意为村民服务的人选进村委会，为农村经济社会又好又快发展提供组织保障。

二、认真做好换届选举前的各项准备工作

（一）建立换届选举工作领导机构。层层建立强有力的换届选举工作领导机构，形成党委领导、人大监督、政府实施、有关部门密切配合的工作体制和运行机制。要做好村民选举委员会的推选工作，大力提倡村党组织负责人通过法定程序推选进入村民选举委员会并担任选委会主任，担负起换届选举工作的领导和组织职责。

（二）研究制定换届选举工作方案。认真总结以往特别是近两届村委会换届选举的经验，做好换届选举前的调查摸底工作，全面掌握本区域村委会建设情况及存在问题，制定针对性、可操作性强的工作方案。特别是对重点村难点村要重点给予关注和指导，制定具体工作预案。

（三）做好宣传教育工作。结合开展“六五”普法，积极开展各种形式的法制宣传教育活动。增强干部群众的民主法治意识，让广大村民充分了解村委会换届选举的法律、法规和政策特别是村委会组织法和《选举办法》，熟悉选举的各个环节和投票方法。选举阶段要教育农村广大党员、干部和群众特别是竞选人，自觉遵守选举纪律。教育引导广大村民消除家族、宗族、派别等不良影响，切实按照真实意愿投票，在实践中学会珍惜和正确行使自己的民主权利。

（四）做好选举工作人员的培训工作。各级村委会换届选举工作领导组办公室要分级培训选举工作人员，组织学习村委会组织法和中央以及我省换届选举的政策文件，切实提高工作水平和依法办事能力。省村委会换届选举领导组办公室将对各市、县（市、区）选举指导骨干人员进行集中培训。各市、县（市、区）应重点培训乡（镇）、村选举工作人员。

（五）落实选举工作经费。认真贯彻中办发〔2009〕20号文件精神和《选举办法》第七条的有关规定，落实好换届选举工作中宣传、培训、选举投票等工作经费。

三、精心组织、周密部署，确保换届选举工作进度和质量

（一）严格按时限要求完成村委会换届选举工作。

这次换届选举工作大体分为三个阶段：第一阶段为准备阶段（2011年10月20日至11月20日）。要在调查摸底、掌握情况的基础上，重点做好成立村民委员会换届选举工作领导机构、形成选举工作方案及预案、加强舆论宣传、培训选举工作人员等工作。第二阶段为实施阶段（2011年11月21日至2012年1月10日）。重点做好推选村民选举委员会、选民登记、一次直选或提名确定候选人、投票选举、推选村委会下属委员会、推选村民小组长、推选村民代表、完成村务交接、规范选举档案等工作。第三阶段为总结验收阶段（2012年1月11日至1月30日）。各级村民委员会换届选举工作领导机构要认真进行工作总结，在本地村委会换届完成后15日内，组织有关部门进行全面验收，并向上级换届选举工作机构作出报告。市负责验收各县（市、区），县（市、区）负责验收各乡（镇），乡（镇）负责验收各村。省级村委会换届选举工作领导机构要对各市村委会换届选举工作进行督查和验收。

（二）严格按照法定程序做好换届选举工作。

做好选民登记和候选人提名工作。选民登记工作要依据法律法规和政策严格规范进行，同时要适应农村经济社会发展变化的新形势，研究新情况，解决新问题。已经完成村农民集体经济产权制度改革的地方，可以探索按居民居住地进行选民登记；村委会虽然名称已改为社区居委会，但尚未进行村农民集体经济产权制度改革的，仍按村委会换届选举的有关法律法规进行选民登记并组织换届选举。坚持村委会候选人由村民直接提名产生。要把政治素质好、带头致富能力和带领群众致富能力强、热心为群众服务、品行良好、公道正派、群众公认等，作为村委会成员特别是主要负责人候选人资格和任职条件的重要内容，并在候选人酝酿提名阶段公开发布。要引导党员和群众对照村委会候选人资格条件推荐提名候选人。要明确具有以下情况的人员不宜确定为村委会成员和其他村级组织班子成员候选人，即：被判处刑罚或者刑满释放（或缓刑期满）未满5年的；被劳教或者解除劳教未满3年的；涉黑涉恶受处理未满3年的；受到撤销党内职务以上处分未满2年的；信奉邪教、搞迷信活动、参与赌博造成恶劣影响的；利用宗教、宗族甚至黑恶势力干预农村正常工作的；拉帮结派干扰选举、拉票贿选的等。

提倡村党组织书记通过选举担任村委会主任，鼓励村“两委”班子成员交叉任职。要坚持从实际出发的原则，提倡村党组织书记和村委会主任“一肩挑”。进一步拓宽选人渠道，注重从农村致富带头人、退伍军人、回乡大中专毕业生、外出务工经商返乡人员、农民专业合作组织负责人中选拔村干部，鼓励他们参与村委会换届选举。到村任职的大学生村干部，工作在一年以上的，经村民选举委员会确认，可以进行选民登记。积极支持和鼓励大学生村干部利用他们文化科技知识丰富、改革创新意识强等优势，依法参加村委会换届选举，力争使大学生村干部进入“两委”班子的比例进一步提高，力争使全省每个乡镇有一名大学生村干部担任村“两委”主干。

以县(市、区)为单位逐步统一规范选票样式。选票要采用村委会主任票单设一张，副主任和委员票另设一张的形式，避免一些人通过在选票上做文章操纵选举和贿选。要通过“专职专选”等方式，确保村委会成员中至少有一名妇女成员当选；没有妇女成员当选的，至少确定一名未当选妇女作为另行选举候选人。另行选举后，仍没有妇女当

选的，名额可以暂缺。对划票的办法和说明要尽可能符合农村和村民实际，以易于选民理解操作，避免或降低废票率。同时，要严格禁止在选票上包括在另选他人栏做记号，一经发现，经监票人交村民选举委员会认定，作无效票处理。

下大力气抓好今年倒排切出的后进村、信访矛盾突出村、村务公开难点村换届选举工作，有针对性地制定选举预案，分类进行指导，确保按期完成换届选举任务，不留“后遗症”。对于不履行职责的村民选举委员会成员，经大多数村民或村民代表同意，可终止其职责，另行推选或按照上次推选结果依次递补产生。要实行参选人竞职承诺制度，每个参选人都要写出竞职承诺书，约束参选人的竞职行为，营造良好的竞选氛围。探索推行村委会换届选举“全程签字”制度，换届选举各个环节，要有参与竞争人员签字认可，确保换届选举法定程序、步骤严格执行不变通。各级党委、政府要结合第九届村委会换届选举工作和当地实际，依法在农村建立村务监督委员会或者其他形式的村务监督机构，负责村民民主理财，监督村务公开等制度的落实。

（三）做好村委会换届选举后的接续工作。

村委会换届选举工作基本结束后，要按照有关规定做好村委会新老班子交接工作。交接工作由村民选举委员会主持，乡（镇）人民政府监督。原村委会应依法在十日内将印章、办公场所、办公设施和设备、集体财务、账目、固定资产、工作档案、债权债务及其他遗留问题等，及时移交给新一届村委会，一般应保持村级财务人员的相对稳定。对无故拖延移交的，乡（镇）党委、政府要给予批评教育，督促并组织移交。经批评教育仍拒绝移交的，要依法强制移交。对移交中发现有重大问题的，及时向有关部门反映，依法依纪处理。村委会交接完成后，要指导帮助各村及时召开村党组织、村委会联席会议，制定完善新一届村委会议事规则，抓好村委会班子成员特别是村委会主任的培训，指导村委会选好村民代表、村民小组长。要建立健全村委会各项规章制度，重点健全党员议事会、村民会议、村民代表会议、村务公开、民主监督等制度，确保农民群众的知情权、决策权、参与权和监督权。要明确村委会班子和村干部任期目标，加强考核管理，严格兑现奖惩，激发他们的积极性、创造性。

四、加强领导、严肃纪律，确保换届选举工作顺利进行

村委会换届选举是农村的一项基础性工作，事关农村改革发展稳定，事关广大农民群众切身利益。各级党委、政府要高度重视，加强组织领导和工作指导。把村委会换届选举工作与加强党在农村的基层组织建设结合起来，通过换届选举，全面推进农村基层组织建设，提高村级干部整体素质，促进社会主义新农村建设。建立健全党政领导工作责任制，市委书记要全面负责本市范围内换届选举的领导和组织工作；县（市、区）委书记是村级组织换届选举工作第一责任人，要靠前指挥，集中时间和精力搞好换届选举工作；乡（镇）党委书记是村级组织换届选举工作直接责任人，要亲自组织协调指导村委会换届选举工作，对于出现苗头性、倾向性问题的村，要驻村蹲点帮助解决问题。各级领导要把下乡住村包村活动所在的村作为村委会换届工作联系点，加强具体指导，配合当地党委、政府，帮助所住村选好干部、配强班子。乡（镇）党委要向每个村至少选派一名干部担任村委会换届选举工作指导员，情况复杂的重点村、难点村，乡（镇）党委主要领导要亲自驻村指导。村级党组织要在村委会换届选举中充分发挥领导核心作用，把握好换届选举工作的正确方向，组织和引导村民完成好换届选举工作。充分发挥挂职锻炼干部和大学生村干部的作用，动员组织他们积极参与到村委会换届选举的各项工作中。

规范竞争行为，为村委会换届选举创造公开、公正、公平的环境。候选人或竞选人应当在村民选举委员会的组织下，集体与村民见面，介绍履职设想，回答村民提出的问题，严禁违法违规承诺、人身攻击等行为的发生。采取定期对照检查、群众评议等措施，督促当选村干部自觉履行承诺。坚决制止候选人或竞选人及其亲友，直接或指使他人利用钱物或其他利益买卖选票，收买选民、选举工作人员和其他候选人的贿选行为。认真按照选举程序组织投票，引导选民正确行使民主权利。严格规范委托投票和委托填写选票的条件，加强对流动票箱使用的监管，使用流动票箱的对象和人数应由村民代表会议讨论决定，并张榜公布。切实维护投票大会的现场秩序，禁止以任何形式扰乱选举现场秩序、影响选民投票意向的行为。完善秘密写票制度，提供充足规范的秘密写票处，运用人防、物防、技防等各种手段做好防范工作，引导选民依次到秘密划票间划票，保证选民完全按照自己的真实意愿划票。投票结束后，应当公开唱票、计票，当场公布选举结果，按照有关规定颁发当选证书。要完善选举监督体系，切实加强对换届选举全过程、全方位的监督。对村民选举委员会推选、候选人提名、候选人公开竞争、投票选举等重点环节，实施全程跟踪监督。采取设立选举监督委员会，邀请党代表、人大代表、政协委员等担任社会监督员等措施，积极探索舆论监督途径，加强社会力量对换届选举的监督，有效预防和坚决查处换届选举中的违法违纪行为。

县乡两级村委会换届选举工作领导组要教育引导农村广大党员、干部和群众特别是参选者，自觉落实中央组织部、民政部《关于进一步严肃村“两委”换届工作纪律的通知》（组通字〔2010〕59号）和省纪委、省委组织部、省公安厅、省民政厅《关于严肃村“两委”换届选举工作纪律的通知》（晋组通字〔2011〕83号）要求，对违反工作纪律、干扰破坏选举的，要有报必查、严查严纠，做到发现一起、查处一起，在换届选举一开始就形成严肃查处不法行为的高压态势。对查处的典型案例，要在一定范围内通报，以教育警示广大党员、干部和群众。对涉嫌违法犯罪

的，移送司法机关处理。对以贿选等手段被确定为候选人或当选的，一经查实即依法取消其候选人或当选人资格。

有关部门要密切配合，全力协作，形成工作合力。党委组织部门要发挥牵头、协调作用，切实加强对换届选举工作的规划、组织、指导；民政部门要充分发挥职能作用，认真进行调查研究，精心制定工作方案，配合人大和其他有关部门切实抓好村委会换届选举工作的指导和监督检查，具体承担换届选举的日常工作；纪检部门要及时查处基层干部在村委会换届选举中的违法违纪问题，会同检察、公安、民政等部门坚持露头就打、从重从快依法处理选举中的贿选和破坏选举等问题；公安部门要为村委会换届选举保驾护航，在选举期间全力配合选举工作，保障选举村特别是重点难点村正常的选举秩序；宣传部门要会同民政、司法行政机关做好村委会换届选举的宣传工作，报纸、电视、电台、网络等各级主流媒体要坚持正面引导，及时报道换届选举的进展情况、好的做法和典型，高度重视网络舆情，预防和妥善处置对个别事情的恶意炒作；统战部门要指导做好民族宗教工作，促进团结和稳定；农业部门负责村级财务清理和村委会成员离任审计工作；信访部门要本着思想教育疏导和依法解决问题相结合的原则，及时接待并处理好选举期间群众的来信来访，发现严重问题及时报告，防止出现重大集体上访；财政部门要保证宣传、培训、选举投票等选举工作经费；各级妇联要做好宣传、动员、培训农村妇女积极参与村委会选举的工作；其他相关部门也要从各自的职能出发，认真落实村委会换届选举的有关工作，完善并落实各项工作制度。

建立换届选举应急处置机制，加强对突发事件的防范、掌控和处理，完善选举重大问题、重要信息报送、情况通报制度，及时掌握动态，切实加强指导。对因村委会换届选举引发的群体性事件，要早发现、早报告、早解决。对到期不选、假选、虚报选举数据以及违法操纵选举等严重侵害农民群众民主权利的信访案件，要及时调查处理，加大责任追究力度，并将查处结果与信访人见面。选择一批违法违纪情节比较严重、群众反映比较强烈的案例进行通报或在媒体曝光，接受舆论监督。对基层组织请示的和党员群众反映的重要问题，要认真研究，统一答复。及时统计、汇总、上报选举的进度和结果，建立健全村委会选举工作档案。探索建立村委会换届工作考核评估机制，把严肃换届工作纪律、防止和打击拉票贿选等违法违纪行为，作为考评的重要内容。

建立健全责任追究制度，对村级组织换届选举中的违法违纪行为查处不力、造成严重后果的，对换届选举工作消极应付、领导指导不力、处置不当引发群体性事件的，要追究相关市、县（市、区）、乡（镇）党政主要领导和有关部门负责人的责任。未经县(市、区)委批准，无故不组织或拖延村委会换届选举的，要追究乡(镇)党委、政府和村党组织、村委会主要负责人的责任，由上级党委组织部门和纪检监察机关查处。

村委会换届选举工作结束后，各级村民委员会换届选举工作领导组要在规定期限内组织检查验收。各市要对换届选举工作进行全面总结，并将情况报告省委、省人大、省政府，同时抄送省委组织部、省民政厅。

中共山西省委办公厅
山西省人民政府办公厅
关于开展扩权强县试点工作的意见

晋办发〔2011〕35号

（2011年11月22日）

为进一步增强县级政府对所辖区域经济社会发展的统筹协调、自主决策和公共服务能力，大力推进县域经济社会发展，根据中央有关精神，结合我省实际，现就开展扩权强县试点工作提出如下意见。

一、指导思想、基本原则和主要目标

（一）指导思想。以邓小平理论和“三个代表”重要思想为指导，深入贯彻落实科学发展观，按照加快推进转型跨越发展战略部署和国家资源型经济转型综合配套改革试验区建设的要求，全面落实省委、省政府《关于进一步加快县域经济发展的若干意见》（晋发〔2011〕16号），选择一批县（市），深入推进行政管理体制改革，积极扩大县域管理权限，增强县域自主发展能力，提升县域经济社会发展和管理水平，做强做大一批县（市），带动全省经济社会又好又快发展。

（二）基本原则。坚持依法合规、能放尽放、重心下移、责权统一的原则，减少管理层级，对试点县（市）尽可能下放经济和社会管理权限；对下放到试点县（市）的管理事项，建立严格的管理制度和责任机制，做到权责一致。坚持扶优扶强、试点先行、积极稳妥、分步实施的原则，优先选择部分条件较好的县（市）先行试点，在总结试点经验的基础上，逐步扩大试点县（市）范围并拓展扩权事项。坚持与推进转型跨越发展、综改试验区建设相结合，与市域城镇化发展战略相结合，与财税体制改革、人事制度改革相结合，与转变政府职能相结合，全面提升县域经济社会自主发展和管理的能力。

（三）主要目标。通过扩权强县试点工作，逐步探索创新省、市、县三级行政管理体制，加强县（市）级政府的经济调节、市场监管、社会管理和公共服务职能，增强县域经济社会发展的活力，培育壮大一批经济实力强、发展速度快、社会管理好的县（市），为全面推进转型跨越发展、再造一个新山西夯实基础。

二、扩权强县的主要内容

综合考虑经济实力、发展潜力、区位优势以及各市试点县（市）大体平衡等因素，选择22个县（市）（见附一）作为第一批扩权强县改革试点。扩权内容主要包括9个方面的经济和社会管理权限：

（一）关于计划报送。试点县（市）的国民经济和社会发展年度计划、中长期规划、专项规划以及各业务部门的专业计划，由试点县（市）政府及有关部门直接向省有关部门上报，同时抄报所在市有关部门。省有关部门对试点县（市）的有关指标直接进行平衡。

（二）关于财政管理。试点县（市）全部纳入“省直管县”财政管理体制改革试点范围，在财政体制、转移支付、财政预决算、资金调度、财政结算、债务管理等方面，由省财政直接管理到县（市）。各市不得自行调整市对试点县（市）的财政体制，确需调整的要经省财政厅报省政府同意。对试点县（市）一般预算收入中税收收入比上年增长部分，省、市财政按上缴省、市级收入增加额的50%奖励给试点县（市）作为发展资金。

（三）关于项目申报。除国家和省有明确要求外，试点县（市）投资主管部门享有市投资主管部门核准或审批权限；需报送国家和省投资主管部门核准或审批的项目，由试点县（市）投资主管部门直接向省投资主管部门申报，并抄报所在市投资主管部门。需申请国家和省资金的企业投资项目，一律由试点县（市）有关部门直接向省有关部门报送项目资金申请报告并抄报所在市有关部门。

（四）关于统计数据发布。加强试点县（市）经济社会发展统计监测，在发布各市的统计资料时，同时发布试点县（市）的主要统计数据，各试点县（市）经济、社会发展的所有统计数据仍统计在所在市。

（五）关于证照发放。除法律、法规和规章明确规定由市一级核发的证照外，原由市核发的其他证照，由试点县（市）直接审查核发；需经市审核、报省直有关部门核发的证照，由试点县（市）审核后直接报省直有关部门审查核发，报市备案。

（六）关于税管权限调整。试点县（市）地税部门受理纳税人的营业税、资源税等减免税审批事项，生产性外商投资企业享受企业所得税“两免三减”税收优惠的年度确认，外商投资的先进技术企业所得税优惠延长减免的审批，外商投资企业的外商税后利润再投资退税的审批，购国产设备优惠政策等，均比照所在市的税收管理权限办理。

（七）关于土地利用。土地利用年度计划由试点县（市）有关部门直接向省有关部门申请核准。需省政府审批的各项建设用地，由试点县（市）政府直接报省政府。在试点县（市）区域内的省重点建设项目用地，经试点县（市）有关部门初步预审后，由项目法人直接报省有关部门预审、审核、审批。

（八）关于环评审核。对于试点县（市）淘汰落后产能、关闭污染企业所腾出的排污总量，优先供给本县（市）新建固定资产项目，不再由市一级统一平衡。应办理建设项目环境影响登记表的项目，由项目所在试点县（市）直接办理。

（九）关于机构编制核定和干部选拔任用。试点县（市）设立、撤并机构直接报省编办，在市编办备案。加强对试点县（市）干部的重点管理，注重选拔综合素质好，有利于推动扩权强县建设的优秀干部到试点县（市）任职，并加大治庸治懒和治散治软力度，做到严格要求、严格管理。对试点县（市）党政正职纳入省委统一管理。对经济社会发展水平进入全国或中部地区前列，或在全省排名进位较多的，试点县（市）党政领导干部尤其是党政正职，按照有关规定予以优先提拔或重用。

三、组织领导

扩权强县是增强县域经济社会发展活力、统筹城乡经济社会发展的重要途径，是推动转型跨越发展、加快综改试验区建设的有力支撑，是需要持续推进的复杂的系统工程。各级各有关部门要统一思想认识，加强组织领导，认真推进实施。

一要健全领导工作机制，形成工作合力。各级政府要尽快成立扩权强县工作领导组及其办公室，加强组织协调和督查指导，确保试点工作顺利进行。省直有关部门要进一步解放思想，积极探索有利于县域经济社会发展的管理模式和工作方式，搞好衔接协调，及时发现并解决本部门、本系统工作中的新情况、新问题；要抓紧研究具体措施，确保各项工作任务落到实处。各市要继续担负起对试点县（市）经济社会发展工作的领导、扶持和督查落实责任，加强对试点县（市）经济社会发展规划、跨县域重大基础设施和生态环境建设以及重大突发事件处理等方面的组织协调工作，为开展试点工作营造良好环境。试点县（市）要以此为契机，强化加快发展意识，积极转变政府职能和工作方式；切实增强主动性和责任感，不断提高工作效率和服务水平；加大改革创新力度，加快建立适应新形势、新任务、新要求的工作机制，确保省委、省政府重大决策部署全面贯彻落实到位。

二要加强分类指导，强化监督监管。省直有关部门要全面掌握试点县（市）的基本情况，结合实际进行分类研究，科学合理地提出具体的目标要求，确定其主要经济社会发展指标。要按照职责分工切实加强对试点县（市）经济社会管理权限工作的监督，确保试点县（市）经济社会管理权限扩大后不出现管理上的脱节和漏洞。强化工作措施，对试点县（市）工作推进落实情况进行跟踪服务，严格实施奖惩。结合现行的目标责任制考核及县域经济社会发展情况综合评价，制定专门的考核办法，建立规范的考核评价体系；对试点县（市）实行动态管理，每年考核一次，达不到考核目标要求的，适时予以调整。各市要按照有关要求履行监督职责，进一步加强对试点县（市）的全面监管。

三要积极稳妥，确保顺利推进。各级各部门要顾全大局、密切配合、加强衔接，切实做好相关工作，保证扩权强县试点工作依法、有序、平稳推进。省扩权强县工作领导组办公室要尽快制定第一步工作的实施方案，报省政府批准后实施。省直有关部门根据第一批扩大县级经济社会管理权限事项目录（见附二），在本意见下发一个月内制定出台具体实施办法，报送省扩权强县工作领导组办公室汇总后上报省政府审定。2012年底，对试点县（市）工作开展情况进行全面总结验收。在此基础上，稳步扩大试点县（市）和扩权事项范围。

附一：

第一批扩权强县试点县（市）名单

（共22个）

清徐县	古交市
灵丘县	阳高县
山阴县	怀仁县
原平市	保德县
孝义市	柳林县
介休市	灵石县
盂　县	平定县
襄垣县	长治县
高平市	阳城县
洪洞县	侯马市
河津市	永济市

附二：

第一批扩大县级经济社会管理权限

事 项 目 录

（共85项）

一、投资项目审批管理类（省发展改革委、省经信委22项）

1、申请使用国家和省政府资金投资项目，需要下级部门审核报送材料的，由试点县（市）投资主管部门直接向省投资主管部门报送，省投资主管部门直接对试点县（市）投资主管部门下达批文。试点县（市）投资主管部门定期将下达资金情况抄报市投资主管部门。

2、不需要国家、省、市出资和平衡建设条件的县级政府资金投资产业政策鼓励类项目，由试点县（市）投资主管部门审批，定期抄报市投资主管部门。

3、试点县（市）安排本级各类财政资金，采用直接（或通过各类投资机构）或以资本金注入方式，建设按规定应由省投资主管部门管理的固定资产投资项目，由试点县（市）投资主管部门审核后报省投资主管部门审批，并抄报市投资主管部门。

4、试点县（市）投资主管部门享有市投资主管部门以工代赈项目的审批、审核权限，审核项目直接上报省投资主管部门，并抄报市投资主管部门。

5、试点县（市）申请世行、亚行和外国政府贷款、赠款项目，由试点县（市）投资主管部门直接报送省投资主管部门，并抄报市投资主管部门。

6、试点县（市）所属企业发行企业债券，由试点县（市）投资主管部门直接向省投资主管部门申请，并抄报市投资主管部门。

7、总投资3亿元以下的煤化工（除国家另有规定外）、装备制造、材料和旅游建设项目由试点县（市）投资主管部门备案，并抄报省、市投资主管部门。

8、总投资1亿元以下的其他企业投资项目由试点县（市）投资主管部门备案，并抄报省、市投资主管部门。

9、总投资1亿元以下的技术改造项目由试点县（市）投资主管部门备案，并抄报省、市投资主管部门。

10、总投资1亿元以上的技术改造项目由试点县（市）投资主管部门直接向省投资主管部门申报备案，并抄报市投资主管部门。

11、《山西省企业投资项目备案暂行办法》（省政府令第186号）中规定市投资主管部门的其他投资项目备案权限原则上下放试点县（市）投资主管部门，但需报经省扩权强县工作领导组办公室与相关部门审核。

12、外商投资项目投资总额5000万美元以下，符合国家《外商投资产业指导目录》中规定的鼓励类、允许类外商投资项目，由试点县（市）投资主管部门核准，原属于市核准的外商投资项目要抄报市投资主管部门。

13、投资总额5000万美元以上，由试点县（市）投资主管部门报省投资主管部门核准，并抄报市投资主管部门。

14、国家高速公路网以外的高速公路、跨省区和国道主干线以外的国道、省道、其他收费公路以及跨市的公路项目由省投资主管部门核准，其他公路项目由试点县（市）投资主管部门核准，并抄报市投资主管部门。

15、长度100米以下县（市）内独立公路桥梁、隧道项目由试点县（市）投资主管部门核准，并抄报市投资主管部门。

16、日处理1万吨以下的城市供水项目由试点县（市）投资主管部门核准，并抄报市投资主管部门。

17、日处理5万吨以下的城市污水处理项目由试点县（市）投资主管部门核准，并抄报市投资主管部门。

18、日处理200吨以下的城市生活垃圾处理项目由试点县（市）投资主管部门核准，并抄报市投资主管部门。

19、建筑面积10万平方米以下的住宅小区及其他城建项目由试点县（市）投资主管部门核准，定期抄报市投资主管部门。

20、总投资1亿元以下的教育、卫生、文化、体育、广播电影电视等社会事业项目由试点县（市）投资主管部门核准，定期抄报市投资主管部门。

21、《山西省企业投资项目暂行办法》（省政府令第185号）中规定市投资主管部门的其他投资项目核准权限原则上要下放试点县（市）投资主管部门，但需报经省扩权强县工作领导组办公室与相关部门审核。

22、办理《国家鼓励发展的内外资项目确认书》、《符合国家产业政策外商投资项目确认书》、《外商投资企事业进口更新设备技改及配备件证明》，由试点县（市）投资主管部门直接向省投资主管部门申报，并抄报市投资主管部门。

二、土地管理、资源开发及地质环境保护类（省国土厅15项）

23、试点县（市）土地利用总体规划和局部调整，由试点县（市）政府直接报送省政府审批，同时抄报市政府。

24、试点县（市）土地利用年度计划由省政府直接下达。

25、试点县（市）需省国土主管部门审批的农用地转用和土地征收，由试点县（市）政府直接报送省政府审批，同时抄报市政府。

26、试点县（市）须经国家、省批准的建设项目用地预审，经试点县（市）国土主管部门初审后，直接报省国土主管部门，同时抄报市国土主管部门。

27、试点县（市）农用地分等定级、城镇土地分等定级、基准地价评估和城镇地籍调查等成果和500亩以下200亩以上新增耕地面积的验收，由试点县（市）国土主管部门自行验收，并抄报市国土主管部门。

28、试点县（市）实际耕地保有量、实际新增建设用地面积、新增耕地指标确认申请，由试点县（市）直接报送省国土主管部门，同时抄报市政府。

29、在土地利用总体规划和土地利用年度计划不变的情况下，原由市政府审批的建设项目用地，委托试点县（市）政府审批，同时抄报市政府。

30、试点县（市）需报市政府审批的一般村庄和集镇农用地转用，在下达计划指标内，委托试点县（市）政府审批，同时抄报市政府。

31、土地复垦设计方案审批及复垦后土地验收，属于县级国土主管部门审批和验收部分，继续由试点县（市）国土主管部门实施；属于市国土主管部门审批和验收部分，委托试点县（市）国土主管部门实施，同时抄报市国土主管部门。

32、五公顷以下的建设用地和未利用地（主要用于农村宅基地），由试点县（市）政府审批，同时抄报市政府。

33、矿山地质环境治理恢复方案及地质灾害防治工程设计审批，《山西省地质灾害防治条例》中规定属于市国土主管部门审批权限部分，委托试点县（市）国土主管部门审批，同时抄报市国土主管部门。

34、矿山地质环境治理恢复项目的立项申请、城镇建设用地增加与农村建设用地减少相挂钩试点项目申报，由试点县（市）直接报送省国土主管部门，同时抄报市国土主管部门。

35、试点县（市）矿产资源保护、地质环境等项目立项，由试点县（市）直接报送省国土主管部门，同时抄报市国土主管部门。

36、须经省级审批的土地开发整理项目立项和投资预算申报，由试点县（市）直接报送省国土主管部门，同时抄报市国土主管部门。

37、市国土主管部门其他审批管理权限原则上要下放试点县（市）国土主管部门，但需报经省扩权强县工作领导组办公室与相关部门审核。

三、环境保护项目审批管理类（省环保厅11项）

38、原由市环保主管部门核定的排污总量，由试点县（市）环保主管部门直接核定，并抄报市环保主管部门。

39、由省环保主管部门核定的排污总量，由试点县（市）环保主管部门审核后直接报省环保主管部门核定。

40、原由市环保主管部门发放的排污许可证，委托试点县（市）环保主管部门核发，定期抄报市环保主管部门。

41、原由省环保主管部门发放的排污许可证，由试点县（市）审核后直接报省环保主管部门核发，同时抄报市环保主管部门。

42、省级环保专项资金的申请，由试点县（市）环保主管部门直接向省环保主管部门申报，并抄报市环保主管部门。

43、试点县（市）环保主管部门负责本辖区内建设项目（国家环保部和省环保厅审批监管建设项目除外）环境评价文件审批，审批项目每半年向省环保主管部门备案一次，并抄报市环保主管部门。

44、试点县（市）环保主管部门负责本辖区范围内的环境保护设施（国家环保部和省环保厅进行环境影响评价的建设项目除外）的验收审批，定期抄报市环保主管部门。

45、试点县（市）环保主管部门负责本辖区范围内的建设项目（国家环保部和省环保厅进行环境影响评价的建设项目除外）试生产、试运行申请审批，定期抄报市环保主管部门。

46、试点县（市）环保主管部门负责本辖区范围内从事收集危险废物经营活动的单位危险废物经营许可证核发。

47、原由市环保主管部门核发的医疗废物集中处置单位的危险废物经营许可证，委托试点县（市）环保主管部门核发，并抄报市环保主管部门。

48、市环保主管部门其他审批监管权限原则上要下放试点县（市）环保主管部门，但需报经省扩权强县工作领导组办公室与相关部门审核。

四、住房和城乡建设审批管理类（省住房和城乡建设厅21项）

49、二级建筑业企业总承包及专业分包资质由试点县（市）住房和城乡建设主管部门审查后，直接报省住房和城乡建设主管部门审批，同时抄报市住房和城乡建设主管部门。

50、工程勘察乙、丙级资质由试点县（市）住房和城乡建设主管部门审查后，直接报省住房和城乡建设主管部门，同时抄报市住房和城乡建设主管部门。

51、建筑工程设计乙、丙级资质和其他建筑工程设计丙级资质由试点县（市）住房和城乡建设主管部门审查后，直接报省住房和城乡建设主管部门，同时抄报市住房和城乡建设主管部门。

52、房地产开发二级及其以下企业资质由试点县（市）住房和城乡建设主管部门审查后，直接报省住房和城乡建设主管部门，同时抄报市住房和城乡建设主管部门。

53、工程造价咨询单位资质由试点县（市）住房和城乡建设主管部门审查后，直接报省住房和城乡建设主管部门，同时抄报市住房和城乡建设主管部门。

54、工程监理乙、丙级企业资质由试点县（市）住房和城乡建设主管部门审查后，直接报省住房和城乡建设主管部门，同时抄报市住房和城乡建设主管部门。

55、需要国家和省核准的建设项目的规划选址意见书由试点县（市）住房和城乡建设主管部门审查后，直接报省住房和城乡建设主管部门，同时抄报市住房和城乡建设主管部门。

56、需要国家和省核准的乙级以下工程建设项目招标代理机构资质由试点县（市）住房和城乡建设主管部门审查后，直接报省住房和城乡建设主管部门，同时抄报市住房和城乡建设主管部门。

57、需要国家和省核准的建设工程质量检测单位资质由试点县（市）住房和城乡建设主管部门审查后，直接报省住房和城乡建设主管部门，同时抄报市住房和城乡建设主管部门。

58、需要国家和省核准的房地产价格评估机构资质由试点县（市）住房和城乡建设主管部门审查后，直接报省住房和城乡建设主管部门，同时抄报市住房和城乡建设主管部门。

59、需要国家和省核准的城市规划编制单位资质由试点县（市）住房和城乡建设主管部门审查后，直接报省住房和城乡建设主管部门，同时抄报市住房和城乡建设主管部门。

60、原属于市住房和城乡建设主管部门核准的三级建筑业企业总承包、专业承包及劳务分包资质，委托试点县（市）住房和城乡建设主管部门核准，同时抄报市住房和城乡建设主管部门。

61、不需要国家和省核准的建设项目规划选址意见书由试点县（市）住房和城乡建设主管部门审批，同时抄报市住房和城乡建设主管部门。

62、属于市住房和城乡建设主管部门核准的物业管理企业资质由试点县（市）住房和城乡建设主管部门核发，同时抄报市住房和城乡建设主管部门。

63、试点县（市）内建设项目的规划许可证，由试点县（市）住房和城乡建设主管部门核发。

64、试点县（市）内建设项目的施工许可证，由试点县（市）住房和城乡建设主管部门核发。

65、试点县（市）内建设项目的规划监督检查，由试点县（市）住房和城乡建设主管部门负责。

66、试点县（市）内建设项目的竣工验收，由试点县（市）住房和城乡建设主管部门负责。

67、原属于市级以下住房和城乡建设主管部门负责核发的燃气供气许可证，在县域内由试点县（市）住房和城乡建设主管部门核发。

68、对审批权限下放至试点县（市）的建设项目招标手续由试点县（市）住房和城乡建设主管部门办理并备案，并抄报市住房和城乡建设主管部门。

69、市住房和城乡建设主管部门其他审批监管权限原则上要下放试点县（市）住房和城乡建设主管部门，但需报经省扩权强县工作领导组办公室与相关部门审核。

五、人力资源审批管理类（省人社厅13项）

70、政策性关闭破产企业职工提前退休由试点县（市）人社主管部门审核后直接报省人社主管部门审批，并抄报市人社主管部门。

71、困难军转干部提前退休由试点县（市）人社主管部门审核后直接报省人社主管部门审批，并抄报市人社主管部门。

72、关闭破产企业养老保险费核销由试点县（市）人社和财政主管部门审核后，由县级政府直接报省人社和财政主管部门审批，并抄报市人社主管部门。

73、省对试点县（市）人社主管部门直接下达劳动就业、职业培训计划，根据省政府批准的社保基金预算直接下达社会保险基金收支计划。

74、试点县（市）人社主管部门的劳动保障统计、社会保险基金收缴支付报表直接上报省人社主管部门。

75、试点县（市）属企业综合计算工时和不定时制度由试点县（市）人社主管部门审批。

76、试点县（市）属企业特殊工种提前退休由试点县（市）人社主管部门审批。

77、试点县（市）人社主管部门可按规定核发中级及以下等级的职业资格证书。

78、试点县（市）人社主管部门审批本县范围内职业技能鉴定机构。

79、县域内职业介绍机构资格认定由试点县（市）人社主管部门负责。

80、试点县（市）人社主管部门负责县域内企业集体合同审核。

81、本县（市）范围内人才交流会由试点县（市）人社主管部门负责审批。

82、市人社主管部门其他审批监管权限原则上要下放试点县（市）人社主管部门，但需报经省扩权强县工作领导组办公室与相关部门审核。

六、财政管理类（省财政厅2项）

83、试点县（市）全部纳入“省直管县”财政管理体制改革试点范围，在财政体制、转移支付、财政预决算、资金调度、财政结算、债务管理等方面，由财政直接管理到县（市）。各市不得随意调整对试点县（市）财政体制，确需调整的要经省财政厅报省政府同意。

84、对试点县（市）一般预算收入中税收收入比上年增长部分，省、市财政按上缴省、市级收入增加额的50%奖励给试点县（市）作为发展资金。

七、工商登记类（省工商局1项）

85、注册资本在5000万元以下的企业登记可由试点县（市）工商行政主管部门直接办理。

扩大县级经济社会管理权限事项由省扩权强县工作领导组办公室负责解释。

中共山西省委办公厅
山西省人民政府办公厅
关于印发《山西省省直机关直属企业脱钩改革实施方案》的通知

晋办发〔2011〕39号

省委各部委，省直各委、办、厅、局，各人民团体：

省委、省政府同意《山西省省直机关直属企业脱钩改革实施方案》，现印发给你们，请认真组织实施。

中共山西省委办公厅

山西省人民政府办公厅

2011年12月9日

山西省省直机关直属企业脱钩改革实施方案

为进一步完善社会主义市场经济体制，实现政企分开，切实转变政府职能，深化国有企业改革，健全和完善国有资产监管体制，根据中央关于党政机关与所办经济实体和管理的直属企业脱钩的有关要求，现就省直机关直属企业脱钩改革（以下简称脱钩改革）工作制定如下实施方案。

一、指导思想、基本原则和总体要求

（一）指导思想。深入贯彻落实科学发展观，积极推进政企分开,转变政府机关职能，深化国有资产管理体制改革，加强国有资产的有效监管。积极推进建立现代企业制度,转换企业经营机制,增强企业活力,促进企业结构调整，通过规范改制和兼并重组做大做强一批骨干企业，放开搞活中小企业，使企业真正走向市场,成为自主经营、自负盈亏的独立法人实体和市场竞争主体。

（二）基本原则。一是坚持“谁主管、谁负责”的原则。省国资委、企业原主管部门和承担脱钩改革任务的现有省监管企业负责脱钩改革的组织实施工作，并分别承担相应责任。二是坚持依法办事、公开透明的原则。脱钩改革中企业的资产处置必须与人员妥善安置同步推进，切实维护职工的合法权益，取得职工的理解和支持，维护企业和社会稳定。

（三）总体要求。结合我省省直机关直属企业的实际情况，按照“总体部署、全面脱钩，分类指导、限期完成”的基本思路，深化脱钩改革，实现政企分开。省直机关要充分认识脱钩改革工作的必要性、重要性和紧迫性，扎实推进相关工作，做到“应脱全脱、先脱后改、政企分开、激发活力”。

二、改革范围和基本情况

本次脱钩改革的范围确定为：省直机关直接出资和直接管理的国有及国有控股、参股企业（以下简称省直机关直属企业，含子公司及分支机构，不含最近成立的省属5大

国有文化企业集团、不含事业单位出资所办企业、不含金融类企业)。以2010年12月31日为基准日，隶属于以上范围内省级党政机关直属企业全部纳入脱钩改革范围。

按照省委办公厅、省政府办公厅《关于对省直机关直属企业有关情况进行调查统计的通知》(晋办发电〔2011〕29号）要求，省国企改革办在省直各部门领导签字认可的基础上，与有脱钩改革任务的省直机关两次进行了核实。纳入调查统计范围的省直单位共114个，上报无直属企业的省直单位共76个，上报有直属企业的省直单位共38个(省直事业单位7个)。在企业脱钩改革范围内，涉及省直机关31个，上报企业总数285户，共有在职职工32098人，离退休人员12974人；总资产491.29亿元，总负债307.52亿元，净资产183.77亿元；土地28.34万亩。

三、改革的主要方式

(一）采取划转方式脱钩。

此类划转脱钩共涉及28个省直机关的253户企业（包括参、控股企业的国有股权)，占脱钩改革企业总数89%。其中：对27个省直机关的248户企业整体划转，由省国资委履行出资人职责并监管，占脱钩改革企业总数87%。

将文化厅的5户直属企业划转到新成立的省属国有文化企业集团之内，由省文化体制和文化产业领导组办公室组织实施，占脱钩改革企业总数2%。

划转到省国资委的27个省直机关直属的248户企业，省国资委根据企业状况分三类管理，建立起企业国有资产“全面划转、统一纳入、直管与托管相结合”的体制。对酒店宾馆类的企业进行整合，实现资源优化配置，集中管理。

第一类：对省水利厅、省交通运输厅、省商务厅、省粮食局、省体育局、省中小企业局、省农业厅等7个省直机关直属的已组建和拟组建的8个集团公司的资产划转到省国资委，由省国资委履行出资人职责，列入省国资委监管企业名单，省国资委监管企业由目前的21户增加到29户。这8个集团公司分别是山西水务投资集团有限公司、山西省交通开发投资集团有限公司、山西省高速公路集团、山西省商贸资产经营有限公司、山西粮油集团有限公司、山西省中小企业基金发展集团有限公司、山西省农业产业集团（拟组建暂定名）和山西省体育产业集团有限公司（拟组建)。考虑到这些企业的公益性质和行业特点，设定3年左右的过渡期，在此期间由省国资委分别委托省水利厅、省交通运输厅、省商务厅、省农业厅、省粮食局、省体育局、省中小企业局管理，托管细则和公司领导班子管理考核制度由省国资委制定。以上7个省直机关目前未进入上述8个集团公司的直属企业，整体分别对应划转到原省直机关所属的集团公司，成为这8个集团公司的子公司。

以上共涉及7个省直机关111户企业，占脱钩改革企业总数39%。

第二类：对团省委、省文联、省作协、省贸促会、省财政厅、省工商局、省政府办公厅、省经信委、省住房和城乡建设厅、省林业厅、省政府外事侨务办公室、省煤炭厅、省国防科工办等13个省直机关63户生产经营基本正常企业的资产划转到省国资委，由省国资委履行出资人职责，再与目前监管的企业进行重组整合。即脱钩完成后，由省国资委根据企业主业类型、产业特征、经营状况等要素，按照产业链条培育、相近业务专业化重组、规模化发展的要求，分类划转到现有监管企业，成为监管企业的子公司。

以上共涉及13个省直机关63户企业，占脱钩改革企业总数22%。

第三类：对省政府办公厅、省经信委、省住房和城乡建设厅、省林业厅、省政府外事侨务办公室、省煤炭厅、省国防科工办、省发展改革委、省旅游局、省宗教局、省文物局、省人防办、省民政厅、省扶贫办等14个省直机关、74户停产企业的资产划转到省国资委，在由省国资委履行出资人职责的同时，再委托给原主管部门，由原主管部门作为责任主体负责停产期间的管理，并按照有关规定依法实施转制退出、注销或破产等，省国资委给予指导。

以上共涉及14个省直机关74户企业，占脱钩改革企业总数26%。

(二）采取省政府授权方式脱钩。

由于行业的特殊性，根据《中华人民共和国企业国有资产法》，由省政府正式授权省公安厅、省监狱管理局、省劳教局对各自直属企业（包括参、控股企业的国有股权）履行出资人职责。以上3个省直机关对授权管理的企业要积极推进改革改制，逐步纳入国资监管体系。

以上共涉及3个省直机关32户企业，占脱钩改革企业总数11%。

四、实施步骤

(一）第一阶段。主要任务是调查研究、制定方案、汇报审批、组织动员，理顺省直机关与原直属企业的产权关系，通过划转、授权的方式，完成脱钩和理顺产权关系及强化企业管理工作。

1、从2011年4月下旬开始，进行摸底调查核实。

2、2011年8月至12月，制定脱钩改革方案，经省委、省政府审查批准后组织实施。

3、2011年12月至2012年1月，通过划转、授权的方式，完成脱钩和理顺产权关系及强化企业管理工作。

4、2012年2月至3月底，对第一阶段脱钩工作完成情况进行检查验收。

(二）第二阶段。主要任务是对脱钩企业进行改革重组。企业脱钩后，根据企业分类情况，通过兼并重组做大做强一批骨干企业，通过改制退出、注销、破产等方式放开搞活一批中小企业。

2012年初至2012年底，经授权、划转、委托等方式，理顺产权和管理关系后，按具体企业的脱钩改革方式，由相关责任部门组织进行改革、兼并、重组、注销、破产或下放。除企业破产工作外，全面完成企业改革重组工作。

五、主要政策措施

脱钩改革工作要严格遵循有关法律、法规，一是凡是破产的企业，财政资金和国有资本预算资金兜底；二是改制企业的改革成本不足部分，财政资金和国有资本预算予以支持；三是对改革重组中做大做强的企业以及改革过程中进行人资分离等形式改革的企业，可根据具体情况注入部分资金；四是省直机关直属企业无办公场所的，不论以什么方式占用的省直机关或公用事业单位房屋仍维持现状。以上涉及资金方面的政策，省国资委要拿出两到三年的国有资本收益，用于支付脱钩改革企业的改革成本。

六、加强组织领导

（一）加强领导，明确责任。根据工作需要，成立省直机关直属企业脱钩改革领导组，组长由省委常委、常务副省长李小鹏担任，副组长由省委常委、纪委书记李兆前担任，领导组成员由省纪委、省政府办公厅、省委组织部、省发展改革委、省经信委、省监察厅、省财政厅、省人社厅、省国土厅、省国资委、省工商局等相关部门主要负责同志组成。领导组办公室设在省国资委，省国资委主任兼任办公室主任。有脱钩改革任务的省直机关要成立专门机构负责所属企业脱钩改革的组织实施工作，单位主要负责人是脱钩改革工作的第一责任人。脱钩改革企业要成立由主要负责人为组长的脱钩改革工作组。

（二）严肃脱钩改革工作纪律。脱钩改革工作要纳入各单位年度工作目标和廉政建设责任制考核内容，纳入政府审计和行政监察范围。省直机关不得隐瞒企业情况，对于瞒报、漏报企业情况的，要追究责任。省直机关及所属企业不得抽逃、隐匿资金，不得擅自划拨、转移、出卖资产，不得突击花钱、私分财物，不得突击进人、突击提拔。凡列入脱钩名单的企业按要求进度做到脱钩到位，不得拖延交接或阻碍脱钩。从2012年起，凡占有和使用国有资产的省直机关直属企业，在办理工商年检和产权变更时，须提交省直机关直属企业脱钩改革领导组办公室出具的有关证明材料。否则，工商部门不予年检或变更登记。

（三）确保社会大局稳定。要妥善处理好各方面的利益关系，做好职工安置工作，不得侵害职工合法权益，不得随意突破职工安置政策。各有关单位及直属企业要做到思想不散、秩序不乱、工作不断，确保国有资产不流失，保持企业稳定有序。按照“谁主管、谁负责”的原则落实信访稳定责任制,各责任单位对直属企业的稳定工作负总责,全力做好有可能引发信访问题和群体性事件的隐患排查和矛盾化解工作。

（四）精心谋划，推动发展。在推进脱钩改革的同时，省国资委要从优化资源配置、壮大国有经济的目标出发，提出进一步推进调整重组的思路，加快资源整合，促进脱钩企业做大做强。各有关主管部门要认真履行政府公共管理职能，创新服务手段，优化发展环境。各脱钩改革企业和经济实体要以脱钩促发展，加快体制、机制、管理、技术创新，培育核心竞争力，实现科学发展。

中共山西省委办公厅
印发《关于落实省第十次党代表大会报告的责任分解意见》的通知

晋办发〔2011〕40号

各市委，省委各部委，省直各委、办、厅、局党组（党委），各人民团体党组：

省委同意《关于落实省第十次党代表大会报告的责任分解意见》，现印发给你们，请认真组织落实。落实情况及时报告省委。

中共山西省委办公厅

2011年12月23日

关于落实省第十次党代表大会报告的责任分解意见

根据省委安排，现将袁纯清同志在省第十次党代表大会报告中提出的主要任务进行责任分解。

省委常委会加强组织领导，确保报告作出的部署落到实处。袁纯清同志对报告的落实工作负总责，王君同志对政府系统的落实工作负责，其他常委要按照各自分工，负责有关任务的落实。牵头单位要积极发挥组织协调作用，主要参加单位要按照任务分工抓好落实，责任分解没有涉及到的地方和部门，要按照报告要求做好本职工作。各地各部门要制定年度工作目标和计划，在落实上狠下功夫，及时解决工作中遇到的困难和问题。各项任务落实情况纳入年度目标责任考核。

一、坚定转型跨越，加快全面建设小康社会进程

1、建设国家新型能源和工业基地，建设全国重要的现代制造业基地、中西部现代物流中心和生产性服务业大省，建设中部地区经济强省和文化强省。

牵头单位：省发展改革委、省经信委、省委宣传部。

主要参加单位：省委办公厅、省政府办公厅、省国资委、省财政厅、省煤炭厅、省国土厅、省商务厅、省交通运输厅、省科技厅、省住房和城乡建设厅、省环保厅、省农业厅、省水利厅、省文化厅、省广播电影电视局、省新闻出版局、省工商局、省旅游局、省中小企业局、省投资促进局、省国防科工办。

2、经济总量有新提升。地区生产总值达到2万亿元，财政总收入超过4000亿元，主要经济指标在全国的排位前移。

牵头单位：省发展改革委、省财政厅。

主要参加单位：省政府办公厅、省经信委、省科技厅、省地税局、省煤炭厅、省国资委、省国税局、省旅游局、省统计局。

3、产业发展有新体系。在为国家提供能源支持的基础上，新兴产业比重和循环经济水平大幅提升，人才和科技进步对经济增长的贡献率明显提高，文化产业成为新的支柱产业，以煤为基、多元发展的产业格局基本形成。

牵头单位：省发展改革委、省经信委。

主要参加单位：省科技厅、省国土厅、省委宣传部、省环保厅、省煤炭厅、省财政厅、省农业厅、省商务厅、省人社厅、省国资委、省旅游局、省中小企业局、省委人才办、省金融办。

4、区域发展有新格局。“一核一圈三群”城镇体系加快建设，百万人口城市有新的增加，城镇化率接近60%，功能定位和产业分工更加清晰，形成一批优势明显的产业园区和区域发展板块。

牵头单位：省住房和城乡建设厅。

主要参加单位：省发展改革委、省经信委、省公安厅、省国土厅。

5、民生福祉有新水准。城乡居民收入分别达到3万元以上和1万元以上，一批县（市、区）农民人均纯收入突破2万元，基本消除农民人均纯收入5000元以下的县，现有贫困人口一半以上实现脱贫。社会保障体系更加健全，社会事业投入明显加大，基本公共服务均等化明显增强，人民群众的社会保障水平、收入水平、健康水平、科技教育水平明显提高。

牵头单位：省发展改革委、省人社厅、省扶贫办。

主要参加单位：省财政厅、省教育厅、省水利厅、省林业厅、省农业厅、省民政厅、省文化厅、省卫生厅、省供销社、省农机局。

6、社会管理有新作为。民主法制建设全面加强，群众权益得到切实保障，公平正义充分彰显，社会管理体系更加完善，安全生产形势稳定好转，社会总体和谐稳定。

牵头单位：省委政法委。

主要参加单位：省人大办公厅、省政府办公厅、省政府法制办、省公安厅、省法院、省检察院、省人社厅、省民政厅、省司法厅、省信访局、省国家安全厅、省安监局。

7、生态环保有新局面。节能减排幅度高于全国平均水平，确保完成国家下达的节能减排任务，市区和县城环境空气质量达到国家二级标准，森林覆盖率每年提高1个百分点，资源节约型、环境友好型社会建设成效明显。

牵头单位：省环保厅、省林业厅、省经信委。

主要参加单位：省发展改革委、省财政厅、省国资委、省国土厅、省水利厅、省煤炭厅、省政府机关事务管理局。

8、发展环境有新气象。市场经济体系进一步完善，政府效能明显提升，全民创业氛围浓厚，人才外流状况得到扭转，非公有制经济比重大幅提高，利用外资规模不断扩大。

牵头单位：省发展改革委、省监察厅。

主要参加单位：省政府办公厅、省经信委、省人社厅、省商务厅、省国土厅、省住房和城乡建设厅、省环保厅、省工商局、省旅游局、省投资促进局、省委人才办。

二、抢抓机遇，全力推进转型综改试验区建设

1、核心在转型。

在发展形态上，实现采掘文明向制造文明转变；在发展方式上，实现粗放高耗增长向集约绿色发展转变；在发展定位上，实现煤电基地向综合能源基地和现代产业基地转变；在发展方向上，实现资源大省向经济文化强省转变；在发展动力上，实现资源依赖向创新驱动转变。

牵头单位：省转型综改办、省发展改革委。

主要参加单位：省委办公厅、省政府办公厅、省委政研室、省经信委、省教育厅、省科技厅、省财政厅、省国土厅、省住房和城乡建设厅、省水利厅、省商务厅、省文化厅、省环保厅、省煤炭厅、省国资委、省安监局、省旅游局、省委人才办、省政府发展研究中心。

2、根本在改革。

一是创新产业转型促进机制。

牵头单位：省转型综改办、省发展改革委。

主要参加单位：省经信委、省财政厅、省科技厅、省农业厅、省煤炭厅、省国资委。

二是加快推进资源税改革。

牵头单位：省转型综改办、省发展改革委、省财政厅。

主要参加单位：省国税局、省地税局、省国资委、省工商局、省煤炭厅。

三是理顺资源型产品价格形成机制。

牵头单位：省转型综改办、省发展改革委、省物价局。

主要参加单位：省经信委、省煤炭厅、省水利厅、省环保厅。

四是创新土地管理机制。

牵头单位：省国土厅、省转型综改办。

主要参加单位：省住房和城乡建设厅、省林业厅、省农业厅。

五是建立生态环境产权制度。

牵头单位：省环保厅、省转型综改办、省财政厅、省国土厅。

主要参加单位：省林业厅、省农业厅、省水利厅。

六是加快构建与资源型经济转型相适应的资本市场。

牵头单位：省转型综改办、省发展改革委。

主要参加单位：省财政厅、人民银行太原中心支行、山西银监局、山西证监局、省农村信用社、省金融办。

七是充分发挥企业转型主体作用。

牵头单位：省国资委、省中小企业局。

主要参加单位：省转型综改办、省发展改革委、省经信委。

八是加大鼓励、支持和引导非公有制经济发展的力度。

牵头单位：省发展改革委。

主要参加单位：省转型综改办、省委统战部、省经信委、省财政厅、省国土厅、省商务厅、省环保厅、省煤炭厅、省国资委、省工商局、省国税局、省地税局、省旅游局、省非公有制经济组织工委、省工商联、省中小企业局、人民银行太原中心支行。

3、关键在实践。

一是实施煤层气综合利用、煤制油、煤制天然气、煤矸石发电及粉煤灰开发利用、焦炉煤气制甲醇制烯烃、高端装备制造、新能源、新材料、节能环保、新一代信息技术等十大产业工程。

牵头单位：省发展改革委、省转型综改办、省经信委。

主要参加单位：省科技厅、省财政厅、省国土厅、省住房和城乡建设厅、省水利厅、省环保厅、省煤炭厅、省国资委、省国防科工办。

二是积极争取新政策，在实践中探索创造性政策，移植推广其他综改区的好政策，学习借鉴国际上资源型地区转型的成功经验，清除不合时宜的条条框框，形成一系列推动山西发展的“晋”字牌政策。

牵头单位：省转型综改办。

主要参加单位：省发展改革委、省经信委、省财政厅、省国土厅、省住房和城乡建设厅、省水利厅、省农业厅、省林业厅、省商务厅、省文化厅、省环保厅、省煤炭厅、省国资委、省工商局、省地税局、省统计局、省旅游局、省国税局、省委政研室、省政府发展研究中心、省政府研究室、省政府法制办。

三是推进“一市两县”、“一市两园”、“一县一企”转型综改试点。

牵头单位：省转型综改办。

主要参加单位：省发展改革委、省经信委、省财政厅、省国土厅、省住房和城乡建设厅、省水利厅、省林业厅、省环保厅、省煤炭厅。

四是加快扩权强县步伐。

牵头单位：省监察厅。

主要参加单位：省发展改革委、省经信委、省财政厅、省国土厅、省住房和城乡建设厅、省工商局、省环保厅、省人社厅。

三、“四化”引领经济又好又快发展

1、推进工业新型化，加快转变发展方式。

一是提升资源就地转化率。

——建设大型坑口电厂和资源综合利用电厂，努力建设1亿千瓦级电力强省，外送电装机力争达到5000万千瓦。

牵头单位：省发展改革委。

主要参加单位：省经信委、省煤炭厅、省电力公司。

——重点煤炭企业非煤产业比重达到50%以上。

牵头单位：省国资委。

主要参加单位：省发展改革委、省经信委、省煤炭厅、省科技厅、省环保厅。

——推进焦炉煤气、煤焦油、粗苯等深加工，实现“以焦为主”向“焦化并举、上下联产”的转变。

牵头单位：省经信委。

主要参加单位：省发展改革委、省科技厅、省国土厅、省国资委。

——巩固不锈钢产业的全球领军地位，打造国家级不锈钢及铝镁合金制品基地。

牵头单位：省经信委。

主要参加单位：省发展改革委、省科技厅、省环保厅、省国资委、太钢集团，太原市。

二是提升传统产业循环率。

——五年内基本完成传统产业循环化改造，新项目新产业要把全循环作为准入门槛。

牵头单位：省发展改革委。

主要参加单位：省经信委、省科技厅、省国土厅、省环保厅、省煤炭厅、省国资委。

——构建循环技术体系，实现废物交换利用、废水循环利用、能量梯级利用，重点推进煤矸石、工业固废和废气余热、城市污水垃圾、矿井水等综合回收利用。

牵头单位：省发展改革委。

主要参加单位：省经信委、省科技厅、省国土厅、省住房和城乡建设厅、省水利厅、省环保厅、省煤炭厅、省国资委。

——发展循环型服务业和农业。

牵头单位：省发展改革委、省农业厅。

主要参加单位：省科技厅、省国土厅、省交通运输厅、省文化厅、省环保厅、省旅游局、省农科院。

三是提升新兴产业占比率。

——打造全国最大、世界知名的煤机制造基地。

牵头单位：省经信委。

主要参加单位：省发展改革委、省科技厅、省环保厅、省煤炭厅、省国资委、省国防科工办。

——有重点地发展新能源汽车及零部件产业。

牵头单位：省经信委。

主要参加单位：省发展改革委、省科技厅、省环保厅。

——创建轨道交通装备生产品牌。

牵头单位：省经信委。

主要参加单位：省发展改革委、省科技厅、省环保厅，太原市。

——建设数个百万吨级节能节水型现代煤化工项目。

牵头单位：省发展改革委。

主要参加单位：省经信委、省科技厅、省环保厅、省水利厅。

——发展特色食品、生物医药产业。

牵头单位：省经信委。

主要参加单位：省发展改革委、省农业厅、省农科院、省卫生厅、省商务厅、省科技厅、省环保厅、省工商联、省质监局、省食品药品监督管理局。

——发展节能环保产业。

牵头单位：省经信委、省环保厅。

主要参加单位：省发展改革委、省科技厅、省农业厅、省国防科工办。

——推进风能、太阳能、生物质能等新能源开发利用。

牵头单位：省发展改革委。

主要参加单位：省经信委、省科技厅、省环保厅、省农业厅、省农科院。

——发挥军工企业的优势和作用。

牵头单位：省国防科工办。

主要参加单位：省发展改革委、省经信委、省科技厅、省环保厅。

——运用互联网、物联网等现代信息技术提升产业水平，使信息产品和服务更好地与生产、流通、分配和消费融合。

牵头单位：省经信委。

主要参加单位：省发展改革委、省财政厅、省科技厅、省环保厅、省国资委、省通信管理局、省中小企业局。

——注重总体策划，强化创意开发，培育龙头企业，加快旅游资源大省向旅游经济强省迈进。

牵头单位：省旅游局。

主要参加单位：省发展改革委、省科技厅、省文化厅、省财政厅、省住房和城乡建设厅、省交通运输厅、省农业厅、省林业厅、省水利厅、省环保厅、省文物局、省民航管理局、太原铁路局。

——发展以金融、会展、中介等为重点的现代服务业，发展现代物流、交通运输和煤炭交易等生产性服务业。

牵头单位：省发展改革委。

主要参加单位：省经信委、省财政厅、省商务厅、省交通运输厅、省农业厅、省煤炭厅、省国资委、省旅游局、省金融办、太原海关、人民银行太原中心支行、山西银监局、山西证监局、山西保监局、中国（太原）煤炭交易中心。

——提升房地产与建筑业水平。

牵头单位：省住房和城乡建设厅。

主要参加单位：省发展改革委、省国土厅。

——发展家庭服务业。

牵头单位：省人社厅。

主要参加单位：省发展改革委、省商务厅、省中小企业局。

四是提升节能减排率。

——完善促进节能减排的产业、财税、价格、金融等政策，抑制高耗能、高排放行业过快增长。

牵头单位：省发展改革委、省经信委。

主要参加单位：省环保厅、省财政厅、省国税局、省地税局、省物价局、省金融办。

——淘汰落后产能，推广节能减排技术，实施重点行业和领域节能减排工程，加强对重点排污耗能企业的监测监管。

牵头单位：省经信委、省环保厅。

主要参加单位：省发展改革委、省科技厅。

五是提升科技贡献率。

——大力实施科技创新跨越工程，弘扬创新文化，提高创新指数，加快建立山西特色创新体系。

牵头单位：省科技厅。

主要参加单位：省发展改革委、省经信委、省教育厅、省财政厅、省国资委、省科协。

——强化产学研合作，提升大中型企业研发创新能力，培育扶持更多科技创新型企业，实施一批对转型发展有引领作用的重大科技专项，促进科技成果转化。

牵头单位：省科技厅。

主要参加单位：省发展改革委、省经信委、省国资委、省教育厅、省科协。

——加大各级财政科技投入力度，带动全社会研发经费占GDP比重提高一倍以上。

牵头单位：省财政厅。

主要参加单位：省发展改革委、省经信委、省教育厅、省科技厅、省国资委、省中小企业局。

——规划发展一批科技创新园区。

牵头单位：省发展改革委、省科技厅。

主要参加单位：省经信委、省国资委、省商务厅。

——建设山西省工业技术研究院。

牵头单位：省科技厅。

主要参加单位：省编办、省发展改革委、省经信委、省财政厅、省人社厅。

——启动建设太（原）榆（次）科技创新城。

牵头单位：省发展改革委、省科技厅。

主要参加单位：省经信委、省财政厅、省国土厅、省住房和城乡建设厅、省国资委，太原市、晋中市。

2、推进农业现代化，开创“三农”工作新局面。

一是把确保农民收入翻番作为核心任务。

——完善强农惠农政策，加大财政支持力度，深化农村改革，调动保护农民生产积极性，严格保护耕地，推进农村土地综合整治，推进农业机械化和科技进步，增强农业综合生产能力，确保粮食安全。

牵头单位：省农业厅。

主要参加单位：省发展改革委、省财政厅、省科技厅、省国土厅、省水利厅、省林业厅、省粮食局、省农机局、省农科院、省科协。

——组织农民开展多种经营，有序转移富余劳动力，帮助农民扩大资本、积累财富，使农民共享公共财政阳光，确保农民收入持续大幅增加。

牵头单位：省农业厅。

主要参加单位：省发展改革委、省财政厅、省人社厅、省扶贫办。

——在山老区实施“一村一井”工程，发展“五小”水利，使农业人口实现人均1亩水浇地。

牵头单位：省水利厅。

主要参加单位：省发展改革委、省财政厅、省农业厅、省扶贫办、省国土厅。

——深入推进领导干部包村增收活动，重点解决6000余个低收入村的农民收入翻番问题。

牵头单位：省委组织部、省委干部下乡办。

主要参加单位：省农业厅、省水利厅、省林业厅、省财政厅、省民政厅、省人社厅、省扶贫办、省农科院。

二是把“一村一品”、“一县一业”作为主攻方向。

——深入推进大同、晋中、运城现代农业示范区和雁门关生态畜牧经济区建设。

牵头单位：省农业厅。

主要参加单位：省发展改革委、省林业厅、省水利厅、省财政厅、省科技厅、山西出入境检验检疫局、省农科院，太原、大同、晋中、运城、朔州、忻州、吕梁等市。

——大力发展设施农业，健全土地承包经营权流转市场，建设1万个“一村一品”专业村和60个“一县一业”基地县，深入推进“513工程”，在标准化生产、品牌化经营基础上建设特色农产品强省。

牵头单位：省农业厅。

主要参加单位：省发展改革委、省经信委、省财政厅、省国土厅、省水利厅、省林业厅、省食品药品监督管理局、省供销社、省农机局、省农科院。

——健全农村市场和农业服务体系，完善农村金融服务网络，基本实现农民专业合作组织村级全覆盖，农户入社率达到50%以上。

牵头单位：省农业厅。

主要参加单位：省发展改革委、省民政厅、省财政厅、省国土厅、省林业厅、省供销社、省农村信用社。

——加强动植物疫病防控，提高农产品质量安全水平。

牵头单位：省农业厅。

主要参加单位：省林业厅、省财政厅、省农科院。

三是把发展县域经济作为战略举措。

牵头单位：省发展改革委、省财政厅。

主要参加单位：省经信委、省农业厅、省住房和城乡建设厅、省国土厅、省水利厅、省林业厅、省扶贫办、省供销社、省农机局、省中小企业局、省农科院、省监察厅。

四是把新农村重点村建设作为基础工程。

——完善以工促农、以城带乡和以煤补农、以矿帮村机制，培育新型农民，在实现新的“五个全覆盖”基础上，健全农村基本公共服务体系。

牵头单位：省农业厅。

主要参加单位：省发展改革委、省教育厅、省财政厅、省民政厅、省人社厅、省煤炭厅、省交通运输厅、省卫生厅、省文化厅、省体育局、省供销社、省商务厅。

——每年推进100个新农村连片示范区、3000个新农村重点村建设，力争到2016年全省农村都达到重点村建设标准。

牵头单位：省农业厅。

主要参加单位：省发展改革委、省财政厅、省人社厅、省国土厅、省住房和城乡建设厅、省交通运输厅、省教育厅、省科技厅、省水利厅、省林业厅、省商务厅、省文化厅、省卫生厅、省扶贫办、省供销社。

五是把扶持革命老区和贫困地区加快发展作为突破重点。

牵头单位：省扶贫办。

主要参加单位：省发展改革委、省农业厅、省教育厅、省科技厅、省财政厅、省人社厅、省国土厅、省住房和城乡建设厅、省交通运输厅、省水利厅、省林业厅、省商务厅、省文化厅、省卫生厅、省供销社、省农机局、省农科院。

3、推进市域城镇化，让“人”字型城镇框架更加富有活力。

一是支持太原率先发展。

牵头单位：省发展改革委、省住房和城乡建设厅。

主要参加单位：省国土厅、省经信委、省教育厅、省公安厅、省交通运输厅、省财政厅、省人社厅、省水利厅、省环保厅、省文化厅、省卫生厅、省体育局、太原铁路局、省民航管理局、省通信管理局。

二是加快区域性城市群的建设和融合。

牵头单位：省住房和城乡建设厅。

主要参加单位：省国土厅、省发展改革委、省交通运输厅、省财政厅、省通信管理局，长治市。

三是实施“大县城”战略和百镇建设工程。

牵头单位：省住房和城乡建设厅。

主要参加单位：省国土厅、省发展改革委、省经信委、省教育厅、省公安厅、省交通运输厅、省财政厅、省人社厅、省水利厅、省林业厅、省环保厅、省文化厅、省卫生厅、省体育局。

四是增强城市综合承载能力。

——强化规划的前瞻性和建设的创新性，塑造城市精神、推广信息化管理。

牵头单位：省住房和城乡建设厅。

主要参加单位：省国土厅、省发展改革委、省经信委、省委宣传部、省文化厅、省卫生厅、省体育局、省人防办、太原铁路局。

——重视发展公共交通。

牵头单位：省交通运输厅。

主要参加单位：省住房和城乡建设厅、省国土厅、省发展改革委、省财政厅、省环保厅。

——加快新区开发和旧城区、城中村、棚户区改造。

牵头单位：省住房和城乡建设厅。

主要参加单位：省国土厅、省发展改革委、省财政厅、省交通运输厅、省煤炭厅、省国资委。

——促进“城”、“矿”互动融合，支持资源型老工业城市转型。

牵头单位：省发展改革委、省转型综改办。

主要参加单位：省国土厅、省住房和城乡建设厅、省煤炭厅、省国资委。

——推行城乡统一的户籍制度，实现基本公共服务由户籍人口向常住人口扩展。

牵头单位：省公安厅。

主要参加单位：省人社厅、省民政厅、省住房和城乡建设厅。

4、推进城乡生态化，提高环境质量和生活质量。

一是致力于建设绿化山西。

——深入推进造林绿化工程，年完成营造林400万亩以上。

牵头单位：省林业厅。

主要参加单位：省国土厅、省发展改革委、省财政厅、省环保厅、省经信委、省住房和城乡建设厅、省交通运输厅、省农业厅、省水利厅、省煤炭厅、省国资委。

——建设晋北晋西北防风固沙、吕梁山黄土高原水土保持、太行山土石山区水源涵养和平川盆地防护经济林等生态屏障。

牵头单位：省林业厅、省水利厅。

主要参加单位：省发展改革委、省财政厅、省国土厅。

——实施林业生态建设、林业开发和森林资源保护工程，推广“一矿一企治理一山一沟”等造林绿化模式，完善以煤补林及绿化激励机制，推进煤矿和非煤矿山生态恢复。

牵头单位：省林业厅。

主要参加单位：省发展改革委、省财政厅、省环保厅、省住房和城乡建设厅、省交通运输厅、省经信委、省国土厅、省煤炭厅、省国资委。

二是致力于建设气化山西。

——加大煤层气抽采开发力度，建立“四气”合一体制机制，完善输气管网，推进市、县、重点镇及工业园区气化全覆盖。

牵头单位：省发展改革委。

主要参加单位：省经信委、省住房和城乡建设厅、省国土厅、省交通运输厅、省水利厅、省煤炭厅、省环保厅、省国资委。

——大力发展农村沼气。

牵头单位：省农业厅。

主要参加单位：省财政厅。

三是致力于建设净化山西。

——实施“绿色生态工程”和污染减排“4+2工程”，以汾河为龙头的重点区域流域生态治理修复工程。

牵头单位：省环保厅、省发展改革委。

主要参加单位：省经信委、省水利厅、省林业厅。

——实现每个县城有垃圾无害化处理、集中供热设施和生态公园。

牵头单位：省住房和城乡建设厅。

主要参加单位：省发展改革委、省财政厅、省环保厅、省林业厅。

四是致力于建设健康山西。

——加强城乡环境综合治理，着力解决饮水不安全和空气、土壤污染等损害群众健康的问题。

牵头单位：省环保厅。

主要参加单位：省卫生厅、省发展改革委、省住房和城乡建设厅、省财政厅、省水利厅、省林业厅、省农业厅。

——加强食品药品安全监管。

牵头单位：省卫生厅、省食品药品监督管理局。

主要参加单位：省农业厅、省公安厅、省商务厅、省质监局、省工商局、山西出入境检验检疫局。

——广泛开展爱国卫生运动和全民健身运动。

牵头单位：省卫生厅、省体育局。

主要参加单位：省住房和城乡建设厅、省环保厅、省农业厅、省水利厅、省旅游局。

——完善城乡公共体育设施。

牵头单位：省体育局。

主要参加单位：省财政厅。

四、以大开放推动大发展

1、招商引资引智。

一是形成招商引资与招才引智联动机制。

牵头单位：省商务厅、省委组织部。

主要参加单位：省发展改革委、省人社厅、省投资促进局、省委人才办。

二是充分发挥企业招商引资主体作用，推动以企引企、以商招商。

牵头单位：省商务厅。

主要参加单位：省经信委、省农业厅、省煤炭厅、省国资委、省投资促进局。

三是大力引进国内知名企业和世界500强，发挥好驻地央企作用，加强与国际友好城市（地区）的交流合作。

牵头单位：省商务厅、省投资促进局。

主要参加单位：省发展改革委、省经信委、省国土厅、省环保厅、省国资委、省政府外事侨务办公室、省委台办。

四是支持优势企业“走出去”，加大高附加值、自主品牌商品出口，积极引进高新技术、节能环保低碳产品及关键设备。

牵头单位：省商务厅。

主要参加单位：省发展改革委、省经信委、省国资委、省科技厅、省环保厅、省投资促进局、太原海关、山西出入境检验检疫局。

2、打造开放平台。

一是加快建设内陆口岸和综合保税区，扶持发展具有复合功能的大型物流园区，以优惠的政策、齐全的功能、便捷的通关吸引战略投资者。

牵头单位：省发展改革委。

主要参加单位：太原海关、省商务厅、省经信委、省交通运输厅、省国资委、省政府外事侨务办公室、省投资促进局、山西出入境检验检疫局。

二是经济开发区、工业园区要理顺体制机制，承接产业转移，发挥引领作用，确保招商引资年均增长30%，发展速度达到20%以上。

牵头单位：省商务厅、省经信委。

主要参加单位：省发展改革委、省科技厅、省国资委、省政府外事侨务办公室、省投资促进局、省编办。

3、扩大区域合作。

一是我省与发达地区的原料供应、产品供需关系要上升为产业互动关系，实现经济协作联系的提档升级。

牵头单位：省商务厅。

主要参加单位：省发展改革委、省经信委、省财政厅、省交通运输厅、省农业厅、省煤炭厅、省国资委、省投资促进局、省电力公司。

二是加强与京津冀和中部省份的协作发展，主动融入环渤海经济圈。引深与长三角、珠三角地区的经济合作。

牵头单位：省商务厅、省投资促进局。

主要参加单位：省发展改革委、省经信委、省教育厅、省科技厅、省住房和城乡建设厅、省交通运输厅、省农业厅、省文化厅、省环保厅、省煤炭厅、省国资委。

三是加大与沿海城市的合作力度，有重点地参与港口建设。加强与呼包鄂经济圈、东北老工业基地、中原经济区、关中一天水经济区的互联互动，推动晋陕豫黄河金三角区域协调发展综合试验区建设。

牵头单位：省发展改革委、省投资促进局。

主要参加单位：省经信委、省教育厅、省科技厅、省财政厅、省农业厅、省林业厅、省商务厅、省文化厅、省环保厅、省煤炭厅、省国资委，运城市。

四是全面完成援疆任务，深化两省区战略合作，开拓与西北乃至欧亚地区的合作领域。

牵头单位：省发展改革委。

主要参加单位：省经信委、省住房和城乡建设厅、省交通运输厅、省教育厅、省科技厅、省监察厅、省财政厅、省人社厅、省农业厅、省林业厅、省卫生厅、省商务厅、省文化厅、省环保厅、省煤炭厅、省国资委、省投资促进局。

4、营造良好环境。

一是开通项目审批“绿色通道”，建立重大项目跟踪服务制度，创造高效便捷的政务环境。

牵头单位：省监察厅。

主要参加单位：省政府办公厅、省商务厅、省发展改革委、省经信委、省国土厅、省住房和城乡建设厅、省交通运输厅、省煤炭厅、省工商局、省地税局、省国税局、省投资促进局。

二是规范行政执法，推进“阳光司法”，创造公平公正的法治环境。

牵头单位：省政府法制办、省委政法委。

主要参加单位：省法院、省检察院、省综治办、省公安厅、省司法厅。

三是建立健全信用激励和惩戒机制，创造诚实守信的信用环境。

牵头单位：省工商局。

主要参加单位：省政府办公厅、省法院、省检察院、省发展改革委、省经信委、省公安厅、省监察厅、省质监局、省国税局、省地税局、省安监局、人民银行太原中心支行。

四是实现县县通高速公路。

牵头单位：省交通运输厅。

主要参加单位：省发展改革委、省国土厅、省财政厅、省人社厅、省住房和城乡建设厅、省水利厅、省环保厅、省林业厅、省文物局、省通信管理局、太原铁路局、省电力公司。

五是建成大西客专、中南部铁路通道。

牵头单位：省重点办。

主要参加单位：省发展改革委、太原铁路局、省国土厅。

六是完善机场布局。

牵头单位：省民航管理局。

主要参加单位：省发展改革委、省国土厅、省财政厅。

七是加快建设“大水网”，用好地表水，保护地下水。

牵头单位：省水利厅。

主要参加单位：省发展改革委、省财政厅、省国土厅、省农业厅、省林业厅、省环保厅、省引黄工程管理局。

八是加强信息化基础设施建设，推进三网融合。

牵头单位：省经信委。

主要参加单位：省发展改革委、省通信管理局、省广播电影电视局。

九是培育开放文化，弘扬晋商精神，形成包容开放、互利互惠、共赢发展的人文环境。

牵头单位：省委宣传部。

主要参加单位：省文化厅、省广播电影电视局、省新闻出版局、山西日报报业集团、省商务厅。

五、加强社会主义民主法治建设

1、坚持中国特色社会主义政治发展道路，凝聚各方力量。

一是坚持和完善人民代表大会制度，完善地方性法规，提高立法质量，增强监督实效，强化对“一府两院”的监督，搞好决定重大事项、人事任免等工作，做好代表工作。

牵头单位：省人大办公厅。

主要参加单位：省委办公厅、省政府办公厅、省法院、省检察院、省委组织部、省政府法制办。

二是坚持和完善中国共产党领导的多党合作和政治协商制度，把政治协商纳入决策程序，完善民主监督机制。

牵头单位：省政协办公厅。

主要参加单位：省委办公厅、省政府办公厅、省委统战部、省工商联。

三是切实做好人大代表、政协委员议案、提案办理和成果转化工作。

牵头单位：省委办公厅、省人大办公厅、省政府办公厅、省政协办公厅。

主要参加单位：省直有关部门。

四是壮大爱国统一战线，实施“同心工程”，加强同民主党派和无党派人士团结合作，充分发挥工商联作用，做好侨务工作，促进晋台交流，贯彻民族宗教政策，引导非公有制经济组织和新社会组织健康发展。

牵头单位：省委统战部。

主要参加单位：省工商联、省台办、省宗教局、省政府外事侨务办公室、省侨联、省台联。

五是支持工会、共青团、妇联等人民团体依照法律和各自章程开展工作。

牵头单位：省委办公厅。

主要参加单位：省总工会、团省委、省妇联。

2、扩大基层民主，夯实社会主义民主政治的基础。

牵头单位：省人大办公厅。

主要参加单位：省委组织部、省政协办公厅、省政府办公厅、省民政厅、省城镇集体工业联合社。

3、加快依法治省进程，建设“法治山西”。

一是深化司法体制和工作机制改革，加强政法队伍建设，扩大司法民主，强化监督制约，切实解决人民群众反映强烈的涉法涉诉问题，严肃惩处徇私枉法、执法犯法、以权压法行为，提升公正廉洁执法水平。

牵头单位：省委政法委。

主要参加单位：省纪委、省法院、省检察院、省公安厅、省司法厅、省人社厅、省国家安全厅、省委组织部、省信访局、省政府法制办。

二是抓好“六五”普法。

牵头单位：省司法厅。

主要参加单位：省人大办公厅、省法院、省检察院、省委组织部、省委宣传部、省委政法委、省政府法制办、省监察厅、省公安厅、省人社厅、省教育厅、省高校工委、省国资委、山西广播电视台、山西日报报业集团。

4、深化行政管理体制改革，建设服务法治廉洁效能政府。

牵头单位：省编办、省监察厅、省人社厅、省政府法制办。

主要参加单位：省政府办公厅、省发展改革委、省审计厅。

5、坚持党管武装原则，加强国防后备力量建设。

牵头单位：省委办公厅、省军区。

主要参加单位：省政府办公厅、省武警总队、省委组织部、省委宣传部、省民政厅、省人防办。

六、加快文化强省建设步伐

1、建设社会主义核心价值体系，打牢全省人民团结奋斗的共同思想基础。

一是巩固马克思主义指导地位，用中国特色社会主义理论体系武装党员、教育人民，做好意识形态工作，有力抵制各种错误和腐朽思想。

牵头单位：省委宣传部。

主要参加单位：省委党史办、省教育厅、省文化厅、省新闻出版局、省委党校、省社科院、省广播电影电视局、山西日报报业集团。

二是运用马克思主义中国化最新成果深入回答转型跨越发展、再造一个新山西面临的理论和实践问题。

牵头单位：省委宣传部。

主要参加单位：省委政研室、省委党校、省社科院、省广播电影电视局、山西日报报业集团、省政府发展研究中心、省政府研究室、省社科联。

三是用以爱国主义为核心的民族精神和以改革创新为核心的时代精神鼓舞斗志，大力弘扬太行精神、吕梁精神、右玉精神等山西人民创造的宝贵精神财富。

牵头单位：省委宣传部。

主要参加单位：省纪委、省委党史办、省教育厅、省文化厅、省新闻出版局、省委党校、省社科院、省广播电影电视局、山西日报报业集团。

四是用社会主义荣辱观引领风尚，拓展群众性精神文明创建活动和文化活动，引导培育积极向上、理性平和、宽厚包容的社会心态。

牵头单位：省委宣传部。

主要参加单位：省委党史办、省教育厅、省文化厅、省新闻出版局、省广播电影电视局、山西日报报业集团。

五是加强大学生思想政治教育和未成年人思想道德建设。

牵头单位：省委宣传部。

主要参加单位：省教育厅、省高校工委、省委政研室、省委党史办、省文化厅、省新闻出版局、团省委、省妇联。

六是繁荣发展哲学社会科学，建设重点学科。

牵头单位：省委宣传部。

主要参加单位：省委政研室、省委党史办、省教育厅、省新闻出版局、省委党校、省地方志办公室、省社科院、省社科联。

七是充分发挥主流媒体引领舆论的重要作用，加强互联网等新兴媒体的建设管理，用先进文化占领舆论阵地。

牵头单位：省委宣传部。

主要参加单位：省广播电影电视局、省新闻出版局、省通信管理局、山西日报报业集团。

2、深入推进文化体制改革和文化创新，进一步解放和发展文化生产力。

一是着力构建充满活力、富有效率、更加开放、有利于文化科学发展的体制机制，完善扶持公益性文化事业、发展文化产业、鼓励文化创新的政策。

牵头单位：省委宣传部、省文化厅。

主要参加单位：省发展改革委、省财政厅、省人社厅、省新闻出版局、省旅游局。

二是实施文艺创作精品工程，更多更好地出精品。

牵头单位：省委宣传部、省文化厅。

主要参加单位：省新闻出版局、省旅游局、省文联。

三是加快推进公益性文化事业单位内部改革和经营性文化单位转企改制。

牵头单位：省委宣传部、省文化厅。

主要参加单位：省发展改革委、省财政厅、省编办、省人社厅。

四是培养引进一大批文化领军人才。

牵头单位：省委宣传部、省委人才办、省文化厅。

主要参加单位：省财政厅、省人社厅。

3、构建公共文化服务体系，推进文化惠民工程。

一是抓好物质文化遗产和非物质文化遗产的保护开发。

牵头单位：省委宣传部、省文化厅、省文物局。

主要参加单位：省发展改革委、省财政厅。

二是建设和完善市县文化馆、博物馆、图书馆、纪念馆，推动文化场馆向社会免费开放。

牵头单位：省委宣传部、省文化厅。

主要参加单位：省发展改革委、省财政厅、省委党史办、省文物局。

三是引导鼓励社会力量参与公共文化服务。

牵头单位：省委宣传部、省文化厅。

主要参加单位：省委统战部、省发展改革委、省文物局、省体育局。

四是加强基层文化队伍建设。

牵头单位：省委宣传部、省文化厅。

主要参加单位：省财政厅、省人社厅。

4、加快发展文化产业，打造文化优势企业和品牌。

一是制定优惠政策，鼓励资源型企业和资本进军文化产业。

牵头单位：省委宣传部、省文化厅。

主要参加单位：省发展改革委、省财政厅、省旅游局、省经信委、省煤炭厅、省国资委、省国税局、省地税局。

二是鼓励各地发挥优势推动文化振兴，建设文化强市、强县。

牵头单位：省委宣传部、省文化厅。

主要参加单位：省发展改革委、省旅游局。

三是推动传统文化产业优化升级，发展文化创意、数字出版、网络文化等新型文化业态，做大做强省属重点文化企业。

牵头单位：省委宣传部、省文化厅。

主要参加单位：省发展改革委、省科技厅、省新闻出版局、省旅游局。

四是未来五年，文化产业增加值力争超过1000亿元，占地区生产总值6%左右。

牵头单位：省委宣传部、省文化厅。

主要参加单位：省发展改革委、省科技厅、省旅游局、省统计局。

七、以民生为重点加强社会建设、创新社会管理

1、实施创业就业工程，努力增加城乡居民收入。

一是实施更加积极的就业政策，鼓励自主创业、自谋职业，使更多劳动者成为创业者。

牵头单位：省人社厅。

主要参加单位：省发展改革委、省经信委、省教育厅、省财政厅、省农业厅、省中小企业局。

二是深入开展创业型城市（县）创建活动，建设市县两级创业孵化基地，推进创业培训、政策扶持、创业服务，突破小额融资和场地提供“瓶颈”，大力扶持微小型企业发展。

牵头单位：省人社厅。

主要参加单位：省发展改革委、省经信委、省教育厅、省科技厅、省财政厅、省国土厅、省中小企业局、省金融办。

三是健全城乡统一的公共就业服务体系，把高校毕业生就业放在首位，完善对就业困难群体的就业援助机制。

牵头单位：省人社厅。

主要参加单位：省编办、省发展改革委、省教育厅、省财政厅。

四是提高居民收入在国民收入分配中的比重，提高劳动报酬在初次分配中的比重，提高一线职工工资水平，健全企业职工工资正常增长和支付保障机制，逐步提高最低工资标准，提高城乡低收入者收入，扩大中等收入群体，遏制和扭转收入分配差距扩大趋势。

牵头单位：省人社厅、省财政厅。

主要参加单位：省发展改革委、省经信委、省教育厅、省国资委、省中小企业局。

2、完善社会保障体系，让人民群众共享改革发展成果。

一是两年内基本养老保险、基本医疗保险制度覆盖城乡全体人民，失业、工伤、生育保险制度覆盖所有从业人员。

牵头单位：省人社厅。

主要参加单位：省民政厅、省卫生厅、省财政厅、省人口计生委。

二是稳步提高各项社会保险统筹层次和待遇水平。

牵头单位：省人社厅。

主要参加单位：省财政厅。

三是完善被征地农民社会保障政策。

牵头单位：省人社厅。

主要参加单位：省国土厅、省财政厅、省农业厅、省民政厅。

四是建设县乡两级社保服务平台，推广社会保障“一卡通”。

牵头单位：省人社厅。

主要参加单位：省发展改革委、省财政厅。

五是发挥商业保险作用。

牵头单位：山西保监局。

主要参加单位：省人社厅。

六是健全社会救助体系，做好优抚安置工作。

牵头单位：省民政厅。

主要参加单位：省财政厅、省发展改革委、省人社厅、省卫生厅、省住房和城乡建设厅、省教育厅、省司法厅。

七是建立低收入农户冬季生活用煤补贴供应机制。

牵头单位：省煤炭厅。

主要参加单位：省财政厅、省国资委。

八是发展残疾人事业和慈善事业。

牵头单位：省残联、省民政厅。

主要参加单位：省财政厅。

九是加强妇女儿童工作和老龄工作。

牵头单位：省妇联、省老龄委。

主要参加单位：省财政厅、省民政厅、省教育厅、省委老干部局。

十是加快保障性住房建设，建立多层次住房保障体系，两年完成城市和国有工矿集中连片棚户区改造，加快农村危房改造步伐。

牵头单位：省住房和城乡建设厅。

主要参加单位：省国土厅、省民政厅、省煤炭厅、省农业厅、省国资委。

3、坚持教育优先发展，办好人民满意的教育。

一是深化教育体制机制改革，促进各级各类教育协调发展，完善山西特色现代教育体系。

牵头单位：省教育厅。

主要参加单位：省发展改革委、省财政厅、省人社厅。

二是基本普及学前三年教育；实施义务教育学校标准化建设，促进义务教育均衡发展；推动普通高中优质特色发展。

牵头单位：省教育厅。

主要参加单位：省财政厅。

三是提高高等教育质量，加快新校区建设和老校区改造，扶持对我省支柱产业、新兴产业具有重大支撑作用的优势学科。

牵头单位：省教育厅。

主要参加单位：省国土厅、省人社厅、省科技厅，晋中市。

四是大力发展职业教育，确保每一个未能进入高中、大学的初高中毕业生都能免费接受中等职业教育。

牵头单位：省教育厅。

主要参加单位：省财政厅、省人社厅。

五是支持特殊教育发展。

牵头单位：省教育厅。

主要参加单位：省财政厅、省民政厅、省人社厅、省国土厅、省残联、省妇联。

六是全面推进素质教育，减轻中小学生课业负担。

牵头单位：省教育厅。

七是健全资助体系和奖学金制度。优化结构，提高待遇，建设高素质教师队伍。

牵头单位：省教育厅。

主要参加单位：省编办、省发展改革委、省财政厅、省人社厅、省委人才办。

八是确保财政教育支出增长明显高于财政经常性收入增长幅度，占GDP的比重达到4%以上，引导社会资金兴教助学。

牵头单位：省财政厅。

主要参加单位：省教育厅。

九是加快发展远程教育和继续教育，支持和引导民办教育。

牵头单位：省教育厅。

主要参加单位：省财政厅、省人社厅。

4、加快建立基本医疗卫生制度，提高人民健康水平。

一是深入推进医药卫生体制改革，五年内初步建立起覆盖城乡居民的基本医疗卫生制度。

牵头单位：省发展改革委。

主要参加单位：省卫生厅、省财政厅、省人社厅。

二是全面推进县域医药卫生一体化综合改革，发挥县医院的龙头作用，筑牢农村三级卫生服务网络。

牵头单位：省卫生厅。

主要参加单位：省发展改革委、省财政厅、省编办、省人社厅、省经信委。

三是加强基层卫生服务体系和能力建设，全面实施基本药物制度。

牵头单位：省卫生厅。

主要参加单位：省发展改革委、省编办、省财政厅、省人社厅、省食品药品监督管理局。

四是健全妇幼保健网络，健全重大疾病防控体系和卫生监督体系，健全卫生应急机制。

牵头单位：省卫生厅。

主要参加单位：省发展改革委、省财政厅、省住房和城乡建设厅、省编办、省人社厅。

五是稳定人口低生育水平，提高人口素质。

牵头单位：省人口计生委。

主要参加单位：省卫生厅。

5、加强和创新社会管理，维护社会和谐稳定。

一是完善基层社会管理和服务体系，强化城乡社区自治和服务功能。

牵头单位：省委政法委、省综治办。

主要参加单位：省民政厅。

二是完善党和政府主导的维护群众权益机制，以群众工作统揽信访工作，落实领导干部接访、下访、回访制度。牵头单位：省处理信访突出问题及群体事件联席会议办公室。

主要参加单位：省委政法委、省信访局。

三是建立重大工程项目建设和重要政策制定的社会稳定风险评估机制。

牵头单位：省委政法委、省维稳办。

主要参加单位：省委办公厅、省政府办公厅、省委宣传部、省发展改革委、省住房和城乡建设厅、省信访局、省公安厅、省综治办、省政府法制办、省政府应急办。

四是健全矛盾纠纷排查化解网络，构建人民调解、行政调解、司法调解相互衔接的大调解机制，强化社会矛盾源头治理，认真解决群众反映的问题，及时发现化解苗头性、倾向性、潜在性问题。

牵头单位：省信访局、省综治办。

主要参加单位：省委政法委、省法院、省检察院、省公安厅、省司法厅、省民政厅、省人社厅、省政府法制办。五是加强对流动人口的管理和服务，做好农民工权益保护工作。

牵头单位：省公安厅。

主要参加单位：省综治办、省人社厅、省农业厅、省住房和城乡建设厅、省总工会、团省委。

六是改进特殊人群管理和服务，加强重点人群心理疏导。

牵头单位：省司法厅。

主要参加单位：省公安厅、省委宣传部、省检察院、省综治办、省卫生厅。

七是提高突发公共事件应急管理能力，有效预防和化解无直接利益冲突。

牵头单位：省政府应急办、省公安厅。

主要参加单位：省委办公厅、省政府办公厅、省委宣传部、省委政法委、省综治办、省信访局、省国家安全厅、省交通运输厅、省人防办、省军区、省武警总队。

八是强化防灾减灾工作，健全自然灾害应急救援体系。

牵头单位：省民政厅。

主要参加单位：省委政法委、省综治办、省公安厅、省煤炭厅、省交通运输厅、省水利厅、省农业厅、省政府应急办、省地震局、省气象局、省人防办、省军区、省武警总队。

九是完善社会治安防控体系，对城乡治安复杂地区进行重点整治，严密防范和依法打击各种违法犯罪活动，广泛开展平安和谐创建活动，建设平安三晋。

牵头单位：省综治办。

主要参加单位：省法院、省检察院、省公安厅、省国家安全厅、省司法厅、省委防范办。

6、坚持不懈狠抓安全生产，树立安全发展新形象。

一是健全安全生产体制机制，落实政府安全监管和企业安全生产主体责任。

牵头单位：省安监局。

主要参加单位：省监察厅、省煤炭厅、省煤监局、省国资委。

二是确保安全生产投入。

牵头单位：省安监局。

主要参加单位：省财政厅、省煤炭厅、省国资委。

三是严格安全生产目标考核和责任追究。

牵头单位：省安监局、省监察厅。

主要参加单位：省纪委、省政府办公厅、省发展改革委、省经信委、省教育厅、省公安厅、省财政厅、省人社厅、省国土厅、省住房和城乡建设厅、省交通运输厅、省水利厅、省农业厅、省林业厅、省商务厅、省卫生厅、省国资委。

四是推进安全生产标准化建设，弘扬安全文化，提高企业整体安全素质。

牵头单位：省安监局。

主要参加单位：省委宣传部、省经信委、省公安厅、省财政厅、省煤炭厅、省国资委、山西煤监局、省工商局、省质监局。

五是煤矿全面推行机械化生产、信息化管理，严格落实规章制度，提升安全装备水平，推进煤炭安全生产责任保险，确保煤炭百万吨死亡率稳定在国内先进水平。

牵头单位：省煤炭厅。

主要参加单位：省发展改革委、省经信委、省科技厅、省国资委、省电力公司、山西煤监局、山西保监局。

六是深入开展交通、消防、非煤矿山、危险化学品、民爆物品等行业和领域的安全生产专项整治。

牵头单位：省安监局。

主要参加单位：省公安厅、省国土厅、省交通运输厅、省综治办、省水利厅、省林业厅、省卫生厅、省国防科工办。

八、着力提高党的建设科学化水平

1、加强理论武装，坚定理想信念。

一是抓好党员干部教育培训，加强理想信念教育和思想道德建设，引导党员干部坚定对共产主义远大理想和中国特色社会主义共同理想的信仰，成为践行社会主义核心价值体系的模范。

牵头单位：省委组织部、省委宣传部。

主要参加单位：省委党史办、省委党校、省教育厅、省社科院。

二是引深学习型党组织建设，创新党委（党组）中心组学习，实施“党员干部读书工程”，工作学习化、学习工作化，在学习中提高理论水平，提升思想境界，增强工作能力，完善综合素质。

牵头单位：省委宣传部。

主要参加单位：省委组织部。

三是发挥党校和行政学院主渠道作用。

牵头单位：省委党校、省行政学院。

主要参加单位：省委组织部、省人社厅。

四是利用红色资源加强党性教育。

牵头单位：省委党史办。

主要参加单位：省委组织部、省委宣传部、省广播电影电视局、山西日报报业集团、省文物局、省民政厅、省旅游局。

五是引深干部选学和在线学习。

牵头单位：省委组织部。

2、认真执行民主集中制，建设坚强有力、奋发有为的领导班子。

一是加强市县乡党委书记培养选拔和能力建设。

牵头单位：省委组织部。

主要参加单位：省委党校。

二是抓好后备干部队伍建设。

牵头单位：省委组织部。

主要参加单位：省妇联、省委统战部、团省委。

三是积极发展党内民主，尊重党员主体地位，保障党员民主权利，落实党员的知情权、参与权、选举权和监督权，提高党员对党内事务的参与度。

牵头单位：省委组织部。

主要参加单位：省直工委、省高校工委、省国资委党委、省国防科技工业党委、省非公有制经济组织工委。

四是落实和完善党代表大会代表任期制，建立党代表大会代表提案制。

牵头单位：省委组织部。

五是推进党务公开。

牵头单位：省纪委。

主要参加单位：省委办公厅、省委组织部。

六是健全党内信息公布制度和党委新闻发言人制度。

牵头单位：省委宣传部。

主要参加单位：省委办公厅、省委组织部。

七是完善党委常委会向全委会定期报告工作并接受监督制度。

牵头单位：省委办公厅。

主要参加单位：省纪委、省委组织部。

八是探索改革党内选举制度，积极稳妥地开展基层党组织领导班子公推直选。

牵头单位：省委组织部。

3、创新选人用人机制，打造一支在转型跨越发展上有激情、有能力、有思路、有作为的干部队伍和人才队伍。

一是多岗位锻炼干部，推进干部交流。加大培养和选用年轻干部力度，有计划、有重点选用优秀年轻干部到艰苦地方、重要岗位任职。

牵头单位：省委组织部。

二是深化干部人事制度改革，健全初始提名制度，增强民主推荐、民主测评的科学性和真实性，完善对干部德的考评办法，探索实行干部实绩公示制度，建立差额选拔干部制度，提高选人用人公信力。

牵头单位：省委组织部。

主要参加单位：省人社厅。

三是加大竞争性选拔领导干部力度，定期面向全国公开选拔省管干部。

牵头单位：省委组织部。

四是加强干部选拔任用工作全过程监督，健全选人用人责任追究制度。

牵头单位：省委组织部。

主要参加单位：省纪委。

五是重视培养选拔女干部、党外干部和少数民族干部。调整不胜任现职干部，完善干部退出机制。

牵头单位：省委组织部。

主要参加单位：省委统战部、省妇联、省民委、省人社厅。

六是做好离退休干部工作。

牵头单位：省委老干部局。

主要参加单位：省委组织部、省发展改革委、省财政厅、省人社厅、省国资委、省民政厅、省卫生厅。

七是注重从基层和生产一线选拔优秀干部充实各级党政机关。

牵头单位：省委组织部。

主要参加单位：省人社厅。

八是健全干部管理机制，完善谈心谈话制度，对干部存在的苗头性问题早发现、早提醒、早纠正。

牵头单位：省委组织部。

主要参加单位：省纪委。

九是严格年度目标责任考核。

牵头单位：省委组织部。

主要参加单位：省委办公厅、省政府办公厅、省纪委、省人社厅。

十是大力实施人才强省战略。

牵头单位：省委组织部。

主要参加单位：省人社厅、省发展改革委、省经信委、省教育厅、省科技厅、省财政厅、省住房和城乡建设厅、省水利厅、省农业厅、省商务厅、省国资委。

4、加强党的基层组织，抓好党员队伍建设。

一是引深创先争优活动和三级联创活动。

牵头单位：省委组织部。

主要参加单位：省直工委、省高校工委、省国资委党委、省国防科技工业党委、省工商联、省非公有制经济组织工委。

二是全面推进农村、企业、城市社区和机关、学校等基层党组织建设。

牵头单位：省委组织部。

主要参加单位：省直工委、省高校工委、省国资委党委、省国防科技工业党委、省非公有制经济组织工委。

三是抓好非公有制经济组织和新社会组织党的建设。

牵头单位：省非公有制经济组织工委。

主要参加单位：省委组织部、省民政厅、省委统战部、省工商联。

四是加强和改进流动党员管理。

牵头单位：省委组织部。

五是通过联建、帮建和选派干部，实现城乡基层党建资源优化配置，健全城乡一体化党员动态管理机制。

牵头单位：省委组织部。

主要参加单位：省委农工办。

六是加强以党支部为核心的村级组织建设，充分发挥农村干部和党员在新农村建设特别是农民收入翻番中的带动作用。

牵头单位：省委组织部。

主要参加单位：省民政厅、省农业厅。

七是完善选聘高校毕业生到农村（社区）任职工作机制。

牵头单位：省委组织部。

主要参加单位：省人社厅。

八是鼓励机关干部到农村（社区）工作。

牵头单位：省委组织部。

主要参加单位：省直工委、省人社厅。

九是增强基层组织活动场所功能，健全基层组织工作经费保障机制。

牵头单位：省委组织部。

主要参加单位：省财政厅、省民政厅。

十是推进党群共建，构建党员联系和服务群众工作体系。

牵头单位：省委组织部。

主要参加单位：省妇联、省总工会、团省委。

十一是注重在生产一线培养发展党员，实施村村都有新党员工程、社区入党积极分子队伍扩容工程。

牵头单位：省委组织部。

十二是以关心帮扶老党员、困难党员和农村基层干部为重点，落实党内激励关怀帮扶机制。

牵头单位：省委组织部。

主要参加单位：省财政厅、省民政厅、省扶贫办。

十三是严格党内组织生活，坚持民主评议党员制度。

牵头单位：省委组织部。

5、加强作风建设，始终保持与人民群众的血肉联系。

一是把学习弘扬右玉精神不断引向深入，教育领导干部树立正确政绩观。

牵头单位：省纪委、省监察厅。

主要参加单位：省委组织部、省委宣传部、省直工委、省高校工委、省国资委党委、省国防科技工业党委、省非公有制经济组织工委。

二是深入开展领导干部下乡住村包村活动，县以上领导干部尤其是党政主要领导每年都要到农村、企业住几天，与群众同吃同住同劳动。

牵头单位：省委组织部、省委干部下乡办。

主要参加单位：省纪委、省监察厅。

6、提高反腐倡廉水平，构建山西特色惩治和预防腐败体系。

一是加强对转型跨越发展、转型综改试验区建设、重大民生工程落实情况的监督检查，确保中央和省委重大决策部署落到实处。

牵头单位：省纪委、省监察厅。

主要参加单位：省委组织部。

二是强化廉政教育，建设廉政文化。

牵头单位：省纪委、省监察厅。

主要参加单位：省委组织部、省委宣传部、省检察院。

三是深入推进煤焦领域反腐败专项斗争，坚决纠正损害群众利益的不正之风，进一步加强农村基层党风廉政建设。

牵头单位：省纪委、省监察厅。

主要参加单位：省煤炭厅、省国资委、省农业厅、省民政厅。

四是坚决查处违纪违法案件。

牵头单位：省纪委、省监察厅、省检察院。

五是加强制度建设和创新，健全拒腐防变教育长效机制、反腐倡廉制度体系、权力运行监控机制，注重廉政风险防控，铲除滋生腐败的土壤和条件。

牵头单位：省纪委、省监察厅。

主要参加单位：省委组织部、省检察院。

六是加强党内监督。

牵头单位：省纪委、省监察厅。

主要参加单位：省委组织部、省委巡视办。

七是完善巡视制度。

牵头单位：省纪委。

主要参加单位：省委巡视办、省委组织部。

八是严格执行党风廉政建设责任制。

牵头单位：省纪委、省监察厅。

主要参加单位：省委办公厅、省政府办公厅、省委组织部。

省委工作部门工作概况

省委办公厅工作概况

省委秘书长　李政文

2011年是我省“十二五”取得良好开局、转型跨越发展迈出坚实步伐的一年，也是全厅干部职工团结奋进、务实创新的一年。一年来，在省委的坚强领导下，办公厅坚持以科学发展观为指导，以服务转型跨越发展为己任，按照袁纯清书记对办公厅工作的指示精神，坚持树立“五种意识”、提高“五种能力”、争创“五个一流”，围绕中心强本领、服务大局增效率，有效履行了职责，圆满完成了各项任务，“三服务”水平迈上新的台阶。

一、围绕转型跨越发展、再造一个新山西，“三服务”水平有了新提高

强化政治意识、大局意识、责任意识，在全省发展的大局中审视工作，在转型跨越的需求中把握重点，在适应省委快节奏运转中锻炼队伍，努力使办公厅适应时代发展要求，为各级各部门作出示范和表率。

一是高层次搞好参谋服务。把当好“智囊团”、“思想库”、“参谋部”作为重中之重，凝心聚力为转型跨越、为省委科学决策提供依据、提供参考、提供建议。调查研究重在多出成果，以“十二五”规划、综改试验区、转型发展等重大课题为重点，开展政策调研、综合调研、信息调研、督查调研，陪同省委领导深入基层进行专题调研，全年深入基层调研考察50多次、100余天。文稿起草重在提升质量，深入阐述省委重要会议精神和重大决策部署，起草了省第十次党代表大会报告、省委常委会工作报告、省委十届二次全会暨全省经济工作会议讲话等一批重要文稿350多篇、200多万字。信息报送重在畅通高效，构建大信息工作格局，拓展信息网络，扩大信息直报点，强化快速反应、跟踪反馈能力，抓住我省经济社会发展、省委领导关注的重点、热点和难点问题，坚持点面结合、加强深度开发，信息报送继续保持全国先进位次，全年编发《山西信息》、《每日要情》3488期、6476篇、643.9万字，其中向中办报送信息2300余篇，被采用103篇，党和国家领导人批示27件（次）。同时，突出专题化、特色化和经验化，编发《督查专报》14期、《工作研究与交流》30期。进一步加大《中办通讯》订阅力度，全省订阅总数突破6.12万份，征订总数连续三年位列全国第三名，支部覆盖率达到56.3%，位列全国第二名，被中央办公厅评为先进单位特等奖。

二是高效组织省委重大活动。针对省委高强度、快节奏运转的要求，重大活动多、重要会议多的情况，坚持正确处理开展活动与中心工作的关系，完善与几大班子办公厅、与其他部门之间的协调协商协作机制，整合各方资源力量，圆满完成中部论坛、中博会、全省观摩检查、山西党政代表团赴京浙沪苏学习交流、考察新疆对口援建等多项重大活动任务，组织协调、配合完成了4位中央政治局常委，4位中央政治局委员、国务院副总理，16位人大副委员长、政协副主席，以及最高检察院检察长对山西的视察调研活动，并取得圆满成功。全年组织省委大中小型会议170余次，组织安排省委常委活动350余次。全程做好省第十次党代表大会的筹备、召开、落实等服务工作，超前谋划、及早动手，高标准、严要求，办公厅全员动员、全力以赴，认真做好会务、文件简报、宣传、生活后勤、安全保卫等工作，向省委交出了一份合格的答卷。特别是大会报告，对转型跨越发展、再造一个新山西的主战略和“两件大事”进行了深入阐述和全面部署，对各项工作作出科学安排，受到广大代表和各方面的高度评价。大会结束后，

第一时间进行学习传达，制定贯彻方案，把大会精神贯穿于“三服务”全过程。

三是大力推动省委决策落实。以督促检查促执行力，抓住执行不到位、工作不落实、损害群众利益等突出问题，创新督查方式，注重督促整改，有效促进了中央和省委、省政府重大决策部署的贯彻落实，切实解决了一批事关人民群众切身利益的问题。推进决策督查，围绕县域经济会议精神落实情况、重点产业发展情况、解决低收入农民群众冬季取暖用煤情况等重大问题，先后组织11次决策督查活动。抓好专项督查，累计承办中央领导、省委领导批示件107件，办理省政协提案33件，向中办督查室报送反馈报告4期，向省委、省政府领导呈送专项督查报告16篇。健全督查机制，与省纪委、省监察厅联合制定《关于进一步健全完善群众诉求件处理工作机制的意见》，健全了群众向省委反映问题、表达诉求的处理工作机制。巩固和扩大实地督办工作经验，坚持复核复查、跟踪督查和及时反馈，确保领导批示真正落到实处。

四是全力确保省委工作高效运转。优化办文、办会、办事程序，形成了职责明确、衔接紧密、运转顺畅的工作机制，确保了省委工作高效运转。文件审核严格把关，完善办文制度，规范办文程序，提高发文质量，全年共审核处理省委和省委办公厅文件473件，初审省人大提请省委审定的地方性法规13件；公文办理更加注重规范管理、有序运转和保密安全，全年累计办理文件、信息、资料等5000余件、150余万份，其中中央和中央办公厅文件110件、2万余份；机要交通工作以“两确保、零误差”为目标，全年共收投党政军核心密件 11919件，总重量6439公斤，运行总里程超过17万公里，实现了业务竞赛全优“十九连冠”的好成绩；密码安全管理水平提升，出台我省党政密码工作“十二五”发展规划，实现了连续8年密码管理“零事故”目标，译传办理明密电报2万余份，完成随行保障服务30余次130余天，密码通信保障能力进一步提升，信息安全支撑能力进一步增强。保密防范全面加强，加强对涉密人员、载体和保密资质的保密管理，建成全省涉密计算机非法外联监控平台，成功举办全国窃密泄密案例警示教育展，1.9万名领导干部和涉密人员受教育。政务接待水平得到提高，坚持政务性、协调性、服务性相统一，坚持先进理念，注重打造品牌，塑造山西文明形象，接待党和国家领导人以及中央和各省、市、区来宾、外宾180余批4830余人，宣传了山西，服务了发展。

五是有效促进社会和谐稳定。坚持把服务人民群众、保障改善民生作为办公厅履职尽责的根本出发点和落脚点，努力反映好民意、解决好民忧、保障好民生。整合社情民意通道、值班、信息、保卫等力量，完善值守应急体系，理顺报送关系，提高上报时效，完善应急机制，加强批示催办，搭建舆情监测平台和应急网络，开通“山西党委系统值班管理平台”到市委。抓好重大紧急突发事件的上报处置工作，全年处理各类重大突发事件551起，预警性紧急信息43件，协调处理群众上访事件1020批次、13235人次，承办领导交办事项130件。加大对互联网等新兴媒体的舆情收集力度，加强同人民网、山西黄河新闻网等联系合作，及时掌握重大社情动态，全面开展网情监控工作，全年报送《社情民意动态》50多期，全年共办结网络反映问题8000余件，核实转办1500余件，落实反馈600余件，社情民意办公室荣获人民网“2011年度全国网民留言办理工作先进单位”。坚持用群众工作统揽信访工作，大力开展矛盾纠纷排查化解，不断深化领导干部下访接访，扎实开展清理化解信访积案活动，全年受理来信来访3.55万件次，中央交办的积案化解率达到98.3%，初信办理率达到100%，重信率降至13.7%，信访工作呈现出“来访下降，越级访和集体访下降，进京非正常上访明显减少”的良好态势，受到中央联席会议和省委、省政府的充分肯定。积极推进反邪教警示教育进党校、进社区、进家庭活动，深入开展教育转化攻坚与巩固工作“整体仗”，圆满完成攻坚期转化任务，大力开展区域性反邪教专项整治，全省没有发生“法轮功”等邪教重大聚集滋事事件，保证了重大节庆、敏感时段政治稳定和社会安定。把握对台工作机遇，深化晋台交流合作，圆满完成亲民党主席宋楚瑜、中国国民党副主席蒋孝严等台湾政要接待任务，举办了“晋台新闻交流论坛”、“华夏文明看山西—台湾大学校长三晋行”、“华夏文明看山西—五千年历史文化漫步”等大型晋台交流活动，成功举办“山西暨中部地区与台湾经贸合作论坛”，全年签订协议台资项目18项、吸引台资2277.77亿元。认真做好帮扶和各类社会捐助活动，积极做好各类社会捐助活动，开展“博爱一日捐”、“送温暖、献爱心”等活动，深入帮扶企业化纤所慰问特困职工，定点扶贫工作取得新的进展，协调扶贫资金285万元，捐赠价值16.32万元的电脑、多媒体教学设备和文体器材。“一村一品”、“一县一业”初具规模，基础设施条件明显改善。

二、围绕增强运行保障能力，机关管理水平迈上新台阶

着眼新形势新任务，大力创新规制、完善机制，对内部运行和机关管理程序进行优化和再造，做到运转更加顺畅，保障更加有力，程序更加严密，效率更加快捷。

一是后勤保障能力提升。牢固树立一流发展要一流后勤、一流事业要一流保障的意识，坚持节俭、实用、高效原则，推行人财物车的精细化管理和过程管理、目标管理，对深化后勤体制改革进行了积极探索。财务管理方面，坚持在保重点、保运转上下功夫，在开源节流上做文章，拓展资金渠道、压缩不合理开支，从预算管理和财务核算入手，有效提高资金使用效率，全年节约资金100多万元，清理及报废车辆23辆，保障了机关工作正常运转。行政工作方面，坚持服务与管理并重，在固定资产管理、办公用品配置、办公楼管理、医疗保健、卫生保洁等方面，进一步完善了措施，改进了服务。物业管理方面，开展物业管理

阳光行动，构建新型物业管理服务体系，加强环卫、治安、绿化等工作，确保了省委机关水、电、暖系统正常运行，为宿舍区居民营造了文明整洁、平安和谐的生活环境。服务中心改善了就餐环境，提高了服务水平，饭菜种类和质量进一步提升，房屋出租和加油业务管理加强。机关幼儿园建立了园领导带班、中层领导值班、巡查制度，详细排查安全隐患，采取有效措施，改善基础设施，确保食品安全、建筑安全，办园质量和水平再上新台阶。机关车队不断加强安全教育，严格控制车辆费用，提高服务水平，全年出车5.6万台(次)，安全行驶160余万公里。文印中心对设备进行了更新，顺利通过国家秘密载体印刷定点单位许可证审核检查，重点做好省第十次党代表大会等重要会议的文件材料印刷工作，做好中央文件改版的前期准备工作，全年完成经营收入近900万元。招待所坚持树品牌、创特色，抓营销、强管理，全年营业收入820万元。文秘中心努力扩大经营规模，提升服务档次，经济效益进一步提高，一部、二部全年累计完成营业额1038万元。

二是机关管理全面加强。着力提高厅内政务运转效率，严格执行收发登记、呈阅转办、文稿归档等制度。严格规范印鉴管理和来文办理制度，不断提升厅内会务接待和文印工作质量水平。档案管理规范化建设得到加强，全年共收集、整理文书档案198卷，为省第十次党代会准备党的十七大和省第九次党代会及相关全会的档案资料6卷200余件，为省、厅领导和各部门、单位及个人提供利用1430余卷(件)，接待查档案165人次。同时，完成厅组织机构沿革一书初稿约7万字。把安全管理作为重要抓手，强化安全检查，整改安全隐患，升级了GST系统，建立开通了无线对讲系统，狠抓车辆秩序的综合整治，扭转和缓解了大院车辆拥堵、交通不畅的矛盾，确保了重大节日和“中博会”期间的安全，做好大院施工期间的管理工作，取得重大治安案件控制为零、一般治安案件稳中有降、连续22年火灾事故零记录的良好成绩。

三是机关面貌明显改善。积极改善机关办公条件，完成办公区、宿舍区改造维修任务，加大办公楼管理和大院环境整治力度，协调交通部门硬化了省委后院和道路，地下停车场即将投入使用。在袁纯清书记的亲自关心下，积极协调，克服困难，成立了基建办，机关大院地下车库和省委应急指挥中心及各部门会议配套服务设施，完成了项目立项、工程招标、地质勘探、拆除改造等程序，于11月21日顺利开工，2012年底竣工后将极大改善省委机关的办公环境。

三、围绕增强生机活力，领导班子和干部队伍建设呈现新面貌

坚持把学习贯彻党的十七届六中全会和省第十次党代表大会精神贯穿到办公厅各项工作中，把严格要求与人文关怀结合起来，提出树立“五种意识”、提高“五种能力”、争创“五个一流”的要求，切实加强干部队伍建设，不断提高全厅党的建设科学化水平，为搞好“三服务”提供了坚强保证。

一是建设高素质的领导班子。在省第十次党代表大会上，秘书长班子中有两位同志进入省委委员。秘书长班子坚持讲党性、重品行、作表率，带头执行省委决定、维护省委权威、确保省委政令畅通。带头执行民主集中制原则，秘书长班子在共事中坦诚相处，互相尊重，互相补台，整体合力不断提高。

二是加强干部队伍建设。从工作上、发展上、生活上关心干部，不断增强机关干部的光荣感和自豪感。对干部严格管理、严格教育、严格监督，树立创先争优、崇尚实干的工作导向，建设干事创业、精益求精、乐于奉献的机关文化。积极争取省委支持，努力盘活现有职数，增设综合三处，被省编办评为“全省编制工作先进单位”。事业单位改革工作稳步推进。挖掘干部提任潜力，先后提任厅级干部6人，提任转任处级干部43人、科级干部12人，把一大批有能力、有潜力的干部选入中层领导班子，使一大批能吃苦、甘奉献的干部得到提拔，进一步优化了干部队伍结构，树立了重品行、重实干、顾大局、讲奉献的良好风尚，形成了公道正派、风清气正的选人用人机制。特别是秘书长班子与新任干部进行了两次集体谈话，交流信息、互相勉励、共同提高，增进了感情，极大地激发了大家的工作热情。

三是解决干部实际困难。针对机关干部住房紧张的实际困难，抽调精兵强将，成立专门机构，正式启动了桥东宿舍区改造工程，目前拆迁工作正在紧张有序进行。根据规划，将新建4栋高层住宅，可安排住户900户，住房面积增加9万平方米，届时原住户、办公厅无房户住房将得到较好改善。认真落实老同志的政治和生活待遇，做好老干部家访、慰问、保健、就医和陪护工作，组织老同志参加形式多样的文体活动，为老干部发挥余热、老有所为创造了良好条件。

四是加强服务群众工作。坚持党的群众观点和群众路线，深入实际、深入基层、深入群众，把解决群众切身利益问题体现到抓督查、抓信访、抓落实等工作中，把下乡包村“六个一”活动与机关定点扶贫结合起来，李政文秘书长到临汾市襄汾县邓庄镇席村下乡住村，其他秘书长先后到沁县松村乡、樟源镇、故县镇等地开展住村活动，“接地气”、知民情、解民忧，广泛听取群众意见，积极协调项目、资金、人才，办了一批打基础、利长远的实事好事。

四、围绕树立良好机关形象，党的建设和党风廉政建设开创新局面

一是扎实推进学习型机关建设。完善厅中心组学习制度，举办转型综改试验区建设等15次研究性学习，组织机关处级领导干部赴中央办公厅和6个省市交流学习，加强干部培训教育和考核工作，先后选派90多名干部参加不同层

级的进修培训，继续做好干部学历教育，认真开展年度考核工作。坚持政治理论学习，深入学习胡锦涛总书记“七一”重要讲话和向杨善洲同志学习的重要指示，掀起学习贯彻省第十次党代表大会的热潮。

二是全面加强机关党的建设。坚持用中国特色社会主义理论体系武装头脑、指导实践，扎实开展创先争优活动，要求全厅党员干部努力创转型跨越之先、争强省惠民之优，召开纪念建党90周年暨创先争优表彰大会。积极推进基层党组织规范化建设，开展“党员示范岗创建活动月”，对全厅“党员集体示范岗”和“党员示范岗”进行挂牌示范，对困难党员和建国前参加工作的老党员进行了慰问。扎实开展和谐文明创建工作，“迎中博、创环境、争一流”志愿服务活动以及春节团拜会等大型活动赢得广泛好评，组织百余人合唱团参加省直机关庆祝建党90周年“颂歌献给党”群众性歌咏活动，获得优异成绩，办公厅连续15年被授予“省直文明和谐单位标兵”和“省级文明和谐单位”。

三是切实加强作风建设和反腐倡廉建设。大力弘扬办公厅能吃苦、讲奉献、守纪律的优良传统，深入学习实践太行精神、右玉精神和中办精神，强化全局意识、责任意识、创新意识、协助意识、奉献意识，深入开展纪律作风集中教育整顿，坚决遏制各种不良风气。坚持教育制度监督并重，全面落实党风廉政建设责任制，加强《廉政准则》学习和贯彻，加强重点岗位、关键环节的监督，加强工程建设监管和“小金库”治理，建立健全有办公厅特色的惩治和预防腐败体系。领导干部能够牢记“两个务必”，严格执行中央和省委关于领导干部廉洁从政的规定。对干部严格管理、严格教育、严格监督，一年来，办公厅机关干部没有违纪违规方面的情况，树立了秘书长班子和办公厅干部的良好形象。 （刘智钢）

附：省委秘书长、常务副秘书长、副秘书长名单

省委常委、秘书长：高建民（1月离职）
李政文（1月任职，10月免去省委常委）

省委副秘书长、省委政研室主任：李旺明（8月离职）

省委常务副秘书长：姜新文

省委副秘书长、省防范和处理邪教问题领导小组办公室主任：王铁选

省委副秘书长、省委农村工作领导组专职副组长：张克强（正厅长级）

省委副秘书长、省信访局局长：阎根生（12月离职）

省委副秘书长、省委政研室主任：张瑞鹏（8月任职）

省委副秘书长、省信访局局长：李体柱（12月任职）

省委副秘书长：王进喜

省委副秘书长、省接待办主任：李　理（6月离职）

省委副秘书长：孙　毅（12月任职）

省委组织部工作概况

省委组织部部长　汤　涛

2011年，全省各级组织部门按照全国组织部长会议和省委九届十一次全会要求，以科学发展观为统领，紧紧围绕服务转型跨越发展，突出抓好市县乡党委集中换届这一中心工作，重点推进创先争优活动、深化干部人事制度改革、加强各级干部学习培训、落实人才发展规划四件大事，改革创新，狠抓落实，各项工作取得明显成效。在2011年全国组织工作满意度民意调查中，我省选人用人公信度和组织工作满意度分值比2010年分别提高4.82分、4.25分，在全国排名位次有较大前移。中共中央政治局委员、中央书记处书记、中央组织部部长李源潮同志先后6次做出批示，对我省组织工作的一些创新做法给予肯定。

一、集中精力做好市县乡党委换届工作，为转型跨越发展选好干部、配强班子

（一）坚持党的领导，确保换届保障有力。各级党委把换届作为重中之重，加强组织领导，正确引导指导，为换届工作提供了坚强组织保证。一是坚持“书记抓、抓书记”。省市县乡四级党委均成立了由党委书记任组长的换届工作领导组及办公室。省委书记袁纯清同志自换届工作开展以来，3次主持召开省委常委会议，研究部署换届工作。在县乡换届进入关键时期，袁纯清同志专门安排两天时间，与11个市的市委书记，面对面、一对一地听取汇报、解决问题、提出要求。市县乡三级党委书记在袁纯清同志的带动下，认真履行换届工作第一责任人职责，有力保证了换届工作的顺利进行。二是实行领导包联责任制。每位省委常委都确定了一个市及所属的一个县（市、区）和一个乡镇作为市县乡换届工作联系点，多次深入实地督促指导做好换届工作。各市、县也普遍建立了领导干部换届工作联系点制度。据统计，省、市、县三级领导干部共建立换届工作联系点1344个，覆盖了所有乡镇。三是坚持科学指导引导。省委通过试点引导、业务培训、舆论宣传，进一步规范换届工作，积极营造换届舆论氛围。省委组织部在文水县开栅镇进行蹲点指导、实地试点，较好地起到了示范作用。同时还随机确定11个乡镇作为换届工作的观察窗口，全程跟踪指导换届工作。省委换届办在《山西日报》、山西电视台、三晋红e网开设了换届工作专栏，实时报道换届

工作动态，宣传先进典型，营造换届工作的强大舆论声势。换届期间，各级党委还注重对换届骨干人员进行业务培训，共举办培训班1471期，培训98476人次。

（二）坚持科学统筹，确保换届平稳有序。换届中，各级党委坚持通盘考虑，科学统筹，合理安排，整体推进换届工作全面展开。一是统筹换届时间和顺序。严格按照中央自下而上、适当集中的要求，全省各地统一按先乡、后县、再市的顺序进行换届，县乡换届于上半年完成，市级换届于第三季度完成。同级领导班子换届严格按照先召开党代会、后召开人代会、政协会的顺序进行。二是统筹换届人事安排。针对换届人事安排较为复杂的实际，省委着眼全局，通盘考虑换届整体人事安排工作。横向上，采取同时考虑、分步到位、先转后退的办法，统筹安排同级四套班子的人事调整，不仅避免了干部调整在年龄、学历上的"一刀切"，而且充分调动了不同年龄、各个层面干部的积极性。纵向上，遵循换届人事安排自上而下、党代会和"两会"选举自下而上的工作思路，按照干部管理权限，坚持对市县乡领导班子人事安排提前谋划安排，上下同步考虑，使各级党政主要负责同志和纪检、组织等关键部门领导人员在换届前全部到位，为各级换届工作的及早启动和顺利开展提供了有力保证。三是统筹换届工作与其他工作。各级党委坚持把抓好换届工作作为推动转型跨越发展的政治保证，统筹安排好换届工作和中心任务、日常工作，通过换届明确发展思路，强化发展举措，凝聚发展力量，实现了换届工作和其他工作"两促进、两不误"。

（三）坚持扩大民主，确保换届阳光透明。换届中，省委积极探索发扬民主的方法途径，从决策、选举、讨论三个环节扩大民主，使换届成为加强党内民主建设的生动实践。一是积极推进决策民主。二是积极推进选举民主。三是积极推进讨论民主。在此次换届中，全省11个市级党政班子新任人选，全部经过民主推荐产生。全省1196个乡镇中，有1159个党政班子通过会议推荐产生，有1114个党政班子通过县委常委会票决产生，有396个党政班子通过县委全委会票决产生，有226个党政班子通过公开推荐产生。

（四）坚持正风肃纪，确保换届风清气正。换届中，各级党委把正风肃纪牢牢抓在手上，加强教育，严格监督，大力营造风清气正的换届环境。一是严肃纪律。省委制定实施了严肃换届纪律12条措施。各级党委先后发放了22万余份换届学习手册、16万余份换届纪律资料和10万余册典型案例资料，15.5万名干部写出了遵守纪律承诺书，做到了换届纪律人人知晓。二是强化监督。面向社会公布了全省各市县260名纪检书记、组织部长热线电话和电子邮箱，接受群众对换届工作的监督举报。实施应用"干部选拔任用工作记实监督系统"，配套出台了四个记实监督管理办法。组成11个省委换届督导组，对市县乡换届进行了多轮督导检查。从参与市县乡换届工作的"两代表一委员"中聘请了30名换届风气督查员，市县乡三级党委也聘请了8359名换届风气督查员，对换届风气全程监督。三是严厉查处。省委对严肃查处违反换届纪律的典型案例，始终保持了整治不正之风的高压态势，为确保换届工作风清气正提供了有力保证。

二、扎实推进创先争优活动，为实现转型跨越发展提供强大政治动力和保证

一是聚焦科学发展，承载转型跨越，围绕"十二五"良好开局创先争优。省委、省政府围绕转变经济发展方式，对标经济强省强市创先争优，主要领导率领全省党政代表团赴发达省市学习考察。在全省范围内组织"转型跨越大观摩"活动，检查、点评工作，提出今后发展的建议，同时确定转型综改试验先行试点市、县，引导和激励各地创先争优、增名进位。省委常委和省政府党员副省长带头，省、市、县三级领导干部建立联系点7790个，努力建设创先争优活动示范点。全省130名市县党委书记、2035名部门党组（党委）书记、9.9万名基层党组织书记带头深入基层进行点评。全省各级党组织和广大党员干部着力解决影响科学发展和社会和谐的突出问题，对标一流创先争优，在重大项目、重点工程、重要工作中勇挑重担，创转型跨越之先，争强省惠民之优，发挥了战斗堡垒作用和先锋模范作用。

二是深化党史教育，隆重纪念建党90周年，掀起创先争优活动新高潮。各级党组织普遍开展了"学党史、唱党歌、戴党徽、访英模"活动，并通过纪念征文、知识竞赛、演讲比赛、歌咏会、报告会、红色旅游、重温入党誓词等丰富多彩的形式，加深党员、干部、群众和青少年对党的历史、党的知识、党的理论和路线方针政策的认识，以党内带党外，发动社会各界群众忆党恩、思党责、跟党走。"七一"前夕，省委邀请杨善洲同志先进事迹报告团来山西作专场报告，组织了13名在创先争优活动中涌现出来的先进典型在全省作巡回报告，先后召开纪念建党90周年暨创先争优座谈会、纪念中国共产党成立90周年理论研讨会和全省纪念建党90周年暨创先争优表彰大会，弘扬党的优良传统，共话先进典型，引导创先争优。

三是干部转变作风，下乡住村包村，在服务"三农"中创先争优。省委下发了《关于深入推进全省干部下乡住村开展领导干部包村增收活动的通知》，全省广大机关干部响应省委号召，下乡住村、包村增收，与群众共寻破解难题之策、求脱贫致富之实，努力做到"六个一"。即：帮建一个坚强有力的基层党组织，开好一个解放思想、促进发展的讨论会，帮助制定一个切合实际的发展规划，帮助上一个好的致富项目，解决一些群众关注的实际问题，形成一个促进作风转变、推进项目建设的调研报告。我省省委领导带头，组织全省12万名干部下乡住村，6000余名领导干部包村扶贫，这一做法，受到群众欢迎，引起中央关注。李源潮同志专门做出批示，要求在各地的创先争优中都应提倡这种做法。中央创先争优活动领导小组办公室《简报》转发袁纯清同志在武乡县砖壁村住村调查的体会文章。

四是塑造窗口形象，优化发展环境，在为民服务中创先争优。全省窗口单位和服务行业强化"人人都是投资环境，个个事关山西发展"的理念，以"三晋先锋在行动"为主题，以

“三亮三比三评”为抓手，创新载体、规范内容、活跃形式，引导争创群众满意窗口、优质服务品牌和优秀服务标兵，努力打造优化发展环境的示范窗口，服务人民群众的便民窗口，展示山西改革开放的形象窗口。各窗口单位和服务行业结合本职工作特点和行业规范要求，创设党员示范岗、红旗窗口、服务明星岗、优胜班组岗等特色服务岗位。广大党员和职工依托这些岗位，亮身份、亮职责、亮承诺，比技能、比服务、比业绩、比奉献，争创一流业绩，更好地服务了发展、服务了群众。

五是创新社会管理，加强基层组织，围绕建设和谐山西创先争优。按照省委提出的“打基础、抓关键、设防线、建机制”加强和创新社会管理的工作思路，进一步强化基层党组织的社会管理功能。省委组织部在村级组织活动场所实现全覆盖的基础上，再投入3000万元党费，加强场所内部设施建设。提高定级标准，重新筛选和整顿转化了一批后进基层党组织。推进关怀激励机制，全省农村“两委”主要干部年均报酬由原来的4000多元提高到现在的7800多元。通过把党的基层组织设置在关键处，确保社会的各个层面、各个角落都有党的组织和党员发挥作用。创先争优活动开展以来，全省共新建党组织822个，覆盖企业1011家；新组建非公企业工会组织665个、团组织538个。

三、全面落实《实施意见》，为转型跨越发展提供新的选人用人机制

一是全力落实省委“6+7”改革举措。认真贯彻省委干部人事制度改革“6条意见”，集中实施“7个一批”改革措施。面向全国公开选拔18名副厅级领导干部和国企领导人员；从省直厅局选拔8名年轻副厅级领导干部担任市委常委或副市长；选拔15名优秀县(市、区)委书记担任副厅级领导职务；从省直单位差额遴选15名优秀年轻干部担任县(市、区)长；调整交流一批市厅级和县处级领导干部；从省直机关任正处职务时间较长的干部中集中提任50名副巡视员；选派58名领导干部到省外综改试验区挂职锻炼，与中央国家机关、科研院所和中央企业干部双向挂职锻炼工作全面启动。这一系列举措在优化队伍结构、树立正确导向、激发干事热情等方面产生了良好效果和深远影响。

二是积极推进其他重点改革项目的落实。全面实行常委会任用干部票决制，出台了《关于进一步推行干部任免票决制的意见》，全省119个县(市、区)已全部推开这项工作，年底前在全省全面推行。积极推进干部选任提名制度改革，在全省推广临汾市科学选拔县(市、区)长“两推两考两票决”的做法，探索建立“公开提名、民主提名、综合分析提名、责任提名和竞争提名”的干部选拔任用提名制度。实行干部信息公开制度，在全省推行干部选任“七公布”(原则、条件、方法、程序、职数、空缺职位、拟任人选基本情况)做法，着力推进干部工作信息公开规范化。在省、市、县三级组织部门全面建立新闻发言人制度，有效提升了组织工作的透明度、公信度和满意度。

三是进一步加强年度目标责任考核工作。圆满完成11个市和91个省直单位2010年度目标责任考核。组织召开全省年度目标责任考核总结表彰大会，对被评为优秀等次的3个市和30个省直部门(单位)进行了表彰奖励。及时反馈考核结果，对被评为一般、较差等次的单位主要负责人进行了约谈。认真总结考核工作，利用新闻媒体深入宣传考核成效，进一步强化考核认识和发展导向。围绕省委工作要点和省政府工作报告，积极协调有关部门，认真研究制定并下发2011年度目标责任考核指标。建立平时考核制度，加强日常考核监督。推进考核工作的科学化和信息化建设，建立“山西省年度目标责任考核信息管理及决策支持系统”，实现对考核指标完成情况的信息采集、统计分析、监测预警和督促推进。

四、加强干部学习培训，提升各级干部引领转型跨越发展的本领和素质

一是加强党性教育和党性锻炼。加大主题班次教学内容中党的理论、知识和历史内容的比重。全年共举办省管领导干部进修班4期、中青年领导干部培训班2期，培训360人。每个班次都安排学员“进基层、进村子、进农户”，与农民群众“同吃、同住、同劳动”。在培训后期组织学员到井冈山、延安等地开展延伸培训，坚定理想信念，继承优良传统。

二是大力推进干部选学。下发了《关于深入推进干部自主选学的意见》，再次确定并公布了16所干部选学基地，推出了2011年度全省干部选学培训专题和课程菜单。指导山西财经大学发挥学科优势和人才优势，赴全省119个县(市、区)对61000多名科级基层干部开展了送教下乡巡回培训。

三是开通“山西干部在线学院”。依托山西广播电视大学远程教育资源，研发并开通“山西干部在线学院”网络学习平台。下发了《关于省管干部参加在线学习的通知》，完善平台建设各项功能，提高在线服务能力，基本实现了各级各类干部学习培训的全覆盖。

四是统筹抓好各类专题培训。精心谋划基层干部“科学发展主题培训行动计划”，直接对全省1178名乡镇党委书记和173名街道党工委书记进行了“社会管理与创新”专题集中轮训。统筹抓好新任职领导干部培训，对公开选拔的18位副厅级领导干部、遴选的15位县(市、区)长人选、115名新任职县(市、区)委书记和县(市、区)长进行任前培训。举办党政干部城乡规划建设专题培训班，对省、市、县、镇四级相关干部共220余人进行了培训。统筹安排了“装备制造业”、“城市规划与管理”、“公共管理”等境外专题培训。

五、强化干部管理监督，努力形成良好的干部风气

一是切实加强领导干部日常管理监督。认真落实省委《关于进一步加强领导干部监督管理的意见》，健全完善强化预防、及时发现、严肃纠正的干部监督工作机制。推进四项监督制度贯彻实施，对部分市委书记、县(市、区)委书记进行了

离任检查，将“一报告两评议”全面推行到各级有干部任免权的单位，组织实施了领导干部报告个人有关事项工作。实施干部选拔任用工作全程记实制度，对全省181个地方和单位的处级干部任用实行全程实时监督。充分发挥省市两级电话、信访、网络“三位一体”的12380举报网络体系作用，综合运用提醒谈话、谈心谈话、诫勉谈话、组织函询、党内通报等方式，管理监督领导干部，注重抓早抓小，把问题解决在萌芽状态。认真落实干部监督联席会议制度，形成整治用人上不正之风的工作合力。

二是认真落实加强干部管理的各项措施。制定下发了《关于进一步严肃组织人事工作纪律的通知》，组织召开全省严肃组织人事工作纪律会议，重申严肃组织人事工作纪律要求。制定出台了《省委组织部对反映选人用人问题的调查核实暂行办法》，从严查处违规违纪行为。加强干部选任过程监督，对拟任干部征求有关部门意见，对部分领导干部进行了选人用人问题的函询。

三是切实加强干部宏观管理。加强对各级领导班子和干部队伍的宏观管理，建立实行领导班子和重要岗位领导干部队伍结构分析制度，定期编制《山西省各类干部基本情况分析》，为干部工作的正确决策提供客观准确的信息依据。加大培养选拔年轻干部力度，加强后备干部队伍管理，选派干部到沿海发达地区、我省贫困地区和信访部门挂职锻炼。扎实做好干部援疆、人才援疆工作，认真落实援疆干部人才各项待遇，组织124名受援地干部人才来我省培训，接收安置挂职干部56人。切实抓好离退休干部思想政治建设，认真落实离退休干部政治待遇和生活待遇。

六、认真落实人才发展规划《纲要》，为实现转型跨越发展提供人才支撑

一是着力构建人才工作整体推进的工作布局。印发了《山西省引进国内高层次人才暂行办法》、《山西省“三晋学者”支持计划实施办法》等45项政策性文件和人才工程文件，出台了5支人才队伍建设专项规划。各市、县和省直重点部门、省管大型企业、高校、各类开发园区都制定了人才发展规划或实施意见。

二是突出抓好海外高层次人才引进工作。引进海外高层次人才50名，山西引进海外高层次人才总数已达到106名，其中有9名入选中央“千人计划”，原定5年完成的“百人计划”任务3年完成。组织基层近50个用人单位赴省外参加了海外学子创业周和创新创业项目推介会。

三是健全完善省市县乡四级党委联系专家工作制度。制定出台了《关于加强和改进党委联系专家工作的意见》，形成了省委联系千名、市(厅)级党组(党委)联系万名高级专家，县委联系近四千名(3926名)、乡镇党委联系近万名(8325名)优秀人才的四级党委联系工作新格局。

四是统筹推进各类人才队伍建设。制定实施《企业经营管理人才能力培养计划》、《社会工作专业人才队伍建设中长期规划》。加强文化人才队伍建设，制定了《省属五大文化企业集团领导班子管理办法》。以培育“两高”人才为重点，全省新增高级专业技术人员6000余名，新增技能人才26万名，其中高技能人才5.1万名。

七、切实加强基层党组织建设，着力夯实服务转型跨越发展的组织基础

一是突出重点，农村基层党组织建设有效加强。对全省第二轮村级组织活动场所建设工作进行了总结表彰，出台了《山西省村级组织活动场所管理使用办法》，建立健全活动场所规范管理的长效机制。加大“四议两公开”工作法的推广力度，规范农村“两委”工作，在乡镇党委中推广文建明工作法。扎实做好农村“两委”换届工作，全省农村“两委”换届进展顺利、平稳有序。

二是抓住难点，非公有制企业党建工作积极创新。大力推进非公党建工作机构建设，全省已有5个市、35个县(市、区)挂牌成立了非公工委。省市县三级普遍建立了非公经济组织党建工作联系会议制度。全省向非公有制经济组织选派党建指导员7437名，对80名非公企业党组织书记、党建工作指导员进行了集中培训。采取单独组建、联合组建、挂靠组建等方式，新组建非公企业党组织958个，全省非公有制经济组织党组织覆盖率达到6.8%，党组织覆盖面进一步扩大。

三是点面结合，各领域党建工作统筹推进。落实“三有一化”要求，加强和改进街道社区党建工作。将街道党委改建为街道党工委，作为县(市、区)委派出机构。将社区体制改革与党组织建设同步推进，全省1756个社区建立了党组织，组建率达99.3%，初步形成了“社区党委（总支）——小区党支部——楼栋党小组——楼门单元党员中心户”的四级组织网络。扎实推进机关党建工作，制定了《贯彻〈中国共产党党和国家机关基层组织工作条例〉的实施意见》，对400余名省直党务工作人员进行了集中培训。

四是夯实基础，党员队伍建设得到加强。出台了《山西省“十二五”时期发展党员工作规划》，下发了《关于严格管理发展党员工作程序的通知》，进一步规范发展党员程序。进一步改善党员队伍结构，据党内年报统计，全年新发展党员6.59万多名，其中发展生产工作一线党员3.63万多名，占发展党员总数55.03%；发展35岁以下党员5.12万多名，占发展党员总数77.62%；发展高中以上学历党员5.95万多名，占发展党员总数90.3%；发展女党员2.46万多名，占发展党员总数37.38%。着力加强党内激励、关怀、帮扶机制建设，在元旦、春节和“七一”等重要节日期间，开展走访慰问生活困难党员、老党员和老干部活动。建国前入党的农村老党员和未享受离退休待遇的城镇老党员每人2000元的一次性生活补助金全部落实到位。

五是多措并举，大学生村干部工作取得成效。改进选聘方式，新选聘302名大学生村干部，实现了因需选聘。加强培养使用，召开现场会推广了河曲县实施大学生村干部培养使用“一把手工程”，选派100名大学生村干部参加了第一期大学生村干部成长培训班，开展了全省首届创业设计大赛。鼓

励支持大学生村干部积极参加选举，担任村"两委"成员和正职。促进有序流动，协调神华集团等单位考录了我省442名大学生村干部，协调有关高等院校，从大学生村干部中定向招考了6名硕士研究生，从优秀大学生村干部中公开遴选了153名乡镇（街道）副职。

八、努力建设高素质组工干部队伍，在转型跨越发展实践中争做表率

一是以党性教育为重点，加强思想作风建设。积极开展组工干部下乡住村活动，赴井冈山干部学院开展理想信念专题教育，汤涛部长亲自为机关党员讲党课，赴革命老区开展党日活动，全省组工干部积极落实兑现的公开承诺，努力践行宗旨，密切联系群众、自觉服务群众。

二是以公道正派为核心，加强职业道德建设。深入学习王彦生、李林森等优秀组工干部先进事迹，在全省选树表彰了一批优秀组工干部典型，用身边的事教育、激励和鼓舞身边的人。

三是以"三从严"为准则，加强廉政建设。进一步从严治部、从严律己、从严带队伍，不折不扣执行"十严禁"纪律要求，筑牢抵制不正之风的"防火墙"。

四是以建设学习型机关为载体，加强本领建设。加大组工干部教育培训力度，组织机关干部通过自主选学、在线学习、跟班学习、出国培训等形式，强化组工干部理论学习和业务学习。

五是以提高效能为目标，加强制度建设。建立健全组织部门人事管理、日常工作和监督约束等各项制度，做到提标、提速、提效。继续深化"组工干部下基层"活动，健全组织部门基层联系点制度，引导组工干部向基层学习、向群众学习、向实践学习。建立组织工作信息公开制度，树立组织部门开明、开放的良好形象。（荆　沛）

附：省委组织部部长、常务副部长、副部长、部务委员名单

省委常委、组织部部长： 汤　涛

常务副部长： 朱先奇

副　部　长： 张　健　张高宏　陈跃钢　张　葆（女）

部 务 委 员： 陈学东　赵建华

省委宣传部工作概况

省委宣传部部长　胡苏平

2011年，全省宣传思想文化战线按照中央和省委的要求，坚持以科学发展观统领宣传思想文化工作全局，改革创新、积极努力，突出重点、狠抓落实，各方面工作都取得了明显成效，为加快推动我省转型跨越发展、再造一个新山西提供了强大的思想保证、精神动力、舆论支持和文化条件。

一、紧紧围绕打牢转型跨越发展的思想基础，理论武装取得了新成效

一年来，把学习研究宣传科学发展观、胡锦涛总书记"七一"重要讲话精神、党的十七届五中、六中全会精神、省十次党代会精神以及袁纯清书记重要讲话精神作为重点内容，把领导干部特别是党委中心组成员作为重点对象，把推进学习型党组织建设作为重要抓手，把理论联系实际作为根本要求，把加快推进我省转型跨越发展作为重要目标，全方位做好理论工作。

一是学习型党组织建设扎实推进。按照"科学理论武装、具有世界眼光、善于把握规律、富有创新精神"的总要求，学习型党组织建设工作不断深化。围绕建党90周年，省学建办组织了"读一本好书征文"活动和"好书读讲"活动，召开了学习型党组织建设暨理论工作座谈会。按照中央和省委的要求部署，组织了党的十七届六中全会和省第十次党代会精神宣讲团，开展了广泛深入的宣讲活动。袁纯清书记亲自推荐书目，极大地调动了大家的学习热情，全省上下形成了浓厚的学习氛围。

二是党委中心组学习创造了新经验。充分发挥各级党委中心组的示范作用，组织进行了市县两级党委中心组大检查。突出抓好省委中心组学习，严格筛选省部级领导、知名专家作专题报告，全年共组织12次专题学习。我们还深入总结了省委中心组学以致用、学用结合的"六学六用"模式，即自主学用以打开思想大门，专题学用以完善科学决策，调研学用以总结新鲜经验，研讨学用以破解发展难题，观摩学用以督导任务落实，干中学用以指导实践进程。《求是》杂志、中宣部部刊《宣传工作》都对这一经验作了重点介绍。在全国理论工作座谈会以及学习型党组织建设理论与实践研讨会上，我省还就此作了重点发言。

三是理论研究成果丰硕。把山西经济社会发展的重大理论问题和实践问题作为主攻方向，组织了一系列重大课题研究，拿出了一批有分量、有影响的成果。结合中央、省委的重大决策部署，先后组织举办了山西省纪念中国共产党成立90周年理论研讨会、省城理论界学习胡锦涛总书记“七一”重要讲话座谈会和转型跨越发展研讨会，并整理编印了有关文集。编撰了《山西经济社会发展形势与预测》蓝皮书。成功组织了全省第七次社会科学研究优秀成果评奖工作。

二、紧紧围绕营造转型跨越发展的良好环境，舆论引导形成了新氛围

按照袁纯清书记提出的“高举旗帜，鼓舞士气，积极监督，优化氛围，提升形象，建好队伍”24字工作要求，紧紧围绕中央和省委的重大决策部署、重要实践活动，开展新闻舆论工作，着力为我省转型跨越发展提供强有力的舆论支持。

一是组织宣传战役，营造舆论氛围。紧扣中心工作，突出重大主题，先后精心组织了“十二五”规划、综改试验区建设、建党90周年纪念活动、胡锦涛总书记“七一”重要讲话、袁纯清书记“7·28”重要讲话、市县乡党委换届、第六届中博会、党的十七届六中全会精神、省第十次党代会精神、辛亥革命100周年等一系列宣传战役。各级各类媒体积极参与，相互配合，联手造势，形成合力，《山西日报》、山西电台、电视台等主流媒体很好地发挥了主渠道、主阵地作用，在全社会营造了良好的舆论氛围。中央驻晋媒体积极撰写稿件，宣传山西的大好形势和先进经验，为提升山西形象发挥了重要作用。

二是建立健全机制，有效掌控舆论。以解疑释惑、理顺情绪、化解矛盾、凝心聚力为目标，扎实做好应对突发性事件的各项工作。健全完善了网上舆情监控机制，坚持舆情信息一日一报、特大舆情信息即时专报，为省委省政府领导及时把握舆情动态提供了有效服务。组织各方力量，积极回应网上舆情，加大正面宣传引导，有效应对了老陈醋勾兑、煤矿采空区塌陷等一系列网上舆论炒作。加大新闻发布力度，全年协调各级各部门举办各类形式的新闻发布活动400余场，增强了透明度，提高了公信力。

三是注重阵地建设，强化新闻管理。按照中宣部的统一部署，继续推进“杜绝虚假报道，增强社会责任感，加强新闻职业道德建设”专项教育活动，深入开展“走基层、转作风、改文风”活动，提升了新闻从业者的政治素质、业务素质和职业道德，推动了新闻媒体更好地服务大局、服务基层、服务群众。着眼于突发性公共事件的应急处置，着力用好新闻发言人、舆情信息员、网络发言人、网络写手和新闻宣传通讯员等“五支队伍”，坚持在管媒体、管市场、管队伍、管干部、管安全等方面“五管齐下”，收到了明显效果。

三、紧紧围绕构筑转型跨越发展的精神支撑，文明创建实现了新突破

坚持把社会主义核心价值体系建设贯穿在精神文明创建和思想道德建设的全过程，继续加强社会主义核心价值体系建设，不断推动形成加快转型跨越发展的价值导向。重点抓了三方面工作。

一是以纪念建党90周年为契机，广泛开展理想信念教育。围绕纪念建党90周年，全省各地举办了不同形式的纪念会、研讨会、座谈会、红歌会、演讲赛、知识竞赛以及优秀剧目展演、展播等活动。比如，会同中央党校、中央党史研究室、光明日报等单位，举办了太行精神研讨会，在八路军太行纪念馆举办了“在太行山上”大型群众性歌咏演唱会，录制播出了《足迹·山西90年》系列文献纪录片。丰富多彩的纪念活动和形势政策教育，弘扬了党的优良传统，坚定了人们对中国特色社会主义的信念和信心。

二是以道德模范评选为抓手，积极倡导高尚的价值追求。积极组织开展第三届全国道德模范推荐评选活动，我省1人获全国道德模范，9人获提名奖。获得全国道德模范的山西师范大学临汾学院孟佩杰同学，多年来精心侍奉瘫痪在床养母的事迹十分感人，催人泪下，具有典型的教育意义。我们把道德模范评选的过程作为宣传高尚道德、弘扬奉献精神的过程，在全省上下产生了良好的示范效应。狠抓未成年人思想道德建设、社会文化环境净化工程，完成了72个“乡村少年宫”的建设；加强了对爱国主义教育基地建设的协调指导，编辑出版了《红色三晋》一书。

三是以文明和谐创建活动为载体，大力培育良好的社会风尚。紧紧抓住文明创建评选年这一契机，大力宣传文明和谐先进典型，努力发挥他们的示范作用，推动我省的文明程度不断提升。充分利用第六届中博会在太原举办的难得机遇，组织开展了“迎中博·讲文明·树新风·做贡献”活动。省城500名中博会志愿者队伍，成为中博会举办期间一道亮丽的风景，赢得了中外宾客的一致赞誉。特别是长治市全民动员，十年奋斗，坚持不懈，久久为功，2011年终于获得全国文明城市的荣誉称号，为我省文明城市创建树立了典范和标杆。

四、紧紧围绕增添转型跨越发展的文化力量，改革发展呈现出新气象

按照胡锦涛总书记“三加快一加强”的要求，继续加大文化体制改革的力度，全省文化改革发展取得了新的重大进展。

一是坚持“四轮驱动”，加速改革进程。继续坚持和完善“四轮驱动”改革的做法和经验，有力推动文艺院团、电影公司和电影院、非时政类报刊转企改制以及广电网络整合等工作，我省各项改革继续走在全国前列。截至目前，全省163家文艺院团、154家电影公司、电影院及电视剧制作中心的转企改制任务全部完成；广播电视网络整合初步实现“统一规划、统一建设、统一运营、统一管理”，基本形成“全省一张网”；非时政类报刊单位、经营性网站的转企改制有序推进，已实现任务过半。我省的文化体制改革工作受到了中央领导和中宣部的关注和表扬，连续两年被评为“全国文化体制改革先进地区”。

二是组建“五大”集团，做强市场主体。在省委省政府的

大力支持推动下，成功组建山西广电网络集团、山西演艺集团、山西日报传媒集团、山西广电传媒集团、山西影视集团等五大国有文化产业集团，推进了集约化、规模化和专业化经营。在国有文化产业集团的带动下，一批成长性好、潜力较大的重点文化企业快速成长，宇达集团、同天科技等民营文化企业，正在成为山西文化产业发展的重要力量。

三是落实“五大战略”，引领发展全局。按照袁纯清书记提出的大作品表现、大集团运作、大景点支撑、大服务引领、大会展集聚的“五大战略”，全力推动文化产业发展。近年来，文化产业增加值以25%的速度递增，高于全国平均增速，占到GDP的3.12%，高于全国2.75%的比率。精心打造出大型说唱剧《解放》，舞剧《千手观音》、《粉墨春秋》，京剧《知音》，晋剧《打金枝》，话剧《立春》，电视连续剧《天地民心》、《革命人永远是年轻》、《红军东征》，电影《情归陶然亭》等一大批精品力作。大型说唱剧《解放》在全国巡演近300场，观众超过50万人次，已进入国家精品工程。坚持以文化为魂，不断强化文化与旅游、科技、金融、体育等相关产业的深度融合，制定出台了《山西省国有文艺演出院团体制改革指导意见》、《山西省人民政府办公厅转发省文化厅 < 关于推动全省动漫产业发展实施意见 > 的通知》、《金融支持文化和旅游产业发展的实施意见》等一批政策性文件。全省各地均有一批重要文化产业项目引入新的战略投资者，产业发展势头良好。

四是抓好“五个一工程”，三级联动发展。继续加大力度，实施加快文化产业发展的“五个一工程”。各地各部门充分发挥“五个一工程”的支撑带动作用，全面加快文化产业发展步伐。2011年，武乡八路军、忻州雁门关等十大文化产业园区相继建成，广灵剪纸、平遥推光漆器、定襄雕刻等十大文化产品，平遥国际摄影大展、五台山国际文化旅游节等十大会展节庆，发挥了重要的示范带动作用。省市县三级文化产业联动发展、竞相赶超的新格局进一步形成。

五是完善五级服务体系，保障基本需求。大力发展公益性文化事业，不断提高公共文化服务能力，省市县乡村五级公共文化服务设施建设取得重大进展。大部分市建立了群艺馆、图书馆、博物馆，所有的县（市、区）建立了文化馆和图书馆，乡镇文化站、“两区”农村流动书库、乡村文化信息资源共享工程实现了“三个全覆盖”。省城大型标志性文化设施，如山西省图书馆新馆、山西大剧院、太原美术馆、太原博物馆等已经投入或正在筹划运营。全年新建农家书屋14000余个。乡村公共文化服务设施建设步伐进一步加快，全省公共文化服务体系已经基本形成。

五、紧紧围绕展示转型跨越发展的崭新形象，对外宣传迈出新步伐

把让山西走向全国、走向世界作为目标定位，大力宣传山西悠久的历史、丰富的资源、灿烂的文化，大力宣传省委省政府转型跨越发展、再造一个新山西的决策部署，努力营造山西改革开放的良好氛围。

一是扩大宣传半径，提高了我省对外影响力。加强与省外、境外媒体的交流合作，努力加大对我省正面宣传报道的力度。中央媒体全年刊发报道山西的稿件近600篇，报道5000余条。组织了第六届网络媒体山西行、香港大公报等9家媒体记者采访团山西行等活动，组团60余人对台湾进行了新闻交流活动；抓住第六届中博会在太原举办这一重大契机，精心组织省内外、海内外媒体开展了“转型跨越、中部崛起”六省巡回采访活动，充分展示了“新山西、新形象”。

二是拓展外宣渠道，增强了三晋文化美誉度。成功组织了欧亚博览会、西部经洽会等经贸外宣活动。黄河电视台策划推出了“魅力山西”国际电视展映年活动，全面展示了我省深邃的文化、淳朴的民风和巨大的变化，拉近了山西与世界的距离。文化“走出去”持续深入，全年组织20余个团组参加了面向十多个国家的文化交流活动；输出版权40余种，连续5年实现版权贸易顺差。相继举办了一系列对外文化宣传交流活动，充分展示了山西良好的文化形象。编辑出版了《中国·山西》画册。

六、紧紧围绕探索转型跨越发展的科学道路，文化强省绘就了新蓝图

12月28日，召开了山西文化强省建设大会，制定了《关于深入贯彻党的十七届六中全会〈决定〉加快建设文化强省实施意见》，绘就了我省文化改革发展的宏伟蓝图。文化强省建设大会对我省文化改革发展作出了全局性、整体性、系统性的决策部署，为我省文化改革发展指明了正确方向，也为我们做好当前和今后的文化工作提供了基本遵循和政策保障，具有里程碑的意义。以这次大会为标志，我省文化改革发展迈入一个全新的发展阶段。

一是提高了思想认识。这次大会，进一步深化了广大干部群众对新形势下建设文化强省重大意义的认识，深化了对文化在我省转型跨越发展中地位和作用的认识，大大增强了大家加快文化改革发展、建设文化强省的自觉性和自信心。

二是明确了目标任务。大会深入贯彻党的十七届六中全会和省第十次党代会精神，实事求是地提出“十二五”末文化强省建设的近期目标以及2020年的中期目标，明确了我省文化强省建设的主要任务。我们推进文化强省建设的方向更加明确，思路更加清晰。

三是完善了保障措施。这次大会站在战略和全局的高度，要求我们进一步把握文化发展规律，健全体制机制，增强领导文化建设的本领，努力提高文化改革发展的科学化水平，并从组织、人才、政策、机制等方面，全面完善了保障措施，这对我们进一步开创文化强省新局面，谱写三晋文化繁荣发展的新篇章，必将产生巨大的推动作用。

（刘剑锋）

附：省委宣传部部长、常务副部长、副部长名单

省委常委、宣传部部长：胡苏平（女）

常务副部长：杨 波

副部长、省文明办主任：李福明

副部长、省委外宣办主任： 郭玉福

副部长： 杜学文　尹天五

省委统战部工作概况

省委统战部部长　聂春玉

2011年，省委统战部以实施"同心"品牌工程十大主题活动为主题，团结奋进、开拓创新，各领域工作取得显著成效，圆满完成了省委、省政府下达的各项目标任务，为服务全省转型跨越发展做出了积极贡献。

一、贯彻"同心"思想，开展"同心"品牌十大主题活动取得新成效

2011年1月，胡锦涛总书记在党外人士座谈会上提出了"思想上同心同德、目标上同心同向、行动上同心同行"的"同心"思想。中央统战部及时安排部署，在全国统一战线实施"同心"品牌工程。我们结合山西实际，着眼于服务转型跨越发展，于3月召开动员会议，在全省统一战线启动实施"同心"品牌工程十大主题活动。随后7月召开上半年统战工作座谈会，对开展活动情况进行了通报；9月又进行了督查调研；11月召开统一战线"同心"品牌十大活动长治现场会，不断推动活动扎实开展。目前，"同心"品牌工程十大主题活动已成为全省统一战线的广泛共识和一致行动，已成为统一战线围绕中心、服务大局、加强建设、提升素质的重要载体和广阔平台，各市县、统一战线各个方面亮点纷呈、成效明显。统一战线共同思想政治基础更加巩固，统一战线服务转型跨越发展的优势得到彰显，统一战线自身建设得到进一步加强。我省统一战线实施"同心"品牌开展十大活动的思路和举措，得到中央统战部和省委、省政府主要领导的充分肯定。全国政协副主席、中央统战部部长杜青林批示："山西省委、纯清书记高度重视统战工作，省委统战部对打造'同心'品牌，思想认识明确，工作安排部署主题鲜明、重点突出、措施具体"。袁纯清书记、王君省长也都先后作出批示，强调同心同力同发展，注重实效，抓好落实，为促进全省改革发展稳定做出积极贡献。

二、围绕中心，服务大局，为服务转型跨越发展做出新贡献

一年来，在围绕中心中定位，在服务大局中尽职，在服务转型跨越发展中进一步提升统战工作整体水平。一是积极引导民主党派、工商联和无党派人士为转型跨越发展建言献策。以"同心·我为转型跨越献良策主题活动"为抓手，积极引导统一战线广大成员建言献策，特别是组织民主党派、工商联和无党派人士，围绕我省转型跨越发展和综改试验区建设进行专题调研，形成了8份高质量的调研报告。袁纯清书记、王君省长给予高度评价。省委统战部创办《建言献策专报》，专门刊登党外代表人士对我省经济社会发展的意见建议，2011年共编发7期，得到王君省长等6位省领导的11次批示。二是组织动员统一战线成员为保障改善民生作贡献。深化感恩行动经验成果，实现了全省"三老"人员全覆盖。启动实施"同心·新晋商科普惠三老活动"，广大非公经济人士捐赠1100万元和价值100万元的药品，为全省1.4万余名在乡"三老"人员提供科普惠农绿色通道服务。"三老"人员连续10年免费享受技术培训、产业指导、农资捐赠、教育医疗等四个方面的帮扶，每户年可增收3000余元。这一举措获全国统战工作实践创新成果奖。开展"同心·情暖三晋服务民生主题活动"，组织动员各民主党派成员开展医疗、卫生、科技、文化等"下乡"便民服务，鼓励引导非公经济人士开展绿化荒山、修桥铺路、捐资助学等光彩慈善事业，一年来，共筹集550万元，受到群众和社会的好评。在全省进行了"民主党派、工商联、无党派人士为小康社会作贡献"先进集体和个人及优秀成果的推荐评比，我省推荐的7个先进集体、先进个人和优秀成果荣获全国表彰。三是鼓励支持非公有制经济人士争当转型跨越发展排头兵。举办了全省非公人士"十二五"规划暨转型综改试验区学习班、学习省十次党代会精神培训班等6个学习培训班，组织160多位非公经济代表人士赴江浙地区参观考察，有效提升了广大非公人士转型跨越发展的坚定信念。召开民营企业转型跨越发展座谈会，对15家优秀民营企业予以表彰，以此带动更多民营企业加快转型跨越步伐。召开晋商银行与民营企业发展座谈会，搭建银企合作平台，促进"非公"企业转型跨越。四是依托统战工作平台服务招商引资、对外开放。中博会期间，统一战线共邀请14个省21个代表团200余人参加，其中有18家是世界500强企业。省侨联召开首届华人华侨"共赢·发展"三晋年会暨新材料新技术高端项目专场推介对接会，来自13个国家和港台地区的100多位知名华人华侨企业家、专家学者出席，促成18个技术、资金、人才引进项目的签约，总金额达2250.8亿元。

三、创新思路，狠抓落实，统战各领域工作取得新进展

一年来，充分发挥统一战线优势，富有特色开展工作，统一战线各领域工作呈现出新的局面。

（一）加强党外代表人士队伍建设，推动多党合作事业不断发展。一是深化主题教育，统一战线共同思想基础不断巩固。举办了省市县三级"同心·社会主义核心价值体系学与行先进事迹报告会"，让典型作示范，用身边人和事教育身边人。以纪念建党90周年和辛亥革命100周年为契机，举办和协助举办了座谈会、书画展、歌咏比赛等丰富多彩的纪念活

动。统一战线成员坚持共产党领导、走中国特色社会主义道路的决心和信念更加坚定。二是创新体制机制，推动多党合作。坚持做到重大问题及时协商、重要情况及时通报，省委全年召开民主协商会、情况通报会、座谈会15次。省高级法院、高级检察院连续三年向民主党派、工商联和无党派人士通报情况、征求意见。3月份以来，袁纯清书记每次到基层调研都邀请一位党派主委参加，王君省长每逢重大活动，都安排党外代表人士参加，创造了多党合作的新范式，召开全省民主党派和无党派厅级干部履职交流会议，组织党外干部履职交流。三是出台有关文件，加强对换届工作的指导。起草制定了《关于协助各民主党派做好市级组织换届工作的意见》等四个文件，并分别以省委办公厅文件转发和以省委组织部、省委统战部文件下发。同时还多次召开会议，听取情况汇报，组织专人督查指导，帮助解决换届中的困难和问题，确保换届工作健康顺利、风清气正。四是抓好培养使用，加大统一战线队伍建设力度。以市县换届为契机，积极推进党外干部安排，保证了市县两级人大、政府、政协党外人士政治安排和实职安排，政府部门及司法机关党外领导干部选配有新突破。五是党外知识分子工作扎实开展。召开高校国企统战工作座谈会，成立党外知识分子联谊会，深入开展创先争优宣传教育、律师团服务、引进海外高层次人才等活动，党外知识分子和无党派人士作用得到发挥。探索建立无党派人士、自由择业知识分子综合评价体系，引导他们健康成长。

（二）加强民族宗教工作，为维护全省大局和谐稳定做出积极贡献。立足维护社会和谐稳定大局，高度重视民族宗教工作。民族工作方面，制定下发《山西省民族团结进步创建活动实施方案》，积极推动民族团结进步创建活动，城市民族工作得到加强。在全国少数民族运动会上再获佳绩，12个项目获奖。宗教工作方面，贯彻落实国家和我省《宗教事务条例》，起草下发关于加强新形势下宗教界代表人士工作等文件，制定出台宗教代表人士考核方案，召开省佛协、道协有关会议，调整充实其领导班子，宗教界代表人士培养工作稳步推进。特别是着眼维护和谐稳定，推进天主教独立自主自办，抓好基督教治乱工作，妥善处理突发事件，在维护稳定、促进和谐中发挥了积极作用。

（三）加强和改进工商联工作，引导非公经济人士健康成长。代省委、省政府起草了贯彻中共中央、国务院《关于加强和改进新形势下工商联工作的意见》的《实施意见》，并以省委、省政府名义及时下发。举办省市县三级工商联主席、党组书记培训班，在全国首家召开了全省工商联商会建设工作会议，商会工作成为全省统战工作的新亮点。加强非公经济人士思想政治引导，在非公经济党组织中深入开展创先争优活动，进一步发挥了党组织和党员的作用。开展"同心·科普惠三老"活动，强化了非公经济人士感恩奉献的意识。

（四）加强对外联络，港澳台海外统战工作取得新发展。召开统战系统对台工作会议，举办省海联会港澳及海外理事国情省情培训班，深化港澳及海外理事对我省形势认识和感情认同。在澳大利亚、日本、台湾新建立了联谊组织，进一步拓展了联谊交流渠道。建立完善了相互联谊交流机制，进一步提高了联谊交流的质量和水平。充分发挥港澳政协委员推介山西、宣传山西作用，搭建平台、招商引资、招才引智的作用，维护港澳繁荣稳定和促进祖国统一大业的作用。

（五）加强调研、宣传、信息工作，努力推动理论创新和实践创新。一年来，加强全省统战理论研究，完成中央统战部安排的重点调研任务，有3篇调研成果荣获全国统战理论研究优秀成果奖。加强统战宣传，其中在《中国统一战线》发表文章数量列全国第三，刊载简讯数量名列全国第二。加强信息工作，创办《建言献策专报》《"同心"工程简报》，省委统战部信息工作获全国二等奖，连续9年受到中央统战部表彰。

（隋欣哲）

附：省委统战部部长、常务副部长、副部长名单

省委常委、统战部部长：李政文（1月离职）
聂春玉（1月任职）

常务副部长：马天荣

副部长、省宗教（民委）局局长（主任）：边根棠

副部长、省工商联党组书记：郭海刚

副部长：樊盛武（6月任职） 王建新 李云平

省委政法委工作概况

省委政法委书记　金道铭

2011年是我省转型跨越发展取得重大成就的一年，也是政法工作力度大、措施实、效果好的一年。全省政法机关自觉服务全省工作大局，以深化社会矛盾化解、社会管理创新、公正廉洁执法三项重点工作为切入点，推动各项政法工作取得了新进步，确保了全省社会大局的稳定，为服务转型跨越发展、实现"十二五"时期良好开局作出了重要贡献，受到中央和省委领导的肯定。中央政治局常委、中央政法委书记周永康同志在《关于我省贯彻落实中央决策部署加强和创新社会管理的报告》上作出重要批示，充分肯定了我省加强和创新社会管理工作取得的成绩，对下一步工作提出了殷切期望。中央政治局委员、中央政法委副书记王乐泉同志在《山西省政法工作情况汇报》上作出重要批示，指出：2011年山西省各项政法工作开展成果明显，今年工作安排看后令人欣慰。省委对政法工作高度重视，省委常委会专门听取了省委政法委关于全国政法工作会议精神及贯彻意见的汇报。袁纯清书记、王君省长和金道铭副

书记等领导同志充分肯定了2011年以来全省政法工作取得的成绩，深刻分析了面临的形势，对做好当前和今后一个时期的政法工作提出了具体要求。

一、坚持围绕中心、服务大局，为全省转型跨越发展创造良好社会环境

（一）依法调节经济社会关系，为转型跨越发展提供了良好的法律保障。深入贯彻《关于政法机关服务转型跨越发展的指导意见》，研究出台了一系列政策措施，积极服务经济社会发展。组织开展矿产资源、工程建设、国土资源等领域突出问题专项治理，依法惩处偷税骗税、非法集资、非法买卖土地等严重经济犯罪。围绕116个重点工程项目开展职务犯罪预防，组织开展查办职务犯罪“百日大会战”，加大惩治和预防渎职侵权违法犯罪工作力度。围绕重点产业、项目、工程建设和重大活动，组建专项法律服务团队，提供“一站式”法律服务。

（二）着力加强和创新社会管理，提高了服务群众、管理社会的能力和水平。认真贯彻落实中央决策部署，加强学习培训，开展摸底调研，科学规划设计，狠抓项目建设，推进综合试点，流动人口、特殊人群、“两新组织”、信息网络等服务管理取得新进展，创造了一批新经验。同时，开展“打四黑除四害”、打黑除恶、打击“两抢一盗”、打击拐卖儿童妇女、打击电信诈骗、“亮剑”、“清网”等专项行动，依法从严惩处危害食品药品安全的违法犯罪活动，集中整治治安重点地区，积极构建社会治安防控体系，提高了驾驭社会治安局势的能力。省委政法委组织40多个省直单位，抽调300余名调研骨干组成35个课题小组，利用一个半月的时间，在全省范围内组织开展了加强和创新社会管理大型摸底调研活动，编印了42万字的《加强和创新社会管理调研文集》；组织召开调研成果汇报会，集中交流调研成果，提出了一系列有针对性的对策措施；制定出台了《关于加强和创新社会管理的实施意见》，明确了当前和今后一个时期我省加强和创新社会管理的8个着力点和确保社会管理取得实效的保障措施；举办了全省领导干部加强和创新社会管理专题研讨班，中央政法委副秘书长王其江做了辅导报告，袁纯清书记、王君省长和金道铭副书记出席研讨班并作了重要讲话。

二、坚持源头治理、综合施策，有效预防和减少社会矛盾纠纷的产生

（一）积极预防化解社会矛盾，促进了社会和谐。推动建立社会稳定风险评估机制，从源头上预防和减少社会矛盾的发生。以完善人民调解、行政调解、司法调解衔接机制为重点，积极构建“大调解”工作体系。在劳动纠纷、医患纠纷、环境污染、征地拆迁、交通事故等领域完善行业性、专业性调解组织，有效开展工作。出台《关于建立矛盾纠纷警示制度的意见》，建立矛盾纠纷警示制度，加强综治维稳信息中心建设，提高了预知预警预防能力。一年来，各类人民调解组织共调处矛盾纠纷28.36万件，调处成功率98%。

（二）着力化解涉法涉诉信访积案。省委政法委对涉法涉诉信访案件的清积评查活动高度重视，实行领导包案化解机制，建立涉法涉诉联调听证机制，健全司法救助机制，建立责任查究机制，与省纪委、省检察院、省监察厅联合出台《关于对政法机关及其干警执法办案中违法违纪问题进行责任查究的意见》，加大巡查通报力度，完善终结机制，依法打击处理。通过工作，涉法涉诉信访积案化解工作取得阶段性成果。

三、多管齐下、综合治理，深入推进“平安三晋”创建活动

（一）集中排查整治。省综治办在全省部署开展社会治安重点地区和突出治安问题排查整治活动。一是加强日常督导。二是突出重点督查。2011年，先后两次派出由厅级领导带队的督查组，结合“两节两会”安全稳定工作深入开展督查。三是深化专项治理。针对民爆物品安全管理问题，省综治办部署开展为期10个月的民用爆炸物品专项整治行动。2011年，全省爆炸案件和事故起数、死亡人数在连续4年大幅下降的基础上，同比又分别下降了50%、63%，继续保持了平稳态势。针对学校、幼儿园治安安全问题，省综治办、省公安厅、省教育厅在全省部署开展为期三个月的校园安全大检查。针对公共安全事故时有发生，在规模以上矿山及非煤矿山推广“五进矿山”工作模式，促进我省安全生产形势进一步好转。

（二）深化基层平安创建。省综治办和省民政厅联合印发《山西省平安边界建设考评方案》，深入开展平安边界创建活动，维护了边界地区的和谐稳定。省妇联出台《关于深化平安家庭创建工作的意见》，与政法综治部门联手，以点带面，整体推进平安家庭创建工作。省综治办督促指导工会、共青团、妇联等五部门积极参与综合治理看守所安全管理工作，提高看守所安全管理水平。省铁路护路联防办以平安铁路“双示范”活动为载体，推动全省护路联防工作创新发展。2011年1月15日，全国铁路护路联防办公室主任会议在我省召开，观摩学习了晋城市的护路经验。

四、扎实推进社会管理各项工作

（一）创新社会管理综合试点工作。省综治委制定下发了《全省社会管理创新试点工作指导意见》，省委、省政府在襄垣县召开全省加强和创新社会管理工作现场会，总结了近年来全省社会管理取得的成绩和经验，分析了面临的形势和任务，对今后一个时期加强和创新社会管理综合试点工作进行了再动员再部署。

（二）创新流动人口服务管理。一是强化平台建设。省综治办下发《全省流动人口服务管理试点工作实施方案》，全省5个流动人口服务管理试点县（市、区），于2011年6月底前全部建立以乡镇（街道）综治工作中心为依托的流动人口服务管理平台。二是强化督促指导。省综治办采取综治考核、专项督查等多种手段，进一步加强流动人口“四统一”服务管理模式的落实。三是强化制度建设。积极稳妥推进户籍管理制

度改革,推行居住证等"一证通"服务管理措施;加强流动人口落脚点管理,积极推行出租房屋"快捷通"管理系统。

(三)创新特殊人群服务管理。一是建立完善刑释解教人员必接必送和安置帮教机制。充分发挥全省规范化安置帮教基地作用,认真解决刑释解教人员就业、生活等方面的困难和问题。二是建立完善体现宽严相济刑事政策要求的社区矫正工作体系。截至2011年6月底,全省社区矫正工作机构全部组建完成。三是全面推动预防青少年违法犯罪活动。

(四)创新政法综治宣传工作。2011年7月,组织省内各大主流媒体、中央驻晋部分媒体记者,赴全省11个市进行集中采访,开展了全省加强和创新社会管理大型宣传活动。《人民日报》、新华网刊登了吕梁市委书记和市长公开电话,《法制日报》、中国法制网刊登了部分市、县先进经验,《山西政法》和山西政法网作了重点报道,为全省加强和创新社会管理营造了良好舆论氛围。

五、积极稳妥地推进司法体制和工作机制改革

(一)督促政法机关推行执法档案制度,开展执法质量考评活动。省委政法委下发了《关于对全省政法部门执法档案工作进行检查的通知》,督促指导各级党委政法委和政法机关进一步建立健全执法档案制度。在推行执法档案制度的同时,组织、指导、督促各市委政法委和省政法各部门党组(党委)深入开展执法质量考评,目前各地各部门考评工作已经完成。

(二)加大案件督办协调力度。省委政法委多次召开专门会议,协调督办一些重大、敏感、疑难、复杂案件,并组织专门力量,对一些重点案件进行专项督办和协调,取得了良好的法律效果、社会效果和政治效果。

六、坚持政治建警、从严治警,深入推进公正廉洁执法

(一)组织开展主题教育实践活动。在全省政法机关部署开展"发扬传统、坚定信念、执法为民"主题教育实践活动。2011年5月18日,组织省政法各部门主要负责人、政治部主任及省委政法委处以上领导干部赴武乡县参观八路军太行纪念馆和八路军总部旧址,瞻仰革命先烈,重温入党誓词,慰问老八路、老党员,并召开全省政法系统主题教育实践活动推进会,引导政法领导干部和政法干警树立正确的世界观、权力观和事业观。出台了《省委政法委领导干部参加"发扬传统、坚定信念、执法为民"主题教育实践活动联系点工作方案》,我委领导全部建立联系点并先后多次深入联系点指导工作。2011年6月28日,召开全省政法系统纪念建党90周年表彰大会,103个先进基层党组织、101名优秀党务工作者和301名优秀党员干警受到表彰。2011年10月14日至18日,我委举办了全省党委政法委书记培训班,打牢以人为本、执法为民的思想基础。

(二)全面推进执法规范化建设。推行网上办案,建立执法办案考评机制,严格执行"四个一律"、"六个严禁"的要求,对涉案财物管理、涉案人员非正常死亡等问题进行专项治理,提高了人民群众的满意度。

(史竹涛)

附:省委政法委书记、常务副书记、副书记、综治办主任、秘书长、综治办副主任名单:

省委常委、政法委书记: 杜玉林(3月离职)
金道铭(3月任职,11月离职)
王建明(11月任职)

常务副书记、综治办主任: 高彦斌(6月离职)
李富林(6月任职)

副书记: 边晋南 杨有才

秘书长: 苗 伟

综治办副主任: 李曾贵

省委政策研究室工作概况

省委政研室主任 张瑞鹏

2011年,省委政策研究室紧紧围绕中央和省委的重大决策部署履行职能,紧扣省委工作大局组织和安排工作力量,始终做到不懈怠、不松劲,圆满完成了年初确定和省委交办的各项任务。

一、各项工作任务圆满完成

(一)全力做好省第十次党代表大会服务工作。根据省委统一安排部署,主要做了以下几件事:参与起草了党代会《报告》经济建设部分。党代会召开前夕,组织撰写了专题文章《转型跨越:全面小康的战略支撑,强省富民的必由之路》,经省委主要领导审定后,在《山西日报》头版刊登,山西电视台"山西新闻联播"节目作了专题报道,并以"迎接党代会系列述评"的形式连续4天播出内容摘要,文章对袁纯清书记"7·29"重要讲话以来,全省转型跨越发展的强劲态势作了描述,对转型跨越的战略思路进行了解读,强调在解放思想中凝聚转型跨越共识,在再造一个新山西中加快全面建设小康社会进程,在转型综改试验区建设中率先走出资源型地区科学发展新路,在攻坚克难、真抓实干中携手开创山西美好未来。文章对引导全省干部群众在转型跨越实践中凝聚共识、为党代会召开创造浓厚氛围发挥了积极作用,得到各方面的好评。大会召开期间,抽调十余名同志参加会议文件简报组的工作。大会结束后,组织编写了

《中国共产党山西省第十次代表大会报告学习读本》一书，全书共21万字，对《报告》做了解释，介绍了有关背景资料和工作情况，特别是对其中的重要观点和新提法做了阐发，为广大党员干部群众学习好、贯彻好、落实好《报告》提供了一本好的教材。室主任撰写了题为《转型跨越发展实质是又好又快发展》的文章，经省委主要领导审定后在《山西日报》发表，文章对省第十次党代表大会《报告》中提出的10个重大问题作了深入、全面的解读。精心编印《山西省第十次党代表大会特刊》，把大会重要文件资料汇集成册。

（二）围绕省委中心工作，深入开展调查研究。全年完成调研课题45个，其中以《调查与分析》刊发深度调研报告35个。这些课题主要涉及转型发展、体制改革、社会管理创新、保障和改善民生等方面。在转型发展方面，开展17个课题的研究，如《对我省战略性新兴产业发展的思考》、《洁净改性煤：煤炭行业转型发展值得重视的一个问题》、《经营煤炭：山西煤炭产业的发展取向》、《高铝粉煤灰开发利用研究》、《建议强力打造太原光谷》、《推进畜牧业发展的调研与思考》、《关于在我省大力推广种植生态沙棘林的调研报告》，等等。在体制改革方面，开展5个课题研究，如对创新警务运行机制、深化文化体制改革、理顺煤电关系、建设无线城市、规范电动自行车管理等课题进行了调查研究。在社会民生方面，开展7个课题的研究，着重对实现农民收入翻番、解决农民生活用煤困难、解决省城交通拥堵、完善信访体制机制、促进省属国企稳定、机关单位定点扶贫等问题进行了深入调研。就学习型党组织建设、县域环境保护、全省新农村建设、金融及对外贸易运行等专题进行了调研、问卷调查和分析。此外，还完成了《山西资源型经济转型综合配套改革试验区的政策机会与政策空间研究》、《山西创新产业转型的体制机制研究》、《关于"蒲公英工程"的调查报告》、《关于加强我省社会管理基层基础建设的调研报告》、《关于全省公安机关开展"阳光行动"的调查》等10个专题调查研究。调研报告引起省委、省政府领导的高度重视，袁纯清、王君、金道铭、高建民、汤涛、牛仁亮等领导多次做出重要批示。比如，《关于实现"十二五"期间农民人均纯收入翻番的调研报告》，多位省领导做出批示；《我省农民群众生活用煤困难情况调查》报送后，袁纯清书记和王君省长高度重视，做出重要批示，省政府出台了《山西省保障低收入农户冬季取暖用煤管理办法》，决定对低收入农户每年免费供应1吨取暖用煤，惠及全省684.5万农户。同时，根据省委安排，组织撰写了题为《创先争优：转型跨越的强大引擎》的署名文章，由省委组织部上报中央创先争优活动领导组办公室；参与了《中国共产党90周年宣传思想文化工作》一书部分章节的起草工作，已由省委宣传部上报中宣部；参与了省政府上报国务院《关于山西煤炭可持续发展试点的报告》的起草工作。

（三）积极反映重要信息，为省委决策提供参考。全年编发《情况与建议》20期，着重反映了循环经济推进、物联网产业发展、综改试验区建设、发展焦炭期货、农村换届选举、风景名胜区开发、流动人口管理、乡村发展规划、干部下乡住村、城市雨水利用、水土流失防治、建立中小企业产权交易市场以及外贸金融等方面的问题，针对性地提出了建议。《情况与建议》及时反映了基层调研工作中发现的重要问题，受到省委、省政府领导高度重视，领导批示12次。编发《动态参阅》41期，对一些重大问题进行了聚焦式反映，如《综合配套改革试验区专题》、《新兴产业专题》、《创新社会管理专题》、《中央经济工作会议专题》等等。此外，对社会各界广泛关注的热点问题，如国民收入分配改革、公务员制度改革、城市交通管理等，将其发生背景、形成过程及各界看法及时编辑刊发，提高了领导同志获取信息的便捷程度。编发《政研信息》39期，对各地推进转型跨越的亮点举措、成功经验进行了及时反映。

（四）加强督查协调，扎实推进和谐山西建设。省委和谐办主要做了以下四方面工作：一是及时掌握情况，交流工作经验。加强与市、县和谐办和各部门的联系，进一步健全信息反馈网络。一年来，共收到各地、各部门报送的建设和谐社会工作信息7000多条，编发《和谐山西建设简报》25期。二是主动开展督查，促进工作落实。深入部分市县进行督促检查，促进了工作的落实。三是针对重点问题，深入调查研究。围绕农村新的"五个全覆盖"实施情况、基层政权建设、健全和谐社会建设工作机制等问题，进行了调查研究。四是加强舆论宣传，营造良好氛围。协调省内主要新闻媒体，加强对建设和谐社会各方面典型的宣传报道，在全省营造了推进和谐社会建设的良好氛围。

（五）围绕省委重大决策和全省中心工作，编好《山西工作》。进一步改进版面、提高质量，《山西工作》整体水平上了一个新台阶。全年编发《山西工作》12期，选登文章215篇，彩页设计60页，以准确的刊物定位、灵活的办刊风格、精美的版式设计赢得了广大读者的好评。刊登省市领导署名文章62篇。以本刊评论员的名义撰写刊发《积极行动起来，把创先争优活动抓实抓好》、《五个方面着力，推动转型跨越》、《以中博会为新起点，为建设充满希望、快速发展的新山西而努力奋斗》和《把思想和行动统一到省党代会精神上来》等文章，以党刊编辑室的名义组织撰写《回眸2010》、《学习贯彻省党代会精神市委书记访谈录》等文章，为贯彻落实省委决策起到了较好的舆论引导和工作推动作用。同时，坚持面向基层、面向群众，及时总结和宣传全省各地各部门的先进经验，努力成为联系干部群众的桥梁纽带。

二、加强领导班子和干部队伍建设

（一）着力建设学习型机关。在坚持班子成员自学的基础上，组织八次中心组学习，围绕党的十七届四中、五中、六中全会和《党章》，围绕胡锦涛总书记"七一"讲话和省委书记袁纯清"7·28"等重要讲话，围绕省第十次党代表大会和全省"十二五"规划、转型综改试验区建设，围绕党风廉政建设、纪律作风整顿等内容，进行了认真学习。组织党员干部列席中心组学习会议，采取专题辅导、轮流讲学、集中讨论、部署工作相结合的方式，不仅加深了对学习内容的理解，而且实现了武装头脑与推动工作的有机统一。同时,室主要领导推荐《中国共产党历史》、《老一辈革命家咏晋诗抄》等书籍,组织全室干部开展了"读书活动"。此外,制定出台了《中心组理论学习制度》和《机关干部职工理论学习制度》,健全了学习机制,激发了广大干部学习的内生动力。

(二)认真执行民主集中制。严格按照"集体领导、民主集中、个别酝酿、会议决定"的议事决策规则研究决定全室重要事项,促进了领导班子决策的民主化、科学化和规范化。坚持集体领导、分工负责的原则,在统一研究部署的基础上,各位班子成员积极主动地做好各自的分管工作,相互沟通、相互配合。根据省纪委、省委组织部和省直工委的要求,围绕"坚持以人为本、执政为民理念,发扬密切联系群众优良作风",2011 年 12 月 18 日召开了专题民主生活会。按规定程序制定了生活会方案,进行了专题学习,征求了意见,开展了谈心活动,拟写了发言提纲,履行了报批手续。在生活会上,各位班子成员对照《廉政准则》和《关于党员领导干部报告个人有关事项的规定》进行了对照检查,以杨善洲同志为榜样,结合全室工作、分管工作和自身实际,开展了批评和自我批评,制定了整改措施。

(三)加强机关党的建设。把提高广大干部的责任意识、履责能力和尽责绩效作为重点,贯穿到队伍建设中。将创先争优活动与全室近年来开展的"三强党建"活动及全室中心工作紧密结合起来,"七一"前夕表彰了 5 名优秀共产党员、5 名优秀党务工作者和 1 个优秀党支部,走访慰问了建国前入党的老党员。组织机关 45 名党员开展了重温入党誓词活动,参加了省直工委组织的"晋商银行杯"党的知识竞赛、"党建工作巡礼图片展"、庆祝建党 90 周年征文等活动,党员干部的党性观念、宗旨意识明显增强。省纪委对纪律作风整顿作出安排后,12 月 3 日召开室领导班子会议进行专题研究,组建了工作机构,召开全室会议进行了动员部署,下发了《关于以"正风肃纪、创优环境"为主题在全室开展纪律作风集中教育整顿月活动的通知》,印制了工作纪律"五个不准"下发到全室每个同志,集中观看了警示片,各处室召开了民主生活会,制定了改进作风方案,开展了"回头看"活动。特别是结合政研室工作实际,针对"围绕中心、服务大局够不够;精研深思、提高质量够不够;振奋精神、加快节奏够不够"三个问题进行思考。制定出台了《关于在全室党的基层组织实行党务公开的意见》,规范了公开时间、内容、程序和方式,主动接受广大党员监督。同时,修订、完善和形成了涵盖学习、调研、考核、监督、机关管理等各方面工作的 30 多项制度,做到了依规理事、照章办事。

(四)引深精神文明建设和扶贫济困工作。成立了精神文明创建活动领导组,实现了人员到位、经费到位、载体到位、责任到位。深入开展社会主义核心价值体系教育活动。室领导班子成员分三批带领处室人员到静乐县堂尔上乡进行入户调查和帮需解困,多方筹集扶贫资金 10 余万元,并慰问了老党员和特困户。积极联系有关部门争取各项支持,目前已基本落实以工代赈资金 30 万元,列入了明年投资计划。积极开展联企帮困、助残济贫活动,为灾区送温暖、献爱心近 1 万元,得到了有关部门的好评。

(五)想方设法为干部职工办实事办好事。全面开通长途电话以方便工作,先后更新电脑、打印机等工作设备,改善会议室条件,保持宽带畅通,加强资料信息库建设。与新华社山西分社联系,在机关安装了 LED 电子显示屏,可以随时了解掌握国内外各方面信息和动态,有效增强了政研室的职能作用。积极从有关方面争取到一部分调研和信息化建设经费,为搞好调研工作提供了条件。干部职工的体检由两年一次改为一年一次,并且提高了体检标准。着眼于职工住房紧张的现状,积极争取到全员参加"龙城新居"团购房的资格,解决了一部分干部职工的住房困难。对司机的补助提高一倍。这些措施改善了干部职工的工作生活条件,提振了大家的工作积极性,进一步促进了全室的团结与和谐。

三、推进惩防体系建设和落实党风廉政建设责任制

(一)狠抓党风廉政建设责任制的落实。室领导高度重视党风廉政建设责任制的落实,根据分工抓好各项任务的落实。各支部书记按照"一岗双责"的原则,抓好自己所在处室的党风廉政建设。分管领导、机关党委和各处室党支部,认真按照责任分工,实行年初安排部署、年中检查督促和年终考核交账。坚持并实行党风廉政建设"一票否决制",党风廉政建设考核结果成为领导干部和处(室)奖励处罚的重要依据。

(二)狠抓党风廉政教育,筑牢反腐倡廉思想道德防线。结合纪念建党 90 周年,进一步丰富教育内容,突出教育重点,学习老一辈革命家的风范和品格,更加注重党员领导干部自我养成教育。围绕党风廉政建设召开两次室主任会议和两次中心组学习,不断把党性党风党纪教育引向深入。班子成员带头学习宣传、认真执行《廉政准则》,带动全室人员树立正确的世界观、人生观、价值观,始终保持昂扬向上的精神状态。

(三)狠抓党员领导干部廉洁从政各项规定的落实。根据省纪委《关于建立省管领导干部廉政档案的通知》要求,班子成员认真填写《领导干部廉政档案》,认真贯彻落实党内监督条例。按照为民、务实、清廉的要求,自觉执行中央和省委关于领导干部廉洁自律的各项规定,管好配偶、子女和其他亲属,从各方面严格要求自己,以过硬的作风为全室干部做出了表率。全室人员没有发生违纪违法问题,保持了良好的作风和形象。

(贺高明)

附:省委政策研究室主任、副主任名单

省委副秘书长、省委政策研究室主任:

李旺明(8 月离职)　张瑞鹏(8 月任职)

副主任: 霍甫安(8 月任巡视员)

杨绪全(6 月任职)　王利波　马文革

安　洋(12 月任职)

省直机关工委工作概况

省直机关工委书记　李仁和

2011年，省直机关工委和省直机关各级党组织按照机关党建走前头作表率的总要求，认真贯彻落实《机关基层组织工作条例》和省委贯彻条例《实施意见》，在服务中心、建设队伍，促进转型跨越发展中，亮点纷呈、硕果累累，较好地发挥了机关党组织的政治保证作用。省委领导对工委工作做出重要批示18次，其中省委书记袁纯清批示7次，对省直工委的工作给予了充分肯定。

一、机关党建工作呈现出六大亮点

一是举办了纪念建党90周年十大系列活动。精心组织开展了重温入党誓词、歌咏汇演、党的知识竞赛、征文、演讲比赛、党建工作巡礼展、党员志愿服务等十大系列活动。省四大班子29名领导、300多名厅局级领导干部带头参加，10万党员踊跃参与，新闻媒体广泛报道，在全省产生了很好的反响。

二是开展了“迎中博、创环境、争一流”活动。按照省委、省政府下达给省直工委牵头抓总的任务要求，我们在省直和中央驻并单位深入广泛开展了“迎创争”活动，在历时5个月的活动中，先后召开专题会议21次，下发文件11个、编写简报32期，编发《机关文明礼仪手册》8000余册，编辑《前沿资讯》第3辑《中部崛起新征程》赠送参加中博会中外来宾，206个单位9万多人参与环境整治义务劳动，收到良好社会效果。袁书记、王省长分别做出重要批示予以表扬。省直16个单位受到省委、省政府表彰，工委荣获省委、省政府颁发的“突出贡献奖”。

三是召开了省直机关党代表会议。省直137个单位277名党员代表，采取无记名投票、直接差额选举的办法，选举产生了88名出席省第十次党代表大会的省直代表，圆满完成省委交付的选举出席省第十次党代会代表的政治任务。

四是出台了贯彻条例《实施意见》。2011年10月17日以省委31号文件印发了《中共山西省委关于贯彻<中国共产党党和国家机关基层组织工作条例>的实施意见》。围绕《实施意见》的制定，工委举办了两期学习条例培训班，组织了两次学习条例大讨论，多次召开征求意见会和赴省外学习贯彻条例经验。《实施意见》出台后，召开了贯彻部署会，组织了专项检查，有力推动了条例和《实施意见》的贯彻落实。

五是提升了文明和谐单位创建水平。成立了省直文明办，对文明委工作规则、文明单位考评指标体系、创建管理规定进行了重新修订，特别是年底对495个申报单位进行全覆盖地检查验收，进一步完善了文明和谐单位管理机制。

六是全面实行了基层党组织党务公开。制定出台了《省直机关基层党组织实行党务公开的意见》及目录，确定了16个单位为省直机关党务公开工作联系点，加强了调查研究和分类培训指导，对省直单位党务公开进展情况进行了专项督查。截至2011年9月，省直机关基层党组织已全部实行党务公开。

二、机关党建工作取得六大成效

一是学习型党组织建设和创先争优活动进一步深化。强化了党组（党委）中心组学习指导和成果交流；“思想讲坛”和“厅局长报告会”形成品牌；组织省直机关3149名干部参加了省内外14所院校、48个专题的自主选学；省直党校全年办班57期，培训各类干部11743人；机关党建研究推出一批成果。创先争优活动进一步引深，先后召开学习观摩会、经验交流会、窗口单位服务行业“为民服务创先争优”推进会、七一表彰大会，对省直机关158个先进基层党组织、379名优秀党员和优秀党务工作者进行了表彰。

二是基层党组织建设进一步夯实。指导省直11个厅局、6所院校按时换届；对30个省直部门和单位的机关党委书记、专职副书记进行了届中调整；召开50名新任机关党组织负责人集体谈话会；分两期组织132名党务干部赴江西瑞金学习培训；对55个中央驻晋单位及省直部分企事业单位党建工作进行考核表彰；培训入党积极分子2931名；对省直部门召开民主生活会情况进行了督查，工委领导参加了49个单位的民主生活会，陪同省委常委参加了12个单位的民主生活会。

三是机关纪律作风进一步好转。扎实开展了干部下乡住村“六个一”活动（创先争优，搭建一个基层党组织和党员发挥作用的平台；转变观念，开好一个解放思想、促进发展的讨论会；理清思路，帮助制定一个切合实际的发展规划；突出重点，帮上一个好的致富项目；深入农户，解决一些群众关注的实际问题；认真总结，形成一个促进作风转变、推进项目建设的调研报告）和学习弘扬右玉精神活动；在全省纪律作风集中教育整顿月活动中，召开动员大会，及时印发《正风肃纪创优环境》读本5000册，对124个单位进行重点督查，促进省直机关纪律作风明显好转。袁书记、王省长等4名省领导分别作出重要批示，对工委工作给予高度评价。

四是惩防体系建设进一步完善。认真落实党风廉政建设责任制，使惩防体系建设各项任务得到有效落实。组织开展了《廉政准则》专题培训和知识测试，省直机关共有626名厅级干部、6624名处级干部、9931名科级干部参加了《廉政准则》培训考试。各单位领导班子成员普遍召开专题民主生活会，围绕“52个不准”认真对照检查。省直纪工委去年共受理信访案件156件，初核重大违纪案件线索12件，处分违纪处级党员干部17人。

五是统战、群团工作进一步推进。召开省直机关统一战线实施“同心”品牌工程座谈会和先进事迹报告会，对省直机关308名统一战线成员进行“树立和践行社会主义核心价值体系”培训，推进了“同心”品牌工程五项主题活动全面开展。在省直机关工会组织中，深入开展“转型我争先、跨越我奉献，当好主力军、建功十二五”主题竞赛活动，省直机关51个集体、103名个人分别获得“五一劳动奖状”和“五一劳动奖章”称号。在开展送温暖献爱心活动中，为省直机关422名困难职工发放慰问金35万元。共青团组织广泛开展“学党史知党情跟党走”主题教育、青年文明号创建、青年志愿者服务等主题实践活动。妇女组织举办省直机关女职工健身活动，形成党建带工建带团建带妇建良好局面。

六是工委机关自身建设进一步加强。2011年，工委在机关内部开展了“形象建设年”和创建省级文明和谐单位活动。筹措资金150多万元，对办公区域进行了简易装修，对办公自动化设备进行了更新；修订了工委机关各项规章制度；规范了财务、档案和日常工作管理；提拔和调整了一批干部，加强了中心组和各支部的学习，开展了一系列凝心聚力的活动，使机关工作环境大改善，干部精神面貌大改观，机关工作作风大转变，工委整体形象得到提升。2011年，工委在省年度目标责任考核中被评为“良好单位”。

此外，维稳防范、老龄和老干部工作、扶贫帮困等工作也都取得较好成绩；《党的生活》、机关党建网进一步加强对外宣传，扩大了社会影响力。同时，积极探索，大胆实践，不断推进机关党建工作创新。比如建立省市两级工委工作指导关系、以省委名义出台加强机关党建工作的文件、建立新任机关党组织负责同志和工委机关新提拔处级干部集体谈话制度、召开工委机关务虚工作会、表彰机关党建工作成绩突出的厅局机关党委和各市机关党建专项工作等等，形成了工委机关年内11个“历史上的第一次”，推动机关党的建设在创新中得到了加强。 （单福光）

附：省直机关工委书记、副书记、委员名单

书　记：李仁和

副书记：贾明建(6月离职)

委员、纪工委书记：卫建友

副书记：郭忠实(6月任职)　郭康锋　冯进成

委员、省直党校校长：尹桂郁

省委党校工作概况

省委党校校长　金道铭

2011年，省委党校、行政学院认真贯彻党的十七届五中、六中全会和胡锦涛总书记“七一”讲话精神及省十次党代会精神，以科学发展观为指导，全面贯彻落实《中国共产党党校工作条例》、《行政学院工作条例》和《2012—2020年干部教育培训改革纲要》、省委《实施意见》以及全国党校校长、行政学院院长会议精神，继续坚持“三抓”举措、引深学习型校院建设，围绕全省转型跨越发展、再造一个新山西的战略目标，制定并实施校院《2011—2015年改革发展规划》，以建设有特色高水平先进省级校院为总体目标，扎实推进教学质量工程、科研精品工程、校园建设工程、后勤满意工程、文明和谐工程、人才强校工程，服务全省科学发展和干部健康成长，各项工作都取得了新进展新成效，实现了校院“十二五”发展的良好开局。

一是“十二五”规划暨转型综改试验区领导干部研讨班在校院成功举办。2011年春节刚过，省委省政府就在我校院举办了这次研讨班。袁纯清书记为研讨班作动员和总结，王君省长主持交流汇报会并作总结讲话，各市、省直有关部门和部分企业的主要负责同志参加培训，省委省政府所有领导同志、省人大、省政协的领导同志跟班进行宣讲或参加研讨。这次研讨班的成功举办，充分表明了省委、省政府对校院的重视和信任，也极大地检验了校院的工作，提升了校院的形象和影响。

二是全省新任县(市、区)委书记和县(市、区)长培训班、5期全省乡镇、街道党组织书记培训班在校院举办。按照省委安排，全省四级党委换届后的116名新任县(区)委书记、县(区)长和1300多名乡镇(街道)党委书记参加了培训。袁纯清书记为新任县(市、区)委书记、县(市、区)长培训班亲自作报告并与乡镇党委书记培训班学员代表座谈。省领导李小鹏、汤涛、李兆前、李政文、刘维佳及省委组织部等相关部门的领导也出席或参加了培训班的有关活动。

三是《关于加强和改进新形势下行政学院(校)工作的实施意见》和《校院2011—2015年改革发展规划》正式印发。由校院代为起草的《关于加强和改进新形势下行政学院(校)工作的实施意见》，省政府2011年12月9日以晋政发[2011]36号文件正式印发，这是进一步推进全省行政学院(校)工作科学化、规范化、制度化的重要文件,对做好全省行政学院工作具有重要的意义。报请金道铭书记和李小鹏省长同意的校院《2011—2015年改革发展规划》也于2011年12月14日正式印发。该规划确定了建设有特色高水平先进省级校院的奋斗目标和推进"教学质量、科研精品、校园建设、后勤满意、文明和谐、人才强校"六大工程建设的工作格局,为校院今后五年的发展提供了纲领和蓝图。按照省领导指示和《规划》要求,校院分别制定印发了"十二五"期间的学科建设规划、科研转型规划及校园基本建设规划等配套文件。这一系列文件、规划,为校院今后多年的发展提供了依据、指明了方向,具有全局性长远性意义。

四是《决策建议报告》质量进一步提升。全年编印上报17期,其中有5期受到省领导直接批示进入决策产生效果。袁纯清书记和王君省长分别在校院报送的《产煤区农民用煤难》、《推进山西综改试验区建设的七条建议》、《深化我省集体林权制度改革的建议》三期报告上作出批示。汤涛部长在校院报送的《新任县委书记、县长的所感、所思、所忧和所盼》上作出批示,要求有关部门在工作中"吸收有益的建议"。这些成绩的取得,说明校院科研转型思路正确、初显成效,实现了科研成果直接和最高决策层的打通。

五是促成和完成了省委干部教育工作领导组对全省干部教育培训和党校行政学院工作的督查调研活动。11月初,由我校院和省纪检委、省委组织部、省委宣传部、省财政厅负责同志共同带队组成5个督查调研组,分片深入11个市,对全省干部教育培训、党校行政学院工作和贯彻落实《纲要》、《条例》及省委《实施意见》工作的总体情况进行了督查调研。各位副校院长作为副组长、校院有关部门的同志参加了督查调研。这次督查调研有力地促进了全省各市、县干部教育培训和党校行政学院工作。

六是校园建设规模空前,危房改造项目取得了决定性进展。积极争取各方面支持,铺开了规模空前的校园建设工程,完成了四合院、2号楼节能改造,读书楼综合改造,校院道路大部分、地下管网和弱电照明一部分的改造重建。特别是建校以来最大的民生工程——10万多平方米的危房改造工程主体封顶,回购完成,彻底解决了绝大部分职工在住房问题上的后顾之忧。遵照王君省长指示,编报完成校院"十二五"基本建设规划。9月2日和10月13日,金道铭书记和李小鹏省长分别在校院召集省市有关部门负责人召开现场办公会,对校院"十二五"建设规划涉及到的土地、规划、教研文体大楼等问题进行研究。

一、深化教学改革,教学培训的规模和质量明显提升

一是培训规模稳步提升。常规班次、合作班次、干部选学齐头并进。全年举办了4期省管领导干部进修班、2期中青年干部培训班和4期省直单位正处级公务员轮训培训班、2期对口援疆阜康市干部培训班。对外培训与省政府及省直有关厅部门、部分市县、国有大中型企业合作办班,班次和人数明显增加,质量和效益显著提升。干部选学共有1.3万多人选报校院,占全省选学干部人数的近40%。全年共举办各类班次80余期,培训规模达到1.1万余人,标示着校院教育培训工作在培训机构多元有序竞争的大格局中逐渐做大做强,走上了可持续发展的良性轨道。

二是培训质量明显提高。大力推行研究式教学,综合运用讲授式、案例式、现场体验式、情景模拟、项目教学等教学方式,在主体班按需施教,按需培训,实施教学项目招投标制度。"2+1"课堂互动教学成为教学常态,得到中央党校肯定并在全国党校系统推广。推进学科建设和教材建设。制定出台了《校院2011—2015年学科建设规划纲要》,明确提出了今后五年加强学科建设和学科带头人、引进高层次人才的重点和方向。组织编写了《马克思主义基本立场、观点、方法》、《马克思主义名言警句汇编》等教材。加大开放办学力度。与省检察院签订了加强预防和惩治职务犯罪教育培训合作协议,与开发银行签订了教育培训合作协议。邀请李绍先等省内外专家学者和领导同志来校院作高端讲座报告36场。

干部继续教育和国民教育工作稳步推进。中央党校在职研究生和省委党校研究生、本科班各班次规模稳定,管理严格,教育质量稳步提升。国民教育本科教育和管理科学规范,公务员考取率和研究生录取率均高于省内平均水平。

二、推动科研工作转型,为省委省政府重大决策和中心工作提供决策咨询服务,积极发挥思想库作用

一是以关注山西、研究山西、服务山西为重点,确立和完善"三并重、三为主"的科研转型思路,努力多出有用精品,让省委省政府"信得过、靠得住、想得起、用得上"。制定出台了《关于科研工作更好地为山西转型跨越发展服务的若干意见》、《科研工作为山西转型跨越发展服务的激励办法》。2项省政府重大决策咨询课题圆满结项,首次设立了校级课题,有9项委托课题和9项一般课题立项,形成了一批有价值的成果。5期《决策建议报告》得到省领导批示的同时,《赴新加坡学习培训的几点感受》、《关于当前党建形势的判断和推进党建工作的思考》、《当前山西领导干部思想动态调查分析》、《百名领导干部对做好新形势下群众工作的看法》等文章也受到省领导及有关部门重视,产生了较好的社会反响。中央党校《学习时报》对我校院科研服务决策取得的成绩进行了报道。

二是理论研究中心集体攻关能力进一步提升,在省以上党报党刊发表了《转型跨越发展是科学发展观在山西的生动实践》、《敢想敢干 先行先试——推进转型综改试验区应有的思想观念和精神状态》等13篇文章。

三是认真做好重点课题申报和研究工作。获3项国家社科基金项目、2项中国博士后科学基金资助项目,以及包括全国党校系统重点课题在内的20余项省部级课题。校院连续10年获得国家社科基金课题立项。

四是一批文章和科研成果荣获高层次奖项。《用科学性

保证公信度——对改革和完善干部选拔任用工作的几点思考》等2篇论文在全省第九届精神文明建设评奖中获“五个一工程”奖;8项科研成果获“百部(篇)工程”奖,其中一等奖2项;在国内重点报刊发表文章20余篇,有的被《新华文摘》、《中国社会科学文摘》等转载和介绍。围绕建党90周年,分别有1篇论文入选全国党校系统纪念建党90周年理论研讨会和中国科学社会主义学会“纪念建党90周年与中国特色社会主义”理论研讨会。

五是组织和参与各项学术活动。与省委宣传部等部门联合举办“山西省纪念中国共产党成立90周年理论研讨会”,主办全省党校行政学院系统纪念建党90周年理论研讨会暨第六届优秀科研成果颁奖会,按照金道铭副书记的批示,入选的93篇论文结集出版。积极参加重要学术活动,报送的论文分别入选“国际行政院校联合会2011年年会”、“2011中欧社会管理论坛”、第四届“环渤海区域合作与发展党校论坛”等。还参加了“山西省弘扬右玉精神树立正确政绩观座谈会”及“太行精神研讨会”等学术研讨活动。

六是校办报刊、资料影响不断扩大。《山西党校报》连续11年被评为山西省一级报纸,逐渐成为领导干部的学习导报;《中共山西省委党校学报》连续7年被评为山西省一级刊物;《理论探索》“提升影响因子”在同类杂志中排名靠前。2011年版《山西省情资料手册》成为深受领导干部好评的“口袋书”和校院品牌。

三、机关党建和文明和谐创建工作亮点多、成绩大

一是继续引深学习型校院建设,校院委中心组和各部门党支部深入学习胡锦涛总书记“七一”重要讲话、党的六中全会、山西综改试验区、省十次党代会等重要精神。全年中心组集中学习讨论七次,举行七次全员学习报告会,组织全校院理论学习考试,完成在线学习规定学时任务,各部门坚持每周例会学习制度,组织处级干部跟随主体班学习,批量调整干部坚持“凡提必考”,保证了学习的全员化常态化效能化。建设学习型校院的做法在全省介绍交流,并上报中宣部,先后被《山西日报》、《中央党校理论网》、《新华网》、《党的生活》、《省直机关理论学习动态》等媒体报道。

二是校院委成员带头大力改进作风,制定和实施了以跟班听课、到职工和学生食堂吃饭、到单位澡堂洗澡等为具体内容的转变作风的八项规定。召开以“坚持以人为本执政为民理念、发扬密切联系群众优良作风”为主题的民主生活会。制定《党务公开实施细则》,危房改造、校园建设等工程以及政府采购、大额度资金支出等重要事项,严格依法依规办事,保证了公开公正和节俭有效。

三是狠抓落实党风廉政建设领导体制和工作机制,严格执行中央党风廉政建设责任制的《规定》和我省《实施办法》,制定年度《反腐倡廉工作任务分解意见》,健全校风学风建设、惩防体系建设的长效机制。按照省委安排部署,认真开展以“正风肃纪、创优环境”为主题的纪律作风集中教育整顿月活动。加强机关党建工作,机关党委被评为省直先进机关党委。

四是深入开展文明和谐创建活动。积极参加省直机关庆祝建党90周年系列活动,在“颂歌献给党”群众性歌咏汇演、“党的知识”竞赛、“党在我心中”演讲比赛中,均获“优秀组织奖”。女职工在省直机关健身展示活动中获“团体一等奖”。举办“唱红歌、话党史、展风采”以及升国旗、文艺联欢、辩论赛、乒乓球比赛等活动。干部职工“送温暖、献爱心”捐款4.3万元,捐助“联企帮困”单位太原油漆厂6000元。涌现出图书馆女职工白桂英同志见义勇为、保护学校财产的先进事迹。省直工委领导年底在对校院文明和谐创建工作验收时给予很高评价。

四、大力实施人才强校工程,队伍建设取得新进展

全年共有9批次42名教研人员参加了中央党校、国家行政学院、井冈山干部学院、延安干部学院、北京大学等院校进修培训,组织部分教研人员赴德国、丹麦、法国、美国、朝鲜等国家参加专项培训和学术交流,人数为历年之最。全年共举办4期硕博论坛,2期“读经典、学历史”活动。在省委组织部的支持下,出台了校院中青年骨干教师挂职锻炼方案,计划在5年内让校院中青年教师都能下去挂职锻炼一遍,首期6名教师已陆续到县企挂职。按照省委有关规定,从校内推荐提拔了2名副巡视员,对4名处级干部进行了调整使用,选拔任用了1名正处级干部。坚持和完善“推荐+考试+基本条件加分”的选任中层干部的办法,正在进行的21名副处级干部选任工作中增加了对“德”的考核内容。新录用4名公务员,22名聘用制干部登记为聘用制公务员。科研处处长田忠宝同志作为我省唯一人选入选中宣部全国宣传文化系统“四个一批”人才名单。完成全省党校系统教师申报高级专业技术职务任职资格评审工作,校院新评1名教授,5名副教授。

五、加大业务指导力度,扩大对外交流合作

召开全省党校校长、行政学院院长会议,举办全省县(市、区)行政学校常务副校长培训班,组织市县党校行政学院负责同志到中央党校、国家行政学院参加培训。圆满完成了中央党校、国家行政学院开展的县级党校、行政学校情况摸底工作,起草上报关于设立省委党校分校的意见。校院委成员全年先后到太原、晋中、忻州、临汾、吕梁、宁武、寿阳等市县校院进行调研。加强对外交流与合作,吸引新疆、辽宁、陕西等省区市干部来山西学习培训,承接了国家行政学院澳门特别行政区MPA学员和莫桑比克解放阵线党中央党校访华团来校院参观调研,全年还有10余所兄弟省(区、市)校院的领导和有关同志来校院考察交流。

六、行政后勤工作服务保障水平明显提升

一是全年落实维修改造专项资金1000多万元,保证了大规模校园改造建设工程的顺利推进,校园面貌有了明显变

化。水电暖保证正常供给，并厉行节能降耗，赢得省市主管部门好评。环境保洁工作在中博会“迎创争”活动中被省里评比表彰为全省“迎创争”活动先进单位。

二是后勤服务水平提升。承办全国行政学院事务工作分会后勤管理工作研讨会，获得了参会人员的广泛好评；对教学场所、教学设施加强维护管理，加大对重点部位和薄弱环节管理力度，对卫生所进行整顿，招标确定印刷厂承包方等。餐饮、住宿条件有了明显改善，学员满意度进一步提升。

三是信息化建设得以推进。与山西电信合作研发了内网办公自动化平台系统。召开校院信息化工作会议，实现了校园内网与中央党校网站的互联互通。图书馆更新软硬件设备，研发“两报一刊”在线阅读软件，推进与中央党校图书馆、省图工委资源互联共享工作。完成了与山西干部在线学院的对接。（张耀东）

附：省委党校校长、常务副校长、副校长名单

校　　长：金道铭

常务副校长：李高山

副 校 长：高健生　王联辉　郭成文　王永翔　潘　峰

省委党史办公室工作概况

省委党史办公室主任　张铁锁

2011年，中共山西省委党史办公室在省委正确领导和中央党史研究室的有力指导下，全省党史部门和党史工作者认真贯彻落实《中共中央关于加强和改进新形势下党史工作的意见》和全国党史工作会议精神，按照《中共山西省委关于加强和改进新形势下党史工作的实施意见》和全省党史工作会议部署要求，围绕省委、省政府中心工作和全省转型跨越发展大局，充分发挥党史以史鉴今、资政育人作用，把握纪念建党90周年的有利契机，推动党史研究和党史宣传教育，优质高效地完成了全年各项工作任务，全省党史工作迈上了一个新台阶。

一、继续深入贯彻落实中央10号文件和全国党史工作会议精神

全国党史研究室主任会议结束后，室领导班子向省委分管领导作了汇报。按照省委要求，省委党史办公室深入贯彻中央10号文件和习近平同志在全国党史工作会议上的重要讲话精神以及《中共山西省委关于加强和改进新形势下党史工作的实施意见》和全省党史工作会议的部署要求，不断把贯彻落实文件和会议精神引向深入。

一是召开全省党史研究室主任会议。2011年4月21日，省委党史办公室召开全省党史研究室主任会议，传达学习了习近平同志在会见全国党史研究室主任会议和中共党史学会代表大会时的重要讲话，传达贯彻全国党史研究室主任会议精神，省委常委、秘书长李政文在会上作了重要讲话。会议强调，继续抓好中央10号文件和全国党史研究室主任会议精神、省委29号文件和全省党史研究室主任会议精神的贯彻落实。这次会议对推动全面做好2011年各项党史工作，充分发挥党史以史鉴今、资政育人作用，抓住纪念建党90周年的大好时机推动党史研究和党史宣传教育，具有重要意义。

二是作出全省党史工作五年规划。省委党史办公室组织起草全省党史工作2011-2015年工作规划。经过广泛征求意见和建议，多次讨论修改，形成送审稿，报送省委审批同意，由省委办公厅下发了全省党史工作五年规划。全省党史工作五年规划对今后五年党史研究、党史学习教育、党史宣传、党史纪念活动、党史资料征编、纪念场馆建设、运用革命遗址普查成果推动红色旅游和经济社会发展等，作了全面规划，提出分阶段实施的目标任务。

二、着力做好纪念建党90周年工作

为了组织好纪念建党90周年活动，省委党史办公室提早谋划，超前准备，研究制定活动方案，主动与有关部门沟通协调，主办和联合承办了一系列纪念活动。

一是由省委党史办公室承办，省委主办，在彭真生平暨中共太原支部旧址纪念馆举行了《为了新中国——中共山西历史(1921—1949)》大型图片展开展仪式。同时展出的有《开国领袖将帅在山西》、《矗立在三晋大地的丰碑——山西革命遗址巡礼》大型图片展览。

二是在《山西日报》发表了《光辉的历程 奋斗的足迹——中国共产党山西历史大事记述》，分为新民主主义革命时期、社会主义革命和建设时期、改革开放和社会主义现代化建设时期三部分，全文3.4万余字。

三是与有关部门联合摄制大型系列纪录片《足迹·山西90年》，该系列片共60集，每集5分钟，于6月起在省电视台黄金时间连续播出。

四是与省委宣传部、长治市委联合承办，省委和中央有关部门联合主办了太行精神研讨会。

五是与有关部门联合组织山西省纪念中国共产党成立90周年理论研讨会。省委党史办公室参与论文审定和组织筹备工作，省委党史办公室主任张铁锁在研讨会上作了题为《值得永远铭记和纪念的红色山西》的交流发言。

六是与有关部门联合主办“党在我心中——全省大学生

庆祝中国共产党成立90周年党史知识竞赛活动”。省委党史办公室参与了党史知识竞赛内容审定和竞赛活动评委评定工作。

七是与有关部门联合举办山西省“红领巾心向党”庆祝建党90周年系列活动。

八是组织编撰纪念中国共产党成立90周年图文册《再造一个新山西》。重点反映在省委领导下,全省人民推进转型跨越发展,为实现再造一个新山西的宏伟目标而努力奋斗。

九是与山西电视台联合录制《山西党史100事》。该节目在山西广播电视台综合广播早间新闻和全省各地人民广播电台联播节目中播出。

三、深化党史研究,推出重点成果

2011年,组织编写山西地方党史基本著作,全面完成了续写充实、修订再版《中国共产党山西历史》一、二、三卷工作。同时,召开了全省党史基本著作编撰工作推进会暨《中国共产党寿阳县历史》出版发行座谈会。出版《中国共产党晋城市历史》(1985.5—2011.4)、《中国共产党寿阳县历史》(1936—2008)、《中国共产党怀仁县历史》(1925—2010)、《中国共产党河津市历史》(1921—1949)党史正本4部;完成了《中国共产党朔州市历史》(1921—2011)送审稿1部;推进完成了《中国共产党祁县历史》、《中国共产党平鲁县历史》、《中国共产党应县历史》初稿3部。

四、加大重大党史事件和重要人物专题史研究

编撰完成了《为了祖国的安宁——山西抗美援朝运动回顾》、《1949:山西干部南下实录》并交付出版。编辑出版了《老一辈革命家咏晋诗抄》。

同时,推进完成全国党史部门统一部署的“抗日战争时期山西省人口伤亡和财产损失调研”山西课题,完成省卷资料卷初稿;指导协调市党史部门编撰完成大同卷、晋中卷、晋城卷、临汾卷;完成朔州卷、吕梁卷送审稿。

五、开展新一轮党史资料征编和编纂工作

编纂完成《赖若愚纪念文集》、《陶鲁笳文集》、《中共山西年鉴》2011版并交付出版。推进完成中央和中央有关部门交付的专项课题《彭真传》上卷审定稿、《彭真年谱》第一卷送审稿等。与省发改委合作,编撰完成国家发改委主编的汶川地震《灾后重建志》和《灾后重建资料长编》山西部分,完成送审稿70万字。《党史文汇》全年出版12期,办增刊1期。

六、完成革命遗址普查相关后续工作

2011年,继续做好全省革命遗址普查后续工作,对全省革命遗址普查进行了资料的整理和考证充实工作,完善普查成果,在普查全省革命遗址和相关的其他遗址近3500处的基础上,又新增到3782处。完成《全国革命遗址普查成果丛书》(山西卷)成果提交;编撰出版《丰碑——山西革命遗址概览》;编撰完成《山西省革命遗址通览》省卷送审稿,指导协调市党史部门完成太原卷、朔州卷、晋中卷、阳泉卷、晋城卷、临汾卷、运城卷初稿。

七、组织举办重大党史纪念活动,扩大党史宣传教育

2011年,在举办纪念建党90周年系列活动中,还以省委党史办公室和省军区政治部承办,以省委名义于9月19日举办了纪念中国工农红军晋西游击队和中国工农红军第二十四军成立80周年座谈会。解放军总政宣传部和北京军区派代表出席会议,中共河北省委、中共陕西省委党史研究室向纪念会的召开发来贺信。以省委党史办公室署名在《山西日报》发表了《风展红旗如画——纪念中国工农红军晋西游击队和中国工农红军第二十四军成立80周年》的纪念专文。由省委党史办公室和忻州市委承办,以省委名义于11月16日举行了纪念徐向前元帅诞辰110周年暨徐向前元帅纪念馆揭牌仪式。开展党史宣讲活动,为各单位党史学习作专题讲座。省委党史办公室主任张铁锁先后在山西大学、省农业厅、省委党校等有关部门单位和吕梁市、长治市作党史专题讲座8次,听课人员2000余人,在山西电视台作了2次党史专题讲座访谈节目,推动我省党史学习活动的开展。省委党史办公室下属的彭真生平暨中共太原支部旧址纪念馆,充分发挥党史宣传教育阵地的作用,全年接待参观者7万多人,充分发挥了党史教育基地、党员教育示范基地的作用。

八、加强对市县党史工作业务指导

2011年,省委党史办公室加强对市县党史工作的业务指导,对部分市县党史工作进行了全面的、有重点的、有针对性的调研指导。围绕全省统一部署的党史重点课题和任务,加强合作,协力征集资料,共同完成有关课题。对编撰市县党史基本著作、革命遗址普查工作、山西抗美援朝运动专题、组织《中共山西年鉴》稿件等,进一步加强了指导力度,提升了市县党史部门党史工作科学化水平。

九、机关自身建设得到进一步加强

2011年,省委党史办公室在原有12个内设处的基础上,增设了第六编研处,进一步强化了党史工作部门工作职能。更加注重人才选拔和培养,通过公务员招考录用,招录了6名同志,充实了党史部门的年轻力量。积极支持党员干部参加各种形式的培训,全年安排培训和学习15人。结合开展创先争优活动和推动学习型党组织建设,推进提升机关文明和谐标兵单位创建工作,在加强机关党的建设、不断提高党员干部思想道德素质、提升工作能力、转变机关作风等方面下功夫。大力倡导严谨求实、勤奋敬业、干事创业的良好工作作风和昂扬的精神状态,努力建设一支团结奋斗、争创一流业绩的党史工作团队。搞好工作环境建设,积极筹措资金,对2010年装修的1080平方米办公场所进行了进一步的修缮,

整修了楼层大厅;开支近40万元新配置了办公电脑;新建了档案室;更新了部分办公桌椅,形成了良好的办公环境。

（杨子晋）

附：省委党史办公室主任、副主任、副巡视员名单

主　　任： 张铁锁

副 主 任： 栗金凤（女）　牛崇辉

副巡视员： 杨玉堂

省委老干部局工作概况

省委老干部局局长　陈跃钢

2011年，省委老干部局按照省委关于加强党的建设的一系列部署要求，开拓创新，扎实工作，取得了显著成绩。2011年6月，我局被表彰为“省直机关党建工作先进单位”。

一、扎实推进局系统学习型党组织建设，理论武装富有成效

一是及时安排部署学习教育活动。年初，根据省直工委要求，起草制定了我局《2011年中心组暨干部理论学习计划》，对全年的学习作出安排。先后起草下发7个通知，分别就学习贯彻胡锦涛总书记在党的十七届六中全会上的讲话、“七一”讲话，学习贯彻习近平在全国老干部工作“双先”表彰会上的讲话，学习贯彻袁纯清同志在省第十次党代会上的讲话、“7·28”讲话，学习《中国共产党历史》第二卷，学习杨善洲同志等活动作出安排部署，督促指导各级组织了多种形式的学习研讨活动，全年组织扩大的中心组理论学习15次。二是组织开展“读一本好书”活动。为了进一步推动学习型党组织建设，在全局系统安排部署开展“读一本好书”活动，配发了理论学习记录本和笔记本，为机关干部职工购买了《中国共产党历史》第二卷、《把信送给加西亚》、《忠诚》、《苦难辉煌》等书籍，要求认真通读这几本书，并撰写读书心得体会，以支部为单位组织发言交流。三是创新载体，深化学习。为了增强学习教育效果，充分利用各类培训班、专题报告会、主题演讲会、交流讨论会、观看电影等有效形式，不断增强学习教育的针对性和实效性。2011年年春节期间，安排开展了社会调查活动，年后组织8名同志作了交流发言，发言稿刊登在《山西老干部工作》（2011年第3期）。全年共组织30人次参加了“文源讲坛”、“思想讲坛”等活动，丰富了党员干部的历史文化知识。采取走出去、请进来的方法，安排2名干部参加了省直机关处级干部轮训；先后组织全局系统干部职工收看庆祝中国共产党成立90周年大会实况、省第十次党代会开幕式实况、杨善洲同志先进事迹报告会实况录像等；组织120人次参加省委组织部中心组暨干部专题学习会；邀请郝彭正教授作了题为“学习胡锦涛同志‘七一’重要讲话精神”报告会；组织干部职工参观了第六届中部投资贸易博览会，进一步开阔了视野，增长了见识。

二、深入开展创先争优活动，党组织和党员队伍建设得到加强

一是及时研究部署党的工作。根据省直机关党的工作会议精神，制定下发了《2011年机关党的工作要点》，对党的工作进行了总体安排部署。研究制定了《局机关党委2011年度工作任务分解表》，明确工作时限和责任人。全年召开机关党委会议7次。二是认真做好党员的管理、发展和服务工作。组织3名同志参加入党积极分子培训班，批准了2名预备党员按期转正、2名同志加入了党组织。组织开展对党费收缴、使用和管理情况进行自查活动，向工委上报了情况。根据党员调整变动情况，为6名党员理顺了组织关系。认真落实党员关怀帮扶工作，春节前对局系统6名生活困难党员进行了走访慰问。根据省直工委要求，对我局党员队伍建设情况进行调研和总结并报送情况报告。三是推荐选举省第十次党代会代表候选人和省直机关党代会代表。按照规定程序推荐陈跃钢同志为省第十次党代会代表候选人，选举高小平同志为省直机关党代会代表，出席相关会议。根据省委办公厅通知，分别完成对《省十次党代会报告》（征求意见稿）进行讨论修改以及省委班子和袁纯清等五位常委征求意见的汇总梳理和上报工作。四是扎实开展创先争优活动。认真落实省委的要求，局系统3个党总支、13个党支部、166名党员按要求作出了公开承诺，分别填写了《党组织承诺书》、《党员承诺书》，逐级落实了对党支部、党员的点评。为进一步推进创先争优工作，转发了《全省深入开展创先争优活动下一步工作指导意见》，参加了省直机关创先争优活动推进会、观摩会，对创先争优活动进行了阶段性总结，机关党委撰写的“精心组织、狠抓落实，扎实有效推进创先争优活动的深入开展”一文在《山西老干部工作》（2011年第9期）刊登。五是注重宣传，营造活动氛围。全年共编发创先争优活动简报34期，其中：《山西老干部信息交流》刊登13篇，《山西老年》刊登12篇，《山西老干部工作》刊登13篇，“山西机关党建网”登载3篇，“山西老干部工作网”登载35篇。六是深入开展学习杨善洲同志活动。以党支部为单位，组织党员传达学习胡锦涛向杨善洲同志学习的批示精神和《中共中央组织部关于追授杨善洲同志“全国优秀共产党员”称号的决定》，参加了在省城举办的杨善洲同志先进事迹报告会，观看了电影《杨善洲》，并组织了座谈讨论。参加了省直机关学习杨善洲先进事迹座谈会并介绍了做法和经验。

为扎实推进李林森同志先进事迹和全国老干部工作“双先”典型事迹学习宣传活动的深入开展，在全局系统各级党组织和广大党员干部中安排部署了“学先进、见行动、争优秀”活动。七是积极参加省直机关各种党的工作培训。安排4人次参加了省直机关学习贯彻《基层组织工作条例》培训班、党务干部瑞金培训班和党内统计业务培训班等，进一步提高了开展党务工作的能力和水平。为每个党支部购买配发了《基层组织工作条例》、《党的基本知识》、《党的历史知识》等。完成省直工委《关于贯彻基层组织工作条例的实施意见》（征求意见稿）修改和报送工作。

三、组织开展丰富多彩的庆祝建党90周年系列活动，增强了党员干部知党、爱党、兴党意识

制定下发了《关于开展省直机关庆祝建党90周年系列纪念活动的通知》，成立了领导工作小组和办公室，组织指导各党支部开展了10项活动。一是组织开展党的知识竞赛答题活动。以《中国共产党历史》第二卷为学习参考资料，组织195名党员干部参加了“晋商银行杯”党的知识竞赛答题活动，骆芳同志获得二等奖。二是开展主题宣传活动。协调局属各单位征订、张贴《光辉的历程 伟大的成就——庆祝中国共产党成立90周年》主题宣传图片，帮助党员干部进一步了解党的历史。三是举办主题演讲。举办了局系统“党在我心中”主题演讲，9名同志作了精彩的演讲。马晓玲、李燕同志在省直机关庆祝建党90周年“党在我心中”演讲比赛中荣获“二等奖”、“个人优秀奖”，充分展示了我局干部职工奋发向上的精神风貌。我局获“优秀组织奖”。四是开展理论征文活动。倡导干部职工开展以“牢记党的宗旨，永葆先进本色”为主题的征文撰写活动，共向工委报送了11篇征文，其中2篇获二等奖，2篇获优秀奖。五是参观党建工作巡礼图片展。收集整理反映我局党建工作方面的图片10余张，入选省直机关党建工作巡礼图片展。“七一”前夕，组织机关干部职工进行了参观，激发了工作责任感和使命感。六是组织开展重温入党誓词集体宣誓仪式。组织100名党员参加了省委机关党员重温入党誓词集体宣誓仪式，强化党员意识教育。七是走访慰问老党员。为了体现省委省政府对老党员的关怀，分组对局系统12名建国前入党的老党员进行走访慰问，受到老同志的好评。八是开展主题党日活动。7月1日，局领导带领局机关干部职工参观了中共山西历史图片展览，开展纪念建党90周年主题党日活动。九是开展评比表彰活动。安排并组织先进党组织和优秀党员评比表彰工作，参加了省直机关庆祝建党90周年表彰大会，活动中心党总支、老年大学党支部被评为省直机关先进基层党组织、党风廉政建设先进集体，白少剑、韩润平、秦宝英分别被评为优秀共产党员、优秀党务工作者、党风廉政建设先进工作者。召开庆祝建党90周年暨创先争优活动表彰大会，对局机关第三党支部等9个党支部、李燕等27名优秀共产党员、樊红林等16名优秀党务工作者进行了表彰。十是开展观看电影活动。组织党员干部观看了电影《建党伟业》，接受生动的党史教育。

四、认真贯彻落实《关于实行党风廉政建设责任制的规定》，反腐倡廉工作扎实推进

一是认真传达学习中纪委六次全会精神。坚持把党风廉政建设理论和胡锦涛同志的重要论述作为党员干部理论学习的重要内容，采取中心组、党支部学习等形式，组织党员干部认真学习了胡锦涛同志在中纪委六次全会上的重要讲话精神、袁纯清在省纪委五次全会暨全省党风廉政建设干部大会讲话精神，夯实了党员干部反腐倡廉的思想政治根基。组织22名处以上党员干部参观了“山西省反腐倡廉工作成果展”。二是筹备召开了党的工作暨党风廉政建设会议。召开会议回顾总结了2010年党风廉政建设工作，安排部署了2011年工作任务，提出了贯彻落实意见，与局属各单位签订了《党的工作暨党风廉政建设责任书》，制定下发了《2011年反腐倡廉工作任务分解意见》，会后印发了陈跃钢同志会议讲话。三是组织开展学习贯彻《廉政准则》情况“回头看”。召开会议，认真部署落实学习贯彻《廉政准则》自查自纠工作，上报了书面材料。四是组织召开专题组织生活会和民主生活会。制定实施方案并报请省直工委同意，在征求、汇总和反馈意见的基础上，局机关、局属各单位分别召开以“坚持以人为本、执政为民理念，发扬密切联系群众优良作风”为主题的组织生活会和民主生活会，在一定范围内通报了民主生活会情况，进行了民主测评，报送了情况报告。五是推行党务公开。根据省直纪工委要求，研究制定了《省委老干部局实行党务公开实施意见》，成立了领导小组和办公室，扎实推进党务公开工作，落实情况向省直纪工委进行了汇报。六是开展纪律作风集中教育整顿月活动。根据省纪委的要求，制定印发了《关于以“正风肃纪、创优环境”为主题，在全局系统深入开展纪律作风集中教育整顿月活动的实施方案》，成立了活动办公室，为全体干部职工印发严肃工作纪律“五个不准”规定，组织观看了警示教育片《没有规划好的人生》和《“正风肃纪、创优环境”警示教育资料片》，召开了专题组织生活会，分组对局机关、局属6个单位教育整顿月活动情况进行检查指导，召开了廉政集体谈话会议，接受了省直机关集中教育整顿月活动办公室的检查指导，推动了集中教育整顿工作。

五、深入开展下乡住村活动，文明和谐创建工作扎实有效

一是扎实开展经常性的文明和谐创建工作。年初，根据省直文明办的要求，指导督促局机关、局属各单位在自查的基础上，健全完善创建领导小组和工作机构，向省直文明办继续申报局机关、汾东公寓管理处等6个单位文明和谐单位称号。8月底，省文明委对局机关创建省文明和谐单位情况进行了复查。11月底，省直文明委对山西老年大学的创建情况进行检查验收，对汾东公寓管理处、劲松公寓

管理处、山西老年杂志社、省老干部活动中心、咨询服务中心的创建情况进行了复查。二是组织开展联企帮困和“送温暖、献爱心”社会捐助活动。春节、中秋节前，分别走访慰问了省水工5户生活困难家庭，共送去慰问金6000元。组织举办了局机关2011年春节团拜会，凝聚了人心。先后组织开展“博爱一日捐”、“送温暖、献爱心”等捐助活动，共向山西红十字会、山西慈善总会、山西社会捐助事务管理中心上缴捐款24720元，并下发通报接受监督。三是扎实开展干部下乡住村和包村增收活动。根据省委办公厅的安排部署，我局成立了下乡住村和包村增收活动领导小组和办公室，制定了我局《机关干部下乡住村“六个一”活动实施方案》和《干部下乡住村暨领导干部包村增收活动实施意见》，4月14日至6月3日，先后组织局机关、局属单位处级干部三批43人，在局领导带领下，以支部为单位分别深入到平顺县中五井乡中五井村、留村、西赛、排珩、小赛村，开展下乡住村“六个一”活动。活动结束后，26名同志撰写了心得体会，4个党支部报送了调研报告。4次向省委下乡住村联席会议办公室报送了工作情况和统计报表，其中第一批机关干部下乡住村活动情况被《省直机关深入开展创先争优活动简报》（第31期）转发。积极与省水利厅沟通协调，为太谷县内贾村落实打井配套资金20万元。四是指导工青妇开展工作。年初，组织召开全局系统工青妇组织联席会议，听取了2010年工作汇报，研究部署了2011年局系统群团组织工作，并印发了会议纪要。根据省直工会要求，推荐了省直机关“五一”先进集体和先进个人，并受到表彰。机关直属工会联合会被表彰为省直机关2007—2010先进基层工会组织。团委开展了“学党史、知党情、报党恩”主题实践活动，组织局机关8名青年同志赴太原解放纪念馆参观，缅怀革命先烈。局妇委会围绕庆祝“三八”妇女节，积极组织女职工开展全健排舞排练和表演比赛活动，并获得优异成绩，派人参加了第九套大众广播体操培训，省妇联授予我局“支持妇女工作特别贡献奖”。

（高小平）

附：省委老干部局局长、副局长名单

局　长： 陈跃钢

副局长： 刘仰良　郭世卿　郑兰珍

省委省政府信访局工作概况

省委省政府信访局局长　阎根生

2011年，省信访局坚持以党的十七届五中、六中全会精神和省委九届十一次全会、第十次党代会和十届一次全会精神为指导，深入贯彻落实科学发展观，认真贯彻中央和省委、省政府关于信访工作的一系列决策部署，推动全省各级各部门进一步探索用群众工作统揽信访工作的实践。全省信访工作在源头预防、领导干部接访、信访积案化解、体制机制创新等方面取得明显突破，继续保持了“四下降一好转”良好态势。

一、着力落实矛盾纠纷排查化解制度，信访源头预防得到进一步加强

针对当前经济社会发展过程中，各种矛盾多发易发的特点，着力抓好信访源头预防工作。一是继续抓好已出台的《信访源头预防和风险评估办法》的落实。督促各地在出台涉及人民群众切身利益的政策和实施重大工程项目时，严格进行信访稳定风险评估，对于大多数群众不支持不拥护的，坚决不出台、不上马或延缓，有效预防和减少了社会矛盾的发生。二是坚持矛盾纠纷排查化解制度。做到日常排查和集中排查相结合、普遍排查和重点排查相结合。督促各级各部门各单位紧密结合各自实际，定期排查化解矛盾纠纷，形成市级每月排查一次、县(市、区)每半月排查一次、乡镇(街办)每星期排查一次，村(小区)每天排查并零报告的工作制度。全年省市县三级排查各类矛盾纠纷9510件，化解7417件，化解率达78%，做到矛盾纠纷“发现的早、控制的住、化解的好”，取得了良好维稳效果。三是不断健全接访处访的工作制度。在接访环节实行了《服务承诺》，严格落实窗口工作目标责任制，坚持执行首办责任制。接待一、二处坚持在省委、省政府大门口值班制度，有力维护了大门周边的信访秩序。以事要解决为重点，坚持定期不定期召开协调会议，及时解决信访事项。四是开通了快捷便利的群众诉求表达新渠道。6月1日，成功开通网上信访系统，并通过《山西日报》、山西新闻联播向全省进行了公布。目前群众通过网上信访反映诉求的积极性随着知晓面的扩大呈现出增长态势。对长治、吕梁开通市、县(市、区)委书记、市、县(市、区)长公开电话的有效做法进行了调研总结，倡导和推广此做法在预防信访问题产生方面的积极作用。抽调专人专职受理给省委袁纯清书记来信，与省委督查室联合及时办理领导批示件，并通过《给袁纯清同志

信电情况》迅速予以反馈，得到相关领导的充分肯定。五是在全省范围内扎实开展重复信专项治理工作。通过交办核实、集中治理化解、上报总结三个阶段，查清诉求，找出原因，研究解决办法，有效避免了来信转来访的现象，减少了信访案件"存量"。

二、着力深化领导干部接访，信访工作重心得到进一步下移

省委、省政府领导高度重视信访工作，带动全省各级各部门领导干部亲自接待群众来访、亲自处理信访事项，全力做好本地区本部门的信访工作。一是省委、省政府领导亲历亲为。省委书记、省人大常委会主任袁纯清同志主持召开了各市委书记参加的信访稳定工作点评会议，明确要求各级党政主要领导对信访重点案件、重点事件、重点上访老户要亲自研究、亲自过问，亲自解决。省委副书记、省长王君亲自接待、主动包案重点信访事项，圆满解决了63军移交职工遗留问题一案。省委副书记、政法委书记金道铭一年之间就4次视察省信访局接待窗口、实地接待上访群众8批次。省委秘书长李政文，副省长张建欣等领导同志也多次出席信访工作会议，多次协调重要信访事项。二是推动各级领导干部坚持定期接待群众来访。市、县(市、区)、乡(镇、街办)三级主要领导干部坚持带头接访、争当表率，有力地促进了各级领导干部接访制度的有效落实，确保做到主要领导定期约访，其它领导按照分工定期对口接访，以切实增强接访的实效性和针对性，特别是把开门接访作为新担任县(市、区)级领导干部联系群众、转变作风、提升能力的重要方式，成为解决问题、化解矛盾、服务群众、促进和谐的一个重要平台。三是把领导干部包处信访事项作为接访的深化。针对遗留问题多、信访案件多的实际，探索建立了领导包案接待机制。省联席会议明确要求，对进京非正常上访老户案件和重大赴省集体上访案件，县(市、区)委书记必须亲自约谈上访群众，亲自督促处理案件。省委、省政府在忻州市召开了"全省领导干部包案接待化解信访积案经验交流会"，推广了忻州等市"市、县主要领导一季一案包处化解信访积案"的经验做法，将全省178件进京非正常上访老户案和406件赴省重点案件分别交办584名县(处)级以上领导干部包案接待，限期处理，效果良好。

三、着力开展清理化解信访积案活动，群众合理诉求得到进一步解决

按照中央联席办的工作部署，把清理化解信访积案作为推进全省信访形势进一步好转，为转型跨越发展创造良好环境的重要抓手。一是加强组织领导。先后组织召开了全省信访积案化解、信访事项终结和信访信息系统应用推进工作会议，省联席会议专题会议，对贯彻落实中央联席会议和省委、省政府关于积案化解工作的精神进行部署，明确强调要严格落实"属地管理、分级负责，谁主管、谁负责"的原则，以"事要解决"和息诉罢访的标准，实行"五个一"工作制度，即，一名包案领导、一个工作班子、一套化解方案、一份会办纪要、一套稳控措施。二是认真清理交办积案。在中央联席办、国家信访局交办178件信访积案的基础上，我省又自行排查了2008年以来，重复三次以上进京非正常上访和多次赴省上访的信访积案406件，一并向各市和15个省直单位、8个中直单位进行了交办，并提出"按照政策、依据法律、分级负责、集中化解，打一场清理积案的攻坚战"的总要求。三是加强督促指导、促进责任落实。坚持把带案下访、带案督导、落实责任有机结合起来。3月至6月，派出以5名厅级挂职干部为组长、挂职干部为主体、信访局业务处长为成员的5个督导组，分赴太原、大同、吕梁3个重点市和16个省直单位进行带案督导，对促进各地疑难重大信访案件的解决取得良好效果。9月至10月，派出以挂职干部为主体的4个督导组，分别赴太原、大同、吕梁、阳泉4个市进行带案督导，重点对各地做好"两节两会"期间信访工作进行督促指导。四是认真受理要结果信访案件。共受理国家和省领导交办批办的重要信访事项333件，积极采取月沟通、年通报、半年一小结方式，及时向市县了解办理进度，对于上级部门和省领导批示要求督导的重点信访案件，分别采取发函通报、电话督办、召开案件协调会、深入基层面对面指导工作等多种形式，确保信访事项的办结质量，实现了100%的办结率。在配合中央联席会议办公室对交办山西重要信访事项的督导工作中，受到有关领导的高度评价：认为山西督查督办工作扎实，成效显著，在办理过程中调查细致，事实清楚，程序合法，处理意见恰当，办结质量高。办结率和汇报率均走在了全国各省(市)的前面。

四、着力探索新时期群众信访的新规律，信访工作体制机制得到进一步创新

一是继续健全完善市县乡村四级群众工作网络。各级各部门按照"县抓中心乡抓办，村级抓好工作站"的思路，着力抓好市、县、乡(镇、街道)、村(居委会)社会工作部、室、站和信访服务中心的普及、提升、规范，全面落实"四个进中心、四个确保"，建立健全矛盾调处、诉求表达、利益协调、权益保障机制。截至目前，全省已有10个市、98个县设立了社会工作部(中心)，总覆盖率达到了91%、82%。二是建立健全依法终结信访事项机制。根据中央联席会议精神，省联席会议、省信访局结合我省实际，出台了《山西省联席会议关于依法终结信访事项实施细则(试行)》。《细则》对经过相关单位处理、上级机关复查、复核，当事人仍不服复核意见，并就同一事实和理由反复信访，甚至缠访闹访和非正常上访的信访事项，坚持依法按程序做好"三级终结"，对审核认定终结的信访事项，做到不受理、不交办、不统计，以最大限度地促进息诉罢访，维护信访秩序。全省通过"三级终结"程序共终结232件信访积案。同时出台了《山西省联席会议关于做好信访事项依法终结后续工作的通知》，对已依法终结信访事项的教育稳控、政策解释、思想疏导、帮扶救困、责任追究等进行了明确规定，全力做好依法终结信访事项后续工作。三是加强信

访信息系统建设和应用工作。按照省委书记袁纯清同志视察局信息中心时作出的指示：信访信息系统的建设和应用，体现的是新时期信访工作的发展方向，是信访工作机制的创新，要进一步加快建设和推广应用。为此，省联席会议办公室和省信访局组织召开全省信访信息系统应用推进工作会议进行了专题部署，4至9月份，省信访局派出专业技术人员，分赴全省11个市进行信访信息系统应用培训，提高市、县应用信访信息系统的能力，9月份起，省、市、县三级信访系统应用和信访件录入率均达到100%。

五、着力强化信访综合指导，协调联动的工作合力得到进一步加强

为充分发挥信访部门的综合协调职能，做到各方协作，形成合力。一是定期分析研判信访形势。积极利用《山西信访》、《山西信访信息》、《信访月报》、《山西省联席会议简报》等加强对信访形势的分析交流，促进各地各部门准确把握信访形势，有效开展信访工作。分别对1—3月、1—4月、上半年、1—8月、1—9月的全省信访形势进行了分析通报，并向省委、省政府进行了书面报告。二是抓好全国全省重大活动期间的信访维稳。在全国全省“两会”、西安“世园会”、中央十七届六中全会、省第十次党代会和“中博会”等重大活动和重要时段，省联席会议办公室和省信访局组织专门力量亲赴会场开展信访接待和劝返工作，确保了各次活动的成功举办，受到中央联席会议和省委、省政府的高度赞扬。对于我省在全国“两会”期间的信访工作，省委书记、省人大常委会主任袁纯清批示：值得表扬；省长王君批示：工作很好；省委副书记、省委政法委书记金道铭批示：今年“两会”期间，省信访局及全省信访战线的同志，工作积极努力，成效比较明显，值得总结，更需巩固发展。三是驻京信访工作成绩显著。加强构建了驻京信访信息网络，制定完善了应急处置预案，强化了对上访群众的思想教育工作等，使我省进京非正常重复访在全国的排位后移，未发生进京上访人员滞留和30人以上的集体访被通报情况。四是营造良好舆论氛围。进一步加强与宣传部门和新闻媒体的沟通合作，继续办好“县(市、区)委书记谈信访”活动，3月份以来，有25名县(市、区)委书记走进电台直播室，畅谈各地开展信访工作的先进经验，接听群众热线电话，促进了全社会对信访工作的了解、关心和支持。全年在《人民信访》上发表宣传我省工作的文章8篇，使我省信访工作的理念、实践、成效与全国兄弟省市得到了积极的交流，促进了我省信访工作的科学发展。

六、着力深化“创先争优”活动，信访干部队伍素质得到进一步提升

按照国家信访局和省委的统一部署，继续以建设“工作一流、群众满意”的信访部门为主线，以全面提升信访工作整体水平为目标，大力加强信访干部队伍能力建设。一是明岗定责、对标先锋强素质。深入开展了公开“五项服务承诺”，即业务指导、信访事项办理、督查督办、综合研究、服务保障等承诺；深化“五项岗位练兵”，即围绕推动信访工作创新发展、着力化解疑难复杂信访问题、信访信息系统应用、全面提升履职能力、进一步提升服务质量；基层党组织强内功、重实践，争创群众满意窗口，争做“三晋先锋”，广大党员、尤其党员领导干部亮身份、亮职责，强素质、提内功，争当优秀办信员、优秀接谈员、优秀督查员、优秀信访工作者，以模范行动努力维护省委、省政府的窗口形象。二是深入基层，带案下访夯基础。为进一步激发各级信访部门组织创先、党员争优的内在动力，在全省信访系统组织开展干部下访活动，旨在进一步转变工作作风，提高信访干部做好群众工作和处理复杂信访问题的能力和水平。局领导深入到15个省直单位、7个市、32个县(市、区)督促处理信访案件，结案率达85%。三是健全机制，五措并举促和谐。借鉴“邯郸经验”，制定了“五个十”措施，全面提升信访工作整体水平。即，办信接访“十告之”，信访干部 “十承诺”，改进作风 “十转变”，努力实现“十提高”，严格纪律“十不准”。四是坚定信念，激发热情强能力。以开展建党90周年纪念活动为契机，先后组织参加了省直机关党委组织的演讲比赛、千名党员重温入党誓词活动，组织全体党员到晋绥边区纪念馆等进行革命传统教育。着力提高信访干部的五种能力，提高学习力，增强做好信访工作的新本领；树立亲和力，展示信访干部队伍的新风貌；强化落实力，确保信访工作取得新成效；激发创新力，探索做好信访工作的新途径；增强拒腐力，树立信访干部的新形象。

（杨卫兵）

附：省委省政府信访局局长、副局长名单

省委副秘书长、省委省政府信访局局长：

阎根生(12月离职)　李体柱(12月任职)

副局长：梁雨润　张福祥　王进军　张建平

省人大常委会党组工作概况

党组书记　申联彬

2011年，省人大常委会党组坚持以邓小平理论和“三个代表”重要思想为指导，深入贯彻落实科学发展观，全面贯彻党的十七大和十七届三中、四中、五中、六中全会精神，按照省十一届人大五次会议和省第十次党代表大会部署，围绕中心，服务大局，扎实推进常委会机关党建工作，充分发挥机关各级党组织的战斗堡垒作用和广大党员的先锋模范作用，为促进省人大及其常委会各项工作提供了有力保证。

一、省人大及其常委会各项工作再创新成绩

一年来，常委会党组充分发挥政治核心作用，组织常委会认真履行宪法和法律赋予的职责，共制定、修改地方性法规18件，审查和批准太原、大同两市地方性法规12件，听取和审议省“一府两院”专项工作报告15项，就法律法规实施情况开展3项执法检查，就重大事项作出决议1项，任免、决定任免和批准任免国家机关工作人员97人次，圆满完成了省十一届人大五次会议确定的各项任务，为推进我省经济社会发展和民主法制建设作出新的贡献。

一是牢固树立大局观念，把促进和保障转型跨越发展作为人大工作的中心任务，确保实现“十二五”良好开局。着眼于推动全省经济平稳较快增长，听取和审议计划、预算执行情况报告及审计报告、审计查出问题整改情况报告，批准2011年省本级预算调整方案，就进一步加强预算资金管理，提高发展质量和效益，从多个方面提出意见和建议。着眼于加快转变经济发展方式，听取和审议了全省科技创新及科技成果转化工作情况报告，修订了节约能源条例，就循环经济促进法实施情况进行了检查。着眼于加强“三农”工作，制定农民专业合作社条例、抗旱条例。着眼于提高可持续发展能力，听取和审议全省水利工作情况报告，就水污染防治法实施情况进行了检查，以“保护水环境、加快转型发展”为主题开展“三晋环保行”活动。

二是牢固树立群众观念，把维护群众利益作为人大工作的出发点和落脚点，积极推动民生持续改善和社会管理创新。在审议计划执行、财政决算和预算执行情况报告时，建议省政府更加关注教育、就业、医疗、职工工资收入及稳定物价。听取和审议城市和农村最低生活保障工作情况报告、学前教育工作情况报告，组织开展食品安全法、劳动合同法、老年人权益保障法等法律法规执法检查，制定和修订农产品质量安全条例、建筑工程质量和建筑安全生产管理条例、地质灾害防治条例。

三是牢固树立法制观念，把推进社会主义民主法制建设作为人大工作的重大职责，有效加快法治山西建设进程。听取和审议全省“五五”普法规划和决议执行情况报告，就加强法制宣传教育、推进依法治省工作及时作出决议。听取和审议省高院全省法院民商事执行工作情况报告、省检察院《山西省人民代表大会常务委员会关于加强人民检察院对诉讼活动法律监督工作的决定》贯彻执行情况报告，推动公正司法。制定和修订水路交通管理条例、地方志工作条例、会计管理条例，加强和改进社会管理。及时修正各级人民代表大会选举实施细则和村民委员会选举办法，保证了全省县、乡两级人大和第九届村委会换届选举的圆满完成。此外，把2011年确定为涉法涉诉督办年，对近3年来的涉法涉诉案件进行集中督办，促进社会和谐稳定。

四是牢固树立服务观念，把充分发挥人大代表作用作为人大工作的有力抓手，切实加强和改进代表工作。加强与代表的联系，强化代表履职服务保障，重视代表小组建设，深入开展闭会期间代表活动。省十一届人大五次会议期间代表提出的6件议案和763件建议、批评和意见全部办理并答复代表，特别是选择15件建议重点跟踪督办，推动代表议案建议办理从“答复满意”向“结果满意”转变。

五是牢固树立创新观念，把提高立法质量、增强监督实

效作为人大工作的重要内容，努力提高人大工作整体水平。特别是为进一步增强监督实效，创造性地就全省城乡低保工作开展专题询问，就全省水利工作情况报告开展了满意度测评，收到了良好效果。此外，常委会设立专门工作机构，制定工作规程，通过开展规范性文件备案审查增强监督实效，全年共接收和审查报备规范性文件103件次，涉及省政府及有关市政府现行有效规章及其他规范性文件252件。

二、党组成员自身建设迈上新台阶

一年来，省人大常委会党组紧紧围绕省委中心工作和省人大及其常委会总体工作，大力加强班子建设，为各项工作的顺利开展提供了有力的政治和组织保证。

一是引深理论学习，加强思想政治建设，进一步增强党性意识、政治意识和大局意识。党组成员认真贯彻落实省委《关于进一步加强和改进党委（党组）中心组学习的实施意见》和《省人大常委会中心组学习制度》，就胡锦涛总书记建党90周年重要讲话精神、党的十七届六中全会精神、省第十次党代会精神及社会主义核心价值体系等主题开展6次中心组学习，就中国特色社会主义法律体系、我国城乡最低生活保障制度、中美战略力量体系对抗及对策、辛亥革命与山西起义、综改试验区建设等主题听取省内外专家9次专题辅导，3位党组成员参加了中央党校等有关部门组织的集中培训。通过学习，党组成员进一步深刻理解和领会了中国特色社会主义理论体系的精神实质和科学内涵，深刻认识改进和加强党的执政能力建设的重要性和紧迫性，进一步用中国特色社会主义理论体系武装头脑、指导实践、推动工作，在思想上、行动上自觉与以胡锦涛同志为总书记的党中央保持高度一致；充分认识和深刻理解省第十次党代表大会提出的加快转型跨越、办好“两件大事”对山西经济社会发展的重大意义和深远影响，更好地把人大工作与山西改革发展稳定紧密结合起来，充分履行职能，奋力开创工作新局面。党组成员在搞好自身学习提高的同时，利用各种机会给机关同志讲党课、做辅导，宣讲理论、讲解政策，有效发挥了“传、帮、带”作用。

二是强化科学决策，坚持民主集中制，进一步巩固集体领导、团结共事的良好局面。坚持贯彻执行民主集中制。在集体领导的前提下，有效实行集体领导下的分工负责制。常委会提交人代会的工作报告的起草、年度工作要点的制定，立法、监督等重要任务的部署，机关各级干部的任免等，都提交党组集体讨论、集体研究、民主决策。每位党组成员都对口联系和分管一个或多个机构和部门，形成了心往一处想、劲往一处使的良好局面。认真开好民主生活会。会前以党支部为单位征求对领导班子及领导干部的意见建议，班子成员结合征求到的意见建议，对各自思想、工作、作风、廉政等方面的情况进行思考，检查不足，分析原因，提出整改措施，达到了增进团结和促进工作的目的。

三是注重工作实效，改进工作作风，进一步增强以人为本、执政为民的工作理念。按照中央和省委要求，把以人为本、执政为民的理念和要求落实到工作的各个方面。班子成员坚持联系代表和群众制度，深入基层开展调查研究，问需问政问计于民。围绕关系全省改革发展稳定大局和人民群众普遍关注的热点、难点问题和“十二五”规划实施、转型综改区建设、转型跨越发展面临的挑战，形成一批高质量的调研成果。坚持民生为先，把保障和改善民生摆在突出位置，通过制定、修改法规，听取和审议省政府相关工作报告，组织执法检查、代表视察、专题询问、专项工作报告满意度测评，推动民生政策措施落实和民生问题的解决。根据省委关于开展干部下乡住村和领导包村增收活动的部署，班子成员组织带领机关干部130余人，先后40余次深入榆社县联系点，制定发展规划、确定增收致富项目16个，争取投资820余万元，在圆满完成“六个一”的目标要求和包扶村年度增收目标的同时，树立了常委会机关良好形象。

三、基层党组织建设又有新进展

认真落实《中国共产党党和国家机关基层组织工作条例》和《省直机关贯彻〈中国共产党党和国家机关基层组织工作条例〉实施意见》，制定了省人大常委会机关贯彻条例《实施办法》。进一步完善《山西省人大常委会机关党组织工作制度》、《山西省人大常委会机关党建工作责任制》、《山西省人大常委会机关党建工作责任制党支部考核办法》。根据省委办公厅《关于在全省党的基层组织实行党务公开的实施意见》和省直工委《关于省直机关基层党组织实行党务公开的意见》，结合省人大常委会机关实际，制定《中共山西省人大常委会机关委员会党务公开实施细则（试行）》。《实施细则》坚持围绕中心、服务大局，进一步完善党的情况通报、党内选举、党内民主决策、党内民主监督、党内事务听证咨询、党员定期评议基层党组织领导班子成员等制度，共确定公开内容43项，切实保证广大党员的知情权、参与权、选举权、监督权。继续抓好干部教育培训和服务工作，深入落实党员领导干部讲党课、双重组织生活制度，做好常委会党组中心组学习和民主生活会的服务工作。重视和改进党员发展工作，5名同志参加了入党积极分子培训。

四、党员干部队伍建设展现新面貌

一年来，按照“政治坚定、业务精通、务实高效、作风过硬、团结协作、勤政廉洁”的要求，党组着力加强机关党员干部队伍建设，着力加强常委会及机关自身建设，努力从思想、组织、作风、制度等各个方面打牢基础。

一是坚持“民主、公开、竞争、择优”方针，进一步增强干部选拔任用的公信度和满意度。进一步推进干部选拔任用、考核制度改革，采取民主推荐和竞争上岗相结合的干部选任方式，全面、客观、公正使用干部。改进选拔提名方式，试行差额推荐、差额考察、党组集体票决拟任人选。对一些事关全局的关键岗位，综合运用实绩考评，将选拔的竞争前移为实绩的竞争。完善干部监督工作机制，实行考察预告制、任前公示制、领导干部诫勉谈话、函询制度和干部选拔任用工作全程记实制度，建立健全用人不正之风防范和查处机制。一年来，先后配合省委组织部选拔厅级干部8名，选任、提任处级干部30名，组织推荐2名正处级干部参加全省县长遴选，推荐1名厅级干部到省信访局挂职锻炼。

二是创新方式方法，强化学习培训，推进学习型机关建设，进一步锻造一流队伍。思想教育方面，组织党员干部深入学习社会主义核心价值体系四个方面的内容，教育引导党员干部坚定理想信念、划清"四个重大是非界限"、带头弘扬以爱国主义为核心的民族精神和以改革创新为核心的时代精神，自觉践行社会主义荣辱观，培养高尚道德情操和健康生活情趣，保持昂扬奋发的精神状态。业务学习方面，建立健全了党组织学习及个人自学等各项学习制度，倡导机关干部职工开展"三个一"活动，利用常委会会议等各种有利时机，为机关干部职工举办了5期专题讲座。除加强人大理论和人大业务知识的学习外，通过组织专家辅导、推荐书目等，引导干部职工广泛学习多方面知识。特别是指导人事部门组织机关和地市人大47名干部赴清华大学集中培训，为全省人大系统的干部教育培训工作起到了示范作用。指导机关干部以"山西干部在线学院"为平台进行自学，增强了培训学习的针对性、实效性。

三是强化纪律约束，培养过硬作风，落实岗位责任，进一步提升效能。结合纪念建党90周年、辛亥革命100周年等重要活动，广泛开展赴革命纪念地参观学习、书画作品展览、知识竞赛、征文、歌咏比赛、听党课、重温入党誓词等活动，引导干部职工牢记自身使命、发扬党的传统、永葆工作激情。按照省委、省纪委要求，重申工作纪律"五不准"，扎实开展纪律作风集中教育整顿活动。作出了深化机关作风建设的意见，从创建学习型党组织、加强调查研究、搞好综合协调、提高工作效能、严格执行制度、硬化目标考核等方面提出具体要求。党支部组织召开专题生活会，党员干部对照问题找差距。通过建立科学合理、责任明确、切合实际的干部岗位职责制度，对机关干部按照岗位职责，实行目标化管理，落实岗位责任制度，提高工作的组织化程度。

五、党风廉政建设取得新成效

一年来，党组坚持标本兼治、综合治理、惩防并举、注重预防的方针，完善机制，严肃纪律，以落实党风廉政建设责任制为龙头，以推进惩防体系建设为重点，不断加强机关反腐倡廉建设，为常委会各项工作的开展提供了坚强纪律保证。

一是精心组织，强化责任，进一步落实党风廉政建设责任制。党组始终把党风廉政建设纳入总体工作布局通盘考虑，同部署、同落实、同检查、同考核。严格执行省委、省政府《关于贯彻落实〈实行党风廉政建设责任制的规定〉实施办法》的各项规定和"一岗双责"的要求，坚持集体领导与个人分工负责相结合，坚持谁主管谁负责的原则，一级抓一级，层层抓落实，及时研究解决工作中出现的问题和困难，扎实推进党风廉政建设。2月份，机关召开干部大会，党组与各工作机构和各事业单位签订了党风廉政建设责任书，落实"一岗双责"的要求。4月份，省委办公厅和省政府办公厅下发《关于省直部门贯彻落实2011年反腐倡廉工作任务分工的意见》，涉及到省人大常委会11项工作任务。为使这些任务落到实处，机关纪委召开各部门会议，将各部门承担的工作任务以分解表的形式进行细化分解，明确责任，扎实推进。在纪念建党90周年之际，对党风廉政建设先进集体、党风廉政建设先进个人进行了表彰。

二是抓住重点，突出实效，进一步落实惩防体系建设任务。扎实开展纪律作风集中教育整顿活动。12月1日，省纪委召开以"正风肃纪、创优环境"为主题的全省纪律作风集中教育整顿月活动电视电话会议后，党组及时召开机关干部动员会，安排部署机关的集中教育整顿活动，成立工作领导组，重申严肃工作纪律的"五个不准"规定；将典型案件警示教育片《没有"规划"好的人生》和《"正风肃纪、创优环境"警示教育资料片》挂在机关内网组织干部职工观看；各党支部积极组织党员开展以"正风肃纪，创优环境"为主题的专题组织生活会，针对问题查不足，积极建言献策，创优发展环境。对照廉政准则开展党性自查分析报告。机关的纪律作风建设进一步加强。深入开展专项治理。根据省委、省纪委文件和会议精神要求，对一些突出问题开展专项治理活动。开展"小金库"专项治理，制定《山西省人大常委会机关"小金库"专项治理实施方案》，组织各工作机构、各事业单位全面开展自查，自查面达100%，认真开展"小金库"治理回头看，深化对机关各部门和事业单位"小金库"进行专项治理。开展"公务用车"专项治理，重点围绕省公车办提出的超编制超标准配备等治理要求，如期完成了登记自查、审查核实各阶段的工作任务。改进车辆使用管理模式，实行精细化管理，经费总支出控制在包干经费额度之内，保证了公务用车的规范管理和安全运行。开展庆典、论坛、研讨会专项治理，制定《省人大常委会机关清理和规范庆典、研讨会、论坛活动工作方案》，治理和规范相关行为。此外，严格落实党政机关厉行节约各项规定，严格公务接待、因公出国（境）等经费管理。深刻自我剖析，民主生活会质量进一步提高。按照省纪委和省委组织部关于召开2011年处级以上党员领导干部民主生活会的文件精神，机关党委及时组织举行了以"坚持以人为本执政为民理念，发扬密切联系群众优良作风"为主题的民主生活会。各党支部精心准备，会前抓好自主学习自我剖析，会中抓好对照检查、批评与自我批评，会后抓好整改措施的落实。通过召开民主生活会，进一步加强了领导班子的团结，提高了各级党组织依靠自身力量解决问题的能力。

三是创新机制，健全制度，进一步完善惩防体系基本框架。完善拒腐防变教育机制。实施岗位廉政风险教育，提高岗位风险防范意识。强化警示教育，组织参观廉政教育展览，就典型案例组织专题学习，利用局域网播放警示教育片。健全源头防腐机制。在已有各项廉政制度的基础上，就领导干部推荐选拔、政府采购、财务管理、领导干部外出、因公出国（境）等相关事项作了进一步完善和补充，制定了党务公开实施细则、创建省级文明和谐单位实施意见、党建工作责任制党支部考核办法、创建文明和谐单位管理办法等制度，扎实做好源头防治腐败的各项工作。

六、文明和谐机关创建实现新跨越

2011年，在省文明委、省直文明委的大力支持下，常委会党组把精神文明创建工作与充分发挥人大作用、推动我省转型跨越发展紧密结合起来，与常委会近年来精心构建“五型”机关紧密结合起来，强化党组统一领导、机关党委牵头、各部门各单位一把手负总责、分管领导具体抓、工青妇密切配合、各职能处室齐抓共管的创建工作机制，形成人人有责任、层层有压力、工作有目标、评优奖惩有依据的工作格局，实现了创建工作长计划、短安排、定期议、坚持抓。制定《山西省人大常委会机关创建省级文明和谐单位实施意见》，修订出台《山西省人大常委会机关创建文明和谐单位管理办法》和《考核细则》，建立精神文明建设工作长效机制。在此基础上，组织开展一系列形式多样、内容丰富的创建活动。特别是机关工会、妇委会充分利用自身优势，组织开展“送温暖、献爱心”、“联企帮困”、“慈善一日捐”等活动，机关干部职工先后捐款10万余元，向扶贫点小学捐赠文具、图书、乐器等物品价值4万元。通过持续不断地“抓学习、强素质，抓服务、创佳绩，抓作风、提效能，抓党建、建队伍，抓环境、促和谐”，极大地激发机关全体干部职工参加创建的主体意识，精神文明创建工作取得了显著成效。在连续五年获得省直文明和谐单位标兵的基础上，第一次被省文明委评为省级文明和谐单位，机关工会被授予“山西省直机关模范集体”荣誉称号和“五一”劳动奖状，机关文明和谐创建跨上一个新的高度。

（张　健）

附：省人大常委会党组书记、副书记、成员名单

书　记： 申联彬

副书记： 杜玉林　杨安和　靳善忠

成　员： 安焕晓（女）　郭海亮　王雅安　朱　明

省政府党组工作概况

党组书记　王　君

2011年，在党中央、国务院和中共山西省委的正确领导下，省政府党组认真贯彻落实党的十七大、十七届三中、四中、五中、六中全会和胡锦涛总书记"七一"重要讲话精神，深入贯彻落实科学发展观，坚持以改革创新精神推进党的建设，以求真务实作风推动政府各项工作，紧紧围绕政府的中心工作开展党的建设，经济社会发展和党的建设都取得了新的成绩。

一、党建工作情况

2011年，省政府党组围绕建设学习型、服务型、法治型、廉洁型政府，认真落实党建工作责任制和党风廉政建设责任制，自身建设不断加强，领导和推动科学发展的能力和水平进一步提高。

一是高度重视理论学习。坚持用党的最新理论武装头脑，党组成员都能够自觉学习中国特色社会主义理论体系特别是科学发展观，学习中央的大政方针、决策部署和国家法律法规，学习党的十七届六中全会和胡锦涛总书记"七一"重要讲话精神，学习经济、政治、文化、社会等各方面知识。坚持理论联系实际，学以致用、用以促学，进一步提高了运用科学理论解决实际问题的能力。

二是坚持依法行政。不断完善重大事项公众参与、专家咨询论证和政府集体决策相结合的制度，促进科学民主决策。严格规范行政执法，强化行政执法监督，加强行政监察和审计监督，进一步提高了政府的公信力和执行力。不断深化政府改革，进一步转变政府职能，切实加强行政效能建设，有效地保证了政令畅通、促进了各项工作的深入开展。

三是始终坚持群众路线。省政府党组成员自觉把保障和改善民生作为出发点和落脚点，组织实施并完成了以农村两轮"五个全覆盖"为重点的一大批民生工程，深入到各自联系点开展下乡住村活动，促进农民增收。自觉坚持群众路线，及时了解群众呼声、诚恳听取群众意见，把解决好人民最关心最直接最现实的利益问题作为以人为本、执政为民的具体行动，赢得了人民群众的拥护和支持。

四是着力改进工作作风。省政府党组成员带头开展调查研究，深入基层和生产一线，掌握实情、解决问题。大力弘扬求真务实、真抓实干的作风，力戒形式主义、官僚主义。出台改进文风会风、压缩"三公"经费等规定，省政府领导带头执行，各类会议、文件大幅度减少，庆典、论坛得到了严格控制。不断加强绩效管理，强化督促考核，有力地确保了各项工作部署都落到实处、收到实效。

五是大力推进反腐倡廉建设。建立健全惩治和预防腐败体系，认真开展重点领域渎职侵权问题专项整治，严肃查处各类违法违纪案件。巩固正风肃纪创优环境活动成果，加强政风行风建设。省政府党组成员带头执行廉洁从政规定，严格要求自己的家属、子女和身边工作人员，始终保持廉洁自律的本色。大力提倡和忠实践行艰苦奋斗的优良传统，厉行节约，勤俭办事，维护了党和政府清正廉明的良好形象。

二、经济工作情况

2011年,省政府党组坚持主题主线，全力实施"十二五"规划，着力推动转型跨越发展，经济社会发展和各项工作都取得了新的成绩，实现了"十二五"的良好开局。

（一）经济继续保持平稳较快发展。

认真贯彻落实中央宏观调控政策和各项决策部署，立足扩大内需，继续加大投资力度，全社会固定资产投资在2009年完成5034亿元、2010年完成6353亿元的基础上，2011年又完成7373亿元、增长27.3%。其中，铁路建设完成投资580亿元，排全国第1位；高速公路建设完成投资582亿元，排全国第3位；保障性住房建设完成投资415亿元，开工率位居全国前列。投资结构不断优化，其中，非煤产业投资增长35%，新兴产业投资增长50%，非国有投资增长50%。持续扩大消费，继续实施“家电下乡”、家电以旧换新和“农机下乡”等政策措施，新建和改造农村便民店6200个，建成大型农产品批发市场40多个，推进“农超对接”，发展电子商务等新型业态，深入开展食品药品安全专项治理和打击制售假冒伪劣商品等专项行动，有效地促进了消费增长，全年社会消费品零售总额达到3773.6亿元，增长17.6%。积极发展对外贸易，稳定拓展外需，全省进出口总额完成147.6亿美元，创历史最好水平。与此同时，继续实行减免相关费用、协调银行贷款、给予财政借款、保障电煤供应等帮扶措施，促进了各类企业健康发展，煤销、太钢、焦煤、潞安、阳煤、晋煤、同煤等7户企业销售收入均超过千亿元，省属国有大企业成为推动全省经济增长的重要力量。

2011年，全省经济在2010年高位运行的基础上，继续保持了较快的增长。全省生产总值达到1.1万亿元，增长13%；财政总收入、一般预算收入分别完成2261亿元、1213亿元，分别增长24.9%、25.1%；城乡居民收入分别达到18124元、5601元，分别增长15.8%、18.3%。

（二）基础设施建设取得历史性突破。

以交通、水利、电力等为重点，大力推进基础设施建设，大西客运专线、中南部出海大通道等铁路建设加快推进，全省铁路营运总里程达到3750公里；新增高速公路1003公里、通车总里程超过4000公里，新改造国省干线527公里、农村公路2972公里；运城、大同机场改扩建和吕梁、临汾、五台山机场新建工程进展顺利，一个四通八达、便捷高效的现代交通运输体系基本形成。35项应急水源工程全部建成，引黄北干工程如期实现引水到大同、朔州的目标，“两纵十横、六河连通”的大水网工程全面启动；新增电力装机800万千瓦，总装机达到5300万千瓦；煤炭交易中心、大剧院、科技馆、博物馆、美术馆等省城十大建筑全部竣工，成为太原新的地标；城镇化进程不断加快，“一核一圈三群”建设取得新的进展，全省城乡面貌发生了新的变化。

（三）转型发展势头强劲，发展方式转变迈出新的步伐。

大力推进传统产业整合重组和技术改造。煤炭资源整合煤矿兼并重组圆满结束，整合重组效果进一步显现，煤炭产量和外运量分别达到8.7亿吨、5.8亿吨，再创历史新高；煤炭价格稳中有升，煤炭行业效益稳步提高，上缴税费占财政总收入的比重达到43%；煤炭产业可持续发展能力进一步增强，为推动转型跨越发展奠定了坚实的基础。同时，全面启动非煤矿山、焦化、钢铁和水泥等行业的整合重组,加大用高新技术和先进适用技术改造提升传统产业，产业竞争力明显增强。

加快培育壮大新兴产业。大力发展先进装备制造业、现代煤化工、新型材料工业、特色食品工业，四大行业增加值均增长20%以上。大运二期5万辆重卡、焦煤60万吨焦炉煤气制烯烃、太钢不锈钢精密带钢、杏花村一期10万吨白酒等重大项目加快推进或部分投产。积极发展新能源、节能环保、信息等产业，新增风电装机100万千瓦，太原富士康年产2200万支第4代苹果手机生产线建成，晋城科技园一期5500台机器人下线。投资226亿元的潞安百万吨级煤基多联产项目、投资26亿元的晋中吉利10万辆新能源汽车项目、投资170多亿元的大同协鑫多晶硅及光伏产业项目、投资近50亿元的阳泉百度云计算10万台服务器数据处理项目等一大批标志性转型项目开始布局。加快发展文化旅游产业，云冈石窟环境综合治理全面完成，五台山景区提升工程加快推进，印象平遥大型实景演出项目进展顺利，全省旅游总收入达到1343亿元，增长23.9%。

积极推进节能减排和生态建设。加快淘汰落后产能，全年共淘汰小钢铁814万吨、小焦炭506万吨、小火电44万千瓦、小水泥1315万吨、小电石31万吨。在全国率先实施燃煤电厂烟气脱硝，启动省排污权交易中心，推进太化、煤气化等企业搬迁改造，大力发展循环经济，启动实施绿色生态工程，深入推进造林绿化工程，全省万元生产总值综合能耗下降3.5%，万元工业增加值用水量下降5%，二氧化硫、化学需氧量、氮氧化物、氨氮、烟尘、粉尘等主要污染物减排完成全年目标任务，11个重点城市空气质量进一步改善，在前3年每年完成400多万亩营造林的基础上，2011年又完成453万亩，森林覆盖率明显提高。

（四）农业农村好形势得到进一步巩固和发展。

不断加大投入力度，全年“三农”投入达到650亿元，增长20%。实施灌区建设补贴、高标准农田建设等“双十”强农惠农工程，推进大型灌区改造、山区“一村一井”和粮食高产创建等农田水利建设，改造中低产田210万亩，农田实灌面积达到1800万亩，农业综合生产能力稳步提高，全年粮食产量达到119.3亿公斤，再创历史新高。加快发展现代农业，扎实推进运城、晋中、大同三大现代农业示范区建设，重点扶持42个“一县一业”示范县和2000个“一村一品”专业村，大力实施农产品加工龙头企业“513”工程，农产品加工业销售收入达到629亿元，增长23%。启动实施100个新农村集中连片建设工程，完成了2000个重点推进村建设任务。加大扶贫开发力度，开展领导干部下乡住村包村增收活动，又有20万贫困人口脱贫。大力发展县域经济，在22个县（市）开展了扩权强县试点，县域发展的活力进一步增强。

（五）安全生产形势持续明显好转。

深刻汲取一度时期重特大事故多发频发的教训，全面确立抓好经济发展是政绩、抓好安全生产也是政绩的理念，深入开展以煤矿为重点、覆盖各行业领域的安全生产专项整治；严格执行安全生产规章制度，全面落实企业和政府“两个主体”责任，实行安全生产挂牌责任制，严肃对待事故、严格责任追究；扎实推进安全生产标准化建设，全面提高从业人员素质和现场管理水平，进一步夯实安全生产基层基础，安全生产形势持续明显好转。全省各类安全生产事故死亡人数在2009年比2008年减少1018人、2010年比2009年减少505人的基础上，2011年又减少281人，特别是没有发生特别重大事故，煤矿百万吨死亡率下降到0.085，居于国内领先水平，为推动转型跨越发展创造了良好的安全环境。

（六）社会事业全面发展，民生进一步改善。

不断加大发展社会事业和改善民生的力度，全年资金投入超过1000亿元，增长26%。大力发展教育事业，建设公办标准化幼儿园200所，提高中小学校生均公用经费100元，免除职业高中、职业中专学生学费，开工建设投资百亿元、占地近万亩的高校新区，招聘2150名特岗教师到农村任教。积极发展文化体育事业，建成省图书馆、体育中心等重大标志性设施，扎实推进文化信息资源共享、乡镇文化综合服务和农村电影放映等惠民工程，公共文化服务质量和水平进一步提高；全民健身活动蔚然成风，竞技体育取得优异成绩。深入推进医药卫生体制改革，国家要求的五项重点改革任务全部完成，覆盖城乡的基本医疗保障制度基本建立；所有政府办的基层医疗卫生机构和村卫生室实行了基本药物制度，药物价格下降30%以上；投资近20亿元的山西大医院投入运营，投资25亿元新建改造了一批基层医疗卫生机构；基本公共卫生服务均等化水平明显提高；公立医院改革试点稳步推进，群众“看病难、看病贵”的问题得到缓解。不断强化科技、人才支撑，组织实施了7个科技重大专项和22个科技示范工程，研究制定了引进国内高层次人才办法、转型跨越发展突出贡献人才奖励办法。

下大气力狠抓民生工作。进一步稳定和扩大就业。全年新增城镇就业岗位50万个，超出年初计划10万人，转移农村劳动力40万人，高校毕业生就业率达到89%。全面加强社会保障。城镇社会保险综合覆盖率达到90%。企业退休人员基本养老金每人每月平均提高190元，7万未参保集体企业退休人员全部纳入城镇职工基本养老保险范围；启动城镇居民社会养老保险试点，覆盖率达到82%；新型农村社会养老保险覆盖率达到84%。城镇医疗保险参保率达到96%，新农合参保率达到98.5%，城镇居民医保和新农合补助标准每人又提高了80元。13.2万国企“老工伤”人员和工亡职工家属纳入工伤保险范围。242万城乡低保和农村五保供养对象实现应保尽保，城乡低保标准每人每月分别提高25元、22元。为保障农民冬季取暖用煤，从2011年起，由省内国有煤炭企业为低收入农户每户每年免费供应1吨煤，688 万户家庭从中受益。加快推进保障性住房建设。全年共开工建设44万套，超额完成国家下达的任务。与此同时，综合运用限购、提高首付比例等措施调控房地产市场，呈现出投资增加、销售面积基本稳定、销售价格下降的“两增一降”势头。2011年，全省房地产投资完成790亿元，增长33.4%；商品住房销售面积达到980万平方米，增长5.5%；商品住房平均销售价格为3258元/平方米，同比下降1.2%，其中省会太原为6058元/平方米，同比下降18.7%。综合施策稳定物价。大力发展粮食和农副产品生产，对生猪养殖大县每县奖补100万元，对每头能繁殖的母猪在国家补贴60元的基础上，我省又补贴40元；投入1.2亿元支持设施蔬菜生产，畅通鲜活农产品“绿色通道”，加强市场监管，我省CPI涨幅低于全国平均水平0.2个百分点。建立了社会救助和保障标准与物价上涨挂钩的联动机制，在全国率先实行单月CPI涨幅超过5%或食品价格涨幅超过10%，即向低收入群体、大中专贫困学生、高校学生食堂发放临时价格补贴的措施。从2010年11月起，已连续补贴12个月，发放补贴资金12亿元，较好地保障了困难群众的基本生活。加快推进农村新的“五个全覆盖”工程。狠抓农村社会事业发展和民生改善，在巩固提升已完成的村通水泥（油）路、中小学校舍安全改造、村卫生室、安全饮水、村通广播电视等“五个全覆盖”的基础上，又投入300亿元，启动实施了街巷硬化、便民连锁商店、文化体育场所、中等职业教育免费、新型农村社会养老保险等新的“五个全覆盖”工程，全部超额完成年度目标任务。

加强和创新社会管理。认真贯彻中央关于加强和创新社会管理的部署和要求，积极推进社会管理理念、制度、体制、机制、方法创新，进一步健全重大工程项目建设和重大政策制定的社会稳定风险评估机制，加强社会治安综合治理和信访工作，强化对重点领域和薄弱环节的管理，保证了全省社会的和谐稳定。

（七）改革开放不断深化。

全面推进各项改革，行政审批制度改革深入推进，取消、下放和调整行政审批事项252项，取消行政事业性收费112项；事业单位分类改革清理规范工作基本结束；集体林权制度改革主体任务基本完成；国有企业改革不断深化，省属国有企业由原来的34家重组为21家；文化体制改革加快推进，省广电网络等五大文化产业集团组建运营，488家经营性文化单位完成转企改制任务；扎实推进转型综改试验区建设，成立了省市县三级领导组及工作机构，编制完成了总体方案和各市、各部门、试点县行动方案，启动开展了县(市)、园区和企业不同层面的试点工作，筛选实施了一批重大转型标杆项目；积极探索创新产业、财税、土地、金融、科技和行政管理等体制机制，进一步增强了发展的动力和活力。

加大对外开放力度，先后举办了央企恳谈会、民企恳谈会、沪浙苏招商推介会和农博会等一系列招商引资活动，全年到位资金3620亿元，在2010年的基础上翻了一番。尤其是精心组织、成功举办了第六届中博会，45个国家和地区的1.6万名嘉宾、2300多个代表团参会，我省签约项目引资总额达到2.4万亿元。 （柏亚华）

附：省政府党组书记、副书记、成员名单

书　记：王　君

副书记：李小鹏

成　员：高建民　牛仁亮　张　平　刘维佳（9月离职）
张建欣（女）　任润厚（1月任职）
郭迎光（9月任职）　王清宪（1月离职）
陈永奇（1月任职）　杨　司（1月任职）

省政协党组工作概况

党组书记　薛延忠

2011年，省政协党组坚持以科学发展观为指导，以创先争优活动为载体，以创建文明和谐单位标兵为目标，紧紧围绕省委“转型发展、跨跃发展”的战略重点，服务政协委员切实履行职能，积极参政议政，坚持贴近实际、贴近生活、贴近群众的方向，卓有成效地开展了各项创建活动，取得了丰硕成果。

一、加强政治理论学习和业务学习，用科学的理论武装头脑，指导实践

一是加强学习活动的制度化。根据省政协常委会《2011年工作要点》，结合创先争优活动，按照《关于创建学习型党组织的意见》，要求深入学习实践科学发展观，开展创先争优活动，不断丰富和发展人民政协理论，并学习掌握现代化建设所必须的各方面知识。对于学习方法和形式，要求加强和改进党组中心组学习、党支部组织生活会，加强和改进专题辅导报告会、主题教育活动、完善学习制度等。对于厅级干部，要求到基层调研每年不少于30天，处级干部每年撰写2—3篇调研报告，提倡在内容不涉密的情况下学习心得体会及论文上网交流。

二是注重学习内容的针对性。根据政协工作的特点和要求，结合创先争优活动的开展，通过多种形式，认真学习贯彻全国“两会”精神、胡锦涛总书记七一讲话、十七届六中全会精神、省十届党代会精神。邀请中央和省内专家学者作了专题讲座，组织理论学习中心组和各支部进行了广泛深入的学习讨论，进一步提高了大家对当前政治经济形势和任务以及政协知识的认知水平。结合市县政协主席培训班、新任政协委员培训班和省委党校、省直党校举办的各类培训班，对广大干部进行了轮训。

三是注重理论联系实际。省政协秘书长、机关党委书记阎沁生同志一再强调，要通过学习着力提高宏观思维能力、组织协调能力、处理复杂问题的能力、开拓创新能力、语言和文字表达能力。要求机关干部聆听常委会专题讲座，并通过各种调研、会务以及其它具体事务，提高机关干部职工对省情的了解，提升办文、办会、办事能力，并对机关同志进行实践能力的培养和锻炼。

二、认真履行各项职能，为促进转型跨越发展贡献力量

一是认真开展调研视察。服务省政协全会和常委会议，分别围绕省委、省政府的决策部署，就“推进我省资源型经济转型综合配套改革试验区建设”“加快推进‘一村一品’，促进农民增收”“推进新型工业化，做大做强山西装备制造业”等常委会议题，组织部分常委和委员进行专题调研，并通过召开常委会讨论，向省委、省政府提交《关于推进我省资源型经济转型综合配套改革试验区建设的建议案》、《关于加快推进“一村一品”促进农民增收的建议案》等，得到省委、省政府高度重视。

二是组织举办主题论坛。如举办“第四届京津冀晋蒙政协区域经济发展论坛”，论坛就深化“十二五”期间区域交流合作、促进华北区域协调发展建言献策。同时组织政协经济企业界委员，进行合作项目签约，以实际行动为加快科学发展贡献力量。举办“山西煤化工跨越发展论坛”，广泛开展交流，充分论证建言，为促进我省和周边地区经济转型跨越发展、社会和谐稳定搞好服务。

三是积极开展工作交流。举办“北方九省(区、市)政协民族宗教工作交流会”，就发挥宗教界积极作用、促进和谐社会建设进行交流研讨。举办“京津冀晋蒙鲁豫陕政协港澳台侨外事工作交流会”。八省市区政协围绕“开放、合作、共赢、崛起”的宗旨，就进一步发挥人民政协的独特优势，加强各省市区间的联谊协作与区域合作进行发言。会议通过了《京津冀晋蒙鲁豫陕八省市区政协第一次港澳台侨外事工作会议纪要》。

四是进一步做好提案和社情民意工作。举办了全省政协系统提案工作经验交流会，完善高层领办、高层督办重点提案制度；坚持提案办理新闻发布制度，涌现出一批优秀提案和优秀办理单位。举办全省政协系统信息采编工作培训班，提高信息干部的业务能力。信息工作连续12年荣获全国政协系统社情民意信息工作一等奖。多次得到国家领导和省领导批示。

五是举办“察百姓情、建惠民言、办利民事”活动。“察百姓情、建惠民言、办利民事”活动是省政协2011年重点工作中的专项活动，旨在动员组织政协各界别、政协委员和政协机关干部，深入基层，倾听群众呼声，关心群众疾苦，为百姓办实事。活动重点内容是组织文艺、医卫等界别委员开展“三送一帮扶”活动，即送戏下基层、送医下基层、送法下基层和“一帮一”的捐资助学、捐资解困活动，通过这些具体活动，把文化、医疗、法律和经济上的帮助送到群众手中。为了多渠道体察民情，在政协工作信息网设立了“网络民声”栏目，收集民意、了解民忧。省政协围绕经济、社会和民生改善列出20个课题，作为全省各级政协委员和政协组织专题建议活动的参考，并督促各项专题建议推进落实。活动开展以来，在沁县、文水、大同、定襄、平陆、太谷、偏关等地举行送医下乡、送法下乡、送戏下乡和“三送一帮扶”活动，受到广大群众欢迎，收到了良好效果。

六是多方形成合力，助推文化发展。8月18日成立的山西中华文化促进会，紧紧围绕省委、省政府提出的五大文化发展战略，研究制定促进三晋文化发展大繁荣、大发展的重点任务、主攻方向和路径选择，精心策划一批标志性文化项目，重点打造坚实的文化投融资平台，率先先行先试，加快文化体制机制改革创新，奋力开创人才辈出、人尽其才、才尽其用的崭新局面，全力为全省文化创作、文化开发、文化交流搭好平台，为建设文化强省做出贡献。组织部分委员在太原、祁县、太谷、平遥等地考察文化产业。举办了省城各界人士纪念辛亥革命100周年座谈会、进行了文史资料征集等活动。为纪念辛亥革命，缅怀革命先行者的英雄业绩，激励读者为中华民族的复兴而努力奋斗。同时也为辛亥革命史研究，特别是辛亥人物研究提供借鉴，由省政协文史委编撰的《山西辛亥人物传》，由三晋出版社出版发行。由省地方志办公室、省政协文史资料委员会编辑整理了《阎锡山日记》一书，由社会科学文献出版社正式出版发行。编撰《名人故居博览·山西卷》，由中国文史出版社出版发行。协拍了纪录片《山西辛亥风云》。承办了《纪念徐向前元帅诞辰110周年书画展》山西巡展活动。《文史月刊》在同类期刊中发行量位居全国第三。多次接待各类政协考察团和国内外有关经贸考察团，积极引导委员参加省政府的招商引资活动，宣传山西厚重的历史文明和晋商文化，为我省引资、引智、引技拓展对外合作的新领域。

三、加强自身建设，打造服务委员的优秀团队

一是注重活跃机关气氛。2月16日，举办了省政协机关元宵节联欢会。省政协领导和机关干部职工一道，共庆元宵佳节、共话美好未来。以办公厅各支部自编自演的各类节目，加上省民间艺术团、山西省曲艺团、政协宾馆、政协合唱团、驻地武警的节目，博得了大家的阵阵掌声，整场联欢会充满了欢乐气氛。围绕中国共产党成立90周年，组织机关干部开展了唱红歌、演讲、征文等8项丰富多彩的纪念活动，机关合唱团在省直工委举办的歌咏会上获得优秀演唱奖。10月8日，省政协举办纪念辛亥革命100周年书画摄影集邮展。拥军爱民、共享共建是我们的一项光荣传统，在春节和八一前夕，省政协常务副主席郭良孝和副主席李潭生慰问了担负省政协机关值勤任务的武警太原支队官兵。

二是积极开展干部下乡活动。根据省委的统一安排，先后组织了6批42人次，分别在5位主席和秘书长的带领下，在偏关县新关镇开展了干部下乡和领导干部“包村增收”活动。落实了帮扶项目12个，解决资金1700万元。认真开展联企帮困送温暖活动，多方筹资2万元，为山西涤纶厂困难职工送去温暖。认真帮助机关贫困职工，建立档案，落实补助。

三是在自身建设上创先争优。转发了山西省纪委《关于进一步整肃工作纪律狠刹不良风气的通知》，转发了《关于严厉整治干部选拔任用工作中行贿受贿行为的实施意见》，进一步加强惩防体系建设，认真学习贯彻领导干部廉政准则，实行党务公开，通过一系列学习教育活动，机关干部作风得到明显改进。组织全体干部先后参观了“全国窃密泄密案例警示教育展”和“全省反腐倡廉成果展”。搞好后勤服务与基础建设。为全会、常委会和各类会议、调研搞好服务，未出现明显纰漏，为政协工作起到保驾护航作用。及时更新维护管道，并对部分楼顶进行了防水处理，对机关办公区、家属区的部分绿化设施进行了换土、补栽等工作，为广大干部职工营造了一个温馨舒适的办公生活环境。制定了《山西省政协机关固定资产管理办法》，对固定资产的范围及分类，建造、购置、接受捐赠、赞助及领用、责任管理、出入库手续、国有资产的处置、清查盘点报表作了明确规定。

（张建忠）

附：省政协党组书记、副书记、成员名单

书　记： 薛延忠

副书记： 郭良孝

成　员： 李雁红　李潭生　令政策　阎沁生

省纪委（监察厅）工作概况

省纪委书记　李兆前

2011年，省第十次党代会胜利召开，综改试验区建设全面启动，转型跨越发展成绩斐然，实现了“十二五”良好开局。在全面推动经济社会发展的同时，省委、省政府高度重视和切实加强反腐倡廉建设，各级各部门严格执行党风廉政建设责任制，切实履行反腐倡廉建设的政治责任。在中央纪委和省委的坚强领导下，省纪委常委会团结带领全省各级纪检监察机关和广大纪检监察干部，认真贯彻中央和省委省政府关于反腐倡廉建设的各项部署要求，围绕中心、服务大局，以人为本、执政为民，改革创新、狠抓落实，党风廉政建设和反腐败工作取得新进展、新成效，为全省转型跨越发展提供了坚强的纪律保障。

2011年，全省反腐倡廉工作取得的积极进展和明显成效，是中央纪委和省委坚强领导的结果，是各级党组织、纪检监察机关和广大纪检监察干部奋发努力的结果，是全省广大党员干部、人民群众和社会各界大力支持和积极参与的结果。贺国强同志亲临山西考察指导工作，给予亲切关怀和巨大鼓舞。省委常委会、省政府常务会多次专题研究反腐倡廉工作。袁纯清同志、王君同志多次对有关重大问题作出重要指示，在纪检监察机关履行职责、开展工作、队伍建设、经费保障等各个方面给予有力支持。省委常委带头作出廉政承诺，带队考核党风廉政建设责任制落实情况和惩防体系建设推进情况。各有关部门密切配合，广大党员和干部群众积极参与，形成了全省上下同心协力推进反腐倡廉建设的强大合力。

一、坚持围绕中心、服务大局，以加强转变经济发展方式监督检查为重点，有效促进了中央和省委重大决策部署的贯彻落实

各级纪检监察机关自觉融入全局、主动服务大局，以严明的纪律保障政令畅通。加强对中央和省委省政府重大决策部署落实情况的监督检查，重点开展了煤炭资源整合、循环经济发展、“大水网”建设、节能减排和环境保护、保障性住房建设、农村新的“五个全覆盖”及增加农民收入等政策措施落实情况和重点项目落地、推进情况的监督检查，发现和纠正突出问题4122个，查处违规违纪案件367件，有力促进了转型跨越发展。印发了《关于发挥纪检监察机关职能作用推动省第十次党代会工作任务落实的通知》，对加强各项部署落实的监督检查作出安排。加强换届纪律教育培训和督导检查，严格执行“5个严禁、17个不准、5个一律”等纪律要求，设立纪委书记换届监督热线电话，完善“会议值班制度、纪律巡查制度和‘突发事件零报告’制度”，制定换届纪律突发事件应急处置预案，对107名省管干部进行“廉政把关”，严肃查处违纪案件，保证了换届工作风清气正。强化安全生产法规制度落实的监督检查，查处各类安全生产责任事故114起，给予党政纪处分365人。援助四川茂县灾后重建监督检查工作圆满完成，支援新疆经济社会发展监督检查工作取得初步成效。

二、坚持以人为本、执政为民，以强化基层涉纪信访和食品安全责任监督为重点，较好解决了人民群众反映强烈的突出问题

全省各级纪检监察机关深入开展基层涉纪信访“千组包千案、百日大会战”行动，集中解决赴省进京信访案件及事项1038件，给予党政纪处分921人，移送司法机关97人。省纪委监察厅出台了《关于进一步加强基层涉纪信访工作的意见》，建立了基层涉纪信访长效机制。何勇同志批示：“山西开展‘千组包千案’活动很好，不仅化解了多年积案，而且切实改善了纪检监察干部作风，要认真总结推广山西经验。”省纪委监察厅抓住社会关注度高、监管难度大、与群众切身利益密切相关的食品安全问题，在晋中开展食品安全责任监督试点工作，形成了“分责全落实、知责全覆盖、履责全方位、问责全过程”的有效机制，建

立网格化监督信息平台,对监管部门及其工作人员履职情况实施有效监督。认真总结推广晋中经验，在全省开展了食品安全责任监督工作。李克强副总理作出重要批示：“山西晋中加强食品安全监管实行全程问责的经验作法值得总结。”此外，加强对供应低收入农户冬季取暖用煤政策落实的监督检查，对存在的问题进行了严肃查处。坚决纠正违法违规征地拆迁行为，防范和纠正保障性住房建设、配置和管理方面的不正之风。深入治理教育乱收费和医疗服务中的不正之风。深入治理公路违规收费罚款和超限超载。进一步加强和改进政风行风评议工作。

三、坚持正风肃纪、优化环境，以深化纪律作风教育整顿为重点，有力推动了发展环境的进一步优化

认真贯彻省委关于加强作风建设的要求，开展以“正风肃纪、创优环境”为主题的纪律作风集中教育整顿月活动，深化教育、抓好案例、健全制度、优化环境。深入开展优良传统和作风教育，大力弘扬太行精神、吕梁精神和右玉精神，努力营造真抓实干、干事创业的良好氛围。狠刹闲话生非的不良风气、拉拉扯扯的庸俗风气、吃拿卡要的恶劣风气。严肃查处玩乐享受、懒政怠政、吃拿卡要典型案件367起，处理540人，责任追究294人。出台了《关于进一步加强行政机关效能建设优化发展环境的意见》和《关于纪检监察机关服务转型跨越发展优化发展环境的若干意见》，起草了《山西省损害发展环境行政行为责任追究办法》。进一步精简行政审批项目，省本级减少到587项。推进政务公开和政务服务规范化，有审批职能的45个省直部门设立了政务大厅，其中36个省直部门的558个行政审批项目纳入省级电子监察系统，实现了全程监督。加大效能监察力度，责任追究2989人。

四、坚持结合实际、抓住关键，以煤焦领域反腐败专项斗争为重点，进一步深化了专项治理工作

立足山西省情，抓住腐败现象易发多发的重点领域和关键环节，深入开展专项治理工作。

煤焦领域反腐败专项斗争取得新的进展。严格落实“十严禁”、“十严格”规定，出台煤矿改造建设“九条禁令”，加强监督检查，保障煤炭资源整合工作顺利完成。清缴违规违纪违法资金39.53亿元，累计清缴361.9亿元；立查案件336件，处分违纪党员干部597人；整治资金拨付使用、税费征收管理和涉煤涉焦中介组织执业等方面突出问题，清查出不符合条件中介组织1200余个，推动200余家与政府部门脱钩；深化煤焦领域改革，建立健全了覆盖行政审批、安全监管、生产经营、购销运输、税费征管、兼并重组等方面的制度，初步形成了反腐倡廉制度体系。煤焦领域反腐败专项斗争的深入开展，有效遏制了煤焦领域腐败现象易发多发势头，为煤炭资源整合、煤矿兼并重组提供了有力保障，为煤焦产业健康发展创造了良好环境。

工程建设领域突出问题专项治理深入推进。发现整改突出问题14891个，清缴资金91.4亿元，查处案件1684件，给予党纪政纪处分1641人，移送司法机关189人。初步建成工程建设领域项目信息公开和诚信体系。同时，公务用车问题专项治理取得初步成效，全省党政机关及直属事业单位清理违规公务用车4874辆，制定下发公务用车配备管理使用和编制管理办法。清理和规范庆典、研讨会、论坛活动以及规范公务员津补贴工作取得重要成果。“小金库”专项治理成果进一步巩固。

五、坚持强化基层、夯实基础，以农村党风廉政建设为重点，进一步引深了基层反腐倡廉工作

坚持把基层党风廉政建设放在突出位置，着力解决发生在群众身边的消极腐败问题。农村党风廉政建设深入开展。认真落实《农村基层干部廉洁履行职责若干规定（试行）》和《关于建立健全农村惩治和预防腐败体系的实施意见》。探索建立村务监督委员会，加强对农村各项事务特别是资金资产资源的管理和监督。认真解决强农惠农政策落实、土地管理等环节损害农民利益的突出问题。开通省、市、县、乡、村五级联网的“山西阳光农廉网”，充分发挥公开平台、管理平台、监督平台、服务平台等作用，被评为2011 年度中国政府网站优秀奖、服务创新型政府网站。何勇同志要求总结我省阳光农廉网建设经验，并在全国推广。与此同时，国有企业反腐倡廉建设得到进一步加强，19户省属企业建立了纪检监察与监事会、审计、法律顾问等部门的协调监督机制，4户省属企业建立了巡视督察机构。编制完成党务公开目录，基本实现基层和地方党组织党务公开全覆盖。县委权力公开透明运行试点工作取得积极进展。巡视工作进一步加强，对11个市市直部门和119个县（市、区）进行了巡视。推动高校党务公开和校务公开，重点解决工程建设、招生考试、科研资金管理等方面的突出问题。城市社区党风廉政建设取得积极进展。探索加强非公有制经济组织、新社会组织反腐倡廉工作。

六、坚持党要管党、从严治党，以查办大要案件为重点，进一步加大了惩治腐败力度

把煤焦、工程建设、国有企业等重点领域和行使人事权、司法权、审批权、管理权、执法权的关键岗位以及重大责任事故背后的腐败问题作为查办案件的重点，严肃查处了同煤集团原副总经理赵生龙、省煤销集团原总经理助理王青海和襄垣县原副县长杨树庄等煤焦领域和国有企业典型案件；严肃查处了太原市规划局原副局长王凤玲等工程建设领域典型案件；严肃查处了静乐县安监局原局长李东青等“小官大腐败”典型案件。全省各级纪检监察机关共受理群众举报33203件（次），立查案件7963件，处分违纪党员干部8987人，其中市厅级干部13人，县处级干部314

人，为国家挽回经济损失2.05亿元。深入开展治理商业贿赂工作，全省查办商业贿赂案件125件，涉案金额3439万元。完善案件查办协调机制，强化办案工作的组织协调、力量整合和指导监督。坚持依纪依法、安全文明办案，突破案件能力和案件审理水平进一步提高。注重案件剖析，查办案件的治本功能进一步增强。

七、坚持惩防并举、注重预防，以落实中央《工作规划》和省委《实施办法》为重点，初步形成山西特色惩防体系基本框架

在坚决惩治腐败的同时，更加注重治本、更加注重预防、更加注重制度建设。省委惩防体系《实施办法》部署的159项任务中，已经完成154项，山西特色惩防体系基本框架初步形成。

反腐倡廉宣传教育深入开展。举办“纪念中国共产党成立90周年山西省反腐倡廉成果展”，省委书记、省人大主任袁纯清、省委副书记、省长王君参观并作出重要指示。省委、省人大、省政府和省政协的各位领导同志以及各部门、各单位的24700余名干部职工参观了展览。举办重点行业和部门领导干部岗位廉政教育培训班60多期，受教育人数达14000余人。反腐倡廉网络舆情分析及舆论引导工作取得新的进展。

对领导干部的监督进一步加强。述职述廉、廉政谈话、诫勉谈话等党内监督制度得到较好落实。组织实施《关于领导干部报告个人有关事项的规定》和《关于对配偶子女均已移居国（境）外的国家工作人员加强管理的暂行规定》。加强对贯彻执行《廉政准则》情况的专项监督检查，促进了领导干部廉洁自律。

体制机制制度改革不断深化。廉政风险防控试点工作深入开展，防控范围从党政机关向企业、高校、医院等社会领域拓展。加强了对产权交易、政府采购、公务员招考的监督。投资体制、干部人事制度、司法体制以及财税、金融、公共资源交易等方面的改革逐步深入。扩权强县试点工作启动。

“制度+科技”防治腐败步伐加快。重点领域反腐倡廉制度体系得到完善，建立制度执行的监督机制和问责机制，提高制度执行力。注重发挥现代科技在惩防体系建设中的重要作用，积极推进惩防体系示范网规划研究，努力提高惩防体系建设的科技含量和信息化水平。

八、坚持优化结构、提升素质，以抓好各级纪委换届为重点，进一步提高了纪检监察机关自身建设水平

把加强纪检监察机关自身建设作为基础工程加以推进。精心组织省、市、县、乡各级纪委换届工作，班子结构明显优化，整体功能进一步增强。出台《关于加强省纪委常委会自身建设的意见》和《关于大力加强省纪委监察厅机关自身建设的意见》。研究制定相关制度和业务流程，积极推进规范化建设。进一步加强派驻机构统一管理，积极探索交叉办案机制。县级纪检监察机关和乡镇纪检监察组织建设得到新的加强。

（牛彦方）

附：第九届省纪律检查委员会书记、副书记、常委名单

书　记：金道铭（2月离职）　李兆前（2月任职）

副书记：刘　巩　李正印　杨森林　张晓亚

常　委：邢顺喜　贾毓杰　荀志坚　张秀萍（女）　康建成　孟　萧

第十届省纪律检查委员会书记、副书记、常委名单

书　记：李兆前

副书记：杨森林（常务副书记）　李正印　冯改朵（女）　贾毓杰

常　委：荀志坚　张秀萍（女）　康建成　孟　萧　因新中　孙兴武

省监察厅厅长、副厅长名单

厅　长：杨森林（兼）

副厅长：邢顺喜（兼，5月离职）　刘蓉华（女）　因新中（兼）　李吉山（5月任职）　刘予强

省高级人民法院党组工作概况

党组书记　左世忠

2011年，省高级人民法院党组以加强党的执政能力建设和先进性建设为主线，以建设学习型、效率型、责任型、廉洁型、服务型机关为目标，以创先争优为抓手，以纪念建党90周年为契机，牢牢把握服务审判和队伍建设两大任务，围绕中心，服务大局，着力加强党的思想建设、作风建设、组织建设、精神文明建设和党风廉政建设，不断提高党建工作科学化水平，全面推进"三案、四化、五新"目标的实现，为努力完成全院各项工作任务提供了坚强的思想政治和组织保证。

省高级人民法院现有党员459名，1个党总支，35个党支部。

一、以推进"学习型党组织"建设为载体，进一步加强思想建设

以党组中心组和处级以上干部理论学习为龙头，带动全院党员干警的理论学习；以需求为导向，不断丰富学习内容；采取全院集体组织与党支部组织相结合，个人自学与集体研讨相结合，走出去与请专家来机关作专题辅导相结合等形式，不断创新学习方法，提高学习能力，扩大学习成效。选送处级干部和优秀中青年干部参加党校和法官学院的理论培训共计76人次；12名处级干部参加了省直工委组织的17届四中、五中、六中全会精神的专题培训；有针对性地邀请相关理论专家、学者来我院进行政治理论和法学专题辅导24个学时，参加培训达3200多人次；有计划地组织干警观看了专题辅导讲座录像；有针对性地组织干警到其他省、市兄弟单位进行了参观交流学习。教育引导广大干警提高对人民法院人民性的理论认同、感情认同和实践认同，用服务大局的理念，解决了少数法官机械执法、就案办案的问题；用公平正义的理念，督促广大法官履行好法律职责；用执法为民的理念，促使广大法官正确行使手中的权力。各党支部坚持了周二、五下午理论学习日制度、学习计划制度、读书笔记制度、心得体会制度、学习交流制度，确保了理论学习人员、时间、内容、效果"四落实"。创造各种机会鼓励干警努力学习法律业务和相关学科知识，提高驾驭全局、驾驭法律、履行职责的能力和水平，增强发挥审判职能，服务山西转型跨越发展的主动性、能动性和有效性，全年组织各类业务培训13期，参训人数达到3256人次，省院机关有21人参加了在职研究生的学习深造。

二、以创建"服务型"、"责任型"机关为目标，不断加强作风建设

进一步引深学习弘扬右玉精神活动，深化纪律作风整顿，狠刹"闲话风"、"吃喝风"、"享乐风"，着力整治吃拿卡要、纪律松弛、效能低下、铺张浪费等方面的问题。把治理"庸、懒、散"作为机关转变作风的突破口，以治庸提能力、以治懒增效率、以治散正作风。在机关大力倡导八个方面的良好风气，从健全严格的考勤制度、请销假制度、工作业绩考评制度等入手，着力解决干警在思想作风、学风、工作作风、领导作风、生活作风等方面存在的突出问题。加大了督查检查力度，着力纠正和查处党性不强、党纪不严、有令不行、有禁不止、敷衍塞责、推诿扯皮、效率低下、以权谋私、以案谋私、形式主义、官僚主义、弄虚作假等现象，认真治理和纠正了损害群众利益的不正之风，不断推进机关作风进一步转变，使人民法院的司法公信力和权威性得到进一步提升。

三、以学习贯彻《基层组织工作条例》为重点，努力推进组织建设

结合法院工作特点认真签订和落实机关党的工作责任制，进一步明确党支部书记、副书记和支部委员的具体职责，做到既分工具体、职责明确、责任到人，又互相支持、互相配合、分工不分家，真正形成合力，发挥好战斗堡垒作用。各党支部根据支部人员现状和所肩负工作任务特点等，有针对性

地健全落实了党的组织生活会制度、理论学习制度、读书笔记制度、领导干部双重生活会制度、民主生活会制度、民主评议党员制度、思想汇报制度、党员大会制度等,做到了制度健全、工作落实、效果显著。严肃党内政治纪律、审判纪律和工作纪律,坚决贯彻、执行党的路线方针政策,在思想上、行动上与党中央保持高度一致,始终保持了高度的政治敏锐性,严肃模范遵守各项规章制度,切实做到令行禁止。以提高能力为重点,抓好机关工会、妇委会和青年团的组织建设,按照民主公开、竞争择优的原则,采取公开推选的方法,完成了换届选举工作,配齐配强了工、青、妇组织领导班子,成立了相应的小组或支部,健全了组织网络,积极开展了活动,扩大了工、青、妇组织的覆盖面和影响力。

四、深入开展创先争优活动,积极开展精神文明建设

按照省直工委"转型跨越谋发展、服务群众促和谐"主题实践活动要求,结合法院具体工作实际,认真开展了"创先争优我承诺,恪尽职守做表率"活动。每位干警都对思想、作风、工作、学习、廉洁等方面履行承诺的情况进行"回头看",对照承诺查履职,针对岗位定措施,把握特点看业绩,努力兑现承诺。积极开展了"发挥审判职能,联系群众服务大局"竞赛活动,开展了"十比十看"活动,即:比思想,看谁积极进取状态好;比作风,看谁雷厉风行过得硬;比学习,看谁学以致用成果多;比品德,看谁注重修养威信高;比纪律,看谁令行禁止形象正;比廉洁,看谁一身正气名声好;比眼界,看谁服务大局意识强;比业绩,看谁奋发有为贡献大;比质效,看谁精益求精效果好;比智慧,看谁攻坚克难效率高。通过"十比十看",解决了一些人民群众反映强烈的突出问题。结合年度工作考核,进行了"三好四廉"、"学习型党组织"、"学习型部门"等创先争优系列活动,收到了明显效果。不断加强窗口管理,提高服务质量,狠抓了窗口单位的建设,收到了较好的效果,使人民群众切实感受到人民法院开展创先争优活动带来的新变化、新气象。组织开展优秀共产党员、优秀党务工作者、先进党支部评比表彰活动,弘扬正气,激励先进,全面推进党的队伍建设。在建党90周年之际,结合法院工作特点,举办了特色鲜明、内容丰富,形式多样的活动,组织了院机关庆祝建党90周年知识竞赛和征文比赛、"党在我心中"演讲比赛,组建了百人合唱队,大唱革命歌曲、传统歌曲、经典红歌。

五、以创建"廉洁型机关"为目标,全面推进党风廉政建设

强化党风廉政建设责任制,层层签订责任书,明确每个领导干部和相关人员在党风廉政建设中的责任和权力,落实领导干部"一岗双责"制,把党风廉政建设和反腐败工作与审判业务工作一起部署、一起落实、一起检查、一起考核。以"三好四廉"活动为载体,开展岗位廉政教育。大张旗鼓地深入开展"人民心目中的好法院、好法官、好法庭"和"廉洁法院、廉洁法庭、廉洁法官、廉洁家庭"活动,引导干警进行了岗位自我评价、自我约束,增强自律意识,筑牢拒腐防变的思想道德防线。全面落实反腐倡廉的各项制度,规范党员的日常工作行为。针对法院工作特点,逐步健全完善了近40项廉政建设的制度,形成了自律机制、规范机制、监督机制、震慑机制、效能机制和责任机制。强化监督,严格管理,严肃查处违法违纪行为,重点查处了利用审判权、执行权、审批权、人事权、财务权等谋取私利、贪污贿赂、腐化堕落、失职渎职的案件,发挥案件查处的威慑作用,进一步推进预防和治理腐败工作。强化党风廉政建设责任制,层层签订责任书,明确每个领导干部和相关人员在党风廉政建设中的责任和权力,落实领导干部"一岗双责"制,把党风廉政建设和反腐败工作与审判业务工作一起部署、一起落实、一起检查、一起考核。

(马云跃)

附:省高级人民法院党组书记、副书记、成员名单

书　记:左世忠

副书记:梁　权

成　员:刘冀民　吴秋霞(女)　张　炜　赵有珍　张学俊　冯　强　罗锁堂

省人民检察院党组工作概况

党组书记　王建明

2011年，在省委和高检院的正确领导下，省检察院党组团结带领全省检察机关和检察人员，围绕服务转型跨越发展，扎实推进山西检察工作科学发展五年规划实施，全面履行法律监督职能，各项检察工作取得了新的发展和进步。省检察院机关共有党总支5个，党支部43个，党员523名。

一、始终坚持把检察工作融入全省工作大局之中，服务转型跨越发展取得新成效

省检察院党组始终坚持围绕中心、服务大局，进一步加大工作力度。深入开展治理商业贿赂、工程建设和国土资源领域突出问题专项治理工作，严肃查办利用经济监管权、行政审批权、行政执法权吃拿卡要等破坏投资环境的职务犯罪案件。查办的太原市规划局案件在社会上产生了很大反响，国家工作人员受到教育和警示。深入贯彻落实服务企业发展意见，努力为企业营造良好的生产经营环境。稳妥推进派驻乡镇检察室试点工作，广泛开展巡回检察服务，延伸工作触角，促进新农村建设。围绕省委省政府完成重大任务，积极服务“廉洁中博”，依法严厉打击破坏换届选举的犯罪活动，加强法制宣传和职务犯罪预防教育，保障了中博会和换届选举工作的顺利进行。

二、始终坚持把人民群众放在心中最高位置，服务和保障民生取得新成效

省检察院党组牢固树立和坚持以人为本、执法为民理念，扎实开展服务民生工作。制定实施加强和改进检察机关群众工作意见，强化检察人员群众工作能力的培养和锻炼，将服务群众贯穿执法办案全过程。认真开展严厉打击食品安全犯罪及相关职务犯罪活动，积极参与打击侵犯知识产权和制售假冒伪劣商品专项行动，切实保障人民群众的身体健康和生命安全。深入开展查办危害民生民利渎职侵权犯罪专项工作，严肃查办安全生产、社会保障、医药卫生等民生领域的渎职侵权犯罪。积极开展支持起诉工作，保护特殊群体和困难群众的合法权益。制定实施刑事被害人救助实施细则，认真开展刑事被害人救助工作。

三、始终坚持以执法办案为中心不动摇，检察业务工作取得新成效

省检察院党组针对薄弱环节，采取有力措施，扎实推进检察业务工作。一是全力维护社会和谐稳定，促进社会管理创新。积极参与严打整治斗争，严厉打击严重暴力犯罪和多发性侵财犯罪，深化打黑除恶专项斗争，增强人民群众的安全感。全年共逮捕各类犯罪14633件22106人，起诉21335件32706人。坚持把化解矛盾贯穿执法办案始终，制定实施执法办案风险评估预警意见，防止积累、激化社会矛盾或引发新的矛盾。积极参与社会建设，及时提出检察建议，促进提升社会管理水平。二是依法查办和积极预防职务犯罪，推进反腐倡廉建设。以社会影响恶劣、危害后果严重的职务犯罪案件为重点，组织开展“百日大会战”活动，推动办案工作深入开展。全年共查办各类职务犯罪1220件1609人。立查贪污贿赂犯罪801件1114人，其中大案565件，要案67人（厅级干部3人）；立查渎职侵权犯罪419件117人，其中大案117件，要案8人。大力加强渎职侵权检察工作，省委、省政府办公厅转发了省检察院等九部门联合制定的关于加大惩治和预防渎职侵权违法犯罪工作力度的文件；建立行政执法与刑事司法衔接机制、加强内部协调机制建设等10项任务全部完成；举办惩治和预防渎职侵权犯罪展览山西巡展活动，全省共有3900多个单位、16万余人参观，广大干部深受教育。撰写了《2008—2010年度山西省职务犯罪查办情况、发案趋势和预防对策综合报告》，供党委政府决策参考。三是全面加强诉讼监督，维护司法公正。深入贯彻省人大常委会

《加强人民检察院对诉讼活动法律监督工作的决定》，省检察院会同相关政法机关制定了四个配套规范性文件，着力破解诉讼监督难题。9月22日，省人大常委会听取了省检察院贯彻执行《决定》情况的报告，给予充分肯定。全年共监督立案1190件，监督撤案665件，追加逮捕983人，追加起诉911人，提出刑事抗诉237件，提出民事行政抗诉230件，纠正减刑、假释、暂予监外执行不当317人。

四、始终坚持以改革创新求发展，检察工作发展活力进一步增强

在认真贯彻落实中央、高检院出台的各项改革措施的基础上，省检察院党组结合我省实际，重点推进了以下四项改革。一是深入推进案件管理改革，制定案件集中管理工作实施办法，突出加强机构和队伍建设，启动了案件管理软件研发项目，改革工作由机构建设进入业务全面开展的新阶段，改革成效得到省委和高检院的充分肯定，高检院将案件管理体制改革列入"十二五"时期检察工作重要内容。二是深入推进职务犯罪案件一审判决两级院同步审查工作，制定具体实施办法，进一步强化职务犯罪案件审判监督，促进了职务犯罪案件轻刑化问题的解决。三是积极探索基层院内设机构整合改革，坚持从实际出发，因院制宜，着力解决人数较少的基层院机构设置过多、办案力量分散、工作效率不高等问题。四是积极推进铁检管理体制改革，制定了铁检改制实施意见，会同太原铁路局制定了铁检管理体制改革方案，完成了过渡人员的审档工作。

五、始终坚持强化自身监督，执法公信力进一步提高

省检察院党组坚持把强化自身监督放在与强化法律监督同等重要的位置，更加自觉地接受外部监督，更加严格地开展内部监督。主动接受人大监督和政协民主监督，按照省人大常委会的统一安排，扎实开展"人大涉法涉诉信访事项督办年"活动，积极配合省人大内司委组织的执法检查活动；认真办理代表委员意见建议和转交事项，按时办结，及时答复，定期回访。全面推行人民监督员制度，省检察院新选任了40名人民监督员，加强对七类案件或事项的监督。全面落实党风廉政建设责任制，认真贯彻执行《廉政准则》和《廉洁从检规定》。加大对下级院领导班子监督力度，省检察院派员列席了4个市级院的领导班子民主生活会，对晋城市院进行了巡视。扎实开展"维护人民群众合法权益、解决反映强烈突出问题"专项检查活动，明确了重点查纠的8个方面问题，提出7条整改措施，着力提高执法办案公信力。出台检察监察部门对职务犯罪案件线索初查不予立案备案审查的规定，严格执行讯问职务犯罪嫌疑人全程同步录音录像制度，确保职务犯罪案件侦查活动依法进行。强化检务督察，对执法办案活动进行了专项督察。广泛开展"检察开放日"活动，进一步深化了检务公开。

六、始终坚持狠抓队伍建设不放松，履行职能的能力素质进一步提升

省检察院党组紧紧抓住队伍建设这一事关检察工作全局的基础性工作，着力在提高执法能力素质上下功夫。一是扎实开展"发扬传统、坚定信念、执法为民"主题教育实践活动。结合我省实际，突出实践特色，坚持把学习弘扬太行精神作为活动主线，建立领导干部联系点制度，先后开展了重读红色经典、清明节主题公祭、"双百"主题报告、干部住村下乡等一系列活动，推进主题教育深入开展。同时，制定实施机关内设机构和院属事业单位绩效考核办法，引导检察人员立足本职干事创业。二是加强队伍专业化建设。"351"人才培养工程取得阶段性成果，305名培养对象获得"业务尖子"称号，788名培养对象获得"办案能手"称号。实行检察教官制度，选聘了28名检察教官，启动了检察案例教材编辑工作。以贯彻落实《检察机关执法工作基本规范》为重点，深入开展大规模教育培训。三是大力推进检察文化建设。制定检察文化建设示范院工作标准，实施检察文化建设"111"工程，确定1个市级院和11个基层院为检察文化建设示范院，带动提升全省检察文化建设水平，营造浓厚的文化育人环境。

七、始终坚持扎扎实实打基础，检察工作科学发展根基进一步夯实

省检察院党组着眼检察工作长远发展，突出重点，强化措施，扎实推进基层基础建设。一是认真做好基层院检察长换届选举工作。严格落实基层院检察长任免报省检察院备案制度，把好基层检察长人选关，全省119个基层院检察长于6月份全部到位，同时对5个市级院的16名领导班子成员进行了调整，领导班子结构进一步优化。二是全面推进基层院"四化"建设，启动实施基层院"四化"建设"111"工程，确定1个市级院和11个基层院为"四化"建设示范院，加大结对共建力度，推动"四化"建设深入开展。三是提高基层院检务保障水平。全省123个基层院年初预算首次全部落实了保障标准，其中70个基层院超标准落实预算；发放了价值2300万元的科技侦查装备，为6个基层院申请预算内投资1579万元。四是加强检察信息化建设。开展了专线网基础设施整改工作，开通了派出检察院政法三级网、派驻检察室政法四级网。五是着力推进省检察院办案和专业技术用房、检察官学院教学基地、专线网三大建设。

八、始终坚持狠抓党组自身建设，充分发挥班子的坚强领导作用

省检察院党组坚持把建设民主、文明、和谐的领导班子，提高班子的凝聚力和战斗力作为目标，大力加强党组自身建设。一是强化政治理论学习。省检察院党组制定了中心组年度学习计划和学习制度，深入学习了十七届六中全会、胡锦涛总书记"七一"重要讲话、全省领导干部大会、省第十次党代会、第十三次全国检察工作会议精神以及中央、省委、高检

院领导同志的一系列重要讲话精神等内容。班子成员还以参加各种会议和机关学习教育活动等方式抓好自身学习，认真做好笔记，撰写心得体会。学习过程中，党组一班人坚持理论联系实际的学风，力求做到学以致用，努力把学习的过程变成改造思想、坚定信念、提高素养的过程。二是认真贯彻民主集中制原则。严格执行《党组议事规则》、《检察委员会议事规则》等一系列规章制度，不断提高党组议事和决策的规范化、民主化和科学化水平。注重发挥班子成员的集体领导作用，凡是事关全院和全省检察工作发展大局的工作部署、重大项目建设、干部任免奖惩等事项，都提交党组会议研究讨论，切实做到集体领导、民主集中、个别酝酿、会议决定。一年来，班子成员在思想和工作上加强沟通和交流，统一认识，团结一致，形成合力，坚定不移地执行党组决议，班子的战斗力、凝聚力和号召力进一步增强。11 月 23 日，省检察院党组召开民主生活会，各位党组成员认真对照贯彻以人为本执政为民理念、坚持密切联系群众优良作风、遵守领导干部廉洁从政有关制度规定等情况逐条进行检查，严肃地开展了批评和自我批评，收到了良好的效果。三是强化自身廉政建设。认真抓好党风廉政建设责任制的落实，召开专门会议研究部署党风廉政建设工作，将党风廉政建设与各项检察业务工作同部署、同落实、同检查。制定实施《班子成员落实党风廉政建设责任制分解方案》，层层签订党风廉政建设目标责任书，形成了检察长亲自抓，分管领导具体抓，一级抓一级的领导体制和齐抓共管的工作局面。班子成员自觉接受群众评议和监督，召开民主生活会前专门征求群众对每个班子成员的意见和建议。班子成员能够认真遵守廉洁自律有关规定，要求别人做到的，自己首先做到，并在工作、生活和学习中，以身作则，自觉落实《廉政准则》和《廉洁从检规定》要求，较好地发挥了表率作用。

2011 年，省检察院党组确定的各项工作目标任务全面铺开，并得以扎实推进，全省检察工作呈现出整体推进、协调发展、蓬勃向上的大好局面。一些薄弱环节得到明显加强，各项业务工作主要指标在全国的排名均有所提升，自身监督、队伍建设全面加强，检务保障落后状况明显改善。山西检察在全国检察系统的影响力明显提升，省领导和高检院领导多次深入我省检察机关指导工作并给予充分肯定，我省检察机关先后在全国介绍工作经验 12 次，并有 13 项经验做法被中政委、高检院和省委转发。特别是案件集中管理改革、贯彻落实省人大常委会《决定》四个配套规范性文件，在全国产生了较大反响。

（尹桂珍）

附：省人民检察院党组书记、副书记、成员名单

书　记：王建明

副书记：王满春

成　员：文晓平　荣　彰　李　勃　严奴国　谢鹏程　秦文峰　武传慧（6 月任职）　李喜春（6 月离职）　周茂玉（5 月任职）

省政府各厅局党组(委)工作概况

省政府办公厅党组工作概况

党组书记　陈永奇

2011年，在省政府党组的领导和指导下，省政府办公厅党组紧紧围绕省委、省政府中心工作，坚持以邓小平理论和“三个代表”重要思想为指导，深入贯彻落实科学发展观，以创先争优和建设学习型党组织为抓手，以建设“学习型、服务型、创新型、廉洁型、和谐型”机关为目标，求真务实，开拓创新，大力加强党建工作和干部队伍建设，团结和带领全体干部职工圆满完成了各项工作任务。

一、以学习型党组织建设为载体，大力加强党员干部的思想政治建设

2011年，办公厅党组以学习型党组织建设为载体，开展形式多样的学习教育活动，强化了全体党员干部的思想政治素质，为统一思想，凝心聚力，提升办公厅机关“三服务”能力奠定了坚实的思想基础。一是抓中心组学习，班子带头做学习型机关建设的表率。按照省委年度中心组学习计划要求，厅党组研究制定了自主学习、专题学习、研讨学习相结合的年度中心组学习计划。通过下基层调研、网上学习、课题研讨、专题讲座等形式，进一步解放思想，更新观念，提升了党组成员的理论素养、知识素养和业务能力水平，充分发挥中心组学习在理论武装工作中的龙头示范作用。二是注重抓好全厅党员干部的思想政治教育，努力构建社会主义核心价值体系。认真贯彻省委《关于推进学习型党组织建设的意见》和省直工委的实施意见，以坚定理想信念为目标，开展了中国特色社会主义理论体系，特别是科学发展观、社会主义核心价值体系的学习教育。重点组织学习了胡锦涛总书记“七一”讲话、袁纯清书记在全省干部大会和纪念建党90周年大会讲话、王君省长政府工作报告及在全省干部大会上的讲话等。三是强化党务干部的学习培训，全面推动学习型党组织建设。根据《2010—2020年干部教育培训改革纲要》和省委《2010—2020年干部教育培训改革纲要实施意见》以及省直工委的安排和“一岗双责”原则，进一步落实好党员干部的理论学习。组织16人次参加了省直机关举办的学习培训班，分两批对52名党总支、支部书记进行了党务工作培训。

二、以创先争优活动为引领，进一步提升基层党组织建设水平

办公厅党组下设1个党委、4个党总支、50个党支部，党员800余名。基层党组织数量多、党员队伍庞大，抓好基层支部班子建设是厅党组抓党建工作的重中之重。一年来，办公厅以创先争优活动为引领，以强化基层支部班子建设为重点，不断完善组织制度。通过树立典型、严格考评等措施，推动基层党组织建设水平不断提升。一是抓活动重点，营造创先争优的氛围。紧紧围绕省政府办公厅的中心工作，以“增强服务能力、改进工作作风、提高履职效率、促进科学发展”为载体，推进承诺全覆盖，组织承诺“回头看”，抓好承诺兑现；围绕纪念建党90周年，充分营造学先进、赶先进、当先进的良好氛围。二是把握关键环节，确保活动效果。从承诺“回头看”入手，4月与公安厅、审计厅等单位进行了经验交流，6月召开各支部经验交流会、七一表彰大会和重温入党誓词宣誓活动，12月开展考核评议等活动，为2012年开展创先争优专项表彰打好基础。三是深化党群共建，扩大组织基础。办公厅机关党委根据厅党组的安排部署，组织机关各级工青妇组织，广泛深入开展创先争优活动。坚持党建带工建、带团建、带妇建，发挥工青妇组织的桥梁纽带作用，形成党内带党外、党员带群众、党组织带群团的良好局面。四是按章抓建，规范

组织工作秩序。以党务干部为重点,组织机关党员干部学习贯彻《中国共产党党和国家机关基层组织工作条例》,全面理解掌握基本内容,促进基层党建工作的规范运行。五是推进党内民主,健全监督机制。深入贯彻中共中央办公厅《关于党的基层组织实行党务公开的意见》,成立办公厅党务公开领导小组,制定了《山西省人民政府办公厅机关基层党组织党务公开实施细则》,开设党务公开专栏,完善党内情况通报、党内选举、党内民主决策、党内民主监督等制度,切实保障广大党员的知情权、参与权、选举权、监督权。以"坚持以人为本执政为民理念发扬密切联系群众优良传统作风"为主题,召开了办公厅党组及各总支、支部民主生活会。六是教育服务并举,增强党组织的凝聚力。落实党员教育培训规划,推动党员教育上内部互联网;服务好办公厅领导班子民主生活会,落实党员领导干部参加双重组织生活会制度;认真开展党员党性分析评议工作,加强党员动态管理;重视和改进发展党员工作,发展新党员6名;完善党内激励、关怀、帮扶机制,帮助照顾12名在艰苦环境中工作的党员、生活困难党员和老党员,进一步增强党组织的凝聚力。

三、以服务型、廉洁型机关建设为目标,大力加强机关作风建设和反腐倡廉建设

一是着力整治"庸、懒、散",强化机关作风建设。按照省委要求,进一步引申学习弘扬右玉精神活动,深化作风纪律整顿。以治理"庸、懒、散"作为转变机关作风的突破口,治庸提能力、治懒增效率、治散正风气,狠刹"闲话风、吃喝风、玩乐风"。着力整治在吃拿卡要、纪律松弛、效能低下、铺张浪费四个方面的突出问题。开展了以"正风肃纪、创优环境"为主题的纪律作风整顿月活动,进一步强化了机关作风建设。二是狠抓专项治理,做省直机关反腐倡廉的楷模。按照中央和省委的部署,狠抓"小金库"专项治理、公务用车问题专项治理工作,做到了不讲特权、不留尾巴,清理工作彻底,树立了正气。同时,在老龄委财务审计、幼儿园主体改造招标及公开招聘教师面试等工作中,依法办事,秉公执纪,树立了办公厅风清气正的良好形象。三是加强反腐倡廉教育,积极推进机关惩治和预防腐败体系建设。深入贯彻落实中央《建立健全惩治和预防腐败体系2008—2012年工作规划》,积极推进反腐倡廉教育。严格落实党风廉政建设责任制,认真组织学习贯彻中央新修订的《关于实行党风廉政建设责任制的规定》,对办公厅的党风廉政建设及反腐败工作任务进行具体分解,制定印发了《山西省人民政府办公厅2011年反腐倡廉工作任务责任分工意见》(晋政办党组发【2011】2号)等9个文件。认真贯彻《廉政准则》,深入开展示范教育、警示教育和岗位廉政教育,积极开展廉政文化进机关活动,进一步提高党员干部廉洁从政的自觉性。10月,把左权麻田八路军前方总部旧址确定为省政府办公厅又一处党风廉政教育基地并正式挂牌。

四、以纪念建党90周年为契机,深入开展文明和谐创建活动

按照王君省长"结合办公厅实际,抓好创先争优活动,最终是提高基层党组织战斗力、提高党员队伍素质、促进工作"的重要指示,厅党组以"增强服务能力、改进工作作风、提高履职效率、促进科学发展"为载体,组织创先争优活动"回头看",抓好承诺兑现。深入开展专题报告会、工作务虚研讨会、领导推荐读书寄语等多种形式的学习活动,组织各支部开展了学习讲座、知识竞赛、读书征文、参观考察等主题学习教育活动。深入学习杨善洲同志先进事迹和右玉精神,召开了"坚持以人为本执政为民理念,发扬密切联系群众优良作风"等专题民主生活会。围绕纪念建党90周年,召开各支部经验交流会、七一表彰大会和重温入党誓词宣誓活动,营造学先进、赶先进、当先进的良好氛围。

紧密围绕建设"五型"机关、服务转型跨越发展,深入开展精神文明创建活动。制定下发《省政府办公厅机关文明处室、文明个人评比标准及办法》,将考评指标细化为18项、46个条目,并按百分制进行了量化评比。组织开展了征文、歌咏、支部党员承诺等主题教育活动,坚定了广大党员干部的理想信念。加强工青妇组织建设,开展"联企帮困、博爱一日捐、送温暖献爱心"等活动。大力弘扬密切联系群众的优良作风,扎实推进干部下乡住村"六个一"活动,制定下乡住村、包村增收方案,认真做好扶贫工作。帮助扶贫点解决实际问题,共争取水利配套工程、街道硬化工程、农民技术培训、经济林种植等项目资金500余万元,为扶贫点脱贫致富奠定了基础。6月顺利通过省文明办的文明和谐创建工作检查验收,继2009年创建为"省级文明和谐单位"后,连续两年保持了这一荣誉称号。

一年来,厅党组一班人团结一心,带领办公厅全体干部职工,始终坚持围绕中心、服务大局,建设队伍、引领群众,把握方向、促进发展的党建工作主线,基层党组织的战斗堡垒作用和共产党员的先锋模范作用明显增强。有效推动了"五型"机关创建工作,充分发挥办公厅调查研究、综合协调、办文办会、督促检查、应急管理等方面的参谋助手作用,营造机关风清气正、干事创业的良好氛围,使办公厅整体工作水平有了新的提升。在全面履行职责,确保省政府各项工作顺畅运转的过程中,取得了优异成绩,得到了省政府党组的高度评价,为服务山西经济转型跨越发展和全面建设小康社会做出了重大贡献。

(黄祥树)

附:省政府办公厅党组书记、成员名单

书　记: 陈永奇(1月任职)

成　员: 郭慧民(3月离职)　巨宪华　韩和平
崔国红　白秀平(8月任职)
盛佃清(11月任职)　王　成(8月离职)
孙跃进(9月离职)　王　纯　余瑞卿
郭　立(3月任职)

省发展和改革委员会党组工作概况

党组书记　李宝卿

2011年，省发改委党组始终坚持以邓小平理论和“三个代表”重要思想为指导，用科学发展观统揽全局，贯彻落实党的十七大和十七届六中全会精神，紧紧围绕转型跨越发展主线，以“开展创先争优、建设六型机关”为主要目标，锐意进取、开拓创新，发展和改革各项工作继续取得突破，为推动全省经济社会发展做出了积极贡献，获得“省级五一劳动奖状”、第六届中博会“突出贡献奖”等荣誉。

一、全面推进六型机关建设，提高服务转型跨越发展的能力水平

一是围绕素质提升，加强学习型机关建设。坚持党组中心组理论学习制度，组织党组成员学习了省第十次党代会精神等内容，切实提高班子成员和广大党员干部的理论水平。通过“在线培训、组织调训、任职培训、出国培训”、“专家讲学、自主选学、因需施学、网络送学”等形式和手段，对本机关干部和系统干部进行了大规模培训，累计培训人数达3000人次。

二是突出党建创新，加强创新型机关建设。以“推动科学发展、促进社会和谐、服务人民群众、加强基层组织”为主题，创造性开展了创先争优活动，组织开展了公开承诺“全覆盖”活动、领导点评促实效活动以及党建活动巡回大检查，增强了广大党员立足本职、建功立业的自觉性和责任感。

三是主抓效能管理，加强服务型机关建设。集中开展了整顿机关作风专项行动，积极采取了一系列强服务、抓落实的创新举措，大力开展“三个第一时间”、“三个零”提升效能活动，并进一步加快政府投资计划执行速度。同时，领导带头转变作风、主动服务基层，深入各市开展调研活动，主动了解情况，及时提供有效服务，协调解决存在的相关问题，进一步加大政务公开力度。

四是强化依法行政，加强法制型机关建设。科学规划，推进立法工作，完成《山西省循环经济促进条例》、《山西省工程建设项目招标投标活动投诉处理办法（草案）》等起草工作，已上报省政府，进入法制审查阶段；继续规范行政决策和执法活动，积极推动了公众参与、专家论证、风险评估、合法性审查和集体讨论决定等重大行政决策程序制度，规范了行政处罚裁量权工作，最大程度减少执法人员行使自由裁量权的空间；领导重视，做好“六五”普法开局，成立了“六五”普法工作领导组，制定下发了《山西省发展改革系统开展法制宣传教育的第六个五年规划（2011—2015年）》，建立了领导干部学法刚性机制，积极开展了“法制宣传周”活动；加强指导协调，保证招投标活动健康有序，积极配合做好工程建设领域突出问题治理工作，严格按国家和省有关规定核准项目招标方案，继续加强对招标投标重点环节的监督，有力地促进了招投标活动的合法规范、公平公正。

五是健全防腐机制，加强廉洁型机关建设。要求全委干部自觉做到“四要、四不要”，即，要树立正确的权力观，不要忘记自律自省；要弘扬清风正气，不要歪风邪气；要俭以养德，不要奢侈浪费；要干事创业，不要平庸度日，使每位机关干部真正从思想深处提高廉洁自律、廉洁从政的自觉性，打牢“不想贪”、“不能贪”、“不敢贪”的思想基础。一年来，全委没有发生一起违法违纪案件。

六是重抓精神文明，加强和谐文明型机关建设。根据省文明委和省直机关的部署要求，我委把和谐文明创建任务分解、细化、责任到人，把文明和谐创建融入各项工作，举办了一系列庆祝建党90周年系列活动，深入开展“争创最佳公务员”活动，还以“送温暖、献爱心”为主题，多次组织干部职工参加扶贫、济困、救灾、助残等捐赠活动，为省旅游学院两名患白血病学生捐款5万多元，并扎实开展定点扶贫和联企帮困工作，深入对口帮扶的太化集团和临县碛口镇，帮助制定脱贫脱困计划，多方提供信息、资金支持，使机关形成上下协同、左右和谐、风清气正、奋发向上的良好氛围。连续11年被评为“省直机关文明和谐单位标兵”；连续6年被评为省级文明和谐单位。

二、以转型跨越发展为主线，实现我省经济又好又快发展

（一）强化政策创新，引领经济社会科学发展。紧紧围绕确保全省经济社会平稳较快发展、加快转型综改试验区建设两大目标任务，抓好顶层设计，从政策的研发、储备、争取、推进等各个环节加强力量、加强创新，为全省转型跨越发展提供了强大的政策支持。

一是重点推进转型综改试验区《总体方案》编报和先行先试工作。转型综改试验区获批后，按照国家发改委及省委、省政府要求，省发改委迅速行动，牵头组织30多个部门和单位，在借鉴国际上资源型地区转型经验、吸收国内其他试验区成功做法、在深入调研、反复论证的基础上，编制形成了《总体方案》，正式上报国家发改委。与此同时，启动和推进了全省“一市两县”、“一市两园”和“一县一企”先行试点工作，筛选了潞安集团百万吨煤基多联产循环经济项目等一批产业转型重大标杆项目，确定了焦煤、同煤等省属11个大型国有企业作为先行试点企业，从政策、资金、土地、财税、融资等

方面给予大力扶持，并依托标杆项目建设，探索政策和体制机制创新，发挥对全省转型发展的引领示范和带动作用。

二是深入开展经济形势分析。从应对国际金融危机开始，配合省政府按月、按季召开由省直部门和省内重点企业参加的全省经济形势分析联席会议，及时整理形成高质量的季度经济形势分析报告，已经成为省委、省政府科学决策的重要依据，对确保全省经济在较为复杂的情况下实现平稳较快增长发挥了重要作用。

三是及时开展各行业、领域专项政策研究。按照转型跨越发展总体要求，组织研究或牵头相关部门在鼓励和引导民间投资、加快传统产业兼并重组、加快转型升级示范基地建设、加快推进城镇化、加快公共文化服务体系建设、加快循环经济发展、促进节能减排、应对气候变化等方面加强政策研究和储备工作，出台了多项政策、方案，有力地促进了全省经济和社会的发展。

(二)强化"十二五"规划实施，引导经济社会持续发展。作为承担省政府规划编制和实施的牵头部门，加紧组织实施《山西省国民经济和社会发展第十二个五年规划纲要》(以下简称《纲要》)，确保实现"十二五"规划的全面启动。

一是加强"十二五"规划纲要的发布、宣传工作。《纲要》经省十一届人民代表大会第五次会议审议通过后，省发改委将其作为主要内容编入《山西转型跨越发展学习读本》；同时召开工作会议，要求各地、各大企业要加强宣传、加快落实，使全省"十二五"规划的发展思路、目标、任务深入人心，很好地指导实践，推动全省转型跨越发展。

二是努力推进《纲要》和专项规划、区域规划的衔接工作。专项规划、区域规划是总体规划的重要支撑。省发改委严格规范专项规划、区域规划的编制程序、论证程序，突出抓好规划修订和发布等关键环节，并按照成熟一批上报一批的原则，经省政府批准后发布执行。编制完成71个专项规划，过半数已通过专家评审。

三是指导"双千亿"、"双五百亿"企业集团开展规划编制工作。会同省国资委组织相关专家对"双千亿"、"双五百亿"企业的发展规划加强指导、组织论证，以确保"十二五"规划的战略重点、主攻方向落实在这些企业的发展战略、发展路径中。

四是认真总结"十二五"规划经验。我省"十二五"规划编制经验，6月份在国家发改委组织召开的全国"十二五"规划总结会上进行了交流，我省提交的总结报告获得了优秀奖。

(三)强化项目布局，支撑经济社会转型发展。作为省政府投资主管部门，坚持把扩大投资作为拉动全省经济增长的重要动力，把谋划布局、统筹实施大项目、好项目作为主攻方向，着力推动了传统产业的升级改造和战略性新兴产业项目的培育，加快了全省产业转型和结构调整步伐。

一是着力推动重大转型标杆项目加快实施。组织各市、试点县围绕产业转型、生态修复、城乡统筹、改善民生四大领域，初步筛选了潞安集团煤基多联产循环经济项目等一批重大转型标杆项目，拟从土地供应、联合审批、资金扶持、信贷支持、价格优惠、上市优先等方面抓紧制定支持政策，确保这些项目明年取得实效。

二是着力推动一批大型服务业项目加快发展。支持中国太原煤炭交易中心等一批重点项目按期建成；组织铁路枢纽太原地区货运(物流)中心等煤炭物流规划项目加快开展前期工作；支持五台山旅游景区等一批重点文化产业项目加快建设。

三是着力推进一批重点民生项目建设。全省农村新"五个全覆盖"工程进展顺利，得到了农民群众的热烈拥护。保障性住房今年新开工建设44万套，开工率达到112.7%。继续开展中小学校舍安全改造工程、加强高水平大学和重点学科建设、支持10所高校新校区项目开工建设。支持了山西医科大学第二医院等9个省直医院建设项目和一批基层医疗机构、养老服务体系、残疾人康复就业中心项目建设。

四是着力推进一批生态环境综合治理工程。组织实施太原西山整治等工程项目，全年完成造林任务450万亩。流域和区域生态环境明显改善，河道水质有所提高、过水量增加，湿地面积增多，地下水位止降回升，成效已初步显现。制定出台《山西省应对气候变化办法》，组织实施温室气体观测站点建设，加强了我省应对气候变化能力建设。

五是积极争取国家在我省布局重大项目。争取国家正式批复长邯高速公路长治至黎城段改扩建工程，平定至阳曲高速公路纳入国家公路网，原运三铁路纳入国家蒙西至华中地区煤运通道项目，大张铁路列入《"十二五"综合交通运输体系发展规划》；五台山机场、临汾机场前期工作进展顺利；争取国家批复了平朔矿区等9个煤炭矿区总体规划，核准同煤集团东周窑煤矿等7个煤炭项目，总规模3900万吨；同意晋煤郑庄煤矿等4个煤矿总规模3500万吨项目开展前期工作；核准华能左权电厂等3个项目，同意总装机容量1010万千瓦的17个火电项目开展前期工作；争取国家批准了我省60个清洁发展机制项目。

(四)强化资金筹措，保障经济社会发展需求。从申请国家投资、加强资本市场融资、引导民间投资、充分利用外资等多方面入手，加大力度、加强创新，多渠道筹措建设资金，为全省转型跨越发展提供了坚实的资金支撑。

一是全力争取中央投资。多渠道了解国家投资政策信息，及时组织各市、各相关部门申报项目，全年争取中央投资97.5亿元，再创历史新高。涉及的4000多个项目，已全部开工建设，部分项目已建成达效。

二是努力扩大资本市场融资。研究起草了《关于支持资本市场发展的若干措施》，提出了促进我省资本市场发展的一揽子优惠政策，全年全省资本市场实现融资598亿元，比上年增长49%，创我省年度资本市场融资新高。全年争取国家核准我省发行企业债券103.5亿元，突破百亿大关，发行总量排全国第5位，是过去4年的总和，取得历史性成绩。

三是大力引导民间投资。出台我省《关于鼓励和引导民间投资健康发展的实施意见》，明确了产业政策、土地、资金等方面鼓励和引导民间投资发展的40条优惠措施，为民间投资注入了新的活力。1–11 月份，全省非国有投资完成2761.2 亿元，同比增长 48.1%，占全省投资的比重达到 46%，比上年提高 6 个百分点。

四是积极利用外资。全年预计可利用外资 18.9 亿美元，增长 25%；积极策划、促成了煤层气开发利用、城市交通可持续发展和小城镇发展等一批借用国外贷款示范项目，外商投资项目规模不断扩大、质量和产业层次明显提升。

（五）强化宏观调控，加快经济发展方式转变。根据国家产业政策，结合我省实际，有效运用宏观调控手段，积极推动传统产业优化升级，大力培育和做大做强接续替代和战略性新兴产业，全面推进节能减排和循环经济发展。

一是推进传统产业优化升级和战略性新兴产业发展。争取中央投资、省煤炭可持续发展基金投入 7.44 亿元，重点支持了一批煤炭、电力、冶金等传统产业升级改造和兼并重组项目，全年全省资产总额、营业收入过千亿的大企业新增 4 户。争取中央投资、省煤炭可持续发展基金投入 19.66 亿元，重点支持了煤化工、装备制造、新材料、食品医药、高新技术产业项目建设。

二是大力发展循环经济。加紧完善《山西省循环经济促进条例》等一系列促进循环经济发展的政策措施；加大对循环经济扶持力度，省级煤炭可持续发展基金中 67%的资金安排在了符合能源资源综合循环利用的循环经济类项目上；督促循环经济试点项目加快进度，并及时筛选培育新项目；建立了循环经济目标管理考核评价机制。

三是扎实推进节能降耗和污染深度治理工作。强化政策措施，加强能源消费总量管理；对全省固定资产投资项目开展了节能评估审查；全年继续淘汰一批落后产能，万元 GDP 综合能耗下降 3.5%，实现年度减排目标。加快推进全省城镇垃圾处理、集中供热、供气、污水处理厂提档升级等工程建设，在全省汾河、丹河等五大流域开展了流域环境综合整治工程，全年化学需氧量等各项减排指标全部完成年度目标。

（六）强化改革开放，创优对外贸易发展环境。为引进先进理念、技术、工艺设备、项目和资金，省发改委坚持“请进来”、“走出去”并举的战略，努力搭建与国外合作的平台，全方位扩大开放，取得了良好效果。

一是加大项目储备和招商引资力度。加大项目筛选、储备和审查把关力度，加强与兄弟省市、中央企业的沟通协作，为中博会的圆满完成、招商项目的签约奠定了坚实基础。中博会筹办和举办期间，全省共签约 15 个战略合作框架协议、1198 个合作项目，签约项目引资总额达 2.4 万亿元。

二是积极拓展对外交流合作。随同省委、省政府主要领导出访，全面推进了我省与德国北威州、美国西弗吉尼亚州经济、社会等领域的合作。与世行、亚行建立了长期战略合作关系，组织开展了能源合作论坛以及能源、农业、小城镇等多领域的技术援助和项目培训。核准、指导一批省内企业赴美国及非洲国家开展境外投资。

（七）高度重视年度目标责任推进和落实工作。年初省考核办下达目标任务后，省发改委迅速分解细化了工作责任，进一步建立和完善了目标责任落实制度、月度跟踪和督促制度、领导带头落实制度，把目标责任落实与全委年度工作有机融为一体，促进了各项工作全面、深入开展，圆满完成了各项目标任务。

第一项，地区生产总值和固定资产投资全年保持平稳较快增长，预计全省生产总值为 1.1 万亿元，同比增长 13%左右，高于考核目标 1 个百分点；全省固定资产投资完成 7300 亿元，同比增长 28%，高于考核目标 6 个百分点。

第二项，起草并报省政府出台了《山西省应对气候变化办法》，被国家发改委印发，供全国各省市参考学习；积极争取国家核准清洁机制发展（CDM）项目 60 项，测算年减排量 2335.5 万吨二氧化碳当量，能够完成全年目标任务。

第三项，充分发挥领导组办公室牵头作用，会同各相关部门出台实施意见、加强督查检查、加强宣传工作，有力推动了农村新“五个全覆盖”工程加快实施，其中街巷硬化、农村便民连锁商店两项重点工程大幅超过年度计划，村级文化体育场所提前一年实现全覆盖，其他 4 项工程均圆满完成年度计划。

第四项，规划和建设了一批涵盖保税、仓储、加工、集运、商贸、金融服务在内的现代物流枢纽和大型物流园区：中国太原煤炭交易中心按期建成；铁路枢纽太原地区货运中心等项目加紧开展前期工作；山西方略保税物流中心功能延伸项目和太原武宿综合保税区筹建工作顺利推进。

第五项，完成了《山西省循环经济促进条例》起草、论证等工作，已经省人大常委会初审通过；争取国家将太原等 4 市列为国家级循环经济标准化试点市；配合编制完成并公布了工业企业循环经济评价导则等标准，建立了循环经济目标管理考核评价机制。

第六项，落实好支持太原率先发展的园区发展和污染企业搬迁等政策措施，批复了《西山地区阳泉（煤业）公司太化（搬迁）清徐化工新材料园区产业发展规划》；支持了太原市供水管网改造等一批重点项目，进一步提升了省会城市综合承载能力和服务功能；省煤炭可持续发展基金投入 4.6 亿元，重点支持了太原西山地区综合整治 28 个项目建设。

第七项，优化气源布局，加快管网建设，“四气一体化”成绩显著，煤层气全年产量较 2010 年增长 26.2%；新建省级干线管道为历年累计建设省级管道总长度的 60%；天然气利用量较去年增长 45%；输气管道、加气站、城市燃气等相关项目前期工作也在快速推进。

第八项，研究建立了山西省重大项目社会稳定风险评估机制，开展了太原师范学院新校区、潞安 180 万吨煤制油项目社会稳定风险评估试点工作，积累了经验。

第九项，全年全省资本市场实现融资 598 亿元，比上年增长 49%，新增上市公司 3 家。

第十项，高质量编报了国家资源型经济转型综合配套改革《总体方案》，确定了先行试点县（市、区），组织编制了先行先试方案，启动先行试点工作，着力构建了省部合作机制和纵横向联络沟通机制，为今后综改试验区建设工作打下了坚实基础。

第十一项,编制完成晋陕豫黄河金三角《山西区域协调发展规划》、《区域合作规划》和《国家承接产业转移示范区规划》,其中《国家承接产业转移示范区规划》已上报国家发改委,正在争取国家批复。

第十二项,积极倡导绿色消费、推进社会领域节能,完成高效照明产品1000万支推广任务,积极推进我省3个项目列入国家半导体照明试点,深入开展了全民节能行动。

第十三项,全年新增电力装机800万千瓦;1000千伏晋东南特高压输变电扩建工程已正式投运;积极申请国家发改委批复了我省2011年农网改造升级工程投资计划20亿元。

第十四项,积极发展新型材料工业,编制并论证了《山西省新型材料工业发展"十二五"规划》,加紧协调有关部门和市县推进列入投资计划的项目完善前期工作。

第十五项,加快发展现代煤化工,组织专家对潞安集团多联产循环经济产业化等项目进行了论证,协调相关部门初步落实了土地、规划、煤炭资源等支撑条件,正式上报了国家发改委;省煤炭运销集团有限公司与赛鼎工程有限公司等单位合作建设的千吨级MTP(甲醇制丙烯)工艺中试装置进展顺利。

第十六项,重点支持了文化、旅游、就业、物流等服务业项目建设;研究编制了山西省"十二五"服务业发展规划,制定了推动服务业加快发展的政策和保障措施。

第十七项,医药卫生体制5项改革任务各项指标均完成或超额完成国家要求,基层综合改革走在全国前列,成果正惠及全省城乡居民。

第十八项,按照年度计划完成了五台山、吕梁和临汾机场项目前期工作,正在积极争取国家批复。

第十九项,按照年度计划加快推进中南部铁路大通道、大西客运专线等项目建设,继续推进和顺至邢台、运城至三门峡铁路项目前期工作,已争取将大张铁路列入国家《"十二五"综合交通运输体系发展规划》中。

第二十项,继续深入推进"2+10"生态环境综合治理工程,指导项目单位开展项目规划和前期工作,加快项目审批和下达省级政府投资,圆满完成年度任务,促进区域生态环境明显改善。

第二十一项,对口援疆项目18项、援助资金1.99亿元,已全部到位,工程已全部竣工;对口援助茂县任务胜利完成,援建资金21.62亿元全部到位,10大类、226个项目全面完成。

第二十二项,继续充实完善"十二五"项目库,为加快全省招商引资做好基础工作。全省共上报储备项目约1.9万个,全部项目总投资超过10万亿元;积极推动央企大项目落地,省发改委成立了13个央企项目落地推进工作组,与中国国际工程咨询公司等10家央企签订了"十二五"战略合作协议;积极支持先进制造业项目建设,争取中央投资4亿元支持我省重点产业振兴和技术改造项目。

(栗　兵)

附:省发展和改革委员会党组书记、副书记、成员名单

书　记:李宝卿

副书记:王　赋

成　员:李永平　程泽业　王晓胜　刘　锋　徐安崇　邢文奇　胡景善　王野彬　牛镇耀

省经济和信息化委员会党组工作概况

党组书记　洪发科

2011年,省经信委党组坚持以科学发展观统领工作全局,紧紧围绕省委、省政府提出的转型跨越发展决策部署,凝聚全系统的资源和力量,恪尽职守,履职尽责,全面加强经济运行调节,积极推进工业结构调整、节能降耗、淘汰落后、技术创新等重点工作,全省工业经济实现了健康平稳发展,圆满地完成了全年各项工作任务。

一、抓转型促跨越,推动工业新型化再上新台阶

(一)狠抓结构调整,产业整体素质有了新提升。

一批重大技改项目建成投产。2011年初,在全省确定了1100个重点技改项目,2011年底已有421个项目建成投产或部分投产。其中,冶金行业有太钢不锈钢管和高强度精密带钢等31个项目建成投产或部分投产。装备行业有太重大功率电牵引采煤机等110个项目建成投产,太重新建高速列车轮轴国产化、大运汽车二期年产5万辆重卡生产线等项目主体工程已完工,吉利汽车年产10万辆新能源汽车项目顺利实施。煤化工行业有山西三维7.5万吨顺酐法等43个项目建成投产或部分投产,宏特煤化工年产6万吨超高功率石墨电极进入设备安装阶段。新材料、特色食品、生物医药、新能源、电子信息等产业项目也扎实推进,新兴产业发展速度明显加快。2011年,全省工业投资完成3338.2亿元,增长37.9%,占全省固定资产投资总额的45.3%。其中,非煤产业投资增长35.2%,新兴产业投资增长49.9%。

工业产业布局进一步优化。制定出台《山西省创建新型工业化产业示范基地管理办法》,认定了太原高新技术产业开发区(软件和信息服务)、阳泉经济开发区(装备制造)等7

家省级新型工业化产业示范基地。编制《产业转移指导目录(2011年本)》，引导我省承接产业转移工作走上规范化道路。指导105个特色产业集中区、18个工业强县、百强潜力企业编制“十二五”发展规划，扶持新兴产业做大做强，加速布局优化和产业升级。

兼并重组工作取得阶段性成果。制定了钢铁、水泥行业重组整合实施方案，推动太钢对襄汾星原集团实施了“渐进式股权”重组；推动吕梁中阳钢铁和海威钢铁组建吕梁钢铁集团。冀东、华润、山水、金隅、中联等5户省外水泥企业集团兼并省内19户水泥企业，涉及产能4050万吨。制定《山西省焦化行业兼并重组指导意见》，按照“焦化并举、上下联产”的发展思路，多渠道、多手段推进行业兼并重组，有38户企业兼并重组了83户焦化企业，涉及产能5150万吨。

淘汰落后产能成效显著。全年关停淘汰落后电力44.05万千瓦、炼铁473万吨、炼钢341万吨、焦化506万吨、水泥1315万吨、电石31.1万吨、铁合金13.2万吨、电解铝9.81万吨、铜铅锌冶炼6.6万吨、造纸29.87万吨、化纤3.45万吨、印染4800万米、柠檬酸1.2万吨、酒精2万吨，全面或超额完成了国家下达的年度淘汰落后产能任务。

(二)转变发展方式，工业经济可持续发展能力迈上新台阶。

节能攻坚取得突出成绩。“十一五”期间，全省万元GDP综合能耗下降22.66%，降幅居全国第二位，2011年9月受到了国务院的通报表扬。制定《山西省固定资产投资项目节能评估和审查办法》，修订《山西省节约能源条例》并于2011年12月1日正式实施。建立节能预警常态化机制，制定8项地方能耗限额标准。积极培育节能产业，下发《山西省节能产品认定管理办法》。深入推行合同能源管理，全省通过国家备案的节能服务公司78家，省里备案21家，节能服务公司实现销售收入17.8亿元。实施了1024项重点节能项目，已完工563项，实现节能量1021万吨标煤。2011年全省万元GDP综合能耗同比下降3.55%，完成全省下降3.5%的目标任务。

工业循环经济和资源综合利用水平不断提升。朔州市被列入全国工业固废综合利用示范基地，太钢、太重被评为全国资源节约型和环境友好型试点企业。积极争取国家资源综合利用优惠政策支持，我省煤矸石煅烧高岭土等产品被列入国家税收优惠目录，免征增值税。全年上报国家认定煤矸石综合利用电厂7户，年可利用煤矸石202万吨；认定资源综合利用企业72户，年可利用大宗工业固废900万吨；重点支持了25项资源综合利用示范项目，项目达产年可减少工业固体废弃物排放360万吨，年节水313万吨。

(三)强化运行协调，煤电油气运等生产要素保障能力实现新突破。

按照全省工业增长16%的目标，分解下达了各市工业经济增长目标，完善主要经济指标月报制度，召开企业经济运行分析会，及时解决经济运行中遇到的问题。制定针对性措施，保障化工、焦炭等行业重点企业原料煤及时供应，保障成品油市场稳定供应。进一步完善电煤协调机制，在“两节”和迎峰度夏、度冬等用电高峰期，采取调整省内电煤供给结构、电煤供应定点保量、提升电煤合同履行率、提高国有重点矿供煤比例等措施，确保骨干电厂有效存煤。强化电力调度，加快新机并网投运步伐，对具备并网条件的24家企业406万千瓦新建机组及时批复。加大困难火电企业帮扶力度，对经营困难的9户央企和省外在晋火电企业，给予10亿元的借款，增加1000万吨重点合同电煤供应，有效扭转企业经营困境。加强铁路运输协调和铁路道口管理的提升改造，保证重点物资、重点企业运输需求。

2011年，全省发电量完成2344.3亿度，增长9%，用电量1650.4亿度，增长13%，工业用电量1345亿度，增长13%。全省铁路货运量5.8亿吨，增长9%；其中煤炭运量为4.96亿吨，增长10.6%，创历史新高；全省铁路、公路晋煤外运量5.8亿吨，增长13.5%。全省规模以上工业增加值完成5944.7亿元，增长17.9%，增幅高于全国水平4个百分点，超额完成增长16%的年度目标任务；规模以上工业实现销售收入16893.4亿元，增长35.2%；实现利润1200.6亿元，增长40.4%，主要经济指标增幅均高于全国平均水平。

(四)突出技术引领，工业化和信息化深度融合取得新成效。

企业技术创新能力进一步提高。全年新增国家级企业技术中心2户，新认定省级企业技术中心和行业技术中心20户。重点推进了342项省级技术创新项目，企业创新能力不断增强。在2011年国家级技术中心评价中，我省有3户企业(太钢、太重、天脊)进入全国技术中心50强。太钢、太重被评为首批50家国家级技术创新示范企业。

两化融合工作取得扎实进展。在煤炭安全监控、节能减排、物流等领域确定了453个两化融合重点项目，其中同煤、潞安、晋煤等6户企业的项目被工信部列为重点推进计划。认定16个省级企业信息化重点实验室，确定了87项重点研发专项。推动中国移动、联通、电信、邮政等企业在中博会期间与我省签订战略合作协议，总投资额达520亿元。

软件和信息服务业实现快速发展。制定了《山西省软件和信息技术服务业跨越发展实施意见》，建立电子信息产业重点项目储备库，入库企业39户，入库项目103个。全年新认定软件企业30家，全省软件企业累计达123家，系统集成企业达111家，其中年收入过亿元企业14家，电子信息产品制造业增长48.9%，软件业务增长45%。

二、认真落实反腐倡廉各项要求，推进廉洁从政长效机制建设

(一)突出学习、加强教育，积极开展《廉政准则》的宣贯活动。从加强学习贯彻入手，加大组织领导力度，创新方式方法，《廉政准则》学习贯彻活动取得了显著成效。党组中心组多次组织学习《廉政准则》，深入领会准则的各项规定，严格按“8个严禁”、“52个不准”规范自身的言行，着力提高委领导班子成员廉洁从政的自觉性和责任感。按省纪委晋纪发〔2011〕16号文件的要求，在全委开展了《廉政准则》贯彻执

行情况的自查自纠活动,机关各处室、各行业办及直属单位共175名党员领导干部围绕"8个严禁"、"52个不准"开展了对照检查和自查自纠,认真开展党员领导干部违规收受礼金、违规多占、买卖住房,利用职权谋取不正当利益的自查活动,并按时将自查结果上报省纪委、省委组织部。

(二)集中开展专项资金治理。按照省纪委关于开展煤焦领域反腐败专项斗争的部署,集中开展了能源基金、可持续发展基金拨付使用中存在突出问题的专项治理工作。先后召开了各市经信委主任、纪检组长会议和委机关使用能源基金、煤炭可持续发展基金业务处室会议,全面全部摸清了我委2003年—2009年使用能源基金和可持续发展基金项目以及2010年、2011年上半年使用各类资金和项目情况。同时,及时开展"小金库"、"公车"清理整治。按照省委、省政府的要求,对委机关及下属8个行政单位,14个全额事业单位,1个差额事业单位,5个自收自支的事业单位开展了专项清理整顿。委机关作为财政支付试点单位,施行了国库集中支付、专门账户等管理措施,机关不存在"小金库"情况。全委预算单位车辆编制数为106辆,共有公务用车118辆,超出部分为待报废车辆,没有违反公车使用规定情况。

(三)强化预防、强化惩治,坚决查处违纪违法案件。按照省纪委《关于做好基层涉纪信访工作的实施方案》,重点加强对涉纪信访案件的排查、查处力度,在系统内公布驻委纪检组、监察室举报电话。2010年以来,共接到信访举报29件,驻委纪检组调查核实12件,督促行业办调查17件。对损害群众利益的3起案件及时调查处理,给予2名当事人免去职务处分,其中1人给予行政记大过处分;对2名基层领导进行了诫勉谈话。对严重损害群众利益的问题绝不姑息,进行严肃处理。同时加大警示教育的力度,有效提高了党员干部的廉政意识,强化了党员干部对手中权力和肩负职责的认识,在思想上牢固树立公仆意识、法纪意识、责任意识和防范意识。

(四)健全制度、规范程序,推进廉洁行政长效机制建设。制度建设是提升党风廉政建设水平的根本性措施,省经信委把完善制度、强化执行作为大力推进党风廉政建设的重点,建立健全《廉政准则》相关配套制度,形成了以制度管人、管财、管事的工作格局。根据山西省《惩防体系2008—2012年实施办法》和省纪委《2010年廉政风险防控管理工作实施意见》要求,及时成立了省经信委廉政风险防控管理工作领导组及办公室,制定下发《中共山西省经济和信息化委员会党组关于开展廉政风险防控管理工作实施方案》,对委机关20个处室、7个行业办、15个直属单位进行了廉政风险排查,以岗位为基点,以领导为重点,以权力运行为着力点实施廉政风险防控,以项目、资金为起点,从审批、服务等全流程查找风险点,提出对应的防控措施,初步建立起一套严密有序的制度防控体系。巩固民主评议政风行风成果,广泛征求服务企业和群众的意见和建议,并及时整改,向社会作出8项公开承诺,接受社会广大人民群众、企业和服务单位的监督。认真施行行政审批限时办结服务制度,进一步提升工作效能,提高服务质量。

三、全面加强党的建设,不断提高党建科学化水平

(一)创建学习型机关,不断提高党员政治业务水平。制定《中共山西省经济和信息化委员会党组关于推进学习型党组织建设的工作实施方案》、《2011年省经信委党的工作要点》、《2011年党组中心组学习安排》等,积极推进全委党建工作规范化和制度化。加强党组中心组学习,中心组围绕《中国共产党历史》第二卷、《廉政准则》、《中国共产党党和国家机关基层组织工作条例》等核心内容进行了集中学习研讨,每个人都书写读书笔记,撰写理论文章,增强了学习的效果。抓好党员干部学习教育培训,组织委机关、各行办、各直属单位党员干部收看全国两会和省第十次党代会直播,学习贯彻中央和省委党的最新理论成果。认真贯彻落实《2010-2020干部教育培训改革纲要》和省委《实施意见》,综合运用个人自学、专题讨论、专家讲授等方式,围绕政治业务及理论热点组织了6次集体学习,邀请专家培训2次。按照省委组织部的要求,开展全委系统千名干部的自主选学申报和调训工作,选派近百名干部参加了清华、北大、浙大、哈工大、太原理工大、山大、省委党校等多所高校的各类专题培训班;组织全委系统93名科级及以下干部,在山西经干院举办了"科学发展主题"培训班,得到广大基层干部的一致好评。组织全委系统200多名干部参观省委办公厅组织的"全国检查机关惩治和预防渎职侵权犯罪巡展"、组织全委系统处级以上干部参加省直工委举办的"反腐倡廉成果展",全面贯彻《中国共产党领导干部廉洁从政若干准则》。同时,加强了党委支部集体学习,提高支部班子的政治理论水平。

(二)加强党的组织建设,不断提高党组织的凝聚力和战斗力。深入贯彻落实《中国共产党党和国家机关基层组织工作条例》,组织《条例》宣传培训。按照《党章》和《条例》要求,规范党组织活动,推进基层党组织落实"三会一课"制度。邀请省委书记袁纯清、省纪检委常务副书记杨森林、省委常务副秘书长张瑞鹏、省委组织部常务副部长朱先奇、省直工委书记李仁和等同志参加经信委民主生活会,班子主要负责人与班子成员、班子成员之间,都敞开心扉,开展积极的批评和自我批评,达到了沟通思想、增进感情、推动工作的目的,袁纯清同志对经信委的各项工作予以充分肯定。加强组织建设,为11个党组织调整、配齐了党务领导干部30名。进一步完善党员日常管理工作制度。坚持原则,规范程序,做好党员发展工作,开展党员摸底活动,建立完善党员数据库,推荐选定机关和下属单位300名青年进入入党积极分子储备库,培训入党积极分子45名,按照党员标准接收预备党员20人,预备党员转正15人。在庆祝建党90周年之际,共表彰先进基层党组织38个,优秀共产党员247名,优秀党务工作者49名,党风廉政建设先进工作者26名,党建工作先进单位5个。通过表彰先进,树立了典型,弘扬了正气,激励了全委系统广大党员干部在工业经济建设中奋发进取,建功立业。加

强群团统战工作和党务干部队伍建设,组织表彰6个先进集体和26名先进工作者。

(三)深入开展"创先争优"活动,巩固深入学习实践科学发展观活动取得的成果。重新调整了"创先争优"领导组及办公室,做到组织、人员、机构、制度、经费"五落实"。建立了"创先争优"窗口,积极开展为民服务活动。围绕庆祝建党90周年开展党史学习教育活动,组织机关、各行办和各直属单位入党积极分子、预备党员以及新入党的党员100余人参观中共太原支部旧址,学习党在山西的历史,开展"重温入党誓词"活动。选送机电设计研究院代表参加省直庆祝建党90周年"党在我心中"演讲赛。制定出台《省经信委基层党组织实行党务公开的实施细则》,积极构建党务公开全方位立体式网络。积极开展党员志愿者服务活动,党组成员、纪检组长周礼仁同志带领机关志愿者在南宫广场开展了为期3天的节能宣传服务活动,提供节能咨询。志愿者每10人分为一个小组,共发放宣传资料1万份,省委常委、副书记金道铭、省委常委、省委宣传部长胡苏平和省委副秘书长张克强、省直工委书记李仁和、副巡视员张婵萍等同志亲临现场,并参与发放有关资料和宣传册。按照省委安排,精心制定了2011年干部下乡住村工作计划,围绕完成"六个一"目标,委领导多次赴岚县下乡住村,与农民同吃同住同劳动,帮助农民解决实际困难,促进农村的发展。2011年,经信委筹集资金260万元为岚县普明镇建设一所学校,筹集资金150万元,为岚县普明村1000多户村民解决集中供热问题,协调解决了开发园区的用电问题。积极开展联企帮困送温暖活动,会同省国防工办、省中小企业局、省安监局、省信访局五家单位在春节、中秋、国庆期间联合慰问太原橡胶四厂特困职工76户,送去慰问金约2万余元。在春节、六一、教师节等重大节日组织机关干部去定点扶贫单位慰问,送去价值6万多元的钱物。认真做好慰问老党员活动,慰问党员30名,金额达1.5万元。

(四)加强精神文明建设,广泛开展文明和谐单位创建活动。加强社会主义核心价值体系教育,组织机关、各行办、各直属单位干部去红色经典胜地实地考察学习,先后赴江西井冈山、河北西柏坡、山西长治等红色旅游胜地考察,参观革命先烈和八路军抗战纪念馆,激发了机关党员干部爱党爱国的热情。组织了规模较大的庆祝建党90周年红歌汇演,7个行办、委直属单位广泛动员,积极组队参加,共有13支代表队,1000余人参加,用歌声表达了广大干部职工欢庆建党90周年的欢乐心情和投身转型跨越宏伟事业的豪迈气概。选拨了一支120人的代表队参加省直工委组织的全省庆祝建党90周年歌咏比赛,获得了最高奖项优秀奖。举办了省经信委系统纪念建党90周年和辛亥革命100周年书画摄影展,共征集到近100幅作品,评出60多项优秀作品。9月29日举办了2011年省经信委系统拔河比赛,约有200多人参加,激发了干部职工的集体精神和荣誉感,充分展示了干部职工团结拼搏的精神风貌。向机关干部发放省直工委编写的《机关文明礼仪手册》,要求机关干部做到上班不迟到早退、脱岗离岗,待人接物做到仪表端庄,语言文明,杜绝门难进、脸难看、事难办现象。高度重视安全工作,加大安全教育力度,全委系统广大干部职工牢固树立"安全第一,预防为主"的安全理念。高度重视职工身体健康,每年定期组织职工体检,对涉及职工切身利益的事项及时进行了公开。

(闫　林)

附:省经济和信息化委员会党组书记、成员名单

书　记:洪发科

成　员:刘致远　刘银才(10月离职)　冀明德
王克建　张华龙(10月任职)　陈官虎
胡荣华　周礼仁　温元伟

省教育厅党组工作概况

党组书记　李东福

2011年,省教育厅党组以科学发展观为指导,不断加强自身建设,紧紧围绕全省转型、跨越发展大局,认真落实省委、省政府和教育部各项工作部署,解放思想,开拓创新,取得显著成绩。

一、加强党组和干部队伍建设,不断提高领导教育事业科学发展的能力和水平

(一)坚决贯彻执行中央和省委、省政府的重大决策部署。对省委、省政府召开的重要会议、做出的重大决策、安排的重点工作,都及时召开厅党组会议或厅务会议,进行认真学习,并结合实际,提出贯彻意见,抓好落实,做到在思想上、政治上、行动上与中央和省委、省政府保持高度一致。2011年,组织召开了15次厅党组中心组学习扩大会,先后集中学习传达了胡锦涛总书记在庆祝中国共产党成立90周年大会上的重要讲话、全国"两会"精神、袁纯清书记在全省领导干部大会上的讲话精神和省十次党代会精神,深刻领会精神实质,把思想和行动统一到讲话精神上来,把讲话和会议精神贯彻落实到教育工作中去,促进全省教育系统进一步解放思想,创新体制机制,探索教育发展的新途径和新方法,推动教育事业全面发展。

(二)严格贯彻民主集中制原则。厅党组坚持和健全民

主集中制,坚持集体领导和个人分工负责相结合,坚持民主生活会制度,充分调动党组成员的积极性和主动性,不断增强党组推动教育事业科学发展的能力。严格执行民主集中制各项规定,每年征求广大干部职工对厅党组及个人的意见和建议。建立健全了重大事项集体决策机制,厅党组在涉及到全省教育发展的重点工作任务、重要审批、人事任免、年度工作计划等重大问题上,坚持广泛征求意见,促进决策的民主性、科学性和规范性。凡干部考察、人事变动、经费支出、招生考试和基建项目等重大活动,均由纪检、监察室的同志全程参与,监督把关。决策会前,厅党组书记都要与党组成员沟通协调,交换意见;会上充分听取党组成员的意见,力求达成共识。厅党组成员严格要求自己,自觉遵守各项规章制度,合作共事,坚决执行党组集体的决定,积极落实在行动中。

(三)加强机关作风建设。在厅机关和直属单位广泛开展了"为民服务创先争优"活动。每季度召开一次机关干部大会,就作风建设进行安排部署,要求机关干部爱岗敬业,严肃纪律,扎扎实实做好本职工作。开展了"纪律作风集中教育整顿月活动",大力整顿机关工作纪律,狠刹不良风气。努力营造重视学习的浓厚氛围,落实了干部自主选学及培训制度,组织机关全体干部参加了多种形式的干部培训活动,有效提升了机关公务员队伍的政治素养和能力素质。加强深入基层,调查研究,组织全体机关干部到扶贫点方山县积翠乡下乡住村,厅党组成员带头与群众同吃、同住、同劳动,帮助农民致富。扎实推进党务公开,制定下发了高校、厅机关和直属单位实行党务公开的意见和公开目录,进一步增强了党的工作的透明度。积极推进依法行政,制定了办事流程图和各种规章制度,实现了网上办事电子监察,新开设了行政审批窗口。加强机关精神文明建设,广泛开展文明和谐标兵单位创建活动。发挥先进典型示范作用,在纪念建党 90 周年之际,表彰了一批先进基层党组织和优秀共产党员。

(四)加强干部队伍建设。贯彻执行党的干部政策和《党政领导干部选拔任用工作条例》,坚持正确用人导向。在山西省招生考试管理中心实施了处级领导干部竞争性选拔,经过竞职演讲和规定程序,有 9 位同志提任为处长和副处长。全年厅党组提拔任用处级干部 14 名,交流轮岗处级干部 7 名,使厅机关、直属单位处级干部的结构得到了优化。进一步深化干部人事制度改革,在干部制度建设上下功夫。建立了新任处级干部信访部门锻炼制度和机关年轻干部到基层挂职锻炼制度,分别选派 3 名年轻处级干部和 6 名新录用公务员到信访岗位和省属企业、重点工程及乡镇进行挂职锻炼,增加了年轻干部了解民情、接触群众的机会,提高了年轻干部的综合素质和能力。

二、全面落实党风廉政建设责任制,创优教育发展环境

(一)认真落实党风廉政建设责任制。将党风廉政工作与业务工作同安排、同部署、同检查、同落实。每年在全省教育工作会议后,都要紧接着召开党风廉政建设大会,对党风廉政和反腐倡廉工作进行安排和部署,提出明确的任务和要求。认真落实党风廉政建设目标责任制,将各项工作分解落实到厅党组成员和具体处室。加强了各级领导干部党风廉政教育,针对教育系统一些重点领域和关键环节问题多发、易发的现象,与省纪委联合举办了全省教育系统领导干部岗位廉政教育培训班。加强廉政风险排查防控工作,查找存在的突出问题和薄弱环节,落实相应防控措施,初步形成了以教育、制度、监督并重的惩防体系。特别是对高校新校区建设全过程进行跟踪监督,确保建设资金合理合法使用。全面开展公务用车、庆典、论坛、研讨会等清理整治工作,措施得力,成效显著。加强治理教育乱收费工作,共调查处理教育乱收费案件 108 件,通报批评 62 人次,党纪、政纪处分 41 人,3 名校长被撤职。高度重视并认真处理群众来信来访,一年来仅厅长信箱就办理答复群众来信 3000 余件。对厅机关和高校新提拔的干部进行了任职廉政谈话,对群众有反映的干部进行了廉政警示诫勉谈话。

(二)加强政风行风建设。厅党组十分重视行风建设工作,将其作为树立教育良好形象、提升教育工作整体水平的一件大事常抓不懈。出台了全省教育系统行评工作实施方案,确定了省市县三级教育行政部门及其主要职能处室、10 所高等院校、108 所省级示范高中和 476 所中小学、幼儿园为重点评议对象。紧紧围绕教育工作重点抓行风宣传工作,通过新闻媒体、各种会议、召开听证对话会、印发公开承诺书等方式,多渠道、全方位进行宣传发动,接受社会各界监督。畅通信访渠道,建立了包括平信、电话、网络、厅长信箱以及省电台"政风行风热线"栏目等群众投诉和反映问题的渠道,及时解答处理群众所反映的问题。厅领导和有关业务负责人先后 6 次参加省电台《政风行风热线》栏目,省市县三级联动,听取群众的意见和建议,解答群众提出的涉及教育工作及行业作风建设方面的问题。将教育各项工作置于社会和群众的监督之下,树立了教育部门良好形象,为教育事业健康发展创造了良好环境。

(三)加大党务、政务、校务公开力度。不断加大党务、政务、校务公开力度,成立了高校党务公开工作领导小组,抽调专人组建了办公室,专门负责党务公开的日常工作,并结合实际编制下发了《山西省高等院校党的基层组织党务公开目录》和实施意见,指导各级各类学校采取多种形式,围绕党组织重大决策、关系群众切身利益的重大问题、干部选拔任用等重点,创新公开载体,拓宽公开渠道,严格公开程序,推动了党务公开工作扎实有效开展。全省各级教育行政部门、各级各类学校在党务、校务公开方面做到"八有":有健全的组织机构、有完备的办公设施、有规范的公开制度、有便捷的公开载体、有明确的公开目录、有完整的公开档案、有扎实的公开活动、有突出的公开成效,实现了有疑难及时解决、有经验及时总结、有错误及时纠正的良性循环。2011 年 10 月,与省纪委联合在太原理工大学召开了现场会,推广太原理工大学党务公开工作经验,收到良好的效果,在全省高校形成了推进党务公开工作的良好氛围。

三、科学谋划，突出重点，努力推动教育事业又好又快发展

（一）认真贯彻国家和全省教育工作会议精神，科学谋划教育改革发展。全国教育工作会议召开后，省委、省政府高度重视，全面深入学习宣传国家教育工作会议精神和教育规划纲要精神，在全省上下形成优先发展教育、推动教育科学发展的良好氛围。4月上旬，省委、省政府召开了全省教育工作会议，正式颁布了《山西省中长期教育改革和发展规划纲要（2010-2020）》，进一步明确了未来10年我省教育改革发展的战略目标、发展任务和保障措施，为我省教育发展改革指明了方向。会后，省教育厅认真贯彻落实全国和我省教育工作会议精神，进一步理清全省教育事业改革发展思路，将教育规划纲要细化分解成126项任务，明确每项任务的责任部门，推动全省形成了上下联动、协调一致的教育改革发展机制。进一步明确细化"十二五"期间全省教育改革发展的具体思路和举措，研究编制了教育事业发展"十二五"规划。深入推进教育体制改革，积极开展教育体制改革试点工作，对我省承担的"统筹推进义务教育均衡发展"等三项国家改革试点项目，认真研究制定了实施方案，同时遴选了95项省级教育体制改革试点项目，教育体制改革工作稳步推进。

（二）积极争取支持，千方百计增加财政教育投入。积极争取有关部门支持，会同省财政厅先后提请省政府下发了《山西省关于进一步加大财政教育投入的意见》、《关于全省地方教育附加征收使用管理办法的通知》、《关于加强对我省2011—2012年财政教育投入状况分析评价的通知》和《关于从土地出让收益中计提教育资金实行省级统筹的意见》等文件。省政府这一系列文件的出台，进一步从制度层面上完善了教育投入的保障机制。省政府明确规定2011年全省财政教育支出占一般预算支出比例要达到15.8%，全省财政教育支出将达到359亿元。从2011年起开征了地方教育附加，规定从土地出让净收益中按10%比例计提教育资金，并从计提的资金中计提20%用于省级统筹。提高了各级各类教育经费保障水平，义务教育阶段生均公用经费财政拨款标准提高到小学500元/生·年，初中700元/生·年，本科高校生均拨款2011年达到9000元，2012年底将达到12000元，为教育事业健康持续发展提供了保障。

（三）以学前教育和义务教育为重点，扎实推动基础教育健康发展。大力推进学前教育发展，制定并报请省政府印发了《山西省学前教育三年行动计划》，对2011至2013年全省学前教育工作提出明确要求。2011年全省新（改、扩）建标准化公办幼儿园209所，新增建筑面积45万平方米，有效缓解了"入园难、入园贵"问题，全省学前三年毛入园率达到67%。积极推进义务教育均衡发展。圆满完成中小学校舍安全工程，全省中小学办学条件显著改善，我省推进校安工程的工作做法得到国务院充分肯定，3月下旬国务院在我省召开了现场会。大力实施农村义务教育薄弱学校改造计划，推进义务教育学校标准化建设，2011年，有19个县（市、区）通过标准化验收。省政府在晋中市召开了全省义务教育均衡发展现场会，推广晋中市工作经验，在全省形成大力推进义务教育均衡发展的良好氛围，一批市、县（区）已率先实现基本均衡的目标。建设9所特殊教育学校，普通高中内涵建设也得到有效推进。高中阶段教育毛入学率达88.5%。

（四）实施中等职业教育免学费工作，加快推进职业教育发展。为推动职业教育加快发展，省委、省政府决定用两年时间实施中职免学费教育。2011年秋季开学后免除职业高中、职业中专在校生学费，2012年起免除普通中专、技工学校学生学费，实现中等职业教育免学费全覆盖。2011年已经有30万名学生受惠，大大增强了中等职业教育的吸引力。继续加强职业院校基础能力建设，有17个县职教中心建设通过了省级督导验收，11所职业学校批准立项建设国家中等职业教育改革发展示范校，33所职业院校立项建设国家级、省级实训基地，职业学校的实习实训条件进一步改善。职业教育人才培养模式改革深入推进，广泛开展订单培养、工学结合，深入推进"送教下矿"、"送教下乡"。开展职工学历提升教育和专业技能提升培训，积极对农民进行种植、养殖等方面知识和技能培训，全年培训338万人次。

（五）解决发展瓶颈问题，提高高等教育质量。一是全力推进高校新校区建设。在省委、省政府的高度重视和王君省长、李小鹏常务副省长、张平副省长的重视推动下，启动了占地近1万亩的高校新校区建设，并出台了关于土地、资金筹集、费用减免等方面的一系列优惠政策。高校新校区建设进展顺利，10所学校全部开工建设。二是适度扩大规模，进一步优化资源。2011年高校招生共计24.3万人，录取率达到71%，高等教育毛入学率达到30%以上，较好地满足了人民群众接受高等教育的需求。山西工商职业学院升格为本科，全省高等教育布局得到进一步优化。三是促进高等教育内涵发展。围绕我省经济社会发展需求，我省高校新增了一批重点学科和专业，遴选支持了一批优秀创新团队、中青年拔尖创新人才和优秀青年学术带头人。启动"三晋学者"支持计划，38人入选海外高层次人才引进计划。高校新增33个一级学科博士点和78个一级学科硕士点，教育水平和质量稳步提升。四是高校科研服务能力不断增强。又有3项成果获得国家科学技术奖。高校承担国家自然基金项目大幅度增加，达到225项，比上年增长55%。研究生创新教育不断加强，我省产学研联合培养研究生工作得到国务院学位办的充分肯定。

（六）以农村教师为重点，加强教师队伍建设。从大学毕业生中公开招聘了2200名特岗教师，全部安排到贫困地区农村中小学校任教，进一步提高了农村教师队伍水平。加大中小学教师、校长交流力度，积极推进城镇学校教师向农村学校和薄弱学校流动，促进区域内师资均衡配置。加大教师培训力度，对3万余名农村中小学骨干教师进行了现代教学技能和教学创新能力培训。印发了《"十二五"期间进一步加强全省中小学教师师德师风建设活动的通知》，强化师德师风建设，将师德师风作为教师职称评定、评模奖励的重要依

据,实行一票否决。全面启动非义务教育学校教师绩效工资改革,积极推进教育系统岗位设置工作和绩效考核工作,全省教师队伍建设水平进一步提高。

(七)采取有力措施,大力加强高校党建和思想政治工作。认真学习贯彻全国高校党建工作会议精神,大力推进高校党的组织和党的工作全覆盖,全面完成高校党委换届选举工作,高校班子进一步配齐配强,高校基层党组织建设更加完善,大学生党员数量、质量不断提高。以落实规划纲要、服务学生健康成长为主题,扎实推进"为民服务创先争优"活动,在高校开展创先争优先进事迹巡回宣讲活动、"三晋先锋在行动"主题实践活动等,取得良好效果。进一步加强和改进大学生思想政治教育,在师生员工中推进社会主义核心价值体系建设,山西师范大学孟佩杰同学荣获"全国道德模范"称号。围绕庆祝建党90周年,组织开展了知识竞赛、暑期主题社会实践等系列纪念活动。召开全省校外教育工作会议,对高校思想政治理论课进行了检查评估,继续推进思政主题网站建设,加强了各级各类学校心理健康教育工作。第六届"中博会"期间,组织高校近2万名大学生参加志愿服务,将日常教育与主题实践活动有机结合起来,增强了大学生服务社会的责任感和使命感,得到社会广泛认可。

(八)认真解决教育热点难点问题,全力维护教育系统和谐稳定。认真实施高考招生"阳光工程",群众对高考招生满意度逐年提高。积极做好高校毕业生就业工作,组织高校举办各类招聘会1500余场,全省高校毕业生就业率达到80%以上。健全普通高校助学体系,秋季开学有8.76万名新生在生源地获得助学贷款,贷款总额达4.6亿元,贷款人数和资金额度较去年翻了一番,实现了生源地助学贷款全覆盖和应贷尽贷。完善了中等职业学校国家助学金制度,免除职业高中、职业中专在校生学费。建立普通高中家庭经济困难学生资助制度,切实保障家庭经济困难学生顺利完成学业。扎实开展学校安全隐患大排查,稳定大中专学校食堂饭菜价格,建立了市场物价和食堂饭菜价格联动机制,积极化解影响安全稳定的矛盾纠纷,教育系统保持了和谐稳定局面。

(李宏卿)

附:省教育厅党组书记、成员名单

书　记:李东福

成　员:刘惠民　贾坚毅　畅日宝　张卓玉　王李金
赵庆华　马世豹(4月离职)　王　云
李秋柱(10月任职)

省科技厅党组工作概况

党组书记　贺天才

2011年,省科技厅党组认真贯彻落实省委、省政府和科技部的工作部署,以转型跨越发展,再造一个新山西的科技需求为导向,推动一批重点工作取得了新突破,形成了一些新的工作亮点。特别是获得国家科技进步奖14项;申请专利12774件,比上年增长61%,全省首次消除了"0专利"县;争取国家科研课题立项366项,争取资金超过5亿元,是"十一五"年均水平的2.5倍。

一、优化传统支柱产业、发展战略性新兴产业和提高科技服务能力

一是开展科技创新大学习、大调研,大力实施科技管理创新。在全省科技工作和党风廉政建设工作会议上确定2011年为"科技管理创新年"。厅领导带队深入11个市35个县区140余家科技型企业、园区开展调研,并到10多个科技发达的省市参观、调研和考察。进一步完善制定了《山西省科技发展"十二五"规划》,出台了"关于全省科技计划安排的意见"和《山西省科技计划项目绩效评价方案》,建立了科技决策、执行、评价相互分离的新机制。

二是围绕重点产业和关键领域技术组织了项目攻坚,一批重大技术实现突破。加强了对煤炭清洁生产利用、现代煤化工、装备制造业、新能源新材料、节能减排以及循环经济等领域的科技创新支持,组织实施了"年产100MW太阳能电池硅片及成套装备产业化"、"高铁及地铁车辆用钢生产关键技术"等省科技创新计划项目25项;"重型卡车车架关键技术研发"等科技攻关计划项目223项;"'生贵式'大棚及配套蔬菜栽培技术示范"等产业化项目205项;"粉煤灰制备高比表面硅铝载体"等基础研究计划项目82项。

项目质量的提高已经和正在对我省转型跨越发展起到了重要支撑作用。仅"煤炭开发利用副产物利用关键技术开发"、"大型煤炭基地高效集约化开采关键装备与技术"、"煤矿全矿井安全生产数字化监测监控及重大灾害预警系统的研究"3项国家科技支撑计划的完成就取得新产品63项,发表论文270篇,获授权专利52项,研制行业标准22项。"煤间接液化合成油工业示范应用"项目取得重要进展,伊泰和

潞安两个合成油示范厂均实现了连续、稳定、安全和长周期运转，多项指标达到国际领先水平，标志着我国已自主掌握了煤炭间接液化工业技术，具备了百万吨级煤制油商业化的条件。先进不锈钢材料国家重点实验室等单位完成的“超（超）临界电站锅炉用TP347H不锈钢管坯及无缝钢管工艺技术开发”项目，形成企业核心技术秘密22项，打破了我国超(超)临界电站锅炉关键不锈钢材料长期依赖进口的局面。运城市冯树英育成了世界独特的F型小麦不育系，组配了一批强优势杂交组合，初步试验较普通小麦增产15%以上，有望成为继杂交水稻之后农业科技的又一重大突破。

三是在煤层气抽采、现代煤化工等重点领域启动实施7个重大专项。在项目选择上，注重以煤为基，多元发展，启动煤层气抽采关键技术及示范；现代煤化工关键技术及示范；低碳与循环经济发展技术及示范；装备制造关键技术；电子信息领域关键技术及装备；新能源关键技术；新材料关键技术等专项。在技术目标上，重点攻克一批产业关键共性技术。如煤层气专项将突破我省各典型区域煤层气抽采中的系列技术，低浓度瓦斯提纯技术等，完成705口煤层气井建设，新增年3亿立方米产能。现代煤化工专项将突破大型劣质煤气化、低水化工等深加工关键技术节点，带动煤化工向产业链高端转型。在资金投入上，省财政投入3000万元专项资金，我们又挤出7000万元的研发资金，带动总投资83亿元，预计可实现年新增产值440亿元。

四是筹备组建山西省工业技术研究院，积极推进大学科技园建设。把省工研院的建设筹备作为全年重点工作。成立了省工研院筹备组，赴全国20多个工研院进行了详细调研，李小鹏常务副省长、张平副省长亲自率队考察并具体指导。在太原和北京的两次论证咨询会上，专家们对方案给与了充分肯定。目前联系战略合作伙伴10余家，初选合作项目30余项。

积极推进了国家大学科技园的建设工作。2011年山西中北科技园有限公司承担了科技部高校科技成果转化及大学生创业孵化服务平台项目，新增9家入园企业，企业总数达到60家。此外，晋中国家农业科技园区全面投入运行，杂交小麦(运城)国家农业科技园区通过了论证，已进入答辩和审批阶段。

五是加强重大科技创新基地和平台建设。努力培育企业主体创新地位，进一步加强产学研合作，研究机构向企业倾斜布局。依托企业新建了煤与煤层气共采、煤基多联产、乙炔化工3家省级重点实验室；新培育认定了4家省级国际科技合作基地；新建了山西省交流传动工程技术研究中心、山西省铁路漏斗车工程技术研究中心2家省级工程技术研究中心；新培育国家级创新型企业6家；新认定高新技术企业64家，我省高企数量达到263家，预计2011年可减免所得税约15亿左右。以四大科技基础条件平台及网络科技环境建设二次开发为重点，组织平台项目26项，科技文献平台数据总量达到21T，科学数据库共享服务平台新增5家参建单位，自然科技资源共享服务平台资源信息新入库11000余份，大型科学仪器共享服务平台现可提供共享服务仪器达1309台（套），总值5.61亿元。

六是扎实开展良种选育和先进适用技术推广工作，实施200项农村技术承包项目。实施了农作物优种创新工程项目10项，预计可选育农林植物新品种40余个。组织了“谷子新品种大同27号、23号示范基地建设”等15项重大农业成果转化项目，推广示范了“油用向日葵567DW新品种”等特色种植技术5项。发挥科技特派员、科技合作社、“12396”平台等新型农业科技服务体系的作用，促进了农民使用新技术能力的提高和良种的推广。2011年，组织了农村技术承包项目309项，动员2300余名农业技术人员推广应用新技术50余项，培训农民20万人次，培养乡土专家800名。

七是大力实施知识产权战略，我省年专利申请量首次突破万件大关。制定了省知识产权战略纲要，有力促进了知识产权的创造、开发、保护和利用。新增2个专利代理事务所，新增专利代理人8名。专利展示交易中心发布专利交易项目300余项，促成交易和合作11项，成交金额4100万元。阳泉、长治顺利通过了国家知识产权试点城市验收。我省专利申请实现快速增长，专利申请总量达到12774件，同比增幅高达61.1%。反映创新水平的发明专利4602件，同比增长51.1%，超过全省专利申请总量的三分之一。

八是推动科技与金融密切结合，构建多元化科技投入新机制。省科技创业投资引导基金全面投入运作，与东方汇融投资管理有限公司、中国电子科技集团合作分别成立规模为1亿元和1.2亿元的承诺式子基金，并向山西中电科承担的100MW太阳能电池硅片及成套装备项目投资了4000万元。参与设立了规模为5000万元的公司型子基金山西诺亚信投资基金，投资的山西青山化工和山西远东特种铝业两家企业，极有希望在中小企业创业板上市。引导基金还出资1亿元，注册成立了“山西省创业风险投资担保有限公司”，积极开展科技融资担保业务。和浦发、交通、中信、民生和兴业等银行开展了合作，主动推荐重点企业和重点项目，银行选取符合条件的企业上门服务。4家合作银行共提供科技贷款17亿元，促进了我省科技型企业的发展。

九是积极扩大科技交流合作，加强高层次创新人才引进和培养。积极开展招才引智工作。中美山西生态修复基金和绿色科技产业园、中新(西兰)合作“IGT健康干预研究及POS/HOC服务”项目顺利开展。大力推进国内科技合作，与山东省科技厅签署了科技合作战略框架协议，5个市与山东寿光确定了蔬菜产业发展项目。与中航科工集团、中煤科工集团、北京长城国威科技发展有限公司就省企战略合作签订了协议。

积极融入国家科技发展战略，承接重大科技项目，努力争取我省优势项目纳入国家计划实施。首批精心组织了85个重大科技项目，有58个入选国家项目库。全年争取国家科研课题立项360余项，资金超5亿元，达到“十一五”争取国家科技经费的一半。

认真贯彻落实省人才规划纲要，把创新型人才建设贯穿于科技管理全过程，新制定出台一批措施和政策。经推荐有12人入选我省“百人计划”。争取5名国家科技部、委专家来山西挂职工作。

2011年，还有一项特别重要的工作就是完成了转型综改试验区建设科技方面的任务。成立了专项工作机构，牵头研究制定了《山西省国家资源型经济转型综合配套改革试验科技行动方案》、省转型综改区配套政策之一“完善科技人才支撑体系实施意见”；向省政府报送了《太榆科技创新城项目启动初步方案》。

二、以改革创新的精神加强领导班子和队伍建设，不断提高执政能力和发展能力

一是切实加强学习型机关建设，提高了履行职责的能力。制定了全年学习规划和方案，编制了8期学习读本，开展了8次中心组集中学习，依托“山西干部在线学院”自主选学，组织了7批次的外出学习培训；邀请专家举办了“山西转型跨越与科技创新”、“中国社会的转型与稳定”等专题讲座。

二是切实加强领导班子思想政治建设，提高了和谐共事的能力。认真贯彻执行党组集体领导下的个人分工负责制，班子成员一岗双责，各负其责。实行了领导班子早会碰头会制度。坚持民主集中制，重大事项、重要工作班子集体研究决定，做到科学决策、民主决策。

三是切实加强制度建设，提高了依法行政的能力。组织了对现行科技法规及部门规范性文件的清理，建立了《科技行政执法责任制考核专用目标》。全面推进了政务公开，厅政务网站发布信息1266条，对302条网民留言全部在承诺时间内答复。设立了厅长信箱，全年共接到公众来信31件，厅长都在第一时间亲自回复或责成有关人员认真回复。在省政府2011年组织的全省政府网站绩效评估中，省科技厅位列第二。

四是深化干部人事制度改革，探索干部选拔任用新途径。严格贯彻落实有关干部选拔任用的规定，确立积极正确的用人导向，坚持做到“五公开”：公开职数、公开职位空缺情况、公开职位要求、公开选拔程序、公开拟任人选情况。坚持把好资格审查、民主推荐、组织考察、讨论决定和任前廉政谈话等“五关”。2011年选拔任用5批次19名处级干部。首次采取竞争上岗、“两推一述”方式，公开选拔正处级领导干部岗位人选2名。

五是大力开展精神文明建设。在全系统普遍建立了党建工作责任制，以党的建设统领机关作风、政风和行风建设，注重各项工作的互相结合，一起部署，一起落实；坚持把深入推进创先争优活动作为科技系统创建文明和谐单位的重要内容，组织开展了庆祝建党90周年和迎中博系列活动，组织了重温入党誓词、优秀党员评选等活动，表彰优秀共产党员41名；实行作风建设的具体化，处以上干部每年至少到基层调研1个月，撰写1篇调研报告。严格实行工作责任制、限时办结制、AB角岗位工作制和行政责任追究制。扎实开展了干部下乡驻村“六个一”活动，下乡住村天数累计达450人次以上，召开村民座谈会12次，帮助开展基层党组织活动9次，投入帮扶资金205万元，组织实施帮扶项目17个。

六是加强党风廉政建设。根据新的领导班子分工，修订了《山西省科技厅关于实行党风廉政建设责任制的意见》，继续把党务、政务、业务通盘统筹，严格落实“一岗双责”，自觉履行“第一责任人”的职责。扎实开展纪律作风集中教育整顿月活动，下发了“关于加强工作纪律的通知”，专项治理了“小金库”、“公务用车”和“庆典、研讨会、论坛清理”。结合科技部门特点，6位厅领导带领6个工作小组，对“十一五”期间科技计划项目执行情况进行了监督检查；制定印发了《山西省科技厅廉政风险防控管理工作实施方案》，绘制了工作流程图，实现了由人管人向制度约束人的转变。

（余 昶）

附：省科技厅党组书记、成员名单

书　记：廉毅敏(3月离职)　贺天才(3月任职)

成　员：王　宏　张新伟　郭春林　常建忠(5月离职)

省公安厅党委工作概况

党委书记　杨　司

2011年，省公安厅党委紧紧围绕全省转型跨越发展的大局，以实施全省公安工作“1+8”五年规划为抓手，扎实推进“三项重点工作”和“三项建设”，全力维护社会政治稳定，大力整治社会治安秩序，强力推进社会管理创新，大力加强公安信息化建设，切实加强执法规范化建设，深入推进“阳光行动”，有力地维护了全省社会大局和谐稳定。

一、加强政治理论学习，努力提高党性修养

一年来，厅党委坚持把政治理论学习摆在首位，妥善处理工学矛盾，一方面厅党委理论中心组按照计划开展学习，另一方面注意挤出时间坚持自学，重点学习了胡锦涛总书记“七一”重要讲话、在党的十七届六中全会上的重要讲话、省第十次党代会文件等。省第十次党代会胜利闭幕后，厅党委书记、厅长杨司同志主持召开厅党委理论中心组学习扩大会，全文学习了袁纯清书记重要报告，组织党委同志进行了热烈的讨论，对全省公安机关的学习活动提出了六个“什么样”的要求，会后全省各级公安机关党组织按照省厅要求制定了学习计划，采取多种形式迅速掀起了学习贯彻全省第十

次党代会的高潮。

二、认真执行民主集中制，始终保持廉洁自律

坚持"集体领导、民主集中、个别酝酿、会议决定"的方针，完善厅党委内部议事和决策的程序，形成民主科学的决策机制，完善集体领导与个人分工负责相结合的制度。对重大决策、重要干部任免、重要项目安排都是由党委集体讨论决定，较好地发挥了厅党委的团队精神。党委成员严格要求自己，认真贯彻执行中央、省委关于党员领导干部廉洁从政若干准则等各项党风廉政建设的规定，在收入申报、住房、用车、通讯工具使用、公务接待等方面都能认真执行有关文件规定，并自觉接受群众监督。严格教育家属、子女及身边工作人员，违法违纪的事坚决不干。要求民警做到的，自己首先做到，要求民警不做的，自己坚决不做，为广大民警作出了表率。

三、全面加强公安队伍和领导班子建设

一是切实加强思想政治工作。紧密结合建党90周年，突出公安特色，突出实践特色，开展了形式多样、丰富多彩的"发扬传统、坚定信念、执法为民"主题教育实践活动，达到了"人人参与进来、人人受到教育、人人得到提高"的目标。

二是加强各级公安机关领导班子建设。按照"建设坚强有力、奋发有为的公安领导班子"的思路，努力改进和加强对下级公安机关党委的领导。围绕领导班子开展学习情况、执行民主集中制、重大工作部署、党风廉政建设、选人用人公信度等情况，加大对市级公安机关领导班子考核力度，并派出考核组会同各市委组织部协同进行年度考核，为加强领导班子建设树立了明确的导向。按照干部管理权限，对太原、忻州、朔州、晋中、晋城5个市公安局主要领导进行了调整交流。深化干部人事制度改革，在厅交管局进行了干部竞争上岗试点，取得了良好效果。《山西日报》头版头条报道了我厅深化干部人事制度改革的做法。分两批确定了56名同志到基层公安机关培养锻炼，选派8名同志开展"对口援疆"工作。

三是深入推进"阳光行动"。在全省公安机关组织开展全警大讨论、征文比赛、演讲竞赛、巡回报告等活动，连续召开座谈会、汇报会、推进会。深入推进"阳光行动"，从厅机关抽调100名民警下基层、包所队进行帮扶共建，命名了首批"阳光警察"、"阳光警队"和"阳光警务"示范单位，涌现出了张世平、刘兴平、王志强、李三才、毛丽、徐中杰等一批亲民爱民、公正执法的先进典型。张世平同志光荣当选全国十大"我最喜爱的人民警察"，并被授予"全国公安系统一级英雄模范"称号，刘兴平、王志强荣获提名奖，并被授予全国特级"优秀人民警察"称号。张世平、毛丽同志还被评选为2011"感动山西"十大新闻人物。省厅先后组织了第四届"我最喜爱的人民警察"先进事迹巡回报告团和"学习张世平，争做阳光警察"报告团，深入全省公安机关进行巡回演讲。各地公安机关深入开展"大走访"开门评警活动，努力实现警民良性互动。以民意为导向，在"窗口单位"普遍推行和安装了群众评价警务工作的"电子评价器"，全省县级以上公安机关普遍在互联网上开通了公安博客、警方微博、局长信箱，一些地方公安机关还开办了"网上警务室"、"流动警务车"，开通了"阳光警务查询平台"，受理群众求助、宣传公安工作、接受群众监督。

四是大力加强公安教育训练工作。以信息化应用技能考核和公安民警执法资格考试为重点，积极推进全警"大教育、大培训"，进一步提升了公安队伍的整体素质和战斗力。

五是切实加强公安宣传工作。创新宣传思路，拓宽宣传路径，不断加大宣传工作力度，形成了受众广、力度大、氛围浓的宣传声势。完善涉警舆情分析跟踪机制，加大网络舆情监控力度，年内发生的重大涉警舆情都得到成功处置。精心运营管理"山西公安"博客和微博，"山西公安"微博在全国公安微博中排名第六。

六是大力引深创先争优活动。1名同志被公安部授予一级英模，3名同志被公安部追授二级英模，2名同志被公安部授予特级优秀人民警察光荣称号，1名同志被公安部荣记个人一等功；1个单位被省劳动竞赛委员会荣记集体一等功、123个单位被省厅荣记集体二、三等功；935名同志被省厅荣记或追记个人一、二、三等功。

七是切实提高警务保障能力。认真贯彻落实两办32号文件精神，深入推进公安经费保障体制改革，强化公安装备财务管理，全面加强公安基础设施建设，努力实现保障有力、管理规范、基础扎实、服务到位。进一步推动公安装备现代化建设，与省财政厅联合下发《山西省县级公安机关基本业务装备实施标准（试行）》，制订全省县级公安机关装备建设三年规划，积极帮助基层公安机关解决警用装备匮乏的问题。

四、推进惩防体系建设，认真落实党风廉政建设责任制

厅党委高度重视党风廉政建设和反腐败斗争，对反腐倡廉各项重点工作任务进行细化分解，全面落实党风廉政建设责任制，坚持从严治警方针，用纪律和制度约束民警，预防和减少违法违纪案件的发生。截至目前，共查处违法违纪案件172案213人，特别是打掉了汾阳市公安局巡警防爆大队长安坚毅为首的黑社会性质犯罪组织，铲除了为害一方的社会"毒瘤"，组织查办了我省岚县、盂县交警收黑钱、乱罚款及兴县某派出所民警"漂白"逃犯身份等一系列有较大社会影响的案件，取得了良好政治效果、法律效果和社会效果。认真开展涉案财物管理问题、涉案人员非正常死亡问题等专项治理活动，全省共清理排查行政刑事案件26.6万余起，发现并整改问题9900余起，依法妥善处置涉案机动车辆3.4万余辆，各市、县公安机关全部开设了涉案资金专户，建设了涉案财物管理中心，共入库保证金1.6亿元，储存涉案财物1.6万余件。认真开展了队伍管理隐患排查和纪律作风集中教育整顿月活动，进一步正风肃纪、树立形象、创优环境。深入开展"审计整改年"活动，共完成各项审计任务328个，审计总金额

22.52 亿元,发现纠正违规违纪金额 3.84 亿元,为促进公安工作和队伍建设提供了良好保障。完成了全省公安机关专家人才库和刑事技术人才库建设,确定了首批公安科技带头人 20 名、公安科技能手 100 名。严格财务管理,完善公务接待、召开会议、车辆管理、出国考察等制度,从严控制各类财务支出项目。

(王瑞成)

附:省公安厅党委书记、副书记、委员名单

书　记:杨　司

副书记:李富林(6 月离职)　任鸿太(6 月任职)

委　员:廉兴有(8 月离职)　成振林　燕和平
苏　浩(11 月离职)　雷党辰(6 月任职)
李太平　李亚力(11 月任职)
李喜春(6 月任职)　段绪忠　贯继武

省民政厅党组工作概况

党组书记　周明定

2011 年,省民政厅党组认真贯彻落实党的十七届五中、六中全会和省第十次党代会精神,坚持以科学发展观为统领,紧紧围绕我省转型跨越发展和国家综改区建设大局,全面加强党的思想建设、组织建设、作风建设和制度建设,不断增强党的凝聚力和战斗力,注重发挥广大党员的先锋模范作用,努力开创党建工作新局面,有力地促进了年度各项目标任务的圆满完成,为全省经济社会和谐发展做出了积极贡献。

一、坚持科学谋划、民主决策,在工作实践中不断探索加快民政事业发展的思路和方法

2011 年年初,围绕省委、省政府中心工作,先后三次召开厅党组扩大会议,认真总结工作,深刻分析民政部门在保障和改善民生、加强和创新社会管理、促进和维护社会稳定方面面临的形势和任务,集思广益,群策群力,提出全省民政工作"四个六"总体发展思路,即:"突出抓好六项重点工作、着力破解六个方面难题、努力提升六种能力、切实履行好六大职能"。工作方向和目标明确后,厅党组带领全厅上下团结协作,奋力进取,采取有力措施,加大创新力度,在谋求破解工作难题上狠下功夫。

(一)积极争取领导的重视和支持。厅党组经常就民政工作中的重大问题及时向省委、省政府领导汇报,积极争取领导的关注、重视和支持。袁纯清书记在省第十次党代会上对民政工作提出了八个方面的具体要求。王君省长多次听取民政工作汇报,亲自参加民政厅厅级党员领导干部民主生活会。金道铭、李小鹏、汤涛、王雅安、郭良孝、周然、李潭生等省领导就民政有关工作进行调研指导。省人大就城乡低保工作进行了专题询问。省领导对民政工作的高度重视和大力支持,为及时有效地解决民政工作面临的突出矛盾和问题,推进民政事业快速发展提供了有力的组织领导保证。

(二)切实加强部门间的沟通协调。厅领导班子十分注重与各有关部门的沟通和协调,积极争取他们的理解和支持,不断增强促进民政事业发展的合力。特别是在完成提高社会救助、优待抚恤、孤儿养育标准,发放困难群众价格临时补贴,争取救灾资金,提请省政府出台有关政策法规等方面,厅领导主动到民政部和省有关部门协商,面对面沟通,赢得了民政部机关和省有关部门的充分理解和大力支持。2011 年,中央和省级财政共投入民政专项资金 66.91 亿元,比 2010 年增长 34.24%,中央和省级分别增长 41.7%、11.5 %。

(三)大力推进政策创制工作。积极推动修正了《山西省村民委员会选举办法》,出台了《关于加强孤儿保障工作的实施意见》、《关于建立健全社会救助和保障标准与物价上涨挂钩联动机制的通知》、《山西省农村居民最低生活保障工作指导意见》、《全省城乡社会救助资金管理意见(试行)》、《山西省城乡社会救助资金社会化发放实施方案》,起草了《关于加快发展养老服务业的意见》、《关于推进慈善事业发展的意见》、《关于加强和改进流浪未成年人救助保护工作的实施意见》等规范性文件,制定了《山西省民政厅专项资金和建设项目管理办法》等内部管理制度,有效促进了难题的破解和重点工作的推进,进一步提高了工作的制度化、规范化水平。民政部李立国部长来我省进行政策创制专题调研时,给予了充分肯定。

(四)努力增强基层民政力量。省编办印发了《关于加强基层低保等民政工作机构编制的意见》,为乡镇增加财政拨款事业编制,用于协助民政工作人员做好低保等具体工作。增加编制后,乡镇一般有 2–4 人负责民政工作;县级低保机构至少有 5 名财政拨款事业编制。启动实施了农村五保供养服务机构事业单位法人登记工作。民政基层工作人员不足问题得到有效缓解。

(五)深入推进厅市合作共建。为突破发展难题,加快改革步伐,省民政厅与朔州市政府深入推进合作共建,取得阶段性成果。朔州市民政基础设施建设取得突破性进展,乡镇全部成立民政工作站,平均每个乡镇编配民政助理员 2.4 人,统一配备了"五个一"交通通讯工具;投入 4800 多万元用于社区建设,建设覆盖 100 个社区的市、县、街办、社区四级综合信息平台;社会福利院、儿童福利院、乡镇敬老院、救灾物资储备库、烈士陵园等民政公共服务设施加快建设;市县乡三级救灾物资储备网络初步形成。

二、坚持统筹兼顾、突出重点，在落实年度目标责任过程中努力实现民政事业的整体发展和进步

2011年，省民政厅纳入全省年度目标责任考核指标的工作有8项，纳入共性指标的工作有2项。一年来，厅党组以目标责任工作任务为重点，统筹推进各项工作，民政工作实现了整体进步。

（一）年度目标责任工作任务圆满完成。

一是城乡社会救助体系进一步完善。城市低保标准提高了25元，农村低保标准提高了22元，分别在国家提标基础上提高了10元。出台了《山西省农村居民最低生活保障工作指导意见》。选择长治市城区、朔州市平鲁区等7个县区开展了医疗救助“一站式”即时结算试点。全年下达中央和省级财政社会救助资金41.11亿元，保障城市低保对象91.2万人、农村低保对象133.8万人、农村五保供养对象16.8万人，全省共有57.9万名城乡困难群众得到不同形式的医疗救助。

二是社会福利和慈善事业快速发展。以省政府办公厅名义印发了《山西省关于加强孤儿保障工作的实施意见》，散居孤儿养育标准每人每月提高到600元，福利机构供养孤儿养育标准提高到1000元。完成孤残儿童“明天计划”康复手术250例、“重生行动”康复手术50例。7个县级福利服务中心、22个儿童福利机构“蓝天计划”项目建设全部完工。创新特教中专校企合作模式，应届残疾学生97.2%就业，超额完成目标任务。

三是救灾减灾能力明显提升。积极应对干旱、洪涝、风雹、低温冷冻等自然灾害造成的影响，及时组织人员查看灾情，指导工作。全年下拨救灾资金28600万元，救助灾民约352万人。全年组织两次救灾应急预案推演、一次合练，启动了一次应急预案三级响应。综合减灾示范社区创建活动深入开展，上报国家减灾示范社区58个。救灾应急指挥大厅、短信信息平台和电话会议系统已开通运行。省市县三级救灾物资储备库建设稳步推进，各类储备物资数量都有较大增加。“送温暖、献爱心”社会捐助活动深入进行。

四是基层社会管理和服务得到很大加强。剩余52个“难点村”治理工作全面完成，依托“阳光农廉网”建立起村务公开“难点村”治理长效机制。加强和改进社区组织、队伍、制度和志愿者队伍“四个建设”，开展了社区工作者“走千户、访千人”活动，培训社区工作者600余人。完成了农村社区建设全覆盖实验县申报工作。完成了首批申请的87个行业协会和商会的评估工作，对获得3A以上等级的15个社会组织进行了授牌。1050个社会组织年检工作全部完成。规范了社会团体付费票据和基金会捐赠收据管理。

五是第九届村委会换届选举工作有序推进。以省委省政府两办名义印发了《关于认真做好第九届村民委员会换届选举工作的意见》，调整充实了省村委会换届领导组，下发了《关于严肃村“两委”换届选举纪律的通知》，编印了《村民委员会选举手册》，累计培训市县乡村干部近8000人。筹备召开了全省第九届村委会换届选举电视电话会议。这次村委会换届选举工作是有史以来进展最顺利、速度最快、质量最高的一次，28190个换届村委会全部完成选举任务。

六是双拥优抚安置工作取得新进展。新一届省级双拥模范城命名表彰大会顺利召开，命名双拥模范城59个，表彰双拥模范单位106个、个人102名。广泛开展拥军优属、拥政爱民宣传教育活动，有力促进了军民融合式发展。退役士兵职业教育和技能培训工作扎实推进，确定了40所承训院校，发动2400余名退役士兵报名参加。计划安置城镇退役士兵6350人，实际安置6474人，超额完成目标任务。圆满完成部队移交的276名军休干部、40名伤病残军人和54名退休士官接收安置任务。军休干部政治生活待遇全面落实，军休服务管理水平进一步提高。提高了1－4级残疾人员护理费、重点优抚对象抚恤补助和义务兵家庭优待金三项标准。全省散葬烈士纪念设施普查工作顺利完成。协助有关部门做好“红色旅游”工作，对刘胡兰纪念馆进行了维修改造。

七是区划地名工作深入开展。围绕我省城镇化推进战略，研究提出了行政区划调整思路。审理上报行政区划调整5件。地名公共服务工程全面完成，长治、吕梁、太原、晋中4市被民政部评为全国地名公共服务工程示范城市。圆满完成冀晋线详图集编制工作和联检任务。平安边界建设活动深入开展，签订平安边界协议130余份。

八是社会事务管理工作进一步深化。加强救助管理机构建设，全省救助管理机构达到64所。下拨流浪乞讨人员救助专项资金4150万元，全年救助流浪乞讨人员5万多人次。开展了护送新疆籍流浪未成年人返乡活动。积极开展殡葬改革示范活动，组织各市开展了扩大火化区工作，对公墓建设和管理进行了检查整改。圆满完成全省婚姻登记信息系统联网工作。全年办理涉外婚姻登记110对，办理涉外收养登记150件。

九是厅机关和直属事业单位建设稳步推进。通过开展精神文明单位创建、创先争优、建设学习型机关等活动以及大力推进依法行政、依法治理，广大民政干部的精神面貌、政治理论和业务能力、依法行政水平和工作效率进一步提高。厅直属事业单位建设得到进一步加强，特别是省老年公寓二期工程、省荣军精神康宁医院康复楼、省荣军医院门诊综合楼、省特教中专南校区、省假肢中心优抚对象康复理疗基地等重点项目的相继建成和投入使用，极大地改善了民政服务对象的医疗条件和生活环境，民政服务单位管理水平和服务质量有了很大提高。

（二）领导班子和干部队伍建设成效明显。

一是领导班子凝聚力和战斗力进一步增强。厅党组始终坚持民主集中制原则，严格落实《党组会议制度》和《厅长办公会议制度》，在重大决策、人事任免、项目投资、资金分配和使用上，都做到了科学民主决策、集体研究决定。日常工作中，注重调动全体同志的积极性、主动性和创造性，积极营造和睦相处、和谐共事的环境。坚持干部选拔任用的原则，遵循干部选拔任用工作程序，严格干部选拔任用工作纪律，充分

酝酿，充分征求意见。通过竞争性选拔和民主推荐选拔两种形式，选拔任用了13名处级干部。王君省长参加我厅厅级党员领导干部民主生活会时，对厅领导班子建设给予了充分肯定。

二是干部队伍的综合素质进一步提高。认真落实中心组学习制度，全年组织集体学习8次。41名正处级以上干部完成了“山西干部在线学院”网上学习，17名处级干部参加了自主选学。举办了10期“现代民政讲坛”，聘请专家教授，围绕民政业务、创新能力培养、爱国主义等内容进行了授课，干部队伍的政策理论水平和业务素质得到加强。扎实推进干部下乡住村“六个一”活动，由六位党组成员带队，深入住村联系点结合民政工作开展各种服务。在全省民政系统继续开展了“三问两送”活动，深入基层为人民群众解决生产生活中的实际困难。

三、坚持责任到人、惩防并重，党风廉政建设工作深入扎实

一年来，民政厅党组认真贯彻全省党风廉政建设干部大会暨省纪委六次全会以及全国民政系统反腐倡廉工作会议精神，狠抓党风廉政建设责任制落实，积极推进惩治和预防腐败体系建设，坚持“两手抓，两手都要硬”的方针和“一岗双责”的要求，一手抓民政业务，一手抓反腐倡廉建设，党风廉政建设工作取得明显成效。

(一)党风廉政建设责任制全面落实。厅党组依据党风廉政建设责任制的规定，把党风廉政建设目标任务分解到各位厅领导和相关职能处室。结合民政厅直属事业单位实际，制定了《省民政厅关于加强直属单位廉政建设的规定》，扎实推进民政事业单位惩治和预防腐败体系建设，不断提升为民服务水平。厅党组先后多次研究反腐倡廉工作，对加强救灾捐赠资金管理、杜绝违规违纪问题发生等工作进行专项安排部署。厅党组成员根据任务分工，从实际出发，认真抓好分管单位的党风廉政建设和反腐败工作。通过对责任项目的细化和责任目标的量化，做到了抓业务与抓廉政并重，工作责任与纪律责任并重，有力地保障了反腐倡廉各项任务的落实。

(二)机关作风进一步好转。根据省委和省纪委的统一部署，在厅直机关深入开展了以“正风肃纪、创优环境”为主题的纪律作风集中教育整顿月活动。组织全体干部职工观看了《没有规划好的人生》等警示教育资料片。各支部分别组织召开了专题组织生活会。处以上党员领导干部还对照《廉政准则》，分别撰写了个人自查分析报告。通过深入开展“活动月”，厅直机关纪律作风进一步好转，有力地促进了各项民政工作圆满完成。

(三)政风行风建设有效推进。在侯马市召开了全省军休服务管理机构行风建设示范单位创建现场会，对进一步做好行风建设示范单位创建活动做出了安排部署。2011年全省共有11类78个民政事业单位申报了全省行风建设示范单位。通过创建活动的深入开展，充分发挥了示范、带动和激励作用，各类民政事业单位的组织建设、制度建设、设施建设发生了较大变化，政风行风建设实现了新发展。

（王文广）

附：省民政厅党组书记、成员名单

书　记：周明定

成　员：王卫东　何耀光　何子义　游　炜　许富昌　王进龙

省司法厅党委工作概况

党委书记　王水成

2011年，省司法厅党委以邓小平理论和“三个代表”重要思想为指导，深入贯彻落实科学发展观、党的十七届四中、五中、六中全会精神和省第十次党代会、省委十届二次全会精神，围绕转型跨越发展，以迎接建党90周年为契机，坚持全面履行职责，充分发挥作用，多措并举，各项工作全面提升，重点工作奋力突破，为服务我省“十二五”规划和转型综改试验区建设，促进转型跨越发展做出了积极的贡献。

一、坚定不移开展“快马加鞭争上游”，全省司法行政工作“四年提升争上游”的阶段性目标基本实现

为实现全省司法行政工作开创新局面的既定目标，厅党委部署开展了“快马加鞭争上游”工作。全系统高度重视，精心组织，“快马加鞭争上游”工作呈现出工作目标明确、工作重点突出、工作抓手得力、工作成效明显四个显著特点，工作位次进入前三分之一的目标基本实现。

落实“五个争取”成效不断显现。省部级领导到司法行政系统调研指导工作，听取工作汇报，在多次重要讲话中都对司法行政工作给予充分肯定，高度评价，大力支持，寄予厚望。袁纯清对“法治山西”建设的扎实推进予以充分肯定；王君主持召开专题会议听取省劳教体制改革情况汇报；金道铭多次到司法行政系统调研指导工作；袁纯清、王君、金道铭等13位省级领导出席山西省依法治省暨第六个五年法制宣传教育工作会议等。

基层基础面貌一新。一是专项资金稳中有增，全年共争取到专项资金(不含监狱、劳教单位)1.1175亿元。二是公用经费基本落实，119个县区司法局公用经费标准均足额或部

分列入财政预算。三是装备标准创新突破，与财政厅联合出台了《山西省县级司法行政机关基本业务装备配备实施标准（试行）》。四是业务用房建设成效显著，国家发改委两年批准下达投资计划44个，项目数量全国排名第五。五是人员编制继续得到充实，98个政法专项编制全部用于基层。

创造许多工作经验。全省各级司法行政机关继续认真落实省厅党委“四新”、“四再”、“四做”等工作要求，开拓创新，锐意进取，创造了许多全国性、全省性、地区性、系统性和部门性的工作经验。

司法行政工作进入前三分之一的目标基本实现。截至12月底，全系统共有258个集体、461人次进入国家、省和市级先进行列，较之往年有大幅提升。特别是，受到司法部表彰的先进集体、劳动模范和先进工作者，比例均超过全国平均水平。

二、以“社会管理创新、社会矛盾化解和公正廉洁执法”三项工作为重点，司法行政工作整体提升，成效明显

全省司法行政机关以三项工作为重点，紧紧围绕中心工作，全面履行职责，充分发挥作用，推动司法行政工作整体提升，取得了明显成效。

围绕转型跨越发展，努力提升法律服务工作开创了新局面。组织广大法律服务工作者，为“十二五”规划的顺利实施服务，为推进转型综改试验区建设服务，为工业新型化、农业现代化、市域城镇化、城乡生态化服务，为省级重点工程项目服务，为中博会提供了优质高效的法律服务。被中博会组委会评为服务保障工作“先进集体”，《山西日报》、《山西政法》、《山西法制报》等媒体均予以报道好评。

围绕化解社会矛盾，大力提升人民调解工作实现了新进展。扎实推进“争当人民调解能手”活动，进一步健全人民调解组织，广泛宣传人民调解工作先进典型，积极参与难点、热点矛盾纠纷的调解。截至11月底，各类人民调解组织调解各类案件283587件，调解成功率为98%。

围绕加强和创新社会管理，用力提升社区矫正和安置帮教工作实现了新跃进。进一步加强过渡性安置基地建设，落实衔接措施，做好服务管理工作，落实优惠政策，促进了刑释解教人员困难和问题的解决，有效预防了重新违法犯罪。截至2011年底，全省共有帮教期刑释解教人员4.6万人，衔接率达到90%，安置率达到80%，帮教率近100%，继续保持全国领先水平。

围绕维护社会和谐稳定，全力提升监狱劳教(戒毒)工作实现了新发展。全省监狱劳教系统深入开展规范化管理年活动，强化安全稳定长效机制，提高监所管理水平，提升安全防范能力，实现了持续安全稳定。

围绕推进依法治省和“法治山西”建设，强力提升普法依法治理工作跃上了新台阶。袁纯清、王君、金道铭等13位省领导出席依法治省暨第六个五年法制宣传教育工作会议，对我省“十二五”时期的依法治省和法制宣传教育工作进行了全面部署。提请省委、省政府以晋发(2011)26号文件将“六五”普法规划印发全省。厅长王水成同志向省十一届人大常委会作《关于全省“五五”普法的工作情况的报告》，省人大常委会全体会议表决通过“六五”普法决议。“12·4”活动期间，通过组织现场宣传、法制文化演出等多种形式开展系列宣传活动，扩大了“六五”普法和依法治省工作的社会关注度和影响力。

围绕保障社会公平正义，着力提升法律援助和司法鉴定工作取得了新成绩。进一步扩大法律援助社会覆盖面，全年办理法律援助案件17651件，受援人数246217人，追讨各类赔偿金2.1亿元。全面加强司法鉴定管理，全省司法鉴定机构全年共办理各类鉴定19750件，采信率达95%以上。

围绕培养选拔高素质法律人才，聚力提升法学教育和司法考试工作取得了新业绩。厅属院校深化改革，加强管理，教育教学质量不断提高。扎实开展法学研究工作。国家司法考试各项工作顺利推进，近5年来没有发生一例泄密和违纪案件。

三、继续加强司法行政保障机制建设，司法行政保障力度不断加大，发展后劲显著增强

重视保障机制建设，领导班子和队伍建设进一步加强，基层基础不断夯实，精神文明创建工作扎实开展。

领导班子建设有力加强。继续坚持领导班子“四新”要求，领导干部“四做”标准，努力推进领导干部“三力”建设，民主集中制原则得到认真坚持，学习型党组织和学习型队伍建设深入开展，领导班子建设得到有力加强。2011年12月13日，省委副书记金道铭参加了司法厅党委民主生活会，对我厅党委民主生活会给予充分肯定。

队伍建设扎实推进。围绕强化责任意识，转变工作作风，提高办事效率，优化发展环境，采取“六化”措施，加强作风建设。一是严格要求经常化，二是下乡住村常态化，三是开展活动多样化，四是“三力”建设科学化，五是竞争上岗正常化，六是制度建设长效化。全省各级司法行政机关按照中央政法委提出的“发扬传统、坚定信念、执法为民”主题教育实践活动的要求和省厅的部署，开展了有特色、有特点的“红色教育”主题活动。扎实开展了下乡住村活动：在工作内容上，严格落实省委“六个一”和领导干部包村增收的要求，坚持认真解决实际问题，确定了“五个起来”(分户圈养把羊养起来，修通道路把路连起来，沿村道路把灯亮起来，活跃文化把广场建起来，扩大保障把困难群众保起来)的年度目标；在工作方式上，把领导干部下乡变成了机关全员下乡，先后派出7批由厅领导带队的工作队，共90余名干部参加了下乡住村。省厅的干部下乡住村工作得到了袁纯清书记和汤涛部长的充分肯定。集中开展了正处级领导职位竞争上岗工作，充分体现了公开、公平、公正原则，树立了正确的用人导向，受到了广大干部职工的一致好评。加强了检查督导和评选表彰工作，加大了干部协管工作力度，加强了警衔选升等警务管理工

作。在全省司法行政系统和法律服务行业中持续开展了创先争优、主题教育、教育培训、演讲比赛、考核评比等活动。

党的建设得到进一步加强。下发了《2011 年厅机关及厅直属单位党的工作要点》和《关于在厅机关及直属单位基层党组织实行党务公开的实施意见》，党建工作责任制得到进一步落实。创先争优活动有序开展，特别是律师行业的创先争优活动取得了突出成绩，多次受到司法部、省委的肯定。通过开展表彰评比、文艺活动、慰问活动和学习活动，庆祝建党90 周年系列活动隆重热烈。不断加强群团组织建设，在全系统部署了“青年文明号”创建活动，9 个单位被命名为 2011 年度山西省“青少年维权岗”。

精神文明创建活动成效明显。加强了精神文明建设工作的组织领导，完善了领导机构，进行了任务分解，完成了厅直 11 个单位精神文明创建工作的审核、汇总、申报工作，对文明职工和文明家庭进行了表彰。积极开展专业法律服务工作者志愿服务和“博爱一日捐”等社会捐助活动，认真开展“顺畅工作，快乐生活”的工作生活文化创建活动，干警职工精神面貌焕然一新。省监狱管理局荣获“全国精神文明先进单位”的荣誉称号。

依法行政工作卓有成效。始终坚持立党为公、执政为民理念，建立健全管理制度，继续推进政务公开，加强了司法行政网公开政务信息发布，认真做好立法和立法意见征集工作，严格落实规范性文件制定报备规定，认真组织开展案卷评查，依法办理行政复议案件并做好应诉工作，行政执法监督深入开展，行政审批制度改革进一步深化。

基层基础日臻夯实。全省司法业务用房建设 39 个项目基本实现全部开工，走在全国前列。对 11 个市 109 个县(区)的 295 个司法所进行了规范化验收，司法所建设进一步加强。全省的法治山西建设、依法治省普法工作也受到国家普法办和国家司法部的免检表彰。

（王　佳）

附：省司法厅党委书记、委员名单

书　记：王水成

委　员：李满胜　杨凤英(女，12 月离职)

苏　浩(11 月任职)　冯征(5 月离职)

周培斌　张玉良　句轶旺(6 月任职)

张晓玲(女，8 月任职)　翟新山(12 月任职)

省财政厅党组工作概况

党组书记　郑建国

2011 年，省财政厅党组以邓小平理论和“三个代表”重要思想为指导，深入贯彻落实科学发展观，全面贯彻落实党的十七届六中全会精神、省第十次党代会精神，紧紧围绕省委、省政府决策部署和转型跨越工作大局，坚持服务中心、建设队伍的宗旨，与时俱进，开拓进取，深入开展创先争优活动、学习型党组织建设活动和庆祝建党 90 周年活动，以改革创新精神和求真务实作风，推进机关党的思想、组织、作风、制度和反腐倡廉建设，为促进财政事业科学发展提供了坚强的思想、政治和组织保证。

一、抓好理论武装，夯实思想基础

(一)加强领导，对全年的政治理论学习做出安排。年初，厅机关党委结合我厅工作实际，下发了《关于我厅 2011 年党组中心组暨干部理论学习安排意见》，对全年的政治理论学习进行了安排部署，始终坚持把政治理论学习放在党建工作首位。

(二)突出重点，强化理论学习和培训工作。一是抓好专题教育。围绕“学党史、强党性、比贡献”开展专题教育活动，组织广大党员干部深入学习党的历史，加强党性意识教育，激发广大党员干部投身财政事业干事创业的热情，并为直属各党总支、党支部和副厅级以上干部购发《中国共产党历史》100 余册。二是抓好集中培训学习。共组织 16 名党务干部参加了省直分校举办的《中国共产党党和国家机关基层组织工作条例》培训班，深入学习和全面领会《条例》的内容和要求。三是认真学习贯彻十一届全国人大四次会议精神，组织干部职工系统学习了温家宝总理在十一届全国人民代表大会第四次会议上所作的政府工作报告。四是学习贯彻胡锦涛总书记在庆祝中国共产党成立九十周年大会上的讲话精神。厅机关党委及时印发了《关于学习贯彻 < 胡锦涛同志在庆祝中国共产党成立 90 周年大会上的讲话 > 的通知》，并要求全厅广大党员提高认识，加强组织，切实把思想统一到胡锦涛总书记重要讲话精神上来，迅速掀起学习贯彻讲话精神的热潮，理论联系实际，全面推进当前财政中心工作。五是举办了党务干部培训班，邀请厅领导、省直工委领导和山西大学教授作学习《胡锦涛同志在庆祝中国共产党成立 90 周年大会上的讲话》精神、《山西资源型经济转型发展报告》、《山西省委

〈关于贯彻中国共产党党和国家机关基层组织工作条例〉的实施意见》等专题辅导，并组织召开学习经验交流大会。

（三）强化学习功能，以党组中心组学习为龙头做好理论成果转化工作。及时制定党组中心组年度学习计划。同时，以《理论学习内参》和《党的生活》等刊物作为学习的基本读物，采取集中学习与个人自学相结合、理论学习与实践运用相结合的方式，每次集中学习一个专题，全年共组织集体学习7次。内容涵盖了《“十二五”规划纲要》、十七届六中全会精神，省委、省政府重要会议精神和廉洁从政、法律知识、财政改革等项内容。党员干部撰写出有一定价值的理论文章、调研报告和学习心得共200余篇，其中，有一项为国家研究课题，30余篇在报刊杂志上发表。中心组理论学习质量、领导班子成员思想理论水平以及解决实际问题的能力显著提高、创新能力不断增强，为服务转型跨越发展提供了坚实的思想保证和理论支撑。

（四）创新载体，举办“财苑文化大讲坛”。2011年11月17日，省财政厅第一期“财苑文化大讲坛”开讲。邀请北京交通大学学生心理素质教育中心教师作了《与压力共舞—压力应对与情绪管理》专题讲座。机关干部职工在轻松愉悦的氛围中聆听讲座，参与互动，分享体会，充分满足了大家日益增长的精神文化和健康需求。

（五）勇于探索，积极开展党建理论研究。积极参加省直机关党建研究会的理论研究工作，上报《论党员干部优良作风的养成》的理论文章，在全省党建研究年会上进行了大会书面交流。

（六）注重实效，认真制定“六五”普法规划并全面完成2011年度法制宣传教育工作。制定下发了关于《山西省财政厅2011年法制宣传教育工作要点》的通知、关于印发《山西省财政厅关于开展法制宣传教育的第六个五年规划（2011—2015年）的通知，对干部职工系统学习《干部法律知识读本》、《“五五”普法干部读本》等法律法规，特别是有关促进我省国家资源型经济转型综合配套改革试验区建设的战略决策和总体部署方面的内容提出了具体学习贯彻要求。开展了“12·4”法制宣传教育专题活动。8月份，我厅被中宣部、司法部授予2006—2010年全国法制宣传教育先进单位。

（七）利用多重媒体，加强党的宣传工作。利用机关党建网站和《山西财税》等宣传媒体，大力宣传党的路线方针政策、我厅党建工作动态和党建、群团、精神文明建设等方面的先进典型经验。

二、加强基层组织建设，发挥战斗堡垒作用

（一）加强基层组织建设。认真落实领导干部“一岗双责”制度。根据办公室、厅煤炭基金稽查局党总支、厅培训中心党支部等支委会选举结果的报告，召开机关党委会议进行研究，先后对6个党支部委员作了调整，配齐配强党务干部。

（二）做好党员发展工作。落实发展党员公示制度，加强入口管理，确保党员质量。召开机关党委会议研究确定了我厅2011年度党员发展计划，选派8名入党积极分子参加省直分校培训，对18名发展对象进行了公示，发展新党员15名。为15名预备党员办理了转正手续。

（三）落实党员帮扶制度。根据省直工委《关于在“七一”前夕开展走访慰问建国前入党的老党员和特困党员活动的通知》，“七一”前夕，厅领导慰问了10名老党员和7名生活特困的党员，发放慰问金5100元。

（四）做好机关党建基础性工作。严格按照党费收缴标准，按时足额收取管理使用好党费。使用新版《党员信息管理系统》，做好党员信息管理工作，确保信息安全、准确。

三、开展纪念建党90周年系列活动

（一）认真组织参加庆祝建党90周年系列活动。从4月下旬开始，开展了以“庆祝建党90周年”为主题的系列活动，组队参加省直机关庆祝建党90周年“颂歌献给党”群众性歌咏汇演，获优秀演唱奖和优秀组织奖，并参加了专场汇报演出；参加了财政部举办的全国财政系统“财政人·财政事”摄影作品巡展活动；厅领导班子成员及厅机关党支部书记60余人在中共太原第一支部旧址开展了重温入党誓词活动。组织部分党员参加省直工委开展的“党员志愿者服务活动”；组织全厅党员参加“晋商银行杯”党的知识竞赛，获得优秀组织奖，1人获得个人三等奖，1人获得个人优胜奖；组队参加省直工委举办的庆祝建党90周年演讲比赛，获得优秀组织奖，1人获得纪念奖；在省直机关纪念建党90周年暨创先争优表彰大会上，王永福被中央授予优秀党务工作者、赵金凤被省委授予优秀党务工作者，我厅被省直工委授予党建工作先进单位，郭前进、叶拥军被省直工委授予优秀共产党员，尹向丽被省直工委授予优秀党务工作者，纪检组监察室被省直工委授予省直机关党风廉政建设先进集体，杨卫周、魏志华被省直工委授予省直机关党风廉政建设先进工作者。

（二）举办全省财政系统“颂光辉历程，扬财苑新风”文艺汇演。7月5日下午，山西省财政系统庆祝建党90周年文艺汇演在太原市青年宫演艺中心正式演出，由我省11个市财政局、部分厅属单位以及我厅扶贫点所在地和顺县财政局编排的节目，在两个小时的演出中向观众表达了全省财政儿女对中国共产党成立90周年的衷心祝贺和对我省转型跨越发展充满信心的豪迈情怀。省委常委、宣传部部长胡苏平，省人大副主任杨安和，省政协常务副主席郭良孝，原省人大副主任闫元锁，省直工委书记李仁和，省人大财经委、省委宣传部、省直工委、省文化厅、省广播电视厅和太原市政府的有关领导，厅领导班子成员、各市财政局部分领导以及我厅全体干部职工、太原市财政局干部职工1000余人现场观看了演出。

（三）召开了庆祝中国共产党成立90周年暨“创先争优”表彰大会。6月17日，召开省财政厅庆祝建党90周年暨创先争优活动表彰大会，厅机关党委对11个先进基层党组织、76名优秀党员、55名优秀党务工作者、8个党风廉政建设先进集体和11名党风廉政建设先进工作者进行大会表彰。号召全厅各基层党组织和广大党员要以受表彰的先进集体和优秀个人为榜样，扎实工作，努力推动山西转型跨越发展，为

实现再造一个新山西的宏伟目标做出新的贡献。

四、加强制度建设,确保工作落实

(一)建立健全各项规章制度。严格执行《山西省财政厅关于加强和改进干部理论学习和考核的实施意见》、《山西省财政厅党组中心组学习制度》、《山西省财政厅关于党费收缴、使用和管理的具体规定》等党建工作制度,对《山西省财政厅党建工作手册》进行修订印发,使机关党建工作向科学化、规范化和制度化迈出了新的步伐。

(二)实行目标管理,强化任务落实。认真落实党建工作责任制,始终坚持将党建工作纳入我厅年度工作目标责任制考核体系,坚持实行党的工作与财政业务工作一起部署、一起检查、一起考核、一起奖惩,以党建促业务的工作定位。充分调动党支部书记抓党建的积极性和主动性,厅办公室、法规税政处、预算处、国库处和国库支付中心、行政处、政法处和统评处等多个基层党总支、支部都开展了各具特色的党日教育和创先争优活动。

(三)认真组织实施党务公开工作。根据省直工委《关于省直机关基层党组织实行党务公开的意见》,厅机关党委制定印发了《山西省财政厅关于推行党务公开工作的实施意见》,成立了以厅党组书记、厅长郑建国为组长的厅党务公开工作领导小组,严格实行政务公开与党务公开统筹兼顾、有机结合,将党务公开工作纳入领导班子和单位年度工作目标责任制考核、党风廉政建设责任制考核的重要内容。9月底,我厅基层党组织党务公开工作全面实行。

五、扎实推进机关作风建设和党风廉政教育

进一步引深学习弘扬右玉精神活动。一是舆情网络信息和网络评论工作初见成效。厅机关纪委按照省直纪工委的要求,确定专人负责收集舆情信息,并及时上报。确立了120人的财政工作公众满意度民意调查对象。二是配合人事处搞好干部下乡驻村"六个一"活动。三是在全省纪律作风集中整顿月活动中,配合纪检组监察室安排部署,对照"五个不准"召开党支部专题组织生活会、组织观看警示教育片,大力推动机关作风建设,加强党员干部廉政教育。

六、深入开展群众性精神文明创建活动

(一)深入开展"人人都是软环境,公仆先是好公民"、"创优发展环境、争做人民满意公务员"和文明和谐单位创建活动,推动精神文明建设再上新台阶。厅机关全面开展争创省级文明和谐标兵单位的活动,截至2011年,我厅机关连续5年被评为省级文明和谐单位、连续8年被评为省直文明和谐标兵单位。

(二)深入开展"迎中博、创环境、争一流"活动。一是及时成立了以党组书记、厅长郑建国为组长,党组成员、纪检组长张五胜,党组成员、副厅长张韬为副组长,机关后勤服务中心等相关处室负责人为成员的领导组。二是制定下发《山西省财政厅关于深入开展"迎中博、创环境、争一流"活动的实施意见》、《山西省财政厅"迎中博、创环境、争一流"工作活动方案》,扎实开展"迎创争"活动。三是召开动员大会,传达省直工委会议精神,并进行全面部署。四是摸底排查,对综治、消防、卫生等方面存在的问题进行全面整治。此外,还积极参加省"迎创争"活动领导小组和太原市组织的各项活动,组织开展了"迎中博、讲文明、树新风"活动。

(三)深入开展联企帮困工作。利用春节和中秋节等传统节日,由我厅牵头的四家单位赴山西永明无线电器材厂开展节日慰问活动,送去米、面、油等生活用品及慰问金共计2万元,为困难职工送去党和政府的关怀与温暖,并对企业党组织建设给予指导。

七、工青妇等群团组织各项工作有效开展

(一)厅工会工作。一是积极履行教育职能,全面提高工会会员素质。切实加强对广大会员的形势、理论教育,努力促进政治素质、理论素养、法制意识、道德水准和工作水平的提高。二是积极履行竞赛职能,服务中心工作。深入开展"转型我争先、跨越我奉献、当好主力军,建功十二五"、"促转型谋跨越双百优质服务"等主题竞赛活动,在省直机关工会工作会暨双先表彰大会上,我厅工会获得"先进基层工会组织"荣誉称号。三是积极履行维护职能,建好"职工之家"。为丰富机关文化生活、增强职工健康素质,组织了山西省财政厅2011年职工羽毛球比赛;坚持"三必访"制度,为困难职工申请到大病救助慰问金2000元。动员全厅干部职工积极承担社会责任,为困难群众"送温暖献爱心"捐款44830元。

(二)厅团委工作。一是积极开展建设学习型团组织活动。坚持为各团支部订阅《山西团讯》、《山西青年》、《中国青年报》和《山西青年报》等报刊杂志,作为团员青年了解国情团情、掌握形势任务、统一思想认识的基本读物和固定阵地。二是加强组织管理,实施好自身建设工程。全厅各级团组织严格执行团员证的管理、使用、年度注册制度和团费的收缴、管理、使用制度以及团支部生活会制度,进一步强化了团员的组织纪律观念和权利义务意识,使团的基础工作更加规范。三是加强队伍建设。向厅机关党委推荐1名优秀青年作为2011年党员发展重点对象;为进一步激励青年岗位建功,树立财政青年模范典型。厅团委推荐厅信息网络中心联合团支部参加全国五四红旗团组织的评比表彰,推荐厅煤炭基金稽查局获得团省委"转型跨越"山西青年五四(特别)奖状、省中小企业担保有限公司杨英文获得"转型跨越"山西青年五四(特别)奖章;向省青年文明号活动组委会推荐上报临汾市财政国库支付中心和省中小企业信用担保公司杨英文两位优秀青年参加2011年度山西省青年岗位能手评选表彰。四是做好青年文明号申报和验收工作。为财政系统2个获得2010年度省级青年文明号的集体举行隆重的揭牌仪式;牵头对省移动公司、中石油、光大银行等4个行业2010年度省级以上青年文明号和2011年新申报集体进行检查验收并圆满完成了年度新申报集体的检查验收工作,为各行业之间进行学习交流搭建了平台;召开全省财政系统青年文明号工作

会议，安排部署了2011年青年文明号交叉检查验收工作。五是心系群众，服务好“百村调研”工作。6月17—18日，中央国家机关青年“百村调研”活动在我省大宁、永和开展，厅团委积极配合，为参加此次活动的财政部团委相关人员做了协调联络工作。

（三）厅妇委会工作。以开展“巾帼建功”、“巾帼维权”和“巾帼文明”活动为重点，一是组织好“三八”国际妇女节的庆祝活动。二是加强组织建设，落实好妇委会职能。召开厅妇委会扩大会议，推荐1个集体、4名优秀个人参加省妇联的创先争优活动评选表彰。三是实施好“巾帼建功”工程。2月24日，全国巾帼建功活动领导组授予我厅李燎红“全国巾帼建功标兵”、“全国三八红旗手”荣誉称号。

（王鹏程）

附：省财政厅党组书记、成员名单

书　记：郑建国

成　员：石常明　胡双明　潘贤掌（5月离职）　武　涛　张五胜　张　韬　常国华（8月任职）　高向新　黄　庙

省人力资源和社会保障厅党组工作概况

党组书记　张　健

2011年是“十二五”开局之年，是山西省国家资源型经济转型综合配套改革试验区建设起步之年，省人力资源和社会保障厅党组认真贯彻省委、省政府的决策部署，围绕中心、服务大局，坚持民生为本、人才优先的工作主线，奋发有为，开拓进取，取得了显著成效，实现了良好开局。

一、签署部省合作备忘录，编制“十二五”规划，推动全省人力资源社会保障工作步入科学发展的轨道

最大限度地争取国家支持，人力资源和社会保障部与山西省政府签署了《共同推进山西省国家资源型经济转型综合配套改革试验区人力资源和社会保障事业发展与改革备忘录》，在加快公共就业服务和社会保障体系建设、强化高端人才培养和引进、构建和谐劳动关系4个方面予以支持，促进人力资源和社会保障工作大胆探索、先行先试。编制完成《山西省人力资源和社会保障事业发展“十二五”规划》及就业、社保、人才等专项规划，描绘了“十二五”时期保障和改善民生、推进人才强省战略的宏伟蓝图，全省人力资源社会保障事业步入了服务转型跨越、加快科学发展的新阶段。

二、大力实施创业就业工程，城乡新增就业超过90万人，创历史新高

实施更加积极的就业政策，大力推进创业型城市创建工作，建设创业孵化基地37个，入住创业实体4275个。开展创业培训3.86万人，帮助2.87万人成功创业，带动就业8.33万人。以培训促进就业，通过培训，就业率达到95%以上。全省城镇新增就业50万人，超过目标任务10万人。大力开展农村劳动力转移就业示范县创建工作，转移农村劳动力40万人，超过目标任务10万人。通过创业引领、就业见习、基层项目安置、机关事业单位招录等措施，帮助5.8万余名大学生实现就业，高校毕业生就业率达到89%，高于上年4个百分点。加强失业动态监测，建立失业保险金水平与物价上涨挂钩联动机制。城镇登记失业率控制在3.5%以内，实现了促进就业与经济发展的良性互动。

三、以新型农村社会养老保险、城镇居民社会养老保险扩面为重点，城乡养老保险参保人员新增607万，参保人数超过1700万

加大社会保险扩面工作力度，新增新型农村社会养老保险试点县55个，试点范围扩大到97个县，覆盖全省84%的农业县，超额完成省政府下达的目标任务，在97个县同步开展城镇居民社会养老保险试点，覆盖全省81%的县，享受两项基础养老金的城乡60岁以上老人达240余万。将7万未参保集体企业退休人员纳入企业职工基本养老保险，把乡镇企业职工养老保险并入城镇企业职工养老保险。连续第7年提高企业退休人员基本养老金，月人均达到1676元，高出全国平均水平9.5%。适应城镇化进程，制定了新型农村社会养老保险、城镇居民社会养老保险、企业职工基本养老保险三项制度之间的转换衔接办法。实行养老保险基金预算管理，巩固了省级统筹工作基础。

四、大幅度提高医疗、工伤、生育保险待遇水平，有效减轻了群众看病医疗负担

全面完成“新医改”目标任务，制定出台20项医保新政策。医疗保险基本实现市级统筹，居民医保政府补助标准由120元提高到200元以上，城镇职工、城镇居民医疗保险最高支付限额分别提高29%和104%，平均达到28万元和14万元以上，政策范围内报销比例提高10%以上，分别达到83%和73%，大额医疗费用补助资金支付比例达到90%。工伤职工伤残待遇平均提高12%，16万余名老工伤人员和工亡职工供养亲属全部纳入工伤保险统筹管理。政策范围内生

育费用实现个人“零负担”。城镇医疗保险参保人数达到1005万人,参保率达96%。

五、加快“金保工程”建设步伐,首期向参保人员发放社会保障卡526万张

加快以社会保障“一卡通”为核心的信息化建设,“金保工程”一期建设通过国家验收,在全国率先采取全省大集中建设模式推进“一卡通”建设,完成了省、市两级数据中心建设,实现了部、省、市三级联网,建成了山西省统一的社会保障卡管理应用平台,省直和10个市社会保障卡综合服务窗口投入运行,制发卡526万张并开始应用,极大方便了参保人员查询、领取、结算各项社会保险待遇,为适应流动就业、异地就医、异地养老等需要提供了便捷、高效、准确的服务,这一工程意义重大,山西省的工作走在了全国前列,得到了国家人力资源和社会保障部的充分肯定。

六、加强工资收入分配调控,城镇单位在岗职工工资平均增幅预计达16%

着力推进收入分配制度改革,增加城乡居民收入。制定颁布2011年企业工资指导线,发布劳动力市场工资指导价位。提高最低工资标准,全省四类地区平均增幅达16%。加强工资支付执法检查,尤其是农民工和最低工资标准执行情况执法检查,有效促进了企业在岗职工收入增长。在义务教育学校、公共卫生和基层医疗卫生单位全面落实绩效工资制度的基础上,在其他事业单位全面推行绩效工资制度,事业单位人员收入水平基本与当地公务员持平,绩效工资制度整体入轨。通过提高企业、事业单位职工工资,特别是确保农民工工资增长,以及提高各项社会保险待遇,为提高城乡居民收入提供了有力支撑。

七、制定实施一系列人才政策措施,转型跨越发展人才集聚效应初步显现

研究制定引进国内高层次人才办法、转型跨越发展突出贡献人才奖励办法等10余项人才政策。全年新增高级专业技术人员6000余人,设立院士工作站27个,引进“两院”院士31名;引进海外高层次人才50人,总数达106人,“百人计划”五年任务三年完成;建立山西省级海外高层次人才创新创业基地16个,500余名海外人才入住创业;举办“2011海外高层次人才山西项目洽谈会”,签订合作协议15个;引进外国专家123人次,8名外国专家获“友谊奖”。组织3000余名专业技术人员对口服务基层。新增高技能人才5.1万人,建立国家级技能大师工作室1个,组织60万人参加全省职业技能大赛,形成尊重劳动、崇尚技能、鼓励创造的社会环境。据统计,山西省硕士和副高以上专业技术人才流出流入比为1:6.8,扭转了人才外流局面,初步形成了转型跨越发展人才集聚效应。

八、有序推进人事制度改革,公职人员管理得到进一步加强

深入组织开展做人民满意公务员活动,隆重召开了山西省第三届“模范公务员集体”、“模范公务员”表彰大会,59个集体和85名个人受到表彰;建立了省直机关新录用应届高校毕业生公务员到基层锻炼的机制,组织211人下基层锻炼;坚持凡进必考,全省考录公务员1970人,其中,省级机关录用具有2年以上基层工作经历人员达到93.2%。积极开展“四类培训”,全省各级行政机关培训公务员达21.1万人次,其中初任培训率达100%。事业单位人事制度改革进一步深化,新进人员公开招聘制度有效落实,各级各类事业单位公开招聘9363人。岗位设置方案核准率达92%以上,聘用合同签订率达到93%。推进军转安置工作改革,推行量化赋分和考试考核相结合的安置办法,677名军转干部得到妥善安置,其中省直216人,市、县461人,安置工作公开公平公正。

九、加强调解仲裁、信访维稳和执法监察,劳动者合法权益得到切实维护

圆满完成山西省委重点调研课题《劳资纠纷现状及防范化解对策》。从源头上研究农民工权益保护问题,起草了山西省农民工权益保障规定。积极开展和谐劳动关系创建活动,14个单位(园区)被评为“全国模范劳动关系和谐企业(园区)”,264户企业被评为“山西省第二届模范劳动关系和谐企业”。强化劳动保障监察“两网化”管理和调解仲裁、信访维稳工作,督促补签劳动合同45万份,补缴社会保险费4亿元,为20.7万名劳动者追发工资5.9亿元,投诉举报案件结案率达99%,突发事件结案率达100%,争议调解仲裁案件结案率达93.4%,信访案件有效处置率达97%,大量矛盾化解在基层。解困维稳百县调研扎实有效,企业军转干部总体保持稳定,加强和创新社会管理取得新成效。

十、加强系统自身建设,打造了一支心系民生、素质过硬、作风优良的干部队伍

以开展“创先争优”、创建“优质服务窗口”、政风行风评议、创建文明和谐单位等活动为载体,全面加强系统思想建设、组织建设、能力建设、作风建设和党风廉政建设。组织市县局长能力建设培训班和专题进修班、网上在线学习,不断提高干部队伍的能力素质。深入贯彻学习社会保险法,依法行政能力有效提高。健全干部选拔任用机制,积极开展竞争上岗和交流任职,激发了系统干部队伍活力。强化监督管理,规范权力运行,确定了81个工作风险点,构建起廉政风险防控工作网。广大干部职工更加注重学习,提高素质,更加转变作风,优化服务,更加振奋精神,团结奋进,在社会和人民群众中树立了人力资源和社会保障部门良好形象,省厅有25个机关处(室、局)和事业单位受到国家有关部委、省政府及有关部门表彰,获各项荣誉45个。涌现出全省人力资源和社会保障系统优质服务窗口45个,先进单位5个。

（张　琼）

附：省人力资源和社会保障厅党组书记、成员名单

书　记：张　健

成　员：杨培岳　李文慧　李建刚　王云龙　王建文　姚　逊（3月任职）

省国土资源厅党组工作概况

党组书记　李建功

2011年是“十二五”开局之年。厅党组在认真分析研究新形势、新任务的基础上，提出2011年国土资源工作要围绕“十二五”规划目标任务、围绕服务保障转型跨越发展这个中心，解放思想，锐意进取，着力构建国土资源管理新机制，突出抓好“十项重点”，夯实“三个基础”，全面加强干部队伍建设和党风廉政建设，国土资源保障能力和保护水平显著提高，服务全省转型跨越发展取得了明显成效。

一、围绕重点，狠抓落实，各项工作任务圆满完成

（一）围绕创新抓落实，构建了国土资源服务保障转型跨越发展新机制。认真贯彻落实省委省政府转型跨越发展战略部署，研究制定了《关于创新国土资源管理工作服务全省转型跨越发展的指导意见》、《关于创新国土资源管理机制推进转型综改试验区建设的意见》。在此基础上，创新实施了露天采矿用地机制、矿业存量土地整合利用机制、城乡建设用地增减挂钩机制、土地征转分离机制、二次开发利用存量土地机制、建设用地效率考核机制、土地规划定期评估和适时修改机制、地质找矿激励机制、矿产资源配置机制（资源换项目）、涉矿工程项目资源回收利用机制等保障转型跨越发展的十项新机制。

（二）围绕改革抓落实，省部合作协议确定的三项用地改革落实到位。认真落实省部签署的《创新矿业用地管理合作协议》，积极推进城乡建设用地增减挂钩、露天采矿用地改革和矿业存量土地整合利用改革等三项用地改革。一是以省政府名义出台了《关于做好城乡建设用地增减挂钩试点工作的通知》、《山西省矿业存量土地整合利用指导意见》和《山西省露天采矿用地改革试点实施意见》。二是将国土资源部2010年下达的1万亩增减挂钩指标分解给20个试点县，并对相关人员进行了技术培训；目前20个试点县增减挂钩方案已全部通过我厅评审。三是选择中煤平朔露天矿、朔州市平鲁区和朔城区分别作为露天采矿用地、矿业存量土地整合利用改革的试点，指导试点单位编制了试点实施方案，并报请国土资源部论证通过。这两项改革使中煤平朔公司以临时占地的方式解决了露天采矿所需的6万多亩用地，使朔州市平鲁区和朔城区整合利用矿业废弃地2730亩，用于新一轮煤矿提升改造。四是12月1日在省行政学院举办了服务转型跨越发展用地需求新机制专题研讨班，向全省11个设区市和70个县分管国土资源工作的副市长、副县长详细讲解了三项新机制。

（三）围绕“双保”抓落实，在积极服务重点工程中实现保护资源和保障发展双赢。一是坚持最严格的耕地保护制度。省、市、县、乡四级政府层层签订了耕地保护目标责任书，严格落实了耕地保护责任。坚持“以建设促保护”，大力实施土地开发整理，省级安排资金16.91亿元，实施土地开发整理项目56个，总规模52.61万亩，可新增耕地3.84万亩；全省完成耕地占补平衡项目737个，新增耕地15.63万亩。二是积极主动服务重点工程。最大限度地争取国家新增用地计划指标，全年使用新增用地计划指标达22.01万亩，实际实施供地30.12万亩，是我省批地、供地最多的一年。专门为保障性住房安排了1万亩用地计划，目前已为全省33.04万套保障性住房供地2.9万亩，做到了应保尽保。协调解决了高速公路、铁路、高校新区、杏花村汾酒园区、大同多晶硅项目、侯马方略保税园区等多个重点项目在土地、资源方面的问题。全省供应土地30.12万亩，实现土地出让价款358.84亿元。三是大力推进节约集约用地。会同省发改委、省统计局制定了《山西省单位GDP和固定资产投资规模增长的新增建设用地消耗考核办法》，建立了对市、县政府和规模以上工业企业节约集约用地考核机制。会同省监察厅开展了清理处置批而未用土地和闲置土地专项行动，盘活利用以往批而未用土地6000多亩。

（四）围绕整合抓落实，矿政管理水平进一步提高。一是煤矿资源整合换证后续各项工作取得阶段性成果。目前已完成兼并重组煤矿储量核实报告888份，占应换证煤矿的95%。二是继续推进非煤资源整合工作。完成了全省第一轮非煤资源整合保留矿山换证工作；组织10个市制定了非煤资源进一步整合实施方案，并已通过省非煤资源整合领导组审核。进一步整合后全省共保留非煤矿山4777座，整合矿山压缩比例达55.75%，我省矿产资源勘查开发布局进一步优化，矿产资源勘查开发规模化、集约化程度进一步提高。三是强化价款征收，全年全省征缴矿产资源补偿费和“两权”价款63.21亿元。

（五）围绕项目抓落实，地质找矿实现了新突破。一是危机矿山接替资源找矿项目取得新突破。灵丘县支家地铅锌银矿项目新获得银金属量2253.7吨、铅+锌金属量64万吨；中条山有色公司胡家峪铜矿项目新提交铜金属量14万吨。

二是矿产资源潜力评价工作全面完成。煤、铁、铝土矿新增了一批预测资源量,为下一步地质找矿圈定了靶区。三是从矿业权价款中安排经费5.9亿元,批准立项2011年度地质勘查项目80个,其中在五台山-恒山地区铁矿整装勘查区和霍西-河东地区铝土矿整装勘查区内立项14个,安排资金1.52亿元。

(六)围绕民生抓落实,有效提升地质灾害防治工作。一是配合省人大修订了《山西省地质灾害防治条例》。二是加强了地质环境管理机构建设。形成了地质环境保护处、地质灾害防治处、地质环境监测中心、地质灾害应急指挥中心和地质遗迹保护中心五个机构共同管理地质环境工作的新格局。三是加强汛期地质灾害防范。编制下发了《山西省2011年度地质灾害防治方案》。省政府两次召开专题会议,我厅多次下发通知,对全省汛期地质灾害防治工作进行再部署、再排查。9月份在夏县成功预报了一起山体滑坡地质灾害,先后组织480人安全撤离危险区。四是开展了抗旱打井工作。国土资源部和省财政各投资1000万元,为全省干旱地区打井21眼,解决了43万人的吃水问题。

(七)围绕执法抓落实,全力维护国土资源开发利用秩序。根据国土资源部的统一部署,开展了全方位的卫片执法检查、整改工作。截至目前,全省违法用地面积比为13.04%、违法占用耕地比为6.12%,全省11个市均未超过15%。针对私挖滥采易发多发的现实,始终保持高压态势,建立健全了政府牵头、部门联动的打击非法采矿联系会议制度,坚持专项行动与重点监控、日常巡查与集中排查相结合,有力遏制了私挖滥采行为,维护了矿产资源勘查开发秩序;在卫片执法中立案查处的51宗矿产违法行为,均已结案。

(八)围绕党建抓创建,深入推进文明单位标兵建设。紧紧抓住纪念建党90周年这一有利契机,结合创先争优活动,以搞好"五项活动"、抓好"十项建设"为主要内容,在全系统开展了"迎接建党90周年、创建文明单位标兵"活动。一是先后举办了党的知识竞赛、重温入党誓词和"我为党旗添光彩"主题演讲比赛、创先争优评比表彰等活动,首次举办了全系统"颂歌献给党"文艺汇演和书画摄影展。二是围绕创建文明单位标兵活动,全面加强厅机关思想、作风、纪律、廉政、制度、本领、队伍、窗口、民生和形象等十项建设,进一步转变了机关作风,振奋了干部士气,促进了中心工作,树立了良好的社会形象。积极落实领导干部下乡住村"六个一"要求,先后有3名厅领导、48名干部深入到我厅扶贫点,为当地筹措资金2100余万元,安排扶贫项目8个。

二、民主决策,科学管理,领导班子和干部队伍建设持续加强

加强领导班子建设,是党自身建设的重要内容,也是国土资源事业发展的决定因素。2011年,厅党组提出要努力建设"四型"领导班子。一是努力建设学习型领导班子,加强和改进党组中心组学习,坚持每两个月安排1次专题学习。用最新理论来武装,用现代知识来充实,始终跟上时代的步伐。二是努力建设创新型领导班子,在广泛调查研究、正确研判形势的基础上,创新管理机制,不断提高决策能力和依法管理水平。根据全省转型跨越发展的新要求,创新实施了保障转型跨越发展的十项新机制。三是努力建设和谐型领导班子。严格执行民主集中制各项规定,凡属党组职责范围内决定的事项,必须由集体讨论决定。四是努力建设廉洁型领导班子。不断健全反腐倡廉规章制度,落实领导干部民主生活会、述职述廉、任前廉政和诫勉谈话等制度,严格执行党员领导干部报告有关事项等廉洁自律制度;加强党风廉政教育和反腐倡廉教育,严格执行党风廉政建设责任制,使各级领导干部真正在思想上筑牢防线、在操守上守住底线、在行为上不碰红线。

厅党组积极探索构建科学的干部管理体系,最大限度地调动干部的积极性、激发干部的创造力,为做好国土资源管理各项工作提供了有力保障。一是切实加大干部选拔任用和教育培训力度。坚持德才兼备、以德为先,严把政治关和用人导向关,始终坚持任职资格审查、考察预告和任职公示等制度。同时,加大了干部教育培训力度,全年共组织各类培训43批(班)次,累计培训2918人次。二是按照具有专业基础、研究生以上学历的要求,面向社会公开录用了3名年轻公务员和4名事业单位人员。三是不断完善考评和监督机制。启用了"干部选拔任用记实监督系统",使干部选任工作做到"层层有责任,人人有压力","层层把关,人人负责"。同时,严格执行干部任前、任中和离任监督制度,实现纪检监察部门对选人用人工作的多渠道、全方位监督。全年对67名提拔调整的处级干部进行了任前廉政谈话,对11名班子"一把手"进行了离任、任中审计。

三、标本兼治,综合治理,深入开展党风廉政建设

按照"一岗双责"的要求,厅党组始终把党风廉政建设和反腐倡廉工作,作为事关国土资源工作全局的大事来抓,不断加强领导,加大工作力度,深入推进党风廉政建设。

一是狠抓党风廉政教育,形成清正廉洁的氛围。围绕贯彻中纪委十七届六次全会和省委惩治和预防腐败体系建设领导组会议精神,深入开展示范教育、警示教育和岗位廉政教育,不断引深廉政文化进机关活动,努力提高党员干部廉洁从政的自觉性。2011年2月14日,以学习贯彻《廉政准则》为重点,开展了廉政教育周活动,召开了贯彻省纪检委九届六次全会精神动员大会和厅机关干部述职述廉大会,组织厅机关和事业单位党员干部120多人赴晋中市参观"党风廉政建设、预防职务犯罪警示教育"展,接受警示教育,组织全体人员观看了《时代的重托》和《重药治顽症》等警示教育片。12月初,组织观看了《没有规划好的人生》和《"正风肃纪、创优环境"警示教育资料片》,使广大党员干部时时守住廉政底线。

二是认真开展专项治理整顿,营造了良好的廉政环境。按照国土资源部的统一部署,在全系统开展了"两整治一改

革”专项行动。通过梳理岗位职权，理清各项业务和权力运行流程，以土地出让、矿权审批、土地开发整理和地质灾害治理项目招投标、征地补偿、执法监察、财务收支、人事管理等八个方面为重点，深入排查廉政风险点，并制定相应的防控措施，积极进行整改，有效解决了“作风不端正，行为不廉洁，办事不主动，解决问题能力不强”等问题。

三是切实加强作风纪律培养。为更好地“改进机关作风、创优发展环境”，在全厅深入开展了学习右玉精神活动，制定了《厅机关文明和谐处室评比标准及办法》，设置了“流动红旗”，以季度为单位开展了文明处室评比活动。在“七一”表彰了一批先进党组织和优秀共产党员。对机关公务用车、长期占编不在岗人员进行了集中清理整治；集中开展了“整风肃纪、创优环境”为主题的纪律作风教育整顿月活动，召开了专题组织生活会，按照省纪委“五不准”要求，认真进行对照检查，开展批评与自我批评，提出了整改措施，机关办公秩序更加规范，工作效率进一步提高。 （李俊斌）

附：省国土资源厅党组书记、副书记、成员名单

书　记： 李建功

副书记： 康有全（8月离职）

成　员： 高　博　岳盛林　牛来有　彭东晓　杨志强　周际鹏（9月任职）　葛建生（9月任职）

省环保厅党组工作概况

党组书记　刘向东

2011年，省环保厅党组以邓小平理论和“三个代表”重要思想为指导，深入贯彻落实科学发展观和党的十七届五中全会精神，按照省委、省政府转型跨越发展再造一个新山西的战略部署，在推进综改试验区中大胆实践、先行先试，在实施污染减排中多措并举、多策推进，将环保工作融入转型跨越发展大局，实现了“十二五”良好开局。

一、以提升领导干部执政能力为目标，着力加强组织建设、队伍建设、作风建设

（一）强化组织建设，提升领导班子凝聚力。

一是加强理论学习。完善了党组中心组理论与业务学习研讨制度、党支部理论与业务辅导学习制度，并制定了年度学习计划，多次召开党组会、厅务会、专题会、办公会，组织了10次集中学习，深刻领会中央、省里有关文件和领导同志的重要讲话精神，自觉地把政治理论学习与解决当前环保工作实际问题结合起来，确保了理论指导实践的针对性。

二是注重法制教育。组织了4期集体学法活动，先后邀请省内知名专家学者来我厅讲课5次，与清华大学合作，组织50余名干部分两期参加了环境管理高级研修班。厅党组成员和机关所有干部都写了心得体会。2011年5月，省环保厅被中宣部、司法部表彰为“全国法制宣传教育先进单位”。

三是树立民主理念。严格遵守民主集中制，遇到重大问题集体讨论、集体决定，如干部考核、财务预决算、项目审批等都要经过厅党组集体研究决定。2011年共集体研究重大环保专项资金项目70多个。召开了“2011年党员领导干部民主生活会”，深入开展批评与自我批评，统一思想、明确方向、提升能力、促进工作。省委常委、常务副省长李小鹏对我厅民主生活会给予了充分的肯定。

（二）加强队伍建设，提高为民服务本领。

一是坚持德才兼备、以德为先的用人导向。对2010年提拔的11名处级干部进行了一年试用期考核管理。加强对各市环保局班子双重管理，对忻州市、晋城市环保局班子领导任免进行实地考察并出具了函复意见。

二是加强机构编制建设。指导厅属12个事业单位完成岗位设置方案和科级干部的调整任用、竞争上岗，并为直属事业单位引进博士研究生7名，招聘硕士研究生33人。

三是扎实推进干部下乡住村活动。2011年共有24人参加了下乡住村。厅领导多次带头下乡，亲自住村，与农户同吃同住，为包扶点建设了党员活动室，为村民、老党员和村小学师生赠送了100余套服装、为学校配备了价值5万余元的电脑、108套收音机、课桌、慰问金等，并争取有关部门资金60万元，筹建综合养殖基地，人均收入增加200元。

（三）改进工作作风，提高行政服务效能。

一是坚持政务公开。畅通网络公开渠道，将机构职能、法规文件、行政执法、工作动态、决策信息等政务信息主动对外发布，实行行政许可项目和业务工作名称、内容、条件、程序、时限及应提交的申报材料“六公开”。开通了行政审批网上申报系统，所有行政许可事项一律通过政务大厅实行受理、审批、告知“一站式”服务。

二是强化督查督办。深入开展环境监察稽查，先后对11个市、60个县（市、区）、160余家企业、809起环境处罚案件、4起环保部通报的环境违法案件、17家被责令停建停产的企业、22件环境信访案件等实施了监察稽查和后督察。加强机关内部政务督办，对全厅中心工作、重要部署，组织重点督办，先后下达督查事项办理单36份，全部做到督办到处、责任到人、落实到位。

三是推进效能建设。制定下发了《关于进一步加强民主评议政风行风活动的通知》，聘请了13名政风行风监督员，召开政风行风听证会，对环保系统政风行风建设工作进行监督，并对提出的意见及时解决，及时反馈。

四是实施绩效考核。制定了《山西省环保厅绩效考核办

法(试行)》,对厅机关处级公务员和厅属事业单位班子成员进行考核,并将考核结果作为管理、监督、任免和奖惩的重要依据。

五是加强考勤考核。实行上班考勤签到,每月定期或不定期公布考勤签到情况,并将考勤与干部考核工作紧密结合起来。在省纪委组织开展的纪律作风集中教育整顿月活动中,两次暗查均未发现问题。

二、以纪念建党90周年为主线,不断深化精神文明建设

厅党组高度重视并深入开展"以纪念建党90周年为主线"的群众性精神文明创建活动。具体做到以下四点:

一是积极筹备,迅速部署。强化了厅党组书记及直属各事业单位支部(总支)书记亲自抓精神文明建设的"第一责任人"职责,厅党政一把手亲自设计了精神文明建设活动载体,制定了《关于深入开展创建先进基层党组织、争当优秀共产党员活动的实施方案》、《庆祝建党90周年及精神文明建设创建活动方案》。

二是落实责任,明确任务。在健全机构、明确任务及有关责任要求的基础上,认真制定实施方案,完善具体措施,形成了厅党组、机关党委、党支部三级联动,共同推动精神文明建设的新局面。为统筹安排各阶段活动,采取召开汇报会、座谈会和推进会、经常性督查和随机抽样检查等方式,及时总结经验,认真解决问题,确保精神文明建设工作扎实开展。

三是公开承诺,点评到位。每名党员都要做出公开承诺,明确自身岗位职责、发挥模范带头作用、认真制定承诺内容,按照宣传动员、提出承诺、支部讨论、组织审定、宣誓承诺、公开公示六个程序进行公开承诺,为精神文明建设工作的有效开展奠定了基础。同时,通过集中点评、个别点评、现场点评、以及随机点评等形式召开了点评会,有效地推动了精神文明建设。

四是创新载体,丰富内容。以春节、元宵节、清明节、端午节、七夕节、中秋节、重阳节等传统节日为主题,开展形式多样的群众性文化体育活动,不断满足广大干部职工多元化多层次多样性的精神文化需求,保障基层干部职工的基本文化权益。突出建党90周年这一主线,着重开展了庆祝建党90周年党的知识竞赛、"党在我心中"演讲比赛、"颂歌献给党"歌咏比赛。召开了省环保厅庆祝建党90周年暨创先争优表彰大会。组织了第二届山西省环保形象大使评选活动、党建工作巡礼展、革命圣地参观学习、清华大学学习培训等系列活动。通过一系列喜闻乐见的群众活动,进一步激发干部职工的创先争优热情,促进机关精神文明建设。

三、以构建环保特色惩防体系为契机,全面推进党风廉政建设

一是围绕廉政工作,细化责任分工。召开全省环保系统党风廉政建设工作会议,部署党风廉政工作。制定下发了目标任务分解文件,党组书记与各处处长、直属单位领导签订了廉政目标责任书27份。认真贯彻落实中央惩治和预防腐败体系建设《工作规划》,召开厅党组扩大会和全系统纪检组长会议,专题研究分析环保系统在惩防体系建设工作中存在的问题,提出了三大对策和六方面工作措施与要求。

二是丰富教育内容,提升廉政意识。进一步完善党风廉政建设相关制度措施15项,开展了廉洁自律教育、党性教育、法制教育、警示教育、作风纪律教育等专题学习教育活动,进一步提升广大党员干部廉洁从政意识,增强了拒腐防变能力。

三是抓住关键环节,建立廉政机制。制定印发《关于在全省环保系统开展廉政风险防控工作的通知》和《开展廉政风险防控及权力运行监控机制建设工作实施方案》,完成了厅机关廉政风险点的分析查找和防控措施工作,确定厅机关14个主要行政业务处室共理清主要行政职权59项,主要运行环节134个,廉政风险点135个,风险等级为A级21个、B级65个、C级49个,提出预防措施138项。2011年,共组织11次公开招标进行监督,将廉政风险降到了最低。

四是突出重点问题,开展专项治理。认真落实审计意见和建议,进一步建立健全审核、收缴、使用和管理各个环节的监督制度,制定落实改进措施,审计提出的意见全部得到整改。继续深入开展小金库专项治理工作,进一步加强财务监管,再次对直属单位和环保行业协会的财务管理情况进行了专项检查。认真开展公务用车自查自纠和清理工作。经清理,我厅达到了省清车办的标准要求,并制定公务用车购买和使用管理规定,加强对公务用车的日常管理。

四、以推进绿色生态工程为抓手,大力改善全省环境质量

绿色生态工程是"蓝天碧水工程"基础上的扩容提质,是"十二五"环保工作的中心,是环境质量改善的重要抓手。

一是多措并举,推进污染减排。目前,全省已经投入运行的烟气脱硝机组450万千瓦。积极推进机动车氮氧化物减排,全面推行机动车环保标志管理,全省已委托机动车环保检验机构69家,建成简易工况法检测线97条,2011年全年共检测机动车101万辆,发放环保合格标志97万个。在二氧化硫治理方面,全面实施钢铁行业烧结机烟气脱硫工程和脱硫设施拆除旁路减排措施,30%烧结机完成了烟气脱硫设施建设。在化学需氧量和氨氮减排方面,组织开展了煤化工行业废水低排放技术推广;会同城建部门推进城镇污水处理厂建设和提质改造,促进筹建六年之久的太原城南污水处理厂开工建设。在烟粉尘减排方面,积极推进除尘提效升级工程,完成了国电太原第一热电厂电袋除尘改造工程。

二是环保倒逼,优化经济发展。将环境准入作为转型发展的推动力,印发了《山西省建设项目环境保护管理暂行规定(草案)》,将循环经济作为建设项目审批和验收的基本原则,作为转型的抓手、跨越的支点和准入的预设门槛,2011年,全省共否决不符合上述准入要求的项目101个,涉及投资约187亿元。强力推进规划环评和区域环评,已完成24个

经济开发区、11个省级示范工业园区、7个省级循环经济示范园区、17个矿区总体规划环评。根据省政府《关于公布2011年环境污染末位淘汰企业及设施名单的通知》要求，已淘汰101个企业、165台(套)设施。会同有关部门关停小火电44万千瓦，焦化产能488万吨，钢铁产能814万吨，水泥产能1315万吨，电石产能31万吨，铁合金产能13.2万吨，造纸产能29.87万吨。

三是重点整治，提升环境质量。全面加强城市环境综合整治，新增集中供热面积4400万平方米，太原完成9600米管网铺设，朔州、晋城、阳泉集中供热范围内燃煤锅炉全部拆除，晋城、阳泉清洁能源使用率稳定达到95%以上。积极开展太原市西山地区重污染企业的搬迁改造，关停了太化集团合成氨分厂，消除了市区一大污染源。进一步加大流域综合整治力度。在汾河、丹河、滹沱河、涑水河、桑干河五大流域范围内的9个市、54个县(市、区)开展了流域环境综合整治，出动环境执法人员47537人(次)，检查企业13015次，关停(取缔)违法企业81家。太原市启动九院沙河综合整治工程。实施了汾河流域水质提升工程，细化了汾河流域水质改善目标。

四是加大投入，改善生态环境。积极开展农村环境连片整治示范工作，编制了《山西省农村环境连片整治示范工作方案》和《山西省农村环境连片整治示范实施方案》，召开了农村环境连片整治示范工作现场动员会，明确了重点整治示范区域、示范目标和配套资金要求，3年共投入15亿资金用于农村环保工作，整治村庄1200个，受益人口达到200万人。与财政厅联合下达了2011年农村环境连片整治示范项目补助资金2.8亿元，确定2011年实施农村环境连片整治的21个示范区、3个示范点，涉及24个县、54个乡镇、320个村，受益人口达到54.1万。扎实开展矿山生态修复与治理，先后制定了《山西省煤炭开采生态环境恢复治理规划》和方案等文件，制定了可持续发展基金的征收标准，完善了矿山环境恢复治理保证金制度，共动用保证金50多亿元，实施了重点煤矿采煤沉陷区治理，治理面积达405万平方米；建立了矿区生态环境监测系统，开展了矿区生态环境监测试点。7个市、15个县、150家企业编制完成了生态环境恢复治理方案，创建生态型示范矿井104家。

(张　帅)

附：省环保厅党组书记、成员名单

书　记： 刘向东

成　员： 阎安虹　刘四龙　张广勇　王学东(4月任职)　刘大山

省住房和城乡建设厅党组工作概况

党组书记　王国正

2011年，省住房和城乡建设厅党组认真贯彻落实省委、省政府决策部署，紧紧围绕转型跨越发展总体战略，着力推进住房保障、重点工程和城镇化，坚决贯彻落实国家房地产市场调控政策，切实加强建筑市场和建设工程质量安全监管，积极推进建筑节能和城镇减排，圆满完成了各项目标任务，为促进全省经济社会发展作出了积极贡献。

一、认真贯彻落实省委、省政府决策部署，圆满完成了各项重点任务

(一)保障性住房建设规模和完成投资实现历史最好水平，走在了全国前列。省政府召开了全省保障性住房建设工作会议，出台了《关于进一步加快保障性住房建设的意见》，将保障性住房建设列入省重点工程加以推进。通过多渠道筹集建设资金，保障土地供应，建立专题协调会议制度，完善月报通报制度，强化督促检查，保障性住房建设任务超额完成。全省新开工建设保障性住房44.62万套，为年度任务的114.3%；完成投资431.4亿元，为年度计划的150%，是我省保障性住房建设规模最大、完成投资最多的一年。大同市建设保障性住房套数和完成投资分别占到全省总量的35%和39%。同时，各地坚持公开、公平、公正的分配原则，进一步完善保障性住房申请、审核、公示、轮候等制度，严把准入关，确保将有限房源分配给应保对象。2011年6月10日，李克强副总理在太原西华苑小区考察时，对太原市和我省保障性住房分配管理工作给予了充分肯定。

(二)重点项目落地金额和重点工程建设完成投资创出新高，发挥了"火车头"带动作用。坚持一手抓重点项目落地，一手抓重点工程建设，实施了重点项目储备、签约、落地和建设"四位一体、统筹推进"工作机制，实行了重点项目落地对口推进、全程跟踪服务，重点工程建设月调度、月考核、月排名制度。各部门密切配合、大力支持，各市全力以赴、精心组织，确保了重点工程建设顺利推进。全省重点项目完成落地金额1万亿元，为年度计划的177.7%；重点工程完成投资7665亿元，同比增长51.3%。"省城十大建筑"建设任务圆满完成，中国(太原)煤炭交易中心、山西体育中心主体育场、山

西大剧院、山西大医院等如期竣工并投入使用,成为省城太原新的靓丽地标,保证了中博会的顺利举办,受到了中外嘉宾的一致好评。省工务局承建的4项工程,投资省、进度快、质量高,发挥了典型示范作用。

(三)城镇化进程明显加快,呈现出竞相发展态势。省政府召开了加快推进城镇化工作动员会,成立了城镇化推进工作领导组,重点推进城乡规划编制、城市扩容提质、双百城镇建设,取得明显成效。2011年底全省城镇化率达到49.68%,较2010年提高1.63个百分点,超过"十一五"年均1.19个百分点的增幅。

城乡规划编制实施力度进一步加大。初步完成了"一核一圈三群"6项规划,编制了长治上党、晋城"一城两翼"、临汾尧洪襄等城镇组群规划;完成市县域城镇体系规划、城镇总体规划及近期规划、名城名镇名村保护规划137项。太原市在全国率先实现了城市总体规划、土地利用规划、产业发展规划"三规合一",并对城市总体规划进行了环境影响评价。朔州、运城等市开展了整治违法建设活动,取得较好效果。太原市跻身国家历史文化名城行列,是1994年以来国务院批复的唯一省会城市。

城市扩容提质取得较大进展。全省城镇市政公用设施建设完成投资370.3亿元,同比增长22.6%。太原市以中博会为契机,引深城乡清洁工程,城市管理水平明显提高,城乡面貌明显改善。大同市按照"一轴双城"发展格局,新城建设与古城修复并重,彰显出城市特色。吕梁市投资5亿元,开展环境卫生、街道修饰、交通秩序3项整治,人居环境发生显著变化。晋中市实施"北进、西联、南扩、东延"扩城计划,启动了总投资120亿元的6大类56项市政重点工程,当年完成投资61.6亿元,超过"十一五"投资规模总和。

围绕建设气化山西、绿化山西、净化山西、健康山西,积极推进城镇污水处理、生活垃圾无害化处理、集中供热、燃气普及和城市绿化。阳泉、孝义跨入国家园林城市行列,襄垣、屯留、平顺获得国家园林县城称号,阳城县润城镇创建成为国家园林城镇。侯马、孝义率先创建成为山西省宜居城市。大同富乔生活垃圾焚烧发电厂、临汾城市公厕、大同天然气集中发展利用、长治澳瑞特小区供热计量改革等4个项目荣获中国人居环境范例奖。长治、太原、晋城获得全国无障碍建设先进城市称号。

百镇建设工程初见成效。以21个省级示范镇为重点,开展"五建设两整治"活动,省、市、县三级每个镇安排2000万元资金给予扶持,开工建设项目169项,完成投资18.2亿元。汾阳市杏花村镇突出汾酒文化特色,规划建设酒业集中发展区、居民新区和汾酒文化一条街;孝义市梧桐镇充分利用土地增减挂钩政策,通过村民整体搬迁腾出7000多亩土地保障城镇建设;洪洞县广胜寺镇按照"低碳、生态、绿色"理念,将8平方公里的景区与镇区同步规划、同步建设,着力打造景观旅游型小城镇。天镇县新平堡镇等8个村镇被命名为全国特色景观旅游名镇名村。

在着力抓好"三项重点工作"的同时,其他各项工作都取得了新成效。

房地产市场呈现出"两增一稳一降"的良好态势。贯彻落实国家"总量基本平衡,结构基本合理,价格基本稳定"的房地产市场宏观调控政策,综合运用限购、提高首付比例等措施调控房地产市场,是全国第一个设市城市全部公布年度新建住房价格控制目标的省份。房地产开发投资和商品住房施工面积平稳增长,商品住房销售面积基本稳定,商品住房销售价格稳中有降。全省商品住房平均销售价格为3291元/平方米,同比下降1.1%。太原市新建住宅价格同比指数在国家重点监测的70个大中城市中排第48位,在中部6省排第5位。

建筑市场和工程质量安全监管力度加大。开展了3次全省建筑市场监督执法和质量安全大检查,抽查在建项目675项,下达执法文书156份。严格市场准入和清出,注销、责令停业各类企业70家,吊销安全生产许可证63家,责令限期整改263家。大力加强安全文化建设,开展了有奖征文、知识竞赛、文艺调演等活动,增强了全系统的安全生产意识,行业安全形势进一步好转。全省发生建筑生产安全事故7起,死亡10人,同比分别下降56.3%和56.5%;房屋建筑及市政工程百亿元施工产值死亡率同比下降0.67。全省建筑业实现增加值674.0亿元,比上年增长7.3%。

建筑节能和城镇减排任务超额完成。新建建筑50%能效标准执行率达到97%,其中,晋中市全面执行了新建居住建筑65%能效标准。既有居住建筑节能改造完成302万平方米。当年新竣工居住建筑全部实行了供热计量收费。忻州、石楼、临猗被批准为2011年度国家可再生能源建筑应用示范市(县),省肿瘤医院、山医大二院、长治和济医院等3个项目被列为国家光电建筑应用示范项目。太原被确定为全国中德技术合作公共建筑(中小学校和医院)节能项目试点城市。全省累计处理城镇污水6.98亿吨,无害化处理生活垃圾318万吨,超额完成生活COD、生活氨氮减排量分别下降2.3%、1.8%的年度目标任务。

住房公积金安全监管得到加强。组织开展了全省住房公积金专项检查,长治、晋城、临汾等市理顺了公积金管理体制。住房公积金缴存新增164亿元,同比增长26.8%。住房公积金余额累计达到573亿元。为2.89万户家庭发放个人住房公积金贷款41亿元,同比增长20.8%。清理回收逾期贷款本息1482万元。运城市开展了利用住房公积金贷款支持保障性住房建设试点工作,投入3亿元用于保障性住房建设。

建设法制、标准定额、信息宣传、建设稽查、招标投标、劳保统筹、城建档案、风景名胜区管理等各项工作,均取得明显成效。厅机关自身建设和直属单位的工作进一步加强。山西建筑职业技术学院新校区顺利开工建设。

二、全面推进党的建设,为住房城乡建设事业健康发展提供有力保证

(一)认真落实党的工作责任制。

坚持把贯彻落实党的工作责任制作为推进工作落实的

重要抓手，进一步健全和完善了机关党建工作长效机制。

一是加强党的组织建设。把基层党组织建设的巩固和加强摆上重要日程，建立了换届选举台账并制订工作计划，山西建筑职业技术学院、省城乡规划设计研究院、省勘察设计研究院、省建筑设计研究院召开了换届大会；厅机关老干部总支如期完成换届，对换届后的机关23个党支部的300名党员的组织关系进行调整，建立完善了党员信息资料，2个协会成立了临时党支部，接转了100多名党员的组织关系。组织9名厅直机关党务干部和150名入党积极分子参加学习培训。

二是加强干部队伍建设。严格坚持任人唯贤的干部路线和德才兼备的原则，结合部门特点、形势任务需要和干部队伍现状，着眼于适应新的职责要求，适应新形势新任务要求，适应全局工作和长远发展要求，正确处理选拔年轻干部与充分发挥老同志作用的关系，正确处理从行业基层选调干部与从机关提拔干部的关系，正确处理军队转业干部安置与机关干部选拔任用的关系，正确处理调动公务员工作积极性与发挥基层一线人才作用的关系，坚持德才兼备、以德为先、注重实绩原则，面向重点工作一线选任干部。全年共选拔任用处级干部22名，其中40岁以下人员占到提拔人数的55%，研究生(硕士)人数占到提拔人数的41%，干部队伍年龄结构和知识结构得到进一步优化。

三是加强学习型党组织建设。建立健全学习制度，制定学习方案，规范学习管理。在厅机关大力营造崇尚学习、自觉学习、终身学习的氛围。切实把深化理论武装作为首要任务，认真抓好中国特色社会主义理论体系特别是科学发展观、社会主义核心价值体系的学习，抓好中央和省委一系列重大决策部署的学习，重点学习了《中国共产党历史》第二卷、《马列主义经典著作选编》、《党的历史知识简明读本》、《前沿资讯》等，全面提升党员干部的政治素质和干事创业的本领。积极探索把组织需要、岗位要求和党员干部需求有机结合的学习方式，整理编发了6期《学习参考》，请山西省委党校、省行政学院公共管理教研部刘树信教授做《加强和创新社会管理》专题讲座等，通过组织参加各种学习培训，充分发挥基层党支部的作用，广泛开展读书、征文、报告会、讨论会、学习体会评比、成果展示等活动，激发干部职工的学习热情，形成重视学习、崇尚学习、全员学习的良好风气。

四是加强干部作风建设。开展作风建设年活动，把治理“庸、懒、散”作为转变机关作风的突破口，以治庸提能力、以治懒增效率、以治散正风气，进一步严明了政治纪律、组织纪律和工作纪律。开展干部驻村活动，先后有4名厅领导、40多名处级干部深入到厅扶贫联系点河曲县文笔镇唐家会村、南元村、坪泉村，与当地县、乡、村三级干部和住村群众一同研究制定城中村改造、农村危房改造和经济社会发展规划，为扶贫点办了一系列实实在在的好事。通过干部下乡驻村，一方面推动了当地发展，一方面也促进了干部自身作风转变。开展纪律作风集中教育整顿月活动，按照全省统一部署，制定了工作方案，严格按步骤实施，取得初步成效，推进了干部作风转变，提高了工作效率。大兴艰苦奋斗之风，面对繁重的工作任务，厅党组多次利用晚上时间召开会议研究部署工作，从厅领导到处长、副处长、到一般干部职工，大家主动加班加点，经常工作到很晚，牺牲了一半以上的双休日和节假日。

五是深入开展创先争优活动。认真落实创先争优活动的总体部署和各个环节的重点工作，精心设计、认真组织、扎实有效地开展各具特色的主题实践活动，开展好领导点评、群众评议、建立党员责任区等活动，完成承诺全覆盖、承诺“回头看”、承诺兑现工作。围绕纪念建党90周年，做好评选表彰和宣传典型工作，营造了学先进、赶先进、当先进的良好氛围。有3个基层党组织、3名优秀共产党员、3名党务干部、4名党风廉政建设先进工作者受到省直工委的表彰；20个先进基层党组织、81名优秀共产党员、20名优秀党务工作者受到厅党组和厅直机关党委的表彰。组织召开了厅直机关创先争优活动经验交流和学习观摩推进会，从不同角度介绍了创先争优活动经验，展示了活动成果。

（二）着力推进反腐倡廉建设。以“正风肃纪、优化环境”为主题，以典型案例为警示，认真开展纪律作风宣传教育、自查自纠和制度建设。深入开展“创先争优”和“做党的忠诚卫士、当群众的贴心人”主题实践活动，认真落实“五严守、五禁止”要求，干部队伍的整体素质、履职能力和工作水平得到进一步提高，有力地保障了住房城乡建设系统党风廉政建设和反腐败工作的深入开展，为推进全系统转型跨越发展奠定了坚实基础。

（三）充分发挥工青妇组织作用。进一步加强对工青妇的工作指导，各级工会组织深入开展“转型我争先、跨越我奉献，当好主力军、建功十二五”主题竞赛活动，厅直机关3个集体、6名个人分别获得“五一劳动奖状”和“五一劳动奖章”称号。积极开展送温暖献爱心活动，为厅直机关大病职工和生活困难职工争取救助金5.6万元，举办了第三届厅直系统“明枫数码杯”篮球比赛。共青团组织广泛开展青年文明号创建、青年志愿者服务、大学生暑期“三下乡”社会实践等主题实践活动。

（李国红　成国栋）

附：省住房和城乡建设厅党组书记、成员名单

书　记：王国正

成　员：任在刚　闫晨曦　郝耀平　郭燕平　郝培亮　李锦生　赵友亭

省交通运输厅党组工作概况

党组书记　段建国

2011年,在省委、省政府的坚强领导下,省交通厅党组带领全省交通运输系统广大干部职工保大局、求发展、促稳定,改革创新、负重前行,克服了资金严重短缺、项目建设制约因素多等重重困难,超额完成了省委、省政府下达的14项重点任务,为拉动经济增长、促进社会和谐、保持社会稳定做出了积极贡献,实现了"十二五"良好开局。

(一)公路建设投资再创新高。全行业完成投资659亿元,为计划的117.7%,为我省历史最好水平2010年的106.6%,占全省固定资产投资总额的9%,在全国同行业名列前茅。其中高速公路建设完成投资582.6亿元,干线公路36.3亿元,农村公路38.2亿元,运输站场码头2亿元。全省完成公路新改建工程4977公里,新增公路通车里程3164公里,达到13.48万公里,公路密度达到86公里/百平方公里。

(二)高速公路建设取得新的突破。全省续建新建高速公路34个项目2124公里,建成1003公里,高速公路里程突破4000公里,在全国的排位由2010年的第11位上升到第7位,82%的县(市、区)通了高速公路,太原、阳泉、运城、晋城4个地级市提前实现了县县通高速。并有1000多公里路基工程基本完工,为今年高速公路突破5000公里打下了较好基础。工程总合格率94.4%,关键指标合格率95.7%,交通运输部抽检项目合格率97.2%。

(三)公路养护管理取得历史最好成绩。全年完成大中修工程803公里、危桥改造200座、安保工程2131公里、灾害防治工程145公里。高速公路继续保持了无三类以上桥梁,普通干线公路实现了危桥当年发现、当年治理,优良路率分别达到100%、82.3%。完成了高速公路统一命名编号和标志更换。全省公路通行费收入达到124亿元,增长17%。高速公路通行费收入突破100亿元大关,达到108亿元,增长17.8%。在五年一次的全国干线公路养护管理检查中,我省综合评分在全国各省、直辖市、自治区排名第6,在各省、自治区排名第4,在中西部地区排名第1,省厅被交通运输部评为"全国干线公路养护管理先进单位"。

(四)治超工作继续保持全国领先。2011年全省交通运输系统共检测货运车辆6593万辆,查处违法超限超载车辆446辆,卸载1314吨,货运车辆非法超限超载率稳定控制在0.2%以内。经政府公示的9105户货运源头企业、463户车辆维修企业全部纳入运管机构行业监管。治超信息化取得新的进展,全省39万辆营运货车全部安装了具有治超功能的IC卡道路运输证;1135家重点源头企业安装了科技治超系统,63个县建立了源头治超远程视频监控平台,投入运行的155个公路超限检测站、195个高速公路匝道入口全部实现了不停车检测。张德江副总理2011年再次作出批示,充分肯定山西治超经验,全国治超领导小组再次在全国推广山西经验。

(五)农村街巷硬化"全覆盖"取得重大进展。在交通运输部门介入晚、工程建设启动晚、省级补助资金到位晚的情况下,完成9.2万公里,农村街巷硬化"全覆盖"工程完成投资166.5亿元,全省69.4%的建制村实现了"户户通",进一步方便了农民生产生活,受到了农民朋友的广泛欢迎。晋中市提前一年实现了具备条件的建制村街巷硬化"全覆盖"。

(六)综合运输体系建设得到加强。建立了综合运输厅局联系会议制度,太原公路主枢纽武宿货运中心主体工程基本完工,侯马运输枢纽货运中心等一批枢纽客货运输站场开工建设,太原客运北站等4个枢纽客运站建成并投入运营。现代物流业发展迅猛,全省物流企业发展到763户,等级物流站场达到59个,华夏晋商物流公共信息平台投入运行。公交优先发展战略进一步实施,全省新增公交车辆913辆。太原市投资3亿元更新公交车辆600辆。城乡客运一体化积极推进,太原、晋中"同城化"公交运行良好,"上党城市群"公交网络基本形成,侯马、新绛、翼城三市县开通了跨地区县际公交班车,平定县22条具备条件的农村客运线路全部实行了公交化改造。2011年全省营业性道路运输完成客运量3.29亿人、旅客周转量219.9亿人公里、货运量6.52亿吨、货物周转量1047亿吨公里,比上年分别增长0.8%、1%、7.2%、8%,城市公交和出租车分别完成旅客输送量12.7亿人、10.4亿人,分别增长8.6%、3.8%。

(七)安全生产形势稳定。安全生产整治年、创建平安文明工地活动和客运安全、水上交通安全等专项整治扎实有效,全省所有"两客一危"车辆、近50%的农村客运车辆安装了GPS终端,并纳入省市两级安全平台监管;重点公路关键工程施工实现了视频实时监控。全年交通运输生产发生死亡事故14起,比上年减少3起;死亡35人,比上年减少6人。应急体系进一步完善,我省战略物资道路运输应急保障车队建设的经验被交通运输部转化为全国性指导意见。

(八)体制机制改革成效明显。高速公路6种模式建设体制改革的实施,在2011年投资和建设目标的完成中发挥了重要作用。以交通数据中心与政务大厅项目建设为试点的政府投资项目代建制取得积极成果。成品油价格和税费三年改革任务完成,3.6万名改革涉及人员包括厅属单位9970名改革涉及人员均得到妥善安置。厅属事业单位完成清理规范工作,事业单位考试录用制度和干部挂职锻炼制度初步建立,2011年公开招录机关公务员4人、事业单位人员143人,并安排6名厅机关干部下基层挂职锻炼。将年度目标任务考核、领导班子和领导干部队伍建设考核、党风廉政建设考核三项考核合并实行综合考核，实现了考人与考事、考绩与考效的有机统一。制定并向省政府上报了高速公路集团公司组建方案。

（九）法制建设和行业管理深入推进。省人大颁布实施了《山西省水路交通运输管理条例》，修订了《山西省城市公共客运管理暂行条例》。省厅结合行业实际制定出台了《公路工程招标投标管理办法》、《高速公路建设工程勘察设计管理办法》、《高速公路工程造价管理办法》、《城市公共汽电车客运服务规范》、《交通运输行政监督规定》等规范性文件。开展了交通运输执法评议及执法形象建设。建立和完善了信用评价制度，实行企业信用与市场资源配置挂钩，有效促进了市场信用体系建设。

（十）科技教育发展成绩显著。省厅进一步提高了科研经费，并设立了100万元科技奖励资金。组织开展科技攻关124项，有效支撑了太原西山特长隧道等一批重大工程的建设管理。运煤重载交通沥青路面结构研究等8项科研成果获省部科技进步奖，并有14项成果转化为行业规范或地方标准。省交通设计院主编的《采空区公路设计与施工技术细则》，填补了我国公路建设地质病害处治领域空白，被转化为全国交通运输行业技术规范。省交通科研院13项技术获得国家发明专利。钢纤维混凝土路面、橡胶混凝土路面、LED节能灯具等新材料、新技术在高速公路建设中得到推广应用。"1166"信息化二期工程全面启动，路政及应急指挥管理移动音频系统建成。山西交通学院新校区建设、交通技师学院"全国中等职业教育改革发展示范学校"建设启动。省厅分别夺得全国第二届"厦工杯"筑养路机械操作手大赛、全国"宇通杯"驾驶员技术大赛团体第一名、第四名。

（十一）节能减排工作扎实有效。环境影响评价与监测、环境保护"三同时"等制度在公路建设中得到落实。高速公路不停车收费覆盖全省所有地级市、出省口和重要县，专用车道达到88条，用户发展到21779户，年交易额7552万元。服务区"零排放"、雁门关隧道照明节能改造试点工程进展顺利。运输车辆燃油消耗量监测与限值制度深入实施，全省15.2%的高耗能营运车辆退出市场，单位运输周转量能耗下降了1%。清洁燃料在城市客运行业得到推广，太原市、晋城市新增公交车辆全部使用了天然气、煤层气燃料，大部分出租车进行了双燃料技术改造。

（十二）改善民生与维护稳定继续加强。严格落实了国家鲜活农产品运输"绿色通道"政策，减免通行费3.72亿元。开展了收费公路清理规范工作，太榆公路许西收费站于2011年7月1日起正式撤站。开展了领导干部下乡住村活动。较大幅度地提高了离退休人员生活待遇，提高了高速公路一线收费、路政、治超人员薪酬。在进一步完善公路信息服务系统的基础上，建立了基于互联网支撑的公众出行服务系统，太原市五个一级汽车站实现了网上联网售票。在工程建设资金十分紧张的情况下，省厅于两次下拨资金32亿元，专项用于解决高速公路建设项目农民工工资，保证了近20万农民工队伍基本稳定。

（十三）交通战备实现军民融合发展。国防交通"1110"工程全面启动，"136"国防工程主体完工，两个战备物资库建成并投入使用，国防高速公路用地指标落实，交通战备保障队伍在多次重要行动中有效发挥了保障作用。省交战办被国家交战办、交通运输部、北京军区评为"先进单位"。

（十四）创先争优与文明创建活动硕果累累。开展了创建学习型党组织、便民服务窗口创先争优活动和庆祝建党90周年系列活动，涌现出了一批以太原高速公路小店收费站为代表的先进基层党组织。坚持把弘扬优良传统、建设核心价值体系与开展文明创建活动结合起来，培育行业精神，树立时代新风，涌现出了一批可歌可泣的感人事迹和先进典型。晋城汽车运输公司司机郭文斌荣获"全国见义勇为英雄司机"称号。全行业慈善捐款30多万元，厅机关为吉燕峰同志身患重病的爱人慷慨解囊、无私援助，中华民族"一方有难、八方支援"的传统美德在交通大家庭的温暖中得到升华。厅直机关党委被中组部授予"全国先进基层党组织"荣誉称号，省厅继续保持了"省级文明单位标兵"称号。

（十五）党风廉政建设不断深入。在惩防体系建设上，制定了廉政风险防控指南、实务和台帐，编制了重点公路防控体系标准化网络运行手册。建立了交通运输行政审批监督系统，并与省效能办联网，实现了行政许可实时监督。出台了重点公路规范建设五项制度，组织了重点公路规范化建设专项检查，建成了交通建设市场交易中心并投入试运行。深入开展了工程建设领域突出问题专项治理、小金库专项治理和公务用车清理整顿、"正风肃纪、创优环境"纪律作风集中教育月活动等，严肃查处了一批违纪人员。坚持把干部监督与工程监督、财务监督结合起来，2011年省厅巡视基层单位6个，开展各类审计890多项。

（梁锦华）

附：省交通运输厅党组书记、副书记、成员名单

书　记：段建国

副书记：张　润

成　员：王志民　张志川（3月离职）
戴　飞（9月任职）　韩日裕　郜玉兰（女）
张德仪　郭贵平（9月任职）

省水利厅党组工作概况

党组书记　潘军峰

2011 年，省水利厅党组深入贯彻落实科学发展观，贯彻党的十七届四中、五中、六中全会精神，以加强厅直各级党组织的先进性建设和执政能力建设为主线，紧紧围绕服务建设山西大水网，以开展庆祝建党 90 周年系列活动为契机，全面加强厅直机关党的思想、组织、作风、制度和党风廉政建设，积极推进文明和谐创建，为我省转型跨越发展提供了有力保障。

一、以学习型党组织建设为抓手，大力加强思想建设，党员干部的政策理论水平和业务素质进一步提高

一是坚持学习制度，明确学习重点，确保学习“三落实”。学习中把社会主义核心价值体系建设作为重点，不断充实学习内容。做到了“五个围绕”，即：“围绕党的路线方针政策学、围绕党的中心任务学、围绕水利发展形势学、围绕现代水利科技知识学、围绕个人思想认识学”。把学习实践科学发展观和党的十七届五中、六中全会精神，学习中央一号文件、省委九届十一次全会精神作为 2011 年各级中心组和干部职工理论学习的重点，结合厅直单位实际，下发《关于厅直各级中心组和干部理论学习的安排意见》，制定了学习计划，规定了学习内容及要求等，全年组织了 6 次中心组集中理论学习，撰写学习心得和体会文章 100 多篇。确保了学习时间、内容、效果三落实，有效提高了干部职工的理论水平和工作能力。

二是加强人才队伍建设，提高学习的针对性和实效性。在认真总结开展学习型党组织创建活动经验的基础上，梳理存在的矛盾和困难，进一步摸清干部职工对学习的认识和需求。2011 年以来，针对山西大水网建设需要大量水利人才的实际，及时了解基层工作需要和干部职工思想状况，把学习型党组织和学习型机关建设结合起来，围绕中心工作，以人才建设为重点，认真落实厅党组的重大决策部署。配合人事部门，对充实到大水网建设一线的百名干部发出倡议书，号召大家在大水网一线建功立业；通过网上教育和省内外高校短期培训，组织干部自主选学；组织军转干部进行为期一年的水利专业培训。这些活动有力地激发了全厅干部职工自觉学习、热爱学习的积极性，提高了职工的知识层次和专业水平，取得了显著效果。

三是不断完善学习型党组织建设的长效机制。按照职责分工，加强对学习型党组织的领导，形成了各级党组织书记负总责、分管领导指导抓、处室负责人具体抓、职能部门共同抓，一级抓一级、层层抓落实的领导体制和责任机制，并将之列为各单位年度考核内容。建立激励约束机制，把学习作为衡量党员的一项硬指标，作为本单位本部门年度绩效考核的一项重要内容，与年终评比、表彰奖励、晋职晋级、选拔任用、评先评优挂钩，进一步激发了党员的学习动力，强化了竞争意识。

二、加强领导班子和干部队伍建设，领导水平和履职能力进一步提升

一是坚持民主集中制，开好民主生活会。根据省直工委的指示精神下发文件，指导厅直各级党组织开好民主生活会。针对厅党组 2010 年民主生活会整改落实情况，广泛征求了厅直各级党组织的意见建议，并梳理汇总反馈给厅党组领导成员。11 月 24 日，厅党组以“坚持以人为本执政为民理念，大力发展民生水利，为促进全省农民收入翻番和转型跨越发展提供有力保障”为主题，召开民主生活会。省水利厅领导班子成员围绕主题，结合各自工作，重点查找在坚持科学发展观和正确的政绩观、联系和服务群众、廉洁自律等方面存在的差距和不足，认真开展批评和自我批评，深刻剖析思想根源，进一步明确了努力方向。

二是坚持改进作风。把提高服务科学发展的能力水平作为加强领导班子建设的重中之重，认真学习弘扬“右玉精神”，不断转变工作作风，坚持求真务实，服务群众。厅领导和相关处室工作人员组成工作组赴忻州市五台县陈家庄乡 7 个村开展下乡住村工作，帮助当地群众解决在生产、生活和经济发展中遇到的困难和问题。工作组成员轻车简从，深入群众，吃派饭、与老百姓拉家常，帮助群众解决实际问题，并撰写工作随感和下乡日记。在厅领导的带动下，厅直广大党员领导干部有效转变作风，坚持以身作则，解决群众关心的热点、难点问题，切实维护职工利益。

三是建立健全干部科学管理机制。为了加强对干部队伍的有效管理，从制度上对干部实行有效制约和监督，厅里建立健全了一系列干部管理监督机制。完善干部选拔任用机制。厅党组在干部的选拔任用上始终坚持实事求是、注重实绩的基本原则，实行民主测评、层层推荐、严格程序，注重专业化、知识化、年轻化，注重从基层一线发现人才、选拔干部。制定了公开选聘的办法和实施细则，形成了开放、竞争、择优的引才、选才、用才机制。2011 年，面向社会公开选拔招聘 100 名大学毕业生和研究生。同时，从基层单位选拔了 100 名水利专业人才，充实到大水网一线和厅直各技术科研单位等重要岗位实践锻炼。加强干部监管，进一步规范公权行为。建立了厅机关工作岗位责任制，对厅长、副厅长的权限进行了规范，对处长、副处长、厅直单位党政一把手和一般工作人员的办事权限及程序也进行了严格规范。特别是对严肃干部纪律、深入基层调研、加强学习教育和廉洁自律等方面都作

了进一步明确和要求。强化干部审计制度，将审计指标作为干部任用的一项硬指标，实行离任审计、中期审计和内部审计。发生亏损或原亏损增加的，不再担任行政一把手职务。凡因重大失误或因经营不善导致亏损严重和产生较大债务的，行政一把手先免职，再按干部管理有关规定予以处理。

三、加强党的建设，充分发挥党组织战斗堡垒作用和共产党员的先锋模范作用

一是积极推进党建工作创新。坚持开拓思路，努力将党建工作由“软”变“硬”，由“虚”变“实”，不断提高党建工作的实效性。建立和完善规章制度，从组织建设、制度建设、廉政建设等方面规范党内活动和行为，做到制度化、规范化。召开2011年党的工作会议，总结经验，安排部署工作，以会代训对党的各级书记和党务工作者进行了培训。实行党务公开制度，形成长效机制。在山西水利网开辟党建工作专栏，并与党务公开专栏共享。制作了宣传栏，内容涉及大水网建设、党建工作、党务公开、创先争优、学习型党组织建设和党风廉政建设等各个方面。

二是加强基层党组织工作。配齐配强厅直各级党组织的领导班子，加强党建工作目标管理。一年来，调整了6个厅直单位的党委、支部书记，指导5个厅直基层党组织进行了换届选举。13名中青年干部参加了省级机关党校培训。

三是狠抓党员队伍建设。加强对党员的教育、管理、监督，把严肃的党内生活与丰富多彩的活动结合起来。开展优良传统教育、理想信念教育、党纪党风教育，结合建党90周年纪念活动，组织党员干部积极参与，举行新党员宣誓和老党员重温誓词仪式，使大家增强宗旨意识，牢记使命。按照坚持标准、保证质量、规范程序、慎重发展的方针，建立入党积极分子档案，严格培养、考察、培训、政审、公示、审批、转正等环节，着重在工作第一线和青年群体中发展党员，提高新党员素质。2011年，全厅共发展新党员81名。

四是深入开展创先争优活动，先进人物不断涌现。紧紧围绕推动全省转型跨越发展，实施兴水战略，建设山西大水网，以“创先争优我承诺、转型跨越促发展”活动为载体，推进承诺全覆盖，组织党员承诺“回头看”，抓好承诺兑现。自创先争优活动开展以来，领导干部率先垂范，共产党员冲锋在前，人心思变、人心思进的格局初步形成，先进人物和先进事迹不断涌现。七一前夕，召开表彰大会，对在创先争优活动中涌现出来的27个先进基层党组织、176名优秀共产党员、32名优秀党务工作者、6个党风廉政建设先进集体和19名党风廉政建设先进工作者进行了表彰，营造出了学先进、赶先进、当先进的良好氛围。

五是积极推进党务公开工作。厅机关在山西水利网上专门开设党务公开专栏，同时以下发文件、会议、党建信息等形式，集中公开了厅直党建和政务工作信息243条。厅直各单位党组织党务公开工作也逐步推进，基本实现了全覆盖。党务公开工作的深入开展进一步扩大了党内民主，加强了党内监督，确保了党员的知情权、参与权、表达权和监督权的落实。

六是认真做好统战工作。定期召开座谈会，组织厅直机关党外人士参加省直工委举办的培训，加强党外人士队伍建设，充分发挥统一战线的优势和作用，积极引导统战成员为实施“十二五”规划、建设山西大水网、实现转型跨越发展建言献策。

四、加强作风建设，广大党员干部服务基层、服务群众的意识进一步增强

一是提高服务效能。始终牢牢抓住立党为公、执政为民这个本质和密切同人民群众的血肉联系这个核心，围绕提高机关运转效率、提高机关工作人员素质、提高水利工作实效的目标，开展了转变作风、提高机关效能建设活动，不断完善机关服务措施。一年来，在落实岗位责任、深化审批制度改革、推进政务党务公开、规范行政许可、优化机关服务等方面做了大量工作。全面推行了“一个窗口对外、一站式服务、一站式办结”制度，力求为各用水户及各单位提供高效便捷的行政审批服务。为更好地服务拉动内需的重点工程项目，专门设立了重点工程审批窗口，将原来7项审批事项合并精简为4项，极大地方便了重点工程项目的行政审批。

二是严格执行党风廉政建设责任制。考核工作从直属单位进一步扩大到厅机关处室。注重从源头上预防和治理腐败，促进了行政审批制度、财务管理体制、干部人事制度改革以及水利工程招投标制度和政府采购制度的落实。认真落实“收支两条线”，不断规范公务运作各个环节。针对暴露的苗头性、倾向性问题，建立内部制约机制，开展集资款、“小金库”、公务用车等专项清理，明令禁止收受各种评审、验收、审查费。驻厅纪检组组织协调相关处室及单位，在全省范围内开展了对水利资金和工程质量安全专项执法监察活动，抓住招投标、施工、监理、物品采购、财务管理等重点工作，建立有效的制约机制，促进了工程建设管理。厅直系统广大党员干部遵守财经纪律，遵守廉洁自律的各项规定，保证了水利资金运行的安全和高效。

三是积极维护党员和职工群众的合法权益。把为职工解决实际困难，保持队伍稳定，帮扶老党员、老干部及困难职工作为和谐干群关系的重要举措，做到制度化、长期化。积极组织慰问老党员活动，开展了“联企帮困送温暖”活动，对省水工局、省水机厂、省水工厂等三个困难企业的513名困难职工全部建立了电子档案。厅直42个单位和厅机关17个处室与省水工局的93户困难职工结成了帮扶对子，厅领导带头捐款为厅直特困职工筹措慰问金，两年来筹措资金近40余万元。厅党组在帮助困难企业“输血”的同时，更注重增强困难企业的“造血”功能，从生产任务、技术装备和人才队伍建设等方面帮助困难企业摆脱困境。

五、加强精神文明建设，水利行业凝聚力和向心力进一步提高

一是积极提升文明和谐创建水平。创建工作与水利中心工作紧密结合，向创建文明行业活动延伸。厅机关继续申报

了省直文明和谐标兵单位，厅直单位共23个单位参加不同层级的创建活动。以弘扬水文化建设为特色，积极开展了部文明和谐创建工作，参加了部文明委组织的各项活动。

二是开展丰富多彩的职工文体活动。根据不同的节日，举办了新春团拜会、元宵灯会、灯谜会和闹元宵活动，清明祭扫革命先烈，“五四”青年演讲比赛，“六一”慰问厅机关幼儿园儿童，“八一”组织厅机关军转干部座谈会活动，“重阳节”举办老年趣味运动会。2011年，以庆祝建党90周年为契机，积极开展了有奖知识问答、书画摄影展、演讲比赛、红歌汇演、“七一”开展“创先争优”和“学习型党组织”活动表彰会。

三是积极开展“迎中博、创环境、争一流”活动，大力加强综合治理。结合2011年9月在省城太原举办的中博会，牵头组织有关部门积极组织开展活动，组织动员厅直有关单位进行美化环境、树立新风的综合整治行动，清理垃圾死角、粉刷建筑立面、整治河道、拆除违章建筑、绿化美化亮化环境，为中博会的顺利召开创造了良好环境。

四是扎实开展移民信访接待工作。认真贯彻落实国家信访条例，在解决移民信访方面做了大量艰苦、耐心、细致的工作。始终坚持并严格执行领导干部信访接待日制度和领导干部信访领办包案制度，一批重大移民信访案件得到及时妥善处理，集体上访和越级上访明显减少，库区和移民安置区社会稳定得到有效维护。共计接待处理移民来信来访120余项、210余人次，绝大部分移民积案和矛盾突出村问题得到妥善解决，群众来信基本得到回复，个体上访数量明显下降。

五是做好工青妇群团工作。开展了创建“工人先锋号”和劳动技能竞赛等群众性建功立业活动；充分发挥职代会民主管理、民主参与、民主监督的作用，为职工群众办实事，进一步加大困难职工帮扶工作力度。积极开展争创省级“青年文明号”活动。对省水利行业争创省级青年文明号集体进行了复核。全行业省级青年文明号单位达到22个。3名同志荣获“五四青年奖章”，2个单位荣获“五四青年奖状”称号，组织厅各级团组织开展向西南五省干旱灾区“捐献一瓶水”等群众性公益活动。加强妇女儿童工作。全年向厅机关干部发放独生子女慰问金2800元，“三八节”向妇女同志发放慰问金14600元。关心女职工身心健康，热心排忧解难，组织喜闻乐见的活动，促进女职工在各项水利工作中发挥聪明才智。

（王秀芳）

附：省水利厅党组书记、成员名单

书　记：潘军峰

成　员：奥雨迎　裴　群（4月离职）　郭正义
张　健　李　力　解放庆（5月任职）
常书铭（4月任职）　张江汀

省农业厅党组工作概况

党组书记　孙连珠

2011年，省农业厅党组全面贯彻党的十七届六中全会和省十次党代会精神，认真落实中央和省委关于“三农”工作的各项重大决策部署，按照“稳粮食、调结构、促增收、保安全”的工作思路，强化责任，狠抓落实，圆满完成了年初确定的目标任务，为全省转型跨越发展和农民收入翻番做出了积极贡献。

一、农业农村经济持续稳定发展

（一）粮食产量再创历史新高。通过推进粮食稳定增产行动，完善粮食补贴政策特别是落实产粮大县奖励政策，强化基础设施建设和技术集成，大力开展粮食高产创建，全省粮食总产在2010年创历史最高水平的基础上，2011年达到119.3亿公斤，再创历史新高。永济市、原平市、朔城区3个产粮大县受到国务院表彰奖励。同时，其他主要农产品产量全面增长，蔬菜、水果、肉、蛋、奶总产分别达到2010万吨、703万吨、149万吨、94万吨和113万吨，分别较上年增长5.8%、14.5%、11%、9%和10%。

（二）农民收入持续快速增长。围绕农民收入翻番目标，全省从上至下、从下至上细算账、算细账，细化增收目标、增收任务和推进措施，千方百计促进农民增收。通过挖掘农业内部增收潜力增加经营性收入，通过强化劳动力培训转移增加工资性收入，通过狠抓强农惠农富农政策落实增加转移性收入，通过盘活资产深化农村改革增加财产性收入，全省农民人均纯收入达到5601.4元，较上年增长18.3%，增幅为1997年以来最高，并超过城镇居民收入增幅。其中，人均工资性收入达到2684.9元，增长27.3%，占到人均纯收入的47.9%。

（三）农业结构调整迈出实质性步伐。强势推进“一村一品”、“一县一业”，制定出台了实施意见，集中力量扶持2000个专业村和42个基地县，全系统1000多名干部住村3个月开展调研帮扶，对专业村主干进行集中培训，狠抓了规划、项目、政策落实工作。扎实推进大同、晋中、运城三大现代农业示范区和10个现代农业示范县建设，累计开工项目519个，完成投资83.7亿元。太谷县、大同南郊区、盐湖区被列为国家现代农业示范区。深入推进农产品加工“513”工程，组织银企对接落实信贷资金80亿元，省级梯次企业实施技改扩建项目87个,完成投资74.3亿元。2011年,全省农产品加工业实现销售收入629亿元,同比增长23.3%。扎实推进百万棚设施蔬菜建设工程、千园万场规模健康养殖工程、水果双增工程,新增设施蔬菜20.8万亩,新建规模健康养殖小区和养殖场645个,新发展果园31.9万亩,改造老果园42万亩。

（四)农业基础设施和服务体系建设进一步加强。扎实推进中低产田改造和大同盆地盐碱地改造工程,改造中低产田211.3万亩,改造盐碱地13.5万亩。积极创新农业科技推广机制,完善“三长”联席会议制度,启动建设9个现代农业产业技术体系,加强基层农技推广体系改革与建设,大力开展专家包县、技术员包村,农业科技支撑能力有了新的提高。加大动植物疫病防控、农产品质量安全体系建设力度,出台了《山西省农产品质量安全条例》,组织开展了蔬菜农药残留超标、“瘦肉精”、生鲜乳质量安全、兽药饲料质量安全和假劣农资等五项专项整治,全年没有发生重大动物疫情和农产品质量安全事件。同时,农业市场信息、农业综合执法等服务体系建设也取得了新进展。

（五)农业经营形式不断创新。以土地流转为突破口积极发展多种形式的适度规模经营,全省土地流转面积达到592万亩,合同签订率达到80%以上。颁布实施了《山西省农民专业合作社条例》,全省新增农民专业合作社9350个,发展数量继续位居全国前列。特别是通过开展“358”示范社建设行动,合作社发展的质量和水平有了新的提高,全省合作社联社、资金互助合作社和土地股份合作社达到1764个。积极探索构建“龙头企业+合作社+基地+农户”的产业化经营模式和利益联结机制,农业产业化经营机制进一步完善。加强农村“三资”管理,完成了全省2.8万个村的干部任期和离任经济责任审计,为第九届村委会换届选举打下了基础。

（六)农业对外交流合作取得突破性进展。通过组织参加国内外各类展销会、博览会,加强同京津等地和国内外知名企业合作,在经济发达城市建立山西特色农产品展示直销中心,大力发展以芦笋、红芸豆、水果等为重点的优势农产品出口基地,进一步扩大了我省特色农产品的知名度和销售渠道。2011年,我省苹果取得了澳大利亚、美国、加拿大的技术解禁,成功进入发达国家高端市场。第二届中国(山西)特色农产品交易博览会成功举办,成为山西农业对外交流合作的重要平台,共签约贸易项目3209个,签约额332亿元,签约投资项目159个,签约额398.6亿元,较第一届农博会均有30%—50%的增长。特别是引进了一批大企业、大集团,促成了中农、首农、新希望、雨润、新发地等知名企业投资十几亿、几十亿的项目签约。以第二届农博会为标志,我省农业对外开放工作站在了新的发展起点上。

（七)强农惠农富农政策力度不断加大。在认真落实中央和我省已有强农惠农富农政策的同时,建议省政府出台了高标准农田建设补贴、玉米丰产方建设补贴、设施蔬菜贷款贴息补助、规模健康养殖补贴等新的10项惠农政策,整合新增资金12多亿元,对调动农民生产积极性,促进农业发展起到了重要的导向和杠杆作用。同时,各级农业投入也有较大幅度增长。除各种补贴外,争取中央和省级安排的各类财政支农资金达到18.9亿元,同口径同比增长10%;农业基本建设资金达到6.6亿元,同口径同比增长11.3%。

二、机关党的建设全面加强

（一)加强学习培训,提高干部综合素质。一是加强领导班子学习。进一步完善党组中心组和机关干部学习制度,落实集体学习、自主选学、在职自学和调查研究制度,组织开展理论学习报告会、形势政策分析会、读书心得交流会等,努力营造学习氛围,切实增强学习效果。全年厅党组中心组共组织集体学习12次,邀请国家级、省级专家学者举办专题讲座20多次。二是加强干部培训。选派56名处级干部参加部委、党校学习,把干部教育培训与干部考核挂钩。着眼于向先进地区学习,加大外出考察力度,组织135名干部赴陕西杨凌开展专题培训教育,为机关干部提供学习和交流的平台。

（二)坚持选任标准,强化正确用人导向。按照《党政领导干部选拔任用条例》规定,坚持“注重实绩、群众公认”的用人导向,积极推进干部年轻化,先后选拔了一批素质较高、业绩突出、群众认可的年轻干部走上领导岗位。同时,对在同一部门、同一岗位任职时间超过5年的领导干部全部进行了轮岗交流。2011年共任免处级干部3批次,厅机关轮岗调整8人,提拔使用干部15人,直属事业单位提拔使用干部39人。

（三)改进工作作风,提高行政效能。一是加强作风纪律整顿。按照省纪委要求,在全厅开展了以“正风肃纪、创优环境”为主题的纪律作风教育整顿活动,进一步解决机关工作中存在的突出问题。同时,制定了农业厅纪律作风“六不准”,着力构建纪律作风建设的长效机制。二是推行政务公开。严格实行首问负责、服务承诺、限时办结、责任追究等制度,进一步规范办事程序,缩短办事时限,提高办事效率。按照“集中受理、统一对外、内部协作、限时办结”的机制,实行厅行政审批中心一个窗口对外,内转外不转的“一条龙”服务模式,极大地方便了办事群众。三是搞好基层调研和实践锻炼。结合全省干部下乡住村和领导干部包村增收活动,组织全省农业系统干部开展了为期3个月的“一村一品进村入户大调研”活动,深入农村,走访群众,倾听民声,掌握民情,努力做到问政于民、问需于民、问计于民。同时,选派机关干部参加扶贫工作,让干部沉下去研究解决实际问题,既加深了对基层工作的感性认识,又提高了调查研究和管理服务水平。

（四)加强党风廉政建设,构建廉洁勤政机关。严格落实党风廉政建设责任制,认真执行述职述廉、民主评议、诫勉谈话、民主生活会、经济责任审计等党内监督制度,形成了用制度管权、按制度办事、靠制度管人的机制。加强领导干部廉洁自律,严格执行《廉洁从政若干准则》,204名领导干部按要求填报了《个人有关事项报告表》,13名厅级领导干部和67名正处级干部进行了述职述学述廉,对21个行政单位和37个事业单位的领导干部开展了配偶子女移居国外的申报登记工作。狠抓项目资金监管,组织开展了农业在建项目专项清理检查。加强强农惠农政策落实情况的监督检查,确保国家各项补贴全部落实到位。按照省纪委清车工作专项整治要求,清理了机关所有超标超编车辆,进一步完善了车辆管理有关规定。

(五)加强精神文明建设,营造文明和谐氛围。围绕构建社会主义核心价值体系,积极开展机关文明和谐创建活动。"七一"期间厅机关组织了演讲比赛、歌咏比赛、红色电影周等庆祝建党90周年系列活动,厅直属单位组织党员干部赴延安、井冈山、西柏坡、武乡等地参观学习,接受了革命传统教育。厅机关工会坚持联企帮困送温暖活动,向太原燃料厂捐款9000元。全年共慰问困难职工110人次,慰问金额总计17.5万余元。通过全厅上下共同努力,厅机关和7个下属单位被命名为省直文明和谐单位标兵,13个下属单位被评为省直文明和谐单位,3个单位受到省总工会表彰,3名同志荣获省五一劳动奖章。

(马小波)

附:省农业厅党组书记、成员名单

书　记:孙连珠

成　员:董希德　左义河　王高勇　关建勋　雷郭堂　陈国荣(10月离职)　贾明进　穆锦清　李　广　张红星(11月任职)

省林业厅党组工作概况

党组书记　李永林

2011年,省林业厅党组坚持以邓小平理论和"三个代表"重要思想为指导,全面贯彻落实科学发展观,按照党的十七届五中、六中全会精神和省十次党代会精神要求,以"服务中心、建设队伍、推动发展"为根本,全面加强和推进厅直系统党建工作科学化水平,促进了厅直机关党委各项工作健康有序的开展,为"十二五"开局起好步、带好头,以及加快绿化山西建设步伐提供了坚强有力的政治和组织保证。

一、以创建学习型党组织为目标,大力加强思想政治建设

(一)认真抓好党组中心组理论学习。制订印发了《2011年度省林业厅及厅直系统中心组和干部理论学习安排意见》。《意见》明确了学习内容、学习方法和学习要求。一年来,各单位中心组学习有计划、有制度,档案健全,而且学习过程中认真落实了"三会一课"制度。春节刚过,厅党组即召开学习讨论会。从国情、省情、林情出发,围绕建设绿化山西生态兴省,加快推进林业转型跨越发展,以"创新发展思路、加强和改进党的建设"为主题,学习袁纯清书记、王君省长、刘维佳副省长关于绿化山西、生态兴省方面的讲话精神。学习袁纯清书记、汤涛部长关于创先争优方面的讲话精神,结合各自分管的工作,谈学习体会、找工作差距,讲工作思路、谋发展办法。厅党组中心组专题学习,都扩大到厅机关各处室和驻并单位主要负责人参加,紧紧围绕林业发展的重点难点问题进行学习研讨,通过互动交流、集思广益,探讨解决问题的思路和办法,有效带动全厅的学习。11月份,厅党组召开了贯彻省十次党代会精神推进绿化山西建设研讨会,围绕省十次党代会提出的"每年完成营造林400万亩,森林覆盖率增加一个百分点"的目标和创新林业发展机制、投资政策等方面的20个问题进行了研讨,形成学以致用、用以促学、学用相长的良好氛围。中心组带头学习起到了很好的示范带动作用。厅直各单位党组织按照年初中心组学习安排,理论联系实际抓学习,结合工作抓落实,学习计划得以实现,各项工作得到了促进。

(二)认真抓好处级干部理论学习。在抓中心组理论学习的基础上,我们以处级领导干部为重点,扎实推进学习型党组织建设。印发了《关于对2011年省林业厅处级干部轮训及中青年干部培训安排的通知》,安排了处级干部轮训和中青年干部培训,组织处级干部参加了省直机关处级干部学习十七届五中全会和省委九届十一次全会精神专题培训班,组织处级干部学习贯彻了党的十七届六中全会精神和省第十次党代会精神。机关党委购买了理论学习笔记本千余本,购买了《中国共产党历史》第一、二卷、《党的基本知识简明读本》、《党的历史知识简明读本》、《前沿资讯》、《学习贯彻十七届六中全会精神》读本、《胡锦涛同志七一重要讲话学习读本》、《从怎么看到怎么办》等各种学习书籍2000余册。并且对新提任的7名处级干部、科级青年干部及厅机关12名处级干部进行了培训。7月13—15日,省林业厅在林业生态基地举办林业系统政治理论、党纪法规、业务知识培训班,认真学习贯彻胡锦涛总书记"七一"重要讲话精神。9月份组织了全省森林公安民警大轮训培训班,10月份举办了《现代生态产业与生态管理》培训班,11月底举办了林业系统领导干部岗位廉政教育培训班。每次培训厅领导都全部参加,有的还做培训讲座,收到了良好效果。领导干部先学一步、学深一些带动了广大干部职工的学习,也掀起了厅机关及各基层党组织学习理论、贯彻理论的新热潮,有力地提升了干部理论素质,学习型党组织建设得到进一步加强。

(三)组织开展了统一战线人士的学习教育活动。印发了林业厅《关于参加省直机关统一战线成员树立和践行社会主义核心价值体系培训班的通知》,安排两期30名统一战线人士参加党校培训学习,这些同志多数是单位的业务骨干,他

们积极参加学习教育活动，是近年来统一战线人士参加由党委组织的集中学习教育活动人数最多的一次，收到了良好的学习效果。

（四）开展了形式多样的形势、政策教育、省情林情教育活动。一是组织开展了党的知识竞赛活动，印发了林业厅《关于组织厅直单位参加庆祝建党90周年党的知识竞赛的通知》。厅直系统有3125名党员干部参加了知识竞赛活动，林业厅被省直工委授予了“党的知识竞赛组织奖”殊荣。二是组织开展向杨善洲同志学习的活动，印发《关于深入开展向杨善洲同志学习在生态建设中创先争优的通知》，并将杨善洲同志事迹载于林业厅网站，供全厅各级党组织和广大党员干部学习。全厅各级党组织把活动的开展与自觉践行科学发展观结合起来，与实施生态兴省战略，实现“十二五”林业发展目标结合起来，与建设学习型党组织结合起来，与纪念建党90周年结合起来。在打造一流精品造林绿化工程中创先争优，在扎实快速推进集体林权制度中创先争优，在积极有效的保护森林资源中创先争优，在大力发展林系经济推动林业产业发展中创先争优，在联系、服务、指导基层，为群众排忧解难办实事的下乡住村工作中创先争优。把向杨善洲同志学习在生态建设中创先争优的活动，作为林业系统思想建设、作风建设、党风廉政建设的一项政治任务来抓，并抓出了成效。

二、以庆祝建党90周年为契机，大力加强基层组织建设

（一）结合行业特点，注重活动效果，组织开展了一系列庆祝建党90周年活动。机关党委印发了《山西省林业厅关于开展庆祝建党90周年系列活动的通知》，组织开展了“党在我心中”演讲比赛、庆祝建党90周年歌咏比赛和庆祝建党90周年理论征文比赛等活动。厅直各单位精心组织、广泛发动、营造氛围，并结合林业特点，开展了参观革命遗址、举办党史知识专题辅导报告会、红歌赛、观看红色电影等丰富多彩的活动，重温了党的知识和历史，使广大党员干部进一步增强了党的意识，坚定了理想信念，认真践行党的宗旨，先锋模范作用积极发挥。在庆祝中国共产党成立90周年评比表彰活动中，对2009-2011年度创先争优活动中涌现出的23个基层党组织、8个党风廉政建设先进集体、125名优秀共产党员、23名优秀党务工作者、12名党风廉政建设先进工作者进行了表彰。而且省厅一批先进集体和个人受到了省直工委的表彰。系列纪念活动和表彰，努力营造了创先争优的浓厚氛围，激励和调动了广大党员投身生态兴省绿化山西的积极性、主动性和创造性，进一步提高和增强了各级党组织的创造力、凝聚力和战斗力。

（二）创先争优活动扎实到位。一是印发了《关于在春节前普遍开展领导干部点评创先争优工作的通知》以及《关于深入开展创先争优活动有关事项的通知》。以引深承诺践诺活动为抓手，着力做好创先争优活动各个环节的工作，做到了公开承诺的全覆盖。在公开承诺环节，有14个党委、14个总支、275个党支部共303个基层党组织，向党员群众承诺事项近1800个，有92%的党员向党组织和群众通过不同的方式进行了公开承诺，如：厅机关、驻并各单位党组织，党员领导干部的公开承诺事项，均登载于林业厅局域网（内网）接受群众的监督。二是积极开展了履职承诺“回头看”。厅直各单位紧紧围绕工作职责明不明，承诺事项实不实，是否围绕中心、立足岗位，是否围绕群众的热点难点问题，是否明确承诺的完成时限这五个方面开展了履职承诺“回头看”，确保创先争优活动每个环节不走过场，扎实有效。三是抓好承诺兑现。厅直各单位结合工作实际，采取群众评议、党组织和党员互评自评、上级党组织讲评、领导点评等方式，促使党组织和党员兑现承诺。督促党组织和党员建立完善承诺事项兑现的时间表和满意度标准，把检查承诺兑现和业务考核相结合，促使党组织和广大党员把承诺落到了实处。据初步统计，303个基层党组织，向党员群众承诺事项近1800个，有52%左右的承诺已兑现、28%的承诺正在实施，20%的承诺主要涉及林区预算管理体制、职工子女就业、林业投资标准与投资结构、林业产业扶持力度等方面的问题，这些问题厅党组高度重视并积极协调有关部门全力解决。

（三）广泛深入开展“五个一”活动。基层党组织按照省厅召开一次组织生活会，基层党支部书记讲一次党课，组织党员重温一次入党誓词，组织一次专题学习讨论，党员为群众办一件实事好事的要求，开展了“五个一”活动，使广大党员进一步增强了宗旨意识和党员意识，进一步强化了为群众做好事、办实事的观念。

（四）做好党员发展和管理工作。把党员发展的重点放在了林业生产第一线的林区职工和公安干警当中，放在青年学生当中，使党员的年龄结构、知识结构、岗位结构更趋合理。印发了《关于2011年度厅直系统入党积极分子培训安排的通知》，对2011年170名入党积极分子进行了培训安排。

（五）积极加强基层党组织建设。根据厅党组干部调整情况和工作需要，及时对太行林局、黑茶林局、杨树局党委委员进行增补和调整，指导林职院党委召开了党员代表大会，督促林改处成立了党支部，对科技处、稽查中心、林技校三个基层党支部进行了改选。

三、贯彻条例，完善机制，积极探索基层党建工作新途径

（一）在厅直系统开展了学习中央《条例》活动。厅机关党委专职副书记、纪委书记先学一步，参加了省直工委举办的《条例》培训班学习，通过在全厅基层党组织和党员中开展学习条例的活动，提高了党员对新形势下加强机关党的建设的重要性认识和《条例》基本内容的了解。

（二）积极探讨新时期加强和改进党建工作的方法途径。一是为全面加强党员干部队伍建设，大力抓好经常性教育培训工作，不断提高党员干部队伍的思想政治素质和业务工作能力。根据党员干部教育培训的有关规定及要求，机关党委制定并落实了《山西省林业厅“十二五”党员干部教育培训工作规划（讨论稿）》。二是组织开展了林业厅庆祝建党90周年

理论征文活动。各单位广泛发动本单位广大党员干部,通过撰写理论文章和《中国共产党党和国家基层组织工作条例》学习体会,认真探讨新时期加强党的建设的新途径、新实践,积极探索深化机关党的建设的新经验、新方法,用党的最新理论武装党员头脑。共收到厅直系统各基层党组织党员撰写的理论文章200余篇。三是按照省思想政治工作研究会"关于报送2010年度宣传思想工作调研成果"的通知要求,积极开展了调研活动。机关党委对省直林区"文化年活动"的情况进行了调研,撰写了《围绕中心建平台、推动文化大发展》的调研报告,各基层党组织积极开展调研活动,共有专兼职党务干部30余人,撰写调研报告28篇,经初选,有15篇论文和调研报告上报省思想政治工作研究会。

(三)加强党务公开,推进民主和谐建设。按照省直工委的安排部署,及时成立并调整了党务公开领导组、制订了《山西省林业厅直属机关基层党组织党务公开实施细则》, 局域网站开设了"党务公开专栏"进行公开。机关党委购置并建立了"党务公开电子触摸查询系统"、电子公开栏,聘请了11名党务公开监督员,党务公开工作扎实展开。目前,厅直各基层党组织公开的党委有14个、总支有14个、支部有275个,党务公开比例达100%,各基层党组织制定方案、成立领导小组的比例达100%,厅直各基层党组织建立公示栏255个、电子屏51个、局域网11个、触摸查询机1台,发简报420期,党务公开极大的推进了民主和谐建设。

四、服务大局,认真履职,作风建设进一步加强

根据厅党组2月召开的全省林业局长暨党风廉政建设会议精神要求,机关党委认真学习贯彻会议精神,按照"忠诚、敬业、创优、奉献"干部队伍建设要求,进一步转变工作作风。

(一)进一步做好领导干部办理婚嫁事宜登记。2011年,对厅系统9名同志为子女办理婚嫁事宜进行了监督和登记,并严格按照规定认真抓了贯彻落实。

(二)狠抓工作纪律。为进一步贯彻落实省纪委《关于"以正风肃纪、创优环境"为主题,在全省深入开展纪律作风教育整顿月活动的通知》精神,按照林业厅方案和动员会要求,在活动领导组的指导下,下发学习右玉精神加强作风建设的通知,对厅直各单位作风建设提出了明确要求,结合全省纪律作风集中教育整顿月活动,机关党委和监察室印发了《关于组织观看警示教育片和召开专题组织生活会的通知》, 厅直各支部组织观看了警示教育片,召开了专题组织生活会。期间,对驻并单位和九大林局进行了明察暗访。

(三)完善规章制度,狠抓落实。以效能建设为契机,以强化执行力为目的,从创新机制入手,制定和出台了《山西省林业厅直属机关党委工作运行规程》、《山西省林业厅直属机关基层党组织党务公开实施细则》、《山西省林业厅党建工作制度汇编》等制度和管理办法,以加强机关党的工作科学化、精细化管理。实现了以制度管人,用制度管事,极大地增强了林业干部职工的事业心和责任感,促进了各项工作的落实。

五、强化责任,统筹兼顾,文明创建在巩固中提高

(一)健全工作机制,夯实创建工作基础。机关党委坚持把文明和谐单位创建工作贯穿于各项林业中心工作始终、与各项业务工作有机结合,相互促进、相互推动,努力使各项文明创建工作在服务大局中推进、在服务大局中深化、在服务大局中提高。

(二)加强组织领导,明确责任。厅领导高度重视文明和谐单位创建工作,将其作为一项系统工程来抓。加强领导,完善机制,落实责任。根据工作需要,完善和调整了创建工作领导组和办公室成员,建立一把手亲自抓,分管领导直接抓,机关党委具体抓,形成一级抓一级,层层抓落实,人人参与,齐抓共管的工作机制。结合林业厅工作实际,不断完善文明和谐单位创建机制, 党委提出了2011年度文明和谐单位创建计划。印发了《2011年林业厅文明和谐单位创建安排意见》和《关于申报2011年度省直文明和谐单位文明和谐单位标兵的通知》。厅直系统7个省直文明单位标兵(厅机关、林职院、造林局、林管局、推广站、规划院、林科院)申报2011年度省直文明和谐单位标兵,11个文明单位(林技校、林干校、种苗站、防检局、世行办、质监站、稽查中心、森林公安局、花业站、保护站、国有资产管理中心)申报2011年度省直文明和谐单位。同时,原省直文明单位省林业有害生物防治检疫局新申报2011年度省直文明单位标兵。

(三)狠抓班子建设,筑牢根基。厅党组坚持把领导班子建设成为党性强、作风硬、团结好的强有力的领导集体。一是坚持民主集中制,重大问题、重大决策和关系民生的主要事项,都要经过党组会集体研究讨论、集体决策,全年没有发生大的决策失误。二是坚持民主生活会制度,印发了《林业厅关于认真开好2011年度党员领导干部民主生活会的通知》,对开好民主生活会做了精心的安排部署。为了开好厅党组2011年度的民主生活会,厅党组紧密结合林业厅实际,制订了《厅党组2011年度的民主生活会方案》,确定了本次民主生活会的主题是:坚持以人为本执政为民理念,发扬密切联系群众优良作风,加强党性修养,增强大局意识、全局观念,讲党性,促和谐,谋发展。领导班子重点围绕这一主题及遵守领导干部廉洁从政有关规定、自觉践行党的宗旨等内容开了民主生活会。会上,大家结合实际认真查找问题,开展了严肃的批评与自我批评。会后精心制定了整改措施,明确了努力方向,民主生活会达到了预期目的。省委常委、省政法委书记、省检察院检察长王建明、省委组织部副部长陈跃钢、省直工委书记李仁和等领导参加了林业厅领导班子民主生活会。对厅领导班子民主生活会给予了积极的肯定,并对林业工作寄予厚望,提出了要求。

(四)狠抓"迎中博、创环境、争一流"活动。根据省委省政府及省直工委要求,印发了《省林业厅"迎中博、创环境、争一流"活动方案》,成立了领导机构,确定了环境整治标准及时间要求。积极提升了广大干部职工的文明素质,为提升山西

林业形象，推动各项工作的开展，发挥了积极有效的作用。

六、突出特点，加强指导，群团组织作用进一步发挥

一是群团工作安排到位。及时印发了《工会工作要点》、《团委工作要点》，对全年群团工作进行了全面安排部署。工作安排注重和上年度工作衔接、注重和林业中心工作衔接、注重和上级群团组织工作安排衔接、注重思想政治工作和解决具体问题衔接，确保工作安排全面，重点明确。

二是工作开展有声有色。首先，在群团组织中广泛开展了创先争优活动，并对在活动中涌现出来的先进集体和优秀个人进行了表彰奖励。厅工会对2008—2010年涌现出的17个先进基层工会、18名优秀工会干部、29名优秀工会积极分子进行了表彰。厅妇工委对2008—2010年涌现出的6个先进基层组织、12名优秀妇女干部、30名模范女职工及30个五好文明家庭进行了表彰。其次，充分利用纪念日开展各种主题活动，如："三八"妇女节，组织厅大院40余名女干部职工赴山西博物院进行了参观学习，组织女职工唱红歌，开展了"三八"学习教育活动，安排妇工委干部参加了省体育局举办的健排舞骨干培训。再次，在毛泽东等老一辈无产阶级革命家号召"向雷锋同志学习"纪念日来临之际。厅团委印发了《认真组织开展学雷锋活动的通知》，以开展学雷锋活动为抓手，进行传统教育和社会主义核心价值体系的教育活动。

三是承办"林业厅长与转型跨越青年群英面对面座谈会"的组织工作。30余名社会各界青年在青干院张伟院长的带领下参加了座谈。林业厅李永林厅长向青年们介绍了我省林业情况，并向青年们寄语。

四是加强民主党派的工作。把省直工委实施"同心"品牌的安排意见及时印发给有关单位，在统一战线人士中开展了学习教育活动并具体指导了民盟林业厅总支的换届工作。

七、扶贫帮困，排忧解难，宗旨意识进一步加强

向省总工会争取慰问资金8.5万元、省厅配套8.5万元，共计17万元，对林区及困难企业、困难职工进行了慰问。印发了《关于在春节期间开展走访慰问生活困难党员和老党员活动的通知》，向省直工委争取困难党员慰问金42900元，对143名困难党员进行了慰问。厅直机关党委从党费中拿出3000元，对7名困难党员进行了慰问。春节前厅机关拿出2000元，对联企帮困对象太化橡胶三厂困难职工进行了慰问。省直工委安排1.2万元，对厅直系统建国前入党的40名老党员进行了慰问。按照省委办公厅和省政府办公厅通知精神要求，厅机关于12月6日组织开展了"送温暖、献爱心"社会捐助活动，厅领导、机关干部职工共捐款47450元。

（张金保）

附：省林业厅党组书记、成员名单

书　记： 李永林

成　员： 霍转业　周　洪（5月离职）　常光明　谢　璞　任建中　张云龙（4月任职）　李　更

省商务厅党组工作概况

党组书记　王淑珍

2011年，省商务厅党组坚持以邓小平理论和"三个代表"重要思想为指导，深入贯彻落实科学发展观，紧紧围绕商务事业科学发展，认真贯彻落实党的十七届五中、六中全会、省第十次党代会和省"两会"精神，按照全省商务工作会议的安排部署，以加强党的执政能力建设和先进性建设为主线，牢牢把握服务中心、建设队伍两大任务，狠抓基层党的思想、组织、作风、制度和反腐倡廉建设，为全省商务事业完成"十二五"规划开好局、起好步提供坚强的政治保证。

一、以推进学习型党组织建设为载体，提高党员干部职工思想道德能力素质

厅党组坚持把建设学习型党组织当成基层党建工作中的头等大事来抓。在树立一个理念，搞好三个结合上下功夫，即：教育广大党员干部树立终身学习的理念，把建设学习型党组织与推动工作相结合，与推动基层党的建设相结合，与提高党员干部思想政治素养相结合。重点在三个环节上下功夫推进了机关和直属单位学习型党组织建设。

（一）狠抓中心组及机关干部理论学习。厅党组切实加强党组中心组学习，积极推进各级领导班子思想政治建设，推动科学发展观的学习实践。在学习的组织形式上主要采取个人自学、集体讨论学习和请专家举办讲座等方式进行，并开创性的举办了党组中心组讲坛。厅党组专题部署学习型党组织工作的议题。中心组成员按时完成党组中心组理论学习月计划规定的内容，做到有学习笔记，有学习体会文章；集中学习讨论有发言提纲；年内完成了1—2篇结合工作实际有针对性的调研报告并上报省直工委；根据厅党组中心组学习讲坛计划篇目，向机关及直属单位干部职工讲一次课。机关各支部（总支）理论学习，按照厅党组（中心组）及机关党员干部理论学习月计划内容，以支部为单位每月至少组织1次集中学习。

（二）加强对党员干部的培训。厅党组把对党员干部的培训，当成推进学习型党组织建设的重要环节。在工学矛盾突

出的情况下，认真调整培训计划，做到工作、学习两不误。组织14名同志参加了省直分校的各类培训。选派两名同志参加了省直工委组织的学习型党组织建设考察和《中国共产党党和国家机关基层组织工作条例》培训班。选派两名同志参加了省直工委在江西瑞金革命旧址举办的省直机关党务干部培训班。组织了为期一天的学习贯彻省第十次党代会精神培训班。通过培训增强了党员领导干部深化学习实践科学发展观的自觉性，对省委提出的转型跨越发展有了一个从理论到实践完整系统的了解。

(三)鼓励党员干部主动自学。厅党组把党员干部的自学作为推进学习型党组织建设的重要组成部分。对不同层次、不同工作岗位、不同知识需求的党员干部，采取引导激励、检查指导的办法，鼓励他们利用各种方式自学，自觉提高政治理论水平，丰富自己的知识面，增强工作能力。紧紧围绕商务事业转型跨越科学发展的实际，为党员干部自学提供服务，提供自学书籍，规定撰写读书笔记和心得体会，定期审查处级干部读书笔记，组织读书笔记和心得体会展评。

二、认真落实党建工作责任制，扎实开展创先争优活动，不断提高党员队伍综合素质

(一)认真落实党建工作责任制。厅党组把基层党建工作纳入工作的整体规划，同部署、同检查；党组书记把抓基层党建工作情况列为述职内容，主要领导述职报告中有如何抓基层党建工作的内容；党组及时指导机关党委，对基层党的组织到届或书记出现空缺进行选举和调整。党组按照《条例》规定，落实机关基层党组织的活动经费，列入行政经费预算，保障工作需要。多次召开党组会，研究贯彻落实《中国共产党党和国家机关基层组织工作条例》。

(二)扎实开展创先争优活动，提高党员干部职工思想道德能力素质。厅党组始终高度重视创先争优活动的开展，把岗位建功作为创先争优活动实践载体，把提高党员素质作为核心任务，引导党员模范履行岗位职责，高标准做好本职工作，促进抓党建、带队伍，推动商务事业科学发展。充分认识开展创先争优活动是贯彻落实科学发展观的具体实践，是有效凝聚党员智慧与力量，激发商务干部职工积极性和创造力的有效举措。组织厅直各级党组织把岗位建功作为创先争优活动实践载体，把“五个好”、“五带头”落实到每个党员模范履行职责义务上，落实到高标准做好本职工作上，努力使创先争优活动具体化、实践化。

(三)将创先争优活动与中博会的筹办有机结合，开展“创先争优迎中博”活动。厅党组将中博会的筹办列为头等大事来抓。制定下发了《山西省商务厅关于深入开展“迎中博、创环境、争一流”活动实施方案的通知》，并成立山西省商务厅深入开展“迎中博、创环境、争一流”活动工作领导组，动员广大干部职工优化工作和生活环境，塑造文明形象；开展了征集“创先争优迎中博”宣传口号活动，征集了一大批健康向上、凝聚力强、激励斗志、鼓舞人心的宣传口号。通过把立足岗位创先争优做为载体，把创先争优活动的组织、筹划与中博会筹备工作有机结合，在全厅形成了举全厅之力办好中博，为转型跨越贡献力量，立足岗位创先争优，优质服务迎接中博的良好氛围。

三、认真落实民主生活会制度，积极推进基层党务公开，不断增强党组织的凝聚力

(一)严格程序确保质量，开好民主生活会。根据省纪委、省委组织部《关于转发中共中央纪委、中共中央组织部<关于开好2011年度县以上党和国家机关党员领导干部民主生活会的通知>的通知》精神和省直工委的要求，向各市商务局、省级以上开发区、厅直企事业单位、厅机关各处室下发了《关于省商务厅党组2011年民主生活会征求意见的通知》、《关于开好2011年度厅直属单位党员领导干部民主生活会的通知》、《关于开好厅机关党员干部组织生活会的通知》。认真抓好民主生活会的每一个环节，规范民主生活会的程序，确保民主生活会的质量。会后，召开机关干部职工和所属单位负责人会议，通报民主生活会情况，听取干部职工对民主生活会的意见，并对民主生活会情况进行满意度测评，接受群众监督。

(二)积极推进基层党务公开。厅党组高度重视党务公开工作：一是成立了厅党组书记任组长，分管副厅长任副组长的商务厅基层党务公开领导小组，领导小组办公室设在机关党委；二是制定印发了《关于印发山西省商务厅基层党组织党务公开实施方案的通知》，并召开了厅直各基层党组织负责人会议，对厅直机关基层党务公开工作进行安排部署；三是对厅机关基层党组织党务公开目录进行了分解，按照公开形式、公开范围、公开时限明确了责任单位；四是对负责的项目，按照公开形式区分为会议公开、文件公开、网上公开，按照公开范围区分为党内外公开、党内公开，按照公开时限区分为即时公开、定期公开、长期公开；五是将2011年以来的事项通过会议、文件、网上、公开栏进行了公开。

四、弘扬右玉精神，学习廉政准则，扎实推动干部下乡住村“六个一”活动

厅党组响应省委号召，把学习弘扬右玉精神与学习贯彻《中国共产党党员领导干部廉洁从政若干准则》相结合，用右玉精神激励广大干部党员，把右玉精神转化为推动我省商务事业科学发展的强大精神力量。研究制定了《省商务厅开展干部下乡住村活动实施方案》、《下乡住村工作计划》，确定右玉县右卫镇下元村为干部下乡住村、领导干部包村点，组织8批副处级以上干部下乡住村。帮助完善和加强了下元村基层党支部，村党组织的战斗堡垒作用、干部党员的骨干带头作用明显增强；组织党员群众开展解放思想、促进发展大讨论，党员群众的思想观念发生了积极的转变；帮助制定下元村发展规划，理清了发展思路，科学发展的观念增强了；帮助村委会制定致富项目7个；为群众打井1眼，解决了村民吃水难的实际问题；形成了《立足实际发挥优势，走出一条符合农村实际的发展路子》的调查报告。通过干部下乡住村活动，

机关和直属单位干部党员的思想作风、学习作风、工作作风均有了明显的改善。

五、抓文明促和谐，积极开展丰富多彩的活动，充分营造浓厚的文明和谐氛围

厅党组始终坚持业务工作与文明和谐创建工作实行同规划、同部署、同检查、同考核，使中心工作与文明和谐创建工作，相互促进共同提高。举办了春节团拜会，开展了庆祝建党90周年系列纪念活动，组织了春季登山活动等。积极筹措资金兑现"省直文明和谐单位标兵可按本单位在职职工二个月平均工资发放"的奖励。开展了2010年度厅机关文明和谐处室、文明和谐个人评选活动，评选产生8个文明和谐处室和25个文明和谐个人。11月份，接受了省直文明办的检查验收，受到了上级领导的一致好评。

六、积极开展庆祝建党90周年活动，充分展示厅直机关广大党员干部职工良好的精神风貌

厅党组高度重视庆祝建党90周年系列活动。组织厅直系统党组织和党员参加了省直工委举办的"晋商银行杯"党的知识竞赛、理论征文比赛、"党在我心中"演讲比赛、省直机关党建工作巡礼、党员志愿者服务活动；在厅直系统举办了"党在我心中"歌咏比赛、"党在我心中"演讲比赛，组织了重温入党誓词活动、走访慰问建国前入党老党员活动，召开了纪念建党90周年暨"创先争优表彰大会"。通过十大纪念活动，充分展示了厅直机关广大党员干部职工良好的精神风貌和奋发向上的精神品质，进一步激励厅直机关广大党员干部职工锐意进取、发奋图强，为推动转型跨越发展、实现"再造一个新山西"的宏伟目标而努力奋斗。

七、在围绕商务事业科学发展做贡献上下功夫，各项经济指标全面完成

在厅党组的正确领导下，全厅系统围绕服务全省转型跨越发展和综改试验区建设，实施"大开放、大市场、大流通"战略，着力开放促发展、消费惠民生，创新理念拓宽渠道，内提素质外树形象，致力构建"五位一体"的商务发展大格局，努力开创山西商务工作新局面。2011年，全省社会消费品零售总额3750亿元，同比增长17%；进出口总额147.6亿元，同比增长17.4%；招商引资3623.8亿元，比2010年翻了一番，其中实际利用外资20.7亿美元，同比增长37.4%；开发区区内生产总值超过1000亿元，销售收入突破3000亿元，进出口额突破30亿美元，引进国内资金突破500亿元；完成对外承包工程营业额6.9亿美元，对外投资总额1.5亿美元。经过全厅上下共同努力，圆满完成省政府确定的工作目标任务。

（要宏锋）

附：省商务厅党组书记、成员名单

书　记：王淑珍（女，9月离职）　孙跃进（9月任职）

成　员：张　文（6月任职）　张华龙（9月离职）
史贵章（6月离职）　乔亮生　孙兆岚
杨来栓（9月离职）　刘　进
马　珩（6月离职）　王来平（8月任职）

省文化厅党组工作概况

党组书记　张明亮

2011年，省文化厅党组紧紧围绕省委、省政府的中心工作，牢牢抓住山西发展的主题、主线，着力服务转型跨越，狠抓年度目标责任制确定的各项任务，全面创新"七项工程"，大力推进"三大转型"，着力实施大作品表现、大集团运作、大景点支撑、大服务引领、大会展集聚的文化工作"五大战略"，圆满完成了既定各项任务：体制改革取得突破性进展，产业增加值持续高速增长，精品力作精彩纷呈，公共文化服务体系建设不断完善，对外文化交流空前活跃，山西形象、知名度和影响力大大提升，全省文化建设形成了又一个新的高潮。

一、超额完成年度工作目标任务

省政府下达我厅的目标任务全部圆满完成，文化体制改革、艺术创作、公共文化体系建设、非遗保护等工作获得国家级表彰，具体表现为"五突破、五进展、五提升"。

（一）一手抓改革、一手抓发展，重点工作取得五个新突破。

一是文化体制改革任务全面完成，荣获"全国文化体制改革工作先进地区"称号。认真解决市县两级"三局"合一中存在的不彻底、不到位问题，130个市县全部成立文广新局，文化行政体制改革全面完成；积极协调成立山西省文化市场管理工作领导小组，文化市场综合执法改革工作全部到位；按照"分类改革，区别对待，全面落实"的要求，山西省演艺集团挂牌成立，全省163个国有文艺演出院团全部完成改制任务；完善内部人事、收入分配、社会保障三项制度，文化事业单位内部机制改革取得突破性进展。全省实现了"四项改革任务"全部完成的目标。中宣部授予我省"全国文化体制改革工作先进地区"称号。

二是新一轮艺术精品创作高潮凸显，在全国引起强烈反响。"四个10"创作工程全面完成，精品艺术生产取得突破性进展。《千手观音》成为国家大剧院的开年大戏；《武则天与狄仁杰》（原名《天地结》）、《上马街》在太原首演；《山村母亲》、

《西沟儿女》进京参加“庆祝建党90周年展演”;《大红灯笼》、《天地神灵》、《麦田守望》、《五台圣境》、《爱有多难》与观众见面;《知音》(原名《剑胆琴心》)参加了纪念辛亥革命100周年活动演出，并获得第六届全国京剧艺术节银奖;《粉墨春秋》在北京、上海首演，获得空前的轰动效应;《解放》获得国家精品工程;《立春》完成彩排;电视剧《荣河镇的男人们》完成制作;《新山西新辉煌》、《再唱山西好风光》等十余首歌曲，在中博会、党代会等重大活动中推出。

三是文化产业跨越式突进，开始迈入与全国同步发展的新时期。一年来，我们不断完善“培育三大支柱，构建八大方阵，打造三张文化名片”的文化产业发展思路，培育市场主体，实施项目带动，形成了文化产业发展新格局。命名首批省级文化产业示范基地16个、国家级文化产业示范基地5个，带动形成产值超亿元企业20余个，产值500万元以上企业700多个；深圳文博会和北京国际文化创意产业博览会上，山西展团签约突破了70亿元；山西文化产业网注册企业已达1000余家，文化产业项目库入库项目达400余个；编辑出版了《山西省文化产业示范基地典型案例精析》一书；出台了《山西省文化产业示范基地评选命名管理办法》、《山西省文化产业投资指导目录》、《推动全省动漫产业实施意见》等政策，与省工行签订了受信额100亿元的《支持文化产业发展战略合作框架协议》，对接项目40个，融资额度超过30亿元；组织申报文化产业发展专项资金，247家企业申请资金184亿元，全省文化产业呈现出了蓬勃发展的良好势头。中国人民大学文化创意产业研究中心发布，2011年山西省文化产业驱动力指数位居全国第二。

四是非物质文化遗产保护顺利推进，国家级非物质文化遗产保护项目位居全国第三。积极开展非物质文化遗产名录申报工作，关公信俗和晋剧向联合国教科文组织申报世界文化遗产，全国共申报9个项目，我省占2个；目前，我省共有国家级非物质文化遗产名录项目105个，保护单位145个；省级非物质文化遗产名录项目353个，保护单位603个。开展传承人申报评审工作，命名8个省级非物质文化遗产传习所和3个大师工作室。目前，我省共有国家级传承人72人、省级228人、市级1548人、县级3314人。大力推进非物质文化遗产整体性保护工作，国家级晋中文化生态保护实验区总体建设规划编制工作基本完成，山西老陈醋集团有限公司入选首批国家级非物质文化遗产生产性保护示范基地，成功举办中部六省非物质文化遗产论坛，首创六省非遗保护联动机制，我省的非遗保护工作在全国名列前茅。

五是文化与旅游、科技深度融合，新型文化业态发展进入国家先进行列。紧紧抓住我省综改试验区建设机遇，大力实施文化旅游融合战略，我厅与省旅游局在意大利罗马举办了“中国文化旅游推介会”;联合向省政府上报了《山西省转型综改试验区文化旅游业重大标杆项目提升及实施方案》，“一市一景区一文艺团体一台演艺剧(节)目”项目被确定为文化旅游重大标杆建设项目；我厅提出了实施人文五台山“五个一工程”建设项目。文化旅游的融合也带动了文化与科技的融合，动漫游戏、数字电影、数字出版等新兴文化业态迅速崛起，其中太原高新区动漫游戏产业基地研发的全息影像技术在全国处于领先水平，宇达热着色处理技术、太钢不锈新型创意产品等成为文化科技融合的最新成果。

(二)一手抓建设、一手抓服务，面上工作取得五个新进展。

一是公共文化服务体系建设取得新成绩。省市县乡村五级公共文化体系建设进入快车道，完成山西大剧院和山西省图书馆新馆建设；山西省美术馆、山西省群众文化中心、山西省少年儿童图书馆等工程被列入省政府重点工程预备项目；实施市级“两馆”健全工程，吕梁市新建了图书馆，长治市新建了群众艺术馆，运城市和太原市改造了群众艺术馆，临汾、晋城、忻州等市将市级公共文化设施纳入了建设规划；实施“百县强基”工程，在建县级文化设施项目达到70多个，建筑面积19.2万余㎡，其中已完工项目30多个，完工面积近10万㎡，县级公共文化设施不断得到提升和改善。实施“万村千乡设施建设工程”，完成村级综合文化活动室建设28199个，农村文化设施全覆盖工程基本完成。长治市被列入全国公共文化服务体系示范区，太原市“文化精品惠民基层行”活动被列为全国公共文化服务示范项目；顺利完成第三次文化馆评估工作，三级以上文化馆数量达到了57个，较第二次评估大幅增长。

二是“文化惠民”工程进入新阶段。深入开展送书、送戏下乡活动，全年共为基层配送图书186万册和2191万元的文化活动器材，配送“流动舞台车”44辆，“流动图书车”33辆。组织开展了“文化惠民，送戏到村”活动，15个艺术院团1000余名演员，赴全省7个市、17个县、31个乡镇、32个村，为贫困山区、老区演出120余场，观众近60万人次；继推进文化信息资源共享工程，119个县、1197个乡镇和28199多个村资源共享器材设备配备任务全部完成，在全省范围内实现了全覆盖；积极推进“三馆一站”(美术馆、公共图书馆、文化馆(站))免费开放工作，争取中央免费开放补助经费5813万元，为全省所有公共图书馆、文化馆(站)实现无障碍、零门槛、免费开放进入创造了条件。组织实施数字图书馆推广工程，省图书馆和4个市级数字图书馆被列入国家首批“数字图书馆推广工程”;19个县乡镇获评“中国民间文化艺术之乡”。

三是重大文化活动展示新形象。围绕纪念建党90周年和辛亥革命100周年、第六届中博会、省第十次党代会等重大活动，成功举办“魅力三晋——山西文化艺术精品(上海)展演月”活动、“歌颂新时代 放歌新山西”合唱周、“喝彩中部”和“走向辉煌”文艺晚会、第13届杏花奖评比演出等系列文艺活动，展现了山西文化发展新形象，极大提升了山西影响力。

四是对外文化交流开创新局面。坚持文化“走出去”战略，共有26个团组、301人次赴十多个国家和地区进行文化交流，接待文化来访团7个、170多人。太原歌舞杂技团赴美参加了“欢乐春节”；省歌舞剧院参加了台湾中华国乐学会

“2011 新年音乐会”、台湾南华大学《金鼓齐鸣》鼓乐演奏会等,全年有 90 余人次赴台演出,起到了联接两岸民众心灵的桥梁作用;山西民间手工艺代表团应邀赴纽约参加了“中国日”活动,一系列对外文化交流活动,全面开启山西对外文化交流新时代。同时,根据文化部“春雨工程”文化志愿者“边疆行”工作精神,组织开展了赴内蒙古自治区送文化活动,受到了文化部和中央文明办的表彰,中央电视台《焦点访谈》进行了专题报道。

五是文化市场建设取得新进展。在全省开展“知识产权保护专项行动”以及“暑期行动”、“网吧整治”等专项行动,共出动稽查人员 33362 人次,检查经营 10875 家次,立案查处违规接纳未成年人案件 446 起,责令整改 347 家次,排除安全隐患 710 多起;全省 3735 个网吧、2210 个歌舞娱乐场所、10 个互联网文化单位、12 个非经营性互联网文化网站、42 个演出经纪机构和 160 家演出团体的信息进行数据化管理;举办全省执法队伍的培训工作;实现了从事前静态审批向事后动态监管转变、从刚性管理向刚柔相济方式转变、从人工巡查向技术监管转变的新目标。

(三)一手抓创新、一手抓管理,基础工作取得五个新提升。

一是精神文明建设迈上新台阶。对照省文明单位考评体系,制定《年度文明和谐单位创建计划》,加强组织领导和制度建设,坚持“一周一计划,一月一交流,一季一督查”的工作机制,广泛开展“文明处室”、“文明示范窗口”、“党员文明号”等创先争优活动;推动精神文明创建活动融入公共文化服务、艺术创作生产、文化惠民工程等文化建设工作中,受到了省文明办、省直工委的肯定。

二是文化人才培养迈出新步伐。山西戏剧职业学院和中国戏曲学院、山西艺术职业学院和山西广播电视干部学院合作提升办学层次,取得重要进展,人才基地建设初具规模,艺术创作、导演人才、管理人才、营销人才等高级专业人才培养达到了 300 多人。

三是文化政策法规建设取得新成果。《山西省非物质文化遗产保护条例》完成立法准备工作,《山西省公共图书馆管理办法》完成立法前期程序,出台了《山西省“十二五”时期文化发展规划纲要》,制定完善了 58 项内部规章制度;获文化部“全国文化系统‘五五’普法先进集体”荣誉。

四是文化艺术理论研究迈上新台阶。承担并完成了省政府重大决策课题《山西文化事业和文化产业协调创新发展对策研究》;《山西戏曲传承与人才培养战略研究》等 3 项课题获得国家艺术科学规划立项,实现了省直文化单位重大科研项目零的突破;省级软科学课题《我国网络廉政文化建设现状分析》收入文化部《廉政文化论文集》;完成了 11 项省级艺术规划课题研究;《我省基层公共文化服务和文化社团现状调研及思考》等 4 篇论文获全省优秀调研论文奖;2 篇分获全省社科联重点课题一等奖、优秀奖。

五是安全生产工作获得新成效。坚持“组织、制度、经费、措施和检查”五到位,成立文化市场、公共文化服务、艺术院团、艺术教育科研、文化产业和厅机关安全生产对口检查组,狠抓工作机制不健全不放过、硬件设施不落实不放过、整改措施不到位不放过、安全教育不扎实不放过,排查整治、应急演练,责任到人,确保了全省 25262 家公共文化场所、6774 家文化市场经营单位、45 个机关处室和厅属单位的安全稳定。

二、加强领导班子和干部队伍建设

(一)坚持用党的创新理论武装头脑、完善决策、推动工作。厅党组坚持每月一次学习制度雷打不动。及时组织大家围绕建设文化强省和推动文化转型跨越发展、围绕中央“三加快一加强”文化工作总要求,认真学习党的路线方针政策,进一步明确了文化工作的地位和作用,进一步明确了文化发展的方向和重点,不断完善文化强省建设的思路和规划,进一步明确山西文化转型跨越的路途,不断加大推进文化改革发展的力度。对中央和省委省政府重大决策部署都做了专题学习贯彻,对胡锦涛总书记“七一”讲话、十七届六中全会、省第十次党代会做了系统学习贯彻,把专题学习与整肃机关工作作风相结合,与建设学习型党组织相结合,与“创先争优”建设一流机关、一流队伍相结合,努力做到学以致用、学有成效,促进了政风、行风和能力素质的提升。

(二)坚持用共同的目标鼓舞人心、激励斗志、开拓进取。一是纠正在新的机遇和挑战面前存在的畏难情绪。对照党的十七届六中全会和省第十次党代会有关解放思想、开拓创新的要求,统一思想,通过打开思想的大门进而打开了发展的大门。二是纠正在转型跨越发展面前存在的精神疲软,形成奋发有为不松懈、不观望,脚踏实地谋发展、干事业的良好氛围。三是纠正在加快文化强省步伐面前存在的守成求稳。树立了由小文化向大文化转型、由单纯文化服务向全面文化建设转型、由微观文化运作向宏观统筹发展转型的新理念。

(三)坚持用民主集中制原则集思广益、凝心聚气、汇集力量。一是坚持集体领导。凡涉及文化改革建设、繁荣发展、人事资金项目的重大问题、重要问题、热点问题坚持集体领导,民主决策,科学决策,依法决策。二是把维护人民群众的根本利益作为一切工作的出发点和落脚点。坚持在文化体制改革中用足用好“三项政策”(老人老办法、两不变一增加、扶上马送一程),坚持“三个不动摇”,认真解决院团转企过程中的人员身份、工资待遇等利益问题,出台保障政策规定,保证艺术院团“人心不散、队伍不乱、工作不断”的良好局面;认真解决厅属单位办公环境问题、老干部待遇等问题,促进省直文化系统和谐发展。三是坚持文化为人民服务、为社会主义服务。牢固确立文化发展为了人民、文化发展依靠人民、文化发展成果由人民共享的原则,弘扬主旋律,用优秀的作品鼓舞人,把社会主义核心价值体系建设自觉地贯穿到艺术创作生产的全过程。

(四)坚持用党的干部选拔任用政策规范行为、建规立制、强基固本。一是认真执行干部任用有关规定。深入贯彻落实中央《2010—2020 年深化干部人事制度改革规划纲要》和省委实施意见,以及袁纯清书记在全省人事制度改革电视电话会议上的讲话精神,深入推进文化系统干部人事制度改革。二是全系统实行干部任用竞争上岗。在厅机关内设机构领导职位和事业单位处级领导班子成员中,实行了竞争上岗;在公益性文化单位中,全面推行了中层干部竞聘上岗;在经营性文化单位中,中层干部和项目负责人实行了聘任制;在基层党组织领导班子中,逐步扩大了直接选举范围。三是严格竞争上岗的程序和办法。竞争上岗坚持做到:十程序、五公开、三监督。十道程序是:发布公告、报名、资格审查、笔试、述职、竞职演说、民主测评、组织考察、党组研究、公示;五公开是:人员资格条件公开、笔试成绩公开、入围名单公开、综合成绩公开、拟任对象及任职岗位公开;三监督是:上级部门监督、本级纪检部门监督、群众监督。通过竞争的方式选拔任用干部,不仅为干部提供了公平竞争的机会,也通过竞争方式选拔了一批有活力、肯实干、能吃苦的年轻干部,优化了结构,激发了活力。

三、推进惩防体系建设和落实党风廉政建设责任制

认真落实省纪委有关部署和要求,加强惩防体系建设和党风廉政建设,取得明显成效。主要表现为"三突出、两加强":

(一)突出《廉政准则》宣传教育,进一步筑牢领导干部拒腐防变的思想基础。通过下发文件和教材、召开党风廉政建设工作会议、开辟网络专栏、发布廉政短信,组织专题教育活动等方式,进行《廉政准则》宣传教育;特邀原省纪委党风室主任卫洪平进行专题辅导;组织厅机关及直属单位处以上干部进行《廉政准则》知识考试、观看《小官大腐警示录》、《没有规划好的人生》等警示教育片,参观全国检察机关惩治和预防渎职侵权犯罪巡展和省纪委举办的反腐倡廉图片展,进一步提高了党员干部拒腐防变和抵御风险的能力。

(二)突出建立和完善工作制度,加强惩治和预防腐败体系建设。认真贯彻落实中央《关于实行党风廉政建设责任制》、《建立健全惩治和预防腐败体系 2008—2012 年工作规划》和省委的《实施意见》。厅党组下发《年度党风廉政建设责任制任务分解意见》和《廉政风险防控工作实施方案》,制定《督促检查工作制度》、《办文办事限时制度》、《政府信息公开制度》等 25 项规章制度,落实"一岗双责",并在网上公布,接受群众监督,规范了厅机关行政行为。

(三)突出纪律检查整顿,推进干部作风建设。认真开展纪律作风集中整顿教育活动,组织机关全体公务员和厅属单位全体党员干部观看了省纪委编制的《"正风肃纪、创优环境"警示教育资料片》,提高思想认识,全体人员将工作纪律"五不准"变为"五自觉"、"五严守"。

(四)抓住部门特点,大力加强对"三重一大"等重要工作的监督检查。厅党组在干部提拔任用、事业单位人员招聘、重大建设项目、政府采购、文化强县验收、文艺评奖、职称评审等工作中均由驻厅纪检组、监察室进行全程监督。同时,深入开展"小金库"、"公务用车"清理整治,成立领导小组,下发实施方案,认真开展治理工作。

(五)发挥部门特色,大力加强廉政文化建设。省图书馆举办星期日讲座、文源讲坛等活动,开展廉政文化讲座和报告会,扩大廉政文化的影响范围;各艺术院团继《母爱无疆》、《申纪兰》、《廉吏于成龙》、《西沟女儿》等优秀戏曲作品后,又新创作了以右玉精神为题材的话剧《立春》和反映大学生村官生活为题材的反腐倡廉剧目《酸枣林》、《村官》等作品,使我省反腐倡廉文艺作品创作从数量到质量上都得到了长足的进步。

(杨　渊)

附:省文化厅党组书记、成员名单

书　记:张明亮

成　员:李春荣　赵银邦　窦明生　贾新田　李　力
郭　立(11 月离职)　李培勇(8 月任职)
赵晋蓉(1 月离职)　张建军(1 月离职)
贾茂盛(8 月离职)

省卫生厅党组工作概况

党组书记　高国顺

2011 年,省卫生厅党组紧紧围绕全省工作大局,全面提高新形势下机关党的各项能力建设水平,努力加强政治建设、组织建设、反腐倡廉建设、文明和谐建设、作风建设,不断推进学习型党组织建设,狠抓中心组和党员干部的理论学习。在抓好中心组学习的同时,在全局范围内,认真组织学习了胡锦涛总书记"七一"重要讲话精神、山西省第十次党代会精神和袁书记的重要讲话精神,以学习推动工作,促进工作,各项工作取得了显著的成绩。

一、医改五项重点改革任务

新农合保障水平显著提高,人均筹资标准由上年的 150 元提高到 230.61 元,参合率由 94.28%提高到 98.45%,最高支付限额全部达到或超过 5 万元,政策范围内住院费用支付比例达到 74%,门诊统筹实现了全覆盖。代县实现了新农合"一卡通",参合农民在村卫生室就医也能直接刷卡报销。

国家基本药物制度初步建立,除按国家要求在所有政府办基层医疗卫生机构实施外,率先在全国实现了基本药物在

村卫生室的全覆盖，是全国在村卫生室实施基本药物制度的4个省份之一。高平、孝义、古交、平鲁、灵丘、襄垣、古县等县（市、区）将实施范围扩展到了县级公立医疗机构。建立了基本药物招标采购新机制，在全国第4家建成并启用了基本药物省级招标采购结算平台。

基本公共卫生服务均等化稳步推进，预防为主的方针从制度上得到落实。全省人均基本公共卫生服务经费由上年的15元提高到25元，服务内容由9类扩增为10类。国家基本公共卫生服务和重大公共卫生服务项目任务全部完成或超额完成。大同县、灵丘县基本公共卫生服务实行定量管理、分类付费，形成了有效的激励机制，提升了服务质量。长治市实现了基本公共卫生服务信息市县乡村四级网络化管理，电子健康档案建档率达95.3%，居全省第一。

基层医疗卫生机构综合改革基本完成，公益性的管理体制、竞争性的用人机制、激励性的分配机制和稳定长效的多渠道补偿机制正在形成，绩效工资改革使得基层医疗卫生机构人均年工资增加6000多元，进一步调动了医务人员积极性。34所县级公立医院综合改革取得一定成效，所有试点医院全部达到二级甲等水平，公益性日益彰显，医疗质量、服务能力稳步提升。高平市代表山西在全国公立医院改革试点地区工作交流会上介绍了经验。

县域医药卫生一体化综合改革取得积极进展，28个试点县（市、区）县乡村一体化管理的格局逐步形成，医务人员积极性得到提高，基层医疗卫生服务能力明显提升，在县域内就诊人数明显上升。《人民日报》先后5次报道了山西的经验和做法。国务院医改办领导来山西调研时给予了充分肯定。

在2012年1月5日的全国卫生工作会议上，印发了卫生部2011年医改监测结果，卫生部监测排序的41项医改指标，山西省全部完成，其中16项排全国第一或并列第一。

二、疾病预防控制工作

疾病预防控制工作进一步加强，艾滋病、结核病、鼠疫等重大传染病得到有效防控。顺利完成了艾滋病实验室年度复核验收。及时、妥善处置了古交市立才培训学校肺结核聚集性疫情。在太原、运城推广固定剂量复合制剂，优化抗结核药品疗效。6月，在太原市开展应急处置演练，强化鼠防队伍应急能力。加强布病监测、采样、检测，妥善处置大同和长治市2起布病疫情。继续做好流感、手足口病防控工作，截至12月底，甲流、手足口病病死率分别较上年降低81%和59%。

免疫规划扎实有效。2011年需补种乙肝疫苗632884人。截至12月底，共补种632992人，补种任务完成率达100.02%，完成了15岁以下人群乙肝疫苗补种项目。各地扎实开展基础免疫，含麻疹成分疫苗接种率达到98%以上；落实有关监测方案和工作规范，每例麻疹病例或疑似病例均及时报告、调查、采样、检测和信息录入。9月，与省教育厅联合开展了麻疹疫苗查漏补种，接种率达到95%。截至12月底，全省麻疹发病率降至0.16/10万，较上年下降77%。积极开展脊髓灰质炎防控工作，9月全省疫情风险评估结果显示：全省脊灰疫苗基础免疫、强化免疫工作扎实，AFP监测指标达标。同时，根据卫生部要求，派出各级免疫规划专家赴疆对口支援乌鲁木齐市脊灰疫情防控工作。

三、健康教育与促进工作

慢性病综合防控成效明显，寿阳县成为首批“国家级慢性病综合防控示范区”，卫生部在山西召开了全国慢性病防控工作研讨会。在阳泉市、临汾市、阳城县、洪洞县开展食管癌/贲门癌早诊早治项目工作；在临汾市开展大肠癌早诊早治项目；在7个市所辖9个县区开展肿瘤随访登记；开展了儿童口腔疾病综合干预项目。

大同市矿区煤峪口社区卫生服务中心成为山西首个“城市社区健康教育基地”。在全省大力推广吕梁市开展“三项整治”的做法和经验，城乡环境面貌发生巨大变化。晋城市、潞城市被命名为国家卫生城市，黎城县再次被命名为国家卫生县城。卫生应急工作进一步加强，创建了首批13个省级卫生应急综合示范县（市、区），襄垣县率先独立设置了卫生应急管理机构。截至12月底，全省119个县全部启动全民健康生活方式行动。创建“示范单位、示范社区、示范餐厅（食堂）”共72个。加强精神卫生体系建设。利用卫生部专项资金，为9个精神专科医院配备医疗设备2460万元。组织省级专家组深入基层，培训卫生行政管理人员、精神专科医生、社区（乡村）医生5561人次。建设重性精神疾病信息系统，截至12月底，共录入4.9万例重性精神疾病患者基本信息。继续开展重性精神疾病管理治疗项目。结合基本公共卫生服务项目，对发现的重性精神疾病患者建立专档，并根据卫生部要求与公安部门完成了患者信息交换工作。在山阴、右玉、左云、阳城、壶关、临猗、介休、屯留、怀仁、绛县等10个县区开展农村癫痫防治管理项目。5月31日世界无烟日前夕，省卫生厅召集中央驻晋和省级20余家媒体，召开了全省医疗卫生系统全面禁烟新闻通气会。印发全省控烟工作检查方案，并在6月份安排省健教中心开展了控烟督导检查，检查结果显示：绝大部分单位能够有效落实控烟措施，基本实现了全面禁烟目标。

四、医院内涵建设工作

2011年，省心血管病医院心内科专业、山医大一院重症医学专业、省肿瘤医院病理专业、省中医院肿瘤专业、省中西医结合医院脑病专业成为国家临床重点专科。全省102所县级综合医院达到二级甲等水平。大力推行医疗便民惠民措施，所有三级医院和部分市、县级医院都开展了预约诊疗服务和双休日、节假日门诊，实施了临床路径管理，推广了优质护理服务，进一步优化了服务流程、提升了服务质量、降低了医药费用，改善了群众就医感受。太原市40所二级以上医疗机构全部加入全国预约诊疗服务平台，卫生部在太原召开了全国卫生系统预约诊疗服务工作现场会。创建了7个全国综合医院中医药工作示范单位。太原、大同的4个社区卫生服务中心创建成为全国社区卫生示范机构。平遥、阳城等5个县(市)创建成为全国农村中医药先进县,长治市城区创建成为全国社区中医药工作先进区。运城市打破身份限制,从优秀村医中公开选拔乡镇卫生院院长。阳泉市连续三年每年招聘100名大学生村医充实到村卫生室,村医队伍得到充实和优化。

五、食品和医药安全工作

省食品药品监管局先后5次在全国会上交流了创新监管工作的经验;食品安全综合协调工作受到国务院食安办领导充分肯定,全省没有发生重大食品药品安全事件。晋中市全面实施食品安全网格化监管,在落实部门监管责任、强化责任追究方面探索出了新路子。联合省高级人民法院、人民检察院、公安厅、监察厅等部门印发了“关于严厉打击非法行医的通告”20万份,联合开展打击非法行医专项整治,在全国卫生监督工作会上介绍了经验。据统计,全省共对21708户医疗机构进行了监督检查,查处医疗卫生机构违法执业案件565件。

六、医德医风建设

按照卫生部的部署,山西省卫生厅成立了“三好一满意”活动领导和工作机构,制定了2011年实施方案和工作任务分解,把“服务好、质量好、医德好、群众满意”各项工作任务量化、细化、具体化,实行开展活动月报制度,专题召开了全省医疗卫生系统“三好一满意”活动推进工作会议,大同市卫生局、省妇幼保健院等五家单位介绍了经验,把“三好一满意”活动与医院内涵建设相结合、与公立医院改革相结合、与创先争优活动相结合、与落实政府目标责任考核相结合,推动各级医疗机构扎实开展活动,取得了初步成效。

“服务好”方面:在全省三级医院实行多种方式的预约诊疗服务,并以县级医院综合改革试点医院为先导,逐步向二级医院扩展。在所有省、市级公立医院和30%的县综合医院共164所推广了优质护理服务,开展病区达到1255个;74所医院优质护理服务病区达到本院病区总数的60%以上。在三级医院和具备条件的二级医院开展了“志愿服务在医院”活动。

“质量好”方面:在全部三级医院和70%的县综合医院开展了常见病种临床路径管理试点工作,县级医院综合改革试点医院临床路径管理病种数达到20种以上,有效规范诊疗行为;38所三级医院对88所县级医院实施对口支援,既为基层群众提供高水平的医疗服务,也带动促进了基层医疗水平。强化县医院服务能力建设,102所县医院达“二甲”水平;进一步规范济困门诊、济困病房的管理,县级以上医疗机构济困病床不低于总床位数的5%;二级、三级医院药占比分别平稳控制在45%和40%以下。

“医德好”方面:与创先争优活动相结合,广泛宣传、大力表彰医德医风先进事迹和典型。严格落实《山西省卫生厅医务人员执业行为守则》,提高医务人员职业素质。推广医德查房制度,把医德管理纳入医院行政工作一起落实。在348个二级以上公立医院和939个政府举办的基层医疗机构实施医德考评制度,把院外监督作为重要内容,记入医务人员医德考评档案,与医务人员评先评优、聘任职务职称、福利待遇挂钩,严明奖惩,提高医务人员执行规定的自觉性。

“群众满意”方面:推广了出院患者回访制度,要求公立医院对出院患者回访达到60%以上。省眼科医院采取电话、网络和信函三种互补形式对所有出院患者进行回访,回访率高达98%。山西省卫生厅厅长高国顺和其他厅领导亲自参加省行评办、省电台举办的行风热线节目6场次,现场解决群众反映的28个问题。广泛开展了行风评议活动,各级公立医院通过召开社会监督员座谈会、患者代表恳谈会、就诊患者满意度调查、民意测评等方式广泛听取社会各界和群众意见,开展行风评议,促进了卫生行风的进一步好转。太原市组织30余所医疗卫生机构积极开展大型行风宣传咨询义诊活动,发放健康知识宣传单1万余份,现场接待健康检查、疾病咨询和免费义诊1000余人,进一步密切了与人民群众的联系。

以“三好一满意”为载体扎实推进创先争优活动,国家中医药管理局在山西召开了全国中医药系统“三好一满意”现场会。山西中医学院附属医院“有钱无钱,救命第一”的经验入选2011年度全国中医药工作“十大新闻”。全省二级以上医院全部建立了医德考评、医德查房和出院患者回访等制度。在晋中一院和省肿瘤医院开展了廉政风险防控试点工作,卫生部在山西召开了公立医院廉政风险防控工作研讨会。联合《山西日报》继续办好医改宣传栏目,《山西青年报》办好每日一期的“医德”专版,宣传了近400名医务人员的医德医风先进事迹。组织山大一院、山大二院、省人民医院、省中医院和静乐县乡村防疫员王元林等先进模范人物到全省巡讲。挖掘45位山西名医的医德事迹,组织拍摄了专题宣传片,出版了《大医精诚》—山西名医访谈录。汇集291位普通医生的医德医风先进事迹,出版了《医海风帆,杏林红花》“创先争优”、“三好一满意”活动辅助读本,并发放到全省医疗卫生机构,组织广泛的学习教育。

(刘 翔)

附:省卫生厅党组书记、副书记、成员名单

书　记: 高国顺

副书记: 李书凯

成　员: 李双才　梁明虎(6月任职)　王　峻
赵光国　刘　星(5月离职)

省人口和计划生育委员会党组工作概况

党组书记　杨增武

2011年，省人口计生委党组坚持以邓小平理论和“三个代表”重要思想为指导，认真贯彻落实科学发展观和胡锦涛总书记关于全面做好人口工作的重要讲话精神，紧紧围绕全省经济社会发展大局，按照抢抓机遇、服务全局、转型发展、整体提升的工作思路，积极主动作为，求真务实工作，推动全省人口计生事业取得新的进展。在省委、省政府2011年度目标责任考核中，省人口计生委被评为优秀单位；连续三年被省政府授予政风行风建设免评单位。

一、全面加强党的建设，努力构建引领人口计生事业发展的坚强领导核心

一是加强理论学习，提高领导班子和党员干部的科学发展能力。2011年，委党组中心组集体学习13次，深入学习党的十七届五中、六中全会精神，胡锦涛总书记“七一”讲话和“4·26”重要讲话精神，温家宝总理《政府工作报告》，省第十次党代会、省委十届二次全会暨全省经济工作会议精神，袁纯清书记在全省领导干部大会上的讲话、在省委中心组人口计生工作学习报告会上的讲话精神，提高了思想认识，坚定了做好工作、服务大局的信心。采取集中学习、个人自学、专题辅导、讨论交流等方法，邀请省内知名专家教授作专题讲座，增强了学习效果。坚持学以致用，将学习成果转化为谋划发展、推动工作、改善民生的实际能力，确定了全委2011年10项重点工作和51条具体措施，修改完善了《山西省“十二五”人口发展和事业发展规划》，开展人口发展与城镇化建设、人口信息化与创新社会管理等10个方面的课题研究，起草了《山西转型综改流动人口专项行动实施方案》。领导班子和党员干部的思想理论水平进一步提高，统筹发展的能力得到增强。

二是推进党内民主，维护和增强领导班子的团结统一。严格实行民主集中制，健全集体领导与个人分工相结合的制度。凡涉及重大方针、政策、指示、决定的贯彻落实，人口发展规划制订、人事安排、干部奖惩、重要建设项目的安排和大额资金的分配使用等问题，都做到集体研究、集体决策。班子成员认真履行职责，既有分工，又团结协作，凝聚力和战斗力进一步增强。召开领导班子专题民主生活会，围绕“坚持以人为本、执政为民理念，发扬密切联系群众优良作风”的主题，认真开展批评与自我批评，查找存在的突出问题，统一思想，增进团结。积极推进党务公开，制定《山西省人口计生委党务公开实施细则》，对七个方面的有关事项，按照规定分别在不同范围内予以公开，营造了党内民主的良好环境。

三是选好用好干部，形成凝心聚力和干事创业的合力。严格执行《党政领导干部选拔任用工作条例》的各项规定，按照民主、公开、竞争、择优的原则，把握民主推荐、考察、酝酿、讨论决定、任职等关键环节，建立健全选拔任用干部的科学机制。2011年，委党组共研究人事任免2次，提拔处级干部6人，全部实行竞争上岗，树立了注重品行、崇尚实干、群众公认的选人用人导向。

二、切实加强党风廉政建设和机关作风建设，努力形成为民、务实、廉洁、高效的良好风气

一是加强党风廉政建设，构建惩防体系。认真执行党风廉政建设责任制和《廉政准则》，按照“一岗双责”的要求，将党风廉政建设纳入整体工作中。委党组书记与机关各处室、直属单位签订党风廉政建设责任书，做到廉政建设与业务工作同部署、同检查、同落实、同考核。召开全省人口计生系统反腐倡廉工作会议，推动人口计生系统反腐倡廉各项任务的落实。继续深化廉政风险防控工作，委领导结合自身实际，查找风险点三大条16小点，全委120多名党员干部结合岗位特点作出廉政风险防控承诺。加强人、财、物及关键岗位、关键环节的监督管理，对重大资金使用、重大项目招标、重要人事任免等全程进行监督。开展清理和规范庆典、研讨会、论坛活动等工作，开展公务用车专项治理，确保了行政权力公开透明运行，促进了事业健康发展。

二是深入开展纪律作风集中教育整顿月活动，切实转变作风。以“正风肃纪、提升服务、创优人口计生环境”为主题，开展纪律作风集中教育整顿月活动。组织观看《没有规划好的人生》、《正风肃纪、创优环境》等警示教育资料片，教育引导党员干部廉洁自律。认真对照“8个禁止”、“52个不准”、“5个不准”和我委“15个不准”等规定，结合自身实际，加强对照检查，全委副处级以上领导干部都撰写了《个人自查分析报告》，达到了“四好目标”，即管好自己、守住底线，带好队伍、树立形象，当好榜样、弘扬正气，做好工作、促进发展。坚决落实党风廉政建设各项规定，严格执行车辆使用、公务接待、财务开支和制止奢侈浪费等各项制度，全委没有发生一起违法违纪案件。

三是深入开展创先争优活动，树立良好形象。坚持讲政治、树正气、塑形象，进一步加强机关作风和效能建设。以“科学发展、和谐计生”为主题，开展社会主义核心价值体系教育，落实“五好五带头”。认真开展机关干部下乡住村活动，班子成员带头深入基层调研、指导、帮扶，年均下乡都在2个月

以上。帮助委扶贫点制订发展计划,筹集资金达7285.46万元,受到群众欢迎。组织观看杨善洲、郭明义事迹报告会,组织机关党员干部到西沟、中共太原支部旧址等地进行革命传统教育。开展专题讲座、歌咏比赛、诗歌征文、重温入党誓词等活动,隆重纪念建党90周年,评选表彰了一批先进基层党组织和优秀共产党员,坚定了理想信念,强化了党性观念,形成了谋事、干事、成事的良好环境。在全省开展"窗口单位为民服务创先争优"活动,推进"阳光计生行动",11个市全部开通"12356阳光计生"服务热线;积极参加省"行风热线"栏目,架起了与群众沟通的桥梁。深入11个市17个县(市、区)开展明察暗访;在全省开展"请农民兄弟姐妹评计生"、"请流动人口评计生"、"请城镇人口评计生"、"请党政机关评计生"、"政风行风下评上"五项评议活动,发放问卷14万余份,回收13.8万份,接受社会监督,维护群众利益,省、市、县多数人口计生部门在政风行风民主评议中排名前列。全国人口计生行风建设委托第三方调查结果表明,山西省群众满意率达94.3%,高于全国平均水平0.5个百分点。省人口计生委连续六年被省政府评为政风行风建设先进单位,连续三年被列为全省三个免评部门之一,连续七年被评为省直文明和谐标兵单位。

三、紧紧围绕全省发展大局,努力推动人口计生事业创新发展

一是党委政府更加重视,统筹解决人口问题长效机制进一步形成。省委省政府高度重视,切实加强对人口计生工作的领导。7月份,省委中心组(扩大)举行人口计生工作学习报告会,专题学习贯彻胡锦涛总书记关于全面做好人口工作的重要讲话精神,袁纯清书记主持并讲话,对全面做好山西人口计生工作提出了新要求。坚持将人口计生工作纳入全省年度目标责任综合考核,实行"一票否决"。进一步加大投入力度,市、县人均经费全部达到或超过省定标准,太原、阳泉、长治、晋城、朔州超过50%以上。加强政策统筹,做到国策惠民。2011年全省各级财政累计为861998人(户)计生群众发放奖励扶助金5.43亿元;发放特别救助金1417.64万元,救助计生家庭大病对象5063人;全省有257140户计生家庭在集体林权改革、扶贫移民搬迁、集体收益分配中,多领到1人份补助;374274户计生家庭在新农合和新农保中享受优先优惠,24259名农村独生子女和双女中考加分被录取。开展"生育关怀行动"和"保险保障行动",为计生困难家庭发放救助金1350多万元,为7.5万余户计生家庭办理了意外伤害保险,广大计生家庭得到了更多的实惠。始终把稳定低生育水平作为首要任务,坚持抓好长效节育措施落实,开展观摩交流,加强督查,推动工作落实。严格党员干部、评先评优计划生育情况审核,省市县三级共审核单位11367个,否决76个,审核个人16416人,否决65人,维护了计生国策。据统计,2011年全省人口出生率为10.47‰,比上年下降了0.21‰,人口自然增长率为4.86‰,比上年下降了0.44‰,低生育水平保持稳定。

二是加强重点工作落实,出生缺陷和出生人口性别比偏高进一步得到有效控制。召开省人口计生领导组(扩大)会议,专题研究和部署全省预防出生缺陷和治理出生人口性别比工作。印发《山西省降低出生缺陷发生提高出生人口素质实施方案》,积极开展出生缺陷一级预防,开发运用"山西省孕前优生咨询指导系统",为育龄群众提供免费优生评估服务达411289例,建立了预防出生缺陷的重要防线。大力推进免费孕前优生健康检查项目,指导5个国家级试点县和40个省级试点县开展健康检查,共40240人,提高了群众预防意识。出生缺陷干预工作成效明显,获得国家人口计生委"优质服务和出生缺陷一级预防一等奖"。制定《山西省"十二五"期间综合治理出生人口性别比偏高工作考核评估办法》和《综合治理出生性别比问题相关部门职责》,着力推进宣传教育、利益导向、全程服务、严惩"两非"、统计监测等五项措施,综合治理出生人口性别比偏高问题。太原、长治和19个县(市、区)被命名为国家和省级婚育新风进万家示范市、县。公安、卫生、计生、药监等部门联合开展打击"两非"的专项行动,查处典型案例,全省形成了综合治理出生人口性别比工作的良好格局。

三是着力推进服务创新,人口计生公共服务能力进一步增强。始终把服务贯穿工作全过程,加快人口计生公共服务网络能力建设,在11个县(市、区)开展数字化服务站试点,规范村级人口计生服务室建设。创建了6个国家级(阳曲、怀仁、中阳、昔阳、屯留、曲沃)和11个省级优质服务先进单位。开展"十旗百佳"创建,优质服务进农村、进社区、进厂矿、进军营活动,启动农村独生女子、双女母亲"第二春"免费生殖健康检查活动,提高群众生殖健康水平。23个县乡服务机构被评为全省"红旗服务中心、站(所)",125名村级计生服务员被评为"百佳服务标兵"。各地不断拓宽服务领域,延伸服务触角,积极探索服务家庭、服务民生的新模式和新途径。长治市"好娃娃"工程、晋中市"宜人宜家"服务等一大批特色品牌不断做大做强。开展婴幼儿早期发展和计生家庭养老服务试点,探索提高人口素质和应对人口老龄化的新途径。

四是构建科学管理机制,人口计生工作科学化水平进一步提高。加强人口发展战略研究,开展人口发展与城镇化建设、预防出生缺陷、人口信息化与创新社会管理等课题研究,为规划决策提供支持和依据。继续改革完善目标管理责任制考核,运用"全省人口计生系统考核评估上报平台"实行网上考核,对市、县重点工作进展情况实时监控、动态跟踪和量化评分,增强了考核效能,在省直责任部门考核工作推进会上介绍了经验。进一步完善手机直报系统,实现人口信息动态管理,实时更新。开展人口基础信息核查、人口计生统计数据质量信得过活动,评选表彰了14个"阳光统计示范单位"和130名"阳光统计之星",人口基础信息质量和统计水平明显提高。依托全员人口信息平台,开发了城镇人口管理信息平台,在娄烦县、长治县、介休市开展"城镇人口网格化管理服务"新模式试点,促进了公安、民政、教育、卫生、工商与人口计生等部门的信息互通,工作互融,为加强和创新人口管理

探索了新的途径。巩固完善流动人口服务管理全省"一盘棋"成果,在22个县(市、区)开展服务均等化试点,基本实现技术免费服务和药具发放全覆盖。深化综合改革,继晋中、长治、朔州之后,2011年阳泉市被命名为全国人口计生综合改革示范市。全面推进依法行政,积极开展基层文明执法、依法行政示范乡镇(街道)创建活动,17个乡镇(街道)被国家命名为依法行政示范乡镇(街道)。全面推进诚信计生和"千村(居)示范"活动,60个村(社区)进入全国基层群众自治示范村(社区)行列,基层群众自治水平明显提高。

(张晋军)

附:省人口和计划生育委员会党组书记、成员名单

书　记:杨增武

成　员:梁明虎(7月离职)　杨恩建(7月任职)

王祥瑞　杨建勇　赵新民　李跃珍(女)

省审计厅党组工作概况

党组书记　郝志远

2011年,省审计厅党组认真贯彻党的十七届五中、六中全会、省委九届十一次全会和省第十次党代会精神,以科学发展观为引领,以围绕中心、建设队伍为核心,落实省委、省政府工作部署,认真履行依法审计监督职能,深入开展创先争优、建设学习型党组织、纪念建党90周年和纪律作风教育整顿活动,进一步推进审计工作创新、领导班子建设和党风廉政建设,圆满完成了省工作目标责任制分解意见规定的各项工作任务,抓好审计工作成果转化,审计为转型跨越发展服务取得新的进展和成效。

一、紧密围绕全省经济社会发展的大局,着力推进审计为转型跨越发展服务

2011年,全省各级审计机关认真贯彻落实科学发展观,紧密围绕全省转型跨越发展的战略目标和省委、省政府、审计署的工作部署,认真履行审计监督职责,不断推进审计组织方式和方法创新,各项审计工作取得明显效果。全省各级审计机关共审计5278个单位,促进财政增收节支111.27亿元,挽回损失和节省投资13.75亿元,移送案件线索328件,推动建立健全规章制度144项。审计监督的深度和广度进一步加大,为促进我省经济社会又好又快发展发挥了积极作用。

深化财政审计,维护财政经济秩序,促进财政资金使用效益的提高。审计工作的重点和目标更加明确。各级审计机关依法开展了对2010年本级预算执行和其他财政收支的审计。省审计厅开展了对14个部门2010年预算执行和其他财政收支情况的审计,同时开展了涉农资金、煤炭可持续发展基金、矿产资源补偿费、循环经济、企业技改等13项重点专项资金的审计和审计调查。

各级审计机关通过审计反映问题的同时,更加注重通过分析提出完善制度的建议。省审计厅在审计结果报告和审计工作报告中提出的关于进一步规范预算管理,提高预算执行效率,依法加强税费征管,加强对政府投资项目执行全过程的监督,加强对行政事业单位国有资产和兴办经济实体等投资行为的监督管理,规范政府债务和融资平台管理,防范财政风险等方面的意见和建议,得到省人民政府和省人大常委会的肯定和重视。

认真组织开展地方政府性债务审计。组织2000多名审计人员,采取"上审下"的组织方式,对10个市和119个县(市、区)政府及其所属部门机构、经费补助事业单位、公用事业单位和融资平台公司政府性债务情况进行了全面审计。核实政府性债务38768笔,涉及债务单位2558个,按时高质量地完成了审计任务。通过审计摸清了政府性债务的底数,在客观评价政府性债务筹集使用成效的同时,揭示和反映了政府性债务管理等方面存在的问题,提出建立健全债务管理制度、规范举债行为、强化政府性债务偿还监管机制、降低政府债务风险等5个方面的审计建议。

加强对政府投资建设项目的跟踪审计。继续开展了我省对口支援茂县灾后恢复重建项目、省城八大建筑、部分高速公路等在建和竣工决算项目审计。组织全省各级审计机关开展了中小学校舍安全工程竣工决算审计。按照审计署统一安排,开展了对山西省对口支援新疆五家渠市、阜康市资金和建设项目的跟踪审计。参与了治理工程建设领域突出问题专项治理工作。为规范建设管理、提高投资效益发挥了重要作用。

加强对民生项目和资金的审计。组织全省各级审计机关开展了对8类养老保险资金、150所医院财务收支、115个县农村新型合作医疗基金、全省基层医疗卫生基础设施建设情况审计,促进了惠民政策的贯彻落实。

加强国外贷援款项目审计。开展了对12个在建国外贷援款项目的公证审计和绩效审计。审计和审计调查单位96个,抽查范围达到外资审计项目的84%,揭示了项目管理、效益等方面存在的问题,为提高利用外资的效率,优化投资环境发挥了积极作用。

深入推进经济责任审计。全省各级审计机关全年共审计领导干部1092人,其中省审计厅开展了对44名党政领导干部和国有企业、事业单位领导人员的任期经济责任审计。对加强干部监督管理和党风廉政建设,推进依法行政,促进科学发展发挥了积极作用。

二、以党的十七届六中全会和省第十次党代表大会精神为指导，全面加强领导班子和干部队伍思想理论建设

注重把学习贯彻党的十七届六中全会和省第十次党代会精神作为政治任务来抓。厅党组分别制定印发了关于学习贯彻两个会议精神的实施意见,采取组织中心组、党支部专题学习、传达贯彻会议文件、认真学习贯彻袁纯清同志工作报告、进行理论知识测试等多种措施,认真抓好会议精神的传达学习和贯彻落实,把思想和行动统一到中央和省委的决策部署上来。厅党组注重结合审计工作实际,以实际行动贯彻落实省党代会精神,组织机关领导干部赴下乡住村点开展调研和千亩核桃园义务植树活动。

注重加强思想引导。厅党组以建设"文明和谐学习型"机关为目标,以切实可行的思路与措施,全面推进学习型领导班子、学习型机关和学习型党组织建设。增强党员干部学习的自觉性和主动性,变要我学为我要学。9月,郝志远厅长在全省机关党建研讨会上作了题为《坚持不懈推进学习型党组织建设,不断提高审计为转型跨越发展服务水平》的大会交流发言。

注重改进学习方法,提高学习实效,厅党组针对审计工作特点,搭建学习平台,拓展学习载体,采取多种形式推进学习型党组织建设。按照省委组织部要求,党组把组织干部自主选学、参加在线学习作为建设学习型机关和学习型党组织的重要抓手，先后组织150名机关干部分别参加了清华大学、山西大学、山西财大的脱产培训，被省委组织部授予"2011年度干部在线学习先进单位"。

注重制度建设,形成长效机制。厅党组一班人坚持"四个结合":一是把理论学习与完善制度、加强管理、规范执法相结合。二是把理论学习与调查研究相结合。三是把加强理论学习与审计科研相结合。四是把理论学习与改进作风相结合。

注重干部教育培训和人才培养工作。组织举办干部选学、审计专业、计算机等各类业务培训13期,参加培训人员860人。建立学习激励机制,加强审计队伍骨干力量建设,制定实施《机关干部职工参加学历学位教育暂行办法》。通过打破行政职能界限安排审计项目,上下联动,组织综合处室工作人员参与审计项目,为全体审计人员提供参与审计实践锻炼的机会,使干部成为能够适应多种岗位要求的"多面手",成为具有多种专业知识的复合型人才。通过到基层挂职、培训考察、参加国际审计项目等,培养专门人才。先后派出3人6次参加了联合国的项目审计,开阔了审计人员的视野。

三、深入开展创先争优活动,不断提升基层党建工作水平

2011年,厅党组进一步明确提出党政工团全覆盖、各项工作全方位、整体推进创一流的创先争优理念和提高工作质量、抓好成果转化、注重实际效果的要求,继续加大高标准、高质量开展创先争优活动力度，形成群众性比学赶帮新高潮。机关基层党群组织分别荣获"省直文明和谐单位标兵、山西省五一劳动奖状、山西省促转型谋跨越优质服务标兵集体、山西青年五四奖状、省直先进机关党委、先进基层党组织、党风廉政建设先进集体、先进基层工会"等15项集体荣誉称号。

围绕审计工作开展创先争优。在活动中,认真贯彻落实省委部署和省直机关推进会精神,以"在厅机关基层党组织和党员中普遍开展讲党性、重品行、作表率,比学习、比工作、比贡献的'三比'活动,不断增强审计为发展服务的能力"为载体,把贯彻落实科学发展观、推动审计工作,作为创先争优活动的第一要务和检验标准,通过开展审计工作创新,关注民生、审计工作服务人民群众的根本利益,加强审计教育培训和信息化建设,严格廉洁从审的规章纪律等措施,不断提升审计为转型跨越发展服务的能力和水平。把创先争优与审计工作有机结合,在党员干部中广泛开展"立足岗位、学习先进、争当四手"主题实践活动,教育引导党员干部立足本职,争当"查核问题的能手、分析研究的高手、计算机应用的强手和内部管理的行家里手"，对推动党员干部积极投身审计为转型跨越发展服务的探索实践,切实把创先争优活动成效转化为审计工作的扎实成果,发挥了积极作用。

围绕重点环节开展创先争优。通过采取党组织和党员公开承诺践诺、开展党员先锋岗、党员同群众结对子活动,承诺上墙、建立档案,党工青妇共同协调创先争优、倡导立足本职岗位创先争优等一系列措施,充分发挥共产党员在创先争优活动中模范带头、积极主动、工作创新、自觉奉献的主体地位作用,形成了公开承诺全覆盖、党群组织全覆盖、党政工作总结表彰全覆盖的创先争优工作机制。1月份,组织厅机关基层党组织开展了领导干部点评创先争优及民主评议党员工作,通过精心组织,重点抓好6个工作环节、支部专题组织生活会7项议程、领导班子成员深入联系点支部进行点评和再动员、群众评议、评比推优、督导检查等项重点内容,进一步把创先争优活动引向深入。

围绕加强和创新基层党组织建设创先争优。把认真贯彻落实《组织工作条例》作为加强基层组织建设重点内容。一是进一步加强专(兼)职党务干部队伍建设。利用机关党委、纪委换届的时机,配好配强"两委"班子,为加强机关党委力量,配备两名厅级领导干部。二是改进基层党组织设置形式,把党支部设在各处室、事业单位,把支部设置与审计、教育、管理、服务等行政组织的设置与功能相对应、相适应,融为一体，为党组织充分发挥服务和保障作用奠定坚实组织基础。三是坚持"一岗双责",全面落实机关党建工作责任制,形成主要领导亲自抓,领导班子成员按照分工带头抓,支部书记具体抓落实的责任机制。四是党建阵地前移,针对审计人员常年外出分散执行审计任务的工作特点,实行审计组临时党小组工作制度,为审计工作提供思想、组织和廉政保证。

围绕学习先进树立典型开展创先争优。厅机关各级组织和党员干部以观念更新、开拓创新的高标准和认真负责、加

班加点的超负荷工作状态，圆满完成了地方政府性债务审计等项重大工作任务，在各项工作中涌现出一批先进典型。财政审计处在审计工作中勇于创新、成果突出，获得“山西省五一劳动奖状”。投资审计处在我省援建茂县项目审计工作中受到省委、省政府和审计署表彰。参加联合国维和审计项目的余乃庆、赵云升同志因工作出色受到审计署表扬。共产党员李乐生常年坚持积极参加社会公益活动，连续7年14次无偿献血5600毫升，卫生部给予“铜奖”表彰。

四、树立以人为本执政为民理念，促进党风廉政建设

加强党风廉政教育做到常态化。厅党组认真学习贯彻胡锦涛总书记在十七届中央纪委六次全会上的重要讲话、省纪委六次全会精神和中共中央国务院《关于实行党风廉政建设责任制的规定》。深入开展“以人为本、执法为民、依法审计、自我约束”理念教育，把党风廉政作为中心组学习、民主生活会和党员干部经常性思想教育的重要内容，使党风廉政学习教育常态化。3月29日，党组召开审计机关党风廉政建设会议，就学习贯彻全省党风廉政建设干部大会和全国审计机关党风廉政建设会议精神、落实党风廉政建设责任制工作做出安排，提出八项具体措施。党组印发《2011年党风廉政建设工作要点》，明确工作任务和责任分解落实。开展《廉政准则》专题学习教育活动，领导干部普遍进行对照分析检查、自我教育和整改。进行案例警示教育，组织参观了“法治与责任——全国检察机关惩治和预防渎职侵权犯罪巡展”。开展学习杨善洲同志先进事迹、争当人民满意公务员活动，使领导干部牢固树立正确的权力观、地位观、利益观。组织学习中央、省委文件、《廉政准则》和《党性党风党纪教育读本》，通过领导干部讲党课、廉政主题教育、生活会对照检查、法纪条规知识测试、编发廉政短信等教育活动，努力形成“以教促廉，以廉促审”的教育机制和廉政氛围。

加强党风廉政机制建设形成制度化。厅党组按照中央和我省有关反腐倡廉建设的要求，自觉落实党风廉政建设责任制，坚持把反腐倡廉建设摆在重要日程，贯穿于审计工作的全过程，一起部署、一起落实、一起检查、一起考核。坚持从领导班子、领导干部做起，做到主要领导亲自抓，分管领导具体抓，形成一级带一级、一级管一级的良好态势。坚持对党员干部从严教育、从严要求、从严管理、从严监督。采取廉政汇报、廉政回访、明察暗访、填写廉政报告卡等措施，认真落实执行“八不准”审计纪律、审计承诺公示、“双举报箱”、审计组廉政责任制、审计组廉政监督员、审计组临时党小组和廉政督查等项重要的廉洁自律制度和监督约束制度。自觉接受被审计单位和社会各方面的监督。及时监督检查审计人员执行审计工作纪律的情况。

加强作风建设力求规范化。扎实开展“纪律作风集中教育整顿月活动。以“正风肃纪、创优环境”为主题，以提高依法行政水平、提高工作效率、增强法纪观念为重点，采取边学边整边改的方法，分动员学习、查找问题、总结评议和建章立制四个阶段进行集中教育。一是切实加强领导，成立了领导组，制定了活动实施方案，编印了学习文件资料；二是强化思想教育，开展了党组负责人集体廉政谈话、观看反腐倡廉专题片、召开党组民主生活会、支部组织生活会、学习文件规定等教育活动；三是加强监督检查，组成检查组对贯彻执行省纪委“五个不准”和审计工作“八不准”纪律进行普遍检查，深入各处室、单位明察暗访3次；四是坚持边整边改，制定印发关于严格工作纪律的规定，向被审计单位发出征求意见函146份，编发教育整顿信息16期。

注重结合实际加强领导班子党性修养和作风建设。厅党组认真贯彻落实袁纯清书记在全省领导干部大会上的讲话，以加强和改进领导干部作风建设为重点，抓学习、讲政治、改作风，把班子成员的思想和行动凝聚到谋发展、推工作、带队伍、严管理上来。12月4日，以“坚持以人为本执政为民理念、发扬密切联系群众优良作风”为主题，召开了2011年度厅党组民主生活会。省委常委、省纪委书记李兆前出席会议并讲话，省委组织部、省纪委、省直工委的领导同志到会指导。会上，党组成员联系实际对照检查，在自觉践行党的宗旨和加强党性修养方面寻找差距，开展批评与自我批评，明确努力方向，提出五项整改措施。

五、践行社会主义核心价值观，创建文明和谐学习型机关

认真贯彻省委、省政府《关于贯彻落实十七届六中全会〈决定〉加快建设文化强省的实施意见》，进一步加强审计机关文化建设。厅党组把审计文化建设与认真履行审计法定职责、推动完善体制机制紧密结合起来，与切实发挥审计保障全省经济社会健康运行的“免疫系统”功能、当好公共财政的“卫士”结合起来，与促进审计人员的全面发展结合起来，以社会主义先进文化为引领，以弘扬爱党爱国爱审计理念为支撑，以群众性、思想性、科学性、知识性为基础，以增强审计队伍凝聚力、战斗力为目的，构建审计文化建设阵地。围绕庆祝建党90周年，积极组织开展学习中共党史、党建理论征文、光辉的历程图片展，表彰创先争优先进典型、重温入党誓词、爱国歌曲大家唱和全省审计机关书画摄影展等系列宣传教育活动。

紧密结合审计机关职能作用和工作特点，深入推进社会主义核心价值体系建设。加强教育引导，筑牢审计队伍团结奋斗的共同思想基础，树立和践行“责任、忠诚、清廉、依法、独立、奉献”的审计人员核心价值观，努力营造“专业、文明、廉洁、和谐、严格、奉献、奋进、包容”的事业发展氛围；进一步开展争当人民满意的公务员活动，塑造“坚定信仰、崇尚法律、坚持原则、无私无畏、扎实苦干、求实创新”的审计精神，积极倡导“实、高、新、严、细”的工作作风；进一步提高审计的公信力和社会影响力，坚守审计职业操守，恪守审计职业道德。广泛开展“坚定理想信念、我为审计作贡献”的主题实践活动，牢固树立“依法文明，客观公正，廉洁自律，谨言慎行，爱岗敬业，精益求精，创先争优，勤学奋进”的良好风尚，

建设政治坚强、业务精湛、作风过硬的审计队伍。

开展领导干部下乡住村工作。郝志远厅长多次带领机关干部深入静乐县双路乡上双路村进行调研、座谈、义务劳动,带领多位专家为农民群众培训讲授种植、养殖技术。重点规划的10个项目,千亩核桃园种植工程已经启动,獭兔养殖项目初见成效,建成了可灌溉1500亩旱坡地的打井提水工程和幼儿园,1000亩土地改良工程正在紧张进行。2011年,人均增收940元,达到3400元,比上年增长38%。开展"送温暖"活动,厅领导班子成员分别带队对机关老同志、扶贫联系点困难群众、联企帮困对象和机关困难职工进行了走访慰问和救助,组织"送温暖、献爱心"活动,募捐23350元。

(李京生)

附:省审计厅党组书记、成员名单

书　记:郝志远

成　员:郝素珍(女)　高爱平　杨光照　任建平

省政府外事侨务办公室党组工作概况

党组书记　张志川

2011年,省外侨办认真贯彻落实国家外事侨务方针政策和省委、省政府决策部署,统筹全省对外工作资源,围绕中心、服务大局,搭建大平台,引进大项目,实施大开放,促进大发展,助推综改试验,服务转型跨越,在服务国家总体外交和山西经济社会发展方面取得了显著成绩。省外侨办荣获由全国友协、友城联合会颁发的"城市国际化推动奖",中华健康快车基金会颁发的"特殊贡献奖",第六届中博会"杰出贡献奖"等奖项,省外侨办121人次立功受奖。在各项重大涉外活动中做出了突出贡献,多次受到外交部等国家部委和省委、省政府的表彰。

一、贯彻落实科学发展观,全面加强党建工作和反腐倡廉工作

以中国特色社会主义理论体系为重点,以《中国共产党历史》第二卷、《中国共产党党和国家机关工作条例》、党的知识、党的十七大、十七届六中全会精神、省第十次党代会精神和全省领导干部大会精神为主要内容,大力加强政治理论学习,不断提高省外侨办党员干部的思想觉悟。

按照创建学习型机关活动的实施意见,制定了党组中心组和干部理论学习计划,改进了党组中心组学习方法,完善了主要领导讲党课制度。办党组中心组成员按照中心组理论学习计划,认真坚持党组中心组理论学习的各项制度,除完成省直工委规定的学习内容外,还学习了相关外事业务知识。2011年办党组共组织中心组学习10次,主要领导上党课1次,上廉政教育课1次。通过对党的十七届六中全会、省第十次党代会精神、全省领导干部大会讲话等重要会议精神的学习,提高了办党组成员的政治理论素质,深化了对共产党执政规律、社会建设规律和社会发展规律的认识,办党组的整体素质得到了全面提高,班子的凝聚力、创造力、战斗力得到进一步增强。

积极创建学习型机关、学习型党组、学习型党支部、学习型处室等活动,有力地促进了省外侨办党员干部的政治理论学习。坚持每周二下午的理论学习制度、学习签到制度,补课制度、季度学习报告制度,保证了政治理论学习在时间、人员、内容、效果上的"四落实"。以庆祝建党90周年为契机,组织干部进行党课学习,举办党史知识讲座,开展"学习党的历史,坚定理想信念"读书竞赛活动,引导大家深刻认识中国特色社会主义理论体系,坚定理想信念。以社会主义核心价值体系学习为重点,开展了学习杨善洲同志先进事迹活动。

以学习贯彻党的十七届六中全会和省第十次党代会精神为主要内容,开展了形势政策教育,统一了干部的思想。充分发挥墙报、网络等宣传工具的作用,布置宣传标语,创建学习园地,展示学习成果,张贴学习倡议,大力营造学习氛围,有力地推动了学习活动的深入开展。

坚持以人为本,依托建设外事大省"大学习、大讨论"、中韩签证会和参与中博会等重大活动,全面实施素质提升工程。结合中博会文明礼仪工作,安排礼宾接待处的同志讲授文明礼仪知识。重点组织学习全国地方外办主任工作、国务院侨务工作会议精神、省委外事工作领导小组会议精神和全省外侨办主任座谈会精神,办党组采取党组会、中心组集中学习的方式学习;党支部采取知识竞赛、张贴宣传资料、集中传达等方式组织支部党员进行系统学习;全办党员采取召开传达大会、集中培训、座谈交流等办法进行培训教育。先后聘请专家、学者及办机关的资深外长对机关干部进行外事礼仪、涉外、保密、档案管理、史志编写等知识培训。根据我省外事队伍建设的需要,11月份,组织全办职工进行了为期一周的以"世界眼光和战略思维"为主题的专题培训。办机关积极组织开展学外语活动,从机关资深翻译中择优组成以李红同志为组长的外语教育培训小组,对全办进行学习教育。利用外交部巡回培训、请专家讲授、到省委党校自主选学等时机,广泛开展学习培训活动。鼓励广大党员干部充分利用广播、电视、报刊、网络等媒体,进行自学。

坚持标本兼治、综合治理、惩防并举、注重预防的方针,认真贯彻落实党风廉政建设责任制;加强以完善惩治和预防腐败体系为重点的反腐倡廉建设;深入开展专项治理,努力落实牵头单位职责,坚决制止公款出国(境)旅游;着力推进

源头治理和体制机制的改革创新，强化对权力的制约和监督；扎实开展纪律作风整顿，努力提升党风廉政建设水平，圆满完成了党风廉政建设责任制的工作目标和年度工作任务。全办各级领导干部职责明确、齐抓共管，有效推进了党风廉政建设的落实。认真落实民主集中制和民主生活会制度、领导干部述职述廉制度。推行党务、政务、财务公开制度，加大对“三重一大”（重大决策、重要人事任免、重大项目安排、大额度资金使用）等关键环节的监督。把落实《工作规划》、《实施办法》和省外侨办《实施意见》纳入办党组的重要议事日程，与其他重点外事侨务工作同研究、同部署、同落实、同检查、同考核。

省外侨办作为落实党风廉政建设责任制的牵头单位，认真落实中央“两办规定”，严格执行我省制定的“实施细则”，逐步建立和完善制止党政干部公款出国（境）旅游长效机制。2011年，全省因公出国（境）团组1100多批次、5100多人次。实现党政干部因公出国（境）零增长，未发生任何严重违反外事纪律的问题，坚决制止了党政干部公款出国（境）旅游。

按照省纪委、省委组织部和省直工委《关于开好2011年度省直机关党员领导干部民主生活会的通知》。会前，办党组集中2天时间，组织了集中学习，为对照检查、自我剖析和开展批评与自我批评奠定了良好基础。广泛征求了省直委办厅局和社会各界对我办领导班子及成员的意见和建议，党组成员根据2011年度民主生活会主题和征求到的意见建议，结合自己的工作、学习，认真查找存在的突出问题，深刻剖析思想根源，积极撰写发言材料。经上级批准，省外侨办党组于10月24日召开了“坚持以人为本执政为民理念，发扬密切联系群众优良作风”专题民主生活会。会上，办党组成员围绕对照检查内容和省外侨办的实际工作，结合外事大省建设工作，紧密联系思想和工作实际，特别是围绕影响和制约省外侨办发展的突出问题和群众反映强烈的问题，认真开展批评和自我批评，深刻剖析思想根源，明确今后努力方向。

按照省纪委的统一部署，全省纪律作风整顿工作开展以来，省外侨办结合外事侨务工作特点和纪律作风建设实际，在12月份集中一个月的时间在全办范围内扎实开展了以“正风肃纪、创优环境”为主题的纪律作风集中教育整顿活动。整顿活动中，组织开展动员教育7次，专题组织生活会9场，党员干部撰写学习心得体会70多篇，处以上干部撰写自查分析报告41篇，办机关和直属4个单位共查找存在问题20多条，组织2个工作组进行了9次工作纪律检查，批评教育3人次。通过整顿，省外侨办的工作纪律和工作作风得到全面改善，有力推动了各项工作的顺利开展。

二、以建设外事大省为牵引，全面加强外事侨务工作

2011年初，省委外事工作领导组提出要把山西从外事小省建设成外事大省。省外侨办党组把外事大省破题作为工作的重中之重，精心组织，周密安排，在全系统开展了“大学习、大讨论”和建设外事大省专题研究活动，分赴13个省区市考察调研。召开了山西省大型企业、高等院校与科研机构、省直有关单位、各市外侨办主任4个座谈会，与外交部有关专家讨论，出台了《关于进一步加强外事侨务工作，加快建设外事大省的意见》。建设外事大省的思路和动态受到上海国际问题研究院以及中央人民广播电台、新华社、中新网等国内媒体广泛关注。

（一）外事侨务助推综改试验区建设开局良好。一是争取政策支持。积极与外交部、全国友协沟通，争取对综改区建设的政策支持和倾斜。制定出台了《山西省转型综改试验外事侨务工作专项行动方案》；二是推动项目引领。落实袁纯清书记与日本驻华大使丹羽宇一郎、哈萨克斯坦国际一体化基金理事会主席捷列先科会谈成果，积极筹划2012年日本清洁煤技术代表团来晋考察合作事宜，组织哈方与我省发改、教育、农业、商务等有关部门和企业代表分别召开4场座谈会，就我省在哈萨克斯坦购买煤矿、铁矿，发展煤化工产业，开展教育交流，利用哈萨克斯坦土地资源进行农业开发等方面进行洽谈，已达成初步合作意向；三是构建工作网络。加强外事侨务资源库建设，收集整理全省对外工作资源信息1200条。制定联络方案，发送贺卡、感谢信，着力加强我省转型综改境外宣传与对外友好资源涵养。

（二）以高层出访推进合作扩大影响成效显著。一是精心组织高层出访，扩大我省对外交流合作。圆满完成袁纯清书记、王君省长等省领导17人次的出访工作，签署20余项合作协议或备忘录，达成多个合作意向，在更高层次更广领域扩大了我省对外交流合作；二是组织国际会议和重要来访。承办中澳领事磋商会议、中韩地方政府交流研讨会，继续开展驻华使节山西行活动，邀请和接待美国驻华大使骆家辉等10国驻华大使来晋，促成太钢哈斯科钢渣综合利用等多个合作项目。2011年，共接待总统级、政要级、重要党宾、国宾、驻华大使约400人次。组织实施了第六届中国中部投资贸易博览会的礼宾接待工作，成功接待了来自24个国家和地区的49个代表团等共计604人，得到了省领导和与会贵宾的一致肯定。省外侨办获“杰出贡献奖”殊荣，外事侨务服务中心荣获“奉献奖”，友协、对外交流中心、海协、信息中心、国际文化交流中心、省五洲实业公司6个单位被评为先进单位。

（三）招商引资、招才引智、国际交流合作进一步深化。一是提高外事服务水平。在组团出访交流、因公出国（境）审批、外专外教来华、领事认证等方面开辟绿色通道，进一步推动重点工程建设、经贸、教育、文化、科技、体育、卫生、环保等领域的对外交流合作。全年审核申报APEC卡13人次，翻译认证邀请函798份，制作证照3528人次，申办签证2857人次。重新编印《因公出国人员培训材料》，为出访人员发放90多个国家和地区的国别概况资料。二是拓宽友城交流，推进宽领域、多渠道的务实合作。我省与越南富寿省、亚美尼亚洛里州，吕梁市与法国塞米尔昂诺可苏瓦市，运城市与法国马尔芒德市、美国达文波特市签署缔结友好城市意向书；运城市与亚美尼亚斯捷帕纳凡市签署合作交流意向书。太原市与乌克兰顿涅茨克市、法国圣但尼市，晋中市与老挝琅勃拉邦结

好已经省政府、全国友协批复同意。大同市举办了与日本大牟田市结好30周年庆祝活动。长治市与新加坡建设局共建文化创意传媒产业园，预计总投资97.8亿元。三是多措并举，扩大对外宣传。编制《魅力新山西》光盘，利用中博会和高层出访进行宣传。建设山西多语种外事网，基本建成e山西网站集群，实现11个市多语网站全覆盖，成为山西面向国际的重要窗口。

(四)涉外安全局势进一步保持稳定。一是加强全省涉外应急机制建设。制发了《2011年我省涉外突发事件趋势分析及主要对策》等重要指导性文件，荣获第六届中博会"安保信息预警工作一等奖"。二是积极做好领事工作。指导境外企业机构和人员建立海外安全预警机制，协助企业做好外派机构和人员的安全防范和领事保护。邀请外交部领导开展利用领事资源为山西经济发展服务培训。协调7起涉外案(事)件，办理邀请外专、外教、留学生、外商来华邀请函190人次，邀请确认函109人次，办理涉外婚姻、留学、商务领事认证716份。三是有保有压，确保重点，加强因公出国境管理。制定《山西省制止党政干部公款出国(境)旅游长效管理办法》。

(五)侨务、港澳事务迈上新台阶。一是邀请港澳政府和海外侨领侨胞高层团组200多人次来晋考察访问，与有关部门在低碳循环经济、生态产业等领域进行洽谈合作，协助引进资金20亿元人民币。受到国侨办肯定与表扬；二是积极服务我省公共事业发展。联系由美、加、澳、韩专家组成的"微笑中国"医疗队，承办中华健康快车山西行活动，为我省白内障患者和唇腭裂儿童进行免费治疗。争取香港轩辕教育等基金会捐资507万元，帮助我省贫困乡镇新建完工6所学校、16所卫生院；三是以人为本，为侨服务。组织侨爱工程送温暖医疗队，深入贫困归侨侨眷集中的阳高、天镇等地开展医疗义诊、专业讲座、健康咨询等活动。积极开展侨务信访工作。

(六)外事侨务部门自身建设得到进一步加强。细化工作职能，再造工作流程，修订完善外事工作流程37项。完成省翻译协会换届，建设全省翻译人才库，举办全国口译大赛山西区复赛。全力推进学习型、服务型机关建设。组织举办"世界眼光和战略思维"专题培训，聘请外交部领导、专家学者开展外事礼仪、涉外、保密等知识培训，轮流选派干部到我驻外使领馆工作，推进全方位、多层次的一揽子干部培训。深入推进"创先争优"活动、精神文明创建和关注民生工程。3家下属企业破产工作已完成法院破产程序并落实破产资金。深入推进党风廉政建设和干部下乡驻村活动，领导班子和干部队伍建设取得显著成效。

三、以建党90周年为契机，全面推进文明创建工作

省外侨办坚持把文明创建工作作为党的建设和外事侨务建设的重要内容，纳入领导班子、领导干部目标管理，与外事建设、侨务建设、组织建设以及重大涉外活动工作紧密结合，坚持做到"四有五同"：即部署有计划，检查有内容，总结有评议，表彰有典型，与其他工作同规划、同部署、同投入、同落实、同检查。形成了办党组统一领导，党政共同负责，党政工团齐抓共管，各部门分工负责的创建领导体制和工作运行机制。办机关各部门负责人对本单位的文明创建工作责任，并作为年终干部考核的重要内容。全办各级组织先后多次召开不同类型的创建活动动员部署会议，有效推进了文明创建工作的贯彻落实。以党建带动文明创建，以文明创建促进党建，是省外侨办多年来文明创建工作的一大特色。组织全办广大党员干部学习《中国共产党历史》第二卷。组织进行党的知识竞赛试题，参加省直机关"党在我心中"演讲比赛，组织参加庆祝建党90周年歌咏比赛，组织参加理论征文，广泛发动广大党员干部撰写政治理论、外事侨务理论文章和《中国共产党党和国家基层组织工作条例》学习心得。以"服务基层群众、推动社会转型跨越"为主题，组织开展党员志愿服务队活动，组织党员开展集体重温入党誓词活动。在"七一"前夕，对我办老红军、老战士、老党员进行了走访慰问。通过这些活动的开展，丰富了文明创建的内容，增强了文明创建工作的凝聚力和向心力，提升了文明创建工作的质量。

(武志明)

附：省政府外事侨务办公室党组书记、成员名单

书　记：韩和平(2月离职)　张志川(2月任职)

成　员：张志仁　武绍忠　高玉厚　田亦军
　　　　鞠　振(5月任职)

省煤炭工业厅党组工作概况

党组书记　王守祯

2011年，省煤炭厅党组认真贯彻落实党的十七届六中全会和省第十次党代会精神，坚持以科学发展观统领全局，紧紧围绕煤炭中心工作，着力抓好领导班子和干部队伍建设、基层党组织建设、党风廉政建设、精神文明建设，加强纪律作风整顿和"三型"机关建设，为全面推进我省煤炭工业转型跨越发展提供坚强的政治和组织保证。

一、以推动转型跨越发展为重点，领导班子和干部队伍建设进一步加强

厅党组始终坚持把贯彻中央和省委、省政府各项工作部

署与本行业本单位实际工作相结合，始终坚持以加强各级党组织的执政能力建设和先进性建设为重点，大力加强领导班子和干部队伍思想政治建设。

一是以科学发展观为指导推进煤炭工业转型跨越发展。制定了全省煤炭工业“十二五”规划，坚持不懈抓好煤矿安全生产，坚定不移地推进煤矿重组整合，推进煤矿改造建设步伐。

二是以省第十次党代会精神为指引，紧紧围绕党代会提出的“两件大事”和“七个新”的发展目标，着重在“六个深刻领会”上下功夫，坚持做到“六个结合”，明确了“以煤为基，多元发展，率先走出煤炭工业转型跨越发展的新路”发展思路，制定了实施煤炭工业高标准、高科技、高管理、高端化、高要求、高质量、高效益、现代文明的“七高一文明”奋斗目标，有力地推动行业健康发展。

三是坚持中心组学习制度，深入学习十七届四中、五中、六中全会和省十次党代会精神，全年中心组集中学习8次、安全生产例会业务学习9次，举办领导干部专题讲座4次，做到了理论与业务相结合，人员、时间、内容、效果“四落实”，带动了机关和直属单位的学习，形成了党员受教育、群众得实惠、行业科学发展上水平的新局面。

四是坚持理论联系实际，不断增强加快行业发展方式转变的能力，在创新发展思路、破解发展难题上大做文章，在推动发展方式转变上下真功夫，各项工作任务完成良好，煤炭工业科学发展水平显著提升，煤炭经济对全省经济的贡献度进一步提高。

二、以深入开展“创先争优”活动为重点，进一步加强基层党组织建设

一是继续深入开展“创先争优”活动及领导点评工作。紧贴“创先争优”活动主题，各单位基层党组织采取灵活多样的形式开展点评活动。努力做到理清思路、明确方向、肯定成绩、正视问题、抓好整改。促进党员干部履行好创先争优的责任，增强了各级党组织的凝聚力、党员领导干部的执行力、党员群众的向心力。

二是建立健全厅机关和基层党组织党务公开工作保障制度，把创先争优活动进一步引向深入，提高了基层党组织和党员投身创先争优活动的自觉性和主动性，拓宽了党内监督与群众监督渠道，提高党组织和党员的践诺能力。

三是认真组织好党员干部培训工作。直属机关党委及纪委共7人参加了省直工委举办省直机关学习贯彻《中国共产党党和国家机关基层组织工作条例》培训学习，选送处级党员干部到省委党校和省直分校参加集中培训，举办了各单位党委书记和主要骨干培训班，为领导干部和机关全体党员、直属党组织负责人及时提供学习资料，征订党刊和发放党员学习书籍等资料。

四是深入开展“创先争优”和“七一”表彰活动。7月1日隆重举行了庆祝建党90周年暨创先争优活动表彰大会，表彰先进基层党组织21个、优秀共产党员202名、优秀党务工作者38名、党风廉政建设先进集体2个、党风廉政建设先进工作者9名。在创先争优评比表彰中，厅直属机关党委等5个单位和6名同志受到省直表彰，有1名同志做为优秀党员受到省委表彰。

五是指导基层党组织的组织建设，继续做好发展党员工作。截至2011年12月底，厅机关及直属单位共有基层党组织214个，党员3259名。2011年发展党员291名，预备党员按期转正199名，有270名入党积极分子参加了入党前培训班学习。

三、以落实党风廉政建设责任制为重点，进一步加强惩治和预防腐败体系建设

一是坚持把党风廉政建设责任制与各项业务工作紧密结合起来，制定下发了《关于2011年党风廉政建设和反腐败工作任务分解的意见》，把各项工作细化为7个方面25个具体项目，进一步强化考核措施。

二是加强党纪国法、权力观和道德情操教育，开展了廉政警示教育和预防职务犯罪专题讲座，夯实廉洁从政的思想道德基础。

三是扎实推进廉政风险排查防控工作，厅机关处室及附属单位共清理确定权力158项，绘制权力运行流程图131个，排查出风险点266个，制定防控措施266个，廉政风险防控机制进一步完善。

四是进一步规范行政审批行为，提升行政效能。对现有的行政效能建设制度进行了梳理、比对，修订完善了服务承诺制等五项制度。优化审批流程，强化服务意识，审批时间平均缩短十天以上，所有审批事项全部纳入省行政审批电子监察系统，自觉接受监督。

五是继续抓好政风行风建设，及时制定工作方案并专门安排部署，开展了目标明晰、形式多样的调研和明察暗访活动，推动了省市县三级煤炭管理部门政风行风建设活动的深入开展，受到省政风行风考核组的好评。

四、以提炼和弘扬“山西煤炭精神”为重点，精神文明建设取得新成效

厅党组认真落实党的十七届六中全会推动社会主义文化大发展大繁荣精神，与时俱进，继承创新，大力实施文化强煤工程，发动全行业干部职工从历史背景、时代作用、精神内涵、实践意义等方面深度挖掘和提炼“山西煤炭精神”。活动得到了全系统广泛响应，对“忠厚吃苦、敬业奉献、开拓创新、卓越至上”的山西煤炭精神给予高度认可。通过提炼山西煤炭精神，凝练科学精神，引领山西煤炭工业科学发展；弘扬奋斗精神，提振山西煤炭工业发展信心；传承担当精神，增强山西煤炭工业前进动力。进一步完善了精神文明创建工作机制，提升文明和谐单位创建水平，扎实开展群众性的精神文明创建活动。围绕宣传党的光辉奋斗历程，展示贯彻落实科学发展观取得的成就，展示党员干部职工开拓进取的精神面貌为主题，庆祝建党90周年系列活动内容丰富、形式多样、

各具特色。举办了"党在我心中"主题演讲,组织了"迎七一"登山健身活动。在厅机关"庆祝建党90周年"歌咏比赛中,千余名干部职工参加,受到了一次很好的爱党、爱国教育。在省直机关党史知识竞赛活动中省厅有55名同志获奖。在省直机关理论征文比赛中,省厅选送的18篇论文全部获奖,有6个单位获优秀组织奖。按照干部下乡住村"六个一"活动要求,开展了5次下乡住村活动,厅领导和正处级干部全部进村驻户。筹集到位扶贫资金135万元,帮助厅机关韩庄村包村点新建蔬菜大棚36个,新建简易蔬菜大棚100个,圆满完成年度扶贫工作计划。省直文明委对省厅精神文明创建工作给予了高度评价。

五、以深化思想作风、纪律作风和工作作风整顿为重点,促进"学习型、服务型、文化型"机关建设

全省纪律作风集中教育整顿活动月开展以来,厅党组引申开展了为期三个月的思想、纪律、工作作风整顿。按照"政治上高标准、思想上高境界、业务上高水平"的总要求,以培养和造就政治素质好、业务水平高、工作能力强的煤炭干部队伍为重点,以建设政治坚定、务实高效、勤政廉洁、企业满意的行政机关为总目标,认真开展"学习型、服务型、文化型"机关创建活动。在纪律作风教育整顿活动中,各党支部积极组织开展座谈会、专题会和组织生活会,立足实际,紧密联系日常工作业务和个人工作岗位、职责、思想作风情况,按照查找问题、发现问题、整改问题三个环节,认真查摆在组织纪律、工作作风、行政效率、服务质量等方面存在的突出问题。共查找出5大类88个问题并制定了97条针对性措施。按照健全内部管理制度,完善业务工作制度,优化行政审批制度的要求,制订完善了一批管人、管事、管权的规章制度,促进了作风建设长效机制的形成。紧紧围绕"正风肃纪、创优环境"主题,组织了"走基层、转作风、听意见"调研活动。厅领导带队,深入基层和企业,围绕转型跨越发展、综改试验区建设、煤矿重组整合、行业管理职能等方面,听取基层同志们意见和建议,为做好今后全省煤炭工作打下了良好基础。对基层反映的生产能力核定等问题进行专题研究,迅速组织解决。并将有关建议和意见向省委、省政府进行了专题报告,以供省委、省政府决策参考。通过开展"三风"整顿和"三型"机关建设,进一步深化创先争优活动,不断提升机关干部思想、作风和能力素质,提高领导班子战略思维和决策能力,强化机关内部管理,切实转变工作作风,努力提高办事效率,机关工作人员素质得到提升,煤炭行业管理水平进一步提高。

六、以科学发展观为指引,强力推进转型跨越,煤炭工业发展水平明显提升

一是全省煤炭工业主要经济指标持续增长。煤炭产量8.72亿吨,煤炭出省销量5.81亿吨,分别增长17.71%、13.23%。实现销售收入8133亿元,实现利税1593亿元,上缴税费1211亿元,分别增长49.47%、40.23%、48.38%。煤炭经济对全省经济的拉动作用和贡献率进一步增强。

二是推进重组整合与加快现代化矿井建设。全省重组整合累计关闭矿井1505处,淘汰落后产能2.6亿吨,固定资产投资完成1420亿元,增幅54.3%,矿井建设水平进一步提高,进入现代化矿井建设新阶段。

三是大力发展循环经济和高端产业。深入推进煤炭循环经济园区建设,大力推进转型标杆项目建设,全行业实现非煤销售收入3466亿元,成为推动全省经济转型的重要支撑。

四是严格落实"两个主体"责任,继续深化煤矿安全整治,大力建设安全质量标准化矿井,全省煤矿安全生产形势明显好转。煤矿百万吨死亡率为0.085,同比下降54.79%,比全国的0.564低0.479,达到了国内领先、世界先进水平。

五是大力开展"人本安全、培训教育、素质提升"工程,全行业从业人员素质进一步提升。全年培训煤矿主要负责人和安全生产管理人员17567人、特种作业人员97617人、班组长19676人。推进煤矿从业人员专业学历提升及"变招工为招生",劳动用工职责进一步理顺,管理力度进一步加强。

六是安康和谐矿区建设取得新进展。全省煤炭系统造林4.74万亩,绿化757.3万平方米。省厅被评为山西省"十一五"蓝天碧水工程先进集体。全面推行工资集体协商和落实井下最低工资制度,全省煤炭企业在岗职工平均收入增长10%以上。 (杨震宇)

附:省煤炭工业厅党组书记、成员名单

书　记:王守祯(9月离职)　吴永平(9月任职)
成　员:杨茂林　牛建明　武建森　胡万升
王学军(8月离职)　何　青　李成先
贺天才(2月离职)　戴子平
徐忠和(8月任职)

省国资委党委工作概况

党委书记　朱晓明

2011年,省国资委党委坚持以科学发展观为指导,认真贯彻落实省委省政府的各项决策部署,不断深化创先争优活动,不断深化改革创新,着力推动转型跨越发展,实现了"十二五"的良好开局。省属企业资产总额和营业收入双双突破万亿元大关,2011年山西省国有企业资产总额达到1.25万亿元,实现营业收入1.08万亿元。省属企业资产总额达到1.09

万亿元,所有者权益3405亿元,实现营业收入1.04万亿元,实现利税961亿元,实现利润335亿元,完成增加值2076亿元,实现国有资产保值增值率110%。

一、不断深化创先争优活动

4月18日,省国资委党委在晋煤集团召开山西省监管企业"创先争优"活动党建理论研讨会。省委组织部、省国资委、各市国资委及省属企业近百名有关同志参加会议。会议邀请中央党校教授、国务院国资委党建局领导进行了专题讲座和理论辅导,太钢集团、焦煤集团、晋煤集团等企业进行了经验交流。会议还组织了现场观摩,对晋煤集团成庄矿、寺河矿、古书院矿、凤凰山矿的党建工作进行了考察学习。这一活动,深化了省属企业创先争优活动,引导企业围绕中心工作,与企业"十二五"发展规划相结合,与企业改革发展进程相结合,助推企业转型跨越发展,基层党组织和广大党员创先争优的内在动力不断增强,典型示范作用得到充分发挥。

6月28日,省国资委党委对省监管企业在创先争优活动中涌现出的50个先进基层党组织、100名优秀共产党员和50名优秀党务工作者,以及省国资委党委选树的"十佳"先进基层党组织、"十佳"优秀共产党员和"十佳"优秀党务工作者进行了隆重表彰。

二、不断加强国企党的建设

积极开展企业组工干部、入党积极分子培训工作。全年举办了两期组工干部培训班,共培训了67名党务干部,提高了组工干部的工作能力和业务水平。成功举办两期驻并企业入党积极分子培训班,624名入党积极分子参加了培训。严把党员的入口关,认真执行公示制、票决制、预审制等基本工作制度,确保党员队伍的高质量和高素质,发展党员3300名。做好党费收缴管理工作,组织四个调研指导组对23户省监管企业和3户中央企业的发展党员工作和党费的收缴、使用和管理进行调研、检查,对发现的问题提出了改进意见。

积极开展党建研究工作。国务院国资委将我委《国企党建专刊》指定为"山西工作站",进一步拓宽了对党建工作宣传和理论研究的途径和渠道。省属企业党委积极探索适应现代企业制度要求的党建工作新机制和符合企业实际的保持共产党员先进性建设的新路子,涌现了许多好的做法和先进典型,山西焦煤西山煤电官地矿开展的"党群连心卡"活动得到了中央检查组的高度评价和省委组织部的表扬。

三、切实加强宣传和群众工作

以"转型跨越"战略为中心,加强了省属企业改革发展成就的全方位宣传。在省台推出"省属企业转型跨越发展电视片风采展播"活动,对省属企业在转型发展、跨越发展方面所取得的成绩和亮点进行了全面展示。开辟了"转型跨越一年间(国企篇)"专栏,报道省属企业在贯彻落实"7·29"讲话精神、实施转型跨越发展中的新思路、新谋划、新发展和新举措。集中省内外媒介优势,对省属企业赴"两省一市"招商引资考察进行宣传,塑造山西国有大企业大集团大开放的新形象。举办"国企改革与发展论坛",借助中博会,邀请11家境内外媒体对山西国企经济发展进行了全方位报道,受到了社会的广泛关注。建立新闻发言人制度,对21户省属企业以及重点工程、重要项目或特定突发事件设立新闻发言人,提高了社会公众的了解和认知度。加强了网络宣传,在"山西国资网"刊发和转发全国国资监管、国企改革等相关新闻信息2500余条,刊发委内工作新闻60余条,向外界宣传介绍国资监管工作情况,

开展庆祝建党90周年系列宣传活动,举办了省属企业创先争优暨纪念建党90周年"颂歌献给党"大型歌咏比赛。22支代表队参加比赛,唱响了时代主旋律。组织2万名党员干部参加了中宣部主办的"庆祝中国共产党建党90周年党史答题竞赛"。"七一"前夕,在省报推出"创先争优促转型"专栏,对监管企业创先争优活动中涌现出来的先进基层党组织和优秀共产党员的先进事迹进行了宣传报道。

企业共青团组织广泛开展了网络红哨兵活动,构筑团员青年文明上网的道德围栏,是网络舆情监控的一次成功尝试和实践。选树了100名转型跨越青年企业家和100名转型跨越青年岗位能手,引导激励各级团组织和广大团员青年,为实现省属企业"十二五"规划的宏伟蓝图贡献青春和力量。

四、提升精神文明和企业文化建设水平

组织省属企业广泛参与"迎中博、讲文明、树新风、做贡献"活动,开展了"做文明有礼的山西人"主题活动。引导各企业创造优美环境、优良秩序和优质服务,健全各类公共场所文明行为守则,充分发挥企业自办报刊、广播、电视等传统媒体和互联网、手机短信等新兴媒体的作用,多侧面、多角度地开展文明礼仪宣传,普及文明礼仪知识。

积极做好省级和国家级文明单位推荐申报和宣传工作,向省文明办推荐了12个全国文明单位、省级文明和谐单位标兵30个、文明和谐单位9个、文明和谐社区8个,复查确认上届文明和谐单位标兵25个、文明和谐单位32个、文明和谐社区5个,申报推荐文明和谐单位标兵5个、文明和谐单位16个、文明和谐社区12个,文明和谐家庭12个,精神文明建设先进工作者12名。

组织参与中央文明委组织的第三届全国道德模范评选活动,组织了省属企业网上推荐、群众投票等工作,山西焦煤集团霍州煤电职工廉爱新获全国孝老爱亲道德模范提名奖。

指导省属企业建设富有特色、充满活力的企业文化,提升企业的核心竞争力。省属企业在新一轮企业重组后,加强研究母子文化融合,推动集团文化深度渗透、上下贯通。结合煤炭资源整合,大力推进新整合矿井的企业文化建设,建设规范的理念识别系统、行为识别系统和形象识别系统,形成发展战略、奋斗目标和工作部署的企业共识,加强企业安全文化的总结、提炼和研究。

承办了由国务院国资委主办的以"转型·创新"为主题的国企新风貌摄影大赛活动。全国27个省级国资委、67户中

央企业和我省12户企业参赛。活动作为平遥国际摄影节的重要部分,被平遥大展组委会确定为国际摄影节亮点,得到了广泛好评。

五、加强企业领导班子建设和人才工作

制定了《省监管企业领导班子和领导人员2011年度考核工作方案》,分8个考核组,对20户省管企业进行领导班子和领导人员年度考核。考核以"政治素质好、经营业绩好、团结协作好和作风形象好"为内容,就领导班子及成员的思想状态、工作实绩、作风建设及班子协调配合等方面的情况及存在的突出问题进行了量化考核和综合分析,同时,突出工作实绩和经营业绩,加大民主参与力度,以确保年度考核工作落到实处、取得实效。加强了干部管理规范性制度建设。制定了下发《关于对省管企业领导人员选拔任用开展"一报告两评议"工作的通知》、《中共山西省国资委委员会企业领导人员任免票决办法》、《关于推荐省管企业领导人员后备人选的工作方案》,组织实施了2011年20户省管企业中层领导人员选拔任用"一报告两评议"工作。

省国资委党委始终坚持党管干部的原则,坚持德才兼备、注重实绩、群众公认、民主推荐的选人用人原则,认真执行干部任用工作规定和工作程序,干部交流力度逐步加大,企业与机关、地市双向交流任职人数明显增加。2011年先后对太钢等21户企业进行103人次任免调整工作,其中新提拔26人、公开选拔及引进高层次人才5人、企业平调及交流10人、免职及免职退休35人。积极探索年轻干部的培养工作。认真开展调查摸底,全面掌握资料信息,落实省委"七个一批"的干部人事改革工作,做好与国务院国资委互派中青年干部进行双向挂职的工作,遴选出2名企业领导人员和6名中层人员到央企挂职锻炼。

在省委公选领导组及公选办领导下,省国资委首次面向全国公开招聘企业领导人员,这是省国资委积极探索加大竞争性选拔干部工作、深化国有企业人事制度改革的新突破。按照省委公选领导组"八统一、五分开"的原则,周密组织了方案制定、公告、报名、资格审查、经历业绩评价、面试、能力测试、组织考察等各个环节,程序严格、公平公正、有序推进,圆满完成焦煤集团、同煤集团、阳煤集团、煤运集团面向全国公开招聘分管煤化工副总经理工作。

实施人才强企战略。召开了省属企业人才工作座谈会,制定了《山西省优秀企业家培育工程》、《企业经营管理人才能力培养计划》、《关于加强和改进省属企业人才工作的意见》等重要文件,加强了对企业人才工作的组织指导,摸清了企业人才家底,完成"千人计划"实施情况评估工作的调查问卷,核实更新了监管企业中央和省委联系的高级专家有关情况和监管企业的经营管理人才、专业技术人才和高技能人才统计年报工作。积极组织企业申报山西省"百人计划",组织山煤集团申报博士后创新实践基地以及潞安集团等4户企业做好山西省第三批海外高层次人才创新创业基地,组织太钢集团等企业做好中组部青年拔尖人才支持计划首批申报工作。加大高端人才引进力度。发挥市场化配置功能,大力抓好高层次创新型科技人才、新兴产业创业型领军人才和重点领域急需型紧缺人才的引进工作,从中央企业引进一名高层次重点领域急需型紧缺人才。

六、扎实推进省属企业党风廉政建设

省国资委始终将党风廉政建设责任制作为重要抓手,以落实中央《工作规划》和省委《实施办法》为重点,初步形成了省属企业特色的惩防体系基本框架。2011年省属企业共制定完善制度近5000项,对986个单位进行了责任制考核,有144人受到责任追究,134人受到党纪政纪处理,80人被减扣了绩效薪金。省国资委对2011年新任的35名企业领导人员进行了集体廉政谈话,并进行了廉政承诺和廉政宣誓,组织110名重要岗位人员旁听了同煤集团原副总经理赵生龙一案的庭审,开展了反腐倡廉理论研讨征文和书画展活动。各企业也大力营造廉洁文化氛围,优化发展环境。各企业共对6000多名新任干部进行了廉政谈话,对583人进行了诫勉谈话,参加廉政教育、培训、讲座人数达10万人次。2011年底,按照全省纪律作风集中教育整顿月活动的部署,省国资委召开了动员大会,并对驻并10户企业、近200多个部门进行了明察暗访,严肃处理了6人,推动了企业干部的作风转变。

专项治理工作富有成效。省国资委纪委先后组织了2次监督检查,确保各个专项工作有序推进。煤焦领域反腐败斗争以煤矿整合为切入点,完善台帐,明确责任,促使整合工作规范进行,仅通过规范中介机构就为企业节约资金20多亿元,积极协助资产公司清收基金近10亿元;工程领域突出问题专项治理着力于强化招投标监督,全年通过强化招投标为企业节约资金36亿元,比计划支出节约13%,废止违规招标246起;"小金库"专项治理突出监督检查,全年共查处"小金库"18个,涉及金额522万元,特别是查处的某煤炭企业有关"小金库"案件受到中纪委表扬;公务用车专项治理有序推进,共清回车辆67台,折合人民币约906万元;党务公开与厂务公开、廉政风险防控有机结合起来,实现了基层全覆盖,太钢集团作为全国党的基层组织党务公开工作联系点,创造了很多好的经验,受到省纪委好评。

加强效能监察。2011年,各企业除在节能降耗、安全生产、物资采购、产品销售等业务活动和职工群众关注的热点难点等方面开展效能监察外,还不断注入了新的元素和活力,经济效益、社会效益和生态效益更趋明显。全年各企业共完成立项1531项,提出监察建议2471条,发现并纠正违规问题927个,处理违规人员58人,为企业避免损失、节约资金20多亿元。

省国资委和各企业纪委认真受理群众举报,积极排查案件线索,推行领导包案、联合办案和统一调配办案等机制,有效提高了查办案件能力。据统计,2011年省国资委系统共受理信访举报821件(国资委直接受理589件),初核307件,立案218件,处分640人(党纪处分134人,政纪处分544

人，双重处分38人）。其中：处级以上干部93人，科级干部232人。组织处理109人，移交司法机关14人。通过案件的查处，有力地震慑了腐败分子，切实维护了党纪国法的严肃性。

七、不断引深“机关建设年”活动

深入开展“机关建设年”活动，按照建设“五型”机关的目标，加强纪律作风，狠杀闲话风、玩乐风、吃喝风，增强机关干部深入基层服务企业的意识。党委率先深入基层，确定了12个省属企业中的困难厂矿作为领导干部下企住厂联系点，深入困难企业，与企业领导和职工开展大讨论20余次，共同研究企业走出困境的办法和措施，帮助企业解决实际问题7个，形成调研报告9个。根据省委关于开展领导干部包村增收活动的要求，党委书记朱晓明三次深入兴县康宁镇安家庄村作为包村点，亲自主持制定了五年增收规划和2011年计划。

加强完善了对处室和干部的考核，充分体现了平时考核和年度考核的结合、领导评价和群众评价的结合、对处室评价和对干部评价的结合，推进干部选拔、交流、考核工作，首次通过自愿报名、民主推荐、竞职演讲、民主评议的程序选拔干部，完成了7名正处长、8名正处调、10名副处长及4名副处调的竞争性选拔工作，这是国资委成立以来干部调整规模最大的一次，选派4名正处长级干部到4户监管企业任职、1名正处长级干部到监管企业挂职的工作，激发了干部的事业心和上进心。

围绕省属企业转型跨越的大局，按照建设学习型机关的要求，加强对机关干部的培训工作，提升业务能力和工作水平。与省属企业共同实施了两期160多名管理人员的培训。以自主选学为突破口创新培训机制，利用省内外各类培训资源，主办和协办为期21-90天的班次19个，组织安排9期26名干部参加省委党校和省直分校的培训，组织厅级领导和正处长级干部参加山西干部在线学院学习，参训率达到95%以上，机关参训共计1033.2学时，同时利用在线学习系统，组织监管企业班子成员240人进行学习，参训率达到95%以上。

八、巩固省属企业和谐、稳定、安全的大好局面

2011年，省国资委党委围绕“两会”、“中国共产党成立90周年”、“中博会”和“省十次党代会”等重要节点，积极督促省属企业落实信访稳定工作责任制，有效处置各种突发事件，省属企业保持了安全稳定的大好局面。2011年，中央和省交办我委监管企业的85件，依法终结的77件，息诉罢访的8件。接待群众来访207批次1365人次。转办国家信访局和省联席办重点信访案件31件，结案率为100%。确保企业军转干部解困政策落实到位，保持企业军转干部队伍的稳定。根据军转干部解困政策的安排，按时发放了2011年的两险补助金773448元。积极开展向困难企业军转干部送温暖活动，发放慰问金193000元，救助金额45000元。下发2010年困难企业军转干部冬季取暖补助109200元。组织企业军转干部健康体检，累计发放体检卡5800余张。为每一名企业军转干部发放了“山西省中央和省属企业军转干部解困工作温馨卡”一万余张。

把安全生产工作作为一项长期艰巨的任务，纳入企业发展的总体规划。明确企业法定代表人担负安全生产第一责任人的责任。与20户有生产实体的企业签订了安全生产工作目标责任书。健全和完善安全生产规章制度，落实各项安全防范措施和安全生产责任制。重视信息报送工作，杜绝迟报、漏报、瞒报现象发生。把握难点，做好重要时期的安全生产工作。深入开展安全生产专项整治等活动，开展了“安全生产年”、“安全生产月”、百日安全大检查等活动，推动创建本质安全型企业。2011年，省属煤炭企业发生死亡事故17起，死亡22人，是省政府下达指标的32.8%，百万吨死亡率0.049，安全生产创历史最好水平。

省属企业发展成果惠及民生，全年在岗职工人均工资达到5.5万元。省属煤炭企业积极履行社会责任，为全省低收入农户每户免费供应1吨煤，总计供应煤炭651.2万吨，数百万户家庭从中受益，有力地保障了农民温暖过冬。

（刘忠兵）

附：省国资委党委书记、常务副书记、副书记、委员名单

书　　记：朱晓明
常务副书记：梁性轩（8月任职）
副 书 记：李天太　王靖凯（8月离职）
　　　　　田国仁（8月任职）
委　　员：王晓勇（8月离职）　李宝文　朱成基
　　　　　崔联会　李东洪（5月离职）
　　　　　曹慧昌（8月任职）　马　进（8月任职）
　　　　　张宏永（8月挂职）

省地税局党组工作概况

党组书记　卢晓中

2011年，省地税局党组深入贯彻落实科学发展观，紧紧围绕再造一个新山西的战略部署，全面贯彻“十二五”时期我省地税“1436”工作思路，认真落实“开展一个大讨论、打好五个攻坚战”的总体要求，实现了“十二五”地税事业的良好开局，为全省转型跨越发展做出了积极贡献，得到了省委省政府的充分肯定。

一、组织收入实现历史性突破，迈上了1000亿元的新台阶

全系统始终坚持组织收入原则，全面落实“四个毫不放松”的组织收入工作要求，严格收入规划管理，深化经济税收分析，推动组织收入连迈三大步，实现了新突破。9月底，全系统收入规模超过2010年全年水平；10月底，提前两个月完成全年税收任务；11月底，地税收入总量一举突破千亿大关。据快报统计，2011年全系统累计完成各项收入1067.51亿元，增长29.36%，增收242.29亿元。其中，各项税收完成773.12亿元，增长29.46%，增收175.95亿元，为年计划的111.08%；煤炭可持续发展基金完成184.98亿元，增长13.24%，增收21.62亿元，为年计划的103.92%；其他各项规费收入完成109.42亿元，增长69.12%，增收44.72亿元。在收入规模快速增长的同时，收入结构进一步优化，2011年，全系统累计完成一般预算收入603.45亿元，占财政一般预算收入的49.74%，比上年底提高1个百分点。

二、征管机制不断创新，开创了科学管理的新局面

一是管理机制不断完善。税源专业化管理取得新的经验，纳税评估软件试点运行，征管状况监控分析和考评工作深入开展，省市局定点联系大企业机制不断健全，中小企业和个体税收管理全面加强，纵向配合、横向联动、综合治税的管理机制进一步健全。以“让纳税更便利、让执法更规范”为原则，全面开展税收业务流程再造，初步实现了“强化管理、规范运行、简化环节、优化服务、提高质效、防控风险”的目标。稽查组织体系实现重大突破，完成一级稽查改革，完善稽查工作制度，强化分级分类稽查，开展税收专项检查和专项整治，加强大要案件查处和重点税源企业自查检查，全年查补收入11.13亿元。打击发票违法犯罪工作取得新的进展，检查违法受票企业1410户，配合有关部门查获各类假发票1400多万份，捣毁犯罪窝点3个，抓获涉案人员7名。

二是征管水平稳步提升。在全国率先建立税源发展指数体系和发布机制。税收预警工作机制逐步完善。强化重点税源监控，监控收入比重达到83%，居全国首位。开展税收会计检查，税收票证和税收资金管理全面加强。健全房地产税收一体化、专业化管理机制，首创以信息化为支撑的“项目管理”和“三级监控平台”，在全国率先推广存量房评估工作，房地产开发交易环节动态管理机制初步形成，房地产税收突破百亿大关。财产行为税税源监控平台在全省上线。规范营业税减免税管理，严格自开票纳税人管理，货物运输业营业税征管全面加强，建筑业、不动产营业税项目管理全面启动。加强土地增值税预征和清算，收入增幅居全国第5位。加强“两税”比对工作，查补税款1.1亿元。车船税管理稳步加强，新车船税法实施准备工作全面就绪。开展国际税收专项检查，国际税收管理持续强化。推出山西地方税费系列业务丛书，编写全国煤炭开采和洗选业企业所得税行业管理操作指南，房地产企业所得税管理和企业所得税汇算清缴取得新的成效。新个人所得税法顺利实施，年所得12万元以上个人自行纳税申报工作顺利完成。个人所得税管理系统覆盖面持续扩大，上线企业增长3倍多。开征地方教育附加，代征采矿排水水资源费，出台规费征管业务流程，推进规费征管软件上线试运行，完善基金与税收“同征、同管、同查、同考核”一体化管理模式，煤炭可持续发展基金和规费征管质量稳步提升。

三是信息管税成效显著。金税三期试点扎实推进，工程建设资金落实到位，省局数据中心购置基本完成，广域网改造等重点项目有序开展。信息化日常管理水平不断提高，数据清理回放稳步推进，信息安全与运维体系建设不断加强。改造提升新综合征管系统，应用软件推广取得新的成效。财税库银横向联网电子缴税工作被省劳动竞赛委员会荣记集体一等功，所有征收单位、23万户纳税人实现电子缴税。税收收入监控分析系统覆盖面稳步扩大，县局版推广应用全部完成。网上申报系统推广取得重大进展，所有征收单位、11.5万户纳税人开通网上申报缴税。网络发票管理系统推广和发票换版工作进展顺利，1.69万户企业安装了开票软件。发票查询系统推广成效显著，成为地税网站点击率最高的版块之一。管户动态管理全面加强，征管文书上线范围进一步扩大，征管档案电子化成效明显。

三、服务水平明显提升，展现了服务大局的新形象

一是税收职能作用充分发挥。大力开展转型综改试验区税收政策专项调研，制定地税专项行动方案，5条政策建议被省转型综改试验区方案吸收，4项政策建议获总局原则同意，得到袁纯清书记充分肯定。有利于转型跨越和民生改善的政策体系不断完善，从高确定营业税起征点，1.8万户纳税人户均享受到6000元的优惠；调整娱乐业营业税适用税率，娱乐业税负大幅降低；落实新的个人所得税政策，工薪收入者纳税面由28%下降为7.7%，高收入者收入调节力度稳步加大，为153万个人所得税纳税人开具寄送完税证明；调整车船税税额，在总体税负基本不变的前提下，提高了大排量乘用车的适用税额；落实各项税收优惠政策，累计减免税19.78亿元。广泛开展税收科研，做好税收政策研究、评价与反馈工作，加强涉税经济社会政策把关审签工作，136条涉税意见建议被省政府及有关部门采纳。

二是纳税服务开创良好局面。确立“打造纳税服务优质品牌，争创全国一流水平”的奋斗目标，省局成立专门机构，基层在办税服务厅加挂纳税服务中心牌子。以“大税收、大服务”理念为先导，推进纳税服务理念创新。服务平台建设取得明显进展，投资6930万元完成第二批65个办税服务厅标准化建设任务；完善网站服务功能，加快网上办税服务厅建设步伐，构建了富有特色的地税网站群；建成开通12366纳税服务热线，建立税收业务知识库。加强税收宣传工作，推进法律义务援助活动，开展第20个税收宣传月活动，2个宣传项目获总局表彰。在办税服务厅配备个性化服务设施，推进一

窗式办税、一站式服务、涉税事项同城通办等，极大地方便了纳税人。注册税务师行业监管进一步加强，涉税咨询服务工作有效推进。

四、行政效能显著增强，营造了勇争一流的新氛围

一是工作考核导向鲜明。进一步完善目标责任考核体系，形成了以重点工作考核为核心，日常考核与定期考核、定量考核与定性考核、上级考核与社会评价相结合，考核结果与领导班子和领导干部的奖惩使用相结合的考评机制，使敢于高位求进、勇于争创一流成为了各级地税部门的首要追求，使舍得为发展劳心智、舍得为工作多流汗成为了全体干部职工的价值取向，使狠抓落实、干事创业成为了全系统的主旋律和最强音，我局在全省 2011 年度目标责任考核中被评为优秀单位。

二是依法行政深入推进。加强干部学法用法教育，落实税收执法责任制，开展执法督察和执法案卷评查，加强税收规范性文件管理，完成第二轮规范性文件清理，规范重大案件集中审理和税务行政复议工作，深化税务行政审批制度改革，开展执法信息化监督考核试点，全系统依法执政、依法决策、依法行政和依法管理水平不断提高，省局和杏花岭区局、岢岚县局、柳林县局荣获全省依法行政示范单位称号。

三是内部管理日趋规范。加强标准化、规范化、格式化建设，出台“十二五”科学管理规划、干部队伍建设规划、和谐地税建设规划，全面加强制度建设，仅省局就新订修订规章制度 39 项，推进全省地税工作政务、事务工作实现科学化精细化管理。“两制”和“两个标准化操作示范”的有效落实，进一步推进了地税部门行政效能建设，提高了地税部门的公信力和执行力。

五、加强领导班子建设，干部综合素质全面提升

一是解放思想大讨论成效显著。2011 年初，全系统集中一个月时间开展了以“解放思想、更新观念、促进和服务转型跨越发展”为主题的大讨论，各级地税部门精心组织实施、广泛研究讨论、完善发展思路，广大干部职工积极主动参与、自觉建言献策、大胆创新实践，各级领导干部带队深入基层和企业开展了大规模督查调研活动，征求意见建议 3800 余条。结合大讨论，省局出台了促进和服务全省转型跨越发展的实施意见，各级地税部门进一步完善了“十二五”发展思路、提出了令人振奋的发展目标，广大干部职工进一步坚定了争当转型跨越参与者、推动者的思想意识，推动全系统形成了实干大干、竞相发展的喜人局面。

二是扎实推进学习型机关学习型队伍建设。一是党组中心组带头学习。制定了 2011 年政治理论学习计划，先后邀请国内、省内的专家学者就胡锦涛总书记“七一”重要讲话、党的十七届六中全会精神、转型综改试验区建设、国际形势、爱国主义教育等作专题辅导报告，组织厅处级干部 40 余人次参加了“山西省直机关领导干部思想讲坛”和“山西省领导干部历史文化讲座”，学习的实效性和针对性进一步增强，充分发挥了党组中心组的示范引领作用。二是抓好全系统学习型队伍建设。省局党组在全系统认真组织学习党的十七届六中全会精神和省第十次党代会、全省领导干部大会、全省经济工作会议和全国税务工作会议精神，省局推荐全局干部职工阅读《把信送给加西亚》，在全系统处级干部中集中学习胡锦涛总书记作序的科学发展观案例教材，进一步牢固树立科学发展观，努力把思想和行动凝聚到推进地税事业科学发展的实践之中。

三是公开选拔副处级领导干部圆满成功。为进一步深化干部人事制度改革，省局组织了各市局总会计师和省局部分直属分局副局长共 15 个职位的公开选拔工作，全系统 508 名干部报名参加选拔，经过综合测试、经历业绩评价、面试、体检和考察等环节，15 名同志走上了领导岗位。

四是干部队伍建设不断加强。广泛开展业务培训和岗位练兵，推进干部自主选学工作，省局先后确定 7 个主题邀请专家学者给全系统做了专题辅导，全系统共投入 7954.65 万元举办各类培训班 1145 期，培训干部 5.55 万人次，在全国所得税业务考试中取得第 4 名的好成绩。强化骨干人才培养，选树省级业务能手 100 名。对 5 个市局、64 个县（区）局进行巡视，强化了对市县局长的监督管理，省局班子在全省目标责任考核中被评为“优秀”等次。深化竞争性干部选拔任用工作，开展干部交流轮岗和挂职锻炼，推进干部选拔任用记实监督系统和干部人事信息化管理系统建设，推进事业单位改革，完成事业单位清理规范，加强离退休干部工作，为基层公开招录 204 名公务员。加强机构编制管理，我局机构编制管理工作经验在全省机构编制表彰会上进行了典型发言。

五是党建工作富有成效。广泛开展学习型党组织建设，组织为期四个月的“学党章、知党史、强党性”学习教育，隆重开展纪念建党 90 周年系列活动，选派 859 名党员协助非公经济组织加强党建工作，我局党务公开工作经验在全省党务公开电视电话会上进行了交流发言。深化为民服务创先争优活动，推进“三晋先锋在行动”主题实践活动，80%的市县局被当地党委列为创先争优示范单位，我局工作经验在省直窗口单位创先争优活动推进会上作了交流发言。成功举办第四届职工运动会，推进文明和谐地税建设，省局和长治市局、运城市局、河曲县局、晋城城区局、陵川县局、永济市局被中央文明委命名为全国文明单位，省局被省劳动竞赛委员会授予五一劳动奖状，被省双拥领导组授予爱国拥军模范单位称号，被省文明委授予军民共建先进单位称号。大力学习弘扬右玉精神，在省委学习弘扬右玉精神座谈会上进行了经验介绍。广泛开展干部下乡住村扶贫活动，我局被评为全国扶贫开发先进集体，在中央扶贫开发工作会上受到表彰。

六是党风廉政建设扎实推进。认真落实“一岗双责”目标任务，积极探索“科技 + 管理”的廉政风险防控机制，执法领域廉政风险防控工作稳步推进，煤炭可持续发展基金廉政风险监控平台试点运行，地税特色惩防体系取得新的进展。进

一步完善党风廉政建设责任制,建立了党风廉政建设第一责任人制度,在全系统认真落实领导干部主动申报个人事项、廉政谈话等制度,反腐倡廉体制机制不断创新。编印税务干部廉洁从政警示录,建立4个廉政教育基地,反腐倡廉教育亮点纷呈,在全省深化领导干部岗位廉政教育工作座谈会上,我局作了经验介绍。开展《廉政准则》贯彻执行情况检查和督查,推进工程建设领域突出问题专项治理和煤焦领域反腐败专项斗争,开展"小金库"、公务用车等专项治理,规范和重申津补贴发放纪律,严肃查处违法违纪案件。巩固政风行风建设成果,全系统共聘请特邀监察员2622名,对地税机关和干部进行监督考核。省局主要领导两次参加政风行风热线节目,全系统通过多种形式,为纳税人答疑解惑1065件次。开展以"正风肃纪、创优环境"为主题的纪律作风集中教育整顿月活动,对11人给予党纪政纪处分和责任追究。省局荣获全省政风行风评议先进部门,全省129个所辖市县局在当地组织的行风测评中名列前三,其中102个单位排名第一,11个单位荣获省级测评先进单位。

(徐　鸿)

附:省地税局党组书记、成员名单

书　记:卢晓中

成　员:张跃建　郭英杰　刘建光　张澎涌　马爱锋　薛延孝

省工商局党组工作概况

党组书记　王虎胜

2011年,省工商局党组坚持以邓小平理论和"三个代表"重要思想为指导,深入贯彻落实科学发展观,以充分发挥工商职能作用、全力促转型谋跨越为主旋律,以加强党的执政能力建设和先进性建设为主线,牢牢把握服务中心、建设队伍两大任务,以纪念中国共产党成立90周年为契机,深入开展创先争优活动和学习型党组织建设,以强素质、作表率、创一流为目标,全面加强机关党的建设,做到"四个统一",推进"五增五创",更加自觉服务经济发展,更加高效加强市场监管,更加有为强化消费维权,更加努力推进依法行政,更加严格锻炼干部队伍,奋发有为,开拓创新,扎实工作,在我省转型跨越发展的主战场建功立业,创先争优。

一、深入开展创先争优活动,为推动科学发展、促进中心任务完成提供了动力和保证

(一)以引深承诺践诺活动为抓手,着力做好创先争优各个环节的工作。一是突出活动重点。充分发挥工商职能,紧紧围绕推动全省转型跨越发展,以"创先争优我承诺、转型跨越促发展"活动为载体,推进承诺全覆盖,组织承诺"回头看",抓好承诺兑现;围绕保障和改善民生,做好联系服务群众工作,解决群众反映强烈的突出问题;围绕加强基层组织建设和党员队伍建设,增强组织活力,提高党员干部素质;围绕纪念建党90周年,营造学先进、赶先进、当先进、创先进的良好氛围;二是把握关键环节。年初,开展了领导点评、群体评议活动;4月,召开了党建工作推进会和创先争优活动经验交流会;6月,召开了先进事迹报告会;"七一"前夕,表彰了全系统43个先进基层党组织、125名优秀共产党员和44名党务工作者;三是宣传先进典型。广泛深入开展"服务科学发展,深化创先争优,以优异成绩迎接建党90周年"主题实践活动和"我身边的人"先进事迹巡回报告活动,并充分发挥各级各类媒体作用,组织"学先进、赶先进、当先进、创先进"学习考察活动,大力宣传和弘扬创先争优先进典型,在基层党组织和党员中形成学先进、赶先进、当先进、创先进的良好风尚。

(二)深入开展全系统"万、千、百"活动,进一步密切党群干群关系。一是进一步引深了在基层党组织和广大党员中开展"五个一"活动。"五个一"活动即:基层党组织召开一次组织生活会,支部书记讲一次党课,组织党员重温一次入党誓词,组织一次专题学习讨论,党员为群众办一件实事好事;二是深化干部下乡住村"六个一"活动。"六个一"活动即:创先争优、帮建一个坚强有力的基层党组织,转变观念、开好一个解放思想促进发展的讨论会,理清思路、帮助制定一个切合实际的发展规划;突出重点、帮助上一个好的致富项目,深入农户、解决一些群众关注的实际问题,认真总结、形成一个促进作风转变推进项目建设的调研报告。组织了三期近70人到蒲县扶贫点下乡,为蒲县下李乡扶贫点共计投资137万元,解决实际困难10多件。通过全系统实施万名干部下基层、千名干部下乡住村、百名领导干部讲党课的"万、千、百"活动,大力弘扬"右玉精神",着力整肃工作纪律,密切党群干群关系,营造和谐社会环境。

(三)加强学习观摩和经验交流。为切实加强全系统创先争优活动的整体推进水平,省局在调研和结合平时工作情况下,选择了稷山、孝义、小店、阳城、尧都、大同南郊等6个基层单位,组织召开了全系统创先争优活动学习观摩会,以先进带后进,促进全系统创先争优活动整体推进。

二、扎实推进学习型党组织建设,加强党员思想理论建设,提高干部理论素质和党员的先进水平

(一)强化了政治理论学习。加强了建设有中国特色社会

主义理论体系的学习、党的十七届六中全会精神和省十次党代会精神学习、《中国共产党历史》(1949——1978)第二卷和《中国共产党党和国家机关基层组织工作条例》的学习。机关干部集中理论辅导学习12次，组织局机关处级干部200人次参加"文源讲坛"、"思想讲坛"暨干部学习报告会,1628人次参加了学习。全体公务员参加了省委组织部远程在线理论学习教育,平均学习时间在16小时以上,中心组成员参加集中学习9次21天,党组书记、局长王虎胜撰写的《围绕转型跨越发展做到"五个更加"》、《活跃市场经济 推进转型跨越》、《品牌就是力量》等文章分别在《中国工商报》、《中国工商管理研究》、《山西日报》等新闻媒体刊发。有35名副处级干部参加国家局和党校组织的培训,完成系统干部教育培训66732人次。

(二)强化学习交流活动。在创建学习型党组织和创先争优活动中,我局参加了省委、工商总局、省直工委举办的创建学习型党组织经验交流会和省创先争优办举办的经验交流会,并进行了大会交流发言。

(三)强化了法律法规学习。学习了国务院《全面推进依法行政实施纲要》、《关于加强法治政府建设的意见》和国务院依法行政工作会议精神,学习了国家工商总局《关于加快推进法治工商建设的意见》、省政府《关于建设法治政府的实施意见》和"六五"普法规划,学习了《宪法》、《强制法》及2011年新出台的有关法律法规,提高了依法行政的能力和依法决策的能力。出版《依法履行职责,促进转型跨越发展》一书,组织了12·4法制宣传活动。

(四)强化道德情操教育。以社会主义核心价值体系为主线,开展干部在线教育学习活动,加强了党员干部道德伦理教育、工作减压能力提高教育、职业道德规范教育,太原小店工商局被命名为全国道德模范标兵,荣获全国五一劳动奖状。以荣辱观学习教育为内容,进一步树立正确的人生观、价值观、道德观和荣辱观,加强党性修养,坚定理想信念,弘扬时代精神,提高了自我约束能力。

三、加强精神文明建设,完善社会主义核心价值体系,在提高公民的思想道德水平上发挥引领作用

(一)开展理想信念和形势宣传教育活动。组织理论工作者、实际工作者深入企业、市场、基层工商所进行宣讲,特别是各级领导干部深入基层与干部职工进行面对面交流,解答普遍关心的热点难点问题,聘请军事教授进行了"国防教育和我国周边安全"专题辅导;重点组织学习了《社会主义核心价值体系建设实施纲要》,进一步坚定了广大干部职工走中国特色社会主义道路和实现中华民族伟大复兴的理想信念。

(二)开展"讲文明、树新风、做贡献"活动。围绕"做文明有礼的山西人"主题,加强文明礼仪宣传教育,开展"公共生活好习惯"道德促进行动,运用宣传阵地和主流媒体宣传公共生活基本道德规范,特别是结合国家总局颁布的《职业道德规范》,在全系统开展了以"政治坚定、忠于职守;执法为民,高效服务;依法监管,公正维权;严守纪律,廉洁清正"为主要内容的职业道德规范教育活动和整肃整风作风教育活动,观看了警示教育片,增强了职工遵守社会公德的自律意识,建立了一支覆盖全系统的文明礼仪教育骨干队伍。

(三)以"诚实守信、优质服务"为重点,深化文明行业创建活动。深入开展"诚实守信、优质服务"活动,着力提升全系统服务能力和水平,着力服务工作更加亲民惠民,着力加强优质服务常态、长效的机制建设。

(四)深入开展创建文明和谐单位活动。全系统创建国家级文明先进单位(含全国文明单位)3个,省级文明和谐单位(含省级文明单位标兵、省级军民共建先进单位)42个,市级文明单位标兵19个,市级文明和谐单位56个。创建省级青年文明号55个,全国青年文明号1个。

四、积极开展纪念建党90周年活动,树立典型,加强教育,充分发挥先进模范的引领带动作用

(一)扎实开展为民服务"创先争优"活动。以争创满意工商局、满意工商所、满意工商执法人员为载体,以"在科学监管、服务发展中创先进,在执法为民、服务群众中争优秀"为主题,在基层工商局所、行政审批服务大厅、行政执法单位(含处、科、队)、12315申诉举报指挥中心、省市县工商局政府门户网站(含信用山西网站)创人民满意窗口,在全体工商执法人员中争做服务先锋岗,全面、扎实、深入开展"为民服务创先争优"实践活动,取得了实效,已经获得五一劳动奖状一个,五一劳动奖章一个;一等功2个,二等功4个;标兵集体和个人各10名;国家表彰的一名,省委表彰的一名。此外在非公经济组织中开展了"两服务两结对"活动(服务人民群众、服务经营企业,工商机关与非公经济组织相互结对)、为民服务创先争优活动。

(二)切实抓好机关党建教育活动。从4月到6月在全省工商系统党组织中开展了以"理论武装、提升能力,严明纪律、强化作风"为主题的机关党建教育培训活动。以省市县局机关和基层工商所的党组织和党员干部为重点,以"三学好、三提升"为目标,即学好党的基本理论和基本知识、学好党的历史和优良传统、学好非公经济组织党建工作有关政策、经验和方法,提升党员领导干部抓党建工作的素质,提升指导基层党组织开展活动的能力,提升机关党建和非公经济组织党建工作的水平。

(三)积极开展纪念建党90周年系列活动。为隆重纪念党的90华诞,深情回顾党的奋斗历史,激发全系统党员干部坚定理想信念和党性观念,为服务转型跨越发展服务建功立业,创先争优。一是开展了以"理论武装、提升能力,严明纪律、强化作风"为主题的机关党建教育培训活动;二是举办了《中国共产党党和国家机关基层组织工作条例》培训;三是邀请了山西党校高建生副校长对《中国共产党历史》第二卷作了专题辅导;四是举办了"党在我心中"演讲比赛活动;五是组织了"党在我心中"知识竞赛活动;六是开展了"三晋先锋

在行动”党员示范活动;七是组织了“我身边的人”事迹报告会和全省工商系统先进事迹巡回演讲报告团,从不同角度和侧面真实生动地介绍了先进典型立足本职、服务发展、维护群众利益、廉洁从政、奉献爱心的感人事迹;八是组织了“促转型,谋跨越”和“为党旗增辉,为红盾添彩”征文比赛活动;九是开展了机关干部下乡住村扶贫活动;十是开展了全系统重温入党誓词教育活动,增强党性观念,强化宗旨意识;此外,组织了机关党员志愿服务活动,接待群众咨询215余次、投诉22起,发放宣传材料9000余份;举办了纪念建党90周年图片展巡礼,展示全系统在文明和谐创建方面所取得的巨大成就;开展全系统2011年食品安全宣传周活动,突出解决热点问题,促进食品市场经营秩序的健康发展;组织全省工商系统3749名党员干部认真聆听了国家工商总局党组书记、局长周伯华同志为全国工商系统干部职工讲授的题为《回顾党的历史,坚定理想信念,进一步开创工商事业新局面》的党课;开展了以“永远跟党走”为主题的“爱党爱国歌曲大家唱”红歌汇演活动;开展了走访慰问老党员活动和特困党员;召开全省工商系统纪念建党90周年暨“创先争优”活动表彰大会;组织省局机关40余名干部参观了全国检查机关“惩治和预防渎职侵权犯罪巡回展山西太原巡展”和省直工委举办的党建工作巡礼图片展览;组织全体人员收看了胡锦涛总书记“七一”讲话、袁纯清书记在纪念建党90周年暨创先争优活动表彰会上的重要讲话;开展军民共建文明和谐创建活动,“八一”建军节邀请了省军区国防办张培荣副主任进行了“我国周边安全国防建设”专题国防教育活动;组织举办了“阳煤杯”羽毛球比赛活动;开展了“政治坚定,忠于职守;执法为民,高效服务;依法监管,公正维权;严守纪律,廉洁清正”为内容的职业道德规范教育活动。

五、坚持群众路线和为民、务实、清廉,大力推进机关作风建设和反腐倡廉建设

(一)深化反腐倡廉宣传教育。把反腐倡廉教育纳入了各单位的学习计划,列入了各级党员领导干部任职的培训规划,列为理论中心组、党的“三会一课”的学习内容。以树立正确权力观、政绩观和事业观为重点,认真组织学习和贯彻了《中国共产党党员领导干部廉洁从政若干准则》、《关于实行党政领导干部问责的暂行规定》,抓好领导干部廉洁自律各项规定的贯彻落实。组织领导干部廉政教育测试和机关事业单位主要领导干部廉洁从政教育培训班。

(二)积极开展主题教育活动。按照“树新风正气、促和谐发展”主题实践活动的要求,强化了党的群众观点、群众立场教育,着力解决党员干部思想作风方面存在的突出问题,加强和改进机关作风,严肃工作纪律,树立机关良好形象。丰富载体,推进机关廉政文化建设,抓好机关廉政文化建设示范点。

(三)加强党内监督和制度建设。健全完善党内民主集中制、党内监督等各项制度,制定出台机关党务公开实施意见,扎实推进基层组织的党务公开。严格执行领导干部述职述廉、诫勉谈话、函询、质询等制度。建立健全廉政风险防控机制,加强对人、财、物管理及使用的重点部门、重点岗位、重点对象、重点环节的权力监督和制约。

六、践行科学发展观,促进发展之中融入党建,切实增强服务基层、服务群众和服务发展的过硬本领

始终把党建工作同工商各项业务工作紧密结合,多管齐下,互相促进,实现了互利双赢。一是市场主体总量不断增加。私营企业突破17万户、个体工商户突破87万户,加上近7万户内资企业,3700户外资企业和分支机构,3.62万户农民专业合作组织,市场主体总量突破115万户。同时,热情服务对外开放、招商引资,全面推行网上远程核准登记和年检。全力服务和推进煤矿兼并重组,省局及时制订九条措施,并以省政府办公厅文件下发执行,为重组后煤炭企业的登记注册简化了手续,提供了便利。二是推进“品牌兴省”,驰名商标达到54件,以“品牌战略与产业振兴”为主题成功举办了第四届“山西品牌节”,进一步营造了“品牌兴省”的浓厚氛围。深入开展“一企一件注册商标”活动,商标注册量与申请量达14274件。三是推进信用建设,归集发布信用信息突破28200条,信用体系建设步入成果应用阶段,建立省、市两级数据中心,实现省、市、县三级联网和48个政府部门之间互联互通,认定省级守合同重信用企业219家,进一步推进企业信用自律,营造信用环境。四是推进“五农工程”,农民专业合作组织总量连续四年位居全国第一。扎实推进红盾护农、商标兴农、合同帮农、经纪人活农、经济组织强农等“五农工程”,促进了我省农业产业化、市场化、现代化。农民专业合作组织达到36280户。五是打造“五大平台”,帮助中小企业和个体工商户融资290.63亿元。通过股权出质融资、动产抵押融资、商标出质融资、信用贷款融资以及支持组建小额贷款公司的民间资本投资平台,共帮助中小企业和个体工商户融资290.63亿元。特别是与邮政储蓄银行联合开展“创建信用市场、评定信用商户”活动,依托信用体系建设成果,无抵押、无担保、凭信用为中小企业发放信用贷款7.5亿元,业内人士认为这是金融服务方式的重大创新。六是开展专项行动,全系统查处各类违法案件4万余件,其中反垄断和反不正当竞争案件4643件,各类广告违法案件3172件,传销案件92起,合同违法案件1410件,“两虚一逃”案件194件,房地产案件542件,超限超载案件4213件。七是高度关注民生,共受理消费维权咨询、申诉、举报10万余件。为提高消费维权的及时性、便捷性、有效性,启动了12315短信投诉平台,推进了“一会两站”建设,12315维权站覆盖面进一步扩大,城市社区和农村分别达到82.2%、57.7%。全系统共受理消费者咨询、申诉、举报107835件,查处侵权案件3409件,使大量消费纠纷解决在基层、解决在商户、解决在萌芽状态,促进了社会和谐稳定。

(郭明生)

附：省工商局党组书记、副书记、成员名单

书　记：王虎胜

副书记：李秀英（女，1月离职）

成　员：涂国强　马联社　薛维栋　王振宇（4月任职）

省质量技术监督局党组工作概况

党组书记　常高才

2011年，省质量技术监督局党组在省委、省政府的正确领导下，坚持以邓小平理论和“三个代表”重要思想为指导，深入贯彻落实科学发展观，以服务“转型跨越发展，再造一个新山西”为中心，以党建工作为龙头，紧紧围绕学习型党组织建设和“为民服务、创先争优”活动，大力开展“保安全、促发展、强基础”工作，不断加强产品质量宏观管理、质量安全监管、技术基础工作和各项自身建设，较好地完成了年初确立的工作目标任务，各项工作成效得到进一步提升。

一、围绕“为民服务、创先争优”活动，大力加强基层党组织建设

（一）扎实推进学习型党组织建设。把推进学习型党组织建设与中心组理论学习结合起来，充分发挥中心组理论学习的示范带动作用。各级领导干部率先垂范、带头学习，带头撰写心得体会，带头宣传辅导，收到良好的学习效果。积极完善学习制度、改进学习方法，创新学习载体，采取视频教育、专家讲座、网络学习等形式，先后集中学习12次，对党员干部进行集中理论培训。一些基层党组织还利用学习专栏刊发党员干部的学习体会，开辟专题学习讲座，让学有所长的党员干部上台宣讲学习体会，不断增强学习的针对性和实践性，有效提高了学习的效果。

（二）进一步加强领导班子建设。把创先争优活动作为推动领导班子建设的重要抓手，大力提高干部队伍的思想理论水平和各级领导班子的凝聚力、战斗力。着力建立健全处级领导班子和领导干部考核机制，认真组织对所属处级领导班子及其成员和省局机关各处（室）进行年度考核。严格落实《党政领导干部选拔任用条例》和省委“四个规定”等要求，坚持德才兼备和公开、公正、公平原则，选拔任用了一批优秀干部。以“压缩会议经费、压缩接待经费、保证教育培训经费”的“两压一保”为方针，投入300余万元用于对全系统干部职工进行全员额、不间断、大规模教育培训；开设“质监大讲堂”，每月一期，聘请有关领导、专家进行专题讲座，通过视频会议系统向全系统直播，并制作成专题片，供干部职工随时观看；组织全系统119个县（市、区）局长在省委党校举办为期一周的领导力提升培训班，组织部分处级以上干部在中国浦东干部学院举办山西省质监系统领导干部培训班，均收到明显成效。

（三）切实加强基层党组织建设。按照建设高标准基层党组织、高素质党员队伍和高效率党建工作运行机制的要求，全力加强党的基层组织建设。始终坚持把党建工作作为质监工作的重要内容，纳入党组工作议程，以落实党建工作责任制为抓手，认真落实各项考核内容，严格“三会一课”制度，坚持一把手上党课制度，做到年初有安排、年中有检查、年末有考核。按照省委要求制定了《关于在全省质监系统开展“三晋先锋在行动”主题实践活动方案》，根据全国、全省窗口单位和服务行业为民服务创先争优会议精神，制定了《关于在全省质监系统深入开展“为民服务创先争优”活动实施方案》，在窗口单位广泛开展了三亮（亮身份、亮职责、亮承诺）、三比（比技能、比作风、比业绩）、三评（党员互评、领导点评、群众评议）活动。各窗口单位在以往开展活动的基础上，按照为民服务创先争优活动的要求，努力提高服务效能，切实改进服务作风，积极推行惠企利民的新举措，以一流的服务创一流的业绩，有力地促进了为民服务、创先争优活动的深入开展。

二、全面加强自身建设，不断提高质监事业服务转型跨越发展的能力

（一）加强党风政风行风建设。狠抓党风廉政建设，召开了党风廉政建设工作会议，研究制定了《2011年度全系统党风廉政建设和反腐败工作要点》及《目标责任分解》，与各市局和省局直属事业单位签订了目标责任书，进一步健全了具有质监特色的党风廉政制度体系。狠抓纪律作风整顿，集中组织开展全系统纪律作风整顿，认真开展“五查五找”活动，重点整治吃拿卡要、以权谋私、违法乱纪和不作为、乱作为、慢作为等问题，制定完善了相关制度规定，有效解决了制度执行不到位、管理标准不统一、队伍管理不严格等问题。狠抓政风行风建设，深入开展行风评议工作，积极参加行风热线，向社会作出了行风建设公开承诺，全面接受社会监督和评议。

（二）坚持加强党的建设和精神文明建设。以纪念建党90周年为契机，组织开展了一系列纪念活动。一是组织党员干部认真学习《中国共产党历史》（第二卷）。二是按照工委要求开展“党在我心中”知识竞赛和征文活动。三是举办了“党在我心中”演讲比赛。四是举办了“心中的颂歌”歌咏比赛。同时，组织合唱团参加了省直工委主办的歌咏比赛，荣获优秀演唱奖。五是开展了党员志愿者服务活动，共组织20多名同志在南宫广场设立质监局党员志愿服务工作点。六是举办了党建工作巡礼图片展。2011年7月，机关党委被国家质检总局授予全国质检系统先进基层党组织称号。在加强精神文明建设方面，以文明和谐单位创建活动为抓手，进一步加强常

态化管理,完善文明和谐单位管理办法,扎实推进创建工作的深入开展。在省直工委组织的文明和谐单位考核验收工作中,省直属单位的文明和谐创建工作得到省直工委考核验收组的充分肯定。

(三)深入实施科技兴检战略。大力加强技术机构建设,取得突破性进展。国家煤矿安全计量器具质检中心筹建任务基本完成,晋城煤层气、晋中纺织机械和祁县玻璃器皿3个国家中心获批筹建;太原经济开发区局积极协调成立了监督检验站,开发区财政负责经费保障;朔州市局协调市政府,为质监部门兴建8500平米检测楼,已进入施工阶段;长治市局协调市政府安排资金6000万元建设新能源检测中心,已通过财政评估;晋城市局筹建的煤层气国家中心已办理土地征用手续。为了解决省级技术机构实验室面积严重不足的突出问题,省局组织省级技术机构赴中部五省进行学习考察,并积极协调,拟筹建的3万平方米省级综合检验检测中心已获省政府立项,即将开工建设。在太原经济区拟建设的质监综合检测园区用地已初步落实,为质监技术机构实现大发展打下了坚实基础;省质检所等7个技术机构由所改院,拓宽了发展空间;扎实推进科研工作,在总局组织的结题验收和成果鉴定中,我局技术机构承担的课题1个达到国际先进水平,6个达到国内领先水平;省局首次设立了20万元科研奖励基金,对2008年以来的14个优秀科研项目进行了奖励。

三、积极履职尽责,服务全省经济转型跨越发展成绩显著

(一)加强宏观质量管理,扎实推进以质取胜。深入开展“质量兴企”活动,全省新增A级以上质量信誉企业394家;全面开展宏观质量状况分析,省局及长治、晋城、晋中、太原、大同分别编制完成了全省及当地质量状况分析报告,王君省长、张建欣副省长对全省质量状况分析报告作出重要批示;不断加大名牌产品培育力度,推选2011年山西省名牌产品71个,晋城、阳泉、长治等地对名牌产品生产企业进行了表彰奖励,晋中、太原、长治等地建立了政府质量奖奖励制度,晋中市政府举办了政府质量奖颁奖盛典。认真组织了山西省质量奖评审,大力开展“全国知名品牌示范区”创建活动,积极帮助汾阳白酒集中产区、祁县玻璃器皿产业集中发展区和大同云岗旅游开发区申报创建,得到当地党委、政府的赞誉;由于近年来宏观质量管理工作成绩突出,省局质量处被总局和人社部联合表彰为“全国质检系统先进集体”;严格工业产品生产许可证管理,认真贯彻落实产业政策,省局荣获全省淘汰落后产能工作先进集体一等功。

(二)加强质量安全监管,切实维护群众利益。坚持把保安全作为重中之重,在复杂的安全形势下,保持了食品安全形势的稳定好转和特种设备事故的有效控制。

一是抓基础保障。全系统围绕确保安全,加强了组织领导力量,层层成立安委会,健全了“一岗双责”体系,形成了齐抓共管的安全工作领导格局;通过内部调整,实施重兵把守,强化了监管力量;省局筹措200万元作为激励经费,用于奖励未发生安全问题单位的一线监管人员,调动了监管人员的积极性,强化了安全责任意识。

二是抓严格监管。在食品安全监管中,严格生产许可,确保获证企业满足生产条件;按期完成了乳制品生产企业重新核查任务,提高了准入门槛和产业集中度;加强乳制品注销企业监管,严防非法生产;严格过程监管,制定出台了《食品生产加工企业监督检查管理办法》、《食品生产企业监督检查通则》等规范性文件,规范和强化了监督检查;按照“四个必须”、“五不放过”的原则,严查各种违法生产行为。在特种设备安全监管中,集中力量、集中时间开展大摸排,全面掌握了底数;按照“四个一律”和“六个务必”的要求,严厉打非治违;通过“企业自查、县区普查、地市抽查、省级督查”的立体交叉方式,严肃查处了各类隐患。

三是抓专项行动。围绕“两个安全”,组织了乳制品、肉制品等重点食品和煤气发生炉、压力容器、锅炉等重点特种设备的10余项专项整治,开展了“除隐患保安全”百日安全行动。在食品专项整治中,共出动执法检查人员2.5万余人次,监督检查食品生产加工企业5593家次、小作坊1682家次、食品添加剂生产企业76家次,立案查处108起。在特种设备专项整治中,共发现并消除各类安全隐患2568项,查获非法生产使用的土特种设备1012台;为保障“中博会”安全,对“中博会”接待酒店和场馆以及机场、车站、旅游景区景点等重点场所特种设备实施不间断检查,严防死守,没有发生任何问题,获得“中博会”组委会的充分肯定和表彰奖励。

四是抓制度创新。省局在全国首创组建的食品安全“四支队伍”,被全国首届食品安全法治高峰论坛评为全国质检系统仅有的三个制度创新优秀事例之一;晋中市局实行“六化”措施,落实企业主体责任,忻州市局的“三种文书”,长治市局的“划片定岗”、警示约谈,吕梁市局的“六定三公示”,太原高新区局的食品安全例会等措施,都收到良好效果;深入开展食品安全宣传周活动,省局两次组织200余家食品生产加工企业向社会做出公开承诺,向全省食品生产加工企业发出了公开信,督促企业严格履行主体责任,全面接受社会监督;制定了《质量违法行为有奖举报办法》,形成了依靠社会力量促进食品安全的工作机制。在特种设备安全方面,全面建立健全了全省统一的企业安全承诺制、安全约谈制、安全例会制等10余项规章制度,全年省局召开了4次安全例会,全系统约谈企业负责人3570人次,培训作业人员45388人次,组织应急演练267次,签订承诺书11020份;会同省政府法制办将《山西省特种设备安全监察管理办法》列入今年立法计划,目前已起草完成初稿。

五是抓督查督导。坚持行政督查与技术督查相结合,针对发现的问题,不留情面通报,逐条逐项整改,使监管工作落到实处。

六是抓“双打”行动。以深化“双打”专项行动为抓手,以抓大案要案为突破口,深入组织开展了食品、农资、建材、电线电缆、汽车轮胎等一系列打假专项战役,以及家电下乡专项检查和区域性产品质量问题集中整治,我省的农资打假工

作得到总局的通报表扬,省局稽查分局被总局授予"双打"先进集体。2011 年,全系统共出动执法人员 12.67 万人次,查处制假售假违法案件 4134 起,涉案货值 5800 余万元,其中立案查处案件 600 余起(包括大案要案和典型案件 50 起,移送公安机关处理 8 起),端掉黑窝点 105 个。

七是抓监督抽查。紧紧围绕保障和改善民生、强农惠农、节能环保等重大战略部署,组织开展了重点食品和"中博会"接待酒店宾馆的相关产品以及儿童用品和节日热销产品质量专项监督抽查,全年共抽查 41 类 5680 批次产品,合格率为 91.53%;对 11868 个企业的 12075 批次产(商)品进行了定期监督检查,合格率为 96.02%,全省产品质量总体水平稳中有升。

(三)加强技术基础工作,促进经济发展方式转变。大力加强技术基础工作,积极服务促进全省经济发展方式转变,服务转型跨越发展。

一是标准化战略全面实施。转变观念,主动向 103 个省直单位致函共征集涵盖重点工业、现代农业、服务业以及社会管理领域的地方标准需求 47 项,增强了服务的针对性;全面推进标准化战略深入实施,努力构建符合全省转型跨越发展要求的标准体系,全年共批准发布省地方标准 45 项,其中,《工业企业循环经济评价导则》等 3 项循环经济领域地方标准,填补了国内空白;太原、长治、晋城、运城国家循环经济标准化试点城市建设第一阶段任务圆满完成,在国标委和国家发改委组织的考核考评中,得到专家组的高度评价;第七批 16 个国家级农业标准化示范区建设全面启动、扎实推进,高平生猪养殖标准化示范区被国标委评为优秀示范区;晋中旅游服务标准化示范市项目有效实施、扎实开展,太原民营区物流服务标准化等 3 个国家试点任务圆满完成;条、代码工作稳步发展,应用领域不断拓展,获得社会广泛认可。

二是计量基础不断强化。立足于满足全省经济社会发展和节能减排需要,重点建设了 30 余项社会公用计量标准;大力加强能源计量工作,组织开展了重点用能单位能源计量专项监督检查,探索建立了能源计量考核评价体系,省局荣获全省节能降耗工作先进集体;太原市局组织 93 家重点耗能企业与太钢开展对标活动,促进了全市能源计量工作开展;认真完成了全省治超用 330 台衡器的周期检定,临汾、运城市局出台相关规定,规范大衡器检定,太原市局被表彰为全省治超工作"工人先锋号";深入开展以诚信计量进市场、健康计量进医院、光明计量进镜店、服务计量进社区为主要内容的关注民生、计量惠民"四进"专项行动,民生计量环境不断改善;阳泉市局出台《诚信计量示范单位创建基本要求》地方标准,有效促进了计量诚信;组织"计量助推山西转型跨越"主题宣传,新华网山西频道分 12 个板块予以集中转载,收到显著社会效果。

三是认证认可有效性不断提高。大力加强 3C 产品认证监管,对 130 个 3C 产品生产企业进行了重点抽查,开展了玩具市场执法检查和跟踪服务,对流通领域的 32 个企业 65 批次 800 多种插头插座组织了专项检查;临汾、太原、晋城市局按照"五定、四查、三监管"模式,狠抓 3C 企业的监督检查,得到国家认监委的充分肯定;不断加强管理体系认证监管,组织完成对 130 家获证组织的监督检查;强化实验室资质认定监管,认真组织开展了乳制品中三聚氰胺等 5 个参数的能力验证,对 130 家获证实验室进行了专项监督检查;循环经济认证试点工作稳步推进;积极开展有机产品认证示范区建设,在大同市局和广灵县局的大力推动下,广灵县成功入选全国首批 11 家"国家有机产品认证示范创建县"。

(张晓芳)

附:省质量技术监督局党组书记、成员名单

书　记: 王正喜(2 月离职)　常高才(2 月任职)
成　员: 刘　军　盛佃清(11 月离职)　张岐云　王国强(12 月任职)　张亥生　尹乃明(5 月任职)

省广播电影电视局党组工作概况

党组书记　梁志祥

2011 年,省广播电影电视局党组以邓小平理论、"三个代表"重要思想和科学发展观为指导,全面贯彻党的十七届五中全会、省委九届十一次全会精神,紧紧围绕服务转型跨越发展、建设坚强党员队伍两大任务,以纪念建党 90 周年为契机,深入贯彻落实《中国共产党党和国家机关基层组织工作条例》,扎实开展创先争优活动和学习型党组织建设,大力加强机关作风建设,不断提高机关党建工作科学化水平,为实现广播影视转型跨越发展提供坚强的政治保证。

一、认真贯彻落实十七届五中全会精神,进一步找准机关党的工作的根本要求和核心任务

牢固树立"围绕中心、服务大局"的理念,进一步找准"服务中心、建设队伍"是党组织的两大核心任务,坚持"围绕中心抓党建、抓好党建促发展",把机关党建工作放在整个大局中来思考和谋划,使机关党的建设始终着眼于发展与和谐,工作始终围绕着发展与和谐,做到有机结合、互相促进。根据省直机关工委 2011 年机关党建工作要求,围绕 2011 年广播影视工作的中心任务,结合广电实际,及时制定了省广电局

《2011 年广电党建工作要点》,确保党建工作找准位置、体现价值、有所作为、取得实效。

二、继续以推进学习型党组织建设为重点,进一步加强党组中心组学习

一是完善学习计划,健全学习制度。制定并下发了《局党组中心组 2011 年理论学习计划》、《2011 年局党组中心组学习计划表》。局党组领导带头学习,坚持理论学习与研究工作相结合,在理论学习中分析、研究、布置、检查工作落实情况,并建立督办制度,对在集中学习时部署的工作,由机关党委制定督办卡,及时和承办单位承办人联系,有效地促进了工作的开展。

二是抓好学习内容,落实学习专题。继续落实省广电局《关于继续推进学习型党组织建设实施意见》,按照局《2011 年理论学习的计划》要求,按时组织好局中心组对十七届六中全会、省十届党代会,党史知识等各专题的学习。

三是联系广电实际,注重学习效果。落实局党组确定的理论学习"5+1"工程,即学习主要政策法规、主要领导讲话、主要管理经验、主要发展经验、主要理论知识 + 党风廉政教育;学习掌握广播影视现代化建设所必需的各方面知识,努力把握广播影视事业发展的新趋势和新理念;认真学习研究广播影视行业政策法规,积极探索广播影视管办分开后行政、事业、产业分开运作、协调顺畅、互相配合的新途径、新路子。

四是抓好学习载体,创新学习方法。为了达到预期效果,中心组坚持集中与分散相结合、专题辅导与集体讨论相结合等形式的基础上,进一步改进理论中心组的学习方法,采取"读、听、看、谈、写"等学习方式,落实中心组成员自学制度。为了保证学习的质量和效果,中心组学习主要采取了集中与自学相结合的方式,在"闲时集中学,忙时重自学"的原则上,坚持从学习的度和量上进行把握。闲时充分利用学习时间,做到合理安排,不搞不切实际的贪多求快,适当增加学习内容,重点放在持之以恒,注重实效上;忙时工作再紧张也不放松学习,做到有的放矢,灵活安排,使理论学习与工作目标一致,相互促进,既起到了好的学习效果,同时也避免了理论学习流于形式。

三、以纪念建党 90 周年为契机,深入开展精神文明创建活动

一是制定下发了《省广电局 2011 年精神文明建设工作计划》。对 2011 年精神文明创建活动提出了明确目标即:加大文明和谐单位创建的力度,完善文明和谐创建的制度建设;开展文明单位、文明职工的评选活动,营造文明和谐创建氛围。局机关、无线管理中心、广播电视学校要在继续保持省直文明和谐单位的基础上,加大创建力度,向省直文明和谐单位标兵迈进。国家广电总局七二五台在保持省直文明和谐单位标兵的基础上,进一步向全省文明和谐标兵单位迈进。

二是注重活动载体,发挥创建特色。各单位在创建活动中紧紧围绕构建社会主义核心价值体系这一创建活动的主线,结合本单位的实际,确立创建活动的主题和载体,增强主流思想价值的吸引力、感召力和凝聚力,真正将创建活动引向深入。局机关创建活动的主题是"加强学习、强化素质、改进作风、提高效能、服务基层"并有机结合"讲党性、重品行、做表率"活动,深入开展创建活动。在文明创建中,采取分类指导的原则,督促不同层次的文明和谐单位的创建再上新台阶,使工作更有针对性和目的性。

三是落实一把手讲党课要求。2011 年 7 月 6 日,局党组书记、局长梁志祥亲自为局部分党员干部、优秀党员和老干部总支党员代表就"中国共产党成立 90 周年的历史和山西的历史"进行了专题辅导。

四是积极开展以社会主义核心价值体系为重点的公民思想道德建设。积极组织社会实践活动,为加强省广电局党务干部对建党 90 周年成果的感性认识和对我省转型跨越发展的深入了解,加强省广电局与太原钢铁集团有限公司的党建共建合作,7 月 7 日下午,由薛荣副局长、李和林总工带队,机关和下属单位 25 名党务干部参加的学习考察团到太钢进行了参观学习。10 月 14 日下午,组织机关、局直各单位部分先进基层党组织代表、优秀党员和优秀党务工作者代表赴国家级文明单位、省重点工程汾河二库进行了"创先争优夯事业基础,转型跨越谋广电发展"为主题的参观交流学习。9 月 6 日上午,会同省发改委、省旅游局、省外事办等几家单位相关同志到太化集团有机化工厂开展中秋联企帮困活动,为困难职工送上了慰问金,表达了对困难企业职工的节日问候。在全省广播影视行业青年团组织中继续开展青年文明号创建活动。

四、精心组织纪念建党 90 周年活动

一是开展了"学党史、强党性"为主题的读书、知识竞赛、党史参观教育活动。为各基层党支部发放《中国共产党历史》第二卷,要求各基层党支部组织广大党员认真学习。组织开展了党史知识竞赛活动,在省广电局组织竞赛活动的基础上,又参加了省直工委组织的党史知识竞赛活动,并获得优秀组织奖,有 5 名党员分获个人二、三等奖。广播电视学校和后勤中心组织去延安等教育基地进行了参观学习。

二是组织并参加了省直工委举办的"党在我心中"演讲比赛,获得三等奖。

三是组织百人合唱团参加省直工委举办的"心中的歌"群众性歌咏活动。既活跃了职工的业余文化生活,也展现了省广电局职工的精神风貌,获得省直工委颁发的道德风尚奖。

四是参加省直工委庆祝建党 90 周年理论征文比赛,并获得个人二等奖。

五是参加省直机关党建工作巡礼,省广电局选送的党建图片有多幅入选,参加展览。

六是联合电影管理处开展了"颂党情、系三农"农村公益电影放映活动。在 7、8 月份集中完成了 3 万场以红色电影为主旋律的农村公益电影放映活动,覆盖全省,为全省农民送

上一场文化大餐。

七是组织了局红歌赛和篮球赛。红歌赛由局机关代表队、老干部代表队、驻局武警部队代表队等9支代表队参赛；篮球赛有局机关篮球队、山西广播无线管理中心篮球队、国家广电总局七二五台篮球队等6支篮球队参赛，通过两个活动的组织，丰富了广大干部职工的生活，也激发了他们干事创业的激情。

八是组织全局党员干部观看《建党伟业》。通过观看影片，在广大党员干部中进一步掀起爱党、爱国热潮，用老一辈无产阶级革命家的感人事迹、光辉形象和崇高精神引领大家做时代先锋、为党旗添彩。

五、落实党建工作责任制，健全基层党组织，抓好党员的发展和服务工作

一是召开广播电影电视局直属机关第七次党员代表大会，完成第七届机关党委和机关纪委顺利换届。二是进一步健全和完善了基层党组织。三是做好党员发展工作。有8名入党积极分子参加省委党校省直分校组织的入党积极分子培训班。认真完善入党积极分子相关材料，做好上报的各项准备工作。四是走访慰问老党员。6月29日和6月30日，局领导走访慰问建国前入党的老党员和在不同战线作出突出贡献的老党员，感谢他们为党和人民事业作出的贡献。

六、深入学习贯彻《中国共产党党和国家机关基层组织工作条例》

一是及时下发了认真学习《中国共产党党和国家机关基层组织工作条例》的通知。以党务干部为重点，扎实搞好《条例》的学习培训，用《条例》规范基层党务工作。二是组织机关党委全体党务干部参加省直工委组织的《条例》学习培训班。通过组织《条例》的学习，认真研究当前党建工作存在的突出问题，把《条例》的规定和要求落到实处。

七、强化措施、落实责任，党风廉政建设成效显著

一是全面贯彻落实省广电局《建立健全惩治和预防腐败体系2008—2012年工作规划实施方案》。进一步规范和加强机关党委贯彻落实党风廉政建设工作，以反腐倡廉的实际成效促进党的各项工作和广播影视工作又好又快发展，制定了《机关党委贯彻落实党风廉政责任制工作措施》。二是多措并举、常抓不懈。把《廉政准则》作为反腐倡廉宣教工作的重要内容，多方式、多渠道组织学习教育。党组中心组对全省党风廉政建设会议精神进行专题传达学习。三是廉政风险防控。会同驻局纪检组监察室，组织全局干部职工开展廉政承诺，填报《廉政承诺表》，狠抓了廉政风险防控体系建设工作。四是开展《廉政准则》执行情况的专项检查。根据省纪委、省直纪工委的安排，局机关和直属单位对照准则规定，进行了自查自纠。处以上干部都填报了《执行<廉政准则>有关规定情况自查表》，对廉洁自律的情况进行了报告。五是组织局机关党员干部参观省检察院举办的加强预防职务犯罪展览和省纪检委组织的庆祝建党90周年反腐倡廉教育展览，进一步增强党员干部的拒腐防变和反腐倡廉意识。

八、扎实开展党务公开工作

局党组针对党务公开事项两次召开党组会进行专题研究，成立了以梁志祥局长为组长，薛荣副局长为常务副组长的党务公开领导小组，建立了党务公开领导联系点制度；研究制定党务公开网络信息发布的审批程序；明确财务支持计划；制定下发了省广电局党务公开实施意见。建立了党务公开网站、党务公开栏、电子屏等。

九、进一步推进创先争优活动

一是继续推进公开承诺制度，确保公开承诺具体实在，富有成效。二是开展评比表彰先进活动，对在广播影视各项中心工作中涌现出的10个先进党支部、38名优秀共产党员、23名优秀党务工作者进行表彰。三是总结宣传一批先进典型，推动创先争优活动深入开展。召开了创先争优先进典型经验交流会。来自局机关、无线管理中心、后勤中心、广电学校的六个先进基层党支部代表的先进经验进行了交流。

十、认真组织下乡住村活动

省广电局开展下乡住村活动重点是认真抓好干部下乡住村“六个一”活动，坚持“四个结合”，真正做到领导重视、部署周密、方案切合实际、工作推进有力，实现了年初提出的目标任务。下乡住村以来，局领导共住村36天，处级干部住村149天，密切联系群众，总投资近65万元，为村里赠送投影设备进行科普电教；帮助解决一名伤残军人住房等很多实际困难，切实转变了机关干部作风。在下乡住村期间，聘请省林科所专家下到上寨南村地头为村民讲授核桃树种植、栽培、管理、养护等技术，解决他们在种桃核时遇到的疑难问题和防病虫害知识；投资10万元为当地更换了一批教学设备；投资10万余元，为上寨南村培训组建了一支村民乐队，帮建了一个电教室，捐赠了一批电教器材和一批图书、光碟，极大地丰富了当地村民的业余文化生活，筹集37万元作为打井专项资金，为上寨镇上寨南村解决水利灌溉基础设施缺乏、老化的难题。

十一、圆满完成“迎创争”工作任务

按照省委、省直工委关于深入开展“迎中博、创环境、争一流”活动安排要求，省广电局在活动开展以来，重点学习了各级领导在省直和中央驻并单位深入开展“迎创争”活动动员大会的重要讲话精神和省直工委关于开展活动的目标要求，充分做好了宣传动员，做到了落实责任，全员参与，努力营造深入开展“迎创争”活动的良好氛围，圆满完成“迎创争”工作任务，省广电局所辖区域的工作和生活环境达到了花池绿地无杂物，便道通畅、立面整洁、设施齐全；做到了办公场所窗明几净，楼道无杂物堆放；做到了卫生间墙面、地面干

净、设施完好,并按要求向社会公众开放;做到了宿舍楼院无卫生死角、无私搭乱建、无乱堆乱放;做到大院秩序井然,停车有序。受到省直工委的表扬。

十二、认真组织召开民主生活会

12月14日,省广电局召开了2011年度局党组民主生活会。会议由梁志祥局长主持,机关党委、人事教育处和监察室负责人参加了会议。这次民主生活会主题为:"坚持以人为本执政为民理念,发扬密切联系群众优良作风"和"正风肃纪,创优环境",针对重点内容开展党性分析和对照检查,开展批评和自我批评。梁志祥局长代表局党组进行了重点发言,就2011年主要工作、廉洁自律、干部选拔、作风纪律整顿等重点方面存在的差距和问题进行对照检查,并提出五条整改措施:一是加强学习改造,提升干部素质;二是强化服务意识,提升管理效能;三是建立长效机制,狠抓转变作风;四是完善惩防体系,落实反腐倡廉;五是落实以人为本,为群众办10件好事。局党组就2012年工作作了六个方面的部署:一是在新闻宣传舆论导向上下功夫;二是在公共服务能力提高上下功夫;三是在安全播出能力提高上下功夫;四是在依法行政能力提高上下功夫; 五是在广电事业产业发展上下功夫;六是在党风廉政、思想作风建设上下功夫。

(王 珽)

附:省广播电影电视局党组书记、成员名单

书 记:梁志祥

成 员:董育中 梁丽山(3月离职) 李光明

王建中 董晓林 薛 荣(6月任职)

李和林(5月任职)

省新闻出版局党组工作概况

党组书记 林玉平

2011年,省新闻出版局党组紧紧围绕建设新闻出版强国的宏伟目标和山西转型跨越的战略部署,带领全省广大新闻出版工作者奋力推进各项工作,在繁荣事业、发展产业、深化改革、完善服务、强化监管等方面取得了明显成效,为深入实施"十二五"发展规划、实现全省新闻出版业"加速崛起"奠定了良好基础。

省新闻出版局设有机关党委1个,党支部8个,共有党员115名。

一、强化学习、提升素质,树立山西新闻出版系统良好形象

(一)加强机关党建和精神文明创建工作。以纪念建党90周年为契机,扎实开展创先争优活动,深入推进学习型党组织建设。组织学习胡锦涛同志"七一"讲话、十七届六中全会、全省领导干部大会、省十次党代会精神和《中国共产党历史》(第二卷)等内容,提升政策理论水平。组织党员干部参观平型关大捷遗址、八路军纪念馆等红色革命教育基地,组织开展庆祝建党90周年宣传展、书画展以及"迎中博、创环境、争一流"等主题活动,强化理想信念教育、宗旨意识教育。开展党员承诺"回头看",自查自省,营造人人争创先进的良好氛围。认真开展干部下乡住村、领导干部包村增收活动,深入开展"走基层、转作风、改文风"活动,成效显著。引深全行业精神文明创建,出台《山西省新闻出版系统创建文明行业实施办法》并完成首次评审。

(二)提升新闻出版人才队伍素质。组织出版、印刷、发行各行业人员进行专项业务培训和岗位调训,对800余名从业人员进行职业技能鉴定认证,在霍州举办了山西省第十七期出版物(中级)发行员职业资格培训。组织局系统干部参加业务培训以及"山西干部在线学院"的网上学习。山西教育出版社等5个单位和个人获得全国新闻出版系统先进集体和个人。

(三)推进党风廉政建设和反腐败工作。建立完善监督和自律制度,逐层分解年度党风廉政建设和反腐败工作任务,对农家书屋建设、办会办班情况和机关工作作风等重点部位和关键环节全程监控。聘请349名政风行风监督员,进行专门监督,新闻出版行业政风行风得到有效规范,在省直部门评比中荣列社会管理类第1名。

二、明晰思路、科学规划,确定山西新闻出版业"加速崛起"目标

在深入调研、认真总结、深入分析山西新闻出版业发展情况的基础上,编制出台了全省新闻出版业"十二五"发展规划,使规划实现了"三个对接",即同国家新闻出版业规划对接,同我省"十二五"规划对接,同各市文化产业发展规划对接。按照规划目标,"十二五"时期,山西新闻出版业发展要保持25%左右的年增长速度,到2015年全行业总产出达到300亿元以上。重点围绕新闻出版工作政治性、文化性和产业性"三重属性"的定位,构建先进文化传播体系、公共服务体系、报刊业集约化发展体系、印刷物流现代产业体系、新兴业态全媒体发展体系、信息服务体系、新闻出版市场体系、对外交流与贸易体系等"八大体系",强化政策保障、体制机制保障、高新技术保障、项目支撑保障、产业结构保障、行政保障、人才队伍保障、其他基础性保障等"八项保障",奋力实现全省新闻出版业的"加速崛起"。

三、围绕中心、把握导向，全面提升新闻出版宣传引导能力

（一）做好重点宣传。始终把主流舆论的宣传引导放在首位，引导省内图书报刊音像电子网络出版单位围绕建党90周年、辛亥革命100周年，围绕十七届六中全会、省十次党代会，精心策划、集中报道，形成声势，服务了党委政府工作大局。特别是在纪念建党90周年之际，相继推出一系列专栏专刊、特刊报道，从多种角度多重视野展现党带领全国人民取得的辉煌成就，烘托出了庄重热烈的庆祝气氛。

（二）强化主题出版。策划出版了《中国红色报刊图史》、《八路军的故乡》等红色出版物，其中《中国红色摄影史录》和《本色人生—申纪兰》入选全国庆祝建党90周年重点推荐图书。《与大学生村干部谈心》入选"第三届优秀通俗理论读物推荐书目"。

（三）打造晋版精品。《玩具论》、《戏曲文献学》分获第二届中国出版政府奖图书奖和提名奖，《小学生拼音报》入选2011年向全国少年儿童推荐报刊名单，游戏《仙OL》入选第六批"中国民族网络游戏出版工程"。《山西革命根据地出版史》、《心爱的树》等5种图书入选全国"三个一百原创出版工程"，《八路军文化大系》、《中国现代产业经济史》等19种图书入选"十二五"国家重点图书出版规划项目，以《央企真相》为代表的一大批出版物畅销市场，晋版出版物影响力明显提升。

四、突出重点、周密部署，深入推进新闻出版体制机制改革

（一）积极部署非时政类报刊出版单位体制改革工作。配合省委宣传部门召开非时政类报刊出版单位体制改革专题座谈会，研究讨论改革方案。会同相关部门分类分批召开不同层次的座谈会22次，传达精神、摸清情况、理清思路、制定方案。根据中央精神，结合山西具体情况，确定了非时政类报刊改革"三个一批"的总体思路和"两步走"战略，制定了《山西省非时政类报刊出版单位体制改革实施方案》，首批获得中央部门的批准。首批改制单位清产核资工作基本完成。

（二）深化其他领域改革工作。党报党刊"两分开"改革稳步推进，组建山西日报传媒（集团）有限责任公司，《太原日报》、《大同日报》、《长治日报》、《运城日报》等地市级党报"两分开"改革也协调跟进，持续深化。山西出版传媒集团、英语周报社、语文报社等已经完成转企改制的新闻出版企业内部体制机制改革不断深化，法人治理结构和资本运行机制进一步完善。

五、创优环境、广建平台，加速新闻出版产业发展步伐

（一）实施项目带动战略。按照"抓集团、抓基地、抓项目"的总体思路，组建了全省新闻出版"十二五"重点项目库，首批遴选123项重点项目入库，并与总署新闻出版产业发展项目库和发改部门、财政部门、宣传部门项目建设实现衔接。临汾文化产业园（2期）等重点项目完成并投入运营。组织优秀项目参加各类推荐申报，2个项目入选全国新闻出版产业发展重点项目库；《中国现代产业经济史》、《中国画像石棺艺术全集》2个项目入围国家出版资金资助项目，山西新华印业公司通过全国首批绿色印刷资质认证。

（二）积极搭建平台。积极探索建立省署战略合作机制，协调省工行落实完善金融支持新闻出版产业发展协议。协调组织第四届高校平面设计大赛，并在省第二届农博会展出，影响广泛。积极推动晋版出版物"走出去"，全年引进版权28种，输出版权46种，向台湾地区首次输出电子版权23种，版权引进和输出数量创历史新高。

（三）加强行业统计。配合统计部门，组织全省首次文化产业核算工作，将新闻出版行业中的9项内容纳入文化服务活动核心层予以全面统计。编制发布了《2010年山西省新闻出版业统计公报》。

六、面向基层、服务群众，完善新闻出版公共服务体系

（一）稳步推进农家书屋工程建设。省政府将农家书屋建设列入全省农村新的"五个全覆盖"工程予以推进，全省新闻出版系统强力攻坚，2011年，新建成农家书屋14092个，超额完成所承担的"五个全覆盖"工作任务，全省农家书屋行政村覆盖率达到75%。阳泉、晋城、忻州三市率先实现市域全覆盖，太原迎泽、长治平顺、临汾侯马等62县（市、区）实现县域全覆盖。全省国定贫困县9285个行政村中有8366个行政村建成农家书屋，占全部国定贫困县行政村的90%。各级各地将农家书屋与文化大院、"三下乡"活动、党员远程教育室、文化信息资源共享工程、农村电影放映工程等共建共享，基层阵地作用凸显。

（二）深入开展全民阅读活动。以农家书屋为依托，组织开展全民阅读月、第18届青少年爱国主义读书教育、全民助读工程等丰富多样的阅读活动，不断扩展全民阅读覆盖面，营造形成了全民阅读的浓厚氛围。

七、严格整治、规范管理，净化出版物市场环境和社会文化环境

（一）持续加大"扫黄打非"工作力度。全年全省"扫黄打非"工作共出动检查人员48547人次，检查各类出版物市场、摊点13517个，收缴各类非法出版物130余万件，其中违禁类出版物4.6万件，收缴盗版出版物120余万件，非法报纸期刊5万余件。我省"扫黄打非"工作连续七年获全国先进集体荣誉称号。

（二）加强版权保护工作。围绕"知识产权助推经济转型"这一主题，在"4·26"知识产权宣传周期间开展了"三进两集中"版权宣传活动，直接受众达到30余万人。组织开展了打击侵犯知识产权和制售假冒伪劣商品专项行动，省市两级政府机关软件正版化专项经费基本落实，版权保护环境进一步

优化。加大版权服务范围,作品版权登记数量达到306件,增长率达到100%。

(三)全面加强行业管理。全年审批图书选题4119种,音像电子选题131种,确定年度重点选题85种,编发《审读快报》49期。开展了第十六轮编校质量检查、报刊记者站专项治理"百日行动"、"3·15"少年儿童读物类出版产品质量监督检测等专项活动,规范了行业秩序,提升了出版物质量。

(潘　焱)

附:省新闻出版局党组书记、成员名单

书　记:林玉平

成　员:张明旺(2月离职)　梁宝印　王吉敏　田奇越　吴体刚

省体育局党组工作概况

党组书记　苏亚君

2011年,省体育局党组认真贯彻落实党的十七届五中、六中全会和省第十次党代会精神,深入学习实践科学发展观,紧紧围绕省委、省政府的中心工作,积极进取,奋力拼搏,努力加强党的建设和党风廉政建设,全省体育工作取得新业绩。

一、加强体育系统党的执政能力建设和先进性建设,努力提升科学决策、民主决策和依法履职能力

(一)强化理论武装,努力提高领导干部政策水平和业务素质。一年来,局党组坚持中心组学习制度,全年共安排中心组学习6次13天,就十七届六中全会、全国人大第十一届四次会议、省第十次党代会精神、党的基层工作条例、党风廉政及体育事业"十二五"规划等内容进行专题学习讨论。加大干部培训力度,组织5期干部教育专题讲座,1200余人次参加;局系统33名处级干部赴北京体育大学进行业务专题培训;22名干部参加省委党校和省直分校学习;局机关全体干部参加山西干部在线学习,人均达到60学时;坚持每周二、五干部政治理论学习制度。

(二)坚持民主集中制,努力抓好党员队伍建设。完善各项工作规则和重大行政决策规则,重新修订《山西省体育局会议制度》,制定《省体育局贯彻执行"三重一大"制度的暂行规定》。班子成员严格遵守民主集中制原则,凡涉及"三重一大"事项,坚持集体决策。局系统聘请常年法律顾问。局领导班子坚持按时召开民主生活会。选拔任用干部以《党政领导干部选拔任用工作条例》等有关规定为基本依据,对任用干部进行任前"五个一"廉政教育活动。加强党的基层组织,引深创先争优活动。对处级直属事业单位领导班子及成员进行"事业单位重点工作、领导干部述职述廉、党的责任制考核、党风廉政建设和反腐败、综合治理"等方面的"五合一"综合考核,使党建工作纳入业绩评价考核体系范围。严格按照党员标准做好新党员发展工作,全年发展党员31名。积极开展庆祝建党90周年系列活动。组织走访慰问局系统老党员和企业困难党员。

(三)推进依法行政,努力维护广大人民群众体育权益。从完善地方立法、改善行政执法、加大执法监督力度、深化法制宣传教育四方面推进体育法制建设。进一步清理行政执法主体,提高执法人员法律素质和执法水平。强化行政执法监督,对太原、大同、晋中、忻州4市体育法制建设情况进行指导检查。认真组织"六五"普法工作。继续推进政务公开,依法将体育局机构职能、规范性文件、审批事项及程序、便民服务项目、工作动态等全部通过省局网站向社会公开。完善信访制度,设立局长信箱。

(四)加强精神文明建设和社会主义核心价值体系教育。以创建文明和谐单位为抓手,围绕"营造文明环境氛围,共建和谐山西体育"创建主题,创新活动载体,丰富创建内涵,营造团结和谐、文明向上的良好氛围,局机关连续7年获省直文明和谐单位标兵称号,7个事业单位获省直文明和谐单位称号。强化运动队管理和思想政治工作。局系统工青妇群团组织举办了一系列文体活动。全局共组织六批43名处级以上干部参加大宁县太德乡乌落村下乡住村活动,制定发展规划8个,落实乌落村蓄水池改造工程、太德乡文体活动广场、乌落村健身广场建设工程和优质果木的种植嫁接工程四个项目,解决实际问题20余件。做好对太原医药药材公司的联企帮困活动。

二、深入落实党风廉政建设责任制,以执政为民的理念推进体育系统党风廉政建设和反腐败斗争,努力营造廉洁高效、风清气正、纪律严明的局面

(一)贯彻中央和省委决策部署,认真落实党风廉政建设责任制。局党组严格执行中央、省委关于党风廉政建设责任制有关规定,狠抓党风廉政建设责任制落实,制定《2011年党风廉政建设和反腐败工作任务分解》、《2011年度党风廉政建设责任制考核办法》。组织召开省体育局系统党风廉政建设干部大会,与各直属单位"一把手"签订党风廉政建设责任制责任书。将党风廉政建设工作列为党组和体育局整体工作的重要组成部分,纳入党政领导干部目标管理。由局领导分别带队对24个局直属事业单位领导班子和班子成员落实

党风廉政建设责任制工作情况进行考核。

(二)坚持标本兼治,积极构建体育特色惩治和预防腐败体系。制定《山西省体育局贯彻执行“三重一大”制度暂行规定》,修订《山西省体育局规范性文件制定与备案制度》、《山西省体育局重大投资项目跟踪服务制度(试行)》、《山西省体育局岗位目标责任制管理办法》、《山西省体育局机关服务承诺制度》、《山西省体育局党组关于干部任免票决制的实施办法》等6个制度。大力弘扬“右玉精神”,开展“四比四看”活动。严格执行省纪委规定的“五个不准”,在全系统开展廉政风险防控管理建设。加强反腐倡廉宣传教育和廉政文化建设,广泛开展“六个一”活动及党性党风党纪教育和培训。大力开展赛风赛纪和反兴奋剂专项治理工作,狠抓参加第七届全国城市运动会赛风赛纪和反兴奋剂工作,局领导带队对有关市和直属训练单位进行监督检查。针对第十四届省运会资格审查工作,成立局专项工作领导组,加大审查监督力度,对有关运动员组织进行两批次骨龄测试。选派竞赛督察员对各项目锦标赛进行监督检查。深入开展“小金库”专项治理工作,重点对体育社团和局属国有企业“小金库”治理工作进行监督检查,认真开展局系统公务用车和评比表彰活动清理工作。

(三)加强作风建设,深入开展纪律作风集中整顿。按照全省纪律作风集中教育整顿工作要求,制定《省体育局开展纪律作风集中教育整顿活动月实施方案》,成立纪律作风集中教育整顿活动领导组,在局域网上公布举报电话。38个党支部召开“正风肃纪、创优环境”专题组织生活会。组织召开加强纪律作风教育集体谈话会议,观看有关警示教育片,对14个直属单位进行明查暗访和督导检查。

三、不断满足人民群众日益增长的体育需求,以奋发昂扬的状态服务全省转型跨越发展和“健康山西”建设,努力实现群众体育、竞技体育、体育产业新跨越

一年来,体育系统抢抓全省转型跨越发展的新机遇,围绕省委、省政府确定的“健康山西”建设目标,研究制定《山西体育事业“十二五”发展规划》及9个分规划,编制《山西省综改试验体育行动方案》,努力夯实体育基础,提高公共服务水平,推进体育改革创新,加强系统自身建设,圆满完成省政府下达的年度目标任务。

(一)深化公共服务,全民健身事业展现新活力。

一是群众体育活动精彩纷呈。全省各地群众体育活动此起彼伏,高潮迭起,仅省、市两级全年健身活动就超过300项次。全省全民健身系列活动、春节全民健身大拜年活动以及第七届省农运会、全省职工广播体操共同行动、“全民健身日”全国棋牌项目万人同赛、山西跤王争霸赛、第三届中国·晋城棋子山国际围棋文化节、第十一届永济五老峰登山节等群众喜闻乐见的群体活动,群众参与热情高涨,产生了巨大的社会效应,为促进社会和谐发挥了积极作用。同时,联合有关部门,积极组队参加全国残疾人运动会、少数民族运动会、智力运动会等全国群众体育赛事。

二是群众体育组织日益完善。加快建立和完善市、县两级体育总会,鼓励、扶持、指导社会各界兴办体育俱乐部,加大社区、农村全民健身指导站(点)建设力度。加强社会体育指导员工作,成立山西省社会体育指导员协会,推进组建全省各级社会体育指导员协会和志愿者组织,全年共培训各级社会体育指导员13000余人。

三是健身场地建设成效显著。认真贯彻落实省委、省政府农村新的“五个全覆盖”工作部署,继续大力推进以农民体育健身工程为重点的全民健身场地建设。2011年共计建成行政村体育健身场地4239个,全省农村体育场地覆盖率达到96%,超额完成省委、省政府下达的4080个的建设任务。同时争取总局援建资金,建设清徐县、沁源县2个全民健身中心和五台县、平陆县、黎城县3个“雪炭工程”。

四是《全民健身条例》深入贯彻。起草完成《山西省全民健身实施计划(2011—2015年)》,并经省政府印发实施。按国家体育总局部署,开展第三次国民体质监测,完成全省样本录入47000个,上报国家体育总局样本量8000个。创建国家级体育传统项目学校2所,省级体育传统项目学校50所,体育传统项目学校师资培训基地4所。大力开展青少年阳光体育活动,启动校园足球活动。全民健身工作成效突出,被国家体育总局授予2011年“全民健身工作突出成绩奖”。

(二)强化奥运备战,运动技术水平取得新提高。

一是奥运备战工作扎实推进。以备战2012年伦敦奥运会为重点,认真总结上一周期参加奥运会、亚运会、全运会成功经验,全面启动新一轮备战工作。研究制定备战2012伦敦奥运会工作方案并全面组织实施,举重、摔跤、蹦床、射箭、射击、游泳、田径、跆拳道、乒乓球等9个大项、18个小项的24名运动员入选备战奥运会国家集训队,全力以赴备战伦敦奥运会,力争获得参赛资格。同时,积极着手第十二届全运会备战工作,采取引进、联办等形式,组建冬季滑冰、7人制橄榄球、马术及全运会18周岁以下篮球、足球备战队伍,扩大项目布局,增强整体竞争实力。

二是运动技术水平有所提高。狠抓运动训练,全力打好年度重点赛事。在2011年世界大赛中山西共有武术、乒乓球、射箭、蹦床4个项目、6人次获10枚金牌;在全国锦标赛、冠军赛中共获得金牌11枚,银牌18枚,铜牌22枚。奥运重点小项在国内外一系列大赛上表现良好,竞技体育整体运动技术水平得到进一步提高。太原、大同两市组队参加七届城市运动会,共获得8枚金牌、4枚银牌、9枚铜牌,同时获得体育道德风尚奖。深入推进运动员文化教育和保障工作。起草完成《关于进一步加强运动员文化教育和运动员保障工作的实施意见》。

三是积极承办国际国内重要赛事。成功举办山西历史上规模最大、参赛人数最多的2011太原国际马拉松赛。在新建成的山西体育中心举办中巴国际足球比赛、中澳国际篮球对抗赛。全国男子篮球CBA职业联赛太原赛区比赛组织有序。

(三)优化产业结构,体育产业和基础设施建设取得新

成就。

一是认真贯彻《关于加快发展体育产业的指导意见》。继续加强与相关部门的协作，努力履行政府推进体育产业发展的职责，起草完成了《关于加快发展体育产业的实施意见》并经省政府印发实施。

二是积极筹备组建山西省体育产业集团。为贯彻落实国家关于加快发展体育产业的意见和省委、省政府转型跨越发展的战略部署，提出组建山西省体育产业集团思路，起草《山西省体育产业集团组建方案》，已上报省政府。

三是切实加强体育彩票销售工作。认真贯彻落实《彩票管理条例》，进一步理顺管理体制，完善激励机制，推进改革创新，大力拓展市场，与省邮政公司签署合作协议，扩大销售渠道。全年全省体育彩票完成销售额9.63亿元，超额完成省委省政府下达的8亿元销售任务。

四是继续扶持壮大航空体育产业。充分发挥三所航空运动学校资源优势，大力发展通用航空事业，积极开展飞播造林、防火灭虫、人工增雨等通航服务，创造了良好的经济和社会效益。太原航空运动学校3817机组被授予“全国工人先锋号”荣誉称号。

五是进一步加快体育场馆设施建设。与有关部门密切配合，积极推进新建山西体育中心、迁建太原航校、改建省全民健身中心三大工程。山西体育中心项目工程进展顺利，各项工程已接近尾声，主体育馆、主体育场已完成工程移交，并已成功举办中博会文艺演出及多项体育赛事，被国家体育总局命名为“国家全民健身示范基地”。太原航校迁建工作取得新进展。省全民健身中心改建工作积极推进，全省最大的羽毛球馆投入使用。 （王宏德）

附：省体育局党组书记、成员名单

书　记：苏亚君

成　员：杨凤楼　李振生　郝晓峰　李世杰

王　荣(4月离职)　杜　荣(4月任职)

省统计局党组工作概况

党组书记　杨文章

2011年，省统计局党组认真学习贯彻党的十七大精神和十七届六中全会精神，深入落实省十次党代会精神，以科学发展观为统领，以深入开展创先争优活动为载体，坚持围绕中心抓党建、抓好党建促发展，实现了“抓党建”与“促发展”的互促互动，有力地促进了统计工作的科学化水平，为全省转型跨越发展、实现再造一个新山西目标提供了有力的统计保障，受到省委、省政府和国家统计局的充分肯定。2011年，我局继续荣获全省目标责任考核优秀单位；中宣部、司法部授予全国“五五”普法先进单位；荣膺省直机关党建工作先进单位和省级文明和谐单位；15个专业获得国家统计局综合一等奖等。

一、坚持“围绕中心抓党建、抓好党建促发展”，以科学的理念机制推动机关党建

统计部门作为综合经济部门，始终把“围绕中心抓党建，抓好党建促发展”作为推进机关党建的指导思想。第一，在思想认识上，坚持把加强基层党组织建设放在统计发展战略目标的大背景下去思考和把握，使基层党组织建设工作的出发点和每一个环节都着眼于发展，有利于发展；把增强党的意识和增强中心意识高度统一起来，把加强基层党组织的自身建设与完成统计的各项工作任务高度统一起来，坚持围绕中心抓党建，更好地服务和推动全局中心工作。第二，在领导职能上，坚持把完成中心任务，作为党建工作的出发点和落脚点，作为衡量机关党建成效的基本标准。主要体现在“五个机制”上：一是完善落实党组负总责、“一把手”亲自抓、分管领导具体抓的领导机制；二是强化“一岗双责”机制，所有处室、单位的“一把手”都是党支部书记或副书记，切实做到“两手抓、两促进”；三是总揽全局、调动各方、履职尽责的协调机制；四是凭实绩考核班子、选贤任能、奖优罚劣的评价机制；五是对统计发展常议常抓、把关定向、抓要解难的议事机制，在促进统计科学发展中切实发挥党组织的核心领导和战斗堡垒作用。第三，在工作思路上，始终坚持一手抓机关党建，一手抓统计业务，把机关党建与统计业务、中心任务同部署，同检查，同落实。特别是善于把解决机关党建的突出问题，与解决统计业务、中心工作的突出矛盾结合起来，善于把提高

抓机关党建的能力，与提高抓中心工作的能力统一起来，以党建工作推动中心任务，以中心任务促进党的建设，拧成“一股绳”，合成“一股劲”，形成“一盘棋”。

二、坚持发挥党组织的战斗堡垒和党员的先锋模范两个作用，不断加强组织建设和党员队伍建设

一是以增强党性、提升能力为重点，用丰富的理论武装党员干部。注重加强学习型机关建设，通过搭平台、创环境，塑造“集中学习、创新讲坛、专家评选、能手大赛、名校培训”等学习品牌，引导党员干部由“要我学”到“我要学”的转变。第一，建立了每月处级以上干部集中学习制度，成为干部学习特别是党员领导干部的品牌。第二，中心组率先垂范，2011年中心组学习达到19次，《省直机关中心组理论学习动态》6次专题报道。第三，坚持请进来、走出去推动能力提升。一方面推出统计创新讲坛，邀请国家局领导、知名专家来局作报告，面向全系统成功举办8期；另一方面局领导参加省直厅局长报告会、公选干部报告会、文源讲坛等。第四，积极组织干部职工参加自主选学和在线学习，取得明显效果。第五，着眼拓展视野、提升素质，连续四年在中央党校、北大、复旦、浙大、厦大等名校组织系统业务骨干和优秀青年学习培训，在省委党校开办统计局长培训班。第六，围绕贯彻十次党代会精神，召开干部大会，开展支部宣讲活动，举办学习经验交流会等。

二是以创新党员干部培养和人才成长机制为手段，靠有效的激励引领党员干部。始终坚持“造就大批高端人才是实现统计新作为根本选择”的理念，构建量化考核、专家评选、创先争优、引领青年等机制，促进党员干部在推动发展中成长成才、体现作为。第一，评选统计专家。在全国统计系统首创“统计专家”评选表彰机制，连续五年开展评选统计专家活动，省总工会、省妇联给予记功表彰和授予“三八红旗手”。第二，开展培养青年能手大赛。在全国统计系统率先推出青年业务能手大赛机制，连续两年举办青年能手大赛，80名青年脱颖而出。第三，开展模范局长评选。开展了县级“模范(标兵)局长”评选活动，30名县区局长荣获殊荣。第四，奋力创先争优。在引深创先争优活动中，开展了公开承诺“回头看”；推进“亮牌”活动，制作党员先锋岗桌牌，使党员时刻铭记“五带头；”利用简报、统计内外网加大舆论宣传引导；开展主题活动营造氛围，举办了“党在我心中”演讲比赛和“创先争优比作为”主题演讲比赛，在工委组织的歌咏比赛、演讲比赛、知识竞赛、图片展等体现作为、展现形象；以先进榜样引领，召开庆祝建党90周年表彰大会，对先进党组织和优秀个人进行表彰，起到激励、导向作用。与此同时，把创先争优活动紧紧融入到统计发展的中心工作之中，提出了“争创全国一流”的目标，在全局开展争创一流处室活动，并将机关党建、文明和谐创建等纳入考核中，实现了“创”有载体、“争”有目标，2011年有15个专业在国家获得综合一等奖，形成了有标必夺、有旗必抗、有奖必拿的生动局面，营造出奋发向上、比学赶超的浓厚氛围。第五，重视培养青年。坚持以党建带团建，不断完善全省统计青年工作，在领导小组领导下，领导小组办公室统筹协调，市局青年组织、省局机关团委共同推动青年工作的运行机制；坚持把平台给青年，把资源给青年，把机会给青年，加快青年成长成才。举办青年业务能手大赛、承办全国青年会，编辑出版《山西统计发展与青年使命》、开展征文活动，组织青年赴京观摩、到基层调研等，引领青年勇于担当、积极作为，荣获全省共青团工作特色奖。

三是以队伍纯洁为突破，弘扬新风正气，推进作风建设。第一，围绕作风建设这个主题，严格会前谈心、征求意见、梳理反馈，会后通报情况等程序，召开了高质量的局领导班子民主生活会和党支部组织生活会，进一步增强了党组织的战斗力。第二，坚持量化考核。局党组与各处室(单位)签订年度目标责任考核书，以责任制的方式、用责任考核例会制度等督促各处室(单位)落实工作任务，并将机关党建列入各处室(单位)工作目标责任制中。与此同时，加强对党支部工作的量化考核，坚持事前定任务，事中抓落实，事后看结果，促进了党支部工作的科学化、规范化，党支部在机关管理中有地位，在党员干部中有威信，在推动发展中有作为。第三，认真抓好党员民主评议。通过个人自查与民主互评相结合，集体评议与组织评定相结合，增强了党组织对党员教育、管理和监督的职能。第四，强化正风肃纪。以落实省委提出的“五不准”规定为契机，开展整顿机关工作秩序活动，特别是通过印制工作纪律小册，对不守纪的人和事公开通报，严肃了工作纪律。第五，严把党员“入口关”。坚持成熟一个发展一个，严格发展程序，强化对入党积极分子的培养，强化对预备党员的教育，审慎研究党员转正，在发展党员中充分体现了党组织和党员的纯洁性要求。

三、坚持优化软硬件、多措并举，不断提升文明和谐创建水平

我局是连续多年的文明单位，始终把创建省级文明和谐单位作为思想作风建设的标志性工程，作为推动统计科学发展的不竭动力来抓。

一是树立正确导向，以统计核心价值观规范人。利用统计内外网等媒体，广泛宣传并积极引导广大党员、干部职工践行统计核心价值观。特别是在全国统计青年会之后，发出了对《太原倡议》的响应书，引领青年立志报效统计；通过青年入职宣誓、上岗培训、主题演讲、实地传统教育等，切实使青年将核心价值观入心入脑、落在行动中。

二是提升公信力，以统计诚信塑造人。坚持统计职业道德教育常抓不懈，提升了干部职工的职业道德素养；坚持统计法制观念牢固树立，利用全国法律宣传日、统计法律宣传月，大力普及统计法律知识；通过统计开放日系列活动，诠释了“走向公开透明、规范统一的中国统计”的真谛。

三是多办实事打造民心工程，以贴心的关爱凝聚人。第一，从常态工作入手，每年组织干部职工体检，不断改善食堂管理，关注干部职工身心健康落实在了行动上。第二，从热点

难点抓起,先后两次为职工办理了住房团购,为职工排忧解难。第三,从优化软硬条件着力,从改造荣誉室、改善乒乓球室到以省摄影协会统计分会为平台举办摄影讲座、开展摄影采风活动,加快图书馆图书轮换等,让干部职工舒心工作。

四是创新载体,以多元化的文体活动愉悦人。一是注重活动的持续性。以联欢为纽带,每年举办元旦、新年联欢会成为惯例。关注老同志,每年在"九九重阳节"举办老干部座谈会,登山活动成为常态化的活动和强身健体的品牌。二是注重活动的多样性和广泛参与性,诸如联欢、登山、拔河、羽毛球、乒乓球、摄影讲座和摄影采风、外出考察交流等文体活动形式多样。三是注重活动的教育性。组织青年赴武乡县八路军太行纪念馆接受传统教育,到平顺县西沟聆听老劳模教诲;以演讲为平台,举办了全局"创先争优比作为"、"党在我心中"演讲比赛。四是注重活动的文化性和品位性。在全国统计青年会期间,举办"青春舞动、携手并进"联谊会等活动,让干部职工快乐工作,体悟到家的温馨。

(程建平)

附:省统计局党组书记、副书记、成员名单

书　记:杨文章

副书记:翟振新

成　员:卢建明　赵占明　荆红社　张建华

省安全生产监督管理局党组工作概况

党组书记　张根虎

2011年,省安监局党组学习贯彻党的十七届六中全会精神和胡锦涛总书记"七一"重要讲话精神,深入贯彻落实科学发展观,坚持安全发展的原则,以深入贯彻落实国务院《关于进一步加强企业安全生产工作的通知》精神为主线,以强化企业安全生产主体责任为重点,以深化安全生产专项整治和打非治违为抓手,深入开展"安全生产年"活动,认真落实"三深化"(深化企业主体责任落实、深化依法监管、深化专项整治)和"三推进"(推进科技进步、推进安全达标、推进长效机制建设)各项工作措施,实现了"十二五"的良好开局,安全生产形势继续保持了总体平稳趋好的发展态势。

一、加强领导班子和机关作风建设

(一)以建设学习型党组织为载体,坚持不懈地抓好理论学习。制定并上报了我局《党组中心组和机关干部理论学习计划》;印发《山西省安监局2011年机关干部学习的要点》;全年共编印《政治理论学习资料》17期;组织中心组学习14次;组织党员干部进行党的知识竞赛1次;安排机关11名干部和5名入党积极分子参加省直机关党校培训,有力带动了各支部的学习。通过落实学习、专题交流研讨,使理论学习的过程转变为改造思想、促进工作的过程,收到了明显成效。

(二)以彰显先进性为核心,扎实抓好"创先争优"活动。召开创先争优推进会,在全局开展党员领导干部公开承诺群众评议活动;召开创先争优表彰大会,对3个基层党组织和20名优秀党员、9名优秀党务工作者进行了表彰;全年听取党支部书记工作汇报3次;编发创先争优与安全发展简报15期。在全局基层党组织实施党务公开,进一步推进党内基层民主建设,扩大党员对党内事务的了解和参与。在局党组"围绕安监抓党建,抓好党建促安监"号召下,有力推动了党建工作与中心工作的有机结合,通过加强组织建设和创先争优一系列的活动,基层党组织"五个好"和共产党员"五带头"作用得到较好发挥。

(三)干部下乡住村和扶贫工作顺利开展,作风建设进一步加强。2011年定点帮扶工作结合下乡住村活动一并进行,分别以局党组文件印发了《干部下乡住村工作方案》和《扶贫工作实施方案》。全年召开专门会议4次,研究下乡住村和扶贫工作。在全局发出开展扶贫"一对一"帮扶活动的倡议,局领导以及各支部纷纷响应,能主动与帮扶对象取得联系,目前已与20名困难党员和35名贫困学子结成帮扶对子。局党组将扶贫点定为机关作风建设教育基地,张局长和其他局领导分别带队下乡住村进行调研,开展帮扶活动,撰写调研报告3篇。扶贫工作队也多次深入扶贫点开展工作。在局党组的高度重视下,确定的两项水利工程已开工建设,2011年,共帮助该乡争取国家水利建设资金320万元,还有90万元缺口资金正在积极协调之中。通过与老百姓"同吃同住同劳动",进一步加强了机关作风建设,强化了以人为本、执政为民理念,树立了为人民服务的宗旨意识。

(四)加强机关精神文明建设,转变机关作风。以建党90周年为契机,根据省委、省直工委的指示精神,并结合我局的工作实际,紧紧围绕"安全发展立新功,我为党旗添光彩"开展系列活动。开展晋商杯"党的知识"竞赛;开展"党在我心中"演讲比赛,并派选手参加省直机关演讲比赛;积极参与省直机关举办建党90周年理论征文比赛;组织机关到汾河二库进行郊游活动;赴西柏坡红色革命根据地进行参观,重温我党走过的光辉历程;组织召开庆祝建党90周年红歌比赛活动,并召开了创先争优表彰先进大会。组织重点学习贯彻胡锦涛总书记"七一"讲话精神;组织干部职工赴延安革命圣地,接受爱国主义教育洗礼;组织局机关和直属单位干部职工举行"博爱一日捐"活动,共计捐款1.8万元;全年组织干部职工观看电影及各种参观活动9场次。通过开展一系列活动,大力宣传党的光荣历史和丰功伟绩,进一步增进了党员干部爱党敬党的信念,机关的凝聚力、战斗力得到了进一步加强,促进了我局全面工作的开展。

(五)严格干部选拔任用。一是完善干部综合考核评价制度。强化处室和单位目标责任制考核制度,将目标责任制完成情况列入干部考核的重要内容和依据,引入监管和服务对象评议机制,使干部年度考核更加规范化、科学化。二是按时完成了干部挂职锻炼相关工作。印发了《关于做好2010年度挂职干部考核暨2011年度挂职锻炼工作的通知》,一方面做好2010年度挂职干部的考核工作,另一方面对2011年度挂职锻炼工作进行安排部署,2011年安排机关6名干部分别到市级安监部门、省属重点企业进行了为期三个月的挂职锻炼。三是按时完成了2010年度6名军转干部接收安置工作,根据实际情况,补充了相关处室的人员力量。完成了2011年度接收军转干部申报工作。四是对具备登记条件的人员申报了公务员登记,按计划完成了应急救援中心1名工作人员招录工作。五是根据局党组的安排,完成了机关处级干部试用期满考核工作和部分空缺职位的调整任职工作。五是推动了干部自主选学工作,组织省管干部、处室负责人参加了"山西干部在线学院"的学习,安排五名干部赴省外院校参加了省委组织部组织的专题培训。六是根据人社部、国家总局的安排,组织完成了全国安全监察系统先进集体、先进个人的推荐工作。经过层层推荐,并经局务会议研究,推荐人社部、国家总局联合表彰的先进集体1个,先进个人1名;推荐国家总局表彰的先进单位6个,先进个人80名。通过调整和选任,局机关和直属单位领导班子、干部队伍结构进一步优化,干部队伍的生机与活力进一步激发。

(六)加强党风廉政建设。一是完善廉政制度建设。按照"围绕中心、服务大局"的工作要求,召开了三次全系统工作会议:(1)召开了全省党风廉政建设和反腐败工作会议;(2)召开了全省政风行风监督评议会议;(3)召开了全省纪检组长座谈会。按照"标本兼治,重在治本"的原则,先后健全完善了廉政工作会议制度、廉政教育月宣传制度、党员干部廉政档案制度、领导干部重大事项报告制度、廉政风险排查制度;进一步充实完善了6大数据库;有效开展了述职述廉、民主评议、诫勉谈话、回复组织函询和经济责任审计等工作,初步形成了用制度管权、按制度办事、靠制度管人的制度体系。二是加强廉政监督检查及考核调研。按照"关口前移,重心下移"的工作要求,廉政监督开展了以下工作:(1)对机关干部任免调整的方案制定、推荐考察等工作进行了监督;(2)对重大财务活动、安全许可等7项工作的重点领域和重要环节进行了监督;(3)对3·16临汾交通事故等事故调查处理进行了监督;(4)对开展安全生产百日大检查进行了廉政督查;(5)配合省纪委对临汾市干部换届工作进行了监督。确保廉政建设做到"三同时":廉政建设与安全生产工作同时部署、同时落实、同时检查。按照"突出重点,把握全局"的工作目标,开展了煤焦领域反腐败专项治理、工程建设领域突出问题专项治理、公务用车专项治理、小金库专项治理等活动;迎接了上级部门所设的12个领导组办公室对我局的检查考核调研。三是加大宣传教育活动。按照"惩防并举,注重预防"的工作思路,开展了廉政教育系列活动:(1)开展廉政教育活动月活动,(2)按照国家总局要求开展了第二个警示教育周活动,(3)组织纪检员到西柏坡革命圣地接受红色教育;(4)邀请省委党校教授和中纪委领导进行了廉政讲座;(5)组织观看《"煤都"惩腐》等5部警示片开展警示教育;(6)在省广播电台两次组织省市县三级联动"政风行风热线"节目;(7)开展"正风肃纪、优化环境"纪律作风整顿活动;(8)制作廉政工作简报24期。通过一系列的宣传教育,达到了纯洁思想、净化心灵、推动工作的目的。

二、多措并举抓好安全生产工作

(一)进一步强化了对安全生产工作的领导。2011年省政府召开的第一个会议是安全生产会议,一号文件对全年安全生产工作进行了安排部署;省委省政府把安全指标作为最硬的指标,在全省的综合目标大考核中,安全生产单独考核、分值最高;王君省长亲自担任省安委会主任,调整和充实了省安委会组成人员,各市县也照此模式调整了同级安委会。

(二)进一步健全完善并严格执行安全生产制度。在认真执行安全生产十项制度和加强12个行业领域安全生产工作的118条规定的同时,制定出台了《山西省建筑工程质量和建筑安全生产管理条例》,《山西省水路交通管理条例》,煤矿、金属与非金属地下矿山企业领导带班下井实施细则等地方法规和制度办法,安全生产法规规章制度体系进一步健全完善。

(三)不断强化两个主体责任。在严格落实煤矿企业"六大员"、非煤矿山"五大员"、法定代表人安全承诺制、安全生产包保责任制等责任落实措施的基础上,在煤矿、尾矿库和危险化学品行业推行了挂牌责任制,对全省2482家企业进行了挂牌,并将企业、政府和部门挂牌责任人在《山西日报》进行了公告(其中煤矿1053个,尾矿库472座,危险化学品企业957家),接受全社会监督。

(四)进一步深化了安全生产专项整治。在前两年专项整治关闭取缔34836家无证无照一类企业的基础上,2011年又关闭取缔3335家一类企业,停产整顿6917家存在重大隐患的二类企业。7月底以来,在全省组织开展了安全生产百日大检查,排查企业16万家,排查一般隐患23万多项,累计落实隐患治理资金6.1亿元,查处非法违法行为44万多条,停产整顿生产经营单位1231家,关闭取缔945家,罚款3115万元。

(五)推进安全科技进步,加强应急救援管理。煤矿、非煤矿山井下安全避险"六大系统"建设取得积极进展,煤矿已购置救生舱95台,开工建设永久性或临时避难硐室49个;33座100万立方米以上的尾矿库安装使用了在线监测系统;74户涉及危险工艺的化工企业全部完成了自动化改造;全省12300余辆"两客一危"车辆全部安装了GPS卫星定位装置。

大同、汾西等区域性应急救援基地项目建设基地取得积极进展,对《山西省危险化学品事故灾难应急预案》等3个预案进行了修订完善,并由部门预案提升为政府专项预案,组织各类应急演练1150多次。

(六)进一步加强基层基础工作。推进安全标准化建设,全省煤矿达标290家,非煤矿山771家,危险化学品企业1580家,烟花爆竹企业102家,冶金等工贸企业140家。开展安全乡村创建活动,全省81%的乡村达到安全乡村监管体系建设基本标准。强化安全培训教育,培训企业负责人、安全管理人员、特种作业人员等三类人员19万人次,农民工等各类从业人员38万人次。组织了全省安全生产领导干部培训班,王君省长、李小鹏常务副省长出席并做了重要讲话。

(七)进一步加强安全生产宣传教育。组织了丰富多彩的第十个安全生产月活动,面向全国征集安全书画作品并举办了安全文化书画展;拍摄了煤矿、非煤矿山和尾矿库等5部安全生产事故案例警示教育片;定期发布安全生产信息;长治市"创建本质安全型城市"获得国家安监总局"安全生产工作创新一等奖";太钢集团线材厂等8家企业被国家安监总局授予首批全国安全文化建设示范企业,安全文化建设取得新的进展。

(八)严肃事故查处,严格责任追究。2011年,全省各级安全生产监管监察部门共查处各类事故139起,依法批复结案134起,给予行政处分464人,追究刑事责任85人。

(九)安全生产形势继续保持了总体平稳趋好的发展态势。一是在全省地区生产总值增长13%和固定资产投资增长28%的情况下,各类安全生产事故总死亡人数在连续两年共减少1523人的基础上,2011年全省共发生各类安全生产事故11044起,死亡2516人,同比事故起数减少542起,下降4.68%;死亡人数减少281人,下降10.05%。二是全省共发生一次死亡3人以上事故52起,死亡220人,同比事故起数减少22起,下降29.73%;死亡人数减少103人,下降31.89%。三是煤矿、非煤矿山、道路交通、建筑施工等重点行业领域事故多发状况得到控制,特别是煤矿事故起数和死亡人数同比分别下降15.63%和48.67%。

(成　龙)

附:省安全生产监督管理局党组书记、成员名单

书　记:张根虎

成　员:狄重阳(1月任职)　王玉成　唐　晋　刘德政　霍红义

省旅游局党组工作概况

党组书记　席小军

2011年,省旅游局党组认真贯彻落实科学发展观、《国务院关于加快发展旅游业的意见》和省委、省政府转型跨越再造一个新山西的战略部署,狠抓领导班子建设、干部队伍建设、党风廉政建设和产业发展工作,全局上下呈现了班子团结、风清气正、干事创业的良好氛围,旅游经济实现了强劲快速增长。

一、六项工作在全省旅游业发展史上具有开创性意义

一是省委书记、省长亲自带队进行旅游宣传推介。4月18日,袁纯清书记带队在瑞士苏黎世进行旅游宣传推介。6月21日,王君省长带队在意大利罗马进行旅游宣传推介。7月25日,高建民副省长出席太原至澳门直航首航仪式并在澳门进行旅游宣传推介。这些宣传推介活动在国内外都产生了较大影响,充分体现了省委、省政府对旅游业发展的高度重视和大力支持。

二是成功举办了首届山西旅游博览会。8月26日—8月30日在煤炭交易中心举办。全省11个市及北京、天津、河北、河南、陕西、内蒙古、新疆、新疆生产建设兵团以及港澳台等11个地区组团参展。博览会为期5天,参观人数达15万人次;签约项目43个,总金额337亿元;展出旅游商品、纪念品超过500种;销售和赠送门票、纪念品近50万份,发放宣传资料超过250万份。

三是面向国内外征集山西旅游主题宣传口号和形象标识。通过报刊、网络征集广告展示2.2亿次,征集到宣传口号13000余条,形象标识1200余个。经专家评选"晋善晋美"成为山西旅游新的主题宣传口号,形成品牌进行宣传,收到了较好的反响。

四是筹备成立山西文化旅游产业投资集团公司。为打造具有较强资产、资金和资源整合能力的投融资平台和龙头型旅游企业,促进文化与旅游的深度融合,根据省委、省政府的部署,省旅游局精心筹备组建山西文化旅游产业投资集团公司,预计2012年挂牌成立。

五是大规模进行旅游形象和城市形象宣传。11月24

日，王君省长主持召开专题会议，研究部署旅游宣传工作，确定在中央电视台、凤凰卫视、山西卫视、山西日报等省内外主流媒体集中进行为期三年的旅游形象和城市形象的宣传，进一步扩大山西旅游的知名度和美誉度。

六是大型实景剧《印象五台山》、《印象平遥》和《太行山》落户景区。填补了我省重点景区品牌演艺缺失的空白，实现了文化与旅游水乳交融、高端嫁接、协同发展。

二、围绕2011年度经济发展目标，加快推进旅游业转型跨越发展

(一)旅游经济实现了强劲快速增长。2011年，我省接待海外游客再创新高。全年入境旅游人数155.32万人次，高于年度目标14.32万人次；同比增长19.22%，高于年度目标4.22个百分点。旅游外汇收入5.67亿美元，高于年度目标0.5亿美元；同比增长22.08%，高于年度目标6.08个百分点。全年国内旅游者人数1.50亿人次，高于年度目标0.17亿人次；同比增长19.83%，高于年度目标10.83个百分点。国内旅游收入1305.10亿元，高于年度目标116.88亿元；同比增长24.03%，高于年度目标8.03个百分点。全年实现旅游总收入1342.59亿元，高于年度目标119.83亿元；同比增长23.92%，高于年度目标7.92个百分点。

(二)提升服务功能，五大旅游目的地建设上了新水平。五台山作为全省综改实验重大标杆项目率先启动提升建设工程，旅游服务基地投入使用，清水河治理工程全面推进，景区整体环境有了重大改善。五台山现已成功注册五台山旅游资产经营有限公司。平遥古城大力进行环境整治，5万平方米的生态停车场正在建设之中。旅游标识、旅游厕所等公益设施进一步完善。与北京温都水城(宏福集团)正在合作开发南良庄温泉旅游。云冈石窟环境综合治理全面完成。云冈博物馆、山堂水殿等一系列新景观的建设延长了旅游线路，增加了游览内容；演艺中心的建成丰富了旅游要素。云冈石窟与佛字崖、观音堂等形成了系列旅游景区，与大同市内的华严寺、九龙壁、善化寺、古城墙等形成了多日游的产品。关帝庙景区御花园工程建成，完成了常平祖祠水、电、暖管网改造工程，结义园改造工程开始启动，东西两座莲池建设正在进行中。关公文化旅游经济园区建设启动，关帝庙与周边的盐湖、池神庙等景区结合，形成了集观光、朝拜、休闲、康体于一体的多日游产品。八路军太行纪念馆坚持红色旅游健康发展的方向，不断提高讲解和服务水平。八路军抗战纪念园、游击战体验园和大型实景剧《太行山》，提升了景区的品位，丰富了游览内容。八路军太行纪念馆与砖壁、王家峪等形成了红色旅游系列景区；与太行龙洞、崇城山等形成了红绿结合的系列旅游产品。

(三)加强品牌塑造，精品线路有了新提升。一是古建宗教、晋商文化、寻根觅祖旅游线路的交通条件明显改善，高速公路旅游交通标识实现了全覆盖，线路区间服务区功能逐步完善，已经成为国内外知名的旅游热线。二是太行山水旅游线路景区服务设施不断完善，深入推进太行山大峡谷的资源整合。三是红色经典旅游线路中武乡—黎城—左权一线已经成为我国著名的爱国主义教育红色旅游线路。兴县蔡家崖、晋绥革命根据地纪念馆进行了场馆改建和重新布展，黑茶山“四八”烈士纪念馆建成投入使用。四是黄河文明旅游线路基础设施不断完善，沿黄旅游公路除石楼段外全线开通。壶口瀑布、鹳雀楼、永乐宫、普救寺、杏花村等14个景区成功创建国家4A级景区，苍儿会、柳林三交黄河母亲峰成功创建国家3A级景区。碛口古镇、老牛湾旅游服务设施不断完善，游客数量增长较大，成为自驾游新热点。与九三学社山西省委共同研究推进沿黄旅游和晋国遗址开发。黄河文明游已由储备旅游线路转变为常规旅游线路。

(四)完善服务体系，旅游管理水平有了新突破。全省旅游支线公路、游客服务中心、旅游标识系统、停车场、旅游厕所等服务配套设施逐步完善。省级旅游信息服务平台初步建成，山西旅游政务网、体验网和信息数据库已经开通。与百度公司合作为游客游览山西提供资讯服务。与山西电信合作，建立全省旅游行业管理信息化系统，提高旅游行业管理信息化和服务旅游企业的水平。印制发放了1500份《山西省旅行社服务质量承诺书》，督促旅行社加强内部管理，提升服务质量。出台了《山西省旅行社组织接待境外旅游者奖励办法》和《山西省大宗旅游接待奖励办法》，设立了600万元的专项奖励资金，鼓励省内外旅行社组团来晋旅游。联合清华大学举办了“山西省旅游景区建设与管理高级研修班”，全省60余家景区和在建重点项目负责人、11个市旅游局负责人参加了为期一周的培训，提升了景区开发建设和管理水平。

(五)加大产品结构调整，新型业态游、文化与旅游融合发展呈现新气象。红色旅游、乡村旅游和休闲度假游等产品全线升温，成为新的旅游热点。据统计，2011年“十一”黄金周期间，长治市红色旅游景区共接待游客20.67万人次，同比增长18.52%；门票收入127.58万元，同比增长310%；旅游综合收入9739万元，同比增长29.66%。榆次后沟、长治郊区等一批乡村旅游景点受到青睐，吃农家饭、体验农家乐成了不少游客的必选项目。太行山大峡谷、平顺太行水乡等一批休闲度假景区迅速升温，太行山大峡谷接待游客17.13万人次，实现旅游收入1.26亿元；平顺太行水乡接待量同比增长160%，旅游综合收入同比增长140%。同时，各重点景区还纷纷推出了形式多样的文化旅游活动，充分展示了我省深厚的文化底蕴。皇城相府的《迎圣驾》开城仪式、平遥古城的县太爷升堂仪式、应县木塔的《萧太后礼佛》等表演节目，都受到了广大游客的热烈欢迎。

(六)安全整治成效明显，旅游市场秩序有了新变化。省旅游局与11个市旅游局签订了旅游安全目标责任书，在全省开展了规模较大的旅游市场秩序整顿和百日安全大检查。一年来，全省各级旅游安全、质监部门共开展专项检查823次，出动检查人员3620人次，检查旅游企业1820家，查处违规企业67家、“黑社”7家、违规导游120人、“黑导”8人，处罚金额61960元；组织旅游安全教育培训班126次，培训人数8590人，确保了旅游市场秩序的安全稳定，游客的投诉明

显减少了,满意度得到了提升。2011年"十一"黄金周期间,全省共接到旅游投诉20起,同比减少33%。截至2011年底,全省没有发生旅游安全事故和重大旅游投诉,被省政府评为安全生产先进单位。

三、狠抓领导班子和干部队伍建设,为旅游产业发展提供坚强的组织保证

一是领导班子指导科学发展的能力进一步增强。邀请国内、省内著名旅游专家和业内人士,先后召开9次座谈会,编制形成了符合山西旅游业转型跨越发展实际、可操作性强的"十二五"规划。研究起草了《山西省国家资源型经济转型综合配套改革试验区旅游业专项行动方案》,确定了13个标杆旅游项目。编制了武乡县砖壁村红色旅游发展规划,指导了朔州、吕梁、长治等市旅游发展规划的编制。一批国有、集体、民营煤焦企业纷纷投资旅游业,仅2011年投资规模就超过了150亿元。截至2011年底,全省共有旅游建设项目388个,总投资超过1600亿元,其中民间资本350亿元。武乡荣获"2011中国红色文化休闲名城"称号。天龙山国家森林公园、古县牡丹园等4家景区入选2011年度中国体育旅游精品推荐项目。新增国家4A级景区6家,3A级景区5家,绵山、王莽岭正在积极创建国家5A级旅游景区;新增全国农业旅游示范县1家、示范点2家;新增全省农业旅游示范县5家、示范点20家;新增全国乙级资质旅游规划设计单位1家;新增五星级饭店2家,四星级饭店3家;新增旅行社48家;新考录初级导游1735名,中高级导游82名,旅游产业规模进一步扩大。12月2日,省委常委、统战部长聂春玉同志在参加省旅游局民主生活会时,对省旅游局2011年的工作给予了较高评价。认为:"在全省服务业增长较慢的情况下,旅游业异军突起,呈现着强劲的增长势头,旅游综合经济效益有了新提升、形象塑造有了新进展、规划建设上了新水平、招商引资有了新突破、旅游市场有了新变化。这是一个了不起的成绩,尤其是在全世界金融危机比较严重而且是不断恶化的情况下,能取得这样的成绩不容易,旅游业的强劲发展为全省转型跨越发展做出了贡献。之所以能取得这样的成绩重要原因是省旅游局有一个好班子,有一支好队伍。"

二是深入推进学习型机关建设和精神文明创建。采取集体学习和个人自学相结合的方式,局党组重点组织学习了十七届四中、五中和六中全会精神,党的群众工作的有关路线方针政策和《党员领导干部廉洁从政若干准则》等党纪条规。举办了学习胡锦涛总书记在庆祝中国共产党成立90周年大会上的重要讲话精神辅导报告会,邀请专家学者作了专题辅导。召开了全局干部职工大会学习传达了省第十次党代会、全省经济工作会和文化强省建设大会精神。党员干部都认真撰写学习笔记,做到学习与实践相结合,学有所悟、学有所获。局机关经常组织机关干部进行座谈交流,谈心得、谈体会、谈收获。先后组织机关副处级以上干部到武乡县八路军总部旧址参观学习,与砖壁村负责人共同研讨了促进红色旅游发展的思路和措施;组织全体党员赴吕梁接受了革命传统教育,开展了唱红歌、重温入党誓词、缅怀老一辈革命家和先烈等活动。同时,大力开展了文明和谐标兵单位建设活动,有力地促进了旅游产业的持续、快速、健康发展。省旅游局被省直精神文明建设委员会评为2011年度省直文明和谐标兵单位。

三是深入抓好思想作风和纪律建设。局党组非常重视思想作风和纪律建设,在领导班子和机关干部调整后,结合全省纪律作风集中教育整顿,深入开展了"整顿、规范、创新、提高"活动。组织观看了《没有规划好的人生》和《正风肃纪、创新环境》警示教育片。副处级以上干部对照《廉政准则》认真撰写了《个人自查分析报告》。进一步重申了严肃工作纪律"五个不准"的规定,充分发扬民主集中制,修订完善了局党组会、局长办公会、局行政例会等20项规章制度,做到了重大事项一起决策、重点工作一起部署、难点问题一起解决。新的领导班子团结协调,班子成员相互尊重、相互信任、相互学习、相互理解,凝聚力和战斗力增强。

四是深入抓好干部队伍建设。局党组坚持正确的用人导向,注重培养和选拔优秀年轻干部,真正做到让吃苦的人吃香、让有为的人有位。先后调整干部2次,提拔任用干部16人,轮岗交流干部19人,都能严格按照任用标准,坚持公开、公正、公平,按岗位要求和每个干部的特点进行优化配置,极大地调动了机关干部干事创业的积极性。加强了教育培训,分9批组织35名机关干部到北京大学、清华大学、山西大学等高校进行自主选学培训。建立了机关干部与重点景区一对一的联系帮扶制度,在服务基层的同时提升素质。启动了局属事业单位的改革,成立了事业单位财务核算中心。

五是扎实推进"创先争优"活动的开展。认真组织开展了局机关及直属单位"创先争优"活动。印发了《关于在局直属机关党组织和党员中深入开展"创先争优"活动的实施方案》和《关于认真组织好党组织和党员公开承诺工作的通知》。先后开展了"创先争优我承诺、转型跨越促发展"、"党员亮点工程"试点、"党员示范岗"创建等活动,充分调动和激发了党员工作的积极性和创造性,树立了党员良好的群体形象,提升了党员队伍的活力,工作效率和服务水平得到了进一步提高;制作了公开承诺公示栏,建立了公开承诺管理台帐,积极推进承诺全覆盖,组织承诺"回头看",主动接受群众监督。结合开展"创先争优"和纪念中国共产党成立90周年活动,表彰了4个先进基层党组织、19名优秀共产党员、6名优秀党务工作者、1个党风廉政建设先进集体和4名党风廉政建设先进工作者。

六是积极推进党务、政务公开。制定了《省旅游局直属机关党的基层组织实行党务公开的实施方案》,明确了党务公开的内容、方式、程序和具体责任单位,并对需要公开的内容及时在局行政例会和局党组会进行了研究确定,确保了党务公开工作的深入开展。坚持依法行政,严格按照《旅行社条例》及其《实施细则》、《导游人员管理条例》、《中国公民出国旅游管理办法》进行旅游行政审批。实行了首办负责制、限时办结制、服务承诺制、岗位责任制、责任追究制五项制度,完善了电子监察系统。规范了审批流程,对行政审批依据、程

序、条件、申请材料等进行了确认。一年来,共受理各类行政审批事项1971件,其中申请设立旅行社48家,申办导游证IC卡1919个,申办临时导游证4个。另外,还办理了导游IC卡损坏换发125个,遗失补发125个,语种变更16个,等级换发57个,服务单位变更580个,到期换发出境游领队证123个。

七是有效开展下乡住村和扶贫工作。制定了详细的下乡住村和扶贫工作实施方案,确定了帮扶目标和帮扶任务,明确了责任处室。局班子成员下乡住村时间均在5天以上,机关各处室负责人均在7天以上,同时结合当地经济发展情况,写出了有价值的调研报告。经多方努力,为桥上村筹措了校舍建设资金100万元,饮用水池加盖工程资金20万元;为桥上乡旅游饭店和乡村旅游客栈从业人员进行了专题培训;对太行山大峡谷景区的整合升级进行了帮助指导,并向国家旅游局、财政部申请了300万元的专项资金;为老党员、特困户、五保户送去了价值5万元的慰问金和慰问品。

四、狠抓党风廉政建设,为旅游产业发展优化环境

(一)局党组全面贯彻落实全省党风廉政建设干部大会、省纪委九届六次全会、全国旅游纪检监察暨行风建设工作会议精神,及时组织召开全行业会议进行了安排部署,与局机关各处室和直属单位签订了党风廉政建设目标责任书。根据省党风廉政建设领导组的要求,制定了《关于落实党风廉政建设和反腐败工作"五项任务"的实施方案》,将落实"五项任务"列为年度主要工作内容,明确目标任务、方法步骤和完成时限,积极开展调查研究,建立和完善工作机制,确保落实"五项任务"有目标、有措施、有成效。

(二)深入开展旅游政风行风建设和评议工作。5月份,局主要领导和纪检监察、相关业务处室的同志参加了"政风行风热线",与听众直接对话进行现场解答;10月份,省旅游局又在长治市武乡县召开了省、市、县三级联动民主评议旅游政风行风听证对话会,倾听民生,了解民情,关心民众;我省加强基层站所建设、提升旅游服务质量的做法得到国家旅游局的充分肯定,并在全国旅游纪检监察暨行风建设工作会上进行了经验介绍。

(三)扎实推进《关于实行党风廉政建设责任制的规定》、《党员领导干部廉洁从政若干准则》的贯彻落实。局班子成员率先垂范、以身作则,带头遵守廉洁自律的各项规定,局纪检监察部门全过程参与、全方位监督旅行社审批、饭店星级评定、旅游景区评级、工农业旅游示范点评定、导游考试定级等重大业务活动。2011年,局监察室被省直纪工委评为端正党风先进集体。

(魏　然)

附:省旅游局党组书记、成员名单

书　记:籍振芳(3月离职)　席小军(3月任职)

成　员:李太阳(6月离职)　王炳武　王文保　姚十保　李　贵(9月任职)

省宗教事务局党组工作概况

党组书记　边根棠

2011年,省宗教局(省民委)党组深入学习贯彻党的十七届六中全会精神和省十次党代会精神,民族宗教工作服务我省转型跨越发展,在机关党的建设、班子建设、精神文明建设和机关效能建设、作风建设方面,努力营造团结进取、廉政勤政、和谐文明、创先争优的工作氛围。

一、不断加强党员干部理论学习,促学风,改作风

按照年初制定的《2011年局(委)党组中心组和干部理论学习安排意见》,围绕社会主义核心价值体系、学习"右玉精神"、贯彻落实"十二五"规划、纪念建党90周年和民族团结进步、宗教工作、党建和廉政建设等7个方面的专题,有计划、有目的、有重点地开展理论学习,推进学习型机关建设。通过专题辅导、研讨交流会、学习考察,观看电影电视等形式,推动干部职工在学习中理性思考,促进学习成果的转化。切实把思想和行动统一到中央和省委的决策上来,筑牢了民族宗教工作干部的思想政治基础。

狠抓干部理论学习,形成了领导干部带头学习、带头讲学,全局(委)干部职工积极参与的良好氛围。全年党组中心组开展专题学习10次,组织机关和省级宗教团体集中学习20余次,党员干部41人次分别交流演讲了学习心得体会。处以上干部参加了省直党校的培训并提交了学习总结报告。在学习中脚踏实地抓了学习制度的落实。坚持学习日制度;领导干部带头讲学、述学;强化学习考核制度。在学习过程中,注重理论与实际结合,学以致用,以提高学习的有效性。围绕中央和省委的重大部署和民族宗教方面的热点、难点、焦点问题,带着问题学,带着问题走基层,深入各市民族宗教工作部门,深入到少数民族和信教群众聚居地方和少数民族企业,在调研中发现问题,在调研中查找根源,致力于解决问题。对我省4个市12个村实地调研、119个县书面调研后形成的《关于对我省农村信教情况的调研报告》受到汤涛部长的肯定,并在省委《工作研究与交流》刊物中刊登;对5市开

展加强和创新社会管理调研，完成《我省民族宗教领域社会管理问题现状及对策》课题；长治市“三个三”城市民族工作方法经验的形成推广，受到国家民委和省领导的首肯和支持。

二、以党员创先争优活动、全员创建文明和谐标兵单位活动为龙头，完善机制，夯实基础，推进机关作风效能建设和精神文明建设

局(委)党组历来重视机关党的建设、作风建设和效能建设，把营造良好政风环境，作为促进全省民族宗教工作的重要抓手来抓。

认真扎实开展创先争优活动。创先争优是党建工作的重要载体，也是一项时间跨度长的长期性工作，2011年以来，按照上级要求，在推动公开承诺后，我们注重结合实际工作情况加强领导点评，对实际工作中存在的不足和努力方向进行讲评，督促支部、处室和各省级宗教团体贴近群众，改进工作。针对省级宗教团体办公条件困难的实际情况，我们加大协调力度，省佛协、省道协迁入新的办公场所，为宗教界办了一件实实在在的好事。

全面落实政务公开、党务公开各项要求。基本实现政务、党务公开内容、公开程序、公开结果、公开方式规范化。局(委)政务网在省直政务网中质量排名居前。成立了党务公开领导小组，制定了实施方案，公布了公开目标，建立了公开内容审批制度。首批向社会公开的党务工作内容已经进入互联网站。

积极组织参加干部下乡驻村活动。贯彻落实省委袁纯清书记在全省领导干部大会上的讲话精神，进一步改变工作作风、提升服务基层工作水平。落实省委关于干部下乡驻村活动的安排和要求，组织局(委)干部60余人次赴下乡住村点隰县城关村驻村帮扶，走访座谈，按照“六个一”帮扶目标，解决一些群众关注的实际问题。学习省领导下乡驻村调研日记，印制《干部下乡驻村日记》，促进干部深入调研，写好工作日记、民情日记。促进干部进一步改变工作作风、提升服务基层工作水平。

开好党组专题民主生活会。领导班子成员围绕“坚持以人为本执政为民理念，发扬密切联系群众优良作风”主题广泛交流了思想，联系思想和工作实际，开展批评与自我批评，找准自身在联系群众和作风建设、廉政建设方面存在的突出问题，寻根源、找差距，提出努力方向。民主生活会在维护少数民族群众、信教群众的合法利益，管理、引导、服务好这个特殊群体，创新和拓宽工作方式，形成了共识，理清了思路，促进了团结。民主生活会测评群众满意率91.7%。

深入开展创建文明和谐单位标兵活动。2011年以来，我们进一步发挥精神文明建设委员会领导职能作用，明确精神文明办公室的工作职责要求，围绕《山西省文明和谐城市测评体系》，量化创建各项指标，创建工作在夯实基础、巩固成果、引深发展上有了新进步，形成了党组统一领导，主要领导亲自抓、班子成员分工抓、专职部门具体抓、党政工团齐抓共管、职工群众广泛参与的良好机制，做到了机构健全、人员到位、经费落实，创建工作基本走上了制度化、规范化。

2011年以来，我们组织参加了“送温暖、献爱心”社会捐助活动，机关干部62人捐款5250元；积极参加了联企帮困送温暖活动，对太化集团公司有机化工厂6名帮困对象进行了帮困；关爱女职工，开展慰问老干部、老党员活动。

三、重视民族宗教界思想道德建设，引导、服务好广大少数民族群众和信教群众，服务构建平安山西、和谐山西

结合我省民族宗教工作实际，在全省民族宗教界树立和践行社会主义核心价值体系，主要载体是创建“和谐寺观教堂”活动和“同心品牌”活动。

创建“和谐寺观教堂”活动在丰富形式，树立典型、发挥导向作用上不断引向深入。在年初召开的首届全国创建和谐寺观教堂先进集体和先进个人表彰大会上，我省13个宗教活动场所、5个宗教团体、10名个人受到表彰。召开全省“同心·和谐寺观教堂创建活动”表彰大会，对全省宗教界在和谐寺观教堂创建活动中涌现出来的40个先进集体和30名先进个人进行表彰。加强宗教界与党和政府同心同德、同心同向、同心同行的引导教育，组织“山西省宗教界庆祝中国共产党成立90周年座谈会”。收集整理“全省民族宗教界‘同心同行’爱国主义宣传教育征文、书画、摄影活动”作品，举办庆祝建党90周年书画展，做好全国宗教界爱国主义教育基地申报工作。五台山塔院寺被评为全国宗教界首批爱国主义教育基地。同时在落实宗教房产政策、落实宗教教职人员参加社会保障问题，加大宗教教职人员参保的覆盖面等与广大群众切身权益密切相关的难点、热点问题上加强工作力度，把党和政府的关心及时送达。通过宣传教育引导规范，增强广大少数民族和信教群众的国家意识、公民意识、民族团结意识和中华民族意识，服务、支持全省转型跨越发展。

(茅立新)

附：省宗教事务局党组书记、成员名单

书　记：边根棠

成　员：卫望军　李广禄　侯文禄

省文物局党组工作概况

党组书记　王建武

2011年，省文物局党组坚持以邓小平理论和“三个代表”重要思想为指导，深入贯彻落实科学发展观，坚决执行文物工作方针，解放思想，开拓创新，狠抓落实，我省文物工作的各个方面都取得了显著成绩。

一、加强领导班子和干部队伍建设

（一）贯彻民主集中制原则。凡属重要工作部署、重大项目安排、大额资金使用、选拔任用干部等重大问题，都在充分酝酿讨论的基础上再决定。

（二）加强干部队伍建设。先后举办了四个培训班，全省文博系统有600余人参加了培训，同时选调14名县级文物局长到中央文化管理干部学院进行了学习，有9名同志赴国外进行了学习。为了调动全省文博系统干部队伍的积极性，营造干事创业、狠抓落实、争创一流的浓厚氛围，对全省11个市文物局的重点工作任务进行了考核，考核工作达到了预期的目的。

（三）深入开展创先争优、实行党务公开活动，大力加强基层党组织建设。深入开展创先争优活动，推动机关党建的整体工作再上新台阶。及时调整了创先争优活动领导小组成员和局领导联系点；召开了省文物局创先争优活动推进会。大力开展推先进、学先进活动。局机关纪委被省直工委评为“党风廉政建设先进单位”；山西博物院被省直工委评为“十佳文明窗口”、“先进基层党组织”；省考古所被省直工委授予“五一劳动奖状”；省文物勘测中心主任王万辉同志被山西省劳动竞赛委员会授予“五一劳动奖章”；局机关党委表彰了在创先争优活动中涌现出来的30名优秀党员、14名优秀党务工作者、6个先进基层党组织。

（四）大力开展党务公开工作，推进了党内民主建设和党风廉政建设。不断完善制度，促进党建工作规范化。完善了《省文物局机关党的工作目标责任制》、《省文物局机关党的工作目标责任制考核细则》等制度。细化了党员目标管理、党员思想政治工作、党内监督、发展党员、“三会一课”、领导干部双重组织生活会等制度。健全了党员管理、党员学习、党员教育、党员考核评估、党员激励和监督等党内生活制度。

二、参加并举办纪念建党90周年系列活动，进一步开展文明和谐单位创建活动

一是积极参加省直工委举办的各种纪念活动。在省直工委组织的“党在我心中”演讲比赛中，我局代表队获得了一等奖；在“颂歌献给党”歌咏比赛中，我局代表队获“优秀组织奖”；我局精心选送的反腐倡廉书画作品受到省直纪工委的好评；在“晋商银行杯”党的知识竞赛活动中，我局报送答卷246份，博物院获集体三等奖；在省直机关党建工作巡礼图片展中，我局报送的图片出现在6个专题中。

二是省文物局积极开展各项纪念活动。举办了纪念建党90周年廉政书画作品展，组织召开了庆祝建党90周年暨创先争优活动表彰大会，组织开展“旗帜颂”红歌赛，组织了纪念建党90周年党组中心组理论学习讨论会，组织局机关及局直全体同志观看电影《建党伟业》。

三是加强精神文明建设工作，及时调整精神文明建设领导小组及办公室成员，按时上报2011年的精神文明建设申报材料，制定了《省文物局精神文明建设实施方案》，把主要目标量化、细化，把责任及完成的时限落实到具体部门。组织了“博爱一日捐”等社会公益性活动，走访看望结对子企业山西建筑机械厂特困职工家庭。2011年，省文物局被省直工委授予文明和谐标兵单位。

三、加强党风廉政建设

（一）积极开展党风廉政教育。省文物局党组坚持用身边人、身边事教育干部，组织干部职工观看了《小官大腐警示录》、《煤都惩腐》、《没有“规划”好的人生》、《正风肃纪创优环境警示教育资料片》等警示教育片。积极推进廉政文化建设，充分发挥纪念馆、博物馆窗口作用，更新反腐倡廉宣教内容、转变党风廉政宣教方式、延伸反腐倡廉宣教渠道，采用人们易于理解和接受的形式来教育人、感染人，扩大党风廉政教育宣传覆盖面，收到了较好的效果。

（二）加强对文物修缮工程的管理和经费监管。2011年，省文物局对国家补助50万元以上的所有项目进行了登记摸底，全面排查了文博系统重点建设及保护工程中存在的问题，进一步完善了工程招投标及管理等方面存在的问题。在文物修缮工程招投标环节上，局党组安排驻我局纪检监察室全过程跟踪监督。在工程验收后，安排局规划财务处对专项经费使用情况进行了抽查，切实让经费用到工程上。

四、加强文物保护和修缮工作

（一）晋阳古城国家考古遗址公园建设全面启动。着手启动晋阳古城国家考古遗址公园建设工程，对晋阳古城的现状进行了调研评估。经过几个月的工作，晋阳古城项目列入了省政府与国家文物局签署的框架协议，取得了国家文物局的支持。编制了《晋阳古城遗址保护规划纲要》，获

国家文物局批准。报请国家文物局批准了《晋阳古城考古工作计划》。完成了晋阳古城遗址考古、文献资料的收集整理，为编制规划提供了支撑。成立了晋阳古城考古队，做好了进场准备。组织完成了晋阳古城遗址本体安全隐患调查评估。与太原市政府联合召开了推进会，明确了下一阶段需要推进的10项具体工作的责任主体、实施单位和完成时限。

（二）应县木塔申遗工作扎实推进。按照应县木塔申遗工作计划，我局编制了《应县木塔申报世界文化遗产工作方案》及《申遗工作日志》；多次召开申遗工作推进会。积极赴国家文物局及有关部门协调工作，分别致函朔州市政府、朔州市文物局、应县政府，督促当地政府加强领导、逐项落实申遗前期工作。《应县木塔申遗文本》的实地勘察、基础资料收集整理工作已结束，《应县木塔保护规划》的初稿编制已完成，《应县木塔旅游基地建设规划和周边环境整治方案》已由应县政府委托中国建筑集团城市建筑规划设计院进行编制。《应县木塔保护管理办法》草案已基本完成。

（三）第三次全国文物普查工作基本完成。抽调各市、县业务骨干40余人，对全省文物调查数据进行了三次修改，5月初，全部数据上报了国家“三普”办。专家组对我省调查工作及调查数据可靠度、准确率和公信力给予充分肯定。6月7日，国务院第三次全国文物普查领导小组办公室、国家文物局核定公布了我省调查数据：全省共调查登记不可移动文物53875处，其中，古遗址13477处；古墓葬4298处；古建筑28027处；石窟寺及石刻1112处；近现代重要史迹及代表性建筑6715处；其他246处。这次普查新发现不可移动文物36365处，复查不可移动文物17510处，登记消失不可移动文物2740处。《山西省第三次全国文物普查工作报告》已修改完成。

（四）山西南部早期建筑保护工程成效明显。2011年4月，我局组织召开了南部工程涉及到的4市34县文物行政部门负责人会议，提出了《关于加快推进“十二五”期间山西南部早期建筑保护工程项目的意见》，在项目储备、立项、方案编制、管理、利用等方面提出了新要求。报请国家文物局批准了晋城玉皇庙等41处保护项目的环境整治方案，霍州观音庙等5处保护项目维修设计方案。编制完成了平顺龙门寺等12处项目保护规划，其中平顺龙门寺等4处项目已获国家文物局批准。组织完成了襄垣灵泽王庙等5处工程的招投标工作。9月，国家文物局组织南部工程专家组对我省11处完工项目进行了验收。

（五）全省重点工程建设中的濒危文物得到有效保护。2011年，省政府确定的重点工程，依法进行文物调查和勘探项目共30项，其中17项已全部完成文物调查和考古勘探、发掘，13项已完成文物调查、待勘探。共完成了发掘任务17100平方米，清理古遗址2处、古墓葬318座、其他遗迹70余处，出土各类文物1349件（套）。圆满完成了建设工程中的文物保护任务，有力地推动了重点工程的建设进程。起草完成了《山西省基本建设工程文物调查和考古勘探发掘管理办法》。

（六）考古与大遗址保护工作又获新成果。翼城大河口墓地考古发掘工作完成，发掘成果通过国家级验收，共发掘面积15000平方米，发现墓葬615座、车马坑22座，向世人展示了一个文献未曾记载的西周时期“霸”国的历史风貌，并被评为“2010年度中国十大考古新发现”；蒲津渡与蒲州故城遗址和曲村—天马遗址两个大遗址的考古工作计划报经国家文物局批准。曲沃晋侯墓地车马坑与墓葬本体保护方案已经国家文物局批准。曲村—天马遗址申报国家考古遗址公园立项的前期工作正在按要求推进。

（七）世界遗产保护工作取得新进展。云冈石窟保护工程，已完成了窟顶遗址一期考古发掘工程，发掘面积5000多平方米。国家局已批复了《第3窟及五华洞窟檐建设设计方案》，根据批复要求制定了《第3窟保护性窟檐建设优化设计方案》；《五华洞保护性窟檐建设的施工图》已设计完成，实施了石窟外部区域的大气环境、洞窟微环境和文物本体风化状况、温度、湿度等因素的监测工作。通过对石窟文物本体病害评估分析，制定了《五华洞泥塑彩绘保护修复方案》、《五华洞岩体抢救性加固保护工程设计方案》，并已上报国家文物局。

（八）明长城资源调查工作取得阶段性成果。明长城调查报告出版工作计划已报经国家文物局批准，调查报告已由出版社审核出版。长城保护规划已报经国家文物局批准立项。根据国家文物局统一安排，我省长城保护规划编制的前期工作已经完成。明长城雁门关段和偏关寺沟段保护规划编制工作已启动，朔州、忻州、晋中、阳泉4市明长城重点地段保护范围和建设控制地带已划定公布，保护标志竖立工作正在进行。明以前早期长城资源田野调查资料已通过国家级验收，数据库已提交国家长城项目组。

（九）博物馆建设呈现喜人局面。一是加强重点博物馆建设与管理。与省财政厅联合上报了山西博物院中央地方共建博物馆年度工作报告。八路军太行纪念馆完成了“八路军将领馆”的陈列布展，于9月正式开放，该馆为国内首座集中展示958位八路军旅级以上将军光辉形象和生平事迹的人物专题展览馆。完成了晋城博物馆《文物保存环境达标方案》的初审。在我局扶贫点平顺县选定了石城镇筹建我省第一个生态博物馆，并邀请了有关专家赴现场进行了考察调研，正在编制工作大纲。二是积极推动地市博物馆建设。到2011年底，太原市博物馆主体工程已完工，大同市博物馆主体工程已封顶，运城市博物馆主体结构已完工，正在进行内装修。朔州市博物馆内装饰已完成，陈列展览大纲已完成，文物库房设备准备招标。临汾市博物馆规划设计方案已编制完成，建设工程已举行了奠基仪式。晋绥边区革命纪念馆已完成布展，并通过了省委宣传部验收。三是博物馆展览与交流。2011年，全省各博物馆举办展览400余个，接待观众超过1500万人次。山西博物院、省民俗博物馆等博物馆成功引进兄弟博物馆和外单位展览40余个。

我省精选两周青铜器、佛教雕塑精品和两周时期玉器组合成精品文物展赴深圳、宁夏等地展出。选调15件文物精品参加在美国大都会博物馆举办的“中国元代艺术展”。接待“中英文化连线”中英博物馆代表团来我省访问，与省内7个博物馆的20余位代表进行了座谈。四是博物馆免费开放工作。2011年，我省免费开放博物馆达31个，共举办展览70余个，接待观众355万人次。五是科技保护工作。完成了国家文物局“十一五”期间重点文物保护专项补助经费支持的馆藏一二级和重要出土文物保护修复项目调研工作。组织开展了全省可移动文物保护修复项目方案的编制工作，已完成科技保护项目方案10个，向国家文物局申报研究课题8个。六是加强馆藏文物管理。对全省馆藏一级文物，市场上热销的陶瓷和书画类三级以上文物以及社会各界捐赠文物进行核查确认。

（十）保护文物安全工作有新举措。一是与省公安厅组织开展了打击文物犯罪专项行动。截至10月15日，公安机关立案77起，破获75起（积案25起），抓获嫌疑人175名，追缴各类文物214件，其中一级文物1件，二级文物1件，三级文物18件，追缴赃款350余万元。二是积极推进一键报警联网工程建设工作。太原市所属96处市级文物保护单位、全省271处全国重点文物保护单位及23座等级博物馆的一键报警联网工程设计方案已通过国家文物局审核立项，即将实施。三是进一步加强行政执法和督察工作。印发了《关于进一步加强文物行政执法工作的通知》，严肃查处了洪洞将国保单位变相经营、汾阳杏花村酒业集中发展区破坏古墓葬、永济蒲津渡遗址、五台县佛光寺违法建设等行政违法案件。召开了全省文物安全工作会议，通报了2011年全国文物案件发案情况，分析了我省文物安全的现状并就文物安全工作进行了部署。四是认真开展文物安全日常及专项检查 与省市公安、消防部门联合，针对冬季文物消防和田野文物安全问题，部署了针对馆藏文物安全的专项检查。全省各文博单位组织开展了安全自查自纠、摸清底数、查找薄弱环节、堵塞漏洞的专项检查活动。

（谢宾顺）

附：省文物局党组书记、成员名单

书　记：施联秀（3月离职）　王建武（3月任职）

成　员：刘正辉　宋文斌　黄继忠（2月任职）

省粮食局党组工作概况

党组书记　杨随亭

2011年，省粮食局党组以邓小平理论和“三个代表”重要思想为指导，认真贯彻落实科学发展观，按照党的十七届五中全会和省委九届十一次全会以及全省粮食工作会议的部署，以《中共中央关于加强和改进新形势下党的建设若干重大问题的决定》和《中国共产党党和国家机关基层组织工作条例》为依据，以纪念建党90周年为契机，围绕全省粮食工作任务，继续开展了学习型党组织建设活动、创先争优活动、文明和谐单位创建活动和反腐倡廉建设，全面加强了党的思想、组织、作风、廉政、制度和先进性及能力建设，较好地发挥了党组织的战斗堡垒作用和共产党员的先锋模范作用，为粮食工作任务的完成提供了有力的保证。

一、抓好政治理论学习

（一）坚持党组中心组和干部理论学习制度。制定了全年党组中心组和干部职工政治理论学习计划，对理论学习做了安排，购买了学习书籍等，向干部职工推荐了20本好书。全年中心组学习了6次，干部职工参加在线学习平均时间在50学时以上，处以上干部都写了读书笔记。胡锦涛总书记“七一”讲话发表后，各单位都组织党员干部进行了认真学习，围绕讲话的基本精神和重要内容进行了热烈的讨论。杨随亭局长就如何学习贯彻胡锦涛总书记“七一”讲话精神，做了安排部署。7月28日，全省领导干部大会后，组织干部职工进行了认真学习，在普遍学习的基础上，党组中心组召开扩大会专题学习袁纯清书记和王君省长的讲话，研究贯彻落实的具体意见。

（二）抓好各种专题知识讲座。先后组织收看了中国社会科学院社会学研究所所长李培林主讲的《关于当前的民生热点问题》、中国社会科学院美国研究所研究员张国庆主讲的《利比亚战争与中美关系》、中央党校国际战略研究所教授张琏瑰主讲的《朝鲜半岛局势》、国防大学军队政治工作教研室正师职副主任吴杰明主讲的《胡锦涛总书记七一重要讲话精神解读》等专题讲座录像，邀请山西晋一律师事务所赵维祥律师做了《预防职务犯罪》专题讲座，干部职工受到了深刻的形势政策和法纪教育。组织机关和局直单位干部职工开展了解放思想大讨论，围绕四个问题进行了讨论，进一步解放了思想,为落实转型跨越发展提供了思想基础。

二、开展纪念建党90周年活动

(一)开展了庆祝建党90周年党的知识竞赛活动。机关和局直单位共441名党员干部职工参加了省直工委组织的"晋商杯"党的知识竞赛活动,有393人的答题上报到省直工委宣传部。开展了群众性歌咏活动和演唱会以及全系统庆祝建党90周年活动征文比赛。先后收到全省粮食系统119篇各种形式的征文。开展"党在我心中"演讲比赛。在各单位开展演讲比赛的基础上,推荐了贸易学校代表队参加了省直机关的演讲比赛。举办了书画摄影展览。先后收到机关和局直单位76篇书法、摄影、绘画等作品,有20篇被评为优秀作品。

(二)召开了老党员、老领导座谈会,组织全体党员到刘胡兰纪念馆重温入党誓词和进行入党宣誓。参观烈士陵园,瞻仰烈士塑像,缅怀烈士英雄事迹,重温入党誓词,进行革命传统教育。组织干部职工赴临汾市永和县阁地乡东征村参观了红军东征纪念馆,组织60余名离退休老同志赴延安进行了革命传统教育。省局机关和各文明和谐单位或文明和谐标兵单位都举办了党的光辉历程的图片展览,用真实的历史图片展现了党的丰功伟绩。

(三)召开纪念建党90周年大会,组织开展对创先争优活动的评比表彰。"七一"召开纪念建党90周年暨创先争优活动表彰大会,机关党委对2010年以来在创先争优活动中涌现的12个先进基层党组织、57名优秀共产党员和20名优秀党务工作者进行了隆重表彰,组织90多名党员重温了入党誓词,同时,由党组书记杨随亭讲了"牢记历史、发扬传统、推进粮食经济转型跨越发展"的党课。

(四)走访慰问老党员、老干部和特困党员活动。6月29至30日,省局领导及有关处室领导分三组走访慰问了35名建国前入党的老党员、离休干部和特困党员。

三、认真贯彻《组织工作条例》

(一)组织党员干部特别是党务干部学习《组织工作条例》,领会精神实质,掌握基本内容,熟知规定要求。还组织4名处级党务干部参加了省直机关举办的《组织工作条例》培训班学习,为贯彻《条例》提供了保证。

(二)搞好党组织换届。按照《条例》规定召开了局直机关第六届党员代表大会,对机关党委和机关纪委进行了换届选举。经过三个多月的准备,5月31日,在太原召开了中国共产党山西省粮食局直属机关第六次党员代表大会,105名党员代表参加了大会,山西省直机关工委副书记郭康峰和省直工委组织部韩波副部长到会指导。会议通过了副局长吕苛青同志代表局直机关第五届委员会作的工作报告和机关党委专职副书记白喜明同志代表局直机关第五届纪委作的工作报告,按照程序选举产生了第六届机关党委和机关纪委,为加强机关党建提供了组织保证。山西粮油集团有限责任公司党委根据《中国共产党党和国家机关基层组织工作条例》中关于党组织任期换届的有关规定,对所属单位党组织建设情况进行了大量认真调研,摸清了底数,针对所属单位大部分基层党组织任期已满,个别支委不够健全、个别党组织没有负责人,甚至没有建立党组织无法开展正常组织生活等问题,多次召开党委会就基层党组织换届选举工作的原则、方法、程序等进行了专题研究,成立了换届选举工作指导小组,对各阶段的工作作了精心部署,从7月20日至8月31日,所属12个粮食储备库的13个党支部全部进行了换届选举,选举产生了新一届党支部;6个经营性企业合并成立了一个新的党支部;集团公司本部成立一个新的党支部。目前共有15个党支部。集团公司党的组织得到了全覆盖,全部完成换届。

(三)做好党员的教育和管理工作。在"七一"前各党支部都开展了"五个一活动",即召开一次组织生活会、重温一次入党誓词、讲一次党课、办一件好事、组织一次专题学习讨论。特别是机关各党支部按照党委的安排,针对存在的不正之风有针对性地召开了组织生活会,分清了是非,统一了认识。同时,按照规定组织入党积极分子参加省直分校的培训,按照程序发展党员。对党费收缴工作进行了检查和清理。

四、加强机关作风建设

(一)明确提出了改进文风、会风和话风。集中整治庸、懒、散现象。按照省委的要求,继续深化作风纪律整顿,狠刹闲话风、吃喝风、玩乐风。开展以改进机关作风、创优发展环境为主题的专项治理,着力整治吃拿卡要、纪律松弛、效能低下、铺张浪费的突出问题。把治理庸、懒、散作为转变机关作风的突破口,治庸提能力、治懒增效率、治散整风气。重点突出了工作纪律的治理,机关党委、人事和纪检监察室多次联合对局机关和局直单位的工作纪律进行了检查,并进行了通报,收到了好的效果。

(二)积极抓好下乡住村活动。根据省委要求和局党组安排,4月19日至21日,吕苛青副局长带领省局人事处、机关党委及扶贫工作队一行10余人,赴扶贫点永和县打石腰乡于家坬村下乡住村搞调研,深入农户家中,了解当地村民的生产生活情况,与村干部进行座谈,听取他们对扶贫工作的意见和建议。在认真做好前期调研准备的基础上,5月24日至25日,由党组书记、局长杨随亭同志带队,副局长吕苛青、纪检组长薛愿兵同志和机关及局直单位的10名处长、3名副处长、8名主任科员及有关人员共计27人,赴临汾市永和县打石腰乡于家坬村下乡住村,扶贫帮困。先后慰问了于家坬村10户老党员和贫困户;在于家坬村委李家畔村民的窑洞里召开了省粮食局下乡住村联户座谈会。杨随亭局长做了重要讲话,就如何落实好省委提出的"六个一",以及安排局机关干部参加劳动等都提出了很好的意见。6月27日至29日,牛银虎副局长、梁政总经济师带领机关有关人员共18人赴永和县打石腰乡于家坬村下乡住村,召开了30多人参加的座谈会,听取了农民的意见与建议,研究了扶贫的重点项目,还参加了劳动。根据村民意愿,多方筹资30万元,为于家堎村修建一条李家畔至黄河滩渡口的公路，已进入收尾阶段。下乡住村活动增进了与农民的感情，拉近了距离，改进了工作作风，受到了农民朋友的欢迎。

五、以落实《廉政准则》为重点，加强廉政建设

（一）扎实开展党风廉政教育。配合省纪委驻局纪检组于4月8日召开了全系统纪检监察工作会议。学习传达了中纪委、省纪委和全省党风廉政建设干部大会精神，观看了警示教育片，对党风廉政建设和反腐败工作进行了总结部署。组织党员干部开展了学习杨善洲事迹活动。为了进一步帮助党员领导干部对渎职侵权犯罪危害性和反渎职侵权工作重要性的认识，提高预防和遏制渎职侵权犯罪的能力，4月12日上午，省粮食局党组书记、局长杨随亭同志带领局党组成员、机关各处室主要负责人、山西粮油集团有限责任公司纪委委员、各直属单位党政主要负责同志共30余人，参观了全国检察机关惩治和预防渎职侵权犯罪展览山西巡展。围绕贯彻《廉政准则》，通过多种形式开展警示教育、示范教育、岗位廉政教育，用身边事教育身边人，加强了廉政文化建设，形成了崇尚廉洁的社会价值取向。

（二）认真开好局党组及所属单位党员领导干部民主生活会。根据省直工委通知，省局机关党委就开好2011年度党员领导干部民主生活会进行了安排部署。经省直工委组织部同意，2011年11月3日，省粮食局党组召开了2011年度党员领导干部民主生活会。在并的6名局党组成员和巡视员参加了会议，局办公室、人事处、机关党委三个部门领导列席了会议。会议由局党组书记、局长杨随亭同志主持。这次领导干部民主生活会，准备充分，主题突出，批评中肯，措施到位，达到了预期目的。

六、以提高创建水平为重点，加强精神文明建设

根据局领导工作变动情况及时调整了"文明和谐单位"创建领导机构和组织。紧紧围绕树立社会主义核心价值体系开展创建活动。坚持用社会主义核心价值观武装人、培育人、塑造人，增强社会主义主流思想的吸引力、感召力和凝聚力。加大对各单位创建活动的指导和督促检查，发现问题，及时解决。把文明和谐创建活动与学习型党组织建设活动以及创先争优活动紧密结合起来，寻找共同点，找到结合点，提高创建效益。发挥工会、共青团和妇联等群众组织作用，开展各种形式的劳动竞赛活动、各种有益身心健康的文化体育活动。年初，按照省委省政府办公厅关于"送温暖、献爱心"社会捐助的通知精神，在机关公务员和局直副处级领导干部中开展了捐助活动，共为受灾地区捐款8500元。春节前夕，省粮食局副局长吕苛青同志带领局机关办公室、党委有关同志，带着400袋面粉和被子大衣赴扶贫点临汾市永和县打石腰乡慰问了困难群众。筹资9.8万多元，由杨随亭局长和其他6名局领导分三路分别看望和慰问了困难党员、副厅以上老领导和生活困难的老同志，慰问了135名困难职工。

积极开展劳动竞赛活动。为了表彰先进，树立典型，2011年，山西省劳动竞赛委员会作出了《关于为全省"放心粮油"工程建设先进集体和先进个人记功表彰的决定》，为临汾市粮食局等10个单位分别颁发山西省五一劳动奖状，为临猗县粮食局等15个单位分别记集体一等功一次，为盐湖区粮食局等15个单位分别记集体二等功一次，为绛县粮食局等10个单位分别记集体三等功一次。为运城市粮食局调控科科长仇临泰等10名同志分别颁发山西省五一劳动奖章，为山西省人民政府办公厅秘书四处处长陆东等23名个人分别记个人一等功一次，为运城市财政局经济建设科副主任科员王小磊等30名同志分别记个人二等功一次，为万荣县粮食局副局长王鹏举等38名同志分别记个人三等功一次。

（李瑞平）

附：省粮食局党组书记、成员名单

书　记： 杨随亭

成　员： 牛银虎　张　文（6月离职）

马　珩（6月任职）　吕苛青　梁　政

薛愿兵

省人民防空办公室党组工作概况

党组书记　韩裕峰

2011年，省人防办党组团结带领全省人防系统广大干部职工，坚持以邓小平理论和"三个代表"重要思想为指导，以科学发展观为统领，认真贯彻落实第六次全国人民防空会议和省第十次党代会精神，紧紧围绕新时期军事斗争人防应急准备这一主线，按照全省转型跨越发展的总体部署要求，全力推进人防办党的组织、思想、作风、纪律建设和制度建设，为人防事业各项任务的圆满完成提供了坚强的思想政治和组织保证。

一、坚决执行中央和省委、省政府的决策部署，着力加强领导班子的思想政治建设

一年来，办党组始终同党中央保持高度一致，将举好旗帜，把好方向作为首要的任务来抓，把广大干部职工的思想和行动统一到党的路线方针政策上来，保证党的路线方针政策得到全面的贯彻落实，坚持把搞好领导班子的自身建设、提高班子的整体素质摆到重要位置。

一是强化学习教育。推进学习型党组织建设,是加强党的建设的一项重大战略任务,是保持党的先进性和增强党组织活力的重要工作内容。办党组依据《推进学习型党组织建设实施方案》和集中学习培训计划狠抓落实,按照党组统一领导、机关党委具体负责、各党支部与相关部门参与配合的工作机制,加强了对此项工作的指导和管理,做到了精心组织,统筹规划,合理安排,整体推进。继续加强了中心组学习。办党组严格执行中心组学习制度,坚持每月集中学习不少于一次,每季度组织一次理论研讨。一年来,中心组认真组织学习了科学发展观、《廉政准则》、胡锦涛总书记在庆祝中国共产党成立90周年大会上的讲话、党的十七届六中全会精神、省第十次党代会精神等,通过学习讨论,党组成员进一步解放了思想,开阔了眼界,提升了政策理论水平,为更好地促进山西人防事业快速发展奠定了坚实的思想基础。围绕建设学习型党组织的总体要求,为干部职工学习提供便利条件,先后购置了《党的十七届六中全会学习辅导百问》、《创先争优活动学习读本》、《七个怎么看》、《五百年来谁著史》、《把信交给加西亚》等书籍。同时注重将读书学习、个人自学、集中学习、调查研究、专题研讨和工作实践紧密结合。办党组把机关党的建设、学习型机关建设、精神文明建设和创先争优活动等工作与人防机关准军事化建设结合起来,按照"政治坚定、业务精湛、纪律严明、作风过硬、廉政高效"的要求,加强干部职工在岗培训,先后安排186人次到清华大学、北京大学、解放军通信指挥学院、省委党校等高校及有关单位学习经济社会发展前沿理论、公共管理知识和人防业务,开展业务训练。在3月11日新班子组成后,利用了大量时间对省内外人防工作进行了调研,还赴内蒙参观学习人防建设经验,组织了山西人防实现转型跨越发展的讨论和全省人防建设理论研讨活动;组织机关全体和直属单位领导去右玉参观学习,并进行了"弘扬学习右玉精神、加强作风建设"为主题的专题讨论,交流了学习体会。灵活多样的学习方式既调动了大家学习的积极性,也极大地促进了人防业务工作的开展。

二是狠抓作风建设。一年来,办党组始终注重强化全办干部职工的作风意识,注重将履行职责的自觉性、主动性和制度规章的约束力紧密结合起来,特别是不断引深省委开展的学习弘扬"右玉精神"活动。党组带头学,带头实践,以实际行动诠释和体现右玉精神,将右玉精神贯穿于人防事业发展的全过程、落实到人防工作发展的各个环节,激发了广大干部职工积极进取、干事创业的热情,干部职工的创新意识进一步增强,工作作风得到根本转变,有力地促进了各项重点工作的顺利进行。

三是重视能力提高。在带领和组织全办干部职工深入学习中央十七届五中全会、全省干部大会、学习弘扬右玉精神大会以及省委九届十一次全会等一系列重大会议精神的基础上,办党组紧密结合人防工作实际,紧紧围绕省委、省政府的重大决策和全省人防中心工作,把解决认识问题与解决实际问题结合起来,把提高理论水平与提高工作能力结合起来,把开展业务工作与创先争优、文明和谐机关创建活动结合起来。在全办形成了学以致用、用以促学、学用相长的良性循环,有效提高了工作人员服务全省转型跨越发展大局的能力和素质。广大干部的学习自觉性普遍增强,素质能力得到提升,工作作风进一步改善,工作效率明显提高,为促进山西人防事业的持续快速发展奠定了坚实的思想基础。

二、坚持科学发展观,求真务实、奋发有为,促进人防工作又好又快发展

2011年是"十二五"的开局之年,办党组精心谋划、突出重点,主攻难点,强化目标管理,加强政务督查,保证了所承担的重点工作"发展人民防空事业"圆满完成。

一是人防工程建设再上新台阶。人防工程建设规划编制取得突破,太原、长治、晋城相继完成了人防工程建设规划草案的编制和评审工作,其他市也开始编制准备,为进一步推进人防建设与城市建设相结合奠定了基础。全省按照新战术技术要求设计的人防指挥工程体系初步形成。结合民用建筑同步修建防空地下室,在去年翻番基础上再翻一番,防护工程面积实现持续高速增长。完成了省级人防基本指挥所的设备安装和地级指挥所的选址。

二是指挥通信警报建设不断推进。组织了机动指挥车拉动演练,形成了区域机动通信保障能力;建成了国家二级网管站并通过验收;参与跨区域指挥协同研究,完成区域性联合防空演习任务。截至2011年底,全省县级以上城市防空警报实现全覆盖。成功组织了第三次全省警报统一试鸣,试鸣中实现警报鸣响率100%,各地固定警报器、车载警报器、电视机、无线广播等终端同步鸣响防空警报,警报传输和覆盖能力得到检验。全省短波电台网组建顺利。

三是人防宣传教育掀起高潮。与省科技报刊总社签定合作协议,在科技导报上进行人防动态报道、法律宣传、技能教育、大幅扩展了人防宣传教育覆盖面。与省地震局、安监局、应急办、交警总队、消防总队、疾控中心协商,牵头筹建山西省防空防灾安全体验馆,按照公共安全教育基地、防灾减灾措施展示平台、人防建设成果展示窗口的定位和互动型、体验型、实物性科普展馆标准正在制定建设方案。结合全省人民防空会议、法制宣传日、警报统一试鸣日等,向社会发放人防宣传手册20万册,发放人防警报试鸣提示短信1100余万条。通过人防宣传教育"进党校、进学校、进机关、进企业、进网络"活动开展,受教育人数超过42万人。

四是人防法制建设取得新进展。结合我省工程领域突出问题专项治理,全省人防系统开展了工程领域人防行政执法规范化建设活动,着手建立省、市、县三级联动的人防行政执法体系,开展全省工程项目信息库和行政执法信息库建设,掌握了在建的各类工程建设项目,查处了逃建、逃缴等大量违法行为,人防政策法规执行力度和社会影响显著增强。对人防规章、规范性文件集中进行了清理,新出台《山西省人民防空警报试鸣规定》、《防护防化设备管理暂行办法》等规范性文件,举办了全省人防法制干部培训,进一步加强了人防政策法规执行力度。经省编委批准,省办增设了法规宣传处,

依法行政工作进一步加强。

五是督促检查及时到位。根据“十二五”人防规划要求和各地工作实际，区别确定了各市人民防空重点工作任务和责任制目标，年中召开了全省人防重点工作推进会，年底进行目标责任考核，促进了重点工作和有关任务的落实。针对2011年夏天全省雨水偏多，早期工程隐患显现等情况，及时召开全省人防工程“除隐患、保安全”电视电话会议，对全省人防工程安全工作进行部署，提出要求，并派出工作组对全省人防工程安全工作进行检查，督促各市将安全工作落到实处。

三、强化组织意识，提高凝聚力，严格遵守民主集中制原则

人防办党组始终注意从讲政治、讲正气、维护党性原则出发，搞好班子成员之间的团结。

一是注重强化意识。办党组充分利用中心组学习、民主生活会等时机，交流思想，开展批评与自我批评，努力提高班子成员的思想理论素养和执行民主集中制的自觉性，增强政治观念、组织观念和纪律观念，提高科学决策、民主决策的能力。

二是不断完善机制。以建立健全相关的制度为保障，规范完善贯彻执行民主集中制的工作机制，明确重大事项的议事规则、决策程序和纪律要求，不断提高执行民主集中制的自觉性和约束力。办党组在反复征求意见建议的基础上，修订了机关管理44项制度，涉及人事、财务、会务、党建、廉政、保密等各个方面工作，有公开的制度制约，班子成员之间增强了信任，在工作上互相通气、互相补台、互相协作，形成了团结奋进、勇于争先、开拓创新、求真务实、勤政廉洁的战斗集体。

三是严格遵守民主集中制原则。在涉及大型项目、人事调配等重大决策时一律按照集体领导、民主集中、个别酝酿、会议决定的原则进行。为了能够实施科学决策，坚持把事关人防事业发展的大事拿到办公例会上研究，提到全体职工大会上进行表决。3月份以来，办召开主任办公会议十六次、党组会议三次，对涉及全省人防发展的近八十项工作进行了集体研究讨论。在决定涉及职工切身利益的事项时，积极同群众协商，采纳大家的意见。通过以上举措，既密切了党群干群关系，又增加了党和群众的血肉联系。

四是全面形成合力。认真执行集体领导下的个人分工负责制，在党组集体领导下，班子成员各司其职、各负其责，自觉承担起自己分管的工作任务，都能够正确处理好集体领导和分工负责的关系；班子成员之间坦城相见、共谋发展，讲大局、讲团结，在工作上互相通气、互相补台、互相协作，努力营造讲实话、办实事、求实效的工作环境，形成了团结奋进、勇于争先、开拓创新、求真务实、勤政廉洁的战斗集体，带领全办干部职工不断破解发展难题、展现新作为，为服务山西转型跨越发展提供了强有力的支撑和保障。

四、贯彻执行党的干部政策和有关规定，坚持正确用人导向，不断提高选人用人满意度

办党组紧紧围绕建设高素质干部队伍的目标，严格遵守《国家公务员法》和《干部任用条例》的有关规定，不断创新干部选拔任用工作理念，牢固树立正确用人导向，充分发扬民主，坚持选任标准，规范选任程序，完善选任机制，拓宽监督渠道，选人用人公信度得到了明显提升。在干部选拔任用过程中，办党组始终做到正确处理三大关系，即：扩大民主与党管干部的关系、群众公认与组织评价的关系、过程民主与决策集中的关系；切实把握三项原则，即：正确的用人导向原则、程序的规范严谨原则、制度管理原则；坚持做到三个到位，即：执行干部选拔任用政策法规到位、规范和落实处级干部竞争上岗到位、健全和完善干部选拔任用监督长效机制到位。通过以上举措，努力使干部选拔任用工作走上制度化、规范化轨道。

一年来，办党组始终严格按照干部选拔任用工作政策法规规定的原则、条件、程序和纪律选拔干部。一是把好用人导向关。注重德才兼备、以德为先，注重工作实绩，注重群众公认，坚持用政治坚定、原则性强、清正廉洁、品德高尚、情趣健康的干部，大力选拔政治上靠得住、工作上有本事、作风上过得硬、群众信得过的优秀干部，特别是对在重要岗位工作、业绩突出、能独挡一面的干部，予以重点培养使用，真正做到了让想干事的有机会，让能干成事的有舞台。二是把好推荐提名关。在选拔任用干部工作中坚持走群众路线，落实群众对干部选拔任用的知情权、参与权、选择权、监督权。三是把好考察识别关。全面实行考察预告制度，切实加强干部考察工作。由人事部门、监察室和机关党委人员组成的考察组对考察对象进行德、能、勤、绩、廉的全面考察，考察结束后提交考察报告，并在办党组讨论决定干部会议上进行汇报，使办党组全面准确地掌握相关人员的工作实绩和群众反映，为选拔任用干部奠定良好基础。四是把好酝酿决定关。办党组对选拔调整干部十分慎重，根据干部队伍建设和工作实际需要，通盘考虑，综合分析，反复酝酿，集体决定，保证了选拔调整干部的科学化、民主化、制度化和规范化。在全办树立了正确的用人导向，形成了风清气正的用人环境。2010年12月以来我单位共集中选拔任用干部3次，提拔处级干部5人，调整处级干部2人。所调整和提拔的人员普遍得到了干部群众的认可。

（刘功友）

附：省人民防空办公室党组书记、成员名单

书　记：常高才（3月离职）　韩裕峰（3月任职）

成　员：孙　群　刘　涛　张　铭　相里岩（8月任职）

省政府法制办公室党组工作概况

党组书记　崔国红

2011年，省政府法制办全面贯彻落实党的十七大和十七届六中全会精神以及省委、省政府的重要战略部署，以邓小平理论和“三个代表”重要思想为指导，继续深入贯彻落实科学发展观，以加强党的执政能力建设和先进性建设为主线，全面推进机关党的思想、组织、作风、制度和反腐倡廉建设，以深入开展创先争优活动和推进建设学习型党组织活动为重点，围绕转型跨越发展，努力创新工作机制，切实转变工作作风，以纪念建党90周年活动为契机，坚持以人为本、执政为民理念，切实加强党建工作，重视舆论宣传，积极参加省直文明办组织的各种主题创建活动，着力提高党员干部理论素质和修养，进一步加大了创建文明和谐单位活动，为我办各项工作任务的顺利完成，提供了坚强的思想政治保证和精神支撑。

一、认真开展创先争优和建设学习型党组织活动，基层党组织建设不断加强

（一）深入开展创先争优活动，保持党的先进性。为了更好地贯彻落实中央和省委关于深入开展创先争优活动的精神，根据省委和省直工委的安排和部署，3月4日，我办召开了深入开展创先争优活动推进大会，对进一步推进创先争优活动进行再动员、再部署。会议传达了省直工委书记李仁和同志在省直机关深入开展创先争优活动推进会上的讲话精神及省直工委《关于开展省直机关庆祝建党90周年系列纪念活动的通知》精神，部署了《省政府法制办深入开展创先争优活动推进意见》。会议要求，要以创先争优精神为动力，加快推进依法行政进程，不断改进工作方法和提高质量，努力提升我省法制制度建设水平。

（二）精心组织建设学习型党组织活动，党员干部的理论水平不断提高。一是进一步建立完善了以党组中心组理论学习为主的领导干部集体学习制度。在学习形式上，按照《办党组中心组2011年学习计划和季度学习安排意见》，全年组织集体学习20余次。坚持“走出去”与“请进来”相结合，邀请北京大学法学院教授姜明安作了推进依法行政的专题讲座。坚持理论学习与实践相结合，结合立法调研、论证会、案件分析、听证会等，切实解决政府法制工作中遇到的实际问题。在学习内容上，重点学习了胡锦涛总书记在庆祝中国共产党成立90周年大会上的重要讲话精神、十七届六中全会精神、省十次党代会精神、袁纯清书记在全省纪念建党90周年大会暨创先争优表彰大会上的讲话精神。二是加强党员干部理论培训。结合干部人事培训，安排机关处级干部参加党校和其他院校轮训及中青年干部培训、干部自主选学培训和“山西干部在线学院”网络学习。积极参加省委领导干部“思想讲坛”和省直机关文源讲坛等讲座。同时，建立健全干部教育培训登记管理制度，将干部学习培训情况和考核结果如实记入干部信息库，并将重要培训情况纳入干部人事档案。

（三）加强基层党组织建设，增强工作活力和生机。一是加强组织建设。3月，召开了中共山西省人民政府法制办机关第二次党员大会进行换届选举，产生了中国共产党山西省人民政府法制办公室新一届机关委员会、机关纪律检查委员会。按照换届程序，完成了11个党支部换届工作。3名入党积极分子发展为预备党员，1名预备党员转正。二是强化制度建设。重视抓好制度建设，坚持按制度管理干部队伍，办理行政事务，推进各项工作。在原有的机关党建制度基础上，进一步完善了《办党组议事制度》、《办党组民主生活会制度》、《办主任会议议事制度》、《行政决策制度》和《办干部选拔任用工作办法》等相关规章制度。

二、加强机关作风建设，推进工作发展创新

（一）加强机关党风廉政建设。坚持把党风廉政建设和反腐败工作纳入全办工作重要议事日程，做到与业务工作同研究、同部署、同检查、同落实、同考核。召开了全办党风廉政建设干部大会，学习传达中纪委、省纪委全会精神，安排部署全办反腐倡廉工作。制定下发了《省政府法制办党风廉政建设和反腐败工作要点》和《省政府法制办2011年党风廉政建设和反腐败工作任务责任分解意见》。领导班子高度重视贯彻执行省纪委《关于进一步整肃工作纪律狠刹不良风气的通知》，把落实“五个不准”作为重要工作来抓，及时召开专题会议，强化学习宣传，下发了《关于转发省纪委〈关于进一步整肃工作纪律狠刹不良风气的通知〉的通知》，制定了《山西省人民政府法制办公室工作纪律（试行）》。进一步提高对整肃工作纪律、狠抓不良风气重要性的认识，增强严格执行纪律的自觉性。抽调专人积极配合省纪委、省监察厅做好全省反腐倡廉制度建设工作。认真贯彻落实我省惩防体系2008—2012年实施办法。办领导班子在干部任用上主动接受驻办纪检监察机构和干部职工监督。在财务管理和机关后勤保障方面，班子成员带头严格执行有关财务纪律。坚持按制度办事，公开透明、厉行节约、反对浪费，做到行政经费严格按规定规范使用。重视抓好对党员干部的正面引导和反面警示教育，全年全办未发生违法违纪问题。

（二）扎实推进基层党组织党务公开工作。根据省直工

委《关于省直机关基层党组织实行党务公开的意见》，结合机关党建工作实际，扎实开展了基层党组织党务公开工作。一是及时组织机关党委委员及各支部负责人召开了会议，认真传达文件精神，广泛进行动员部署。二是为确保党务公开工作的有效开展，成立了以主要领导为组长的党务公开工作领导组，研究制定了党务公开工作实施方案，明确了党务公开的形式、内容、程序、时限，确保了党务公开工作的顺利开展。三是认真核对了党务公开目录汇编，完善了公开内容，创新了公开方式，提高了党务公开工作的实效性。

（三）加强行政复议信访“窗口”建设。一是根据行政复议的职能职责，在办公楼悬挂了行政复议指南及复议流程图，方便了前来申请复议的行政相对人依章办事。二是在政府法制网站上开设了“行政复议在线申请”，以网络为依托，全面更新、补充、完善了“行政复议”栏目内容，公开了行政复议办案流程，方便群众随时查阅有关资料。三是编印《行政复议工作动态》，宣传行政复议知识、指导市县政府和省直部门开展行政复议应诉工作。四是认真做好来信来访和咨询服务。面对来信来访，努力做好耐心细致的咨询服务，引导群众通过行政复议渠道合法表达利益诉求。

（四）积极开展干部下乡住村活动。为贯彻落实省委办公厅《关于在全省开展干部下乡住村活动的通知》和省直机关开展干部下乡住村活动推进会精神，将“干部下乡住村活动”与进一步改进工作作风相结合，制定了《山西省政府法制办公室干部下乡住村活动方案》，组织机关处级以上干部、下属单位负责人开展了下基层、变作风、住农村“六个一”活动。我办包村点为平陆县常乐镇北留村，办主要领导和办党组成员深入包村增收联系点开展调研，带队下乡住村研究解决帮扶村“五年规划”和帮扶项目落实问题，因地制宜地选择好产业发展项目，促进农民增收、农业增效和农村发展，帮助群众走上脱贫致富之路。

三、加强机关精神文明建设，创建活动质量不断提升

（一）继续深入开展形式多样的机关精神文明创建活动。以创建文明单位活动为主要载体，紧密结合机关作风建设、和谐机关建设，开展精神文明创建活动，努力发挥机关党组织在文明创建活动中的组织者、实践者和推动者的作用。主要抓了社会主义核心价值观教育、思想道德教育、政治理论学习、推进学习型机关建设等。“春节”期间，举办了迎春联欢会；“三八”妇女节，办党组成员、省纪检委驻省政府法制办纪检组组长吕连连率领法制办全体女同志到太原市（社会）儿童福利院走访慰问，并为福利院的孩子们送去了生活用品；“六一”儿童节期间，办机关慰问了全办的少年儿童，体现了我办党组织对下一代的关怀和培养；在建党90周年之际，隆重举行了庆祝建党90周年暨“创先争优”活动表彰大会，表彰了先进党支部和优秀共产党员。通过丰富多彩的精神文化活动，培养了干部职工健康向上的生活情趣，增进了团结和友谊，激发了工作的热情，促进了精神文明建设的加强和机关良好作风的形成。

在开展“迎中博、创环境、争一流”活动中，全体干部职工响应省委、省政府的号召，积极行动，把深入开展“迎中博、创环境、争一流”活动作为塑造文明形象、改进工作作风、加强干部队伍建设的有效途径，为办好中博会作出了积极的贡献。

（二）积极发挥群团组织在文明创建中的积极作用。以党建带动群团建设，加强了对工妇组织的领导。“七一”前夕，办机关党委和工会组织全体党员干部前往井冈山参观学习，举办了“红歌献给党”等丰富多彩的文体活动。办妇工委开展“三八”国际妇女节庆祝活动，组织妇女同志进行了健康体检，进一步激发了广大妇女同志的工作积极性。

四、开展文明和谐单位标兵创建活动，有力地推动了政府法制工作目标责任制圆满完成

（一）加快推进依法行政，加强法治政府建设。一是起草了《山西省人民政府关于加强法治政府建设的实施意见》。《实施意见》阐述了加强法治政府建设的重大意义和总体要求，要求各级政府和部门加强学习培训和政策引导，着力提升行政机关工作人员依法行政的意识和能力；加强和改进制度建设，不断提高制度建设质量；坚持依法科学民主决策，建立完善决策程序和相应制度；坚持改进行政执法工作，依法、严格、规范、公正、文明执法；全面推进政务公开，提高政府工作透明度和公信力；强化行政监督，严格依法问责；建立完善体制和机制，依法化解社会矛盾和纠纷，并对加强组织领导、狠抓工作落实提出了具体要求。二是开展了全省省级依法行政示范县、示范单位创建活动。召开了省依法行政示范县示范单位命名表彰电视电话会议，对省政府首批命名的17个依法行政示范县和54个依法行政示范单位进行了授牌。三是组织开展“依法行政山西行”活动。组织中央驻晋和省级10多家新闻媒体开展采访活动，深入全省11个市40多个县100多个部门进行采访，宣传全省各地各部门依法行政的好经验、好作法、好典型，对强化依法行政社会氛围发挥了积极作用。四是举办“加强法治政府建设、服务转型跨越发展”论坛。邀请知名法学家、政府法制工作者等座谈讨论推进山西依法行政工作的思路和举措，为推进法治政府建设献计献策。五是完成省政府法律顾问委员会的换届工作。省政府法律顾问包括法学教授、律师等在法规起草论证、重大案件咨询把关等方面发挥了积极作用。

（二）围绕转型跨越发展大局，提高政府立法质量。一是大力推进《山西省循环经济促进条例》、《山西省节约能源条例》等关乎转型跨越发展全局的立法。《山西省循

环经济促进条例》紧密结合我省建设国家资源型经济转型综合配套改革试验区的要求，着重解决我省循环经济发展过程中存在的制度建设、产业循环和资源综合利用等重点问题，确立了适应我省促进循环经济发展的体系制度。特别是立足省情，按照循环经济活动中的生产、流通、消费环节构建立法框架，在更高层次上对延伸产业链、资源综合利用等方面进行制度规范，充分体现了循环经济作为我省产业优化升级基本路径的本质与内涵。二是着力推进《山西省突发事件应对条例》、《山西省水路交通管理条例》、《山西省地质灾害防治条例》等关乎安全发展大局的立法。《山西省突发事件应对条例》明确了我省应急工作管理体制，规定了突发事件预防与应急准备的具体措施，特别是应急处置分级响应的责任主体、程序和相应措施，为将我省突发事件应对工作纳入法制化轨道，切实保护人民生命财产安全，维护我省公共安全、环境安全将发挥重要作用。三是积极推进《山西省农民专业合作社条例》、《山西省村民委员会选举办法》等关乎民生事业和“三农”工作的立法。《山西省农民专业合作社条例》的出台有利于将千家万户的农业家庭经营方式联合起来，提高集约化和规模化水平，有效应对千变万化的大市场。《山西省村民委员会选举办法》的出台，为我省开展第九届村民委员会换届选举工作提供了制度保障。截至目前，全省9件地方性法规起草审查工作任务已经圆满完成。

(三)当好参谋助手，强化行政执法监督职能。一是严格落实行政执法责任制。组织开展了对全省环保和公安消防两个系统推行行政执法责任制工作情况的检查工作，深入市县基层环保、公安消防部门进行抽查检查，推动全省行政执法责任制深入开展。二是积极组织行政执法案卷评查工作。召开了全省行政执法案卷评查观摩交流会，组织全省政府法制工作人员进行行政执法案卷现场评查，总结交流各地各部门开展案卷评查工作取得的成效与经验。在全省工商、地税、公安和水利系统组织开展了案卷评查工作，对上述部门2010年1月起至2011年6月止已办结的行政处罚、行政许可等行政执法案卷进行评查，促进上述部门进一步提高了行政执法水平。三是认真办理行政复议案件。1至10月份省本级共办理行政复议案件45件，基本做到了“案结事了，定纷止争”。同时，制定出台了《山西省重大行政复议决定备案规定》、《山西省行政复议档案管理规定》，强化了对各级各部门行政复议工作的监督。与省高级人民法院建立了联席会议制度，及时沟通总结行政诉讼工作中出现的新情况新问题，不断提高行政执法部门的执法水平。

(张魁银　张明厚)

附：省政府法制办公室党组书记、成员名单

书　记：崔国红

成　员：王卫星　吕连连(女，5月离职)　刘钢柱　傅　平　周计伟(12月任职)

省政府机关事务管理局党委工作概况

党委书记　任云峰

2011年，在省委、省政府的正确领导下，省政府机关事务管理局领导班子团结带领全局广大干部职工，以科学发展观为统领，全面贯彻落实党的路线方针政策和省委、省政府重大决策部署，全力推动转型跨越发展，着力做好管理保障服务，全局各项工作取得显著成绩，圆满完成了省委、省政府下达的年度目标任务。我局“一年打基础，两年上台阶，三年见效益，四年翻一番，五年做大做强”的第一个五年发展规划圆满收官。2011年，全局经济指标再创历史新高，经济总量达到14.5亿元，其中经营收入6.6亿元，工程产值7.9亿元；职工年人均收入3.45万元；经营收入五年来平均增幅达38%，五年时间翻了两番。

一、圆满完成了省委、省政府下达的六项年度目标任务，为推动全省转型跨越发展发挥好职能作用

(一)精心做好重大政务活动的接待服务工作，有力地提升了山西改革开放的对外形象。中部论坛和中博会是树立山西形象、扩大改革开放的重要平台和机遇，是建国以来我省承担的规模最大、级别最高的一次地区性经贸博览会，参会人数约2万人。为办出特色、办出水平，我们举全局之力、集全局之智，战胜了重重困难，投入三个五星级酒店、一个国宾车队、3500名干部职工直接服务，负责接待了1个一级任务、2个二级任务、2个三级任务、34个国家部委、20个相关省市、3个地区(港澳台)、22家中央企业、8家金融机构及太平洋经济合作委员会的接待服务，共出动车辆3000余台次，接送宾客3万多人次。中博会期间，全体接待人员认真负责、严谨细致、紧张工作，从饭菜质量到客房和车辆的服务，都是专门研究、专项部署、专人负责，所有接待任务未出现一丝差错、一次纰漏，确保了宾客满意、领导满意、组委会满意。不仅展示了管理局的接待保障能力，而且极大地提升了山西改革开放的新形象。一年来，我们共圆满接待了党和国家领导人28批次来晋考察，其中一级任务5批、二级任务10批、三级任务13批。接待了全国504名部级领导干部和4000多名考

察团成员，完成了农博会、省第十次党代会、山西党政代表团赴浙沪苏京学习考察、全省各市现场观摩检查、全省经济工作会等13项重大政务活动的接待保障，均受到了省四大班子和各级领导的充分肯定和好评。

（二）继续推进省直机关住房制度改革和住房货币化补贴。全年共完成了110个单位、2106套公有住房的出售手续，补交售房成本价1085套，调购住房432套；对10个单位、47幢住宅楼的维修项目，进行了审核；住房补贴资金归集4364万元，覆盖率达到76%，超额完成了省政府下达的68%的目标任务。

（三）不断完善省直机关房地产管理工作。一是采取省直各单位相互观摩交流的检查形式，对省直118个单位的房地产权属管理、使用处置、开发利用、房产出租、产权纠纷等情况进行了检查；二是对省直机关所属事业单位，进行了资产调查统计；三是按照省委办公厅、省政府办公厅相关要求，重点对省直机关所属事业单位的楼堂馆所，进行了专项调查。目前，省直机关《房屋所有权证书》和《国有土地使用证书》的收缴和办证率，已达到98%以上。我局代表省政府共管理着省直土地13000亩、办公用房365万平方米。与此同时，我们还组织专人参加了全国机关事务工作会议，参观学习周边省市住房建设和房地产管理方面的经验。

（四）有效解决省直机关住房困难问题。为解决省直机关干部职工的住房困难问题，我们充分利用太原市危旧房改造政策，启动了青年路丽华海景苑住宅小区建设和大吴村丽华甲第苑住宅小区建设。目前，丽华海景苑第一期4幢和甲第苑第一期20幢楼的主体工程均全部竣工，内部安装工程正在稳步推进；第二期住宅楼、公租楼的桩基工程正在实施。两项工程明年底将全部交付使用，除安置解决拆迁户外，还用于解决省直机关干部职工的住房困难问题。

（五）全力推进全省公共机构节能工作。一是经省政府第88次常务会议审议通过，我省《公共机构节能办法（草案）》正式出台，成为我局第一部政府规章；二是完成了国务院公共机构节能考核组对我省的评价考核。综合得分为95分，进入到优秀省市行列。国务院授予我省"十一五"节能工作先进省份，公共机构节能工作是全省节能工作的四个重要组成部分之一；三是对全省各市"十一五"公共机构节能工作进行评价考核，各市的节能指标均按目标完成；四是完成了《山西省"十二五"公共机构节能规划》的编制；五是为贯彻国务院会议和省领导指示精神，由我局牵头，会同省发改委、省财政厅、省直工委制定下发了《关于省级机关带头厉行节约，发挥表率作用的通知》，全力推进节约型机关建设；六是组织了全省公共机构节能宣传周活动。由于公共机构节能工作成效显著，省节能工作领导组授予我局节能工作先进单位，省劳动竞赛委员会为我局荣记集体一等功。

（六）人民大会堂山西厅移位改建工程基本完成。在省委、省政府领导和工程建设领导组的关心支持下，人民大会堂设计方案经过反复修改论证，由清华大学土木系进行的规划设计已报省主要领导批准通过。在此基础上，编制了改建项目设计概算书和改建工程可行性研究报告。为加快工程建设，打造优质工程，我局从设计的审查、装潢材料的选定、字画的装裱、家具的陈设等，做了大量卓有成效的工作。已按预定工期完成了主体改扩建和内部装修工程，2012年全国"两会"将正式投入使用。

二、局属单位经营管理工作取得新突破，为管理事务、服务政务提供了有力支撑

2011年，我局按照省委、省政府再造一个新山西的战略蓝图，提出用三至五年时间，再造一个新的机关事务管理局，开始了"二次创业"。经过一年来"跳起来摘桃子"，全局经济工作继续呈现良好的发展态势。

（一）全局经济收入再创历史新高。经统计，2011年，全局经济总量达到14.5亿元，其中经营收入6.6亿元、工程产值7.9亿元，将再创历史新高。全年提取固定资产折旧和实现利税1.3亿元，局属经营单位可持续发展能力进一步增强。

（二）重点发展项目有效推进落实。一是加快推进青年路九号院危旧房改造工程，现主体结构工程全部竣工，累计实现工程投入2.18亿元。二是省一招大院的重建工作，在克服了拆迁和外围协调等各种困难后，及时完成了管线、树木、广告牌的移位，已开始实施三通一平工程。三是山西饭店装修改造工程，院内旧建筑的拆除基本完成。四是加快迎泽西大街30亩土地的资本运作，为迎泽宾馆可持续发展奠定良好基础。五是完成晋祠宾馆外32亩土地的扩征，为晋祠宾馆下一步的发展预留了空间和通道。

（三）狠抓年度目标责任考核。全局积极倡导实施权责、待遇、风险相互捆绑在一起的激励考核机制，对局属单位领导班子实施了经营管理目标责任制、发展目标责任制、年薪制、任职风险抵押制、领导干部问责制，以及党建工作责任制、党风廉政建设责任制、社会治安综合治理目标责任制、"十件实事好事落实"等九个责任制考核，较好地解决了局属单位长期经营困难局面，初步走上了可持续发展轨道。2011年，按照省委、省政府文件精神，进一步制定了《局属单位2011年度目标责任考核实施意见》，进一步将考核结果与干部任用、干部问责、绩效收入、任职风险抵押相挂钩，使全局干部职工队伍的思想作风、精神面貌、工作效率又有了显著提高。

（四）综治工作成效明显。一年来，无论是消防安全、餐饮安全，还是交通安全、卫生安全，都能做到思想上高度重视，工作上从严从细落实，全年没有发生任何安全事故，国宾车队全年安全运行130万公里。同时，我们以压倒一切的态势做好稳定工作，积极化解各种矛盾纠纷，处理好各类敏感事件，把不和谐因素处理在萌芽状态，全年未出现赴省进京上访事件。

（五）干部职工生活水平持续改善。2011年，全局继续投入15979万元为干部职工办了以下实事好事。一是投入13613万元为干部职工按时足额发放了工资，局属单位人均

年收入3.45万元；二是为局属单位干部职工足额缴纳了年度“五险一金”2250万元；三是投入46万元为干部职工进行健康体检；四是投入45万元为在职职工80岁以上的父母及退休职工发放赡养费和补助金；五是投入15.5万元关心帮助困难家庭和弱势群体，千方百计为他们排忧解难；六是投入9万元对考上大学、研究生的家庭给予教育奖励；七是新安排职工子女就业22名，五年累计安排职工子女就业119名；八是拆迁安置333户危旧房住户，一大批职工的住房问题得到了彻底改善；九是新调整提拔任用26名处级干部；十是通过加大分配制度的改革，彻底打破了大锅饭、铁饭碗，实行了多劳多得、优绩优酬的工资激励机制，有一大批职工通过诚实劳动和辛勤付出，获得了较高收入。

三、党的建设和干部队伍建设有新提高，为全局营造了风清气正的干事创业环境

政治路线确定以后，干部就是决定因素。一年来，我们以省委提出的建设“政治坚强、勤于学习、群众信赖、有所作为”的领导班子为目标，以局党委提出的“想干事、能干事、干成事、不出事”的要求为标准，不断加强领导班子建设、党的建设、党风廉政建设和精神文明建设等。

(一)着力加强领导班子建设。一是在思想政治方面，始终认真贯彻落实党中央、国务院和省委、省政府的决策部署，在思想上、政治上、行动上始终与党中央、国务院和省委、省政府保持高度一致；二是在工作决策方面，始终坚持民主集中制原则，积极推行民主科学决策，重大事项都能坚持集体领导，集体决策，广泛征求干部职工意见；三是在工作配合上，班子成员之间始终团结协作，相互支持，相互配合，心往一处想，劲往一处使，用凝聚力、号召力、亲和力，把全局各单位和广大干部职工引领到求生存、谋发展、做强做大、快速发展的道路上来；四是在选人用人上，以德才兼备、以德为先为用人原则，以“发展面前讲是非，效益面前论英雄”为用人导向，严格按组织规定和相关程序选任干部，使一大批有激情、有干劲、有能力、有政绩、有口碑的同志得到提拔使用；五是在党内生活上，认真开展严肃的批评和自我批评。使班子成员牢固树立以人为本、执政为民的理念，始终保持密切联系群众的优良作风和顾大局、谋发展、求实效的工作态度；六是认真开展领导干部包村增收活动，按照“六个一”的要求，在人力、物力、财力上给予了全方位支持。

(二)着力加强干部队伍建设。一是扎实推进学习型机关建设。坚持把学习型机关建设活动作为一项经常性、系统性工程来抓。组织全局105名干部进行自主选学，局机关59名公务员参加“山西干部在线学院”学习，平均完成54个学时。不断创新中心组学习制度，以领导干部带动全员学习。二是扎实推进干部队伍梯队建设特别是加大年轻干部的选拔培养力度，40岁以下的处级干部由2010年的10.77%上升为现在的24.39%。有11名年轻干部在局属单位挂职锻炼。三是从后勤人才的可持续发展出发，积极培养和充实一线管理队伍。对优秀大学生和表现突出、多次获国家和省奖励的、工作有业绩的编制外员工，好中选优，给予优惠倾斜政策，用感情、事业、待遇把这些优秀人才留下来。

(三)着力加强党的建设。一是高度重视党建工作，始终把党建工作摆到重要位置。年初，局党委制定了全局的《党建工作要点》，并与局属单位各总支、支部签订了党建工作目标责任书。年终，局党委专门组成考核组对全局党建工作目标责任的落实情况进行了检查验收，并将考评结果作为年终总结评比的重要依据；二是不断加强理论武装，提高党员思想政治素质；三是不断加强基层组织建设，增强党组织的活力和战斗力；四是以精神文明创建活动为载体，推动党建工作深入开展；五是积极做好党内关怀和送温暖活动。

(四)着力加强党风廉政建设和反腐败斗争。一是全面贯彻落实中纪委、省纪委有关会议精神，按要求部署、分解、落实2011年党风廉政建设和反腐败工作任务；二是大力开展廉政教育，进一步提高党员领导干部预防腐败的能力；三是努力拓展源头治理的领域，通过建立和完善相关制度，逐步形成了源头治理的长效机制，凡是局党委的重大决策和重大决定都要请上级纪检部门和派驻机构的同志参与并进行监督；四是深入持久地抓好全局干部职工的作风建设，认真开展政风行风建设，严格正风肃纪，狠抓执行力建设，教育和要求每一个职工严禁“三风”，严格做到“五个不准”，努力保持我局良好形象，较好地营造了风清气正的干事创业环境。

(范丁忠)

附：省政府机关事务管理局党委书记、委员名单

书　记：任云峰

委　员：逯哲锋　王东春　孙富忠　牛柱珍　梁若皓(1月任职)

省物价局党组工作概况

党组书记　李福龙

2011年，省物价局党组紧紧围绕全省价格工作大局，努力加强政治建设、组织建设、反腐倡廉建设、文明和谐建设、作风建设，为价格工作任务圆满完成和服务全省经济社会转型发展、跨越发展提供了坚强的思想保证和组织保证。我局先后被国家发改委评为“全国农产品成本调查优秀集体”、“全国价格认证工作规范化建设达标单位”、“价格监管服务先进集体”、“价格宣传先进单位”、

"价格监测工作优秀单位"、"法制宣传教育工作先进集体"，被中宣部、司法部表彰为"全国法制宣传教育先进单位"，被省政府评为"支持重点公路建设优秀单位"，被省政府命名为"依法行政示范单位"，因节能降耗工作突出被山西省劳动竞赛委员会授予"集体二等功"，连续多年被干部下乡领导组评为"定点扶贫工作先进集体"，政务大厅被省直工委评为"十佳文明窗口"等。

一、以"抓学习、强素质"为主线，不断推进学习型党组织建设，努力加强思想政治建设

（一）深入推进学习型党组织建设。为深入贯彻落实党的十七届四中、五中、六中全会精神和省委九届十次全会精神，全面提高新形势下机关党的各项能力建设水平，全局各级党组织认真落实《山西省物价局关于推进学习型党组织建设的实施意见》，以政治理论学习、业务知识学习、法律法规学习为重点，组织全体干部职工进行了深入地学习教育。通过采取集中学习、专家辅导、专题研讨、学习交流等方式，做到日学一小时、月听一堂课、季读一本书，提高了学习覆盖面，增强了学习型党组织建设的效果。

（二）狠抓了中心组和党员干部的理论学习。局党组中心组以学习研究如何通过充分发挥价格管理职能为经济结构调整、构建资源节约型和环境友好型社会、服务山西经济社会转型发展、跨越发展为主要内容，以解决价格领域存在的问题、提高价格工作的质量和水平、促进物价部门科学发展为重点，按照规定的时间、人员、方法、程序和要求，组织了深入的学习教育。每年局党组中心组都能够按照计划认真组织六个以上专题的学习。在抓好中心组学习的同时，在全局范围内，认真组织学习了胡锦涛总书记"七一"重要讲话精神、山西省第十次党代会精神和袁书记的重要讲话精神，组织20余人次分批参加了省直工委举办的处级干部培训、中青年干部培训以及十七届五中全会和省委九届十一次全会精神学习教育。组织全局正处级以上行政干部参加了省委组织部牵头组织的"山西干部在线学院"学习，累计学时超过1000个学时。

（三）开展公民道德教育实践活动。加强了从政道德、职业道德、社会公德学习教育，寓文明创建于"以德治局"中，创造干群一致、团结奋进的工作氛围。以"热爱祖国、服务人民、恪尽职守、廉洁奉公，求真务实、开拓创新、顾全大局、团结协作"为目标，深入开展以"人人都是软环境、公仆先是好公民"为主题的争当"人民满意公务员"活动，并在全局组织了"在家要做好丈夫（妻子）、在社会要做好公民、在单位要做好干部"活动，从各个层面提高了机关干部的道德素养。

（四）坚持落实学习制度。各级党组织严格落实了制定的各项学习制度，一是中心组学习制度，坚持每年进行六到七个专题的学习；二是学习日制度，机关党员干部每周学习不少于半天；三是集中补课制度，对因工作没有参加正常学习教育的，由各支部负责在下次学习前集中补讲；四是检查考核制度，各支部不定期对理论学习情况进行检查考核，机关党委每半年对干部理论学习情况进行一次考核，并把考核结果作为干部考核的重要依据之一。

二、以"建机制、抓落实"为手段，深入开展创先争优活动，努力加强党组织建设

（一）深入开展创先争优活动。全局各级党组织和全体党员按照《关于在全局党组织和党员中深入开展创先争优活动的实施方案》，深入开展了创建"五个好"先进基层党组织、争当"五带头"优秀共产党员活动，在"七一"期间，组织了"创先争优"评比表彰活动。

（二）加强机关组织建设。认真研究制定了《机关党建工作要点及其责任分解》，并督促抓好落实。为加强管理，修订完善了各项机关党建的工作制度，在工作中，严格按照制度逐条逐项落实。党组、机关党委、党支部三级党组织能够切实履行好各自的职责，认真组织党员落实会议制度、党员汇报思想制度、民主评议党员制度、报告工作制度、党课制度、民主生活会制度等。工、青、妇组织在机关党委的领导下，积极开展各项活动。

（三）组织开展了庆祝建党90周年系列纪念活动。根据中央、省委、省直工委的安排部署，机关党委对纪念建党90周年活动进行了详细的安排部署，组织完成了党员志愿服务、西柏坡红色教育、演讲比赛、歌咏演唱等12项纪念活动。

（四）实行了基层党组织党务公开。根据省委办公厅和省直工委文件精神，结合我局党建工作实际，局党组研究制定了《关于省物价局基层党组织实行党务公开的意见》，成立了党务公开领导小组，明确了党务公开的指导思想、内容、类型等，并按照文件精神，实行了党务公开。

三、以"建制度、强监督"为关键，全面落实惩防体系实施方案，努力加强党风廉政建设

（一）认真落实党风廉政建设责任制。局党组研究制定了《山西省物价局关于2011年党风廉政建设和反腐败工作任务的分解意见》，省局党组与所属各处室负责人逐一签订了党风廉政建设目标分解责任书，把党风廉政建设责任细化、分解到每名党组成员和各个处室，共列6个方面26项具体任务，对全局每一个单位、每位领导成员、每名工作人员继续实施了"一岗双责"，使党风廉政建设责任制的各项目标内容都落到实处。

（二）深入抓好反腐倡廉教育。认真贯彻落实省纪委《关于加强领导干部反腐倡廉教育的意见》及《山西省物价局反腐倡廉教育制度》，深入总结并丰富发展我局的廉政教育经验，针对审批权、定价权、处罚权、监督权、管理权行使过程中的廉政风险，更加广泛深入有效地开展党风廉政教育。组织党员干部认真开展了党的纪律尤其是政治纪律教育，继续深入开展了理想信念教育、法纪教育和廉洁自律教育，组织广大党员干部认真学习了中纪委十七届六次全会和省纪委九届六次全会精神，组织全局干部职工认真学习贯彻《廉政准

则》,并加强对《廉政准则》贯彻执行情况的监督检查,促进党员领导干部以身作则,严于律己、忠于职守,始终保持职务行为的廉洁性。

(三)加强反腐倡廉制度建设。认真组织开展"反腐倡廉制度建设年"活动,切实加强反腐倡廉的教育制度建设、监督制度建设、预防制度建设和惩治制度建设,对以前制定的各项制度进行认真的梳理,对反腐倡廉的各项制度进行了重新修订,新修订了《山西省纪检监察厅驻省物价局纪检监察室对廉政风险点实施监督暂行办法》、制定了《山西省物价局反腐倡廉教育制度》,制定下发了《山西省物价局调定食盐零售、两碱外工业用盐价格工作程序规定》等29项制度和《山西省物价局工作规则》等61项制度。在全局范围内组织了广泛深入的宣传教育,使全体干部职工领会制度精神、熟知制度内容、增强制度意识,进一步提高了执行制度的自觉性和执行力。

(四)加强对行政权力的监督。充分发挥党内监督、制度监督、群众监督、舆论监督的多元作用,加强对党员领导干部特别是主要领导干部的有效监督。在监督对象上,突出了对领导班子及成员、重点岗位的监督;在监督事项上,加强了对重大事项决策、重要干部任免、重大资金安排、重要价费调定的监督;在监督方式上,坚持了事前、事中、事后,全方位、全过程的监督。

四、以"强作风、树新风"为重点,深入开展作风纪律整顿,努力加强机关作风建设

(一)开展作风纪律整顿,集中整治"庸、懒、散"。进一步引深了学习弘扬右玉精神活动,坚持典型示范、正面引导与刹风整纪相结合,着力解决党员干部在思想作风、学风、工作作风、领导作风和生活作风方面存在的庸俗风气、不良风气、恶劣风气。结合创先争优活动,组织开展了作风纪律整顿,狠刹"闲话风、吃喝风、玩乐风"。深入开展了以"改进机关作风、创优发展环境"为主题的专项治理,对吃拿卡要、纪律松弛、效能低下、铺张浪费等四个方面的问题进行了着力整治,把治理"庸、懒、散"作为转变机关作风的突破口,以治庸提能力、以治懒增效率、以治散正风气。

(二)加强效能建设,提高工作效率。严格落实省局制定的首办负责、限时办结、服务承诺等各项制度,价格行政审批事项一律实行政务大厅"一站式"服务制度,行政审批事项"内转外不转",做到"大厅之外无审批",从收文到发文,从受理到办理,从来局办事人员到本局公文流转,实现"一个窗口对外,一条龙服务",减少办事的环节,使整个办事时限较法定时限平均缩短了约三分之一,使物价机关能够更高效、有序地为办事人提供优质服务,为全面优化价格政务环境迈出了坚实的一步。

(三)狠抓了干部下乡住村及领导包村增收活动。根据省委安排部署,局领导带领处级以上干部两次到扶贫点神池县虎鼻乡住村,并带领扶贫工作队员三次住村,和当地老百姓同吃同住同劳动,参加田间劳动,访贫问苦,体察民情,进行扶贫工作调研。先后多次召开了乡村两级领导干部和群众代表座谈会,认真研究讨论了扶贫点虎鼻乡"十二五"规划发展纲要,提出了进一步完善细化纲要的具体意见。确定了4个重点扶贫项目,并积极跑项目、找资金,共落实资金150多万元。投资5万元,聘请艺术家给全乡农民送去文化大餐,活跃了农民文化生活,受益农民达4000多人。

五、以"争先进、创标兵"为目标,深入开展争创文明和谐单位活动,努力加强文明和谐建设

(一)加强领导,严密组织。局党组把文明和谐创建工作与其他各项工作结合起来一起布置、一起检查、一起考核、一起奖惩,形成一岗双责、齐抓共管的文明和谐创建体系。文明和谐创建领导组办公室按照文明创建工作规划和各项创建制度,对我局的创建工作认真计划、安排、检查,确保各项创建内容落到实处。

(二)统一思想,提高认识。多次对全系统的文明和谐创建工作进行安排部署,使全局干部职工充分认识文明和谐创建活动的重要性和必要性,实现了从"要我创"到"我要创"的思想观念转变,"两手抓、两手硬"的意识明显增强,做到了党、政、工、青、妇齐抓共管,各职能科室相互配合,形成了上下联动、全员参与、合力创建的良好氛围。

(三)丰富内容,狠抓落实。结合价格工作实际和自身情况,明确了"加强宣传教育、提高职工素质,加强作风建设、树立良好形象,加强廉政建设、做到廉洁自律,完善规章制度、严格内部管理,深入开展活动、丰富创建内涵,切实履行职能、促进经济发展,关注民生民和、解决热点问题"七项主要创建内容,扎实开展工作。组织开展了"文明和谐过春节"、省市物价局春节联欢会等活动;深入开展了"人人都是软环境、公仆先是好公民"思想道德教育活动和道德实践活动;先后组织了为扶贫点神池县虎鼻乡、太化溶剂厂联企帮困、"博爱一日捐"等捐款捐物活动,进一步树立了物价系统"讲文明、树新风、促和谐"的良好形象。

六、以"促发展、创和谐"为任务,充分发挥价格管理职能,服务山西经济社会发展

(一)精心协调、妥善处理,解决好山西煤运公司违规收费问题。2011年,山西煤运公司收取煤炭入、过境管理服务费问题,引起了国家监察部、国务院纠风办和国家发改委的高度重视。4月初,三部委派出检查组来我省检查,查出违法金额13.68亿。对此,省物价局高度重视,倾注了大量的精力,牛仁亮副省长亲自带领省物价局、省监察厅、省煤运公司领导与国家发改委、国家监察部、国务院纠风办领导沟通。省物价局李福龙局长、王克信局长先后9次到北京向国家发改委进行了实事求是汇报沟通,请求国家三部委的理解和支持,取得了较好的效果。并以此为契机,根据省政府主要领导指示积极行动,在全省开展了收费专项清理行动,前后实施了两次大规模的督导检查,共清理规范171项收费项目,停

止不合理涉煤收费3项，取消107项不合理收费。此次行动得到省政府主要领导的充分肯定。

(二)充分运用电价空间，服务经济转型发展。通过大量细致的工作，我省争取到国家的政策支持，将财政部已发文停征的我省原1分钱电源基地建设基金并入销售电价，即在保持电价总水平不变、不增加用户电费负担的前提下，将基金停止征收后的电价空间疏导省内突出的电价矛盾。

(三)综合施治，全力稳定消费价格总水平。一是加强市场监测，提高预警能力。密切监测重要商品如原粮、成品粮、食用油、猪肉、鸡蛋、蔬菜、奶制品等主要农产品价格动态，先后及时监测元旦、春节期间以蔬菜为主的农产品价格大幅度上涨、3月份抢购食盐的风潮以及4月份以来的生猪价格大幅上涨等情况，及时预警预报，为政府宏观调控和价格决策提供依据。二是完善政策措施，降低流通成本。出台了完善价格政策促进蔬菜生产流通的措施，加强农副产品市场明码标价工作，对蔬菜生产、流通过程中用水、用电、用气、用热实行支持性价格政策；继续落实好鲜活农产品运输“绿色通道”政策，全省减免车辆通行费共计约15690.495万元；开展收费公路专项清理工作，切实解决收费公路超期收费、违规设站(点)等突出问题，仅撤销的太榆一级公路许西收费站，每年可减轻车主负担约1500万元。

(四)发挥价格杠杆作用，促进节能减排、保护环境。一是实施鼓励性价格政策，促进环境保护。继续实施电厂脱硫电价政策，促进环境治理；积极开展燃煤电厂脱硝试点工作，减少污染排放，保护环境。二是积极贯彻落实差别电价和惩罚性电价政策,促进节能减排和产业结构调整。三是出台促进节约用水的各项配套政策，服务转型发展。实施了差别水价、非居民生活用水实行“超定额累进加价”政策，较大幅度提高水资源费征收标准，并对水资源费征收范围和征收方式作了重要调整。

(五)着力推进清费治乱减负工作，减轻群众和企业负担。一是清理整顿各类收费，切实减轻社会负担。取消了疫情处理费、卫生质量检验费、税务登记证工本费、音像制品防伪标识费等31项涉企行政事业收费，进一步规范公办中小学校服务性收费和代收费行为，进一步规范了二手车交易、资产评估收费、机动车安全检验服务费、司法鉴定服务等收费标准。二是规范医药价格行为，切实减轻群众负担。降低部分主要用于治疗感染和心血管疾病的抗微生物类和循环系统类药品的最高零售价格，共涉及162个品种，近1600个剂型规格。三是落实商品住房价格调控，防止住房价格过快上涨。制定印发《商品房销售明码标价规定》实施细则，要求商品房开发经营企业在销售商品房时按照规定要求，公开标示商品房价格、相关收费以及影响商品房价格的其它项目，并做到“一套一标价”。四是加大市场价格监管执法力度。围绕党和政府的中心工作和人民群众关注的热点价格问题，开展了节日期间、涉农价费、食盐等专项检查、商贸流通企业价格行为重点检查和全省医药卫生服务价格大检查。2011年，全省共查出价格违法案件2714件，查处价格违法金额18913.41万元，实施经济制裁16876.86万元。全省共受理各种投诉举报20111件，办结20050件，办结率达到99.7%。 (崔海兵)

附：省物价局党组书记、成员名单

书　记：李福龙

成　员：张存登　王克信　庞金龙

祁晓虎(7月任职)　武振功(7月任职)

省国防科学技术工业办公室党委工作概况

党委书记　刘银才

2011年，省国防科技工业办公室党委认真落实省委、省政府和国防科工局的各项工作部署要求，深入贯彻落实科学发展观，以促进军工转型跨越发展为主线，以科技创新为先导，确保军品科研生产任务全面完成，大力推进军民融合式发展；以建设高效的党建工作运行机制、高标准的基层党组织和高素质的党员队伍为目标，全力推进党的思想建设、组织建设、作风建设和制度建设，不断增强各级党组织的创造力、凝聚力和战斗力，为推动全省国防科技工业的平稳较快发展提供了坚强的组织和政治保障。

一、加强领导班子和干部队伍建设，不断增强决策和领导水平

一是坚持以提高发展能力和领导水平为重点，进一步推进全省军工企事业单位党委领导班子思想政治建设，积极探索建立加强军工企业领导班子思想作风建设的长效机制。始终保持求真务实、奋发有为的精神状态，坚持以科学发展观为统领，围绕全力推动我省军工转型跨越发展，科学判断和紧紧抓住难得的发展机遇，不断完善发展思路，创新发展理念，突出发展重点，为发展注入新的动力和活力。

二是扎实推进学习型党组织建设，认真贯彻民主集中制原则。各级领导班子坚持中心组理论学习制度，把开展建设学习型党组织工作与“创先争优”活动紧密结合起来，充分发挥党委中心组学理论、议大事、促发展的作用，努力提高破解改革和发展难题的能力。坚持民主集中制，发挥班子整体优势。省国防科技工业党委班子成员分工协作、互相补位，严格按照集体领导、民主集中、个别酝酿、会议决定的原则，认真落实各

项民主制度,始终站在全局的角度分析和决策问题。凡涉及行业管理、机关建设、干部选任、党风廉政等重大问题,都要召开党委会或党政联席会议议定。

三是坚持领导率先垂范,真抓实干。省国防科技工业党委班子全体都能以高度负责的态度,率先垂范,带领干部职工干在一线,做细致的组织协调工作,处理复杂棘手的难题,使日常工作和重点工作统筹兼顾,整体推进,取得了良好成效。省国防科工办整体工作受到国家国防科工局和解放军总装备部的通报表扬,军民融合式发展、国防动员、民爆安全生产、国防工会等多项工作被评为省先进单位。

四是充分发挥干部协管作用,加强军工单位领导班子建设。坚持党管干部原则,协助军工集团公司进一步深化军工单位干部人事制度改革,围绕提高选人用人满意度的目标,建立民主、公开、竞争、择优的用人机制,严格规范干部选拔使用程序,引导和激励优秀人才干事创业、奋发进取,着力建设高素质的企业领导人员队伍,为推进军工企业转型跨越发展提供了坚强的组织保证。年内共参与16个军工单位班子换届和干部考察,提任、交流、调整领导干部81人。

二、加强基层党组织建设,不断提高党建工作科学化水平

一是以开展好"创先争优"活动为抓手,着力提高基层党组织的凝聚力、战斗力。各级党组织适应形势和任务要求,努力创新工作思路,改进工作方式,围绕转型跨越发展主题,深入推进"创先争优"活动。围绕建设学习型党组织,认真组织学习贯彻"七一"讲话、党的十七届六中全会和省第十次党代会精神,基层党组织的吸引力、凝聚力和战斗力进一步增强。"七一"前夕,召开了全省国防科技工业庆祝中国共产党成立90周年暨创先争优表彰大会,对5个先进党委、49个先进基层党组织、72名优秀共产党员和44名优秀党务工作者进行了表彰,发挥了先进模范的引领带动作用。系统上下形成了党组织履职尽责创先进、党员立足岗位争优秀的浓厚氛围。党务公开全面展开,扎实推进。各级工会、共青团等群众组织围绕中心开展富有成效的活动,有力地促进了企业改革发展稳定。

二是落实党建工作责任制,创新党建工作责任制考评机制。继续在全系统开展了党委书记抓党建工作的专项述职,采取了考核组集中考核和日常考核以及各单位党委自查相结合的方法实施党建工作考核,分别按照4:3:3的分值计算,将每个党委落实党建工作责任制情况量化排队,为党委决策提供了第一手材料。

三是扎实有效开展了党内民主生活会,严格落实制度,不断规范程序,90%的基层党委结合本单位的实际,召开了党内民主生活会,班子成员统一了思想,形成了共识,加强了团结,增进了友谊,增强了党委班子的凝聚力、战斗力。严格发展党员程序、党员标准,保证了全系统发展党员的质量。

四是圆满完成了省第十次党代会的有关工作。为了保证系统出席省第十次党代会代表的选举,精心组合,周密部署,严格两上两下,系统内出席省第十次党代会的17名代表经过候选人初步人选的推荐提名、预备人选的报批审核、候选人的成功选举等程序,顺利产生并出席省第十次党代会。

三、加强党风廉政建设,不断推进惩治和预防腐败体系建设

一是突出抓分解、考核、奖惩,党风廉政建设责任制得到落实。制定下发了年度反腐倡廉建设、惩防体系建设工作任务分解意见,把具体任务分解到有关领导和职能部门;与各企事业党政一把手签订了《党风廉政建设、惩防体系建设责任书》,党委班子成员按照分工,积极履行"一岗双责"的职责;强化考核,建立了奖惩机制。坚持和完善党风廉政建设责任制检查考核制度,年初由党委委员带队对各单位上年落实党风廉政建设责任制情况进行全面考核,将考核结果纳入奖惩范畴,年内责任追究15人,形成了分级管理、条块结合、职权明晰的工作格局。

二是突出抓落实,规范领导干部廉洁从业行为。根据《若干规定》、《廉政准则》和《党内监督条例》等相关规定,坚持完善了廉政谈话、诫勉谈话、纪委负责人与下级党政主要领导谈话及述职述廉制度。通过打招呼、提要求、进行警示教育,增强了党员领导干部廉洁自律的自觉性。同时,在全系统深入开展"六个一"活动,大力弘扬右玉精神,通过谈体会、找差距、定措施,加强了干部队伍作风建设。

三是突出重点问题,认真查处违法违纪案件。全系统纪检监察部门坚持以中层以上领导干部为重点,主动深入生产经营的关键领域和环节,以查处影响我省军工转型跨越发展和严重损害群众切身利益的案件为切入点,加大了工作力度。2011年,全系统共受理信访举报102件,其中省国防科技工业纪委直接受理56件,"两要"信访案件2件;办理复审复检1件;共核实案件20起,立查党员违纪案件4起,结案4件,处分4人。

四是突出融入生产经营中心,深入开展效能监察工作。紧紧围绕军民品发展和"三重一大"方面的突出问题,特别是主动在基建工程、大宗物资采购、冬季用煤等方面,认真进行选题立项,及时制定效能监察方案,分步骤、有重点地组织实施。对国拨资金技改项目重点问题进行全方位监督检查,抓住程序公开和结果公开两个重点,从制度上保证财务、招投标等重点环节的公开。2011年,全系统共立项67个,提出效能监察建议82条,避免和挽回经济损失2126.1万元。通过物资采购比质比价,共节约采购资金4589.4万元。

五是突出推进惩防体系建设,构建防控机制。加强制度建设,全系统建立健全了《"三重一大"决策制度》、《诫勉和谈话制度》、《加强对企事业单位领导及成员廉洁从业监督的规定》等一系列惩防制度,为扎实推进反腐倡廉建设提供了制度保证。根据中纪委、省纪委的部署和要求,及时下发了《2011年廉政风险防控管理工作实施意见》,紧紧抓住"找、防、控"三个环节,开展了风险防控工作。主要从岗位风险、部门风险、单位

风险三个层次查找容易产生腐败行为的风险内容及表现形式,确定廉政风险点,根据风险点和等级针对性地制定防控措施,形成了以岗位为点、程序为线、制度为面的廉政风险防控机制。

四、加强精神文明创建,不断推动和谐军工建设

一是大力实施公民道德建设工程,广泛开展了各种形式的道德实践活动。积极倡导"爱国守法、明礼诚信、团结友爱、勤俭自强、敬业奉献"的公民基本道德规范,引导职工群众在社会上做个好公民,在单位里做个好职工,在家庭里做个好成员,以实际行动积极投身和谐山西军工建设。在全省推荐第三届全国道德模范候选人活动中,山西军工系统兵器工业第七〇研究所杨振寰作为省第三届道德模范参加了评选。

二是全系统结合开展"迎中博、创环境、争一流"活动,继续深入开展文明和谐单位创建活动,创新活动载体,丰富活动内容。把加强军工文明和谐单位创建工作与社会主义核心价值体系建设相结合、互兼容。制定了《山西省国防科技工业创建文明和谐单位考评指标体系》,进一步结合企业实际,完善本单位文明创建工作制度和机制,巩固和发展文明创建成果,提升文明创建水平。长治清华机械厂、兵器工业第二〇七研究所被评为全国文明单位,山西惠丰机电有限责任公司被评为省级文明和谐单位标兵,山西汾西重工有限责任公司被评为省文明和谐单位。

三是围绕庆祝建党90周年和纪念人民军工创建80周年,群众性文化活动丰富多彩、亮点纷呈。贯彻落实十七届六中全会精神,制定了关于进一步推进军工文化建设的意见。开展人民军工光荣传统教育,大力弘扬"两弹一星"精神和"载人航天"精神,形成并发展了具有我省军工特色的企业文化品牌。省国防科工办荣获省直机关庆祝建党90周年"晋商银行杯"党的知识竞赛优秀组织奖和歌咏比赛道德风尚奖。

四是高度重视干部下乡驻村和下企驻厂工作。扎实推进"六个一"活动,成立专门机构,制定工作方案,把党政主要领导和班子成员创先争优活动联系点同时定为下企驻厂联系点,各部门负责人根据工作需要和工作重点,普遍确定了1-2个军工企事业单位为下企驻厂联系点,同时健全了工作机制,强化了管理考核。实行"四个一"考核管理,即:制定一个下乡住村和下企驻厂年度计划;记好一本下乡住村和下企驻厂"民情日记";帮助解决一些军工企事业单位和职工群众关注的实际问题;形成一个下乡住村和下企驻厂年度调研报告;确定了12家企业对石楼县裴沟乡实施联企包村对口扶贫,每个单位出资3万元实行项目扶贫,切实解决当地人民群众生产生活的实际困难。与此同时,各级工会组织深入推进帮扶救助机制建设,形成了送温暖、金秋助学、职工医疗互助保障"三位一体"的帮扶体系,在提高帮扶实效上取得了新的成效。据统计,2011年"两节"期间,全系统共筹集慰问金300万元,慰问困难职工6000余人,资助困难家庭学生269人,发放助学金50.7万元。职工医疗互助保障初具规模,已有18个单位参加职工医疗互助保障计划,参保职工52498人次,参保费206.77万元;有36个单位16310人参加女职工特病保险,保金33.48万元。

五、抓党建促发展,推动全省军工经济再上新台阶

一是军工经济继续保持平稳增长。全年实现销售收入286.5亿元,同比增长8.24%;全年增加值同比增长5.28%;职工年平均收入增长13.63%,达到34906元。

二是全系统承担的军品科研生产项目全部按计划节点完成。有2项武器装备科研成果获国家科学技术奖国防专项奖,22项荣获年度国防科学技术奖,13项荣获山西省国防科技工业科技创新奖。

三是民品工业有了较快发展。认真贯彻落实国务院、中央军委《关于建立和完善军民结合寓军于民武器装备科研生产体系的若干意见》精神,顺势而为,多方协调,促成了省政府与中航工业集团、航天科技集团签署战略合作框架协议;进一步完善、引深兵器工业集团、中船重工集团与省政府战略合作协议,积极推动协议项目的落地,协调解决项目实施中遇到的困难和问题,推进重大项目的建设步伐。一批科技含量高、市场前景好的军工民品项目建成投产,有力地促进了山西工业经济的转型跨越发展。

四是行业监管服务水平有了新的提高。进一步完善安全生产监管制度,建立安全生产长效机制,加大监管力度,全系统安全生产继续保持平稳势头,年内全系统共发生死亡事故1起,死亡1人,连续六年高标准完成了省下达的责任考核目标。落实反奸防谍和保密责任制,不断强化安全保密工作,未发生失泄密案件。加大组织协调力度,解决一些单位能源供应、土地纠纷、外部安全距离等问题,保障了"绿色通道"畅通。省国防科工办继续受到中国人民解放军总装备部和国家国防科工局的通报表扬。

(赵登斌)

附:省国防科学技术工业办公室党委书记、副书记、委员名单

书　记:刘银才(9月离职)　张华龙(9月任职)

副书记:冯鲁生(12月离职)　田国仁(8月离职)　安雅文

委　员:张继庆　温国贵　王树峰(10月任职)　李章贺(12月任职)

省中小企业局党组工作概况

党组书记　王克建

2011年，省中小企业局党组认真贯彻落实科学发展观，紧紧围绕省委省政府“转型跨越发展、再造一个新山西”的重大决策部署，求真务实，开拓创新，团结拼博，勤奋工作，不断优化发展环境，积极缓解融资困难，确实强化服务支撑，努力推进结构调整，全省中小企业、民营经济保持了平稳较快、健康发展的良好势头。

一、强化理论学习，提升素质能力，着力建设积极有为的领导班子和干部队伍

（一）强化理论学习，积极贯彻党的方针政策。一年来，着眼打造学习型机关，将理论学习摆在突出位置。着力完善局党组述学、评学、督学制度，制定学习计划并列出学习专题，每月组织1次集中学习讨论。在政治理论方面，全面系统学习了全国及我省“两会”、党的十七届六中全会、省第十次党代会、全省领导干部大会、中央胡锦涛总书记、省委袁纯清书记“七一”重要讲话等重要会议精神和讲话精神。在业务知识方面，认真学习国家关于结构调整、节能降耗、技术创新等方面的政策，认真研究国家《中小企业成长“十二五”规划》、我省《国家资源型经济转型综合配套改革试验总体方案》，认真贯彻落实全省县域经济暨农村工作会议精神。通过全面系统学习，掌握了大量推进中小企业、民营经济转型跨越发展方面的新政策、新理念、新知识，特别是对省委省政府“转型跨越发展、再造一个新山西”、省十次党代会明确的“两件大事”等重大战略决策有了深刻理解，领导班子和干部队伍的政策理论水平和业务素质有了新的提高，服务中小企业转型跨越发展的能力有了新的提升。

（二）注重精诚团结，认真执行民主集中制。局党组班子十分重视民主集中制建设，注重发挥班子成员的集体智慧。我们按照“抓住大事确定议题、调查研究拿出预案、个别酝酿寻求共识、民主集中做出决断、分工负责抓好落实”的步骤，认真落实民主集中制。严格执行《局党组会议制度》，对全局性的重要决策、重大问题、重要工作、人事任免等都提交党组会讨论决定，民主决策、科学决策的氛围比较浓厚。按规定要求认真组织召开民主生活会，积极开展批评与自我批评，增进理解，维护团结。无论是党组会还是局务会，班子成员踊跃发言，各抒已见，直言不讳。通过加强民主集中制建设，班子内形成互相尊重、相互信任、相互支持的良好氛围，既增强了班子的凝聚力，也提高了决策效率和领导水平。

（三）突出能力素质，加强干部队伍建设。一年来，我们在加强干部队伍建设上坚持了“四抓”：一是抓思想教育。通过集中学习、专家辅导、网络学习、自主选学等方式，不断用政治理论和前沿知识武装头脑，提高思想政治素质。在省委组织部创建的“干部在线学院”学习中，我局人均学时数名列第一。二是抓业务素质。通过实践中传帮带、干部轮岗、经验交流、在岗培训、深入基层调研等形式，提高机关干部履职尽责的业务素质。三是抓作风转变。注重开展调查研究，围绕10多个课题深入基层、深入企业调研；注重思想改造，组织机关干部赴榆次女子监狱进行典型警示教育，赴太原卫星发射基地进行理想信念教育，激励和动员广大干部职工转变作风，创先争优，促进工作。四是抓制度建设。先后制定《局党组会议制度》等12项制度，同时对10余项制度进行修订完善，基本上实现了用制度管人、用制度管事。干部队伍尽职尽责、谋事干事的能力素质有了新提高。

（四）坚持公开公正，严格选拔任用干部。局党组严格按有关干部选拔任用制度，坚持民主、公开、竞争、择优的原则，做好干部交流、轮岗、调整等干部选拔任用工作。一年来，向组织部推荐了3名符合条件的正处级干部人选，经公开选拔任用了2名副巡视员，对3名机关干部进行了调整，选拔了2名事业单位正职。结合全省事业单位清理规范工作，将事业单位由原来的10个整合为现在的6个，针对事业单位班子老龄化的现状，我们着眼长远发展，对8名年龄超过55岁，长期担任局属事业单位领导职务的同志，保留待遇、退居二线，促进了干部队伍结构的优化。

（五）坚持多措并举，加强机关党组织和精神文明建设。认真落实党建工作责任制，大力弘扬右玉精神，深入推进创先争优活动，以纪念建党90周年为契机，在党员干部中开展了党史学习教育活动。组织学习全国优秀共产党员杨善洲同志先进事迹，充分发挥先进模范的引领带动作用。积极推进党务公开，表彰先进基层党组织1个、先进党支部3个，优秀党务工作者6名、优秀共产党员68名，激励了党员干部的奋发进取意识。加强精神文明建设，先后组织了“党在我心中”演讲比赛、“基金杯”全民健身文体比赛等多项活动，增强了全体干部职工的集体荣誉感。深入开展领导干部下乡住村“六个一”活动，4次赴我局扶贫联系点河曲县楼子营镇，组织群众座谈、开展调研慰问、捐赠农需物资、参加生产劳动、考察中小企业、帮建基层组织、编制增收发展规划，筹资10万元捐赠农需物资和学生文体用品，筹集资金20万元为村里建起了近40亩鱼塘，扶持两家企业133万元，支持扶贫点经济发展。

二、围绕转型跨越，创新工作思路，扎实推动工作落实

围绕省委、省政府下达的年度目标任务，我们创新工作

思路，转变工作方式，认真落实政策措施，扎实做好创业辅导工作，强化对中小企业的服务支持，努力缓解融资难，促进中小企业创新交流合作，圆满完成了年度目标任务。

一是加强政策落实督查。围绕中小企业发展政策环境、与大企业协作配套情况、外经外贸情况、债券发行工作情况、融资情况、产学研技术合作情况、重大项目投资情况等多个方面，深入各市开展调查研究。联合省人大财经委，省政府发改、经信、财政、人社等部门深入全省11市，组织开展“民营经济政策法规落实回头看专项活动”，并向省委、省人大、省政府递交了调研报告，提出了政策建议。与省减负办、省纠风办联合推行中小企业缴费登记制度，向企业增发《中小企业缴费登记手册》2000册，健全法律维权“绿色通道”，为企业提供法律咨询及援助服务。召开全系统工作总结表彰大会，对全省服务中小企业的先进单位进行通报表彰。充分利用电视、广播、报刊、网络等媒体，宣传相关政策法规，努力营造发展氛围。

二是突出规划指导。结合国家《中小企业成长“十二五”规划》和我省《国民经济和社会发展十二五规划纲要》、《国家资源型经济转型综合配套改革试验总体方案》，广泛征求意见，编制完成《山西省中小企业和民营经济发展“十二五”规划》。

三是推进产学研合作。启动企业技术难题、技术需求、技术创新专家库专家征集工作，在山西中小企业网和中小直通车上建立专家工作室，为企业提供技术诊断和咨询服务。8月份，举办了全省中小企业产学研技术合作推进会，公布了由119人组成的第一批山西省中小企业产学研技术服务专家团队名单，发布了新能源、新材料、机械装备制造、化学工程、生物医药、农副产品加工、现代物流等多个领域的技术合作项目，达成合作意向63个、现场签约36个项目。

四是加强大小企业协作。联合省国资委首次举办了我省中小企业与大企业协作配套推进会，发布了中小企业产品推介目录和大企业产品需求目录，邀请50余家中小企业、30余家大企业参会，签订中小企业与大企业合作协议12个，长治市、运城市中小企业局、侯马市政府分别与3户大企业签订战略合作框架协议。

五是实施中小企业成长工程。储备转产转型新项目1500余个，争取国家各项资金1.613亿元，支持162个产业转型项目；协调安排省级资金1亿元，支持固定资产投资类项目147个。这批项目投产达效后，年可新增产值283.24亿元，新增利税55.42亿元。

六是扎实开展创业辅导。召开全省中小企业创业工作座谈会；积极协调省财政、人社等有关部门，共同推动中小企业“银河创业”行动计划；依托“山西中小企业创业网”和“创业辅导网”，提供创业信息咨询服务，开展创业辅导，推进了省内重点县（市、区）中小企业创业辅导（孵化）基地建设。全年支持推动市县建设中小企业创业基地12个，新培育小企业1.2万户，新增从业人员40.2万人。

七是努力缓解融资困难。加强政、银、企、保四方合作交流和工作协调，完善企业客户推介机制，做好融资指引推荐服务，促进银企合作。全年全省累计为融资机构推荐优质中小企业984户，为435户企业落实贷款212亿元，贷款落实率达到44%。加强信用担保体系建设，为省内6家为中小企业提供融资服务的担保公司争取国家风险补偿3320万元；为3家中小企业担保机构申请免征营业税资格；为2317户中小企业提供担保业务108亿元。探索新型融资方式，开通山西中小企业融资网，发放融资服务卡，开设网上“融资超市”，实施一站式投融资服务；局属山西省中小企业基金发展集团有限公司、香港科瑞基金管理有限公司、北京金典银桥国际投资有限公司、山西美锦能源集团有限公司发起成立了“科瑞晋通私募股权投资基金”；协助晋中亚乐士环保技术股份有限公司等3家企业在天交所挂牌。

八是加强经济运行监测。围绕全省中小企业、民营经济年度发展预期目标，结合新的中小企业划型标准及中小企业发展中遇到的困难和问题，我们先后两次在朔州、长治召开全省中小企业经济运行分析会议，及时掌握传统产业转型、主导产业壮大和新兴产业发展动态，研讨民营经济统计制度，强化业务人员培训。完善重点企业生产经营运行监测平台，加强运行监测和预警分析，经济运行监测工作走在了全国前列，我省通过国家审核的重点监测企业320户，位居全国第五。

九是着力强化公共服务。认真编制《山西省中小企业公共服务平台网络建设方案》，推进中小企业公共服务示范平台评定工作，省中小企业监测鉴定中心、中小企业服务中心、中小企业信息网络中心成为国家工信部首批公布的“国家中小企业公共服务示范平台”。推进中小企业信息化建设，与中国电信山西分公司实施战略合作，启动“数字企业”建设项目，发挥信息化服务机构技术人才优势，提升中小企业经营管理水平和自主创新能力。加强中小企业市场开拓工作，组织112家企业、202种产品参加第八届中国（广州）国际中小企业博览会，109个项目签约，投资总额108.55亿元。组织开展山西省2010年度最具社会责任中小企业评价排序活动，114家企业入选。组织实施“银河培训”工程，培训企业中高层管理人员1200余人。组织专家向中小企业开展“送管理、送咨询、送服务”活动，帮助企业提高经营管理水平。

三、坚持标本兼治，注重防微杜渐，努力打造廉洁高效的服务型机关

（一）加强组织领导，认真落实党风廉政责任制。深入贯彻《廉政准则》，严格落实中央《关于实行党风廉政建设责任制的规定》和我省的实施办法，全面学习贯彻中纪委、省纪委全会和全省党风廉政建设干部大会精神，积极开展“六个一”活动，着力提高领导干部廉洁自律意识。《关于2011年全局系统党风廉政建设责任制及任务分解意见》对年度党风廉政建设的重点工作任务进行了细化责任分解，落实分管领导、牵头单位、责任单位和配合单位，把廉政建设同业务工作捆绑在一起，进行同部署、同检查、同考核。制定出台了局《贯彻

执行"关于实行党风廉政建设责任制的规定"实施办法》、《落实党风廉政建设责任制考核办法》。12 月 23 日,局党组发出《关于对 2011 年度执行党风廉政建设责任制和党建工作情况进行考核的通知》,采取听取汇报、述职述廉、民主测评、个别谈话等环节,对局机关处室和直属单位进行了考核。积极开展党性党风党纪教育,观看《没有规划好的人生》等警示教育片,参观建党 90 周年反腐倡廉成果展,提升了全体党员干部对权责利的认识。一年来,通过传统教育、任前谈话、集体谈话、编发简报、警示教育等形式开展廉政教育;通过任务分解、检查考核、专项治理、信访举报、述职述廉、民主测评等形式进行有效监督。特别是在项目审批、干部选拔任用、财务资金管理、重大项目运作等方面,加强整个程序的跟踪监督,切实提高工作透明度,有效预防了违纪违法案件的发生。

(二)瞄准重点领域,扎实开展专项治理工作。扎实开展了"小金库"专项治理活动,在单位自查的基础上,局治金办进行了全面细致的检查,签订了《承诺书》,完善了财务管理制度,建立了机制。认真组织了公车清理活动,并将有关情况报省清车办。积极开展了纪律作风整顿,以"正风肃纪、创优环境"为主题,通过广泛动员、认真学习、自查整改、建章立制等环节,取得了明显实效。省专项治理小组办公室以简报形式转发了我局"小金库"专项治理及公车清理的好做法。

(三)着眼形成机制,大力推进廉政风险防控。认真加强惩防体系建设,健全各项反腐倡廉规章制度,积极开展廉政风险排查,认真制定防范措施。从重点领域、重点部门、重点环节入手,围绕项目审批、资金拨付、财务管理、干部选拔等权力运行重点,编制了廉政风险防控流程图。通过排查廉政风险、健全内控机制、构筑制度防线,加强了反腐倡廉工作的针对性和可操作性。

一年来,全系统召开党风廉政建设会议或传达有关廉政建设会议精神 8 次,年中检查处室及直属单位党风廉政建设落实情况 2 次,年底考核 1 次,进行作风整顿 2 次,抽检机关和直属单位作风建设情况多次,21 个单位参加了"小金库"专项治理活动,观看反腐警示教育片 5 次,修订完善有关制度 6 项,领导干部任前谈话、诫勉谈话、集体廉政谈话 32 人次,查处案件及接待来访 6 人次,党风廉政建设及反腐败工作得到了有效落实。 (杜红伟)

附:省中小企业局党组书记、成员名单

书　记:王克建

成　员:赵志杰　闫龙江　武晨阳(女)

省食品药品监督管理局党组工作概况

党组书记　赵光国

2011 年,省食品药品监督管理局按照省委、省政府和国家食品药品监督管理局的总体部署,以建设"健康山西"为目标,紧紧围绕保障公众饮食用药安全这个中心,突出基层基础建设和体制机制建设两个重点,强化队伍建设和能力建设两个保障,全面提升食品药品安全保障水平,促进食品和医药产业转型跨越发展,多项工作取得突破,五次在全国会上介绍了经验。

一、加强餐饮服务食品、保健食品、化妆品监管工作

2011 年是山西省食品药品监管系统全面履行餐饮、保健食品、化妆品监管新职能的第一年,全系统在打基础、建机制、抓重点上下功夫,打开了工作局面。

一是集中整治突出问题。抓住进货渠道不规范、餐厨条件不达标、餐饮具消毒不严格、人员体检不落实以及滥用食品添加剂等突出问题,集中开展了学校和幼儿园食堂、建筑工地食堂、食品添加剂和调味料、旅游景点和农家乐等专项整治。责令整改 2972 家,立案查处违法违规案件 1061 起,罚没款 464 万元,取缔 61 家,公开曝光了省城 32 家问题较为突出的大型饭店、16 家滥用食品添加剂的火锅店、20 家隐患较多的学校食堂。保健食品采取公开曝光、区域禁售、强行下架等措施,重点整治非法添加、虚假宣传等问题,有力震慑了违法行为,赢得了广泛赞誉。

二是建立和落实管理规范。制定出台了餐饮安全监督公示制度、添加剂专项管理制度,着力从制度层面规范餐饮服务单位的经营行为。在检查打分的基础上,公示监督信息,用笑脸、平脸、哭脸直观反映饭店的餐饮安全保障状况,方便消费者选择和监督。在餐饮单位强力推行食品添加剂"五专"管理(专人管理、专店购买、专柜储存、专门登记、专门称量工具),严格监督落实索票索证制度、餐厨废弃物处理登记制度,推动餐饮企业硬件设施、安全管理有了改观。

三是扎实开展示范工程建设。创建了稷山等 5 个省级药品安全示范县和 8 个省级餐饮安全示范县、迎泽宾馆等 50

个省级餐饮安全示范店，政府重视、监管加强、企业主动、公众参与社会监督的氛围逐步形成。

四是加强餐饮安全风险检测。山西省食品药品监督管理局集中3个月时间，组织开展了全省餐饮环节食品重点品种监督抽验，共抽验餐饮单位706家，抽验食醋、鸡肉、牛肉、羊肉、水产加工食品、凉拌菜、熟肉制品、盒饭、餐饮具等共22个品种2870个批次，检验项目175项，超过任务指标46%，增强了监管的针对性和科学性。

二、加强药品、医疗器械监管工作

省食品药品监督管理局认真研究分析药品安全形势，抓住重点环节，加强源头治理，药品专项整治取得阶段性成果。

一是实施全过程监管、全品种抽验，确保基本药物质量安全可靠。对全省96家基本药物生产企业的1171个品种规格进行了质量标准执行情况监督检查，对参与基本药物招标的88家生产企业和40家配送企业全部实施了电子监管，先后开展了4次全覆盖监督检查，对存在问题的8家企业下达了责令整改通知书，对2家违规企业进行了严厉查处。对省内外1333家基本药物投标企业进行严格审核，完成基本药物全品种抽验6095批次，保证了基本药物质量安全可靠。

二是加强源头治理，确保高风险品种不出问题。山西省食品药品监督管理局以血液制品、中药注射剂、疫苗、含麻制剂为重点，集中开展了7个专项检查，跟踪检查高风险药品生产企业20家，检查疫苗批发企业9家，麻醉药品和第一类精神药品批发企业12家，对全省120家医疗器械生产企业、60家高风险医疗器械经营企业进行了专项检查，完成医疗器械质量抽验416批次，进一步提高了安全风险防控水平。

三是对违法违规行为露头就打，苗头性、倾向性问题得到有效整治。先后组织开展了非药品冒充药品、通过寄递等渠道销售假劣药品、利用互联网等媒体发布虚假广告等专项治理，责令整改75家，停业整顿45家，取缔窝点38家，对20个违法广告药品实行了全省禁售下架。全省共查办案件5406起，罚没款1681.5万元，分别比上年增长33.8%和75%。省政协领导视察后高度评价山西省食品药品监督管理系统，人员少，办理案件多，执法力度大。国务院药品安全专项整治行动督查组检查后评价我省，整治工作布置周密、措施有力、整顿扎实、成效显著，许多做法值得推广。

三、创新监管方式

全国第一家制定实施保健食品管理办法。当前，保健食品市场主要存在两个问题，一是违法添加药品和未经国家批准的添加剂；二是违法宣传，夸大功能，虚编疗效，误导消费者。目前，国家法律法规对如何监管没有具体规定，监管缺乏法律依据。在调研论证的基础上，山西省食品药品监管局探索制定了《保健食品违法添加行为处理办法》和《违法宣传处理办法》，并依据两个《办法》，对监督发现非法添加和违法宣传的19个保健食品，采取了曝光和全省封存下架、禁止销售的行政强制措施。《中国医药报》、《山西日报》、山西《经济日报》、新华网、人民网等15家主流媒体报道了该局的做法，并在2012年1月9日召开的全国会议上介绍了经验。

查处药品大要案件。山西省食品药品监管局采取带动加推动的方法，要求省市两级下沉一线，带头查办大要案件。与公安厅联合制定了《打击制售假劣食品药品违法犯罪活动工作制度》，建立了行政执法和刑事司法衔接机制。2011年，仅查办百万元以上案件4起，实施行业驱逐3人，向公安机关移送涉刑案件19起，批捕8人，查办大要案件是建局以来最多的一年。

中博会餐饮安全保障被评为先进单位。山西省食品药品监管局把重大保障工作作为检验能力、检验作风的机遇，在中博会保障中，借鉴世博会保障的经验，探索和创新方法，对179家接待酒店餐饮保障采取全程监督、动态监管、驻店保障，做到每日安全检查要点清、每日住房人数清、每日用餐安全状况清，实现了中博会餐饮安全零投诉、无事故。被省委、省政府授予“中博会保障优秀单位”称号，8名个人立功受奖。

促进医药产业转型发展的做法在全国会议上作了经验介绍。制定出台了促进山西医药产业转型跨越发展的30条意见，在全国率先启动实施新修订《药品生产质量管理规范》，积极鼓励引导医药企业联合、兼并、重组，提高产业集中度。目前，已有国药集团、华润医药集团、九洲通医药集团等国内大集团落户山西，国药山西、亚宝集团、振东制药等一批企业通过兼并重组、资源整合，核心竞争力明显提升，发挥了龙头带动作用。全省医药工业和流通销售收入分别达到150亿，增长幅度超过20%。山西省食品药品监管局推进产业发展的举措得到国家局的充分肯定，在2011年12月21日全国食品药品监管工作会上作了典型发言。

四、加强食品药品监管体制改革

省食品药品监督管理局牢牢把握改革发展大局，积极争取各方面的重视与支持，在推进完成市级机构单独设置、职能转划的基础上，2011年，着力推动县级机构改革和建立全省统一权威的监管机制，取得了重要突破。

一是全省市县监管力量得到新加强。在县级监管机构已经与卫生部门合署办公的情况下，省食品药品监督管理局经过充分调研论证、沟通协调，赢得理解和支持。省编委于2011年2月28日下发了《关于调整设置县级食品药品监督管理机构的通知》，为县级机构增加了一个限额，明确县级食品药品监管机构作为政府工作部门单独设置。该局乘势推动市县在改革中增强力量，全省9个市新增了餐保化监督机构和药品不良反应监测机构，稷山、临县、代县等一批县市成立了食品药品稽查大队。全省市县新增加机构46个，新增加编制576名。10个市局还统一了制式执法服装，执法权威和系统形象得到提升。

二是建立省市县各有侧重优势互补的新机制。山西省食品药品监督管理局把握新体制下食品药品监管内在规律和运行特点，建立省局重点抓风险管理、市局抓重点企业管理、县局重点抓日常监管新机制。省局抓住苗头性、倾向性问题，组织9次综合形势分析和风险研判，及时采取应对措施，有效防范重大事故发生；组织各市局集中开展专项检查11项，有效解决安全突出问题；县局强化日常监管和巡回检查，促进了市场规范。

三是探索层级监督指导的新方法。为保障分级管理后政令畅通和全省监管一盘棋，省食品药品监督管理局实施了《重大事项督查制度》，对国家和省委、省政府安排部署的重要事项，对影响食品药品安全的突出问题，采取抽查和暗访等方式，开展督导检查18次。对发现的问题，以严肃的《督查函件》形式责令相关部门限期查办，限期整改，限时上报，收到了良好效果。

五、加强党风廉政建设和干部队伍建设

省食品药品监督管理局把2011年定为“队伍建设年”，提出把公道正派、风清气正作为全系统政治合格的重要标尺，把争创一流作为全系统的目标追求，把树立良好形象作为全系统的共同责任，把增强班子凝聚力和驾驭全局能力，增强队伍战斗力和执行力，作为推动监管事业改革发展的重要任务。

一是加强学习培训。启动实施领导干部能力提升工程、业务骨干专业提升工程和一线干部执法能力提升工程，对新任68名市县局领导干部和300余名餐保化监管骨干轮训了一遍，分批选派22名业务骨干到先进省市挂职学习，共组织各类培训11期，为监管发展提供了队伍保障。

二是强化环节监督。抓住关键环节，强化“五权监督”，即对监管审批权、检验鉴定权、监督执法权、资金项目管理权和干部人事权，实行严格监督，制定了《行政执法自由裁量权指导意见》，有效规范了行政执法行为；建立了《干部监督管理工作制度》，进一步完善干部行为监督机制；出台《廉洁从检若干规定》，要求认证人员、抽检人员、执法人员作出廉政承诺，对照检查；严格实施《重大行政处罚决定备案办法》，强化集体合议，规范处罚程序。

三是严格干部管理。制定出台了《关于加强机关作风建设严肃工作纪律的规定》，从上下班纪律到行为规范等细节方面，提出了“八不准”禁令，促进干部作风进一步好转，提高了工作效率。 （高 翔）

附：省食品药品监督管理局党组书记、成员名单

书 记：赵光国

成 员：杨恩建(6月离职) 任晋斌
刘广德(3月离职) 贠亚明
徐跃华(7月任职) 刘建国(8月任职)

省监狱管理局党委工作概况

党委书记 句轶旺

2011年，省监狱管理局党委以科学发展观为指导，以确保安全稳定、服务全省转型跨越发展为目标，以落实省第十次党代会精神、抓好“十二五”起步为契机，上下一心，顽强拼搏，圆满完成了省委确定的目标任务，实现了“十二五”规划的良好开局。

一、狠抓安全稳定工作，实现“四无”工作目标

(一)加大安全投入力度，努力解决安全隐患。新一届党委组建后，按照收押服从安全、生产服从安全的思路，开展专题调研，逐个排查安全隐患，明确安全整治责任。对不符合监管安全条件的临汾监狱、永济监狱、忻州监狱，积极协调、督促落实新监狱选址、建设工作。对晋中、汾阳两所重刑犯监狱，列为“四防一体化”试点，完善监管警戒设施。同时，组织开发“监狱目标跟踪地理信息管理系统”，编制“监狱信息化一期工程”初步设计方案，并以太原二监为试点，全力推进电子监控、电子识别、电子跟踪、信息网络系统建设，提高监管工作的科技含量。

(二)严格落实监管制度，确保实现监管安全。制定下发《山西省监狱监管改造工作考核细则》、《山西省监狱管理局监狱调犯工作暂行规定》、《罪犯离监就医工作规定》和《罪犯生活卫生工作规范》等一系列制度规定，严格按照制度规定加强对罪犯的日常监管。先后对不适宜长期在一所监狱服刑改造的涉黑类罪犯、顽危抗改罪犯以及部分在押犯结构不合理监狱的在押犯进行了调监；对各监狱危重病犯进行了集中关押治疗；对全省监狱系统的集训监区进行了资源整合。坚持定期、不定期地对监管工作进行督查、抽查、突查、夜查，集中开展了百日安全竞赛、专项治理罪犯私藏手机、严厉打击抗改反改罪犯等专项活动，促进了监管改造工作的有序开展。

(三)加大安全生产力度，提高安全生产水平。出台了监狱管理局《关于做好2011年全省监狱安全生产工作的通知》，建立完善了局党委安全例会制度，安全生产单列考核制

度、安全生产一票否决制度。组织开展安全生产专项整治、安全生产大检查和监狱煤矿安全质量标准化考核验收三大活动。修改安全生产目标责任考核办法、投资对监狱单位安全生产设施设备进行改造升级,组织开展全员性安全生产教育培训,对煤矿安全生产监管人员进行专门培训,推进了安全生产体制机制建设、保障能力建设和安全监管队伍建设"三大建设"。全省监狱系统连续五年实现了"四无"工作目标。

二、狠抓规范化管理工作,不断提高教育改造质量

(一)大力开展规范化管理工作,推进公正文明执法。出台《收监工作流程图》、《减刑假释工作流程图》、《暂予监外执行工作流程图》、《释放工作流程图》等七项执法工作流程图,严格按照流程图依法开展减刑、假释、保外就医工作。积极落实宽严相济的刑事司法政策,细化罪犯保外就医疾病伤残范围,加大老病残罪犯假释力度。推行狱务公开工作,并邀请部分执法监督员参加了全省服刑人员第七次改造积极分子大会,强化了执法监督。

(二)认真落实《教育改造罪犯纲要》,不断创新教育改造方式方法。按照5+1+1罪犯教育模式,积极开展思想教育、文化教育和技术教育,稳步推进罪犯职业技能培训取证工作。全年罪犯思想政治统考合格率达97.5%,文化教育统考合格率达96.7%,职业技能培训获证率达98%。加强监区文化建设,在全省罪犯中开展"忏悔家书"征文活动,组织举办全省服刑人员第六届"时光杯"篮球赛、器乐文艺活动比赛和首次监内电视节目制作比赛,用特色文化感召罪犯。组织召开全省服刑人员第七次改造积极分子代表大会,表彰奖励了15个安置帮教先进集体和102名服刑人员改造积极分子代表。

(三)创新社区矫正帮教工作,巩固教育改造成果。根据《关于在全国实行社区矫正工作意见》精神,积极协调配合做好社区矫正和刑释安置接茬帮教工作,实现三类人员(刑满释放、保外就医、假释)由监狱到社会的无缝衔接。罪犯守法守规率达到了97.3%,罪犯改好率达到了96.83%,顽危犯转化率达到了66%。

三、狠抓结构调整和体制改革,促进监狱工作健康发展

(一)大力发展狱内加工工业,充分发挥劳动改造罪犯功能。出台了《关于加快加工业发展的指导意见》,成立了山西省监狱加工业发展基金,对符合产业产品结构调整方向的狱内加工项目从资金上予以扶持。实行监狱企业生产项目准入管理,形成了以服装加工为主,电子器件、印刷装订、机加工为辅的狱内加工业产业格局,实现了为罪犯提供劳动改造岗位的目标。

(二)积极推进监狱体制改革,建立科学规范的监狱工作运行机制。围绕监企分开总目标,先后出台了集团公司工作规则等43项规章制度,子公司办理了产权变更手续和注册登记工作,初步建立起了集团公司和子公司的组织架构。深化工人管理体制改革,大力推进"五险一金"全覆盖工作,做好启动养老保险转企的准备工作。制定集团公司岗位绩效工资制度,理顺事业单位津补贴政策。

(三)加快监狱布局调整步伐,提升监狱维护安全稳定的实力。按照新的《监狱建设标准》,统筹规划监狱布局调整和新监狱建设工作,加强监狱建设工程项目管理。全面完成了长治监狱、曲沃监狱和沁水监狱的后勤基地建设工程,稳步推进阳泉一监信息指挥中心、阳泉二监棚户区改造等17个建设项目,组织编制了忻州监狱和永济监狱的规划方案。

四、狠抓班子和队伍建设,为监狱工作提供坚强保障

(一)加强思想政治建设,形成保大局、谋发展的共识。认真落实党委中心组学习报告制度,抓好党的十七届五中、六中全会精神及省第十次党代会精神的学习贯彻,把党委一班人的思想统一到省委转型跨越发展的大局中。明确局党委班子成员分工,严格执行党的民主集中制、民主生活会制度,落实领导干部外出报告制度、个人重大事项报告制度以及谈心谈话制度,加大从严管理干部力度。组织开展领导干部下乡住村活动,局主要领导下扶贫点包村增收,局机关处级以上干部下监狱基层一线开展调研,促进了干部作风的转变,密切了党群干群关系。

(二)加大教育培训力度,提升干警职工队伍素质。组织举办优秀中青年领导干部杭州培训班,开展领导干部在线学习和大规模的自主选学活动,先后派遣1245名干部分赴清华大学、北京大学、浙江大学、山西大学等高等院校学习培训,得到了省委组织部干部教育培训处的肯定。开展了岗位练兵月活动,组织干警进行学习训练和练兵比武。制定专业技术人才培养计划。推行二级管理,压缩管理环节,加强警力调配,确保基层一线警力达到了干警总数的75%。

(三)开展创先争优活动,激发干警队伍活力。以"红色歌曲大家唱、英模故事大家讲、先进典型大家学、经典作品大家看、执法为民大家谈"系列活动为载体,深入开展"发扬传统、坚定信念、执法为民"主题教育实践活动,并组建援疆工作队,开展人才援疆、技术援疆工作。开展创先争优领导点评活动,各级领导干部全部参加了点评,9000余名干警接受了点评。开展干警纪律作风教育整顿和"正风肃纪,创优环境"专项活动,树立良好形象。共有8个集体17名干警荣立二等功,12个集体24名干警荣立三等功,有68个先进集体和322名先进个人受到表彰。其中女子监狱被推荐为全省"执法为民"先进集体,忻州监狱被评为全国司法行政系统先进集体,受到司法部的表彰。全省70%的监狱单位跨入了地市级以上文明单位行列,局机关和阳泉二监被命名为"全国文明单位"。

(四)创新干部选拔任用工作,营造风清气正的用人环境。按照中央和省委干部选拔任用工作方面的制度规定,选拔任用了1名监狱单位政委,17名监狱单位党委副书记,兼任子公司总经理,对试用期满的62名处级领导干部进行了

票决。在选拔任用工作中，认真落实《党政领导干部选拔任用工作条例》、《公开选拔党政领导干部工作暂行规定》、四项监督制度等政策法规，建立起了多渠道考察考核、多层次竞争淘汰的工作机制。组织开展了干部选拔任用工作专项督察、“治理干部选拔任用工作中拉票行为活动”和“严厉整治干部选拔任用工作中行贿受贿行为”专项活动。组织新提拔任用的领导干部进行了集体廉政谈话，并在监狱基层单位领导班子年度考核时，对选拔任用工作和新提拔任用的领导干部进行回访了解。

(五)狠抓党风廉政建设，不断提升监狱工作廉洁指数。制定下发《2011年全省监狱系统党风廉政建设和反腐败工作任务责任分解意见》，把党员领导干部“一岗双责”要求落到了实处。全面开展理想信念教育、法规纪律教育、廉洁从政教育和警示教育活动，共举办各种讲座70余场次，观看警示教育片140余场次。认真组织开展公务用车专项治理、“小金库”专项治理、工程建设领域突出问题专项治理和煤焦领域反腐败专项斗争，在对照检查、重点治理的同时，不断完善制度，推进惩防体系建设。认真落实省纪委关于廉政风险防控管理工作的实施意见，全面推开廉政风险防控工作。共排查出廉政风险点8126个，制定整改措施5986条。深入开展文明执法评议，开展了文明执法问卷调查活动，对调查中发现的问题积极进行整改落实，促进了政风行风建设。

(李青林)

附：省监狱管理局党委书记、副书记、委员名单

书　记：冯　征(5月离职)　向轶旺(6月任职)

副书记：王　伟(6月任职)

委　员：高　奇　高建公(6月任职)　石玉泉　吴峻山

省扶贫开发办公室党组工作概况

党组书记　刘昆明

2011年，省扶贫办在省委、省政府的坚强领导下，认真贯彻党的十七届三中全会、中央扶贫开发工作会议和省第十次党代会、全省领导干部大会精神，紧跟山西转型跨越发展形势，解放思想，锐意进取，创先争优，攻坚克难，下大力落实新十年中国农村扶贫开发纲要，深入推进扶贫开发一系列重大决策部署，“十二五”开局之年取得明显成绩。

一、加强领导班子建设，不断提高驾驭全局推动发展能力

坚持以加强学习型机关建设为抓手，努力加强学习型领导班子建设。

一是坚持用科学理论体系武装头脑。把党组中心组学习作为提高执政能力和领导水平的重要途径，科学计划，严密组织。以中心组学习与专家辅导相结合、交流心得体会与专题研讨相结合、网上学习与调查研究相结合、组织培训与参加会议相结合等形式，认真学习国家重大方针政策、省委省政府促进转型跨越发展和推进扶贫开发一系列重大战略部署，班子成员分析、判断、解决问题的能力和谋划决策、推动贫困地区发展的本领明显提升。全年中心组集体学习7次，班子成员集体学习和参加培训20天以上，参加干部在线自学平均超过70课时，参学率达到98%以上。

二是下功夫改善知识结构。坚持集体学习与个人自学相结合，合理安排时间，不断补充新知识，掌握新信息。全年班子成员参加国家和省组织的各类培训班、研修班、领导干部讲座、干部在线学习，人均学习笔记、撰写报告在2万字以上。

三是深入基层调查研究。班子成员带头大兴调查研究之风，结合工作重点确定联系县，深入基层调研督导工作，发现问题，研究对策，制定措施，抓好落实。全年班子成员深入基层调研督查工作达到3个月以上，为深入推进全省扶贫开发工作提出了许多有价值的决策建议。

二、坚持民主集中制，不断增强班子的凝聚力和向心力

坚持“集体领导、民主集中、个别酝酿、会议决定”原则，自觉贯彻落实民主集中制。

一是坚持集体领导分工负责。把团结共事作为领导班子建设第一生命，严格落实民主生活会制度，班子成员之间开诚布公地开展批评和自我批评，做到思想多交流，工作勤碰头，不足长提醒，班子成员的群众满意度测评达到95%以上。坚持集体领导下分工负责制，班子成员自觉摆正个人与组织、个人与集体关系，坚持发扬民主、维护决议、接受监督，顾大局、识大体，团结合作、和谐共事、风正气顺。

二是建立民主决策制度。制定《重大事项民主决策办法》，对组织开展全省扶贫开发工作和研究处理机关党务政务管理中的重大事项，坚持集体讨论研究决定，做到依法决策、科学决策和民主决策。

三是确立正确选人用人机制。认真贯彻执行《党政领导干部选拔任用工作条例》和省委关于干部选拔任用的《三个规定》，注重确立正确的用人导向，坚持凭德才兼备、凭工作实绩、凭群众认可提拔使用干部；注重建立规范的选用机制，坚持民主、公开、竞争、择优原则，做到民主推荐结果和工作实绩考核相结合，不简单以票取人，做到选人用人的科学化；注重强化后续的跟踪考察，对新提拔的干部严格落实任职试用和跟踪考察程序，帮助他们在新的岗位上发挥才干、锻炼

成长。

三、扎实推进工作落实，不断增强班子的执行力

围绕全省转型跨越发展的战略部署，以帮助贫困群众增收脱贫，促进贫困地区加快发展为主要目标，加大力度、完善政策、创新机制、强化举措，全年共投入财政扶贫资金207049.5万元，其中，中央财政扶贫资金110116.25万元，省级财政扶贫资金43117.2万元，市县财政专项扶贫资金53816.05万元，全面完成年度目标任务，减少农村贫困人口20万人。57个贫困县农民人均纯收入达到3874.5元，比上年增加749.1元，增长24%，其中35个国家扶贫开发工作重点县农民人均纯收入达到3129元，比上年增加599.6元，增长23.7%，两项增幅分别高出全省平均水平5.7个和5.4个百分点。

一是片区开发扶贫。大力实施“一县一业”板块推进战略，按照地理位置相邻、区域基础特征相同、产业发展条件相近的原则，采取以县为单位片区开发和确定重点板块推进相结合的方式，2011年启动实施17个片区开发扶贫项目。截至2011年年底，工程建设总进度达到56.4%。加上已经完成的2010年启动实施15个片区开发扶贫项目和正在实施的9个国家连片开发试点项目，全省片区开发项目达到41个。

二是干部住村包村增收活动。以发展“一村一品”为核心任务，深入推进全省干部下乡住村和领导干部包村增收活动，组织全省6426名领导干部每人包扶一个贫困村，12.1万名干部深入2.05万个村开展下乡住村活动，2011年各级各部门投入帮扶资金26.6亿元，帮助住点村新上项目1.9万个，解决实际问题6.6万个。

三是易地扶贫搬迁。将搬迁范围扩大到户籍人口300人以内、实际居住不达一半的偏远山区贫困村，人均补助标准从4200元提高到5000元。全年共下达专项资金2.62亿元，扶持44个县、590个村、1.5万户、5万人实施易地扶贫搬迁。同时，安排专项资金3000万元，对“十五”期间易地扶贫搬迁遗留的特困群众进行重点帮扶，解决了特困户易地扶贫搬迁259个贫困村、1154户、3583人。

四是整村推进。按照省级财政扶贫资金村均投入两年达到100万元，加上市县配套、部门整合和群众自筹，村均总投入达到300万元的目标，采取“一次规划、集中投入、两年实施”的办法，扶持660个贫困村实施以“一村一品”为核心，培育特色优势产业、改善生产生活条件、增强自我发展能力为主要内容的整村推进规划。全年整村推进项目全部开工建设，其中列入年度目标考核任务并先期下达资金计划的200个村工程建设总进度达到94%。

五是产业扶贫。探索创新产业扶贫机制，多措并举带动和促进贫困农户生产增收。全年评审认定145家省级扶贫龙头企业并给予重点扶持，基本实现了扶贫龙头企业对57个贫困县全覆盖。调整完善贷款贴息政策，为19家国家级扶贫龙头企业的4.07亿元贷款下达贴息资金1196.5万元，为81家省级扶贫龙头企业的10.45亿元贷款下达贴息资金2920万元。建立扶贫龙头企业带动贫困农户倒逼机制，在劳动用工、基地建设和原料采购等方面提出明确要求，形成了企业发展和农户增收的双赢效果。

六是“雨露”计划和科技扶贫。瞄准贫困地区农村贫困家庭初、高中毕业生和有转移需求的劳动力，重点开展能够掌握“一技之长”的中长期职业技能培训，全年完成转移培训5.07万人。以提高农业科技素质和生产经营能力为目标，瞄准各级扶贫系统干部和贫困地区在乡务农劳动力，有针对性地开展扶贫政策理论培训、产业开发实用技术培训和农业科技示范推广等活动，全年完成科技培训7.74万人次。

七是教育扶贫。启动实施“万人助学”教育扶贫工程。全年安排专项资金2000万元，比上年增加1000万元，新资助考入大学贫困生1000名，中专技校贫困生3105名，普通高中贫困生4000名，教育扶贫规模达到12520人。

八是机关定点扶贫。采取包乡包片帮扶的办法，实行目标责任量化管理，着力促进定点扶贫重点向产业开发转变。全年省市县三级共抽调21471名干部，在92个县的10591个行政村开展帮扶活动，其中省直机关单位抽调干部730人，组成170支工作队，对39个贫困县、2983个行政村、177.2万人实施定点帮扶。各级农村工作队共投入帮扶资金18.93亿元，新上帮扶项目5663个，其中省级农村工作队投入帮扶资金11.42亿元，新上帮扶项目378个。

九是社会扶贫。争取中国扶贫开发协会提供创业资金3000万元，组织全省330名贫困地区大学生村官到北京培训，启动实施大学生村官成长工程；与中国扶贫基金会合作开展母婴平安工程和爱心包裹捐赠活动，为壶关县千名妇女、万名学生分别提供价值50万元的分娩补助和价值100万元的爱心包裹。

十是外资扶贫。按照工程进度、实施质量、验收报账、能力建设和项目管理“五个推进”的要求，完成项目建设总投资3.32亿元，开展项目管理和工程实施技术培训8.29万人次，组织省级工程验收2.8亿元，完成项目提款报账1.04亿元。利用新加坡慈援组织资金55万元，在闻喜县桃沟村实施人畜饮水灌溉项目。

四、大力开展党风廉政建设，不断增强班子的免疫力

深入贯彻党的十七届四中全会、中纪委六次全会会议精神，认真落实中央关于实行党风廉政建设责任制的规定；贯彻全省党风廉政建设干部大会暨省纪委六次全会精神，从组织领导、制度建设和廉政教育等方面，推进党风廉政建设落到实处。

一是加强组织领导，落实目标责任制。把反腐倡廉建设作为“一把手工程”，成立了惩治和预防腐败体系领导小组，明确了反腐倡廉任务。制定了《2011年党风廉政建设和反腐败工作任务分解意见》，按照“谁主管、谁负责”的原则，将全年目标任务进行细化分解。召开了党风廉政建设工作会议，

与责任处室领导签定了责任书,建立起一把手负总责,纪检组统揽协调,处站领导各负其责的责任体系,为落实好党风廉政建设责任制奠定组织保障。

二是加强廉政教育,打牢拒腐防变思想基础。组织观看《“小官大腐”警示录》和《“煤都”惩腐》、《没有规划好的人生》、《正风肃纪创优环境警示教育资料片》等警示教育录像。传达学习中纪委六次全会和省纪委六次全会暨全省党风廉政建设干部大会精神。以学习贯彻《廉政准则》为主要内容,组织开展廉政文化“六个一”活动。以警示录像、讲授党课、开展革命传统教育、参观学习等有效的教育形式,进一步增强了干部党员廉洁自律、遵章守纪的法纪观念,夯实了廉洁从政的思想基础。

三是改进工作作风,开展专项治理活动。组织开展“小金库”和公务用车专项治理活动,成立领导机构,制定治理方案,按照有关规定进行认真排查和整改。同时,根据省直机关纪检工作会议精神,对省直机关普遍存在的工作纪律松弛、乱说乱传闲话等问题进行了专项整治。

四是完善规章制度,构建反腐倡廉惩防体系。以建立健全惩治和预防腐败体系各项制度为重点,以制约和监督权力为核心,以提高制度执行力为抓手,努力构建反腐倡廉制度体系。修订完善《党风廉政责任制考核细则》等规定,出台了《扶贫资金管理使用监督检查办法》。省扶贫办经验做法在全省惩防体系建设工作会议上进行了书面交流。

五、加强干部队伍建设,不断提升扶贫系统的战斗力

坚持把加强和改进干部教育、培训、任用、锻炼工作作为扶贫工作重点,采取多种形式搞教育,加强培训强素质,公正任用重实绩,充分调动干部队伍的积极性、创造性。

一是学习教育。把加强思想品德教育列入年度学习教育计划,组织职工开展了观看优秀电视剧、推荐优秀书目等活动。结合纪念建党90周年,组织机关92名干部职工赴延安红色教育基地开展了革命传统教育。组织干部职工唱红歌、谈感受、写体会,进一步增强党员干部担当扶贫开发的责任。

二是能力培训。全年5次对公务员进行分级分类培训;安排36名机关干部参加山西干部在线学院学习;安排了49名干部参加了党校和国务院扶贫办组织的国外、国内各类培训,其中处以上干部25名。

三是选拔任用。按照《山西省推荐领导干部工作规定》要求,修订完善《竞职选任处级干部实施方案》,先后组织2次,共有21位同志报名参加的竞职选任。经过报名审查、竞职演讲、民主推荐、党组讨论决定、任用公示,共提拔任用了8名处级干部。

四是下乡锻炼。以深入开展下乡住村“六个一”活动为平台,省扶贫办领导分批次带领机关干部下乡参加实践活动,严格落实住村制度。全年为所住的6个村争取各类资金290万元,帮助发展养鸡业、设施蔬菜、种植经济林,取得了实实在在的成果。2名科级干部在榆社、阳曲进行为期两年的基层锻炼。工作经验在省干部下乡住村活动联席会议办公室简报上予以刊发。

六、注重文明和谐创建工作,不断增强扶贫系统影响力

始终坚持把创建文明和谐单位标兵摆在突出的位置。

一是抓好机关党建工作。结合实际,制定党建工作计划,落实党建工作责任,把党建工作的目标任务细化分解到党委委员和各支部,形成一级抓一级、层层抓落实的责任体系。8月份,按照组织程序进行换届选举,选出新的机关党委和机关纪委;组织任期已满和班子成员调整的12个党支部完成换届工作。成立了党务公开领导机构,制定了《基层党组织党务公开实施细则》,建立了党务公开档案,制作了党务公开展板和网站。全年有2个党支部分别被省直工委评为先进基层党组织和党风廉政建设先进集体;2名个人获得山西省五一劳动奖章、1名个人获得省直五一劳动奖章、3名个人受到省工会、妇联表彰。

二是创建活动丰富多彩。制定了创建工作计划,扶贫办党组同各处、站、中心签订了《文明和谐单位创建责任书》,明确创建目标,量化创建任务,落实创建责任。支持群团组织开展各种丰富多彩、健康向上的群众性文化活动。开展扶贫济困和社会公益活动,为忻州、吕梁、运城贫困山区捐赠价值5万余元物品;两次组织职工开展“送温暖献爱心”活动,捐款1.39万元;牵头组织4家单位开展联企帮困活动,共同援助太原液压件厂困难职工9.7万元。

三是推进扶贫开发法制化建设。建立完善依法行政学习制度、工作会议制度;制定出台落实依法行政工作机制相关规定、措施。明确了各部门的主要责任,成立了政务信息公开工作领导机构,对扶贫工作各个环节上网公示。

(石哲锋)

附:省扶贫开发办公室党组书记、成员名单

书　记: 刘昆明

成　员: 吕占川(3月离职)　郎作仕　王汉有
张晓红　柴全管(6月任职)

省公安厅交通管理局党委工作概况

党委书记　边智慧

2011年，省公安厅交管局党委团结带领全省公安交警认真落实上级工作部署，以“降事故、保安全、保畅通”为主线，深入推进“三项重点工作”和“三项建设”，有力保障和服务全省转型跨越发展，做出了积极贡献。

一、充分发挥省事故预防工作领导组及办公室的职能作用，切实加强对全省道路交通安全工作的组织协调

一是以省事故预防工作领导组及办公室名义，对全省各地、各有关部门道路交通安全等重点工作作出安排部署，加强宏观指导和组织协调。同时，积极推动各地政府成立交通事故预防综合协调机构，努力构建科学的预防道路交通事故综合体系。对存在重大隐患的市及重点单位，及时发出通报，督促整改。二是认真落实省政府25次专题会议要求，向各市政府分解下达了年度道路交通事故控制指标，并与各市政府签订了责任状，对各市政府工作进行了考核，发挥了积极的作用。

二、采取强有力措施，全力预防道路交通事故

一是大力开展了酒后驾驶集中整治、道路客运隐患排查整治、涉牌涉证专项整治、华北片区道路交通安全区域联动整治、“三超一疲劳”专项整治等一系列专项整治行动。全年共纠正交通违法1270万余人次，消除了大量安全隐患。二是认真贯彻落实省政府部署，扎实开展百日交通安全大检查活动，共排查出道路交通事故隐患3450处，推动整改1789处。三是会同省运管局下发了《关于加强对7座以上公路客运车辆夜间管控工作的通知》，管控措施实施以来，效果明显。四是集中开展中小学、幼儿园接送车交通安全专项整治，查处相关交通违法5287起，在中小学校、幼儿园门前设立护学岗231个，深入开展“护卫天使行动”。五是扎实开展平安畅通县市、“畅通工程”和“文明交通示范公路”创建活动，圆满完成创建任务。六是大力开展太旧高速公路行车秩序整治，通过整治，该路段道路交通事故下降46%。七是大力开展“平安畅通运煤通道”创建活动，建立完善“交警牵头、政府主抓、部门共管”的工作机制，取得显著效果。八是开展交通肇事逃逸案件侦破“清网行动”，共抓获网上在逃交通肇事犯罪嫌疑人员407名，全省交通肇事逃逸案件撤网率达98.3%。通过全省交警的共同努力，2011年，全省因道路交通事故共死亡2308人，与省安委会下达的2011年度控制指标（2438人）相比，减少130人，下降5.33%，保持了全省道路交通安全形势的持续稳定好转。

三、创新勤务模式，圆满完成中央领导来晋视察、“中博会”、省观摩检查团行程5600余公里勤务、纪念建党90周年系列重大活动等重要活动交通安保工作

在“中博会”交通安保工作中，组织有力、保障到位、应对有方，充分展示了山西公安交警的良好形象，受到省委、省政府及服务对象的高度评价。

四、大力推进执法规范化建设，努力提升全省公安交管工作整体执法水平

一是狠抓教育培训，全省各级公安交警机构共组织各类培训216次，培训民警26762余人次，协管员10000余人次。二是及时完善各项法规和规章制度，制定了《办理醉酒驾驶程序规定》、修改了《山西省实施＜道路交通安全法＞办法》等。三是扎实推进执法办案场所建设，全省80%的基层大队完成执法办案场所建设。四是认真开展涉案财物管理问题专项治理工作，制定出台了《全省公安交警系统涉案财务管理规定（试行）》等，初步建立了长效机制。五是充分发挥执法记录仪、录音笔、酒精检测仪等执法装备的作用，与民警、交通协管员逐一签订规范执法责任状和规范执勤承诺书，进一步规范执勤执法。六是大力培树先进典型，全省共有3名同志被评为全国公安交警系统执法标兵，评选出50名规范执法好交警、40个文明和谐好警队、40个真抓实干好干部、30个综合业务好骨干、69个爱岗敬业好协管。

五、深入推进社会管理创新工作，努力满足人民群众的新要求、新期待

一是深入推进交通事故损害赔偿人民调解工作，成功调解4347起案件。二是积极推进车驾管业务下放。全省11个市车管所及12个车管分所、118个县级车管所、33个交通管理服务站点、106个交警中队均可办理车驾管业务。三是实行机动车销售点代办车管业务。全省汽车4S店登记代办点达到38个，摩托车带牌销售点达到169个。四是大力推行“网上车管所”建设。全省11个市已全面实现网上选号、预约考试、补牌补证、信息查询等业务功能。五是创新便民机制，积极开展与医院、检测站的联网工作。全省12个机动车检验监管中心已全部建成。六是进一步完善了交通违法省内异地缴纳罚款、网上银行和手机银行缴款方式。七是建成了全省手机短信宣传平台，基本实现了对全省重点驾驶人的短信宣

传全覆盖。

六、扎实推进科技信息化建设,努力提高交通管理科学化水平

一是大力加强三级公安交通管理指挥体系建设。实现了交管局与各市交警支队和部分大队的可视化指挥调度和跨市警务协作。二是大力推进350兆集群通讯系统建设,购置了"动中通"卫星通信指挥车、建成全省公安交警移动警务平台。三是大力加强省际、市际交通治安卡口建设、环太原高速公路监控系统等重点工程建设,全省152个省、市际卡口基本建设完毕。四是全面完成省级数据集中和全省公安交通管理综合应用平台系统建设工作。五是为全省重点路段配备100套测速设备。六是建成办公自动化系统,并在全省公安交警系统全面推行。

七、深入实施"文明交通行动计划",着力提高全社会文明交通素质

将"文明交通行动计划"领导组升格,由张建欣副省长任组长,成员单位由原来的8个部门增加到18个部门。全省大力开展"文明交通十百千"评选活动,共评选出10个文明交通示范县、区,100个文明交通示范社区、单位、乡镇、学校、公路,充分发挥先进典型的示范引领和推动作用。全省各级公安交警进一步创新宣传方式,充分依托互联网、手机等新媒介开展宣传,组织开展了"文明交通进企业"、"三晋记者平安高速行"、"迎中博、讲文明、树新风"等形式多样的交通安全宣传活动。

八、全面加强公安交警队伍建设,全力保障交通管理工作有效开展

一是大力推行人事制度改革,通过竞争方式选拔27名正处级领导干部和18名正处级非领导干部,对通过竞争选拔的30名副处级领导干部人选完成了组织考察,优化中层干部队伍结构,加强领导干部队伍建设。二是进一步完善机关各项管理制度和工作机制,推行公务用车制度改革,车管业务大厅实行"朝九晚五"工作制度,开展电话预约服务,提高工作效率。三是大力实施"阳光行动",开展"创先争优"活动,全省共有8名公安交警被省公安厅命名为"阳光警察"。四是全省公安交警结合建党90周年,围绕"发扬传统、坚定信念、执法为民"主题广泛开展教育活动。五是深入开展"大走访"开门评警,全省公安交警累计组织警营开放日活动550次,走访各界人士4.2万人次,广泛征求意见,改进工作。六是扎实开展干部下乡住村"六个一活动",筹集资金200余万元帮助帮扶农村修路、安装路灯、打井、发展经济。七是深入开展党风廉政建设,认真开展"小金库"、公务用车专项治理,大力开展主题教育和警示教育。八是大力加强行风建设工作。"11·21"央视曝光我省岚县、盂县"三乱"事件发生后,果断采取措施进行处置,并针对执法突出问题,部署开展了为期7个月的公正廉洁执法、严肃执法纪律教育整顿活动,迅速扭转被动局面,取得明显成效。九是进一步落实从优待警措施,温暖和凝聚警心。年内,全省各级公安交警中共有40个集体、121名个人被省劳动竞赛委员会授予"五一劳动奖",并分别荣记集体和个人一、二、三等功。

(张利荣)

附:省公安厅交通管理局党委书记、副书记、委员名单

书　记: 边智慧

副书记: 马玉川

委　员: 李新生　刘　敏　张顺喜　王丕谟　杨有才

省农村信用社联合社党委工作概况

党委书记　王　亚

2011年,省农村信用社党委始终坚持把推进发展作为第一要务,把防控风险作为第一责任,把队伍建设作为第一核心,紧紧围绕"强服务、促转型、谋跨越"总体思路,引深践行业务经营"三个转变"(即由抓时点向抓经常转变,由单项抓向综合抓转变,由领导抓向全员抓转变),扎实推进全省农村信用社转型跨越发展,开创了山西信合的全新局面。

一、纵深推进体制改革,加快向区域性现代金融企业迈进

在进一步巩固改革成果的基础上,省联社根据全国农村中小金融机构监管工作会议精神,按照王亚理事长提出的"坚持一个方向,三个有利于"的要求,加快向区域性现代金融企业迈进。按照深化农信社经营管理体制改革的规划,全省有29家县级联社提出改制农商行申请,其中获准银监会批复同意的9家,已召开创立大会的9家,挂牌开业8家。同时,不断完善法人治理结构,强化"三会一层"建设,按照"形神兼备"和"机构扁平化、管理垂直化"的目标,积极构建"结构简捷、形式灵活、运行科学、治理有效"的分类法人治理模式和法人治理运作机制,加快向区域性现代金融企业迈进。

截至2011年底,全省农村信用社总资产5530亿元,各项存款余额3702.27亿元,各项贷款余额2219.35亿元,三项指标全部位居我省金融机构第一。资产总额突破5000亿元,

2011年底达到5530亿，2011年底存款余额超过3700亿元，存量、增量份额继续高居山西银行业金融机构之首，全年经营收入跃升至270亿元。农信社交由省政府管理时遗留的54亿元历年亏损挂账，经数年努力，到2011年底全部消化完毕，不良贷款余额、占比持续保持“双降”目标，资本充足率上升到8%以上，“信合通”卡在发行短短一年多时间内，发卡总数达到659万张，卡存款余额超过300亿元。

二、引深支农惠民工程，充分发挥好农村金融主力军作用

全省农村信用社紧紧围绕省委、省政府确定的“工业新型化、农业现代化、市域城镇化、城乡生态化”工作重点，坚持以引深“农信社支农惠民行动计划”为载体，以支持全省“513”工程、“一村一品”、“一县一业”等为重点，不断加大服务“三农”力度。为此，《山西日报》头版头条报道了全省农村信用社在服务“三农”中实现转型跨越的优良业绩，省联社被省政府授予“2011年支持地方经济发展突出贡献奖”。全年累计发放支农贷款超过1200亿元，为全省近70%的农户和几乎全部涉农企业提供了金融服务与信贷支持。全年改制农村商业银行9家，改制后的县级机构以全系统1/5的资产，创造了近七成的利润。

着力支持“一村一品”、“一县一业”。加强与地方政府、发改委、农业、畜牧等相关政府部门的沟通，深入了解当地推进“一村一品”、“一县一业”的发展规划、项目建设情况，并在此基础上密切配合政府规划，创新推出了“信用社+信用农户”、“信用社+农民专业合作社+农户”、“信用社+市场商户”、“信用社+合作社+供销社”、“信用社+龙头企业+农户+基地”等多种合作共赢发展模式，为“一村一品”、“一县一业”工程的开展，提供了强有力的信贷支持。

着力支持设施农业建设。2011年，共支持大同、晋中、运城等市县的370个特色优势种(养)基地(园区)。同时，充分利用财政贴息政策，发挥财政、金融的支农合力，重点扶持了设施蔬菜产业的发展，支持设施蔬菜生产的贷款余额已达到30亿元。同时，针对旱情严重的实际，累计发放春耕备耕及抗旱救灾相关贷款37.4亿元，其中用于支持购买水泵1720台、农机具10282台，购买塑管、化肥、农药、种籽等生产物资共计22.93万吨，打井297口，支持14.78万户农户开展春耕生产和夏收工作，保障了我省农业生产活动的顺利进行。

着力扶持龙头企业发展。累计投放支农贷款1200亿元，重点支持了370个优势农畜产品种养基地（园区）、1100个农业龙头企业、850个农民专业合作社、430个农村供销社(流通企业)。把支持“513”农产品加工龙头企业作为实施“龙头带动工程”的重点，通过制定信贷支持计划、划拨专门信贷资金、与优秀企业签订信贷意向等措施，带动农产品加工企业做大做强。共支持“513”农产品加工企业236个、余额达到19亿元，占到所有“513”企业的一半以上。

着力支持农村青年和大学生村官创业。共投放贷款35亿元，支持5.5万名农村青年创业，为240个大学生村官发放创业贷款1950万元。

着力培育良好农村金融生态环境。全省共创建信用户236.6万户、信用村6389个、信用市场556个。同时，通过设立阳光办贷大厅、小额信贷专柜、开辟农贷绿色通道，有效解决了农民贷款难、办贷慢的问题。此外，从更好地履行社会责任角度出发，延伸金融服务触角，拓宽金融服务范围，设立封闭式、开放式、三社联动模式的信合便利店230个，依托基层村两委设立农金服务站145个，更好地为农户提供金融服务。

着力提升金融服务水平，创新金融合作。为保障大水网建设顺利进行，省联社与山西水务投资集团接洽商谈达成合作意向，与省水利厅签订了《战略合作协议》，与省农机局签订了《农机购置补贴政策合作协议》，成为山西省内唯一一家具有农机购置补贴发放代理资格的金融机构，共涉及代发农机购置补贴资金6亿元。创新金融产品。根据县域经济特点，推出了多种信贷金融产品。如吉县联社立足当地苹果为主导产业、果库较多的实际，为果农创新开办了“利商宝”苹果交易仓单质押贷款；新绛县联社立足设施蔬菜产业为主导产业的实际，专门推出了“绛州绿”蔬菜大棚贷款；太谷县联社推出农业产业设施抵押贷款，将农业产业园区内土地、设施的经营权和使用权列入可抵押范围，在解决农民抵押难问题上进行了有益尝试。创新服务方式。全面启动“农村金融服务网络建设工程”，全年累计发行“信合通”卡659.65万张，建设自助银行服务网点640个，安装取款机587台，存取款一体机122台，多媒体终端40台，安装POS机具7704台，满足了不同层次、不同客户的金融服务需求。

三、夯实内部管理基础，实现全省农村信用社又好又快发展

省联社充分发挥行业管理职能，围绕基础管理工作，进一步完善内控制度建设，夯实内部管理基础，提高内控管理水平，提升全省农村信用社科学管理能力，促进了各项工作又好又快发展。通过进一步健全、完善各项规章制度，强化制度执行力建设，确保了各项工作的规范化、制度化；通过全面搭建省、市、县三级信贷管理体系，积极开展信贷管理工作达标验收活动，不断调整信贷结构，优化贷款服务流程，信贷规范化管理水平进一步提高；通过加强对会计操作流程及相关制度的培训、落实和执行，开展重点业务风险检查工作，严格费用支出管理，财会管理规范化水平进一步提升；通过全面摸清风险资产底数，强化风险信贷资产管理，加大不良贷款清收力度，完善不良贷款考核、问责、核销体系，不良贷款管理水平进一步增强。通过全面完成全省农信社“三定”工作，坚持“业绩推荐、群众推荐、组织推荐”的原则强化领导班子建设，面向社会公开招聘高校毕业生1925名，积极推进养老保险移交工作步伐，目前参加养老保险系统统筹的31056名在职人员养老保险已全部移交，强化全员培训教育，人力资源管理能力进一步提升。

四、加快业务创新步伐,可持续发展能力不断增强

全面代理保险业务,并代理了全省大中型水库移民直补资金、全省“新农保”、代收交警罚没收入、社保“一卡通”、省级财政非税收入收缴等业务,与中金公司达成战略合作意向,与山西省住房和城乡建设厅就全省“安居工程”建设达成合作意向,与中国电信山西分公司签署框架协议,拓展了业务范围,提升了中间业务收入水平。全省11个市均研发了理财产品,累计发行理财产品106期,募集资金总额近42亿元,全省代理保险业务手续费收入、银行卡手续费收入大幅增加。

五、积极防控经营风险,确保全省农村信用社安全稳健发展

坚持以“大案防、大联动”为抓手,充分发挥案治办各成员单位、条线的积极作用,依靠科技手段控制,依靠规章制度规范,依靠人力资源约束,全面加强风险管理,不断提高内控水平,着力防范各类案件。同时,创造性地推出了“五人联保”、“风险保证金”、“违规积分”等管理办法,研发运行了非现场稽核系统,在全省形成了上下联动、齐抓共管、群防群治的案防新格局,全省农村信用社连续三年实现了“零发案”,受到中国银监会的充分肯定和高度评价。2011年2月,新华社《动态清样》以“山西农信社探索案件防控机制取得成效”为题,深入报道了我省农村信用社案防工作经验,新华社《内参选编》随后进行了转发。

(聂宏伟　雷鹏锋)

附:省农村信用社联合社党委书记、副书记、委员名单

书　记: 王　亚

副书记: 王再升

委　员: 邢亮喜　张转芳(女)　蒋桂荣(女)　高之岩　王忠泽　王俊飚

省直属事业单位党组(委)工作概况

山西日报报业集团党委工作概况

党委书记　袁升德

2011年，山西日报报业集团党委认真贯彻落实党的十七届五中全会、六中全会精神和省十次党代会精神，以开展庆祝中国共产党成立90周年系列纪念活动为契机，深入开展创先争优活动，努力推进学习型党组织建设，认真落实党的工作责任制，加大文明和谐单位创建活动的力度，有力推动了集团的各项工作，为全省转型跨越发展，再造一个新山西营造了良好舆论氛围。

一、牢牢把握正确舆论导向，为全省转型跨越发展、再造一个新山西提供良好的舆论氛围

2011年，集团党委要求山西日报及所属媒体紧紧围绕省委、省政府中心工作和重大决策部署，做好宣传报道工作。

一是在开展纪念建党90周年主题报道中，《山西日报》推出了《永远的旗帜》、《光辉的足迹》、《创先争优》、《我身边的共产党员》等专栏；刊出了《党的建设》、《文化建设》、《经济建设》、《民主政治》等四个专版，并陆续推出了《红歌嘹亮》、《党内民主：让党的生命常青》、《穿越时空的红色信念》、《"红色报刊"解密红色太行》、《红歌缘何能永不褪色》等重点稿件。

二是山西省第十次党代表大会在太原召开。《山西日报》会前推出《喜迎省十次党代会》、《五年回首三晋之变》、《党建五年巡礼》三个专栏的特别报道，全景式展示山西近五年来的发展和进步；会议期间，《山西日报》开设了《新闻会客厅》、《记者手记》等重点栏目，及时报道大会的新闻和代表访谈；会后，《山西日报》及时刊发了报告解读和系列评论，为全省广大干部群众深入学习领会省党代会精神、进一步理清工作思路提供了帮助。

三是自2011年初中博会筹备工作启动至大会闭幕，《山西日报》始终坚持大事件、大策划、大版面、大处理的宣传理念，精心组织，认真策划，共刊发中博会稿件、图片400余篇(张)，圆满完成了中博会宣传报道任务，得到中博会组委会以及社会各界的广泛好评。

四是为进一步搞好2011年的全省观摩检查报道，从9月到11月，《山西日报》在一版刊出了12个头条消息，12张观摩检查的现场照片和11篇观摩检查记者手记，以及11块各市转型跨越新闻专题版。观摩结束后，又随之连续刊发了3篇转型跨越大观摩综述。总计86条稿件、82张照片、8万余字，为全省转型跨越，再造一个新山西营造了一个良好的舆论氛围。

二、认真学习贯彻《条例》，深入推进党务公开工作

集团党委认真学习贯彻《中国共产党党和国家机关基层组织工作条例》，专题研究省委《实施意见》。机关党委派出党务干部参加由省直工委举办的两期《条例》培训班，还参加了省直工委召开的学习《条例》研讨会，组织各基层党支部书记学习讨论贯彻落实《条例》及《实施意见》。

集团党委认真贯彻落实省委、省直工委关于基层党组织实行党务公开的通知精神，结合党建工作实际，制定下发基层党组织实行党务公开的实施方案。一是把党务公开与政务公开结合起来。在每年召开的职工代表大会上，对上一年度主要业务工作、文明和谐创建工作、完成经济指标、财务收支状况向全体职工报告，对下一年度的主要工作、财政预算进行讨论，让广大干部职工明确任务目标。二是通过集团内部

刊物及电子大屏幕及时刊载、播出党务信息。集团党务工作中所有重大活动,都通过《新闻生活》予以宣传报道。集团开展的学习型党组织创建活动、创先争优活动、文明和谐单位创建活动都以专版的形式予以介绍。在办公楼大厅安装电子大屏幕,对重大活动、工作安排、党务信息、精神文明等内容进行滚动播出。三是党建工作专栏展示党务工作。机关党委在新闻大楼大厅、部分楼层走廊设置党建工作宣传栏,进行党务工作、精神文明创建活动的宣传、展示。共展出《推动集团文明和谐单位创建活动上新台阶》、《以改革创新精神推动党的建设新的伟大工程》、《热烈庆祝中国共产党成立90周年》、《创先争优活动党员承诺专栏》等4期。

集团党委严格执行《党政领导干部选拔任用工作条例》,先后两次选拔任用处级领导干部15名。在选拔任用干部过程中,始终坚持德才兼备、以德为先,注重实绩、群众公认,客观公正的原则,严格按照组织程序办事。整个干部选拔任用过程中,始终坚持群众不满意的不考察,未经严格考察的不研究,班子成员有争议的不上会,凡是在考察中发现涉及党风廉政问题的"一票否决",选拔任用干部工作做到了风清气正、公道正派。

三、开好民主生活会,抓好中心组理论学习

按照晋直发〔2011〕27号文件的要求,报业集团党委召开了集团党委领导班子民主生活会。民主生活会以"坚持以人为本执政为民理念、发扬密切联系群众优良作风"为主题,在领导班子成员中进行了深入的讨论和谈心交流。集团党委书记、社长袁升德在民主生活会上强调:以人为本、执政为民是我们党的性质和宗旨的集中体现,是我们党一贯的政治主张和执政理念,密切联系群众是我们党的最大政治优势。

2011年集团党委中心组和广大党员干部理论学习的主要内容有:一是坚持用中国特色社会主义理论体系武装头脑,深入学习实践科学发展观;二是学习践行社会主义核心价值体系;三是学习中国共产党历史;四是学习《中国共产党和国家机关基层组织工作条例》,用《条例》规范新形势下基层党组织党的建设工作。五是集团党委中心组及时组织学习胡锦涛总书记在庆祝中国共产党成立90周年大会上的重要讲话。六是集团党委召开全体党员干部大会,传达贯彻省十次党代会精神,掀起学习宣传贯彻省十次党代会精神的热潮。

四、推进学习型党组织建设,开展形式多样的教育培训

集团党委认真组织干部自主选学,派人参加省委党校、省直党校举办的培训班学习;按照省委要求组织开展干部网络在线学习;根据集团实际发展需要和多数干部的专业情况,集团开设各种选学班、讲座,开展系列专题学习活动。

一是深入开展"重温入党誓词"活动,加强对党员干部的理想信念教育。6月10日,集团机关党委组织基层党支部书记赴武乡县八路军太行纪念馆、左权县麻田八路军总部纪念馆和黎城县黄崖洞兵工厂参观学习。在八路军太行纪念馆,39名党支部书记面对鲜红的党旗,重温入党誓词,感怀中国共产党90年的光辉历程,加深对党的性质、宗旨的认识。

二是2011年集团机关党委组织30名入党积极分子参加省直党校的培训,同时指导各党支部进行发展新党员的工作,由支部指定专人进行培养,成熟一个发展一个。新发展的党员全部经过公示,并经过完整的组织程序。

三是集团机关党委通过下发学习资料,安排观看电影、录相片、讲党课等形式,加强广大党员干部理论学习和培训教育。今年为各党支部下发《加强领导干部党性修养学习读本》、《中国共产党历史》、《学习胡锦涛总书记"七一"讲话读本》、《从怎么看到怎么办》、《十七届六中全会学习读本》等学习书目。组织广大党员干部观看《袁隆平》、《第一书记》、《建党伟业》、《杨善洲》等影视片,使广大党员干部受到了党性教育。

四是集团党委把学习贯彻党的十七届六中全会精神,加快文化体制改革做为重要学习内容,采取请进来、走出去的方式,加强对新闻从业人员的教育培训。8月—10月,山西日报先后派出考察组分三路到文化体制改革的试点单位《吉林日报》、《辽宁日报》、《大众日报》、《河北日报》、《浙江日报》、《新华日报》等媒体考察。并于11月召开全体党员干部参加的六报考察报告会。报告会上,考察组分别对六报的改革措施、办报理念、版式风格、业务流程、考核制度等方面的经验和做法作了介绍,并结合山西日报的实际提出加快报纸改版的建议和设想。

五、举办系列活动隆重庆祝中国共产党成立90周年

一是参加省直工委主办的系列纪念活动获得好评。参加省直工委主办、报业集团协办的"晋商银行杯"党的知识竞赛,集团有680名党员参加了答题竞赛。

二是参加省直机关庆祝建党90周年"党在我心中"演讲比赛,参加省直机关庆祝建党90周年"颂歌献给党"群众性歌咏活动专场汇报演出。

三是集团党委召开庆祝中国共产党成立90周年暨表彰先进大会,举办庆祝中国共产党成立90周年职工书画、摄影作品展。

六、深入开展创先争优活动,表彰激励先进基层党组织、优秀党员

在开展创先争优活动中,集团党委要求各基层党组织增强活动的针对性和有效性。山西日报编辑部和子报子刊的基层党组织,开展创先争优活动与努力提高舆论引导能力结合起来,在广大党员中开展争当"党员名编辑"、"党员名记者"的活动;经营单位基层党组织开展创先争优活动同加强经营管理,确保经营收入稳定增长结合起来,在广大党员中开展争创"党员先锋岗"等活动;机关部门基层党组织开展创先争优活动与开展讲党性、重品行、做表率活动结合起来,通过争

创“党员示范服务窗口”等活动发挥党员作用，切实改进机关作风，提高工作效能。

七、加强党风廉政建设，开展纪律作风教育整顿活动

集团党委坚持以党风廉政建设责任制为抓手，不断开创党风廉政建设的新局面，为集团各项工作的开展提供了坚强的政治保证。一是坚持把党风廉政建设纳入重要议事日程，与党的建设和各项工作一起部署。二是加强党性修养，严格遵守廉洁自律各项规定。班子成员严格执行“8个禁止、52个不准”，做到自重、自省、自警、自励。三是严格规范廉洁从政行为，正确行使手中权力，充分发扬民主，推进党务公开，自觉接受职工监督。四是认真落实领导干部重大事项报告制度、谈话提醒制度和班子成员述职述廉制度，通过领导班子自身的表率作用，带动集团广大党员干部职工形成风清气正、干事创业的良好氛围。

12月1日，省纪委、监察厅召开电视电话会议，在全省动员部署纪律作风集中教育整顿月活动，集团党委对此项工作高度重视，立即召开动员大会，传达省纪委、监察厅电视电话会议精神，重申了严肃工作纪律的“五不准”规定。集团机关党委、机关纪委转发省纪委开展《廉政准则》对照检查工作的通知精神，要求处级以上干部深入开展贯彻执行《廉政准则》对照检查工作，作为锤炼党性、提高修养、转变作风、勤政廉政的一次具体实践，认真抓好落实。

八、关心职工生活，热心回馈社会，开展“送温暖献爱心”、“联企帮困”活动

2011年以来，集团领导带队4次来到集团扶贫点静乐县段家寨乡驻村蹲点调研。春节前夕，走访慰问生活困难党员、困难户50户，发放慰问金1.1万元。“六一”前夕，对扶贫点小学校的学生进行慰问，为学校捐赠电脑2台，学习用具23套。“七一”前夕，集团扶贫工作队与乡党委共同召开表彰大会，为优秀共产党员颁发奖状和奖品，12月8日集团与省测绘局联合帮建的“数字山西第一乡”项目在集团扶贫点静乐县小寨乡正式启动，该项目是我省新农村建设的第一个数字试点项目。

积极参加联企帮困送温暖活动，报业集团帮扶对象为省水利机械厂，定点帮扶4名困难职工，每年春节、中秋节，集团党委派人去工厂慰问困难职工，全年帮扶困难职工4400余元。

集团广大职工响应省委办公厅关于开展向我省部分洪涝、冰冻等自然灾害地区“送温暖、献爱心”社会捐助活动的通知精神，广大职工纷纷捐款，集团共收到捐款42190元，分别送往省民政厅和省慈善总会。

山西晚报党总支将每年的社庆日定名为“山西晚报公益日”。在这一天，报社全体党员和员工组成的10支小分队，奔赴社区、校园、车站、影院及其他多个场所，以满腔的热情和真诚的投入，为读者送去温暖。

九、广泛开展文明和谐单位创建活动

山西日报报业集团党委坚持把社会主义核心价值体系建设贯穿文明和谐单位创建活动的全过程，认真规划部署精神文明建设工作，努力完成省直工委安排的各项创建工作任务，以开展庆祝中国共产党成立90周年系列纪念活动为契机，增强文明和谐单位创建活动的吸引力、感染力和号召力，通过开展精神文明建设活动，推动集团各项工作取得新成就、新发展。在集团连续五年获得省直机关文明和谐单位称号的基础上，2011年申报省直机关文明和谐单位标兵。

继年初山西晚报被国家新闻出版总署授予“首届全国新闻出版行业文明单位”称号后，2011年下半年，在集团范围内组织开展全省出版行业文明单位的推荐、申报、创建、验收工作。山西日报社、山西晚报社、闻兴印务公司创建工作通过验收，获得山西省新闻出版行业文明单位称号。

广泛开展职工文化体育活动。组织参加省直机关庆“三八”职工健身展示活动，集团组织代表队参加演出，获得健身秧歌一等奖。9月14日—24日，成功举办集团2011年秋季职工运动会。11月中旬集团组队参加省直机关领导干部羽毛球比赛，取得了男子单打第一名、女子单打第六名、男子双打第八名的好成绩。12月初，参加全省领导干部乒乓球比赛，获得女子团体第三名、个人第五名、男子团体第5名的好成绩

十、各项工作取得成绩，获得上级荣誉表彰

2011年，省总工会对全省职工文体活动进行综合评比，报业集团工会被授予“山西省职工文体活动示范点”称号。在省红十字会“博爱一日捐”表彰大会上，因组织社会捐助工作成绩显著，集团被授予“优秀社会责任感奖”。集团工会被山西省总工会授予五星级基层工会荣誉称号。集团开展职工文化体育活动成绩突出，被省总工会授予“健康山西 职工先行”——山西省第三届职工文化节先进集体荣誉称号。在山西省文化强省建设大会上，表彰了一批全省文化建设先进地区和单位，山西日报报业集团被授予“公共文化服务先进单位”荣誉称号。在全省报刊年度质量评比活动中，集团所属媒体《山西日报》、《山西晚报》、《山西农民报》、《三晋都市报》、《良友周报》、《山西经济日报》被评为一级报纸。

（于彦军）

附：山西日报报业集团党委书记、副书记、委员名单

书　记：袁升德

副书记：王建武（2月离职）　兰炎平（3月任职）

委　员：杜天威　李蜀昌　张　宁　冯爱民

胡　果　杨小宁　李志刚

丁伟跃（3月任职）　李　伟（9月任职）

省政府发展研究中心党组工作概况

党组书记　孟原生

2011年，山西省人民政府发展研究中心（以下简称“中心”）按照省委、省政府的总体部署和省考核办下达的考核目标任务，“中心”党政领导班子在牛仁亮副省长的直接领导和具体指导下，团结带领党员干部，紧密围绕转型跨越发展战略，针对性地组织了多项有声势、有影响的决策咨询论证活动，完成了一批有份量、有价值的决策咨询研究成果，为服务决策科学化、实现“十二五”良好开局做出了积极贡献；同时，始终坚持以人为本执政为民理念，突出加强领导班子和干部队伍建设，巩固创建文明和谐机关，为咨询研究工作提供了坚实基础和源泉动力。

一、根据省委、省政府下达的考核指标，狠抓工作落实，加强督促检查，各项工作都取得了新的成绩，圆满完成了年度目标任务

（一）坚持科学民主决策，完善重大事项公众参与、专家咨询论证和政府集体决策相结合的决策制度。建立健全重大社会决策评估机制。

组织了《政府工作报告》修改意见征询会、资源型地区转型发展专题研讨会、全国政策咨询工作会等重大专题研讨会，省委、省政府主要领导多次做出批示，给予充分肯定，为科学决策发挥了重要的支撑作用。国内主流媒体进行了重点报道，取得了良好的社会反响。组织了现代物流产业发展等专题咨询研讨会7次，上报了具有较高政策咨询价值的会议综述或政策建议，受到领导和有关方面重视。草拟了《省政府关于建立重大社会决策评估机制的暂行办法（代拟稿〈草案〉）》，并报送省政府；以咨询委办公室文件发布《省咨询委关于组织专家参与重大社会决策评估的暂行办法》。进一步完善《山西省经济社会发展基础数据资料库》，为决策咨询研究论证工作奠定了重要的数据资料基础。在“中心”网站开设《重大社会决策征求社会公众意见专栏》，就“新的‘五个全覆盖’工程”的实施情况，征询公众的意见和建议。

（二）突出针对性，紧密联系山西实际，编报《省长专阅》。

围绕我省经济社会发展的重点、难点问题，在及时了解国家政策动向和收集整理兄弟省市区创新做法的基础上，针对性地提出推进我省相关领域工作的政策建议和具体举措。2011年选题大体分为综合类、产业类、改革类、热点类四大类，大致按一月一专题的周期，刊发《省长专阅》16期，其中7期对相关决策产生了重要的支撑作用。与此同时，不断创新《省长专阅》工作机制，对内注重选题论证和节奏时效的把握；对外与有关厅局沟通联系，共建《省长专阅》工作室，合作开展选题研究。

（三）围绕省委省政府决策部署开展专题调研，成果丰硕。

一是组织开展“扩权强县”专题调研，发挥了重大的决策咨询作用。年初，中心组织完成了“孝义百强进位”专题调研，提出了扩权强县的政策建议，省委、省政府领导分别做出大段批示，要求尽快组织开展扩权强县工作。根据省政府领导指示，赴广西、湖南进行实地考察，向河北等五省进行函调，并赴省内三市五县开展了政策需求调研，完成了扩权强县调研报告。在调研报告的基础上，筛选拟定出“扩权强县”试点县初步名单，代省政府起草了《山西省关于实行扩权强县的实施意见》。

二是编撰《科学发展在山西》丛书，将对我省转型跨越发展发挥重要的指导和宣传作用。按照省长的指示，筛选确定了“煤炭资源整合”、“五个全覆盖”、“安全生产”、“重大基础设施建设”。“中心”组织主要业务研究力量，由相关领导和责任处室牵头，分成四个编辑小组，开展了专题调研、资料收集、咨询研讨、综述撰写、书稿整理等工作。根据收集整理的相关资料和专家意见，撰写了4篇、22万字专题综述、50万余字专题报告、6万字访谈纪实，整理6万余字大事记。截至2011年年底，首批4个选题的书稿已经完成，正在做最后的修改润色，计划近期送省长审阅之后，送交出版社正式出版发行。此外，还自主确定了“循环经济”、“煤化工产业发展”两个选题，并已完成详细提纲和资料初步收集工作，争取今年一季度末第二批选题出版发行。

三是组织开展专题调研活动，撰写调研报告。主要有山西现代物流产业发展的现状与对策、山西省全面建设小康社会实现程度的预测分析、关于开展煤粉锅炉替代建设绿色生态矿区的调研报告、贫困山区农民增收难难在哪里、2011年上半年山西省经济运行分析报告、2012年山西省经济运行趋势预判与政策建议、关于我省“十二五”期间实现农民人均纯收入翻番的建议、延伸方略保税功能加快建设三晋保税物流港、全省煤化工督察调研报告、试论创先争优活动在国家转型综改区建设中的新使命等。其中7份得到了省领导批示，为相关领域工作提供了决策参考和支撑。

（四）围绕“资源型经济转型与可持续发展能力建设”主题开展中德项目合作。

举办了“2011年中德项目计划北京会谈”，召开了“中德合作项目执行情况评估会”，合办了“德国矿山治理与转型经验”专题讲座和“山西资源型经济转型与可持续发展能力建设培训班”，赴太原、阳泉两市开展了资源型城市转型中德联

合调研活动。组织了赴德国、芬兰转型考察团和赴欧转型培训团，撰写考察报告；编辑印制了2010、2011年《德援项目在山西》画册。德援项目受到合作方德国国际合作机构(GIZ)的高度评价和相关部门的一致赞许。

(五)组织开展省政府重大决策咨询课题，形成8至10项课题研究成果。

一是完成了2010年课题结题评审工作，形成一批有价值的课题成果。已发布的27项重大决策咨询课题，23项课题已通过成果评审程序，正式结题。课题研究成果已向省长初步汇报，部分成果已对省政府决策产生了重要影响。

二是发布2011年课题，课题研究工作已经有序展开。召开了2011年省政府重大决策咨询课题新闻发布会，分别组织召开了课题初审会和复审会，筛选确定了重点、热点课题及承担单位。课题合同等相关手续已经办结，课题研究工作正在按计划进行。通过两年的实践，初步形成了重大决策咨询课题的管理模式，以及筛选课题、开题咨询、中期论证、结题评审、全程跟踪、建议提交的管理程序，有效地确保了课题成果质量。

(六)积极开展学术研究，承担省政府重要文件和文稿撰写工作。

一是完成了一批有份量的研究课题。承担省政府和职能厅局委托的煤炭可持续发展、创先争优新使命、中小企业融资难、城市创新能力比较、高技术产业发展、经济运行研究、城乡居民收入、节能对策研究、节能与转型跨越发展、区域投资环境、长治市综改试验区方案及谱牒研究等课题，形成一批有价值的研究成果，受到有关部门好评。

二是获得多项科研成果，发表了一些有影响的文章和专著。获得2011年中国发展研究奖二、三等奖各一项，山西省第七届优秀社科成果奖一等奖两项。编辑出版专著3部，在《光明日报》、《山西日报》等主流刊物媒体公开发表理论研究文章6篇，受到了学界好评。

三是完成了领导文稿起草工作。按照上级安排，及时高质量的起草了省委省政府领导的讲话文稿、署名文章和相关材料，主要有在中央经济工作会议上的发言、在综改试验区动员会上的讲话、在全省“十二五”规划暨“转型综改试验区”研讨班上的总结讲话、在全省开发区建设大会上的讲话、在《光明日报》和《人民日报》的署名文章等。

二、以坚持执政为民理念、弘扬优良作风为重点加强领导班子建设，以提高素质、优化结构为重点加强干部队伍建设

(一)坚持以科学发展观为指导，积极发挥职能作用，措施有力，成效明显。

中心党政领导班子坚持以邓小平理论、“三个代表”重要思想和科学发展观为指导，坚持以人为本执政为民理念，发扬密切联系群众优良作风，切实把思想和行动统一到中央要求和省委省政府部署上来，突出研究能力建设，着力提升研究品质，把执政为民思想落实到分析问题、服务决策中去，把改进作风落实到深入一线、了解实践中去。深入研究制定了2011年计划，修订完善了考核实施方案。及时召开党组会、主任会、主任办公会、党政联席会、全体干部大会、考核领导组、丛书编撰、任务协调专题会等，传达贯彻上级精神要求，安排布置工作任务，研究具体工作措施。加强组织协调，强化内部支持，有力地保证了决策咨询任务落到实处。

(二)扎实推进学习型机关建设，进一步提高领导班子和干部队伍的政策理论水平和业务素质。

坚持理论武装工程。详细制定并认真执行了中心组学习制度和党员干部理论学习计划。结合形势任务，在安排预读和自学的基础上，集中组织中心组引深学习。以处级以上党员干部为重点，紧紧围绕中共十七届五中、六中全会精神、胡锦涛总书记“七一”重要讲话、温家宝总理在视察山西时的讲话、袁纯清书记在全省纪念建党90周年暨创先争优表彰大会上的讲话和山西省第十次党代会精神等一系列重大理论、重要讲话和重大战略部署，努力提高思想理论水平，增强了学以致用、指导工作的自觉性。加强素质提升工程。组织“中心”党员干部听取专题讲座，参加自主选学、学习培训、干部在线学习，安排新录用同志进行岗前培训，干部队伍的素质得到进一步提升，自觉学习、深入学习、拓展学习的氛围日益浓厚。

(三)坚持民主集中制原则，严格组织纪律，领导班子团结协调。

党政领导班子坚持民主集中制度，分工负责，团结协调，求真务实，有比较坚强的凝聚力和战斗力。在履职实践中，坚持分管领导积极沟通协调，班子成员识大体顾大局，保证了中心在重大问题上党政领导班子团结统一。中心重大问题都经过党组会议、主任会议、专题会和党政联席会会议研究。能够发扬民主，集体决策，形成决定，贯彻落实。省委选派纪检组长，进一步加强了反腐倡廉工作的领导力量。领导干部高度重视民主生活会，自觉增强党性修养。2011年度民主生活会进行了充分准备，在广泛征求群众意见，总结分析上年度整改情况基础上，认真撰写发言材料，通过谈心谈话和会议剖析评议，进一步看到了成绩，找准了差距，加强了整改举措。

(四)树立正确用人导向，加强干部队伍建设。

中心党组在干部选拔任用工作中，始终坚持党管干部原则和民主集中制度，坚持正确用人导向，坚持德才兼备标准。始终坚持严格操作组织规定程序，扎实做好了沟通酝酿、民主推荐、组织考察、集体讨论、投票表决。严格使用“干部选拔任用记实监督系统”，及时向上级干部监督部门报告。始终注重加强民主参与公开监督，把民主推荐作为选拔任用干部的基本方法和必经程序，把公告公示作为重要环节和必用方式，认真落实群众对干部选拔任用的知情权、参与权、选择权和监督权。

(五)深入推进依法行政，切实增强服务保障能力。

注重建立机关运行管理的长效机制，不断完善工作制

度。先后完善和制定了《干部选拔任用方案》、《改进领导班子作风建设的意见》、《车辆管理规定》、《公务接待管理规定》等多项制度,进一步健全了适合"中心"工作实际、规范有序的制度体系。在严格执行国家和省的各项法规制度的同时,结合中心工作,突出狠抓内部规范管理,积极改善办公环境,组织进行装修、消防工程改造和绿化美化工作;文秘和机要工作能坚持做到按章办事,没有发生失泄密事件;档案管理工作取得明显进步,顺利通过了省档案局的验收,达到了合格标准;加强安全和车辆管理,连续多年安全稳定无事故。服务效率和保障能力不断提高,为更好地开展业务工作提供有力的保障。

(六)宣传社会主义核心价值体系,加强文明和谐机关建设。

积极开展道德提升和形象创优宣传教育活动。根据领导成员分工调整,及时充实文明和谐单位创建领导小组。积极开展了群众性的社会主义核心价值观宣传活动,参观红色遗址、缅怀革命先烈的理想教育活动,帮贫济困献爱心的捐助活动,迎春慰问、拥军座谈的优良传统传承活动,调节干部职工身心健康的文娱体育以及组织离退休同志学习考察活动等等,党员干部思想道德水平不断提升,机关内部精神面貌更加振奋,外部社会声誉进一步扩大,得到了省直文明办验收考核组的充分肯定。

(七)落实党建工作责任制,深入推进创先争优活动。

高度重视党建工作。以深入推进创先争优活动和庆祝建党90周年活动为主要抓手,加强党的建设。积极参加省直工委系列活动,扩大了党的影响力,强化了党员的责任意识。通过表彰身边先进,使中心党建工作和团队建设更加生动鲜活,收到了明显成效。深入开展创先争优活动。重点抓了公开承诺全覆盖等"五个环节",较好地发挥党支部的战斗堡垒作用和党员先锋模范作用,促进了中心内部凝聚力和外部影响力进一步增强。一年来,中心党建及群团工作多项多次集体和个人受省直工委和省里表彰。中心获得全省治超工作"优秀成员单位"、2010年度目标责任考核"优秀单位"荣誉。

(八)强化责任意识,转变工作作风。

加强教育整顿转变工作作风。首先是提高对作风建设与发挥职能重要性的认识,增强执行群众路线,改进工作作风的自觉性,并且积极开展纪律作风集中教育整顿,形成改进作风创优环境的强大声势。通过领导带头深入基层,深入群众,组织党员干部察民情、听民声、问民计、解民忧,促进全体干部不断强化责任意识,积极弘扬优良作风。精心组织安排干部下乡住村。成立了领导小组,制定了"活动"方案,由领导带队,分批到驻村点实地开展活动,适时慰问老党员和特困户,多次与村党支部和党员座谈发展规划及措施,努力帮助枣圪垯村建设坚强的党支部,争取资金30万元加强筑坝造地项目建设,完成了《贫困山区农民增收难,难在哪里?》调研报告,经省委组织部汤涛部长批示,在《山西省干部下乡住村活动简报》进行了全文转载。

三、推进惩防体系建设和落实党风廉政建设责任制

严格执行中央《关于党风廉政建设责任制的规定》和我省《实施办法》,结合省委选派纪检组长,进一步加强组织领导,修订实施方案,明确了领导责任。强化"一把手"负总责,班子其他成员实行"一岗双责",纪检监察组织协调,各部门处室积极参与的组织体系。将党风廉政建设工作与业务工作部署、落实、检查、考核"四同步",形成了党政各方齐抓共管的工作格局。深入贯彻落实《廉政准则》,规范从政行为,对"8个严禁,52个不准"逐一进行对照,针对性地制定防范措施。此外,利用网站、会议及文件等形式及时公开有关情况,自觉接受干部群众监督。

积极开展党风廉政教育,夯实反腐倡廉思想基础。组织党员干部学习中纪委、省纪委会议精神,观看警示教育片,组织参观反腐倡廉成果展,做到了警钟长鸣。开展了弘扬右玉精神、学习杨善洲事迹活动,加强作风建设。通过严格执行和落实"公务卡"改革制度,认真进行"小金库"和公务用车专项治理,积极对各种庆典、论坛、研讨会等进行了清理等,深入推行党风廉政建设责任制,党员干部职工廉政意识得到增强,自律意识得到增强。领导干部严格执行《廉政准则》和报告制度,进行述职述廉情况良好,未发现违规违纪问题。

(王展波)

附:省政府发展研究中心党组书记、成员名单

书　记:孟原生

成　员:董宇明　李劲民　王亦兵　王岳红

省地方志办公室党组工作概况

党组书记　李茂盛

2011年,省地方志办公室在中国地方志指导小组的指导下,在省委、省政府的领导下,坚持以邓小平理论和"三个代表"重要思想为指导,全面贯彻落实科学发展观,围绕中心,服务大局,全省地方志工作取得了可喜的成绩。

一、周密部署,精心组织,2011年目标任务顺利完成

(一)着力抓省志的组织发动、编审和出版工作。省志编纂是我们工作的重中之重,我们采取"及早介入,全程指导"

的办法,连续召开了7次不同类别的厅局级推进会,21次一对一篇目讨论会和22次撰稿人培训会，着力推动省志编纂工作。我们先后编纂出版了《山西省志·人事志》《山西省志·社会科学志》2部省志;完成了《山西省志·科学技术志》《山西省志·供销合作社志》《山西省志·农业机械化志》《山西省志·民主党派和工商联志》《山西省志·医药志》5部省志的编审工作，组织启动了《山西省志·中共山西省委志》《山西省志·检察志》《山西省志·民用航空志》《山西省志·物价志》《山西省志·发展改革志》《山西省志·煤炭志》等15部省志分志。

(二)全面加强了对市县修志工作的组织指导。为了保证2015年全省顺利完成二轮三级修志任务，我们全面加强了对市县修志工作的发动、组织、指导和检查。具体组织启动了太原市、忻州市、运城市3个市和25个县的二轮修志工作。6月13日，又在离石召开全省市级地方志办公室主任会议暨吕梁方志工作观摩会，传达全国地方志机构主任会议精神，部署我省“十二五”地方志工作,动员学习贯彻《山西省地方志工作条例》。一年内,我们指导出版了《晋城市志》《平陆县志》《襄汾县志》《广灵县志》;组织审核了《乡宁县志》《稷山县志》《闻喜县志》《盂县志》;组织评审了《盂县志》《交城县志》《泽州县志》《阳城县志》《河曲县志》等。

(三)主动服务政府中心工作,重点抓了四部专志的组织、发动和编审工作。根据王君省长的批示,我们迅速启动了《山西省煤炭资源整合志》《山西省重点工程大事志》《山西省“五个全覆盖”工程志》《山西省安全生产大事志》。开发利用处在《2009山西重点工程大事志》的基础上,又顺利编纂出版了《2010山西重点工程大事志》。省志二处组织完成了《山西省煤炭资源整合志》送审稿。专志处组织完成了《山西省“五个全覆盖”工程志》初稿;组织省直五个厅局启动了《山西省安全生产大事志》的编纂工作。

(四)积极保护文化遗产,有力地推进了旧志整理工作。山西是方志大省,历代编修的旧志有700多种,这是我省宝贵的文化资源。其中民国前的省志有7种,已整理出版4种。2011年明万历版《山西通志》点校、编辑基本完成,已送出版社审稿;清康熙版《山西通志》完成初校。

(五)一年完成了两部综合年鉴和《沧桑》杂志的编辑出版工作。综合年鉴是时效性强、覆盖面广的年度刊物,2011年我们编辑出版了《山西年鉴》2010年版、2011年版两部,首次实现了当年年鉴当年出版的目标。《山西年鉴(2010)》在由中国版协年鉴工作委员会主办的第五届全国年鉴编校质量检查评比活动中荣获特等奖。《沧桑》杂志在如期出版的基础上,学术水平和编辑质量不断提升。

二、从方志事业的长远目标出发,推动了我省方志的立法工作、方志馆建设工作,开辟了一系列新的工作

(一)以国务院《地方志工作条例》为依据,竭力推动完成了《山西省地方志工作条例》的立法工作。国务院2006年颁布了《地方志工作条例》，但执行还必须和我省的实际相结合,制定出符合我省实际的具体法规。为推动我省的地方志立法工作,我们先后组织省政府法制办、省人大教科文委、省人大法工委、省人大法制委,分别到西南、中南诸省进行立法前调研,到全省各地进行立法前调研。《山西省地方志工作条例》初稿拟出后,又组织上述立法部门到全国部分省区及我省的大同、忻州、长治、晋城广泛征求意见,用数月时间密集召开会议、组织论证、反复修改、履行程序,直到3月28日由省政府常务会议原则通过。5月23日,省十一届人大常委会第二十三次会议正式审议通过,7月1日正式执行，结束了我省历史上修志无法可依的局面,为新一轮修志提供了法制保障。

(二)立足跨越发展,推动省情(方志)馆建设取得实质性进展。省情方志馆是收集、整理、保存地方志和地情文献的功能性场馆,是全面展示全省自然、社会、人文情状的大型陈展中心,是集中汇萃地域文化的主体平台,更是爱家、爱省、爱国教育的重要基地。目前,全国已建有省、市、县方志馆140多个，而我省还没有一座方志馆。2011年我们经过多方努力,终于将之列入了《山西国民经济和社会发展第十二个五年规划纲要》。之后,我们又组织专家撰写了30多万字的资料备览,供设计、建筑、陈展参考,并积极推动了选址、立项等方面的工作。

(三)精心设计,科学谋划,研究制订了《山西省地方志“十二五”工作规划》。为给“十二五”期间全省方志发展提供清晰蓝图,推动全省方志工作又好又快发展,我们数易其稿,研究制订了《山西省地方志“十二五”工作规划》,4月7日,省政府办公厅以晋政办发[2011]24号文件下发全省各市、县和各委办厅局。这是“十二五”期间全省方志工作宏伟蓝图,明确规定了省市县二轮修志的各项目标和任务，要求各地、各部门要进一步加强对地方志工作的领导，采取有力措施,确保规划的顺利完成。

(四)发挥地方志的资源优势,努力为文化强省服务。为服务文化强省战略,努力把方志资源变为经济资源、社会资源,充分发挥方志在经济社会中的作用,我们连续组织编纂了多卷本的山西省旅游景区志丛书,2011年送印的有《朔州风景名胜志》,完成初稿的有《云冈石窟志》《酒都杏花村志》和《上党炎帝文化旅游志》。

(五)为保存文化遗存,广泛开展了家谱的征集活动。家谱是一种以表谱形式记载以血缘为纽带的家族世系繁衍和重要人物事迹的特殊史体,是我国珍贵文化遗产之一,也是具有民族特色的历史文献。我办专门下发了《关于征集家谱的通知》,在全省范围内广泛征集家谱,并在《山西日报》及网络发布信息,推动此项工作。目前社会反响不错,已征集到旧式家谱83种、100余册。

(六)为了给力城镇化建设,启动了《山西省乡镇简志》的编纂工作。乡镇是基层政权机构,组织编纂《山西省乡镇简志》,全面、真实地记载当代山西基层政权的历史和现状,无论对资政辅治还是对促进经济和社会发展，都具有重要意

义。为此,我们决定启动编纂《山西省乡镇简志》。6月7日我们下发了《关于做好编纂出版〈山西省乡镇简志〉工作的通知》,对编纂宗旨、收录要求、记载内容、组织领导等都作了明确的规定,并附有标准范本,供各地参考。经过吕梁会议的组织发动,目前已有9个市启动了乡镇简志的编纂工作。

(七)为了规范引导村志的编修,出台了《村志编纂方案》。村志是展示乡村历史概貌和现代发展的重要载体。为了组织、指导和规范村志的编纂,提高村志编修质量,根据《山西省地方志工作条例》,我办研究制定了《村志编纂方案》。目前,这项工作正在全省范围展开,改变了过去村志编纂无人管、无人审、质量不保、出版零乱的局面。

(八)采用激励机制,组织开展了全省地方志系统先进集体和先进个人表彰活动。为树立典型、推动全省地方志工作,我办组织开展了2011年度全省地方志系统先进集体和先进个人表彰活动,营造了创先争优的浓厚氛围。

三、坚持以人为本执政为民理念,不断加强领导班子建设,努力提高干部队伍素质

(一)在思想建设上,以科学发展观为统领,认真学习党的路线、方针、政策,努力建设学习型、研究型、创新型、服务型机关。一年来,我们采取了多种方式组织大家学习,有分散学习,有集中学习,有室内学习,有考察学习。2月18日,召开处级干部会议,传达中纪委、中组部、中宣部《关于加强领导干部反腐倡廉教育的意见》。3月25日,传达学习了全国地方志机构主任会议精神。5月份,《山西省地方志工作条例》省人大通过后,及时组织全体人员进行了学习讨论。6月21日,党组书记李茂盛给全体党员作了《从革命·建设·改革看中共之伟大》的党课讲座,用建党90年的光辉历史,说明中国共产党是伟大、光荣、正确的马克思主义政党。7月1日,组织广大干部收看庆祝中国共产党成立90周年大会实况。7月4日,召开全体干部大会,传达学习胡锦涛总书记七一重要讲话精神,并要求处长以上领导干部撰写了学习心得体会,张贴在学习专栏上。7月29日,我们召开干部大会,传达袁纯清书记"7·28"讲话精神,明确要求广大党员特别是领导干部把思想和行动统一到讲话精神和省委的决策部署上来。9月9日,组织学习习近平同志在中央党校秋季开学典礼上作的《领导干部要学点历史》讲话。10月21日,组织中心组(扩大)学习十七届六中全会通过的《关于深化文化体制改革、推进社会主义文化大发展大繁荣若干重大问题的决定》,并要求组织处级以上干部撰写了学习心得体会。11月2日,召开全体干部大会,传达省第十次党代会和省委十届一中全会精神,学习袁纯清书记所作的报告。12月29日组织召开全体干部职工大会,传达学习了省委十届二次全会暨全省经济工作会议精神,学习了袁书记的讲话和王省长的报告。在每次学习中,我们非常重视对班子进行理想信念教育、为人民服务的宗旨教育、依法治国的法制教育和勤政廉明的廉政教育。

在学习的同时,我们还组织班子成员和全体干部外出考察。春季考察了经济发展最快的吕梁市,夏季考察了红色教育基地河北省西柏坡、白洋淀,秋季考察了晋城市阳城县蟒河景区。每走一地,无不感受到祖国大地多姿多彩,感受到经济发展的千帆竞发,感受到改革开放给中国带来的巨大活力。

在学习研究的基础上,我们上半年为王君省长撰写了十多万字的《省长备览》。下半年,我们响应习近平同志提出的"领导干部要读一点历史"的号召,组织编著了《山西通史》简明读本。

(二)在政治建设上,紧紧围绕省委省政府的中心工作,围绕资政育人的根本任务,以建党90周年为契机,增加部署了直接资政的重大选题,深入开展了文明创建和读志用志活动。

一是围绕纪念建党90周年活动和山西省第十次党代会,我们制定了关于《开展纪念建党90周年活动的实施方案》,具体启动了《欢庆中博会,喜迎党代会图志》的编写工作,举办了"党的恩情似海深"大型画展,举办了全体职工参加的歌咏比赛。同时我们还组织党员到党在农村的最后一个指挥所——西柏坡,重温入党誓词,激励广大党员始终保持对党的无限忠诚,始终保持共产党员的先进性。

二是为纪念辛亥革命100周年,我们先后组织编纂出版了《山西辛亥革命》《民国山西史》,两书热情讴歌了山西辛亥革命的先驱,客观评述了民国28年的曲折历史。《民国山西史》被山西省新闻出版局评为山西十大好书。

三是持续开展创先争优活动。年初我们就组织"回头看"、民主评议等,在全室形成了学先进赶先进的浓厚氛围,并根据省委深入开展创先争优活动领导小组《全省深入开展创先争优活动下一步工作指导意见》,深入推进创先争优活动。围绕纪念建党90周年,组织广大党员学党史、颂党恩、讲传统、争先进,先后组织开展了向"全国优秀共产党员"杨善洲同志和"全国优秀组织工作干部"李林森同志学习活动,将创先争优活动推向了新的高潮。

四是加强精神文明建设。进一步推进和谐文明创建工作,主要做了如下工作:(1)严格执行《山西省直文明和谐单位创建管理规定》和《山西省直文明和谐单位考评指标体系》,并结合实际,逐步完善了相关制度,使机关管理逐步走上制度化、规范化、科学化的道路。(2)通过建立地方志网站,为文明和谐创建工作搭建了现代化的基础平台。(3)开展了"迎中博、创环境、争一流"活动。(4)对和谐文明创建工作的先进集体和个人给予表彰,民主评选出和谐文明单位6个,和谐文明创建工作先进个人6名、道德模范2名。有两名同志受到省直工委的表彰。

(三)在组织建设和干部队伍建设上,坚持德才兼备,以德为先的用人标准,坚持德能勤绩,以绩为主的考核原则,进一步加强了组织建设和干部队伍建设。

把提高领导水平和执政能力建设作为领导班子建设的核心内容,以科学发展观为统领,紧紧围绕全省转型跨越发展这个中心,通过学习、考察、专题研究、民主生活会等方法,

不断增强班子的决策力、执行力、创新力、凝聚力、战斗力，为方志事业的科学发展提供坚强的组织保证。

一是深化干部人事改革，对干部实施动态管理和重点培养。2011年3月和8月，在民主推荐的基础上，严格按照组织程序，提拔了3位长期从事方志编研的中层领导干部。7月，经我办民主推荐，省委提拔一名从事方志工作二十多年的处长为副巡视员。干部的动态管理和使用，为各项工作的开展提供了组织保障。

二是贯彻《基层组织工作条例》，加强基层组织建设。《中国共产党党和国家机关基层组织工作条例》和省委《关于贯彻〈中国共产党党和国家机关基层组织工作条例〉的实施意见》下发后，我们多次召开会议，学习中央和省里文件，提振党员精神，检查工作不足，加强基层党支部建设，目的是充分发挥党支部的战斗堡垒作用和党员的先锋模范作用。

三是为转变工作作风，把学习弘扬右玉精神不断引向深入。4月21日党组研究制定了《开展干部下乡住村活动方案》，组织机关干部开展下基层、住农村“六个一”活动。党组成员和处级干部分3批先后深入到和顺县青城村和大窑底村，与村民同吃同住同劳动，了解村民的实际生活情况，进一步转变工作作风。与此同时，发挥方志文化人的优势，广泛开展智力扶贫。在和顺县青城镇下乡扶贫期间，经过广泛深入的调研，结合所在村的实际，为村里研究制定了发展思路，帮助改善群众生产生活条件，努力提高村民的生活水平，并发挥地方志工作部门的优势，帮助该镇策划编纂《青城镇志》。

四是组织党员干部学习省委办公厅《关于全省党的基层组织实行党务公开的实施意见》和省直工委《关于省直机关基层党组织实行党务公开的意见》，建立了公开栏，按照有关政策，及时公开干部任用、先进评选、财务支出等，不断推进党务公开、政务公开，自觉接受群众监督。

四、认真落实党风廉政建设责任制，正风肃纪，不断加强反腐倡廉建设

（一）加强组织领导，认真落实党风廉政建设责任制。室党组将党风廉政建设纳入领导班子和领导干部目标管理，多次召开专门会议学习和研究党风廉政建设责任制的落实问题，认真履行“第一责任人”制度。6月7日，党组会议传达学习了中央下发的《关于实行党风廉政建设责任制的规定》和省委、省政府《贯彻落实〈关于实行党风廉政建设责任制的规定〉的实施办法》，并研究成立了以党组书记李茂盛为组长、纪检组长郑小豹为副组长的党风廉政建设责任制领导小组及办公室。6月9日，又召开干部大会，学习中央的规定和我省的实施办法。通过学习教育与加强领导，认真落实“一岗双责”，进一步提高领导班子和领导干部的责任意识。

（二）结合本部门实际，广泛进行反腐倡廉教育。反腐倡廉工作是一项长期性的工作，必须多管齐下，整体推进。其中，教育是关键。2月18日，召开干部大会，传达学习《中纪委、中组部、中宣部关于加强领导干部反腐倡廉教育的意见》和省纪委六次全会工作报告。在日常工作中，经常教育党员干部自觉遵守《党章》《党内政治生活若干准则》和《廉政准则》，要求领导干部自觉讲党性、重品行、作表率，勤政为民，公道为政，廉洁为官，决不放任和纵容任何消极腐败现象。

（三）创优环境，开展专项治理工作。

一是严格执行《工作人员考核实施办法》《考勤及休假、请假（暂行）管理办法》，并从年初开始实行电子考勤，加强工作纪律和机关日常管理。

二是根据省公务用车问题专项治理工作领导小组办公室要求，成立了以党组书记为组长的公车治理领导小组，及时上报相关信息，主动配合清理工作，自觉上交了一辆过期的汽车。

三是按照省政府办公厅文件要求，对机关所属房产物业进行了清理、登记，在省直机关房地产检查中被评为“2011年度省直机关房地产管理工作优秀单位”。

（四）正风肃纪，开展集中教育整顿活动。12月1日，以党组名义下发了《关于以“正风肃纪、创优环境”为主题开展纪律作风集中教育整顿月活动的通知》，成立了以纪检组长郑小豹为主任的纪律作风集中教育整顿月活动办公室，负责协调全室的集中教育整顿活动。12月5日，召开全体干部大会，党组书记李茂盛亲自部署集中教育整顿月活动，要求全室干部要以“四个明显”为目标，正风肃纪，为方志工作的科学发展创造良好环境。12月9日，组织全体党员观看了《没有规划好的人生》《“正风肃纪、创优环境”警示教育资料片》，并以支部为单位组织党员召开专题民主生活会，开展广泛深入的学习讨论，并开展了建言献策活动。同时，室教育整顿办还组织不定期内部督促检查，取得了阶段性的成果。

（杨建中）

附：省地方志办公室党组书记、成员名单

书　记：李茂盛

成　员：赵群虎　刘益龄　郑小豹　张晓光

省农科院党委工作概况

党委副书记　刘惠民

2011年，省农科院党委坚持以邓小平理论和“三个代表”重要思想为指导，认真贯彻党的十七届四中、五中、六中全会及省第十次党代会、省委十届二次全会精神，进一步深化创先争优和学习型党组织建设，大力加强党的建设、科研文化建设和精神文明建设工作，全面提升党建工作水平，为谋求新发展，实现新跨越提供了坚强的保障。

一、坚持党要管党、从严治党的方针，认真落实党的工作责任制

一年来，院党委坚持党要管党、从严治党的方针，全面落实《省直工委党的工作责任制暂行规定》，建立和完善加强党的工作的长效机制，着力加强落实党的工作责任制，根据党委成员分工，对党的工作责任进行了任务分解，切实做到任务到人，职责明确，全院形成了院党委统一领导，党委书记负全责，分管领导具体抓，各单位党委(总支、支部)书记对本单位负责，一级抓一级、层层抓落实的工作格局。制定了《2011年党委工作要点》，在年初的院工作会议上，对党的工作、党风廉政建设和科研工作一起部署，做到了年初有计划，年终有总结。院党委将党建工作经费纳入预算，重大活动拨给专项经费。切实加强院属各单位党的工作责任制考核，与各单位领导班子和领导干部年度考核同时部署，做到了有安排、有落实、有检查。

二、坚持中心组学习制度，加强思想政治建设

(一)扎实推进学习型党组织建设。根据中央和省委的安排，院党委召开了建设学习型党组织动员大会，制定了《关于推进学习型党组织建设的实施意见》，明确了建设学习型党组织的重要意义、总体要求和基本原则，成立了活动领导组和办公室。通过建设学习型党组织，推动了全院重视学习、崇尚学习的良好风气。

(二)坚持党委中心组学习制度。我院紧密结合本院改革发展的实际，坚持党委中心组学习制度，下发了《2011年党委(总支、支部)中心组理论学习安排意见》，通过理论学习，全院各级领导班子和党员领导干部进一步加深了对落实科学发展观、实现转型跨越发展重要性的认识，提高了全院基层党组织的创造力、凝聚力、战斗力和执行力。

(三)大力加强干部职工的学习教育。制定了《2011年干部职工理论学习安排意见》。一年来，组织职工深入学习党的十七届四中、五中、六中全会、胡锦涛总书记在建党90周年大会上的重要讲话和省第十次党代会精神，组织党员领导干部学习了《党和国家机关基层组织工作条例》和省委《实施意见》，发放了《六个为什么》、《七个怎么看》等书籍。学习了回良玉副总理在全国种业工作会议上的讲话等。根据农业科研单位的特点，采取集中学习与个人自学相结合，通过报告会、专题辅导、网络信息交流、知识竞赛、学习专栏等多种形式，保证了学习效果。

三、加强党的基层组织建设，发挥党员先锋模范作用

党的基层组织是党执政的组织基础。院党委积极开展纪念建党90周年系列活动，扎实推进创先争优活动，充分发挥基层党组织在推动发展、服务群众、凝聚人心、促进和谐中的作用，保证全院各项事业健康快速发展。

(一)精心组织纪念建党90周年系列活动。根据省直工委关于纪念建党90周年系列活动的安排意见，在全院开展了演讲比赛、党的知识竞赛、重温誓词、红色教育等一系列活动，召开了全院2011年“七一”表彰大会，参加了庆祝建党90周年理论有奖征文、党的知识答题竞赛、“党在我心中”演讲比赛、“颂歌献给党”群众性歌咏汇演等活动。

(二)扎实推进创先争优活动。根据中央和省委的安排，院党委召开了创先争优活动动员大会，制定了全院开展创先争优活动的实施意见，成立了领导机构和办事机构，确立了以“科研创新争一流，服务三农做贡献”为主要内容的争创主题。全院各级党组织和广大党员公开承诺要把党员的模范带头作用落实到行动中。

(三)加强领导班子建设，提高干部队伍素质。一是进一步加强干部培训工作。全院42名处级干部参加了党校学习培训，11名处级干部参加了省直机关党校组织的处级干部培训班。二是调整充实所处级领导班子。严格执行《党政领导干部选拔任用工作条例》，通过公开选拔方式，为10个研究所配备12名年轻的副所级领导干部，对升格为副处级三个试验站的站长进行了任期考核与考察、任命，同时组建了试验研究中心的领导班子，选拔了正副主任各1名。三是加强民主集中制建设。深入贯彻《研究所工作条例》，建立和完善议事决策制度，推进各级领导班子的民主决策、科学决策。各单位的领导班子和领导干部紧扣“坚持以人为本、执政为民理念，发扬密切联系群众优良作风”的主题召开了民主生活会。四是加强干部年度考核。对院属25个研究所和机关职能处室进行了年度考核，全院所有的所处级干部参加了述职述廉。五是全面加强对领导干部的管理监督。认真贯彻落实党员领导干部报告个人有关事项的规定，所有的副处级以上党员干部都认真填写了有关事项报告表。

（四）加强党员队伍建设。重点在科研、生产、管理一线的年轻同志中发展党员。全年组织培训入党积极分子12名，有6名同志光荣地加入中国共产党，17名同志转为中共正式党员。建立党员帮扶机制，做好服务党员工作。对我院生活困难的党员进行了摸底、上报，我院有21名生活困难的党员受到省直工委的慰问，除省直工委下发的慰问金外，我院还从党费留存中每人慰问300元，春节前分别送到生活困难的党员手中。

四、加强党风廉政建设，为全院跨越发展创造良好环境

一是全面贯彻党风廉政建设责任制。把反腐倡廉工作任务分解到每一位党委成员和院级领导，并按牵头与配合单位分解落实到各职能部门，界定责任主体，明晰责任内容，努力形成党政齐抓共管、部门各负其责的反腐倡廉的工作格局。

二是加强党员干部廉洁从政教育。组织广大党员干部学习党的十七届六中全会精神、胡锦涛总书记在中纪委六次全会上的讲话和温家宝总理在国务院第四次廉政工作会议上的讲话，发放了《党风廉政建设责任制学习读本》、《四个重大界限》等学习书籍，组织党员干部观看了《没有规划好的人生》等5部警示教育片。通过多种方式，广泛开展廉政教育，不断深化党员干部廉洁从政意识。

三是党务公开工作实现了全覆盖。按照省直工委《关于省直机关基层党组织实行党务公开的意见》精神，我院各级党组织结合实际，围绕大局，突出重点，积极推进党务公开。院里成立了党务公开工作领导小组，制定了《关于在全院党的基层组织实行党务公开的实施方案》，明确了各级党委、总支、支部是党组织实行党务公开的责任主体，主要负责人是实行党务公开的第一负责人，形成了院所一级抓一级的领导体制，保证了全院党务公开工作有序推进。

四是加强监督检查。加强反腐倡廉制度建设，进一步修订和完善了《山西省农业科学院科研管理办法》，大力加强对重大工程建设项目实施情况和重大科研项目资金使用情况的监管力度，确保专款专用，提高了从源头上预防腐败的能力和水平。

五是开展专项治理工作。按照省委的部署，扎实开展国有及国有控股企业"小金库"专项治理工作，在各单位自查自纠的基础上，组织检查小组进行了重点检查。扎实开展公务用车专项治理，认真开展了登记自查、督导抽查，严格按规定要求进行了登记和公示上报。

六是深入开展"正风肃纪"集中教育整顿活动。院属各单位成立了领导组和工作机构，制定了切合单位实际的活动实施方案，集中解决党员干部作风不实、纪律不严、工作漂浮、效率不高、艰苦奋斗精神不足等突出问题。通过集中教育整顿，采取明查暗访措施，纠正突出问题，达到了思想作风明显改进、服务水平明显提升、工作效能明显提高、发展环境明显优化的工作效果。

七是大力加强信访接待工作。对群众来信来访及时进行调查核实，予以澄清，视不同情况进行了纠正和处理。同时，对一些苗头性、倾向性问题，及时打招呼、敲警钟，做到早发现、早提醒、早预防。

五、大力加强精神文明建设和统战群团工作，充分调动各方面的积极性

一是加强思想政治工作。组织开展了职工群众喜闻乐见、丰富多彩的群众性文化体育活动，举办了元宵节文艺演出，开展了趣味活动比赛、棋牌比赛和焰火晚会等，举办了院第五届"大丰杯"乒乓球比赛，组队代表省农林水工会参加"健康山西，职工先行"中国移动杯山西省第三届职工文化节乒乓球比赛。通过组织形式多样、丰富多彩的群众性文化活动，丰富了职工的文化生活，增强了全院职工的凝聚力。

二是认真做好统战工作。下发了《关于学习贯彻省直机关统一战线实施同心品牌工程座谈会的精神的意见》，并结合我院统战工作实际，在民主党派基层组织和统战成员中重点开展了五项主题教育活动。协助民盟农科院总支圆满完成换届工作，顺利进行了政治交接，加强对党外代表人士的教育，选调党外干部、民主党派成员、党外知识分子参加省委统战部和省直工委统战部的培训，为我省现代农业发展和我院科技创新能力的提高贡献力量。

三是加强对群团工作的领导，支持他们独立自主开展工作。在全院开展劳动竞赛活动，院工会获山西省总工会"山西省五星级工会"荣誉称号，有1个单位获省总工会"模范职工之家"称号，1个单位被省总工会授予山西省"四星级职代会"，2位同志获"山西省五一劳动奖章"，1位同志被授予"山西省十佳科技创新标兵"称号。有1个基层团组织荣获了省直机关"五四红旗团组织"荣誉称号。两个课题组分别荣获"山西省三八红旗集体"和"山西省巾帼文明岗"荣誉称号。加强老干部工作，组织开展了老年书画展、老同志党史知识竞赛、老同志健步走等丰富多彩的文化娱乐活动，老干部总支荣获了省直机关"先进基层党组织"荣誉称号。

四是加强科研创新文化建设，大力倡导实事求是、淡泊名利的科学精神，宽容大度、合作攻关的团队精神，勇于探索、敢为人先的创新精神，百家争鸣、相互尊重的民主精神，努力为科技创新提供良好的社会环境和文化氛围。

五是加强综合治理工作。积极响应"迎中博、创环境、争一流"活动，全面落实治安综合治理责任制，继续开展创建平安小区活动。坚持机关24小时值班和住宅小区夜间巡逻制度。认真做好各类矛盾的疏导、化解工作，积极帮助职工解决实际困难和问题，全年无重大治安消防事故发生。

六、坚持党管人才的原则

院党委坚持党管人才原则，认真贯彻尊重劳动、尊重知识、尊重人才、尊重创造的方针，着力抓好以高层次人才为重点的各类人才队伍建设。2011年通过公开招聘，新进博士生5人、硕士生49人。继续实施"133人才素质工程"，全院在职职工中有6人取得博士学位，23人取得硕士学位。

七、坚持党的工作和科研工作两手抓，两手都要硬

2011年，我院坚持“自主创新，重点跨越，支撑发展，引领未来”的科技工作方针，继续把自主创新摆在更加突出的基础和战略地位，全力推进科研创新工作。

（一）自主创新能力不断提升。全院新开各级各类课题448个，科研总经费达到2亿元，在省级以上刊物发表论文550篇(其中国家级期刊126篇)，出版科技著作23部。全院共鉴定和验收科研新成果20项，其中2项达到国际领先水平，14项达到国际先进水平。49个农作物新品种通过省级审(认)定，9个新品种通过国家审(鉴)定，2个新品种获国家植物新品种授权。22件专利(其中发明12项、实用新型10项)获国家授权，成果的数量和质量较往年有新的增长。

（二）农业技术推广示范行动成绩显著。50个示范项目累计推广新品种230个，组装集成配套高产高效技术模式30项，示范8.8万亩，得到了政府的认可和农民群众的欢迎。科技示范行动列入省政府重点工作目标责任，同时列入省政府强农惠农十大政策，重点支持经费2000万元，为加快我院科技成果转化提供了强有力的保障。

（三）科研基础设施条件建设取得阶段成效。大吴科研创新基地建设工程全面开工，总建筑面积14万平方米，主体工程完成近80%。东阳试验示范基地征地2500亩获得国土资源部批准，前期工作基本结束，土建、水利、道路规划设计初步完成。海南繁育种基地的试验地建设及主体工程全部竣工，建设高标准育种试验用地204.3亩，办公生活楼2530平方米，全部交付使用。

（赵玉莲）

附：省农科院党委书记、副书记、委员名单

书　记：（空缺）

副书记：刘惠民　戴文斌　邢亚静（女）

委　员：陈明昌　张敬平（女，3月任职）

省社会科学院党组工作概况

党组书记　李中元

2011年是省社科院改革强院、奋勇争先的重要一年。在省委、省政府的正确领导下，院党组认真贯彻落实党的十七届四中、五中、六中全会和省第十次党代会精神，团结带领全院科研人员和干部职工，高举旗帜，围绕中心，服务大局，改革创新，抢抓机遇，围绕建设省级一流、国内知名的社会主义新智库的目标，遵循为省委、省政府决策服务，为推动经济发展和社会全面进步服务，为人民群众生产生活服务的宗旨，贯彻和谐建院、民主治院、开门办院、改革强院、科研兴院的方针，大力推进以学科建设、人才培育、精品打造为主体的“十大工程”，各项工作取得显著进步。

一、持续完善决策咨询能力，进一步提高智库水平，增强智力支持能力

省社科院不断在追赶中心工作上提速，在决策服务方式上拓展，在决策咨询效果上有实质性的突破。第一，积极为地方经济社会转型跨越发展出谋划策，全年共编发《咨政览要》11期。第二，根据我省获批资源型经济转型综合配套改革实验区的形势和任务，及时成立了服务“综改区”建设的“综改研究中心”，创刊并编发了13期《综改参考》，创办并报送了12期《决策专报》，对资源型经济转型跨越发展提出了积极意见，产生了极好的咨政效果。第三，面向全国以招标形式组织开展“山西经济社会发展重大课题研究”，在研究成果方面实现重大突破。袁纯清书记对上报的科研成果批示3次，王君省长批示4次，对全院研究工作给予充分肯定，表明省社科院在围绕大局、服务中心的能力和水平上有了长足进步。第四，积极选派院领导和科研人员参加省第十次党代会报告、综改区规划、文化产业发展等文件的起草和讨论，多次参加省委、省政府领导带队赴地市、县(市)的调研活动，多层次、多渠道为地方党委和政府决策提供智力服务。

二、全面推进学科建设创新工程，进一步提高科研水平，增强学科引领能力

2011年，省社科院将推进学科体系创新作为“改革强院”的重要举措，以学科建设为主干，以学科带头人为抓手，

以科研量化考核为保障，着力在学科建设、学科带头人选拔与管理、科研量化考核三个方面抓好创新管理工作。为此，院党组多次召开专题会议进行讨论，召开所、中心负责人会议和科研人员座谈会广泛征求意见，并由有关领导带队前往兄弟省、市社科院调研考察。在此基础上，起草和出台了《重点学科建设管理办法》、《学科带头人管理办法》和《科研量化考核办法》，就重点学科的确定、建设与管理，学科带头人的选拔、考核与管理，科研工作的考核内容、标准、奖惩等提出了科学、合理、可行的意见和办法，为学科建设创新工程奠定了扎实基础。同时，为了与上述办法衔接配套，经过深入调研、认真安排，制定和出台了管理、工勤人员和期刊采编人员绩效量化考核办法，初步形成了院学科创新发展的基础性制度框架。

三、创新开展招才引智育人工作，进一步培养高端人才，创造人才脱颖涌流的优良环境

第一，为了从根本上解决人事制度僵化，队伍缺乏活力、动力问题，按照中央、省关于事业单位改革的要求和任务，2011 年省社科院全面启动了岗位聘用工作，制订了岗位设置实施方案，引入竞争机制，以激励和竞争的方式创新人才环境，为全面推进事业单位改革打下扎实有效基础。第二，在省委领导及省委组织部、省委宣传部的大力支持下，院严格遵循组织程序，在民主推荐和组织考察基础上推荐提拔了 4 名副厅级干部，充实了领导力量，加强了院传承人文、服务决策的能力。第三，通过公开招聘，录用了 3 名博士和 4 名硕士到院工作，并组织实施了全省社科系列高中级技术职务评审工作，增添了新的研究力量，壮大了人才队伍，拓宽了人才选用渠道。第四，大力支持在职科研人员以多种形式参加培训教育，鼓励在职深造，提高学历、学术水平。截至目前，全院有 10 名科研骨干在重点大学进行研究生学习，其中 8 名攻读博士学位，另有 3 人通过省留学办选派到加拿大、德国、法国等国进修。第五，在加强各种选人、育人工作的同时，积极推荐院内优秀同志到中央及其他省直部门工作，多层次输送优秀人才，在人才选用上形成良性发展局面。

四、努力推进科研精品打造工程，进一步提高科研质量，增强社会影响力

全院努力推进“十大工程”建设，打造科研精品成为创新重点。第一，为切实提高科研水平，多角度、多方位开展深入细致的调查研究工作，按照“走基层、转作风、改文风”要求，多次组织科研人员深入基层进行调研。第二，努力提高研究实力，积极鼓励科研人员申报高层次、高水平研究项目，全年共获批国家社科基金一般项目 1 项、省社会科学规划课题 6 项、省科技厅软科学项目 7 项。第三，为重点支持优秀成果，院采取多层次、多渠道重奖科研精品，对 2010 年 33 项优秀科研成果给予表彰、奖励。第四，院主编的“蓝皮书”改名、改版、提质，面貌、风格出现新变化。

五、全面推进分院基地建设工作，进一步实行开门办院，拓展对外合作能力

第一，加强与国家顶级智库联系，争取中国社科院在省社科院建立“中国社会科学院廉政研究中心山西调研基地”，实现了与省部级层面的战略性合作；加强了与北京大学、中央党史研究室、国家安监总局、中宣部舆情局的联系，逐步建立起良好的合作机制和互通管道。第二，加大市建分院、县建基地工作力度，继在运城市成立山西省社会科学院运城分院后，忻州分院、吕梁分院正式挂牌成立，朔州、阳泉分院筹备工作顺利推进。第三，各研究所、中心结合学科优势和研究方向，在县、乡和企业建立了一批各具特色的调研基地，拓宽了服务全省经济社会发展的空间，使科研活动更加贴近基层，贴近现实。第四，主动搭建横向合作平台，以课题、项目为纽带，加强与决策咨询部门和高校、科研单位的联系与合作，共同建立了一批研究中心和研究基地，如“山西反腐倡廉研究中心”、“山西物流发展研究中心”、“山西财税金融研究中心”等。

六、抢抓机遇拓展学术活动路径，进一步提高综合能力，发挥学术影响力

2011 年是院开展重大学术活动较为频繁的年份。第一，与北京大学国际关系学院联合举办“山西转型跨越发展暨世界新能源战略高峰论坛”，以全球化进程中的山西能源经济转型升级、综改框架下的山西新能源与新兴产业培育、山西新能源产业招商引资和项目对接为主题，充分利用产学研的合作优势，为转型跨越发展引才、引智、引资方面做出新的努力。第二，配合第六届中博会，联合中部其他 5 省和北京、山东、广西、吉林社科院举办首届“中部社科院长论坛”，为第六届中博会在我省成功举办做出贡献。第三，召开《2012 年中部发展报告(蓝皮书)》新闻发布会、山西经济社会发展重大研究课题发布会与成果发布会、山西 2012 年蓝皮书发布会等，极大提升了山西社科院在全国学术界的影响力。第四，重视主管、主办报刊的督导和整顿工作，刊报质量有新提高，《晋阳学刊》、《经济问题》的影响力持续上升，《语文研究》迈上新台阶，《现代消费导报》全面改版，为院学术发展提供了更加有力的支持。第五，认真组织全体人员学习十七届六中全会决定，用全会精神统一思想，同时组织撰写理论文章，深入基层进行宣讲，取得了积极的社会反响。

七、全面推进党的组织建设，进一步加强班子团结和实现全院稳定和谐发展局面

2011 年，院党组继续重视加强班子建设。第一，始终坚持党组中心组学习制度，保持积极向上、不断进取的工作热情。第二，认真贯彻民主集中制原则，保证班子成员相互尊重、相互信任、相互配合、沟通合作，坚持重大问题事前协商、日常工作及时交流，努力营造团结协作的工作环境。第三，加强党风廉政建设，认真落实党风廉政建设责任制，进一步完善党内监督机制，以高度的政治觉悟严明工作纪律，维护领

导班子整体形象。第四,更加重视党建工作,把党建工作列入重要议事日程,学习型党组织建设取得明显成效。第五,重视发挥工会、妇委会、青工委的作用,重视关心和改善离退休干部职工的生活、就医条件,保持了全院的和谐稳定。

(杨亚琳)

附:省社会科学院党组书记、成员名单

书　记:李中元

成　员:贾桂梓(女)　潘　云　孙丽萍(女)　孟艾芳　杨茂林　景世民　宋建平(11月任职)

山西社会主义学院党委工作概况

党委副书记　王宝生

2011年,山西社会主义学院党委以邓小平理论和"三个代表"重要思想为指导,深入贯彻落实科学发展观,认真贯彻落实十七届四中、五中、六中全会精神,认真贯彻落实省第十次党代会精神,按照学院多年坚持的稳中求进、逐年变化的思路,围绕中心、服务大局,以加强党的执政能力建设和先进性建设为主线,以纪念建党90周年为契机,以建设学习型党组织、开展创先争优活动、学习贯彻《2010—2020年党外代表人士教育培训改革和发展纲要》为重要抓手,以发挥社会主义学院在党外人士教育培训主阵地作用和推进正规化建设为基本目标,牢牢把握统一战线教育培训工作的主题和重点,圆满完成了各项工作任务,为学院整体工作的提升提供了坚强的政治和组织保证。

一、以强化科学理论武装工作为根本,积极推进学习型党组织建设,为学院教育培训工作提供动力和保证

2011年,山西社会主义学院党委紧紧围绕我省转型跨越发展、再造一个新山西的大局和统一战线中心工作,牢牢把握服务中心、建设队伍两大任务,继续深入地抓好学习型党组织建设。

一是认真学习贯彻党的十七届六中全会精神。党委中心组和各党支部党员干部充分认识党的十七届六中全会的重大意义,深刻把握《中共中央关于深化文化体制改革、推动社会主义文化大发展大繁荣若干重大问题的决定》的主要内容、深刻内涵和精神,准确把握社会主义学院在社会主义文化大发展大繁荣工作中的位置。

二是认真学习贯彻胡锦涛总书记"七一"重要讲话精神,深刻领会讲话的精神实质,切实增强贯彻落实科学发展观的自觉性和坚定性。党委中心组连续三次召开中心组扩大学习会,对在教育培训工作中如何贯彻胡锦涛同志"七一"重要讲话精神进行了深入研讨和积极实践,教学科研部门在讲话精神进课堂、进教材、进学员头脑方面进行了卓有成效的工作。

三是进一步认真学习贯彻中央办公厅印发的《2010—2020年党外代表人士教育培训改革和发展纲要》。党委中心组充分认识《纲要》在党外代表人士队伍建设中的里程碑意义,深刻领会把握《纲要》的主要内容和精神实质,进一步明确社会主义学院的地位、作用和突出问题,清晰把握社会主义学院正规化建设亟待加强的基本要求,坚持特色立院、质量强院、创新兴院,统一思想,坚定信心,扎实工作,更加富有成效地推进社会主义学院的各项工作。

四是集中学习《中国共产党历史》第二卷。在学习过程中,同学习党的建国前的历史和党的十一届三中全会以来30多年的历史相衔接,与纪念中国共产党成立90周年的有关活动相结合,准确把握党的历史发展的主题和主线、本质和主流,深刻理解中国共产党在中国的领导地位和核心作用形成的历史必然性,深刻理解中国人民走上社会主义道路的历史必然性,深刻理解通过改革开放和社会主义现代化建设实现中华民族伟大复兴的历史必然性,进一步加深对党的认识,坚定走中国特色社会主义道路的信心和决心。

五是以党务干部、党支部委员为重点,认真学习、大力宣传、坚决贯彻新修订的《中国共产党党和国家机关基层组织工作条例》,充分认识加强和改进机关党的工作的重要意义,深刻理解、准确把握机关党建工作的原则要求,不断增强学院党建工作的针对性和实效性,确保学院党建工作找准位置、体现价值、产生影响、取得成效。

六是认真学习贯彻省第十次党代会精神和省委书记袁纯清同志的重要讲话精神,进一步明确我省转型跨越发展、再造一个新山西的主攻方向,明确社会主义学院在转型跨越发展、再造一个新山西宏伟事业中的作用。紧密结合学院工作的实际,把学习贯彻省第十次党代会精神和加强学院纪律作风建设结合起来,与创建学习型院校、学习型处室结合起来,推动我院正规化建设迈上新台阶。特别是今年理论学习中对胡锦涛总书记"七一"重要讲话、对中办关于党外代表人士教育培训下发的《纲要》、对省第十次党代会精神和袁纯清同志重要讲话的深入学习研讨,都从加强社会主义学院建设发展,发挥我省统一战线教育培训主阵地作用、推进社会主义学院正规化建设的战略发展高度出发,作出了深度的研讨和多方面的有效实践,取得了预期的效果。我院汇编出版了学习胡锦涛总书记"七一"重要讲话体会专辑、统战教学科研资讯辅导读本,全面地反映了我院在理论学习方面的突出成效。理论学习为学院党员干部提高素质、改进工作、创新思路、破解难题、谋划发展提供了强大思想武器,党员干部特别是处以上干部的政治意识、大局意识、忧患意识、责任意识进一步增强,运用科学理论分析和解决统一战线教育培训工作

中的问题的能力进一步提高。

二、以庆祝建党90周年为契机，大力加强党员干部的思想作风建设，努力开创工作新局面

隆重庆祝建党90周年是2011年党和国家政治生活中的一件大事。根据中央、省委及省直工委的安排部署精神，我院以庆祝建党90周年为契机，大力加强党员干部的思想作风建设。

(一)深入推进创先争优活动。按照中央、省委安排，我院结合统一战线教育培训院校的职能特点，把创先争优活动作为推动学院党建整体工作的重要抓手，利用我院承担的统一战线教育培训任务作为平台，在各党支部突出抓好培训办班期间的创先争优。紧紧围绕提高党外代表人士培训质量，全力推进承诺全覆盖，抓好承诺兑现，让群众切实感受到创先争优带来的新变化。

(二)组织党员干部积极参加"晋商银行杯"省直机关庆祝建党90周年党的知识竞赛活动，全院共有20多位党员干部参加竞赛。大家通过查阅大量资料，学习掌握党的知识、党的理论、党的建设、党的优良传统等方面的知识，进一步增强党的意识和党员意识，更加努力做好本职工作。

(三)组织全院干部职工赴井冈山、韶山进行革命传统教育。通过在革命圣地实地学习参观，踏寻伟人足迹，学习伟人风范，重温革命历史，铸造灵魂，锤炼信念，对照革命传统寻差距、明方向，全院党员干部的思想得到升华，心智得到启迪，灵魂得到净化，为全年的工作奠定了一个坚实的思想基础。

(四)以"坚持以人为本执政为民理念，发扬密切联系群众优良作风"为主题开好2011年度学院党员领导干部民主生活会。在民主生活会上，院党委成员紧扣主题、实事求是、推心置腹、共话发展、增进团结，结合一年来学院党风廉政建设责任制的落实情况，对照《廉政准则》的落实情况，认真检查班子和个人作风建设方面存在的问题，有针对性地提出整改措施，明确整改重点，落实整改责任，切实进行整改。

(五)根据省委办公厅、省直工委关于实行党务公开的意见精神，院党委制定了党务公开的实施细则。以落实党员的知情权、参与权、选举权、表达权、监督权为重点，从规定上进一步提高学院党员对党内事务的参与度，充分发挥学院党员在党内生活中的主体作用。据统计，2011年院党委按照规定的党务公开目录实行学院党务公开事项共20个。

(六)根据新修订的《中国共产党党和国家机关基层组织工作条例》，院党委针对各党支部党员分布变化的情况，对我院党支部进行了适当合并，并按照基层党组织选举有关规定进行了各党支部改选工作，一些年富力强的党员干部担任了党支部书记。党支部的战斗堡垒作用更加明显，党员的先锋模范作用更加突出。

(七)按照学院党风廉政建设工作责任制的要求，学院党委认真组织党员干部学习贯彻中纪委六次全会精神和胡锦涛总书记的重要讲话，学习贯彻袁纯清书记在全省党风廉政建设干部大会上的讲话，深入开展党风廉政教育，教育党员干部站稳人民立场，牢记群众观点，践行为民理念，强化公仆意识，树立百姓胸怀，组织观看山西省反腐倡廉成果展，认真执行国家有关政策，积极完成上级有关部门布置的小金库、公务用车等专项治理活动。

(八)积极参与省直机关党建工作巡礼活动。认真收集反映社会主义学院围绕转型跨越发展、加强党的建设及在思想建设、组织建设、制度建设、反腐倡廉建设、作风建设、文明和谐建设创建的图片，及时报送省直工委。并组织党员干部观看省直机关党建工作巡礼展。

(九)从学院职能特点出发，紧紧围绕社会主义核心价值体系建设，继续深入开展创建文明和谐单位活动。我院结合向党的90华诞献礼活动、结合创先争优活动，把搞好党外代表人士教育培训工作作为出发点和落脚点，不断提升水平，跃升层次，创新工作思路，创新活动载体，拓展活动内容，2011年创建文明和谐单位工作又取得了很大成绩。

(十)积极开展"迎中博、创环境、争一流"活动。院党委按照省市的有关要求，在我省举行中部博览会前，组织全院有关处室对我院办公区、宿舍区外部及楼道墙面进行了粉刷净化，对环境卫生进行了彻底清扫，以社会主义学院的崭新形象迎接中博会胜利召开。

(十一)认真开展纪律作风集中教育整顿月活动。认真贯彻落实省委书记袁纯清的重要批示精神和省纪委的统一部署，把纪律作风集中教育整顿月活动摆上重要日程，加强教育，突出主题，与贯彻落实《纲要》精神相结合，与推进学院正规化建设、发挥社会主义学院主阵地作用相结合，深入开展"正风肃纪、从我做起"主题活动，进一步重申工作纪律"五个不准"，使全院干部队伍纪律作风有了较大的改变。

(十二)积极响应省委、省政府号召，从构建社会主义和谐社会出发，组织教职工积极参加"送温暖、献爱心"社会捐助活动和红十字会"博爱一日捐"募捐活动，为我省受灾地区和红十字会捐款共计6000余元，以关注灾情、牵挂灾民、踊跃捐款的绵薄之心表达对灾区人民和困难群众的深情厚谊。

(十三)认真开展走访慰问活动和扶贫济困、联企帮困活动。"七一"前，根据中央、省委有关走访慰问老党员、老干部的精神，把走访慰问活动作为纪念中国共产党成立90周年一项重要工作，对我院的离休干部进行了走访慰问；在元旦春节、中秋国庆期间，派员赴山西永明无线电厂慰问贫困职工；我院连续两年在省民政厅社会捐助中心争取资金，对神池县龙泉镇扶贫点和贫困村民进行慰问救助，把党的关怀和温暖送到他们家中。

三、以搞好教育培训、加强队伍建设为重点，认真贯彻落实《纲要》精神，积极推动学院的正规化建设

2011年，院党委按照省委和省委统战部关于全省统一战线教育培训工作的具体要求，以坚定走中国特色社会主义

道路为主题,以不断增强政治共识教育为核心,以全面提高培训质量为重点,坚持“社院姓社”,不断强化政治共识教育,突出统一战线特色,把需求调研作为教学方式选用的依据,把开放教学作为重要的教学方式,把延伸培训作为教学计划的重要部分,不断丰富教学内容,完善教学布局,注重社会实践。紧紧围绕中央、省委的重大党内活动、纪念辛亥革命100周年、市县换届等重点内容,努力贴近转型跨越发展、再造一个新山西的实际,贴近党外代表人士的思想实际和工作实际,突出了党外干部加强思想建设、树立和践行社会主义核心价值体系的内容,针对性和实效性日益增强,统一战线人才培训工作取得了新成绩。先后举办培训班11期,培训学员近1000人次。

科研工作继续稳步发展,保持了良好的发展势头。2011年承担了中央社院《党外代表人士培养选拔工作现状、问题及完善路径》的科研课题,目前正在进行深入研究。中华文化学院工作进一步拓展,在省内参与开展了文化交流、传统文化普及等一些有影响的工作,知名度进一步扩大,正在步入正规化的工作渠道。学报立足山西统一战线工作实际,质量又有新的提高,继续跻身山西省一级期刊行列。省委常委、组织部长汤涛8月下旬来院调研,省委常委、统战部长聂春玉2月上旬、11月上旬来院视察、调研,在听取我院的阶段工作汇报后,对我院2011年度的教学科研工作都给予了充分肯定,并就我院的相关工作给予了重要指示。

在搞好教育培训工作的同时,院党委把加强学院干部队伍建设作为重点工作,作为推进学院正规化建设的基础性工程,提上了全年的工作日程。经过大量的调查研究,从学院干部队伍的现状出发,先后对20名干部的工作岗位进行了调整和归位,为推进社院正规化建设和服务于我党新时期新阶段爱国统一战线和多党合作事业,提供了坚实的组织保障。

2011年上半年,我院网站正式开通,作为反映工作动态、展示学院形象和对外宣传报道的窗口,运行以来受到山西党外干部、社院往届学员和关心社会主义学院建设发展的社会各界人士的关注,影响逐渐扩大。针对我院目前院址及其内部功能与中央《纲要》不相适应的现状,我院继续加大异地重建的工作力度,在省委、省政府领导和省委统战部领导的关心支持下,2011年我院异地重建工作又有重要进展。同时,我院现址东楼及校门的一些陈旧设施得到了修缮和新建,学院硬件建设进一步改善。 (冯进军)

附:山西社会主义学院党委书记、副书记、委员名单

书　记:(空缺)

副书记:王宝生

委　员:李祥熙　王解峰　王绍青

省档案局(馆)党组工作概况

党组书记　阎默彧

2011年,省档案局党组认真落实科学发展观,深入贯彻落实党的十七届六中全会、省第十次党代会精神,加强社会主义核心价值体系建设,坚持“两手抓,两手都要硬”的方针,坚持以人为本、执政为民的理念,高标准严要求,进一步改进工作作风,强化内部管理,全面推进机关党的思想、组织、作风和制度建设,在提高党员素质、加强基层组织建设、服务人民群众、促进各项工作等方面取得了明显成效。

一、加强执政能力建设

(一)强化工作制度建设。为切实把我局机关各项工作再巩固、再完善、再提高,一年来,我局建立健全了党建制度、廉政制度、组织生活制度、议事工作制度,同时,完善了学习、考勤、财务、档案、汽车管理等20多项机关管理制度,调整了考核办、效能办的领导机构,制定了详细的工作方案并认真实施。对全局职工的考勤和履职情况进行了定期与不定期的抽查,严肃了工作纪律,提升了工作效率,优化了工作环境,使档案工作有计划、有目标、有方向、有步骤地向前推进。

(二)强化班子队伍建设。我们坚持“建好一个班子,带出一流队伍”的原则,按照“团结、学习、勤政、廉洁”四好的要求,认真创建“五个好”(领导班子好、党员队伍好、工作机制好、工作业绩好、群众反映好)先进基层党组织,推进了支部建设和领导班子建设。班子成员坚持民主集中制,作风正派,局党组成员率先学习,政治坚定,工作勤奋,班子团结,相互协作配合,党员干部团结奋进,全体干部职工思想统一,积极营造了团结民主、开拓创新、工作合力强的良好氛围。干群关系和谐,在组织管理上和工作部署上,实行重大问题和重要事项集体决策制度,强化了集体领导,整体推进了各项工作的有效开展。

(三)强化学习。年初,机关党委下发《关于印发<山西省档案局2011年局党组中心组和全局干部理论学习的安排意见>的通知》,对局党组中心组、全局党员干部理论学习和民主生活会进行统一安排,要求党员领导干部带头学,一般干部认真学,在全机关形成良好的学习风气。局党组中心组成员严格按照省委和省直工委的安排,联系工作实际,突出学习重点,大力加强社会主义核心价值体系的建设,重点学习党的十七届六中全会公报、《人民日报》社论《迈向社会主义文化强国的伟大进军》、认真学习胡锦涛同志在庆祝建党90周年大会上的讲话、认真学习省第十次党代会袁纯清书记报告。全体正处级干部在工作之余参加了“干部在线学院”的学习,组织全体处级干部学习省纪委书记李兆前同志在全省纪检监察机关“传达贯彻贺国强同志考察山西重要讲话精神”电视电话会议上的讲话。

遵照省直工委“十万党员重温入党誓词活动”的安排。6月,我们组织全体党员干部到革命老区石楼参观学习。参观红军东征纪念馆,缅怀红军将士为了新中国的建立所进行的艰苦卓绝的奋斗历程。局党组书记、局长阎默彧领誓,全体党员重温入党誓词,增强大家作为一名共产党员的荣誉感、使命感、责任感,坚定了为理想奋斗终生的崇高信念。10月,组织全体党员干部到大寨参观学习,上“特殊党课”,全国著名劳动模范宋立英等新老大寨人介绍了大寨艰苦奋斗的光荣历史和改革开放以来大寨在建设中国特色社会主义新农村的发展史,真切感受到大寨人“爱祖国、爱事业、艰苦奋斗、无私奉献”的精神。

加强业务学习。面对不断变化发展的社会形势,加强档案业务学习,提高档案干部的文化及业务素质是至关重要的,特别是近三年来我局机关面向社会公开招考了26名公务员,他们虽然具有较高的学历,但档案业务知识还远远跟不上当今档案事业发展的需要,针对这种情况,一方面,组织有经验的老同志、业务骨干为他们进行上岗培训,大力支持他们参加业余自学,结合自身工作实际,做到干什么学什么,缺什么补什么。另一方面,单位努力为职工创造学习的机会,在时间和经费上给予充分的保障,安排业务处室的业务骨干多次参加行业主管部门组织的业务培训,局领导亲自带队,组织业务人员赴北京、福建、浙江、辽宁、四川等地档案馆学习考察,赴云南省档案馆学习档案数字化技术,使干部职工的业务素质得到很大提高。

二、加强反腐倡廉教育

(一)局党组专门研究制定了《山西省档案局(馆)2011年党风廉政建设责任制分工》,强化“一岗双责”,落实党风廉政建设责任制。全局处级以上领导干部集体签署了《廉政承诺书》,进一步明确了领导干部在党风廉政和反腐败工作中的组织领导作用和模范带头作用。局党组书记、局长阎默彧为机关全体干部职工上了一堂《扬清风、树正气、以廉政促勤政》的党课,使全局干部职工受到了一次深刻的党性教育和党的知识教育。购买并发放了《中国共产党党员领导干部廉洁从政若干准则》等学习资料,加强纪律教育,使党员干部增强纪律观念,熟悉党内规矩,做遵守和维护纪律的模范。学习贯彻《中国共产党党员领导干部廉洁从政若干准则》和《关于坚决制止领导干部大办婚丧喜庆事宜和借机敛财行为的规定》等。

(二)加强机关作风建设,继续开展内强素质,外树形象活动。2011年,我们把转变干部作风提到局党组工作的主要日程,特别是把领导干部下乡住村工作作为改进机关干部工作作风的重点,局党组召开专题会议认真研究落实省委《关于在全省开展干部下乡住村活动的通知》等文件精神,制定计划,严格按照省委干部下乡住村“六个一”要求进行工作,局党组成员先后深入扶贫点吉县东城乡真村与村民“同吃、同住、同劳动”,走访村民,察看实情,选好项目、撰写调查报告。阎默彧局长住村后,撰写的调查报告《那山、那村、那人—吉县住村小记》,得到了省委领导的关注,省委书记袁纯清作了重要批示,“很好。我意你们要抓好真村这个点,任务就是十二五农民收入翻番。”《山西省干部下乡住村活动简报》第3期全文刊登阎默彧局长的调查报告《贫困山区新农村建设要因地制宜—对吉县东城乡真村的调研报告》。我局与乡党委、村党支部共同制订《真村2011—2015年五年经济发展及扶贫开发规划》,开展了以增加农民收入为目标,确立了以种植苹果为主养殖业为辅的发展思路,特别是把长期制约本地经济发展的人畜吃水、交通作为首要问题。2011年,筹资42万元,用于真村——吉壶3.5公里公路的修建,为真村205户村民建立家庭档案,对全村村民照像存档,对每户家庭成员的个人情况进行摸底,制订脱贫计划。山西电视台、临汾电视台、吉县电视台等媒体对我局干部住村下乡等活动多次进行了专题报道,我局扶贫工作受到省下乡办的通报表扬。

(三)在省直单位公务用车问题专项治理清理纠正工作中,局领导亲自抓公务用车治理工作,加强督导,统一协调,清理封存违规公务用车3辆,高质量地完成了公务用车治理工作,受到省公务用车专项治理工作领导小组办公室的通报表扬。在省直单位房地产管理使用情况检查中,我局做为首家受检查单位,由于领导重视,部署严密,以资料齐全、归档完整、整理规范的行业特色展现了我局机关多年来对房地产管理使用的规范化水平,为检查工作的全面开展起了个好头,树立了榜样,受到了省机关事务管理局的表扬。为使反腐倡廉教育活动生动活泼,富有吸引力、说服力、感染力,今年组织全体干部职工参观“法制与责任”展览、“整治和预防腐败渎职侵权职务犯罪”展览、“建党90周年反腐倡廉成果展”等,用各种形式教育党员干部,做到警钟长鸣,提高了党员干部拒腐防变的意识和能力。

三、加强机关党建工作,发挥堡垒作用

(一)认真落实党建工作责任制和党风廉政建设责任制,号召党员干部争做优秀共产党员,以身作则,率先垂范,凡是要求群众做到的,党员干部首先要做到。同时,领导班子充分听取党内外群众的意见,做到作风民主,实事求是,调动全体职工的积极性,使全体职工为单位的长足发展献计献策。全局上下始终保持一种团结向上、开拓进取的状态。在工作中,局党组认真落实《省直机关党的工作责任制的暂行规定》,把机关党委工作列入党组工作的一个重要组成部分,定期研究机关党委的工作,听取党委工作的汇报,有针对性地进行工作指导。同时,党组明确规定,党组书记是局机关党建工作、党风廉政建设工作第一责任人,班子成员按照分工,积极抓好分管范围内的党建工作,各处室主要负责人是本部门的党

建第一责任人,实行“一岗双责”制,在全局上下形成一级抓一级、层层抓落实的工作局面。

(二)继续开展“创先争优”活动。自我局开展“创先争优”活动以来,我们将“创先争优”活动、建立学习型机关和文明创建工作有机地结合起来,在全体党员中开展了“创建先进基层党组织、争当优秀共产党员”活动,作为巩固和拓展深入学习实践科学发展观活动的成果及创建文明和谐单位标兵的重要举措。按照年初的安排,下发了“山西省档案局创先争优活动点评表”,对党员的承诺进行了点评,对12名优秀共产党员、7名优秀党务工作者进行了表彰。

(三)开展我局基层党组织党务公开工作。按照省直工委要求,成立了山西省档案局基层党组织工作党务公开领导小组,下设办公室,局党组下发了《山西省档案局基层党组织党务公开实施方案》文件,制作了党务公开宣传栏,在“晋档在线”网站上进行了公开,接受群众的监督,提高了我局党务工作、科学化、规范化和制度化水平。认真学习贯彻《中国共产党党和国家机关基层组织工作条例》及省委的实施意见。在机关干部调整后对机关党支部进行了换届选举工作。

(四)认真过好党员民主生活会。机关党委在改选各党支部后安排了“坚持以人为本执政为民理念,发扬密切联系群众优良作风”,紧紧围绕“贯彻十七届六中全会精神,加快档案事业的创新与发展,推动社会主义文化大发展大繁荣”为主题的党员领导干部民主生活会,通过民主生活会达到找差距、鼓干劲、促团结的目的。

四、加强思想道德建设,凝聚团队力量

(一)坚持正确引导,强化凝聚力。坚持把社会主义核心价值体系教育融入职工队伍建设之中,引导职工树立共同理想信念。在实践中,组织开展社会主义荣辱观的学习教育,把社会主义荣辱观和确保共产党员先进性教育同创建活动相结合,一是配合庆祝建党九十周年组织一系列参观学习活动,对全体职工进行爱国主义和革命传统教育。二是参加了省直机关庆祝建党90周年的知识竞赛。三是参加了省直机关组织的庆祝建党90周年“党在我心中”演讲比赛。四是为省直机关庆祝建党90周年党建工作巡礼图片展提供了50多幅反映我局机关工作的照片。五是组织我局职工春季趣味运动会,活跃了职工的文化生活,强化了职工的集体意识和团队意识,心往一起想,劲往一起使,促进了各项工作的健康开展。

(二)坚持思想道德建设,强化理想信念。每年对全体职工进行《公民道德建设实施纲要》的教育,思想政治工作制度健全,积极开展文明个人和文明处室活动,按《公民道德实施纲要》要求,开展了社会公德、职业道德、家庭美德、个人品德教育活动,积极开展扶贫帮困献爱心和社会公益活动,按照省委、省直工委、省委下乡办等部门要求,完成了定点扶贫、联企帮困、扶弱助残、社会募捐等公益性工作,弘扬了社会主义互助友爱的道德风尚,收到了良好的社会效益。组织职工认真学习先进科学文化知识和普法知识,树立爱国守法,明礼诚信,团结友善,勤俭自强,敬业奉献的精神。教育职工争做繁荣社会主义先进文化的实践者和推动者,争做社会主义先进文化的传播者和创造者,争做人民群众利益的维护者和捍卫者,强化理想信念。在创建工作中,始终坚持“以人为本”的原则,注重关心职工生活,为职工办好事、办实事,努力提高职工的工作积极性。

五、注重实效,全面推动各项工作目标任务的完成

(一)制定了山西省档案事业“十二五”规划。认真贯彻落实国家档案局8号令,大力加强局机关档案资源建设和档案基础业务工作。围绕档案资源安全体系建设,第一次在全省举办了“档案安全体系建设培训会”,开展全省各市、县档案馆行政执法检查,重点包括档案的实体安全、档案的信息安全、档案环境安全。及时发现问题、解决问题,促进档案工作更好地服务于全省“转型跨越发展、再造一个新山西”的宏伟战略。

(二)目标责任考核。全局上下认真贯彻落实汤涛部长来局调研时的讲话精神,扎实开展整改工作,在认真研究、广泛征求社会意见的基础上,制定了2011年度考核目标,建立了考核制度,由局考核办定期对各处室进行督察,保证了重点目标任务的圆满完成。

(三)围绕档案法制建设,我局制定了《山西省档案系统“六五”法制宣传教育规划(2011—2015年)》,为我省开展档案法制宣传教育,加强社会档案意识,进一步增强全社会档案法制观念提供了重要保障,是新形势下做好我省档案法制宣传教育工作的纲领性文件。围绕档案工作社会化宣传,深入整理挖掘有价值的档案信息,发挥档案的社会效益,紧紧结合重大纪念活动和社会热点问题,举办展览、电视宣传、出刊纪念专版、撰写宣传文章,利用档案资源、开展爱国主义教育、革命传统和地方史教育。

(四)在省档案馆建馆50周年社会化宣传的基础上,2011年与省委宣传部、省文物局等单位联合在文庙成功举办了“山西宋辽金壁画山西档案精品暨中国古代书画精品展”。利用馆藏红色档案举办《光辉的历程》馆藏档案珍品展,举办“红色读档月”等活动,省委副书记金道铭、省政协副主席郭良孝、国家档案局副局长李明华等领导和有关单位干部职工前来参观。

(五)大力加强档案资源建设,山西省数字档案馆整体设计方案的招标工作有了新进展;档案保护力度加大,推进修裱、缩微一体化机制,加强档案科学保护;开展重大活动档案资料收集工作,完成了中博会、平遥国际摄影节形成的有关档案资料的采集、收集工作,受到中博会组委会、平遥国际摄影节组委会的表彰;政府信息公开工作得到扎实推进,进一步加大社会档案征集力度,努力构建内容丰富、结构合理、成分优化的馆藏体系。档案工作服务机制不断创新,服务的广度和深度得到拓展,综合档案馆工作、机关档案工作、农业农村档案工作、社区档案工作,发展势头良好。完成了省委、省

政府直属单位文件材料归档范围和保管期限规定的审批工作；完成了省直机关30个二级单位的文件材料归档范围和保管期限规定的备案工作，完成对省直机关档案工作的年度考核；组织召开了“晋陕蒙煤炭建设项目档案工作协作组第二次会议”，开展《企业档案工作规范》的宣传贯彻工作，首次对省属21家国有企业进行档案工作年度目标责任考核，摸清了省属企业档案工作状况，对各单位存在的问题提出整改意见，对企业档案工作起到督促、指导作用；启动了社会主义新农村档案工作示范县创建活动，召开“山西省创建全国社会主义新农村建设档案工作示范县推进会暨霍州市动员大会”。

（六）开展“迎中博、讲文明、树新风”活动，给职工发放了《机关文明礼仪手册》，组织了文明礼仪的学习教育。修整了荒芜多年的小花园，对我局办公楼、职工宿舍楼进行了粉刷。创建一流的工作和生活环境，对查阅室的硬件设施进行了更新换代，在利用服务中，树立“大服务”的观念，开展人性化服务、“一站式”服务，使来我馆查阅档案的利用者享受文明、舒适、便捷的服务，极大地提高了查阅室的窗口形象。

（韩文慧）

附：省档案局（馆）党组书记、成员名单

书　记：阎默彧

成　员：张彦杰（女）　王保国　胡谷平（女，9月离职）　邢利民

省万家寨引黄工程管理局党委工作概况

党委书记　菅二拴

2011年，省万家寨引黄工程管理局党委以党的十七届四中、五中、六中全会以及省第十次党代会精神为指导，深入落实科学发展观，以纪念建党90周年为契机，以落实《中国共产党党和国家机关基层组织工作条例》为重点，以创先争优活动为抓手，党建工作取得新进展，各项工作稳步推进。

一、深入贯彻省第十次党代会精神，增强服务全省转型跨越发展的责任感和使命感

省第十次党代会绘就了山西转型跨越发展蓝图，明确提出转型跨越、再造一个新山西的宏伟战略。局党委组织全体党员干部传达学习大会精神，把思想和行动统一到会议的各项部署和要求上来，自觉把引黄入晋事业融入全省经济社会发展大局之中。一年来，局党委秉承“引黄入晋，造福人民”的宗旨，紧紧围绕省委、省政府确定的“2011年国庆前大同、朔州用上黄河水”的目标，以打造优质工程、安全工程、阳光工程为使命，大力推行“一线工作法”，开展以“当好主力军、建功北干线、和谐促发展”为主题的北干劳动竞赛，取得了北干决战胜利。9月16日，北干全线通水，每年可将2.96亿方黄河水引到同朔地区，对缓解该地区水资源短缺状况，提高当地人民生活质量，促进经济社会转型跨越发展，保护和改善生态环境都将起到积极的作用。

供水运行持续保持安全稳定态势，全年输水总量达到13802万方。自2011年12月1日起，向太原市日供水量由25万方增加到26万方，全年不间断供水9307万方。向大同市供水365万方，向朔州市供水348万方。2011年水费收缴1.65亿元，较2010年增加450万元，供水水质达到国家有关标准。

与此同时，以用好用足国家给引黄工程设定的12亿方水权、用好用足国家给引黄的筹资政策、用好用足引黄已形成的引水规模和供水能力为己任，本着与转型跨越发展同步跟进，与重大需水项目协调配套的思路，编制完成了《引黄入晋工程“十二五”发展规划》，继续完善、配套、拓展引黄工程，扩大引黄供水范围，全面提升引黄工程供水能力。2011年重点推进了呼延水厂二期工程，左云供水工程，阳曲、清徐供水工程，宁武供水工程等项目的前期工作。

二、落实党的工作责任制，党建工作目标全面完成

一是推进党务公开。制定了《党务公开实施细则》，成立了党务公开工作领导组，确定了党务公开监督员和党务公开信息员，开通了党务公开邮箱及监督电话。局党委致力于公开透明，坚持按照集体领导、民主集中、个别酝酿、会议决定的原则，不断完善党委议事规则和决策程序。2011年共召开党委会32次，研究议题100个；召开办公会32次，研究议题95个，每次会议都安排党办、局办、人事、纪检及业务部门负责人列席会议，充分听取各方面意见。干部任用、吸收预备党员、推荐先进、爱心捐款等事项一律在全局范围内公示。同时，利用内部《快报》、《引黄工程报》、局域网、一楼大厅显示屏等各种媒介，及时将管理局的重大决策、北干建设进展情况、南干供水运营消息、党建工作最新动态等内容向党员和群众公布，使干部职工充分享有知情权、监督权和参与权，做到了党务公开。

二是贯彻《基层组织工作条例》。中央颁布新修订的《中国共产党党和国家机关基层组织工作条例》之后，局党委高度重视，在第一次党委中心组理论学习会上，党委中心组成员与各支部书记、各单位主要负责同志逐条逐句学习，共同研究讨论。同时，发放了《条例》学习辅导书，各支部组织广大党员认真学习，把学习《条例》同创先争优活动结合起来，同

纪念建党 90 周年活动结合起来,同推进北干建设结合起来,形成了学习《条例》、宣传《条例》、贯彻《条例》的热潮。

三是强化党建基础工作。随着工作岗位的调整,及时对 12 个支部的书记、副书记进行了调整,选齐配强了支部领导班子,实现了党的组织和党的工作全覆盖。落实党员关怀、帮扶、激励机制,严格执行发展党员工作 7 项制度,按照发展党员 16 字方针,加强入党积极分子的培养和教育。全年发展党员 15 名,党员队伍不断壮大。

三、坚持从严治党,建设廉洁勤政干部队伍

一是落实党风廉政建设责任制。制定了《2011 年反腐倡廉工作任务分工》,将 25 项反腐倡廉年度工作任务细化分解到各处室、各单位。党员领导干部严格执行党风廉政建设责任制和一岗双责制,纪检监察室围绕工程建设运营,充分发挥监督检查职能,对重点工作进行全程跟踪督查,全年未发生一例违法违纪案件。印发了《关于继续深入开展"阳光工程"活动的意见》,深入推进以招标采购公开、项目管理公开、合同管理公开、征地补偿费用公开、资金管理使用公开为主要内容的"阳光工程"活动。开展党风廉政教育,组织全局副处级以上干部观看《小官大贪警示录》、《"煤都"惩腐》等警示教育片,组织机关党员干部参观全国检察机关惩治和预防渎职侵权犯罪展览山西巡展。

二是开展作风纪律整顿。2011 年 12 月,按照省委、省纪委要求,开展了以"正风肃纪、创优环境"为主题的纪律作风集中教育整顿月活动。严格按照省纪委"五个不准"和我局"八条禁令"的要求,从上下班纪律抓起,狠刹闲话风,严禁无事生非、搬弄是非。重点整治不负责任、执行不力、有令不行、弄虚作假、奢侈浪费、消极懈怠、推诿扯皮、不负责任的不良作风和工作态度。领导干部以身作则,带头弘扬"太行精神"、"吕梁精神"和"右玉精神";干部职工积极响应,严格落实岗位责任制、首问责任制、限时办结制等制度,营造了团结干事、风清气正的良好氛围。

三是坚持正确用人导向。局党委始终把公道正派作为选人用人的基准线,注重德才兼备、以德为先,注重工作实绩,注重群众公认。对长期在艰苦环境下工作的干部重点培养使用,激励和引导干部在艰苦环境中经受锻炼,贴近群众,接受考验。在干部选拔任用过程中,坚持把民主推荐、民主评议、民主测评结果作为确定考察人选、选拔任用干部的重要依据,加大差额推荐力度,扩大选人用人视野和范围。针对不同类型、不同岗位特点,从资格条件、推荐方式、推荐范围、推荐程序、推荐结果的运用、考察人选的确定等方面精心组织,广泛征求意见。通过严把民主推荐关、组织考察关、集体酝酿关和讨论决定关,实行差额推荐和干部任免票决制,真正把德才兼备的干部提拔到领导岗位上来。

四是发扬密切联系群众作风。在北干建设的攻坚、决战阶段,局领导每人联系一个控制性工程,每周在工地的时间不少于两天,蹲到现场抓重点、攻难点,面对面解决实际问题。在 2011 年党员领导干部民主生活会上,党委成员以"坚持以人为本执政为民理念、发扬密切联系群众优良作风"为主题,结合自己分管的工作,对照支部和党员群众提出的建议,就思想、工作、存在的不足以及整改措施进行了开诚布公的发言,并针对查摆出的问题,制定了整改措施。

五是推进下乡住村活动。制定了《省引黄局领导干部下乡住村活动的实施意见》,局领导多次深入我局扶贫点,同时也是领导干部下乡住村联系点的偏关县天峰坪镇梨园村,察民情、听民声、理民事、解民忧,走访慰问贫困户,深入田间地头,与老百姓共商脱贫致富之策,加深了与人民群众的感情。2011 年筹集帮扶资金 75 万元,解决了全村 242 户村民的吃水问题,新建、扩建 5 公里村庄道路,解决了一些群众最关注、最现实、最直接的问题。

四、建设学习型党组织,引深创先争优活动

2011 年,党委中心组安排了省十次党代会、中国共产党历史、十七届六中全会精神等 8 次专题学习。发放了《中国共产党历史》(第二卷)、《杨善洲的故事》、《前沿资讯》、《党的历史知识简明读本》、《党的基本知识简明读本》等理论学习资料。各支部按照理论学习计划,开展政治理论学习,党员干部撰写理论心得体会文章 70 余篇。组织处级干部参加省直机关党校的处级干部轮训和中青年干部培训,组织省管干部参加"山西干部在线学院"学习。组织 33 名干部赴清华大学深圳研究生院进行了为期 15 天的公共管理研修。

继续引深创先争优活动,在完成公开承诺的基础上,各支部采取了集中点评、会议点评、个别点评、面对面点评等方式对支部和党员进行了点评。组织开展群众评议工作,促进了基层党组织和党员践行公开承诺,展示先进性。通过开展创先争优活动,党员干部干事创业的热情空前高涨,形成了支部班子带头创先,党员干部带头争优的生动局面。2011 年"七一"前夕,我局 1 名同志荣获山西省优秀共产党员称号,2 个集体、4 名同志受到省直工委表彰。局党委对创先争优活动中涌现出的"十强支部"、"百佳党员"和 30 名优秀党务工作者进行了命名表彰。

五、丰富创建载体,营造文明和谐氛围

积极开展纪念建党 90 周年活动,组织党员参加省直机关建党 90 周年"晋商银行杯"党的知识竞赛,深化了党建知识的学习。选派 2 名选手参加省直机关庆祝建党 90 周年"党在我心中"演讲比赛,取得了优异的成绩。在中共太原支部旧址举行"重温入党誓词"活动,强化了党员意识,增强了党性观念。组织"唱响经典红歌、热爱引黄事业"歌咏比赛,共同唱响共产党好、社会主义好、改革开放好、伟大祖国好的时代主旋律。邀请中央党校罗平汉教授为全局党员干部作了《中国共产党与中华民族的伟大复兴》党史教育专题报告,深化了党史学习教育活动。反映我局党的建设、工程建设的 20 余幅照片入选省直机关党建工作巡礼图片展。

局工会组织元宵节猜灯谜、诗词朗诵比赛等文化活动。局团委开展"迎中博、讲文明、树新风"志愿服务活动,组织纪

念“一二·九”运动手抄报展示等活动。局妇委会开展妇女维权、优生优育宣传，组织迎“三八”、庆“六一”活动，开展为新疆贫困残疾儿童编织毛衣的“恒爱行动”。全面落实离退休人员各项待遇，节假日慰问、生日祝福、住院探望已形成制度，组织开展麻将、门球、网球等文体活动和比赛，使老干部心情愉快、安享晚年。

创新社会管理综合治理工作，继续完善防控体系建设，深入推进“平安创建”活动。以第六届中国中部投资贸易博览会为契机，开展环境绿化美化、基地建筑物整改和环境卫生治理工作，实现了大院基地绿化、亮化和美化，为广大职工创造了整洁优美的工作生活环境。

开展了“慈善情暖万家”献爱心活动，将价值27440元的棉衣、棉被捐赠给了困难群众。开展联企帮困送温暖活动，将9000元慰问金送到太原染料厂困难职工手中。干部职工为我局患肝腹水的毕俊亮同志捐助医疗费5万余元，全局918名干部职工将51520元捐款送到了遭受冰冻、洪涝等自然灾害的困难群众手中，彰显了引黄职工扶危济困的精神风貌。

（温　捷）

附：省万家寨引黄工程管理局党委书记、副书记、委员名单

书　记：管二拴

副书记：朱春耀

委　员：崔富春　张俊杰　樊安顺　贯伟智　苏连元　雷天才　呼运平

省煤炭地质局党委工作概况

党委书记　白秀平

2011年，省煤炭地质局党委以庆祝建党90周年为契机，紧紧围绕省委省政府决策部署，围绕局“十二五”规划和“1558”发展战略，着力提高党建工作科学化水平，为全局转型跨越发展提供了坚强的思想和组织保证。

一、突出传统教育，庆祝建党90周年系列活动精彩纷呈

按照省直工委相关文件精神，局党委结合自身实际，举办了包括6大类15项活动的职工文化艺术节，以党史教育、典型宣传、文体竞赛等众多内容，吸引了全局近1/3的职工群众积极参与，极大地凝聚了人心，提振了士气。“七一”前夕，组织重温入党誓词活动，全局86个基层党组织、1200余名党员参加，有力地增强了全局党员干部爱党爱国的政治责任心，《山西日报》予以专题报道。在省直工委举办的系列庆祝活动中，地质局全部参与并取得良好成绩，同时被省总工会评为全省第三届职工文化节“先进集体”。系列活动的组织参与，为转型跨越发展提供了强大政治动力和精神活力，推动了全局各项工作高效开展。

二、突出真抓实干，干部下乡住村活动成效明显

2011年，省煤炭地质局将包村增收的重点放在农民技能提高和产业项目推进上。局主要领导多次到岢岚县温泉乡住村；全局筹集资金24万元扶植当地蔬菜大棚建设；选派队伍在当地勘查资源，进行技术扶贫；组织农民技能培训216人次，使重点帮扶的咸康村人均纯收入实现增收600元。6月，按照任润厚副省长解决左权县麻田镇柴城村吃水难问题的指示，省煤炭地质局派出最精锐的队伍，抽调最先进的设备，局领导多次现场指挥，仅用20余天成功钻出一眼每小时可出水40吨的优质水井，解决了当地村民历史上36次找水未果的难题，当地政府和群众给予高度评价。中国新闻网、《中国矿业报》、《山西日报》、《中煤地质报》等媒体均多次关注报道。

三、突出履职践诺，创先争优活动取得新进展

2011年全局创先争优活动进一步引深。以召开现场推进会、观摩学习、先进评比表彰宣传、群众评议活动成效等工作，积极引导基层组织履职尽责创先进、党员立足岗位争优秀，以优良的党性党风凝聚了党心民心。创先争优活动中，各院全部建立党员活动室并不断完善，全局在制度、活动、阵地、资料、素质五项基本建设方面实现均衡进展；在省直工委庆祝建党90周年暨“创先争优”表彰会上，省煤炭地质局被评为十家“党建工作先进单位”之一，“党风廉政建设先进单位”等其他5个奖项也全部囊括；1名同志成为受省委表彰的优秀共产党员；年底，被省直工委评为2011年度“先进机关党委”。

四、突出岗位建功，全局形成浓厚的干事创业氛围

实干兴局是全局干部职工的基本共识。年初，局矿山应急救援中心获全国“工人先锋号”称号；地质局被省委评为2010年度“定点扶贫工作先进单位”。第一届全国地勘钻探职业技能大赛山西选拔赛，省煤炭地质局共获得两金三银一铜6枚奖牌，被授予“优秀组织奖”，2个院获“技能人才培育突出贡献奖”，在全国比赛中，全局获得一金一铜2枚奖牌，获奖数量和名次在全国煤炭地质行业均处领先位置。大赛结束后，局院两级分别对获奖选手进行表彰重奖，在全局掀起了尊重知识、尊重人才、尊重劳动的学先进、赶先进的浓厚氛围。

五、突出基层调研，科学决策达到新高度

局党委始终把基层调研作为提高班子决策能力的基础性工作。8月底新班子上任后，通过两个月的调研，找出了制约全局跨越发展的三方面11个突出问题，针对性地提出了保证“十二五”规划实现的“1558”发展战略，明确要在机制、科研、合作、民生等方面实现5个突破、5个提高和8个转变，把地质局建设成为全国一流的地勘队伍。切合实际的发展战略，有效统一了干部职工思想，提升了整体战斗力。2011年，全局各项经济指标和民生指标均创历史最好水平。

在突出五大重点工作的同时，党建日常各项工作也在扎实推进：

一是学习型党组织建设实现全覆盖。局党委始终把学习型党组织建设摆在突出位置，为事业发展培养骨干力量。在学习层次上，党委中心组作表率，对涉及全局转型发展的普遍性内容，全部以中心组扩大会议形式组织党员参加学习；各院针对野外施工实际，以发放学习读本、党务干部下钻机宣讲、钻机机组自学讨论等方式，保证了党员学习全覆盖。在学习创新上，将党的创新理论成果、全省重要工作部署等关键内容结合全局发展实践，以集中学习、专题讲座、现场教育、个人自学、干部选学、交流观摩等方式组织学习研讨，有效激发了党员的学习兴趣。在学习效果上，坚持以年终党建考核促学习，使领导干部重学习、谋提高的主动性普遍增强。全年，局党委中心组完成11篇调研报告，受到省直工委检查组高度好评；局属水勘院被小店区授予“学习型单位”称号，并代表小店区接受省市两级验收；全局有9篇论文在行业领域论文评比中获奖，真正实现了学习与实践有机结合。

二是文明和谐单位创建成果继续巩固。局党委高度重视对文明和谐单位创建工作的领导，形成了党、政、工、团齐抓共管的良好局面。在创建载体上，以吸引最广泛职工群众参与为原则，连续7年坚持举办职工文化艺术节、春节团拜会、元宵节焰火晚会等活动，营造创建氛围；探索开办职工道德讲堂，强化社会主义核心价值观教育，取得良好成效。在履行社会责任上，积极响应号召，坚持扶贫济困，全局集中组织两次慈善捐助，筹款24.96万元；圆满完成了对省金属材料总公司的联企帮困任务，这些都充分展示了山西煤炭地质人勇担社会责任的良好形象。在民生建设上，局院两级全部建立了内部帮扶机制，全年投入19.02万元对一线职工和困难职工进行了慰问；“迎创争”活动中，全局投入155.3万元，进一步美化、绿化了各单位工作生活环境。在创建成果上，局属1个院顺利晋级省直“文明和谐单位标兵”，全局现有1个省“文明和谐单位”和“模范单位”、3个省直“文明和谐单位标兵”及多个驻地“文明和谐单位标兵”，有3个单位被中国煤炭工业协会评为“AAA级信用企业”；1名同志获省“三八红旗手”称号；2名同志获省“五一劳动奖章”。

三是宣传工作力度进一步加大。局党委进一步加强了宣传工作力度。在制度保障上，出台了《关于进一步加强宣传工作的意见》，明确了宣传工作的组织、领导和激励机制。在队伍建设上，构建了覆盖全局的通讯员网络，组织了第一期通讯员培训班，为进一步加强宣传工作提供了队伍保障。在宣传效果上，在保持《中煤地质报》行业宣传主阵地的基础上，开辟了中国新闻网、《中国矿业报》、《中国国土资源报》、《山西日报》、《山西工人报》等阵地，宣传报道近100篇次，全面展示了省煤炭地质局良好形象；结合庆祝建党90周年系列活动，强化了典型宣传和职业道德宣传，使全局干部职工的职业认同感和自豪感不断提升，队伍凝聚力和战斗力显著增强。

四是基层组织建设进一步加强。局党委坚持强化基层组织建设，为转型跨越发展提供坚强组织保证。在党员发展上，严格发展程序，全年新发展党员31人，培养入党积极分子118人，学历全部为中专以上，党员队伍结构继续优化。在基层组织设置上，根据党章规定和工作需要，将局属2个院升级为党总支；各单位也根据工作实际对基层支部进行重新调整，全局基层组织设置更加合理、力量进一步加强。在党内激励和帮扶机制上，积极探索对兼职支部书记发放物质补贴，有效提升了基层党务干部工作积极性，夯实了党建工作基础；局院两级领导坚持慰问建国前入党的老党员和困难党员，全年共投入6.5万元用于党内帮扶。

五是惩治和预防腐败体系建设扎实推进。2011年，局党委将惩防体系建设的重点放在廉政风险防控上，取得良好效果。在防控流程上，局领导班子对照《廉政准则》和“52”个不准，带头作出10项廉政承诺，有效带动了全局党员干部身体力行、廉洁自律；重新修订了党风廉政建设责任制考核标准，进一步明确了考核导向，促进了党风廉政建设责任制的落实；全局共制定完善20余项廉政制度，以制度为依据，各单位自查自纠与局纪委督查相结合，使《廉政准则》严格落实。在特色惩防体系建设上，针对重点部门、重点岗位的廉政风险点进行了排查及评价；在局属2个院设立了廉政教育基地；局纪委以《廉政宣传》、廉政展板为载体，积极进行廉政知识宣传和警示教育，各单位也通过内部刊物、宣传栏等形式普及廉政知识，使广大党员干部和职工群众的廉政建设意识不断增强，初步形成了组织监督与群众监督并重的特色廉政文化。

(陈晓玫)

附：省煤炭地质局党委书记、委员名单

书　记：白秀平(8月离职)　潘增武(8月任职)

委　员：郑全发　何吉祥　黄岑丽(女)

省地质勘查局党委工作概况

党委书记 康有全

2011年，省地质勘查局党委认真贯彻党的十七届五中、六中全会精神和省十次党代会精神，围绕中心，服务大局，开拓创新，锐意进取，地勘经济跨上新台阶，创先争优取得新成效，关注民生、和谐稳定取得新进展，开创了党建工作的新局面，为全局转型跨越发展提供了坚强的思想、政治和组织保证。全局现有13个直属党委、3个直属党总支和支部、127个党支部，党员2600余人。

一、以地质主业为中心，促进地勘经济稳步发展

狠抓地质项目组织实施，地质找矿取得突破。全年共计提交资源量煤炭67.6亿吨、铝土矿1.6亿吨、铁矿8882万吨、冶镁白云岩10亿吨。列入全国找矿突破战略行动的霍西－河东地区铝土矿和五台－恒山铁矿整装勘查项目起步实施。积极为政府决策提供技术支撑，开展城市地质工作，山西省六大盆地重点地区浅层地温能调查、太原市浅层地温能潜力调查评价、临汾市和晋南地区地热资源勘查等项目取得明显效果；开展环境地质和灾害治理工作，汾河流域生态地质环境调查评价项目野外工作通过验收，万家寨引黄入晋工程采空区治理、霍永高速公路采空区治理等项目进展顺利。完成了山西省黄土高原盆地经济带生态地球化学调查数据库，承担完成了全省大部分土地规划与整理项目。全年共施工水井141眼，圆满完成了国土资源系统支援北方抗旱找水打井任务，有效缓解了干旱缺水地区用水困难。承办了第一届山西省地勘钻探职业技能大赛，并选拔优秀选手组队代表我省参加了首届全国地勘钻探职业技能大赛，取得一金一铜的优异成绩。

二、领导班子和干部队伍建设不断加强

省委先后3次对我局领导班子的4名领导进行了调整，局级领导班子得到充实和加强，实现了干部的正常新老交替。认真贯彻民主集中制，局党委成员坚持原则，各负其责，顾全大局，自觉维护班子的权威和团结，局党委科学决策、民主决策、依法决策水平不断提高。按照省委要求，从11月份开始，各单位先后召开了党员领导干部民主生活会，局党委成员分头参加了联系单位的生活会，大家开诚布公，对照检查，相互批评，提高认识，增强了班子解决自身问题的能力。

干部作风有了新的转变。按照省委"六个一"活动的要求，认真开展领导干部下基层活动。局领导根据各自分管的工作，带领机关干部多次深入基层和野外一线调查研究，帮助解决实际问题。全年局级领导下基层累计264天，人均29天。通过深入基层，掌握一手材料，拉近了与职工的距离，促进了工作的开展。

基层党委换届工作圆满完成。212队、213队、一水、二水、物化院、地调院6个地勘单位进行了党委换届工作，局党委成员直接指导督促，各基层党委高度重视，周密部署，严肃纪律，保证了换届工作风清气正，选举产生了新一届领导班子，进一步增强了基层党委的凝聚力和战斗力。

三、基层党组织建设不断加强

认真落实基层党建工作责任制。年初召开了全局思想政治工作会议，下发了2011年全局思想政治工作要点，对全局政治工作作出了具体部署和安排。认真贯彻省委《党政机关党组织工作条例》，制订了《党的工作责任制实施细则》，对全局党建工作职责、考核程序和奖惩办法做出明确的规定，逐步完善了党建工作考核评价办法。

党员队伍建设稳步推进。各级党组织严格遵循发展党员"十六字"方针，注重在优秀年轻干部和一线生产技术骨干中发展新党员，不断优化党员队伍结构。针对党员构成特点，及时掌握党员思想动态，实行分类管理。逐步完善党员关怀、帮扶机制，走访慰问异地安置和本地居住的建国前老党员、困难党员、队级老领导100余人。

认真部署开展"创先争优"活动。制定了"创先争优"活动实施方案，明确了目标任务、主要内容和方法步骤。各级党组织积极行动，根据实际情况和党员岗位特点，紧扣中心工作，明确活动主题，精心设计活动载体。在广大党员中开展了公开承诺、领导点评、群众评议等活动，进一步强化了党员责任意识，提高了基层党组织凝聚力和战斗力。

组织开展了纪念建党90周年系列活动。举办了重温入党誓词、演讲比赛、红歌演唱会、党的知识竞赛等十项纪念活动，组织百人合唱团参加了省直单位"颂歌献给党"歌咏演唱会并获"优秀演唱奖"。整个主题系列活动历时四个多月，参与职工5200余人次。通过形式多样的群众性庆祝活动，歌颂了党的丰功伟绩，宣传了地勘行业的先进典型，营造了积极向上的良好氛围。

积极开展先进选树表彰工作。214队党委荣获省委"先进基层党组织"荣誉称号，成为省直系统十家受表彰单位之一；217队党委、213队纪委和7名优秀个人受到省直工委表彰；局党委隆重召开庆祝建党90周年暨"创先争优"表彰大会，17个基层党组织、88名优秀党员和先进工作者受到表彰。通过大张旗鼓地表彰先进、宣传先进，对发挥典型的示范引领作用、激发广大党员为加快地勘经济发展而努力工作，起到了良好的促进作用。

四、学习宣传工作扎实推进

积极推进学习型党组织建设。坚持开展党委中心组理论学习，健全完善了局队党委中心组学习制度，认真落实学习内容和学习要求，结合工作实践，提交调研报告和学习体会。7月，召开了局党委中心组学习扩大会，在集体学习的基础上，局领导带头，与会人员逐一交流学习心得，深刻反思各自在思想、工作、生活等各个方面存在的问题，开诚布公地进行批评与自我批评，促进了全局干部思想作风的转变。

认真组织安排十七届五中、六中全会精神和胡锦涛总书记"七一"讲话精神的学习，及时传达省第十次党代会精神，深刻理解中央精神和省委转型跨越发展战略部署。深入推进解放思想大讨论，组织学习浙江七队先进事迹，结合我局工作，加深对地勘工作现实问题的研究和探讨，强化大局观念，自觉适应我省发展的需要。

因地制宜创新学习方式。利用国土资源学校培训基地，加大全局干部职工业务技术、管理技能和政治理论的培训力度，举办培训班13期，参训职工930余人。根据省委大规模培训干部的要求，为150名处级干部配发了"科学发展观主题案例"干部培训教材，局机关全面开通公务员用户学习终端，按照规定的课时要求推进正常的学习，67名机关干部参加了省直行政学院轮训，2名局处干部参加省委党校的岗位培训。

宣传工作成效明显。在局网站设立专栏，对局"十一五"期间取得的成就进行了宣传报道。组织参加了省直工委第二届DV大赛，拍摄编辑了《地质队里的"80后"》和《转型跨越中的地勘先锋》两部反映我局优秀共产党员的短片。全年在社会媒体上宣传报道900余篇/次，在局网站发表新闻报道350余篇，图片2000余幅。通过宣传报道，内鼓士气，外树形象，提高了地质工作的社会影响力，为我局发展营造良好舆论氛围。

五、文明和谐工作成效突出

文明和谐创建扎实开展。各单位以创建文明和谐单位为载体，努力提升职工队伍建设的质量和水平，在工作机制、经费投入、活动内容及责任考核等方面给予保障。局属各单位全部评为省直文明和谐单位，局机关连续16年保持省直文明和谐单位标兵称号。在职工中广泛开展理想信念教育，大力弘扬爱国主义、集体主义和地勘行业"三光荣""四特别"精神，用社会主义荣辱观引领风尚，引导职工积极进取、乐观向上，激发广大干部群众热爱地勘事业、建设美好家园的热情。各地勘单位结合实际，鼓励和引导职工成立各种活动团体，坚持开展创建文明机台、文明班组、文明家庭、青年文明号等活动，推进了群众性精神文明建设的开展。

职工队伍管理进一步加强。积极应对矛盾凸显期面临的新情况新问题，有针对性地开展日常的思想政治工作，从理情绪、解民忧、促稳定出发，以解决职工普遍关心的热点难点问题为切入点，坚持深入基层、深入一线、深入职工，倾听职工意见，体察职工疾苦，真心为职工排忧解难，受到职工群众的普遍认可。

工团组织的作用得到进一步发挥。各单位坚持开展以职代会为主要形式的职工民主管理、民主监督，大力推行队务公开，使职工知情权、参与权和监督权得到有效保障。局工会被省总工会授予"山西省四星级基层工会"，三勘院被省总工会授予"山西省四星级职代会"，周永昌同志被省总工会授予"山西省五一劳动奖章"，另有2个集体、7名个人受到省总直属基层工会表彰。重视共青团工作，不断健全团委工作机制，开展省青年岗位能手评比活动，25个省级青年文明号集体通过验收，4个基层团组织、15名先进个人受到省团工委表彰。加大了全局特困职工帮扶工作力度，坚持开展全局"送温暖"活动，及时掌握困难职工的总体情况，帮扶工作做到了经常化和制度化。

离退休工作不断加强。局党委认真落实离退休人员的政治和生活待遇，组织开展丰富多彩的文化体育活动，对异地安置的离退休人员进行慰问，努力营造弘扬优良传统、尊老敬老的氛围。局离退休管理工作连续多年获得省先进称号。

六、党风廉政建设深入开展

党风廉政建设责任制落实到位。局党委把反腐倡廉建设摆在更加突出的位置，纳入领导班子、领导干部目标管理，与经济建设、政治建设、文明和谐建设以及业务工作紧密结合，同部署、同落实、同检查、同考核。年初局党委以贯彻新修订的《关于实行党风廉政责任制的规定》为契机，认真组织学习贯彻，进一步明确"一岗双责"。及时印发了《山西省地勘局党风廉政建设责任制分解意见》，把任务分解落实到人。年底同经济责任制目标考核、文明和谐单位目标考核一道，对全局党风廉政建设责任制进行了考核。

惩防体系建设不断推进。通过多种形式加强对党员干部的反腐倡廉教育，引深对《廉政准则》的学习，全局副处以上干部对照《廉政准则》进行了检查剖析，撰写了个人自查分析报告。扎实推进廉政风险防控工作，经过认真查找，10个地勘单位共找出了廉政风险点131个，局机关各处室查找廉政风险点67个，经过认真梳理，局党委确定了8个风险点，并制定完善了相应的风险防控措施。

（李耿为）

附：省地质勘查局党委书记、副书记、委员名单

书　记：安俊生(8月离职)　康有全(8月任职)

副书记：安俊生(8月任职)　靳援军(女，11月离职)

委　员：翁金明　韩晋生　武　胜　赵得权

潘海燕(3月任职)

省公路局党委工作概况

党委书记　郭贵平

2011年，省公路局党委在省委、省政府和省交通运输厅党组的亲切关怀和坚强领导下，忠实践行科学发展观，紧紧围绕搞好"三个服务"，坚持以创新为引领，以强化管理为手段，全面提高履职水平，努力克服国家金融政策调整带来的资金压力和征地困难，汇聚全局广大干部职工的智慧和力量，认真分析形势、深入研究对策，群策群力迎难而上，全面完成或超额完成年度工作任务，为全省实现转型跨越发展提供了强有力的道路交通支撑。

一、坚持创造性地开展工作，攻坚克难，确保年度目标任务的完成

（一）国检取得好成绩。2011年适逢五年一度的全国干线公路养护与管理检查，全局上下为在国检中争取最好成绩，心往一处想、劲往一处使，以高度的责任感、唯先是争的集体荣誉感，不计工作强度、不计工作时间，发扬特别能战斗的精神，力争把每一项迎检工作都做到尽善尽美，最终在全国养护与管理检查中取得优异成绩：我省国省干线公路在全国各省、市、区排名第六，在各省、区排名第四，在中西部地区排名第一，受到交通运输部的表彰，为山西争了光。

（二）干线公路建设投资超额完成。2011年全省干线公路建设完成投资41.08亿元，是年计划的117.4%；完成路网（路面）改造工程527公里，是年计划的105.4%。省局主抓的四条高速公路建设扎实推进，忻保高速全线建成通车，平朔高速完成27公里目标任务，为全省1000公里任务的完成做出了积极贡献。

（三）干线公路大中修工程超额完成。完成公路大中修608.5公里，是年计划的304%，完成安保工程147公里、灾害防治工程145公里，完成标准化建设391.6公里，是年计划的130.53%。

（四）危桥改造实现新突破。完成危桥改造3345.6延米，基本消灭了2010年底前发现的危桥。危桥改造进入当年发现、当年处治的新阶段。全年全省干线公路优良路率为82.32%，超目标任务110%。

（五）路政管理进一步加强。共检测货运车辆1412万辆次，查处超限车辆204辆次，卸货771吨，超限率进一步控制在十万分之二以下。路政案件发生8261起、发现8204起、查处8192起、赔偿8192起、结案8192起，发现率、查处率、赔偿率、结案率分别达到99.31%、99.85%、100%、100%，共收取赔补偿费2829万元。

（六）通行费征收超额完成。全年实现收费4.8亿元，超年计划的138.32%。进一步落实绿色通道政策，对鲜活农产品运输车辆坚持实行优先疏导、优先放行、优先通行的"三优先"服务，全年累计为8.4万车次减免通行费145.6万元。

（七）安全生产年活动进一步深化。全年累计排查出安全隐患3896条，其中一般隐患3848条，治理3848条，整改率100%；重大隐患48条，治理47条，整改率97.92%，剩余的1条已列入治理计划。省政府挂牌督办的省道岚古线静游段、省道长平线长治淮海机械厂两处重大隐患均按要求完成整改。全年没有发生较大安全责任事故，继续保持了安全形势的持续稳定。

（八）农村公路实现新跨越。坚决落实年初省委省政府用两年时间实现农村街巷硬化"全覆盖"的重大决策，2011年全省农村街巷硬化工程完成19567个行政村、里程92095公里，完成投资166.5亿元，覆盖率达到69.39%，超出计划目标16.79个百分点。全省农村公路管养工作和顺现场会的召开，使以县为责任主体的农村公路管理体制、公共财政投入为主的管养资金渠道和以管养分离为手段、以养护市场化为取向的养护运行机制得到进一步健全完善。

（九）科技创新取得新成果。2011年，有3项科研课题获得山西省科技进步奖，有4项科研课题通过省科技厅课题鉴定，其中《山西省国省干线公路在役中小跨径梁桥承载力评估及提载可行性研究》达到国际领先水平。

（十）加大审计监督力度。2011年，内审部门共实施经济责任审计117项。其中完成离任经济责任审计46项，审计率达到100%。完成任期经济责任审计71项，审计率达到36%，超额完成省厅30%的目标要求。审计整改率达到100%。

（十一）路桥企业整体经营管理状况呈现良好发展势头，职工队伍稳定。2011年，完成中标合同额185亿元，完成产值156亿元，圆满完成686公里的路面工程任务，为全省高速公路再建成1000公里、总里程达到4000公里发挥了主力军作用。

（十二）全系统成功创建国家级文明单位4个、省级文明和谐单位标兵9个、省级文明和谐单位37个，全行业继续保持交通运输部文明行业荣誉，省局机关继续保持省级文明和谐单位标兵称号，在交通运输厅进行的年度目标考核中，我局被评为目标完成优秀单位。全系统劳动竞赛扎实推进，职代会质量进一步提高，信息化建设进一步推进、老干部待遇进一步落实。局直单位总体呈现蓬勃向上发展势头。

二、坚持理论联系实际，审时度势，进一步明晰发展思路

2011年，省局党委认真研判形势找准主要矛盾，认为与

经济社会快速发展的新需求相比、与人民大众日益提高的出行新要求相比,干线公路基础设施总量仍显不足,路网结构不尽合理,公路技术等级与迅猛发展的综合交通运输体系仍不匹配,部分路段瓶颈制约还未得到根本缓解。养护投入缺口较大,综合服务方式还比较粗放。需要尽快建立与现代服务业相匹配的运行机制,进一步提高应急处突能力,加快信息化建设步伐。需要培育与全省转型跨越发展公路先行相匹配的创新能力。

为了破解发展难题,省局党委高度重视理论对实践的指导作用,狠抓中心组学习,修订出台了新的中心组学习制度,从学习的基本内容、学习的基本方法和学习的基本要求上提出新的更加明确的规定。班子成员带着解决制约科学发展的主要问题学,带着进一步推进公路事业科学发展的责任学。认真学习了十七届五中、六中全会精神、胡锦涛总书记及袁纯清书记在纪念建党90周年大会上的讲话、省十次党代会精神、袁纯清书记在省委十届一次全会上的讲话等一系列党的理论、政策和有关业务知识。省局党委坚持学以致用,在转变观念中破解难题,在解放思想中开拓进取,坚持以创新引领发展,积极用新思维运筹新格局,进一步理清了发展思路,明确从银根地根紧缩的现实出发走内涵式发展道路。

一是通过积极与已经建成和正在建设的高速公路统筹衔接,积极推进地方公路的省、国道升级和国省道的改造,实现干线公路总量增加、等级提高和路网结构的优化。二是致力于提升干线公路服务理念,努力实现从强化服务意识到增强服务功能再到注重服务品味的升级。一级路建设标准化服务区,二级路基本满足人们的出行要求。三是把养护摆在更加突出的位置,以养护成果巩固发展建设成果,努力实现由路面养护到全面养护、被动养护到预防养护、传统养护到现代养护科学养护的彻底转变;养护重点由路面、路基、桥梁拓展至行车安全、路域环境直至小型服务区、点建设。进一步把安保工程、桥梁安全管理列为重中之重。四是进一步加大新技术、新材料、新工艺的推广应用,坚持依靠科技进步提升全行业生产力发展水平,使全局对科技在公路发展中的引领支撑作用,从认识到实践都进入一个新的更高层面。五是积极谋划路桥企业长远生存发展问题,按照省政府、省交通运输厅关于路桥企业维护稳定、深化改革的精神,制定了《全省路桥企业深化改革转型发展实施方案》,并于2011年6月24日上报省交通运输厅,进一步强化局直单位的市场意识,拓宽其发展空间。

三、坚持以制度建设为抓手,规范运行,进一步提升行业管理水平

省局党委进一步修订完善了党委会议、党委民主生活会、领导班子例会等会议制度,为民主集中制的贯彻落实、民主决策、科学决策提供了制度保障。为确保领导干部履职到位,全面推行年度工作目标责任制,重点工作定期督查落实制,审批审查事项专人负责限时办结制,工程质量终身追究制,把目标任务、责任要求,落实到每个班子成员,确保了各项工作任务的完成。尤其是在局管高速公路建设方面,围绕今年建设目标的完成,省局主要领导、分管领导定期深入建设一线督促检查,指导工作。

严格落实党风廉政建设责任制,认真贯彻落实中纪委十七届六次全会、省纪委九届六次全会精神,继续推进惩治和预防腐败体系建设,努力做到工程优质、资金安全、干部廉洁。积极配合省厅制定了公路工程阳光操作、黑名单、内部监督检查、廉政风险防范和责任分解"五项制度"。从创新管理机制、完善规章制度、强化制约监督等方面入手,制订了《山西省公路局廉政风险防控实施方案》,印发了《山西省公路局廉政风险排查防控责任制台帐分解表》,对公路系统行政权力运行的重要环节、关键岗位"廉政风险防范点"进行全面调查摸底,共涉及权力运行关键环节38个,排查出风险点118个,研究落实防控措施167条。积极开展警示教育。认真开展公务用车问题、工程建设领域突出问题、商业贿赂问题等专项治理工作,积极清理和规范庆典、研讨会、论坛等活动。严肃查处违法违纪案件,认真受理群众信访举报,案件办结率97%以上,信访办结率95%以上。

认真落实《党政领导干部选拔任用工作条例》,严格执行干部选拔任用规定,注重维护选人用人公信度,坚持正确用人导向,匡正选人用人风气。在干部选拔任用中,坚持德才兼备、以德为先的主要标准,严格履行推荐、考察、讨论决定、公示和任前谈话以及职数审批六个程序,全面启动"干部选拔任用工作记实监督系统",全年共调整副处以上干部55人次。

继续全面落实安全生产目标责任制,强化省局、分局两级管理机关的安全生产监管责任,强化公路段在公路安全运营方面的主体责任,强化企业安全生产主体责任,71个生产经营单位法定代表人签订了安全生产承诺书。深入开展安全专项整治,用于安全整改的投入达到1.46亿元。制定完善应急预案,建立快速反应机制,落实抢险物资、队伍、设备,组建了11支以交通战备队伍为骨干的应急抢险队伍和一支以路桥一公司为主的重点国防交通专业保障队伍,进一步提高了应急处置能力。

切实加强立法工作。《山西省公路管理条例》的修订工作已列入省十一届人大五年立法规划一类项目。经过多次修改和讨论,《条例》(草案)明确了我省的公路管理体制和职责划分,确定了我局的执法主体地位,并将制定公路应急专项预案列入政府职责;加大了对国省道的资金投入,解决了平面交叉道口设置、公路管理机构外的其他单位和个人乱设公路交通标志等问题;单列"超限运输管理"和"村道的特别规定"两个章节,不仅突出我省治超的实际经验,使治超法制化,同时,将村道管理具体化。

坚持不断补充完善《公路法律汇编》、《公路建设养护管理安全生产常用法规汇编》、《公路工程建设管理制度》、《公路养护管理制度》、《路桥企业管理制度》及《公路路政管理实施细则》、《行政执法及办案程序》等法规制度,把各项工作纳入制度管理的范畴,明确职责范围、议事规则,凡事有章可

循。切实提高制度执行力，以各项制度的全面落实为基础，提升全行业规范化、精细化管理水平。

四、坚持以完成重点任务为契机，干学相长，进一步提升干部职工队伍的整体素质

以迎国检为契机进一步提升抓好养护与管理工作的能力。把迎国检作为提升干线公路养护管理水平，展示我局发展成果，树立良好社会形象，推动行业实现科学发展的重要举措来抓。把落实部检查方案的过程，作为一个很好的学习提高过程。以部检查方案的高标准落实，进一步充实规范提升各项工作标准。外业上，路况抓优良、养护抓精细、工程抓优质、路域环境上水平；内业上，管理资料抓齐全、规范、条理，严格按照评分标准查漏补缺，精细完善，深入挖掘提炼山西干线公路养护管理工作的特色亮点和创新举措。

以承办全国交通运输行业第二届"厦工杯"筑路机械操作手技能竞赛比赛为契机进一步引深学习型行业建设活动。我局在成功举办六届养护技术比武的基础上，具体承办了全国第二届养护技术比武。我省代表队在挖掘机、装载机、压路机和补坑槽机四个竞赛项目中，夺得团体第一名，参赛队员全部获得个人单项前2名的好成绩。这次大赛成为一个技能示范教育的课堂，在全局再次掀起学技能的热潮。2011年，省局先后对全省路政执法人员、安全管理人员、桥梁养护工程师等重点岗位人员进行集中培训；在专业技术人员和路政执法人员中，集中组织路面管理系统、《公路桥涵施工技术规范》暨桥梁施工新技术、《公路安全保护条例》宣贯。此外，全年培训公路养护工890人，培训合格率达90%。全年完成省委组织部组织的省管领导干部和中青年干部培训2期2人；完成省委组织部和省直工委组织的选学培训14期57人；完成交通运输部和省厅组织的支援西部干部培训5期89人。

以庆祝建党90周年为契机，进一步深化创先争优活动。围绕纪念建党90周年组织开展系列主题宣传教育活动，省局党委隆重召开纪念建党90周年暨创先争优表彰大会，举办局直单位党建工作巡礼，组织新党员入党宣誓、老党员重温入党誓词活动，对14个先进基层党组织、55名优秀共产党员和26名优秀党务工作者进行了表彰，对老党员进行了慰问。积极参加了省厅组织的"知党史、颂党恩"演讲比赛和纪念建党90周年职工歌咏比赛。在广大党员中广泛开展"五比五创"主题实践活动，即：比学习，创一流素质；比团结，创一流队伍；比服务，创一流作风；比责任，创一流业绩；比奉献，创一流形象，使广大党员的党员意识不断强化、党性修养不断提高，无论是在急难险重任务中，还是在平凡的工作岗位上，各级党组织和广大党员充分发挥着战斗堡垒作用和先锋模范作用。

以深入开展纪律作风集中教育整顿月活动为契机，进一步加强各级领导和干部职工的作风建设。省局党委对全局开展纪律作风集中教育整顿进行了总体部署，局属各单位按照活动的总体要求和目标任务，坚持以加强教育为基础，以典型示范为引导，以正风肃纪为手段，以密切党同人民群众血肉联系为重点，认真谋划、精心组织、统筹安排、强力推进，以教育整顿促进各项工作，以各项工作的实际检验教育整顿的成果。领导带头，加强整改。省局领导班子于12月12日召开以"整风肃纪、创优环境"为主题的专题民主生活会，班子成员对照省十次党代会精神、袁纯清书记在省委十届一次全会上的讲话精神，认真查找自己在思想作风上存在的问题，剖析原因，认真制定整改措施，一致表示要进一步加强学习，改进作风，坚决变"五不准"为"五自觉"、"五严守"。同时，严格落实省委组织部部长汤涛在全省严肃组织人事工作纪律会议上的讲话精神和省落实党风廉政建设责任制办公室《关于对在整肃工作纪律"回头看"行动中发现的违规违纪人员所在单位领导班子和领导干部进行了责任追究的通知》精神，省局领导班子在严格要求自己的同时带好全局的干部。致力于从根本上解决干部职工的纪律作风问题，省局党委从解决思想问题上着眼，要求全局各级领导干部要进一步解放思想、振奋精神，要进一步强化责任、改进作风，要进一步勤学善思、提高能力；从制度约束上着力，强化干部的监督考核、奖优罚劣，建立制度落实考核机制和责任追究机制。

五、坚持把文化建设摆在更加突出的位置，凝心聚力，进一步提升行业形象

深入贯彻中央十七届六中全会精神，根据《山西公路文化建设规划纲要》的部署，继续推进公路文化建设活动。总结提炼既体现社会主义核心价值理念思想，又具有山西公路特色的行业核心价值理念。行业核心价值理念作为行业文化的精髓，是引领行业发展的旗帜，是全行业职工遵从的价值导向。本着慎重严谨的原则，经过三年的广泛征集、深入提炼、反复推敲，初步形成"务实务正、求新求变、知难而进、服务至上"的行业核心价值观及"艰苦奋斗、开拓创新、勇于奉献、敢闯难关"的公路精神。

创作《山西公路之歌》。在全系统干部职工中广泛开展征集的基础上经专家评审确定。征集的过程也成为增强广大干部职工归属感和荣誉感，增强凝聚力和向心力的教育过程。

深化文化公路建设的认识和实践。"文化公路"作为建立在"畅、洁、绿、美、安"文明样板路基础上，体现先进的建养管理念、地域历史文化特征、生态文明和人文理念的现代公路，是发挥公路辐射延伸行业优势，推进社会主义文化大发展大繁荣重要载体。文化公路建设，对行业发展和社会影响都具有重要意义。文化公路建设实践活动在全局推开，每个分局至少抓了一条"文化公路"，经过四年的摸索实践，晋中、大同、长治、晋城的建设工作已显雏形，尤其是晋城分局的山区公路文化建设有特色、有亮点。

加强文化阵地建设。省局机关率先垂范进一步加大文化建设的力度，制定《山西省公路局机关加强文化建设的实施方案》，建设文化活动中心，在机关大院和办公楼营造浓郁的文化氛围，进一步活跃干部职工的精神文化生活。

（段晓燕）

附：省公路局党委书记、副书记、委员名单

书　记：郭贵平(9月任职)

副书记：戴　飞(9月离职)　惠高峰(9月任职)　李铁山

委　员：蒋　品　胡志勇(6月离职)　惠高峰　周文全

省农机局党组工作概况

党组书记　王立伟

2011年，省农机局党组坚持"凝聚力量、营造环境、改进作风、提升素质"的指导思想，紧紧围绕省委提出的转型跨越发展战略，以全省农机改革发展为中心，认真学习实践科学发展观，深入推进学习型机关建设和创先争优活动，不断加强思想、组织、作风、制度和党风廉政建设，积极营造良好氛围，确保了各项工作任务的顺利完成，促进了全省农机事业的健康发展。

一、以农机购置补贴为工作总抓手，求真务实，开拓创新，实现了"十二五"农机化工作良好开局

一是全省农机装备总量快速增长。到2011年底，全省农机总动力达到2927.3万千瓦，比上年增长4.2%。其中，大中型拖拉机新增1.57万台，保有量达到8.88万台；玉米收获机达到6515台，马铃薯收获机达到4133台，分别比上年增长67%和65%。

二是全省农机化作业水平稳步提升。2011年，全省农业机械化综合水平达到55.2%，比上年提高4.1个百分点。其中，全省机耕、机播、机收水平分别达到68.3%、59.4%、33.6%。

三是全省农机服务组织蓬勃发展，农机化经营效益实现大幅增长。2011年，全省各类农机服务组织达到86.02万个，比上年增长3%。其中农机专业合作社发展到1327个，入社人数达到1.1万人。全省农机化经营总收入达到107.4亿元，比上年增加9.7亿元，增幅9.9%。其中农机户经营纯收入达到53亿元，比上年增加5亿元，增幅10.4%。

四是农机安全生产形势持续向好。2011年全省农机安全生产事故起数、伤亡人数均低于省政府对农机安全生产的总体控制考核指标，农机安全生产形势继续保持稳定。

一年来，全省各级农机部门重点抓了以下七项农机化工作：

(一)严格补贴制度，认真落实农机购置补贴政策。2011年，全省共落实农机购置补贴资金6.5亿元，其中，中央财政补贴资金5.8亿元，省财政投入4000万元，市县配套3000万元，引导11.3万户农民投入19.2亿元购买各类农机具12.5万台件，带动全省农机经销企业销售额达到30余亿元。在实际工作中，各级农机部门普遍与同级纪检监察、财政等部门共同成立了农机购置补贴领导机构和监督检查机构，协调农机购置补贴重大事宜，全程监督补贴政策实施；实行了"三先三后"操作办法，即：对大中型动力机械先上户后累加，对玉米薯类关键生产环节机具先作业后累加，对安装类机械先验收后补贴；鼓励和引导购机农民使用"信合卡"结算；狠抓了督促检查，对在补贴工作中出现问题和苗头的企业和市县采取约谈、停网、暂停资金拨付等措施给予警示。农机购置补贴政策的实施，取得了"农民得实惠、企业得效益、政府得民心"的良好效果。

(二)精心组织重要农时季节机械化生产，玉米、薯类机收等农业生产关键环节机械化取得阶段性突破。全年共组织100余万台各类农业机械投入农业生产，分别完成机耕、机播、机收面积3789万亩、3461万亩、1960万亩。针对全省部分地区遭遇严重旱情，提前启动了水泵、喷灌机械等抗旱机具补贴工作，共补贴农民购买抗旱机具3.6万台件，并全部投入抗旱保春耕春播。"三夏"期间，全省共组建跨区机收服务队192个，成立跨区机收接待服务站87个，完成小麦机收985万亩，机收率达到92%，作业进度较往年提前3天；完成机械复播玉米、豆类面积545万亩，机播率达到90%。在"三秋"农机作业中，采取累加补贴玉米、薯类收获机械，实施玉米机收秸秆还田作业补贴和贫困县马铃薯机械化收获作业补贴等措施，完成玉米机收面积689.7万亩，机收水平达到26.5%；马铃薯机收面积达到134.8万亩，机收率达到32%。

(三)机械化农业重点工程建设加快推进，有效提高了耕地质量和粮食综合生产能力。2011年，全省投入项目专项资金1.65亿元实施保护性耕作和农机深松项目建设，总投入比上年翻了近一番。全年完成农机深松整地面积530万亩，是上年的3倍多。新增保护性耕作面积146万亩，实施面积达到了1100万亩，覆盖了全省11个市100多个县，受益农民近1100万人。在资金投入、建设速度、建设规模和建设质量方面，继续保持全国领先地位。

(四)农机化公共服务体系建设步伐加快，农机服务水平明显提高。借平遥国际摄影节，与中国农机化协会联合举办了第一届全国农机摄影大赛作品展，展出了100余幅优秀农机摄影作品。在全省组织了《山西省农机化条例》颁布实施五周年纪念活动，举办了"山西农机微博"和"手机短信"大赛。投入600万元专项资金，完成3.5万人阳光培训和农机操作手培训任务。为50多个县免费配备移动式拖拉机监测设备，为30多个县免费配备事故处理设备，农机安全监理装备水平和事故处理能力得到显著提升。狠抓了16个农机推广旗帜县，在县级站、基层服务站、示范基地、示范区等建设上进

行了机制体制探索创新，以点带面，有效提高了基层农机推广服务能力。在农机社会化服务体系建设方面，我局与省农林水气劳动竞赛委员会联合开展了农机化生产社会化服务劳动竞赛活动。2011 年全省新发展农机专业合作社 298 个、农机大户 1126 个，新建维修网点 235 个，培育“星级”农机维修网点 22 个，召开了“农机销售企业与农机专业合作社对接试点座谈会”，扶持成立全省第一家“农机合作联社”，举办“农机专业合作社社长培训班”，全省涌现出了一批承租土地万亩以上的专业合作社。

（五）加大了农机科研和农机化技术推广力度，机械化对现代农业的科技支撑作用显著增强。一是成功举办了第二届中国（山西）特色农产品博览会农机展，展示了 90 余个农机生产企业 450 种农机产品，为全省农民推介了一大批适合我省农业生产需要的特色农机产品，受到了各级领导干部、广大群众、社会各界和新闻媒体的广泛关注。省委副书记、省长王君，省委副书记金道铭、省委常委组织部长汤涛、副省长郭迎光和离退休省级领导到会观摩并进行了具体指导，山西电视台、山西电台、《山西日报》和《农机化导报》等主流媒体都做了详细报道。此次展会签订农机项目 18 个，签约资金达到 22 亿元，取得了显著成效。我局还先后举办了第六届北方现代农业装备推广展示交易会、全省玉米、马铃薯机械化作业现场培训会和秋季农机化生产现场会。市县农机部门结合当地实际，举办了各类农机展示、演示会 194 场次，组织技术培训 221 期。二是在全省建立了 36 个玉米机械化生产示范区和 15 个马铃薯机械化生产示范区，玉米全程机械化生产示范面积达到 74 万亩、马铃薯全程机械化生产示范面积达到 15 万亩，起到了很好的辐射带动作用。三是农机科研开发取得重大突破。11 项农机科研成果通过了省级科技成果鉴定，其中 6 项达到国际先进水平，3 项达到国内领先水平。

（六）狠抓农机安全监理，农机化发展秩序持续向好。2011 年，全省共新注册登记拖拉机和联合收割机 2.5 万台，检验各类机车 5.3 万台，新训新考农机驾驶员 1.1 万名，排查农机事故隐患 9308 项。在全省开展以“安全责任 重在落实”为主题的农机“安全生产月”活动；举办了 11 期农机执法人员培训班，核发监理证 1749 个，事故处理员证 413 个；芮城、襄垣、榆次、侯马、朔城等 5 县（市、区）被评为全国“平安农机”示范县。

（七）强化农机质量监管，有效净化了农机产品、作业和服务市场。“3·15”期间，省农机局在全省组织了农机维权和打假主题活动，共印发宣传资料 28.6 万余份，接受群众咨询 30 余万人次，在全省范围内营造出了依法维权的良好氛围。组织对 10 家卷帘机生产企业的生产条件、质量保障能力以及产品质量进行了现场督导检查，对 21 家企业生产的 238 台玉米收获机进行了质量调查，在认真总结分析的基础上，对企业提出了改进意见，并要求限期整改。组织全省 162 个补贴机具定点供应企业进行了法律法规、补贴纪律、现代经销企业管理等知识培训，全省补贴产品定点供应企业行为得到明显规范。2011 年，全省共受理各类农机质量投诉案件 16 起，结案 13 起，为购机农民挽回经济损失 32 万元。

二、按照省委提出的“转型发展、跨越发展”战略部署，全面贯彻落实党的工作责任制和党风廉政建设责任制

深入学习贯彻袁纯清书记在全省领导干部大会和中国共产党山西省第十次代表大会上的讲话精神，积极开展创先争优活动和推进学习型党组织建设，不断加强班子成员和广大党员干部思想、组织、作风和制度建设，推进党风廉政建设和反腐败工作深入开展，确保年度各项工作任务顺利完成，为全省农业和农村经济发展做出了积极贡献。

一是认真落实党建和党风廉政建设责任制。进一步建立和完善了“一把手”抓班子成员、班子成员抓分管部门、一级抓一级、层层抓落实的工作机制，制定下发了《中共山西省农机局关于 2011 年党风廉政建设和反腐败工作任务的分解意见》，按照“一岗双责”和“谁主管谁负责”的原则，把全年 29 项党风廉政建设和反腐败工作任务具体分解到各党组成员和职能部门，进一步明确了党组成员和职能部门的责任。

二是突出抓了理论学习和宣传教育。以党组中心组扩大会、支部党员大会、辅导讲座等形式集中学习了“十二五”规划、基层组织工作条例、胡总书记七一讲话、十七届六中全会、中央纪委六次全会精神及全省领导干部大会、省十次党代会和全省党风廉政建设干部大会精神等内容。抽调 13 名处级干部参加了省直机关工委组织的中短期培训。对局直各单位党员干部进行了党史知识和时事政治的培训。认真开展了党风廉政宣传教育活动，组织党员领导干部观看了《小官大贪警示录》、《没有规划好的人生》和《正风肃纪，创优环境》等警示教育片。组织各支部召开了“正风肃纪、创优环境”专题组织生活会。

三是狠抓了基层组织建设。制定出台了《关于进一步加强和改进局直机关党的建设实施意见》，明确规定了党员学习、组织建设、党务干部选配的具体要求；指导农机推广总站党总支进行了换届改选，并从加强党建工作要求出发，设置了总支书记；组织指导局直单位领导班子召开民主生活会，查找不足，剖析根源，增强班子凝聚力。全年新发展党员 4 名。

四是积极开展了主题教育活动和帮扶行动。在全省农机系统开展了农机购置补贴工作自查自纠和“廉洁从政、遵纪守法、阳光操作”两个警示教育活动；在局机关开展了“进一步加强机关效能建设和优化发展环境活动”；在局直系统开展了“纪律作风集中教育整顿月活动”；组织开展了《党在我心中》主题演讲。成立干部下乡领导机构和工作机构，在局党组书记、局长王立伟同志的带领下，局领导班子成员深入各自住村联系点深入农户进行调查研究，与村委一班人座谈讨论，制定切合实际的发展规划，共投入扶贫资金 158.2 万元，帮扶了 25 个项目，为推动帮扶村的经济发展打下了良好的基础。组织局直系统干部职工开展了“送温暖献爱心”活动，累计捐款 3 万余元。

五是扎实开展了政风行风评议活动。成立了政风行风评议领导组和办公室,制定了《山西省农机局2011年民主评议政风行风的实施意见》,组织召开了全省农机系统民主评议政风行风动员大会,向社会公开了政风行风评议的承诺内容,并公布了举报电话和网站;省农机局主要领导带领有关处室站的负责人,两次走进《政风行风热线》直播节目,与广大听众进行了交流和对话,现场解答了农民朋友关注的关于农机化发展方面的问题。

(赵忠伟　秦永红)

附:省农机局党组书记、成员名单

书　记:王立伟

成　员:姚建忠　许继光　郭廷荣(7月离职)　张培增　张乃晨

中国煤炭博物馆党委工作概况

党委书记　李希海

2011年,中国煤炭博物馆党委以邓小平理论和“三个代表”重要思想为指导,深入贯彻落实科学发展观,深刻领会党的十七大、十七届六中全会及省第十次党代会精神,不断推进党的建设,扎实开展创先争优活动暨建设学习型党组织,积极实行党务公开,加快推进民主建设,丰富精神文明创建内容,为文博主业、生产经营工作的开展提供了坚强的政治、思想和组织保证。

一、加强党的建设,扎实推进创先争优活动

(一)加强思想理论建设。

一是安排部署全年理论学习计划。年初,馆党委下发了《关于2011年中国煤炭博物馆党委中心组和党员干部职工理论学习安排的通知》,从学习中国特色社会主义理论、学习建设学习型政党的相关知识、学习社会主义核心价值体系、学习新出版的《中国共产党历史》、学习反腐倡廉法规制度、学习党和国家重大工作会议精神六方面详细制定了党委中心组和各基层党支部理论学习计划,并就理论学习时间、学习要求及考核细则进行了安排部署。

二是加强领导班子理论学习。馆党委把中心组的学习摆在重要议事日程,明确提出要把遵守学习制度、完成学习任务以及运用理论指导工作和加强党性锻炼方面的情况作为年终述职的一项重要内容,一年来班子成员除参加中心组集中学习外,还以普通党员身份参加馆(总公司)有关党员学习培训及所在党支部理论学习活动,有效地提高了学习的针对性。

三是加强中层干部的理论学习。2011年,馆党委为副处级以上干部购置了《中国共产党历史》第一卷、第二卷和《从怎么看到怎么办》,为各支部书记配备了《创先争优学习读本》、《深入开展创先争优活动文件选编》、《中国共产党和国家机关基层组织学习条列》辅导读本、《党的基本知识》、《杨善洲的故事》、《三晋先锋》及《科学发展主题案例教材》等书籍资料100余册,要求中层干部每月学习时间不少于两次,自觉做到集体学习不缺、读书笔记完整、发言记录规范。

通过学习,使党员干部进一步增强了党的意识、宗旨意识与党性修养,进一步统一了思想、统一了意志、统一了行动,为推进我馆各项事业向前迈进提供了强大的内在动力。

(二)加强组织建设。

一是组织召开党委专题民主生活会。为开好2011年的民主生活会,馆党委在会前进行了认真准备。采取中心组集中学习、党委中心组扩大会议学习等形式,对有关文件进行了认真学习。对所属的10个党支部发放了书面征求意见表,从党性修养、工作作风、服务群众、廉洁自律等方面广泛征求对班子和班子成员的意见和建议。会上,班子成员站在党性原则和煤博馆长远发展的高度,提出问题,剖析根源,开展了批评与自我批评,并对发现的问题提出了整改措施。

二是组织召开党支部专题组织生活会。12月中旬,按照馆党委的要求,党员干部以支部为单位,认真观看了警示教育资料片《正风肃纪创优环境》和《没有规划好的人生》。全馆所有党支部,严格对照省纪委发布的“五个不准”,召开了“正风肃纪,创优环境”专题组织生活会。会上,各支部党员干部对存在的问题认真查找根源,并制定了整改措施,进一步规范了党员干部的行为,提高了思想认识水平。

三是认真做好积极分子的培养和组织发展工作。严格按照“坚持标准,保证质量,改善结构,慎重发展”的方针,坚持成熟一个,发展一个,严格执行发展党员公示制度,严格党员转正手续,严格入党积极分子培训制度。

四是加强基层支部组织建设。2011年,根据工作需要及时合并、撤销了部分党支部,增选了部分支部委员,为支部工作的顺利开展提供了组织保证。

(三)加强舆论宣传工作力度。

一是加大馆内外宣传力度。充分利用《政工简报》、网络、板报、临时展览以及参加学术交流会议、向一些书刊提供稿件等形式,大力宣传在文博主业以及经营工作中的好人好事、重大决策等事项,全年共编发简报50期。

二是进一步丰富《煤炭博览》内容。《煤炭博览》是经山西省新闻出版局批准的内部科技型杂志。2011年,我们立足山西,面向全国,从“高层视角”、“行业聚焦”、“政策解析”、“学术研究”、“煤博之窗”等十多个板块广泛传播煤炭文化,报道煤炭及相关产业发展的动向,为煤炭行业领导及同仁提供前

沿信息。

三是发挥网络宣传教育作用。煤博网站是对外宣传先进文化、展示煤炭知识的窗口，一年来，充分发挥网络的巨大覆盖性和快捷性，及时更新网站信息，丰富网站内容，为更多的人了解煤炭知识、认识煤博馆提供尽可能详尽的服务。

（四）扎实推进创先争优活动。

一是完成领导点评工作。2011 年 1 月，馆党委就创先争优活动中领导点评这一环节制定了详细方案。六位馆领导围绕推动中心工作、开展公开承诺、为群众办实事好事、加强党组织和党员队伍建设、党群共建创先争优等方面对分管的基层党组织和各党支部书记进行了点评。各党支部书记围绕立足本职岗位争创一流业绩、开展公开承诺、联系和服务群众等方面对支部所属党员进行了点评。此次点评，各党支部有针对性地提出意见建议 172 条，整改措施 311 条，馆党委将这些意见建议进行了归纳，并在以后的工作中逐步予以落实整改。

二是开展评选表彰活动。七一前夕，馆党委在各党支部开展了评选表彰先进党支部、优秀共产党员和优秀党务工作者的活动。共评选出 3 个先进党支部、4 名优秀党务工作者、33 名优秀共产党员，同时有 14 名同志获省煤炭厅直属机关优秀共产党员，1 名同志获优秀党务工作者，并组织优秀党员和优秀党务工作者赴西柏坡参观学习。12 月份开展了评选先进集体和先进工作者的活动，共评选出先进集体 6 名，先进工作者 34 名。五四期间，开展了评选优秀共青团员、团干部及青年岗位能手的活动，共评选出优秀共青团员 14 名，青年岗位能手 12 名，优秀共青团干部 4 名。3 月份，出版了《煤博风采录》第四辑，书中收录了近三年来在我馆各个领域涌现出来的 10 位先进标兵、各项工作中涌现出来的先进集体事迹。2011 年，我馆获得省、市级荣誉共计 14 项，个人获得省、市、区级各种荣誉 50 项。通过评比表彰，在全馆形成了学先进、赶先进，在各自岗位上创先争优的良好氛围。

（五）加强反腐倡廉建设。

2011 年，馆党委加强了对全馆职工的党风廉政教育，组织全体党员特别是党员领导干部对《廉政准则》进行了认真学习，以“正风肃纪，创优环境”为突破口，促使全馆党员干部牢固树立遵纪守法、廉洁从政的思想，进一步从源头上预防和治理腐败的产生。同时，在全馆新上重大项目、做出重要决策、使用大额资金以及签订各种重要经济合同、经营协议之前，馆党委都要求纪检监察室依照有关法律法规、党纪党规进行认真研究、审核把关。一年来，馆纪检监察室共审核各类合同协议 30 余件次，研究相关经营项目的法律问题 11 件次，提出建议 90 余条，尽力把矛盾纠纷化解在萌芽状态，做到了未雨绸缪，保证了各项工作的顺利进行。

（六）积极推行党务公开。

根据煤炭厅直属机关党委的要求，馆党委制定并下发了《关于我馆党的基层组织实行党务公开工作的实施方案》。明确了实行党务公开的指导思想、基本原则、内容、类型、程序、方式、保障制度、工作步骤、领导机构及工作要求十项内容。在党务公开目录中，确定了 8 大项 46 小项党务公开的内容、公开范围、公开形式、公开时限及责任单位。并在外网开辟了党务公开目录，为各支部制作了党务公开栏。自推行党务公开以来，馆党委将我馆重大决策、涉及群众利益的改革措施、重大事项、群众普遍关心的热点难点问题以及党员发展等党内事务公之于众，并借助党员群众对党务公开内容的信息反馈，进一步改进和完善党的各项工作，以此保障广大党员群众民主权利，增强基层党组织的凝聚力、感召力，营造心齐气顺、安定有序的环境。

二、以纪念建党 90 周年为契机，开展系列庆祝活动

一是组织党员参加纪念建党 90 周年党的知识竞赛。通过答题，使党员们重温了党史、党建及国情省情知识，这次活动中，有 4 名党员获得优秀个人奖。

二是组织职工参加演讲比赛。在山西省煤炭厅为庆祝建党 90 周年举办的“党在我心中”演讲比赛中，我馆职工张瑞艳获得第一名，代表省煤炭厅参加了省直工委举办的演讲比赛。

三是组织职工参加红歌比赛。在山西省煤炭工业厅庆祝建党 90 周年“心中的歌”群众歌咏演唱会中，我馆获得三等奖。

四是制作宣传板面。从 2 月份开始，馆党委就开始营造建党 90 周年活动的氛围。将《光辉的历程 伟大的成就》画册中的 24 幅图片，张贴到版面上，放置到显眼的位置，让全馆职工从图片上直观地了解到建党 90 年来，党团结全国各族人民取得了令人瞩目的伟大成就。七一前夕，制作了“开展创先争优活动，喜迎建党 90 华诞”专题喷绘版面，营造了浓厚的节日氛围。

三、以“迎中博、创环境、争一流”活动为契机，美化环境，提升形象

（一）整治环境卫生，美化馆区景色。

一是突出“治脏”这一重点，实现由脏到净的根本性转变。对宿舍区院内、37 个单元楼道和办公区的垃圾、杂物进行了彻底清理；对区域内不符合卫生要求的项目进行了整治；对正在施工的工地建筑垃圾强化了管理。

二是抓好“治乱”这一难点，实现由乱到齐的根本性转变。对馆区、学院区及生活区内的小广告进行了彻底的清理；对临街商店投入 25 万元，统一制作、更换了门面窗面广告；对馆区 600㎡ 地面进行了硬化，新规划了停车位。

三是强化“治差”这一热点，实现由“差”到“美”的根本性转变。对馆区、生活区实行全天候的清扫保洁，切实做到美化馆区及生活区；对院围墙、栏杆、部分宿舍楼外立面 4500㎡ 的面积进行了粉刷；对草坪进行绿化补种 2600 棵围芽等等。

（二）开展“抓服务、迎中博、创优质景区”主题活动。

在“迎创争”活动中，我馆中煤公司开展了“抓服务、迎中博、创优质景区”主题活动。一手抓优化内部管理，一手抓劳动竞赛，大大提升了景区形象。8 月 23 日，省直工委“迎创争”活动工作组第七督导组特意将督查会议安排在我馆召

开。9月6日,省直工委在省直和中央驻并单位"迎创争"活动督查通报会上,对我馆自筹资金和开展"抓服务、迎中博、创优质景区"主题活动予以了表扬。

四、以推选职工代表为契机,加强民主制度建设

2011年10月,进行了职工代表及管理委员会代表的推选工作,选举产生了43名职工代表,还产生了由7名职工代表组成的管理委员会。我馆民主制度建设向前迈了一大步。

五、加强对工会、共青团的领导,使其充分发挥桥梁和生力军作用

在馆党委领导下,2011年工会在组织职工开展各种文体活动、协调化解矛盾、为困难职工排忧解难等方面做了大量工作。共青团以开展活动为载体,增强了团组织的凝聚力,充分发挥了团结教育青年和党的助手作用。

(张晓玲)

附:中国煤炭博物馆党委书记、委员名单

书　记:李希海(5月任职)

委　员:张奎元　陈胜军　胡高伟(5月任职)

王　晋

省城镇集体工业联合社党组工作概况

党组书记　李荣钢

2011年,省城联社党组坚持以邓小平理论和"三个代表"重要思想为指导,深入贯彻落实科学发展观,紧紧围绕服务转型跨越发展,按照党的十七届六中全会、省委九届十一次全会、省十次党代会精神和省直工委的安排部署,以加强党的先进性建设为主线,牢牢把握服务中心、建设队伍两大任务,以纪念建党90周年为契机,认真学习贯彻《中国共产党党和国家机关基层组织工作条例》,扎实开展创先争优活动和学习型党组织建设,以改革创新的精神,推进省城联社党的建设,不断提高党建工作科学化水平,为我社"十二五"开好局提供坚强的政治和组织保证。

一、重视党建工作,坚持贯彻党要管党、从严治党的方针

(一)对党的工作作出了总体部署。省城联社党组在2008—2012年工作规划中要求全面加强党组织建设,培养和建设高素质干部队伍。2010年初印发了《省城联社党组贯彻落实〈中共中央关于加强和改进新形势下党的建设若干重大问题的决定〉的实施意见》,明确提出了新形势下省城联社加强和改进党的建设的总体要求,要全面加强党的思想、组织、作风、制度和反腐倡廉建设,发挥党组的领导核心作用。2011年2月18日党组扩大会,认真学习研究部署了2月14日省直机关党的工作会议精神;3月14日再次研究部署了2011年落实党的工作责任制和机关党委主要工作任务,并印发了会议纪要;在印发省城联社2011年主要工作任务时,又对党建工作作了安排;每年党组部署对机关和直属单位工作考核时,同时对各单位领导班子贯彻落实党的工作责任制进行述职和考核。做到了每年将党建工作与经济业务工作同安排、同落实、同考核。

(二)党组书记切实履行党建工作第一责任人职责。一是党组书记和党组成员能自觉参加双重组织生活会。二是党组多次听取机关党建工作情况汇报,研究部署党建工作,特别是对机关党委换届工作进行了多次指导。三是党组书记以《提高新时期党的执政能力》为主题,给全体党员讲党课,进行警示教育。四是认真贯彻落实《中国共产党党和国家机关基层组织工作条例》和省委的《实施意见》。党组坚持安排机关党委专职副书记列席党组会议,尤其是研究经济业务工作、直属单位改革、讨论干部任免奖惩等重大事项时,都要听取机关党委的意见,并参与推荐、考察干部等环节的具体工作。五是党组成员对分管部门和单位的党建工作进行督查、指导。六是党组成员建立了党员干部党建工作联系点,并经常深入联系点进行调研指导工作,帮助解决群众关心的热点难点问题,促进了发展。

二、加强理论武装,着力提高干部职工思想素质

省城联社党组坚持用马克思主义中国化最新理论成果武装头脑,指导实践。一是坚持党组中心组学习制度。按照省直工委的统一部署,拟定了《省城联社党组中心组和干部理论学习安排意见》,提出了学习的具体内容,明确了学习的方法、时间和具体要求,党组中心组学习做到了有中心议题、有考勤、有记录。2011年党组中心组集体学习9次13天。针对我社党组成员少的实际情况,把党组中心组集体学习成员扩大到机关党委委员、机关纪委委员、机关各处室主要负责人和直属单位党政主要负责人,每次参学率都达到95%以上。通过中心组学习的表率作用,带动了机关和直属单位党员干部的学习,坚定了广大党员干部的理想信念。二是努力建设学习型党组织。按照创建学习型党组织的要求,我们研究制定了机关在职干部、直属单位中层以上干部学习必读书目和

自学书目。为各直属党组织订购了《中国共产党党和国家机关基层组织工作条例》、《马列主义经典著作选编》(领导干部读本、学习导读)、《中国共产党历史》(第二卷),给机关在职职工和直属单位购买了《把信送给加西亚》等书籍,同时在部分直属单位开展了一人一月一本书的"3个一图书阅览台"试点。在学习教育中,我们坚持以党员干部为重点,把理论学习和指导实践相结合,采取了集中学习、个人自学、理论测试等方式。三是组织10名处级干部参加省直机关处级干部学习十七届五中全会精神专题培训班和选派2名青年干部参加省直中青年干部培训,完成了党员干部参加党校培训计划,通过学习培训,深刻领会了全会精神,牢牢把握"十二五"发展主线,明确奋斗目标和主要任务,切实把思想和行动统一到中央和省委的部署上来。四是开展社会主义核心价值体系学习教育,引导广大党员干部始终保持立场坚定、头脑清醒,自觉践行社会主义荣辱观。五是组织参加了省直工委举办的"思想讲坛"和"厅局长报告会",使广大党员干部的思想较快适应新的发展形势,思想观念、理论素养有了明显提升,指导实际工作的能力进一步提高。

三、加强基层组织建设,增强党组织的凝聚力

一年来,根据省直工委的安排和要求,按照年初制定的工作要点,将抓好基层组织建设作为党建工作的重点。一是认真贯彻落实《中国共产党党和国家机关基层组织工作条例》和省委的《实施意见》,并制作了展板,使我们更加明确了党建工作的核心任务和根本职能,从而增强了做好党建工作的信心和决心。二是健全了党的基层组织。根据工作需要成立了山西省工艺美术馆党支部,指导基层党组织进行换届选举,调整充实了离退休人员管理处党总支负责人。三是对机关党委进行成功换届。根据《中国共产党党和国家机关基层组织工作条例》有关规定,严格按照组织程序,筹备召开了省城联社第二次党员代表大会,回顾了机关党委上届党建工作,总结了机关党建工作的基本经验,对今后一段时期党建工作作出了部署,通过选举并报省直工委批准产生了第二届机关党的委员会和纪律检查委员会。四是按照组织程序发展党员。按照党章规定和"十六字"方针,严格党员发展的标准和程序,坚持成熟一个发展一个的原则,切实把政治素质好、业务能力强、作风正派的优秀人才充实到党员队伍中来。全年培训入党积极分子7名,发展新党员7名,5名预备党员按期转为正式党员。五是开展创先争优活动,着力增强党员的先进性。为激发基层党组织的战斗堡垒作用和充分发挥党员的先锋模范作用,在"七一"前夕对7个先进基层党组织、30名优秀共产党员、3个党风廉政建设先进集体、12名党风廉政建设先进工作者进行了表彰。六是认真做好党费收缴、使用和管理工作。认真贯彻落实中组部颁布的《党费收缴、使用和管理的规定》,严格执行党费收缴标准和使用党费分级审批、财务支出的规定,并按照党务公开的要求,在年初对上年度党费收缴使用情况进行公示,做到了党费使用管理公开透明、安全规范。

四、加强反腐倡廉教育,树立和发扬良好风气

紧紧围绕省城联社的中心工作,开展反腐倡廉教育。一是深入学习广泛宣传,进一步规范领导干部廉洁自律。一年来,坚持把政治理论学习同党风廉政建设结合起来,把学习贯彻落实中纪委十七届六中全会精神和胡锦涛同志在大会上的重要讲话作为政治任务,认真学习,加深理解,狠抓落实。为贯彻落实六中全会精神,召开了省城联社2011年党风廉政建设工作会议,学习传达了会议精神,印发了《省城联社2011年党风廉政建设和反腐倡廉工作安排》,对党风廉政建设和反腐倡廉工作进行了安排部署。通过学习和工作安排,把党员干部的思想和行动统一到中央和省委的精神上来,统一到省城联社党组的工作部署上来,有力地促进了省城联社党建工作和反腐倡廉工作的开展,同时,为进一步贯彻落实《中国共产党领导干部廉洁从政若干准则》,组织了知识测试,使广大党员干部牢记"8个严禁"、"52个不准"的要求,树立廉洁意识、法律意识和制度意识。二是强化制度建设、建立健全长效机制。首先,将完善各项制度作为推进党风廉政建设和反腐败斗争的重要举措,不断修订完善相关管理制度,积极推进党务、社务公开,先后完善了《中心组学习制度》、《机关财务管理制度》、《招待费管理暂行办法》、《车辆管理制度》、《节约用电、用水管理制度》、《办公用品管理制度》等规章制度,做到用制度规范人的行为。其次是积极推进党务公开,建立党务公开制度。根据省委和省直工委的安排部署,成立了党务公开工作领导小组及办公室,建立健全了党务公开组织领导机构,印发了《关于在省城联社直属党组织实行党务公开的实施方案》,明确各级党组织书记对党务公开工作负总责,并确定了党务公开的内容,明确了党务公开的方式,进一步增强了党务工作的透明度。三是深入开展纪律作风整顿。按照省纪委《关于以"正风肃纪、创优环境",在全省深入开展纪律作风集中教育整顿月活动的通知》精神,成立了省城联社活动办公室,党组对"教育整顿月"活动进行了专题安排和动员部署。印发了《关于在全省纪律作风集中教育整顿月中召开专题民主生活会的通知》,要求每位党员要按照"五个不准"开展对照检查,开展批评和自我批评。四是认真贯彻执行《中国共产党纪律处分条例》的规定,对所属党组织上报党员的处分予以批复,并报省直纪工委备案。同时组织学习上级纪检监察部门查办的违法违纪案件的通报,组织观看警示教育片和参观"山西省反腐倡廉成果展",意在提高广大党员干部对反腐败斗争的复杂性、长期性、艰巨性的认识和增强拒腐防变、抵御风险的能力。

五、开展丰富多彩的活动,文明和谐创建工作取得成效

2011年,机关文明和谐创建工作稳步推进。一是根据省直文明委对创建工作的要求,结合工作实际,拟定了《省城联

社直属机关2011年精神文明建设和文明和谐创建工作计划》，并与机关各处室签定了“创建文明和谐单位目标责任书”。二是以纪念建党90周年一系列活动为契机，丰富职工的文化生活，培养干部职工爱党爱国的高尚情操。举行了全体党员重温入党誓词仪式，举办了纪念建党90周年《辉煌历程》图片展，组织参加了庆祝建党90周年党的知识竞赛、“党在我心中”演讲比赛和90人参加的“颂歌献给党群众性歌咏汇演”，并获得了省直工委颁发的“道德风尚奖”。三是组织干部职工开展“扶贫济困献爱心”和“博爱一日捐”活动，两次共捐助了15837.10元。四是开展关怀老党员和困难党员活动。在“七一”前夕，对离休干部和老党员进行了走访慰问，送去了中组部的慰问信和省城联社特制的庆祝建党90周年纪念品。五是以全民健身活动为载体，倡导科学文明生活方式。为增强干部职工的身体素质，修建了乒乓球、羽毛球场馆，为干部职工健身提供了条件。同时组织参加了全省处级干部羽毛球比赛，在2011年的比赛中，获得了女子双打第一名、女子单打第二名和混合双打第二名的好成绩，并获得了“体育道德风尚奖”。六是积极响应“迎中博、创环境、争一流”活动。首先为迎接中博会的召开，开展了“迎中博、讲文明、树新风”主题教育活动，进一步营造了文明和谐的氛围。其次，在“迎中博、创环境、争一流”活动中，在资金紧张的情况下，将“迎创争”活动作为一项重要活动，积极筹措资金500多万元，在机关大院修建了体现三晋文化浓厚氛围的三雕(砖雕、石雕、金属雕)文化墙，整饰办公场所、宿舍楼约5000平方米，硬化路面200平方米，清除垃圾7000立方米，以崭新的面貌、良好的环境迎接中博会的召开。并获得了第六届中国中部投资贸易博览会组委会颁发的“优秀服务奖”。

六、充分发挥群团组织的职能作用，各项工作有效开展

(一)共青团工作。机关团委积极发挥共青团组织的先锋作用，在直属团组织中深入开展“创建文明号”活动。结合“五四”青年节举办以“畅游红色足迹 感受峥嵘岁月”的主题团日活动。通过参观学习，团组织的凝聚力得到加强。

(二)妇女和计生工作。年初对妇委会进行换届，选举产生了新一届妇委会，健全了组织，为开展妇女工作奠定了基础。注重妇女职工身体健康，按照有关规定，每年定期为机关全体妇女同志进行妇科体检。认真落实计划生育政策，积极开展宣传教育活动。

(三)工会工作。工会在制度建设、发挥工会作用、维护职工合法权益上下功夫。建立了困难职工电子档案，进一步加大对困难职工救助的力度，每年都要对机关和直属单位有困难的职工进行慰问。2011年元旦春节前夕筹措“送温暖”专项资金7万余元，为职工解困、企业发展奉献了爱心，注入了活力。2011年，机关工会被省财贸轻纺烟草工会授予“模范职工小家”称号。 (贾爱珍)

附：省城镇集体工业联合社党组书记、成员名单

书　记：李荣钢

成　员：杨晋才

省供销合作社联合社党组工作概况

党组书记　高　瑋

2011年，省供销合作社党组紧紧围绕加快山西转型跨越发展、打造全新供销合作社的工作重心，认真贯彻落实国务院40号、省政府23号文件精神，以全面推进农村便民连锁商店“两年全覆盖”工程为统领，以提高效益、增强实力为重点，以“新网工程”建设和发展农村合作经济组织为中心，上下一心，创新进取，奋力拼搏，狠抓落实，各项工作呈现出新气象，发生了新变化，迈上了新台阶：全系统购进总额完成210.3亿元，同比增长28.3%；销售总额完成226亿元，同比增长22.8%；汇总实现利润10208万元，同比增长49.2%，首次突破亿元大关，荣获2011年全国供销合作社系统综合业绩考核省级优胜单位一等奖、全国供销合作社系统优秀农产品经纪人协会一等奖、全国百强农产品经纪人优秀组织奖、全国供销合作社系统“五五”普法先进集体、全国供销合作社系统会计基础工作特等奖等荣誉称号。得到了省委、省政府和全国总社领导的充分肯定，省委书记袁纯清、省长王君、全国总社杨传堂主任等领导先后六次作出重要批示，称赞全省供销社工作积极主动，措施得力，有力度、有章法、有亮点、有成效。

一、农村便民连锁商店“两年全覆盖”工程取得重大进展

一年来，全省供销社把便民连锁商店“两年全覆盖”作为“一号工程”，统揽全局，倾注全力，紧抓不放，狠抓落实，超额完成了工作任务：2011年省政府确定的便民连锁商店建设任务是5469个，实际建成7310个，超额完成1841个，完成年任务总数的133.7%。目前，全系统已累计建设便民连锁商店22812个，覆盖全省行政村宜建总数的96%。阳泉、太原、长治、晋中、忻州五个市已实现两年任务一年完成。为使便民连锁商店保证质量建好、认真负责管好、发挥功能用好，省社制定下发了以建设、管理、加盟、考核评价为主要内容的《规范管理办法》和《奖惩制度》，并加强和完善了商品配送、商品质量、服务承诺、“八不经营”等规章制度。2011年，省社组成

11个督查组先后4次深入所有市县便民连锁商店进行调研督查，对督查中发现的困难和问题，及时协调解决。运城、朔州、吕梁、晋城、临汾等市社也组织机关干部分阶段、分批次对建设进度进行督查指导。

二、"新网工程"建设力度持续加大

全省各级供销社继续把"新网工程"建设作为加快转型跨越发展的重要抓手，在量的扩张和质的提升上取得了显著成效。2011年，全系统建设规范日用消费品配送中心任务是30个，实际完成41个；建设规范农资配送中心任务是15个，实际完成22个；建设改造提升农副产品批发交易市场任务是10个，实际完成14个，三项指标完成率分别为137%、147%和140%，有力推进了农村现代流通体系建设迈上标准化、规范化和现代化轨道。

一是把配送中心建设的提升改造作为提高品质、优化服务的重要举措，形成了"县级区域配送中心＋乡镇超市＋村级便民店"的连锁经营网络，提高了商品配送率和配送覆盖面。阳泉、长治、大同等市社已在各县区全部建立了连锁配送中心，完善了物流配送体系。盐湖区新供销物流配送中心已对全区314个便民店实现了配送全覆盖，商品配送率达到58%以上。

二是把有效解决农副产品购销网络和再生资源回收利用网络两大"短板"问题作为"新网工程"建设的工作重点，大力推进了农副产品批发市场和农产品流通加工企业的升级改造、功能提升，积极兴建了一批再生资源回收利用市场和网点。长治市果品公司金鑫瓜果批发市场通过设施改造，改善了经营环境，提高了服务品质，被全国供销合作社授予农业产业化重点龙头企业称号。太原市新建的东社回收交易市场具有存储、分拣、初级加工、交易、资源分流、信息收集发布等多种功能，全市还新建和收编了200个社区绿色回收站亭。

三是把项目拉动作为促进"新网工程"建设又好又快发展的一项重要任务，在省政府和总社的大力支持下，现已落实项目资金1.2亿元，建设项目270多个，为"新网工程"建设注入了强大的活力。

四是以信息化促进"新网工程"现代化，省社主办的"山西农村信息化商务平台——山西供销网"项目，共投资700多万元，已经全部完成主体建设任务并测试运行，形成了上下贯通的省、市、县三级平台，以及横向融合的物流平台、信息交流和在线交易平台，成为全省第一个主要针对"三农"的电子商务大型交易平台。

三、鲜活农产品流通体系建设加紧构建

鲜活农产品流通体系建设是"新网工程"建设的重要组成部分，也是供销社为农服务的重要内容。全系统深入贯彻落实国务院《关于加强鲜活农产品流通体系建设的意见》，把鲜活农产品流通体系建设作为各级供销社当前及今后一个时期为农服务的中心工作，摆上了重要议事日程，省社研究制定了《关于大力推进鲜活农产品流通体系建设的实施意见》，在工作精力和项目资金上向鲜活农产品流通体系建设倾斜，努力打造一批功能完备、辐射面广、吞吐量大、服务质量优的鲜活农副产品流通大型龙头企业。晋中市社已与田森集团联手成立了山西田森农副产品加工配送有限公司，成为晋中市域最大的鲜活农产品配送龙头企业。

四、传统主营商品供应作出突出贡献

紧紧围绕全省经济发展大局，积极发挥自身优势和作用，切实抓好主营业务和大众农村商品供应，努力成为政府调控市场和"三农"工作的有力抓手。

一是农资供应满足了全省农业生产需要。2011年，以省农资集团为龙头的各级供销社农资经营企业，积极组织货源，合理调度配送，加强质量管理，大力开展送肥到基层、到田间地头和开库直供直销等优惠服务活动，做到"件件有优惠、袋袋给补贴"。全年共销售化肥241万吨，同比增长1.6%；农膜1.5万吨，同比增长34.8%；农药0.5万吨，同比增长12.4%。同时，不断创新农化服务工作方式和农资科技服务营销理念，在全省开展测土配方施肥等农化服务，提高了化肥利用率，促进了农民增产增收。

二是碘盐供应经受了严峻市场考验。3月中旬，我省各地发生了大范围的食盐抢购事件，省供销社及时成立了领导组，制定六大举措，积极协调新闻媒体，正面引导群众。省盐业公司和各级盐业部门反应敏捷，行动迅速，启动应急预案，确保货源供应。省盐务局和各级盐务部门开展24小时巡查和监管，加大市场查稽力度，使抢购风潮很快得到有效控制。2011年全省碘盐合格率完成97.76%，碘盐覆盖率完成98.82%，均超标准完成了省政府确定的目标任务。

三是烟花爆竹经营管理得到了创新发展。各级供销社不断加强烟花爆竹行业的经营管理，尤其是晋中市供销社，深化企业改革，理顺经营体制，成立了供销社控股86%的烟花爆竹有限责任公司，并对县级公司也采取专营化或供销社控股，增强了供销社对烟花爆竹经营的市场控制力。同时加强了行业经营和专营监管，对域内烟花爆竹经营实行"六统一"：即统一进货、统一批发、统一价格、统一管理、统一经营和重大活动的统一燃放，做到了管理制度化、经营网络化、燃放专业化，为全省烟花爆竹经营管理开辟了新路。

五、社有企业改制改革积极推进

把社有企业改革作为加快供销社发展的重要支撑，加大改革力度，积极稳妥操作，推动联合合作，拓展业务领域，全系统改制工作进展有序，成效明显。2011年，省社已对省直企业进行全面摸底调查，研究制定了《社有资产监督管理办法》、《直属企事业单位管理办法》、《直属企事业单位经营绩效考核奖励办法》等，强化指导，严格考核。农资集团创新经营思路，拓宽经营领域，正在由单一经营业态向多种经营业态、多种发展模式转变。省棉麻公司已对下属四个单位着手进行改制安排，运城分公司大部分资产得以有效处置和盘

活，职工身份置换基本完成，改制工作正在有序进行。

六、农村合作经济组织建设步伐加快

经过多方争取，省民政厅已同意省供销社筹备成立山西省农村合作组织联合会；全系统新组建各类协会 19 个，累计达到 168 个；省社农业综合开发项目向专业合作社倾斜，扶持培育了武乡三里湾种植专业合作社、汾阳肖家庄禾盛昌农科贸专业合作社、尧都彩虹果蔬专业合作社、祁县耀华酥梨专业合作社、平遥晋伟中药材综合开发合作社等为农服务典型，目前，全系统已自办和领办各类专业合作社 1188 个；各级供销社积极推进综合服务社标准化建设，太原市尖草坪区在新建的三个社区综合服务社中，实行了服务内容社会化和系列化、服务项目综合化和多元化、服务设施规范化和标准化。

七、各项保障工作不断加强

各级供销社在做好各项业务工作的同时，更加重视监督保障、思想保障和组织保障，在审计、法律、监事会、老干部等方面做了大量工作，取得了明显成绩；在班子建设、创建学习型机关、转变工作作风等方面做到了目标明确、责任到位和优质高效；在教育、制度、监督、纠风、惩治腐败等方面加强领导、齐抓共管，营造了风清气正、纪律严明、团结进取、共谋发展的政治氛围；全系统创建文明和谐单位成效显著，仅省社直属单位就涌现出 1 个省级文明和谐单位和 5 个省直文明和谐单位标兵；扶贫和下乡住村活动扎实有效，得到了当地党委、政府和老百姓的高度评价。结合纪念建党 90 周年活动，省社组织并参加了歌咏比赛、演讲大赛、书画和摄影比赛等丰富多彩的文艺活动，受到了省直文明委的充分肯定和高度评价，工青妇等各方面工作均取得了新成绩。省社合作经济学会编纂了百万字的《山西省志·供销合作社志》，翔实记载了改革开放以来全省供销社取得的辉煌业绩与成就。

（张　明）

附：省供销合作社联合社党组书记、成员名单

书　记：王俊辰（3月离职）　高　璋（3月任职）

成　员：齐玉梅（女，8月离职）　李亚明　李俊德　王义升　张红星　袁清茂（8月任职）　李　海（8月任职）

群团组织党组工作概况

省总工会党组工作概况

党组书记　郭海亮

2011年，在省委和全总正确领导下，省总工会党组认真贯彻中央关于工人阶级和工会工作的重要指示精神，全面贯彻党的十七届四中、五中、六中全会和省第十次党代表大会精神，围绕中心，服务大局，突出重点，全面履职，各项工作取得了新进展，为促进全省经济社会又好又快发展作出了积极贡献。

一、把党的路线方针政策和省委的决策部署贯彻落实到工会各项工作之中

一是凝聚引领职工群众，把思想和行动统一到党的决策部署上来。以庆祝建党90周年活动为契机，大力开展“当好主力军、建功‘十二五’”全省职工形势政策任务主题教育，组织了300多场宣讲交流活动，广泛开展了内容丰富、形式多样的庆祝活动，坚定了广大职工永远跟党走的信念，进一步把全省职工凝聚在转型跨越发展、再造一个新山西的旗帜下。成功举办“健康山西、职工先行”山西省第三届职工文化节，包括职工书法美术摄影展、全省职工“五一”文艺晚会、“颂歌献给党”全省职工合唱音乐节、全省职工歌咏比赛、广播体操“共同行动”、职工歌手大赛、有奖征文、职工乒乓球赛等10项大型职工文体活动，历时半年，规模宏大，影响深远，覆盖了全省各类企业和广大职工。深入开展“心系重点工程、情暖一线职工”慰问演出活动，并把慰问演出与送清凉、劳模宣传、创建“工人先锋号”活动结合起来，增强对职工的感召力和影响力，极大丰富了职工的精神文化生活。

二是团结动员职工群众，为推动转型跨越发展建功立业。省总工会出台了《关于组织动员广大职工为实现“十二五”规划目标任务创先争优、建功立业的决议》和《2011年—2015年劳动竞赛规划》，在全省11个市同步启动“十二五”期间“转型跨越杯”劳动竞赛活动，扎实推进重点工程“七比一创”劳动竞赛、“工人先锋号”创建活动，把劳动竞赛覆盖到各行业、各领域。隆重召开全省“五一”表彰大会，评选表彰了819个先进集体和个人，推出9个方面的十佳标兵。特别是针对基础建设、引黄入晋等重点工程，节能降耗等重点领域和行业技能大赛等重点活动，进行专题记功表彰。通过组织开展“劳模宣传月”活动，大力营造学习、弘扬劳模精神的良好氛围。通过完善劳模补充养老保险、组织劳模休养、做好劳模困难补助发放工作、推荐青年劳模参加全国“劳模本科班”学习深造等方式，竭诚为劳模办实事、做好事、解难事，为他们发挥更大的作用创造了良好环境和条件。

三是着力提升职工群众素质，促进职工的全面发展。省总工会出台了《全省职工素质建设工程五年规划（2011—2015）》，全面推进职工素质工程建设。广泛开展群众性技术创新活动，职工提合理化建议63.6万条，完成技术革新9049项、发明创造2730项，2584项先进操作法得到推广应用，共创造经济效益88.96亿元。深入开展群众性岗位练兵、技术培训、技能比赛等职业技能提升活动，13.7万名职工提升了技术等级。2011年，全省参加群众性经济技术活动的职工达到546万人次。推动建立高技能人才示范带动机制，全省建立高技能人才创新工作室153个，359家企业建立首席员工制度，聘请首席员工等技能带头人4331名。大力推进“职工书屋”建设，召开了全省工会“职工书屋”建设推进会，完成30个全国示范点和50个省级示范点建设任务，建成省级“职工书屋”自建点424个，完成全年任务的141.3%。

四是切实维护职工群众权益，促进劳动关系和谐稳定。积极推动所有企事业单位普遍建立职代会制度、厂务公开民

主管理制度。9月9日，省委召开常委会议，省委书记袁纯清主持并专题听取了省总关于全国构建和谐劳动关系先进表彰暨经验交流会和全国深化创新厂务公开民主管理工作会议的有关情况，要求全省各级党委、政府和工会组织高度重视、着力提高构建和谐劳动关系和厂务公开民主管理工作的水平。按照袁纯清书记指示，省总与有关单位密切协作，召开了全省构建和谐劳动关系、深化创新厂务公开民主管理工作先进表彰暨经验交流会。省委副书记金道铭出席并讲话，省委常委、副省长高建民出席会议。大会通过表彰先进，交流经验，对目标任务、重点工作进行安排部署，进一步推动了创建劳动关系和谐企业活动深入开展。全省以非公企业为重点，大力推行区域性、行业性职代会和厂务公开制度，开展"星级职代会"创建活动和厂务公开、职代会建制专项行动，多措并举，扩面提质。全面推进平等协商集体合同制度。深入开展"平等协商月"活动，目前，全省签订综合性集体合同20697份，签订女职工专项集体合同17891份，签订工资专项集体合同20834份，同比增长44.83％，覆盖企业48693户，同比增长57.05%，覆盖职工3819382人，同比增长17.87%。不断加强集体协商代表和工资协商指导员队伍建设，全省工资集体协商指导员达到3919人，实现了每市不少于30人、每县不少于5人的目标。全力推进安康工程。在煤炭系统广泛开展"争创优秀安全班组、优秀班组长和优秀特聘煤矿安全生产群监员"活动，全省"安康杯"参赛企业达到1.1万家，参赛职工411万人，参赛班组12.53万个，特聘13600名煤矿安全群众监督员规范上岗。进一步规范完善井口群众安全工作站，汇集反映安全和职业病隐患28000多条。积极配合有关部门开展职业卫生状况专项治理，有力地保护了劳动者的身体健康和生命安全。

五是竭诚服务职工群众，充分体现党和政府对职工群众的关怀。省总工会召开了纪念送温暖活动20周年、帮扶中心建设10周年座谈暨表彰大会和全省企业工会帮扶工作常态化长效化机制建设现场会，在全省掀起帮扶困难职工、农民工的热潮。在省总工会倡导下，全省2161家企业的6336名工会干部与困难职工结成帮扶对子。创业促就业工作、"关爱职工、平安度夏"维权月活动、农民工工资支付情况专项检查工作、工会法律援助工作等都取得了显著成效。2011年"两节"送温暖活动筹集资金1.03亿元，慰问困难职工和农民工23.5万人，实现了对建档困难职工"全覆盖、不遗漏"。"金秋助学"中，共筹集资金3269.97万元，资助困难职工和农民工子女14004人。

与此同时，工会自身建设、财务、经费审查、工运理论政策研究、资产监督管理、对外交流、职工物价监督、女职工等工作进一步得到加强，取得明显实效。

一年来，我省工会多项工作受到中央、省委、全总领导的肯定。中共中央政治局委员、全国人大常委会副委员长、中华全国总工会主席王兆国、省委书记袁纯清等领导同志分别就我省工会工作做出重要批示，充分肯定，并做出指示。在全国工会创先争优暨推进工会组建工作视频会议、全国工会职工思想政治工作视频会议、全国工会保障工作会议、全总工资集体协商工作经验交流会等会议上，省总工会都作了典型发言，向全国推介山西的经验。

二、认真抓好省总领导班子和干部队伍自身建设

一是坚决贯彻执行中央和省委、省政府的决策部署，服务全省工作大局。胡锦涛总书记就工会工作做出重要指示，习近平、王兆国等中央领导同志及袁纯清书记分别就工会工作做出重要批示后，党的十七届六中全会、全国构建和谐劳动关系先进表彰暨经验交流会、省第十次党代会、全省领导干部大会、中央和省经济工作会议及全总有关会议召开后，省总工会都及时以党组会、主席办公会、常委（扩大）会议、机关大会和全省工会视频会议等形式，传达学习，并围绕中央和省委的工作部署，提出贯彻落实的思路、重点和举措，服务大局，发挥作用。

二是扎实推进学习型机关建设，切实转变工作作风。完善学习制度，出台《关于推进学习型党组织建设的实施方案》，推动了学习型党组织建设的科学化、制度化和规范化。党组中心组坚持率先学习，2011年集体学习12次，做到有记录、有考核。通过组织集体学习、开展自主选学、组织研修班、参加"山西干部在线学院"学习、以考促学、每月读一本好书等活动，大力营造学习氛围，进一步提高了领导班子和干部队伍的政策理论水平和业务能力。切实转变作风，继续深入开展处级干部"五联系"活动，并在"五联系"的基础上，集中开展了全省企业劳动关系状况普遍调查，完成101份市、县企业劳动关系状况分报告，基本掌握了基层劳动关系状况。全年组织集体劳动5次，以支部为单位分散劳动30余次。按照干部下乡住村"六个一"活动要求，省人大常委会副主任、省总工会主席郭海亮和省总常务副主席高凤平分别深入岢岚县宋家沟乡明家沟村和官地村，与村民同吃、同住、同劳动，共谋发展大计，帮助群众解决生产生活中的实际困难。

三是认真贯彻民主集中制，增强领导班子的凝聚力。严格执行民主集中制的各项制度规定，对事关全局的重大事项，都进行充分讨论，广泛听取意见，由党组集体讨论决定。围绕"坚持以人为本执政理念、发扬密切联系群众优良作风"和学习杨善洲主题，广泛征求各市、产业工会及机关各部门、事业单位的意见和建议，于12月召开党组民主生活会，在自觉践行党的宗旨和加强党性修养方面查找不足，分析原因，制定措施，整改落实。坚持做到问计于基层、求策于基层，先后召开各市、县和企业工会主席太原、大同、晋城3个片会，征求大家对全省工会2012年工作的意见和建议。

四是不断建立健全各项管理制度，深入推进政务公开。省总工会高度重视制度建设工作，在修订、完善既有管理制度的基础上，进一步出台了机关办公楼（院）标准化管理、公章使用管理、财务管理、经费监督审查等方面的制度规定，做到依法行政，照章办事，不断提高机关工作科学化水平。严格请销假制度和考勤签到制度，严格执行"五个不准"规定，严

肃机关工作纪律。依托省总工会网站,及时对工会重要事务进行公开。

五是切实加强干部人事管理,营造选贤任能的良好氛围。制定《山西省总工会处级干部竞争上岗方案》,推行竞争性选拔干部工作,完善了干部人事制度。8月份,按照《方案》开展了处级干部岗位竞争选拔,选拔了3名正处实职,4名正处级虚职,4名副处实职,8名副处级虚职,得到广大职工的认可。

六是全面推进机关党建和精神文明建设工作,推进创先争优活动向纵深发展。制定《关于加强省总机关党支部建设的意见》和《关于在省总直属机关基层党组织开展党务公开的实施细则》,进一步规范了党支部建设。制定《关于山西省总工会创建"文明处室"活动方案》,明确了精神文明建设的目标、任务和落实措施,保障创建工作科学化、规范化、制度化运行。抓住庆祝建党90周年这一契机,深入开展形式多样的形势政策宣传教育活动,积极开展丰富多彩的群众性创建活动,用社会主义核心价值体系武装思想,铸造灵魂,进一步激励干部职工在工作实践中开拓创新、奋发进取。积极指导全省工会组织和广大职工开展创先争优活动,下发了《关于在创先争优活动中做好领导点评工作的实施意见》,认真总结、大力推广创先争优先进集体和个人的经验,加强督促检查,抓好工作落实,确保创先争优活动有计划有步骤地向前推进。

三、扎实推进惩防体系建设和落实党风廉政建设责任制

省总工会党组紧紧围绕工会工作大局来谋划和部署反腐倡廉工作,使之融入业务工作的各个方面。在制度建设上,深入学习贯彻《廉政准则》,制定《关于加强领导干部反腐倡廉教育的实施意见》,以加强对领导干部教育为重点,不断完善省总工会党风廉政建设各项规章制度,着力加强工作制度、财务制度、监督制度、教育制度建设,推进拒腐防变长效机制的形成。在抓落实上,做好省委省政府年度党风廉政建设和反腐败工作任务的分解和督促落实工作。省总工会主要领导同志带头执行领导干部廉洁从政规定。领导班子其他成员按照"一岗双责"的要求,抓好分管部门和单位的党风廉政建设,抓好所承担反腐倡廉任务的落实。在抓落实的过程中,深入开展党性党风党纪宣传教育,认真开展专项治理工作,切实加强干部作风建设,努力把党风廉政建设责任制落到实处,推动了党风廉政建设和反腐败工作深入开展。

(宋海兵)

附:省总工会党组书记、副书记、成员名单

书　记: 郭海亮

副书记: 高凤平　郭新民(7月任职)

成　员: 王兴旺　梁若洁　安　娜(女,7月离职)
王　珍　梁克昌　王　荣(女,4月任职)
赵沂旸

共青团山西省委党组工作概况

党组副书记　赵雁峰

共青团山西省委机关系统共有3个党委,1个党总支,29个党支部,292名党员。2011年,在省委的正确领导下,团省委党组以邓小平理论和"三个代表"重要思想为指导,全面贯彻落实科学发展观,紧紧围绕全省工作大局,认真履行团的职责,深入开展创先争优活动,着力加强党的建设,团结带领全省各级团组织和广大团员青年在推进转型跨越发展、再造一个新山西的宏伟实践中发挥了生力军和突击队作用,各项工作取得明显成效。

一、努力加强党的建设,不断夯实团的工作基础

党的建设是共青团全部工作和战斗力的基础。团省委党组始终按照党的要求,把党的执政能力建设和先进性建设作为主线,坚持党要管党、从严治党,贯彻为民、务实、清廉的要求,以坚定理想信念为重点加强思想建设,以造就高素质党员、干部队伍为重点加强组织建设,以保持党同人民群众的血肉联系为重点加强作风建设,以健全民主集中制为重点加强制度建设,以完善惩治和预防腐败体系为重点加强党风廉政建设,努力增强团省委机关党的创造力、凝聚力和战斗力,为推进团的工作奠定坚实基础。

(一)坚持服务发展大局,着力提升共青团服务转型跨越发展能力。围绕经济社会发展大局,及时在广大青年中组织学习中央和省委的重大会议、重要决策部署,充分发挥党联系青年群众的桥梁纽带作用,为推动转型跨越发展营造良好氛围。及时就青年创业就业、青少年思想动态等重大问题向省委省政府进行专报,为省委省政府提供决策参考。组织300多名青年代表走进发改委等10个厅局,与厅局长面对面互动交流,进一步增强了广大团员青年投身转型跨越发展的积极性与自觉性。

(二)坚持民主集中制原则,着力增强班子凝聚力和战斗力。不断健全完善党组会议制度、书记办公会议事规则等决策机制,严格按照"集体领导、民主集中、个别酝酿、会议决定"的原则,把民主集中制贯穿于工作决策的全过程。定时召开民主生活会,开展批评与自我批评,各抒己见,相互学习,使班子进一步凝聚了力量,增进了团结,提高了工作效率。坚

持年中及年终述职制度，听取各市级团委和机关各部门的工作述职，面对面地交流看法和认识，认真听取意见和建议，及时改进工作中存在的问题，进一步提高了书记班子的决策水平。

(三)坚持推进学习型机关建设，着力提升班子和干部队伍的理论水平和综合能力。一是年初班子成员围绕转型跨越发展等专题，轮流进行形势政策辅导，为机关干部起到了良好的示范带动作用。二是中心组学习先后邀请原副省长刘维佳等领导和专家学者专题辅导，集中学习11次，使机关干部坚定了信念、开阔了眼界、理清了思路。三是坚持每周二下午进行主题党课、支部集中学习、个人自学等多种形式学习，及时学习了中央、省委和团中央有关会议精神。四是为机关系统55名干部专门办理了网络学习帐号，利用网络平台推动干部学习。

(四)坚持开展创先争优活动，着力加强团组织党建工作。一是全方位党务公开，专门成立党务公开工作领导组，通过党内有关会议、文件、简报等公开方式，营造了党内民主讨论、民主监督的环境。二是在纪念建党90周年活动中，组织机关系统全体党员在彭真生平暨中共太原支部旧址纪念馆进行了集体宣誓，重温入党誓词，有力促进了基层党组织和党员队伍建设。三是选树和表彰了“创先争优”活动中涌现出的先进党组织、优秀党员和优秀党务工作者，用身边典型教育引导广大青少年。

(五)坚持培养与管理并重，着力加强干部队伍建设。一是注重培养。选派1名同志到省信访局挂职锻炼，2名同志参与援川工作，21名基层团干部到团省委挂职，促进了干部的成长。班子成员分别带队深入11个市30多个县(市、区)，就共青团组织参与社会管理创新，进行了专题调研，教会了方法，形成了成果。分别带队深入到太谷县5个村开展下乡驻村“贴心工程”，用一周时间和青年群众同吃、同住、同劳动、同学习。机关干部在接“地气”中，自觉增强了服务青年群众的意识。二是严格管理。坚持团要管团，从严治团，把落实党风廉政建设责任制工作纳入党组的中心工作，精心部署，狠抓落实。通过组织警示教育报告会、观看警示教育片、专题民主生活会、年度述职述廉、廉政谈话等，引导党员干部严格遵守党纪，时刻保持警醒，自觉抵制各种错误思想和不良风气的侵蚀。党组成员经常与所分管部门干部交流谈心，对苗头性问题和不良作风及时纠正。

(六)坚持开展精神文明创建工作，着力推进“五型机关”建设。以机关精神文明创建活动为载体，积极开展争创文明部室、争当文明职工等群众性文明创建活动，着力推进学习型、服务型、责任型、创新型、廉洁型机关建设。通过新年团拜会、主体团日、植树造林、球类比赛、书法比赛、早操锻炼等活动，丰富了机关文化建设，增强了集体凝聚力，提升了机关精神文明创建水平。团省委机关连续12年被评为省直文明和谐单位。

二、认真履行团的职能，进一步巩固和扩大党执政的青年群众基础

巩固和扩大党执政的青年群众基础，是党赋予共青团的根本职责。团省委党组紧紧围绕胡锦涛总书记“两个全体青年”的重要指示，充分履行共青团“组织、引导、服务、代表和维护青少年合法权益”的四项基本职能，努力用团的组织覆盖全体青年，用团的工作影响全体青年，不断巩固和扩大党执政的青年群众基础。

(一)履行引导青少年职能，引领青少年思想不断深化。一是普遍开展“学党史、知党情、跟党走”主题教育活动。以纪念建党90周年、辛亥革命100周年等重大节日为契机，教育引导广大青少年坚定跟党走的理想信念，全省950万青少年普遍参与了“党在我心中”党史学习、“永远跟党走”主题团日、“与信仰对话”百场党史报告进校园等系列活动。全省万余所中小学校的300余万少年儿童普遍参与了以“学、访、传、唱”为主要内容的“红领巾心向党”活动。参与手机“红色传递”活动的青少年达3.2亿人次。二是扎实开展“山西转型跨越”形势政策宣讲活动。围绕山西转型跨越发展，专门编印了宣讲提纲，深入宣传山西转型跨越发展的深刻内涵，引导广大青少年建功立业，施展才华。五四期间，开展了主题为“转型跨越做贡献，青春建功新山西”的青年群英会系列活动，受表彰的1000名青年典型分赴全省各地，通过报告会、交流会等形式走进机关、高校、企业、两新组织、社区、农村开展形势政策宣讲活动1012场，影响带动了31万名青年。三是持续推进“青年马克思主义者培养工程”。进一步拓展青年马克思主义者培养工程的培训对象，组织青年企业家、青年科技工作者、青年农民致富带头人、高校青年教师、青年公务员共500余人分赴太原、阳泉、长治、临汾等地参加了以“追寻红色足迹、锤炼坚定信仰”为主题的青年马克思主义者培训班。并依托高校团组织，将“青年马克思主义者培养工程”覆盖全省所有高校1万余名大学生骨干。

(二)履行组织青年职能，推进基层组织建设和基层工作力度持续加大。一是加强基层党建带团建。及时与省委组织部联合下发了《关于转发中共中央组织部、共青团中央<关于加强新形势下基层党建带团建工作的意见>的通知》。组织专门力量，深入基层广泛开展专题调研，系统梳理基层党建带团建的经验做法和问题建议，进一步理清了新形势下基层党建带团建的工作思路。二是全面完成乡镇、街道团的组织格局创新工作。按照“省级统筹、市级推动、县级主抓”的思路，全省1196个乡镇、196个街道全部完成组织格局创新工作。此项工作得到团中央认可并在我省召开了全国乡镇团的组织格局创新工作(北方片区)推进会。三是进一步加强两新组织团建。新建非公企业团组织1804个，新社会组织建团395个，农民专业合作社建团472个。首家驻外团工委在京正式成立。四是继续加大基层支持力度。为县级团委配备大学生志愿者，派驻高校挂职团干部，提供物资支持171万元。投入180万元建成覆盖各级团组织的办公自动化系统和团员

青年数据库。

（三）履行服务青年职能，促进青年就业创业成效明显。一是深化青年创业小额贷款工作。进一步拓展与金融机构的合作，多渠道搭建融资平台，全年共为6.13万名青年提供小额贷款47.42亿元，带动12.93万人就业。二是扩大青年培训规模。整合各类培训资源，全年共培训青年5.51万人，实现就业2.91万人。围绕“一县一业、一村一品”以及“三区”建设，针对性地组织农村青年致富带头人和大学生村干部，到农业高等院校和大型农业企业，开展农业产业化专题培训1200余场，培训农村青年致富带头人1.53万人次。利用网络创新“共青团劳务输出大篷车”品牌工作，全年共开展劳务输出洽谈会253场，参与人数达到10万余人，达成用工意向2.3万个，实现转移就业1.16万人。三是加强就业见习基地规范化建设。与金融、电信、科技、连锁销售等行业单位合作，新建精品优质基地26家，新增见习岗位1500余个。全年确保青年就业创业见习基地保有量达到1375家，共组织1.64万名青年上岗见习。

（四）履行代表和维护青少年合法权益职能，青少年维权工作扎实深入。一是开展“共青团与人大代表、政协委员面对面”活动。开展“面对面”活动183次，形成调研报告69篇、提案建议145份。二是加强青少年法制宣传教育。联合公安、司法部门积极开展青少年法制宣传活动，为10万名务工青年发放《法制宣传手册》。开展“与法同行”、“法律进校园”、“模拟法庭”等多种实践教育活动，增强了广大青少年的遵法守法意识。12355平台为青少年提供法律援助、心理疏导等服务18890人次，维权救助弱势青少年119名。三是完成《山西省志愿服务条例》调研论证。在学习调研的基础上，先后三次邀请相关人员和志愿者代表就《山西省志愿服务条例》进行了讨论修改。现已提请省政府法制办将《山西省志愿服务条例》列入2012年正式立法项目。四是关注重点青少年群体。调研起草《孤残流浪儿童、不良行为青少年和社会闲散青少年现状及管理与对策建议》、《当前青少年违法犯罪情况调查分析与对策建议》、《全省大学生宗教信仰状况调查分析》三个报告，为省委省政府加强和创新社会管理提供重要依据。

（五）注重发挥共青团传统品牌影响，推动全省共青团事业创新发展。希望工程筹集善款1200万元，资助困难、大病青少年15669人，援建希望小学11所。青年志愿者新注册10.2万名，结对农民工子女学校708所，“一助一”帮扶结对9.48万对，参与关爱农民工子女服务行动240万人次。参与服务西部计划志愿者168名。800名青年志愿者热忱服务第六届中博会，赢得社会各界的广泛赞誉。少先队“手拉手”互助活动为农民工子女和孤残儿童等发放1万多份大礼包，实施“红领巾手拉手文化体育健康乐园”项目。青年文明号组织全省各级青年文明号集体集中开展了“百城万店青年文明号信用示范周”活动。对200多个青年文明号集体和争创集体进行了交叉互检，对200余名省级青年文明号争创集体负责人进行了培训。青年安全生产示范岗以“百千万”竞赛活动为牵动，联合省安监局开展了青年安全生产示范岗创建评选工作，在认定167个的基础上，又命名了89个“青年安全生产示范岗”，推动“青年安全生产示范岗”在全省安全生产领域实现了全覆盖。大学生“挑战杯”科技创新大赛经过层层选拔，我省选送全国组委会35件作品，19件作品获奖，其中特等奖1件、二等奖4件、三等奖14件，6所高校获得校级优秀组织奖。在“中国青少年科技创新奖”评选中，我省2名代表获奖，实现了我省在科技类作品竞赛中的历史性突破。大学生暑期“三下乡”社会实践活动按照“全省联动、项目带动、校地互动”的创新思路，以社会需求为导向，以专业知识为优势，以项目团队为主体，组织全省5万名大中专学生广泛开展了主题为“永远跟党走、建功新山西”的社会实践活动，开创了大学生社会实践活动组织的新模式。青年对外交流活动共组织279名优秀青少年出访学习，接待17个团336名青少年来访，并与德国、日本、朝鲜等国家和港台地区的青年组织签订了互访协议。

（刘晓晖）

附：共青团山西省委党组书记、副书记、成员名单

书　记：刘润民（1月离职）

副书记：高　键（7月离职）

赵雁峰（主持工作，8月任职）

成　员：雷健坤（女，8月离职）

安　华　任　忠　李云峰

省妇女联合会党组工作概况

党组书记　李悦娥

2011年，省妇联党组认真贯彻中央、省委省政府以及全国妇联的一系列决策部署，围绕全省中心工作，以“把妇联组织建设成为党开展妇女工作的坚强阵地和深受广大妇女群众信赖和热爱的温暖之家”为目标，坚持服务大局、服务妇女、服务基层，坚持党政所急、妇女所需、妇联所能，坚持男女两性和谐发展、城乡妇女统筹发展、妇女事业与社会事业同步发展，着眼全局谋发展，立足基层抓服务，深化“四大行动”，实施“12345”工程，团结带领广大妇女在“推动转型跨越发展、实现再造一个新山西”的宏伟目标中，充分发挥了妇女“半边天”的作用。

一、围绕省委省政府转型跨越发展战略部署，积极推进妇女创业就业敬业工作

组织带领各条战线妇女积极投身转型综改试验区和“四化”、“四个山西”建设，努力为办好“两件大事”发挥重要作用。特别是抓住妇女创业就业这一最大的民生问题，不断深化“巾帼创业就业”行动。通过建设基地、强化服务、搭建平台、扩大领域、开展竞赛五个途径，通过教育培训、项目带动、资金扶持、市场开辟一条龙服务，引领妇女参与经济社会建设，为推动转型跨越发展做贡献。2011年，全省共建巾帼创业基地486个，创业就业基地342个，女大学生创业实践基地270个。在“春风送岗位”活动中，组织各类女性专场招聘会230场，提供就业岗位10万个，帮助实现就业3.6万人，组织劳务输出4.6万人。实施“红玫瑰行动计划”，推动兴业银行为40户女企业家经营的企业投放贷款14.79亿元，提供妇女就业岗位1500个。推动落实妇女小额担保贷款财政贴息政策，全省累计发放贷款3.72亿元，获贷妇女2649人，落实贴息资金230.4万元。组织妇女参加第二届中国(山西)特色农产品交易博览会、义乌小商品博览会，帮助开拓产品市场，寻求合作伙伴，增加销售收入，一大批创业女性成为我省服务业、中小微企业的生力军。以巾帼创新业、建功“十二五”为主题，以窗口单位、服务行业为重点，在广大妇女中深入开展“服务创一流、巾帼展风采”活动、开展向太原高速公路小店“女子”收费站学习活动，与省总工会等单位联合开展女职工技能大赛、岗位练兵等活动，全年表彰省级巾帼文明岗195个，巾帼建功标兵211个，有效激发了广大女职工岗位成才、岗位建功的热情和干劲。

二、围绕学习贯彻党的十七届六中全会精神，深入开展“我爱我村、我爱我岗、我爱我家”主题教育活动

以社会主义核心价值体系为引领，广泛开展群众性精神文明创建和文化活动。特别是以深化“和谐家园共创”行动为抓手，在全省城乡妇女和家庭中开展以“爱党歌曲家家唱”为主体的庆祝建党90周年系列活动，开展“三爱”主题活动，在汾阳贾家庄村和太原等地分别召开活动推进会，号召农村妇女积极做好“我爱我村十件事”，动员城镇女职工做出“创先争优、我爱我岗”六项庄严承诺，向广大妇女和家庭发出传承美德、弘扬新风五项倡议，引导妇女爱党爱国爱社会主义，有力夯实了党执政的妇女群众基础。深入推进家庭教育工作，建立130个省级家庭教育工作示范基地，举办370余场家庭教育巡回公益讲座，有力推进了全民素质的提升。开展关爱空巢老人、帮扶留守妇女儿童、美化社区环境等巾帼志愿服务，全省巾帼志愿者已达20万人。培养和宣传妇女先进典型，省妇联选树表彰道德模范、三八红旗手、巾帼建功标兵、优秀女共产党员等先进典型1535人，全省共表彰文明和谐家庭1万余户，营造了学先进、比先进、创先争优的良好氛围。

三、围绕参与社会管理和创新，不断完善妇女儿童维权机制建设

按照创新联系妇女方式、创新思想工作方法、创新维权服务手段、创新妇女参与模式、创新工作活动载体、创新基层组织形式的思路和举措，充分运用党委和政府赋予的工作资源和条件，做好直接服务妇女群众的工作，为维护社会和谐稳定发挥了积极作用。特别是不断深化“妇女普法维权”行动，加强妇女利益协调、诉求表达、矛盾调处和权益保障四大维权机制建设。广泛开展普法活动，出台《山西省妇联第六个五年普法规划》，启动“六五”普法工作。各级妇联通过开展普法培训、“三八”维权周活动等形式，教育引导广大妇女学法知法、守法用法，依法维护自身合法权益。在各类大型普法宣传活动中，发放宣传资料12万份、提供法律援助咨询830件次，全省参与群众达10万人次。不断创新维权服务手段，加强信访工作，充分发挥五级信访网络、12338妇女维权热线的作用，全年妇联系统共接待来访、受理来信来电近万件次。加强阵地建设，发挥妇女维权合议庭、110家暴报警中心、基层妇女维权站的作用，有效维护妇女合法权益。创建基层妇女维权站，在全省乡镇街道、村庄社区实现了全覆盖，选树省级“妇女维权示范站”100个。加强队伍建设，组建了维权志愿者和妇联干部人民陪审员队伍，在法律咨询、矛盾纠纷调解中发挥了重要作用。积极参与综合治理，出台《关于进一步加强妇联组织妇女维权与矛盾纠纷调解工作的意见》，组织妇联干部深入基层和妇女群众，查民情、知民意、解民忧，积极协助党和政府把矛盾化解在基层和萌芽状态。出台《关于深化“平安家庭”创建工作的意见》，召开工作推进会，引深创建活动，在全省选树了100个创建示范村、100个创建示范社区和60户示范家庭，以家庭的平安促进了社会的稳定。

四、围绕人才强省战略，大力实施女性素质提升行动

适应国家和省中长期人才发展规划纲要的新要求，满足妇女群众发展的新期待，省妇联把提升妇女素质、提升妇女参与发展的能力作为一项基础性工作和战略性任务来抓，开展了“女性素质提升”行动，制定了2011--2015年全省妇联干部教育培训规划。重点开展了农村妇女实用技术培训、妇女创业就业培训，对巾帼科技致富带头人、巾帼创业带头人、女大学生村官、村妇代会主任、妇女干部等不同妇女群体进行了有针对性的培训，全省各级妇联共举办各类培训班6500期，培训妇女100万人次。妇女干部培训走进清华、北大、井冈山，走出了国门。女性在政府相关教育培训项目中的参训比例进一步提高，妇女的整体素质和致富能力得到大幅度提升。妇女人才信息库建设不断完善，全省4500个团体会员凝聚妇女人才、组织妇女人才的优势和人大女代表、政协女委员参政议政的作用得到充分发挥，为人才强省提供了有力支撑。

五、围绕打造“坚强阵地”和“温暖之家”，着力加强妇联组织自身建设

坚持“党建带妇建、妇建服务于党建”的工作方针，积极创建学习型、服务型、创新型妇联组织。加强基层组织建设，全省100%的乡(镇)、街道，85%的机关事业单位建立了妇女组织，全省行政村和社区实现了“妇女之家”全覆盖，两新组织中建设妇女之家15085个。由省妇联组织的省女领导干部联谊会、省女知识分子协会、省女企业家协会以及妇联组织的其他团体会员发挥了联系妇女、服务妇女、凝聚妇女的重要作用。加强妇联干部能力建设和作风建设，开展妇联干部教育培训，开展千名妇干下基层活动，组织1000余名妇女干部，带着农林牧、法律、卫生等部门的专家下乡住村，开展“六个一”活动，80多支工作队帮助村民解决实际问题130多项，形成调研报告50多篇。抓住省第九届村民委员会换届契机，采取“写进去”、“选进去”、“补进去”的举措，推动女性进村“两委”比例实现历史性突破。目前，妇联组织自身建设基本实现了组织覆盖、工作覆盖和服务覆盖，基本形成了有妇女就有妇女组织，有组织就有妇女工作，有工作就有凝聚力的新格局，为夯实党的执政之基做出了应有的贡献。

六、围绕解决妇女儿童民生问题，实施“五助”项目

着力加强对失业失地、留守流动妇女儿童、病残妇女儿童、单亲母亲、空巢老人等困难群体的关爱帮扶，加强对孤残流浪儿童、刑释解教妇女、患艾滋病妇女儿童等特殊人群的关爱帮扶。

一是实施贫困妇女创业就业资助项目。在全省设立巾帼创业就业基地项目，在贫困县扶持建立了68个巾帼创业就业基地，鼓励和帮助更多有创业意愿和创业能力的城乡妇女成功创业，并吸纳和带动更多的妇女实现就业。

二是实施贫困妇女健康救助项目。在全省设立贫困妇女“两癌”救助基金项目，每名患病妇女救助1万元，共救助患“两癌”的贫困妇女215名。母亲健康快车项目等活动为贫困地区农村妇女送健康理念、送健康知识、送健康服务，受益妇女儿童达40多万人次，全面提高了农村妇女的健康水平。

三是实施留守流动妇女儿童关爱援助项目。在全省设立农村留守妇女关爱基金项目，“关爱留守流动儿童之家”示范点项目，村、社区“妇女之家”示范点项目，分别在贫困妇女儿童相对集中的地区建立示范“关爱留守流动儿童之家”118个，农村留守妇女关爱基金试点200个，“妇女之家”示范点400个。

四是实施儿童公益慈善项目。资助失学女童的“春蕾计划”，募集资金339.92万元，新增2个春蕾学校、8个春蕾班项目，惠及儿童1000余名。资助因艾滋病致孤儿童的中国温暖“12·1”爱心基金项目，募集资金18.9万元，救助艾滋病孤儿及受影响儿童176名。资助孤残儿童的“恒爱行动”，招募爱心妈妈近万名，为孤残儿童编织爱心毛衣1000件。

五是实施关爱空巢老人项目。启动“省巾帼志愿服务关爱空巢老人行动”，巾帼志愿者与空巢老人建立了“一对一”帮扶服务，借助“巾帼爱心呼唤器”等方式为孤寡、空巢老人送去温暖和爱心，在全社会营造了尊老、敬老、爱老、助老的良好氛围。

(李　敏)

附：省妇女联合会党组书记、成员名单

书　记： 李悦娥(女)

成　员： 张烈珍(女)　郑　红(女)　顾青圻(女)　韩　红(女)

省作家协会党组工作概况

党组书记　张明旺

2011年，省作家协会党组锐意进取，积极履行联络、服务、协调工作职能，全心全意为作家服务，为推动我省文学事业繁荣发展发挥了重要作用。按照省委、省政府的要求和省委宣传部的部署，我会坚持以出作品、出人才为中心，以抓文学队伍、文学活动、文学阵地、产业探索、协会管理为重点，以建设和谐班子、和谐作协、和谐环境为保障，认真履行协调、联络、服务职能，切实发挥党和政府联系广大作家与文学工作者的桥梁、纽带作用，各项工作迈出了新步伐，取得了新成绩。

一、努力践行科学发展观，保障文学事业可持续发展

2011年，省作家协会党组继续抓住学习科学发展观这条主线，抓好先进性“回头看”和建立健全长效机制等项工作，始终围绕胡锦涛总书记所要求的“关键是要取得实效”和真正成为“人民群众满意工程”的要求，着力实现“提高党员素质，加强基层组织，服务人民群众，促进各项工作”的总目标，扎实做好各项工作，取得了良好的效果。

(一)加强学习教育，提高思想认识。一年来，我会认真加强理论学习，积极参加教育培训，党员的政治素质明显提高，领导班子的执政能力得到加强，党建工作提高到一个新水平，扎实推进了学习型党组织和学习型机关建设。

一是以中心组学习为引领，不断提高理论武装水平。作协党组高度重视理论学习，根据班子的变动，及时调整完善了中心组理论学习领导组，由党组书记、常务副主席张明旺同志担任中心组组长。在学习过程中，着眼抓住“中心”，突出

重点，努力做到一次学习突出一个方面内容，解决一类突出问题，形成一种决策措施，推动一项工作发展。全年组织中心组成员进行集中学习6次，扩大的中心组学习6次，每次出勤率都达到了95%以上。中心组学习注重实效，通过学习，提高了班子领导力和战斗力，坚定了班子成员的马克思主义理想信念，破解了作协发展过程中的难点问题。班子成员带头作表率，各支部结合自己情况，坚持每月学习一次，党员干部纷纷开展各种形式的自学，形成了人人重学习、人人爱学习的良好氛围，扎实有力地推进了学习型党组织建设。

二是以干部培训为契机，努力增强素质能力。认真贯彻落实《2009—2013年全国党员教育培训工作规划》精神，根据省直工委《关于省直机关处级干部轮训及中青年干部培训安排的通知》，作家协会分别安排秦溱等4位同志参加了为期一周的处级干部培训，朱凡等3位同志参加了为期4个月的中青年干部培训，圆满地完成了上级安排的各项培训任务。通过培训学习，使大家了解了当前我省经济社会发展的总体形势，掌握提高了自己的业务知识和相关技能。同时紧密结合山西转型发展实际，全体班子成员及处级干部通过"山西干部在线学院"这个平台，积极参加在线学习，开阔了视野、提升了能力。

三是以十七届六中全会和中国作协第八次代表大会精神为学习重点，全面统一思想认识。党的十七届六中全会对深化文化体制改革、推动社会主义文化大发展大繁荣作出了全面部署。以这次全会为标志，我们党吹响了向文化强国进军的新号角。刚刚闭幕不久的中国作协第八次全国代表大会上，胡锦涛总书记出席大会开幕式并发表重要讲话，李长春同志在新一届全委会上对进一步做好文学工作提出了明确要求，李冰书记作了鼓舞人心的工作报告。尤其是胡书记的重要讲话，从党和国家事业发展全局的高度，进一步阐明新时期文艺工作的基本要求和主要任务，对广大文艺工作者提出了四个希望。作家协会把学习宣传贯彻落实全会和作代会精神作为当前和今后一个时期的重要任务，即时召开党组扩大会，认真学习会议文件，组织骨干作家进行讨论，深刻领会会议精神。并且积极联合媒体，推出大量主导性报导，让社会各界更多人认识中央领导讲话的重大意义，关注文学工作，支持文学事业。同时，响应中央走基层、转作风、改文风的号召，组织党组和主席团成员深入基层，宣讲作代会精神，开展文学调研活动，有针对性地帮助他们解决实际问题，取得了很好的实际效果。各级领导班子带头大力弘扬理论联系实际的学风，学理论、议大事、转观念、出思路、建班子，在注重提高领导和决策水平上下功夫，在运用马克思主义立场、观点、方法上下功夫，在培养班子凝聚力和战斗力上下功夫，党组中心组把工作的难点作为学习的重点，把调查研究作为增强学习的重要环节，广大党员干部特别是领导干部的政治素质和理论素养得到了进一步提升。党委的政治核心作用、党支部的战斗堡垒作用、党员领导干部的带头表率作用、党员的先锋模范作用等"四个作用"得到了较好的发挥，基层党建工作水平有了新的提高。

(二)切实解决党组织、党员自身建设中存在的突出问题和影响改革发展稳定的突出问题，营造良好的发展环境。在党建工作方面，认真研究基层党建工作的薄弱环节，探索组织建设和党员队伍管理的科学机制；认真研究和解决党员队伍中存在的突出问题，探索党员发挥先锋模范作用的实现形式；认真研究和解决党员教育管理方面的问题，重点探索如何准确、认真和严肃处置不合格党员；认真研究新时期党建工作如何围绕中心、服务大局的问题，探索党建工作与中心工作有机结合的更有效的途径和方法。对群众提出的具体问题和实际困难，也认真负责地给予解决，密切了党群和干群关系。为我省文学事业又快又好发展，创造了良好的局面，确保了各项工作的圆满完成。

二、不断提高党风廉政建设和反腐工作水平，为文学事业的发展保驾护航

按照"一岗双责"的要求，全面落实党风廉政建设责任制，加强干部廉政教育，积极构建惩防体系，从思想上、作风上、纪律上保障和促进全省文学事业又好又快发展。

(一)认真落实党风廉政建设责任制，明确责任，细化落实，并贯穿于作协工作的全过程。建立健全了党风廉政建设责任制考核制度，将考核结果作为干部选拔任用和评优选先的重要依据，有效地促进了党风廉政建设责任制的落实，形成了党政齐抓共管、部门各负其责的良好局面。根据上级的有关要求，省作协党组在年初就及时召开了专题会议，研究落实党风廉政建设责任制，把责任内容分解、细化，目标到人，责任到人，各级干部都做到职责任务明确。省作协党组认真贯彻落实中央《关于实行党风廉政建设责任制的规定》和我省《贯彻落实〈关于实行党风廉政建设责任制的规定〉的实施办法》，突出"一岗双责"，在认真抓好本职工作的同时，一起谋划、一起部署、一起落实廉政建设工作。本着谁主管谁负责的原则，既抓业务工作，又抓党风廉政建设工作，坚持"两手抓，两手都要硬"的方针，一级抓一级，层层负责。出台了《山西省作家协会建立健全惩防体系实施方案》，明确提出领导责任落实要到位，任务细化分解要到位，督查考核要抓到位。并将党风廉政建设责任制落实情况作为考核考评各部门的一项重要组成部分。还出台了《山西省作家协会反腐倡廉及工作制度汇编》，作为一项工作依据。作协各单位领导成员严格履行各项职责，认真执行党风廉政建设责任制工作的规定，班子团结，干部自律，廉洁从政，干事创业，没有出现任何违法违纪的现象。

(二)率先垂范，以身作则。党组领导班子把反腐倡廉摆在重要的位置，加强了对权力运行的制约、资金使用的监管和干部选拔任用的监督。认真落实中纪委五次全会提出的"五不许"，对违反规定送现金、有价证券和支付凭证、"跑官要官"等五方面的突出问题加大治理力度，狠刹了五股歪风。尤其把学习党章、遵守党章、贯彻党章、维护党章作为一项重大任务，促进了党性锻炼，提高了党员素质。领导干部普遍做到自觉遵守"四大纪律、八项要求"和廉洁从政"五项规定"。

强化监督的有效手段，做到有访必接、有案必查。依纪依法办案，维护了党纪政纪的严肃性。党组领导班子按照讲党性、重品行、作表率的要求，严格执行《廉政总则》、《中共中央纪委关于严格禁止利用职务便利谋取不正当利益的若干规定》、《党员干部报告个人有关事项的规定》等廉洁自律各项规定，秉公办事、廉洁从政。在日常工作和生活中，领导班子成员都能处处严于律己，率先垂范，凡要求别人做到的事，班子成员首先做到；凡是集体研究形成的制度，班子成员带头自觉遵守。用实际行动树立领导干部"为民、务实、清廉"的良好形象。

（三）创新方式，加强落实。认真贯彻落实省委、省政府关于《建立健全惩治和预防腐败体系工作实施方案》和实施办法，深入开展党风党纪教育，按制度规定办事，强化权力监督制约。在此基础上，发动本单位干部职工对照要求进行自纠自查；面向社会公布热线电话，设立意见箱，发放《征求意见表》，广泛查找问题；利用座谈会等多种形式诚恳地邀请从事文学工作多年的老同志帮助查找问题；党组领导带队深入市县基层，召开座谈会、评议会，深入查找问题。对于查找出的干部群众比较关注的办公环境、职工食堂、人才引进瓶颈等问题，积极认真地加以推进落实。同时，积极推进基层党务公开工作，进一步强化党内监督，认真开展"小金库"专项治理和"公务用车"专项治理工作，各项反腐倡廉工作得到了具体落实。重要事项、重大项目、重要支出等，都要经班子成员集体研究决定，严禁个别人或少数人说了算。在议事和决策过程中做到民主基础上的集中，个别酝酿再由会议决定。无论召开党组会还是民主生活会，都请主席和有关同志参加，并事先广泛听取意见，事后将决定的事项予以公开，主动接受群众的监督。在民主生活会召开前，以多种形式，广泛征求了党员干部及群众对党组织的意见、建议。会前，将群众的意见进行情况通报，会上作了研究，会后进行了落实。

三、不断探索党建、思想政治工作新路子，努力构建和谐、稳定的内部环境

（一）认真落实党建工作责任制，不断增强党组织的活力。按照省直工委要求，省作协认真落实党建工作责任制，把党建工作摆在重要的位置，纳入工作整体规划，明确了责任体系、责任内容和考核奖惩标准，层层落实责任制，统筹安排，做到与业务工作一起部署、检查、考核、奖惩。把党建工作责任制执行情况的考核结果，作为干部业绩评定、奖惩、选拔任用的重要依据，同时作为民主评议党员、领导班子民主生活会和干部述职的重要内容。把党要管党、从严治党方针贯穿于党建工作整个过程中，体现到对各级党组织和广大党员干部的严格管理、严格教育、严格监督的各个环节中，提高了党建工作水平。

（二）与时俱进调整思想政治工作的方式方法，增强针对性和实效性。做好思想政治工作和群众工作，是构建和谐部门的基础。一年来，省作协党组充分发挥密切联系群众的优良作风，努力把握新形势下思想政治工作的特点和规律，通过说服教育、示范引导、强化服务、提高收入、解决困难等途径，深入细致地做好职工群众的思想政治工作，倡导人与人之间和谐共处，形成人心思进、人心思稳的良好氛围。同时高度重视那些影响稳定的因素，做到了早预防、早发现、早报告、早控制、早解决。按照科学发展观的要求，强化民主决策、科学决策、依法决策，狠抓了机关作风建设，防患于未然；通过超前联动排查调处机制，及早发现和掌握可能影响稳定的重大矛盾和突出问题，尽量将各类矛盾和问题解决在基层，化解在萌芽状态。（李金山）

附：省作家协会党组书记、副书记、成员名单

书　记：张明旺

副书记：李　歆　杨占平

成　员：秦　溱　张锐锋

省科学技术协会党组工作概况

党组书记　杨伟民

2011年，省科协深入贯彻落实省委、省政府对科协工作的一系列指示精神，按照"三个代表"重要思想和科学发展观的要求，落实党的工作责任制，加强党的建设工作，有力地促进了科协各项工作和事业的全面科学发展。特别是2011年，面对新的形势和任务，省科协党组提出了围绕"一个中心"、贯穿"一条主线"、牢记"一个宗旨"的工作方针，有力地推动了科协工作的全面创新和科学发展。

一、坚持理想信念教育，用科学理论武装头脑，不断提升党员的思想政治素质

一年来，省科协围绕理论学习服务于科协工作全局这条主线，全面贯彻党的十七届五中、六中全会精神，始终着眼于提高党员思想政治素质这个目标，坚持把理论学习与业务工作有机结合起来，使理论学习常抓常新。组织广大党员干部先后学习了中央领导在中国科协八大会议上的讲话、党的十七大、十七届六中全会精神和胡锦涛总书记在建党90周年大会的讲话、《从怎么看到怎么办》、《山西省第十次党代会报告》等。落实好科协党组中心组学习计划，全年中心组集中学习共6次，中心组成员坚持理论联系实际的学风，用理论指导工作实践，在实际工作中大胆创新，努力探索，积极为省委、省政府出谋划策。

二、加强党的组织建设，充分发挥广大党员的先锋模范作用

一年来，根据省委和省直工委的要求和工作部署，省科协主动适应形势变化，积极探索新时期党的基层组织建设和党员管理工作的新机制、新方法，狠抓党支部班子建设、党支部战斗堡垒作用、党员的先锋模范作用三个环节，省科协党的组织建设出现了三个明显变化：一是基层党的组织建设得到了加强。省科协现有两个基层党委和十个基层党支部，各基层党组织健全、党的基层组织作用发挥明显，能很好贯彻党的路线、方针政策。二是党员队伍得到了发展。一年来，严格按照党员发展的“十六字”方针，积极做好入党积极分子培养和党员发展工作，坚持吸收政治素质高、工作能力强的优秀入党积极分子，突出新时期党员标准的时代特征，做到成熟一个发展一个。省科协现有党员230名，2011年发展了3名。三是党员的先锋作用得到了进一步发挥。在2011年的各项工作中，省科协的广大党员干部在各自的工作岗位上较好地发挥了党员的先锋模范作用，为推动科协事业的发展做出了积极贡献。2011年七一前夕，省科协通报表彰了24名优秀党员，其中一名同志被省直工委评为优秀共产党员。

三、以纪念建党90周年为契机，开展形式多样的活动，增强党组织凝聚力和战斗力

2011年，省科协先后举办了女性趣味风采大赛、庆“三八”摄影展、“五一”评比表彰，“党在我心中演讲比赛”，组织省科协2011年度优秀党员赴河南新乡万仙山老区参观学习等。特别是“七一”期间，省科协积极参加了山西省直机关庆祝建党90周年“颂歌献给党”歌咏演唱会。省科协百人合唱团演唱了《迎风飘扬的旗》、《山西民歌联唱》，获得了“优秀演唱奖”的好成绩。

四、落实党风廉政建设责任制，推进惩防体系建设

2011年，省科协以“三个代表”重要思想和科学发展观为指导，认真贯彻落实十七届中央纪委六次全会精神特别是胡锦涛总书记重要讲话，执行省纪委、省委组织部关于加强作风建设的规定。结合省纪委12月1日电视电话会议精神，按照中纪委、省纪委和省直工委的工作部署精神，围绕提高省科协党员干部的政治素养、业务能力和管理水平这一重点，树立和落实科学发展观，加强建立健全教育、制度、监督并重的惩治和预防腐败体系，把党风廉政的宣传教育纳入党员干部教育的总体部署中。贯彻落实中央《关于实行党风廉政建设责任制的规定》和我省《贯彻落实〈关于实行党风廉政建设责任制的规定〉的实施办法》，制定了《山西省科协党风廉政建设责任制实施意见》。结合省科协2011年工作实际，继续落实好《山西省科协建立健全惩治和预防腐败体系2008-2012年工作实施意见》、《山西省科协规章制度汇编》、党员领导干部廉洁从政承诺等；把党风廉政建设、精神文明建设、科协工作有机结合，一起部署、一起落实、一起检查、一起考核。在年度考核检查中，无论是机关各部室，还是各直属单位，党风廉政建设工作作为全年工作中的一项重要内容列入检查考核当中。

五、做好省级文明和谐标兵单位的创建工作

2011年，省科协党组认真贯彻党的十七大和十七届三中、四中、五中、六中全会精神，紧紧围绕省委、省政府转型跨越发展的思路和目标，按照省文明委十次全会精神及省直工委有关工作要求，结合科协工作实际，以建设社会主义核心价值体系为根本，以群众性精神文明创建活动为载体，以提高干部职工思想道德素质和社会现代文明程度为目标，重点在科协机关及直属单位自身文明和谐建设、推动和促进全省科技界的文明和谐建设，广泛组织开展面向全社会的科普教育和促进全民科学素质提高三个方面开展工作。在省级文明和谐单位标兵的基础上，不断创新工作内容，提高创建工作的经常化、制度化、规范化、科学化水平，努力突出科协工作特色，做了大量卓有成效的工作。2011 年初，按照省文明办、省直文明办的要求，及时申报了省级文明和谐标兵单位，并上报相关材料，制定和下发了《省科协2011年文明和谐单位创建工作实施方案》，先后接受了省直文明办、省文明办检查评比。2011年，省科协继续被评为省级文明和谐标兵单位。

六、以加强党建工作为突破口，省科协各方面工作取得新成绩

（一）狠抓重点人群科学素质行动和科普基础工程建设，推进我省全民科学素质提升。省科协切实履行牵头组织单位职责，推动全民科学素质工作迈上新台阶。经过充分调研，确定以农民、城镇劳动人口和社区居民、企业生产者、未成年人四大人群为重点，举全省科协之力，大力实施“科普惠农计划”、“科普益民计划”、“科普强企计划”和“科普助教计划”，同时推进四项基础工程建设。2011年下半年组织召开了山西省全民科学素质工作会，总结“十一五”工作，安排部署“十二五”工作；表彰先进集体25个，先进个人30名；调整并加强了领导组，新增6家成员单位。按照科普益民工作的安排，组织了科普宣传进社区、上公交、入楼宇，在太原市的公交车电视和楼宇电视中都能看到科普节目，每天覆盖200多万人次。这项工作影响大、效果好，山西电视台新闻调查作了专题报道；在15个社区建成了LED科普宣传屏。与中国知网共建数字图书馆，建成科普惠农数字图书馆897个，发放科普强企数字图书馆阅读卡5000张。省科技馆新馆主体建筑已基本完工，即将交付，展品展项的设计制作进展顺利。省科协还联合有关单位开展了“全国科普日”暨“科普三晋”系列活动、青少年科技创新大赛、青少年机器人竞赛、科普“双百”

工程、“流动科技馆”等众多科普活动，主题突出，参与人数众多。在有关青少年科技类全国大赛上，我省选手共获得一等奖 4项、二等奖15项、三等奖37项的好成绩。

2011年是全民科学素质工作的收获之年。在国务院召开的全民科学素质工作会议上，领导组组长、副省长张平作为省级人民政府的唯一代表作了典型发言，我省有6个集体、5 名个人受到表彰；在第四届全国公众科学素质电视大赛上，山西代表队荣获冠军；在全国农民科学素质网络知识竞赛中，我省有11万农民参赛，荣获全国二等奖。

（二）“科普惠农计划”深入人心，点多面广，受益人群大幅增加。“科普惠农计划”是科协服务三农工作的一个创举，曾受到温家宝总理、回良玉副总理等党和国家领导人的称赞，作为中国科协在全国推广的重点工作被写入中央一号文件。2011年，“科普惠农计划”在原有基础上创新发展，内容更加丰富，服务更加完善。新增科普惠农站栏员2008个。“一站一栏一员”建设与省委组织部的农村党员干部现代远程教育工程有机结合，升级为“一站一屏一员”，目前正在试点建设，全部建成后将覆盖全省近2万个行政村。对111个先进农技协、农村科普示范基地和农村科普带头人进行扶持，给予国家和省级奖补资金1769万元。“农科110”热线解答农民疑难3.3万人次，专家下乡服务120余次，网站发布信息30多万条，开展电视电台专家讲座60余次。建成科普惠农绿色通道旗舰店10个、标准店100个，建立优质农产品示范基地25家。通过手机报、网络、报刊等开展远程培训，确立阳泉等9个培训示范点，建立省农函大辅导站20个，全年培训农民50万余人次。数字科普电视接收器200台的推广任务圆满完成。建设健康365服务平台，邀请钟南山院士为首席顾问，在全国首家开通96365健康热线，在省城各大医院聘请100多名专家免费解答公众咨询。会同省委统战部、省工商联开展了科普惠“三老”活动，为全省14250名在乡的老红军、老八路和建国前的老党员提供赠送科普报刊、购买农资优惠等10项服务。随着“科普惠农计划”的深入开展，受益人数不断增加，据不完全统计2011年已达1000多万人次，反响热烈，效果突出。机关广大干部扎实开展下乡住村活动，省科协帮助住点村方山县郝家庄村制定发展规划，建起科普惠农服务站、马铃薯协会和科技图书阅览室等，开展实用技术培训，投入一批优质农资，全力推进郝家庄村又好又快发展。该村2011年人均纯收入2540元，比上年增长39.5%。

（三）开展科技服务活动，增强企业创新能力和助推农业产业化发展。省科协全面推进“科普强企计划”，帮助太重、太冶等企业建立院士专家工作站5个，组织“企业科协技术信息服务项目”推介会10场，开办创新方法（TRIZ理论）等培训班11期，发送技术创新项目光盘229套，受益人员达5000余人。完成“金桥工程”项目31项，为国家新增利税16652万元，节约资金6405万元。省科协扶贫中心先后促成繁峙、霍州与雨润集团签订合作协议，推动建设绿色食品基地和食品产业园。实施“科普惠农扶贫到户”，面向贫困户送技术、送信息、送服务，在全省完成725户，超额完成任务。

（四）表彰、举荐和引进优秀科技人才，推动建设高素质科技人才队伍。省科协组织开展了山西省优秀科技工作者和山西省科技奉献奖评选工作，评出92名优秀科技工作者和112个先进集体、282名先进个人。向国家有关部门积极推荐优秀科技人才，中北大学刘亚青、太钢集团李国平荣获中国青年科技奖。开展了山西省第十五届优秀学术论文评选，遴选出四个等级优秀论文505篇，对特等奖、一等奖进行奖励，奖励总金额20万元。积极实施“海智计划”，帮助省内骨干企业引进海外高层次科技人才。

（五）开展学术交流和决策咨询，为我省转型跨越发展献智出力。“学术茶座”是受到中国科协肯定的一种新的学术活动形式，全年举办33场，超额完成任务，为有关部门决策提供了大量建设性的意见和建议。“星期日知识讲座”作为中央文明办评定的全国精神文明创建工作优秀范例，全年举办44期，听众近2万人次。举办两期院士专家讲坛，特邀钟南山院士、宋玉泉院士作了精彩报告。全年资助学术活动项目26项，涉及30多家学会，培育出“高端装备制造学术报告会”等10余项精品学术活动。推进科技思想库建设工作，组织开展了《山西煤种分类加工转化利用经济技术研究》等21项决策咨询调研课题。其中，《关于推动晋中干果经济林发展促进农民增收的调研》等3个课题，受到晋中市委、市政府领导的批示和肯定。

（李朝胜）

附：省科学技术协会党组书记、成员名单

书　记：韩裕峰（3月离职）　杨伟民（3月任职）

成　员：侯晋川　王德贵　崔　忠　郝建新

省文学艺术界联合会党组工作概况

党组书记　宋新柱

2011年，省文联始终坚持以邓小平理论和“三个代表”重要思想为指导，深入贯彻落实科学发展观，按照“高举旗帜，围绕大局，服务人民，改革创新”的总要求，紧紧围绕省委、省政府的重大战略部署，充分发挥文联职能，以加强党的执政能力建设和先进性建设为主线，继续推进学习型党组织建设和创先争优活动，进一步落实党风廉政建设和党的工作目标责任制，不断增强党组织的凝聚力、吸引力和战斗力，为省文联的科学发展提供了强有力的思想保障和组织保障。积极开展各项工作，为推进转型、跨越发展，再造一个新山西提供了有力的文化支撑，做出了新的贡献。

一、进一步树立学习意识，建设学习型党组织

省文联党组把学习作为一种政治责任、一种精神追求、一种生活方式，不断创新学习方法，不断丰富学习内容，不断完善学习制度，扎实推进学习型党组织建设，进一步提高文联党员、干部的政治思想水平，进一步增强推动科学发展的本领。

第一，制定并落实了《2011年省文联党组中心组及领导干部理论学习安排》，要求党组一班人带头学，重点抓好党员学，做学习的表率，做贯彻落实的表率，把学习作为推动文联工作的强大思想武器。第二，按照省委组织部要求，我会积极组织干部网上自主选学，截至目前45名处以上干部，在线自主选学2000余个学时，完成了650余门课程，达到了学习的目的，收到了良好的学习效果。第三，2011年是建党90周年，认真学习《党史》一、二卷是一项重要的政治任务，为进一步学深、学透《党史》，我们邀请了省委党校的赵公社教授为我们进行了专题辅导，使大家获益匪浅。

二、把认真学习贯彻《廉政建设》作为党风廉政建设的重要内容

一年来，省文联党组按照十七届中央纪委六次全会精神和省纪委九届六次全会要求，继续坚持标本兼治、综合治理、惩防并举、注重预防的方针，并以惩防体系建设为主线，深入学习贯彻《廉政准则》，扎实推进机关廉政文化建设。一是成立了省文联落实党风廉政建设责任制和反腐败工作领导组，由省文联党组一把手负总责，按照省委党风廉政建设领导组的要求，积极开展各项工作。二是我们给每一个党员发放了《廉政准则》教育读本，张贴廉政图片，组织参观反腐展览。三是结合创先争优活动，改进机关作风，把治理"庸、懒、散"作为转变机关作风的突破口，以治庸提能力，治懒提效率，治散正风气。四是省文联纪委在文联党组的大力支持下，及时处理了省纪委、省直工委转来的群众来信，有效地处理了2010年小金库治理后续工作及长效机制的建立和落实，做到件件有着落，事事有结果。五是严格执行财经法规和纪律，真正做到堵塞漏洞、完善制度，依法理财、阳光理财。六是根据省委、省纪委领导指示精神，按照省纪委《关于纪律作风集中教育整顿月期间在县处级以上党员领导干部中进一步开展〈廉政准则〉对照检查工作的通知》，我会处以上党员认真查找自身在廉洁从政和作风建设方面存在的突出问题，深入剖析原因、提出整改措施，撰写了《个人自查分析报告》。同时，还深入开展了理想信念教育、革命传统教育、反腐倡廉教育等主题实践活动。

三、不断建立健全制度，切实落实党风廉政建设责任制

一是制定并落实了《2011年省文联党风廉政建设责任制党组成员责任分解》，不断加强和创新反腐倡廉制度建设，不断完善监督制约机制。二是积极推进党务公开，通过学习宣传、公开公示、制作展板等形式，着力提高党组织在群众中的认同感和支持度。认真落实《关于党的基层组织实行党务公开的意见》，深入落实党员的知情权、参与权、选举权、监督权，充分发挥党员在党内生活的主体作用。三是坚持召开党内民主生活会，开展批评与自我批评，认真自查自纠，切实加强领导班子的思想建设、作风建设、制度建设，进一步增强领导班子的凝聚力和战斗力。四是已经形成了由党组书记总负责、党组副书记兼机关党委书记直接负责、机关党委抓日常工作的党建工作机制，使机关党建工作开展的健康、有序、有效。五是党组坚持定期听取机关党委的工作汇报，形成了抓党建促学习、抓党建促工作、抓党建促精神文明和谐单位创建的良好氛围，有力地促进了我省文艺工作和文联工作的整体推进。

四、认真学习胡锦涛总书记在庆祝中国共产党成立90周年大会上的重要讲话

把学习胡锦涛总书记在庆祝中国共产党成立90周年大会上的重要讲话和在中国文联第九次、中国作协第八次全国代表大会上的重要讲话作为文联的一项政治任务抓紧抓好。胡锦涛总书记在"七一"讲话中，着重指出"来自人民、植根人民、服务人民，是我们党永远立于不败之地的根本。"又在第九次全国文代会上的讲话中反复强调："一切进步的文艺创作都源于人民、为了人民、属于人民。"这都充分体现了马克思主义的群众观点。只有把群众放在心上，群众才会把我们放在心上；只有把群众当亲人，群众才会把我们当亲人。如何真正和群众始终保持血肉联系呢？这就需要解决好"为了谁"、"依靠谁"、"我是谁"的问题。要解决好"为了谁"的问题，关键是要站稳群众立场，同群众坐在一条板凳上。要解决好"依靠谁"的问题，关键是要相信群众、依靠群众。要解决好"我是谁"的问题，关键是要认清自己，定位自己，特别是作为一个党员领导干部，一定要坚持立身不忘做人之本，为政不移公仆之心，用权不谋一己之私，才能更好地改造自己、提升自己。

五、积极开展主题文艺活动，充分发挥职能作用

一年来，山西文联及各团体会员继续坚持围绕中心，服务大局，会同有关单位精心主办和承办了一系列内容丰富，形式多样，有声势、有特色、有影响的主题文艺活动。一是围绕庆祝建党90周年，主办了"庆祝建党90周年——

山西省黄河魂·太行情美术书法大展”、“红旗飘飘90年·红色经典纪录片回顾展”、“纪念建党90周年‘红色经典’朗诵音乐会”，承办了“庆祝建党90周年全国产业（企业）系统书法美术摄影精品展”。二是为纪念辛亥革命100周年，由山西梅花文化传播有限公司出品的新编晋剧《大红灯笼》在北京长安戏院成功演出。三是各艺术门类的活动亮点纷呈，主要有：“第二十五届中国戏剧梅花奖（北方片）大赛”、“魅力三晋——中国书画名家彩墨丹青留迹山西作品展”、“正月里闹新春——山西‘信合之声’农民元宵晚会”、“中国·中部六省书法联展”、“高雅艺术进校园”音乐会、“山西省第十八届摄影艺术展”、“太原市第二十一届学校艺术教育活动月学生舞蹈比赛”、“全省非物质文化精品展览月”、“山西省第六届少儿书画新人新作展”。推荐优秀节目分别参加了“第七届中国曲艺节”、“第四届中国·保定空竹艺术节”等。

六、深入开展文化惠民活动，丰富基层群众精神文化生活

一年来，省文联及各团体会员继续坚持面向基层、服务群众，广泛开展了各种形式的文化惠民活动。一是继续开展“送欢乐、下基层”，组织文艺工作者深入到厂矿、农村、社区、军营、学校进行文艺慰问演出。二是继续开展“聚焦新农村、文艺为农民”系列活动，组织摄影家深入偏远的乡村为群众义务拍摄“全家福”，并现场免费打印照片赠送村民；组成专题调研小组分赴武乡、沁县“送文化、种文化”、举办了“新农村少儿舞蹈美育工程展演暨长治地区启动仪式”。三是积极响应中央提出的“走基层、转作风、改文风”的号召，开展了“书法进万家”活动、组织全省部分书画艺术家在西山煤电等地举办了书画笔会。以上活动，进一步丰富了人民群众的精神文化生活，密切了文艺工作者与人民群众的血肉联系，提升了文艺工作者的思想境界。山西省文联、山西省电影家协会常年举办的“电影走进千乡万村”活动，已作为一种知名文化品牌，在中国文联第九次全国代表大会的工作报告中给予了充分肯定。

七、切实加强采风创作和文艺理论工作，不断推出优秀作品和优秀人才

一年来，省文联及各团体会员继续采取有效举措，不断加强采风创作和文艺理论工作，引导我省广大文艺工作者自觉把文艺创作与人民群众火热生活相结合，努力创作出更多的优秀文艺作品。一是组织大规模深入生活和文艺采风活动。组织机关和协会干部赴湖南、山东采风，组织美术工作者赴阳泉煤矿进行采风写生，组织全国部分著名书画家赴晋采风，领略、描绘三晋魅力风光。举办了“赴青海采风摄影作品汇报展”、“走进西藏”摄影展。二是召开各艺术门类研讨会、学习班，推动文艺创作。举办了“山西省中青年影视编剧讲习班”，邀请国内著名文艺理论家、学者、剧作家主讲授课。编辑、出版了《山西省文艺评论奖获奖作品集》。举办了“山西省首届管乐教学研讨会”、“平面设计艺术座谈会”、“校园拉丁舞研讨会”、“中青年书法讲座”、“摄影艺术讲座”。先后成立了“鼓乐文化研究会”、“奇石文化研究会”。三是出作品、出人才，我省在国际、国内的文艺评奖中屡获大奖。李伟光、贺子毅的摄影作品《中国女孩》、《世史遐彩》荣获第20届奥地利国际摄影大赛金奖，李伟光的摄影作品《乔家大院的女人》荣获第16届澳门国际摄影大赛金奖。史佳华荣获“第三届全国中青年德艺双馨文艺工作者”称号，并荣获第25届中国戏剧梅花奖“二度梅”称号，詹丽华荣获中国戏剧“梅花奖”。在第十二届中国戏剧节上，我省的《大红灯笼》一举荣获了“中国戏剧优秀剧目奖”、“中国戏剧优秀表演奖”。在“2011中国百家金陵画展（中国画）”中，我省青年画家谭逸获金奖。在中国舞协首届“荷花风韵”展演、第六届“小荷风采”全国少儿舞蹈展演中，我省参展作品分别荣获金奖、“小荷之星全国金奖”、省舞协荣获“优秀组织奖”。在中国曲协举办的“马街书会”中，省曲协推荐的参演节目分别荣获一等奖和二等奖，省曲协荣获“最佳组织奖”。我省民间艺术家先后参加了六次全国性的民间文艺展演比赛，其中一人荣获中国民协“山花奖”，有50人在全国民间文艺大赛中获银奖。省剧协报送的《龙兴晋阳》、省影协策划的电影《命比天大》荣获“山西省五个一工程奖”。

一年来，省影协参与策划、拍摄的电影《乌龟也上网》、《金牌班长》已在全国上映。省艺术研究创作中心与有关单位拍摄的电影《一个老师的学校》已进入后期制作。晋宝斋开发了锦绣山西系列剪纸，并推出了一批具有浓郁地方特色的工艺品。省杂协编写了《山西民间杂技》专著。黄河画派艺术研究院编辑了《黄河魂·太行情山西北派画风山水画作品集》和《黄河魂·太行情山西北派画风山水画论文集》，将由山西人民出版社出版。省民协协调出版了《中国木版画新绛卷》、《中国木版画晋南卷》、《中国木版画平阳卷》，该项目已申报世界非物质文化遗产录。

八、大力开展对外对内文化艺术交流，扩大山西文化影响力

一是举办了“2011中韩书法作品展”，省书协代表团赴韩国济州岛进行了书法交流。二是共同举办了“韩国岭南大学、中北大学钢琴学术交流音乐会”。三是举办了“第八届五台山国际摄影大展”。四是邀请朝鲜国家大魔术团来山西巡回演出。

一年来，继续加强与兄弟省市文联的相互联络、交流互访，接待了安徽、河北、新疆、辽宁、湖南文联考察团，分别召开座谈会通报情况，交流经验，增进友谊，携手合作，共同开创文联工作新局面。

九、大力加强文联组织自身建设，发挥文联组织的凝聚力、战斗力

一是按照省委“干部下乡住村调研”的指示，省文联

党组安排文联处级干部分三批深入到扶贫点浑源县蔡村镇文庄村搞调研，走访贫困户，慰问老党员，与村干部、党员、群众代表座谈，更加增强了对农民的感情，在思想上受到了一次深刻的洗礼。二是召开了全省文联组联通联工作会议，进一步加强文联队伍建设，树立全省文联一盘棋的大格局理念，全方位整合全省文艺资源，实现大团结、大联合、大发展、大繁荣。于12月29日召开了省文联七届八次全委会，传达贯彻全国第九次文代会精神、山西文化强省建设大会精神，会上增补李太阳为省文联副主席。三是完成了我会所属事业单位的竞岗工作。建立了处级干部个人情况报告档案。认真贯彻法规条例及财务政策，在全省公务卡实施评比中，我会获第三名，政府采购工作全省通报表彰。四是创办了机关职工食堂，解决了干部职工多年的午间“吃饭难”问题。五是大力加强离退休老干部工作，组织老干部参观访问、进行体检。全面落实了建国前离退休人员的生活补贴工资，补发了退休干部的绩效工资，并妥善照顾好遗属，一次性为他们发放了抚恤金。12月25日，在京隆重举办了我国著名版画家力群先生百岁寿诞庆典。六是完成了部分期刊的竞岗工作。我会所属期刊在激烈的办刊竞争中，始终坚持正确的办刊方针，坚持把发展作为办刊的第一要务，努力实现社会效益和经济效益的双赢，收到了明显的效果。（樊丽红）

附：省文学艺术界联合会党组书记、副书记、成员名单

书　记：宋新柱

副书记：李太阳（6月任职）　石跃峰

成　员：刘廷明　李和平　靳　忠　李剑斌

省工商业联合会党组工作概况

党组书记　郭海刚

中共山西省工商联党组下设机关党委1个，机关党委辖13个支部，共有党员102名。

2011年，山西省工商联党组坚持以中国特色社会主义理论体系为指导，认真贯彻落实全省领导干部大会、全省民营经济转型跨越发展大会和《中共中央国务院关于加强和改进新形势下工商联工作的意见》精神，紧紧围绕全省转型跨越发展战略部署，解放思想，锐意创新，加强服务，狠抓落实，奋力推动民营经济转型跨越发展，努力推进工商联自身建设，全省民营经济转型跨越发展迈出了坚实步伐，工商联事业发展取得了新进展，围绕中心、服务大局做出了新贡献。

一、认真贯彻落实中央《关于加强和改进新形势下工商联工作的意见》

（一）抓住历史机遇，推动文件精神贯彻落实。以调查研究为先导，深入11个市60余个县（区）调研，听取基层的意见，向省委提出了贯彻中央文件精神的建议报告。省委常委会专门听取了工商联的汇报，省委书记袁纯清、省长王君等领导充分肯定了工商联提出的意见和建议，省委常委会对贯彻落实中央文件精神做出了安排部署，出台了《中共山西省委、省政府关于加强和改进新形势下工商联工作的实施意见》；召开了全省加强和改进新形势下工商联工作会议。省委副书记金道铭出席会议并作重要讲话，省委常委、常务副省长李小鹏出席会议，省委常委、统战部部长聂春玉主持会议并作总结讲话，会议全面部署了加强和改进全省新形势下工商联工作的任务。省直19个部门的负责人，各市委分管领导、统战部部长，联系工商联的副市长，市工商联主席、党组书记，县（市、区）统战部长、工商联主席或党组书记300余人参加了会议。省委组织部等11个省直部门就如何贯彻落实文件精神作了发言。各市县工商联紧紧抓住这一大好时机，主动向当地党委、政府汇报工作，积极争取支持，与有关部门建立合作机制，形成工作合力，一些长期以来制约工商联工作的体制性难题得到破解。

（二）举办市县工商联会务干部培训班，用文件精神统一工商联干部的思想认识。5月在中央社会主义学院举办了全省市县工商联负责人培训班，省、市、县三级工商联主席、党组书记共113人参加了培训学习。省委常委、统战部部长聂春玉出席开班仪式并作了重要讲话，全国工商联党组副书记、副主席宋北杉为培训班作了文件精神解读报告。参加培训的人员还参观了全国工商联直属商会。培训结束后，分两路到浙江、重庆等先进省市工商联和非公企业学习考察。

（三）深入基层宣讲文件精神，指导市县工商联换届工作。2011年是市县工商联换届年，根据省委的统一安排部署，要求市县工商联在年底前完成换届工作。省工商联把此项工作作为贯彻中央和省委、省政府文件精神的重要举措，在深入基层调研中宣讲中央16号和省委、省政府17号文件精神，提出希望和要求。全省10个市和107个县（市、区）应换届，到年底共有5个市和60余个县工商联完成换届任务。

（四）落实中央对工商联商会工作的要求，实现商会建设新突破。按照16号文件要求，省工商联已获准担任商会业务主管单位，这标志着在商会建设工作中实现了新突破。在深入基层调研指导商会工作，总结29个商会工作经验和做法，组织省直商会观摩学习活动的基础上，12月9日，召开了全省工商联商会建设工作会议，安排部署全省工商联商会建设工作，会议对先进商会和工商联商会工作先进组织进行了表彰，有效地推动了工商联商会建设工作。截至12月底，全省工商联会员总数达到87319个，基层组织（包括异地商会）

643个，行业商会387个。

二、全力推动全省民营经济转型跨越发展

（一）开展大培训活动，解读政策措施，坚定转型跨越发展信心。举办了全省非公有制经济人士"十二五"规划暨国家资源型经济转型综改试验区学习班、省十次党代会精神培训班、优秀青年非公有制经济代表人士培训班等6个培训班，编印"十二五"规划等学习材料2000余份。组织参加培训的160多位优秀青年创业者和民营企业二代接班人分三批到深圳、温州、杭州等知名民营企业学习，到香港、澳门参观考察。7月份又召开了全省民营企业转型跨越发展一周年座谈会，表彰了15家先进企业。通过培训和表彰等活动有效地提高了企业家理解执行党和国家方针政策的能力，进一步解放了思想、转变了观念、坚定了转型跨越发展的信心。培训活动取得显著效果，《山西日报》在头版对培训活动进行了报道，受到省委常委、统战部部长聂春玉的充分肯定和好评。

（二）开展"联百企走千户"大调研活动，积极建言献策，创优发展环境。全省民营经济转型跨越发展大会以来，山西省工商联主要领导带领机关干部先后走访了近千家在转型跨越发展中先行的民营企业，重点联系了受省委、省政府表彰的100户优秀民营企业。宣传省委、省政府的决策部署，了解掌握企业情况，考察非公经济代表人士。重点组织了全省中小企业和民营经济发展状况综合调研、上规模民营企业调研、工商联商会建设调研、民营企业构建和谐劳动关系调研、转型综改区建设与民营经济发展调研等专题调研活动，在深入调研基础上形成了一批调研报告，并得到中央统战部、全国工商联、省委、省政府和有关部门的好评。其中《加强非公有制经济代表人士队伍建设调研报告》获2011年全国工商联系统优秀调研成果二等奖，上规模民营企业调研工作获全国工商联二等奖。在省政协十届四次会议上，报送团体提案7件，在全会上作了《落实政策、创优环境，鼓励引导民间投资支撑全省转型跨越发展》和《加大现代化煤炭专业人才培养力度，为煤炭企业转型跨越提供人才支撑》的大会发言，在省政协十届二十次常委会上又作了《抓住先行先试机遇，推动民营企业转型跨越发展》大会发言，在全省统一战线服务转型跨越发展专题调研汇报会上作了《在综改区建设中促进民营经济转型跨越发展的建议》的发言。

（三）开展大招商活动，走出去、引进来，拓展了经济服务平台。以第六届中博会在我省召开为契机，举全会之力为民营企业招商引资、推介项目。先后赴湖北、江西等5省（市）推介了"中博会"的招商项目，发送"中博会"邀请函600多份，组织国内外21个代表团共250多位民营企业负责人参加了"中博会"，实现签约资金200多亿元的工作目标。多方向拓展联络工作，与24个异地晋商会和境外12个商会组织建立了联系，带领企业家走出去，参加了第11届世界华商大会、"环治会"、"齐鲁行"等经贸活动，帮助民营企业"走出去、引进来"投资融资、合作发展呈现良好趋势。截至11月底，全省民间投资达到2761.2亿元，同比增长48.1%。

三、树立和宣传非公经济先进典型，开展思想政治工作"同心"品牌工程

（一）认真组织树立和宣传先进典型活动，促进了非公经济领域思想政治工作。根据全国工商联安排部署，成立了树宣工作领导组，下发了通知，在各市推荐的基础上，一是整理上报了49家先进企业的典型材料，7家企业被全国工商联确定为首批重点宣传的先进典型，8月18日的《中华工商时报》对他们的事迹进行了集中刊登，山西电视台、《山西日报》等多家媒体也对这些典型企业进行了宣传报道；二是组织优秀企业家到山西科技大学作创业报告，扩大企业影响，增进企业家与大学生的交流；三是"第六届中博会"期间，组织12家民营企业和6家异地商会在《山西日报》"中博会山西对外宣传专版"进行了集中宣传，向国内外来宾展示了新晋商的新形象。全年在中央和省级各类媒体发稿200余篇，宣传报道了100多家优秀民营企业，营造了全社会理解支持非公经济发展的良好氛围，有力地促进了非公经济领域思想政治工作。

（二）深入开展"同心"品牌工程，引深"感恩行动"。全省统一战线实施"同心"品牌工程动员大会后，采取多种形式，通过有效载体引导教育非公经济人士思想上与党同心同德、目标上与党同心同向、行动上与党同心同行。启动实施了同心·新晋商科普惠"三老"活动，动员19户民营企业捐赠1100万元和价值100万元的药品，为全省1.4万余名在乡的老红军、老八路、建国前老党员提供科普惠农绿色通道十项优惠服务，帮助每户每年实现增收3000余元的目标。组成以山西农业大学1095名师生志愿者为主体的18支社会实践队，对武乡等18个县区"三老"人员帮扶。同时以"三送一帮扶"活动为载体，组织全省470家民营企业为7583名贫困学生捐助2181.35万元，帮助其完成学业。启动"红丝带"健康包活动，为外来务工人员免费发放健康包2000个。我省开展的"同心"品牌工程，受到中央统战部的表扬，在中央统战部感恩行动研讨会上作了典型发言。

（三）发挥在构建和谐劳动关系中的积极作用，促进了民营企业劳动关系的和谐。组织开展了"民营企业招聘周"、"大学生就业见习"、民营企业"关爱员工、实现双赢"、民营企业劳资关系调研等活动。在民营企业招聘周期间，全省4103家民营企业提供就业岗位8.2万个，92家民营企业提供高校毕业生就业见习岗位6492个活动，取得圆满成功。4家会员企业被评为"全国就业与社会保障先进民营企业"。袁玉珠、薛靛民、李安平被评为"全国关爱员工优秀民营企业家"。与省总工会联合对"关爱员工、实现双赢"活动涌现出来的优秀企业家、优秀员工、优秀企业、先进单位进行了表彰，这些活动引导和促进了会员企业劳动关系的和谐。

四、围绕建设"学习型、业务型"机关的目标，积极创建文明和谐单位

2011年，省工商联机关不断加强领导班子建设和机关思想建设、业务建设、作风建设，狠抓干部队伍素质提升，取

得良好效果，连续5年被省直工委评为“文明和谐单位”。

（一）固本强基加强领导班子建设。担任副主席、副会长和常委的企业家，践行“同心”思想，在转变发展方式上，在学习培训上，在社会公益和会务工作中，发挥了带头示范作用。驻会领导改进工作作风，坚定不移执行省委、省政府的部署，围绕中心，服务大局，开拓创新，求真务实，深入市县工商联和会员企业了解掌握情况，调研指导工作，想方设法为会员解决问题。按照省委“六个一”的要求，下乡驻企、扶贫帮困，驻会主要领导先后7次到中阳县枝柯镇张家沟驻村扶贫，组织18家会员企业提供就业岗位1300余个，捐助过冬物资200余万元。在驻企中，帮助企业建立5个党支部，为两所小学366名学生捐赠了校服、书包。

（二）创先争优促进学习型机关建设。省工商联机关开展了读书年活动，创先争优深入开展，学习型机关建设大力推进。组织了“十二五”规划、综改试验区政策等四次专题学习，学习型机关建设举措有效地提升了机关工作水平，提高了凝聚力、影响力和执行力。聂春玉部长对工商联抓工作作了“有谋有划，有板有眼，有始有终，有成有果”的批示。

（三）党建工作引领文明和谐单位建设。开展了形式多样的纪念建党90周年活动，组织机关干部职工唱红歌、学党史，参加党史知识竞赛，赴革命圣地延安接受传统教育。机关党委指导帮助直属商会和直属会员企业新建5个基层党组织，党员总数达到86名。全省开展正风肃纪创优环境集中教育活动后，省工商联机关成立了领导组，制定了方案，观看了警示教育片，签定了承诺书，推动了机关作风的进一步转变。

（冯学亮）

附：省工商业联合会党组书记、成员名单

书　记：郭海刚

成　员：樊秀清　王建华　郎宝山　赵淑芋

省残疾人联合会党组工作概况

党组书记　郭贵仁

2011年，省残联党组坚持以邓小平理论和“三个代表”重要思想为指导，深入贯彻落实科学发展观，以庆祝中国共产党成立90周年为契机，进一步加强社会主义核心价值体系建设，以加强党的执政能力建设和先进性建设为主线，紧紧围绕省委、省政府的战略决策，全力推进转型跨越发展，再造一个新山西的步伐，加快残疾人事业社会保障体系和服务体系建设，全面实施“康馨工程”，在新的起点上推动残疾人事业又好又快发展。

一、坚持理论学习，不断加强领导干部的思想建设

（一）加强政治理论学习，强化先进性建设。深入学习实践科学发展观，按照科学理论武装、具有世界眼光、善于把握规律、富有创新精神的要求，深入开展政治理论学习。一是认真学习贯彻党中央、国务院和省委、省政府的战略决策，坚持做到理论武装，指导实践，推动工作。认真学习贯彻胡锦涛总书记在纪念建党90周年的讲话、胡锦涛总书记在纪念辛亥革命100周年大会上的讲话、党的十七届六中全会精神、省委书记袁纯清在全省领导干部大会上的讲话、省第十次党代会精神、全省经济工作会议精神、省“两会”精神和省委、省政府一系列重大决策部署，坚持以人为本、执政为民的理念，牢固树立全心全意为人民服务的思想，把党员干部职工的思想和行动统一到中央、国务院和省委、省政府的重大决策部署上。二是扎实推进学习型党组织建设。党组制定下发了《山西省残联关于进一步推进学习型党组织建设的实施意见》，组织中心组集中学习17次，领导干部带头参加山西省领导干部历史文化讲座“文源讲坛”和山西省直机关领导干部思想讲坛等学习活动，组织编印中心组学习参考资料10期，组织编排宣传板报6次。三是深入开展创先争优活动。认真做好创先争优活动的领导点评、群众评议、评比表彰等各项工作。

（二）加强领导班子建设，强化执政能力建设。紧紧围绕省委、省政府的工作大局，坚持以思想建设为核心，以组织建设为基础，以制度建设为保障，不断加强领导班子建设，形成了政治坚定、作风民主、求真务实、团结干事的领导班子。领导班子成员坦诚相处，同舟共济，精诚团结。班子全体成员认真学习贯彻中央新修订的《中国共产党党和国家机关基层组织工作条例》和省委印发的《中共山西省委关于贯彻＜中国共产党党和国家机关基层组织工作条例＞的实施意见》，开展学条例、讲党性、重品行、作表率活动。在发展残疾人事业、做好残疾人工作中奋发有为，不辱使命，做出了积极的贡献，得到了省委、省政府和中国残联的高度肯定。

（三）坚持民主集中制原则，做到民主科学决策。党组高度重视精神文明建设，重大问题都按照集体领导、民主集中、个别酝酿、会议决定的原则进行决策。重大决策都能广泛调研，集思广益，集体决策，得到广大干部职工的好评。领导班子经常深入基层，调查研究，指导工作，正确决策，残疾人事业出现了良好的发展态势。坚持正确的用人导向，积极配合省委组织部门，落实省委提出的“7个一批”的具体改革措施，推进干部选拔任用工作科学化、民主化和制度化。严格执行有关规定，在机关交流轮岗1名、竞争性选拔6名正处级干部，同时对省残联后勤中心主任岗位也进行了竞争性选拔。

（四）按照上级党组织的要求，开好民主生活会。按照2011年领导班子民主生活会的要求，紧扣“坚持以人为本执政为民理念 发扬密切联系群众优良作风”的主题，会前认真

组织学习,广泛征求意见,互相交流思想,认真撰写发言材料。会上,党组书记、理事长郭贵仁同志带头发言,认真开展批评与自我批评,班子成员都进行了诚恳的发言,进一步交流了思想,增强了团结,促进了工作,达到了预期的目的。

二、坚持社会主义核心价值体系,坚定干部职工队伍的理想信念

(一)教育引导党员干部坚定理想信念、牢固树立正确的世界观、人生观和价值观。加强政治理论学习培训,重视思想政治工作。省残联制定了政治理论学习安排意见,认真组织各种政治理论学习。通过认真抓好机关党员干部的理论学习,形成学以致用、用以促学、学用相长的良好风气,提高了干部职工的工作能力和服务能力。积极组织党员干部参加省委党校、省直工委、省直党校等政治理论学习培训28人(次)。参加干部自主选学培训28人(次),坚持理论联系实际,做到学以致用,进一步增强了做好残疾人工作的责任感和使命感。

(二)弘扬以爱国主义为核心的民族精神和以改革创新为核心的时代精神,自觉践行社会主义荣辱观,培养高尚的道德情操和健康的生活情趣,保持昂扬奋发的精神状态。努力抓好公民思想道德建设,加强社会公德、职业道德、家庭美德、个人品德建设。树立爱祖国、爱人民、爱劳动、爱科学、爱社会主义的"五爱"高尚品德。牢记残疾人工作者"人道、廉洁、服务、奉献"的职业道德。组织机关全体干部职工观看电影《建党伟业》;广泛开展向杨善洲同志学习活动;组织开展了"生命中的太阳——喜迎建党90周年残疾人征文活动";开展了"爱耳日"、"爱眼日"、"世界读书日"、"残疾人文化周"活动;实施国家"百家出版社文化助残公益行动"残疾人工艺美术作品征集活动;组织开展了"全国特奥日"(7月23日)、"全民健身周"(8月8日)活动;有135名妇女积极报名参加巾帼志愿者活动。充分利用网络、刊物、板报等阵地,发挥学习宣传和教育引导作用。

三、强化以人为本理念,开展丰富多彩的活动

(一)以解放思想为先导,转变思想观念。以创建文明和谐单位为契机,倡导抓精神文明建设就是抓软实力,就是抓工作,就是抓发展,引导广大干部职工全员参与文明和谐单位的创建工作。在开展"迎中博、创环境、争一流"活动中,各单位按照要求,全体动员,积极参与,克服困难,投入资金43.2万元,清除垃圾8680立方米,整饰立面6960平方米,清除小广告32平米,绿化面积1185平米,硬化面积1428平方米。为山西增光添彩,取得明显成效。

(二)结合单位实际,开展丰富多彩的群众性创建活动。一是举办了山西省残联庆祝建党90周年演讲比赛和歌咏比赛。积极组织参加省直工委组织的演讲比赛、党的知识竞赛、歌咏比赛、征文比赛、图片巡展等各项纪念活动。省残联机关代表队66人在省直工委举办的庆祝建党90周年"晋商银行杯"歌咏活动中,荣获优秀组织奖和道德风尚奖。二是以"改善残疾人民生,保障残疾人权益"为主题,组织开展第二十一次"全国助残日"活动。"全国助残日"前夕,省委书记、省人大常委会主任袁纯清等领导到闻喜县残疾人职业技能培训中心及托养中心看望慰问残疾人。省委常委、常务副省长李小鹏到省康复研究中心和省聋儿康复教育研究中心对残疾人患者和聋儿进行了慰问。围绕主题,在太原市聋校举办了法律知识讲座,开展了康复宣传义诊活动和敬老助残、肢残人试乘试驾的"方便出行,改善生活"等活动。三是组织机关及直属事业单位215人参加了"铁人杯"全国职工工会知识竞赛百题问答。四是组织机关党员干部和直属单位党支部书记到新疆接受革命传统教育,开展支援新疆捐助活动。五是组织20名女同志参加省直工委工会组织的职工健身展示活动。通过开展各项活动,唱响共产党好、社会主义好、改革开放好、伟大祖国好的主旋律。

(三)在党的基层组织实行党务公开,是扩大党内基层民主、保障党员民主权利、增强党的基层组织生机活力的客观需要,是加强党内监督、规范权力运行、推进基层党风廉政建设的重要举措。省残联制定了《山西省残联基层党组织实行党务公开的实施意见》,起草通过了《山西省残联党务公开监督员制度》(试行),聘任了8名党务公开监督员。

(四)认真落实省政府重点工作目标责任制,实施残疾人康复救助项目,解决残疾人迫切的实际问题。2011年,省政府把对3万名贫困残疾人实施康复救助、为200个社区和残疾儿童康复机构配备康复训练器材纳入省政府重点工作目标责任当中,项目总救助经费为1700万元。省残联党组、理事会高度重视,召开专题会议进行部署,会同省财政厅成立了山西省贫困残疾人康复救助项目领导组。组织专家审核,确定承担项目任务定点机构。经过全省各级残联和定点康复机构的努力,省重点工作目标责任制对3万名贫困残疾人实施康复救助项目全面完成:为200名0—6岁贫困聋儿每人免费配发了2个全数字式助听器;对贫困家庭的0-6岁400名聋儿、450名贫困肢体残疾(脑瘫)儿童、300名贫困智力残疾儿童和100名贫困孤独症儿童实施了康复训练,平均每人救助5400元;对350名17周岁以下贫困肢体残疾儿童实施了矫治手术,平均每人救助7000元;为200名贫困残疾人免费安装了小腿假肢,平均每人救助3000元;为28000名贫困残疾人免费配发了辅助器具37900件,平均每人救助150元;为200个社区和残疾儿童康复机构配备了康复训练器材,平均每个1万元。在省重点工作目标责任制残疾人康复救助项目带动下,据不完全统计,2011年全省近6万名贫困残疾人得到康复救助,为430个社区配备了康复训练器材。

四、严格执行党风廉政建设责任制,加强机关作风建设

(一)严格执行党风廉政建设责任制,深入开展党性、党风、党纪教育。一是安排部署了省残联系统党风廉政建设和

反腐败工作,教育党员干部严格要求自己,做到自重、自省、自警、自励。二是以严明政治纪律为重点,加强纪律教育。引导党员干部增强党的意识、宗旨意识、执政意识、大局意识、责任意识,坚决维护党的团结统一,维护党的政治纪律,保证中央和省委重大决策部署的贯彻落实。三是以继续贯彻《廉政准则》为重点,深入开展示范教育、警示教育和岗位廉政教育,推进廉政文化建设,进一步提高党员干部廉洁从政自觉性。组织党员干部28人到省展览馆参观"全国检察机关惩治和预防渎职侵权犯罪巡展";组织机关及直属单位副处以上干部到省展览馆观看《纪念中国共产党成立90周年——山西省反腐倡廉成果展》。四是制定了《省残联关于认真组织开展纪律作风集中教育整顿工作的实施方案》,"纪律作风集中教育整顿月"活动效果显著。

(二)进一步转变作风,关注残疾人、困难群众和老党员。把残疾人工作的出发点和落脚点放在着力为服务对象办实事、办好事、解难事上。深入开展联企帮困送温暖活动,向联企帮困企业太化集团太原溶剂厂2次送去慰问金1.2万元,看望困难群众。协调省招办,完成普通高校或特殊高等院校对我省201名残疾学生的高考录取工作。重大节日走访老党员和困难群众。

(三)积极开展干部下乡住村"六个一"活动。制定了《省残联干部下乡住村活动方案》,党组、理事会领导带队,机关和直属单位68名党员干部参加,在阳高县罗文皂镇罗文皂村与群众同吃、同住、同劳动。召开促进罗文皂村加快经济发展讨论会;邀请省农科院养殖和种植专家对村民进行实地培训;邀请省委党校刘树信教授讲授党课;看望慰问了50名老党员、残疾人和困难群众,发放慰问金1.5万元;为罗文皂小学捐赠了价值8000元的文化用品;为村老年秧歌队捐赠了价值1.5万元的服装、道具;组织医疗康复专家为当地群众义诊,向贫困残疾人捐赠了价值近2万多元的轮椅、拐杖、助行器等辅助用具;协调省水利厅支持罗文皂村30万元用于饮水工程。在下乡住村期间,通过走访慰问、填写残疾人状况监测问卷等形式,体察实情,深入分析,形成有关罗文皂村及该村残疾人状况的调研报告。

五、围绕转型跨越发展,推动各项业务工作取得显著成效

(一)进一步完善政策法规,维护残疾人合法权益。认真制定《山西省加快推进残疾人社会保障体系和服务体系建设的实施意见》,大力推进残疾人事业法制建设,不断夯实残疾人工作又好又快发展的基础。

(二)坚持以人为本,全面实施"康馨工程"。全面总结"十一五"残疾人工作,科学谋划"十二五"残疾人事业,召开全省第四次残疾人事业工作会议,全面推进山西省残疾人事业"十二五"规划编制工作。

(三)切实抓好各业务领域工作,全力推进残疾人社会保障体系和服务体系建设。残疾人康复、教育、就业、维权、扶贫、文化体育、基金等工作都取得了显著成效。一是为残疾人提供康复医疗和服务。组织实施"国家贫困残疾儿童抢救性康复救助项目"、"山西省贫困白内障患者复明手术救助项目"等国家和省重点康复救助项目,对2.5万名贫困白内障患者实施了复明手术;对1000名贫困精神病患者提供门诊服药补贴,对300名贫困重度精神病患者提供了一次性医疗报销补贴救助;对5岁以下的60名重度聋儿免费植入人工耳蜗并给予康复训练费补助;对860名贫困残疾儿童给予了康复训练和辅助器具适配救助。二是教育工作稳步发展。督促30万以上人口未建特殊教育学校的县(市、区)建设特殊教育学校和开展普通学校附设特教班或随班就读。组织实施省彩票公益金助学项目,使用130万元资金,资助100名贫困残疾人家庭子女大学生和200名残疾大学生。实施交通银行助学项目,180名特教学校残疾高中生每人获得1000元的资助,4名特教教师荣获"交通银行特教园丁奖"称号。三是就业工作全面推进。全年新增残疾人就业8000余名,4000多名残疾人接受了职业技能培训。组团参加第四届全国残疾人职业技能竞赛,我省代表团荣获组织奖和道德风尚奖。四是扶贫开发工作取得新进展。全省普遍开展了党员干部联户帮扶贫困残疾人活动,对10万名农村贫困残疾人进行了有效扶持。省扶贫办安排200万元财政扶贫资金项目,对40个贫困县的44个残疾人种植、养殖和农副产品加工项目进行了扶持,2000多名残疾人直接受益。落实了4800万元康复扶贫贷款,按规定给予贴息,辐射带动贫困残疾人14000多名。五是社会保障工作稳步推进。全省符合最低生活保障条件的城乡20多万名贫困残疾人基本做到了应保尽保。对20000多名特困残疾人进行了救助。"阳光家园计划"项目顺利实施,为6140名残疾人提供托养服务。97个新农保和城镇居民社会养老保险试点县的残疾人工作扎实推进。省政府解决困难群众住房项目有2000多户农村贫困残疾人受益。在城市经济适用住房、廉租住房、棚户区改造和其它保障性住房建设中,有1500余户贫困残疾人家庭的住房条件得到了改善。农村贫困残疾人危房改造在9个市43个县(市、区)对1654户农村贫困残疾人危房实施改造,现已进入收尾阶段。六是宣传文体工作成效显著。在山西电视台、山西日报等省级主要媒体累计播发稿件200余篇(条)。组织开展了"山西省第二届残疾人文化周"、"全省特教学校学生艺术汇演"等文化活动。聋人舞蹈节目《亲圪蛋下河洗衣裳》获"交通银行杯"第六届中央电视台电视舞蹈大赛群文·群舞组最佳编舞奖、比赛作品奖银奖和演员奖金奖三项大奖。组队参加2011年全国特奥田径锦标赛,16名运动员参赛,获得20金18银10铜的成绩;4名特奥运动员、1名教练员入选第十三届世界特奥运动会中国代表团。组团参加第八届全国残疾人运动会,获得7金9银14铜。七是维权工作不断加强。对全省30名新任人大代表、政协委员的残疾人和残疾人亲友进行了培训。下达2009、2010年燃油补贴资金394.36万元,使9000余名残疾人机动轮椅车车主享受了直接货币补贴。八是组织建设工作全面加强。建立残疾人后备干部和优秀残疾人人才数据库。巩固以"六有三建两明确"为主要要求的基层

残疾人组织规范化建设成果，加强对乡（镇、街道）、社区（村）两级残疾人组织残疾人专职委员的选聘和培训工作。突破残疾人专职委员待遇落实、建立稳定的经费保障机制等重点难点问题。各残疾人专门协会积极开展适合本类残疾人的活动，充分发挥了残联组织与残疾人之间的桥梁和纽带作用。九是残疾人状况调查与监测顺利进行，信息化建设步入轨道。十是基金募捐、救助工作扎实开展。共募集资金3299.3万元，实物292.58万元。省残疾人福利基金会接收郭台铭先生捐赠3000万元用于设立“富士康爱心助残基金”，分别接收潞安、太钢捐赠各100万元、西山煤电捐赠30万元。“集善工程”免费为1300名贫困白内障患者实施复明手术，为1000名重度肢体残疾人配发了轮椅，为2000名肢体残疾人配发电子治疗仪，为贫困重度脑瘫儿童发放便携式儿童轮椅80辆，对101名在特教学校就读的残疾儿童给予每人1000元的助学金，为在我省9所特教学校就读和在残疾人康复机构训练的800名残疾儿童提供价值200万元的儿童营养餐。

（尹惠民　王秋妮）

附：省残疾人联合会党组书记、成员名单

书　记：郭贵仁

成　员：温万一

省社会科学界联合会党组工作概况

党组书记　侯秀娟

2011年，省社科联党组以邓小平理论和“三个代表”重要思想为指导，深入贯彻落实科学发展观，以学习贯彻党的十七届六中全会及省第十次党代会精神为主线，以学习型党组织建设和创先争优为抓手，加强机关党的政治建设、思想建设、组织建设、作风建设、制度建设、反腐倡廉建设，促进了社科联各项工作的全面发展。

一、抓好班子，带好队伍，创建学习型、研究型、团结型、服务型、廉洁型组织

（一）强化政治意识，狠抓政治理论学习，创建学习型领导班子。一是抓好专题学习，不断提高政策理论水平。全年共完成了13个专题13个学习日的集中学习任务。党组成员共完成了11篇体会文章和调研报告，其中党组书记侯秀娟分别在《前进》、《宣传工作》、《机关党建》、《山西日报》、《山西经济日报》等报刊杂志上发表多篇文章。二是抓好党课学习，不断加强党员干部队伍的思想政治素质。年初，研究制定了《省社科联党课教育计划》，党组书记侯秀娟亲自带头讲党课，落实了党组成员每人上一堂党课的制度。通过学习，增强了党员的党性意识和思想政治素质，提高了学习的效果。三是深入研讨，互动学习，不断引深学习效果。围绕学习贯彻“七一”讲话精神、十七届六中全会精神和山西综改试验区建设等中心工作任务，先后3次组织召开社科界专家座谈会。

（二）强化大局意识，狠抓社科研究，创建研究型领导班子。提出了以实施转型综改试验区为契机，强化社科研究，为转型跨越发展提供智力支持的研究工作思路。向全省社科界下发了《山西省社科联2011年度课题指南》，研究确立了《山西省工业新型化发展战略研究》等155项重点课题。同时，领导班子成员亲自领题，带头调研，围绕我省转型跨越发展开展了专题研究。10月18日，为了更好地推进我省转型发展与综改区建设，省社科联与省政府发展研究中心、省决策咨询委办公室、省软科学研究会、省未来研究会联合召开了“转型发展与综改区建设专家座谈会”，来自省内有关科研院所、高等院校的专家学者就我省转型发展的路径、资源型经济转型发展中政府与企业的作为、资源型经济转型的思考、推进“资源型经济转型综合配套改革试验区”建设的有关问题进行探讨交流。党组成员及机关干部积极开展课题研究，完成了《构建山西矿业安全发展机制研究》、《山西发展文化创意产业对策研究》等课题，推出了一批有价值的研究成果。并有2项研究成果《后WTO时期山西省农业产业化经营研究》、《山西提升文化软实力的对策研究》获山西省第九届精神文明建设“五个一工程”优秀作品奖。省社科联还被省委宣传部授予调研工作先进单位称号。

2011年是中国共产党成立90周年，根据中央及省委关于纪念中国共产党建党90周年活动的安排意见，在全省社科界组织开展了征文活动，配合省委宣传部召开了“山西省纪念建党90周年理论研讨会”，组织全省社科工作者开展党的十七届六中全会精神及省十次党代会精神的学习，在社科界掀起了学习贯彻精神的高潮。

党的十七届六中全会和省十次党代会召开后，及时组织部分学会认真学习贯彻会议精神，并召开推进文化强省建设座谈会。三晋文化研究会、省诗词学会、省长城保护研究会、省关公文化研究会、五台山研究会、省炎帝文化研究会、省企业文化研究会的负责同志就如何发挥学会作用，整合社会资源，推动文化强省建设畅谈了各自的认识和打算。

（三）强化组织意识，认真贯彻民主集中制，创建团结型领导班子。一是认真贯彻执行党的民主集中制原则，坚持集体领导与分工负责相结合的原则。二是健全议事决策机制，不断提高科学决策的水平。注重建立完善领导班子内部议事规则和决策机制，始终把民主集中制贯穿于工作决策的全过程，严格按照议事规则、程序办事。三是认真执行《党政干部选拔任用工作条例》和四项监督制度，不断提高选人用人的

公信度。在选拔任用干部问题上，首先是注重提高政策水平。其次是严格执行有关规定。在选拔干部时严格执行党政干部任用条例，2011年，提拔任用3名副调研员严格按这一程序进行，得到了机关干部群众的一致认同。

（四）强化宗旨意识，狠抓作风建设，创建服务型领导班子。一是开展了领导干部下乡住村活动。侯秀娟书记及党组成员深入省级贫困县垣曲县古城镇南堡头村进行调研，走访村民，详细了解他们的家庭收入、子女上学、产业发展、农村养老保险等相关情况。在广泛征求群众意见、建议的基础上，提出了发展规划。二是深入高校、地市、学会进行调研。省社科联党组书记侯秀娟先后深入山西大学、山西财经大学、山西医科大学、太原师范学院、山西大学商务学院等高校进行调查研究，就我省哲学社会科学的学科建设、优秀社科人才的选拔培养、优秀研究成果的评选，以及我省社会科学资源的整合等事关山西省社科界发展的事宜，与部分校领导与专家学者进行了深入的交流探讨。

（五）强化责任意识，落实党建工作责任制，开展创先争优活动，建设文明和谐单位。成立了以党组书记侯秀娟为组长、机关党总支承担活动办公室任务的创先争优活动领导小组的组织机构，制定了《省社科联机关创先争优活动实施方案》。"七一"期间，开展了"游圣地、唱红歌"歌咏比赛活动，开展了"庆七一、颂党恩"演讲活动，在全省社科界组织开展了"建党90周年理论征文活动"，与省委宣传部、省委党校等联合举办了"建党90周年理论研讨会"。机关党总支被省直工委评为先进基层党组织，有两名同志分别被省直工委评为优秀党务工作者和优秀共产党员。

加强精神文明建设，完善社会主义核心价值体系，创建和谐文明单位取得新成效。组织大家开展了各种丰富多彩的活动。举行了"庆三八"和纪念"七一"活动，参加了省直机关体育比赛等。积极开展扶贫帮困献爱心活动，与困难企业结对子，献爱心。机关同志重病手术和家里出现重大困难，大家都伸出友谊之手。把开展以社会主义核心价值体系为重点的公民思想道德教育与日常工作、日常言行和有意义的活动结合起来。连续4年被评为"省直文明和谐单位"，2011年顺利通过省直文明委的检查验收。

（六）强化法制意识，坚持政务公开，严格依法行政，按照《社会团体管理条例》和章程管理好社会组织。省社科联认真贯彻落实中央及省关于政务公开、《法治山西建设纲要》的要求，建立健全了政务公开、依法治理组织机构，制定了计划，明确了责任人。在干部职工中开展学法、用法、守法教育，进行了法律知识培训和考试。在工作中，严格按照国务院颁布的《社会团体管理条例》，进行学会的审批成立、年检、学术管理，逐步形成了《学会登记管理制度》、《学术活动申报制度》、《学会联系人制度》、《学会工作绩效考核制度》、《山西省社科联重点课题管理办法》、《山西省社会科学研究优秀成果评奖实施细则》等制度，管理规定及办事程序公开上网，实现了阳光管理、依法行政，保证了学会工作沿着正确方向健康发展。

二、严格要求，率先垂范，扎实推进党风廉政建设

（一）严格落实"一岗双责"，制定"党风廉政建设责任制"，签订"党风廉政建设责任书"。根据中央《关于实行党风廉政建设责任制的规定》、省《贯彻落实的实施办法》及《廉政准则》的相关规定，制定了《省社科联机关党风廉政建设责任制》，成立省社科联党风廉政建设责任制领导小组，设立办公室，并签订了《党风廉政建设责任书》。

（二）强化教育，提高领导班子和党员干部的责任意识。通过召开党组扩大会进行专题讨论，利用中心组集体学习会、支部会、部室会，层层发动，加深理解，重点学习了中央《关于实行党风廉政建设责任制的规定》、省《贯彻落实的实施办法》、《廉政准则》、《省社科联机关党风廉政建设责任制》，明确机关党风廉政建设责任书签订的相关内容，增强了责任意识。

（三）完善制度，不断提高党风廉政建设的约束力。一是坚持和完善民主生活会和组织生活会制度。二是坚持和完善社科评奖工作制度。三是坚持和执行干部选拔任用工作制度。四是坚持和完善财务管理制度。五是坚持和完善领导干部个人事务汇报制度。

（四）开展党务公开活动，不断提高党风廉政建设的透明度。结合机关工作特点，具体在以下八个方面做到全透明、全公开：党组的决议、决定及执行情况；机关党的思想建设情况；机关党的组织管理情况；领导班子建设情况；干部选任和管理情况；联系和服务党员、群众的情况；机关党风廉政建设情况和其他应当公开的事项。积极主动地开展党务公开工作，充分保证党员的知情权、参与权、表达权和监督权。受到省直机关党务公开领导小组的充分肯定。

（五）开展作风纪律集中教育整顿月活动，净化机关工作作风。深入动员，精心部署，制定省社科联开展作风纪律教育整顿月活动的实施方案，组织观看了警示教育片，召开党组民主生活会和支部组织生活会，党组侯书记号召机关开展树"三风"活动，即树学习研究之风、干事创业之风、文明和谐之风，为机关作风建设确立了目标，指明了方向。

（六）深入学习贯彻《廉政准则》，开展党性党风党纪教育。把廉政准则的学习作为党风廉政建设的主要内容之一，年初召开专题会议研究，安排专题党课教育，专人负责重点准备。党组成员王崇德利用党课时间，针对机关实际，就《廉政准则》的重大意义和反腐倡廉的重要性进行了深入浅出的讲解。党组成员王纪山在参加了省直机关党务干部《条例》培训的基础上，向全体党员干部传达培训会议精神，并就党章、条例的相关规定进行了讲解，使大家明确了责任义务，增强了党性观念。党组成员王志超给大家讲党史课，使大家坚定了对党的信念。下半年，依据条例规定，组织所属支部进行了换届，进一步夯实了组织基础，增强了党风廉政建设的自觉性。12月，又结合纪律作风集中教育整顿月活动，组织全体党员干部对照准则进行检查，自我剖析，并提出整改措施。

（七）深化右玉精神学习，深入基层、下乡住村，开展“六个一”活动，加强干部作风建设。把深入基层、下乡住村、深入开展“六个一”活动，作为加强干部作风建设的主要手段，使右玉精神的学习不断引向深入。党组书记侯秀娟经常深入到学会、研究会进行调查研究，参加学会的换届、年会、研讨会等相关活动；带领机关相关部门，下乡住村，走入田间地头、贫困家庭、工厂学校，走访了解当地百亩核桃园、蔬菜种植基地、村办服装加工厂、文化广场、党员活动室、读书室，听取村乡干部的介绍，看望困难老党员并送去慰问金、帮助修缮村级发展规划。机关11名处级以上干部，每人联系9至11个学会，全部深入学会进行调查研究，年底形成了调研报告。

（八）结合职能任务，健全相关管理制度，强化廉政风险防控。社科大评奖、“百部（篇）工程”评审、学术性社团管理、重点课题的立项结题等工作是省委赋予社科联的重要工作任务，也是全省社科界关注的焦点。在评奖过程中，严格执行评奖工作的“五不准”规定和回避制度、省纪检机关全程监督的制度。实行严格的三级评审机制，做到定性与定量相结合，制定了评奖实施细则和评审指标体系。

三、以党的建设为基础，推动社科联各项工作的蓬勃发展

（一）科学公正地组织开展了山西省第七次社会科学研究优秀成果评奖，顺利完成三级评审工作，推出了一批高质量的优秀成果。省社科研究优秀成果评奖工作是我省社会科学领域最高规格的评奖，这次评奖主要评审2009年至2010年期间我省作者公开发表的社会科学研究成果(著作、论文)。另外，鉴于社会科学成果的特点，对于2003年1月至2008年12月期间的部分未申报参评的研究成果在严格审查的情况下也允许申报。按照评委会的总体部署和进程，评审工作分为初评、学科评审、评审委员会评审三级评审。共推出获奖入选成果296项，其中荣誉奖2项，一等奖23项，二等奖70项，三等奖93项，优秀奖108项。这些成果，比较全面客观地反映了我省2003到2010年来特别是2009、2010两年来社会科学发展的成就。

（二）围绕中心，服务大局，以实施转型综改试验区为契机，强化社科理论研究，为转型跨越发展提供了智力支持。2011年，组织专家学者完成了120项重点课题的研究，原计划完成50项，超额完成了任务；又确立了2011—2012年度重点课题155项。这些课题大都围绕我省转型跨越发展的战略重点，以重大现实问题为主攻方向。这些研究，为推动我省转型跨越发展起到了积极的促进作用，有些研究成果已被省委省政府领导和有关部门采纳。

（三）加强学会管理，整合社科资源，更好地发挥社科联的职能，为和谐社会建设服务。省社科联从4月份开始对全省学会组织建设、学术活动、课题研究、财务审计以及遵纪守法等方面严格审查，进行年检，整顿注销了一些不合格的学会，圆满地完成了学会的年检。同时，加强了对我省132个学会的学术活动的引导和规范管理，强化了学会登记管理制度、学术活动申报制度、学会工作绩效考核制度、学会联系人制度、科研管理办法等一系列规章制度的落实，进一步提升了学会管理水平，确保各学会研究会的学术活动健康有序发展。

（四）办好一网两刊，为社科工作者提供便捷的信息平台，促进了社会科学的宣传普及。一是办好山西社科网。二是办好《学术论丛》。三是办好《山西社科联》。

（五）开展了社科优秀成果“百部（篇）工程”评审工作，促进学术繁荣和人才成长。2011年进行的“百部（篇）工程”评奖活动共收到申报成果349项，经网上申报、资格审查、学科评审、高评组审定等严格评审，评出获奖成果147项。其中：荣誉奖3项，一等奖30项，二等奖47项，三等奖67项，同时评出组织奖9个。

（六）建立了全省社科专家人才库，加强对社科人才的培养和管理工作。调整充实了由419人组成的全省社科专家人才库，其中涉及17个社科类学科及新兴交叉学科，所有人员全部为正高级职称，是我省开展社科研究的中坚力量和基础。

（王纪山　刘英珍）

附：省社会科学界联合会党组书记、成员名单

书　记：侯秀娟（女）

成　员：王崇德　王纪山　王志超

省归国华侨联合会党组工作概况

党组书记　李体柱

2011年，省侨联党组全面贯彻党的十七大和十七届五中、六中全会及省委九届十一次全会、省第十次党代会精神，高举中国特色社会主义伟大旗帜，以邓小平理论和“三个代表”重要思想为指导，深入贯彻落实科学发展观，以科学发展为主题，以加快经济发展方式转变为主线，紧紧围绕全省“十二五”开局和国家资源型经济转型综合配套改革试验区建设，凝聚侨界力量，发挥自身优势，充分调动广大归侨侨眷和海外侨胞的积极性，圆满完成全年工作任务，为推动全省转型跨越发展作出了积极贡献。

一、加强政治理论学习，进一步强化侨联服务大局的意识和水平

省侨联始终将学习型机关建设放在重要位置，一年来，先后组织机关干部认真学习了胡锦涛同志“七一”重要讲话

和在纪念辛亥革命100周年大会上的重要讲话精神，认真学习了温家宝总理视察山西重要讲话精神，传达学习了《中央书记处关于侨联工作的几点意见》和王兆国同志在中国侨联八届三次全委会议上的重要讲话；传达学习了党的十七届六中全会和省第十次党代会精神。在省侨联九届三次全委会上，特别邀请中国侨联李祖沛副主席为省侨联委员作了《履行委员职责，做好侨联工作》的专题辅导报告，邀请省政府研究室副主任高建军对我省"十二五"规划进行了解读；响应中国侨联号召，在全省各级侨联组织和广大归侨侨眷中认真开展了向吴孟超同志学习的活动，在侨联系统形成了学习先进、争当先进、赶超先进的浓厚氛围。

在加强各级侨联干部学习的同时，在全省侨界开展了群众性学习活动。坚持引导各级侨联干部认真研究世情、国情、省情、侨情，分析新情况、解决新问题，认真思考谋划"十二五"期间侨联为实现我省转型跨越发展、加强社会管理创新、促进社会和谐稳定、保障和改善民生工作等方面做好服务的思路和举措。根据省委和中国侨联要求，派干部参加了省委党校、省直机关党校和中国侨联干部培训班学习，组织机关干部参加了干部在线教育学习和干部自主选学。

二、主动服务发展大局，积极筹备并成功举办首届华人华侨"共赢·发展"三晋年会

为充分发挥侨界人才荟萃、智力密集和侨联组织联系广泛的优势，更好地推进我省的对外开放，服务于我省转型跨越发展，我会积极参与中博会的组织接待工作。全省各级侨联通过各种方式、各条渠道牵线搭桥，邀请到海外60个团组122名海外嘉宾参加中博会，并以良好的精神面貌、完善的接待措施、高效的工作效率、优质的接待服务，圆满完成了这122名海外嘉宾的接待任务。在广泛联系、邀请海外华侨华人前来参会的基础上，我会积极筹备并会同中国侨商联合会、省投资促进局和太原、阳泉、长治、临汾四市人民政府联合主办了"首届华人华侨'共赢·发展'三晋年会暨新材料新技术高端项目专场推介对接会"（以下简称"三晋年会"）。海内外共有500余名嘉宾出席了会议，中科院院士和加拿大知名学者为大会做了精彩的演讲，太原、阳泉、长治、临汾四个主办城市的市长在大会上作了城市推介发言。会上共推出新材料、新技术投资合作项目1000余个，促成签约项目18个，签约金额达2250.8亿元人民币；向有关单位推荐了14项起点高、技术精尖的高科技项目并有了初步合作意向；向有关部门推荐了一批高科技人才，其中有12人入选"千人计划"和"百人计划"候选人。

全省各级侨联牢牢把握历史机遇，紧紧围绕实现再造一个新山西的目标，凝聚侨界力量，围绕科学发展，围绕转变经济发展方式做了大量工作，取得了较好成绩。

一是积极动员和引导广大归侨侨眷和海外侨胞为实施"十二五"规划作贡献。在九届三次全委会上，省侨联向全省归侨侨眷和海外侨胞发出《凝心聚气促转型跨越发展、发挥侨力绘"十二五"宏伟蓝图》的倡议书，号召各级侨联和广大侨界群众站在新的历史起点上，积极投身实施"十二五"规划的伟大实践，争做"十二五"规划的宣传者、推动者和建设者，在我省转型跨越发展中建功立业。各市侨联也纷纷向归侨侨眷发出了倡议。

二是进一步拓展海外联谊，加强对外宣传工作。各级侨联在继续完善侨界代表人士动态档案的基础上，开展了多项实质性的海外联谊活动。省侨联于6月初举办了晋港侨胞经贸、文化交流活动。促成澳纽山西同乡会与山东同乡会、贵州同乡会等同乡团体建立合作关系。先后接待了欧洲中国书法家协会的欧洲华侨、华人文化经济考察团，以中国侨商联合会副会长、阳光城集团董事局主席林腾蛟先生为团长的中国侨商联合会山西考察团和中国侨商投资企业协会副秘书长夏复东等十多个海外侨团及知名人士。中秋前夕，我会配合中国黄河电视台国际频道制作了一档向海外华侨华人播出的反映中华文化、特别是黄河流域文化特色、体现思乡之情的中秋晚会——《家乡的味道》。在第十二届世界华人学生作文大赛中，全省各级侨联组织上报小学生作文共计114篇。其中有15篇征文获奖，一等奖2名，二等奖3名，三等奖10名。

三是积极配合有关部门开展招商引资、招贤引智活动。在广泛联系、加强对外宣传的基础上，各级侨联组织发挥优势，积极参加当地政府和有关部门开展的招商引资活动，并取得了骄人的成绩。为长治黎城县引进瑞典粉末冶金技术，促成了美国莱特州立大学和太原理工大学正式签署了两校研究生教育合作协议。太原市侨联策划举办"2011聚焦龙城·服务转型——海内外华人给力太原座谈会"，并达成多项投资意向。经晋城市侨联牵线，泽州县留美研究生郜琳女士与该县农民企业家李中会联手建起年产6万吨的清慧汽配公司，总投资达到1.5亿元，投资4.2亿元的二期工程正在建设之中。台湾启英高中前董事长吴慕举先生拟投资2.8亿元在晋城市兴办具有特色的高级职业中学。晋中市侨联2011年又争取到捐赠资金460万元，新建农村希望小学4所，新建和装备新农村医疗卫生所28所，资助560名贫困大学生和中小学生。经吕梁市侨联牵线搭桥，上海浦东发展银行太原分行与汾阳市中小民营企业进行银企洽谈对接，达成贷款意向1.2亿元。

三、积极参与社会管理，为推进山西和谐稳定做出了积极贡献

一是结合县、乡和部分市级人大、政协换届，指导各级侨联做好侨界人大代表、侨联界别政协委员的推荐工作。2011年是全省市、县、乡三级人大、政协集中换届之年。为认真贯彻党和国家的侨务方针政策，充分调动归侨侨眷参政议政的积极性，保障侨界群众的合法权益，我会适时下发了《关于做好市、县、乡人大、政协换届时侨界人大代表、政协委员推荐工作的通知》，要求各市侨联积极向有关部门反映和推荐，争取使侨界人大代表、侨联界别政协委员在各级人大政协有一定数量的增加。根据通知要求，各市侨联积极争取、主动工

作,深入调查摸底,在人大代表、政协委员推举工作方面做了大量工作,取得了一定成效,使各级侨界人大代表、政协委员的数量均有了增加,质量上也有了保障,一大批思想素质好、参政议政能力强、爱侨、懂侨、敢于为侨说话的侨界人士参与加入到各级人大和政协组织。

二是积极参政议政,建言献策。各级侨联充分发挥侨界人大代表和政协委员的主体作用和侨联组织的基础作用,纷纷组织侨界人大代表和侨联界别政协委员开展调研和座谈活动,广泛听取侨界群众的意见和建议,真实反映侨情民意,为大局工作建言献策。2011年以来,各级侨界人大代表和政协委员共撰写提案、议案和社情民意320多篇,其中大部分被当地党委政府采纳,受到了社会各界关注和好评。大同市侨联主席张兰萍在大同市国税局举办的税收高峰论坛上《发扬老八路传统,做一个群众称赞的国税人》的发言,受到人大、政协领导和国税局领导的关注和好评;阳城县侨界政协委员提出的《关于加快析城山景区开发的建议》和《关于推进新农村建设的几点建议》得到了县委县政府的重视和采纳;晋城市侨联秘书长刘栋《关于规范物业管理创建和谐社区》的提案被列为市十大提案之一。

三是认真做好侨界群众工作。针对全省农村贫困归侨侨眷较多的特点,在开展科技扶贫、项目扶贫、职业技能培训等多种关爱活动的基础上,2011年,我会与省侨办共同组织了侨爱工程——送温暖医疗队活动,组织山西医科大学第三医院10名专家组成送温暖医疗队,赴我省困难归侨最多的大同市天镇县、阳高县,忻州市代县、定襄县开展了为期6天的医疗义诊活动。在坚持每年两次与省外侨办共同举办省直侨界迎春、中秋联谊会的同时,为联谊会赋予新的内容和形式,增加了学习、交流等内容。按照中国侨联和省委、省政府统一部署,在2011年元旦、春节来临之际,组织开展了较大规模的"送温暖、献爱心"活动,共向全省600余户贫困侨户发放慰问金50余万元。做好"珍珠班"的申报争取工作,全省有三所学校6个班、共300名特优特困学生受到资助,资助额75万元,加上学校减免的学杂费150万元,共计使300名学生享受到救助和减免225万元资金。

四是干部下乡住村工作扎实推进。按照省委和省委统战部的安排部署,我会成立了以党组书记李体柱为组长的下乡住村工作领导组,制定了切实可行的工作方案。党组书记李体柱、副主席范安龙先后带领机关人员五次到中阳县三角庄村与村两委班子座谈、交流,共商发展良策。为三角庄村解决中药材种植资金10万余元,为村文化体育场所建设配送价值6000元的体育活动器材,帮助该村顺利完成了"两委"换届工作,对推进三角庄村新农村建设和新"五个全覆盖"工程提供了一定的支持。

五是认真贯彻中国侨联《关于进一步加强侨联维护侨益工作的意见》,积极开展普法活动。省侨联制定下发了《关于进一步加强我省侨联维护侨益工作的意见》,各级侨联组织进一步加深了对维护侨益工作的重要意义的认识,加强了对维护侨益工作的组织领导;完善并注重发挥侨联法律顾问委员会和法律服务中心的作用,继省侨联之后,2011年运城、阳泉两市侨联相继成立了法律顾问委员会,其它市侨联也都成立了法律顾问机构或聘请了常年法律顾问;积极开展普法教育,采取多种措施宣传《归侨侨眷权益保护法》,进一步扩大了《保护法》在全社会的影响力,根据中国侨联要求,省侨联制定印发了《关于在归侨侨眷中开展法制宣传教育第六个五年规划》,对在全省侨界开展普法教育进行了统一安排部署。

四、扎实开展主题活动,进一步弘扬侨界爱国奉献的优良传统

一是纪念建党90周年活动丰富多彩。省侨联制定了活动方案,下发了《关于开展纪念中国共产党成立90周年活动的通知》,并组织完成了"十个一"纪念活动:参加一次歌咏比赛(参加省直机关歌咏比赛),上一次党课(侨联机关党支部组织实施),参加一次党史知识竞赛(参加省直工委举办的党史知识竞赛),举办一次征文活动(向中国侨联上报征文37篇),开辟一块宣传阵地(省侨联网站、四块宣传栏),举办一次书画摄影展(全省侨界书画摄影展),举办一次评选活动(评选表彰优秀共产党员和优秀党务工作者),举办一次主题活动(牛驼寨烈士陵园参观学习);观看一场电影(《建党伟业》),开展一次走访慰问老党员活动(老归侨蔡明训、苏荣禄,下乡住村点老党员乔铁儿等)。全省各级侨联也组织广大侨界群众开展了主题突出、特色鲜明、形式多样的纪念征文、知识竞赛、群众歌咏、报告会、座谈会、红色旅游等纪念活动。并参与中国侨联、省侨联和地方党委统一安排的大型活动,扩大了侨界群众的参与面和影响力。

二是纪念辛亥革命100周年活动特色鲜明。为深化爱国主义教育,省侨联多角度开展纪念辛亥革命100周年活动:1、通过信件和在网上发布等方式向归侨侨眷、海外侨胞和侨联工作者发出了《纪念中国共产党成立90周年暨辛亥革命100周年征文启事》,共征得文章37篇,《中国侨联工作》对其中优秀作品进行了刊登;2、通过省侨联网站进行爱国主义宣传教育;3、举办了"纪念建党90周年暨辛亥革命100周年"侨界书画摄影展;4、与美国纽约华人社团联席会、纽约中国和平统一促进会就举办纪念辛亥革命进行经验交流;5、配合完成了省政协等单位开展的文史资料征集活动;6、组织省城归侨侨眷观看电影《辛亥革命》;7、组织机关工作人员前往辛亥革命策源地广州参观孙中山大元帅府,现场接受教育。各市侨联也以"辛亥百年"纪念宣传活动为契机,进一步整合华侨文化资源,提炼和宣传省市文化内涵,弘扬中华民族精神。

五、着力加强自身建设,积极开展创先争优和文明和谐单位创建活动

一是基层组织建设取得新突破。2011年,在基层组织建设方面又取得了新的较大的突破:太原市侨联经过努力,市编办下文,在所辖全部10个县(市、区)成立县级侨联组织;忻州市侨联为该市侨户相对集中的原平、定襄、代县争取了

侨联编制；阳泉市郊区、矿区和盂县，运城市河津县先后成立了侨联组织，使我省县级侨联组织数量达到了县（市、区）总数的三分之一；长治市城区在所属10个街道均成立了侨联基层工作组织，实现了城区街道社区全覆盖；晋城市侨联在全市有侨的乡镇（办事处）、社区、学校聘请了联络员，实现了全市侨联工作进乡村、进社区、进企业、进学校的目标。

二是建立了统一的考核评比机制。为进一步贯彻《山西省年度目标责任制考核试行办法》，逐步实现年度考核工作的规范化、制度化，建立健全科学合理的侨联工作目标责任管理体系，推动全省侨联事业又好又快发展，省侨联制定下发了《山西省侨联工作年度考核办法》及《评分细则》，年中，对各市侨联工作及目标责任完成情况进行了调研，年底按照《考核办法》及《评分细则》对全省11个市级侨联进行了认真考核。

三是机关自身建设进一步加强。2010年，省侨联和全省大部分市级侨联开展了省直（市直）文明和谐单位创建活动，结合创建活动，对侨联机关资料档案进行了认真整理，建立健全了规章制度，完善了工作机制，创新了工作方法。省侨联和太原、大同、长治、晋城、临汾、运城六市侨联先后接受了省直（市直）文明委的检查验收。太原市侨联坚持“党建带群建、群建服务党建”开展对标发展、创先争优等活动；大同市侨联建立健全了机关各项规章制度，成立了侨联党务公开工作领导组，完善了工作机制；朔州市侨联建立健全了全市归侨、侨眷及海外侨胞、留学生档案，并确定了归侨、海外侨胞、留学生代表性人士60人；忻州市侨联推行了“一个微笑、一句问候、一杯热茶”的服务态度；晋城市侨联结合自身特色，在所属县区侨联中开展了“一县一特色”活动；临汾市侨联在全体机关干部和广大归侨侨眷当中开展“强素质、作表率、谋发展”主题读书活动，并结合工作实际，成立了7个工作委员会；运城市侨联建立了委员联系制度，对市侨联班子成员、委员和机关干部联系群众进行了安排，并将此项工作与考核、评比、晋升挂钩，有效地提高了侨联委员履行职责的自觉性。

六、加强制度建设，确保清正廉洁，努力建设开拓创新、团结干事的领导集体

一是认真落实党风廉政建设责任制。建立了以党组书记为第一责任人的党风廉政建设责任制，制定了党风廉政建设和反腐倡廉工作学习教育计划，坚持把反腐倡廉建设纳入工作总体规划，把反腐倡廉教育纳入了党员、干部年度教育计划，着力营造“勤政尚廉、秉公用权、艰苦奋斗、风清气正”的良好环境。

二是严格执行民主集中制。省侨联党组对重要决策、干部任免、重大项目安排、涉侨案件和大额资金使用等，在广泛征求群众意见的基础上，坚持班子集体研究，尊重群众意见，坚持民主决策，不搞个人好恶和一言堂。按时召开领导干部民主生活会和党员组织生活会，积极开展批评与自我批评，主要领导在参加领导干部民主生活会的同时，还以普通党员的身份参加党员民主生活会。

三是认真执行外事纪律。作为涉外工作部门，省侨联党组要求班子成员在与海外侨胞和国外友人交往中严格外事纪律，维护集体形象，杜绝以个人名义接受客人馈赠礼品。坚决落实中央和省委关于厉行节约的有关规定，严格执行有关接待和到基层调研工作的具体规定。

四是严格执行干部管理制度。省侨联党组始终坚持把贯彻落实干部管理四项监督制度列入重要议程，组织中心组成员和全体机关干部反复学习，认真及时学习有关干部人事工作的制度、法规，并坚决执行；严格按照德才兼备、以德为先的标准选拔任用干部，在程序上严格按照《党政领导干部选拔任用工作条例》办事，坚持民主推荐、组织考察、党组集体研究决定、预告、公示等程序，保证了用人上的公开、公平、公正，有效调动了机关干部的积极性，提高了机关干部的责任心、使命感。在全省侨联系统形成了心齐风正、谋事干事、服务科学发展、争创一流业绩的良好局面。

（张志龙）

附：省归国华侨联合会党组书记、成员名单

书　记：李体柱（12月离职）

成　员：许并社

省红十字会党组工作概况

党组书记　郭慧民

2011年，省红十字会党组认真学习贯彻党的十七届六中全会、省十次党代会精神，深入学习实践科学发展观，团结协作，狠抓落实，勇于创新，注重成效，认真按照中国红十字会2011年工作会议精神，紧紧围绕省委、省政府中心工作，着力以加强全省各级红十字会干部队伍能力建设为工作重心，全面推进2011年各项人道救助工作。

一、深入推进全会党的建设工作，努力推动全省红十字事业又好又快发展

（一）狠抓党的工作责任制落实。

加强政治理论学习。会领导班子通过定期不定期召开办公会议、机关党总支会议等，对“三重一大”事项及机关党建、落实党的工作责任制等工作进行安排部署，充分发挥备灾救灾、协助政府做好人道领域救助工作的职能作用，在服务我省转型跨越发展中发挥了积极的职能作用。

会领导班子深入学习贯彻落实党的十七大和十七届五中、六中全会以及省十次党代会精神，按照中央《关于推进学习型党组织建设的意见》要求、省委的统一部署和省直工委下发的《关于省直机关党组(党委)中心组和干部理论学习的安排意见》以及2011年省直机关党的工作会议精神，结合我会工作实际，制定并印发了《山西省红十字会2011年度中心组和干部理论学习计划》。全会党员干部职工一起组织学习了胡锦涛总书记在庆祝中国共产党成立90周年大会上的重要讲话。组织全会及直属单位全体人员观看了反腐警示教育片。

加强党的组织建设。2011年，我会根据中共中央新修订的《中国共产党党和国家机关基层组织工作条例》，并结合我会工作实际，制定并印发了《机关党建工作责任制》、《党风廉政建设责任制》、《“三会一课”制度》、《民主生活会制度》、《民主评议党员制度》、《党内监督制度》、《发展党员工作制度》、《党员学习制度》、《党费收缴制度》等党建工作制度；根据省直工委《关于省直机关基层党组织实行党务公开的意见》，结合我会党建工作实际，制定并印发了《山西省红十字会党务公开实施细则》，在我会全面实行党务公开制度，进一步建立健全并完善了我会各项党建工作的体制机制。我会严格按照“坚持标准、保证质量、改善结构、慎重发展”的方针认真做好发展党员工作。严格按照中组部《中国共产党党费收缴、使用和管理的规定》对党费进行缴纳、管理和使用，并及时按规定比例上缴省直工委组织部。

（二）全面加强党风廉政建设工作。

严格执行中央《关于实行党风廉政建设责任制的规定》和我省《实施办法》，落实“一岗双责”，提高了责任意识，完成反腐倡廉各项任务和要求，没有违纪违法问题的发生。召开全会全体党员干部职工参加的党风廉政建设干部大会。认真组织学习了2011年全省党风廉政建设干部大会精神、2011年省直机关党的工作会议关于省直机关纪检工作的报告以及王君省长在贯彻国务院第四次廉政工作会议精神会议上的讲话。会党组始终按照中央、省委和省纪委的统一部署和要求，高度重视并认真抓好全会党风廉政建设工作，严格执行中央《关于实行党风廉政建设责任制的规定》和我省《实施办法》，落实“一岗双责”，建立健全了各项党风廉政建设工作机制，先后出台了一系列党风廉政建设工作制度和惩防体系规划，教育和引导党员，特别是党员领导干部始终绷紧反腐倡廉这根弦，着力提高领导班子和领导干部的责任意识，完成反腐倡廉各项任务和要求，切实将党风廉政建设工作贯彻好、落实好。依据《中国共产党章程》、《中国共产党党和国家机关基层组织工作条例》和中共中央、国务院《关于实行党风廉政建设责任制的规定》以及省委、省政府《实施意见》，结合我会工作实际，先后印发了《2011年党风廉政建设工作安排》、《山西省红十字会党风廉政建设责任制》的通知，按照“一岗双责”制度，对2011年党风廉政建设工作进行了安排部署，对2011年全会党风廉政建设和反腐败工作任务进行了分解，成立了《建立健全惩治和预防腐败体系2008—2012年工作规划》领导组，通过集中学习《廉政准则》、领导干部讲党课、开展干部下乡住村、观看“让党旗更加鲜红”等党建教育片等方法，深入开展党性党风党纪教育，切实提高反腐倡廉科学化水平，为深入贯彻、落实党风廉政建设工作奠定了一个良好的基础。

4月22日，根据省纪委九届六次全会和全省党风廉政建设干部大会的相关要求和会议精神，我会召开了2011年党风廉政建设干部大会，全会全体党员干部职工参加了会议。会议传达了2011年全省党风廉政建设干部大会精神、2011年省直机关党的工作会议关于省直机关纪检工作的报告以及王君省长在贯彻国务院第四次廉政工作会议精神会议上的讲话精神。12月1日，根据省纪委《关于以“正风肃纪、创优环境”为主题在全省深入开展纪律作风集中教育整顿月活动的通知》精神，制定了《山西省红十字会深入开展纪律作风集中教育整顿月活动实施方案》并成立纪律作风集中教育整顿月活动办公室。中心组召开了动员大会，传达学习了省纪委书记李兆前在全省纪律作风集中教育整顿月活动电视电话会议上的重要讲话精神，并组织学习了《廉政准则》相关规定。

加强反腐倡廉法规制度建设，开展党性党风党纪教育，为推动全省红十字事业的健康和谐发展提供了坚强有力的政治保证。深入学习宣传贯彻中共中央印发的《中国共产党党员领导干部廉洁从政若干准则》（简称《廉政准则》），加强全会党员领导干部廉洁自律工作和干部队伍建设，进一步增强党员领导干部廉洁从政意识，规范党员领导干部从政行为。结合我会工作实际，制定并印发了《山西省红十字会学习贯彻〈中国共产党党员领导干部廉洁从政若干准则〉实施方案》，成立了学习《廉政准则》活动领导小组，切实通过学习贯彻《廉政准则》，教育引导党员领导干部坚定理想信念、强化宗旨意识，进一步提高党员领导干部廉洁自律意识、责任意识，切实解决党员领导干部党性党风党纪方面存在的突出问题，扎实推进党风廉政建设和反腐败工作，为推动全省红十字事业健康和谐发展提供坚强有力的政治保证。

二、积极发挥政府人道领域工作助手作用，全省红十字事业健康快速发展

（一）高度重视宣传工作，以山西省红十字会建会百年庆祝活动为主线，开展了形式多样的宣传活动。

2011年，会领导班子成员不断加大宣传工作指导力度，着力创新宣传模式，努力扩大宣传覆盖面。结合我会建会100周年，紧抓宣传契机，与省内各类媒体通力合作，广泛深入宣传我会建会100年来取得的成果和人道救助工作领域发挥的积极作用，全年省会机关和直属单位在电视媒体、各类报纸、网站报道红十字会工作的通讯、消息达400余篇次。成功举办了山西省红十字会建会100周年大型庆祝活

动，编辑出版了反映我会建会百年发展历程《山西省红十字会百年史》。在全省开展了以“我与红十字”为主题的征文绘画活动，与省直工委、省文明办联合开展了“首届红十字‘富德杯’博爱印象——寻找身边的感动”公益摄影展活动。圆满完成了全省2011年度“一报一刊”征订工作，并荣获“2011年度中国红十字会总会报刊宣传先进集体二等奖”称号。

（二）深入推进应对突发事件救助、红十字备灾救灾、扶危济困工作，救助领域不断扩大。

全会在多渠道、多领域开展筹资工作，加强了救灾、救援、救助的实力，不断增强红十字会的备灾救灾能力，为开展各项救助工作奠定了坚实基础。

进一步加强救灾管理工作。根据省政府《关于进一步加强全省应急预案编制修订和管理工作的通知》的要求，我会依据《中华人民共和国突发事件应对法》、《中国红十字会自然灾害救助规则》、《中国红十字会总会自然灾害应急预案》、《山西省人民政府突发公共事件总体应急预案》、《山西省自然灾害救助应急预案》，成立了《山西省红十字会自然灾害救助应急预案》修订小组，起草、修订了《山西省红十字会自然灾害救助应急预案》（评审稿），并于12月17 日通过了省应急办组织的专家评审会的评审，使全省红十字会自然灾害救助工作逐步走上科学化、制度化轨道。

认真组织开展募捐工作，接收社会各界及爱心企业捐赠的药品，分别对太原、大同、临汾、运城、晋中、长治和晋城等受灾县及贫困山区的患者给予医疗救助。与中国红十字基金会联合开展“幸福天使”救助活动，接收“幸福天使基金”捐赠总价值人民币650万元贝因美婴幼儿食品及医疗救助金，用于我省0–6岁贫病婴童的救助 。

积极开展日本特大地震、云南盈江地震等灾害救援工作，及时将社会各界爱心捐款汇入总会专帐，支援灾区，及时转达了三晋人民的一份爱心。

深入推动全省20个贫困乡镇的村级卫生站建设工作，亲自到贫困乡村考察筛选，确定了对9个市的15个村级卫生站援建项目。2011年，完成了8所博爱卫生站的后期工作，受益人口约8000余人。

认真实施中国红十字基金会“小天使”救助工作。积极做好贫困白血病患儿的仔细筛选、资料审核、票据上报、资金落实及档案管理等工作。做到了认真负责、严格把关、及时报送、程序规范。2011年，共计发放救助金83万元，救助29人。

推动全省2011年红十字“博爱送万家”救灾救助活动的开展。全省各级红十字会共筹措了500多万元的物资，对我省受灾地区的部分特困户和近40余个县（市、区）城乡特困户进行了救助。2011年以来，我省先后有大同、阳泉、晋城、临汾、晋中、长治、运城、忻州等8市的16个县遭受不同程度的暴雨、洪涝及大雪灾害的袭击，受灾地区红十字会积极逐级上报灾情。省红十字会对各地灾情和需求进行评估后，向中国红十字会总会上报我省灾情及救助需求，争取到总会国家彩票公益金捐赠价值50万元面粉的援助，分别拨发至临汾、忻州、运城、长治市等灾情相对较重的县，受益人达9.1万人。

2011年，全省各级红十字会共募集款物价值人民币2569.53万元，其中款项1678.42万元，物资891.11万元。

（三）重视志愿服务工作，以内容丰富、形式多样的活动促进各项工作开展。

根据中国红十字会总会《中国红十字志愿服务管理办法》、《中国红十字志愿者表彰奖励办法》，制定了《山西省红十字志愿服务实施办法》，并拟定《山西省红十字志愿者表彰奖励实施细则》，进一步规范了我会对红十字志愿者的表彰与管理工作。成立了4支大学生红十字志愿服务队，在志愿服务、传播红十字运动知识、做好预防艾滋病宣传、社区服务、普及应急自救互救技能等方面发挥独特作用。重视学校红十字会工作，与省教育厅联合开展了2011年山西省红十字示范校评选命名工作，全省18所各级各类学校被命名为“山西省红十字示范校”。深入贯彻中央文明委《关于深入开展志愿服务活动的意见》，落实中宣部、中央文明办等9部委联合召开的“讲文明树新风”志愿服务活动视讯会议精神，按照中国红十字会总会和中央文明办《关于开展红十字关爱生命志愿服务行动的通知》要求，开展了关爱空巢老人等志愿服务项目，受到社会各界的好评。

（四）带动全省各级红十字会深入开展“博爱一日捐”活动，救助区域不断扩大。

与省直工委、省文明办联合发出《关于继续开展2011年“博爱一日捐”募捐工作的通知》，在全省大力开展“博爱一日捐”活动。省文明委对我会广泛深入组织开展的“博爱一日捐”公益募捐活动，在全省“讲文明、树新风”和志愿服务活动等方面所发挥的积极作用给予了充分肯定。同时将“博爱一日捐”公益募捐活动，作为评选表彰宣传精神文明建设以及扎实推进群众性精神文明创建活动的重要指标纳入2011年工作安排。截至12月10日，省红十字会接收“博爱一日捐”捐款236.64万元，有近70余家单位参与了“博爱一日捐”募捐工作，全省各级红十字会共接收捐款1383.34万元。

（五）不断加强应急救援队伍的培训，救护培训工作扎实有效，应急救援队伍实力增强。

为积极应对突发事件及自然灾害，建立健全了突发事件应急机制，制定了应急预案，成立了六支红十字志愿者应急救援队，并对志愿者救援队进行救护技能的培训，利用每年的世界急救日或其他活动开展应急救护演练，便于参与突发事件救援和社会活动的保障服务。组织山西红十字蓝天救援队20人参加中博会志愿服务活动。在活动现场设立4个专门的服务点，为参加展会的人员提供救援服务和救护知识咨询。

积极开展红十字救护培训。根据《中华人民共和国红十字会法》和《山西省红十字会条例》有关规定及赋予红十字会的重要职责，红十字会开展群众性初级救护培训工作，有利于增强人们的自我防护意识和自救互救及逃生避险的知识和技能，使灾害、事故现场的受伤者能够得到及时有效的救护，使参与者提高了安全自护意识。组织了专业的救援队伍和红十字志愿者进行培训学习演练。先后对山西红十字蓝天救援队、晋中、太原蓝天救援队的242名专业救援人员和1200名红十字志愿者进行专业技术知识技能培训，使我省的红十字应急救护能力得到很大的提高。2011年，对全省交通运输、煤矿、铁路等高危领域及多个行业的11478名人员进行了培训。全年，全省普及救护知识人数243000余人，省本级共计培训救护员11478人，比去年同期增加了7230人，超额完成了年度目标工作任务。

（六）推动造血干细胞工作稳步发展，保质保量完成“中华骨髓库”造血干细胞采样工作。

根据中国造血干细胞捐献者资料库管理中心《关于下达2011年度各省分库工作任务的通知》，省分库下发了《关于山西省造血干细胞捐献者资料库2011年采集工作安排的通知》，对我省全年的血样采集工作进行了安排部署，明确提出相关要求及奖励机制。省分库圆满完成总库下达的2011年6000人份工作任务，累计向总库传输志愿者HLA分型数据6.2万人份。2011年，我省分库有13名志愿者捐献了造血干细胞，是山西省红十字会建立造血干细胞捐献者资料库以来捐献造血干细胞最多的一年。

（七）加强与国际红十字组织的交流与合作，积极引资，争取了援建项目。

积极加强我省红十字会与国际红十字会在“救灾、救护、救助”等方面交流与合作，总会代表团对保加利亚和匈牙利两国进行考察和交流，就红十字组织建设、志愿服务、青少年、筹资工作、救灾备灾、社会福利、无偿献血、救护培训等双方共同关心的问题进行了深入的交流和探讨。选派了3名优秀的红十字青少年骨干参加了在台湾举办的“海峡两岸红十字大学生夏令营”活动。积极配合中国红十字会总会广泛开展日本地震寻人工作，竭力帮助我省因地震失去联系的在日人员与家庭重建联系。加强与台湾血液基金会的交流活动，增进了彼此间友谊，加深了晋台双方献血事业的融通和了解，对推动海峡两岸血液事业的共同发展起到了积极影响。

积极引进外援公益资金，对我省部分贫困县进行了项目援建。2011年，由挪威红十字会、中国红十字会总会援建的榆社县北寨乡牛槽沟村、南寨村、马陵村改水改厕及健康教育项目顺利竣工验收。该项目投入资金102余万元，使3个行政村238户、765名村民受益。同时，又在长治市襄垣县西马固村等三个村开展了此项目，项目投资145多万元，使3个行政村349户、1289名村民受益。

（侯晓俊）

附：省红十字会党组书记、成员名单

书　记：郭慧民（1月离职）

成　员：冯晋生　白　冰（女）

省管国有企业党委工作概况

山西焦煤集团有限责任公司党委工作概况

党委书记　任福耀

山西焦煤集团有限责任公司是我国煤炭行业第一家以资产为纽带、实行紧密型母子公司体制的煤炭大集团，是中国目前规模最大、世界知名的优质炼焦煤生产企业和炼焦煤市场主供应商，是全国第二家煤炭产量过亿吨、销售收入超千亿元的“双亿”级煤炭企业。市场涵盖全国20多个省市，并出口日本、韩国、德国、巴西等国家，并与宝钢、首钢、鞍钢等全国30多个大集团大公司结成了紧密型战略合作伙伴。

2011年，集团公司实现原煤产量1.1亿吨，精煤产量4618万吨，焦炭产量859万吨，发电量115亿度，销售收入1254亿元，利润总额47亿元。资产总额达1523亿元，职工总人数近20万人。荣获“中华环境友好企业(单位)”荣誉称号，位居“中国企业500强”第76位、“全国煤炭企业100强”第6位和“全国煤炭企业产量50强”第3位。

截至2011年底，集团共有基层党委122个，党总支280个，党支部2513个，党员共计48608名。

(一)思想建设。加强党委中心组学习，规范集中培训、组织轮训工作，相继完成了转型综改试验区研讨班、十七届五中、六中全会，省第十次党代会精神等的学习，在学习中找到了差距，形成了共识，凝聚了力量。举办转型跨越专题研讨活动，组织两级领导班子和部门负责人谋转型、话发展、议跨越，在转型跨越上打开了思路，明确了目标，坚定了信心。一是理顺了转型与发展之间辩证统一的关系，形成了思想统一、步调一致、重点明确的工作格局；二是明确了“以煤为基、多元发展”战略，规划了“十二五”发展“双千亿”、“双百亿”、“双五十亿”六大骨干支撑项目的总体框架；三是增强了“先行先试”的勇气和魄力，60万吨/年甲醇制烯烃、煤层气抽采综合利用、10万吨/年陶瓷空心微珠等转型项目取得突破性进展，转型发展初见成效。

(二)组织建设。按照“四强四优”创先争优活动总体安排，结合企业工作实际，在广大党员干部中创新开展了以争先锋、树形象、增本领、提绩效为主要内容的“争、树、增、提”竞赛活动。活动开展以来，高潮不断、亮点纷呈，各单位各部门努力创新方式、丰富内涵，各级党员干部坚持全面参与、主动融入，促进了干部队伍思想境界、作风形象、个人素质、工作业绩全面优化，驾驭发展的能力和绩效水平有效提高。特别是各级党委将活动与本质安全型企业建设相结合，与“十二五”项目推进相结合，与企业内涵管理提升相结合，形成了鲜活的活动成果，成为转型跨越发展的重要推手和主要力量。全面推进党务公开工作，相继设立公开目录77条，制定公开制度6项，在“山西焦煤党务公开网”上开辟“在线倾听”、“书记热线”等栏目，以党务公开促进企务公开，维护了党员和职工群众的知情权、参与权和监督权，推动了企业民主管理进程，促进了大集团健康发展。

(三)队伍建设。坚持党管队伍、党管人才原则，致力于加强和改进员工队伍建设。一是强化全员培训和技术比武，坚持开展以脱产培训、岗前培训、班前会培训为主要形式的素质培训，全年参加培训人员近350000人次，其中，有515人参加了第六届职工技能(30个工种)运动会比赛。二是召开素质提升工程推进大会，明确从业人员准入标准，提出全员素质提升的目标、路径、方法、措施，为转型跨越发展提供了有力的人力资源保障。三是深化干部人事制度改革，按照德才兼备、以德为先的原则，对销售总公司18名区域市场公司经理、副经理进行公开竞聘，对19名煤质、财会人员进行公开招考，创优了人才脱颖而出的良好环境。四是突出干部队伍作风建设，严格领导干部带班下井制度，组织两级集团公司领导住矿进厂与职工同吃同住同劳动，开展“正风肃纪、创优环境”活动，在集团上下形成了导向实化、责任强化、工作深化、考核硬化的工作导向。

（四）文化建设。围绕纪念建党90周年和山西焦煤成立10周年贯穿全年的两件大事，积极开展文化引领和宣传庆祝活动，不断赋予其新的时代内涵。成功举办劳模先进事迹报告会、“颂歌献给党、放歌赞焦煤”职工歌咏比赛，相继组织演讲报告、诗歌朗诵、书法摄影等系列活动，进一步增强了广大干部职工的荣誉感和归属感。践行“奉献社会、造福员工”企业宗旨，成功举办“公益活动庆十年”大型活动，广大干部职工和青年志愿者走进特殊群体、走向社会、走进社区、走进农村、走进客户，向全社会展示了一个充满活力、勇于担当、造福员工、奉献社会的大集团良好形象。深化文明和谐创建活动，全面开展社会公德、职业道德、家庭美德教育，打造“团结、奉献、求实、进取”的企业精神。

（五）廉政建设。以“一十百千”主题活动为载体，加强党风廉政宣传教育，集团公司领导班子成员率先作出廉洁自律“十项承诺”，班子成员家属发出廉洁自律“十个提倡”。一是推进廉洁文化建设，评选、验收和命名100个廉洁文化阵地，先后开展领导干部“话廉洁、谈体会”、廉洁从业宣誓、签名、警句牌板展等活动，形成了廉洁文化的强大合力。二是健全廉政管理体制机制，全面推行纪检监察“五谈三访”制度，对各类苗头性问题做到了早提醒、早教育、早预防。三是扎实开展廉洁从业风险防控体系建设，运用“制度＋科技”、“人控＋技控”的办法，实现对重点领域、关键环节的有效控制，初步形成了科学、严谨、务实、有效的风险防控体系。四是坚持惩处与教育相结合，加大案件办理力度，以案明纪、以案施教，发挥了案件治本作用。全年受理职工群众来信来访194件次，立案46起，涉及人员178人，给予党纪政纪处分151人，挽回经济损失150.90万元。

（六）和谐建设。不断提高劳动报酬在初次分配中的比重，全年在岗职工人均工资71980元；分别将井下采掘工、辅助工津贴提高到35元/工、25元/工，将班中餐津贴、夜班津贴调整为15元/工，进一步提高了职工福利水平。重视民生改善，郑重提出向职工群众承诺的十件实事并精心组织、落实，千方百计帮助职工群众解决住房、就医、子女上学等现实问题。深化温暖工程建设，全年走访慰问11余万人次，发放慰问救济金5073万元，通过对西山煤电“3110”帮扶工作法的总结推广，实现了帮扶工作的体系化、制度化、规范化。信访稳定方面，始终以党的群众工作为统领，以加强和创新社会管理为主线，全面强化“发展是第一要务，稳定是第一责任”工作理念，严格落实业务管理与信访稳定“一岗双责”责任制，在“事要解决”上做文章，在构建信访稳定大格局上下功夫，呈现出齐抓共管、特色各异的工作新局面。全面启动保障性住房建设，谐和居小区初具规模。

（七）安全管理。坚持行之有效的安全管理抓法不变、力度不减，一是致力于制度简约、管用和严细落实，严格实行“321”工作法、安全红线、安全问责“双三十条”等制度，全年组织联点包片督查137次，发现并整改安全隐患1145条。二是开展安全专项整治和示范推动工作，高瓦斯矿井全部抽采达标，共建成14座专业化示范矿井，17座矿井达到国家级安全质量标准化矿井标准。三是强化安全生产“四个按钮”，实施“零点行动”突击检查38次，开展“手指口述”工作法演练竞赛100余场次，组织井下应急预案演练217次，在提高职工素质、规范现场作业等方面产生积极效果。四是深入开展安全生产月活动，大力弘扬企业安全文化，创造性地推行安全亲情教育、警示教育，营造了浓郁的安全发展氛围。

（八）整合重组。打“主动”牌，打“快推”牌，全面推行董事长第一责任，分管副总具体抓工作的工作机制，实行整合重组日调度月汇报制度，按期完成“四个百分之百”、“五个到位”进度目标。严格办矿安全等级，严格队伍准入和工作标准，建立健全整合矿井复工复产四级审核验收制度和验收标准，守住了安全生产这一底线。坚持科学办矿理念，按照“梯次分批”原则推进整合矿井复工、技改、扩建，形成“一矿一井一面”和“安全、绿色、高效”的示范标准和工作样板。建立整合矿井建设排名排队机制，通过有效的激励约束机制推动了矿井复工复产复建。截至年底，将地方煤矿167座整合为67座，其中开工建设38座，投产15座。

（九）项目建设。落实各级领导班子项目建设“三定”责任制，定期对领导到现场、跑项目次数统计排名，把抓项目落实作为对领导班子和领导干部政绩考核的重要依据。扭住大项目、优势项目不放，集中力量组织攻坚，共计完成项目投资217.8亿元。

（十）管理提升。狠抓股权重组整体上市工作，乘势推进集团公司“组织结构扁平化，煤业经营板块化，非煤产业专业化，要素配置科学化”转型。一是强化全面预算管理，加强对成本、费用、资金、资本经营预算执行情况的财务监督和审计检查，实现了超前控制和过程控制；二是加快营销体系体制转型和服务水平提升，将原有10个驻地市场公司整合为6个区域市场公司，初步构建了公司加专业化的管理模式。重点推动新产业整合重组和老矿区产业接替转型发展，新产业厂点由288家整合为168家，全面实施素质提升，明确从业人员素质提升的径路、方法、渠道，培养孕育了企业发展的后发优势。

（马海虹）

附：山西焦煤集团有限责任公司党委书记、副书记、常委名单

书　记：白培中（12月离职）　任福耀（12月任职）

副书记：高斌旗　李堂锁　邓保平（10月任职）

常　委：金智新　李建胜　杨根贵　游　浩

薛道成　李贵生（10月任职）

山西国际电力集团有限公司党委工作概况

党委书记　常小刚

山西国际电力集团公司党委下属基层党委17个，党总支6个，党支部83个，集团公司党员共计2178名。

2011年，集团公司党委在省委、省国资委党委的正确领导下，坚持以邓小平理论和“三个代表”重要思想为指导，全面贯彻科学发展观，深入学习开展创先争优活动和保持党的纯洁性教育活动，认真贯彻党的路线、方针、政策，认真落实省委和省国资委关于加强国有企业党建工作的有关文件精神，认真抓好思想、组织、作风、制度和反腐倡廉建设，不断创新发展思路和管理理念，进一步动员和鼓舞全体党员和员工，抢抓机遇，开拓创新，奋勇争先，促进集团公司转型跨越发展。集团全年实现利润7亿元，实现营业收入106.6亿元，总资产达239.8亿元。营业收入首次突破100亿元，实现了历史性的跨越。

一、深入开展创先争优活动，推动集团转型跨越发展

集团公司党委根据省国资委党委的统一安排部署，深入开展创先争优和保持党的纯洁性学习教育活动，扎实开展党务公开，做好工程建设领域突出问题专项治理、“小金库”专项治理、廉政风险排查防控、效能监察和廉洁文化建设等工作，坚持以人为本、和谐发展，推进企务公开，不断完善以职代会为主要形式的民主管理，开展丰富多彩的劳动竞赛活动和群众性文体活动，促进集团公司快速发展。

集团公司重点项目扎实推进，取得重大突破。修订了安全检查评价大纲，制定了各级安全监督人员岗位责任制标准，规范了集团突发事件报送要求，集团公司及各分子公司没有发生重大人身事故和重大设备事故，保持了平稳的安全态势。集团公司结合自身实际，逐步形成了独具特色的管理体系，以平衡计分卡为龙头，以创建星级企业为载体，以“两备一批”投资流程、全面预算管理、对标管理、资金集中管理和风险量化管理为手段，以五支人才队伍建设为保障，以信息化为支撑，以EVA为导向的内部闭环管理体系，成为支撑集团公司整体战略最终落地的坚实保障。

二、加强领导班子建设，强化企业党建工作

集团公司领导班子坚持以邓小平理论、“三个代表”重要思想和科学发展观为指导，结合企业实际，坚持按照“政治素质好、经营业绩好、团结协作好、作风形象好”的要求努力加强四好班子建设。按照省委、省国资委党委的要求认真抓好领导班子建设，讲党性、重品行、作表率，充分发挥领导班子带头作用。各级领导班子严格执行“三重一大”民主决策程序，坚持按照集体领导和个人分工负责相结合的原则，凡属重大问题都采取提交方案，集体研究，民主讨论和科学决策的规程，有效规避决策风险。集团公司结合实际研究制定了《高级管理人员管理办法》，创新选人用人机制，积极推行高级管理人员任期制，加快推进领导班子年轻化和知识化，推行高级管理人员交流制度，建立健全考核制度，不断提高领导班子整体素质，建立起有效的激励机制，进一步提升了企业基础管理水平。

集团公司各级党组织注重发扬优良学风，坚持集中学习与自学相结合、调查研究与集中交流相结合，注重搞好中心组理论学习，进一步坚定了广大党员特别是党员领导人员的马克思主义理想信念，提高了政策理论水平，增强了贯彻执行党的路线方针政策和国家法律法规的自觉性；按照省委“转型发展、安全发展、和谐发展”的要求，围绕企业改革发展重大问题，采取多种形式广泛收集群众意见建议，认真开好民主生活会，积极开展批评与自我批评。坚持以人为本，充分调动各方面的工作积极性，发挥思想政治工作的优势，大力加强对广大党员的思想教育，不断探索新形势下加强党员作风建设的新途径和新方法，切实增强思想政治工作的针对性和时效性，发挥党员先锋模范作用。

三、改进工作作风，提高党风廉政建设水平

集团公司党委高度重视党的作风建设，坚持求真务实，领导班子成员按照“两个务必”的标准严格要求自己，积极转变作风，经常深入基层生产施工一线，深入员工群众体察掌握真实情况，及时了解基层企业和员工的需求，及时发现工作中存在的倾向性问题，并尽可能及时解决。集团公司各级职能部门树立“围绕中心工作，服务大局、服务重点工作（重点项目）、服务基层一线”的思想，积极探索创新，不断提高履行职责的能力。企业高管人员不断提高个人修养，以良好的个人形象，扎实的工作作风为全体员工做出表率，团结带领广大员工攻坚克难，促进企业健康平稳发展。

为加强党风廉政建设，集团公司将党风廉政建设目标责任进行分解，落实到每位领导班子成员，集团公司领导班子带头做出廉洁自律“四项承诺”，将党风廉政建设与企业生产经营管理紧密结合，层层签定了《党风廉政建设目标责任书》，并将责任书的考核结果与各企业的工资总额和领导班子成员的年薪挂钩，完善了党风廉政建设责任体系和企务公开制度，集团上下形成了党委把关定向、行政具体落实、纪检工会督促检查、党政工齐抓共管、层层负责、件件落实的工作

运行机制。开通了党务工作网上公开平台,要求各级企业对有关重大决策进行及时公开。一是集团公司纪检监察机构对各企业的经营管理状况的随时跟踪监督;二是同级和上级党组织的内部监督;三是以工会、职代会的职工民主管理监督;四是企业法人治理结构中董事会、监事会的制约监督;五是实施企务公开、"阳光" 作业和效能监察等工作的制度监督;六是党风廉政责任书考核的责任监督;七是实行信息化管理带来的社会监督;八是企业内部审计和离任审计监督。

四、注重企业民主管理,营造和谐共建氛围

根据新形势的发展要求和集团公司的发展战略,集团公司党委及工会等群团组织努力工作,围绕集团公司发展大局,充分发挥员工在企业改革发展中的主力军作用,积极构建和谐稳定的劳动关系,始终坚持改革创新,注重学习型组织建设,倡导和谐理念,构建和谐环境,营造规范有序、公正合理、互利共赢、和谐稳定的良好氛围。集团公司工会组织开展劳模评选表彰活动,对在推进企业发展过程中涌现出来的先进集团和个人进行了评选表彰,大力宣传和表彰先进人物和先进事迹,促进企业发展重点、难点和关键点问题的解决,着力提高员工科学文化、技术技能和业务素质,提高员工的学习能力、创新能力和工作能力,为深入挖掘内部潜力、提高集团公司经济效益发挥积极的作用。坚持和完善职工代表大会制度、平等协商和签订集体合同制度,完善劳动关系三方协调机制,维护好员工的民主权利。坚持民主决策的原则,努力把各项经营管理工作导入科学化、规范化、制度化轨道,充分发扬民主,利用集团公司企务公开应用系统,在取得企业员工理解、支持的基础上开展各项工作,真正做到集体研究、民主决策,建立起顺畅高效、规范有序、公正合理、互利共赢、和谐稳定的新型劳动关系调整机制,切实维护员工群众在收入分配、社会保障和劳动安全卫生等方面的合法权益,积极营造和谐文明、风清气正、昂扬向上的工作氛围。

五、加强精神文明建设,构建和谐文明企业

集团公司党委将精神文明建设作为推进企业发展的重要推手,组织开展了企业文化理念宣贯系列讲座,举办了第四届龙舟赛,在太原举行了纪念建党九十周年暨创先争优表彰大会,通过多种有效的载体用精神、理念、价值观激励员工,规范管理,着力营造了和谐健康、团结友善的企业人文环境,凝聚了全体员工的智慧和力量,激发了公司活力,振奋了企业精神,进一步提升了企业精神文明建设。集团公司所属的山西阳光发电责任有限公司、山西地方电力有限公司柳林分公司、山西地方电力有限公司交口分公司分别荣获"全省文明和谐单位标兵"称号,山西地方电力有限公司方山分公司荣获"全省文明和谐单位"称号。

(杜豪俊)

附:山西国际电力集团有限公司党委书记、副书记、委员名单

书　记: 常小刚

副书记: 赵进明(9月任职)　傅志明

委　员: 白　雷　刘世文　樊　洪　张　然　曹　冬　郭永和　刘会成　薛文晔　崔立新

大同煤矿集团有限责任公司党委工作概况

党委书记　张有喜

大同煤矿集团有限责任公司是一个跨地区、跨行业、跨所有制、跨国经营,以煤为主,电力、煤化工、冶金、机械制造,建筑建材、物流贸易、文化旅游等多业并举的特大型综合能源集团。集团党委现有 102 个基层党委、2555 个基层党支部(党总支);全集团党员共计 50452 名。

2011 年,集团公司各级党委充分发挥政治引领、把关定向、凝心聚力、服务保障的重要作用,在创新成效上谋思路,在提升企业软实力上出新招,在促进企业全面发展上下功夫,努力把党的政治优势转化为企业的竞争优势、发展优势,为企业转型跨越发展提供了保障,做出了积极贡献,企业创造了"八项新水平",荣获了"八项新殊荣",取得了"八项新成就",成为企业发展进程中又一个具有历史性、标志性的重要里程碑。

一、发挥政治统领优势,在战略发展上彰显了新作为

结合企业发展的新形势,顺应 80 万员工家属盼强思富的新期待,深入贯彻省十次党代会精神,在传承、发展、创新的基础上,适时对集团公司发展思路作出调整,从战略层面找准发展定位。自上而下,广泛征求战略专家、班子成员和方方面面的意见和建议,集思广益,确立了"两新"战略愿景、"五个一"的战略要求、"三个三"的战略思路、十条战略路径和十大指标等,形成了新的发展战略体系,回答了"如何肩负新同煤建设新使命,如何开创同煤历史发展新篇章"等重大命题,企业发展思路更加明确,发展目标更加清晰,发展动力更加强劲。

二、发挥组织协调优势,在队伍建设上彰显了新作为

扎实推进党建制度创新,不断丰富创先争优活动载体,切实加强班子和三支队伍建设,为集团公司转型跨越发展提供了坚强的组织保证和人才智力支持。一是以"四好班子"建

设为重点，坚持党委中心组学习，坚持民主生活会制度，坚持“三重一大”集体决策，着力提高班子的政治理论素质、战略思维、领导能力和科学决策水平。在解放思想、更新观念上求转变，在调整结构、推动转型上求速度，在创新机制、强化管理上求突破，在推动工作、项目实施上求高效，在真抓实干、落实任务上求力度，在加快发展、做大企业上求规模，在改善民生、解决民需上求实绩。实施班子成员绩效考核，调动起了每个班子成员的积极性，充分发挥了班子的整体效能，用实实在在的业绩，赢得了员工群众的信赖和支持。二是以领导人员队伍建设为关键，明确用人导向，匡正用人风气，制定了《集团公司选拔任用领导人员“5+6”实施意见》，实施了“四推荐一考察”选人用人新机制，对新提拔的领导人员开展了“一报告两评议”工作，被评议的21名正处级领导人员满意率达97.69%。着力加强领导人员作风建设，切实转变“三风”，在各级干部中倡导“十多十少”；鼓励领导人员下基层现场办公、现场决策，多接“地气”；会议通过或集体研究决定的重大事项全部实施“三定”处理，以干部作风的转变推动了工作的高效落实。三是以基层党组织和党员队伍建设为基础，不断扩大党的建设的覆盖面，全年新成立党委2个，新建党支部100个，增补党委委员60名，发展新党员784名，集团公司党员总数历史性地突破50000名。把迎庆建党90周年与创先争优活动相结合，围绕“百、千、万”争创目标，深入开展了八大主题系列活动，在急、难、险、重任务面前发挥了战斗堡垒和先锋模范作用。“共产党员服务站”荣获全国党建优秀案例。四是以人才队伍建设为突破口，建立和完善了优秀人才培养激励机制，表彰评选突出贡献人才3名，优秀人才183名。建立了后备领导人员信息库，初步拟定了战略专家、经济专家、金融专家评聘制度。招聘1107名大学生补充缺员岗位，进一步增添了企业发展活力。

三、发挥独特传统优势，在思想引领上彰显了新作为

创新载体、丰富内涵，纵深推进宣传思想政治、企业文化建设，培养和形成了企业与员工共同的价值观。一是用企业发展的成就、战略愿景和各项惠民举措激发员工的荣誉感、使命感和责任感。举办了“奋进的历程，辉煌的跨越——同煤集团发展之路”大型展览，开展了员工思想状况千人问卷调查和形势任务教育巡回宣讲，组织了不同层面的座谈会，听民声、疏民意、汇民智。集团以思想的大解放引领企业的大发展，学金融、学管理、学法律，先后举办了理论培训班21期，在解放思想中把握航向，在转变思维中推进工作，进一步统一了思想，凝聚了力量。二是继承和弘扬集团公司精神文明建设好的传统。用榜样的力量激励人，在网络等媒体上开展了声势浩大的感动同煤的人、精神文明建设优秀作品、优秀创建案例等系列评选活动，塑造了矿工的新形象。用创新的模式感染人，“百里煤海文明和谐带”创建活动拓展到了子公司、新建单位，延伸到井下，进入到家庭，渗透到个人，全公司有57家单位获得了国家、省级、省属企业、市级文明单位，有65个小区被评为各级文明社区，有8人入选“感动中国矿工”候选人，集团公司荣获精神文明建设最高殊荣——“全国文明单位”。三是用大集团、大文化战略渗透企业核心价值观，坚持“制度管企，文化管人”，将企业文化理念、4E6S的精细化管理融入到了企业安全、生产、经营、项目建设、行为规范的全过程，内化于行，外化于形，形成了具有同煤特色的企业文化。连续5年被评为全国企业文化建设优秀单位，荣获全国企业文化30年实践十大典范组织。

四、发挥保证监督优势，在反腐倡廉上彰显了新作为

以领导人员为关键，制定实施了《集团公司领导人员廉洁自律规定》、《“三重一大”决策程序及流程暂行规定》，进一步规范了各级领导人员的从业行为。以重点领域和关键岗位为突破口，自上而下，查出各级领导岗位405个廉洁从业风险点，制定防控措施484条；在物资采购、工程建设、煤炭营销等十大重点领域，制定防控措施60条，初步形成了集团公司廉洁从业风险防控体系。以重点项目建设、资产管理、采购招标为重点，实施专项治理，全程监督，有效规范了企业行为，防止了腐败现象的发生。以党务公开为载体，精选8大类20个方面49项公开内容，努力做到“党员群众关注什么，集团就公开什么”，让权力在阳光下运行。全年共核查各类违纪案件和问题47件，处分违纪人员51人，起到了积极的震慑作用，保持了风清气正的良好氛围。

五、发挥群众工作优势，在群团工作上彰显了新作为

不断加强党对工会、共青团、武装、老年等群众工作的领导，在工作上依靠、在活动上支持、在经费上倾斜，各级群众组织围绕中心，主动作为，发挥了重要作用。各级工会组织发挥自身优势，强化企务公开和民主管理，广泛开展劳动竞赛，极大地调动了员工群众的积极性。各级团组织主动融入，岗位建功立业，帮扶就业，发挥了先锋队作用。此外，文委、科协、女工、老龄、统战等组织，常年活跃在百里煤海、员工群众中间，为企业发展稳定作出了积极的贡献！

六、发挥服务群众优势，在惠及民生上彰显了新作为

持续改善员工群众生活条件。在企业发展的基础上，千方百计增加员工收入，在岗员工人均收入达到67000万元，同比提高32%。全力抓好“两区”治理和旧区改造，员工居住条件得到根本改善。同时，集团本着群众利益无小事的原则，提高“三供”质量，实施道路改造、路灯修复，针对大同地区气候特点，延长一个月的供暖期，不断加大公共设施建设和美化、绿化、亮化力度，集中在人群最密集的恒安新区开展了“党政工团大行动，环境治理献爱心”活动，恒安新区环境面貌发生了巨大的变化。

不断加大扶贫帮困力度，最大限度地维护企业的和谐稳

定。设立了党委书记信箱，全天候开通社情民意通道，倾听民声民意，解决实际困难。切实满足员工群众的合理诉求。持续开展了扶贫帮困、捐资助学、帮扶就业、关心老同志工作。全年资助314名困难员工子女圆梦大学，帮扶困难员工46589人次。此外，不断强化社会治安综合治理，持续开展严打整治，维护了一方平安。全力营造了和谐稳定的发展新局面。

（樊卫斌）

附：大同煤矿集团有限责任公司党委书记、副书记、常委名单

书　记：吴永平（9月离职）　张有喜（9月任职）

副书记：谷　泉　刘　敬（4月任职）
王保玉（8月离职）

常　委：郭金刚（9月任职）　吴跃平（10月任职）
王　宏　靳　华　陈旭忠　张润锁（3月离职）

山西潞安矿业（集团）有限责任公司党委工作概况

党委书记　王安民

2011年，潞安集团党委在省委、省政府、省国资委党委的正确领导下，认真贯彻党的十七大和十七届四中、五中、六中全会精神和省委第十次党代会精神，深入贯彻落实科学发展观，坚持创新不停步，发挥作用重绩效，不断发展、完善“一个机制、四个载体”党建工作新模式，使集团党建工作科学化水平得到新提升，为企业转型跨越发展提供了坚强政治保证。集团全年生产煤炭7718万吨，完成营业收入1138亿元，实现利润45.36亿元，资产总额达到1040亿元，顺利跨入了全省“双千亿企业”行列。

一、不断完善、发展党建工作绩效管理，进一步激发了党建工作活力

坚持规范运行，党建工作科学化水平得到不断提升。通过提高“三书”质量，党建工作完成率达到99.2%，工作绩效得到新提升。通过强化工作研究，进一步推进了党建工作创新，基层各级党组织和广大党员积极推进党建创新项目化管理，全年涌现出党建创新项目72项，集团党委《党建创新工作项目化管理》以民主投票排名全省第七的优势，获省委组织部党建创新成果特等奖。不断提高支部科（队）务联席会质量，增强了基层科队党政工作合力，促进了安全生产，全年实现了煤炭生产事故为零，有481个地方和企业党组织就党建工作绩效管理到集团学习考察，企业的知名度和美誉度得到进一步提升。

二、扎实开展主题活动，深入推进创先争优活动，党组织自身建设得到新加强

紧紧围绕“三地一新”发展战略，深入开展“我为潞安转型跨越发展做贡献”主题活动，充分调动了各级领导班子、党员干部和职工群众的工作积极性。坚持把主题活动与创先争优、推进学习型党组织建设活动相结合，坚定规定动作高质量，自选动作有创新，集团党组织的自身建设得到新加强。全年新建立党组织14个，进一步配齐、配强了基层领导班子；紧紧围绕集团“5+5”战略布局，按照“学历＋能力”、“好人＋能人”的用人导向，坚持“七个优先”的用人原则，全年分两次调整任用158名中层领导干部，进一步加强了干部队伍建设。开展了建党九十周年“十个一”系列活动，以更多的潞安元素、潞安特色，展示了潞安风采。深入23个单位、34个整合矿井，开展多方位作风督查，为转型跨越发展提供了作风保证。强化重大项目过程监督，全年完成效能监察138项，纠正违规问题59个，监督招标246个，节约资金1.37亿元。扎实开展煤焦领域、工程领域、“小金库”专项治理，不断加强对企业重点领域经营管理的监督，维护了经营秩序。全年立案8件，对18人进行了党纪政纪处分，加大了办案力度，发挥了查办案件的警示教育作用。

三、坚持文化落地，突出文化执行，企业文化建设持续推进

集团以“一三一”工作思路为指导，大力推进三大文化建设，企业文化建设取得了显著成效，文化软实力作用得到充分发挥。进一步完善了工作运行机制，加强责任落实，与37家单位签订了《企业文化责任书》；严格动态考核，每月深入基层进行6S管理动态抽查，每季度开展一次企业文化互动检查；创新工作机制，出台了《企业文化共建制度》、《进一步强化待岗员工跟踪回访工作的通知》等制度。加大了对企业文化宣传灌输力度，编印下发了《企业文化建设“十二五”规划》，出版了《企业文化》、企业文化《小故事》、《小案例》、《员工话与画》等刊物，初步提炼总结了具有“十二五”特色和国际化特征的新理念文化。加大了对创新点的动态转换力度，三个6S管理创新点被下转为示范点。加快了文化整合，出台了《关于推进新加盟新整合新建单位企业文化建设的指导意见（试行）》，签订了企业文化建设三定表，为文化输出和文化整合奠定了扎实的基础。增强了对外交流学习，参加了中国企业文化研究会2011年峰会，就集团企业文化建设做了经验交流。

山西省国土资源厅

2011 年 6 月 13 日，参加省直机关庆祝建党 90 周年“晋商银行杯”颂歌献给党群众性歌咏汇演活动

党组书记、厅长李建功在同煤集团调研塔山棚户区改造情况

2011 年，省国土厅党建工作以强化诚信意识、大局意识、服务意识和效率意识为重点，全面提升干部职工的综合素质，不断推进机关作风转变，为促进国土资源工作服务和保障转型跨越发展发挥了积极的作用。

一、党建工作成就

（一）大张旗鼓地开展了“迎接建党 90 周年、创建文明单位标兵”活动。先后举办了党的知识竞赛、重温入党誓词和“我为党旗添光彩”主题演讲比赛、创先争优评比表彰等活动，首次举办了全省国土资源系统“颂歌献给党”文艺汇演和书画摄影展。（二）组织参加了省直单位“转型跨越谋发展、服务群众促和谐”主题实践活动和党员志愿服务等活动。“五四”节前夕，成功组织了厅领导与转型跨越青年面对面活动，受到团省委的高度评价。有 3 名同志荣获“转型跨越”山西青年五四（特别）奖章，并受到袁纯清书记、王君省长亲切接见。（三）积极组织下乡住村“六个一”活动。厅党组积极响应省委号召，制定了下乡住村活动方案，厅领导分批带队到厅扶贫点代县聂营镇下乡住村，蹲点调研，与农民同吃同住同劳动。全年共筹措扶贫资金 2100 余万元，安排了 8 个扶贫项目。“七一”前夕，向 43 个农村党支部赠送了新出版的《中共党史》（二卷）150 套。（四）热心参与社会公益活动。参加了“联企帮困送温暖”、“扶贫助残献爱心”和“博爱一日捐”等社会公益活动。组织机关 200 余人到西山国家矿山公园进行了“让森林走进城市，让城市拥抱森林”义务植树活动。

党组书记、厅长李建功在全省机关党建工作走在前头推进会上介绍经验

二、党建工作经验

经过多年的实践，省国土厅党建工作形成了厅党组高度重视、机关党委牵头组织、相关部门分工协作、干部群众广泛参与的运行体系。党建工作有长远规划和年度计划安排，并将其纳入年度工作目标责任制中，分解到各处室（部门），责任到人，层层落实，做到制度化、规范化和科学化。同时，逐步建立起了一套比较健全的党建工作机制：一是领导班子定期研究党建机制。厅党组坚持每季度至少研究一次党建问题，切实解决工作中的难点、热点和重点问题。二是年内考评机制。结合党建工作运行和开展情况，每半年组织一次党建工作汇报检查，及时发现和纠正出现的偏差和问题，每年年终组织自测自查，提早做好迎接上级检查考核的准备工作。三是党建工作投入保障机制。每年用于党建的经费都列入年度预算，足额到位并逐年递增，为搞好党建工作提供必要的支撑和保障。

煤矿企业兼并重组整合换发采矿许可证办公现场

举办“我为党旗添光彩”主题演讲比赛

清香汾酒

省领导观摩视察杏花村酒业集中发展园区酿酒生产车间

汾酒集团“十二五”重点工程之一，汾酒厂股份有限公司新建酿酒车间竣工投产。

“汾酒——共和国第一国宴用酒62周年”纪念大会在北京举行

王者归来

2011年是汾酒集团全面实施“十二五”规划的开局之年，是奋力推进质量规模型发展的重要一年，也是凝聚人心、积聚力量、战略导向、加速崛起的一年。一年来，在省委、省政府、省国资委的正确领导下，按照汾酒集团战略新思维和“十二五”发展规划，以“创建和谐、凝聚力量、奋起直追、再铸辉煌”为指导思想，立足公司改革发展稳定大局，不断拓展党建工作新思路，构建推动公司大跨越大发展的思想氛围，有力地促进了公司各项工作的深入开展。以“强化责任、加强技改、深度营销、提升品牌”为年度经营方针，紧紧围绕经营目标任务，抓落实，抓执行，推动各项工作全面提升，创造了汾酒集团迄今为止发展规模最大、发展速度最快、发展质量最优、经济效益最好、职工收入最高的黄金时期。

2011年汾酒集团实现销售收入78.50亿元，实现利税29.16亿元，利润总额12.67亿元。主要经济指标较2009年翻了一番，相当于用两年时间再造了一个“新汾酒’，为提前实现百亿销售目标奠定了坚实的基础，有力地配合了山西转型跨越发展的战略部署。

据2011年《中国500最具价值品牌排行榜》公布，“杏花村”品牌价值达到65.49亿元，较2010年47.83亿元和2009年44.88亿元分别增加17.66亿元和20.61亿元，第八次入围榜单，被国家工商总局确定为“全国商标战略实施示范企业”。

2011年，汾酒屡获殊荣：在2011年上市公司中报百强榜中，汾酒位列14名；在“庆祝中国共产党建党90周年时代功勋——第八届感动中国年度人物表彰大会暨2010年度中国企业品牌500强颁奖盛典”中，汾酒集团荣膺“2010年度中国企业品牌100强”，名列第84位。此外还被授予博士后流动工作站、百强潜力企业、国家AAAA级工业旅游示范点、最具安全责任感食品企业、行业领袖品牌、十大公益杰出奖等殊荣，充分体现了社会对汾酒品牌的认可和尊重。

2012年，汾酒集团将再接再厉、开拓进取，力争提前三年实现“十二五”确定的“百亿汾酒”目标，抒写汾酒事业的新篇章，用优异的成绩为党的十八大献上一份厚礼。

“汾酒公益杯全球华人华商文言文大赛”颁奖仪式在北京举行

汾酒集团公益基金会开展的高校助学活动覆盖山西大学、太原理工大学、山西财经大学、山西医科大学等9所高校，助学金额330万元。

汾酒公益基金会设立模范教师奖，首批获奖者是200名扎根教学一线的优秀中小学教师。

汾酒集团纪念建党90周年红歌会

山西省物价局

局合唱团参加省直机关庆祝建党 90 周年汇演

党组书记、局长李福龙陪同国家发改委原副主任毕井泉在太原煤气化公司进行节能减排专题调研

局领导班子在太原市河西农贸市场集体调研

党的十七大以来，省物价局在省委省政府的正确领导下，高举中国特色社会主义伟大旗帜，坚持以邓小平理论、“三个代表”重要思想和科学发展观为指导，紧紧围绕全省价格工作大局和局党组提出的“创建三个一流、实现三个突破”的工作目标，深入开展学习实践科学发展观活动、创先争优活动、基层组织建设年和保持党的纯洁性学习教育活动，大力加强党的政治建设、组织建设、队伍建设、制度建设和作风建设，不断推进党建工作上台阶、上水平，以党风带政风、促行风，充分发挥了价格监管职能。

省物价局坚持把保持价格总水平基本稳定当作重要任务来抓，通过采取发展生产、保障供应、安定民生、加强监管等综合措施，2010 和 2011 年，全省居民消费价格涨幅连续两年低于全国平均水平。运用价格杠杆促进节能减排、转型发展，实施对高耗能企业的差别电价政策，促进 856 家高耗能企业关停、转产、关小上大；率先在全国实施燃煤电厂机组脱硝电价试点，累计实施脱硝电价装机容量达 180 万千瓦；实施电厂脱硫电价政策，累计执行脱硫电价的装机容量达到 2812.6 万千瓦。积极推进以“差别水价”和“阶梯式水价”为重点的水价改革；逐步调整水资源费、污水处理费征收标准，使水价构成和结构趋于协调合理；制定了大幅度降低黄河水价政策措施，将山西省黄河水灌溉水价由每立方米 0.507 元降低到 0.25 元，每年可为农民减负增收约 20 亿元。探索建立了适合山西省实际的最低生活保障标准与物价上涨挂钩的联动机制，适时发放低收入群众价格临时补贴，2010 年 10 月—2012 年 1 月发放 13 个月的价格补贴，总额 13 亿元，有效地缓解了价格上涨对低收入群体生活的影响。整顿规范药品和医疗服务价格，降低虚高药品价格，累计降价总额约 12 亿元。

连续两度被国家发改委授予“全国价格监管服务先进集体”；被国家发改委授予“价格宣传先进单位”；被山西省委、省政府命名为“全省依法行政十佳单位”；连续四年被省直文明委授予“文明和谐单位标兵”等。

“创优软环境喜迎十八大”主题演讲活动

赴西柏坡纪念馆接受红色教育

四、扎实推进社区和安全社区建设，不断开创幸福潞安新天地

集团围绕建设“六型”社区，深入推行“4523”工作模式，八项功能进一步完善，社区管理和服务水平得到新提升。坚持强化社区志愿服务，开展“一月一小时义工”服务活动，把志愿服务活动渗透到了社区“一帮一”、“零距离”、“爱老助老”等生活服务的方方面面，弱势群体服务的覆盖率达到100%。目前，集团团体志愿者队伍达到了22个，志愿者注册总人数8498人，志愿者活动参与率达到65%，形成了“梁桂英民事调解会客室”、“牛反生义工服务站”等一批志愿服务品牌。以“一站式”服务大厅为平台，实现了医保、低保、户口办理、结婚登记等社会化服务进社区，使广大居民不出社区就能享受到优质、便捷、高效的社会化服务。突出社区教育，实施“全民安全知识与健康教育培训计划”，基层各社区住户参与率达到了85%。突出社区居民的健康教育和健康服务，组建了居民健康管理团队，推行了居民家庭医疗卫生服务责任制，居民健康档案建档率达到88%，城镇居民医疗保险参保率达到96%。

在安全社区建设方面，坚持对标世界一流，突出自我创新，全面提升了安全社区伤害预防能力和水平。一是抓认识。在潞安电视台增设安全频道，开辟了“安全社区大讲坛”，组织公司每个专业组和各基层分管社区的副矿长轮流到讲坛讲解，提高了领导对安全社区的认识。二是抓项目。从基层申报的68个项目中精选10个重点项目重点落实，使项目实现了由大到小、由粗放向精细的转变。三是抓辨识、抓应急。制定《潞安集团危险源辨识评价标准》和《危险源辨识评价表》，加强了对辖区“九小场所”的安全监管。编制、启动《潞安集团地面突发公共事件应急预案》，完善了应急管理体系。四是抓监测。完善和修订了伤害监测办法，针对基层漏报、不报等问题，实施了伤害监测报告激励制度，每上报一例伤害，经核实后给予一定奖励，提高了居民参与监测的积极性。

五、深入推进全国一流文明矿区建设，矿区文明程度得到新提升

“两书、两会、两个办法”和集团、基层互动评价机制健康运行，为全国一流文明矿区建设注入新活力，四个文明相得益彰，异彩纷呈。深入开展“感动潞安”年度人物评选活动、“事事展现潞安形象，人人代表企业风采”活动，职工群众核心价值观牢固确立，道德境界不断提升。集团有3人入选百名感动中国矿工行列，其中1人当选感动中国矿工“十佳杰出人物”，五阳矿荣获“全国文明单位”称号。《潞安矿报》正式扩版为对开大报，展示了大集团新气派。文化艺术繁荣发展，集团荣获“全国煤矿文化网络宣传先进单位”、“中国书法进万家先进集体”称号。普及推广太极拳、广播操等活动，群众体育活动深入人心。社会管理得到加强和创新，集团20个部门深入26个单位进行调研，共发放调查问卷9000多份，总结归纳出10个重点问题和41个一般问题，并提出了应对措施。民主管理进一步加强，工会工作成绩斐然。集团作为全国三家代表之一，在全国深化创新厂务公开民主管理工作会上作了经验介绍；集团工会被全总表彰为“全国企业工会工作十面红旗单位”，并被授予“全国五一劳动奖状”。集团连续十二年被表彰为全国“安康杯”竞赛优胜单位。漳村矿屈海清获“全国五一劳动奖章”；漳村矿井口群安工作站、五阳矿综采队生产一班被授予“全国工人先锋号”称号；王庄矿皮带队集控班、五阳矿选煤厂调度班、常村矿煤质化验室荣获全国“巾帼文明岗”称号；有4人获得全煤首届“百名优秀青年矿工”称号。

（平晓明）

附：山西潞安矿业（集团）有限责任公司党委书记、副书记、常委名单

书　记： 王安民

副书记： 任润厚（6月离职）　李晋平（6月任职）　王志清　张丛林　王俊彦　孙宏波

常　委： 翟　红（9月任职）　郭金刚（9月离职）　王光彪

山西晋城无烟煤矿业集团有限责任公司党委工作概况

党委书记　武华太

2011年，晋城无烟煤矿业集团各级党组织认真贯彻落实企业党代会、职代会精神，紧紧围绕“1118”的奋斗目标，坚持在创新党群工作体系上谋思路，在提升企业软实力上出新招，在促进企业全面发展上下功夫，为企业“十二五”良好开局提供了坚强保证。晋城煤业集团先后荣获“全国百佳先进基层党组织”、“全国企业党建文化建设先进单位”等荣誉称号，党风廉政“5321”工作思路入选2011年中共中央党校网、新华网“基层党建工作理论与实践案例库”，“五位一体工作法”入选全国宣传干部学院《宣传思想文化工作案例选编》。

一、政治引领，科学定位，为企业转型跨越发展指明了航向

2011年，集团党委成功召开了第六次党代会，确立了企业“十二五”时期“实现51、52，再造两个新晋煤”的奋斗目标，提出了“十四字”发展思路和“五强五优”的基本要求，明确了强化“三条产业链”建设，为建设极具核心竞争力的现代化新型能源集团的战略作了科学的定位，为企业“十二五”时

期的发展规划了宏伟蓝图，并指明了发展方向。随后，在矿处级干部培训班上，集团党委又提出“走开放合作之路，对标世界500强”，为企业进一步提升发展境界、登临更加广阔的发展平台奠定了深厚的思想基础。企业发展方向明确，定位清晰，措施得力，成就显著，受到中央有关领导和省委、省政府的充分肯定。

二、创先争优，激发活力，为企业转型跨越发展提供了组织保障

（一）以建党90周年为契机，引深创先争优活动。广泛开展了党建党史知识答题活动、“颂歌献给党”歌咏活动、主题征文活动等16项系列活动。以“百千万”工程为统领，进一步引深了党建“四五六”创建活动，积极推行“党员亮牌上岗”、“党员承诺制”、“党员责任区”等做法，试点推广党员“政治生日”制度，成功承办了山西省监管企业创先争优活动党建理论研讨会。

（二）拓展党群工作运行体系，丰富党建工作品牌。积极创新思路，扎实推进独具晋煤特色的党群工作运行体系建设，制定出台《晋煤集团党委工作条例》。创新精神文明考核，增加了群众测评，发扬民主，并将测评、打分评价结果与各单位创优评先相挂钩、与班子业绩考核相挂钩，实现了精神文明建设与企业生产经营同部署、同落实、同考核。不断夯实组织、教育和干部巡视等八项基础工作，将党建工作模式拓展引深为党建“四五六八”创建活动。

（三）坚持党管干部原则，抓好团队建设。制定出台《领导干部（管理人员）管理条例》，积极推行后备干部评选制度、干部任免票决制度，组建巡视督察董监事工作办公室。制定企业首个中长期人才队伍建设战略规划纲要，建立《员工奖惩条例》、《人力资源规划管理办法》等16项制度，启动了组织机构标准、岗位标准、定员标准、定额标准“四定”编制工作。充分发挥党校的理论培训基地作用，对矿处级干部、纪检监察人员培训班、党支部书记培训班、董监事培训班等12个主题进行了培训，特别是矿处级干部培训，将过去集中脱产培训模式创新为分阶段大课辅导、专业讨论、在线自学、学习应用、选点观摩的五位一体教学模式，创办了在线党校，开设89门课程，上传全国优质教育培训课件资源，真正实现领导干部自学有时间，学习有记录，记录有考核，考核有奖惩。

三、强化监督，源头把关，为企业转型跨越发展提供了纪律保障

（一）突出党风廉政教育、规章制度完善、权力运行监督和案件查办工作“四个重点”，进一步健全惩治和预防腐败体系。深入开展“算好七本人生账、走好人生廉洁路”等主题教育活动，组织矿处级干部赴晋普山监狱参观，建成党风廉政教育基地。编印了《晋城煤业集团领导干部廉洁从业手册》和《党风廉政法规制度选编》，建立完善“三重一大”事项决策实施细则等内控制度84项。严格执行“首办负责、限时办结、公开承诺、干部问责”制度和煤矿领导下井带班制度。深入进行效能监察监督、审计监督和招投标监督，严肃查处各类违法违纪案件。全年共完成审计项目175项；参与招标监督1076次，金额45亿元；效能监察立项79项，完成75项，下发监察建议、决定20件。

（二）抓住信息网络构建、廉政风险排查、岗标修订完善“三个关键”，进一步加强廉政风险管控。建立集团公司、子（分）公司、基层科队三级预警网络，设立1465个预警监测点，收集241条预警信息。坚持做到一季度一考核一汇总，促进“干事干净”管理法的有效实施，其典型做法先后在《检察日报》、《山西人民代表报》上刊发。

（三）加大防腐力度。继续深化煤焦领域反腐败专项斗争和工程建设领域突出问题专项治理工作，重点对新开项目进行了滚动摸排，对在建项目进行动态监管、实时监管，及时发现问题、整改问题，并督促业务部门完善相关管理制度。继续深化“小金库”专项治理和商业贿赂专项治理工作，百分百开展了“小金库”复查工作。以利用保险业务从事商业贿赂专项治理为重点，进一步引深了商业贿赂专项治理工作。围绕补偿资金支付情况、煤炭可持续发展基金情况和资源价款情况，扎实开展了基金价款专项治理。全面推行党务公开工作，制定了《实施意见》、《公开目录》和有关制度。

四、凝心聚力，解疑释惑，为企业转型跨越发展提供了思想保障

（一）扎实开展形势任务教育。一是对基层单位中心组学习笔记及相关资料进行集中检查评审，并提出改进意见与建议。二是以党的十七届五中、六中全会精神、省第十次党代会和集团“两会”精神为主要内容，组建宣讲队伍，深入基层累计宣讲30多场次，人员共计8000余名。三是借鉴省委、省政府的经验和做法，在集团范围内组织开展基层“先进经验和亮点”观摩推广活动，反映基层主要做法、特色典型、成功经验和实际效果。

（二）深入推行“五位一体工作法”。认真贯彻落实思想政治工作督查制度，坚持对信访办、综治办等机构反映出来的倾向性的职工思想问题实行重点督察，强化思想政治工作责任落实。不断丰富与完善思想政治工作运行机制和保障机制，积极开展思想政治工作课题立项研究工作，“五位一体工作法”入选全国宣传干部学院编写的案例教材《宣传思想文化工作案例选编》。

五、安全为天，教育引导，为企业转型跨越发展夯实了安全壁垒

集团党委本着“夯实基础、完善机制、统筹协调、服务保障”的总体思路，全面加强安全宣传教育工作。策划了事故案例教育、事迹报告会、专题研讨会、工作推进会四项重点工作，构建了舆论引导及思想教育、安全文化建设、联动帮教、安全技能培训和干部作风督查五大体系，形成了党委统一领导，党政工团有关部门各司其职、优势互补的安全宣传教育工作协调办理机制。各级党组织围绕“安全高于一切，一切服

从安全"的理念，创新方式方法，强化责任落实，充分发挥企业党组织的政治优势，为企业安全生产的平稳运行提供了强有力的思想保证。

六、文化育人，制度筑基，为企业转型跨越发展提供了文化保障

集团党委积极构建企业文化的内涵体系，不断提升企业文化的内在驱动力；同时，加大企业品牌形象的塑造力度，稳步提升企业的社会美誉度。

（一）加强集团管控，出台了集团公司企业文化传播管理办法。

（二）不断丰富和推进分项文化建设力度，深化"五型"机关建设，建立完善岗位职责、工作标准、业务流程、管理制度等，推行限时办结制、首办负责制、公开承诺制和干部问责制，并开展了机关业务、管理与服务先进经验和亮点观摩活动。

（三）组织开展"群众文化建设新闻人物"评选与颁奖典礼活动，挖掘、培育、塑造了一批有影响力的群众文化人物。

（四）精心组织大型会展活动，编印了《画说晋煤》画报和企业年鉴。

（五）推行了新闻发布制度、新闻发言人制度、新闻通气会制度，组建了特约通讯员队伍，充分发挥企业三大新闻媒体的联动优势，加强同外部新闻媒体的业务联系，使企业的重大决策、重大活动、重点项目建设进行及时深入的宣传报道。

七、齐抓共管，群防群治，为企业转型跨越发展创造了良好环境

（一）始终保持对各类刑事犯罪主动进攻、持续打击的高压态势，相继开展了"春季攻势"、"夏季严打"、打击"两抢一盗"等多发性侵财犯罪、打击电信诈骗、清网行动、晋安利剑等一系列专项行动，成功破获了一大批疑难案件。继续加大对五管要害部位、涉爆涉危单位、公共复杂场所、人员密集区域、关系国计民生的金融、通信、水、电、气、油等重点单位、部位的内部安全保卫工作和排查清查力度，严防了各类案（事）件发生。

（二）健全完善"六张防控网"建设，构建起了点线面结合、网上网下结合、人防物防技防结合、专群结合的治安防控新格局。

（三）强化民爆物品源头治理和日常管理，组织开展"飓风"和"清剿火患"等一系列消防安全排查检查行动，深入开展各类安全大检查 87 次，检查单位 1608 家次，中小学校 180 余次，发现隐患 1465 处，督促整改 1448 处，被晋城市有关部门授予"全市学校安全稳定工作先进集体"。

（四）围绕企业改革、北石店区改造、煤炭资源。整合等问题，大力开展矛盾纠纷排查调处工作，累计排查化解各类矛盾纠纷、群体性上访等 64 起。

（五）想方设法做好对"法轮功"重点人员的帮教转化，被山西省监狱管理局授予"帮教工作先进集体"。

（六）深入开展国防教育和拥军优属活动，对驻晋部队、烈属军属、革命伤残军人进行了走访慰问，全力做好安置退伍军人工作，被晋城市委、市政府、军分区表彰为"爱国拥军模范单位"。

（七）积极构建企业法律事务管理体系，制定下发《诉讼事务管理办法》、《关于加强合同管理工作的通知》等文件，对企业重大经营决策实施法律论证，加强对重要规章制度和重大经济活动法律文书的合法性审核。

（八）围绕贯彻落实新《保密法》，开展以保密机构建设、保密制度完善、保密宣传教育、保密技术防范、保密督查考核为主要内容的自查督查活动，组织了《国家安全法》颁布实施十八周年宣传纪念活动、保密工作论文征集评比活动。

八、文明引导，共享共建，为企业转型跨越发展构建了和谐格局

（一）全面启动安全社区建设。开展社区建设现状调查、危险源辨识、伤害检测，初步完成《安全社区现状调查分析报告》，积极策划安全促进项目，并向国家职业安全健康协会、安全社区促进中心递交 10 个社区的备案材料。

（二）强化向上推优工作。积极组织各单位申报全国和省级文明和谐单位，认真做好 2011 年度"我推荐、我评议身边好人"和文明创建信息报送工作。

（三）积极履行企业社会责任，做好沁县、陵川等地的扶贫帮建工作，协调落实扶贫资金 260 万元，支持当地农村发展蔬菜大棚，免费向农村提供"爱心煤"61.34 万吨，让利 3.62 亿元，被晋城市授予"扶贫帮建先进集体"。

九、党群联动，优势互补，为企业转型跨越发展增添了无限活力

各级工会组织以"数字工会"为抓手，积极打造晋煤和谐工会。

（一）以"当好主力军、建功十二五"竞赛活动为主线，广泛开展各类劳动竞赛活动，获得了全省"五一"劳动奖状，并成功承办了"晋城煤业杯"第四届全国煤炭行业职业技能竞赛，集团代表队以总分第一名的成绩荣获特别贡献奖，个人分获三个竞赛工种的两个第一名。

（二）积极构建"861"帮扶工作长效机制，全年共计慰问、救济各类困难职工 1.4 万余人次，发放慰问金、救济款 649 余万元、助学款 27.6 万元、职工大病医疗赔付金 53 万余元。

（三）组织开展了精彩纷呈的文体活动，组队参加省市庆祝建党 90 周年大型歌咏比赛"，并分别获特等奖和两个一等奖。集团有 3 人荣获"首届全国煤炭行业德艺双馨文艺工作者"荣誉称号。

（张永林）

附：山西晋城无烟煤矿业集团有限责任公司党委书记、常务副书记、副书记、常委名单

书　　记：武华太

常务副书记：贾国华

副 书 记：王良彦（5 月任职）　胡耀庭（5 月任职）

张虎龙
常　　委：李鸿双　苏清政　郗新建
王　毅（1月任职）　王茂盛（1月任职）

太原重型机械集团有限公司党委工作概况

党委书记　岳普煜

2011年，太重集团党委在省委、省国资委的正确领导下，以邓小平理论和“三个代表”重要思想为指导，深入贯彻落实科学发展观，认真分解落实年初确定的党建工作主要任务，积极加强党的思想建设、组织建设、作风建设、制度建设和反腐倡廉建设，充分发挥党组织的政治核心作用、战斗堡垒作用和共产党员的先锋模范作用，促进了集团公司年度方针目标的全面完成。

一、积极推动理论武装和思想解放，热烈庆祝中国共产党成立90周年，打牢转型跨越发展的思想基础

（一）加强理论学习，深入推进理论武装工作。集团党委组织全体党员学习了党的十七届五中、六中全会精神，胡锦涛总书记建党90周年重要讲话精神，中纪委十七届七次会议精神，中共中央政治局常委李长春、李克强、贺国强视察太重时的重要讲话精神，习近平同志《关键在于落实》以及山西省第十次党代会精神。全年，集团各级党组织中心组进行了200余次学习，编印下发了《太重宣传》学习资料两期1200余册，累计编发简报49期，为基层党组织和全体党员发放党建书籍11种5900余册。

（二）围绕纪念建党90周年，开展红歌演唱会、图片巡回展、红色基地教育、知识竞赛等一系列庆祝活动。集团党委组织职工在省国资委举办的建党90周年歌咏比赛中获得二等奖，同时，参加了国务院国资委主办的“纪念建党90周年国企新风貌摄影展”活动，并取得优异成绩。太重煤机有限公司党委认真落实了为职工送生日蛋糕等八件实事，榆液集团党组开展的“抓市场、上质量、树形象”主题实践活动，兴业公司党委组织开展的毽球、龙舟、健走等文体活动和30余项劳动竞赛，都取得了良好效果。

（三）组织开展“继续解放思想、推进转型跨越发展”大讨论活动和“推进党建工作与中心工作相融合”专题理论研讨征文活动，解放了广大干部职工的思想，拓宽了党建工作的思路。

二、深入开展创先争优和学习型党组织建设活动，认真抓好基层组织和党员队伍建设，推动党建工作科学化发展

（一）创先争优和学习型党组织建设活动扎实有效开展。集团党委加强指导监督，严格程序步骤，深入开展创先争优和学习型党组织建设活动，在省属企业创先争优理论研讨会上作了交流发言，得到了省委、省国资委的高度评价。挖焦分公司党委获得“山西省先进基层党组织”称号，有1人获得“山西省优秀共产党员”称号。集团公司的3个基层党组织、7名共产党员、2名党务工作者分别获得省国资委表彰。锻压分公司获得省属企业“学习型党组织建设先进集体”称号，有1人获得先进个人称号。

（二）加强了党组织建设和党员队伍建设。全年召开党委组织员会议11次，共发展党员91名，组织编写了《党支部工作手册》（试行），举办了基层党组织书记培训班，加大对基层党组织的检查、指导力度，规范了基层党组织建设，22个党组织按程序完成换届工作。筹备成立了太重煤机有限公司党委和风电设备分公司党支部。组织了山西省第十次党代会及省国资委系统党代表会议代表推荐及选举工作，组织召开中共太原重型机械集团有限公司代表大会，选举产生了出席省国资委党代表会议代表16名，推荐中国共产党山西省第十次代表大会代表候选人3名。

三、大力加强领导班子和干部队伍、人才队伍建设，有力增强了领导和促进转型跨越发展的能力

（一）加强领导班子和干部队伍建设。制定了《中层领导班子和领导干部综合考核办法》（试行），扩大了考核内容，增强了考核的科学性。加强了干部学习培训，对200余名中层以上领导干部及后备干部进行了两次集中培训，另外有13人次参加了送外培训，提高了干部队伍的综合素质。

（二）开展各级领导班子执行力情况的督促检查。党委工作部、纪委、集团办公室组成联合督察组，对集团公司决策部署执行情况进行检查督导，确保了各项工作的落实，提高了领导班子和干部队伍的执行力。

（三）以实施人才强企战略为目标，加强高层次人才的引进与开发。调整了集团公司人才工作领导组成员，统筹集团高端人才资源。与8名海外人才签订了合作意向，申报了山西省“百人计划”。完善更新了集团公司高级人才库。

四、以服务转型跨越发展大局为导向，不断提高舆论引导能力，着力营造浓厚的发展氛围

（一）对外宣传取得新成绩，核心媒体对太重的报道数量

大幅增长。全年广播、电视、报纸外宣700余篇次。新华社《动态清样》以“自主创新引领太重集团步入发展‘快车道’”为题对太重做了深入报道，中央领导专门作了批示。

（二）认真组织一系列集团公司重要会议、重大决策、重点工作、重大项目和标志性产品的宣传战役，进行了广泛深入的跟踪宣传报道。全年广播新闻和专题播发2000余条次。编印了《太重新闻》54期。展览馆全年接待参观人员7605人次。

（三）加大典型人物事迹的宣传报道，营造出积极向上的舆论氛围。先后对功勋专家，起重机装焊工部女子行车组，共产党员标兵以及“我推荐、我评议身边好人”活动中评选出来的先进典型人物做了广泛深入的宣传报道，在干部职工中形成了学先进、赶先进的氛围。

五、大力推进企业文化建设和精神文明建设，深入开展思想政治工作，不断增强企业向心力

（一）深入贯彻落实党的十七届六中全会精神，对现有企业文化理念体系进行了全面梳理，形成了《太重企业文化建设五年规划纲要》。利用广播、电视、报纸对企业文化理念进行了全面解读，推进了文化落地。集团公司获得“中国企业文化建设先进单位”荣誉称号。

（二）制定下发了《2011年度精神文明建设目标措施》，修订下发了《文明和谐创建管理考核办法》，精神文明建设活动扎实开展，集团公司12家单位获得省级、省属企业文明和谐单位及社区荣誉称号。兴业公司连续奋战7个月对厂区内外环境进行了治理整顿，获得全国物业管理行业“管理创新贡献奖”。

（三）先后组织开展了4次问卷调查，了解了职工的思想状况，收集了对企业改革发展的意见和建议，为企业科学决策提供了有益参考。

（四）思想政治工作深入细致、扎实有效，落实了中央有关文件精神，多次在省有关会议上作了交流发言，得到了省委有关部门的较高评价。集团公司获得“山西省思想政治工作优秀单位”称号，丁永平同志获得“山西省思想政治工作先进工作者”称号。

（五）积极加强新时期统战工作，开展了“同心·我为转型跨越发展献良策”活动，收集到合理化建议55条，大部分都得到了积极落实。认真组织了重大节日慰问、迎春座谈会、参观重点工程项目等活动。

六、扎实做好纪检监察和反腐倡廉工作，为转型跨越发展提供坚强的纪律保证

坚持党要管党、从严治党的原则，全面落实党风廉政建设责任制，大力推进惩防体系建设，深入开展廉洁从业警示教育、廉洁文化建设等活动，形成了风清气正的企业风尚，有力维护了企业健康发展。组织110名重点岗位工作人员参观了全国检察机关惩治和预防渎职侵权犯罪巡展和纪念建党90周年山西省反腐倡廉成果展。廉政风险排查防控工作取得成效，确定了17个重点岗位、1318个廉政风险点，制定并落实相应措施243条。全面推行了党务公开，形成了以文件、会议、网络、报刊、广播、电视、公开栏等多种形式为支撑的党务公开体系。积极开展重大决策及重点岗位、关键环节制度执行情况专项督查，加大对违反相关规定的问责力度，将1名违反廉洁从业规定在外经商办企业的业务人员移交到了检察机关。

（徐永健）

附：太原重型机械集团有限公司党委书记、副书记、常委名单

书　记：岳普煜

副书记：丁永平

常　委：王创民　王春明　张克斌　林　经

山西煤炭运销集团有限公司党委工作概况

党委书记　刘建中

山西煤炭运销集团有限公司现有50个党委，90个党总支，632个党支部；全集团党员共计14695名。

2011年，省煤炭运销集团公司党委在省委、省政府和省国资委党委的正确领导下，深入贯彻落实科学发展观，以创先争优和学习型党组织建设为抓手，以保持党的纯洁性教育为契机，紧紧围绕集团公司“12345”发展思路和“三步走”战略步骤，按照“围绕转型，融入管理，夯实基础，促进发展”的指导思想，不断加强和改进党建工作，全面推进“五项建设”，为集团公司转型发展提供了坚强有力的思想、政治和组织保证。全年，集团公司销售收入达1586亿元，实现利润144.8亿元，资产总额达1113亿元，各项重要经济指标屡创历史新高，企业综合竞争力显著增加，集团公司位列中国企业500强第72位，中国煤炭企业100强第4位。

一、领导班子建设

着眼集团公司转型发展需要，切实加强了各级领导班子的优化配备。注重各级班子从事三大支柱产业的干部配备比例，注重班子成员年龄结构、知识结构、专业结构和工作经历的优化配备，2011年调整和充实了200余名市公司和直属单位的领导班子成员，使领导班子结构进一步优化、整体合

力进一步增强。坚持和完善了“双向进入、交叉任职”的领导体制，同时配备各级领导班子，初步形成了各级基层党组织与公司法人治理结构相适应的领导体制，从组织结构上促进了基层党组织政治核心作用的发挥。

二、基层组织建设

按照“无组织抓组建、有组织抓规范、软弱涣散抓整顿”的工作思路强化基层组织建设。结合煤炭资源整合工作的推进，在建立和完善法人治理结构的同时，同步设置党的基层组织，并积极开展以“爱我煤销，创先争优，加快转型，实现跨越”为主题的创先争优和建设学习型党组织等活动，集团公司在所有窗口单位全面推进“党员挂牌上岗”活动，在各市公司广泛开展“党员示范岗”、“党员承诺书”、“优秀班组长”等活动，选树了一批分布于不同行业、不同岗位的先进集体和个人典型，引导其积极发挥榜样示范、典型引领作用，在全系统形成了学先进、比贡献、创一流的浓厚氛围。

三、人才队伍建设

通过采取各种公开招聘方式加大针对性引才力度，分批招聘1800余名煤炭主体专业应届毕业生充实到煤矿生产一线工作；优化人才激励举措，引进和激励高层次人才，并给人才提供施展才华的广阔舞台，同时注重政治激励，给予优秀高层次人才一定的政治地位和政治待遇，面向全国各大矿务局、煤炭生产企业引进了500多名中高级煤炭专业管理人才；建立了人才培养基地和党校，并与国家有关部门合作，将此作为中国物流专业人才培训基地，并积极筹备成立集团干部培训学院和职工大学；不断加强后备人才培养，在集团公司选拔优秀青年干部，开展集中培训工作，期间建立了青年后备干部库，对培训后的青年干部择优选拔、大胆使用，增强干部队伍的生机和活力；深入实施人才培训工程，每年分期分批组织各类专业培训和理论教育，重点组织实施了能力建设、技术创新、技能提升、安全保障四大培训工程。

四、党风廉政建设

以服务集团转型跨越发展为目标，强化源头治理，深化效能监察，加强监督管理，继续引深煤焦领域反腐败专项斗争，有效遏制重点领域和关键环节腐败现象易发多发势头；继续抓好工程建设领域突出问题专项治理；继续深化纪律作风整顿，严查“五个不准”，狠刹“三股歪风”；继续抓好公务用车专项治理，扎实推进公务用车改革。大力推广“三权制衡”管理机制，扎实推行廉洁风险防控，切实规范招投标管理。2011年以来，集团纪委监标100余次，依法依规废标10余次，严肃查处了3个项目涉嫌围标串标问题，对有关投标单位和责任人进行了处理；对集团60个矿井、9个大型煤炭集散超市和18个储配煤场实施了效能监察；各级纪委立案6件，结案6件，党纪处分14人，政纪处分36人。同时，集团公司启动开展了巡视工作，成立了巡视办和三个巡视组，对大同、临汾和阳泉三个市公司进行了巡视，形成了反腐倡廉的强大推动力。

五、企业文化建设

以提升企业核心竞争力为目标推进集团企业文化建设，规范了企业文化视觉识别系统，树立了规范统一、简洁鲜明的集团形象；开展了以“立足岗位建功业，转型跨越做贡献”为主题的劳动竞赛和“争创煤销先进集体，争当煤销先进职工”竞赛评比活动；创建并完善了“一报、一刊、一网站”的舆论宣传平台，大力营造凝聚人气、鼓舞士气的良好内外环境，为集团转型跨越发展注入焕然一新的文化力量。

（高　燕）

附：山西煤炭运销集团有限公司党委书记、副书记、委员名单

书　记：赵进明（9月离职）　刘建中（9月兼任）

副书记：王建设　张泽田

委　员：曹耀丰（1月任职）　石魁英　荣海涛　王利君（女）　龙孝忠　张银元　张　树　韩振贵　郑　涛　于喜东　郭润喜

山西省国信投资（集团）公司党委工作概况

2011年，山西省国信投资（集团）公司党委在省委、省直工委的正确领导下，深入贯彻落实党的十七届四中、五中、六中全会精神，以推动公司科学发展为中心，以创先争优活动为载体，以党建工作责任制为抓手，以庆祝建党九十周年系列活动为主要内容，稳步推进党的基层组织建设，着力提高党的建设科学化水平，为公司各项工作的开展提供了强有力的政治保证。

一、坚持中心组学习制度，促进学习型党组织建设

集团党委中心组充分发挥带头示范作用，认真学习中央、省经济工作和金融工作会议以及中央、省委领导重要讲话精神，在集体学习和自主学习的基础上，还邀请中央党校教授做国际国内经济形势和十七届六中全会精神的专题讲座，进一步加深对经济形势的研判和对十七届六中全会精神的把握。党委中心组以自身认真学习的模范作用，有效带动各级中心组、基层党支部、广大党员群众的学习热情。全年，集团党委各级党组织中心组进行了15余次集中学习；党支部结合岗位、业务实际，积极开展理论知识和业务技能学习。广大干部还积极参加了省委组织部、省直工委组织的干部自主选学培训和（集团）公司组织的提升高管人员领导艺术和管理水平培训。从整体效果来看，集团系统学习氛围浓厚，学

习热情高涨,学习型党组织建设稳步推进。

二、积极推进创先争优活动,充分发挥党员先锋模范作用

各级党组织紧密结合实际,牢牢把握"五好五带头"的标准要求,积极推进创先争优活动。一是紧密结合今年的工作重点,再发动再动员,进一步激发全体党员干部职工参与创先争优活动的热情。二是立足公司、部门和岗位特点,从领导班子成员到普通党员职工,层层承诺,践诺践行,不搞形式主义,力求说到做到。三是以领导点评、党组织和党员互评、群众评议相结合的方式,促履诺履职。活动中,各级党组织利用板报、OA办公系统等公开承诺、宣传典型,营造良好氛围;窗口岗位抓亮牌示范,开展党员标兵岗、党员示范岗等活动;广大党员干部佩戴党徽、挂牌上岗,亮旗帜、展风采。通过这次活动,涌现出一批先进集体和个人。七一前夕,(集团)公司党委为了表彰先进,树立典型对33名优秀共产党员,15名优秀党务工作者,10个先进党支部进行了集中表彰。同时,还有1名优秀党员、2名优秀党务工作者和1个先进党支部受到了省直工委的表彰。

三、加强教育培训,不断壮大党员队伍

集团党委各级党组织把发展壮大党员队伍作为加强基层党组织建设和创先争优活动的重要内容,不断加大工作力度。重视空白点、一线和重要岗位的党员发展工作,坚持标准,严把党员质量关,严格党员发展程序,做到成熟一个,发展一个,全年,有70多名团员青年积极主动向党组织递交了入党申请书,同时,共推荐20名入党积极分子参加省直机关党校培训,最后,批准入党的有13名。目前集团系统共有党员587名。

四、加强党风廉政建设,提高党员干部廉政意识

认真落实中纪委"教育、制度、监督"并重的精神,坚持标本兼治、综合治理、惩防并举、注重预防的方针,深入开展党风廉政建设。一是明确责任,全面落实党风廉政建设责任制。二是组织召开了集团系统党风廉政建设工作大会,明确2011年工作重点,强化工作要求,确保党风廉政建设各项工作落到实处。三是加强廉政教育,组织观看廉政警示片,进一步增强党员干部的廉洁从业意识。四是注重预防,做好廉政谈话和《廉洁从业承诺书》签订工作,确保党员干部廉洁从业。五是精心组织,成立机构,制定方案,全面推进党务公开工作。

五、认真开展庆祝建党90周年系列活动

为隆重庆祝中国共产党成立90周年,(集团)公司党委从实际出发,召开专题会议研究部署,成立了活动领导组及办公室,制定了《关于开展庆祝建党90周年系列活动实施方案》,结合创先争优活动和公司中心工作,广泛开展系列活动。一是组织党的知识竞赛。各级党组织精心组织,参加了由省直工委组织的党的知识竞赛,参与职工有1442名,获奖的有48人。二是举办征文比赛。在活动办公室和各级党组织认真组织,广泛发动下,广大党员干部职工充分结合业务特点,认真讨论新时期加强党的建设的方式方法,撰写出参赛文章162篇,获优秀奖的有1人。三是组织演讲比赛。集团党委组织举办了以"党在我心中"为主题的演讲比赛,19名优秀选手参加了比赛。四是举办职工书法绘画摄影写作作品展。举办了纪念建党90周年暨(集团)公司第七届职工书法、绘画、摄影、写作作品展,共展出作品485件,每件参展作品主题突出,内容丰富、风格各异,集中展示了广大党员干部职工开拓进取、追求卓越的精神风貌,饱含了广大职工对祖国的热爱和对中国共产党成立九十周年的深情祝福。五是组织庆祝建党90周年纪念大会。在集团党委的高度重视下,活动办公室精心设计,各级党组织密切配合,大力支持;成功举办了建党90周年纪念大会成功举办。整个庆祝大会通过三个篇章(第一篇章 誓言,党员集体宣誓,重温入党誓词;第二篇章 颂扬——纪念中国共产党成立90周年暨创先争优活动表彰大会;第三篇章 赞歌——庆祝建党90周年文艺汇演),以此颂扬党的光荣历史,讴歌党成立90周年来所取得中国革命和社会主义建设事业的丰功伟绩。此外,国贸中心还代表(集团)公司参加了省直工委举办的庆祝建党90周年"颂歌献给党"群众性歌咏汇演,获"道德风尚奖"。六是参加庆祝党建工作巡礼展览。根据省直工委关于庆祝建党90周年党建工作巡礼图片展览的有关要求,集团公司最具代表性的20张图片,于6月24日至7月8日在省委大门外两侧进行了展览。这些照片集中展示了公司25年来的发展成就和职工积极向上的精神面貌。

六、认真召开民主生活会,促进党委领导班子民主建设

根据中央、省委及省直工委的要求,(集团)公司党委在8月下旬召开了主题为"坚持以人为本执政为民理念 发扬密切联系群众优良作风"的民主生活会。会前,党委领导班子成员认真自学、夯实理论基础;相互谈心,交流思想,达成共识。会上,党委领导班子成员本着对党、对事业、对同志高度负责的精神,围绕主题并结合工作中存在的问题和差距以及群众意见建议,进行开诚布公的自我剖析和自我检查,开展积极的批评和自我批评,深入查找问题,深刻剖析原因并提出了整改措施。省直工委有关领导参加会议并对此次专题民主生活会给予了充分肯定。民主生活会的召开,极大地促进了班子的团结,进一步增强了党委的凝聚力和向心力。

七、加强督导检查,促进党建工作落实

根据集团党委的统一安排,12月初,集团领导带领检查组对信托、证券、国贸、光信公司一年来的党建工作情况进行检查,总的来看,各公司能够在集团党委的正确领导下,高度重视党的建设,围绕中心,服务大局,切实做到两手抓,两不

误，两促进。能够充分发挥中心组学习的带动示范作用，充分调动党支部及党员群众的学习热情，广泛深入学习。能够持续深入开展创先争优活动，强化班子建设，强化支部建设，强化思想作风和工作作风建设，充分发挥党组织的战斗堡垒和党员的先锋模范作用。能够坚持教育、监督并重，大力开展党风廉政建设，信托公司加强对物资采购、理财项目、大额资金运作等方面制度建设；证券公司制定了《山西证券股份有限公司职工亲属回避暂行办法》；国贸中心制定新的《资金管理办法》，严格《招投标管理制度》。光信公司在各项招投标等重大经营活动中，全面引入纪检监督程序。各级党组织都能够按照集团党委的具体部署，制定实施办法，成立组织机构，有步骤、有计划地全面进行党务公开。

八、组织党建工作座谈会，听取基层意见建议

为进一步加强和改进党建工作，提高党建工作水平，更好地了解基层党建需求，根据集团党委的安排，12月中旬，召开了集团系统党建工作座谈会。座谈中，大家一致认为，近年来，在集团党委的正确领导和集团系统各级党组织的密切配合及集团党工部的认真组织下，集团系统党建工作围绕中心，服务大局，取得了突出成绩，对公司发展起到了很大的推动作用；集团纪委不断加强党风廉政建设，确保了党员干部廉洁从业，保证了公司的健康稳定发展。

九、认真组织各类爱心帮困活动

爱心帮困是中华民族的传统美德，集团党委高度重视，积极组织多种爱心活动，集团系统广大干部职工在省委、省政府和省直工委以及集团党委的号召下，一是向爱心帮困救助基金捐款84888元，向山西现代物流有限公司职工捐款5500元，向民政厅捐款71946.5元，共计捐款162334.5元。二是“六一”前夕，集团党委组织(集团)公司全体职工赴榆社县岚峪乡屯村小学慰问师生，为师生捐赠了总价值3万多元的文体用品，充分表达了(集团)公司全体职工对学校师生的一片爱心。

(刘琦伟)

附：山西省国信投资(集团)公司党委书记、副书记、委员名单

书　记：杨小勇

副书记：张广慧

委　员：赵润廷　郭晋普　曹　煜

山西出版传媒集团有限责任公司党委工作概况

党委书记　齐　峰

2011年，山西出版传媒集团在国家新闻出版总署和山西省委、省政府的正确指导下，以科学发展为主题，以转变发展方式为主线，以“推进转型跨越发展，打造百亿出版集团”为目标，继续深入推进“六个转变”，对内深化改革，创新管理，做强出版主业；对外拓展市场，多元经营，优化发展质量，集团社会影响显著提升，经济效益强劲增长，圆满完成了年初制定的各项任务指标，实现了“十二五”的良好开局。

一、社会经济效益良好

2011年，集团各项经济效益指标大幅增长，成为集团发展史上速度最快、质量最好的一年。集团全年实现营业总收入67.8亿元，比上年增长20.4亿元，增幅为44%，实现利润总额4.34亿元，比上年增长1.33亿元，增幅为44%；国有资产保值增值率为123%，保持了山西文化产业支柱企业地位。一是集团出书品种首次突破5000种，比上年增加1800种，增幅达49%。其中，重印(含再版)书达3200余种，重印率达59%，比上年提高5个百分点。二是集团所属出版社获得全国各类图书奖60余种，比上年增加近20种。其中在第二届中国出版政府奖评选中，希望出版社的《玩具论》荣获正式奖，教育出版社的《戏曲文献学》荣获提名奖，《山西革命根据地出版史》等5种图书入选总署第三届“三个一百”原创出版工程。希望出版社的《讲给孩子的中国大自然》获得国家科技进步二等奖，《讲给孩子的中国科学》入选新闻出版总署第八次向全国青少年推荐百种优秀图书目录图书入选。三是集团有20个项目入选“十二五”国家重点出版物规划，此外，三晋出版社的《中国画像石棺艺术全集》和经济出版社的《中国现代产业经济史》获得国家出版基金资助；人民出版社的《丧家狗—我读<论语>》和希望出版社的《中草药的故事》获得国务院新闻办“中国图书对外推广计划”翻译资助，这是山西省首次获得此项殊荣。四是集团报刊中心和印刷单位也获得多项国家级奖励。《小学生拼音报》获第四届全国优秀少儿报刊金奖、全国语文报刊编校质量评比优秀奖；《学习报》被列入国家邮政核心报刊推荐目录，并在第四届全国教育教辅类报

纸编辑奖评选中，获综合类报纸编校质量第一名。《名作欣赏》、《编辑之友》等9种报刊再次被评为山西省一级报纸或期刊。新华印业有限公司承印的《李夜冰画集》、人民印刷有限公司承印的《探究山西》等3种图书，荣获两岸四地联合举办的第三届中华印制大奖优秀奖。五是集团图书50余次登上全国各类图书销售排行榜，有力地提升了晋版图书的知名度和影响力。其中，人民出版社出版的《中国人史纲》、《操盘之王》、《和爱因斯坦一起乘电梯》等15种图书30余次登上《中国新闻出版报》、《中国图书商报》、《中华读书报》等报刊图书排行榜，特别是《走向革命》、《进城走了十八年》分别入选"光明书榜"、《中国图书商报》年度十大好书，产生了广泛影响。教育出版社在《公司的力量》畅销全国之后，倾力推出《央企真相》，出版8个月销售11万册，连续20周登上北京各大图书大厦畅销书榜，两本图书双双入选《新京报》年度图书排行榜。希望出版社的《讲给孩子的中国科学》连续两个月入选《中国新闻出版报》全国优秀畅销书排行榜，位列11月份少儿分榜第一名。科学技术出版社的《原传戴氏心意六合拳》打入《中国图书商报》3月份新书销售排行榜前20名；《李可老中医急危重症疑难病经验专辑》，位列亚马逊网络书店科技类畅销书排行榜第8名。经济出版社的《低碳阴谋》进入亚马逊网络书店口碑图书排行榜；《让世界为你打工》位列京东商城网上书店财经传记图书榜9月份第1名。北岳文艺出版社的《山西"吃煤"之后(二)》，进入开卷10月份全国社科类新书榜；《名将粟裕珍闻录》，位居当当网、网易读书频道月度排行榜前列。六是集团图书既在读者中产生广泛影响，也在图书市场获得较高的占有率。其中人民出版社的《历史：何以至此》、《操盘之王》、《物联网》，教育出版社的《公司的力量》、《央企真相》，经济出版社的《导游实务》、《导游基础知识》、《导游法律法规》等8种图书，获得"2011年度全行业优秀畅销奖"。特别是教育出版社的《消费者权益保护案例》等5种图书，希望出版社的《讲给孩子的中国名城》等3种图书，人民出版社的《大学生安全知识》，科学技术出版社的《苹果无公害标准化生产技术手册》，春秋电子音像出版社的《构筑和谐》，共12种图书当年发行量超过10万册(盘)。

二、各级领导充分肯定

5月份，中央有关领导亲临集团视察指导，充分肯定集团改革发展成果，对集团取得的业绩给予高度评价。新闻出版总署和省委、省政府各级领导也先后多次莅临集团调研指导，对集团改革发展所取得突出成绩予以表扬，勉励集团抓住机遇，加快转型发展，百尺竿头，更进一步，努力做大做强。2011年集团被省委、省政府授予"山西省文化体制改革先进单位"，新华书店集团晋级为"省级文明和谐单位"，希望出版社晋级为"省直文明和谐单位标兵"，经济出版社和学习报社被评为"省直文明和谐单位"。教育出版社、新闻出版纸张公司获得"全国新闻出版系统先进集体"殊荣；新华书店集团被省委、省政府授予"山西省公共文化服务先进单位"；有2人入选"2011年度山西省十大文化创新人物"。

三、品牌建设成果显著

集团各出版单位大力调整产品结构，坚定不移地走品牌发展之路，出版影响力不断增强。在新闻出版总署发布的《2011年度产业分析报告》中显示，在全国581家出版社中，教育出版社名列第30位，在地方图书出版单位总体评价中，排名第11位，在综合评价中，排名第6位，成为山西省出版史上第一家进入全国30强的出版社。希望出版社排名第103位，科学技术出版社排名第197位，同时，集团全年引进版权35种，当年出版22种，输出纸质图书版权20种，电子版权36种，其中科学技术出版社有15种中医保健类纸质图书输出到台湾地区，13种图书电子版权输出到加拿大。教育出版社的《公司的力量》输出到韩国，人民出版社的《丧家狗》、《走向革命》、《中国思想地图——老子》和希望出版社的《再见》等4种图书输出到台湾地区。引进与输出两翼齐飞，增进了山西省出版界与海外出版商的交流，为晋版图书与国际接轨注入了新的活力。

四、产业转型逐步深入

(一)从纸质出版向数字出版转型。集团密切关注国内外同行在数字出版中的新进展，加快数字化转型步伐，取得了一定成绩。与中国移动手机阅读基地合作，上线图书近300种。以山西画报社为基地的集团图片数据中心，建立了以山西为重点的图片资料库，涉及八大类185项，完善了一套较为方便、简洁的图片查找系统。出版传媒网被"全国新闻出版业网站协会"评为2011年度"十大最具创新网站"；人民出版社、春秋电子音像出版社取得新闻出版总署颁发的"互联网出版许可证"。

(二)从单一经营向多元经营转型。集团多家成员单位努力向相关产业发展，迈开了多元经营的步伐。新华书店集团从单一的纸质图书扩大到文化用品、数码产品、艺术收藏品等。希望出版社以0—6岁低幼项目为依托，与北京初乐元幼儿教育公司合作，借势进入幼教领域等方面进行了积极尝试。新闻出版纸张公司、印刷物资总公司与上游客户扩大了化工、木浆等相关产品的贸易合作，并取得明显成绩。

(三)从分散经营向集约经营转型。一是发行整合正式启动。由集团出版经营部牵头，全系统发行整合工作正式启动。本着"分步实施，稳步推进"的原则，整合工作有序进行。北岳文艺出版社、经济出版社、三晋出版社等3家单位库房已整体迁入物流园区。二是连锁架构基本成型。全省11个地市均已完成连锁工作，连锁门店达102家。三是网络销售增长迅猛。全年销售1500万码洋。

(四)从传统印刷向绿色印刷转型。作为全国首批、山西省唯一一家绿色印刷认证企业，从2011年春季起，新华印业有限公司公司承印的教材全面实现绿色印刷，不仅实现了资源、能源的有效利用，大大增强了职工的环保意识，而且为孩子们提供了清洁、无毒、高质量的读物，进一步提高了教材使用中的安全性。

（五）从独立运营向合作共赢转型。集团在跨地区、跨行业发展方面获得了实质性突破。一是跨地区合作，优势互补。9月份，集团与河北出版传媒集团在太原签署战略合作协议，充分发挥两地资源优势，共同应对市场挑战。新华书店集团与教育科学出版社合作，组建了山西华电教育传媒股份有限公司，与北京中联视界文化传播有限公司等3家单位合作，组建了山西新华现代传媒股份有限公司，纸张公司在深圳、广州分别成立2家控股有限公司，将业务市场强力拓展到华南地区；山西人民出版社的上海出版中心、希望出版社的东北出版中心、北岳文艺出版社的北京出版中心，也通过跨地区合作，共享资源，借力出海，取得了良好收益。二是跨行业合作，互惠共赢。集团与太原钢铁集团公司签署战略合作框架协议，在公司制改造、企业管理、资本运营和企业文化建设等方面展开深入合作。开创了山西省文化企业主动联姻传统优势企业的先例。（郭文礼）

附：山西出版传媒集团有限责任公司党委书记、副书记、委员名单

书　记：齐　峰

副书记：王宇鸿　邓国帅

委　员：安小慧　崔元和　琚林勇　李文芳

中条山有色金属集团有限公司党委工作概况

党委书记　王树琪

2011年，中条山有色金属集团公司各级党组织认真贯彻落实党的十七大和十七届四中、五中、六中全会精神，以庆祝建党九十周年为契机，以创先争优活动为主线，全面加强党的建设，加强企业精神文明建设和企业文化建设，大力推进6S管理工作，广泛开展爱党、爱国、爱企教育活动，为集团公司深化改革，加强管理，推动转型科学发展，营造稳定和谐的环境，实现2011年各项工作目标任务提供了坚强的政治、思想和组织保证。

一、把握方向，凝聚力量，为实现集团公司奋斗目标提供了保证

面对互联网日益普及、各种表达形式日益广泛、各种利益诉求不断提高、各种矛盾不断凸显的现代社会，面对铜价震荡下行、建设任务繁重、生产组织艰难、资金筹措困难、社会管理复杂的局面，集团党委始终坚持团结稳定鼓劲，正面宣传为主的方针，确保舆论导向正确。宣传思想工作紧密围绕十七大和十七届四中、五中、六中全会精神、创先争优、创新增效、学习型党组织建设、庆祝建党九十周年、集团公司“两会”、重点工程、经营目标、安全生产等重大事项和活动开展宣传。在集团公司宣传系统开展了“走基层、转作风、改文风”活动。在报刊、电视、网站等媒体开办了《来自重点工程的报道》、《安全生产》、《推进6S管理上台阶》等5个专题栏目。全年电视新闻播出了180余期、2340余条，《中条山集团》编发新闻3000余条，编印了《集团公司深入开展创先争优活动和推进学习型党组织建设活动简报》20期。起到了正面宣传和舆论引导作用。

一年来，集团公司党委围绕“创先争优”和“创新增效”双创活动，在全公司范围内积极推动创新增效、合理化建议、劳动竞赛、节能降耗、减少浪费等活动，并将各项活动落实到车间队段、基层班组，落实到人头，促进了企业经济效益的提高。据统计，全年创新增效活动共立项262个，取得了可观的经济效益。集团公司全年实现销售收入57亿元，实现利润1.2亿元，资产总额达74亿元，全年人均收入达29214元。实现了集团公司奋斗目标，并超额完成了省国资委下达的各项任务目标。

二、突出重点，提高质量，深入推进了创先争优和创建学习型党组织活动

创先争优活动坚持“五个结合”、创新“五项工程”，抓好“五个载体”，进一步总结经验，查找不足，丰富内涵，完善措施，使创先争优活动规模和质量有了新的提升。

两级党组织和广大党员在创先争优的具体实践中，公布承诺事项4833个，完成4587个。完成攻关项目210个。建立了干部联系点235个，党员服务站174个，为群众办实事、办好事1359件，组织公益捐款4.2万元，完成急难险重任务636件，减少浪费547万元。同时通过深化“党组织抓安全”、“党员示范岗”、“党员安全责任区”等活动，使党建工作有效融入中心，进入管理，发挥作用，取得了实实在在的成绩。

2011年，集团公司党委把打造学习型党组织当做夯实党建基础工作的有力抓手，作为解放思想的主要手段，对两级中心组全年学习的内容，分阶段作出安排，并在党建工作检查中作为一项主要内容进行重点检查和指导。集团公司党委为各级党组织购买了《中国共产党历史》—二卷四册，为两级领导班子购买了“科学发展观主题案例”系列丛书。各基层单位结合本单位实际，纷纷为职工购买各类学习书籍、光盘等资料，并通过外聘授课、看光盘、听讲座、集中培训和利用网络、电视、报刊等传媒深入广泛地开展学习，促进了学习型组织建设。

三、彰显特色，激发士气，完成庆祝建党90周年各项活动

根据中央和省委、省国资委党委的要求，集团公司党委将庆祝建党90周年当做促进党建工作、弘扬爱国主义、加强

精神文明、提升企业文化、树立社会主义核心价值观的有利契机,开展了庆祝活动。相继举办了庆祝建党90周年知识竞赛、"聚力杯"党员拔河比赛、艺术展览、青春论坛辩论赛、慰问全体党员活动、革命传统教育、"颂歌献给党"大型歌咏比赛、献礼活动和消夏晚会等九项庆祝活动。通过活动讴歌了党的丰功伟绩,增强了党员职工对党的热爱,同时极大地振奋了职工精神,鼓舞了职工斗志,丰富了职工精神文化生活,受到广大职工的广泛赞誉。铜矿峪矿和社保中心组建的两支合唱队,代表集团公司分别赴省城和运城参加省国资委组织的《颂歌献给党》大型歌咏比赛和"迎五一颂党恩"职工合唱节比赛,分别获银奖和金奖的好成绩。

四、强化监督,健全制度,加强领导班子建设和干部队伍建设

按照《党政干部选拔任用条例》进一步规范集团公司干部选用的工作程序,2011年共调整干部28人,新提拔干部12人。集团公司两级班子相继开展了"以人为本,执政为民"为主题的民主生活会,明确了发展思路,提高了领导干部促进企业转型发展的责任感。同时,通过健全和完善干部问责制度、干部函询制度、干部诫勉教育制度、干部引咎辞职制度、干部考核评价制度、个人收入申报制度和重大事项报告制度等,促进了干部党性的提高,增强了干部活力,提升了各级领导班子和干部队伍的战斗力和创造力。同时,提高了干部队伍建设科学化水平。

五、夯实基础,完善机制,实现党建工作的规范化

集团党委在近几年不断探索党建工作新思路,创新工作方法,形成了党群工作目标责任制考核、党群工作计划管理两大基础工作模式,取得显著成效。一是完善了党群工作考核工作,简化程序,由原来深入基层四次,改为半年一次,采用一、三季度考核部室进行综合评价的方法,从而减轻基层负担。为了提高考核的针对性,考核前,由职能部门详细列出考核项目,将软指标量化,增强可操作性,使党群工作有了坚实的落脚点。此项工作极大地推进了党群工作,使党群工作目标责任制考核,真正成为提高党群工作的主要抓手。二是在党群工作计划管理方面,进一步扩容,将群众组织工作项目纳入其中,使群众组织在党组织领导下,运作规范,项目明晰,资金透明,避免重叠。在编制计划前,由各单位申报党群组织工作项目,集团公司党委会统一审定后,编制下发计划。在细节设计上,继续完善报表质量,规范项目、内容、样式,使党群工作计划管理趋向简便快捷和精细化。通过强化党群工作目标责任制考核和党群工作计划管理,确保了集团公司党委各项工作任务目标的全面落实和完成。

六、突出重点,创新载体,精神文明和企业文化建设取得新成效

继续深入地开展"讲文明、树新风、促和谐、争做文明中条人"活动,完成了2010—2011年度2个省级文明和谐单位和个人的审核申报工作。6月份,对6个省属企业精神文明标兵单位,4个文明单位,1个文明社区举行了授牌仪式。完成了第三届全国道德模范评选活动,并组织开展了向全国道德模范事迹的学习活动,集团公司各直属单位组织4362人次参与学习活动并在网站上进行了投票评选。组织制定了《集团公司开展法制宣传教育的第六个五年规划(2011-2015)》,为中层领导干部购买了《企业经营管理人员学法用法读本》。通过普法,为集团公司依法经营奠定了良好基础。

企业文化工作以6S推行为主要载体,取得显著成效。通过一年来的实践,6S管理模式为职工素养提升、行为养成奠定了良好基础,实现了"人造环境,环境育人"的互惠双利的良性循环,赢得广大职工赞誉和好评。12月份,在北方铜业铜矿峪矿成功召开了6S管理工作现场会,提高了全公司各单位深入实施6S管理的积极性。

推进了"文明三区"建设,积极培育特色子文化。党的十七届六中全会召开后,集团公司党委下发了《关于学习宣传贯彻党的十七届六中全会精神的通知》,掀起了文化建设高潮。中条山集团企业文化受到了中国企业文化建设促进会的好评,荣获全国2011年度企业文化建设先进单位称号。

七、关注民生,维护稳定,积极构建和谐中条

集团公司党委坚持以人为本,改善民生,维护稳定,构建和谐。一是针对广大职工改善居住条件的诉求,加大住房建设力度。新建住房5栋(已交付用户),进一步改善职工居住条件。二是设立"爱心助学基金",建立"帮扶基金",形成了扶贫帮困的长效机制。三是按省委要求,履行社会责任,支持新农村建设,为集团公司周边的帮扶点给予了一定的项目和资金支持。四是加大了稳定工作力度。解决重点疑难案件4件次,处理矛盾纠纷11件;完成省市县交办案件6件,结案率100%。

八、惩防并举,强化监督,推进了党风建设和反腐倡廉工作

坚持标本兼治、综合治理、惩防并举、注重预防的方针,严格"三重一大"事项监督检查,认真开展专项治理,严肃查办违规违纪案件,深入开展效能监察,实时动态防控,建立长效机制,反腐倡廉工作取得了新的明显成效。

(吴少鸿)

附:中条山有色金属集团有限公司党委书记、副书记、委员名单

书　记:王树琪

副书记:刘正国

委　员:刘广耀　何小青　张新东(6月离职)

山西能源交通投资有限公司党委工作概况

党委书记　曹晨明

2011年是山西能源交通投资有限公司重组整合后的第一年，也是实施“十二五”发展规划的开局之年。公司党委在省委、省政府的正确领导下，全面落实“23456”战略，狠抓铁路投融资工作，加快推进“双千亿”工程，圆满完成了省政府下达的目标任务，实现了“十二五”的良好开局。公司全年完成投资99.89亿元，实现营业收入140.6亿元，实现利润1.95亿元。

一、创新融资模式，铁路投融资任务取得新突破

公司面对国家宏观调控、货币政策紧缩的严峻形势，创新融资模式，拓宽融资渠道，完成了铁路建设的融资。一是积极协调国家与省有关部门，完成了由地方政府投融资平台转为一般公司类贷款，为实现市场化融资创造了条件；二是加强与省属大型国有企业的合作，落实了50亿元的融资担保，为市场化融资提供了有力支撑；三是创新融资手段，通过多种方式共融资96.5亿元；四是积极探索在港发行人民币债券、私募债券等新型融资方式。

二、狠抓项目建设，“双千亿”工程实现新进展

根据省委、省政府和省国资委确定的“双千亿”目标要求，完成了“双千亿”工程规划，明确了“十二五”期间投资重点；认真筛选了282个项目，建立了项目库，对重点推进项目实行了领导包干责任制，把责任落实到企业到部门到具体负责人；建立健全了项目推进考核激励机制，加大考核督查力度；年底组织开展了重点项目观摩检查活动，促进了项目的积极推进。一是汽运集团重点推进的5个物流园区已开工建设，正在推进的5个客运场站项目中，离石客运总站已投入运营、晋城东客站和长治客运东站即将投入运营；天然气加气站有6个项目已获得省发改委批准，其中阳泉河下站已建成完工，另外两个站正在筹备开工；二是能源产业集团与连云港港口集团合作建设大型煤炭物流仓储配送中心项目列入省国资委“两省一市”战略合作的重点项目；三是物流公司战略装车点项目已完成蒲县站等10个项目的合作协议签订；四是物产集团商品车物流配送项目、区域性物流中心等三个物流项目资金已到位，山西城市物流中心项目等三个项目被列入省发改委资金支持计划；五是地方铁路集团完成了静静铁路的可研申报以及与太兴铁路的接轨申请，五沙铁路前期准备工作已基本就绪。

三、推进现代物流，物流旗舰企业建设迈出新步伐

为了建设全省物流旗舰企业，做好顶层设计，公司与青岛科技大学和山西省物流专家共同组成了现代物流规划组，制定了物流产业“十二五”发展规划，绘就了公司现代物流发展的蓝图；举办了全省现代物流研讨会，聘请专家、学者、政府与企业代表共同探讨物流业发展的路径与方式；本着高起点规划、高标准运营原则，组建了山西能源交通物流有限公司，计划通过三轮增资扩股、引进战略投资者等方式，“十二五”末把物流公司培育成为总市值达280亿的物流上市公司。一是地铁集团成功将3条铁路专用线纳入行业管理范围，并延伸产业链，提高产业附加值，开展煤炭购销自营业务，在港口设立煤销业务机构，组建煤运公司，实现当年组建当年实现收入2000万元；二是物产集团竞拍到经济开发区80亩净地，与太原火车站南站土地置换工作已达成初步意向，为转型项目落地创造了条件；三是能源产业集团积极构建“上中下”游一体化的现代煤炭物流体系，并通过煤炭营销公司直营平台的建设，自主经营；四是汽运集团形成了从南到北的物流网络布点格局，为建设全省物流信息管理平台奠定了基础。

四、发挥重组效应，集团核心竞争能力得到新提升

（一）母子公司管理体制逐步完善。完善了职能管理部门，明确了管理职能；健全了企业管理制度，制定了三大类19个小项共118个管理制度，即将下发实行42个制度；构建企业法律风险防范体系，对公司规章制度、经济合同、重要决策的法律审核率达100%；强化了财务风险管控体系建设，建立了统一的财务报表体系，逐步推行预算管理。

（二）经济运行质量明显提高。加强了对标管理，明确每户子公司的标杆企业，通过与国内同行业平均发展水平比较，分析查找存在的问题与差距，并及时调节。经过运行，各子公司经济规模、发展速度、质量和效益都有了新的提高。

（三）目标责任体系初步形成。建立了考核制度，根据省国资委下达的目标考核责任书，对2011年度重点工作进行了目标责任分解，将重点工作任务分解到具体责任人，并明确了完成时限，动态上榜公布各项工作进度；加强了督促检查，组织公司班子成员对各子公司进行了观摩检查，促进了相互学习、共同提高；针对重点项目与工作，责成专人即时跟进，督促落实，形成了层层抓落实、事事有人管、人人有事做、件件有时效的工作机制；加强了奖惩激励，对完成铁路融资

任务做出突出贡献的战略规划部、财务部分别给予了10万元奖励。

（四）主业发展能力不断提高。为提升主业竞争能力，年初开展了集中调研活动，摸清了各户企业家底，明确了发展思路。各子公司围绕主营业务，优化结构，增强主业核心竞争能力。一是能源产业集团加大露天煤矿整合力度，通过对煤矿的整合，扩界提能，年煤炭产量有望达300万吨以上；二是汽运集团所属晋城公司，致力于从传统运输业向现代服务业转型，提出了“项目高端化、产业集群化、经营规模化、管理智能化”的发展思路，明确了六条传统产业升级改造路径；三是物产集团强化供应链构建力度，贸易类企业经营规模与效益快速发展；四是地铁集团加强内管外调，煤炭发运量持续增长，全年发送1.34亿吨。

（五）体制机制改革初见成效。针对制约企业发展的体制机制问题，物产集团与汽运集团加大困难企业关闭破产、改制搞活和辅业退出工作力度，优化资产，减轻了企业负担。盘活了资产，激发了活力。

五、围绕转型任务，党建工作开创新局面

（一）组织建设不断加强。整章建制，健全组织，建立健全了党委工作制度；加强了民主集中制管理，健全完善民主生活会制度和党委中心组学习制度，不断提升领导班子战斗力与凝聚力；制定了党务公开制度，党务公开工作落到了实处。

（二）创先争优活动扎实推进。有序开展了公开承诺、党性教育、岗位练兵、亮牌示范、服务群众、组织创新、领导点评和群众评议等工作，圆满完成了创先争优活动各阶段工作任务；召开了七一表彰大会，表彰奖励了一批优秀基层党组织、党务工作者、优秀党员，发挥先进典型的引领示范作用，巩固扩大了创先争优活动实践成果；继续开展了学习型党组织建设，推进学习型组织向学习型企业、知识型员工拓展，促进了党员队伍素质的全面提高。

（三）精神文明创建活动深入开展。组织开展了文化创建活动和丰富多彩的职工文化活动。汽运集团与物产集团定点扶贫工作、结对帮扶共建文明和谐村工作、职工劳动竞赛工作取得新进展。荣获“省级文明和谐单位”称号的子公司有3个单位，获省属企业“文明单位标兵”和“文明单位”称号的有15个单位，获市级“文明单位”称号的有19个单位。

（四）党风廉政建设与专项治理工作扎实推进。完善了组织机构，建立了党委书记负总责、分管领导具体负责的目标责任体系，加强领导班子考核管理；认真开展了“小金库”、工程建设领域和公务用车、外借车辆等专项治理活动；深入开展效能监察，对企业投资、安全生产、财务管理、工程招投标、物资采购、产权交易等领域实施全过程效能监察，促进项目规范健康运行；为解决职工群众反映的突出问题，设立了举报电话和电子邮箱，及时受理信访举报，对违规行为严肃处理，促进了企业和谐稳定发展。

（五）民生问题逐步妥善解决。坚持企业改革发展成果与职工群众共享的原则，积极关注民生。年初，拨款1000万元用于解决各子公司困难职工突出问题；监督各公司在体制机制改革中，积极关注职工利益，提高职工待遇，落实社会保险；走访慰问困难党员、职工、老党员、老干部，发放慰问金及慰问品近50万元。

（六）企业文化建设成效初显。公司顾全大局，合力推进文化融合，共同缔造能源交通公司的核心文化。规范行为、聚积力量、促进发展。

六、强化安全管理，安全防范能力实现新提高

强化安全发展理念，坚持贯彻“安全第一、预防为主、综合治理”的方针，健全了安全管理机构，成立了安监局，明确了安全监督管理职责；建立了安全生产长效机制；完善了安全稳定工作领导体系，严格落实安全生产责任制与责任追究制；加大了隐患排查治理力度，突出现场管理；建立健全突发事件应急机制，提高了安全风险防范能力；加强了日常安全管理，强化应急值班工作，做好应急预案、应急演练、组织体系、组织机制、技术装备、后勤保障等工作，安全生产形势良好。

（王福宝）

附：山西能源交通投资有限公司党委书记、副书记、委员名单

书　记：曹晨明

副书记：郝瑞珍（女）　郭鹏飞（8月离职）　刘　波　张广明

委　员：武　强　任　秀　梁润德　荣建民　杜　峰　邢海洋　潘来喜　赵敏崎

中央部属单位党组（委）工作概况

中国电信集团公司山西省电信分公司党组工作概况

党组书记　李洪波

2011年，中国电信山西分公司党组坚持以邓小平理论和“三个代表”重要思想为指导，深入学习实践科学发展观，紧紧围绕“以是否促进中心工作为主要衡量标准”的思路，认真贯彻落实党的工作责任制，不断加强基层党组织建设，深入开展“创先争优”活动，大力推动学习型党组织建设工作，努力提高广大党员和干部的思想政治素质，连续5年被授予“省直文明和谐标兵单位”荣誉称号。

中国电信山西分公司从组建至今已走过10年的发展历程。从成立之日起就始终按照科学发展观的要求，优化资源配置，建成省内规模最大、覆盖范围最广的CDMA网络，以及省内商用最早、建设成本最低的3G网络；同时，大力开发和推广信息化应用，不断满足和服务于山西国民经济的发展和人民的信息化需求，为山西转型跨越发展及经济社会信息化建设做出了积极贡献。

一、把企业党建工作与创先争优活动结合起来，凸显了党员的模范带头作用

创先争优活动开展以来，通过发挥基层党组织的战斗堡垒作用和共产党员的先锋模范作用，党群干群关系进一步密切，经营业绩进一步提升，公司发展呈现出良好态势。各基层党组织和党员在写好承诺书后，按照“两承诺、四公开”的要求，认真开展了公开承诺活动，注重结合职责任务和岗位实际，切实提高公开承诺的针对性和实效性，注重回应群众的关切和期盼，加强了对党员承诺的监督；公司领导班子成员分别对联系点和分管部门创先争优情况进行了点评，各党支部书记、党小组长对本支部、本党小组党员创先争优情况进行了点评。承诺及点评过程中，充分听取群众的意见和建议，通过发挥党员的模范作用，带动全体员工在推动公司转型发展的进程中争先进、创一流，有力地促进了公司各方面工作的进展。

二、把企业党建工作与庆祝建党90周年活动结合起来，加强了和谐团队建设

为纪念建党90周年，举办了10项丰富多彩的庆祝活动，得到了广大党员和全体员工的高度认可和积极参与。全系统党史党建学习活动和知识竞赛答题活动做到了党员百分百参加；“我为党旗添光彩”演讲比赛全系统共有100多名选手参加了本单位初赛，共有14位选手成功晋级全省决赛，通过充满激情的讲演给现场观众带来了深深的震撼；理论征文活动全系统共收到征文百余篇，评选出优秀征文20余篇；“红歌大家唱”活动参与党员和群众达1000多人次。此外，在七一表彰大会上，全系统共表彰先进基层党组织11个，优秀共产党员14名，优秀党务工作者14名，激励了广大共产党员统一思想，再接再厉，以更加昂扬的斗志和更加扎实的作风为公司的业务经营工作再立新功。

三、把企业党建工作与党风廉政建设结合起来，推动了企业健康发展

按照《中国电信贯彻落实 < 建立健全惩治和预防腐败体系 2008—2012 年工作规划 > 实施办法》的总体要求，继续深入推进企业反腐倡廉建设，认真落实党风廉政建设责任制，积极开展重点领域和关键环节的效能监察，各项工作取得新的成效。开展了以“执行制度、从我做起”为主题的反腐倡廉

宣传教育月活动，推行廉洁文化网上行，切实增强了廉洁文化教育的针对性和有效性，通过廉政格言警句、行业内案件概要与评析等，多角度、多方位宣传廉洁从业的思想与行为，进一步提高了领导与员工的思想政治素质和廉洁自律意识，反腐倡廉工作扎实推进。

四、把企业党建工作与员工思想政治工作结合起来，增强了企业的凝聚力

公司领导班子深入基层开展调研，了解基层工作中存在的困难和问题，并针对问题，及时研究解决办法；注重干部队伍的思想建设和能力提高，一把手亲自讲党课，达到统一思想、明确方向的目的；建立与干部群众的沟通制度，通过电子邮件保持与干部员工的思想沟通，增进了公司党组对干部员工的了解，对公司事务的实时把握，同时也听到了干部员工对公司党组的建议和要求；完善了工作报告制度和绩效沟通制度，省公司各部门负责人和市分公司负责人每月给省公司分管领导撰写工作报告，交流工作，沟通思想，每月就绩效考核情况与员工进行逐个沟通谈话，通过面对面的交流和有针对性的分析，确实帮助员工不断提高工作效率；针对呼叫中心、电子渠道中心等服务窗口单位开展员工心理辅导，达到了愉悦身心、释放压力、凝聚人心、增强干劲的效果。

五、把企业党建工作与活跃员工文化生活结合起来，营造了和谐的企业氛围

按照集中活动、工会小组活动、兴趣小组活动相结合的原则，建立了员工活动的长效机制，一月一次集中活动。2011年分别组织了迎新春联欢会、一线员工除夕慰问、元宵猜谜大赛、女员工慰问、春游踏青、迎六一"阳光夏日快乐童年"亲子活动、"我为党旗添光彩"演讲比赛、"红歌大家唱"活动、忻州地道战学习参观、中国电信员工桥牌邀请赛承办、机关员工跳绳比赛、金秋采摘、拔河大赛、羽毛球比赛等活动。通过这些集中活动，缓解了压力，陶冶了情操，增进了沟通，营造了氛围，促进了工作，传递了公司以人为本的核心价值观，营造出团结、紧张、严肃、活泼的和谐的企业氛围。

六、把企业党建工作与企业经营发展结合起来，促进各项工作任务圆满完成，助力山西信息化建设

中国电信山西分公司认真贯彻落实国有企业党建工作要求，围绕企业规模发展中心任务开展工作，充分发挥基层党组织和广大党员在企业发展改革中的作用，引导和带领广大员工致力于企业科学发展。一年来，全省上下统一思想、直面竞争、奋力拼搏，2011年底公司全业务收入同比增幅达23.59%；宽带用户整体规模达到80万户；移动业务用户规模从2008年承接C网时的90万户增加到了207万户，企业规模发展成效明显，综合实力稳步提升。2011年9月19日，中国电信集团公司与山西省人民政府签署战略合作协议，加快中国电信在山西省电信基础网络的优化升级，共同推进山西省电子政务、两化融合、三网融合、农业农村信息化、数字城市等领域信息化建设。

（任冠儒）

附：中国电信集团公司山西省电信分公司党组书记、成员名单

书　记：李洪波

成　员：李红斌　左德志　陈晓峰(5月离职)
　　　　靳建勇(8月任职)

山西储备物资管理局党组工作概况

党组书记　徐一行

2011年，山西储备物资管理局认真贯彻落实党的十七大、十七届五中、六中全会精神，以科学发展为主题，以全面提高山西储备综合实力为主线，紧紧围绕国家物资储备中心工作，加快规范管理体制和运行机制，各项工作取得了长足的发展。

一、提升管理水平，努力促进国储物资数量、吞吐量和融合力稳步增长

2011年是山西局出入库极其频繁的一年，在完成国储物资出入库任务的同时，下大力气提升物资管理水平。针对油库管理薄弱环节，在3个油库组织开展了规范储备油料出入库作业活动，累计修订完善油库13个岗位职责和作业指导书，6个作业流程框图，3类出入库方案和出入库作业程序，8个应急预案，16种作业记录。同时，认真抓了油库安全隐患整改工作，测算上报了油库运行维护费用年度需求。2011年底，国家局已安排相关资金265.8万元。在火炸药仓库和综合仓库，进行了物资管理技术大练兵活动。在12个基层处开展了物资管理课题研究，并总结成果、进行交流。九七二处物资管理工作经验及专题片在国家储备火炸药管理座谈会上受到推广，该处还被列为国家物资储备系统火炸药仓库安全管理专项试点单位。

2011年，我局参加了山西省国防动员建设军民融合发展会议，参与了山西省国防动员军民融合发展"十二五"规划的修改讨论。4月份，山西省人民政府常务副省长李小鹏率领省直有关部门负责人和晋中市领导，到我局一七一

处进行了调研，表示要加强与储备联系，利用好一七一处土地和铁路专用线等优势资产，深入探索储地融合发展方式。上半年，还分别与兵工华北公司和山西省国防科工委接洽，实地考察调研了生产、储存情况，对下一步军储融合发展进行了深入探讨。6月和10月，一三八处分别接收红十字会奶粉、肉松、棉被、帐篷等物资；此外，一三八处和一三九处引进地方物流公司进行合作，已取得实质性进展。

二、认真谋划长远，进一步调整和完善了山西储备“十二五”发展规划

2011年，按照国家局“十二五”规划目标和山西省地方“十二五”发展目标，进一步对山西储备“十二五”事业发展规划进行了调整和完善。对主要物资的目标仓储能力进行了修改，重新确立了四大重点工程。一是完成二五四处仓库扩容；二是完成三五一处扩容改造任务；三是充分发挥大太原经济圈的辐射带动作用，进一步做大做强以一三八、一三九处为代表的城市综合库；四是尽快完成机关、基层网络信息化平台的搭建。10月19日，国家局局长办公会上专题听取了我局“十二五”规划情况，根据会上提出的修改完善意见，会后我们立即对“十二五”规划进行了整理完善，并于11月1日以正式文件上报国家局审批。

三、规范体制机制，切实做到管理局、事业单位和企业各司其职、各负其责

规范体制机制是2011年重中之重的工作，党组对此高度重视，成立了由局长牵头，相关处室和公司参与的工作领导小组，全面组织实施该项工作。领导组成员多次深入各基层处摸底调研，并对总体方案所涉及的事业单位事企分开、储经分离后人员身份、待遇、安全责任划分、原有公司整合、经营业务衔接、资产使用费支付等关键点多次研究和讨论。在与国家局有关部门全面沟通的基础上，3月份和5月份，两次向国家局专题汇报，国家局以会议纪要的形式对我局总体方案进行了批复。

按照方案要求，由一三八处、一三九处、六三九处、一七一处、二七三处共同出资1000万元，注册成立山西国储物流有限公司，所属13个事业单位所有经营业务全部剥离，并划归山西国储物流有限公司集中管理。6月底，山西国储物流有限公司全部完成公司注册、代码证登记、税务登记、开立基本账户等工作，9月9日挂牌成立。

11月初，《山西储备物资管理局规范管理体制和运行机制实施方案》下发，各事业单位规范体制机制配套方案已审定完毕。截至目前，12个基层事业单位正在按照审核的方案，积极推进本单位事企分开工作，2012年1月底前可望全部实现储经分离。

四、打造强储之基，全力推进山西国储基地建设全面提速

2011年，随着一三八处安全改造工程和一五二处改扩建工程竣工验收，我局国储基地建设进一步提速。一三八处和一三九处作为我局的两个综合仓库，拥有良好的区位优势。尤其山西省“大太原都市圈”的提出，更是为我局两个综合仓库的发展提供了契机。我局组织一三八处和一三九处，结合大太原都市圈核心辐射功能以及山西省打造中西部物流中心的布局，形成了全面提升仓库配套功能初步方案。一五二处是我局打造国储基地的重中之重。2011年，在做好改扩建工程后期工作基础上，将节余资金400余万元用于新建和完善库外道路、排水沟、工勤房等项目，进一步完善了仓库基本设施。9月，根据国家局要求，开展了改扩建工程“回头看”；11月，通过山西省安监局验收；12月，我局受国家局委托对一五二处改扩建工程进行了竣工验收，为下一步大规模收储工作奠定了基础。

2011年，对二五四处油库扩容可研工作和三五一处争取列入油库扩容项目进行了不懈努力。二五四处油库扩容工程通过多次现场调研，已与国家局、设计院沟通，为早立项、早批复、早开工打下了良好的基础。三五一处则有可能成为全国油库扩容量最多的单位之一，其具体方案已通过国家局评审。全年，我局共完成基建投资803万元。其中包括维修改造资金274万元、灾害修复资金50万元。

五、落实安全审计，建立健全安全管理的长效和动态机制

2011年，我局安全保卫和维稳工作继续保持了良好的势头，全年安全管理实现“六无”工作目标。重点开展了安全审计，圆满完成了一五二处的安全审计工作。进一步密切了同公安部门、武警部队的关系，同武警总队共同召开了仓库安全守卫勤务工作座谈会；完成了一七一处守卫部队的撤勤任务，建立健全了一七一处职工安全保卫守卫方案；配合省公安厅、武警山西总队完成了对二七三处武警守卫部队兵力调研；在一三八处建立了公安治安警务区，成立了由公安局国防中队警员为站长的治安警务站，彻底清除了位于城乡结合部的一三八处周边治安案件多、外来人口多、影响仓库安全事件多的治安状况。在平安单位创建活动中，全局13个单位全部获得当地先进平安单位称号，省局机关获得省公安厅颁发的平安单位标兵单位称号。

安全生产方面，全局各基层单位的“一把手”全部实现了持证上岗工作，深入开展了“安全生产月”活动、创建“平安单位”活动和隐患排查治理，对8个单位的安防系统和门锁进行了细致的检查，强化了仓库消防、应急演练。在大规模收储和出入库过程中，分管领导带头蹲点，省局先后派出保卫、物管处人员，对现场作业进行监督、监管，切实保证了国储物资在收储、日常管理中的绝对安全。2011年底，我局被国家局作为实现安全管理目标和在完成重大任务中安全工作突出的单位予以奖励，获奖金8万元。

六、强化经营工作，不断挖掘发展潜力，不断培养发展后劲

2011年，我局12个基层单位共创收3173.16万元，占年计划的130.58%。

积极寻求新的经济增长点。一七一处与太谷商会成功合作，开发影视基地及农家乐项目。该项目合作成功将为一七一处在合作期（20年）带来4204万元的固定收入，同时一七一处还能参与一定比例的利润分成。此外，一七一处还充分发挥土地优势，与当地农业局在库区打造了近800亩药材种植基地。一三八处引进了山西飞信物流信息公司合作项目，预计明年即能收到较好的效益。九七二处与襄垣出口煤公司达成协议，由该公司出资近400万元扩建南站台、在转运站增设防尘网及提高站台租赁费，仅此一项就可为九七二处每年多增收100多万元。积极与石化部门合作，扩大所属三个油库代储成品油业务。2011年，代储油品出入库及代储油品收入均达到历史新高。积极与中储粮山西分公司合作，九七二处、六三九处新引进中储粮山西分公司收购代储玉米业务，四七六处与中储粮山西分公司文水直属库签订了代储2.5万吨粮食的合作意向。

七、营造良好氛围，全面建设和谐健康可持续发展环境

反腐倡廉和维稳工作扎实推进。2011年5月，召开了局系统纪检监察工作会议。深入开展了公务用车问题专项治理，继续深入开展了“小金库”专项治理；深入开展了遗留问题摸排梳理工作，对排查到的问题进行了督促落实，并将其列为下一阶段工作重点。全年，接到群众信访10件次，均按程序认真进行了核查，并及时做出了相应处理。对国家局和山西省委转来的信访件，在认真核查和处理后，均按规定上报了国家局和省委。

着力加强党的建设。省局党组先后组织召开了系统深入开展“创先争优”活动推进会和座谈会，各基层处党委着重抓了公开承诺、领导点评、群众评议、选树典型等重点环节，局系统46个党支部和905名党员做出公开承诺，12个基层处党委及机关各党支部开展了点评工作，有效地提高了党委领导班子的号召力和凝聚力。在庆祝建党90周年系列纪念活动当中，对荣获省直机关和局系统的先进基层党组织、优秀共产党员、优秀党务工作者、党风廉政建设先进集体和先进个人进行了表彰；由局领导带队对30名建国前入党的老党员和特困党员开展了走访慰问活动；举办了重温入党誓词、党的知识竞赛、“党在我心中”演讲比赛等活动；参加了省直工委举办的庆祝建党90周年征文活动、“颂歌献给党”歌咏汇演和党建工作巡礼图片展。6月，召开了山西储备局直属机关第五次党员代表大会，选举产生了新一届直属机关委员会和纪律检查委员会。

储备文化建设持续深化。2011年，一三九处、四七六处保持了省级文明和谐单位、省直文明和谐标兵单位荣誉称号；五七七处、六三九处、一七一处、九七二处、二五四处、一五二处和局机关保持了省直文明和谐单位称号；一三八处、二七三处、四七五处、三五一处保持了山西储备系统文明和谐单位称号。一五二处保卫科消防班荣获“2009-2010年度全国青年文明号”称号，四七六处物资保管班保持了“省级青年文明号”称号；一五二处云冈大锣鼓（云胜锣鼓）被国务院命名为国家非物质文化遗产保护项目；局直属机关党委被中共山西省直工委评为“2010年度党建工作考核优秀单位”。

老干部工作进一步加强。2011年，组织机关和机关服务中心离退休人员40余人，赴洛阳进行了健康疗养。在经费紧张的情况下，想方设法改善并优先解决退休人员收入偏低的现实问题，解决了2011年度资金缺口的40%。并及时补发了国家局追加的2009—2011年度离休人员津补贴和2011年退休人员津补贴经费。

（徐一行）

附：山西储备物资管理局党组书记、成员名单

书　记：徐一行

成　员：邹　皓　柴亚敏

省气象局党组工作概况

党组书记　杜顺义

2011年，全省气象部门广大干部职工按照省局党组确定的“重服务、强能力、优环境、促发展”的方针，积极转变气象事业发展方式，不断提高“四个能力”，有效推进了各方面的工作，圆满完成了年度各项目标任务，全省气象事业继续保持了良好的发展势头，为省委、省政府的决策气象服务、为社会各界的公众气象服务和为重点工程建设的专项气象服务，为促进我省转型跨越发展做出了积极的贡献。

山西省气象局设直属机关党委1个，下设党支部27个，共有党员434人，其中在职党员281人，离退休党员153人。

一、谋划事业科学发展的思路更加清晰

2011年，省局党组先后组织了12次党组中心组专题学习（扩大）会议，认真学习了胡锦涛总书记在庆祝建党90周年大会上的重要讲话精神，以及中央和中国气象局、省委省政府领导同志的有关重要讲话精神，认真领会了全国

气象局长会议提出的工作部署。省局党组根据我省实际情况，多次组织研究，谋划我省气象事业在中部率先发展的思路。通过深入学习研究，力求完整准确地把握中央以及中国气象局、省委省政府的方针政策、发展目标和工作重点，力求让广大干部职工在学习中提高认识和统一思想，力求进一步提高党员领导干部干事创业、领导科学发展的能力和水平。在“省部合作协议”框架下，由省气象局牵头，省委、省政府、省法制办等有关部门参与的“山西省率先基本实现气象现代化方案”研制工作已经启动。由省气象局起草的《山西省人民政府关于加强气象灾害监测预警及信息发布工作的意见》即将由省政府下发。

二、公共气象服务工作扎实有效

2011年，全省气象部门利用多种媒体，及时发布各类气象预警信号2196次，发送手机气象短信7100多万人次，向省政府和省直有关部门提供各种气象服务信息1000多期，在防御重大气象灾害中发挥了重要作用，社会公众对气象服务满意率达87.6%，比上年提高6.5%。

防灾减灾气象应急服务工作成绩突出。全省气象部门针对发生的各类重大气象灾害和突发公共事件，应急组织协调有序，气象服务主动周到，各项保障有效到位。针对两次强降雨和一次暴雪天气过程，省局三次启动了“气象灾害预警应急响应”。全省各级气象部门高度重视、响应迅速、积极主动、有效服务，减轻和避免了暴雨、暴雪造成的灾害损失，确保了交通、电力、设施农业等行业的安全，受到了各级政府和社会各界的好评。

2011年初，我省降水量较常年同期平均值偏少，出现了严重的气象干旱。气象部门及时上报决策服务材料，提出相关建议,组织有效的抗旱保障服务，并开展人工增雪,增水量约4700万立方米。优质的气象服务为抗旱工作做出突出贡献。2011年2月，回良玉副总理在中国气象局局长郑国光等领导陪同下专程到山西考察指导抗旱工作，对我省气象服务工作给予高度评价。袁纯清书记、王君省长等省领导先后10次在有关气象服务情况报告上作出重要批示，安排部署全省抗旱工作，表扬气象部门。针对4月发生在我省太行山区晋城、长治、晋中、阳泉等地的森林火灾，我局第一时间启动应急保障服务，省局领导亲自带领气象应急分队赶赴阳泉郊区和壶关县两个火场，实时监测火场天气，以小时为单位准确预报火场气象动态，参与省领导指挥决策。科学有效的服务保障了几处森林火灾在24小时内得到控制，未造成人员伤亡。7月2日，晋城突降特大暴雨，高平24小时降雨量达210.9毫米，为300年一遇的恶劣天气，由于气象预警及时，防范措施得力，全市没有发生人员伤亡。

“三农”气象服务保障有力。2011年省政府将农村气象防灾减灾工程列入十大强农工程，根据中国气象局“两个体系”建设要求，结合政府季节性、阶段性农业生产管理的中心工作，对全省春播、夏收、汛期、伏期、秋收秋播等农事关键期进行重点服务。加强了专业化的农业气象系统建设，开发建立了山西省农业气象灾害保障服务系统、干旱灾害监测系统和主要农作物病虫害气象等级预报系统等，在“三农”服务中发挥重要效益。制作发布各类为农服务产品300余期。在全省范围内有针对性地选择6个重点设施和特色农业县建立了农田小气候自动观测。目前，全省共建设乡村气象信息服务站1683个，乡村（社区）显示屏756个，农村大喇叭广播系统2825套；全省共有气象信息员30261人，行政村覆盖率100%。在全省范围内实施飞机人工增雨（雪）117架次，地面作业483次，全省人工增水总量30亿立方米；同时开展了空中火情监测飞行3架次，为我省农业防灾减灾和森林灭火起到了重要作用。优质的气象服务为农业生产提供了可靠保障，2011年全省粮食产量创历史最好水平。

气象信息传播手段不断扩展。目前，中国气象频道在我省各市已全部落地，省级电视频道均能及时发布电视天气预报和插播气象预警信息。《突发灾害现场应急气象服务系统》建设进展顺利，高清视频转播车准备投入使用。山西经济频道新开播一档气象访谈类节目《气象今日谈》，每期15分钟。中国天气网站山西页面资料上传及时率100%，日点击率最高峰值达22万。12121、96121声讯平台月平均拨打量近7万次。在腾讯、搜狐、新浪三家大型门户网站正式开通了省、市级气象官方微博。

专业气象服务日趋完善。目前已经与水利、国土、民政、旅游、交通、农业、林业、安监等30个部门达成合作协议。重点开展了交通、电力、旅游、供热、设施农业、特色农业、地质灾害等25个方面的专业气象服务系统建设，日常投入业务使用的专业气象服务产品122种，取得了较好的服务效益。开展了公路交通行业气象服务效益评估。作为省交通事故预防领导组成员单位，省、市、县三级气象部门认真做好道路交通安全预警信息发布工作，全省共发布道路交通安全预警信息2500多条，接收人次近100万。

三、气象基础业务体系建设不断推进

综合气象观测和信息网络能力显著增强。全省区域气象观测站建设成效明显，共建成1128个区域气象观测站，乡镇覆盖率100%。积极推进新一代天气雷达建设，4部新一代天气雷达投入业务运行，2部新一代天气雷达正在建设。覆盖全省的自动土壤水分监测网基本形成，建成自动土壤水分监测站89个，为基层配备土壤水分速测仪25个。出台了《山西省市级气象信息与技术保障中心管理办法》，探索实践气象部门和社会化保障相结合的保障模式，增强了气象装备技术保障能力。基础气象资料发展与改革专项工作取得阶段性成果，完成了全省地面气象观测站基础气象资料检测修正。省级自动气象站资料质量控制系统实现业务试运行。省市两级高清视频会商系统正式投入业务使用，已成为省政府部署全省性工作的重要渠道。完善了新一代天气雷达组网拼图系统，实现了每6分钟进行一次本省及周边省份14部天气雷达的组网拼图，并在气象业务网实时共享。全省建成极轨气象卫星接收系统1套、静止气象卫星接收系统14套。完成了省市县三级气象数据卫星广播系统建设，建成接收站115个。省—国家网络带宽达到12兆，省—市传输专线带宽扩充至8—10兆，提升了气象信息传输能力。

天气预报水平不断提高。圆满完成了中国气象局中尺度天气分析业务、精细化要素预报业务、预报员团队建设等三项试点工作。省台基于精细化监测资料,初步建立了强对流天气的中尺度天气业务流程，定时制作中尺度分析指导产品。多项科研成果在业务中得到应用，SWAN系统在全省县局进行推广；研发了基于雷达、自动站资料的降水估测产品；基于GIS的省市县三级短期集约化预报产品制作平台在运城投入试用；省市县三级天气预报质量考评监控平台得到升级；极端天气气候事件监测业务系统在我省实现本地化和业务应用；新一代短期气候预测业务平台基本完成；法国动力气象实验室研制的可变网格区域气候模式完成本地化。2011年度全省24小时晴雨和最高、最低气温预报准确率分别达88.9%、72.5%和71.1%，较上年有明显进步，分别提高了0.2%、6.9%和3.7%。

四、应对气候变化和气候资源开发利用工作扎实有效

主动参与地方应对气候变化政策的制定工作。省政府于2011年7月出台了《山西省应对气候变化办法》，明确了气象部门是应对气候变化主体部门。编写了《华北地区气候变化影响评估报告》，向省政府报送了《气候变化对山西能源消费的影响》和《气候变化对山西省水资源的影响及应对建议》两篇决策专题报告，得到省领导高度重视和批示。作为省发改委建设项目，温室气体观测站网（一期）建设任务已基本完成，太原、大同和临汾3个温室气体监测站将于2012年3月份投入运行，为政府节能减排考核提供科学依据。省发改委已确定，以省气科所为主成立“山西省温室气体监测控制中心”，并积极筹建“山西省应对气候变化重点实验室”。中国气象局气候业务试点《空冷分析业务平台》开发和《火电空冷技术指南》编写任务已经完成。完成了我省风能资源详查和评价中的风能资源专业观测网建设、风能资源数据库建设、风能资源数值模拟、风能资源综合评价四个专项工作，通过中国气象局验收。制定了《山西省风能预报系统运行和营销服务方案》，风电功率预报开始运行，主要向风电企业和监管部门提供7种产品。

五、“三大体系”建设快速推进

2011年初，省局制订了“气象灾害防御体系”、“国家突发事件预警信息发布体系”和“现代农业综合信息服务体系”建设指导意见。在全省气象部门的共同努力下，逐步形成了以地方政府为主导，以气象部门为主体，以省、市、县综合信息服务平台为载体，以乡镇气象工作站和村级气象服务站为基础的综合信息服务体系，探索实践气象综合服务“1+3+1”模式，履行气象部门政府职能，不断推进防灾减灾社会管理工作。

气象灾害防御体系架构基本形成。目前，省级、11个市、设有气象局的107个县（市、区）政府全部以专项预案的形式出台了气象灾害应急预案，气象局长担任副指挥长，指挥部办公室设在气象局。有32个乡镇出台了气象灾害应急预案。“气象灾害防御”和“道路交通安全预警信息发布”两项工作已纳入省政府对各市、县目标责任考核。省、市、县三级气象灾害防御规划编制全面启动，省级防御规划已通过省发改委组织的专家评审，忻州、长治、晋城、运城4个市和阳高、怀仁、清徐等91个县（市、区）政府已发文颁布实施。临汾、长治、晋城等市共有59个县（市）以政府名义开展气象灾害应急准备认证工作，其中运城、朔州、晋中等市共有32个乡镇已获得气象灾害应急准备认证。

国家突发事件预警信息发布体系顺利推进。山西省国家突发事件预警信息发布中心各项建设任务基本完成，承担本省自然灾害、事故灾难、公共卫生等三类突发事件预警信息的授权发布任务。设立了突发事件预警信息发布公益性专线电话（4070121）和统一的突发事件预警信息发布公益性短信代码（10639111）。突发事件预警信息传递专用通信链路已与41个厅局接通；与移动、联通、电信等通信运营商和广播电视台、网站、报社、大型超市、公共场所大屏幕控制等单位之间建立了常态化的绿色预警信息传输通道，所有预警信息都将作为公益性信息免费发布。发布中心自2010年10月15日试运行以来，共发布了19条预警信息，均在5分钟内完成签收、审查、制作和发布等流程；在15分钟内到达接收终端和特定用户。2011年8月5日，国务院应急办常务副主任王守兴亲自到中心调研，对中心建设给予高度评价。全国各省、市政府应急管理部门、气象部门有二十三批次到我省调研交流。在省级中心建设的带动下，吕梁、临汾、阳泉等7个市先后立项，落实了建设经费，开始建设本市突发事件预警信息发布中心。孝义、汾阳、古县等部分县级中心也已经开始建设。

现代农业综合信息服务全覆盖工作不断深入。4月22日，省气象局召开了由全省各级气象局长参加的全省现代农业综合信息服务推进现场会，观摩了寿阳县气象为农综合服务“1+3+1”的发展模式。7月7日，省政府组织召开全省现代农业综合信息全覆盖视频会议，省、市、县三级政府分管领导和气象、农业等部门负责人参加了会议。时任副省长刘维佳强调，由气象部门牵头，成立省、市、县三级“现代农业综合信息中心”，积极推进乡、村综合信息工作站和服务站建设，落实机构、编制和经费，整合涉农信息服务平台和涉农信息资源，以政府行为发布各类政策、科技、防灾等涉农信息，确保全省现代农业综合信息服务工作取得实效。全省11个市、47个县（市、区）政府已发文，对建设现代农业综合信息服务体系提出要求，做出部

署。省级涉农信息已开始整合，省级农业综合信息服务中心开始建设。

六、科技创新体系和人才体系建设逐步完善

科技创新体系建设取得新进展。面向业务服务需求，组织了以领军人才牵头的精细化预报、应对气候变化、公共气象服务等科技创新团队,确立的研究方向涉及强降水落区预报、精细化要素预报、中尺度数值模式研发、特色农业气象服务、环境气象、气候模式应用、温室气体监测与估算、气候资源开发利用以及气候可行性论证研究等。“山西省气象灾害预报与对策研究”、“山西省市两级天气预报质量考评监控平台”等39项科研课题得到验收。一项科技成果获省科技进步二等奖。开放合作与科技交流不断深入，组织领军人才赴加拿大考察学习，选派一名博士参加国际合作，4名业务骨干参加国际会议研讨。主持和参与省部级科研课题13项，省局分别设立了领军人才课题、重点课题、开放基金、青年基金和一般课题共86项，用于科技创新支持经费达541万元。年内核心期刊发表论文35篇。

人才体系建设取得新成效。认真落实《中国气象局关于加强气象人才体系建设的意见》，重点抓好学科带头人、业务科研人才队伍建设，充分发挥领军人才、骨干人才和一线人才作用。重视人才、尊重人才、发挥人才作用的环境氛围更加优化。省、市气象部门共举办了各类业务技能竞赛26次，460多人次参加，在第五届全国气象行业地面测报职业技能竞赛中，我省获团体第11名。进一步加大对基层台站预报业务人员的激励，首次评选了13名市级首席预报员；首次建立了晴雨预报、最高最低气温预报优秀质量奖。加大了对一线优秀人才的奖励力度，省局年内用于各类竞赛、奖励经费90万元。选派1名预报骨干赴美国培训进修一年；1名干部参加中组部“博士服务团”赴贵州省挂职一年；2名业务干部参加援藏、援疆工作。加大人才引进工作力度，2011年全省气象部门共招聘引进本科以上毕业生66名，其中博士1名，硕士9名，全省共有博士和正研级高工13 名。加大了分类管理、分类培训的力度，年内共举办各类专业培训班24期，971人参加学习；选派56人参加了中国气象局的44期各类业务技术培训班。

七、气象事业发展环境不断优化

地方气象事业发展不断加快。《山西省气象事业发展“十二五”规划》和《山西省气象灾害防御规划（2011—2020)》已完成评审。《山西省高速公路气象监测服务系统(一期)》已完成初设，一期投资1498万已列入交通厅预算。省财政厅已将地方气象事业所需业务维持等费用共计3770万元列入财政预算。

法制建设和科学管理得到加强。制定了《山西省气象部门全面推进依法行政五年规划(2011-2015)》和《山西省气象局立法规划(2011-2020)》。《山西省气候资源条例》已被省人大确定为地方立法计划，立法程序已启动。2011年全省受理气象行政许可共计2399件，做出许可2319件，累计执法检查2947次。与省安监局成立联合检查组，代表省政府赴全省11个市、22个县（市、区）就防雷安全进行专项整治联动检查。开展了气象信息发布与传播专项执法检查。三部气象地方标准获省质监局立项。进一步加强了项目管理，完成了规定的基本建设项目财务决算和竣工验收工作，部门决算、基本建设项目决算工作均被中国气象局考核为先进。气象科技服务的内涵、能力不断提升。

八、党的建设和气象文化建设不断深入

党建工作和干部队伍建设扎实推进。坚持把党的基层组织建设与学习型党组织建设、党务公开相结合。坚持把创先争优活动同学习右玉精神、学习杨善洲、学习身边的先进人物相结合。创先争优活动得到了省直工委的肯定和表扬，130多个厅局到气象局后勤服务中心进行了观摩学习。深入推进党风廉政建设。深入学习贯彻中央和中央纪委各项会议精神，开展了对《廉政准则》执行情况和党风廉政建设责任制落实情况的专项检查。认真组织党风廉政宣传教育月活动，组织开展了“九项活动”，被中纪委驻中国气象局纪检组评为优秀组织奖。局机关纪委被省纪委、省监察厅授予2006-2010年度全省纪检监察系统先进集体称号，成为全省唯一获此殊荣的中直驻晋单位。反腐倡廉制度建设、廉政文化建设、局务公开和党务公开工作扎实推进。切实加强审计监督，完成了146个审计项目。领导班子建设进一步加强，领导班子结构进一步优化，干部队伍素质进一步提高，干部岗位交流进一步深化。各级领导干部开拓创新的能力、干事创业的能力、科学理政的能力、应对局面的能力有了很大的提高，单位和部门的业务服务工作和文明和谐创建取得了明显成效。

文明单位和气象文化建设成果丰硕。全省126个单位全部建成文明单位。安全生产工作成绩显著，被省政府评为“安全生产先进单位”。气象信息宣传工作成绩优异，《中国气象报》发稿数和中国气象局《要情摘报》采用信息数均名列前茅。注重丰富文明和谐创建载体，开展了唱红歌、党的知识竞赛、职工运动会、征文比赛、五四青年拓展训练、“忘年交”书画展等多项活动。继续开展气象科技下乡、气象科普进校园活动。“2011年气象防灾减灾宣传志愿者中国行”山西地区宣传活动圆满成功。继续重视和做好老干部工作，进一步落实“两项待遇”。工会、青年、妇女、后勤保障等各项工作均取得新成果。

（李增友）

附：省气象局党组书记、副书记、成员名单

书　记：杜顺义

副书记：郭洪源（11月离职）

成　员：张洪涛　梁亚春（4月任职）

申　敏（12月任职）

省地震局党组工作概况

党组书记　赵新平

2011年，省地震局党组认真学习贯彻落实党的十七届五中、六中全会和省十次党代会精神，围绕防震减灾中心工作，全面推进机关党的建设，充分发挥各级党组织战斗堡垒作用和党员的先锋模范作用，确保了党的路线、方针、政策在全局得到有效的贯彻、实施，防震减灾工作成绩明显。

一、加强理论武装，积极推进学习型党组织建设

全局各级党组织认真学习贯彻《中国共产党党和国家机关基层组织工作条例》和省委《实施意见》，紧紧围绕《2011年省直机关党的工作要点》，深入开展了创先争优活动、纪念建党九十周年活动、“迎中博、创环境、争一流”活动、“正风肃纪，创优环境”活动、指导工青妇群团组织开展形式多样的群众活动，党务公开工作全面展开，全局文明和谐单位创建工作取得了新的进步。

（一）明确学习要求，突出“五个深化”。局党组中心组紧紧围绕“科学理论武装、具有世界眼光、善于把握规律、富有创新精神”要求，一是深化中国特色社会主义理论体系学习。深入学习实践科学发展观，把学习中国特色社会主义理论体系同研读马列、毛泽东著作结合起来；同认真总结党的历史经验，特别是改革开放以来的经验结合起来。二是深化社会主义核心价值体系学习。努力把社会主义核心价值体系体现到党员干部教育管理全过程，融入到党员干部日常工作学习生活中。三是深化《中国共产党历史》学习。对于党员干部加深对党的认识，坚定共产主义理想和中国特色社会主义信念，全心全意为人民服务；对于各级领导干部增强继往开来的历史使命感，学习和运用党的历史经验提高本领，推动科学发展、促进社会和谐；对于全体党员继承和发扬党的优良传统和优良作风，都具有十分重要的意义。四是深化《中国共产党党和国家机关基层组织工作条例》学习。牢固树立《条例》意识，用《条例》规范新形势下机关党的建设工作。五是深化本职业务知识学习。围绕各自不同专业领域，瞄准科技发展前沿，以在职学习为主要方式，不断提高服务防震减灾发展建设的能力，不断增强社会服务和管理职能，积极服务防震减灾事业发展。

（二）创新学习理念，落实学习制度。通过开展创建学习型党组织活动，使每一名党员干部树立学习工作化、工作学习化的理念，把学习作为一种政治责任和精神追求；通过学习先进的政治理论，确立正确的世界观、人生观、价值观和事业观、工作观、政绩观，理想信念更加坚定；通过学习钻研本职业务，掌握过硬的本领，“三大体系”建设蓬勃发展；通过拓宽工作思路，创新工作方式，不断增强社会服务和管理职能，服务防震减灾事业发展。2011年，机关党委为全体党员购买书籍1500余册，包括《中国共产党历史》（一、二卷）、《社会主义先进文化学习读本》（十七届六中全会辅导读本）、《认真学习胡锦涛“七一”讲话建党九十周年学习读本》、《推动社会主义文化大发展大繁荣典型实例与经验启示》等书籍，通过购买发放学习书籍、严格考勤制度，有效落实了中心组每月一次、支部每周一次的理论学习制度，全年中心组（扩大）集中学习13次，干部理论学习30次，学习出勤率90%以上。8月10、11日，为深入学习贯彻胡锦涛总书记“七一”重要讲话精神，我局集中机关、事业单位副处级以上干部和各直属地震台台长共38人，在太原基准地震台培训中心召开了理论学习中心组扩大会。学习期间，邀请了省委党校宋建国教授、省国防教育委员会张培荣教授分别做了学习辅导，还传达学习了袁纯清书记、王君省长在全省干部大会上的讲话。

（三）注重学习效果，突出实践环节。理论学习是不是真正有效，关键是看能否运用所学的科学理论解决工作中面临的各种现实问题。在抓学习的同时，始终坚持理论联系实际，突出工作实践活动，在具体工作中，我们始终坚持党组成员调研制度、党组成员联系点制度、局长接待日制度等，注重倾听群众呼声，经常深入台站和联系点进行工作调研指导工作。全体党员干部在理论学习的基础上，注重联系工作实际和调研情况来撰写心得体会和调研文章。每名党员干部都要结合工作实际，积极撰写体会文章，坚持把撰写体会的过程作为学习理论、提高认识、理解消化、指导工作实践的过程。

二、加强组织建设，不断增强基层党组织的凝聚力和战斗力

在加强基层组织建设中，继续深入贯彻落实先进性长效机制文件，以创先争优活动为工作抓手，通过开展党员承诺、领导点评等内容，加强基层党组织和党员队伍建设，充分发挥基层党组织推动发展、服务群众、凝聚人心、促进和谐的作用。

（一）以纪念建党90周年为契机，深入开展创先争优。一是组织了“庆祝建党90周年晋商银行杯党的知识竞赛”；二是参加省直机关庆祝建党90周年党员志愿服务活动。三是组织机关40余名共产党员到太原市牛驼寨烈士陵园“重温入

党誓词”。四是参加了省直工委组织的“党在我心中”演讲比赛。五是进行了“三晋震苑党旗红”主题歌咏比赛。各项活动中，从党组书记到支部书记，党组一班人到支委一班人各有分工，每名党员都能积极参与到活动中来。7月1日，全局召开党员大会，对评选出的3个先进党支部，22名优秀共产党员和11名优秀党务工作者进行表彰奖励。

（二）密切联系群众，推进党务公开。一是开好民主生活会。按照省直工委、中国地震局通知要求，10月31日，召开党组民主生活会。局党组高度重视，认真抓了四个环节。学习环节：会前组织党组成员和处级干部学习了十七大和十七届五中、六中全会精神，学习了胡锦涛总书记“七一”重要讲话和《廉政准则》等。征求意见环节：会前向各市地震局、直属台站和机关各支部广泛征求群众意见和建议37条。自我剖析环节：局党组成员紧紧围绕“坚持以人为本、执政为民理念，发扬密切联系群众优良作风”主题和学习心得，对照群众提出的意见和建议，认真进行剖析，精心撰写发言提纲。交流谈心环节：党组书记与领导班子成员之间开展了认真的谈心活动。最后，形成整改措施。二是做好党务公开工作。2011年8月，根据省直工委《关于省直机关基层党组织实行党务公开的意见》等党内法规和制度，制定了《山西省地震局党务公开实施办法》，成立了局党务公开领导小组，专门召开了动员大会。为做好此项工作，8月29日，局党务公开领导组组织有关部门就基层单位如何实施党务公开到太钢进行了实地观摩学习。在年度工作中，根据党务公开的目录，按照规定做好党务公开工作，真正使党务公开工作成为密切联系群众、反映群众心声和实施群众监督的桥梁和纽带。

（三）坚持“三会一课”制度，抓好各项党务工作。通过召开支委会、支部党员大会、党小组会和组织离退休干部党员开展学习和活动，贯彻上级文件精神，听取群众意见建议。坚持领导干部上党课制度，增强全体党员干部党性修养。坚持民主评议党员制度，通过民主监督来严肃党纪，统一思想，为更好地做好防震减灾工作贡献力量。严肃认真地对待入党积极分子的确定、培养工作。在认真培养、严格履行发展手续和程序的基础上，发展预备党员3名，对3名预备期满的党员履行了转正手续。

三、加强廉政建设，不断提高党员干部廉洁自律意识

认真贯彻落实十七届中央纪委第六次全会、国务院第四次廉政工作会议和全国地震局长会暨党风廉政建设工作会议精神，坚持以人为本、标本兼治、综合治理、惩防并举、注重预防的方针，紧紧围绕反腐倡廉制度建设和专项治理重点工作，强化教育监督，全面部署年度党风廉政建设工作任务。

（一）坚持廉政学习教育，筑牢思想道德防线。局党组中心组注重廉政学习，每次中心组学习，都安排党风廉政建设内容。学习了贺国强书记在全国纪检监察机关查办案件工作座谈会上的讲话，中办、国办《关于开展党政机关公务用车问题专项治理工作的实施意见》和山西省纪委《关于进一步整肃工作纪律狠刹不良风气的通知》等重要内容。召开党风廉政教育专题会议，参观了“法治与责任——全国检察机关惩治和预防渎职侵权犯罪巡展”和“纪念建党90周年山西省反腐倡廉成果展”，对新任副处级领导干部进行任前廉政教育。

（二）深入开展专项治理，着力解决突出问题。局党组高度重视专项治理工作，召开了专题会议进行研究部署，成立了专门工作机构，制定了实施方案，认真开展重大项目、科研课题和开发性实体专项检查治理工作。

（三）积极推进制度建设，建立健全制度体系。局党组高度重视反腐倡廉制度建设活动，纳入全局工作的主要内容，成立专门机构，明确责任任务，列出专项经费。在制度制定过程中充分听取各部门、各单位的意见，召开座谈会征求意见，重视普通党员群众所提要求，维护了各项制度的权威性、严肃性、广泛性和可行性。通过全局上下近两年时间的努力，反腐倡廉制度建设工作圆满完成，10月11日通过了中国地震局组织的检查验收。山西省地震局反腐倡廉制度建设共完成新建制度17项，修订制度20项，保留制度56项，形成了较为科学完备的教育、监督、惩治、预防相结合的反腐倡廉制度体系。

四、加强精神文明建设，不断推进机关全面建设上水平

以构建社会主义核心价值体系，培育“安全、和谐、创新、奉献”防震减灾特色文化为主线，以坚持四个面向（面向经济、面向社会、面向科技、面向市场），提升六个能力（监测预报能力、抗震设防能力、应急救援能力、科技支撑能力、公共服务能力、社会管理能力）为载体，不断提升文明和谐创建水平，有力地促进了全省防震减灾事业的发展。

（一）领导重视，组织计划到位。局党组认为，文明和谐创建是全面提高全局干部职工综合素质和社会文明程度的群众工程、系统工程，始终把创建文明和谐单位作为每年主要任务之一。年初，局文明委多次召开专题会议，研究文明和谐创建工作，制定“山西省地震局2011年文明和谐创建活动实施计划”，明确全年工作目标、任务要求和具体措施。局党组书记、局文明委主任赵新平局长代表局文明委与各处室（部门）负责人签订年度文明创建目标责任书。处室、部门按照责任书内容再层层分解，把具体任务落实到每个处室、每个人，从而形成“党组书记亲自抓，主管局长重点抓，创建办公室协调抓，各处室具体抓”的良好局面。

（二）全员参与，各项工作到位。一是开展环境文化建设。设置了宣传橱窗和宣传大屏幕，及时报道文明动态；布置了地震文化走廊，分设了“党和政府高度重视防震减灾工作”、山西防震减灾建设成就、人物、地震仪器等展

区，以丰富的图文资料、地震仪器实物，直观地介绍地震工作发展史，歌颂我省防震减灾工作成就，展示地震文化建设成果。进一步扩大了阅览室的图书容量，增加和完善体育场地和文体活动设施，丰富职工业余文化生活。二是改善工作生活环境。几年来，先后完成局新办公楼建设和太原、大同、临汾、代县、定襄等地震台的环境优化改造，按照优美、宜人的要求，高标准统筹规划，种植了花草树木，实现了绿化、美化、硬化、净化、亮化、香化。机关制订了《办公室布置规则》，要求实行标准化配置。三是加强综合治理。坚持开展法制宣传教育，结合工作和形势需要，组织了相关法律、法规的学习贯彻活动和普法考试。开展了以“迎中博、创环境、争一流”为内容的环境治理工作，两个办公院、两个家属院完成了综合治理。四是组织开展丰富的文化体育活动。开展了多种形式的革命传统教育，激发党员干部职工的爱党爱国爱社会主义的热情和工作积极性；组织了体育健身活动，完善了健身器材，组织开展了应急拉动、爬山、跑步等比赛活动，强健了身体；积极参加“博爱一日捐”、“慈善一日捐”、联企帮困等活动。

（三）督促检查，组织保障到位。对各部门、单位落实文明和谐创建活动情况加大了督促检查力度，严格按标准执行，现场听汇报，面对面检查，当场指出需改进的方面，并将每次检查情况通报，年底进行了文明和谐创建工作考核验收。工作中，认真贯彻精神文明建设“一盘棋”思想，不断加大对台站文明和谐创建工作的指导力度，促进社会主义精神文明建设在全局开花结果。在经费紧张的情况下，每年都要安排专项经费用于文明和谐创建，为文明和谐创建工作提供了有力的支持。

局党组十分重视对工、青、妇团体组织的指导和协调，坚持党建带团建，坚持工、青、妇工作与党建工作同研究、同部署，并通过群团组织密切联系群众，及时了解职工意见和建议。工会对生活困难、患病职工及时组织救济慰问；共青团、妇工委积极参与机关党委组织的各项活动，发挥主力军作用。

五、加强工作创新，防震减灾事业取得新的进展

坚持以科学发展为主题，以最大限度减轻地震灾害损失为根本宗旨，站在经济社会发展全局的高度，认真谋划、积极推动防震减灾工作，不断创新社会管理服务，全省防震减灾能力建设得到进一步提升。各级政府防震减灾领导指挥体系和工作体系基本建立，防震减灾法律法规不断完善，防震减灾工作环境和保障设施有了明显改善，地震监测预报水平有了明显提升，地震应急救援能力有了进一步提高。

（一）地震监测预报能力明显增强。大力加强全省地震监测台站建设，全省现有6个测震台网、19个综合观测站，在地域上基本实现全覆盖，技术上基本实现数字化、网络化和自动化，地震速报时间缩短到10分钟。强化地震趋势分析预测和群测群防，积极开展跨区域、跨学科、跨部门地震趋势会商，圆满完成中部博览会、建党90周年等重大活动和重要时段的震情监视任务。

（二）城乡抗震设防基础进一步强化。依法将工程建设抗震设防要求管理纳入基本建设审批前置程序，对全省重大建设工程全面开展了地震安全性评价。全省中小学校舍安全改造工作全面完成并走在了全国前列。城市活断层探测、农村民居地震安全工程和市县防震减灾示范社区建设稳步推进。

（三）地震应急救援体系不断健全。修订了《山西省地震应急预案》，完善了地震应急平时协作和震时联动机制。加强了地震灾害紧急救援队伍建设，11个市相继成立了综合救援队伍，依托省军区和消防支队建立了专业地震救援队伍。开展了各种形式的地震应急演练，加强了应急物资储备体系和避难场所建设，应急救援能力得到明显改善。

（四）防震减灾工作格局日益完善。印发了《关于进一步加强防震减灾工作的意见》，进一步明确了各级各部门防震减灾职责。强化了市、县地震工作机构和队伍建设，全省11个市、96个县（市、区）均成立了独立的地震工作机构。防震减灾各成员单位在规划落实、项目建设、台网布局、重大工程抗震设防管理、宣传教育等方面通力协作、密切配合，全省防震减灾工作格局得到了进一步完善。

（韩成太　焦天明）

附：省地震局党组书记、成员名单

书　记：赵新平

成　员：樊　琦（女）　郭跃宏　郭君杰

省国家税务局党组工作概况

党组书记　许月刚

2011年，省国家税务局党组坚持以邓小平理论和“三个代表”重要思想为指导，深入贯彻落实科学发展观，以服务全省转型跨越发展为己任，牢记使命、围绕主题，扎实推进“五大工程”，实现“十二五”山西国税事业良好开局，为服务全省转型跨越发展做出了积极贡献。

一、积极谋划发展，牢牢把握方向，推动山西国税事业步入新阶段

2011年是“十二五”规划的开局之年。在圆满完成2005—2010年六年发展规划任务之后，山西省国税局迈入一个全新的发展时期。省局党组深入思考、认真谋划，力争国税事业在新的历史起点上实现新发展。

一是承前启后、继往开来，及早考虑和提出全年的国税工作思路。2011年，党组成员深入基层开展调查研究，详细了解近年来国税工作取得的成绩，发展中存在的主要矛盾、困难和问题，细致分析新形势下山西国税该如何科学发展、怎样科学发展。在此基础上，认真学习贯彻中央和全省经济工作会议精神、全国税务工作会议精神，明确提出全年国税工作总体思路为“一条主线、四个重点”，即：以服务全省转型跨越发展为主线，以税收法治建设、纳税服务工作、税源专业化管理和干部队伍建设为重点，努力实现国税工作新突破。

二是多方调研、集思广益，谋划好“十二五”全省国税事业发展战略。为全面总结山西国税事业实施“三大战略”、“六年规划”取得的成就，部署“十二五”时期全省国税工作任务，省局党组统一安排，由局领导分别带队，深入基层开展调研，全面了解基层现状，同时赴安徽学习考察先进经验，开拓工作思路。通过深入调研、召开座谈会和实地查看，掌握了大量一手资料。经过统筹谋划、集思广益，最终确定“十二五”全省国税事业发展思路，即：以服务科学发展、共建和谐税收为主题，以转变管理方式为主线，全面实施“推进依法行政、优化纳税服务、强化税收征管、加强队伍建设、坚持廉洁从税”五大工程，进一步推动国税事业科学发展。9月份召开全省国税局长会议，全面部署“十二五”全省国税工作任务，促进全系统干部职工统一思想，坚定信心，明确奋斗目标和主要任务，推动山西国税事业再上新台阶。

二、加强自身建设，弘扬优良作风，促进班子整体执政能力取得新提升

2011年，局党组牢固树立以人为本、执政为民理念，不断继承发扬党的优良传统和作风，积极采取措施，加强党组自身建设，着力提升班子执政能力。

一是加强班子思想政治建设，不断增强班子成员的党性修养。严格执行党组中心组学习制度，确定学习主题，拓展学习内容，努力增强学习效果。全年共组织8次党组中心组学习，重点学习党的十七届六中全会精神、胡锦涛同志在十七届中央纪委第六次全会和在庆祝中国共产党成立90周年大会上的重要讲话，山西省第十次党代会和全省领导干部大会精神等。通过学习，局党组增强贯彻执行党的路线、方针、政策的自觉性和坚定性，增强党性修养和理论素养，增强做好国税工作的责任感和使命感，在思想上、行动上与党中央保持高度一致。

二是认真贯彻执行民主集中制原则，切实提高决策水平。严格执行“集体领导、民主集中、个别酝酿、会议决定”的原则和程序，对涉及重大决策、机构改革、干部选拔任用、人员录用调动和奖惩、大额资金的安排和使用、工程建设项目以及其它全局性的重要问题，坚持召开党组会议或局长办公会议集体研究决定。全年共召开党组会议16次，局长办公会议26次。为充分发挥省局党组领导核心作用，会前党组成员互相通气，沟通思想，达成共识；会上大家充分发表意见，集思广益，形成决议；会后按照分工、明确责任、分头把关、抓好落实。工作中，党组成员之间十分注重团结配合，真正做到既对全局性工作参与决策、畅所欲言，又对自己分管的工作认真负责、敢抓敢管。

三是进一步改进领导作风，密切联系群众、服务基层。牢固树立群众观点、贯彻党的群众路线，坚持思想上尊重群众、感情上贴近群众、工作上依靠群众，努力做到心系群众、服务基层。2011年，紧紧围绕组织收入工作、税源专业化管理、纳税服务等热点、难点问题，局党组成员多次深入基层开展调研，了解基层工作中存在的困难和问题，切实做到人力和财力向基层倾斜、向征管一线倾斜、向困难地区倾斜。全年共为17个基层单位新建和维修了办公场所，投资近2000万元为基层办税服务厅配置了办公设备。为体现党的温暖和关怀，在春节、重阳节等重要节日，局党组成员深入到基层国税部门和离退休老干部家中，开展走访慰问活动。按照省委要求，高度重视并积极开展干部“下乡住村”活动。6月份，局党组成员深入扶贫点吕梁市石楼县龙交乡，调查了解当地村民生产生活状况，想方设法帮助村民增收致富，密切了干群关系，提高了做好群众工作的本领。

四是加强廉洁自律和党风廉政建设，做到为民务实清廉。2011年，局党组认真贯彻十七届中央纪委六次全会精神，坚持把党风廉政建设摆上重要议事日程，着力抓好惩治和预防腐败体系建设，重点加强对优化税收环境的监督检查、政风行风建设以及对领导班子、领导干部的教育监督。扎实开展工程建设领域、涉煤涉焦税务中介机构、“小金库”、公务用车等专项治理。严厉查处系统内发生的违法违纪案件，严肃处理涉案领导干部和相关人员，促进税务干部廉洁从政。通过12366纳税服务热线、省委社情民意通道和群众来信来访等渠道，借助政风行风评议、国税局长在线访谈、局长信箱等载体，及时了解和解决纳税人反映的突出问题，大力整治“吃拿卡要报”等不正之风。12月份，按照省纪委统一部署，在全系统扎实开展“正风肃纪，优化环境”纪律作风教育整顿活动。在抓好全系统党风廉政建设的同时，局党组成员认真落实“一岗两责”，贯彻执行领导干部廉洁从政若干准则以及报告个人有关事项的规定，以身作则，严于律己。在全国税务系统副厅级领导干部选拔任用及省局机关处级领导干部选拔调整中，严格执行党政领导干部选拔任用工作有关规定，严肃组织人事工作纪律，营造出风清气正的选人用人环境。

三、坚持一条主线，服务转型跨越，为再造一个新山西做出新贡献

2011年是山西省转型综改试验区建设起步之年。一年来，省局党组始终围绕服务全省转型跨越发展这条主线，充分发挥税收职能作用，为办好“两件大事”、再造一个新山西做出积极贡献。

一是抓紧抓好组织收入工作，为全省转型跨越发展提供充足的财力保障。2011年，省局党组始终关注全省的税源发展变化动态和组织收入工作面临的形势及困难，要求各地坚决贯彻执行组织收入工作原则，主动向地方党委、政府汇报，争取支持，促进组织收入工作落实。2011年全系统共组织国税收入1245亿元，同比增长22.67%，增收230亿元。其中，与地方财力挂钩收入1161亿元，同比增长23.02%，增收217亿元，收入总量再创历史新高。

二是积极调研、献计献策，为转型综改试验区建设争取税收政策支持。围绕转型综改试验区建设急需的税收政策，局党组多次深入基层开展调查研究，有针对性地提出转型综改试验区税收政策需求；邀请国家税务总局相关司局的同志，进行实地调研；在晋中举办“税收政策促进山西综改区资源型经济转型发展论坛”，邀请有关专家学者进行论证，为政策需求出台奠定坚实的基础。局党组书记、局长许月刚多次赴总局汇报，争取总局领导和相关司局的理解、支持。目前我省转型综改试验区税收政策需求得到总局充分认可，有的政策需求已被采纳并实施。袁纯清书记和王君省长分别作出重要批示，对这项工作给予了高度评价和充分肯定。

三是不折不扣地贯彻落实国家一系列结构性减税政策，为山西转型发展贡献力量。坚持从促转型、谋跨越的角度出发，积极落实高新技术、资源综合利用等各项税收优惠政策，及时把政策优势转化为全省转型跨越发展优势。全年共减免抵退税117亿元，其中减免税28亿元，固定资产进项抵扣70亿元，出口退（免）税19亿元。特别是国家出台扶持小微企业发展的税收政策后，省局党组专门召开会议研究，并向省政府建议将增值税起征点调至上限2万元。据统计，增值税起征点调高后，全省一年约有13.67万户个体工商户享受税收优惠3.1亿元，对扶持中小企业发展、保障和改善民生将发挥积极作用。

四、突出四个重点，狠抓工作落实，推动国税工作实现新突破

2011年，省局党组按照年初确定的国税工作“四个重点”，扭住不放、狠抓落实，推动国税工作实现新突破。

一是大力加强税收法治建设。省局党组站在推进依法行政的全局高度，健全机制、规范执法、强化监督，着力建设法治型税务机关。加强税收制度建设，严把规范性文件立改废审核关，全年清理规范性文件1419件。强化执法监督，按照事前预防、过程控制、重点监督、持续改进的思路，构建执法监督体系。加强执法过程控制，利用执法管理信息系统进行监控预警和即时纠错，全面上线运行税收执法疑点信息库，运用信息化手段创新开展网上远程执法督察及疑点数据实地核查。认真组织税收专项检查和重点区域专项整治，严厉打击发票违法犯罪活动，全年共检查纳税人5268户，查补收入24.47亿元。

二是牢牢抓好纳税服务工作。局党组从建设服务型政府的本质要求和服务全省转型跨越发展的具体实际出发，创新优化纳税服务。经过全系统共同努力，全省办税服务厅标准化建设取得实质性进展，省级集中模式12366纳税服务热线全面开通，财税库银横向联网、自助办税终端等多元化办税方式得到有效运用。目前，全省约有10.03万户纳税人进行网上申报、4.2万户进行网上发票认证、13.6万户实行税库银电子缴税，纳税人办税更加方便快捷。

三是着力推进税源专业化管理。省局党组把实施税源专业化管理作为当前和今后一个时期税收征管的重点，围绕分类分级、流程架构、工作团队等方面，组织39个征收单位大胆探索、积极实践，为推进税源专业化管理积累了有益经验。10月份在晋中市召开税源专业化管理现场会，理清基本思路，明确了总体要求和工作重点。各级国税部门按照省局党组的要求，全面落实专业化管理各项举措，切实加强税源与征管状况分析，重点开展了数据采集、风险分析、纳税评估等工作，全年通过纳税评估增收10.02亿元，同比增长120%。

四是切实加强干部队伍建设。2011年，省局党组不断在激发队伍活力上动脑筋，在创新干部管理上下功夫。进一步加强领导班子建设，将干部实绩、平时表现作为重要依据，全年新提拔任用处级干部12名，交流轮岗处级干部27名，对5个市局的“一把手”进行了调整；对4个市局和2个县局进行了回访检查、联合巡视；对8名领导干部开展了经济责任审计，有效增强班子整体合力，提高了班子谋发展、带队伍、干事业的能力。进一步加大干部教育培训力度，先后组织副处级以上干部分三期到北京大学进行集中培训，选派37名干部参加总局党校培训学习。同时大面积开展岗位技能培训和练兵，在全国企业所得税业务知识考试中取得优良成绩。积极开展思想政治工作，不断畅通沟通渠道，定期组织召开征求意见座谈会，加强与干部职工的沟通，努力营造和谐稳定、干事创业的良好氛围。

（徐　靖）

附：省国家税务局党组书记、成员名单

书　记：许月刚

成　员：王德平　高建文（1月离职）
王学农（3月离职）　贾志坚
乔占平（12月去世）　张有乾
范扎根（9月任职）　王宏晋（9月任职）
牛新文（9月任职）

国家统计局山西调查总队党组工作概况

党组书记　刁满庆

2011年，山西统计调查工作在国家统计局和省委省政府的正确领导与关心支持下，在全省调查队系统广大干部职工的共同努力下，坚持提高统计能力、提高数据质量和提高统计公信力“三个提高”的工作方针，认真贯彻落实国家统计工作部署，着力推进统计调查制度方法改革，全面加强数据质量工作，积极履行服务国家、山西经济社会科学发展职责，各项统计调查工作取得了新的成绩。

一、顺利完成了主要领导调整和工作交接

国家统计局党组贯彻党中央有关干部工作的要求，从优化调查队领导班子结构，提高领导干部素质能力，加强干部队伍建设，推动统计调查事业发展的全局出发，在经过慎重考虑和充分酝酿的基础上，研究决定通过干部交流任职的方式，调整山西调查总队领导班子，任命刁满庆同志为山西总队党组书记、总队长。山西总队新一届党组组建以来，统一思想认识，凝聚智慧力量，冷静思考，科学谋划，开拓进取，努力工作，确保了各项工作的扎实推进，实现了工作的顺利交接。6月13日，国家统计局马建堂局长在总队上报的《关于贯彻落实国家统计局党组要求情况的报告》上作出重要批示：“山西总队新的党组组建以来，认真学习，统一思想，交流沟通，谋划未来，起步工作抓得很好、很紧。望总队在过去一届班子良好工作基础上，同心协力，奋力创新，扎实工作，开创山西国家调查事业新局面”。新一届总队党组在积极推进工作的同时，十分重视向省委省政府反映情况、汇报工作，先后以不同方式分别向省委书记袁纯清，省长王君，常务副省长李小鹏，省委组织部部长汤涛和副省长牛仁亮、刘维佳等领导作了专题汇报和工作汇报，并在深入基层调研期间加强与市县党政领导的沟通协调，得到了省委、省政府和市县主要领导同志对统计调查工作的关注和支持，取得了推进工作和创优工作环境的积极效果。

二、认真分析形势，进一步明确了工作思路和重点

2011年初，山西总队党组就多次召开会议，总结工作、分析形势、谋划发展，明确了2011年的工作思路和工作重点。即：“认真贯彻落实党的十七届四中、五中全会精神，认真落实科学发展观，落实国家统计局的工作部署，落实省委省政府的工作要求，以提高统计能力、提高统计数据质量、提高政府统计公信力为中心，以规范统一、改革创新、公开透明为工作主线，以践行‘四大工程’、完善数据质量保障体系、加强调查基层基础工作、推进调查队伍建设为重点，履行国家调查使命，加大工作力度，狠抓工作落实，提高统计调查优质服务水平，全面推进各项调查工作，努力实现统计调查工作的科学发展。”

新一届山西总队党组成立后，深入调查研究，广泛征求意见，不断加深对做好山西统计调查工作的认识，提出了要以统计调查数据质量为中心，不断强化统计调查业务建设，是各级调查队的首要职责、根本使命和重要任务。坚定不移地贯彻落实国家统计局提出的“强化两种意识、实现三个提高、建设四大工程”的工作要求，坚定不移地贯彻落实国家统计局的各项工作部署，圆满完成国家统计局布置的各项工作任务是我们工作中需要认真把握的总体要求和基本原则。提出了要严格执行国家统计局的制度方法，采取措施扎实推进各项常规工作，保证各项业务工作的深入开展，保证既定重点工作的深入落实。在按时高质量完成各项常规调查任务的同时，要进一步加强内部管理，健全完善各项规章制度，坚持靠制度管人、用制度管事，坚持以人为本，实行科学化管理；要加强班子和队伍建设，坚持民主集中制，强化素质，落实责任，提高凝聚力、向心力和战斗力；要注重加强对外联系和沟通，促进局队和谐融洽关系建设，积极争取地方支持，实现山西调查的和谐、共赢、科学发展；要坚持服务国家和服务地方相统一原则，积极提升统计调查服务水平，努力为国家宏观决策和山西省委省政府推进转型跨越发展提供服务。

三、加强组织领导，保障了各项重点工作的落实

山西总队新一届党组履职以来，紧紧围绕“三个提高”的工作方针，按照国家统计局马建堂局长和张为民副局长在晋指导工作时的讲话精神，加强对各项工作的组织领导，细化工作措施，狠抓工作落实，积极推动调查工作取得新进展。

（一）大力推进了国家统计制度方法改革。

2011年，国家统计局把“四大工程”建设确定为统计制度方法改革工作的战略任务，围绕“四大工程”建设相继在多个调查工作领域推出了改革措施，统计调查制度方法改革工作成为2011年工作的重头戏。山西总队充分认识制度方法改革工作对于提升统计能力、为经济社会发展提

供优质服务的重要作用和意义，高度重视各项统计改革工作并将其摆上重要议事日程，统筹协调、统筹规划，变压力为动力，迎难而上，积极进行工作研究和实践，推动“四大工程”工作的落实。一是不等不靠，主动进行联网直报工作探索和推进。积极创造条件推进工业生产者价格、固定资产投资价格、企业景气调查、服务业调查等专业的联网直报工作。在国家对服务业调查联网直报工作已经明确要求下，山西总队严格执行国家新的统计调查方法制度，加快了统计调查信息化建设的步伐，认真组织开展了服务业报表联网直报工作，并以此推动山西调查各有关专业联网直报工作。二是加强了价格调查改革和管理。工业生产者价格调查严格执行国家新的统计调查方法制度，强化了对原始数据的采集监管和对企业报表数据审核，确保了原始价格真实可靠。消费价格统计调查积极研究、掌握环比、同比等指数之间的内在关系，运用各种物价指数进行统计综合分析，掌握新的数据处理程序，做好新一轮CPI基期轮换后数据衔接评估工作和手机采价推广工作，确保了价格指数正确地反映价格的变动趋势。三是推进规模以下工业重大方法制度的改革。规模以下工业调查在国家明确新的工业规模划分标准后，认真扎实地开展了样本轮换工作，并就做好规模以下工业新样本轮换后的数据衔接工作进行了认真的研究安排和精心准备。四是全力推进国际比较项目调查。充分认识开展国际比较项目居民消费价格调查的重要性，严格按照2011年调查方案的要求开展居民消费价格调查工作，把握消费价格国际比较项目规格品和报表处理程序，做好数据审核工作，确保调查数据质量，确保2011年居民消费价格调查任务的全面完成。五是做好城市农村调查样本轮换后期工作。加强了农村住户和城镇住户调查新调查户的记账工作的培训指导，加强了样本轮换后收入、消费等指标新旧样本数据的评估工作，加大了对源头数据的抽查和审核力度，确保了调查样本的代表性和数据的衔接。六是开展完成了主要农产品中间消耗调查的样本轮换工作，为准确核算收入奠定了基础。七是对推进城乡住户调查一体化改革工作进行了安排部署。提出要按照国家局的要求把握和掌控城乡住户调查的内容、方式和范围，认真测算评估历年收入和消费数据，以保证国家统计局城乡住户调查新制度得到贯彻执行。

（二）全力做好调查服务工作。

围绕党和政府的中心工作，努力提升统计调查服务水平，是山西统计调查工作的重要职能。2011年以来，山西总队紧密结合山西经济社会发展实际，增强服务意识，创新服务方式，提高服务的质量和水平，全力做好经济社会服务工作。一是认真研究经济社会发展目标和宏观经济政策。认真组织学习“十二五”规划、经济工作会议的有关精神，准确把握确定的经济社会发展目标，围绕“十二五”规划、转型跨越发展战略、经济结构调整和发展方式转变、国家财政政策、货币政策、产业政策等，提升分析研究的针对性和有效性。二是把握重点、开展调研、提供服务。紧紧围绕国家和山西明确的社会经济发展工作部署，加强对热点、难点问题的跟踪和分析，把握宏观经济运行态势，把握经济中存在的突出矛盾和问题，研究宏观政策调整对经济发展可能产生的影响。继续围绕山西经济社会发展热点和焦点问题，选定了夏粮生产、农村社会保障、农民增收、城市低收入群体生活状况、房地产投资与价格、煤炭资源整合、新兴产业发展等15个课题，组织开展了有针对性的调研，努力为国家宏观决策和山西省委省政府推进转型跨越发展提供服务。三是加强数据开发和服务。利用调查报表数据资源，通过分析指标数据，全面反映经济发展状况和趋势。2011年上半年山西总队对城乡居民收入、消费价格（CPI)、工业品生产者价格（PPI)、粮食产量等主要统计调查数据，进行深度挖掘分析，把数据诠释成文字、观点和建议对策，及时向王君省长、牛仁亮副省长和刘维佳副省长办公室提供了经济形势分析材料和有关数据，为服务政府决策、促进山西发展提供了依据。四是积极开展重点专题研究。关注重大经济现象，研究深层次和规律性的问题，以课题研究的形式引深调查服务工作。完成了2010年省政府经济研究中心招标课题《富民强省战略背景下提高城乡居民收入水平的对策建议》；对省委宣传部和省社科院山西经济社会发展2011年重大课题《山西“十二五”时期农民收入翻番研究》课题进行了申报；承担了国家局重点竞标课题《房地产价格变动及趋势研究》和《能源价格上涨对我省及全国的影响》两个课题研究。五是做好重大专项调查服务。先后组织完成了全省“组织工作满意度民意调查”、“党风廉政测评”、“文明单位测评”和“公众对环境满意度调查”等工作，满足了党政部门对统计调查的新需求，受到了各方面的好评。六是做好调查信息工作。积极捕捉关系人民群众切身利益、社会普遍关注的问题，反映重大政策效应和重要情况，及时准确地提供情况真实、分析透彻、有决策参考价值的调查信息。七是按月在总队内外网发布月度CPI、PPI数据，按季发布季度城乡居民收入、企业景气数据，为社会公众提供调查信息服务。每月与省物价局联合按时向省政府市场价格调控联席会议领导组及分管副省长上报全省CPI和食品价格变动情况，及时启动价格联动机制，对低收入群体发放临时价格补贴。八是继续承担组织了全省150家重点企业生产运行专项监测工作，按月调查掌握全省重点企业的生产经营、经济效益和发展趋势等情况。在分管省长主持的每月全省经济形势分析会上，山西总队提供的全省150家重点企业生产运行监测数据和分析资料，成为省政府重要的经济运行信息和决策建议。

（三）及时部署推进其他重点工作。

一是认真组织了主要专业的巡查指导工作。深入市县队、城乡住户、企业等基层一线，调研和督导主要专业工作开展情况以及新调查网点运行情况，及时解决工作中存在的问题，特别是对粮食产量、城乡居民收入、CPI、PPI等重要数据的生产过程进行重点检查，保障了数据的真实、准确、可靠，维护了统计调查公信力。二是进一步推进了党风廉政建设工作。山西调查总队党组对学习贯彻落实国家统计局“三重一大”制度规定作出了全面安排，组织总队领导班子成员学习了《调查总队贯彻落实“三重一大”决策制度的规定》，对处室组织学习提出了要求，对认真推进廉政风险防控试点工作作出了部署，并制定了《市县队贯彻落实“三重一大”决策制度的规定》方案，并通过召开市级调查队纪检监察工作会议，全面贯彻落实国家统计局的有关精神。三是继续推进了统计调查法制建设。制定了“六五”普法计划，加强了统计调查法制宣传，开展了以全省调查企业为对象的统计执法大检查，对发生违法违纪现象的单位进行了查处。四是开展庆祝建党90周年活动。山西总队及时组织了“党在我心中”演讲会、红歌演唱会等系列的庆祝活动，大力进行爱党爱国爱社会主义的教育。

（师荣贵）

附：国家统计局山西调查总队党组书记、成员名单

书　记：杨润广（5月离职）　刁满庆（5月任职）

成　员：王续孔　贾　海　陈并生

徐秀安（5月离职）　包超英

中国人民银行太原中心支行党委工作概况

党委书记　赵志华

2011年，中国人民银行太原中心支行坚持以科学发展观为统领，紧密结合山西实际和省委、省政府的各项战略部署，认真贯彻落实国家金融调控政策，创新思路抓重点，务实进取求突破，各项工作取得了新的进展和明显成效，履行基层央行职责的能力和水平有了长足进步，有力地支持了山西省经济平稳较快发展。

一、认真贯彻落实稳健货币政策，大力支持山西经济转型跨越发展

结合山西转型跨越发展实际，全省人民银行认真执行稳健的货币政策，综合运用窗口指导、约见谈话、差别存款准备金动态调整、信贷政策效果评估以及再贴现、再贷款等货币政策工具，调控信贷总量，引导信贷投向，不断提高执行政策的针对性、灵活性和有效性。出台了金融支持“转型综改试验区”建设、深化“138”金融工程、扩大直接融资比例三个指导意见，明确了金融进一步支持山西转型跨越发展的方向和重点。将“138”金融工程延伸到县、覆盖全省，并采取强化监督考核、推广典型经验、完善激励机制等措施，引导金融机构认真贯彻“区别对待、有扶有控”的原则，加强对转型项目、民生领域与薄弱环节的信贷支持。总体来看，“138”金融工程支持的大部分领域贷款增幅高于全部贷款增幅。截至2011年底，全省金融机构各项贷款余额11169亿元，比年初增加1593亿元，同比增长17.08%。中小企业贷款同比增长27.97%，保障性住房开发贷款同比增长5.03倍，涉农贷款同比增长33.96%，助学贷款当年累计发放5.06亿元。大力推动直接融资发展，对银行信贷形成有力补充。全年短期融资券和中期票据新增451.1亿元，同比多增195.1亿元，融资量创历史新高。积极推动跨境人民币业务稳健起步，当年办理跨境人民币结算业务56.16亿元。

二、着力维护地区金融稳定，保障经济平稳健康发展

（一）“两管理、两综合”工作成效明显。在全省分级成立了领导机构，建立了考核机制，形成了上下联动、各负其责、齐抓共管的工作格局；制定实施了金融服务与管理指引等一系列制度办法，编印了5本工作手册，明确了57项新设机构开业管理的项目和依据、91项日常管理的项目和依据，以及34个业务系统的审批权限和要求；举办了6期工作培训班；组建了综合执法检查人才库；开发应用了山西省金融服务与管理平台；组织开展了对兴业银行的综合执法检查，促进金融机构合法经营、规范服务，增强了人民银行履职效能，维护了辖区金融稳定。太原中心支行全年共接收金融机构申请事项227项，已集中批复的94项，相关职能部门直接办批的37项，正在审查核验的74项，属于行政许可事项及不予受理的22项。我省开展“两管理、两综合”工作的做法，在全国金融法制工作座谈会上作了经验介绍，得到了总行的充分肯定。同时，在晋中、长治、临汾启动实施金融消费者权益保护试点工作，取得初步成效。

（二）金融风险监测评估工作扎实推进。认真开展对银、证、保机构与金融控股公司的风险监测分析和预警工作，定期上报行业风险监测分析报告。加强对地方法人金融机构的风险评估分析，组织开展了对6家城市商业银行和110家农村信用社的现场评估工作。完善金融突发事件应急管理机制，依法妥善处置了2起金融风险案件。加强金融稳定再贷款管理，组织开展再贷款检查工作，积极配合总行做好再贷款损失认定工作，切实维护了人民银行债权。

三、充分发挥金融服务功能，提升基层央行社会形象

（一）支付体系建设取得明显成效。大力推动实施小额支付转账电话“村村通”工程，在全国率先实现了全省行

政村小额支付转账电话全覆盖、涉农补贴“一卡通”，实现了“机到村”、“卡到户”、“钱到账”，农村支付服务环境建设取得突破性成效，得到了总行和省政府的高度评价，《金融时报》头版头条进行了报道。组织开发了账户影像资料管理系统及网上远程审核系统，顺利通过总行验收，并在忻州、大同和青海省海西州中心支行试点运行。加强支付结算业务监管，组织开展了对工商银行、招商银行等127家银行机构的支付结算执法检查，制定实施了支付结算高管约谈、准入测试和季度通报制度，依法清理整顿了非金融机构支付服务市场。大力推广电子商业汇票业务，票据融资业务量同比增长1.6倍。积极促进晋旅卡、福农卡等特色银行卡的推广应用，严厉打击银行卡违法犯罪行为。严控风险，加强维护，支付清算系统实现了安全稳定运行。与全省商业银行建立了信息交流共享机制，促进支付清算数据挖掘分析工作进一步深化。

(二) 国库服务和监管继续深化。深入推进财税库银横向联网工作，开通银行卡刷卡缴税业务，开发应用集中汇缴系统，加快税费直缴入库进程，提高了国库资金运转速度。大力推广国库直接支付业务，全年累计支付各类补助资金610万笔、27.72亿元。组织开展“国库标准操作日”活动，提高国库核算规范化水平。落实县级国库主任定期上岗操作制度，推行县级国库跨区整体移位管理，认真开展国库实地业务检查，有效防范了国库资金风险。积极开展国债惠农服务，拓宽了农村群众理财渠道。

(三) 社会信用体系建设稳步推进。制定实施了全省商业银行征信管理业务评价细则和实施细则，着力提高征信数据质量，切实做好信息查询和异议处理工作，保护了信息主体合法权益。征信系统共收录20.2万户企业的信用信息和1338.5万自然人的基本信息。大力推进中小企业信用体系建设，积极推广晋中市试点经验。加快农村信用体系建设，建立农户信用档案，完善机制，搭建平台，促进农村信用环境不断改善。积极拓展资信评级业务，形成了多元化的产品和服务。征信宣传力度大、效果好，宣传长效机制建设取得新进展。

(四) 反洗钱工作力度不断加大。按照以风险为本的监管要求，全面开展反洗钱现场检查，全年共检查各类金融机构90家，并对12家金融机构进行了后续跟踪检查。强化非现场监管，首次对全省89家金融机构反洗钱工作进行了评估。积极开展反洗钱调查和协查工作，有效预防和打击洗钱行为。全年共接收重点可疑交易线索21份，移交公安机关可疑交易线索1条；协查涉嫌洗钱案件4起，成功破获案件2起。积极推进反洗钱协作，继续深化反洗钱“结对子”活动，大力开展反洗钱宣传培训，创造了良好的反洗钱环境。

四、提高外汇管理与服务水平，促进我省对外经济发展

出台了《外汇管理支持山西省资源型经济转型发展综合配套改革试验区的指导意见》，引导金融机构支持全省对外经济发展。全年外汇业务产品融资新增107.2亿美元，同比增长1.7倍。认真落实外汇管理理念和方式的“五个转变”，围绕“打热钱、减顺差”，深入开展专项检查和调查，严格把控异常外汇资金流入。进一步加强外汇服务，积极促进贸易投资便利化。大力推动跨境人民币资本项目业务开展，业务规模达到26.7亿元。加大出口逾期未核销清理力度，有序推进进出口核销整体改革。稳步实施主体监管工作，制定了《外汇主体监管试行办法》和实施细则，指导大同、临汾两家中心支局开展主体监管试点工作，取得了实质进展。加大外汇检查力度，全年共立案63起，结案61起，罚没款764万元，维护了良好的外汇市场秩序。加强国际收支统计分析，充分发挥监测预警作用。推行国际收支网上申报，网上申报率达到75%。加强外汇信息化建设，新开发的外汇管理服务平台投入运行，实现了各级外汇局与银行的双向交流与沟通。

五、重点强化内部管理和队伍建设，进一步提升基层央行履职能力

按照“重点在基层，主体在部门，领导是关键，年终要总结”的要求，各业务主管部门、各级行的防范意识不断增强，防范方式和手段不断创新，推动了全省业务风险防范“三级责任制”工作不断深入，实现了“三无”目标。加强财务管理，科学合理分配费用，保障了履职需要；从严控制 “三公经费”，积极开展阳光采购，切实加强固定资产和基建管理，提高了资金使用效益。扎实开展政务信息、新闻宣传、应急管理、政务公开、依法行政、档案管理和机要保密工作，综合服务水平进一步提高。完善工作业绩考核办法，建立基础绩效工资制度，促进了劳资、保险统筹管理工作规范化。深入推进安全保卫标准化管理工作，大力开展平安单位创建活动，积极推进发行库守卫制度改革，社会治安综合治理工作取得实效。

深入开展创先争优活动，争创一流工作业绩。太原中心支行作为全国唯一一家省会中心支行，在全国人民银行创先争优活动经验交流电视电话会议上作了经验介绍。扎实开展具有山西特色的业务竞赛活动，组织举办了外汇管理知识、国库会计账务、后勤服务技能竞赛，积极探索业务竞赛长效机制建设。加强基层党组织和党员队伍建设，精心组织开展了庆祝建党90周年宣传教育系列活动，进一步激发了干部职工的工作热情。深入推进学习型党组织建设，严格落实党委中心组理论学习制度。加强职工思想道德教育和业务培训，组织开展地市中心支行全员远程培训，提升了干部队伍综合素质。严格程序，强化监督，分阶段、分层次组织开展了太原中心支行处级干部竞争选拔工作，增强了干部队伍的生机和活力。认真落实党风廉政建设责任制，切实加强惩防体系建设，扎实做好“四个专项治理”工作。审计工作成效明显，内控评价体系建设稳步推进。事后监督工作不断延伸和深化，风险性监督力度加大。工

青妇工作水平进一步提高，职工健身年活动丰富多彩，民主管理再上新台阶。离退休干部政策落到实处。后勤服务保障有力，节能减排扎实有效。文明单位创建活动取得新成果。（武文全）

附：中国人民银行太原中心支行党委书记、副书记、委员名单

书　记：赵志华

副书记：郭保民（9月离职）　毛德君（1月任职）

委　员：熊　俊　朱新春（5月离职）

段成东（5月任职）　宋　连　王小平

梁娟娟（女）　轧　英（女）

中国银行业监督管理委员会山西监管局党委工作概况

党委书记　邓智毅

2011年，在银监会的正确领导和山西省委、省政府的大力支持下，山西银监局坚持以科学发展观为指导，认真履行监管职责，严守风险底线，深化改革创新，改善金融服务，有效促进了全省银行业的改革发展和持续稳健运行。

一、坚持服务经济，积极推动山西转型跨越发展

2011年，全局系统加强组织领导，把支持发展方式转变和经济结构调整作为主线，统筹兼顾、灵活审慎，宏观调控政策得到较好落实。

（一）积极支持综改区建设。参与制定山西转型综改试验区建设总体方案和融资体系建设“十二五”规划，研究制定山西转型综改试验区建设金融专项方案和银行业行动方案。召开银监会、世界自然基金会防范煤炭和焦化行业环境与社会风险研究成果发布暨银行业支持山西经济转型跨越发展交流会，积极为综改区建设建言献策。加大对重点项目和重点行业的支持，采矿业、制造业、电力和交通运输行业等重点行业新增贷款983亿元，占全省新增贷款总额的61.6%。引导银行业压缩过剩产能行业贷款，加大对节能减排及保障性住房等重点领域和薄弱环节的支持力度，信贷结构进一步优化。2011年12月末，全省银行业金融机构贷款余额11265.6亿元，较年初增加1595.1亿元，增长16.4%，高于全国0.7个百分点。

（二）切实改善“三农”金融服务。出台改进农村金融服务和支持县域经济加快发展的指导意见，召开山西银行业支农工作交流研讨会议，联合举办山西省2011年农产品加工“513”工程银企合作洽谈会。引导涉农银行业金融机构不断创新金融服务和产品，重点扶持“一县一业”、“一村一品”，支持实施农产品加工企业“513”工程。深入开展“送金融知识下乡”活动和农村青年创业小额贷款服务，7家基层金融单位被授予“全国送金融知识下乡宣传服务站”。全年涉农贷款新增829亿元，增长24.59%。

（三）不断改进小企业金融服务。强化六项机制建设，召开全省小企业融资工作会议，推动加强银担合作，认真贯彻“银十条”。围绕“市长、局长、行长、厂长四方联动，共促小企业稳健发展”，开展“送金融进企业”活动，不断改善小企业金融服务。12月末，全省银行业金融机构成立专营机构或事业部35家，开发金融服务产品70余种；中小企业贷款余额3612亿元，较年初增长18.9%，其中小企业贷款余额1719亿元，增长16.4%。

（四）深入调研建言献策。组织参加银监会季度经济金融形势通报会，按季对全省经济金融形势进行综合分析。开展银行业支持综改区建设十项课题调研，对文化旅游产业发展、保障性住房建设、村镇银行发展、资源型城市转型等进行专题调研，及时收集反馈政策效应、经验做法和问题建议，适时进行窗口指导和风险提示。全年编发各类信息350余期，被银监会及各部门采用200余篇，为领导和上级部门提供了很好的决策参考，银行业监管的广度和深度得到有效延伸。

二、坚持监管引领，深入推动银行业改革发展

2011年，全局系统强化监管引领，一以贯之地推动银行业改革发展，银行业整体竞争实力和服务经济社会发展潜能得到提升。

（一）科学制定银行业发展规划。紧紧围绕银行业服务地方经济建设大局，在充分调查研究及客观评价山西银行业发展现实和发展环境的基础上，研究制定《山西省银行业2011—2015年发展规划》，明确全省银行业“十二五”期间的战略任务和发展方向。

（二）稳步推进银行业改革发展。指导邮储银行不断深化改革，健全机制，实现县域支行“全覆盖”。支持农发行、大型银行、股份制银行和城商行在太原市以外的市县设立分支机构，提升金融覆盖面，全年累计设立32家分支行；其中新设立县域支行积极支持“三农”和小企业，贷款余额9.48亿元。推动晋城市商业银行更名为晋城银行，并在省城太原设立分行。督促长治市商业银行妥善解决

“三长”长期缺位问题。积极推进农村中小金融机构股份制改革，支持符合条件的农村中小金融机构组建农村商业银行，全年有7家农商行开业。推进新型农村金融机构设立，全年有9家村镇银行、2家资金互助社开业。

（三）不断提升银行业形象。开展“迎中博、促服务、创一流，山西省‘百姓喜爱的银行’综合互动调查暨《银行服务百姓读本》公众教育”活动，持续开展公众教育。联合省消费者协会召开贯彻落实“消费与民生”年主题座谈会。出台《山西省银行业存款业务自律公约》。对银行业窗口服务情况进行督查。开展“特色银行”评选活动。创刊《山西银行业》杂志。完成山西银行业履行社会责任专题报告。

三、坚持风险为本，严密防范化解重点领域风险

2011年，全局系统始终注重审慎监管、有效监管，注重提高监管的前瞻性和主动性，注重风险防范长效机制建设，银行业运行更趋稳健。

（一）妥善处置融资平台风险。积极开展专题座谈、调查走访、台账监测、现场检查，主动与政府、债权银行、平台公司全方位沟通，多种措施狠抓整改，取得阶段性成效。12月末，全省政府融资平台全口径统计183家，贷款余额1952.38亿元，其中四次共组织退出平台23家、金额281.31亿元，占辖内平台贷款总额的14.53%。

（二）不断提高贷款新规执行力。开展贷款新规执行情况检查，召开银行业贷款新规督导会议。坚持监管约束和典型引导两手抓，将贷款新规执行与现场检查同安排、同部署、同检查、同落实，同时加强调研引导、政策指导和经验倡导，12月末全省银行业金融机构按贷款新规走款比例为84.63%。积极推进中长期贷款合同整改，12月末全省银行业金融机构完成补正的贷款合同份数和金额占比分别为60%、62%。

（三）强化案件风险防控。建立案防季度工作例会制度，制定案防工作考核评价程序。开展银行业内控和案防制度执行年活动。制作《再现真相——山西银行业案件防控治理警示教育片》，严肃查处各类违规问题。2011年辖内银行业机构共成功堵截各类案件200起，金额6313.2万元。

（四）认真布防外生风险。加强银信合作、理财等业务监管。高度关注民间借贷风险，开展民间借贷调研，专题向省政府主要领导汇报调研情况和防范民间借贷风险的意见和建议。在省政府的领导下，组织召开全省处置非法集资专题会议，推动做好处置非法集资工作。发挥信访维稳作用，完善舆情工作机制，加强热点敏感问题日常监测，妥善处置2起银行业重大负面舆情。

（五）防范信息科技风险。狠抓数据中心风险防范和业务连续性管理两个关键环节，开展全省信息科技工作运行管理和信息科技风险监管指标研究“两个标准”建设，全面梳理信息科技政策指引、制度规范。组织对法人银行业金融机构数据中心和网点进行现场检查。

四、坚持高效管理，不断加强监管能力建设

2011年，全局系统始终坚持在提高监管履职能力、提升内部管理水平上下功夫，不断健全工作机制，切实加强人本治理，监管有效性进一步提升，内部管理进一步优化。

（一）提升综合监管效力。一是严把市场准入关口，积极试行差别准入监管。推广银行业金融机构高管人员任职资格机助考试系统，编印任职资格考试题库。二是加强非现场监管能力建设，开展数据质量控制年活动，督促法人银行业机构建立科学的统计数据质量管理体系。完成辖内法人银行业金融机构和股份制银行的监管评级。拓宽非现场监管视野和信息渠道，加强农村中小金融机构上下联动监管，开发监管台账信息系统。三是不断提升现场检查效能，坚持规定动作与自选动作相结合，科学确定检查项目，合理确定检查频率，重点开展了融资平台贷款大户检查、贷款新规执行、内控风险、高息揽储、信贷合规、信贷资产转让、财政账户等现场检查。

（二）不断完善内部管理。编印山西银监局办公制度汇编，出台政务履职考核实施细则，制定重大督办事项考核办法，加大领导批示和重大监管事项落实情况的督办。开展银监会派出机构版综合办公平台试点测试。规范省局机关发文工作，提高办文效率。加强会议管理，强化档案保密工作。推行政务公开，编写完成2010年监管年报，不断完善银监会官网派出机构子网站建设。加强财务预算管理，落实政府采购制度，推进节能减排，建设节约型机关。

（三）深入开展创先争优活动。认真做好创先争优领导点评工作，扎实推进“为民服务创先争优”活动，深入开展“十佳”监管办创建评选活动。开展纪念建党90周年“四个一”系列活动，广泛开展“一先双优”评选，召开庆祝建党90周年暨“一先双优”表彰大会，举办山西银行业庆祝建党90周年文艺晚会。积极推动学习型党组织建设，不断完善党委中心组学习制度，发挥银监会“三大模块”培训测试系统的平台作用。贯彻落实十七届六中全会精神，大力建设监管文化，积极创建省级精神文明和谐单位。有效发挥“党团工妇”作用。

（四）扎实开展党风廉政建设。广泛开展廉政教育，编印廉政手册，举办党风廉政建设知识考试，组织参观惩治和预防渎职侵权犯罪巡展，联合举办银行业预防职务犯罪法制教育培训班，召开银行业职务犯罪预防经验交流座谈会。加强廉政文化建设，召开廉政文化建设交流推进会议。加强监督检查，开展效能监察。开展公务用车问题专项治理和清理规范庆典、研讨会、论坛活动两项专项治理，强化案件防范和信访核查工作。

（张　健　连　娟）

附：中国银行业监督管理委员会山西监管局党委书记、委员名单

书　记：邓智毅（11月离职）　王占峰（11月任职）

委　员：赵金童　岳予晋　吴增平
罗学东（6月离职）祁绍斌　杨庆和
马晓光（女，6月任职）

中国农业银行山西省分行党委工作概况

党委书记　曹少雄

2011年，中国农业银行山西省分行党委秉承“诚信立业，稳健行远”的企业文化核心价值观，坚持财富创造，塑造价值银行；坚持社会担当，塑造责任银行；坚持和谐发展，塑造人文银行，努力开创转型跨越、安全和谐发展的新局面。在鼎力支持山西城乡经济建设和社会发展做出重大贡献的同时，全行呈现出稳健经营和谐发展的良好态势，社会形象和影响力进一步提升。

一、统一思想认识，推进转型跨越发展

2011年，农行山西分行党委提出围绕“十二五”发展总体思路，以持续增强市场竞争力、价值创造力、风险控制力和企业凝聚力为着眼点，推动转型发展，加快跨越发展，保证安全发展，实现和谐发展，为实现“十二五”大发展打下良好开局的指导思想。围绕这一指导思想，全省农行干部员工在复杂严峻的外部形势下，全面提升可持续发展的客户基础、价值基础、管理基础和人力资源基础，积极推动全行转型跨越，安全和谐发展。截至2011年12月末，全省农行本外币各项存款余额达到2459.75亿元，增加146.25亿元；本外币各项贷款余额达到789.16亿元，增加101.59亿元，取得了良好的经营业绩。全省农行资金实力、核心竞争力、综合实力大幅提升。

二、紧跟省委战略，全力支持地方经济

农行山西分行党委坚持把支持地方经济发展作为工作重点，特别是在2011年信贷规模偏紧的情况下，多次向农总行汇报沟通，争取支持，信贷投放重点突出“四保”，即保重点工程建设、保重点民生工程、保重点行业转型、保重点企业发展，有效支持了山西转型跨越发展。省委袁纯清书记作出批示：“2011年在从紧的货币政策下，农行山西分行贷款净增100亿，十分难得，十分了不起，要表示特别的感谢”。李小鹏常务副省长也作了重要批示，给予了充分肯定和高度评价。一是鼎力支持山西省国家资源型经济转型综合配套改革试验区建设和全省煤炭并购及公路建设。始终紧跟省委、省政府发展战略，积极促成农总行与山西省人民政府签署战略合作协议，向山西省提供涉及8大类211个项目共2000亿元的意向性信用额度支持，是全省第一家就转型综改试验区建设与省政府签订银政合作协议的商业银行。又分别与朔州市政府、山西省建设厅、山西省水利厅和大西铁路客运专线有限责任公司、太重集团、山西省煤运集团签订了分项合作协议。涉及300亿元公路建设贷款、450亿元煤炭并购贷款。二是大力支持全省铁路网、公路网、电网“三网”重大基础设施建设项目，支持了大西铁路、中南铁路等铁路建设；支持了忻保高速、太佳高速等公路建设，为全省交通设施的改善做出了贡献。同时，大力支持全省煤炭、电力、钢铁等传统产业中的优良客户发展，同煤、太钢、大唐集团等一大批优秀企业获得支持。三是积极支持“民生”项目，支持全省商品房建设，支持山大一院、山西大医院等省级重点医院，太原理工大学、晋中学院等院校，大同恒山风景区等旅游景区的建设和发展。2011年荣获山西省政府“支持地方经济发展突出贡献奖”。

三、推进网点转型，全面提高服务品质

农行山西分行党委始终坚持“客户至上，始终如一”的服务理念，积极改进服务环境，提高服务质量。

一是加强服务渠道建设。对营业网点进行“统一布局规划、统一选址标准、统一形象设计、统一建设要求、统一设备配置、统一店堂规范”的标准化改造，回迁改造网点215个。新增ATM 191台，离行式自助银行35家，ATM市场占有率跃居同业第一。

二是实现优质文明标准服务全覆盖。在全部网点开展文明标准服务导入，实施“赢在大堂”策略，选聘517人担任大堂经理。制定《客户服务业务联动实施细则》，实行各级行和各部门全面联动，及时有效处理95599客服中心反馈的关于客户投诉、咨询等事件。

三是全面加大窗口服务检查力度。专门聘请第三方咨询公司连续开展了两期神秘顾客暗访活动，范围覆盖了全省所有营业网点。建立了长期巡查督导制度，并有针对性的制定了整改提升方案，增强了客户满意度，夯实了服务水平。邀请政风行风监督员深入营业网点开展明察暗访，有效促进了全省农行柜台服务质量的进一步提高。

四是积极丰富金钥匙、金光道、金穗卡、金e顺和金益农等“五金”系列产品体系，先后在全省开展了重点产品推介活动，通过产品推介，让客户更了解、关注和使用农行的金融产品，提升了农行产品价值。

五是全力做好中博会期间金融服务工作。实施了在重

点区域增开弹性窗口，开展服务规范礼仪培训等一系列措施，并组建了专业团队、开辟了专门通道，形成全天候、全方位、全过程服务机制，为中博会的成功举办创造了良好的金融服务环境。2011年被山西省政府评为“政风行风评议先进行业”。

四、创新服务模式，拓宽深化“三农”服务

（一）积极支持农业龙头企业发展。认真落实省政府《关于做大做强农产品加工龙头企业的意见》，围绕省政府实施农产品加工“513”工程，重点支持了山西汾酒集团、山西水塔老陈醋股份有限公司、平遥牛肉集团等一大批“513”省级梯队企业和国家级农业产业化龙头企业，已经为42户企业授信13亿元。发放贷款近2亿元，支持晋中、运城两个现代农业示范园区建设，带动当地数千户老百姓致富。同时，积极推广小企业简式快速贷款、小企业自助可循环贷款等适合中小企业特点的金融产品，重点支持大企业上下游的配套型、特色型、出口导向型和科技型中小企业快速持续发展。

（二）全面推广金融服务“村村通”。以惠农卡为载体，以电子机具为手段，向农村延伸基础金融服务，找到了一条以基础金融服务全覆盖为基础，以政策性代理业务为保障，以城乡一体化推进为目标的“三农”金融服务新路径。

一是全力推进基础金融服务全覆盖，实现“三到”。即“机到村、卡到户、钱到账”。“机到村”，就是在每个行政村布放农行转账电话，“至少一部，平均三部，根据需要，多则不限”。“卡到户”，就是向每户农民至少发放一张惠农卡，“每户一张卡，惠及全家庭”。“钱到账”，就是代理各项政策性惠农资金的发放，并依托农行金融电子化网络，使农民足不出村就能便捷的转账结算、刷卡消费、汇划资金。到2011年12月末，已在全省布放转账电话近5万部，发放惠农卡682万张，基本实现机、卡“两个全覆盖”，使山西2300万农民均等化享受到了现代金融服务，在全国各省市尚属首家。

二是积极服务国家惠农资金发放和领用，实现“三代”。即代理新农保、代理新农合、代理各项政策性惠农资金的归集、管理与发放。到2011年12月末，已经代理山西119个县中96个县的新农合项目，45个县的新农保项目，30个县的粮食直补、良种补贴等惠农补贴项目；累计归集新农合、新农保和其他惠农资金近95.87亿元，发放60.65亿元。解决了目前普遍存在的各家金融机构代理发放惠农资金，农民需要奔波十几里、甚至几十里才能从乡里、县里取上钱的不便，降低了惠农资金领用成本，提高了实际效用。同时，有效杜绝了挪用、截留、抵顶和迟滞惠农资金发放的情况。

三是大力探索发展产业链金融，实现“三通”。依托金融服务全覆盖的资金结算链，探索、发展产业链金融，实现从农业通向工业、从农村通向城市、从生活通向生产，打破城乡二元金融结构，助推城乡经济一体化发展。支持了运城苹果产业链、朔州乳业产业链等，合计发放农业产业化龙头企业贷款、农产品收购户生产经营贷款和农户小额贷款19亿元。支持了以山西最大的连锁超市——山西美特好超市为龙头的农产品进城供应链。向美特好超市提供3亿元物流基地建设贷款；第一批向美特好的10家农超对接基地企业、农民专业合作社，以及辐射带动的4000多农户提供全流程结算服务。从2011年8月份到年底，已经提供结算服务253笔，金额3218万元。解决了农产品购销资金结算难的问题，促进了农超对接农产品进城，既提高了农民定价权和收入，又降低了城市居民消费成本。与商务部“万村千乡市场工程”、供销社“新网工程”和山西农村便民超市全覆盖等商品下乡相结合，在全省6000多个农家便民店布放了转账电话，占到农家店总数的40%，提供了方便的金融服务。四是农资配送金融链。支持了以山西最大农资销售企业之一的晋中正林农资连锁超市为中心的农资配送金融链。向正林超市提供1700万元流动资金贷款，为其跨市、跨县的200多个农资经销店提供金融服务。通过支持产业链，找到了既有效服务“三农”，又符合商业运作要求的“三农”金融路径。

农行山西分行覆盖式“三农”金融服务，得到各级党政领导、监管部门、专家学者和新闻媒体的高度关注与肯定。省委袁纯清书记作出三次批示。中央电视台、新华社等多家全国性媒体和山西省内主流媒体给予了宣传报道和专题推介。2011年，在首届全国金融机构服务“三农”十大年度项目大奖评选活动中荣获服务“三农”最佳社会责任奖；省分行党委书记、行长曹少雄同志被评为服务“三农”十大年度影响人物。

五、加强党建工作，努力实现和谐发展

农行山西分行党委不断加强党建工作，弘扬先进文化，打造平安银行，促进和谐发展。

一是以人为本，着力提高队伍素质。2011年，先后召开党委中心组学习扩大会议4次，邀请中央党校、北京大学等教授，举办党员干部教育系列讲座4期。持续举办各类政治思想理论培训班，全面提高党员干部政治素养和党性修养。

二是开展了感恩党、感恩农行、感恩同事“三感恩”活动，学习党史书籍、举办党史专题讲座和知识竞赛；连续3年举办了“红歌永唱”千人大合唱歌咏比赛。

三是持续开展创先争优和精神文明创建活动。全省农行先后有11家单位荣获“山西省五一劳动奖状”、“山西省五四青年奖状”和农总行“青年文明号”等荣誉称号;有19家单位荣获全国文明单位、全国农行精神文明单位及精神文明工作先进单位荣誉称号。

四是大力开展劳动竞赛和“青年建功立业”活动。2011年全行开展岗位练兵和业务技术比武活动达196次；由大学生“村官”和青年团员等业务骨干组成的省市县“青年突击队”，深入基层和农村开展了“送金融知识下乡”活动，发挥出了青年员工在全行发展中的重要作用。

五是组织开展了“遵纪守法光荣、违规违纪可耻”、全员公开述合规、“‘居安思危，警钟长鸣’警示教育大宣讲”等活动，受教育2万多人次。先后组织全省科级以上干部，运营主管、副主管，基层营业机构负责人到监狱接受了警示教育。汇编《警钟长鸣—合规教育反腐倡廉案例剖析》一书，下发全行员工人手一册。六是制定《关于严格劳动纪律规范办公秩序的通知》，严格执行省纪委“五个不准”，全面改进机关作风，提高工作效率；对人、财、贷等重大事项一律实行行务公开，阳光操作，公开接受群众监督；在信贷投放上，实行贷审会制度，集体决策；在物品采购上实行公开招标，集中采购；在干部任用上，实行公开考试，公平竞争，德才兼备，唯才是用。

（贾　峰）

附：中国农业银行山西省分行党委书记、副书记、委员名单

书　记： 曹少雄

副书记： 杨　光（10月离职）　孙　龙（10月任职）

委　员： 潘淑珍（女）　骆朝根　郭玉琳　程耀业　金喜年　田俊庆

中国建设银行山西省分行党委工作概况

党委书记　马　卓

2011年是“十二五”规划实施的第一年，也是建行山西省分行把握区域经济脉搏、加快发展的关键之年。一年来，建行山西省分行党委在山西省委、省政府的积极支持下，认真贯彻落实总行战略决策和工作部署，坚持以党建工作统领各项业务的发展为目标，坚持以支持地方经济建设为己任，推动全行各项工作取得较大的突破。

截至2011年底，建行山西省分行共有党委15个，党支部309个，党员5024人。

一、以创先争优为契机，推动党建工作再上新台阶

一是开展形式多样的活动。建行山西省分行按照中央和总行关于创先争优活动的有关精神和要求，组织召开纪念建党90周年暨创先争优表彰大会，分层级按条线表彰在不同岗位取得成绩的先进代表和党组织；开展领导干部点评创先争优工作；组织完成纪念建党90周年党史知识竞赛和党员教育电视片观摩交流活动；组织开展“为民服务创先争优”活动检查评比，认真解决存在的突出问题。通过以上活动，广大党员进一步坚定了理想信念，增强了宗旨意识，激励了基层党组织和广大共产党员在实现全行战略目标中更好地发挥战斗堡垒作用和先锋模范作用，推动创先争优活动再上新台阶。

二是加强作风建设。在全省系统内组织召开关于以“坚持以人为本执政为民理念，发扬密切联系群众优良作风”为主题的党员领导干部民主生活会，在14个二级基层党委广泛地征求对总行党委、省分行党委及班子成员的意见和建议。省分行行领导、党委组织部、纪检监察部、党委宣传部和党委办公室相关人员参加了各二级行的民主生活会。

三是体现组织关怀。省分行机关党委和各二级行在做好摸底调查的基础上，确定309名生活困难党员、老党员和老干部为慰问对象，确保不漏一人。建行山西省分行从党费中拨出专款，统一慰问标准，保证专款专用，切实解决慰问对象关心的实际问题。

二、以理论学习为引导，提高政治素质和业务素质

2011年，建行山西省分行党委将学习政策和理论、提升领导干部素质、解决突出问题相结合，收到了良好效果。

一是加强党委中心组学习。党委中心组及时学习了十七届六中全会精神、“十二五”规划和宏观政策要求，研究山西省经济发展趋势，积极融入当地经济建设。学习特点明显：注重结合业务发展需要，为业务发展提供了思路和方法；注重解决实际问题，在学习中集思广益，讨论通过了《山西省分行企业文化用语及释义》、《山西省分行关爱员工工作措施》等指导性文件，下发指导全行工作；注重与践行核心价值观主题活动相结合，如请省委党校副校长讲授《晋商精神与企业文化》专题讲座，推动全行思想观念转变和积极进取的作风建设；在提高学习质量上狠下功夫。组织开展了“庆祝建党90周年思想政治工作理论探索和实践创新”主题征文活动，组织开展了“热爱人民群众、建设和谐企业”征文。

二是充分发挥文化作用。组织开展“践行核心价值观、促进科学发展”征文活动，获得总行一等奖三篇，三等奖一篇。组织开展“文化与管理”学习性研究活动，找准全行“文化与管理”中存在的问题、原因，并有针对性地采取对策，采用座谈会、调查问卷等方式对文化与管理中存在的问题进行收集、梳理，对于面对问题、转变观念、改进工作起到促进作用。召开全省系统“弘扬优秀晋商文化、践行核心价值观”座谈会，会议交流讨论了如何发挥文化的导向作用、如何做好团的工作，营造了浓厚的企业文化和努力学习氛围。

三是提高红梅理财示范点创建。积极探索红梅理财示范点如何在管理与文化中起到示范作用，解决创建工作中的难点问题，明确思路，推进工作。同时，开展科学考评，加大激励工作力度，下发了《红梅理财示范点创建工作考评方案》和《关于对红梅理财示范点实行挂牌与摘牌管理的办法》，从产品、服务、渠道、客户等方面进行考核，实行红梅理财示范点挂牌活动与摘牌管理工作，进一步深化创建实质和内涵，提升创建效果。

2011年，建行山西省分行共有4个单位获总行级文明单位称号，有6个单位获太原市文明单位称号，被山西省人民政府评为"政风行风行业先进单位"。

三、以案件防控为基础，深化反腐倡廉建设

一是推动案件防控责任体系建设。在继续推行案件防控工作与领导人员年度绩效考核、职务聘任晋升等"六挂钩"制度，研究制定《加强案件防控工作长效机制建设实施细则》；强化基层案防基础管理与考评，出台《基层主要负责人案防日常基础工作评价与考核暂行办法》，从制度上进一步完善案防机制，提高案防能力。

二是推进案件专项治理。狠抓重点人员、重点业务、重点环节和重点行专项治理工作，紧紧围绕重点业务，针对票据、信贷、柜面、商业贿赂、信用卡、电子银行、客户经理违规代客、违规动用公章等突出案件风险，组织开展"八项突出案件风险"专项治理活动，发现违规问题及时纠正。

三是推进反腐倡廉建设。按照"反腐倡廉抓班子、案件防控抓基层"的工作思路和"管业务要管人、管人要管思想"的要求，整肃工作纪律，狠刹不良风气，组织开展巡视工作，连续15年坚持对责任制落实情况实施年度考核。通过组织开展行为排查、主题教育等活动，增强全行员工特别是领导干部的责任意识。

四是加大违规问责力度。全年共有72人次受到开除、留用察看、撤职降级等不同形式责任追究。特别是对屡禁不止的员工自办业务等问题继续实行"零容忍"，使操作风险得到有效遏制。

四、以解放思想为主导，打开工作发展新路

一是全面树立企业核心理念,增强全行干部员工的使命感、危机感和责任感。确立了"以敢为人先的精神，以合规经营的行为，以又快又好的发展，打造服务最好的银行，创造公平公正的环境，让员工享受发展成果"的建行山西省分行企业核心理念，在全行唱响，作为建行山西省分行万名员工的行为指南，号召全行员工树立"客户至上，员工为本"的意识，弘扬"敢为人先，敢于超越"的精神，以实际行动"热爱山西，热爱建行，热爱山西分行"。向广大干部员工传导各项业务急需发展和快速发展、提升系统排名和同业间位次的迫切要求，进一步增强责任感、事业心和进取心，鼓舞、激发干部员工的工作热情和工作潜能。

二是积极融入地方经济转型跨越的大发展中，研究制定2012 至2015年业务发展规划。紧密结合山西在"十二五"时期"转型跨越发展，再造一个新山西"的战略举措，研究制定建行山西省分行2012—2015年业务发展规划，确立到各项目标任务，确立大发展、快发展的工作目标。

五、以奉献爱心为己任，尽力履行社会责任

一是继续实施"成长计划"和"资助英模母亲计划"。2009年受资助学生166人参加高考，87人升入大学，升学率为52.5%；2010年受资助学生168人参加高考，118人升入大学，升学率为70%；2011年受资助学生164人参加高考，110人升入大学，升学率为67%。对受资助的28名英模母亲资料进行认真核对，保证了资助款的顺利发放。

二是认真开展公益事业。以"情系高校园区、扶助莘莘学子"为主题，与团省委联手，共同建设"青年就业创业基地"见习基地，由南城支行所属的基层网点与十所大学实行"点对点"一一对接，每家基层行将接受10–20名学生，负责进行必要的技术技能培训和指导，并将为见习学生提供人身意外伤害保险。

三是开展关爱员工工作。研究出台《建行山西省分行关爱员工工作措施》，下发《关于坚持以人为本理念，进一步关爱员工的意见》，推出28条关爱员工工作措施，在全行逐步形成一个尊重员工、关爱员工的良好氛围和机制。同时，通过整合报表、加强本部效能建设、改良检查等工作，为基层行减负。

四是帮扶救助员工。一年来利用职工互助金总计救助员工410人，共计金额56.35万元。其中：因家庭平均收入低于或接近当地最低生活保障水平造成家庭特别困难的人员186 人，因遭遇重大疾病造成生活困难的人员207人，因意外事故及自然灾难造成特别困难的人员17人。同时在节日送温暖活动中慰问员工共计3091人次，发放慰问金29万元，其中员工自发募集金额5万元。

六、以业务发展为支点，服务地方经济发展

一是多方筹集各类资金，有效助推转型跨越发展。2011年，建行山西省分行各项贷款新增91亿元，对公非贴贷款累计投放389.77亿元。其中，对公类贷款新增69亿元。在信贷规模紧张的情况下，建行山西省分行一方面积极发挥贴现业务调节作用，补充信贷投放。票据贴现总量在四大行中占比达55.13%，排位第一；票据贴现增加额位于四大行第二位。另一方面大力拓展投资银行业务，提供包括新型融资理财、贷款类理财、债券承销业务在内的各类融资产品，及时解决了省内重点客户的资金需求。

二是瞄准重点客户、重点行业，扎扎实实支持地方经济建设。2011年，建行山西省分行紧紧抓住山西省传统优势行业，主要投向煤炭、交通运输、电力、建筑行业，当年贷款新增占对公贷款新增总额的96.7%。重点支持了我省铁路重点项目，铁路行业客户累计投放贷款同业排名第一。

同时，积极向总行申请政策支持，在并购贷款核准等方面取得了总行差别化政策，有力地支持了省内的重点行业和重点客户。

三是推动小企业和“三农”业务发展，为促进社会繁荣做贡献。积极推行“速贷通”和“成长之路”及供应链融资产品，大力推广专业专注的信贷工厂模式，2011年新发展成立7家小企业经营中心，使经营机构达到9家。建行山西省分行当年所扶持中小企业为下岗职工提供了2万多个再就业机会。在全力支持小企业和“三农”业务发展的同时，取得了较好的社会效益。

四是加快个人住房贷款投放，着力改善民生居住环境。个人住房贷款新增21.5亿元，再创历史新高，在所有金融机构中名列第一。住房公积金贷款新增贷款在所有金融机构中均列第一。同时，积极支持安居房工程项目，为太原、临汾、晋城、晋中、长治五市配套经济适用房贷款；大力支持企业棚户区改造项目，全力支持我省保障性住房建设。

五是发挥银行平台作用，积极支持民生领域。充分结合我省“十二五”规划及重点工程项目，制定了教育、卫生、广播影视、新闻出版等行业信贷支持分类标准。积极支持地方社保改革，在取得“社保一卡通”代理资格后，投入资金全面启动制卡、发卡工作。积极推进信用卡业务发展，促进消费拉动内需。通过扩大发卡规模、推进购车分期业务，拉动地方经济发展；通过拓展特约商户、特惠商户，建立集大型餐饮、购物、娱乐和旅游为一体的商户服务网络，方便百姓生活；通过推广以“阳光支付”为核心理念的龙卡公务卡，支持地方财政预算单位公务卡改革。

六是积极开展贸易融资，支持拓展外向型经济发展。为解决外贸企业融资困难、在银行授信担保条件弱等问题，积极推广新型贸易融资系列产品。为支持国内大型企业“走出去”参与国际市场竞争，解决其境外融资需求，推出内保外贷、跨境供应链融资产品。尤其是在支持全省进出口量第一的太钢集团方面，创新思维，在全国建行系统内第一家以供应链模式尝试海内外联动，与香港分行合作，办理了首笔跨境人民币融资业务。

（赵建伟）

附：中国建设银行山西省分行党委书记、副书记、委员名单

书　记：马　卓

副书记：陈东平

委　员：解陆一　斛文锋　宋海林

中国农业发展银行山西省分行党委工作概况

党委书记　郭丕胜

2011年，农发行山西省分行党委紧密结合山西实际，继续抓好“五项重点”工作、打好“三个攻坚战”，积极履行支农职能，深入推进内部改革，不断夯实管理基础，着力加强队伍建设，各项工作取得新的成绩。全年累计投放各类贷款147.9亿元，较上年多投放52.7亿元，年末贷款余额达324.9亿元，较年初增加30.8亿元，贷款累放额和余额均创历史新高；不良贷款余额较年初下降8.42亿元，不良贷款比例较年初下降3.55个百分点，不良贷款余额和占比大幅下降；各项存款余额达111.9亿元，较年初增加39.1亿元，存款总量保持了稳定增长势头；实现账面利润5.57亿元，较上年增加1.6亿元，经营绩效达到了新的水平。

一、坚持重点项目营销策略，信贷支农的层次和水平得到提升

（一）以提高农业农村可持续发展能力为目标，支持农业农村基础设施建设。组织开展了省、市、县三级行“支持全省转型跨越发展”调研活动，了解掌握各级政府发展规划和重点涉农项目。制定了《“十二五”信贷业务发展规划》，提出今后五年信贷业务发展政策目标、经营目标和业务发展重点，找准了政策性信贷支农和全省转型跨越发展的结合点，为支农项目营销奠定了基础。加强与各级政府及相关部门协调与沟通，与省水利厅、水投公司、交通厅等进行项目对接，与各市政府领导进行座谈。围绕水利建设、农村城镇化建设和农业基础设施建设这一重点，与省水利厅就支持山西大水网建设签署合作协议，与运城市人民政府举行农村城镇化建设贷款签约仪式。与晋中市人民政府签署战略合作协议，在未来五年间向晋中市提供总额100亿元的意向性贷款额度，用于支持晋中市农业农村重点项目建设。2011年以来，我行共审批支持农业、农村建设中长期贷款项目31个，涉及贷款93.69亿元。在我行贷款支持下，大同市23.3亿元的农民集中安置房建设项目、运城市城区东郊35亿元的城镇化建设项目、忻州市8.4亿元的路网改造项目等一大批重点工程顺利实施，充分发挥了我行政策性信贷支农作用。2011年，累计投放政策性中长期贷

款41.7亿元。到12月末，中长期贷款余额为108.3亿元，较年初净增29.4亿元，占全部贷款增量的95.6%。

（二）以增强政府调控能力和保障农民利益为目标，做好传统粮油收储信贷业务。按照确保中央、省、市三级粮食储备资金需求、确保粮食收购不因我行工作而出现问题、确保收购贷款不被企业挤占挪用的要求。一是积极支持各级政府粮食储备和轮换。向中储粮山西分公司投放贷款30.9亿元，支持企业新增储备与轮换粮食165万吨；向省、市储备企业投放贷款4.47亿元，支持企业收购和轮换粮食24万吨。增强了政府市场调控能力。二是全力做好粮食收购工作。与省粮食局联合下发通知，对粮食收购信贷工作进行了具体部署，共有90户企业通过我行夏粮收购贷款资格认定，95户企业通过秋粮收购资格认定，收购网点基本涵盖了我省全部的夏秋粮生产县区，保证了不留收购空白点。全年向符合条件的企业累计投放夏粮收购贷款1.4亿元，支持企业收购小麦7.9万吨；累计投放跨年度秋粮收购贷款7.36亿元，支持企业收购玉米40.1万吨。保护了农民利益和种粮积极性。三是继续推动粮食促销还贷工作。建立了到期贷款监测和风险提示机制，将贷款收回与贷款审核投放有机结合起来，玉米促销还贷工作成效明显，跨年度玉米收购贷款基本实现本息“双结零”。2011年，粮油贷款累计投放81.8亿元，同比增加36.2亿元，投放量同比增长六成多。

（三）以发展农业产业化经营为目标，支持农副产品加工转化增值。以维护现有客户为重点，主要对粮油信贷战略性客户和省政府“513”工程中的大型龙头企业进行信贷支持。运城市粟海集团、长治金泽生物有限公司、文水大象禽业等企业的加工能力、技术水平已处于全省、乃至全国同行业领先地位。目前，我行20个龙头企业的贷款余额27亿元，占全部加工企业贷款的72%,这些企业市场竞争力较强,经营状况和经济效益较好,贷款风险较低。同时，稳步退出经营状况不稳定的企业。截至12月末，我行产业化龙头和加工企业贷款企业170户，比年初减少28户；贷款余额37.5亿元，比年初增加4.9亿元。

二、坚持不良贷款清防并举，信贷资产质量继续优化

在清收处置存量不良贷款方面，按照“四落实、三明确”和三级行领导“145”督导等方法，层层分解任务，与各二级分行行长签订《不良贷款清收管理责任书》，建立不良贷款清收管理卡，及时下发清收工作督办单，不良贷款清收处置工作取得明显成效。

在防控增量不良贷款方面，认真落实“八个环节”、“十条底线”和“七个三”的粮油准政策性贷款有关规定；累计清收2010年以前准政策性逾期贷款3.48亿元，收回2011年准政策性贷款7.69亿元，收购贷款风险得到释放；实现2010年度棉花贷款和化肥储备贷款本息“双结零”。狠抓信贷基础管理，建立贷款审批合议制度，使审批人在全面掌握贷款风险的前提下进行科学决策；出台《省分行贷审委工作规则》和《二级分行贷审委工作评价暂行办法》，贷款审议工作的效率和质量明显提高；开展贷款客户风险排查活动，掌握各类贷款客户的经营情况和风险情况，贷款风险控制的针对性和有效性明显提高。在省、市分行设立了风险管理委员会，风险管理体系建设进一步健全，风险控制能力明显提升。

三、坚持集中推进合规经营，案防和基础管理不断加强

一是深入开展“合规管理年”活动。各专业条线分别制定岗位工作标准，下发条线检查考评办法，举办“合规管理”知识培训和考试，累计参训1260人次，省分行重点工作督导办公室对各二级分行的合规管理工作进行督导检查，全行员工的制度观念和合规意识普遍增强，执行工作标准和操作要求的自觉性有效提高。

二是继续保持案件防控高压态势。深入落实案防“三不为”机制，制定下发《案件防控评价工作暂行办法》，对员工违规积分管理等11项案防工作的落实情况进行检查评价，以评价办法推动制度落实。发挥内审的监督检查作用，对信贷、财会业务逐笔跟进审计，及时提出整改要求和建议。对新发生不良贷款的二级分行行长进行约谈，内部控制机制不断完善。

三是切实加强运营管理。加强信贷计划管理，及时向总行申请信贷规模，确保全年各项信贷投放需求。加强存款营销，出台《商业性客户销售回笼货款归行管理办法》，加强对企业销货款归行的管理，2011年各项存款日均余额达94.6亿元，同比增加10.9亿元。积极开展中间业务和国际业务，全年共办理国际结算业务3701万美元，实现代理保险手续费收入484万元，咨询顾问费收入23万元。加强财务管理，出台《财务资源配置办法》，将管理费用与各行利润、支农项目营销等重点工作挂钩，调动了各级行的积极性。加强与各市政府的协调，第三次粮食政策性财务挂账贷款利息到位2.02亿元，其中当年到位补贴1.03亿元。加强各信息系统的运营维护管理，实现安全稳定运行。修订完善《二级分行业务经营与管理综合考评挂钩兑现办法》和《省分行机关综合考评办法》，考评的激励导向作用进一步增强。此外，全行办文办会、安全保卫、后勤保障等工作也取得了明显成效。

四、坚持不断加强党建和班子队伍建设，广大员工的思想和作风明显转变

一是围绕纪念建党90周年，掀起了学习贯彻胡锦涛总书记“七一”讲话精神的热潮。开展了向杨善洲同志学习活动，为员工增添了干事创业的动力，员工受到了教育，全省涌现出了一批优秀共产党员和先进的人物事迹。开展了“学党史、谈体会”活动，共收到体会文章100余篇。召开纪念建党90周年暨创先争优表彰大会，对15个先进基层党组织、30名优秀共产党员和10名优秀党务工作者进行了

表彰。举办建党90周年红歌大赛等系列活动，举办了基层行党组织书记加强和谐银行建设培训班，进一步增强了各级党组织的凝聚力和战斗力，增强了广大党员的党性观念和创先争优意识。

二是以提高领导班子“创学、创新、创业”能力为目标，公开选拔5名二级分行副行长、12名省分行处级管理岗位干部，注重知识、注重品质、注重能力、注重实绩的用人导向进一步树立；建立选拔任用干部考试制度，对省、市分行本部选调人员，明确资格条件和选调程序，严把干部选任的素质关口；启动“十二五”员工素质提升工程，建立完善省分行机关与基层行青年干部上下交流制度；加强青年人才的培养，先后举办复合型管理人才等各类培训班20余期，为我行培养和储备了各类人才。

三是以树立核心理念为重点，加强企业文化建设。充分发挥工、青、妇组织作用，开展了丰富多彩的文化活动，广大员工干事创业、建功立业的积极性、主动性明显提高。2011年，我行被省政府授予“支持地方经济发展突出贡献奖”，临猗县支行荣获总行“十一五”期间“十佳”财会集体称号，省分行办公室连续两年在总行宣传部条线考核中排名第一，还有多个单位、多名同志分别获得总行、省政府、人民银行等单位的“先进基层党组织”、“优秀共产党员”、“五一劳动奖章”、“信贷管理‘四强’单位”、“产业化龙头企业信贷工作优秀奖”、“百优财会工作者”、“青年岗位能手”和“优秀通讯员”等荣誉。

（牛晓辉）

附：中国农业发展银行山西省分行党委书记、委员名单

书　记：郭丕胜

委　员：冯立平　王进谦　孙明珠

华夏银行太原分行党委工作概况

党委书记　王一平

2011年，华夏银行太原分行党委紧紧围绕经营发展中心工作，以深入开展创先争优活动为重点，以服务保障各项改革发展任务为目标，以加强领导班子和党组织建设为着力点，以完善党建工作机制为载体，认真落实党建工作责任制，充分发挥党组织领导作用和党员队伍的模范带头作用，团结和带领全行干部员工齐心协力抓经营、谋发展，为实现我行又好又快发展提供了有力的思想、政治和组织保证。

截至2011年12月底，共有党员219名，占全行员工总数的44.5%，党总支1个，党支部17个。

一、严格落实基层党建责任制及党建工作目标管理要求

华夏银行太原分行党委严格按照总行党建责任目标，在年初制订了党委年度工作计划，细化制订了支部党建责任书，分行党委书记王一平与各党支部书记均签订了党建目标责任书。责任明确后，太原分行党委加强领导，建立起了党委书记带头抓党建、齐抓共管、上下互动、分层落实的党建工作格局。为保证党建工作实效，太原分行党委加强对支部工作的调研指导，对支部工作落实情况进行定期检查，积极指导，及时调整充实支部班子，加强党员教育培训，不断提高其工作能力。重点抓了以下几个方面：一是加强了思想政治工作，发挥政治引领作用。太原分行党委将群团工作和企业文化建设作为党建工作的重要组成部分，纳入党委会工作议题，建立完善学习教育、思想交流、信息沟通的平台，贴近员工的心愿和需求，设计和开展了喜闻乐见的学习教育、经验交流和文化体育活动，组织参加了总行服装设计比赛、客户乒乓球比赛、羽毛球比赛，与交通厅等进行了乒乓球、羽毛球联谊赛，与焦煤集团组织了文艺汇演等，通过活动丰富了员工文化生活，培养了员工健康的思想文化，也增强了银企关系。二是切实加强了领导班子建设。认真落实党委对改革发展重大问题和工作事项进行集体研究的工作制度，严格贯彻民主集中制，坚持“集体领导、民主集中、个别酝酿、会议决定”，做到科学民主决策。进一步规范党委中心组学习，坚持学以致用，提高了学习的针对性和实效性，使中心组学习真正成为了党委“学理论、议大事、转观念、出思路、增能力、促发展”的重要平台。组织召开党委民主生活会，通过民主生活会，增强了领导班子及成员责任意识，增进了班子团结，改进了工作作风，提高了领导推动科学发展的能力和工作成效。三是加强党建工作创新，增强了基层党组织活力。深入开展创先争优活动，及时检查、指导和推动党支部活动开展，引导党员立足岗位做出表率，充分调动了全行员工积极性。四是加强了基层党组织建设，严格按照程序发展党员，进一步健全支部“三会一课”制度，规范了支部活动。五是加强了基础管理。认真做好组织关系接转工作，加强党费管理、党委数字公文管理和党员信息库建设，积极利用宣传栏、宣传展板等载体，宣传党建和思想文化建设活动情况及经验事迹，扩大了党建工作的覆盖面。

二、深入开展创先争优活动

2011年，太原分行党委把创先争优活动作为推动业务工作的有力抓手，切实融入到全行发展过程中，从组织建

设入手，持续在支部党员中灌输创先争优的思想，认真制定活动实施方案，做到了“四个明确、两个规范”，即明确工作内容、明确工作目标、明确参加人员、明确职责措施、规范搭建载体、规范活动流程，向全行员工郑重做出五项承诺，内容不仅有组织建设，也包含业务发展、安全防范和员工利益。每个支部和党员都立足自身岗位职责和日常工作进行了承诺，与支部签订了党员创先争优承诺书。经过不懈努力，分行党委五项承诺事项全部完成，分行连续两年被山西省劳动竞赛委员会授予“五一劳动奖状”。

一是抓攻关项目，全力打造太原分行煤炭特色行。分行党委成立了项目攻关小组，由党委书记、行长王一平亲自挂帅，分、支行两级联动，多次到四大煤炭集团开展上门营销，反复宣传我行的服务优势，并成立了一支共产党员突击队，对集团财务公司进行服务。经过不懈努力，有力地改善了全行的收入结构，煤炭特色行建设取得初步成效。

二是抓难点，切实提高全行经营效益。面对新挑战，太原分行党委充分发挥党组织和党员的作用，以支部为单位开展了存款组织“三大战役”，分行党委书记王一平挂帅，到重点企业进行走访。各党支部积极行动，党员打头阵，全员齐行动，在全行范围内掀起全员营销的高潮，圆满完成全行存款任务。

三是抓好责任区建设，确保实现全行零案件。太原分行重点针对安全运营设立了合规运行、风险管控、安全保障3个责任区，每个支行在营业室设立了1个责任区，明确了责任内容及责任人。各责任部门的分工协作，全行的风险点得到有力控制，全年安全运营无案件目标如期实现。

四是发动群众参与，做好点评评议。为切实推动创先争优活动开展，太原分行按照活动方案，按照规定动作认真实施点评，并组织党员群众对分行党委、支部和党员进行了三个层面的测评，征求党员和群众的意见。点评前，分行党委委员集中进行调研，发现问题，帮助解决问题，鼓舞士气。太原分行党办认真制定点评计划和评价标准，各党委委员和支部书记按照点评计划进行了点评，肯定成绩、指出问题、提出建议，各支部和党员按照领导点评的意见建议制定了整改措施，为下一步创先争优活动开展奠定了基础。

五是加强宣传，发挥标杆典范作用。在示范岗设立上，太原分行坚持高标准、严要求，除应有的基本素质外，将业务技能和经营业绩作为示范岗的必要标准，每季度还要由群众测评，测评结果达到95%以上合格的保留示范岗资格，达不到的淘汰。26个示范岗党员在创先争优活动中“亮身份、做示范、比服务、创佳绩”，发挥示范带动作用，全行涌现出一批先进基层党组织和优秀党员代表。分行适时在7月初隆重召开表彰大会，对4个先进党支部和17名优秀党员进行了表彰，其中有 10个是示范岗党员。为加强活动的宣传，太原分行通过LED大屏、简报、展板等载体反映活动开展情况，分行党办以漫画形式印制了“创先争优”口袋书，人手一册，形象生动地宣传了太原分行的创先争优活动，上半年过后，将前期活动内容编成资料汇编下发支部学习参考，营造了内容丰富、形式活泼的活动氛围。

三、以党建带团建，开展了“团徽闪耀在岗位”主题活动

2011年，共青团工作结合分行党委创先争优活动的整体安排，将创先争优活动作为全年共青团活动的重点工作，开展了“团徽闪耀在岗位”主题活动，全行共有103名团员青年参与“结对子”活动，共结成52对涉及岗位技能提升、营销业绩提升、风险意识提升等的互助小组。在五四青年节之际，组织全行60多名团员开展了“学习太钢精神，争做青年创优先锋”主题团日活动，参观了以治理渣山闻名的全国劳模李双良事迹展览馆，学习太钢及双良精神，增强了团员青年的奉献意识。桃南支行被团省委确定为2011年度全省青年文明号创建培训班参观学习单位，来自全省各行业近100人集中进行了参观学习。8名同志荣获总行级青年能手称号，2名同志推荐参加了山西省青年岗位能手的评选。此外，分行团委与合规部共同开展了“青春华夏我先行，学法守规促发展”活动，组织全行6级以下员工对《学法守规活动学习手册暨银行业法律合规知识450问》进行学习并参与考试，参与率达到90%。

四、积极投身经济建设，取得了较好的经营业绩

2011年，华夏银行太原分行始终坚持科学发展，积极投身经济建设，取得了较好的经营业绩。截至2011年底，太原分行资产总额461亿元，累计实现利润35亿元。中间业务收入首次突破亿元，收入结构得到有效调整。资产质量控制取得成效。全年实现平稳安全运营，实现“三无”目标，全年工作实现了健康、稳健、可持续发展。

五、积极履行社会责任，树立良好企业形象

华夏银行太原分行积极响应省委、省政府转型跨越发展的号召，着力支持省内支柱产业，积极扶持小微企业，为企业提供信贷资金和优质服务，充分发挥资金融通和资源配置作用，在实现自身的全面协调发展的同时，坚持履行社会责任，树立起良好的社会公众形象。一是贯彻实施绿色信贷，加大对我省经济转型发展的支持力度。2011年信贷资金主要投向政府主导的基础建设重点项目和企业，涉及新能源行业、现代装备制造业、现代服务业、高新技术产业等符合地区经济发展特点的行业和市场。二是助力小微企业成长，支持三农经济发展。华夏银行太原分行紧紧围绕华夏银行“中小企业金融服务商”的战略定位，在服务创新中，提出“精准营销、平台对接、链式开发”的营销策划；在产品创新方面，整合了集外币融资、结算、理财等产品为一体的“龙舟计划”，集中展现小、快、灵的优势特点。并把信贷营销与支持“三农”发展和支持社会主

义新农村建设有机结合起来，重点对科技含量高、经济效益好的农业结构调整项目给予了大力支持，有效支持了当地农业产业结构升级，成功走出了一条推动农村经济发展、促进农民收入增长、优化农业产业结构和实现自身发展的多赢之路。2011年，服务三农经济贷款余额7400万元，较2010年增长274%。三是坚持“服务社会、反哺社会”的信念，开展参与了多项社会公益活动。多年来，累计为社会其他团体、事项捐助百万余元，累计为本行困难员工捐助近50万元。

2011年，积极参加山西省劳动竞赛委员会组织的劳动竞赛活动，获得“山西省五一劳动奖状”荣誉称号。以“提高业务素质、优化业务结构、创造优良业绩、促进转型跨越”为重点开展优质服务竞赛活动，被省金融工委评为“山西省金融系统优质服务竞赛先进单位”。积极推进“职工之家”达标建设，分行工会被评为“山西省金融系统模范职工之家”，被省总工会评为“山西省五星级工会”，其中，长风支行被评为“山西省金融系统模范职工小家”，桃南、南城、长风、晋中等4家支行被总行验收为“合格职工之家”，其中南城支行还荣获总行“模范职工之家”荣誉称号。

（韩　雪）

附：华夏银行太原分行党委书记、委员名单

书　记：王一平

委　员：闫晓红（女）　高更超　张　礼

俞宇明（11月离职）

中国人民财产保险股份有限公司山西省分公司党委工作概况

党委书记　王力峰

2011年是“十二五”的开局之年，是公司精品战略深入推进的一年，全省系统各级党组织坚持以邓小平理论和“三个代表”重要思想为指导，以科学发展观为统领，认真贯彻党的十七大、十七届五中全会、六中全会和第十次党代会精神，以转型跨越发展为主题，以创先争优活动为载体，坚持围绕发展抓党建、抓好党建促发展，不断增强各级党组织的先进性和战斗力，为促进公司全面和谐发展提供了坚强的组织保障和政治保障。

一、以党性修养为关键，加强思想建设

面对转型发展复杂考验，以党性修养为关键，完善党委中心组学习制度，推广“三合一”、“最佳实践”、“管理团队学习实验室”、“读书分享”等模式，开展对标河北、主要竞争对手、山西转型跨越、“十二五”发展规划等专题学习，引导各级党委正确看待突出问题，头脑清醒，居安思危，牢固树立政治责任意识，坚持始终与总公司党委保持高度一致，立场坚定，执行坚决，大力宣导以转型促发展，以发展促转型理念，加快推进结构调整；坚持强化团结协作，充分发挥党内民主，完善健全上下沟通机制，搭建信息平台，共同推动公司发展；坚持强化岗位责任，求真务实，通过量化指标明确岗位职责，以职责定责任，以责任定权力，完善监督检查机制，确保总公司新时期发展战略和改革转型重大部署在山西充分落地。

二、以民主集中制为核心，健全党委核心作用

始终把提高政治业务综合素质、增强科学决策能力和保证高效执行作为班子建设的重点，班子成员各司其职、互帮互助，较好地发挥了党委的核心领导作用。决策上，严格执行民主集中制，长期战略谋划、阶段策略制定、干部选拔任用、重要财务支出、改革攻坚部署等重大问题广泛听取意见，充分酝酿，形成决定，一个声音，统一实施；工作上，坚持一把手“总揽全局，协调各方”，敢于拍板不集权、大胆负责不越权、直言沟通不回避，通过开展中心组学习、民主生活会、批评与自我批评，班子成员主动帮衬补台，相互提醒呼应，形成了团结协作、整体推进的合力；自律上，自觉遵守《廉洁从政准则》以及中纪委提出的规范领导干部廉洁自律方面的有关规定和要求，恪守职业道德，主动拒腐防变，无一人出现违规违纪行为。

三、以选才用才机制为导向，加强干部队伍建设

围绕奋斗目标，倡导高绩效文化，搭建平台，畅通渠道，用好干部，提高选人用人的能力。按照德才兼备标准，突出崇尚实干、注重实绩的用人导向，把品德好、能力强、作风正、威信高的干部选拔到各级领导岗位上，为想干事、能干事、干成事的干部营造了干事创业的良好氛围，以好干部保证了发展的快速度；始终坚持党管干部原则不动摇，执行干部任用标准不走样，选拔干部程序不变通，遵守干部工作纪律不放松，坚持以好的作风选作风好的人；积极推行领导干部交流制度，通过加强重点岗位、重点领域干部的管理，保护思想解放、敢闯敢试、勇担责任的干部，鼓励年轻干部担当重任，对关键阶段表现优异的提拔重用，机关9名干部进行了省市交流，11个市分公司班子成员进行了调整。

四、以学习型组织为抓手，加强队伍综合素质建设

围绕“管理队伍升品质、专业队伍提能力、销售队伍增激情”，强化三支队伍建设，持续激发干部队伍干事创业的活力和动力。坚持“以业绩论英雄”，推进领导责任刚性考核，强化重点工作落实，完善标准化、规范化建设，初步构建了领导班子综合评价机制；建立专业技术人才考评和专业技术培训师制度，完成高级职称评审推荐和核保核赔师资格考试，举办专职培训师培训班1期，参训人员136名。

五、以创先争优为载体，夯实基层党组织建设

以“为民服务创先争优活动”为契机，开展“亮标准、亮身份、亮承诺”活动，党员干部带头，采取佩带党徽、服务卡，设立党员先锋岗，党员责任区等方式，亮出党员身份，亮明岗位责任，公示服务标准，公开服务承诺，明确践诺措施，接受客户、群众和组织、员工的监督，持续激发基层党组织活力；利用晨（夕）会开展党员经常性教育，引导激励党员营销员在诚信执业、优质服务方面发挥模范带头作用，积极培养和吸收优秀营销员入党，稳妥推进营销员党组织建设，培育了以吕梁孝义支公司为代表的优秀基层党支部，2011年6月，集团在我公司举办系统组织部长“创先争优”专题党校研修班，实地观摩孝义支公司，受到广泛赞誉；大力推广“把销售精英培养成共产党员，把共产党员培养成销售精英”的“双培”模式，注重在青年管理和专业人才、一线销售人才中培养和吸收新党员，全省共发展党员52人，其中基层一线37人，占发展党员总数的71.15%，35岁及以下22人，占发展党员总数的42.31%，大专及以上学历44人，占发展党员总数的84.62%。

六、以落实责任为重点，推进反腐倡廉建设

从加强教育、完善制度、落实责任着手，贯彻落实上级纪检监察工作会议要求，认真履行党风廉政建设“一岗双责”职责，不断深化党风廉政教育、加大案件查办力度、严格责任追究。严格落实责任制，逐级签订党风廉政建设责任状，纳入领导干部年终考核，实施量化考核，做到党风廉政工作安排、落实、考核、问责“四到位”；完善领导干部任前承诺、任中审计和离任交接制度，做到任前层层承诺，任中过程监督，严禁“带病”离岗；加强廉洁从业教育，深入推进“廉洁从业、合规经营”警示教育工作，正面教育、反面剖析，做到警示教育工作有安排、有落实、有效果，提高各级员工依法合规经营意识；坚持过程监督与结果运用并重，“问责”与“问效”并举，使审计结果成为衡量干部政绩和选拔使用的重要依据；扎实落实廉洁监督，开展财务业务数据真实性检查、“小金库”专项治理，强化总公司重大决策部署情况落实督导，保证上级决策扎实有效落实；认真开展分支机构巡视、领导干部任前廉政谈话和离任廉政审计，巡视3家市分公司，开展任前廉政谈话104人次；“背靠背”开展领导班子“三重一大”等民主集中制执行情况、廉政建设情况检查，对市级分公司新任班子成员发放廉政提示函16份；深入推进治理商业贿赂专项工作，被总公司评为A级；认真落实中国保监会监管函要求，对2个经营单位主要负责人进行了责任追究。通过持续制度建设和监督约束，形成了“自觉廉政、主动约束”从业的新局面。（茹哲峰）

附：中国人民财产保险股份有限公司山西省分公司党委书记、委员名单

书　记：王力峰

委　员：陈海平（女，2月离职）　彭怡元（1月离职）　刘瑞祥　张小平（12月离职）　张锦南　靳明柱（2月任职）　周继腾（2月任职）

中铁十二局集团有限公司党委工作概况

党委书记　史道泉

中铁十二局集团公司党委下设各级党组织695个，其中党委（党工委）76个，党总支1个，党支部618个，党员7912人。2011年，集团公司党委针对企业面临的新形势、新情况，各级党组织坚持以生产经营为中心，积极发挥政治优势和组织优势，保持了企业健康有序发展。全年承揽工程任务150项，合同总额277.03亿元，完成企业总产值342.5亿元，其中施工产值341亿元。实现利润5亿元。

一、认真做好山西省第十次党代表会议代表选举工作

根据中共山西省委部署，集团公司党委把做好山西省第十次党代表会议代表选举工作作为党委的一项重要工作，按照“三上三下”要求，认真做好代表初步人选、预备人选的酝酿、确定工作。经山西省委批准，于8月24日召开了中铁十二局集团有限公司党代表会议，经差额选举，集团公司党委书记、董事长史道泉当选出席山西省第十次党代会代表。10月26日至31日，集团公司党委书记、董事长史

道泉同志作为山西省第十次党代表大会代表全程参加了会议。会后，集团公司党委召开专题会议，组织集团公司本级机关和驻并单位认真学习了省委书记袁纯清作的《率先走出资源型地区转型跨越发展新路，为加快实现全面建设小康社会目标努力奋斗》工作报告，并根据企业发展实际抓好了贯彻落实。

二、加强领导班子建设

集团公司党委以胡锦涛总书记“七一”重要讲话等为主要内容，抓了党委中心组和领导干部理论学习。完善了基层领导班子重大问题集体讨论、重要工作情况通报和重大问题请示报告制度。完成了7个单位领导班子运行情况的考察，并对其班子成员履职情况进行了民主测评，对部分单位的领导班子进行了调整充实。按规定召开了领导班子民主生活会，有24个固定单位和符合规定的一次性指挥部按照要求召开了民主生活会，其中集团公司领导带队参加了11个单位的民主生活会，对所属领导班子建设起到了促进作用。严格按照标准和程序开展了“四好领导班子”评选工作，有12个单位的班子被集团公司表彰为“四好领导班子”。

三、深入开展创先争优活动

通过开展党员岗位承诺活动，促进了党员干部的先锋模范作用的发挥。通过开展创先争优点评活动，增强了基层单位创先争优活动效果。通过开展群众评议，查找问题，寻找不足，把创先争优活动引向深入。通过参与沈阳铁路局、西安铁路局、呼和浩特铁路局、太原铁路局的“双优共建”等活动，积极展开路地合作，形成了创先争优、和谐共赢的良好局面。通过召开创先争优表彰大会，全面总结创先争优活动的阶段性成果，明确了下一步的工作思路和方向，增强了搞好创先争优活动的动力。并对20个单位、98名党员和党务工作者进行了表彰，同时有4个单位、7名党员受到股份公司及以上表彰，其中集团公司被山西省委表彰为先进基层党组织，三公司被国资委党委表彰为先进基层党组织。

四、广泛开展庆祝建党90周年活动

七一期间，集团公司以视频大会形式，举行了全集团1000多名党员集体重温入党誓词，举办了“党旗颂”大型文艺晚会、“迎七一”书画摄影展等活动，各级党组织也通过开展学党史、读书征文、演讲比赛、文体节目、书画摄影展、庆功表彰、参观革命圣地、走访老党员老干部等各具特色的活动，大张旗鼓地开展了向建党90周年“添彩”、“献礼”活动，推进了企业党建和中心工作。

五、狠抓基层党建工作

一是认真落实中国铁建股份有限公司党委《关于加强和改进工程项目部党的建设的决定》精神，16家所属单位结合企业实际情况，制定了落实《决定》的实施意见和实施细则，推进了基层党组织规范化建设。采取督促检查、召开现场推进会，选树典型、经验交流等形式，推动了基层党建工作的开展。

二是狠抓基层项目书记队伍建设，按照年初制定的党建工作意见，狠抓书记队伍人才建设，全年从行政和技术管理岗位选拔书记49名，建立了后备书记队伍人才库；选派了20名基层书记参加股份公司组织的书记培训。组织召开了基层党建经验交流大会，有15个单位和个人从不同侧面介绍了经验。

三是加强党员教育管理。首先，加强了党员教育活动。采取集团公司党委统一规定党课内容、各工程公司统一编印教育提纲、项目部结合实际进行执行的形式，落实了“三会一课”内容，重点进行了十七届六中全会、建党90周年、“实干兴企、实干增值”、学党史等学习教育，保持了党员的先进性。在两年一次的民主评议党员中，全集团有5842名党员参加了民主评议，其中评议合格的5702名，占97.6%。其次，严格党员发展工作。集团公司党委严格按照“坚持标准、保证质量、改善结构、慎重发展”的要求，制定发展计划，重点发展施工生产一线和青年知识分子党员，做到成熟一个发展一个。全年共发展党员273名，其中专业技术人员262名，占入党人数的96%；35岁以下党员210名，占入党人数的77%。年底，申请入党人数1387名，被列为入党积极分子的722名。第三，加强了基层党组织考评工作，全集团共考评基层党组织309个，其中评出先进党组织204个，达标党组织105个，没有不达标党组织，促进了基层党组织围绕中心、服务发展大局作用的发挥。

六、扎实推进企业文化建设

通过“宣传动员，建言献策、创新实践，选树典型”三个阶段，广泛深入开展了“实干兴企，实干增值”主题实践活动，收集了18个方面158条意见和建议，选出了“实干”杰出人物12名、标兵单位12个，先进个人55名，先进单位17个。开展了企业形势任务教育，大力加强企业内外宣传报道工作，全年在中央电视台、新华通讯社、《中国日报》、人民网等国内多家大型媒体发表稿件2000余篇。第十一届范长江新闻奖获得者、集团公司党委宣传部部长江耀明先后接受人民网、北京电视台等媒体采访，前往国家旅游局授课，广泛宣传了企业形象。2011年，集团公司被评为山西省优秀政工企业，集团公司总经理助理宋军同志荣获中国铁建股份有限公司“十佳道德模范”称号。

七、加强党风廉政建设

在强化反腐倡廉教育的基础上，制订并实施了《项目管理人员保廉问责实施办法》，《人事任用、劳务队使用及物资设备采购（租赁）实行回避的规定》，推广了《项目管理“三严禁、六不准”监察规定》，开展了工程建设领域突出问题专项治理、“企检共建”预防职务犯罪等活动。全年查办违法违纪案件16起，处理28人，化解企业经营风险6起，较好地维护了企业利益。

八、扎实推进群众工作

集团公司党委高度重视群众工作，定期听取各项工作汇报，并提出要求，积极支持和指导各级抓实抓好群众工作。各级工会组织围绕服务企业发展，大力开展劳动竞赛活动，加强职代会建设，坚持完善集体合同制度，组织开展职工合理化建议和技术改进项目成果评审，全年评审项目98个，创造价值8584万元。2011年，共有53个单位（集体）74人受到省部级以上表彰，其中集团公司党委书记、董事长史道泉同志被授予“全国五一劳动奖章”，并受邀参加了在北京人民大会堂召开的全国表彰大会。各级共青团组织通过开展多种形式的思想教育，进一步深化导师带徒活动，通过跟踪调研、建立优秀导师库、召开交流研讨会等形式，积极引导青年成长成才，取得了可喜成绩。2011年，共有14个单位被授予“青年文明号”，10人荣获省部级以上“青年岗位能手”称号，第二工程有限公司董事长、总经理雷军荣获“转型跨越山西青年五四奖章”，太古高速公路S2标项目部荣获“转型跨越山西青年五四奖状”。

（吴玉龙）

附：中铁十二局集团有限公司党委书记、副书记、常委名单

书　记：史道泉

副书记：宋津喜　王爱民（2月离职）
刘永年（5月离职）　赵玉林（8月任职）
罗海滨　（8月任职）

常　委：和万春　薛如明　张喜胜

审计署驻太原特派员办事处党组工作概况

党组书记　朱登云

2011年，审计署驻太原特派员办事处党组以科学发展观为指导，牢固树立科学的审计理念，紧紧围绕科学发展这个主题和加快转变经济发展方式这条主线，认真落实审计署的各项工作部署，审计工作取得了积极的成效，审计整改力度进一步加大，制度建设取得重要进展。同时，紧紧围绕审计工作实际开展党建工作，进一步加强了思想建设，不断深入开展创先争优活动，使广大党员干部的政治素质、理论水平和业务素质得到新的提高，为确保审计工作的完成提供了有力保障，太原办连续12年获得省直文明和谐标兵单位，连续10年获得山西省文明和谐单位称号。

一、科学部署，合理安排，较好地完成了各项审计任务

2011年，审计署共下达我办审计项目25个，其中17个审计项目已按审计署规定时间完成并上报了审计报告，其余8个跨年度审计项目正在按计划组织实施。全年提交审计报告27篇、审计调查报告1篇、专题报告8篇。编发重要审计情况9期、审计简报35期、工作动态24期、机关党委简报10期，共计78期，6个典型审计案例被审计署综合报告采用。审计（调查）查出的主要问题涉及金额1546.09亿元，通过审计挽回损失1.41亿，直接促进国家财政增收节支28.63亿元。移送司法、纪检监察机关处理案件4起，涉及人员6人，金额2.54亿元。移送其他部门处理案件8起。

积极贯彻全国审计工作会议精神，按照2011年全国审计工作会议提出的“十二五”期间审计工作总体要求、四大目标、主要任务和工作重点，重点做了七个方面的工作。

（一）加强对宏观经济政策贯彻落实情况的审计监督，促进经济平稳较快发展。在对山西、内蒙古两省（区）的地方政府性债务审计中，重点关注并反映两省（区）体制、制度和管理等方面存在的问题，揭示了地方政府债务管理制度不健全、违规使用债务资金、债务资金大量闲置和地方政府偿债能力不足蕴含潜在财政风险等问题，提出了完善体制、制度和管理等方面的建议，促进了地方政府加强对政府性债务的管理。按时向审计署提交了山西、内蒙古两省（区）的汇总审计报告和债务统计数据。编发政府性债务审计工作动态18期，其中第10期动态《太原办采取多种方法，避免政府债务多报重报漏报》被审计署债务办采用，作为经验用于指导全国债务审计工作。

（二）认真组织实施财政大格局审计项目，努力实现中央预算执行审计的各项工作目标。查出的主要问题有：中储粮32个直属库违规经营政策性储备粮影响平抑粮价政策实施效果；部分地方金融机构违规办理票据业务增加流动性影响国家宏观调控措施有效实施；一些小额贷款公司经营方向偏离政策目标；小额担保贷款政策落实力度亟待加大；国税部门征管不到位、税收优惠政策执行不严格；财政转移支付预计数据前告知制度执行不到位；银行违规发放无抵押土地储备贷款；虚报冒领社保就业资金等问题。审计署以《重要信息要目》上报，引起国家领导同志的高度重视并作出批示。在山西省政府有关领导同志的重视下，推动了整改。

（三）深入推进经济责任审计工作，促进提高领导干部素质和依法行政、依法经营管理的能力。查出银行违规和管理不规范问题金额150.36亿元，1个案例被审计署汇总审计报告单独采用，多篇审计简报被审计署重要审计信息要

目采用，有的问题移送有关部委处理；查出某企业1.24亿元产成品账实不符、工程违规分包转包、虚假合同涉嫌虚开增值税发票等问题。在揭示问题的基础上，坚持通过全面深入的专题调查研究和分析，提出切实可行的审计建议。

（四）加大对政府重大投资项目和资源环保项目审计力度，促进提高政府投资的质量和效益。在山西省黄河流域水污染防治与水资源保护专项审计调查中，太原办审计6个地市和6个厅局，查出水污染防治与水资源保护资金管理征收使用中存在的欠缴、未开征、拒缴、挤占等4大类32个问题，编发审计简报14篇。在三峡水利枢纽工程和输变电工程竣工决算审计项目中，查出超国家标准取费和挤占工程投资等问题涉及金额3.4亿元。

（五）加大了对重大违法违纪问题和经济犯罪案件线索查处力度，服务于党风廉政建设和反腐败斗争。如，在预算执行情况审计中，查出了某单位所属经济实体账外运行资金、大额现金支出去向不明的重大问题，该问题以重要审计情况上报后，经审计长签批移送中纪委，成为审计署该项目唯一移送中纪委的案例。在地方政府性债务审计中，查出某国有企业弄虚作假将土地转让给私营企业，造成巨额国有资产流失的重大违法违规问题，被审计署以批转函的形式转给内蒙古自治区党委予以查处；查出某市某局一套人马两块牌子，违规成立公司，并签订合同用假发票报账支付工程款等问题，已移送有关部门处理；查出山西省某区部分村委肆意克扣挪用农民土地补偿款的问题上报山西省政府，李小鹏副省长作出重要批示，目前已有1人受到党纪处理。

（六）注重提高审计监督效果，督促整改力度明显加大。按照国家审计准则的规定和太原办工作安排，组成检查组对太原办上半年实施完成的4个审计项目的审计整改情况进行了跟踪检查。从跟踪情况看，地方政府和有关部门高度重视审计整改，普遍将整改作为政府督查督办事项，整改成效明显。如山西省国税局高度重视审计结果，先后出台了《关于对应税销售额和代开增值税专用发票金额超过小规模纳税人标准企业进行核查的通知》、《关于对煤炭企业兼并重组增值税管理情况进行检查的通知》、《关于印发〈稽查工作考核办法（试行）〉的通知》等一系列制度，加强管理，规范执法。山西省根据地方政府性债务情况的审计结果，建立了政府性债务信息管理系统，实行政府性债务数据统计季报制度、动态监控和全口径管理。并着手建立地方政府性债务规模控制和风险预警机制，对债务进行归口管理和预算管理，逐步建立“规范举债、合理融资、风险可控、运行高效”的地方政府举债融资机制，积极防范财政金融风险。

二、精心组织纪念建党90周年活动，坚定党员干部理想信念

组织了一系列纪念建党90周年的活动。以重温入党誓词为载体，通过参观革命纪念地、举办座谈、撰写感言，学党章、唱红歌等多种教育形式，进一步坚定了广大党员的理想信念，增强了荣誉感和使命感，为加快太原办健康可持续发展提供了思想保障。机关党委先后组织了参观抗日战争时期最大的兵工厂黄崖洞兵工厂的红色之旅；举行新老党员薪火传承代际对话的座谈会；唱响歌颂祖国歌颂党主旋律的红歌咏唱等活动。在外地审计的各处室党支部就地组织参观中共“一大”会址、陈云同志故居、上海银行博物馆、三峡大坝、四川德阳地震遗址及灾后重建等实地教育活动。这些纪念活动激发了广大党员内心深处对党的忠诚、对祖国的热爱、对人民的深厚感情和对审计事业的执著追求。太原办还选派党员干部参加了省直工委举办的“晋商银行杯”党的知识竞赛、“党在我心中”演讲比赛、党建90周年成果巡礼展等活动，并取得了较好的成绩。

三、积极开展创先争优活动，引导党员干部立足本职建功立业

深入开展创先争优活动，太原办按照署党组的要求和省直工委的安排，结合党员责任义务，将“立足本职建功立业、争当‘四手’奋发有为”的主题活动融入中心工作，组织全体党员和各党支部明确目标，公开承诺，提出具体落实措施和完成时间。全办15个党支部均进行了创先争优承诺和党支部开展的“四手”活动承诺。同时，结合创先争优活动的推进，积极开展了富有审计特色的“三个合格”大讨论活动。广大党员干部针对“自己究竟做得怎么样”、“既要横向比，又要纵向比”，每个支部成员、每位审计人员通过比较看到自己的优点，又看到别人的优点，真正认识到自己的缺点和不足。

在创先争优活动中，开展了“树先进、学先进”活动。下发《杨善洲的故事》、《中华英模》等学习读物给每个党员，号召大家向这些英雄人物学习。同时，坚持用身边人和身边事教育感染全办干部职工。采取机关内网登载创先争优系列报道、创先争优简报动态、创先争优宣讲会、创先争优宣传板、办公楼大屏幕等多种形式，在办内先后树立了一批审计业绩突出的典型人物和先进党支部，带动广大干部职工为全面落实太原特派办奋发有为、稳步发展的五年工作目标而努力工作。为进一步推进创先争优活动深入开展，以“发现美的眼睛”为主题，组织了一场别开生面的宣讲“我身边的先进典型”创先争优报告会。通过演讲、相声、诗歌、三句半、说唱等丰富多采的宣讲形式，将创先争优活动中涌现出的先进典型画卷般地展示在大家面前。在山西省直机关庆祝建党90周年暨“创先争优”活动表彰大会上，金融审计处党支部获得了先进基层党组织荣誉称号，1名同志荣获优秀共产党员荣誉称号，2名同志荣获优秀党务工作者荣誉称号。

四、持续深入开展文明和谐创建活动，营造文明和谐审计氛围

（一）通过弘扬“吃苦耐劳、甘于奉献”的太原办精

神，不断加强审计文化建设。工作中，不断强化“责任、忠诚、清廉、依法、独立、奉献”的审计文化核心理念，弘扬“太行精神”和“晋商精神”，丰富和拓展了太原办审计文化建设的内容，取得了较好的成效。一是通过组织文体活动增强党员干部凝聚力。参加了署机关组织的首届足球比赛，取得较好成绩。参加审计厅组织的书画摄影比赛，组织体育比赛；二是通过参观监狱增强廉政意识。

（二）利用中博会召开的契机，深入开展“迎中博、创环境、争一流”活动，把活动作为塑造文明形象、改进工作作风的重要契机，与开展创先争优活动结合，在集中整治的基础上，逐步健全了长效机制，实现常态化管理，持续保持环境整洁，为中博会成功举办营造良好氛围作出了贡献。

（三）充分利用省纪检委开展的纪律作风集中教育整顿月的契机，加强作风建设，树立文明审计形象。通过组织党员干部学习观看《没有规划好的人生》、《“正风肃纪、创优环境”警示教育资料片》，对腐败案例进行剖析，引导党员干部树立正确的人生观、价值观，树立热爱审计、严格纪律，文明审计的工作规范。

五、以加强支部建设为重点，创新机关党建工作机制

一是建立对党支部工作的监督检查工作机制。制定了《审计署太原特派办审计现场党支部活动细则（试行）》，明确将支部工作的重心转移到审计现场。

二是深入审计一线对支部党建工作进行考核。机关党委深入审计一线，采取问卷调查、个别谈话的方式，查找支部工作中存在的漏洞和不足，逐步建立了现场检查指导党支部工作的工作机制。

三是加强对支部民主生活会的指导。各党支部召开支部民主生活会前及时向机关党委报告，机关党委派人参加了各支部的民主生活会，加强监督指导。

四是发扬党内民主，积极探索党务公开工作的新方法。制定了《审计署太原特派办关于党务公开的实施细则》，成立了以党组书记、特派员为组长、分管办领导为副组长、各支部书记为成员的党务公开工作领导小组，聘请了党务公开监督员，明确了党务公开责任，建立了有效机制，保障党务公开的实施。认真做好党费收缴工作，党费收缴做到按时交纳，及时调整，全额上缴。同时按照省直工委要求对2008年以来党费收缴情况进行了自查总结。

六、着力加强反腐倡廉建设，强化对权利运行的监督和制约

一是党组重视，办领导带头，全面落实党风廉政责任制。办党组严格按照中央关于实行党风廉政建设责任制的规定，把责任制工作的落实作为反腐倡廉的重点抓紧落实。年初办领导与处室负责人、处室负责人与处室成员分别签订廉政责任书，确保责任制逐项落实到责任部门和责任人。同时，按照审计署廉政准则自查自纠工作的统一部署，制定了廉政准则执行情况检查的实施意见，进行了全面深入的宣传动员，分阶段分步骤的开展了自查自纠工作。廉政准则执行情况受到了审计署检查督导小组领导的肯定。

二是注重预防、完善制度。按照署党组《廉政风险防控工作方案》的部署，我办结合工作实际，制定了《太原特派办廉政风险防控工作实施方案》，梳理出了8大项、48种风险表现形式，提出了111条比较可行的风险防控措施，为推进审计署惩治和预防腐败体系建设提供了制度保障。

三是积极拓宽监督渠道，加大对重点部门的廉政监督力度，推进各项工作有序进行。继续开展了对人、财、物的监督。派驻纪检组长始终参加选拔干部、组织考察和公务员招录工作，对各个环节实施监督。纪检组牵头组织了对机关本级、后勤服务中心等财务收支情况的审计，对部分经费报销和借款审批手续不完善等问题进行了核查，并提出相关审计建议。坚持重点项目廉政回访制度，对国税征管审计、煤监局审计等重点项目开展廉政回访，回访面覆盖办内所有处室。

四是高度重视信访举报，做好核查上报工作，促进树立审计机关良好作风。2011年驻办纪检组对审计署转来的3件反映我办干部的举报进行了认真调查核实，并将核查结果如实向署领导进行了报告。同时，对信访举报反映的问题，深入剖析监督管理上的薄弱环节，有针对性地采取了加强廉政教育、强化制约监督等措施。

五是按照地方党委工作部署，加强纪律作风整顿。结合山西省委的工作安排，在全办深入开展“正风肃纪、创优环境”纪律作风集中教育整顿活动，重点落实“不准上班时间未履行请假手续擅自离岗”等“五个不准”要求。组织观看《审计干部反腐倡廉教育警示录》、《小官大贪警示录》等图书、电教宣传片，组织以处级干部为主的30多名党员干部到山西省监狱开展廉政警示教育活动，并通过座谈讨论、作风纪律自查、编发简报动态等形式，进一步改进工作作风，做到警钟长鸣。

（郎少萍）

附：审计署驻太原特派员办事处党组书记、副书记、成员名单

书　记：刘满堂（5月离职）　朱登云（5月任职）

副书记：王铁英

成　员：卢华胜　王爱梅（女，3月任职）　朱伟定

省烟草专卖局党组工作概况

党组书记　李泽华

2011年，省烟草专卖局继续以加快转变发展方式为主线，坚持科学发展观，紧紧围绕“卷烟上水平”基本方针和战略任务，扎实推进各项工作，全面完成全年目标任务，实现了“十二五”时期良好开局。

一、坚持国家利益至上，努力实现税利持续稳定增长

2011年，山西烟草以打造知名品牌培育基地为目标，深入开展培育知名品牌建功立业活动，进一步做大做强“低焦油、低危害”“双低”卷烟品牌，提出“双低走高速、一路绿灯行”培育理念，立足“低焦高档”，先后与吉林中烟、河北中烟、江西中烟等卷烟工业企业召开了低焦油品牌培育座谈会，进行深入持久的低焦卷烟战略、市场、营销深层次合作，全省“双低”品牌卷烟销售实现立体翻番，突破8万箱。在知名品牌强劲带动下，全省系统实现卷烟税利62.17亿元，同比增长23%，上缴税金27.18亿元，同比增长21.8%，创造历史最好水平，为国家税收稳定增长做出了积极贡献。

二、坚持消费者利益至上，净化市场环境，推动卷烟打假破网上新水平

以“端窝点、断源头、破网络、抓主犯”为重点，持续保持卷烟打假的高压态势，加强市场监管，加大对制售假烟网络案件侦破力度，有效遏止制售假烟的反弹。全年，全省共查处假烟案件4445起，查获假冒卷烟13697.63万支，标值5980.07万元。捣毁生产假烟窝点3个，贩藏假烟窝点188个。查获5万元以上的假烟案件160起，向公安机关移送案件115起，刑事拘留犯罪嫌疑人117人，逮捕80人，判刑87人。破获符合国家烟草专卖局标准的网络案件23起，其中晋城“12·26”案件和太原烟草专卖稽查支队“12·7”案件在公安部“亮剑”行动中被列为督办案件。

三、支持新农村建设，推动现代烟草农业建设上新水平

2011年，山西烟草加快推进烟叶连片化、规模化、机械化种植，为推进基地单元建设奠定了较好的基础。全省机械化起垄面积达到4万亩，同比提高1.2万亩，机械化移栽面积0.36万亩、覆膜面积3.7万亩、施肥3.45万亩、剪叶1.36万亩。机械作业面积的扩大，提高了生产效率，减轻了农民种烟的劳动强度。同时，继续加大烟叶生产基础设施项目建设投入，全年烟草行业投入补贴资金总额达到4084.4万元，烟水配套项目受益面积在6.144万亩的基础上再增加2.83万亩。全省烟水配套项目建成的机井、蓄水池、提灌站、小塘坝等工程，不仅有效解决了基本烟田的灌溉问题，而且对工程所能涉及到的周围麦田、果园和其它农作物进行浇灌，对种烟村广大群众的粮食作物缓解旱情起到很大的作用，同时解决了当地人畜吃水困难，为社会主义新农村建设发挥了重要的社会效益和经济效益，树立了责任烟草的良好社会形象。

四、以国际先进为目标，努力推动现代流通企业建设上新水平

以实施知名品牌精准营销、大力发展电子商务、加快推进零售终端建设、优化升级卷烟销售网络、提升现代物流管理运行水平、加强现代企业管理、全面推行标准化管理、提高全面预算管理水平、加强固定资产投资和国有资产管理、提升信息化支撑应用、夯实人才队伍素质、强化企业服务品牌建设为重点，整体提升山西烟草企业发展软实力，加快由传统商业企业向现代流通企业的转变步伐，各项工作取得新进展。

五、坚持以人为本，推进企业文化大发展、大繁荣

围绕纪念建党90周年与“创先争优”活动，开展巡回演讲、举办知识竞赛，到西沟上党课、唱红歌受教育，开展“走基层、转作风、大调研”活动。“讲责任、讲奉献、讲纪律”深入人心，先进集体、先进个人“双十佳”隆重表彰，把全省系统“感党恩、增党性、激活力、立新功”庆祝活动，一次次推向高潮。

2011年，山西烟草在国家烟草专卖局举办的“第一届全国烟草行业烟草专卖管理岗位技能竞赛”中荣获团体第一名，在全国烟草行业“文化故事大讲堂”总决赛中分获三个一等奖，荣获山西省五一劳动奖状。2009年至2011年，山西烟草连续三年在全国烟草行业卷烟销售工作评比中荣获一等奖。2006年至2011年，山西省烟草专卖局连续六年被山西省直机关精神文明建设委员会授予“省直文明和谐单位标兵”称号。

（朱永胜）

附：省烟草专卖局党组书记、成员名单

书　记：李泽华（女）

成　员：王志毅　杜毓志　张亚林（6月任职）
　　　　冯小云（6月任职）

中华人民共和国太原海关党组工作概况

党组书记　吕伟红

2011年，太原海关全面落实科学发展观，认真贯彻省委、省政府转型跨越发展的重大决策，坚持求真务实、锐意进取，着力推进各项建设，整体工作继续保持平稳健康发展的良好态势。

一、有效履行海关职能，推动全省外贸再攀高峰

认真落实中央提出的“以科学发展为主题，以转变经济发展方式为主线”的要求，把服务我省经济作为自身的重要职责，较好地促进了山西外向型经济的稳定发展。全省全年进出口总值达到147.6亿元，比上年增长17.4%，超过2008 年143.97亿美元的历史高点，标志着山西外贸已经走出金融危机的低谷。经过积极联系和推动，海关总署署长于广洲专程来晋与省长王君共同签署了署省合作备忘录，建立和完善了署省之间多层次、宽领域、常态化的合作机制。切实加强统计预警分析，坚持定期向省、市政府和商务部门提供海关统计数据和进出口贸易重点商品的进出口情况分析，为省、市领导科学决策提供依据。继续落实大客户服务制度，指定专人具体服务重点企业，及时解决通关过程中遇到的问题。加强企业分类管理，认真做好引导扶持工作，经海关总署审核批准，全年共有6家企业被列为AA类管理对象，至此全省AA类企业总数达到15家，创历史之最。继续与口岸海关加强区域通关合作，共与10个海关建立区域通关合作关系，向省内A类以上的进出口企业提供“一次报关、一次查验、一次放行”的区域通关服务，在提高通关效率的同时，大大降低了企业贸易成本，有力支持了外贸企业的快速发展。

二、切实强化综合治税，税收入库突破历史新高

一年来，太原海关不断加大综合治税力度，全年税收入库42.5亿元，同比增长4%，超额完成42亿元的全年计划，再创历史新高。经过努力，主要业务指标完成情况良好。全年共监管货运量1827.8万吨，同比增长21.6%，人均监管货运量是全国平均水平的1.5倍；实际减免税7.99亿元，同比增长1.68倍；监管进出境飞机714架次，同比增长83.5%；监管进出境人员74744人次，同比增长85.7%。风险布控率达到82.29%，较海关总署考核要求（4%）高出78.29个百分点；风险布控有效率达到59.06%，较海关总署考核要求（15%）高出44.06个百分点；稽查有效率50.87%。进出口查验率6.3%、查获率25.9%，均超过全国海关平均水平。

三、主动融入省内工作，海关社会地位显著提升

太原海关坚持“有为方能有位”的理念，主动融入省内经济发展环境，取得明显成效。一是积极落实省委、省政府的工作部署。新一届党组成立后，于8月8日向省委、省政府上报了《太原海关服务和支持山西对外开放海关政策指引》，将海关主要优惠政策进行了归类说明。省委书记袁纯清对此报告作出批示：“可将此件印办公厅信息，专发常委、副省长，各市书记、市长，商务厅长、发改委主任。”之后，此文被省委办公厅主办的《山西信息》转发全省。二是深入各市开展调查研究。组成调研组赴省内各市，先后会见11市的党政主要领导，与68家企业进行座谈，并深入28家重点企业实地考察。调研结束后形成的调研报告受到省委、省政府的高度重视，省委书记袁纯清作出批示：“请建民同志阅，应组织政府相关部门和地方政府与太原海关搞好对接性研究，推进尽快落实。”省委《山西信息》随后将调研报告刊发全省，省政府分管领导还召开专题会议研究落实报告提出的相关建议。三是主动跟进综合保税区建设。针对我省将设立太原武宿综合保税区列为综改试验区建设重要工程的实际，及时为省、市相关部门提供政策咨询和最新资讯，年底前协调海关总署邀请国家多部委来晋调研，各部委已原则同意太原综合保税区“边审批、边建设”，推动此项工作有了突破性进展。一年来，太原海关真诚服务地方经济发展的工作，多次受到省委书记袁纯清，省长王君，副省长李小鹏、高建民、牛仁亮等同志的批示肯定。高建民同志还专程到太原海关调研指导，称赞太原海关为山西外向型经济发展做出了重要贡献。

四、切实加强队伍建设，干部能力水平明显提高

坚持严管与厚爱相结合，以打造“内陆强关”为目标，切实加强海关队伍建设，干部的履职能力不断增强。新一

届党组于8月初成立后，坚持把党组自身建设作为全部工作的重要环节，修订完善《太原海关工作规则》，坚持每周党组中心组理论学习制度不动摇，认真开好民主生活会，海关总署署长于广洲和纪检组长胡玉敏同志在视察时都对太原海关班子工作给予充分肯定。年底海关总署又为太原海关选派1名副关长，班子成员人数不足的问题得到有效解决，班子结构得到进一步优化。年底海关总署批复太原海关机构设置，内设部门和派出机构数量达到历史最多。一年来，太原海关注重培养使用干部，选拔任用了6名正处级领导干部、35名科级非领导职务干部和4名调研员。深入开展创先争优活动，号召全体党员以“创先争优我先行，小关自强当标兵”为要求，通过抓好承诺兑现、岗位建功、典型宣传、奉献社会、成果转化等环节，努力实现全员争创。在政务信息网开设“每周一星”专题，积极宣传各项工作中涌现出来的先进典型，有效发挥了带动作用。围绕“优化监管服务、促进科学发展”的主题，深入开展“四好”主题实践活动，省妇联授予关内5个处级单位“巾帼文明岗”荣誉称号，省直工委在太原海关召开现场观摩会，组织138个单位的代表参观学习。组织全关同志踊跃捐款，向“捐肝救父”的昆明海关关员周扬同志伸出援手，充分展现了全关同志的赤诚爱心。积极开展准军事化纪律部队建设，坚持以“学军”为根本要求，着力推进岗位练兵、岗位比武、岗位竞赛等活动。充分发挥工青妇团体的作用，机关工会开展“当好主力军、建功十二五”主题活动，团支部开展“青春建功”主题活动，妇委会开展“巾帼建功”主题活动，并被省妇联评为“山西省先进基层妇联组织”，有力调动了干部群众的工作热情。全年除关内对涌现出的优秀组织和个人进行奖励外，还有一批集体和个人受到海关总署、省直工委、团省委等领导机关的表彰，全关上下风正、气顺、人和、劲足。

五、保持打私高压态势，努力维护正常外贸秩序

始终坚持“守法便利、违法惩戒”的原则，充分发挥打击走私的职能作用。2009年侦破的“10·10”走私汽车专案，省高院于2011年11月8日作出二审判决，3名主犯和其余9 名被告均被作出有罪判决。2010年侦办“5·31”焦炭出口走私大案后，太原海关通过调取2008—2010年全国焦炭出口电子数据并进行认真分析，证实了全国焦炭出口存在行业性低瞒报价格问题，目前已将此问题及其成因和综合治理对策建议报至海关总署。年内认真开展网上追逃专项督察“清网行动”，先后两次派员赴广东汕头开展追逃工作，说服在逃8年的犯罪嫌疑人章某投案自首，完成了“清网行动”在逃人员下降50%的目标任务。2011年，太原海关缉私局共立案调查行政违法案件43起，案值3908.9万元，偷逃税款73.3万元。办结行政违法案件37起，罚款66.9万元，没收货物等值价款32.2万元，补税88.2万元。

六、强化反腐倡廉建设，继续保持关区一方平安

认真落实廉政建设的各项规定，坚持年初召开会议、分解任务，年中对照要求、督促检查，年底围绕目标、考核评估。深入落实党风廉政建设责任制，组织关处科三个层面逐级签订党风廉政建设责任书，由关领导带队对党风廉政建设责任制落实情况、廉政准则学习贯彻情况进行专项检查。召开廉政例会，通报督察情况，分析关区廉政形势，使全关同志时刻遵守海关人员“6项禁令”和公安部“5条禁令”，提高防御能力，不断增强自觉性。组织科级以上领导干部报告个人廉洁从政情况及配偶、子女从业情况，并在全关公示，接受群众监督。结合制度建设年，从源头规范对人、财、物的管理及对权力运行的有效监督。继续推广海关廉政风险预警处置系统（HL2008）的应用力度，不断完善“科技+制度”反腐成果的转化，强化对业务运行的监督制约。一年来，全关未发现不廉洁事件，廉政工作继续保持平稳态势。（张新年）

附：中华人民共和国太原海关党组书记、成员名单

书　记：周　斌（8月离职）　吕伟红（女，8月任职）

成　员：韩　渡　高志凯　岳玉敏（女）

许乾峰（12月任职）

国家电力监管委员会太原监管办公室党组工作概况

党组书记　黄学农

2011年，太原电监办党组深入开展创先争优活动，大力开展建党90周年系列庆祝活动，深入推进文明和谐单位创建工作，党建工作良好有序开展。被评为“文明和谐单位”和“党风廉政先进集体”，第一党支部被评为省直机关“优秀基层党组织”，机关团委被评为“优秀基层团组织”。

一、夯实思想政治建设基础

依据《党章》的规定，结合我办实际情况，对各支部书记和成员进行了调整，成立了五个基层党支部，进一步

完善了组织功能。深化理论武装工作，办党组中心组共学习21次，党组书记授课辅导4次，组织学习体会展评6次，派人参加上级机关政治理论学习4人次。重视党员的培养和管理工作，2名预备党员按期转正，新培养2名积极分子；大力开展党员与积极分子“结对子”活动。积极开展党务公开工作，全年共公开50余条信息，保障广大党员的知情权、参与权、选举权、监督权。

二、深入开展创先争优活动

通过多种渠道和方式，广泛宣传、营造创争氛围。抓实公开承诺环节，开展“创先争优我承诺、科学监管促发展”活动，推进承诺全覆盖；组织各支部开展2010年承诺“回头看”活动，采取群众评议、党组织和党员互评自评、领导点评等方式，促使党组织和党员兑现承诺。开展创先争优领导点评活动，对党支部、党员进行点评。结合党务公开，建立起点评公开机制，以公开栏的形式公开领导点评情况。推动窗口单位创先争优，全体干部职工佩戴了党徽、团徽，开展了党员挂牌上岗、党员标兵岗、党员示范岗等活动；在办证大厅、12398投诉举报热线等窗口单位悬挂政务公开提示板，方便群众办事和监督，开展“作表率、比贡献、促发展”活动，让每个窗口不断创新服务理念。

三、深入开展文明和谐创建活动

大力组织开展庆祝建党90周年系列活动，组织开展了党史竞赛、履职承诺回头看、伟大成就图片展、“党在我心中”演讲比赛、“读好一本书”征文等10大实践活动。积极开展送温暖、献爱心活动，赴太原液压件厂慰问困难职工和老党员；开展“送温暖、献爱心”、“博爱一日捐”募捐活动和“金秋助学”活动。积极开展“迎中博、讲文明、树新风”活动，倡议大家带头讲文明，树新风，展示干部职工的良好风貌；组织开展文明礼仪宣教、“资源节约我带头”活动。

四、不断加强自身建设

落实党的工作责任制各项任务，加强廉政建设，签订《山西电监办党风廉政建设责任制责任书》，党员干部签订《党员责任制承诺书》。在全体党员干部中开展“形象建设年”活动，通过抓学习、创先争优、规章制度建设、作风建设，庆典治理和廉政建设，树立电力监管良好形象。以“转变作风、振奋精神”为内容组织召开了2011年度处级领导干部民主生活会，进一步改善处级干部工作作风。加强党建研究，各支部先后研究撰写了12篇党建理论文章，4篇文章入选省直工委《党建工作理论研究汇编》一书，2名同志的理论文章获得省直单位理论征文活动优秀奖。

五、突出抓好安全监管，确保电力系统安全稳定运行

2011年，继续深入开展“安全生产年”活动，加强电力安全监管，全年共召开各类安全会议40余次，全省电力安全生产继续保持了总体平稳的态势。扎实开展重大活动保电工作，圆满完成了中博会和省党代会保电任务。以隐患排查治理和安全生产百日大检查为重点，深入开展安全生产专项督察，全年共组织安全检查30余次，督促电力企业及时发现并整改安全隐患和问题，推动落实安全生产主体责任，提高了电力企业的本质安全水平。不断完善“山西电力应急指挥中心”功能，通过该信息平台全年共发布信息11次，预警预测2次，处置突发事件4起，提高了全省电力应急水平，形成了应急处置合力。通过规范并网安评、加强可靠性管理、试点安全生产标准化工作、开展安全生产管理培训等措施，不断夯实电力安全管理基础。

六、严格市场准入监管，培育合格电力市场主体

2011年，共完成124家供电类电力业务许可证的法人登记事项变更，注销了3家；颁发发电类许可证17家，登记事项变更35家，注销7家；颁发承装（修、试）电力设施许可证32家，登记事项变更54家，注销3家许可证；颁发10030张电工证，续期注册4549张。进一步规范许可证后期管理，要求持证发电企业限期完善备注的特别规定事项和补充提供发电项目审批核准机关有权审批核准的说明文件，严格许可准入条件。积极探索许可退出机制，对达到关停时限、长期不运行和不符合许可准入条件的机组进行了清理，共注销了13家许可证，突破了以往“只颁不收”的惯有工作思路和方式。

七、稳步推进市场建设，努力完善电力市场体系

及时调整工作思路，将强力推进两个细则（“并网发电厂辅助服务管理实施细则”和“发电厂并网运行管理实施细则”）实施工作作为建设电力市场的抓手和突破口，取得了一些成果。统筹协调，多措并举，解决了系统安装进展缓慢、技术运用不熟练、政策依据缺失等各类问题。经过努力，两个细则考核工作实现常态管理，每月按期做好日常考核管理工作，督促考核资金按期结算。在国家电监会出台“新建发电机组进入商业运营管理办法”前，将市场管理的触角延伸至发电机组商运批复、额定功率和最小运行方式核定、黑启动能力认定等迫切需要加强管理的领域，拓宽了发电管理的幅度和深度，在我省电力辅助服务市场建设中闯出了新路子。开发山西省电力用户工程信息监管系统，初步实现了用户受电工程市场由现场监管向非现场监管的转变。

八、强化市场运行监管，大力规范电力市场秩序

综合运用多种手段强化电力市场运行监管，大力规范电力市场秩序。坚持定期召开厂网联席会议，构建和谐厂

网关系。积极探索开展购售电合同和并网调度协议的备案审查工作，建立了合同备案登记管理制度。认真开展电力市场交易秩序监管约谈约访，及时发现并协调解决电力市场运营矛盾和问题。以财务成本检查为重点，有序推进价格财务监管，坚持检查整改处置的闭环管理；按期完成季度电价电费执行情况、输配电成本核算情况的统计工作；细化完善政府月度财务监测预警制度，深入分析电力企业亏损原因。坚持推进供电常态监管，提高了全省供电质量和服务水平。积极探索输电监管途径，听取2011年度山西电力运行方式汇报，督促电力调度机构及时报送和披露信息，促进三公调度。通过加强市场监管，有效维护和规范了省内电力市场秩序，促进了电力企业的公平竞争，维护了市场主体的合法权益。

九、加大行政执法力度，维护市场主体合法权益

加大电力稽查力度，严肃处理日常监管中发现的电力企业违法违规行为，维护电力投资者、经营者和使用者的合法权益。2011年，共调查处理投诉举报事项304件，发出43份《事件处理函》，约谈电力企业有关负责人和听取电力企业落实转办督办函件汇报55起，共协调解决8起电力争议纠纷事项。加大违法违规案件查处力度，作出行政处罚2起，对违规企业和人员进行相应处罚，调离、停岗及记大过共4人。此外，还开展了用户受电工程“三指定”专项治理和工程建设领域突出问题专项治理工作。

十、 关注民生促进发展，不断提升服务意识和水平

不断提升服务意识和水平，促进地方经济社会发展，助力保障和改善民生。2011年，启动并开展了“居民用电服务质量监管专项行动”，通过规范社会用电秩序，切实提高供电服务水平，确保让人民群众享受到优质、高效、便捷的供电服务。认真贯彻国家电监会和省政府关于节能减排的安排部署，扎实开展节能减排专项督查，加强电价政策执行力度，推进发电企业在线监测联网系统建设，建立了与省环保部门的联动协调机制，促进电力行业结构优化升级，减少排污和降低能耗。加强电力监测预警，及时掌握和报送第一手电力运行资料，为省委省政府、电监会决策提供真实、准确、全面的电力生产运行数据。及时办理省人代会上代表联名提出的《关于加快解决火力发电企业普遍巨额亏损的建议》的提案。配合省相关部门积极开展涉及电力行业的工作。积极主动服务电力企业发展，针对省内发电企业遇到的严重经营困难，向省政府办公厅、应急办以及省经济运行等部门呈报和函转了《山西中南部十三家发电企业经营困难》等12份报告，并多次参加了省政府召开的协调工作会，对解决发电企业经营困难起到了一定的缓解作用。 （王剑虎）

附：国家电力监管委员会太原监管办公室党组书记、成员名单

书　记：李廷勇（9月离职）　黄学农（12月任职）

成　员：宋晋冀　赵乃方

中国华能集团公司山西分公司党组工作概况

党组书记　陈和平

2011年，华能山西分公司党组认真贯彻落实集团公司年度、年中工作会议关于党建工作的安排部署，团结带领各基层企业抓住山西省实现转型跨越发展的有利时机，扎实推进项目开发、安全生产、基本建设、存量减亏和队伍建设，成功促成了左权电厂的核准和1号机组投产发电，实现了华能低碳研发中心和低碳公司的挂牌运营，为助力山西省实现转型跨越发展做出了积极贡献。

一、加强体制机制建设，组织系统不断完善

根据集团公司关于党建工作属地化管理的原则，机关党委认真落实有关规定，不断理顺隶属关系，切实加强党组织自身建设。2011年6月，机关党委在榆社电厂召开了直属机关第二次党员代表大会，选举增补了直属机关党委委员和纪委委员，召开了一届四次会议，选举产生了新的直属机关党委书记。继完成榆社电厂、左权电厂、山西华能经贸实业公司党建和工会工作的归口管理之后，2011年又实现了对华能新能源山西风电分公司部分条件成熟的风电项目筹备处的归口管理。督促指导各单位不断建立健全党的组织建设，指导华能繁峙、神池两个风电项目筹备处成立了临时党支部，成立了工会组织，指导左权电厂成立了团委，经贸公司完成了工会换届选举，党委机制体制正在不断完善之中。

分公司直属机关党委积极参与山西省的各项党建工作，党委领导经常参加地方党组织举办的各项活动，分公司总经理兼党组副书记王葵同志作为列席代表参加了山西省第十次党代会。机关党委经常研究讨论党员发展工作，严格把关，保证党员发展质量。2011年共发展党员9名，预备党员转正7名，推荐5名积极分子参加入党培训班，转移组织关系30名。针对新发展党员及信息变动的党员，机关党委

规范党员信息管理工作，建立了党员信息年报管理系统。认真执行领导干部联系点制度，机关党委领导经常深入基层，对各单位党建工作进行检查，围绕企业生产经营中的重点难点，有针对性的开展工作，有力地推动了企业目标任务的完成。

二、深入开展创先争优活动，促进企业效益提升

2011年以来，直属机关党委继续把创先争优活动作为党建工作的重点来抓。研究确定了活动第二阶段重点工作，下发了相关文件。各单位通过开展创先争优党员公开承诺活动、党务公开和内控工作，将活动和党员岗位工作紧密结合，针对差距开展工作，取得了明显成效。

分公司党组为了帮助榆社电厂控亏减亏，团结带领党员干部经过多方协调，关停了榆社电厂一期机组，加上电价上涨的原因，使榆社电厂较大幅度减少了亏损。为了帮助左权电厂取得核准，分公司成立了左权核准工作小组，由分公司总经理亲自挂帅，经过坚持不懈的艰苦攻关，在集团公司领导和省委省政府的大力支持下，终于使左权项目于2011年10月取得核准文件，1号机组于年底完成投产发电。实现了省委省政府下达的“一投一并”目标。

东山低碳工业园是集团公司与山西省合作的一个重要项目，分公司认真贯彻落实集团公司关于开展太原东山低碳工业园项目的有关要求，在2010年集团与山西省政府、太原市签订战略框架协议的基础上，促成了2011年6月23日，李小鹏副省长、黄永达书记的东山调研，大大推动了项目进展。9月23日，集团公司与太原市政府签订了《关于建设山西华能太原低碳工业园的合作协议》，李小鹏副省长、曹培玺总经理亲自出席了两个低碳研究机构的揭牌仪式，使项目取得了实质性的突破。

督导各基层单位积极响应直属机关党委号召，结合中心工作组织活动。榆社电厂党委面对经营亏损的严峻局面，着力在安全生产中创先争优，在节能增效上创先争优，在转变发展方式中创先争优，在人才培养工作中创先争优。实现了年度标煤单价低于同区域电厂48.9元/吨。积极开源创收，2011年共销售粉煤灰3.56万吨，收入97.9万元。

左权电厂党支部发动广大党员，在安装、调试、整套启动关键时刻，开展了“大干100天，再掀创先争优活动新高潮”活动，认真抓好生产准备，为年内左权电厂1号机组顺利投产奠定了坚实的基础。山西华能经贸实业公司积极支援大同焦煤矿的坑道改造和安全生产，先后派出30余名党员骨干参与煤矿管理。焦煤矿开展了争创示范活动，形成了比业务、比效率、比奉献的浓厚氛围。华能新能源山西风电分公司确定了“在发展中创先争优，在提升中建功立业”的活动载体，拿下了14个风电项目，109.4万千瓦的路条，5个风电项目取得核准，投产了宁武风电一期和二期机组，取得了较好的经济效益，受到了山西省政府和新能源公司的表彰。

在评先评优工作中，分公司机关党支部被山西省直工委授予“先进基层党支部”荣誉称号，榆社电厂检修部荣获“山西省电业工会五一劳动奖状”。左权电厂党支部被集团公司评为“四强党组织”，华能新能源山西风电分公司总经理王文瑞同志荣获“山西省五一劳动奖章”，受到省总工会表彰。

三、加强思想政治工作，提升党员干部素质

坚持党管干部和民主集中制原则，抓好干部的教育、培养与使用。通过组织参加视频会议，参加上级单位组织的各项培训活动、开展“三会一课”、中心组学习等手段，加强思想政治教育，提高业务能力。为提高在晋企业党建工作，分公司党组先后组织部分党员干部赴湖南分公司、江西分公司进行了考察交流，开阔了视野，拓展了思路。坚持民主集中制原则，落实“三重一大”制度，确保了决策的正确和执行到位；坚持开展对党员干部的形势教育，不断推动中心工作开展。加大优秀干部的培养、选拔、任用和交流力度，分公司原副总经理曹国强同志参加了集团公司干部公开招聘，被选拔到股份公司工作。榆社电厂、左权电厂领导班子不断得到充实和调整，一批政治上靠得住、工作上有能力、作风上过得硬的干部走上了各级领导岗位。坚持公开、公平、竞争、择优的选人用人机制，鼓励优秀人才脱颖而出；各单位通过公开招聘不断充实力量，选拔干部，干部管理中努力克服重提拔、轻培养，重使用、轻管理的问题，规范了干部管理程序；榆社电厂党委高度重视与左权电厂的合作，为左权电厂输送了一批又一批技术骨干和管理人才，成立了左权工程处党支部等外围支部，为左权电厂分流管理、技术人才80多人，招聘并培训90余名维护运行人员。经贸公司和大同焦煤矿进行干部交流，大批干部在焦煤矿矿井改造中发挥了积极作用。在晋企业内部人才良性流动的局面已经形成，实现了华能在晋单位之间优势互补和合作共赢。

四、深入推进厂务公开，充分发挥工会职能

工会是企业联系群众的桥梁和纽带。机关党委重视对工会工作的支持与指导。根据“党建带工建”的要求，直属机关党委指导分公司工会，紧紧围绕“维护、参与、建设、教育”四项职能，维护职工合法权益，参与企业经营管理，建设文明和谐环境、教育员工干事创业，促进了企业健康发展。2011年工会组织开展了“工会组建月”、劳模宣传月、劳动竞赛、工会工作创新创优等工作。特别是深入推进了厂务公开工作，有效提升了华能在晋企业的向心力和凝聚力。

因分公司人员较少，暂未成立职代会，凡涉及“三重一大”的问题均通过总办会扩大会议进行研究讨论。分公司把厂务公开作为强化管理的重要内容纳入党建工作、领导班子责任目标和党风廉政建设责任制考核，公开内容涉及四大绩效目标、工作计划以及中长期发展规划、内部规

章制度的执行情况、职工调资，奖金分配，党费缴纳情况、职工献爱心捐款情况等，在年底实施考核、检查评比、奖惩兑现。对于困难救济、岗位职务提升、员工招聘、评先选优等敏感问题，分公司均广泛征求群众意见，并在公示栏进行公示。

分公司积极行使对基层企业工会工作的督导职能，指导基层单位定期召开职代会。通过职代会，电厂10%的职工作为职工代表参与管理企业事务，审议工作报告，监督《劳动用工合同》的签订，保证重大决策事项和规章制度的顺利实施。各单位坚持组织职工代表参与上级人事部门对领导班子和中层干部的考察，参加民主评议；在每年一度的民主生活会上，各单位副处级以上领导进行个人述职和述廉议廉，职工代表参加会议，并对党员干部进行测评。

维护职工合法权益是工会的基本职能。工会督促在晋企业按时足额缴纳“五险一金”，维护了职工合法权益。各级工会积极参与职工利益分配。做到员工工资福利发放、调级晋升、医疗改革、岗位调整等涉及职工切身利益的事情，张榜公布，避免暗箱操作。分公司工会建立了在晋企业困难职工档案和基层工会组织报表。每年的春节慰问对象，各基层企业均召集职工代表研究，进行三榜公示。分公司工会根据基层单位上报的情况审核无误后开展慰问，2011年发放慰问金 16000元。山西华能经贸实业公司工会2011年上半年发放困难慰问金14800元。在山西省总工会组织的厂务公开评选活动中，榆社电厂原总经理兼党委书记谭海涛同志被评为山西省厂务公开民主管理先进个人。

五、加强反腐倡廉建设，不断完善“惩防体系”

一是以开展腐败风险点防控工作为重点，深入推进惩防体系建设。分公司制订下发《腐败风险点排查实施方案》等规章制度，组织各单位结合内控要求和岗位实际，开展了风险点排查，制定、落实了防控措施。

二是加强对党风廉政建设责任制执行情况的检查。各单位领导干部均签订了《廉洁自律承诺书》，分公司坚持对基层单位责任制执行情况进行检查指导，督促各单位将廉政责任制与业务工作同部署、同落实、同检查、同考核，建立完善了一级抓一级，层层抓落实的工作机制。

三是加强反腐倡廉宣传，开展廉洁文化建设。认真学习中纪委十七届六中全会精神，贯彻落实《廉政准则》。各单位通过组织观看反腐倡廉纪录片，检企共建开展反舞弊培训，参加集团公司组织的纪检监察干部培训班，廉洁风险防控研讨培训班、案件查办软件培训班等活动，提高了党员领导干部的廉洁自律意识。

四是组织开展专项治理活动。开展了工程建设领域突出问题专项治理、小金库专项治理整改工作，取得了较好的效果。

五是认真开展效能监察，分公司和榆社电厂共同开展了榆社电厂燃煤效能监察。榆社电厂在燃料管理效能监察上狠下功夫，通过三家编码，全程监控，大大提高了化验准确率，减少了舞弊风险，有效促进了企业经济效益和管理水平的提高。

六是扎实抓好信访维稳工作，分公司经常通过各种渠道了解各单位稳定情况，设置了信访举报电话和举报邮箱，完成了股份公司交办的相关案件的调查。分公司本部年内未收到任何举报材料，榆社电厂对燃煤环节的舞弊行为加大了惩治力度，有效保证了企业的经济利益，政治安全和形象安全得到保障。

七是积极开展专项审计，圆满完成了经济责任制审计整改、增收节支专项审计、人力资源专项审计等各项审计任务，有效促进了企业管理的规范化。

六、加强企业文化建设，丰富职工文化生活

一是完成了集团交办的大型活动任务。根据集团公司工委安排，承办了集团公司2011年职工羽毛球赛华北赛区的赛事，山西分公司荣获优秀组织奖。在第六届中博会期间，山西分公司与集团公司办公厅密切配合，完成了华能展台的布展与展览任务，受到了集团领导的高度赞誉和各单位的好评。

二是开展了建党90周年系列活动，分公司组队参加了股份公司“党在我心中”知识竞赛，并获三等奖。在股份公司举办的“为党唱歌，为华能添彩”主题活动中，榆社电厂先后参加了上海和石家庄两场巡演，编排的《红灯笼》入选股份公司决赛。左权电厂开展了“创先争优，爱党敬业”主题摄影比赛、焦煤矿举办了“学党史、知党情”活动、偏关风电开展了“忆党史、观红影”等系列活动，激发了干部员工干事创业的信心，增强了主人翁责任感。

三是各单位充分利用主题实践活动、企业内部刊物等载体加强宣传鼓动和信息通报，分公司创立了内部网站，榆社电厂试刊了《榆电人》，榆电党委把党徽贴在每名党员的安全帽后，提高党员的自律意识。左权电厂创办了《自强》《创先争优简报》，加强了企业和员工的交流，丰富了职工文化生活。

七、积极履行社会责任，维护企业良好形象

继续承担了对口扶贫吕梁地区石楼县两个乡镇的扶贫工作。2011年开展了核桃林种植，继续注资扩大养蜂规模，改造修缮曹家垣村人畜饮水工程等项目，并于教师节期间对两个乡镇的教师进行了慰问，共完成捐赠扶贫资金70万元。分公司还积极参加省委安排的“联企帮困送温暖”活动，坚持每年对对口帮扶企业太化熔剂厂进行慰问。坚持春节、中秋期间访贫问苦，2011年发放慰问金12000元，体现了华能员工的社会责任感，提升了企业形象，受到社会各界的好评。

（王金明）

附：中国华能集团公司山西分公司党组书记、副书记、成员名单

书　记： 陈和平（7月离职）

副书记： 王　葵

成　员： 武锦强　余　斌（11月离职）

曹国强（10月离职）

中国东方航空股份有限公司山西分公司党委工作概况

党委书记　高　峰

2011年，东航山西分公司党委深入贯彻落实科学发展观和党的十七届五中、六中全会精神，紧紧围绕中心工作，以创先争优活动为主线，以东航“党建主题月”为载体，在继承和创新中全面推进党建工作，进一步加强领导班子建设，发挥党、纪、工、团合力，为分公司各项任务目标的实现提供了坚强的政治、思想和组织保证，实现了安全飞行19周年，市场业绩趋好，职工队伍和谐稳定，为山西省转型跨越发展以及对外开放做出了积极贡献。

一、围绕中心、服务大局，创新党建、凝聚队伍

(一) 以创建“四好”班子为引领，加强学习，增强科学发展服务群众的能力。东航山西分公司党委大力开展创建“四好”领导班子活动，积极推进和完善“起、承、转、合”的工作理念，团结和带领广大干部员工奋发有为、顽强拼搏，营造了创新创业、和谐共进的良好精神风貌。举办了多层次、多角度专题形势报告和讲座，下发了《山西分公司加强干部管理改进干部作风的具体措施》，丰富并完善了党委中心组学习内容和方式，以定题目自学、设重点讨论、追热点讲座、谈体会交流等学习方式，增强领导干部形势把握能力以及自觉运用所学解决实际问题的能力。

(二) 以创先争优为抓手，加强基层党组织建设，增强党员队伍的凝聚力。东航山西分公司党委强调“为民服务、创先争优”活动要突出机关服务基层、基层服务员工、员工服务旅客的活动宗旨。活动中，结合“红色经典”，组织基层党委书记、优秀党员前往八路军总部所在地参观学习，各级基层党组织也先后10余次组织党员代表开展主题教育活动。结合“爱在东航”，领导班子连续三年带头在春运高峰开展候机楼志愿服务，践行领导为员工服务、机关为一线服务的企业价值观，体现服务社会、回馈社会的社会责任感。成功举办纪念建党90周年系列活动。举办“弘扬井冈山精神”专题党课、党史知识竞赛，“回忆艰苦历程，发扬光荣传统”等形式多样的庆祝活动。工会开展了“追寻红色记忆”骑行活动，制作了“创先争优，巾帼风采”主题展板。6月30日，“党的颂歌”大型合唱汇演将庆祝建党90周年推向高潮。活动当天，700余名干部职工在办公楼前的小广场上一同唱响“党的颂歌”，整齐划一的队列、合作团结的风貌，精彩热烈的演出，全方位地展示了工作在东航各个岗位的员工昂扬敬业的精神风貌和团结向上的团队精神。

(三) 以成功召开东航山西分公司第一次党代会为契机，深化党性教育，为分公司今后的发展奠定基础指引方向。2011年10月26日，中国共产党东航山西分公司第一次代表大会隆重开幕。东航股份公司党委副书记秦亚平出席了会议。本次大会共有正式代表120名，出席大会的实到代表为112名。大会由姜疆总经理主持，山西分公司党委书记高峰代表分公司党委向大会作了《同心同德，创新进取，只争朝夕，再创佳绩，为山西分公司安全发展、和谐发展贡献力量》的报告；山西分公司党委副书记、纪委书记、工会主席柴舸代表纪检委作了《深入推进党风建设和反腐倡廉工作，为分公司和谐健康发展提供坚强保证》的工作报告。会议审议通过了两委工作报告，选举产生了分公司第一届党委和纪委。会议议程紧凑，选举工作严密有序，受到股份公司秦亚平副书记的高度评价。山西分公司第一届党委委员有：姜疆、高峰、侯建军、于强、柴舸、谢鹏军；山西分公司第一届纪委委员名单：柴舸、汤智韬、马勃、尹中、吴克俭、武利萍、刘希平。

(四) 以新闻报道为依托，加强企业文化建设，推进文明创建，宣传工作取得新进展。宣传工作以弘扬主旋律，加强企业形势教育为重点，坚持团结、稳定、鼓劲的原则，加强对员工关注点和兴奋点的引导，强化了危机公关，在航班大面积延误时及时跟进，做好媒体应对和解释工作，有效避免了负面报道出现。通过培训、激励等方式，不断提升队伍素质，2011年分公司在《东航报》的刊稿数量已突破180篇，《山西晚报》、《太原晚报》、《中国民航报》等社会媒体的刊稿数量和质量也均有大幅提高。加强了主流媒体维护和公关力度，邀请《山西晚报》记者走进东航，全年共推出涉及飞行、机务、客舱、保卫、签派5个专业的人物专访，均以整版篇幅刊出，使行业明星走出东航，社会通过行业明星了解东航，提振品牌形象和美誉度。扎实推进企业文化建设，组织员工积极参与各项公益事业。顺利通过了山西省和太原市文明和谐单位评选，继续保持“山西省文明单位”、“太原市文明单位标兵”的荣誉称号。11月22日，分公司荣获全国民航文明单位荣誉称号。

(五) 以惩防体系建设为主体，加强党风廉政建设，为分公司健康发展保驾护航。东航山西分公司继续加强惩防

体系建设，修改补充了6项制度，积极参与市场销售部办公大楼装修招标、分公司新建货库竣工验收等工作。组织东航2011年“促进构建惩防体系工作”第五小组研讨会，作为组长单位，协调各成员单位开展研讨交流活动。开展了形式多样的廉洁文化建设，分公司被东航集团确定为第二批“廉洁文化建设示范点”单位，标志着分公司廉洁文化建设进入了新的阶段。继续开展“逾重行李收费管理”、“机上毛毯回收”等效能监察工作，加强了企业内控机制建设，从源头上预防了腐败现象的发生。

（六）以凝聚力量为目标，发挥群团组织的桥梁纽带作用。分公司工会启动职工代表巡视活动，加强民主管理，深化厂务公开。关爱劳模先进，组织广泛的岗位练兵、技能比武活动。通过送温暖、“文明小家、和谐大家”等活动，实施温暖工程。开展了独树一帜的“轮值主席”活动、形式多样的系列文体活动，受到职工欢迎喜爱。深入开展“模范职工之家”创建活动，推进各单位建家工作蓬勃开展。女工工作搭建沟通交流平台，建立女工委学习制度,切实维护女职工的合法权益。分公司团委以加强基层团建为主导，利用网络推出手机团讯、好书推荐等项目，举办“安全生产、青年争先”、“飞行机务面对面，空地携手话安全”等主题活动。“中博会”期间，为志愿者提供礼仪培训，积极参与团省委组织的各项活动。通过对外交流、自查互查等方式夯实青年文明号基础建设。

二、夯实安全基础，规范经营管理，创新营销思路，履行社会责任

2011年东航山西分公司共安全飞行57741小时、32051个起落，完成运输飞行30828班次、3201.88万公里，顺利实现了安全飞行19周年。完成运输总周转量36941.48万吨公里，运输旅客3422413人次，货物邮件26977吨，客座率和载运率分别为80.95%、72.45%。

（一）科学管理上水平，安全业绩谱华章。东航山西分公司高度重视内部管控建设，2011年，运输服务体系再次通过英国BSI标准审核。围绕基础管理，从ISO9000体系建设为出发点，结合现代企业管理理论的发展，广泛开展流程制度化建设，使公司管理能力更加符合现代管理制度要求。在安全管理上分公司以深化SMS安全管理体系建设为抓手，持续细化安全绩效考核、落实安全监管责任，积极营造安全文化氛围，在不断深化安全生产隐患排查治理工作的基础上，围绕阶段性安全态势大力开展安全整顿、强化安全教育培训，继续保持了安全运行平稳态势。2011年7月，公司以连续安全飞行60万小时的业绩，顺利实现安全飞行19周年，并获得省政府安全工作先进单位荣誉称号。

（二）经营思路求创新，转型发展提业绩。2011年，东航山西分公司以构建规模网络型航空公司为目标，以转型发展为思路，围绕航线产品，逐步形成了立足山西，辐射全国，尤其是经济发达地区的航线网络。根据袁纯清书记“坚持项目带动战略”的发展要求，结合市场需求，将台湾、香港等地区航线以及泰国、新加坡等国际航线作为新的市场增长点，公司逐步加密了台湾航线，先后开通台北、花莲、台中等直飞航班；针对太原–香港航线，在省政府财政支持下，公司克服经营困局，自行消化部分成本，坚持定期运营；结合社会需求，先后开通了新加坡、泰国等包机航线，适时开通了太原至三亚、海口、福州、浦东等航线，加密了太原南京福州、太原杭州厦门经典航线，进一步完善枢纽网络覆盖。对太原、长治、大同及运城四个省内机场运力持续补充，丰富航线产品创造地方市场销售业绩。2011年，东航大同、运城及长治市场运力份额分别为73%、77%和72%。

（三）立足社会提服务，对标建设创品牌。2011年，分公司空中、地面旅客投诉率分别为0.10‰和0.36‰；空中Skytrax星级评定达到四星标准。东航山西分公司引入业内公认的Skytrax航空服务评级标准，对标创建优质服务工程，以东航凌燕组示范服务组为抓手，突出旅客空地体验式服务模式，尤其是在太原–北京等高密度、大客流航线上，从值机流程（并京专用值机柜台、高端值机服务等）到客舱服务文化建设方面推出了多项举措，使公司航班真正成为展示山西省人文特色的窗口。公司以社会责任为出发点，在业已建立的太原市荣军疗养院定期帮扶活动、广灵贫困县扶贫活动等工作基础上，积极响应省委省政府的号召，从行业角度进一步寻求履行社会责任的契合点，将品牌资源优势与地方经济建设紧密结合，在年初与广灵荞宝实业公司签订战略合作协议，将老区农副产品带上飞机，走出山西、走向世界，社会反响良好；结合中博会保障工作，公司除对运力航线实施优化、创新空中服务举措外，还抽出紧张的乘务人力资源，以优质的会场服务博得来宾的赞扬。

（李　彦）

附：中国东方航空股份有限公司山西分公司党委书记、副书记、委员名单

书　记： 高　峰

副书记： 姜　疆（兼）　柴　舸（兼）

委　员： 侯建军　于　强　谢鹏军

驻晋部队党委工作概况

省军区党委工作概况

党委书记　张少华

2011年，省军区党委团结带领全区官兵，紧紧围绕主题主线重大战略思想，坚持重心下移、重打基础、重抓基层，上下协力、顽强拼搏，攻坚克难、奋发作为，圆满完成了各项工作任务，部队面貌发生深刻变化，整体建设水平显著提高。

一、思想政治建设取得新成效

始终注重从思想上政治上掌控部队，确保党对军队绝对领导，确保部队纯洁巩固和集中统一。持续深化党的创新理论武装，按照军区"五步法"和省军区"十项学习制度"，狠抓党委中心组和机关理论学习，扎实组织两期师团职干部理论集训，分级分层办班30余个，确保了理论学习制度化、经常化。胡主席"七一"重要讲话发表后，省军区党委第一时间组织传达学习，下发纪要指导，集中时间专题集训，研究制定落实《措施》，兴起了学习贯彻热潮。持续深化培育当代革命军人核心价值观，认真抓好"坚定理想信念、忠实履行使命"主题教育。忻州军分区积极探索和不断拓展培育工作的方法途径，以开展"爱国防、爱驻地、爱本职，创一流"活动为抓手，在河曲县召开经验交流暨现场观摩会，较好地实现了学习培育工作具体化、实践化、特色化。高度重视意识形态领域斗争，准确分析判断形势发展走向，及时跟踪掌握官兵思想反映，有针对性地加强形势政策教育和经常性思想工作，省军区党委出台《关于加强当前部队意识形态工作的意见》，确保了官兵政治坚定、思想稳定。

二、军事斗争准备不断深化

牢牢把握京边屏护防卫区西部责任区定位，坚持把加快转变战斗力生成模式摆上重要位置，积极探讨基于信息系统的体系作战能力问题，研究出台《省军区体系建设三年规划》，制定信息系统、应急力量、国防动员、综合保障建设方案，狠抓省市县乡四级应急分队建设，展开22个主要行动战法研究和作战单元要素分练，在太原召开全省应急力量规范化建设观摩研讨会，"八一"组织全省军民联合综合防卫体系建设研究性演练，探索走开了"指挥联合、机构统合、资源整合、力量聚合"的方法路子。吕梁军分区在承担演练主场地任务中，积极争取地方党委政府大力支持，既抓自身参演，又抓协调保障，保证了演练活动顺利进行。高标准参加军区"铸盾—2011"战役演习，完成4类10个重要防卫目标整编试点任务，按照"一联四应"要求规范联合战备值班，迎接军区军事斗争准备检验评估取得优异成绩，承办军区目标工作试点观摩会议取得圆满成功。大同军分区、预备役83师高标准完成司令部建设考评表彰试点任务。大力加强信息化建设，集中精力和财力完成本级指挥车组、卫星地球站、机关办公网建设和10个直属干休所、4个省级国动委专业办公室指挥系统接入，实现了固定、机动指挥信息系统多手段综合组网通信。持续开展群众性练兵比武，深化落实训练教学责任制，全面展开冬季适应性训练，省军区集中组织参谋军官、专武干部和教练员比武竞赛活动，涌现出一大批先进单位和先进个人。参加军区参谋比武取得综合第1名和第3名的优异成绩，机要比武3人次打破全军纪录、1人次打破军区纪录。预备役83师参加军区参谋比武连续两年夺得个人综合成绩第一名，为省军区争了光。

三、党委班子建设全面加强

坚持把强动力、增斗志、鼓干劲作为班子建设的关键来抓。在团以上党委机关开展"加强党性修养、锤炼思想作风"教育整顿，按照军区"六个强化、六个反对"要求，加大"五用一履行”清理整治，党员干部受到了深刻的党性锻炼，一些难点棘手问题得到较好解决。逐级召开党委（常委）民主生活会，分级分层办班进行民主集中制培训，第四季度组织对师旅级党委班子考核并进行面对面讲评，有力地促进了各级党委班子建设。坚持把创先争优活动作为重要抓手，继续开展“三争”活动，持续深化“学吕梁、学高平”活动。运城军分区倡导提出“七个一流”争创标准，叫响“三争三当三创”建设口号，激发了两级班子创先争优动力。大力加强党风廉政建设，重视抓好经常性反腐倡廉教育，认真落实各项制度规定，扎实开展“较真碰硬从严治官，深化成果纯净风气”教育活动，从更高层次和深度上把部队风气建设推向前进。严格干部选拔配备，下力抓好任前考核、岗前培训、集中轮训、送学深造和交叉任职等，干部队伍素质得到整体提高。提升使用师团职干部，群众普遍反映比较好，特别是师职主官的使用，基本做到用一个干部加强一个方向的工作。目前，各级党委班子积极想事干事、谋求作为，都能对部队实施有力领导，在推动部队科学发展中充分发挥了核心领导作用。

四、基层建设质量稳步提升

坚持重心下移重打基础重抓基层，强势推进以部团“一线指挥部”建设为重点的基层建设，不断打牢部队发展基础。着眼新世纪新阶段我军历史使命对部团建设提出的新标准新要求，在总结近年抓部团建设实践经验的基础上，年初研究出台《关于进一步加强新形势下人武部、预备役团建设的意见》、《人武部、预备役团帮建工作三年规划》，对部团按照什么标准要求建、建成什么样、怎么建的重大现实课题，从制度层面作出具体规范和长远规划，为科学抓建提供了基本遵循。大力推进部团基础设施建设，联合省委省政府出台《关于加快推进县（市、区）人武部和预备役团基础设施建设的意见》，为各级提供政策支持。预备役高炮旅完成新旅部基础设施建设，顺利搬迁入住。加大部团帮建力度，军师两级实行常委分片包干责任制，加强了对部团建设具体帮带指导。年底在师级单位普遍考评基础上，省军区组成联合考评组，对各单位推荐上报的一类部团进行抽考，全区一类部团达到30%。注重搞好小散远直单位建设，省军区投入200万元对干休所进行重点帮建，组织进行干休所重点帮建巡回观摩检查活动，在老干部中普遍进行“强化党性修养，永葆先进本色”专题学习教育。大力总结宣扬离休干部于鸿礼信党爱党跟党走、转业干部张建国带领村民致富的先进事迹。积极稳妥移交102名老干部，移交率达136%，在军区排名第二。太原警备区，晋中、长治军分区和省军区政治部超额完成移交任务，大同军分区克服困难，圆满完成8名伤病残干部移交任务。直属队建设全面加强，完成训练演练、文艺汇演等任务圆满出色。

五、国防动员和后备力量建设迈出新的步伐

紧贴省情实际，科学布势运行，积极走开具有山西特色军民融合式发展路子。及时召开省委议军会议暨推进国防动员建设军民融合式发展会议，专题研究重大事项，讨论通过《山西省国防动员建设“十二五”发展规划》。组织进行国动委机构规范化建设观摩集训，拓展国动委组织体系，出台规范化建设《实施细则》。长治军分区协调市委规范力量使用、国防动员、基础建设、综合保障等六个方面建设，从制度上深化了军民融合式发展。专题召开整组工作部署会，规范“市建营、县建连、乡镇建排”应急力量体系和常备应急力量建设，进一步提升应急队伍规范化、专业化和体系化建设质量。阳泉军分区探索形成了解决“三个问题”、落实“四个归口”、抓好“六支队伍”的后备力量组建工作新模式。太原警备区在民兵应急分队中健全完善了“六规范一考评”教育管理机制，经验做法在军区基层会上做了介绍。深入研究征兵工作面临的新情况新特点，联合省政府出台《关于加强新形势下征兵工作的意见》，不断加大廉洁征兵力度，圆满完成了年度新兵征集任务。总结宣扬临汾市隰县“兵妈妈”张卫花独自扛起家庭重担、毅然送子参军的感人事迹，在军地产生了强烈反响。大力营造国防文化氛围，不断扩大国防教育规模效应。晋中军分区以“四个注重、四个形成”为牵引连续4年组织国防教育执法检查，晋城军分区联合市委、市政府开展评选优秀征兵宣传手机短信、平面媒体、DV短片暨表彰关心支持国防建设优秀企业家的“三评选一表彰”活动，收到了良好的宣传效应。不断深化民兵预备役政治工作两个《规定》的学习贯彻，朔州军分区坚持把民兵预备役政治工作有机融入地方思想政治建设之中，把学习贯彻两个《规定》情况纳入党政领导干部年度工作目标考核内容，取得了良好效果。

六、部队安全稳定形势持续向好

坚持把安全稳定作为第一责任和政治任务，针对较长时间部队保持安全稳定的实际，时刻保持清醒头脑，一切着眼从零抓起。持续开展“条令学习月”、“学法规、用法规、守法规”活动，在军区组织的条令知识竞赛中荣获三等奖。加大安全技防投入，全区筹资500余万元配套完善技术检测、监控报警等设施设备，改善重点要害目标防范条件，有效提高了部队综合防范效能。不断健全规范安全工作，按照军区八个方面安全基本工作规范要求，认真研究适合省军区部队特点的规范性措施，在长治军分区召开现场观摩会，对八个方面安全基本工作进行细化量化，使安全工作更加科学有效。严格贯彻从严治军精神，持续深入开展“十项治理”和“百日安全评比竞赛”活动，狠抓人员、车辆、保密等专项清理整治，及时关注涉军敏感问题，过细进行排查治理，从源头上消除了事故隐患。部队连续四年零七个月保持了好的安全形势，没有发生政治性问题、刑事案件和重大责任事故，受到军区通报表彰。

七、后勤保障能力明显提高

大力加强基于信息系统体系作战后勤保障能力建设，不断深化后勤“双配套”建设，研究制定体系作战综合保障三年规划，保证经费用于军事训练、信息系统、配套设施建设和官兵生活。落实《全面建设现代后勤纲要》，在长治军分区组织召开全区整体推进全面建设现代后勤研讨观摩会，制定出台

《山西省军区“十二五”整体推进全面建设现代后勤实施意见》，全面规范后勤战备训练和业务管理。坚持党委理财，严格落实领导干部经济责任审计、经费预决算和使用审批制度，推行人武部集中支付，制定落实《山西省军区师(团)职领导干部离任经济责任交接办法》，有效规范了财经管理秩序。加大遗留棘手问题处理力度，持续开展以清干部、清兵员、清车辆、清住房为主要内容的“四清”活动，积极处理原红星制药厂职工问题，推动320名军退职工移交安置。临汾军分区面对困难敢于担当，在推动解决遗留棘手问题上取得突破和进展。高度重视武器装备管理，圆满完成3041876发(枚)民兵报废弹药集中调运销毁和日遗化武回收作业，战区内首家实现报废弹药零库存。

八、军地关系密切融洽

省委省政府高度重视国防和军队建设，特别是袁纯清书记、王君省长站在政治家的高度，坚持把党管武装作为重要的执政理念，把方向、抓大事、解难题，高标准履职尽责，为各级发挥了很好的引领示范作用。坚持党管武装制度经常化，定期召开省委议军会，筹划决策重大问题，8月1日，在地方工作非常繁忙的情况下，省委主要领导亲率四大班子成员赶赴吕梁参加活动，连续两年集体到北京军区走访慰问，在军地引起良好反响。坚持把国防和军队建设纳入经济社会发展总体格局，特别是适应新形势下军事斗争准备的新要求，各级党委政府在战备训练、信息指挥手段建设、应急力量建设、基础设施建设等方面，给予了有力的政策倾斜，投入大量物力财力，为提高省国防动员和后备力量建设质量创造了良好条件。省军区积极当好地方党委政府的参谋助手，适应山西转型跨越发展形势要求，以党委名义专门作出《关于充分发挥国防后备力量在转型跨越发展中的生力军作用的决定》，广大民兵预备役人员积极响应号召，广泛投身山西转型跨越发展生动实践，全力维护人民群众生命财产安全，受到了社会各界、全省人民和地方党委政府的广泛赞誉。全省军地关系、军民关系已进入一个崭新的发展时期。全年在省级以上报刊刊稿2800余篇，其中军报头条2篇；机要工作实现了全区连续39年、省军区机关连续50年安全保密无事故；保密档案工作始终保持了无泄密案件、无失密问题；干部转业安置进度和质量逐年提升，走在军区范围前列；国防生选拔培养任务圆满完成。党史军史、学生军训、信访联络、计划生育、绿化美化、接待保障等工作，也都取得了好成绩。

（杜占甫）

附：省军区党委第一书记、书记、副书记、常委名单

第一书记：袁纯清
书　　记：张少华
副 书 记：刘云海
常　　委：张　韧　曾广超　黄献军
赵冀鲁(2月任职)　李　竞(10月任职)
谢新宁

武警山西省总队党委工作概况

党委书记　刘建华

2011年，中国人民武装警察部队山西省总队党委坚持以科学发展观为指导，以主题主线为统领，着眼有效履行职责使命、推进部队现代化建设，突出党的建设、能力建设、基层建设和作风风气建设，狠抓经常性基础性工作落实，部队全面建设水平有新的提高。

一、思想政治建设扎实有效

认真落实党委中心组和个人自学制度，突出抓好主题主线重大战略思想、“七一”重要讲话和党的十七届六中全会精神的学习贯彻，组织师团职干部理论轮训，领导干部深入基层宣讲辅导，党的创新理论武装明显加强。扎实抓好主题教育，广泛开展纪念建党90周年系列活动，运用党课形式系统学习党史军史警史，评比表彰十佳“四会”优秀政治教员，广大官兵高举旗帜、听党指挥、履行使命的思想基础更加牢固。扎实开展“深知兵、真爱兵”活动，稳步推进心理服务和法律援助工作，加快警营文化和政治环境建设步伐，经常性思想工作的针对性实效性不断增强。积极应对意识形态领域斗争，适时开展形势政策教育，加大互联网和手机管控力度，确保部队内部纯洁巩固。

二、遂行任务能力明显提高

始终坚持中心居中，狠抓执勤制度落实和载体应用，深入开展勤务专项整治，大力加强执勤管控和正规化建设，完成“四防一体化”建设任务，治理执勤隐患，成功处置目标险情多起，连续14年无执勤事故。大力加强力量体系建设，建立健全应急反应机制，积极应对非法聚集和敏感期战备维稳，部队常态化战备质量明显提升，抢险救援力量形成初步能力，直升机大队建设进展顺利、成功奠基。积极推进军事训练转变，大抓各类集训、野营驻训和比武会操，严密组织“卫士－11”演习和山西省“公安武警处突维稳汇报演练”，探索体系融合训练的路子，参加总部6个比武竞赛项目，5个取得名次，实现历史性突破。大力加强指挥手段信息化建设、全力推进网络扩容，突出功能应用和维护管理，指挥效能大幅提升。精心组织军事保障工作，加大投入和建设力度，保障效益明显增强，机要、保密工作受到总部表彰。年内，圆满完成中共中央政治局常委、国务院总理温家宝等中央领导视察警卫、中博会和农博会安保、4·29特大山林灭火等重大任务，维护社会稳定，赢得良好声誉。

三、基层建设发展势头良好

始终把工作重心放在基层，分两期对基层主官进行《纲要》培训，广泛开展"学纲要、明职责、强素质"教育和干部大练六项基本功活动，召开"两个经常"分析座谈会，促进经常性基础性工作落实。加大按纲指导按纲抓建力度，扎实搞好蹲点调研、考察帮建，部队建设基础不断巩固。2011 年 12 月 24 日，吕梁支队临县中队被武警部队表彰为"基层建设标兵中队(连)"。临县中队主要担负看守任务，自 1950 年 5 月组建以来，中队连续 61 年实现"三无"，连续 25 年被总队评为"基层建设标兵中队"，6 次荣立集体二等功，14 次荣立集体三等功。2010 年被武警部队表彰为"执勤先进中队"，2011 年被武警部队表彰为"基层建设标兵中队(连)"，党支部被武警部队党委表彰为"先进基层党支部"。

四、正规化建设推进有力

坚持依法从严治警，扎实开展"条令学习月"和"治三松、严纪律、查隐患、保安全"教育活动，强化官兵的条令意识和安全观念。认真落实正规化管理两个规定，严密组织试点观摩和正规化管理达标交叉检查，规范部队秩序。司令部直属队当样板的经验被总部转发推广。严格落实组织生活制度，积极开展创先争优活动，探索总结"一诺三评"的方法途径，基层党组织建设得到加强。"创先争优"活动组织与实施的做法在武警部队推广。深入开展"五个过一遍"活动，突出纠治"五个重点问题"，扎实抓好保密安全专项教育整顿，综合治理安全隐患，积极营造安全文化氛围，提升部队安全系数。大力加强士官队伍建设，分期分批对士官进行集中教育整训，对令位不符士官重新定岗，严肃处理 7 名严重违纪人员。总队连续 3 年实现"三无"，被总部表彰为 2011 年度安全工作先进单位。

圆满完成太原指挥学院撤编工作。武警部队院校工作会议之后，总队成立院校体制编制调整工作组，开始对学院军械装备、军需、财务工作展开移交。9 月 8 日，工作组在太原指挥学院主持召开学院干部分流大会，对学院干部进行分流，标志着学院体制编制调整阶段性工作的圆满结束。

五、综合保障水平不断提升

全面推进"七大体系"建设，完善保障预案，充实战备物资，加强拉动演练，应急保障能力不断提升。突出保基层、保中心，强力推进基层基础设施建设。严格"四类经费"管理，完善防范经济风险举措，经费保障效益有效增强。探索推行"四种医疗"保障模式，开展"健康警营行"活动，促进官兵身心健康。突出后勤队伍建设，扎实开展"技术能手"比武，在总部第二片区专业岗位考评中取得第二名的好成绩。军械库室应急钥匙管理箱获国家专利，联管联控系统在武警部队推广。总队被全军表彰为资产管理先进单位和清房工作先进单位。

六、党组织建设全面加强

按照梯次配备、优势互补原则，调整配备团职干部，进一步优化班子结构。集中组织开展"加强党性修养、锤炼思想作风"教育整顿活动，狠抓"七个方面突出问题"专项治理，在清理不合理住房、超占兵员、超编车辆、外借车牌、违规有偿服务项目上取得明显成效。认真学习贯彻《党委工作条例》和总部"三个规范性文件"，精心组织对支队级党委班子进行考察帮建，各级党委班子的领导能力、决策水平进一步提高。深入抓好党风廉政建设，持续推进"读书思廉"活动，认真落实述职述廉、经济责任审计等制度，进一步加大对敏感事务的监督力度，有效规避经济风险，规范领导行为，净化部队风气。

召开第三次党代表大会。5 月 30 日至 31 日，中国共产党中国人民武装警察部队山西省总队第三次代表大会隆重召开，党委副书记仲轩主持会议并致开幕词，党委书记刘建华代表第二届委员会向大会作题为《紧扣主题主线，忠实履行使命，为高标准推进部队现代化建设而奋斗》的报告，纪委书记胡占林代表总队纪律检查委员会向大会作题为《突出班子正风气、领导干部作表率，扎实推进党风廉政勤政建设健康发展》的报告。总队党委委员、纪委委员和基层优秀党员代表共 213 人出席会议，3 名老领导应邀列席会议。会议表决通过党委书记刘建华代表总队第二届委员会所作的《党委工作报告决议》(草案)和纪委书记胡占林代表总队纪委所作的《纪委工作报告决议》(草案)，选举产生 47 名总队第三届党委委员、10 名总队纪委委员和 13 名出席总部第二次党代表大会的代表。期间，省委书记、省人大常委会主任袁纯清，省委副书记、省长王君，省委副书记金道铭，省委常委、秘书长李政文，省人大常委会副主任杜玉林，副省长张建欣，省政协常务副主席郭良孝在开幕之前亲切接见全体与会代表，并与大家合影留念。总队第三次党代表大会的成功召开，为推动党的建设和部队科学发展注入强大动力。

七、举办党史军史大讲堂系列专题讲座活动

山西总队以纪念建党 90 周年为契机，以牢记历史、弘扬传统、启迪思想、激发动力为目的，在年初，深入扎实开展贯穿全年的"党史军史大讲堂"系列专题讲座活动，以党的发展历程为检索，确定 12 个题目，要求各支队政委亲自备课，每月以党课的形式教育部队，通过教育，帮助党员干部解决为什么学党史、党史学什么、怎样学党史等基本问题，为进一步扎实推进党史教育奠定基础，真正达到学史明理、学史增智、学史鉴今的目的。

八、进行"卫士—11"演习和举行山西省公安、武警处突维稳汇报演练

根据总部统一部署，总队于 5 月 24 日至 25 日，总队分两个阶段进行"卫士——11"演习。演习以处置大规模群体性事件为课题，围绕维护社会稳定面临的新情况、新要求，结合部队遂行任务的新特点，重点研练"启动应急响应机制和兵

力投送、组织直前准备和组织处置行动”三个阶段的谋划决策、指挥控制、战法运用和协同保障等问题。

8月23日，省公安厅、总队隆重举行处突维稳汇报演练。此次汇报演练是武警山西省总队组建以来规模最大、规格最高的一次对外军事训练汇报活动，包括分列式、多种武器对不同目标应用射击、搏击团体操、警犬扑咬、缉毒、搜爆综合演练、警棍盾牌团体操、汽车追踪演练、危险化学品车辆事故灭火救援演练、反劫持战斗行动、处置恐怖袭击事件综合演练等内容。省委书记、省人大主任袁纯清及其他省领导对汇报演练给予高度的评价。

九、担负多起中央首长到山西视察工作的勤务

2月13日至15日，中共中央政治局委员、国务院副总理回良玉一行18人赴山西太原、临汾视察工作。总队完成首长临时住地警卫任务。

3月20至22日，担负中共中央政治局委员、国务委员刘延东一行在晋考察，总队完成首长考察期间住地警卫勤务。

3月28日至4月4日，台湾亲民党主席宋楚瑜在忻州、大同、运城、临汾视察。总队完成贵宾临时住地警卫任务。

4月2日至4日，中共中央政治局常委、国务院总理温家宝一行赴山西吕梁视察工作。总队完成首长在晋期间的临时住地、专机警卫及备勤任务。

5月6日至10日，中共中央政治局常委李长春一行在运城、临汾、太原视察。总队完成首长视察期间住地警卫任务。

7月4日至7日，全国人大常委会副委员长桑国卫一行在长治视察。总队完成首长住地警卫任务。

十、完成多起抢险救灾任务

1月25日，晋中市左权县辽阳镇松凹梁村一带发生森林火灾，过火面积达8平方公里。26日20时，经总队批准，晋中支队迅速赶赴火场，参与扑救并成功将大火扑灭。

3月18日12时许，阳泉市盂县南娄镇鹿峪村附近发生山林火灾。14时，阳泉支队紧急出动，配合地方救火人员，完成扑救任务。

3月24日14时许，阳泉市郊区旧街乡佛洼村附近发生山林火灾。火线长约8公里，过火面积达10余平方公里。15时35分，阳泉支队紧急出动赶赴现场，完成扑救任务。

3月29日8时许，长治市长治县关头村东南侧山地发生山林大火，火线长达3公里，21时53分，长治支队紧急出动赶赴现场，完成扑救任务。

4月至5月，山西进入山林大火高发期，当月共发生山林大火11起，火线61.7公里，总队出动兵力有效保护壶关太行山大峡谷风景区、阳泉翠枫山风景区、陵川王莽岭风景区等地的林区和部分村庄的安全。

9月12日，运城市姚暹渠龙居镇茂盛庄村段堤坝因暴雨引发决口，运城支队参加抗洪抢险。

12月17日，晋中市榆次区嘉丰苑居民小区一住户阳台上发现一黑色塑料袋，内有疑似爆炸物和恐吓信。晋中支队官兵携带排爆装备赶赴现场，于18日成功将爆炸物销毁。经公安机关技术鉴定，判定为温控式非触发性爆炸装置（内装硝铵炸药）。 （高志东）

附：中共武警山西省总队第三届委员会第一书记、书记、副书记、常委名单

第一书记：杨　司（兼）

书　　记：刘建华

副 书 记：仲　轩

常　　委：（按姓氏笔画排序）

王树海　张喜文　李善勇　杨建国

胡占林　夏家亮　穆瑞国

省公安消防总队党委工作概况

党委书记　陈子浩

2011年，省消防总队认真落实党中央、国务院以及公安部、省委省政府关于加强和改进消防工作的一系列决策部署，强化消防工作责任制落实，加强消防基础设施建设，推动火灾隐患排查整治工作深入开展，保持了消防工作和队伍建设持续推进、科学发展的良好态势，全省火灾形势平稳，连续28年未发生群死群伤恶性火灾事故，为全省转型跨越发展和社会和谐稳定做出了积极贡献。

一、严格落实消防工作责任制，优化全省消防安全管理水平

全省各级消防部队紧紧围绕服务转型跨越发展大局，认真履行消防监管职责，积极发挥党委政府参谋助手作用，提请政府将消防工作列入重要议事日程。省政府全面部署清剿火患战役，并健全完善了政府领导、部门联动、目标管理和督导考评机制，省政府召开了由12个厅局主要负责人参加的联席会议，就消防产品联合执法、建筑外墙保温材料消防安全、学校安全教育等重大问题进行磋商；召开进一步加强火灾防控电视电话会议，成立5个考评组对11个地市落实2010-2011年度消防工作目标责任制情况进行全面考评验收；逐级、逐层、逐部门签订责任书，将消防工作目标任务和责任逐级分解到各有关部门、行业、系统及社会单位，将单位

举行评先评优、干部提拔晋升与消防工作挂钩，坚决实行一票否决制。

二、深入推进“清剿火患”战役，提高社会火灾防控水平

全省各地紧紧围绕防范重特大火灾尤其是群死群伤火灾事故这一目标，不断创新社会消防管理，大力推行网格化监管模式，全面启动全警消防战略，深入开展消防安全专项行动。全面打响了“清剿火患”战役，张建欣副省长亲自担任战役指挥部指挥长，对“清剿火患”战役行动进行全面指挥；全省11个地市、143个县市区、1481家派出所、29386个村、街道、社区协同作战，积极构建三级网格管理模式，住建、工商、文化等56个部门、行业之间的协调配合，消防、治安、法制、警务督察部门实行全警联动共同推动“清剿火患”战役。共检查社会单位13万家，督促整改火灾隐患25.8万处，责令“三停”单位3918家，拘留2440人，38家重大火灾隐患单位全部摘牌。全年共发生火灾4679起，死14人，伤9人，直接财产损失4643.5万元。

三、加强消防宣传工作，增强全民消防安全意识

积极协调省委宣传部等8部门联合出台《关于贯彻落实<全民消防安全宣传教育纲要（2010—2015）>的实施意见》，在全省提出“大普及、大宣传”的消防宣传工作理念，共开展消防宣传活动2000多次，开放消防站3900余次，接待参观群众200万人次，发送宣传资料190余万份，群众的消防安全意识得到了普遍提高。省公安厅、省教育厅联合制定下发了《山西省“消防安全教育示范学校”考核评定办法》，通过组织中小学生安全教育日主题教育活动、山西省消防科普活动周暨太原市“小手拉大手，消防进校园”等宣传活动，增强了全省中小学生消防安全意识。组织中央级和省级25家主流新闻媒体30余名记者组成“清剿火患—我们在现场”宣传报道团，分赴全省11个地市，行程5000多公里开展“清剿火患”宣传报道，在全省形成了“清剿火患”战役强大的舆论声势。同时，督促各地设立11个火灾隐患举报投诉中心，开通96119举报电话，在社会上形成“全民消防，生命至上”的舆论氛围。

四、打造三晋消防铁军，提升部队攻坚克难能力

全省公安消防部队始终坚持以战斗力为标准，以现代化科学技术为支撑，以人才素质提高、现代装备升级和社会管理创新为重点，全面打造现代化的三晋公安消防铁军，开展了高层建筑和文物古建筑灭火救援准备专项行动，组织了6300余次案例教学和专题战术研究，1200余次典型灾害事故实战拉动演练，4次跨区域灭火救援演练和1次跨区域地震灾害事故应急演练，部队官兵灭火救援的能力素质进一步提升；大力加强攻坚队伍建设，先后举办了12次消防铁军攻坚组比武竞赛，在全国打造铁军比武竞赛中，两个班组项目分别进入全国前六和前十。在应急救援队伍建设方面，全省11个地级市、119个县市区全部组建了应急救援队伍，提前一年完成了公安部部署的任务，并在创新应急救援队伍建队模式、建立多部门联动机制上走在了前列。10月13日，环保部、公安部在朔州市联合召开了全国环境保护与公安消防应急联动机制建设工作交流会，总结交流了朔州等地环保与消防应急联动机制，并作为先进模式向全国推广经验。2011年，全省消防部队共接警出动1.1万余次，出动消防车辆1.9万辆次，出动消防人员11.2万人次，抢救疏散被困人员3.5万人次，保护财产价值5.8亿元，受到了各级领导和人民群众的广泛赞誉。

五、狠抓队伍建设，部队规范化建设扎实推进

全省消防部队坚持把党的建设与队伍建设结合起来，以党建促队建，深入开展创先争优活动，深化学习型领导班子和民主集中制建设，政治主官担任书记制度有效推进，党建基础进一步夯实，创先争优热情进一步高涨；紧扣纪念建党90周年，举办了红歌演唱会、图板成果展、书画艺术展等活动，丰富了警营文化生活，激发了官兵昂扬向上的工作热情。在干部管理方面，推行了营职干部竞争上岗和机关干部绩效考核，促进了学习型部队建设，强化了干事意识，提高了工作效率，干部纪律作风得到明显改善。坚持从严治警，加大督察力度，狠抓部队管理，开展了以“安全警示标识化、安全教育远程化、安全训练规范化、灭火救援科学化”为主题的“四化”建设和“五无”创建活动，设立了安全工作奖励基金，召开了部队正规化建设现场会，通过警营大讲堂、安全大家谈等系列活动，强化了安全意识，大大扭转了事故案件多发的局面。加强党风廉政建设，探索建立内控机制，组织开展了集中警示教育活动和干部队伍思想作风教育整顿，纯洁了部队风气；深入开展“审计整改年”活动，审计金额9.97亿元；深化“阳光行动”，努力构建和谐警营警民关系，聘请各级人大代表、政协委员担任行风监督员，努力推进消防执法规范化建设，探索建立“大走访”活动长效机制。共有58个单位被评为“阳光警队”、63名个人被评为“阳光警察”，人民群众满意度进一步提高。加强文明单位创建工作，总队机关和6个支队被评为“全国文明单位”。

六、加大资金投入力度，推进部队基层基础建设

各级部队大力加强财务管理制度化、规范化、标准化建设，进一步完善了资产配置标准，细化了资产购置预算，将消防业务费保障列入政府年度工作考核目标，省政府及各地政府不断加大消防经费投入，全省预算经费实现3.47亿元，增幅达13.7%；业务费总量达到6.91亿元，同比增长22.63%。全省投入资金1.06亿元，新增消防车80辆，新购个人防护装备1.8万件（套），投资4.7亿元，新建改建消防站48个。此

外争取社会力量办消防1.8亿元。2011年总队党委还拿出900万元为开工新建的18个消防站进行了补贴。各地坚持信息主导警务，深入推进信息化建设，建成了调度指挥系统，搭建起卫星通信网，配备了通信指挥车，实现了全省联网，数据、图像、声音等信息同步传输。总队培训基地一期工程建设也已顺利完成，并承担了山西消防有史以来规模最大的新兵集训任务。（张静琼）

附：省公安消防总队党委书记、副书记、委员名单

书　记： 陈子浩

副书记： 朱志发

委　员： 赵　鹏　任珠善　薄成效　赵江畔　王建平　戴芝荣　刘孟龙　刘振山　唐国忠（10月任职）　王　政

高等院校党委工作概况

山西大学党委工作概况

党委书记　秦良玉

2011年，山西大学在省委、省政府的正确领导下，在省高校工委、教育厅的关心指导下，校党委团结带领全校师生员工，高举中国特色社会主义伟大旗帜，坚持以邓小平理论和“三个代表”重要思想为指导，深入贯彻落实科学发展观，团结拼搏，务实创新，为学校发展提供了强大的政治、思想和组织保障。

一、贯彻落实党的十七届五中、六中全会精神，狠抓思想理论建设，切实加强校院两级领导班子建设

校党委把思想理论建设放在首要位置，始终坚持马克思主义的指导地位，全面学习贯彻党的十七届五中、六中全会精神，践行科学发展观，坚持用马列主义、毛泽东思想、邓小平理论和“三个代表”重要思想武装全校党员领导干部，提高校院两级领导干部的思想认识和理论水平，为坚持社会主义办学方向提供了重要的思想保证。

充分发挥思想理论武装头脑、指导实践、推动工作的巨大作用，坚持用中国特色社会主义理论体系统一全校师生思想，以建设学习型党组织为抓手，不断增强党员干部贯彻落实科学发展观的自觉性和坚定性。通过党委会、党委扩大会、党务工作会等形式，依托校院两级中心组理论学习制度，安排部署理论学习任务。召开了“坚持以人为本执政为民理念、发扬密切联系群众优良作风”专题民主生活会，开展了以“学习贯彻十七届六中全会，加强师生思想政治工作”为主题的中心组学习活动。下发了《关于认真学习贯彻党的十七届六中全会精神的通知》和省委第十次党代会报告等重要内容，引导党员干部深刻领会中国特色社会主义理论体系的科学内涵和精神实质，深刻理解马克思主义立场、观点、方法，自觉坚持中国特色社会主义旗帜、道路、理论体系、制度不动摇。组织师生员工学习、研究和讨论胡锦涛同志在庆祝建党90周年大会、十七届六中全会和清华大学建校100周年大会上的讲话精神，在全校范围营造浓厚的理论学习氛围，进一步深化思想认识和理论水平。

二、以庆祝建党90周年系列活动为契机，持续引深“创先争优”活动，重点工作圆满完成

（一）开展“四学”活动，持续引深“创先争优”活动。校党委把“创先争优”活动作为全校各级党组织的一项重大政治任务，按照《实施方案》要求，坚持“全面覆盖，步骤规范，思路创新，做法务实”的活动特点，依托右玉党性党风教育基地，在公开承诺、亮牌示范的基础上，开展以“学理论、学党史、学党章、学先进”为主要内容的“四学”活动，确保活动主题鲜明，载体丰富，承诺实际，氛围浓厚。采取自主学习和集中学习相结合的方式，将校院两级中心组、民主生活会、党支部学习研讨会、班会与知识竞赛、讲座、报告会、参观学习等学习方式相结合，规范和引导各级领导干部和全体党员自觉深化思想认识，学习先进典型，坚定宗旨意识，提升党性修养。教育广大党员特别是青年党员深入了解党的光辉历程、丰功伟绩、优良传统和宝贵经验，引导和激励广大教职工爱岗敬业，勤勉奉献，带动和提升了学校各项工作的水平。参加了全国党建研究会，论文《延安“学习运动”对学习型党组织建设的启示》在《山西工作》刊发，进一步深化了创先争优活动的理论内涵。

（二）开展庆祝建党90周年活动，弘扬优良传统，坚定党性观念。召开了建党90周年报告会、座谈会、大学毕业生建功立业报告会和名家系列讲座，以党的光荣历史和先进人物的光辉事迹激发师生爱党爱国爱校热情；开展了党的知识竞赛、“永远跟党走”演讲赛，大学生村干部“青春献给党”演讲赛，引导大学生了解党、热爱党、忠于党；举办了党史党建图片展、老干部书画展、书画摄影展，系统回顾中国共产党领导中国人民90年走过的光辉历程，坚定听党话、跟党走的理想信念；组织了校园红歌赛、专场音乐会、合唱比赛，热情讴歌党领导中华民族取得民族独立、实现民族复兴的丰功伟绩；走访了老同志、老党员、老红军，慰问了革命烈士家属，聆听革命历史，学习先辈事迹，进一步坚定共产主义远大理想。此外，通过表彰活动、千人入党宣誓活动、赴革命圣地延安、红色爱国主义教育基地和革命老区等地参观学习，激励广大基层党组织和共产党员继承和发扬党的优良传统，牢固树立为民奉献的工作作风。

（三）贯彻落实整改意见，完善机制体制，促进工作提高创新。校党委把落实省委巡视组对学校的整改意见作为当前和今后工作的重点，成立了专项整改工作领导小组，确立了“定时限、定任务、定责任，举一反三，真抓实干”的整改工作方针，形成了《关于落实省委巡视组反馈意见的整改工作方案》，共计形成72条整改措施。经报省委巡视领导组批准《方案》后，党委又进一步分解落实整改任务，形成了《关于<落实省委巡视组反馈意见整改工作方案>的任务分解实施方案》，共计形成48个整改项目，细化了职责任务，明确了整改措施，落实了整改时限。全校上下统一思想，形成共识，把整改任务的落实作为一项严肃的政治任务来完成，把整改工作纳入学校整体工作全面部署，与学校中心工作有机结合，与“创先争优”活动相结合，在整改中完善工作体制机制，在整改中提升工作效益，有力地促进了学校整体办学水平的提高。

三、加强学习型党组织建设，打造高素质干部队伍和人才队伍，为学校转型跨越发展提供组织保障和智力支持

校党委坚持把民主集中制建设作为加强领导班子建设，增强班子凝聚力、战斗力的重要内容，严格按照《关于加强校级领导班子民主集中制的若干意见》要求，完善民主决策的机制体制，建立健全民主生活会制度、会议制度、谈话制度、请示报告制度、议事规则等，按照《关于实施“三重一大”制度的暂行办法》集体决策重大事项，推进了重大决策的科学化、民主化、规范化、制度化建设。通过党代会、教代会制度、基层调研制度和校领导联系学院、民主党派制度，在全校范围广泛征求关系民生福利和促进学校科学发展的意见建议，推动民主治校进程。按照《党政领导干部选拔任用工作条例》选拔任用干部，实行新提任领导干部公示制度、试用期制度和干部交流制度，提高干部提拔任用的民主化、科学化、公开化和透明度。健全党委联系专家制度，实施重大人才引进计划，全校入选“百人计划”的人数达到22人。举办了贯彻十七届六中全会精神干部培训班，参加省委党校中青班培训，出台了《部分研究机构中层领导岗位竞争上岗工作方案》，为干部成长创造更多条件和更大空间。

按照学习型党组织建设的要求，通过民主生活会、支部生活会、入党积极分子培养等，进行马克思主义和社会主义核心价值观的系统教育和学习。坚持“哪里有党员，哪里有需要，就在哪里建党组织”的工作思路，完成全校基层党支部换届选举工作，基层党支部增加到223个。按照“四高四强”标准选配党支部书记，注重吸引优秀人才和研究生入党，全年共培训入党积极分子1625人，发展党员1050人。荣获“山西省先进基层党组织”荣誉称号。承担了全省干部自主选学培训工作，与全省12个地市签订干部培训协议，培训干部1643人次，为提高全省干部队伍整体素质做出了积极贡献。

四、严格落实党风廉政建设责任制，建立健全惩防体系，开创党风廉政建设和反腐败斗争新局面

校党委以十七届中央纪委六次全精神为指导，认真贯彻落实全国教育系统党风廉政建设工作会议、全省教育系统党风廉政建设干部大会暨纪检监察工作会议精神，按照“一条主线，两个公开，三项重点，四项治理，五个关口”的工作内容，将党风廉政建设和反腐败工作纳入党委工作重点统一部署。召开了校级领导干部述职述廉大会、党风廉政建设工作会议、推进惩治与预防腐败体系建设工作会议和“小金库”专项治理工作会议，协调推进党风廉政建设工作。强化制度建设，完成首批必须建立的全部33项制度；制定了《2011年党风廉政建设和反腐败工作责任分解实施意见》、《2011年党风廉政建设工作要点》和《山西大学党务公开实施办法（试行）》，党务公开与校务公开有效结合。全校26个分党委（直属支部）成立了党风廉政建设工作领导组，将贯彻落实“三重一大”制度同党政联席会、二级教代会制度相结合，积极构建责任体系，不断完善配套制度，构筑符合学校实际的监督体系，有效保证了党风廉政建设和反腐败斗争的深入进行。

组织学校领导干部参加省纪委举办的廉洁教育培训，参观“全国检察机关惩治和预防渎职侵权犯罪展”和“山西省纪念建党90周年反腐倡廉成果展”，观看警示教育片，开展自查自纠，不断强化学习氛围，提升党员干部思想认识。下发了《山西大学民主评议行风工作实施方案》、《关于坚决制止领导干部大办婚丧喜庆事宜的实施细则（试行）》，成立了公务用车专项治理工作领导小组，在全校开展了纪律作风集中教育整顿活动，工作作风得到明显改善。把信访举报与加强教育、完善制度、强化监督、促进管理相结合，全年受理办结信访举报16件，做到了“事事有交待、件件都落实”。

五、加强和改进大学生思想政治工作，注重大学文化的精神引领作用，建设文明校园有新成效

校党委坚持以共产主义理想和社会主义核心价值观为指导，以爱国主义教育为重点，以基本道德规范教育为基础，引导大学生树立正确的世界观、人生观、价值观。依托青马工程，开展青年素质拓展训练，首期学员现已经顺利毕业。利用马克思主义理论学科优势，着力推进马克思主义理论和中国特色社会主义理论体系"进教材、进课堂、进头脑"。设立红色网站"君宇网"，引导学生树立坚定的共产主义理想信念。承办晋赣高校思政教育工作座谈会，开展青年教师思想政治调研，举办山西省首届高校思想政治理论课新任教师培训班，提升了思想政治工作队伍的能力和素质。

打造了一支以副书记、辅导员为主，专兼职相结合的学生工作队伍。依托初民实验班，深化"三学期制"改革，人才培养向精英素质教育转变。大力实施建团"四进"工程，实现了团组织对学生的双重覆盖。开展西部计划、三支一扶计划、村干部选聘、研究生支教团等实践活动，引导学生在实践中锻炼能力。2011年，学校共组建136支社会实践服务队，3945名团员青年深入全国七省(直辖市)21个地市294个农村社区进行了实践和调研，取得了良好的社会效益。实施大学校园文化育人工程，依托"两节"开展丰富的文化活动，潜移默化地影响和培养青年学子的文化内涵，推动校园精神文明建设不断升级。荣获全国青少年文化遗产知识大赛团体一等奖，全国大学生数学建模竞赛一等奖，第十二届"挑战杯"竞赛获特等奖。

全年举办各类招聘会、洽谈会150余场次，提供就业岗位5800多个，本科生就业率84.7%，研究生就业率78.4%，平均考研率28.8%。一年来，发放奖学金645万余元，共计8960人次，国家助学金745万余元，伙食补助99万余元，困难补助39万余元，勤工助学补助110万元。荣获"学生资助工作先进集体"。

六、以"大安全观"为统领，加强稳定安全工作的责任感紧迫感，创建平安校园有新进展

校党委按照"明确职责，加强防范，强化措施，追究责任"的工作方针，牢固树立大安全观念，把稳定安全摆在各项工作的首要位置，持续加强"软实力"和"硬实力"建设，扎实构建平安校园。加强制度建设，出台了《校园安全专项整治和"安全宣传月"活动实施方案》、《校园及周边治安综合治理专项整治实施方案》、《百日安全大检查及"文明交通行动计划"工作方案》，进一步优化了校园环境。坚持信息研判制度，上报《山大信息》12期，舆情信息60余条。进一步完善安全工作会议记录和稳定安全工作台帐制度，实行责任追究制度，建立《山西大学突发公共事件总体应急预案》，有效构建了稳定安全工作体制机制。

大力加强学生安全工作，实行了学生集中住宿工程，完善心理健康教育与心理危机干预四级危机防护网络，严格落实"三排查"制度，开展心理健康教育宣传月活动，进一步筑牢了学生安全管理防线。开展"安全教育进课堂"、"安全知识竞赛"活动，通过发放《大学生安全防范知识》和进行学生安全演练，有效提高了师生安全意识，顺利通过"平安校园"检查组验收。

七、围绕中心工作，凝聚各方共识，打造学校核心竞争力，提升综合办学实力有新突破

认真落实结对帮扶计划，组织文化扶贫调研工作5次，支援了总价值30余万元的办公教学物资和图书教材，促成总投入50余万元扶贫项目2项，帮助建成农产品加工厂1座；与酒泉卫星发射基地、山西省中阳县、太原武警指挥学校共建艺术文化基地，获得"山西省和谐文明单位标兵"和"山西省高校文明和谐单位标兵"荣誉称号。普法宣传教育取得良好成绩，被授予山西省"五五"普法先进单位。党委高度重视统战工作，加强"同心品牌"工程建设，出台了《中共山西大学委员会关于选拔举荐党外代表人士的办法(试行)》、《山西大学民主党派基层组织工作制度(试行)》。获得了"民革全国参政议政先进集体"、九三省委"优秀组织奖"、"为全面建设小康社会做贡献社会服务优秀成果奖"等。充分发挥工会联系教职员工的桥梁纽带作用，开展"慈善一日捐"活动，募集捐款4.5万余元。荣获省级先进集体1项，省级各类先进个人共13人次，获得省教科文卫体工会"宣传工作先进单位"称号。抓"两个待遇"和涉老政策落实，完成了老干部活动中心维修改造、医药费报销、工资邮寄、绩效工资发放等服务工作。出版了建校110周年系列丛书《历史的情怀——山西大学发展亲历记》。加强保密工作制度化规范化建设，参观全国窃密泄密案例警示教育展，增强法制观念，提高保密工作的警惕性和自觉性，顺利通过了上级检查组对我校国家统一考试保密室的检查验收。

(徐冠华)

附：山西大学党委书记、副书记、委员名单

书　记：秦良玉

副书记：郭贵春　张汉静　李忠人

委　员：赵怀洲　梁吉业　党志峰　丁耀武　王世杰

太原理工大学党委工作概况

党委书记　姚芝楼

2011年,太原理工大学党委在省委、省政府和省高校工委、省教育厅的正确领导下,校党委认真贯彻十七大、十七届六中全会精神、省委第十次党代会精神和学校第一次党代会精神,坚持"围绕中心抓党建、抓好党建促发展"的原则,按照年初确定的党建工作指导思想、总体思路,认真落实并圆满完成各项任务,校党委提出"干就干好、争就第一"的总体要求,从"抓班子、抓组织、抓干部、抓校风、抓综治、抓民生"等六个方面入手,努力实现全校干部教师变懒为勤、变散为聚、变软为硬、变拖为快、变满为进、变宽为严、变浮为实、变苦为乐等八个转变,促进学校各项工作取得新业绩。荣获"全国先进基层党组织"和"全国文明单位"荣誉称号。

一、以加强党在高校的执政能力为重点,以谋求发展凝聚人心,以振奋精神鼓舞士气,以团结和谐促进发展,全面推进党的建设伟大工程

(一)班子建设有新成效。校级领导班子形成了"团结务实、勤奋高效、坦诚共事、互相支持、凝心聚力、共谋发展"的作风和氛围。在省委、省政府的关心支持下,班子进一步配齐配强。各级中层班子也出现了"顾大局、谋发展、讲团结、高效率"的新特点。

(二)干部队伍建设有新进展。公开选任中层干部29名,科级干部135名,充实到干部队伍中,成为干事创业的一线骨干。干部的教育、培训、管理和考核机制进一步完善,出台和健全了一系列相关制度。特别是在第一时间落实上级组织关于实行干部票决制的规定要求,在校党委会和常委会上实施了干部选任票决制。

(三)组织建设有新突破。学校党员数量在建党90周年之际达到了6211名,位居全省高校之首。新增设基层党委2个、党支部16个。组织发展程序进一步严格和规范,基层组织活力得到进一步增强。创先争优活动、学习型组织建设形成经验和亮点,特别是"为民服务创先争优"活动取得积极成果。

(四)思政工作有新格局。学校对干部、教师、员工均加大了思想政治工作的力度,对于提高认识、统一思想、巩固基础、形成氛围奠定了基础。特别是大学生思想政治教育工作形成了新的格局和品牌。"一体两翼、三项服务"的大学生思政工作新格局已得到上级组织和主管部门的肯定和赞赏。年初在全省高校思政工作会议上作为经验推广。学生管理工作,以生涯导航——大学生成长成才教育为主线,通过行之有效的大学生资助和助学工作体系以及心理健康教育与咨询、课外科技学术活动等平台全面培养大学生健康成长成才。助学工作被媒体广泛报道,得到社会的认可和赞誉。

(五)校风建设有新气象。学校在抓学风建设、教风建设的同时重点把关键和突破口放在工作作风建设上。为此,校党委提出了以"八个转变"为内容的工作作风建设要求。11月中旬,学校派出9个检查组对全校各基层党委、各学院、各职能部门、后勤系统和公共服务平台相关部门进行了机关工作作风大检查,校党委在听取检查汇报后,将检查结果在全校通报,并推广了经验做法。通过检查,总结了经验,巩固了成果,促进了工作。

(六)综治工作有新成绩。作为和谐校园、平安校园和文明校园建设的基础和保障,学校综治工作在全校师生员工的共同努力下,取得了新的成绩,2010年被授予"山西省创建平安校园暨学校安全专项整治工作先进单位"荣誉称号,今年再次通过省级检查组的验收。

(七)党务公开有新经验。11月份,全省高校党的基层组织党务公开工作现场会在学校召开。省委常委、省纪委书记、省党务公开工作领导小组组长李兆前在会上做了重要讲话,充分肯定了学校的有效做法和经验。随后,学校党务公开工作的经验又在全国教育系统党风廉政建设工作会上做了交流发言。

(八)多项重点工作全面展开。学校"十二五"规划在第一次党代会上通过校党委建议后,经数次论证和修改并在教代会上通过。新校区建设工程进展顺利,前期基础性工作有序推进。搬迁方案同步确定。老校区维修和改造也在加大力度。校庆工作推进有序,5月6日启动了倒计时仪式,学校校友会、各地校友会、专业校友会换届和组建工作陆续展开,海内外校友的向心力、凝聚力大大增强。通过纪念建党九十周年的系列活动,全校师生再次重温了党的伟大历史和丰功伟绩,振奋了精神。

(九)其他工作有新起色。坚持党管人才,人才队伍建设以更加开放和灵活的政策取得成效。全年,学校双聘院士2名,引进"百人计划"海外高层次人才11名、博士88名(海外博士10名)。统战工作努力开创统一战线服务学校发展的新局面,加强了对基层党委统战委员的集中培训力度。各界人士迎春座谈会和中期各界人士情况通报会已成为统战人士参与学校管理发展的重要渠道。党外副处级以上干部占比达15.98%。作为全省高校唯一代表参加了全国高校统战工作经验交流会。工会工作从维护教职工合法权益出发,充分发挥教育职能,通过教代会以及工会组织等畅通民主渠道,听取群众呼声,解决群众困难,推动学校和谐发展;以党建带团建,校团委胜利召开了第三次团代会,完成了新一届校团委

换届选举工作。离退休工作以为老同志办实事、做好事、解难事为抓手，强化了网络信息管理和学习系统，注重加强硬件建设，努力改善离退休老同志的政治待遇、生活待遇，积极开展丰富多彩的文体活动为离退休人员服务。

二、以贯彻落实党风廉政建设责任制为重点，党风廉政建设工作取得新的进步

（一）抓好党风廉政建设是学校各项工作取得成绩的基础和保障。对此，校党委有着十分清醒而深刻的认识。学校的党风廉政建设和反腐败工作搞得好不好，关系到学校的改革、发展和稳定的大局，关系到和谐校园的建设，也关系到干部的成长和队伍的建设。它既能够影响一个学校的风气，也能够影响到学校事业的发展。校党委非常重视党风廉政建设和反腐倡廉工作，班子成员都自觉地把党风廉政建设责任制贯穿到各自分管工作中，并坚持抓好落实。

（二）党风廉政建设责任制落实情况良好。一是工作部署及时到位。年初，学校及时召开了党风廉政建设干部大会，传达全省教育系统纪检监察工作会议精神，研究部署全校党风廉政建设和反腐败工作。同时，校党委把党风廉政建设作为学校党建工作的重要内容和学校工作的重要组成部分，列入了学校全年的工作要点，与学校的各项中心工作同部署、同检查、同落实、同总结。二是健全制度，狠抓落实。做到了制度明确、责任明确，还强化了过程管理，同时还特别注重在工作中不断修订和完善制度。三是工作督查。在年初签订目标责任书的基础上，年中，党委组织督查组对责任制的落实情况和存在问题进行了督促检查，提出了改进意见。面向全校首批公开招聘党务校务工作兼职监督员 18 名，对学校重大决策、各项制度的执行情况和领导干部廉洁自律等情况进行了监督。年底对全年的党风廉政建设责任制的完成情况进行了全面的考核和总结。四是重视支持纪检监察工作。校党委大力支持纪检监察对学校的各项工作和各级干部进行监督，同时自觉接受纪委对党委班子及班子成员的监督。

（三）校党委高度重视党风廉政建设工作。学校党委书记作为全校党风廉政建设的总负责人，对党风廉政建设和纪委提交校党委的事项从不拖延，在第一时间批阅信访案件，并注重督促办理进展情况。积极组织班子成员研讨反腐倡廉工作，提出指导性意见，努力调动班子成员齐抓党风廉政建设的主动性和积极性，形成反腐倡廉的整体合力。班子成员都能够按照要求和部署，以强烈的责任感和紧迫感真抓实干，都能够根据廉洁从政的要求规范自己，在工作中自觉遵守党风廉政建设的各项规定，对分管部门发生违反廉洁自律规定的能够及时纠正，一年来班子成员没有任何违规违纪行为。

（李济民）

附：太原理工大学党委书记、副书记、常委名单

书　记：姚芝楼

副书记：张文栋　安川金　张惠元

常　委：王秀珍（女）　吕　明（1 月任职）

李大公（1 月任职）

山西农业大学党委工作概况

党委书记　石扬令

山西农业大学现有 17 个基层党委；3 个党总支；115 个党支部，全校党员共计 3284 名。

2011 年，学校荣获全省高校"文明和谐单位"、"党史知识竞赛优秀组织奖"、"校园歌手大赛优秀组织奖"、"校方责任保险先进组织单位"、"春运志愿服务优秀组织单位"、"山西省老龄宣传工作先进单位"和"2011 年山西省组织工作十佳创新项目" 等荣誉称号，同时，学校被列入"省部共建高校（山西省和农业部）"。

一、坚持将解放思想贯穿于学习型党组织创建全过程，极大地激发了干部队伍的生机与活力

坚持采取"坐下来学，沉下去学，走出去学"的方式，在抓好每月一次校级中心组理论学习的同时，举办了理论学习专题辅导班 3 期，人文素质专题报告会 2 场；组织学院党政领导、专家学者到全省现代农业示范区、新农村建设示范村进行考察调研，要求领导干部与青年学生一起参与"访三老，察民情"等"三下乡"活动；利用双休日和暑期，组织有关专家、教学名师、先进模范、党员干部等赴西藏、西安世博会、延安、井冈山、西北农林科大、青岛农大、山东农大等地学习考察，坚定了信念，开阔了视野，强化了责任，拓展了思路，进一步营造了团结和谐、风清气正、抢抓机遇、干事创业的良好氛围。

二、坚持把质量特色作为转变发展方式的核心任务，建设教学研究型大学的发展蓝图更加清晰

紧紧围绕学校第四次党代会确定的发展目标、发展重点和发展路径，召开了第五次教代会，会上通过了学校第十二个五年发展规划；召开了"十一五"本科教学质量与教学改革工程总结表彰暨 2011 年本科教学工作会议，全方位规划了今后五年本科教学改革与发展的目标任务，明确了"十二五"期间学校教学工作的重点，学校出资 250 万元支持国家级、

省级教学质量工程有关项目的建设；召开了科技工作会议，切实从抓项目、抓团队、抓平台、抓服务、抓机制等五个方面，对今后五年学校科技工作进行了安排部署，启动了学校“创新团队建设计划”和“中青年拔尖创新人才支持计划”。

三、坚持把内涵式发展放在更加突出的位置，办学质量与办学水平有了进一步提升

学校硕士学位一级学科授权点新增6个；博士学位一级学科授权点新增4个，二级学科博士点达到了25个，基本覆盖了学校90%以上的学科专业。2个专业被列入山西省高等学校特色专业建设项目；新增4个专业方向和1个硕士专业学位授权点。在省委“百人计划”中，引进海外高层次创新拔尖人才4名，总数达到了11位。

坚持学期初、中、末三次集中教学检查，坚持每次检查有重点、有要求、有反馈，实现了内部教学评估常态化和考试评估制度化。被列入省级教改课题的有7项，入选“十二五”省教育科学规划项目的有9个，入选首批农业部“十二五”规划教材选题的有33部，学校主编的5部教材被评为2011年全国高等农业院校优秀教材奖。

首次突破10项大关，学校获批了20项国家自然科学基金项目；新增项目经费4140多万元，还有一项国家科技支撑计划课题，经费达到了1400多万元；农业部华北黄土高原地区 作物栽培与耕地保育 科学观测实验站落户学校。学校采取请进来、走出去的办法，先后举办阳光工程农民创业培训班、吕梁市核桃产业农村实用人才培训班以及农民骨干、农口干部培训班共36期，培训各类人员5000多人。

四、坚持将社会主义核心价值体系教育融入学校教育全过程，党建思想政治工作呈现出了良好态势

以庆祝建党90周年为主题，开展了一系列纪念活动，召开了纪念建党90周年暨创先争优表彰大会，在全校兴起了学习宣传胡锦涛总书记“七一”重要讲话精神热潮。全校各级党组织和共产党员，立足岗位创先进，结合实际争一流，选树了一大批先进集体和优秀个人，用身边事教育身边人，广大师生受到了一次生动的思想教育。

扩大试点学院范围，继续推进思想政治“课堂教育、党课教育、日常教育”三结合工作；积极探索新生入学教育学期化的有效形式，先后组织了4个主题教育月活动，组织面对面交流或举办讲座36场次；举办了“让青年更精彩”主题校园文化节，18000人次的青年学生参与了活动；积极推进高雅文化进校园活动，先后举办“人文素质大讲堂”、“校友导航——成功者之路”报告会、大学生创业论坛72场次，受益学生3万多人次；成立了“金银焕创新创业基金”，多层次举办创新创业教育活动，30多个项目入选省大学生创新创业训练项目。

坚持将民主推荐作为干部选任的重要环节，充实和加强了部分学院的班子建设；坚持对新任处级干部进行岗前培训，组织全校100名管理干部参加了教育部组织的远程教育专题培训；建立了以工作实绩为主要内容的考核指标体系，以基层组织为单位，对多项工作进行汇报点评、排队打分；出台了《辅导员日常工作指南》、《专兼职辅导员考核办法》等；以学院基层党组织为单位，启动了“一村一品”、“一县一业”科技服务专项行动。

创新全省干部自主选学教学模式，将培训班办到了地方上，受到了各级政府和广大学员的欢迎；带着感情，周密部署，热情服务，援疆培训工作卓有成效，得到了各级领导和广大学员的一致认可。

五、坚持将党风廉政建设作为党的生命工程来抓，具有我校特色的惩防体系建设扎实推进

坚持召开科级以上干部党风廉政建设工作会议，与全校52个单位的党政负责人签订了《党风廉政建设责任书》；组织了科级以上干部学习贯彻《廉政准则》专题培训和集中答题活动，多途径开展正面示范教育和反面警示教育；坚持开展处级领导班子专题民主生活会，先后与新提拔的副处以上干部进行了任前诫勉谈话；在全校学生中全面开展了廉洁教育。

出台活动方案，召开动员大会，成立纪律作风督促检查小组，对全校各部门、各单位职工上岗情况、严肃纪律“五不准”要求执行情况等进行了检查，有力地促进了全校工作作风的建设。

以自查自纠为主要手段，先后开展了基建工程、小金库、公务用车、庆典、研讨会等专项治理工作，按要求对处级领导干部办理婚嫁事宜宴请人数进行了公示；对退居二线的单位负责人进行了离任经济责任审计；大力实施“阳光工程”，对各学院党风廉政建设工作进行了检查，在全校开展了政风行风民主评议工作，继续推进廉政风险防控排查工作。

六、坚持以服务师生、服务人才培养为宗旨，和谐校园建设取得了突破性进展

对校园内阅报栏、标语牌、健身器材、休闲座椅、自行车棚等进行了维修更换，圆满完成了南院人工湖工程，家属区环境改造升级工程稳步推进，校园环境专项治理工作取得了明显成效。积极支持学生社团开展活动，支农、支教和环保类社团蓬勃发展，先后有3万人次的青年学生参加了校内外各类志愿服务活动。开展了第二届道德模范评选活动，将第一届、第二届共59位道德模范的先进事迹进行汇编，编印出版了《银光闪烁道德星》一书。

积极推进安全教育进课堂、进公寓、进学生头脑，多层次开展主题教育活动，消防安全演练做到了学生“人人参与、全员覆盖”；先后进行了五次安全隐患大排查，实行了校园交通全面管制，增设了电子监控，扩大了监控范围；坚持要求学院

主要领导和学生工作干部向学生公布手机号码，建立了以学生组织为主渠道、学生骨干为主要力量信息沟通机制。

全面开展事业单位岗位设置工作，积极深化校内分配制度改革；积极实施棚户区改造和公租房建设项目，首批15栋家属楼(458户)已在年底通上了天然气。与晋中二院签订了协作协议，二院中医、妇科专家定期来学校坐诊。召开了全校离退休工作会议，与中远威药业建立了公益合作关系，邀请省眼科医院专家来校为老同志开展义诊活动；设立勤工助学岗位210个，有400余人次的青年学生得到了帮助和锻炼。大学生心理健康工作走上了制度化、规范化、科学化道路。

(赵水民)

附：山西农业大学党委书记、副书记、委员名单

书　记：石扬令

副书记：董常生　岳文斌　滑云龙

委　员：周富国　崔克勇　邢保荣　姚考文　田晓东　李玉冰(9月离职)　李长萍

山西医科大学党委工作概况

党委书记　师　帅

山西医科大学现有7个二级党委；14个党总支；3个直属党支部和248个党支部，全校党员共计5383名。

2011年，学校党委在省委、省政府和省高校工委、省教育厅的正确领导下，学校高举中国特色社会主义伟大旗帜，以邓小平理论和“三个代表”重要思想为指导，深入实践科学发展观，积极贯彻胡锦涛总书记“七一”讲话和在清华大学百年校庆上的讲话精神，全面落实党的十七届五中、六中全会和全省第十次党代会精神，贯彻国家和山西省中长期教育发展规划纲要，紧紧围绕建设教学研究型医科大学的奋斗目标，抢抓发展机遇，加强内涵建设，学校事业发展取得了新的成绩。在国家级教学名师、中华医学科技进步二等奖、国家级外国专家资助项目、首批在校本科生留学学成归来等方面实现了零的突破；一级博士、硕士学位授权学科各增加了1个；国家重点临床专科增加了1个；获得国家和省级各项科研、学科建设、基金等经费7605万元；学校教育事业总收入5.706亿元，财政专项资金拨款3.224亿元。同时，学生在参加全国教学大赛和全国群众性体育活动中各获得一等奖。学校全年荣获“国家级先进”等称号的有3项，省、市级先进等称号的有10项。

一、以纪念建党90周年为契机，以“三晋先锋在行动”为实践主题，进一步深化创先争优活动和推进学习型党组织建设活动

为贯彻省委第九次党代会、九届十一次全会和全省教育工作会议部署要求，根据《关于在全省教育系统共产党员中开展“三晋先锋在行动”主题实践活动的通知》(晋教创先[2011]8号)文件精神，学校党委在全校党员中深化“创先争优我承诺，转型跨越促发展”活动，创新活动载体，围绕服务学校转型跨越发展、服务师生，提高社会和师生满意度，开展了丰富多样的庆祝活动，进一步开展了“党员示范岗”、“党员公开承诺”等活动，深化了创先争优活动。同时开展“三学习”、“三创新”活动，扎实推进学习型党组织建设活动，并将三者紧密结合，创新载体，突出特色，表彰先进，树立典型，取得了显著成效。广大党员的宗旨意识、学习意识、创先争优意识和工作积极性明显增强，思想认识、理论水平和指导实践能力明显提升，涌现出大批先进基层党组织和优秀党员。被省高校工委授予“先进基层党组织”荣誉称号的有6个、“优秀党务工作者”荣誉称号的有4人，被省委组织部、省高校工委分别授予“优秀共产党员”荣誉称号的有19人；同时，校党委对27个基层党组织、20名优秀党务工作者、133名优秀共产党员和10名创先争优活动优秀共产党员岗位标兵进行了表彰。典型的树立，带动全校广大党员干部展示出争先进、创业绩的良好精神风貌。

二、夯实基础，转变作风，领导班子建设不断增强

学校各级党组织从思想建设、组织建设、制度建设和作风建设方面着手，全面加强了领导班子建设。各级领导班子坚持和完善中心组学习制度，认真开展中心组学习活动，充分利用网络学习平台进行在线学习，进一步提高了各级领导班子成员的思想认识和政治理论水平；坚持民主集中制，不断完善领导班子工作运行机制和议事决策形式，提高了决策的民主化和科学化水平；根据学校人事变动，及时调整了领导班子成员分工，进一步完善了工作机制；坚持和完善了民主生活会制度、领导干部下基层调查研究、联系专家、听课、接待日等制度，进一步改进了工作作风。

三、以社会主义核心价值体系为引领，思想政治工作取得实效

坚持正确的舆论导向，以社会主义核心价值体系为引领，认真贯彻落实《公民道德建设实施纲要》，积极创新形式和载体，扎实推进校园文化建设和精神文明建设，切实把加强大学生思想政治教育与解决大学生实际困难相结合，制定了《关于进一步加强思想政治理论课建设的意见》，开展了多种形式的大学生思想政治教育活动；结合国内外形势，深入开展了一系列理论教育和形势政策教育，促进了师生思想政

治素质的提高，营造了良好的思想政治氛围。

四、认真贯彻《条例》，基层组织建设得到强化

《中国共产党普通高等学校基层组织工作条例》颁布后，校党委在全校各级基层党组织开展了认真宣传贯彻活动，进一步强化了基层党组织建设。坚持以《条例》中党的理论创新、实践创新、制度创新的新成果指导基层党组织建设工作，推进了学校党建工作机制的改革创新。进一步加强和改进大学生党支部建设，大幅提高了学生党支部在基层组织中的比例，进一步落实了学生党支部建在班上的要求。加强了临时党支部管理，进一步规范了毕业生党员教育管理和组织关系接转工作。

五、干部队伍、党员队伍建设稳步推进

认真开展干部调整和选拔任用工作，采用竞争上岗等方式，共选拔调整处级干部22名，充实了干部队伍。同时，强化了干部培训教育，全校处级以上干部通过山西干部在线学院网站和山西医科大学干部在线学习中心进行了网络学习；98名处级以上干部分赴西柏坡、延安接受了革命传统教育；3名省管干部参加了省管领导干部进修班，2名正处级干部参加了中青年领导干部培训班，有效促进了干部素质、能力和水平的提高。完成了山西省干部自主选学山西医科大学培训基地第一期专题培训班的培训任务，着力加强党员队伍建设，共培训入党积极分子840名，发展党员626名，审批预备党员转正522人。适应研究生管理模式的变化，进一步完善了新生党员尤其是研究生新生党员组织关系的管理。

六、反腐倡廉建设成效明显

认真落实党风廉政建设责任制，签订了责任书，开展了党风廉政建设情况专项检查，采取多种方式对党政领导班子和主要负责人履职情况进行了考核，逐步形成了落实责任制的考核评价和奖惩机制。着力构建、完善惩治和预防腐败体系，通过组织处级以上干部参观“全国检查机关预防渎职犯罪巡展”等多种形式对各级领导干部进行了党风廉政教育，制定了《中共山西医科大学委员会关于在全校党的基层组织实行党务公开的实施方案》和《中共山西医科大学委员会党务公开目录》，强化了对干部选拔和任用、新校区建设、学校决策部署的执行和办事程序等方面的监督检查，建立健全了廉政风险排查防控风险点相关制度和防控措施，认真办理信访和查处案件，开展了“小金库”、工程建设领域突出问题、庆典、研讨会、论坛过多过滥等专项治理工作，制定了行风建设承诺书，加强了医德医风建设，筑牢了抵御腐败的思想防线，营造了风清气正的育人环境和办学氛围。在1月份，召开的全省领导干部党风廉政建设大会上学校受到了表彰。11月份，省委有关领导专程来学校调研指导工作，对我校党风廉政建设工作给予充分肯定。

七、精心组织，成功召开党的代表会议

召开高校代表会议，选举出席省高校系统党员代表大会的代表，是2011年省委换届选举工作中的一项重要任务，也是开好省第十次党代会，选好新一届省委领导班子，圆满完成换届工作任务的重要基础。校党委高度重视党的代表会议各项工作，起草印发了学校推荐人选的工作方案、各个推选环节的方案和安排以及选举工作中的相关文件和日程安排，指导各基层党组织进行出席省高校系统党代会代表候选人预备人选的酝酿推荐工作，积极参与省高校系统党代表会议选举等各项工作，为省党代表会议的胜利召开发挥了保障作用。

（成星亮）

附：山西医科大学党委书记、副书记、委员名单

书　记：王茂林（12月离职）　师　帅（12月任职）

副书记：段志光　郭巍伟　吴　刚

委　员：顾昭明　李汝德　王斌全（12月任职）
王　军　刘越泽（女）

山西师范大学党委工作概况

党委书记　倪生唐

2011年，师范大学党委在省委、省政府和省高校工委、省教育厅的正确领导和亲切关怀下，学校高举中国特色社会主义伟大旗帜，以科学发展观为指导，深入贯彻落实十七大和十七届四中全会、五中全会、六中全会精神，深入贯彻落实国家和山西省中长期教育改革和发展规划纲要，紧紧围绕我省转型跨越发展战略，团结和带领广大教职员工，顽强拼搏，奋发进取，继续推进内涵发展、特色发展、和谐发展，各项工作均取得长足进展，圆满完成了年初既定的各项任务，学校呈现良好发展态势。

一、努力提高党建工作科学化水平，以党的建设新成效推动学校各项工作任务的全面落实，为“十二五”的顺利实施奠定了良好的开端

2011年，校党委认真贯彻落实中央有关精神和《高等学校基层组织工作条例》，加大改革和创新力度，不断提高我校党建工作水平，为学校科学发展提供了坚强的思想保证、政治保证和组织保证。

（一）学习型党组织建设取得丰硕成果。学校党委将学习型党组织建设作为一项重点工作来推进，以学习十七届六中

全会精神、“七一”讲话精神、胡锦涛在清华大学百年校庆上的讲话精神、省十次党代会精神、全省教育工作会议精神等为主，不断丰富学习内容，创新学习形式和载体，建立健全学习长效机制，取得了丰硕成果。进一步坚定了广大师生中国特色社会主义理想信念，增强了运用科学发展观指导实践，推动学校内涵发展、特色发展、和谐发展的主动性、积极性和自觉性。此外，党建、党务的研究工作也得到了加强，在全省党建研究会纪念建党90周年主题征文活动中，学校获一等奖2项、优秀奖1项。

（二）干部选任和培训工作形成新机制。学校在干部选任上进行了新的探索。一是大公开，从选任程序、空缺职位、组织报名、民主推荐、公示任用等实行全过程公开；二是大推荐，强调本单位群众的业绩评价，在学校层面无记名投票推荐、校领导推荐基础上增加了本单位干部群众民主推荐环节；三是设立综合素质测试环节，；四是全方位差额，即差额确定考察对象、差额酝酿、差额票决。通过层层推选，充分体现民主，进一步增强了选人用人的透明度和公信力。在继续做好专题培训、挂职锻炼等工作基础之上，启动了干部自主在线学习平台。各级领导干部都能保质保量地完成规定的学习任务，进一步开阔了视野，增强了创新意识，提高了理论素养和管理水平。

（三）“创先争优”活动取得新成效。学校主要是以纪念建党90周年、辛亥革命100周年等为契机，开展大型主题宣传、评选“我身边的优秀共产党员”、优秀青年教师党员现身说法、学习全国道德模范等系列活动，在全校形成了学习先进、崇尚先进、争当先进的良好风气。涌现出一批先进基层党组织、优秀共产党员、优秀党务工作者、学生红旗党支部，受到省高校工委和校党委的表彰。

（四）党务公开工作尽一步规范。制定并实施校、院两级党务公开工作实施办法和公开目录，进一步丰富党务公开工作内容、形式和载体，明确党务公开工作责任单位和责任人，使党务公开工作落到了实处。

（五）大学生思想政治教育工作。学校着力推进“队伍强化工程”，继续加强辅导员队伍建设，新补充专职辅导员7名。着力推进“思政创新工程”，提高了学生思想政治工作的针对性、实效性、亲和力和感染力。着力推进“健康心灵工程”、“帮困励志工程”、“就业创业工程”，全年共资助学生26576人次，总金额达3200余万元，毕业生一次性就业率继续保持在全省前列。继续加强校园文化建设，着力推进“文化精品工程”，提升了校园文化的艺术品位，陶冶了师生情操。

2011年，学校党建工作有力地推动了学校各方面工作的长足进展，为“十二五”规划的顺利实施奠定了良好的开端。一是人才培养质量进一步提高。本科质量工程项目建设扎实推进，省级项目获奖数量在全省高校中名列前茅。“国培”、“省培”顶岗实习覆盖面和参与实习的学生规模持续扩大。课堂教学进一步规范，教学质量明显提高；二是重点学科建设呈现新局面。化学学科成为省优势重点学科。戏剧与影视学获批成为一级博士学位授权学科。启动校内一级重点学科、二级重点学科、重点培育学科建设；三是学位点建设取得新进展。新增一级学科博士学位授权点1个、一级学科硕士学位授权点5个；四是科学研究水平大幅提升。获得国家社科基金项目10项（重点项目1项），国家自然科学基金12项，科技部973专项子课题1项，均为历年最高。发表SCI二区以上论文14篇，文科1A级以上论文8篇；五是人才工作成效显著。入选“百人计划”的教授有2人，“磁性材料”研究团队被入选教育部“长江学者和创新团队发展计划”创新团队。全年引进博士及高层次人才25人，有17名教师考取了博士，23名博士学成返校，公开招聘硕士及以下学历的工作人员32人，充实和加强了机关干部队伍和辅导员队伍;六是对外开放步伐进一步加快。海外实习计划全面启动，与四所国外大学签订了友好交流协议和学生交换协议，首批20名学生赴日基础教育实习考察圆满成功。与国内院校、科研机构以及地方政府、基础教育一线的联系与合作不断深化和拓展;七是管理水平进一步提升。实行党委办公室和校长办公室分开办公，优化整合经济管理学院和管理学院部分专业资源，成立经济与管理学院和马克思主义学院，进一步理顺了管理职能，明确了责任，提高了效率;八是服务社会能力进一步提升。发挥办学特色和学科优势，“教育创新实验区”拓展至20个，在教育培训、科技开发、旅游开发、新农村建设等方面全方位服务地方经济社会发展。“国培”、“省培”计划覆盖全省11个地市近400所学校，共培训教师1740名，派出实习学生1305人，为基础教育带来了新的活力和气象。此外，学校作为“山西省基层干部选学基地”，还承担了6个专题、400余名基层干部的选学培训任务；九是办学条件进一步改善。实现第二、三校区集中供暖。文理学院康庄小区4号学生公寓楼和标准田径场投入使用。完成校园“一卡通”建设,完成三个校区无线网整体覆盖建设。

二、扎实推进依法治校、民主治校进程，开展文明和谐单位创建活动，营造了平安和谐有序的良好发展环境

扎实推进依法治校、民主治校，建设文明和谐校园，是办好社会主义大学、建设社会主义政治文明的本质要求，是落实科学发展观，深化改革，规范管理，推动学校内涵发展、特色发展、和谐发展的必由之路。一是继续以建立先进性长效机制为根本目的，以推动制度完善落实为重点，以着眼解决影响和制约学校科学发展体制机制障碍为突破口，进一步健全学校制度体系；并以省教育厅完善高校党风廉政建设制度为契机，重新对学校现有的制度进行了系统的梳理，新制定、修订、整合、完善了一批制度和文件。认真开展普法工作，广大师生法制意识和观念明显增强，学校在重大决策、招投标、招生、招聘、收费、干部提拔、职称晋升、津贴分配、学生和教职工违纪处理、师德师风、工作作风等方面都没有出现违纪违规现象。二是继续坚持校、院两级教代会制度、民主党派和老干部工作通报制度，充分保证了广大教职工的参与权、知

情权、表达权和监督权。三是继续加强平安校园建设，坚持每月研究一次安全工作；加强安全教育，认真开展全校学生应急疏散演练全覆盖工作，提高学生安全意识和自我防范意识；落实综合治理层层责任制，积极排查和整改安全隐患；加强政保信息调研和收集工作，密切关注涉“法”人员动向，及时掌握和消除不稳定因素，确保了校园安全稳定和谐。四是继续深入开展文明和谐单位创建活动。2011 年，学校被授予“山西省文明和谐单位标兵”荣誉称号，随后提出了要向“国家级文明和谐单位”迈进的目标，制定了创建全国精神文明建设工作先进单位的实施方案，从学校和基层单位两个层面进行了广泛动员和周密部署。学校进一步充实和细化文明和谐单位创建工作的内容，提出要围绕“党的建设工程”、“师德建设工程”、“作风建设工程”、“教学质量工程”、“爱心帮扶工程”、“文化精品工程”、“校园平安工程”、“环境美化工程”等八大工程进行建设，并取得了明显成效。

三、扎实推进党风廉政建设和反腐败斗争，促进学校健康有序可持续发展

2011 年，学校深入贯彻全省教育系统纪检监察工作会议精神，坚持标本兼治、综合治理、惩防并举、注重预防的方针，认真落实党风廉政建设责任制，以构建与学校改革发展相适应的惩治与预防腐败体系为重点，更加注重制度建设，加大宣传教育和查办违纪案件的力度，不断提高党风廉政建设工作的科学化水平，为学校的进一步发展提供了有力的政治保障。

（一）认真落实党风廉政责任制。长期以来，校党委坚持事业发展和党风廉政建设工作同安排，同部署，同检查，同落实，形成了“党委统一领导，党政齐抓共管，纪委组织协调，部门各负其责，依靠群众的支持和参与”的工作格局。校党委按照党风廉政建设责任制的要求，明确把廉政建设纳入学校总体规划，列入每年工作要点，并根据省高校工委党风廉政工作部署，召开会议研究和部署学校反腐倡廉工作。年初，按照上级纪委安排和部署，制定了《党风廉政建设责任制实施办法》，对党风廉政建设及反腐败工作任务逐一进行分解，落实到具体班子成员、主管部门和责任人；同时，建立健全督察、考核、奖惩、责任追究工作机制，将反腐倡廉建设情况纳入职能部门、院系、二级单位领导班子和领导干部考核、评优的一项重要内容，要求班子成员每年至少听取一次所分管部门和单位的党风廉政建设情况汇报，真正做到了一岗双责，使党风廉政建设工作呈现整体推进的态势。一年来，学校各级领导班子和领导干部都能够严以律己，认真抓好职责范围内的反腐倡廉工作，进一步增强了领导干部勤政廉政的自觉性。

（二）加强党风廉政教育。党风廉政教育工作是党风廉政建设和反腐败工作的一项基础性工作，是从源头上预防和治理腐败的治本之策。校党委把党风廉政教育纳入全校党的宣传教育工作进行总体部署和安排，按照经常性教育与主题教育活动相结合、正面典型引导教育与反面典型警示教育相结合、廉政文化建设与多种教育形式相结合的模式，全方位地开展宣教工作。校党委继续将《廉政准则》的学习作为当前反腐倡廉宣传教育的一个重要内容，开展了一系列警示教育活动；继续通过入党积极分子培训、入学教育等多种渠道和方式，落实党风廉政教育进课堂的有关精神；还组织全体校领导和各单位负责人 60 余人赴全国廉政教育基地（八路军太行纪念馆、平顺县西沟展览馆）进行了参观学习，在全校营造了廉洁从政、廉洁从教的良好氛围。认真贯彻落实省纪委有关整肃工作作风的规定，没有出现违背“五不准”的现象。

（三）加强对权力运行的制约和监督。重视反腐倡廉制度建设，对教育厅列出的高校党风廉政建设“三十三项制度”进行了完善；扎实开展廉政风险排查防控工作，认真编制权力运行流程、查找廉政风险点、确定廉政风险等级，进一步建立健全防控机制，规范权力运行，从制度、源头上构筑了坚实的预防腐败发生的防线。严格执行两个《条例》，加强党内监督，认真开好各级领导班子民主生活会，校级党员领导均参加了双重民主生活会。处级干部民主生活会，除分管校领导出席外，校纪委、组织部也分别派人员列席，使民主生活会严肃认真，不走过场。严格落实纪检监察部门人员编制、领导职数、办案专项经费、办案补贴等政策规定，确保了纪检监察工作的正常运行。发挥纪委监察部门作用，加大对招生、考试、招聘、干部任用、基建、维修工程和大宗物资、设备、图书采购的招投标等重点领域和关键环节监督检查力度，确保公平、公正、公开，维护了学校利益和形象。认真开展执法监察工作，继续开展治理“小金库”工作，领导干部违反规定收送现金、有价证券、支付凭证和收受干股，以赌博和交易等形式收受财物，利用婚丧嫁娶收钱敛财等问题，有效预防了腐败问题发生。加大信访和案件查处力度，全年共受理信访 6 件（次），其中上级交办的 4 件，按照程序，全部调查完毕，结案率为 100%。

（钱　成）

附：山西师范大学党委书记、副书记、委员名单

书　记：倪生唐

副书记：武海顺　刘子学　王心平

委　员：李德龙　常乃军（12 月离职）　卫建国

高　峰　鞠　振（6 月离职）

山西财经大学党委工作概况

党委书记　杨怀恩

2011年，财经大学在省委、省政府和省高校工委、省教育厅的正确领导下，全校师生员工齐心协力、团结奋进，取得了优异的成绩。特别是成功举办建校六十周年庆祝活动，全方位展示了学校60年的发展成就，总结了60年的办学经验，激发了广大校友的自豪感和凝聚力，振奋了全校师生员工发展财大的坚定信心，赢得了各级领导、广大校友和社会各界的普遍赞誉。

一、大力加强党建工作

立足学校特色学科和师资优势，完善干部自主选学课程体系和师资库，使学校自主选学培训课程体系达到7个专题、43门课程和40名授课教师，为“山西干部在线学院”制作提供了12门课程的视频资料。加强社会主义精神文明建设，积极开展建党90周年系列庆祝活动等精神文明创建活动，学校获得“高校创建省级文明和谐单位”荣誉称号。扎实推进管理干部团队建设，进一步加强干部工作作风、工作效能和服务能力建设，组织举办了3场报告会，选派90余名干部深入全省县(市、区)进行调研交流，选派3名年轻团干赴基层挂职锻炼。

二、积极推进民主建设

认真完善以教职工代表大会为基本形式的高校民主管理制度，广泛组织教职工参与学校的改革和管理，学校荣获“全国五一劳动奖状”、“山西省民主管理模范学校”和“全国模范职工之家”等荣誉。切实关心老同志的身体和生活状况，帮助解决实际困难，积极组织举办文体活动，活跃老同志文化生活，增强老同志健康意识。认真贯彻落实中央统战工作方针政策，支持民主党派为经济社会建设与学校转型发展建言献策。

三、加强党风廉政建设

全面开展廉政风险排查防控工作，进一步加强对招生、考试、干部选任、工程建设、大宗物资采购等重点部位和关键环节的监督检查，集中进行“小金库”治理专项检查。畅通信息反馈渠道，不断提高党务、校务公开工作的科学化、制度化、规范化水平，调动了广大党员群众为学校建设发展献策出力的积极性、主动性和创造性，促进了和谐校园建设。

（马晓娟）

附：山西财经大学党委书记、副书记、常委名单

书　记：杨怀恩

副书记：郭泽光　刘玉平　薛文治

常　委：李富明　赵国浩　刘中朝

中北大学党委工作概况

党委书记　师　谦

中北大学现有19个党总支；4个直属党支部和161个党支部。全校党员共计4585名。

2011年，是中国共产党成立90周年和“十二五”规划的开局之年，也是中北大学建校70周年，学校党委在省委、省政府和省高校工委、省教育厅的正确领导下、以邓小平理论和“三个代表”重要思想为指导，深入贯彻落实科学发展观，不断深化创先争优和学习型党组织创建活动，全面加强和改进党建与思想政治工作，为学校转型发展、内涵发展、特色发展提供了坚强的思想、政治和组织保证。学校先后荣获“山西省民主管理模范学校”、“山西省高校文明和谐单位”、“山西省三育人先进集体”、“山西省创建平安校园工作先进单位”等诸多荣誉。

一、高度重视领导班子的思想政治建设，把班子建设成为团结奋进、开拓创新的坚强领导集体

学校党委坚持中心组理论学习制度，不断加强班子的思想政治建设，坚持用中国特色社会主义理论体系武装头脑、指导实践、推动工作。班子成员增强了贯彻落实科学发展观和党的教育方针的自觉性，思想政治素质和办学治校能力有了明显提高。坚持党委领导下的校长负责制，贯彻执行民主集中制，学校的重大问题和重要事项都要经过集体讨论决定。党委在抓大事、谋全局、管方向上发挥了领导核心作用，健全了党委统一领导、党政分工合作、密切协调配合的工作机制。

二、加强干部队伍建设，着力造就高素质干部队伍

学校党委高度重视干部队伍建设，干部工作不断走向规范化。在干部选拔任用方面，始终坚持执行中央、省委有关干部选拔任用工作的条例规定，按照“健全制度，坚持导向，严格标准，规范程序，强化监督”的思路，坚持正确的用人导向和用人标准，坚持民主推荐、竞聘上岗、组织考察、会前酝酿、集体决定的原则和程序，坚持公开透明、扩大民主，充分征求各方面意见。坚持积极推进干部人事制度改革，不断探索、完善了干部选拔任用管理规定，积极探索多元化提名制度改革，安装了“干部选拔任用工作记实监督系统”，强化干部选拔任用工作的监督机制，提高了干部选拔任用工作的群众满意度。根据工作需要，新选拔任用处级干部11名。在干部教育管理方面，不断完善民主测评、民主评议制度，完善干部考核办法，完成了21名试用期满处级干部的考核工作。加强了中北大学干部自主选学培训基地建设，加大了干部在线学习的力度。积极开展干部作风整治活动，干部队伍的整体素质明显提高。

三、抓好基层党组织建设，夯实基础工程

学校党委认真开展创先争优和创建学习型党组织活动。紧扣“推动科学发展、促进社会和谐、服务人民群众、加强基层组织”的目标要求，明确主题，突出特色，认真开展了“红色五个月”活动、“书记论坛”和校院两级中心组理论学习创新等工作，进一步激发了广大党员、干部的学习和工作热情，营造了“比、学、赶、帮、超”的浓厚氛围，基层党组织的创造力、凝聚力和战斗力得到增强。学校的5个先进基层党组织、11名优秀共产党员、5名优秀党务工作者受到了省高校工委表彰。充分发挥校院两级党校的教育培训职能，认真做好发展党员工作，全年新发展党员1905名（学生1899名、教工6名）。坚持政治理论学习与业务知识学习相结合的原则，继续推进经常性教育工作，提高了党员的理论素养，增强了党员的业务能力。

四、坚持唱响主旋律，切实加强宣传思想工作

学校党委坚持“围绕中心、服务大局、内聚人心、外树形象”的工作思路，抓好理论武装工程，大力推进社会主义核心价值体系的宣传教育工作，深入开展了纪念建党90周年主题教育活动。围绕70周年校庆工作，编印了校史、各院院史和校友风采录，举办了大型校庆展，摄制了校庆专题宣传片，举办了各类讲座72场次，开展了“太行大讲堂”、“中北文化节”、“太行精神宣讲”等活动，推动了《以“太行精神”为核心的品牌校园文化建设工程》的实施，展示了办学成就，凝聚了思想，提升了学校文化品位。重视哲学社会科学的研究工作，配套专项经费，省部级以上课题立项32项。全年社会各种媒体宣传学校100多次，提高了学校的声誉，扩大了学校的影响。

五、创建和谐校园，全力维护学校安全稳定局面

学校党委高度重视安全稳定工作，坚持“安全第一、预防为主、综合治理”的方针，完善了安全管理体制机制，落实了安全管理责任，加强了安全宣传教育，开展了安全隐患排查整治行动和应急演练活动，完善了校园安防视频监控系统，加强了校内交通安全管理，有效提高了安全事故防控能力。面对物价上涨、重大节假日等重大事件、重要时刻的考验，认真分析形势，有针对性地开展思想政治工作，保持了学校安全稳定的局面。通过校长信箱、来访接待等，及时协调解决了有关师生关心的热点和难点问题。加强综合治理，维护良好的学习、工作和生活环境，引导师生员工共建和谐、共享和谐。

六、严格执行党风廉政建设责任制，扎实推进反腐倡廉工作

学校党委高度重视党风廉政建设和反腐败工作，严格执行党风廉政建设责任制，进一步完善了“党委统一领导、党政齐抓共管、纪委组织协调、部门各负其责、依靠群众支持和参与”的反腐败领导体制和工作机制。认真开展廉政宣传教育月活动，构建了“基地、栏、屏、报、网络”多位一体的宣教平台。扎实开展廉政风险排查防控工作，全校53个处级单位列出了权力运行目录，绘制完成权力运行流程图，查找廉政风险点264项，进一步明确了办事的程序和规范。以正确行使权力和堵塞管理漏洞为重点，继续加强制度建设，形成了用制度管权、管事、管人，适应学校建设和发展需要的反腐倡廉长效工作机制。加强监督，全年，共审核设备采购合同54项，监督现场招标、设备验收30余次。对于校内干部选拔考核、教师职称评定、招生考试、经费支出等进行了科学监督，不断提高了工作的透明度和师生员工的参与度。严厉彻查违纪违法案件，对上级批转件和校内信访件均按照权限规定进行了认真的调查与处理，进一步优化了学校教书育人环境。

七、以提升学校核心竞争力为重点，推动学校各项事业又好又快发展

在校党委的领导下，学校各项工作进展顺利，重点工作成效显著：一是成功举办70周年校庆活动，达到了展示办学成就、总结办学经验、扩大社会影响、凝聚内部力量、促进科学发展的目的，受到了社会各界的普遍赞誉。二是省政府与国家国防科工局“十二五”期间共建中北大学协议正式签订，为进一步保持军工特色，增强服务地方、服务国防的能力，为学校“十二五”期间的发展提供了重要契机和广阔空间。三是大力加强重点学科建设，新增材料科学与工程、信息与通信工程、化学工程与技术3个博士学位授权一级学科，新增数学、物理等9个硕士学位授权一级学科，增强了学校的核心竞争力。四是大力加强科学研究工作，进一步提升科研质量，3个科研项目获得国家科学技术二等奖。五是不断加强教学

条件建设，深化教育教学改革，获批成为“卓越工程师教育培养计划”试点高校，为培养和造就优秀工程技术人才搭建了重要平台。六是不断加强科技创新团队建设，两个创新团队分别入选教育部“长江学者和创新团队发展计划”和山西省高等学校创新团队。七是校园北扩工程取得重大进展，一期272亩土地的征地工作基本结束，二期228亩土地的征地工作顺利推进。八是坚持“科学运作、规范管理、防范风险、保障发展”的原则，开源节流，财务保障能力大为提升，确保了民生改善、工作运行和快速发展。

（张小明）

附：中北大学党委书记、副书记、委员名单

书　记：师　谦（12月离职）　陶功定（12月任职）

副书记：贾锁堂　张惠选　常晓宝

委　员：安建平　肖忠良　刘有智　韩　焱　潘晋孝　苏铁熊　王俊元

长治医学院党委工作概况

党委书记　申建设

长治医学院现有4个党委（基层）；7个党总支；67个党支部。全校党员共计2064名。

2011年，学院党委在省委、省政府和省高校工委、省教育厅的正确领导下，全院师生员工认真贯彻落实党的教育方针，坚持以科学发展观为统领，以教学、医疗、科研为中心，以实施质量工程和打造教学、医疗、科研、管理服务四个平台为载体，进一步加强内涵建设，提升办学水平；以“申硕”工作和学科建设为重点，不断提高科研水平与实力，推动学院各项工作跃上了新的台阶。

一、教学质量和教学水平稳步提高

2011年，学院面向全国24个省（市）、自治区招收本科生（含专升本）1893人、高职生100人、成教生1225人，学院现有在校生达到11476人。一是人才培养质量稳步提高。全年，学院为国家输送了1664名合格的医学人才（本科1280人，专科384人）。其中，被评为省级“三好”学生和优秀学生干部的有19人；获得国家奖学金和国家励志奖学金的有197人次；光荣地加入了中国共产党的有238人；到农村担任“村官”或城镇社区工作的有16人。考取了硕士研究生的有406人。4月份，学院组队参加第二届全国高等医学院校大学生临床技能竞赛，获得唯一的五年制本科院校华北赛区一等奖。二是教学改革不断深化、专业建设迈出新步伐。学院获全省高等学校教学改革项目4项、大学生创新创业项目16项、山西省教育科学“十二五”规划课题2项。药学专业被评为全省高等学校特色专业。运动人体科学、音乐学（音乐治疗方向）通过了省教育厅、省学位办的新增学士学位授权评审。三是师资队伍建设取得新成绩。引进博士研究生1名，招聘录用国家985院校和行业全国重点院校应届优秀毕业生20名，聘任国外著名大学专家5名，定期来学院进行学术交流，学院的师资队伍结构得到进一步优化。四是“三维”结构素质教育成效显著。在全国大学生电子设计竞赛中，学院生工系的10支参赛队伍共获得山西赛区一等奖2个，二等奖5个，三等奖3个；在全省大中学生田径运动会上，学院代表队荣获团体总分第六名；在“黄河律师杯”首届全省大学生模拟法庭大赛中，学院荣获第五名和团体三等奖；在第二届全国高校电子信息实践创新作品评选活动中，学院送评的《生物电探测针灸治疗效应研究》获得的综合组三等奖。

二、医疗质量水平和社会服务能力进一步提升

（一）附属和平医院全年开展腹腔镜直肠癌根治术、椎动脉狭窄支架植入式、扩大主动脉瓣环的主动脉瓣置换术等新技术、新项目70项。对19个专业119个病种实施了临床路径管理，对19个单病种进行了质量控制。积极开展“优质护理服务示范工程”，特一级护理合格率达96%，基础护理合格率达98.8%。积极扩大医保服务范围，实现全市14个县区直补全覆盖。举办“红十字老区行乡村医生培训班”，对100名乡村医生进行了全科医师培训。为30名贫困白内障患者和30名唇腭裂患儿免费施行了复明、整形手术。组织实施“万名医师支援农村卫生工程”和“城市卫生支援农村卫生工程”，向基层卫生单位派驻医师62人次，诊治病人5000余人次，举办学术讲座60余次。全年门急诊量达57.8万人次，手术10568台，大型手术3416台，床位使用率115.5%，出院病人4.4万人次。特别是对口支援的高平市人民医院，成为全国县级公立医院改革的先进典型，得到国家卫生部、省委、省政府的充分肯定。2011年，医院顺利通过了等级医院评审和百姓放心示范百佳医院遴选，成为卫生部电子病历试点医院、全国脑卒中筛查和防治基地、全国综合医院中医药工作示范单位、山西省重症监护专科护士培训基地。医院被评为“全国心理学普及工作先进集体”、“全国模范职工之家”、“全省卫生系统优质护理服务示范医院”，荣获“山西省五一劳动奖状”、“省卫生系统纪检监察工作先进集体”、“省政风行风建设先进司法鉴定中心”、“省残疾人康复工作先进集体”、“长治市慈善工作先进单位”等荣誉称号。

（二）附属和济医院开展腹腔镜下胆囊和肾囊肿联合切除术、大隐静脉曲张腔内激光闭合术、经鼻内窥镜下颅底脊索瘤切除术等新技术、新项目20余项。有38个病种进入临床路径，优质护理服务覆盖面达81%。继续加强对潞城、长

治、长子县人民医院的技术援助与指导，三所对口支援医院全部达到二级甲等水平。全年门急诊量达19.3万人次，手术6678台，大型手术1930台，床位使用率101.08%，出院病人1.4万人次。荣获"山西省五一劳动奖状"和"长治市卫生工作先进单位"等荣誉称号。

三、学科建设取得重大突破，科研实力不断增强

（一）申硕成功标志着学科建设取得重大突破。10月份，学院被国务院学位委员会正式批准成为培养临床医学专业硕士专业学位研究生单位，为学院进一步推进内涵建设、实现建设高水平创新型医学院校的宏伟目标奠定了坚实基础、提供了必要条件，对学院的师资队伍建设、学科建设、核心竞争力提升都将产生重大而深远的影响。

（二）科研实力进一步增强。全年申报各级各类项目98项，获资助项目16项。获资助经费152万元。获科技进步奖6项，发表学术论文200余篇，编著规划教材、学术著作12部。

（三）学术交流更加深入广泛。举办了国际国内学术会议场21次、各类学术讲座16场次，编印出版《长治医学院学报》6期，登载学术论文240篇，与全国百余所科研单位、院校进行学术刊物交流。

四、党建和思想政治工作扎实开展

（一）召开长治医学院第一次党代会。1月份，学院隆重召开了建院以来第一次党员代表大会。大会全面总结了学院十年来发展建设的成绩和经验，科学分析了当前面临的机遇和挑战，提出了今后一个时期学院的奋斗目标、发展思路和工作任务。会议期间，代表们认真审议并通过了党委工作报告和纪委工作报告，选举产生了中国共产党长治医学院新一届委员会和新一届纪律检查委员会，并圆满完成了大会的各项议程。

（二）深入开展创先争优活动和建设学习型党组织活动。一是建立专题网站，在院报、广播站、电视台开设专栏，利用LED屏、橱窗、简报，对活动的动态、典型经验和取得的成效进行及时报道。积极开展党员创先争优公开承诺活动，接受群众监督。二是各级基层党组织紧紧围绕学院阶段性重点工作，组织广大党员创新活动载体、立足本职岗位，开展形式多样的创先争优活动。教务党总支、基础部党总支激励教师党员率先垂范、以德立教，带动广大教师在加强师德建设中创先争优，在提高教学水平中创先争优，在深化教育教学改革中创先争优，在服务学生成长成才中创先争优；附属医院党委以开展"三好一满意"活动为载体，发动广大党员在提高医疗服务质量和水平、提升患者满意度中创先争优；学生党总支深入开展党员"一对一"帮扶、包班促学风、包宿舍抓安全活动，积极创建"党员示范班级"、"党员示范宿舍"、"党员示范岗"。三是建立健全院、系两级中心组学习制度，对院、系两级理论学习中心组和全院党员的政治理论学习逐月作出安排部署。四是院领导班子成员充分发挥表率作用，定期组织中心组集体学习研讨，研讨高等医学教育改革发展的有关内容，着力解决学校建设发展中的实际问题。全年，学院被省高校工委授予"优秀共产党员"的有11人、"优秀党务工作者"的有3人，"先进基层党组织"的有4个；荣获山西省纪念建党90周年理论研讨会优秀论文奖的有1篇。

（三）加强思想政治教育工作。一是扎实推进思想政治教育"三进"工作。充分发挥第一课堂的主渠道作用，坚持用有中国特色社会主义理论体系和社会主义核心价值观教育青年学生。认真落实辅导员进公寓制度，强化思想政治理论课实践教学环节。二是对思想政治教育主题网站进行了网页改版，进一步拓展思想政治教育的领域和空间，成为对大学生开展思想政治教育的新阵地。三是建立起一支由专业教师、辅导员、学生干部组成的心理健康教育队伍，构架起覆盖全院的三级心理危机干预网络。四是制定实施方案，加强教育引导，积极做好抵御境外利用宗教对校园渗透和防范校园传教，维护校园安全稳定。卓有成效的思想政治工作促进校园了精神文明建设和大学生的健康成长。2011年，学院再次被评为"高校文明和谐单位"，被评为"高校精神文明建设先进工作者"的教师有1人，青年学生向党组织递交了入党申请的有900余人，响应国家号召应征入伍的有5人。

（四）加强领导班子建设和基层组织建设。一是学院党委始终把推动学院事业又好又快发展作为班子建设的出发点和落脚点，通过多种方式和途径，努力提高领导班子成员的思想政治素质和领导班子在学院改革发展中总揽全局、科学决策的能力。二是加强党支部自身建设，以开展争优创先活动和建设学习型党组织活动为载体，推进党支部建设的规范化、制度化，增强党支部的凝聚力、战斗力，发挥党支部的战斗堡垒作用和党员的先锋模范作用。三是按照发展党员"十六字方针"的要求，积极做好在青年教师和大学生中发展党员的工作，全年培训入党积极分子1000余名，发展新党员405名。四是加强干部队伍建设，对学院校级领导和93名处级干部进行了远程教育培训。

（五）群团、统战、老干工作开创新局面。定期举办形式多样、群众喜闻乐见的文体活动，丰富教职工的业余文化生活。积极开展扶贫工作，为扶贫点平顺县东寺头乡争取水利疏浚建设工程资金20万元，组织医疗队为全乡中小学教师进行体检、义诊；走访、慰问家庭困难职工、生病住院职工，深入开展温暖活动。积极开展社会主义核心价值观实践活动和师德师风评比活动，荣获"山西省卫生系统职工职业道德建设标兵"称号的教师有2人，荣获长治市"道德楷模"称号的教师有1人。加大对经济困难学生的帮扶力度，积极为他们创造勤工俭学的岗位和机会，树立贫困学生自强自立先进典型，荣获"全国自强之星"提名奖的学生有2人。建立了长期"青年就业创业见习基地"4个，提供见习岗位200个。积极推荐优秀知识分子担任长治市各级人大代表、政协委员，学院侨联小组被评为"长治市侨联系统先进集体"，学院教师中被评为"先进个人"的有3人。定期召开老干部和民主党派负责人

座谈会，通报学院工作情况，征求意见和建议。

（六）加强党风廉政建设。一是学院编印下发了2011年党风廉政建设和反腐败工作实施意见和责任分解意见，做到了工作任务明确，责任到人。领导班子成员按照“一岗双责”的要求，与教学、科研、医疗、管理等工作一起部署，一起检查，确保工作落实。二是以“坚持以人为本，执政为民观念，发扬密切联系群众优良作风”为主题，召开了院处两级领导班子民主生活会。三是严格执行“五不准”规定，加强纪律作风和廉政勤政教育，认真开展“纪律作风集中教育整顿月”活动。四是积极推进党务、校务公开，进一步完善公开机制，规范公开形式，拓展公开范围，深化公开内容，大力推进“阳光工程”。五是积极开展廉政风险排查防控工作，明晰工作职权，规范权力行使，堵塞权力漏洞，建立从源头上防治腐败的长效机制。六是认真开展治理教育乱收费和“小金库”专项治理活动，坚决纠正医药购销和医疗服务中的不正之风。七是学院纪委配合省纪委、省高校纪工委、长治市纪委和城区检察院严肃查处了两起违法违纪案件。

（邢育宏）

附：长治医学院党委书记、副书记、委员名单

书　记：申建设

副书记：王庸晋　冯向先　李富德

委　员：李玉冰（8月任职）　赵中夫　陈忠义

尚进平（1月任职）　陈广斌（1月任职）

山西中医学院党委工作概况

党委书记　陶功定

一、组织情况

山西中医学院是山西省唯一一所培养高级中医、针推、中药、中西医结合临床及中医护理人才的高等学府，是山西省中医药教学、科研、医疗中心。学院现有3个党委（基层党委2个）；10个党总支；72个党支部（在职教工支部48个，离退休人员支部6个，学生支部18个）。全院党员共计1725名。

二、教学工作

（一）专业改革成效显现。自2010年12月构建17个项目的模块化知识体系以来，编辑出版了模块化知识体系系列教材。在广泛征求多方意见的同时，制定了中医专业教学改革实验班开设方案，实验班于9月份正式开课。同时，组织开展了第二批教改项目申报、评审工作，34项课题立项，整体改革正在向纵深推进。

（二）教学管理日趋规范。定期召开教学工作例会，促进了教学管理工作规范化、公开化和民主化。出台了《山西中医学院教学例会制度》、《山西中医学院本科学生转专业管理办法》、《山西中医学院选修课教学管理规定》等文件，调整了教学指导委员会组成人员，切实强化对教学工作的督导检查。

（三）质量工程成果丰硕。学院全年上报省教育厅教学项目23个，获批立项21个。加大外语教学改革力度，在全国大学生英语竞赛（山西赛区）比赛中获特等奖1名、二等奖2名、三等奖3名、优秀奖10名。承办了“汾酒公益杯”华北地区中医院校本科生“四大经典”知识竞赛，学院代表队获得团体一等奖。

（四）师资队伍得到改善。按照省直事业单位公开招聘考试有关规定，加大中青年教师培养力度，引进博士研究生3名，硕士研究生4名，先后送出攻读博士后2人，博士9人。同时，起草了《人才队伍建设“十二五”规划》和完成了第四批全国老中医药学专家学术经验继承的相关工作。

（五）实践教学持续加强。召开了2011年临床实践教学工作暨临床教学评审总结表彰会议，会议通过了《关于进一步加强临床实践教学工作的实施意见》。落实后期教学检查，完善实习质量监控保障体系，为合理安排实践教学，提高实践教学质量提供了重要依据。

（六）教材建设成效显著。组织各专业教师参加了人民卫生出版社及中国中医药出版社的国家“十二五”规划教材编写工作。入选主编、副主编及编委的有92人。参加了中国中医药出版社的“万民学子教材捐助活动”，接受中医药出版社教材捐助的学生有65人。

（七）招生计划圆满完成。严格执行招生工作流程，全年招生2655人（本科1281人，专科526人，成人780人，研究生68人）。并完成了新生入学资格审查、学籍注册以及2012届毕业生图象信息采集工作。

（八）学生竞技再获佳绩。组织全体学生进行国家体质健康标准测试，开展阳光体育运动。承办了2011年度“联盛黄河杯”山西省大中学生武术锦标赛。首次代表我省参加了全国第二届智力运动会大学生组象棋比赛。组队参加了山西省大学生田径运动会、全省高校健美操比赛、全省大中小学生象棋比赛、全国健美操总决赛等比赛。在全国健美操总决赛中，获得3个一等奖及最具活力奖。在全省大中小学生武术比赛中，荣获了个人项目冠军有2人、亚军有5人、第三名4人、团体总分第二名。

（九）职成教育特色突显。深化高职教育内涵建设，努力推进各专业教学改革和特色化、实践化的人才培养。继续推进成人教育的规范化、标准化建设。加强学生的日常管理，积极开展多种社团活动，丰富学生校园文化生活。加强对临床教学、实习（见习）实训的管理和监督，促进实习管理的规范化、常态化。

（十）培训工作贴近基层。承办并完成了全省乡镇中心卫生院中西医结合妇产科人员培训班2期、全省城市社区中医类别全科医师岗位培训、全省社区全科医师岗位技能培训和全省县级中医医院急诊急救技能培训等培训各1期，培训人数达到653余人次。

（十一）实验室建设全面加强。在实行校院二级管理的基础上，进一步规范实验室仪器设备的管理。定期做好仪器设备使用的培训与指导。制定了《山西中医学院“十二五”实验室建设规划》和《山西中医学院“十二五”期间仪器设备购置计划》。顺利完成了2010年“中央财政支持地方高校发展专项资金项目”仪器设备采购工作。

三、学科与科研工作

（一）学科建设全面推进。召开了学科建设工作会议，出台了《山西中医学院“十二五”学科建设规划》，制定了《山西中医学院学科建设管理办法》等系列文件。中医学、中药学被国务院学位委员会增列为硕士学位授权一级学科。中医学专业在成功申报省级重点建设学科的基础上，被评为省级特色重点学科，实现了省级重点学科零的突破。启动了一级学科带头人遴选工作，确定了学院中医学、中西医结合、中药学、护理学一级学科带头人。

（二）研究生教育持续推进。积极开展研究生理论教学与临床实践工作，组织开展了研究生指导老师遴选工作。邀请知名的专家学者进行了讲座，获得了同等学力申请硕士学位授权。在国家教育部开展“授予博士学位的服务国家特殊需求人才培养项目”试点工作中，努力做好学院的项目申报工作。研究生部被评为全省第十一届“育人杯”先进集体。

（三）科研实力大幅提升。出台了《山西中医学院科学技术奖励办法》，正式启动了学院基础与临床研究计划。全年申报科研课题项目153个，立项34个，获得各类纵向科研经费1200余万元（到账）。顺利通过了科技项目验收9项，科技成果鉴定项目5项，获得省部级以上奖励6项。正式启动了国家“十二五”科技支撑计划“华北地区道地药材规范化种植基地优化升级及系列产品综合开发研究”项目，组建了“华北地区道地药材黄芪产业技术创新战略联盟”。

（四）学术氛围不断浓厚。举办了“走进中医药”和“现代医学进展”系列学术讲座，加强学术活动的规范化和制度化管理。调整了第三届山西中医学院学报编委会。严格执行各项规章制度，狠抓期刊质量，学报影响因子为0.387。与晋城市中医外治研究所签署协议，学院成为《中医外治杂志》的主办单位。

（五）国际合作日益频繁。举办了国际针灸及推拿技术临床应用培训班2期，与新西兰国际医疗中心共同举办了“IGT健康干预研究及POS/HOC服务”研讨会。日本大阪医科大学看护学部田中克子教授和澳大利亚阿德莱德大学副校长帕斯卡·奎斯特教授一行来学院进行了学术交流访问，并受到了省里有关领导的亲切接见。积极推进与新西兰梅西大学的合作办学和与澳大利亚阿德莱德大学互访工作，签订了国际产学研合作意向书。

四、新校区建设工作

（一）强化组织领导。学院领导班子高度重视新校区的建设，成立了新校区建设领导组、领导组办公室和新校区建设协调推进组等工作机构。院领导班子多次深入到新校区建设工地现场办公，及时研究解决问题，共召开各种会议33场次，出台规章制度10余项。组织新校区建设领导组成员集体观看了工程建设专项治理警示教育片，并签订了廉政承诺书。在新校区建设过程中，做到了上级监督部门参与、监察审计全程参与、教职员工参与，推动了各项工作的有序高效运转。同时，学校还组织附属医院骨干到新校区所在地开展义诊和医疗咨询服务，受到了当地村民的一致好评。

（二）多方筹措建设资金。学校一方面积极争取上级部门资金投入，另一方面畅通渠道向企业筹借资金，同时还与银行多次洽谈，现学院已筹措地方政府债券资金1亿元、高校基础设施建设专项补助4000万元、企业借款6000万元，为新校区前期的各项工作的筹备提供了强有力的资金保障。

（三）做好规划设计工作。学院本着“一次规划、分期实施”的思路，总体规划顺利通过评审。单体方案和施工图设计分批设计、全面推进。现已完成一期学生宿舍、食堂、洗浴中心和二期一组的药学、医学、护理大楼的设计，施工单位已进驻校区，于11月1日隆重举行了开工奠基仪式；二期二组科研大楼、行政办公大楼、学术交流中心、国医楼的单体方案设计正在进行。

（四）加快手续报批进程。新校区建设领导组办公室的各个工作组通力协作，先后完成了新校区建设项目选址意见书、总体规划立项、地质灾害评估、压覆矿产评估、环境评估、文物评估、节能评估、修建性详规评审、可研单体立项、土地预审、建设用地规划许可证等11项手续办理工作，土地使用证和施工许可证正积极办理当中。

（五）创新探索新校区建设机制。在工作中，学院倡议建立“十校联会议价机制”，促使十校建立联盟，形成合力，统一协商、统一议价，有效降低了可研、能评、两评、环评、文物评估等报告编制的费用，节约费用374.7万元。同时，十校在广泛调研的基础上，向省高校新校区建设推进领导组提出关于减免新校区建设规费的申请，并得到晋中市人民政府的支持，为学院节省资金约4650万元。

五、党建工作

（一）加强党的思想建设。坚持党委中心组学习和理论学习制度，切实有效地提高了广大干部和教职工的思想理论素质。继续深化“创先争优”活动和学习型党组织建设，各基层党组织创新载体，活动有声有色。充分发挥校报、广播、橱窗等校内舆论阵地的作用，营造了良好的育人环境。不断加强对外新闻宣传，各级各类媒体对学院新闻事件的关注度不断提升。积极开展文明单位创建工作，学院荣获“山西省高校工委文明和谐单位”。

（二）加强党的组织建设。召开了2011年度党务工作会议，制定了详细的庆祝建党90周年工作方案，并开展了系列主题活动。组织各级干部进行远程网络专题培训。对部分基层党组织机构设置和人员组成进行了调整，出台了《2011年度基层党组织考核工作的实施意见》，对全校16个基层党组织进行了年度考核，基层党组织建设得到加强。隆重召开了庆祝建党90周年暨创先争优表彰大会，10个“先进基层党组织”、60名“优秀党员标兵”、60名“优秀党员”、25名“优秀党务工作者”受到了表彰。举办了入党积极分子理论培训班2期，全年新发展党员325名。严格按照选拔任用干部程序，顺利完成了处级干部的任期考核和竞争性选拔以及部分科级干部的调整，选任处级干部51名（新选任38名，平调整13名）。同时，举办了暑期中层干部培训班，全校各级干部的综合能力大幅提升。

（三）加强党的反腐倡廉建设。一是深入贯彻中纪委十七届六中全会、全省党风廉政建设干部大会和全省教育、卫生系统党风廉政建设大会精神，通过校园网、校报、宣传橱窗、观看警示教育片等多种形式，深入开展示范教育、警示教育和岗位廉政教育，举办了廉政讲座，组织观看了《天网难逃》和《背叛与忏悔》等廉政教育片，对新调整的51名领导干部进行了廉政谈话，提高了党员领导干部的廉政素养，营造了风清气正的校园环境。二是推进党务公开工作。贯彻落实《关于党的基层组织实行党务公开的意见》，制定印发了《山西中医学院党务公开实施细则》，成立了党务公开领导组，召开了党务公开工作动员会，在把握好公开范围的前提下，做到最大程度的公开，切实做到公开的内容规范、形式规范、程序规范、监督规范。三是开展专项治理工作。继续深化“小金库”、“公务用车问题治理”和“公务接待”等专项治理工作，编印下发了《山西中医学院开展公务用车问题专项治理工作实施方案》、《山西中医学院公务接待管理办法（试行）》。深入开展了清理和规范庆典、研讨会、论坛活动等治理工作。组织开展了2011年度民主评议政风行风工作。

（四）认真落实党风廉政责任制。一是深入贯彻落实新修订的《关于实行党风廉政建设责任制的规定》，召开了全校党风廉政建设工作会议，安排部署了2011年党风廉政建设和纪检监察工作。制定印发了《中共山西中医学院委员会2011年党风廉政建设和反腐败工作任务分解意见》，按照“党委统一领导、党政齐抓共管、纪委组织协调、部门各负其责、依靠群众支持和参与”的领导体制和工作机制，按照“一岗双责”要求，做到“四个亲自”、“四个一起”。召开了党风廉政建设工作汇报暨民主测评会，受到了高校党风廉政建设工作专项检查组的充分肯定。二是扎实开展廉政风险排查防控工作。根据省纪委和省高校纪工委的要求，制定出台了《山西中医学院廉政风险排查防控工作方案》，召开了廉政风险排查防控工作动员大会。严格按照省纪委开展的纪律作风集中教育整顿月活动要求，召开纪律作风整顿再动员会议，全校教职工的工作作风得到进一步加强，工作热情进一步提高。

（郭宏鹏）

附：山西中医学院党委书记、副书记、委员名单

书　记：陶功定

副书记：张俊龙　贾学萍（女）

委　员：冯　海　冯前进　杨　波

张　波（11月离职）

太原师范学院党委工作概况

党委书记　田润华

2011年，太原师范学院在省委、省政府和省教育厅、省高校工委的正确领导下，学院党委带领全院教职员工，高举中国特色社会主义伟大旗帜，以邓小平理论和“三个代表”重要思想为指导，深入贯彻落实科学发展观，认真学习贯彻党的十七届六中全会和省第十次党代会精神，围绕学院第一次党代会确立的奋斗目标，进一步完善发展思路，更新教育观念，推进三大工程建设，提升人才培养水平，加强党建和思想政治工作，充分调动全院师生员工的积极性，团结拼搏、开拓进取，各项工作取得了突破性进展，为学院“十二五”科学发展奠定了坚实的基础。

一、积极组织开展庆祝建党九十周年系列活动，全面加强党的建设

学院党委举办了庆祝建党90周年暨创先争优表彰大会；开展了“红色经典”教育活动，组织了各类干部红色学习考察活动；举办了大型歌咏比赛、红色经典诗文朗诵会、党史知识竞赛、征文比赛、红色文化讲座等多种活动，营造了浓厚的校园氛围。

深入开展了创先争优活动。对全院基层党组织创先争优活动和学习型党组织建设情况进行了考核和领导点评活动，开展了“创先争优做表率、我为党旗争光彩”主题活动，评选产生了“十佳优秀共产党员”，分别在南区、中区组织了两场“十佳优秀共产党员”先进事迹报告会，树立榜样、发挥了先进人物的典型示范作用。开展了“为民服务创先争优”主题活动，为贫困学生解决思想问题和实际困难，深化了创先争优活动。学院荣获全省“先进基层党组织”称号。

加强了思想理论建设。继续把学习型党组织建设继续向纵深推进。坚持院系两级党委中心组学习制度，党委中心组集中学习6次，举办了以传承和弘扬民族精神为主题的“学

习论坛”2 期，做到了及时学、专题学、多样学，着力提高了学习的实效性。

加强了党员队伍建设。以青年教师和大学生为重点，全年发展党员 586 人（大学生 578 人、教职工 8 人）。开展了民主评议党员工作，对 16 个先进基层党组织、136 名优秀共产党员和优秀党务工作者进行了表彰。

完善了干部队伍建设。加大了竞争上岗选人用人的工作力度，选任处级干部 30 人。充分发挥党校职能，加强了党员干部队伍和入党积极分子群体教育。共举办入党积极分子培训班 2 期，共计培训 1325 人次。举办了中层以上干部、专兼职辅导员、党支部书记、团干、预备党员等培训班 6 期，共计培训 1623 人次。加强了二级院系班子成员建设，举办了二级学院、系领导班子建设的专题培训，形成了以院系党政联席会议制度为基础的院系工作机制，有力的推动了院系整体工作的开展。实施了“以人为本，人才强校”战略，制定了《太原师范学院人才队伍建设规划（2011-2015 年）》、《太原师范学院党委联系高级专家管理办法》，完善了人才引进、培养和评估体系。

推进了党内民主建设。全面推开了党务公开工作。出台了《中共太原师范学院委员会党务公开实施细则》和党务公开目录，召开了党总支书记和有关职能部门主要负责人参加的推进会，督促各总支出台党务公开实施细则和目录，建立了学院党务公开网页，并积极充实网上公开内容，建立了党务公开档案，完善了党务公开体系，拓宽了党务公开的渠道，丰富了党务公开的载体。

二、全力深化社会主义核心价值体系建设，思想政治工作和师德师风建设扎实推进

在如何把中国特色社会主义理论体系、社会主义核心价值体系进一步融入大学生日常学习生活上创新思路，丰富载体。继续实施思政教育“五大工程”，通过讲座、培训等多种形式开展红色文化教育系列活动，推进红色文化与校园文化有机结合；深化思想政治理论课教学改革，建立了大学生思想政治教育课实践教学基地，完善了《形势与政策》课程的教学与管理，增强了思想政治理论课的吸引力和感染力，顺利通过了我省思想政治理论课检查评估，专家对我院思政课建设给予了充分的肯定。

深化了师德师风建设，继续开展了“师德先进集体”创建活动，年底进行了检查考核，发挥了师德先进在全院的辐射带动作用。举办了第二届“陶行知诗歌烛光诵读会”和以反映陶行知教育思想为主题的话剧《爱满天下》，进一步弘扬了行知精神，凸显了学院的办学特色。深入开展“迎中博、创环境、争一流”活动，通过了高校文明委文明和谐学校验收评估。

三、突出育人中心地位，学团工作取得新的成效

加强了学团干部队伍建设。组织了学团干部赴西柏坡学习考察；举办了“学习胡锦涛总书记在清华百年校庆重要讲话学团干部论坛”；开展学团干部廉政教育。完善了社会主义核心价值体系教育新途径，组织了“学习十七届六中全会精神，红色文化教育在校园”四场系列讲座；开展了“坚定信念、成才报国”主题班会活动，共召开主题班会 253 场次。加强了学风建设，在全院推开南区精神的学习，加强了大学生文明养成教育，把每年的 3 月份、9 月份，定为“加强大学生文明养成教育主题活动月”。积极推进学生安全教育工作，出台了《太原师范学院关于进一步加强学生安全教育工作的意见》；始终重视学生心理健康教育，举办了“2011 年大学生心理健康教育宣传月”活动。开展了各类评优评奖工作，评选了院“行知之星”25 人、山西省优秀大学毕业生 28 人、院优秀学生干部 491 名，并向 3020 名同学发放国家奖、助学金共计 569.2 万元。完善了制度建设，建立了安全问题月排查、月汇报制度，组织了宿舍安全专项排查，对全院 12000 余名学生进行了基本信息登记。

加强了团组织自身建设。对分团委进行了年度工作考核，开展了团员民主评议活动。对 33 个团支部、682 名优秀团员和 10 名分团委书记进行了表彰。召开了太原师范学院第一次学生代表大会，选举产生了太原师范学院第一届学生委员会，进一步健全和完善学生代表大会制度。强化了学生自我服务、自我管理和自我教育的功能。积极探索第二课堂在社会主义核心价值体系教育方面的新方式新途径，举办了“追忆红色岁月，传承经典文化”诗文朗诵大赛。大力开展了社会实践活动，组织了 1500 名志愿者分赴太原、忻州、阳泉、晋城等地市的企业进行社会实践活动。校园文化活动和志愿服务活动丰富多彩，举办了第七届社团活动月活动暨繁荣校园文化研讨会、第三届完美简历大赛、禁毒“流动课堂”进校园系列宣传活动、“大学生志愿服务西部计划” 等各类活动，学生综合素质得到了提高。

四、凝心聚力，统战、老干部和工会工作取得新进展

坚持了制定重大政策征求民主党派意见、重大活动邀请民主党派负责人出席、重大事件及时通报和集体通报学院工作等方面制度。完成了民革、九三学社的换届工作。民盟继续开展了为申硕建设做贡献，赴榆社 “扶贫示教”活动，收到了良好成效。荣获盟中央“先进集体”荣誉称号。

认真落实好离退休人员的“两个待遇”，组织全院 388 名离退休人员进行了健康体检；春秋两季组织 189 名离退休老同志分别赴河北、台湾、云南等地进行了参观考察；重阳节组织 235 名离退休老同志赴中博会参观考察；同时，举办了 118 名离退休人员参加的趣味比赛和老年书画协会举办的“矢志不渝跟党走——庆祝建党 90 周年老年书画展”；全年慰问住院、家庭困难、过生日的老同志约 360 人次。

积极推进学院民主建设，主动维护教职工合法权利，成功召开了第二届双代会。开展了“三育人”表彰活动，15 个先进集体和 49 名先进个人受到了表彰。开展了纪念“三八”暨表彰大会。同时，大力开展“送温暖、献爱心”活动，组织了各

类文体活动，丰富了广大教职员工的工作生活。

五、筑牢防线，党风廉政建设稳步推进

学院出台了《中共太原师范学院委员会太原师范学院2011年党风廉政建设和反腐败工作要点》、《2011年党风廉政建设和反腐败工作任务责任分解意见》，部署了全年党风廉政建设工作。开展了廉政风险防控工作，制定了《廉政风险排查防控工作实施方案》，召开了廉政风险排查防控动员大会，对全院科级以上干部进行了培训，查找和堵塞管理漏洞，分层、分级、分类研究了防范和控制廉政风险的措施，规范了权力运行。组织了院、系两级廉政教育周、廉政教育日活动、红色文化进校园活动、外学右玉精神、内学南区精神活动等，强化了党员干部的廉洁自律意识。加强了制度建设，出台了各类规定、管理办法共28项；结合廉政风险排查防控工作，收集整理我院党风廉政建设有关制度113项。继续抓好政风行风建设，实行"阳光工程"，监督了各类考试和招标工作，加强了新校区建设监督工作。

六、申硕建设中期验收顺利通过，学科和科研建设成果丰硕

7月份，省学位办组织的硕士学位授予单位立项建设中期检查组来学院进行了检查，通过听取汇报、实地考察等多种方式，专家组对学院申硕建设的成果予以充分肯定，高度评价。学院六个申硕相关学科均成为省重点建设学科和省重点扶持学科，并获得经费230万元。

学院组织和鼓励各类科研项目的申报工作，共组织申报国家级和省部级科研项目253项，获批国家自然科学基金4项、社科基金5项，获批省部级以上项目80余项，纵向科研经费429万元；签订各类横向项目36项，经费386万元。发表省级以上研究论文1000余篇，举办学术报告会150场次，荣获"全省优秀青年学术带头人"1人、"全省教育科学研究优秀成果奖"2人、"百部篇工程奖"2人。遴选了校内青年学术骨干8人，青年学术带头人36人。

七、新校区建设顺利开工、率先发展

学院党委高度重视新校区的建设，与省、市、区等各相关部门协调，每周召开新校区专题会议，研究解决建设中出现的各类情况，全力推动新校区建设。现已经完成了环境评估、地质灾害评估、压覆矿床评估、地震灾害评估、节能评估、文物评估等各类施工前的评估报告，并通过省发改委、省国土厅、省环保厅等相关厅局的审核批准。完成了有关人防、消防、水电、城建、土地、规划等各类手续的报批；完成了土地预审工作；取得了用地预审的批复、建设用地规划许可证和建设用地批准书。9月份，东北区学生公寓、校医院已开工建设，建设面积7.4万平方米。目前，两栋学生公寓建设到地上二层，其余四座楼已完成基础垫层。11月份，学生食堂、后勤综合楼、公共教学组团、艺术教学组团、行政办公楼正式开工，建设面积134374平方米。（侯学文）

附：太原师范学院党委书记、副书记、委员名单

书　记：田润华(女)

副书记：王尚义　王敬泽　王亦农

委　员：吴生彦　张瑞君　王川龙　侯学文　薛建武

晋中学院党委工作概况

党委书记　解根法

2011年，晋中学院党委在省委、省政府和省高校工委、省教育厅的正确领导和关怀下，学院党委以科学发展观为统领，全面贯彻落实党的十七大和十七届五中、六中全会精神，以加强党建和思想政治工作为核心，以新校区建设为重点，努力提高决策水平、发展水平和领导水平，带领全院师生员工，团结一心，扎实工作，开拓创新，锐意进取，全面推进学院各项事业健康、协调、科学发展。

一、开拓创新，锐意进取，全面加强党建和思想政治工作

（一）以开展创建学习型党组织活动为抓手，切实加强了政治学习。学院党委坚持把中心组学习摆在重要位置，将理论学习作为加强各级领导班子思想政治建设的一项重点工作来抓。编印下发了《中共晋中学院委员会中心组学习制度》规定，参加了省委组织部主办的山西干部在线学习；两级中心组集中学习了党的十七大和十七届五中、六中全会精神，胡锦涛总书记"七一"等重要讲话和省委第十次党代会报告等重要内容；组织广大党员干部学习了《从怎么看到怎么办》、《马列主义经典著作选编》和《山西省中长期教育改革和发展规划纲要(2010—2020年)》。

（二）以开展创先争优活动为载体，进一步加强了党的先进性建设和执政能力建设。各级党组织紧密围绕推进本单位的建设和发展，每位党员立足个人岗位实际以不同形式作出公开承诺，对照"五个好"、"五带头"标准，深入开展了群众评议和评选表彰工作，在全院上下营造出"比先进、争优秀、做模范"的良好氛围，初步实现了推动科学发展、促进校园和谐、服务师生员工、加强基层组织的目标要求，解决了学院建设中的一些难题，提高了办学治校的能力，为学院各项事业又好又快发展创造了良好的条件。

（三）以庆祝建党90周年为契机，进一步激发了广大师

生员工爱党爱国爱校的政治热情。召开了纪念建党 90 周年座谈会，共同回顾学院坚定信念跟党走的成长历史，畅谈学院在党的领导下取得的辉煌成就；举办了庆祝中国共产党成立 90 周年大会和“红歌万人唱，颂歌献给党”的大型主题演唱会，对活动中涌现出的先进集体和优秀党员进行了表彰；还举办了党史知识讲座 4 期，在全省高校开展“学党史、知党情、强党性”知识竞赛中荣获三等奖。

（四）以推进党务公开工作为目标，进一步加强党的基层组织建设和干部党员队伍建设。坚持和贯彻“三重一大”和“三会一课”制度，出台了《关于各党总支实行党务公开的意见》，和《晋中学院处科级干部教育培训方案》。全年从预备党员转为正式党员的有 380 名，新发展预备党员 588 名，培训入党积极分子 1032 名，从而切实加强了党员队伍建设。

（五）以校园文化建设为阵地，扎实做好师生思想政治教育工作。学院坚持用马克思主义中国化最新成果武装师生头脑，牢牢把握正确的舆论导向，大力营造良好的文化育人环境。编印下发了《晋中学院“法制、安全、责任、诚信、文明”教育活动实施方案》，通过集中学习教育有效地培养学生的诚信意识、团结协作精神和社会责任感，

二、总揽全局，把握方向，大力推动学院科学发展

2011 年，党委充分发挥总揽全局、协调各方的领导核心作用，把方向、管大局、抓关键、促发展，以提升学校核心竞争力为关键，以“十二五”规划编制和新校区建设工作为重心，注重内涵建设，强化内部管理，保障安全稳定，有力推进了学院各项工作的顺利开展。

（一）认真抓好“十二五”规划的编制工作。“十二五”期间，是学院完成新校区建设、迎接本科教学合格评估两大系统工程。学院党委高度重视规划编制工作，成立了由全体党政班子成员组成的规划编制工作领导小组和工作小组，编印下发了规划编制工作实施方案。在规划编制过程中，党委先后 3 次召开专题会议，发扬民主、广征意见，于 7 月 17 日经学院第一届教职工代表暨工会会员代表大会第四次会议审议通过了《晋中学院“十二五”教育事业发展规划及 2020 年规划纲要》。

（二）大力推进新校区建设工作。学院党委将新校区建设作为“十二五”期间中心和主题工作来抓。成立了以书记、院长为组长的新校区建设领导组，先后三次组织全院中层干部分赴全国各地高校园区进行考察，于 7 月 17 日经学院第一届教职工代表暨工会会员代表大会第四次会议审议通过了《晋中学院新校区总体规划设计方案》。在新校区建设中，大小事情都要通过党委会议集体研究决定，对部分项目采用垫资、引资等方式进行建设，并在省政府和上级有关部门的支持下，争取到地方政府债券 1.64 亿元，煤炭资金 3000 万元，与建设晋中城建支行达成 4.4 亿元贷款意向，同时，学院大力推进党委、校务公开，建立了新校区建设专题网站和廉政建设专题网站，所有信息都通过网站平台公示公告，让全校师生对新校区建设进行实时监督。目前，学生公寓楼、综合教学楼 20 多万平方米工程已全面开工，经省发改委立项的项目达 44.23 万平方米，完成施工招标和可以开工的项目达 36.32 万平方米。

（三）大力推进科学科研上水平。学院领导深入一线进行了调研及时了解和解决教学科研中存在的问题，同时集中学习研究教育部《普通高校本科教学工作合格评估指标体系》和省教育厅关于开展本科教学合格评估的相关文件，对照学院发展实际，认真查找差距与不足，提出解决的思路；在教师节大会上，表彰了在教学科研工作中涌现出来的先进集体和个人，对 4 个教学优秀团队、6 个科研优秀团队、66 名教学优秀个人、39 名科研优秀个人进行了表彰；在实施岗位设置聘用、推进绩效工资改革过程中，本着向教学科研第一线倾斜的精神，努力体现教学中心、多劳多得、优劳优酬的原则，提高了教学科研奖励的标准和比例。全年教学科研工作取得了可喜的成绩，建立了平定、昔阳等实习支教基地 5 个，新增了能源经济、摄影、书法学、审计学 4 个专业和旅游管理（酒店管理）专业 1 个，对外汉语、应用化学、财务管理、旅游管理 4 个专业通过学士学位授予评估，3 个教学项目、6 个教学改革项目、10 个大学生创新创业计划项目获得省级立项。科研方面，学院获山西省软科学研究项目等省级立项共 16 项，研究经费达 20 多万元；举办学术活动月 2 次，聘请省内外专家学者作学术报告 60 余场，听众达 15000 人次。

（四）进一步加强三支队伍建设。学院积极推进完善中层领导干部选拔任用制度，先后选拔任用科、处级干部 28 人。成立了干部教育培训工作领导小组，制定出台了《晋中学院处科级干部教育培训方案》，组织全院副处以上干部参加了中国干部教育培训网的学习。全来，学院共招聘博士、硕士研究生青年教师 22 名，辅导员 4 名；有 7 名教师晋升为正高职称，9 名教师晋升为副教授，评聘讲师 50 名，馆员 4 名，学院师资队伍力量进一步加强，年龄、学缘、职称结构进一步优化。进一步完善了以党总支、学工部、团委、学生会、辅导员为主的学生工作队伍。

（五）切实维护校园和谐稳定。学院党委始终保持清醒的政治头脑，高度重视安全稳定工作，切实推进平安校园、文明校园、和谐校园建设。一是积极开展青年学生思想调研工作，定期了解学生思想状况、学习态度、关注热点，有针对性地开展思想政治工作；通过谈心、座谈会等形式开展大学生宗教信仰调研工作，掌握青年学生理想信仰发展动态，帮助学生正确理解宗教信仰自由政策，引导大学生树立科学的世界观和人生观。二是积极开展阳光工程，切实做好经济困难学生的资助工作。全年，学院评审产生国家奖助学金 4963 人，发放金额 970.5 万元；校级奖学金 1271 人，发放金额 53 万元；帮助 1881 名学生完成生源地贷款，贷款金额达 752.4 万元；勤工俭学 500 人，金额 50 万元，学生奖励资助比例达到 70%。面对物价高位运行的局面，学院还加大食堂监管力度，采用统一采购、货币补贴、引入竞争等形式，千方百计稳定学生食堂饭菜价格和质量，确保了校园和谐稳定。三是投入近

40万元安装了校园监控系统，增强了保安力量，建立学生巡逻机制，切实提高学院安全的人防、物防、技防水平。

三、强化监督，完善制度，积极营造风清气正发展环境

学院党委高度重视反腐倡廉工作，把反腐倡廉建设作为一项重大政治任务，列入重要议事日程，纳入学院发展总规划，融入学院各项中心工作，认真贯彻落实胡锦涛总书记在十七届中纪委六次全会上重要讲话及全省教育系统党风廉政建设大会精神，坚持标本兼治、综合治理、惩防并举、注重预防的方针，以完善惩治和预防腐败体系为重点，以保障学院科学发展为目标，扎实推进反腐倡廉建设。编印下发了《晋中学院党风廉政建设反腐败工作责任分解意见》规定，组织党员干部认真学习了《廉政准则》，科级以上干部参加了干部廉政知识考试；根据高校工委《关于加强大中专院校党风廉政制度建设的通知》要求，修订和完善了30余项规章制度；制定实施了《晋中学院廉政风险排查防控工作实施方案》，指导各部门认真查找廉政风险点，完善和细化防控措施，确保岗位职责明确、岗位风险清楚、防控风险措施得力，形成了以岗位为点、以程序为线、以制度为面的廉政风险防控机制；深入推进专项治理工作，继续开展了工程建设领域突出问题专项治理和“小金库”专项治理工作，对干部选拔、党员发展、职称评审、招生招聘等重点领域权力运行进一步规范。

对于新校区建设，学院成立了新校区建设监督领导组和职务犯罪预防工作领导组，提出监督要“重心”下移、“关口”前移，要求新校区廉政工作做到人员、措施、监督“三到位”，确保新校区工程成为优质工程、安全工程、廉洁工程。先后修订和制定了《晋中学院新校区建设工作人员廉洁自律规定》、《晋中学院新校区工程建设预防职务犯罪工作方案》、《晋中学院新校区建设监督工作意见》、《晋中学院新校区建设工作守则》等制度与规定。成立了新校区建设办公室临时党支部，建立起党员干部定期理论、业务、廉政学习制度，委派分管领导和纪检、审计、财务、新校区建设等办公室负责人参加省纪委举办的高校干部廉政培训班，组织全体工作人员参加了党风廉政建设政策法规学习，开设了新校区廉政建设专题网页，与办公室全体党员干部签订了廉政责任书和承诺书。在招投标和商务谈判工作中，学院纪委严格履行职责，加大监察力度，积极预防和杜绝违纪行为。纪检监察审计人员全过程参与新校区建设规划、设计、勘察、施工等项目的招投标工作，着重在完备招标手续、严格招标程序、规范招标行为上下功夫，确保各项招投标工作的公正透明。

（王　栋）

附：晋中学院党委书记、副书记、委员名单

书　记： 解根法

副书记： 孙建中　马建华　史忠新(8月离职)

委　员： 刘润生　杨高才　梁云阶　卫二平

市、县(市、区)委工作概况

中共太原市委工作概况

市委书记　陈川平

2011年，中共太原市委深入贯彻落实科学发展观，紧紧围绕主题主线总基调，加快率先转型跨越发展，积极推进一流省会城市建设，经济社会实现了平稳较快发展，全年完成地区生产总值2080亿元，同比增长9.9%；固定资产投资1024亿元，增长25.1%，规模以上工业增加值687亿元，增长12.2%；财政总收入393亿元，增长22.1%；城镇居民人均可支配收入20149元，增长16.8%；农民人均纯收入8888元，增长16.8%，实现了"十二五"的良好开局。

截至2011年底，太原市共有党委393个，党支部8139个。共有党员202078名。

一、加快一流新兴产业基地建设

坚持大企业大项目带动、园区化承载、产业化集聚，以先进装备制造业为代表的新兴产业呈现快速发展势头，中科合成油等一批重大新兴产业项目建成投产，经济区获批"国家新材料高新技术产业化基地"，全年新兴产业增加值增速达到27.7%。传统产业改造升级加快推进，着力打造不锈钢产业园等国家级循环经济标准化试点园区和企业，与中国华能集团合作建设的低碳循环经济工业园等项目进展顺利。大力发展现代服务业，增加值实现1097.1亿元，增长8.7%。现代都市农业稳步发展，农村经济总收入637亿元，增长8%。全力推进节能减排，实施41项重点减排工程，万元GDP综合能耗预计下降3.5%，万元工业增加值用水量下降5%，减排总量和进度都好于全省平均水平。

二、加快一流自主创新基地建设

充分发挥科技的引领带动作用，完善创新体系、加大科技投入，全年R&D经费投入59.8亿元，增长16.8%。围绕培育发展战略性新兴产业，重点支持一批科技创新项目、高新技术产业化项目和重大自主创新项目。着力提升企业自主创新能力，建成15个企业工程实验室(中试基地)和2家国际科技合作试点。全市专利申请6525件、授权3012件，均增长30%，全市科技成果转化率达到55.2%。荣膺"全国科技进步先进市"称号。

三、加快一流现代宜居城市建设

编制完成南部区域发展战略规划、重点地段和片区规划等各类规划9项。创新建设体制，建立开发企业名录库，优选一批国内一流建筑企业作为入库单位，对政府项目实行开发商预选，开创了城市建设的新模式。开工建设各类城建重点工程项目336项，长风商务区等一批新地标相继建成。完成汾河治理美化南延工程，形成纵贯市区长20.5公里的绿色长廊。有序推进城中村改造，有19个村启动旧村拆除，拆除面积149.8万平方米。大力推进"净化太原"、"气化太原"和"绿化太原"建设，投资力度不断加大，城市"七率"进一步提高，市区环境空气综合污染指数下降3.5%，二级以上天数达到308天，比上年增加4天。大力开展城乡清洁工程，市容环境面貌进一步改观。

四、加快综改试验先导区建设

以流程再造、绩效考核和行政文化建设为重点，引入国际著名咨询公司开展政务环境"对标"活动，全面加强效能政府建设，全年减少审批事项215项，减少幅度达56.1%；按照

“两集中、两到位”的原则，对行政审批流程进行体系化和信息化再造，设计完成了一流的固定资产投资项目联合审批流程图，审批时间由320天缩短为45天。综合保税区建设进展顺利。创新生态绿化机制，通过政策引导、市场化运作，引进国有、民营大企业，投资建设西山十大城郊森林公园。加快城乡造林步伐，全年造林43.66万亩，完成投资13.4亿元，投资总额超过“十一五”后3年的总和。积极推进西山地区重点污染企业搬迁，西山地区综合整治迈出实质性步伐。

五、以中博会为契机抓引资、树形象

把招商引资作为建设一流省会城市的关键环节，充分发挥企业、行业、商会、协会以及中介机构的作用，以企引企、以商招商、以才聚才，一批转型大项目、好项目落地太原，实际利用境内省外资金295亿元，增长26.2%。加强领导，精心组织，圆满完成了中博会基础设施建设和各项保障任务，受到中外来宾的好评和省委、省政府的充分肯定，全面展示了太原的崭新形象。期间我市签约项目103个，总投资6502.8亿元，签约项目、总引资额均创历史新高，超过前五届的总和。

六、着力保障和改善民生

把民生事业作为第一要务，为市民办的“十件实事”全部完成，总投资59.3亿元，为上年的4.3倍。新开工建设保障性住房45870套，是省定任务的2.3倍；“百校兴学”工程获“全国教育改革创新特别奖”；新建设施蔬菜1.54万亩，建成40个标准化菜市场；大力建设“公交都市”，新购置600台公交车投入运营；在市区新建100座公厕投入使用。全面落实农村新的“五个全覆盖”，347个行政村的街巷硬化任务全部完成。加快推进创业就业工程，城镇新增就业人数10.5万人，城镇登记失业率控制在3.34%。10县（市、区）全部纳入新农保和城镇居民社会养老保险两类国家试点范围，在全省率先实现社会保险全覆盖。城镇职工基本养老保险、医疗保险净增4.5万人、15.5万人。退休人员养老金、城镇职工医疗保险和居民医疗保险最高支付限额在中部省会城市均排名第一。

七、狠抓安全生产和社会管理创新

强化安全生产两个主体责任，认真落实省政府有关规定，实行安全生产挂牌责任制，严格目标考核，持续开展安全生产年活动，全年未发生重大安全生产事故，各类安全生产事故起数和死亡人数分别下降9.27%和19.23%，降幅均为全省第一。积极创新社会管理，加快建立“源头预防、过程控制、应急处置”三道防线，对各类社会问题抓早、抓小、抓了，及时化解处置，维护了省城和谐稳定。推进社会管理创新试点工作，实施14个重点创新项目，“天网”治安工程、“双百”强基工程和社会组织服务管理三个项目在全国引起反响。省城社会治安持续好转，社会安全感满意度预计达到87%。坚持矛盾纠纷排查机制和大接访长效机制，有效开展基层涉纪信访“百日攻坚”专项行动，进京非正常重复访299人次，赴省集体访122件次，均低于省定指标。全市信访总量下降4%，信访形势总体平稳。

八、进一步加强民主法制建设

一是坚持和完善人民代表大会制度。支持人大及其常委会依法履行职能，制定、修订6件地方性法规，《太原市价格调节基金管理条例》成为全国第一个规范价调基金管理的地方性法规。做好对“一府两院”的法律监督和工作监督，依法作出重大事项和人事任免决定，促进政府依法行政、民主行政和科学行政。加强和改进代表工作，人大代表约谈政府部门负责人制度得到落实。二是坚持和完善共产党领导的多党合作和政治协商制度。支持人民政协履行政治协商、民主监督、参政议政职能，围绕经济发展和民生改善的重点工作和项目开展调研和专项督查，对政府相关职能部门进行民主评议，促进工作落实。认真落实“双月座谈会”等制度，加强与民主党派的合作共事，巩固同党外人士的联盟。协助各民主党派、工商联圆满完成换届工作。全面实施“同心”品牌工程和八大主题活动，加强和改进新形势下工商联工作，民族、宗教、侨务、党外知识分子和港澳台海外统战工作取得了新进展。三是扎实推进法治太原建设。积极推进依法行政，进一步深化司法体制改革。发挥调解组织、律师所等机构的积极作用，促进社会矛盾有效化解。加强市、县两级党委“社情民意通道”建设。强化城乡社区建设，继续推进厂务、政务、村务“三公开”。工会、共青团、妇联等人民团体的优势和作用进一步发挥。认真开展“六五”普法。圆满完成第七次全国“双拥模范城”创建工作，国防后备力量建设和民兵预备役工作取得新的成绩。

九、全面加强和改进党的建设

着眼于提高执政能力，切实加强干部教育培训，深入推进干部自主选学和网络在线学习，坚持和完善“一述两考”制度，组织开展了全市副科级以上领导干部理论考试。继续深化干部人事制度改革，选拔使用了一批优秀领导干部，提高了选人用人的公信度；进一步做好优秀年轻干部、女干部、少数民族干部和党外干部的培养选拔；创新考核办法，细化考核指标，注重考核结果应用，实现了单位、班子、主要负责人考核的“三合一”；实施“869人才发展计划”，引进了5名中央“千人计划”人才。圆满完成农村“两委”换届，农村和社区党组织建设取得新进展；进一步加快非公经济组织和新社会组织党组织建设，全市非公经济组织党组织总量和组建率增幅居全省首位；加强大学生村（社区）干部管理工作，拓宽大学生村干部成长渠道；认真做好流动党员管理和发展党员工作；以“党旗高扬在并州”和“对标一流在太原”为主题，深入推进创先争优活动。认真落实党风廉政建设责任制，把党风廉政建设与党委和政府各项工作同部署、同落实、同考核；加大监督检查力度，有效促进了省、市重大决策部署的贯彻落实；坚持把惩治和预防腐败体系建设摆在更加突出的位置，初步形成了具有太原特色的“1236”惩防体系基本框架；扎实推进基层组织党务公开，稳步引深农村基层党风廉政建设；

全面开展“整肃作风纪律、优化发展环境”专项行动,深入推进煤焦领域、工程建设领域、“小金库”等专项治理,发展环境进一步优化。 (谢 洋)

附:中共太原市委书记、副书记、常委名单

书 记: 陈川平

副书记: 张兵生(2月离职) 廉毅敏(2月任职)
吴清海(3月离职) 荣 彤(8月任职)

常 委: 邹天敬 张贵元(8月离职) 李俊明
李志江 弓 跃 高 键(7月任职)
张春根 柳遂记 刘海芸(女)
贠自博 张金旺(8月任职)

中共小店区委工作概况

区委书记 张金旺

2011年是实施“十二五”规划的开局之年。一年来,在中共太原市委、市政府的正确领导下,小店区深入贯彻落实科学发展观,全力落实市委、市政府“建设三个一流、夯实一个基础、强化四大支撑”的战略部署,围绕建设现代化都市新区、巩固全省第一区、跨入全国一流省会城市一流城区目标,对标一流,奋力赶超,全区经济建设、政治建设、社会建设、生态文明建设和党的建设提升到新的水平。全区各级各部门荣获国家级荣誉33项、省级荣誉116项、市级荣誉354项,实现了“十二五”发展的良好开局。

一、坚持总揽全局、科学发展,勇立综改区先行先试潮头

科学谋划小店区转型跨越发展蓝图。按照“对照一流、找出差距、制定措施、奋力赶超”的要求,主动对标,明确了“十二五”建设现代化都市新区、巩固全省第一区、跨入全国一流省会城市一流城区目标,成立了“十二五”期间重点工程工作领导组及推进组,制定了实施十大工程、建设三大基地、七区引领发展的有力举措,全区上下思想同心、目标同向、工作同步,凝聚起率先转型跨越、建设现代化都市新区的强大动力。

努力提升率先转型跨越发展新水平。致力于把区四大班子建设成为思想解放、开拓创新、争先争上、善谋善断的坚强领导集体,着力提高四大班子理论思维的能力、谋划发展的能力和科学决策的能力。建立起小店区四大班子工作例会制度,带头组织开展领导干部下乡住村“六个一”、“走进群众、破解难题”活动,使各级领导干部驾驭全局、推动转型的能力体现到每一次决策、每一项工作、每一个项目中。

着力强化总揽全局协调各方新局面。发挥领导核心作用,支持区人大及其常委会依法履行监督权和重大事项决定权,创新专项监督四步工作法;支持区政协政治协商、民主监督、参政议政;发挥民主党派、工商联和无党派代表人士的参政议政作用;支持工青妇等人民团体工作,全区上下凝心聚力,加速推进转型跨越发展。

二、坚持转型跨越、率先发展,“十二五”实现良好开局

区域经济社会发展跃升到新台阶。面对复杂多变的经济形势,区委统筹兼顾、奋力争先,圆满完成了各项目标任务,地区生产总值、固定资产投资等各项考核指标增速均高于全市平均水平,一般预算收入连续两年城区第一。在“十一五”时期全省县域经济社会发展评价中名列第一,荣获全省“十一五”时期经济社会发展先进区称号。

一流的新兴产业基地实现新进展。一流的现代服务业基地建设明显加快。依托北部综合服务、东部现代物流、中部生产性服务业、西南部都市现代农业、东南部科研教育五个功能区,推进深圳茂业、山西物流中心等总投资近500亿元的17个重点项目。现代服务业成为全区经济的重要支撑。全力服务一流的新型工业基地建设。全力服务经济区富士康苹果手机整机生产线、高新区中科合成油等重大转型项目。经济区被批准为国家新材料高新技术产业化基地、国家铝镁合金外贸转型升级示范基地和国家生态工业示范园区。积极推进了与经济区大企业、大项目相配套的潇河工业园建设。现代都市农业示范基地建设取得成效。华辰高科农业观光园成为省级休闲农业与乡村旅游示范点,奶牛养殖基地、无公害蔬菜基地、省级食品及农产品加工基地规模进一步扩大,被评为全省农产品加工“513”工程先进县(区)。招商引资实现新突破。实际利用境外资金1.14亿美元,利用境内省外资金78.8亿元,连续三年居全市十县(市、区)前列。

现代化都市新区建设迈出新步伐。按照省、市建设太原都市圈、推进太原晋中同城化和建设汾东商务区的战略部署,大力度推进城市建设。公共服务设施建设加快推进。真武路全线通车,消防特勤站已开工建设,“四馆五中心”主体基本完工。片区建设亮点纷呈。杨家堡整村拆除基本完成,建成区规划打通的断头路全部打通,太原南客站片区建设有序推进,汾东商务区启动建设。“城中村”改造取得突破。西攒等5个“城中村”改造加快推进。24个村完成村改居,9个村完成集体经济改制,18个村完成133用地规划编制,拆除旧村建筑68万平米。城乡清洁工程深入实施。打造太榆路武宿段、平阳西一巷等亮点片区,全区达标单元113个,达标率达到72.4%。在全市四大班子观摩考评中荣获整体评价和近期评价双第一。生态建设成效显著。实施了“一山十路百村万亩”生态绿化工程,启动了五龙森林公园建设。重点工程全力推

进。圆满完成重点工程5773亩土地的征用和20万平米拆除任务。被省委、省政府授予推进重点工程先进县区称号。

新农村建设实现新突破。投入近2亿元,坚持高于省定标准、两年任务一年完,率先在全省完成了新、旧"五个全覆盖"工程,被评为全省农村"五个覆盖"——建制村通水泥路全覆盖工程先进县(市、区)。同时财政投资200万元,实现气象信息、科技服务、应急信息服务全覆盖。

民生工程和社会事业实现新发展。2011年,推进实施创业就业工程、社会保障工程、教育均衡工程、医疗健康工程、住房安居工程等,圆满完成省、市交办的十件实事和区委、区政府向全区人民承诺的十件实事。全年对民生工程和社会事业发展的投入达到10.6亿元,占到全区财政支出的76%,成为全省县级财政中民生投入最大、兑现惠民政策最好的县区之一。

三、坚持创新管理、和谐发展,社会建设取得新成绩

创优发展环境,打造环境最优、服务最好的政务环境。大力开展"发展环境综合整治年"活动,积极推进效能政府建设,清理规范审批事项,实现审批流程再造,审批办理时限缩短46%,全年办理各类事项2万余件。

创新信访制度,构建起规范高效、维护稳定的信访工作体系。建立了党政联席会议专题研究信访工作制、区级领导每周带案下访和上访老户稳控制度,率先在全市建立舆情专报制度,深入开展了"走进群众、破解难题"活动,在国家省市重大活动多、稳控形势严峻的情况下,保持了全区信访稳定。

创新社会管理,打造公众满意度最高、和谐安定的社会环境。创新应急管理运行机制,率先在全市组建综合应急队伍,率先在全市出台《食品安全举报奖励办法》,提高了应对突发事件的能力。创新实施"434"社会管理创新工程,进一步强化了社会管理。创新安全生产管理机制,建立起专家、监管部门、企业"三位一体"监管模式和安全生产"黑名单"制度,安全形势持续稳定。荣获全市社会治安综合治理先进区称号。同时,圆满完成了第六届"中博会"环境整治、招商引资、安全保卫、对口接待等任务,得到市委、市政府充分肯定。

四、坚持从严治党、固本强基,党的建设得到新加强

加强基层组织建设。深入开展"创先争优"、"五亮五比五评五创"活动,形成全员争先进、组织创一流的局面,亲贤社区党员"一句话"承诺在全市进行推广。扎实推进"一定三有"、"三有一化"、"强基引领"工程,非公经济组织党建工作进一步加强,基层党组织建设和党员队伍建设水平有了新提升。充分发扬民主,严格换届程序,严肃换届纪律,圆满完成了区、乡、村换届工作。

加强干部队伍建设。完善干部教育培训机制,加大培训力度,推行干部选学、网络平台学习,培训干部8100余人次。开展了领导班子建设"五治五增"主题活动,各级领导班子的凝聚力、战斗力进一步提升。出台《科级干部选拔任用工作办法(试行)》,完善了常委会任免干部票决制,先后票决121名领导干部。完善了领导干部经济责任审计制度和干部考核评价体系,强化考核结果运用,形成了"比工作、比业绩、比贡献"的良好用人导向。

加强党风廉政建设。坚持和完善与小店发展形势相适应的教育、制度、监督并重的惩治和预防腐败体系。完善了17项依法行政制度,设立43个效能投诉中心。深入开展了工程建设领域、"小金库"、公务用车等专项治理,开展了"纪律作风集中教育整顿月"专项行动,严格落实"五个不准""八条禁令",干部作风进一步转变。全面推行农村工作九项制度、"四议两公开"工作法,农廉建设进一步加强。

(高筱燕)

附:一、中共小店区委书记、副书记、常委名单

书　记:张金旺

副书记:常　青(5月离职)　陈向阳(5月任职)
连金会(5月离职)　孙锁刚(5月离职)
杨继承(5月任职)

常　委:王　健(5月离职)　张建平(5月任职)
陈其武(5月离职)　李恩星(5月任职)
宋晓丽(女)　李树忠(5月离职)
冯原平(5月任职)　刘永华(5月任职)
高筱燕(女)　边军红

二、乡镇(街道)党委(党工委)书记、副书记名单

坞城街道

书　记:马　明

副书记:李素梅(女)　邢　炜　李勇彪(8月离职)
原密云(女,8月任职)　郭改琴(女)
刘素林(挂职)

营盘街道

书　记:许国平(8月离职)　李天亮(8月任职)

副书记:靳贤亮　任宝中　李凤山　三定国

北营街道

书　记:高彤燕

副书记:侯继保(6月离职)　王卫民　许文阁
张　震(8月任职)

平阳路街道

书　记:王成周(6月任职)

副书记:雍志斌(6月离职)　张俊兵(6月任职)
任贵贵　张志杰　郭国权

黄陵街道

书　记:王成周(6月离职)　侯继保(6月任职)

副书记:张　军(女,8月离职)　王保文
吴德胜　李　健(6月离职)

小店街道

书　记:任效杰

副书记:张志中　郝江寿(8月离职)

张惠梅(女)　高云兵

龙城街道

书　记：樊胜利(6月任职)

副书记：李　健(6月任职)　焦玉宝(8月任职)

刘子英(8月任职)

西温庄乡

书　记：陈晨明

副书记：李太平　任润兰(女)

刘家堡乡

书　记：李天亮(8月离职)　荣杰峰(8月任职)

副书记：荣杰峰(8月离职)　郑德勇

北格镇

书　记：樊胜利(6月离职)　雍志斌(8月任职)

副书记：魏志刚　刘仙梅(女)

中共迎泽区委工作概况

区委书记　邹天敬

2011年,按照全省转型跨越发展的新要求,迎泽区委在太原市委、市政府的正确领导下,围绕太原市建成一流省会城市,努力成为具有国际影响力的区域性现代化大都市目标,着眼更高的发展起点,以对标一流,赶超一流,争先进位的胆气和魄力,在解放思想中打开视野,在坚定信心中激发动力,团结带领广大党员干部群众,全力推进转型跨越,实现了建设"一流省会城市示范区、服务业转型跨越发展先行区、城乡一体化建设引领区"的良好开局。

一、经济平稳较快发展

有效应对经济紧缩形势,强化宏观引导,高起点编制"十二五"规划,科学布局和明确七大服务业转型重点,丰富柳巷商圈业态,推进朝阳商圈高端改造,建设现代科技园区,扶持百圆裤业成功上市,实现全市民营企业中小板领域"零突破",签约落地延长壳牌、宝佳万科紫台、家乐福等一批符合我区产业发展方向的大项目、好项目,服务业转型步伐明显加快。有序推进5个重点村的城中村改造,农村新"五个全覆盖"两年任务一年完成,城乡一体化有了新进展。全年地区生产总值完成366.6亿元,同比增长7.5%,在全市10个县市区中总量继续保持首位。社会消费品零售总额完成224亿元,同比增长17.1%。规模以上工业增加值完成26.3亿元,增长17.1%。固定资产投资完成79.2亿元,同比增长27.2%。财政总收入完成18.4亿元,同比增长17%,一般预算收入完成9.1亿元,同比增长17.8%。农民人均纯收入达到11757元,同比增长18.1%,增速居全市第一。

二、宜居城市建设迈出新步伐

完成省市重点工程的房屋征收面积6.5万平方米,抽调专门队伍,在时间紧、任务重、难度大的情况下,完成东岗棚户区改造75%的房屋征收任务。"迎中博、创环境、争一流"活动成效明显,高标准综合整治"十纵十横"街道和窗口地区,下功夫重点治理幸福巷、源中心等长年积存、群众反映强烈、影响城市整体形象的环境死角,无物业院落实现清扫保洁全覆盖。提档升级34条街道绿化景观和16处小绿地,新建13处小游园,建成长风东街高速出口大型景观花坛,新增绿化面积1.5万平方米,完成迎泽区现代林业建设示范工程规划,新造林2.33万亩。投入1300余万元,解决位于城市中心、群众多年急盼的菜园和西里片区集中供热难题。城乡清洁工程的标准和水平全面提升,生态环境质量不断改善,在中博会期间展示了优美、整洁、高品质的宜居环境和窗口形象。

三、民生保障和社会事业水平全面提升

工作重心向民生倾斜,加大投入,办了一批民生保障的实事好事。以项目建设带动就业,全面完成就业再就业各项任务指标。扩大社会保险覆盖面,加大社会救助力度,为基层低收入工作人员发放供暖补贴,增加生活补贴,提高低保边缘户救助标准,扩大困难群众大病救助范围。新建改建一批标准化菜市场和社区流动蔬菜直销点。超额完成保障性住房建设任务。为6868户低收入农户每户发放了一吨冬季用煤。在全省率先实现城乡低保标准一体化。改善教育基础设施,投资1.1亿元实施了9所学校和3所公办幼儿园新建、改扩建工程。扎实开展"中小企业自主创新能力建设年"活动。全面完成医药卫生体制改革,初步建立覆盖全区居民的"四位一体"基本医疗卫生制度。人口和计划生育基层基础建设落实年活动成果突出,连续两年在省、市目标责任书考核中位列前三。投入500余万元,以国家二级馆标准对文化馆内部进行改造。启动空巢(独居)老人"爱心一键通"项目。新建改建一批社区办公用房。军地双方互办了一批实事,双拥服务更加务实。我区民兵应急分队在省军区应急能力规范化建设研究观摩会进行展示,受到上级好评。

四、和谐稳定局面更加巩固

强化六项工作机制,出台责任追究办法,妥善解决信访积案,赴京赴省上访数大幅下降,全年赴京非正常上访由2010年191人次降为33人次,下降83%,赴省集体上访由2010年128人次降为76人次,下降41%,较好地完成了中博会等重大敏感时期的稳控任务。落实一系列有力推进举

措，全区社会管理创新试点工作取得初步成效，工作经验在全省做了交流。狠抓平安迎泽建设，保持“严打”高压震慑态势，全方位实施“天网”治安工程，强化盲点地区治安管理，挤压犯罪空间，人民群众安全感进一步增强。实施“六五”普法规划，依法治区工作取得新进展。“安全生产年”活动扎实开展，全年未发生重大安全事故。

五、民主政治建设不断加强

区人大及其常委会，把工作重点放在贯彻区委转型跨越发展的重大决策部署上，修订和完善各项规章制度，依法任命一批国家机关工作人员，开展对城乡清洁工程、民生实事等全区重点工作的监督和视察，全面提升了履职能力。迎泽区政协围绕团结和民主两大主题，发挥民主监督员、参政联络员作用，积极构建区委重视、政府支持、政协主动、部门欢迎、委员踊跃、群众满意的民主监督和参政议政体系，促进了一批民生问题的解决。大力推进楼宇统战，全市统战服务社会管理创新现场会在我区召开。工会、共青团、妇联等人民团体围绕服务转型发展，推进非公企业的民主管理，开展街、镇团组织格局创新工作，实施妇女素质提升、建功创业、文明传承、权益保障、固本强基“五大工程”，优势作用发挥明显。

六、宣传思想文化建设取得新成果

通过组织专题报告会、区级领导亲自宣讲辅导、开展“增强使命感，提升执行力，为三区建设做贡献”主题活动等多种方式，深入学习宣传党的十七届五中六中全会、胡锦涛同志“七一”讲话和省市第十次党代会精神，努力打牢全区人民团结奋斗、加快转型跨越的共同思想基础。围绕庆祝建党90周年，开展系列主题宣传教育活动，全区广大党员干部群众进一步坚定了信仰，激发了时代使命感。组织开展“迎中博、讲文明、树新风”群众性文明创建活动，提升了广大市民的文明素质和城市文明程度。精心制作播出对外形象宣传片《魅力迎泽》，扩大了迎泽区的对外知名度。切实加强未成年人思想道德建设，全省关心下一代工作基层建设现场会在我区召开。净化学校周边文化环境，关停和搬迁一批不合格网吧，开展了“扫黄打非”专项治理，文化市场管理进一步规范。

七、党的建设全面加强

多形式多渠道搭建教育平台，以党的十七届六中全会、省市第十次党代会及资源型经济转型和加强社会管理创新等内容为重点，加大教育培训，全区党员领导干部的理论素养和推进转型发展的能力进一步提升。圆满完成区委、区人大、区政府、区政协以及镇党委、政府和村“两委”换届。以“党旗指引迎泽新跨越”和“对标一流在迎泽”系列主题活动为载体，各级党组织在转型发展和改善民生中创先争优，解决突出问题1020个，为群众办实事好事4383件。突出基层和业绩导向，严格程序，经过初始提名、常委会票决和全委会票决，交流调整部分街道党政正职、政府工作部门主要负责人，形成了干部从基层一线锻炼成长的“培养链”。完善领导班子和领导干部综合考核体系，重奖先进，在全区营造了干事创业的良好氛围。在转型跨越主战场考验和锻炼干部，选派一批干部深入“中博会”和棚户区改造一线，提升了领导干部解决实际问题的能力。搭建平台，加强引导，大学生村（社区）干部管理取得新成效。组织党代表培训，开展党代表接待日和集中视察调研活动，党代会常任制试点工作进一步深化。全面加强基层党组织建设，召开“双百”强基工程观摩推进会，选树了一批高标准社区示范典型。深入开展了领导干部下乡住村“六个一”活动。表彰一批特聘专家、迎泽英才和迎泽之星。老干部政治生活待遇全面落实。

以党风廉政建设责任制为抓手，突出制度建设，加强顶层设计，初步形成以“三级联创”为基础，涵盖“六大体系”，依托“三项载体”的“363”惩防体系。开展严肃换届纪律、重点工程项目资金使用情况、发展环境综合整治、民生实事落实的监督检查，有力促进了全区转型发展重大决策部署的贯彻落实。实行联查办案，严肃查处了一批违法违纪案件。扎实开展“发展环境综合整治年”、“正风肃纪、创优环境”纪律作风集中教育整顿月、“四整治、四构建”集中整顿等活动，处理一批违纪人员，干部纪律作风有了新转变。依托“一三四”廉政教育基地，强化廉政教育，提高了全区各级领导干部廉洁自律的自觉性。

（秦　琦）

附：一、中共迎泽区委书记、副书记、常委名单

书　记：邹天敬

副书记：阴国平（4月离职）　田　宁（5月离职）
刘文华（4月任职）　阎生华（5月任职）

常　委：侯富田　詹玉梅（女）　王　晋（5月离职）
张志勤（5月任职）　梁宏宇（5月任职）
孟永宁　秦　琦　冯润春（5月任职）

二、乡镇（街道）党委（党工委）书记、副书记名单

迎泽街道

书　记：王国栋（8月离职）　张健康（8月任职）

副书记：张健康（8月离职）　高宪强（8月任职）
王舰英（女）　黄跃增　杨红梅（女）
于丽华（女）

桥东街道

书　记：薛晓明

副书记：秦宇星（8月离职）　刘俊刚（8月任职）
张　跃　田　华（女，8月离职）
李会忠（8月任职）　赵喜梅（女）
张利宏（女）

文庙街道

书　记：王文潇（8月离职）　孟晋忠（8月任职）

副书记：樊世勋　马东明　任文英（女）　石林全
王爱香（女）

庙前街道

书　记：贾永明（8月离职）　秦宇星（8月任职）

副书记：姚丽蓉(女,5月离职) 田 华(女,8月任职)
韩淑芳(女) 骆耀红(女) 王亚生
史秀萍(女)

柳巷街道

书 记：白 霞(女)

副书记：侯 森(8月离职) 王孝兵(8月任职)
于以江 吉根秀(女) 郭晓军(女)
郑慧霞(女)

老军营街道

书 记：王文生(8月离职) 闫晓琴(女,8月任职)

副书记：叶 涛 梁丽鸿 李青枝(女) 秦建平
钱桂萍(女)

郝庄镇

书 记：尹晓平

副书记：畅耀宗 陈祚斌(4月离职)
任太生(4月任职)

中共杏花岭区委工作概况

区委书记 魏 民

2011年，在中共太原市委、市政府的正确领导下，杏花岭区坚持以科学发展观为指导，按照建设一流省会城市的总要求，紧紧围绕"创宜居环境，建和谐城区"的目标，以转型发展、跨越发展为主题，以保障和改善民生为主线，以推进"双十工程"为载体，对标一流，真抓实干，全面推进经济、政治、文化、社会建设以及生态文明建设和党的建设，圆满完成了各项工作任务，实现了"十二五"的良好开局。全年地区生产总值完成331.57亿元，增长15%；财政总收入完成18.85亿元，增长20.3%；一般预算收入完成10.07亿元，增长25%；社会固定资产投资完成115.6亿元，增长32.5%；社会消费品零售总额完成102.66亿元，增长18.6%；规模以上工业增加值完成23.35亿元，增长17.5%；农民人均纯收入完成10325元，增长17.5%。

一、着力推进东山生态建设

坚持全面绿化和重点绿化相结合，采取"无标的招标选队伍，三年付款保成活"的方式，实施了大规模生态建设工程，投资2.4亿元，完成绿化工程2.76万亩，其中重点片区绿化完成7600亩，义务植树完成2万亩，栽植各类苗木251万株，高标准打造了长沟片区、牛驼寨片区等绿化景观，产生了良好的生态效益和社会效益。2011年全区绿化面积超过"十一五"时期的绿化总和，省城东部绿色屏障基本形成。

二、大力发展现代都市农业

以增加农民收入为核心，以发展现代都市农业为主攻方向，按照"一县一业、一村一品"产业化经营模式，集中连片发展花卉苗木产业，重点抓了高档盆花、种苗研发、苗木培育、花卉交易"四个基地"建设，在长沟、淖马、东涧河洪子峪建成现代高档智能温室6万平方米，在枣沟村建成日光温室无公害蔬菜基地80亩，全区现代高档智能温室面积达到8万平方米，以花卉苗木为主的现代都市农业初具规模，为加快全区产业转型，增加农民收入奠定了坚实基础。

三、深入开展城乡清洁工程

以"迎中博、创环境、争一流"为契机，全面开展城乡清洁达标活动，全区城乡面貌明显改善，在全市季度综合考核评比中，两次排名第一，两次排名第二。坚持全面整治与重点突破相结合，高标准实施了坝陵南街片区小街巷连片综合整治和北大街综合整治工程，维修改造小街巷11条，打造了特色精品街区，方便了居民出行，优化了人居环境。

四、加快推进棚户区、城中村改造

坚持"政府主导、区为主体、市场运作、让利于民"的原则，精心组织，全力推进棚户区改造，仅用10天时间，圆满完成了大东关街104号院棚户区改造的拆迁任务，创造了棚户区改造的"太原速度"，市委、市政府在杏花岭区召开了棚户区城中村改造现场推进会，在全市推广了杏花岭区和谐拆迁的成功经验。在城中村改造方面，重点推进了剪子湾、耙儿沟2个城中村改造工程，其中，剪子湾村在全市率先实现了旧村"整村拆除"，拆迁面积7.94万平方米；耙儿沟村完成动迁185户，拆除面积9.3万平方米。

五、强化招商引资工作

牢固树立"抓项目就是抓机遇、抓发展，就是抓转型、抓跨越"的理念，在全力推进十大重点项目建设的基础上，以中博会为契机，加大招商引资力度，成功签约富力华庭、微小企业创业园、胜利广场等3个项目，引进资金120亿元。积极协调服务，启动了东山低碳生态产业园建设。坚持把优化发展环境作为加快全区转型跨越发展的关键环节，创新招商理念，拓宽招商领域，制定出台了《区招商引资实施办法》和《区招商引资优惠政策》，为企业提供最优惠的政策扶持和最佳的政务服务，努力营造了亲商、安商、富商的良好环境。

六、着力保障和改善民生

坚持把改善民生作为工作的着力点和立足点，将更多的公共资源投入到民生领域，让全区人民共享发展成果。全力办好惠民实事，向全区人民承诺的困难群体救助、残疾人救助、农村危房改造等“十件惠民实事”全面完成。新开工保障性住房8517套，超额完成市下达的任务。积极推进和谐宜居社区建设，高标准建成25个和谐宜居社区，新增社区办公用房6305平米，受益居民达4.7万户13.6万余人。全面落实农村新的“五个全覆盖”，农村便民连锁商店、农村文化体育场所、中等职业教育免费、新型农村社会养老保险等4个全覆盖提前一年完成，农村街巷硬化全覆盖当年任务超额完成。全面推进创业就业工程，全区新增就业19570人，城镇失业率控制在2.86%以内。全力做好社会保障工作，按时足额发放基本养老金2.2亿元、低保金3576万元，实现了应保尽保。

七、狠抓安全生产和社会管理创新

严格落实企业安全生产和政府安全监管两个主体责任，深入开展食品、交通、建筑、学校等行业领域的安全生产专项整治行动，加大隐患排查治理力度，全区安全生产形势保持稳定好转，同比事故起数、死亡人数都呈下降趋势。积极推进社会管理创新试点工作，实施创新项目20个，加快建立“源头预防、过程控制、应急处置”三道防线，对各类社会问题抓早、抓小、抓了，及时化解处置，有效维护了全区社会的和谐稳定。深入推进“访贫问寒送温暖，排查矛盾大接访”活动，严格落实领导包案和干部带案下访制，着力化解信访积案，全区进京非正常重复访4人次、赴省集体访1批次，远低于市下达的31人次、9批次的控制指标要求，信访形势持续好转。

八、全面加强领导班子和干部队伍建设

积极推进学习型党组织建设，深入推进干部自主选学和在线学习，组织251名干部参加各类外出培训，622名干部进行了在线学习，提升了各级领导干部的理论素养和工作能力。深入开展创先争优活动，以“五亮五比五创五评”活动为载体，全面加强各级基层党组织建设。深入开展干部下乡住村包村活动，促进了干部作风转变和农民增收。深入开展“办实事、解民忧、惠民生”活动，落实资金和物资共计400多万元，为群众办实事4083件。胜利召开区第四次党代表大会，圆满完成区、乡两级换届任务，组织提名的所有候选人全部全票当选。稳步推进村“两委”换届工作，在全市率先完成村“两委”换届选举工作。创新干部选任机制和考核方式。严格执行《干部选拔任用条例》、常委会票决制，全年分14批，对118名干部进行了调整。加强对干部工作实绩和作风的动态考核，特别是加强对省考核指标、市重点工作和区“双十工程”、部门5件实事项目的督查考核，作为干部提拔任用、评先评优的主要依据。从严管理干部，对在全区重点工作中不作为的干部进行了严格问责。

九、深入推进惩防体系和党风廉政建设

按照中央和省市纪委的要求，将全年反腐倡廉的58项任务进行量化分解，落实到各级领导班子和领导干部。加大对全区“双十工程”、城乡清洁工程、信访稳控等重点工作的监督检查力度，确保了各项工作的顺利推进。严格执行《财政专项资金监督检查办法》，全年共审核专项资金205项，审核通过159项，否决28项，确保了资金安全。充分发挥查办案件的惩处和治本功能，全年共立查案件47件，党政纪处分34人，组织处理29人。扎实推进工程建设领域突出问题专项治理，发现问题169个，整改160个，整改率达95%。认真开展专项治理，切实纠正损害群众利益的不正之风。扎实开展“发展环境综合整治年”活动，压减审批事项4项，压缩审批环节50个，缩短审批时限232个。在全区开展了“整肃作风纪律、优化发展环境”活动，对存在问题的6个单位进行了通报批评和限期整改，行政记过5人，通报批评5人，有效促进了全区干部作风的转变。

一年来，通过全区上下的共同努力，各项工作取得了明显成效，获得了全国科技进步先进县(市)、全国城市社会工作示范区、全国社区服务先进区、全国残疾人工作先进单位、全国科普示范县(市、区)、全省依法行政示范区、全省安全生产控制指标达标先进单位、全省造林绿化先进单位等17项省部级以上荣誉称号。　　(张振国)

附：一、中共杏花岭区委书记、副书记、常委名单

书　记：魏　民

副书记：韦和平(6月离职)　姜二爱(女,6月离职)
王建堂(6月离职)　李　浓(女,6月任职)
杨俊民(6月任职)

常　委：程有录　王晋章　白建生(6月离职)
李恩星(6月离职)　李　颖(女,6月离职)
施国立(6月任职)　张振国
武润生(6月任职)　杨天玉(6月任职)
李领国

二、乡镇(街道)党委(党工委)书记、副书记名单

三桥街道

书　记：郭亚君(女)

副书记：付彦军　张瑞敏(女,4月任职)
吴　敏(女)　李瑞萍(女)
宋永柱(3月离职)

敦化坊街道

书　记：刘玉辉(3离职)　王建生(8任职)

副书记：张　汾(女,4离职)　刘霜红(女,5任职)
贾汝萍(女)　焦　斌

巨轮街道

书　记：赵联庆

副书记：陈向瑛(女,3月离职)　冯立君(5月任职)
徐卫丽(女)　张　钢

涧河街道

书　记：赵　林(3月离职)　田　景(3月任职)

副书记：李洁亮　王守明　王东军

鼓楼街道

书　记：李　晶(女)

副书记：苏常青　李高峰　陈海林　王金华(女)

杏花岭街道

书　记：任文忠

副书记：王天娇(女)　刘庆生　孟庆林

坝陵桥街道

书　记：姚静忠

副书记：张秀芝(女,5月离职)
张爱兰(女,5月任职)　苏广生　王启元

大东关街道

书　记：尹　骏(3月离职)　陈向琰(女,3月任职)

副书记：王建生(8月离职)　冯志刚(8月任职)
韩书萍(女)　史芝茹(女)　赵小萍(女)

职工新街街道

书　记：张荣义(女)

副书记：王建生(3月离职)　张毓民(5月任职)
郭　坚　成雪原(女,4月任职)

杨家峪街道

书　记：连会银

副书记：常　青(5月任职)　梁计恭　李彩霞(女)
冯存拴

中涧河乡

书　记：刘玉辉(3月任职)

副书记：田　景(3月离职)　张瑞敏(女,3月离职)
宋永柱(3月任职)　张雁冰

小返乡

书　记：尹　骏(3月任职)

副书记：成建鱼 李　蕊(女)　成雪原(女,3月离职)

中共尖草坪区委工作概况

区委书记　郭建发

2011年，尖草坪区委在中共太原市委的正确领导下,团结和带领区四大班子和全区人民,以创新的思维谋划发展,以科学的决策推动工作，以务实的作风树立形象，全区经济和社会各项事业都取得了较好的成绩。全区地区生产总值完成270亿元,同比增长9.5%;财政总收入完成10.67亿元，同比增长22.35%;规模以上工业增加值完成200.5亿元，同比增长9.2%;固定资产投资完成75亿元,同比增长37%;农民人均纯收入完成8496元,同比增长16.6%。

一、科学谋划发展,确立了加快转型跨越的新思路

区委确立了以"转型跨越打造不锈钢城,对标一流建设傅山故里"为主题，以"一轴四带一山"统筹城乡发展,以"8465"工程为具体任务,努力建设一流的不锈钢产业区、一流的商贸物流区、一流的文化旅游区、一流的生态宜居区的奋斗目标,构建起了尖草坪区发展的总体框架,绘就了"十二五"时期全区奋斗的宏伟蓝图。特别是我区被确定为全省转型综改试验先行试点区以来，在区域发展总体框架的基础上,编制了《尖草坪区转型综改试验先行试点行动方案》,确定了总投资达457.9亿元的10大类19项推进项目，以及5大类7项启动项目,实施了40项配套改革任务。

二、狠抓项目建设,提升了区域发展潜力和后劲

全力以赴推进项目建设,全年共引进各类项目68项,引资到位29.14亿元,为年任务的145.7%。

在工业项目建设上:一是提升传统产业。重点扶持晋西春雷、锦地高新等现有机械制造企业发展。太原冶金机械厂成为我省第三个院士工作站。二是做强新兴产业。重点发展不锈钢深加工、铁路装备制造等科技含量高、产业关联度强的企业。不锈钢园区全年科工贸收入完成55亿元,同比增长58%。其中,总投资22亿元的太钢5万吨无缝钢管项目,已经全面投产,成为国内同行业领军企业。总投资60亿元的太原铁路装备园项目,今年完成投资5.2亿元。三是加快发展循环经济产业。积极推进太锅、翔宇、鼎杰等具有国内领先技术的项目发展。

在农业项目建设上:一是发展现代都市农业。按照"公司加基地连农户"的模式,通过"反租倒包"等土地流转方式,构建汾河以西发展养殖和牧草种植为主、汾河以东滨河东路沿线发展花卉种植为主的产业格局。二是发展休闲观光农业。依托优美的生态环境、丰富的人文旅游资源和多年的果蔬种植基础,发展了以金滩生态园、岗北康乐谷等项目为引领的休闲观光农业。三是发展"农家乐"。加快马头水、柏板等地农家乐发展步伐,带动农村剩余劳动力就业。四是发展农产品加工业。全区农产品"513"龙头企业发展到10家,农产品销售收入达3亿元。

在三产项目建设上:一是加快专业市场提档升级。重点实施了晋东小商品批发市场改造,一期投资2亿元。加快推进红星美凯龙市场群建设,投资2.2亿元的灯饰城主体已完工,投资70亿元的二期工程已经启动。二是加快现代物流发展。着力推进投资7.6亿元的不锈钢国际物流中心项目。积极推进投资42亿元的鸿升国际汽车物流配送中心项目建设,打造华北规模最大、功能最全的综合型汽车城。三是加快文化旅游业发展。全年各景区共接待游客30万人(次),旅游

收入2200余万元，同比增长33.3%。确定了以弘扬姓氏文化、宗祠文化、祭祖文化为主题的“尖草坪文化景区”建设项目。

三、坚持规划先行，加快了城市化建设步伐

一是打造草坪“能都区”。在规划建设六大片区的基础上，立足“山水相依、城郊紧邻”的区位优势，在柴村下兰片区和汇丰三给片区打造草坪“能都区”。所谓“能”(ABLE)，就是“宜人（Amenity）、商务（Business）、生活（Life）、环境(Environment)”四个英文单词的首字母，所谓“都”，就是指全功能的、可持续发展的新型片区。通过积极引进优质医疗、教育、文化等资源，不断完善片区综合服务功能，着力打造集商务办公、购物娱乐、居住生活为一体的功能完善、生活便捷、生态宜居、环境友好的可持续发展的北部“能都”新区。

二是推进项目落地。启动了总投资70亿元的新村城中村改造，拆迁安置签订率达98%，居全市第一；总投资55亿元的辰兴优山美郡项目已开工33.63万平方米；总投资12.5亿元的七平房棚户区改造开工1100套，约8.61万平方米；柴村、赵庄、北固碾城中村改造项目，已完成规划论证；土堂整村改造、尖草坪文化景区、欧亚大卖场、汽车城等项目也将陆续启动。

三是加大生态建设力度。超前谋划、主动服务，做了“项目规划完善、引水上山、道路配套建设”等三项重点工作，完成绿化面积1万亩，植树59万株。此外，以政府主导、企业参与、社会共享的方式在北部边山地区实施了绿化整治工程，以千亩高标准造林工程为主体，将天聚三鑫、晨憬白皮松等社会项目集中起来打造了草坪的万亩生态园。

四是深入开展城乡清洁工程。在重点区域，实行了区级领导区直部门包点包段包任务制度；建立和完善了数字化城管检查考核问责制度，开展了“靓丽星期五”活动；投入1897万元购置各类清扫车辆220台，新招聘300名清扫工；“中博会”期间，强化重点区域环境综合整治的力度，为会议的胜利召开营造了良好的环境；举行了“清洁礼赞——城乡清洁工程颁奖典礼”；深入开展了清洁工程达标活动。

四、加大民生保障，让发展成果更多地惠及人民群众

一是农村新的“五个全覆盖”工程走在全市前列。新型农村社会养老保险工作在全市率先实现了全覆盖，2011年参保65094人；全市农村便民连锁商店和农村社区综合服务中心建设推进现场会在我区召开；村级文体活动场所实现全覆盖，为各村配送了价值270万元的书籍光盘以及价值45万元的文化活动设备；中等职业教育免费实现全覆盖；农村街巷硬化工作已经完成总任务的86%。二是全区城镇新增就业完成10689人，为市下达任务118.8%，城镇登记失业率为3%以内。三是保障性住房开工率141%，位居全市第一。四是我区被中央教科所，国家教育督导评估中心列为国家义务教育均衡发展标准课题研究试点区。五是顺利通过了2009-2010年全国科技进步考核工作验收。六是完成第三次全国文物普查，登录不可移动文物187处，其中国保级3处。七是荣获“全国计划生育优质服务县级示范站”称号。八是医疗卫生服务不断完善，南寨社区卫生服务中心被评为国家和省级社区卫生服务示范中心。九是深入推进社会矛盾化解、社会管理创新、公正廉洁执法三项重点工作。十是“五五”普法工作圆满结束，依法治区成效明显。挂牌成立了全省第一家政府主导的刑释解教人员过渡性安置帮教基地。十一是实行了领导接待日制度、定期解决疑难问题制度等“信访稳定六大机制”，出台了《尖草坪区信访工作责任查究暂行规定》。与此同时，还加强了安全生产、护林防火等项工作，确保了全区各项工作的安全有序运行。

五、加强党的建设，打造了一支干事创业的干部队伍

全年共组织15次区委中心组学习，进一步提升了班子成员判断和处理问题的战略思维能力，坚定了转型跨越的信心和决心。

圆满完成了区、乡、村三级换届任务。村两委主干一肩挑比例达26.1%，大学生村干部有33名进入了两委班子。保证了干部选拔任用过程的公开、公平、公正、透明。深入开展创先争优主题活动，强化了全区各级党组织的战斗堡垒作用。成立了区非公有制经济组织工委，向143个非公有制经济组织选派了101名党建指导员。“一联五帮”统筹城乡基层党建、完善社区党建联席会议制度、社区党员管理站区网建设三项工作，被列为全市组织系统“310”项目。

干部下乡住村(社区)“六个一”活动中，包联领导帮助制定发展规划65个，拟新上项目21个，资助困难家庭13户3万余元，资助贫困学生28个1.8万元，化解处理信访案件16个，为8个贫困户的14人找到工作，协调项目资金3000多万元。

严格落实党风廉政建设责任制相关要求，建立和完善了“问责制度”、“一票否决制度”、“一岗双责制度”等。加大案件查办力度，全年共受理信访件164件，立案查处31件，处分人员32人，为国家挽回经济损失184万余元。

（刘　飞）

附：一、中共尖草坪区委书记、副书记、常委名单

书　记：陈河才(5月离职)　郭建发(5月任职)
副书记：白玉明　王国卿(5月离职)
李　颖(女,5月任职)
常　委：李增锁(5月离职)　王承江(5月离职)
王琳玉(5月离职)　杨天玉(5月离职)
袁尔铭(5月离职)　李文权(5月离职)
张　霞(女,5月任职)　贾慕权(5月任职)
王春龙(5月任职)　金林平(5月任职)
景德奎(5月任职)　裴耀军(5月任职)
蔚　来

二、乡镇(街道)党委(党工委)书记、副书记名单

柴村街道

书　记：马高明(11月离职)　李　蓉(女,11月任职)

副书记：姚新顺　孙　艳(女)　张宇波

上兰街道

书　记：史瑞泉

副书记：江志军　乔荣槐　武海峰

新城街道

书　记：李　汇

副书记：宋国旺　段晓燕(女)　刘素珍(女)

南寨街道

书　记：阴建中

副书记：古秀娥(女)　史宝儒　张满惠

尖草坪街道

书　记：田　娟(女)

副书记：王玉贵　王　丽(女)　高晋平

迎新街街道

书　记：孙晋成

副书记：史海俊　李春录　王　彤

光社街道

书　记：刘　智

副书记：赵　杰　吕建新　王建法

古城街道

书　记：赵晓红(女)

副书记：田永胜　王保东　史瑞卿(女)

汇丰街道

书　记：李福贵(5月离职)　侯　岳(11月任职)

副书记：侯　岳(11月离职)　白建新(11月任职)　张进芳(女)　梁炳龙

马头水乡

书　记：刘永诚

副书记：郝晓中　卢素琴(女)

柏板乡

书　记：李风义

副书记：王　鹏　刘　飞(4月任职)

西焉乡

书　记：刘富生(4月离职)　王为民(4月任职)

副书记：王为民(4月离职)　张建宏(4月任职)　温瑞芬(女)

向阳镇

书　记：魏新红

副书记：焦　勇　赵海平

阳曲镇

书　记：李　蓉(女,11月离职)　张玉和(11月任职)

副书记：张玉和(11月离职)　李瑞清(11月任职)　袁美兰(女)

中共万柏林区委工作概况

区委书记　张齐山

2011年,中共万柏林区委全面贯彻党的十七大和十七届六中全会以及省市党代会精神,以邓小平理论和“三个代表”重要思想为指导,深入贯彻落实科学发展观,以科学发展为主题,以加快转变经济发展方式为主线,紧扣一流的“产业、生态、宜居”大区建设,把换届激发出的精神动力转化为干事创业的巨大热情,凝心聚力,真抓实干,全区各项事业发展都取得了积极的进步和明显的成效。

一、全区的进步展示在产业发展上,成效体现在转型跨越的根基稳固上

一是确保经济平稳快速增长。全年地区生产总值实现334.6亿元,增长5.7%;规模以上工业增加值实现190亿元,增长5.6%;全社会固定资产投资额实现147亿元,增长33%;社会消费品零售总额限额以上部分实现143亿元,增长18.5%;农民人均纯收入实现12433.5元,增长16.5%。全年实现财政总收入13.04亿元,增长23.4%;一般预算收入7.03亿元,增长30.3%。

二是坚定不移地实施项目带动战略。确定重点项目117个,总投资875亿元。完工9个,开工在建82个,完成投资约70亿元;“中博会”确定签约、招商项目20个,总投资365.15亿元。

三是努力壮大发展三产和现代服务业。长风商务区的建成,居然之家河西店的开业运营,万科所属金域国际、蓝山两个项目的落地,下元中心地带商业综合体的谋划,信达金融中心的确定,君合费尔蒙五星级酒店正式签约,永成商业中心、奔驰宝马汽车4S店的引入,加之续建中的当代、雅士、富力三大知名企业的商住综合体项目,成为全区服务业发展的引领和转型发展的方向。

四是积极引进提升新兴产业和传统产业。铁路装备工业基地全面开工建设,狮头集团搬迁启动,东峰煤业矿井整合改造正式复工,瓦窑文化创意产业园建设实质启动,龙泉寺等多景区贯通的生态、佛教文化旅游项目初步形成,非公有制经济健康快速发展。

二、全区的进步展示在城市建设和管理上，成效体现在城市形象的变化和提质上

一是主动负重进行道路、河道建设和改造。西矿街拓宽改造和两侧整饰工程高标准完成，南内环西街西延、铁路枢纽西南环线基本完成动迁工作，千峰南、北路等4条主次干道大修工程和17条连片小街巷改造工程全面完工，西外环辅路建成通车，西山生态旅游公路和一线天旅游公路开工建设，动迁总量达31万平方米。三条"城中河"城市段全部堤防接近完成。

二是大力推进城乡清洁工程。以兴华南小区综合整治，西矿街及西铭路、玉门河沿线等片区乱象整治，长风西大街片区精品打造，移村北街科技市场临建、违建完全拆除整治，各主支干线沿线建筑物的立面整饰为典型，标志着城乡清洁取得重大突破。以城市面上的清洁保洁水平提高、数字化城管有执行力的运转、全区大环卫管理体系的基本形成、环卫和城市执法队伍的健全等为基础，标志着城乡清洁工程取得了全面和精细的效果。以单元达标率全市第一为依据，标志着城乡清洁正在扭转落后的状况。全年投入城乡清洁费用达2.3亿元，形成了动员全区、动员全民参与的新格局。

三是持续进行规模化绿化和生态文明建设。进行了狼坡野生生态公园建设、河龙湾北山集中绿化等六大造林工程，历史性地完成5.3万亩的绿化任务。建成区完成绿化工程25项，建成游园6个，新增绿化面积50.5公顷，人均公共绿地面积、绿地率、绿化覆盖率均持续提高。加快源头治污，狮头水泥等4家企业完成落后产能淘汰任务，城中村拆除、停用土小锅炉3100台，54万平方米村民住宅实现集中供热。

三、全区的进步展示在农村的改造和搬迁上，效果体现在城乡统筹步伐的加快上

对于城中村，区委提出了"十二五"期间"决战城中村"的口号。2011年，展开3个村的整村拆除改造和后北屯改造的启动工作。全区最具示范性的下元村改造，拆除325户，拆除面积约45万平米，占到旧村面积90%以上。4个重点城中村共拆除旧村近85万平方米。全区22个城中村中有19个完成了村改居工作，6个村启动了集体经济改制并办理了规选意见书、建设用地规划许可证，城中村改造取得了重大实质性突破。对于处于沉陷区的山区村庄，已有20个村完成住房分配，其中3个村正在装修并陆续入住，旧村拆除试点工作同步展开。对处于边缘地带的村庄，枣尖梁旧村整体拆迁完毕，树立了新农村改造的标杆和示范，红沟等12个村已做好了全面改造的准备。

四、全区的进步展示在社会事业发展上，成效体现在民生保障全面均衡上

一是继续坚持优先发展教育事业。投入资金940多万元，为8所标准化建设项目学校配备教学设施设备；10所续建工程学校教学楼已基本完工，2所新建学校的主体封顶，新、改扩建标准化公办幼儿园3所，新建的青少年活动中心正式开工。二是大力度地繁荣文化事业。举办了"永远跟党走"、"万柏林之春"、第二届全民运动会等一系列文体活动，区文体综合楼已全面开工。三是高度重视医疗卫生事业。加强公共卫生应急管理和队伍建设，推进医疗五项改革，区中心医院、计生指导站即将正式投入使用，4个社区卫生服务中心1个完工、3个在建。四是尽力完善社会保障体系。加快覆盖城乡居民的社会保障体系、救助体系和最低生活保障制度的完善；农村新的"五个全覆盖"年度任务全部完成；10个标准化菜市场建设全部完成，3个高标准社区建设主体竣工，供热补贴落实到位。

五、全区的进步展示在社会管理创新上，成效体现在社会和谐稳定上

在安全生产方面。牢固树立安全发展观，突出"两个责任"的落实，突出安全隐患的排查和安全生产专项整治，突出对非法生产和私挖滥采打击，突出对非煤矿山、危化品以及城中村消防等高危行业和重点环节的监管，突出对校车安全的检查和对治理超限超载的高压态势，突出对食品质量的安全监管。在消除社会矛盾方面。坚持开展大接访活动，17次共接访152案，已办结121案。加大重点信访积案的办理力度，中央、省、市交办的17案，已结案16案。在加强社会管理基层基础工作方面。注重拓宽社情民意表达渠道，加大矛盾纠纷排查调处工作力度，排查出的3054起矛盾纠纷，96%得到调处。加强对流动人口的有序管理，加强对各类违法犯罪活动的严厉打击，集中开展治安混乱地区和突出治安问题整治。在全面推进依法行政方面。启动"六五"普法，规范执法行为。有针对性地强化了法制入社区进农村工作，全民遵纪守法意识有所提高。

六、全区的进步展示在全面加强党的建设上，成效体现在领导核心、战斗堡垒和先锋模范作用的发挥上

一是强化思想政治建设。不断创新区委中心组学习形式，逐步加强干部培训教育，把学习型党组织建设进一步引向深入。结合建党90周年等重大纪念日，深入开展主题突出的爱国主义教育活动和演讲比赛等；主动联系各大主流宣传媒体，组织了"百名记者走进万柏林"采风活动等，进一步扩展对外宣传的深度和广度。

二是强化组织建设。如期圆满完成了区级和王封乡换届工作，69个村级组织换届全部完成。积极推进干部人事制度改革，健全完善考核评价办法，坚持德才兼备、注重实绩、群众公认原则，坚持把基层一线作为培养、锻炼和选拔使用干部的主阵地；并选派、抽调260名干部到重点工程、单位、部门进行锻炼。全面落实党建工作责任制，加强农村，优化社区，强化非公经济党组织建设，构建城乡统筹的基层党建新格局；深入实施"四议两公开"工作法，扎实推进"创先争优"活动。

三是强化作风建设和党风廉政建设。认真贯彻落实《廉政准则》,以专题民主生活会、集体廉政谈话、"廉园"参观等各种形式,开展学习教育活动。对区乡换届、城中村改造等重点工作、重大项目实施监督检查;加强对农村"两委"换届纪律的教育培训,开展了农村"三资"管理大检查;扎实推进"阳光农廉网"建设,全面深化党务公开,确保各项重大决策部署落到实处。狠抓群众反映强烈的突出问题,进一步巩固煤焦领域反腐败专项斗争成果,扎实推进工程建设领域突出问题和党政机关公务用车专项治理,初查核实群众来信来访109件,立结案28件,处理党员干部37人,其中副科级以上13人;给予党纪处分17人,其中开除党籍5人,给予政纪处分13人,其中开除3人。深化"肃纪正风、治庸提效"活动,对存在问题的14个单位、7名干部分别予以通报批评。

(刘爱国)

附:一、中共万柏林区委书记、副书记、常委名单

书　记:张齐山(5月任职)

副书记:张齐山(5月离职)　高屹城(5月离职)　王立刚(5月任职)　马金安(5月任职)

常　委:张奇峰(5月离职)　侯　安(5月离职)　王静恩(5月离职)　冯润春(5月离职)　常福元(5月任职)　张宝军　李晓玉(女)　袁尔铭(5月任职)　杨宏林(5月任职)　郭海燕(女,5月任职)　王凤余

二、乡镇(街道)党委(党工委)书记、副书记名单

小井峪街道

书　记:王立学

副书记:梁红根　刘　英(女)　尚　武　王建强

西铭街道

书　记:武中全

副书记:蔡增辉　安炳文　杨春贵　贾瑞卿

千峰街道

书　记:王丽芬(女)

副书记:王爱军　郑亚雄　赵伟强　李新文

下元街道

书　记:高建军

副书记:张立奇　李志强　李秀生　宋　征

和平街道

书　记:田晋明

副书记:乐丽梅(女)　侯力红　郭瑞良　敦卫红(女)

兴华街道

书　记:王少强

副书记:张立权　刘丽君(女)　周振才　刘　莉(女)

万柏林街道

书　记:王五义

副书记:闫　斌(女)　呼　勇　贾进芳　刘丽荣(女)

东社街道

书　记:李润敖

副书记:阴玲光　杜广迁　毛瑞芳(女)　王红云(女)

南寒街道

书　记:陈永哲

副书记:翟建武　张月卿(女)　陈黎明　张根正

化客头街道

书　记:牛培亮

副书记:裴治晋　耿彦忠　高亮则　程明生

白家庄街道

书　记:柳丽辉

副书记:侯永清　武爱娟(女)　毛焕珍(女)　孙　杰

杜儿坪街道

书　记:张文会

副书记:王晋发　常增荣　李建民　王爱萍(女)

长风西街街道

书　记:王俊仙(女)

副书记:王在峰　毕文莲(女)　张晋萍(女)　王宏卫

神堂沟街道

书　记:张　莹(女)

副书记:李晋寿　曹建华(女)　王全生　韩少峰

王封乡

书　记:闫晋宏

副书记:张永利　郭晋玲(女)　侯淑强

中共晋源区委工作概况

区委书记　赵伟东

2011年,晋源区在太原市委、市政府的正确领导下,坚持以邓小平理论和"三个代表"重要思想为指导,深入贯彻落实科学发展观和中央、省、市各项决策部署,科学制定实施"十二五"发展规划,紧紧围绕"人文晋源、生态晋源、活力晋源"建设目标,抢抓机遇,对标一流,真抓实干,奋力拼搏,全面实施"五区联建"战略,突出规划引领和项目支撑,狠抓招商引资和税源建设,经济综合实力明显提升,各项社会事业健康发展,发展环境持续优化,社会保持和谐稳定,党的建设不断加强,经济社会发展取得了良好成效。

一、切实加强领导班子自身建设，进一步提高四大班子的凝聚力、战斗力和创造力

不断强化学习调研，提高领导班子驾驭全局的能力。四大班子成员以中心组为平台加强集中学习，自觉坚持自学，不断延伸学习的广度和深度，对党的理论知识、重大方针政策以及法律、经济、科技、社会管理等各方面知识进行了认真系统的学习。四大班子成员的政策理论水平、组织领导能力、处理复杂问题和驾驭全局的能力得到了极大的提高。

充分发扬民主，提高领导班子的凝聚力。严格区委常委会议事规则，进一步规范决策程序，凡是重大决策、重大事项，都由四大班子集体研究决定，保证了区委决策的科学有效。区委主要领导和分管领导经常主动与人大、政府、政协的领导同志交换意见，四大班子团结一致共同应对困难，解决问题。广泛听取各方面的意见建议，充分发挥统一战线和工青妇等群团组织的桥梁纽带作用，调动各方力量，凝聚各方智慧，推进转型跨越发展。

二、围绕“三个晋源”，推进“五区联建”，转型发展取得新成效

2011 年，完成地区生产总值 54.09 亿元，增长 0.2%；社会消费品零售总额 17.95 亿元，增长 17%；财政总收入 5.36 亿元，增长 45.2%；一般预算收入 2.78 亿元，增长 66.4%；全社会固定资产投资完成 58.89 亿元，增长 32.7%；农民人均纯收入 8291 元，增长 15%。

产业发展进退有序，经济转型迈出新步伐。都市农业稳步发展，服务业发展进一步加快，工业转型发展规划及项目积极推进，文化旅游产业实现新突破。三次产业比重由 2010 年 5.3∶59.5∶35.2 调整为 5∶53.7∶41.3，全区产业发展进退平稳有序，转型效果明显。

加快基础设施建设，城乡发展更加协调。城市建设管理水平不断提高，新农村建设、城中村改造步伐加快。农村新“五个全覆盖”工程进展顺利，“为民办的十件实事”全部完成。

狠抓项目建设，发展活力明显增强。成功承办“中部六省省会城市 2011 年第四届发展项目推介洽谈会”。北京首创晋阳古城遗址保护开发等 2 个项目在“中博会”上进行了专场签约。引进大地春·月星环球商业中心等项目 42 个。新建、续建项目到位资金 8.61 亿元。京澄化纤年产 2 万吨无纺布生产线等 25 个项目完成年度计划；区就业和社会保障综合服务中心等 2 个项目已具备开工条件。

生态建设不断加强，环境质量明显改善。扎实推进生态建设和环境治理，节能减排和环境保护力度进一步加大，生态建设成效明显。

着力改善民生，人民生活得到更好保障。各项社会事业协调发展，社会保障体系进一步完善，安全生产形势稳定好转。

三、加强和创新社会管理，全面推进民主法治进程

坚持党的领导，不断加强民主政治建设。区、镇（街）两级顺利换届，农村“两委”换届圆满完成。坚持人民代表大会制度、中国共产党领导的多党合作和政治协商制度，人大代表和政协委员履职积极性进一步提高。加强对统战、武装工作的领导，依法加强对宗教事务的管理。继续推行政务、厂务、村务公开，城市社区居民自治机制不断完善。

强化依法行政，切实提高政府行政效能。加强党委对司法工作的领导，推进司法体制改革，促进司法公正，维护司法权威；启动“六五”普法工作，积极开展法制宣传教育；狠抓依法行政，规范执法行为，强化执法监督，推进“法治晋源”建设进程。

不断加强和创新社会管理，维护社会和谐稳定。一是将社会管理创新工作纳入“十二五”规划，出台方案，明确职责，以创新社会矛盾调解机制和城中村改造工作为重点加强和创新社会管理；二是进一步畅通信访渠道，完善信访制度，落实“一岗双责”，引深“区委书记大接访”，实行党政领导每日轮流接访和领导干部包案下访制度。加强源头预防，推行社会稳定风险评估机制。积极做好信访积案化解和矛盾排查调解工作，把各种矛盾纠纷发现在萌芽，化解在基层，解决在当地，中央和省市交办 10 件重点案件，息诉 7 件，终结 3 件。实施“双向问责”制，建立健全群体性事件和越级上访快速处置制度，信访总量呈现出“三减一增”的良好局面；三是强化综治工作，集中组织开展“双打双治”专项行动，积极开展“严打”整治、治安防控和平安社区、村镇、单位创建活动，社会治安形势持续稳定，群众安全感得到进一步提升；认真开展学校及周边治安专项治理，校园及周边环境不断优化；加强食品安全监督管理，食品安全得到更好保障；开展“安全生产年”活动，安全管理水平明显提升，全年工矿、商贸及消防火灾事故实现零死亡。“平安晋源”建设成效显著，社会大局保持了平稳安定。

四、加强领导班子和干部队伍建设，为推进转型发展提供组织保障

以区、镇两级换届为契机，进一步深化干部人事制度改革，形成“一线干事业、一线出干部”、能上能下的用人机制。坚持正确用人导向，严格组织程序，对镇（街）领导班子和区直各部门主要领导进行大范围交流调整，全年共调整干部 5 批次 95 人，其中正科 84 人，副科 11 人；提拔 17 人，平调 66 人，免职 12 人。完成遴选大学生村干部到街道任职工作。进一步优化了班子结构，极大地增强了全区各级干部的战斗力和执行力。在换届过程中，按照“5 个严禁，17 个不准，5 个一律”的要求，严肃换届纪律，确保了换届工作风清气正。

五、加强基层组织和党员队伍建设，进一步发挥基层党组织凝聚人心、推动发展、促进和谐的重要作用

以“迎中博、我带头、我奉献”等主题活动和纪念建党 90 周年系列活动为载体，扎实推进创先争优活动，对全区涌现出的 22 个先进基层党组织、47 名优秀共产党员和 11 名优

秀党务工作者进行了隆重表彰。着力搞好农村“两委”换届和村级组织活动场所建设后续工作,全面推进“四议两公开”工作法,认真实施“双百强基”工程,积极开展干部下乡住村“六个一”活动,农村基层组织建设得到全面加强。成立了晋源区非公经济组织党工委,设立了6镇(街)非公企业联合党支部,实现了非公企业党员全覆盖。

六、加强宣传思想文化工作,为转型跨越发展提供精神动力和舆论支持

深化学习型党组织建设,全年组织中心组学习12次,各种专题讲座4次,组织各类培训班20余期,培训2800余人次;大力实施文化惠民工程,活跃群众文化生活,开展“我们的节日”主题活动,举办各类民间文艺展演,农家书屋、农村电影放映工程、农民体育健身工程实现全覆盖,文化资源信息共享工程、“两馆” 和村级文化活动场所建设取得新进展;弘扬晋阳文化,创作了《武后礼佛》、《村长制造》等戏曲、电视剧本4部,配合完成了电视剧《晋阳秋》的拍摄;以中博会、省市区党代会为契机,多形式、多途径宣传晋源区历史文化和发展成果,对外展现了晋源区新形象;进一步加强未成年人思想道德建设,深入开展精神文明创建,城乡社会文明程度不断提高。

七、加强干部作风建设和党风廉政建设,营造风清气正、干事创业的良好氛围

深入开展“发展环境综合整治年”活动,严格执行“五个不准”、“八条禁令”,大力整肃机关纪律,工作作风明显转变,发展环境得到优化,行政效能进一步提升。严格执行党风廉政建设责任制,进一步建立健全惩治和预防腐败体系,深入推进农村基层党风廉政建设,不断加大查办案件力度,转立案30件,结案26件,处分党员干部28人,切实维护了党纪政纪的严肃性。对全区重点工程实行跟踪监督,加强对煤焦、工程建设领域和公务用车、“小金库”等的专项治理,加大对腐败多发、易发领域和环节的监管,有效防范了权力失控、决策失误、行为失范。 (李志民)

附:一、中共晋源区委书记、副书记、常委名单

书　记: 赵伟东
副书记: 冯　霞(女)　张奇峰
常　委: 张　彤　高二虎　李志民　李卫平
纪　元　葛德高

二、乡镇(街道)党委(党工委)书记、副书记名单

义井街道

书　记: 李艮宝(7月离职)　张力维(7月任职)
副书记: 张　仕(3月离职)　温志勇(3月任职)
赵宏保(3月离职)　孙天贵(3月任职)

罗城街道

书　记: 江金魁(3月离职)　程焕金(3月任职)
副书记: 范永生(3月离职)
赵宏保(3月任职,7月离职)
刘太文(7月任职)　郝润川(4月离职)
阎秋喜(4月任职)

晋源街道

书　记: 姜保牛(3月离职)　李茂生(3月任职)
副书记: 温志勇(3月离职)
范永生(3月任职,7月离职)
朱永军(3月任职)　乔玉斌(12月离职)
贯建刚(4月任职)

金胜镇

书　记: 张兴旺(3月离职)　江金魁(3月任职)
副书记: 李国亮(3月离职)　马志宏(7月任职)
常建强(3月任职)

晋祠镇

书　记: 郝志会(7月任职)
副书记: 李茂生(3月离职)　张　仕(3月任职)
成练明

姚村镇

书　记: 王吉康(7月离职)　李建华(女,7月任职)
副书记: 钮宝林　路国萍(女)

中共古交市委工作概况

市委书记　常　青

2011年,在太原市委的正确领导下,古交市委深入贯彻党的十七届五中、六中全会和省、太原市第十次党代会精神,全面落实科学发展观,始终坚持把方向、谋全局、议大事、抓关键,充分发挥总揽全局、协调各方的作用,促进了古交经济转型、民生改善、社会和谐发展,为“十二五”发展奠定了坚实的基础。

一、切实加强党建工作,着力提升党建科学化水平

古交市委直属党(工)委27个,其中乡镇党委10个,街道党工委4个,机关党工委6个,系统党委3个,机关党委1个,国有企业党委1个,民营企业党委2个。全市共有党总支22个,党支部519个,党员10236名。一年来,重点做了以下

工作：

一是抓班子带队伍促进干部干事创业。精心组织搞好市乡两级党委、人大、政府和市政协换届工作，圆满完成了市乡两级换届选举任务。深化干部人事制度改革，坚持德才兼备、以德为先的用人标准，积极稳妥地调整选配中层干部，激发了广大干部干事创业的热情。

二是抓教育培训提升党员干部整体素质。以创建学习型党组织、学习型城市为载体，深入开展党员干部教育大培训，组建宣讲团深入基层宣讲，并邀请省、太原市党校和大学教授作专题报告或讲座，切实增强了广大党员干部的政治意识、大局意识、责任意识、转型意识、执行意识和服务意识。

三是抓基层组织建设增强凝聚力和战斗力。圆满完成了村级“两委”换届选举任务。大力推进“双百强基工程”，深入开展“对标一流、创先争优”活动和干部下乡住村“六个一”活动，提高了基层组织党建工作水平。同时，切实加强党对群团组织的领导，工青妇等群团组织桥梁纽带作用得到充分发挥。大力加强党管武装工作，进一步巩固了双拥模范城“六连冠”创建成果。

四是抓纪律和作风建设促进干部作风转变。严格落实省、太原市提出的“五个不准”和“八条禁令”，坚决制止“闲话风、吃喝风、玩乐风”，对顶风违纪、上班时间在网吧活动的2名协警责令其单位予以辞退，对1名未履行请假手续擅自离岗的中层干部予以停职处理。

五是抓惩防体系建设确保干部廉洁从政。邀请太原市纪委、监察局的领导作了2次警示教育专题报告，组织党员干部观看警示教育片，使广大党员干部在思想上筑牢拒腐防变的第一道防线。严格落实党风廉政建设责任制，狠抓农村党风廉政建设和煤焦领域、工程建设领域反腐败工作，深入推进政府招标采购和政风行风评议，严肃查处违纪违法案件，全年核查案件40件，立案处理违纪人员43人。

二、创新思路谋发展，古交经济步入转型发展轨道

一年来，古交市委深入分析市情民意，审时度势谋划发展思路，全力推进经济转型，全年完成地区生产总值35.38亿元，同比增长10.6%；财政总收入15.92亿元，同比增长15.3%；城镇居民人均可支配收入达到18254元，同比增长16.5%；农民人均纯收入8737元，同比增长16.8%。

一是围绕转型跨越定思路。在市第七次党代会上提出了“十二五”发展思路和目标，即以党的建设为龙头，以科学发展为主题，以转型跨越发展为主线，以保障和改善民生为根本，立足“三个发展”(清洁发展、绿色发展、安全发展)，推进“四化”进程(工业新型化、农业现代化、市域城镇化、城乡生态化)，打造“四个一流”(一流的新型煤化工和新能源产业基地、一流的循环经济示范基地、一流的以工补农示范区、一流的现代宜居城市)，实现“一个目标”(进入全省十强县市)。并根据上述思路和目标，制定了“35510”(三园五群五链十业)产业发展战略。

二是全力以赴抓项目建设。一产方面，重点推进农业示范园区项目建设，建成了原相白岸、邢家社龙子村等设施蔬菜标准园，高标准建设了龙城向新蔬菜种植园和岔口老区现代农业种养殖园，启动建设了福福山生态园区等休闲观光农家乐庄园。二产方面，坚持“以煤为基、多元发展”，上马建设了18个重点工业项目，尤其是上马了金属镁加工、赛隆特种陶瓷、聚晶金刚石等转型项目，转型发展迈出了实质性步伐。三产方面，中海煤焦集运站等生产性服务业建设稳步推进，对东曲市场、金信缘、双福来、龙飞苑等一批生活性服务业进行了提升改造。

三是创新优化发展环境。通过开展“发展环境综合整治年”活动，清理行政审批项目50项，减少审批环节85个，实施了“一揽子、全程式”服务措施。出台了《招商引资优惠政策》，明确了鼓励投资的产业发展方向和重点，在用地、财税、金融、户籍、鼓励引资等方面制定了最大限度的优惠条件和奖励政策。

四是切实加强安全生产。全面加强对煤矿、非煤矿山、森林防火、食品药品、危险化学品、民爆物品等各个领域的安全监管和巡回检查，抓好安全隐患排查治理，特别是重拳出击、严厉打击私挖盗采等非法违法采矿行为，取得了全年重大安全事故“零发生率”的可喜成绩。

三、坚持以工补农以城带乡，统筹推进城乡一体化发展

一是以工补农建设新农村。以改善村容村貌为突破口，采取财政支农、企业帮农、单位扶农政策，切实加大“三农”投入，分类打造了18个村，高标准打造了3个新农村。大力加强农业和农村基础设施建设，稳步推进农业产业结构调整，全面落实支农惠农政策，促进了农业增效和农民增收。

二是建管并举打造宜居城市。编制完成了《古交市城市总体规划》，着手制定“十大片区”详规。抓好城乡基础设施建设，滩上桥至迎宾桥段汾河治理美化工程、马兰污水处理厂扩建等工程基本完工；石千峰——梅洞沟等县乡公路和大川河步行桥已建成投入使用。大力实施城乡清洁工程，推进数字化城管建设，城市品位进一步提升。

三是治污造绿改善生态环境。切实加强工业企业污染源治理，大力取缔土小取暖锅炉、废旧烟囱和不符合环保要求的企业焦炉，全市环境质量明显改善，连续两年被评为全省县(市、区)流域环境综合整治先进单位。以推进城乡生态化和创建省级园林城市为目标，大力实施“三环生态圈”战略，完成造林绿化9.55万亩，城市绿化覆盖率达到38.3%，城市人均公园绿地面积达到8.7平方米，全市森林覆盖率达到17.24%。

四、坚持以人为本改善民生，人民群众得到更多实惠

一年来，市委、市政府克服财政困难的巨大压力，想方设法加大民生投入，为民办的“十件实事”全面完成，农村新的

“五个全覆盖”工程进展顺利，对17所中小学4.87万平方米校舍进行了安全改造，实现了国家基本药物制度市乡村三级全覆盖，新农合筹资标准由160元提高到241元，体育场、工人文化宫建设改造工程基本完成，广播电视村村通工程延伸到边远山区，养老、医疗、失业、工伤、生育保险覆盖范围进一步扩大，城镇居民低保标准每人每月提高了28元，农村低保标准每人每月提高了25元，城乡困难群众医疗救助比例由30%提高到40%，优抚对象救助比例达到90%，五保户救助比例达到100%，人民群众得到了更多实惠。

五、抓好文明创建和民主法制建设，保障社会和谐稳定

一是切实加强精神文明建设。组织开展了建党90周年、辛亥革命100周年纪念活动和元宵节、消夏系列文化活动，丰富了人民群众的精神文化生活。加强文化市场管理，倡导文明健康的生活方式，制止封建迷信活动，扫除“黄赌毒”，深入开展文明单位与城乡清洁重点地区结对“一帮一”活动，在全市营造了“人人搞清洁、个个创环境”的良好氛围。

二是全面推进民主法制建设。紧紧围绕团结和民主两大主题，大力支持人大、政府、政协开展工作，加强同各民主党派、工商联、无党派人士的沟通与政治协商，扎实做好民族宗教事务和对台工作，进一步巩固和发展爱国统一战线。

三是加强和创新社会管理。高度重视社会管理创新工作，切实加强社会治安综合治理，健全完善了矛盾纠纷联调工作体系、流动人口服务管理等制度，严厉打击各种违法犯罪活动，全年破获刑事案件226起，查处治安案件542起，抓获网上在逃人员82名，有力地震慑了违法犯罪分子，维护了古交良好的社会治安秩序。

四是扎实做好信访维稳工作。坚持“稳定压倒一切”，以群众工作统揽信访工作，将信访工作纳入全市各级领导班子和领导干部工作考核评价体系中，建立了矛盾纠纷排查化解、领导干部接访带(代)访下访和积案化解、责任追究等15项制度。全年开展大接访21次，接访186案，解决177案，化解率达95%；市级领导接待日接访281案，已解决253案，化解率达90%。与此同时，切实做好重大节日和活动期间的信访维稳工作，有力地维护了社会的和谐稳定。

（李宏刚）

附：一、中共古交市委书记、副书记、常委名单

书　记：郭建发（5月离职）　常　青(5月任职)

副书记：韩良会　李并敏(5月离职)

程顺旺(5月任职)

常　委：阎亮娥(女,5月离职)　李　浓(女,5月离职)

刘爱林(5月离职)　孙　泉(5月离职)

程顺安(5月离职)　任志启(挂职,3月离职)

孙劲松(5月任职)　王富强(5月任职)

高保民　郝淑贞(女)　牛全英

王　镭(5月任职)　陈晋忠(5月任职)

二、乡镇(街道)党委(党工委)书记、副书记名单

河口镇

书　记：张吉明(8月离职)　吕四虎(8月任职)

副书记：姜　玉　左　铭

镇城底镇

书　记：吕四虎(8月离职)

副书记：弓梅梅(女)　李开明　王二娃(挂职)

马兰镇

书　记：阎文平(8月离职)

副书记：阎　伟　张所元

加乐泉乡

书　记：李宏刚(8月离职)

副书记：续福明　郝根师　阴才顺(挂职)

梭峪乡

书　记：张宏印(8月离职)

副书记：程兴旺　冀树林　徐国昌(挂职)

岔口乡

书　记：张维维

副书记：武卫伟　程明芳

常安乡

书　记：杨爱爱(8月离职)

副书记：张全荣　郝学忠

原相乡

书　记：武　让(8月离职)

副书记：张拉明　武三小

邢家社乡

书　记：刘爱民(8月离职)

副书记：周保平　邢树明　张耀清

阁上乡

书　记：芦俊鹏(8月离职)　邢武晓(8月任职)

副书记：康通明　李秀忠

东曲街道

书　记：阎新义(8月离职)

副书记：王志刚　任永刚　李兰英(女)

西曲街道

书　记：牛春明(8月离职)　张吉明(8月任职)

副书记：高　鹏　阎存旺　李丽光

桃园街道

书　记：赵文梁(8月离职)　张宏印(8月任职)

副书记：贾维龙　高福英(女)　冀学贵

屯兰街道

书　记：张明旺(8月离职)　杨爱爱(8月任职)

副书记：周爱勇　阎亮平　刘俊武

中共清徐县委工作概况

县委书记　车建华

2011年，在中共太原市委的正确领导下，清徐县委坚持以邓小平理论和“三个代表”重要思想为指导，深入贯彻落实科学发展观，围绕建设一流都市南部新区、新兴产业基地，三年再造一个新清徐，五年实现新跨越的目标，团结和带领全县党员干部群众，抢抓机遇，对标一流，锐意创新，扎实苦干，“十二五”开局首战告捷，继续跻身中部百强县行列。清徐县被确定为中央党的地方组织党务公开联系点、省市加强和创新社会管理综合试点县、全省首批“扩权强县”试点县，先后获得了第三批全国文明县城、全国休闲农业与乡村旅游示范县、全国价格监管先进县、全国民兵工作先进单位、全省“十一五”时期经济社会发展先进县、实施“蓝天碧水工程”先进县、设施蔬菜建设先进县、农产品加工“513工程”先进县、新农村建设先进县、城乡环境卫生清洁工程先进县、省级十佳卫生县城、全省文化建设先进县、2011年度“一县一业”先进县、2011年全省人口计生优质服务先进单位、全省治超工作优秀县、全省先进人民武装部等荣誉称号。

一、县域经济迈上新台阶

2011年，全县地区生产总值完成117亿元，首次突破百亿元，增速位居全市第一；财政收入超额7.02%完成任务，达17.79亿元，一般预算收入超额36.54%完成任务，达9.81亿元，规模以上工业增加值超额4.9%完成任务，达66.9亿元，增速位居全市第三，全社会固定资产投资超额3.2%完成任务，达60.6亿元，完成任务量位居全市第二，社会消费品零售总额超额1.2%完成任务，达29.86亿元，城镇居民人均可支配收入18943.5元，同比增长16.59%，农民人均纯收入突破万元，达10251元，同比增长16.6%。

二、县域经济发展后劲明显增强

暖气片、非暖气片铸造、煤炭洗选等传统行业完成限期治理，美锦钢厂顺利投产，煤炭企业兼并重组全部完成。投资143亿元阳煤化工新材料园奠基，招商引资取得历史性突破；完成签约20项、投资额近百亿的中博会清徐专场开创省内先河；与雨润集团、国电风力发电、青龙管业及荷兰、摩尔多瓦等国内外企业达成合作意向。新上项目56个，总投资400多亿元。其中，阳煤、国电风力发电、六味斋、太中银货场、6个煤矿及坑口洗煤等16个骨干项目总投资314.9亿元，达产后预计产值达到670.7亿元，可实现利税49.3亿元，可安排就业5万余人。葡峰山庄、通和农场、绿源生态农庄、美锦农艺园等17家农家乐休闲观光服务点接待游客近百万人次，收入突破7000万元。美特好、紫林、良源等13家企业进入省级“513”工程梯次企业，农产品认证35个。新发展45个农民专业合作社，达到442个，居全市第一。

三、县域城镇化扎实有效，城市承载能力逐步提升

按照“一河两中心”城镇空间布局，科学编制了县域总体规划、县城绿地系统规划、土地利用规划和徐沟“百镇建设”规划。滨河西路南延、307国道改线、太小线、太祁高速南出口、文源路东进等道路建设工程有效进展。县城防洪排水泵站建设工程主体完工。新建2座换热站，改造供热管网3083米，新增煤气管网3166米，新铺天然气管道12.1公里。新增绿化面积1083平方米，绿化覆盖率达38.8%。125个村完成农村街巷硬化981公里，超额10.5%完成任务。全县新农村建设重点村达到104个。积极推进徐沟“百镇建设”工程，徐沟被列为2011年全省“百镇建设”示范镇。

四、城乡生态化步伐加快，城乡环境明显改善

二氧化硫、烟尘、粉尘等主要污染物全部实现年度控制目标；二级以上天数362天，再创历史新高；工业废水基本实现零排放，工业固废综合利用率97.2%。县城集中饮用水水质达标率100%，我县被确定为全省农村环境连片整治示范区。全年完成造林3.65万亩，森林覆盖率16.2%。完成水土流失治理面积5500亩。城乡清洁工程深入推进，市验收达标率50%以上。

五、民生工程扎实推进

新型农村社会养老保险、农村便民连锁商店、中等职业免费教育、农村体育健身设施提前实现全覆盖。经济适用房、限价房、城市棚户区改造等7个项目进展顺利，保障性住房开工2572套，开工率105%。新建县第二人民医院住院楼，乡镇卫生院完成改造升级，新型农村合作医疗参合率98.7%。全年教育支出3.34亿元，高考一次达线率同比增长5%。为871户城乡低保边缘困难家庭发放一次性临时救助金99.8万元。城镇登记失业率2.7%，控制在4%的目标任务之内。扩建敬老院新增床位155张，313名新批五保户全部实现集中供养。

六、精神文明和文化建设成效显著

县文体中心向社会免费开放，承办了中古、中澳国际女篮对抗赛、山西省散打擂台赛等群众性文体活动。嫦娥剧团

成为全国和省市文化体制改革的先进典型。举办了全国第21届《三国演义》学术研讨会。中国清徐醋文化节荣获2011中国十大品牌节庆。“清徐老陈醋传统酿制工艺”参加了第七届深圳文博会非物质文化遗产项目展,“清徐彩门楼”入选第三批国家级非物质文化遗产保护名录。

七、社会保持和谐稳定

被列为全省和全市社会管理创新综合试点县,确定了3大模块、17个社会管理创新项目,实施“575”社会管理创新工程。充分运用“1+3”联调机制,化解矛盾纠纷3216起,调处率97.9%;狠抓信访积案化解,中央政法委交办的11起涉法涉诉信访积案全部案结事了;创立“六个一”模式,提高了流动人口管理和服务水平;构建“1+2+3”治安防控体系,致力打造省城社会治安首善之区,刑事、治安案件大幅下降。“项目化引领、整体式推进”的工作模式被市政法委提炼为“清徐经验”在全市学习推广。加强对煤矿企业、危险化学品、交通运输、校车管理、易燃物品、消防火灾、食品药品等行业的监管,全年工矿商贸企业未发生生产安全死亡事故和较大生产安全事故。扎实开展安全乡村创建活动,10个乡(镇、街道)和115个村全部达标。

八、圆满完成了县乡村三级换届

严格按照中央、省、市关于换届工作的部署和要求,选举产生了新一届县委、县人大、县政府、县政协领导班子;公开遴选了4名乡镇长,配齐配强了乡镇(街道)领导班子,一批政治素质好、工作能力强、工作作风实、群众信得过的同志走上领导岗位;按照“程序严、不出事、选好人”的思路,完成了农村“两委”换届选举,“一肩挑”、大学生村官担任村“两委”主干、妇女进村委、两委交叉任职“四项指标”均超额完成。

九、深入开展“创先争优”活动,党员干部队伍建设全面加强

以“百人百日大学习大调研”活动为载体,推进县乡两级中心组理论学习纵深开展,县委中心组集中学习13次,参学率95%。加强后备干部的培养,选派6名年轻干部赴浙江省温岭市挂职锻炼。严格按照干部选拔任用条例,累计调整干部199人,其中任职142人,免职57人。扎实推进工程建设领域突出问题、公务用车、“小金库”专项治理,全部完成了煤焦领域的资金清缴工作。以农村“三资”管理为重点,出台了推动农村改革发展十项经济监管制度的配套措施。集中开展了“作风整肃月”专项行动,对违反纪律的党员干部进行了及时处理。引深领导干部“下乡住村、包村增收”和“访贫问苦送温暖”活动。把“对标一流”活动作为推进工作的有效捷径来抓,形成了学习一流、赶超一流的工作新风尚。

十、综改试验区工作起步扎实,成功列入全省首批22个“扩权强县”试点县

按照省市的要求,及时进行了专题研究和安排部署,切实加强传统产业的升级改造和发展新兴产业,产业转型迈出新步伐;加强城乡环境治理和造林绿化,县域生态良性循环;大力加强以基础建设为主的城镇化建设,城乡发展统筹有序;切实解决群众切身利益问题,积极为民办实事、办好事,人民群众幸福指数不断提升。列入“扩权强县”试点县,成为清徐县科学发展、转型发展、跨越发展的历史性转折和新的起点。

(邢蕴武)

附:一、中共清徐县委书记、副书记、常委名单

书　记:车建华

副书记:张　强　萧芬芬(女,5月离职)
白晋虎(5月任职)

常　委:张启亮(5月离职)　马金安(5月离职)
冯原平(5月离职)　裴耀军(5月离职)
刘振华(5月离职)　杨登科
张红谱(女,5月离职)　杨保恒(5月任职)
王耀武(5月任职)　郭云贞(5月任职)
张桂芝(女,5月任职)　田文浩(5月任职)
邢蕴武(5月任职)　孙兴玲(女,9月任职)

二、乡镇(街道)党委(党工委)书记、副书记名单

清源镇

书　记:李晓辉

副书记:岳建强　李建国(4月离职)
边晋明(5月任职)

马峪乡

书　记:武威飚(4月离职)　靳秀发(4月任职)

副书记:李　杰(4月离职)　武晓俊(4月任职)
布存江(4月离职)　阎清德(5月离职)
荆培辉(5月任职)

东于镇

书　记:左喜维(4月离职)　郭　彬(4月任职)

副书记:岳免立　贾效文(4月离职)
王东海(5月离职)　常继武(5月离职)
赵润生(5月离职)　张建新(5月任职)

柳杜乡

书　记:陈晓勇

副书记:连利强　丁保平(4月离职)　王振刚

西谷乡

书　记:靳秀发(4月离职)　陈俊峰(4月任职)

副书记:陈　晋　庞晓东(4月离职)
张建新(4月离职)　阎孝勇(5月任职)

孟封镇

书　记:郭　彬(4月离职)　贾宏俊(4月任职)

副书记:贾宏俊(4月离职)　郭建平
王瑞清(女,5月任职)

王答乡

书　记:李凤梅(女)

副书记：牛志来　李八一(4月离职)
　　　　乔晓燕(女，4月离职)　王卫民(4月任职)

徐沟镇

书　记：李德祥(4月离职)　孟连柱(4月任职)

副书记：贾　环(女)　赵四顺(1月离职)
　　　　王富喜(5月任职)

集义乡

书　记：董隽杰(4月任职)

副书记：陈俊峰(4月离职)　董隽杰(4月离职)
　　　　王卫民(4月离职)　潘巨发

东湖街道

书　记：杜钢毅(4月离职)　罗学功(4月任职)

副书记：罗学功(4月离职)　齐国庆(4月任职)
　　　　王玉和　王贵河

中共阳曲县委工作概况

县委书记　冯晋生

2011年，阳曲县委坚持以邓小平理论和“三个代表”重要思想为指导，以科学发展观统领经济社会发展全局，认真贯彻落实党的十七届五中、六中全会和省市党代会精神，紧紧围绕“建设富强、和谐、宜居的新阳曲”这一奋斗目标，坚持对标一流，突出转型跨越，致力招商引资，切实保障民生，圆满完成年初确定的各项任务，全县呈现了经济社会又好又快发展的强劲态势，实现了“十二五”规划良好开局。

一、加强干部队伍建设和党的建设

截至2011年底，全县有18个党(工)委，309个党支部，其中农村党支部124个。有党员8304名。全县共有干部职工4356人，其中，公务员735人，参照公务员185人，事业单位3436人。乡科级干部557人，其中妇女干部101人，党外干部22人。

圆满完成县乡换届，村级换届顺利进行。按照中央、省、市委要求，阳曲县于6月份完成县、乡(镇)党委、人大、政府和县政协换届工作，12月中旬完成村级“两委”换届工作。换届工作精心组织，周密部署，严格依法办事，不折不扣地贯彻落实中央“5个严禁、17个不准、5个一律”的换届纪律要求，一批政治坚定、有真才实学、实绩突出、群众公认的优秀干部选拔到县乡各级领导班子中，成为全县转型跨越发展的领路人，实现了组织满意、干部满意、群众满意，整个换届工作和谐有序，健康顺利，风清气正。

完善工作体制、机制，凝聚工作合力。结合庆祝建党90周年和创先争优活动，组织全县干部认真学习《把信送给加西亚》、《杰克韦尔奇自传》、《决战朝鲜》、《从怎么办到怎么看》等。积极开展下乡住村活动，县级领导、县直部门深入农村、与群众同吃同住，扎实开展“六个一”活动，共投入帮扶资金1200余万元，强化基层党组织32个，解决群众关注的实际问题234件。开展“红色之旅”教育活动、“党旗颂”红歌大赛等系列活动。采取集中培训、分散学习、分类指导、分层次推进等措施，对全县8000余名党员进行了教育培训。

积极探索对干部的教育、管理、监督和责任追究办法，不间断地开展机关作风纪律大整顿活动。认真落实“五个不准”、“八条禁令”，狠刹玩乐享受之风、虚干懒惰之风、乱讲闲话之风。进一步严肃工作纪律、加大了事前问责、责任追究力度，制定实施了《实施城乡清洁工程问责暂行办法》，在解决不负责任、不尽职尽责等问题上下功夫。全县各级干部的纪律观念、遵纪守法的意识和自律意识明显增强，有力地促进了各项工作。

二、大力培育扶持新兴产业，转型跨越发展迈出新步伐

新兴工业区建设扎实推进。把做大做强工业作为强县之本。“项目推进年”确定的重点工业项目进展态势良好。其中：太钢哈斯科不锈钢综合利用项目启动建设，横店工业园二期主体完工，金圆水泥余热发电项目、超丰工业园、蓝顿旭美薯条、汉波食品二期4个项目已建成。晋汇南白水泥建成投产。冀中能源青龙煤矿、旭东氮化硅、丰泉镁合金二期、广厦水泥余热发电等项目正在做前期准备。唱响大开放、大引资、大发展主题，不断掀起招商引资热潮，通过中博会、新晋商联盟等平台招商项目达48个，总投资1542亿元。其中，已经开工建设的项目7个，总投资31亿元；龙源风力发电、中远物流等12个项目正在准备落地，总投资90亿元；正在洽谈、选址的项目29个，总投资1400亿元。全年到位内资7.6亿元，到位外资1175万美元，超额完成年初下达460万美元的任务。特别是总投资500亿元的北京凯翔大飞艇研发项目、投资120亿元的上海绿色新能源薄膜太阳能电池项目、投资8.8亿元的江苏雨润食品工业园等项目，将成为建设新兴工业区的强大支撑。与此同时，实行县级领导联系重点企业制度，大力扶持服务隆辉煤炭气化、东铝铝业等骨干企业，全县工业经济呈现出产能扩张、转型步伐加快、市场竞争力不断提高的良好态势。

深入开展“打非治违”专项行动。集中对全县87家非煤矿山企业进行整治，关停非煤矿山37家，取缔石料场、砂厂、砖厂45家，资源整合5家，共投入资金2000余万元。加大节能减排力度，预计能耗下降6%，综合污染指数为1.41，县城空气环境质量达到国家二级标准浓度值。

农村经济平稳发展。全县粮食、蔬菜大丰收,粮食总产量再创历史新高,达到2.3亿斤,同比增长27.8%。共发放生产资料、粮食直补等支农惠农补贴资金3049万元。大力实施“一村一品”战略,制定设施蔬菜发展五年规划,蔬菜播种面积6.6万亩,新发展设施蔬菜2600亩,设施蔬菜保有量达到4260亩,6800亩正在流转的土地将全部用于发展设施蔬菜。同时发展了一批家庭农场、专业大户、股份合作经济组织,打造了小杂粮、干鲜果等优质品牌。农村饮水安全工程解决了31个村、1.2万人生活用水问题。农产品质量安全检测中心建成投用。实施整村推进项目18个,实现脱贫6000人。加大农田水利综合治理力度,实施玉米丰产方工程、旱平地培肥工程、旱作节水工程、测土配方施肥等一大批农业科技项目,促进了农业增产增效。加强生态建设,重点打造了环县城万亩景观林带、太原北部防风防沙绿色屏障、凤凰山综合治理等工程,完成造林6万亩,城乡生态环境持续改善。

三、高度关注民计民生,城乡群众生活质量再上新台阶

卫生园林县城建设成效明显。围绕创建省级、国家级卫生园林县城目标,加快县城扩容提质步伐,全力打造宜居县城。同时加快旧城改造步伐,城东片区改造完成前期摸底工作,德和盛嘉园主体全部完工,完成朝阳路片区改造修建性详规。完成高速路出口综合整治工程、杨兴河县城段综合治理、水泉崖水土综合治理工程,打造了县城出口的靓丽景观。新建博雅康城等两座换热站,县城供热覆盖率达到95%。切实抓好阳曲公园绿化、县城小游园和街巷绿化、机关庭院绿化、住宅小区绿化、环城防护绿地建设等任务,在达到省级卫生县城的基础上,获得太原市首家“省级园林县城”称号。与此同时,全县上下把城乡清洁工程作为“一把手”工程,坚持县乡联动、重拳整治,严格问责,达标验收任务全部完成。加快农村公路改造,完成农村路网改造和街巷硬化里程661公里。黄东线公路基本达到通车条件。

新的“五个全覆盖”全面推进。新型农村社会养老保险、中等职业教育免费、农村便民连锁店、村级文化活动场所和农民体育健身设施已达到全覆盖。街巷硬化完成617公里,农家书屋建成79个。及时向困难群众发放暖心煤4.32吨,惠及农户4.32万户。加大社会保障力度,城镇新增就业1600个,实现零就业家庭动态清零。发放救灾救济生活补助款114万元,发放城乡医疗救助资金382万元、城镇低保金1700万元、农村低保金970万元。新型农村养老保险参保6.8万人。农村危房改造完成500户,提前完成892套保障性住房建设和廉租住房任务。

社会事业协调发展。继续实施“百校兴学”和校舍安全工程,改扩建学校8所,获全省中小学校舍改造全覆盖工程先进县称号。县医院、中医院和县安康医院成功晋级,改善了群众就医条件。93%的村卫生室达到标准化建设要求。计生工作进入国家级计生工作优质服务先进县行列。实施医药卫生体制改革,乡镇卫生院药品实现零差率销售。完成10个乡镇文化站改扩建工程,县文化馆项目开工建设。

四、积极创新社会管理,安全稳定开创新局面

坚持发展是第一要务,稳定是第一责任。牢牢把握稳定工作的主动权,扎实开展政法工作“对标”活动,14个对标项目全部圆满完成。认真落实中央、省、市加强社会管理创新的要求,出台了加强社会管理创新的实施意见,以及重大事项风险评估的方案,对县固废处理中心等项目进行了风险评估。坚持开展县级领导大接访活动,实行县级领导接访日制度,县四大班子领导主动接待来访群众,主动化解矛盾纠纷,把可能引发上访的苗头性问题处理在萌芽状态。坚持“安全第一,预防为主,综合治理”的方针,严格落实安全生产、护林防火责任制,确保了全县政治社会持续稳定,人民群众安居乐业。

(王黄林)

附:一、中共阳曲县委书记、副书记、常委名单

书　记: 冯晋生
副书记: 薛东晓(5月离职)　吕　荣(5月任职)
王素红(女,5月离职)　李贵增(5月任职)
常　委: 韩　勇(5月任职)　刘国伟　何爱萍(女)
李贵增　薛运中(5月任职)
李建国(5月离职)　田文浩(5月离职)
李文权(5月任职)　乔文清

二、乡镇(街道)党委(党工委)书记、副书记名单

黄寨镇
书　记: 王志勇
副书记: 王向正　庞美文
泥屯镇
书　记: 王凯明
副书记: 李保明　李育明
大盂镇
书　记: 康国奇(6月离任)
副书记: 赵　斌　梁永胜
东黄水镇
书　记: 金润全
副书记: 王福刚　李和平
高村乡
书　记: 侯爱英(女)
副书记: 荣素青　白　洁(女)
侯村乡
书　记: 张明生
副书记: 王丽琴(女)
凌井店乡
书　记: 王国兴
副书记: 孙国锋　薛宇斌
杨兴乡
书　记: 岳　波

副书记： 王建兵　张新文

北小店乡

书　记： 李贵龙

副书记： 闫文革　裴　瑜

西凌井乡

书　记： 陈永胜

副书记： 赵东明　徐新华(女)

中共娄烦县委工作概况

县委书记　薛东晓

2011年，新一届县委围绕太原市委"率先转型跨越发展、建设一流省会城市"的目标和建设"三个一流"、推进"四化"建设的总体部署，深入分析经济社会发展中的深层次矛盾和问题，深刻把握转型发展的切入点，切实培育跨越发展的增长点，积极探索贫困县赶超发展的新路子，提出了"转型跨越、奋力赶超、对标一流、率先翻番"的总体要求，确定了以科学发展为主题，以转型跨越为主线，以对标一流为抓手，实施生态环保、产业发展、宜居县城、招商引资、和谐稳定"五大战略"，推进工业新型化、农业现代化、县域城镇化、城乡生态化"四化建设"，着力打造环境优美的生态涵养发展区、知名的休闲旅游度假地、具有较强竞争力的循环经济示范县，把娄烦建设成为最具发展潜力的特色经济强县的发展思路。经过一年的努力，全县经济社会发展和各项工作取得了新成绩。

2011年，全县地区生产总值完成13.2亿元，增长16.4%；财政总收入8亿元，增长25.8%；一般预算收入4.2亿元，增长25.1%；规模以上工业增加值5.6亿元，增长24.3%；固定资产投资4.5亿元，增长46.1%；社会消费品零售总额2.6亿元，增长19%；城镇居民人均可支配收入12417元，增长16.4%；农民人均纯收入3592元，增长15.6%。市委、市政府考核的45项指标全面超额完成。荣获了全国科技进步先进县、全省造林绿化先进县、农村公共事业五个覆盖工程先进集体、村卫生室全覆盖先进县、人口与计生工作目标责任制考核先进县等荣誉称号。

一、以抓投资上项目为重点，转型跨越发展积极推进

传统产业改造提升。5座煤矿开工建设，1座煤矿完成复产整顿。投资1.42亿元，完成了恒通、诚达、陆海等3个洗煤厂的改扩建和鲁地、华恒、昌铭、新开元等4家选矿企业的技改升级，尾矿库建设达到了全省先进水平。太钢袁家村铁矿供水供电工程、太原煤气化龙泉煤矿等省市重点工程进展顺利，完成投资10.8亿元。新能源产业起步良好。山西国际能源集团云光风电项目纳入了国家能源局"十二五"规划和省电力公司电网规划，通过了省发改委可行性评审。华能新能源集团风电项目正在开展测风等前期工作。龙泉煤矸石发电项目编制完成了初步可研报告。旅游服务业稳步发展。汾河水库成功获批省级水利风景区，高君宇故居红色旅游景区开工建设，市重点旅游规划项目花果山风景区完成游客接待中心建设。基础设施建设强势推进。市重点办考核的生态建设、流域综合治理、农田改造、农村危房改造、城乡电网改造等11项工程全部完工，完成投资17.8亿元。汾河库区贫困移民搬迁二期工程竣工。

二、以农业增效农民增收为重点，农村发展动力持续增强

全面推进"一县一业"建设。编制完成了《马铃薯产业发展规划》，筹建了惠农马铃薯科技开发有限公司，建立起三级繁育体系，推广种植6万亩，总产值达9517万元，农民人均收入991元。培育了米峪镇苗木、大圣堂蔬菜、东六度养殖、兑集沟经济林等"一村一品"项目。大力扶持龙头企业做大做强。帮助扶持4家"513"龙头企业进行技术改造，扩大规模，实现销售收入1.93亿元。完成了17个绿色农产品的申报认证，提高了知名度。新的"五个全覆盖"进展顺利。农村文化、体育场所提前一年实现了全覆盖。农村街巷硬化99个村616公里，完成任务的158%。建设便民超市160个，农资店89个，覆盖率已经达到100%。开设了2个中等职业教育班，学生全部免费。新型农村社会养老保险参保4.27万人，完成了年度任务。加大扶贫开发力度。4个整村推进项目顺利实施，6个彩票公益金扶贫项目完成任务的70%，减少贫困人口3060人。大力发展劳务经济，培训转移农村剩余劳动力7384人次。

三、以完善规划和基础设施建设为重点，大县城建设顺利实施

编制完成了《县域村镇体系规划》、《县城总体规划》和《十二五建设规划》。按照"优化改造旧城、适度发展东城、完善提升南城、重点新建西城"的思路，实施了涧河蓄水、公园改造等"一河两路五桥"(一河：涧河蓄水美化和公园提质工程；两路：滨河北路拓宽改造、滨河南路西延工程；五桥：娄家庄桥、童子崖桥、涧河1、2、3号桥)建设工程，加快了以"一水两山四区五中心"为重点的城市建设步伐。东区西区建设正在开展土地审批、规划和设计等前期工作。如期完成了县城集中供热管网改造工程、自来水管网改造和县城污水管网二期工程。城镇化率提高了0.81个百分点，达到29.7%。

四、以生态建设和污染治理为重点，省城水源地得到更好保护

强势推进生态建设。投资1.36亿元，实施了城区库区、古岚公路、太佳高速等5项重点绿化工程，造林9.4万亩，治理水土流失面积6.7万亩，绿化率达到48%，提高了3个百分点。全力实施城乡清洁工程。城乡环境和管理水平有效提升，83个村(居)达标。扎实开展环保专项整治行动。化学需氧量、二氧化硫、氨氮、氮氧化物、烟尘、工业粉尘六项减排指标全部超额完成市下达的任务，有效消除了环境隐患。全县空气质量二级以上天数达到363天，地表水质量达到三类水标准，达标率为100%。

五、以保障和改善民生为重点，人民群众得到更多实惠

社会保险覆盖面进一步扩大。累计发放城乡低保金和各类补贴4231万元，833名困难大病群众得到救助。城镇新增就业岗位1799个，240名下岗失业人员实现了再就业。社会事业加快发展。投入4846万元实施了实验二小、娄烦二中、娄家庄小学等14个教育项目，办学条件进一步改善。积极推进医药卫生体制改革，实现了县乡村卫生机构基本药物零差价销售，县医院委托市中心医院管理，全县群众在家门口就能享受到省城的医疗服务，看病难、看病贵逐步缓解。创新人口计生工作，实行网格化管理和流动人口均等化服务，受到国家计生委领导的肯定。十件实事全面完成。建设保障性住房604套，改造农村困难群众危房800户；新建了机关二幼，改造了机关一幼，缓解了入园难；解决了16个村1.1万人的安全饮水问题；10万农民参保新农合全免费；4000名寄宿生交通费全补贴；60岁以上老人养老全保障；976名五保老人全集中供养；完成了热源增能和供热管网改造，供热提质取暖费不增加；财政出资将农机具购置补贴由国家的30%提高到50%。

六、以安全生产和信访稳定为重点，和谐娄烦建设扎实推进

警钟长鸣，常抓不懈，全年未发生安全生产事故。社会治安持续稳定，群众安全满意度达到94%，位居全市第二。创新社会管理体制机制，严格落实县级领导、乡镇、部门负责人“四包”责任制，积极排查矛盾纠纷，化解了影响稳定的36件积案。针对农村存在的普遍性问题，开展了“两清理一整顿”，制定出台了《娄烦县农村集体“三资”管理办法》，扎实推进“四议两公开”，实现了阳光农廉网全覆盖，农村村务不公开、财务不规范、程序不完善等突出问题有效解决，群众来访比去年同期下降38%，全年未发生赴京、赴省市越级上访和非正常上访。

七、以换届选举和作风建设为重点，党的建设明显加强

换届选举圆满完成。严肃换届纪律，狠抓关键环节，县乡换届所有提名候选人均以全票当选。乡镇党政班子平均年龄下降3.3岁，本科以上文化的占到92%。农村“两委”换届选举在“三个确保”的基础上，实现了换届率、健全率、村民代表理财小组产生率、建章立制率、培训率“5个100%”的目标。深入开展“对标一流”和创先争优活动。把干部下乡住村和转变干部工作作风有机结合起来，解决问题473个，办好事787件，启动增收项目242个，落实资金8509万元。深入开展纪律作风整顿，查处了个别违纪人员，干部精神状态、工作作风明显改善。

(冯永魁)

附：一、中共娄烦县委书记、副书记、常委名单

书　记：薛东晓

副书记：张　磊　李发平(5月任职)

常　委：王剑峰　武润生(5月离职)
杨宏林(5月离职)　陈连营(11月离职)
刘振华(5月任职)　程顺安(5月任职)
赵树文(5月任职)　尹洪志
李贵军(5月任职)　任同珍(女，5月任职)

二、乡镇(街道)党委(党工委)书记、副书记名单

娄烦镇

书　记：王秀峰(女)

副书记：强国生　张爱平

静游镇

书　记：赵生魁

副书记：高　林　刘志生

杜交曲镇

书　记：雷爱婵(女)

副书记：曹文杰(4月任职)

天池店乡

书　记：李永强

副书记：闫乃存(4月任职)　韩永生(4月任职)

马家庄乡

书　记：李贵军

副书记：郝爱国(4月任职)　尹爱存

盖家庄乡

书　记：侯尚德

副书记：刘俊奎　段成亮

米峪镇乡

书　记：郭建生

副书记：王先奎(4月任职)　冯代生

庙湾乡

书　记：孙晋生

副书记：曹锦斐(4月任职)　段文奎(4月任职)

中共大同市委工作概况

市委书记　丰立祥

2011年，在省委省政府的坚强领导下，大同市委坚持以邓小平理论和“三个代表”重要思想为指导，深入落实科学发展观，全面贯彻党的十七大和十七届四中、五中、六中全会精神，深入贯彻落实“7·28”全省领导干部大会和省第十次党代会精神，围绕“转型发展、绿色崛起”发展战略和“三名一强”奋斗目标，统筹推进经济建设、政治建设、文化建设、社会建设、生态文明建设和党的建设，各项工作都取得了新进展新成效，实现了“十二五”全市经济社会又好又快发展的良好开局。

一、发展措施与经济建设

一是产业转型实现新突破。一方面通过大力实施煤炭资源整合和煤矿企业兼并重组，整合后的全市65座地方煤矿中有8座已正常生产，开工建设煤矿41座，占应开工建设矿井的84%，煤炭企业从“多、小、散、乱”的困扰中走出，朝着规模化、集约化、机械化、信息化的目标迈进。同煤东周窑1000万吨矿井首采工作面已试产，马道头千万吨矿井建设进展顺利，全市煤炭产量将突破1亿吨。富士康保利协鑫投资260亿元的多晶硅、铸锭、硅片、太阳能电池组件、太阳能电厂光伏完整产业链项目已开工建设，同煤中海油投资252亿元的40亿立方煤制天然气项目可研报告完成。特别是赢得2013年中国国际太阳能十项全能竞赛的举办权，对全市的光伏产业、太阳能发电产业发展以及城市建设、交通运输等其它事业的发展都将产生巨大的带动作用。另一方面大力实施项目攻坚和招商引资，在新兴产业发展上取得新进展。规划建设的占地140平方公里的装备制造、新医药、新材料、清洁能源、光伏产业、循环经济、冶金管材七大工业园区，资源集中利用、产业集群发展、服务集聚配套的发展格局初步形成。装备制造园区已有22家企业入驻，总投资215亿元；医药园区入驻企业13家，总投资60亿元。全市一批引领产业转型发展的重大新兴产业项目建设取得突破性进展：中国化工投资100亿、销售收入120亿的“双百亿”新材料项目，同煤投资76亿元的24万吨聚甲醛项目，晋投投资25亿元的5万吨玄武岩开发项目，陕汽投资13亿元的5万辆新能源汽车项目已开工建设；投资20亿的庞大汽车文化园林广场、投资1.7亿元的煤气公司工业遗址园建设进展顺利；投资18亿元的华强文化创意产业基地落户大同。全市招商引资签约项目225个，总投资2631.1亿元，拟引资2621.9亿元，年度到位资金353.8亿元，在全省排名第二。

二是现代特色农业取得新成效。全市新建各类温棚3万亩，设施农业已突破11万亩；编制完成了《山西大同现代农业示范区建设规划》，总投资2.3亿元的17个现代农业示范区重点项目已全面开工建设；全市畜禽养殖和畜产品产量均大幅增长，新改扩建标准化养殖小区122个；全市9个农业县区都确立了“一县一业”特色主导产业，其中广灵获得了国家首批有机产品认证示范创建县称号。“一村一品”专业村已经占到全市行政村的29.8%，主导产业产值18.6亿元，农民增收效果明显。北京新发地、北京顺鑫、承德露露、江苏雨润、中储粮等一批全国知名企业已落户大同市；绿苑饮品、华晟果蔬、夏进乳业、雨润集团、晋宁肉业等一批农业产业化龙头带动项目顺利推进，全市规模以上龙头企业已达150户。全市粮食总产量达18.33亿斤，再创历史新高。

三是城市形象和品位有了新提升。以建设最具特色的区域性现代化大城市为目标，加快建设投资186亿元的荣乌、同浑、大天、浑广4条高速公路；投资12.39亿元国省干线改造工程、投资3.3亿元的大同机场改扩建工程已经完成；投资42亿元新建改造城市道路68条104公里，已全部完成。横跨古城与新区的五座大桥全部竣工通车；御东新区开发建设全面推进，128公里道路框架已经形成，太阳宫、博物馆、美术馆、图书馆、大剧院、体育中心等御东新区标志性建筑全面开工。新政务大厅竣工投入使用，法院审判大楼、110指挥中心大楼进展顺利；新的古城“十大”修复工程全面启动，南城墙修复工程完工，北城墙修复工程主体基本完成，北魏明堂修复工程加快推进，代王府、古城东南隅民居院落修复以及帝君庙、文庙、华严寺附属工程全面铺开。恒山大景区建设步伐加快。成功举办第十届云冈文化艺术节、2011中国·大同国际雕塑双年展、云冈石窟建窟1600年庆典等文化盛事，大同文化影响力和知名度不断扩大。

四是生态文明建设取得新进步。2011年生态环保项目共有26个，总投资127.68亿元。京津风沙源治理、退耕还林、太行山绿化、省级绿化等造林工程加快推进；十里河生态环境综合治理、文瀛湖公园、道路景点林带等绿化工程加紧建设；引黄工程北干线建设工程实现引水入同目标；孤山水库已经竣工，唐河水库完成主体工程，守口堡水库开工建设；口泉河上游2座污水处理厂、十里河中游4座煤矿污水处理厂建成运营；御东、东郊、西郊3座新建扩建污水处理厂抓紧建设。完成投资12亿元，新增绿化面积668万平方米。大同市被命名为省级环保模范城市。

二、民生和各项社会事业

一是大力实施住房、教育、医疗等惠民工程。2011年开工建设保障性安居住房16.2061万套，超额完成年度计划任务。总投资30亿元的中小学校舍安全工程基本完工。大同三中、十六中(北师大附中)、市实验小学迁建工程基本完工,北岳中学、大同五中、九中、十二中、大同师范等迁扩建工程顺利推进。卫生重点工程建设进度加快。

二是进一步健全完善社会保障体系。全市城镇新增就业人数5.16万人,失业人员再就业2.57万人,转移农村劳动力2.43万人,城镇登记失业率控制在3.5%。城镇职工养老、医疗、生育、工伤及农村社保等各类保险政策得到有效落实,特别是累计解决了8万名关闭破产企业职工的养老医疗保险问题。9个农业县区全部实现了农村低保资金社会化发放,实现了动态管理下的应保尽保。

三是全力推进农村新的"五个全覆盖"工程。全市街巷硬化覆盖村数1155个,完成4623公里,覆盖率达到58.78%,超额完成年度任务;便民连锁店完成452个,完成年度任务的100.5%,覆盖率达到89.1%,超额完成年度任务;农村体育文化场所农家书屋、农民体育健身设施建设均已完成年度任务,覆盖率分别达到57.6%和99.3%,村级文化活动场所完成228个,覆盖率达到100%,提前实现全覆盖;中等职业学校免费入学人数达到16573名,免学费覆盖率为67%,超额完成任务;新型农村社会养老保险全覆盖除南郊区外,其余8个涉农县区全部列为国家、省新型农村养老保险试点,覆盖率达到88.9%,提前完成任务。

四是积极推进社会管理。建立了党委领导、政府负责、社会协同、公众参与的社会管理格局,完善了全市突发公共事件应急管理办法,进一步拓宽了社情民意反映渠道。加强社会治安综合治理,严厉打击各种违法犯罪行为。2011年,全市刑事案件同比下降12.1%,8类案件下降14.6%,创下了全市5年来刑事案件和8类案件立案最低的记录,在全省公众安全感和群众满意度调查中,连续三年排名第一。

五是全力以赴抓好安全生产工作。严格落实安全生产责任制,采取更加坚决有力的措施,确保了各个生产领域尤其是煤矿的安全稳定,全市没有发生一起重特大煤矿安全事故。

三、党的建设

一是学习型党组织建设和创先争优活动扎实有效。把学习型党组织建设纳入全市年度目标考核体系,与创先争优和纪念建党90周年活动紧密结合,健全完善各项制度,强化打造学习平台,不断创新形式载体,改进学习方式,开展了丰富多彩、形式多样的促学、讲学、评学学习活动,市县两级对副科级以上党员干部进行了轮训;按照省委关于开展创先争优活动的统一部署,在全市深入开展以"为科学发展创先进,为大同崛起争先锋"为载体的创先争优活动。市级四套班子党员领导干部带头开展"五进一线"活动,进行实地调研和工作点评,全市各级党组织积极承诺践诺。在窗口单位和服务行业开展了"亮服务品牌,建满意窗口,当服务发展先锋"主题实践活动,在流动党员中开展了"永葆先进性,我为家乡做贡献"、"为新农村发展献计策、做贡献"等形式多样的主题活动,阳高龙泉镇党委被中组部表彰为全国先进基层党组织。

二是领导班子和干部队伍建设得到加强。把学习党的十七届五中全会精神和"7·28"全省领导干部大会精神作为重点,组织各级党委(党组)中心组进行各类专题学习。圆满完成市级党委换届和县乡领导班子换届工作,补充选配了部分缺额的市直单位正职、市法检两院领导班子成员及其他部分处级领导干部,全市各级领导班子年龄结构、知识结构、专业结构明显改善;坚持民主公开竞争择优的原则,加快推进干部人事制度改革。进一步完善提名办法,开展了乡镇党委公推直选试点工作,市干部交流工作的做法和经验,被中组部《市县乡党委换届干部人事制度改革100例》进行了介绍;进一步健全干部考核监督机制,构建起科学评价实绩的体系,实行了经济社会、领导班子和领导干部、党员廉政建设考核"三合一"的考核办法,对45个好领导班子、229名优秀领导干部进行了表彰奖励,对2名不称职领导干部进行了惩戒,取消了11个单位的评优资格。

三是基层党组织和党员队伍建设全面加强。农村"两委"换届工作完成,"两委"班子成员年龄、文化结构明显优化。扎实推进"万名干部下基层,转变作风促发展"活动,全市共派出1520个住村工作队,各级干部累计下乡住村8671次,为群众办好事6212件,落实帮扶资金2222.85余万元。全面落实"三有一化"要求,选树20个党建工作示范社区,进一步引深在社区党组织和党员中开展的各项便民、利民、为民活动,进一步提升了社区党建工作水平。在巩固规模以上非公企业党组织成果的基础上,把规模以下具备建立党组织条件的非公企业和新的社会组织作为重点,加大"两新"组织建立党组织力度,单独组建、联合组建党组织67个,全市规模以上非公有制企业党组织组建基本达到全覆盖。

四是干部队伍作风建设成效明显。加强各级领导班子和干部队伍的思想作风建设,大力加强理想信念教育、党风廉政教育、思想道德建设。召开了全市优化发展环境动员大会,组建了办事机构,出台了《关于优化发展环境的意见》和《关于优化发展环境工作任务分解意见》。深入开展整肃工作纪律、狠刹不良风气专项行动,整肃纪律作风逐步常态化,严肃查处违反"五个不准"规定的行为,先后对多家休闲娱乐场所进行了清查,对顶风违纪的多名工作人员予以免职或进行了党政纪处理,并通过明察暗访,对一些参与赌博的干部进行了查处,全市干部工作作风明显好转。各级领导干部带头转变作风,深入开展"万名干部下基层、转变作风促发展"活动,认真落实领导干部定点联系制度、执行下访、下乡住村、包村增收等规定,主动深入基层,深入群众,深入企业,掌握真实情况,倾听基层呼声,帮助解决实际问题。

五是党风廉政建设深入开展。建立了以责任分解为基础、责任考核为动力、责任追究为重点的责任运行机制,推动了党风廉政责任制的有效落实。制定了《关于市直部门贯彻落实2011年反腐倡廉工作任务的分工意见》,把82项工作任务分解落实到市委、市政府领导和70多个市直单位和部门。把责任追究与监督检查、专项治理、案件查处、严肃换届纪律等工作有机结合,加大对不认真履职甚至严重失职渎职导致辖区或部门出现重大经济损失、重大事故事件和违纪违法案件的责任追究力度,全市责任追究30人。把惩防体系建设列为党风廉政建设责任制检查考核的重要内容,采取"项目化推进、台账式管理、创新性提高、联系点督查"四项推进办法,制定并实施了《关于实行惩防体系建设项目化管理实施意见》、《大同市惩防体系建设考核评价办法》《市委常委惩防体系建设联系点制度》等13个规章制度。深入贯彻落实《廉政准则》和党内监督条例,组织开展专项督查,严格落实民主生活会、函询、质询、"三谈两述"等廉洁自律各项制度规定,切实规范领导干部廉洁从政行为。2011年,共进行任前谈话1454人次,诫勉谈话106人次,领导干部述职述廉8856人次。紧紧围绕重点领域和环节,深入开展煤焦和非煤矿山领域、工程建设领域、"小金库"的专项治理行动,煤焦和非煤矿山领域收缴资金2.99亿元,立案30件,党政纪处分31人,挽回经济损失1195.1万元;工程建设领域立查10件,党政纪处分10人,其中县处级干部2人,移送司法机关1人;"小金库"主动申报并纠正69个,涉及资金527.1万元,重点检查及督导抽查发现"小金库"23个,涉及资金524.7万元。同时,按照中央和省委的统一部署,在全市开展了党政机关公务用车问题专项治理和清理规范庆典、研讨会、论坛活动,成立了领导组,出台了《实施意见》,对一些违规用车进行了坚决清理,对一些不符合规定的庆典、研讨会、论坛予以坚决撤销。 (高　起)

附:中共大同市委书记、副书记、常委名单

书　记:丰立祥

副书记:耿彦波　高　玮(2月离职)　柴树彬

常　委:李世杰(女)　胡玉亭(7月任职)　姚生平　李俊敏　赵向东　马　斌　卫洪平(2月任职)　侯立智　卫　国

中共大同市城区区委工作概况

区委书记　祁学峰

大同市城区辖区面积46平方公里,辖14个街道办事处、109个社区居委会,常住人口72万。全区共有535个基层党组织,9754名党员。其中党工委16个(包括14个街道党工委、1个机关工委、1个非公经济党工委),党委9个(其中包括2个非公企业党委),党总支14个(其中包括2个非公企业党总支),党支部496个(其中包括109个社区党支部、16个区直属非公企业党支部)。

2011年,在省、市委的正确领导下,城区区委坚持以科学发展观为统领,以全省"转型综改试验区"和大同"名城复兴"为契机,以转型跨越发展为主线,以全力抓好"经济发展、城市管理、社会工作、民生保障"四大任务为着力点,紧紧围绕打造"五化魅力新城区"发展目标,团结带领全区上下攻坚克难,积极作为,使全区经济社会实现健康协调发展。

一、始终坚持以固本强基为着力点,党建科学化水平不断提高

一是切实加强思想政治建设。结合学习型党组织建设,坚持落实各级党委中心组学习、基层干部轮训、在职自学等制度,广泛开展"创建学习型党组织、培养学习型党员"活动,全区党员干部政策理论水平明显提高,破解发展难题能力明显增强。通过多种形式和途径,广泛开展社会主义核心价值体系学习教育,引导广大党员干部自觉践行社会主义荣辱观,以党员干部的模范带头作用,推动全社会学习践行社会主义核心价值体系的深化。

二是扎实开展创先争优活动。坚持分类指导,整体推进,明确争创主题,细化争创标准,组织开展集中核查、公开承诺、领导点评、群众评议工作,引导基层党组织和广大党员干部在完成重点工作、破解发展难题上创先进、争优秀。深入开展"万名干部下基层"活动,及时了解社情民意,帮助基层和群众解决实际困难和问题。把加强党群共建工作作为创先争优的重要内容。在窗口单位和服务行业,积极组织开展各项主题实践活动。2011年,区环卫职工孙秀兰作为一线优秀党员代表,参加了省委组织的"全省创先争优活动先进事迹巡回报告团",在全省6个市、县和单位进行了巡回报告。

三是全面强化基层组织建设。圆满完成了社区"两委"班子换届,社区居委会主任与党支部书记一肩挑比率从上届的82%提高到87%。切实抓好非公有制经济组织党建工作,成立了区非公有制经济组织工作委员会,建立了非公党建工作联席会议制度,为非公企业选派了党建工作指导员,加大了党建工作的指导力度。新接收大同机车工贸物业等7家改制分流单位党组织,新成立了深特集团党委,全区基层党组织覆盖面进一步扩大。

四是突出抓好干部队伍建设。进一步完善了各级领导班子和领导干部管理、监督、考核制度,严格落实领导干部责任追究制度,制定下发了《大同市城区基层干部"实践能力提升"培训工程实施意见》,全区各级班子领导科学发展的能力和水平得到进一步提高。继续深化干部人事制度改革,认真贯彻落实干部选拔任用各项监督制度,严格执行《干部任用条例》有关规定。2011年,全区共调整151人,通过合理的调整,极大地激发了全区干部队伍干事创业的热情。

五是确保换届工作圆满完成。根据中央和省、市关于换届工作的政策规定,我区在6月份对区四套班子进行了集中换届。换届后,区级班子在年龄学历、知识结构上,实现了最优配置、最强组合,有力增强了班子的凝聚力和向心力。

六是深入推进党风廉政建设。区委始终坚持把反腐倡廉建设与政治建设、经济建设、文化建设、社会建设有机结合起来,认真贯彻落实《廉政准则》和省市有关文件精神,严格履行“一岗双责”职责,扎实推进惩防体系建设,各级领导干部廉洁自律意识进一步增强。进一步加大案件查处力度,深入开展煤焦领域反腐败专项斗争和“小金库”专项治理,坚决纠正损害群众利益的不正之风。坚持以作风建设促进党风廉政建设,大力弘扬“右玉精神”,制定下发了《关于进一步优化发展环境加强作风建设的意见》等文件,着力解决干部作风方面存在的突出问题,机关作风明显好转,发展环境进一步优化,发展活力进一步增强,有力地促进了全区各项工作的落实。

二、始终坚持以发展为第一要务,经济社会持续健康协调发展

一是明确方向,发展思路更加清晰完善。提出了“把握‘经济发展、城市管理、社会工作、民生保障’四大任务,建设‘产业特色化、城市靓丽化、环境人文化、民生覆盖化、管理现代化’魅力新城区”的发展思路和目标。具体到经济发展上,就是以调整产业结构为主线,依托区情优势,推动经济向现代物流、制造工业、商务休闲、楼宇经济、文化产业转型。2011年,全区地区生产总值完成115亿元,同比增长15.1%;财政总收入完成25.89亿元,同比增长23.09%;一般预算收入完成2.52亿元,同比增长21.66%,各项经济指标都实现大幅提升,部分总量排名均居全市前列。

二是优化服务,非公经济健康蓬勃发展。在“中博会”上共签约“红星美凯龙家居建材广场项目”“山西压缩天然气集团晋北有限公司加气站一期项目”“王府至尊酒店项目”和“苏宁电器扩建项目”4个项目,签约资金达10.2亿元,全年新引进项目24个,协议引资38.26亿元,实际到位资金34.2亿元,完成了市下达的招商引资任务目标。2011年,全区确定投资过亿的项目共12项,总投资44亿元,占全部项目总投资额的91%,共完成项目投资25亿元,超额完成全年任务目标。

三是提升理念,城管服务水平大幅提高。全年投入1.6亿元加大了对管理设备的更新力度。环境卫生工作全面完成了2座移动垃圾站的建设,整合新接收路段200万平米,购置电动保洁车辆100部,圆满完成了各项重大活动期间的环境卫生保障工作。大力实施园林绿化工程,保质保量完成了环城绿化补植工程和大庆路分车带绿化改造工程。古城管理处于2011年8月1日正式运行,城管系统和体系日臻完善。为期50天的“城市管理攻坚提质大行动”成效显著,硕果累累,使大同市城市面貌焕然一新。

四是倾力倾为,征收工作稳步扎实推进。全年共征收住户8819户,征收面积88.66万平米。全年共接收安置房11501套,现已安置了11089套。商铺已征收360套,现已安置补偿125套,受到了拆征户好评。

五是完善体系,民生事业实现长足发展。全年共发放低保金1.86亿元,对963人次实施了大病救助,发放救助金350万元;城镇居民医疗保险参保人数17.6万人,职工参保人数2.9万人;城镇新增就业人数2460人,下岗失业人员再就业人数1060人。计生工作稳步推进,全年人口出生率为4.06‰,自然增长率为3.32‰,辖区内的13个政府办社区卫生服务机构已全部实行国家基本药物制度。在学校建设上,按照标准化的要求,投资2.8亿元启动实施了校舍安全工程,13校等6所学校的新建主体工程已全部完工。

六是突出重点,社会管理工作全面加强。区政府把社会工作作为基本职责,加强社区建设,创新社会管理,全面实施社区建设“双百工程”,区财政列支500万用于社区建设,社区硬件水平进一步提高,新建、改建、扩建新华街卧虎湾社区等5个社区,全年共接收和新建社区建设用房8处,新增社区办公面积2020平方米。针对部分街道由于房屋征收拆迁和新建安置区无社区阵地的现状,实施了社区建设规划,对现有社区进行了重新摸底,制定出城区街道社区调整的方案,拟对10个街道的社区进行布局。党政主要领导带队组团赴先进城市学习借鉴社区建设工作经验,进一步开拓视野,完善思路。深入开展区委书记接访日活动、全区干部大走访活动和矛盾纠纷集中排查化解活动,进一步建立完善领导包案、社会救助等制度。5月份新建的信访接待大厅正式挂牌使用,进一步畅通了群众来信来访渠道,及时妥善解决来访问题,一大批疑难复杂和历史遗留的信访积案得到有效化解和妥善处理,全年未发生重大节假日期间进京赴省非正常群体上访事件,信访维稳形势总体趋于向好。

(李宏宾)

附:一、中共大同市城区区委书记、副书记、常委名单

书　记:祁学峰(1月任职)
副书记:薛明耀(4月任职)　来　彦
　　　　王建江(4月离职)
常　委:唐　胜(4月任职)　王建成　闫　军
　　　　董建中　曹葆春　罗士彬　史万才

二、街道党工委书记、副书记名单

东街
书　记:刘巨平(5月离职)
　　　　唐　胜(5月任职,8月离职)
　　　　魏　军(8月任职)
副书记:韩　杰(7月离职)　王　治(8月任职)
西街
书　记:张力宏
副书记:刘翰龙
南街
书　记:王殿武
副书记:刘　顺(8月离职)　岳　峰(8月任职)
北街
书　记:郝连志(8月离职)　任根德(8月任职)

副书记：任德根（8月离职） 常占库（8月任职）

南关街

书　记：安志刚（8月离职） 郝连志（8月任职）

副书记：樊　青（5月离职） 杨根旺（8月任职）

北关街

书　记：郭进宝

副书记：李文杰

新建南路

书　记：王立中（8月离职） 刘　顺（8月任职）

副书记：孙雪彬（8月离职） 吴顺利（8月任职）

新建北路

书　记：白静玲（8月离职） 田德禹（8月任职）

副书记：田德禹（8月离职） 韩守国（8月任职）

振华南街

书　记：解宏元（8月离职） 白静玲（8月任职）

副书记：魏　军（8月离职） 孙雪彬（8月任职）

新华街

书　记：王　强

副书记：常占库（8月离职） 王建军（8月任职）

向阳里

书　记：王　巨

副书记：王建军（8月离职） 杨亚峰（8月任职）

大庆路

书　记：周　雁（8月离职） 王立中（8月任职）

副书记：杨根旺（8月离职） 石晨东（8月任职）

老平旺街

书　记：王红峰

副书记：姚　斌

西花园街

书　记：巩文利（8月离职） 王鸿宾（8月任职）

副书记：王鸿宾（8月离职） 邱秀娟（8月任职）

中共大同市矿区区委工作概况

区委书记　门开发

大同市矿区现有基层党组织446个，党委9个，党总支15个，党支部422个，党工委29个，党员9233名。2011年，在市委、市政府的正确领导下，矿区区委全面贯彻落实党的十七大和十七届五中、六中全会精神，深入学习实践科学发展观，按照省委、省政府转型跨越发展的总体要求和市委、市政府“转型发展、绿色崛起”的战略部署，团结带领广大干部群众抢抓机遇，开拓创新，扎实工作，圆满完成了全年各项奋斗目标，全区呈现出经济社会平稳发展、党建活力持续增强的良好局面。

一、强化组织建设，着力提高党建科学化水平，为转型跨越发展提供组织保障

1、理论学习常抓不懈。以建设学习型党组织为契机，认真组织开展学习宣传十七届六中全会精神、胡锦涛总书记建党90周年讲话和省市党代会精神，通过中心组学习、党校培训、理论研讨、专家讲座等形式，分批次对全区党员干部进行系统培训，受训人员3000余人次，进一步提高了党员队伍的理论素养和学习能力。大力发扬理论联系实际的学风，把加强理论学习与破解转型跨越发展中的难题和服务人民群众的宗旨结合起来，研究新情况，解决新问题，在实践中提高了水平，在创新中增长了才干。

2、执政能力显著提高。胜利召开了区第九次党代会，描绘了矿区未来五年发展的宏伟蓝图，圆满完成了区四套班子换届工作，选举产生了新一届领导班子，形成了推动转型跨越发展的坚强领导集体。把执政能力建设作为各级领导班子建设的核心内容，不断优化各级班子的文化结构、知识结构和年龄结构，班子的整体素质得到了全面提升。严格执行《党政领导干部选拔任用工作条例》，深入推进干部人事制度改革，全年共调整干部38名，真正把那些能力突出、德才兼备、群众公认的干部选拔到了领导岗位上。提高选人用人公信度。不断完善干部考核体系，并将考核结果作为选任干部的重要依据，有效发挥了考核工作“指挥棒”、“风向标”的作用。2011年共招录了18名乡镇公务员，为全区转型跨越发展提供强有力的人才保证和智力支持。

3、执政基础有力夯实。以保持党的先进性为主题,加强分类指导,积极探索新形势下基层党组织建设的新途径新方法。全面推进基层党建工作,全年共为居民办实事、办好事6000多件,为社区居民全程代办各类事项2000多件。组织开展"联户扶贫、结对帮困"活动,150个党组织、350名党员干部与困难家庭和个人进行了联户结对帮扶。切实加强企业、社区、机关、学校等基层党组织建设,推进新经济组织、新社会组织党建工作。2011年28个街道104个社区顺利完成换届工作,进一步增强了基层党组织的凝聚力和战斗力。加强党员队伍建设力度,把社会各阶层中的优秀分子吸收到党的队伍中来,对130名入党积极分子和72名预备党员进行了集中培训。健全流动党员管理机制,全区现共成立流动党员服务中心27个,服务站点102个,实现了流动党员管理的网络化、制度化。

4、反腐倡廉深入推进。建立健全惩治和预防腐败体系,注重源头治理,旗帜鲜明地开展党风廉政建设和反腐败斗争。深入推进煤焦和工程建设领域反腐败专项斗争,严肃查处各种违法违纪行为,切实降低了腐败行为的发生率,全年共受理群众信访举报23件次,立案40件,处理40人。严格落实《党员领导干部廉洁从政准则》,加强对党员干部的教育、管理和监督,规范从政行为,促进廉洁自律,有力地筑牢了拒腐防变的安全堤坝和思想防线。全面推进党务公开,增加工作透明度,共设立党务公开示范点31个,实施各类党务公开640余次。严格执行"五个不准",加大对全区干部纪律作风的整顿力度,有效治理了庸懒浮散行为。

二、致力经济发展,转变经济发展方式,为转型跨越奠定坚实基础

2011年矿区地区生产总值15.6亿元,财政总收入13.54亿元,一般预算收入9647万元,圆满完成了市下达任务。商贸服务业继续繁荣发展,新发展私营企业和个体工商户1438户,新增从业人员3557人,新增注册资金1.44亿元。广开门路扩大招商引资,在第六届中博会上签约5个项目,自行签约9个项目,共引资19.15亿元。非公经济实力进一步增强,实现税收1.3亿元,占区本级财政税收的73%。项目建设亮点突出,规划实施的11个重点工程全部开工建设,辰日玻璃实业公司生产工艺改进等9个项目已投入生产运营,项目落地率100%,建成率91%。通过创优发展环境、提供高效服务、出台优惠政策和表彰优秀民营企业等举措,有效促进了民营经济发展。煤机制造业发展壮大,以同大防爆电器公司、支护设备厂、华能煤机公司、虹云煤机公司为龙头的煤机修造业共实现产值1.5亿元。

三、提升服务水平,保障社会民生,为转型跨越发展凝聚强大力量

1、民生工作成效显著。切实加强就业再就业工作,通过各种途径开辟就业岗位,帮助3456人实现了就业再就业和自主创业。社会保障体系更加完备。全年共征缴各类保险金5436.9万元,支出12084.7万元,分别较上年增长6.4%和7.7%;发放低保金、临时价格补贴、一次性补贴12357.5万元,27376户66548人享受到低保待遇,做到了应保尽保;加大救助力度,发放大病医疗救助金379.9万元、教育资助金26万元。医疗卫生体制改革不断深化,恢复了区中医院公益性质,为人民群众提供了更加优质、安全、经济的医疗服务;口泉街社区卫生服务站、新胜社区卫生服务中心实施了国家基本药物制度,降低了药品价格,保证了用药安全。

2、社会事业稳步推进。政府职能进一步转变,大力实施政府"提速工程",政务审批工作继续走在省市前列,全年共受理各类审批项目43778件,办结43696件,办结率99.8%;积极支持人大、政协依法行使职权、履行职能,全年共办理人大代表和政协委员提案、建议、意见119件,办复率100%;依法治区工作取得重大进展,被省政府命名为"依法行政示范区"。进一步落实教育优先发展战略,继续加大教育投入,投资2246万元对大钢中学、煤峪口中学、民胜一小、新胜一小4所学校,共计15592平方米校舍进行了改扩建和维修加固;投资500万元,在区实验小学建成了全市一流的矿区青少年活动中心;投资810万元建成了恒安一中高标准操场;教师节拿出244.7万元对优秀教师和学校进行了表彰。教育质量进一步提升,2011年全区仅被同煤一中录取的学生就达245人,比去年增加20%,教育系统获得国家省市各类集体荣誉53项。教师队伍建设进一步加强,为恒安一中公开招聘了42名高中教师,其中硕士研究生10名。文化建设彰显新活力。投资150多万元新建了矿区文化馆、图书馆,为27个基层文化活动点配置了总额17万元的文体器材,人民群众精神文化生活得到进一步丰富。2011年全区精神文明建设成果丰硕,涌现出了省级文明单位1个,省级文明和谐社区2个,市级文明单位6个,市级文明单位标兵2个,市级文明社区4个。

(张建国)

附:一、中共大同市矿区区委书记、副书记、常委名单

书　记:门开发

副书记:刘勇军　邢　斌(6月离职)
马曙光(6月任职)

常　委:幸学武　苏　海　赵　雄(6月任职)
石　忠　李　飞(6月任职)
马晓峰(6月任职)　陈晓琳(6月任职)
姚夏冬(6月离职)　戴　陶(6月离职)
王　吉(6月离职)

二、街道党工委书记、副书记名单

煤峪口街道

书　记:张蕴杰

副书记:李佃士(10月任职)　刘　健(10月离职)
张建新

永定庄街道

书　记:范爱君

副书记：张　伟　付　胜

同家梁街道

书　记：王有成

副书记：丁丽英

四老沟街道

书　记：王　权

副书记：许治堂

忻州窑街道

书　记：李延军

副书记：张　瑞(10月任职)　孙有贵(10月离职)　刘宝玉

白洞街道

书　记：张万祥

副书记：孟　括

雁崖街道

书　记：于亚铭

副书记：李建宏(10月离职)　娄旭东(10月任职)

挖金湾街道

书　记：董占成(10月离职)　刘　健(10月任职)

副书记：渠田盛

晋华宫街道

书　记：姜玉玺(10月离职)　白继明(10月任职)

副书记：冯玲奇(10月离职)　张志军(10月任职)

马脊梁街道

书　记：陶　飞

副书记：曹元宝

大斗沟街道

书　记：付　启

副书记：郑　富

王村街道

书　记：郭　金

副书记：李晓东(10月离职)　武　侠(10月任职)

姜家湾街道

书　记：王　俊

副书记：卢永平　张德民

四台沟街道

书　记：孙海生(10月离职)　杨圣河(10月任职)

副书记：庞明财(10月任职)　郭　璧

燕子山街道

书　记：幺宏利

副书记：王　洋(10月任职)　田海平(10月离职)

青磁窑街道

书　记：张　毅(10月离职)　宋　河(10月任职)

副书记：黄进贤(10月任职)　王　进　次建清

马口街道

书　记：汪玺印(10月离职)　李晓东(10月任职)

副书记：程小平(10月离职)　曹增忠(10月任职)

杏沟街道

书　记：董　青

副书记：黄进贤(10月离职)　王金春(10月任职)

口泉街道

书　记：李　刚

副书记：乔　江　王春江

新泉街道

书　记：裴艳华(10月离职)　李松吾(10月任职)

副书记：李建宏(10月任职)　邓仙梅

平泉街道

书　记：孟青峰

副书记：陈桂英　丁新华

新平旺街道

书　记：赵晓周(7月离职)　王丽娟(女,10月任职)

副书记：孙有贵(10月任职)　郭照宇

新胜街道

书　记：彭国斌(10月离职)　赵　耀(10月任职)

副书记：程小平(10月任职)

民胜街道

书　记：力日才

副书记：王　业(10月任职)　白继明(10月离职)　米俊琴

和顺街道

书　记：杨琼圣(10月离职)　董占成(10月任职)

副书记：魏　广

和瑞街道

书　记：李长春

副书记：樊海龙

平盛路街道

书　记：王军文(12月任职)

副书记：张霁彤(12月任职)

清泉街道

书　记：高　鹏(12月任职)

副书记：薛海军(12月任职)

中共大同市南郊区委工作概况

区委书记 杨勤荣

大同市南郊区辖10个乡镇、190个行政村，总面积1068平方公里，总人口29.7万人，其中农业人口22.4万人。全区有10个乡镇党委，9个区直党委(总支)，1个区直机关工委，504个基层党支部，党员12987名。

2011年是实施“十二五”规划的开局之年。一年来，新一届区委班子以科学发展观为指导，以转型跨越发展为目标，团结带领全区干部群众，攻坚克难，奋力拼搏，真抓实干，实现了“十二五”良好开局。全区财政总收入完成77.4亿元，同比增长23.23%，位居全省第一，一般预算收入完成6亿元，同比增长17.8%。

一、以项目建设为抓手，推动经济转型取得了新进展

始终坚持“以煤为基，多元发展”，按照“巩固提升传统产业、大力发展非煤产业、积极培育新兴产业”的思路，立项项目抓开工，开工项目抓投产，投产项目抓达效，分类推进项目建设，增强了发展后劲，推动了经济转型。

一是招商引资卓有成效。全区新上、续建各类项目33项，总投资258.39亿元，亿元以上项目有26项。其中：工业项目5项，总投资77.84亿元；农业项目4项，总投资8.5亿元；三产项目24项，总投资172.05亿元。投资7.8亿元的居然之家购物中心、投资7000万元的华晟果蔬小包装生产线扩建、投资3000万元的现代家居博览中心等项目正式运营投产，新民村、周家店村、解放村等一批“城中村”改造工程主体全部建成。

二是在建项目进展顺利。工业方面：投资7260万美元的液化空气大同有限责任公司工业气体项目完成投资8000万元，投资30亿元的2×33万千瓦热电联产项目完成投资5亿元，投资36亿元的60万吨甲醇项目完成投资20亿元。农业方面：投资1.8亿元的大同市四方农牧养殖园区项目已完成投资1.2亿元。三产方面：投资7亿元的凯德世家购物中心已完成投资1亿元。

三是前期项目积极推进。投资43亿元的山西国际电力集团新建年产100万吨尿素项目、投资15亿元的山西华通路桥集团粉煤灰综合利用项目，投资30亿元的万象集团超五星级宾馆项目等正在办理前期手续，投资5亿元的华能古店风电项目和总投资5亿元的大唐风电项目正在测风。

二、以农民增收为核心，现代农业发展取得了新突破

紧紧围绕农民收入翻番目标，依托特色基地引领，标准园区示范，龙头企业带动，大力发展城郊型现代特色农业，加快推进农业现代化步伐，促进农民持续稳定增收。全区农民人均纯收入达到了8133元，同比增长20.06%。

一是设施农业强劲发展。按照“统一规划集中建，因地制宜自己建”的思路，整合资金，集中财力，强力推进，投资3.5亿元，建设日光温室大棚3000栋。全区设施农业年经济总收入达到1.95亿元。

二是龙头企业辐射带动。遵循“优势整合、扶优扶强”的原则，发展特色产业，培育主导产品，积极扶持以夏进乳业、华晟果蔬等为代表的农业龙头企业，提升了农产品附加值，推进了农业产业化进程。全区农业龙头企业14家，实现销售收入20.3亿元，创利税7000万元。

三是园区项目示范引导。以建设国家现代农业示范区为目标，抓住全省大力扶持现代农业示范园区的有利契机，研究政策，申报项目，争取资金，强力推动农业园区建设取得了明显成效。在2010年成功申报3个项目的基础上，又成功申报了4个项目，共落实省级扶持资金1800多万元，为推动农业项目早开工、早建设、早达效奠定了基础。

四是畜牧业发展持续壮大。把畜牧业作为发展现代农业的切入点，狠抓奶牛规模养殖园区建设，新建了投资1.8亿元、规模5000头的大同市四方高科农牧有限公司和投资1亿元、规模4000头新世纪奶牛养殖有限责任公司2个规模养殖园区。全区奶牛存栏达到2.2万头，农民人均畜牧业纯收入达到1480元，畜牧业成为农民增收的重要渠道。

三、以社会管理为重点，维护和谐稳定取得了新成效

一是安全生产形势稳定。深入开展“安全生产年”活动，健全安全制度，完善监管网络，加大监管力度，突出现场管理，深化隐患排查治理，强化地质灾害防治，坚决打击非法违法行为，全区安全生产形势持续向好，煤矿百万吨死亡率为零，各项安全指标均在市定控制指标以内。

二是信访秩序明显好转。牢固树立“发展是硬道理，是第一要务；稳定是硬任务，是第一责任”的理念，坚持一手抓解决问题，充分发挥区信访服务中心的功能作用，严格实行区四大班子领导接访制度和包案制度，一批群众反映强烈的热点、难点问题得到妥善解决；实现了重大节点和敏感时段非正常上访“零”目标。

三是综合治理取得实效。深入推进矛盾纠纷排查调处工作。扎实开展严打整治专项行动，严厉打击各类违法犯罪活动。以“城中村”、工矿区、治安复杂区域、城乡结合部位为重

点，开展了突出治安问题排查整治百日攻坚活动。继续加大校园及周边环境整治工作力度。对流动人口、特殊人群、出租房屋等实行登记造册，动态管理，为推动全区经济社会发展创造了良好的社会环境。

四、以共建共享为目标，保障改善民生取得了新业绩

一是农村新“五个全覆盖”工程全面推进。农村街巷硬化全覆盖工程，投资5340万元，完工里程309.57公里，占全年任务的100.45%；农村文化体育场所全覆盖工程，建设农家书屋43个，村级文化活动室25个，农民体育健身场所55个；中等职业教育免费全覆盖工程，完成325人的职业高中招生计划，全部免费就读；农村便民连锁商店全覆盖工程，完成10个村建设任务，提前实现了全覆盖。

二是采煤沉陷区治理成效显著。全区71个采煤沉陷区地质灾害治理村，已有18个村实施了搬迁。通过与同煤集团积极沟通协调，全力争取支持，有6个村初步达成了搬迁意向。区采煤沉陷区治理一期工程，可安置6168户受灾村民，121栋楼房已完成主体工程，还有15栋正在加紧建设。

三是城建拆迁稳步进行。圆满完成了涉及9个乡镇、90个村，87万平方米的拆迁工作任务，为确保市委、市政府的各项重点工程顺利推进做出了积极贡献。“城中村”改造步伐加快，已有12个村开工建设。

四是社会事业齐头并进。教育方面：整合教育资源，合理调整布局，撤并了41所农村小学，推动了义务教育均衡发展。就业方面：城镇新增就业1209人，下岗失业人员再就业308人，转移农村劳动力512人。民政方面：城乡低保实现了应保尽保，保障了弱势群体的基本生活。社保方面：社会保障体系不断完善，共征缴各类保险金8909万元。

五、以党的建设为根本，提升执政水平取得了新进步

加强领导班子和干部队伍建设。严格按照规定职数，圆满完成了区、乡换届工作。抽调年轻干部参与城建拆迁、信访维稳等重点工作，提高了干部应对复杂问题的能力。加强干部日常管理工作，推进干部管理规范化建设。党员队伍发展壮大，党员队伍结构不断优化。

加强党风廉政建设。开展了“庆祝建党90周年廉政歌曲大家唱”等主题教育和警示教育活动，提高了领导干部的廉洁自律意识。加大从源头预防和治理腐败工作的力度，推进财政管理制度和行政审批制度改革。围绕支农惠农政策落实情况、治理教育乱收费以及公路“三乱”等开展纠风工作。扎实推进煤焦领域反腐败、工程建设领域突出问题、公务用车等专项治理工作。

（池文斌）

附：一、中共大同市南郊区委书记、副书记、常委名单

书　记：张建平（4月离职）　杨勤荣（4月任职）
副书记：姚振华（4月任职）　张　团
　　　　赵志坚（4月离职）　李　杰（4月离职）
常　委：李有清（10月任职）　明海君（4月任职）
　　　　王　玺　张建军（4月任职）
　　　　周　灏（4月任职）　王义萍　刘少忠
　　　　张　军（4月任职）　温开亮（挂职，4月任职）
　　　　魏建新（4月离职）　常国文（4月离职）

二、乡镇党委书记、副书记名单

新旺乡
书　记：刘中文
副书记：高彦东　高　煜　任　明（5月离职）

马军营乡
书　记：梁翼龙
副书记：李　徽　刘翰启　王　升（5月离职）

水泊寺乡
书　记：王　伟
副书记：魏毓思　齐卫东　李英霞（5月离职）

平旺乡
书　记：李继忠（4月离职）
　　　　张　军（区委常委、纪检书记，5月兼任）
副书记：杜　军　李秉军　翟小平（5月离职）

口泉乡
书　记：李　银
副书记：苗泽田　韩光华

西韩岭乡
书　记：赵世彪（4月离职）
　　　　周　灏（5月任职）
副书记：杨建中　杜　安

鸦儿崖乡
书　记：张一多
副书记：庞有文　梁　春

云冈镇
书　记：李鹏飞
副书记：韩志杰　李　武

古店镇
书　记：乔正南
副书记：刘　熹　孟善高

高山镇
书　记：王海军
副书记：李森林　董　平　孙　毅（5月离职）

中共新荣区委工作概况

区委书记 董志刚

新荣区地处晋蒙交界,东邻阳高、大同县,西连左云,南接大同市南郊区,北与内蒙古自治区以长城为界,总面积1018平方公里,辖6乡1镇,共140个行政村,10.9万人。全区有18个基层党委,13个党总支,324个党支部,6494名党员,其中农村党支部有142个。

2011年,中共大同市新荣区委以改革创新精神加强党的建设,各项工作取得新进展新成效,实现了"十二五"良好开局。全年地区生产总值完成21.76亿元,财政总收入和一般预算收入分别完成5.318亿元和2.012亿元,规模以上工业现价总产值和增加值分别达26.7亿元和12.02亿元,全社会固定资产投资完成19.3亿元,社会消费品零售总额完成5.97亿元,城镇居民人均可支配收入和农民人均纯收入分别达到14003元和5008元。

一、坚持立足实际,稳中求进,确立了发展新思路

结合全区的发展实际,胜利召开了区第八次党代会,明确提出了今后五年的发展思路,确立了"十二五"末各项主要经济指标实现翻番,再造一个新新荣,初步实现工业新型化、农业现代化、农村城镇化、城乡生态化的基本蓝图。同时,紧紧抓住我省被国务院列为国家资源型经济转型发展综合配套改革试验区这一历史机遇,积极搞好与省、市规划间的相互衔接,科学编制完成了"十二五"发展规划。

二、坚持以煤为基,多元发展,工业新型化全面提速

坚持强基础、拓产业、抓开放、促转变,突出项目、工业园区、产业集群、龙头企业"四位一体",大力推进新型工业化进程。一是加快改造提升传统产业。五座主体煤矿全部列入"省千家"重点企业,已生产的唐山沟、甘庄两座煤矿资源回采率均达到75%,比原来高出40多个百分点。二是积极推进支柱产业多元化。大力培育石墨、碳素、风电、建材、机械制造等非煤产业,新大科技有限责任公司石墨化加工负级材料2500吨项目、新成特炭高体密细颗粒特种石墨制品生产线二期扩建项目、大同唯实机电设备公司矿用带式输送机项目、大同明星门窗科技年产10万平米高档门窗项目、新成特炭年产1000套提取单晶硅用石墨热场项目、新晟炭素有限责任公司年产1万吨太阳能储热材料项目建成或开工建设;山西国际能源集团新荣光伏发电项目、山西经贸集团生物质能热电项目顺利签约。三是大力实施项目带动战略。全年招商引资实现签约工业项目17个,预计项目总投资30.59亿元,到位资金15.4亿元。

三、坚持龙头带动,突出特色,农业基础地位得到巩固

按照"一村一业、一乡一品"的思路和结构调优、品质调好、效益调高的目标,大力提升农业现代化水平。认真落实各项强农惠农政策,加大农业科技投入和良种补贴力度,粮食生产实现稳中有升,全年粮食作物、经济作物总产量分别达到3951万公斤和2831万公斤。特色种养业优势板块基地不断发展壮大,优质小杂粮发展到18.55万亩左右,蔬菜种植发展到7746亩;全区规模蛋禽养殖场13个、生猪养殖小区5个、肉奶牛养殖基地6个、獭兔养殖场3个,形成苗木、花卉基地近3万亩左右。积极培育加工转化龙头企业,华进薯业项目、长城农林牧有限责任公司马铃薯淀粉加工项目、大同市啤斯食品有限公司食品焙烤加工项目扎实起步。持续实施品牌战略,全年获得商标注册6个,完成无公害、绿色、有机"三品基地"产地认证5000亩。大力推进农机、农技、农村金融、农产品交易流通市场等农业社会化服务体系建设,全年新发展农民专业合作社30个,培育农民经纪人120人。农田水利基本建设和农业技术推广力度加大,旱作农业和节水农业有了新发展。

四、坚持以城带乡,城乡互动,城镇面貌日新月异

把区址建设作为推进全区城镇化建设的重中之重,以投资3300万元新建大呼高速区址连接线工程为切入点,进一步拉伸区址整体框架,提升区址承载力,区址面积由原来的1.99平方公里扩展到2.81平方公里。围绕2012年全省造林绿化现场会,以通道绿化和荒山造林为重点,突出抓好古长城森林公园、大呼高速及连接线、得大高速通道、204省道及大呼出口至迎宾桥、煤矿造林绿化六大重点工程建设,全年完成投资达2.78亿元,造林绿化面积3.7万亩。完成"十二五"期间省级重点镇和市级重点镇的推荐工作,城镇化率提高了1.5个百分点,城镇人口净增加1650人。

五、坚持以人为本,和谐共建,民生事业全面进步

一是全面启动农村新的"五个全覆盖"工程。完成农村街巷硬化193.88公里、农村文化场所建设140处、体育健身场地硬化112处,新建农村便民店40个,落实中等职业教育免费138人,基本完成新型农村社会养老保险摸底工作,农村60岁以上居民11561人全部纳入新型养老保险范畴。二是

大力实施“爱心煤”工程。严格兑现农村低收入农户每户一吨煤的庄重承诺，全年共为低收入农户发放冬季用煤34393吨。三是大力发展教育事业。继续把教育摆在优先发展的战略位置，中小学校舍面貌全面改善，教学质量不断提升。四是大力提升卫生医疗水平。区、乡、村三级卫生机构达标率达88.3%。五是大力完善社会保障体系。投资4.6亿元的工矿棚户区改造一期工程积极推进；年度城镇登记失业率控制在3.1%以内；养老、医疗、失业、工伤、生育保险覆盖面进一步扩大；新型农村合作医疗以村为单位覆盖率达到100%，参合率为98.57%。六是大力发展文化产业。文化体制改革顺利完成，文化事业繁荣发展。

六、坚持以人为本，统筹兼顾，社会管理扎实推进

一是全面加强维护稳定工作。在全市率先实现了与全国信访信息系统专网的对接，成立区、乡两级综治信息中心，实现了全国、省、市重大节日和重大活动期间进京赴省去市“零上访”目标；继续保持严打高压态势，扎实开展一系列专项行动。二是扎实抓好安全生产工作。继续深入开展“安全生产年”活动，扎实开展“煤矿建设年”和“安全严管年”活动，进一步深化安全生产“三项行动”和“三项建设”，认真落实“一岗双责”和安全生产挂牌管理责任制等制度。三是加快推进民主政治建设。充分发挥舆论先导作用，深入开展思想道德建设和理想信念教育。大力弘扬社会主义法治精神，“六五”普法扎实开展。积极支持区人大常委会依法行使职权，支持区政协照章履行职能；加强党对统战工作的领导，进一步巩固和发挥统一战线作用。圆满完成了区工商联换届选举工作。

七、坚持党要管党，从严治党

一是加强学习型党组织建设。大力开展干部自主选学工作，积极完成中央、省、市委组织部调训任务。二是深入开展创先争优活动。积极组织各基层党组织开展创先争优公开承诺、领导点评和群众评议等工作。三是加强领导班子和干部队伍建设。圆满完成了区乡村三级换届任务。特别是以庆祝建党90周年为契机，引导和激励广大党员干部积极投身社会建设。四是加强基层党组织建设。全面落实“三有一化”要求和“一定三有”政策；在全面推行“四议两公开”工作法的同时，进一步完善“五议三公开一评议”工作法。五是大力加强作风建设。深入开展“万名干部下基层，转变作风促发展”活动，大力开展纪律作风整顿工作，扎实开展机关效能建设，狠刹各种不良风气。六是全面加强反腐倡廉建设。扎实开展党风廉政建设，加强反腐倡廉教育和制度建设；深入开展煤焦和工程建设领域等专项治理，深入推进农廉工作，加大案件查处力度，党的执政能力建设和先进性建设得到了全面加强。

（杨文彦）

附：一、中共新荣区委书记、副书记、常委名单

书　记：董志刚
副书记：王东升　郝守农（4月任职）
　　解先文（4月离职）　刘　俊（4月离职）
　　滕德刚（挂职，4月离职）
常　委：王益民（4月离职）　李立平（女，4月离职）
　　郝守农　李有清（10月离职）
　　田永明（4月离职）　姚夏冬（4月任职）
　　靳文军（4月任职）　景　珍（4月任职）
　　王建平　樊　菁（4月任职）

二、乡镇党委书记、副书记名单

新荣镇
书　记：兰　敏
副书记：王志清　武　权（10月离职）
　　张永宏（10月任职）

破鲁乡
书　记：冀　勇（5月离职）　王利军（5月任职）
副书记：王永刚　李茂强（5月任职）
　　王晓媛（女，5月离职）

上深涧乡
书　记：张志军
副书记：康春强　王占春

郭家窑乡
书　记：田永明（5月离职）　张建国（5月任职）
副书记：安　杰　王　东

西村乡
书　记：王永军
副书记：周　品　刘文国

花园屯乡
书　记：郭钰晶
副书记：王晓媛（女，5月任职）　张　军　赵越雄
　　王利军（5月离职）

堡子湾乡
书　记：张颖龙（5月离职）　冀　勇（5月任职）
副书记：高　泽　王文晖　张永宏（10月离职）

中共大同市开发区工委工作概况

工委书记 张秉善

2011年以来，开发区党工委坚持“围绕经济抓党建，抓好党建促发展”的发展思路，深入开展学习实践科学发展观活动，不断更新工作理念，创新工作方法，团结一致，扎实工作，各项工作取得了较好成绩。

一、紧紧围绕“奋力创先争优，打造一流园区”主题，扎实开展创先争优活动

一年来，按照市委的安排和部署，开发区党工委紧密结合本区的实际，紧紧围绕“奋力创先争优，打造一流园区”这一主题，以“为科学发展创先进，为扩区升位争先锋”为载体，以“统一思想抓、围绕发展抓、结合实际抓、党群互动抓、落实责任抓”为着力点，扎实开展创先争优活动。全区参加创先争优活动的基层党组织共有55个，党员1075名。活动中，各基层党组织和广大党员紧紧围绕中心工作任务制定先进标准和工作计划，进行公开承诺，坚持“十个一”工作制度，为活动增强制度保证。在培养树立典型方面，通过召开全区大型交流促进会，以及设立先锋岗、责任区等进一步引深活动。全区有3个支部被市委评为全市“百佳基层支部”，3名党员被评为全市“百佳优秀共产党员”，1名党员受到省委表彰。一年来，全区上下先后征集党员群众对经济社会发展的意见建议460多条，解决问题230多个，办实事办好事200余件。农村党员和待业青年普遍接受1至2门技能培训；新成立集体企业两家，安置群众70多名。

二、紧紧围绕提高推动科学发展的能力水平，进一步加强领导班子、干部和人才队伍建设

(一)领导班子思想政治作风建设不断加强。一是坚持理论学习制度。通过开展理论中心组学习，举办专题培训班等形式，认真学习贯彻落实党的十七大精神，全面贯彻科学发展观，在全区形成讲学习、讲知识、讲能力的氛围。全区先后举办了科级以上干部“跨越发展”专题培训班和招商引资专题培训，邀请清华大学知名教授、市委讲师团教授、大同市著名企业家和市直机关业务骨干等授课，培训600多人次。二是坚持民主集中制。坚持重大问题集中讨论，民主决策，充分调动班子成员的积极性和主观能动性。三是全面落实省、市委关于推进领导干部下乡住村“六个一”要求，深入开展“机关干部下基层，转变作风促发展”活动，以党工委、管委会主要领导带队，吸收30家机关单位，组成七个工作队，深入两个农村和5户重点搬迁企业，解决各种矛盾和问题，推动各项工作。四是认真组织召开以“坚持以人为本执政为民理念，发扬密切联系群众优良作风”为主题的专题民主生活会，增强了领导班子的责任意识。

(二)基层党组织建设不断推进。认真落实党建工作责任制，及时更新党建工作责任制目标内容，进一步完善党员领导干部基层党建工作联系点制度，并健全了党建工作的督导检查机制。在非公有制企业党建方面，出台了《关于进一步加强非公有制企业工作的意见》，在全市县区中，率先成立了非公有制经济组织工作委员会和非公有制经济组织党建工作联系会议，有力地提高了非公有制企业党建工作的质量和效果。全区规模以上企业和100人以上企业都有了党组织，50人以上企业都有了党员，未建党组织的企业都挂靠了民营企业党支部，选配了指导员和联络员。在农村党组织建设上，深化“三级联创”、“四争一树”和“双培双带”活动，并将活动纳入街道农村党组织支部书记工作责任制，进一步完善“四议两公开”工作法，重要村务都严格按照程序实施，群众积极参与，反映热烈，效果良好。

(三)干部队伍建设不断加强。1、抓干部教育培训。继续推进学习型机关和推进学习型党组织建设工作。搞好集中培训工作。全年三期600多人次参加集中受训，30多名县级干部和组工干部参加网络在线学习。妇联、团区委、总工会等部门都分别举办了干部培训班。2、抓好人才队伍建设。一是积极筹备了“山西省海外高层次人才创新创业基地”的申报工作。通过大量细致的统计调查，收集到了丰富翔实的资料，为成功申报奠定了坚实的基础。二是营造良好的人才工作生活环境，落实优惠政策，协调解决各类人才在科研、工作、生活等各方面遇到的实际困难和问题。

三、围绕“扩区升位、跨越发展”，加强精神文明建设

(一)精心实施主题宣传。开展了医药园区建设、重点项目、国家级开发区政策及改善民生等主题宣传。开设了“项目建设”、“关注民生”等栏目，以述评、访谈、动态、专题报道等多种形式进行报道。累计在专栏中发稿100余篇条，有效把握了正确舆论导向，进一步统一了思想，凝聚了力量。

(二)致力开展成果宣传。2011年是该区成为国家级开发区建设起步之年。开发区推出了2010年财政税收、项目建设、园区建设、改善民生等项工作成果系列报道，累计刊发各种成果稿件50余篇条，进一步鼓舞士气，增强发展信心。

(三)大力加强形象宣传。积极实施“走出去，请进来”的

办法，加强与省、市等主流媒体的沟通与联络，借助参加中博会等重大活动开展对外宣传。共接待省、市记者50余人次；电视台、报纸总计发稿105条；编辑发行《大同开发区》10期，刊发文字10万余字；门户网站对各种新闻信息进行了及时上传，形成电视、报纸、网站"三位一体"的宣传格局，充分发挥了舆论引导作用。

（四）稳步推进精神文明建设和社会各项事业发展。以打造一流的班子队伍，抓好关键点；提供一流的服务，抓住切入点；创造一流的业绩，抓好突破点的"三个一流"主题教育活动为载体，扎实推进文明单位、文明行业创建工作。组织开展了科教、文体、法律、卫生"四进社区"活动，使文明社区建设进一步得到完善。广泛开展志愿服务、"我身边的道德模范"等各种形式的主题教育和时间活动。开展"送温暖工程"，在两节期间先后走访慰问和救助困难职工234户；积极解决困难职工，农民子女上学难问题，开展"春雨助学"活动。帮扶特困职工子女2名，发放助学救助金4000元；为全区劳模进行了健康体检；开展了第五期大病医疗互助活动，全区有1579名职工参加活动。

四、围绕"加强廉政建设，推进源头治理"，引深防腐倡廉建设

（一）进一步加强党风廉政建设。按照中央、省、市反腐倡廉工作会议精神，积极推进反腐倡廉建设的政治责任和领导责任。加强组织领导，量化、细化责任目标，严格考核落实，不留"死角"。

（二）认真开展基层党务公开工作。在年初确定财政局、中学、樊庄村、蔚洲疃村4家党务公开试点基础上，年底前在全区各级党组织中全面推行。达到有健全的组织机构、完善的公开制度、规范的公开程序、便捷的公开载体、全方位的监察体系、详实的公开档案和显著的公开效果的目的。

（三）加强监督检查。一是以效能办牵头，围绕机关工作人员的工作纪律、工作作风、服务态度、服务承诺等方面进行明查暗访，全年共进行了5次明查和9次暗访，有效地改进了机关工作作风的转变。二是以政务大厅为重点，对行政审批工作实行全方位、多层次的监督约束。广泛征求被服务对象的意见和反映，极大地提高了办事的效率和社会满意度。三是及时查办案件。党内严重警告处分2人。

五、围绕"集体发展壮大，农民得到实惠"，进一步加强农村工作

（一）扎实推进农村"四议两公开"工作。专门成立工作领导组，抽调专人进行督查指导。全区农村共刷写宣传标语120余条，培训党员干部群众400余人次。建立了"周汇报、月观摩、季总结"三次机制，层层落实责任，"四议两公开"工作得到有效规范。

（二）努力发展农村经济。立足区辖两村实际，积极调整产业结构，逐步向一村一品农业迈进。蔚洲疃村投资35万元新打机井1眼，保证农田灌溉需求。樊庄村通过土地承包权自愿有偿流转，村集体回收土地600亩，其中500亩种植了油松、丁香等150万株。并重点培育了规模养殖户，肉猪出栏达2000余头。樊庄村还先后投资合作成立了仁和铸造公司，顺坤科技公司和房地产开发公司，为集体经济增长提供了强有力的保障。区辖两村从事个体餐饮、商贸、运输的从业人员300多人。全年发放粮食直补23万元。农村各类技能受训800余人次。

（李　伟）

附：一、中共大同市开发区工委书记、副书记、常委名单

书　记：李元宏（4月离职）　张秉善（4月任职）

副书记：雷雪峰　穆希法　朱广明

常　委：王　汉　陈巨有　李守林

二、街道党工委书记、副书记名单

城南街道

书　记：胡少振

副书记：柴树生　陈治郡　魏建中

中共阳高县委工作概况

县委书记　曹世平

2011年，中共阳高县委坚持以科学发展观为统领，以转型跨越发展为主题，紧紧围绕"富民强县，和谐安康"总目标，紧紧围绕年初确定的工作任务，团结带领全县人民艰苦拼搏，狠抓落实，各方面工作都取得了新的成绩。

全县地区生产总值完成19.9亿元，比上年增长17.8%；财政总收入完成1.79亿元，增长29.56%；一般预算收入完成7371万元，增长23.59%；规模以上工业增加值完成2.33亿元，增长37.6%；全社会固定资产投资完成25.7亿元，增长47.79%；城镇居民人均可支配收入1.24万元，增长16.85%；农民人均纯收入4061元，增长18.87%。

一、坚持以科学发展观为指导，全力推动经济社会转型跨越发展

（一）工业转型实现新突破。按照"依托园区上项目，依靠项目促转型"的思路，一是全力以赴抓工业园区基础设施建

设。在前两年投入1亿多元的基础上,又千方百计筹措3000多万元,新修两条主干道,完成三条道路的路基建设,同步完成了部分绿化,使工业园区具备了承接更多大项目的条件。二是全力以赴抓项目推进。按照“目标倒逼进度”和“谁分管谁落实”的责任机制,紧紧围绕签约的20个重点工业项目,抓落地,抓开工,全年完成投资11.2亿元。其中,中化集团“双超百亿”化工新材料4大项目于8月10日正式奠基;好医生药业技改扩建项目完成投资3200万元;华润长城风电一期项目完成投资8.35亿元;驭龙药业建设项目完成投资1.08亿元;创格科技有色金属项目完成投资400万元。此外、大唐生物发电、金光公司整体搬迁、华润光伏发电等项目快速推进,预计2012年可竣工投产。三是全力以赴抓招商引资。按照“以园招商、以企招商、定向招商”的招商方式,成功引进了大同京元锰业有限公司年产1万吨高锰酸钾、北京利纳世源水处理设备有限公司年产10万吨纯净水、中国乐凯胶片集团活性炭深加工3个大项目,协议引资额达40亿元,工业经济发展后劲明显增强。

(二)设施农业取得新成效。加快发展以设施蔬菜、规模养殖、杏果产业为主的三大特色农业。在发展设施蔬菜上,全年新建日光温室3062栋、移动大棚5269栋,新增设施蔬菜面积1.3万亩,全县总面积达到3.44万亩。同时配套蔬菜产业发展,引资1600万元建成了北农阳光万栋全自动大棚育苗基地。在发展规模养殖上,按照园区化、标准化、规模化发展的方向,新建各类养殖小区12个、改扩建4个,新增棚圈面积10多万平方米。全县标准化规模养殖小区总数达到75个,其中生猪园区达到33个,年饲养规模万头以上的达到6家,全县生猪饲养量达到64万头。特别是经过跟踪服务、积极推动,完成了北京顺鑫猪繁育项目二期工程。在发展杏果产业上,兼顾生态建设与产业发展,充分利用国家巩固退耕还林成果工程、省市造林绿化工程和现代农业示范园区干果经济林建设项目,集中在古城、东小村、长城三个乡镇栽植仁用杏1.7万亩,建成了连片万亩杏果基地。同时加快杏果产业龙头项目建设,促成露露集团与本县绿苑饮品公司开展合作,组建了露露集团大同绿苑饮品有限责任公司,投资3.6亿元铺开了杏果产业园建设项目,预计2012年可竣工投产。

(三)城市形象和品位有了新提升。按照县城发展总体规划,以打造特色宜居县城为总目标,围绕云林寺、县衙两大核心区,稳步推进政府街和辕门街等区域的拆迁改造工程。2010年实施的8.5万平方米廉租住房后续建设任务全面完成,全县新增住宅面积近30万平方米。县城集中供热工程,全年完成投资7300万元,供热能力达到120万平方米,入网面积达到61.6万平方米;集中供气工程,完成投资2149万元,发展天然气用户4794户。

(四)人民生活水平和质量有了新提高。一是大力实施教育、医疗等惠民工程。总投资1.5亿元的阳高一中新校区建设工程完工并投入使用,26个校舍安全工程项目全部完工。总投资1亿元的县医院新建工程基本完成。二是进一步健全完善社会保障体系。城镇职工养老、医疗、生育、工伤及农村社保等各类保险政策得到有效落实,全部实现了农村低保资金社会化发放,实现了动态管理下的应保尽保。三是全力推进农村新的“五个全覆盖”工程。完成农村街巷硬化320公里,完成便民连锁店60个,完成村级文化活动场所100个,中等职业学校免学费人数达到420名,完成新型农村社会养老保险9.6万人,五项工程均完成了省市下达的任务。四是全力推进和谐社会建设。进一步拓宽了社情民意反映渠道。加强社会治安综合治理,严厉打击各种违法犯罪行为,切实增强人民群众的安全感。高度重视信访工作,及时解决热点难点问题,确保社会大局基本稳定。五是全力以赴抓好安全生产工作。严格落实安全生产责任制,严厉打击非法采矿活动,确保了各个生产领域的安全稳定。

二、坚持以创先争优活动为载体,全面提升党的建设科学化水平

一是突出特色重实效,深入推进创先争优活动。以开展“万名干部下基层、转变作风促发展”活动为主题,组织100个驻村工作队580多名下乡住村干部共走访农村党员群众2800多户,为群众办好事实事1000多件。以庆祝建党90周年为契机,在全县各级基层党组织和广大党员干部中开展了“学党史、明党旨、跟党走”主题实践活动;以抓承诺、践诺、评诺为重点,由县委组织部牵头加大检查指导和督办考评力度,全县各级党组织的创先争优活动呈现出“规定动作规范严谨,自选动作亮点纷呈”的新特点,群众对活动的满意度进一步提高。二是创新载体强基础,全力推进基层组织建设。按照“抓先进、促后进、带中间”的思路,重点加强后进支部整建力度,集中对25个后进村党组织,实行挂牌督办,进行重点指导。进一步健全完善了各项规章制度,加强了村级组织活动场所的日常管理使用和维护。全面推行村级事务“四议一审两公开”工作法,规范基层民主议事程序,全面推行党务、村务公开,有效维护了全县农村稳定。扎实推进村级组织建设,圆满完成了村级组织换届选举任务。三是围绕中心抓队伍,党员队伍建设取得新进展。发展新党员199名,党员队伍结构进一步改善。认真开展走访慰问老党员、老干部活动,为全县600名生活困难农村党员和老党员、城市下岗失业党员发放慰问金3.9万元,为未享受离退休待遇的建国前入党的147名老党员发放了生活补贴。对全县6000多名农村两委干部和党员进行了一次普遍培训,全县农村党支部书记的整体素质得到进一步提升。

三、坚持加强精神文明建设

全面贯彻落实精神文明建设目标责任制,围绕强化思想道德和科技文化建设,广泛深入开展了“文明和谐乡村”、“文明和谐社区”、“十星级文明和谐家庭”等群众性精神文明创建活动;大力开展了社会主义核心价值体系建设,践行社会主义道德规范,在全县中小学校开展了“心怀感恩、成就梦想”报告会和诚信教育、安全教育系列活动。成功将县城南瓮城惨案遗址、李培仁故居、大泉山申报为大同市爱国主义教

育基地。对二人台剧团、晋剧团、电影公司实施了转企改制，正式成立了“阳高县民生电影放映有限责任公司”、“阳高县欣苑二人台演艺有限责任公司”、“阳高县丽苑晋剧演出有限责任公司”和“阳高县二人台剧种传习中心”。二人台剧目《农家乐》参加了2011年山西省农民元宵文艺晚会，获得了优秀剧目奖。通过积极申报，鳌石赛戏、阳高布艺被列入省级非物质文化遗产。

四、坚持不懈地开展反腐败斗争，以良好的党风政风促进转型跨越发展

一是狠抓党风廉政建设责任制的落实。制定下发了《关于县直部门贯彻落实2011年反腐倡廉工作任务的分工意见》，把82项党风廉政建设和反腐败工作任务分解落实到县委、县政府领导和70个县直单位和部门。二是狠抓领导干部和领导机关作风的转变。在全县范围内开展了一系列整肃工作纪律、狠刹不良风气的行动，先后对多家休闲娱乐场所进行了清查，通过明察暗访，对顶风违纪的多名党员干部和公职人员予以免职或进行党政纪处理。按照中央和省委的统一部署，在全县开展了党政机关公务用车问题专项治理活动，对一些违规用车进行了坚决清理。三是狠抓《党内监督条例》的贯彻执行。认真落实领导干部任前廉政谈话，组织开展专项督查，认真解决党员领导干部在廉洁自律方面存在的突出问题。四是狠抓案件查处工作。2011年，共受理群众来信来访88件，处分党员干部73人，其中，给予开除党籍处分1人撤销党内职务1人，党内严重警告9人，党内警告处分62人。

（张守武）

附：一、中共阳高县委书记、副书记、常委名单

书　记：曹世平
副书记：姚振华（4月离职）　解先文（4月任职）
李晓红（女）
常　委：白　宝（4月任职）　袁润德
王成武（4月任职）　曹占江
李东升（4月任职）　孟德昌（4月任职）
张　江（4月离职）　周　灏（4月离职）
马　翔（4月离职）　张进才（4月离职）

二、乡镇党委书记、副书记名单

龙泉镇
书　记：谢秀成
副书记：吕福军　马　宝（4月离职）
庞利江（4月任职）

罗文皂镇
书　记：张　匀
副书记：张智文　任　利

北徐屯乡
书　记：陈　仲
副书记：李建军　许　林（4月离职）
刘素芳（4月任职）

长城乡
书　记：兰学欣
副书记：张　广　何广清

王官屯镇
书　记：祁金林
副书记：佘天东　杜宏伟（4月任职）

下深井乡
书　记：孙富纯
副书记：王德军　贾高峰（4月任职）

大白登镇
书　记：高　飞
副书记：孟永泉 郝秉亚

狮子屯乡
书　记：闫志文
副书记：何昌利　钱存彪（4月离职）
兰　德（4月任职）

古城镇
书　记：白志友
副书记：孙　福　谢　彪

马家皂乡
书　记：李　刚
副书记：荆建林　李渤义（4月离职）
王俊林（4月任职）

东小村镇
书　记：徐碧洋
副书记：王　镇　袁　江（4月离职）
张文忠（4月任职）

鳌石乡
书　记：高　文
副书记：闫进德　雎日明（4月离职）
高炳龙（4月任职）

友宰镇
书　记：王　龙
副书记：田占国　盛守军（4月离职）
徐德明（4月任职）

中共天镇县委工作概况

县委书记　徐尚红

2011年以来,天镇县委深入落实科学发展观,统筹推进经济建设、政治建设、文化建设、社会建设、生态文明建设和党的建设,各项工作取得新进展新成效,实现了"十二五"良好开局。

地区生产总值完成15.3亿元,同比增长17.4%;固定资产投资总额26.3亿元,增长67.7%;社会消费品零售总额5.62亿元,增长17.5%;规模以上工业增加值完成2.34亿元,增长21.7%;财政总收入首破亿元关口,达到1.0145亿元,增长21%;一般预算收入4580万元,增长24.5%;城镇居民人均可支配收入1.26万元,增长20.6%;农民人均纯收入3673元,增长20.1%。

一、农业产业化提档升级

一是设施农业上档次。紧紧抓住我县被确定为山西省现代农业示范县和北部设施蔬菜优势区重点县的机遇,加大设施蔬菜大棚建设力度,建成并投入使用10861栋设施大棚,成为全省设施蔬菜产业发展20个奖补大县之一;年底又规划新建大棚9000栋。积极拓展北京绿色食品销售市场,与北京市东城区签订了无公害农产品产销挂钩、农超对接战略合作协议,设立了10个直销网点。

二是龙头企业壮实力。培育壮大了裕旺商贸、利农农副产品加工销售企业,同兴源、边城酒业、农贸公司列入全省"513"工程;全县规模较大的农业产业化龙头企业发展到26家,共发展订单农业9100亩,新建规模养殖小区13个,累计达到185个。

三是"一村一品"成规模。加强农业生产区域性、规模化布局,启动实施了"25321"示范基地建设,积极发展奶牛、柴鸡、肉牛、肉驴等多个特色养殖小区,率先建设的"一村一品"专业村有105个,其中7个为省级示范村。农民专业合作社发展到495家。

四是农业基建显成效。全年新增改善灌溉面积3.69万亩,改造盐碱地3100亩,完成测土配方50万亩,实施玉米丰产方建设17万亩,农机总动力达到13万千瓦。

二、工业新型化跨越发展

首先,招商引资亮点多。华能风电一期项目正在并网,二期项目加紧建设。华润新能源控股有限公司投资实施了一期风力发电项目。规划建设了天镇边塞科技园区和环翠山光伏产业园区,成功列入全省"十二五"时期光伏产业重点县,开工建设了大唐光伏发电项目,签约了国华风光互补发电项目、国电环翠山太阳能光伏电站一期工程、香港羿飞新能源开发有限公司光伏电站项目、中电投风光互补发电项目和保利协鑫光伏发电项目、山西国际电力光伏生态农业综合开发和光伏发电站项目等。

其次,企业技改力度大。采取兼并重组、整体出让、嫁接联姻等办法,对部分国有、集体企业进行多元化改制。投资2.7亿元,组织实施了天城汽配、晋田电极新裕隆金属镁等技改扩建工程,生产能力进一步增强。

三、发展环境不断优化

一是抓道路建设保畅通。天大高速公路建设完成投资16.5亿元,除大梁山隧道外,其余路段路面工程全部完工。京新高速公路,天大高速公路互通连接线与省道马走线互连段一级路建设工程前期工作有序进行。完成了村通水泥路工程5.7公里和农村公路通达工程15公里。农村公路养护1254公里,名列全市第二。

二是抓城市建设提品位。在旧城建设方面,实施了道路、排水等重点工程建设,加强县城卫生环境整治和交通秩序管理工作,完成影剧院路等道路硬化、县城街巷硬化、污水管网改造等工程。在新区建设方面,南洋河综合治理、劳动就业社会保障服务中心、综合档案馆等项目加快推进,县城迎宾大桥开工建设。投资近1.2亿元,组织实施了新世纪大街等四条道路电力管道和西二路电力管道埋设工程。

三是抓林业生态建设求实效。大力实施生态兴县战略,以"山上治本"和"身边增绿"为目标,重点实施了京津风沙源治理、巩固退耕还林成果、省级现代农业示范园区等重点工程。全年共完成造林绿化任务5.58万亩,通道绿化29.3公里,完成京津风沙源治理3万亩,绿化村庄16个,全县森林覆盖率达到9.45%。

四是抓旅游开发增后劲。投资实施慈云寺保护修缮工程,加快新平堡边塞文化旅游园区建设,启动实施省级重点示范镇建设,实施移民搬迁等19项工程。新平堡镇先后被评为山西省旅游文化名镇、历史文化名镇及中国历史文化名镇、中国旅游特色名镇,新平堡边塞文化旅游园区列入全省十大文化产业园区项目,并列入到全省"十二五"规划。

四、和谐天镇建设扎实推进

一是抓重点,民生设施建设成效突出。加快推进校舍安全、新城廉租房、中医院扩建、新城中学等重点民生工程。全面启动新的农村"五个全覆盖"工程,提前实现了中等职业教育免费和新农保全覆盖目标；行政村街巷硬化工程覆盖率达62%；行政村便民连锁店建设覆盖率达86.42%；实现了农村文化阵地建设全覆盖，建成农家书屋107个，完成农村体育活动场所建设171个。

二是抓热点，社会保障水平明显提升。扎实推进新农保工作，全县新农保参保人数8.89万人，参保率达86.9%；新型农村合作医疗工作顺利开展，参合人数16.63万人，参合率达到97.98%；全县共有各类社会保障对象1.94万户3.36万人，基本实现应保尽保。全面启动城镇居民基本养老保险，大力推进机关事业单位养老保险、失业保险等工作。列入全省雨露计划实施方式改革试点县，并为88564户低收入农户发放每户一吨标准煤。

三是抓焦点，社会管理创新全面加强。全面落实各项生产制度，深化非煤矿山专项治理，大力加强民爆物品、交通、建筑施工等重点行业的安全生产管理，加大对重点地区、校园及周边治安环境整治，全县没有发生一起重大安全生产事故；深入推进平安天镇、法治天镇建设，扎实开展涉法涉诉信访积案攻坚大会战及案件评查、阳光警务区建设、百日会战、清网行动等活动，严厉打击各类违法犯罪行为；健全信访稳定责任考评制度，并进行了严格考核。扎实开展领导干部大接访活动，信访工作进一步规范化、制度化。

五、党的建设各项工作全面夯实

一是基层组织建设全面加强。县乡村三级换届工作圆满完成，换届后班子年龄结构、知识层次得到进一步优化。全面推进非公企业党的建设，实现党组织和党的工作全覆盖。创先争优活动全面引深，制定了《关于进一步引深全县创先争优活动的实施意见》，在全县窗口单位和服务行业中开展了“亮服务品牌，建满意窗口，当服务发展先锋”主题实践活动。全县有1100名干部结对帮扶221个村，帮助农村制定发展规划163个，提供帮扶资金2044万元，落实设施养殖小区19个，为群众办好事实事1200件。

二是干部管理水平不断提升。思想政治建设常抓不懈，进一步健全完善了县委中心组学习制度，推动学习型党组织建设。建立健全了党委议事决策机制，认真执行“集体领导、民主集中、个别酝酿、会议决定”的议事规则和决策程序，实行常委会向全委会报告工作制，民主集中制建设进一步加强。干部培训全面加强，举办7期“科学发展 构建和谐”大讲堂，受训人员达1500余人次。组织干部、种养大户赴洪洞县、阳高县等地就项目建设、蔬菜大棚等方面进行考察学习。选派24批县级领导和乡科级干部参加对口培训和各类业务培训，选派4名干部赴北京东城区等地进行为期三个月的挂职锻炼，认真组织开展干部在线学习工作，提高干部素质能力。干部考核力度加大，充实完善了关于县直机关部门、乡镇目标绩效考核工作等一系列考核办法，更加注重考核结果的运用，在2011年度干部调整中，对上年度考核等次在良好以上的单位干部予以提拔重用。

三是反腐倡廉建设扎实开展。注重廉政宣传教育创新，干部廉洁意识不断增强。扎实开展廉政风险防控工作，制定落实防范办法，完善各类防范制度，排查防控覆盖率达100%。深入实施《天镇县反腐倡廉宣传教育工作实施方案》和《天镇县廉政文化“六进”实施方案》。认真落实了领导干部报告个人重大事项制度。严格落实谈话教育制度，与提拔、交流平调的干部进行了集中廉政谈话，并签订了廉政承诺书。注重健全惩防体系，反腐倡廉建设常抓不懈，研究出台了《天镇县关于2011年度全县反腐倡廉建设任务分解的意见》；扎实推进阳光农廉网建设，在全市率先建起农村“三务”公开、土地管理、“三资”管理等信息监控网络；全面推广卅里铺乡“双评双述一公示”制度；扎实推进非煤领域和工程建设领域突出问题专项治理等工作，严肃查处违法违纪案件和破坏发展环境的案件。

（李文峰）

附：一、中共天镇县委书记、副书记、常委名单

书　记：徐尚红（女）

副书记：赵惠民（4月离职）　解廷师（4月任职）
马骰民（挂职，4月离职）　范振凯（4月任职）

常　委：冯　尚（4月任职）　赵　亮
张　田（4月离职）　李润军（4月任职）
曹中林（5月离职）　方　旭（4月离职）
吕广权（4月离职）　王　伟　李春晖（挂职）
梁　军（4月任职）　陈学春（5月任职）

二、乡镇党委书记、副书记名单

玉泉镇

书　记：杨　智

副书记：郑佃文（10月离职）　原存柱（10月任职）
安志宏

谷前堡镇

书　记：高　莹（4月离职）　郝世国（4月任职）

副书记：宋君太　吴福和（11月离职）
苗国栋（11月任职）

卅里铺乡

书　记：田　炯

副书记：刘振云　孙　亮

南河堡乡

书　记：安和仁

副书记：吴志峰　张　河

米薪关镇

书　记：宋　奕

副书记：郝　平（10月离职）　庞　捌（10月任职）
马国辉

贾家屯乡

书　记：杨景利（女，10月离职）　郑佃文（10月任职）

副书记：杨　忠（10月离职）　李建利（10月任职）
刘瑞林

赵家沟乡

书　记：张　策(10月离职)　姜　高(10月任职)
副书记：姜　高(10月离职)　安建清(10月任职)
　　　　苗国栋(11月离职)　张小平(11月任职)

南高崖乡

书　记：杨宝英
副书记：王　林(4月离职)　唐广平(4月任职)
　　　　韩永泰

张西河乡

书　记：张　杰(10月离职)　杨景利(女,10月任职)
副书记：高　顺　曹　权

逯家湾镇

书　记：郝世国(4月离职)　王　林(4月任职)
副书记：高平福　郝秀芹(女)

新平镇

书　记：张建明
副书记：原存柱(10月离职)　杨　忠(10月任职)
　　　　范　忠

中共大同县委工作概况

县委书记　王凤瑞

大同县总面积1497平方公里,总人口18万,其中农业人口14万,是一个传统的农业县,也是国家燕山—太行山连片扶贫开发地区之一。全县辖7乡、3镇、3个街道办,共175个行政村。全县有20个基层党委,10个党总支,367个党支部,党员7751名,其中175个农村党支部、10个新经济组织党支部。

2011年,中共大同县委坚持以科学发展观为指导,紧紧围绕"建设现代城郊型新大同县"的奋斗目标,团结带领广大干部群众,完善思路,突出重点,攻坚克难,经济社会各项事业呈现出良好的发展势头。全县地区生产总值177844万元,社会消费品零售总额94446万元,规模以上工业增加值28128万元,固定资产投资322346万元,财政总收入29229万元,一般预算收入11328万元,城镇居民人均可支配收入和农民人均纯收入分别为11610元、4907元。

一、坚持规划为先的原则,城镇特色化迈出坚实步伐

首先,精心制订发展规划,委托中国城乡、北大博雅方略旅游景观规划设计院制订全县空间发展战略规划、西坪河公园规划,服务于县域发展。其次,着力推进工程项目建设,完成了投资5467万元的县城西环路工程和投资9000万元的永业东街棚户区改造工程以及为民办实事"十大工程",谋划了大同机场至县城道路建设工程,等等。再者,积极开展"三项整治"工作。在卫片执法上,立案查处8宗违法用地,收缴罚款2858.27万元,党政纪处分11人;在打击私挖滥采上,关停选砂厂46家,取缔34处,查处案件2件;在城乡环境整治上,确定了各单位责任区,推行了"门前五包"责任制,确定了"绿色环保日",打造了21个示范村,城乡面貌明显改观。第四,全面实施农村新的"五个全覆盖"工程。全年完成投资5142.96万元,硬化农村街巷297.949公里,被省政府评为先进县;新建和改造便民连锁农家店36家、配送中心1家;建成农家书屋91个、农村健身场所106个,配送图书5.25万册、书柜380个,安装投影仪、音响100件(套);新招非全日制职中学生220名;新型农村养老保险参保人数57823人,20725名60岁以上农民领取保险金1766万元。

二、坚持转型发展理念,工业园区化呈现集聚态势

创优环境,扶持现有企业发展,帮助11家企业解决了急需的流动资金,尤其是为恒岳煤机、万昌物流分别解决50亩的用地指标。总投资2.58亿元的万昌物流项目、投资2.3亿元的栋梁铝型材二期工程、投资3800万元的华青压块活性炭扩建项目加紧建设,投资9900万元的恒岳煤机二期工程即将开工。同时,大力招商引资,先后引进6个项目,其中投资1亿元的欧凯建材和投资5000万元的鹏瑞混凝土项目建成投产,其余4个项目正在积极推进,特别是总投资30亿元的福建隆德集团"中国大同论坛"项目落地签约。此外,协助市直部门,认真做好土地征用、拆迁等工作,促进了装备制造、第一医药、第二医药园区和208国道改线、市污水处理厂等省市重点项目建设,服务了富士康和保利协鑫多晶硅太阳能光伏产业园区项目的顺利落地。

三、挖掘特色产业优势,农业现代化进程明显加快

把黄花产业作为"一县一业"的主导产业来抓,筹资1000万元给种植户每亩补贴500元,多种措施调动农民种植的积极性。秋冬季,全县新栽黄花2.3万亩,总面积达到5万亩。同时,大力发展蔬菜、杏果、绿豆、规模养殖等特色产业。全县设施蔬菜发展到3408亩,杏果经济林达到6万亩,种植绿豆10万亩,初步形成南北两山养羊、周士庄蛋鸡规模养殖格局,有66个村被确定为全省"一村一品"专业村。在落实各项惠农政策的同时,积极争取到投资3036.87万元的土地整理项目、投资1941万元的京津风沙源治理工程、投资1360万元的小型提水灌区工程、投资1280万元的万亩高标准农田示范工程、投资980万元的农机补贴项目,等等。2011年,大同县被评为全省农建工作先进县、全省农机生产先进

县，获得“禹王杯”。尤其是积极扶持农业龙头企业的发展，引导天特鑫公司实施黄花根茎叶花立体研发项目，帮助3家企业争取到全省示范园区项目支持，服务了总投资2.7亿元的金森农牧生态有机猪项目。值得一提的是，成功引进了投资2亿元的省煤运高端农业循环园区项目，已完成投资4000万元。2011年，还被省农业厅、旅游局评为“山西省休闲农业与乡村旅游示范县”。

四、实施身边增绿工程，县域园林化蓝图又添新彩

县委制定了林业建设总体规划，着力建设一批县城绿色屏障、生态园林集镇、花果飘香村庄、绿色道路长廊、生态旅游景区。全年，投资1847万元，完成造林绿化4.45万亩、通道绿化100公里、村庄绿化20个、国家公益林保护5.41万亩。重点实施了109国道大同机场到县城段的绿化工程，成为大同县生态建设的一大亮点。同时，挖掘生态自然优势，不断扩大对外影响力，县土林湿地被列入省级湿地公园。

五、立足提高全民幸福指数，社会各项事业全面进步

重点实施了五大工程：一是社会保障工程。认真落实职工养老、医疗、失业、工伤保险政策，严格审核城乡低保人数，大力促进社会就业，积极落实优抚对象待遇，第六次被省委、省政府、省军区授予“双拥模范县”称号。此外，为300户农村困难群众解决了住房问题，完成低收入农户每户一吨煤发放工作。

二是医疗健康工程。争取到卫生监督所和乡镇卫生院项目，通过省级平台采购价值318万元的药物，开展了11项公共卫生项目，“新农合”参合率达到90.68%，全年享受补贴2460万元，15.3万人次受益，减轻了群众就医负担。

三是教育提升工程。一方面积极推进校安工程建设，完成投资9800万元，其中9所新建学校完工，30所学校主体完工。同时，投资240万元的青少年活动中心投入使用，撤并学校8所。另一方面认真推进教育改革。实施了教育“1+6”综合改革试点工作。“1”，就是以“职务归一、择优聘用、竞争上岗”为核心；“6”，就是以“校长竞聘上岗、学校校长组阁、教师择优聘用、工资绩效分配、教学模式创新、后勤统筹管理”六项改革为内容。先后在倍加造、峰峪两个联校开展了试点，受到了社会各界的肯定。

四是文体惠民工程。完成了投资1000万元的文化图书大楼工程，配套了乡镇文化站和体育广场设施，举办了聚乐杏果采摘节和各类全民健身活动。党的十七届六中全会召开以后，制定了文化产业发展的规划和意见，着力建设文化大县、文化强县。

五是社会管理创新工程。县委出台了实施意见，成立了14个专题工作组，建立了综治维稳队伍，进行了法制宣传，做好了矛盾纠纷排查调处和信访工作，加强了社会治安综合治理，着力构建“党委领导、政府主导、社会协同、公众参与”的社会管理服务体系。2011年，共立刑事案件166起，破获83起，打掉犯罪团伙4个，刑拘27人，起诉31人，抓捕各类逃犯51人，在“清网行动”中名列各县区前茅。被中央宣传部、国家司法部授予“全国法制宣传教育先进县”的称号。

六、以县乡村换届为契机，全面提高党建科学化水平

1、认真落实省、市委安排部署，圆满完成县乡村三级换届任务。一是强化组织领导，出台了指导意见，建立了县四大班子领导包联乡镇责任制，层层落实责任。二是严肃换届纪律，以电视、广播、标语、函和短信等形式大力宣传中央、省市有关精神和法制法规，与干部签订了《严守换届纪律承诺书》。三是严格换届程序，采取十步工作法，全程录像，公开透明，得到了群众认可。四是选好配强队伍。换届后，乡镇党委班子平均年龄39.1岁，政府班子平均年龄38.2岁，形成了合理的年龄梯次结构；大学及以上学历52人，大专学历36人，比上届分别提高10.7%和4.6%，班子活力进一步增强。

2、不断创新活动载体，切实转变干部作风。在定期学习的同时，邀请各类专家进行专题讲座，组织干部群众外出考察，借助山西干部在线学院学习，提升了干部的综合素质。并且，围绕学习杨善洲事迹、右玉精神，选树了县林业局局长赵德清和县林业局为学习标兵，开展了以“提效增速创环境、转变作风促发展”为主题的机关纪律作风大整顿活动，推进了领导干部住村包村增收活动的开展。

3、全面加强廉政建设，深入开展反腐败斗争。大力推进廉政文化建设，认真做好农廉工作，积极开展专项治理，认真查办违法违纪案件，全年各级纪检监察机关共受理群众来信来访68件次，立案33件，处分党员干部33人，其中科级干部8人。

（李　喜）

附：一、中共大同县委书记、副书记、常委名单

书　记： 杨人毅（4月离职）　王凤瑞（4月任职）

副书记： 孙永胜（2月离职）　薛丽娟（女，2月离职）
邢　斌（5月任职）　杨近源（5月任职）

常　委： 李立平（女，5月任职）　刘红斌　冯学中
赫　瑞　于　君（5月任职）
李振福（5月任职）　李　钢（5月离职）
乔江华（5月离职）

二、乡镇（街道）党委（党工委）书记、副书记名单

西坪镇

书　记： 薛彦斌

副书记： 郭进忠　康强仁（5月任职）
陈　涛（5月离职）

倍加造镇

书　记： 闫合山

副书记： 刘海平　李　海（5月离职）
白　刚（5月任职）

周士庄镇

书　记：谢志海(5月离职)　刘义深(5月任职)

副书记：张建忠　郭利兵(5月离职)

田　恒(5月任职)

党留庄乡

书　记：曹　亮

副书记：朱　华　张君祥(5月离职)

张一鑫(5月任职)

杜庄乡

书　记：徐　军

副书记：赵建宝　吴　佃(5月离职)

张玉龙(5月任职)

许堡乡

书　记：孙　政

副书记：门开应　张　毅(5月离职)

田军山(5月任职)

瓜园乡

书　记：李一忠

副书记：薛志军　王　华(5月离职)

李月英(5月任职)

峰峪乡

书　记：张文娟

副书记：闫　红　裴海峰(5月离职)

赵向东(5月任职)

吉家庄乡

书　记：马　斌

副书记：李海江　马　俊(5月离职)

陈志平(5月离职)　刘应斌(5月任职)

巨乐乡

书　记：刘喜斌

副书记：吴志明　胡　存(5月离职)

李天龙(5月离职)　常　金(5月任职)

东街办事处

书　记：王　强

副书记：梁振权

西街办事处

书　记：孙　革

副书记：王权山

湖东办事处

书　记：赵　祥

副书记：冯　启

中共浑源县委工作概况

县委书记　张清河

2011年，浑源县委、县政府坚持以转型跨越发展为主题，以转变经济发展方式为主线，各项工作取得了新的进步。年内，地区生产总值完成35.4亿元，同比增长16%；财政总收入完成5.27亿元，同比增长29.88%；一般预算收入完成1.77亿元，同比增长17.04%；全社会固定资产投资完成28.41亿元，同比增长277%；规模以上工业总产值达到27亿元，同比增长36.9%；规模以上工业增加值达到13.50亿元，同比增长24.50%；农业总产值达到13.55亿元，同比增长12.50%；粮食总产量达到13.4万吨，同比增长7.1%；社会消费品零售总额完成18.32亿元，同比增长16.46%；城镇居民人均可支配收入达到12860元，同比增长14.30%；农民人均纯收入达到3940元，同比增长28.60%。

一、项目建设进展顺利

共招商引资项目22个，总投资66.11亿元，实际利用资金27.79亿元，37个省、市考核的重点项目完成投资29.7亿元，均创历史最好水平。投资70亿元的荣乌、同源、广源、王城四条高速公路建设工程有序推进，荣乌、同源高速具备通车条件；总投资35亿元的大唐530MW风力发电项目累计完成投资14亿元；总投资4.2亿元的山西浑源百川煤业公司整合改造矿井项目，基础建设基本完成；总投资11.08亿元的山西浑源百川、金岷、东邦煤业三座露天煤矿建设项目完工；总投资4066万元的忠旺恒达绿色生态有限公司新建"黄芪提取系列工程项目"完成投资3697万元。

二、工业经济奋力前行

煤炭产业方面，坚持安全监管、生态恢复、民生保障统筹并举，深入推进煤炭资源整合和煤矿兼并重组，百川、东邦、金岷3座露天煤矿联合试运转通过专家认证，阳光、瑞风两家企业井工变露天开采方式申请获得批准。投资3950万元实施了矿区生态环境修复整治工程，为开挖区村民新增就业岗位260个。全年共生产原煤1060万吨，上缴税费6.7亿元。花岗岩产业方面，围绕"集聚发展、循环利用、规模生产"的理念，进一步规范矿山开采秩序，着力在矿山生态整治、园区功能拓展、产业循环联动上下功夫,不断提升科技含量,蓄积发展能量。浑源县循环经济园区获省经信委批准,花岗岩产业完成税费收入1918万元。中小企业方面,立足"专、精、特、新",依托资源优势,延伸产业链条,积极引导扶持民营资本大力发展中小企业,稳步推进了黄芪、杏仁、膨润土、高岭土加工提取等中小企业建设,全县中小企业完成税金1753万元。

三、"三农"工作统筹推进

立足建设京津地区重要的特色农产品供应基地,坚持区域化布局、规模化发展、集约化经营的农业产业发展思路,不断在培育现代农业、完善服务体系、强化基础支撑等方面取得新成效。一年来,共申报一村一品专业村50个,黄芪、仁用杏种植面积分别达到16.4万亩、11.8万亩,日光温室大棚建设达到2000栋,5000亩野生黄芪保护区建设项目列入国家储备项目,浑源县"正北芪"入选国家地理标志商标,奶牛养殖园区达到6个,肉羊标准化养殖园区达到29个。组织成立了"浑源县农村土地承包仲裁委员会",县乡两级挂牌成立了"农村土地承包经营权流转服务中心",全县农村土地流转面积达到12万亩;农民专业合作社达到259家,上规模的龙头企业达到6家,农业服务体系日臻完善。22个重点推进村建设任务全面完成,旱作农业科技推广地膜覆盖等10个农田水利基本建设项目全面完成,落实各种惠农补贴资金4438万元,完成造林绿化7.11万亩,完成农村劳动力转移5357人,农业生态环境和生产条件持续改善。

四、旅游影响力持续扩张

总投资9889万元的岳门湾古建修缮工程项目主体工程基本完成,投资4453万元完成了天峰岭核心景区绿化等共22项工程,完成了停旨岭村整体搬迁工程,景区文物保护和设施建设日益完善。同时,全面加大北岳恒山旅游品牌宣传促销,先后参加了昆明国际旅游交易会等3个大型旅游促销盛会,与央视合作开拍了纪录片《北岳恒山》和电影《恒山月光》,出版了多部旅游文化书刊,"泰山扩展四岳"申遗项目进展顺利,北岳恒山的品牌影响力持续扩张。全年共接待游客75万人次,门票收入4448万元,旅游综合收入突破3亿元。

五、文化事业繁荣发展

先后举行了纪念建党90周年书画创作笔会和"党在我心中"大型书画图片展等活动,举办了"颂歌献给党"大型红歌合唱比赛、第三届消夏红歌演唱会和浑源县篮球、羽毛球、乒乓球联赛,群众性精神文化生活水平不断提高。浑源县被国家文化部授予"中国民间文化艺术之乡"称号,传统音乐"恒山道乐"、传统技艺"浑源凉粉制作技艺"和"浑源传统铸钟制作技艺"被列入山西省非物质文化遗产保护名录。文化体制改革顺利完成,撤销了浑源县电影公司、人民文化宫、晋剧团,注册成立了浑源县恒山演艺公司。

六、城市魅力不断提升

倾力打造生态优美、宜居宜业的新县城。投资1500万元实施了书院街新建、北岳东街改造工程和旧城区10条小街小巷路面硬化工程,对县城周边、主干街道、休闲广场进行了大规模绿化、美化、亮化;投资2500万元实施了县城集中供热二期工程,新增供热面积50万平方米,全县供热面积达到150万平方米;县城集中供气项目完成投资2550万,铺设管线15公里;投资3594万元的垃圾处理厂建成并投入使用,总投资1.3亿元的世纪龙鼎10万平方米廉租房小区开工建设,关停燃煤锅炉61台127吨;投资360万元购置启用了大型环卫机械,投资1000万元的客都购物广场正式运营,建成了30家农资店和50个农村放心粮油店,城市的管理秩序和城乡商贸环境逐步改善,服务功能和承载能力进一步提高。

七、社会事业扎实推进

一是新"五个全覆盖"工程稳步推进。共完成农村街巷硬化工程610公里,新建农村便民连锁商店90家,完成了32个农家书屋、50个农村体育健身场地建设工程,全面实施中等职业教育免费全覆盖工程,新型农村社会养老保险参保率达到85%,为近2万名农民发放基础养老金640万元;二是惠民工程成效显著。投资1700万的凯德世家标准化示范小学动工兴建,县城特殊教育学校新建工程主体完工;医药卫生体制改革顺利实施,18个乡镇卫生院和10个社区卫生服务站基本药物制度全覆盖;完成农村危房改造500户。三是社会保障体系稳健运行。全年共发放城市和农村低保金6478万元,城镇医保参保人数达到5.17万人,新型农村合作医疗人数达到26.97万人,补偿农民医药费2952万元,为全县低收入农户发放冬季取暖用煤9.33万吨。四是集中开展了安全生产专项整治百日攻坚行动和矿区生态环境集中整治行动,关闭取缔了187座土小炉窑;进一步强化了群众来信来访和社会治安防控工作,全年共接待群众来访656批次1661人次,成功调解各类纠纷650件,破获各类刑事案件124起,为全县经济社会转型跨越发展营造了安全有序的良好氛围。

八、党的建设全面加强

全县共有23个党委、10个党组,29个党总支,638个党支部。全县党员总数14480人。一年来,浑源县委以创建学习型党组织为抓手,进一步完善了专题辅导、理论宣讲、网络在线、外出考察等学习形式。组织党政考察团赴中煤平朔煤业和阳高等县区就煤炭产业、新农村建设等进行了考察学习,党员领导干部领导转型跨越发展的能力和水平进一步增强。在基层党组织建设上,广泛开展了创先争优、学习型党组织创建、干部下乡住村和领导干部包村增收活动,共有1500多人次下乡住村开展服务,为人民办好事实事1500余件;圆满完成了315个行政村村级组织换届工作,"一肩挑"的比例达到85.4%,大学生村干部全部进入村"两委"班子;深入推行了村级组织“四议两公开”工作法,农村基层党组织创造力、凝聚力、战斗力不断增强。在领导班子和干部队伍建设上,坚持严格要求、严格程序、严格纪律,圆满完成县乡党委换届任务;制定了《浑源县中长期人才发展规划》,建立了人才工作联席会议和人才工作联络员制度,积极推行了差额提名、差额考察和全委会票决选人用人机制。年内,共培训各级干部2325人次,发展党员200名,调整干部128人,表彰命名了37名县委联系的优秀人才。深入开展了党政机关公务用车和“小金库”专项治理及清理规范庆典、研讨会、论坛活动三项重点工作;全面完成了阳光农廉网建设,充分发挥农民权益保障促进会和村情民意接待室的作用,共查办涉农案件25件;认真开展了矿区土地复垦、工程建设领域突出问题专项治理、煤焦领域反腐败专项斗争和矿业秩序专项检查整顿。年内,投资260万元新建了反腐倡廉教育基地,煤焦领域清缴税费103.54万元,立查案件19起,给予党纪政纪处分19人。 (刘东升)

附:一、中共浑源县委书记、副书记、常委名单

书　记:张清河(1月任职)
副书记:张秉善(4月离职)　康晓剑(6月任职)
李凤冉(4月任职)　贺玉才(挂职,4月离职)
常　委:王维平(4月离职)　李凤冉　姚志强
杨志文(4月任职)　张振虎(4月离职)
李国军　文晓东(4月任职)　郭普跃
姚文章(4月离职)　李继忠(4月任职)
孟玉香(女,4月任职)

二、乡镇党委书记、副书记名单

永安镇
书　记:张权军
副书记:雷迎春(9月离职)　李仲元(12月任职)
左　玉
东坊城乡
书　记:张丰年(9月离职)　武建文(9月任职)
副书记:顾国锋　王　飞
裴村乡
书　记:于海滨
副书记:张　军　李子君(12月离职)
西坊城镇
书　记:李　涛(9月离职)　曹启龙(9月任职)
副书记:陈利军(9月离职)　郭　华(12月任职)
郝兴东
驼峰乡
书　记:杨　庆
副书记:陈晓琳(5月离职)　范淑慧(12月任职)
顾必武
西留乡
书　记:姜成吉(9月离职)　雷迎春(9月任职)
副书记:郝希涛(12月离职)　李子君(12月任职)
范　文
下韩村乡
书　记:屈永亮
副书记:曹启龙(12月离职)　张东皞(12月任职)
李建圣(12月离职)
蔡村镇
书　记:熊开明(12月离职)　付元进(12月任职)
副书记:武建文(9月离职)　乔　普(12月任职)
郭　松
南榆林乡
书　记:裴雁巍
副书记:韩飞鹏　刘　达
吴城乡
书　记:李兴宇(12月离职)　宋桂珍(12月任职)
副书记:宋桂珍(12月离职)　张国华(12月任职)
张志丹
沙圪坨镇
书　记:李启忠
副书记:段治国　孟　祥(4月任职)
大仁庄乡
书　记:翟宝龙(9月离职)　陈利军(9月任职)
副书记:郭　华(12月离职)　王　杲(12月任职)
晋举科
黄花滩乡
书　记:尚桂明(7月离职)　左世明(7月任职)
副书记:杨永安　侯文权
大磁窑镇
书　记:张　斌(9月离职)　熊开明(12月任职)
副书记:张国华(12月离职)　陈月祥(12月任职)
刘　峥
青磁窑镇
书　记:顾建华(9月离职)　李兴宇(12月任职)
副书记:付元进(9月离职)　郝希涛(12月任职)
李文学
千佛岭乡
书　记:梁　军(5月离职)　文晓东(兼职,9月离职)
高　飞(9月任职)
副书记:任志强　王　杲(12月离职)
官儿乡
书　记:左世明(7月离职)　贺韶东(9月任职)
副书记:贺韶东(9月离职)　李建圣(12月任职)
赵志远
王庄堡镇
书　记:杨振仁
副书记:许建国　李　荣

中共灵丘县委工作概况

县委书记　张小立

2011 年，在大同市委、市政府的正确领导下，灵丘县委以“三个代表”重要思想和科学发展观为指导，全面贯彻落实党的十七届五中、六中全会和省市党代会精神，坚持“四个发展”，狠抓“六项建设”，努力打造“一区四地”，全县地区生产总值完成 30 亿元，同比增长 15%；财政总收入完成 5.7 亿元，同比增长 11.29%；规模以上工业增加值完成 13 亿元，同比增长 15%；农民人均纯收入达到 4048 元，同比增长 15.5%。

一、换届工作圆满完成，党的建设扎实推进

思想建设不断提高。县委中心组开展集中学习 12 次，先后邀请中央党校、中央政策研究室、中科院等知名专家教授来灵进行专题授课。组织全县科级干部参加县委中心组（扩大）集中学习 10 次，县委党校举办科级干部培训班培训近两年提拔的副科级以上干部 236 人。选派 11 名年轻干部，赴广东、江苏等地进行了为期 3 个月的挂职锻炼。

组织建设全面加强。认真总结干部选拔初始提名办法，实施县委常委会选任干部票决制，分 4 批次对部分乡镇、机关、事业单位的主要领导干部进行了调整和补充，共涉及干部 86 名。县乡党委、人大、政府和县政协换届工作圆满完成。全面加强基层党组织建设，将全县 251 个村级组织活动场所的运行维护经费纳入财政预算，在梨园金矿、金锵公司等 8 家非公企业组建了党组织，全年发展党员 142 名，圆满完成了全县第九届村级组织换届选举任务，为“十二五”转型跨越发展提供了坚强的组织保障。

作风建设深入推进。全面铺开优化发展环境工作，深入开展创先争优活动。全年窗口单位共设立“党员先锋岗”83 个、“党员责任岗”70 个、党员示范岗 29 个。各级党组织和广大党员围绕“五个好”“五带头”要求，为群众办实事、办好事 2410 多件，捐款捐物 8 万余元。扎实开展干部下乡住村活动，全县共派出 228 个工作队、1041 名党员干部深入乡村，常委领导干部带头深入包点乡村 30 余次，召开民主生活会、听取群众建议 30 余场次，为包点乡村解决问题 100 多个，有效地促进了下乡住村活动的整体推进。

党风廉政建设深入开展。不断加大反腐倡廉教育和案件查办力度，全年共受理群众来信来访 44 件（次），立案 51 件，结案 51 件，挽回经济损失 42 万元。深入推进源头防腐工作，开展集体廉政谈话 2 次 75 人。投资 185 万元建立了县、乡、村三级“阳光农廉网”，认真开展公务用车专项治理，处理违规车辆 28 台。矿山领域反腐败专项斗争深入推进，共清缴税费 267 万元，立查矿山领域腐败案件 12 件。

二、项目建设成果丰硕，经济工作再开新局

工业经济稳步增长。招商引资势头强劲。坚持“大招商、招大商”的理念，全面扩大对外招商，积极做好年产 300 万吨钢厂项目的前期对接工作，组团参加“中博会”、“渝洽会”、农业特色博览会等各类招商引资洽谈会 6 次，成功签约项目 6 个，拟引资 17.46 亿元。项目建设顺利推进。全年共确定市级重点工程项目 26 项，累计完成投资 32.8 亿元，占年初投资计划的 118.47%。宗银公司白银冶炼及深加工项目、寒风岭风电场项目、大涧煤站改扩建工程等 7 个项目圆满完工，金地公司 2×320 立方富锰渣生产线、生活垃圾处理场、豪洋铜业 5 万吨铜精粉生产线、唐河水电站等 19 个项目有序推进。转型综改试点工作取得实质进展，积极争取并被确定为全省第一批扩权强县试点县。工业企业运行良好。鼓励引导企业推进关键技术创新，全年规模以上工业企业共实施技改项目 9 个，总投资 2086 万元，年节能量达 5043 吨标准煤。积极协调银企关系，组织召开银企对接会 2 次，形成贷款意向近 2 亿元。全年金融部门共为 84 家民营企业发放贷款 44055 万元。全县中小企业发展到 1076 户，工业企业开工率达 81%。

“三农”工作稳步推进。新农村建设全面推进。投入新农村建设资金 2329.2 万元，完成 20 个重点推进村街巷硬化 108.95 公里，栽植风景树 1.5 万余株、仁用杏 650 亩、核桃树 200 亩，打护村坝 7930 米，建成休闲广场 20 个，建节水灌溉工程 2 处，户用沼气池 500 座。农村新“五个全覆盖”工程进展顺利，完成街巷硬化 160 个村 700.3 公里，便民连锁店 65 个，农家书屋 47 个。免费招收职高生 780 名，新农保参保率达到 93%，圆满完成了各项年度任务。农业主导产业发展壮大。“干果、蔬菜、畜牧、杂粮”四大农业主导产业稳步发展：南山区完成核桃基地建设 0.52 万亩，北山区完成仁用杏基地建设 1.08 万亩，平川区新建高效节能日光温室 498 栋；畜牧业投资 1658 万元，建成畜禽标准化养殖小区 10 处；杂粮种植面积达到 22.1 万亩，产量 2.6 万吨。大力发展农民专业合作社和农业龙头企业，全县农民专业合作社达 502 家，农业龙头企业达 13 家。生态林业及农田水利建设成绩突出。以退耕还林工程和太行山绿化工程为依托，全年共完成各类造林工程 4.97 万亩。全年投资 0.72 亿元完成农建工程 148 处，新增、改善有效灌溉面积 2.7 万亩，新增耕地 0.02 万亩，完成生态造林 5.7 万亩，治理水土流失面积 17.07 万亩，改造中低产田 0.45 万亩。投资 361 万元完成农村饮水安全工程 23 处，解决了 23 个行政村 7200 人 2352 头大牲畜的饮水不安全问题。

三、基础设施不断加强,发展环境日益优化

基础设施建设稳步推进。投资3177万元开工建设了四级旅游公路6公里,完成了5条村连村四级水泥路改造工程12公里和天走线唐河大桥修建项目。荣——乌高速公路灵丘段建设工程基本完工,具备通车条件。城市建设方面,全年共投入各类城建资金5.5亿元,开工建设了唐河绿洲小区建设项目、沙河南路北段住宅小区项目、迎宾北路东侧住宅小区项目;完成了振华西街续建工程、高家庄大桥加宽工程、武灵王公园文化墙浮雕工程、绿化工程;迎宾北路西侧住宅小区项目前期工作稳步推进,现已完成266套24078平方米安置平房建设。

生态环境日益改善。大力加强生态环境整治工作,依法关停取缔不合格生产线5条,对25家环评手续不完善的企业进行了集中整治。投资2.5亿元启动了县城集中供热、供气工程,其中集中供热一期工程年内正式运行,供热面积达82万平方米。县城空气质量得到有效改善,Ⅱ级以上天数达到321天。

社会管理不断加强。深入开展严打整治和禁毒专项斗争,社会治安形势良好。全年共开展"县委书记大接访"45次,接待来访群众131批391人次,受理批次、人次同比分别下降8%和21%,健全乡、村、企事业单位调委会306个,配齐配强人民调解员及"五老"志愿者1558名。全年共排查受理各类矛盾纠纷1928起,调处1837起,调处率为95%。

四、群众生活不断改善,社会事业稳步发展

民生问题显著改善。社会保障覆盖面不断扩大。到2011年底,全县企事业单位、新农村基本养老保险参保人数达到13.2万人;城镇职工、居民医疗保险参保人数达到32370人;工伤保险参保人数达到6248人;失业保险参保人数到8852人;生育保险参保人数达到6400人。社会救助力度逐步加大。全年发放城乡低保、农村五保补助金4000多万元,城乡医疗救助600万元,为4万余名农村灾民发放救灾款222万元。切实解决低收入家庭住房和生活问题,投资1亿多元完成了2000套廉租住房,为4300户城镇低收入家庭发放廉租住房补贴774万元;完成了1500户农村困难群众住房改造任务,为77376户低收入农户发放了冬季取暖用煤。

教育事业健康发展。加强师资队伍建设,新招聘100名特岗教师,培训校长、教师3000余人次。投入900多万元为中小学校配备电子备课室及教学资源库平台85个。育人环境全面优化,投入650多万元,开展了校园净化、绿化、美化活动。教学质量稳步提高,中考优生人数1074人,优生率达32.05%;高考本科达线451人,达线率22.8%,位居全市农业县区之首。文化事业更加繁荣。全年送戏下乡200场、送电影下乡2970场。组织开展了第三届道德模范评选活动,上寨镇伊翠萍荣获"大同市十大杰出母亲"称号。全县涌现出省级文明和谐单位8个,市级文明和谐单位20个。黄烧饼制作技艺和大涧道情戏,被列入第三批省级非遗保护名录。卫生工作成效显著。县医院成功晋级为"二级甲等"医院,为中医院招聘医护人员16名。对县城207家医疗机构进行了监督检查,整改42家,取缔8家。全县乡镇卫生院、村卫生所及中医院、县医院、妇幼院相继实行了国家基本药物制度,共购入基本药物421.7万元,零差率补偿91.4万元。人口计生工作荣获全省计划生育优质服务县荣誉称号。

(孙海军)

附:一、中共灵丘县委书记、副书记、常委名单

书　记:张小立
副书记:赵亚雄　冀连成(5月离职)　罗永山
常　委:李建平(5月离职)　贾成功(5月离职)
索根生　连满仓　宋建明(5月离职)
黄大伟(挂职,4月离职)
郭　鹏(挂职,4月任职)　方　旭(5月任职)
赵　宇(5月任职)　张　田(5月任职)
郭尚元(5月任职)

二、乡镇党委书记、副书记名单

武灵镇
书　记:王爱民(5月离职)　胡桂森(5月任职)
副书记:支　玺(5月离职)　王永绘(5月任职)
赵　斌(5月离职)　曹金明(5月任职)

东河南镇
书　记:孙　团(5月离职)　勾海德(5月任职)
副书记:燕　飞(5月离职)　王　峰(5月任职)
郭　雷

上寨镇
书　记:赵拴堂(5月离职)　曹全先(5月任职)
副书记:王东伟(5月离职)　刘忠良(5月任职)
姚建新

落水河乡
书　记:白　洁(5月离职)　李守明(5月任职)
副书记:杜金贵(5月离职)　张海英(5月任职)
李春元

赵北乡
书　记:徐振宇
副书记:王永绘(5月离职)　刘向东(5月任职)
刘志田(5月任职)　邓备战(5月任职)

史庄乡
书　记:李青春
副书记:张进明(5月离职)　李　春(5月任职)
刘贵君(5月离职)　赵优文(5月任职)

石家田乡
书　记:曹全先(5月离职)　李灵杰(5月任职)
副书记:李　春(5月离职)　李文鑫(5月任职)
刘慧聪

柳科乡

书　记：李守明(5月离职)　张进明(5月任职)

副书记：刘忠良(5月离职)　尹素荣(5月任职)

杜志栋

白崖台乡

书　记：勾海德(5月离职)　邓　榛(5月任职)

副书记：李灵杰(5月离职)　刘贵君(5月任职)

陈良玉

独峪乡

书　记：吕海明(5月离职)　王怀忠(5月任职)

副书记：王　峰(5月离职)　赵　斌(5月任职)

支永兴

下关乡

书　记：孟德昌(5月离职)　王东伟(5月任职)

副书记：张海英(5月离职)　臧福升(5月任职)

陈文革

红石塄乡

书　记：胡桂森(5月离职)　张秀丽(5月任职)

副书记：张秀丽(5月离职)　刘志田(5月任职)

邢喆翀

中共广灵县委工作概况

县委书记　刘振国

广灵县位于山西省东北边陲，永定河上游，毗邻灵丘、浑源、阳高和河北省蔚县。全县辖2镇7乡180个行政村，面积1283平方公里，耕地面积44.3万亩，总人口18.8万人。

2011年，中共广灵县委以邓小平理论和“三个代表”重要思想为指导，以科学发展观统领全局，紧紧围绕“建设富裕民主文明和谐新广灵”的主题，按照年初确定的奋斗目标以及“十二五”规划的具体要求，加快转型跨越发展步伐，团结带领全县人民攻坚克难，创新进取，经济社会发展和党的建设取得新的进展。

一、巩固组织基础，党的建设不断加强

全县现有基层党(工)委17个(乡镇党委9个，企业党委2个，县直机关工委1个，县直机关党委5个)，总支17个(农村2个，县直机关15个)，支部429个(农村支部182个，行政、企、事业单位支部247个)。截至2011年底，全县党员9840名(其中女党员1649名，农民党员4939名)。

一是强化组织领导，县乡村三级换届工作圆满完成。成立了县乡换届工作领导组，讨论通过了《广灵县乡镇领导班子换届工作方案》、《中共广灵县人大常委会关于做好县乡两级人民代表大会换届选举工作的意见》、《中共广灵县第十四次代表大会代表名额分配情况》等8个文件，严格按照换届纪律，于6月底完成县乡换届，县级领导班子换届选举中所有人选全部满票当选，乡镇领导班子换届中所有人选均以高票或满票当选。新一届县委班子中，县委委员27名，候补委员6名，平均年龄为44.4岁。研究生3名，大学本科27名，大专3名，妇女2名。换届后乡镇领导班子中，乡镇书记平均年龄为41岁，乡镇长平均年龄为37.32岁，文化程度均为大学本科学历。通过换届，50岁以下村党支部书记和村主任的分别占61.7%和57.8%，高中以上文化程度的村党支部书记和村主任分别占52.2%和55.6%；党员比例进一步提高，党员占村委干部总数69.5%；“一肩挑”的村达到157个，占村总数87.22%。

二是以党性教育为主题，围绕隆重纪念中国共产党成立90周年开展了评比表彰、原雁北地区第一个农村党支部建碑纪念、“红色电影”展播等一系列活动，表彰红旗基层党组织20个，先进基层党组织50个，优秀党员80名、优秀党务工作者20名，用典型事迹引导广大党员干部立足岗位争创佳绩，争做时代先锋。通过“五抓”，即抓党建联系点、党建空白点、党建示范点、发展党员关键点和党员服务点，搭建起党员服务奉献平台，创新了非公企业发展党员工作机制，实现了全县非公企业党建覆盖100%。

三是完善制度建设，党风廉政工作水平切实提高。在县乡换届工作中，加强党风廉政建设，将监督融入到县乡换届各个环节，保证了换届工作的风清气正、圆满顺利。加强反腐倡廉法规制度建设，注重发挥查办案件的治本功能，制定出台了关于加强农廉工作、公务用车专项治理、政风行风建设、煤焦领域和矿山整治、工程建设领域突出问题专项治理、优化发展环境等内容的一系列实施意见和工作细则，构筑起党风廉政风险防控体系，切实提高了全县的党风廉政工作水平。

四是学习型党组织建设进一步加强。全县已成功组织了四批76名经贸系统干部和企业家赴清华学习。印发《关于加强干部在线学习管理的通知》，全县科级及科级以下干部、大学生村官共计920人参加了干部在线学习，收到了良好效果。邀请国家行政学院竹立家教授、国防大学王宝付教授和市委宣讲团郑爱教授来广灵县作了社会管理创新与民生战略、当前国际战略形势与几个热点问题、党的十七届六中全会精神和省市党代会精神的专题讲座，进一步提高了全县党政干部的思想认识。

二、坚持奋力赶超，经济社会发展迈上新台阶

2011年，全县完成地区生产总值147379万元，同比增长17.1%；全社会固定资产投资262684万元，同比增长129.69%；社会消费品零售额完成57832.3万元，同比增长

17.3%;财政总收入12564.2万元,同比增长20.05%;一般预算收入完成4830.9万元,同比增长25.27%;城镇居民人均可支配收入12528元,同比增长18.59%;农村人均纯收入3854元,同比增长16.82%。各项经济社会发展指标均大幅提升,为实现转型跨越发展奠定了坚实的基础。

一是现代农业扎实推进。按照"结构调优、品质调精、规模调大、效益调高"的总体要求,大力发展现代农业,粮食总产量达到12.79万吨,再创历史新高;加快发展现代农业产业园区,成功申报4个现代农业示范园区建设项目;大力推进"一县一业、一村一品"建设,三庄村和西河乡村被评为全省"一村一品"先进村;积极推动农产品"三品"认证,广灵县成为"国家首批有机产品认证示范创建县"。

二是环保工业健康发展。全县围绕"绿色环保、节能、可持续"发展目标,不断加大工业经济结构调整力度,电力、建材、化工、冶金、煤炭和特色农产品加工"六大"支柱产业逐步形成,节能减排工作取得了预期效果,县域经济实力不断增强。

三是招商引资和项目建设再创佳绩。2011年,全县牢牢抓住山西省成为"综改区"的历史机遇,全力招商引资和推进项目建设。全县招商引资签约额达到88.4亿元,招商引资项目开工率达到100%,12个省、市重点项目超额完成预定目标。

四是基础设施不断完善。按照广灵县城总体规划要求,紧紧抓住提升城乡形象、改善人居环境的关键性项目,全力推进城乡基础设施建设。全县"街巷硬化全覆盖"和"农村便民店全覆盖"超额完成预定目标;木槽涧河综合整治工程成效明显;廉租住房、经济适用住房、棚户区改造项目进展顺利;生态创建工作扎实推进,人居环境得到进一步优化。

五是科教兴县战略深入推进。深入推进教育标准化建设工程,不断加强教师队伍建设,进一步完善教育资助体系,继续加快教育均衡发展,中考成绩跃居全市第二,高考达二本线人数再创新高,广灵县成为"山西省农村学前教育推进工程试点县"和"全省中小学校舍安全改造全覆盖工程先进县"。

六是医疗卫生事业继续巩固。扎实开展疾病防控工作,深入推进医药卫生体制改革,新农合参合率达到99.48%。扎实推进人口计生工作,县乡村三级服务网络体系标准化、规范化建设进一步加强,全省人口计生工作现场观摩活动在广举行,广灵县成为"全省人口计生工作目标责任制考核先进县"。

七是社会保障力度不断加大。全面落实就业和再就业政策,不断完善城镇企业职工和机关事业单位养老保险制度,大力推进新型农村社会养老保险全覆盖工作,启动并推进城镇居民养老保险试点工作,城镇低保、农村低保、五保集中供养、救灾、城乡大病救助、优抚等工作有序推进,社会保障水平得到全面提升。

八是将文化产业作为转型跨越发展的重要载体,《我的少女时代》、《永远的旗帜》等文化艺术精品获得一致好评;文化"三下乡"活动深入开展,在全大同市第一个实现"农家书屋全覆盖"和农村体育场所全覆盖;广灵剪纸的龙头带动作用持续增强,广灵县被表彰为"山西省文化建设先进县",成为"中国剪纸艺术之乡"。广灵剪纸博物馆被命名为"中国剪纸博物馆"并成为全国第一家国家博物馆对口帮扶示范点。

(田广源)

附:一、中共广灵县委书记、副书记、常委名单

书　记:刘振国(9月离职)　郭占宝(11月任职)
副书记:郭占宝(11月离职)　张宏东
　　　　池宏洲(挂职,5月离职)
常　委:刘宝贵　牛志刚　郭云峰　杜　福　晋子顺
　　　　白　洁(5月任职)

二、乡镇党委书记、副书记名单

壶泉镇
书　记:李贵峰
副书记:张志新(5月离职)　仝循清(5月任职)
　　　　张胜国(5月离职)

南村镇
书　记:刘玉清(5月离职)　魏向军(5月任职)
副书记:仝志华(5月离职)　李贯新(5月任职)
　　　　班林军

作疃乡
书　记:孟玉香(5月离职)　刘玉清(5月任职)
副书记:阎熙福(3月离职)　魏一光(3月任职)
　　　　梁仁杰

加斗乡
书　记:李尚吉
副书记:仝循清(5月离职)　仝志华(5月任职)
　　　　王晓震

蕉山乡
书　记:刘鹏飞(3月离职)　仝在福(3月任职)
副书记:魏一光(3月离职)
　　　　阎熙福(3月任职,5月离职)
　　　　张胜国(5月任职)　刘众一

宜兴乡
书　记:王俊军
副书记:陶　恒　杜　霞

梁庄乡
书　记:符　强(5月离职)　阎熙福(5月任职)
副书记:苑在勇　牛鸿志

望狐乡
书　记:魏向军(5月离职)　张志新(5月任职)
副书记:高志华(5月离职)　刘红胜

斗泉乡
书　记:仝在福(3月离职)
　　　　刘鹏飞(3月任职,9月离职)

副书记： 李贯新（5月离职） 高志华（5月任职）
李洁实

中共左云县委工作概况

县委书记 赵雁峰

左云县共有基层党委16个，党总支27个，党支部470个，其中，机关党支部79个，事业单位党支部59个，企业党支部90个，农村党支部242个。全县党员7594名，其中农村党员3270名，占党员总数的43.06%。2011年新发展党员150名。161个村实现支部书记、村委主任"一人兼"，204个村实现村"两委"成员交叉任职，农村干部队伍活力显著增强。机关、企业党建工作扎实推进。村级组织活动场所建设工程覆盖全县228个行政村。

2011年，左云县委以科学发展观为指导，以转型跨越发展为主线，紧紧围绕建设"能源重地、生态胜地、边塞名城"的发展战略和全省经济强县的奋斗目标，圆满完成了各项工作目标任务，取得了可喜的成绩。全县地区生产总值完成31.42亿元，同比增长15.51%；规模以上工业总产值完成15.99亿元，同比增长44.76%；规模以上工业增加值完成7.24亿元，同比增长26.9%；社会消费品零售总额完成13.61亿元，同比增长16.81%；固定资产投资总额完成58.91亿元，同比增长96.03%；财政总收入完成9.08亿元，同比增长13.5%；一般预算收入完成3亿元，同比增长1.43%。

一、以县、乡、村三级换届选举工作为契机，全面提高党的建设科学化水平

一是加强思想政治建设。坚持以科学发展观武装全县党员干部，深入推进学习型党组织建设，通过在线学习、名校培训、云兴大讲堂等形式，不断提升干部素质。采取走出去的办法，组织乡镇干部、企业家深入晋南、沿海地区考察学习，赴清华、北大名校学习深造，着力在解放思想、实事求是、与时俱进上下功夫，克服旧观念，树立新思维，不断提高科学判断、应对复杂局面和总揽全局的能力。二是加强党组织建设。以县、乡、村三级组织换届选举为契机，深入扎实开展创先争优活动，全面加强党组织建设，采用公开报名、竞岗演讲、民主推荐、差额考察、党委会票决的方法，先后对工商联（总商会）、县中医院8个职位进行公开选拔，促进干部人事工作的科学化、民主化和制度化。认真落实"一定三有"政策，对现任264名村党支部书记和村委会主任，实行岗位报酬集中统一发放，落实大学生村干部工资和福利津贴待遇，激发了基层干部的积极性，各级党组织的凝聚力和战斗力明显增强。三是加强党的作风建设。深入推进干部下乡住村开展领导干部包村增收活动，积极组织动员全县1000余名干部，深入农村基层一线，开展"送政策、送温暖、办实事、解难题"活动，走访慰问困难党员群众408名，调处矛盾780起，为群众办实事好事1230件。深入实施优化发展环境工作，加强对机关纪律和干部行为的监督检查，全县干部作风明显转变。四是加强党风廉政建设。深入推进党风廉政建设和反腐败工作。全年共立案59件，结案59件。给予党纪处分49人、政纪处分8人。查办乡科级领导干部违纪案件13件13人，一般干部违纪案件2件2人，其他人员违纪案件44件44人。深入开展"公务用车"和"小金库"及教育乱收费专项治理活动，有效遏制了损害群众利益的不正之风。围绕换届选举，加大纪检监察力度，为转型跨越发展提供了坚强的政治和纪律保证。

二、发展现代特色农业，扎实推进新农村建设

一是加快发展现代农业。立足优势，大力发展马铃薯产业，落实扶持补贴资金424万元，重点实施了3万亩马铃薯高产创建项目，成为全省"一县一业"马铃薯产业示范基地县。全县农作物播种面积达41.58万亩，粮食总产量达到3254.1万公斤。土地流转5615亩。新建标准化养殖小区23个，建设棚圈总面积6.04万平方米。全县牛、猪、羊饲养量分别达到15155头、68274头、251478只。肉类、禽蛋、奶类产量分别达到6925吨、2206吨、5307吨。二是加强新农村建设，推进城乡统筹发展。在巩固76个试点村和重点推进村的基础上，投资360万元对19个新农村建设重点推进村实施改造。农村饮水安全工程投资265万元，解决了5467人、338头大牲畜的饮水安全问题。新型农村合作医疗参合率达到99.22%，拨付住院医疗费和补偿门诊医药费共1713.83万元，有效解决了农民看病难、看病贵的问题。农村新"五个全覆盖"工程扎实推进。全年发放各类救灾款20万元，城乡困难群众生活得到改善。

三、狠抓整合煤矿建设，大力推进重大项目落地

一是煤矿改造建设稳步推进。山煤集团韩家洼煤矿在年内实现了主生产系统试运转，煤销集团李家窑煤矿、鹊山精煤高家窑煤矿也有望于近期实现试运转。总投资48亿元的东周窑千万吨煤矿工程，已实现试生产；总投资51亿元的马道头千万吨煤矿项目，正在加快建设。二是转型项目前期工作进展良好。总投资253亿元的中海油煤基清洁能源项目，国家能源局"十二五"专业规划已出初稿，等待国家发改委批准；马道头煤电一体化发电项目列入山西省"十二五"电力规划，已上报国家能源局待批；山西大唐五路山风力发电项目三期工程已竣工并网发电；凉城风力发电项目，完成了10台

风机的安装工作;尖口山、小京庄两个风力发电项目进展顺利;事关左云长远发展的引黄北干线左云供水工程,可研报告已编制完成,修改完善后上报省水利厅等待技术审查。

四、强化安全生产措施,安全生产形势稳定好转

一是落实安全生产制度。全面落实安全生产目标责任制,抓好县与乡镇、行业主管部门的责任落实。继续实行分管领导和企业负责人包矿包企监管制度,严格考核,确定控制指标,明确内容,实行安全工作一票否决制。在此基础上,研究制定了全县安全生产委员会制度、安全生产联合执法制度、安全生产事故隐患排查治理制度等一系列安全制度,配套完善了领导带班跟班等工作制度,安全生产工作逐步走向制度化和规范化。二是加强安全监管。严格实行县领导包矿责任制,并由"五人小组"开展日常监管。组织开展了隐患排查治理和百日安全大检查活动,共排查隐患1984条,并及时对这些隐患进行了清除。同时,继续加大对盗窃关闭井和盗采"露头煤"行为的打击力度,全年共查处非法盗采、盗窃案件21起,有力地保障了煤矿安全生产平稳运行。

五、加强基础设施建设,城乡环境显著改善

强化规划的统领作用。完成了《左云县城市总体规划》评审和《左云县历史文化名城保护性规划、控制性详细规划》及《云新大街整体改造修复性规划》的论证。重点建设工程进展顺利。投资7636万元新建的供热三站和县城引水工程已建成投用;云新街西延工程、大呼高速路左云互通连接线工程、古长城旅游公路、三屯—镇河堡三级公路、十里河水库大坝除险加固等工程完成投资8735万元;经济适用房加快建设;完成了全县500户农村危房改造任务;实施县级造林绿化十大重点工程,被评为"全省林业生态县"。开展机关干部义务卫生日活动和市容环境卫生秩序综合整治,切实加强城市管理,为群众营造了一个干净、舒适、优美、和谐的生活环境。

六、保障和改善民生,和谐社会建设步伐加快

实施教育提质工程,开工建设了县综合技术学校、东南小学和机关幼儿园,着力改善办学条件。深化教学改革,教育质量不断提高。高考成绩优异,全县二本B类以上达线214人。制定出台了医药卫生综合改革方案,公开招聘82名医技人员,充实医疗队伍。落实计划生育家庭奖扶政策,发放各类费用149.23万元。公开招聘高校毕业生149人,完成城镇新增就业、下岗失业人员再就业、农村劳动力转移人数4167人。解决了257名农民工的拖欠工资96.68万元。共发放城乡低保金、大病救助金2579.3万元,解决了困难家庭的生产生活问题。开展"打四黑除四害"、严打整治百日大会战等专项行动,查处治安案件151件256人,抓获各类刑事犯罪嫌疑人员127人,创建了安居乐业的社会环境。突出抓好校车安全管理工作。更加关注残疾人事业,维护残疾人合法权益。

(赵忠和)

附:一、中共左云县委书记、副书记、常委名单

书　记:赵雁峰(1月任职,8月离职)
刘振国(9月任职)

副书记:王凤瑞(4月离职)　王　璞(4月离职)
李广林(4月任职)　苏　智(4月任职)

常　委:苏　智　赵建军　赵　宇(4月离职)
马少杰(4月离职)　侯振春(5月离职)
张立波　刘志强(4月任职)
常国文(4月任职)　王建平(4月任职)
张清田(5月任职)

二、乡镇党委书记、副书记名单

管家堡乡

书　记:张　华

副书记:史长华　贾文斌

鹊儿山镇

书　记:李　林

副书记:苏日海　张兴礼

张家场乡

书　记:宋德君

副书记:张生贵　郭　殿

三屯乡

书　记:李国魁(5月离职)　崔　发(5月任职)

副书记:崔　发(5月离职)　张志宏(5月任职)
王生文

云兴镇

书　记:刘　耀

副书记:王　瑾　孔庆禄

马道头乡

书　记:白金义(4月离职)　马　杰(5月任职)

副书记:冀文富　郭忠森

小京庄乡

书　记:马　杰(5月离职)　乔永忠(5月任职)

副书记:王振业　张宏龙

店湾镇

书　记:宋　海

副书记:马玉泉(3月离职)　韩月儒(5月任职)

水窑乡

书　记:李　宏

副书记:潘志廷　王树俊

中共朔州市委工作概况

市委书记 王茂设

截至2011年底，朔州市党员总数78415人，基层党组织4341个，其中党委177个，党总支219个，党支部3945个。

2011年，朔州市委高举中国特色社会主义伟大旗帜，以邓小平理论和“三个代表”重要思想为指导，全面贯彻落实科学发展观，团结带领全市干部群众，解放思想，锐意改革，实现了“十二五”的良好开局。地区生产总值完成855亿元，增长15.2%；固定资产投资完成474.6亿元，增长33.3%；财政总收入完成175亿元，增长32.1%；一般预算收入完成70.9亿元，增长27.2%；社会消费品零售总额实现164.1亿元，增长17.6%；城镇居民人均可支配收入达到20286元，增长15.5%；农民人均纯收入达到7024元，增长19%。

一、瞄准“十二五”再造一个新朔州的目标，引领经济社会又好又快发展

一是工业新型化稳步推进。在巩固提升煤炭传统产业上，在全省率先全面完成了煤炭资源整合工作。全市原煤生产能力、洗选能力、运输能力均达到2亿吨，全年原煤产量达到1.85亿吨，增长15.6%。在培育壮大新兴产业上，年内全市风力发电装机容量达到66万千瓦，到“十二五”末总装机容量可突破350万千瓦，将占到全市总电力装机容量的22%。在循环经济发展上，重点加快了金海洋循环经济工业园、朔州市固废综合利用工业园、朔城区富甲工业园、平鲁北坪循环工业园、东露天工业园、怀仁陶瓷工业园、应县新型产业科技园、右玉梁威工业园等八大循环经济园区建设，力争到“十二五”末，成为全国重要的立体能源中心。在发展现代服务业上，重点抓了豪德物流园区、居然之家物流园区、金沙国际五星级酒店和城市综合体前期项目等现代服务业发展。加紧推进了应县木塔申报世界文化遗产工作以及释迦塔、崇福寺、杀虎口等景区开发建设项目。在中国旅游品牌之旅·香港峰会暨中国国际旅游投融资洽谈会上，朔州市被评为“中国最具投资价值旅游城市”。

二是农业现代化成效明显。重点发展了朔城区玉米、山阴奶牛、怀仁肉羊、平鲁马铃薯、应县蔬菜、右玉小杂粮等特色产业。全年粮食产量达到20亿斤左右，增长12.3%。在提高农业集约化水平上，大力实施25万亩设施农业高效园艺增收工程、规模健康养殖工程。全年新增各类设施农业面积2.77万亩，现代农业发展累计投入资金11.05亿元。在提高畜牧业规模化水平上，新建奶牛小区50个、肉羊小区50个、猪鸡场区20个。奶牛存栏达到17.5万头，肉羊饲养量达到400万只，生猪饲养量达到70万头。并积极扶持古城、雅士利、中大科技等进入全省“513”工程的40家龙头企业做大做强。全年共新建、扩建和技术改造项目28个，完成投资36亿元。

三是市域城镇化扩容提质。突出了“城市让人民生活更美好”的主题，加快推进总投资24亿元的道路工程、水源工程、供热工程、绿化工程、亮化工程、净化工程等六大市政基础设施建设工程。在平鲁召开了全市小城镇建设现场会，努力打造各具特色的工业强镇、商贸重镇、旅游名镇。在新农村建设上，大力实施新农村集中连片和偏远山区移民搬迁工程，不断改善村容村貌和生产生活条件。完成了113个新增新农村重点推进村的建设任务。

四是城乡生态化有效实施。全市共筹集林业资金近12亿元，完成营造林面积33万亩。加快国家园林城市创建步伐，市区建成区绿化覆盖率达到45.3%。抓住山西大水网建设机遇，重点推进了总投资25.06亿元的西山引黄灌区建设、七里河市区段综合整治、桑干河灌区扩建、神头泉水源保护、太平窑二库建设五项重点工程。继续加强环境保护设施建设，加大环境监管力度，持续推进“蓝天碧水”工程，努力让绿色覆盖大地、碧水环绕城市。

二、紧抓转型综改机遇，推动先行先试

一是强力推进“四化一体东部新区”建设。及时聘请有关院所制定了《朔州市四化一体东部新区发展规划》，成立了“四化一体东部新区”领导组办公室和转型综改试验区领导组办公室，召开了全市银行业支持东部新区建设工作会议，市农发行等八家银行为企业发放了首批贷款。

二是积极稳妥推进各项体制机制改革创新。在推进金融创新方面，交通银行、招商银行、晋商银行、大同商行、浦发银行先后在朔州市设立分行，批准成立了75家小额贷款公司。在推进科技创新方面，全市有10家企业被认定为省级民营科技企业，3家企业通过了省级高新技术企业专家评审。在土地利用创新方面，严格落实矿业用地管理机制，对关闭煤矿原工矿用地进行复垦，年内完成复垦土地9000多亩。

三是全面扩大对外开放水平。与中国电力国际有限公司、中煤能源集团、香港豪德集团等大企业大集团进行了积极磋商和项目对接，与美国规划协会进行了战略合作，与中国政法大学就“十二五”合作共建签订了框架协议，与北京大学就工业固废园区建设进行了项目研发合作。积极参加了第十五届中国东西部合作与投资贸易洽谈会、亚欧博览会。在第六届中博会朔州招商引资签约仪式上，成功签约135个项目。在2011朔州(深圳)招商推介会上，签约各类项目53个。

在承接东部产业转移项目昆山对接会上，签约各类项目29个。全年利用外来投资达到300亿元。

四是全力以赴创优发展环境。在政府行政管理上，积极稳妥推进了事业单位分类改革，全面完成了市直和各县区事业单位清理规范工作。在支持非公有制经济发展上，成立了朔州市民间商会担保公司。在项目融资对接"一对一"服务中，招商银行、开发银行、交通银行为中小企业落实贷款，有效缓解了中小企业融资难问题。

三、全面提升宣传思想文化工作水平，加快文化强市建设步伐

一是理论武装工作卓有成效。深入宣传贯彻党的十七届六中全会、省第十次党代会和市第五次党代会精神，切实加强和改进了党委(党组)中心组学习。圆满完成了朔州市第三次社会科学研究优秀成果评选表彰工作，推出了《在马克思主义中国化的宏观视野下审视和把握科学发展观》等一批优秀社科研究成果。

二是新闻宣传和舆论引导水平全面提高。在《朔州日报》、市电视台、朔州新闻网开辟了"喜迎建党90周年"专题专栏，精心策划了党委换届、四化一体东部新区等重大新闻、重要活动、重点工作的宣传报道。新华社朔州新闻频道、朔州新闻网正式开通，《朔州日报》实现了高质量彩版印刷，黄河新闻网舆情频道开通了朔州舆情通道。

三是精神文明建设成果显著。《塞外党旗红》群众歌咏交响音乐会荣获全国电视文艺晚会最佳作品奖。组织举办了首届朔州文化遗产节、小戏小品小剧种调演活动以及各类书画展、摄影展。组织编制了《朔州市2011—2015年创建全国文明城市工作规划》。

四是文化事业和文化产业顺利推进。在全省率先完成了文化体制改革的各项任务。深入推进文化惠民工程，提前完成了全市69个乡镇综合文化站基础设施建设，农村文化场所和农家书屋建设两年任务一年完成。精心举办了中国平鲁门神文化节、中国西口风情生态旅游文化节等文化活动。《侨女李林》在第二十五届中国戏剧梅花奖大赛中喜摘梅花奖。《大学生小村官》、《西口长歌》、《大西口》等获得山西省第九届精神文明建设"五个一"优秀作品奖。

四、大力保障和改善民生，不断提高人民群众生活幸福指数

一是优先发展教育事业。围绕落实国务院三年行动计划，制定了"三年任务两年完成"的推进措施，推动学前教育快速发展。大力推进义务教育，朔城区、山阴县作为山西省首批验收县区已完成自评。进一步加快了朔州高等师范专科学校建设，积极推进了山西能源学院建设。

二是加快发展医疗卫生计生体育事业。重点推进医药卫生体制改革，建成了1个市级医疗卫生信息数据中心和2个市级、6个县级、12个乡镇级远程医疗会诊中心，全省医改工作现场会在朔州召开。人口和计生工作继续保持低生育水平。实施了《朔州市全民健身实施计划(2011—2015)》，推动全民健身事业快速发展。

三是加快完善社会保障体系。全面启动了"社会保障一卡通"工作，加快构建覆盖城乡的社会保障体系。重点加大了新型农村养老保险制度建设力度，全市享受新农保人员的比例超过85%。认真落实为低收入农户免费提供一吨取暖用煤惠民举措，全市完成供煤37.05万吨。

四是扎实推进保障性住房建设。紧紧抓住进入全省保障性住房试点市的契机，集中启动了全市保障性住房工程。年内，已开工47997套，占省定任务的100.32%。

五是全面推进农村新的"五个全覆盖"工程。农村文化体育场所全覆盖、中等职业教育免费全覆盖、农村社会养老保险全覆盖三项工程两年任务一年完成。农村街巷硬化、农村便民超市顺利完成了年度建设任务。被省政府授予"全省农村五个全覆盖——村级卫生室全覆盖工程先进市"。

五、全面提升党的建设科学化水平，为"十二五"开局之年提供坚强保证

一是圆满完成了市县乡三级换届工作。强化组织领导，严肃换届纪律，严格换届程序，圆满完成了市县乡三级换届。市委常委带头开展了遵守换届纪律集体签约承诺活动，全市5010名领导干部签约了《领导干部换届承诺书》，受到中央组织部长李源潮同志的肯定。及时出台了《关于加强换届后干部跟踪管理的意见》。

二是切实加强领导班子和干部队伍建设。启动实施了"千名干部境外培训工程"，每年从财政拨付500万元建立干部境外培训专项经费。举办了换届后新任县处级领导干部培训、北京大学理论骨干培训、清华大学公务员培训、中青年干部培训等10期培训班，培训干部667人次。举办了名家讲座，先后邀请高层专家学者进行专题讲座9次，培训干部9000多人次。

三是全面加强基层党组织和党员队伍建设。制定了《朔州市"十二五"时期发展党员工作规划》和《朔州市2011年发展党员工作计划》。全面铺开了干部下乡住村活动，全市共建立领导干部包村增收联系点353个，下乡住村干部累计27755人，覆盖1688个村，做到了住村全覆盖。住村包村领导干部累计帮扶项目1371个，投入帮扶资金9600多万元，解决实际问题17843个。

四是积极推进人才工作创新。制定出台了《朔州市中长期人才发展规划(2010--2020年)》、《朔州市引进高层次紧缺人才暂行办法》等，推进了第二届市委联系的高级专家选拔工作，加快了中国政法大学朔州博士后实践基地、大学生创业基地、煤电企业博士后工作站建设，全面加强各类人才队伍建设。

五是深入推进党风廉政建设和反腐败斗争。严格落实党风廉政建设责任制，加快构建教育、制度、监督并重的惩治和预防腐败体系建设。进一步加强了对中央和省、市重大决策部署落实情况的监督检查。持续推进煤焦领域反腐败专项斗

争，统一了公路煤炭运销票据管理。切实抓好工程建设领域突出问题专项治理，将政府采购、土地交易、工程招投标等全部纳入市场统一管理。深入推进小金库专项治理，复查党政机关、事业单位、社会团体、国有及国有控股企业共1042户。扎实推进了公务用车问题专项治理。深入开展了纪律作风集中教育整顿月活动。全市4279个基层党组织全部实行了党务公开。投资920多万元建起了朔州市党风廉政建设网，进一步加强了农村基层党风廉政建设。围绕人民群众反映强烈的突出问题，加大案件查办力度，全市各级纪检监察机关共受理信访举报207件，立案调查235件，处分242人，发挥了反腐倡廉的震慑作用。

（舒晓海）

附：中共朔州市委书记、副书记、常委名单

书　记：田喜荣（1月离职）　王茂设（1月任职）

副书记：冯改朵（女，11月离职）　杨伟民（2月离职）
马彦平（8月任职）

常　委：韩忠荣　陈法印（3月离职）　刘国庆
雷建国（4月离职）　马彦平
董一兵（7月任职）　李　锦　郭　健
张耀生　李根田　黄跃进（3月任职）

中共朔城区委工作概况

区委书记　郭连厚

朔城区是朔州市府所在地，是全市政治、经济、文化中心。全区总人口51万，行政区划所辖2个镇，9个乡，4个街道办事处，299个行政村。全区共有基层党组织633个，其中基层党委25个，党总支25个，党支部583个，党员11269名，占总人口的2.2%。

一、经济社会发展情况

2011年，朔城区在市委、市政府的正确领导下，全区上下紧紧围绕全市“四化一体东部新区”建设总体部署，突出经济建设和主城区建设两大任务，各项工作走在了省、市前列，多次受到省、市主要领导的充分肯定和高度评价。

一是综合实力大幅提升。全区地区生产总值完成243亿元，同比增长15.35%；财政总收入完成21.1亿元，同比增长37.98％；一般预算收入完成9.27亿元，同比增长25.68％；规模以上工业增加值完成95亿元，同比增长27.5%；全社会固定资产投资完成142.79亿元，同比增长40%；社会消费品零售总额完成48.3亿元，同比增长17.5%；城镇居民人均可支配收入达到19785元，同比增长16.18%；农民人均纯收入达到8097元，同比增长19.1%。

二是项目建设步伐加快。全年续建、新建、筹建工业项目30多个，总投资500多亿元，其中三元炭素搬迁、豪杰米砂制品、浙江金圆水泥等5个项目已经投产，中煤平朔20万吨粉煤灰综合利用、易荣热虹吸管、华源科技塑胶、葫芦堂洗煤厂、山水新时代等15个项目正在建设，同煤4×30万千瓦煤矸石发电、平朔120万条子午轮胎、中煤马营堡、丰玉两个千万吨煤炭生产基地等8个项目和富甲工业园、东坡煤电循环工业园、神头固废综合利用园等八大园区抓紧推进。全年新签约项目30个，引资总额511.8亿元，初步形成了以煤为基、多元发展的产业格局。

三是城市建设力度加大。全年投入100多亿元，全面推进了老城、西关、城中村、棚户区等36个片区、60多个项目的拆迁改造和保障性住房建设，拆迁面积200多万平方米，连续两年成为全省棚户区改造3个试点区县之一，争取国家资金4.2亿元。投入5.1亿元，加快了城市道路、供热、供水、供气和街心广场建设。完成了张辽路南段拓宽改造、恢河2#大桥建设和建设南路打通、怡东路、怡西路、金沙路等10条道路的新建和改造，开工建设了城市南出口打通工程，投入运营了居然之家朔州店。重点推进了金沙国际大酒店、平朔物流园区、北京华联国际城市综合体、北京亿城高档地产项目、豪德、居然之家仓储项目、中煤ABP总部基地等10大项目建设，总投资270多亿元，主城区面貌大幅改观，现代宜居幸福新城初具雏形。

四是三农工作成绩喜人。全区播种面积97万亩，其中粮食作物面积80万亩，粮食总产达到6.14亿斤，成为全省三个全国粮食生产先进县区，受到国务院重点表彰，奖励资金1000万元。投资2.5亿元，推进了占地4300亩的紫金山、新农苑、金土地、马邑大华等四大设施蔬菜园区建设，全年新增设施蔬菜面积8300亩，设施蔬菜总面积达到2.5万亩，连续两年成为全省设施蔬菜建设20强。扶持新建了15个标准化养殖小区和10个规模养殖场，张蔡庄乡德惠园农牧公司利用微生物技术生产饲料并进行规模养殖成为全省第一家。同时，推进了中煤平朔和泰国正大集团、省煤运与四川铁骑集团、美国艾格菲公司、瑞士七投集团等多个养殖项目，带动和提升了朔城区养殖业的规模和水平。

五是生态治理规模空前。重点抓了四大标志性工程：一是西山生态治理工程。投入2亿多元，完成了5万亩的五期工程，铺开了8万亩的六期工程和2万亩的林木基地建设，总治理面积达到35万亩，成为市区一道绿色屏障和天然氧吧；二是金沙植物园建设工程。总投资6.8亿元，总占地2600亩，9月竣工开园，成为全省规模最大、植物群落最丰富、最具特色的城市公园；三是恢河综合治理工程。投入近1亿元实施了四期工程，治理总长度达到4.5公里，形成水面1000

多亩；四是西山水系建设工程。总投入5000万元，年调水500万方，有效解决了西山生态区的缺水问题。人民日报以题为《山西朔州朔城区建设绿色宜居新城》进行了报道。

六是民生问题显著改善。三年累计投资5.4亿元，全部新建、改扩建了城镇9所中小学校，总建筑面积10万多平方米，开工建设了6.6万平方米的神头职中搬迁工程。投资1.6亿元，建成并投入使用了3.1万平方米的区人民医院住院楼，建立了远程医疗会诊中心，城乡群众上学难、看病难的问题得到切实改善。同时，进一步强化社会保障，争取为国家级新农保试点区，全面完成了农村新“五个全覆盖”工作，在全市率先完成了农户吨煤供应工作，城乡居民幸福指数明显提升。

七是社会管理成效突出。在2009年、2010年先后投资3000万元的基础上，2011年又投资1600万元，建设了11个高标准社区服务中心。投资2.6亿元，建设了交警、公安、法院办公大楼及技侦指挥中心。同时，高度重视信访维稳工作，维护了人民群众的根本利益，营造了和谐稳定的社会环境，社会管理和创新工作走在省、市前列，成为全省13个试点县区之一。

二、党的建设情况

一是加强民主政治建设。坚持和完善人民代表大会制度和政治协商制度，支持人大、政协依法履行职能，积极开展专题视察、调研等工作，高度重视人大代表、政协委员的议案和建议。对事关全区发展的重大问题，常委会都要征求人大、政协的意见，区政府还定期向人大、政协通报工作情况，充分调动了民主监督、参政议政的积极性，推进了民主法治建设进程。一年来，区人大、政协开展专题视察调研、执法检查34次，提出意见建议90多条，报送民意信息58篇，为区委科学决策拓宽了思路，提供了依据。同时，进一步巩固壮大新时期爱国统一战线，形成了抓转型、促跨越的强大合力。

二是加强精神文明建设。坚持理论武装与舆论引导相结合，深入学习贯彻党的十七届六中全会和省、市党代会精神，区党委坚持中心组学习经常化、制度化，提高了常委会把握形势、驾驭全局、科学决策的能力和水平。同时，以构建社会主义核心价值体系为目标，以文明评创活动为载体，深入开展了思想道德建设，营造了文明健康向上的社会氛围和良好的舆论环境。

三是加强干部队伍建设。把提高本领、转变作风、坚强有力、奋发有为作为领导班子和干部队伍建设的重点。一年来，按照省、市委部署，认真总结学习实践科学发展观活动成果，深入开展创先争优活动，切实增强了各级党组织的凝聚力、号召力、战斗力。大力学习弘扬右玉精神，强化了机关思想作风整顿，加强了机关纪律作风建设，强化了干部监督管理，全区干部职工精神面貌、纪律观念、工作状态有了明显转变，工作效率和服务水平有了明显提升。认真贯彻《干部任用条例》，围绕城市化、工业化、农业产业化，重品行、重民意、重实绩，调整提拔了一批德才兼备、敢抓敢管的优秀干部，进一步匡正了用人风气，提高了选人用人公信度。

四是加强党风廉政建设。认真学习贯彻《党员领导干部廉洁从政若干准则》，全面落实《建立健全教育、制度、监督并重的惩治和预防腐败体系实施纲要》和《四项监督制度》，健全完善了廉政风险防范机制，不断强化廉政意识，努力抓好源头治理，重点开展了煤焦领域反腐败专项斗争、工程建设领域专项治理，反腐倡廉工作取得阶段性成果，促进了全区党风、政风、社会风气的进一步好转。

（王治东）

附：一、中共朔城区委书记、副书记、常委名单

书　记： 郭连厚

副书记： 刘　彪(3月任职)　孟维君(4月任职)

常　委： 史宝元(3月任职)　李　杰

董　达(3月任职)　高　才

李有平(5月任职)　刘卫东(5月任职)

王建军(5月任职)

二、乡镇(街道)党委(党工委)书记、副书记名单

北旺庄街道

书　记： 陈　钊

副书记： 杜　超　郭宏斌(12月任职)

南城街道

书　记： 周庆山(4月任职)

副书记： 谢　刚(4月任职)　尹志刚(4月任职)

北城街道

书　记： 雷在祯

副书记： 王　栋　陈　磊(4月任职)

神电街道

书　记： 常武权(12月任职)

副书记： 句成生(12月任职)　年永登(4月任职)

下团堡乡

书　记： 高　峰(8月任职)

副书记： 谭　雄(8月任职)　刘进强(4月任职)

神头镇

书　记： 孙　义

副书记： 刘　峰　周新华(4月任职)

小平易乡

书　记： 郭向东(4月任职)

副书记： 赵斌山(4月任职)　宁巨文(4月任职)

贾庄乡

书　记： 王万宇(8月任职)

副书记： 解　庆(12月任职)　胡晓昕(4月任职)

滋润乡

书　记： 齐宏业

副书记： 张义新(12月任职)　梁双存(4月任职)

南榆林乡

书　记： 林　实

副书记：齐宏亮　陈　先（4月任职）

福善庄乡

书　记：李　敏

副书记：霍永生　李　宏（4月任职）

沙堺河乡

书　记：尚志新（8月任职）

副书记：张权喜（12月任职）

高建荣（女，4月任职）

窑子头乡

书　记：徐生荣

副书记：刘晓东　李培祎（4月任职）

张蔡庄乡

书　记：梁耀文（4月任职）

副书记：王国文（4月任职）　宿建军（4月任职）

利民镇

书　记：赵子平

副书记：李　林　贾鹏飞（4月任职）

中共平鲁区委工作概况

区委书记　李　俊

截至2011年底，平鲁区共有乡镇13个；区直党组6个；基层党委20个；党总支22个；支部531个；党员9136人、占总人口的4.5%。

一年来，平鲁区委团结带领全区广大干部群众，按照省委、省政府"转型跨越发展"和市委、市政府"打造新基地新优势新朔州、建设自然生态现代宜居幸福新城"的重大战略部署，全区经济发展亮点纷呈，城乡面貌日新月异，社会事业稳步发展，党的建设全面推进，多项事关全局的重大工作实现了创新和突破。

一、紧紧抓住"两个70%"，致力于科学谋划，发展思路更加清晰

按照省市转型跨越发展的战略思想，在全面审视全市转型跨越发展大势，客观分析平鲁经济社会发展阶段性特征的基础上，创造性地提出了以"70%的土地种草植树，70%的农民进城"为抓手，工业新型化、农业现代化、市域城镇化、城乡生态化四化同步推进的发展战略，得到了省市领导的充分肯定和众多专家学者的广泛认可。尤其是省委袁纯清书记在全省重点工作观摩点评会上，对平鲁"两个70%"给予了高度评价。

二、紧紧扭住"第一要务"，致力于加快发展，综合经济实力显著增强

全区主要经济指标继续保持快速增长的良好势头。全年财政总收入完成30.17亿元，增长57.09%，一般预算收入完成14.95亿元，增长76.5%。地区生产总值完成230亿元，增长14.5%；固定资产投资完成101亿元，增长37.75%；城镇居民人均可支配收入达到14684元，增长16.18%；农民人均纯收入达到5460元，增长21.8%。

三、紧紧围绕"转型跨越"，致力于加快四化进程，转型发展迈出重大步伐

一是坚定不移加快推进工业新型化，转型项目建设取得重大突破。煤炭方面，全区保留的24座矿井中，19座为生产基建矿井，9座已经建成安全质量标准化矿井，6座正在申请验收，全年生产原煤2015万吨，没有发生安全生产事故。新兴产业方面，总投资800亿元的北坪循环经济园区已经启动，现代煤化工、装备制造、新型材料、工业固废利用等10大转型项目陆续入园。总投资8亿元的胶带胶管、大型轮胎翻新、平安化肥四期开工建设，与山东能源龙口矿业集团合作建设的总投资10亿元的煤机制造项目，力争2012年上半年开工建设。总投资400多亿元的东露天循环经济园区，中电投2×60万千瓦电厂正在建设中，2×100万千瓦二期工程即将开工。中煤平朔投资的4×30万千瓦电厂、粉煤灰提取氧化铝、粉煤灰水泥和粉煤灰砖加工等项目正在办理相关手续。与华能电力投资有限公司合作建设的总投资300亿元的粉煤灰提取氧化铝项目达成合作意向。2个风电项目、1个光伏发电项目建成投产，6个风电项目完成核准开工建设，12个风电项目正在进行前期核准工作。重点工程方面，全力支持国家、省市重点工程建设，大梁水库和黄河供水公司顺利通水。准朔铁路、荣乌高速、平朔高速顺利建设。旅游产业方面，进一步完善了乌龙洞、北固山、明海湖三大旅游景区，全面启动了以"一园两城六大景区"为主体的4A级旅游区建设，完成了大梁水库旅游度假区总体规划，旅游文化产业发展初步形成气候。

二是坚定不移加快推进农业现代化，四大农业产业板块初具规模。按照"一区一业、一带一品"的思路，强力推进四大农产品基地建设，以向阳堡集镇为中心的双万亩苗木种植基地，完成新育苗1000亩，总面积达到1.2万亩；以凤凰城镇为中心的40万亩特色农作物种植基地，总产量达到1.2亿斤；以另山集镇为中心的万亩设施蔬菜基地，已完成总体规划；以西北山区为主的50万只肉羊养殖基地，已建成标准化养殖园区46个。

三是坚定不移加快推进市域城镇化，城乡面貌变化巨大。在中心城区建设上，投资15亿元，完成了22项公建工程和古城南门、溪泉河水街、七里河、南山湖水系等城市景观工

程，完成了1351套11.4万平米保障性住房建设工程。同时，大力开展“四城同创”活动，市容市貌得到明显改善。在集镇和新农村建设上，以新的“五个全覆盖”工程为重点，完成1600户农村危房改造、194个村街巷硬化、27个便民连锁店、277家“农家书屋”建设。2011年，朔州市在平鲁召开了城乡一体化建设现场会。平鲁统筹城乡发展的“一城十镇百村”模式在第六届中国全面小康论坛上入选“中国全面小康十大民生决策”。

四是坚定不移加快推进城乡生态化，环境质量进一步改善。在进一步巩固“十一五”造林绿化成果的基础上，投资6亿元，重点实施了“一区两路三大现场”造林绿化工程，完成大片造林12万亩，零星植树60万株，补植造林3万亩。同时，投资1亿元，全面铺开占地70平方公里的环城生态新区建设工程，强力推进矿区生态恢复治理、塌陷区生态修复治理、水土流失治理、退耕还林、生态旅游景观、双万亩种苗基地、生态涵养水系七大工程。全区林地面积达到105万亩，林木绿化率达到31%，城市绿化覆盖率达到40%，被省政府授予“林业生态县”称号。

四、深刻领悟“第一要义”，致力于改善民生，人民群众幸福指数明显提高

教育方面，完成了二中、敬德学校、春芽幼儿园新建任务，完成了7所乡镇中心幼儿园标准化建设任务，完成了15年免费教育前期规划工作。医疗卫生方面，以区综合医院“管办分离”改革为突破口，一体化推进基本医疗保障、基本药物制度、公共服务等方面的综合改革，创造性地走出一条公立医院改革的成功路径。全省、全市医改现场会期间，平鲁区的医改经验受到省市领导充分肯定。人口计生方面，深化优质服务，强化流动人口管理，切实稳定低生育水平。2011年荣获了全省人口和计划生育工作目标管理责任制考核先进区称号。文化方面，完成了敬德大剧院主体工程，完成了体育馆、文化艺术中心前期规划设计，成功举办了首届非物质文化遗产摄影展和第二届中国门神文化节，拍摄完成了数字电影《尉迟恭》，扩大了门神文化之乡的知名度和影响力。社保方面，在已经形成五大保险十个类别保障体系的基础上，重点推进了新型农村养老保险、改制企业下岗职工再就业、重点工程占地村农民的安置问题，着手制定“买断贫困”实施方案，社会保障实现了应保尽保和全覆盖。

五、牢牢记住“第一责任”，致力于和谐构建，全力维护社会稳定

突出抓好煤矿安全生产，进一步强化“两个主体”责任，引深安全生产专项整治行动，严厉打击私采滥挖和非法违法生产经营行为，全年未发生煤矿安全事故。不断夯实社会管理基础，健全社会管理体制机制，实施融入、回归、法律援助三大工程，强化对流动人口、特殊人群的服务管理，创新均等化公共服务体系。加快建设“智慧平鲁”，构建数字化立体防控网络，提高防控能力。深入开展“平安创建”专项行动，建立了区乡村三级治安巡逻队，乡镇综治信访维稳和社区管理服务中心。继续实行区四大班子领导包案责任制，深入乡村开展大接访活动，全年共接待群众来信来访152批次2637人次85案，当场答复解决60案，交办有关部门协调解决25案，实现了全国、全省两会期间赴省进京零上访。密切关注网络舆情动态，准确掌握社情民意，正面引导社会舆论，巩固了全区安全稳定的良好局面。

六、认真践行职责，致力于干部队伍建设，党的建设全面加强

一是圆满完成了区乡村换届工作。按照省市关于换届工作的统一部署，严格执行干部选拔任用规定，全年共调整干部11批次445人；圆满完成了350个村“两委”换届，村级组织得到进一步加强。二是切实加强领导班子和干部队伍建设。深入开展了学习型党组织建设，认真学习了胡锦涛总书记“七一”重要讲话、十七届六中全会、省委袁纯清书记“7·28”重要讲话、省第十次党代会、市第五次党代会精神；以纪念建党90周年为契机，举办了主题演讲、知识竞赛、红歌会、主题党日等实践活动；以干部下乡住村“六个一”活动为契机，引深创先争优活动；扎实开展了“正风肃纪、创优环境”活动，干部作风进一步转变。三是深入推进党风廉政建设。深入开展了煤炭领域和工程建设领域专项清查，狠刹了一些党员干部公款吃喝等不正之风。全面铺开公务用车和庆典、研讨会、论坛过多过滥问题专项治理。党务公开实现了全覆盖，党风廉政建设网络覆盖率近70%，党建科学化水平进一步提升。

（李　刚）

附：一、中共平鲁区委书记、副书记、常委名单

书　记：李　俊
副书记：吴晓斌(3月任职)　刘　彪(4月离职)
　　　　孟　占(3月离职)　刘向东(4月任职)
常　委：李　权(5月任职)　赵保良
　　　　边润文(3月离职)　刘　旺(5月离职)
　　　　董晋生(5月离职)　丁　裕(3月离职)
　　　　赵金龙　苑冬梅(女,5月任职)
　　　　卢义平(3月任职)　高耀君(5月任职)
　　　　陈永杰(3月任职)

二、乡镇党委书记、副书记名单

井坪镇
书　记：高　翔(5月离职)　李玉兰(女,5月任职)
副书记：张万军(5月离职)　王　波(5月任职)
　　　　刘文斌(5月离职)　南志义(5月任职)

白堂乡
书　记：贾丕福
副书记：解志远(5月离职)　刘华忠(5月任职)
　　　　贺永兴(5月离职)　廖德宇(5月任职)

陶村乡

书　记：武卫东(5月离职)　王　军(5月任职)
副书记：孟　泽(5月离职)　落常春(5月任职)
　　　　朱步升

下面高乡
书　记：马金永(5月离职)　袁　耀(5月任职)
副书记：落常春(5月离职)　石国玮(5月任职)
　　　　刘卫平　梁志强

向阳堡乡
书　记：李玉兰(女,5月离职)　赵占祥(5月任职)
副书记：赵占祥(5月离职)　黄国栋(5月任职)
　　　　刘贞鑫(5月离职)　郑建平(5月任职)

凤凰城镇
书　记：雷慧儒(5月离职)　张万军(5月任职)
副书记：计瑞芝(女,5月离职)　刘志仁(5月任职)
　　　　赵建新(5月离职)　戎占文(5月任职)

榆岭乡
书　记：高成富(5月离职)　孟廷忠(5月任职)
副书记：孟廷忠(5月离职)　王志平(5月任职)
　　　　武尚荣

西水界乡
书　记：寇志坚(5月离职)　计瑞芝(女,5月任职)
副书记：王占斌(5月离职)　齐永仁(5月任职)
　　　　徐　海

双碾乡
书　记：张秀珍(女,5月离职)　解志远(5月任职)
副书记：石国玮(5月离职)　马润平(5月任职)
　　　　康巨荣(5月离职)　郭　强(5月任职)

阻虎乡
书　记：王　军(5月离职)　杜　耀(5月任职)
副书记：张晓青(5月离职)　贾志强(5月任职)
　　　　苏玉芳(女,5月离职)　马　鑫(5月任职)

下水头乡
书　记：袁　耀(5月离职)　孟　泽(5月任职)
副书记：王　波(5月离职)　康巨荣(5月任职)
　　　　王香莲(女,5月离职)　陈建军(5月任职)

高石庄乡
书　记：李和有
副书记：李久祺(5月离职)　赵建新(5月任职)
　　　　侯彦春(5月离职)　边　谋(5月任职)

下木角乡
书　记：杜　耀(5月离职)　张晓青(5月任职)
副书记：刘志仁(5月离职)　贺永新(5月任职)
　　　　韩　章(5月离职)　马英明(5月任职)

中共怀仁县委工作概况

县委书记　王智杰

怀仁县辖10个乡（镇），162个行政村。有基层党组织583个，其中党(工)委22个(乡镇党委10个，县直工委1个，系统党委5个，企业党委4个，非公有制经济组织党委1个，公安局党委1个)，有党总支35个，党支部526个。党员总数12762名，占总人口的3.87%，其中女党员1941名，农民党员5457名。2011年发展党员233名，占全县党员总数的1.83%。

2011年是怀仁县迈入转型跨越发展新阶段的关键一年。

全年完成地区生产总值141亿元，现价同比增长15.04%；财政总收入20.08亿元，增长25.1%；一般预算收入6.25亿元，增长22.65%；规模以上工业增加值76.9亿元，增长25.03%；固定资产投资66.27亿元，增长24.68%；社会消费品零售总额41.62亿元，增长17.5%；城镇居民人均可支配收入20110.8元，增长15.9%；农民人均纯收入8634元，增长18.7%。获得了全国文明县城、全国科技进步先进县、全国国土资源节约集约模范县、全国计生优质服务先进县等多项省级以上荣誉称号。被省委、省政府确定为首批扩权强县试点县之一。

一、围绕“富民强县和再造一个新怀仁”目标，引领“东部新区”建设

工业新型化稳步推进。依托“三区八园”，开工建设重点工程41项，完成投资67.91亿元。其中，投资16亿元的华北皮革城和投资10亿元的怀仁雨润食品加工园正在加快建设，投资20亿元的同煤王坪电厂建成投产，投资5000万元的诺成软袋输液生产线、投资5000万元的中芦煤业制衣项目全部竣工。招商引资成效明显，全年共签约1000万元以上大型招商项目19项，意向引资额达到202.7亿元。煤炭产销形势向好，全年原煤产量达到1300万吨，发运1800万吨。“以煤扶瓷”战略深入推进，已促成4家煤矿与陶瓷企业联合发展。“金沙滩陶瓷工业园区”成为全市六大工业园区之一。“怀仁陶瓷”在国家工商总局成功注册，成为全省第一个陶瓷产品中国地理标志证明商标。县域城镇化累计投资4.5亿元，开工建设14项城建重点工程。电线管网全部入地。公交

运营秩序进一步规范。制定了市容市貌、环境卫生、园林绿化管护标准，城市管理走上了专业化道路。完成绿化投资4600万元，新增城市绿地面积21万平方米，城市绿化覆盖率达到39.7%。在新农村建设上，大力实施“三拆四改五化”工程，7个小集镇建设已初具规模，完成了20个新农村重点推进村的建设任务，全县农村面貌明显改变。在道路建设上，投资1.39亿元，完成了5条道路130公里的建设任务，硬化农村街巷197公里。城乡生态化规模空前。投资4.4亿元，完成了西山30万亩生态经济园林区二期工程，新增造林面积6.2万亩。秋冬农建实施三期工程13.5万亩，打造精品农田7.27万亩，全县森林覆盖率达到25%。磨道河水系一期工程、下米庄水库调水工程主管道建设已完工。同时，完成了新发水库、马庄水库、下米庄水库除险加固工程。北辛村、北七里寨两座引黄水厂主体工程正在建设。扎实推进节能减排工作，全年县城大气二级以上天数达到351天。农业现代化全力推进。大力实施“羊成商品”战略，累计投入1.3亿元，建成棚圈17万平方米，各类规模养殖小区达到208个，肉羊饲养量达到200万只，农民人均养羊纯收入达到1700元。在国家工商局成功注册了“怀仁羔羊肉”地理标志证明商标。举办了怀仁县首届肉羊养殖暨羊肉美食节。怀仁县被授予“全省‘一县一业’基地先进县”。新建各类大棚1100个，实现了农超对接，成为沃尔玛集团无公害蔬菜生产基地。全年粮食总产量达到2.88亿斤，同比增长5.2%，再创历史新高。被国土资源部授予“全国国土资源节约集约模范县”。

二、加快文化强县建设步伐，宣传思想文化工作水平全面提升

理论武装和思想道德工作卓有成效。切实加强和改进党委(党组)中心组学习，推动了中心组学习经常化、制度化、规范化。县教育协会向全县33万人民免费赠送了《弟子规》。宣传舆论工作成效明显。隆重庆祝建党90周年，举办了“万人红歌会”和“四化一体东部新区·幸福怀仁”文艺晚会，鼓舞了全县士气，展示了怀仁形象。《幸福怀仁》成功改版，实现了高质量彩版印刷。文明和谐创建活动扎实开展。再次被中央文明委评为“全国文明县城”。成功举办了元宵节晚会、消夏晚会和仁义经典美文诵读等文化活动，城乡群众文化日益繁荣兴旺。民俗“大旺火”成功入选国家非物质文化遗产，我县被文化部命名为“中国民间文化艺术之乡”。深入挖掘怀仁历史文化，对县城“六纵六横”主干道重新命名，提升了怀仁的人文品位。

三、大力保障和改善民生，“幸福怀仁”的品牌进一步唱响

优先发展科教事业。召开了规模最大、规格最高的全县教育工作大会。深入开展学校餐饮改革和“平安校园”创建活动。全县高考二本B类以上达线4550人，达线率47.8%，连续20年保持全市第一。怀仁陶瓷职业技术学院省政府已正式批复。科技事业快速发展，被科技部评为“全国科技进步先进县”。医疗卫生事业不断发展。县人民医院综合楼建成并投入使用。县医院、中医院成功申报二甲医院。县、乡、村三级医疗卫生机构达标率达到95%以上。人口和计生工作继续保持低生育水平，人口自然增长率为5.12‰，获得“全国计生优质服务先进县”、“全省卫生县城”荣誉称号。社会保障能力全面提升。全面启动了“社会保障一卡通”工作。加大新型农村养老保险制度建设力度，全县享受新农保人员9.1万人，完成市下达任务的111%。实施积极的就业政策，城镇登记失业率控制在1.9%以内。圆满完成了农村“爱心煤”发放工作。农村新的“五个全覆盖”全面实施。向市政府承诺两年任务一年完成的农村文化体育场所全覆盖、中等职业教育免费全覆盖、农村社会养老保险全覆盖三项工程全部到位。农村便民超市提前一年实现了全覆盖。农村街巷硬化顺利完成了年度建设任务。

四、全面提升党的建设科学化水平，为“十二五”开局全胜提供坚强保证

圆满完成了县乡村换届工作。召开县第十一次党代会，选举产生了新一届县委班子，批准了县纪委班子成员。切实加强领导班子和干部队伍建设。深入开展创先争优活动，学习型党组织建设扎实推进。稳步推开目标责任考核工作。各级领导班子科学、民主、依法执政的水平明显增强。全面加强基层党组织和党员队伍建设。在全县农村创新性地开展了“四定三评两挂钩”绩效管理考核办法。全面铺开县四大班子领导“包乡镇、抓落实、促发展”活动和干部下乡住村、包村增收活动，以良好作风和实际行动赢得了民心。深入推进作风建设和反腐倡廉建设。深入推进工程建设领域和煤焦领域反腐败斗争，切实抓好公务用车问题和小金库专项治理。进一步加大案件查办力度，全年处分违纪人员48名，其中科级干部12人。

(张旭东)

附：一、中共怀仁县委书记、副书记、常委名单

书　记：牛志忠(4月离职)　王智杰(4月任职)
副书记：吴秀玲(女，4月任职)　王彦平(女)
常　委：司永恒　李恒仁(3月离职)　李启军
吴文莉(女，3月任职)　孟新平(5月离职)
梁文晓(5月任职)　曹步清(5月离职)
王万波(3月任职)　何勇儒(3月离职)
陈志刚(5月任职)　梁　锋(5月离职)
常增宝(3月任职)

二、乡镇党委书记、副书记名单

云中镇

书　记：王万波(5月离职)　边彦明(5月任职)
副书记：张致荣(5月离职)　王秀东(5月任职)
曹国强

何家堡乡

书　记：王克非(5月离职)　刘　鹏(5月任职)

副书记：刘　鹏(5月离职)　刘兴中(5月任职)
　　　　刘保祥(5月离职)　贺　英(5月任职)

吴家窑镇

书　记：刘宏武(5月离职)　潘亚飞(5月任职)
副书记：潘亚飞(5月离职)　于仲谦(5月任职)
　　　　王建荣(女,5月离职)　杨小奴(5月任职)

金沙滩镇

书　记：陈志刚(5月离职)　佘治山(5月任职)
副书记：刘建文(5月离职)　杨　钰(5月任职)
　　　　佘治山(5月离职)　聂旭仕(5月任职)

新家园镇

书　记：武春兰(女,5月离职)　刘宏武(5月任职)
副书记：王　福　贾培贵(5月离职)
　　　　尹高峰(5月任职)

亲和乡

书　记：聂秉臻(5月离职)　姜世广(5月任职)
副书记：姜世广(5月离职)　司永红(5月任职)
　　　　王廷志(5月离职)　李志杰(5月任职)

海北头乡

书　记：仝晨宇(5月离职)　张致荣(5月任职)
副书记：王秀东(5月离职)　田　勇(5月任职)
　　　　陈丽芬(女,5月离职)　曹　忠(5月任职)

河头乡

书　记：宁军霞(5月离职)　仝晨宇(5月任职)
副书记：石　晶(5月离职)　郭昌龙(5月任职)
　　　　魏建营(5月离职)　孟　波(5月任职)

马辛庄乡

书　记：张启荣
副书记：刘兴中(5月离职)　谭晶花(女,5月任职)
　　　　杨雨锋(5月离职)　王三喜(5月任职)

毛皂镇

书　记：王　俊(5月离职)　石　晶(5月任职)
副书记：李剑星　田　龙

中共应县县委工作概况

县委书记　王守林

应县是个传统的农业大县,是朔州市唯一的无煤县。截至2011年底，全县共有12个乡镇,有县直党委(党组)6个,基层党委14个,党总支37个,党支部570个,党员12370名,占全县总人口的4%。

一年来，应县县委坚持以科学发展观为指导，抢抓全省“综改试验”的机遇,狠抓重点工程项目建设，统筹推进经济社会发展,实现了“十二五”良好开局。

一、转型跨越形势喜人,“五新应县”建设水平进一步提升

（一）各项主要经济指标全面刷新,综合实力大幅提升

全县完成地区生产总值42.83亿元,同比增14.3%;固定资产投资28亿元,增21.09%;社会消费品零售总额18.7亿元,增17.56%;服务业增加值18.43亿元,增10.49%;工业增加值11.45亿元，增24.49%；财政总收入2.8136亿元,增22.44%;一般预算收入1.2505亿元,增23.03%;城镇居民人均可支配收入14220元，增15.45%；农民人均纯收入5752元,增19.6%。各项指标任务均超额完成,县域经济进一步壮大,综合实力明显增强。

（二）重点工程建设规模空前,十二件大事全面落实

全县共铺开重点工程、重点项目36项,总投资65.98亿元。其中,省市重点工程22项,县级重点工程8项,打捆项目6项。项目整体推进顺利,圆满完成了24亿元的年度目标任务。年初确立的涉及文化教育、医疗卫生、城市建设等领域的12件民生大事全面落实。

（三）工业新型化势头强劲,招商引资和项目建设好戏连台

一是新能源产业有新跨越，突出实施了晶都太阳能二期、生物质能发电、大唐风电三大项目。二是建材和装备制造业有新突破,高效减水剂项目建成试产,电梯项目完成基础工作。三是陶瓷产业有新提升,明禾无铅骨瓷、正东高档日用瓷技改扩建项目全面完成，盛福高档骨瓷一期工程基本完成。以上八大项目,投资规模高达19.1亿元。四是骨干企业有新贡献,雅士利、梨花春、晶都太阳能、中粮四大企业,上缴税金8463万元,占财政总收入的近三分之一,全市非煤企业税收前三强均在应县。五是项目签约有新收获,一年签约项

目24个,签约总额247.9亿元。

(四)农业现代化持续推进,农民收入大幅增加

一是农业基础装备水平显著提升,投资两亿多元,完成高标准农田1万亩,节水农田4万亩,国土治理3万亩,养殖小区30个;铺开设施农业建设工程1万亩,重点推进了天美、金满仓、禾韵、四季青、牧野等一批现代化设施种养园区。二是一村一品不断壮大,培育发展蔬菜、玉米、奶牛、肉羊等专业村169个,占农村总数的57%,其中,龙泉村被表彰为全省"一村一品先进村"。全县配套发展农民专业合作组织374个,提升了规模化、专业化、组织化水平。《人民日报》、《农民日报》、《山西日报》、山西电视台及各大网站,从不同角度报道了应县推进"一村一品"、"一县一业"的做法和成效。三是农业产业化深入发展,产业链条持续拉长,农产品"513"龙头企业销售收入22.36亿元,超任务7.26亿元,促进了农业农村经济发展。全县粮、糖、菜产量和奶牛、肉羊饲养量大幅增长,其中,甜菜12.5万吨,增78.6%;肉羊突破60万只,翻了一番;农民人均纯收入增幅高出全省5个百分点,名列全市第二。

(五)县域城镇化全面提速,产业承载力不断增强

一是以木塔申遗为龙头,加速推进大县城建设,委托国内权威专家编制了申遗系列文本,展开辽城、佛宫寺遗址考古挖掘。围绕推进文化旅游产业发展和城市功能配套提升,投资20多亿,实施了木塔周边环境整治、清宁园改造、县城主街道硬化亮化等30多项城市建设工程。二是以南河种、下社、臧寨等乡镇为重点,全面启动了小集镇建设工程,其中,全国城乡一体化试验区南河种镇,完成了集镇新区框架建设。三是高效整合各类惠农项目,扎实推进新农村建设,在全市首家超额完成新"五覆盖"任务,经验做法在全省推广。特别是以中曹山、席家堡为试点,展开了高标准农村城镇化改造。

(六)城乡生态化成效显著,可持续发展能力进一步增强

坚持把实施大生态战略,作为增强县域经济可持续发展的基础和支撑来抓。投资上亿元,展开15项林业生态工程,造林绿化5.12万亩。重点完成了县城6条路段、两大出口、公园广场等绿化工程,新增城市绿地26万平米;完成荣乌高速过境段通道绿化42公里、经济林3700亩、京津风沙源2万亩、退耕还林巩固7100亩、水土流失治理3.5万亩。完成了县城垃圾处理厂建设。加大企业节能减排力度,流域环境综合整治工作名列全省第二,县城环境空气质量继续位居全省前列。

(七)民生事业统筹发展,人民幸福指数进一步提高

坚持把教育振兴作为最大的民生工程。在全面完成17所校安改造工程基础上,投资近亿元,建设了一中实验楼、过街天桥、两个多功能体育场、4所标准化幼儿园,改造了8所乡镇中心幼儿园。筹资560多万元,为一中、二中、三中等中小学配套了现代教学设施。特别是与省教科院合作,启动了教学质量提升工程,教学质量进一步提升,高考二本达线808人,录取人数创历史最高水平。《光明日报》对应县教育振兴进行了典型报道。安居工程建设取得新突破,投资2.3亿元,新开工7项保障性住房工程,建筑规模达到18.42万平米。投资5.1亿元,建设了畅和园、清宁小区两个高标准小区。社会保障和社会救助进一步加强。城乡养老、生育、失业等社会保险和城镇新增就业超额完成任务;城乡低保、农村五保等各类社会救助覆盖面进一步扩大,完成了夕阳红敬老院建设工程,还圆满完成了低收入农户吨煤发放工作。医疗卫生工作进一步加强,职工、城镇居民和新农合参保率分别达到100%、95.3%、99.8%,医疗卫生体制综合改革全面推进,县医院迁建完成主体。广电服务水平进一步提高,新增数字电视用户和农村有线电视用户2000多户。干部职工工资福利水平大幅提升,兑现了财政供养人员进档升级工资、公务员津补贴、事业人员临时补贴,突破预算全额发放了烤火费。

二、党的建设全面加强,为"十二五"期间加速转型跨越提供了坚强保障

(一)圆满完成了县乡村换届。按照中央和省市委的统一部署,把县乡村三级换届作为推进转型跨越发展的重要保障,强化组织领导、严肃换届纪律、严格换届程序,圆满完成了县乡村三级换届,换出了好思路,换出了强班子,换出了新活力。省委常委、组织部长汤涛同志明察暗访时,对应县农村"两委"换届给予充分肯定。努力加强干部队伍建设。结合县乡换届,坚持正确的导向,严格按照干部选用条例和程序,全年调整干部13批354人,干部的年龄结构、知识结构进一步优化。

(二)进一步加强基层组织建设。深入推进党建创新项目化管理,全面加强基层组织和党员队伍建设,农村、社区和"两新"组织焕发新生机;创新党员培养机制,党员队伍进一步壮大;大力实施"成才工程",大学生村干部工作进一步加强。创先争优活动深入开展。通过在农村、机关开展"双十双百双千"工程,近百个党组织、上百名党员受到省、市、县表彰。干部下乡住村和领导干部包村增收活动扎实有效,全县广大机关干部深入乡村,帮助农村实施种养增收项目1300多项,促进了农民增收。目标责任考核机制不断创新,通过科学制定考核指标,完善考核方式,有力地推进了各项目标任务落实。

(三)狠抓党风廉政建设。不断加大整风肃纪力度。深入开展了"加强'三风'建设,优化发展环境"专项整治和纪律作风集中教育整顿月活动,全面实施了《重点企业重大项目挂牌保护制度》,转变了作风,提高了效能,优化了环境。统筹推进惩防体系建设。建立了以党务公开为主,以廉政风险防控和反腐倡廉制度建设为辅的预防腐败体系。严肃查处案件,深入开展专项整治活动,营造了风清气正的环境。

(胡　广)

附:一、中共应县县委书记、副书记、常委名单

书　记:王守林

副书记:兰成国(3月任职)　石海碧(3月离职)

李日明(3月离职)　王志坚(4月任职)

常　委:赵　杰(5月离职)　王维国(5月离职)

唐学仕　谭德宝(3月任职)

张玉儒(5月任职) 杜子有(3月离职)
石生华(5月离职) 白玉堂
张 祥(3月任职,11月离职)
高世亮(11月任职) 张天林(5月任职)
武春兰(女,5月任职)

二、乡镇党委书记、副书记名单

金城镇
书 记:郭志文(4月离职) 张宝峰(4月任职)
副书记:张宝峰(4月离职) 赵利勋(4月任职)
张巨生

镇子梁乡
书 记:张 美(4月离职) 寇永芳(4月任职)
副书记:寇永芳(4月离职) 赵耀峰(4月任职)
赵 胜(4月任职) 张晓东(4月离职)

义井乡
书 记:李培良(4月离职) 方国一(4月任职)
副书记:杨永忠(4月离职) 曹宝骥(4月任职)
唐怀仕

臧寨乡
书 记:刘 竹
副书记:方国一(4月离职) 戚耿文(4月任职)
曹宝骥(4月离职) 曹帅国(12月任职)
贺一凡(4月任职)

大黄巍乡
书 记:段清章(12月离职) 胡文彬(12月任职)
副书记:胡文彬(12月离职) 李德春(12月任职)
赵喜全

杏寨乡
书 记:王 禅(12月离职) 高建广(12月任职)
副书记:高建广(12月离职) 贺一凡(12月任职)
张 仁 米宗泽(7月离职)

下马峪乡
书 记:段树瑞(4月离职) 程利民(4月任职)
副书记:程利民(4月离职) 李昌彩(4月任职)
王生云(7月离职) 徐志宏(7月任职)

南泉乡
书 记:张沛儒(4月离职) 李尚宝(4月任职)
副书记:李尚宝(4月离职) 刘学理(4月任职)
张 鹏

南河种镇
书 记:王 文(4月离职)
王振兴(4月任职)
副书记:王振兴(4月离职) 韩成生(4月任职)
赵 生

下社镇
书 记:窦海章(4月离职) 李 宁(6月任职)
副书记:李 宁(6月离职) 杨名党(7月任职)
杨生礼(7月离职) 米宗泽(7月任职)

大临河乡
书 记:王东风(4月离职) 尹式平(4月任职)
副书记:尹式平(4月离职) 赵振龙(4月任职)
杨名斌(4月离职) 王德福(4月任职)

白马石乡
书 记:张子官(4月离职) 杨良贵(4月任职)
副书记:赵利勋(4月离职) 安喜栋(4月任职)
郭占武(4月任职)

中共右玉县委工作概况

县委书记 陈小洪

右玉县辖4镇6乡1个旅游区,总人口11.2万。共有基层党委13个,党总支10个,党支部353个,党员7542名,占总人口的6.8%。

2011年,右玉县委紧紧围绕"十二五"实现地区生产总值、财政收入"双翻两番"的总目标,全年完成地区生产总值35.95亿元,同比增长17.9%;规模以上工业增加值13.7亿元,同比增长33.9%;财政收入5.91亿元,同比增长50.1%,一般预算收入2.16亿元,同比增长45.1%;固定资产投资45.86亿元,同比增长39.4%;城镇居民人均可支配收入13670元,同比增长15.9%;农民人均纯收入3810元,同比增长18.2%;社会消费品零售总额10亿元,同比增长18.4%

一、围绕转型跨越,强力推进"四化"建设

以园区建设为依托,加快推进项目建设,工业新型化实现新突破。全年完成省市各类重点工程19项,总投资52亿元。煤电循环经济加快推进,坚持以煤为基、多元发展,大力推进煤矿标准化建设,不断延伸煤炭产业链,煤电循环经济产业体系初步形成。新能源产业快速发展,全县风电、光电装机容量达到40万千瓦,成为全省最大的风力发电基地。建材化工产业达产达效,神固水泥熟料、泉鑫单晶莫来石、鼎达水泥粉磨站等项目正式投产,全盛化工达产达效。农产品加工业不断壮大,汇源扩建项目、中大科技亚麻系列产品深加工项目建成,雨润300万只肉羊加工项目开工。招商引资成果丰硕。在第六届中博会、第十三届高交会和承接东部产业转移江苏恳谈会上签约项目28个,引资238.5亿元。以规模种养为重点,加快推进结构调整,农业现代化取得新成效。全面

实施“双新”工程，全县粮、油、饲总播面积66.6万亩，推广高产玉米、优质燕麦等47个新品种，实现粮食总产量3050万公斤。建成了一批土豆、玉米、杂粮等规模种植园区，新建和改造了一批肉羊、奶牛、蛋鸡等养殖园区，形成了以土豆、燕麦、豆类、苦荞和牛羊养殖等为主导的特色产业格局。全县羊饲养量达到70万只，畜牧业收入占到农民人均纯收入的65%。不断增强“三农”发展能力。新建了多处水源工程、节水工程，集中解决了部分人畜安全饮水问题，海子湾水库竣工蓄水。加大了农民实用技术、创业就业培训力度，农民专业合作组织有较大发展。全县累计发放各类直补资金1548万元。以生态建设为基础，加快推进生态产业，城乡生态化迈出新步伐。推行春秋两季植树，全年共投资1.5亿元，春季实施了八大类二十项绿化工程,秋季完成大片整地7.8万亩、开挖树坑80多万个。全县发展各类苗圃200多家，苗木花卉、林下种养等产业蓬勃兴起。集体林权制度改革取得阶段性成果。加快推进生态文化旅游业发展，全年接待游客83.42万人，旅游收入7.98亿元，生态文化旅游业成为全县经济新的增长极。以“三城联创”为契机，加快推进基础建设，市域城镇化取得新进展。修编《右玉县城总体规划》，完成省级重点推进村建设规划和一批建设项目的规划设计。以公共基础设施建设为重点，统筹推进县城新区建设和旧城改造，重点实施了道路、供暖、供水、绿化等市政建设工程，进一步优化了宜居环境。道路建设快速推进，便捷的交通格局基本形成。全面完成农村新的“五个全覆盖”年度任务，农村文化体育场所建设提前一年实现全覆盖。大力推进农村环境综合整治，完成农村危房改造任务，农村面貌明显改观。

二、坚持先进文化前进方向，加快文化强县步伐

加强理论武装工作。各级领导干部和广大党员政策理论水平进一步提高。深入开展右玉精神大传承、大宣传，干部群众弘扬右玉精神的自觉性坚定性进一步增强。强化舆论宣传引导。紧跟转型跨越发展新形势，围绕全县中心工作，全面加强舆论宣传引导，对内凝聚人心，对外提升形象，充分展示了全县转型跨越发展的新作为、新成就。扎实推进精神文明建设。加大社会主义核心价值体系的宣传教育，公民思想道德水平进一步提高。深入开展县、乡、村、社区、小区五位一体的文明和谐创建活动，顺利完成省级文明和谐县城创建申报验收工作。大力推动文化发展繁荣。全面完成文化体制改革任务，深入推进文化惠民工程，农村文化体育设施建设实现全覆盖。加快发展文化产业，《西口长歌》荣获第三届新农村电视艺术节优秀作品奖和省第九届精神文明建设“五个一”优秀作品奖。加强文物和非物质文化遗产保护，推动右玉道情传承发展。

三、着力保障改善民生，大力构建和谐右玉

优先发展教育事业。进一步加大教育投入，一中新校区一期工程完工，二中图书楼投入使用，城乡六所幼儿园建设工程主体完工。义务教育标准化建设通过了省政府复评。实施高中教育免收学杂费。启动教育均衡工程和星级学校建设与评定工作。教育质量提升工程成效显著，高考达线人数刷新了近10年的记录，中考均分和及格率全市排名第二。大力加强卫生科技广电事业。推进医卫综合改革，实现了县、乡、村三级基本药物零差价销售，县乡医务人员工资全部纳入财政全额预算，县医院晋升为二甲医院，基层综合医改试点县顺利通过验收。新农合参合率达到99.8%。连续六年被评为“省级卫生县城”。计生工作各项数据指标达到省市先进水平。实现了有线电视收视免费。努力提升社会保障水平。完成保障性住房2230套。五项社会保险全部实施。启动城乡新型社会养老保险，3.87万城乡居民实现了老有所养。各项社会保险金按时足额发放。为全县五保户、低保户、优抚对象和低收入家庭等发放保障金、临时价格和取暖补贴以及房补、救济等3000多万元。着力为困难、失业群众解决就业、医疗、子女读书等突出问题。不断巩固社会和谐稳定。认真落实安全生产责任制，全面加强安全隐患排查，安全生产形势平稳。结合干部下乡住村工作，认真开展领导干部下访、接访、包案活动，信访矛盾得到有效化解。加强和创新社会管理，深入推进平安右玉建设，全县安全稳定局面进一步巩固。

四、加强民主法治建设，提高依法治县水平

圆满完成县乡人大班子换届。支持人大及其常委会依法履行职能，进一步强化法律监督和工作监督。加强和改进代表工作，高质量办理代表议案和建议。基层民主法治水平取得新提升。圆满完成“五五”普法，全面启动“六五”普法，公民法制观念明显增强。完成农村“两委”换届，村民自治制度进一步完善。严格落实党管武装制度，不断加强国防教育和民兵预备役建设。组建了护林防火民兵应急分队，探索企业组建民兵应急分队机制。

五、传承弘扬右玉精神，全面加强党的建设

唱响时代主旋律，右玉精神影响力不断提升。3月1日，习近平同志在中央党校春季学期开学典礼上，作了题为《关键在于落实》的重要讲话，对右玉精神给予了高度评价。中央党校把右玉精神作为教学案例写入教材，并把右玉作为了党建教学联系点。与山大、山农大联合举办了右玉精神与生态文化国际学术研讨会，与省话剧团合作编排了以右玉精神为题材的话剧《立春》。坚持正确导向，班子队伍活力明显增强。圆满完成县乡村三级换届，扎实开展学习型党组织建设和创先争优活动，大力加强领导班子和党员干部思想政治建设，先后两期组织全县正科级领导干部赴北大培训学习，各级班子创造力、凝聚力、战斗力明显增强。深化干部人事制度改革，认真贯彻落实四项监督制度，群众满意度不断提升。扎实推进农村党建分类管理提升工程，建立农村党建精品示范点。试行了“村企联建”、“党工共建”的企业党组织设置新模式。全县基层党组织全面推行了党务公开。以开展干部下乡住村活动为切入点，深入推进干部下乡工作长效化、制度化。

干部下乡住村工作经验，在中组部干部培训班上做了交流。认真贯彻落实党风廉政建设责任制，深入开展“正风肃纪、创优环境”集中教育整顿月活动，严厉整顿干部工作纪律作风，党风政风进一步好转。

（李振贤）

附：一、中共右玉县委书记、副书记、常委名单

书　记：陈小洪（9月离职）　苏连根（9月任职）
副书记：苏连根（9月离职）　解志强（4月离职）
李月明（5月离职）　马占文（5月任职）

常　委：董　达（6月离职）　丁　裕（6月任职）
张乐祥（4月任职）　马占文
庞明明（5月任职）　董建军（5月离职）
李康正（5月任职）　张　祥（6月离职）
傅存新（6月任职）　张义涛（6月离职）
田献军（6月任职）

二、乡镇、旅游区党委书记、副书记名单

新城镇
书　记：魏　斌
副书记：韩志强　李根元（4月任职）
张毓新（4月离职）　王玉良

右卫镇
书　记：杨永文
副书记：杨　成　高玉明　张建民（4月任职）
韩晓辉（女，4月离职）

威远镇
书　记：韩日华
副书记：蔚　瀚　程　军（4月离职）
王栓有（4月任职）　韩晓辉（女，4月任职）

元堡子镇
书　记：卢太平
副书记：李鹏泉　王志军（4月任职）
田和平（4月离职）

李达窑乡
书　记：贺　仲
副书记：蔡灵和　李志平（4月任职）
王日勋（4月离职）

高家堡乡
书　记：王建忠
副书记：田兴世　刘永旺

牛心乡
书　记：宣　勇
副书记：王志文　傅生瑞

杨千河乡
书　记：王志平
副书记：郝　义　降　君（4月任职）
陈福明（4月离职）

丁家窑乡
书　记：门进孝
副书记：赵一虎　闫向前（4月任职）
王志军（4月离职）　王　飞

白头里乡
书　记：李国斌
副书记：武振东　韩　强（4月任职）
许志刚（4月离职）

杀虎口旅游区
书　记：王　宇
副书记：樊文智　吴红岩

中共山阴县委工作概况

县委书记　侯　元

山阴县共辖4镇9乡，县直党委1个、党组6个、基层党委21个、党总支64个、党小组1440个、党员总数10184人，占总人口数的4.23%。

2011年，山阴县委抢抓全省转型综改试验区建设战略先机，解放思想、开拓创新，坚持“大项目支撑、园区化承载、板块式发展、集群化推进”四措并举，全县经济保持稳定增长，群众生活进一步改善，社会和谐稳定，民主政治扎实推进，党的建设不断加强，各项工作都取得了新突破、新跨越。全县地区生产总值完成147.7亿元，同比增长15.3%；财政总收入完成24.16亿元，同比增长20%；城镇居民人均可支配收入达到19720元，同比增长13.5%；农民人均现金收入可达到9503元，同比增长26.1%。在全国县域经济竞争力基本评价中位列中部百强县第47位。被省委、省政府评为2011年度县域经济发展先进县，受到省委、省政府表彰。同时，被省委、省政府定为全省第一批扩权强县改革试点县。

一、以加快转型跨越为根本，打造循环经济发展模式，推进“四化一体”同步发展

一是加快工业新型化步伐。进一步整合提升煤炭产业集中度，发展煤、延伸煤、超越煤，依煤而电、依煤而化、依煤而冶、依煤而建，实现生产科技化、产品高端化、布局园区化、产业循环化。全县煤炭产量达到1688.8万吨，3座煤矿基本达

到标准化矿井，建成洗选企业15个，煤运企业8个，具备2500万吨洗选能力和4000万吨以上的运销能力。新增高钙石灰石产能28万吨。

二是加快农业现代化步伐。粮食产量达到4.2亿斤,比上年增长14%,进入全国粮食生产重点县行列。完成了30个高标准健康养殖小区,并有28个小区已投入运营。全县奶牛存栏8.3万头,鲜奶产量24.2万吨。天鹏农牧公司正在申报国家级农产品龙头企业,“古城牌”纯牛奶已成为全省特色农产品十大品牌之一。全县形成14个大型沼气站。大型沼气站数量全省最多,占到全省1/8。

三是加快城乡生态化步伐。紧紧围绕“两山一河”生态治理工程,完成植树10万亩、500多万株,桑干河湿地生态修复工程开工建设。二级以上天数344天,超指标要求44天。大力发展了绿色生态产业,进一步挖掘旅游文化资源,集中精力打造集边塞文化、古军事文化、民族交融文化为一体的生态旅游区。

四是加快县域城镇化步伐。投融资8亿多元,高标准完成了同太路和南环路改造工程，开工了县城大忻线西移工程。铺开了县城自来水管网改造,铺设支管网85公里,居民入户管网303公里,改造用户5000户。廉租住房、经济适用住房建设步伐明显加快。

五是加大招商引资力度。中博会上总引资147.9亿元,已有2×350MW矸石发电机组、雁门关农产品物流中心、明勇陶粒砂公司陶粒砂加工等8个项目落地在建;国际厦门贸易投资洽谈会总引资722亿元,签约的18个项目中,涉及种植加工、有机肥生产、太阳能发电等项目;深圳高交会上,签约项目9个,总引资120多亿元。招商引资成效显著。

二、以着力改善民生为重点,推动社会全面进步,提高人民群众幸福指数

一是深入推进民生工程。新的农村“五个全覆盖”工程全面启动，完成145个农村、566公里的农村街巷硬化全覆盖工程。新建93个农村便民连锁店,实现全覆盖。还有189个农家书屋、122个农民体育健身场所、257个村级文化活动场所工程建设全部完工。下乡住村包村增收活动扎实推进,县直党政机关和事业单位主要负责人牵头帮联105个村,635名科级干部、2280名一般干部住村联户，研究发展规划251个,新上项目70个,帮助解决实际问题2130个,为群众办实事好事1380多件。农村低收入农户冬季取暖供煤发放圆满完成,“访贫帮困送温暖”活动深入开展。

二是全面发展社会事业。不断加大教育投入,改善基础条件、提升管理水平,投资2.6亿元,打造全省一流的山阴一中于8月份已投入使用,高考二本达线人数连续两年实现翻番,达到214人,投资5890万元建设山阴五中,明年投入使用。投资2672万元,对4所学校和5所幼儿园进行了建设改造。社会保障救助体系不断完善,基本做到了应保尽保,参保人数达194432人次,比上年同期增长17%,全县享受城市最低生活保障共5685户,14763人,发放城市低保金3820.3万元;享受农村最低生活保障8112户,15236人,发放农村低保金2260万元。新型农村合作医疗参合农民15.9万人,参合率达99.9%,参合人数较上年增加了7000人,参合率和净增人数均居全市首位。首次对65岁以上所有老年人免费健康体检。出生人口得到有效控制,低生育水平得到进一步稳定,出生人口性别比106.44,长效节育率为92.28%,综合节育率为92.6%。就业再就业工作扎实推进,全县城镇新增就业2407人，创业带动就业人数523人，转移农村劳动力2994人,失业人员实现再就业1234人,全县城镇登记失业率控制在2.3%以内。

三是全力以赴维护稳定。始终保持对刑事犯罪的严打高压态势,积极构筑治安防控网络,加强了全县的治安防范工作。全面落实政府安全监管和企业安全生产主体责任,深入开展了煤矿、交通、非煤矿山、化工、民爆物品等重点行业和领域的安全生产专项整治。扎实开展领导定期接访和机关干部下访活动,实施领导包案,全面推进积案化解,妥善处置群体上访事件,实现了全年进京非正常上访和赴省集体访稳定控制的目标。

三、以提高执政能力为核心,坚持勤政廉洁务实,全面加强党的建设

一是深入开展创先争优活动。以纪念建党90周年为契机,开展了诗歌朗诵会、红歌赛、党史知识竞赛等纪念活动。开展了以“引深十大活动、打造十强十好”为主题的创先争优活动。通过周密安排、突出特色、加强指导、狠抓落实,创先争优活动取得了阶段性成效。

二是圆满完成县乡换届。通过换届,乡镇班子整体结构得到进一步优化,班子整体功能得到进一步增强,年龄知识结构更加合理。全县共提拔乡镇领导干部48名，交流干部70名,乡镇班子成员的平均年龄为39.96岁,比上届降低了4.01岁，大专以上文化程度为157人，比上届提高了4.1个百分点。县党代会、人代会、政协会选举产生了新一届领导班子成员,得票率均为100%。同时,村“两委”换届工作圆满完成,大学生村干部担任村“两委”主干的有80名,占全县大学生村干部总数208名的39%,占行政村总数的31%,其中一人实现了“一肩挑”。

三是全面加强领导班子和干部队伍作风建设。建立了“双定双亮三考三评三挂钩”的考核办法,制定了《山阴县年度目标责任考核实施细则》,出台了《关于进一步加强和改进干部队伍作风建设的决定》，坚持正面教育与刹风整纪相结合,通过强化制度建设、严格考核评价、加强监督检查、严肃问责追究,干部作风纪律明显改进,服务水平明显提升,工作效能明显提高。同时,聘请了一批知名专家举办了6次专题报告会,对全县副科以上干部进行了集中培训学习,参训人数达3800余人次。分三批分别将150名新任科级领导分别送往清华、浙大、哈工大进行了学习培训,收到了很好的效果。

四是切实增强基层党组织的战斗力、凝聚力。推行了“三同三联三及时”方法,优化农村基层党组织设置。促进了党员

干部"双带"作用的发挥,促进了农村经济发展、农民增收。投入资金1840多万元,新建村级组织活动场所229个,实现了村级活动场所全覆盖。

五是大力繁荣发展文化事业。充分发挥了全县新闻舆论的主渠道、主阵地作用,为构建和谐山阴营造了良好的舆论氛围。不断推进文化体制改革,加快了文化产业发展。文化产业已初具规模,全县文化产品生产、经营单位已达186家。公共文化服务质量和水平明显提高,文艺创作持续繁荣,文化发展成果实现了共享。

六是不断加强党风廉政和反腐倡廉建设。进一步规范从政行为,加大对教育、医疗等领域的乱收费的整治力度,加强了对农村支农惠农政策及资金使用情况的监督检查,深入推进农村党务、政务、村务的全面公开,扎实做好基层涉纪信访工作,加强了工程建设项目的滚动排查和整改力度,共排查工程建设领域中央投资、省重点和其他项目共40项,发现问题40个,已整改37个。并对在建项目进行动态监管、实时监控,确保了工程建设项目的质量和效益。扎实推进了煤焦领域反腐败专项斗争,坚决查处违纪违法案件,查办了公职人员不作为、乱作为等案件。共处分各类人员43人,其中党纪处分32人,政纪处分8人,其他处理3人,涉及科级干部6人,在全县营造出了风清气正的良好环境。

（樊晋阳　韩承升）

附：一、中共山阴县委书记、副书记、常委名单

书　记：侯　元

副书记：南志中(3月任职)　赵文君(4月离职)
苏斌如(4月任职)　苑　德(4月离职)

常　委：苏斌如　程育胜　贺志功(5月离职)
智杰山(5月任职)　钟启宇(3月离职)
毕治中(5月离职)　张凯瑞
句爱云(女,3月任职)　黄永红(女,5月任职)
孟福荣(3月任职)　郭兆文(5月任职)
田永清(4月任职)

二、乡镇党委书记、副书记名单

马营乡

书　记：王嘉平

副书记：王尚龙(8月离职)　程　毅(10月任职)
常顺平(4月任职)

玉井镇

书　记：郭志平(8月离职)　陶占有(8月任职)

副书记：陶占有(10月离职)　闫志民(10月任职)
李志宏

吴马营乡

书　记：苑　曙

副书记：张凤清(8月离职)　魏雁明(8月任职)
赵学春(4月离职)　周振国(4月任职)

下喇叭乡

书　记：王登峰(8月离职)　薛拉格(女,8月任职)

副书记：薛拉格(女,8月离职)　张志斌(10月任职)
肖玉林

北周庄镇

书　记：贺志功(主持工作至2011.4)
王碧邦(4月任职)

副书记：王碧邦(4月离职)　史俊龙(4月任职)
郑建平(4月离职)　樊宇峰(4月任职)

合盛堡乡

书　记：杨晓明(8月离职)　吴玉梅(女,8月任职)

副书记：吴玉梅(女,8月离职)　张凤清(8月任职)
兰彩云(女)

岱岳镇

书　记：靖文勇(5月离职)
何兴斌(5月任职、8月离职)
刘德义(8月任职)

副书记：何兴斌(5月离职)　马维华(5月任职)
邱建忠

安荣乡

书　记：刘世泉(8月离职)　王登峰(8月任职)

副书记：朱志斌　王志明(4月离职)
梁艳锋(女,10月任职)

薛圐圙乡

书　记：秦汉文(8月离职)　赵生富(8月任职)

副书记：赵生富(8月离职)　郝健明(10月任职)
季玉恒

古城镇

书　记：李日宏(5月离职)
刘德义(5月任职、8月离职)
刘世泉(8月任职)

副书记：刘德义(5月离职)　梁日军(5月任职)
薛有华

马营庄乡

书　记：郭兆文(5月离职)　郭金业(5月任职)

副书记：郭金业(5月离职)
赫明宇(5月任职、10月离职)
魏玉彪(10月任职)　张志斌(10月离职)
王玉国(10月任职)

后所乡

书　记：张志新(5月离职)　乔新文(5月任职)

副书记：乔新文(5月离职)　宋　军(5月任职)
高贵林

张家庄乡

书　记：李建文(8月离职)　刘文斌(8月任职)

副书记：刘文斌(8月离职)　吕志宇(10月任职)
张跃谦(5月离职)　王继红(5月任职)

中共忻州市委工作概况

市委书记 董洪运

忻州市共有党委342个，基层党组10256个，党总支389个，党支部9525个。共有党员173456名。2011年，忻州市委在中央和省委的正确领导下，坚持以邓小平理论和“三个代表”重要思想为指导，深入贯彻落实科学发展观，紧紧围绕转型跨越这个主题，实施“3581”发展战略，加大工作力度，加速赶队前行，全市经济、政治、文化、社会、生态文明建设和党的建设取得新进展、新成效。全市地区生产总值完成554.5亿元，同比增长15%；财政总收入完成任务122.2亿元，同比增长率35.5%,综合实力显著增强，转型综改试验区建设全面启动，安全生产形势持续明显好转，人民生活水平有了较大提高，市、县、乡三级换届圆满完成，社会建设和管理进一步加强，实现了“十二五”大发展的良好开局。

一、创新指导，深入贯彻落实科学发展观

市二次党代会以来，按照中央、省委统一部署，全市相继开展了保持共产党员先进性教育、深入学习实践科学发展观和创先争优活动，中国特色社会主义理论体系不断深入人心，贯彻落实科学发展观的实践指导与时俱进。立足忻州经济基础薄弱、产业层次较低、扶贫攻坚任务重、城镇发育缓慢、生态环境制约较大等市情，市委在二届四次全会上明确提出深入贯彻落实科学发展观、努力推进忻州“五个发展”的指导思想。在开展深入学习实践科学发展观活动中，市委进一步完善发展思路，明确发展重点，强化发展措施，提出了坚持“三五”工作总要求，这就是扭住“五个发展”，即转型发展、安全发展、和谐发展、创新发展、跨越发展；走出“五条路子”，即走出开放引进、开发拉长、多元做大的可持续发展的路子，走出用金融资本手段推动市域经济快速发展的路子，走出优化布局、循环利用的新型工业园区化发展的路子，走出能够充分发挥本地光、热、土地、水资源潜力的农业产业化发展的路子，走出具有忻州文化特色的文化与旅游产业化发展的路子；打好“五个攻坚战”，即打好项目建设攻坚战、打好扶贫开发攻坚战、打好安全生产攻坚战、打好信访稳定攻坚战、打好环境保护攻坚战。同时，明确提出了建设富裕文明、开放和谐、充满活力的新型工业旅游城市的目标定位。“三五”工作总要求和新型工业旅游城市的目标定位，使忻州发展的境界进一步提升，发展思路进一步完善，发展举措进一步到位，促进了科学发展观的现实化、具体化和实践转化，使指导工作更加主动、更加具体、更有成效。

二、围绕转型跨越，加速赶队前行

着眼大干“十二五”转型跨越、赶队前行的新形势、新要求，市委常委会及时研究经济工作，不断加强和改进对经济工作的领导。坚持抓项目、增投资，兴产业、调结构，办实事、惠民生。五台山飞机场建设步伐加快，忻阜、忻保高速公路全线通车，投资100亿元的五台山提升工程全面启动，同德化工100万吨氧化铝项目开工建设。全市财政总收入完成122.2亿元，同比增长35.54%，超过省考核目标17.54个百分点；一般预算收入完成53.57亿元，同比增长26.52%，超过省考核目标11.52个百分点。稳定摆脱垫底，稳步走过拐点，位次前移一位，健步跨入赶队前行的发展新时期。

突出项目攻坚，推进投资增长。继续打好项目建设攻坚战。常委会牢固树立抓项目就是抓转型、抓民生、抓发展的理念，围绕八大产业，持之以恒抓项目。新开工项目、招商项目、落地项目、储备项目和投资增长均创历史新高。组织全市项目大观摩，总结经验、表彰先进，寻找差距、明确方向，为新一年和“十二五”期间项目大建设奠定了基础。

突出八大产业，加快转型升级。一手抓传统产业改造升级，一手抓新型产业培育开发，振兴“八大产业”，推进转型跨越。煤炭产业机械化、集约化、信息化和安全生产水平明显提升，电力产业结构进一步优化，绿色农牧产品加工业品牌化建设步伐加快，旅游文化产业规模开发进入新阶段，新材料、新型煤化工、装备制造、现代物流等产业转型升级、规模扩张都在扎实推进。10大循环经济工业园区建设加快。

突出农民增收，推进新农村建设。落实强农惠农富农政策，粮食直补和综合补贴资金2.43亿元，及时发放到农户。市县两级拿出农业奖补资金近4亿元，比上年翻一番。忻府区蔬菜、岢岚绒山羊、五寨马铃薯、五台肉牛等4个“一县一业”基地县和270个“一村一品”专业村建设取得显著成就。坪上应急引水和10座中小型水库除险加固、引黄灌溉以及“6+1”一村一井工程建设，加快了水利事业发展。出台移民搬迁《实施意见》，五年内把200人以下村庄近17万农村人口搬迁到县城和中心集镇的工程扎实启动。全市扶贫移民任务由1.95万人增加到3.8万人，预计全年减贫人口7.5万人。社会主义新农村建设的1049个试点村、重点村，新发展的234个重点村取得历史新成绩。

突出先行先试，推进综改试验区建设。根据省“一市两县”、“一市两园”、“一县一企”的重点部署和《总体

方案》，成立了综改试验办公室，积极启动综改试验区建设。原平市、宁武县作为综改试点县，忻州煤化工循环经济园区、忻州蓝天节能环保产业园区作为综改试点园区，五台山作为全省转型综改试验区旅游领域的第一个重大标杆项目，实施方案均已就绪，重点项目正在落实，配套工作加速推进。

突出中心城市建设，加快推进城乡一体化发展进程。根据省委、省政府市域城镇化部署，按照太原都市圈建设总体布局，完成《忻州市城市总体规划》修编，编制了《忻定原组群规划》，制定了市区城镇扩容提质《实施方案》。中心城市建设的"九大工程"提速，"六路三桥"等30项城建工程扎实启动。和平街改造工程国庆前竣工，成为市政建设的示范工程。"城镇扩容提质大行动"和旧城区综合整治示范片区工程全面展开，秀容古城系列改造和砂河镇、阳方口镇建设项目实现重大进展，省级15个重点镇建设投资力度全面加大。大力度推进建筑节能，2011年成功申报成为全省第二个国家可再生能源应用示范城市。

三、理论引导，积极推进文化繁荣与发展

市委中心组带头学习，努力建设学习型党组织、学习型社会。发挥组织部、宣传部、党校、讲师团的职能优势，办好《忻州大讲堂》，加强对市、县、乡领导干部学习培训，坚持社会主义核心价值体系教育，不断坚定全市党员干部转型跨越、赶队前行的信心和决心。组织市、县领导干部到高等院校和沿海发达地区，学经验、开视野、换脑筋。进行"山西大发展、忻州怎么办"思想解放大讨论，实施"干部素能提升工程"，开展市民素质提升行动，引导干部群众解放思想、提高素质、创先争优。全市上下弘扬创新苦干、务实进取精神，爱国守法、明礼诚信、团结友善、勤俭自强、敬业奉献的自觉性进一步提高，繁峙县"创卫"、环保局"创模"等一批"文明创建"先进典型得到省委、省政府和国家有关部门的表彰。

出台《忻州市文化体制改革方案》，制定《忻州市文化产业发展规划纲要（2009-2015）》和《忻州市发展文化产业的实施意见》，文化发展与繁荣进入新时期。乡村、社区等基层群众文化事业蓬勃发展。《黄河管子声》、原平"凤秧歌"等文艺作品和木雕、刺绣、剪纸等拳头产品走向省内外，获得"文华奖"等一系列国内专业大奖。五台山以文化景观成功入选《世界遗产名录》，"五个五台山"建设在高品位规划中全面启动。一批非物质文化遗产得到传承，具有忻州特色的文化与旅游产业在三晋大地显现出新的生机与活力。

四、加强社会建设和管理创新，切实保障和改善民生

加大环保攻坚力度，高标准保护生态环境。启动了中心城市创建国家环境保护模范城市、县一级创建省级环保模范城市的工作。采取7条措施，狠抓节能减排，有效遏制了能耗上升的势头。重点流域水污染防治工作受到省流域环境综合整治工作领导组的表彰。忻州城区二级以上天数达到359天，空气质量稳定达到国家二级标准。全市14个县（市、区）及五台山二级以上天数累计5438天，比去年增加23天。全面启动新一轮通道绿化提质工程，继续深入开展"城郊建森林公园、单位建生态花园、农村建绿色庭院"活动，忻州城区绿化覆盖率提高2.3个百分点，14个县市区城郊森林公园初步建成。

加大惠民工程建设力度，切实保障和改善民生。在巩固"五个全覆盖"、加快实施新的"五个全覆盖"工程的同时，全面部署了水利、交通、教育、卫生、文化、社保6大惠民工程，安排了20件惠民实事，预定目标任务基本完成。省委、省政府为低收入农户免费供应一吨煤的政策得到全面落实。制定出台全市教育中长期发展规划《纲要》，义务教育标准化建设实现全部达标。医药卫生体制"五项医改"圆满完成，整体工作跻身全省前3名行列。狠抓人口和计划生育工作，计生主要指标全部达到省考核要求，初步扭转了在全省的靠后被动局面。全市新增城镇就业、下岗失业人员再就业、就业困难人员就业、转移农村劳动力、创业带动就业，以及城镇登记失业率控制的年度目标任务均顺利完成。

加大社会管理创新力度，确保安全稳定持续好转。继续打好信访稳定攻坚战。落实全省领导干部包处信访积案忻州现场会精神，坚持和完善21项信访工作制度，推进积案化解。坚持信访跟踪回访问效，提高办结质量。全市信访形势持续稳定好转。继续打好安全生产攻坚战。深化"安全生产年"活动，开展安全百日大检查，强化专项整治，严格落实企业、政府和部门责任，加快安全生产标准化建设。全市各类生产安全事故死亡人数均控制在省年度控制指标之内，继续保持了安全生产的好形势。

五、加强党的建设，建好领导班子和干部队伍

坚持把思想建设放在首位，贯彻落实科学发展观的领导能力实现新的提升。常委会带头学习党的创新理论，学习中央、省委科学发展的新思想、新理念、新要求，努力用科学发展观武装头脑、统一认识、指导实践、推动工作，着力在理论联系实际的结合上下功夫，在指导创新上作文章，创造性推动政治、经济、文化、社会建设和生态文明建设，各项工作创先争优更加主动、更有成效。

坚持把班子建设作为重点，推动转型跨越、赶队前行的实践能力进一步增强。按照政治坚定、能力优秀、作风良好的要求，加强各级党组织建设。深入开展争做"五个表率"、坚持"二十字"要求、弘扬"九个方面"良好作风的活动，开展"五岗四亮三争"创先争优主题实践活动，总结经验，表彰先进，领导干部的表率作用和党组织的领导核心作用进一步发挥，全市上下勇于担当、真抓实干、创新创业、为民务实的氛围更加浓厚。

坚持把作风建设作为根本，干部下乡住村“六个一”活动取得明显成效。常委、副市长和人大、政协主要领导带头，17位领导下乡住村99天，落实资金1824万元，扶持项目44个。全市市、县、乡三级领导干部共2162人，包贫困村2162个，帮助农村制订发展规划2853个，新上项目1038个，解决实际问题3536个。

坚持把党风廉政建设作为保障，党风政风进一步好转。召开全市党风廉政建设干部大会暨省纪委二届六次全会，提出“五个必须”的党风廉政建设新要求，全面加强反腐倡廉建设。重点加强对转变经济发展方式、建设“综改试验区”、市县乡村四级集中换届等政治纪律执行和重大决策部署贯彻落实的监督检查。加强对20件惠民实事、30项城建项目和157项重点工程的监督检查。治慵治懒，有效解决群众反映强烈的突出问题。坚决查处干部队伍中称霸一方的恶人、贪污腐化的罪人、吃拿卡要破坏发展环境的坏人，严肃查办了市水务集团原董事长王尚仁、静乐县煤炭安监局原局长李东青等一批严重违纪违法典型案，得到了省纪委和中纪委六室领导的充分肯定。继续推进煤焦领域反腐败专项斗争和工程建设领域突出问题专项治理，累计清缴违纪违规资金21.6亿元，追缴跑冒滴漏资金5.5亿元。狠抓惩防体系建设五年规划任务的落实和干部廉政教育，全市反腐倡廉建设科学化水平有了较大提升。支持纪检部门开展“三比一树”活动，纪检监察机关履行职责、服务忻州转型跨越发展的能力和水平明显提升。

（赵　芳）

附：中共忻州市委书记、副书记、常委名单

书　记： 董洪运

副书记： 李平社　郑连生

常　委： 张晓峰　杨绪全（6月离职）　辛旭光

王学英（女，5月离职）　王　成（5月任职）

周如璧（8月离职）　王士桦

武　德（8月任职）　郝钧藩　阮全进

梁　洁　陈义青（女，8月任职）

中共忻府区委工作概况

区委书记　武宪堂

一、认真开展干部下乡驻村工作，持续引深“创先争优”活动

不断强化载体功能，全面引深争创活动。继续推进“十百千”创建工程和“五个一”活动。按照公开承诺、领导点评、群众评议、评比表彰的程序，以“五个一”活动、“十百千”创建工程及干部下乡住村“六个一”活动为载体，不断引深创先争优活动。按照省、市文件要求，四大班子领导干部率先垂范，全区上下各级、各部门、各单位广泛开展了“领导干部下基层，住村下乡六个一，转变作风促发展”活动。各级领导干部深入到20个乡（镇、办事处）的300多个村广泛开展调查研究，加强分类指导，解决实际问题。

广泛开展纪念建党90周年系列活动。一是开展评比表彰活动。全区各级党组织按照区委组织部《关于开展“纪念中国共产党成立90周年暨创先争优”评比表彰系列活动的通知》要求，结合区委《关于开展创先争优“十百千”活动的创建标准》，对11个红旗基层党组织、38个先进基层党组织、38名优秀党务工作者和38名优秀共产党员进行了表彰。二是开展系列纪念活动。全区各级党组织根据实际，通过红色宣讲、唱红歌等文艺演出、观看革命历史题材影片和先进人物优秀影片、革命传统报告会、迎“七一”党的知识竞赛、共产党员“创先争优——我奉献、我自豪”征文暨演讲比赛、“笔墨丹青颂党恩·转型发展谱新篇”书画摄影展、体育活动等多种形式，隆重纪念建党90周年。

二、圆满完成区、乡两级换届任务，夯实转型跨越发展基础

一是加强领导，精心组织。成立了区委书记任组长的换届工作领导组，召开了换届工作动员会，制定了《中共忻府区委关于认真做好区第三次党代会代表选举和乡镇党委换届选举工作的安排意见》。以提高素质、优化结构、增强活力为重点，统一时间、统一程序、统一办法组织了对各乡镇换届的全额定向推荐。严格按照有关程序规定，制定了

《考察工作方案》，抽调精干力量组成考察组，对全区20个乡（镇、办）领导班子副科级以上领导干部进行了全面考察。二是严格把关，选好代表。注重代表和委员候选人的结构比例，严格代表和委员的提名程序，认真把好代表推选的各个环节，严格报批手续，按照《中国共产党地方组织选举工作条例》和《中国共产党基层组织选举工作暂行条例》、《选举法》等政策法规，制定了选举工作方案。三是严明纪律，风清气正。组建了乡镇换届工作督查指导组，在区乡党代会、人代会及区政协会预备会议上全部向“两代表一委员”组织了换届风气测评，确保了区乡换届工作风清气正。

新一届区乡领导班子结构得到进一步优化。区党政班子成员平均年龄为46.8岁，比上届下降5.6岁；区党政领导班子成员中，本科以上学历的13人，占总数的92.9%。乡镇党委书记队伍中，42岁以下的占到30%，乡镇长队伍中，35岁左右的占到了三分之一以上。

三、实施“干部素能提升工程”，加大干部教育培训力度

成立了由区委常委、组织部长任组长的忻府区干部教育工作领导组，健全组织领导机制。将干部教育培训专项经费列入年度预算，每年拨专款42万元，用于干部教育培训工作。确立了“以流动设点、自主选学、整合资源、优化培训”的目标任务，建立了“党委定任务、单位定计划、干部选课件”的培训格局。结合干部需求制定培训学习计划，制定了《忻府区深入推进干部自主选学实施方案》，全面优化课程设置。邀请专家教授采取集中讲授的方式，对全区副科级以上干部210人进行集中培训。组织了121名科级以上领导干部走出去集中培训。全年共组织集中培训干部25期，培训人数4610人次。

四、进一步加强基层组织建设，执政能力不断提高

村级组织换届有序推进。实行了区四大班子领导包乡驻村指导换届工作制度，组建了20个换届工作指导组，指导全区20个乡镇办的村级换届工作。层层召开了换届工作动员会，逐级开展了换届业务培训，认真学习相关政策及法律法规。实行了候选人“三级联审”机制，严格政策、严格审核、严格程序、严肃纪律，确保村级换届工作“平稳、规范、按时、保质”，圆满完成。

“四议两公开”工作法深入推行。通过强化培训、规范操作、明确责任、建立制度、典型引路、深入督查指导等举措，指导全区所有行政村结合区乡换届工作代表推选，将村级重大事务全部纳入了“四议两公开”议事决策程序，积极总结各地经验，以点带面，本着实用、有效的原则，使该工作法成为基层科学执政、民主执政、依法执政的有效之举。

五、努力服务转型跨越发展，切实加强人才队伍建设

认真贯彻人才工作会议精神。研究制定人才强区相关的配套措施，落实《忻府区中长期人才发展规划纲要（2010—2020年）》。全区各乡镇办、各单位（部门）都结合本地、本单位工作的实际和自身建设的需要，研究制定出了具体的落实计划和措施。研究制定了《2011年忻府区人才工作要点》和《2011年忻府区人才工作重点任务分解表》。

切实加强人才环境建设。大力宣传《国家中长期人才发展规划纲要》、《山西省人才发展规划纲要》和《忻州市中长期人才发展规划纲要（2010—2020年）》的重大意义。对34名人才典型的先进事迹进行了宣传报道，着力在全区营造尊重劳动、尊重知识、尊重人才、尊重创造的社会氛围。区委人才办通过多方工作，协调联系区政府秘书处和区发改局将人才工作纳入了全区国民经济和社会发展“十二五”规划体系。积极组织优秀专家和优秀专业技术人才开展服务三农活动，充分发挥专家和优秀专业人才的作用。共组织和协调联系优秀专家和优秀专业技术人才深入农村开展形式多样的服务活动60多场次。

加强人才队伍建设。制定并下发了《关于进一步加强党委联系专家和优秀人才工作的通知》，健全完善了区、乡两级党委联系专家和优秀人才制度。共确定区委联系的优秀专家34名、优秀人才54名，区直各党委、各乡镇办党（工）委共联系优秀专家和优秀人才420余名。以能力建设为核心，采取多种形式，对全区各单位（部门）的人才工作者和各类人才进行了政治理论和业务知识的培训，1月份，举办了一期人才工作培训班，对区委联系的优秀专家和人才工作者共100余人进行了政治理论和业务知识培训，进一步增强了他们的使命感和责任感。进一步完善了人才信息库，建立了专家档案，与专家签订了目标责任书并在年终进行了工作目标考核，组织优秀人才投身经济主战场，开展服务基层活动，充分发挥现有人才的作用。

六、强化考核管理，不断创新大学生村干部工作

建立健全区、乡、村三级管理责任体系。在已经形成的例会制度、目标管理责任制、定期述职制度、实绩管理制度和日常考勤制度等五项制度的基础上建立了乡村两级大学生村干部帮扶机制，推动大学生村干部早成才，快成才。通过开展政策指导、信息引导和项目帮扶，提高大学生村干部的政策法制观念和组织领导能力，掌握适合农村实际的工作方法和领导艺术，提高带领群众共同致富的能力。党支部书记对大学生村干部开展“传帮带”活动，开展工作带在身边，重要活动引导参与，安排任务有的放矢，给他们压担子，让他们在处理各种复杂问题和完成急、难、险、重任务中发挥作用，积累经验，锻炼成才。

培养培训工作逐步走上制度化轨道。采取每月一次大学生村干部例会形式，向大学生村干部介绍乡情、村情，工作重点、优势产业、重点项目，组织大学生村干部交流研讨，实地参观，对大学生村干部进行适应性培训和经常性培训。区委组织部把大学生村干部工作放在全区总体工作的框架内进行审视，定期安排大学生村干部到纪检、信访、农业、经信等相关单位进行轮训，使他们拓宽了知识面，增强了处理复杂问题的能力。坚持办好《大学生村官报》，紧紧围绕市委、区委的中心工作，坚持唱响主旋律，自觉为推动全市、全区的经济建设和社会事业发展服务，为全市四千名大学生村干部服务，在推动全市、全区大学生村干部工作中发挥了积极的作用。

（杨国文）

附：一、中共忻府区委书记、副书记、常委名单

书　记：武宪堂

副书记：赵志伟　王　昕

常　委：宁云楼　刘卫东　白治平　邢雨花
安亮东　卢维忠　高瑞军

二、乡镇（街道）党委（党工委）书记、副书记名单

秀容街道

书　记：张俊峰(5月离职)　栗晓敏(5月任职)

副书记：王　强(11月离职)　戎清元(11月任职)

新建路街道

书　记：赵志浩(5月离职)　刘明祥（5月任职）

副书记：张清亮(11月离职)　白先明（11月任职）
石志勇(11月离职)

长征街街道

书　记：安亮东(5月离职)　李秀文(5月任职)

副书记：田卫中(11月离职)　王　强(11月任职)
张晋平(女)

董村镇

书　记：郭新和(11月离职)　张炳秀(11月任职)

副书记：于永青(11月离职)　侯俊明(11月任职)
刘顺昌

紫岩乡

书　记：周少勇(11月离职)　丁国仓(11月任职)

副书记：韩瑞强(5月离职)　董永胜(5月任职)
赵建平

西张乡

书　记：张爱民(11月离职)　周越宏(11月任职)

副书记：丁国仓(11月离职)　侯建林(11月任职)
郝宏斌

播明镇

书　记：张艾文(11月离职)　孙晓磊（11月任职）

副书记：王成和(5月离职)　范建斌（5月任职）
王双良

义井乡

书　记：赵剑勘(11月离职)　蔚念军(11月任职)

副书记：蔚念军(11月离职)　李　宁(11月任职)
付俊敏(女)

东楼乡

书　记：白　蕾（女，11月离职）　赵剑勘(11月任职)

副书记：白先明(11月离职)　宗　德(11月任职)
贺云波

曹张乡

书　记：孙晓磊(11月离职)　赵志强(11月任职)

副书记：范建斌(5月离职)　郭春宝(5月任职)
罗海田

秦城乡

书　记：栗晓敏(5月离职)　刘　岗(5月任职)

副书记：刘　岗(5月离职)　刘宏伟(5月任职)
卢建荣

高城乡

书　记：史万中(11月离职)　李　勇(11月任职)

副书记：石培银(11月离职)　张晋荣(11月任职)
刘宏伟(5月离职)　索文华(5月任职)

解原乡

书　记：陈彦龙(5月离职)　任明生(5月任职)

副书记：李　勇(11月离职)　石培银(11月任职)
董海平

奇村镇

书　记：何天宝(11月离职)　卢红卫(11月任职)

副书记：卢红卫(11月离职)　石志勇(11月任职)
张银顺(5月离职)　刘利文(5月任职)

合索乡

书　记：高泽坚(11月离职)　王　坤(11月任职)

副书记：任明生(5月离职)　王素霞(女，5月任职)
武培明

兰村乡

书　记：刘明祥(5月离职)　安全明(5月任职)

副书记：戎清元(11月离职)　谢利荣(11月任职)
高贵田

豆罗镇

书　记：连虎林(11月离职)　史万忠(11月任职)

副书记：王　坤(11月离职)　于永青(11月任职)
张会元

庄磨镇

书　记：李秀文(5月离职)　常清华(5月任职)

副书记：谢利荣(11月离职)　郭亮明(11月任职)
张国清

三交镇

书　记：安全明(5月离职)　韩瑞强(5月任职)

副书记：常清华(5月离职)　张　文(5月任职)
降秀亭

阳坡乡

书　记：周越宏(11月离职)　郭沛华(11月任职)

副书记：宗　德(11月离职)　巩文亮(11月任职)

常天荣

中共原平市委工作概况

市委书记　薛根生

2011年，在省委、忻州市委的正确领导下，原平市委以科学发展观统领全局，抢抓全省转型综改先行试点和扩权强县改革试点“双试点”历史机遇，紧紧围绕“扭住跨越发展，挺进全国百强，建设新型工业基地、商贸物流中心、和谐宜居家园”的奋斗目标，继续打好思想大解放、作风大转变、项目大会战、教育大整顿“四大战役”，深入实施创建园区、治理滹沱、振兴范中、改造化二“四大工程”，全力推进经济、政治、文化、社会建设和党的建设，全市经济社会实现了超常规跨越式发展。

全年生产总值完成94亿元，同比增长24.1%，增幅排名忻州市第一。财政总收入完成17.6亿元，增长48.8%。其中，一般预算收入完成6.9亿元，增长19.2%。固定资产投资完成91亿元，增长52.4%。工业增加值完成47.7亿元，增长56%。社会消费品零售总额34.2亿元，增长17.5%。城镇居民可支配收入17358元，增长16.4%。农民人均纯收入5541元，增长19.7%。

一、以挺进全国百强为目标，认真贯彻落实省和忻州市决策部署，加快了转型跨越步伐

抢抓机遇促转型，坚定了争先跨越的信心。市委不断强化机遇意识和竞争意识，从多个方面谋求发展路径，积极争取上级和政策支持。原平市被列为全省综改试验区先行试点市和扩权强县试点市，这是全省少有、忻州唯一的“双试点”市，为全市改革发展赢得了更多主动权。率先编制完成了综改试点规划和综改行动方案并在全省首家通过初审。全市重点工程不仅在规模和数量上体现了“原平优势”，而且在园区创建、天涯山旅游风景区开发等重大项目推进和落实上创造了“原平速度”。

强抓项目扩总量，加快了新型工业基地建设。一是产业龙头迅速崛起。举全市之力打造“园区经济、铝业基地、电力集群”三大经济板块。在园区经济建设上，总规划面积达50平方公里的循环经济工业园区初具规模，一期20平方公里规划已全部完成，被列为省级循环经济示范工业园区，现已入驻总投资104.8亿元的千万吨洗煤、百万吨短流程铸造、新石新型煤化工项目、太行钢结构项目四大循环经济项目和一个园中园。在铝业基地建设上，积极争取总投资396亿元的晋北铝业三期项目获得核准，打造年产值500亿元、利税50亿元的生态铝工业园区。在电力集群建设上，加快推进总投资近50亿元的同华电厂二期项目，同步实施总投资55亿元的国电、华能、华润三大风电项目，促进电力产业转型升级。二是商贸物流活力显现。实施“商贸活市”战略，重点规划实施了6大市场项目：总投资13.3亿元的山西德金农副产品加工贸易园区项目，将成为忻州市最大的农产品加工贸易市场。总投资6亿元的香港豪德汇通商贸物流城项目，已于中博会签约。总投资1.2亿元的大营温泉汽车大观景园一期工程已建成运营。总投资1亿元的日昇建材市场正加紧建设。三是项目建设全面提速。启动实施项目96个，总投资334.9亿元，已有94个项目开工，完成投资174.4亿元；积极抢抓会展机遇，参展中博会、旅博会、农博会，共签约项目21个，总投资453亿元。加大项目储备，目前共储备“十二五”项目473个，总投资为1681亿元。已确定今年开工的5000万元以上项目79个，进一步夯实了经济发展的基础。

多措并举夯基础，开创了“三农”工作新局面。全面落实强农惠农政策，强化农业科技支撑，全市良种覆盖率达97%以上，“三品”认证面积达31.6万亩，国家认证的无公害农产品29个。实施科技入户工程，全市共培训农民24890人。超额完成移民搬迁任务，粮食总产量与农民人均纯收入喜获双丰收，原平市被评为全国粮食生产先进县(市)，受到了国务院的表彰重奖；农民人均纯收入首次超过忻州市人均水平。

二、以建设和谐宜居家园为依托，加快发展各项社会事业，全面提升群众幸福感和满意度

扩容提质强功能，提升了城市宜居水平。围绕建设活力魅力城市，聘请专家完成了11项城建规划的修编。按照“东拓南改、三水环城”的思路，实施“扩城靓市”战略，加快东拓发展，打造滨河新区。重点实施了总投资超8亿元的范亭广场、新华广场、流金广场、体育广场、滹沱河生态经济带、天涯山旅游风景区、牛卧河公园、市委大院改造等8大基础设施项目。不断改善城市生态，城区新增绿化面积26.86万平方米。继续实施“蓝天碧水”工程，扎实推进污染减排。

凝心聚力兴教育，增强了文化综合竞争力。在为范中投入巨资并招聘名师的基础上，又在全忻州市率先开展了高中校长公开招聘工作，并将城区小学校长全部进行了调

整。持续加大教育投入，新建了第四中学，第七小学已开工建设。

以人为本惠民生，扎实推进了和谐建设。超额完成城镇职工基本养老保险、城镇职工基本医疗保险、新型农村社会养老保险覆盖率、保障性住房开工建设等任务。医药卫生体制五项医改、文化体制改革完成预期目标。认真落实山西省“10件实事”和忻州市“20件实事”，实施了新“五个全覆盖”工程。认真开展领导干部大接访活动，全省领导干部包处化解信访积案经验交流会在原平市召开。认真开展各类专项整治行动，确保群众安居乐业。不断完善安全生产长效机制，加大对重点行业和领域的整治力度，始终保持对打击盗采国家资源行为的高压态势，有效遏制了各类事故发生。

三、以提升素质为核心，全面加强干部队伍建设，提升了成事创业的活力和能力

一是充分发扬民主集中制。坚持党委总揽全局、协调各方，充分发挥四套班子以及各人民团体的作用，实行市领导包项目、包发展、包安全的责任包保制，并由人大、政协牵头对全市重点工作开展督查，形成了齐抓共管、群策群力的工作局面。依法治市工作成效显著，被评为全国“五五”普法先进市，受到了国务院的隆重表彰。二是扎实推进创先争优活动。开展“三晋先锋在行动”主题实践活动，推广党员干部公开承诺制，组织开展了纪念建党九十周年系列活动。三是认真抓好干部管理教育工作。以抓好换届后领导班子思想政治建设为重点，先后3次聘请教授学者举办干部培训专题讲座。各单位住村干部下乡住村298次，研究发展规划96个，新上帮扶项目 29个，解决实际问题258 个，为群众办实事2826件。四是认真抓好换届选举工作。风清气正选干部，科学合理配班子，共对79名市乡干部进行了调整交流。注重在基层工作一线锻炼、培养和选拔干部，新任的21名乡镇书记和乡镇长中，机关仅选调了7 名，其余14名都从基层乡镇产生。五是加强基层党组织和党员队伍建设。以规范管理为重点，完善了村级组织活动场所建设；实现了非公有制企业党组织全覆盖。扎实开展党员教育培训，不断强化大学生村干部管理和使用。认真开展第九届村委换届工作，实行“四包十查”工作法，确保了工作顺利推进。

四、以正风肃纪为举措，深入推进党风廉政建设反腐败工作，创优了跨越发展的政治环境

一是严格落实党风廉政建设责任制。坚持“党委统一领导，党政齐抓共管，纪委组织协调，部门各负其责，依靠群众支持和参与”工作方针，认真落实“一岗双责”，与各级各部门逐级签订责任状，形成了一级抓一级，层层抓落实的格局。二是深入开展监督检查和专项治理。在纪律作风集中教育整顿月活动中，查处了6名顶风违纪干部，有力整肃了干部作风。集中开展了煤焦领域、工程建设领域、公务用车治理等专项整治活动，共收缴各类款项1200余万元，清理违规公车58辆。三是全面加强政风行风建设。不断强化科技支撑，率先建立了纠风工作网络，工作经验在全忻州市交流。深入开展作风大转变，“三比一树”主题教育活动扎实开展，综合考核名列忻州市第一。四是加大查办案件力度。全市纪检监察机关共立案查处各类违纪违法案件126件，处分126人，其中党纪处分106人，政纪处分21人，双重处分1人，涉及科级干部11人。五是强化预防腐败工作。率先开通了“原平百姓阳光网”，促进了农廉工作有效开展；深入推进行政审批、财政等制度改革，累计审核支出7620笔，涉及金额近9亿元，纠正不合理支出135笔，涉及金额241万元；政府采购中心采购金额达5810万元，节约资金464万元。

（邢三强）

附：一、中共原平市委书记、副书记、常委名单

书　记：薛根生

副书记：杜永进（5月离职）　王润才（5月离职）
秦书义（5月离职）　温建军（5月任职）
白亚军（5月任职）

常　委：尚茂生（5月离职）　牛凤荣(女，5月离职)
孔保宝（5月离职）　马根泉
白亚军（5月离职）　高秀亭
周树春（5月离职）　张清池（5月任职）
葛小树（5月任职）　郭殿生
尹志刚（5月任职）　庞晋源（5月任职）
程建明（9月任职）

二、乡镇（街道）党委（党工委）书记、副书记名单

南白乡

书　记：张新所（5月离职）　温志亭（5月任职）

副书记：韩飞龙（5月离职）　苏怀亮（5月任职）
邢建勇

东社镇

书　记：赵永进（5月离职）　赵一初（5月任职）

副书记：郝树平（5月离职）　张志强（5月任职）
续艳峰

子干乡

书　记：张青林（5月离职）　陈振田（5月任职）

副书记：陈振田（5月离职）　闫晓彬（5月任职）
冀礼云（5月离职）

中阳乡

书　记：张建中

副书记：韩海燕（女，5月任职）　杨明勇

苏龙口镇

书　记：索应应（5月离职）　张国强（5月任职）

副书记：申国华（5月离职）　郝树平（5月任职）

任登科

沿沟乡

书　记：谢所军（5月离职）　张军胜（5月任职）

副书记：张军胜（5月离职）　韩飞龙（5月任职）
程海军

峪阳镇

书　记：郭景田（5月离职）　王　彤（5月任职）

副书记：张海亮（5月离职）　邢中平（5月任职）
贺利荣

大林乡

书　记：丁佐华（5月离职）　申国华（5月任职）

副书记：郝治国（5月离职）　赵世军

西镇乡

书　记：庞晋源（5月离职）　朱清云（5月任职）

副书记：韩美智（5月离职）　刘海生（5月任职）
赵水泉

新原乡

书　记：王卫东（5月离职）　郭志宏（5月任职）

副书记：赵一初（5月离职）　贾文柱（5月任职）
张泽峰

王家庄乡

书　记：贺所明（5月离职）　潘　颖（女，5月任职）

副书记：潘　颖（女，5月离职）　刘冠星

闫庄镇

书　记：郭志宏（5月离职）　张永明（5月任职）

副书记：刘海生（5月离职）　马欣荣（5月任职）
赵申文

楼板寨乡

书　记：闫秀斌（5月离职）　郝治国（5月任职）

副书记：朱清云（5月离职）　杜五田（5月任职）
张在田

解村乡

书　记：党福泉（5月离职）　赵永进（5月任职）

副书记：刘永顺（5月离职）　王卫东（5月任职）
邸俊峰

大牛店镇

书　记：蔡　勇（5月离职）　丁佐华（5月任职）

副书记：李永生（5月离职）　张高中（5月任职）
岳　畛

长梁沟镇

书　记：王　彤（5月离职）　张海亮（5月任职）

副书记：王　晟　刘红羽

轩岗镇

书　记：李志坚（5月离职）　张青林（5月任职）

副书记：贾文柱（5月离职）　李永生（5月任职）
解建斌

段家堡乡

书　记：张国强（5月离职）　张新所（5月任职）

副书记：张高中（5月离职）　赵国斌

南城街道

书　记：贺　毅（5月离职）　郑国梁（5月任职）

副书记：王卫东（5月离职）　罗建军（5月任职）
郝晓华（女）

北城街道

书　记：张三元（5月离职）　刘永顺（5月任职）

副书记：高文平（5月离职）　侯培生（5月任职）
苏小钧

轩煤矿区街道

书　记：赵明虎（5月离职）　韩美智（5月任职）

副书记：任艳萍（女，5月离职）　冀礼云（5月任职）
孙军前

中共五台县委工作概况

县委书记　王继明

2011年，五台县委在中央、省市委的正确领导下，坚持以科学发展为统领，深入贯彻落实党的十七届五中、六中全会精神，按照省委“三个发展”和市委三五工作总要求及“3581”战略安排部署，以科学发展为统领，全面加强党的建设，执政能力和执政水平进一步提高，深入推进县委“三五”发展战略，继续解放思想，扩大开放引进，狠抓项目攻坚，创优发展环境，县域经济社会发展取得了显著成效。

一、扎实推进理论武装，助推转型跨越发展

制订出台了《2011年度县委中心组理论学习计划》、《2011年度全县干部政治理论学习安排意见》，充分利用开展主题教育、骨干培训、党校轮训、辅导讲座等形式，深入学习贯彻十七届五中、六中全会和胡锦涛同志“七一”讲话精神；先后邀请著名教授专家作专题宣讲，对全县副科以上干部进行了授课辅导，有力提升了各级领导干部的理论素养和行政能力，为推进转型跨越发展提供了坚实的理论武装。组织开展了思想解放大讨论、机关纪律作风大整顿、信访“双百”大行动，县域发展的合力与活力不断增强。

二、扎实推进领导班子和队伍建设，打造坚强战斗集体

县、乡换届工作圆满结束。制定了科学规范的实施方案，将严肃换届纪律贯穿始终，累计下发换届纪律提醒卡2.7万多份、违反换届纪律案件汇编1000多份，换届知晓率、换届风气满意率均达97%以上，营造了风清气正的换届氛围。及时举办县乡党政领导班子成员培训班，促使新的领导班子迅速将工作重心放在改进作风、为民服务上来。

农村“两委”换届工作全面完成。制定了《五台县农村党组织换届选举意见》，并派出20个指导组深入乡村指导督查，换届中做到了注重掌握动态、注重宣传引导、注重关键环节、注重统筹推进。

三、深入推进创先争优活动

“七一”期间，对创先争优活动中涌现出来的140名优秀共产党员、50名优秀党务工作者、80个先进基层党组织进行了表彰。在全县窗口单位和服务行业认真开展“四亮四评”主题实践活动，打造示范窗口20个，培育党员先锋岗 30个，普遍推行了党员挂牌上岗活动。深入开展干部下乡住村“六个一”和领导干部下乡住村包村增收等一系列活动，既增强了党组织的凝聚力和社会影响力，又实实在在提升了争创质量和实效。

四、全面加强党的基层组织建设

及时对全县235个新（改）建村级组织活动场所建设资金缺口进行了摸底清查，下发了村级组织活动场所管理使用办法。建立村支部书记培训工作分级负责制，依托县乡两级党校、原平农校和远教平台，对300余名优秀村干部分期分批进行了专项培训。通过信函、短信、网络等联系方式，全面加强流动党员教育与管理。先后在规模以上非公有制企业建立了23个党组织，向159个非公企业派出了32名党建指导员。

五、深入开展机关纪律作风大整顿，扎实推进党风廉政建设

全年共立案查处各类违纪案件90件，党纪政纪处分90人。深入开展信访“双百”大行动，全年共接待群众来访853批3745人次，办理群众来信56件，信访态势稳定好转。开展矛盾纠纷排查化解专项行动，建立健全重大事项社会风险预测评估机制，扎实提高社会管理科学化水平。不断加强社会治安综合治理，严厉打击各类违法犯罪，持续狠抓安全生产工作，“平安五台”、“和谐五台”建设成效明显。

六、以项目攻坚为主线，不断夯实支柱产业

一年来，县域经济保持了良好的发展态势。全年完成生产总值29.95亿元，同比增长16.1%；财政总收入4.12亿元，增长29.9%；一般预算收入1.93亿元，增长41.3%；全社会固定资产投资20.8亿元，增长42.3%；规模以上工业增加值6.58亿元，增长55.4%；社会消费品零售总额12.79亿元，增长17.2%；城镇居民人均可支配收入14936元，增长17.4%；农民人均纯收入3527元，增长21.5%，圆满实现了“十二五”开门红。

旅游产业蓬勃兴起，龙头作用日益明显。以打造“五个五台山”为契机，加速发展旅游文化产业，旅游国际化迈出了坚实步伐。五台山旅游服务基地已完成投资6.5亿元，14 个项目完工并通过了验收，其余4个项目在建。五台山游客服务中心已经正式投入运营。投资7000万元的核心景区主干道路改造工程已全面铺开，预计2012年5月竣工。投资6亿元的五台山国际度假酒店已完成主体工程，预计2012 年竣工，2013年投入运营。清水河流域综合治理和生态建设总投资7.65亿元，已完成32平方公里地形测量，7项工程选址、土地预审和6项工程环评、3项节能报告已批复。投资500万元进行旅游环境沿线综合整治，清运垃圾930多处2.63万立方米。惩处“黑导” 81人次，查扣查处违规导游125人次，清理游商游贩65人次，受理游客咨询1300人次，旅游市场和环境得到净化。按照世界遗产管理保护要求，完成了遗产地第二轮定期调查报告，《核心景区二期房屋征收补偿安置办法》已上报省住建厅。大旅游建设步伐加快。隆重举办了徐向前元帅诞辰110周年暨徐帅纪念馆揭牌仪式；编制了《驼梁生态风景区旅游发展规划》和《阎锡山西汇别墅花园景区规划》。

工业经济稳健运行，转型跨越支撑有力。以优势资源为依托，“煤铁铝镁电”五大支柱产业不断优化壮大、全年规模以上工业企业实现产值18亿元，同比增长50.1%，创利税1.8亿元。同华、天和煤业建矿工作有序推进，共发放移民安置补偿款4.8亿，安置移民4969人。金宇矿业投资1亿元的50万吨球团烧结项目建成试产。天和铝土矿生产规模扩大，年产量达到178.8万吨。云海镁业投资1.17亿元，完成了技改，镁合金产量突破4万吨。

现代农业稳步发展，产业开发强劲有力。投入1300多万元用于扶持设施农业、特色种植、标准化养殖等。以建设“京津唐菜篮子基地”为目标，大力发展以日光温室和塑料大棚为主的现代设施农业，全年发展温室大棚1626亩。东冶镇大兴现代设施农业示范园项目完成投资9780万元，建移动大棚586亩、日光温室400亩、苗圃150亩。东雷脱毒马铃薯基地，培育薯苗500万株、微型薯300万粒。以实施良种补贴、农业科技进村入户为依托，推广新品种新技术，全年种植粮食作物46万亩，经济作物4.2万亩，经济林3.5万亩，全县粮食总产达2.46亿斤，创历史最高。投资573.6万元，新建了8个标准肉牛养殖小区，全县养殖小区累计达到48个，引导扶持各类规模养殖户4030个。全县畜牧总收入实现4.7亿元，人均畜牧收入1163元，占农民人均收入的近三分之一。全县新发展经济专业合作社102个，累计达591个。投资2162万元对新发展的27个重点推进村实施“四化四改”和“五个一”工程，全县重点推进村累计达到121

个。投资650万元在13个村实施了整村推进。

城镇建设步伐加快，基础设施亮点凸显。按照“新区开发、老区提升、完善功能、整体推进”工作思路，加紧完善县城总体规划和建设详规，对东冶、茹村、台怀等重点集镇发展进行科学规划，扎实推进城乡一体化发展。总投资6亿元的般若湖新区一期开发工程，已完成38幢高楼建设和“两横三纵”5条街道建设并配套水暖电气基础设施。投资6000万元建成了县城休闲体育健身广场、滨水文化广场、文昌山森林公园、湿地公园等。投资5300万元完成新区供热扩容工程，新增供热面积16.8万平方米。投资1120万元新铺设污水管网0.98公里，污水处理率达到96%以上。投资200万元完成了城市绿化工程，城区绿化面积新增4.97万平米，城区绿化覆盖率达到22.33%。完成311村1145公里的街巷硬化，忻五高速东冶连接线和高架桥于10月中旬竣工通车。总投资1000多万元的广电综合大楼完成主体建设，移动通信实现了乡乡通。

不断加强民主政治建设，凝聚共谋发展合力。坚持和完善人民代表大会制度，支持人大及其常委会依法履行职能，县人大常委会积极履行法律监督和工作监督职能；县政协广泛凝聚社会各界力量，深入了解社情民意，为推进转型跨越发展建言献策、屡有建树；坚持依法治县，全面启动“六五”普法工作，全民法律素质不断提升；强化国防教育，积极发挥人武部支持服务地方建设的特殊作用；扎实做好统战工作，有效发挥了新形势下工会、共青团、妇联和工商联等群众团体的独特作用。

（申建朋）

附：一、中共五台县委书记、副书记、常委名单

书　记：李永胜（4月离职）　王继明（4月任职）
副书记：张　春（5月离职）　武新亮（5月任职）
栗良才（6月离职）　刘炳龙（2月任职）
张立新（1月离职）　王　卓（8月离职）
常　委：韩计才（8月离职）　刘建坤　孟宏斌
张树成（5月离职）　杜立新　李秀云（女）
赵永平　王根伟（5月任职）

二、乡镇（街道）党委（党工委）书记、副书记名单

东冶镇
书　记：胡建华
副书记：陕爱华（5月离职）　白建伟（5月任职）
高福康

建安乡
书　记：赵耀伟（5月离职）　师泽喜（5月任职）
副书记：师泽喜（5月离职）　杨常胜（5月任职）
姚旺盛

阳白乡
书　记：张建伟（5月离职）　陕爱华（5月任职）
副书记：韩泰山　刘俊伟

神西乡
书　记：郅建康
副书记：高建东　李霞云（女）

台城镇
书　记：孙芝荣（5月离职）　张文荣（5月任职）
副书记：张文荣（5月离职）　白俊清（5月任职）
王建平（5月离职）　刘降莲（5月任职）

沟南乡
书　记：白建康
副书记：韩世愚　闫开元

东雷乡
书　记：白海龙（5月离职）　刘志勇（5月任职）
副书记：姚云萍（女，5月离职）徐玉斌（5月任职）
闫志华

白家庄镇
书　记：罗恩波（5月离职）　毛小平（5月任职）
副书记：金永安　郝宪文

茹村乡
书　记：张建荣（5月离职）　白海龙（5月任职）
副书记：白建伟（5月离职）　孟利伟（5月任职）
段鹏高

陈家庄乡
书　记：沈志宇（5月离职）　罗恩波（5月任职）
副书记：白俊清（5月离职）　朱彩虹（5月任职）
赵俊伟

豆村镇
书　记：刘新宇
副书记：左拴生（5月离职）　闫海龙（5月任职）
丁引根（女）

蒋坊乡
书　记：张林平（女，5月离职）左拴生（5月任职）
副书记：闫海龙（5月离职）　边俊根（5月任职）
杨维波

灵境乡
书　记：闫玉光
副书记：张跃飞　安军伟

高洪口乡
书　记：刘会平
副书记：毛小平（5月离职）　韩林武（5月任职）
安荣华

耿镇镇
书　记：白　冰
副书记：姚永杰　王开伟

门限石乡
书　记：刘志勇（5月离职）　姚云萍（女，5月任职）
副书记：边俊根（5月离职）　党　杰（5月任职）
潘云康

石咀乡

书　记：赵补文
副书记：卢永昌　安志高
台怀镇
书　记：赵全洲
副书记：戎智信　苏国华
金岗库乡
书　记：刘文伟
副书记：边利军　白建堂
驼梁景区
书　记：田树康
主　任：郝俊杰
居民办事处
书　记：武降伟
主　任：张晋峰

中共定襄县委工作概况

县委书记　刘婷芳

2011年，全县上下深入贯彻落实科学发展观，紧紧围绕市委、市政府“3581”发展战略，认真落实“156”工作总思路，以加快转型、加速赶队为主题，以产业发展、招商引资、项目攻坚、民生改善和队伍建设为重点，扎实工作，奋力赶超，全县经济社会发展取得新的成绩，顺利实现了“十二五”的良好开局。

一、突出“五个加强”，抓好领导班子和干部队伍建设

不断加强思想政治建设。重点围绕党的十七届五中、六中全会精神和省、市党代会精神，开展了12次中心组专题学习，县委中心组成员共撰写调研和理论文章40多篇。

不断加强民主集中制建设。一是坚持党内民主生活会制度。二是完善县委常委班子议事和决策机制。三是建立健全了县四大班子工作协调运行机制。四是建立了重大决策民意咨询机制。

不断加强执政能力建设。以“常规培训保质量、网络培训全覆盖、请进来培训上品位、走出去培训抓重点”为总体思路的干部素能提升工程取得显著成绩。成功创办了“定襄大讲堂”，并邀请国内知名学者来县作专题讲座，培训全县科级以上领导干部1500多人次。

不断加强干部队伍建设。全县县乡换届工作圆满完成，共调整干部6批261人次，其中：平调77人次，提拔71人,非领导职务转任同级领导职务5人，免职108人次。新提拔干部71人中，副科级干部提拔为正科级干部24人，一般干部提拔为副科级干部47人。

二、紧盯“四新目标”，推动经济转型跨越

2011年，全县生产总值完成37.8亿元，同比增长10.8%；规模以上工业增加值达到7.3亿元,增长22%；社会消费品零售总额完成12亿元，增长17.2%；财政总收入完成3.81亿元，增长22.4%；一般预算收入完成1.65亿元，增长37.6%；城镇居民人均可支配收入达到17290元，增长16.6%；农民人均纯收入达到7020元，增长22.4%。

着力攻坚，项目建设引领新发展。2011年，全县省、市两级重点工程共计18个，总投资18.9956亿元。省市重点工程年度计划投资6.62亿元，全年共完成投资9.87亿元，占计划投资的149.1%，全市排名第三。全县重点项目落地50.7亿元，是年度计划的5.3倍，全市排名第二。在项目建设的推动下，2011年全县固定资产投资完成16.7亿元，增长68.7%，超市任务近42个百分点。

创优环境，招商引资再结新硕果。在第六届太原中博会上，共有9个项目成功签约，引进资金120亿元。投资3亿元的吉隆生物质发电项目和县城北大街商贸物流开发项目相继开工建设，国新能源镁合金、华润水泥、太阳能光伏发电等一大批项目正在积极洽谈推进当中。成功启动了第五届法兰节，采取“走出去招商”的办法，分别组团前往重庆江北、江苏江阴和昆山、河南鹤壁等地进行招商推介，成效明显。另一方面，主动邀请外地客商前来考察投资，重庆江北、台湾首亿及华润、国新等一批经贸考察团先后确立了投资意向，签约项目238个，签约资金107亿元。

突出高效，现代农业迈出新步伐。一是示范园区强力带动。依托科技增加产量，建设了智村、横山等十大玉米高产示范园区，面积达到10万亩；充分发挥农业经济合作社的带动作用，形成10大特色产业，种植面积达到8.5万亩，全年粮食总产量达到3.56亿斤，成为第八个连续丰收年。定襄县被农业部列为山西唯一的“整建制玉米高产创建示范县”。二是设施农业助力增收。全县设施农业面积达到7200亩，市下达的4000亩任务全部完成。上半年，受禄乡还依托设施农业成功举办了首届“薄皮甜瓜节”，打响了农产品品牌，促进了农民增收，下凹式日光温室亩均收入达到2.5万元，移动大棚亩均收入达1.5万元。三是规模养殖健康发展。全县共建标准化养殖场25个，投资达7500万元。兰台的奶牛养殖基地成为华北最大的奶牛交易市场，犇腾乳业公司成为蒙牛集团的养殖牧场，龙门生态农业循环经济产业园已成为全县发展现代农业和循环经济的领军项目。四是新农村建设稳步推进。全县有新农村示范村15个、推进村88个，占行政村总数的66%。通过调整种植结构，全

县“一村一品”专业村达到76个，其中有26个达到省级标准。

着眼转型，产业多元化出现新态势。全县已形成锻造业、冶金铸造业、农副产品加工业、文化旅游业、建筑建材业等五大支柱产业。锻造业作为全县主导产业，经营总资产达40亿元，锻件及法兰年生产能力达到100万吨。山田园糯玉米、纪元酒精、富贵陈醋等一批特色品牌行销全国。加大了对木雕、澄泥砚、石雕、剪纸、面塑及针织刺绣等传统手工技艺产业链开发力度。投资1.2亿元的汤头温泉产业开发、投资1.46亿元的一波生态园建设和投资1.4亿元的河边文化产业园启动。

三、围绕“三个抓手”，实现基层党建创新

充分发挥活动场所综合功能。在广大农村基层党组织广泛推行“一体两翼”工作法，即以场所为载体，打造五个中心，实现五个规范。现已初步打造了蒋村、崔家庄、镇安寨等一批行动快、质量高、运转好的示范点。

探索推行“五集中”工作法。在“四议两公开”工作法的基础上，创造性地提出了“五集中”工作法，即集中议源，集中议事，集中办事，集中督事，集中评事。

着力提升非公党建工作水平。通过灵活方式抓组建、把握时机抓组建、找准关键抓组建等方式，全面提升非公党建科学化水平。全县组建69个非公有制企业党支部，规模以上企业组建率达100%，挑选驻派了75名党建工作指导员。

四、引深“三项活动”，提供坚强纪律保障

认真开展“三比一树”活动。在此项活动中，县纪检委荣获全市“三比一树”主题教育活动宣传奖和市纪委“迎国庆佳节、唱正气之歌”二等奖。

深入开展慵懒散专项治理活动。对全县43个政风行风评议单位进行了明察暗访，极大地规范了广大干部的执法服务行为。突出整顿会风会纪，并对9名违纪干部进行党纪政纪处分。

集中开展“正风肃纪、创优环境”纪律作风教育整顿月活动。全县共通报批评4家单位，对违反纪律的7人6案进行了查处。通过引深“三项活动”，推动了全县党风廉政建设和反腐败工作的顺利开展，全年共立查案件84件，处分84人，结案率100%。其中重处分案件7件，科级干部案件10件，经济类案件78件。

五、加强社会管理，营造安全稳定环境

千方百计惠民生。以新的“五个全覆盖”工程为重点20件民生实事顺利完成。全年保障性住房共建设767套，完成目标任务的160%。农村低保、农网改造、天然气入县等各项惠民工程全部实施；下乡住村活动全面启动，全县2190名干部积极深入基层，察民情、听民声、解民忧，活动开展以来，全县共开展大讨论326次，形成调研报告165篇，制订发展规划155个，引进和推广项目37个，投入各类资金620万元，帮助老百姓解决生产生活问题267件。

全力以赴保稳定。积极开展“进万家”活动，基本实现了“小事不出村，大事不出乡，难事不出县，矛盾不上交”的目标。全年共受理治安案件792起，查处689起，立刑事案件490起，侦破242起，刑拘223人，抓获网上逃犯78名。以人防、物防、技防和网上防控为重点，以拓展“平安细胞工程”为抓手，全县共组建专兼职巡逻队伍 316支1800余人、各类群防群治队伍3000余人，建成阳光警务室2个。全年共接待来信来访群众118案，252人次，已办结98案，办结率83.1%。

集中精力抓安全。坚持常规检查和集中整治相结合的原则，全县集中开展了 3 次安全生产大检查，并对各行业领域的从业人员进行了安全教育培训，逐步实现了从业人员思想由“要我安全”向“我要安全”转变。

六、做到总揽全局，协调各项事业发展

人武工作使军地形成了和谐融洽、协调发展、共建双赢的发展局面，县人武部被评为“一类武装部”。统战部门突出“大团结、大联合”工作主题，巩固了广泛而牢固的统一战线。县总工会按照打造一乡、两企、两村、一品牌的“1221”品牌工程，县工会被省、市总工会被评为“全省十佳县工会”“优秀县总工会”。团县委被团省委表彰为“山西省先进团县委”、“山西省特色工作奖”，成为全省唯一一家同获两项殊荣的团委。妇联工作不断深化“巾帼建功”活动，涌现出全国“双学双比”女能手1名，省级“双学双比”女能手10名，全国巾帼文明岗1个，省级巾帼文明岗4 个、省级巾帼示范村2个。

（王奋军）

附：一、中共定襄县委书记、副书记、常委名单

书　记：刘婷芳（女）

副书记：贾玉文（4月离职）　王志东（4月任职）

　　　　曲俊安（5月任职）

常　委：曹剑文　董晓林　智志林

　　　　周子卿（5月离职）　姚　朴（5月任职）

　　　　于文兵（5月离职）　曲建成（5月任职）

　　　　刘新明（5月离职）　张生明（5月任职）

二、乡镇党委书记、副书记名单

晋昌镇

书　记：曲建成（5月离职）　郭俊文（5月任职）

副书记：崔利伟（5月离职）　王文伟（5月任职）

　　　　王志强（5月离职）　韩文杰（5月任职）

杨芳乡

书　记：刘俊良（5月离职）　曾一平（5月任职）

副书记：张志杰　郭会军（5月离职）

　　　　卢　帽（5月任职）

南王乡

书　记：樊慧全（5月离职）　郭小凤（女，5月任职）
副书记：安志宏（5月离职）　李永安（5月任职）
王文伟（5月离职）　杨晓光（5月任职）

神山乡

书　记：白秀平（5月离职）　吴建功（5月任职）
副书记：吴建功（5月离职）　张先林（5月任职）
徐久伟（5月离职）　张震海（5月任职）

蒋村乡

书　记：梁建义（5月离职）　武　强（5月任职）
副书记：武　强（5月离职）　郭会军（5月任职）
张政生（5月离职）　魏有旺（5月任职）

河边镇

书　记：殷雪梅（女）
副书记：曾一平（5月离职）　王志强（5月任职）
郑晓春（5月离职）　胡爱平（5月任职）

宏道镇

书　记：续国强（5月离职）　刘永清（5月任职）
副书记：郭小凤（女，5月离职）赵树恒（5月任职）
班英龙（5月离职）　徐　勇（5月任职）

季庄乡

书　记：闫志峰（5月离职）　刘俊良（5月任职）
副书记：郭彦平（5月离职）　徐树人（5月任职）
徐树人（5月离职）　霍培新（5月任职）

受禄乡

书　记：赵泽清
副书记：马国伟（5月离职）　李变萍（女，5月任职）
武永星（5月离职）　张国平（5月任职）

中共代县县委工作概况

县委书记　霍富荣

2011年，在省委、市委的正确领导下，代县县委认真贯彻落实科学发展观，抢抓“山西大发展、忻州大跨越”重要战略机遇，团结带领全县干部群众，解放思想、锐意创新，振奋精神、苦干实干，推动县域经济社会转型跨越发展，全县经济、政治、文化、社会、生态文明建设和党的建设取得了新的成绩。全年完成地区生产总值50.25亿元，同比增长16.1%；财政总收入9.98亿元，同比增长64.78%；一般预算收入3.08亿元，同比增长63.16%；工业增加值28.2亿元，同比增长22.25%；固定资产投资15.46亿元，同比增长53.8%；社会消费品零售总额8.7亿元，同比增长17.3%；城镇居民人均可支配收入14907元，同比增长17.52%；农民人均纯收入3055元，同比增长29.37%。

一、全面实施“三大战略”，奋力推进“五大突破”，推动县域经济转型跨越发展

农业产业化迈出崭新步伐。累计投资7亿多元，建成全向辣椒、金九洲水果玉米、丰裕农产品、代王黄酒、四达黄酒等农产品加工龙头企业20多个。建成“一村一品”专业村45个、农业示范园区8个；全县温室大棚达1500余座,移动大棚达500多座，设施农业面积达到5000多亩；特色经济林基地面积达到24.5万亩；规模健康养殖示范小区达70多个。

工业新型化取得实质性进展。500万吨钢铁项目、1.1万吨海绵铁项目、阳明堡工业集聚区项目建设强势推进。强制性地引导和鼓励优势民营企业运用资本扩张、技术改造等手段优化升级传统产业，全县规模以上企业达到50多家。全省非煤矿山安全生产标准化建设推进会在代县召开，安全生产标准化建设工作得到省委、省政府的一致好评。20万千瓦风电项目进展顺利，150万吨水泥技改扩建项目已完善手续，新型产业发展势头良好。

文化旅游产业繁荣发展。拍摄完成了电影《山路弯弯》，电影《给我一支枪》荣获山西省第九届精神文明建设“五个一工程”奖，数字电影《浴血雁门关》在中央电视台电影频道黄金时段首播。建成了设施先进、功能齐全的新高千人大剧院，扶持发展了杨氏古建、锦绣源刺绣、天顺昌泥塑等一批文化产业龙头企业。继续实施旅游大开发战略，累计投资3.2亿元的雁门关旅游开发工程胜利竣工。成功举办了首届中国雁门关国际边塞文化旅游节，雁门关景区成为国家级4A旅游景区，被国家体育总局命名为“国家登山训练基地”。

城镇化建设取得突破性进展。全年完成投资3.55亿元，重点实施了四路一桥、水、电、暖、气、通信管网等九大市政基础设施建设工程，新城建设已进入大规模全面建设阶段。东关大街东段和同心路南段道路改造工程，旧城区三关四街街巷硬化工程全部完成。深入开展了县城环境卫生、交通秩序大整顿，狠抓历史街区、历史城垣、历史地段和文物古迹的保护管理工作，历史文化名城保护工作顺利通过了检查组考核验收。滹沱河治理工程全面推进，湿地公园初具规模。

二、全力保障和改善民生，加强和创新社会管理，和谐社会建设成效显著

新的“五个全覆盖”进展顺利。农村便民连锁店、农村文化体育场所、中等职业教育免费三个全覆盖已提前完成，完成街巷硬化1017.81公里，超额完成年度任务，新型

农村养老保险参保率达81%，超额完成年度任务。

医改工作全面铺开。累计投资6000多万元用于县乡村三级医疗机构建设和卫生信息平台建设，医改五项重点任务基本完成。在全省率先实现了五级医疗机构医疗费用即时结算结报，成为全市第一家实现“一卡通”管理的县份。

就业和社会保障工作全面加强。全年新增就业岗位2806个，下岗失业人员再就业1218人，转移农村劳动力3896人，城镇登记失业率控制在3.9%以内。城镇基本医疗保险、农村养老保险参保率进一步提高，城乡低保对象实现应保尽保。290户农村危房改造全部完工，440套保障性住房全面开工，200户租赁住房补贴发放到位。

维护稳定工作扎实推进。深入开展“打四黑、除四害”、打击“两抢一盗”等专项行动，严厉打击各种违法犯罪活动。深入开展各级领导大接访活动，实行信访事项复查复核工作制度和信访救助金制度，集中解决了一批群众反映强烈的信访案件，全县信访形势实现“双下降”、“双为零”。

安全发展水平进一步提高。从战略高度加强对安全生产的领导，102座尾矿库实施了安全生产挂牌责任制。严厉打击非法越界开采和私挖滥采行为，全面加强安全标准化建设，3家矿山、21座尾矿库通过标准化等级评定。

生态环境建设成效显著。全县11家球团厂安装了脱硫除尘设施，取缔不达标采暖锅炉43家。实施“矿山生态恢复治理”、“生态示范创建”和“水土流失治理”等工程，县城建成区绿化覆盖率达到36.5%，县城集中式饮用水源地水质达标率100%，生活垃圾填理无害化处理率达80%，污水处理率达到95%以上，全县空气质量二级标准以上天数达到360天以上。

三、加强民主政治建设，依法治县水平明显提高

坚持和完善人民代表大会制度，人大工作水平进一步提高。全力支持人大及其常委会依法履行职能，充分发挥地方国家权力机关的作用。加强法律监督和工作监督，听取和审议一系列专项工作报告，严格检查法律法规贯彻落实情况。

坚持和完善政治协商制度，加强统一战线建设。全力支持人民政协围绕团结和民主两大主题履行职能，把政治协商纳入决策程序，完善民主监督机制，提高参政议政实效。组织政协委员就加强和创新社会管理、水资源开发利用等开展协商讨论、献计献策。加强和改进新形势下工商联工作，组织“新晋商万企联万户感恩行动”和“光彩之星”活动。

坚持党管武装原则，推进军民融合式发展。不断深化“十纳入、十统一”活动，支持国防和驻代部队现代化建设，提高国防动员能力。抓好民兵预备役工作，全面提升应急维稳和应急救援能力。推动军民融合式发展，军地“双服务”和双拥共建工作取得新成绩。

坚持依法治县，加快法治代县建设进程。深入实施“六五”普法工作，法律服务和法律援助不断加强。健全基层群众自治机制，完善基层民主管理制度，大力推行政务公开、村务公开制度，全面推广“四议两公开”工作法，基层民主法治建设进一步加强。

四、全面加强精神文明建设，文化事业更加繁荣

加强文明创建和道德实践。在全县组织开展了“推荐评选身边道德模范”活动，26名同志被评为道德模范。全年积极开展文化科技卫生“三下乡”、科教文体法律卫生“四进社区”和“文明交通行动计划”等活动20余次，推进文明新风进万家。

加快文化事业发展。新建4个乡镇综合文化站，峨口镇被省文化厅命名为省级先进文化乡镇。完成县级重点工程100处文化活动场所建设，农家书屋全覆盖工程两年任务一年完成。推进“村村通”工程，新增数字电视用户2000户，发放安装直播卫星接收设备1280套，消灭电视盲村97个。推进非遗保护工作，完成国家、省、市、县四级非遗传承人申报工作，全县共申报各级非遗传承人117名。

五、坚持党要管党，从严治党，党的建设全面推进

扎实推进创先争优活动。在建党九十周年纪念大会上，县委隆重表彰了在创先争优活动中涌现出的33个先进基层党组织、60名优秀共产党员和17名先进党务工作者。

全面加强干部作风建设。在全县大力弘扬“新时期雁门关精神”，全县干部群众干事创业的积极性和热情空前高涨。组织开展了“抽千人、进万户、解百题”大调研活动和干部下乡驻村增收活动，县四套班子成员和县直99个单位、11个乡镇党政负责人驻村入户，帮助农民制定发展规划，积极落实帮扶项目251个，投入帮扶资金4120万元，解决农村实际问题472项，组织劳务输出3860余人次。

认真做好县乡村换届工作。县委严把推荐、考察、酝酿、讨论决定、监督检查“五关”，选优配强县乡两级领导班子，圆满完成了县乡换届任务。全省公推直选乡镇党委书记现场会在代县召开。全县377个行政村圆满完成了第九届村民委员会和村级组织换届工作，农村“两委”班子结构进一步优化，农村基层组织的领导核心作用和战斗堡垒作用进一步增强。

深入开展党风廉政建设和反腐败工作。县纪委为全县584名副科以上党员领导干部建立了廉政档案，组织37名新任领导干部进行了集体廉政谈话。加大重点案件查处力度，全县纪检监察机关立案74件，结案74件，党纪处分56人，政纪处分18人。开展工程建设领域、涉铁领域、民生领域突出问题及公务用车专项治理，收缴各类规费313万元，收缴拖欠税费500万元，清理“小金库”资金147万元。

（李润玖）

附：一、中共代县县委书记、副书记、常委名单

书　记：霍富荣

副书记：郝江陵（女）孙志远（6月离职）
赵继先（女，6月任职）

常　委：薛凤林（5月离职）白凤山（6月任职）
牛俊和　陈月峰（5月离职）
韩建保（6月任职）　赵继先（5月离职）
贾明亮（6月任职）　杨开忠（5月离职）
赵晓云（6月任职）

二、乡镇党委书记、副书记名单

上馆镇

书　记：程晓明（3月离职）　张东家（4月任职）

副书记：王玉海（3月任职）

峨口镇

书　记：李敢峰（3月离职）　陈文秀（4月任职）

副书记：陈文秀（3月离职）　乔建平（5月任职）
尹耀中

阳明堡镇

书　记：李俊才（3月离职）　张英瑞（4月任职）

副书记：张英瑞（3月离职）　郭耀东（5月任职）
乔玉波

枣林镇

书　记：李印文（3月离职）　李纪东（4月任职）

副书记：刘吉文（5月任职）　刘国平

聂营镇

书　记：杨建勇

副书记：张国伟（3月任职）　齐俊峰

滩上镇

书　记：郝眉根（3月离职）　李　诺（4月任职）

副书记：李　诺（3月离职）　孙耀林（5月任职）
牛文华

新高乡

书　记：王继红（3月离职）　宋太平（4月任职）

副书记：李纪东（3月离职）　梁瑞平（5月任职）
白耀平

峪口乡

书　记：蔚利平

副书记：石高岚（3月离职）　孙润民（5月任职）
王　平

磨坊乡

书　记：张东家（3月离职）　石高岚（女，4月任职）

副书记：宋太平（3月离职）　李海东（4月任职）

胡峪乡

书　记：高步峰

副书记：杨亮远（5月任职）　韩　权

雁门关乡

书　记：孙振华（3月离职）　杨建东（4月任职）

副书记：杨建东（3月离职）　张国文（5月任职）

中共繁峙县委工作概况

县委书记　范波涛

2011年，在市委、市政府的正确领导下，繁峙县委团结带领全县干部群众，以加快科学发展为主题，以转变经济发展方式为主线，全面贯彻落实中央、省、市一系列决策部署，坚持“有限资源、无限发展，绿色经济、循环发展”的理念，突出抓好“六大战略重点”，扎实推进“四化”建设，努力构建和谐社会，全面加强党的建设，全县经济社会继续保持了健康快速发展的良好态势。

一、力推转型，全面促进经济平稳较快发展

一年来，全县生产总值完成53亿元，同比增长24%；财政总收入完成6.01亿元，同比增长70.1%;一般预算收入完成2.17亿元，同比增长70.3 %；固定资产投资完成37.5亿元，同比增长38.9%；规模以上工业增加值完成31.6亿元，同比增长50%；农民人均纯收入达3997元，同比增长23.5%；城镇居民人均可支配收入达16314元，同比增长17.9%；社会消费品零售总额完成9.81亿元，同比增长17.4%。

以项目建设为抓手，加速推进工业新型化。县委、政府主要领导亲自带队，有重点走访发达地区，拜访强势企业，联系科研院所，宣传本地情况、投资环境优惠政策，开展项目洽谈。同时积极组团参加中博会、能博会、食博会等各类招商活动，并鼓励各类机关单位跑项目、引资金，取得了较好成绩。在9月底召开的第六届中博会上，全县有9个项目正式签约，总投资达49亿元。12月，县委、政府主要领导带队赴港引资，签约6大项目，总投资逾50亿元。全县共实施省、市、县各类考核项目99个，总投资152.57亿元。华茂公司60万吨高速线材项目全面投产，太原诚达集团投资的云雾峪风电场项目正式并网发电，华能集团、中国风电等大型企业也相继落户繁峙。后峪钼矿开发项目顺利推进，累计完成投资21.95亿元。投资2300万元的振华微晶石板材生产线项目加快实施。鸿生现代物流园区建设项

目快速推进。提出了“一区、一带、十大产业园区”的总体发展规划，目前，这十个园区基本上都已有企业和项目入驻。县委积极与科研院所合作，编制论证项目，策划、储备了各类项目118个。

以发展特色种养为抓手，推进农业现代化。召开了全县农村工作会议，对今后五年全县农业农村工作进行了安排部署。全年农作物播种面积58.5万亩，粮食总产量达到7650万公斤，增产9%；县财政投资1000万元用于补贴温室、大棚建设；投资5000万元，实施了集义庄千亩蔬菜示范基地建设等项目；培育一村一品专业村33个，培育农民专业合作社60个；全县农机装备总投入达到3000余万元，补贴购置各类农机具1885台（套）。全县共建成标准化养殖小区52家，畜禽养殖总量达到118万只（头），畜禽良种覆盖率达到80%以上。特别是雨润集团5万头猪场建设项目已破土动工，富云禽业养殖场30万只现代化蛋鸡养殖项目基建工程已完成。

以加快集镇建设为抓手，全面推进县域城镇化。突出抓了县城基础建设、功能完善和管理工作，扎实推进砂河“示范镇”建设，成功将砂河镇列入全省21个示范镇行列。全县城镇化率达到39.24%，比去年提高1.24个百分点。864.8公里的街巷硬化工程建设任务全部完成。18个重点推进村的“四化四改”、“五个一工程”基本完成，建成了19个生态绿化村。全县新建了80个农村便民连锁店，极大地方便了农村群众生产生活。

以环境建设为抓手，大力推进城乡生态化。重点对108国道和县乡公路沿线两侧进行了大力整治，获得“山西省城乡环境卫生清洁工程先进县”称号。积极实施“蓝天、碧水、宁静、生态、洁净”五大环境工程，并于年底成功获得“山西省环保模范城”荣誉称号。继续开展群众性文明创建活动，评选命名了一大批文明示范窗口、文明卫生单位、文明卫生社区、文明卫生乡、文明卫生村和农村“五旗”文明户，起到了良好的示范带动效应。认真组织开展了“三比一树”主题教育活动，圆满完成了各个阶段的工作任务。公安政法部门坚持严打方针，先后开展了“平安忻州一号、二号、三号”专项行动，严厉打击违法犯罪活动，有效维护了稳定和谐的社会局面。

二、以人为本，着力构建和谐平安新繁峙

投入资金3018.93万元用于落实义务教育“两免一补”政策和贫困生补助政策。完成了宝山职业中学、砂河四中、繁中公寓楼等重点工程的建设。保障性住房全面开工，累计完成投资6530万元；农村文化体育场所建设实现了全覆盖；农村便民连锁店建设完成122个；天然气入县、为低收入农户免费供应一吨煤等工作也全面落实。县第一人民医院顺利通过省卫生厅等级医院专家评审团评审，达到了二级甲等标准。全县323个村卫生室建设达标率达到了98%，全县乡（镇）卫生院全部实行了基本药物零差率销售。全县城镇新增就业人数3103人；下岗失业人员再就业完成1249人；农村养老保险参保人数达到3547人；城镇低保保障对象达到6335人、农村低保保障对象达到13825人；发放救灾款37万元，救助困难群众3万多人次。进一步畅通信访渠道，群众来访呈现出总量减少、重复访减少、集体访减少的“三减”趋势。全面落实安全生产责任制，进一步加大隐患排查和治理力度，全年没有一起重特大安全生产事故发生。

三、发扬民主，共同营造团结进取的发展氛围

县人大创新视察形式，加强执法检查，提高审议质量，做好监督工作，认真履行宪法和法律赋予的各项职权。县政府抓发展、调结构、保民生、促和谐，执行力、公信力明显提高。县政协创新实践载体，规范委员提案平台，完善视察调研监督机制，积极参政议政。人武工作坚持党管武装原则，按照市委“十纳入、“十统一”的要求，切实加强对武装工作的领导。统战部门积极组织各民主党派、工商联、无党派人士，广泛调研，建言献策，参政议政，为民族团结、社会稳定作出新贡献。工会、共青团、妇联、科协等群团组织围绕全县大局，依照法律和各自章程积极开展工作，主动参与社会管理和公共服务，各项工作都取得了新成效。

四、创先争优，不断提升党的建设科学化水平

不断加强思想政治建设。以建设学习型党组织为抓手，充分发挥县委中心组的表率示范作用，组织广大党员干部，认真学习了胡锦涛总书记“七一”重要讲话、袁纯清书记“7·28”重要讲话精神及十七届六中全会等精神。

切实加强领导班子建设。一是加强学习，坚持县委中心组学习制度和“五个一”学习机制，用发展着的马克思主义武装头脑，做到了在思想上、政治上、行动上自觉与党中央保持高度一致。二是健全制度，县委认真执行常委会议事制度和民主生活会制度。召开常委会和常委扩大会17次，对关系全县经济社会发展的重大问题和党的建设的重点问题作出了部署。三是认真执行民主集中制原则。县委主要领导带头发扬民主，班子成员内部互相支持、帮助，共同促进工作。四是圆满完成了县乡党委、人大、政府、政协换届选举工作。通过换届，乡镇领导班子成员平均年龄比换届前下降了2岁，党外干部、妇女干部比例有所增加，班子的整体功能得到增强，凝聚力和战斗力进一步提高。

高度重视干部队伍建设。建立健全了“三推、四看、五酝酿、一测试”以及“两个公示”和“一个表决”的民主化、科学化、规范化机制，全年共调整干部85名，调动了广大干部干事创业的积极性。扎实开展干部下乡住村“六个一”活动，为群众办好事实事1600余件。

全面加强基层组织建设。一是全面推行村党支部书记

任期目标承诺制，认真贯彻落实“一定三有”政策，充分调动了农村基层干部的积极性和战斗力。二是积极统筹推进各领域党组织建设。全县34家规模以上非公有制企业全部下派了党建指导员，规模以上非公有制企业党建工作达到了全覆盖。三是认真抓好村级组织换届选举工作。县委多次召开专题会议，对村两委换届工作进行研究部署，圆满完成了村级“两委”换届选举工作。四是进一步加强和改进对大学生村干部的管理。培养了一批干事创业、扎根农村、服务群众的先进典型。五是全面实施“党的政治生命工程”，全年共培养入党积极分子782名，发展党员245名。

深入开展党风廉政建设和反腐败斗争。2011年初，县委对党风廉政建设和反腐败工作进行了认真的研究和安排部署，出台了《任务分解意见》，构筑了横向到边、纵向到底、一级对一级负责的党风廉政建设责任制网络。举办《反腐倡廉警钟长鸣》大型主题展览活动，全县717名副科级以上领导干部参观了展览。全年共立查各类案件101件，处分党员干部101人，严肃了党纪，端正了党风。继续深化了行政审批制度改革，开展了第三批行政审批项目清理，将县直部门行政许可项目从229项削减到154项，方便了企业和群众。解决治理公路“三乱”，对违纪6人进行了诫勉谈话；认真开展了煤焦及非煤矿山领域反腐败专项斗争，共收缴各类基金、价款、税费1613.52万元；开展了工程建设领域突出问题专项治理，收缴违纪违法资金421.58万元。

（王富强）

附：一、中共繁峙县委书记、副书记、常委名单

书　记：武宪堂（4月离职）　范波涛（4月任职）
副书记：曹爱民　杨松树（5月任职）
佟　杰（挂职）
常　委：李宝山　钟文秀（5月任职）
丁文福（5月离职）　姚力山（5月任职）
刘燕萍（女）　崔永江（5月离职）
王彦清（5月任职）　王利民（5月离职）
郭建中（5月任职）　罗　申（挂职）
杨有成（5月离职）

二、乡镇党委书记、副书记名单

繁城镇
书　记：张龙恩
副书记：赵　斌　马培文　赵振兴
砂河镇
书　记：左百胜
副书记：张爱中　沙保红　侯福国
大营镇
书　记：闫　佩
副书记：何卫锋　刘　海
杏园乡
书　记：刘爱中
副书记：韩　敏　王治国
光裕堡乡
书　记：张世龙
副书记：刘秀德　郝路彦
下茹越乡
书　记：王兆平
副书记：方笔计（5月任职）　席应平
集义庄乡
书　记：辛　岗
副书记：张利尧　韩　铭
东山乡
书　记：韩宏恩
副书记：张　巍（5月任职）　段玉成
金山铺乡
书　记：李　勇
副书记：郭俊廷（5月离职）　马小华（5月任职）
张利军
横涧乡
书　记：师天阳
副书记：李云山（5月离职）　李　斐（5月任职）
杨维廷
柏家庄乡
书　记：王　政
副书记：闫永祥
神堂堡乡
书　记：乔　哲
副书记：王志胜　韩海亮
岩头乡
书　记：张占羽
副书记：韩宏英（女）　刘剑跃

中共宁武县委工作概况

县委书记　任宁虎

全县共有党委17个，县直党组9个，党总支61个，党支部628个（包括农村支部348个）。共有党员10021名，其中农村党员4396名，预备党员186名。2011年，宁武县委在市委、市政府的坚强领导下，坚持以科学发展观为统领，紧扣山西转型发展大势，认真贯彻市委“3581”发展战略，紧紧抓住宁武被列为全市综改试点县的重大历史机遇，解放思想，创新苦干，全县经济社会发展呈现出总量扩张、结构优化、效益提升、活力增强的可喜局面，稳健迈出转型跨越、移位前行的新步伐，实现了“十二五”强势起步、开局唱红。

一、坚持以统揽全局为第一要求，认真贯彻省委、市委转型跨越决策部署

县委立足全省转型跨越发展的新形势、新任务、新要求，紧密结合县情实际，制定出台了《宁武县国民经济和社会发展第十二个五年规划》；胜利召开县第十二次党代会，对今后五年全县经济社会发展作出全面部署，提出建设全省新型能源基地和特色旅游强县的奋斗目标；紧紧抓住本县被列为全市综改试点县政策机遇，及时制定了《宁武县经济转型发展行动方案》，进一步明确了转型发展的总体思路和重要措施。

二、坚持以加快发展为第一要务，全力保持经济又好又快发展

以项目建设为抓手，拉动县域经济快速发展。始终坚持把项目建设作为转型跨越的突出口、着力点和动力引擎来抓，以增量带存量，实现大投入带动产业大开发、发展大转型、经济大跨越。全年项目总数达到287个，总投资1211亿元，；新落地项目20个，总投资102.95亿元，建设项目82 个，总投资486亿元，完成投资63亿，其中省市重点工程完成5.85亿元，超过市下达任务3.28亿元。项目建设实现了数量、投资、规模三个提高。精心编制了52个产业项目，远赴香港进行项目推介，集中签约10个项目，投资总额近100亿元，项目攻坚取得了重大突破。

以结构调整为主线，大力促进产业转型升级。不断优化一产，壮大二产，突破三产，推动经济结构优化升级，实现三次产业的良性互动。一产重点围绕“特”字做文章，大力发展“一乡一业”、“一村一品”，积极推进农业现代化。二产重点围绕“新”字挖潜力，坚持以煤为基，多元发展，着力推进工业新型化。煤矿兼并重组整合取得突破性进展，非煤产业起步良好，初步形成了多元发展、多核并进的产业体系。三产围绕“精”字创品牌，充分发挥资源区位优势，大力发展旅游服务业，宁武旅游的知名度和影响力有了进一步提升。

以“一城两镇”为重点，着力改善城乡落后面貌。坚持把城镇化建设作为加快转型跨越发展的重要载体来抓，持续改善发展环境。以改善基础设施为重点，坚持新区开发与旧城改造同步推进，县城品位有了很大提升。以阳方口镇被列为全省百镇建设示范镇为契机，对阳方口镇和东寨镇进行了全方位、大规模整治改造，有效加快了城乡一体化进程。

以可持续发展为导向，大力加强生态文明建设。严格按照省下达的6项减排指标，深入开展流域环境综合整治、矿山生态环境治理、煤炭和洗煤企业专项执法检查等多项专项行动，圆满完成了国家、省下达的年度减排任务。不断强化节能降耗工作，将工业节能目标分解到重点用能企业，对规模以上工业企业综合采取错峰限电措施，有效保证了节能指标的完成，深入开展全民植树造林活动，森林覆盖率有了进一步提高。

三、坚持以保障改善民生为第一根本，促进社会各项事业全面发展

以新的五个全覆盖为抓手，大力实施六大民生保障工程。完成275个建制村的农村街巷硬化全覆盖任务。新建农村体育场地40个，农家书屋371个，完成农村文化活动场所223个，开工建设了两个乡村文化站。中等职业教育免费实现了全覆盖，对农村寄宿制学生实行了“三费”全免。农村社会养老保险参保数占到市下达任务的569%。实施住房惠民工程，完成和超额完成了市下达任务。投资5200万元的县医院新建工程主体已封顶，新建的2所乡镇卫生院已全部完工。

以统筹城乡发展为重点，扎实推进新农村建设。按照新农村建设20字方针，稳步推进73个新农村建设，科学编制了全县发展规划，完成了15村的总体规划，重点打造了阳方口镇冯家山、东寨镇寺儿沟等6个新农村示范村。坚持把产业发展作为新农村建设的重头戏来抓，采取以工补农、以奖代补、村企共建等形式，大力发展“一村一品”，58个重点推进村的主导产业人均收入达到3500元以上。

以促进农民增收为目标，全力打好扶贫开发攻坚战。按照“移得出、稳得住、能致富”的要求，制订大规模“并村减村”计划，完成分散移民396人，启动了刘家园移民新区二、三期建设工程。坚持以项目促发展，对怀道和

化北屯两乡实施了片区开发。以农村贫困户、返乡农民工、农村“两后生”为主要对象，完成科技培训2300人，转移劳动力568人。大力实施“五大富民增收”工程，全年减少贫困人口7000余人，农民人均纯收入比去年净增551元。

四、坚持以维护和谐稳定为第一责任，切实加强和改进社会管理

牢固树立安全发展理念，全力打好安全生产攻坚战。以强化政府监管和企业生产两个主体责任为重点，切实加强对全县安全生产工作的组织领导，加强各个领域的安全监管，有效减少了各类安全事故的发生，继续保持了安全形势持续好转的良好势头。

突出事要解决，着力调处化解各类社会矛盾。进一步建立和完善了基层信访负责、领导干部下访、领导包案、信访案件督办、信访工作责任追究等多项制度，实行县级领导带头接访，对疑难案件一包到底，大力推行“一线工作法”，有力推动了“事要解决、息诉罢访”。上级交办案件结案率、各类信访积案化解率、初信初访案件办结率实现了“三个明显提高”。

以平安创建为载体，全力维护社会和谐稳定。坚持“打防结合、预防为主”方针，按照“谁主管、谁负责”的原则，切实加大对重点领域、重点部位的防控监管，有效防范了重特大治安案件的发生。始终保持对违法犯罪的高压打击态势，集中开展了以命案侦破、打黑除恶、打击“两抢一盗”等多发性侵财犯罪为重点的严打整治斗争和“平安宁武二号行动”，有力维护了社会和谐稳定。

五、坚持以加强党的建设为第一抓手，着力提高党建科学化水平

积极创建学习型党组织，着力提高领导班子和领导干部的理论素养和决策能力。全年组织大型专题报告3场，举办电视专题讲座4期，开展巡回宣讲活动6次，干部的理论素养有了很大提高。不断强化干部培训工作，选派22名县处级干部和21名科级干部分别参加了市委组织部举办的专题培训，组织160余名党组织联系优秀人才和120余名大学生村干部分期参加了省委党校举办的素能提升培训，组织全县1300余名干部开展了网络在线学习，干部整体素质和决策能力有了很大提高。

坚持民主集中制原则，切实改进党的作风建设。坚持重大问题一律提交县委常委会或全委会集体决策，就事关全县经济社会发展大局的重大问题进行了集体研究决策。充分发挥总揽全局、协调各方作用，全力支持人大、政府、政协依法履职开展工作，形成了团结一致、和衷共济的良好局面。

树立正确用人导向，确保换届工作圆满完成。全面落实干部选任工作“6+7”改革举措，统筹考虑、科学审慎制定换届人事安排方案，严肃换届纪律，狠刹歪风邪气，圆满完成县乡两级人大、党委、政府、政协换届和村级组织换届工作，选好配强了各级领导班子，使各级领导班子焕发出新气象、新干劲、新活力。

加强精神文明建设和民主法制建设，全力营造和谐社会环境。坚持严格执法、文明执法，不断加强对执法活动的监督，有效提高了依法行政水平。深入推进“法治宁武”建设，广泛开展多种形式的法制宣传教育活动，迅速启动“六五”普法工作，人民群众的法制意识有了进一步提高。

不断引深创先争优活动，扎实开展干部下乡住村活动。实行县级主要领导每人帮扶一个新农村、一个贫困村，建立和推行了督查制度，实行下乡住村、解决问题情况通报制度，将各单位开展干部下乡住村工作情况、群众满意度测评情况作为创先争优评比、干部考核奖惩的重要依据，促使干部下乡住村、解决农民实际问题逐步走向规范化、常态化。

认真落实党风廉政建设责任制，全面推进反腐倡廉建设。将全年反腐倡廉工作细化为40多项具体任务，分解落实到16名县级领导和30个牵头单位。狠抓案件查处工作，实行基层办案督查制、纪委常委包查案件制、全员办案制、办案奖惩制。扎实推进农村基层党风廉政建设，制定了农村基层干部监督“九项制度”、农村集体资金资产和资源管理“八项制度”和农村三务公开“七项制度”，进一步健全了农廉长效工作机制。

（李　栋）

附：一、中共宁武县委书记、副书记、常委名单

书　记：任宁虎

副书记：边东圣　张建平（5月离职）
马在岐（5月任职）　罗云光

常　委：马在岐（5月离职）　弓凤英（女，5月任职）
郑建国　杜莹海（5月离职）
付光政（5月任职）　张玉柱（5月离职）
任鸿宾（5月任职）　薛军良　帅学华

二、乡镇党委书记、副书记名单

薛家洼乡

书　记：张宏皋（4月离职）　王志荣（4月任职）

副书记：弓春祥（4月离职）　李文斌（4月任职）
贾小平

阳方口镇

书　记：冀海亮

副书记：王继宁（4月离职）　刘成平（4月任职）
周晓东（4月离职）　陈元金（4月任职）

凤凰镇

书　记：田贺玉（4月离职）　武　强（4月任职）

副书记：武　强（4月离职）　冀登科（4月任职）
陈志贵（5月离职）　毕俊宏（5月任职）

余庄乡

书　记：段秀程（4月离职）　丁新生（4月任职）

副书记：杨建堂（4月离职） 郭庆才（4月任职）
胡良生（5月离职） 贾文才（5月任职）

东寨镇

书　记：张　军（4月离职） 谷茂华（4任职）
副书记：郑志峰 张成刚（5月离职）
任卯星（5月任职）

迭台寺乡

书　记：丁新生（4月离职） 李茂华（4月任职）
副书记：董树平 吴建国（5月离职）
徐朝峰（5月任职）

涔山乡

书　记：吴雁臻（4月离职） 王继宁（4月任职）
副书记：马跃飞 吕满亮（5月离职）
张　华（5月任职）

化北屯乡

书　记：郭建毅（4月离职） 陈玉峰（4月任职）
副书记：陈玉峰（4月离职） 李建平（4月任职）
邓五小（5月离职） 张俊良（5月任职）

西马坊乡

书　记：郭士忠（4月离职） 马国贞（4月任职）
副书记：李树文 任卯星（5月离职）
韩文清（5月任职）

石家庄镇

书　记：张建平
副书记：张建平（4月离职） 吴拴龙（4月任职）
周好俊（4月离职） 亢巨保（4月任职）

新堡乡

书　记：胡增海
副书记：周晓峰（4月离职） 杜五凯（4月任职）
张　斌（5月离职） 王保忠（5月任职）

怀道乡

书　记：王东升
副书记：王　智（4月离职） 宗守军（4月任职）
王喜柱

圪谬乡

书　记：白云龙
副书记：李志效 闫永铎（5月离职）
李　峰（5月任职）

东马坊乡

书　记：马国贞（4月离职） 闫凯亮（4月任职）
副书记：闫凯亮（4月离职） 杨丽琴（女，4月任职）
韩文梓（女，5月离职） 武毅峰（5月任职）

中共静乐县委工作概况

县委书记　杨存虎

2011年，中共静乐县委认真贯彻落实省市安排部署，团结带领全县人民，坚定不移地贯彻落实科学发展观，审时度势、居弱图强，继续解放思想，锐意创新实践，奋力攻坚克难，转型跨越发展迈出坚实步伐，“五新静乐”建设取得重大进展。

一、以培育支柱产业为重点，优化布局调整结构，综合实力实现新提升

立足农民增收，大力发展现代农业，发展基础有效夯实。全年农作物播种面积达到42万亩，粮食产量达到0.4亿公斤，完成计划任务的114.3%。以每座2万元的标准加大对蔬菜大棚建设的帮扶力度，全年新建大棚484座；特色种植黄花菜5000亩、中药材1000亩、玫瑰740亩，种植干鲜果经济林2万亩，育苗6000亩。注重粮食高产基地建设，在河川区建设以玉米、谷子为主的丰产方5处，种植面积达到4700亩；在土石山区建设以土豆、莜麦、胡麻等小杂粮为主的丰产方3处，种植面积达到1.3万亩；在黄土丘陵区建设以红芸豆为主的丰产方1处，种植面积达到2200亩。大力发展规模养殖，獭兔养殖在全县范围内实现了由典型示范带动向千家万户推广的转变，共培植专业村34个，规模养殖户达到162户，饲养量达到28万只。新筑鱼塘89座、120亩；发展销售收入100万元以上的农产品加工企业14个，年转化农产品2.8万吨，年销售收入总额达到1.26亿元；全年新建各类养殖场13个，累计建成各类农民专业合作社148个，培育起了汾源科技、浩正、嘉盛等一批龙头企业。强化各项强农惠农政策对接落实，全年县财政直接投入农业、畜牧、农经的资金达到2381万元，同比增长26.3%。

强化项目带动，加快发展新型工业，发展后劲明显增强。狠抓在建项目的推进与投产，投资12亿元的山浪120万吨煤矿已正式投产；投资11.7亿元的大远90万吨煤矿、配套100万吨洗煤厂已联动投产。投资13亿元的“1830”化工项目已进入试生产阶段。投资2.35亿元的高科技洁净改

性型煤项目完成场地、厂房建设，进入设备购置与安装阶段。投资5300万元的恒鑫石灰厂项目已建成投产。投资10亿元的2×198万吨干法水泥生产项目已获得采矿权。总投资25亿元的国电山西洁能25万千瓦风电项目，一期工程全面开工。总投资20亿元的国电山西龙源20万千瓦风电项目，已上报国家发改委。投资2650万元的县电厂2×60万千瓦的生物质能发电项目和投资4.2亿元的天然气综合利用项目现已开工。狠抓后续项目的引进储备，通过参加西洽会、中博会、农博会，共签约项目6个，大约引进投资43.63亿元。由国电与同煤合作建设的2×100万千瓦电厂及1000万吨煤源配置项目总投资248亿元，已列入省“十二五”规划。

突出旅游开发，注重基础先行，经济结构不断优化。以发展生态旅游、民俗风情游、农业观光游和红色旅游为目标，科学制定和完善了全县旅游开发规划，通过多方推介，已有3家开发商，先后来考察洽谈，初步达成投资意向。坚持“生态兴县、环保优先”的发展理念，扎实有效地做好生态治理和环境保护工作。造林绿化19万亩，森林覆盖率提高到19%，植被覆盖率提高到23%。县城污水处理厂改造提升工程已经完工，日处理能力达到3200吨，再生水利用率达到25%。狠抓节能减排，城区空气质量二级以上天数达到了342天。伴随着商贸、餐饮、仓储货运、物流快递等现代服务业的蓬勃兴起，进一步优化了经济结构，增强了发展活力。

二、以提高幸福指数为根本，强化保障改善民生，和谐构建取得新进展

民生工程整体推进。一期投资7.01亿元的汾河西区综合开发项目成效明显。目前，怡汾园、滨河西路已经竣工，文化广场、文化大楼、体育中心、利民大桥、第二幼儿园、静汾苑小区正在施工建设。同时，投资938万元的西林公园已投入使用，投资610万元的县城街道绿化硬化工程以及投资200万元的县城排洪工程已经完工。忻保高速城杜线改造工程已基本完工，路面铺油达到三分之二。着力推进社会主义新农村建设，新的“五个全覆盖”全面启动，一大批项目按照年度指标任务顺利完成，“四化四改”工程成效显著，户用沼气使用率达到52%。扶贫移民全面推进，涉及6个乡镇45个村1385户5500人、总投资8600万元的移民工程正稳步实施，3115人顺利实现搬迁，完成省市下达任务的56%。970套保障性住房、1150户农村危改工程正在建设。“数字山西第一乡”落户段家寨乡，作为全省社会主义新农村建设的第一个试点乡镇，可以率先依据数字资源，取得丰厚的经济效益和社会效益。提出了“十二五”时期实现人均一亩水浇地的奋斗目标，并制定出台了农田水利建设、农村河道综合治理以及中小河流治理等规划及实施意见。

社会事业蓬勃发展。实施科教兴县、人才强县战略，城乡教育均衡发展，教育教学质量不断提高，高考达线163人；义务教育巩固率达到100%；职业教育实现了全覆盖，在校生全部免除学费。宣传工作上档升级，新开办了忻州在线“静乐网”，完成了预算投资为680万元的数字化电视建设工程和210个村广播电视村村通任务。246所村卫生室改造、配置完毕，新建县医院即将投入使用。人口和计划生育工作扎实推进，计生工作各项指标位居省市前列。

社会保障体系逐步完善。城镇新增就业人数1403人，城镇失业率控制为2.1%，帮助下岗人员再就业人数372人，全年实现劳动力转移2100人，扶持创业人数360人。新农合参合率达到98.1%，城镇基本医疗保险覆盖率达到80%。建立城乡困难群众临时生活救助体系，职工大病救助、城乡特困群众医疗救助制度不断完善。农村低保、五保、城镇居民基本医疗保险提标扩面，9870个农村低保对象和1758个农村五保对象全部纳入保障范围，做到应保尽保。新型农村社会养老保险，被列为国家试点县以来，成立劳动保障事务所15个，各项工作扎实有序，参保率达到85%。医改工作扎实推进，全县14个乡镇卫生院所有药物都从网上集中招标采购，统一配送，拨付公共卫生经费144万元，追加财政预算170万元，兑现了医改工作财政保障和补偿。

社会管理水平有效提升。被列为“全省加强和创新社会管理工作试点县”以来，加强和创新综合治理，深入开展了以打击严重扰乱社会公共秩序的违法犯罪行为、讹诈违法犯罪行为、非法缠访闹访违法犯罪行为、“黄、赌、毒”违法犯罪行为、“两抢一盗”违法犯罪行为、涉黑涉爆违法犯罪行为，以整治工作秩序、信访秩序、重点场所、市场秩序、交通秩序和治安乱点为重点的“六打六整治”专项行动。用群众工作统领信访工作，畅通信访渠道，规范信访秩序，超额完成了省、市要求的“三降一好转”目标任务，有效地消除了社会隐患，维护了社会和谐稳定，政法综治工作代表全市接受省里考核。

三、以强化政治保障为目标，注重实效引领创新，党的建设实现新跨越

全民思想素能明显提高。在全县开展了以“解放思想不停步，彰善瘅恶优环境，开放引进促转型，开拓创新谋跨越”为主题的新一轮解放思想大讨论活动，在全县党员干部中大力发扬右玉精神、老区精神和元林精神。通过聘请专家学者举办专题讲座，开展爱我静乐大家学、爱我静乐大家谈、爱我静乐大家唱和爱我静乐大家做等系列活动，注重解放思想与实践活动的有机结合，领导干部驾驭全局、破解难题、引领发展的能力明显提高；人民群众的大局意识、责任意识、发展意识明显增强。

干部队伍建设全面加强。认真贯彻执行《党政领导干部选拔任用工作条例》，严格遵守中纪委、中组部关于严肃换届工作纪律“5个严禁、17个不准和5个一律”的要求，规范有序地组织开展换届工作，选举产生了结构更加合理、思想更加解放、驾驭全局能力更强的新一届县四大班子和乡镇党政领导班子。采取公开招聘的形式，顺利完成了静乐三中校长、副校长，杜家村中学校长的选任工作。强化

理论学习，充分利用“中国浦东干部在线学院”、“山西干部在线学院”等网络资源，组织全县副科以上领导干部开展了在线学习教育。

基层组织建设成效显著。完善了加强乡镇党委书记队伍建设、农村“两委”干部管理的实施意见。第九届村民委员会换届选举规范有序，全面铺开。发展了优秀农村党员110名，建立了流动党员基本信息库。

党风廉政建设深入推进。按照“一岗双责”和“谁主管谁负责”的原则，深入推进惩治和预防腐败体系建设。加强机关效能建设和干部作风建设，深入开展“三比一树”主题教育活动。紧紧围绕征地拆迁、企业改制、教育收费、医疗服务、惠农政策落实、食品药品安全、专项资金监管、工程项目建设等方面的问题，开展有针对性的专项治理活动，解决了一些损害群众切身利益的突出问题。全年共立查各类违纪案件83件44人，大要案件查结率和重处分率均有很大突破。

（吕彦生）

附：一、中共静乐县委书记、副书记、常委名单

书　记：杨存虎

副书记：张文斌　陆　坦（6月离职）
宋爱莲（女，6月任职）
李小博（挂职，11月任职）

常　委：刘光宇（6月离职）　王利民（6月任职）
白凤山（6月离职）　梁　康（6月任职）
秦文明　李　泽（6月任职）　张培观
赵亚峰（女，6月离职）　张宏皋（6月任职）

二、乡镇党委书记、副书记名单

鹅城镇

书　记：吴星亮

副书记：郝彦峰　王亮瞒

杜家村镇

书　记：武卫东（5月离职）　张玉堂（5月任职）

副书记：王亮中　孙继中

康家会镇

书　记：李炳秀（11月离职）

副书记：李宝炎　吕旭峰

丰润镇

书　记：梁志平（4月离职）　黄海君（4月任职）

副书记：郝成杰　李永栋

堂尔上乡

书　记：张志宇

副书记：王　彦（女）　吕金虎

中庄乡

书　记：李俊宏

副书记：赵兰俊

双路乡

书　记：杜雪峰

副书记：徐鹏举　李劲宣

段家寨乡

书　记：刘惠波（8月离职）　曹拴珍（8月任职）

副书记：曹拴珍（8月离职）　李世泽（8月任职）
王文惠

辛村乡

书　记：段惠卿

副书记：赵艳峰　宋海生

王村乡

书　记：胡海俊（11月离职）　刘怀祖（11月任职）

副书记：刘怀祖（11月离职）　谢文德（11月任职）
李建峰

神峪沟乡

书　记：任文俊（4月离职）　梁志平（4月任职）

副书记：吕志强　段拴荣（女）

娘子神乡

书　记：边四厚

副书记：李俊清　高变荣（女）

娑婆乡

书　记：张晡梅

副书记：郝丽军　李富亮

赤泥洼乡

书　记：吕晓敏

副书记：韩志宏　梁跃武

中共神池县委工作概况

县委书记　李德新

2011年，神池县委团结带领全县干部群众，围绕市委“3581”发展战略，牢牢把握“创先争优、奋发崛起、转型跨越、强县富民”这一主题，紧紧依托丰富的风光资源、土地资源和区位资源，着力构建清洁能源示范基地、绿色食品生产基地、现代物流枢纽基地、生态旅游服务基地，解放思想，改革创新，全县经济、政治、文化、社会、生态和党的建设都取得了新的进步。

一、加强班子建设，形成坚强的党委领导核心

按照市委要求，集中开展了为期三个月的“三比一树五提升”主题教育活动，进行了十二个专题的学习教育。在措施上，坚持了计划安排制度、党委机关同步学习制度、领导辅导报告制度、检查交流制度，保证了理论学习的规范化、经常化。

党委成员自觉接受党组织的教育、管理和监督，用党章和党内政治生活准则严格规范自己的言行，使党委班子真正成为了带领全县干部群众团结战斗的核心。县委制订和完善了廉政建设责任制，通过抓经常性的党性、党风、党纪教育，增强了“一班人”的“公仆”意识和党纪法规意识，使党委成员在反腐倡廉上做到了警钟长鸣。选举产生了结构更加合理，思想更加解放，驾驭全局能力较强的新一届县乡领导班子。圆满完成了第九届村民委员会换届选举工作。新选出的班子结构合理，充满活力，为建设四大产业基地、实现强县富民目标奠定了基础。

二、创新用人机制，规范干部选任工作行为

县委始终坚持重德才、重民意、重实绩，始终坚持把优化班子结构、增强班子活力作为重要目标。严把调整干部动议关、民主推荐关、考察对象确定关、组织考察关、沟通酝酿关、集体讨论决定关。在执行纪律上，严格遵守“十不准纪律”。力求在干部选任上体现时代性，把握规律性，赋予创造性。强化事前教育，推行了预告制度、干部任免材料和档案调阅制度、民意调查制度、群众举报案件专项督查制度和专题调研制度，进一步端正了用人导向，巩固和发展了风清气正的用人环境。

三、建设“四大产业”基地，推进经济社会跨越发展

全年地区生产总值完成12.5亿元，比上年增长16%；规模以上工业增加值完成0.7亿元，比上年增长65%；固定资产投资完成14.8亿元，比上年增长36.2%；社会消费品零售总额完成6亿元，比上年增长17.4%；财政总收入完成3亿元，比上年增长49.2%；一般预算收入完成1.3亿元，比上年增长29%；城镇居民人均可支配收入完成13244元，比上年增长17.85%；农民人均纯收入4066元，比上年增长26.9%。

工业大项建设强势推进。全年共完成招商引资项目7项，引资额达到78.8亿元。风电业初具规模。全县共签约30期总投资150亿元总规模150万千瓦的风电项目。目前，建成投产的风电场共4期20万千瓦,四期风电场年发电量达6.25亿度。其余风电项目进展顺利，已拿到路条的共8期40万千瓦；上报国家能源局核准的共5期25万千瓦。预计到“十二五”末，规划的30期风电场全部并网发电后，年发电量可达到42.5亿度，实现税收6亿元，神池将成为全省乃至内陆地区最大的风电基地。光电业开始起步。与大唐国际发电股份有限公司山西代表处签订了开发协议，建设规模10万千瓦，总投资20亿元。与山西艾特科创有限公司签订了总投资1.8亿元，建设规模1万千瓦的神池县义井镇北侧光伏电站项目开发协议。建材业逐步壮大。规划了占地1.5万亩的循环经济工业园区，年产200万吨新型干法水泥项目已累计完成投资5.85亿元。

特色农业凸显地域活力。聘请中国农业研究所编制了“现代农业发展规划”，聘请26位顶尖级专家作为县农业发展顾问。建成了15万亩油料、20万亩玉米、4万亩南瓜、6万亩黑豆、10万亩莜麦、15万亩土豆六大特色种植基地。全县设施农业新增2000亩，超全年目标任务（900亩）的122%。全年购置农机具863台，农机专业合作社发展到11个。采取标准化养殖小区和家庭适度规模养殖两种模式，鼓励机关干部带头创办引办合办养殖小区，全县羊发展到53.3万只，有35个标准化养殖小区投入使用，同时配套种植优质牧草27万亩。取得了神池胡麻、胡油、莜麦、羊肉4个地理标志产品保护认证，成为全省第一个拿到4个地标认证的县份。

现代物流经济初具规模。依托神朔、朔黄、宁岢三条铁路沿线的7个煤台，构建起了初具规模的煤炭集运经济带。投资1.3亿元、年发运量300万吨的同煤塘洞煤炭集运站项目已于8月份建成投产；总投资0.56亿元、年发运量200万吨的贺职煤运站即将建成投产；投资2亿元、年发运量300 万吨的神池南装煤站改扩建项目已完成投资0.5亿元。通过政府引导、行业协调，逐步规范经营秩序，开始组建一批民营运输合作组织，现代物流枢纽基地初具雏形。

人民群众生活更加安康。圆满完成了省政府“新五个全覆盖”工程、10件惠民实事、市政府20件惠民实事和县政府10件惠民实事。为10个乡镇2.4万户农民发放冬季取暖用煤2.4万吨。投资6500万元新建了县人民医院。完善了城镇职工基本医疗保险和养老保险制度。投资100万元，新建了社会福利服务中心。新增供热面积2万平方米，供热普及率达到69.1%。投资450万元净化、美化、亮化了县城广场。投资300万元，打井42眼，建设蓄水池9座，解决了全县30个村（含5座学校）1万人、3000头大畜的饮水安全问题。完成了124个村、517.5公里、4190条农村街巷硬化全覆盖任务。投资400万元硬化了县城60条小街小巷。投资250万元新建了垃圾处理厂。投资700万元启动了污水处理循环绿化灌溉工程。投资2786万元，开工新建了廉租住房、经济适用住房、公共租赁住房、限价商品房项目。

和谐稳定局面不断巩固。深入开展“安全生产百日大检查”和安全隐患“十排查”专项行动，共查出各类事故隐患332条，并下发整改通知书268份，整改完成332条，整改率达到100%。坚持四大班子领导接访制，着力解决一些影响稳定的倾向性、苗头性、突发性问题，一年来，全县共排查出矛盾纠纷142件，调处135件，调处率达94 %，社

会治安满意度达95%，社会持续稳定。

四、坚持标本兼治，扎实开展反腐倡廉工作

组织1000多名党员干部观看了警示教育片，组织策划了“反腐倡廉、警钟长鸣”大型展览活动。全县纪检监察机关共核查案件90件，审结案件90件，处分党员干部和监察对象90人。其中，乡科级干部的案件11件11人。对全县6座煤矿、13座石料厂进行了摸底核查，共追缴583.8万元欠缴税费，并查处非煤领域案件12案12人，其中4名科级干部、5名村支书受到党纪处分。对2008年以来总投资在50万元以上的立项、在建和竣工的建设项目进行排查，累计排查项目99个，排查金额4.9365亿元。通过“八查八看”共查找问题6类46项，并进行了整改，追缴城市配套费81万元，追缴土地出让金763.9万元，追缴各项税款46.9977万元，对3名科级干部进行了处理，并制定了11个规范性文件。在全县范围内掀起公务用车专项清理，以“六查六看”为抓手，清理10个乡镇和108个县直部门公车417辆，封存违规小车1辆。

五、加强民主政治建设，为建设“四大产业”基地营造良好的发展环境

县人大常委会创造性开展工作，依法作出了贯彻落实县委建设“四大产业”基地、实现强县富民目标发展战略的《决议》，体现了党的领导、人民当家作主和依法治国的有机统一。县政协加强社情民意信息渠道、委员提案平台规范、视察调研监督机制和机关自身建设，围绕建设“四大产业”基地开展视察活动，组织政协委员积极参加行风评议活动。人武部门创新推进军地共建，“双拥”活动取得新成效。政法部门深入推进“社会矛盾化解”、“社会管理创新”和“公正廉洁执法”三项重点工作。统战部门充分发挥部门优势，广泛调研、建言献策、参政议政，发挥了重要作用。工会、共青团、妇联、科协等群团组织和人民团体围绕全县大局，依照法律和各自章程积极开展工作，充分发挥党委、政府联系群众的桥梁纽带作用。

（张雁冰）

附：一、中共神池县委书记、副书记、常委名单

书　记：范波涛（5月离职）　李德新（5月任职）
副书记：李德新（5月离职）　冯晓雷（5月任职）
　　　　郭新生（5月离职）　王建光（5月任职）
　　　　王新淮（挂职,1月离职）
常　委：李生旺（5月任职）　马志强　张明光
　　　　贾平华（5月任职）　牛旭伟（5月任职）
　　　　乔震宇（5月任职）　薛明智（5月离职）
　　　　崔向松（5月离职）　罗文才（5月离职）
　　　　陈建忠（5月离职）

二、乡镇党委书记、副书记名单

龙泉镇
书　记：李时亮（5月离职）　詹海洋（5月任职）
副书记：曹建斌（5月离职）　陶　琛（5月任职）
　　　　宫建荣（5月离职）　刘　然（5月任职）

义井镇
书　记：张玉成（5月离职）　李　俊（5月任职）
副书记：田　旺（5月离职）　马俊强（5月任职）
　　　　侯联斌（5月离职）　甄建伟（5月任职）

八角镇
书　记：詹海洋（5月离职）　冯建华（5月任职）
副书记：冯建华（5月离职）　刘福林（5月任职）
　　　　张俊林（5月离职）　丁建斌（5月任职）

东湖乡
书　记：乔吉晓
副书记：许福才（5月离职）　张　鹏（5月任职）
　　　　张永春（5月离职）　张仲儒（5月任职）

太平庄乡
书　记：王茂录（5月离职）　肖　云（5月任职）
副书记：肖　云（5月离职）　刘　荣（5月任职）
　　　　赵子清（5月离职）　吴兴荣（5月任职）

贺职乡
书　记：张永才（5月离职）　王志刚（5月任职）
副书记：李德强（5月离职）　许福才（5月任职）
　　　　胡俊才（5月离职）　宫继军（5月任职）

大严备乡
书　记：王玉珍（女，5月离职）　党　勇（5月任职）
副书记：刘　荣（5月离职）　冯宝平（5月任职）
　　　　王爱香（女，5月离职）李福林（5月任职）

虎北乡
书　记：任建国（5月离职）　田　旺（5月任职）
副书记：崔永成（5月离职）　周　强（5月任职）
　　　　郭晋磊（5月离职）　王　锟（5月任职）

长畛乡
书　记：刘志文（5月离职）　田江波（5月任职）
副书记：陶　琛（5月离职）　袁　帅（5月任职）
　　　　周　强（5月离职）　梁丽丽（女，5月任职）

烈堡乡
书　记：党　勇（5月离职）　刘志文（5月任职）
副书记：刘福林（5月离职）　张继清（女，5月任职）
　　　　郝平小（5月离职）　张志凯（5月任职）

中共五寨县委工作概况

县委书记 张 春

2011年，五寨县委在省委、市委的正确领导下，以科学发展观为统领,认真贯彻落实省第十次党代会和市第三次党代会精神，突出做好县乡领导班子集中换届这一中心工作，重点抓好引深创先争优活动、深化干部人事制度改革、促进干部素能提升转型、落实人才强县战略和加强基层组织建设“五件大事”，集中力量抓大事，求真务实抓落实，全县党的建设和基层组织工作取得新成效，为全县经济社会转型跨越发展提供了组织保证和智力支撑。

一、加强各级班子建设，为经济社会发展提供组织保证

高标准、严要求，积极稳妥地开展了县乡党委、人大、政府和县政协的换届工作，领导班子成员均以全票当选。换届后，县乡领导班子配备更趋合理。新一届乡镇班子成员平均年龄为38.5岁，比上届降低1.6岁，大专以上文化程度占93.4%。其中，乡镇党委书记平均年龄41.6岁,比上届降低1.8岁；乡镇长平均年龄37.8岁,比上届降低4.8岁；12个乡镇共配备妇女干部23名；配备了非党副乡镇长10名。

二、大力加强基层党组织建设

不断深化党员承诺活动和组织承诺“回头看”活动，全县90%以上的党员做出了具体承诺，为群众做好事实事700多件；全县118名优秀个人和47个先进集体受到了县委表彰。扎实开展干部下乡住村活动和“优秀人才下乡住村五服务”活动，解决了群众关注的实际问题。深化完善了“四议两公开”工作法，250个村共决策事项460多项。通过“内选”、“外聘”等方式选好配强了非公有制企业支部书记，企业党组织的覆盖率达到100%。加强了党员干部队伍建设，发展党员132名。在全县农村党组织和党员中深入开展了“党员示范经费田”活动，示范种植2051亩，示范种植种类60余种。鼓励支持大学生村干部参与村级组织换届工作，有1名当选支部书记；31名大学生村干部当选县乡各类代表。

三、稳妥推进干部人事制度改革

全面推行县委常委会、全委会任免干部票决制，对调整的145名干部全部实行常委会议票决，并对23名乡镇党政正职进行了全委会议票决。进一步健全领导班子和领导干部考核评价机制，细化了党委、法检两院、政府、事业单位、乡镇等不同部门的具体考核细则，年底按照完善后的考核办法对全县科级领导班子和领导干部进行了全面考核。指导全县100多个科级领导班子开展专题民主生活会，查找问题，明确整改方向；认真落实任职谈话、诫勉谈话等监督制度。对新提任的43名科级领导干部，以书函的形式征求县纪委、综治、计生等部门意见，对28名干部全部进行离任审计。

四、采取多种措施，全面实施干部素能提升工程

充分利用网络平台，实行县委组织部统筹抓总、各大口分片负责、各单位专人联络的组织模式，制度化、定期化的学习模式和分类实施、分层推进的培训模式，开展干部网络培训18期，共计45学时，培训干部3024人次。发放调查问卷3600余份，摸清了全县党员干部参训状况和培训需求；制定了开展自主选学实施细则，向各单位、各部门党员干部发布课程菜单6类300多个；针对申报自主选学课件分类情况，开展自主选学培训15期，党员干部按需培训成为现实。组织110名村“两委”主干到省委党校顿村分校进行了为期3天的培训；挑选5名农村科技带头人和3名大学生村干部赴西北农林科技大学参加“忻州市农村党员科技致富带头人培训班”。认真落实省委、市委关于开展干部在线学习精神，组织1000多名干部注册成为“山西干部在线学院”网上学员，全县干部在线学习上线率达到了90%以上，居全市前列。

五、深入推进党风廉政建设工作

一是党风廉政建设责任制落实到位。建立县级管理台账，真正构建了“横向到边、纵向到底、一级抓一级、层层抓落实”的党风廉政建设责任制工作网络。对全县78个单位的贯彻执行情况进行监督检查，与换届调整的27名新任县直单位“一把手”进行任前廉政谈话并签订了《领导干部廉洁自律承诺书》。

二是农村党风廉政建设不断深化。全县累计投资102.8万元，开通农廉网络村178个，占行政村总数的68%。规范运作了“三个中心”，扎实推进“三务公开”，将群众最关心的“三资”管理、重大事项决策、强农惠农政策等列入公开内容进行公开，特殊事项做到了随时公开。全面落实强农惠农政策，全县1935万元粮食直补资金、831.15万元教育资金、1030万元农村新型合作医疗资金、112万元退耕还林补助资金、10533.64万元农村街巷硬化资金全部落实到位。全年接待农民群众来信来访42件次，同比下降29%，

立案查处40件，其余2件已协调解决；立案查处涉农案件40件，已全部结案,处理农村党员干部40人。

三是清理整顿突出问题，各专项治理工作成效明显。全县查处煤焦领域案件2起，查缴涉煤、非煤矿山企业各类资金340.44万元，追缴率100%。认真清理整顿公务用车突出问题，将核查出的4辆超编车和4辆超标一般公务用车上交县公车治理办。6个单位主动申报了存在的“小金库”问题，涉及金额207.15万元。认真开展涉农资金、城乡社保资金、教育乱收费、医疗卫生服务、公路“三乱”、影响居民生活突出问题，组织人员监督检查4次，明查暗访6次。查处退耕还林、侵占耕地、侵权等民生领域案件3起。排查中央投资、扩大内需、省重点工程和其它项目79个，涉及投资13.54亿元。

四是加强效能监察，发展环境进一步优化。对全县111个单位进行了明查暗访，对存在问题的15个单位“一把手”进行电话告知。查处工作人员上班期间玩电脑游戏6人，分别给予相应的党政纪处分。结合全县交通秩序大整顿和环境卫生市容市貌大整顿，先后明查暗访46人次，发放现场督办书18份。派驻21名效能监察员，督查19个省市重点项目15 件次，发现各类问题7个，全部协调解决。对全县村级组织换届选举工作全程监督，确保换届风清气正。受理各类投诉、转办案件8件，全部办结。

五是加大案件查处力度。共查处各类案件54件，处分54人，受党纪处分47人、政纪处分8人，其中受双重处分1人，重处分3人，副科以上领导干部违法违纪6人，案件审结率达到100%。全年接待来信来访26件，其中来信17件，来访9人次，全部予以答复。根据来信来访线索，立案查处4件。

六是反腐倡廉宣教新格局初步形成。选树“三比一树”先进单位11个、先进个人典型 17人。播放警示教育片120场次，教育干部群众1.1万人。在抗战时期五寨县政府驻地——杏岭子乡鸡房村建立了廉政教育示范基地，各乡镇都设立了廉政教育阅览室、廉政文化大院，同时，建成了东关村、李家口村、右所村等8个廉政文化教育示范村。

（范永林）

附：一、中共五寨县委书记、副书记、常委名单

书　记：刘祁杰（4月离职）　张　春（4月任职）
副书记：郭泽兵（4月离职）　张宇光（5月任职）
　　　　李映明（5月离职）　程万里（5月任职）
常　委：吕志明（5月离职）　靳海珍（5月任职）
　　　　刘东云　靳海珍　白效文（5月任职）
　　　　常志强（5月离职）　刘建文（5月任职）
　　　　杜新荣（5月离职）　尹新凤（女，5月任职）
　　　　付光政（5月离职）　杨全隆（5月任职）

二、乡镇党委书记、副书记名单

砚城镇

书　记：张广建（5月离职）　苏国平（5月任职）
副书记：徐效国（5月离职）　彭原峰（5月任职）
　　　　刘　灏（5月离职）　马小东（5月任职）

三岔镇

书　记：宋　杰（5月离职）　周晋堂（5月任职）
副书记：彭原峰（5月离职）　范　波（5月任职）
　　　　李　斌（5月离职）　徐　炜（5月任职）

小河头镇

书　记：张海峰（5月离职）　郝　伟（5月任职）
副书记：齐天平（5月离职）　邸云竹（5月任职）
　　　　胡建斌（5月离职）　秦建新（5月任职）

前所乡

书　记：牛　瑛（5月离职）　刘　维（5月任职）
副书记：王　斌　高　峰（5月离职）
　　　　于文献（5月任职）

李家坪乡

书　记：李永林（5月离职）　贾育新（5月任职）
副书记：范　波（5月离职）　李广中（5月任职）
　　　　崔永明（5月离职）　陈　强（5月任职）

胡会乡

书　记：于文德（5月离职）　李永林（5月任职）
副书记：张鹏珍（5月离职）　郭力逢（5月任职）
　　　　贾　杰（5月离职）　高　建（5月任职）

新寨乡

书　记：贾建国（5月离职）　张鹏珍（5月任职）
副书记：张银业（5月离职）　任盛宇（5月任职）
　　　　张贵虎（5月离职）　张瑞生（5月任职）

韩家楼乡

书　记：周晋堂（5月离职）　刘舜尧（5月任职）
副书记：郝　伟（5月离职）　刘　灏（5月任职）
　　　　张占荣（5月离职）　周　达（5月任职）

孙家坪乡

书　记：苏国平（5月离职）　张银业（5月任职）
副书记：刘　维（5月离职）　顾利锋（5月任职）
　　　　苗丽霞（女，5月离职）　贺　震（5月任职）

梁家坪乡

书　记：刘舜尧（5月离职）　武云飞（5月任职）
副书记：邸云竹（5月离职）　李　斌（5月任职）
　　　　管振强（5月离职）　樊继忠（5月任职）

东秀庄乡

书　记：贾贵良（5月离职）　周德华（女 5月任职）
副书记：周德华（女，5月离职）武建军（5月任职）
　　　　秦建新（5月离职）　史文斌（5月任职）

杏岭子乡

书　记：徐　瑛（5月离职）　李秀岐（5月任职）
副书记：李秀岐（5月离职）　路向阳（5月任职）
　　　　温兰生

中共岢岚县委工作概况

县委书记　张钰祥

2011年，岢岚县委团结和带领全县广大干部群众，围绕建设“民富县强、生态宜居、和谐幸福新岢岚”的总体目标，以科学发展观为指导，确立并实施“553”工作纲要，凝心聚力，跨越赶超，全面推进各项工作，实现了经济社会平稳较快发展，为实施“十二五”规划开好了头、奠定了良好的基础。

2011年，岢岚县地区生产总值达到12.5亿元，同比增长25%；财政收入累计完成2.76亿元，同比增长37.2%；一般预算收入完成8928万元，同比增长35%；规模以上工业增加值完成2.5亿元，同比增长62.3%；固定资产投资总额完成18亿元，同比增长31%；社会消费品零售总额达到5.4亿元，同比增长18%；城镇居民人均可支配收入为14700万元，同比增长17.1%；农民人均纯收入为3358元，同比增长16.2%。城镇登记失业率控制在3.3%以内，全年二级以上天数为365天，人口自然增长率为1.31‰。连续第七次被评为“全省双拥模范县”，连续八年被评为“全市信访工作先进县”，荣获了“全国双拥模范县”、“省级文明和谐县城”、“全省文化建设先进县”和“全省农廉工作先进县”等光荣称号。

一、充分发挥党委总揽全局的作用，凝聚转型跨越发展的合力

一是深化学习型党组织建设，发挥党委的氛围营造作用。着力推进学习型党组织建设，先后组织县委中心组集中学习12次，召开了以密切联系群众为主题的民主生活会；认真组织开展了学习传达胡总书记7.1讲话、十七届六中全会精神等学习活动和“实现新跨越，我该怎么干”思想大讨论活动；组织全县236名科级干部进行“转型跨越发展”理论培训，派出316人次的科级以上干部参加了忻州市委、市委党校组织的干部培训，邀请省委、市委党校教授、专家就新时期新理论对全县干部进行了6次宣讲培训。

二是认真组织换届选举工作，发挥党委的组织管理作用。按照省市关于换届工作的总体部署，严格遵守“5个严禁、17个不准和5个一律”和“四项监督制度”，圆满完成县乡两级换届选举任务和农村两委换届工作。同时，县委要求新任县乡领导班子成员就任期间工作规划和廉洁自律情况，面向社会作出公开承诺，以接受群众监督。有计划地组织开展了“县委常委下基层”活动，对新一届乡镇党委班子进行谈话和业务培训。实施了农村干部培训工程，对农村两委干部进行了5期集中培训。开展了机关纪律整顿活动，进一步促进了各级班子建设，提振了干部精神。

三是全面落实党风廉政建设责任制，发挥党委的作风引导作用。在落实党风廉政建设责任制过程中，将反腐倡廉的各项工作逐项分解，认真落实到常委、副县长及牵头部门和47个协办单位，尤其是党政“一把手”身上。在构建惩防体系过程中，深入开展了“三比一树”主题教育活动，配合全市开展“反腐倡廉，警钟长鸣”大型巡回展览活动，组织全县4000余名公职人员进行了廉政考试。建立和完善了领导干部个人有关事项报告、领导干部离任审计、工程招投标、政府采购等制度。在推进机关和干部作风建设中，集中开展了“整顿机关纪律、强化效能监察、创优发展环境”活动，组织了2次大型政风行风面对面活动。扎实推进煤焦领域反腐败专项斗争、清理国家公职人员逾期拖欠农村信用社贷款、公务用车专项治理和工程建设领域、民生领域突出问题专项治理等整治活动，共查办案件55起，处分违纪人员55人。

四是扎实开展创先争优和干部下乡住村活动，发挥党委的带头实践作用。全面推进基层组织建设，全覆盖建设村级支部活动场所191个，巩固和发展党员科技示范基地172个、党员联户扶贫基地1280个、大学生村官创业基地12个。深入推进文化体制改革，被市委推荐为“全省文化建设先进县”，被省委评为“省级文明和谐县城”。全面推进社会管理创新，深入开展了社会治安专项整治行动，综治工作受到省政府的表彰。认真贯彻“十纳入、十统一”要求，落实拥军“六优先”和优属“五项保障”制度，荣获了“全国双拥模范县”的称号。以开展干部下乡住村活动推动农村事业的发展，带领全县800余名机关干部进驻157个村开展农村工作，兑现公开承诺事项284件，制定农村发展规划126个，为民办实事1800多件。

五是贯彻执行民主集中制原则，发挥党委凝心聚力作用。从年初财政预算到重大工程项目的审定，从机关事业单位人事调整到干部的提拔任用，都由全体班子成员上会研究决策，较好地凝聚了班子的整体合力。同时，县委也注重发挥人大、政协及社会各方面的力量和作用，重大事项主动征求人大、政协、工青妇等社会群团组织的意见和建议，支持他们独立负责、协调一致地开展工作。

二、统筹推进经济社会各项事业，全面迈出转型跨越发展新步伐

一是项目建设扩规升级。以转变发展方式为主导，共规划实施各类项目149项，完成投资18.732亿元，均达到历史之最。特别是围绕煤炭集运洗选、新能源开发、新型建材加工、天然气利用、特色农牧产品加工、物流园区建设、

旅游开发等方面，巩固了安塘、胡家滩两个新型工业园区，引进建设了60多个重大项目，其中一大批项目总投资超过亿元，27个涉煤企业共上缴税金2.1亿元，进一步优化了工业产业结构，推动多元发展，逐步构筑起富有岢岚地方特色的产业体系，为进一步扩张县域经济总量奠定了较好的基础。

二是“三农”工作再上台阶。紧紧围绕促进农民增收这一目标，以“羊豆棚加”特色产业开发为重点，完成了全县90%的绒山羊高产改良，实施了红芸豆示范基地建设“35”工程，建设了红芸豆、马铃薯、干鲜果等10个科技示范园区和600多座设施大棚，新上了中仑奥富、恒旺颐合、炜岚工贸、绿禾等促进农副产品转化升值的新兴项目。全县粮食总产再创历史新高，岢岚绒山羊被农业部畜禽品种资源委员会命名为“中国晋岚绒山羊”，岢岚县被国家质检总局授予“国家级出口红芸豆质量安全示范区”的牌匾，扶贫开发工作受到了省委省政府的表彰。

三是城乡面貌整体改观。按照“一城两带五区”的总体规划，实施了县城“5路3景2园1湖1站4个市场122条街巷”和3大环保工程等市政综合工程。特别是开工建设了投资8.08亿元占地780亩建筑总面积49万平米的安居工程，使县城框架成倍拉大，加速了城镇化建设步伐。在农村全面完成了“四化四改”、“五个一”和“新的五个全覆盖”年度建设任务，建成12个乡镇文化站、30个农村文化活动室、40个农家书屋和90余个农村体育场地，并完成了6.2万多亩的生态绿化和160余公里的城乡道路周边环境整理工作，使城乡面貌整体改观。

四是民生保障全面加强。财政总支出4.5亿元用于文教、卫生、社会保障、公共服务等民生事业，占到总支出的80%以上。城镇新增就业人数1187人，转移农村劳动力1604人，累计安置公益性岗位793个；发放困难群众供养金410多万元，使新农合和城乡居民社会养老保险分别覆盖61652人和35694人；启动公办幼儿园园舍安全改造工程，新建了新岢岚中学春芽幼儿园，全覆盖式为390名职业高中学生免学费，实施了助学工程资助贫困学生104万元；建设了县医院综合住院大楼，使乡村二级医疗机构标准化建设达标98%，为全县27396名参合农民补偿医疗费用950万元，对全县50岁以上老人和25-45岁育龄妇女共1.2万余人进行了免费健康体检。

五是社会事业协调发展。完成了6.2万多亩的生态绿化，建设干果经济林1.7万亩，对林改工作进行“回头看”；完成忻保高速连接线一期工程、209国道岚漪镇公路、二级汽车站一期工程等道路建设任务，修补公路油路1.1万平方米；完成水利灌溉面积1.1万亩、水土流失治理3万亩和仙人涧蓄洪池、胡家滩滚水坝等建设任务，解决了9乡18村5133口人3133头畜的安全饮水问题；狠抓节能减排和环境综合整治，实施三大环保工程，大气环境质量状况得到了明显改善；大力开展社会治安专项整治行动，破获贩毒案件12起、多发性侵财案件24起，查处行政案件365起，共抓获各类违法犯罪人员408人；挂牌成立信访接待中心，共化解处理各类上访案件428件（次），进京非正常上访和赴省集体访为零。

（侯晓峰）

附：一、中共岢岚县委书记、副书记、常委名单

书　记：陈义青（女，4月离职）　张钰祥（4月任职）
副书记：刘　亮（5月任职）　赵雁宾（5月离职）
　　　　崔向松（5月任职）
常　委：武砚斌（5月离职）　赵国兴（5月任职）
　　　　赵辰隆（5月离职）　牛大业（5月任职）
　　　　王建光（5月离职）　赵亚峰（女，5月任职）
　　　　赵　伟　岳海滨（5月离职）
　　　　闫莉芸（女，5月任职）　鲁三成（5月离职）

二、乡镇党委书记、副书记名单

岚漪镇
书　记：杨建刚
副书记：刘鹏德（9月离职）　梁　军（9月任职）
　　　　侯计荣（5月离职）　冀向萍（女，5月离职）
　　　　王海波（5月任职）

三井镇
书　记：赵　玺（5月离职）　周在田（5月任职）
副书记：李树雄（5月离职）　武耀斌（5月任职）
　　　　赵发财（5月离职）　王文瑞（5月任职）

神堂坪乡
书　记：贾吉明（5月离职）　李智勤（5月任职）
副书记：刘　霞（女，5月离职）　王耀东（5月任职）
　　　　王治国

宋家沟乡
书　记：岳保和
副书记：张文生　王福生

阳坪乡
书　记：李智勤（5月离职）　刘庆云（5月任职）
副书记：武砚君　薛利军

大涧乡
书　记：王建评（5月离职）　程贵平（5月任职）
副书记：王爱生　李二平（5月任职）

高家会乡
书　记：胡少平
副书记：王贵林（5月离职）　朱鹏华（5月任职）
　　　　赵庆文（5月任职）

李家沟乡
书　记：窦　琦（5月离职）　高志远（5月任职）
副书记：刘玉欢（5月离职）　高志平（5月任职）
　　　　王海波（5月离职）　吴晓东（5月离职）
　　　　韩世飞（5月任职）

水峪贯乡

书　记：高志远（5月离职）　刘　霞（女，5月任职）
副书记：刘建新　张志强（5月任职）

王家岔乡

书　记：李艾珅（5月离职）　吕少东（5月任职）
副书记：张国莲（女，5月任职）　孟彩俊（5月任职）

温泉乡

书　记：闫莉芸（女，5月离职）　白茂生（5月任职）
副书记：冀向萍（女，5月任职）　贾培林

西豹峪乡

书　记：赵新怀（5月离职）　刘玉欢（5月任职）
副书记：程贵平（5月离职）　王　政（5月任职）
郭希堂（5月离职）　夏海峰（5月任职）

中共河曲县委工作概况

县委书记　王书东

2011年，县委坚决贯彻落实市委“3581”发展战略，统筹推进经济、政治、文化、社会、生态和党的建设，依靠四大班子和全县广大干部群众的集体力量，应对新挑战，迈出新步伐，为“十二五”期间实现经济总量翻两番、发展质量上台阶打下了基础。

一、坚持勤政务实，转型跨越发展成效不断显现

经济运行态势良好，主要经济指标平稳较快增长。2011年底，全县地区生产总值达到53.6亿元，同比增长14%；财政总收入完成12.89亿元，同比增长25.96%；一般预算收入完成4.75亿元，同比增长20.55%；规模以上工业增加值完成29.48亿元，同比增长19.53%；固定资产投资完成53.88亿元，同比增长14.1%；社会消费品零售总额完成8.7亿元，同比增长17.1%；城镇居民人均可支配收入完成15166元，同比增长15.51%；农民人均纯收入实现3386元，同比增长15.1%。

项目攻坚成效显著，发展后劲不断增强。全年共组织实施重点项目34个，其中：省市重点项目21个，均超额完成年度投资目标任务。截至年底，储备优势项目54个，预计总投资580.71亿元。第六届中博会，共签约项目6个，总投资96.63亿元。这些项目的落地投产，可使县内煤炭就地转化率达到60%，新型工业产值占全县生产总值的比重由23%提升到60%。

“十大工程”扎实推进，转型跨越步伐不断加快。引黄灌溉工程：取水口至县城基本贯通，累计完成投资1亿元。交通运输工程：准朔铁路建设如期推进，灵河高速公路3月份正式开工。农业现代化工程：财政补贴农民510余万元，推广种植脱毒种薯7.59万亩，产量15.2万吨，微型薯产量400 万粒。采取政府补贴1万元/亩和后续贴息等措施，新建新型温室大棚200亩。新增市级“一村一品”示范村8个，建成标准化养殖小区7个，规模养殖户达到936户。种植优质苜蓿5000余亩，千亩草带3个，500亩草带3个。特大型煤电化基地工程：煤炭方面，晋神磁窑沟煤矿建成投产；神达集团的四个煤业公司推进快，势头好；煤销集团猫儿沟煤业已取得开工报告。电力方面，鲁能电厂二期2×66万瓩机组建成试运营；鲁能三期完成签约；神东2×30万瓩矸电项目完成征地等前期工作。化工方面，中海油尿素项目前期工作全部完成，准备开工；同德化工稳健运营，蓄势待发。建材方面，山东山水集团120万吨新型干法水泥项目建成投产，全县水泥行业提高到120万吨的生产能力。中小企业工程：积极支持各类中小企业，以晋陕蒙煤电化大型基地为服务对象的配套工业活力涌动，以农副产品加工销售和集约化种养为主的农字号产业异军突起，以文化旅游、商业贸易、金融服务为主的第三产业蓄势待发。文化强县工程：山西河曲民歌二人台发展有限公司和河曲民歌二人台艺术团正式挂牌成立，国内首部原生态民歌电视连续剧《西口情歌》拍摄完毕。2011 年再次被文化部命名为“中国民间文化艺术之乡”。城乡建设工程：以县域城镇化为目标，县城供水、供暖面积不断扩大，污水处理厂稳定达标运营，县城垃圾处理场建成即将投入使用。保障性住房二期全部完工，农村危旧房改造300户。35村4所学校涉及8000余人的农村人畜饮水安全工程全部完成。完成农村改厕项目500户。完成12个省级新农村重点推进村建设任务。科教兴县工程：省级示范高中——河曲中学新校区建设主体工程完成；巡镇中学职教中心实训大楼建成；新建幼儿园1所;学前教育三年行动计划全面启动。高考全县二本B类以上达线人数296人，全市理科第一名出在本县。生态文明工程：通过深化集体林权制度改革，产权得以明晰，林业发展注入了强大活力。城市二级以上天数358天，节能减排、治污减排各项指标全部达到控制目标。全民健康工程：“一颗鸡蛋”、“二两肉”，持续在全县中小学住校师生中免费供应。全县三级卫生服务体系全面建立，国家基本药物制度工作全面启动实施，县人民医院通过二级甲等医院评审并成为山医大二院的协作医院。新农合参合率达到99.1%。新型农村养老保险参保覆盖率达到98%，覆盖城乡的养老保险体系基本建立。

二、坚持改善民生，社会事业协调发展

一是新的“五个全覆盖”全面铺开，进展迅速。农村

文化体育场所、中等职业教育免费和新型农村社会养老保险已提前一年实现全覆盖目标，农村街巷硬化超额完成年度任务。新建农村便民连锁店42个，超额完成年度任务。二是市政府确定的20件惠民实事涉及本县的部分全部落实。县委、县政府确定的10件惠民实事有效落实。全县低收入农户发放冬季取暖用煤4.31万吨。1730余人参加了职业技能培训。全年减少贫困人口1.3万人。完成移民搬迁2000人。县机关事业单位职工住房公积金缴存比例集体部分由5%提高到了10%。

三、坚持创新社会管理，安全稳定形势进一步好转

社会治安方面，集中整治毒赌盗，开展了“平安忻州”和“清网行动”。全年共破获各类案件961起，整治治安乱点25个，排除消防隐患23处，查处各类交通违法行为2.4万例，综治形势进一步好转。安全生产方面，深入开展了安全隐患“十排查”、百日安全大检查，做到整改措施、责任、资金、时限和预案“五到位”，各类生产安全事故死亡人数均控制在年度控制指标之内,全县安全生产形势继续保持了良好态势。信访稳定方面，以群众工作统领信访工作，建立了分工负责、分级管理的信访工作长效机制，运用法律、经济、行政等手段和教育、协商、疏导等方法，认真梳理和化解了一批群众反映强烈的问题。

四、坚持加强党的建设，转型跨越发展的政治保障不断强化

全面加强领导班子建设，形成推动转型跨越发展的强大合力。坚持民主集中制，进一步完善和落实常委会、全委会、常委扩大会、四套班子联席会等工作制度。坚持统揽全局、协调各方的原则，积极支持县人大、县政府、县政协、政法、人武、统战和人民团体，创造性地开展工作。县人武部“三爱一创”活动得到市军分区、省军区的肯定，并在本县召开了经验交流现场会。抓好县乡换届，切实加强领导班子建设。通过换届，县乡领导班子结构进一步优化，活力进一步增强，为全面完成“十二五”规划提出的各项任务打下了坚实的基础。认真开展干部下乡住村“六个一”活动、“三比一树”和纪律作风集中教育整顿等活动，干部队伍的党性修养、工作作风建设和机关效能建设得到进一步加强。

切实强化基层党组织建设，党的执政基础不断夯实。全面加强农村党支部书记队伍建设，对全县农村党支部书记进行了轮训，大力推行“四议两公开”工作法，提高了村干部整体素质，强化了基层党组织功能。不断探索创新大学生村干部管理使用机制，全县累计选用了60名能力强、业绩突出、群众公认度高的大学生村干部担任“一把手”，形成了大学生村干部管理、创业、成长的“河曲模式”，全省大学生村干部工作会在本县召开。

进一步加强党风廉政建设，惩治和预防腐败体系不断完善。一是全面落实党风廉政建设责任制。按照“一岗双责”的要求，切实强化了党政“一把手”第一责任人职责，进一步强化了党风廉政建设责任制落实情况的考核。二是加强廉政培训和警示教育。召开专题民主生活会和专题培训会，组织全县党员干部观看警示教育片和反腐展览，建立廉政教育基地和村廉政文化广场5个。三是加大了案件查处力度，全年共立查案件62件，处分违纪人员62人。四是加大了监督检查力度。围绕群众关心的教育收费、医疗服务、食品药品安全、惠农政策落实等方面的问题，特别是工程建设领域、煤焦领域、民生领域等突出问题，不断加大了监督检查力度，确保各项惠农政策落到实处。五是切实加强了农廉工作。乡镇便民服务中心、信访接待中心和财政收付中心等“三个中心”的阵地建设和“三资”委托代理制度进一步规范，农村财务管理监督实现经常化、制度化。

（黄建林）

附：一、中共河曲县委书记、副书记、常委名单

书　记：王书东

副书记：李旭清　程兴利（5月离职）
　　　　田尚麒（5月任职）

常　委：侯忻嵘（5月离职）　刘耿富（5月离职）
　　　　高建文（5月离职）　贺贵平(5月任职)
　　　　王志荣　丁二明（5月任职）
　　　　赵辰隆（5月任职）　韩　斌（5月任职）
　　　　宋晓辉

二、乡镇党委书记、副书记名单

文笔镇

书　记：金熙义（4月离职）　李步成（4月任职）

副书记：许德君（5月离职）　刘　军（5月任职）

巡镇镇

书　记：周占荣（4月离职）　韩　昌（4月任职）

副书记：李向忠（5月离职）　邬晋波（5月任职）
　　　　丁小文（5月任职）

楼子营镇

书　记：李步成（4月离职）　菅劲春（4月任职）

副书记：王　军（4月离职）　王永锋（5月任职）
　　　　王伯文（5月离职）　周永清（5月任职）

刘家塔镇

书　记：刘淦银（4月离职）　李晓峰（4月任职）

副书记：许美颖（女，5月离职）　郝瑞光（5月任职）
　　　　张国珍（5月离职）　赵建军（5月任职）

鹿固乡

书　记：门永红（4月离职）　张秀文（4月任职）

副书记：赵国兴（5月离职）　王永胜（5月任职）
　　　　王拥政（5月离职）　王英强（5月任职）

单寨乡

书　记：王　印（4月离职）　郭永胜（4月任职）

副书记：管劲春（4月离职） 薛志荣（5月任职）
赵振光（5月离职） 管培元（5月任职）

土沟乡

书 记：韩 昌（4月离职） 周 明（5月任职）
副书记：李裕民（4月离职） 王伯文（5月任职）
管向群（5月离职） 刘巨水（5月任职）

前川乡

书 记：闫慧军（4月离职） 贯建忠（4月任职）
副书记：郭永胜（4月离职） 朱玉清（女，5月任职）
秦治忠（5月离职） 白欢兵（5月任职）

旧县乡

书 记：张建元（4月离职） 闫慧军（4月任职）
副书记：贾怀毅（5月离职） 王彦东（5月任职）
柳军民（5月离职） 周永厚（5月任职）

沙坪乡

书 记：金瑞明（4月离职） 王 军（4月任职）
副书记：王存贵（5月离职） 张 甫（5月任职）
周永厚（5月离职）

杜梁乡

书 记：张宝霖（5月离职） 刘云钦（5月任职）
副书记：贾建忠（4月离职） 钟永瑞（5月任职）
常永强（5月离职） 周海林（5月任职）

沙泉乡

书 记：李晓峰（4月离职） 李裕民（4月任职）
副书记：张秀文（4月离职） 李永智（5月任职）
柳远文（5月离职） 郭垒厚（5月任职）

赵家沟乡

书 记：李志福（4月离职） 郐志明（4月任职）
副书记：郐志明（4月离职） 赵全占（5月离职）
李成良（5月任职） 吕富军（5月任职）

中共保德县委工作概况

县委书记 段 新

2011年，中共保德县委在市委、市政府的正确领导下，团结带领全县广大干部群众，明确了“跳出忻州看保德，站在中西部范围内去定位保德”的发展定位；提出了建设“三晋新型二业强县、中西部物流集散地、优秀宜居宜业城市”，打造中西部经济社会强县的奋斗目标，统一了发展共识，凝聚了发展合力，为“十二五”时期全县经济社会的转型跨越发展，描绘了宏伟的发展蓝图。

一、转型跨越发展步伐不断加快，经济社会实现持续健康发展

经济指标实现预期目标。全县生产总值完成61亿元，按现价核算较上年同比增长37.7%，按可比价核算，同比增长14%；财政总收入完成16.9亿元，同比增长19.7%；一般预算收入完成5.3亿元，同比增长17.1%；固定资产投资完成47.1亿元，同比增长85.1%；规模以上工业增加值实现43.2亿元，按现价核算较上年增长54.3%，按可比价核算，同比增长12.9%；社会消费品零售总额实现10.3亿元，同比增长17.1%；城镇居民人均可支配收入达到16776元，同比增长15.03%；农民人均纯收入达到3815元，同比增长21.9%。

项目建设强力推进，发展基础不断筑牢。总投资217.18亿元，启动实施了涉及农业、工业、基础设施、民生等方面的重点工程项目123项；省级重点工程投资完成额超过市考核目标13.08亿元，重点工程落地指标超过市考核目标49.21亿元；吉港冠宇水泥二期、王家寨煤炭集运站、忻保高速保德连接线等项目全面竣工；王家岭煤炭工业园区累计完成投资19.7亿元、杨家湾铝工业园区完成投资6.5亿元，均取得了突破性进展；中博会上成功签约总投资额达155 亿元的项目16个；与中国神华等7个大型企业集团，签订了投资总额近150亿元的11个重点项目合作协议，在全市重点项目建设评比中，荣获了“一等奖”的表彰奖励。

“三农”问题摆位更加凸显，新农村建设稳步推进。全年发展“一村一品”专业村30个，新建日光温室大棚1129座，推广优种21万亩，创建农业科技示范园10个，扶

持科技示范户1000家，规模养殖大户100家，建设标准化养殖基地5个。新栽枣树1.36万亩，老枣园改造8500亩，新栽核桃树1万亩。全面落实各项强农惠农政策，年内用于“三农”发展和民生改善的财政投入分别比上年增加了20%。积极推进社会主义新农村建设步伐，新的“五个全覆盖”工程完成年度建设任务，13个重点推进村的发展规划及“四化四改”和“五个一”工程全面完成。

民营经济蓬勃壮大，发展活力日益彰显。坚持加快民营经济发展，大力实施了“中小企业成长工程”，全力助推民企发展。组建了中小企业信用担保中心。民营经济发展领域由煤焦、建材、化工扩大到道路、供热、医院、学校、旅游、商贸、投资、租赁、物流等多个行业。民营经济增加值完成3.71亿元，同比增长58.55%，上缴税金3400万元，同比增长63.62%。

基础设施建设步伐加快，人居环境大为改观。启动实施了省级园林城市、环保模范城市和优秀宜居宜业城市“三城联创”活动；县城详规进入成果评审和报批阶段；梅花大街、崇德公园、马家滩综合市场、新康装饰城和10个星级公厕等新建、改造工程圆满完成。“安居工程”建设项目累计开工562套3.68万平方米。城市污水处理、垃圾处理工程运行稳定，污水处理率达到80%，生活垃圾无害化处理率达到100%；天然气主管道通入城区；集中供热三期工程全面完成，新增供热面积34万平米，东城区可供热地区供热率达到85%。生态环境明显改善，城区空气质量二级天数达到352天，被评为“全国生态文明建设先进县”和“全省十佳卫生县城”。

社会事业不断发展，民生福祉切实增进。义务教育标准化建设通过省级验收复查，35所学校的中小学危房改造年度任务全面完成，中高考成绩取得历史最好水平，职业中学对口升学率位居全市第一；在全县所有乡镇卫生院全面实施国家基本药物制度，公开选聘了13名乡镇卫生院院长。县医院、中医院分别通过“二甲”、“二乙”医院验收；为全县农村困难群众每户发放1吨“爱心煤”；城镇新增就业1998人，下岗失业人员再就业789人，困难人员再就业282 人，城镇登记失业率控制到了4%以内；养老、失业、医疗、工伤、生育保险覆盖面得到了进一步扩大。认真落实安全生产责任制，在全县范围内广泛开展了安全隐患排查活动；不断加强社会治安综合治理，以“六打六整治”为重点，开展了声势浩大的“林涛平安”专项行动，破获各类刑事案件220起，有力地促进了社会稳定；进一步畅通了信访渠道，制订完善了《县四大班子接访制度》，有效地化解了人民内部矛盾，进京赴省到市实现非正常零上访。

二、民主政治建设不断加强，依法治县水平得到显著提高

注重加强四大班子之间的协商与沟通，坚持“集体领导、民主集中、个别酝酿、会议决定”的原则，对重大问题、重大项目安排、干部任免和大额资金分配，做到了决策的规范化、民主化、科学化。切实保障人大、政府依法行使职权，支持政协履行职能，组织人大代表、政协委员就项目建设、设施农业、社会治安、城市建设等重大问题进行了13次专题视察调研。重视统一战线和民族宗教工作，充分发挥工会、共青团、妇联、科协等人民团体的桥梁纽带作用，切实加强对人民武装工作的领导，巩固和发展了安定团结的政治局面。深入推进依法治县，认真落实“五五”普法规划，全面启动“六五”普法，全民法制意识和法律素质显著提高。2011年，荣获全市“五五”法制宣传教育先进县称号。

三、宣传思想文化工作深入开展，社会风尚呈现新气象

学习型党组织建设扎实推进。县委中心组坚持集中学习制度，不断健全学习机制，丰富学习内容，拓展学习途径，创新学习方式，强化学习成果，切实提高了领导干部的理论素养和贯彻科学发展观的实践能力。邀请专家、学者来做大型专题宣讲，四大班子领导干部带头撰写心得体会文章。分批选送党员干部到省外和省、市党校进行了集中培训。

文化体制改革扎实推进。成立了黄河文化旅游产业开发有限公司，开发了文化产业项目——林涛寨艺术世界，支持了以演唱、收藏、图书阅览、舞蹈、威风锣鼓、民间手工艺、非物质文化遗产技艺为主的文化专业户65户。实施了文艺精品工程，先后有4人次分别在国家级比赛中荣获金奖，在省级比赛中获得了第2名。编辑出版了《保德民歌》、《保德名胜》、《保德民俗》系列丛书。

精神文明创建活动深入开展。深入开展群众性文明和谐创建活动，出台了《保德县文明单位、文明村、文明校园、文明社区》测评办法，规划了今后三年全县公民文明素质提升工程，圆满完成了第二届道德模范人物评选活动，成功申报了2个省级文明单位，18个市级文明单位。

四、党的建设全面加强，执政能力有效提升

不断加强思想政治建设。坚持用科学发展观武装头脑、统一认识、指导实践、推动工作。以加强理论武装为突破口，加大干部培训教育力度。

不断强化干部队伍建设。严格执行《干部任用条例》和干部选任“四项监督制度”的有关规定，全年共调整干部72 人次，其中平调38人，提拔6人（含非领导职务转任领导职务2人），免职28人；扎实开展了“三比一树”主题教育活动和“纪律作风集中教育整顿月”活动。

全面加强基层组织建设。圆满完成县乡村换届工作，进一步巩固和发展了团结奋进的政治局面。深入开展了“创先争优”和“百村、千人、万户”干部下乡住村、包村扶贫增收等活动，帮助农民发展生产项目62个，解决了群众普遍关心的热点、难点问题500余件，基层党组织和党员

公开承诺的1.2万余件实事全部兑现。全县200人以上村的党组织活动场所和“四议两公开”工作法实现了全覆盖。

深入推进党风廉政建设。加大对违纪违法案件的查办力度，切实纠正损害群众利益的不正之风。全年共查办各类案件77件，涉及党员71人，监察对象13人，副科级以上干部8人。涉及党政纪处分的75人。其中给予党纪处分64人，给予政纪处分11人，组织处理3人，受双重处理1人。

（杨　剑）

附：一、中共保德县委书记、副书记、常委名单

书　记：王继明（4月离职）　段　新（4月任职）
副书记：王黎明（5月离职）　郭新生（5月任职）
刘福荣（5月离职）　周书泉（5月任职）
张宇光（5月离职）　宁志刚（5月任职）
丁开义（5月离职）　岳海滨（5月任职）
常　委：侯俊生　周书泉（5月离职）
王培才（5月任职）　杜乃蝉（5月离职）
张永红（5月任职）　赵林胜（5月离职）
李迎熙（5月任职）　王爱全（5月任职）

二、乡镇（街道）党委（党工委）书记、副书记名单

东关镇
书　记：刘竞才（5月任职）
副书记：张文升（5月离职）　郭守义（5月任职）
霍培荣　陈培光

桥头镇
书　记：马玉泉（5月离职）　高彦林（5月任职）
副书记：高彦林（5月离职）　胡培全（5月任职）
张俊星　韩赛昌

义门镇
书　记：李明清（5月离职）　郭兴田（5月任职）
副书记：郭兴田（5月离职）　张海军（5月任职）
杨晋清　可英义

杨家湾镇
书　记：张智才（5月任职）
副书记：张智才（5月离职）　白利军（5月任职）
高际东　冯新波

腰庄乡
书　记：刘竞才（5月离职）　张埃平（5月任职）
副书记：康智新（5月离职）　赵　晋（5月任职）
姜永清　王三清

窑洼乡
书　记：高彩文（女，5月任职）
副书记：高彩文（5月离职）　杨旭春（5月任职）
马宏宇

土崖塔乡
书　记：张志峰（10月离职）
副书记：白侯平（5月离职）　翟连平（5月任职）
张奋宇　王　喆

孙家沟乡
书　记：李宝权（5月任职）
副书记：李宝权（5月离职）　刘埃生（5月任职）
张　健　王晓东

尧圪台乡
书　记：菅混宽（5月离职）　康智新（5月任职）
副书记：张埃平（5月离职）　郭俊鸣（5月任职）
吴高宇　李建平

冯家川乡
书　记：白计平（5月离职）　王耀光（5月任职）
副书记：王耀光（5月离职）　孙彦林（5月任职）
白佩玉　徐振清

南河沟乡
书　记：康志忠（5月离职）　白侯平（5月任职）
副书记：韩爱乐（5月离职）　霍建新（5月任职）
梁　栋　崔晓伟

林遮峪乡
书　记：赵震宇（5月离职）　闫　俊（5月任职）
副书记：闫　俊（5月离职）　王志新（5月任职）
郭海召　张建慧

韩家川乡
书　记：张尉会（5月离职）　张振清（5月任职）
副书记：张振清（5月离职）　李彦东（5月任职）
武荣科　翟小平

街道办
书　记：王福全

中共偏关县委工作概况

县委书记　任建华

2011年，偏关县委团结和带领全县各级党组织和干部群众，按照市委“三五”工作总要求和“3581”发展方向，以落实科学发展观为指导，以提高执政能力为重点，总揽全局、协调各方、求真务实、开拓创新，强势实施项目强财、产业富民、旅游活县、特色兴城、实事惠民“五大战略”，努力实现煤电新基地、农贸集散地、旅游新名片、边塞特色城、和谐新环境“五大目标”，使思想政治建设得到加强，党的建设扎实推进，作风建设成果显著，重点项目建设顺利推进，民生实事落实快速高效，社会事业全面进步。

一、发挥统帅作用，凝聚合力促发展

县委坚持统揽不包揽、放手不撒手、分工不分家的原则，充分发挥领导班子成员的主动性和创造性，凝心聚力谋发展，全力以赴抓落实。在2011年年初5大类141项重点工作、工程、任务分解时，打破常规，打乱分工，通盘筹划，实行四大班子领导所有成员“包重点项目、包重点工作”责任制，全力支持县委、人大、政府、政协班子及成员履行职能，做到了人人肩上有任务、个个头上有指标。在督查推进上，成立了由县人大、县政协牵头，各监督检查部门参与的督查组，专门负责重点项目、重点工作落实情况监督检查。领导班子成员既当指挥员，又当战斗员，既是组织者，又是督查者，整体呈现出了“九牛爬坡个个出力、八仙过海各显神通”良好局面。在日常工作决策中，坚持集体领导、民主集中、个别酝酿、会议决定的原则，进一步完善领导班子议事和决策机制，健全决策程序，提高了重大问题决策的科学化、民主化和规范化水平。

二、强化学习教育，提高干部群众思想素质

深化科学理论学习，凝聚干部群众思想。县委出台了《关于加强党员干部学习的实施意见》及具体量化考核办法，做到了督促有制度，考核有依据，全县理论学习高潮不断。整体上突出三点：抓中心，向深度推进；抓重点，向广度拓展；抓辐射，向基层普及。共组织集体学习12次。在坚持中心组学习制度的基础上，县乡领导干部先后参加省市举办的各种调训13批次，累计受训100多人次。先后组织副处以上领导和乡镇领导赴清华大学进行了学习，组织全县处级、科级领导分期分批参加了市委党校举办的理论培训。共举办各类县级培训9期，培训党员干部2400余人次，并组织机关干部参加了“山西干部在线学院”网上学习，每人累计在线学习40学时。在所有行政村开通现代远程教育站点，基本实现了县乡村三级党员干部学习培训“全覆盖”。

加大舆论宣传力度，营造良好发展氛围。全县新闻宣传部门紧紧围绕县委、县政府确立的“双五战略”，组织新闻记者深入生产一线，开展宣传报道，通过专题报道、深度报道和系列报道为全县经济社会发展造势鼓劲。共在市级以上报刊发稿330篇，在市级以上电视台新闻栏目出镜120条。县委宣传部在文笔塔公园举办了全县十年成果图片展览，凝聚了人心，推动了发展。

突出地域文化宣传，促进文化发展繁荣。龙华盛会期间，在文笔塔公园举办了花灯展，在政府大楼外墙举办了长城摄影展，在政府大楼举办了书画展，在文化广场、政府广场、文笔塔公园邀请太原晋剧团、内蒙古二人台艺术团、大同歌舞团等8个剧团进行了文艺演出。为了宣传全县旅游文化，县委宣传部组织编写了《唱响老牛湾》丛书，由北岳文艺出版社出版发行。整理出版了《偏关古碑文集》。编印了反映偏关县历史文化的《我的家园我的歌》一书。选送的二人台剧本《称心》荣获第三届全国小戏、小品、曲艺大展三等奖。共完成960户村村通广播电视任务，同时积极开展文化三下乡活动，深入基层送戏、送电影、送图书，极大地满足了基层群众文化生活需求。

三、突出工作重点，不断强化基层党建工作

创先争优活动扎实开展。县级领导班子坚持领导带头，在各级领导干部中率先开展了争做“五个表率”活动，以领导干部的创先争优引领和带动全县的创先争优。在“三晋先锋在行动”主题实践活动中,制定并开展了以“四亮四零四一流”为主要内容的主题实践活动，切实提高了服务效能，把窗口单位和服务行业建成创先争优活动的示范点。深入开展以“干部下乡住村领导包村增收”为主题的干部下基层活动，全县9名县委常委和17名县级领导干部建立联系点，从89个县直基层单位中抽调60个机关搞定点扶贫，累计深入基层调研292人次，走访干部群众12547人次，排查10类214个突出问题，为群众办好事实事1500余件，化解基层安全隐患97起。

精心组织县乡村换届工作。全县10个乡镇的党代会、人代会全部召开，县委推荐提名的候选人全部顺利当选，乡镇换届选举工作全部结束。县十二次党代会选举产生了新一届县委和县纪委，市委推荐提名的候选人全部当选。县政协会、人代会也全部召开。顺利选举产生了新一届县人大、县政府、县政协领导班子和法检两长。村级组织换届工作涉及238个村党支部，3737名农村党员；村民委员会换届涉及248个建制村，依法登记选民57285人。

基层党建迈上了新台阶。出台了《乡镇和机关党建考核细则》、《村干部管理考核办法》、《偏关县村级组织活动场所管理和使用办法》，完善了《大学生村干部管理考核办法》等办法，抓好村级组织活动场所和农村党员干部现代远程教育站点的管理和使用。全面推行“四议两公开”工作法，增强村民参政议政能力。进一步扩大基层党组织覆盖面，在全县58家非公企业中组建了14个党支部，派驻了22名党建工作指导员，实现了党的组织、党的工作全覆盖。

四、匡正选人用人风气，坚持正确鲜明的选人用人导向

坚持德才兼备。把思想政治品格放在选人用人的第一位，旗帜鲜明地选拔那些品德上靠得住，坚定不移地贯彻县委决策部署的人；选拔那些敢闯敢干，敢于直面困难、正视矛盾、迎难而上的人，真正把德才兼备的优秀干部选拔到领导岗位上来。

坚持凭实绩用干部。把实绩作为检验、评价和使用干部的重要标尺，注重选拔敢抓大事、肯抓实事、能够创造出经得起实践、群众和历史检验政绩的干部，让想干事、

会干事、能干成事的干部有位置有舞台。

坚持崇尚实干、重视基层。既注重将干部力量向基层一线倾斜，又注重从基层一线选拔使用干部。换届时新提拔的34名干部，有26名来自乡镇一线岗位。

坚持以民意定取舍。把群众的信任度和支持度作为干部选任的重要依据，自觉做到“三个不用”，即：民主推荐得票少的干部不用、民意测评情况差的干部不用、群众举报意见大的干部不用。

五、深入推进反腐倡廉建设，纯洁跨越发展环境

加强教育规范，进一步提高廉洁意识。一是积极开展廉政教育培训活动。组织全县115名新任、改任科级党员干部进行了廉政教育培训。二是倡导厉行节约之风。在全县党政机关和事业单位中坚持开展制止奢侈浪费、厉行节约活动，严格执行规范庆典、研讨会和论坛活动的有关要求，清理庆典项目5项，撤销1项，节约经费63万元。三是深化公务用车管理。对全县公务车数量、编制等情况展开了地毯式清理，并印发了《关于规范公务用车购置审批流程的通知》，按规定严格控制公务车购置。

坚持查信办案，进一步惩治腐败行为。加强与司法机关、审计、财政等部门的沟通和联系，实行案件信息资源共享，不断完善办案工作领导责任制，突出查办案件重点，严肃查处了一批违纪违法案件。2011年，全县各级纪检监察机关共立案查处各类违纪案件63起，结案63起，处分违纪人员63人，其中科级干部11人。认真开展“双百双清”、“千人包千案”信访案件集中查处工作，着力化解社会矛盾，有力地维护了社会和谐稳定。县纪委信访室受理信访举报16件，全部办结。

加强监督检查，进一步优化发展环境。一是加强对中央、省、市、县重大决策部署贯彻落实情况的监督检查。共检查工程项目18个，发现问题13个，提出了严肃的整改意见。二是加强对强农惠农政策、低保等民生政策、资金以及相关事项落实情况的监督检查。涉及补助、补贴资金共计8053.1万元，对6名违规违纪工作人员给予了党政纪处分。三是加强对纪律作风整顿的监督检查。严肃查处了2起科级干部违反纪律的典型案件，有力促进了机关工作秩序的好转、办事效率和服务水平的提高。

（李　敏）

附：一、中共偏关县委书记、副书记、常委名单

书　记：任建华

副书记：王　源　郝和平（5月离职）

王文阁（5月任职）

何永户（挂职，1月离职）

常　委：崔峥岭（5月离职）　田小平（5月任职）

姚　朴（5月离职）　徐晓兰（女，5月任职）

王映中　左　峰

谢元喜（5月离职）　李贵峰（5月任职）

乔建华（5月离职）　白建国（5月任职）

二、乡镇党委书记、副书记名单

新关镇

书　记：陈安乐（4月离职）　郭秀鸿（4月任职）

副书记：郭秀鸿（4月离职）　王卫兵（5月任职）

贺宪文（5月离职）　刘俊平（5月任职）

窑头乡

书　记：刘文斐（4月离职）　李　瑞（4月任职）

副书记：李　瑞（4月离职）　闫文俊（4月任职）

王吉荣（5月离职）　赵明君（5月任职）

陈家营乡

书　记：胡高峰

副书记：张翠莲（女）　王为民（5月离职）

张俊杰（5月任职）

万家寨镇

书　记：董二万（4月离职）　杨占录（4月任职）

副书记：郭建忠（4月离职）　白生成（4月任职）

王　华（5月离职）　梁震宇（5月任职）

天峰坪镇

书　记：贾贵如（4月离职）　武秀贵（4月任职）

副书记：武秀贵（4月离职）　高吉生（4月任职）

杨晋华（5月离职）　李生龙（5月任职）

楼沟乡

书　记：刘文斐（6月离职）　秦庆元

副书记：王在英（4月离职）　闫志忠（4月任职）

范彩琴（5月离职）　王卫兵（5月离职）

张艳军（5月任职）

老营镇

书　记：赵雨田（4月离职）　马　富（4月任职）

副书记：马　富（4月离职）　李为乐（4月任职）

高吉生（4月离职）　李志强（5月任职）

水泉乡

书　记：李　毅

副书记：张俊峰　王安荣（4月离职）

李世荣（5月任职）

尚峪乡

书　记：梁晓光（4月离职）　王在英（4月任职）

副书记：闫志忠（4月离职）　王安荣（4月任职）

李志强（5月离职）　白永宽（5月任职）

南堡子乡

书　记：杨占录（4月离职）　郭建忠（4月任职）

副书记：卢　鑫（5月离职）　郝丽丽（5月任职）

中共吕梁市委工作概况

市委书记　杜善学

2011年，在省委的正确领导下，吕梁市委高举中国特色社会主义伟大旗帜，坚持以邓小平理论和"三个代表"重要思想为指导，深入贯彻落实科学发展观，全面贯彻党的十七大和十七届四中、五中、六中全会精神，按照省委推动转型跨越发展、再造一个新山西的总体部署，团结带领全市干部群众，扎实推进工业新型化、农业现代化、市域城镇化和城乡生态化，加强民主法制建设和文化建设，全面加强和创新社会管理，着力保障和改善民生，以改革创新精神加强党的建设，各项工作取得新进展新成效，实现了"十二五"良好开局。

一、牢牢把握第一要务，推动经济平稳较快发展

市域经济发展迈上新台阶，综合实力进一步增强。着眼于确保"十二五"取得良好开局，吕梁市委适时研究经济工作，加强对经济工作的领导，坚持抓投资、上项目、促转型、调结构，市委二届七次全会确定的各项目标任务全部或超额完成。地区生产总值完成1100亿元，增长15%；财政总收入完成276.9亿元，增长40.5%，一般预算收入完成100.4亿元，增长37.7%；固定资产投资完成540亿元，增长36.7%；城乡居民人均收入分别达到17428元、4743元，增长14.1%、21.9%。尤其是工业经济总量位居全省之首，一般预算收入突破百亿元大关，标志着吕梁综合实力大为增强，经济发展迈上新的台阶。

以改造提升传统产业、培育壮大新兴产业为重点，调整优化产业结构迈出新步伐。着眼于提高资源就地转化率，大力推进煤炭产业高效、清洁、绿色发展，煤炭产业集中度和矿井机械化水平显著提高。加快传统产业循环化改造，煤焦油、焦炉煤气、煤矸石综合利用率进一步提高。启动实施焦化、钢铁行业整合重组。着力培育经济发展新优势，建设一批太阳能光伏、LED等新技术产业项目。第三产业继续保持快速发展势头，较上年提高12个百分点，经济增长的质量和效益进一步提高。

全面推进"一村一品"、"一县一业"，农业现代化水平有新提升。加大强农惠农富农力度，"三农"投入达到86.8亿元，增长41.9%。把"一村一品"、"一县一业"作为农业产业化基本途径，出台《关于大力发展"一村一品、一县一业"，加快推进农业现代化的意见》，首批培育6个"一县一业"基地县和438个"一村一品"专业村，累计开工建设81个农业产业化项目，完成投资50亿元。抓好221个新农村重点村建设和11个集中连片示范区建设工程。启动领导干部下乡住村包村工作，全市1610个农民收入2500元以下的贫困村实现包扶全覆盖。扎实抓好以片区为重点的扶贫开发工作，低收入贫困人口减少5.6万人。

大力实施大县城带动战略，特色城镇化建设取得新成果。按照全省"一核一圈三群"城镇发展布局，大力推进"大县城、大集镇、中心村"战略，初步形成"一市四区"和"两个城镇带"新格局。大力开展以环境卫生、街道装饰、交通秩序为重点的"三项整治"活动，城乡面貌发生明显改观。30个市级重点特色镇总体规划编制基本完成，两个省级示范镇建设稳步推进。实施城市提质扩容工程，市政基础设施建设累计投资38.2亿元，新增县城规划建设面积80.9平方公里。13县市区成功创建省级卫生城市。全市城镇化率提高1.5个百分点，达到39.4%。

扎实开展造林绿化和节能减排，生态环境有新改善。大力实施造林绿化六大工程，全年完成造林面积80万亩。坚决打好节能减排攻坚战，强力推进重点行业、重点工程节能减排，大力推广建筑领域节能材料和节能技术运用，累计淘汰焦化产能26万吨、钢铁产能220万吨，超额完成年度目标任务。深入开展环境污染综合治理和蓝天碧水扩容提质工程，全市二级以上天数达到4575天，同比增加134天，空气质量优良率达到97.8%，同比增长27%，平均综合污染指数1.63，同比下降29%。

深入推进改革开放，经济发展活力和动力有新增强。扎实推进综改试验区建设，编制完成全市综改试验行动方案。综改试点县、试点园区、试点企业先行先试工作进展顺利，孝义、柳林启动实施扩权强县试点工作。医药卫生体制改革深入推进，以基层综改为重点的五项改革任务全面完成，林权制度主体改革任务基本完成，国有企业改革顺利展开。扩大对外交流合作，积极参加中博会、厦洽会、沪洽会等招商引资活动，全市招商引资到位资金315亿元。

二、加强民主政治建设，加快推进依法治市进程

坚持和完善人民代表大会制度，人大工作水平进一步提高。组织人大代表围绕保投资、促转型、惠民生和"三项整治"活动等开展专题调研4次、跟踪督查6次、专项视察3次，取得良好效果。认真办理代表议案和建议。圆满召开二届人大四次会议。坚持和完善中国共产党领导的多党合作和政治协商制度，爱国统一战线进一步巩固。扎实开展"察百姓情、建惠民言、办利民事"活动。深入实施"同心"品牌工程。协助各民主党派圆满完成换届工作。扎实推进法治吕梁建设，基层

民主政治进一步加强。大力弘扬社会主义法治精神,"六五"普法扎实开展。法律服务和法律援助不断加强。健全基层群众自治机制,完善基层民主管理制度,强化城市社区建设,完善政务、村务公开和公共企事业单位办事公开等制度。切实加强国防后备力量建设,双拥共建水平进一步提升。积极支持国防和驻吕部队现代化建设,党政军联合组织指挥、军警民联合执行任务能力有明显提高。军民融合式发展成效显著,军地"双服务"取得新成绩。全省"探索—2011"重大军事活动在吕梁市成功举办。

三、加强宣传思想文化工作,建设全市人民美好精神家园

大力加强新闻宣传和舆论引导工作。围绕中央、省委、市委重大决策部署精心组织舆论宣传,大力营造推动转型跨越发展的良好社会氛围。组织宣讲团深入基层宣讲党的十七届六中全会、省第十次和市第三次党代表大会精神。建立网络舆情自动监控系统,完善新闻通气会、发布会、重要稿件送审等制度。推进网络文化建设,突出抓好互联网、手机等新兴媒体的建设、运用和管理。加强对外宣传工作,成功举办一系列外宣交流活动。

深入开展思想道德建设和精神文明创建工作。围绕纪念建党90周年,组织开展了"心中的歌"群众歌咏比赛,举办了"珍藏的红色记忆革命文物经典藏品展"、大型书画(剪纸)展、大中专学生党史知识竞赛等系列活动。完成了4个省级爱国主义教育基地申报工作。组织开展第三届全国道德模范和第二届吕梁市道德模范评选活动,推荐的7个国家级文明和谐创建先进典型受到中央文明委表彰,113个省级文明和谐创建先进典型全部通过省验收。在省城举办"吕梁精神"论证会,启动实施当代吕梁英雄评选活动,积极培育塑造具有吕梁风格和特色的精神理念。加强大学生思想政治教育和未成年人思想道德建设,大力实施文化环境净化工程,各类民俗文化活动与群众性节庆文化活动蓬勃发展。

大力发展文化事业和文化产业。深入实施"一县一品、一院一剧"工程,新编晋剧《杏花酒翁》在全国戏剧文化奖评选活动中荣获7项大奖;晋剧《刘胡兰》、《吕梁儿女》、《甄如玉》搬上舞台,电视连续剧《红军东征》制作完成。积极推进文化体制改革,全市文艺团体和电影公司转企改制任务基本完成。积极推动文化产业发展,编制完成《吕梁市文化产业发展"十二五"规划纲要》,出台了《金融业支持文化产业发展的实施意见》,设立了文化产业发展基金,对20个重点文化产业项目予以倾斜支持。实施文化惠民工程,公共文化服务设施建设取得重要进展,乡镇文化站、农家书屋实现全覆盖。文物和非物质文化遗产保护工作进一步加强。

四、着力改善民生,加强社会建设,维护社会和谐稳定

民生工程扎实推进。全市社会事业和民生投入达到138.9亿元,增长29.8%。农村新的"五个全覆盖工程"均超额完成年度任务,部分县部分项目提前一年实现全覆盖。为低收入农户免费供应一吨煤任务全面完成。加快推进各类教育均衡发展,新建中小学校229所,公办职业高中实现学生免学费入学。启动吕梁大医院建设,13县市区人民医院和中医院开始提质扩容改造。人口和计划生育工作继续全省领先。保障性住房建设超额完成省下达任务,廉租房、公租房、经济适用房、限价普通商品房建设力度进一步加大。

就业和社会保障工作得到加强。采取有力措施促进就业创业,新增城镇就业3.8万人,新转移农村劳动力5.3万人。下岗失业人员再就业1.1万人,城镇登记失业率为2%,低于省控4.2%的目标。扩大社会保障范围,完善最低工资制度,提高城乡居民最低生活保障标准。养老、医疗、工伤、失业、生育"五大保险"综合覆盖率达到88%以上,31.9万城乡低保对象实现应保尽保。全面加强市场调控,物价上涨指数低于全国、全省平均水平。

安全生产形势持续明显好转。深入开展以煤矿为重点,覆盖非煤矿山、尾矿库、危险化学品、烟花爆竹、道路交通、特种设备、学校等各行业各领域的安全生产专项整治行动,加大隐患排查治理力度,严肃责任追究,坚决杜绝重特大事故发生,安全生产形势持续好转。全年全市各类安全生产事故死亡人数同比减少35人,下降11.7%,煤炭百万吨死亡率下降到0.029,同比下降76%,居全省领先水平。

社会管理和信访稳定工作进一步加强。深入推进社会治安综合治理,积极完善社会应急管理机制,严厉打击各种违法犯罪活动和黑恶势力,切实加强对流动人口、重点人群、重点地区的管理和服务,全面落实校园安全保卫工作,确保了大局稳定。加强和改进新形势下群众工作,用群众工作统揽信访工作,开通了书记、市长公开电话,全年累计受理群众来电来信7万余条,回复率94.6%,群众满意率69%。信访大厅"一站式"服务水平进一步提高。扎实开展了"信访千案化解"行动,信访总量较上年下降32%,信访形势进一步好转。

五、切实加强和改进党的建设,为转型跨越发展提供坚强保障

加强学习型党组织建设。出台《关于推进学习型党组织建设的实施意见》,在全市普遍开展了学习型机关、学习型支部、学习型企业、学习型社区等创建活动。召开学习型党组织建设暨理论工作座谈会,命名表彰一批"学习型党组织示范点"和先进单位,典型经验做法全市推广。推进党委(党组)中心组理论学习经常化、制度化。加大干部教育培训力度,坚持"请进来"与"走出去"相结合,邀请国内知名专家学者来吕梁市作专题讲座,全年累计培训各级干部3万余人次。

加强领导班子和干部队伍建设。圆满完成市、县、乡三级党委换届工作,各级党组织的创造力、凝聚力、战斗力得到加强。完成了党的十八大代表候选人推荐提名和推选工作。制定出台《吕梁市年度目标责任考核试行办法》,完善了干部政绩考核评价体系,组织了全市年度目标责任制模拟考核。大力实施人才强市战略,编制完成《"十二五"人才发展规划纲

要》，在中国人民大学成功举办吕梁市民营企业家转型发展高级研修班。

加强基层党组织建设。按照坚定目标抓转型、坚持经常抓机制、强化载体抓岗位、兑现承诺抓评议、检验效果抓惠民五个环节，深入推进创先争优活动。截至2011年12月31日，农村“两委”换届选举工作顺利推进，全市3098个应换届村级党组织中，已有90.7%完成换届；3118个应换届村委会中，已有82%完成换届。110名大学生村干部当选村“两委”主干。市委成立非公有制经济组织工作委员会，规模以上非公有制企业全部组建党组织。开通农村远程教育终端教学点3298个，杏花村镇远程教育工作情况收录中组部《远程教育工作案例》。窗口单位和服务行业“三晋先锋在行动”主题实践活动深入开展。

大力加强作风建设。认真落实省委关于各级领导干部住村包村工作要求，全市2000余名党员领导干部下乡包村，帮助解决问题1万余个，为群众办实事、好事8万余件。加强领导干部日常管理，对县市区委书记、县市区长以及市委综合部门、政府组成部门主要负责人实行“日报出勤、周查在岗、月看绩效”监管制度，促进了干部守法履责。按照省委要求，狠刹闲话生非的不良风气、拉拉扯扯的庸俗风气、吃拿卡要的恶劣风气，狠刹大办婚丧嫁娶事宜、赌博等歪风。开展纪律作风集中教育整顿月活动，查处了一批在上班时间上网玩游戏以及在休闲娱乐场所活动的干部，进一步整肃了干部风气。开展清理规范庆典、论坛、研讨会和党政机关公务用车问题两项专项治理，深化了“小金库”专项治理。

全面加强反腐倡廉建设。围绕加强对省、市委重大决策部署落实情况的监督检查，多次开展重大投资项目、“三项整治”、行政审批限时办结等专项效能监察，处理了一批不作为、乱作为案件。率先在全省出台《“138”惩防体系建设框架意见》，具有吕梁特色的惩治和预防腐败体系建设取得新进展。不断引深煤焦领域反腐败专项斗争，全市累计清缴各类资金55.3亿元。继续推进工程建设领域突出问题专项治理，大力整治公路“三乱”、学校、医院乱收费行为，切实解决人民群众反映强烈的突出问题。深入开展《廉政准则》学习教育活动，领导干部廉洁自律取得新成效。严肃查办违纪违法案件，全市各级纪检检察机关共立查案件998件，处分违纪党员、干部1191人，其中县处级干部12人、科级干部102人，挽回经济损失1070万元。

（薛　斌）

附：中共吕梁市委书记、副书记、常委名单

书　记：聂春玉（1月离职）　杜善学（1月任职）

副书记：张九萍（女）　丁雪峰

常　委：吴志国　牛社威　张中生（8月离职）
雷建国（4月任职）　刘保明　吕改莲（女）
张效彪　李良森　刘云晨
常泽春（7月离职）　陆崇相（7月任职）

中共交城县委工作概况

县委书记　李志安

2011年，交城县委坚持以科学发展观为统领，以转型跨越发展为主线，深入贯彻落实中央、省委、市委决策部署，团结带领全县人民锐意进取、真抓实干、攻坚克难，全县经济社会呈现出和谐发展的良好局面。全年全县地区生产总值完成70.96亿元，同比增长8.8%；规模以上工业增加值完成57.99亿元，同比增长12.3%；财政总收入完成11.49亿元，同比增长14.88%；城镇居民人均可支配收入达到13162元，同比增长14.26%；农民人均纯收入达到5265元，同比增长21.62%。

一、以转型跨越发展为主线，全力建设“新型产业交城”

狠抓项目建设，增强发展后劲。县委按照“提升改造传统产业、做大做精潜力产业、‘吹氧助燃’新兴产业”的转型发展思路，倾力推动重点项目投产达效。全年共实施重点项目48个，总投资198.33亿元。全年共完成立项审批46个、土地审批40个、环评审批32个，48个重点项目全部开工，完工15个，完成投资110.36亿元，占总投资的55.6%。

创优服务环境，强化支撑保障。一是强化领导支撑。二是强化平台支撑。三是强化人才支撑。四是强化金融支撑。探索发行集合中期票据并取得重要成效，首期为义望铁合金、兴龙铸造等5户企业融资4亿元。积极建立上市资源储备库，初步筛选宏特、义望铁合金等6户企业作为优质上市资源进行上报，宏特已获得加入拟上市公司批复。继续加强政银企合作，14家银行与19户企业达成贷款意向25.56亿元，支撑企业发展的金融创新体系日渐完善。

加快旅游发展，打造新的经济“增长极”。以打造“华老故里、卦山玄中、庞泉龙门、山水交城”特色旅游品牌为目标，深入挖掘、开发交城独特的生态资源、自然资源和人文资源，先后上马了红柳湾漂流项目、果老峰水上乐园项目，使“庞泉沟”品牌在全省、全国的知名度和影响力大大提高。晋绥边区第八分区革命历史纪念馆、吕梁英雄广场、华老骨灰安放地等红色旅游景点的对外开放，为全县旅游发展增添了新亮点。

二、以“三项整治”活动为契机，大力加强城乡基础设施建设

倾全县之力实施城建重点工程。县委以“三项整治”活动为契机，通过大拆迁、大建设、大整治、大提升，拆掉一个旧交城，建设一个新交城。全年共投资15.7亿元，铺开18条城市道路建设工程，拆迁面积42万平方米，全部实现了科学拆迁、文明拆迁、和谐拆迁，无一户强拆、无一户上访。同时，积极推进住房、供热等事关民生的城建重点工程建设。

大力加强基础设施建设。道路交通方面，投资3976万元，实施了南环路东延工程，将南环路打造成贯穿东西、连接城乡的主干道；投资2720万元，完成了工业园区路网续建工程，进一步完善了园区路网框架；投资1.3亿元，对102个村的街巷进行了硬化，硬化里程达719.6公里。电力方面，投资1242万元，完成了30个村45363户农网低压改造；投资5315万元，完成了水峪贯35KV变电站升压改造工程，城乡电网结构进一步优化。水利方面，总投资2.8亿元、年引水1800万立方米的龙门渠引水工程招投标工作已全部结束，进入全面建设阶段，交城人民的千年夙愿即将变为现实；总投资7.97亿元的柏叶口水库工程完成大坝封顶；投资2847万元，对磁窑河河道进行了集中整治。

三、以特色产业发展为抓手，扎实推进新农村建设

大力推进农业产业化发展。经济林方面，在巩固现有红枣种植的基础上，进一步提高管理水平，加快提产改造步伐；新增核桃经济林1.1万亩，全县现有种植面积达到3.6万亩。种植业方面，以建丰农牧业合作社和坤润公司为龙头，带动发展设施蔬菜230亩，新建日光节能温室22亩、移动大棚72亩、现代化育苗中心4300平方米。养殖业方面，抓住规模健康养殖项目县机遇，充分发挥万通肉牛、新兴种猪等一批养殖大户的带动效应，特色养殖业健康发展，全年共实现总产值1.53亿元。

扎实开展村容村貌整治。以农村新的“五个全覆盖”为抓手，深入开展了村容村貌大整治活动。累计投资3000余万元，在全县15个新确定重点推进村安装路灯1100盏，硬化道路142公里，栽植苗木32万株。进一步完善了农村长效保洁机制，全县88个试点村、重点推进村全部配齐了清洁车辆和保洁人员，农村脏、乱、差现象得到极大改善。

稳步推进扶贫开发工作。借鉴后火山整村移民的成功经验，顺利开展实施了马庄、前火山、三角等5个自然村的移民工程。认真落实国家惠农政策，累计发放粮食直补、农资综合补贴金709万元，有效减轻了农民负担。

四、以改善民生为根本，进一步加强和创新社会管理

着力加快社会事业发展。教育方面，投资8387万元，对全县中小学校舍进行了加固改造，消除危房面积21.5万平方米；文化体育方面，主办了首都著名书画家“走进山水交城”主题创作活动，承办了市、厅级老干部门球比赛，积极开展了“全民健身周”等各种文体活动。吕梁英雄广场、晋绥边区第八分区革命历史纪念馆被评为省级爱国主义教育基地，丰富了群众的精神文化生活；卫生方面，逐步建立完善了县、乡、村三级公共卫生服务体系。深入开展了医疗卫生体制改革，解决了群众看病难、看病贵的问题。继续巩固扩大新型农村合作医疗覆盖面，参合率达到99.52%；社会保障方面，覆盖城乡的社会保障体系进一步完善；积极开发公益性岗位470个，有效解决了就业困难对象和零就业家庭的就业问题。

扎实做好信访工作。集中化解了市委交办的60件信访积案。成立了群众工作联络中心，开通了县委书记、县长公开电话，畅通了群众诉求渠道，构建了良好的信访工作格局。

全力抓好社会综治工作。进一步加大矛盾纠纷排查调处力度，各乡镇、系统成立了综治维稳中心，各村、基层单位成立了综治维稳工作站，形成维稳合力。深入开展了网上追逃“清网行动”，成功抓获各类逃犯222名，取得了全市第一、全省前列的好成绩，受到了省公安厅的通报表扬。

五、大力加强和改进党的建设，为转型跨越发展提供坚强保障

扎实推进县乡村换届工作。严格遵守中纪委、中组部关于严肃换届工作纪律“5个严禁、17个不准和5个一律”的要求，旗帜鲜明地提出了“六严两不能”的换届纪律要求，进一步严格换届程序，确保了换届工作的风清气正，圆满完成了县、乡换届工作，所有人员全部高票当选。从县乡党代会后的换届风气测评结果来看，总满意率达到100%，未发现一起违反换届纪律的行为和举报。

全面加强各级党组织建设。一是大力加强基层组织建设。全县26个基层党组织被评为“全市先进党组织”；继续加强对非公有制企业党建工作的指导，新成立8个企业党支部，党组织覆盖面进一步扩大；二是大力加强领导班子和干部队伍建设。坚持“三重三论”选人用人导向，对一年来在基础设施建设和城市建设等工作中成绩突出的38位优秀干部予以提拔重用；加大干部培训力度，全年共举办各类培训班20余期，培训各级干部5000余人次、大学生村干部380人次，干部受训面达85%以上。

大力加强反腐倡廉建设。一是深入开展煤焦领域反腐败斗争。继续加大对煤矿企业兼并重组补偿资金支付、能源资金、煤炭可持续发展基金、资源价款等涉煤涉焦专项资金拨付使用的检查监督力度，共清理煤焦领域违规违纪违法资金1.8亿元。二是强化重点项目和工程监督。对各乡镇、各单位“三项整治”工作情况进行了全面督查，对17个单位负责人进行了约谈、训诫，对2名正科级干部责令停职检查，对5个单位进行了通报批评。继续强化工程招投标、项目建设管理、质量安全管理等重点环节监管，对48个重点项目和工程进行了全程监督。三是切实加强农村党风廉政建设。以规范“三

个中心”运行为重点，村务管理逐步走上规范化、制度化轨道。积极推进“一企一事一业”活动，引导44户企业为群众办实事230余件，涉及投资7.6亿元。四是狠抓纠风治乱和案件查办工作。全年共受理群众来信25件，接待群众来访案10件21人次；共立查各类违纪案件72件，结案72件，给予党纪、政纪处分80人，在广大党员干部中产生了巨大的警示教育作用。

附：一、中共交城县委书记、副书记、常委名单

书　记：李志安

副书记：孙善文(6月离职)　乔晓峰(6月任职)
刘文海(6月离职)　李义祥(6月任职)

常　委：桑小平(6月离职)　曹万新(6月任职)
李忠毅(6月任职)　武兴华(6月离职)
吕文平(6月离职)　康采霞(女,6月离职)
郭　强　刘小栋(6月任职)　郑仰强
权扣维(6月任职)　武冬祯(6月任职)

二、乡镇党委书记、副书记名单

天宁镇

书　记：权扣维

副书记：冀　斌　赵恩光(4月离职)
白联瑾(4月任职)

夏家营镇

书　记：权　斌

副书记：武冬祯(8月离职)　王建福(8月任职)
魏明生

西营镇

书　记：杨　辉

副书记：李志武　司记才

洪相乡

书　记：程通彦

副书记：任勤林　游　芳(女)

岭底乡

书　记：韩　谠

副书记：王建军　张一民

水峪贯镇

书　记：张五宁

副书记：卞德昌　郭志强

西社镇

书　记：双然兴

副书记：张学强　张宝山

会立乡

书　记：薛耀刚

副书记：寇拥军　庞利虎

庞泉沟镇

书　记：李华斌

副书记：郝艳萍(女)　闫林忠

东坡底乡

书　记：刘建军

副书记：赵辉彪　张　伟

中共文水县委工作概况

县委书记　刘云晨

2011年，在省委转型发展、跨越发展战略的指引下，在市委的正确领导下，文水县委团结带领全县广大干部群众，以科学发展观为统领，以转型跨越为主线，以项目推进、城市建设、民生改善、安全稳定为抓手，开拓进取，奋力争先，经济社会各项事业呈现持续、健康、快速发展的良好局面。全年全县GDP完成55亿元，同比增长7.7%；财政总收入达到6.338亿元，同比增长15.1%；固定资产投资完成23.04亿元，同比增长9%；社会消费品零售总额12.6亿元，同比增长20.04%；城镇居民人均可支配收入达12901元，同比增长14.25%；农民人均纯收入达到5495元，同比增长21.09%。

一、以重点项目为抓手，县域经济社会发展注入新动力

文水县委把“三会”确定的目标任务，具体分解为28个重点项目，28个重点项目总体分为两大类，一类为涉及全县方向性、战略性、控制性的规划编制项目16项，包括基础设施规划项目6个、园区建设规划项目5个、产业化规划项目5个，目前已完成11项。另一类为项目工程，共12项，正在按计划有序推进。金地公司赤峪煤矿五大井桶全部到底，正在实施平夯推进；海钢新区完成投资8.5亿元，1830立方高炉主体框架已经完成；新文水中学教学楼、图书馆、宿舍楼主体已完工。与此同时，始终把项目建设作为县域经济发展的助推器，加大招商引资力度，全力引进和落户了一批重点项目。则天浆纸有限公司与省水利厅合作的PCCP管生产线技改项目总投资为4800万元，项目当年开工、当年投产达效。中国水电集团新能源公司投资25亿元的风力发电项目签约落户文水县，现已着手设立风塔，铺开项目建设。总投资2亿元的万嘉盛世农场品综合批发市场项目基本完成前期准备工作，目前已正式启动。

二、以"三项整治"活动为契机,城乡面貌焕发新气象

按照市委统一安排部署,文水县开展了环境卫生、街道装饰、交通秩序的"三项整治"活动。对307国道、祁方线沿线进行全面清理,设置路标,整修边沟,清理路边垃圾。目前,全县共建成农村垃圾集中填埋场72处,垃圾集中收集点35处;对车辆停放、摊点摆放进行统一划分,实行归市管理,有效解决了车辆乱停乱放、垃圾乱堆乱放、污水乱泼现象;新铺街区路面1.5万平方米,拆除违章违规建筑物430余处1.4万余平方米,取缔土小企业76户,全县乡村面貌和人居环境得到明显改善。

三、以市第三次党代会精神为指引,"六项工作"任务取得新成效

一是植树造林工作制定完成《今冬明春生态修复实施方案》,资金、土地、工队等基本落实。二是超额完成楼顶装饰工程,建筑总面积11362平方米,为市下达任务的227%。三是基层医疗卫生改革基本完成,13个乡镇卫生院及199个标准化村卫生所全部建成投用,实施国家基本药物制度,实行药品零差率销售,公立医院改革试点积极推进,进行管理体制改革,全面实行院长负责制,重新核定编制,实行竞聘上岗,确定了财政补偿机制,人员上拨工资从55%提高到65%。四是扎实推进保障性住房建设,5万平方米的棚户区改造、1万平方米的经济适用房建设、2.04万平方米的廉租房项目全部启动,目前已开工建设712套。五是深入开展信访积案化解工作,彻底解决疑难信访问题,对全县70个重点案件进行了责任分解,明确了责任领导、责任人、完成时限,严格落实包案化解责任制,目前已结案69案。同时,突出信访工作重点,严格控制进京赴省到市上访。全年全县未发生一起进京非正常重复访案件,赴省集体访为9批次。六是高度重视安全生产工作,重点在危险化学品、特种设备、压力容器行业开展集中排查和整顿,及时整改安全隐患,关闭不达标准的车间企业,全部完成市委下达的59项安全隐患整治任务。

四、以县乡换届工作为基础,干部队伍呈现新风貌

在6月份召开的县党代会、人代会、政协会上,四大班子领导和法检"两长"人选全部全票或高票当选,在文水换届历史上是最好的一次,为今后一个时期各方面的工作提供有力的组织保障。在第九届村级组织换届选举时,严格换届选举程序,严肃换届选举纪律,在全县范围内营造风清气正的选举环境,农村换届选举各项工作平稳有序,顺利推进。截至目前,全县13个乡镇(办事处)199个行政村中,已有154个村完成支部换届选举,131个村完成村委换届选举,其中32个村实现支部、村委"一肩挑",全县农村换届选举工作基本完成。与此同时,县委始终坚持把干部作风建设作为推进工作的重要抓手,搞整顿转作风,定制度变作风,明导向正作风。一是继续在各级各部门和全县党员干部中,大力弘扬"认真务实,立说立行,团结奋斗"的作风,全面推行"一切工作具体化"的工作理念,积极倡导"主要领导以主要精力解决主要问题"的工作方式,全面推广领导挂帅、一线工作、挂牌督导、现场办公、限时办结、责任追究等工作方法,形成了一级抓一级、层层抓落实的工作格局。二是深入开展干部作风专项整顿活动,扎实推进机关干部作风纪律集中整顿月活动,大力整顿会风会纪、党员赌博、干部走读等问题,有力地促进了干部作风和精神状态的明显转变。三是坚持在工作一线锻炼干部、锤炼作风,深入开展领导干部下乡住村、包联项目、包案化解等一系列活动,形成了"人人头上有责任、人人肩上有担子"的工作机制,营造了创先争优、干事创业的浓厚氛围。

五、以深化文化体制改革为主题,精神文明建设拓展新天地

一是扎实推进理论武装工作。以学习型党组织创建活动为重点,依托党校、图书馆、刘胡兰纪念馆、苍儿会生态旅游园区四个阵地,认真组织开展理论宣讲学习,全县广大干部的综合素质、政治理论水平和思想道德素养得到全面提高。二是不断创优社会舆论环境。重点对县委中心工作取得的新成果、新典型、新事迹、新经验进行广泛宣传,坚持正确导向,继续拓宽渠道,加大外宣力度,营造舆论声势,推进各项工作顺利开展。全年国家、省、市级媒体刊播发稿件500余篇(条)。三是全面加强先进文化建设。县烟草公司等4个单位被评为省级文明和谐单位,财政局、武陵村等14个单位(村)获得年度市级文明和谐单位,刘胡兰纪念馆通过了省市文明和谐旅游区的验收,西韩村接受了国家级文明村的验收。加强基层文化设施建设,全县建成114个农家书屋,配套图书、报刊、音像制品共17.1万册,完成文化信息资源共享工程村级站点103个,农村流动书库建设覆盖率达100%,群众性文化活动得到有力拓展。

六、以干部纪律作风整顿为契机,党风廉政建设迈上新台阶

一是完善党风廉政责任制。坚持"一把手抓"和"抓一把手"相结合的原则,明确要求四大班子成员和各级党政领导干部认真履行"一岗双责",带头严格要求自己,狠抓党风廉政建设,强化履责过程监督,强化问责社会效应,有效地促进了反腐倡廉建设各项任务的落实。二是加强领导干部廉政自律。建立健全重大决策评议制、审批办理事项公示制和经济责任审计等规章制度,全面清理领导干部、企事业单位公务超标用车,集中整治领导干部公款吃喝、参与赌博、超标消费等问题。三是严肃查处违法违纪案件。全年纪检监察机关共立查各类案件91件,其中大要案件12件,处理处分党员干部116人,涉及副科级以上领导9人。四是从源头上预防和治理腐败。持续推进廉政风险排查防控工作,各单位进一步简化行政审批、减少办事环节、压缩权力空间、提高办事效率,有效保障干部权力在阳光下、制度下、监督下运行。建设

"阳光农廉"网络公开监管体系，全县19个县直涉农部门、13个乡镇、199个行政村全部开通了"阳光农廉网"，扎实推进农村党风廉政建设。创建"文水县廉洁文化研究会"，加大党风廉政建设宣传教育力度，在全县上下营造了社会倡廉、领导带廉、干部思廉、家属促廉的良好氛围。

附：一、中共文水县委书记、副书记、常委名单

书　记：郭　宝(6月离职)　刘云晨(6月任职)

副书记：李晓娥(女,6月离职)　孙善文(6月任职)
张九聪(6月离职)　李玉林(6月任职)

常　委：胡学英(女,6月离职)　朱德明(6月离职)
陈兰生(6月任职)　王海蓉
郭建刚(6月任职)　闫启明
白　鹤(6月任职)　薛广楼(6月离职)
王立志(6月任职)　许晋文(6月任职)

二、乡镇党委书记、副书记名单

凤城镇
书　记：郭志刚
副书记：刘逸清　张凤亮

开栅镇
书　记：孟颖杰
副书记：赵振军　韩　鹏

胡兰镇
书　记：苏德环
副书记：田怀利　武国权

南安镇
书　记：张志军
副书记：李永旺　韩全生

下曲镇
书　记：郗晓娟(女)
副书记：刘德志　武建国

孝义镇
书　记：徐建岗
副书记：陈松杰　马永川

南庄镇
书　记：张玉和
副书记：张云峰　梁玉维

西城乡
书　记：张国强
副书记：王志刚　张喜财

南武乡
书　记：武云强
副书记：吴晨劲　贾瑞芝

北张乡
书　记：曹会成
副书记：王金钟　郭宏斌

西槽头乡
书　记：段拉银
副书记：肖　锋　李建环

马西乡
书　记：李志英
副书记：文栋梁　王加良

苍儿会街道
书　记：马德高
副书记：高建岗　李国刚

中共汾阳市委工作概况

市委书记　王志强

2011年，汾阳市委带领全市各级党组织和广大干部群众，以科学发展观为统领，以建设"五个汾阳"为目标，以转型跨越发展、转变干部作风为主线，开展"三项整治"和"五城同创"活动，全面加强项目建设、城镇建设和党的建设"三大建设"，推动了经济社会又好又快发展，圆满完成了年初确定的各项目标任务。全市地区生产总值突破百亿大关，达到118亿元，可比增长18.8%；财政总收入超额完成任务，达到23.28亿元，增长25.45%；农民人均纯收入达到7572元，增长20.75%；城镇居民人均可支配收入达到13880元，增长14.68%。

一、项目建设实现突破

以项目为支撑，"一白一黑一绿"特色产业得到提升。重点项目进展快。批复了肖家庄科技工业集中发展区，成立了杏花村区镇等三个园区指挥部，市委于4月、11月组织了两次大项目观摩活动，推动了总投资160.9亿元的38个重点项目顺利实施。开工项目36个，完成投资91亿元，超过"十一五"五年投资的总和。转型项目数量多。已落实30个转型项目，包括农工贸等产业项目和文教卫等公益项目，总投资174.5亿元，有18个项目基本建成。杏花村酒业集中发展区作为全省重点工程，先后开工六大战区共22个项目，总投资125.8亿元，其中中汾酒业10万吨白酒和汾阳王酒业、市酒厂各1万吨白酒项目建设顺利，当年投资进度30多亿。远峰高钙80万吨建材、日晟石灰、利前陶瓷、中汾包装及五麟20万吨甲醇、锦岩3万吨碳素等项目相继投产。引资项目成效大。

江苏、广东、云南、北京及省内一些客商来汾考察投资,已落实中国(阳城)西部家具之都等10个项目,意向投资100亿元。

二、城镇建设实现突破

围绕市域城镇化,编制了市区、杏花村新区和阳城新区总体规划,构建起"一城一区一带"城镇体系。围绕"三项整治"和"五城同创",卫生汾阳建设取得新成绩。投资6500余万元,打造了鼓楼北路、鼓楼南路和南薰路样板街;完成了市区8条街道5.9万平方米的便道改造、强弱电入地工程和鼓楼北路道排等12处市政工程,对56条背街小巷进行了硬化、亮化,建成了西河广场等5个小广场,新建了15座公厕,安装了1500余盏路灯,更换了4000余块破损广告牌匾,装饰了132栋楼的屋顶、墙面;乡镇农村共计投资1.38亿元,硬化了30多公里国省道两侧便道,整治了沿线门店广告牌匾和乱搭乱建、乱摆乱放等现象,新建了266个垃圾填埋场、1438个垃圾池。汾阳城乡面貌焕然一新。围绕完善城市功能,加强水、电、气、路、热等基础设施建设,开工了吕梁第一家、总投资1.8亿元的中科垃圾焚烧发电厂,铺开了文峰东街棚户区改造和市民广场等民生工程,省内一流的市体育场投入使用,四中、五中等民生项目主体完工。

三、绿色汾阳建设实现突破

在绿色经济发展上,农、林、水、机、牧各项工作再上台阶,风调雨顺,粮食丰收,达到2.06亿公斤。养殖规模不断扩大,建成10.12万亩酿酒高粱、6.28万亩优质谷子基地和万亩无公害水果、万亩高产花生示范园区。"汾阳酿酒高粱"地理标志保护通过了农业部专家评审。冀村镇花生亩产创下全省记录,受到省农业厅表彰。新增核桃经济林面积5万多亩,总面积超过50万亩,产量突破1万吨。峪道河镇下张家庄村,仅苗木一项收入,户均9万元,人均3.5万元,收入最高户达到100万元。农产品加工企业共实现销售收入14.9亿元,创汇5000余万美元,裕源、特达、山宝等企业被评为"全国食品工业优秀龙头企业",汾阳市被评为山西唯一的"全国食品工业强市"。在造林绿化和园林绿化上,文湖森林公园得到省林业厅批准并完成了规划,市区绿化任务圆满完成,建成了高速西口至市区段、西门广场等10余处绿化亮点。开展了拆墙透绿,国土、环保、交通、技校等10多个单位拆除了635米围墙。市区绿化面积新增38.44万平方米,公共绿地面积新增15.94万平方米。10月份通过了省级园林城市验收。加强环境保护和节能减排工作,市区空气质量明显好转。

四、民生事业实现突破

"五个全覆盖"工程稳步推进。投资2.38亿元,完成了173个村1522公里街巷硬化工程;投资765万元,新建了51个农村便民连锁商店;农村文化体育活动场所提前一年完成省下达的覆盖任务;职业高中1377名新生全部实行免费教育;新农保参保率达到91.8%,4万农民领到农村基础性养老金。医疗卫生保障体系不断完善。招聘了100名基层医技人员,将市人民医院委托汾阳医院管理,开创了吕梁先例。成立了健康教育所,开展了123次健康教育活动。提高了住院报销比例,城镇医保参保人员达到7.6万人,新农合参合人员达到29.67万人。社会救助工作扎实开展。社会福利中心开工建设,杨家庄敬老院正式投用,20%的农村五保户实现集中供养。城乡低保覆盖面不断扩大,城市和农村低保对象分别达到11135人和16652人。助残工作扎实推进,完成白内障复明手术157例,资助7名残疾人家庭大学生顺利入学。住房保障工程进展顺利,430套廉租房和148套经适房交付使用,新开工216套廉租房和150套经适房。就业再就业工作成效明显,新增就业5210人,再就业3016人,解决农村富余劳动力4500余人。"万村千乡"工程和"家电下乡"、"以旧换新"活动成效显著,各级财政补贴资金达到2.1亿元。低收入农户供煤任务圆满完成,为每户农户发放了1吨取暖用煤。

五、文化汾阳建设实现突破

文明创建活动深入开展,经广泛征求意见形成了"崇文厚德、善美汾州"的汾阳城市精神,创作了《汾阳是个好地方》等优秀曲目,编印了《市民守则》等行为规范,开展了"双百佳"评选等20多次(项)创建活动,10月份通过了省级文明和谐城市验收。群众文化活动丰富多彩,组织了书画、剪纸等10多次展赛活动,在文湖景区举办了大型的"走进大戏台"、"银发学子颂党恩"、红歌大赛等庆祝建党90周年系列活动,开展了千人太极拳展演等群众性活动。文化事业繁荣发展,完成了25个村村通广播电视任务,新建了77个农家书屋、49个文化大院;改制成立了鼓锋晋剧团和歌舞团,出版了《汾州聊斋》等10多套丛书;加强了网络媒体工作和对外宣传,在各级媒体编发了930余篇(条)宣传稿件。教育事业和人才工作优先发展,恢复了英雄街初中,补充了139名教师,汾阳二中挂牌山西林枫中学,成为吕梁市第一个以老一辈无产阶级革命家命名的学校;成立了吕梁第一个院士工作站——文峰焦化集团中科院院士工作站,评选出第一批"汾阳人民作家"、"汾阳人民艺术家"和"汾阳文学艺术优秀人才"。此外,人口计生工作成效明显,人口自然增长率控制到4.83‰;人武工作继续加强,民兵训练基地基本完工。

六、平安汾阳建设实现突破

诉求渠道保持畅通,信访积案得到化解。在吕梁最早成立书记市长公开电话、网络舆情中心和市长信箱,成为了群众反映问题的重要渠道,全年共受理群众来电来信4283件,办结4067件,集中化解了一批信访积案。防控体系不断完善,"清网行动"战果辉煌。完善了视频监控系统,新安装摄像头450多个;严厉打击违法犯罪,全面开展"清网行动",全年共破获"两抢一盗"案件94起,抓获网上逃犯120名;积极开展平安创建活动,平安乡镇、街道、单位达到131个,平安村达到248个,平安校园达到186个。隐患排查成效显著,安全形势明显好转。加强森林防火工作,加大矿业、食品等重点行业安全隐患排查力度，先后开展6次专项整治活动，共检查企业503户，排查出隐患989条，整改930条。全年没有发生一起工矿安全、食品安全事故，交通事故死亡人数下降6.6%。

七、党的建设实现突破

市、乡镇、村三级换届工作圆满完成。完成了全市乡镇党委、政府换届工作，所有候选人均高票或全票当选，换届风清气正，满意度大大提高；同时完成了工会、共青团等群团组织和民建、民革等民主党派换届，强化了宗教、对台等工作，统一战线得到巩固发展；提前、平稳地完成了农村党组织和村委会换届，基层组织建设进一步加强，农村形势进一步稳定。干部作风明显转变。组织干部赴江苏邳州挂职锻炼，到省内及山东、河南、陕西、云南等地考察学习，举办了12场"在汾阳作讲座"活动；开展了科级以上干部"八个一"、农村干部"五个一"活动，公开调整了职能部门部分股级干部。市委常委带头不在工作日开会，带头参加义务劳动，带头"5+2"、"白+黑"工作；开展了"正风肃纪、创优环境"纪律作风整顿月活动，对"五不准"情况进行了明查暗访，通报批评了49人，免去了2名科级干部职务。反腐倡廉成效明显。引深了煤焦领域和工程建设领域专项治理，开展了国家公职人员拖欠贷款集中清理工作，将领导干部操办婚丧事宜纳入了述职述廉内容，加强了农村党风廉政建设，加大了案件查处力度，全年共查处各类违纪案件70件，处分党员干部82人。

附：一、中共汾阳市委书记、副书记、常委名单

书　记：王志强

副书记：吕文平（6月任职）　白小勤（6月任职）
谭曰文（6月任职）　马林巨（6月离职）
赵茂维（6月离职）

常　委：李立武　姚翠萍（女）　王利强（6月任职）
达月亮　宋志江（6月任职）
麻　娟（女，6月任职）　马新成（6月离职）
李义祥（6月离职）　靳学强（6月离职）

二、乡镇（街道）党委（党工委）书记、副书记名单

贾家庄镇

书　记：宋志江

副书记：王海彦　刘国星

峪道河镇

书　记：游陆明

副书记：任光耀　徐新瑞

杏花村镇

书　记：韩学尧

副书记：张兴亮　王兆龙

冀村镇

书　记：王　峰

副书记：何　雄　曹志勇

肖家庄镇

书　记：申东高

副书记：任淑宏（女）　郭清河

演武镇

书　记：吕佩锋

副书记：马　文　李吉明

阳城乡

书　记：韩秀山

副书记：李建兵　王宝启

三泉镇

书　记：郝耀光

副书记：吕晓全　宁　水

石庄镇

书　记：秦广生

副书记：薛开宇　靳福斌

杨家庄镇

书　记：文成宝

副书记：赵　强　王韶将

栗家庄乡

书　记：郭清智

副书记：宋耀斌　赵丽燕（女）

西河街道

书　记：董士元

副书记：渠友林

文峰街道

书　记：雷成才

副书记：张映楠

太和桥街道

书　记：王晓飞

副书记：郝彩秀（女）　王　虎

中共孝义市委工作概况

市委书记　张旭光

2011年，孝义市委以科学发展观为统领，紧紧围绕资源型城市经济转型和建设民生幸福型区域中心城市两大战略，解放思想、先行先试，同心同德、迎难而上，营造了转型跨越发展的浓厚氛围，取得了转型跨越发展的阶段性成效。全年GDP预计完成326亿元，增长16.3%；财政总收入完成60.02亿元，增长20.03%；一般预算收入完成

20.3亿元，增长23%；全社会固定资产投资完成170亿元，增长54%；粮食总产量达到1.26亿公斤，超额0.18亿公斤；规模以上工业企业增加值完成210亿元，增长20.1%；外贸进出口总额完成1.66亿美元，超额完成0.6亿美元；社会消费品零售总额完成79.8亿元，增长20%；城镇居民人均可支配收入达到19751元，增长18.68%；农民人均纯收入达到9300元，增长21%。

一、转型项目攻坚取得重大突破

第六届中博会上，签订总投资1454.3亿元的12个转型标杆项目，占到吕梁市总签约项目投资额的近三分之一，已有8个项目奠基开工。列入省、吕梁市考核的总投资564.89亿元的63个重点工程项目，已累计完成投资227.64亿元，2011年完成投资140.67亿元，完成年度投资任务的114.32%，转型项目继续保持强劲投资势头。

二、市域生态环境持续稳定改善

扎实开展全国文明城市、国家园林城市、国家卫生城市、国家环保模范城市、省级综合宜居城市“五城同创”活动，全年营造林合格面积12.55万亩，超额完成9.2万亩。全市万元GDP能耗预计下降4.12%。全年化学需氧量、氨氮、二氧化硫、氮氧化物、烟尘、工业粉尘排放量分别较2010年削减3.16%、3.76%、0.35%、1.97%、2.13%、1.4%，均超额完成年度目标任务。“三项整治”工作荣获吕梁市“一等奖”。城区二级以上天数达到357天，一级天气达到109天，创历史最好水平。

三、民生保障事业取得新进展

投资3.8亿元，完成53所学校建设工程，校安工程跨入全省先进行列。城镇新增就业岗位3964人，城镇职工基本养老保险新增1998人，城镇基本医疗保险净增12530人。全年开工建设保障性住房2830套。农村新“五个全覆盖”工程全部超额完成吕梁市定任务，街巷硬化、文化体育场所、便民连锁商店、中等职业教育免费已率先实现全覆盖，新型农村社会养老保险明年实现全覆盖。全市乡级卫生院、村级卫生室和市人民医院、中医院全部实施基本药物制度。人口自然增长率为5.04‰，低于市定目标0.96个千分点。

四、安全稳定形势明显好转

扎实开展以彻查安全隐患为重点的“打非治违”、安全生产百日大检查、安全生产大调研等专项行动，全年累计开展检查10万余人次，发现各类问题隐患5.2万余个，隐患整改率达到97%以上。开通市委书记、市长公开电话，共接收群众来电来信1860条，办结率达到93%，群众满意率达90%以上。吕梁市下达的52件重点信访案件全部整改办结，全年信访案件下降9%，信访秩序进一步好转。全年未发生一起重大人员伤亡事故。居民社会安全感满意度达到94%。

五、招商引资，招大引强，突出项目攻坚加快新型工业化进程

首先是招商引资实现了专业化，在全省率先成立8个专业招商局，定点式、跟进式持续招商引资。8个招商局已引进落地亿元以上项目15个，正在洽谈项目24个。聘请22名中组部“千人计划”高端人才为“孝义市经济转型特聘专家”，并与3名专家达成合作意向。其次是传统产业实现了循环化，以循环经济为基本路径推进1500万吨新型煤化工园区建设，按照多联合、全循环、抓高端的理念，金岩500万吨、金达300万吨、鹏飞220万吨新型焦化项目相继开工建设，实现焦炉煤气、煤焦油、粗苯的规模化深加工利用，列为全省两个焦化产业集中发展区之一。大力度提升铝系产业水平，总投资100亿元的兴安化工300万吨4A沸石及多品种氢氧化铝项目全部建成投产。第三是新兴产业迈向了规模化，总投资50亿元的乐百利特2000万套LED照明灯具项目，一期工程已建成投产，成为全省光电技术研发“标杆项目”。总投资205.4亿元的中硅高科4万吨多晶硅项目、总投资50亿元的纳米超级电容电池动力源项目、总投资30亿元的山西华夏电动农用车电机生产项目等一批循环型、科技型产业项目相继奠基开工，成为引领转型跨越的重要支撑。

六、规划先行，高点推进，加快“1420”特色城镇化进程

在全省县级率先编制完成《市域城乡一体化总体规划》，启动实施总投资199.57亿元的67项城乡重点基础设施建设工程。总投资1.2亿元的人民广场景观提升工程已完成地下部分。吕梁职业技术学院完成投资3.53亿元，东区主体工程基本完工。概算投资7.4亿元的22条城市道路工程已完成投资3.05亿元。以“1420”工程统领中心镇、村建设，梧桐新区投资7000万元的金晖寄宿制小学建成投入使用，投资11.8亿元的3900余套村民住宅主体完工。“胜溪新村”中小学校新建工程投入使用，投资2000万元的156套居民安置房一期主体工程已全部完工。

七、龙头带动，基地承载，提升农业产业化水平

围绕“一市一业”、“一村一品”工作思路，在西部山区实施“核桃全覆盖”工程，新增核桃林面积5.1万亩。建成总投资7200余万元、总里程150余公里的核桃林区道路工程，实现了核桃产业的连片化、规模化推进。目前，已形成万亩核桃示范基地6个，千亩核桃示范基地38个。在东部平川发展设施蔬菜种植业，新发展日光节能温室2055栋、蔬菜大棚404栋，设施蔬菜面积达到5738亩。大力发展特色农产品加工业，孝义现代农业园区铺开了惠农5万吨葡萄糖、金绿禾菊芋生产、旺达4万吨营养早餐等扩建项目，威尔仓储产加销一体化项目已部分投产。全年园区实现产值5.19亿元，解决农村富余劳动力5000余人。

八、创先争优，强基固本，构筑引领发展的坚强堡垒

“三晋先锋在行动、转型跨越作表率”基层党组织和党员创先争优公开承诺实现全覆盖，承诺兑现率达到70%以上。132个基层党组织党务公开实现全覆盖。农村无职党员设岗定责参与率达到85%。新建非公企业党组织13个，全市非公企业党组织增加到46个。组织660名村“两委”主干轮流到信访部门挂职锻炼。圆满完成市乡两级党委、人大、政府、政协换届工作，公推直选驿马乡党委书记试点工作取得圆满成功。农村“两委”换届圆满完成，374个村完成党组织换届，379个村完成村委会换届。

九、以开展市委权力公开透明运行试点工作为契机，从制度层面建立了权力运行监控机制

按照“授权充分、各负其责”的原则，根据市委常委能力特长，明确责任分工，做到人岗相适，权责统一。加大廉政风险防控力度，全市共清理行政权力1679项，查找风险点14420个，制定防控措施11773条，让干部自觉在制度监督下行使权力、开展工作。认真贯彻落实干部下乡包村工作要求，安排1000余名市、乡两级领导干部到250个村包村帮扶，查民情、访民意、解民忧，解决各类民生问题8246件，受惠群众达20余万人次。

十、以惩防体系建设为统领，筑牢党员干部廉洁从政防线

坚持把党风廉政建设工作列入市委总体工作规划。班子成员亲自对分管领域党风廉政建设和反腐败工作进行动员部署，全面落实党风廉政建设责任制，围绕“三项整治”、安全生产、招商引资、园区建设等中心工作跟踪监督检查，大力开展对公路“三乱”、教育乱收费、农村低保等问题的专项检查。持续引深煤焦和工程建设领域专项治理，严肃查办违纪违法案件，全年立查案件59件，处分违纪党员干部82人。

附：一、中共孝义市委书记、副书记、常委名单

书　记：张旭光
副书记：郭保平　焦张生（6月离职）
　　　　薛虎平（6月任职）
常　委：薛虎平（6月离职）　解俊英（女，6月离职）
　　　　宗云宇（6月离职）　王锦锋（2月任职）
　　　　乔　云（2月任职）　李殿生　田永明
　　　　徐国平（6月离职）　朱周亮（6月任职）
　　　　薛厚华（6月任职）　薛向东（6月任职）

二、乡镇（街道）党委（党工委）书记、副书记名单

大孝堡乡
书　记：李永平
副书记：冀小强　韩培兴
梧桐镇
书　记：薛厚华
副书记：马世要　程晋龙
下栅乡
书　记：武锦平
副书记：史建新　赵海兵
驿马乡
书　记：杨　团
副书记：王茂同　薛志彪　杨晋平
柱濮镇
书　记：赵晓琴（女，11月离职）　刘孟升（11月任职）
副书记：吕治山（11月离职）　王茂林
西辛庄镇
书　记：王　勇
副书记：郭绍辉（11月离职）　张克胜（4月任职）
阳泉曲镇
书　记：何一帆
副书记：马　勇（7月离职）　郑洪泉（7月任职）
　　　　侯艳红（女）
兑镇镇
书　记：张由泉（11月离职）　郭海渊（11月任职）
副书记：李旭峰　张恩辉
高阳镇
书　记：李映滨
副书记：张武红　薛新攀
下堡镇
书　记：孟兰生
副书记：杜二牛　赵忠胜
南阳乡
书　记：郭德齐（11月离职）　苏晓明（11月任职）
副书记：苏晓明（11月离职）　马志刚　刘宝兴
杜村乡
书　记：张承红
副书记：马　胄（11月离职）　郭庆渝
新义街道
书　记：刘孟升（11月离职）　马锦忠（11月任职）
副书记：刘德荣（7月离职）　郝琮颖（女，7月任职）
　　　　韩继武　贺英平
中阳楼街道
书　记：刘书宏
副书记：马锦忠（11月离职）　靳三东
振兴街道
书　记：梁　洪
副书记：戴凤兆　马宇峰
崇文街道
书　记：任承起
副书记：郭　鹏　张晓东

东许街道

书　记：郭海渊(11月离职)　郭绍辉(11月任职)

副书记：马鹏飞　杨海生

胜溪湖街道

书　记：张再强

副书记：左燕娜(女)　郝文俊

中共交口县委工作概况

县委书记　郑明珠

2011年，交口县地区生产总值完成33.13亿元，同比增长36.3%；规模以上企业工业增加值完成24.93亿元，增长76.6%；全社会固定资产投资完成18.5亿元，增长143.4%；财政总收入完成10.6亿元，增长272%；一般预算收入完成4.3亿元，增长209.2%；社会消费品零售总额完成3.39亿元，增长25.4%；服务业增加值完成5.37亿元，增长13%；城镇居民人均可支配收入达12060元，增长15.34%；农民人均纯收入达到4127元，增长22.06%；万元地区生产总值能耗下降4%。各项指标均完成或超额完成省、市下达的目标任务。

一、工业新型化在内涵提升中迈上新台阶

交口县启动实施了10大类100个重点工程项目，其中省、市考核的23个重点工程项目完成投资133亿元，占到年计划任务的155%。信发集团240万吨氧化铝一期120万吨、华瑞煤业300万吨洗煤、旺庄公司130万吨二期60万吨焦化技改、兴荣公司550m³高炉技改、7户冶炼企业配套铸造项目等一批重点调产项目相继建成投产。科学编制《交口县"十二五"产业布局规划》，规划入驻东南工业园区的重点工程项目已达20个，概算投资突破200亿元。在此基础上，进一步加大招商引资力度，与多家大型企业达成合作协议，协议引资70亿元，以煤为基、多元发展的产业结构调整和经济转型步伐明显加快。

二、农业现代化在提质增效中凸显新优势

交口县以发展"一村一品"、"一县一业"为重点，县财政拿出3000万元对农民从种植、养殖、经济林等十个方面进行直接补贴，有力推动了农业现代化进程。全年高标准发展核桃经济林1.54万亩，集体林权改革54.47万亩；发展设施蔬菜600亩、番茄基地1万亩，新增规模健康养殖户22户，建设规模健康养殖小区9个，发展农民专业合作社30个；完成粮食播种面积18.6万亩，粮食总产量实现2839万公斤；完成了95个村的"十二五"规划编制，申报"一村一品"专业村12个，新建重点推进村8个，打造高标准示范村7个；全面实施"双消零"就业工程，培训转移农村劳动力3000人；4户"513"龙头企业销售收入达1.5亿元；完成基本农田保护面积33.3万亩、水土流失治理2.6万亩；实施人畜饮水工程17处。农村生产生活条件有了较大改善，农业基础地位进一步巩固。

三、县域城镇化在统筹推进中展现新面貌

交口县坚持把"三项整治"作为推进县域城镇化建设的平台和载体，全面实施省级文明和谐城市、国家级卫生县城和国家级园林城市"三城同创"，累计投入各类资金近4亿元，清理城乡各类卫生死角9800余处，制定了城乡环境规范化管理制度12项，增设乡镇环卫所7个，乡村环卫站90个，组建了1400余人的城乡垃圾清运和保洁人员队伍，城乡环境整治的长效管理机制不断完善。完成了县城10条小街小巷改造、样板街建设、垃圾处理厂建设、集中供热工程改造、五麟大街延伸等市政建设工程；修编了《交口县城控制性详细规划》、《交口县城镇建设总体规划》和《交口县县城城市设计方案》；出台了《旧城区、城中村、城周村改造实施意见》、《加快城镇人口集聚的实施意见》等指导性文件，启动了5个片区17万平方米的旧城区改造工程，城镇化率提高了2.28个百分点，城乡面貌正在发生着深刻的变化。

四、城乡生态化在坚持不懈中取得新突破

交口县始终坚持把发展低碳经济和绿色经济作为战略取向，突出抓好通道绿化、城市园林绿化、环城绿化、荒山绿化、村镇企业绿化等六大造林绿化工程，落实造林绿化资金1.23亿元，高标准完成通道绿化45公里，荒山绿化6000亩，三北防护林1.2万亩，村庄绿化20个；完成退耕还林补植补造2.38万亩，营造合格林面积5万亩，城市绿化覆盖率提高了1.5个百分点，人均公共绿地面积提高0.75平方米。同时，高度重视矿区生态植被的修复和治理，出台了《露天开采企业土地复垦生态恢复综合治理监管实施办法》，全年完成复垦治理2100亩。坚持传统产业提升改造与环保治理同步推进，开展了"六项巡查整治行动"和流域环境综合整治，关停淘汰五麟24万吨焦化和旺庄218m³高炉1支，综合运用行政、经济、科技、法律等手段推进节能减排和环保目标任务圆满完成。

五、社会各项事业在持续改善中得到新发展

交口县以"新五个全覆盖"工程为抓手，全年共完成78个建制村总里程634.3公里的农村街巷道硬化全覆盖工程；新建和改造13个农村便民连锁店；建成25个农家书屋、19个农民体育健身场所、14个村级文化活动场所；县一中、二

中分别与怀仁中学、太原师院附中建立了协作办学关系，中等职业教育和普通高中教育免费实现全覆盖，贫困生资助比例由20%提高到40%；县医院由汾阳医院进行托管，医疗技术装备明显提升；全面推行了基本药物制度，9大类21项基本公共卫生服务项目和6项新增国家重大公共卫生服务项目全面实施，新农合农民个人筹资部分财政补贴50%，农民参合率达到100%；全县人口出生率为9.21‰，人口自然增长率控制在6.27‰，低生育水平保持稳定；3万户低收入农户每户一吨“暖心煤”保质保量分配到户，108套5500平方米的保障性住房全面完工；农村社会养老保险参保人数达5.2万人，基本实现全覆盖，城镇居民基本养老保险参保人数净增160人，城镇职工基本社会保险覆盖率达到90%以上；城镇3966名、农村5911名困难群众纳入最低生活保障，各类社会保险标准提高，覆盖面进一步扩大。

六、和谐社会建设在规范整治中呈现新局面

交口县深入开展了民爆物品、流动人口、收储矿点“三项整治”活动，彻底取缔历年来形成的非法采矿点1869处、非法储(存)矿点41处，公处涉矿涉爆违法人员24人；深入开展了安全生产百日大检查专项行动和“四项”专项活动，共排查整治各类安全隐患2360处，全县未发生安全生产重大责任事故。切实强化矛盾纠纷排查调处及信访工作，进一步畅通诉求渠道，县委书记、县长公开电话办理中心高效运行，全县信访工作呈现“三下降一好转”态势，全县社会局面总体保持和谐安定。

七、党的建设在强基固本中得到新加强

交口县以创先争优活动为载体，狠抓党的基层组织建设，严格执行干部选拔任用各项规定，完善选任机制，确保选好人、用好人，圆满完成县乡两级和农村“两委”换届选举工作，先后调整科级领导干部284人。其中，新提拔科级干部104人，平调180人。全县95个行政村全部完成换届，其中采取“两推一选”方式选举的84个，57名大学生村干部全部进入“两委”班子，7名当选为“两委”主干，调整后的干部队伍年龄和知识结构得到进一步优化，班子的整体功能进一步增强。坚持“六个必须”的学习机制和“两学、六围绕”的学习模式，全县70%的基层党组织达到学习型党组织创建标准。全年共开展形势教育、理论辅导、政策学习等专题会议112次，依托山西干部在线学院，推行干部自主选学，并与武汉大学经济管理学院合作举办了两期高层次、封闭式科级以上干部培训班，全面提高了领导干部政策理论水平。围绕基层党建、农民增收、结对帮扶、矛盾化解等工作深入开展干部下乡住村工作，“六个一”活动取得了积极成效。严格落实党风廉政建设责任制，全面落实党政一把手“一岗双责”要求，组织广大党员干部集中观看了煤焦领域反腐败专项斗争典型警示教育片，深入开展了“读百篇文章、做廉政楷模”读书思廉活动和“纪律作风集中教育整顿月”活动，治理公路“三乱”、教育乱收费、医药购销和医疗服务不正之风等纠风工作进一步深入；行风评议和治理商业贿赂专项工作扎实开展，全县95个行政村全部开通了“阳光农廉网”，党风廉政建设取得新成效。

附：一、中共交口县委书记、副书记、常委名单

书　记：郑明珠
副书记：徐宇平　成文威(6月离职)
　　　　李子荣(6月任职)
常　委：王隰平(6月离职)　赵有军(3月离职)
　　　　张振明(12月离职)
　　　　李玉林(3月任职，4月离职)
　　　　孔建中(6月离职)　刘晓春(6月任职)
　　　　靳　钧(12月任职)　兰彦生(4月任职)
　　　　王京明　李　明(6月任职)
　　　　朱和平(6月任职)

二、乡镇党委书记、副书记名单

水头镇
书　记：郑海生
副书记：尹连生　温海涛
石口乡
书　记：王安前
副书记：韩晓红(女)　杜晓刚
康城镇
书　记：吴文华
副书记：刘永强　武银平
回龙乡
书　记：张晋平
副书记：李建军　张巧珍
双池镇
书　记：李晓钦(女)
副书记：杜财旺　马云福
桃红坡镇
书　记：刘青平
副书记：白玉明　刘俊明
温泉乡
书　记：李志勇
副书记：王占河　闫海龙

中共柳林县委工作概况

县委书记　王　宁

2011年,柳林县委以科学发展观为指导,团结和带领全县各级党组织和广大干部群众,深入贯彻落实省、市转型跨越发展战略,立足创建"吕梁发展模式骨干县、吕梁发展速度先进县、吕梁发展形象代表县"的发展定位,全力抓好各项工作,全县经济社会保持了平稳快速发展的良好势头。全县地区生产总值完成230亿元,财政总收入完成72.2亿元,分别同比增长15.9%和40%;城镇居民人均可支配收入达到18290元,农民人均收入达到6399元,同比增长28%和39.2%;固定资产投资完成79亿元,同比增长31.2%;社会消费品零售总额完成23.5亿元,同比增长19.9%。森林覆盖率提高了一个百分点达到24%。县域经济综合实力位居中部百强第29位,全国第191位,被评为"中国宜居宜业典范城市"。

一、围绕中心工作,瞄准一流目标,经济社会得到了全面发展

多元发展,全力推进了工业新型化。一是传统煤炭产业提升优化。全县26对矿井中,4对达国家级标准,15对达省二级以上标准。凌志凌峰、晨辉等5个总生产能力达1290万吨洗煤项目建成投产。全年煤炭产量达到2600万吨。二是重点项目建设进展顺利。全县71个重点工程项目中三大审批手续全部办结的45个,全部完工的18个,部分完工的21个,年内完成投资176.26亿元,占计划的101.7%。三是建材产业培植力度加大。福龙360万吨干法水泥生产线、磐龙150万吨建筑碎石及45万吨活性石灰项目、2.4亿块煤矸石和粉煤灰制砖项目达产达效;康飞100万吨活性氧化钙项目开工建设;森泽万吨氧化铝工业化试验和60万吨阻燃新材料项目顺利投产。

夯实基础,全力推进了农业现代化。一是农业集群发展步伐加快。投资50万元专门加强了沿黄5个乡镇1万亩红枣林的管护,新建核桃林7万亩,龙门垣核桃园区被省政府授予"三北防护林建设优质工程"荣誉称号。二是农村基础设施明显改善。完成水保初治面积11.8万亩;完成土地整理562公顷,新增耕地316公顷;铺开和完成提灌工程16处,新建农村饮水安全工程20处;10个省级试点村和88个重点推进村"四化四改"、"七个一工程"全部完成,新铺开的20个重点推进村已完成规划并通过评审。三是农民增收致富渠道拓宽。惠农支农力度加大,发放各类补贴资金1350万元,新发展农民专业合作社74个;光明肉猪养殖基地、万盛肉鸡养殖基地等50余个规模健康养殖基地已经建成。四是农业产业规划编制完成。完成了"一县一业"整体规划和全县行政村"一村一品"发展规划,柳林县11个乡镇的17个行政村被省农业厅确定为"一村一品"专业村,其中8个村被评为"一村一品"示范村。

城乡统筹,全力推进了县域城镇化。一是完成了三城区控制性详规修编,启动了东山新区、穆村组团等项目的规划编制。二是全面加快了城区改造步伐。锄沟、庙湾、薛家湾、杨家港等城中村改造工程全面铺开。高速东出口绿化美化、太中银铁路城区段桥墩美化、清河治理东延等工程基本完成。三是道路交通设施不断完善。聚雅、八石、兴沙公路全面开工建设;庙湾、贺昌、薛家湾、清河东路四大停车场主体完工。四是农网改造工程进展顺利。全县改建的14个变电站中,2个已经投运,5个即将投运。

创优环境,全力推进了城乡生态化。一是绿化建设成效显著,完成荒山绿化3万亩、村庄绿化35个3500亩、通道绿化120公里,并完成了4.4万亩新造林地管护和0.2万亩新育苗任务。二是清洁能源顺利接轨,临汾至临县天然气管网工程柳林段全部完工;大力实施农村沼气工程,新发展沼气用户380户,全县农村沼气用户达到1650户。三是节能减排任务圆满完成,二氧化硫和烟尘削减量超额完成上级下达的年度任务,城区空气质量明显改善。

统揽全局,全力推进了环境优质化。一是信访维稳工作取得实效。扎实开展"涉法涉纪信访百日大会战"等活动,集中解决了一批矛盾纠纷突出的信访积案。设立了县委书记公开电话(微博)办理中心,受理群众来电和手机短信4255件,按期回复4255件。二是安全生产态势良好。严格落实了安全生产责任制和责任追究制,完善了公共突发事件应急管理机制,严厉打击了各类刑事犯罪活动。

以人为本,全力推进了民生普惠化。一是文教卫生事业全面发展。毛家庄和锄沟2所公办幼儿园已开工建设;联盛教育园区、新高中、新职中配套建设全部完成;乡村两级医疗服务人员、资金、器械实现了"三到位",县乡村三级医疗服务体系得到进一步完善。积极开辟就业岗位,促进全民就业,新增城镇就业人数5360人。二是"百村行动计划"扎实开展。全县民营企业向公益事业和农业农村发展累计投资达20亿元,建设新农村60个。三是群众文化活动更趋丰富。《柳林县非物质文化遗产荟萃》汇编基本完成;柳林民间剪纸、水船秧歌和孟门桑皮纸制作技艺入选第三批省级非物质文化遗产;孟门大禹治水传说被确定为第五批市级非物质文化遗产。

二、突出重点工作,践行一流承诺,各项工作实现了创先争优

高效推进"六项工作"进程,创一流发展环境。一是造林

绿化工作取得了新成就。投入2.05亿元，发放奖金210万元，确保了造林绿化各项目标任务提前完成。由于造林工作出色，省市新闻媒体多次进行了专题报道。二是保障性住房建设取得了新进展。续建廉租房212套，新建82套，回购经济适用房164套，发放廉租房租赁补贴217万元。三是楼顶楼体装饰展现了新气象。楼顶"平改坡"和楼体装饰404栋楼15.14万平米，完成了石家沟南路样板街装饰、贺昌大街改造等一批亮点工程。四是安全生产实现了新突破。组织开展大型安全检查6次，运用"解剖会诊"法，在全县排查各类安全隐患11887条，整改11693条，整改率达98.4%。五是医疗保障取得了新突破。累计支出资金8734万元，按期圆满完成了五项医改任务。新招缺编医护人员120名，乡村医疗卫生机构基本药物零差率销售补贴、人均25元公共卫生服务经费县级配套资金、乡村医生补助资金、公共卫生服务经费、村卫生室达标经费已全部足额落实到位。六是信访积案化解打开了新局面。市委交办的84件信访积案化解任务全部办结办息。累计收到群众来信89件，办结77件，办结率86%；群众上访的批数、人次分别同比下降了5%和12%；群众信访反映问题378宗，已调处348宗，调处率92%，信访工作走上了制度化、规范化的轨道。

顺利完成了省级"双创"工作，创一流城市环境。一是积极创建省级卫生城市。2011年6月，柳林县顺利通过检查验收，被评定为"全省十佳卫生县城"。二是全力创建省级文明和谐县城。通过全县上下的共同努力，柳林县成功获得"省级文明和谐县城"称号。

三、加强党的建设，塑造一流形象，党的建设科学化水平得到了巩固提高

做好换届工作，干部队伍凝聚了工作合力。一是县乡两级换届平稳顺利。在代表选举、换届人选提名、换届考察考核等各个环节，始终坚持公开、平等、择优选拔干部，党员群众的知情权和参与权得到了充分保障，民主权利得到了充分尊重。二是农村"两委"换届圆满完成。全县257个行政村全部完成了基层党支部和村委会换届选举工作，其中18名大学生村干部成功当选农村"两委"主干，262名妇女进入了"两委"班子。

结合创建学习型党组织，加强思想政治建设。广泛开展"创建学习型党组织、培养学习型党员"活动，全年累计举办柳林大讲堂和各类专题培训班17期，培训干部1.1万余人次，参加省、市各类培训和调训785人次，组织1425名股级以上干部和大学生村官参加了山西干部在线学院的学习。

结合创先争优活动，加强作风建设。在全县窗口单位和服务行业中深入开展了以"三晋先锋在行动"为主题的创先争优活动，实行了党员挂牌上岗、承诺服务和首问负责制。同时把该项活动与干部下乡住村工作相结合，在全县窗口单位和服务行业共确定了320个党员示范岗，帮助解决群众突出问题2310件，帮扶困难群众1750人。

结合"五好"乡镇党委和星级党支部创建，加强基层党组织建设。继续实行发展党员"五项制度"，全面巩固和加强了党在基层的领导地位。全年共发展新党员233名，创建市级"五好"乡镇2个、五星级支部24个，县乡星级支部145个。同时注重农村"两委"主干岗位待遇的提高和落实，农村"两委"主干岗位报酬由2009年平均每人每年6500元增加到今年每人每年8638元，全年共发放岗位报酬337万元。

结合"行政效能建设年"活动，狠抓党风廉政建设。认真落实《廉政准则》和党风廉政建设责任制，严格履行"一岗双责"职责，加大案件查处力度，深入开展工程建设领域突出问题和"小金库"专项治理；深化廉政文化"六进"活动，开展了以"清风润柳"为主题的"十个一"廉政教育；扎实推进惩防体系建设，大力开展廉政风险防范试点工作。全年共查处责任追究案43件69人，清缴各类价款、基金、税费34.9亿元；纠正教育乱收费、医药报销和医疗服务、公路"三乱"等方面的问题163起，查处违规违纪人员37人，查核并办结违纪案件98件，处分违纪党员干部120人。

附：一、中共柳林县委书记、副书记、常委名单

书　记：王　宁（1月任职）
副书记：武跃飞　薛保平　白小勤（6月离职）
　　　　刘建国（6月任职）
常　委：王义平（6月任职）　李双会（6月任职）
　　　　王　琴（女）　李根志（3月任职）
　　　　赵晓岗（6月任职）　贺柱才（6月任职）

二、乡镇党委书记、副书记名单

李家湾乡

书　记：王兴平（10月离职）　王震宇（10月任职）
副书记：贾武平（3月离职）　侯林俊（女，3月任职）
　　　　于锦江（4月离职）　王保国（4月任职）

柳林镇

书　记：王爱军（6月离职）　刘旭平（6月任职）
副书记：梁志华（3月离职）　郝向东（3月任职）
　　　　王开贵（4月任职）

贾家垣乡

书　记：任启斌
副书记：贺兴龙（3月离职）　兰成文（4月离职）
　　　　高文斌（3月任职）

陈家湾乡

书　记：姚俊明（3月离职）　李守勇（3月任职）
副书记：李守勇（3月离职）　李彦平（3月任职）
　　　　杨忠明（4月任职）

穆村镇

书　记：张月亮（3月离职）　贾飞平（3月任职）
副书记：白艳平（3月离职）　白永昌（3月离职）
　　　　李海斌（3月任职）　李廷光（3月任职）

薛村镇

书　记：贾四勇（3月离职）　梁志华（3月任职）

副书记： 刘忠旺　车志宏(4月任职)

庄上镇

书　记： 郭建文(3月离职)　成保平(3月任职)

副书记： 贾飞平(3月离职)　杨湖平(3月任职)
康　毅(4月离职)　雷稳兴(4月任职)

金家庄乡

书　记： 王海虎(3月离职)　刘世民(3月任职)

副书记： 王建荣　王吉林(4月离职)
王利荣(4月任职)

留誉镇

书　记： 张青年

副书记： 刘继忠(7月离职)　王春焕(8月任职)
杨兵兵(4月任职)　刘永强(4月任职)

三交镇

书　记： 成保平(3月离职)　高治安(3月任职)

副书记： 高治安(3月离职)　陈秋平(3月任职)
党锋忠(4月离职)　穆晓峰(4月任职)

高家沟乡

书　记： 康小平(3月离职)　白艳平(女,3月任职)

副书记： 杨湖平(3月离职)　柳更生(3月任职)
白振忠(4月离职)　王秋平(4月任职)

石西乡

书　记： 刘世民(3月离职)　艾永成(3月任职)

副书记： 李彦平(3月离职)　刘文虎(3月任职)
薛晓峰(4月任职)

成家庄镇

书　记： 王　亮(3月离职)　贺兴龙(3月任职)

副书记： 艾永成(3月离职)　康保平(3月任职)
李国斌(4月离职)　高峰春(4月任职)

王家沟乡

书　记： 刘旭平(3月离职)　刘海洪(3月任职)

副书记： 刘海洪(3月离职)　贺建兴(3月任职)
张国城(4月离职)　李泽平(4月任职)

孟门镇

书　记： 刘喜生(3月离职)　王　亮(3月任职)

副书记： 王志成(3月离职)　贾立坚(3月任职)
柳海燕(4月任职)

中共中阳县委工作概况

县委书记　刘广龙

2011年，中阳县委按照省、市转型跨越发展的总体部署，紧紧围绕“一带一区三化”战略，大力加强经济、政治、文化、社会和党的建设，全县经济社会继续保持了良好发展态势。市委、市政府下达的五大类51项考核指标全面完成。全县地区生产总值完成73亿元，同比增长15%；规模以上工业增加值完成67.4亿元，同比增长18%；固定资产投资完成21亿元，同比增长25%；财政收入完成17.9亿元，同比增长70.6%。

一、以重点项目为抓手，加快推进工业新型化，县域经济实力跃上新台阶

全年重点实施了27个工业项目，总投资200亿元。目前，已完成审批立项22个、用地审批16个、环评21个。第六届中博会上，中阳县成功签约5个项目，协议引资47.5亿元。

煤炭产业健康发展。资源整合方案中确定的7对过渡性矿井全部实施了关闭。保留下来的13对和新建的3对矿井正在紧锣密鼓建设，其中，梗阳120万吨建成投产；鑫隆、沈家峁两对90万吨矿井形成工作面，具备投产条件；张子山、暖泉等10对矿井完成井筒、井巷等工程。同时，大力发展坑口洗煤，上马了梗阳300万吨、荣欣一期150万吨、聚源150万吨3个项目，目前梗阳300万吨洗煤主体已建成，具备生产条件。

非煤项目有序推进。中钢总投资20亿元的一期提升改造项目，完成土建和设备采购，主要工程200m²烧结设备正在安装、1780高炉炉体建设完成40%，完成投资12亿元，预计明年10月建成投产。福裕总投资25亿元的煤化工项目，完成投资14亿元，450万吨洗煤一期225万吨建成；180万吨焦化首座焦炉建成，其余3座完成土建和部分砌筑；20万吨甲醇项目完成30%的工程量，正在订购设备，整个项目预计明年底可建成投产。桃园4000吨熟料、离柳公司3亿块煤矸石烧结砖项目完成“三通一平”，两年内建成投产。一批拔丝、丝网企业较快发展，昌盛4万吨线材深加工项目一期2万吨已建成。

二、以“两个基本覆盖”为切入点，培育农业产业，农民收入水平有了新提升

“山地核桃林基本覆盖”是年初县委工作全会上提出的首要目标。2011年新栽优质核桃3万亩、丰产管理5万亩，全县累计达到18万亩，10万农民人均1.8亩，实现了既定目标。为了推动核桃产业健康发展，县委政府出台了专项意见，提高了基地和示范园建设的补助，加大了套种低杆作物和购买林果机械的补贴，整合支农资金实施山水田林路综合治理，核桃投入4100万元，再创历史新高。全年核桃产量600万斤、产值8000余万元，农民人均核桃收入800元。

“宜林荒山生态林基本覆盖”是2011年林业建设的总目标。全年累计投入5462万元，绿化荒山4万亩、矿区1万亩、城区5万平方米、340省道和西山循环路96公里、园林村20个，补植补造5.6万亩，生态林基本覆盖。此外，林权制度改革深入推进，75.44万亩的林地面积全部确权，群众造林营林的积极性空前提高，全市“六项工作”考核中中阳县造林绿化居于前列。

畜牧业是中阳农民增收致富的又一主要来源。紧紧抓住柏籽羊被农业部命名为“国家级地理认证产品”、通过国家工商总局认定注册商标的契机，大力推进标准化规模养殖示范场所建设，建成柏籽羊养殖场5个，全年累计新建禽畜养殖场27个、养殖小区4个。全县畜禽总量达到44万头(只)，农民人均牧业收入302元。此外，大力输出和转移农村劳动力，实施亚行河川流域综合开发项目，全年农民人均纯收入达到3728元，同比增长18%。

三、以“三项整治”为契机，大搞城市综合治理，城乡面貌有了新改观

环境卫生、交通秩序、街道装饰“三项整治”收到实效。多年积存垃圾、渣土全部彻底清理，一批卫生死角、臭渠烂沟得到治理；投入巨资增设了必要的设施和标识，小县城自由交通的历史彻底结束；统一了广告牌匾，城区街道全部重新铺油，主街道和340沿线的人行道、路沿石全部以花岗岩重新铺设。县城形象和品味再次得到提升，通过了“省级卫生县城”的初步验收。

路水电等基础建设强力推进。交通上，全年累计投资2亿元，完成了12.67公里的关西线改造、1.7公里的暖泉街路一体化工程、200米的宋家沟段道路改造，全长19.5公里的万年饱—吴家峁运煤专线完成前期准备、具备开工条件。城区东岔、南岔、北街完成街道改造，中钢大道和滨河西路南延完成一期，滨河西路“两桥”竣工通车。农村街巷两年771.7公里的硬化任务，半年时间完成964公里，当年实现了全覆盖。电力上，总投资7000余万元，新建了城南110KV变电站、增容改造了枝柯、武家庄两个110KV变电站，开工建设了下枣林110KV变电站。水利水保上，总投资500万元，实施了一系列工程，其中生态修复8万亩，淤地坝完成6座、旱井积雨完成2处，惠及20个自然村5000人口的安全饮水工程全部完成，城区排污、排洪管网完成改造。此外，集中供气工程完成管网铺设，中钢电厂余热供暖工程使城区集中供热面积再扩大50万平方米。

四、以改善民生为目标，发展社会事业，群众生活质量有了新提高

努力办人民满意的教育。财政下拨1506万元提高义务教育阶段生均公用经费，投资151万元对21所学校进行了维修，投资2100万元对教育城域网予以后续完善；狠抓教师队伍建设，全年累计培训教师2000余名，充实农村一线高学历教师35名。

不断提高群众健康水平。积极推进乡村卫生一体化管理，87个卫生室实现了“五统一”管理；县乡两级全部实行了药物零差率销售；基本医疗保障参合农民92094人，参合率96.1%；城乡居民健康档案电子化管理实现全覆盖；人口出生率控制为9.68‰，自然增长率控制为5.93‰，2011年荣获“全国计划生育优质服务先进单位”称号。

丰富群众精神文化生活。新建“农家书屋”57个，实现了行政村全覆盖；深入开展建党90周年纪念活动，先后举办了“生态山西书画展”、“桃园杯”篮球赛和首届道德模范评选等活动，加强了非物质文化遗产传承和保护，完成了文庙大成殿搬迁的规划设计等前期工作，4月份在台北市举办了“吕梁中阳民俗剪纸艺术展”，6月份被省文化厅命名为“全省首批非物质文化遗产传习所”。

全力保障弱势群体的生产生活。新增城镇保安、保绿、保洁就业岗位2500个，下岗人员再就业600人，农村劳动力转移2400人，消除零就业家庭30户；全年发放救灾款197万元，深入开展“爱心助残”和“金秋助学”活动，收到捐款近百万元；14栋拆迁安置楼全部交付使用，惠民小区廉租房一期2.3万平方米具备入住条件、二期5000平方米完成主体，5000平方米的经济适用房正在主体建设；大力推进采空区移民搬迁，目前共签订协议1921户7375人，兑现补偿款4.2亿元。

继续抓好以煤矿为重点的安全生产。健全了乡、村两级机构，充实了县乡村三级监管力量，成立了煤炭安全技术培训中心，在全省率先开辟了“安全生产信息网站”，全年没有发生一起安全生产事故，特别是煤炭行业实现零死亡。中阳县作为“全国安全生产监管监察先进单位”上报安监总局。

切实加大信访工作力度。继续坚持党政领导接访、包案，干部下访、排查，主动约访、代理等制度，市委交办的89件信访积案全部化解和办结；严格双向责任追究，对12名领导干部予以党政纪处分，20余名违法上访人员受到法纪追究，全县越级访总量同比下降17%。

五、以县乡村三级换届为契机，加强和改进党的建设，组织领导保障更加有力

县乡村三级换届圆满完成。县级班子成员均以全票或高票当选，四大班子的结构进一步优化；乡镇班子全部配齐配

强，开展了县委书记、组织部长与乡镇班子成员一对一谈心谈话活动；农村坚持公开、民主的原则选出了新的一批当家人，全面推行了星级目标管理，出台了细化的《党员(党组织)考核评分标准》，提高了“两老”人员补贴，狠抓“一定三有”、“四议两公开”制度的落实，农村基层组织建设进一步加强。

各级干部的思想进一步解放。在健全完善远程教育的基础上，开通了中阳县干部在线学习，完成了学习任务。全年共举办县委中心组理论学习6次、科级培训班11期3400人次、大规模的外出参观考察活动3次，各级干部的理论水平和发展能力都有了新的提升。

党风廉政建设进一步加强。严格落实“一岗双责”制度，切实加大了各项规定落实情况的监督检查，全年查结各类违法违纪案件64件，处分71人。积极启动“阳光农廉网”建设，网络体系正式开通运行。深入开展了以“正风肃纪、创优环境”为主题的“纪律作风集中教育整顿月”活动，对重视不够的5个单位予以通报批评、对主要领导进行了诫勉谈话，对活动期间顶风违纪的4名干部进行了严肃处理，在社会上产生了积极的影响，各级干部作风明显改进。

附：一、中共中阳县委书记、副书记、常委名单

书　记：刘广龙
副书记：王建国　刘学良(6月离职)
　　　　阴大瑞(6月任职)　高升平(6月离职)
常　委：贺兵镇　阴大瑞
　　　　赵有军(2月任职)　王金明(6月离职)
　　　　任杰平(6月任职)　薛东升
　　　　张喜旺(6月任职)　翟贺平(6月任职)

二、乡镇党委书记、副书记名单

宁乡镇
书　记：张　帆(2月离职)　姚文郁(2月任职)
副书记：郭全生(2月离职)　王子荣(2月任职)
　　　　曹建平(5月离职)　王志宏(5月任职)

张子山乡
书　记：武爱国(12月离职)　杨春海(12月任职)
副书记：郭建新(2月离职)
　　　　杨春海(2月任职，12月离职)
　　　　任四虎(4月离职)　车利明(4月任职)

金罗镇
书　记：阴艾生(2月离职)
　　　　王根有(2月任职，12月离职)
　　　　郭全生(12月任职)
副书记：张海廷(2月离职)
　　　　郭全生(2月任职，12月离职)
　　　　阴小瑞(5月离职)　任四虎(12月任职)

枝柯镇
书　记：张喜旺(2月离职)　郭　安(2月任职)
副书记：郭　安(2月离职)　张玉全(2月任职)
　　　　王志宏(5月离职)　张志伟(5月任职)

下枣林乡
书　记：王根有(2月离职)　郝志军(2月任职)
副书记：杨春海(2月离职)　贺建强(2月任职)
　　　　王勤海(5月离职)　刘　伟(5月任职)

武家庄镇
书　记：姚文郁(2月离职)　杨志新(2月任职)
副书记：郝志军(2月离职)　张玉平(2月任职)
　　　　崔世平(5月离职)　郝志斌(5月任职)

暖泉镇
书　记：高艳星(2月离职)　张映芝(2月任职)
副书记：张映芝(2月离职)　张宏伟(2月任职)
　　　　王子荣(5月离职)　白海兵(5月任职)

中共离石区委工作概况

区委书记　王彤宇

2011年，离石区委在市委、市政府的正确领导下，团结带领广大干部群众以科学发展观为指导，以“建设幸福家园”为目标，着力在加快重点项目建设和加大招商引资上下功夫，在深化产业结构调整、加快经济发展方式转变上下功夫，在改善城乡环境、提升城市化水平上下功夫，在加强领导班子建设、营造民主政治环境方面下功夫，圆满完成了年初确定的各项目标任务。全区GDP完成89.4亿元，同比增长11.2%；全社会固定资产投资完成45.2亿元，同比增长28.4%；社会消费品零售总额43.1亿元，同比增长16.27%；财政总收入完成24.8亿元，同比增长28.99%；一般预算收入7.7亿元，同比增长18.79%，城镇居民人均可支配收入17428元，同比增长14.07%；农民人均纯收入3299元，同比增长36.7%。

一、项目建设强势推进，产业结构更趋优化，区域经济实现平稳较快增长

一是重点项目建设取得新成效。全年上马实施重点项目32个，完成投资43.11亿元。金辉荣泰、贾家沟、王家庄等3对矿井实现联合试运转，同辉重工机械、6000万块煤矸石烧结砖、20万吨甲醇等一批项目投产达效，日日产4000吨熟料生产项目、光伏产业、千万吨级高硫煤综合利用项目等一批重大项目积极运作，以煤为基、多元发展的格局初步形成。

二是产业结构调整取得新进展。吕梁川东丰源绿色农产品开发有限公司和吕梁益得利种猪有限公司等农业产业化龙头企业应时而生。三产服务业快速发展，泰化物资城一期工程、美特好2万平米大型购物广场如期开业；聚富汽贸城17个4S店投入运营，园区道路、电力等综合配套更加完善；南关市场二期主体接近尾声。城市服务业和传统商贸业成为打造四新离石的有力支撑和永续发展的强力引擎。

三是招商引资取得新突破。组团参加了广交会、中博会、煤博会等大型招商会，其中在中博会上签约4个项目，总投资38.196亿元，拟引资7.2亿元。成功引进山西美特好超市、大唐集团、以色列MST中国代理公司、台湾龙盟集团、居然之家，以及红星美凯龙、浙江横店电影、同至人商业广场、如家快捷酒店等一批大型商贸企业，离石区域中心城市的集聚、辐射和带动功能得到充分发挥。

二、深入开展“三项整治”，城乡面貌大为改观，城乡统筹发展步伐加快

一是“三项整治”活动成效显著。坚持把“三项整治”作为推进城市转型、提升城市品位、统筹城乡发展的一项治本工程，成立了组织领导机构，层层落实了责任，参与的机关干部有3000人之多，社会群众不计其数，是一项规模空前的全民总动员，全区累计投入各类资金达10亿元，建立健全了环境卫生和交通秩序整治的长效体制，使整治工作制度化、常态化、长效化，取得了令人瞩目的成就。

二是东城新区建设步伐加快。“一河两坝”和“六桥”工程基本建成，“三纵六横”公路建设中滨河南北两路和沿山快速公路已经开工，累计完成投资1200余万元。东城新区扩展区规划方案通过评审，东城新区规模达到20.3平方公里。

三是新农村建设取得明显成效。53个省级试点村、重点推进村和14个整村推进村的规划编制全部完成并通过评审。新型农民合作经济组织成立86个，一批经济发展带头人崭露头角。农村“四化四改”和“五个一”工程扎实开展，投入资金4000余万元，全面完成了4个整村推进村的综合配套工程，农村基础设施、社会事业和公共服务全面完善。

三、致力改善民生，社会事业全面发展，改革发展成果惠及更多群众

一是城区教育振兴成果得到巩固。坚持把教育放在优先发展的战略地位，建成袁家庄中小学和前瓦、城南、实验幼儿园，完成了离石一中、离石三中改扩建项目，江阴高中二期工程顺利启动，城区学校办学条件全面改善。与江苏省江阴市联姻，高位嫁接先进教育，建立了结对帮扶，并通过“走出去”培训、“请进来”指导，选派400余名中小学教师赴江阴培训，累计受训教师达到1100余名；引进60余名江阴籍优秀教师来离石区支教，加快了合作共建步伐。

二是惠民工程扎实推进。新的五个全覆盖扎实推进，街道巷道硬化917公里，农村便民连锁商店建成23个，建成农村文化场所20个、体育场所36个；中等职业教育免费覆盖工程扎实推进，新型农村社会养老保险覆盖率达到80%。

三是社会保障体系更加健全。全区新增就业岗位3277个，社会保障体系更加完善，城市低保覆盖1.6万人，农村低保覆盖9776人，实现了动态管理下的应保尽保。城镇职工医疗保险覆盖10401人，城乡困难群众大病医疗救助全年救助195户400余万元。3万平方米保障性住房主体竣工，21万平方米经济适用房全面启动，为4396户困难群众发放廉租住房补贴1781万元，群众住房困难的问题得到缓解。

四是医卫工作取得新进展。基层医疗机构综合改革圆满完成，医疗服务质量不断提升，重大疾病预防控制工作得到加强，基本公共卫生服务稳步提升，乡村卫生设施大力改善，新型农村合作医疗参合人数达到11万人，参合率为96.69%，人民群众的健康水平不断提高。

四、圆满完成区、乡、村三级换届选举工作，党的建设全面加强，为全局工作提供坚强组织保证

一是换届选举工作圆满完成。按照中央和省市的安排部署，科学组织，规范程序，风清气正，圆满完成了区、乡党委、人大、政府、政协换届工作。换届后，进一步完善全区领导班子内部的议事和决策机制，对重大问题决策，充分发扬民主，集体讨论酝酿，按照少数服从多数的原则决定。结合乡镇换届选举，坚持“工作为重，以德为先，量才使用，注重公论”的选人用人导向，坚持以实绩论英雄，凭贡献定去留，充分考虑班子成员的年龄结构、知识结构、基层工作经验和专业特长、个人性格等方面的互补性，对乡科级领导班子进行了调整。

二是基层组织建设扎实推进。农村“两委”换届基本完成，目前除七里滩村外192个行政村全部实现了平稳换届，妇女干部、大学生村官进两委班子、一肩挑比例全部达到上级要求，村级班子的年龄和文化结构更趋合理，基本达到党员信任、群众满意的目的。

三是干部作风明显转变。深入开展“三项整治”、推进六项工作、干部下乡住村和创先争优等一系列活动，“认真务实、立说立行、团结奋斗”的工作作风在全区各级干部中得到大力弘扬，“一切工作具体化”的理念牢固树立，“五加二”、“白加黑”成为工作常态，锻造了一支勇于担当、善于干事、作风过硬的干部队伍。

五、认真落实党风廉政建设责任制，党风廉政和反腐败斗争深入推进

一是强化廉政教育和监督。进一步引深《廉政准则》学习宣传教育，以建党90周年庆祝活动为契机，深入开展知识竞答、观看警示片、专题培训等活动，举办了国土杯大型廉政书画展，积极推进安国寺于成龙廉政教育基地建设，初步完成了展厅布展工作。坚持“六措并举，四结合推动”的工作方法，扎实推进党务公开，全区427个党组织，12个乡镇、街道，180个村级党支部全部开展了党务公开工作，公开覆盖率达到了99.5%。

二是狠抓典型案件查处。全年立案查结68件，要案6件，党政纪处分97人，科级干部6人。给予重处分14人，其中开除党籍4人。

三是加大专项治理和纠风治乱力度。对党政机关公务用车集中开展专项清理。对教育不正之风、公路“三乱”等热点、焦点问题进行了专项治理，对相关责任人进行了严肃处理；对全区经济发展有重要影响的单位开展了行风评议活动，带动行业风气整体好转。

四是严肃作风纪律整顿。扎实开展纪律作风整顿月活动，明确了“十个严禁”纪律规定，召开了作风纪律整顿专题民主生活会。对工作不负责、出勤不出力以及上班时间玩游戏、网上购物的8名干部进行了严肃处理。

附：一、中共离石区委书记、副书记、常委名单

书　记：王彤宇

副书记：薄宇新　李溢涛　成志斌(6月任职)

常　委：李　真(6月离职)　曹万新(6月离职)
王香莲(女,6月离职)　雒永霆(6月离职)
刘俊禄　王根田(女,6月离职)
王怀清(6月任职)　刘晓勤(6月任职)
陈建华　李源春(女,6月任职)
秦　亮(6月任职)

二、乡镇(街道)党委(党工委)书记、副书记名单

滨河街道

书　记：李源春(女)

副书记：魏玉青　刘海军

莲花池街道

书　记：王凤鸣(5月离职)　王候明(5月任职)

副书记：高文烨(5月离职)　雒建龙

凤山街道

书　记：张向峰

副书记：任利星　范金龙

城北街道

书　记：吴　卿

副书记：王月亮　任金明(4月离职)
王卫红(4月任职)

交口街道

书　记：白志荣

副书记：李保云　张平生

田家会街道

书　记：王候明(5月离职)

副书记：刘杏平　吴永锋

西属巴街道

书　记：张兴平

副书记：薛凤平　刘建忠

信义镇

书　记：王　宇

副书记：薛晔峰　张亮斌

吴城镇

书　记：李耀星

副书记：张致滨　雒保廷

坪头乡

书　记：王永福

副书记：李建国　雷吉平

枣林乡

书　记：李建红(女)

副书记：郭光辉　王迎平

红眼川乡

书　记：秦　亮

副书记：李克勤　王建强(6月离职)
胡新星(6月任职)

中共方山县委工作概况

县委书记　闫孝敏

2011年，在市委、市政府的正确领导下，方山县委、县政府团结带领全县人民，坚持以科学发展观为指导，以富民强县为目标，以转型跨越为主线，认真务实，团结奋斗，全面实施“四四战略”，倾力打造“五大基地”，全县上下呈现出大建设、快发展、齐进步的喜人局面。全县地区生产总值完成25亿元，同比增长25%；财政总收入完成7.18亿元，同比增长41.8%；一般预算收入完成2.49亿元，同比增长48.9%；社会消费品零售总额完成5.69亿元，同比增长16.1%；全社会固定资产投资完成17.2亿元，同比增长27.4%；城镇居民人均可支配收入12894元，同比增长15.7%；农民人均纯收入2552元，同比增长27.5%。

一、工业经济在转型升级中迈上新台阶

项目建设稳步推进，设立了驻项目现场办公室，建立了重大项目视频连线系统，实现对项目建设现场的“点对点”管理，列入市重点工程项目的31个项目，完成投资40亿元，占年度投资计划的101.7%。充分发挥园区带动效应，全力提升产业档次，发展循环经济，促进产业升级，有效提高了产品附加值和资源综合利用率。招商引资成效显著，华润集团、国新能源、冀中集团等一批实力雄厚的国有企业、民营企业相继

入驻方山，水泥生产、煤炭开发、风力发电等一批填补产业空白的煤化工、新能源项目相继开工，为全县经济扩张、转型升级注入了新的活力，奠定了坚实的基础。

二、特色农业在提质增效中凸显新优势

以片区扶贫产业开发为抓手，深入挖掘资源禀赋优势、地理环境优势、传统生产优势，坚持分类指导、特色开发的原则，大力推进以土豆、蔬菜、核桃、养殖等为主的"一村一品"增收工程，有力地带动了农民增收、农业增效。全年粮食播种面积稳定在28万亩以上，粮食总产量达到6636万公斤。大力扶持以广汇、祥农、兰花花等为主的农业龙头企业，发展订单农业2.58万亩。

三、城乡建设在统筹推进中展现新面貌

着力提升城市规划建设管理水平，城乡一体化进程不断加快。完成了县域村镇体系规划，大力开展"三项整治"活动，完成了外环路综合整治工程；积翠样板街、国旗广场、积翠公园改造工程；新建汽车修理一条街；对县城两河、两沟陈年垃圾进行了彻底清理，对沟不沟河、糜家塔河西山段进行了全面封闭；规划了农贸蔬菜市场。全县累计投入2亿元，投工6万余人次，清理垃圾68万方，清理异型广告3100块，拆除违章建筑4万余平方米，清理整治河道179公里，装饰楼顶58832平方米，城乡面貌焕然一新。

四、民生福祉在和谐建设中得到新改善

大力发展民生事业，切实解决了一批群众最关心、最直接、最现实的利益问题。按照"两年任务一年完成"的要求，实现了农村街巷硬化、便民连锁店、文化活动场所、中等职业教育免费、新型农村社会养老保险参保等五个全覆盖。全面启动了事关民生的"十件实事"，新高中建设工程奠基开工，新建乡村垃圾填埋厂27个，启动了北川河综合治理工程，天然气进城工程正在入户，完成了廉租房建设2万平方米400套，城区商贸大市场、太佳高速出口至城区连接线项目前期准备工作就绪。大力实施兴水战略，完成人畜饮水工程16处，解决了16个自然村5000口人835头大畜安全饮水问题。人民群众生产生活条件得到了全面改善。

五、社会事业在全面发展中取得了新成效

坚持优先发展教育事业，启动了新高中建设，全面推行校长竞聘上岗制，整顿教师在职不在岗行为，教育教学水平明显提高；完成了医药卫生体制改革，实现了基本药物零差率销售，169个农村卫生所全部达标，城镇基本医疗保险参保率达到93%，新型农村合作医疗参合率达到96%；保障体系日趋完善，以人人享有基本生活保障为目标，加大社会保险基金征管扩面工作，城乡低保实现了动态和规范化管理，特困群体生活得到保障。文化事业不断繁荣，全面落实"农家书屋"和"农村文化活动室"建设，实现了公共文化服务体系全覆盖。计生服务不断提升，全年人口出生率控制在8.73‰以下，自然增长率控制在5.98‰以下。

六、社会管理在加强创新中实现新进步

积极开展安全生产整治活动，严格落实安全生产责任制和责任追究制，为每个整合保留煤矿配齐配强"六大员"和安全生产管理人员，确保了企业的安全生产。高度重视信访稳定工作，认真落实领导信访接待日、首问责任制、领导包案制等信访工作制度，开通了书记、县长公开电话咨询台，集中化解一批矛盾纠纷，越级上访、来县上访案件明显下降。加强社会治安综合治理，深入开展严打整治专项斗争，严厉打击各类刑事犯罪活动，全县刑事、治安案件稳步下降，社会治安持续稳定。全年发生各类刑事案件173起，破获104起，破案率达到60%。

七、党的建设在改革创新中得到新加强

深入开展创先争优活动和创建学习型党组织活动，群众满意率达到90%以上。基层组织建设不断加强，深入开展星级支部创建活动，认真落实"一定三有"政策，完善村级组织活动场所，基层组织战斗堡垒作用明显提高。深入开展纪律作风集中教育整顿，严格干部考核，工作作风、工作纪律、工作效率明显转变。圆满完成县乡村三级换届工作，农村"两委"班子的带动力、战斗力得到进一步增强。党风廉政建设扎实推进，全年共立查各类违纪案件74件，处分违纪人员71人，挽回经济损失6万余元，有力地维护了党纪政纪的严肃性和权威性。

附：一、中共方山县委书记、副书记、常委名单

书　记： 庞鹏峰(4月离职)　闫孝敏(女,4月任职)

副书记： 闫孝敏(女,4月离职)　田安平(6月任职)
吴晓东(6月离职)　孙玉堂(6月任职)

常　委： 任年有(6月离职)　王善厚(6月离职)
孙玉堂　贺新众(6月离职)　王喜祥
王　峰(6月离职)　刘月顺(6月任职)
张建良(6月任职)　侯小将(6月任职)
王爱军(6月任职)　刘大鹏(6月任职)

二、乡镇党委书记、副书记名单

马坊镇

书　记： 李文铭

副书记： 任海涛(8月离职)　赵玉祥(3月任职)

积翠乡

书　记： 刘大鹏(8月离职)　刘云杰(8月任职)

副书记： 韩建忠(8月离职)　张犛云(3月任职)

麻地会乡

书　记： 雒雪梅(女)

副书记： 霍丙良　薛成保(3月离职)
李玉春(3月任职)

圪洞镇

书　记：高文祥(8月离职)　王海清(8月任职)
副书记：田德隆　王星星(3月离职)
　　　　王满顺(3月任职)

峪口镇

书　记：高云林
副书记：杨少锋(8月离职)　任海涛(8月任职)
　　　　薛建国(3月离职)　车三奴(8月任职)

大武镇

书　记：刘世庆(8月离职)　王爱军(8月任职)
副书记：刘云杰(8月离职)　杨少峰(8月任职)
　　　　李双平(3月离职)　任星星(8月任职)

北武当镇

书　记：赵林平
副书记：孙燕飞(女)　李　军

中共临县县委工作概况

县委书记　刘永平

2011年，在市委、市政府的正确领导下，团结带领全县干部群众，全面加强经济、政治、文化、社会建设和党的建设，各项工作取得了明显成效。全年地区生产总值完成40.58亿元，同比增长18.8%；财政收入完成13.3亿元，增长102.7%；一般预算收入完成4.46亿元，增长90.7%；全社会固定资产投资完成23.87亿元，增长72.6%；城镇居民人均可支配收入完成10260元，增长18.6%；农民人均纯收入完成2658元，增长29.9%。

一、重点项目建设步伐加快，有效拉动了投资增长

2011年，临县共确定重点项目83个，包括19个煤炭提升项目、8个工业转型项目、28个农业龙头项目、5个三产牵动项目、23个基础设施项目，总投资931.5亿元，其中亿元以上的项目49个。为加快重点项目建设，我们开通了“绿色通道”，对项目承载企业实行“零距离、零干扰、保姆式”服务，开展了重点工程项目影像采集工作，开通了重点项目视频连线系统，在40个重点项目现场设立了政府驻项目现场办公室。同时，协调落实银行贷款40亿元用于工业转型项目建设，投入财政贴息资金1000万元、落实贴息贷款3亿元用于农业加工项目建设。截至目前，全县重点项目立项已办结63个，土地已办结65个，环评已办结55个，开工项目71个，累计完成投资264.59亿元，其中2011年完成投资153亿元。

二、扎实推进新农村建设和扶贫开发，农民增收幅度不断提高

一是农业基础地位进一步夯实。全面落实各项惠农补贴资金4365万元，创建粮油高产示范片2万亩，完成土地开发整理项目3000亩，完成保护性耕作8.6万亩，治理水土流失面积7.49万亩，新增水地、坝地、滩地2.2万亩，农业综合生产能力进一步提高，全县粮食产量达到11.4万吨，实现连续6年增收。

二是“一村一品、一县一业”工程强力推进。按照“东山核桃西山枣，湫河两岸大棚包”的发展思路，进一步调整优化农业产业结构。经济林建设方面，争取到全省最大的片区开发项目，全年新发展核桃经济林9.6万亩，加快推进30万亩有机红枣认证，建成兔坂镇红枣加工园区，全县规模红枣烘干加工园区达到5个，加工转化能力明显提高。设施蔬菜发展方面，规划建设了城庄镇惠农蔬菜园区二期工程，新建阴阳大棚10个，新发展移动大棚200个，新增设施蔬菜1500亩，设施蔬菜总面积达到1.77万亩，新铺开碛口樊家沟设施蔬菜园区建设，完善了碛口连栋温室标准化育苗基地，确定马铃薯作为“一县一业”主导产业，种植面积达25万亩，总产量超过2亿公斤。

三是扶贫开发取得新进展。扎实开展领导干部下乡包村活动，累计提供帮扶资金736万元，完成两乡四村171户600人的扶贫移民建房主体，规划实施8乡10村的整村推进项目。

三、持续加大基础设施建设力度，发展后劲明显增强

交通建设方面，晋中南出海通道、太中银铁路吕临支线、太兴铁路建设有序推进，而且90%的征地工作已基本完成，西纵高速、太佳高速克虎段开工建设。铺开了林招线(林家坪至招贤)、青正线(青凉寺至正觉寺)等县道改造工程。水利设施方面，完成了阳坡水库、薛家圪台水库和刘王沟水库除险加固工程以及马家湾、高家湾两处提黄灌溉工程、湫水河下游河道整治工程。电力电网建设方面，完成了林家坪110KV二期增容工程、小甲头35KV增容改造工程和碛口、安家庄两个35KV新建输变电工程。集中供气建设方面，完成临县—临汾天然气管道一期工程，完成中石油煤层气项目单井集气管线12.24公里，集气干线15公里，15万方CNG站扩建工程基本完工，日产气达到8万方。

四、市域城镇化建设步伐加快，人居环境不断改善

一是城乡规划体系逐步完善。编制完成了《临县县城总体规划》，并经市政府批准开始实施。启动了《北城新区控制性详规》编制工作，制作完成临县县城总体规划沙盘和北城

新区控制性详规沙盘，设立了375平方米的临县城区规划展厅。二是县城功能得到有效提升。扎实开展了以城乡环境卫生、街道装饰、交通秩序为主的“三项整治”活动，进一步净化了城市环境；实施了投资7.6亿元的湫水河景观工程、临州文化广场等十八项重点市政惠民工程，进一步完善了县城功能。三是县城管理体制进一步理顺。组建了环卫监管队伍，成立了市政执法大队、广告牌匾、园林、路灯、生活垃圾、有色垃圾和污水处理管理等“一队六中心”，充实了交通协警和城管执法队伍，组建了县创卫办和爱卫办常设机构。

五、多方改善和保障民生，社会事业不断协调发展

惠民事业方面，完成了新的“五个全覆盖”工程年度任务，完成了379个村2460公里农村街巷硬化工程，建成141个农村体育活动场所、482个农家书屋、182个农村便民连锁商店，启动了县城公交正式运营，免费为农村困难户发放15万吨暖心煤。就业保障方面，全年新增就业5500人，下岗失业人员再就业1293人，城镇登记失业率为2.7%。全年受理职工投诉案件71起，追讨拖欠农民工工资176万元，维护了职工合法权益。教育事业方面，大力推进中小学布局调整，启动招贤、石白头、青凉寺三个乡镇的试点工作，新建幼儿园2所、改扩建8所、维修和改造58所。同时，积极争取列为雨露计划改革试点县，落实资金1500万元，资助1万名在校中职生。宣传文化工作，创办了《临县之窗》《职工之友》等系列刊物，充分运用各种媒体加大外宣力度，组织人员深入宣讲了“七一”讲话和省市县党代会精神，成功申报“中国伞头秧歌之乡”，文艺精品创作异彩纷呈。医疗卫生方面，招聘165名专业技术人员充实到23个乡镇卫生院，新人民医院主体建成，2011年参合农民达56.84万人，参合率达96.65%。住房保障方面，开工建设保障性住房587套（含棚户区改造24套），目前主体部分已完成三层建筑（共七层）。给予1210户困难家庭住房租赁补贴，实施了800户危房改造工程，启动了车赶、木瓜坪、林家坪、三交等采煤区地质灾害搬迁安置工程。安全稳定方面，深入持久地开展安全隐患大排查、大整治活动，全面落实社会治安综合治理各项措施，严厉打击各类违法犯罪分子，完成了中央、省、市交办的185起信访积案化解工作。

六、党的基层组织建设不断加强，加快转型跨越发展的组织基础进一步夯实

一是县乡村三级换届工作圆满完成。根据省委和市委的统一安排，临县县乡党委、人大、政府和政协按时完成换届，全县23个乡镇631个行政村圆满完成“两委”换届选举工作。各级领导班子的年龄、文化结构等更为优化。

二是县乡领导班子和干部队伍建设得到加强。通过聘请省、市专家教授和理论骨干“请进来”培训与组织县乡干部“走出去”到陕西、宁夏、甘肃、上海和晋中、长治等省内外地区进行考察学习，着力破解城市建设管理、农业产业化发展等难题。强化干部监督管理工作，健全了强化预防、及时发现、严肃纠正的干部监督工作机制，使各级干部工作更规范、职责更明确。

三是基层组织建设全面加强。建立健全村党支部书记“一定三有”激励保障机制；继续推行“四议两公开”工作法；建立健全了党员联系户、村民代表联系户、大学生村干部联系户、民主监督、档案管理、责任追究等六项制度。

四是干部作风进一步加强。大力弘扬“认真务实、立说立行、团结奋斗”的工作作风，牢固树立“一切工作具体化”的工作理念，切实遵循“主要领导集中主要精力解决主要问题”的工作方法，积极倡导“五加二”、“白加黑”的工作状态，锻造了一支勇于担当、善于干事、作风过硬的干部队伍。

五是党风廉政建设深入开展。加大廉政宣传力度，在113个县直单位和23个乡镇办公场所制作悬挂了廉政文化宣传栏并安装了自主开发的廉政屏保软件；开展“三项整顿”活动，加强对各级干部在岗、履职和作风建设的督促检查；出台了禁酒、公务接待、公务用车规定以及行政效能建设实施意见。

附：一、中共临县县委书记、副书记、常委名单

书　记：刘永平
副书记：张建国　李智勇
常　委：王成军　薛全清（6月离职）
薛凤奎（12月离职）　王少利（6月任职）
樊爱平（6月离职）　李　琦
赵如宁（6月离职）　刘应刚（6月离职）
游福海（12月任职）　陈　浩（6月任职）
雍建华　李正奎（6月任职）

二、乡镇党委书记、副书记名单

白文镇
书　记：李烽峰
副书记：高宏亮　刘秀荣
城庄镇
书　记：李正奎
副书记：成小龙　王　勇
木瓜坪乡
书　记：郭　原
副书记：张莹源　高泽鹏
临泉镇
书　记：王犁青
副书记：李卫平　刘毓剑　高兴祚
安业乡
书　记：贺向亮
副书记：刘元日（4月任职）　杜慧君（4月任职）
玉坪乡
书　记：任文珍
副书记：秦京亮　张恒宇

大禹乡

书　记：李晓春

副书记：李有喜　辛喜顺

三交镇

书　记：张向阳

副书记：陈　顺　刘宏伟

车赶乡

书　记：高文平

副书记：阎　平　李小明

湍水头镇

书　记：李金峰

副书记：高翠文　秦国雄

林家坪镇

书　记：郝振杰

副书记：刘新民　陈候平(4月任职)

招贤镇

书　记：郝有旺

副书记：刘玉杰　陈　照

碛口镇

书　记：张文全

副书记：郝大山　薛文泽

青凉寺乡

书　记：王廷海

副书记：贺旭峰　刘勇聪

石白头乡

书　记：薛银贵(4月任职)

副书记：薛增平　高建荣

雷家碛乡

书　记：张晓明

副书记：张翠珍　刘海斌

兔坂镇

书　记：曹孝伟

副书记：高文标　郝冬连

八堡乡

书　记：刘建平

副书记：高艳飞　高永龙

克虎镇

书　记：王荣平

副书记：李桃林　李保明

安家庄乡

书　记：曹　莉(女，12月离职)

副书记：张积赟　高凤喜

刘家会镇

书　记：陈小林

副书记：刘侯明　刘继明

丛罗峪镇

书　记：陈绍文

副书记：赵小峰　高　荣

曲峪镇

书　记：苗焰银

副书记：刘江海(4月任职)　高玉杰

中共石楼县委工作概况

县委书记　李少杰

2011年，石楼县委紧紧围绕“五位一体”发展战略，以重点项目建设为支撑，以党的建设为保障，全面推进工业启动、农业提升、生态绿化、旅游开发和城乡一体化建设等各项重点工作，全面加强社会管理和党的建设，经济社会各项事业取得新进展新突破。全年地区生产总值完成6.4亿元，同比增长20.8%；规模以上工业增加值完成1.4亿元，同比增长41.8%；财政收入完成1.13亿元，同比增长88%；全社会固定资产投资完成6亿元，同比增长50%；社会消费品零售总额完成1.5亿元，同比增长19%；农民人均纯收入达到1801元，同比增长28.09%。

一、工业新型化高位启动

以实现工业与生态协调发展为目标，培育壮大天然气、风力等新型能源产业，全面促进工业新型化高位启动。华润联盛赵家沟、介板沟两座煤矿，标准化矿井建设基本完成。引进中煤集团与煜隆煤气化公司签订合作协议，联合注册了股份制公司，开始建设石楼第一个煤电一体化项目，已完成一期工程的前期手续，并开工建设。引进中石油集团对石楼县的煤层气资源进行勘探，已初步探明境内煤层气储量超过2000亿立方米，并在中博会上与北京中海沃邦能源公司、山西新能公司、山西鼎亿成能源公司签订煤层气开发利用协议，签约资金达46亿元。

二、农业产业化全面推进

继续大力实施“111”核桃(红枣)发展计划，核桃林面积累计达到21万亩，红枣林面积稳定保持在27万亩左右并逐年进行品种改良，形成了沿黄优质红枣林和屈产河流域核桃林两大经济林带。全年全县红枣产量1150万公斤，核桃产量210万公斤，干果经济林产值可达1.1亿元；继续扩大小杂粮、油料、蔬菜三大种植基地的规模，全县粮食播种面积达47万亩，小杂粮产量达900万公斤，油料产量达93万公斤，蔬菜种植面积达5000亩，其中发展设施蔬菜400亩。树德枣业有限公司、和盛源农副产品有限公司被列入全市第二批市级农业骨干龙头企业，其中树德枣业参加了山西省农博会。

三、生态建设成效明显

石楼县按照建设省级林业生态县目标要求，结合“三项整治”与“六项工作”的开展，坚持山上治本与身边增绿同步推进，全方位、大力度开展植树造林。全年共完成造林绿化面积6.5万亩，其中通道荒山绿化完成1.5万亩，经济林栽植完成3.65万亩，环城绿化完成0.15万亩，村镇绿化完成0.2万亩，生态林完成1万亩。全县林木覆盖率达到46.5%，森林覆盖率由2010年的18.8%增加到19.8%，水土流失治理面积完成3.6万亩，全县空气质量二级以上天数达到341天，生态绿化使石楼大地到处生机盎然，绿色优势进一步凸显，生态环境大为改观。

四、城乡一体化进程明显加快

以交通、水利为重点的基础设施建设取得突破性进展。石清黄河大桥竣工通车，山西中南铁路石楼段工程顺利推进。街巷硬化户户通工程完成519.6公里，超额完成年度计划，曹家垣提黄灌溉工程水源部分全部完工，蓄水池部分正在建设。1.2万亩的坡耕地水土流失综合治理试点工程全部完成。

以“三项整治”为统领，城乡建设纵深推进。县城建设方面，完成投资1500万元，实施了沁园春广场工程，打造出了吕梁山上最漂亮的县城广场。完成投资近9000万元，对县城三条主街道进行绿化、亮化、美化，将沁园春大道打造成了50年不落后的样板街。政府引导，市场化运作，实施了南城区集中供暖工程，基本实现了南城区集中供暖全覆盖。新农村建设方面，重点推进了岔沟、木挪等12个省级新农村，全面实施了“四化、四改”和“五个一”工程，新建了移民房210套，完成移民1000口人。同时，进一步加大以整村推进、扶贫移民和定点扶贫为重点的扶贫开发力度，增加脱贫人口5000人。

五、各项社会事业健康发展

以打造区域性教育强县为目标，大力发展教育事业。2011年石楼中学高考达线291人，达线率、升学率连续五年稳居吕梁山区九县第一；职业中学对口升学考试首批本科达线60人，升学率全市排名第一。全面强化学前教育和职业技术教育，2011年完成2所幼儿院建设任务；新建职业中学主体工程全部完工，已投入使用。

以医改为突破口，整体推进全县医疗卫生事业上水平。全面完成医药卫生体制改革。全县134个行政村卫生室全部实行基本药物“零差价”销售。石楼县人民医院顺利通过二级甲等医院评审，正一步步向区域性中心名医院目标迈进。公开招考了135名医护人员，有效缓解了全县医疗卫生系统人才短缺的状况。

以改善民生为宗旨，全面加强社会保障。积极响应省委、省政府号召，为全县低收入农户每户免费供应1吨煤，2.3万户家庭从中受益。加快推进保障性住房建设，770套廉租房全部开工建设，完成470套。75套经济适用房已经竣工，30套棚户区住房改造全部完成。全年累计发放各种救助资金2500万元，1.3万名城乡低保对象、320名优抚对象、577名五保对象、560名城乡重大疾病患者和2.1万受灾群众及时得到救助。全县8.49万人享受到新型农村合作医疗保险，5871人享受到了城镇职工医保，9017人享受到了城镇居民医保，1497人享受到了企业养老保险，600人参加了失业保险，基本构建起了城市、农村、企业三位一体，医疗保险、养老保险、最低生活保障全方位救助的社会保障体系。

以维护稳定为责任，切实加强安全生产和信访工作。严格落实安全生产政府和企业“两个主体”责任，全面进行安全隐患排查整改，召开了全县领导干部安全隐患排查汇报考评大会，全年未发生一起重特大安全事故，安全生产形势稳定好转。继续加强信访工作，开通运行了县委书记、县长公开电话办理中心，集中解决了一批重点信访案件，全年未发生一起进京集体访，信访总量同比下降12%。

六、党的建设科学化水平明显提升

一是以凝心聚力为导向，全面改善党的领导。深入推进学习型党组织建设。县委中心组带头定期学习，组织了9次专题集中学习。形成县委书记工作备忘录，以实实在在的工作来贯彻落实上级精神，充分突出了学习的实践性。圆满完成了县乡换届，各级领导班子结构更加合理，活力更加充沛。顺利完成了第九届村民委员会换届选举，134个行政村都按期选出了群众满意认可的“两委”班子，到目前没有引发出一起信访问题。

二是以下乡住村为手段，扎实推进基层组织建设。开展了干部下乡住村“6+3”活动。共有29个市直单位、89个县直单位与全县105个村结对帮扶，全县3853名干部下乡住村，帮助制定发展规划103个，争取新上项目64个，为农民增收、农业增效、农村富裕注入了强劲动力。优秀共产党员梁宝同志被评选为2011年感动山西十大人物之一，石楼县委、县政府召开了梁宝模范事迹报告会，吕梁市委、市政府号召全市党员干部向他学习。

三是以“三项整顿”为重点，深入开展“作风建设年”活动。大力开展了以整顿工作纪律、工作作风、考核秩序为主要内容的“三项整顿”活动，县纪检委、组织部严格按照“五个不准”要求，采取明查暗访、突击检查、跟踪督查等手段，建立干部作风台帐，加强作风纪律考核。严格实行“一警告、二诫勉、三免职”的处理办法，对2名党员干部分别给予了行政记过和行政警告处理。全县党员干部纪律作风明显好转，机关工作环境进一步优化。

四是以惩治与预防腐败体系建设为重点，深入推进党风廉政建设和反腐败斗争。组织开展纪念中国共产党成立90周年反腐倡廉知识竞赛和《廉政准则》专题学习活动，始终筑牢拒腐防变的思想道德防线。进一步加大专项治理和政风行风建设力度，深入开展工程建筑、医疗卫生和食品安全、三农资金、社会保障等重点领域的专项治理，共排查违规问题10个，提出整改建议10条，收缴罚没款32万余元，立查违纪案件22件，处分23人，其中科级干部2人，以反腐倡廉建设的实际成果赢得了人民群众的支持和信任。

附：一、中共石楼县委书记、副书记、常委名单

书　记： 李少杰

副书记： 武跃飞（6月离职）　刘应刚（6月任职）
李子荣（6月离职）　田文军（6月任职）

常　委： 乔　云（2月离职）　田文军　潘晓明
闫玉萍（女，6月离职）　张建峰（6月任职）
郑世光　范发宾（2月任职）
刘　云（6月任职）　纪根有

二、乡镇党委书记、副书记名单

灵泉镇

书　记： 解利新

副书记： 宁　煦　高巩燕

小蒜镇

书　记： 史建平

副书记： 王　鹏　郭瑞平

义牒镇

书　记： 郑守祥

副书记： 王立国　张　云

罗村镇

书　记： 郭登文

副书记： 王小平　李小平

龙交乡

书　记： 王延平

副书记： 袁红青　赵晋民

裴沟乡

书　记： 马晋军

副书记： 解利国　冯三应

曹家垣乡

书　记： 张元永

副书记： 贺雨生　吴锋平

和合乡

书　记： 温建宏

副书记： 闫瑞平　辛文平

前山乡

书　记： 王福平

副书记： 田建军　郭登亮

中共岚县县委工作概况

县委书记　阎刚平

2011年，岚县县委以科学发展为主题，以转型跨越发展为主线，以建设富裕、文明、宜居“三新”岚县为目标，科学制定、认真实施“十二五”规划，全力推进大项目、大生态、大教育、大民生、大环境“五大建设”，全面实施“五个一工程”，不断加强和创新社会管理，全县经济社会各项工作取得了较好的成绩。全年地区生产总值完成12.8亿元，比2009年增长31%；财政总收入完成3.76亿元，比2009年增长158%；城乡居民收入分别达到11958元、2822元，比2009年分别增长28.4%、62.1%。

一、全力推进“五大建设”，转型跨越发展的基础进一步夯实

实施大项目建设，为县域经济增强了引擎动力。把大项目建设作为岚县转型发展、追赶跨越的动力引擎，紧紧抓住总投资205.5亿元的26个重点项目，建立健全了政府投资项目管理办法、招商引资项目管理实施细则、资源型企业实施“五个一”工程的意见、新型工业项目资源配置办法、项目推进联席会议制等相关制度，以制度规范项目、促进项目协调推进。金隅日产2500吨干法水泥、正利150万吨煤矿等项目建成，太钢袁家村铁矿采选项目取得实质性进展。在全市重点项目考核中，岚县连续两年位居前列，摘掉了多年的后进帽子。

实施大生态建设，绿色宜居新岚县面貌初现。以建设省级林业生态县为目标，把大生态建设作为岚县经济社会可持续发展的路径。在2010年完成植树造林7万亩的基础上，全面铺开了通道绿化、省道两侧荒山绿化、经济林覆盖、环村、环企、环校等九大造林绿化工程，共完成投资1.24亿元，绿化8.6万亩，全县森林覆盖率增加了3%，被省政府评为“全省造林绿化先进单位”。

实施大教育建设，为县域科学发展提供智力支撑。不断强化大教育建设的基础功能，中小学校舍安全改造工程全面完成，总投资2.95亿元的30轨制岚县高级中学新校区一期工程主体完工，教育的基础条件进一步改善。组建了民觉教育基金会，打造了全社会支持教育的新平台。充分发掘岚县特色文化元素，深入开展文明创建工作，中央电视台制作的

《岚之风》即将与全国观众见面。

实施大民生建设，全县人民的生存质量整体提高。全面推动大民生建设，着力提高城乡居民共建共享水平。村通水泥路、校舍安全改造、农村安全饮水、村通广播电视、农村卫生体系实现了全覆盖。新"五个全覆盖"中，农村街巷硬化、便民连锁商店、文化体育场所建设全部完成年度任务，中等职业教育免费全覆盖提前完成。基层医疗卫生体制综合改革工作全面完成。县人民医院、中医院顺利通过二甲验收。投资2亿元新的岚县人民医院（皖煤）开工建设。全力实施农民收入倍增计划，推动"一县一业、一村一品"发展，马铃薯种植面积扩大到20万亩，油松育苗面积超过3万亩，两大主导产业在农民增收中的贡献率超过了40%。

实施大环境建设，全县发展环境不断优化。太佳高速公路建成通车，太兴铁路进展顺利，区位劣势逐步扭转。天然气已在县城部分区域投入使用，热电联产集中供热达到40万平方米。大力整治环境卫生、街道装饰、交通秩序，多渠道投入资金11.3亿元，城乡公共设施同步改善，瓶颈制约大为缓解。开展了违法违规用地、违法违规建设和违法违规经营整治行动，成功创建省级卫生县城，被表彰命名为"'十二五'首批生态人文宜居县"、"2011年中国管理创新示范城市"、"省级卫生县城十佳县"、"全省城乡清洁工程先进县"。

二、创新体制机制，全面加快综改试验区建设

以"五个一工程"为平台，着力构建转型跨越发展的新机制。继续深化一矿一企"拉长一条产业链，绿化一山一沟，兴办一事一业，帮扶一个新农村，建立一个安全保障网"的"五个一工程"。修订完善了《资源型企业"五个一"工程实施意见》，全面推进资源型企业"一揽子"项目计划，加大招商引资力度，铺开了1000亿元的招商投资摊子。

创新社会稳定工作机制，全力做好群众工作。坚持着眼全局抓信访，通过接待群众来访、领导包案下访、干部包村进户约访、电话短信快速反馈"四管齐下"，畅通民意表达，保障群众的合法权益。认真落实了信访工作"一岗双责"领导责任制，建立健全信访工作联席会议制度、矛盾纠纷排查化解制度等5个大类、17项制度。实行信访工作联席会议制度，对涉纪、涉法、民生信访案件分别由县纪委、县政法委和县政府相关部门牵头，分类处理，成立了三类案件的三个督查组，定期对信访案件办理情况进行督促检查和反馈通报，化解积案79件。首创信访案件受理"三方告知"制度，对受理登记的信访案件，信访部门以书面形式通知包案县级领导、责任单位，并书面告知信访当事人该案件的包案县级领导、责任单位领导的联系方式、结案的时间，减少交办、转办环节，这种办理信访案件的机制，得到了市委领导的充分肯定。认真办理县委书记县长公开电话，实行反馈单百分之百审核，对办理效率低和办理质量差的责任单位进行跟踪问效，促进了案件化解。

三、全面加强党的建设，不断强化转型跨越发展的组织保障

一是着力加强思想政治建设。县委狠抓学习型党组织建设，坚持三级书记带头讲党课，三级党校开党课，全体党员上党课。省委《前进》今年第三期交流了岚县学习型组织建设的经验。坚持办好"岚州大讲坛"，邀请知名学者来岚传经送宝。各级干部结合自身职责、学习外地经验登台讲学。坚持以考促学，对全县科级干部、后备干部进行了两次理论知识闭卷考试，推动了全县干部理论大学习、能力大提升。

二是着力加强组织建设和干部队伍建设。进一步完善了五大建设领导组，分别负责五大建设的协调调度和重点项目推进，责、权、利有机统一，形成了精诚团结、合力攻坚的良好局面。率先在全市圆满完成了村级组织换届选举工作，不断创新、全面深化农村党员十星级管理，全面推行"四议两公开"工作法，切实加强农村党组织阵地建设，不断增强基层组织的生机活力。

三是着力转变干部作风。认真落实省委袁纯清书记"一封信"精神，领导干部带头开展了包村促增收活动。集中开展了为期三个月的干部"下基层、变作风、抓落实"大行动，全县所有县直机关包联一个农村，全县3500名机关干部与3500个贫困户结成了三年一期"一帮一"真"亲戚"。各级干部按照袁纯清书记致全省干部公开信精神，扎实开展"六个一活动"，积极帮助了解群众困难，帮助村组理清发展思路，制定产业发展规划，加快产业建设和新农村建设，实现农民收入倍增目标。

四是着力加强反腐倡廉建设。认真落实党风廉政建设责任制和"一岗双责"责任制，在全县形成了县委领导，纪委组织协调，各乡镇、各系统党委具体负责，各单位共同落实的目标责任体系。坚持"纠建并举，标本兼治"的原则，突出重点，加大力度，着力加强纠风治乱和执法监察工作。突出抓好行政执法、打黑除恶、公路"三乱"、婚丧事大操大办、行政效能、禁酒令执行情况等专项整治，继续深入开展煤焦领域和工程建设领域反腐败专项行动。

附：一、中共岚县县委书记、副书记、常委名单

书　记： 阎刚平

副书记： 郭长风（5月离职）　油晓峰（5月任职）
成志斌（6月离职）　王震南（挂职，1月离职）
程芝生（6月任职）

常　委： 程芝生　牛元生（6月离职）　李宝莲（女）
程　堂（6月任职）　张海文（6月任职）
李清玉　张新春　杨中宁（6月任职）

二、乡镇党委书记、副书记名单

东村镇

书　记： 刘瑞锋

副书记： 牛泉深　李永录

社科乡
书　记：王志平
副书记：尹元生　李建军
普明镇
书　记：梁瑞连(女)
副书记：王春旺　刘和平
岚城镇
书　记：陈文礼
副书记：郭建民　王志刚
梁家庄乡
书　记：任海燕
副书记：周爱军　杨会生
顺会乡
书　记：李中玉
副书记：杨秋旺　李志臻
上明乡
书　记：樊朝生
副书记：丁永堂　兰海龙
河口乡
书　记：程智芳(女)
副书记：温四生　梁杰珍
界河口镇
书　记：杨亮明
副书记：牛俊生　程富春
王狮乡
书　记：梁俊山
副书记：刘建军　梁贵生
土峪乡
书　记：刘珍和
副书记：闫　冬　姐亮平
大蛇头乡
书　记：郭俊生
副书记：梁建光　张国庆
城管委
书　记：程秀全
副书记：李智杰

中共兴县县委工作概况

县委书记　郭　颖

2011年，兴县以科学发展观为指导，以转型发展为主线，以跨越发展为目标，继续坚持“五五兴县战略”，有力地促进了全县经济社会又好又快发展。全年实现地区生产总值51亿元，增长16%；工业增加值45亿元，增长32%；社会消费品零售总额5亿元，增长32%；固定资产投资30亿元，增长24%；财政收入17.18亿元，增长160%；一般预算收入4.97亿元，增长175%。城镇居民可支配收入12338元，增长12%；农民人均纯收入2455元，增长19.8%。

积极推进项目建设，着力培育现代产业体系。全县列入省市2011年度重点工程项目共17个(省重点项目1个)，总投资172亿元。其中：煤炭提升项目6个(山西西山晋兴能源有限公司兴县斜沟井田年产1500万吨矿井配套选煤厂项目、山西锦兴能源有限公司兴县肖家洼年产1000万吨煤矿及配套选煤厂项目、兴县关家崖煤业年产120万吨煤矿改扩建及配套选煤厂项目、兴县车家庄煤业年产90万吨煤矿改扩建及配套选煤厂项目、兴县峁底煤业年产90万吨煤矿改扩建及配套选煤厂项目、兴县金地煤业年产90万吨煤矿改扩建及配套选煤厂项目)，共投资103.6亿元；工业转型项目2个(山西华兴铝业公司兴县氧化铝项目、吕梁市金龙工贸有限公司年产60万吨水泥生产线项目)，共投资57亿元；农业龙头项目4个(兴县黄河农业综合开发有限公司小杂粮深加工扩建项目、山西清泉醋业年产3.6万吨陈醋扩建项目、兴县三星油脂有限公司植物油深加工扩建项目、兴县30万亩核桃经济林项目)，投资3.6亿元；基础设施惠民项目5个(山西兴县资源环保型循环经济综合开发示范基地水资源综合开发利用项目、兴县友兰中学项目、兴县蔚汾河河道整治工程、兴县城郊绿化建设项目、兴县康宁220KV输变电工程)，投资7.8亿元。截至12月底，立项办结15个，国家能源局同意开展前期工作2个，办结率88%；土地办结11个，办结率65%；环评办结12个，办结率71%；开工建设17个，开工率100%；累计完成投资104亿元，完成率61%。

全力抓好城乡建设，不断提高城市管理水平。一是完成了县城新区河北片修建性详细规划及连城大道控制性详细规划的方案评审工作；基本完成了连城大道综合管沟工程，路面工程完成基层，大部分路段完成铺油。二是完成了县城旧区控制性详细规划的编制工作；新建高标准水冲式公厕7座；县城垃圾处理工程重新选址并完成项目可研；完成了县城集中供热、供气一期工程；启动了县城旧区环卫专项规划的编制工作。三是制定出台了《兴县城市建筑色彩暂行管理办法》、《兴县城市建筑物主体暂行管理办法》、《兴县城市商业门店装修改造暂行管理办法》、《兴县城区垃圾收集和清运管理办法》、《城乡环境卫生工作管理办法》等一系列规章制度，组建了城市管理综合执法大队（执法局）和环卫管理中心（环卫局），提升了爱委办的规格，进一步理顺了城市管理的工作机制。

努力稳定粮食生产，农业工作有了新气象。一方面，努力稳定粮食生产，全县农作物播种面积达到118万亩，粮油总产实现1.05亿公斤；另一方面，积极发展畜牧产业，全面落实免疫制度，重大动物疫病免疫密度均达到100%，全年实现肉类总产7613吨，禽蛋总产6410吨，奶类总产412吨，绒毛总产389吨，牧业产值达到1.164亿元。

全面展开造林、护林工程，林业工作有了新进展。完成天然林保护工程1.1万亩；完成退耕还林及巩固退耕还林成果工程1.4万亩；完成三北防护林工程1.8万亩；完成核桃经济林栽植6.17万亩；完成晋绥森林公园一期工程绿化3800亩；通道绿化工程在全面补植的基础上，两旁植树由5排改为10排，对道路两旁可绿化的零星地块全部进行了绿化，共栽植胸径5厘米以上的杨树、柳树及苗高2米以上的油松、侧柏12万余株；实现城市增绿120亩；完成新造林抚育管护6.5万亩。与此同时，全面完成了集体林权制度改革任务。

全面铺开重点工程，水利工作上了新台阶。一是完成农村人畜饮水安全工程41处，为存在饮水困难的26个自然村的8031口人、192头大畜和15所学校的2041人解决了安全饮水问题。二是建成小型淤地坝3座，完成小型蓄水保土工程126座，水保治理面积达到5760公顷。三是全面完成了天古崖水库除险加固项目的最后堡垒——溢洪道改建拓宽工程，为西川工业园区的生产、生活用水和防洪提供了坚强有力的保障。四是完成了沿黄提灌张任碧泵站建设的主体工程，预计可增加灌溉面积6900亩。五是启动了蔚汾河清淤蓄水工程。项目总投资1.08亿元，预计2012年国庆节前基本完工。

扶贫工作方面。整村推进项目涉及6个村，总投资647.8万元。共发展特色水产养殖2户，新建规模养殖场1处，发展加工企业1户，新建核桃经济林1500亩，种植中药材300亩，修筑淤地坝1座，新修田间道路1.5公里，新修油路及配套设施3公里。扶贫移民工作完成了蔚汾镇后发达移民新村项目主体工程及基础设施建设工程，完成了蔚汾镇原家坪村移民新村主体工程量的83%。片区扶贫开发工作，在贺家会乡和孟家坪乡新建核桃园17000亩，改造老核桃园3000亩。

着力加强基础教育，想方设法提高教育质量。努力加强教育基础建设，举全县之力建成友兰中学并投入使用；进一步充实师资力量，外聘高中优秀教师53名，招聘特岗教师128名；制定出台了《中小学常规教学管理细则》，规范了教学过程的主要环节；拓宽教学交流与合作渠道，建起了三个专门用于教学交流研讨的教研室群、飞信平台群、电教馆群，使90%的教师实现了网上交流研讨；成立了小学、初中学科网络中心教研组9个，初步形成了资源共享的网络教研工作格局。

切实改善交通条件，积极构建“大交通”框架。完成了涉及223个行政村的街巷硬化“全覆盖”工程1076公里；完成了花固线(13km)的路基工程，完成了罗赵线(21km)和县城—圪洞公路(10.8km)的工可和前期设计等相关工作。同时，成立专门的协调服务机构，积极配合并全力支持西纵高速、太兴铁路、中南部铁路等重点项目建设。

全力创优发展环境，不断提高承载力和吸引力。一是全力抓好“三项整治”。使环境卫生方面、街道装饰方面、交通秩序方面都得到明显改善。二是全力推进环保攻坚。对城区110座营业性燃煤炉灶实施了强制取缔，改用柴油、液化石油气、电等清洁能源，对12座机关、企事业单位燃煤茶炉进行了改造。全年城区二级以上天数达到340天。三是全力创优投资环境。四是全面加强安全监管，层层落实安全监管责任，保障了全年无重特大事故发生。

高度重视改善民生，确保发展成果惠及人民。一是根据省委、省政府的安排，全面启动了新“五个全覆盖”工程，并按要求完成了年度工作任务。二是全力以赴抓好各项惠民政策的落实，确保人民群众得到实惠。全年共落实农机补贴100台(次)；落实玉米补贴21.4万亩、杂粮86.8万亩，发放补贴资金3925万元，全部通过乡(镇)财政所以“一折通”的方式发放到广大农民手中。免费为农村低收入农户供煤5.87万吨，还计划购置1.26万吨，确保低收入农户温暖过冬。为1008户低保户发放廉租住房补贴133万元。与此同时，建成廉租住房140套，完成棚户区改造36套、3000平方米。三是全部兑现了年初承诺为群众办的十件实事。(1)解决“看病难、看病贵”的问题。(2)建成友兰中学并投入使用。(3)完成城区燃气供热一期工程。(4)全面改造晋绥路。(5)推广数字电视，实现城区数字电视全覆盖。(6)栽植核桃经济林5万亩。(7)完成晋绥森林公园一期工程建设任务。(8)开工建设蔚汾河清淤蓄水工程。(9)全面启动农村养老保险。(10)创建省级卫生县城，年内申报并已通过省爱卫办组织的验收。

附：一、中共兴县县委书记、副书记、常委名单

书　记：郭　颖

副书记：梁志锋　王恩泽(6月任职)

常　委：郝继平　程晓春(2月任职)
白连厚(6月任职)　成　林
杜侯平(6月任职)　崔雷廷
任杰平(6月离职)　李玉林(2月离职)
白鹏昊(6月离职)　雷跃锋(6月离职)

二、乡镇党委书记、副书记名单

交楼申乡

书　记：孙小健

副书记：范兴森　关继忠(4月离职)
　　　　刘　利(4月任职)

恶虎滩乡

书　记：宋兴丽(女)
副书记：刘欣渭　白乃兵(4月离职)
　　　　薛探平(4月任职)

奥家湾乡

书　记：刘四迎
副书记：尹新明　刘小明(4月离职)
　　　　王志辉(4月任职)

蔚汾镇

书　记：刘保平
副书记：王和平　王建平(4月离职)
　　　　张全胜(4月任职)

蔡家崖乡

书　记：张建兵
副书记：梁云云　张伟中(4月离职)
　　　　孙建和(4月离职)　张贵生(4月任职)

高家村镇

书　记：王憨迎
副书记：刘东海　白挨旺(4月离职)
　　　　原科伟(4月离职)　陈小龙(4月任职)

瓦塘镇

书　记：白旭平
副书记：王彬彬　康连平(4月离职)
　　　　白瑞春(4月任职)

魏家滩镇

书　记：白宝明
副书记：白小荣　贾拖珍(4月离职)
　　　　康志勇(4月任职)

康宁镇

书　记：苏乃林
副书记：马喜荣　牛永生(4月离职)
　　　　温永明(4月离职)　吕　军(4月任职)

固贤乡

书　记：李　茂
副书记：贾晋文　王卫信(4月离职)
　　　　王志宏(4月离职)　张继伟(4月任职)

东会乡

书　记：张　欣
副书记：马新勇　高建明(4月离职)
　　　　白晋毓(4月任职)

孟家坪乡

书　记：白卫利
副书记：史怀勇　高　勇(4月离职)
　　　　白永军(4月任职)

赵家坪乡

书　记：白宇峰
副书记：乔文华　王瑞峰(4月离职)
　　　　孙国斌(4月离职)　张商信(4月任职)

贺家会乡

书　记：李迎斌
副书记：康瑞斌　吕富平(4月离职)
　　　　王会文(4月离职)　孙俊生(4月任职)

罗峪口镇

书　记：贺相平
副书记：康建华　贾建兵(4月任职)

蔡家会镇

书　记：王亚荣
副书记：赵　瑞　张　敏(4月任职)

圪垯上乡

书　记：刘来迎
副书记：赵雪峰　胡永军(4月离职)
　　　　高　山(4月离职)　袁晋荣(4月任职)

中共晋中市委工作概况

市委书记　张　璞

晋中市共有基层党组织9180个，其中党委333个、总支592个、支部8255个。共有党员206525名。

2011年，市委在新的坐标系中定位晋中发展大局，提出了建设全省“四化”率先发展区的发展思路，并将这一思路转化为推进转型跨越发展的生动实践，全市经济、政治、文化、社会建设和党的建设取得新成效，实现了“十二五”的良好开局。

一、明确思路目标，凝聚“四化”率先发展强大合力

始终把解放思想作为破解难题、推动工作的“金钥匙”，带动引领全市干部群众不断解放思想，增强领导科学发展的能力和水平。4月初，市委、市政府作出《关于加快建设全省“四化”率先发展区的决定》。8月底，市第三次党代表大会作出了今后五年转型跨越发展，再造一个新晋中的战略部署，提出要按照转型发展先行区、晋商文化复兴地、现代宜居生态市的发展定位，抓住综改区建设和太原晋中同城化的发展

机遇，努力建设全省“四化”率先发展区的总体目标。总体要求是“速度快、效果好、特色浓、人民富”，战略主线是转型跨越发展、再造一个新晋中，中心任务是“四化”建设，具体目标是建设新型化工业强市、现代化农业大市、城镇化新市、文化旅游名市和现代宜居生态市。为确保这一思路目标体系落到实处，市委组织全市党政干部到太原、吕梁学习考察，对标先进，寻找差距。及时宣传、持续讨论袁纯清书记“投资晋中就是投资太原”的论述，使“投资晋中就是投资太原”成为对外开放和招商引资最具吸引力的“广告词”。在年终冲刺与谋划2012年工作的关键时刻，不失时机展开以“进一步解放思想、抢抓发展机遇、加快转型跨越、建设全省‘四化’率先发展区”为主题的解放思想大讨论活动。全市干部群众进一步强化了抓机遇促转型谋发展的意识，打破了保守落后的陈旧理念，加快了转型跨越发展步伐。

二、坚持“四化”引领，实现经济又好又快发展

一是工业新型化。传统产业改造提升迈出坚实步伐。煤炭资源整合和煤矿兼并重组圆满完成，煤炭产业现代化水平进一步提高，煤矿机械化、信息化“两化”融合工程全面启动，煤矿企业装备水平、安全生产水平和管理水平明显提升。坚持有“焦”必“化”，漾泉蓝焰公司煤层气、三维白乳胶项目等建成投产，一大批化工项目建设进展顺利，中煤寿阳煤化工项目被列为全省三大产业转型项目之一。新兴产业不断发展壮大。以液压、纺机、汽车为主的装备制造业项目投资占到工业项目总投资的18%。现代物流业形成规模，三晋综合保税物流港进展顺利，物流业占GDP比重达到13%。新能源产业优势初显，实施煤焦余热、瓦斯、风力、太阳能、秸秆发电重大项目12个，总投资174亿元。新材料产业亮点频现，安泰H型钢、恒达高碳铬铁、博创纳米氧化锌项目建成投产，灵石东方希望铝工业循环园、介休广源10万吨铬铁、万邦30万吨镍铬合金、平遥煤化新型光学材料、中科鸿基生物科技产业园、三佳有机硅产业科技园、志尧6万吨超高功率石墨电极等项目开工建设。二是农业现代化。加大强农惠农富农投入，财政支出同比增长8.15%；发放涉农贷款余额377.6亿元，同比增加107.6亿元。全面实施“一村一品、一县一业”。榆次蔬菜、寿阳蔬菜、祁县酥梨、太谷生猪、平遥蛋鸡、和顺肉牛等6个种养殖特色产业基地县建设，30个专业乡镇和323个专业村建设顺利推进。粮食、蔬菜、肉蛋奶、水果产量增幅明显，粮食总产和单产创历史记录，农业总产值同比增长6%。现代农业示范区建设扎实推进。新实施项目30个，完成投资10亿元，区内农业科技贡献率达到55%，农业机械综合化水平达到70.2%，高出全市平均水平7个和5个百分点。全市农产品加工、流通企业总数达到345个，销售收入同比增长23%，转化农产品40亿公斤，带动52万农户增收7.5亿元。农民专业合作社累计达到5867个，入社农户11.7万户，在全省率先实现行政村全覆盖，有75%实现“六有”标准。全面推广“农民增收明白卡”，发挥了助农增收的作用。三是市域城镇化。积极推动太原晋中同城化步伐。坚持主动融入，错位发展，参与了《太原都市区规划》，修编了《晋中市城区总体规划》；实施了以北部新城、山西高校新校区、现代物流园区、山西新能源汽车·装备机械制造园区“一城三区”为重点的同城化项目；龙湖大桥开通、汇通路改造，加速了城际路网对接。银行业实现同城结算。市城区市政重点工程实施项目54个，完成投资61.6亿元，投资规模超过“十一五”总和。各县铺开市政工程139项，县城功能明显增强。全市污水处理率、垃圾无害化处理率、集中供热普及率、燃气普及率分别达到92%、37%、82%、82%，分别提高2个、14.5个、5个、5个百分点。率先实施新建建筑65%建筑节能标准，以100%的执行率，走在全省前列。实施“百镇建设工程”，继续推进新农村建设，新发展重点推进村228个，初步打造集中连片示范区20个，建设中心村30个。山西大水网建设的标志性工程——东山调水工程率先上马。石膏山水库、恋思水库建设加快推进，松塔水电站、泽城西安（二期）水电站基本建成。汾邢高速平榆段、和榆段，阳黎高速阳左段项目全速推进。龙城高速主线具备通车条件。新增公路通车里程238.9公里，完成农村公路路网（路面）改造里程376.4公里，村通班车率升至98.1%。电网建设取得新进展，新增35千伏及以上线路398.25公里，变电容量968兆伏安。四是城乡生态化。严格实行节能减排目标责任制，万元GDP能耗下降3.5%；二氧化硫、化学需氧量、氨氮、氮氧化物、烟尘、工业粉尘削减量，提前完成全年目标任务。潇河、清漳河东源、汾河等流域治理和生态修复项目全面铺开，建立起覆盖流域和行政区域的取水许可控制指标体系。持续开展生态环境综合整治，造林30.99万亩，植树820万株，林木绿化率增加1.2个百分点，新增绿化面积256.64万平方米，人均公园绿地新增1.05平方米，超额完成省下达任务。11个县（区、市）全部获得省级卫生县城称号。

“四化”建设的顺利推进，引领经济发展迈上新台阶。全市生产总值完成890.2亿元，同比增长13.1%；规模以上工业增加值431.8亿元，增长20.3%；固定资产投资580.2亿元，增长30.2%；社会消费品零售总额325.4亿元，增长17.2%；外贸进出口总额2.33亿美元，增长2.1%；财政总收入178.1亿元，增长21.1%，一般预算收入78亿元，增长20.5%；城镇居民人均可支配收入18918.6元，增长15.5%；农民人均纯收入6912.5元，增长19%。

三、加强和创新社会管理，着力保障和改善民生

农村新“五个全覆盖”基本实现“两年任务一年完”。农村街巷硬化、农村便民连锁商店、农村体育活动场所、村级文化活动场所、新型农村社会养老保险提前一年实现全覆盖。农家书屋、中等职业教育免学费全覆盖完成省定任务。就业和社会保障得到加强。城镇新增就业4.14万人，转移农村劳动力6.25万人，城镇登记失业率2%。全市中小企业吸纳就业人员36.67万人，新增3.9万人，提供工资性收入55.98亿元，增长14%。城乡养老保险提前一年在全省率先实现全覆盖，五项社会保险扩面指标提前完成全年任务。城乡低保实

现按标施保、应保尽保。保障性住房建设，省下达1.87万套任务，我市自定任务2.87万套，开工33138套，开工率115.46%，完成投资29.51亿元。全市低收入农户百分之百享受到“爱心煤”。全年减少贫困人口1.5万人。各项社会事业全面发展。制定并实施《晋中市中长期教育改革和发展规划纲要（2011—2020年）》，学校标准化建设扎实推进，义务教育均衡发展走在全国前列。全市基础教育质量和职业教育技能型人才培养位列全省前列。稳步推进医药卫生体制五项重点改革，新农合“一卡通”试点在全省率先推开，参合率达到97.86%。体育场地人均达到1.6平方米，居全省第二；竞技体育水平不断提高，我市运动员获得世界武术锦标赛冠军。安全生产工作基础进一步夯实。进一步加强监管队伍建设，全面深化专项整治和打非治违，全面开展“双万人”安全教育培训，完善安全生产网格化体系，落实责任倒查机制。全市煤矿百万吨死亡率0.1576；各类事故死亡人数375人。社会和谐稳定局面得以巩固。严格落实维稳责任制，“三位一体”大调解工作格局进一步形成。开展涉法涉诉信访积案攻坚大会战，实行领导干部公开接访和带案下访，信访秩序运行平稳、势态可控。深入开展“打黑除恶”斗争，加强社会治安综合治理，加大公共安全投入，建立健全社会治安防控体系，加快治安视频系统建设步伐，全市治安案件平稳下降。全面加强和创新社会管理。创造性地探索出以安全监管、居民自治、村民自治网格化管理和知责、履责、问责教育为内容的“三网一教育”公共管理模式，实现了“网格化”管理服务体系全覆盖。网格化管理推行以来，共有效处置各类事件、隐患4600余件。全市群体性事件同比下降94.7%，治安案件同比下降9.9%，社会管理水平显著提升，百姓满意度进一步提高。

四、全面深化改革开放，不断激发发展活力

围绕综改试验区建设，提出“108综合发展廊带”总体构想，编制出全市资源型经济转型综合配套改革试验总体行动方案。灵石县被确定为省级转型综改试点县，介休市和寿阳县被确定为市级转型综改试点县。灵石县、介休市被省政府确定为第一批扩权强县试点。扎实推进城乡建设用地增减挂钩试点、矿业存量用地整合利用和露天采矿用地等三项改革。金融创新，成功发行信托产品和企业债券，一批公司在天津股交所挂牌上市，一批企业进入上市辅导，全省首只大型私募基金落地，省政府批准我市为全省资本市场示范区。林权制度改革，产权明晰率达到99.7%，发证率达到70.2%。事业单位人事制度改革，全市3200个事业单位完成岗位设置，基层医疗卫生机构改革任务基本完成。着力打造全省发展环境最优区，召开了优化发展环境千人动员大会，大幅提升行政效能，扭转社会不良风气，特别是在政务环境优化上，出台了《投资建设项目联合审批办法》，坚持“一门受理、抄告相关、同步审批、限时办结”，审批时限由原来的320个工作日缩短为备案项目95个工作日、审批和核准项目100个工作日。开展了“破除陈规陋习、倡导文明新风”活动，社会环境明显改善。积极参加央企恳谈会，沪、浙、苏招商引资项目推介会、“中博会”、“投洽会”、“农博会”和平遥国际摄影大展等大招商大引资活动，全年共引进新项目197个，总投资3277.5亿元，其中百亿元以上项目8个，创历史最高水平。全市“十二五”项目库储备重大项目1840个，总投资1.4万亿元，其中储备2012年重点项目508项，总投资3053亿元。年初确定的542项重点工程，开工率98.1%，完成投资549.8亿元，同比增长47%，其中工业项目投资占到26.4%，同比增加6.8个百分点。

五、实施文化强市战略，推动文化大发展大繁荣

围绕建党90周年，举办系列庆祝活动，唱响主旋律。召开全市加强和改进青少年思想道德建设工作会议，大力净化社会文化环境，圆满完成第三届感动晋中十大道德模范人物评选活动，公民道德建设工作富有成效。群众性精神文明创建活动深入开展，全市6家单位、3个村通过全国文明单位验收。全市11个县（区、市）和市直17个国有文艺院团的改制任务完成，并通过省检查验收。《褒尚论道》等精品力作登上国家级文化交流舞台。晋中文化生态保护实验区、平遥古城文化产业园、祁太秧歌、左权民歌展示及精品创作、山西彩灯文化产业园等11个项目被列为省级首批文化产业重点项目。国家文化生态保护区“大晋中”文化旅游核心区重大规划正式启动。平遥“纱阁戏人”、祁县“心意拳”、介休“寒食清明习俗”等6个项目入选第三批国家级非物质文化遗产名录。推进文化与旅游深度融合，实施文化旅游项目25个，完成投资13.1亿元。《印象·平遥》大型实景演艺项目落地建设，投资6亿元的旅游直升机场项目开工建设，昔阳大寨被评为第二批全国红色旅游景区和第二批全国休闲农业示范点，国家旅游服务业标准化示范城市创建工作取得实质性进展。旅游接待人数达到1574.7万人次，实现综合收入134亿元，同比分别增长15%、17%，文化产业增加值占到GDP的5%，高于全省水平。

六、加强民主政治建设，不断增强发展合力

支持人大及其常委会依法履职，对16个专项工作进行了审议，对环保、食品安全、残疾人权益保护等开展了执法检查和调研。组织政协委员对重大问题调研视察，充分吸收推进太原晋中同城化等专题调研成果。完善同民主党派合作共事机制，协助民主党派圆满完成市级组织换届。隆重举行纪念辛亥革命100周年系列活动，引深“凝聚力工程”、“同心”品牌六大主题活动。加强和改进新形势下工商联工作，全面启动市县两级工商联换届工作。统战理论研究和宣传、港澳台海外统战和民族宗教工作取得新成绩，“晋商万里茶路”活动扎实推进，对台工作荣获全国特别贡献奖。“五五”普法被授予“全国法制宣传教育先进单位”，“六五”普法全面启动。坚持依法行政，政府行政执行力和公信力不断提高。积极推进政务、厂务、村务公开和村民自治，保障人民群众的知情权、参与权、表达权和监督权。健全警务、检务、审判督查制度和监督制约机制，推行阳光执法活动，政法工作亲和力不断增强。加强对工会、共青团和妇联等人民团体的领导，群团组

织的作用有效发挥。坚持党管武装原则，定期研究部署国防和后备力量建设，积极为驻地部队办实事，军民融合式发展、双拥共建水平进一步提高。

七、全面加强党的建设，有效提升科学化水平

进一步引深创先争优活动，全市基层党组织向社会公开承诺事项2.4万项。各职能部门和窗口单位认真开展"三亮三比三创三评"活动，在优化发展环境上起带头、作表率，涌现出一大批先进集体和优秀个人。按照建设学习型党组织的要求，加快构建各级党委（党组）中心组学习、各级党校培训、邓小平理论学院专题讲座、干部网络在线学习、干部外出学习"五位一体"模式，推进了各级领导班子和党员干部理论学习的经常化、制度化。以市委理论学习中心组、常委扩大会、市四套班子联席会等形式，经常性地开展各种形式的学习研讨交流活动，有效发挥了市委在学习型党组织建设上的示范和引领作用。以"履行岗位职责、创新工作方法"为主题，分期分批对新任职的县乡领导干部进行了大规模专题培训，广大党员干部理论水平持续提升。按照中央和省委关于集中换届的统一部署，圆满完成市县乡三级党委，11个县（区、市）人大、政府、政协，118个乡镇人大、政府领导班子集中换届任务，各县（区、市）党政班子年龄、学历、性别、结构更加合理，整体功能明显增强。48名具有基层一线工作经历的同志选拔到县（区、市）四套班子领导岗位，占到县（区、市）换届中新提拔副处级干部的81.4%；坚持以严肃的纪律匡正选人用人风气，主动加强人事酝酿过程中的保密工作，有效杜绝了跑官要官、拉票贿选、走风漏气等不良现象。县乡两级换届风气好评率达到99.8%。集中组织农村"两委"换届选举工作，农村党组织换届全部完成，村委会换届基本完成。市直机关"星级党组织"创建活动深入开展。新组建了非公经济组织党工委，全市非公有制企业党组织总数达到705个。符合条件的社会组织均建立了党组织。率先创建地企联合工委模式。创新基层党员队伍服务教育管理，新建党员服务中心、服务站（点）4024个，命名"党员教育培训示范基地"9个。将社区居住和工作的3000多名党员全部纳入网格党组织管理体系。加强大学生村干部培养和管理，选树表彰了一批典型。大力加强干部作风建设，开展了领导干部下乡住村、包村增收活动，全市4824名干部与1861个行政村结对帮扶，帮助住村解决实际问题2805项。对11个县（区、市）和开发区进行了两次重点项目和民生工程观摩检查，在一线抓落实蔚然成风。大力加强纪律作风整顿，狠刹"三种"不良风气，严查大办婚丧嫁娶歪风，查处了一批酒后驾车、参与赌博、大操大办、工作时间纪律涣散的党员干部，进一步整肃了干部风气。清理规范庆典、研讨会，开展了党政机关公务用车专项治理。

八、完善惩防体系，进一步加强党风廉政建设和反腐败斗争

围绕中央扩大内需政策落实和省委转型跨越发展战略实施，先后组织了12个联合督查组对全市611个扩大内需项目和省市重点工程进行了4轮督查，保证了中央和省、市重大决策部署真正落到实处。围绕《廉政准则》的贯彻落实，作出向李天福同志学习的决定，创作、印发、制作警示教育资料，用身边事教育身边人。围绕优化发展环境，加强行政效能监察、执法监察和政风行风建设。严肃查处行政不作为、乱作为等损害发展环境行为。全市8326个部门行业和基层单位，全部纳入政风行风评议范围，实现了评议对象全覆盖，全国民主评议基层站所工作座谈会在晋中召开。对祁县东观108国道和208国道交汇路段的集中整治行动取得显著成效。集中查处了一批群众反映强烈、社会影响较大的典型案件，被中纪委确定为推行《案管条例（试行）》12个试点市之一，"一个意见、五项制度"的做法得到肯定。围绕维护和保障民生，组织开展了"带案下访"大会战，154件重点信访案件和事项全部办结，维护了农村社会稳定。加强和创新食品安全监管工作，创出了"分责全落实、知责全覆盖、履责全方位、问责全过程、定责全公开"的"五责管理"晋中模式。

（李学文　王秀峰）

附：中共晋中市委书记、副书记、常委名单

书　记：李永宏（3月离职）　张　璞（3月任职）

副书记：张　璞（3月离职）　吴清海（3月任职）
张春生（8月离职）　刘润民（1月任职）
程锡景（8月任职）

常　委：程锡景　郭忠实（6月离职）
宋瑞珍（女，8月离职）　王　琦
郭光明（8月离职）　李苏平
刘志宏　畅志仁　丁文禄（6月任职）
郭雄飞　黄耀春（女，8月任职）
孙光堂（8月任职）　王建忠（8月任职）

中共榆次区委工作概况

区委书记　孙光堂

2011年，榆次区共有党委59个、工委12个、党总支77个，党支部975个。共有党员27954名。

2011年，区委始终把经济建设作为第一要务，始终把"工业强区"作为第一战略，始终把"强区升位"作为第一目标，把方向、抓大事、创大业、促发展，主要经济指标保持两位数高增长，均高于省、市平均水平，全年GDP完成176

亿元,增长 12.9%;财政收入完成 18.1 亿元,增长 34.1%;工业增加值完成 59.4 亿元,增长 22.2%;固定资产投资总额完成 88.2 亿元,增长 41.1%;社会消费品零售总额完成 103 亿元,增长 17.4%;城乡居民收入分别达到 20194.7 元和 9140 元,增长 16%和 19.4%,实现了"十二五"良好开局。

一、咬定目标不松劲,"五区"建设稳步推进

加速建设新型工业集聚区,充分发挥"五大百亿产业集群"的集聚效应,经纬、榆液、万邦等国字号旗舰企业渐成雏形,全区工业经济集群发展步伐明显加快。加速建设都市农业示范区,以"一村一品、一乡一业"为重点,以生态庄园经济为抓手,加速转变农业发展方式,德御、泽榆等加工龙头发展壮大,被省委、省政府表彰为"农机化生产"、"农产品'513'工程"和"增加农民收入"先进区。加速建设文化旅游名胜区,深入挖掘具有榆次特色的文化旅游品牌,成功举办第八届榆次文化旅游节,魅力庄园绽放魏榆。加速建设现代物流核心区,依托太铁物流中心,积极推进省粮食物流中心等物流项目,全面启动"农超对接"工程,城乡流通体系日益完善。加速建设绿色生态宜居区,重点打造 10 个样板中心村,有序推进城中村改造,全面启动城区北部山地综合整治生态景观绿化工程,城乡环境有效改善。

二、勇往直前挑重担,重点工程顺利实施

面对省、市、区重点工程密集落地,拆迁任务时间紧、涉及广、压力大的现状,不断强化市区一体化理念,牢固树立市区"一家人"意识,各级领导干部积极配合求主动,下大力气解难题,始终把群众利益放在首位。截至年底,征地近 1.8 万亩,是过去 5 年的 1.9 倍;拆迁 1425 户,拆迁面积 23.5 万平米,是过去 5 年的 2.1 倍。特别是在山西高校园区、吉利汽车、太重榆液等重大项目落地上,全区干部夜以继日、攻坚克难,圆满完成了市委、市政府交付的任务,充分展示了我区干部敢打硬仗、能打胜仗的榆次团队精神。

三、大干快上抓项目,发展后劲加速集聚

始终将项目建设作为推动经济快速发展的源动力,紧紧围绕"五大百亿产业集群"建设,充分发挥工业园区主战场作用,积极谋划项目、布局项目、招引项目,新签约项目 18 项,总投资突破 309.4 亿元,完成年度目标的 163%。始终牢固树立"抓项目就是抓发展"的理念,年初确定的五大类 56 项重点工程全部开工,全年完成投资 74.6 亿元,超额完成计划任务。万邦 30 万吨镍铬合金、经纬纺机调产项目、太重榆液工业基地、吉利汽车、百成汽车、福源昌醋博园等一批投资巨大、牵动全局的"龙头项目"相继开工建设。全区储备项目达到 140 项,总投资突破 1500 亿元,将成为拉动经济快速增长的强力引擎。

四、大胆探索闯新路,庄园经济影响深远

积极探索以城带乡、以工哺农、城乡互融互动的创新之路,大力发展生态庄园经济,总数达到 129 处,利用各类土地 11.5 万亩,吸引资本 14.3 亿元,当年完成投资 4.9 亿元,发展生态林 3 万亩、经济林 1.9 万亩,雇佣劳动力 4700 余人,接待游客 32 万人次,实现综合收入 1.76 亿元,经济、社会、生态等多重效益充分显现。先后在榆次、北京召开两次生态庄园经济大型研讨会,形成了具有里程碑意义的《生态庄园经济宣言》,引起清华、天大等著名学府高度关注,人民网、新闻网等主流媒体强势宣传,生态庄园经济品牌在全国叫响,对建设都市农业示范区和省城太原"后花园"产生了深远影响和重要意义。

五、着眼长远建队伍,全区上下干劲十足

始终将队伍建设摆在重要位置,着眼长远谋划党员干部和各类人才队伍建设,制定出台了《榆次区 2011—2020 年人才发展规划》和《榆次区人才强区战略实施办法》,评选、命名和表彰了我区第一届区委联系高级专家,在京成功举办第二届中青年干部培训班。借助区乡两级换届契机,不断优化干部队伍结构,对乡镇领导班子和部分区直部门领导班子进行了调整,共涉及干部 214 人,提拔 67 人,其中正科 41 人、副科 26 人,平职交流 85 人。为每个乡镇配备了一名 30 岁以下的年轻干部和至少一名妇女干部,从大学生村干部中公开选拔了一名乡镇副职,全区上下呈现出心正气顺、昂扬向上、齐谋发展的良好态势。牢固树立"企业是我们的衣食父母,企业家是我们的有功之臣"的理念,出台了《加强企业家队伍建设的实施意见》,通过提素质、给待遇、重奖励、压担子,充分激发企业家扩张欲望和创业热情,呈现出聚力攻坚的良好态势。

六、"两整两创"打基础,发展环境更加优化

大力开展以"整顿后进支部、整治城乡卫生、创新社会管理、创优发展环境"为主要内容的"两整两创"攻坚行动。近千名干部下乡住村,因地制宜制定产业规划,分类实施转化后进支部,总结经验提升红旗支部,有力加强了基层政权建设。积极推进城乡环境卫生规范化管理、动态化监督、社会化运作,健全完善了一整套卫生整治长效机制。建设完成全市首家社会管理网格化服务平台,深入开展"三网一教育"活动,不断延伸网格化管理触角,社会管理网格化"榆次模式"在全市推广。引深开展了"三亮三比三评"、"向武警晋中支队学习"等活动,增强了广大党员干部的责任意识、服务意识、宗旨意识,进一步优化了发展环境,营造了干事创业、共谋发展的浓厚氛围。

七、数措并举解难题,信访形势明显好转

针对拆迁任务重、遗留问题多的现状,坚持以群众工作统揽信访工作,把群众呼声作为工作第一信号,把群众满意作为工作第一标准,大力推进信访工作制度化、规范化建设。充分发挥领导干部带头示范作用,不断深化党政领导干部下访约访、定点定期接访制度,积极引导各级领导干部深入基层、走进矛盾,形成了党政主导、各方参与、协同联动的信访工作格局,有效解决了一批突出矛盾,妥善处置了多起突发事件,全区赴京非正常访批次比上年减少了 71%,人次减少

了83%；赴省访批次减少了64%，人次减少了54%；赴市集体访批次减少了35%，人次减少了38%，为全区经济发展和社会稳定营造了良好环境。

八、心系百姓办实事，和谐建设取得突破

始终坚持社会事业与经济建设同步发展，大力实施“五大惠民工程”，提前一年完成农村新的“五个全覆盖”，1821户居民喜获首批经适房，校舍安全工程全部竣工，城乡居民社会养老保险工作全面启动，医药卫生体制机制综合改革加速推进，食品药品安全监督不断加强，社会保障体系更加完善。和谐劳动关系建设取得硕果，工业园区被表彰为“全国模范劳动关系和谐工业园区”。大力扶持科技创新，科技对经济增长的贡献率进一步提高。不断巩固低生育水平，计生工作保持全省前列、全市首位。深入开展精神文明创建活动，举办了全区“十大先进模范人物”和第二届“感动榆次”十大新闻人物评选活动，培养选树了一批引领社会风尚的先进人物和典型。街道、社区、宗教、对台、档案、老干部、残联和工青妇等工作都迈上了新的台阶。

九、团结各方聚合力，民主政治不断深化

充分发挥区委常委会的领导核心作用，坚持把好方向，抓好大事，协调各方，凝聚力量。切实加强和改进党对人大、政协工作的领导，积极支持人大、政协开展工作，顺利完成新老班子交接。高度重视统一战线建设，大力开展“同心”品牌活动，建立完善各民主党派、工商联、侨联与乡（镇）、街道、政府相关部门的“一对三”对口联系制度，在各民主党派和工商联、侨联活动经费上给予大力支持，隆重举办纪念辛亥革命100周年系列活动，在全省率先完成工商联换届。法治政府建设进一步加快，圆满完成“五五”普法，全面铺开“六五”普法，全民法制意识和法律素质显著提高，被中宣部、司法部联合命名为“2006—2010年全国法制宣传先进县（区）”。

十、创新思路抓党建，执政能力有效提升

全面推进学习型党组织建设，充分发挥宣传思想战线的重要作用，精心组织建党90周年纪念活动，深入挖掘李天福先进事迹，充分展示新时期共产党员的精神风貌，“向李天福同志”学习活动在全市掀起高潮，并引起省委的高度重视。深入开展创先争优活动，基层党组织和广大党员为民服务、创先争优的水平进一步提升。牢牢把握农村“两委”换届主动权，坚持“速度服从质量，支部换届先行”的思路，坚持抓两头、带中间，红旗支部先行换届、推广经验，先进支部稳步实施、提档升级，后进支部一村一策、整顿转化。在此基础上，严格依法按照规定程序推进村委换届工作，坚持做到法定程序不走样，规定步骤不减少，工作标准不降低，农村“两委”换届工作圆满完成，为我区农村经济健康发展、社会和谐稳定提供了坚强保障。以社会管理网格化建设试点为契机，主动将基层党组织建设与社会管理网格化相对接，创新“网格化党建、组团式服务”新模式，被评为2011年度全省组织工作“十佳创新项目”之一。严格落实党风廉政建设责任制，深化基层廉洁工程和惩防体系建设，大力开展“双规范双提升”活动，深入贯彻《农村基层干部廉洁履行职责若干规定》，出台了《榆次区“一二三四”廉政风险防控实施办法》，加强廉政风险防控机制建设，推进源头治腐。保持查办案件的高压态势，全年共立查案件141件，挽回经济损失570余万元。全力解决涉纪信访问题，不断加强涉纪信访工作规范化建设，建立完善区、乡两级涉纪信访接待室，14件“带案下访”案件全部办结，全市涉纪信访长效机制建设现场会在我区召开，反腐倡廉建设不断取得新成效。

（田锦斌）

附：一、中共榆次区委书记、副书记、常委名单

书　记： 孙光堂

副书记： 贡　琦　赵瑞昌（5月任职）

常　委： 邢如彪　张祖祁（5月任职）
李鹏飞（5月任职）　原士旭（5月任职）
冀德政（5月任职）　冀　杰（5月任职）
王思利（5月任职）

二、乡镇（街道）党委（党工委）书记、副书记名单

郭家堡乡

书　记： 赵肖波

副书记： 屈瑞明　郑荣辉　赵志远

乌金山镇

书　记： 梁英俊

副书记： 郝枫筝　王文玉　焦志刚

张庆乡

书　记： 田晓宇

副书记： 刘　明　李福柱　王利珍（女）

修文镇

书　记： 张志峰

副书记： 姬亚东　赵海卿　齐　涛

东阳镇

书　记： 常崇健

副书记： 郝志明　李　源　韩晓峰

北田镇

书　记： 范耀明

副书记： 崔宴杰　褚　峰　王建宏

庄子乡

书　记： 许润生

副书记： 张秀珍（女）　张永亮　宁艳琴（女）

长凝镇

书　记： 籍永利（女）

副书记： 郭　强　李秀平　翟秀国

什贴镇

书　记： 马　宏

副书记： 孙　军　师国珍　李国梁

东赵乡

书　记：杜吉平
副书记：安小红　赵彩珍(女)　胡耀峰
北关街道
书　记：常春俊
副书记：武丽芯(女)　李　伟
新华街道
书　记：陈宝贵
副书记：程雪瑾(女)　温久生(5月离职)
锦纶街道
书　记：王建生
副书记：原丽华(女,5月任职)　李双喜(5月离职)
安宁街道
书　记：张喜玲(女,5月离职)
副书记：陈彩林　王拴成
新建街道
书　记：畅玉光
副书记：张奇志(女)　王国欣(5月离职)
晋华街道
书　记：王建政
副书记：郑拴保　贡爱波(5月离职)
路西街道
书　记：李转萍(女)
副书记：郭金书　张守政
经纬街道
书　记：郭翠枝(女)
副书记：张　峰　范庆文(5月离职)
西南街道
书　记：余民山
副书记：马桂萍(女)　刘文枝(女)

中共太谷县委工作概况

县委书记　杨建平

太谷县共有基层党组织611个,其中党委21个、党总支33个、党支部557个。共有党员15488名。

2011年,县委、县政府出思路定调子、抓环境促开放、抓基础建班子、正风气用干部、转作风保落实,进一步理清了发展思路、激活了创业激情、增强了赶超意识。以不破顽题誓不休的决心奋力推进全县各项工作,不折不扣完成了市委下达的主要经济指标任务,经济社会保持了高速发展、后劲增强、民生改善的良好态势。

全县生产总值、财政收入、社会消费品零售总额、城镇人均可支配收入保持15%以上的增速,分别达到了56亿元、6亿元、20亿元、17318元;工业增加值、农民人均纯收入增速超过20%,分别达到13亿元、9803元;固定资产投资增速突破40%,达到了27亿元;林木绿化率、森林覆盖率分别提高1个百分点以上,城市建成区绿化覆盖率达到29%。新增集中供热40万平方米、集中供气3200户,分别达到了360万平方米、1.1万户。污水处理厂正常运营,日处理污水8100吨。垃圾处理场投入使用,日处理垃圾142吨。创建了1个省级生态乡镇、1个市级生态乡镇、7个生态文明村。COD和SO2减排、城区二级以上天数全部超额完成任务,分别达到175吨、149吨、355天,城区空气质量稳定达到三级标准。实现了经济总量和发展质量的“双提升”。主要体现在六个方面:

一、发展观念逐步转变,创业信心不断提升

新一届县委领导班子调整后明确提出,实现转型跨越、争先进位,到“十二五”末经济总量再造两个新太谷的目标,首先要大力解放思想,不断创新工作思路,牢固树立抓项目就是抓发展,抓大而不放小的发展意识,敢于拉高标杆和最好的比和最硬的拼,打一场解放思想的“翻身仗”。为此,县委坚持把加强各级党组织的自身建设作为“必修课”,全面提高领导干部的宗旨意识、争先意识、创新意识和执政能力;坚持开展干部学习大课堂培训,大力实施“解放思想大讨论”活动,并赴江浙、四川、重庆、合肥等地学习考察,把“闭关修炼”的理论成果和“外出取经”的理念成果有机融合,积极推进了理论向自身实践的转化。通过走出去学习先进经验、坐下来研究实际问题、扑下身推动工作落实,形成了思想大解放、激情大迸发、敢想敢干创大业的浓厚氛围。

二、发展思路更加清晰,发展目标更加明确

在壮大农业产业上,县委以建设国家现代农业示范区为契机,强力推进农业“四个一”工程。全县农业呈现出主导产业规模扩张、园区特点放大、产业链条延长、生态效应凸显的良好势头。特别是农民人均纯收入达到9803元,增长22.4%;在补齐工业短板上,全力打好传统产业升级改造和培育新型产业的“组合拳”。通过资源整合、技改升级规划了胡村玛钢园、恒达循环经济园、医药食品加工园、水秀新型产业园四大工业园区,当年完成投资8.4亿元。这四大工业经济板块不仅成为了落户项目、储备项目的重要成长基地和孵化中心,更成为了弥补全县经济总量不足的重要兵团和新的经济增长极。通过充分调动民资民力,加快培育骨干企业,使民营经济逐步成为县域经济发展的主体力量。全年工业增加值达到13.2亿元,增长23%;在提升服务业上,以特色旅游为主线,通过优化整合晋商文化、医药文化、武术文化、秧歌文化等传统文化资源,引进了生态观光、休闲度假、养生保健、采摘体验等现代旅游元素,初步形成了各具韵味的主题

文化，加快了经济发展多元化的速度，成功带动了消费市场和现代物流等服务业的发展升温。特别是运输业上缴税金近亿元，成为全县第三大税源。

三、发展基础不断夯实，承载功能有效提升

通过连续两次召开全县“转作风、优环境、强管理”千人干部大会，制定了《关于进一步优化发展环境的实施方案》，并出台了与之配套的《关于加强机关效能建设优化发展环境的督查工作方案》，强化了服务发展的意识，树立了执政为民、科学发展的理念，突出优化谋事创业的政治环境、宽松有序的政策环境、高效务实的政务环境、公平正义的法治环境、文明和谐的社会环境、聚才集智的人才环境六个重点，把握完善制度、制定措施、强化监督、保障运行四个环节，最大限度地激活和吸纳各类经济要素，实现各要素的最佳配置和优化组合，为经济发展创造更加有利和更为广阔的空间，确保了全县“软”环境的有效改观；按照“一城、两镇、中心村”城镇化体系，全面启动了6大类30项城建重点工程，投资力度为历年之最。开展了以胡村、范村为中心，辐射周边的镇域体系建设；实施了水秀、侯城两个乡建设用地增减挂钩试点项目，进一步加快了城镇化建设的步伐，有效提升了“硬”环境品味。

四、民主政治建设不断加强，各项社会事业全面进步

坚持和完善了人民代表大会制度，支持人大及其常委会依法履职，加强评审监督，开展专题询问，人大常委会自身建设力度不断加强；坚持完善了中国共产党领导的多党合作和政治协商制度，完善同民主党派合作共事机制，引深“凝聚力工程”、“同心”品牌主题活动，成功召开工商联第十届会员代表大会和总商会第一届会员代表大会，加强和改进新形势下民族宗教、侨联、对台等工作；坚持依法治县，“六五”普法全面启动；加强对工会、共青团和妇联等人民团体的领导，群团组织作用有效发挥；坚持党管武装原则，定期研究国防和后备力量建设，双拥共建水平进一步提高；全面加快网格化社会管理运行平台体系建设，社会治安综合治理工作得到加强，大量矛盾和问题得到及时化解，安全生产基础工作进一步夯实；积极推进城乡医疗卫生、养老保障、文化教育等各项社会事业的逐步接轨，城乡“基础环境、生活质量、公共服务、社会管理”四个趋同进程明显加快，城乡居民收入差距进一步缩小。

五、稳步提高选人用人公信度，干部人事工作扎实推进

圆满完成了县乡两级党委、人大、政府和县政协换届工作。借助县乡换届契机，对县乡科级领导干部进行了人事调整。在调整过程中，严格按照《党政领导干部选拔任用工作条例》等有关规定，匡正选人用人导向、严格用人标准、严守选任程序、合理制定方案，充分吸纳民意，提高了选人用人公信度，保证了人事调整的风清气正，选配出一批政治坚定、工作能力强、群众公认度高的干部。在乡镇党委班子人选产生过程中，严格按照中央规定的全额定向推荐、组织考察、确定预备人选等“七件事”的步骤和工作流程进行；在县直单位人事调整中，探索试行了“实名推荐”办法，对政府工作部门正职进行了全额定向推荐，将推荐结果作为干部任用的重要依据。全年共提拔科级干部42人，其中正科级21人，副科级21人。换届后的县乡党政班子的面貌焕然一新，领导干部队伍更加年轻化、知识化、专业化。班子成员在经历、专长、性格等方面形成了合理搭配，班子整体功能与合力进一步加强，呈现出充满活力、奋发向上的勃勃生机。

六、党的建设不断加强，发展基础更加坚实

在县级领导班子的建设上，县委通过经常性地组织中心组学习和民主生活会，不断提升了领导班子的科学执政能力、民主决策水平、依法管理素质和廉洁从政意识。特别是通过加强理论学习，全县各级党组织对宏观形势的把握，对省市党代会精神的领会，对转变工作作风抓落实的认识，都达到了一个新的境界；在基层党组织建设上，以农村两委换届选举为契机，积极推行“四议两公开”、“四看一保”、“一约两创”、“十星双卡”等多种形式的活动，基层组织建设取得明显成效；在党风廉政建设上，始终坚持“党要管党，从严治党”的方针，用党章以及各类党内法规严格规范党员行为，着力构建惩防并重的预防和惩治腐败体系，深入开展廉政宣传教育，认真落实党风廉政建设责任制，加大违法违纪案件的查办力度，党风廉政建设和反腐败斗争取得了明显进展。

（杜会兵）

附：一、中共太谷县委书记、副书记、常委名单

书　记：杨建平（6月任职）
副书记：郝向明　刘　伟
常　委：雷秦国　游大庆（6月任职）
李军荣（女，7月任职）　刘凯宇　李王俊
王　鹏

二、乡镇党委书记、副书记名单

明星镇
书　记：党翠花（女）
副书记：王有忠　胡巧生

胡村镇
书　记：赵瑞旭
副书记：庞瑞宾　聂光启

水秀乡
书　记：张国文
副书记：刘俊明　史安国

侯城乡
书　记：王志强
副书记：白建军　王　刚

北汪乡
书　记：郭志强

副书记：池丽萍(女) 杨巨文

阳邑乡

书 记：夏文利

副书记：韩卫政 石问鼎

小白乡

书 记：郑 炜

副书记：贾俊杰 白文钢

任村乡

书 记：武正梅(女)

副书记：李 波 杜诗茂

范村镇

书 记：程锡威

副书记：梁建隆 杜惠民

中共祁县县委工作概况

县委书记 段燕翔

祁县共有基层党组织649个，其中党委11个、党总支81个、党支部557个。共有党员14085名。

2011年，全县地区生产总值完成49亿元，增长14%；财政总收入4.3亿元，增长19.46%；规模以上工业增加值10.1亿元，增长19%；固定资产投资24.3亿元，增长25.9%；社会消费品零售总额23.3亿元，增长17.3%；城镇居民人均可支配收入18878元，增长15%；农民人均纯收入8700元，增长21%。圆满完成年度目标任务，实现了"十二五"开门红。

一、完善发展思路，加快转型跨越发展

(一)胜利召开县第十三次党代会，"十二五"发展思路进一步完善。面对"十二五"重要战略机遇期和祁县转型跨越发展的艰巨任务，县委、县政府提出了建设"三区一基地"，"着力富民强县、重振祁县雄风"的发展思路。核心指标，是到"十二五"末实现"两个翻番"。一是GDP突破100亿元，经济总量实现翻番。二是农民人均纯收入实现翻番，力争达到1.5万元。主要任务是办好"项目建设、改善民生"两件大事。这一思路，在县十三次党代会、县十五届人大一次会上得到代表们的高度认可和一致通过。

(二)坚持不懈推进思想解放，影响和制约祁县发展的瓶颈逐步得到解决。组织四大班子、各乡镇党委书记和乡镇长、经济管理部门负责人和部分企业家代表，到清徐、太谷、平遥、介休、太原、孝义等地进行考察参观和学习取经，进一步激发了干部群众加快发展、后来居上的紧迫感和使命感。邀请10余位省委党校教授，对全县500余名干部开展了"素质提升"集中培训活动；邀请山西财经大学教授对全县副科以上领导干部、大学生村干部进行了"转型发展与创新社会管理"专题培训，进一步提高了领导干部的综合素质。围绕"'四化'率先发展，我们率先什么"这一主题，在全县深入开展了"解放思想大讨论"活动。通过学习调研和广泛讨论，全县各级各部门干事创业热情得到充分激发，为圆满完成"十二五"目标任务提供了有力思想保障。

(三)圆满完成县乡两级集中换届，为转型跨越发展提供了坚强保证。在县乡换届中，坚持标准，严格遵循《干部任用条例》及相关政策规定，抓住民主推荐、组织考察、充分酝酿、讨论决定四个关键环节，形成了一套比较科学的干部选拔任用机制。对照"5个严禁、17个不准和5个一律"，严肃纪律，匡正选人用人风气，用铁的纪律确保换届风清气正。

(四)全力抓好招商引资和项目建设，县域经济发展后劲不断增强。县委、县政府把"大招商、大引资"作为祁县实现转型发展、跨越发展的唯一出路和重要抓手，在全县上下掀起了新一轮招商引资的热潮。全县招商引资工作迈出实质性步伐。全年共签约项目19项，总投资额134.95亿元。

(五)积极运作铺开八大民生重点工程，城市框架基本拉开。投资近10亿元开工兴建了东风路、湿地公园、三支退改造等八大民生工程。为保证工程顺利推进，成立了由县四套班子成员牵头的八个工程指挥部，钱、职、权、责一步到位。同时，每个工程指挥部派驻一名纪检监察人员，对项目建设进行全程跟踪监督。除集中供热因平遥电厂热源问题有所拖延，其余工程全部达到序时进度。

(六)依托优势打造精品、找准特色塑造亮点，品牌建设取得丰硕成果。荣获"国家外贸转型升级专业型示范基地"称号。被命名为"国家级生态示范区"。昌源河湿地公园成为国家级湿地公园。"宏艺"商标被认定为中国驰名商标。晋商老街成功入选"中国历史文化名街"。国家艺术玻璃产品质检中心即将获批，这是全国唯一设在县级城市的国家级检测中心。

二、坚持把发展作为解决祁县问题的关键，努力推动全县经济又好又快发展

(一)强化工业主导地位，工业经济稳步快速增长。与中央财经大学国际经贸学院签订了玻璃器皿产学研合作协议；与上海大学达成合作建立博士后工作站协议。丹源碳素公司新型石墨化阴极生产线投产达效，产品结构进一步优化。以红星白酒、燕京啤酒、恒兴果汁、今麦郎饮品为龙头的酒类饮品业和以明昇无缝钢管为代表的新材料产业快速发展，成为新的经济增长点。祁县经济开发区规划总面积达到15.32平方公里，产业平台建设取得较大突破。6平方公里内的"七通一平"基本完成；收储土地1000亩，为招商引资和项目建设预留

了足够空间；制定了项目进园区优惠政策，开发区新进项目8个，总投资19.1亿元。其中，2个项目已开工建设。

（二）加大农业引导扶持力度，农业农村工作再创佳绩。按照"资金跟着项目走，项目跟着典型走"的发展思路，部署开展了"四个十"工程。即，建设十个标准化果园、十个林木经济示范点、十个农村先进基层党组织、十个新农村建设示范村。通过典型带动、示范引领，很好地促进了农业农村发展。新发展酥梨8000亩，苹果3000亩，建设标准化果园8000亩。投资5439万元，流转土地5500亩，新发展设施蔬菜2880亩。牛饲养量达到14.57万头，各类规模养殖场发展到220个。总投资6784万元的6个现代农业示范区项目有4个完工，完成投资6200余万元。不断加大农业基础设施投入，全年共投入农业资金3.21亿元，实施重点项目36项，农业可持续发展能力不断提升。粮食高产创建、丰产方项目顺利完成，全县粮食收获面积44.5万亩，总产突破23万吨。全县省市级"一村一品"示范村、专业村、带动村达到39个。全县农民专业合作社达到748个，覆盖全县160个行政村，合作社社员人均纯收入突破万元大关。

（三）舞起乔家大院旅游龙头，旅游产业竞争软实力全面提升。加大乔家大院综合改造力度，积极开展5A级景区申报工作，有望获批。总投资4.2亿元的红海玻璃文化产业园全面启动，一期工程于去年3月正式投入运营。开园以来取得了较好的经济效益和社会效益，月均接待国内外游客2万人次，成为"山西省工业旅游示范点"。2011年，全县各景区接待国内外游客150万人次，实现门票收入3421.56万元。

三、着力保障和改善民生，社会建设展现新的面貌

（一）以实施农村新的"五个全覆盖"为载体，百姓得到更多实惠。全年累计完成农村街巷硬化1044.23公里，超额完成市下达任务，完成任务数位列全市第二，提前实现农村街巷硬化"全覆盖"；建设农家书屋文化活动场所79个，建成体育活动场所19个；全县农村便民连锁商店基本实现全覆盖；职业中学1336名新生全部实行免费教育；城乡所有60岁以上老人全部享受养老保险，全县养老问题得到彻底解决。

（二）以完善社会保障为支撑，百姓后顾之忧逐步得到解除。投资3.1亿元开工建设了各类保障性住房2163套，建筑面积达16万平方米。大力推进教育事业发展，高考录取增长率连续四年名列全市前茅。不断提升医疗卫生服务能力，全面完成乡镇卫生院医疗卫生制度改革。全县参合农民数量达193388人，参合率上升到97.40%；各乡镇、村新农合覆盖率达100%。全年累计发放城市低保49691人次数、1213.3万元，农村低保57802人次数、700万元，按时足额发放各项抚恤补助款420.4万元。积极实施就业优先战略，实施创业培训300人、新增就业4549人，全县零就业家庭动态消零。人口与计划生育工作跨入全省优质服务先进县行列。体育、科技、统计、气象等其他社会事业全面发展。

（三）以创新社会管理为突破，百姓乐享平安和谐。采用"一格三员一支部"的模式，构筑起了具有祁县特色的网格化管理体系。通过网格化，实现政府社会管理"科学化、系统化、规范化"，公共服务"无缝隙、无盲点"。高度重视信访工作，全面落实领导干部信访接待日制度、政法系统"一委五长"接待制度、领导下访制度、信访工作例会制度和领导包案制度。在重大节日、活动期间，实现了"零上访"目标。高度重视安全生产，深入开展隐患排查和专项整治，全年没有一起重特大安全事故发生。

四、全面加强宣传思想文化建设，推动文化大发展大繁荣

（一）推进社会主义核心价值体系建设。广泛开展文明和谐创建活动，下申村被表彰为全国文明村，财政局等7个单位被表彰为省级文明和谐单位，梁聪利等三名同志获"第三届感动晋中十大公德模范人物"提名奖，权勇文化大院积极申报"全省爱国主义教育基地"。出台《关于进一步加强和改进学校德育工作促进学生健康成长的实施意见》，通过丰富多彩的形式进行未成年人思想道德教育。结合重要纪念日、节庆日积极开展富有特色和成效的公民道德实践活动。

（二）营造良好文化环境和舆论氛围。编辑制作《转型跨越——今日祁县》宣传画册，出版《丰碑》一书。创刊《丹枫阁》，《金祁县》改版为《今日祁县》周报。与知名网络《国际在线——城市频道》合作，开辟祁县对外宣传专题频道。组织了"重走西口路，再铸新辉煌"全国知名媒体祁县专访活动。在电视台开设《聚焦基层看变化》专栏，把镜头话筒对准最基层群众，重点报道党的惠民政策给农村、农民带来的新变化。

（三）深入推进文化体制改革。调整充实祁县文化体制改革和文化产业发展领导组，出台《祁县文化体制改革推进意见》，召开文化体制改革工作座谈会，完成文体广新局、电视台、文化市场行政综合执法队、新电影公司等单位的组建，收到良好效果。

（四）繁荣发展文化事业和文化产业。乡镇综合文化站建设全面铺开。非物质文化遗产得到进一步宣传展示和发扬壮大。心意拳成功入选第三批国家级非物质文化遗产推荐项目，温曲武秧歌成功入选第三批省级非物质文化遗产保护名录，《祁太秧歌精选集》印刷出版，海内孤本——宋版《昌黎先生集考异》一书影印5000余套。

五、积极推进民主政治建设，发展合力不断增强

积极支持人大、政协履行职能、发挥作用。建立了《祁县党外人士情况通报会（座谈会）制度》。加强党外干部的培养和使用，两名干部被提拔到县处级领导岗位。加强同民主党派合作共事，工商联、民族宗教、港澳台海外统战工作取得新进展。召开全县依法治县暨第六个五年法制宣传教育工作会议，"六五"普法和依法治县工作全面启动。积极推进政务、厂务、村务公开和村民自治，保障人民群众的知情权、参与权、表达权和监督权。加强和改进对工会、共青团、妇联、工商联

等群团组织领导,群团组织的作用有效发挥。支持国防和驻祁部队建设,军民融合式发展、双拥共建水平进一步提高。

六、高度重视党的执政能力建设和先进性建设,党建科学化水平不断提升

(一)创先争优活动深入开展、不断引深。全县各级基层党组织和广大党员积极开展"树新形象、创新业绩、促新发展"主题实践活动。在全县各窗口单位和服务行业深入开展以"为民服务创先争优"、"优化发展环境我带头"为主题的实践活动,涌现出了一批创先争优带头人和窗口单位示范点,有力地推动和促进了全县各项中心工作的开展。

(二)领导班子和干部队伍建设迈出新步伐。全面推行中层干部"凡岗必竞"、机关工作人员"凡进必考"、选拔任用干部"凡提必推"制度。不断加大公开招考选拔干部力度,从县人民医院已聘用人员中招考医疗医技人员37名;面向社会公开招考教师126名;从优秀村(社区)干部中定向招考乡镇公务员5名、招聘县乡事业单位人员2名;从全县大学生村干部中遴选副镇长1名。积极探索年轻干部培养锻炼新方法、新途径,从县直单位选拔10名1980年后出生、全日制本科毕业的优秀年轻干部到乡镇挂职副乡镇长,为县乡领导班子和干部队伍建设储备了资源。

(三)基层组织建设得到巩固和加强。制定出台《关于实施领头雁工程,进一步加强村党组织书记队伍建设的实施意见》,形成一套对村党组织书记队伍选拔培养、教育管理、目标考核、激励保障的工作机制。鼓励大学生村干部通过参加选举担任村主干。认真落实"一定三有"政策,对村党组织书记、村委会主任"一肩挑"的,岗位报酬享受其他主干1.2倍标准。制定出台《祁县农村两委主干岗位目标责任考核(试行)办法》,对农村主干从经济发展、中心工作、新农村建设、维护社会和谐稳定和村级基层组织建设五个方面进行"五考五评",并把考核结果与表彰奖励、惩戒惩处、报酬发放等相挂钩。高度重视农村两委换届工作,严格把好"入口关"、"程序关"、"纪律关",切实营造民主健康、风清气正的换届环境和公平有序的竞争环境。

(四)干部作风和精神面貌大为转变。深入开展纪律作风集中教育整顿月活动,认真查找和解决干部作风、发展环境等方面存在的突出问题,着力在思想解放中增强干部的创新力,在追究问责中提高对干部的约束力,在作风转变中增强干部的执行力。扎实开展领导干部住村包村增收活动,全县160个村都确定了包村领导干部,实现了领导干部包村增收活动全覆盖,有力地推动了全县农村经济的发展。

(五)党风廉政建设和反腐败工作取得新成效。积极开展纠风治乱重点区域集中整治,全县交通秩序混乱现象得到有效治理,东观镇区面貌发生较大变化。扎实开展食品安全专项整治行动,进一步落实食品安全监管部门及责任人的监管责任,形成了保障食品安全的强大合力。建立农廉工作监管新机制,实现了县、乡、村三级农廉服务网络全覆盖。继续保持惩治腐败强劲势头,全年共初查核实各类违纪问题86件,转立案74件,结案60件,党政纪处分60人。 (马 勇)

附:一、中共祁县县委书记、副书记、常委名单

书 记:段燕翔
副书记:张 鹏(5月任职) 李丁夫(5月离职)
米立志(5月任职) 王志宏(6月离职)
常 委:史 洁(女,5月任职) 张曲波 王兆俊
张宝贵 刘进文(5月任职)
权 冰(6月任职) 郝昭仁(6月离职)
赵果仙(女,6月离职) 卢建华(6月离职)

二、乡镇(街道)党委(党工委)书记、副书记名单

昭馀镇
书 记:李耀强(5月任职) 杨秀龙(5月离职)
副书记:李志勇(5月任职) 杨治敏(5月任职)
郝德毅(5月离职)

东观镇
书 记:杜惠敏(5月任职) 柳扣兔(5月离职)
副书记:董永兴(5月任职) 梁利斌
李福宁(5月离职)

古县镇
书 记:贾玉川(5月任职) 杨 琦(5月离职)
副书记:张英杰(5月任职) 闫素绘(5月任职)
赵永刚(5月离职)

城赵镇
书 记:崔 俊(5月任职) 武玉龙(5月离职)
副书记:赵宏海(5月任职) 李 浩(5月任职)
薛瑞刚(5月离职) 白玉刚(5月离职)

贾令镇
书 记:高子彪(5月任职) 武俊明(5月离职)
副书记:刘晓峰(5月任职) 刘学昌(5月任职)
杨治敏(5月离职) 高鹏飞(5月离职)

西六支乡
书 记:郭俊杰(5月任职) 李耀强(5月离职)
副书记:王雪花(5月任职) 马 勇(5月任职)
郝 强(5月离职) 董向阳(5月离职)

峪口乡
书 记:梁安贵(5月任职) 杜惠敏(5月离职)
副书记:范春瑞(5月任职) 卢勇龙(5月任职)
武宏亮(5月离职) 许威旺(5月离职)

来远镇
书 记:王海旺(5月任职) 万建安(5月离职)
副书记:许威旺(5月任职) 刘奇彪(5月任职)
师德森(5月离职) 李 刚(5月离职)

昌源城区
书 记:薛瑞刚(5月任职) 崔 骏(5月离职)
副书记:武宏亮(5月任职) 王雪花(5月离职)
杨承雄

丹枫城区

书　记：温　豪(5月任职)　贾玉川(5月离职)

副书记：李　禄(5月任职)　温　豪(5月离职)

　　　　唐保珍

麓台城区

书　记：李增耀(5月任职)　赵映宝(5月离职)

副书记：郭雪萍(5月任职)　李增耀(5月离职)

　　　　李晓宇

中共平遥县委工作概况

县委书记　李非忠

平遥县基层党组织共有822个，其中党委30个、党总支44个、党支部748个。共有党员22402名。

2011年，县委科学谋划"十二五"，确立了"实施四大战略，推进五化建设，实现六个翻番，全面建设晋商文化旅游中心城市，把古城做新做靓，让平遥更富更强，再造一个新平遥"的宏伟目标。全县经济、政治、文化、社会、民生和党的建设全面快速协调发展，发展态势强劲。全县地区生产总值完成84亿元，同比增长15.1%；全县财政总收入11亿元，增长21.6%，其中：一般预算收入4.23亿元，增长20.14%；规模以上工业增加值28.9亿元，增长15.4%；固定资产投资42.04亿元，增长32.3%；社会消费品零售总额34亿元，增长18%；城镇居民人均可支配收入18016元，增长15.45%；农民人均纯收入6918元，增长23.2%。主要指标全部完成或超额完成。

一、经济社会各项事业全面持续有力发展

(一)谋划开局，势头良好，产业结构更加合理，发展更快。一是现代农业取得了产业发展、龙头壮大、农民增收的新成效。设施蔬菜面积6030亩，21个健康规模养殖场(区)开工建设，畜禽饲养量1431万头(只)，农民人均牧业纯收入2060元；编制完成了44个省级"一村一品"专业村发展规划，完善水果专业村31个，初步建成襄垣3万亩精品酥梨标准化生产基地；冠云肉牛繁育基地、龙海3万吨鸡肉熟制品生产线、国青和全根双百万只蛋鸡养殖园区进展顺利，13户企业申报市级农业龙头企业；新发展农民专业合作社45个，铺开了7000亩超山水源涵养地保护工程，累计流转土地11.2万亩，位居全市之首。二是新型工业迈上了规模扩张、产业升级、节能环保的新路子。原煤产量222.8万吨，纳税3.13亿元。机械铸造新上了消失模、电熔炉、成品电机和冷芯造型等技改扩建项目，迈出了转型升级步伐。平遥推光漆器成功注册为地理标志证明商标，是目前全国四大漆器中唯一的地域品牌证明商标，"永隆"商标被认定为全国漆器行业首个中国驰名商标。纳税超亿元企业2户，超千万元企业6户，超500万元企业9户，工业税收占到财政收入的61.87%，支柱地位更加巩固。三是国际型旅游业呈现出秩序好转、品牌提升、发展强劲的好态势。以"一打击、二叫停、三统一、五取缔、十规范"为重点，持续引深旅游秩序整顿，古城美誉度进一步提升。成功举办第11届平遥国际摄影大展、第6届平遥中国年和第3届漆文化艺术节，"古城风韵"迎宾仪式成为新的旅游亮点；举办了首届梨花旅游节、酥梨采摘节，乡村旅游迈出了较大步伐；新公布县级文物保护单位21处；纱阁戏人、道虎壁王氏中医妇科列入国家级非物质文化遗产名录，薛生金大师工作室被评定为全省首批非物质文化遗产大师工作室；中央电视台《欢乐中国行》播出了平遥专场；平遥古城继被《纽约时报》评为"全球最值得旅游的41个地方"之后，跻身全国20大最受关注的景区行列，入选首批中国传统建筑文化旅游目的地，荣获2011"最中国文化名城"奖；古城门票成功调价，全年接待游客130万人、增长12.7%，门票收入1.45亿元、增收4500万元，以旅游业为主导的第三产业总产值37.72亿元，占到GDP的46%。

(二)经济项目竞相发展，厚积薄发，后劲更足。作为世界文化遗产所在地，全县在被动中奋起、重压下转型，项目建设势头更足，铺开重点工程项目41个，总投资145亿元。一是新型工业铺开20个重点项目有6个项目基本完工，年可新增销售收入10亿元，上缴税金1.2亿元。这些项目中有全国规模最大、填补国内空白的煤化集团光学新材料产业园，有列入国家"863"计划的中科鸿基生物产业园，有全国规模最大的金属镁和镁合金生产线，有采用国内最先进技术的180万吨节水型重介质洗煤项目，这4个项目都是外向型、高科技、大投入的项目，总投资84.5亿元，全部达产达效后年可新增产值200亿元，税收20亿元，将成为全县转型跨越的重要支撑。二是文化旅游连续两年实施的古城旅游文化国际化项目取得了明显成效，古城景区旅游服务基地停车场建设完成拆迁314户，南侧停车场基本建成，高标准改造了环古城游览路西段、北段、东段；吉祥寺、贺兰仙桥、文庙云路、范家街等4个历史街区保护项目进展顺利。《印象平遥》实景演出项目正式落地，"平遥古城"以集体商标被国家工商总局成功注册，原柴油机厂九街文化创意园和南良庄生态温泉度假区两个项目成功签约，文化旅游迈上了新台阶。三是招商引资活力更加强劲，中国银行和晋中市商业银行落户平遥，召开了平遥国际摄影大展招商洽谈会，签约项目19个，总投资293.4亿元，引资279.9亿元，超任务169.9亿元，位列全市第三。

(三)社会各项事业取得稳定长足发展，民生惠民工程全部兑现。全县城乡建设、政务环境、社会治安等各项社会事业取得明显成效，建成曙光东西路、滨河西路、南二环和顺城路

延伸段,完成中都路人行道综合改造,城区达到省级园林县城绿地标准。全县被表彰为全市市容环境卫生先进县。全省重点工程观摩中赢得高度肯定。成功接受省级文明和谐县城和文明交通示范县验收。政务环境建设扎实有效,引深“整风、肃纪、提效”纪律作风整顿,开展了“百家企业评服务、万名市民评科室”活动,将13户纳税超500万元企业列为“重点服务企业”,建立了重大项目审批“绿色通道”。社会治安综合治理有较大突破,投资近千万元铺开了社会管理网格化建设,以古城区为重点的6平方公里区域试运行。社会治安防控体系不断完善,破获刑事案件507起,打掉犯罪团伙20个,一举抓获3名潜逃6年、被公安部通缉的B级逃犯,公安部发来贺电,省公安厅给予嘉奖。全县信访秩序进一步好转。新组建3个街道办事处和16个社区居委会。进一步深化了医药卫生体制改革,创建成全国基层中医药工作先进单位。争取联合国教科文组织和全球文化遗产基金会支持,启动实施了《平遥古城民居保护修缮及环境治理实用导则与培训项目》。民生惠民向群众承诺的六件实事全部兑现。农村新“五个全覆盖”工程全部完成。保障性住房建设扎实推进。古城中小街巷亮化改造基本完成。困难群体就业和农村富余劳动力转移有效促进。城乡社会保障体系进一步健全,五大社会保险、城乡低保金、教育卫生、饮水安全、计划生育等全面发展。

二、切实加强党的建设,不断提高领导能力和执政水平

全县按照“基层组织换届年、创先争优深化年、活动场所管用年、非公党建推进年、制度建设加强年”的总体思路,加强领导,强化措施,落实责任,扎实工作,全县党建工作水平取得新成效。

(一)县乡换届工作圆满完成,村级组织换届工作平稳扎实。按照县委的统一安排部署,乡镇党代会如期召开,选出了乡镇党委领导班子,顺利选举产生了出席县第十三次党代会的正式代表。隆重召开了县第十三次党代会,顺利完成了党代会的各项任务。县乡换届工作突出了认真谋划和推动转型跨越发展、选好干部和配强领导班子两大重点任务,取得了圆满成功。县乡换届工作用“四个始终”来概括,即把讲党性贯穿始终、把负责任贯穿始终、把守纪律贯穿始终、把增进团结、凝心聚力贯穿始终。按照“平稳、规范、按时、保质”的总体要求,全县272个农村党组织和273个村委会全部按期高质量完成了换届选举任务。支部换届有189个村的支部书记实现了连选连任,妇女任支部书记9名、任副书记4名、任支部委员63名;大学生村干部任支部书记的有10名;“公推直选”16个村。村委换届有112个村支部书记、村委主任实现了“一肩挑”,占应换届村数的41%;257个村委班子选出了女性成员258名,有女委员的村占94.1%,有妇女支委76名;有1名大学生村干部通过选举当选为村委委员,实现了“村官”进村委班子零的突破。

(二)创先争优活动不断深化,干部下乡住村包村增收活动扎实推进。全县把窗口单位与服务行业作为创先争优活动各项工作的重中之重,开展了“为民服务创先争优”主题活动和“三亮三比三创三评”活动,引深了创先争优活动。县直机关以创建星级党组织活动为主抓手,在各系统各机关各部门中深入开展创先争优活动,涌现出如财政局、工商局、煤化公司等一批先进典型。在全县各基层党组织和窗口单位和服务行业中深入开展了“十佳为民服务窗口、十佳为民服务明星”的“双十佳”评选表彰活动,影响长远。全县以转变工作作风、服务基层群众为切入点,3月份启动了干部下乡住村“六个一”活动,8月份又着力部署了领导干部包村增收活动,由县级领导带头联系人均纯收入不足2500元的村,按照农民纯收入从低到高倒切的原则,建立包村联系点151个。各级包村领导和各工作队积极帮助群众解决实际问题395个,帮扶慰问贫困户1150余户,围绕“一村一品”谋划发展新路子,包村成效初步凸现。

(三)集中开展纪念庆祝系列活动,隆重举办大型红歌会和表彰大会。围绕纪念中国共产党成立90周年,紧密结合创先争优活动,全县集中开展了庆祝大会、举办红歌演唱会、展览伟大成就等为主题的十大系列纪念庆祝活动。隆重举行了3000多名党员干部群众参加的“旗帜颂”大型红歌演唱会,召开了庆祝中国共产党成立90周年暨创先争优表彰大会,集中表彰了涌现出的51个先进基层党组织、100名优秀共产党员、30名优秀党务工作者,命名了10个县直机关四星级基层党组织。2011年推荐受省委表彰的有2个先进基层党组织,1名优秀共产党员;受到市委表彰的有12个先进基层党组织,16名优秀共产党员,9名优秀党务工作者和4个先锋示范岗。新一届县委常委带头重温了入党誓词;新当选的县政府班子集体宣誓,重温革命历程,为抗日民主政府旧址揭牌。由100余幅平遥党的历史《红色记忆》图片展隆重展出。县级四套班子领导带队慰问老党员、困难党员54名。为121名建国前老党员一次性发放补助24.2万元。

(四)认真抓好党员管理教育工作,党员队伍建设持续加强。全年发展新党员349名。下拨党员培训经费6.35万元,接转党组织关系605人,整理党员档案365份。“双联双管理、三定一集中”工作机制有效发挥,县党员服务中心党支部有序运行,管理党员达473人。武汉商会党支部运行良好。按照省市“双创双争”要求,加大了管护使用考核工作,农村远程教育工作迈出新步伐。10月中旬集中检查党费收缴工作,总体情况良好。

(五)认真落实“一定三有”政策,农村在职和离任干部的报酬待遇得到有效保障。全县近七年累计办理离任干部生活保障共1173人,其中主干811人、副职和会计362人,累计发放保障金493万元。2011年共为1027名离任干部发放保障金99.18万元,人均达966元,最高的每年能领到1800元。从推行农村在职主干岗位报酬统一发放办法以来,实现了打卡到人,2011年发放岗位报酬317.4万元,人均报酬达6438元,比2008年提高了32个百分点。实行全县统一规范的发放办法,有效地稳定了农村基层干部,促进了“三农”工作。

（六）村级组织活动场所建管用并重，农村“四议两公开工作法”全面推行。全县两轮村级组织活动场所建设成效明显，2011年又有干坑、东游驾、道虎壁等10个村自筹资金新建了活动场所。全年给73个2008至2009年自行修建的村、24个第二轮省级改扩建项目的村和受省表彰的高林村实行了补助奖励政策，共发放奖励及补助资金22.8万元。组织召开了基层党建现场会。农村“四议两公开”工作法扎实推行，有效推动了农业农村工作。（王德锋）

附：一、中共平遥县委书记、副书记、常委名单

书　记：李非忠
副书记：张冬明（5月离职）　卫明喜（5月任职）
　　　　雷新平（5月任职）
常　委：王润明　王根元　刘国宏
　　　　郭学礼（6月离职）　曹青平（女，6月离职）
　　　　张秀梅（女，6月离职）　封树春（6月离职）
　　　　曹治胜（5月任职）　王金宝（6月任职）
　　　　张贵青（女，5月任职）　张志宏（6月任职）

二、乡镇党委书记、副书记名单

古陶镇
书　记：刘利平（5月离职）　张锦东（5月任职）
副书记：梁绍晋（5月离职）　李志强（5月离职）
　　　　师新坚（5月任职）　梁凤旺（5月任职）

岳壁乡
书　记：冀致明（5月离职）　郭锦全（5月任职）
副书记：邓继杰（5月离职）　闫晓明（5月离职）
　　　　梁绍晋（5月任职）　霍耀俊（5月任职）

南政乡
书　记：任志峰（5月离职）　闫洪泽（5月任职）
副书记：左晓俊（5月离职）　霍耀俊（5月离职）
　　　　刘　雄（5月任职）　冀成柱（5月任职）

中都乡
书　记：张　汲（5月离职）　刘向东（5月任职）
副书记：郑仰兴（5月离职）　郭永刚（5月离职）
　　　　左晓俊（5月任职）　吴旭海（5月任职）

洪善镇
书　记：郑仰兴（5月任职）
副书记：孟　刚（5月离职）　梁胜利（5月离职）
　　　　成美玲（5月任职）　耿洪汉（5月任职）

襄垣乡
书　记：刘向东（5月离职）　刘国斌（5月任职）
副书记：乔增利（5月离职）　牛登山（5月离职）
　　　　宋锡瑾（5月任职）　任修龙（5月任职）

朱坑乡
书　记：刘光明（5月任职）
副书记：王本荣（5月离职）　刘今伟（5月离职）
　　　　牛登山（5月任职）　冯晓梅（女，5月任职）

东泉镇
书　记：郭锦全（5月离职）　王本荣（5月任职）
副书记：李英伟（5月离职）　张景兆（5月离职）
　　　　雷　军（5月任职）　廉玉强（5月任职）

孟山乡
书　记：许银武（5月离职）　李英伟（5月任职）
副书记：郝金福（5月离职）　刘德光（5月离职）
　　　　裴　义（5月任职）　乔文林（5月任职）

卜宜乡
书　记：张锦东（5月离职）　许银武（5月任职）
副书记：刘　雄（5月离职）　闫二民（5月离职）
　　　　范志明（5月任职）　闫兵辉（5月任职）

段村镇
书　记：王建仁（5月离职）　邓继杰（5月任职）
副书记：郝笑琼（5月离职）　赵亚柱（5月离职）
　　　　裴畅科（5月任职）　张思茂（5月任职）

宁固镇
书　记：孙有毅（5月离职）　李　文（5月任职）
副书记：刘光明（5月离职）　孟广亮（5月离职）
　　　　郝金福（5月任职）　郝凤华（女，5月任职）

香乐乡
书　记：闫洪泽（5月离职）　王忠华（5月任职）
副书记：师新坚（5月离职）　冀成柱（5月离职）
　　　　闫昕朝（5月任职）　刘德光（5月任职）

杜家庄乡
书　记：李　文（5月离职）　乔增利（5月任职）
副书记：王忠华（5月离职）　邓学礼（5月离职）
　　　　王桂梅（女，5月任职）　赵　栋（5月任职）

中共介休市委工作概况

市委书记　秦太明

介休市共有基层党组织894个，其中党（工）委40个（乡镇10个、办事处10个、企事业单位11个、派出党工委6个）、党总支75个、党支部779个。共有党员20914名。

2011年，全市以“加速再造一个新介休”为目标，以转型跨越发展为主线，以山西实施“转型综改”试验区为契机，紧抓省扩权强县试点市的机遇，解放思想，团结拼搏，经济社会呈现良好的发展态势。预计全年完成生产总值136亿元,增长10%;规模以上工业增加值88亿元,增长10%;财政收入27.5亿元,增长2.6%,一般预算收入11.2亿元,增长12.3%;全社会固定资产投资55亿元;社会消费品零售总额52.5亿元,增长18%;城镇居民人均可支配收入19977元,增长15.9%;农民人均纯收入7786元,增长23.2%。除固定资产投资由于未核减汾矿调整基数外,其余主要经济指标均实现平稳增长。

一、坚定不移推进项目建设,转型跨越实现新突破

在项目建设上,一是继续实行党政班子成员包扶项目责任制,千方百计帮助企业解决实际问题,力促达产达效;二是先后带领党政班子成员赴孝义、灵石、平遥等地参观学习,感受兄弟县市发展氛围,寻找差距,学习经验;三是进一步解放思想,多次召开党政企座谈会,深入一线与企业家促膝交谈,激发企业家二次创业的激情。在全市开展"学孝义、赶孝义、超孝义"大讨论,找差距、定措施,解放思想、坚定信心;四是制订出台了《关于开展优化发展环境活动的实施方案》,在介休市五次党代会上审议通过了《关于创优发展环境加快转型跨越的决议》,积极营造良好的发展环境。同时,紧紧抓住我市成为全省首批22个"扩权强县"试点县的重大战略机遇,全力破除土地、环境等制约我市发展的瓶颈问题,使更多的项目落户介休;五是加大招商引资力度。中博会签约项目11个、自签项目9个,总投资350亿元,目前入库储备项目242个,总投资1547亿元;六是新上了一批高起点、高效益、高科技含量的大项目13个,总投资205.1亿元,涉及发电、煤化工、新材料、机械制造、物流、陶瓷、成品油库等多个领域,产业结构更趋合理,为转型跨越发展提供了新的支撑。通过项目建设,全市煤焦生产能力分别达到1000万吨以上,真正成为转型跨越发展的基础产业。煤矸石、煤气、余热发电装机容量达到60万千瓦,煤化工加工能力达到70万吨。余热发电、甲醇、苯加氢等一大批煤焦延伸项目相继投产达效,全省最具影响力的新型煤化工基地、新材料基地和特种钢基地已初步形成。

二、四业并重力促农民增收,农业产业发展取得新成效

市委立足增效增收,围绕设施种植业、高效养殖业、优质干果业、农副产品加工业四业并重产业格局,继续扶优扶强重点农业产业化龙头企业,进一步延伸产业链条,提高产品附加值。大力发展劳动密集型企业,重点发展生产、生活服务业,提高农村劳动力就业率,有效增加农民收入。在推进村级建设、新能源、一村一品和产业化建设及设施蔬菜建设上都有了新的突破。通过实行企业对村的对接帮扶,现已初步形成以设施蔬菜、核桃加工、水果经济林等为主导产业的25个重点推进村,企业支持新农村建设资金达到2.5亿元。全年全市设施蔬菜面积达1.6万亩。生猪饲养量突破35万头;新发展核桃干果经济林1.5万亩;以忠平公司为龙头的新鲜核桃仁加工完成项目扩建;涉及37个自然村、3.05万人的32处饮水安全问题全部得以解决;4座大型养殖沼气工程、1座大型秸杆气化集中供气工程和53个中小型沼气工程进入扫尾阶段;通过实施"百企推百村,共建新农村"新举措,落实扶持资金1.5亿元;龙凤镇4500亩中低产田改造进入扫尾阶段。生态休闲观光农业园区建设形成规模,共建成张壁古堡、凌云农业、通利达、仙人居、垚鑫、聚合、绿源7个生态观光园。

三、夯实基础加快城市建设,城镇化进程取得新进展

城市建设上,按照打造大太原都市圈南部区域性中心城市和晋中市域副中心城市总体目标,按照"统一规划,拉开框架,强化中心,拓展轴线"发展思路,加速新城扩容,投资3.5亿元新建"六纵四横"10条新城区道路,总长22公里,新增城市道路面积28万平方米,人均道路面积13.7平方米。扎实推进城市供热、供气、供水、中水回用等市政公用设施建设,新铺设集中供热管网5公里,天然气管网35公里,城市集中供热普及率达到87%;新增、改造城市供水管网30公里,人均生活用水量已达至140升每人日,供水普及率达到100%,开工建设污水处理厂到义安工业园区中水回用工程,城市中水回用率达25%。城市亮化工程流光异彩,全年新安装道路路灯1085盏,更换路灯加固配电箱36台,设施完好率达98%。村镇基础设施建设不断推进,投资1.1亿元,完成道路建设200余公里;种植绿化带1万余亩,绿化面积达1万余平米,绿化覆盖率达到28.04%;义安集镇建设、张兰古镇建设等积极有序推进。

四、依托优势打造旅游文化名片,第三产业取得新发展

市委实施"文化介休"战略,通过举办清明寒食文化节等形式,深入推进清明寒食、古代军事、琉璃、古玩等文化的传播与传承,并着力将文化资源优势转化为文化产业优势。加快推进文化与旅游互动融合,着力打造五张文化旅游名片,培育壮大以文化旅游业为主的现代服务业。绵山风景区启动"5A"级景区创建和旅游上市;张壁古堡景区今年完成投资6000万元,流转土地1200亩,凯嘉集团和北京电影学院达成合作意向,投资10亿元打造文化创意园;城区2.37平方公里历史文化街区建设全面启动;总投资1亿元的张兰古玩市场开工建设;天峻山风景区由清华大学开始编制总体规划。商贸物流发展水平全面提升,绵建大厦、金色港湾等四星、五星级酒店建设加快实施;成功引进国美电器、渤海商品交易所;高标准规划了一批大型煤焦、汽贸、建材等物流项目。上海浦东发展银行在介休设立支行,成为浦发行在全省县级城市中首个网点。

五、全力以赴推进生态绿化建设,城乡环境实现新变化

投资2亿元实施环城林带、汾河湿地公园二期、纬二路

水景景观、绿色校园等十大园林绿化工程，新增城市绿地面积200万平米，顺利通过创建国家园林城市验收。高标准实施了通道绿化、矿区绿化、荒山绿化、银锭山绿化等重点工程，全年植树200万株，造林2万亩，林木覆盖率提高两个百分点。狠抓污染减排，严格环境准入制度，全面完成二氧化硫、化学需氧量等六项污染物排放总量控制指标；推进安洪、维群、经华、得一等天然气锅炉技改节能，淘汰29户粘土砖企业，预计全年万元GDP能耗下降5%。加大企业排污口规范化整治力度，市域出境河流水质明显改善，地表水汾河义棠断面水质已由劣五类达到了农灌水质标准，集中式饮用水源地水质达标率100%。全年城区空气质量一级天数达151天，二级天数达360天。

六、以人为本改善民计民生，社会建设取得新推进

市委始终把民生问题摆在突出的位置。今年，全市用于社会民生领域的财政支出占一般预算支出的70%，重点推进了七大民生工程。教育提质工程。投资5.5亿元实施的37所学校、77个项目的中小学校舍安全工程全面完工，中小学校舍水平一举迈入全省先进县市行列，以介休一中、介休四中、介休职中、实验小学、朝阳中学等为主体的新城教育发展集聚区全面建成；卫生医疗工程。绵山卫生院、连福卫生院和北坛社区卫生服务中心项目建设有序推进，市人民医院和7个乡镇卫生院新建工程完成前期工作，新农合参合率达到98%以上；社会保障工程。成为省新型城镇居民养老保险试点市和国家新型农村养老保险试点市，全市60岁以上老人全部享受养老保险，80岁以上老人全部享受老年高龄补贴，投资9.7亿元，开工建设保障性住房5834套、41.578万平米，对6.05万户低收入农户按每户1吨、热值不低于5000大卡燃煤的标准实行保障供应；文化惠民工程。全面推进地面数字电视无线全覆盖工程，新增1万户，完成9个乡镇文化站建设；人口计生工程。继续稳定低生育水平，完成3400对夫妇孕前优生健康免费检查；新"五覆盖"工程。新建农村体育场地5个，农村文化室125个，硬化农村街巷725.3公里，建设农村便民连锁店22个，5157名农村学生免费接受职业教育；解决国企遗留问题。大力推进介纺改制问题的集中解决，安置2428人，依法办理退休已享受养老保险待遇3539人。现在正着手解决各类离厂人员1535人，临时工（协议工）1040人的合理诉求问题。多方协调，提供393个就业岗位、380个公益性岗位。

七、夯实基础加强党的建设，执政能力不断提高

1、市委以"建设学习型党组织，切实加强和改进共产党员思想作风、工作作风"为主题，不断深入创先争优活动。坚持领导带头抓、带头学、带头干，为基层提供模式和样板；继续与省委党校联合，依托北京大学、清华大学等优秀教育资源，开展全面性、系统性、前瞻性高层讲座8次，听课人数达4000余人次。深入推进解放思想大讨论活动，全市上下赶超跨越、迎难而上的信心决心和工作热情得以全面激发。

2、围绕贯彻落实晋中市委提出的在社会管理、安全生产、推进转型、干部作风上四个"脱胎换骨"的要求，积极开展"千名干部下基层"专题活动，11个工作队、265个宣讲组进驻10个乡镇和五个街道办事处，深入调查村情企情社情，督促检查安全稳定隐患、招商引资项目和基层党组织建设。深入开展干部下乡住村包村增收活动，为推动转型跨越发展、实现加速再造一个新介休目标提供坚强保证。

3、以网格化管理为切入点，创新社区党建夯实基层基础。一是科学划分网格，实现网格管理规范化。二是完善居民信息库，实现网格管理精细化。三是开展创先争优，实现网格服务便捷化。

4、顺利完成市、乡、村三级换届工作。全年换届工作平稳、健康、有序推进，市、乡、村三级换届取得圆满成功。换届后，市直部门正科级领导干部平均年龄45.45岁，比调整前下降2.2岁，大学专科以上学历占99.3%；乡镇领导班子平均年龄37.11岁，比换届前下降4.82岁，大学专科以上学历占94.1%，比换届前上升13.3%。农村党支部书记、村委主任连任率分别达到75%、60%，有73个村实现了"一肩挑"，特别是涌现出女党支部书记4人、女村委主任2人，大学生村官党支部书记1人。

5、以落实党风廉政建设责任制为统揽，反腐倡廉建设取得新成效。一是大力加强廉洁自律和源头治理。坚持教育在先、警示在先、预防在先，用铁的纪律保证市乡两级党委换届工作风清气正；切实加强财政监管，拒付不合理开支56笔共计158.54万元。加大审计监督力度，收缴违规资金133万元。二是深入开展干部纪律作风整顿。坚持一手抓整顿、一手抓教育，结合"五个不准"延伸出台"七不准"工作纪律。三是全面深化纠风治乱专项治理。共查办纠风案件22件，清退不合理收费32万元，实施责任追究8人。四是注重查处大要案件。全年共受理群众举报196件，立案查处各类违纪案件97件，共处分党员、监察对象93人，通过办案为国家和集体挽回经济损失500余万元。

（李卫林）

附：一、中共介休市委书记、副书记、常委名单

书　记：秦太明

副书记：王怀民　雷亚伟（5月离职）

王双寿（5月任职）

常　委：韩海云（5月离职）　李广文（5月离职）

刘国英（女，7月离职）　刘士忠（5月离职）

赵　宇　杜云成　刘　娟（女，5月离职）

林全胜　张　鑫（5月任职）

寇建文（5月任职）　李成海（5月任职）

二、乡镇党委书记、副书记名单

义安镇

书　记：乔洪治
副书记：李克虎(5月离职)　鹿人杰(5月任职)
　　　　李　虎(6月挂职期满)

张兰镇
书　记：王宁照(5月离职)　任云峰(5月任职)
副书记：董建伟(5月离职)　武卫中(5月任职)
　　　　赵建勇(5月离职)　贾晓江(5月任职)
　　　　王丽红(6月挂职期满)

连福镇
书　记：晋和平(5月离职)　李克虎(5月任职)
副书记：刘冠英(5月离职)　张德云(5月任职)
　　　　郭建武(5月离职)　李增寿(5月任职)

义棠镇
书　记：孟繁海(5月离职)　冀晓军(5月任职)
副书记：马　军(5月离职)　郭建武(5月任职)
　　　　李增寿(5月离职)　王建芳(5月任职)

绵山镇
书　记：陈志强(5月离职)　段燕瑞(5月任职)
副书记：段燕瑞(5月离职)　孟锡政(5月任职)
　　　　韩青泉(5月离职)　闫兰云(5月任职)

龙凤镇
书　记：续宏伟(5月离职)　黄金山(5月任职)
副书记：黄金山(5月离职)　武铁军(5月任职)
　　　　宋建华(5月离职)　于朝阳(5月任职)

洪山镇
书　记：荆玲玲(女，5月离职)　刘冠英(5月任职)
副书记：侯建文(5月离职)　李俊萍(5月任职)
　　　　闫兰云(5月离职)　武晓俊(5月任职)

宋古乡
书　记：任云峰(5月离职)　侯建文(5月任职)
副书记：董耀宙(5月离职)　赵　辉(5月任职)
　　　　郝丕华(5月离职)　刘建军(5月任职)
　　　　乔晋荣(6月挂职期满)

城关乡
书　记：鹿人杰(5月离职)　杨东辉(5月任职)
副书记：杨东辉(5月离职)　杨宝民(5月任职)
　　　　赵　辉(5月离职)　韩青泉(5月任职)

三佳乡
书　记：张卫东(5月离职)　马　军(5月任职)
副书记：冀晓军(5月离职)　降士瑜(5月任职)
　　　　李俊萍(5月离职)　石　斌(5月任职)

中共灵石县委工作概况

县委书记　杨　洪

灵石县共有基层党组织885个，其中党(工)委31个、党总支58个、党支部796个。共有党员14706名。

2011年，全县经济社会发展继续保持了良好发展态势，主要经济指标均实现了两位数以上增长。全年地区生产总值完成160.5亿元，增长17.5%；财政总收入完成31.22亿元，增长15.6%，绝对额全市第一、全省第八；规模以上工业增加值完成106.8亿元，增长32.42%；固定资产投资完成89.7亿元，增长23.34%；社会消费品零售总额完成40.03亿元，增长17.35%；城镇居民人均可支配收入达到22259.9元，增长13.14%；农民人均纯收入达到9100元，增长20.32%。

一、抓住关键、突出重点，经济社会各项事业继续保持又好又快发展态势

(一)抓住五大关键，推进转型跨越发展的路径进一步明确。

第一是抓住"十二五"规划总目标，凝聚了推进转型跨越发展的强大合力。在县十三次党代会上，进一步明确了以"再造两个灵石、冲刺全国百强"为目标，以建设"三个灵石"为宗旨，以项目建设、结构调整为抓手，以安全生产、优化环境为保障，以深化改革、扩大开放为动力，全面加快新型工业强县、核桃经济大县、现代旅游名县建设，努力成为全省"四化"建设样板间、转型跨越先锋队的"十二五"发展战略目标体系。

第二是抓住解放思想总阀门，提高了党员干部推进转型跨越发展的新能力。先后组织全县党政干部到太原、吕梁、长治、临汾等地学习考察，特别是抓住被确定为"两个试点县"的历史机遇，深入开展以"六破六立"为主要内容的解放思想大讨论活动，引导党员干部和企业家冲破僵化思维和落后观念，努力把思想解放的成效落实到具体工作中。

第三是抓住环境创优总推手，提升了加快转型跨越发展的软实力。以打造全省最优"环境凹地"为目标，抓住影响和制约发展的关键点，围绕项目提速、环境提标、服务提质，深入开展"项目、环境、作风"三个建设年活动。

第四是抓住开放引进和项目建设总动力，强化了全面转

型跨越发展的承载支撑力。坚持把对外开放摆在带动全局的战略高度,围绕建设全省开放高地,抓住一切机会,利用一切可以利用的平台,加大灵石的对外宣传力度。

第五是抓住管理创新总保障,构建了服务转型跨越发展的新机制。加大社会管理创新力度,提出了"一岗四责、同步履行、特殊时段、三责优先"的工作思路。突出安全生产监管网、信访稳定管理网、市政和城乡环境管理网、社会治安综合治理管理网、食品安全管理网、应急管理网"六网"并建,初步建立了覆盖全县26万人口的"网格化"管理服务体系,形成了社会管理的无缝连接、全面覆盖。深入开展安全生产"三责"教育和"对标"活动,夯实"本质安全型县"创建基础,全年排查处理各类安全隐患6333件,安全事故死亡人数同比下降8.8%。

(二)突出六项重点,加快转型跨越发展的基础进一步夯实。

加快新型工业强县建设,转变经济发展方式迈出坚实步伐。巩固煤炭产业基础地位,煤炭资源整合和煤矿兼并重组圆满完成,煤炭产业集中度和矿井机械化、信息化水平显著提高,安全生产水平和管理水平迈上一个新的台阶。全年共生产原煤1237.1万吨,比上年增产553.2万吨,煤炭百万吨死亡率为0.074。加快传统产业循环化改造,坚持有煤必焦、有焦必化,提高资源就地转化率。东方希望铝系综合循环经济项目、中煤"18.30"项目、山西纪兰集团高活性硅钙镁钾肥项目、聚义煤焦化循环经济项目等一批重大项目快速推进。积极培育新兴产业,30万千瓦风力发电项目获省发改委批复,一批新的储备项目正在加紧推进落实。

加快核桃经济大县建设,农业现代化水平显著提升。加大强农惠农富农投入,财政支出同比增长65%。围绕"一县一业"要求,先后出台了《关于建设核桃经济大县的若干意见》等一系列相关扶持政策,将吨煤10元的治理保证金重点用于扶持核桃产业发展。全年完成核桃栽植4万亩,核桃林保有量达到24万亩,产量达到1000万公斤,产值达2亿元,农民依靠核桃人均增收1282元,被中国经济林协会正式命名为"中国核桃之乡"。县财政确定每年拿出2000万元用于"一村一品"重点项目奖励补助,引导煤炭企业投身绿色产业,扶持农民成立专业合作社,先后铺开总投资1.6亿元、4000亩的大型设施蔬菜示范园建设。加快发展农产品加工龙头企业,强隆公司、福苑公司等10户龙头企业销售总收入达到1.018亿元,带动周边农户人均增收超过1000元。

加快现代旅游名县建设,文化旅游由"门票经济"向"产业经济"快速转变。加快旅游景区开发建设,采取大投入推动、大企业运作模式,累计投入资金10.1亿元。石膏山风景区一期和介林风景区正式开放,其它项目快速推进,古镇古堡大院游、山水生态休闲游、节庆民俗文化游架构基本形成。抓住第二届文化旅游月活动开展契机,借助专家团队深度策划和邀请央视等媒体、剧组拍摄电视剧、专题片,有效提升了旅游景点的品牌价值。立足打造全国旅游目的地和集散地,加快星级酒店建设,完善配套服务体系,规范旅游服务市场,提升服务接待水平。

加快城乡生态化建设,环境质量整体实现上档升级。按照"城乡生态化"要求,着眼于创建省级林业生态县和国家级园林城市,全方位推进环境质量提档工程。全年累计完成造林绿化投资3.32亿元,栽植生态林6.68万亩、核桃经济林4万亩、村庄绿化116个、通道绿化119.4公里。被授予"全省林业生态县"、"全国造林绿化先进集体"等荣誉称号。不断提升城乡绿化标准,全力推动园林城市、园林单位和生态村镇创建工作,县城绿化覆盖率达到42.5%,人均公共绿地面积8.9平方米。深入推进蓝天碧水工程,高标准完成汾河流域生态综合治理,严格建设项目新增排污总量控制。全县万元GDP综合能耗下降3.82%。全年二级以上天数达到360天,比去年增加58天。以全省综合考评第一名的成绩被评为"全省十佳卫生县城"。

加快特色城镇化建设,城乡统筹发展进程进一步加快。按照"两城六镇六乡百村"为主体的城镇空间布局,全力推进县域城镇化。坚持规划先行,全年投入资金2013.7万元,完成城乡规划编制34项。突出"大县城"发展战略,启动总投资30.5亿元的基础设施建设项目39项,静升新区建设整体框架初步拉开,建设步伐逐步加快。着力提升城市承载力,加快城市供热、供气扩面延线工程,县城区集中供热、供气普及率分别达到95.3%和95.5%,率先实施新修建筑65%的建筑节能标准。统筹推动新农村建设,全面落实重点推进村规划建设任务。

加快社会事业建设,民生保障向更高水平迈进。县财政用于民本民生事业的投入达3.7亿元,比上年增长37%。启动职中实训楼和第三幼儿园建设。被评为"全国科普示范县";全面实施基本药物制度,县、乡、村三级医疗机构达标率达98.3%;社会保障体系逐步完善,新农保和新农合参保率分别达99.8%、98.03%;高标准建成、投用社会福利中心和六所乡镇敬老院;农村新的"五个全覆盖"提前一年完成。

二、统筹兼顾、总揽全局,推动"三个文明"协调进步

全面加强思想道德和精神文明建设。围绕建党90周年和辛亥革命100周年,举办系列庆祝活动,唱响主旋律,激发新动力。大力培育和弘扬"敢字当头、迎难而上、团结拼搏、争先创优"的灵石精神。组织开展了"灵石县2011年十大道德模范人物"、"文明社区"、"优质服务窗口"、"文明和谐家庭"推荐评选活动和"创建文明县城,做一个有道德的人"等主题实践活动,强化文化市场整治,社会文化环境得到进一步净化,公民的整体素质得到显著提升。

积极实施文化强县战略,不断提升文化软实力。县博物馆、图书馆、文化馆、老年活动中心、青少年活动中心正式投入使用。乡镇文化站和农村文化大院、农民书屋的内部设施进一步充实,基本形成了覆盖县、乡、村三级的公共文化服务网络。圆满完成影剧院、晋剧团的转企改制任务,11个项目被公布为省、市级非遗保护项目。成功举办第二届文化旅游

月、力群先生百岁华诞庆典暨力群美术馆新馆开馆活动。本土电视连续剧《春秋祭》拍摄完成。顺利通过了山西省第二届文化强县申报初验。

坚定不移地发展社会主义民主政治。积极支持人大、政协履行职能,发挥作用。完善同民主党派和无党派人士合作共事机制,完成工商联换届,成立灵石县侨联,积极开展"同心"品牌四大主题活动,"新晋商万企联万户感恩行动"得到不断引深。积极推进政务、厂务、村务公开和村民自治,保障人民群众的知情权、参与权、表达权和监督权。加强对工会、共青团和妇联等人民团体的领导,群团组织的作用得到有效发挥。坚持党管武装原则,加快人武部基础设施建设,提高义务兵优抚金待遇。

扎实有效地推进依法治县进程。深化行政管理体制改革,法制政府建设成效明显。引深"平安灵石"创建活动,狠抓严打整治,深化社会矛盾化解、社会创新管理、公正廉洁执法三项重点工作,加强流动人口管理和校园安全防范管理,政法工作亲和力不断增强。加强和改进新形势下的群众工作,领导包案化解与依法解决问题互促共进,信访形势稳定好转。弘扬社会主义法治精神,全面启动"六五"普法工作。

三、与时俱进、务实创新,全面加强和改进党的建设

(一)深入开展创先争优活动。组织发动各级党组织、党员干部围绕县委、政府的转型跨越发展战略创先争优;围绕业务工作创先争优;围绕实际工作创先争优,围绕阶段性重点工作创先争优。持续推动领导干部包村增收和千名干部进百村入万户活动,制定出台《领导干部包村增收"十个一"活动实施方案》,县级领导和乡镇主要领导所包的49个村实现了农民人均纯收入年均增长15%以上的目标。

(二)加强基层组织建设。精心部署农村"两委"换届工作,严肃纪律、严格程序,一批真正受群众拥护,带富能力强的优秀分子进入了农村"两委"班子。认真落实"三化一有"要求,努力构建社区区域化党建工作格局;加大非公企业党组织的组建力度,积极开展支部联建促规范、党员联心促感情、村企结对促和谐、产业联姻促发展的"四联四促"活动。进一步加强党员教育、管理和服务工作,开通党员服务热线电话。

(三)加强领导班子和干部队伍建设。不断深化干部人事制度改革,全县共调整干部316人(次),圆满完成县乡换届工作。注重抓好民主推荐、任前考察、讨论决定三个环节,把好任职条件、领导职数两个关口,全面推行干部任免票决制等制度,加强宣传,强化监督,确保了整个换届工作高效、有序、公开、透明。进一步强化了对党员干部的目标责任制考核,用典型带动和集中整治相结合的办法推动作风转变,党员干部服务基层的意识和能力显著提升。

(四)加强党风廉政建设。强化跟踪问效,组建重点工作督查组,出台服务企业发展、保障项目实施的九项措施,组织开展"百家企业评部门"活动。新建了六个廉政教育基地,举办了"反腐倡廉书法大赛"等一系列宣传教育活动。强化廉政风险防控,建立完善各项制度263项,建立公示权力流程图70套,从源头上构建了有效防范廉政风险的新机制。全面落实党风廉政建设责任制,继续加强"四个专项治理"。全年共立查各类违纪违法案件67件,处分党员、监察对象67人,挽回经济损失800多万元。开展机关纪律作风整顿,在全县范围内营造了一种风清气正的干事创业环境。

(五)注重加强县委常委会自身建设。常委会始终注重加强学习,坚决贯彻上级党委的决策部署。坚持民主集中制原则,认真落实常委分工负责制,始终坚持总揽全局、协调各方,班子之间、成员之间相互支持、密切协作,形成了思想同心、目标同求、行动同步的良好局面。始终坚持带头落实《廉政准则》,树立领导班子清正廉洁的良好形象。

(吴存永)

附:一、中共灵石县委书记、副书记、常委名单

书　记: 杨　洪(1月任职)
副书记: 吴文胜(6月任职)　骞锋兵
常　委: 岳　泰　刘北亚(6月任职)　王世强
张李虎(5月任职)　郭春林　徐兴民
成建英(女,6月任职)

二、乡镇党委书记、副书记名单

翠峰镇
书　记: 靳亚龙
副书记: 张志亮(5月任职)　温德伟(5月离职)

静升镇
书　记: 李文亮
副书记: 陈晋廷(5月任职)　郝　燕

南关镇
书　记: 赵贞平
副书记: 温德伟(5月任职)　王海忠(5月离职)

两渡镇
书　记: 南　宏(5月离职)　弓建勇(5月任职)
副书记: 侯文斌(5月任职)　降永前(5月任职)
杨　成(5月离职)

段纯镇
书　记: 苏晋华(5月任职)
副书记: 王志琴(5月任职)　武海瑞(5月任职)

夏门镇
书　记: 温耀勤(5月任职)
副书记: 侯文斌(5月离职)　许云峰(5月任职)
燕小军(5月任职)

马和乡
书　记: 梁　诚
副书记: 王海忠(5月任职)　王瑞峰(5月任职)
降永前(5月离职)

英武乡
书　记: 成建英(女,5月离职)　张全亮(5月任职)

副书记：李俊丽（5月任职） 崔建明（5月任职）
钮 明（5月离职）

坛镇乡

书 记：李亚文（5月离职） 陶长义（5月任职）

副书记：钮 明（5月任职） 李玉祥（5月任职）
兰再昌（5月离职）

交口乡

书 记：苏晋华（5月离职） 王 轩（5月任职）

副书记：尹彦强（5月任职） 张能震（5月任职）

梁家焉乡

书 记：赵林旺（5月任职）

副书记：温郎鹏（5月任职） 赵德生（5月任职）
燕晓军（5月离职）

王禹乡

书 记：温志英（5月离职） 赵 裕（女，5月任职）

副书记：王建卫（5月任职） 贺瑞勋（5月任职）

中共榆社县委工作概况

县委书记 梁潞阳

榆社县共有基层党组织484个，其中党委19个、党总支12个、党支部453个。共有党员10734名。

2011年，县委、县政府领导班子统一思想，狠抓落实措施，坚定不移地推进转型跨越，经济社会保持了平稳健康发展；继续推行"大接访"活动，扎实创新网络化社会管理，实现了无进京访和无赴省集体访；四大班子领导和单位领导住村入户，覆盖全县80%的贫困村；同年5月县、乡、村圆满完成了换届工作，全县党员干部始终保持积极进取、勇往直前、狠抓机遇，形成了谋事、干事的工作氛围，进一步推动了全县经济大发展。

主要经济措施：地区生产总值完成22.3亿元，同比增长7.4%；规模以上的工业增加值10.7亿元，同比增长5.8%；财政总收入完成2.9亿元，同比增长17%；城镇居民人均可支配收入13533元，同比增长15%；农民人均收入2934元，同比增长16%；圆满地完成了上级下达的目标任务。

工业：全县规模以上企业工业总产值和主营业务收入分别完成36.4亿元和35.9亿元，均实现两位增长。广生公司总投资1.51亿元，6条高端植物胶囊生产线建成，榆化公司"双20"万吨氯碱复产，榆化、广生两大龙头企业分别新增产值2.4亿元和3000万元，华能榆社电厂配备了煤场扩建等，中小企业健康发展。

农业：大力实施"农业富县"战略，畜牧、蔬菜、林果三大产业格局初步形成。笨鸡饲养量达到126.5万只，新发展蔬菜1023亩，露地蔬菜达到8900亩，新发展核桃经济林8000亩。认真落实惠农政策，发放粮食直补综合补贴1075万元，全县粮食总产量达到6.5万吨，创历史新高。培育省市级"一村一品"专业村25个，"一乡一业"专业乡镇1个，实行4个村、1211人扶贫移民搬迁。

城建、文化、教育、社会等事业：总投资2.9亿元，实施7大类、16项城乡基础设施建设工程。高考达线472人，创历史新高，居晋中市前列。加快科技支撑引导，荣获晋中市科技进步一等奖，九曲黄河阵、工艺美术园林古建筑、晋绣手工技艺录入山西省"非物质文化遗产"保护名录。28所村卫生室建成使用，发放城乡低保金、价格补贴、临时补贴2428万元，为2146名老人发长寿金、优待金42万元。

党建工作：

（一）积极开展创先争优活动。2011年按照"领导做表率，党员争一流、重点抓服务、创优党支部、见效在基层"的创先争先总体目标，进一步加强基层组织，优化发展环境，全县78个窗口单位和3630名服务行业党员做到了亮身份、亮承诺、亮标牌，开展了"为民办实事"活动，县级分管领导、系统党委、乡镇书记都进行了领导点评，做到了点评全覆盖。公开承诺4253件，落实4057件，落实率达95.4%，全年主动上门办理各类事件672件，预约办理495间，延时办理326件，全程代理99件，全县9个乡镇建立45个带领致富试点基地，每村1—2个示范点，培养党员致富明星户420户，农业专业合作社带头人270人。

落实了"四有一奖"承诺落实考核办法，全年272个村两委班子和村干部双承诺事项2148件，完成1993件。6月30日，在省纪念建党90周年暨"七一"表彰大会上，云竹镇东庄村党支部荣获"中共山西省先进基层党组织"荣誉称号。

东庄村党支部书记游德华7月份参照大学生村官管理办法，按全部事业单位工作人员工资标准，终身领取补贴报酬，成为全县第一个因工作实绩突出捧上了"金饭碗"的农村干部。

在开展纪念建党90周年系列活动中，表彰先进基层党组织78个（其中红旗基层党组织7个），优秀共产党员51名，党务工作者10名，授予4个窗口单位"党员先锋岗"称号；开展了"忆党史、讲党史、赞老区"活动；开展了干部下乡住村、包村增收活动，制定发展规划126个，上项目123个，编制就业信息1126条，解决实际问题6138个。

同时完成了9个乡镇、248个农村党支部、272个村换届选举任务。大学生村干部担任主要干部62名，妇女当选村党支部书记30名，涌现出创业致富典型代表21名。

箕城镇北向阳村裴跃冬创办绿之源苗木专业合作社、云竹镇申村陈谘引进番茄树种植等，5名大学生村干部被市委组织部评为"晋中市创业之星"、"市优秀大学生村干部"称号。

(二)以党的执政能力为主线,领导班子、干部队伍得到提升。在领导班子和干部队伍建设上,抓好了县乡换届,人事调查,干部培训,人才建设和档案管理工作,通过换届,交流干部50名,乡镇党政班子成员平均年龄下降为37.8,本科学历占到67.9%,妇女干部选拔达到11名。

同年11月,组织乡镇长举办了为期5天的干部自主选学现代农业专题培训班,邀请了山西财经大学院长、教授马跃进博士,教授王玉珍博士分别讲"加强和创新社会管理"、"资源型经济转型"等专题讲座。着力打造业务精、作风正、纪律严、形象好的干部队伍。

纪检工作:一年来,纪检监察机关紧紧围绕党的中心工作,服务大局、关注民生、执法为民,以干部作风建设为重点,狠抓党风廉政建设。

(一)确保县乡党委、村委换届工作。加强监督检查,公布了12380、6622901等举报电话,设立举报箱,及时受理反映违纪问题。各乡(镇)设立纪检监督信访接待室,同时选派13名党员干部深入河峪乡27个村参与换届选举工作,

(二)加强监督检查,服务社会能力进一步提高。对2010年以来工程建设项目全面排查,37个重点工程建立台账。开展农作物良种补贴、中小学校等21项惠民专项资金检查、检查金额39032.87万元。开展食品安全监督检查9次,下发责令整改通知10份等。

(三)狠刹三股歪风,整体联动,深入推行干部作风建设。本年,把干部作风建设纳入绩效考核,严格实行了"一票否决"制,把12月定为全县纪律作风集中教育整顿月,在机关开展"治庸、治懒、治散"政治活动,干部作风有了很好转变。同时公开投诉电话,特邀监督员、畅通投诉举报途径,实行党政领导干部电视网络晒"工作日记"制度,集中清理公职人员拖欠信用社贷款。

(四)严肃执法、依法办案。2011年纪检监察机关考查案件83件。县纪委办案35件,其中大要案件22件,党政纪处分83人,撤职以上重处分9人,挽回经济损失1013.86万元。

开展专项治理,严格规范开展公务用车专项治理工作,坚持党务公开、政务公开、村务公开。同时密切关注民生,严格换届选举纪律,加强纪律作风教育整顿。与新闻媒体举办《政风行风面对面》、《政风关注》等栏目。

晋中市电视台《廉政聚焦》栏目连续播放榆社党风廉政建设专题栏目,《晋中日报》专刊报道了榆社基层信访百日大会战活动等。组织党政干部1000多人参观了县博物馆红色记忆大厅,"七一"全体纪检干部到革命圣地西柏坡接受革命传统教育。12月21日举办了"推进转型跨越、实现人生价值"主题演讲比赛。同时,协调民政部门向贫困户发放援助金等达2万元,积极开展知民情、暖民心、解民忧活动。

(常彩萍)

附:一、中共榆社县委书记、副书记、常委名单

书　记:曹　煜(1月离职)　梁路阳(1月任职)

副书记:卫明喜(5月离职)　贾尚明(5月任职)
连艾青(5月离职)　侯文亮(5月任职)

常　委:任五刚(5月离职)　郭晓红(5月任职)
宁建明(6月离职)　刘艳萍(女,6月任职)
王双寿(5月离职)　赵　宏(6月任职)
张晋平　王宏昌　廖　勇(6月离职)
郭志平(6月任职)

二、乡镇党委书记、副书记名单

箕城镇

书　记:王宏斌(5月离职)　田志银(5月任职)

副书记:马建飞(5月离职)　杨晓东(5月离职)
杨林海(5月任职)　王俊青(5月任职)

云竹镇

书　记:冯新民(5月离职)　贾旭峰(5月任职)

副书记　张建军(5月离职)　贾旭军(5月离职)
裴庆林(5月任职)　赵俊平(5月任职)

郝北镇

书　记:裴俊山(5月离职)　徐奋江(5月任职)

副书记:徐奋江(5月离职)　陈艳花(5月离职)
陈　军(5月任职)　贾旭军(5月任职)

社城镇

书　记:张耀元(5月离职)　白建勋(5月任职)

副书记:张　童(5月离职)　王　芳(女,5月任职)
李　莲(女,5月任职)

河峪乡

书　记:郭跃清(5月离职)　张建军(5月任职)

副书记:贾旭峰(5月离职)　赵俊平(5月离职)
石余忠(5月任职)　杨秀龙(5月任职)

西马乡

书　记:贾建生(5月离职)　马　俊(5月任职)

副书记:闫跃文(5月离职)　王　芳(5月离职)
赵培良(5月任职)　李　军(5月任职)

北寨乡

书　记:岳献斌(5月离职)　闫跃文(5月任职)

副书记:白建勋(5月离职)　王俊飞(5月离职)
程艳花(女,5月任职)　李水清(5月任职)

兰峪乡

书　记:田志银(5月离职)　田　飞(5月任职)

副书记:刘晓青(女,5月离职)　李俊峰(5月离职)
李星海(5月任职)　张晓波(5月任职)

讲堂乡

书　记:王晓峰(女,5月离职)　贾永胜(5月任职)

副书记:马　俊(5月离职)　邢建林(5月离职)
王俊飞(5月任职)　申　艳(女,5月任职)

城管委

书　记:李天亮

副书记:赵宏峰　张卫军

中共左权县委工作概况

县委书记　王　兵

2011年，左权县委创新工作思路，矢志转型跨越，团结带领广大党员干部群众，紧紧围绕“加快老区崛起，再造两个左权”的宏伟目标，全力实施“十二五”规划，加快建设能源工业强区、核桃产业大县、山水宜居名城、特色旅游胜地、和谐幸福家园，全县经济社会继续保持良好发展势头。

一、深化改革创新，党的建设不断加强

县委始终坚持以执政能力建设和先进性建设为主线，充分发挥各级党组织的领导核心作用、领导干部的表率带头作用和广大党员的先锋模范作用，不断提高党的建设科学化水平。

（一）干部学习培训扎实开展。坚持以中心组学习为龙头，依托北京中青班、浙江大学培训基地、清华远程教育等平台，采取“请进来教、送出去学、全方位培”等形式，不断强化干部学习培训。第一时间组织全县领导干部学习十七届六中全会、省十次党代会、市三次党代会等会议精神。组织党政干部到太原、孝义等地学习考察，对标先进，寻找差距、借鉴经验。掀起“解放思想大讨论”热潮，查找束缚自身发展症结，积极寻求破解之道。通过学习培训，进一步提升了理论素养，增强了工作能力，激发了干事热情。

（二）创先争优活动卓有成效。广泛开展了“三亮三比三创三评”活动，全县学先进、争先进、当先进氛围日益浓厚，涌现出一大批先进集体和优秀个人。左权县建立的“一卡一薄”制度深化创先争优活动的做法受到了中央创先办的充分肯定，并以《简报》形式印发全国予以推广。

（三）固本强基“十大工程”稳步推进。通过实施“领航舰队”、“优化组织”、“阵地覆盖”、“阳光党务”、“关爱帮扶”等十大工程，逐步完善了“一定三有”农村干部激励保障机制，进一步提高了“一肩挑”和“交叉任职”比例，完善了村级活动场所配套设施，全面推行“四议两公开”工作法，对119名建国前老党员发放了生活专项补贴，对100名困难党员进行了慰问。

（四）地企联合工委开创新路。积极探索、勇于创新，在全省第一家组建了地企联合工委，创新了党建模式、搭建了地企交流平台，同时还维护了社会稳定，推进了项目建设，受到了市委肯定、社会好评、企业欢迎和员工认同，被《山西日报》称为“另一种资源整合”的创新性产物。

二、加强民主集中，干部选拔任用风清气正

坚持和健全民主集中制，深入推进民主政治建设，严格执行民主推荐、民主测评等制度规定，着力构建科学规范的选人用人机制，营造公正民主的良好氛围。

（一）认真贯彻民主集中制原则。一是坚持重大问题集体讨论决定制度。凡是涉及经济社会发展全局的重大决策、重大项目安排、大额资金使用等，都充分发挥班子成员和基层干部的智慧，严格按照民主集中制的议事程序和规则，实行集体决策。二是坚持集体领导与个人分工负责相结合的制度。在坚持集体领导的同时，班子成员独立负责地开展职责范围内的工作，人人联乡包村，包抓重点工作、重点项目、重点信访案件等，实现抓点带面，推动全局。三是坚持民主生活会制度。认真落实上级党委指导下级党组织民主生活会制度和每半年一次的民主生活会制度，按照上级规定的内容对照检查，开展积极的思想斗争和批评与自我批评，着力提高班子解决自身问题的能力。四是坚持党政联席会议制度。由县委牵头，每半月召开一次县委常委、副县长及县人大主任、县政协主席参加的党政通气会，通报上半月全县经济社会发展的重要情况、重要工作进展，以及中央、省市的重要活动、指示精神，听取各参会人员下半月的主要工作安排，讨论研究有关重要事项和问题，对全县近期内的重要工作进行安排部署。五是坚持工作情况通报制度。每半年向县人大代表、政协委员、离退休老干部通报一次党委、政府主要工作，及时向社会公开重点工作进展情况，广泛征求意见，虚心接受监督。

（二）不断完善民主政治建设。切实加强和改善党对人大、政协工作的领导，支持人大及其常委会依法履行职责和行使职权，支持人民政协发挥政治协商、民主监督和参政议政作用，民主政治建设取得了新进步。坚持党管武装原则，人民武装工作继续保持良好势头。“五五”普法成效明显，“六五”普法全面启动，依法治县迈上新台阶。工会、共青团、妇联等群团工作均取得新成绩。

（三）着力规范干部选任管理。在干部选拔任用过程中，严格执行《党政领导干部选拔任用条例》、“5+1”文件及中组部、省委有关规定。在县乡集中换届过程中，坚持教育在先、警示在先、预防在先，将严肃换届纪律、保证换届风清气正贯穿始终。换届前，与乡镇班子成员共99人进行了专题谈心谈话；向参加推荐的“两代表一委员”共计2400余人发放了严肃换届纪律函，向全县1600多名股级以上干部印送了“5个严禁、17个不准和5个一律”的换届纪律提醒卡。省、市委组织部对左权县换届纪律教育宣传工作予以充分肯定，并将有关做法向中组部做了推荐介绍。5月份，完成了乡级换届，同时对部门领导进行了调整，共涉及干部137人。6月份，完成

了县级换届,共调整干部12名。另外,农村“两委”换届工作也已完成。整个换届工作得到了群众、干部、上级的一致好评。

三、完善惩防体系,党风廉政建设和反腐败斗争常抓不懈

坚持标本兼治、综合治理、惩防并举、注重预防的方针,认真执行党风廉政建设责任制,始终把反腐倡廉建设摆在重要位置,着力解决人民群众反映强烈的突出问题,围绕中心、服务大局,突出重点、整体推进,全县党风廉政建设和反腐败斗争取得明显成效,为改革发展稳定提供了坚强保证。

(一)保持强劲势头,严厉查处各类违纪违法案件。一是在社会各界人士中聘请了60名党风政风行风监督员,通过他们收集人民群众反映强烈的热点焦点问题,从中排查案件线索。二是继续实行协作办案、联查联审、办案日志等行之有效的制度,完善案件考核办法,依纪依法文明办案。三是查办案件之后,有针对性地及时开展警示教育,增强了教育的说服力。2011年,共立查各类违法违纪案件54件,处分党员和监察对象98人,其中乡科级领导干部13人。给予党内警告处分22人,党内严重警告处分34人,撤销党内职务4人,留党察看一年4人,留党察看两年2人,开除党籍9人,行政警告8人,行政记过1人,行政记大过1人,行政降级3人,行政开除3人,其中受双重处分4人。通过办案为国家和集体挽回经济损失222余万元。

(二)加强监督管理,认真落实党风廉政建设责任制。一是制定出台《2011年党风廉政建设和反腐败工作任务分解意见》,将54项党风廉政建设任务分解落实到了县级党政领导班子成员和各牵头、配合单位。二是深入贯彻落实《廉政准则》和《廉政准则实施办法》,加大对党员干部和公职人员大操大办婚丧喜庆事宜及赌博等明查暗访力度。副科以上领导干部全部签订了不大操大办婚丧喜庆事宜、不参与赌博承诺书。三是深入开展廉政风险防控机制建设活动,全县排查出廉政风险点9193个,着力构建廉政风险防控长效机制。四是连续五年由县委常委带队对党风廉政建设责任制进行考核,党风廉政建设责任制得到全面贯彻落实。

(三)开展宣传教育,狠抓党员干部作风建设。结合省纪委“整肃工作纪律”专项行动“回头看”、纪律作风集中教育整顿月等活动,狠抓党员干部作风建设,对5名机关工作人员实施了责任追究。同时,在全县范围内广泛开展多种多样的反腐倡廉宣传教育活动,从根本上提升了广大党员干部的拒腐防变意识。 (韩文跃 王炯锐)

附:一、中共左权县委书记、副书记、常委名单

书 记: 王 兵

副书记: 刘 娟(女,5月任职) 赵宏钟(1月任职)

常 委: 吴文胜(5月离职) 郑春华 郭午生
韩 军 苟富杰(5月任职)
程俊斌(6月任职) 梁生仁(6月离职)
杨建功(6月任职) 李左红

二、乡镇党委书记、副书记名单

石匣乡

书 记: 陈建国

副书记: 程利宏 冯聪斌

龙泉乡

书 记: 吕爱鸿

副书记: 赵治宏 赵淑萍(女)

桐峪镇

书 记: 张文伟

副书记: 秦国英(女) 李 海

麻田镇

书 记: 崔 波

副书记: 巨晓华 李振国

寒王乡

书 记: 王东光

副书记: 王 飞 张东庆

辽阳镇

书 记: 张生桥

副书记: 张俊恩 侯军华

粟城乡

书 记: 裴丽华

副书记: 申继红

芹泉镇

书 记: 张彦红

副书记: 张 勇 禹俊新

羊角乡

书 记: 张雪东

副书记: 刘德荣 王云田

拐儿镇

书 记: 张雪平

副书记: 程振华 张建强

中共和顺县委工作概况

县委书记　孙永胜

2011年，和顺县共有14个党委，2个派出工委，21个党总支，528个党支部。共有党员10661名。

一、创新思路，扎实工作，经济社会发展呈现良好态势

县委牢固树立“和民心、顺民意”的执政理念，以“四化”（工业新型化、农业现代化、县域城镇化、城乡生态化）为引领，紧紧围绕“打造五地两区（新型能源化工基地、绿色农畜产品生产加工基地、煤炭物流基地、文化旅游避暑休闲目的地、环境优美社会和谐宜居地；新兴产业集聚区、循环经济示范区）、山西东大门建设、百亿和顺”战略目标，创新思路，扎实工作，经济社会发展呈现出“总量增大、投资增速、转型加快、民生改善、后劲增强”的良好态势，顺利实现了“十二五”的良好开局。全县地区生产总值完成35.4亿元，财政总收入9.0668亿元，增幅全市第一。城镇居民人均可支配收入13802元，人均纯收入3334.7元。

三大产业支撑带动，全县经济增长势头强劲。新型工业方面，2011年，投资10.03亿元实施了9个骨干矿井的升级改造，全年完成煤炭产量750万吨。开工建设了洗煤、煤矸石砖厂、瓦斯发电等一批重点项目。加快非煤接续产业培育，阳煤集团百万吨尿素一期工程完成投资10.9亿元；银圣化工硅钢镁项目竣工投产。工业增长方式加快转变，全面完成节能减排任务目标。现代农业方面，针对“9.18”冰雪灾害、粮食减产46.7%的不利影响，及时加大投入力度，通过一产损失二、三产补，工业反哺农业等措施，实现了粮食减产农民不减收的目标。全县“三农”投入达到5.02亿元，同比增长38%。完成设施蔬菜建设4020亩。发展订单农业2.5万农户，户均增收1150元。“和顺肉牛”被国家质检总局认证为国家地理标志保护产品。龙旺肉牛屠宰车间生产线安装到位。天和公司供港肉牛570头。东泰、德牧、大友等肉牛育肥企业竣工投产。新建、改造肉牛标准化养殖园区17个，五头母牛养殖户达到2750户，养牛户人均收入1410元。文化旅游方面，2011年，合山、太行龙口、阳曲山等景区景点完成投资2.3亿元，八路军石拐会议纪念馆正式对外开放。成功举办首届乡村文化艺术节和第五届牛郎织女文化节。全县旅游综合收入达到1.4亿元，带动了第三产业蓬勃发展。

项目建设夯实了经济基础，积蓄了发展后劲。2011年，全县35个市级重点项目全部开工建设，开工率100%，完成投资28.89亿元，占年度投资计划的105.4%。与此同时，积极开展招商引资活动，引进煤层气新型工业化利用示范区、物流中心建设、煤机维修制造、粮食加工等8个项目，总投资172.5亿元，完成年度招商引资计划的215.6%。完成了西大街翻修续建、清漳河河道治理、永和南公园建设。县城沿街单位、门店拆墙透绿工程完成拆除建筑面积1.2万平方米。投资5670万元，全县37个新农村建设试点村和示范村安装了太阳能路灯、太阳能热水器，实施了河道治理、荒山绿化、街道硬化、养牛园区、综合文化室建设等工程。投资9200万元，完成街道硬化129万平方米。汾邢高速和顺段工程完成投资1.58亿元，阳左高速和顺段工程完成投资3.59亿元。恋思水库大坝封顶。投资1.58亿元，实施了农村安全饮水、水保工程、河道治理等重点工程。投资2957.82万元，实施了10大造林绿化工程，造林面积3.19万亩，绿化村庄47个，创建了省级生态乡镇1个、省级生态村1个、市级生态村2个。

二、集中力量办惠民实事，民生工程取得新进展

县财政用于民生的支出达到3.12亿元，同比增长22%。率先在全市完成农村新“五个全覆盖”工程建设任务。新增城镇就业人数1683人。开发公益性岗位255个。新型农村合作医疗参合率达到97.03%。城乡低保覆盖面逐步扩大。全县9所乡镇敬老院全部投入使用，五保供养实现应保尽保。投资近2亿元，新改扩建了24个中小学校，消除危房5.57万平方米。和顺一中高考达线增长幅度全市第一、达线人数同类校第一。实施了中医院新建和40所村卫生所、4所乡镇卫生院标准化建设项目。完成保障性住房1066套，改造农村危房500户。落实城乡居民冬季供暖用煤约4万吨。投入各类扶贫资金3276.2万元，受益贫困人口6500人。加强社会管理网格化建设，投资345万元，初步形成了社会管理网格化监管网络。深入开展安全生产打非治违活动，狠抓护林防火，加大隐患排查整改力度，全年安全生产形势平稳。

三、求真务实，奋力开拓，党建工作取得了丰硕成果

以县乡换届为契机，优化结构，提升素质，领导班子和干部队伍建设得到新加强。

结合本县实际，制定了具有较强针对性、指导性和操作性的换届工作方案，确保了全县10个乡镇换届选举一次成功，保证了党代会、人大会、政协会的胜利召开，高票选举产生了新一届的县级领导班子。始终把从严管理干部贯穿于干部工作全过程，落实了从严管理干部十项制度，并把廉政建设、纪律作风建设作为干部管理的重要内容，保证了干部队伍的先进性；始终以营造风清气正的换届环境为主线，以提

前预防、事前监督和正面教育为主，严格执行了领导干部重要事项通报和报告制度，开展了严厉整治干部选拔任用工作中行贿受贿行为活动，促进了干部监督工作的常态化、深入化。分类培训，注重实效，提升了干部队伍整体素质。以提高干部素质能力为核心，以提升干部教育质量为目标，在培训内容和形式上求新、求实、求精，扎实开展了干部培训工作。完善方案，构建体系，推进了目标责任制考核工作。先后制定印发了《全县经济工作、农村工作评奖方案》、《评奖工作加减分实施细则》。同时，成立了考评小组和考评工作联络组，加强联络，强化监督，确保了考评工作的顺利开展。先后完善出台了《和顺县乡镇2011年度目标责任考核办法》、《和顺县县直单位2011年度目标责任考核办法》、《和顺县2011年度银行金融机构支持县域经济发展目标责任考核办法》，使目标责任制考核工作更加科学全面，更具实效性和针对性，更加突出了导向作用。在换届工作中，县委坚决摈弃"小范围"、"窄视野"，充分发扬民主，进行了多层次、大范围、广渠道的民主推荐。在县一级，先后组织了县四大班子民主推荐乡镇主要领导，县委全委扩大会无记名投票定向推荐乡镇党委书记、乡镇长、乡镇副书记和优秀年轻干部；在乡一级，进行了全额定向推荐，最大程度地把握了民意，为选人用人储备了"人才库"。扩大民主，竞争选拔，改进了干部选任方式。通过"两考一推一票决"的程序，即在集中考试、全面考察、县委全委扩大会投票推荐、县委常委会差额票决，产生了8名乡镇副职人选。并在大学生村官中公开遴选了1名乡镇副职，实现了从"少数人中选人"到"多数人中选人"的转变，提高了选人用人公信度。采取"三讲两推一直选"的方式，按照公选报名、资格审查、实地调研、竞职演讲、差额票决和乡镇直选等九个程序步骤，公推直选了马坊乡党委书记。对任满两届的党政班子科级领导干部和同一乡镇不同岗位任副科级实职10年以上的党政科级领导成员有计划地进行了交流、5年以上的大部分进行了交流，合理配置了人才资源，增强班子功能和队伍活力，促进了干部健康成长。

全县基层党建工作紧紧围绕全县工作大局，坚持整体推进、改革创新、突出重点、强化落实，进一步提升了基层党建整体水平。突出特色，体现实效，大力开展了创先争优活动。活动围绕"转型跨越"这一主题，实施了"领导干部领先、基层党组织创先、共产党员争先"的"三先"工程，扎实开展了"五比五创"和"五个一"活动，建立了"三定三考三评"推进制度，特别是在职能部门和窗口单位开展了"三亮三比三创三进"活动，同步建立了领导点评、交流汇报、观摩检查、督导落实、考核评议、舆论宣传等多项制度，保证了活动实效。精心组织，强化措施，圆满完成了村级组织换届工作。下发了《关于进一步开展干部下乡住村活动引深"三联五帮"城乡共建工作的通知》，并印发了干部下乡住村活动民情日记记录簿，同时，把干部下乡住村、引深"三联五帮"情况列入年度目标责任考核中，作为考核班子、考核干部的重要依据，推进了活动开展。县、乡两级把推行"四议两公开"制度纳入基层党建整体布局，出台了工作方案和实施细则，并建立了示范点和领导包点联系制度。针对督查调研中发现的问题，重点围绕推行"三定双评四议三公开"机制，组织精干力量，深入各乡镇召开了制度再培训会议，促进了机制的规范运行。制定出台了《关于进一步加强大学生村干部管理的意见》，不断优化了大学生村干部管理，强化培养锻炼，先后成功举办了以"凝智转型、聚力跨越"为主题的第二届大学生村官论坛、第二批大学生村官SYIB培训、国家扶贫协会组织的创业专题培训、农业实用技术培训班、"三定双评四议三公开"制度培训，有力地提高了大学生村干部的思想政治素质和综合能力；继续实施"三扶双带"助推工程，深入推进大学生村干部创业，使全县大学生村干部兴办、领办、合办、参与创业项目达到38个，项目总投资达到2869.4万元。特别是通过村级组织换届，30人当选为"两委"正职，78人担任了副书记，124人担任了村委副主任，66名大学生村干部加入了中国共产党，改善了农村班子面貌，增强了班子活力，为新农村建设提供了人才支撑。进一步健全落实了基层党建责任制，完善了党建工作体系。继续实施"两保一奖三考核"村干部管理机制，完成了2010年度农村干部实绩考核和2011年1—3季度补贴的审批发放工作。加强了非公企业党建工作，成立了非公有制经济组织工作委员会，全年新建非公企业党组织10个，共发展党员310名，并进一步完善了党员信息库和党员档案整理工作。认真做好党建日常积分考核工作，每月对各党(工)委党建工作任务完成情况进行一次通报。大力开展纪念建党90周年系列活动，先后组织了"党建图片展"、"主题生活会"、"专家讲座"、"红色暖人心"等13项主题活动，增强了党建活力，发挥了党建效应。

以"双千双百"工程为引领，落实政策，健全机制，人才工作迈出新步伐。建立人才开发专户，设立了"和顺县人才开发基金"，加大了人才开发、培养、激励的经费保障，兑现了人才政策待遇，充分调动了各类人才的工作热情，促进了人才的作用发挥。严格执行《和顺县乡镇党委联系优秀人才选拔管理暂行办法》和《和顺县县级领导联系拔尖人才、优秀人才工作实施方案》，完善人才服务发展机制，鼓励人才干事创业。以"双百双千"人才工程为引领，积极组织六个专业学术研讨小组开展学术交流、课题研究、技术推广、技术咨询等，并定期深入农村、企业等开展下乡服务，帮助解决一些技术上的难题。同时，加大对人才的工作、学习、课题研究、项目实施等情况的调研督查力度，对优秀人才、拔尖人才或专业学术研究小组的课题研究及项目实施情况进行了跟踪管理和绩效考核，激发了人才工作内动力。

(马志清)

附：一、中共和顺县委书记、副书记、常委名单

书　记： 孙永胜

副书记： 杨建平(6月离职)　马海军(6月任职)
宋有林(6月离职)　赵成武(6月任职)

常　委： 杨治国(6月离职)　韩祥书(6月任职)
李保安　冀建军(6月离职)

田忠贵(6月任职) 陈建平 高中华
刘晶朋(12月离职) 任拥东(12月任职)
韩 亮(6月离职) 刘素英(6月任职)

二、乡镇党委书记、副书记名单

义兴镇
书 记: 李敬忠
副书记: 王向东(5月离职) 李英忠(5月离职)
冯建萍(女,5月离职) 郝瑞斌(5月任职)
乔 勇(5月任职)

李阳镇
书 记: 翟树森
副书记: 袁瑞军(5月离职) 徐晓林(5月任职)
吴 鹏(5月任职)

松烟镇
书 记: 王雪琴(5月离职) 冯乐天(5月任职)
副书记: 郝瑞斌(5月离职) 王爱斌(5月任职)
赵世明(5月任职)

青城镇
书 记: 柳建斌(5月离职) 李 明(5月任职)
副书记: 刘玉堂(5月离职) 唐志斌(5月离职)
王 勇(5月任职) 王永胜(5月任职)

横岭镇
书 记: 付艳红(5月离职) 宋瑞斌(5月任职)
副书记: 李中瑞(5月离职) 王 勇(5月离职)
张晓瑞(5月任职) 赵建国(5月任职)

平松乡
书 记: 张晋平(5月离职) 李中瑞(5月任职)
副书记: 冯乐天(5月离职) 李 虎(5月任职)
郑耀文(5月任职)

喂马乡
书 记: 路建斌(5月离职) 刘彦云(5月任职)
副书记: 李 明(5月离职) 王爱斌(5月离职)
郭 庆(5月任职) 刘海鹏(5月任职)

牛川乡
书 记: 路富庆(5月离职) 柳建斌(5月任职)
副书记: 薛卯庆 徐力峰(5月任职)

马坊乡
书 记: 刘彦云(5月离职) 韩永军(5月任职)
副书记: 韩永军(5月离职) 张玉明(5月离职)
白 研(5月任职) 牛 振(5月任职)

阳光占乡
书 记: 宋瑞斌(5月离职) 田 芳(5月任职)
副书记: 徐晓林(5月离职) 曹志荣(5月离职)
唐志斌(5月任职) 周建红(5月任职)

中共昔阳县委工作概况

县委书记 刘润民

2011年，昔阳县委以科学发展观为指导，以学习弘扬践行大寨精神为主线，以转型发展、赶超发展为主题，以"三大战略"为统领，积极发挥领导核心作用，突出抓了事关全局发展的三件大事：

一是胜利召开县十四次党代会，进一步明确了昔阳"十二五"发展的总体思路。年初经济工作会议之后，由四套班子主要领导牵头，在全县进行了为期三个多月的"十二五"发展战略大调研活动，形成了10大类30多个调研成果。在集中宣讲、认真论证、广泛征求意见的基础上，确立了以学习弘扬践行大寨精神为主线，以转型发展、赶超发展为主题，以做大经济总量、优化发展质量为目标，全力实施"大县城、大大寨、大项目"三大战略，强力推进"新型工业强县、特色农业大县、文化旅游名县、生态宜居新县"四县建设，着力落实"城乡统筹、民生优先、基础建设、改革创新、环境创优"五大保障、努力建设民富县强、人和政通、山川秀美、人民幸福自豪新昔阳的"十二五"总体发展思路。

二是学习弘扬践行大寨精神，坚持用大寨精神打造昔阳发展的核心竞争力。大寨精神是昔阳宝贵的精神财富。县委通过认真的调研和总结，出台了《中共昔阳县委关于学习弘扬践行大寨精神的意见》，明确提出了要把"敢字当头、迎难而上、奋勇争先、争创一流"的大寨精神作为当前紧迫而重大的政治任务，贯穿于全县工作的方方面面。坚持用大寨精神解放思想。先后组织十二次集中教育培训，聘请专家、学者、教授为全县广大干部授课，提升了各级干部领导科学发展的能力；组织了赴镇江学习考察活动，开阔了各级干部的视野。坚持用大寨精神转变作风。开展了声势浩大的干部住村包扶"十个一"活动，全县600余名干部人人包村，帮民解困致富，与老百姓同吃同住同劳动，在基层实践中锤炼了作风，密切了干群关系。坚持用大寨精神坚定发展信心。把学习弘扬践行大寨精神作为一条红线贯穿于全县工作的方方面面，用大寨精神鼓舞干劲，用大寨精神攻坚克难，用大寨精神打造昔阳发展的核心竞争力和文化软实力。

三是圆满完成县乡村三级换届工作，形成了团结奋进的政治局面。一年来，县委认真贯彻中央和省、市关于集中换届的统一部署,围绕转型赶超发展选干部、用人才。在用人标准上,坚持"一看人品、二看能力、三看群众公认度",一大批勤政、廉政、心中装有老百姓的优秀年轻干部被选拔到了重要岗位上;在用人程序上,严格遵循《干部选拔任用条例》,实行"两轮推选,实名推荐"的工作程序,保证了换届的公平、公正、高效,率先在全市完成了换届选举工作;在换届纪律上,早部署、早预防、严要求,杜绝了跑官要官、拉票贿选、走风漏气等不良现象。县十四次党代会选举产生了新一届县委班子,所有提名人选都是全票或高票当选。12个乡(镇)长中,35岁以下的占三分之一,每个乡(镇)至少有一名30岁以下的副职,县直机关一把手交流达80%以上,解决了干部年龄、知识结构不合理的突出问题。第九届村委会换届选举在健康、有序、平稳的氛围中顺利完成。三级换届,换出了活力,换出了正气,换出了干劲,取得了组织满意、干部满意、群众满意的良好效果。

在抓大事的基础上,昔阳县从六方面统筹推进全县各项工作。

一、"三大战略"初见成效。"三大战略"是实现转型赶超的必由之路,是推进新昔阳建设的战略平台。

第一是"大县城"战略。围绕"一城两翼三镇十二中心村"布局,加快统筹城乡发展。加速城市扩张。按照"东拓外延"的思路,把县城周边的16个村纳入到大县城管辖范围;加快人口集聚,近6.1万人逐步由农村向城市过渡,拉开城市框架,打通了新东新西街,改造了春风路,形成了"二纵二横一环"的城市空间布局。完善城市功能。投资2460万元对县城集中供热、供气、供水等工程管网进一步延伸,投资8000多万元的新建昔阳中学即将竣工。总投资8亿元的县医院、文化体育活动中心、滨河公园、城市生活垃圾处理厂等公共基础设施全面完工并向市民开放。注入城市文化元素。进一步丰富了红旗一条街内涵,加快修缮昔阳古城和明清时期民居的进度,投资500万元建设了全周文化园,投资1300余万元完成了昔阳博物馆建设,投资6000多万元对县城新建路、新西街等主要街道进行了亮化改造,城市品味进一步提升。

第二是"大大寨"战略。县委把"大大寨"战略作为昔阳走向全国,搏击市场、实现城乡统筹发展的"一号"工程,努力在"大"字上作文章。一是扩大范围。把大寨周边乡村、农业学大寨时期的老典型和新农村建设示范村纳入了"大大寨"建设范畴,加快互助融合发展。二是扩大内涵。由国家开发银行牵头的"大大寨"总体规划(初稿)已经完成,大寨循环经济工业园区正在申报,中国农民节(中国农特产品交易中心)、大寨干部学院、中国农业博物馆、现代农业观光园、中国农科院农副产品研发基地、劳模广场等项目进入选址阶段。投资4000多万元的大寨展览馆改扩建工程、大寨文化演艺厅等八项工程已竣工并投入运营。"大大寨"发展的支撑点不断丰富,基础不断夯实。三是扩大影响。用大寨品牌来包装和营销昔阳产品,打好叫响"大寨"品牌。目前,用"大寨"冠名的农副产品达到60多种,全国农特产品"大寨标准"商业化操作有效推进。

第三是"大项目"战略。围绕"一年打好基础、两年上大项目,三年要见成果"的工作目标,全县共引进新项目31个,总投资257.5亿元,开工项目29个,资金到位25.3亿元,资金到位名列全市前列。全县"十二五"储备重大项目80个,总投资600亿元,其中储备2012年重点项目48项,总投资186亿元。特别是投资3.5亿元的松溪供水工程已经开工,投资5.3亿元的工业园区连接线在发改委、交通厅已经立项,增减挂钩试点县已经批复,投资7.2亿元的500千伏变电站已经上报国家电网总公司,晋煤铝合金、阳煤电石、京煤合成氨、国投煤矸石发电、天能太阳能发电、大唐风力发电、富邦瓦斯发电、华通铁氧新材料、丰汇新型玻璃、国瑞煤层气液化等项目正在积极推进。

二、经济运行平稳向好。着眼于确保"十二五"取得良好开局,县委、县政府适时研究经济工作,加强对经济工作的领导,坚持抓投资、上项目、调结构,年初确定的各项目标任务全部完成和超额完成。财政总收入突破了10亿元大关,达到了10.04亿元。各项经济指标均以两位数的增幅增长。在工业上,围绕"煤电气化"四大支柱产业,做好升级改造文章,努力做大煤炭、做好电力、做强化工、做长煤层气。在农业上,以推进"西菜东果"战略为重点,实施了"蔬菜干果、玉米丰产、规模养殖、农副产品加工"四大特色产业扶持工程,粮食实现丰年丰产,总产量达到14万吨,比上年增产2.2万吨,蔬菜种植面积达到2.3万亩,设施蔬菜大棚面积突破1000亩,核桃种植面积达到10万亩,规模养猪突破50万头,厚基伟业农牧科技、松溪河食品、大寨农业开发等一大批农业龙头企业迅速成长壮大,农业基础产业的规模效应逐步显现。在基础设施建设上,全面完成新的"五个全覆盖工程"的基础上,做好"水、电、路"三篇文章,投资3.5亿元的松溪供水工程已经开工建设,西水东调部分利用工程、娘子关引水工程已进入实质性操作阶段,阳左高速公路昔阳段加紧建设,投资7.2亿元的500千伏变电站已经上报,经济发展的基础进一步夯实。

三、社会管理实现突破。县委以创新社会管理为重点,在社会管理的诸多领域实现了新的突破。"网格化"管理服务体系基本建立。作为晋中网格化社会管理试点县之一,昔阳把社会管理创新作为化解社会矛盾和构建和谐社会的重要抓手,先后投资600万元组建了网格化社会管理监督指挥中心,完成了数字化平台建设,建立了网格化管理队伍,在全县形成了"县委领导、政府负责、社会协同、公民参与"的社会管理新格局。网格化管理推行以来,全县共有效处置各类事件隐患1016件,社会管理水平显著提升,社会稳定局面得以巩固。

四、社会事业全面进步。一年来,昔阳以教育、医疗、社会保障等为重点,在民生改善方面做了大量工作。在教育方面,加大教育投入,投资8500多万元,实施了中小学校舍安全改造,新建了昔阳中学。加大教育资源整合力度,在2010年撤并中小学的基础上,2011年又撤并安平中学、闫庄中学、三都中学等十二所中小学,初步实现了集中办学、规模办学;加大教育惠民力度，筹资876万元，启动了“壮苗行动”，为全县6000余名寄宿制学生每天提供一颗鸡蛋一袋牛奶。在社会保障方面，投资2.3亿元，建设保障性住房1096套10.89万平方米，解决老百姓住房难、买房难的问题。全年发放城乡低保、五保和社会救助等各类救助资金3800多万元，涉及1.78万余户2.86万余人，基本实现了应保尽保。实施温暖工程，认真落实省委、省政府户均一吨“爱心煤”和优惠购买半吨煤政策，政府埋单为全县供煤6.6万吨，解决了老百姓冬季取暖的问题。在就业方面，出台了《昔阳县关于促进全民创业和加快民营经济发展的若干意见》，为新办个体户每户补助1000元，新办私营企业奖励3000元，鼓励全民创业就业。在医疗方面，加大推进医疗改革和医疗投入，新农合和新农保覆盖面达到98%以上。

五、民主政治扎实推进。高度重视常委会自身建设。坚持把学习作为推进工作的重要抓手，全年共组织了13次中心组学习，及时传达学习了中央和省、市的方针政策和重大决策。认真贯彻民主集中制，坚持重大问题集体讨论，集体决定，落实干部人事任免相关规定，实行人事任免常委会票决制。与此同时，常委会坚持总揽全局、协调各方，充分发挥人大、政协和群团组织的重要作用，积极推进社会主义民主政治建设。坚持和完善人民代表大会制度，支持人大及其常委会依法履行职权，保障人大代表依法履行职责，开展各种视察和调研活动。坚持和完善中国共产党领导的多党合作和政治协商制度，支持政协围绕团结和民主两大主题，履行职能，发挥作用，努力实现人民政协工作制度化、规范化。坚持在重大决策前主动协商，工作实施中及时通报，支持政协对重点工作和群众关心的热点、难点问题进行视察和调研。

六、党的建设得到加强。一是加强干部队伍建设。按照“一看人品、二看能力、三看群众公认度”的选人用人标准，积极推进干部人事制度改革，大胆探索公推直选、竞争性上岗、凡进必考的用人新举措。一年来，共提拔干部63人，公开选拔干部10人，平级交流79人。同时，积极探索干部培训、挂职和交流任职等机制，加强了对后备干部的培养锻炼。二是加强基础组织建设。圆满完成村委换届选举工作，截至年底，全县共有12名大学生村干部和8名妇女干部担任村党支部书记。335个村委会全部完成换届选举，其中4名大学生村干部、7名妇女干部担任村委会主任。不断加强非公经济党组织建设，全县非公有制企业党组织总数达到21个。与此同时，在机制建设上，不断拓展“两保三带四规范”农村党建新机制，农村基层组织建设得到不断加强。三是加强干部作风建设。大力学习弘扬践行大寨精神，强化工作纪律和责任，健全工作制度和机制，强力推进工作落实。县委常委会带头，深入基层调研、督查，掌握一线工作情况。健全了联合督查、定期抽查、媒体监督等制度，加强年度目标责任制考核，确保了县委各项工作决策的全面贯彻落实。实行重点工程、重大项目四大班子领导包工程、包项目责任制和“一把手”负责制，定任务、定时间、定标准，形成了人人挑担子、事事有落实的工作局面。县委出台了《昔阳县纪律作风教育整顿“三大纪律、八项注意”规定》，加强纪律作风整顿，进一步整肃了干部风气。四是加强党风廉政建设。严格落实党风廉政建设责任制，进一步完善反腐倡廉制度。深入开展专项治理，坚决纠正损害群众利益的不正之风，切实维护群众切身利益。组织开展了公路、煤炭、食品等重点领域的整治活动，对发现的违规问题及时给予相应处理。加大查办案件工作力度，一年来，全县累计查办案件99件，给予党纪政纪处分98人，挽回经济损失180余万元，党风、政风进一步好转。

（赵珍珠）

附：一、中共昔阳县委书记、副书记、常委名单

书　记：刘润民（兼）

副书记：丁雪钦　杜建刚（6月离职）
冯耀黎（6月任职）

常　委：孔爱科　张　弛　郭丰慧　马成毅　刘玉红
杜占生

二、乡镇党委书记、副书记名单

乐平镇

书　记：赵海斌

副书记：程海华　王怀庆

大寨镇

书　记：孔爱科

副书记：张向明　吴燕兵

李家庄乡

书　记：郭立平

副书记：张东锋　张海明

三都乡

书　记：邓庆善

副书记：赵　鹏　申瑞红

赵壁乡

书　记：王志刚

副书记：张　军　王志军

闫庄乡

书　记：翟世清

副书记：李晓冬　乔爱青

皋落镇

书　记：赵继胜

副书记：魏鹏耀　张庆军

界都乡

书　记：张月清

副书记：周江平　杨维东

东冶头镇

书　记：张胜利

副书记：裴素青　侯庆荣

孔氏乡

书　记：梁保棠

副书记：李东生　耿怀德

沾尚镇

书　记: 王永胜

副书记: 李越胜　郭恩录

西寨乡

书　记: 王江平

副书记: 张兴华　庞锁怀

中共寿阳县委工作概况

县委书记　王继堂

寿阳县共有基层党组织738个,其中党委21个、党总支39个、党支部678个。共有党员16498名。

2011年,全县地区生产总值完成95亿元,同比增长17.4%;固定资产投资完成57.2亿元,同比增长45.4%;规模以上工业增加值完成56.5亿元,同比增长25.3%;财政总收入完成25.3亿元,同比增长26.8%;一般预算收入完成7.4亿元,同比增长26.0%;社会消费品零售总额完成15.2亿元,同比增长17.5%;外贸进出口总额完成117万美元,同比增长383.5%;城镇居民人均可支配收入达到20038元,同比增长18%;农民人均纯收入达到7096元,同比增长21.3%。在全市主要经济指标增幅排名中,四项第一,三项第二,实现了"十二五"的圆满开局,成为全市第一梯队中竞争力较强的县份。

一、解放思想,把握方向,科学谋划寿阳未来发展蓝图

坚持以思想的大解放推动寿阳大发展。紧抓全省列入国家级综改试验区的重大机遇,结合地处大太原都市圈关键节点的突出优势,召开全县第十二次党代表大会,响亮提出今后五年寿阳发展的主方向是"促转型、谋跨越,再翻番、争十强",奋斗目标是建设全省十强县,总的要求是"速度快、结构优、收入高、环境好",主体战略是实施新型工业化推进战略,发展定位是打造山西最具活力的"转型发展先试区、生态农业示范区、新型服务特色区和城乡一体推进区",基本任务是大力推进项目带动、城乡统筹、和谐建设和环境创优"四大工程",进一步凝聚起全社会推动转型跨越发展的信心、智慧和力量。在此基础上,对标先进地区开展声势浩大的解放思想大讨论活动,集中力量解决制约转型跨越的机制体制问题和瓶颈性难题。

二、突出重点,抓好大事,加快县域经济又好又快发展

一是狠抓招商引资和项目建设。开展以节招商、以企招商、以园招商、以亲招商,多次赴内蒙古、江苏等十几个省市考察,不断加强与全国各地投资者及招商机构的交流对接,在江苏昆山成功举办第十一届中国寿阳蔬菜节暨招商推介会,组团参加"中博会"、"农博会"、平遥摄影节等一系列活动,全年接待各类商务考察30余次,共签约项目651亿元,完成市下达任务的343%,排全市第一;重大项目落地82亿元,完成市下达任务的103%;重大项目投资59亿元,完成市下达任务的104%。项目建设的扎实推进,带动全年固定资产投资增幅高出全市15个百分点,高出全省18个百分点,高出全国22个百分点,为寿阳"十二五"腾飞奠定了基础。

二是新型工业化迈出坚实步伐。加快煤矿现代化矿井改造,大力提升煤炭生产的机械化、信息化、安全化水平,原煤产量实现2000万吨,带动工业经济全年保持高位运行,规模以上企业总产值同比增长29.7%,销售收入同比增长52%,利税同比增加71%,利润同比增加97%,实现总量和效益的双提升。积极与中煤、中电投等大集团"联姻",拉长煤化工链条,项目合作有效推进;北方重工、阳煤集团的煤机制造项目即将开工建设;阳煤集团低浓度瓦斯发电、鑫世泰秸杆发电建设顺利推进,国新能源、中联公司煤层气综合利用项目全面启动,两个风力发电即将进入项目申报阶段;强伟石膏板护面纸项目投入生产,两个石头纸项目即将落地;佳新煤矸石制砖项目进入试生产,两个百万吨新型干法水泥项目全面开工建设;和信顺达LED项目已正式签约;雨润年屠宰200万头生猪项目建成并具备生产条件,华阳18万吨玉米饲料加工项目明年可望投入生产,这些项目必将成为寿阳转型跨越的有力支撑。

三是农业产业化水平显著提高。加大对种植、养殖结构和区域布局的调整力度,加快实施"一村一品"、"一县一业"工程,县财政拿出3000万元专项资金支持粮菜果畜产业发展。农民专业合作社达734个,服务带动农民达55%以上,科技对农业的贡献率达57%,农业机械化水平达72%,率先跨入全省农机"十强县",农业综合实力和市场竞争力快速提升。全年粮食总产5.8亿斤,新增设施蔬菜面积4080亩,引进6个畜牧业项目,建设各类养殖小区20个,鸡、羊、猪饲养量同比增长20%、12%、10%,农产品加工率达40%。建成省级"一村一品"示范村19个、市级18个,"一县一业"示范乡镇3个,被省政府表彰为全省"一县一业"先进县。

四是城镇化进程不断加快。高举大县城建设龙头,按照"一城九镇五十四个中心村"布局,高起点编制城乡发展规划,完成县城近期建设规划、县城中心片区改造、城中村改造、白马河综合治理二期规划,城市建设用地覆盖率达到100%;完成松塔、宗艾、西洛3个镇近期建设规划和22个新农村建设规划;努力提升城市承载能力,新建拓宽改造城市干道7.7公里,生活垃圾无害化处理率95%,污水处理率

86%，集中供热面积增加50万平方米，全面启动城市集中供气工程，加大对城区亮化、绿化、公园广场、河道建设力度，县城承载功能进一步增强；加强城乡基础设施建设，全面完成307国道改造拓宽工程，投资近亿元完成198个行政村645公里街巷硬化任务，松塔水库建成蓄水，实现了寿阳人民60多年来的梦想，宗艾110千伏变电站投入运行，完成新一轮农村电网升级改造工程，满足了全县生产生活用电；提升城乡管理水平，着力打造亮丽寿阳，完成新发展的省级新农村推进村"四化"任务，被省爱卫会授予"卫生县城"称号和城乡清洁工程先进县，全县城镇化率提高两个百分点。

五是加快发展繁荣文化事业。扎实推进文化惠民工程，县城新建体育馆，农村建成14个乡镇文化站、110个乡村文化基站和246个体育场地。不断理顺文化管理体制，着力推动电影院、晋剧团、长征剧院转企改制。积极开展文化遗产保护，编制平舒村历史文化名村保护性规划，公布第二批县级非物质遗产保护名录，推动6项民间艺术列入国家及省级非遗文化名录，实施国保、省保单位保护修缮工程，建成现代化图书馆和国家一级标准文化馆，支持民间文化收藏活动，组织摄影节、民俗民间文艺表演、老干部文化艺术节、傩舞"爱社"艺术节、"魅力寿阳"书画展等丰富多彩的文体活动，积极参加文艺比赛，获国家奖项3个、省市奖项29个。进一步加大对黄赌毒等社会丑恶现象的打击力度，保障了全县文化市场的健康有序发展。

六是加快建设生态寿阳。全面实施"蓝天碧水"工程，万元地区生产总值能耗、二氧化硫和化学需氧量排放降幅全部超额完成任务，平均污染指数下降3%，综合污染指数下降2.2%，城区环境空气质量二级以上天数360天，稳定达到国家二级标准，投资2亿元建设环城绿化、通道绿化、四荒绿化、滩涂绿化和干果经济林园区五大工程，完成造林7.5万亩，林木覆盖率提高3个百分点，被评为全省造林绿化先进县。

三、以人为本，构建和谐，不断提高群众的幸福指数

深入开展领导干部"下乡住村、包村增收"活动。按农民人均纯收入倒排序确定179个包扶村，县乡主要领导包最穷的村，明确提出"六包"要求。一年来，各级领导干部累计住村1153天，筹措帮扶资金2000余万元，新上增收项目68个，解决实际问题2336项，真正收到"转作风、增感情、强本领、促发展"的效果。全面推进各项民生社会事业。圆满接受省义务教育标准化建设评估复查验收，完成寿中新建和青少年活动中心主体工程；率先在全市完成基层医药卫生体制综合改革试点工作，成功创建为全省唯一的国家级慢性病综合防控示范县；率先在全市提前一年完成新的"五个全覆盖"。有力维护全县安全稳定。以平安建设为重点，加强社会治安防控工作，严厉打击各类违法犯罪，狠抓信访维稳的责任落实，全年赴省进京集体访保持零记录；狠抓安全生产管理，常态化开展隐患排查整治和专项执法检查，全年全行业未发生重特大事故，寿阳县安监局被评为全省唯一的"全国安全生产监管监察先进集体"。

四、固本奠基，激发活力，切实加强领导班子和干部队伍建设

坚持正确用人导向，严格遵守"5个严禁、17个不准和5个一律"的换届纪律要求，圆满完成县乡党委、人大、政府和县政协领导班子换届工作，全年共调整干部6批163人，提拔36人、交流85人、免职42人，县乡党政班子年龄、学历、性别结构更加合理，整体功能明显增强。牢牢把握村级"两委"换届主动权，率先在全市完成村级"两委"换届工作，村级组织的年龄梯次、文化程度实现新提升，"双带"能力显著增强。在2011年全省组织工作满意度民意调查中，寿阳县干部选拔任用工作评价高于全省10.6个百分点，防止和纠正用人不正之风工作评价高于全省9.7个百分点，换届风气评价高于全省8.7个百分点。深化创先争优活动，机关以推进窗口单位和服务行业为重点，扎实开展为民服务主题实践活动，充分发挥党员的先锋模范作用；农村以"双推优"、"四议两公开"为载体，不断完善农村党员干部教育培训机制，进一步健全基层党建目标考核责任制，稳步发展党员和培养选拔村级后备干部工作，加强了大学生村干部管理，干事创业能力得到明显提升；在全市第一家成立非公经济工作委员会，下派党建指导员30名，全县所有规模以上非公经济组织全部组建了党组织。推进干部人事制度改革，在全市首家成功公推直选乡镇党委书记，首次实施大范围民主推荐以及乡镇党委书记、乡镇长实名制推荐，在部分职位中实施了差额考察、差额票决，对所有任职人选全部实行县委常委会票决制，首次开展从优秀大学生村干部中遴选乡镇副职工作，增强了选人用人透明度。落实人才强县战略，召开首届人才工作会，命名表彰县委联系高级专家，与省内外科研院所签定合作协议，确保了人才发展"四优先"要求落到实处。

五、科学决策，民主执政，凝聚起转型跨越的强大合力

加强学习型党组织建设，完善了县委中心组学习制度，组织县副处级领导、乡镇长到浙江大学公共管理学院进行系统培训学习，选派正科级干部参加省市举办的中青班脱产培训，聘请专家学者举办专题报告会16场，组织全县公务人员学习"山西干部在线学院"课程，切实提高了施政能力。坚持民主集中制，完善领导班子议事和决策机制，健全集体领导和个人分工负责相结合的制度，建立社情民意反馈机制，完善党内情况通报、重大决策征求意见和重大事项公示制度和重大决策失误责任追究制，推进党务公开，有效提高了决策的科学化、民主化、法制化水平。推进重点领域改革，强力推进资源性地区转型综改试验，被确定为全省转型综改区市级试点县；建成网格化安全监督、网格化社会监管、网格化居民自治和"知责、履责、问责"教育结合的"三网一教育"公共管理体系，被确定为全省加强和创新社会管理工作试点县；积

极稳妥地推进行政管理体制改革,深入推进事业单位分类改革,初步完成造纸厂、棉织厂改制。加快民主法治进程,支持人大及其常委会依法履行职能,坚持和完善中国共产党领导的多党合作和政治协商制度,精心打造"凝聚力工程"和"同心"品牌,圆满完成工商联(总商会)、光促会换届工作,召开第一次归侨侨眷代表大会,换届中党外代表人士政治安排和实职安排取得新进展。坚持依法行政,积极推进政务、厂务、村务公开和村民自治,健全警务、检务、审判督察制度和监督制约制度,启动实施"六五"普法规划。加强对工青妇等人民团体的领导,积极推进军民融合式发展,汇集起全县上下促转型、谋跨越的强大凝聚力。

六、弘扬正气,改进作风,确保反腐倡廉工作扎实有效

坚持党要管党、从严治党的方针,结合纪念中国共产党成立90周年,策划"十项活动",隆重表彰一批先进基层党组织、优秀共产党员和优秀党务工作者,广泛开展对建国前老党员、各条战线涌现出的劳模党员、优秀党员的走访慰问活动,在全社会掀起"颂党恩,聚民心,促发展"的热潮,强化对广大党员干部的理想信念教育和廉洁从政教育,进一步筑牢拒腐防变的思想道德防线。全方位优化发展环境,开辟招商引资"绿色通道",实行建设项目审批"一站式服务",联通县乡村三级政务网络,率先在全市设立效能监察110和行政效能监察快速处置小分队,开通投诉热线,规范涉企检查评比,抓住不落实的人和事进行专项整改和跟踪督办,促进了服务质量的提升和社会风气的转变。集中开展全县纪律作风教育整顿月活动,出台正风肃纪暂行规定,积极清理和规范庆典研讨会论坛工作,认真组织民主评议政风行风,从严整治不作为、乱作为、不落实的人和事。认真贯彻落实《廉政准则》和党风廉政建设责任制,强化重点领域和关键岗位廉政教育培训,进一步规范风险岗位廉能管理工作程序,引深煤焦领域反腐败专项斗争,认真开展对中介组织的清理整顿,扎实推进工程建设领域突出问题专项治理,从严做好党政机关公务用车问题专项治理,开展农村基层干部任期和离任经济责任审计工作。全年立案结案102件,其中大要案21件,给予102人党纪政纪处分,党风廉政建设和反腐败工作取得明显成效。

(庞广生)

附:一、中共寿阳县委书记、副书记、常委名单

书　记:王继堂

副书记:郝鹏鸿　刘　旋(6月任职)

常　委:傅贵亨(6月任职)　冯耀洲　张俊文

张峻德(6月任职)　卫虎周　刘军池

傅艳红(女,5月任职)

二、乡镇党委书记、副书记名单

朝阳镇

书　记:赵　弘

副书记:荣爱民　武瑞明

丹凤管委会

书　记:付建民

副书记:王利民

南燕竹镇

书　记:常拴林

副书记:潘慧琴(女)　王海明

马首乡

书　记:张海平

副书记:王瑞军　张素萍(女)

宗艾镇

书　记:吴志明

副书记:李莉峰(女)　张慧兵

平舒乡

书　记:张江涛

副书记:赵东青　付晓柱

解愁乡

书　记:孙全钟

副书记:郭丽君　郭志胜

温家庄乡

书　记:李　雪(女)

副书记:王云虎　张俊峰

平头镇

书　记:李志义

副书记:刘维斌　付学宏

松塔镇

书　记:宋润平

副书记:罗晋山　马海文

景尚乡

书　记:史敬海

副书记:李玉峰　王瑞琴(女)

上湖乡

书　记:岳俊文

副书记:曹长青　宋海新

羊头崖乡

书　记:杨海军

副书记:张海亮　赵全成

西洛镇

书　记:冀俊武

副书记:张永宏

尹灵芝镇

书　记:姜明亮

副书记:柳宝平　李改珍(女)

中共阳泉市委工作概况

市委书记　白　云

2011 年，阳泉市委团结带领全市干部群众，紧紧围绕“千亿阳泉、百万新城”目标，以转型跨越发展为主题、转变发展方式为主线，抢抓综改试验区的历史机遇，统筹推进经济、政治、文化、社会以及生态文明建设和党的建设，转型跨越发展迈出新的步伐，各项工作取得新成效，圆满实现了“十二五”良好开局。

一、突出转变发展方式主线，全力保持经济平稳较快发展

2011 年，全市生产总值完成 528.1 亿元，同比增长 12.8%；财政总收入完成 121.5 亿元，同比增长 21.3%；一般预算收入完成 46.6 亿元，同比增长 23.7%；规模以上工业增加值完成 282.3 亿元，同比增长 16.6%；全社会固定资产投资完成 342 亿元，同比增长 30.2%；社会消费品零售总额完成 188.3 亿元，同比增长 17.4%；海关进出口总额完成 3.33 亿美元，同比增长 14.4%；万元生产总值能耗下降 3.5%。特别是城镇居民人均可支配收入达到 20253 元，同比增长 18.6%；农民人均纯收入达到 7677 元，同比增长 17%；服务业增加值完成 205.7 亿元，同比增长 10.1%；粮食总产量达到 25.5 万吨，同比增长 22.3%，创近 20 年新高。全市经济综合实力大为增强。

一是坚定不移地推进经济结构调整，“三大基地”建设取得新成效。全年实施重点项目 254 个，完成投资 350 亿元，特别是与省属“五大企业集团”签订了战略合作框架，计划实施项目 66 个，投资 1552 亿元，年内有 14 个项目开工建设。按照建设新型能源、新型材料和装备制造业、现代服务业“三大基地”的发展定位，以项目建设为载体，大力改造提升传统产业，积极发展新型产业。重点实施了百度云计算中心、碳纤维及其复合材料一期，中煤集团上海大屯能源公司现代装备制造和高科技产业园，鑫磊循环经济园区太钢集团年产 66 万吨活性石灰，山西远鑫高效晶体硅太阳能 500 兆瓦光伏电池，阳泉煤销万德金属材料 20 万吨钢铁粉末，京宇天成 2000 吨钕铁硼，华鑫电气工业园，阳煤 100 万吨尿素、30 万吨丁辛醇，山西时代世纪 20 万吨乙醇，华通年产 20 万立方米粉煤灰加气混凝土及 4 亿块蒸压粉煤灰砖，山西亿隆能源煤炭地下导控气化等一批重大调产项目，转型发展呈现出强劲态势和良好预期。

二是坚定不移地推进发展方式转变，节能减排和科技创新扎实有效。严格落实节能减排目标责任，启动了节能减排预警调控方案，加大技术减排，深化工程减排，强化结构减排，推进管理减排，动员全社会共同节能，圆满完成了年度节能目标。切实加快发展高新技术产业，顺利实施了 10 万吨 4A 沸石分子筛及联化多产品工程、950 吨叶黄素浸提膏生产线等一批高科技项目。充分发挥科学技术和人才的支撑裂变作用，深化京晋省级科技示范区建设，与中科院北京分院、清华大学、北京科技大学、中北大学等建立了稳定的合作关系。制定了《阳泉市中长期人才发展规划纲要》，启动实施了产业英才建设工程，重点在煤炭、电力、铝工业等八大产业领域培育一批具有自主创新和研发能力的产业精英。

三是坚定不移地推进“一县一业”、“一村一品”产业化工程，“三农”工作得到了进一步加强。紧紧围绕“农村发展、农业增效、农民增收”的目标，以推进种植区域化、养殖规模化、加工系列化为抓手，大力发展“一村一品、一县一业”，全市发展 500 亩以上核桃村 245 个，其中万亩村 11 个、千亩村 51 个；500 亩以上水果专业村 14 个；小杂粮专业村 10 个；百亩以上蔬菜基地村 36 个；畜禽养殖专业村 70 多个；农产品加工专业村 10 个，形成了盂县以核桃产业为主、平定县以畜牧产业为主、郊区以设施蔬菜和畜禽养殖为主的“一县一业”发展格局。加快发展农民合作组织，新发展 188 个专业合作社，并建设了 10 个省级、20 个市级示范社，全市覆盖率达到 80%。加大强农惠农政策扶持力度，2011 年，市县两级财政安排 1 亿元用于扶持核桃、设施蔬菜、畜牧业、农副产品加工产业的发展。继续实施“阳光培训”工程，农民素质和劳动技能不断提高。大力推进社会主义新农村建设，70 个重点推进村全面实现了户户通硬化路、村庄绿化达标等“十个全覆盖”。

四是坚定不移地推进城镇化进程，生态新城建设和“四区”融合发展初见成效。按照现代化区域中心城市的定位，围绕全省“一核一圈三群”的城镇化布局，统筹推进生态新城建设和“四区”融合发展，完成了城市总体规划与市域总体规划编制，生态新城规划和城市形象设计方案进入评审论证阶段，城市综合交通规划初步完成，新城内主要功能区路、水、电等基础设施扎实推进；科技教育园区、大剧院等标志性建筑前期准备工作进展顺利。“四区”融合的城市干道全部贯通。阳泉盂县辅城建设全面启动。张庄、河底、苌池等中心镇总体规划基本完成。与此同时，阳五高速二期进展顺利，太阳高速全线竣工，即将通车；娘子关至水峪一级公路等 11 项重点道路工程扎实推进，全市公路密度达到 117.5 公里 / 百平方公里。龙华口水电站大坝主体工程建成，具备蓄水条件，北水南调工程、娘子关提水一期输水干线更新改造及二期等水利项目陆续启动；输变电工程及天然气管道、热源等项目按计划进行。香岛公园等一批城市精品亮点工程如期完成，城

市功能进一步完善。深入实施造林绿化和“蓝天碧水”两大工程,以创建国家园林城市和国家森林城市为抓手,全面加强生态文明建设。完成各类造林 25.39 万亩,全市森林覆盖率达到 25.94%,城市绿化覆盖率达到 39.75%;绿地率达到 36.05%,人均绿地面积 8.96 平方米。成功承办了全省造林绿化阳泉现场会,展示了阳泉新形象,顺利实现了创建国家园林城市的目标任务,打造了阳泉新名片。同步推进国家环保模范城市、国家卫生城市、智能城市创建工作,全市二级以上天气达 336 天,空气优良率达到 92.1%,创建省级环保模范城市各项指标基本完成。全市环境面貌持续改善。

五是坚定不移地推进改革开放,经济社会发展的活力进一步释放。抢抓综合配套改革试验区机遇,成立了综改试验区工作领导组,制定了《行动方案》,坚持先行先试,积极推进平定县省级循环经济试点县和南煤集团、鑫磊煤电化、昌鑫农业、天元废旧电器回收处理等循环经济企业试点工作。扎实开展全省城乡一体化试点市工作,着力推进撤村建居、户籍制度等“六项改革”。强化政策支持和投入保障力度,市财政列专项资金 1 亿元支持新型产业集中区建设,着力打造山西向东开放的第一阶梯;进一步加大招商引资力度,修订完善了招商引资政策措施,财政列 1 亿元专项资金加强招商引资工作。组团参加第六届中博会,精心举办广州招商推介会,全年共有 201 个项目实现外来投资到位,实际到位资金 176 亿元,完成年度目标的 127.5%。

二、全面加强民主政治建设,不断提升依法治市水平

充分发挥市委总揽全局、协调各方的作用,坚持和完善人民代表大会制度,支持人大及其常委会依法履行职能。坚持和完善中国共产党领导的多党合作和政治协商制度,支持和保证人民政协履行政治协商、民主监督、参政议政职能。加强同各民主党派和无党派人士的合作共事,深入实施“同心”品牌工程。就协助各民主党派搞好换届工作作出部署。加强民族宗教工作和新形势下的工商联工作。侨务工作、党外知识分子和港澳台海外统战工作取得新进展。支持工会、共青团、妇联等人民团体依照法律和章程独立自主开展工作。加快推进“法治阳泉”建设,深化行政管理体制改革,规范司法行为,强化执法监督,努力提高依法行政效力,法治政府建设成效明显。扎实开展“六五”普法教育,法律服务和法律援助不断加强。强化城市社区和农村基层建设,不断深化政务、企务、村务公开工作,切实保障人民群众依法行使民主权利。坚持党管武装原则,支持国防和驻地部队建设,抓好民兵预备役工作,军民融合式发展走在全省前列。

三、加强宣传思想文化工作,促进社会主义文化大发展大繁荣

加强社会主义核心价值体系建设。坚持用中国特色社会主义理论体系武装干部群众,把社会主义核心价值体系教育融入全市转型跨越实践。大力弘扬以爱国主义为核心的民族精神和以改革创新为核心的时代精神,开展以“八荣八耻”为主要内容的社会主义荣辱观教育,倡导公平、正义、责任、诚信的价值取向。重视未成年人思想道德教育,加大爱国主义革命传统教育基地建设力度,积极为未成年人健康成长创造良好环境。

坚持正确舆论导向。坚持以马克思主义指导意识形态领域工作,推动党的理论创新成果进企业、进农村、进社区、进学校、进军营。围绕加快转型跨越发展、打造“千亿阳泉、百万新城”,突出纪念建党 90 周年和迎接省、市党代会等阶段性工作重点,充分发挥主流媒体新闻宣传的主渠道、主阵地作用,开展了一系列大型宣传活动,举办一系列对外宣传交流活动,提升了阳泉的知名度和影响力。高度重视舆情研判,强化网络宣传监管和网上舆论引导,净化网络环境,健全完善突发公共事件新闻报道管理和规范机制,进一步增强对公共事件、突发事件的应急反应能力以及对敏感问题和热点问题的引导能力。

大力加强精神文明建设。深入开展群众性精神文明创建活动,举办了阳泉市精神文明创建工作培训班,开展了文明行业、文明单位、文明社区工作案例征集活动,创建了一批省、市文明单位、社区、村镇;组织了阳泉市第二届道德模范评选活动,树立了标杆和典型。开展“诚信示范店”竞赛活动,在全社会营造了“同铸诚信、共建和谐”的良好氛围。

加快建设文化强市。围绕文化体制机制创新,经营性文化单位改革任务基本完成。大力实施文化惠民工程,在全省率先实现了“农家书屋”全覆盖和“村村通”广播电视全覆盖。大力发展文化产业,启动了中国版画基地建设,动漫电影《赵氏孤儿》即将上映,同名电视剧《赵氏孤儿》即将拍摄。积极推进文化旅游融合发展,狮垴山百团大战遗址公园一期改扩建工程竣工,娘子关旅游景区、梁家寨温泉国际旅游景区等一批重点文化旅游开发项目加快推进。

四、切实改善和保障民生,维护社会和谐稳定

新的“五个全覆盖”扎实推进。新型农村社会养老保险、村级文化活动场所、农村便民连锁商店、中等职业教育免费等四项全覆盖任务已经完成,农村街巷硬化完成总工程量的 64.8%,在全省率先实现“五个全覆盖”。

各项社会事业协调发展。国家级创业型城市和全国城镇居民医疗保险试点工作稳步推进,养老、医疗和失业保险等进一步扩面提质,覆盖率分别达到 94%、93.43%和 85.5%,城市低保实现了应保尽保;农村新型医疗合作保险参保率达到 90.95%,实现了全民医保目标。保障性住房完成 21632 套,超额完成年度目标。向人民承诺的 10 件实事圆满兑现。科技教育、文化体育、人口计生、广播电视、妇女儿童等各项社会事业都取得了新成绩。

安全生产形势持续向好。健全完善安全生产目标管理体系,严格落实各项安全生产责任制,扎实开展安全生产专项整治,统筹抓好煤炭生产、道路交通、食品卫生、公共场所等安全工作,严肃查处各类安全生产事故,全市事故起数、死亡

人数分别下降 2.34%、6.41%，杜绝了各类重特大事故的发生。

社会管理创新全面加强。成立了专门的领导组织机构，研究制定了指导意见，分解落实了社会管理创新项目责任，试点工作全面启动，正在有条不紊积极推进。大力加强信访工作，继续落实领导干部管工作、管信访、管干部、管稳定、管安全的“五位一体”责任体系，加大矛盾纠纷排查和信访积案化解力度，实现了国家和省、市重大活动期间无非正常集体上访。深化“平安阳泉”创建活动，强化社会治安综合治理，组织开展了“打四黑除四害”、“晋安利剑”、“泉安”4号等一系列专项行动，有力地维护了社会的和谐稳定。全社会治安满意度达到 85%。

五、努力提升党的建设科学化水平，为转型跨越发展提供坚强保证

大力加强思想政治建设。进一步坚持和完善党委中心组学习制度，推动理论学习制度化。整合培训资源，创新学习模式，依托市、县（区）党校、干部院校，采用“走出去”、“请进来”等方式，举办培训班 17 个，培训各级各类干部 10805 人次。积极构建网络化自助式学习平台，引导干部利用业余时间开展网络在线自主学习。大力开展送教上门活动，组织送教 58 次，培训各级各类干部 5292 人次。

大力加强领导班子和干部队伍建设。召开了市第十一次党代会，选举产生了新一届市委班子，批准了市纪委班子成员。出台了《阳泉市市管干部选拔任用提名工作试行办法》等四个“试行办法”，积极构建符合科学发展观要求的选人用人机制。对新任的 3 名县区长人选，采取“5+1+3”、“两步法”提名产生。采取“三公”、“三考”、“一票决”的方式，分批次调整配备市直单位空缺的县级干部，配齐了县级领导班子。加大培养选拔优秀年轻干部力度，启动了在全省公开选拔 18 名 35 周岁以下副县级干部工作。进一步加强和完善对县区、开发区和市直单位年度目标责任的考核工作，形成了奖优罚劣和促进科学发展的鲜明导向。

大力加强基层党组织建设。全面推进农村、社区、机关、企事业单位和“两新”组织基层党组织建设。突出新经济组织党建工作重点，成立了市、县（区）非公经济组织工委和党建联系会，在全省率先实现市、县两级工作机构的全覆盖。在农村全面推行“四议两公开”工作法，做法经验在全省推广。圆满完成县乡党委、人大、政府、政协换届任务，新一轮农村“两委”换届全面完成，全市对换届风气的满意率达到 99%。认真抓好大学生村干部工作，公开考录了 3 名大学生村官任副乡镇长；在村支“两委”换届中，53 名大学生村干部担任村“主干”，一批大学生村干部进入村支“两委”班子。制定出台了阳泉市《“十二五”时期发展党员工作规划》和《2011 年发展党员工作计划》，党员教育工作扎实推进。

大力加强机关作风建设。市委、市政府制定了《关于“转变干部作风、创优发展环境”的意见》。继续开展学习右玉精神活动，不断引深政风行风评议活动，着力解决机关作风方面存在的突出问题。围绕创建 10 个“红旗单位”、50 个“示范窗口”、100 个“时代先锋”，打造 20 个“为民优质服务品牌工程”，开展“三创一打造”活动。认真组织干部下乡住村“六个一”活动，实现了干部下乡住村活动全覆盖。深入开展纪律作风集中教育整顿月活动，严肃整治“吃喝风、玩乐风、闲话风”，对违反规定的 2 名县级干部、8 名科级干部、73 名工作人员作出了纪律处分和组织处理，促进了全市机关和干部作风的转变。认真开展在编不在岗人员专项清理，共清理出在编不在岗人员 66 名。

大力加强反腐倡廉建设。始终把党风廉政建设与反腐败工作贯穿融合到经济社会发展全过程，做到同部署、同检查、同落实。开工建设了集廉政教育、纪检办案和纪检干部培训等多功能的阳泉市党风廉政教育基地。统筹推进教育、制度、监督、改革、纠风等预防腐败工作，具有阳泉特色的惩治和预防腐败体系建设取得新进展。集中开展工程建设领域突出问题专项治理，深化农村、国有企业党风廉政建设，切实解决人民群众反映强烈的突出问题。继续推进煤焦领域反腐败专项斗争，加强对辖区内公路营业站、出省站点的管理，新清缴各种欠缴税费基金 1.38 亿元。认真开展党政机关公务用车专项治理，规范公车使用。有序推进庆典、研讨会、论坛的清理和规范工作。深入开展“小金库”专项治理工作，清理“小金库”442.59 万元。加大案件查办力度，立查案件 121 件，处分违纪党员干部 194 人，为国家和集体挽回经济损失 2432.16 万元。

（梁俊杰）

附：中共阳泉市委书记、副书记、常委名单

书　记：白　云（女）
副书记：李栋梁　郃爱国（8 月离职）
　　　　郭长青（4 月任职）
常　委：王舰民（8 月离职）　樊盛武（6 月离职）
　　　　陈继光（8 月离职）　高全怀（4 月离职）
　　　　宋师璇（3 月离职）　王旭明　王　民　杨永生
　　　　王湜洲（8 月任职）　李利生（8 月任职）
　　　　方庆灵　刘　星（5 月任职）
　　　　李定武（3 月任职）

中共阳泉市城区区委工作概况

区委书记　李春泽

2011年，中共阳泉市城区区委团结带领全区干部群众，紧紧围绕推动和引深新一轮“三城十区”建设目标，解放思想、锐意进取，在“十一五”跻身全省县域经济发展先进区的基础上又取得了新成效、新进展，实现了“十二五”的良好开局。

一、强化核心，多措并举，党建科学化水平进一步提高

一是思想建设进一步加强。召开了全区纪念建党90周年表彰大会暨“永远跟党走”主题歌会，对60个先进基层党组织、60名优秀共产党员和40名优秀党务工作者进行了隆重表彰。广泛开展了红歌演唱会、党员关爱行动、书记讲党课、红色电影进社区等八项主题教育实践活动，唱响了时代主旋律。特别是在全区掀起了学习宣传贯彻胡锦涛总书记“七一”重要讲话精神热潮，引导广大党员干部从党的光辉历史和宝贵经验中汲取营养和力量，坚定中国特色社会主义信念，激发了全区人民投身转型跨越、建设新一轮“三城十区”的劳动热情和创造精神。

二是领导班子和干部队伍建设进一步加强。不断深化干部人事制度改革，制定了《科级干部选拔任用工作全程记实办法(试行)》、《选拔任用科级领导干部初始提名办法(试行)》等制度。坚持德才兼备、以德为先，分批对区政府组成部门主要负责人和区机关事业单位、街道缺岗领导干部进行了调整，择优选拔了一批非领导职务干部，营造了让肯干事的受尊敬、让能干事的有舞台、让干成事的有位置的干事创业氛围。召开了全区人才工作暨区委联系专家和优秀人才命名大会，制定了“十二五”人才发展《规划纲要》，评选出4类56名优秀人才，丰富了“人才振兴区”的建设内容。

三是基层组织建设进一步加强。坚持把基层党组织建设作为基础工程，深入推进窗口单位和服务行业创先争优活动，小阳泉南社区党支部书记、社区主任杨艳荣获得了“全国优秀党务工作者”光荣称号，新华东街社区服务群众“双五”工作法荣获2011年度全省组织工作“优秀创新项目”。全面推进机关、学校、社区、非公企业等各领域党的基层组织建设，成立了全市首家非公经济组织党工委，创新探索的非公党建“工商行业+街道属地”双重管理新路子，被列为2011年度全市组织工作“十大创新项目”之一。

四是作风建设进一步加强。开展了为期三个月以整顿思想、整顿作风、整顿纪律、匡正风气为主要内容的“三整一匡”活动，深入推进了以“正风肃纪、优化环境”为重点的纪律作风集中教育整顿月活动，扎实抓好领导干部下社区进企业“六个一”活动，教育和引导全区干部牢固树立“四观四念”(正确的世界观、人生观、价值观、政绩观和群众观念、发展观念、惠民观念、和谐观念)，积极践行“四变四为”(即变传统式工作为创新式工作、变粗放式工作为精细式工作、变放任式工作为严肃式工作、变被动式工作为前瞻式工作)。

五是党风廉政建设进一步加强。作为全省10个试点县区，区委下大力气狠抓廉政风险排查防控工作，承办了全市廉政风险排查防控工作现场推进会，推广了城区的经验与做法。认真开展党政机关公务用车专项治理，规范公车使用。全面开展在编不在岗人员专项清理，清理在编不在岗人员16人。扎实开展规范行政权力工作，有序推进党务公开，严肃查处各种腐败行为，具有城区特色的惩治和预防腐败体系进一步形成，获得了2007至2011年度全市党风廉政建设先进集体，是全市获此殊荣的唯一县区。

二、大力实施“强三产、扩二产、服务一产”战略，全区经济发展质量和效益进一步提升

一是三产服务业在“九转九统一”的思路指引下实现突破发展。餐饮住宿、商贸物流、房地产等生活性服务业进一步加快发展，现代物流业、信息服务业、创意产业等生产性服务业得到创新发展，沃尔玛、肯德基、北人集团等一批世界和全国500强企业入驻城区，运行良好，为组建一批以资本为纽带的紧密型和以市场为关联的松散型的商业集团奠定了基础、提供了有益借鉴和重要平台。2011年全区服务业增加值完成92亿元，占全区生产总值的79.9%，同比增长13.8%。实现税收33373万元，占到区财政总收入的72.25%。

二是第二产业在结构优化中朝着集约化方向发展。充分发挥“在地统计”优势，积极加强与驻地工业企业、建筑业企业的联系、沟通、协调与服务，大力发展总部经济、楼宇经济和“平方米经济”，国内首屈一指的专业数码卖场颐高数码等一批高科技、高附加值、低能耗、无污染的企业落户城区并初显效应。天元废旧电器回收处理项目作为全省循环经济的示范项目为城区发展壮大第二产业树立了新的模式。2011年全区规模以上工业企业增加值完成17.35亿元，同比增长18.1%。

三是服务第一产业在全市率先城镇化中实现创新发展。坚持以城带乡、城乡一体化的发展理念，发挥中心区聚集、辐射、带动、服务的作用，积极构筑以农副产品、小商品批发、生产资料等市场为依托的现代物流体系，减少流通环节，加强农超对接，增加农民工就业渠道，健全农民工社会保障体系，加快了全区承接市域城镇化发展第一平台目标的建设进程。

四是项目建设在"四位一体"中实现集聚发展。"四位一体"狠抓项目的储备、签约、落地、建设,实行了重点项目区级领导包保责任制,形成了全区上下一心一意抓项目、聚精会神谋发展的强大合力。全年共实施固定资产投资项目79个,其中16个市级重点工程项目完成投资13.75亿元。北国商城、国美电器、苏宁电器等一批重点商业项目开业运行,进一步优化了商业布局,提升了消费档次,项目对经济的拉动作用进一步彰显。

五是招商引资在开放引进中实现快速发展。牢固树立"发现即发展、开放即发展、招商即发展"的观念,大力实施"大开放、大招商、大发展"战略,全面开展点对点、人对人、企对企的定点式、跟进式、持续式的精细化招商,扩大招商引资规模,提高利用外资质量。全年签定外来投资合同19项,总投资204.71亿元,合同协议利用外资204.71亿元。落地项目13个,总投资120.2亿元。全年实际到位资金17.8亿元,超额完成市下达的目标任务。招商引资考核工作位居全市前列。

六是发展环境在转变理念中实现优化发展。坚持"环境是竞争力、更是生产力"的发展理念,召开了全区服务业表彰奖励大会,斥资300万元,重奖了46家服务业企业和个人;举办了民营企业转型跨越发展大会,廓清了思路,细化了举措;召开了政银企座谈会,凝聚了共识,深化了合作。出台了《城区招商引资奖励及优惠办法》,全面营造廉洁高效的政务环境、公正严明的法治环境、服务优质的投资环境、公平有序的经营环境、诚实守信的消费环境和开放包容的人文环境,以良好的环境和一流的服务,促进全区经济跨越发展。

三、全面加强民主政治建设,依法治区水平进一步提高

充分发挥区委总揽全局、协调各方的领导核心作用,支持和保证人大及其常委会依法履行职能,支持人民政协积极履行政治协商、民主监督和参政议政职能。充分发挥检察院、法院职能,促进公正廉洁执法。充分发挥工青妇等人民团体联系和服务群众的作用,圆满完成工会和工商联换届工作。大力发挥老干部作用,为老干部提供了"五上门、五开展"的优质化服务。加强和改进新形势下统战工作,组织了"同心·新晋商'双百'感恩行动"等主题活动,扎实做好对台、民族宗教等工作。启动"六五"普法,"法治城区"建设进一步引深。高度重视和支持国防及预备役部队建设,深入开展全民国防教育,推进军民融合式发展。

四、加强宣传思想文化工作,全区文化大发展大繁荣局面进一步凸显

一是加强社会主义核心价值体系建设。坚持用中国特色社会主义理论体系武装干部群众,大力拓展学习型党组织创建工作,用马克思主义中国化最新成果武装广大党员干部群众,打牢了全区人民团结奋斗的共同思想基础。大力弘扬"两小两大"的城区精神和"五千五万"的"十一五"时期的基本工作经验,全面引深群众性精神文明创建活动,全区的思想道德建设得到强化。

二是坚持正确舆论导向。围绕加快转型跨越发展、推动和引深新一轮"三城十区"建设,突出建党90周年和迎接省、市、区党代会等阶段性工作重点,充分发挥今日城区社、新闻办等新闻媒体的主渠道、主阵地作用,开展了一系列大型宣传活动。创新宣传手段,在阳泉广电总台开播了城区广播新闻,形成了电视、广播、报纸、网络全方位、立体式、无缝隙的新闻舆论宣传新格局。

三是加快建设文化强区。召开了文化产业振兴座谈会,举办了"'三城'迎笔会、'十区'汇大家"书法交流盛会,大力实施"三品"战略,一批具有城区特色的文化产业得到培育和扶持,全区文化改革发展呈现出蓬勃态势。

五、创新社会管理,保障改善民生,民心民力进一步凝聚

区委始终坚持以人为本、民生为重理念,加大投入,狠抓落实,全年民生支出23863万元,占总支出62.74%,同比增长10.5%,使发展成果更多地惠及到人民群众。全区城镇居民人均可支配收入20273.4元,同比增长16.5%。

一是各项社会事业协调发展。大力推进创业就业再就业工程,全年新增就业5062人,城镇登记失业率控制在3.5%以内。大力推进民生保障提升工程,养老、医疗和失业保险进一步扩面提质,城镇基本社会保障覆盖率达到94.67%。提高了低保和医疗救助标准,加大了生活补贴,低收入困难群体生活更加有了保障。进一步规范廉租房审核发放程序,发放补贴资金452万元,实物配租127户。残疾人康复救助力度不断加大,在全市率先实现"人人享有康复服务"目标。大力推进教育先导工程,城区幼儿园完成加固,滨河幼儿园实现竣工,全区学前三年毛入园率达到85%,巩固了"义务教育标准化县区"创建成果,启动了"义务教育标准化学校"创建工作。大力推进医疗健康工程,社区卫生服务机构管理体制和运行机制改革进一步深化。充分发挥区、街道、社区三级计生服务网络平台作用,深入开展优生优育、生殖健康、避孕节育、帮扶救助等系列服务,计划生育优质服务水平进一步提高。

二是安全生产持续向好。严格落实政府安全监管和企业安全生产两个主体责任,深入开展交通、消防、危险化学品、民爆物品等行业和领域的安全生产专项整治,圆满完成街道办事处安监站建设任务,全区安全生产形势巩固了向好的态势。

三是社会管理注重夯实基础。坚持把社区建设作为加强和创新社会管理的基础性工作,不断强化社区自治和服务功能,提高了社区办公经费,加强了社区干部的管理与培训,引深了"四好和谐社区"创建工作,夯实了基层基础,做到了精力向基层倾注,资源向基层倾斜。

四是平安城区创建成效显著。完善社会治安防控体系,健全矛盾排查调处机制,严密防范和依法打击各种违法犯罪

活动,深入推进"清网专项"行动,广泛开展平安和谐创建活动,人民群众安全感满意度进一步提高。以群众工作统揽信访工作,启动了三级联动书记大接访和信访宣传"四进"活动,开展了"百日信访攻坚"专项活动,集中清理了一批信访疑难案件,全区信访工作呈现出"三下降一保持一好转"的态势。

(邵瑞鹏)

附:一、中共阳泉市城区区委书记、副书记、常委名单

书　记: 李春泽

副书记: 曹凯民(4月离职)　武　雪(女,4月任职)
任晓华(4月离职)　王明厚(5月任职)

常　委: 王明厚　高锦孝(4月离职)
弓林柱(5月离职)　史喜平(4月离职)
范秀林(女,4月离职)　苏友常(1月离职)
李忠义(12月离职)　李保存(4月任职)
杨献斌(4月任职)　李昱平(5月任职)
冉志伟(5月任职)　李进军(1月任职)
胡秀毅(5月任职)　刘志军(12月任职)

二、街道党工委书记、副书记名单

上站街道

书　记: 冯正杰(8月离职)　高　鹏(12月任职)

副书记: 高　鹏(12月离职)　赵利荣(12月离职)
陈拥军(12月任职)　郭小丽(女,12月任职)

下站街道

书　记: 胡春平(8月离职)　温敏芬(女,12月任职)

副书记: 温敏芬(女,12月离职)　李春元(5月离职)
王爱利(女,12月离职)
程葆华(女,12月任职)　穆志强(12月任职)

北大街街道

书　记: 宋燕明

副书记: 苏红霞(女)　胡天飞(12月离职)
郝田庆(12月任职)　王素敏(女,12月任职)

南山路街道

书　记: 赵志勇

副书记: 刘广顺　蔡华明(12月离职)
卫　玲(女,12月任职)　贾树林(12月任职)

义井街道

书　记: 李荣贵

副书记: 李丽萍(女)　郝丽花(女,12月离职)
赵文燕(女,12月任职)
刘广利(女,12月任职)

坡底街道

书　记: 路永清

副书记: 王海军(12月任职)

中共阳泉市矿区区委工作概况

区委书记　刘德跃

2011年,中共阳泉市矿区区委围绕打造阳泉市"资源转型首创之区、经济发展首富之区、社会和谐首善之区"战略目标,全面推进和加强党的建设,为促进转型跨越发展、实现"十二五"良好开局提供了坚强的政治保证和组织保证。

一、围绕加强执政能力,建设坚强有力、奋发有为的领导班子和德才兼备、干事创业的干部队伍

一是全面完成了区委、人大、政府和政协换届工作。先后召开了中共阳泉市矿区第八次代表大会、市政协八届一次会议和市九届人大一次会议。选举产生区委委员29名、区委候补委员6名,纪委委员15名,出席市第十一次党代会的党代表22名,人大班子成员6名,政府班子成员6名,政协班子成员5名和法检"两长"。在换届的全过程中,严肃换届纪律,没有发生任何违反换届纪律的情况,圆满完成了换届工作,换届纪律民意调查结果显示:纪律宣传知晓率100%,总体评价满意率为100%,高于全市平均水平。换届产生的区四套班子呈现出平均年龄更具年轻,知识阅历更加丰富,专业结构和工作经历互补性更强,按规定配备了党外干部和妇女干部等明显特点,实现了"形成一个好报告、选出一个好班子、营造一个好氛围、起到一个好带头、创造一些好经验"的预期目标。

二是坚定不移地抓理论学习,领导班子贯彻执行中央和省市委决策部署水平和能力进一步提高。进一步完善了区委中心组理论学习制度,明确了理论学习重点、难点。在学习过程中,坚持把思想政治建设与对经济建设联系起来思考,结合起来实践。始终坚持理论与实际相结合,注重理论的实际运用,着力把学习理论的过程转化成统一思想认识,完善决策举措,指导推动工作,解决实际问题的过程。切实提高了班子理论思维层次和工作指导水平,进一步提高了贯彻执行中央和省市委战略部署的自觉性和坚定性。

三是坚定不移地抓结合和转化,深入贯彻落实科学发展观,促进经济社会各项事业协调发展的能力进一步提高。区

委领导班子紧紧围绕发展第一要务，围绕“转型发展、跨越发展”这个主题和“经济结构调整”这个主线，认真研究制定和落实十二五规划，抓住经济发展不放松，经济发展的水平和质量进一步提高。2011年全区地区生产总值完成148.05亿元，同比增长12.5%；财政总收入完成5.11亿元，同比增长21.63%；一般预算收入完成2.52亿元，同比增长19.47%；固定资产投资总额完成79.35亿元，同比增长3.4%；社会消费品零售总额完成14.61亿元，同比增长16.1%；城镇居民人均可支配收入达到20693元，同比增长16.15%，高于全省平均水平3013元。

四是坚定不移地抓民主集中制建设，强化领导班子的凝聚力、战斗力，科学决策和民主决策的能力进一步提高。区委领导班子认真贯彻民主集中制原则，着力推进民主决策科学化、制度化。建立健全了党委统一领导、部门各负其责、依靠群众支持和参与的领导体制和工作机制，以及目标明确、分工合理、层次清晰、责任到人的督查机制，健全完善了区级领导班子民主生活会制度。重视和发挥了人大及其常委会和人民政协及人民团体和其他方面的各种职能作用。努力做到各司其职、团结奋进，形成推进工作的整体合力。

五是坚定不移地抓干部政策落实，建设坚强有力奋发有为的领导集体，有力地推进了干部人事制度改革，提高了选人用人的公信度。采取“四推一述两考”（民主推荐、个人自荐、组织推选；述职演讲、素质考评、组织考察）的方式对政府工作部门和缺空岗位的干部进行了公开选拔。对空缺的4个副科级单位领导岗位和4个正科级单位领导岗位以及可以交流的17个正科级领导岗位进行了更大范围的民主推荐。提高了干部初始提名的广泛性。

六是转变作风，扎实推进干部下乡“六个一”活动，解决人民群众生产生活中实际困难的效率进一步提高。区委紧密结合城市工矿区实际，制定、下发《关于在全区开展干部下街道驻社区“六个一”活动的通知》，对开展活动作出了科学合理的安排。同时，结合全区近年来开展的“我是党员我承诺、服务群众促和谐”活动，结合在全区开展“两调两协四议两公开”工作法活动，结合和谐社区创建，按照“环境优美、治安良好、文明和谐、管理民主、服务完善”二十字标准，根据实际情况分期分批安排干部下基层驻社区开展活动，确保社区群众得实惠、开展活动见实效。全区干部共走访调研社区党员群众3670人次，慰问帮扶1760人次，总金额89.2万元。

二、围绕抓基层、打基础，发挥好基层党组织战斗堡垒作用和党员先锋模范带头作用

一是继续推进和引深创先争优活动。活动开展以来，共编发简报106期，下发文件28期。40余期简报信息分别在人民网、创先争优网和三晋红e网以及市委活动《简报》上刊载，有效推动了全区活动的顺利开展。在窗口单位和服务行业深入开展了“三亮三比三评”活动，进一步引深全区的创先争优。区委组织部还联合工会、团委、妇联下发了《关于在全区工会组织、基层团组织、妇联组织和广大职工、团员、妇女中深入开展创先争优活动的实施意见》，以党建带工建、带团建、带妇建，促进创先争优活动的开展。创先争优活动中，涌现出矿区国税局、民政局、卫生局、人民法院等一批窗口行业的标杆部门，以及赵泉祥、任红梅、张明、弓翠英等一批为人民服务的楷模，真正让群众切身感受到创先争优带来的新变化、新气象。区委着力做好群众评议和领导点评工作，做到“五个围绕搞评议”，即：围绕学习贯彻胡总书记七一讲话、围绕开展纪念建党90周年系列活动、围绕推进“三个工程”、围绕促进中心工作、围绕基层党组织建设和党员队伍建设搞评议，成效上体现规范性、广泛性、全面性、严肃性。在活动中，共选树先进基层党组织9个，优秀共产党员8名，发现三大类七个方面的问题，共帮助各单位制定解决措施126条。还在实际工作中创新开展点评方式，有效促进了创先争优活动的顺利开展。

二是加大大学生社区干部管理力度。坚持在政治上关心、生活上关爱、出路上关注，全区共有5名大学生社区干部担任社区党支部书记、1名担任社区党支部副书记，有5名大学生社区干部当选为区党代表、1名当选为区人大代表；2009年招聘的30名大学生社区干部目前已有17名同志进入机关、事业单位、企业等，实现了成功就业。

三是认真开展了纪念建党90周年系列活动。区委下发《关于纪念建党90周年深入开展创先争优“十个一”活动的通知》、《关于开展“学党史、忆党恩、强党性”党课教育活动的通知》，在全区深入开展了创先争优“十个一”党建主题系列活动和多种形式的纪念活动。召开了纪念大会，隆重表彰了近年来涌现出来的先进基层党组织、优秀共产党员和优秀党务工作者以及优秀大学生社区干部。圆满完成了先进基层党组织和优秀党员的推选，1个社区党支部、1名共产党员被评为出席省的先进集体和个人，5名共产党员被评为全市“百名功勋党员”。

四是认真做好发展党员工作。2011年全区共发展新党员100名。其中发展生产、工作一线90名，占到发展党员总数的90%；妇女党员59名，占发展党员总数的59%；学生党员4名，占到发展党员总数4%；发展大学生社区干部7名，占到发展党员总数7%；少数民族党员1名，占到发展党员总数1%。

区委建立了党员教育联席会议制度，并逐步建立了党员教育管理工作考核评价体系，研究制定了《党员教育培训工作规划》。进一步完善了以区委党校为龙头，街道党校为主体，社区党员活动室为基础的党员教育网络，建立了党员教育培训基地、大学生社区干部教育培训基地，确立了党员“12345”档案标准，在实现党员档案规范化上取得了突破。

五是基层党建工作开创了新局面。在基层组织建设方面，一是实施党员素质提升工程，提高广大党员干部以及党员的综合素质。办好主体班次，加强对科级干部的培训。2011年共举办各类干部主体班培训37期，培训轮训学员超过5745人次。二是实施党内民主阳光工程，在社区推行“两调两协四议两公开”的模式。40个社区共决议议题406个，参

与"四议"会的共有6500人次。积极探索尝试创新组织设置，共创建了40个党员示范楼院。三是实施党员承诺落地工程，"我是党员我承诺、服务群众促和谐"活动开展以来，全区共7600名党员参加了活动。共帮扶困难群众1.21万人次，为群众办实事1.292万件。帮扶物品和现金合计金额410余万元，活动荣获全国第一届基层党建创新优秀案例。

六是在创新党组织设置上取得新进展。按照"一个楼院、一个特色、一个品牌"的思路，积极探索在街道社区建立楼院党支部形式。全区已在40个社区全部建立了楼院党小组，有力促进了全区基层创先争优活动的开展。

七是在加强和创新社会管理上实施新举措。矿区作为全省创新社会管理试点之一，在认真调研的基础上，制定出台了《加强和创新社会管理项目实施办法》，促进建立完善与社会主义政治制度和社会主义市场经济体制相适应的社会服务管理体系，确定了"平安街道""平安社区"基层平安创建工程、"空巢老人"服务管理项目、街道社区一站式便民服务大厅、重点人群服务管理体系等21个社会管理创新项目，建立了具有地方特色的社会管理新模式。

三、围绕惩防并举、注重预防，全面加强党风廉政建设和反腐败工作

一是加强对中央、省、市、区重大方针政策贯彻落实情况的监督检查，为转型跨越发展提供坚强保证。对全区6个中央投资项目、8个市"双十工程"、23个区重点项目工程以及校舍安全工程进行了严格督查，向8个重点工程项目派驻了行政效能监督员，有力地推动了项目落地、审批、开工和建设。成立了监督检查领导组，对全区"三城同创"工作进行了5次监督检查，有力地推动了工作的开展。配合有关部门积极开展了保障性住房、环境治理等专项执法监察。严明换届纪律工作，对换届选举工作进行全程监督检查，确保了换届风清气正。

二是全面落实党风廉政建设责任制，反腐倡廉建设不断推进。制定出台了《关于2011年全区落实党风廉政建设和推进惩防体系建设工作任务分解意见》，对街道和重点部门实行领导包点，督促、指导街道和重点部门贯彻落实党风廉政建设责任制，不断强化党政领导干部"一岗双责"责任意识。加强责任制考核，对年度考核满意度较低的部分领导提出了调整建议，为区委选人用人提供了依据。出台了《关于在全区党的基层组织实行党务公开的实施意见》，全区6个街道、40个社区、26所中小学和45个机关党支部全部进行了党务公开，确保党员干部对党务工作知情、参与、监督，党务公开工作成效初显。

三是以庆祝建党90周年为契机，深入开展反腐倡廉教育活动。在纪念建党90周年之际，举办了反腐倡廉书画摄影展；组织干部职工参加反腐倡廉知识竞赛答题活动；组织全区副科级以上干部观看《小官大腐警示录》、《没有规划好的人生》等警示教育片，深入开展警示教育。逐步健全了矿区廉政网，开辟了网络廉政教育，定期播放《廉政中国》教育片，积极营造反腐倡廉的舆论氛围。

四是深入推进廉政风险防控工作，进一步加大源头治腐力度。紧紧抓住"找、防、控"三个环节，重点查找"三重一大"等容易产生腐败行为的风险内容及表现形式，共排查出各类廉政风险点1127个。严格执行干部选拔任用监督检查制度，2011年对矿区新任的19名科级领导干部进行了任前廉政法规知识考试，对69名提拔、交流、重用的干部进行了廉政谈话。在全区开展了公开廉政承诺活动，就履行职责、服务发展、工作作风、廉洁自律等方面进行公开承诺。严格执行审计制度，对13名科级领导干部开展了离任经济责任审计，对31项政府投资工程进行预算审计，119项基建工程项目进行决算审计，核减率16%。继续深入推进行政审批制度改革，对全区行政许可项目进行清理，依法调整24项、取消15项。2011年区行政审批中心共受理群众审批事项17691件，办结17691件，办结率100%。

五是以整肃机关工作纪律为重点，切实加强领导干部作风建设。制定出台了《关于"转变干部作风、创优发展环境"的意见》。严格执行"五不准"，坚决整治"吃喝风、玩乐风、闲话风"。深入开展了"纪律作风集中教育整顿月"活动，全年共开展明查暗访47次，下达检查通报4份，对14个单位18名工作人员进行了通报批评。进一步规范行政效能的投诉、受理、办理程序，促进投诉中心工作不断完善。

六是加大监督检查力度，扎实推进专项治理工作。出台了《山西省阳泉市矿区煤焦领域惩治和预防腐败制度》，进一步建立健全煤焦领域惩治和预防腐败工作长效机制。扎实推进工程建设领域专项治理工作，开展专项督查60余人次，提出各类检查意见20余条，下发监察建议46份。公务用车专项治理取得阶段性成效。进一步巩固"小金库"专项治理成果。清理和规范庆典、研讨会和论坛活动及规范公务员津补贴工作取得实效。

七是解决群众反映强烈的突出问题，深入推进纠风治乱和民主评议政风行风工作。严肃查处义务教育阶段乱收费、违规购买教辅用书、有偿家教等违规违纪行为。深入开展食品安全专项检查，有效解决了一批损害群众切身利益的问题。快速查处公路"三乱"行为1起，对6名工作人员进行了行政过错责任追究。加大打击私挖滥采工作力度，严查背后保护伞。继续深入开展政风行风评议活动，在《阳泉矿区》建立了政风行风之窗栏目，组织41场《政风行风热线》，召开28场听证对话会，解决群众实际问题336个；在阳泉电视台举办了大型政风行风面对面现场录制活动，并进行了专题报道；在全市首家推出政风行风建设成果展示交流活动。

八是加大查办案件力度，持续保持惩治腐败高压态势。认真开展信访隐患排查，畅通纪检监察信访举报渠道，跟踪督办反映强烈的突出问题，积极为群众排忧解难。全年共接待受理信访举报25件，办结25件。（张青山）

附：一、中共阳泉市矿区区委书记、副书记、常委名单

书　记：董仙桃(女，4月离职)　刘德跃(5月任职)

副书记：张清河(4月离职)　刘乙佑(4月任职)

姚　丽(女,3月离职)　郭爱聪(5月任职)

常　委：郭爱聪　侯彦军(5月任职)

王　刚(4月离职)　史晓文(4月任职)

王宝新(5月任职)　吴亚非　高海明

邢强敏(5月离职)　王晓丽(女)　张小武

二、街道党工委书记、副书记名单

沙坪街道

书　记：李俊萍(女)

副书记：彭　平　邓晓琴(女)　王宝银　刘　健

赛鱼街道

书　记：李新宇

副书记：郑满柱(12月离职)　韩瑞辉(12月任职)

李永新(12月任职)　弓存义

王永刚(12月任职)

蔡洼街道

书　记：郑满柱(12月任职)

副书记：刘　恒　李志清　韩晋明

胡宏庆(12月任职)

桥头街道

书　记：刘世平

副书记：杨海林　王计平　李非柱　张少华

平潭街街道

书　记：周拉弟(女)

副书记：张志明　杨宝生　刘喜平　张贵军

贵石沟街道

书　记：何　勇(8月离职)　王德珍(女,12月任职)

副书记：王德珍(女,12月离职)　乔　勇(12月任职)

刘喜亭　韩石润　刘新桥

中共阳泉市郊区区委工作概况

区委书记　赵　峰

2011年,阳泉市郊区生产总值完成63.3亿元,同比增长14.6%;财政总收入完成10.02亿元,同比增长25.2%;一般预算收入完成4.06亿元,同比增长25.8%;固定资产投资完成41.9亿元,同比增长37.5%;规模企业工业增加值完成26.5亿元,同比增长22.7%;农民人均纯收入达到7863元,同比增长15%,经济总量和发展水平迈上了新台阶。

一、突出区域特色,丰富活动载体,不断深化创先争优活动

(一)着眼大局,三措并举,创先争优活动全方位开展。区委采取三项措施,确保全区652个党组织、12295名党员都参与到了活动中。一是领导干部"促"。区委成立了指导组和巡回检查组,采取入户走访、查看资料、随机抽查、会议座谈等形式,定期不定期地深入到各乡镇、区直各单位检查指导。二是典型示范"带"。通过选树和培养各类先进典型,起到榜样作用,形成了人人学习先进,人人争当先进的浓厚氛围。三是党群共建"推"。坚持抓党建带群团,有力推动了工会、共青团、妇联等群团组织通过阵地联用、品牌联创、活动联办等形式,组织广大职工、青年、妇女广泛开展了比技能、比服务、比奉献、比创新、比业绩的"五比"活动,使创先争优活动更加广泛深入。

(二)围绕主题,培植亮点,创先争优活动成效明显。区委立足服务基层、推动发展,组织引导各级党组织扎实开展创先争优活动,亮点突出,特色明显。一是争创意识明显增强。把"创"和"争"的过程变成了服务基层、服务企业、服务群众的过程。二是公开承诺切实兑现。启动了新一轮"公开承诺、领导点评、群众评议、评选表彰"加"理论研讨"的"4+1"活动。全区各级党组织承诺办实事1256件,9648名党员承诺办实事1.12万件。三是方式方法灵活多样。开展典型选树活动,共选树先进基层党组织78个、优秀共产党员560多名;开展"五星"评选活动,有169个基层党组织、6800多名党员达到五星标准。围绕区乡村换届工作,全区各级党组织通过党委中心组、党员会、支部会等形式组织党员重点学习胡锦涛总书记"七一"重要讲话和省、市党代会精神,学习换届纪律,全区共组织集中学习121次,参加党员9519人次,首批28个单位被命名为"三星级学习型党组织"。

二、转变工作作风,服务农村发展,干部下乡住村扎实开展

按照省、市委关于干部下乡住村"六个一"活动的要求,我区开展了"百个单位包村、千名干部帮农、万名党员联户"活动,切实做到了干部下乡住村、工作作风转变、工作措施落实、帮扶效果明显的良好局面。

(一)严明纪律,强化督查,确保下乡住村落到实处。结合实际,出台活动方案。建立干部下乡定期汇报工作、通报情况制度和工作台账、工作日志制度。制定干部下乡"六要六不准"纪律要求。

(二)领导带头,访贫问寒,确保作风转变落到实处。活动开展以来,800多名区乡干部主动结对帮扶困难户620户,走访慰问群众6300户,发放慰问金或慰问品折合现金45万元,办好事实事375件。

(三)突出重点,实行五包,确保工作措施落到实处。针对农村发展滞后的症结所在,重点实施"五进五包",进经济薄弱的穷村,包农民收入实现翻番;进交通不便的偏僻村,包民生问题有效解决;进居住分散的远村,包农民素质全面提升;

进矛盾突出的重点村,包乡风文明和谐稳定;进班子涣散、工作推不开的弱村,包村级组织创先争优。一年来,全区住村干部共组织召开村干部、村民座谈会300次,举办农村发展大讨论96次,收集意见建议450条,帮助农村制定发展规划75个,落实帮扶项目52个。

三、严肃换届纪律,规范操作程序,圆满完成区乡村三级换届工作

一是立足"三个坚持",拓宽选拔渠道。坚持德才兼备、以德为先的用人标准,注重选拔政治坚定、品行端正、廉洁勤政的干部;坚持面向一线、倾斜基层的用人导向,注重选拔具有基层工作经历,能够出色完成急难险重任务的干部;坚持民主公开、择优选用的用人原则,注重选拔业绩突出、群众满意、社会认可的干部。二是认真做到"三看",考实用准干部。根据民主推荐情况,看群众基础,以民意定取舍;根据区委对干部的日常考核和年度考核情况,看干部的日常工作表现,以德才定取舍;根据缺职岗位的职责要求,看干部的性格特点、专业特长、工作阅历等,做到人岗相宜,适才适岗。三是把握"两个比例",激发队伍活力。从调动干部工作积极性出发,坚持纵向与横向调整相结合,既保持了干部留任比例的合理,又加大了干部交流的幅度,保持了班子相对稳定和工作连续性。这次换届共调整交流干部50名,其中,区乡交流10名,乡镇之间交流33名,部门之间交流7名。

换届后,区、乡两级领导班子结构进一步优化,整体功能明显增强。首先,年龄结构进一步合理。区四套班子中,年龄最大的55岁,最小的36岁,区委委员平均年龄46.5岁。乡镇班子形成了以40岁左右干部为主体的梯次配备,平均年龄39.3岁,比换届前降低了1.7岁。其次,文化素质进一步提高。区四套班子领导干部研究生学历3名,本科16名,专科6名。其中区委常委全部为本科以上学历,有2名为研究生学历。乡镇班子成员中,本科以上学历的58名,占80.6%;专科学历14名,占19.4%。第三,班子结构进一步优化。区委常委职数由上届的10名减至9名。乡镇班子中,党政交叉任职的14名;妇女干部9名,实现了每个班子都有1名妇女干部,其中配备了2名女乡镇长,比上届增加1名;非中共党员干部5名,比上届增加1名。第九届村委换届工作圆满完成。区委结合实际,因地制宜,严格按照《党章》和《村民委员会组织法》等法律法规进行,全区184个村共选出农村党组织班子成员692名、村委会班子成员611名,其中村书记、主任"一肩挑"的村103个,占56%,交叉任职293人;连选连任的村党组织书记109名、副书记122名、委员167名,连选连任的村委会主任119名、副主任87名、委员91名。全区共有10名大学生村干部当选村"主干",其中书记9名、主任2名,书记和主任"一肩挑"1名;共有190名妇女进入村委班子,其中主任2名、副主任5名、委员183名。

四、围绕科学发展,教育管理并重,努力提高干部队伍素质

(一)干部教育培训工作科学化、常态化。区委着力于干部教育培训改革创新,不断提升干部培训的质量和效果。一是在培训范围上注重"广"。按照"大规模培训干部,大幅度提高干部素质"的要求,对全区500多名科级以上领导干部,分三期进行了普遍轮训;组织全区科级以上领导干部参加了省委组织部组织的送教下乡巡回培训活动和国防大学教授王宝付所作的国防形势专题讲座。二是在培训内容上注重"新"。围绕全区工作中心,按照"缺什么、补什么,需要什么、培训什么"的原则,着眼于提高领导干部素质能力所需,灵活设置培训内容,切实提高培训的针对性和实用性。三是在培训形式上注重"活"。培训中安排"理论学习、交流发言、考试评分"3个环节,实施教学互动,充分调动起了干部学习的积极性和自觉性。为全区500多名科级干部申请注册山西干部教育网站,开展在线学习。鼓励支持干部"走出去"学习取经,开阔视野。四是在培训管理上注重"严"。区委派专人全程跟班,负责参与班级管理及教学活动。严格执行迟到、早退、旷课、请假以及课堂纪律等各项规章制度,对学员在培训期间的综合表现进行严格管理。五是在培训效果上注重"实"。将参加学习培训情况作为干部年度考核的重要内容之一,明确规定完不成培训任务的,年终不得评优,以此促进干部自觉学、主动学,学有所得。

(二)干部监督管理步入制度化、系统化。加强对干部的纪律教育和警示教育,引导其带头自觉遵守法律法规,保证了在换届期间没有一名干部违反换届纪律。同时,强化对干部的日常管理,实行干部约谈制度和任期经济责任审计制度,不断完善干部考核评价办法,认真落实干部选任"四项监督制度",定期召开干部监督联系会议,动员社会各界广泛参与,从而构建起了一套全方位的干部监督管理体系。

五、统筹兼顾,整体推进,全面落实党风廉政建设和反腐倡廉工作

区委认真贯彻省、市党风廉政建设干部大会精神,制定出台了《关于2011年全区党风廉政建设和反腐败工作任务责任分解意见》,由区纪委、区委组织部等21个部门牵头,33个职能部门负责配合协办,形成了一个"横向到边、纵向到底"的责任网络。为了进一步推进党风廉政建设,区委重点抓好几项工作。一是加强制度建设。为保证区乡村三级换届风清气正,区委认真开展换届纪律督查,出台了《关于严肃换届纪律,保证换届风清气正的八条措施》、《关于进一步严肃换届纪律的五条规定》、《阳泉市郊区村级组织换届选举工作人员责任追究制度》、《关于依法处置村级组织换届选举中贿选行为的意见》等规章制度,对贿选行为的界定和处理进行了明确的规定,为严肃换届纪律提供了制度依据。二是大力推进三大资源"百日大清查"专项治理行动。针对郊区实际,重点打击违规出租土地和非法盗采、非法买卖铝矾土、煤炭等矿产资源行为,整顿规范建筑市场和矿产资源秩序。三是积极开展公务用车、"小金库"及研讨会、庆典、论坛等专项治理活动。四是积极开展政风行风评议活动。组织召开《政风行风面对面听证对话会》30余场,现场回答咨询、质询、承诺等问

题240余个，切实解决了群众的热点、难点问题，得到了广大群众的好评。

六、明确目标，抢抓机遇，“三区”建设稳步推进

区委紧紧围绕转型跨越主题，全力推进“三区”建设。一是新型产业集中发展区有序推进。大力实施“一区四园”战略，加快平台打造，促进产业集聚，推动传统产业新型化和新兴产业规模化发展。5个煤炭资源整合矿井产能提升和技术改造步伐不断加快，耐火产业平稳发展，建材行业发展势头强劲，装备制造业成为全区产业结构调整的重点，三产物流项目迅速发展。招商引资成绩显著，共引进百万元以上项目572项，总到位资金45.6亿元。二是现代农业示范区的带动效应开始显现。河底现代农业示范园建设进展顺利，新建育苗温室、农民培训中心和蔬菜简易加工包装车间。绿色产品认证、农超对接等服务体系建设步伐加快。休闲农业与乡村旅游业发展迅速，桃林沟村再次被评为省级休闲农业与乡村旅游示范点。三是城乡一体化示范区建设进展顺利。李家庄互通工程竣工，漾泉大道一期、双营路、南区新城主干道、国防动员指挥中心、档案馆等重点工程加速推进。新城总体规划基本完成，启动河底、旧街、西南舁三个中心集镇规划。加快新农村建设步伐，2001年被评为“新农村建设先进示范区”。城乡生态化进程加快推进，生态环境进一步改善，造林绿化、生态修复与节能减排并举，全区发展环境进一步优化。

（王　敦）

附：一、中共阳泉市郊区区委书记、副书记、常委名单

书　记：赵　峰

副书记：杨　勇　郭少敏（5月任职）

常　委：谭伟中（5月离职）　王如生（5月离职）
郭　斌（5月任职）　孙　毅（5月任职）
王振杰　李昱平（5月离职）　王建华
冯学勤　刘瑞生（5月任职）

二、乡镇党委书记、副书记名单

荫营镇

书　记：刘瑞生（5月离职）　张斌武（5月任职）

副书记：张斌武（5月离职）　武永庆（5月任职）
胡俊青（5月离职）　侯秉戬（5月任职）

河底镇

书　记：张富英（5月离职）　杨兆明（5月任职）

副书记：杨兆明（5月离职）　王红卫（5月任职）
任晋忠（5月离职）

平坦镇

书　记：李胜英

副书记：段永军（5月离职）　郭智英（5月任职）
史惠清（5月离职）　刘守宇（5月任职）

义井镇

书　记：刘金文（5月离职）　段永军（5月任职）

副书记：韩晓东（5月离职）　史丽娟（5月任职）
靳丽芳（女，5月离职）　任志刚（5月任职）

李家庄乡

书　记：郭志强

副书记：郭智英（5月离职）　常　征（5月任职）
王常青（5月离职）　张魁福（5月任职）

西南舁乡

书　记：郭满仓（5月离职）　韩晓东（5月任职）

副书记：王红卫（5月离职）　黄瑞刚（5月任职）
张建存

杨家庄乡

书　记：马大刚

副书记：史丽娟（5月离职）　朱建芳（5月任职）
程慧文

旧街乡

书　记：李仁照

副书记：武永庆（5月离职）　闫立宏（5月任职）
张晓东（5月离职）　王守刚（5月任职）

中共平定县委工作概况

县委书记　王银旺

2011年，平定县委团结和带领全县人民，以转变经济发展方式为主线，以项目建设为抓手，以改革开放为动力，紧紧围绕在晋东地区率先全面转型和建设全省可持续发展示范县“两大”目标，全力打造新型材料制造、特色农产品生产、旅游商贸服务“三大”基地，加快推进新型工业强县、特色农业大县、商贸物流重县、文化旅游名县“四县”建设。全县经济保持平稳快速发展，社会各项事业得到长足发展，民主法制和党的建设进一步加强，“十二五”实现了良好开局。财政总收入首次跨过10亿大关，完成10.09亿元，实现历史性突破。

一、以县乡村三级换届为关键，基层党的建设增添新活力

全力抓好三级换届工作。成功选举出了新一届县委、人大、政府、政协领导班子和乡镇领导班子，做到了风清气正；

柏井镇采取公推直选产生党委书记,走在全市前列;加强干部教育培训,推进干部队伍科学化。精心组织农村“两委”换届工作,全县318个村支部换届完成313个,完成率达到98.4%,村委会换届工作进展顺利,已完成村委换届的村270个,完成率达到85%,四个刚性指标位居全市前列。

认真做好干部选任工作。严格贯彻执行干部选任《条例》和四项监督等制度,严格选任程序,严格用人标准,形成了良好的用人导向。对县直部门领导班子进行了调整配备,新提拔科级领导干部53人。

不断引深创先争优活动。精心组织开展了纪念建党90周年、“三亮三比三争创”、“干部下乡住村六个一”、学习型党组织创建等一系列活动,加强了基层党组织建设和干部队伍建设,夯实了组织基础,推进了全县的创先争优活动上水平、出成果。

大力推进党风廉政建设。严格落实“一岗双责”的党风廉政建设责任制,以廉政风险防控为重点,推进预防腐败工作,深入推进专项治理工作,重点领域腐败易发多发势头得到有效遏制。在全县范围内开展了作风大整顿,对查处发现问题的8个单位进行了通报,处理党员干部21人。加大案件查办惩处,全年共立查案件20件,处分党员干部25人,涉及科级干部7人,挽回经济损失288万元。

二、以打造“三大”基地为着力,“四县”建设迈出新步伐

以打造新型材料制造基地为着力,工业经济加快由以煤为主向多元化发展转变。一是突出抓好转型项目建设,大项目、好项目比重稳步提升。全年确定的35个工业重点项目,亿元以上13个,比上年增加9个;新兴非煤项目26个,占总数的80%;中天新能源、昌鑫复合肥、中源耐火等14个项目完工,19个在建,2个前期准备。列入市“百项工程”的42个重点考核项目,完工4个,27个在建,11个项目前期准备。二是突出抓好传统产业改造升级,进一步夯实转型跨越发展基础。煤矿兼并重组整合工作通过省级验收,7个煤矿在建,原煤产量完成220万吨;兆丰铝冶、莹玉陶瓷等16家企业通过国际质量管理体系认证;汇能180万吨提升改造、天虹15万吨陶粒砂等重点项目竣工投产。三是突出抓好园区规划建设,园区经济集聚效应初步凸显。龙川、张庄、巨城三大工业园区承载能力和产业集聚配套能力不断提升,企业聚集度和产出效益明显提高。其中,龙川工业集聚区入园企业83个,规模以上企业40个,年收入亿元以上企业15个。四是突出抓好招商引资,外资利用的质量和效益明显提高。全年签约项目14个,总投资786.07亿元,合同协议利用外资523.5亿元,落地项目总投资84.52亿元,市外资金到位31.3亿元。

以打造特色农产品生产基地为着力,农业产业加快由粗放式经营向现代化发展转变。继续围绕蔬菜、干果、畜禽以及小杂粮和生态林,加快推进“3+2”农业产业化进程。一是加快农业规模化发展。全县优质杂粮、核桃、设施蔬菜等特色种植基地总面积达到18.5万亩。生猪、蛋鸡饲养量分别达到15.26万头、106.3万只。二是加快农业品牌化发展。一乡一业、一村一品工程加快推进,建成石门口等5个优质核桃基地乡(镇),发展了东回、柏井2个特色养殖乡镇。瑞盛蔬菜种植成功申报山西省名牌产品。三是加快农业高效化发展。张庄农业示范园、万和油脂等项目进展顺利,福润禽业3000万只肉鸡加工即将投产,配套项目全面展开。全县8个农产品加工企业列入省“513”工程。

以打造旅游商贸服务基地为着力,第三产业加快由零散型开发向市场化推进转变。一是商贸物流产业稳步推进,锁簧东风汽车4S店等项目加快推进,农村便民连锁店全覆盖工程提前建成。农村市场得到进一步繁荣发展,全年社会消费品零售额达到22.15亿元。二是文化旅游产业快速发展,冠山舍利文化园和书院文化园建设进入发力攻坚阶段;娘子关景区开发管委会成立运行,景区建设项目实施顺利,娘子关镇被评为“中国特色景观旅游名镇”。

三、以改善民生维护稳定为突破,社会各项事业取得新进展

民生工程普惠百姓。中等职业教育实现免费全覆盖;就业、创业、农村劳动力转移等工作稳步推进,城镇登记失业率控制在3.96%以下;新农合参合率达到98.6%,优生健康免费体检工程扎实开展;社保体系更加完善,社会保障覆盖率达到95.6%;全年建成500套保障性住房,第一批特困户年底入住;全年发放低保金5161.81万元。全省农村新“五个全覆盖”工程得到全面落实。

社会事业健康发展。深入实施“科教兴县”和“人才强县”战略,全年申报国家专利42项,教育事业健康发展,中、高考成绩再创新高。三级医疗卫生服务体系趋于完善,低生育水平保持稳定。同时,全县工青妇、残联、金融、审计、水利、农机、广电、文化、气象、地震以及国防教育、双拥、民兵和预备役、民族宗教、工商管理、质量监督、外事侨务、档案管理、县志修编等各项事业均取得了新的成绩。一年来,先后荣获全国科普示范县、全省治超工作优秀县、全省农村安全饮水和建制村通水泥路全覆盖工程先进县、全省双拥模范县等荣誉称号。冠山镇总工会荣获“全国百家示范乡镇工会”。

有力维护和谐稳定大局。狠抓安全责任制的落实,坚决打击私挖滥采违法行为,安全生产形势总体稳定。工商、质监、食品药品安全监管工作不断强化,全县市场秩序进一步好转。严厉打击各类犯罪行为,加强社会治安综合治理,狠抓信访维稳工作,全县社会大局稳定和谐。“六五”普法全面启动,政府法制建设和依法行政能力进一步加强。

四、以优化发展环境为抓手,城乡统筹协调可持续发展呈现新气象

县域城镇化步伐明显加快。启动了县城区域规划编制工作。全年完成县城开发40万平方米。加快新农村建设,10个省级试点村和123个重点推进村基础设施进一步完善。投资5.4亿元完成了广阳路、西外环北段、农村街巷硬化等重点道

路建设近600公里。推进城乡道路客运一体化，三级城乡客运网络基本形成。继续实施集中供热、煤气入户工程，新增供热面积20万平方米，新增煤气用户4500余户。

生态环境建设成效明显。成功迎接全省造林绿化工程现场会到县观摩，六大造林工程完成造林面积5.88万亩，森林覆盖率达到21.6%，建成区绿化覆盖率达到38.5%，荣获"全省造林绿化先进集体"。集体林权制度改革取得阶段性成果。推进"网格化"环境整治，城乡面貌进一步改观。强力推进污染减排，对8家不符合标准企业实施关闭，大气污染物四项指标均完成任务。县城二级以上天气天数达到331天。

五、以推进依法行政为重点，民主政治和精神文明建设取得新成效

始终坚持统揽全局、协调各方的原则，充分发挥县委的领导核心作用，注重发扬民主，充分调动各方面的积极性。

稳步推进民主政治建设。坚持民主集中制，各项重大决策的出台、重要工作的部署、人事干部的任免，事前广泛征求意见，事后及时通报情况。支持和保证人大及其常委会依法履行职能，支持政协履行政治协商、民主监督和参政议政职能，定期组织人大代表、政协委员围绕县委、县政府中心工作，针对群众关注的重点、热点、难点问题开展调研、视察和评议。

加强精神文明建设。以纪念建党90周年和推进学习型党组织建设为重点，组织开展了庆祝建党90周年、加强社会主义核心价值体系建设、深化拓展精神文明创建系列活动，进一步发挥了凝魂聚气、强基固本的重要作用；以导向宣传、对外宣传、典型宣传、主题宣传为重点，强化新闻宣传工作，先后开辟"话转型、谋跨越、谱新篇"、"严肃换届纪律、保证风清气正"等专栏，开展"走基层、转作风、改文风"专项活动和"走进平定"对台专项宣传等活动，为推进全县改革发展稳定提供了强有力的舆论支持。

推进基层民主建设。进一步健全了村民自治和基层民主建设各项制度，推行政务、企务、村务公开，大力推广"四议两公开"工作法，完善了议前注重"三联系"、议中严格"六不准"、议后强化"三落实"的工作机制，有效提高了基层组织管理农村事务的能力，保障了农民群众对村级重大事务的知情权、参与权、管理权和监督权。

一年来，县委始终坚持"总揽全局、协调各方"的原则，集中精力把方向、谋全局、抓大事，同时统筹协调人大、政府、政协的关系。四套班子高度重视自身建设，坚持用科学发展观武装头脑，认真贯彻执行民主集中原则，凡是涉及全局、长远的重大问题，广泛听取各方面意见的基础上，坚持四套班子联席会议讨论决定。县级班子成员之间坦诚相见，相互支持，按照集体决定和工作分工，认真履行各自职责，班子领导牵头包产业项目，带头接访包案，齐抓共管促发展、重民生、保稳定，形成了班子联动抓转型、齐心协力谋跨越的强大合力。

（王红文）

附：一、中共平定县委书记、副书记、常委名单

书　记：马　骥（4月离职）　王银旺（4月任职）
副书记：王银旺（4月离职）　任晓华（4月任职）
　　　　申志纯（5月离职）　冯维明（5月任职）
常　委：杨艳红（女）　李维程　杜平华
　　　　高锦孝（5月任职）　李宏革　赵建军
　　　　梁海昌（5月任职）　孙　毅（5月离职）
　　　　张映涛（5月离职）

二、乡镇党委书记、副书记名单

冠山镇
书　记：郝建国（5月离职）　梁海昌（5月任职）
副书记：梁海昌（5月离职）　闫立彪（5月任职）
　　　　王　强（5月任职）

冶西镇
书　记：苏秀莲（女）
副书记：侯成军　苏建广（5月离职）
　　　　张　忠（5月任职）

石门口乡
书　记：梁宝元
副书记：张丽荣　王海平（5月离职）
　　　　苏宝莲（5月任职）

锁簧镇
书　记：郄新华（5月离职）　张石明（5月任职）
副书记：张石明（5月离职）　冀虎平（5月任职）
　　　　李非科（5月离职）　霍振宏（5月任职）

张庄镇
书　记：韩俊富（5月离职）　李鸿斌（5月任职）
副书记：田怀所（5月离职）　程秀宏（5月任职）
　　　　石成柱（5月离职）　武子房（5月任职）

柏井镇
书　记：刘顺彬（5月离职）　路海平（5月任职）
副书记：路海平（5月离职）　王俊杰（5月任职）
　　　　邵永贵

东回镇
书　记：赵贵恩（5月任职）
副书记：王植彬　余香兰（女）

娘子关镇
书　记：李有义
副书记：潘爱斌　冯俊青（5月任职）

巨城镇
书　记：刘顺彬
副书记：赵　帅（5月任职）　岳　晖

岔口乡
书　记：闫立彪（5月离职）　田怀所（5月任职）
副书记：侯永庆　赵　帅（5月离职）
　　　　尹素明（5月任职）

中共盂县县委工作概况

县委书记 吕昌政

2011年，盂县县委紧紧围绕率先全市发展、建设全省强县“两大目标”，牢牢把握山西综合配套改革试验区建设机遇，扎实实施“四依托、四推进、四集中”战略，大力推进工业新型化、农业现代化、市域城镇化、城乡生态化、党建科学化“五化”进程，实现了经济发展、政治安定、社会各项事业明显进步的良好局面。

一、坚持科学发展，县域经济综合实力继续增强

(一)以重点项目转型转产为抓手，工业新型化取得新突破。一是加快煤炭产业多元发展。以煤为基，境内15座保留矿井正在加速改造；多元发展，致力培育形成煤焦、电力、化工、耐材、冶金制造、新型材料、节能环保、农产品加工等多元化的工业体系。二是加强传统产业优化升级。耐火、焦化、冶金铸造、建材等产业得到不断优化加强，晋麒麟生物工程、鲁中耐材、中信焦化焦炉煤气综合利用等项目建成投产；西小坪耐材5万吨特种耐材建成投产，20万吨新型复合材料完成厂房建设和部分设备安装；恒大磁材一期完成主体工程；鑫磊煤电化循环经济园和吉天利循环经济产业园列入了省重点，万汇钢铁项目加速推进。三是完善园区载体推动产业提升。坚持“政府引导、市场运作、一园多区、利益共享”的运作模式，五大产业集聚区加速完善，中岚物流园加紧推进，各项管理机制、发展优惠政策加快制定健全。农村金融服务体系更加健全，新增小额贷款公司1个，盂县农村商业银行股份有限公司经中国银监会批准已开始筹建。四是招商引资激活转型活力。招商引资项目60个，招商引资额761.34亿元(其中中博会签约项目7项，签约资金161亿元；其他签约项目53个，签约资金600.34亿元)；落地项目215亿元，实际到位资金30亿元，为县域经济发展注入了活力。

(二)以发展特色农业为重要途径，农业现代化水平显著提升。一是壮大提升特色农业。坚持做大做强以核桃干果为代表特色种植业，制定完善核桃产业发展规划，完成核桃种植面积14万亩，荣获“中国核桃之乡”称号。新发展设施蔬菜375亩，全县总面积达到3.1万亩。特色规模化养殖壮大提高，新增肉牛1000头、生猪5000头、种獭兔1000只，总量分别达到1.3万头、10.5万头、10万只。引导煤矿企业转产投入核桃加工、小杂粮加工、颗粒饲料加工以及肉制品加工等产业。二是强力推进“一村一品”。发展专业村200多个，其中干果1000亩以上村16个、500亩以上村58个、100亩以上村85个，蔬菜、杂粮和畜牧形成一定规模的村50多个。全年完成农村劳动力转移培训1200人，实现转移1000多人。发展农产品加工企业30多个，全额完成农产品“513”工程销售收入任务3.5亿元。三是扶持专业合作社做大做强。新注册农民专业合作社121家，全县累计达到567个，入社户数3894户，分布于全县14个乡镇、418个村，吸纳社员资金2.5亿元，合作社资产达6亿元，年产值1.2亿元，带动周边农户2.8万户。四是强化农村服务体系。全面兑现各项补贴措施和优惠政策，改善投入机制，县财政年度预算用于支农的投入达到1.5亿元；参与196个“一事一议”财政奖补项目，继续组织协调工矿企业结对帮扶新农村建设，共安排近100个工矿企业帮扶89个村，从党政机关、企事业单位组建8个工作队帮扶93个村，落实帮扶资金300多万元。

(三)以高铁新城建设为龙头引领，市域城镇化、城乡生态化进程明显加快。一是深入推进城乡一体化进程。按照“大县城—卫星镇—小城镇—中心村”四位一体发展思路，综合推进城乡产业布局、基础设施、市场体系、事业发展、生态环境建设，增强了城镇的集聚功能和辐射带动作用；加快“城中村”改造，推进城乡一体化、就业多元化、保障社会化、管理社区化，城镇化率达到30.5%，比上年提高2.5个百分点。二是大力推进城乡生态建设。投资2亿多元高标准完成环城绿化“2236”工程，新增县城绿地200万平米，建成区绿化覆盖率达到40%，人均绿地面积达到25平方米，获得“全省林业生态县”称号；重点抓了247个农村垃圾清运和卫生保洁全覆盖工作；全县沼气和秸秆气化用户累计约1.7余户，村容村貌大大改善，全县二级以上天气首次突破354天。三是强力推进基础设施建设。以“百项工程”和县定重点基础设施工程为抓手，加快基础设施建设，累计完成投资5.6亿元。四是扎实推进新农村建设。围绕产业发展总体布局规划，重点抓了南娄、路家村、牛村、苌池四个卫星镇的规划建设；围绕高速出口布局，积极扶持上社、东梁、西烟、梁家寨等特色小城镇，带动周边农村的发展，加快实现农村城镇化。

二、坚持高度重视和改善民生，社会建设全面推进

一是强力推进新的“五个全覆盖”。围绕省里“五个全覆盖”、市里“八个全覆盖”和县定为民办的10件实事，完成农村街巷硬化1259公里；建设农村便民连锁商店37个；建成农家书屋305个、完成农民体育健身设施工程137个，以上全覆盖率均达到100%；县财政免学费配套31.4万元补助资金全部兑现；发放农村新型养老保险12.97万人，全县60岁以上老人全部享受到新型农村社会养老保险全覆盖工程的

实惠。全县养老、医疗、失业保险覆盖率分别将达到100%、98%、95%。二是强力推进社会保障事业。农村种植保险达到20.7万亩；政府举办的基层医疗卫生机构基本药物全部实现了零差率销售；校安工程基本完工，教育布局进一步优化，立项新建城乡中小学3所，发放高中阶段困难学生生活补贴255.39万元；县人民医院门诊大楼建成投入使用，农村新型合作医疗参合率达到91.5%；保障性住房年度开工建设1130套，廉租房、公租房分别完成42500平米、6000平米；实施城乡供热“暖心”工程，县财政拿出1200万元，为农民每人发放50元取暖补助，为农村低收入群众冬季每户供应1吨煤，累计供煤8.9万吨。三是加强和创新社会管理。坚持干部培训制度，对全县所有乡镇干部分3批次进行了为期9天的社会管理专题集中轮训，组织了3期村支部书记、村主任创新社会管理培训班，举办了全县干部加强和创新社会管理培训班。出台关于加强社会管理创新的两个意见、一个方案，开展了社会治安重点地区和突出治安问题集中排查整治工作和百日严厉打击重点刑事犯罪夏季行动，加强和完善了社会治安防控体系和公共安全保障体系，初步形成党委领导、政府负责、社会协同、公众参与的社会管理新格局。积极加强群众信访接待，有效解决了大量重点难点问题，对中央、省交办的6案24件和市、县确定的42案60件进行了集中解决，确保了信访形势稳定。四是安全生产工作平稳有序。高度重视安全生产，深入开展隐患排查和整治专项行动。严格落实“两个主体责任”，实行“五人包矿”制度和四套班子包矿包安全责任制，确保了各项安全指标控制在省市目标之内。五是文化旅游事业蓬勃发展。落实文化下乡政策，加强文化全覆盖工程，积极鼓励发展民间文艺团体，蓬勃开展基层文艺会演、传统庙会文化演出、街头文化活动等；动漫电影《赵氏孤儿》已经完成；县志续编工作、党史收集整理工作圆满完成；被省委省政府授予“全省文化建设先进县”。梁家寨温泉规划通过省级评审，招商和开发工作正在进行；龙台山风景区已经完成道路基础设施建设，水神山风景区开发工作已经启动。

三、坚持发扬民主，形成加快发展的强大合力

始终把民主集中制原则作为推进决策科学化的关键，严格落实县委常委会、全委会议事规则，健全基层民主决策机制，建立了部门单位“人权财权事权”监督制约机制，进一步规范和完善了县委、乡镇、部门工作机制，凡属经济社会发展规划、重要工作安排、人事安排都在广泛听取意见的基础上集体决定。县委切实履行统揽全局、协调各方的职责，充分调动各方积极性，形成了齐心协力、合力攻坚的工作格局。发挥人大法律监督职能，围绕县委决策部署及时调整加强工作，适时作出了推动全县科学发展的各项决议；协调政府积极转变职能，坚持依法行政，不断强化行政措施，增强行政效能，进一步提高了执行力、公信度；支持政协发挥职能作用，组织政协委员积极为经济社会发展巡诊把脉、参政议政、建言献策；支持法院、检察院依法独立行使审判权、检察权，积极拓展司法为民的广度和深度，提高司法权威和公信力，稳步推进依法治县进程；调动群团组织依照法律和各自章程开展工作，使各自作用得到充分发挥；坚持党管武装制度，加强国防后备力量建设，深入开展双拥共建活动，促进了军政、军民团结。

四、坚持加强和改善党的建设，不断提高执政能力

一是引深创先争优活动。突出抓好窗口行业部门“三亮三比三评”活动。全县党组织承诺事项共4178件；党员承诺16093人，承诺事项73627件。共培树各类先进基层党组织113个，优秀共产党员227名。二是大力开展各项主题活动。深化下乡住村活动，有效落实党员干部联系服务群众机制。建立了县级党员领导干部包村联系点制度，县委共下派下乡住村领导干部366名，市县两级下派干部对应全县453个行政村开展“六个一”活动，达到帮扶“一对一”全覆盖。开展纪念建党90周年“九个一”系列活动，在科级领导干部中广泛开展了人人讲党课活动。三是加强领导班子和干部队伍建设。圆满完成县乡党委换届任务。全面推行严肃换届纪律“双承诺”制度，30名县级领导干部和501名科级领导干部全部做出换届纪律书面承诺，保证了换届风清气正。强化干部培训，开办培训班11期(次)，培训科级干部782人次，农村干部1329人次，选派11人次干部到上级党校或其它培训机构接受培训。四是进一步夯实基层组织建设。“平稳、规范、按时、保质”地完成农村“两委”换届工作；认真落实基层党建工作责任制；抓好大学生村干部创业扶持，全县大学生村干部共获得各类创业扶持资金110万元，创办各类经济实体13个，领办农民专业合作社6个；继续完善激励、关怀、帮扶机制，对全县788名农村两委主干发放报酬293.46万元。对连续任职20年以上的村支部书记、村主任的346名老干部发放补贴56.46万元。五是进一步强化干部作风建设。在干部下乡驻村“六个一”活动基础上，开展了以“带着感情交民心，换位思考办实事”为主题，以“两进、三问、四落实、五满意”为载体的百日大调研活动，为群众办理各类实事2900余件次，住村干部共撰写调研报告100余篇，提出合理化建议50多项，为基层群众办实事办好事500余件，帮扶困难群众和困难党员2600余人次。继续引深民主评议政风行风活动，促进了干部作风转变和工作落实。六是进一步深化党风廉政建设。制定出台了《2011年党风廉政建设和推进惩防体系建设工作任务分解意见》《2011年廉政风险防控管理工作实施办法》《盂县落实党风廉政建设责任制检查考核办法》等，全面落实党风廉政建设责任制，加大惩防体系建设力度；深入开展工程建设领域和煤焦领域反腐败斗争，进一步强化教育乱收费、公车清理、公路“三乱”等专项整治，严肃查处各类违法违纪案件；农廉工作实现了公开内容全覆盖；全面推进反腐倡廉工作，始终保持对腐败分子的高压态势，加大案件查处力度，严肃查处各类违法违纪行为。全年办理违法违纪案件41件，挽回经济损失139万元。

(闫建国)

附：一、中共盂县县委书记、副书记、常委名单

书　记：吕昌政

副书记：刘德跃(4月离职)　苏秀瑞(4月任职)
荆存柱　王　刚(4月任职)

常　委：段宏华(4月离职)　马　俊(4月离职)
武润珍　武　雪(女,4月离职)
高永红　王海珠　靳毅刚(4月任职)
刘淑英(女,4月任职)

二、乡镇党委书记、副书记名单

秀水镇

书　记：王晓晨(8月离职)　李海忠(8月任职)

副书记：韩德健　杨志强　崔贵文

孙家庄镇

书　记：郭爱东

副书记：王俊德(11月离职)　李东亮(11月任职)
刘保才

路家村镇

书　记：王建华

副书记：李瑞峰　赵来俊　孙雷英(11月离职)

南娄镇

书　记：张忠亮(7月离职)　张丙福(7月任职)

副书记：侯海军(7月离职)　杨献东(7月任职)
张润芝　冯贵生

牛村镇

书　记：刘家才

副书记：郭　华　张进军

仙人乡

书　记：王建明

副书记：闫东红　王　正　武香萍(女,11月离职)

北下庄乡

书　记：聂玉明

副书记：杨晓卫　张海峰　荣毅志

苌池镇

书　记：张五太

副书记：赵红卫　梁凤彦　胡慧军

上社镇

书　记：张丙福(7月离职)　王俊德(11月任职)

副书记：赵保红　刘继红(11月离职)　田晋中

下社乡

书　记：韩志勇

副书记：侯秀英　王军海

梁家寨乡

书　记：郭方恺

副书记：张利兵　李贵和　韩俊宏

西潘乡

书　记：高尚明

副书记：赵剑涛　张利峰

西烟镇

书　记：高彦青

副书记：郝志强　张彦平

东梁乡

书　记：刘淑英(女)

副书记：刘智华　张建强

中共长治市委工作概况

市委书记　田喜荣

2011年，在省委的坚强领导下，长治市委深入贯彻落实科学发展观，按照省委、省政府转型跨越发展战略部署，团结带领全市广大干部群众，重振上党雄风，扎实推进工业新型化、农业现代化、市域城镇化和城乡生态化，着力推动经济社会平稳协调快速发展，各项工作取得新进展新成效。全年主要经济指标保持平稳较快增长，GDP首次突破千亿元大关，完成1218.6亿元，比上年增长15.4%；财政总收入完成255.5亿元，比上年增长29.1%；一般预算收入完成104.4亿元，比上年增长34%；固定资产投资完成686.9亿元，比上年增长36%，按全口径统计完成970亿元，接近千亿元；社会消费品零售总额完成321亿元，比上年增长17.8%；城镇居民人均可支配收入达到20131.1元，比上年增长17.6%；农民人均纯收入达到7092元，比上年增长19%，是农民收入增幅最大的一年。全市共获得省厅级以上表彰奖励592项，其中国家级表彰37项，国家部委级表彰96项；省级表彰145项，省厅级表彰314项。

一、牢牢把握第一要务，扎实推进“四化”建设

第一，坚持“一抓煤、二抓电、三抓新兴产业”，工业新型化迈出坚实步伐。围绕打造全省乃至全国新能源产业基地，坚持“一抓煤、二抓电、三抓新兴产业”，加快工业新型化发展步伐。全市建立了9个院士、博士后和博士工作站，与50多所国内外知名高校和大型科研院所建立了合作关系，1000多名全国各行业专家级人才常驻或经常到长治指

导产业发展。正式启动国家级循环经济试点市各项工作。投资59亿元，铺开了对53座煤矿的机械化、信息化改造建设，有15座全面完成了任务；淘汰各类落后企业37家；实施了襄垣煤矿低温余热利用、沁源铝镁阻燃剂等一批循环经济项目，全市万元GDP综合能耗预计下降4.1%。全市60%的企业集中在园区发展，入园企业工业增加值占到全市工业增加值的31%，4个工业园区被评为国家和省级工业新型化产业示范基地。市级确定了20个销售收入百亿元非煤非电战略重点项目，总投资1676亿元，全部建成后可新增销售收入2933亿元，实现利税600亿元，安排就业3.85万人。

第二，以“一村一品、一县一业”为方向，农业现代化扎实推进。加快农业产业化发展步伐，新上农业产业化项目63个，总投资55.28亿元，年内完成投资22.6亿元。全面推进“一村一品、一县一业”，培育形成30多家销售收入超亿元龙头骨干企业，400余个“一村一品”专业村、40个“一乡一业”专业镇和4个省级“一县一业”示范基地县，带动从业农户10万户、从业人员30余万人。启动实施“五大增收工程”，着力推进六大高效特色农业板块建设，新增设施蔬菜面积10.4万亩。不断提高农业综合生产能力，粮食总产量达到14.85亿公斤。加快农产品市场体系建设，改、扩建了两个农业部定点批发市场，重点扶持了20个产地批发市场。新农村建设成效显著，完成全市231个省级重点推进村规划并通过评审，落实帮扶项目4886个、帮扶资金8363万元，新解决2万贫困人口脱贫。

第三，以“一核双圈”为构架，市域城镇化整体推进。大力推进主城区旧城改造和新区建设。实施“九纵九横”主干道畅通工程和47条支干道微循环畅通工程，铺开了18条道路的改扩建工程，总投资40多亿元，已有7条完工；推进“三河一渠”综合治理工程，一期工程已完成投资2.1亿元；启动了主城区19个城中村和各县城28个城中村的改造工作。启动实施上党城镇群路网工程。市区到周边六个县城和长安高速公路的7条快速连接线，道路总长度95.78公里，总投资54.2亿元，目前完成投资22.5亿元，已有4条建成通车。加快农民市民化进程。编制了农民变市民的工作流程图，出台了户籍制度改革、农民就业创业、进城务工人员子女入学、就医、养老保险等优惠政策，引导人口向城镇集聚。全年新增城镇人口20.5万人，城镇化率达到47.66%，比上年提高5.82个百分点。

第四，以荒山绿化为重点，城乡生态化得到巩固提升。实施了荒山造林、干果经济林基地、上党城镇群提档、市花月季园、东山绿道、古树名木保护、低效林改造、中幼林抚育、种苗基地建设、环城高速绿化等十大生态建设工程，年内完成造林44万亩，占省任务29.17万亩的150.8%。城市建成区绿化覆盖率提高1个百分点，达到了44.91%；所有县市区全部进入省级园林县城行列，在全省是惟一的。其中，市区和武乡、壶关、潞城被评为国家级园林县城。打好节能减排攻坚战，严格落实节能减排目标责任制，长钢、常平等企业对主要耗电设备进行了变频改造，节电率达30%，王曲、漳山电厂在全省率先完成烟气脱硝工程，按进度完成了省政府下达的节能减排目标任务。推进蓝天碧水扩容提质工程，全市13个县市区全部建成了集中供热工程，加强浊漳河流域生态治理和太长高速路沿线环境整治。重点监测的17个河道断面，达到三类以上水质的占58.8%，城市集中饮用水源地辛安泉水质达标率100%。市区空气质量二级以上天数达到357天，综合污染指数1.57，比上年下降0.03，稳步达到国家二级标准，连续8年成为全省空气质量最好的城市，连续4年名列华北第一。

第五，以招商引资为龙头，项目建设取得新突破。全市招商引资签约项目349个，总投资4275亿元，拟引资3511亿元，重点签约项目引资到位397.2亿元。其中，第六届中博会签约项目241个，总投资3124亿元，是以往五届中博会总量的3倍。中博会签约项目落地215个、开工137个，落地率89.2%、开工率56.8%，引资到位171亿元。西门子、飞利浦等世界500强企业和中国五矿、太平洋建设、江苏悦达、雨润、红星美凯龙等一批国内外知名企业纷纷加盟长治发展。全年共实施省市重点工程项目1324项，累计完成投资970亿元，全省名列第二；其中新开工项目932项，占年计划的131.5%，开工项目数和投资完成额均创历史新高。

二、加强宣传思想文化工作，着力打造文化强市

一是加强新闻宣传和舆论引导工作。推进社会主义核心价值体系建设，组织开展了一系列庆祝建党90周年宣传教育活动。武乡举办的“在太行山上”大型群众歌咏活动，获得中国电视艺术家协会在央视举办的“纪念建党90周年电视文艺晚会”最佳作品奖和创新作品奖两项大奖。推进网络文化建设，突出抓好互联网、手机等新兴媒体的建设、运用和管理。加大对外宣传力度，提升了长治对外形象，承办了“我们的节日·清明——中华长歌行”特别节目录制工作，一批文化品牌产品推向全省全国。

二是深入开展思想道德建设和精神文明创建工作。以公民思想道德建设为抓手，培育“长治好人”群体，打造“好人城市”品牌，组织开展了第三届十大道德楷模和2011年度“长治好人”评选表彰活动。组织参加中央文明办、中国文明网主办的“中国好人”评选活动，19人成为“中国好人”候选人。广泛开展各类志愿服务活动，多措并举加强未成年人思想道德建设。在全国精神文明建设工作表彰大会上，以名列全国地级市第四名的优异成绩，荣获“全国文明城市”称号，成为全省惟一获此殊荣的市。

三是大力发展文化事业和文化产业。实施文化惠民系列工程，送戏下乡900多场，农家书屋达到2566个，覆盖到全市75%的行政村。扎实开展群众性文化活动，长治成为全国首批28个创建国家公共文化服务体系示范区之一。精心组织了民间手工技艺展示展演展销、非物质文化遗产保护和国际攀岩节、记者漂流节、八路军文化节等文化节庆活动。科学编制文化产业发展规划，开工建设了一批文化

产业园区。繁荣文艺创作，打造了一批文艺精品，电视剧《一门忠烈》等4部作品获全省精神文明建设“五个一工程”奖。长治县、屯留县、黎城县被国家文化部命名为“中国民间文化艺术之乡”。文物和非物质文化遗产保护进一步加强，长子鼓书、平顺四景车成为国家级保护项目，另有38项成为省级保护项目。

三、着力改善民生，加强社会建设，维护社会和谐稳定

一是扎实推进农村新的“五个全覆盖”工程。农村文化体育场所、农村职业教育免费、新型农村社会养老保险和农村便民连锁商店四项工程提前一年实现全覆盖。农村街巷硬化计划完成1814个行政村5687公里，开工2565个村7969公里，开工率140.13%；完工1631个村5640公里，完工率99.2 %。

二是着力加强就业和社会保障工作。完善公共就业服务平台，加强就业援助工作，全力扩大就业渠道。预计全市城镇新增就业4.36万人，转移农村劳动力5.4万人，下岗失业人员再就业9774人，就业困难人员再就业2999人，各类就业均超额完成年度任务，城镇登记失业率为1.8%，远低于省控4%的目标。扩大社会保障覆盖范围，提高保障标准，城市低保补助涨幅超过30%，农村低保补助由原来的年人均756元提高到了1020元，先后6次为城乡低保对象发放了临时价格补贴。为农村居民每户发放一吨冬季取暖用炭，为2.7万户城市低保对象发放采暖补贴812.4万元。积极推进廉租房、经济适用房建设、城中村改造和农村困难群众危房改造，开工建设保障性住房17185套135.7万平方米，为省定指标任务的199.2%，在全省综合排名第二。

三是统筹推进教育、医疗卫生等各项社会事业。加大教育经费投入，提前完成中职教育免学费全覆盖工作，在全市农村寄宿制小学实施了“一颗鸡蛋”工程。加强教师队伍建设，为市直学校选拔高学历教师202名，为薄弱县区招聘特岗教师236名，继续开展城镇教师支援农村教育工作。启动县域卫生综合改革，实现了基本公共卫生服务、卫生资源配置、基本医疗保障、药品供应等一体化统筹推进，全市医疗卫生服务能力全面提升。新型农村合作医疗实现全覆盖，参合率达到99.2%，全省第一。

四是坚持不懈狠抓安全生产工作。深入开展安全隐患排查治理和安全专项整治，严格落实煤矿安全生产工作制度，将企业主体责任和部门监管责任落实到岗到人，进一步夯实了安全生产的工作基础。全市年内共发生各类生产安全事故489起，死亡210人,煤炭生产事故起数和死亡人数双下降，连续9年没有发生一次死亡6人以上事故。市域范围内煤炭百万吨死亡率0.032，达到国际先进水平。

五是扎实做好维护稳定工作。加强社会治安综合治理，构建打、防、控一体化治安防控体系，严厉打击各种违法犯罪活动，影响群众安全感的八类案件发案率比去年同期下降24.6%，公众安全感连续7年保持在95%以上。强化协调化解，解决疑难信访案件，中央交办的205件涉法涉诉信访积案全部解决，息诉罢访率在全省名列前茅。拓宽民意诉求表达渠道，通过市委书记、市长公开电话，对群众反映事项进行协调办理，群众满意率达到81.2%。

四、全面加强党的建设，执政能力有效提升

一是扎实推进学习型党组织建设。扎实推进学习型党组织建设，突出各级党委理论中心组学习，不断提高各级干部领导科学发展的能力和水平。市委中心组先后组织集中学习6次，听取专家学者专题讲座11次，深入调研了16个事关长治转型跨越发展全局性的战略课题和25个创新社会管理的课题，对全市2万多名副科级以上干部组织了两次关于党的十七届六中全会、全省转型跨越发展战略和省十次党代会精神的理论考试，在全省是独有的。

二是深入开展创先争优活动。以纪念建党90周年为契机，精心设计和开展了忆传统、颂党恩、促转型、谋跨越“红色太行”主题系列庆祝活动。积极开展了“五个好”基层党组织和“五带头”优秀共产党员创建活动，在全市公务员队伍中开展了“争做人民满意公务员”活动，选树了刘桂芝、牛扎根等一批先进典型。深化拓展干部下乡住村“六个一”活动，全市干部下乡住村1.85万多人，结对帮扶农户3万余户，制定发展规划3100多个，落实帮扶项目4886个，投入帮扶资金4524万元，为群众办好事实事1.78万余件。11月，长治干部下乡住村“六个一”活动被人民网评为全国创先争优十个最佳案例之一。在最近召开的全省组织部长会议上，长治的党建工作绩效考核模式被评为2011年度全省组织工作十佳创新项目；干部召退回制度和院士（博士）工作站制度入选2011年度全省组织工作20个优秀创新项目。

三是加强领导班子和干部队伍建设。严格按照中央、省委关于换届的统一安排和部署，坚持围绕转型跨越选干部、用人才，在全省率先圆满完成了市县乡村四级领导班子换届任务。在全省组织工作满意度调查中，长治市组织工作满意度名列全省第三。切实加强了对各级干部的经常性教育管理，全市1200余名县处级领导干部接受了警示教育。对13个县市区和25个市直部门进行了目标责任考核，奖优惩劣，形成鲜明导向。实行“大学生企官”制度，政府提供工资补贴，招聘优秀大学生到企业工作。制定出台了引进人才的优惠政策和制度，引进了300多名海内外高层次人才。

四是加强基层党组织建设。全市3449个行政村全面完成换届选举工作，一批大学生村干部进入“两委”班子，每个乡镇至少有一名大学生村干部担任了“两委”正职。全面引深“党建网联工程”，在县乡村三级网络分别建立了党员服务中心、党员服务站、党员服务点3658个，并建立了为民服务承诺制、为民办事全程代理制等便民制度。

五是全面加强反腐倡廉建设。深入开展煤焦领域反腐

败专项斗争，全年共清缴各类资金4044万元。清理各类行政权力事项5500余项，实现了党务公开全覆盖。全面整肃工作纪律，集中对国家公职人员上班时间休闲娱乐进行检查，查处违纪案件34件，处理国家公职人员64人，其中给予党政纪处分47人，科级干部占6人。严肃查办违纪违法案件，全市各级纪检监察机关立查案件745件，处分党员干部910人，其中县处级干部27人，乡科级干部127人，挽回经济损失3576.2万元。 （翟　睿）

附：中共长治市委书记、副书记、常委名单

书　记： 杜善学（1月离职）　田喜荣（1月任职）

副书记： 张　保　席小军（2月离职）
李年善（8月任职）

常　委： 李年善　董　岩　李国隆（8月任职）
薛永辉　潘贤掌（5月任职）　王维卿（女）
李东峰　高建国　王玉圣　李志平

中共长治市城区区委工作概况

区委书记　孙刘琳

2011年，面对转型跨越发展的艰巨任务，全区上下按照市委、市政府"建设全国最宜居最宜发展城市"的工作部署，围绕建设"四宜"城区的目标，大力实施"双擎四驱"战略，全力构筑"一园一带一区一城"发展格局，圆满完成了全年各项目标任务，经济社会呈现出又好又快的发展态势。全区地区生产总值完成140亿元，同比增长15.3%；城镇固定资产投资完成86亿元，同比增长29.9%；财政总收入完成18.6亿元，同比增长24%，一般预算收入完成3.85亿元，同比增长40%；社会消费品零售总额完成185亿元，同比增长18.2%；城镇居民人均可支配收入达到2.01万元，同比增长17.6%；农民人均纯收入达到8150元，同比增长19.6%。全区先后荣获国家部委和省级荣誉24项、省厅级和市级荣誉136项，顺利实现了"十二五"的精彩开局。

一、集中精力完成四项重点任务

一是打赢了全国文明城市创建大决战。举全区之力，集全民之智，全力投身全国文明城市创建工作。实行了区级领导包街道、区直部门包社区、党员干部包楼院的创建工作责任制，发扬"5+2"、"白+黑"连续拼搏精神，奋战创建主战场，争当创建主力军，圆满完成了76个大项、375个小项的创建任务，为长治市夺取"全国文明城市"这一"国字号"桂冠作出了突出贡献。

二是掀起了重点项目建设大会战。大力实施项目带动战略，以"腾笼换鸟"的豪情、"暖窝养燕"的热情、"筑巢引凤"的激情，掀起了招大商、引大资、上大项目会战，取得了丰硕成果。全年竣工和在建的亿元项目15个，总投资330.5亿元，待建和储备的亿元以上项目19个，总投资540.9亿元；签约项目、引进资金和项目投资完成率分别完成年度目标任务的260%、316%和186%，荣获"全省招商引资贡献奖"。

三是打响了城中村改造攻坚战。知难而进，迎难而上，成立指挥部，划分改造战区，启动3次大规模改造奠基仪式，强势推进了14个城中村的改造工作。全年共建设村民安置楼17幢，拆迁建筑面积50万平方米，受到了群众认可、社会支持和市委、市政府的充分肯定。

四是完成了全区集中换届任务。按照省市委的统一部署，强化领导，严密组织，严格程序，严肃纪律，圆满完成了区四套班子集中换届工作，合理调整了10个街道领导班子，公开选拔配齐了50个社区干部队伍，圆满完成了24个村"两委"的换届任务，各级领导班子达到了最优组合和最优配置，为全年各项目标任务的顺利完成提供了坚强的组织保证。

二、统筹推进五项主要工作

一是着力构筑"宜商"洼地。牢牢把握发展第一要务，围绕建设"全省一流光电和军工产业集聚区"的产业定位，依托"五大"园区，重点发展"4+6"支柱产业，加大招商引资力度，成功签约了悦达家乐福广场、红星美凯龙家居广场等一批潜力项目，全年共签约39个项目，总投资303亿元，签约项目数量和引进资金分别是2010年的3.5倍和5倍；强力推进项目建设，LED蓝宝石切磨抛项目、外延芯片项目和蓝宝石拉晶项目竣工投产，标志着国内最完整的LED前端产业链正式贯通；大力优化发展环境，为企业提供"保姆式"、"一站式"服务，为企业融资达3.5亿元，有力促进了企业健康快速发展。全区综合竞争实力不断增强，"重商、亲商、安商、护商"的"宜商"洼地初具雏形。

二是大力营造"宜容"氛围。以创建全国文明城市为契机，全面加强基层公共文化设施建设，率先实现综合文化站全覆盖；大力改善窗口行业服务环境和服务水平，扎实开展"城区因你而精彩"道德楷模评选等系列文化和谐创建活动，成功举办纪念建党90周年红歌会、第三届社区（农村）文化艺术节等文体活动，强力推进"文化低保"工程，文化体系逐步完善，文明程度有效提升；积极探索和试行社会管理网格化模式，加强基层基础工作，加大矛盾纠纷排查化解和综合治理力度，全区群众来访批次、人数同比下降32%、57%，赴省集体访为零；不断加强人口计生工作，荣获“全省人口计生工作目标责任考核先进区”称号；认真落实民族宗教政策，积极改善少数民族群众生产生活条件，妥善处置了一批民族纠纷和遗留问题，社会和谐稳定局面得到了巩固，“开放、自信、包容、大气”的“宜容”家园活力彰显。

三是精心打造“宜居”福地。坚持把“城市管理”作为建设“全国最宜居最宜发展城市”的重要抓手，合理调整城管职能权限，大胆创新城市管理网格化模式，基本形成了“整体联动、协作配合、疏堵结合、全面覆盖”的城市网格化管理格局；把改善人居环境作为建设“全国最宜居最宜发展城市”的一项基础工作，大力实施造林绿化工程和环境保护工程，植树造林500亩，治理水土流失面积240亩，地下水止降回升1.08米，全年市区空气质量一级和二级天数分别达到65天和357天，比2010年分别增加了13天和1天，城市环境综合整治定量考核名列全省第一；把方便市民生活作为建设“全国最宜居最宜发展城市”的首要任务，投资175万元修复了20条背街小巷，规范改建了82个便民市场、54个早餐点、120多个公共澡堂和41个便民服务岗，有效提升了市民的生活质量；把发展民生事业作为建设“全国最宜居最宜发展城市”的根本目标，完成了一批民生基础工程，全年新增就业人数达4550人，非公有制经济单位和个体工商户参加社会保险覆盖率分别达到98%和97%，实现了新型农村合作医疗全覆盖和农村新的“五个全覆盖”，省级卫生示范社区达到9家，位居全市首位，群众幸福指数得到提升，“富裕、安定、和谐、靓丽”的“宜居”福地惠及百姓。

四是努力汇集“宜游”要素。把旅游开发作为经济社会发展的重要驱动力，围绕建设一流的旅游目的地和游客集散地，加快发展文旅事业和旅游配套服务，加大民俗文化和地域文化的推介力度，积极开展了第三届桃花节和金秋民族文化艺术节等系列活动，邀请国内知名的旅游建筑设计专家精心规划旅游产业布局，启动了东山文化观光园区的前期筹备工作，初步规划了旅游园区、旅游产业和旅游景观一体化的发展格局，“古色、红色、绿色、特色”的“宜游”要素开始集聚。

五是全面加强党的建设。致力于抓党建、夯基础，党的政治优势和组织优势不断彰显。大力支持人大、政协依法依章履行职能，人大和政协的多项创新工作走在了省市前列，并且在推进文明城市创建、城中村改造和项目建设等各项重点工作中发挥了重要作用，做出了突出贡献；切实加强党管武装和统战工作，国防动员和后备力量得到较大提升，统战“同心”品牌工程在全省统战观摩现场会上得到高度评价；充分发挥工会、共青团、妇联等组织的社会功能，群团工作亮点纷呈。以开展创先争优活动为契机，深入推进“党建网联”工程，基本构建起了共建共享的区域化党建格局；不断深化干部人事制度改革，加强人才队伍建设，引进工程院院士2人、博士研究生3人、重点高校硕士研究生98人；认真落实党风廉政建设目标责任制，着力构建惩治和预防腐败责任体系，坚决查办重点领域和关键环节中的违法违纪案件，全年立查各类违法违纪案件17件，处理违纪人员20人，营造了风清气正的干事创业氛围。

（张少蓉）

附：一、中共长治市城区区委书记、副书记、常委名单

书　记：孙刘琳（女）

副书记：唐立浩（5月离职）　胡　坚（5月任职）
　　　　张爱玲（女）　李水平（5月任职）

常　委：杨长义（5月离职）　张国斌（5月离职）
　　　　赵联芳（5月离职）　文姜全（5月离职）
　　　　牛晨霞（女,5月离职）　王沁平（5月任职）
　　　　宋福庭（5月任职）　王现敏（5月任职）
　　　　牛文庭　李　峰（5月任职）
　　　　付云波（5月任职）

二、街道党工委书记、副书记名单

常青街道

书　记：张　琼（3月离职）　吴志刚（3月任职）

副书记：牛庆红

五马街道

书　记：吴志刚（3月离职）　秦航宇（3月任职）

副书记：栗　玮（3月离职）　武国宏（4月任职）

东街街道

书　记：牛晨霞（女，3月离职）　张　琼（3月任职）

副书记：王路敏（3月离职）　李　诚（4月任职）

西街街道

书　记：李　飞（4月离职）　李红兵（4月任职）

副书记：郜志平（4月离职）　马俊林（4月任职）

英雄中路街道

书　记：王一军

副书记：李　诚（4月离职）　杨卫中（4月任职）

英雄南路街道

书　记：秦航宇（3月离职）　王路敏（4月任职）

副书记：王路敏（3月任职，4月离职）
　　　　张　玲（4月任职）

太行东街街道

书　记：王宇红

副书记：魏理伟（4月任职）

太行西街街道

书　记：郭卫华（女,4月离职）侯　敏（女,4月任职）

副书记：樊义忠

紫金街道

书　记：李建国（4月离职）　栗　玮（4月任职）

副书记：栗　玮（3月任职，4月离职）
　　　　张玉斌（4月任职）

延安南路街道

书　记：李红兵（4月离职）　郜志平（4月任职）

副书记：郝庆华（4月任职）

中共长治市郊区区委工作概况

区委书记 王辅刚

2011年，区委、区政府团结带领全区人民，坚持以科学发展观为指导，认真贯彻落实省、市委转型跨越发展的战略部署和总体要求，全面实施“三四四五”发展战略，解放思想，抢抓机遇，务实进取，奋力争先，实现了“十二五”发展的良好开局。全区地区生产总值完成143.46亿元，同比增长16%，约占全市GDP总量的八分之一;财政总收入完成25.42亿元，同比增长18.8%，占到全市财政总收入的十分之一;固定资产投资完成90.06亿元，同比增长40.4%，约占全市固定资产投资总量的七分之一。城镇居民可支配收入达到22851元，同比增长17%；农民人均纯收入达到9467元，同比增长21.1%。

一、坚持转型跨越，创优发展环境

一是突出“四化”建设的协调推进。在推进工业新型化上，坚持改造提升传统产业和培育壮大新兴产业相并重，首钢长钢1000万吨钢项目用地已全部准备就绪，为建设“钢铁之都”创造了良好条件。煤炭资源就地转化率明显提升，焦炭产业初步实现了“以焦为主”向“焦化并举、上下联产”的转变，煤气、焦油、粗苯、甲醇项目正在推进，形成了煤-发电-电石-PVC及制品、煤-焦-煤气-甲醇、煤-焦-铁-钢-钢材-钢材制品等几个产业链条。在推进农业现代化上，大力发展设施农业、生态农业和旅游观光农业，共建成农业园区5个，发展蔬菜面积1.3万亩，苗木花卉3000多亩，干果经济林3万多亩，培育发展农业龙头企业35家，“一村一品”专业村22个，农业的经济效益、生态效益和社会效益进一步提高。在推进市域城镇化上，全面启动了故县新钢城、漳泽新型工业城、老顶山旅游城“三城”规划建设，把环城环企、新区起步区等重点区域的40个村全部列入“零村庄”改造范围。郊区承担的上党城镇群路网工程长治—潞城、长治—长子城际连接线全线通车。14个村的整村转户工作全面完成，全区城镇化率达到65%以上。在推进城乡生态化上，在全区农村开展了以硬化、绿化、净化、亮化、美化、白化为重点的“生态文明建设百村竞赛”活动。完成硬化面积224万平方米，植树23.31万株，建设绿地面积6.33万平方米，白化面积224.1万平方米，垃圾处理率达到了91.1%，亮化100%，为长治打造了一个绿色、卫生、整洁、秀美的周边环境。

二是项目建设作为转型跨越的重要支撑和载体。全区新建、续建项目109个（续建16个，新建93个），总投资1000多亿元。全部竣工投产后可新增产值1500亿元，增加值380 亿元，税收50亿元。目前，已竣工或投产项目42个，完成投资112.7亿元，投资完成率138.9%。新建项目中，投资在100亿元以上的项目4个，投资在10-100亿元的项目5个，投资在1-10亿元的项目20个。

三是注重创优发展环境，加大招商引资。坚持把创优发展环境、加大招商引资作为转型跨越的重要抓手，制定出台了《长治市郊区招商引资优惠政策及奖励办法》、《长治市郊区招商引资考核办法》、《长治市郊区招商引资实施方案》等政策措施，成立了招商引资领导组、土地整理和创新领导组及办公室、金融办公室，创新理念、创优环境、内延外联、远交近攻，加大招商引资力度。全年共签约重点项目26个，签约资金635.4亿元，签约项目落地21个，落地率80.77%。举办了驻长治商会郊区恳谈会，组织参加了长治市重点项目推介会、中博会、高交会等招商引资洽谈会。特别是在第六届中博会上，成功签约重点项目17个，签约资金总额594.68亿元，引进资金406.18亿元，，资金总额是前五届签约25亿元的24倍签约项目、签约总额、引资额均名列全市第一。

四是注重统筹兼顾，不断完善和创新社会管理体系。高度重视新形势下的群众工作，坚持一切围绕群众，一切依靠群众，不断创新群众工作方式方法，想问题、做决策、做工作从群众利益出发。全面加强和创新社会管理，进一步完善党委领导、政府负责、社会协同、公众参与的社会管理新格局，在全区建立了“三五”社会管理机制，社会管理的效能和水平进一步提高。高度重视和正确处理新形势下不同利益群体的不同诉求，努力从源头上预防和化解各类矛盾问题的发生，全区信访稳定形势有了明显好转。高度重视安全生产工作，不懈怠、不动摇、不松劲，确保了全区安全形势持续好转。全区经济社会各项事业成果喜人，荣誉颇丰，先后荣获全国科技进步先进县区、全国休闲农业与乡村旅游示范县区；全省“十一五”时期经济社会发展先进县区、规模健康养殖先进县区、农村安全饮水全覆盖工程先进县区；全市基层党建工作先进县区、增加农民收入先进县区、新农村建设工作先进县区、农村劳动力转移先进县区、发展农业专业合作社先进县区、农田水利基本建设先进县区等50多个荣誉称号，展示了全区人民敢为人先、勇于进取、创先争优的精神风采。

二、加强党的建设，保障民生福祉

一是政治建设得到新加强。坚持党的领导、人民当家做主和依法治区有机统一，进一步完善“一个核心、三个党组、多个口子”的领导格局，充分发挥了区委统揽全局、协调各方的作用。全面开展“六五”普法工作，各级干部依法执政和全民法制意识进一步增强。圆满完成第九届村民委员会换届选举工作，不断完善“四议两公开”、“村民代表节”等制度，深入推进政务公开、厂务公开和公共事业单位办事公开，加强企事业单位民主管理，切实维护了人民群众的民主政治权利。

二是文化建设开创新局面。大力加强基层文化基础设施建设，形成了区、乡、村三级文化阵地网络。精心组织了纪念建党90周年文艺活动、全区基层文艺展演，丰富了人民群众的精神文化生活。加强新闻舆论宣传，围绕中心工作造势鼓劲、凝心聚力，形成了良好的舆论导向。举全区之力，集全民之智，为长治市获得“全国文明城市”这一殊荣做出了积极的贡献。

三是民生福祉得到新提高。以提高人民幸福指数为目标，在巩固提升省、市“五个全覆盖”基础上，提前完成了以农村街巷硬化、农村便民连锁商店、农村文化体育场所、中等职业教育免费、新型农村社会养老保险为重点的新的“五个全覆盖”工程任务。全面启动了城乡社会养老保险工程，1400万元配套资金全部到位。全区70岁以上农村户口老年人生活补贴、全区41254户低收入农户每户1吨煤全部发放。总投资2.3亿元的新建郊区医院项目、总投资6000余万元的经济适用房项目已全面开工建设，真正让全区人民共享改革发展成果。

四是党的建设迈上新台阶，坚持以党的先进性建设和执政能力建设为重点，以提升各级领导班子和领导干部的学习力、创新力、执行力、引领力、凝聚力为目标，进一步深化学习型党组织建设和学习型干部创建活动，教育引导各级领导干部用新理论、新知识、新思维、新观念武装头脑、指导工作、推动发展。进一步深化创先争优活动，推进“党建网联工程”，全面加强农村党建、社区党建、机关党建、“两新”组织党建工作，各级基层党组织创造力、凝聚力、战斗力得到全面加强。加强领导班子和干部队伍建设，圆满完成了区乡两级党委、人大、政府和政协换届工作，一批作风正、能力强、肯干事、会干事的干部脱颖而出，为转型跨越发展注入了新的活力。大力弘扬求真务实的工作作风，全面推行“三个三分之一”工作法，有力促进了各项工作落实。严格执行党风廉政建设责任制，认真解决群众反映强烈的突出问题，严肃查处损害群众利益的严重问题。党务公开和区委权力公开透明运行得到加强，受到省、市纪委的充分肯定。进一步加大查处腐败工作力度，切实维护了党纪政纪的严肃性，为转型跨越发展提供了坚强的政治保证。 （王丽芳）

附：一、中共长治市郊区区委书记、副书记、常委名单

书　记：王辅刚

副书记：张治云（4月离职）　金所军（4月任职）
李　锋（4月离职）　桂元平（4月任职）

常　委：桂元平　卢展中　冯国文（4月离职）
张耀华（4月任职）　冯　辉（4月离职）
李维祥（4月任职）　崔正堂（5月离职）
王喜富（5月任职）
牛晨霞（女，4月任职）　赵九大（4月任职）
段尧刚

二、乡镇（街道）党委（党工委）书记、副书记名单

西白兔乡

书　记：刘旗文（8月离职）　龙玉民（8月任职）

副书记：王贺生（8月离职）　原青山（9月任职）

黄碾镇

书　记：郜建中（8月离职）　尹秀丽（8月任职）

副书记：曹高峰

马厂镇

书　记：王勇斌（8月离职）　李彩虹（8月任职）

副书记：原　勇（8月离职）　郝利兵（9月任职）

大辛庄镇

书　记：曹何理（8月离职）　李保增（8月任职）

副书记：王　峰（8月离职）　张　龙（9月任职）

堠北庄镇

书　记：龙玉民（8月离职）　王　峰（8月任职）

副书记：李国平（8月离职）　田　力（9月任职）

老顶山镇

书　记：常峰旭

副书记：李国亮（8月离职）　许卫泓（9月任职）

故县街道

书　记：原培标（8月离职）　原　勇（8月任职）

副书记：李彩虹（8月离职）　李　健（8月任职）

长北街道

书　记：王红霞（8月离职）　杨　明（8月任职）

副书记：史彩凤（8月离职）　赵慧军（9月任职）

老顶山旅游开发区管理局

书　记：崔士钧

副书记：郭旭红（8月离职）　王国文（9月任职）

中共长治县委工作概况

县委书记　裴少飞

2011年，在市委的正确领导下，长治县委坚持以科学发展观统揽经济社会发展全局，求真务实，开拓进取，大力推进经济建设、政治建设、文化建设、社会建设和党的建设，各项工作取得突破性进展。全县生产总值完成151亿元，比上年净增54.6亿元。财政总收入完成47.3亿元，绝对额增收17亿元，名列全省第四。一般预算收入完成16.7亿元，绝对额增收6.9亿元，总量及增幅均位列全省第二。全社会固定资产投资完成60.4亿元，增长62.3%；城镇居民人均可支配收入和农民人均纯收入分别增长了17.6%和18.3%。

一、狠抓项目建设，工业新型化强势推进

传统优势产业不断壮大。全年全县共生产原煤1290万吨，同比增长37%，实现税收34.2亿元，对县财政的贡献率达77%。现代化矿井技改建设顺利推进，全县20座基建矿井全部开工建设，累计完成投资27.6亿元。煤企转型发展初显成效，全年新建非煤项目7个，完成投资13.4亿元。“三大企业方阵”规模效应凸显。全县共有重点续建、新建项目59个，总投资达到230亿元。成功汽车实现12万辆生产能力；易通钕铁硼与上海罗德康普强强联合，建成亚洲最大、世界一流的新材料和空压机生产基地。振东集团成功上市，建成全国最大的片剂生产车间。日盛达500兆瓦光伏玻璃实现了当年立项、当年投资、当年投产。潞安安太、惠丰特车、中德塑钢型材、森特重机、华鹏铝塑等一大批十亿元项目建设加快推进，成长迅速。全年规模以上工业增加值完成97.5亿元，同比增长50.4%。招商引资实现重大突破。全年共签约项目40余个，总额达579.3亿元，完成市下达任务的651%；实际到位资金总额50.2925亿元，完成市下达指标的314.33%。

二、资本运作升华实体经济

在做大做强实体企业的同时，加快了资本运作及企业上市步伐。振东制药在深交所创业板的成功上市，成为全省首家登陆创业板的上市企业，标志着山西省创业板上市企业实现了“零突破”，也由此开启了长治县企业上市的先河。与中国风投公司合作，在长治县注册设立了“长治基金”。招募若干产业基金，引导民间资金流向，改善融资结构，最终达到100亿的融资规模。

三、对外开放实现“四个对接”

确立了“联姻高校、招商引智”的战略，先后与北京、天津、上海、广州等沿海与发达地区实现了对接。一是与北京实现了政策对接。“大雄山国家生态旅游度假区”旅游发展规划和“中国北方民俗文化产业园”规划项目评审会在北京成功举行。二是与天津实现了综改对接。与南开大学滨海研究院签订了《战略合作关系备忘录》，就人才引进、项目研发与项目孵化等达成协议。三是与上海实现了新兴产业对接。易通公司与罗德康普强强联合重组，打造世界一流、亚洲最大的压缩机生产企业，在长治注册成立长治罗德康普公司，生产基地建在长治县科工贸产业集聚区，研发中心在德国，销售中心在上海，同时引进三家相关配套产品企业。四是与广州实现了市场对接。华鹏铝塑与华南理工大学建筑节能研究中心共同制定了铝塑型材的全国标准，与希美克公司签定了合作协议。县政府与华南理工大学签署了战略合作协议。

四、加快同城发展，市域城镇化日益提速

城际快速通道主轴线建成通车。投资6.5亿元，全长8.54公里，双向八车道的城际快速通道全面建成通车。新市区“五纵十横”道路框架已经成形。总投资12亿元，占地6.79平方公里的山西太行CBD国际中心奠基兴建。城镇区建设稳步推进。荫城镇新修朝阳路已经完工，红旗路拓宽改造工程实现竣工通车。

五、推进造林绿化，着力改善生态环境

一是持续推进造林绿化。全县完成公路通道绿化90.9公里，完成绿化面积1.24万亩，树木成活率达到了98%以上。二是加快实施“一河二园”生态综合治理。陶清河河道治理一期工程全面完工，二期工程顺利推进；海子河公园二期工程全面实施，黎都公园入口改扩建工程全面完工。三是大力实施煤矿开采塌陷区生态修复。南宋、荫城等乡镇和北岭头、长掌等村庄以及经坊煤矿开采塌陷区生态修复工程全面推进，司马煤矿塌陷区生态修复工程基本完成。四是全面推进节能减排。通过淘汰落后产能、实施减排工程、严格环境准入等综合手段，COD和SO2排放总量按计划全面完成减排任务，全年县城空气质量二级以上天数达352天。

六、加大民生保障力度，建设全民共享的幸福之都

一是农村新的“五个全覆盖”进度加快。农村街巷硬化全覆盖工程开工135个村，开工里程139.5公里，已全部完工；农村便民连锁商店已建成244个，除10个不宜建便民

连锁店的行政村外，覆盖率达到100%；农村文化体育场所以“一台一场三室”为标准进行建设，254个行政村实现了全覆盖；农村饮水安全工程目前完成14处，解决了1.5万余人的安全饮水困难。同时，县城客运中心、民生大厦、县大医院开工兴建。实施“冬暖工程”，确保全县人民温暖过冬。按照县政府承诺，从2011年开始实施农民冬暖工程，全县共发放原煤13.7万吨，惠及农户91362户。积极协调城镇居民集中供热、学校、医院等公益单位冬季用煤，“冬暖工程”温暖人心。健全民生保障体系，提高群众生活质量。教育园区一期主体工程全面完工，校舍安全工程基本完工，青少年活动中心建设工程进展顺利。十二年免费教育工作全部落实到位，共免除各种费用4267.3万元，职业教育免费全覆盖工作全部落实到位。新增就业岗位4266个，完成全年目标任务的146%；下岗失业人员再就业560人，完成全年目标任务的140%；城镇登记失业率控制在1.11%以内，确保了全县就业局势的持续稳定。医疗健康工程投资2500万元，完成了乡镇卫生院、村级卫生所改扩建工程，县、乡、村三级医疗卫生服务网络进一步健全。社会保障工程实现了养老保险、医疗保险全覆盖，失业、工伤、生育保险职业群体全覆盖。全年社会保险基金征缴完成1.9亿元，支付1.4亿元，新农合参合率达99.07%，各项社会保险待遇按时足额发放。新建1.5万平方米经济适用房和廉租房主体工程已完工。

七、积极营造争先发展浓厚氛围，文化软实力全面提升

一是以庆祝建党90周年为主线，开展各种形式的宣传文化活动。开展了“党史教育系列讲座”、“红旗·红星·红土地摄影展”、“庆七一、谋跨越、话转型征文比赛”、“纪念建党90周年书画展”、“庆祝建党90周年大型文艺晚会《红色记忆》”等众多主题鲜明的文化活动，在全县唱响了共产党好、社会主义好、改革开放好的时代主旋律。二是以打造全国文明县城品牌为目标，大力开展群众性精神文明创建活动。组织开展了“我推荐，我评议身边好人”、“我们的节目”、“传唱优秀童谣，做有道德的人”网上签名寄语等活动。全年共有52人入选“长治好人榜”，2人入选“长治道德模范”提名。长治县顺利当选“国家文明县城”。三是以大型文化节会举办为龙头，全面推进文化事业繁荣和文化产业发展。举办了“盛世黎都、激情跨越”大型元宵灯会和民间社火展演和第二届中华祈福文化旅游节，来自国家、省、市的各级领导、专家、学者和全县近3万名群众参加了这次文化盛会，使长治县“祈福胜地、幸福之都”的旅游文化品牌进一步推向了全国。

八、党的建设进一步加强

加大教育培训力度，党员干部思想境界得到提升。一是举办了五省十市经济转型发展论坛、学习胡锦涛七一讲话精神等专题报告会，聘请专家学者到长治县讲学授课。二是选派各界代表近200人在天津南开大学举办了两期“综合配套改革研修班”，系统学习了滨海新区战略规划、金融产业和未来产业发展、城乡一体化、如何解决土地瓶颈、如何加强社会管理等，拓宽了工作思路。三是组织干部到朔州市，到山东邹平县、章丘市等地进行学习考察，进一步坚定了广大干部解放思想、敢于先行先试的决心和信心。

夯实执政之基，基层组织建设硕果累累。一是农村“两委”换届工作顺利完成。换届工作精心组织，严格程序，“两委”换届选举工作顺利推进，254个行政村支部、村委换届全部结束。二是深入开展下乡住村帮扶增收活动，先后选派30个机关事业单位对壶关县30个村，22个具有实力的企业对全县22个相对贫困村进行结对帮扶，共确定帮扶项目90个，帮扶资金达到240万元。

提升履职能力，干部队伍建设成绩斐然。县乡两级换届工作圆满完成。选出了一批政治上靠得住、工作上有本事、作风上过得硬、群众信得过的干部。对换届提拔调整的137名科级干部进行了县委常委会或全委会票决，极大提高了选人用人公信度和满意度。

狠抓“三个公开”，党风廉政建设进一步加强。推进基层党务公开、县委权力公开、政府履职公开“三个公开”，推行“三公一整改”工作法，全县712个党组织实现了党务公开全覆盖。大力开展预防腐败工作，进一步加大对重点领域、重点环节的监督力度，不断深化源头治腐力度，严肃查处违纪违规行为，共立查案件51件，结案48件，64名党员干部受到了党政纪处分，处分乡科级干部6人（重处分3人）。涉案违纪总金额200余万元，收缴违纪款20余万元。

（李伟峰）

附：一、中共长治县委书记、副书记、常委名单

书　记：裴少飞

副书记：崔惠斌（6月离职）　李世钟（5月离职）
　　　　李文兵（5月任职）　张向东（6月任职）

常　委：樊红伟（5月离职）　王振乾（5月离职）
　　　　杨立宏（5月任职）　王建良（5月任职）
　　　　魏俊英（女）　郑成钢
　　　　杨志飞（3月任职）　陈文广（5月任职）
　　　　张宏山（5月任职）

二、乡镇党委书记、副书记名单

韩店镇

书　记：秦国锁（8月离职）　宋文斌（8月任职）

副书记：史移荣（挂职，9月离职）
　　　　王　瑛（5月任职）

荫城镇

书　记：李文斌

副书记：陈旭兵（5月离职）　张慧军（5月任职）

苏店镇

书　记：王旭琴（5月离职）　侯立峰（5月任职）

副书记：侯立峰（5月离职） 张建国（5月任职）

西火镇

书　记：李旭铭（8月离职） 杨　斌（8月任职）

副书记：原泽英（5月离职） 刘　江（5月任职）

八义镇

书　记：原素兰（8月离职） 宋立刚（8月任职）

副书记：张庆兵（5月任职）

贾掌镇

书　记：宋文斌（8月离职） 陈华丽（8月任职）

副书记：和　伟（6月离职）

郝家庄乡

书　记：秦岩伟（5月离职） 关　炜（5月任职）

副书记：郭建勇

北呈乡

书　记：宋立刚（8月离职） 张五清（8月任职）

副书记：张五清（8月离职）

东和乡

书　记：王志刚（5月离职） 原泽英（5月任职）

副书记：王凯琪（5月离职） 刘显勇（5月任职）

西池乡

书　记：牛志川（6月离职） 和　伟（6月任职）

副书记：张慧军（5月离职） 郭　兵（5月任职）

南宋乡

书　记：崔云峰（5月离职） 秦岩伟（5月任职）

副书记：杨　斌（8月离职）

工业园区

书　记：李志文

副书记：常琪亮（8月任职）

振兴新区

书　记：牛扎根

副书记：张会军

中共潞城市委工作概况

市委书记　唐立浩

2011年，中共潞城市委在省委及长治市委的正确领导下，认真贯彻落实科学发展观，解放思想，开拓创新，实现了“十二五”的良好开局。全市完成生产总值63.7亿元，同比增长15.2%；城镇居民人均可支配收入11915.5元，增长16.5%；农民人均现金收入6068元，增长28.2%；社会消费品零售总额6.5亿元，增长16.9%。截至11月底，财政总收入10.53亿元,增长6.8%，其中，一般预算收入3.95亿元，增长3.2%；规模以上工业增加值59.4亿元，增长40.5%；固定资产投资总额46.4亿元，增长49.2% 。预计到12月底，生产总值、财政总收入、固定资产投资可达到85亿元、12.3亿元、55亿元,全面完成长治市下达的目标任务。先后荣获国家卫生城市、科普示范市、科技进步先进市等3项国家级荣誉，全省新农村建设先进市、双拥模范城、造林绿化先进单位、饮水安全全覆盖先进市、农田水利建设先进市、文明和谐城市等6项省级荣誉。

一、以项目建设为抓手，强力推进“四化”建设

一是大力度推进项目建设。在建工业新型化项目39个，总投资160多亿元。其中，卓越日产4000吨水泥孰料生产线、金达500万吨自动装车线等13个项目竣工试产；总投资47亿元的天脊13万吨苯胺和25万吨硝酸铵钙、华润300万吨水泥、首钢长钢锻压、华农万吨纳米碳一期等8个项目取得新进展、新突破；总投资100多亿元的潞宝6.3米捣固焦炉、50万吨甲醇制汽油、20万吨甲醇尾气制合成氨、10亿安时锂电池一期，兴宝钢铁三期、永腾10万吨塑材、盈德2.1万m3制氧、泰山3000万平方米纸面石膏板、洺瑞1000吨电解铜废旧电器再生资源、森源3万吨涤纶长丝、亿兴100万立方混凝土、大唐余热余压资源综合利用等13个投资额在6000万元以上的新项目开工建设。天脊尼龙65、华能风力发电等22个储备项目加快推进。全市形成“储备一批、开工一批、建成一批”的项目建设新格局。

二是围绕农民收入翻番目标，加快推进农业现代化。大力发展三大农业板块。新发展核桃经济林2万亩，全市形

成5万亩规模，实现了户均1亩目标；发展设施蔬菜1.02万亩；建成“双千”工程5个、“百千万”养殖工程179个、养殖小区21个，全市畜禽养殖总量达到220万头（只）。巩固发展大葱、旱地西红柿、甜糯玉米等特色种植5万亩，发展高效农业示范园区7个。扎实推进新农村建设。进一步巩固“六村联创”成果，产业发展先进村达到53%，户通水泥路先进村达到84.2%，园林绿化先进村达到57.4 %，平安创建先进村达到 93.1 %；文明和谐先进村达到 64.9 %；村级管理先进村达到73.3%，全市总创星860颗，村均创星4.26颗。农村新的“五个全覆盖”工程加快实施，便民连锁店、新型农村养老保险、中等职业教育免费全覆盖提前完成；街巷硬化全覆盖工程开工村191个，完工里程308.46公里，覆盖率达到97%。

三是抢抓上党城镇群建设机遇，加快推进市域城镇化。率先建成上党城镇群路网工程潞城城际连接线；高标准规划建设城西新区，总投资10亿元的城西新区一期商住小区开工奠基。大力推进店上、翟店、辛安泉、微子镇小城镇建设，加快发展劳动密集型产业和三产服务业，以产业发展带动城镇人口增加。目前全市城镇化率达到48.8%,同比提高2.09%。

四是树立绿色低碳发展理念，加快推进城乡生态化。大力实施环市区、环水源地、环城高速三大生态绿化工程，完成1.5万亩生态防护林建设、1万亩低效林改造、0.9万亩中幼林抚育、48公里通道绿化提档、16.3公里环城高速通道绿化，共栽植各类苗木31个品种276.7万余株，森林覆盖率新增2个百分点，达到25.8%。大力开展节能减排，淘汰落后156万吨，规模以上工业企业万元增加值能耗同比下降9.36%，圆满完成了减排任务。全年二级以上天数达到324天。

二、以改善民生为重点，全面发展社会各项事业

一是加快发展教育卫生事业。全面启动8件教育实事，高中和幼儿园教师绩效工资、寄宿制小学营养早餐、寄宿制学校限价煤全部兑现，公开招聘50名中小学和幼儿园专业教师全部上岗；新建、改扩建18所幼儿园。加大医疗卫生保障力度，乡村两级医疗机构全面实施基本药物零差率销售制，群众医药负担逐步降低；市医院、潞华办社区卫生服务中心综合医技楼主体完工，医疗服务条件逐步提高。

二是不断完善社会保障体系。全市新增就业岗位2950个，安置失业人员再就业460人，转移农村劳动力2835人，城镇登记失业率0.7%，低于3%的控制目标。城市低保标准由每月283元提升至330元，农村低保标准由每年1560元提升至1824元。新型农村合作医疗制度进一步完善，参合农民达到16万人，参合率达到99.4%。新型农村社会养老保险参保农民达到10.9万人，参保率达到95%。大力实施住房安居工程，60套保障性住房建设开工建设。认真落实低收入农户1户1吨煤政策，为全市49823户农户每户免费供应1吨冬季取暖用煤，农村家庭实现了温暖过冬。

三是积极推动文化大发展大繁荣。深入开展精神文明创建活动，20个单位（乡镇、村、社区）被推荐为省级文明和谐单位，省级文明和谐城市创建工作排名全省县级市第一，被列入免检城市行列。持续推进“百千万”文化惠民工程，全年举办各类专场文化活动80余场、送戏103场、送电影2730场、送图书1万册，受益群众超过20万。

四是大力加强和创新社会管理。制定出台党政领导接访制、领导包案包控责任制等制度，拓宽社情民意表达渠道，定期接待群众来访，积极妥善处理信访案件，成功化解西华苑小区等42件信访积案。毫不松懈地抓好安全生产，实现了工矿商贸企业安全生产“零事故”。

三、以创先争优为动力，着力提升党建科学化水平

一是圆满完成市乡两级换届。严格按照“5个严禁、17个不准、5个一律”的要求，严肃换届工作纪律，匡正选人用人风气，坚决做到主持正义、主持公道，积极倡导注重基层、注重一线、注重实干、注重能力、注重民意，圆满完成了市乡两级换届工作，真正把责任心强、政绩突出、作风过硬、群众公认的好干部选拔到重要岗位上来。

二是着力加强领导班子建设。加强学习型党组织建设，出台市委理论学习中心组学习制度，先后举办解放思想论坛8 场，用科学理论武装头脑、指导实践。组织新当选的市乡领导干部，到潞宝毛主席纪念馆和纪念园、北村八路军总部旧址，开展“发扬革命传统，再铸潞城辉煌”主题教育活动。

三是着力加强基层组织建设。积极推进“六个一”下乡住村活动，帮扶联系村完善基础设施、发展特色产业、规划发展思路，为民办实事解难题。圆满完成了全市191个行政村、11个社区的支村两委换届任务，一肩挑比例、交叉任职比例都较往年有了一定幅度的提高。100%的村实现妇女当选，10名大学生村干部通过依法参选当选为党支部书记。

四是着力加强干部队伍建设。加强干部培养教育，采取邀请专家学者讲课、举办培训班、选派干部到企业和发达地区挂职锻炼等办法，不断提高干部的素质和能力。选派2 名年轻干部到省政府驻广州办事处招商中心挂职锻炼，学习先进招商经验、具体接洽招商事务；选派23名年轻干部到企业担任总经理助理，服务企业发展，实现了培养锻炼干部与促进企业发展的“双赢”。

五是着力加强反腐倡廉建设。全面落实党风廉政建设责任制，建立健全教育、制度、监督、改革、纠风、惩处并重的预防和惩治腐败体系。扎实推进党务公开和权力公开透明运行工作。严肃纪律整肃作风，加大明察暗访力度，积极推进政风行风评议，党风政风行风明显好转。扎实开展煤焦领域反腐败专项斗争，切实加强工程建设领域突出问题专项治理，加大案件查处力度，全年共查处各类违法

违纪案件61件，处分66人，其中乡科级干部1人，为国家和集体挽回经济损失400余万元。（魏钰恒）

附：一、中共潞城市委书记、副书记、常委名单

书　记：桂正平（5月离职）　唐立浩（5月任职）

副书记：张志刚　陈轶群

常　委：栗贺龙（5月离职）　李晓峰

王新政（6月离职）　李　媛（女）

王现敏（6月离职）　牛玉书　杨　峰

元文波　于保同（5月任职）

王国勤（5月任职）

二、乡镇（街道）党委（党工委）书记、副书记名单

店上镇

书　记：靳忠玲

翟店镇

书　记：李　明

微子镇

书　记：申永刚

辛安泉镇

书　记：李健一

副书记：李健业

史回乡

书　记：曹　枫

副书记：尤永刚

合室乡

书　记：靳林琦

黄牛蹄乡

书　记：米一波

潞华街道

书　记：桑爱斌

成家川街道

书　记：韩旭军

中共屯留县委工作概况

县委书记　郭泽兵

2011年，在市委、市政府的正确领导下，屯留县委坚持以科学发展为主题，以转型跨越发展为主线，团结带领全县广大干部群众真抓实干，扎实工作，创先争优，全县经济社会走上了又好又快发展的路子。全年地区生产总值完成92.3亿元，同比增长15.3%；财政总收入完成15.5亿元，同比增长25.9%；一般预算收入完成5.01亿元，同比增长22.1%；全社会固定资产投资完成60.1亿元，同比增长36.9%；规模以上工业增加值完成67.97亿元，同比增长22.3%；社会消费品零售总额完成8.7亿元，同比增长16.95%；城镇居民人均可支配收入达到16086.8元，同比增长16.6%；农民人均纯收入达到8309.8元，同比增长19.6%。

一、重大项目快速推进，取得了新进展

实施项目带动战略，以10个总投资178.7亿元的非煤非电项目为引擎，全力推进，以项目建设推动大转型大跨越。总投资35.5亿元的万吨多晶硅一期工程一次试车成功，顺利生产出全省第一炉多晶硅棒；投资1.4亿元的金泽年产20万吨结晶葡萄糖项目已投入试生产；投资2.7亿元的百万吨HF乳化油一期、投资20亿元的40万吨聚氯乙烯一期、投资1.5亿元的安泰百万套新型矿工防护装备等重大项目基本竣工建成。在这些非煤非电项目的强力带动下，全县实施的101个重点项目，已有35个项目竣工建成，共签约项目22个，总投资132.4亿元，拟引资49.3亿元，其中中博会签约项目10个，名列全市第二。

二、“四化”建设协调发展，开创了新局面

一是工业新型化引领发展。传统产业提档升级。加快推进余吾煤业达产达效和郭庄煤业扩规上项，突出抓好小南村煤矿90万吨技改工程；全力推进兴旺、羿神、尔安、华诚等焦化企业战略重组；促进余吾热电厂、明辰电厂满负荷生产。新兴产业提速赶超。以百万吨HF乳化油、万吨多晶硅、40万吨聚氯乙烯等大项目、新项目为带动，加快发展循环经济和新兴产业，以煤化工、新能源、机械制造、

食品医药为代表的新兴产业规模壮大、发展迅猛。特别是以HF乳化油、多晶硅为标志，在新能源新材料产业上取得了重大突破，走在了全省全市前列。产业布局调整优化。规划建设了南北两条工业经济带（康庄—李高—西贾、渔泽—路村—余吾）和六大工业园（康庄高新工业园、李高煤电工业园、渔泽能源工业园、金泽玉米深加工园、王村煤化工园、余吾煤电工业园），以“两带六园”为承载，初步实现了产业集聚、布局集中和资源节约。

二是农业现代化特色鲜明。“一村一品”稳步推进。全县10个村成为省级示范村，20个村成为省级专业村，30个村成为市级重点推进村，“一村一品一社”的新模式得到推广，全县专业合作社达到622家。特色农业形成气候。大力扶持漳泽湖、祥麟、老爷山、仙都、屯玉、助民蔬菜、旖旎玫瑰园等特色农业生态园建设，带动全县发展优质玉米45万亩、设施蔬菜5.2万亩、核桃干果林6.5万亩、小杂粮3万亩、苗木花卉2500亩，建成投资千万元以上的规模养殖企业4个，规模养殖小区达到120个，走上了产业化、集约化和品牌化发展道路。基础设施明显改善。投资3500万元实施新增粮食生产能力、旱作节水、测土配方施肥等项目10个；新增水地3.2万亩，改善水地2.3万亩；改造中低产田7400亩，新增高标准保护性耕作示范面积2.1万亩；建设农村饮水安全工程25处，解决农村不安全饮水人口1.1万人，屯绛水库除险加固改造工程全面完工；全县农机总动力达到24.3万千瓦，综合机械化水平达到80%，农业综合生产能力不断提升。新农村建设成效显著。完成20个省级重点推进村的规划编制。农村新的“五个全覆盖”超额完成，全市农村街巷硬化全覆盖工程现场观摩会在屯留县召开。

三是市域城镇化全面提速。“大县城”加快布局。以城际道路建设和绛河开发为龙头，以总投资12.2亿元的24个市域城镇化项目为载体，全力打造生态宜居县城。热电联供集中供热工程全线开工，已铺设管网9.2公里，完工后供热面积可达200万平方米；屯留至长治城际路项目，全长15.3公里，总投资达5.9亿元，是全市投资最大、战线最长、地形最复杂、工程量最大的重点工程，累计完成投资5亿多元，完成工程总量的85%。“中心村”加快推进。按照“规划科学布局美、村容整洁环境美、创业增收生活美、乡风文明素质美”的要求，突出抓好乡镇所在地和城郊型、商贸型、旅游型、农副产品加工型中心村建设，重点加强规划编制、环境整治和素质提升，不断提高公共服务水平和辐射带动能力。

四是城乡生态化展示形象。加快推进绿化、气化、净化和健康四大工程，进一步提升了人气。绿化屯留，大力实施荒山绿化、干果经济林、农田林网、低效林改造、城市绿化等重点工程，目前全县森林覆盖率达到29.1%，县城绿化率达到43.6%，绿地率达到38.6%，人均公共绿地面积达到10.03平方米。净化屯留，大力实施蓝天碧水工程，扎实开展“节、减、治、创”节能减排四大行动。全县万元地区生产总值污染排放量下降7%，万元生产总值二氧化碳排放量下降3.5%，万元规模工业增加值能耗下降6%。空气质量二级以上天数达到359天，超额完成市下达任务。气化屯留，加快“燃气入屯”和农村沼气工程建设，过境天然气主管道已接入县城，农村沼气用户达到16000余户。健康屯留，加大城乡环境卫生整治力度，深入开展食品药品专项检查，启动“全民健康生活方式行动”活动，县城饮用水水质100%达标，人民群众的健康水平稳步提高。

四、社会大局和谐稳定，营造了新氛围

投资2000万元的县城新建公办幼儿园工程全面开工；全面启动了“一颗鸡蛋”营养工程在全市率先实施；新建职业中学实现整体搬迁。新农合参合率达到100%，人口计生服务水平全面提升，农民体育健身工程覆盖率达到100%。城镇居民基本养老保险纳入省级试点县；实现养老、医疗、工伤、失业、生育“五险”合一，新改扩建6所敬老院，有4所投入使用。城镇新增就业人数3100余人，转移农村劳动力4000人，城镇登记失业率控制在2.1%，新招聘教师和医护人员232名。投资1600万元的新建保障性住房加紧建设，馨苑小区保障性住房投入使用，农村危房改造完成320户。深入推进“文化低保”工程，大力加强文化设施场所建设，建成乡镇文化站9个，村级文化活动室100个，农家书屋294个。深入开展“平安屯留”创建活动，全力做好信访稳定工作，严格落实安全生产工作责任制，全县未发生一起重特大事故。

五、党的建设全面加强，激发了新活力

在换届工作中，严格按照中央和省市关于换届工作的要求和部署，精心组织、扎实推进，圆满完成了县乡村三级换届工作。丰宜镇“公推直选”乡镇党委书记成为全市的试点。同时全面加强党的建设，积极深化干部人事制度改革，坚持正确用人导向，制定了“五重”选人用人方案。加大干部教育培训力度，深入开展创先争优和下乡住村活动，积极实施“党建网联工程”，各领域党的基层组织建设全面推进，党组织的战斗堡垒作用和党员的先锋模范作用得到充分发挥。认真开展“整顿纪律作风、创优发展环境”活动，针对广大党员干部中存在的工作作风问题进行了严肃查处，推动了工作的落实。大力开展反腐倡廉建设，扎实做好党务公开和县委权力公开透明运行工作，深入开展煤焦领域和工程领域反腐败专项斗争，纠风治乱成效显著。加大案件查办力度，共立案调查各类违法违纪案件38件，给予39人党政纪处分，其中科级干部9人，大要案件17件，为国家和集体挽回经济损失50万余元。

（弓素请）

附：一、中共屯留县委书记、副书记、常委名单

书　记：王辅刚（1月离职）　郭泽兵（1月任职）

副书记：黄福喜（5月离职）　李伟民（5月离职）

段树新（5月任职）　王国英（5月任职）

常　委：王辅刚（1月离职）　黄福喜（5月离职）
李伟民（5月离职）　杜天才（5月离职）
金所军（5月离职）　韩秀英（5月离职）
郭泽兵（1月任职）　段树新（5月任职）
王国英（5月任职）　牛安林（5月任职）
马国勤（5月任职）　李常青（5月任职）
翟卫华（女，5月任职）　秦建宇（5月任职）
冯贵兴（5月任职）　秦世芳（5月任职）

二、乡镇书记、副书记名单

麟绛镇
书　记：高中玉
副书记：刘艳丽（女）

渔泽镇
书　记：郄淑芳（4月离职）　王长胜（4月任职）
副书记：高晋山

张店镇
书　记：马东斌
副书记：倪　敏（5月离职）　赵丽君（女，5月任职）

余吾镇
书　记：刘志敏
副书记：西立功

吾元镇
书　记：张宏斌
副书记：宋　军

路村乡
书　记：牛浩刚（5月离职）　王　军（5月任职）
副书记：高志刚

上村镇
书　记：李培元（9月离职）　李书红（9月任职）
副书记：申云鹏

河神庙
书　记：马珂玮
副书记：郭银萍（女）

丰宜镇
书　记：刑志刚（5月离职）　倪　敏（5月任职）
副书记：刘文茂

李高乡
书　记：李俊青
副书记：郭应红

西贾乡
书　记：冯　华
副书记：郭　炜

康庄园区
书　记：高锦香
副书记：秦曙斌

上莲开发区
书　记：连晓燕（女）
副书记：杨　青

西流寨开发区
副书记：杨　斌（主持工作）

中共长子县委工作概况

县委书记　张　圣

2011年，长子县委在市委的正确领导下，坚持以科学发展观为指导，团结带领全县人民，紧紧围绕五大目标，奋力打造两大基地，抓项目、促转型、惠民生、创和谐，全县经济社会各项事业得到了全面发展。全县地区生产总值完成80.5亿元，同比增长16.2%；固定资产投资52.3亿元，同比增长27.3%；规模以上工业增加值52.1亿元，同比增长26%；社会消费品零售总额10.2亿元，同比增长18%；城镇居民人均可支配收入16678元，同比增长18%；农民人均纯收入7506元，同比增长20.1%。特别是代表县域经济综合实力的财政收入，提前4个月完成全年任务，达到16.8亿元，同比增长68.1%，净增7个亿。

一、全县经济社会各项事业取得骄人成绩

项目招商工作。全年共签约总投资224.6亿元的新兴项目20个，到位资金28.69亿元，特别是成功引进了中国安华、江苏雨润等大集团、大项目，为项目建设顺利推进奠定了良好的基础。全县重点推进的总投资775亿元的112个项目均取得重大进展。

工业建设。9座百万吨以上煤矿建设进度进一步加快，其中，慈林山煤矿延伸改造全面完成，全年全县煤炭产量达到1232万吨，较去年增长219万吨；特高压二期全面完工，禾能秸秆电厂即将并网发电，赵庄、高河两大电厂列入省市“十二五”发展规划。突出抓好新兴产业，先后引进上马了总投资300多亿元的中国太行航空制造、中国安华集团汽车制造、康宝二期、16万吨无碱玻璃纤维等转型项目，全县以煤电为主，装备制造、医药、化工多元发展的新型工业体系进一步成型。

农业发展。大力实施设施蔬菜“双二十工程”、2000万只畜禽规模健康养殖工程、万亩优质烤烟生产工程。新发展设施蔬菜1.5万亩，蔬菜种植总面积突破20万亩，设施蔬

菜面积超过9.5万亩；新增规模健康养殖场区22个，总数达到117个，畜禽饲养量达到1088万只（头）；烤烟种植面积稳定在8900亩，正在进行清洁型烤烟种植试验，试验成功后面积有望进一步扩大。狠抓龙头企业建设，总投资8.8亿元集生猪养殖、种猪生产、饲料加工于一体的雨润集团畜产品项目落户长子县，方兴、双龙、生贵、瑞强、龙城等一批农业示范园区进一步做大做强，农民专业合作社数量、规模、效益均位居全市首位，总数达到696家，全县农产品加工转化率达到35%，农业比较效益大幅提升。以商贸流通、文化旅游、休闲娱乐为主的第三产业加速发展，鑫威物流配送中心等一批商贸流通项目进展顺利，仙翁山树化石群、天王寺保护开发有序推进，县城古建一条街基本建成，响铜乐器产业在全国独领风骚。全年全县三产增加值达到17.6亿元，同比增长11.9%，第三产业在县域经济中的比重逐年加大。

基础设施城镇建设。总投资30多亿元的十大城建精品工程进展顺利。其中，长子至长治一级路长子段在全市第一家高标准建成通车，市委、市政府奖励1000万元、副处职数一名；城东文化广场、西环路改造、村镇银行、县城供水管网改造建成投入使用；潞安花园西区、龙兴小区等住宅区项目全面完工；民兵训练基地奠基开工；总面积5000亩的东湖新区开发正在进行规划建设。

民生工程。惠民实事方面，县财政出资3000余万元，进一步加大蔬菜种植、畜禽养殖补贴力度，其中日光棚由每亩补3000元提高到5000元；按时足额为全县9.4万户低收入农户发放了冬季取暖用煤；20轨制新高中正式招生开学；农村新的五个全覆盖工程扎实推进，237个村街巷硬化任务全部完成；新型农村社会养老保险参保率达到98.6%，中等职业教育实现全免费，农村文化体育场所达到100个、农村书屋240个、文体活动室399个，便民连锁店370家；慈林、色头集中供水工程全面完工。生态建设方面，投资3100余万元，实施八大造林绿化工程，新栽植各类苗木325万株，新增绿化面积3.41万亩。巩固国家卫生县城创建成果，狠抓节能减排，县城空气质量二级以上天数连续三年保持在365天。文化教育方面，狠抓文艺精品创作，电影《选举》在全国上映；择优招录220名优秀大学生、11名硕士研究生充实教育、卫生等基层一线；普通高考二本以上达线人数达到803人，蝉联全市各县区第一。安全稳定方面，健全完善“一岗双责”安全责任体系，层层落实安全生产主体责任和监管责任。加强和创新社会管理，着力解决突出问题，成功化解各类信访突出问题187起，实现了连续四年赴京“零上访”。长子县创新社会管理、解决突出问题工作经验分别在云南普洱召开的全国创新群众工作现场会、浙江宁波召开的全国领导干部接待群众来访现场会上作了经验交流；由中国文联出版社出版、以反映长子县信访稳定经验为主要内容的《关键是解决问题》一书，在国务院新闻办发布、在全国范围内发行。

二、党的建设和政治文明建设全面加强

坚持把加强党的建设作为加快转型跨越的根本保障，在全市率先完成县、乡、村三级换届，各级领导班子创造力、凝聚力、战斗力明显增强。深入开展干部下乡住村活动，进一步密切了干群关系，提升了干部能力。加强党风廉政建设，集中开展“整肃干部作风、推进转型跨越”活动，认真落实党务公开和县委权力公开透明运行工作，各级党组织公信力和执行力大为提升。深入推进以“三争一创”为重点的创先争优和建设学习型党组织活动，全县广大干部群众见红旗就扛，逢第一就争，先后获得“全国文明县城”、“全国科技进步先进县”、“全国宜居宜业典范县”、“全国农业标准化示范县”、“全省经济社会发展先进县”、“全省设施蔬菜种植先进县”、“全省一县一业先进县”等省级以上荣誉20多个。

安全生产形势得到了持续稳定好转。全年全县发生安全事故18起，死亡人数8人，其中煤矿事故1起，死亡1人；道路交通事故17起，死亡7人，各项安全指标均在市控范围之内。同时，全面加强社会治安综合治理，严厉打击各类违法犯罪活动，全县共侦破各类刑事案件176起，其中命案侦破实现了发3破3的好成绩，现行命案侦破率达到100%，刑事拘留103人，逮捕94人；深入开展网上追逃、打黑除恶、两抢一盗等专项整治行动，抓获网上在逃人员135人，打掉犯罪团伙11个40人，打掉黑恶势力团伙1个，查处治安案件615起行政拘留223人。

三、社会事业全面发展

社会保障方面，不断扩大养老、医疗保险等社会保障覆盖面，新增城镇基本医疗保险404人、城镇职工基本养老保险451人，新型农村社会养老保险参保人数达到16.89万人，为3.38万名到龄人员发放养老金1649万元。多渠道开发就业岗位，与27户就业单位达成就业意向1673人，为57个事业单位招聘高校毕业生231人，实现新增就业1904人。全县23所乡镇卫生院、484所村级卫生室全部推行了基本药物制度，实行了基本药物零差率销售。扎实开展文体活动，大力繁荣群众精神生活，举办各类大型群体活动17次，参加各类比赛8次，特别是长子西南呈八音会艺术团作为全市唯一一支代表队参加了山西省第七届广场艺术节；积极推进文物旅游，旅游人流量达到50多万人，旅游收入达到8.35亿元，同比增长35%。同时，切实加大科技项目申报力度，完成专利申报量65件，开展农村技术集团承包6项，申报省级科技进步奖1项。全县有线电视用户终端达到69680户。全县21所敬老院集中供养人数达到760人；城市低保对象1581户3025人，保障标准提高到了350元，人均补差223元；农村低保9409户17287人，提高标准22元，人均补差94元；提供医疗救助2960人次，救助金额207.4万元。78套保障性住房全部建成，发放廉租住房补贴97万元，争取农村危房改造指标300户。集中供热工程进行了技术改造，供热

面积达到120万平方米，1万户居民和55个单位受益；集中供气工程完成安装用户2000户，通气1000多户；供水管网改造进展顺利，新铺设供水管网5000多米。

（王俊平）

附：一、中共长子县委书记、副书记、常委名单

书　记：张　圣

副书记：卢展明　王国英（5月离职）

　　　　丁向东（女，5月任职）

常　委：王沁平（5月离职）　崔万英（5月离职）

　　　　张耀华（5月离职）　翟卫华（女，5月离职）

　　　　秦建宇（5月离职）　胡三虎（5月任职）

　　　　牛恩毅（5月任职）　贾软贤

　　　　杨　隽（5月任职）　王成枝

　　　　杨国华（5月任职）　高玉飞（5月任职）

二、乡镇党委书记、副书记名单

丹朱镇

书　记：王书文（5月离职）　薛宏刚（5月任职）

副书记：王慧刚（5月离职）　李亚军（5月任职）

石哲镇

书　记：吴　斌（5月离职）　王志宏（5月任职）

副书记：师向东

色头镇

书　记：王华庆

副书记：徐宏伟

慈林镇

书　记：吴晋杰（5月离职）　吴　斌（5月任职）

副书记：张建刚（5月离职）　王建军（5月任职）

大堡头镇

书　记：杨卫星

副书记：张树军

南漳镇

书　记：王志宏（5月离职）　师　宏（5月任职）

副书记：常绍伟

鲍店镇

书　记：薛宏刚（5月离职）　申宛成（5月任职）

副书记：李建新

碾展乡

书　记：赵海斌

副书记：和　军

南陈乡

书　记：王鹏飞

副书记：李亚军（5月离职）　常　凯（5月任职）

常张乡

书　记：申宛成（5月离职）　綦巍宏（5月任职）

副书记：王曙军

宋村乡

书　记：王文德

副书记：高振文

岚水乡

书　记：秦红霞

副书记：陈志宏

横水林区管理中心

主　任：张宇峰

王峪景区管理中心

主　任：王　敏

中共壶关县委工作概况

县委书记　李全心

2011年，壶关县委坚持以科学发展观为指导，按照省委转型跨越发展战略和市委关于壶关"打造优质农产品供应基地和休闲旅游度假基地"的发展定位，加快推进工业新型化、农业现代化、市域城镇化、城乡生态化、旅游品牌化、社会和谐化建设进程，全县经济社会呈现出稳中加快、快中向好、持续健康的发展态势。全县生产总值完成31.76亿元，同比增长15%；规模以上工业增加值完成17.78亿元，同比增长22.7%；固定资产投资完成22.83亿元，同比增长36.9%；财政总收入完成3.46亿元，同比增长20.2%；一般预算收入完成1.27亿元，同比增长11.7%；社会消费品零售总额完成10.47亿元，同比增长17.2%；城镇居民人均支配收入可达到13346.7元，同比增长18.2%；农民人均纯收入达到3016.3元，同比增长16.1%。

相继荣获全国生态文明先进县、全国低碳旅游实验区、全国科技进步先进县等12个国家级荣誉称号，荣获全省双拥模范县、全省农产品加工先进县、全省扶贫开发工作先进县等50个省级荣誉称号，荣获全市粮食生产先进县、全市新农村建设工作先进县、全市农村劳动力转移先进县等170个市级荣誉称号。壶关县被联合国妇女发展署确定为全省两家、全市惟一的"推动中国妇女参政"项目试点县；太行山大峡谷被国土资源部命名为全国国土资源科普基地；县检察院被中央政法委授予"全国政法系统先进基层党组织"，县司法局被司法部授予"全国司法所建设先进单位"，县公安局被省政府授予"依法行政示范单位"、常平开发区党委被省委授予"山西省先进基层党组织"，石坡乡司法所

被司法部授予“全国人民调解先进单位”，等等。

抓班子、带队伍，提升了党建工作新水平。一是大力加强思想理论建设。坚持理论中心组学习制度，推进学习型党组织建设，开展多层次理论调研和实践活动。加强干部教育培训工作，共培训网上学员1100余人，实地培训科级干部440余人，农村两委干部1000余人。二是大力加强领导班子建设。严格按照《领导干部选拔任用条例》要求，匡正用人风气，严肃换届纪律，圆满完成了县乡换届任务，达到了“六注重、四换出、三满意、一没有”的良好效果。换届后，县四套班子平均年龄45.8岁，妇女干部3名，非党干部4名，本科以上学历占76%。乡镇党政班子平均年龄37.46岁，其中30岁以下年轻干部15名，妇女干部17名，非党干部12名，大专以上学历占99%。三是大力加强基层组织建设。完善配套村级组织活动场所，完善“党建网联工程”，将全县13个乡镇、390个行政村、2个社区划分为1249个单元网格，全县所有党员实现网格化管理。成立壶关县非公经济组织党工委，实现了“两新”组织党建全覆盖。圆满完成第九届村民委员会换届选举，一大批“双带”能力强的农村优秀人才选进了两委班子。四是大力加强干部作风建设。深入开展领导干部和机关干部下乡住村包村增收活动，全县下乡住村干部达到879人，争取各类帮扶资金2198万元。大力开展“正风肃纪、创优环境”纪律作风整顿月活动，狠刹闲话生非、拉拉扯扯、吃拿卡要三种不良风气，整肃政治纪律、工作纪律和生活纪律，严肃查处了一批顶风违纪人员。五是大力加强党风廉政建设。深入推进党务公开和县委权力公开工作，全县680多个党组织全部设立了党务公开栏和建立了公开网络，规范了县委权力透明运行。认真落实党风廉政建设责任制，继续加大查办腐败案件力度，共查处各类违纪违法案件75件，查结75件，党纪政纪处分103人，其中，涉及乡科级干部案件7案18人，有效地惩治了腐败分子，教育了党员干部。

抓项目、增后劲，推动了县域经济新发展。全县共投资106亿元，上马105个重点项目。其中,县级重点项目56个，总投资65亿元；乡镇重点项目39个，总投资3亿元；前期准备项目10个，总投资38亿元。56个县级重点项目，工业新型化项目11个，总投资26亿元；农业现代化项目5个，总投资6亿元；市域城镇化项目20个，总投资15亿元；城乡生态化项目7个，总投资3亿元；旅游品牌化项目6个，总投资12亿元；社会和谐化项目7个，总投资3亿元。工业新型化方面，常平集团重点抓了总投资2.5亿元的150万吨高速线材项目，壶化集团重点抓了总投资1.2亿元的复合高强度导爆管雷管、地震勘探雷管、磁电雷管3个项目；煤炭产业重点抓了兼并重组后牛盆煤矿扩能、赵屋煤矿技改、东井岭露天煤矿建设等项目；石料产业重点抓了14个年产30万吨以上的规模化、集约化、环保化大型石料厂建设；新型产业重点抓了年产12万吨绿色环保涂料生产线、年产5000万支特效烧伤药“克烧净”、年发电量60万千瓦风力发电、年产2万吨特种材料铸造等项目，这些项目全部投产达效后，年可实现销售收入30亿元，上交税金5亿元。农业现代化方面，以“一村一品、一县一业”为方向，紫团公司投资3亿元，着力打造食用菌产业园，近期重点建设“千棚十区”，远景辐射带动“百村万棚”，今年已完成投资5600万元，建成大棚510座，360座已投产，可日产食用菌6万斤；郭氏食品公司投资6300万元的8000吨系列速冻水饺项目，已完成投资4300万元，生产车间、冷库等土建工程基本结束，正在安装设备；九牛寨公司投资3000万元新上了年产3000吨老酸奶生产线项目，新增销售收入3500万元，成为全市率先通过国家乳品行业验收企业；紫壶蜂公司投资1000万元的蜂蜜番茄汁自动化生产线项目，已完成投资350万元，年可产蜂蜜番茄汁50万瓶，实现利税60万元；旱地西红柿种植基地覆盖9个乡镇，面积达3万亩，亩均收入6000元，是种粮食作物的10倍多。市域城镇化方面，坚持修路拓城，上马建设了神山休闲生态园、环山路、树人街、宜景街等工程，进一步拉大了县城框架，拓展了县城空间；壶关路网连接线工程，已全线通车。工程全长5.25公里，路宽50米，占地444亩,双向六车道，总投资4亿元。坚持开发建城，集中上马了旧城区改造、保障性住房、县城集中供暖、神山公园、文体馆等项目，其中集中供热工程投资2亿元，供热面积200万平方米，使县城80%的居民受益；坚持五化靓城，县城绿化覆盖率达到42.8%以上；人均公共绿地面积达到23.5平方米。投资1000万元实施了神山休闲生态园、临街建筑物和奋进大街三大亮化工程；坚持管理活城，深入开展县城秩序大整治活动，对县城内的游商游贩、店外占道经营、电动三轮车非法运营、城市“牛皮癣”等不良现象进行了集中整治，县城秩序得到有效规范。城乡生态化方面，以造林绿化、环境整治为抓手，加快建设绿化壶关，投资5000余万元，完成高速路通道绿化25.7公里，完成荒山绿化2.5万亩，建成高标准园林化村庄51个；加快建设净化壶关，按要求完成节能减排任务，全县空气质量二级以上天数达到347天，较去年增加6天；加快建设气化壶关，实施沼气入户工程和“秸秆地暖”工程，全县有6000余户用上了清洁环保的沼气，有100余户用上了清洁节能“秸秆地暖”。旅游品牌化方面，投资3.9亿元的大峡谷旅游循环路路基工程已全面完成，油面铺装完成46公里；投资1.1亿元的八泉峡大坝建设工程主体基本完成；投资5000万元的游客中心建设工程正在加紧建设。文化建设绽放异彩。反映壶关人民发展旅游产业的电影《大峡谷的女人》，首次在央视电影频道播出；壶关秧歌的精品剧目《酸枣》被拍成戏曲电视连续剧，将在央视戏曲频道播出；壶关秧歌现代戏《太阳花》参加了全市建党90周年红色优秀剧目展演。壶关迓鼓、上党乐户参加了中央电视台“我们的节日·清明——中华长歌行”走进长治的拍摄。辛寨绿色醋业入选山西省非物质文化遗产名录。《壶关地名志》、《壶关人物志》正式编辑出版。《常平之歌》荣膺“中国村歌十大金曲”，成为山西省惟一获奖村歌，《常平之歌》词曲作者、常平开发区管委会主任郭志敏被全国乡风文明论坛组委会评为作词、作曲两项金奖。全县涌现出市级以上文明创建典型59个，蝉联“全国文明县城”荣誉称号，鹅屋乡邮递员赵月芳荣获第三届全国道德模范提名奖和全国职工职业道德建设标兵称号。

惠民生、保稳定，开创了社会和谐新局面。一是全力惠民生。投资850万元，提高了城乡低保对象生活保障标准，其中城镇低保对象年提高500元，农村低保对象年提高450元。开展社保“一卡通”工作，发放社会保障卡8000余份。全年新增城镇就业人员2466人，就近就地转移农村劳动力3420人。深入开展“情暖万家”慈善捐助、“送温暖·献爱心”暨“慈善一日捐”等社会捐助活动，募集捐款240余万元，救助8400余户2.7万人。二是大力干民需。交通方面，投资1.6亿元，完成县道花壶线改造28公里、村通水泥路30公里、户户通水泥路全覆盖工程。水利方面，投资1100万元，完成农村饮水安全工程63处，解决了12个乡镇50个村16所学校2.6万余人的安全饮水问题，全县农村饮水安全自来水入户率达到62%以上。教育方面，为690余名大学生办理了生源地信用贷款合同，发放助学贷款310万元；启动实施“一颗鸡蛋”工程，全县3340名住宿生吃上了政府免费提供的鸡蛋；投资4500万元新建了壶关县第一所15轨制全日制寄宿制初中树人学校，主体工程基本完成，附属工程正在抓紧实施。卫生方面，投资2200万元的县人民医院门诊医技大楼主体工程已经建成，全县村级卫生所覆盖率100%，三级医疗机构达标率88%，农村合作医疗参合率95%。社保方面，投资360万元的龙泉敬老院建设工程全面完工，并投入运行。电力方面，建设四家池变电站第二电源工程和东井岭110千伏变电站工程，促进了农村电网改造升级上档。三是着力聚民心。投资340余万元，全面完成中心体育场提档改造。全面完成12个乡镇文化站和1000余户文化大院建设，投资60万元为乡镇综合文化站配备了设施设备。建设有线电视综合信息网，村通广播电视覆盖率达到100%。大力开展文化惠民活动，全年共送戏下乡400多场次，免费放映电影4680场，县图书馆、文化馆、文博馆、电子阅览室实行了免费开放。四是致力保民安。严格落实政府安全监管主体责任和企业安全生产主体责任，加大安全隐患排查整治力度，共排查各类企业78家，排查隐患1800余条，全部得到整改落实。畅通信访渠道，化解信访矛盾，全年信访流量同比下降17%。加强和创新社会管理，严厉打击各类违法犯罪活动，全年共破获各类刑事案件128起，打掉各类违法犯罪团伙13个，抓获各类违法犯罪嫌疑人140人，惩治了犯罪分子，维护了社会稳定。

（王林茂）

附：一、中共壶关县委书记、副书记、常委名单

书　记： 李全心

副书记： 崔江华　马先明

常　委： 卫　明　郭爱霞　张　剑　徐思江　张月飞

二、乡镇书记、副书记名单

龙泉镇

书　记： 秦志云（10月离职）　王文斌（10月任职）

副书记： 张　文（12月离职）

李志强（12月任职）

百尺镇

书　记： 贾凤鸣

副书记： 秦志岩

店上镇

书　记： 连树斌（10月离职）　闫志斌（10月任职）

副书记： 雷学波

晋庄镇

书　记： 张志平（10月离职）　宋　波（11月任职）

副书记： 赵申岗

树掌镇

书　记： 张红伟

副书记： 冯小红

中共平顺县委工作概况

县委书记　陈鹏飞

2011年，平顺县委坚持以科学发展观为统领，按照省委转型跨越发展和市委“重振上党雄风、建设全国一流宜居城市”的战略部署，团结带领全县广大干部群众，艰辛探索、不懈奋斗，在转型中促发展，在发展中求跨越，经济社会各项事业协调推进，圆满完成了年初确定的各项目标任务。全县全年生产总值完成18.56亿元，同比增长15.3%；规模以上工业增加值完成7亿元，同比增长31%；社会固定资产投资完成16.22亿元，同比增长46.9%；社会消费品零售总额完成4.92亿元，同比增长16.7%；财政收入完成1.75亿元，同比增长26.1%；一般预算收入完成7646万元，同比增长34.7%；城镇居民人均可支配收入达到13617.1元，同比增长18.46%；农民人均纯收入达到3200元，同比增长14%。荣获“中国低碳旅游示范区”、“环境保护模范城市”、“中国最具幸福感休闲城市”等荣誉称号。

一、全面加强党的建设，执政能力再上新台阶

圆满完成县乡村三级换届。围绕选好配强领导班子、服务转型跨越发展这个中心，精心组织、周密部署，全面协调、整体推进，率先圆满完成县乡党委换届，农村“两委”换届，县乡村三级领导班子年龄、知识、性别结构进一步优化。作为全省公推直选乡镇党委书记试点县，按照“9+1”模式，公推直选产生了西沟乡党委书记。全县三级换届工作风清气正、健康有序，达到了组织意图实现得好、人民意愿体现得好、“两不误两促进”落实得好的圆满效果。

深入开展下乡住村活动。下乡住村干部由科级以上干部拓展到全县各乡镇、县直各单位（部门）全体在职党员干部；下乡住村范围由仅仅住村拓展到住学校、企业、“两新”组织、党员户、专业户和困难户；下乡住村时间每人每月连续住村不少于5天。2月18日中央《深入开展创先争优活动简报》第816期以《山西省平顺县选派党员干部下乡驻村在破解发展难题中创先争优》为题对平顺县下乡住村进行了刊载，《人民日报》、《山西日报》、《中国青年报》等主流媒体都对平顺县下乡住村工作进行了报道。

狠抓干部队伍建设。完善了干部政绩考核体制机制，加大竞争性选拔力度，12名优秀年轻干部充实到了乡镇领导班子，6名基层一线干部充实到县级领导班子，选人用人公信度进一步增强；加大干部教育培训力度，开设“平顺讲堂”系列讲座，选送50名优秀青年干部到长春欧亚集团进行为期一个月的挂职锻炼。

隆重纪念建党90周年。在全县集中开展了以“忆党史、颂党恩、促转型、谋跨越”为主题的系列庆祝活动，隆重举办了“永远跟党走”红歌大赛和图片展、书画展，集中表彰了56个基层党组织和373名优秀共产党员、优秀党务工作者，集中走访慰问了建国前老党员、生活困难党员280余名。在全市“沁新杯”党史知识竞赛中，平顺县荣获团体二等奖；在“青春献给党”演讲比赛中，荣获全省个人一等奖。

全面加强党风廉政建设。在全市率先启动党务公开暨县委权力公开透明运行试点工作，并作为先进典型在中纪委调研期间进行了经验交流；深入开展了纪律作风整顿活动，扎实开展非煤矿山领域反腐败斗争，对腐败行为和不正之风始终保持了高压态势。

二、全力推进“五化”建设，转型跨越发展再上新台阶

狠抓招商引资，为转型跨越发展注入新的生机和活力。全县共争取上级各类资金11.8亿元，先后有100多家客商走进平顺考察洽谈，签约项目82个，签约资金125.4亿元，落地项目50个。

构建大旅游发展格局，旅游产业化取得新突破。卧龙宾馆、通海·山林居宾馆投入使用，通天峡酒店一期工程主体完工，新开发老粗布、葫芦烫画等特色旅游纪念品40多种，各类旅游购物门店达到175个，产业链条不断延伸；将漂流邀请赛纳入国家体育总局水上运动管理中心赛事序列，举办了第五届全国新闻记者漂流邀请赛暨第二届低碳旅游文化节、首届“放飞太行”国际风筝邀请赛，聘请冯骥才、魏小安等作为平顺旅游发展顾问，邀请《地理中国》、《乡土》等栏目组制作专题节目，相关影像资料进入GPS和客运航班。游客接待量同比增长22%，达到150万人次，吸引接待海外游客达到220人；旅游综合收入同比增长41%，达到5亿元。

优化调整产业布局，工业新型化聚集新动力。推进矿山资源整合重组，将全县原有铁矿企业整合形成18家现代化集团企业；潞安石材扩建项目、鑫源矿业技改项目全面完工，传统优势产业蓄势待发；风力发电项目开工建设，光伏发电项目测光顺利，抢抓山西“大水网”建设机遇，沕头水库和辛安泉扩建项目正式立项。

充分发挥绿色优势，农业特色化迈出新步伐。实施农业特色化战略，建立马铃薯、玉米、旱地西红柿、花椒芽菜试验示范基地10个，发展马铃薯高产创建田1.05万亩，新增设施蔬菜1043亩。特色产业快速发展，引进了标准化松籽油深加工、山桃嫁接扁桃项目，新建花椒芽菜基地700多亩，抚育野生连翘基地8万亩。全面落实惠农政策，粮食补贴面积14.54万亩，补贴农民4.6万户。围绕抗旱防涝、病虫防治，开展各类科技培训200余场，辐射农民3万余人；农副产品加工龙头企业达到13家，各类专业合作社达到291家。新认证国家级绿色有机农产品21个、绿色食品9个、无公害农产品9个，确立“一村一品”专业村32个，完成省级重点推进村建设19个。围绕水保生态治理、小水库除险加固，农田水利基本建设扎实推进，被省政府评为农田水利基本建设红旗县。

突出综合效益，城乡生态化实现新跨越。扎实推进荒山披绿、沿线造绿、身边增绿、见缝插绿、庭院添绿五大绿化工程，完成新造林面积6.16万亩，建成森林公园3个，森林增效、上党城镇群绿化三环提档、公路绿化等工程全部完成；集体林权改革推进迅速，明晰产权村190个，确权面积96.1万亩，占市下达确权任务95.53万亩的100.1%；继续实施“蓝天碧水”工程，加大落后产能淘汰力度，关停西沟焦化及4家小型建材企业，圆满完成市定主要污染物减排任务，空气质量二级以上天数达到360天，被省政府命名为“山西省林业生态县”。

实施扩容提质工程，县域城镇化呈现新亮点。围绕打造宜业宜居宜商宜游特色山城目标，投资3.5亿元的19项重点城建工程，主体工程全部完工。红色劳模广场融汇特色地域文化，县污水处理厂正式运行，县城集中供热项目完成主厂房和部分管网铺装。青羊山森林公园申报成功，荣获国家园林县城称号。全县新增城镇人口3500人，城镇化率达到24.2%。

三、加强宣传思想文化工作，内外环境改善再上新台阶

加强理论武装。完善了中心组集中学习、督学督查、考试考核等八项规章制度，全年县委中心组集体学习13次，各级中心组集体学习750余次，邀请理论权威和知名专家举办高层讲座8次，组织理论宣讲6批120余次，各级党员干部的思想理论水平进一步提高。狠抓文明创建。“四个一百”工程稳步推进，18个省级文明单位（村）通过检查验收和复查，“六抓六比”活动深入开展，“长治好人”推荐人数居全市之首，县法律援助中心律师郭玉生被表彰为市第三届“道德楷模”，并走出山西，荣登“中国好人榜”。大力实施文化引领战略。继续推进公共文化服务体系建设，农家书屋在全市率先实现村村全覆盖，文化民生得到有效保障；不断推出文艺精品，新编上党落子现代戏《山村支书》在市潞州剧院成功上演。

四、加强社会建设和管理创新，民生事业再上新台阶

民生工程扎实推进。全面推进新的“五个全覆盖”工程，新型农村养老保险参保率达到了75%；农村街巷硬化全覆盖工程完成255个建制村工程任务，覆盖率达到97.33%，工程质量验收合格率达到97%；阳光小学、王庄小学投入使用，职教中心、特教学校完成主体工程，校舍安全改造工程圆满完成；全面完成基层综合改革任务，县医院综合医技楼投入使用，县医院“二甲”创建通过初审，56个高标准村卫生所建设全部完成，新农合参合率达到99.2%，居民健康档案建档14.6万人，城镇职工和城镇居民医疗保险参保率达到93.2%。低收入家庭冬季取暖用煤及时发放到位，保障房建设任务超额完成。基础设施建设快速发展。河潞线改造全线通车，中南铁路平顺段、长安高速平顺段推进迅速，国道长治至平顺二级公路正式动工，为平顺冲出太行山，融入中原经济圈，扩展更大的发展空间打下了坚实基础。就业和社会保障工作得到加强。加强职业技能培训、创业培训等素质提升工程，帮助农民工、失业人员、大中专毕业生360人实现就业，并带动450余人实现再就业，全年新增就业1663人。安全稳定工作全面巩固。深化安全生产“三项行动”和“三项建设”，全年未发生一起重大安全事故；大力推广车当基层矛盾调解经验，推行领导接访和下乡住村包案制度，解决群众信访案件46起，实现了群体性事件及赴省进京上访“零”目标，社会治安秩序保持了和谐稳定的良好局面。

（付玉珍）

附：一、中共平顺县委书记、副书记、常委名单

书　记：陈鹏飞
副书记：吴小华　秦　军
常　委：孙　伟　贺思宇　樊俊生　宋忠义　宋玉清　李玉忠

二、乡镇党委书记、副书记名单

青羊镇
书　记：路晓波（4月离职）　刘沁梅（4月任职）
副书记：张　清　李建青（4月任职，11月离职）

西沟乡
书　记：王建中（4月离职）　牛海江（4月任职）
副书记：李建青（4月离职）　张永杰（4月任职）

龙溪镇
书　记：张秀斌
副书记：张云红（女）

杏城镇
书　记：王　林（4月离职）　申涌泉（4月任职）
副书记：王立中　郝淦林（4月任职）

东寺头乡
书　记：吴月红
副书记：王建慧（女）

虹梯关乡
书　记：黄世贤
副书记：吕秋林

石城镇
书　记：刘沁梅（女，4月离职）　段开松（4月任职）
副书记：关苏平　杨慧栋（4月任职）

阳高乡
书　记：申涌泉（4月离职）　李建青（11月任职）
副书记：段开松（4月离职）　张高军（4月任职）

北耽车乡
书　记：原保根
副书记：杨伟红

中五井乡
书　记：赵彦伟（4月离职）　张浩波（4月任职）
副书记：杨建松　李忠贤（5月任职）

北社乡
书　记：何　军
副书记：许淑芳（女）

苗庄镇
书　记：刘忠虎
副书记：程丽荣（女）

中共黎城县委工作概况

县委书记　郜双庆

2011年，在市委的正确领导下，黎城县委团结带领全县广大党员干部群众，深入贯彻落实科学发展观，紧紧围绕省委“转型跨越发展、再造一个新山西”和市委“建设全国一流宜居城市”的总体部署，统一思想，坚定信念，奋发作为，经济、政治、文化、社会和党的建设等方方面面工作都取得了长足进步，转型跨越发展迈出了坚实的步伐。全县地区生产总值完成27.8亿元，同比增长15.2%；财政总收入完成3.915亿元，增长19%；全社会固定资产投资完成22.95亿元，增长51.7%；社会消费品零售总额完成7.76亿元，增长16.9%；城镇居民人均可支配收入1.1万元，增长16.6%；农民人均纯收入4796元，增长12.5%。

一、始终致力于攻坚克难、壮大实力，形成了转型跨越发展的强劲态势

全年全县实施投资500万元以上的重点项目116个（其中市考核项目84个），总投资188.6亿元，其中，续建项目32个，新上项目84个。工业新型化有了新提升。充分发挥资源优势，与全球最大的晶体硅太阳能制造商成功合作，引进了三晋（黎城）光伏产业园万吨多晶硅项目，该项目被列为全市20个非煤非电转型项目之一，首期6000吨工程于2011年8月正式开工。总投资8.4亿元的潞安工业硅项目一期工程正式投产，形成2.63万吨工业硅生产能力，二期工程准备开工。100万吨精密铸造项目完成投资6800万元，一期5万吨工程已投入试生产。5000吨清香型白酒项目主体工程基本建成，一期工程建成投产。农业现代化有了新发展。以建设原生态特色农业、高效农业为发展方向，着力打造“四大园区”：核桃产业园区，在已有10万亩优质核桃的基础上，新栽植核桃树2万亩60万株。高效农业园区，与三元煤业合作投资8500万元建设程家山高效农业示范园区项目，一期工程已开工建设。健康养殖园区，在县城东北规划建设1000亩的健康养殖园区，将全县分散的养殖大户逐步集中到园区，规模化养殖，集约化管理。水利风景区，规划建设20多座小型水库，对环城水系、旅游水景、工农业用水统筹进行规划开发。市域城镇化有了新格局。与云南楚雄汇通古镇文化旅游开发有限公司合作，由该公司投资35亿元，规划建设占地1500亩，集旅游、食宿、商贸、休闲、娱乐于一体的黎侯旅游风情古城，打造成为国家4A级旅游景区。城乡生态化有了新气象。编制完成了世界红山景区总体规划，投资1.2亿元的太行红石公园旅游公路全面开工，板山红石观光旅游区上、中、下三条旅游线150公里路基全部贯通，对板山至广志山、黄草迠至洗耳河等路段1.7万米护坡、护岸进行砌筑，九龙庙观景台和板山接待中心基本完工，广志山129师后方医院旧址开发完成主体工程。黄崖洞红色革命旅游区民俗风情园、红色家园、观光火车道、索道、观光电梯、红色广场和兵工之路等项目全面推进。四方山红叶观光旅游区完成骨干道路建设和2万米路段整修。杨岐山佛教胜地旅游区开通5000米主通道，完成2000米路段铺装和菩萨庵修缮工程。洗耳河休闲度假旅游区完成1800多米步游道铺装。完成荒山绿化4.5万亩，通道绿化提档83公里，四旁植树72万株，全县森林覆盖率40%，绿化率42.79%，人均公共绿地面积22.15平方米。招商引资有了新局面。全县签约项目17个，签约资金60.42亿元，落地项目12个，总投资12.29亿元。引进山西景峰国际投资开发有限公司，组建山西太行山水业开发有限公司，投资3亿元开发黎城的优质山泉水资源，打造中国“第一泡茶水”；引进江苏南京万瑞达科技有限公司实施三醋酸甘油酯项目，总投资1.2亿元。与江苏雨润肉类产业集团有限公司合作，总投资6亿元，建设年出栏10万头生猪养殖项目和年屠宰200万头生猪项目。

二、始终致力于把握大局、统筹兼顾，营造了心齐劲足的政治社会环境

牢固树立宗旨意识。将群众的所想、所需、所盼作为工作的出发点和落脚点，加快实施农村新“五个全覆盖”工程，确定了农村街巷硬化、电网改造、饮水安全、便民连锁店、文化体育场所建设、新型农村社会养老保险、教育基础设施建设、保障性住房建设、207国道改线、桥南路拓宽改造和北坊二桥建设等十件实事。特别是农村街巷硬化全覆盖工程，总投资1.1亿元、对730多公里的街巷全部进行硬化，实现了两年任务一年完，走在省市前列。教育方面，投资9000余万元实施了校舍安全工程，累计投入700万元对全县义务教育阶段中小学生、职业高中学生和品学兼优的普通高中家庭经济困难学生实施相应免费，全县享受“两免一补”比例达到100%。从12月份起在全县寄宿制学校全面实施“一颗鸡蛋”工程。卫生方面，完成基层乡镇卫生医疗机构综合改革，县医院外科楼建成投入使用，270多家村卫生所达到省级标准。社保方面，城乡低保覆盖8600户1.2万人，基本实现应保尽保；全县五保户集中供养率达到52%；就业方面，消化转移农村剩余劳动力2550人，城镇新增就业岗位2164人，实现了充分就业。爱心煤发放方面，保质保量为4.41万低收入农户发放“过冬煤”，广大群众感受到了党和政府的温暖。同时，积极开展安全生产

专项整治，严格落实安全生产“一岗双责”，实现了安全生产形势的稳定好转。

三、始终致力于提升素质、树立形象，汇聚了一心一意谋发展的强大合力

扎实高效推进基层党建。继续引深“创旗争星”活动，在248个农村党支部进行了创建，覆盖率达到了100%。长治市卫生系统创先争优“四走进活动”在黎城召开经验交流会。高度重视县乡村三级换届工作，县乡换届工作秩序井然、风清气正，换届后新当选的36名县委委员、8名候补委员平均年龄42.3岁，全部为大专以上学历。全县250个行政村“两委”换届选举工作全部完成，209个村采取一次直选的方法进行选举，占应换届村的83.6%。“一肩挑”村226个，占91.1%。选举产生261名妇女成员（主任18名），全县符合条件的137名大学生村干部全部进入支村两委班子。加强大学生村干部创业培训，东阳关镇和洪井乡大学生村干部创业基地吸引农户246户2620人，人均增收1400多元。创新思路加强作风建设。实施了领导干部下乡住村包增收活动，四套班子领导分包9个乡镇，每个班子成员分包一个重点村，吃住在农村，利用晚上时间召开党员代表或村民代表会议，鼓励群众讲实话、讲真话，了解群众的所想所盼，解决群众提出的实际问题。常抓不懈推进反腐倡廉。继续深化行政审批制度改革、财政管理制度改革和投资体制改革，形成了一整套规范权力运行的防治腐败工作机制。扎实推进煤焦领域、工程建设领域、“小金库”、公务用车等专项治理工作，切实纠正行业不正之风，维护国家、集体和群众利益。狠抓了违纪案件查处，2011年以来，共查处各类违纪违法案件68件，处分党员干部85人，其中乡科级党员干部18人，为国家挽回经济损失54.5万元。规范透明深化公开工作。建立健全了例行公开、依申请公开、意见收集处理反馈、监督检查、考核评价和责任追究等六项制度及一系列配套制度，“两公开一透明”工作做到了有章可循、规范运行。开通了黎城县党务政务公开运行网，将全县537个基层党组织、105个职能部门纳入网上公开范围；充分利用阳光农廉网，将9个乡镇和248个行政村纳入了网上公开范围，基本实现了党务政务公开的全覆盖。

（段朝阳）

附：一、中共黎城县委书记、副书记、常委名单

书　记：郜双庆（5月任职）
副书记：郝献民（5月任职）　孙希谋
常　委：孙彩虹　程　琦　常　庆　刘永清（女）　姬　文　段联刚

二、乡镇党委书记、副书记名单

黎侯镇
书　记：岳保国（5月任职）
副书记：王国斌

西井镇
书　记：张晓明（5月任职）
副书记：王永刚

上遥镇
书　记：江永兴
副书记：郭少军

东阳关镇
书　记：韩志斌
副书记：魏晓伟

黄崖洞镇
书　记：谢永强（5月任职）
副书记：郭联豪

洪井乡
书　记：任文中
副书记：张永刚

停河铺乡
书　记：郭力毅
副书记：王瑞刚

程家山乡
书　记：李志刚
副书记：康海江

西仵乡
书　记：岳红宜
副书记：王勇波

中共襄垣县委工作概况

县委书记　冯俊义

2011年，襄垣县委坚持以科学发展为统领，以转型跨越为主线，以招商引资为主题，以项目建设为抓手，以改善民生为根本，扎实推进“六化”战略，全力建设“三个十大攻坚工程”（十大转型发展工程、十大基础设施工程、十大惠民工程），有力地促进了全县经济社会又好又快发展。全县生产总值完成268.77亿元，增长15.9%；规模以上工业增加值完成228.77亿元，增长20.8%；全省第1位；固定资产投资完成102.74亿元，增长20.3%；财政总收入完成35.67亿元，增长18.9%；其中一般预算收入完成11.5亿元，同比增长26.9%；城镇居民人均可支配收入达到2.06万元，增长

18%；农民人均纯收入达到8172元，增长17.1%。连续三年进入“中国中小城市科学发展百强县”、“最具区域带动力中小城市百强县”，蝉联了“全国文明县城”、“国家卫生县城”桂冠，荣获“国家园林县城”光荣称号，获得全国投资环境十佳城市、全国生态文明先进县、山西省文化强县等20项省部级以上荣誉，成功举办了全省第七届农民运动会、四国女子篮球邀请赛等大型体育赛事。

一、项目建设扎实推进

全年共开工建设“四化”重点项目135个，总投资400亿元，全年共完成投资107.2亿元，有50项完工。全年共接待外商55批300余人次，引进项目122个，总投资452.94亿元，其中开工项目34个，投资75.78亿元。特别是引进了潞安集团百万吨级煤基合成油、至德集团100亿安时电力储能电池、潞宝集团20万吨苯加氢等一大批转型发展的大项目、好项目，与蒙牛、汇源等一批国内外知名农业龙头企业建立了合作关系，上马了万头奶牛养殖基地和60万吨果醋饮料项目，为转型发展奠定了坚实基础。

在工业新型化上，一是着力打造四大工业园区。重点建设了富阳循环经济、虒亭煤化工、下良煤气电、王桥资源综合利用四大工业园区，县财政安排扶持资金1个亿，用于建设园区“七通一平”等基础设施。其中富阳工业园区规划面积30平方公里，设置了循环经济、机械制造、现代物流、高科技产业等七大板块，现已开发6平方公里，入园企业26个。二是重点培育十大企业集团。积极鼓励襄矿、七一、三元古韩、金鑫等一批有实力的企业上马转型项目和非煤产业，形成规模，做大做强。其中，襄矿集团在形成“采煤、选煤、冶炼、化工、建材、发电、污水处理”的循环产业链条的基础上，又投资60.8亿元，新上了40万吨聚氯乙烯、20万吨煤制乙二醇等7个转型项目。三是规划建设一批新兴产业。按照多联产、全循环、抓高端的理念，总投资976亿元，规划建设非煤非电项目45个，其中年产值（销售收入）达到5亿元以上的有14个，总投资579亿元。其中，襄矿电力储能电池项目总投资50亿元。

在农业产业化上，推行了“3+1”发展模式：“3”是发展设施种植、规模养殖、干果经济林三大产业，“1”是围绕三大产业建设一批配套龙头企业，制定了相关扶持措施，全年落实扶持资金4055万元。全年发展蔬菜大棚1.5万亩，干果经济林2.3万亩，培育了晋襄王、东宝薯业、宝达菇业等十大农业龙头企业。同时，大力推进了“5+1”新农村建设路径。“5”是“五村联创”，“1”是“十福入户”，首批确定的68个村92个创建项目有序推进。

在城市现代化上，按照“1+6”上党城镇群建设总体规划，重点建设了5项工程。一是滨河新区开发工程。总投资100亿元，包括文化娱乐区、教育园区、住宅区和办公区四大板块，目前教育园区、办公园区已开工建设，文化娱乐区和住宅区已与太平洋建设集团签订了框架协议，正在办理相关手续。二是初中进城工程。投资3.6亿元，新建二中、四中、职中3所中学，可实现初中全部进城，基本普及高中教育。三是路街开通工程。上党城镇群路网襄垣县连接线工程，完成了新路线的规划、选址、测绘工作。花园路、迎宾西街西延工程，完工通车。城北街、西外环、滨河北路等5项路街工程顺利推进。四是公共服务设施配套工程。布鑫广场二期工程、游泳馆、垃圾处理厂、供水管网改造和电力线路入地顺利实施。五是安居工程。投资3000余万元规划了678套经济适用房、廉租房，投资1.5亿元的9栋10万平米回迁楼，开工建设。

在旅游特色化上，按照东部仙堂山佛教文化、中部县城休闲娱乐、西部宝峰湖温泉度假“三点一线”旅游格局，调动企业和社会投资，加大开发力度。其中，仙堂山旅游区开发工程总投资22.23亿元，规划建设四大区域31个景点，全年完成投资8亿元，建成山门及停车场、东峰19米观音铜像、西峰19米法显铜像三项工程，主峰59米释迦牟尼大佛、法显西行八国微缩景观、仿古购物中心等景点加紧建设，力争通过2–3年努力，形成“两日游”规模，列入全省精品旅游线路，进入国家5A级景区。

二、民生事业不断改善

新的“五个全覆盖”工程扎实推进。其中农村便民连锁店、中等职业教育免费和新型农村养老保险3项工程提前完成，农村街巷硬化完成250个行政村763公里，超额完成市下达任务；农村文化体育场所建设进展顺利，74个村建起了“农家书屋”，95个村建成了体育健身场地，253个村建成了村级文化活动场所。为住校中小学生每人每天发放一颗营养鸡蛋；提高了城乡医保报销比例，全面实施了国家基本药物制度，开工建设了县中医院，完成了县医院医技楼改造；提高了城乡医保报销比例，提高了农村居民最低生活保障标准，由1680元提高到1860元，达到全市最高水平；出台了农村医疗救助试行办法，建立了大病医疗救助基金；对农村居民实行了用水补贴，实现城乡居民用水同价；建设了2146户农村地暖工程；为农户发放了一吨过冬取暖用煤。免除了高中阶段学生住宿费和信息费，三中体育场改造工程顺利投入使用。

三、生态环境持续改善

投资1.38亿元，完成了荒山绿化、通道绿化、园林绿化、镇村绿化等十大造林绿化工程，共栽植各类苗木570.6万株，新增绿化面积4万亩，新增绿化率2.2个百分点；实施“蓝天碧水”工程，对新上项目严格执行环境影响评价和“三同时”制度，指导147户企业新上和完善了环保设施；拆除华能焦化和五阳焦化两个焦化厂，淘汰落后产能57万吨；对所有煤矿进行了变频电机改造和无功补偿，节电率达到20%以上，并积极利用电厂余热集中供暖，年节约标准煤20余万吨。空气质量二级以上天数达到340天，综合污染指数1.36，稳定达到国家二级标准。投资1.55亿元，治理了30公里河道和12平方公里史水河流域水土流失。

四、安全稳定持续好转

深入开展“双百日”安全隐患大排查，全年发生道路交通事故31起，同比下降9.7%，死亡19人，与2010年持平。全县煤矿、非煤矿山、危化企业、食品药品等重点行业均实现了“零死亡”。坚持逢五接访、积案化解和超前预防，矛盾纠纷和信访问题得到有效化解。

五、党的建设得到加强

按照省、市委的统一部署，圆满完成了县乡换届任务。各级领导班子年龄结构更趋合理，文化程度大幅提高，专业结构更加科学，整体素质明显提升，内在活力大大增强。王村镇作为省市委组织部乡镇党委换届工作联系点，在实践中总结出“五字抓换届”的经验做法，被《山西日报》和省委《换届简报》刊发，并在全省予以推广。在全县扎实推开了党务公开和县委权力公开透明运行工作。采取单独组建、行业统建、区域联建等形式新建“两新”组织党支部14个，扩大了基层党组织的覆盖面。按照硬件、软件同步上，高标准建设了96个村级活动场所，实现了“全覆盖”。财政安排专项资金，全部解决了农村支部书记、村委主任的岗位报酬和养老保险，由过去的每人每年500元提高到每人每年1200元。评选24名优秀农村党支部书记上挂乡镇副乡镇长、党委委员，并为他们终身发放财政补贴，解除了广大农村干部的后顾之忧。县四套班子和117个机关单位1200多名干部下乡住村开展“六个一”活动，严格“五项制度”，执行“六条禁令”，促进了作风的明显转变。

（万瑞星）

附：一、中共襄垣县委书记、副书记、常委名单

书　记：张红星（1月离职）　冯俊义（1月任职）
副书记：冯俊义（1月离职）　黄福喜（5月任职）
琚海鹏　徐建军
常　委：王守国　秦启明　黄建斌（5月离职）
桑爱平（女）　孙泽强　赵灵芳（5月任职）
崔玉彪（5月任职）

二、乡镇党委书记、副书记名单

古韩镇
书　记：张红彬（5月离职）　史红宾（5月任职）
副书记：史红宾（5月离职）　赵艳斌（5月任职）
王桥镇
书　记：王勇伟
副书记：孙明利
夏店镇
书　记：侯慧平（女）
副书记：史志刚（3月离职）　宋喜宏（5月任职）
侯堡镇
书　记：张茂中（5月离职）　王　威（5月任职）
副书记：张素珍
虒亭镇
书　记：牛志强
副书记：刘海斌（5月离职）　张登科（5月任职）
西营镇
书　记：杨丽霞
副书记：宋喜宏（5月离职）　刘红飞（5月任职）
下良镇
书　记：常慧斌（5月离职）　李晓飞（5月任职）
副书记：赵艳斌（5月离职）　刘立斌（5月任职）
王村镇
书　记：王宝立
副书记：付　健
善福乡
书　记：李晓飞（5月离职）　冯丽华（5月任职）
副书记：刘立斌（5月离职）　刘海斌（5月任职）
北底乡
书　记：王德宏
副书记：赵　勇
上马乡
书　记：陈晋峰（5月离职）　李卫伟（5月任职）
副书记：李卫伟（5月离职）　王国旺（5月任职）
富阳园区
党工委书记：史志刚（5月任职）

中共武乡县委工作概况

县委书记　周　涛

2011年，在市委的正确领导下，武乡县委团结带领全县广大党员和干部群众，认真贯彻落实省、市第十次党代会精神，按照县第十四次党代会确立的发展思路和奋斗目标，凝心聚力，埋头苦干，实现了“十二五”开局之年的新转型、新跨越。全县地区生产总值完成56.5亿元，同比增长15.9%；财政总收入完成12.1亿元，增长20.5%；其中一般预算收入完成4.2亿元，增长13.8%；固定资产投资完成31亿元，增长61.7%；社会消费品零售总额完成7.39亿元，增长17.1%；城镇居民人均可支配收入达到13818元，增长18.1%；农民人均纯收入达到3429元，增长14.5%。六项主要指标全部实现两位数增长，年初确定的各项目标任务全部完成或超额完成。

一、经济发展方式转变取得新突破

工业方面，以建设全国镁合金终端制品基地为目标，着力改造提升煤、电、焦、镁四大支柱产业，煤炭资源整合和煤矿兼并重组顺利完成，7座120万吨矿井技改扩建扎实推进，生产原煤645万吨，同比增长39.6%；以园区为承载、项目为抓手，着力推进中国五矿“两园一平台”镁产业链，北京中科巴普、山西融聚远年产3万吨镁合金、山西昌靖日产3000吨水泥熟料及6MW纯低温余热发电等新型产业项目。

农业方面，坚持以农民收入翻番为核心，以“一县一业”为主导。“一村一品”专业村达到39个，核桃经济林面积达到12万亩，农业产业化龙头企业达到18个，标准化园区面积达到4.5万亩，发展农民专业合作社743个，实现了377个行政村全覆盖。重点实施了投资9亿元的百万头生猪生态养殖屠宰综合加工、投资3亿元的4000万只/年肉鸡屠宰加工、投资1.5亿元的2250万只肉鸡养殖基地等重大农业产业项目。

文化旅游产业方面，立足于将著名的革命老区优势、丰富的红色资源优势和便捷的交通区位优势转化为经济优势、竞争优势，把文化软实力变成社会生产力，投资5亿多元实施的八路军文化园、游击战体验园、《太行山》大型实景剧等重大文化产业项目全面竣工；成功举办首届八路军文化旅游节，“两园一剧”隆重开园试演，中央电视台《激情广场》栏目为开幕式倾情献演，中央电视台《新闻联播》、人民网、新华网等全国各大主流媒体播报了武乡是全国最大的八路军文化园，八路军文化品牌在全国打响，已经成为长治的品牌、山西的窗口。全年共接待游客165.85万人次，实现旅游综合收入11.6亿元，仅“两园一剧”接待游客就达30万人次，有力地带动了第三产业的蓬勃发展。在2011年全省文化强省建设大会上，武乡县被表彰为“山西省文化建设先进县”、“山西省文化产业发展先进单位”。

招商引资和项目建设取得新进展，确定的75个重点项目进展顺利，竣工45个，完成投资31亿元。中博会、临博会、高交会期间，引进并签约项目16个，总投资248.75亿元；落地项目13个，总投资163.25亿元；到位资金15.726亿元，完成全年任务的174.73%。

二、提高民生质量取得新成效

新五个全覆盖工程方面，农村街巷硬化完成321个村、1043.9公里、1.4亿元，新型农村社会养老保险参保率达91%，农村便民连锁店、农村文化体育场所、农村职业教育免费全部实现了377个行政村全覆盖。教育方面，新建武乡四中综合教学楼全面投用，义务教育学校寄宿生“一颗鸡蛋”工程使6000多名学生受益，职中对口升学本科达线68名，达线率居全省第一。医疗卫生方面，投资8000万元新建县医院综合门诊楼主体已完工，完成投资4519万元。新型农村合作医疗参合率达99.7%，报销医药费3959万元。社会保障方面，城乡居民最低生活保障标准不断提高，低保、五保对象的保障金全部足额发放到位，为2799名80周岁以上高龄老人发放长寿保健金132万元，县中心敬老院和乡镇敬老院目前已入住五保对象253名。严格落实农民冬季取暖用煤补贴，共为低收入农户免费供煤54846吨。保障性住房方面，不断加大经济适用房、限价商品房、廉租房建设和农村危房改造力度，目前县城住房总建筑面积达149.5万平方米，人均住房面积32.5平方米，完成保障性住房建设566套，在全市排名第一。基础设施建设方面，省道太长线武乡过境段改线工程全面完工通车，涅河县城段、马牧河北延伸河道治理工程竣工投用，太行明珠大酒店投入运营，新建了涅河大型景观音乐喷泉，太行建国大酒店建设扎实推进，南泊湾商务大厦主体基本完工。县城实现了集中供水、供气、供暖、污水处理、垃圾处理。

三、党的建设科学化水平得到新提升

以县乡村三级班子换届为重点，全面加强班子队伍和基层组织建设。换届选举工作圆满完成。率先在全省完成县乡换届工作。县乡党政班子的年龄结构更加合理，文化结构更趋优化，男女比例等更趋协调，换出了新班子、新思路、新气象，激发了士气，鼓足了干劲，得到了群众和社会的充分认可。理论武装不断强化。充分利用山西干部在线学院这一平台，全县1000余名公务员参加网上自主选学；组织县级58名党政领导干部赴成都、重庆进行考察学习培训，组织1000余名科级干部在八路军文化园进行全封闭、体验式、拓展式培训，被评为“2011年度全市组织工作十佳创新项目”。切实加强干部队伍建设。在干部选任方面，以县、乡、村三级班子换届为契机，以加强县乡科级领导班子建设为目标，坚持正确的选人用人导向。在干部监督管理方面，按照市委的要求制定了考核办法，实行百分制考核，90分以上为优秀，80分以上为合格，70分以下红牌罚出。基层组织建设全面加强。圆满完成了农村“两委”班子换届，创新性地采取了全面推行“一次直选”、放大竞职演讲环节、鼓励机关干部到村任职等举措。在基层党组织全面引深实施“党建网联工程”，大力推行“四议两公开”工作法，村级组织活动场所建设在全覆盖的基础上实现了规范化管理，农村远程教育站点基本实现了全覆盖，创新大学生村干部集中管理模式，创先争优活动深入推进，干部下乡住村活动取得显著成效。

以唱响转型跨越发展主旋律为重点，全面加强宣传思想文化建设。以弘扬太行精神、传承八路军文化为主线，对内凝聚力量，对外提升形象，营造强劲的宣传舆论氛围。一是积极开展形式多样的学习培训、理论宣讲，推荐学习书目，组织全县科级干部理论考试。邀请著名军事史学家、国防大学教授徐焰，著名军事评论家、国防大学教授李莉举办红色报告会；邀请市委党校党史党建教研室主任、副教授裴永斌举办全市干部大会和市“两会”精神报告会；邀请北大教授、博士生导师韩毓海先生作“中国未来发展道路与八路军文化”专题讲座。二是成功承办了全省“在太行山上”纪念建党90周年大型群众演唱会，举办了庆祝建党90周年系列活动。

以加强和创新社会管理为重点，全力创优经济社会发展环境。深入开展平安创建活动、打黑除恶禁毒专项行动，坚持稳、准、狠打击各类违法犯罪活动。加大矛盾纠纷化解力度，健全完善了风险评估、预警工作机制，继续延伸县、乡、村三级干部大接访活动，确保了小事不出村、中事不出乡、大事不出县。“五五”普法圆满结束，“六五”普法全面启动。

以党务公开和县委权力公开透明运行为重点，全面加强党风廉政建设。党务公开坚持“群众关注什么，我们公开什么”“能公开的都公开”原则，真正做到了给群众一个明白，给组织一个清白；县委权力公开透明运行机制制度化，理清了5类214项县委核心权力，开通了县委权力公开透明运行工作网、阳光农廉网，特别是创造性地健全了党务公开反馈日制度、点题公开制度。严格落实党风廉政建设责任制，深入开展“廉政教育月”系列活动、书记局长谈廉政电视访谈活动。加大强农惠农政策监督检查力度，深化政风行风建设，扎实推进煤焦领域、工程建设领域、公路“三乱”、“小金库”、教育乱收费专项治理。

（李亮亮）

附：一、中共武乡县委书记、副书记、常委名单

书　记：周　涛

副书记：阎新平　申林科

常　委：张维斌　魏书文　郭　强　王　霖　曲晋山　董晓纲　郝炳宏　王建军

二、乡镇党委书记、副书记名单

墨镫乡

书　记：申建斌

副书记：冯　晋

洪水镇

书　记：刘钢平

副书记：张　瑞

蟠龙镇

书　记：李俊田

副书记：张鸿儒

韩北乡

书　记：阎佳珅

监漳镇

书　记：魏宝鸿

副书记：王跃忠

大有乡

书　记：李晓东

副书记：崔红伟

贾豁乡

书　记：王五堂

副书记：贾弘伟

故县乡

书　记：郝建灵

副书记：张彦罡

上司乡

书　记：李朝霞

副书记：解建军

丰州镇

书　记：张国红

副书记：韩海威

石北乡

书　记：郝高宏

副书记：温志刚

涌泉乡

书　记：郝忠平

副书记：石建龙

故城镇

书　记：杜会平

分水岭乡

书　记：郑　丹

副书记：乔建平

石盘开发区

书　记：张　云

副书记：郝树福

中共沁县县委工作概况

县委书记　田志明

2011年，沁县县委紧扣省委转型跨越发展和市委建设全国一流宜居城市的总体部署，全面强化党的思想建设、组织建设、作风建设，深入开展党风廉政和反腐败工作。全县地区生产总值完成13.19亿元，同比增长15.4%；规模以上工业增加值完成11461万元，同比增长228.4%；全社会固定资产投资（统计上报口径）完成22.35亿元，同比增长73.1%；

财政总收入完成13729万元，同比增长22.9%，其中，一般预算收入完成6462万元，同比增长28%；城镇居民人均可支配收入达到11267元，同比增长19.1%；农民人均纯收入达到3306元，同比增长20.4%。

一、以加快推进项目建设为首要任务，招商引资取得丰硕成果

全县围绕“四化”建设共确定重点项目60个，总投资118亿元，年度计划投资20亿元。全年全县重点项目累计完成投资31.92亿元，其中：工业新型化项目22个，完成投资16.89亿元；农业现代化项目23个，完成投资6.1亿元；市域城镇化项目36个，完成投资7.78亿元；城乡生态化项目3个，完成投资1.15亿元。先后参加了丹麦华商联合会对接会、中国华侨联合会对接会、杭州圆桌会议、宁波中博会、上海招商项目推介会等10多项重大招商活动，外出招商引资80多批次，接待中国远洋投资集团、华润电力、山西煤销集团公司、山西潞宝集团、山东诸城金和生食品有限公司和江苏雨润集团等大型企业来沁县考察投资100多批。新引进重大项目33个，签定引进资金363.24亿元，到位资金17.66亿元，正在洽谈的项目有5个，拟引资总额55.9亿元。

中博会期间签约9个重点项目，投资总额达200多亿元。分别是：总投资58亿元的旧城改造项目；总投资30亿元的潞宝金和生食品加工项目；总投资15亿元的100万吨生猪屠宰加工项目；总投资13亿元的莱茵湖郡运动休闲旅游开发项目；总投资7.6亿元的沁县台商农副产品深加工园区建设项目；总投资5.3亿元的中加国际学校建设项目；总投资1.5亿元的轮胎生产项目；总投资5000万元的客都生活超市建设项目；总投资2200万元的北京新苑学校沁县分校建设项目。

二、以服务大局为目的，深入开展创先争优活动，扎实推进党务公开工作

一是拓展干部下乡住村开展“六个一”活动。全县住村干部住点天数平均达到80天，发放联系卡3万余张，进村入户走访调研920余次，召开讨论会、参与两委换届党员会、群众会929次，形成高质量调研报告296份，制订“一村一品”产业发展规划312份，帮助新建农业合作社57个、蔬菜大棚2000多座、发展核桃经济林面积2.3万余亩、沁州黄面积4万亩，协调帮助47个重点难点村平稳换届，帮助农民解决打井、修路等一大批关系民生的实际问题。二是深入推进党务公开工作。研究制定了《党务公开责任制度》、《党务公开申报审批制度》、《党务公开检查考核制度》等一系列规章制度、实施细则、工作流程。将党务公开、政务公开和“阳光农廉”工程有机结合，实现了县、乡、村三级联网公开。全县重大事项、重要决策、重点项目建设情况、重要人事调整等全部进行公开公示。

三、以创建“全国有机农业第一县”为主攻目标，全面发展农业产业板块经济，有机农业实现规模扩张

规划建设百万亩私家菜园（生态农庄）。对全县100万亩优质土地进行整体规划，规划建设100万亩私家菜园和1000个规模较大的生态农庄。先后在长治、太原、北京、上海、郑州等城市，举行了“北方水城、中国沁州”百万亩私家菜园（生态农庄）招商新闻发布会，面向全国开展私家菜园（生态农庄）招商活动。2011年，已有2000多家企业、单位和业主来沁县实地考察，并纷纷报名联系洽谈有机农业发展项目，有50多家业主与沁县签订了私家菜园（生态农庄）开发合作协议，并进入开工建设阶段。培育壮大特色优势产业。发展农业产业板块经济，规模扩张特色优势农业产业基地，初步形成“一县一业”、“一村一品”产业开发新格局。全县沁州黄谷子种植面积稳定在10万亩左右；核桃经济林种植面积达到9万亩；蔬菜种植面积达到4.5万亩，其中设施蔬菜种植面积新增1.5万亩，达到2.5万亩。规模养殖小区（场）达到50个、规模养殖户达到100余家。农民专业合作社达到680个。全县有32个农产品被认证为绿色、有机农产品，13个品种、3200亩设施蔬菜通过国家有机转换产品认证、20万亩土地实现有机转化。

四、以打造“全国有机食品生产加工供应基地、全国休闲度假旅游胜地、全国生态功能区”为战略定位，先行先试创建“三个全国性典型示范区”进展顺利

依托水资源优势，积极扶持做大做强泉水产业和有机食品生产加工龙头企业，着力创建“全国有机食品生产加工供应基地”。沁园春百万吨矿泉水产品开发项目完成规划设计等前期工作，与德国克郎斯公司签订了矿泉水设备定购合同，投资1.4亿元引进2条现代化自动灌装生产线；20万吨青岛啤酒生产加工项目，完成选址、规划等前期工作；100万吨矿泉水生产项目，与知名企业农夫山泉达成初步合作意向，正在进行前期考察；康禾食品公司万吨桑果酒、千吨桑叶茶加工项目全面竣工，即将投入生产。海州兔业公司有机农业循环经济园区新建成8000平方米智能育苗连栋温棚、1.1万平方米暖棚、1.5万平方米春秋棚示范种植基地。园区肉兔年出栏量达到130万只，带动农户1200余户，成为荷兰瑞克斯旺（中国）公司在山西最大的育苗、种植示范试验基地。沁州黄小米公司一期工程“谷之爱”婴幼儿营养小米粉新产品成功上市。

依托北方水城特色品牌，加快推进文化旅游产业开发，着力打造“全国休闲度假旅游胜地”。打造北方水城端午民俗文化节，推进圪芦湖旅游综合开发区和北海生态旅游综合开发区，规划北方水城游、农耕文化游、历史文化游三条精品旅游线路。成功举办第三届北方水城端午民俗文化节暨龙舟邀请赛，组织开展了民俗展演、大型文艺表演、

传统戏曲展演等十多项活动，接待游客100多万人次，名吃名产展销、娱乐营业额、投资贸易额累计达6000余万元。圪芦湖旅游风景区开发项目，完成投资6亿元，58套生态农庄主体完工，休闲运动公园完成山地造型、绿化美化、道路铺设等基础建设。同时，还投资300多万元，完成南涅水石刻馆重新布展工程；规划建设了72行民俗文化园、善水湾度假村，牺盟会决死队纪念馆进行了改扩建。启动了红色旅游整体开发工程，对全县所有红色旅游景点进行了包装、规划和开发。

依托独特的生态资源优势，扎实推进造林绿化工程，着力创建“全国生态功能区”。大力推进林业生态建设，创建全省林业生态县和全国绿化模范县。全县新增投资3000余万元，义务投工10万人次，新造林7万亩，栽植苗木800余万株，森林覆盖率达到42.6%，绿地率达到60%。沁县先后获得“全省造林绿化先进县”、“全省绿化模范县”等荣誉称号，山西“千泉湖”国家湿地公园顺利通过省级评审。

五、以保障和改善民生为发展之要，加快城乡统筹发展，城乡基本条件明显改善

加强大县城规划、建设和管理。一是完成了《沁县城市建设总体规划（2010—2030）》、《沁县县级土地利用总体规划(2006—2020)》、《沁县生态功能区规划》编制工作。二是实施了33项重点城建工程。新建和改造了一批公益性基础设施，全县市政公用设施建设累计完成投资1.92亿元，其中县城集中供热、垃圾处理厂等基础工程完成投资8371万元；红旗西街道路完善及绿化、南环路新建、青少年活动中心文化休闲广场建设等市政园林工程完成投资5500万元；市政公用设施建设工程完成投资5322万元。半岛酒店、西湖苑、世纪佳园、湖滨花苑、华安苑等住宅小区开发项目累计投资2.7亿元，完成建筑面积20多万平方米。三是加强和创新社会管理。出台了《关于加强和创新社会管理的实施意见》，在社会保障等13个方面进行加强和创新管理，县城六大社区3.2万人，每个社区都设有健全的居民管理委员会和组织管理办公场所。农村新“五个全覆盖”工程扎实推进。完成187个村689.5公里的农村街巷硬化任务，完工率达到116.4%，完成两年任务总量的61%；建成农村便民连锁店289个，基本实现全覆盖；农村文化体育场所全覆盖工程完成236个行政村（社区）的体育健身场地建设工程，体育场地覆盖率达到86.5%。建成文化活动室306个，农家书屋95个；启动实施农村社会养老保险全覆盖工程，完成全县13个乡镇60岁以上老人的调查摸底和造册建档工作，对506名信息员进行了业务培训；免除中等职业学校学生学费，实现了中等职业免费教育“全覆盖”。

六、以坚持惩防并重为原则，加强干部队伍日常管理

一是圆满完成县乡村换届任务。严格按照中纪委、中组部关于严肃换届工作纪律“五个严禁、十七个不准、五个一律”的要求，科学制定换届工作实施方案，按时限、按要求圆满完成了县委和全县13个乡镇换届工作任务。圆满完成306个行政村“两委”换届选举工作，换届工作做到了三个“百分之百”，即：大学生村干部百分之百进“两委”、百分之百行政村有妇女当选、百分之百行政村一次选举成功。

二是确立新任领导干部首过信访关新规。在坚持实施四套班子接待群众来访制度基础上，确立新任领导干部首过信访关新规，要求新提拔的副科级领导干部，在公示期满后，由组织部门安排到信访局进行为期一周的工作锻炼。全年共接待来访群众600多批1200余人次，调处率达到85%以上。

三是加大办案力度，严惩违纪行为。推行“立案预审制”、加强反腐组织协调等多项措施，加大案件查办力度和查办质量。查结上报各类违纪案件52件，处分64人；移送司法机关处理案件3件，刑事处理4人。

（郝爱萍）

附：一、中共沁县县委书记、副书记、常委名单

书　记：田志明

副书记：张　斌　李国强（5月任职）

常　委：裴润山　韩晓红（5月任职）　秦苏良
张立强　郭爱斌（5月任职）
刘光清（5月任职）

二、乡镇党委书记、副书记名单

定昌镇

书　记：郭建宇（4月离职）　杨宏斌（4月任职）

副书记：吴国强（5月离职）　裴晓凯（5月任职）

郭村镇

书　记：武虹波

副书记：张俊锋（5月离职）　田新华(5月任职)

新店镇

书　记：武一华（4月离职）　张俊锋（4月任职）

副书记：梁世宝

故县镇

书　记：董昊晟

副书记：王东宏（5月离职）　冯　宇(5月任职)

册村镇

书　记：王向明（4月离职）　张　鹏（4月任职）

副书记：张格平（5月离职）　王振华(5月任职)

漳源镇

书　记：曹二伟

副书记：马国锋

南里乡

书　记：刘晓强

副书记：牛宇峰

南泉乡

书　记：崔艳红

副书记：李建豹（5月离职）　张　鹏(5月任职)

次村乡

书　记：张宇宏（11月离职）王东宏（11月任职）

副书记：温俊杰（5月离职）　刘向阳（5月任职）

段柳乡

书　记：魏　瑛

副书记：郭玉龙（4月离职）　张　伟（4月任职）

杨安乡

书　记：陈少波（4月离职）　张宏伟（4月任职）

副书记：李宏伟（5月离职）　张　瑞（5月任职）

松村乡

书　记：李佩章

副书记：张宏伟（5月离职）　张太宏（5月任职）

牛寺乡

书　记：杨宏斌（4月离职）

王东宏（4月任职，11月离职）

温建功（11月任职）

副书记：温建功（11月离职）

中共沁源县委工作概况

县委书记　李丁夫

2011年，沁源县委在省、市委的坚强领导下，着力推动转型跨越和引深六化建设，加速五大赶超，奋力开创宜居和谐幸福新沁源建设新局面。全县地区生产总值完成93.5亿元，比上年增长15.2%；全社会固定资产投资完成45.7亿元，比上年增长71.1%，增速位居全市第二；全年全县财政收入完成21.9亿元，比上年增长24%，增收4.23亿元；一般预算收入完成8.44亿元，增长25.6%，绝对额稳居全市第三；城镇居民人均可支配收入19788元，增长17.3%；农民人均纯收入7497元，增长19.9%，高于城镇居民人均可支配收入增幅；其余各项指标圆满完成年度任务，实现了“十二五”良好开局。

一、“六化”统筹推进，夯实了沁源科学发展的基础

一是工业新型化实现新突破。24个重点煤炭项目完成投资32亿元，太岳煤矿150万吨矿井等3个项目完工，全年生产原煤763万吨，比上年增加103万吨。通洲10万吨甲醇、马军峪煤层气发电、康伟自备变电站等一批循环经济项目和绵上220万千伏安变电站投入运行，老凹沟双40万吨铝镁阻燃剂、太岳山风力发电、煤层气重卡物流新干线、永和水电站等一批非煤项目顺利推进；国电、华电、大唐3家世界500强企业和中国民企100强锦江集团来沁投资；康伟公司和上市企业永泰控股公司达成增资扩股战略合作。全年工业用电量4.13亿千瓦，增长30%；实现工业增加值70.5亿元，增长22.8%。

二是农业现代化迈出新步伐。推广种植优质脱毒马铃薯3万亩，发展红窑上冰葡萄、官军铁杆大葱等“一村一品”专业村35个，加快建设沁河缘、昶苑、明苑、南石苗圃4大现代农业示范园，上马建成了年产6000吨非油炸苦荞方便面、年产120万袋食用菌等农业产业化龙头企业。新发展农民专业合作社145个、农村经纪人600人。沁县被列入省级农业综合开发县。

三是县域城镇化打造新亮点。按照“人本为上、山水宜居、沁源特色、欧洲水准”的城镇建设定位，启动老城南片区改造，制定了《沁源县老城改造房屋征收与补偿方案》，开展一期房屋征收，开工建设一期安置房。太岳国际大酒店投入运营，民心农贸市场和125套廉租房建成，公租房和化肥厂棚户区改造开工。黎霍高速过境项目进入初步设计。超额完成年度农村街巷硬化任务。

四是城乡生态化取得新进展。去年全县造林2.29万亩；县城绿化覆盖率达到40%，建成区绿地率达到35%，人均公共绿地10平方米，超过省级园林县绿化指标。实施沁河源头二期治理，完成鱼儿泉集中供水水源地保护项目。治理锅炉烟尘污染、餐饮油烟污染160多家，建成县城生活垃圾处理场，完善污水处理管网配套，县城集中供热面积扩大到120万平方米，争取到省级农村环境集中连片整治项目。实施红色文化旅游区、佛教文化旅游区、生态休闲文化旅游区“三区同创”，全年旅游综合收入突破亿元大关。

五是安全生产本质化巩固新成果。全面推进本质安全县创建，持续开展煤矿、非煤矿山、森林、交通等重点领域的安全生产专项整治，严厉打击私挖滥采，健全应急救援体系，组建百人专业森林消防队，全年无重特大安全生产事故。创新社会管理，推进依法治县，开展平安创建，各级领导干部带头接访、包案下访，公众安全感满意度和矛盾纠纷调处率均达100%。

六是民生事业普惠化提高新水准。民生事业投入达到4.1亿元，比上年增长8.9%。扩大就业和社会保障覆盖面，新增就业2628人，下岗再就业432人，累计转移农村劳动力4500人。全市首家开展城镇居民社会养老保险，全面铺开新型农村社会养老保险，新农保参保率91%。新型农村合作医疗财政代缴范围扩大到60岁以上，新农合参合率99.5%，并为1460名群众二次补偿888万元。颁布实施《沁源县中长期教育改革发展规划纲要》，优化整合沁源一中、

太岳中学，完成79所学校校安工程，在全县寄宿制小学实施“一颗鸡蛋”营养餐工程。县人民医院跻身国家二级甲等，分设县中医院，完成130所新型卫生所建设，县乡村基本药物制度实现全覆盖。公开招聘职业中学校长、太岳中学1名副校长以及115名事业单位工作人员。为4万多农户每户提供1.5吨冬季取暖用煤。

二、全力创先争优，提升了沁源科学发展的水平

加强和改进党的建设，县乡村三级大换届圆满完成，选举农村“两委”干部1559名，农村“两委”一肩挑比例达91.7%，调整任用科级干部7批次222名。推行了“双向承诺、公开评议、分层点评”举措，开展了纪念建党90周年系列活动，实行了“六个一”下乡住村进户联系点制度，党员干部下乡住村达920人次，为群众办实事1006件。国家、省、市各类网络媒体宣传报道达100余篇。“一网双千三服务”基层党建工程成绩凸显，继续引深全县“六联两促”党建网联工程、“三百”工程和非公经济组织党建工程，实现了城乡党建工作统筹推进，创建五好党组织163个，树党员先锋526名，建立党建示范基地87个，组建非公经济党组织37个。实行党委带队，运用“三合一”模式，推进目标责任考核，“风向标”、“助力器”作用充分发挥。实行“考核结果与干部任用挂钩”机制，有效推进了干部人事制度改革，进一步加强干部教育培训和监督管理，不断形成了选拔、管理、教育、监督干部的长效机制。大力实施“走出去、请进来”双向互促机制，扎实开展“优秀人才走基层活动”，首次在全国范围公开招聘事业单位工作人员123名。1名企业管理人才，2名农村实用技术人才被市委确定为第一批享受特殊津贴和相关待遇的拔尖人才。鼓励大学生村干部开拓创业，有序流动。5名大学生村干部在省市创业设计大赛中获奖，创建“跃达富蔬菜大棚”等大学生村干部创业基地，换届入选农村“两委”班子担任主职17名，其中2名实现“一肩挑”。大学生村干部公开选拔副科级领导干部2名，考录公务员及事业人员6名。

远程教育工作，干部档案管理工作，老干部工作，组织信息工作等各项工作都得到巩固提高。先后有4个省市现场会在沁县召开；35个单位54项工作受到上级部门表彰；党建研究工作受到中央组织部党建研究社的表彰；“一网双千三服务”基层党建工程，被人民网“第二届全国基层党建创新典型案例征集”选登；在全省率先探索和实施了“年度考核与干部任用挂钩”机制。沁县荣获全国科普示范县、创建全省文明和谐县城工作先进县、省级环保模范县和全省十佳卫生县城等20项省级以上荣誉。

（宋江华）

附：中共沁源县委书记、副书记、常委名单

书　记：李丁夫
副书记：杨红旗　段怀亮（5月离职）
　　　　光宇航（5月任职）　高正堂
常　委：杨旭涛（5月离职）　赵永进
　　　　汤秀萍（5月离职）　王宏斌（5月任职）
　　　　逯　江（5月任职）　马国勤（5月离职）
　　　　任国华（5月任职）　樊广平（5月离职）
　　　　石卫兵（5月任职）　孙建政（5月任职）

二、乡镇党委书记、副书记名单

沁河镇
书　记：马建峰（5月离职）　胡亚明（5月任职）
副书记：刘金虎（5月离职）　王沁斌（5月任职）
　　　　董红星

李元镇
书　记：李共和（5月离职）　吴永红（5月任职）
副书记：李建功（5月离职）　王银刚（5月任职）

郭道镇
书　记：刘建斌（5月离职）
　　　　韩　智（5月任职，8月离职）
　　　　崔俊杰（8月任职）
副书记：王东刚（4月离职）　刘保林（4月任职）

灵空山镇
书　记：孙建政（5月离职）　李书祥（5月任职）
副书记：翟长宝（5月离职）　卫文丽（5月任职）

王和镇
书　记：胡晋明（5月离职）　刘金虎（5月任职）
副书记：马国威（5月离职）　张永东（5月任职）

中峪乡
书　记：李建萍
副书记：徐　靖（5月任职）

法中乡
书　记：刘世德（4月离职）　王东刚（4月任职）
副书记：张迎峰

交口乡
书　记：李士功（5月离职）　李建功（5月任职）
副书记：宋劲松（5月离职）　王　皓（5月任职）

聪子峪乡
书　记：任　璟
副书记：阴永明（5月离职）　贺奇伟（5月任职）

韩洪乡
书　记：李书祥（5月离职）　史跃宏（5月任职）
副书记：刘保林（4月离职）　张留恩（5月任职）

官滩乡
书　记：韩文宏（5月离职）　王　鸿（5月任职）
副书记：李　飞

景凤乡
书　记：史跃宏（5月离职）　梁晋峰（5月任职）
副书记：何相虎（5月离职）　刘　丹（5月任职）

赤石桥乡

书　记：韩　智（5月离职）　阴永明（5月任职）
副书记：张永东（5月离职）　何相虎（5月任职）
王陶乡
书　记：马国威（5月任职）
副书记：王银刚（5月离职）　张云江（5月任职）

中共长治市高新区工委工作概况

工委书记　李安清

2011年，长治高新区认真贯彻落实省委、市委转型跨越发展战略部署，全面实施"一二三五五"发展战略，即"办好一件大事，抓住两个重点，打造三区特色，注重五个坚持，实现五个翻番"。办好一件大事：办好创建国家高新区这件大事。抓住两个重点：抓住创优环境和招商引资两个重点。打造三区特色：就是把高新区建设成全市的高新技术集聚区、新兴产业引领区、经济发展示范区。注重五个坚持：坚持总量扩张与质量提升相统一；坚持产业升级与技术创新相结合；坚持基础开发与功能培育相适应；坚持产业功能和城市功能相协调；坚持体制创新和管理规范相融合。实现五个翻番：就是到"十二五"末，高新区科工贸总收入达到400亿元，工业总产值达到310亿元，生产总值达到210亿元，财政总收入达到50亿元，这些指标实现翻一番；固定资产投资达到32亿元，实现翻两番。

全区主要经济指标高位增长，科工贸总收入280亿元，占年计划125%，增长43.59%；工业总产值246亿元，占年计划142%，增长64%；工业增加值145亿元，占年计划133%，增长53%；生产总值155亿元，占年计划131.4%，增长50%；财政总收入28.18亿元，占年计划101%，增长13.9%，其中一般预算收入1.72亿元，占年计划112%，增长27.1%；固定资产投资15亿元，占年计划128%，增长88%。剔除潞安环能后，财政总收入完成3.33亿元，比2010年增收1.19亿元，增长55.5%；一般预算收入完成0.71亿元，比2010年增收0.27亿元，增长62.8%。

一、主要工作开展情况

一是三区建设有了新开局。坚持在"高"字上下实功，在"新"字上出实招，加快建设高新技术集聚区、新兴产业引领区、经济发展示范区。建设高新技术集聚区：积极创造良好的投资创业环境，吸引各类人才投资兴业，吸引创新要素加快集聚，全年实现高新技术企业实现总产值14亿元，占全区总量的52%，增长14个百分点。建设新兴产业引领区：引进了以康宝生物疫苗、兴潞康等为代表的生物医药项目；以飞利浦-中池联华、山西崧宇科技为标志的光电产业项目；以西门子大型特种电机基地、玉华再制造、等为支撑的先进制造项目，提高了产业集聚度，加快了集群积聚发展的步伐。建设经济发展示范区：工业总产值、工业增加值的增幅达到市里任务4倍；科工贸总收入、生产总值的增幅超过市里任务3倍；一般预算收入和固定资产投资的增幅超过市里任务2倍；财政总收入的增幅超过市里任务1个百分点；固定资产投资的增幅高出全市平均水平52个百分点，高出全省平均水平60个百分点。二是产业发展有了新成果。在招商引资上，进一步强化了招商功能，新组建两个招商局，制定出台了三个招商引资文件，完善了招商引资促进办法。共引进新兴产业项目19个，总投资42亿元，引进投资5.3亿元。其中有10个投资上亿的项目，包括两个世界500强项目：荷兰飞利浦与中池联华合作的LED联合生产平台项目、德国西门子大型特种电机生产基地项目。在项目建设上，计划新上项目22个，实际新上33个，占计划的150%；计划完成投资11.7亿元，累计完成15亿元，占计划的128%，增长了88%。这些项目总投资32亿元，全部建成后，可新增年销售收入81亿元，上缴税金5亿元。三是产城融合有了新突破。按照省委、市委市域城镇化建设要求，全面启动了零村庄计划，加快推进城中村改造。第一批纳入拆迁改造的共有135户，完成搬迁120户、拆迁15户。完成了城东路、北外环路和北一环路的拆迁补偿工作，为上党城镇群路网工程建设铺平了道路。四是社会建设有了新进步。在民生改善上，实现了学有所教、劳有所得、老有所养、病有所医、困有所助。在加强社会管理上，实现了安全发展。认真落实政府监管责任和企业安全生产主体责任，工业园区被市政府评为"本质安全型园区"；加强维稳措施，实现了稳定发展。狠抓维稳措施，全年赴省进京实现零上访。加强文明创建，实现了文明发展。深入推进形式多样的精神文明创建活动，扎实地开展了全国文明城市创建活动，为我市荣膺全国文明城市的称号作出积极贡献。

二、党的工作开展情况

坚持以改革创新精神加强和改进党的建设，为经济社会发展提供了坚强有力的组织保证。思想建设方面，加强理想信念教育，坚持用中国特色社会主义理论体系武装头脑、指导实践、推动工作，提高了广大党员干部的思想理论水平。组织建设方面，通过开展创先争优活动、机关事业单位党支部换届公推直选、网格化党建管理、成立非公企业党工委、开展农村两委换届等工作，进一步加强了基层党组织建设。制度建设方面，积极推进党务公开，完善各类公开办事制度，提高工作透明度和公信力。严格执行党的政治纪律、组织纪律、经济工作纪律、群众工作纪律等各项纪律，为转型跨越发展提供了可靠的制度保证。作风建设方面，坚持党的群众路线，把实现好、维护好、发展好最广大人民根本利益作为检验自身作风纯洁性的试金石。教育引导广大党员干部在转型跨越的艰巨任务面前，在创建国家高新区的实践中，始终保持奋发向上、百折不挠的精神，弘扬勤俭节约、艰苦奋斗的作风，激发创新进取、奋勇争先的斗志，为转型跨越注入了强大动力。党风廉政建设方面，坚持标本兼治、综合治理、惩防并举、注重预防的方针，认真贯彻落实党风廉政建设责任制，提高了干部反腐倡廉的自觉性。加强廉洁从政教育，引导广大党员干部自觉遵守廉洁自律各项规定，党风廉政建设和反腐败工作进一步得到加强。群团建设情况，工青等群团组织积极开展丰富多彩的系列活动，在完善自身建设、加大组织覆盖、维护群众利益等方面取得新成效，联系党组织和基层群众的桥梁纽带作用进一步增强。

（李立平）

附：中共长治市高新区工委书记、副书记、委员名单

书　记：李安清

副书记：王辅刚　傅彩萍（女）

委　员：陈　平　谢　琪　魏庆武　姚俊芳（女）
王吉宏　崔生田

中共晋城市委工作概况

市委书记　张茂才

2011年，中共晋城市委坚持以科学发展观为指导，以转型跨越发展为主线，团结带领全市干部群众，解放思想、锐意进取、创新实干，全力推动经济发展和民生改善，经济建设和社会发展取得新的成绩，实现了“十二五”良好开局。全市地区生产总值完成895亿元，同比增长13.6%；财政总收入完成181.8亿元，同比增长18.6%；一般预算收入完成67.9亿元，同比增长22.4%；固定资产投资完成504.1亿元，增长29.5%；城镇居民人均可支配收入20127元，同比增长16%；农民人均纯收入7043元，同比增长19.4%。综合实力在全国251个地级市（不含省会城市）中名列第25位，排中部地区地级城市第5位，是全省唯一进入全国地级城市综合实力50强的城市。

一、加快经济转型发展步伐，全力推进综改试验区建设

一是围绕转型抓项目，狠抓项目促转型，推动了一批大项目好项目签约落地。瞄准世界500强和长三角等地区带头招商，特别是以富士康、华润、上海、晋煤四个千亿元项目引进落地为标志，带动了一批高新技术企业蓬勃兴起。2011年，全市累计签约引进项目144个，总投资3676.6亿元；开工60多个，总投资1500亿元以上，项目落地率居全省前列，开创了项目建设周期短、投资见效快的范例。

二是全面推进“四化”进程，转型跨越发展取得了明显成效。围绕“以煤为基、多元发展”，在工业新型化上迈出重要步伐。大力倡导煤炭产业地下转地上、黑色变绿色，推动产业升级、产业延伸、产业替代；大力实施“产业集群、园区集聚、强县带动”三大战略，推进项目向园区布局、企业向园区集中、产业在园区循环；引导各县市区结合自身特色，突出主导产业、加强优势互补、实现错位发展，形成了集聚集约集群发展的强劲态势。围绕“一村一品、一县一业”，在农业现代化上取得了明显成效。把“一村一品、一县一业”作为增加农民收入的重要抓手，加大扶持力度，出台实施意见，增加财政投入，培育了一批特色产业，打造了一批名优产品，壮大了一批龙头企业，农业产业化进程明显加快，农业现代化基础不断夯实。特别是持续引深扶贫攻坚战略，连续三年财政、社会、企业投入资金近3亿元，集中对人均收入3000元以下的583个贫困村进行资金、产业、技术和人才帮扶，让贫困群众切实感受到了党和政府的温暖。围绕统筹城乡发展、推进城乡一体化进程，在市域城镇化上实现了新的提升。实施“六区联动、组团发展”战略，加大“三市联创”步伐，启动和推进了花园头景观水系、白马寺温馨湖等14项城建重点工程，改造了40条背街小巷，延伸了5条城市道路，加快了“三馆一中心”建设，城市功能进一步完善，城市品位进一步提升。积极推进大县城和特色城镇化战略，狠抓沁河沿岸和环城高速周边的城乡一体示范区建设，培育了一批经济强镇、商贸重镇、旅游要镇、历史名镇和园林新镇，城乡统筹发展上了新台阶。围绕打造宜居之城、活力之城、幸福之城，加快建设绿化、净化、气化、健康晋城。全年累计造林22.78万亩，植树800万株，森林覆盖率达到39.2%，主城区绿化率达到45.8%，在全省居领先水平；单位生产总值综合能耗及二氧化硫、化学需氧量等五项主要污染物减排量完成年度任务，荣获联合国环境署授予的“中国区环境规划示范城市优秀案例”称号；市区和各县城全部开通煤层气，主城区气化率达到90%，在气化山西中率先实现了“气化晋城”；积极开展水源地保护、城乡环境综合治理、卫生服务等各项工作，获得全国卫生城市荣誉称号。围绕推进转型综改试验区建设，在改革开放上取得了新的成果。积极研究制定《转型综改试验区》行动方案，加快推进“一市两县”、“一市两园”、“一县一企”试点。

国企改革深入推进，民营经济蓬勃发展，医药、卫生、投融资体制改革步伐加快，文化体制改革走在全省、全国前列，集体林权制度改革成为全省试点。坚持以大开放促进大发展，对接大上海、融入中原圈，组团参加了中博会、能博会等重要展会，举办了“中国（晋城）太行山国际文化旅游节”系列活动，大大提升了晋城的知名度和影响力。

二、加强和创新社会管理，切实保障和改善民生

一是社会保障水平不断提高。扎实推进新的“五个全覆盖”，中等职业教育免费、新型农村养老和文体场所两年任务一年完；便民连锁店覆盖率达91%，街巷硬化覆盖率达52%。大力实施“文化低保”工程，对537个文化低保村、11.6万城乡低保对象全面实施文化扶贫，新华社专门介绍了我市的做法。

二是民生工程扎实推进。优先发展教育事业，加快晋城大学、晋城党校建设步伐，加快市中等专业学校、秀水苑学校等四所学校建设，完成了中小学校舍安全扫尾工程，城乡办学条件明显改善。继续强化就业工作，新增就业岗位3.3万个，城镇登记失业率控制在2.6%以内。建立健全了公共卫生服务体系，启动了晋城大医院建设。全市城镇医疗保险参保54.8万人，参保率达97.5%；新农村合作医疗参合人数153.5万人，参合率达到98.1%，居全省前列。

三是安全生产和社会稳定工作全面加强。积极创新社会管理，深入开展严打整治，以社会治安综合治理考核全省第二、铁路护路全省考核第一的成绩，连续15年荣获“全省社会综合治理先进市”。认真开展信访积案大会战，进京非正常重复上访、赴省集体访、来市信访同比均下降30%左右。认真落实安全生产两个主体责任，安全基础进一步夯实，各类生产事故大幅下降。煤矿百万吨死亡率降到0.078，好于全省平均水平。

三、加强和改进党的建设，为转型跨越发展提供了坚强的组织保证

一是圆满完成了市县乡村四级换届，为打造一支干事创业的干部队伍奠定了坚实基础。坚持“六个贯穿始终”，做到任务、要求、程序和时间“四严格、四明确”，圆满完成了换届任务，优化了班子结构、提高了队伍素质，调动了工作干劲、激发了工作热情。新一届县级班子平均年龄46.5岁，比换届前下降4.8岁；本科以上学历占65%，比换届前提高22%；由乡镇、县直部门正职提拔的有36名，占新提名的80.4%。同时，一批具有丰富基层经验的县区领导干部调整补充到了市直单位，形成了老中青梯次配备的合理年龄结构，为推进全市转型跨越发展提供了坚强的组织保证。严肃换届纪律，加强监督检查，市县乡三级从班子成员到代表、委员全部满票、高票当选，全市2217个村“两委”换届工作圆满完成，换届风气测评满意度达到98.3%，受到了中央换届督查组、省委督导组的充分肯定。

二是切实加强领导班子和干部队伍建设。一年来，常委会共研究干部14次，调整处级干部447人次。其中，提拔145名，正处64名，副处81名；平调182名，正处71名，副处111名。工作中，始终坚持德才兼备、以德为先的评价标准，倡导“靠实干出实绩、凭实绩用干部”的用人导向，认真执行《条例》规定，着力把好“四关”（即推荐关，考察关，酝酿关，任免关）。积极推进干部人事制度改革，探索实施“5+6”举措，加大竞争性选拔干部力度。我市竞争性选拔干部的做法，分别入选中组部“市县党委换届”、“乡镇党委换届”干部人事制度改革两个100例。

三是切实加强基层党组织建设。建立完善了抓基层党建工作责任落实、党建经费保障、党建督查考核、党建开放服务四项机制，形成了齐抓共管的大党建格局。圆满完成了全市农村“两委”换届选举工作，一大批政治素质高、致富带富能力强、群众基础好的优秀人才选入了村级班子；以“三联两派一激励”为抓手，通过实行村村联建、企村联建、城乡联建，选派优秀干部跨村任职，下派党政干部到村任职等办法，有效破解了新农村建设人才“瓶颈”；加强了“两新”组织党建工作，在乡镇一级党委开展了“文建明工作法”试点，村一级推行了“四议两公开”工作法，规范了乡村两级组织建设；加强村级组织活动场所的管理和使用，率先在全省制定出台了管理和使用工作制度，所有活动场所均实现了“十有”标准，各级财政按每村每年5000元标准落实了村级场所维护经费；认真做好大学生村干部管理工作，完成了大学生村干部信息库建设；进一步加强党建理论研究，成为全省唯一的县级党建研究会全覆盖、成立党建专委会的地市。

四是切实加强反腐倡廉建设。认真执行党风廉政建设责任制，加强对重大决策部署落实情况的监督检查，确保项目落地和工程建设顺利推进。继续加强重点领域专项治理，煤焦领域清理收缴违规违法资金31亿元、清缴率99%，公务用车专项治理扎实开展，工程建设领域专项治理有效推进。持续引深农廉五大工程，高标准建成“阳光农廉网”并投入运行。加强领导干部廉洁自律工作，集中整治“假日腐败”，严肃查处违纪违法案件。全年共立案查处各类案件222件，处分违纪党员、干部259人，其中县处级干部17人，乡科级干部53人。

四、加强宣传思想文化工作，文化强市步伐进一步加快

一是隆重庆祝建党90周年，广大党员干部接受了一次生动深刻的党性教育。召开全市纪念建党九十周年暨创先争优表彰大会，广泛开展唱一首红歌、看一部红色影片、读一本红色书籍、开展一次警示教育、做一件好事“五个一”活动，持续兴起学习宣传贯彻胡锦涛总书记“七一”重要讲话精神高潮，引导广大党员干部从党的光辉历史和宝贵经验中汲取营养和力量，坚定真学真懂真信真用的信心和决心，激发出投身转型跨越、再造一个新晋城的热情和干劲。

二是扎实开展思想道德建设和精神文明创建活动。评选表彰了十个系列100名道德楷模和80位晋城好人，15人荣登“中国好人榜”，入选人数名列全国第一。引深文明创建活动，7个单位、10个村镇受到中央文明委表彰，荣获全国文明城市提名奖。广泛开展爱国主义教育和未成年人思想道德建设，荣获“2011中国十大诚信城市”称号。

三是深化文化体制改革，大力发展文化事业和文化产业。全面完成经营性文化单位转企改制，成为“全国文化体制改革先进地区”。确立“1233”文化产业发展战略，推出《西沟女儿》、《小二黑结婚》等一批精品力作并赴省进京展演。规划建设潞绸产业园等11个项目，发挥了示范带动作用。制作完成动画片《大耳朵爷爷历险记》在央视播出。倾力打造“太行山”文化品牌，被表彰为“山西省文化建设先进市”。

（李俊峰）

附：中共晋城市委书记、副书记、常委名单

书　记：张茂才

副书记：王茂设（1月离职）　王清宪（1月任职）　冯建平

常　委：原国政　郭长青（5月离职）　于若洁　冯　征（5月任职）　康吉仁　范丽霞（女）　李治国（8月离职）　刘爱军　常国荣（8月任职）　朱晓东

中共晋城市城区区委工作概况

区委书记　张玉宏

2011年，区委按照区七次党代会的安排部署，深入实施“五区联动、产业升级、城乡一体、绿色崛起”的转型发展战略，振奋精神、解放思想、坚定信心、苦干实干，全面推进经济、政治、文化、社会及生态文明建设，各项事业取得了前所未有的新突破、新进展、新成效，实现了转型跨越发展的良好开局。

一、经济发展大步跨越，全区综合实力进一步增强

2011年，全区上下聚精会神谋发展，全力以赴促跨越，主要经济指标超预期圆满完成。全年地区生产总值完成180.7亿元，同比增长15%；财政总收入完成8.42亿元，同比增长30.89%；一般预算收入完成5.2亿元，同比增长38.7%；全社会固定资产投资完成131.2亿元，同比增长26.28%；社会消费品零售总额完成117.6亿元，同比增长17.7%；城镇居民人均可支配收入、农民人均纯收入分别达到20127元、7963元，同比增长15.99%、19.65%。

一是新兴产业逐步壮大。围绕“五区联动、产业升级、城乡一体、绿色崛起”的转型发展战略，上项目、调结构、抓布局，产业结构更加优化。农业走出了都市化新路。新发展了晋城现代都市农业园、东武匠生态休闲山庄、牛山仙凌山庄等一批农业示范园区，培育了丰安悟能、冯匠鹌鹑等一批种养生产基地，壮大了强民乳业、柏基菌业等一批龙头企业，走出了一条围绕城市、服务城市的城市型生态农业发展之路。工业开辟了园区化雏形。北石店工业园区规划选址和宇光二期用地基本确定，园区内已初步议定进入4个项目，总投资约60亿元。三产形成了品牌化效应。总投资30.51亿元的20个商贸中心已有15个基本建成，商业核心区域辐射功能进一步增强，进入了品牌化、高端化时代。通过不懈努力，一、二、三次产业比例调整为2.2：21.0：76.8，以第三产业为主体，以新型工业和现代都市农业为两翼的新型产业结构和产业模式更加突出。

二是招商引资成果丰硕。全面拓展了对外开放的广度和深度，进行定点式、跟进式、持续式招商，品牌城区建设取得历史性突破。深度对接大上海，引进了投资3.5亿元的白马寺山太行明珠游乐城，锦江国际广场、苏宁电器也已确定选址，投资5亿元的庞大汽贸城即将奠基，投资1.2亿元的华润万家超市和投资3亿元的白马王啤酒30万吨扩建项目已经签定投资协议，投资8.5亿元家乐福超市正在积极洽谈中。发挥区位优势，深度对接晋煤集团、兰花集团等大企业，着力引进了一批适合在城区发展的战略性新兴产业项目。2011年，共签约招商项目22个，拟引资额121亿元，签约数量、签约投资均创历史最好水平。

三是努力打造亮点工程。区委坚持领导全区人民从经济效益和社会效益入手，建设了一批年度示范工程。天煜新能源总投资7.8亿元，总占地120亩，设计生产能力日处理煤层气液化90万立方，是目前全国规模最大的煤层气液化项目。晋城现代都市农业园总投资1.5亿元，总占地1000亩，是全市最大的现代农业示范项目。晋城豪德光彩贸易广场总投资12亿元，总占地605亩，是山西省东南部最大的商贸物流园区。

四是统筹推进城乡发展。立足“方便、温馨、开放、现代”的主基调，改旧城、建新区，全面推进现代宜居之城、活力之城、幸福之城建设。城中村改造有序推进。已完成投资13.45亿元，19.25万平方米具备回迁条件，一批崭新的现代化居住小区正在形成。北石店新区建设顺利推进，畅安路已建成通车，10万平方米回迁楼基本建成，沿街商

业开发正在积极推进。生态建设投资7269万元，造林绿化9900亩，市区绿化覆盖率、绿地率和人均公共绿地面积继续提升，市区空气质量保持全省领先。

二、文明创建捷报频传，民主政治进一步加强

一是争夺两市创建新桂冠。全区投入5133万元，动用人力11万余人，开展了规模空前的环卫大整治活动，确保了616万平方米清扫面积全天候无缝隙保洁。高标准完成了中原街2.8公里破损路段的硬化任务，启动运行了市区生活垃圾无害化综合处理厂，在城市人口密集地段新建、改建、开放了88座公厕，新增果皮箱2400只、垃圾桶1600只，为晋城市荣获国家卫生城市称号做出了突出贡献。以争创全国文明城市为目标，坚持城乡统筹发展，构建起了城市、镇（办）、社区（村）“三位一体”的创建格局。加强了公民思想道德建设，组织了道德模范基层巡讲活动城区报告会，新申报了3所爱国主义教育基地。全年共创建国家级文明和谐典型3个，省级文明和谐典型19个，市级文明和谐典型40个，为晋城市荣获全国文化建设先进市、中国十大诚信城市、中国十大特色休闲城市作出了积极的贡献。

二是推动文化事业大繁荣。对区图书馆、文化馆进行了全面改造，新建各类体育文化活动场所2.8万平方米，发放购书补助卡10万余张，为基层群众送戏20余场、放映电影1800余场，圆满完成了“文化低保”工程任务。投入近700万元对玉皇庙、怀覃会馆等文物古迹进行保护性维修，完成了“白马拖缰”传说和传统戏剧“上党二簧”的第三批国家非物质文化遗产保护项目申报。大力发展文化产业，2011年全区新增文化产业从业人员1万余人，文化产业提供税收超过2000万元，文化产业增加值占全区GDP比重达到了5.4%。

三、民生改善扎实推进，群众幸福指数进一步提高

一是新的“五个全覆盖”工程加快推进。提前一年完成文化体育场所全覆盖、中等职业教育全免费、新型农村社会养老保险全覆盖工程。全面完成了20个村148.8公里的街道硬化建设任务；为69个社区（村）配备了体育器材；对中等职业学校938名在校学生免除了学费；为6453名60周岁以上符合领取条件的农村老人全部足额发放了新农保基础养老金，共计409万元；农村便民连锁店超额完成了年初市定目标。年初承诺的16件惠民实事全部兑现，为45个社区（村）高标准配备了文化设施，为3760户群众接通了煤层气，免费提供优质煤近5万吨。

二是社会管理不断创新。深入开展分色预警平安小区创建，在全区所有的社区安装了视频监控，实施了农村、社区的“平安大喇叭”工程，在充分发挥区公安分局200人治安巡逻队作用的基础上，又组建了8支115人的专职巡逻队，群众的安全感明显增强。信访积案攻坚克难。17起久拖未决、影响全区和谐稳定大局的信访积案得到成功化解。公共安全加强监管。深入开展了不间断的安全生产大检查和隐患排查治理专项行动，严格执行安全生产承诺和安全风险抵押金制度，全方位无缝隙地开展安全隐患大排查，推动了全区安全生产形势持续好转。

四、集中换届成效明显，战斗堡垒作用进一步增强

一是集中抓好三级换届，选优配强领导班子。按照省、市委关于集中换届的统一安排和部署，在全省率先圆满完成了北石店镇领导班子换届。同时，在全市率先完成全区四大班子换届。认真做好第九届村委会换届选举和第三届社区居委会换届选举指导。采取先易后难的“三步走”办法，确保了换届选举工作的顺利进行。

二是创新干部选任机制，激励支持干事创业。区委积极推进竞争性选拔干部工作，一次性拿出镇（街道）党委（党工委）书记、镇长（主任）等13个重要职位，采取“双推双考双票决”的方式,在全区干部中进行大规模公推遴选。此项工作在社会各界引起强烈反响，引起各大媒体关注。《山西日报》、《山西经济日报》、《太行日报》等对城区在干部选拔中的创新之举予以报道，中组部《组工通讯》还刊发了“晋城市城区乡镇换届突出经历业绩评价”的经验。在公推遴选的基础上，加大干部交流力度，全区共调整交流科级干部78人，交流面达68%。

三是切实改进干部作风，全面推动工作落实。在机关党员干部中深入开展了干部下乡住村“六个一”活动，全区科级以上党员干部进村、入户，广泛听取民意，了解民情，为联系点办实事、好事279件，帮助筹集资金360万元。全区各级党组织新承诺的1546条事项，党员承诺的1241件事项得到兑现，群众满意度达到93%。在企事业单位、农社区（村）三级便民服务大厅等窗口单位和服务行业中开展了“三亮三创五岗”活动，共帮助群众办理事项3.16万件，化解矛盾纠纷1258起。

四是加强反腐倡廉建设，筑牢拒腐防变长堤。创新反腐倡廉宣传教育形式。在全区69个社区组建了一支由两代表一委员、退休党员、大学生村官等135人组成的廉政文化义务宣传员队伍。农廉工作和基层纪检监察组织建设走在全市前列。率先在全市为全区136个社区（村）设立了纪检监督小组，健全了区、镇（办）、社区（村）三级纪检工作组织机构。建成了上连省、市，横接区直17家涉农单位，下贯8个镇（办）、136个社区（村）的“阳光农廉网”网络体系，极大地方便了群众办事和查询。严肃查处了一批大案要案。全年立查各类案件18件，结案18件，给予24名党员干部党政纪处分，其中移送司法机关3案3人，挽回经济损失160余万元。

（刘红霞）

附：一、中共晋城市城区区委书记、副书记、常委名单

书　记：张玉宏

副书记：张利锋　杜　平

常　委：晋　昕（女）　李子荣　陈明龙　李　炎　高喜全　李永红　霍晋斌

二、乡镇（街道）党委（党工委）书记、副书记名单

北石店镇

书　记：张　宏（女）

副书记：郭瑞林　刘晓立

西上庄街道

书　记：尚东方

副书记：巩　骏　陈志刚

钟家庄街道

书　记：逯生云

副书记：师红兵　吕晓东

东街街道

书　记：车文莲（女）

副书记：孟　晨　王　栋（女）

南街街道

书　记：卢坤拽

副书记：李　晋　张　猛

西街街道

书　记：翟明太

副书记：陈玉霞（女）　车斌龙

北街街道

书　记：庞维敦

副书记：王爱萍（女）　李小兵

矿区

书　记：田静妮（女）

副书记：李慧斌

中共泽州县委工作概况

县委书记　崔守安

2011年，县委围绕省委推进转型跨越、努力完成“两件大事”，以及市委提前五年实现全面建设小康社会的目标要求，团结带领全县53万人民，深入实施“1163”发展战略，合力主攻“1563”年度工作重点，圆满完成了全年各项目标任务。全县生产总值完成185亿元，同比增长10%；财政总收入完成34.17亿元，同比增长16.12%；一般预算收入完成10.84亿元，同比增长16.01%；农民人均纯收入完成7940元，同比增长19.5%。县域经济基本竞争力位居中部地区第43位，连续七届荣获“中国中部百强县”殊荣，实现了“十二五”发展的精彩开局。

一是全力推进工业新型化，在项目建设和转型发展上实现了新突破。坚持以煤为基、多元发展，大力实施项目带动战略，转型发展取得重大突破。采取“一矿一策”的办法，着力破解煤炭资源整合难题，切实加快煤炭企业复产复工进度，全年原煤产量完成900万吨，整合重组的效益更加凸显。全力以赴推进“四大方阵”项目建设，晋煤煤炭物流园、鑫牛养殖等9个前期项目，3个开工建设；硕阳光电、清慧二期等11个新建项目，5个投入试生产；路宝铝部件、天巨重工等10个续建项目，5个投入试生产；金珂机械配件、彤康食品等10个达产达效项目，全年实现销售收入9.3亿元，利税1.5亿元；在全省全市项目观摩检查中赢得了一致好评。积极推进巴公装备制造、周村煤化工、南村新兴产业和新型铸造、金村装备制造和现代物流“四大工业园区”建设，承载和集聚功能进一步完备，巴公装备制造工业园区被确定为转型综改试点园区。全民创业再掀高潮，新创办企业（实体）120家，总投资65亿元，新增就业岗位1.08万个。紧盯上海、富士康、华润、晋煤“四大重点”，签约和对接了太阳能光电建筑一体化、富士康机器人配套铸件、晋煤百万吨合成油等一大批重量级项目，签约总额674.7亿元。大力发展外向型经济，全年外贸进出口总额完成2.14亿美元，是上年的近14倍，增幅全市第一。

二是全力推进农业现代化，在“一村一品”和“一县一业”上迈出了新步伐。坚持因地制宜抓特色，建成“一村一品”专业村186个，蔬菜种植、干鲜果经济林、有机农产品、食用菌、畜禽养殖“五大基地”初具规模，被省里确定为“生猪标准化养殖示范县”。坚持主攻市场创品牌，巴公、晋大、伊健等被评为山西省著名商标，巴公大葱、盘松蜂蜜、鲁村小米被认定为山西省名牌农产品。全县无公害农产品生产基地面积达到53.8万亩，荣获“全国无公害产品标准推广和监管示范县”称号。坚持突出产业育龙头，全县农民专业合作社发展到542个，彤康食品公司被列入省“513”龙头企业，晋宏、泽地萃、双丰等8家企业入选市级龙头企业，培育了泊南成烨、大阳鑫牛等一批现代农业示范园区。坚持深化改革增活力。全面推进水利、集体林权制度、土地流转等农村综合改革，为提升农业现代化水平创造了有利条件。组织开展干部下乡住村包增收活动，制定发展规划259个，帮扶致富项目108个，落实帮扶资金近700万元。

三是全力推进城乡一体化，在特色城镇化和新农村建设上实现了新提升。围绕“一心一环两轴三区四片五个一体”的城乡一体化发展布局，制定出台了《小城镇集中供热特许经营管理办法》、《水务一体化实施方案》等政策措施。积极推进城乡建设用地增减挂钩试点工作，巴公、东沟、北义城、川底等乡镇城乡建设用地增减挂钩项目全面铺开。加快推进县行政文化中心建设，《行政文化中心修建性详细规划》得到市里批复。切实抓好特色城镇化建设，充分发挥规划的引领作用，环城高速沿线各乡镇，在新型农民社区建设、集中供暖、煤层气推广等方面先行先试，巴公巴原新城项目全面启动。东南部山区乡镇因地制宜，在加快移民搬迁和中心村建设等方面步伐加快。全县城镇化率提高到37.3%。全面巩固和提升新农村建设水平，加快连片建设步伐，所有建制镇和15.2%的行政村实现了路灯亮化，44.6%的农户用上了新型能源，2万余农户实现了冬季集中供暖，22%的家庭接通了互联网。大力推进城乡生态化，积极发展循环经济、绿色经济，全县森林覆盖率达到34.08%，城镇绿化率达到46.85%，全年空气质量二级以上天数达到361天。

四是全力推进文化强县，在文化事业和文化产业上取得了新成果。大力发展文化事业，全面加快文化大院、农家书屋等基层文化场所建设，群众性文化活动异彩纷呈，《泽州秧歌》、《泽州四弦书》、《中秋习俗》被列入国家级非遗保护名录。积极运用科学技术催生新的文化业态，县二十八宿影视公司与央视动画公司签署了联合开发500集二十八宿系列动漫及衍生产品的战略合作协议。与山西出版传媒集团、北京百市千县传媒有限公司以及北京优扬文化传媒有限公司签署了版权合作协议，签约总额达1亿元。目前，首部52集《大耳朵爷爷历险记》动漫片已在央视少儿频道黄金时段播出，荣获山西省原创动漫大奖。

五是全力推进和谐社会建设，在改善民生和扩大民主上开创了新局面。深入推进新的“五个全覆盖”工程，农村文化体育场所、中等职业教育免费、新型农村社会养老保险提前一年实现全覆盖；农村街巷硬化、便民连锁店今年将彻底实现全覆盖。10件惠民实事圆满完成。大力发展社会事业，65所校安工程后续工程建设基本完工，医药卫生体制改革工作全面完成，新型农村社会养老保险参保率达到97%，新型农村合作医疗参合率达到98.5%。高度重视就业和再就业，全年新增城镇就业人数4599人，输出转移农村剩余劳动力2.5万余人。免费为全县农民群众提供冬季取暖用煤16.6万吨，累计让利1.25亿元。切实加强和创新社会管理。扎实推进安全制度化建设，实现了第十个安全生产平稳年。深入开展和谐创建活动，精心培塑了一大批文明和谐先进典型，被市委、市政府表彰为“和谐建设先进县”。“党管武装”工作走在全省前列，县人武部被省政府、省军区表彰为“先进人武部”和“全省部团建设一类人武部”。

六是全力推进党的建设，在夯实执政基础和提升领导水平上得到了新加强。深化主题，丰富载体，创先争优和学习型党组织建设活动扎实推进。圆满完成了县乡村三级换届，认真开展了公推直选乡镇党委书记试点工作，风清气正换出了新班子、新思路和新风貌。严格执行《党政领导选拔任用工作条例》，干部选任工作进一步规范。不断创新城乡党建统筹发展思路，党建引领城乡一体化的作用进一步显现。健全完善目标责任考核体系，树立了干事创业的鲜明导向。隆重纪念建党90周年，百旗百星、双十佳等“十个一”活动丰富多彩。认真落实基层党员干部激励关怀帮扶保障机制。出台了大学生村干部“一述三评一考核”管理办法，新选聘3名大学生村干部，公开遴选产生了一名副镇长。切实加强农村基层党风廉政建设，县乡村三级“阳光农廉网”建设继续巩固，惩防体系进一步健全。深入开展纪律作风集中教育整顿活动，整肃了纪律，转变了作风，提升了效能，创优了环境。

（牛世伟）

附：一、中共泽州县委书记、副书记、常委名单

书　记：崔守安

副书记：茹栋梅（女，5月离职）　陈晋勇（5月离职）
常广智（5月任职）　侯贵宝（5月任职）

常　委：牛全明（3月离职）　史小军（5月离职）
贾长生（3月离职）　王宏微（5月离职）
酒国平（5月离职）　李　健（5月离职）
韩敦峰（5月离职）　张保国（3月任职）
王加林（3月任职）　王　丽（女）
王　涛（5月任职）　李正根（5月任职）
安旭敏（5月任职）　陈志忠（5月任职）

二、乡镇党委书记、副书记名单

下村镇

书　记：郭云龙（4月离职）　杨鸿飞（4月任职）

副书记：刘廷兵（4月离职）　李俊文（4月任职）
牛　强（10月任职）

大东沟镇
书　记：车保林（4月离职）　郎云峰（4月任职）
副书记：郎军芳（4月离职）　邢剑虹（4月离职）
　　　　李瑾卿（4月任职）　宋海东（10月任职）

川底乡
书　记：申连太（4月离职）　陈仲会（4月任职）
副书记：郎云峰（4月离职）　刘晋宇（4月离职）
　　　　闫晓阳（4月任职）　吕　焱（10月任职）

周村镇
书　记：张良善（4月离职）　郎军芳（4月任职）
副书记：王江元（4月离职）　段立祥（9月离职）
　　　　焦志成（4月任职）　陈前锋（10月任职）

李寨乡
书　记：杨鸿飞（4月离职）　李云波（4月任职）
副书记：李云波（4月离职）　原林林（4月任职）
　　　　李会斌（10月任职）

南岭乡
书　记：丁勇军（4月离职）　董建军（4月任职）
副书记：董建军（4月离职）　王红军（4月任职）
　　　　郭文芳（女，10月任职）

犁川镇
书　记：李池堆（4月离职）　原吉雷（4月任职）
副书记：车树文（4月离职）　原林林（4月离职）
　　　　刘小虎（4月任职）　王　冲（10月任职）

山河镇
书　记：李雪山（4月离职）　车树文（4月任职）
副书记：焦平旺（4月离职）　肖德利（9月离职）
　　　　郭海军（4月任职）　韩燕敏（10月任职）

晋庙铺镇
书　记：樊海放（4月离职）　许云发（4月任职）
副书记：许云发（4月离职）　韩剑英（4月任职）
　　　　庞晋强（10月任职）

大箕镇
书　记：宋乐明（4月离职）　王江元（4月任职）
副书记：岳建军（4月离职）　董光喜（9月离职）
　　　　邢剑虹（4月任职）　刘江波（10月任职）

南村镇
书　记：毋胜利（4月离职）　李雪山（4月任职）
副书记：原吉雷（4月离职）　樊曙钰（4月离职）
　　　　刘晋宇（4月任职）
　　　　晋云霞（女，10月任职）

金村镇
书　记：闫晋中（4月离职）　樊海放（4月任职）
副书记：牛天明（4月离职）　张建军（9月离职）
　　　　王晓东（4月任职）　张志兵（10月任职）

柳树口镇
书　记：刘建云（女，4月离职）　樊武斌（4月任职）
副书记：樊武斌（4月离职）　李富春（9月离职）
　　　　赵毅鹏（4月任职）　毋　忱（10月任职）

高都镇
书　记：王新彤（4月离职）
　　　　李池堆（4月任职）
副书记：史坤国　焦建强（10月任职）

北义城镇
书　记：秦会林（4月离职）　牛天明（4月任职）
副书记：闫晓阳（4月离职）　郭华英（4月任职）
　　　　王志毅（10月任职）

巴公镇
书　记：郎诗华
副书记：李俊文（4月离职）　赵亮福（4月任职）
　　　　田建刚（10月任职）

大阳镇
书　记：陈仲会（4月离职）　刘建云（女，4月任职）
副书记：赵亮福（4月离职）　刘廷兵（4月任职）
　　　　韩安阳（10月任职）

中共高平市委工作概况

市委书记　谢克敏

2011年，中共高平市委认真贯彻落实党的十七届五中、六中全会和省第十次党代会、晋城市第六次党代会精神，坚持以科学发展观为指导，大力实施“16488”转型跨越发展战略，抢抓机遇，攻坚克难，全面推进经济建设、政治建设、文化建设、生态建设、社会建设和党的建设，各项工作都取得了新的重大进展，实现了“十二五”的良好开局。全市综合经济实力进一步增强，被评为2011年中国全面小康成长型百佳县市，位列中西部50强第七位；“农村街巷硬化工程”被推选为全国十大民生决策之一；被省委、省政府确定为全省综改试验区试点市、扩权强县试点市和加强创新社会管理试点市。先后荣获全国“中小城市科学发展百强”、“最具投资潜力中小城市百强”、“最具区域带动力中小城市百强”、“科技进步考核先进市”、“科普示范县”、“计划生育优质服务县级示范站”、“全民健身活动先进单位”、“农村五个全覆盖中小学校舍安全改造、建制村通水泥路全覆盖工程先进县”和山西省“文化建设先进县”、“农产品加工513工程先进县”、“设施蔬菜建设先进县”、“一县一业先进县”、“集体林权制度改革先进县”、“村级组织活动场所建设先进县”、“双拥模范城”等荣誉称号。

一、经济发展取得新成效

一是综合实力继续大幅度提升。全市地区生产总值完成208.4亿元，比上年增长16%；财政总收入36.5亿元，增长16%；一般预算收入10.3亿元，增长19.6%；城镇居民可支配收入18592元，增长17.3%；农民人均纯收入7596元，增长19.8%。财政总收入继续在晋城市保持第一，在全省名列前五。

二是新农村建设有了新进展。强势推进新农村建设“八大工程”，深入开展“六村联创”活动，广大农民群众越来越多地享受到改革发展成果。高度重视粮食生产，全年粮食总产达2.39亿公斤，创历史新高。大力发展特色养殖、特色种植和设施农业，全面推进“一村一品”工程，新建扩建千头以上猪场16个，建设蔬菜大棚1665栋，全市生猪、蔬菜、果品、蚕茧生产能力大幅度提升，现代农业开始起步。扎实推进新的“五个全覆盖”工程，市财政累计投入资金10亿多元用于民生工程，在全省率先实现了农村街巷硬化、农村文化体育场所、中等职业教育免费、新型农村社会养老保险四个全覆盖，新建农村便民连锁商店100个，投资1147万元，建设农村饮水安全提升改造工程39处，确保了2.51万人的饮水安全。完成赵庄、陈区水库除险加固工程建设，新增水保初治面积1.83万亩，水利基础设施对现代农业的支撑保障作用显著增强。

三是产业结构调整有了新成效。按照工业新型化的要求，继续实施“两个转移”战略，重点狠抓了坪曲线、207国道沿线两条高速经济走廊、四大工业园区的基础设施和项目建设。年初确定的21个重点项目完成投资13.1亿元，唐一新能源锂离子电池、福川制铁汽车零部件、融高太阳能光伏电池、神隆氏生物活性肽等一批项目建成投产；凯永养殖二期、金田食用菌生产加工园区等一批重点项目稳步实施；华润制药、中洲凯凯饲料等一批项目开工建设，转型发展的项目支撑明显增强。煤炭资源整合和企业兼并重组工作走在晋城市前列，完成了协议签订、名称预核准、进驻接管、采矿许可证办理、整合关闭工作等目标任务，全市煤炭资源开发秩序明显好转，产业集中度和技术水平大幅度提升。

四是城乡面貌有了新变化。全力实施安居工程，开工建设各类住房6004套。大力推进集中供热、供气工程，供热能力达140万平方米，供气管网覆盖61个小区6000户居民。继续推进园林绿化，新增绿化面积25万平方米。切实加大城市管理力度，开展了环境卫生五项整治活动，城市管理水平进一步提升。马村、三甲、米山、河西、寺庄等五个中心镇全部确定为晋城市级重点镇，全面铺开了“七个一”工程建设，城镇带动能力明显增强。

五是改革开放有了新成果。深化改革方面，稳步推进国有企业体制改革，市财政投入资金2.27亿元，开展了84户停产、半停产改制企业的资产债务清理处置工作。医药卫生体制改革深入推进，实现了城乡居民基本医疗保障、市乡村三级公立医疗机构基本药物零差率销售全覆盖。高平市基层医疗机构综合改革和公立医院改革试点工作的基本做法和成效得到国家、省卫生部门的认可，先后在全国、全省会议上进行了交流。成功引进了中国大唐集团、华润医药集团、纽威国际集团、韩国耐迪株式会社等一批中国500强和外资企业。全年共签约项目、达成协议26项，投资总额112.87亿元，拟引资89.4亿元，进一步增强了经济发展的后劲和活力。

二、各项社会事业得到长足发展

大力实施“科技兴市”战略，组织申报晋城市级以上科技项目78项。切实加强科技惠农和科技服务工作，培训农民2万余人次。高度重视教育工作，在全省率先高标准完成校舍安全工程任务，受到省委、省政府的表彰奖励。医疗卫生工作进一步加强，市、乡、村三级累计投资1.5亿元，用于医疗卫生机构基础设施建设，实现了“村覆盖、乡达标、县提高”的目标。新型农村合作医疗制度不断巩固完善，参合率达到98.5%，新农合补偿直接为农民减轻医药负担7749万元。文化体制改革深入推进，成功举办了第三届中国·高平炎帝农耕文化节暨山西省第七届广场文化艺术节。创作编排了大型上党梆子现代戏《西沟女儿》，被确定为2011年全国优秀现代戏展演剧目，赴省晋京进行了汇报演出。高平市先后被评为“全国公民道德建设十佳县”；“山西省文化建设先进县”。坚持党管武装原则，军民融合式发展成效显著，《解放军报》头版头条刊登了高平市党管武装工作的先进经验。深入开展安全生产专项整治活动，安全生产形势持续平稳。全面加强和创新社会管理，大力推进“平安高平”建设，全市社会政治大局持续和谐稳定。

三、党的建设科学化水平显著提升

一是圆满完成市乡村三级换届选举任务。市委坚持把党的领导、调查研究、宣传动员、依法组织和严肃换届纪律贯彻始终，圆满完成了市乡村三级换届选举任务，配齐配强了三级领导班子，取得了组织满意、干部满意、群众满意的良好效果，为经济社会转型跨越发展奠定了坚实的组织基础。胜利召开市五次党代会和五届人大一次会议、政协五届一次会议，进一步坚定了全市人民加快转型跨越发展的信心和决心。隆重举行庆祝建党90周年系列庆祝活动，在全市上下掀起了学习贯彻胡锦涛总书记“七一”重要讲话精神热潮。

二是深入开展创先争优活动。以领导干部下乡住村和包村增收、“六村联创”、“党员志愿者”、“爱岗敬业先锋”等主题实践活动为载体，推动全市党员领导干部立足岗位创先争优，累计为群众办实事好事2855件。积极探索创先争优活动长效机制，组建了市组织工作服务中心、16

个乡镇党员服务站、445个农村党员服务点，实现了市乡村三级服务网络全覆盖，推动了基层党组织和党员服务群众工作的常态化和制度化。

三是加强领导班子和干部人才队伍建设。认真执行《干部任用工作条例》，大力推行“三考两推”干部选任机制，切实加大干部交流工作力度，全年共召开有关人事任免的市委常委会8次，调整干部144人，其中提拔50人，交流64人，免职30人。坚持“党管人才”原则，积极开展市委联系专家和优秀人才工作，建立了外聘专家和优秀人才信息库，全市人才总量不断扩大，人才结构进一步优化。

四是加强党员干部教育培训。扎实开展党员干部教育培训工作，利用“高平大讲堂”举办经济转型、政策精神解读、社会管理创新等专题培训5期，培训干部2200余人次；完成省委、晋城市委干部调训48人次。高平市开展干部教育培训的经验，被省委组织部安排在“山西组织之声”广播节目中进行交流。先后组织两期干部自主选学培训班，邀请浙江大学、山西农大的知名专家教授就“经济转型”和“三农发展”两个专题开班办学，受教育党员干部达4800余人次。

五是加强基层党组织建设。围绕创建高标准党建先进市目标，积极引导基层党组织和广大党员创建“五个好”党组织，争当“五带头”优秀党员，全市基层党组织活力进一步增强。高平市的组织工作经验被2011年第12期《前进》杂志介绍交流；市委被省委表彰为“全省村级组织活动场所建设先进县（市区）委”；在省委组织部开展的组织工作满意度测评中，高平市名列晋城市第一名。

六是切实加强反腐倡廉建设。持续加大廉政教育力度，认真抓好党风廉政建设责任制的落实，不断深化领导干部廉洁自律工作，深入推进农村党风廉政建设。投资1000余万元建成市、乡、村三级阳光农廉网，打造了农廉公开、农廉管理、农廉监督、农廉服务、农廉举报等“五大农廉平台”，在晋城市率先实现了村级农廉网络全覆盖。深入开展纠风专项治理，集中清理国家公职人员拖欠贷款102人，追回本金1543.93万元，利息833.29万元。查处教育乱收费案件2起，1人受到党政纪处分。查处假冒农资案件15起，食品安全案件8起。严肃查处违纪违法案件，市纪检监察机关共初核案35件，立查案件32件，其中大要案8件，受重处分的有9人，涉及乡科级领导干部2人。有力惩处了腐败分子，纯洁了党员队伍，遏制了各种不正之风，为高平的和谐发展创造了一个风清气正的政治环境。

（李晓峰）

附：一、中共高平市委书记、副书记、常委名单

书　记： 谢克敏

副书记： 秦建孝（5月离职）　王晋峰（5月离职）
杨晓波（5月任职）　闫通宇（5月任职）

常　委： 闫通宇　张志刚（5月离职）
李天胜（5月离职）　常书铭（5月离职）
梁云辉（5月离职）　张俊明（5月任职）
李刘苏　刘海靖　靳水生
董小清（5月任职）　秦元法（5月任职）
牛晓明（5月任职）

二、乡镇（街道）党委（党工委）书记、副书记名单

东城街道
书　记： 王　京
副书记： 贺俊峰

南城街道
书　记： 李俊强
副书记： 冯　硕

北城街道
书　记： 毕建明
副书记： 徐育玲

米山镇
书　记： 郭勇虎
副书记： 魏志宏

三甲镇
书　记： 张旭强
副书记： 吴绪鹏

神农镇
书　记： 段晓军
副书记： 李　皓

陈区镇
书　记： 许宏建
副书记： 成立忠　毕小平

建宁乡
书　记： 申中锋
副书记： 张　弩

北诗镇
书　记： 申中群
副书记： 张小军

石末乡
书　记： 王国文
副书记： 袁　萍

河西镇
书　记： 孟向东
副书记： 赵栋庭　肖永义

马村镇
书　记： 王广平
副书记： 郑威剑

原村乡
书　记： 姬国强
副书记： 王志宏

野川镇
书　记： 吴华芳
副书记： 李树中

寺庄镇

书　记：赵海青

副书记：张群玲

永录乡

书　记：史晓波

副书记：韦魁龙　陈　丽

中共阳城县委工作概况

县委书记　冯志亮

2011年，在省委、市委的正确领导下，阳城县委坚持以科学发展观为指导，团结带领广大干部群众，解放思想，更新观念，抢抓机遇，真抓实干，推动全县各项工作取得新的成绩，实现了转型跨越发展的良好开局。先后被评为“全国科技进步先进县”、“全国法制宣传教育先进县”、“全省经济社会发展先进县”、“全省农村建制村通水泥(油)路全覆盖工程先进县”、“全省国家蚕桑产业技术体系建设先进县”、“全省依法行政示范县”、“全省双拥模范县”。

一、紧扭第一要务，转型跨越的步履更加稳健

县委坚持发展第一要务不动摇，以转型跨越为主题，以项目建设为抓手，努力促进三次产业协调发展。县域经济总体保持了平稳态势，农民人均纯收入也有明显增加。一是强支柱、建平台，工业强县迈出新步伐。按照“以煤为基、多元发展”的思路，加快构建“1+4”新型工业框架。煤炭资源整合和企业兼并重组过程中的矛盾得到有效化解，复工复产进程明显加快，阳泰集团规范化运行得到加强，煤炭产业总体进入恢复性增长的良性轨道。四大工业园区加快规划和建设。北留园区突出抓“提升”，基础设施建设得到加强；安阳园区突出抓“巩固”，在稳定现有企业生产的同时，加快推进二期建设；芹池园区突出抓“招商”，与晋煤集团的合作取得重大进展；演礼园区突出抓“规划”，产业策划顺利完成，园区规划和建设规划正在进行。二是重特色、助增收，农业稳县取得新成效。坚持“一乡一业、一村一品”，加快实施“双六”调产工程。认真兑现各类支农惠农政策，调动了农民务农兴农的积极性，粮食总产和单产创历史新高。新发展干果经济林1.2万亩，农业特色基地不断扩张。“桑+茧+丝+被”、“桑+饮料”、“桑+食用菌”、“山萸+饮料”等新的产业链条基本形成，农产品附加值不断提高。仙桐制丝、征弘食品等“农字号”龙头企业不断壮大，农民专业合作社新增53个、达到324个，农业组织化程度和抵御市场风险的能力持续增强。三是兴旅游、促繁荣，三产活县呈现新局面。坚持在“提升东北、巩固东南、开发西南”上下功夫，皇城景区五星级酒店正式运营，拓展了商务、会议接待等新功能，服务能力和水平大幅提升，龙头景区的名片更加靓丽。蟒河景区内涵挖掘和对外促销同步推进，接待游客量持续攀升，丰富了全县旅游的大格局。析城山景区开发主体确定，基础工作扎实推进。全国发展休闲农业与乡村旅游工作会在皇城顺利召开，世界旅游小姐山西赛区冠军选拔赛在蟒河成功举办，阳城旅游的知名度和影响力持续提升。全年共接待游客273万人次，门票收入9600万元，旅游综合收入19.8亿元。与此同时，宇佳商贸城、环城凯斯顿等一批生活服务类项目顺利竣工，县城承载旅游的能力持续增强，以三大景区为支撑、以县城为支点的“3+1”大旅游格局正在形成。四是抓招商、增动力，项目立县实现新突破。坚持把招商引资作为第一路径，大力推行四大班子带头招商、乡镇“一把手”任务招商、经济部门主动招商的目标责任制，创新开展“七套组合拳”护航重点工程、重点项目行动，促进了招商引资项目早达效。全年共引进利用县外资金32亿元，发展的驱动力明显增强。

二、统筹城乡建设，转型跨越的环境更加优越

2011年，县委按照县域城镇化的总要求，以县城建设为重点，加快推进城乡统筹发展。县城建设围绕“区域性生态宜居休闲城市”的定位，精心实施了一系列市政工程。着眼于完善城市功能，加快垃圾、污水处理工程建设，扩大集中供热、集中供气范围，启动人民医院迁建工程。着眼于提升城市品位，完善六大森林公园建设和街头游园、沿河道路绿化，提升西小河、获泽河两条景观轴带，山水园林城市魅力显现，被评为“省级园林城市”。着眼于优化城市环境，完成凤凰街路面翻修工程，延伸获泽河河道治理，持续开展环境卫生综合整治，城市面貌明显改观，被评为“省级卫生十佳县城”。与此同时，着眼于促进城乡融合，加大基础设施建设力度，阳城北500千伏输变电工程全面竣工，西冶水库、南部联网供水二期工程稳步推进，马瓜线、西蟒路改造进程加快。按照“两轴、三域、多点”的思路，加快特色小城镇建设；按照“二十字”方针的要求，扎实推进新农村建设，全县乡乡镇镇、村村庄庄都发生新变化、有了新气象。

三、注重协调发展，转型跨越的活力更加旺盛

一是人民生活持续改善。全面启动农村“五个新的全覆盖”工程，圆满实现农村便民连锁商店、中等职业教育和新农保全覆盖。教育事业稳步发展，中、高考成绩保持全市领先。医疗卫生机构综合改革稳步推进，新农合和城镇医保制度不断健全，群众就医条件得到新改善。城乡低保实现动态管理下的应保尽保，扶贫攻坚、干部下乡住村等活动深入开展，特困群众的生活困难得到缓解。生态建设得到新加强，反映生态环境综合效应的县城二级以上天数达到345天。二是文化建设纵深推进。深入开展纪念建党90周年系列主题活动，弘扬了以爱国主义为核心的民族精神和以改革创新为核心的时代精神。稳步推进“文化低保”、“文化下乡”等文化惠民工程，广泛开展街头文艺、庆典文艺、体育比赛等群众性文体活动，活跃了群众精神文化生活。持续开展“文明和谐”创建活动，64个村镇、单位被评为“文明和谐村镇”、“文明和谐单位”。三是社会大局保持稳定。高度重视信访工作。广泛开展隐患排查，持续开展干部接访，集中开展积案化解，基本实现“小事不出乡、大事不出县”。深入推进综合治理。不断加强和创新社会管理，全面落实社会治安综合治理措施，群众安全感明显增强。切实加强安全生产。严格落实安全生产责任制，健全完善安全监管网络，深化安全生产专项治理，实现了又一个安全生产平稳年。

四、主攻三级换届，转型跨越的保障更加有力

在干部调整上，突出四个注重。注重一体化布局。积极向上级反映县级班子状况和班子成员意愿，努力争取市委的支持，有9名科级干部被调整到县处级岗位，四大班子中新任成员占到72%。大力度调整县直正科级单位“一把手”，新任科局长比例达到65%。整体式调整乡镇党政主要领导，将11名乡镇长提拔为乡镇党委书记，将18名乡镇长选派到岗。县乡两级班子及时调整到位，既为县、乡换届创造了条件，又为村级换届奠定了基础。全县439个村党组织和467个行政村，基本实现换届工作“四个百分百”的预期目标，使一批政治素质高、文化水平高、群众威信高、发展能力强、服务能力强、协调能力强的“好人加能人”进入村“两委”班子。为“十二五”转型跨越发展奠定了坚实的组织基础、提供了坚强的干部保证。

五、强化党建工作，党的建设科学化水平不断提升

县委始终把加强和改善党的建设摆在突出位置，着力提升党的建设科学化水平，党的凝聚力、创造力和战斗力不断增强。一是着眼于增强执政能力，切实加强县委建设。常委班子始终坚持讲学习、讲政治、讲正气，坚持民主集中制原则，提高了科学决策、民主决策水平。坚持求真务实、真抓实干，带头谋划发展、带头争跑项目、带头解决问题，带动全县上下形成了真抓、真干、真落实的生动局面。坚持总揽全局、协调各方，全力支持人大、政府、政协的工作，增进了四大班子的团结，带动了全县各级班子的团结，在全县上下形成了“思想同心、目标同向、工作同步”的良好氛围。二是着眼于夯实执政基础，切实加强基层组织建设。大力实施农村强基、机关效能、企业凝聚、“两新”组织覆盖工程，广泛开展“三争一满意”为民服务和先进典型巡回报告，创先争优活动深度推进、效果显著。大力推行“四议两公开”工作法，加大村党支部书记队伍素质建设和重点村、难点村治理力度，夯实了农村稳定发展的基础。全面推行发展党员新机制，新发展党员448名。完善流动党员管理机制，狠抓老党员、困难党员帮扶工作。三是着眼于巩固执政地位，切实加强党风廉政建设。引深农村、企业、机关惩防体系建设，从源头上防治腐败的领域不断拓宽、措施更加完善。加强廉政基地建设，引深廉政教育活动，进一步筑牢了党员干部拒腐防变的思想防线。深入开展“三公一金”专项治理，继续深化煤炭领域反腐败专项斗争，集中开展涉纪信访“百日会战”专项活动，关键环节和重点领域反腐工作取得新成效。加大案件查办力度，20人受到党纪政纪处分。全面落实党风廉政建设责任制，大力纠正部门和行业不正之风，党风政风明显好转，党群干群关系更加密切。

（宋跃军）

附：一、中共阳城县委书记、副书记、常委名单

书　记：冯志亮

副书记：王晋峰　窦三马

常　委：许卫星　史小林　霍丽丽（女）　郭德灿　李庆平　商浩辉　任小广

二、乡镇党委书记、副书记名单

凤城镇

书　记：原天信

副书记：王宽红　张斌兵

白桑镇

书　记：梁飞昊

副书记：杨勇军　吉志良

北留镇

书　记：

副书记：李素仙　潘新强

润城镇

书　记：邢海斌

副书记：邢学军　贯　刚

东城办

书　记：郭景文

副书记：田学锋　李和平

町店镇

书　记：贾敦命

副书记：柴应龙

寺头乡

书　记：原前卫

副书记：刘王峰

芹池镇

书　记：赵中怀

副书记：原红海　李军社

西河乡

书　记：王东胜

副书记：刘爱萍　郑泽锋

演礼乡

书　记：程苍库

副书记：孔宏伟　延国强

固隆乡

书　记：范常胜

副书记：崔晓利　乔光孝

次营镇

书　记：张国瑞

副书记：杨　浩　刘国荣

董封乡

书　记：贾晓林

副书记：郝录光

横河镇

书　记：陈永军

副书记：王向军　邵玉兵

驾岭乡

书　记：延岳鹏

副书记：吉俊峰

河北镇

书　记：李瑞良

副书记：张大晋

蟒河镇

书　记：张万良

副书记：赵鸿平

东冶镇

书　记：白军龙

副书记：赵战兵

中共陵川县委工作概况

县委书记　马四清

2011年，中共陵川县坚持以邓小平理论和“三个代表”重要思想为指导，深入贯彻落实科学发展观，牢牢把握科学发展这个主题和加快转变经济发展方式这条主线，以转型跨越为主旋律，深入推进“生态立县、工业强县、开放活县”战略，攻坚克难，扎实工作，全县经济、政治、文化、社会和党的建设协调发展。

一、深化经济结构调整，加快转变经济发展方式

主要经济目标任务全面完成。2011年，全县地区生产总值完成27.8亿元，同比增长13.6%；规模以上工业增加值完成7.51亿元，同比增长31%；全社会固定资产投资完成17.3亿元（不包括高陵高速），同比增长61.3%；社会消费品零售总额完成10.62亿元，同比增长17%；农民人均纯收入达4780元，同比增长19%；城镇居民人均可支配收入达11475.86元，同比增长11.23%；财政总收入完成3.63亿元，同比增长30.7%；万元地区生产总值能耗下降3.5%，全县二级以上天数达到362天，年初确定的目标任务全部完成或超额完成。项目建设和招商引资工作取得新成效。全县工业经济增势强劲，转型发展步伐加快。苏村煤业90万吨矿井正式投产，其余6座建设改造矿井全部开工建设，完成年度投资计划。实施的15个重点非煤工业项目7个已具备生产条件或已投入试运行。煤炭、冶铸、化工、建材四个行业的骨干效应日益凸显，对财税收入的贡献率和支撑力明显提高。全年共实施各类重点工程项目57项，完成投资24.44亿元，占年度计划的107%。全年招商引资实际到位资金10.26亿元，占年度目标任务的128.25%；新建和续建招商引资项目13个，亿元以上项目5个，完成年度投资7.65亿元。农业特色产业发展和扶贫攻坚深入推进。全县持续开展“部门推介、农民创业、金融扶持、跟踪服务”，广泛调动农民调产积极性，全县设施蔬菜面积达到599亩，新增各类规模养殖场50个，新建连翘基地2万亩，新完成核桃种植

3500亩，新建木耳、香菇大棚537栋，新建“农家乐”286户，五大特色产业规模不断壮大。大力推进“一村一品”建设，规划特色产业乡镇5个，发展“一村一品”专业村62个，新发展农民专业合作社48个。扎实推进领导干部下乡住村、县直单位结对帮扶、党员干部帮贫到户活动，132个县直单位426名科级以上干部，共帮扶134个贫困村，帮助修订完善产业发展规划163个，解决实际问题560多个，扶持增收项目198个，协调解决发展资金300多万元，为430户困难户送去慰问金13.4万元。不折不扣落实各项强农惠农政策，全年“三农”投入达到2.1亿元，同比增长6.2%。全县粮食总产量达到1.21亿公斤。以旅游为龙头的现代服务业水平明显提升。确立了以高陵高速公路为轴线，以连接各大景区旅游循环公路为环线的产业发展框架，完成了《陵川旅游发展总体规划纲要》编制工作。王莽岭、黄围山、凤凰欢乐谷、上云台、太行国际旅游度假区等景区累计完成景点建设和配套设施建设投资2.9亿元。加大宣传促销力度，打响了“领秀太行·清凉陵川”旅游品牌。以水、电、路为重点的基础设施建设持续加快。水利建设磨河水库列入省市“十二五”规划大盘子，全面完成了台北、浙水、小磨河三处水源地改造扫尾工程和37处饮水安全提升工程，53个村、2.1万人的饮水条件得到改善。投资6256.9万元完成了浙石线石掌至棋子山段升级改造、横杨公路路面翻修改造、陵修公路勤泉隧道改造、凤凰欢乐谷景区公路改造等重点工程。加快了农村电网升级改造。完成黄围东街和棋山路前期准备，开工建设郝经公园和县城垃圾处理厂，启动了县城巷道硬化和污水管网建设，加快集中供热、供气扩面，全力落实了群众住房保障任务。完成集体林地确权面积122.1万亩，造林4.96万亩，植树115万株，生态总量持续增加，为全县加快转型跨越发展构筑了新平台。

二、加强和创新社会管理，切实保障和改善民生

民生工程扎实推进。全县社会事业和民生投入达到4.63亿元，占财政总支出的63%。“五个全覆盖”工程均已超额完成年度任务。“十件实事”进展顺利，累计完成投资1.65亿元，占年计划的109%。为低收入农户免费供煤工作全面落实。足额落实教育经费保障，巩固义务教育普及成果。继续加大医疗卫生事业投入，新建和改建134个村卫生室，12个乡镇卫生院全部实施了基本药物零差率制度。进一步加强人口和计划生育工作，人口自然增长率控制在5‰以内。就业和社会保障工作得到加强。促进就业方面，新增城镇就业岗位2110个，帮助下岗失业人员再就业650人，安置零就业家庭成员和困难就业对象173人，完成农村劳动力创业技能培训和农民培训3.03万人次，输出和转移农村富余劳动力1.07万人。社会保障方面，社会保险参保人数累计达到162029人，城乡低保覆盖人数达到20383人，城镇医疗保险、新农合参保率分别达到100%、98.56%，完成廉租住房建设84套4854平方米。安全生产常抓不懈。严格落实安全生产“两个主体”责任，不断健全完善监管网络、应急救援、科技支撑三大体系，持续开展安全隐患排查和专项治理，有效防范和坚决遏制重特大事故发生。社会管理和维稳工作全面加强。制定出台了《陵川县加强和创新社会管理实施意见》，深入推进社会矛盾化解、社会管理创新和公正廉洁执法三项重点工作。继续保持对各种刑事犯罪严打态势，广泛开展平安陵川建设。以群众工作统领信访工作收到明显成效。

三、加强宣传思想文化工作，推动文化大发展大繁荣

扎实推进思想道德建设和精神文明创建活动。坚持把培树评选道德模范作为思想道德建设的一项常态化工作来抓，推出了一批道德模范，3名同志荣登“中国好人榜”，16名同志受到市文明委表彰，有效促进了“知荣辱、讲文明、树新风、促和谐”的道德实践活动的广泛开展。引深精神文明创建活动，申报国家级文明单位3个，省级文明单位19个、市级文明单位41个，新增12家文明单位与新农村建设重点推进村结对帮扶，丰富了精神文明创建的内涵。加快发展文化事业和文化产业。全面完成农村文体场所全覆盖，投资20万元建成凤凰影视基地，县城数字电视集中整转基本完成，农村旧网改造加速推进。启动了9处国保单位环境整治，完成了《三晋石刻·陵川卷》编印。继续推进文化低保工作，持续开展文化市场专项整治，促进了文化事业和文化产业健康发展。隆重举行活动纪念建党90周年。“七一”期间，县委召开庆祝中国共产党成立90周年暨创先争优活动表彰大会，推出报告会、座谈会、演唱会、知识竞赛、图品巡展、影视展播等主题系列教育活动，广泛走访慰问老党员、困难党员和优秀党员，特别是迅速掀起学习宣传贯彻胡锦涛总书记“七一”重要讲话精神和省、市、县党代会精神热潮，在全县营造了学先进、赶先进、争先进、当先进的浓厚氛围。

四、全面加强党的建设，不断提高执政能力

圆满完成县乡村三级换届选举，胜利召开县第十一次党代表大会。根据省、市委的换届精神和安排部署，全县县乡村三级换届工作扎实有序推进，圆满完成任务，达到预期目标。5月份胜利召开了县第十一次党代会，认真总结过去五年的工作，科学把握当前面临的形势和机遇，确定了今后五年的发展思路和工作重点，为推动“十二五”时期全县经济社会又好又快发展奠定了坚实基础。深入开展创先争优活动，大力加强基层党组织和党员队伍建设。“七一”期间，结合纪念建党90周年，举办了“陵川县创先争优先进事迹报告会”。中央创先争优活动领导小组办公室以《山西省陵川县在创先争优中拓宽扶贫之路》为题，介绍了陵川县把扶贫攻坚作为创先争优主战场、引导基层党组织和广大党员干部在扶贫攻坚中创先争优的主要经验做

法。通过换届选举，为农村基层党组织注入了新的生机与活力，全县10名大学生村干部当选支部书记，3名大学生村干部当选村委主任，115名大学生村干部当选两委委员。积极探索创新非公经济组织党建工作，在全市率先成立了非公经济组织党建工作领导小组。着力解决干部队伍中存在的突出问题，大力加强党风廉政建设和反腐倡廉建设。在全县开展了以“正风肃纪、创优环境”为主题的纪律作风集中教育整顿月活动，进一步整肃了干部风气，改进了工作作风。依托“阳光农廉网”，构建了“三务”公开、民主决策、“三资”监管、信息共享和监察等五大农廉工作新平台，农村党风廉政建设稳步推进。严肃查处严重违法违纪案件，全年受理各类违纪案件46件，立案查处30件，其中大要案13件，为国家和集体挽回经济损失300余万元。

（杨长力）

附：一、中共陵川县委书记、副书记、常委名单

书　记：马四清

副书记：石云峰（5月任职）　胡晓刚（3月任职）
李凤远（3月离职）

常　委：侯保成（5月离职）　王文全（5月离职）
陈家富（5月离职）　原光辉（5月离职）
王加林（3月离职）　张国文　靳海峰
郭龙龙（3月任职）　张　军（5月任职）
常先勤（女，5月任职）　王立新（5月任职）

二、乡镇党委书记、副书记名单

崇文镇

书　记：任素亮

副书记：张文翠（女）　赵永利

礼义镇

书　记：刘保全

副书记：张学恭

附城镇

书　记：赵志义

副书记：牛中文　路文兴

平城镇

书　记：李志国

副书记：张勇力　郝秀莲（女）

西河底镇

书　记：都文芳（女）

副书记：宋志刚　侯东升

杨村镇

书　记：赵永胜

副书记：李田富　王苏文

秦家庄乡

书　记：杨志强

副书记：谢　彬　靳赵平

潞城镇

书　记：王三虎

副书记：马喜平

夺火乡

书　记：刘书香（女）

副书记：赵　勇　李俊峰

马圪当乡

书　记：毕增林

副书记：张陵芳

古郊乡

书　记：牛树新

副书记：魏明明　翟文洪

六泉乡

书　记：宋红光

副书记：郝晋锋　苏红岗

中共沁水县委工作概况

县委书记　秦建孝

2011年，县委紧紧抓住困扰和影响转型跨越发展的主要问题，组织打响了工业转型、农民增收、城市建设“三大硬仗”，转型发展取得了新成效。全县地区生产总值完成146亿元，同比增长15.4%；规模以上工业增加值完成56.9亿元，增长21.8%；财政总收入完成26.1亿元，增长17.3%；农民人均纯收入完成6088.5元，增长20.4%；城镇居民人均可支配收入完成15821元，增长18.4%，主要经济指标均实现了两位数增长，保持了强劲的发展态势，在全省2011年度县域经济综合考评中荣获“山西省县域经济发展先进县”称号。

一、加快转型跨越发展步伐，经济运行的质量和效益显著提高

一是以煤为基转方式，结构调整迈出新步伐。加快对整合后矿井的机械化改造，推进东大、郑庄等400万吨以上的大型矿井建设步伐。编制了煤层气产业发展规划，合理布局产业项目，引导煤层气就地转化和利用，促进了煤层气行业有序发展。通过改造传统产业，发展新兴产业，推进园区建设，搭建起以煤炭、煤层气两大产业为支柱，电力、新型建材、装备制造、农副产品加工等产业为主导的

新型工业体系。

二是强农惠农抓增收，“三农”工作开创新局面。以农民增收为核心，以一村一品、一乡一业为主攻方向，集中打造“三艘航母”、“四大基地”、“五大板块”的现代农业体系。目前，大象集团肉鸡产业化项目、枫彩集团彩色苗木产业项目、柿庄食用菌工厂化循环生产项目三个“航母”项目已开工建设。把新农村建设与特色城镇化建设、扶贫攻坚、移民搬迁、新的“五个全覆盖”同规划、同实施，推动了城乡均衡、协调发展。

三是规划建设两手抓，城乡面貌发生新变化。在县城建设上，坚持突出特色、规划先行，高标准建设“山水园林城”，加快推进“三河四园七网”工程，组织实施了县城总规修编、城市绿道、县城集中供暖二期、第二水厂、垃圾处理厂等20个城市建设项目和惠民工程。在“一带一圈”建设上，坚持以中心城镇为依托，工业化带动城镇化，精心打造沁河沿线特色城镇带和历山生态旅游城镇圈，重点抓了嘉峰示范镇的建设，形成城镇建设的新亮点。

四是政策服务一起上，招商引资实现新突破。县四套班子领导带头，先后赴北京、上海、浙江、江苏等地进行考察和招商引资，积极参加中博会、农博会等活动进行招商推介，紧锣密鼓地促成了大象、枫彩、中联、中电明秀等一批项目签约落地。全年签约项目13个，引资298.5亿元；已落地8个，到位资金75.7亿元，资金到位率全市第一。此外，还在引导全民创业、发展微型企业等方面出台了一批优惠扶持政策，促进了商贸、旅游和三产服务业健康发展。

五是节能减排重治理，生态建设取得新成效。强力推进节能减排、造林绿化、蓝天碧水三大工程，继续加大对重点领域、重点行业、重点企业的监督检查和环境治理力度，节能减排完成市控指标。县城二级以上天数达到363天，创历史新高。全年义务植树50.1万株，造林5.86万亩，森林覆盖率达到53.4%，荣获“山西省林业生态县”。

二、注重改善民生和创新社会管理，人民群众的幸福指数逐步攀升

组织实施了农村饮水安全、开通县城公交等十件为民办实事项目，解决了一批人民群众最关心、最直接、最现实的利益问题。中等职业教育免费、新型农村社会养老保险、农村便民连锁店、农村文化体育场所等四个“全覆盖”提前一年实现。民生项目超额完成。2011年起每年增加专项经费1200万元，对高中阶段学生实行“两免一补”，在全省率先实现了“9+3”义务教育。全县新农合参合率达到97.2%，补偿比例不断提高。爱国卫生运动深入开展，荣获全省“十佳卫生县城”。启动了“社会保障一卡通”工程，养老、工伤、生育、失业等各项社会保险全面落实。国家级新型农村养老保险试点工作圆满完成，全国城镇居民社会养老保险试点正式启动。

三、全面加强和改进党的建设，为转型跨越发展提供坚强保证

一是围绕建设坚强有力的各级领导班子，圆满完成县乡村三级换届。2011年，县委把抓好换届工作作为一项重大政治任务，按照县乡换届“高质量、不出事、有亮点、快完成”和农村“两委”换届“平稳、规范、按时、保质”的总体要求，坚持质量不降、标准不减、统筹推进，重点研究、精心组织、全面把握，圆满地、出色地完成了县乡村三级换届任务。

二是围绕打造奋发有为的干部队伍，组织实施干部思想解放大培训。县委组织30余名县处级领导、150余名乡镇和县直正科级单位主要负责人到苏州农干院进行学习培训；组织330余名农村“两委”主干到汾阳贾家庄和山东寿光、滕州等地进行实地考察学习。利用“每月一讲”、党校培训和网上自主学习平台，对科级干部和党员干部进行培训；结合农村“两委”换届，分两批对新任支、村“两委”主干进行了集中培训。

三是围绕加强党的基层组织建设，不断引深创先争优活动。全面落实村级事务“四议两公开”工作法，积极推行“三推五审四公示”发展党员新机制，扎实推进机关事业单位联村和党员干部联户“双联双帮”活动，基层党建工作水平得到进一步提升。深入开展以“凝心聚力促发展、真抓实干当先锋”为主题的创先争优活动，积极推进学习型党组织建设，提高了基层党组织的凝聚力和战斗力。

四是围绕构建教育、制度、监督并重的惩防体系，着力加强反腐倡廉建设。把提高反腐倡廉科学化水平作为推进党风廉政建设和反腐败斗争的核心和灵魂，组织党员干部到市廉政警示教育基地接受教育，定期进行廉政述职，召开民主生活会，对照《廉政准则》开展批评与自我批评。统筹推进教育、制度、监督、改革、纠风、惩处等各项工作，严格执行党风廉政建设责任制，党风廉政建设和反腐败斗争取得明显成效。

（霍高岗）

附：一、中共沁水县委书记、副书记、常委名单

书　记：常国荣（4月离职）　秦建孝（4月任职）
副书记：常广智（5月离职）　范兆森（5月任职）
　　　　邹树琦（5月离职）　李玉山（5月任职）
常　委：柴守瑛（5月离职）　张俊明（5月离职）
　　　　郭沁林　张桂春（5月离职）
　　　　梁云辉（5月任职）　史小林（3月离职）
　　　　李培安（3月任职）　李喜红（女）
　　　　郭家胜　张　号（5月离职）
　　　　原　健（5月任职）　霍卫星（5月任职）

二、乡镇党委书记、副书记名单

龙港镇

书　记：史秀忠（10月离职）　于建斌（10月任职）
副书记：丁坚强　焦广瑞

樊村河乡
书　记：程家富
副书记：原国胜　王　锋

中村镇
书　记：张广建（7月离职）　郭　斌（10月任职）
副书记：苗路平（10月离职）　崔　勇

土沃乡
书　记：郝天亮
副书记：李书华　李向东

张村乡
书　记：崔书林（10月离职）　毛兴学（10月任职）
副书记：赵建文　田忠胜

郑庄镇
书　记：都林旭
副书记：韩海亮　潘晓育

苏庄乡
书　记：张永忠
副书记：刘永会　杨国良

端氏镇
书　记：刘建庭
副书记：张伟虎（9月离职）　杨春田　郭富太

嘉峰镇
书　记：张瑞忠（7月离职）　牛沁斌（10月任职）
副书记：牛沁斌（10月离职）　白利平（女）

郑村镇
书　记：张海芳（7月离职）　王海军（10月任职）
副书记：王海军（10月离职）　魏淑芳（女）

胡底乡
书　记：吉张奎
副书记：李振强　张汉庭　陈跃武

固县乡
书　记：武书林
副书记：原沁霞（女）　赵国强

柿庄镇
书　记：于建斌（10月离职）
副书记：常志峰　翟志慧

十里乡
书　记：乘军利（7月离职）　樊宽社（10月任职）
副书记：樊宽社（10月离职）　李沁龙　刘　海

中共临汾市委工作概况

市委书记　谢　海

2011年，中共临汾市委深入贯彻落实科学发展观，紧紧围绕“争当排头兵，再造新临汾”的总体目标，团结带领全市干部群众，加快推动转型跨越发展，努力保障和改善民生，切实抓好安全稳定，全市经济建设、政治建设、文化建设、社会建设和党的建设都取得了新的进展，呈现出经济发展、政治安定、社会和谐，人心思进、人心思上、人心思干的喜人局面。

一、紧紧围绕转型跨越，经济发展持续向好

一年来，市委紧紧围绕转型跨越主旋律，采取有效措施，加大工作力度，全市经济保持强劲增长态势，各项主要经济指标完成情况位居全省前列，增速高于全省平均水平。全年地区生产总值完成1135.1亿元，同比增长15.3%；财政总收入完成188.4亿元，同比增长17.5%；固定资产投资完成645亿元，增长35.1%；规模以上工业企业增加值完成680亿元，同比增长23%；社会消费品零售总额完成360.7亿元，同比增长17.7%；市区城镇居民人均可支配收入达到18890元，同比增长17%；农民人均纯收入达到6085元，同比增长15%。

一是着力推动产业转型。培育大产业。以循环经济为主轴，大力发展煤焦、钢铁、电力、煤化工、装备制造、新型材料、现代农业、现代服务业八大产业，着力打造具有临汾特色的新型工业体系。加快推进传统产业循环化，重点实施了109座煤矿整合扩建和翼钢500万吨优特钢、曲沃千万吨级优特钢、华电煤业500亿元循环经济一体化等项目。大力推进新兴产业规模化，重点实施了翼城高端锻造工业园区、华翔美的35万吨铸件等18个装备制造项目；实施了山西焦煤60万吨烯烃、襄汾建滔万鑫达20万吨焦炉煤气制甲醇、浮山中强活性炭等19个新型煤化工项目，特别是60万吨烯烃项目；实施了洪洞飞虹微纳米光电新材料、山西恒富美尔美陶瓷园、山西光宇大功率LED等12个新型材料项目；实施了山西国际陆港、广胜寺景区生态环境整治、乡宁云丘山旅游开发等44个现代服务业项目，新兴产业呈现出快速崛起的良好势头。打造大企业。依托国有煤炭企业、中煤、保利、平阳

重工、翼钢、临钢等大企业,通过重组整合、引进培育等方式,着力打造销售收入300亿、100亿、50亿、10亿的四大企业方阵。到年底,重点培育的20户大企业实现销售收入860亿元,占全市工业总产值的47.8%,重点企业的带动效应进一步增强。发展大园区。重点建设甘亭制造、赵城精细煤化工等20个市级工业园区,着力培育10个销售收入过百亿的工业园区。赵城精细煤化工园区已入驻企业18户,被国家工信部确定为"国家新型工业化产业示范基地",被省里确定为"省级循环经济园区"。甘亭工业园区主导产业为精密制造、新材料、精细化工、现代服务业等,已有8个重点项目入驻。规划建设面积55平方公里、辐射半径达300公里的山西国际陆港园区,打造中西部具备一线口岸功能的大型保税物流园区,被省里确定为"科技创新园区"。目前5平方公里先行建设区正在推进。激活大民营。充分发挥临汾民营经济占75%的优势,出台促进民营经济发展的激励政策,完善民营经济服务体系,预计全年民营经济完成投资240亿元,同比增长32%,对全市固定资产投资的贡献率达到44%。

二是切实加强"三农"工作。认真贯彻落实强农惠农政策措施,不断提高农业综合生产能力,全年粮食总产量达到21.46亿公斤,同比增长11.15%,再创历史新高。大力实施"六水兴临"战略,加大引黄、引沁两大水系工程建设,五马水库应急水源工程主体完工,沿黄提水灌溉工程累计完成投资3658万元,开启了临汾市西山利用黄河水灌溉的历史。坚持把"一村一品"、"一县一业"作为主攻方向,首批发展"一村一品"专业村248个、"一县一业"基地县5个。扎实推进以水果、蔬菜、干果、中药材"四个百万亩"为重点的特色农业基地建设,新发展水果13.13万亩、设施蔬菜5.01万亩、中药材3.33万亩。大力推进农业示范区和基地建设,尧都尧王台、曲沃磨盘岭成为全省样板,洪洞林下经济开辟了发展现代农业的新路子。加快推进"393"龙头企业培育工程,大众饲料、戎子酒庄、洪昌养殖加工等龙头企业年销售收入完成38亿元。加强社会化服务体系建设,完善农产品流通体系,新发展农民专业合作社1254个。农村街巷硬化、便民连锁商店、文化体育场所、中等职业教育免费、新型农村社会养老保险全覆盖,全部完成年度目标任务。新建20个精品示范连片区,新农村集中连片区发展到100个。加大农村劳动力培训力度,引导农村劳动力向二、三产业转移,共完成农民培训18.6万人,农民职业技能培训3万人,技术入户1.1万户。

三是加快推进城镇化。围绕"建设百万人口大城市"的目标,大力实施扩容提质战略,着力构建"一带两圈多点"的城镇布局。特别是抓住"转型综改区"的历史机遇,在北起霍州、南至侯马,南北长106公里、东西宽22公里、总面积2200多平方公里的汾河沿线,以霍州资源枯竭型城市转型、"一城三区"建设、山西国际陆港为三个节点,着力打造"百公里汾河生态城镇经济走廊",成为加快临汾转型跨越、具有全局意义的战略抓手,得到了省委、省政府的充分肯定。目前,18个工业园区、10个农业园区、6个物流园区和17个文化旅游园区已完成规划,汾河百公里深度治理、滨河西路南北延工程等基础设施建设已经全面铺开。霍州市经过四年的艰苦努力,成功获批全国第三批资源枯竭城市,是山西唯一的一家,全国只有五家,今后7至9年,每年将得到中央1个多亿的转移支付资金,并享受多种政策优惠,现已到位资金1亿多元。在中心城区建设上,启动实施了汾河城区段生态治理、道路桥梁、公共建筑、城市棚户区改造等城市建设项目。五一路改造、西关桥西延等市区道路工程竣工通车;五一路立交桥、市区安全饮水深度处理、集中供热一网八期等工程正在加快推进;公厕建设荣获国家住建部"中国人居环境范例奖";祁临高速临汾市北环、京昆与青兰高速临汾联络线工程进入扫尾阶段;大西、中南、张台铁路和民航机场建设进展顺利;总投资14.9亿元的汾河城区段生态治理工程顺利竣工,成为市区扩容的绿色轴线和提升品位的重要标志。大力实施"大县城"战略和"百镇建设工程",一批工业强镇、商贸重镇、旅游大镇加快建设,全市城镇化新格局正在形成。

四是全力抓好项目建设。继续实施项目带动战略,去年共铺开重点项目257项,总投资2503.19亿元,当年计划完成投资436.1亿元。截止年底,共开工225项,开工率87.5%,完成投资464亿元,投资完成率106.4%,其中已经竣工55项。不断加大招商引资力度,实行县委书记、县长亲自"走出去"招商,设立招商引资扶持基金鼓励全民招商,先后组织参加了央企合作恳谈会、中博会、西洽会、渝洽会、高交会等一系列全国性招商引资活动,共签约引资项目149个,涉及装备制造、新能源、化工、电子、冶金、医药、服务业、旅游等行业,总投资2795.2亿元。着力破解重点项目建设中的制约瓶颈。出台了土地复垦整合办法,得到国土资源部的认可,正在实施3万亩造地计划和万亩复垦整合计划。在解决资金问题上,支持农商行、村镇银行快速发展,采取政府搭台的办法推进银企合作,帮助中小企业健康发展。

五是不断加大节能减排和生态建设力度。以创建省级环保模范城市为抓手,大力实施工业污染治理、城市环境综合整治、农村生态环境保护、水环境治理、蓝天碧水等五大工程,不断加大节能减排和生态建设力度。预计全年万元GDP综合能耗下降3.5%,二氧化硫、化学需氧量、氨氮、氮氧化物、烟尘、工业粉尘分别下降1.8%、0.73%、0.66%、-2%、2.7%、2.5%,各项指标均可超额完成省政府下达的节能减排任务。加强城市环境综合整治,新增供热面积283万平方米,17个县市区污水处理厂全部建成并投入使用,集中供热工程和垃圾处理场加快建设,城镇用水普及率达到95.1%,城镇燃气普及率达到75%,城市集中供热普及率达到53%。继续推进造林绿化工程,完成营造林70.94万亩,市区新增各类绿地98.5万平方米,绿化覆盖率达到39.99%。全年市区二级以上天数达到339天,其中一级天数达108天,市区综合污染指数为1.698,同比下降0.8%。12月20日,创建省级环保模范城以优异成绩通过验收,标志着临汾市环境保护和生态建设工作实现了历史性跨越。

二、切实加强社会管理创新，促进社会保持和谐稳定

一是切实维护社会稳定。健全群众权益保障机制、社会稳定风险评估机制、社会矛盾调处机制，加强基层矛盾纠纷调节中心建设，重大矛盾纠纷调处率达到70%以上。推进基层社会管理创新，总结推广安泽县“三网合一、三级联创”经验，加大“事要解决”力度，集中解决了一批群众反映突出的信访问题，全市信访形势保持稳定。深入推进“平安临汾”创建工作，重拳打击黑恶势力犯罪，组织开展了打击非法传销“零点行动”，八类危害严重的刑事案件同比下降7.2%，群众安全感进一步增强。二是坚持不懈抓好安全生产。深入开展“安全生产年”活动，严厉打击私挖滥采和涉爆违法犯罪，整顿和规范安全生产秩序，共侦破涉爆案件31起，抓获违法犯罪嫌疑人74人，收缴非法炸药6654公斤、雷管10万多枚、导火索1.7万米。实施覆盖所有行业和领域的专项整治，加大隐患排查治理力度，不断加强以煤矿和非煤矿山为重点的各方面的安全，有效防范和遏制重特大事故发生，全年各项事故指标控制在目标值以内，事故死亡人数同比下降20.1%，煤炭百万吨死亡率降至0.15，安全生产形势继续保持明显好转势头。三是着力营造良好社会氛围。大力弘扬“敢为人先、坚忍不拔、开放包容、勤劳智慧”的临汾精神，涌现出了“全国道德模范”孟佩杰、“优秀法官”景云峰、“团职村官”张建国、“好民警”李三才等一批先进人物，“爱、树、建”已经成为全市上下加快推进转型跨越的重要的政治资源和宝贵的精神财富，成为提升文化软实力的重要内容。

三、始终坚持以人为本，着力保障和改善民生

一是切实抓好创业就业。认真落实各项就业创业扶持政策，重点解决大学毕业生、下岗职工、困难群众的就业问题，加快促进农村劳动力有序转移。全年新增就业人数4.62万人，下岗失业人员再就业1.06万人，转移农村劳动力4.89万人，城镇登记失业率控制在2.8%，全部超额完成省定任务。二是全面振兴教育事业。切实加大教育投入，全年安排财政性教育支出35.71亿元，比上年增加17.08%。继续实施中小学布局调整和校舍改造提升工程，新建学校28所，改扩建48所，临汾新高中建成投入使用。扎实推进各类教育均衡发展，中等职业教育和学前教育加快发展。大力提升教育教学质量明显提升，高考达二本线人数突破万人大关，达线率达到29.82%，比全省平均达线率高9.82个百分点。三是稳步提高医疗卫生水平。深入实施医药卫生体制改革，着力抓好基本药物制度建设。临汾新医院项目完成主体工程，农村卫生服务网络不断健全，基本公共卫生服务均等化取得新进展。新型农村合作医疗全面覆盖，参合人数达297万，参合率达到97.9%。人口和计划生育工作得到加强，人口自然增长率控制在4.72‰以内。四是扎实做好社保工作。全面启动“社会保障一卡通”工作。新农保和城镇居民社会养老保险试点县范围扩大到12个县，人口覆盖率达到81.86%。城乡低保对象实现了应保尽保。社会福利事业、慈善事业和老龄事业进一步加强。五是全面加快保障性住房建设。加快廉租房、经济适用房、公共租赁房建设和棚户区、农村危房改造，全市开工建设保障性住房4540套、38.48万平方米，农村危房改造任务5700户，市区首批907户中低收入家庭已分到保障性住房。六是大力发展文化事业和文化产业。加强文化基础设施和公共文化服务体系建设，大力开展文化下乡活动，17个县市区全部实现了“县有两馆”目标，农村文化活动室实现了全覆盖，农民书屋发展到2280个。加强非物质文化遗产保护工作，国家和省级非遗项目分别达到18项、97项，位列全省第一。深入推进文化体制改革，经营性文化单位全面转企改制。启动建设了襄汾丁村遗址文化产业园、壶口黄河风情园等一批文化产业项目。举办了洪洞大槐树寻根祭祖节、侯马晋国古都文化节等具有地域特色的品牌文化活动，全年实现旅游总收入112.52亿元，同比增长24.7%。

四、切实加强党的建设，不断提高党建工作科学化水平

一是加强思想政治建设。着眼于建设学习型党组织和学习型领导班子建设，进一步规范各级党委(党组)中心组学习，市委中心组共组织集体学习12次。深入实施学习型机关、学习型企业、学习型社区、学习型村镇“四大创建”活动。扎实开展“跟专家交朋友、读专著当内行”活动，邀请国内知名专家学者，就宏观经济、金融、煤化工等方面的知识进行专题讲座。加大干部教育培训力度，举办各类培训班次68个、培训各级干部9000余人次，逐步构建起宽领域、全覆盖、多层次的干部教育培训工作格局。二是加强领导班子和干部队伍建设。健全完善了管工作、管队伍、管安全、管廉政、管信访的“五位一体”工作机制，进一步强化了各级班子的工作责任。深化干部人事制度改革，坚持突出重点、深化改革、连续稳定、统筹平衡的原则，切实提升干部选任工作科学化水平，先后分7批调整县(处)级领导干部557名，做到了公选力度大、交流力度大、选拔年轻干部力度大，进一步匡正了选人用人导向，社会反响普遍良好。圆满完成市县乡三级换届任务。三是加强基层组织建设。继续推进“争两先创五好当先锋”活动，在基层党组织中深入开展“大学习、大调研、大招商、大竞赛、大服务”主题活动。圆满完成农村“两委”换届工作，基层组织的凝聚力、战斗力不断增强。加大非公组织党建工作，党组织覆盖面进一步扩大。四是加强作风建设。深入推进干部下乡住村联户和包村增收活动，帮助农村制定发展规划1838个、确定致富项目3426个、提供帮扶资金1.36亿元，进一步密切了党群干群关系。深入实施以“治庸、治懒、治散”为主要内容的作风纪律集中整治，给予行政问责73人。开展了以“正风肃纪、创优环境”为主题的“纪律作风集中教育整顿月”活动，狠刹闲话生非的不良风气、拉拉扯扯的庸俗风气、吃拿卡要的恶劣风气，查实并处理违规违纪人员59名，干部作风明显好转、行政效能明显提升。狠刹大操大办借机敛财

行为，共立案查处49起，给予党政纪处分36人，社会风气进一步好转。五是加强反腐倡廉建设。认真贯彻《廉政准则》，严格落实领导干部廉洁自律各项规定，党员干部拒腐防变的思想防线进一步增强。深入推进廉政风险防控机制建设，探索“制度＋科技＋创新”新模式，启动建设了行政审批及公共资源交易电子监察系统。加强监督检查，对全市投入资金大、社会影响大的重点项目进行了全程跟踪检查。深入推进煤焦领域反腐败专项斗争，累计清缴资金近50亿元。扎实开展公车清理和“小金库”治理。加大查办案件力度，全市纪检监察机关共受理信访举报1644件，立、结案975件，处分1002人，挽回经济损失401.98万元。（陈波轶）

附：中共临汾市委书记、副书记、常委名单

书　记：谢　海

副书记：罗清宇　郭新民（7月离职）
王文英（8月任职）

常　委：沈庆华（10月离职）
徐树荣（8月离职）　乔成家（8月离职）
黄翠莲（女）　赵建民　陈国荣（10月任职）
李东洪（5月任职）　张明星
丁文禄（6月离职）　葛中兴（3月离职）
刘玉温（3月任职）　白建荣（8月任职）
郑中夏（8月任职）　乔建军（8月任职）

中共尧都区委工作概况

区委书记　赵志坚

2011年，中共尧都区委坚持以科学发展观为指导，团结带领全区广大干部群众，奋力实施转型跨越、落实先行发展，全区经济社会发展呈现出增速稳步上升、活力不断增强、结构趋于优化、民生继续改善、社会和谐稳定、党的建设进一步加强的崭新局面。

一、经济保持稳步上升，社会各业协调发展

2011年，尧都区以调整经济结构为抓手，采取了一系列积极有效的措施，全区经济保持了持续平稳发展的良好态势。全区生产总值完成229.8亿元，同比增长16.1%；规模以上工业增加值完成80.3亿元，同比增长24.6%；固定资产投资完成131.6亿元，同比增长25.2%；财政收入完成30.65亿元，同比增长26.4%；社会消费品零售总额完成141.1亿元，同比增长18.1%；城镇居民人均可支配收入达到18924元，同比增长17.2%；农民人均纯收入达到7706元，同比增长15.2%，全区综合经济实力迈上了新的台阶。

一是结构调整成效显著。全力构筑煤炭、煤化、钢铁三大支柱，工业产业结构得到不断优化。煤炭企业兼并重组全部结束，全区54座煤矿整合为18座，煤炭产量完成550万吨；以同世达公司为依托，组建了年产300万吨的煤化工集团，年产20万吨甲醇、10万吨二甲醚生产线已经投产运行；以新技术、新产品为突破，以光宇LED为代表的新型高科技产业园区初具雏形。坚持以工业的理念抓农业，大力发展设施农业，全面实施“百村万棚”、“百场十区”、“百园万户”富民工程，以尧王台为代表的现代农业示范园区以其大规模、高品位成为全省现代农业建设的典范和重点。充分依托区位优势，大力发展现代服务业，尧庙锦悦城一期工程、馨阳农贸二期工程和建军钢材市场扩建等工程全面完成，启动建设了万佳福、新银河两大物流配送中心，培育形成了以阿托、鑫港、兴荣为主体的环城公路物流体系。

二是招商引资亮点纷呈。坚持创新招商思路，改进招商方式，出台了优化发展环境和招商引资“双十条”政策，全面推介尧都区的资源优势、区位优势和投资环境，进一步扩大了尧都的影响力和吸引力，有效吸引了更多优势企业来尧都投资。区委班子成员带头走出去、引进来，积极组团参加中博会、广州项目洽谈会；特别是在11月上旬，由区四大班子率团赴上海、日照、青岛三地举行大规模的招商引资推介活动，全区共推介项目56个，签约项目48个，签约资金达368.57亿元。目前，已对接项目26个，中煤集团、奥特莱斯等大型企业即将落地建设。

三是社会各业协调发展。全力推进城镇化建设，科学编制东城详细规划和涝洰河生态治理规划，先后启动了尧都公园、东城医院、东城学校和五一东路、汾东路、枣林北街建设等重点工程；积极推进教育、医疗、卫生、就业等社会事业发展，筹资1.02亿元，解决了东城还迁小区的遗留问题；投资8000万元启动了新型农村养老保险和城镇居民社会养老保险试点工作；投资1600万元开展了百日环境综合大整治，清运垃圾49万余方，城乡面貌焕然一新；筹资3600万元，实施秋冬季植树造林大绿化，植树造林256万株；投资1.2亿元，重点解决贫困学生上学、农村饮水安全、乡村医疗卫生等民生问题，新“五个全覆盖”工程即将全面完成。深入整治安全隐患，始终保持高压态势严厉打击私挖滥采，全区安全生产形势稳定好转。进一步创新社会管理体制机制，深入推进“平安尧都”、“法治尧都”建设，妥善处理复杂敏感事件，人民群众的安全感持续增强；坚持以群众工作统揽信访工作，深入开展领导接访活动，积极化解社会矛盾，确保了全区社会稳定。

二、基层党建工作稳步提升，干部队伍建设进一步加强

按照省委、市委的统一部署，胜利召开了区八次党代会

和区人大、政协两会,圆满完成了区乡村三级换届任务,各级领导班子的凝聚力和战斗力进一步提高。深入开展"争两先创五好当先锋"活动和"干部下乡住村联户"活动,基层党组织建设不断加强,人民群众满意度不断提高。集中开展了机关干部思想纪律作风整顿活动,切实整治了"庸、懒、散",干部作风明显转变。

着力加强领导班子思想政治建设,把学习贯彻党十七届五中、六中全会精神和省十次党代会、省经济工作会议精神作为重点,组织各级党委进行专题学习。实施领导干部培训,组织一批优秀党务工作者赴大寨、右玉、西柏坡等地进行了考察学习;不断强化基层干部培训,共集中培训农村"两委"主干750名。严格落实民主集中制,定期召开民主生活会,以发扬民主促团结、以开展批评求团结,提高各级领导班子的凝聚力和战斗力。坚持正确的用人导向,严格按照《党政领导干部选拔任用工作条例》规定的程序和条件选用干部。

尧都区委始终把廉政建设摆在重要位置,落实党风廉政建设责任制,党风廉政建设和反腐败工作进一步加强。扎实推进惩治和预防腐败体系建设,重点抓了六项工作:一是认真贯彻《中国共产党员领导干部廉洁从政若干准则》,在全区党员干部中积极开展创先争优、弘扬"右玉精神"、"正风肃纪、从我做起"、典型案件警示教育等活动,并对全区科技干部进行了一周的大规模岗位任职培训。二是根据中央、省、市对2011年换届工作的要求,充分发挥监督职能,做到监督关口前移,圆满完成了四大班子和纪委的换届工作。三是对全区总投资在50万元以上的242个工程项目进行摸底,完成218个项目排查工作,收取补交土地出让金1.46亿元,处罚291.4万元。四是扎实推进煤焦领域反腐败斗争,清缴各类资金4158.73万元。五是不断引深农村基层党风廉政建设,投入资金165万元,完成了尧都区阳光农廉网三级网络铺网工作,2011年共查处涉农案件39起,39人受到党纪处分。六是深入开展专项治理,狠刹教育卫生行业不正之风,认真开展行风评议,解决了一批群众反映强烈的问题。七是加大查办案件力度,不断提高依纪依法办案水平,全区纪检监察机关共立、结案114件,处分114人。通过严肃查办案件,查处违纪者,充分发挥查办案件的治本功能,为尧都的和谐发展创造了一个风清气正的政治环境。

(卢军强)

附:一、中共尧都区委书记、副书记、常委名单

书　记:丁文禄(4月离职)　赵志坚(4月任职)

副书记:陈怀生(5月免职)　许百龙(6月离职)
丁楷荣(5月离职)　李　强(5月离职)
王　震(5月任职)　杨午生(6月任职)
杨保春(9月任职,兼、挂职)

常　委:张宝玉(6月离职)　杨福元(6月离职)
李小平(6月离职)　王闫根(6月离职)
崔山原(5月离职)　杨午生(6月离职)
赵文军(1月离职)　张安文(6月任职)
李建国(5月任职)　邓力儒
鲁立波(5月任职)　乔飞鸿(6月任职)
牛少白(6月任职)　郭婷慧(女,6月任职)

二、乡镇(街道)党委(党工委)书记、副书记名单

辛寺街街道

书　记:张世杰

副书记:田向宇　张新建　孙卫东

解放路街道

书　记:殷双峰

副书记:郃国强　徐和平　郭继跃　朱建民

南街街道

书　记:王洪锁

副书记:于　波　席玉玲(女)

西街街道

书　记:刘　云

副书记:潘齐彪　张金明　郭梅英(女)

水塔街道

书　记:王千里

副书记:李峥嵘　郭临生　贾国印

车站街道

书　记:高向阳(女)

副书记:鲁建辉　李川杰

铁路东街道

书　记:张福民

副书记:席春记　梁正岗　田姣娥(女)　孙杰英

乡贤街道

书　记:赵　炜

副书记:李艳芳(女)　张文丽(女,4月任职)
刘生瑞

汾河街道

书　记:秦奇杰

副书记:杨　炜　赵希敏(4月离职)　李卫国
郭云岗　靳宝忠　杨林华(女)

尧庙镇

书　记:乔飞鸿

副书记:席新红　韩同军(4月离职)
张晓龙(4月离职)　王煜国(4月离职)
孙建强(4月任职)

贾得乡

书　记:裴海峰

副书记:郭文生　尉龙金(4月离职)
赵满荣(4月离职)　刘建明(4月任职)

段店乡

书　记:孔令泽

副书记:刘万里　景午生(4月离职)
王　勇(4月离职)　左海洋(4月任职)

屯里镇

书　记：吉世平

副书记：徐　玉　田德欣(4月离职)
董　晖(4月离职)　左永杰(4月离职)
杨文生(4月任职)

乔李镇

书　记：薛向阳

副书记：李　俊(女)　李宝庆(4月离职)
王　泽(4月任职)

大阳镇

书　记：孙杨毅

副书记：孙学平　袁国杰

县底镇

书　记：张卫峰

副书记：刘　峰　苏步青　胡晓莹(女，4月离职)

贺家庄乡

书　记：郭婷慧(女)

副书记：贾志琦　刘忠平

金殿镇

书　记：王　勇

副书记：汤国庆　李春艳(4月离职)
柴明江(4月离职)　张保民(4月任职)

刘村镇

书　记：段　彩

副书记：洪文斌　郑章河　郑德柱(4月离职)
温马强

吴村镇

书　记：汤晓燕(女)

副书记：张贵荣　乔国栋(4月离职)
温济荟(4月任职)

土门镇

书　记：任伟民

副书记：苏志刚　温文彬(4月离职)
韩　鹏(4月离职)　梁魁明(4月任职)

魏村镇

书　记：史大胜

副书记：武建斌　杨永胜

一平垣乡

书　记：牛少白

副书记：苏兰记　刘宝生(4月任职)

枕头乡

书　记：陈建峰

副书记：赵怀忠　丁春贵

河底乡

书　记：张朝晖

副书记：张　峰　杨文生(4月离职)
郤　杨(4月任职)

中共侯马市委工作概况

市委书记　马　彪

2011年，侯马市委深入贯彻落实科学发展观，奋勇拼搏、齐心奋斗，团结带领全市广大干部群众，以转型跨越先行发展为主题，以山西国际陆港园区和侯马城乡发展一体化综合配套改革试验区建设为支撑，紧紧围绕市十次党代会确定的“456”发展思路，解放思想，大胆前行，全市经济社会保持健康有序发展，多项工作都走在了国家、省、临汾市前列，先后荣获全国生态文明先进市、现代物流示范县、平安农机示范县，全省文明和谐城市、卫生城市、节水型城市、中小学校舍安全改造全覆盖工程先进集体、人口和计划生育工作目标管理责任制考核先进市、治超工作先进县、首批餐饮服务食品安全示范县等；顺利通过了第六次全国双拥模范城、省级综合型宜居城市验收。

一、党建概况

思想政治建设。一是强化中心组学习。制定出台了市委中心组和二级中心组学习规范，共组织市委中心组集中学习10次，组织二级中心组创造性地开展多种形式的学习活动，共涌现出15个学习型党组织建设创建先进单位，其中5个被临汾市授予学习型党组织建设示范点。二是强化党员干部培训。健全《侯马市学习型党组织建设标准》等系列培训制度，组织市级党政领导班子成员、市直单位主要负责人及各乡(办)主要领导200余人分20余批次赴江苏、西安、右玉等地进行学习考察；举办报告会、理论讲座，对全市500余名副科级以上干部、新当选的137名农村“两委”主干和61名大学生村干部进行了培训。三是强化调查研究。市委书记带头深入农村、企业、部门调研210余次，先后撰写了《先行先试趟新路，善破善立做典范》等理论调研文章5篇，在《人民日报》、《山西日报》、《先锋队》等报刊杂志发表。组织建设。不断加强和改进党的建设，提高党的执政能力，为全市经济社会转型跨越先行发展提供了坚强的思想、组织和作风保证。一是深入开展“争两先创五好当先锋”活动。在农村、社区、机关、企业开展争做“富民先锋”、“和谐先锋”、“服务先锋”和“兴业先锋”活动，在全市“窗口单位和服务行业”召开为民服务创先争优流动现场会，在非公经济组织中开展“党员责任区"、"党员挂牌"等活动,并通过引深"爱树建"、"文明志愿服务"、"文明和谐单位(乡镇、村、社区)创建"和"十大道德模范、百名文明市民评选"活动,进一步提升了基层党组织建设整体水平。二是市乡村三级换届圆满完成。在市、乡两级换届中,坚持德才兼备、以德为先的选人用人标准,完善选任方式,严格选拔程序,严肃换届纪律,认真执行四项监督制度,确保了整个换届工作顺利进行。在侯马市第十次党代会和人大、政协"两会"上,新一届市委、人大、政府、政协班子顺利实现新老交替,圆满完成了换届任务。在农村"两委"换届中,76个指导组全部进驻各村,在全省率先完成了全市76个村党支部和村委会成功换届。党风廉政建设。一是明确了党政一把手作为"第一责任人"的职责,把落实党风廉政建设责任制情况纳入到领导班子和领导干部目标管理责任制及年终考核,实行"一票否决制";研究制定了《2011年全市党风廉政建设和反腐败工作任务责任分解意见》,对全市党风廉政建设和反腐败工作任务层层分解、逐项落实,进一步增强了各级领导班子和领导干部"一岗双责"的责任意识,促进了各项工作的落实。二是全面推进农村党风廉政建设,建立了"阳光廉政网",实行了市、乡(办)、村三级联网,有效维护了农村稳定。三是扎实开展党政机关公务用车问题专项治理工作,清理规范庆典、研讨会、论坛等活动,狠抓制止奢侈浪费和利用婚丧事宜大操大办借机敛财行为,严肃查处各类违纪违法案件53件,在全市营造了纪律严明、环境优化、勤政务实、清正廉洁的崭新气象。

二、重大决策与主要工作

一是综合经济实力大幅提升。全市生产总值完成83.9亿元,增长15.5%;规模以上工业增加值完成35.8亿元,增长24.9%;固定资产投资完成34.1亿元,增长26.9%;财政总收入完成7.09亿元,增长17.1%;一般预算收入完成3.41亿元,增长16.1%;城镇居民人均可支配收入达到16858元,增长14%;农民人均纯收入达到8360元,增长15.3%;居民消费价格综合水平涨幅控制在4%以内;城镇登记失业率控制在2%以内。主要经济社会指标均达到了临汾市下达的目标要求。

二是"两区"建设加速推进。扎实推进综改区建设,省社科院在侯马市设立了城乡发展一体化研究基地,转型综改试验先行区行动方案和"5335"标杆项目已报省政府,即将实施。全力推进陆港园区建设,占地2100亩的方略保税物流园区建设启动速度快、投资力度大、运营效果好。围绕园区建设,共招引投资千万元以上项目45个,总投资139亿元。在西洽会、中博会、广州招商引资项目推介会上,推介项目74个,签约项目13个,签约额达到185.02亿元。在建的方略保税物流园区、汤荣高铁配件机加、侯马枢纽货运中心等29个项目,总投资78.9亿元,累计完成投资26.6亿元。工业经济提质增效,新型工业化水平明显提高,平阳重工、建邦钢铁等一批成长性好的项目竣工投产,可新增销售收入100亿元,制造类工业增加值占到全市工业经济的29.4%。现代服务业发展势头强劲,"大商贸、大流通、大吞吐"格局初步构架,各类物流企业达到218家,外贸进出口总额完成5.66亿美元。

三是城乡环境更加宜居。《侯马市城乡总体规划(2011~2030)》纲要编制完成。打通了侯马北出口,贯通了阳侯高速连接线;疏通了侯马东出口,建成了五道口交通枢纽,完成了程王路东延、东环路等城市道路工程;完成了合欢街翻新、海军路北延等道路修建,提升了城市道路通行标准;实现城区(含城中村)天然气管网全覆盖;新增绿化面积21.37万平方米,森林覆盖率达20.1%,城市绿化覆盖率达42%;城市环境空气质量二级以上天数364天,其中一级天数180天,平均综合污染指数为1.111。

四是民生福祉显著改善。继续引深"村村通"理念,加速实施新农村建设新的"五个全覆盖"工程,全市76个村全部实现了农村便民连锁商店、农村文化体育场所、中等职业教育免费全覆盖,60个村实现了农村街巷硬化全覆盖。教学质量稳步提升,中、高考连续4年位居临汾市前列;基层医药卫生体制综合改革全面推开,新农合和城镇居民医保补助标准由每人每年120元提高到200元;实施了文化精品创造、文化产业开发、文化遗产保护"三大工程",彭真故居修缮工程开工建设;新增就业6160人,开展专业技能培训2060人;城市和农村低保标准人均分别增加40元和22元,做到了应保尽保;实施农村危房改造1200户,完成了229套廉租房、76套经济适用房分配和140万元住房补贴发放;开通有线电视数字化转换2.1万户;市委、市政府向全市人民承诺的"十件实事",完成了九件。

五是社会管理进一步创新。深入开展"安全生产年"、"安全生产专项整治"和"安全隐患排查治理大会战"活动,确保事故发生起数和死亡人数严格控制在临汾市下达的目标范围内。坚持不懈开展每周二主要领导信访接待日制度,全年共受理群众来访1792人次,同比下降18%;受理群众来信1172件次,答复率100%;受理来市集体访69批次873人次,同比下降15%和5%;越级访呈逐年下降趋势,其中进京访4人次,下降56%。努力建设"平安侯马",开创了全国县级"打黑除恶"先例,确保了社会大局和谐稳定,受到公安部高度关注。

(郭瑞章)

附:一、中共侯马市委书记、副书记、常委名单

书　记:马　彪

副书记:包　江(6月离职)　郭惠勇(5月离职)
李建国(4月任职)　马兴民(6月任职)

常　委:尉合怀(5月离职)　邱建屏(6月离职)
高剑云(6月离职)　秦海玉(5月任职)
田怀宇(6月任职)　郑育敏
李俊胜(6月任职)　韩　睿(5月任职)
刘国平

二、乡镇(街道)党委(党工委)书记、副书记名单

新田乡

书　记： 郭旭东
副书记： 白爱华（女，9月离职）　梁效杰（9月任职）
石　磊（3月任职）

高村乡

书　记： 张　凯（9月离职）　郭建伟（9月任职）
副书记： 朱冬梅（女，9月离职）　郭　力（9月离职）
王廷章（9月任职）

凤城乡

书　记： 于　乐
副书记： 张爱军（3月任职，9月离职）
高先文（9月任职）

上马街道

书　记： 李居海（9月离职）　卢正中（9月任职）
副书记： 贯清海（9月离职）　贺三军（9月任职）
施向阳（9月任职）

张村街道

书　记： 李安善（9月离职）　白爱华（女，9月任职）
副书记： 李　震（9月离职）　郝小强（9月任职）

路东街道

书　记： 郭建伟（9月离职）　董新胜（9月任职）
副书记： 董新胜（9月离职）　迟红霞（女，9月任职）

路西街道

书　记： 林　龙（9月离职）　乔新刚（9月任职）
副书记： 袁随义　卫建辉（9月任职）

浍滨街道

书　记： 马进民（9月离职）　张爱军（9月任职）
副书记： 李　健（9月任职）　田月菊（女，9月任职）

中共霍州市委工作概况

市委书记　陈　纲

2011年，中共霍州市委团结带领全市广大干部群众，认真贯彻执行中央、省、市各项决策部署，紧紧围绕"建设三晋经济强市、实现整体率先发展"奋斗目标，坚持"变难点为靓点、变弱项为强项"的工作原则，以转型跨越为主线，以项目建设为载体，以民生改善为根本，狠抓产业结构调整、基础设施建设和社会事业发展等工作，全市经济社会发展取得了显著成效。2011年全市生产总值达到77.94亿元，同比增长15.8%；工业增加值达到55.88亿元，增长22.6%；固定资产投资达到65.45亿元，增长25.3%；社会消费品零售总额达到19.71亿元，增长17.66%；城镇居民人均可支配收入达到17630元，增长15.9%；农民人均纯收入达到7617元，增长16.7%；财政总收入达到15.78亿元，一般预算收入达到7.29亿元，增长27.63%。

一、经济社会发展取得新成效

一是加快产业结构调整，转型发展迈出新步伐。市委按照以煤为基、多元拓展的思路，着力打造"煤炭、电力、化工"三大支柱产业，国电"上大压小"进展顺利，一号机组开始试运行，全市电力产能将达到300万千瓦，稳居全省电力大市；煤炭资源整合有序推进，产能将提升至360万吨；启动了天然气综合液化等新产业项目，电力、煤焦、化工三大产业循环发展模式初步确立。强力实施了特色经济林、无公害蔬菜、规模养殖三大基地建设，为农民持续增收提供强有力的支撑。创新体制机制，联合霍煤集团等国有大型企业，投资3—5亿元共同开发七里峪景区，突破了制约旅游发展的投资瓶颈；霍州署保护修缮一期工程全面完成，国庆节前重新对外开放，文物保护和旅游发展迈出新步伐。尤其是经过4年的不懈努力，霍州市成功列入国家第三批资源枯竭城市，全国五家、山西唯一，今后7–9年除了每年约1个多亿的资金补贴外，国家还将给予转型项目固定资产投资10%的财力补贴，转型跨越发展有了强大的财力和政策支撑。

二是狠抓城市扩容提质，承载能力得到新加强。实施了开元小区建设、鼓楼东街开发、东关城中村改造、中镇文化广场二期、霍东大道配套、永康路建设等项目，城市品位不断提升。全面建成垃圾处理场，污水处理厂正常运转，中水回用达到100%，新增煤气和天然气用户5000余户，集中供热扩户8万平方米，城市功能更加完善。

三是强力整治城乡环境，生态霍州展现新面貌。市委持续引深城乡环境卫生综合整治，大力实施"蓝天碧水"工程，城乡环境明显改善，市区二级以上天数达到336天，连续3年成功创建省级卫生城市。完成了热电联产集中供热首站等设施建设，加大绿化造林和生态修复力度，全年新增造林面积5700余亩，治理水土流失面积8800亩，生态修复3万余平方米，荣获中国绿色名市和全省城乡环境卫生清洁工程先进市称号。

四是推进民生幸福工程，和谐霍州呈现新气象。市委提出了"吃好饭、上好学、看好医、就好业、居好家"的"五好"标准，民生支出连年占到财政总支出的65%以上，民生得到极大改善。大力发展各项社会事业，完成了标准化学校配套、一中学生公寓楼建设等工程，实施了计生服务大楼、劳动保障综合服务大厦、新医院一期等工程；举办了"和谐霍州、激情跨越"大型广场群众文化消夏月系列活动；成功承办了山西省"门球冠军赛"，并勇夺桂冠；威风锣鼓参加了香港国泰航空"新春之夜"花街巡游和西安全国旅游交易会，霍州市蝉联文化部命名的"中国民间文化艺术之乡"，科教文卫事业健康发展。全面提高社会保障水平，构建了覆盖城乡的社会保障救助体系，成功争取到城镇居民养老保险全国试点县，提前实现了城乡社会养老保险全覆盖；高标准的社会福利中心和6所乡镇敬老院投入使用，在自愿的前提下全市孤寡老人全部可以实现集中供养，提前5年完成省定任务，普通百姓的基本生活得到多重保障。

五是加强和创新社会管理，平安创建取得新成效。市委不断强化安全生产，扎实开展了“安全隐患排查整治百日大会战”，加强了各行业、各领域的隐患排查整治，全年事故起数和死亡人数分别下降了32.5%和45.8%，安全形势持续稳定好转。高度重视信访工作，开通了信访热线和网上信箱，开展了“信访矛盾隐患排查处置月”活动，解决了群众实际困难，信访形势明显好转。持续引深“平安霍州”创建，开展了以“清网行动”和整治交通秩序、强化社会治安等为重点的专项行动，“清网行动” 受到省公安厅和临汾市公安局的嘉奖，有力维护了社会稳定。

二、党建工作迈出新步伐

市委以党的十七届五中、六中全会精神为指导，全面加强党的思想建设、组织建设、作风建设、廉政建设，为全市经济社会发展提供了强有力的政治保证。

一是思想政治建设不断增强。结合建党90周年、“创先争优”和“学习型党组织建设”等系列主题活动，不断强化党员干部思想政治教育，干部队伍思想统一，行动整齐，士气振奋。以市委党校和乡镇党校为阵地，以“干部大讲坛”为载体，组织了市乡村三级干部大培训，邀请省市专家教授开坛授课，对党的十七届五中、六中全会精神和省十次党代会、临汾市三次党代会精神有了更加准确深刻的把握。

二是基层组织建设更加夯实。圆满完成了市乡两级党委、人大、政府、政协集中大换届的繁重任务，一批政治上靠得住、工作上有本事、作风上过得硬、人民群众信得过的优秀干部被选拔到了重要岗位，端正了用人导向，营造了风清气正的社会氛围。认真组织农村“两委”换届工作，一批懂经济、会管理、善做群众工作的干部充实到了村级“两委”班子中，有效巩固了基层政权。扎实开展干部下乡住村联户活动，班子成员与群众同吃、同住、同劳动，共同制定发展规划，切实解决基层难题，密切了党和人民群众的血肉联系。

三是干部队伍建设全面加强。探索和实施了“三推两考一票决”遴选干部的工作机制，“三推”即单位民主推荐、全市干部大会民主推荐、四大班子领导民主推荐，“两考”即对干部进行政治理论考试和综合素质考评；“一票决”即对拟任免人选表决实行常委会票决制。作为全省常委会任免干部票决制试点县之一，从2010年开始，在历次常委会票决任免干部中，所有拟任免人选同意率均为100%，赢得了社会广泛好评，有关典型做法在《晋组信息》进行了推广。

四是干部作风建设不断强化。在市乡换届工作结束后，召开了全市副科级以上和农村“两委”主干在内800多人参加的干部大会，明确提出大力整治干部中可能存在的“冷、木、庸、懒、散、浮、慢、混、软、奢”等十个方面的突出问题，进一步提振了干部的士气、转变了作风。同时，在全市大力弘扬“团结奉献、敢于担当、实干践诺、拼搏争先”的霍州精神，为转型跨越、率先发展奠定了坚实基础。

五是党风廉政建设得到增强。深入开展了进百村、入百户、解百难、办百事“四百”活动，完善了霍州廉政教育网络，霍州署命名为临汾市廉政教育基地，拓展了廉政教育平台，营造了文明和谐、风清气正的社会环境。切实加大案件查办力度，核实查处违法违纪案件80件，党政纪处分80人，重处分26人，涉及科级干部22人，有力维护了党纪法规的严肃性。 （薛忠华）

附：一、中共霍州市委书记、副书记、常委名单

书　记：陈　纲
副书记：孙京民(5月离职)　崔山原(5月任职)
　　　　樊洪平
常　委：周文伟　薛生平(6月离职)　陈占平
　　　　郑效锋　黄晓君(女)　王长征　高雅铭
　　　　刘国平(6月任职)

二、乡镇(街道)党委(党工委)书记、副书记名单

辛置镇
书　记：刘国平
副书记：段小刚(11月离职)　张天龙(4月离职)
　　　　严万林(4月任职)

白龙镇
书　记：张伟兴
副书记：杨海林　马建华(4月离职)
　　　　崔世娟(4月任职)

李曹镇
书　记：杨永才(11月离职)　贾亚龙(11月任职)
副书记：闫会波　乔宝山

大张镇
书　记：张云峰(11月离职)　李晓斌(11月任职)
副书记：张　斌(11月离职)　董斌斌

陶唐峪乡
书　记：门保生
副书记：张　浩　乔珍珍(女)

三教乡
书　记：郭惠民
副书记：李小涛(11月离职)　孙　华(4月离职)
　　　　李　明(4月任职)

师庄乡
书　记：荀彦龙
副书记：张文轩　段志华

退沙办
书　记：房文斌
副书记：樊记虎　王　龙　荀三林(4月离职)
　　　　高晓华

南环办

书　记：侯晋川(11月离职)　张　斌(11月任职)

副书记：马魁东　张　铭　路　林

北环办

书　记：贾亚龙(11月离职)　白　亮(11月任职)

副书记：郭丽华(女)　杜银全　秦仰军　李海龙

鼓楼办

书　记：李晓斌(11月离职)　杜　明(11月任职)

副书记：王建华　曹继芳(女)　张良有　韩黎平　张秀梅(女)

开元办

书　记：刘怀忠(11月离职)　段小刚(11月任职)

副书记：房　鹏　朱江鹏　陈华斌　闫学文

中共曲沃县委工作概况

县委书记　张越轶

2011年，在省委、市委的正确领导下，曲沃县委坚持以科学发展观为指导，团结带领全县干部群众紧紧围绕“实施三大战略、建设三大基地、推动三个发展”的总体战略部署，开拓奋进、扎实工作，全县经济建设、政治建设、文化建设、社会建设和党的建设都取得了新成效，实现了“十二五”良好开局。

一、党的建设

2011年，中共曲沃县委在思想政治建设上，深入推进学习型领导班子建设，县委中心组带头学习贯彻中央、省、市重大决策部署；坚持“一月一讲”，聘请高级专家教授进行专题辅导，共培训科级干部3000余人次；选派28名干部赴北京、西安、太原等地参加了16个班次的培训学习；同时，还创新学习方式，注重学习效果，先后组织县四大班子领导、各乡镇和有关部门的负责同志，赴四川、陕西、山东等地参观考察，学习先进地区的有益做法和成功经验，并多次邀请专家学者来考察论证，使各级干部进一步解放了思想，更新了观念，开阔了视野，坚定了加快转型跨越发展的信心和决心。在领导班子建设上，成功召开了县十三次党代会、十五届一次人代会和十四届一次政协会，选举产生了新一届县委、人大、政府、政协领导班子。换届后的县四大班子精诚团结、开拓创新，展现出求真务实、争创一流的精神风貌。高标准完成了7个乡镇的换届任务，换届后的乡镇班子领导职数减少了23个，平均年龄37.5岁，大学本科以上学历占到71.7%，班子结构更加优化，战斗力明显增强。圆满完成了农村“两委”换届工作，成功推选10名大学生村干部当选村支部书记的典型经验，在全市推广。在干部队伍建设上，创新干部考核方式，实行了干部政绩申报考核制度，极大地调动了各级干部比学赶超、创先争优的积极性和创造性；深入开展干部下乡住村联户活动，全县114个部门和477名科级以上领导干部全部“包村联户”，结对帮扶农户2300户，共为群众办好事、办实事1200件，有力地促进了农民增收和新农村建设，密切了干群关系。在基层组织建设上，全面推行“两定一查三评”、“四议两公开”等制度，继续引深“千优百先一争创”、“三联三建”等特色党建活动；实行了“两推选、三公示、三纪实”制度，全年共发展新党员255名；为非公经济组织选派了134名党建指导员，实现了党组织和党的工作“两个全覆盖”；实施了农村“领头雁”培训计划，262名新当选的“两委”主干素质能力得到明显提升，党组织的凝聚力战斗力明显增强。在党风廉政建设上，认真落实党风廉政责任制，深入开展廉政警示教育活动，组织58个重点部门和单位在县电视台公开承诺，自觉接受社会各界监督；深入开展了“正风肃纪、创优环境”纪律作风集中整顿活动，共组织效能检查43次，对15名违规工作人员进行了诫勉谈话，给予4人党政纪处分，广大干部的组织纪律观念明显增强，工作效率和服务质量有了新的提高；全县158个行政村全部开通了“阳光农廉网”，强化了对惠农政策的落实情况和农村新的“五个全覆盖”工程的监督检查；加大案件查办力度，全年共查结各类案件70件，给予党政纪处分74人，以反腐倡廉的实际成效，赢得了群众的信任和支持。

二、经济社会发展工作

2011年，全县地区生产总值完成86.3亿元，同比增长16.8%；规模以上工业增加值完成63.2亿元，同比增长26.6%；财政总收入完成6.39亿元，同比增长21.6%；固定资产投资达到31.5亿元，同比增长25%；城镇居民人均可支配收入达到17527元，同比增长17%；农民人均纯收入达到7600元，同比增长17.2%。主要经济指标均超额完成市定目标任务，县域经济发展速度明显加快。在农业发展上，全力建设“全省最大的设施蔬菜基地”，着力打造精品高效农业园区，其中晋之源曲村设施蔬菜现代农业园区，现已投入3000万元，完成了水、电、路等配套设施建设，园区大棚规模发展到了500栋，面积达到2500亩，已逐渐成为继磨盘岭之后又一现代农业发展的新典范和新亮点。目前，全县蔬菜大棚发展到了6000栋，面积达到3万亩，被确定为全省“一县一业”蔬菜示范基地县。大力实施农产品品牌统一打造工程，对特色农产品全部以“晋沃”牌商标进行统一冠名、统一包装设计、统一对外宣传、统一市场销售，有效提高了市场影响力和竞争力。在工业发展上，采取得力措施，促成了中宇公司和立恒公司的战略合作，中宇公司部分生产线已经恢复生产；总投资70亿元的华电曲沃煤电一体化循环经济产业园建设项目已被列入全省“十二五”电力工业发展规划；山西国际陆港曲沃项目区建设已经启动，办公地点、组织机构和人员已全部到位；下大力气整顿黄金资源开发秩序，成功引进国内500强企业之一的山东招金集团与曲沃县联合进行黄金产业开发。全年共利用在建项目与外部大企业、大集团合作融资18亿元，有效破除了企业发展资金瓶颈，进一步增强了工业经济发展后劲。在城市建设上，大力实施“城建靓县”战略，加快城东新区建设步伐，贡院街东扩工程竣工通车，吉祥路中段路基已经形成，通涛花园、景泰·吉祥苑住宅小区和新乐昌中学、新职业中学、人民医院门诊楼等工程已经竣工；完善了城市供水、供气、污水处理、天然气入户等基础设施；农村新的“五个全覆盖”工程进展顺利，农村便民连锁商店、文化体育场所、新型农村社会养老保险、中等职业教育免费四项已全部完成，提前一年实现了全覆盖。农村街巷硬化工程完成了总任务量的85%。曲沃县成功跨入“省级卫生县城”和“省级文明和谐县城”行列。在文化旅游发展上，深入实施“文化立县”战略，着力推进文化和旅游基础设施建设，完成了杨谈、里村、高显、北董4个乡镇文化站和全民健身活动中心主体建设，群众文化活动阵地得到进一步加强。作为全县文化旅游业发展龙头的晋国博物馆，主体建筑基本完工，正在加紧装修布展、馆区绿化、旅游道路拓宽等后期工作。组织开展了“广场文化活动月”、“春节社火展演”、“建党90周年书画展”等一系列活动，广大人民群众的精神文化生活日益丰富。深入推进非物质文化遗产保护工作，晋都文锣鼓、四牌楼传统古会等6个项目被省政府确定为省级非遗保护项目，曲沃扇鼓傩戏表演得到全面开发。特别是通过推行《曲沃县古建筑认领保护暂行办法》，西海龙王庙、神泉黄帝庙、义城黄帝庙和乔山黄帝庙等古建筑得到了社会有识之士的认领保护和修复开发。在社会事业发展上，中小学校舍安全改造、青少年活动中心、全民健身活动中心、安康居住工程一期58套廉租房和230套经济适用房建设等工程全面竣工；全面启动了曲沃中学生活区建设，新建的6座星级公共卫生间全部投入使用；公开招聘了53名中学、幼儿园教师和60名医疗技术人员充实到教学、医疗第一线，有效加强了师资队伍和医护队伍建设；新型农村合作医疗深入实施，基层医疗卫生体制改革首批通过市政府验收；城镇职工和城镇居民基本医疗参保率达到97.49%；社会保障工作富有成效，新农合参保率达到97.04%，农村五保户和低保户医疗参保率均达到100%。曲沃县被授予“全国计划生育优质服务县”、“全省安全生产先进单位”、“全省双拥模范县”等多项荣誉称号，全县呈现出政治稳定、社会安定、人民安居乐业的良好局面。

(祁　磊)

附：一、中共曲沃县委书记、副书记、常委名单

书　记：杨治平(4月离职)　张越轶(4月任职)

副书记：郭惠勇(5月任职)　崔绍民

常　委：成　功　刘　伟(6月离职)　程世杰　武兰萍(女)　张建山(5月离职)　牛春平(女,5月任职)　刘岐山(5月任职)　费向前　段天鸿(5月离职)　管功克(5月任职)

二、乡镇党委书记、副书记名单

乐昌镇

书　记：崔永慧(女)

副书记：秦康杰

北董乡

书　记：张永刚

副书记：于彩霞(女)

史村镇

书　记：柴志坚

副书记：魏　波

曲村镇

书　记：孟海河

副书记：聂　磊

杨谈乡

书　记：杜　斌

副书记：李俊杰

里村镇

书　记：李建晋

副书记：武勇刚

高显镇

书　记：李继宏

副书记：杨文有

中共翼城县委工作概况

县委书记　李朝旗

2011年，中共翼城县委紧紧围绕“强力壮大钢铁、煤电、制造、林果四大主导产业，奋力建设富裕、繁荣、美丽、和谐新翼城”的发展战略，认真抓好“三件大事”，扎实推进“五项工作”，全县经济社会持续快速发展，实现了“十二五”时期的良好开局。全县生产总值完成80亿元，同比增长17%；财政总收入完成10.4亿元，同比增长18.1%；规模以上工业增加值完成48.4亿元，同比增长23%；社会消费品零售总额完成22亿元，同比增长

17.9%;固定资产投资完成29.3亿元,同比增长28%;城镇居民人均可支配收入完成17395元,同比增长16.5%;农民人均纯收入完成6175元,同比增长17.3%。主要经济指标均实现了两位数的快速增长,完成或超额完成了年度目标任务。

一、经济社会发展情况

一是农业经济势头良好。全县新发展优质苹果、核桃经济林6.7万亩,建成千亩示范园区18个、500亩以上连片园区45个、林果专业村28个,林果产业初具规模。新建各类规模化养殖场25家,6家企业完成标准化改扩建,翼众、长汇、长峰三公司达到国家级标准,畜牧业规模健康养殖经验在全市推广。累计投入资金8000余万元,实施了引黄入翼续建工程、小型水库除险加固、北卫中低产田改造、农业机械化建设、新一轮农网升级改造等基础设施建设项目,进一步改善了农业生产条件,翼城县被评为"全省造林绿化先进县"、"山西省农机大县"、"全市农业综合开发工作先进县"。

二是工业结构强力转型。高端特钢、高端锻造、高端铸造三大工业园区建设全面推进,形成了工业转型发展的新格局。翼钢500万吨优特钢项目在省经委备案,规划设计、坟茔迁移全部完成,居民搬迁评估等工作取得阶段成果。舜达公司锻造项目"三通一平"基本完成,厂房加紧施工,搭建了煤炭企业转型的新平台。7座冶炼企业通过工信部铸造用生铁企业认定,6个冶铸联产项目进展迅速,华煜公司与江苏永益、励鑫公司与新疆金汇和沈阳亚特合作的球墨铸管项目开工建设,对全县铸造产业转型升级注入了强劲动力。阳煤、晋煤整合的12座煤矿有10座复工建设,高硫煤清洁高效利用项目上报国家发改委核准,煤炭工业转型进入关键攻坚阶段。非煤矿山二次整合加快推进,地方国营董家洼铁矿以1.81亿元成功出让。

三是城乡建设统筹推进。县城总体规划、控制性详细规划和重点街景规划逐步衔接,规划的指导和调控作用不断提高。唐霸大道建设工程基本完工,智能交通系统一期工程建成投用,和谐时代广场、生活垃圾处理场、县城排污防洪等工程完成年度建设任务。开展了土地复垦整合,新增耕地2300亩,实现了土地利用经济效益和社会效益的双重提升。积极争取上级城镇化建设捆绑资金,涉及500户农村居民的危房改造和2784户职工的棚户区改造项目顺利推进。突出新农村连片建设,22个重点推进村"绿化、硬化、净化"任务全面完成。

四是民生事业全面发展。10件惠民实事基本完成。翼城县被授予"全国科普示范县",县教育局被授予"全国教育系统关心下一代工作先进集体"。汇丰学校一期工程投入使用,特殊教育学校主体工程完工,教师队伍进一步充实,教学质量稳步提升,高考成绩创历史最好水平,中考成绩继续保持全市领先。医疗卫生体制改革深入推进,国家基本药物制度稳步实施,新农合参合率达98%以上,城镇居民医疗保险参保率达96%以上,共为60.5万人次补偿门诊住院医疗费用7000余万元、发放医疗救助资金550余万元,群众"看病难、看病贵"的问题得到有效缓解,县卫生局被授予"全国基层中医药工作先进单位",县医院被授予"全国文明单位"。城乡低保覆盖面不断扩大,共为1.46万贫困居民发放低保金3600余万元,基本做到了应保尽保。惠及全县6.9万余户、26万农民的"低供煤"工作圆满完成。农村新的"五个全覆盖"工程全面推进,街巷硬化全覆盖完成924.6公里,城乡居民社会养老保险参保率达到88.2%,中职教育免费全覆盖、农村便民连锁商店全覆盖、农村文体场所全覆盖基本完成。治超工作再次被评为"全省治超工作先进县"。王庄、中卫计生所被授予"全国计划生育乡级示范站",唐乡镇北关村被授予"全国民族体育先进集体"。节能减排完成年度目标,城区空气质量二级以上天数达到330天。全县安全生产形势、社会治安状况持续稳定好转。

二、党建工作情况

一是换届选举工作圆满完成。2011年4月28日全县10个乡镇分别召开党员代表大会,听取和审议了本乡镇党委工作报告和纪委工作报告,选举产生新一届乡镇党委委员88名、纪委委员40名。11月10日开始,全县第九届农村"两委"换届选举工作正式启动,截至年底,全县第九届农村"两委"换届选举工作已整体结束,"一肩挑"比例保持稳定,妇女干部、年轻干部、大学生村干部进村"两委"班子的比例明显提高。

二是干部下乡住村包村增收工作取得实效。以"组织创先进、党员争优秀、干部变作风、群众得实惠"为目标,紧紧围绕"壮大林果产业,实现农民人均收入翻番"这一目标,四套班子领导带头示范,400余名领导干部积极参与,广泛开展了以"三进三送三同"(即进农村、进农户、进地头,送观念、送资金、送物资,同吃、同住、同劳动)为主要内容的干部下乡住村联户包村增收活动,全县共建立县四大班子领导联系点25个,县直单位一把手联系点99个,乡镇党政一把手联系点18个,参与干部下乡住村联户的科级干部486人,包联农户896户,已制定规划94个,落实帮扶资金及物资160余万元,为全县农民增收和农村发展奠定了扎实基础。

三是农村基层干部激励保障机制进一步健全完善。"四议两公开"工作法在全县农村得到了积极推行,"两定一查三评"制度得到进一步深入实施。发放在任农村"两委"主干岗位报酬275万余元,发放农村卸任正职干部生活补助37.7万余元,为农村"两委"干部办理了新型农村养老保险,解除了他们的后顾之忧。

四是党员队伍管理水平迈上新台阶。全年共举办农村党组织书记、新党员、大学生村干部党员、"两新"组织党员以及党员创业就业各类培训班50余期,培训党员2.3万余人次。在农村积极推行以"群众推荐、重点培养、党委考察、支部票决、全程公示"为主要内容的发展党员新机制,重点做好在生产工作一线、优秀青年农民、高知识群体和妇女中发展党员工作,加大在外出务工人员集中村、信教群众聚居村、以及"两新"组织等党的组织相对薄弱的地方发展党员工作力度,全年发展党员389名。同时,在社区设立了党员服务中心,进一步规范了流动党员管理,认真做好为党员服务工作。"一围绕三转变"的党员电教工作模式被评为全市组织工作创新项目,并作为全市唯一一个县级项目,参加了全省组织工作创新项目展评。摄制的电教片《大学生村官郭科利》被授予2011年度全国党员电教片最佳作品奖和最佳摄像奖。

(高 伟)

附:一、中共翼城县委书记、副书记、常委名单

书 记:李朝旗

副书记:赵雁峰(4月离职) 杨春权(4月任职)
张志宏

常 委:秦海玉(5月离职) 卫 勇
李殿梁(6月离职) 杨建军 董跃明
黄海华(5月离职) 张晋翼(5月离职)
任吉龙(5月任职) 许拥军(6月任职)
孙晋辉(5月任职) 师香丽(女,6月任职)

二、乡镇党委书记、副书记名单

唐兴镇

书 记:师香丽(女)

副书记:李学东 郭小丽(女,3月离职)
王春明(3月离职) 吉顺俭(3月任职)
孙鸿龙(3月任职)

南唐乡

书 记:胡国华(女)

副书记:张天柱 张红卫(3月离职)
孟兆虎(3月离职) 马志伟(3月离职)
杜 斌(女,3月离职) 张 东(3月任职)
王扬剑(3月任职)

里砦镇

书 记:史 鹏

副书记:贾永伟 王 斌(3月离职)
张双燕(3月任职) 高 华(3月任职)
王宏山

王庄乡

书 记:翟铭娟(女)

副书记:杨晓清 王建强(3月离职)
薛 勇(3月离职) 冯日会(3月任职)
姜治国(3月任职)

浇底乡

书 记:杨世英

副书记:党希虎(3月离职) 刘志强(3月任职)
张晓辉(女,3月任职) 徐延平

隆化镇

书 记:单建民

副书记:翟力龙 郑水亮(3月离职)
李清华(3月任职) 吕 晶(女,3月任职)

桥上镇

书 记:任延青

副书记:王新明(6月离职) 侯文君(6月任职)
王长青(3月离职) 张海华(女,3月离职)
宋海英(女,3月任职) 刘 明(3月任职)

西闫镇

书 记:李维跃

副书记:牛德文(3月离职) 苏怀军(3月离职)
王 海(3月离职) 孔祥龙(3月任职)
刘晓峰(3月任职)

中卫乡

书 记:张国华

副书记:曹俊义 李成建(3月离职)
高淑泰(3月离职) 辛树盛(3月任职)
刘 义(3月任职)

南梁镇

书 记:张新民

副书记:石广武 李传红(3月离职)
杨天顺(3月离职) 高 华(3月任职)
周甲寅(3月任职)

中共浮山县委工作概况

县委书记 毛克明

2011年,中共浮山县委工作思路日趋完善,转型信心更加坚定。提出以科学发展为主题,以加快转变经济发展方式为主线,深入推进农业现代化、工业新型化、文化特色化、城乡生态化和民生普惠化"五化"战略,认真实施以打造铁矿冶金、煤焦化电、新型材料、品牌农产品和特色文化五大产业集群,强化城镇建设、新农村建设、交通网络建设、文化设施建设和生态建设五大基础建设,实施就业扩面、社保增容、教育提质、卫生升级和平安创建五大惠民工程为主要内容的"三五"工程,加快建设魅力、宜居、和谐、富裕新浮山的发展总体思路。团结带领全县广大干部群众,全力推进经济转型,不断强化基础建设,大力发展民生事业,切实加强党的建设,各项工作都取得了新进展新成效,实现了"十二五"的良好开局。

一、项目建设成效显著，综合实力大幅提升

县委把项目建设作为转型发展的重要支撑，坚持大项目引领、大园区聚集、大产业支撑，全年共确定重点项目75个，总投资53.5亿元，7个列入市重点监测的工程项目全部开工，县上确定的55个重点实施项目，开工率达91%，当年完成投资10.3亿元。这些项目的建设，为全县经济社会发展蓄积了新能量，增添了新动力。截至2011年底，国内生产总值完成31.43亿元，同比增长16.3%；规模以上工业增加值完成21.75亿元，同比增长23.5%；财政总收入完成4.02亿元，同比增长50.4%；固定资产投资完成17亿元，同比增长27.2%；城镇居民人均可支配收入达到17046元，同比增长15.1%；农民人均纯收入达到4995元，同比增长15%。

二、产业集群竞相发展，转型步伐明显加快

铁矿冶金产业提质升级。铁矿资源整合深入推进，压减率达到39.3%。鸿丰达铸业有限公司450立方锰铁合金高炉已投产运营，东诚钢铁公司正在申报全国优质铸造生铁基地试点企业。煤焦化电产业加快推进。煤炭资源整合和煤矿企业兼并重组全面完成，90万吨福山煤矿升级改造项目进展顺利；北王煤化循环工业园区正在加紧建设，3万吨活性炭项目即将完工。新型材料产业初具规模。满兴硅酸钙板、广和定影膜二期扩建、恒伟混凝土二期工程先后投产达效。圣都免烧砖、明华免烧砖等项目已经竣工试产，太平洋电缆项目已启动基建工程，新型材料产业成为县域经济新的增长极。现代农业产业快速发展。蔬菜、核桃和谷子三大产业不断壮大，黄花菜种植面积达到5000余亩，设施蔬菜发展到5000余亩，国家级绿色谷子生产基地发展到4.5万亩，新栽植核桃8000亩，核桃经济林发展到近10万亩。果蔬深加工产品出口美国等地，填补了浮山县外贸企业“零出口”的空白。农业社会服务组织快速发展，新发展农民专业合作社162个，覆盖174个行政村，辐射带动3000余农户。特色文化产业不断壮大。唐尧文化、餐饮文化、红色文化、民间艺术文化和生态旅游文化等资源有效整合，尧山森林公园建设稳步实施，投资7000余万元的凤凰山庄对外运营，全年接待游客上万人次，浮山剪纸参加了中博会展出，木偶剧团应邀赴浙江宁波风筝节、湖北襄樊旅游节演出，受到广泛好评。

三、基础建设稳步推进，城乡面貌显著改观

城镇建设取得突破。编制完成了《浮山县2006—2020土地利用总体规划》，对县城部分街巷进行了修缮改造；城市集中供气工程正在加紧实施，分离式无公害垃圾处理工程基本完工；城乡电网结构日趋合理，供电保障能力明显提升。城市管理不断加强。新农村建设扎实推进。新农村连片村建设稳步实施，13个重点推进村年度建设任务全部完成。重点打造了辛落村、梁家河、上东、蛟头河等新农村样板村，新农村工作在全市东北片区首轮督查中名列第一。新型农民培训不断强化，全年组织各类专业培训3000人次。强农惠农政策全面落实，支农力度不断加大，全年各类涉农资金支出达1.3亿元。建设农村饮水安全工程17处，解决了4233人口、1133头大牲畜的饮水安全问题。建设农村便民连锁店55个，农村户用低碳节能暖炕1000个，完成移民搬迁220人，新增农村有线电视用户2000余户，农村基础设施条件得到改善。交通网络建设全面强化。桥临线改造工程全面完成，圪蚂河大桥竣工通车。城北路北埝大坝主体工程已经完工。农村街巷硬化完成100个村559公里，响水河客运站已经建成，全县185个行政村全部实现村通油路（水泥路）目标，通客车率达98.2%。文化设施建设不断加快。文体活动中心主体工程基本完工，完成投资6500余万元。建设了65个农村文化活动场所、50个农家书屋，为97个村配备了体育健身器材，巡回播放公益电影1800余场，农村文化生活日益丰富。生态建设成效明显。实施了二峰山生态治理工程和圪塔岭地质灾害治理工程，以及通道绿化、退耕还林、荒山造林、村庄绿化、矿区绿化、尧山公园通道绿化等林业工程，完成植树造林3.43万亩，全县森林覆盖率达到26.8%。林权制度改革有序推进，林地确权率达到99.5%，家庭承包率达到99.8%。狠抓节能减排和城乡环境综合整治，环境质量明显改善，全年二级以上天数达到356天。

四、惠民工程顺利实施，民生事业快速发展

新的五大惠民工程扎实推进，十件惠民实事全面落实，新的农村“五个全覆盖”工程年度建设任务全部完成，民生事业得到快速发展。创业就业工作成效显著。全县城镇新增就业1123人，创业就业350人，城镇登记失业率控制在4%以下。实施农村青年创业小额贷款项目，发放贷款2162万元，扶持创业项目447个，带动就业897人。社会保障体系不断完善。新型农村合作医疗得到巩固，农民参合率达99.8%。新型农村社会养老保险参保5.6万人，参保率92.8%，在全市名列前茅。城乡低保和农村五保对象实现了全部供养，社会福利事业、慈善事业和老龄事业进一步加强。教育事业全面发展。教育资源有效整合，办学质量不断提高，去年高考达线人数124人，在全市山区县位居前列。新职业中学完成异地搬迁改造并顺利通过省级验收，三中餐厅、北王中学教学楼已建成投入使用。深入开展帮扶救助活动，资助贫困学生984人，发放生活补助金43万元，为45名贫困大学生发放助学贷款23.7万元，免费参加职业教育的学生达174名。2011年被市委、市政府评为教育工作先进县、校舍安全工程先进县。全民健康水平稳步提升。医药卫生体制改革全面完成，全县乡镇卫生院公开竞聘医务人员135名。县计生服务站和响水河、北王、寨圪塔三个中心计生所建设全部完工。平安创建工作扎实开展。全县安全生产形势持续稳步好转，一年来全县煤矿、非煤矿山及其它行业和领域未发生重大事故。信访工作力度不断加大，信访服务中心建设已经完工，县、乡、村三级信访服务网络逐步完善，群众反映强烈的信访突出问题得到有效化解。

五、党的建设全面加强，执政能力不断提高

县乡村换届圆满完成，“争两先创五好当先锋”和干部下乡住村包村增收活动深入开展，各级党组织的凝聚力、战斗力明显增强，党员干部先锋模范作用充分发挥，党群干群关系进一步改善。严格按照《干部任用条例》和有关规定，根据工作需要，先后调整科级干部93人，干部队伍的年龄和知识结构进一步优化，领导班子建设全面加强。党建第一责任人制度、“两定一查三评” 制度和党员承诺评议制度进一步落实，基层党组织和党员干部的责任意识、奉献精神和工作水平明显增强。远程教育网络建设不断强化，实现了185个行政村远程教育网络全覆盖。狠抓干部作风建设，大力弘扬“右玉精神”，深入开展“整肃工作纪律、狠刹不良风气”专项行动和以正风肃纪、优化环境为主题的纪律作风教育整顿月活动，严厉整治和查处效能低下、滥用职权、刁难投资者等损害发展环境的行为，机关纪律作风明显好转，发展环境不断优化。党风廉政建设责任制进一步落实，干部廉洁自律教育活动深入开展，农村党风廉政建设工作全面推进，工程建设领域和煤铁领域专项整治活动深入开展，部门和行业不正之风得到有效遏制。切实加大案件查办力度，全年查处各类违纪案件28件，处分党员干部31人。

（周　鑫）

附：一、中共浮山县委书记、副书记、常委名单

书　记：毛克明

副书记：张宏志　王煦杰

常　委：李青彦(6月离职)　史全喜　尚　彬

李　凡(6月离职)　段玉明(6月离职)

任俊杰(6月任职)　张晓晖(6月任职)

郭瑞强　刘云生(6月任职)

二、乡镇党委书记、副书记名单

天坛镇

书　记：盖　勇

副书记：康忠强　吉广宇

张庄乡

书　记：丰志华

副书记：赵玉虎　李学亮(1月任职)

响水河镇

书　记：王建斌

副书记：张克彪　陈　荣(1月任职)

东张乡

书　记：陈波轩

副书记：崔　毅　郭立恒

槐埝乡

书　记：吉秀红(女)

副书记：王　强　李学兵(1月任职)

北王乡

书　记：邢　磊

副书记：刘建忠　陈　光(1月任职)

北韩乡

书　记：杨　哲

副书记：李　晶(女)　巢风电

米家垣乡

书　记：张　真

副书记：王二明　陈辽亮

寨圪塔乡

书　记：杨　波

副书记：张　虎

中共襄汾县委工作概况

县委书记　王国平

2011年，中共襄汾县委团结依靠全县广大党员干部群众，紧紧围绕“十二五”期间“转型跨越迈大步、进军中部百强县” 奋斗目标和年初“一四三十”工作任务，以解放思想为先导，以转变经济发展方式为主线，以推进“四大转型”为路径，开拓创新，扎实工作，圆满完成了市委、市政府下达的各项考核指标，实现了“十二五”的良好开局。全县地区生产总值完成120亿元，同比增长18.81%；规模以上工业企业增加值完成75亿元，同比增长24%；固定资产投资完成44.75亿元，同比增长25%；财政收入完成15.09亿元，同比增长20.5%；城镇居民人均可支配收入达到16800元，同比增长12.13%；农民人均纯收入达到7050元，同比增长15.12%以上。

一、狠抓发展、全力转型，县域经济发展开创了新局面

实现由传统农业大县向现代农业基地转型、由传统焦铁大县向新型工业强县转型、由城乡分割的二元结构向城乡一体化的宜居宜业新区转型、由文物旅游资源大县向帝尧文化之都转型，是襄汾“十二五”规划的主题，也是今后五年的发展方向。一年来，县委坚持把发展作为强县富民的第一要务，加快“四大转型”，力促全面跨越，开创了县域经济又好又快发展的新局面。

一是现代农业基地建设。按照“规模化、产业化、品牌化”的思路，加快推进农业现代化进程，全县种植、养殖和农副产

品深加工得到较快发展。农业规模化实现新突破。围绕“一县一业”，以建设“全省生猪示范县”为目标，建成南贾、襄陵2个生猪养殖示范园区，带动全县千头猪场达到20个，生猪年出栏达到35万头。围绕“一村一品”，大力发展特色产业，全县蔬菜发展到16.5万亩，优质水果达到17.5万亩，中药材达到8万亩，干果达到20万亩，各类规模养殖场达到1600多个，为打造全省优质农产品、畜产品生产基地奠定了基础。农业产业化实现新突破。坚持走“农户＋基地＋专业合作社＋龙头企业＋市场”的产业化新路，大力扶持三盛合、天美食品等省、市重点龙头企业发展，全县农业龙头企业发展到30个，总产值突破3.5亿元，有效提高了农业产业化水平。农业品牌化实现新突破。完成了丁村白莲、官滩红枣国家地理标志农产品认证和景毛茶树菇、尧禾小麦等5个农产品无公害认证，全县农产品认证达到42个，进一步提升了农产品的知名度和市场竞争力。

二是新型工业强县建设。按照“传统产业新型化、新兴产业规模化、产业发展循环化、经济发展低碳化”思路，加快推进新型工业化进程。焦铁企业整合重组有序推进。钢铁企业，组建了县钢铁集团，编制了“十二五”期间优质特钢集聚区发展规划，星原集团同太钢集团签订了战略合作框架协议。焦化企业，巨成焦化年产100万吨捣固焦项目获得省经信委批复。新兴产业发展形势喜人。建滔万鑫达二期10万吨甲醇项目即将投产，新兴重工、云鹏制药、银圭纳米陶瓷涂料等项目正在加紧建设，襄汾被确定为“中国铸造产业集群试点县”。重点项目建设扎实推进。坚持把项目建设作为加快经济发展的载体，投资14亿元新上15个重点工业调产项目，进一步夯实了县域经济发展基础。三大工业园区建设稳步实施。河西煤化工园区发展规划已取得省经信委批复，河东冶金焦化工业园区发展规划正在委托省冶金设计院进行编制，永固绿色铸造科技园区规划正在积极筹备。招商引资成果丰硕。坚持把招商引资作为拉动县域经济发展的第一引擎，成功与青岛银圭、福建华亚等大企业签订了39.5亿元投资项目，涉及装备制造、物流、医药等产业，为县域经济发展增添了新的动力。节能减排目标全部完成。通过采用新技术新工艺、大力发展循环经济、加强执法监管等措施，强力推进节能减排，全县万元GDP综合能耗下降3.9%，圆满完成了省、市下达的目标任务。

三是宜居宜业新区建设。按照临汾市“一城三区”、“百公里汾河生态城镇经济走廊”的战略部署，坚持科学规划引领、基础设施先行，扎实推进城镇化建设。在河西新区，重点实施了汾河城区段综合治理工程，启动了县法院、计生等单位业务用房建设和三跨桥南匝道、城北铁路桥拓宽等工程，启动了泽欣花园、丁陶尚都等高档小区建设工程。在河东老城，更新污水管网，硬化社区街巷，改造加固了城区和城郊防洪防汛设施。

四是帝尧文化之都建设。紧紧抓住李长春同志视察丁村的重大机遇，主动邀请国家、省、市有关领导和专家对县文化旅游开发进行策划论证；按照“文物是基础、发展靠旅游、升华在会展”总体思路和“挖掘内涵、打造载体、着力宣传、产业兴县”基本路径，加快推进全县文化旅游业的发展。启动了丁村国家考古遗址公园项目、陶寺国家考古遗址公园项目、双龙湖国家湿地公园项目建设工程。搜集整理了《襄汾民歌》，在山西卫视成功举办了襄汾民歌专场演唱会；出版了《丁村解说词》、《帝尧之都画册》等系列书籍，进一步提高了襄汾知名度和文化影响力。尉村跑鼓车、晋作仿古家具制作工艺被列入第三批国家级非物质文化遗产保护名录，三盛合米醋制造工艺、丁村土布制作工艺等6个项目被列入第三批省级非物质文化遗产保护名录。

二、以人为本、关注民生，社会建设和社会管理取得新进展

从解决人民群众最关心、最直接、最现实的利益问题入手，着力办好社会各项事业，全面加强和创新社会管理，让广大人民群众得到了更多实惠。社会建设方面，一是年初承诺的环境清洁工程、研究生工作安置等“十件实事”全部兑现。二是新的“五个全覆盖”工程全部圆满或超额完成当年任务。三是社会各项事业取得长足发展。中高考综合考评名列全市前茅，成功创建“全国科普示范县”；完成三个中心城镇卫生院改扩建任务，全县新型农村合作医疗参保率达到98.6%，公开招聘医务人员55名；人口自然增长率、符合政策生育率、人口出生率等各项指标均达到省、市要求；城镇登记失业率控制在3.2%以内；完成了10.9万吨的冬煤供应任务，把党和政府的温暖送进了千家万户；环境进一步改善，全县二级以上天数达到339天，空气综合污染指数下降到1.38，林木覆盖率增长2%；完成了3条公路建设任务，全县公路总里程达到1281公里。社会管理方面，对全县非煤矿山、尾矿库、危险化学品等重点行业和领域进行安全隐患大排查、大整治，保障了人民生命和财产安全。大力开展文明创建活动，各级文明和谐单位、文明和谐村镇达到182个。深入开展“开门接访、带案下访”活动，累计排查、化解了各类信访案件3198件，维护了社会和谐稳定。全面加强综合治理，破获各类刑事案件244起，抓获犯罪嫌疑人353人，社会管理形势明显好转。

三、坚持党要管党、从严治党，党的建设科学化水平实现新突破

始终坚持把党的建设放在各项工作之首，在思想建设、组织建设、作风建设、反腐倡廉建设和制度建设等方面都取得了新的成效。思想建设上，以“加快四大转型、实现跨越发展”为主题，在全县深入开展了解放思想大讨论活动，集中解决了党员干部在思想、纪律、作风等方面存在的突出问题。组织建设上，按照中央和省委“5个严禁、17个不准和5个一律”的纪律要求，严格程序、精心组织，顺利完成了县乡村三级换届任务。作风建设上，坚决落实省、市“五不准”、“四严禁”的要求，扎实开展“纪律作风集中教育整顿月”活动，整治了干部“庸懒散差”、“吃拿卡要”等突出问题。廉政建设上，实

行节假日公务用车存放单位制度，对4.49亿元惠农资金进行自查自纠，对38个重点村的经济账目进行责任审计，对煤焦及非煤矿山领域全面开展了“回头看”，对公路“三乱”问题进行了深入整治，有效防止了腐败现象的滋生。全年共受理来信来访71件，立查案件55起，党纪处分40人，政纪处分19人。 （宋 静）

附：一、中共襄汾县委书记、副书记、常委名单

书　记： 张成梁（5月离职） 王国平（5月任职）
副书记： 王国平（5月离职） 程明温（5月任职）
廉　鹏（6月离职） 张瑜庆（5月任职）
扈新起（11月任职） 张建国（5月离职）
廉振东（5月离职）
常　委： 李青彦（5月任职） 贾安民（5月任职）
张瑜庆（5月离职） 苏嘉邦
段长喜（1月离职） 宓和平（5月离职）
王志宏 杨建廷 杜许堂（5月离职）
徐红平 范志军（5月任职）

二、乡镇党委书记、副书记名单

新城镇
书　记： 杨江滨
副书记： 杜振锁 郭海峰(4月任职)
赵康镇
书　记： 王世红
副书记： 梁高跃 燕东东(4月任职)
永固乡
书　记： 聂增勇
副书记： 里培杰 邓 聪(4月任职)
南贾镇
书　记： 梁彦明
副书记： 刘 荣 刘 伟(4月任职)
汾城镇
书　记： 张国强
副书记： 马瑞刚 高治国
景毛乡
书　记： 王彦珍(女)
副书记： 康大栋(4月离职)
南辛店乡
书　记： 曹丽娟(女)
副书记： 李晓枫 马东俊
邓庄镇
书　记： 任治中
副书记： 臧俊民 谷志荣
大邓乡
书　记： 张 峰
副书记： 吕 军 陈席斌
陶寺乡
书　记： 李 刚
副书记： 韩文跃 冯 鹿
古城镇
书　记： 王宝贝
副书记： 马 健 刘红卫(4月任职)
襄陵镇
书　记： 张英杰
副书记： 史耀刚 吴建伟
西贾乡
书　记： 刘学武
副书记： 苏毅忠 康大刚

中共洪洞县委工作概况

县委书记 王黎明

2011年，全县生产总值完成148.36亿元，同比增长15.2%；限额以上工业增加值完成100.1亿元，增长23.2%；财政收入完成23.77亿元，增长18.6%；固定资产投资完成80.6亿元，增长26.9%；城镇居民人均可支配收入达到16693元，增长12%；农民人均纯收入达到6756元，增长14%，全面完成年初既定的各项目标任务，呈现出经济发展、政治稳定、社会和谐、民生殷实的喜人局面。

一、牢记使命，推进党的建设

着眼于学习型党组织和学习型领导班子建设，大力开展了“槐乡讲堂”、重点内容培训等学习教育活动，逐步构建起宽领域、全覆盖、多层次的干部教育培训格局。不断引深“创先争优”活动，积极开展“我的承诺”主题活动，各级党组织公开承诺事项2700余件，党员公开承诺事项4万余件。涌现出一大批先进基层组织，大槐树镇秦壁村党支部被评选为全国先进基层党组织。全面落实岗位目标责任制及问责监督机制、领导干部实绩跟踪考察制度，扎实开展干部下乡驻村联户活动，有效改进各级干部的工作作风，增强了服务群众的责任和意识。进一步落实党风廉政建设责任制，把10个方面80项任务分解到县委、县政府班子成员和39个牵头部门，做到了任务明确，责任到人。以“正风肃纪、创优环境”为主题，以“深化教育、抓好案例、健全制度、优化环境”为重点，开展纪律作风集中教育整顿月活动，取得了阶段性成果。持续开展党风监督，对公职人员上班时间休闲娱乐情况进行专项检查，对6名干部给予了党政纪处分；继续狠刹大操大办和借机敛财歪风，与39名副科级以上干部进行了申报谈话，对4名领导干部给予党政纪和行政处分。继续狠抓案件查办工作，严肃查处贪污贿赂、滥用职权、权钱交易、侵害群众利益等行为，共立案结案109件。

二、按照“一三五”工作总思路，加快推进经济社会发展

“三农”基础地位进一步巩固。按照“一县一业，一村一品”的战略要求，着力打造优质小麦、林下种养、设施蔬菜等主导产业，重点建设“历山农业观光园区”和“大槐树农业生态园区”，完善了10个高效农业示范基地。发展大棚蔬菜1.05万亩、池栽莲藕2000亩、林下养殖5800亩、林下种植8000亩。农村新“五个全覆盖”工程两年任务一年完成。大力促进农民增收，转移农村劳动力9万人，培养科技示范户4500户，增强了农民就业创收能力。产业转型步伐进一步加快。始终坚持以低碳、生态、循环为方向，以项目拉动为引擎，不断促进工业转型。新型工业建设步伐加快。山西焦煤60万吨烯烃、飞虹微纳米光电、双银电热膜、普泰发泡铝、华翔美的精密制造、恒美陶瓷、三维聚四亚甲基醚二醇、晓波建材200万吨熟料新型干洗水泥等项目相继实施。招商引资工作力度加大。组织专门力量参加中博会等国内大型招商引资活动，开展项目推介；大力推行“三个三分之一”招商工作法，签约大项目25个，吸引投资500多亿元。园区建设扎实推进，进一步完善园区配套设施，园区承载能力逐步提高，赵城煤焦化深加工园、甘亭产业转移示范园、辛村新型建材工业园和秦壁高新技术工业园四个产业聚集区实现产值290亿元，利税30亿元。现代服务业功能进一步健全。坚持把旅游业作为第三产业发展的龙头，充分挖掘根祖文化，全面推进“五个大槐树”发展战略，加快推进旅游基础设施、旅游资源和旅游产品的开发建设步伐。大槐树寻根祭祖园二期工程进展顺利，大槐树民俗饭店投入运营；广胜寺景区拓展改造、温泉度假村等建设工程有序推进。成功举办了大槐树寻根祭祖节、三月十八广胜寺传统庙会等一系列旅游文化节庆活动，进一步提升了洪洞旅游的外向度和品牌影响力，全年共接待游客130万人次，门票收入2800万元。同时，大力发展物流配送、小额信贷等现代服务业，改造提升传统服务业，开发建设了人才、资金、信息、劳务等生产要素市场和中介服务组织，流通服务业水平不断提高。“六城同创”活动进一步引深。在深入调研、充分论证、广泛征求意见的基础上，作出了创建国家卫生城市、国家园林城市、国家平安县、全国文明县城、国家优秀旅游城、省级环保模范城的“六城同创”重大决策，打响了提升城市形象、提高城市品位的攻坚战。经过全县上下共同努力，2011年省级卫生县城、省级园林城和省级文明县城成功创建，为实现“六城同创”工作总目标奠定了坚实基础。社会保障和民生工作进一步加强。基础设施建设持续加强。完成古槐南北路整治改造、五一渠路面硬化、城西强排站建设、农村饮水管网改造、赵城、甘亭变电站扩容等建设工程，新增供热面积50万平方米，热化率达到86%，新增天然气用户1800户，气化率达到70%。就业再就业工作持续引深。筹集再就业资金779万元，城镇新增就业人数3750人，办理用工企业登记213家，办理求职登记3668人。医疗卫生事业健康发展。扎实推进国家基本药物制度，减轻患者药品负担30%；县人民医院迁建主体已全部完工。社会保障水平不断提高。养老、失业、医疗、工伤保险覆盖面进一步扩大，各类参保人数达到13.8万人，发放各类城市农村低保和各类救助金8000余万元；建成了廉租住房500套，发放补贴213万元；为低收入农户无偿发放取暖用煤15.8万吨，为集中供热、机关团体和城市特困户平价供煤10万吨，保障了全县人民的冬季采暖。教育事业全面推进。启动实施了东方幼儿园建设工程及明姜、辛村、赵城等乡镇幼儿园建设工作；完成了洪洞一中、二中整体搬迁工作，新建的山焦小学投入使用，撤并初中学校2所，2011年，全县高考二本以上达线人数1380人，达线人数和达线率均创历史新高。文化基础建设不断加强。启动实施体育场翻新改造和大槐树文化中心工程。安全生产形势持续好转。在煤矿、非煤矿山、道路交通、学校医院、食品药品、危险化学品和公共场所消防等行业和领域开展了全方位、拉网式的隐患排查和整治，重大安全隐患得到有效排除。信访稳定工作不断创新。通过在全县推行事前预警防范、事中处置化解、事后反馈关怀“三段式”信访模式，有效化解了各类矛盾，信访形势持续好转，信访渠道进一步畅通，社会和谐水平进一步提升。

（官仕发）

附：一、中共洪洞县委书记、副书记、常委名单

书　记：陈玉士（4月离职）　王黎明（4月任职）
副书记：段　新（5月离职）　李世杰（6月离职）
　　　　王　山（5月离职）　孙京民（5月任职）
　　　　赵双宝（6月任职）　韦　阳（12月挂职）

常　委：晋廷瑞（5月离职）　宋保平（5月离职）
　　　　魏金顺（5月离职）　鲁立波（5月离职）
　　　　王晓斌（5月任职）　张玉龙
　　　　李　竞（5月任职）　翟建科
　　　　乔永生（6月任职）　樊如荣（女，6月任职）
　　　　刘春林（6月任职）

二、乡镇党委书记、副书记名单

大槐树镇

书　记：魏金顺（12月离职）
副书记：敬三平（12月任职）　崔宝喜（12月离职）
　　　　董其贤（4月离职）　李　白　张炜华

甘亭镇

书　记：黄小平（12月离职）

副书记：乔建红(12月任职) 马龙娃

曲亭镇

书 记：刘舒华(女)

副书记：张文俊 黄随军

苏堡镇

书 记：杨瑞平(4月任职)

副书记：杨瑞平(4月离职) 何林渊

广胜寺镇

书 记：刘亚俊

副书记：郭会军(12月任职) 石心强 张忠记(4月离职) 陈云川

明姜镇

书 记：纪小明

副书记：席青松(12月任职) 李金龙 刘俊刚

赵城镇

书 记：程洪俊

副书记：王秋平(12月任职) 黄果林 史剑锋 席苏顺

万安镇

书 记：敬三平

副书记：邱 波(12月任职) 高红安 石云峰

刘家垣镇

书 记：席青松

副书记：柳 勇(12月任职) 贾宏海 冯卫卫

淹底乡

书 记：郭双平

副书记：朱江平 刑宝记

兴唐寺乡

书 记：徐泽文

副书记：王 欣(12月任职) 郭志刚

堤村乡

书 记：张洪宝

副书记：乔 强 张旭东

辛村乡

书 记：郭芳芳(女)

副书记：林北红 乔新明

龙马乡

书 记：倪宁慧

副书记：周颖峰 王洪刚

山头乡

书 记：郑国龙

副书记：崔宝喜(12月任职) 刘向明 李洪峰

左木乡

书 记：邱 波

副书记：李金龙(12月任职) 张春芳 王湖锁 杜延海

中共安泽县委工作概况

县委书记 任秀红

2011年，安泽县深入开展“创先争优”活动，大力实施生态立县、农业固县、工业强县、城镇塑县、文化兴县、民生和县发展战略，奋力建设“生态安泽、富裕安泽、幸福安泽”，着眼转型发展、跨越发展，切实加强党的思想建设、干部作风建设、基层组织建设和党风廉政建设，全县经济和社会各项事业取得显著成绩，实现新的突破，迈出了争创“中部百强县”的坚实步伐。

截至年底，全县主要经济指标增速均保持在两位数以上，5大类46项指标全部完成或超额完成年度任务。其中，全县地区生产总值完成48.9亿元，同比增长17.9%；规模以上工业增加值完成40.14亿元，同比增长23.9%；全社会固定资产投资完成22.45亿元，同比增长25.4%；城镇居民人均可支配收入达到16078元，同比增长16.7%；农民人均纯收入达到5252元，同比增比16.5%；特别是财政总收入提前70天完成市定目标任务，突破10亿元大关，再筑安泽发展史上新的“里程碑”。

工程项目实施了总投资61.2亿元，涉及结构调整、民生改善、基础建设、公共服务等各个方面的66项重点工程项目。此外，精心储备了一批产业化项目，在2011年9月的中博会上，成功签约87亿元。同时，积极推进已签约的全国最大的煤化工项目(“523”煤化工项目)、格盟4×60万千瓦坑口煤电项目和华润分散式发电等大工业项目建设，为安泽实现更大幅度跨越奠定坚实基础。

新农村建设，支农惠农成效显著。大力实施“双千万”促农工程，启动了10万亩蔬菜基地建设项目和10万亩优质玉米生产基地项目，全年新发展优质核桃1.5万亩，扶持了“惠源科贸”、“荀乡食品”等一批农副产品加工企业，全年新成立农民专业合作社53个，全县农民专业合作社达到243个。农业发展力度增强，建成2个国家级万亩玉米高产示范区，平均亩产达到731.6公斤、示范农户户均增收1978.9元；新建日光温室10座，蔬菜种植面积达12387亩；全县肉牛存栏达1.4万头，羊存栏达6.2万只，鸡存栏达45万只。完成了国家农发水保项目三期工程，农业有害生物预警和控制站建设，0.48万亩中低产田改造工程，8万亩机深耕、秸秆还田现代农业建设项目和张峰水库库区移民安置区坡改梯工程。特别是与振东药业合作，以连翘产业为重点，积极推进"一县一业"连翘基地县建设。全面实施了以21个示范村建设为核心的第二轮新农村建设，全县建成400个农村沼气池，在第二次全市大督查中夺得东北片流动红旗；同时，狠抓农村集体经济发展，示范村集体经济积累全部达到5万元以上。

生态建设成效斐然。实施了大油松绿化成景工程和309国道、326省道精品绿化工程，全年累计完成造林面积3.16万亩，被授予"全省林业生态县"荣誉称号；大力实施"碧水蓝天"工程和焦化企业节能减排工作，超额完成了市定节能减排目标任务，县城空气质量二级以上天数达365天，其中一级天数达145天。城镇化建设亮点频显。大力实施了垃圾处理厂、沁河综合治理二期、湿地公园、城中村改造、还迁安置小区等十项城建重点工程。结合新农村建设，重点推进7个城镇化村和14个典型村的建设，村庄品味显著提高。旅游产业起步发力。重点完成了荀子生平园、沁河湿地公园和黄花岭、青松岭、红叶岭、段峪河瀑布群、望岳楼等景区及配套设施建设，启用了接待条件一流的黄河京都大酒店，成功举办了以文化搭台、经贸唱戏为主题的第六届荀子文化节，全年实现旅游综合收入9300余万元。特别是荀子文化节上，签约项目达24个，签约资金达122.5亿元，为历年之最。

社会事业全年拿出了超过5成的可用财力投入到民生领域，有力推进了"幸福安泽"建设。优先发展教育事业。完成了四所基层学校续建及设施配套工程；启动了标准化幼儿园建设工程；选派20名中小学后备校长赴浙江省德清县挂职培训，高考二本以上达线112人，再创历史新高。加快发展卫生事业。完成中医院新建工程、人民医院达标上等和唐城、冀氏中心卫生院改造工程。选派10余名业务骨干分期分批赴山西医科大学、长治和平医院等医院进行学习，医务人员业务水平得到进一步提高。强力推进文化共享。新建县图书馆并投入使用，县文体中心活动场馆全部免费开放，完成6个乡镇文化站的建设任务，农民文化书屋建设实现全覆盖，并在全省首家实现县一级数字电视"全覆盖"。加快完善社保体系。城镇登记失业率控制在2.9%以内。全年共发放各类社保金2000余万元，累计救助1056人次，免费为8552户低收入家庭每户供应了一吨"暖心煤"。扎实推进"十五个全覆盖"。新"五个全覆盖"中，农村便民连锁商店、农村文化体育场所、中等职业教育免费3项工程已实现全覆盖。县定"十个全覆盖"中，有8项已基本实现全覆盖。积极创新社会管理。投资300余万元，将平安创建网、阳光农廉网、基层党建网"三网合一"，建立了安泽县党建联动服务网站；在县乡村分别建起了县级社会管理服务中心、乡镇社会管理服务大厅和村级便民服务室，健全"三级联动"服务机构和服务队伍，探索建立起集百姓诉求处理、三务公开、农业政策信息咨询服务等多功能为一体的社会综合管理服务体系，有力维护了社会的和谐稳定。

党的建设引伸"创先争优"，开展了"双引领、双服务"主题实践活动，切实提升了基层组织和党员带头致富、带领群众致富的能力和机关服务群众意识。目前，全县农村支部引领产业已达35个，农村党员引领创业达136项。全面实行包村领导干部"五包"责任制和县领导分片负责制，全年共组织召开各类帮扶座谈会96场，帮助农村制订发展规划74个，确定致富项目85个，提供帮扶资金113.48万元，帮助农村解决实际困难142个，有效增进了党群干群关系，执政基础得到进一步夯实。持续开展"干部大学堂"活动，全年举办培训13期，培训党员干部5500余人次，超额完成了培训计划，实现了学习的制度化、常态化、系统化。在全县范围内开展了首届"感动安泽"系列人物评选活动，从105名候选人当中选出1位创业人物、4位基层人物和5位道德模范，营造了崇尚模范、学习典型、争当先进的浓厚氛围。严厉惩处党员干部违法违纪行为，从重查处各类案件，全年共立案39件，给予党政纪处分39人，有力维护了安泽县风清气正的政治环境。

（王　军　范　帅）

附：一、中共安泽县委书记、副书记、常委名单

书　记：任秀红（女，1月任职）

副书记：郑步电　牛庆国

常　委：陈鹏飞　韩建辉（6月离职）　高成锁
杨玉果（女，5月任职）　王海江（5月病故）
唐纯军（5月任职）　连忠武（6月任职）

二、乡镇党委书记、副书记名单

府城镇

书　记：连忠武

副书记：牛福生　郭有锁

唐城镇

书　记：李世明

副书记：王朝峰　王志刚

和川镇

书　记：李　晓

副书记：王新文　范成仁

冀氏镇

书　记：张俊生

副书记：雷改萍（女）　薛长森

杜村乡

书　记：魏金平

副书记：付　强　李林峰

良马乡

书　记：赵春亮

副书记：张福增　李拴香（女）

马壁乡

书　记：刘合生

副书记：刘建军　张里锁

中共古县县委工作概况

县委书记　李　菲

2011年，全县生产总值完成70.5亿元，同比增长17.2%；规模以上工业增加值完成60.9亿元，同比增长23.1%；财政总收入完成11.8亿元，同比增长12%；城镇居民人均可支配收入完成18052元，同比增长14.7%；农民人均纯收入完成5715元，同比增长15.2%，经济社会各项指标均圆满完成既定任务。

一、加强队伍建设，转变工作作风，党的建设全面加强

一是县乡村三级换届圆满成功。按照中央、省、市的安排部署，我们把县乡换届作为工作的重中之重，细化分解任务，协调稳步推进，于5月11日圆满完成乡镇党委、人大、政府换届，6月28日完成了县委、人大、政府、政协领导班子换届。班子结构得到较大改善，整体素质明显提高。12月份，圆满完成了第九届农村"两委"换届选举工作，全县111个农村支部，连选连任64位支部书记，新当选的支部书记47位，优化了农村"两委"班子结构，基层党组织的战斗堡垒作用得到了充分发挥。

二是基层党建水平逐步提升。在县乡换届之后，集中在全县科级领导班子和领导干部中大力开展"四加强三提升"活动，进一步提升了新班子的思想政治建设水平、服务转型跨越、领先发展业绩和群众对各乡(镇)、各单位工作的满意度；继续扩大基层党组织覆盖面，新成立县直八个机关(系统)党委，向186个非公有制经济组织派驻了41名党建工作指导员，党在基层的执政基础更加牢固；认真组织开展"下乡住村联户包村增收"活动，全县111个行政村实现了干部包村全覆盖，确定发展规划111个，建立农户联系点283户，切实解决了群众生产生活中存在的一些突出问题，真正让当地群众得到了实惠。

三是干部队伍建设不断加强。通过换届，选优配强了乡镇、县直机关(系统)和非公有制企业党委书记，书记队伍结构更趋合理。继续大规模培训干部，选派乡镇党委书记参加了在省委党校举办的新型工业化、农业产业化培训班，进一步提高了党委书记履职能力。在县内举办专题培训班3期，邀请10余名国内知名专家举办讲座，极大地提高了各级干部的执政能力和工作水平。

四是党风廉政建设扎实开展。全面落实党风廉政建设责任制，深入开展纠正行业不正之风和政务、村务、企务公开工作。坚持不懈抓好煤焦领域反腐败工作，清缴各类欠缴税费420余万元，共累计清缴欠缴资金2.3亿元。深入开展工程领域反腐败工作，排查政府投资项目106个，对存在的问题进行了整改，并追缴违规资金320余万元。全面抓好农村党风廉政建设，投资110余万元，建起了县农廉网监管中心、县镇阳光农廉网便民服务中心和农村阳光农廉网平台，实现了县乡村阳光农廉网全覆盖。全县所有乡镇全部建立了会计委托代理中心，所有行政村的"三资"管理全部纳入中心。狠抓违纪案件查处工作，共立查违纪案件34件，给予34人党政纪处分。

五是民主法制进程持续推进。认真贯彻落实民主集中制原则，健全各项制度，为科学决策、民主决策提供了规范的制度保证。继续推进依法治县进程，2011年被中共中央宣传部、中华人民共和国司法部授予"2006—2010年全国法制宣传教育先进县(市、区)"。

二、突出发展主题，切实改善民生，经济社会事业又好又快发展

一是以促进农民增收为目标，着力推动特色农业产业化发展。继续抓好粮食生产，建成优质谷子、经济作物、小杂粮、高产玉米"四个万亩基地"，粮食总产量达到5.47万吨，同比增产3.7%。继续坚持核桃"一业为主"，新发展核桃经济示范林1.3万亩36.4万株，综合管理30万株，完成育苗800余亩。大力发展高效农业，集中实施旱垣结构调整、设施蔬菜种植、规模健康养殖三大工程，涌现出了尧峪生贵式蔬菜大棚、南垣千头牛场、石壁万只兔场等一批高效农业示范基地。加快推进农业产业化发展，财政贴息带动专项信贷2700余万元，桃源核桃生物有限公司、华海天宇农业发展有限公司等龙头企业不断开发出新产品、新工艺，432个农民专业合作社带富能力进一步增强。不断提高农业保障水平，发放各项农业补贴1200余万元，完成农业综合开发项目2个，整理开发土地800余亩，完成机械化保护性耕作1.6万亩，建成四要素区域自动气象站10个。

二是以转型发展、多元支撑为目标，积极探索转型跨越新路子。扎实推进煤矿兼并重组整合后续五项工作，全县煤矿共投入12.8亿元实施矿井改造提升工程，同步关闭矿井5座，煤矿生产能力显著提升。现有取得开工报告批复建设的矿井12座，生产矿井5座。加快推进焦化企业战略重组，涧河500万吨焦化园区建设，总体规划和产业发展规划通过专家评审，并完成两起兼并整合工作；蔺河200万吨焦化园区建设，通过省市审批，正在抓紧实施。大力实施项目建设，利达20万吨甲醇项目一期工程即将竣工投产；总投资70亿元的华康200万吨优质铸造焦项目、总投资2亿元的正泰焦炉煤气制备天然气项目，均已获批并启动建设；总投资30亿元

的鑫秀 2×35 万千瓦煤矸石发电项目，与山西格盟国际能源公司达成合作协议。严格落实节能减排工作，圆满完成了各项环保指标，全年二级以上天数达 364 天，其中一级 109 天。

三是以做强旅游品牌、带动三产发展为目标，奋力打响文化旅游产业知名品牌。在硬件建设上，加大牡丹景区开发建设力度，张家大院二期、现代农业观光示范园如期竣工开放，游客接待中心主体完工，沿河步道完成初步规划，国家4A 级旅游景区创建工作圆满成功。全面启动霍山景区和红色旅游开发，投资 2000 余万元的伴森缘休闲避暑度假村一期工程主体完工，朱德路居保护工程完成规划设计。县图书馆、文化馆达到国家一级馆标准，建成全省首个图书馆总分馆系统，“农家书屋”建设在全市率先实现全覆盖，数字电视覆盖县城和 7 个乡镇，广播电台建成试播。进一步加大“天下第一牡丹”、“战国名相故里”等文化旅游品牌对外宣传力度，成功举办第四届中国·古县牡丹文化旅游节，全面提升了古县旅游知名度和美誉度。隆重举办庆祝建党 90 周年、建县 40 周年等各类文化活动，引深开展“书香型社会”创建活动，群众文化生活更加丰富多彩，共享共建的热情空前高涨。

四是以营造宜居宜业发展环境为目标，不断完善城乡基础设施建设。制订新的县城发展规划，着手开发了城南的文昌新区。进行了岳秀街等主要街道的拓宽改造和张家沟小河河道治理；实施了集中供热加压、集中供气扩网工程，新增集中供热面积 12 万平方米；新增煤气用户 1500 余户。完成天然林保护、太行山绿化、退耕还林荒山造林等共计 1.8 万亩，林改工作如期完成。

五是以不断提高全县人民幸福指数为目标，切实把“以人为本”的理念落实在加大民生投入的行动中。城镇寄宿制学校主体完工，职教中心、二中附属设施工程全面竣工，10 所学校的义务教育标准化建设全部完成。高中教育实现零收费，在全市率先实现十二年免费教育。培训教师 1600 余人次。县财政拿出 130 万元重奖优秀教育工作者。高考达本科线 127 人，连续 5 年创历史新高。职业高中对口升学实现了本科“零”的突破。县医院迁址新建工程主体完工，7 个乡镇卫生院全部通过达标验收，111 个行政村实现了村卫生室全覆盖。大力推进医药卫生一体化综合改革，公立医院改革全面启动，基层医疗卫生改革试点工作通过省级验收。大力发展基本医疗保障，新农合参保率达 98.65%，城镇职工和城镇居民参保人数达 17881 人。新型农村社会养老保险参保人数达到 32000 人，城镇居民医疗保险参保人数达到 7112 人；发放低保金、“五保”供养金、困难群众医疗救助金、农村 70 岁以上高龄老人健康补贴共计 980 余万元，受益群众达 1.2 万余人。启动了涉及 334 户居民的煤矿采空区居民安置工程。新建了 1 万余平方米的经济适用房。启动了 140 套 7000 余平方米的廉租房建设工程。安全稳定上，严格落实安全责任，狠抓社会治安综合治理，深入排查化解社会矛盾纠纷，全县没有发生重大事故。

（赵安平）

附：一、中共古县县委书记、副书记、常委名单

书　记：李　菲（女）

副书记：加天山　程世俊（6 月离职）
　　　　张全虎（6 月任职）

常　委：赵海山（6 月离职）　张亚斌
　　　　田卫东（6 月任职）　姜红光
　　　　黄海华（5 月任职）　石焕勤
　　　　安海清（1 月任职）　元福明（6 月任职）

二、乡镇党委书记、副书记名单

北平镇

书　记：张俊林

副书记：史　澎　张银贵

古阳镇

书　记：元福明

副书记：苏红光　杨青保

岳阳镇

书　记：柴保林

副书记：刘国强　王雪平

石壁乡

书　记：杨晋栋

副书记：张秋香（女）　牛玉强

旧县镇

书　记：李秋生

副书记：武　旭　韩碧文

永乐乡

书　记：赵贤慧

副书记：崔　艳（女）　贾　辉

南垣乡

书　记：韩红霞（女）

副书记：孔凡军　鲁永记

中共汾西县委工作概况

县委书记 任天顺

2011年,全县生产总值完成15.77亿元,增长15.3%;固定资产投资完成10.78亿元,增长28.4%;规模以上工业增加值完成4.93亿元,增长48.9%;社会消费品零售总额完成6.69亿元,增长17.66%;城镇居民人均可支配收入达到1.47万元,增长15.9%;农民人均纯收入达到2101元,增长11%;财政收入完成1.31亿元,增长26.3%。各项主要经济指标均实现两位数增长,整体工作在全市进位前移。

一、狠抓班子建设,强化队伍管理,不断提高党的建设科学化水平

一是县乡村三级换届圆满成功。认真贯彻中央、省市换届工作要求,加强领导、精心组织,严格程序、规范操作,圆满完成县乡村三级换届工作任务。注重配强班子正职、选好班子成员,优化班子结构,县级班子交流任职6名,提拔任用6名,占班子成员半数以上,为历届之最;县委、人大、政府班子成员全票当选,在汾西历史上尚属首次;新一届县级班子40岁以下年青干部新增4名,乡镇班子大专以上学历达95%,19名大学生村干部当选农村支部书记,换届后各级领导班子年龄梯次更加合理,知识结构更加优化,工作合力明显增强。

二是思想纪律作风整顿卓有成效。利用5个月的时间,在全县开展干部队伍思想纪律作风大整顿,集中开展理想信念教育、廉政教育、警示教育,深入查摆问题,狠抓整改落实,公开曝光反面典型10余人,对13名违规违纪人员给予党政纪处分,免职2人。通过整顿,干部队伍精神面貌明显改观,组织纪律、廉洁意识明显增强,发展的软环境、硬环境明显改善,工作作风、办事效率明显改进。研究制订了《中共汾西县委工作规则》,健全完善了工作协调、工作报告、请销假和加强领导班子自身建设等制度,得到市委充分肯定,市委组织部全文转发该规则,要求全市各县市(区)学习借鉴。

三是基层组织建设亮点纷呈。隆重开展纪念中国共产党成立90周年庆祝活动,广泛开展"爱我汾西、树我形象、建我家乡"主题活动,进一步激发了基层党组织活力。深入开展争两先创五好当先锋活动,全县基层党组织和有践诺能力的党员全部进行公开承诺、践诺,涌现出政务大厅、永安派出所等一批"为民服务窗口"和"党员先锋岗"。围绕创建基层党建先进单位和基层党建先进县,开展了党建示范工程建设活动,推动基层党建工作健康开展。扎实开展领导干部驻村联户活动,围绕"六个一"工作要求,对所包村实行全方位帮扶,进一步密切了党群干群关系。

四是党风廉政建设持续推进。县委、政府主要领导向全县人民公开承诺,坚决做到六不:"不收礼金,不搞权钱交易,不插手工程,不贪占国有资产,不做盗采国家资源的保护伞,不搞特殊化",接受全县干部群众监督。加强反腐倡廉宣传教育,切实加强廉政网站建设。深入开展工程建设领域突出问题专项治理,加大对损害群众利益不正之风的治理力度,突出治理公路三乱,积极开展政风行风评议。完成乡村两级"阳光农廉网"建设,农村基层党风廉政建设制度体系逐步完善。加大案件查办力度,查结违纪违法案件26案50人,其中,副科级以上领导干部13人,全县党风、政风明显好转。

二、实施"五大战略",全力推进经济社会转型跨越发展

2011年,按照省委、市委推进转型跨越发展的总体要求,围绕"五大战略"的发展思路,进驻大集团,推进工业转型;坚持龙头引领、示范带动,引深农业调产;以旅游为形,以文化为魂,发挥优势,彰显特色,带动三产发展。

一是改造提升传统产业,洽谈签约高新项目,工业强县战略孕育新潜能。围绕"传统产业抓提升",全力推进现代化矿井建设,21座煤矿整合为5座骨干煤矿,产能达到345万吨,巨开元煤业嘉阳矿实现复工复产;煤气化公司2×6兆瓦煤气发电项目开工建设,玉匣铸业生产线减压、砂处理系统扩能改造全面完成,隆盛水泥厂项目立项、环评等相关批文全部完善。全面加大招商引资力度,引进山西国际电力、唐山工贸集团等大型企业和高等院校、科研院所。总投资40亿元的高端铝质耐火材料项目完成公司注册,地址初步选定,正在申请探矿权;总投资10亿元的硫铁矿强化富集酸铁联产项目,已开展公司注册和申报探矿权工作,与山西三勘院签订整装勘察协议;投资1亿元的煤炭地下气化工业性试验项目启动实施;石膏加工项目已争取到开采权,正在开展立项、环评等相关手续的申报工作;总投资30亿元的风能发电项目,已设立9处测风塔,开展风力、风向测试;总投资110亿元的山西国电集团煤炭清洁综合利用(IGCC)项目已完成可研编制,报国家发改委审批。

二是扶持三大龙头,培植四大基地,农业富民战略凸显新特色。扶持龙养生物、晋西核桃、洪昌养殖三大农产品加工龙头企业延伸链条、做大做强,带动以肉鸡为主的畜牧养殖、以核桃为主的干果经济林、以苦荞为主的特色种植和以丰产玉米为主的坝系农业四大基地发展。按照"公司+基地+农户"的模式,依托洪昌养殖,发展肉鸡养殖专业村8个,标准化养殖大棚200个,洪昌养殖有限公司发展成为集饲料加工、肉鸡养殖、屠宰加工为一体的养殖加工企业,被省政府列

为“一县一业”肉鸡养殖重点专业县，每年扶持资金300万元，连续扶持5年；依托晋西核桃和龙养生物，新增核桃经济林1万亩，发展优质苦荞2.5万亩。大力发展坝系农业，开工实施6处以工代赈、土地整理开发、流域综合治理项目，构筑淤地坝195处，新增改善基本农田3.5万亩。

三是开发旅游资源，挖掘特色文化，三产活县战略激发新活力。以旅游开发为切入点，全力打造以师家沟清代民居、县城西大街鼓楼、姑射山真武祠“三点一线”的“汾西一日游”。加大力度对外宣传师家沟大院文化，取得明显效果，师家沟保护开发前景乐观。对鼓楼进行了修缮亮化；加快姑射山真武祠旅游景点建设，配套建设旅游公路18公里。挖掘特色文化，打造精品品牌，团柏“威风锣鼓”远赴陕西、云南和我省太原、长治、平遥等地表演80余场次，人均收入达万元以上；文化经纪人陈汉平牵头发展剪纸产业，吸收30余人成立民艺公司，已创作数千幅剪纸作品，代表作品有500罗汉图、清明上河图、百龙图等，先后赴大同、西安、广州等地展出，产生了良好的经济和社会效益。

四是加强创新社会管理，着力保障改善民生，社会和谐战略取得新成效。保持打击非法采矿的高压态势，先后开展了“打非”专项整治、边界行动和“拔钉子”百日专项行动，非法采矿行为得到有效遏制。扎实开展以煤矿、交通、食品药品等为重点的安全隐患排查治理，全年未发生重特大安全事故，安全生产形势明显好转。全面加强社会治安综合治理，提升“平安汾西”创建水平。畅通群众信访渠道，实行县级领导干部周二信访接待制度，全年接待受理群众来信来访330起782人次，同比分别下降52.7%和50.6%，一批历史遗留的重大信访案件和社会关注的热点焦点问题逐步得到解决。着力保障改善民生，围绕解决群众上学难、看病难、吃水难、行路难、就业难等问题，投资8800万元，兑现了10件利民为民实事。认真落实义务教育阶段“两免一补”政策，积极扶持大学生生源地信用助学贷款；启动实施了国家基本药物制度，推行基本公共卫生均等化服务，进一步扩大农村合作医疗参保范围；有效开展农村劳动力转移培训、技能培训和创业培训工作；扎实推进农村新的“五个全覆盖”工程。

（陈华倩）

附：一、中共汾西县委书记、副书记、常委名单

书　记：邓彩彪（4月离职）　任天顺（4月任职）

副书记：毛跟云　张全管

常　委：郭向东（5月离职）　牛春平（女，5月离职）
任吉龙（5月离职）　栗俊昌（5月离职）
高　涨　段惠刚（5月任职）
李春雷　贾文魁（5月任职）
傅德明（5月任职）　杨晓舟（5月任职）

二、乡镇党委书记、副书记名单

永安镇

书　记：要赴朝

副书记：王　成　侯俊杰　王大勇（4月免职）

勍香镇

书　记：师学斌

副书记：马华庆（1月任职）　郭良敏（4月免职）
郭庆文（4月免职）　任玉记（4月任职）

对竹镇

书　记：乔旭兵

副书记：曹兴林（1月免职）　庞良平（1月任职）
任玉记（4月免职）　赵彦有（4月任职）

僧念镇

书　记：任贵平

副书记：曹兴林（1月任职）　张锁虎（年4月免职）
杨虎龙

和平镇

书　记：侯明生

副书记：庞良平（1月免职）　张俊林（1月任职）
赵彦有（4月免职）　师天龙（4月任职）

佃坪乡

书　记：王建国

副书记：苏　涛（1月任职）　杨志华（4月免职）
王红记（4月免职）　李兴利（4月任职）

团柏乡

书　记：王红林

副书记：张俊林（1月免职）　柏庆安（1月任职）
师　锐（4月任职）

邢家要乡

书　记：李胜利

副书记：王红伟（1月任职）　金兰旺（4月免职）
陈　军（4月任职）

社区委员会

书　记：刘元建（女）

副书记：苏　涛（1月免职）　柏红兵（1月任职）
王学义

中共蒲县县委工作概况

县委书记　邓彩彪

2011年，中共蒲县县委立足县情实际，着眼长远发展，进一步完善工作思路，确定了“十二五”时期“三年翻一番，五年翻两番，再造一个新蒲县”的奋斗目标，和“树立三种理念，统筹四个发展，实现五大跨越”的总体工作思路，即：树立强县富民、以人为本、开拓创新“三种理念”，统筹城镇与农村、经济与社会、基础设施建设与产业开发、煤炭产业与非煤产业“四个发展”，在工业新型化、农业现代化、特色城镇化、设施配套化、民生普惠化上实现“五个新跨越”。围绕这一奋斗目标和总体工作思路，全县上下求真务实，奋发进取，经济社会各项事业都取得了可喜成绩，呈现出经济发展、社会和谐、人心思进、人心思干的生动局面。各项指标全面完成地区生产总值37.95亿元，同比增长36.5%；财政总收入完成14.24亿元，增长23.7%；一般预算收入完成6.27亿元，增长17.9%；固定资产投资完成16.06亿元，增长33.3%；城镇居民人均可支配收入16088元，增长16.7%；农民人均现金收入4875元，增长15.3%。主要经济指标全市综合排名位居前列，实现了“十二五”良好开局。

一、经济社会取得可喜成绩

一是工业新型化步伐加快。新矿井建设快速推进。总投资100亿元的24座整合改造矿井，累计完成投资64亿元，20座开工建设，开工率83.3%，2座已建成投产，3座实现联合试运转，新矿井建设走在了全市前列。工业园区建设全面提速。规划建设的煤化工、循环工业、加工制造、现代物流、农副产品加工五大园区中，循环工业、加工制造两个园区规划已通过论证，正在加紧建设。实施的重点园区项目中，宏源500万吨煤炭深加工、龙祥日产4500吨熟料干法水泥一期、易恒天酿酒一期1500吨、万国全200吨胱氨酸等项目已投产见效。招商引资取得重大进展。投资330亿元的中煤集团煤—电—化项目，投资500亿元的华电集团煤—电—化项，投资10亿元的大唐电力10万瓩风力发电项目，已正式签约，正在加紧做前期准备工作。同时，与潞安等五大整合主体企业，达成了新上煤化工、非煤产业、富民产业的合作意向。

二是农业现代化成效初显。以“一村一品”、“一县一业”为方向，建基地、强龙头、重扶持，大力推进农业产业化。10万亩核桃基地建设。进一步完善产业发展机制，总面积发展到9.6万亩，农民人均1亩以上。同时，强化龙头带动，正茂核桃有限公司不断壮大，“养益牌”核桃被认定为“绿色A级”产品，通过农业部“无公害产品”和“蒲县核桃”地理标志认定。10万亩马铃薯基地建设。出台“三补贴一扶持”奖励政策，县财政每年拿出100万元，作为薯农补贴，并争取到全省片区扶贫开发项目支持，马铃薯高新技术示范园一期工程和150万斤马铃薯贮藏库竣工投用，优质脱毒马铃薯发展到5.5万亩，三年内可达到10万亩。特色优势产业发展。万亩设施蔬菜基地顺利启动，建成大棚158个，农民棚均收入可达3万元。5万亩苹果基地，新增1.5万亩，累计达到2万亩。烟叶种植稳定在6000亩，成为全省烟叶种植示范县。“华尧”酒获“中国消费者满意名特优品牌”、“中国优质白酒”称号；昌源土豆粉丝获得农业部“无公害产品”认证；昕源薯业糯玉米通过了QS、有机食品认证，农业龙头企业和品牌带动作用显著增强。

三是特色城镇化快速推进。编制完善县城总体规划，推进城市框架东延西扩、城市绿地南北上山、现有城区旧城改造三大框架工程。总投资10亿元，实施县城河道治理、锦绣大道亮化绿化、滨河大道、奥体中心、全民健康服务中心、蒲怡公园、翠屏山森林公园、锦绣大桥等10项重点工程。同时，以县城为依托，推进克城、黑龙关、薛关、乔家湾等特色小城镇，和屯里坡、阳湾新村等10个样板新农村建设，加快移民并村，形成“大县城、小城镇、中心村”的城镇化格局，力争“十二五”末城镇化率达到55%。大力推进城乡生态化，投资2030万元，实施造林绿化十大工程，造林4.34万亩，植树50万株；投资2000万元绿化临大线，栽植景观树6.1万株，城乡生态环境明显改善。

四是设施配套化全面升级。公路建设实施“三大干线、十二大循环”工程，全长33公里、投资6亿元的霍永高速连接线已立项，并完成勘探和初步设计。全长47公里、投资4亿元的临吉高速连接线蒲县段路基工程全部完工。蒲汾一级路改造工程，完成项目申报。总长74公里的12条乡村循环路工程，全部竣工通车。建成110千伏输变电工程，110公里农网改造工程竣工投用，水、电、路等基础设施保障全面加强。

二、民生普惠化造福群众

县委、县政府向全县人民公开承诺的八件实事全部兑现，提前一年在全省率先实现农村新的“五个全覆盖”；实施中小学生“蛋奶”工程；免除高中学生学杂费、书本费，实现中小学教育全免费；免费为城乡育龄妇女进行两癌普查；率先在全省免收城乡居民有线电视收视费。县城集中供热基本实现全覆盖。新型农村合作医疗惠及8万多农民，新型农村社会养老保险全国试点工作成为全省财政拿钱最多、发放标准最高的县；城镇居民养老保险全国试点工作扎实推进；全县失业、医疗、工伤等保险基本实现全覆盖；城乡低保实现应保尽保；全面落实县四套班子成员包重点案件、县委常委包老上访户稳控两个责任制，全县信访形势明显好转。高度重视安全工作，全面落实企业主体、部门监管、属地管理"三个责任"，加大安全防范、隐患排查、责任追究"三个工作力度"，严厉打击私挖盗采，非法采矿行为得到了有效遏制。

三、党建科学化水平全面提升

思想建设不断深化。深入开展"转型跨越新蒲县"大讲坛活动，邀请省内外专家学者作专题讲座，组织各级干部外出学习考察，全县干部的政策理论水平和工作能力得到进一步提高。基层组织建设得到强化。以创先争优为动力，扎实推进基层党组织建设。深入开展"大学习、大调研、大服务、大竞赛、大招商"主题活动，紧扣发展主题，突出实践特色，推动转型跨越。开展干部公开承诺活动，促进工作落实。落实党建工作第一责任人，推行"两定一查三评"、"一定三有"工作制度和"四议两公开"工作法，基层党组织凝聚力和战斗力明显增强。深入开展流动党员"在当地争先锋，为家乡做贡献"实践活动。设立100万元大学生村干部专项创业基金，大学生村干部积极领办、合办和参与农村专业合作社，成为引领农村发展的新生力量。全面落实农村干部待遇，激发大家干事创业的激情活力。干部队伍建设成效明显。按照省委、市委的统一安排部署，圆满完成了县乡村三级换届，做到了群众满意、组织认可。作风建设全面加强。推行观摩检查测评制度，组织两次全县观摩检查活动，激励先进，鞭策后进。深入开展"干部下乡住村联户"活动，298名副科级以上干部结对帮扶农户448户，制定发展规划107个，落实帮扶资金2000多万元，谋划致富项目140多个。深入开展煤焦领域反腐败斗争、农廉建设、工程领域等专项治理，认真解决群众反映强烈的大操大办、公款吃喝等突出问题，营造了依法办事、高效做事、廉洁干事的环境。认真开展纪律作风集中教育整顿月活动，队伍面貌和办事效率有了显著变化和提高。

（陈永超）

附：一、中共蒲县县委书记、副书记、常委名单

书　记： 乔建军（4月离职）　邓彩彪（4月任职）

副书记： 闫建国　郭迎明

常　委： 陈振华（7月任职）　席建国（7月任职）
陈金庄　高永贤　余作明
尹保峰（7月任职）

二、乡镇党委书记、副书记名单

蒲城镇

书　记： 席江红

副书记： 王晓晖　曹彦红

黑龙关镇

书　记： 宋蒲刚

副书记： 谭　源　辛普红（4月任职）

薛关镇

书　记： 卢志俊

副书记： 冯宥铨　范海建（4月任职）

克城镇

书　记： 辛耀庭

副书记： 李永剑　庞志刚

山中乡

书　记： 张彦龙

副书记： 康向红　崔海斌

古县乡

书　记： 任建平

副书记： 李俊虎　任建龙

红道乡

书　记： 刘俊绒（女）

副书记： 亢鹏飞
王丽霞（女）

乔家湾乡

书　记： 张保平

副书记： 张晋峰　宫智勇

太林乡

书　记： 马华剑

副书记： 乔福顺　毋蒲青（4月任职）

中共乡宁县委工作概况

县委书记　杨安虎

2011年，中共乡宁县委在省、市委的坚强领导下，深入贯彻落实科学发展观，研究确定并高效实施了"四个十"工程、项目和实事（即十项续建工程、十项新建工程、十个产业项目、十件惠民实事），团结带领全县干部群众，加快转型跨越，奋力争创一流，实现了"十二五"精彩开局。

一、核桃主导，特色并进，精心培育富民产业

坚持"核桃产业主导、若干特色并进"的农业产业化发展思路，多措并举夯实富民之基。一是政策撬动。全面整合支农资金，加大财政扶农力度，特别是对核桃产业从资金、技术、服务等方面全方位扶持。2011年全县财政投入"三农"资金达3.18亿元（其中县级财政投资达1.66亿元），仅补贴核桃

产业就达4000余万元,新栽植核桃4.33万亩,葡萄、翅果、苹果等特色产业也稳步推进。二是龙头带动。用工业化理念谋划现代农业,大力扶持农业产业化龙头企业以“公司+协会+基地+农户”的模式快速发展壮大,戎子葡萄酒去年10月成功上市销售,琪尔康翅果油畅销北京、上海等高端市场,双凤祥核桃高标准推进,枣园白色农业前景看好。三是农民主动。通过产业引导、订单培养、需求培训等方式,不断提升广大农民创业致富的能力。全年各级各部门共举办各类培训50余期,引导转移农民1.4万余人次。截止年底,全县已形成核桃专业村18个、苹果专业村14个、花椒专业村6个,“一村一品”取得新成效。

二、以煤为基,内留外引,促进产业多元发展

坚持“依靠煤、延伸煤、超越煤”,地下地上齐抓,煤与非煤并举,推进产业转型升级。一是着力提升煤炭产业。稳步推进煤矿企业兼并重组整合,全力加快整合后主体矿井改扩建步伐。新整合的29个板块中,直接提能的矿井3座,批准开工建设的矿井20座,煤炭行业规模化、机械化、清洁化、高效化水平快速提高。二是倾力打造循环产业。引导煤化企业循环发展,现有焦化企业产业链条不断延伸,产值和效益明显好转,九成焦化公司新增60万吨焦化、宏强焦化公司年产9000万块煤矸石空心砖等项目顺利推进。三是致力培植新兴产业。落实“内留外引”20条优惠政策,给转型企业兑现扶持资金4200余万元,云丘山旅游、戎子酒庄等一批新兴非煤产业项目快速壮大,县域快转型、大跨越的氛围日渐浓厚。

三、五城联创,以城带乡,全面加快城乡建设

一是打造大县城。重点推进营里新区开发建设,和谐完成20余万平方米的城市拆迁任务,迎旭街东延、热源厂、生活垃圾处理场等市政重点工程相继竣工并投入使用,为再造一个新县城奠定了坚实基础。同时扎实开展了“市容市貌百日专项整治”、“亮剑”环境专项整治等行动,人居环境大为改善,城市品味极大提升。二是提升小城镇。研究制定了《乡宁县城镇化推进实施方案》,加快推进西坡、枣岭、管头三个连片区建设,管头镇率先成为全省21个示范镇之一,是唯一的山区城镇。三是建设新农村。以试点村、重点推进村为重点,围绕“四化四改”和“六个一”工程,全面配套,逐步优化。不断巩固“五个全覆盖”成果,积极实施新的“五个全覆盖”,完成农村街巷硬化378.01公里,新建农家书屋50个、体育健身场所24个、村级文化活动场所33个。

四、堵疏结合,标本兼治,营造和谐发展环境

一是狠抓安全生产。始终坚持“牢牢抓住煤矿安全这个重点、坚决攻克私挖盗采这个难点、绝不放松大安全”的工作思路,深入开展了“铁腕打非”、“安全生产月”和“百日大会战”等专项行动,安全生产形势持续好转。二是维护和谐稳定。建立健全领导干部下访接访工作机制,严格落实分管责任和属地责任,努力做到事要解决到位、教育稳控到位、依法打击到位、困难帮扶到位,信访工作实现“四降一好转”。

五、大干工程,兴办实事,改善民生普惠人民

年初确定的“四个十”重点工程、项目和实事中,新建项目全面开工,续建工程相继竣工,产业项目快速推进,惠民实事全部兑现。特别是备受全县人民关注的新高中投入使用,全面免除了高中阶段学费,是全省第四家、临汾第一家。更为可喜的是,高考达二本线以上378人,比上年净增109人。检察、科技、粮食、残联、国土资源等9项工作受到国家部委表彰,6项工作受到省委、省政府表彰,45项工作受到省直部门表彰。

六、加强党建,配强班子,凝心聚力转型跨越

一是优化各级领导班子。按照“德才兼备、以德为先”的选人用人标准,进一步选齐配强了各级领导班子。严格落实换届纪律,细化时限、程序、标准等要求,县乡村三级换届顺利圆满完成,组织提名推荐的所有人选全部全票或高票当选,一批想干事、能干事、会干事的优秀干部走上了领导岗位。县委还针对换届后各级班子成员变化较大的实际,把统一思想、增进共识作为班子建设的首要任务,开展中心组学习12次,举办“干部大讲堂”10场,形成了引领县域转型跨越的强大合力。

二是加强基层组织建设。严格落实各级书记抓党建工作第一责任人制度、“两定一查三评”制度和党员承诺评议制度,深入开展干部下乡住村联户包村增收活动。尤其是抓住农村“两委”换届之契机,全面加强了农村“两委”班子建设,基层干部队伍素质有了较大提升,基层组织的凝聚力、战斗力进一步增强。

三是加强党风廉政建设。坚持把党风廉政建设和反腐倡廉工作与各项重点工作同部署、同推进、同落实,坚持教育、制度、监督并重,纠风、治乱、惩处并举。采取多种形式,积极开展岗位廉政教育和警示教育,深入推进廉政文化“六进”活动,让广大党员干部始终保持清醒的头脑。对工程、煤焦、农廉等重点领域以及关键岗位、重点部门经常过问;对一些干部存在的苗头性、倾向性问题打招呼、扯袖子,防患于未然。严查重处各类违纪违法行为,全年县纪委共立案55件,处分55人,其中查处科级干部8人,收到了查处一人教育一片的良好效果。

(史怀荣)

附:一、中共乡宁县委书记、副书记、常委名单

书　记:杨安虎

副书记:郝忠祥　范洋平

常　委:栗俊昌(5月任职)　解高民
张建山(5月任职)　陈海平(6月任职)
郭　举　郭玉龙(6月任职)
张红玉(女,6月任职)　张小红(5月离职)
王玉萍(女,5月离职)　樊　宇(5月离职)
刘建平(5月离职)　李睿煜(5月离职)

二、乡镇党委书记、副书记名单

枣岭乡

书　记：郭玉龙

副书记：高建新　崔　鹏

昌宁镇

书　记：刘建平

副书记：李宝堂　张世科

管头镇

书　记：杜吕科

副书记：贺伟科　杨宏伟

台头镇

书　记：闫　鹏

副书记：卢　冬（女）　赵连明

光华镇

书　记：任进科

副书记：李金学　王　力

双鹤乡

书　记：郑安民

副书记：师军堂　栗晓鹏

关王庙乡

书　记：王海鸣

副书记：宋达颖　亢新民

尉庄乡

书　记：刘玉杰

副书记：于彦雪　杨晋荣

西交口乡

书　记：王永生

副书记：周彦喜　师泽熙

西坡镇

书　记：赵继宁

副书记：陈孟发　曹战敏

中共吉县县委工作概况

县委书记　毛益民

2011年，县委深入贯彻落实科学发展观，按照“以加快转变发展方式为主线，以转型跨越、快速争先发展为主旋律，以苹果转型、旅游开发、工业崛起、城市建设、民生改善为抓手，以党的建设为保障，确保‘十二五’期间经济总量翻一番，努力再造一个新吉县”的发展思路，团结带领全县广大干部群众，解放思想，攻坚克难，全县经济社会发展取得明显成绩。

一、以“五篇文章”为抓手，推动经济社会转型跨越发展

2011年，全县经济发展继续保持强劲增长态势，主要经济指标增速位居全市前列。全县地区生产总值完成16.5亿元，同比增长15.3%；固定资产投资完成12.4亿元，同比增长32.5%；财政总收入完成1.56亿元，同比增长53.4%，连续3年增速位居全市第一，其中一般预算收入完成7944万元，同比增长18.9%；城镇居民人均可支配收入达到11320元，同比增长12.3%；农民人均纯收入达到2428元，同比增长15.3%。苹果转型上，新栽苹果2万亩，总面积扩张到28万亩，总产达16万吨；实施了“十百万”标准化生产示范工程和“四大基地”创建，成立了全市首家果树研究所，通过了国家级苹果标准化示范县验收和命名；先后荣获“中国果品著名品牌”、山西特色农产品“十大品牌”、第九届农博会金奖等三项大奖；新建果库2万吨，启动了两个苹果深加工企业建设，形成了“产销加贮”的大产业格局。2011年，全县苹果价格创历史新高，带动农民增收超亿元。旅游开发上，《吉县旅游发展总体规划》通过了评审，完成了《人祖山旅游发展详细规划》编制；实施了壶口景区1.6万平方米的停车场、2000平米游客中心、6公里游览步行道和2万平方米的景区生态绿化等建设工程；启动了总投资5亿元人祖山开发项目和1.8亿元的人祖国际大厦项目；吉县荣获了“国际知名乡村旅游目的地”、“国际著名山水文化旅游名县”称号，壶口瀑布被评为“游客最喜爱的中国十大瀑布”，被确定为《黄河大合唱》歌词诞生地，2011年全县共接待86万人次，旅游综合收入12亿元，同比增24.6%。工业崛起上，完成了华晋明珠煤矿90万吨技改项目，实现了达产达效；投资5亿元的中石油煤层气

开发一期工程正扎实推进,已完成钻井200余口,压缩站、集气站建设进展顺利;启动了桑峨500万吨煤电材一体化项目,古贤大坝、风力发电前期工作稳步推进,工业强县步伐加快。深入实施项目带动战略,全年共铺开重点工程68项,总投资34.6亿元,坚持一项重点工程、一名县领导、一套班子、一竿子插到底的原则,圆满完成了年度目标任务。城市建设上,按照"东扩西改"的思路,加快建设投资5.6亿元的新城开发一期工程,城市面积扩大到6平方公里;完成了投资1亿元的新城护岸、柳荫桥、高速引线、电力巷建设和清水河二期治理、县城集中供热供气、环城绿化工程,启动了桥南片区旧城和新华街供销社的危房改造;加大节能减排和生态建设力度,城区全年二级以上空气质量天数达到363天,一级以上天数达到191天,荣获了"山西环境保护奖",顺利通过了省级环保模范城验收和命名。教育事业方面,投资3000万元,完成了吉州职业技术学院后续工程,同时,与省内多所学校进行合作,建起了"山西职业技术学院吉州实训基地"、"山西物流技术学校吉州校区";新建了新城恒安小学、幼儿园和西关幼儿园,对全县36所中小学进行了改造;通过招聘"特岗教师"等多种举措,补充高素质教师229名;落实了贫困大学生无息贷款、职业中学免除学杂费和生活补助等各项政策,免除了高一学生学费,实施了"鸡蛋营养工程";创建省级科普示范县通过考核验收和命名。医疗卫生方面,新型农村合作医疗参合率达到99.44%,全年共补偿医疗费用1960万元;完成了新县医院建设,建立了基本药物制度,推进医疗卫生体制改革;人口和计划生育工作得到加强,人口自然增长率控制在6.33‰以内。社会保障方面,开发公益岗位380个,新增城镇就业岗位1000个,转移农村劳动力6500人;残疾、老龄和公益事业得到进一步加强。住房保障方面,64套廉租房、经济适用房基本完工;800户农村危房改造任务全部完成。文化事业方面,新建了39个农家书屋,覆盖率达到了65.8%,8个乡镇文化站和村村通广播电视年度任务全部完工;精心筹办庆"两会"和"广场消夏"系列文艺演出,丰富了群众文化生活。

二、统筹发展,做好"三农"工作

按照市委"三化同步"要求,扎实推进以"发展新农业,建设新农村,培育新农民"为主要内容的"新三农"工程。新农村建设上,实施了新的"五个全覆盖",完成了街巷硬化284.88公里、15个村的便民连锁店工程和39个农村文化体育场所工程;实施了总投资2.6亿元的水利设施、生态沼气、农村危房改造、移民搬迁、道路建设、造林绿化、小流域治理等40个项目,极大的改善了农民生产生活条件。新农业发展上,按照"一村一品"、"一县一业"的思路,建设东川万亩设施蔬菜和高效农业基地、沿黄万亩小杂粮生产基地和万亩干果经济林基地,扶持虹鳟鱼等特色亮点和禽畜的健康规模养殖;推进农业产业化"513"、"393"工程,重点培育大山大型苹果冷藏物流交易市场、人祖山农产品开发公司等龙头企业,引导支持建设农民专业合作社120多个,带动农民5000余户。新农民培育上,实施了"阳光工程"、劳动力转移培训、农村中青年中等技能培训项目,开展了苹果、蔬菜、市场营销等专业培训,受训农民2万余人次,提升了农民素质。

三、加强和创新社会管理,提供良好发展环境

一是抓好安全工作。开展了覆盖煤矿、非煤矿山、水利、民爆物品、道路交通、消防、建筑施工等各行业各领域的安全生产专项整治行动,加大隐患排查整治力度,发现解决隐患148处,特别是针对汛期降雨量大导致山体滑坡和房屋窑洞坍塌的严峻形势,及时启动了应急预案,发放避险明白卡4288份,避险搬迁2000余人次,有效地防止了人员经济损失。二是做好稳定工作。健全落实各级领导干部接待群众来信来访、重大疑难复杂案件包案调处、联席例会研究、矛盾纠纷预警、重大决策风险评估等工作责任制,全年没有发生到市赴省进京非正常集体上访案件。三是积极开展"爱心集结"活动。活动开展以来,88个单位千余名志愿者捐款捐物28万余元,支助贫困家庭435户,资助困难学生26人,义务劳动700人次,义务演出11场,义务诊治1200余人,发放各类材料19000份(册),广大群众积极主动加入志愿者队伍之中,为创建"幸福吉县、和谐家园"奠定了良好的基础。

四、加强党建工作,提高各级党组织的执政能力和领导水平

一是抓思想政治建设。加强中心组学习,县委中心组组织集体学习,开展形式多样的理论辅导、理论培训和理论报告百余场,构建了宽领域、全覆盖、多层次的干部培训教育格局。二是抓干部队伍建设。以县乡换届为契机,采取全额定向民主推荐、民主测评、组织考察等办法,保障了换届的圆满成功;推行新任职干部任前廉政谈话、试用期制度,落实离任审计、诫勉谈话等监督制度;实施"双百"人才战略,为全县各行各业补充急需适用人才200余名。三是抓纪律作风建设。深入开展了"整风肃纪、创优环境"纪律作风集中教育整顿月活动;以创先争优活动开展为契机,深入开展"树十旗创百先争千优"活动和"下乡住村十个一"活动,为群众确定帮扶资金415万元,制定发展规划79个,引进致富项目392个,解决各类困难315个。四是抓基层党组织建设。全面落实党建第一责任人制度,推行"四议两公开"工作法,开展"学习型、创新型、实干型、效能型、服务型"机关建设,推行城乡联建、企村联建、村村联建等工作制度,同时,大幅度提高在任和卸任村"两委"主干工资和补贴,在任村干部工资最高每年可达1万元,最低7000元。五是抓党风廉政建设。加大违法违纪案件查处力度,全年共受理各类案件20件,立案18件,给予党政纪处分18人,维护了党纪党规的严肃性;贯彻落实了"5个严格、17个不准、5个一律"要求,印发换届纪律手册4000余份;对乡村干部及财务人员进行专题培训,累计组织培训6次,受训人数达4000余人,同时建立完善了农廉方面工作45项制度;深入推进纠风治乱,查处公路"三乱"案件4起,辞退1人;深入开展效能监察,对上班期间上网玩游戏等3

名公职人员给予行政警告处分，对单位负责人进行了诫勉谈话；开展煤焦领域、工程建设领域、公务用车、大操大办等专项整治，为经济社会营造了风清气正的发展环境。

（强晓辉　王国军）

附：一、中共吉县县委书记、副书记、常委名单

书　记：毛益民

副书记：刘　浩（5月任职）　刘奎生（5月离职）
姚焕章　李灵芝（女）

常　委：李晓民（5月任职）　赵新喜（6月任职）
樊宜群（6月离职）　李建设　吴吉红
熊伟星（5月任职）　李建国（5月离职）
李永芳（6月任职）　张瑞萍（女，6月离职）

二、乡镇党委书记、副书记名单

吉昌镇

书　记：吴吉民（8月离职）

副书记：葛耿恕　冯振西（4月任职）
宾昀泽（8月任职）

中垛乡

书　记：肖　峰

副书记：王吉荣　强新芳（女，4月任职）

柏山寺乡

书　记：韩克顺

副书记：党建明　郝军正（4月任职）

屯里镇

书　记：李永芳

副书记：杨宗儒　王吉亮（4月任职）
吴俊红（7月任职）

壶口镇

书　记：李俊忠

副书记：张宇宏　冯建亮（4月任职）

车城乡

书　记：郭东舟

副书记：张永拴　刘　振（4月任职）

东城乡

书　记：李永升

副书记：段晓娜（女）　白占辉（4月任职）

文城乡

书　记：景洪才

副书记：李敖升　武淑琴（女，4月任职）

中共大宁县委工作概况

县委书记　刘奎生

2011年，县委按照转型发展、跨越发展的总体要求，坚持以科学发展观为指导，以富民强县为目标，全力推进经济和社会事业的发展，经济保持了较快增长，全县生产总值完成3.4亿元，同比增长15%；财政总收入完成4136万元，同比增长24.5%；一般预算收入达到2400万元，同比增长18%；城镇居民人均可支配收入达到11567元，同比增长15.3%；农民人均纯收入达到1666元，同比增长21.7%；社会消费品零售总额完成1.9亿元，同比增长16.7%；固定资产投资完成4.3亿元，同比增长42%。

一、全面加强党的建设，不断提高执政能力

2011年，全县各级党组织和广大干部群众围绕党建工作这一中心，强化措施，服务大局，坚持把思想、组织、作风和党风廉政建设有机结合起来，不断提高执政水平和执政能力，为全县经济社会发展提供了坚强有力的政治保证。一是加强思想建设。县委充分发挥中心组的带动作用，进一步规范了各级各部门的学习制度，推动理论学习常态化。强化思想统一，凝聚发展合力，广大党员干部思想政治素质不断增强。选派新任县乡党政班子成员到清华大学、西安交大和省委党校轮训，邀请省委党校理论教师来大宁培训全县科级干部，选送科级干部和优秀年轻干部赴山西大学参加“领导干部综合素质与能力提升”培训班。服务主导产业发展，组织1000多名干部群众到吉县、延长、永和、曲沃、寿光等地进行实地考察，为主导产业发展提供了坚实的思想和技术保证。二是加强组织建设。认真贯彻民主集中制原则，坚持常委会和全委会议事决策制度，做到了人事任免、重点工程、重大问题集体讨论和集体决定。加大领导班子建设力度，完成了县乡换届任务，配齐了县乡两级班子成员。强化干部考核评议，对各乡镇、各部门目标任务完成情况实行按月督查通报制度，并由县级领导、“两代表一委员”以及部分干部群众进行评议，县委对于评议差的单位负责人进行了诫勉谈话。增强基层党组织活力，以创先争优和“爱、树、创”活动为抓手，健全完善了基层党建第一责任人、一报告一评议和“两定一查三评”制度，全县各级党组织的战斗堡垒作用得到了较好发

挥。三是加强作风建设。从7月中旬开始,在全县范围内开展了整治干部作风专项治理活动,以治理"庸、懒、散"为突破口,提能力、增效率、正风气,对各乡镇、县直各单位的工作人员进行了上岗情况检查,对查出的单位和个人不遵守工作纪律问题,进行了党政纪处理,责成限期整改。开展了干部下乡驻村活动,为群众办好事实事,服务基层组织建设,做到群众有期盼、组织有回应,群众有要求、党员有行动。四是加强党风廉政建设。注重加强领导,把党风廉政目标责任分解落实到每位党政班子成员,具体到各个职能部门,确保党风廉政建设责任制落到实处。注重监督检查,对全县30个重点项目工程进行了全程跟踪检查,保证了项目的顺利实施。注重优化环境,集中整治了吃拿卡要、滥用职权、违法行政以及以权谋私、权钱交易等突出问题,严格落实"两帐一单"服务企业发展工作的要求,为全县经济社会发展起到了保驾护航的作用。

二、围绕转型跨越发展,加快富民强县步伐

一是产业结构不断优化,"三农"工作稳步发展。大力实施林果富民战略,新增苹果经济林2万亩。利用片区扶贫开发项目,启动了"沿川万亩大棚覆盖工程",新增蔬菜大棚1120座。全县共有38个村被确定为全省"一村一品"专业村和示范村。积极抓好种羊基地建设,新增种羊8000余只。狠抓农村科技教育和技能培训,培训农民5000余人。

二是工业经济步伐加快,发展后劲持续增强。与山西西山煤电集团达成了三多循环经济示范园区合作开发协议,煤电化一体项目加快推进。黄河化工公司和山西同德化工公司的重组整合全部完成,新建了一条年产1万吨的胶状乳化炸药生产线。山西辰康生物科技有限公司年产100吨麦绿素系列产品生产线进入试生产阶段。佳源煤业有限公司与乡宁焦煤集团兼并重组整合工作进入移交及人员安置阶段。

三是重点工程有序推进,城乡建设成效显著。完成了城市总体规划修编和控制性详细规划的初步设计。实施了昕水河县城段河道综合治理工程,建成了滨河路长廊公园,城市供热面积持续增加,供气管网安装全面铺开。启动了红卫桥加宽改造工程,完成了法院审判大楼和司法业务大楼主体工程。实施了新一轮农村电网升级改造工程,有效满足了广大群众用电需求。巩固完善农村饮水安全工程27处,完成了古镇沿黄提灌、徐家垛乡农业综合开发小流域治理、三多乡市级土地出让金、土地深松平整和测土配方补贴等项目工程,新增农田灌溉面积2800亩,划定基本农田保护面积20余万亩,改造中低产田3600亩,土地深松平整5000亩,坝系建设工程顺利完工。狠抓生态环境治理,完成人工造林3.1万亩、封山育林8000亩。

四是民生保障持续改善,社会事业全面进步。新的"五个全覆盖"工程全面推进,完成了农村街巷硬化、农村便民连锁店、农家书屋、中等职业教育全覆盖年度目标任务。深化了教育内部管理体制改革,全县中小学调整为27所,为大宁高一新生实行了免费教育,建成了大宁一中教学大楼、东关小学综合办公大楼,完成了县城中小学、幼儿园标准化学校建设任务。基层医药卫生体制改革全面完成,全县各乡镇卫生院和所有村委的村级卫生室全部实行了基本药物制度。建成了县医院门诊大楼和县疾控中心综合大楼。全县农村参合率达到98.3%,并对参加新农合的60岁以上老人、45岁以上妇女及14岁以下儿童全部进行了免费体检。完善了宣传文化活动中心的配套设施,建成了残疾人康复服务中心和徐家垛乡敬老院,并全部投入使用。

五是社会治安全面加强,安全稳定形势良好。全面落实安全生产责任制,层层签订目标责任书,深入开展了安全生产百日大排查大整治活动。以非煤矿山、道路交通、危险化学品、公众集聚场所、校园校车、森林防火、地质灾害和防汛为重点,全面排查安全隐患,切实整改存在问题。认真落实社会治安综合治理责任制,社会安全感满意度达到90%;严格执行县级领导定期接待制度,积极办理群众提出的意见和建议,全县上下呈现出社会稳定、和谐安定的良好局面。

(单红波)

附:一、中共大宁县委书记、副书记、常委名单

书　记:张越轶(4月离职)　刘奎生(4月任职)

副书记:程明温(5月离职)　樊　宇(5月任职)
　　　　刘　奎(1月离职)　吴　滨(1月任职)

常　委:焦宏文　王好收　郝爱民
　　　　房蒲建(2月离职)　冯小宁(6月任职)
　　　　陈海涛(3月任职)
　　　　李晓民(5月离职)　陈东楷(5月任职)
　　　　张新平(6月任职)

二、乡镇党委书记、副书记名单

昕水镇

书　记:白会宁

副书记:许华伟　孔祥彬(4月任职)

曲峨镇

书　记:雷建鹏

副书记:房小平(4月离职)　贺晓龙(4月任职)

太德乡

书　记:高宏旭

副书记:李　玮　刘原平(4月离职)
　　　　王锁平(4月任职)

三多乡

书　记:冯小宁(2月离职)　贺晓东(4月任职)

副书记:许爱琴(女,2月任职)　李志刚

徐家垛乡

书　记:张新平

副书记:高广旭　李瑜平(4月离职)
　　　　冯丽艳(女,4月任职)

太古乡

书　记:王建平(4月任职)

副书记:房小平(4月任职)　冯丽红(4月任职)

中共隰县县委工作概况

县委书记　王天郎

2011年，中共隰县县委以科学发展观为统领，以项目崛起、绿色转型、特色跨越为主旋律，团结带领全县干部群众，坚持开放转型、特色跨越，强势推进“366”，把“抢抓机遇大发展、整合资源上项目、打造优势创特色”提升为“项目崛起、绿色转型、特色跨越”，并确立了“十二五”“经济总量翻两番、财政收入保二争三、人民群众幸福指数有更大提高”的奋斗目标，加快建设新隰州，闯出了一条贫困山区县转型跨越发展的新路子。

一、凝心聚力狠抓项目，全县经济发展保持了强劲增长势头

紧紧围绕农业现代化、工业新型化、县域城镇化和城乡生态化的目标，以项目建设为抓手，提升一产，抢抓二产，快上三产，连续三年开展“项目年”活动，项目总数达到216个。一是工业企业在攻坚克难中起死回生。梁家河煤矿经山西焦煤汾西矿业集团兼并重组，2011年基建工程完成投资2亿元，2012年10月份将复工投产；午城酒厂成功改制，焕发出新的生机和活力，年产量达1000吨、实现产值近亿元；临紫锰铁合金厂完成了基础设施建设，即将点火生产；煜佳合锰铁合金厂完成基本建设，寻求到新的合作伙伴，今年将开工生产。二是农业产业在结构调整中凸显特色。坚持以梨果为主导、多元发展的产业结构初步形成。坚持每年栽植梨果1.5万亩，截止目前梨果总面积达到30万亩，人均近4亩，总产量达到2.5亿斤，产值2.5亿元。成功举办了“中国·隰县首届梨花节”，“中国金梨之乡”知名度显著提高，隰县玉露香梨被专家誉为“中国第一梨”。生态建设加快推进，高标准、高质量完成了国家级东川流域中桑峨综合治理项目；实施完成工程造林6.83万亩，四旁植树42万株；新建和完善22处农村饮水安全工程，实施完成了石马沟水库除险加固工程、唐户塬果园节水灌溉工程及黄土高原冯家坝系工程。成功举办全国黄土高原淤地坝安全运用现场会。以工代赈工作获得全国先进，全县森林覆盖率达到32.8％。完成600人的移民搬迁工程主体，9个贫困村的整村推进工作正在有序进行之中。三是农民生活条件在新农村建设中显著改善。扎实推进社会主义新农村建设，10个重点推进村的“四化四改”和“六个一”工程年度任务全面完成，农村改厕完成3600个，新建沼气池420个。大力推进农村新的“五个全覆盖”工程，农村街巷硬化、便民连锁商店、文化体育场所、中等职业教育免费、新型农村养老保险全部完成年度目标任务。四是第三产业在加快发展中彰显活力。完成小西天景区改造一期工程和凤凰桥（小西天桥）改造任务，旅游门票收入达到50万元。晋西革命纪念馆全年接待游客6万余人，紫荆山和石马沟风景区纳入规划，休闲农家乐悄然兴起；商贸服务业蓬勃发展。北城新区四星级大酒店、隰州广场、文化大楼主体竣工，以金利华为龙头的一批餐饮住宿酒店先后投入使用，接待能力进一步增强。五是城镇化建设在全力实施“大县城”战略，“四大纵五大横”的城市框架基本形成。紫川桥竣工通车，紫川街动工兴建；法院审判大楼、护林防火指挥中心投入使用；隰州大酒店、地下商城和“两馆”建设工程主体完工；新中医院大楼、北城中学大楼、烟草大楼、公安大楼、联社大楼、劳动保障大楼全面动工，形成规模办公楼群。西大街西延至滨河路，凤凰苑（西城底旧城改造）涉及到的377户拆迁户，完成拆迁面积3500余平方米，占到总面积的83.3％。20里水景生态文化长廊建设基本完成。对城川河河道进一步完善治理，28座人字闸及河两岸护坡基本完成，坡面治理及滨河西路绿化、亮化基本完成；水上乐园东园建设接近尾声。堆金山森林公园、水上乐园一期工程投入使用，3年建成6个公园，为群众提供了更多休闲娱乐的好去处。新建供暖公司，改善了县城40万平方米的供暖质量，完成供水管网改造工程10.4公里，保证了县城居民30年供水需求。城市功能日臻完善，品位显著提高，连续3年荣获山西省十佳卫生县城、临汾市“文明和谐县城”称号。

二、竭尽全力改善民生，人民群众幸福指数得到了新提升

教育事业稳步推进，新建成立隰县第三小学，开工建设北城中学，改扩建校舍3万余平米，完成了10所标准化学校建设任务。配优配强了中小学校长，招聘特岗教师305名，校长和教师队伍素质明显提高。大力开展特色学校创建和课改实践活动，高考三年三大步，二本以上达线87人，中考达市重点高中189人，创历史最好水平。医疗卫生事业不断加强。新农合补助标准由120元提高到200元。新中医院开工建设，乡镇卫生院改造全面完成，97个行政村都建起了卫生室。新型农村养老保险和城镇居民养老保险列入国家试点县，1万多名60岁以上老人全部纳入养老保险范围。参保人数达7万余人。争取到位再就业资金844万元，全县城镇新增就业805人，城镇登记失业率控制在4%以内。同时，积极推进文化体制改革，成立了隰县文化艺术团和隰县电影发行放映公司，全年举办各类文艺演出56场，放映电影800余场。文学作品《大晋商》、《走过隰州》等出版发行。山核桃、根雕等工艺品打入世博会、全国文化创意博览会和北京农博会。隰县推荐的孟佩杰被评为全国第三届孝老爱亲道德模范

和2011年“感动中国”十大人物，来虎平被授予全国十大“见义勇为英雄司机”称号。

三、加强党的建设，为转型跨越发展提供了坚强保证

坚持把加强和改进党的建设作为实施“366”、建设新隰州的坚强保障，认真落实中央、省、市关于开展创先争优活动的总体部署，创新活动载体，全面推进党的建设。一是加强思想政治建设。通过举办知识讲座、专题培训班、组织调训、干部在线、组织宣讲团等方式，认真落实一月一培训“干部大讲堂”。坚持中心组学习不放松，县委中心组全年学习12次，组织县乡村三级干部举办各类培训班139期，培训1.3万人次，组织586名党政干部参加了干部在线学习；先后邀请中央党校、省委党校、山西财经大学教授举办专题辅导3次，培训科级以上干部2600余人次。二是加强领导班子和干部队伍建设，按照“选出一批好班长、配强一批好班子、确定一个好思路、打下一个好基础”的总目标，通盘考虑，科学运筹，严明纪律，规范程序，顺利完成县乡村三级换届任务，干部结构进一步优化。换届风气测评满意率分别达到100%、99.8%和99.2%。三是加强基层组织建设，坚持和完善基层党建第一责任人制度，不断引深创先争优活动，大力实施“党建示范走廊”工程，对基层组织活动场所实行“星级化”管理，全面推行农村发展党员新机制。特别是从县直机关分两批选派了97名机关干部任村“第一副书记”，5名机关干部兼职乡镇党委副书记，达到了“加强基层组织、锻炼年轻干部、转变干部作风”的目的。这一做法先后被山西电视台、山西日报播发，被新华网、人民网、中国共产党新闻网转载。在全国组织系统对组织工作的满意度大调查中，组织工作的满意度连续两年在全市排名第一。四是加强作风建设，严格实行四大班子领导包乡镇、包重点项目、包安全生产、包信访稳定、包廉政建设的“五包”责任制，促进了任务落实。广泛开展以“问责治庸、问勤治懒、问效治散、问廉治贪”为主要内容的开放转型“四问四治”纪律作风专项整治活动，在全县营造了改进作风、攻坚克难、真抓实干、狠抓落实的浓厚氛围。《山西日报》、《山西经济日报》、新华网、搜狐新闻等10余家媒体先后对隰县“四问四治”活动进行了报道。五是加强党风廉政建设。坚持标本兼治、综合治理、惩防并举、注重预防的方针，严格实行管工作、管队伍、管安全、管廉政和管信访“五位一体”工作机制，以开展廉政文化一条街、举办“清风隰州”廉政书画展、发放廉政台历、发送廉政短信、学习廉政准则、上好廉政课等警示教育活动为载体，进一步加强了廉政宣传教育。开展了深化煤焦领域反腐败、工程建设领域突出问题、“小金库”、公务用车、大操大办等五项专项治理，解决群众反映强烈的突出问题。同时，坚持以规范管理、推进公开、落实政策、强化宣传为手段，不断加强农廉工作，促进了农村社会的和谐稳定。

（高　伟）

附：一、中共隰县县委书记、副书记、常委名单

书　记：王天郎

副书记：任天顺(5月离职)　李　强(5月任职)　赵志慧

常　委：亢大勇　贺崇伟(5月离职)　薛小平　任全祥(5月离职)　张　文(5月任职)　杨玉果(女，5月离职)　李　竟(5月离职)　卫再学(1月离职)　任　静(女，5月任职)　高　涛(女，5月任职)　王志华(5月任职)

二、乡镇党委书记、副书记名单

龙泉镇

书　记：刘俊平

副书记：王　辉　康印江

城南乡

书　记：吴红洲

副书记：卫建军　韩清萍(女)

午城镇

书　记：任志明

副书记：刘利明　李力明

黄土镇

书　记：段兰虎

副书记：史勇辉　郭全喜

下李乡

书　记：宋元元

副书记：高永平　苏文龙

寨子乡

书　记：任新生

副书记：王建勤　王　勇

阳头升乡

书　记：冯晶萍(女)

副书记：曹虎虎　王　东

陡坡乡

书　记：贺宏鑫

副书记：苏大立　薛艳龙

中共永和县委工作概况

县委书记　郭行杰

2011年，永和县坚持以科学发展观为统领，团结带领全县广大党员干部群众，按照县十二次党代会和“十二五”规划总体部署，始终坚定“穷县出精品、小县办大事、千方百计谋跨越”的理念，稳健地迈出了转型跨越发展新步伐，实现了“十二五”良好开局。全县生产总值完成5.35亿元，同比增长15.2%；全社会固定资产投资完成4.22亿元，同比增长61.4%；社会消费品零售总额完成2.8亿元，同比增长16.73%；财政收入完成3423万元，同比增长47.99%；城镇居民人均可支配收入达到12525元，同比增长14.9%；农民人均纯收入达到1909元，同比增长18.06%。特别是全社会固定资产投资增幅排名全市第一，财政收入突破3000万元大关，增幅排名全市第三。

一、转型跨越发展，经济迈出新步伐

一是产业结构调整迈出新步伐。在主导产业上，坚持一手抓规模、管理，一手抓培育、引进，进一步提升了产业发展水平。新建3个千亩精品核桃示范园，发展经济林3.2万亩；完成经济林科学管护200万株；引进了农业产业化龙头企业久兴源公司。在工业经济上，煤层气勘探工作取得了实质性进展，完成了18口井的钻探，2口井已开始试采气。同时，启动了新天联力玻璃纤维厂建设。完成了顺康醋业公司3000吨改扩建项目建设。在特色旅游上，实施完成了黄河蛇曲国家地质公园起步区建设工程、望海寺古建后续工程、县城文庙大成殿布展工作等，并与太原武宿国际机场管理中心合作，进一步加大了对红军东征永和纪念馆、黄河乾坤湾等旅游景点的宣传推介力度。

二是项目建设取得新突破。争取实施百万元以上重点项目40个，总投资7.2亿元，当年计划完成投资4.2亿元，全年共完成投资4.23亿元，投资完成率101%。其中市重点监测考核项目5个，全部顺利竣工，当年计划完成投资2.7亿元，全年共完成投资2.8亿元，完成任务的103.7%。在项目投资的带动下，全社会固定资产投资取得了前所未有的好成绩。

三是基础设施实现新改善。在县城建设上，完成了《县城总体规划》修编工作，实施了芝河河道治理一期工程、青少年活动中心配套设施建设等六大城建工程，深入开展县城环境综合整治五大行动，成功创建“省级卫生城”。在新农村建设上，认真贯彻落实强农惠农政策，全年发放农业补贴资金1246.1万元。以推进产业发展和农村新的“五个全覆盖”为重点，加快了“中心村”和重点推进村建设。在生态建设上，大力开展“绿色行动”，完成了芝河源头生态精品农业园区荒山造林3万余亩、乾坤湾石质山地造林1200亩，进一步完善了城区东西两山荒山绿化、交口——乾坤湾28公里通道绿化，完成了药家湾城区荒山绿化和康谐路绿化改造工程，全县林木绿化率提高了3个百分点。永和县被评为“全省造林绿化先进单位”。大力推进民生水保战略，重点实施了芝河源头生态精品农业园区和阁西垣沿黄提水灌溉工程，成功召开了全国黄土高原淤地坝安全运用现场会，并在甘肃召开的全国坡耕地水土流失综合治理试点工程现场会上，永和模式作为典型经验在全国推广。同时，重点实施了30公里坡桑线路面改造、大宁——永和35kv双电源输电线路、新一轮农村电网改造升级和10kv城镇528线路改造工程，有效缓解了制约永和发展的瓶颈。

二、强化社会管理，保障改善民生

社会管理开创新局面。在安全生产方面，严格落实安全生产各项制度，切实加强道路交通、非煤矿山、学校、食品卫生、地质灾害、民爆物品和危险化学品、人员密集场所等重点行业、重点领域、重点环节的安全隐患排查整治，全年各项事故指标均控制在目标值以内，事故起数和死亡人数分别下降13%和75%。在信访稳定方面，认真落实领导接访制和领导包案责任制等，深入排查化解各类社会矛盾，切实加大“事要解决”力度，保障了人民群众的正当利益诉求。同时，继续引深“平安永和”、“法治永和”创建活动，加强社会治安综合治理，严厉打击各类违法犯罪行为。社会治安公众安全感满意度达到94%，再次荣获“市级平安县”称号。在教育提质方面，进一步优化调整中小学布局，科学整合教育资源，加强师资队伍建设，教育教学质量稳步提升。第一高级中学建成并投入使用，新成立第三初级中学，公开招聘26名特岗教师，高考达二本线以上42人，中考达重高线54人，创历史最好成绩。连续3年被评为“全市党政一把手教育工程综合评估先进县”。在医疗健康方面，县医院顺利通过二级乙等综合医院验收，全县乡镇卫生院和村卫生室全面实施国家基本药物制度，实行药品零差率销售。公开招聘24名医疗技术人员。新农合参合率达到98.4%。人口和计生工作连续两年获得全市综合先进奖，并荣获“省级计生优质服务县”称号。在社会保障方面，转移农村劳动力1500人，城镇登记失业率控制在3%以内，城乡社会养老保险参保率达到85%，城镇居民医保参保率达到90％，兑现廉租房补贴资金267万元，实施农村危房改造500户。

三、党建工作科学化水平不断提高

一是着力加强干部教育培训工作。我们坚持集中与流动相结合,由县党校牵头每年举办不同类别的主体班次。在此基础上,联合组织、纪检、党校、司法等部门组成宣讲团,深入全县7个乡镇9个总支79个村委进行巡回培训,“送学下乡”,“送教上门”。今年全县举办县乡换届培训班、县直科级干部培训班、创新社会管理、农业实用技术等不同类型班次8次,巡回培训7次,参训1500余人。二是着力开展干部下乡住村联户包村增收活动。县委高标准要求,大力度推进,走访干部群众1万余人次,举办发展大讨论座谈会86场,帮助农村制定发展规划387项,帮助解决农村热点、难点问题162件,撰写推动发展的调研报告89篇。各包联单位为群众办实事、好事656件。三是着力加强基层组织建设。乡村两级党组织抓“两定一查三评”制度落实,县直机关重点抓机关联村、党员联户的“双联”活动,全县党员抓党员承诺评议制度落实,县、乡、村三级书记认真落实“基层党建第一责任人”制度,农村基层干部“一定三有”制度,社区“三有一化”建设,在流动党员中积极开展“双帮三有”活动,农村党员发展推行了“三三制”规划,激发了基层党建工作活力。四是着力加强党风廉政建设。严格执行党风廉政建设责任制,扎实推进惩防体系建设。认真贯彻领导干部廉洁自律各项规定,严格落实《廉政准则》;切实加大对重点工程、项目的监督检查力度,确保重大决策部署的贯彻落实;深入开展专项治理,有效解决人民群众反映强烈的突出问题;不断健全农村组织监督机制,引深农村党风廉政建设;切实加大案件查办力度,全年立、结案22件,处分违纪党员干部22人,追缴违纪资金54.6万元。

(田晋全)

附:一、中共永和县委书记、副书记、常委名单

书　记:郭行杰
副书记:梁秀娟(女)　郭　波(6月任职)
常　委:马连青　郭　波　任俊杰(5月离职)
崔文学(5月任职)　苏文龙　白建成
付景军

二、乡镇党委书记、副书记名单

芝河镇
书　记:贺福平
副书记:冯润元　段慧斌
桑壁镇
书　记:郭记平
副书记:段永林　段冬红
坡头乡
书　记:白永明
副书记:薛丽红(女)　李　勇
交口乡
书　记:韩永祥
副书记:王连锁　张海红
阁底乡
书　记:宋新亮
副书记:冯贵生　田永峰
打石腰乡
书　记:段奇文
副书记:李　雄　李彩宏
南庄乡
书　记:刘永胜
副书记:王　涛

中共运城市委工作概况

市委书记　高卫东

全市共有基层党组织9655个,其中,党委399个,总支部445个,支部8811个,全市党员总数219532名。2011年,在省委的正确领导下,中共运城市委坚持以科学发展观为指导,深入贯彻落实党的十七届五中、六中全会和省第十次党代会精神,团结带领全市干部群众,解放思想、锐意创新,迎难而上、奋力拼搏,全面推进经济、政治、文化、社会以及生态文明建设和党的建设,各项工作取得了新进展、新成效。

一、综合经济实力跃上新台阶

市委坚持把项目建设作为推进转型跨越的核心抓手,全市重点工程项目建设进展顺利,一批优势主导产业项目、基础设施项目、民生项目加紧实施,有力支撑了经济平稳较快发展。去年全市完成地区生产总值1016.8亿元,同比增长14.1%,突破千亿元大关;规模以上工业增加值419.8亿元,增长23.7%;固定资产投资664.2亿元,增长26.5%;社会消费品零售总额417.6亿元,增长17.8%;外贸进出口总额12.5亿美元,增长19.5%;财政总收入87.4亿元,增长8.9%;一般预算收入40.8亿元,增长14.8%;城镇居民人均可支配收入16914元,增长19.1%;农民人均纯收入5622元,增长20%。年初确定的各项主要经济指标全面完成,实现了“十二五”良好开局。

二、转变发展方式迈出新步伐

市委全面把握经济发展复杂形势,深入推进经济结构战略性调整,经济发展的质量和效益同步提高。着力发展现代农业,粮食总产再创新高,农业科技示范区、农业产业化、新农村建设进一步加快,“一村一品、一县一业”走在全省前列；着力发展新型工业，优势主导产业规模不断壮大，新能源新材料产业发展迅猛；着力发展以文化旅游为特色的第三产业，旅游总收入126亿元，同比增长22.3%；着力推进市域城镇化，一批市政基础工程相继完工，城镇功能进一步完善；着力加大节能减排和污染治理力度，生态环境明显改善；着力解决县域经济发展不平衡问题，盐湖经济发展较快集中区域建设初见成效；着力推进对外开放和招商引资，“大通道和桥头堡”建设加快推进，建设国家晋陕豫黄河金三角区域协调发展综合试验区申报工作取得重大突破。

三、民主法制建设取得新进展

市委始终坚持人民代表大会制度，切实保障人大及其常委会依法履行职能，支持市人大在“十二五”规划实施、加快项目建设、优化发展环境等方面，实施法律监督、开展调研视察和工作评议。坚持中国共产党领导的多党合作和政治协商制度，支持市政协围绕事关全市改革发展全局的重大问题，进行调查研究、协商讨论，履行好政治协商、民主监督、参政议政职能。深入推进“同心”品牌工程，全面加强民族、宗教、侨务、对台和新社会阶层等各领域统战工作。工青妇等群团组织桥梁纽带作用充分发挥。基层民主政治建设进一步加强。依法治市水平不断提高。支持国防和驻运部队现代化建设，军民融合式发展取得新成效。

四、文化强市建设掀起新高潮

市委始终坚持正确的舆论导向，深入宣传党的十七届六中全会精神，多形式开展爱国主义、集体主义、社会主义和艰苦奋斗教育，成功举办纪念建党90周年系列活动，推出了荆保山、胡丙申、陈玉芳等一批先进典型；稳步推进文化体制改革，市县两级文化单位转企改制全面完成；实施文化惠民工程，广泛开展文明和谐创建活动，城乡文明程度、市民文明素质有了新的提高；积极推动文艺创作，蒲剧《山村母亲》、《祝你幸福》等一批精品力作在全国产生积极影响；加强对外文化交流合作，《欢乐中国行——魅力运城》节目在中央电视台播出，成功举办第22届国际关公文化旅游节等活动，有效提升了运城的知名度和影响力；大力发展文化产业，通过龙头带动、品牌拉动、改制促动、整体推动，文化产业增加值占GDP比重明显提高，走在全省前列。

五、和谐社会建设取得新成果

市委始终把保民生、促和谐作为一切工作的出发点和落脚点，着力解决涉及群众切身利益问题。进一步加大投入，民生方面的财政支出保持较快增长。新一轮农村“五个全覆盖”工程超额完成年度任务。全面完成为低收入农户免费供应取暖用煤工作。认真做好就业再就业工作。扎实推进社会事业发展和社保体系建设。高度重视加强和创新社会管理，确定41个社会管理创新项目，分解到各牵头单位和参与单位分头落实。持续开展社会治安大整治活动，严厉打击各类违法犯罪，群众安全感和满意度不断提高。进一步加强信访工作，信访秩序实现明显好转。严格落实安全生产责任制，安全生产形势持续好转。

六、党建工作水平得到新提升

市委认真学习贯彻胡锦涛总书记“七一”重要讲话精神，全面加强党的建设。学习型党组织建设扎实推进，各级干部的政治素养和理论水平不断提高。大力加强领导班子和干部队伍建设，市县乡村四级换届圆满成功；深化干部人事制度改革，进一步加大竞争性选拔干部和干部交流力度，干部队伍活力不断增强。深入开展以“放胆争先、奋勇跨越”为主题的创先争优活动，农村、社区、机关等基层党组织建设不断加强。深入推进反腐倡廉建设，具有运城特色的惩治和预防腐败体系进一步完善，阳光系列工程、专项治理、案件查处等工作取得明显成效。深入开展领导干部下乡住村“六个一”活动，进一步密切了党群干群关系；开展重点工作年度目标责任考核，有效推动了工作落实；开展经济发展环境集中整治和正风肃纪活动，干部作风进一步转变。

（卫　鹏）

附：中共运城市委书记、副书记、常委名单

书　记：高卫东

副书记：王安庞　董鹏翔

常　委：王殿民　张建喜（8月离职）　赵建平　董一兵（7月离职）　陈振亮　常建忠（5月任职）　王　蕾（女）　刘哲凝（7月离职）　崔克信　于　波　刘桂国（7月任职）　王正风（8月任职）

中共盐湖区委工作概况

区委书记　王志峰

盐湖区共有基层党组织756个，其中，基层党委30个，党总支33个，党支部693个。截至2011年底共有党员17678名，占全区人口的2.6%，2011年度发展新党员209名。2011年，盐湖区委团结带领全区人民，以科学发展观为指导，全面贯彻落实中央和省市重要会议精神，努力转变发展方式，积极创新激励机制，全区经济社会发展取得了显著成效。

一、努力加强基层党组织建设和党员干部队伍建设

一是深入学习实践科学发展观活动和创先争优活动。围绕“建设一个经济发展较快的集中区域,充分发挥中心城市的辐射带动作用”活动主题,先后开展了“为经济发展建言献策”、“阵地建设大改善”、“百局帮百村、百企帮百村”系列活动,有效促进了经济平稳较快发展。以“创优争先进、跨越大发展”为主题,比学习、比业绩、比作风、比奉献、创一流,在所有区直单位、乡镇都全面实行“承诺立状”,全年承诺实事1200余件。“为民服务创先争优”、“盐湖先锋在行动”等活动,有效推进了转型跨越发展的积极性和主动性。二是全面夯实基层党组织和党员队伍。以庆祝建党90周年为重点,在全区集中开展了“表彰一批先进党委”、“搞好一次走访慰问”等“五个一”系列活动。所选出的“十大标兵”被称为“山区的袁隆平”雷茂端等人全部来自基层一线。以落实“一定三有”为重点,使村级干部工作有目标,待遇有保障、付出有甜头。全区村级班子共完成承诺实事三千余件,兑现率98%,全区692名农村卸任主干享受了定额生活补助。坚持发展党员“四双机制”,即:双推、双培、双严、双跟,党员队伍结构明显改善。目前,全区314个村级组织活动场所全部达到了“九有、六室、四栏、五配套”的标准,全面推行了“四议两公开”工作法,295个村对680余件村级重大事项进行了决策实施。以培训帮扶为重点,激发大学生村干部创业富民热情。全区232名大学生村干部全部加入合作社,带动农户1600余户,累计投资1391万元,产生直接经济效益700余万元,大学生村官典型郭白娃被省委授予“山西青年五四奖章”。在区乡村三级换届选举工作中,做到了调研摸底在先、宣传造势在先、离任审计在先、制度规范在先、典型引导在先、警示教育在先,组织领导到位、教育培训到位、程序规范到位、监督制约到位,提出了“先定事、再选人,揭榜竞选”的工作方法,研究出台了八项村级规范化管理制度,目前,区乡村换届选举工作已经圆满完成。

二、积极推进全区经济和社会各项事业

区委紧紧依托中心城市这一优势,着力构建新型产业体系,全面推进社会各项事业发展。2011年财政总收入首次突破20亿元,达到21.02亿元,净增4.6亿元;全区生产总值完成139.6亿元,比上年增长13%;规模以上工业增加值完成20.3亿元,比上年增长20.8%;社会固定资产投资完成141.4亿元,比上年增长15.5%;社会消费品零售总额完成133.8亿元,比上年增长17.8%;财政总收入达到21.02亿元,比上年增长26.81%;一般预算收入完成7.3亿元,比上年增长34.85%;全区城镇居民人均可支配收入完成17345.7元,比上年增长16%;农民人均纯收入完成6469元,比上年增长21.3%。设施农业新增3万亩,一批农业观光景点开园迎客,农民人均纯收入达到了6469元,农业示范园区被国家农业部命名为国家级现代农业示范园区、被国家科技部命名为国家级农业科技示范园区、被省农业厅、省旅游局联合命名为省级观光农业示范县区;大力开展招商引资,规划建设机电、医药、家具等专业工业园区,增强了工业发展后劲,荣获全省招商引资资金到位重要贡献奖;以文化促旅游,以旅游带产业,以产业促发展,成功举办了第二届舜帝德孝文化节,规划建设文化产业园区,吸引了法国AG集团等一批投资商签约入驻园区,被评为全省文化建设先进县区。坚持把保障和改善民生放在重要位置,盐湖区的老百姓首次看到了自己的电视节目,盐湖区行政事业单位的干部职工首次实现了与市直机关同城同酬,年初确定的各项目标任务圆满完成。

三、全面提高人民群众的安全感与幸福感

区委坚持实行领导接访、约访、下访制度,充分发挥书记热线、区长信箱、社情民意通道、农廉网等现代传媒手段的作用,积极构建政府依法行政、群众有序信访的工作机制。对村级干部,出台了印章管理使用、村务财务管理、资产资源管理等8项村级规范化管理制度,使村级干部管理走上了制度化轨道。充分发挥民调的作用,建立了“区信访联席办、乡民调办、村和事佬协会”的三级民调网络。目前,全区共建村级民调组织351个,乡镇民调组织22个,调解员1358人,使大多数的矛盾和问题在基层得到化解和消除。探索建立了由“开发区、乡镇政府、建设单位、施工单位、所占地村委会和派出所”组成的六方联席会议制度,规范了项目建设秩序,优化了经济发展环境。充分利用和发挥网络作用,大力推进阳光农廉网建设。区政法系统以“破命案、打团伙、追逃犯”为龙头,深入开展了“打黑除恶”、“两抢一盗”、“晋安利剑行动”等一系列专项活动,全年共破获各类刑事案件635起,其中现发命案13起全破,打掉犯罪团伙15个,抓获各类犯罪嫌疑人179名,为建设盐湖区经济发展较快集中区域营造了更加良好的社会环境。

四、大力发展文化事业和文化产业

一是着力打造德孝文化品牌。在2011年的第二届中国·运城舜帝德孝文化节上,区委打破过去以祭祀为主的举办方式,增加了孝星评选表彰、德孝文化论坛、老年人才艺表演、老年人用品展示、项目推介等活动;走进清华、同济、川大等高校,举办运城形象展示、德孝文化主题展览、圣火传递等活动;创新传播方式,开辟了网上论坛、网络视频直播等,了解和参与文化节活动超过1亿人;创新运作模式,改变过去举办活动单纯依赖政府买单的做法,引入运营公司承办,取得了提升运城和盐湖知名度、打造德孝文化品牌的良好效果。二是全面发展文化事业。区委以改革创新为动力,分别对区蒲剧团和电影公司进行了阶段性的改革,蒲剧团全年巡回演出250余场次,蒲剧现代戏《祝你幸福》在北京长安大剧院参加第二届全国戏剧文化奖优秀剧目调演,夺得“第二届全国戏剧文化奖”7项大奖。完成新建农家书屋80家,配送图书12万余册,全区建有图书室292个(其中农家书屋119个),

藏书总量超过 50 万余册，人均一册图书的行政村超过 230 家，乡镇综合文化站已全部建成并投入使用，满足了基层群众的精神文化需求。三是加快建设文化科技产业园区。重点做好文化教育、会展演艺、创意设计、金融商务、休闲旅游、传媒出版、商贸物流、生态居住等八大业态。目前，园区占地 2000 亩的舜帝德孝公园已投入使用，可容纳 3 万人的标准体育场投入使用，运城卫校、运城师范学院等 8 所大中专院校投入使用，在校生达到 5 万余人。感恩商业文化广场正在加紧建设，文化创意园、老年产业园、黄河金三角国际商贸物流城正在设计包装，对外招商。在 9 月份的中博会上，浙江欧文集团、法国 AG 集团、清华清尚集团等一批投资商签约入驻园区，投资额超过了 300 亿元。 （李世清）

附：一、中共盐湖区委书记、副书记、常委名单

书　记： 李润山（1 月离职）　王志峰（1 月任职）

副书记： 张建元（4 月离职）　王吉敏（4 月任职）　郭一民（4 月任职）

常　委： 张天才（4 月离职）　陈建国（4 月任职）　贺建功（4 月离职）　徐志英（4 月任职）　姚广林（4 月任职）　靳学武　严惠琴（女，4 月离职）　钟立伟（4 月任职）　赵山理（4 月离职）　常　正（4 月任职）　王建军（4 月离职）　黄亚平（女，4 月任职）

二、乡镇（街道）党委（党工委）书记、副书记名单

席张乡

书　记： 马福森（5 月离职）　李俊龙（5 月任职）

副书记： 李俊龙（5 月离职）　卫开河（5 月任职）　闫景民（5 月离职）　杜自勤（5 月任职）

金井乡

书　记： 杨保囤

副书记： 仝粉娥（女，5 月离职）　霍国荣（5 月离职）　李良超（5 月离职）　王军杰（5 月任职）

上郭乡

书　记： 牛　睿（5 月任职）

副书记： 杨连智（5 月离职）　王玉成（5 月任职）　王海科（5 月离职）　曹　峰（5 月任职）

上王乡

书　记： 靳志球（5 月离职）　吴建华（5 月任职）

副书记： 吴建华（5 月离职）　高　翔（5 月任职）　王迎霞（女）

王范乡

书　记： 陈拥军（5 月离职）　邓永红（5 月任职）

副书记： 邓永红（5 月离职）　吴肖江（5 月任职）　王东海

冯村乡

书　记： 李晓辉（5 月离职）　李　宣（5 月任职）

副书记： 李　宣（5 月离职）　谷超峰（5 月任职）　樊春云（女，5 月任职，11 月离职）　邵运红　李路明（5 月离职）

龙居镇

书　记： 李致峰（5 月离职）　苏引萍（女，5 月任职）

副书记： 苏引萍（女，5 月离职）　王根强（5 月任职）　李根田（5 月离职）　李路明（5 月任职）　李永莉

北相镇

书　记： 何　伟（5 月离职）　马福森（5 月任职）

副书记： 雷　刚（5 月离职）　朱建有（5 月任职）　樊春云（女，5 月离职）　席永民（5 月任职）　赵跃辉

泓芝驿镇

书　记： 武卫民（5 月离职）　张海滨（5 月任职）

副书记： 何文龙（5 月离职）　郑　甦（5 月任职）　杨建勋（5 月离职）　南庭芳（女，5 月任职）

三路里镇

书　记： 叶建军（5 月任职）

副书记： 吴肖江（5 月离职）　苏建龙（5 月任职）　何明智（5 月离职）　王　鹏（5 月任职）　陈晓娟（女）

陶村镇

书　记： 孟满堂（5 月离职）　陈拥军（5 月任职）

副书记： 牛　睿（5 月离职）　王杰妮（女，5 月任职）　张保国（5 月离职）　景志才（5 月任职）　李存喜（5 月离职）

东郭镇

书　记： 雷　刚（5 月任职）

副书记： 张　彤（11 月离职）　樊春云（女，11 月任职）　相秋喜

解州镇

书　记： 葛　凯（5 月离职）　靳志球（5 月任职）

副书记： 许俊霞（女，5 月离职）　李朝霞（女，5 月任职）　赵洪波

车盘街道

书　记： 杨世进（11 月任职）

副书记： 杨世进（11 月离职）　孙　鹏（11 月任职）　陈虎存（5 月离职）

姚孟街道

书　记： 邢学渊

副书记： 徐智勇　石自勇　王红宝（5 月离职）　张保国（5 月任职）

大渠街道

书　记： 卫晓军

副书记： 郑　甦（5 月离职）　仝粉娥（女，5 月任职）　赵登新

安邑街道

书　记： 肖　鹏（5 月离职）　张大虎（5 月任职）

副书记：张海滨(5月离职) 马永胜(5月任职)
何光华

东城街道

书　记：王学峰(7月离职) 李致峰(7月任职)

副书记：李朝霞(女,5月离职) 赵志云(5月任职)
岳国林

西城街道

书　记：张大虎(5月离职) 赵　屹(5月任职)

副书记：赵　屹(5月离职) 何文龙(5月任职)
闫青云(女)

南城街道

书　记：裴颖萍(5月离职) 邵红福(5月任职)

副书记：邵红福(5月离职) 杨连智(5月任职)
王晓平(女) 周　荣

北城街道

书　记：谢忠义

副书记：淮占胜 王　光

中城街道

书　记：李雪峰(5月离职) 武卫民(5月任职)

副书记：赵志云(5月离职) 许俊霞(女,5月任职)
刘建章

中共永济市委工作概况

市委书记　陈　杰

全市有党总支37个，党支部638个，截至2011年底共有党员16558名，占全市人口的3.7%，其中2011年新发展党员464名。2011年，在省委、省政府和运城市委、市政府的正确领导下，永济市委认真贯彻党的十七大和十七届六中全会精神，坚持以转型跨越发展为己任，紧紧围绕第五次党代会提出的“打造五个永济、建设明星城市”奋斗目标，团结带领全市人民，砥砺奋进、顽强拼搏，圆满实现了各项工作任务。

一、党建情况

不断强化思想政治建设。一年中，市委召开中心组学习会8次，先后集中学习了十七届六中全会、省十次党代会、运城市第三次党代会精神以及山西综改试验区、扩权强县试点县市有关政策。在市委党校先后举办新任职干部培训、科级干部培训三次，组织科级干部赴西安等地实地参观学习一次，邀请国内知名专家和运城市委党校教师对全市干部集中培训两次。在全市范围深入开展了“学习杨善洲同志先进事迹活动”和以“重点工程学中山街东延、市直部门学住建、镇街道学城东、党员干部学薛翠凤”为主题的“四学”活动，并组织模范人物在全市范围巡回报告，形成了创先争优的浓厚氛围。

不断强化基层党组织建设。2011年，市委完成了265个村的村级组织活动场所“全覆盖”，并在运城市率先实现了党员现代远程教育的“全覆盖”；同时建立了村“主干”报酬保发、养老保障、医疗保障、监管保廉为主要内容的“四保”机制暨“一定三有”机制。特别是注重将村级组织活动场所打造成农村党员群众学习培训阵地、信息交流阵地、便民服务阵地、活跃文化阵地、民主意识阵地“五大阵地”，收到了较好的效果。由副县级领导干部带头，采取党群部门包弱村、政法部门包乱村、经济部门包穷村、涉农部门包专业村、职能部门包校企、企业单位包周边村的方法，开展了“进千家门、知千家事、解千家愁、帮千家富”干部下乡住村活动，市四大班子领导干部下乡住村24个，全市市直单位、企业和省地营厂场主要领导干部下乡住村113个，各镇(街道)干部下乡进住265个村，与市四大班子领导干部、市直单位“双配套”，实现了全市下乡住村活动的全覆盖。市委干部下乡住村活动实行“一扶、三帮、两预防”帮扶机制(“一扶”即：财政资金按“一事一议”扶持；“三帮”即：帮稳定、帮党建、帮产业；“两预防”即：预防包村增收活动流于形式、预防个别群众产生“等、靠、要”思想)，并建立了“包发展、包党建、包稳定”的“三包”责任机制，使基层党组织建设得到全面夯实。结合创先争优群众评议工作，在全市群众满意率低的25个农村党支部、4个市直党支部和44个市直先进党支部组成帮扶对子，开展基层党组织“上档升级”活动，对这些后进党支部进行帮扶，使这些后进支部上档升级。

不断强化干部队伍建设。精心做好换届工作，通过思想教育先行、警示预防先行、纪律监督先行、公开承诺先行、稳定思想先行等“五个先行”，营造出了风清气正的换届环境，市镇村三级换届工作圆满完成。严格规范干部选拔和监督机制，进一步端正用人导向、匡正用人风气，按照民主推荐、公开遴选、两次票决的办法，调整选拔科级干部126人；特别是对乡镇14名副职和团市委书记、市妇联主席进行了公开遴选，在全市激起强烈反响，受到社会各界一致好评。

不断强化作风建设。市委将2011年确定为干部作风转变年，向全市党员干部发出“九条禁令”，先后组织专项检查和明察暗访60余次，检查党员干部4200余人次，共查处违纪人员19名，其中科级干部3名，股级干部6名，一般干部5名，企事业单位人员5名。

不断强化反腐倡廉建设。市委每季召开一次落实党风廉政建设责任制领导组会议，交流工作情况，解决工作问题，提出建议要求；同时将党风廉政建设和反腐工作任务分解，明确责任到人，做到目标、人员、措施“三到位”，计划、方案、项目“三落实”,形成了上下贯通、纵横相接的责任网络。全市党风廉政建设和纪检监察工作连年在运城市考核中双双名列第一,并被表彰为全省党风廉政建设先进市。特别是廉政警示教育基地先后迎接了中纪委、省纪委和运城市委领导的多次调研视察,农廉工作、案件审理工作和政策法规工作成为中纪委联系点。

不断强化民主政治建设。市委积极支持人大及其常委会围绕重大问题进行监督;支持人民政协履行职能,定期组织政协委员对55项重点工程和10件民生实事进行视察,同时进一步密切与民主党派、工商联、党外人士的联系,全面推进民族、宗教、侨务、对台和新社会阶层等各领域统战工作,11月份顺利完成了各民主党派和工商联的换届工作。高度重视群团工作,充分发挥工会、共青团、妇联等群团组织在“打造五个永济、建设明星城市”中的积极作用。2011年,永济市被授予“全国普法教育先进市”称号。

二、经济情况

2011年,生产总值完成106.1亿元,比上年增长16%;规模以上工业增加值完成57.7亿元,比上年增长25.1%;财政总收入完成6.37亿元,比上年增长5.6%,其中一般预算收入完成2.3877亿元,比上年增长2.3%;全市社会消费品零售总额完成32.65亿元,比上年增长17.97%;固定资产投资完成47.1亿元,比上年增长63.5%;城镇居民人均可支配收入17793元,比上年增长23.46%;农民人均收入完成7208元,比上年增长22.5%。

强化推进工业新型化。坚持以项目建设为市域发展的突破口,以招商引资为转型跨越的“牛鼻子”,举全市之力大上项目,集全民之智招商引资,仅2011年就实施了50项重点工程和47个招商引资项目,重点工程总投资达36亿,招商引资到位资金36.14亿元,特别是总体投资9800万元的新通源果汁项目及总投资1.3亿元的龙行天下铝业项目实现了当年开工、当年建成、当年投产达效,创造了市委招商引资的“新时速”;另外总投资15亿元占地1200亩的广银铝工业园区已经完成前期工作,待土地正式批复后即可开工建设,该项目实施后将成为永济新的经济增长点。

强力推进农业现代化。目前全市建成了粮、棉、果、菜、畜五大农产品基地,实现“一村一品”的村达211个,占全市农村数量80%以上;龙头企业年加工农产品产值达50多亿元,农产品转换率达60%以上,多次被省委省政府表彰为“农业产业化经营先进市”。

强力推进旅游市场化。先后投资2亿多元,实施了一批旅游项目和景区开发。特别是2011年雪花山景区开发、水峪口景区开发项目取得了明显进展。另外还连年举办世界情侣月、五老峰登山节等活动,配合拍摄了《杨贵妃秘史》电视热播片和《情醉西厢》MTV。

强力推进市域城镇化。按照“一城、七镇”城乡联动发展和“两轴、两翼、半圆形”的城市发展规划,不断强化城乡基础设施和城市宜居环境建设,先后完成了一批城建基础设施工程,在2010年实施电机大道西延的基础上,2011年又实施了中山街东延等具有战略意义的工程,一举将城市道路框架面积扩至50平方公里,建成区面积达到了25平方公里;先后建成了五大城市主题公园,同时大力实施绿化造林工程,全市林木覆盖率每年提高1个多百分点,目前达到了31.3%。

三、社会情况

坚持不懈为群众办实事。坚持每年实施一批民生工程、解决一批民生问题,先后实施了市医院住院大楼建设、农村中小学校危房改造、农村特困户住房救助等一系列民生工程,向全市人民承诺要办的10件民生实事全部得到了落实和兑现。

坚持不懈发展社会事业。教育事业均衡发展,2011年全市高考各类考生达二本线突破了千人大关;文体事业蓬勃开展,农村实现了村村一个文化广场和村村一间图书室;全面推进农村合作医疗保险,实现了市镇村三级卫生服务体系暨村级卫生室全覆盖,市镇两级医疗机构全达标。

坚持不懈创新社会管理。不断强化社会综合治理体系建设,形成了横向到边、纵向到底、覆盖城乡的综治工作新机制。整合各类信访资源,形成了“大信访”工作格局,实行县乡干部包乡镇、包重点机制,定期到所包乡镇及村,变群众上访为干部下放;同时高度重视来访信件,市委书记2011年一年批转信件61件,并做到了事事有答复、件件有回音,受到群众普遍好评。

(史晓媛)

附:一、中共永济市委书记、副书记、常委名单

书　记:冯方汇(4月离职)　陈　杰(4月任职)
副书记:陈　杰(4月离职)　袁宏轩(4月离职)
　　　　孙志信(4月离职)　朱晓东(4月任职)
　　　　高春宁(4月任职)
常　委:刘　明　牛英杰(4月离职)
　　　　仇红学(4月离职)　麻选民(4月离职)
　　　　叶彩凤(女,4月离职)　孙中全(4月任职)
　　　　李建武(4月任职)　李全章
　　　　张廷耀(4月任职)　陈旭光(4月任职)
　　　　付　刚(4月任职)

二、乡镇(街道)党委(党工委)书记、副书记名单

城东街道

书　记:吕安斌(5月离职)　韩　波(5月任职)
副书记:韩　波(5月离职)　王兴革(5月离职)
　　　　李忠东(5月任职)　李兴园(5月任职)

城西街道

书　记:孟建欢(5月离职)　李晓军(5月任职)
副书记:李晓军(5月离职)　聂学政(5月离职)
　　　　刘晓鹏(5月任职)　燕建刚(5月任职)

城北街道

书　记：孙宏茂(5月离职)　张转运(5月任职)
副书记：张转运(5月离职)　廉广收(5月离职)
王大风(5月任职)　吕晓斌(5月任职)

虞乡镇

书　记：张文军(5月离职)　柴卫国(5月任职)
副书记：柴卫国(5月离职)　王大风(5月离职)
许管哲(5月任职)　周百友(5月任职)

卿头镇

书　记：张千里(5月离职)　张泽锋(5月任职)
副书记：尚卉泽(女)　张泽锋(5月离职)
姜　鹏(5月任职)

开张镇

书　记：席永勤(5月离职)　王永明(5月任职)
副书记：王永明(5月离职)　刘晓鹏(5月离职)
李海峰(5月任职)　李行兵(5月任职)

栲栳镇

书　记：王德谋(5月离职)　孙文伟(5月任职)
副书记：孙文伟(5月离职)　李兴园(5月离职)
宁　昕(5月任职)　张永辉(5月任职)

张营镇

书　记：念以成(5月离职)　史云峰(5月任职)
副书记：史云峰(5月离职)　吕晓斌(5月离职)
杨　杏(女,5月任职)　展红强(5月任职)

蒲州镇

书　记：曹国伟(5月离职)　麻亚龙(5月任职)
副书记：麻亚龙(5月离职)　宁　昕(5月离职)
聂学政(5月任职)　张军峰(5月任职)

韩阳镇

书　记：牛惠玲(女,5月离职)　苏红伟(5月任职)
副书记：苏红伟(5月离职)　燕建刚(5月离职)
闫　勇(5月任职)　宁　凯(5月任职)

中共河津市委工作概况

市委书记　胡　宝

2011年，在省委、省政府和运城市委、市政府的正确领导下，河津市委团结带领全市人民，凝心聚力，抢抓机遇，攻坚克难，真抓实干，经济持续发展，社会全面进步，民生有效改善，全市各项工作都取得了新的成绩。到年底，全市完成GDP226亿元，规模以上工业增加值140亿元，财政总收入21.25亿元，固定资产投资107.3亿元，社会消费品零售总额70亿元，城镇居民人均可支配收入20131元，农民人均纯收入11347元。

一、思想重视，党的建设不断加强

按照中央、省、市要求，圆满完成市乡换届选举和农村“两委”换届选举工作。狠抓干部队伍建设，注重在基层一线选拔使用干部，2011年，共调整干部107人，干部队伍年龄、知识结构进一步优化，各级班子的凝聚力和战斗力进一步增强。加大竞争性选拔干部力度，重点探索差额选举办法，对财政局长、团市委书记、妇联主席三个职位进行公开竞选，社会反响良好。全面加强基层组织建设，年底全市共有基层党组织573个，党员12464名(2011年度发展党员320名)，占全市人口的3%。扎实推进反腐倡廉建设，注重源头治腐，严查违纪违法案件，深入开展专项治理，干部作风进一步好转，形成了人心思进、干事创业的浓厚氛围。

二、强化措施，重点工作顺利推进

完善发展思路。新一届市委班子调整后，经过深入调研，在市第五次党代会上明确提出，以科学发展为主题，以转变发展方式为主线，以转型跨越为主旋律，狠抓项目建设，做强五大基地，创新机制激活力，创造品牌促转型，创优环境快发展，提升社会管理，提升党建水平，凝心聚力，奋勇争先，努力把河津建设成为绿色富裕、繁荣和谐的现代化工贸城市。这个以“三创两提升”为核心的指导思想，得到了广大干部群众的一致认可。

加快项目建设。坚持工业立市，以循环经济为总路径，以三大工业园区为载体，狠抓项目建设，加快建设五大产业基地，全力推动工业转型。全年共确定实施工业重点项目38

个，总投资255亿元，其中10亿元以上项目10个，亿元以上项目18个，千万元以上项目10个，已建成投产16个。基础设施项目21个，总投资30亿元。

推进“三农”工作。坚持以工补农、以工促农，以增加农民收入为核心，大力发展“一村一品”，加快农业产业化进程，积极发展设施农业，全力推进新农村建设，超额完成运城市下达的五个新的全覆盖任务。提高农村新农合补偿标准、五保供养和最低生活保障标准，受益群众超过38万人次。

改善民计民生。坚持把就业作为民生之本，公开招聘教师、医护等事业人员163名。鼓励高校毕业生自主创业或到规模以上企业就业，财政每年拿出600万元专项资金用于他们的养老保险和医疗保险。关心群众的冬季取暖问题，下化山区按人均半吨煤的标准由政府免费供应，其余8个乡镇，政府出资1200万元承担运费，为每户农村低收入家庭发放一吨煤。针对城市中低收入家庭住房难的问题，规划建设1000套经济适用房。

创新社会管理。坚持把社会管理放在突出位置，搭建市、乡、村三级社会治安综合治理信息平台，及时发现和化解社会矛盾，切实把问题消除在萌芽状态。按照“热情接待、认真办理，缠访闹访、严厉打击，失职渎职、从严追究”的工作思路，积极处理信访案件，取得了良好效果。深入开展打击“两抢一盗”和毒品犯罪等专项行动，有力促进了社会的安定和谐。

优化发展环境。针对经济发展环境存在的思想僵化、推诿扯皮、责任心不强、效率低下等十大突出问题，围绕项目建设、企业发展等5个重点，在全市上下深入开展经济发展环境集中整治活动，努力营造优质高效的政务环境、宽松透明的政策环境、规范有序的市场环境、开放优越的投资环境和公平公正的法制环境。

三、创新工作，换届选举风清气正

为了搞好第九届村民委员会换届选举，严格按照省委、运城市委“平稳、规范、按时、保质”的工作要求，围绕选好配强农村“两委”班子，坚持依法办事，创新六三机制，圆满完成了换届选举。

三项活动抓准备，严谨细致谋划。从8月份开始谋划，集中开展了三项活动。一是开展了“两委”班子调查摸底、后进支部整顿转化活动，转化了15个软弱涣散党组织。二是开展了村级组织固定资产登记、农村财务审计活动，有效预防了集体资产流失。三是开展了大接访活动，严格落实领导包乡包点包案责任制，消化了许多隐形矛盾，夯实了工作基础。

三支队伍抓指导，严肃认真对待。市委成立了党政主要领导直接负责的高规格换届选举工作领导组，下设综合协调、政策法规、信访、纪检监察、案件查处、宣传信息等6个小组，全部由曾担任乡镇党委书记、农村工作经验丰富的副县级领导负责。四大班子领导干部全部下乡进村、一线指导。乡镇干部全部包组入户、驻村工作。从市直机关为每村选派一个指导组，并为每个重点村再下派一个由纪检、组织、公安等部门组成的专门工作组，解决突出问题。三支队伍紧密配合，牢牢把握换届主动权。

三个到位抓组织，严密安排部署。一是政策培训到位。市乡村三级层层开展专题培训，覆盖到每个村组干部，切实提高了业务水平。二是宣传演练到位。充分利用电视台、报社、简报三大阵地，采取广播、标语、版面、宣传车等形式，全面宣传政策，营造浓厚氛围。同时所有乡村选前全部开展模拟演练，确保依法操作。三是记实到位。实行“两委”换届工作全程文字、影像双记实制度，全面记录选举工作过程，确保各项要求落实到位，经得起群众检验和质询。

三个重点抓落实，严保工作质量。对18个存在问题的重点村，由组织、纪检、公检法、民政等部门提前介入，摸清村情，全程关注，发现问题，及时处置。对重点环节，在党组织换届选举中，对“两推一选”、“公推直选”的流程、选举办法、主持词、报告单、票样、当选证实行“六统一”。在村委会换届选举中，实行选委会成员、驻村指导组、包村干部、乡选举办四方签审把关，任何一方有异议都“一票否决”，推倒重来。对重点指标，特别“两委”成员交叉任职、主干“一肩挑”、妇女委员、大学生村干部任主干等要求，积极探索，完善配套政策，确保“两委”班子不仅选得出，而且选得好，结构合理，精干高效，充满活力。

三个结合抓推选，严格依法办事。一是组织引导与群众推荐相结合，选举前，由乡镇党委结合实际拟定村“两委”成员的任职条件，组织党员群众充分酝酿，采用“两推”或“公推”等方式，对照选任条件、构成比例进行推荐提名，把初始提名权交给群众，实现组织意图与群众意愿相统一。二是组织审查与社会公示相结合，对群众推荐的候选人，由乡镇党委进行考察，征求纪检、计生、综治、公安派出所意见，再向群众进行公示，实现党委监督与社会监督相统一。三是公开选举与党委审批相结合，严格选举程序，由党员无记名投票选举产生支部委员，由支部委员选举产生书记、副书记，选举结果由乡镇党委研究审批后，再正式行文任职，实现加强党的领导与严格依法办事相统一，做到组织认可、党员拥护、群众满意。

三项举措抓选风，严厉打击违法违纪行为。坚持把端正选风作为整个选举工作的重中之重，下大力气，贯穿始终。一是畅通信息渠道，做到早发现。建立乡（镇、街道）包村干部、村组干部，以及大学生村官、离退休老干部、党代表、人大代表、政协委员三级信息员队伍，多渠道了解选情，一天一收集，一周一分析，确保信息渠道畅通。二是开展集中教育，做到早教育。选举前，对“两委”班子候选人等重点对象，开展集中警示教育，讲案例、讲政策、讲形势，要求端正心态，依法依规参选，并承诺公平竞争、违诺愿罚。选举后，及早组织落选人员和退职干部进行谈心，安抚情绪，消化矛盾。三是警力全力配合，做到早防范。建立警力协调机制，组建了预备警力200人、机动警力200人，在各村选举前三天，强化治安防范，选举当天全程值勤，全力维护换届秩序，确保选举风清气正。

（袁驸驹）

附：一、中共河津市委书记、副书记、常委名单

书　记：杨勤荣(4月离职)　胡　宝(4月任职)
副书记：杜中伟　董　耿(4月任职)
常　委：闫新民(4月离职)　赵玉明(4月离职)
薛永琦(4月任职)　杨敬福(4月离职)
张有荣(4月离职)　李满刚(4月任职)
邓文义(4月离职)　高克敏(4月任职)
胡凯旋　贺红林(4月任职)
侯鹏程(4月离职)　王同华(4月任职)
赵红权

二、乡镇(街道)党委(党工委)书记、副书记名单

城区街道
书　记：李满刚(5月离职)　卫俊青(5月任职)
副书记：卫俊青(5月离职)　贺正平(5月任职)
赵红刚(5月离职)　陈美敏(女,12月任职)

清涧街道
书　记：姚文生(5月离职)　吕武荣(5月任职)
副书记：闫新善　赵伟民

樊村镇
书　记：贺红林(5月离职)　姚文生(5月任职)
副书记：李鹏奇(5月离职)　薛将军(5月任职)
史效刚(5月离职)　杨忠义(12月任职)

僧楼镇
书　记：薛新民
副书记：王高红　任鹏云(5月离职)
张景良(12月任职)

赵家庄乡
书　记：李　明(5月离职)　蔡　斌(5月任职)
副书记：蔡　斌(5月离职)　王　润(女,5月任职)
董卫红

小梁乡
书　记：李赛梅
副书记：杨敬军　薛将军(5月离职)
王　岩(12月任职)

柴家乡
书　记：张　军
副书记：柴虎杰(5月离职)　许　瑛(5月任职)
杜克真(12月离职)　何伟良(12月任职)

下化乡
书　记：武安军(5月离职)　吕　平(5月任职)
副书记：吕　平(5月离职)　赵红刚(5月任职)
李凯斌(12月离职)　薛红泽(12月任职)

阳村乡
书　记：吕武荣(5月离职)　柴虎杰(5月任职)
副书记：贺正平(5月离职)　任鹏云(5月任职)
谭晓华(12月任职)

中共闻喜县委工作概况

县委书记　张汪龙

全县共有基层党委27个，党总支40个，党支部698个，党员16387人，占全县人口的4%，其中2011年度新发展党员530人。2011年，闻喜县委按照省、市委的党建工作思路，把加强党的执政能力建设为首要任务，始终坚持“党要管党、从严治党”的方针，认真落实抓班子、带队伍的责任，不断加强和改进党的思想、组织、作风和制度建设，使全县党的建设水平得到整体提升，为经济社会转型跨越发展提供了坚强的组织保障。

一、继续引深“创先争优”活动

紧紧围绕“争当先锋树形象，转变作风促发展”这一主题，深入开展了“大学习、大讨论、大转变、大创业、大总结”活动，全县领导班子、基层党组织和广大党员共承诺事项2万余件，完成承诺事项1.8万余件。以庆祝建党90周年为契机，全县各级党组织开展了形式多样、生动活泼的歌颂党、热爱党主题活动，进一步增强了党组织的凝聚力。扎实推进干部下乡包村增收工作，全县副县级领导干部和343名科局级干部共下乡住村2028天，为包联村送资金410万元，送信息512条，引进项目41个。

二、全面加强领导班子和干部队伍建设

县乡换届工作圆满完成。在换届工作中，县委按照“三早三严”工作思路，早发动、早部署、早宣传，做到程序把关严，研究制定了一整套换届规定、程序、方案、制度，每个环节、每个步骤都严格把关；纪律要求严，开展严肃换届纪律“五个一”学习宣传活动，严格执行中央“5个严禁、17个不准和5个一律”换届纪律，确保了县乡换届风清气正；组织指导严，从纪检、组织、人事等部门抽调专人成立换届工作督查组，对换届选举工作进行了全程督查指导。在县乡换届中，县委、人大、政府、政协以及乡镇党委、政府各类候选人均全票或高票当选。同时，推荐出席省第十次党代会党代表2人，推选出席市第三次党代会党代表29人、县第十三次党代会党代表352人。党代表政治素质和文化素质都比较高，且都来自于各条战线上的劳动模范和先进工作者，充分体现了代表的先进性、广泛性。

选人用人导向更加鲜明。事业成败关键在用人,用人关键在导向。新一届县委旗帜鲜明地把端正用人导向作为干部队伍建设的重中之重,坚持取舍凭德才、升降看政绩、去留听公论,不断激发干部队伍的活力。2011 年,先后调整领导干部 3 批次,共 99 人。一是乡镇换届调整 63 人,其中提任正科 18 人,副科 12 人(含市委统一公选 2 人),平职调整 33 人。二是政府工作部门主要负责人调整 7 人。三是县直单位部分缺位的正副职领导干部调整 29 人,其中提任正科 3 人,副科 2 人,调整交流 24 人。每次干部调整,县委都注重组织认可与群众认可的高度统一,先后通过"3 轮推荐、2 次票决"的方式,产生了 6 名乡镇党委书记和 7 名乡镇长人选;通过县委全委会评选出 3 名最优秀局长和 2 名评价较差的局长,以此为依据对 7 个单位的一把手进行了相应调整;通过外部充实一批、内部提拔一批、相互交流一批的方法,对政府工作部门正职、党群系统和行政单位部分缺位的正副职、事业单位正职进行了补充调整。通过调整,进一步优化了班子结构、提高了选人用人公信度,得到了广大干部群众的认可。

领导干部思想政治建设扎实推进。深入推进学习型党组织建设,坚持中心组集中学习制度,先后组织了胡锦涛总书记七一重要讲话、十七届六中全会精神、省第十次党代会精神等专题学习 9 次,拓宽了理论视野,提高了执政水平。同时,分层分批抓好各级干部学习,全年共举办大型报告会、巡回大宣讲 20 余场,集中一个月时间对全县副科级以上干部、农村"两委"主干等共计 1890 余人进行了集中轮训,强化了全县党员干部的党性观念和理想信念。

党员干部作风明显好转。干部作风关乎人心向背,决定事业成败。从 6 月份开始,在全县党员干部中深入开展了纪律作风大整顿活动,出台了一系列相关的制度和规定,并成立了纪律作风整顿督查组,对各单位执行纪律和作风情况进行督促检查。活动期间共征求意见和建议 214 条,整改问题 186 个,先后对 19 名顶风违纪的干部进行了组织处理,起到了很好的震慑和警示作用,为全县经济社会发展营造了良好环境。9 月份,纪律作风整顿活动总结大会召开以后,县委又将整顿活动转入经常化、规范化,由抓表面问题转入抓实质内容、抓解决具体问题。

党员队伍和人才队伍建设全面提升。在党员发展上,继续推行"千名新党员计划",培训入党积极分子 760 余名,发展党员 530 人,优化了全县党员队伍的年龄和文化结构。在大学生村干部管理上,重点实施"双考"模式和"三学三培"素质提升工程,推动了大学生村干部整体素质的不断提升。在人才队伍建设上,出台人才强县战略实施意见,初步建立了人才工作机制,形成了党管人才的工作格局。

三、进一步夯实基层党组织建设

在农村党建上,重点实施"151"党建示范点创建工程,树立了 50 个党建示范村和一大批优秀村干部。同时,在村级组织换届工作中,县委始终坚持领导重视、教育培训、督查指导,目前全县 343 个行政村"两委"班子全部进行了调整配备,277 个村实现支书主任"一肩挑",24 名大学生村干部当选"两委"主干,实现了"五提高、三优化、一减少"目标。在非公有制经济组织和新社会组织党建上,成立了非公有制经济组织工作委员会,向 273 家非公有制经济组织选派 112 名党建工作指导员,进一步扩大了党组织覆盖面。

四、扎实开展党风廉政建设和反腐败斗争

惩防体系建设全面推进。按照"一岗双责"的原则,把党风廉政建设与推动经济社会发展同部署、同落实、同考核。县委与各乡镇、各单位一把手签订了党风廉政建设目标责任书,对落实责任制不力的单位和责任人,坚决予以追究。一年来,共查处党员干部违纪案件 69 案 69 人,涉及副科级以上干部 16 人,其中行政降级 1 人,留党察看 1 人,行政撤职 1 人。

干部廉洁自律意识不断增强。把警示教育作为宣教工作的重头戏,依托廉政教育基地,大力开展警示教育,举办培训班 44 期,参训人员 2310 余人。同时,坚持每半个月和重大节日都给全县 700 余名副科级以上干部发送廉政短信;每两个月编印一期《桐乡清风》,重点宣传反映县委中心工作和全县反腐倡廉工作做法、工作经验,取得了良好的社会效果。

源头治腐工作得到加强。坚持把改革和制度建设贯穿于反腐倡廉建设的各个环节,全年共取消行政许可项目 26 项,集中受理行政审批 9689 件,接受群众咨询 2778 人次。全县 136 个行政事业单位中,有 42 个单位实行了部门预算,预算金额 2017 万元,80 个单位实行了国库集中支付,集中支付金额 2.9 亿元。

损害群众切身利益的问题得到切实解决。严格落实教育收费政策及收费公示制,有效制止乱收费行为 16 起。深入开展"小金库"专项治理,检查单位 56 家,共处罚金 20.5 万元。开展党政机关公务用车问题专项治理,封存超标车辆 7 辆,查处超编制购置公车问题 5 起。开展以食品药品安全为重点的专项执法监察,共监督检查食品从业单位 1995 家,限期整改 165 家,停业整顿 19 家,取缔黑窝点 41 家。

五、党建工作促进了各项事业的蓬勃发展

扎实有效的党建工作促进了经济社会各项事业的快速发展。全县紧紧抓住第一要务,以科学发展观为指导,围绕"热爱闻喜、建设闻喜、振兴闻喜",突出"谋发展、惠民生、促和谐、树新风"四项任务,大力实施四大战略(工业强县战略、农业稳县战略、三产兴县战略、生态立县战略),加快推进五大进程(工业新型化、农业现代化、县域城镇化、三产规模化、城乡生态化),全县经济快速发展、社会事业协调进步、社会政治局面安定和谐。2011 年,全县地区生产总值完成 106.6 亿元,比上年增长 16.8%;规模以上工业增加值完成 59.7 亿元,比上年增长 18%;财政总收入完成 7.2 亿元;社会固定资产投资总额完成 59.4 亿元,比上年增长 30%;社会消费品零售总额完成 23.6 亿元,比上年增长 17.7%;城镇居民人均可支配收入完成 16698 元,比上年增长 23.1%;农民人均纯收入完成 5279 元,比上年增长 21.2%。 (杨海林)

附：一、中共闻喜县委书记、副书记、常委名单

书　记：裴良杰(4月离职)　张汪尤(4月任职)
副书记：李尧林(4月离职)　张建元(4月任职)
　　　　张春吉(4月任职)　闫　宏(4月离职)
　　　　逯光耀(4月任职)
常　委：任红克(4月离职)　高克敏(4月离职)
　　　　李红民(4月离职)　谭淑珍(女,4月离职)
　　　　王海生(4月任职)　李清水(4月任职)
　　　　潘　鹏(4月任职)　逯光耀
　　　　张武学(4月任职)　奥卯辰
　　　　高俊红(女,4月任职)

二、乡镇党委书记、副书记名单

桐城镇
书　记：翟东旭
副书记：张阿俭　刘正岩　郭红旭
东　镇
书　记：张水忠
副书记：蔄晓普　李金平　赵景娟(女)
河底镇
书　记：梁松彬
副书记：高秀海　朱学敏
郭家庄镇
书　记：吉俊伟
副书记：刘红吉　支红梅(女)
凹底镇
书　记：冯峥嵘
副书记：王海峰　陈江武
礼元镇
书　记：任东波
副书记：付晓霞(女)
薛店镇
书　记：李明虎
副书记：张晏平　樊家宏
侯村乡
书　记：郭亚斌
副书记：吉俊红(女)　焦耀奎
裴社乡
书　记：史学敏
副书记：张文凯　王吉胜
后宫乡
书　记：薛耀东
副书记：李升龙　王　泽
阳隅乡
书　记：张安红
副书记：刘新吉　杨　朝
神柏乡
书　记：徐剑昆
副书记：赵官民　张刘斌
石门乡
书　记：张英奇
副书记：王红波　王英华

中共临猗县委工作概况

县委书记　赵惠民

全县共有基层党委25个，党总支21个，党支部682个，党员18351名，占全县总人数的3.2%，其中2011年度新发展党员586名。2011年，在运城市委、市政府的正确领导下，临猗县委团结带领全县干部群众，坚持以转型跨越、再创辉煌为主题，不断加强党的执政能力建设和各级领导班子建设，奋力拼搏，扎实工作，为全县改革发展稳定提供了坚强的组织保证。

全年生产总值完成97亿元，比上年增长14.4%;规模以上工业增加值完成23亿元，比上年增长28%;财政收入完成3.53亿元，比上年增长24.7%；固定资产投资完成48.6亿元，比上年增长37.4%;城镇居民可支配收入达到16036元，比上年增长18.6%;农民人均纯收入达到6815元，比上年增长20%。

一、坚持团结干事，党的建设得到了新加强

党建工作事关党的执政地位，县委始终把党建工作摆在突出位置来抓。一是领导干部思想政治建设扎实推进。县委中心组围绕十七届六中全会、胡锦涛总书记“七一”讲话和纪念辛亥革命100周年讲话、省市党代会精神等内容进行了专题学习，坚持每次中心组学习有两名县级领导谈学习体会。强化各级干部的教育培训，责成组织、宣传、党校等部门先后4次对全县科级干部就县域经济发展、领导干部执行力提升等内容进行了集中培训。二是干部队伍建设不断加强。坚持把端正用人导向作为干部队伍建设的重中之重，做到用纪律规范行为，用民意体现公正，用规则强化制度，凭业绩决定升迁。一年来，全县共提拔使用干部33名，其中副科提正科17名，一般干部提副科16名。三是干部的作风建设进一步强化。教育引导干部强化六种意识：“永远与激情在一起，永远与超越在一起，永远与创新在一起，永远与务实在一起，永远与规矩在一起，永远与成功在一起”。结合省市要求，认真开展了干部下乡住村的“九个一”活动，全县39名县级领导干

部，109个县直单位和16个乡镇（区）的副科级以上干部分别深入所包扶村，为各村提供包扶资金共计650余万元，联系困难户1500余户，提供致富信息600余条，解决各种突出问题180余个。

二、突出重点、完善内容，创先争优活动深入开展

为了确保创先争优活动扎实深入开展、真正取得实效，县委突出抓好三方面工作。一是丰富活动内容，在全县开展了“三讲三比争百佳”活动（即讲学习，比素质；讲纪律，比作风；讲工作，比业绩；争创百佳基层党组织和共产党员）和“五讲五比创一流”活动（即讲理想、比素质，创一流党员队伍；讲超越、比发展，创一流工作业绩；讲宗旨、比奉献，创一流服务质量；讲创新、比效能，创一流工作机制；讲纪律、比形象，创一流工作作风），在窗口单位和服务行业开展了“三亮三创三评”活动（即亮身份、亮形象、亮承诺；创岗位奉献先锋、创群众满意窗口单位和服务行业、创优质服务品牌；党员自评、领导点评、群众测评）。这些鲜活的实践载体，推进了创先争优活动的深入开展。二是严格兑现承诺，县委确立了公开承诺“六三”机制，全县各级党组织和广大党员共确定承诺事项6850余件，2011年底，共完成承诺事项6540件，其余为跨年度工作。党员公开承诺的做法先后被《山西日报》和中央、省委创先争优活动简报进行了报道。三是典型示范带动，在全县树立了坚持22年义务收养56名孤残儿童的优秀共产党员陈玉芳这一典型，并以县委名义下发了《关于开展向优秀共产党员陈玉芳同志学习的决定》，召开陈玉芳同志先进事迹报告会，开展大讨论，组织爱心捐助，创建爱心基地，编排眉户现代戏《五十六个孩子一个妈》，在全市范围内巡回演出，起到了很好的示范带动作用。中央创先争优活动简报“基层党组织、共产党员风采”专栏以《五十六个孤残儿童的党员妈妈》为题进行了刊发。

三、严格标准、精心组织，县乡村换届工作圆满完成

县乡换届过程中，县委坚持把思想政治工作贯穿始终，坚持从上到下扭转风气贯穿始终，坚持纪律与整治不正之风贯穿始终，坚持内容与形式统一贯穿始终，坚持讲宣传与讲程序贯穿始终。通过从上到下、由面到点、层层缩小范围、步步落实责任，耐心反复地开展思想教育工作，引导和教育广大党员领导干部正确对待个人的进退留转，赢得了党内外干部群众认识上的高度统一和行动上的高度一致。县级班子换届共涉及调整干部36人，乡镇换届共调整干部62人，县级班子平均年龄49岁，比上届下降2.5岁，乡镇党政班子平均年龄39.4岁，比上届下降0.8岁，其中35岁以下干部占到50%，大专以上文化程度达到100%，所有市委、县委提名的各种候选人均满票当选，班子结构得到了进一步优化。村级换届中，县委提出了力争实现6个100%的工作目标，即：100%的村完成“两委”换届选举；100%的村配齐配强“两委”班子；100%的村无越县上访；100%的村级班子配备妇女干部；100%的大学生村干部选进“两委”班子；100%的乡镇有1名以上大学生村干部担任村主干。通过抓领导，确保责任到位；抓宣传，确保参与到位；抓培训，确保程序到位；抓人选，确保比例到位；抓难点，确保指导到位；抓选纪，确保监督到位，圆满完成了村“两委”换届选举工作，实现“一肩挑”的村312个，占总数的83.2%；连选连任的农村“两委”主干279名。换届后，“两委”主干平均年龄41.5岁，比上届减少1.3岁，高中以上文化程度占56%，大专以上文化程度占12.8%，分别比上届增加5.6%和4.2%。特别是县委把大学生村干部作为优化农村“两委”班子结构的重要途径，307名符合参选条件的大学生村干部全部进入“两委”班子，53名大学生村官当选“两委”主干，其中44名当选为村党支部书记，10名当选为村委会主任（一肩挑1人）。

四、惩防并举、标本兼治，党风廉政建设深入推进

县委按照上级党委关于党风廉政建设责任制的要求，从三个方面狠抓党风廉政建设。一是全面加强惩防体系建设。按照“一岗双责”的原则，把党风廉政建设与推动经济社会发展同部署、同落实、同考核。一年来，共查处党员干部违纪案件99件，处理党员干部99人。二是不断增强干部廉洁自律意识。县委坚持把警示教育作为宣教工作的重头戏，组织了《廉政准则》演讲比赛、知识测试，开展了庆“七一”唱红歌大赛，对100余名领导干部家属发放了“廉内助”倡议书、赠送了廉政书籍。特别是在换届后，组织新一届四大班子及县级领导到警示教育基地进行廉政宣誓、签订承诺书、唱廉政歌曲、看廉政影片、写心得体会，为全县党员干部作出了表率。共举办廉政警示教育培训班94期，受教育人数达到4230人，对违反警示教育纪律的16名干部进行了诫勉谈话，并通报全县。三是深入开展正风肃纪活动。本着治庸、治懒、治散的要求，在全县深入开展了以“正风肃纪、创优环境”为主题的纪律作风整顿月活动，责成纪检部门先后3次大规模对全县机关干部的工作纪律，进行了明察暗访，10次对全县休闲娱乐场所、宾馆进行了突击检查，处理党员干部2人。

五、积极探索、大胆创新，目标责任考核工作取得新突破

县委制定了一套体现责任、科学合理、奖惩分明的考核机制，把“定规、定责、定人”作为考核工作的总抓手。定规，就是建立“五个倒数第一”考核工作机制。县委把全县列入考核范围的124家单位，按照职能划分为党群部门、政府经济部门、政府非经济部门、垂直管理部门、乡镇5个类别，每一类年终考核都要排出一个倒数第一，并在全县范围内进行通报。定责，就是按照单位职能、类别确定目标责任。年初，由各单位结合本部门职责，科学制定工作目标，报县分管领导审核，并经县委常委会议研究审定后，由县考核办把目标任务分解到各单位。在此基础上，各单位将全年工作任务细化、量

化，分解到每一位工作人员。定人，就是用考核结果评价干部、使用干部。县委规定，凡考核排在最后一名的，属于县委管理的干部，党政一把手要引咎辞职，本单位副职一年内不能提拔重用；属于垂直管理的干部，县委建议上级部门进行调整。2011年在全市目标责任考核中，排名第二，受到市委、市政府的表彰。 （杨会贤）

附：一、中共临猗县委书记、副书记、常委名单

书　记： 胡　宝(4月离职)　赵惠民(4月任职)

副书记： 史　凯　周邦稳(5月离职)　金永德(5月离职)　李建刚(5月任职)

常　委： 张富有(5月离职)　王周义(5月离职)　王玉民(5月离职)　杨连中(5月离职)　石铁吨(5月离职)　张建莉(女，5月离职)　杨　滉(5月任职)　仇红学(5月任职)　董学刚(5月任职)　王功成(5月任职)　薛学农(5月任职)　张　猛(5月任职)　贠培齐(5月任职)

二、乡镇党委书记、副书记名单

猗氏镇

书　记： 李为民(5月离职)　张勤学(5月任职)

副书记： 薛文强(5月任职)　王周平

牛杜镇

书　记： 唐晓林(5月离职)　滑卫红(5月任职)

副书记： 王鹏君　李　梅(女，5月任职)

楚侯乡

书　记： 张勤学(5月离职)　李红阳(5月任职)

副书记： 管振波　张定泽　王　戈(5月任职)

嵋阳镇

书　记： 陆迎国

副书记： 王青俊(5月任职)　郭民伟

庙上乡

书　记： 李晓波

副书记： 钱　波　侯　宝　吴纽兰(女)

临晋镇

书　记： 李拴稳

副书记： 郝晓峰　姚　煊

七级镇

书　记： 赵仲波

副书记： 范海英　宋学儒

东张镇

书　记： 景世军

副书记： 陈晓龙　杨建刚

角杯乡

书　记： 廉　辉

副书记： 卫　军　尹　飞(5月离职)　赵越发(5月任职)

孙吉镇

书　记： 耿红创

副书记： 滑卫红(5月离职)　王　磊(5月任职)　侯　勇

耽子镇

书　记： 刘双胜

副书记： 张志安(5月任职)　范建平

北辛乡

书　记： 史飞跃(5月离职)　王世宏(5月任职)

副书记： 王世宏(5月离职)　张　晓(5月任职)　程立功

卓里区

书　记： 杨雅女(5月离职)　董学峰(5月任职)

副书记： 张守刚　樊　豫

闫家庄区

书　记： 岳匡印

副书记： 王晋峰　赵越发(5月离职)　荆　晖(5月任职)

北景乡

书　记： 冯淑芳(女)

副书记： 李红阳(5月离职)　王海军(5月任职)　张新杰

三管镇

书　记： 胡银霞(女)

副书记： 董学峰(5月离职)　尹　飞(5月任职)　王民管

中共稷山县委工作概况

县委书记　乔登州

全县共有12个基层党委，22个党总支，479个党支部，11646名党员。2011年，稷山县委深入贯彻落实科学发展观，积极抢抓省综改试验区先行先试的政策机遇，紧紧围绕运城市建设山西向东向西开放的大通道和桥头堡的战略部署，深入实施“733”产业升级发展战略，一心一意谋发展，千方百计促转型，不遗余力惠民生，全面加强党的建设，全县经济社会呈现出后劲增强、民生改善、社会和谐的良好局面。

一、立足县情、准确定位，以科学决策引领转型跨越发展

在2010年“7.29”全省领导干部大会之后，山西省转型跨越的大幕拉开，稷山也面临着新一轮转型发展的机遇期。在这个“好字优先、以好促快、能快则快”的具有历史意义的进程中，稷山县委、政府一班人不避矛盾，直面困难，立足县情，敢破敢立，提出了稷山五年跨越的总体构想，即：实施一个战略，推进五化进程，打造三大基地，建设一座名城，GDP、财政收入和农民人均收入三个翻番，建设一个政治更加昌明稳定、经济更加充满活力、社会更加文明和谐、生活更加富裕殷实的新稷山。

“一个战略”即：“733”产业升级发展战略，做强七大支柱产业、构建三大主功能区、建设三大特色基地。

“五化进程”即：工业园区化、农业现代化、城镇集群化、民生普惠化、城乡生态化。

“三大基地”即：全国板枣生产和研发加工基地、中西部纸包装文化产业基地、全省新兴焦化和有色金属加工基地。

“一座名城”即：“稷王文化”名城。

这个构想，符合省市转型跨越的时代要求，符合稷山发展的现实需要，为“十二五”稷山大发展、快发展廓清了思路，指明了前程。通过党代会、人代会、政协会议的充分讨论和认真审议，这一构想已经上升为全县干部群众的共同意志，为全县经济社会转型跨越发展奠定了坚实的思想基础。

在新思路、新路径、新目标的引领下，2011年，稷山“十一五”圆满收官，“十二五”翻番良好开局。GDP完成58.1亿元，比上年增长14.1%；财政收入完成4.71亿元，比上年增长13.9%；规模以上工业增加值完成22.17亿元，比上年增长19.5%；城镇居民人均可支配收入完成15530元，比上年增长23.2%；农民人均纯收入完成5911元，比上年增长20.1%。七个约束性指标也全面完成，发展水平在提高，发展质量在跃升。2011年，全市目标责任制考核，稷山排名第三，实现了历史性跨越。

二、突出重点，创新实干，以有力举措推进转型跨越发展

在稷山这样一个矿产资源匮乏、工业基础薄弱、经济欠发达县份，推进转型跨越发展，必须全力抓经济、重点抓工业、关键抓项目、突出抓园区。

一是给力园区建设。县委提出要结合城镇总体规划和土地利用规划的调整，高起点搞好园区的规划；要进一步整合现有产业，充分发挥园区的集聚效应，放大园区功能；要高起点、高标准搞好园区基础设施建设，提升项目承载能力，真正把园区建设成为对外开放的窗口、招商引资的载体、工业腾飞的基地、城镇建设的亮点和经济发展的重要增长点。2011年，三大工业园区成为推进稷山工业发展的有力支撑。西社新型焦化工业园区全长8.5公里的两条主干大道——兴稷大道、振西大街开工建设，地面以下工程全部完工；翟店印刷包装文化产业园区被省委、省政府表彰为“全省十大文化产业示范基地”，5个投资在千万元以上的印刷包装技术改造提升项目全面竣工；高新技术园区基础设施加快建设。

二是狠抓项目落地。县委狠抓项目建设不放松，千方百计引项目，扎扎实实干项目，全县上下不断掀起项目建设新高潮。2011年，永祥焦化130万吨焦化一期工程等9个技改扩建项目建成投产。全年共引进项目16个，引资24亿元。省煤销集团年产500万吨的焦化园区建设项目经过一年的努力，已确定落户西社新型焦化工业园区，并纳入省煤销集团2012年重点建设项目。

三是打造“双宜”县城。县委确定了“一城两翼四星”大县城战略，积极推进县城东延北扩。2011年，城市建设完成投资2.2亿元，“四馆一中心”、富强街等一批城市基础设施建设工程开工建设。以兴稷大道建设为纽带，县城与高新技术园区和西社工业示范园区连为一体。县城建成区面积达到8.2平方公里。森林县城建设力度不断加大，栽植乔灌木9.1万株，绿化覆盖率比上年提高了3个百分点。

四是强力推进现代农业。结合稷山实际，县委提出，稷山农业的希望在调产，重点在科技，潜力在兴水，基础在土地，后劲在畜牧，根本在工业。2011年，全县改造防渗末级渠系397公里，恢复新增灌溉面积4.63万亩；粮食总产再创历史新高，超过2亿公斤；板枣栽植总面积达到13.3万亩，“稷山板枣”荣获山西省著名商标；蛋鸡养殖朝着标准化现代化方向发展，晋华畜禽公司代表了目前华北地区蛋鸡养殖现代化最高水准；全县蛋鸡存栏达到750万只，稳居全省前列；稷王现代农业示范园高标准起步。农民人均纯收入达到5911元，比上年增长20.1%。

五是高度关注民生。县委认为改善民生是最大的政务，民生幸福是最大的政绩。坚持强县与富民的统一，发展产业与促进消费的统一，努力搞好“基本民生”，努力保障“底线民生”，积极关注“热点民生”。2011年，县财政用于改善民生方面的资金达4.8亿元，比上年增长10%。农村基础设施建设新的“六个全覆盖”当年任务全面完成。校安工程全部竣工投入使用。高考文理两大类二本B类达线552人，比上年净增180人。争取到国家农村居民养老保险和城镇居民养老保险试点县，3.6万老人喜领养老金。

六是夯实社会管理。社会管理是经济建设的基础，是党委、政府的重大职责。县委积极建立完善党委领导、政府负责、社会协调、公众参与的社会管理机制；大力推进“金盾工程”实施，确保稷山老百姓平安；努力做好阳光农廉网络建设，推进农村反腐败工作；严格落实维稳工作责任制，建立了四级信访矛调网络。一大批事关民计民生的信访难题得到解决，群众的安全感普遍增强。

三、创先争优、引领发展，以加强党建保证转型跨越发展

县委确定了党建工作“四个一”主导思想（即一个主题：抓好党建、引领发展；一个重点：三级换届；一个工程：一把手

素质提升工程；一项活动：强化责任抓落实活动)，全面加强基层组织建设。

一是创先争优活动扎实开展。县委把弘扬正气、典型引领作为推动活动开展的重要途径，把推进稷山经济社会转型跨越发展作为开展活动的总目标，把为群众办实事、办好事，作为开展活动的落脚点。举办了隆重热烈的七一表彰大会，对活动中涌现的先进基层党组织和个人进行了大力表彰和宣传，组织全县497个党组织和一万余名党员完成承诺实事18300余件，组织497名科级以上干部到200个村与群众同吃同住同劳动，为群众送信息、送服务、送温暖。

二是县乡村三级换届圆满完成。6月底，县乡换届圆满完成，新组成的县委、纪委、人大、政府、政协领导班子战斗力进一步增强；7个乡镇党政班子结构优化，充满活力。12月底，全县200个村村级组织换届工作全部完成，做到了“平稳、规范、按时、保质”。特别是在换届人事调整过程中，采取的竞争性选拔年轻科级干部“两考一推四量化”工作法，作为全市2011年度创新项目受到表彰。

三是干部教育培训工作全面加强。县委整合资源，突出重点，分层施教，以“一把手素质能力提升工程”为重点，全年共计举办《后稷讲坛》17场次，专题培训班15期，涉及党员干部群众3万余人次。通过广泛深入的教育培训，干部队伍的素质能力明显提升，建设学习型基层党组织热潮不断兴起。

四是基层党组织建设进一步夯实。扎实推进“三定一树”活动，组织“两委”班子为群众办实事，办好事；认真做好发展党员工作，新发展党员384名；有针对性的采取“一快二稳三扶”工作法，创新基层党组织设置，在稷王现代农业示范园、西社煤焦工业园区，以及部分小区，及时成立了党组织并开展活动，做到了经济工作发展到哪里，党的红旗就高高飘扬在哪里。

五是目标责任制考核体系建立完善。对乡镇工作一月一考核，对县直单位工作半年一检查，全年又分系统进行总排队。通过严格考核，全县上下掀起了完成工作任务，推进转型跨越的新热潮。 (侯俊峰)

附：一、中共稷山县委书记、副书记、常委名单

书　记：乔登州
副书记：李亚丽(女)　尚国桦(4月任职)
常　委：尚国桦　李印成(4月任职，8月离职)
孙　斌(8月任职)　禹桂香(女，4月离职)
姜存师(4月任职)　姚广林(4月离职)
王　钊(4月任职)　赵永刚
张建军(4月离职)　樊双全(4月任职)
李宝珠　高根立(4月离职)
费克仁(4月任职)

二、乡镇党委书记、副书记名单

稷峰镇
书　记：赵高云(5月离职)　樊双全(5月任职)
副书记：樊双全(5月离职)　董武云(5月任职)
张春前(5月任职)

太阳乡
书　记：黄亚平(女，5月离职)　梁永林(5月任职)
副书记：姚高华(5月任职)　冯智军(5月离职)
杨建文(5月任职)

化峪镇
书　记：付红安(5月离职)　梁永明(5月任职)
副书记：梁永明(5月离职)　薛钢善(5月任职)
孙　鹏(5月离职)　王文奇(5月任职)

翟店镇
书　记：郝　冰(女)
副书记：翟廷伟(5月任职)　宁昌狮(5月离职)
黄继红(5月任职)

清河镇
书　记：兰全锁
副书记：赵　鹏　崔保义 (5月离职)
史永安(5月任职)

蔡村乡
书　记：薛建东(5月离职)　张国兴(5月任职)
副书记：张国兴(5月离职)　王红新(5月任职)
张文元(5月离职)　薛高斌(5月任职)

西社镇
书　记：任喜龙(5月离职)　付红安(5月任职)
副书记：杨丙坤　韩张斌(5月离职)
杨素婷(5月任职)

中共芮城县委工作概况

县委书记　王正风

全县共有基层党组织474个，其中党委16个，党总支21个，党支部437个，共有党员14557名，其中农村党员9103名。2011年，在中央、省委、市委的正确领导下，全县上下坚持以科学发展观为统领，以转型跨越为目标，以文化旅游强县为突破口，以招商引资和项目建设为抓手，大力推进“五化”建设，实现了“十二五”的良好开局，谱写了芮城经济社会科学发展、跨越发展、和谐发展的崭新篇章。

一、党的建设情况

一是强化理论武装。不断坚定广大干部的理想信念，教育引导广大干部用心向书本学习，用心向领导学习，用心向同事学习，用心向人民学习、用心向先进学习，要求广大干部在学中干，干中学，不断提高干部应对复杂局面和处理复杂问题的能力。

二是强化作风建设。通过深入开展创先争优活动，全年公开承诺事项2089件，已完成1996件，完成率达到96%。扎实开展下乡住村活动，全县共有750名干部深入农村，帮助帮扶村制定规划90个，召开座谈会、讨论会240余场(次)，解决难题100余个，落实帮扶资金30余万元，进一步密切了党群干群关系。

三是规范选人用人程序。在县乡村三级换届中，县委坚持“三个倾斜一公认”(向基层一线倾斜，向实绩突出的干部倾斜，向不跑不要、埋头苦干的干部倾斜和所推选的干部必须得到群众公认)的用人导向。严格程序，严把“四关”(民主推荐关、组织考察关、讨论决定关、请示报告关)，严格推行常委会任免干部票决制，大胆选人用人。全年以公推直选、公开遴选、公开竞选等方式共调整干部234人，其中提拔63人(副科提正科24人，一般提副科39人)，平调98人，乡镇工作20年任副科满10年享受正科级工资福利待遇23人，免职50人。10个乡镇172个村级组织换届全部实现“平稳、规范、按时、保质”，其中“一肩挑”142个村，有5名大学生村干部当选村支书，有7名大学生村干部当选村委主任。人才工作成效明显，为部分企事业单位引进各类高学历人才10名。

四是加大反腐倡廉力度。先后开展了粮补面积复查、国家公职人员拖欠贷款、重点工程项目、工程建设领域突出问题专项治理等方面的监督检查，挽回经济损失1200余万元。开展了治理公路“三乱”工作，纠正不规范执法行为7起。深入开展了农村党风廉政建设工作，领导干部约谈制度在全省进行了公开报道。深入推进行政审批制度改革，积极推进“阳光运城网”建设，扎实开展党务公开工作。在全县创造性地开展了“开门整风”活动，全年共查处影响和损害经济发展环境案件15案19人，涉及科级干部3人。开展了会风会纪整顿，共给予纪律处分4人，对23个单位26人进行通报批评，对11个单位的“一把手”进行诫勉谈话。扎实开展了“纪律作风集中教育整顿月”活动，组织了6次明察暗访，对两个单位的相关责任人进行了查处。县纪检监察机关共查结案件45起，给予党纪政纪处分75人，涉及乡科级干部13案18人，重处分6案6人，保持了惩治腐败的高压态势。

五是完善考评机制。坚持一季一督查，半年一评比，年底交总账不动摇；坚持县级领导干部包联责任制、信访接待日制度不动摇；坚持失职必究、失察必究和工作不力必究的责任追究机制不动摇；继续开展了创建国家级生态文明县“十大功臣”、“十大标兵”建功立业劳动竞赛活动。

二、县域经济实力不断壮大

2011年，县内生产总值完成61.46亿元，比上年增长14.3%；财政总收入完成3.9873亿元，比上年增长1.5%；一般预算收入完成1.6988亿元，比上年增长33.1%；规模以上工业增加值完成16.64亿元，比上年增长21%；固定资产投资完成31.74亿元，比上年增长35%；社会消费品零售总额完成16.14亿元，比上年增长18.3%；城镇居民人均可支配收入完成17160元，比上年增长23%；农民人均纯收入完成6005元，比上年增长15%。各项节能减排和环境保护的约束性指标也得到了圆满完成。

招商引资和项目建设成效显著。制定出台了《芮城县招商引资工作方案》和《招商引资优惠政策暂行规定》，组建了8个招商局，全年招商引资到位资金14.08亿元(市最终认定值)，超出市定目标3.08亿元；新签约项目19个，开工建设11个。全年确定重点项目44个，建成完工22个。其中，13个市重点项目完成投资18.98亿元，占年度投资任务的102%，占全县固定资产投资总额的59.8%。

工业新型化稳步推进。工业产业聚集区内，总投资15.2亿元的亚宝工业园、金丰瑞电子工业园、兆益生物科技工业园、君雅墙纸等低碳环保项目均已开工建设。其中，亚宝工业园，完成投资9900万元；金丰瑞电子工业园，完成投资4400万元；兆益生物兽用原料药项目成功试产；君雅墙纸当年开工，当年投产达效。亚宝药业、蓝星化工、宏光安瓶、新泰纳米、爱尔家纺等骨干企业，通过扩能改造、产业提升和产业链延伸，产能和效益明显提高。君雅墙纸和西建混凝土2家公司由中小企业进入规模以上企业行列，全县规模以上工业企业增至17家。规模以上工业增加值比上年净增6.4亿元。

农业现代化势头良好。实施了苹果提质增效、设施蔬菜和干果经济林建设三大工程。建成现代苹果标准化示范园4000亩，新增果园2万亩；被农业部授予“现代苹果标准化生产示范县”，35.5万亩苹果获农业部地理标志登记。新增设施蔬菜2500亩，全县设施蔬菜总面积达到8200亩。发展干果经济林1.2万亩。建成“一村一品”专业村15个。启动了新一轮五大引黄灌区改造、续建和末级渠系配套工程，实施了阳城镇1465亩基本农田整理和古魏镇6500亩中低产田改造，全县水浇地面积增加到48.6万亩。全年粮食总产量2.8亿公斤，超出市定目标0.63亿公斤。2011年农民人均纯收入比上年净增783元。

基础设施日臻完善。道路交通上，运宝高速进展顺利，可望于2013年6月建成通车；硬化农村街巷829公里，新建、改造公路57公里，群众出行更加便捷。城市建设上，县城核心区改造顺利推进，东茂广场、东茂商业街建设接近尾声；南广场拆迁如期完成；文博馆大楼隆重开工；会展中心高标准完成装修，全省县级一流。建成后的核心区将形成文化、商业、服务三大组团，成为展示芮城形象的魅力窗口。

生态创建成绩斐然。全年栽植各种苗木300余万株，完成造林面积1.9万亩，林木覆盖率由2010年的38.79%提高到39.89%。申报国家级生态乡镇3个，创建省级生态村3个、市级生态村19个。先后被授予“全省十佳卫生县城”、“省级林业生态县”和“省级环境保护模范城”，并首家通过了山西省“省级生态县”验收。“国家级生态文明县”创建工作取得了阶段性成果。

文化旅游凸显特色。成功举办了第四届中国(芮城)永乐宫国际书画艺术节。芮城县被中国美术家协会授予“山西创作中心芮城写生基地”。加快推进了九峰山、圣天湖、百梯山三大景区建设步伐。其中，九峰山纯阳上宫项目总体规划、宗教朝圣区平面设计已经完成；圣天湖景区湿地保护开发文本通过评审，项目总规、详规、施工图已近完成。

社会发展和谐有序。十件民生实事全部兑现。新的农村“五个全覆盖”年度任务全面完成。困难群众住房问题进一步缓解。建成廉租房40套，经济适用房500套，扶持农村贫困户改造危房703套。新农合参合率99.56%，新型农村养老保险实现了全覆盖；城镇居民医疗保险和养老保险参保人数超额完成全年任务；农村和城镇低保覆盖面进一步扩展。教育继续保持全市领先。医疗卫生体制五项改革基本完成。安全生产形势稳定好转。社会管理不断加强。信访维稳工作扎实开展。其他各项社会事业都取得了新的成绩。全年，县财政用于民生事业的支出达8.74亿元，占财政总支出12.14亿元的72%，广大人民群众充分享受到了改革发展的丰硕成果。

(王钰斌)

附：一、中共芮城县委书记、副书记、常委名单

书　记：王正风

副书记：董旭光　胡金虎(4月离职)
杨国义(1月离职)　贾国平(4月任职)

常　委：姚新亭(4月离职)　余妙珍(女，4月离职)
王吉敏(4月离职)　姚广升(4月任职)
张建军(4月任职)　赵自成(4月任职)
王志迎　孟　力　王红梅(女，4月任职)

二、乡镇党委书记、副书记名单

风陵渡镇

书　记：张应征(4月离职)　张建丰(4月任职)

副书记：张振江(4月离职)　杨云平(5月离职)
杨志鹏(5月任职)　谭荣合(12月任职)
张玉君(4月任职)

阳城镇

书　记：焦龙生(4月离职)　王江荣(4月任职)

副书记：王江荣(4月离职)　刘建民
王春龙(5月离职)　孙春艳(女，4月任职)

永乐镇

书　记：张　波(4月离职)　薛红阳(女，4月任职)

副书记：薛红阳(女，4月离职)　张振东
蔡林权(4月任职)

大王镇

书　记：翟纪亭(4月离职)　王旭鹏(4月任职)

副书记：赵创国(4月离职)　闫　飞(5月离职)
任建永(4月任职)　范怡兵(5月任职)

学张乡

书　记：杨小召

副书记：张云鹏　蔡林权(4月离职)
张晓丽(女，4月任职)

古魏镇

书　记：谭平川(4月离职)　张　波(4月任职)

副书记：王旭鹏(4月离职)　任占盈(4月离职)
赵立会(5月任职)　赵创国(4月任职)

南卫乡

书　记：王红梅(女，4月离职)　林　波(4月任职)

副书记：林　波(4月离职)　范世平(5月离职)
张晓丽(女，5月离职)　焦大鹏(4月任职)
封兴财(5月任职)

东垆乡

书　记：郝永峰(4月离职)　李　轩(4月任职)

副书记：李　轩(4月离职)　杨安平(5月离职)
刘晶晶(女，4月任职)　闫　飞(5月任职)

西陌镇

书　记：蔡军龙(4月离职)　张振江(4月任职)

副书记：姚建鹏　董军越

陌南镇

书　记：张建丰(4月离职)　杜步奇(4月任职)

副书记：杜步奇(4月离职)　贵建强(5月任职)
胡丹英(女，4月任职)

中共绛县县委工作概况

县委书记　裴良杰

全县共有基层党委11个，党总支19个，党支部427个，有党员11454名，其中2011年新发展党员410名。2011年，在省委、市委的正确领导下，绛县县委深入贯彻落实党的十七届五中、六中全会精神，以科学发展为主题，以转型跨越发展为主线，全面加强和改进党的建设，扎实有效地开展各项工作，使全县各级党组织的创造力、凝聚力、战斗力不断增

强，党员干部队伍作风不断提升，为经济社会发展提供了坚强的政治保证。

一、以思想政治建设为基础，进一步加强理论武装和党性修养

一是中心组学习经常化。坚持每两个月集中学习一次，每半年搞一次学习笔记和心得展评，为每名中心组成员建立学习档案。二是学习内容系统化。在系统学习毛泽东思想、中国特色社会主义理论体系的基础上，深入学习了袁纯清书记推荐的三本书籍，同时加强经济、法律、科技、管理等方面知识的学习，不断增强各级领导干部的综合素质。三是学习方式多样化。在集中学习和个人自学的基础上，在全县开展了“1264”读书活动，要求县级领导每年至少读12本书，科级干部读6本书，一般干部读4本书。深入开展了“知足感恩、奉献图报”主题教育活动，努力在全县营造知恩、感恩、报恩的浓厚氛围。

二、以招商引资和项目建设为中心，进一步加快转型跨越发展步伐

绛县县委牢牢把握发展这个第一要务，提出了“以科学发展为主题，以转型跨越发展为主线，奋力推进‘五化’进程，培育壮大‘六大支柱产业’，营造‘创新、争先、包容、和谐’的政治氛围，到‘十二五’末，实现‘经济总量翻番，再造一个绛县’的宏伟目标”。围绕这一目标，确立了实施“大开放，大招商，大跨越”三大战略，突出“上项目、引资金、优环境、促转型、保民生”五大工作重点，作出了推进“五化”进程，实现“五大”跨越的工作部署。在招商引资方面，制定出台了以“零地价、低税率、重奖励、孰优制”为核心内容的招商引资优惠政策；层层下达了招商引资任务，制定奖惩办法；实行了停职招商制度，初步形成了大招商、招大商、全民招商的工作格局，2011年，绛县签约资金达85.6亿元，到位资金20.1亿元。在项目建设方面，确定实施了重点项目37项，总投资达140多亿元。总投资30亿元的大唐安峪2×300MW热电联产项目，力争2012年通过发改委立项并开工建设，两年内建成；总投资20亿元的明迈特有限公司年产70万吨镍铬合金项目，投产达效后，年产值可达到150亿；总投资5.5亿元的亚新科国际铸造有限公司扩建工程项目，扩建后大排量发动机缸体缸盖铸件产能将达到5.5万吨，年产值可达6亿元；总投资5.6亿元的山西德生轮胎有限公司年产120万条全钢载重子午线轮胎项目，完成投资6000万元；总投资1.1亿元的山西维之王食品有限公司有机山楂制品加工综合开发项目，目前已完成投资6000万元，投产后可实现年产值2.086亿元，年利税2248万元。同时，以“水、电、路、气、街、园”六大项目为重点突破，以点带面，掀起了项目建设的新高潮。“水”就是实施总投资42.49亿元的“引黄入绛”工程；“电”就是实施总投资30亿元的大唐安峪2×300MW热电联产项目、220KV变电站项目和开发区110KV智能变电站项目；“路”就是实施总投资3.5亿元的22公里绛县二里半至翼城一级公路建设项目；“气”就是实施总投资6800万元的天然气集中供气工程；“街”就是实施总投资7950万元的浍水大街；“园”就是实施总投资1.2亿元的绛县城西生态公园项目。在社会管理方面，健立完善了“1+X”政策体系。“1”是指《中共绛县县委关于加强和创新社会管理工作的实施意见》；“X”是指各牵头单位出台的与社会管理相关的政策、文件，包括社会事业与社会保障、社会管理、公共服务、社会矛盾化解、公共安全建设等6个类别、25项具体内容、39个建设项目。在改善民生方面，扎实开展“教育发展、创业就业、医疗卫生、社会保障、住房安居”五大惠民工程。完成了绛县中学图书楼新建工程、职业高中综合楼新建工程、县直初中图书实验楼新建工程、城内小学教学楼新建工程等11所校舍安全工程；投资2000万元的政府机关幼儿园主体工程完工；投资400余万元完成了全县10个乡镇的综合文化站建设工程；县、乡、村三级医疗卫生机构达标率97.89%，新型农村合作医疗参合农民达99.06%；全面推进医疗、失业、工伤、生育、农村养老保险县级统筹；新建经济适用房500套，完成农村危房改造400户，“暖房子”工程完成15万平方米的节能改造任务。全面完成了新的“五个全覆盖”年度任务。完成低收入农户冬季取暖供煤61300吨。进一步加强信访工作，来信来访批次和人数分别下降33.3%和55.6%；狠抓安全生产，开展了非煤矿山、危险化学品等行业的安全生产专项整治工作，常年保持了安全生产监管的高压态势。

三、以完善机制为根本，进一步提升干部队伍的整体素质

健全了四大班子工作协调运行机制，一方面，注意协调好县委班子内部的关系，放手让大家积极工作，做到大事党委决策，小事分头完成。另一方面，注意协调好县委同人大、政府、政协之间的关系，坚持县委班子成员与政府领导团结共事，协调县政府与县人大、县政协的关系。创新干部选拔任用工作机制，严把“民主推荐、资格审查、推荐考察、充分酝酿、有关事项报告、征求意见、任前政治理论测试、讨论决定、公示和职数审批”等10个关口，切实营造了‘无功即是过、实绩论英雄、有为才有位”的用人导向。2011年，绛县共分6个批次调整干部107人，其中：免职的27人，平调的42人，提拔的16人，享受正科级工资待遇后退出领导岗位的2人，换届后政府口单位“一把手”继续提名留任的20人。

四、以创先争优为重点，进一步提高基层党建科学化水平

以争创“古绛先锋”为载体开展了创先争优活动。全县各级党组织和单位做出重点承诺事项1267项，1万余党员干部都进行了公开承诺。深入开展了“大表彰”、“大慰问”、“大学习”、“大歌颂”、“大竞赛”、“接收革命传统教育”纪念建党90周年暨创先争优系列活动。党员干部与村级党组织、农村党员结成帮扶对子1200余个，调整了全县科级干部下乡住村工作队，对创先争优活动中筛选出的21个后进村进行重

点帮扶,解决热点、难点问题65件,开展调查研究100余次。继续深入开展农村基层党组织“帮建升级”活动,全面落实“三级联创”、“一定三有”、“四议两公开”、党员干部教育培训等制度。建立了社区党建工作基础台账;成立了县非公经济组织工委;新建了21个农村党员干部远程教育卫星接收站点,实现了农村党员干部远程教育站点全覆盖。

五、以作风建设为核心,进一步密切党群干群关系

绛县县委严格落实党风廉政建设责任制,在全县形成了“党委统一领导、党政齐抓共管、纪委组织协调、部门各负其责、依靠群众支持参与”的工作机制。逐步形成了具有绛县特色的廉政警示教育、案件审理“二次谈话”等为主的廉政勤政教育体系。2011年开展廉政警示教育活动137批,5600名党员干部接受了廉政警示教育。围绕“县乡换届、转型跨越发展、重点领域”,构建了“三位一体”的监督防控体系。全面引深重点领域突出问题专项整治,收缴涉煤涉矿企业各项税费价款257.15万元。投入274万元建立了覆盖全县10个乡镇、205个行政村的县、乡、村三级涉农政务事务公开与监督一体化网络体系,“三地”查询网点累计1176个,受理群众诉求161件,受理网络举报28件,解决实际问题373个,排查调处矛盾纠纷165件,“三资”管理平台制止不合理开支4.3万元。受理效能投诉37件,查处教育收费、医药购销、公路“三乱”等方面的违规行为29起,清理各种违纪违规资金20余万元。注重案件查办,共受理群众来信、来访、来电、网络举报82件次(90人次),处分各类违纪人员15人。

(郅海军)

附:一、中共绛县县委书记、副书记、常委名单

书　记:张　冠(5月离职)　裴良杰(5月任职)
副书记:梁潞阳(4月离职)　卫再学(4月任职)
　　　　李国平(4月离职)　李百选
常　委:张新进(4月离职)　武胜强(5月任职)
　　　　马海强(4月任职)　高　力(5月离职)
　　　　孙　晓(5月任职)　李清水(4月离职)
　　　　李希平(5月任职)　张永霞(女,5月离职)
　　　　赵建喜(5月任职)　崔全彦(5月离职)
　　　　王茂建(5月任职)　李　旸(4月离职)
　　　　景　涛(4月离职)

二、乡镇党委书记、副书记名单

古绛镇
书　记:王辨明(5月离职)　徐凌杰(5月任职)
副书记:徐凌杰(5月离职)　邓　琦(5月离职)
　　　　李玉林(5月任职)　尹兵涛(5月任职)

陈村镇
书　记:马春海
副书记:赵军强(5月离职)　李玉林(5月离职)
　　　　张宏旗(5月任职)　白菁杰(5月任职)

大交镇
书　记:赵仙萍(女)
副书记:都俊杰(5月离职)　王海忠(5月任职)
　　　　谭会龙

南樊镇
书　记:李彩霞(女,5月离职)　黄新苏(5月任职)
副书记:黄新苏(5月离职)　侯晓东(5月任职)
　　　　王李军

安峪镇
书　记:王世伟
副书记:樊军民　郝养锦(5月离职)
　　　　苏文云(女,5月任职)

横水镇
书　记:孙　晓(5月离职)　荆晨波(5月任职)
副书记:荆晨波(5月离职)　王　泰(5月离职)
　　　　赵军强(5月任职)　王李红(5月任职)

郝庄乡
书　记:卫文静
副书记:盖忠良(5月离职)　陈刚武(5月任职)
　　　　解　辉

冷口乡
书　记:张文成(5月离职)　盖忠良(5月任职)
副书记:王海忠(5月离职)　李　谦(5月任职)
　　　　白菁杰(5月离职)　张永健(5月任职)

磨里镇
书　记:马　辉(女)
副书记:赵周伟(5月离职)　王　泰(5月任职)
　　　　王军红

卫庄镇
书　记:李彩兰(女,5月离职)　李彩霞(女,5月任职)
副书记:刘新俊　彭　振

中共万荣县委工作概况

县委书记　李尧林

全县共有 18 个党委，20 个党总支，511 个党支部，14804 名党员，占全县人口总数的 3.35%。其中农村党支部 281 个，党员 9651 名，占党员总数的 65.2%。2011 年新发展党员 501 名。2011 年，在省、市委的正确领导下，万荣县委团结带领全县干部群众，全面贯彻落实党的十七届五中、六中全会及省、市党代会精神，坚持以科学发展为主题，以转型发展为主线，以跨越发展为目标，以工程项目为载体，开拓奋进、干事创业，经济社会取得了平稳较快发展。

一、提升能力，激发活力，基层组织建设不断加强

以创先争优活动为载体，以基层党组织和党员队伍建设为重点，以提高领导班子执政能力为突破口，改革创新、完善机制，基层组织的战斗力和凝聚力不断增强。

依托"听读讲研"学习教育机制，着力推进学习型党组织建设。深入推进以"一月读一本好书、一季听一次讲坛、两个月讲一次发展理念、半年召开一次课题研讨会"为主要内容的"听读讲研"干部学习教育机制，举办党的十七届六中全会、胡锦涛"七一"讲话精神等专题培训班 13 期，培训 2000 余人次。举办乡镇科级干部岗位培训班，促进了乡镇干部能力提升。邀请省市委讲师团教授、大学教授、知名学者专题讲座 20 余场，有效提升了干部理论素养和执政能力。

深入开展创先争优活动，基层组织活力进一步增强。组织乡镇和机关班子创"四好"，农村班子创"十好"，机关党员"五比五创"，乡村党员"五型五争"，企业党员"三为三争"活动，引导各级党组织和广大党员履职尽责创先进、服务发展作贡献。树立了 30 个"先进基层党组织"、100 名"优秀共产党员"先进典型，在全县营造了学先进、赶先进、争先进的良好氛围。

干部管理和人才队伍建设实现新提高。建立了以"单位初定、分管领导初审、县考核办复审、主要领导终审、单位公开承诺、县考核办公开量化责任指标、年底考核兑现"为主要内容的"以岗定责、以事评官"干部考评机制，促进了各级干部干工程、上项目、办实事、抓落实。搭建了大学生村干部"创业实践平台、互动交流平台、管理平台"三大平台，促进了大学生村干部成长成才。出台了《万荣县中长期人才发展实施意见》，推荐评选出各类拔尖人才 84 名、表彰 41 人，为经济社会转型跨越发展提供了坚强的人才保障和广泛的智力支持。

二、教育引导，惩防并举，党员干部队伍形象不断提升

认真贯彻中纪委六次全会和省市党风廉政建设会议精神，以深化改革和制度创新为重点，以制约和监督权力为核心，深入推进党风廉政建设工作，努力营造风清气正的发展环境。

健全廉政警示教育工作机制，将廉政教育面从机关干部延伸到基层站所、中小学校、农村主干，全年共举办警示教育 69 期，104 个单位 3625 人接受教育。对全县 81 个单位的科级后备及股级以上干部 982 人进行了换届纪律警示教育。

深化农廉工作，着力保障基层稳定。巩固提升"阳光农廉网"运行水平，切实发挥"阳光农廉网"公开、监督、办事的作用。加大农村"三资"监管力度，积极推广农村财务支出审批"五连签"制度，有效规范了农村各类开支行为。加强对各项惠民政策和资金落实情况的监督检查，查处涉农案件 11 起，政纪处理 4 人、党纪处理 7 人，减少了矛盾纠纷，维护了农村和谐稳定。

加大监督查处力度，不断优化发展环境。规范政务中心运行，依法取消行政审批项目 14 项、调整 47 项，建立《并联审批制度》，优化了联审联批程序。强化作风效能监察，全年给予效能告诫 15 人、行政警告 18 人。加大政风行风建设力度，在县电视台开辟《政风行风面对面》节目，职能部门与群众面对面，现场解答热点问题。加大典型案件查处力度，全年立查违纪违法案件 64 件、处理违纪人员 62 人，有效惩治了腐败，教育了党员干部。

三、严格程序，严肃纪律，县乡村三级换届圆满完成

严格程序标准、创新工作方法，保证了县乡村换届工作圆满成功，配强、配齐、配优了各级班子。

规范程序要求。先后举办了县乡村换届工作业务培训，收看换届工作会议视频，学习了《地方组织选举工作条例》等有关法规条例，促进各级干部全面系统地掌握了换届选举工作的程序方法和有关规定，确保了换届工作依法有序进行。

严格选人标准。在县乡换届中，坚持"德才兼备、注重实绩"的用人标准，通过"广推、宽比、严审、票定"，选好配强了县、乡领导班子。在村级组织换届中，我们把村级干部的标准细化为创业致富的"能行人"、专业技术的"拔尖人"、外出返乡的"本事人"、心正眼活的"经纪人"、退伍回村的"利落人"、学生村官的"成熟人"、年轻妇女的"活道人"、善于协调的"把式人"、为民服务的"热心人"、潜力较大的"年轻人"等"十种人"，保证了换届人选质量。此做法得到省委组织部、省民政

厅的肯定。

强化纪律监督。坚持把纪律教育与监督贯穿换届工作始终，开展了“五个一”活动，即开展一次换届纪律法律法规知识宣传，印发一本《换届纪律简明读本》资料，签订一份干部个人换届纪律承诺书，聘请一批换届工作监督员，开通一部换届举报专用电话，确保了换届工作风清气正、圆满高效。

四、统筹协调，三产并进，县域经济活力不断增强

立足“十二五”发展新目标，大力实施四大战略，做强六大产业，协调推进三产发展，各项主要经济指标平稳增长。

加大投入力度，农业基础更加稳固。认真落实各项支农惠农政策，发放各类补贴6971万元。全年对“三农”投入达到3.1亿元，同比增长12%。全力实施“双创”增粮计划，粮食产量达到1.42亿公斤，同比增长4.9%。大力推广苹果生产“三改六配套”技术，完成树形大间伐、大改造10万亩，套高档纸袋16亿枚，全县苹果总产量达到5.8亿公斤，总产值15.8亿元，优质果率达到36%，果业人均纯收入3045元，比上年增加近600元。北赵引黄末级渠系建设稳步推进，新增农田灌溉面积6.5万亩，农业生产条件不断改善，农业效率不断提升。

狠抓招商引资，工业经济不断壮大。加强招商引资目标考核，全年共引进各类项目252个，到位资金24亿元，超出任务数7亿元。投资百亿元的国电荣达电厂煤电一体化框架协议签订；投资4.2亿元的金醒生物制剂一期工程、投资2亿元的朗致集团生产线、投资1亿元的奥瑞特化工、投资8000万元的龙港高纯等一批大项目签约；投资1亿元的台湾品达原镁生产线、投资5500万元的天之彩包装、投资3000万元的百盛化工等项目开工建设，在招大商、引大资上取得了新的进展。全年新增规模以上企业4家，产值上亿元企业达到10家，税金上千万元企业达到4家，工业规模不断壮大，发展后劲切实增强。

做强做大三产，发展活力日趋显现。稷王庙无梁殿整体维修，万泉文庙周边环境整治，东岳庙总体修缮开工建设，旅游景区硬件不断改善，全年共接待游客100万人次，门票收入达到1000万元。成立了万荣笑话协会，编排了一批笑话剧目，“中华笑城·欢乐万荣”的知名度不断提高。全县新建农家书屋6个，配备农民体育健身设施65套，农村公益电影放映3372场，群众精神文化生活日益丰富。扎实推进“万村千乡市场工程”，新建便民连锁店110个，实行连锁经营、集中配送，现代物流体系逐步构建。全年三产累计完成14.3亿元，同比增长10.5%，三次产业比例调整为33.2:33.1:33.7，三产比重稳步增长。

2011年，全县地区生产总值完成42.5亿元，同比增长14.6%；规模以上工业增加值完成9.6亿元，同比增长25.4%；财政总收入完成28517万元，同比增长16.1%；全社会固定资产投资完成35.2亿元，同比增长21.7%；社会消费品零售总额达到17.1亿元，同比增长16%；城镇居民人均可支配收入14185.7元，同比增长18.04%；农民人均纯收入4909元，同比增长21.6%，经济社会发展迈上了新的平台，实现了“十二五”良好开局。 （王梦江）

附：一、中共万荣县委书记、副书记、常委名单

书　记： 卫孺牛（5月离职）　李尧林（5月任职）
副书记： 张汪尤（5月离职）　廉广锋（5月任职）
吕景方（5月离职）　黄梅芳（女，5月任职）
常　委： 董焕朝（5月离职）　裴良豪（5月离职）
权志学（5月离职）　黄梅芳（女）
李　峰（5月任职）　李耀宗（5月任职）
刘政光　卫增辉　李鹏凯（5月任职）
谢　澎（5月任职）　陈富强（5月任职）

二、乡镇党委书记、副书记名单

解店镇
书　记： 张宗泽（5月离职）　李东波（5月任职）
副书记： 李东波（5月离职）　卫晋生（5月任职）
丁世奇（6月离职）　卫国威（8月任职）

西村乡
书　记： 薛　峰
副书记： 张创功　赵卫国（6月离职）
董小娟（女，8月任职）

里望乡
书　记： 张　炜（5月离职）　丁文玲（女，5月任职）
副书记： 丁文玲（女，5月离职）　谢　东
张永金（8月任职）

通化镇
书　记： 李忠泽（5月离职）　胡慎英（5月任职）
副书记： 胡慎英（5月离职）　李永强（5月任职）
王世红（5月离职）　刘定明（8月任职）

南张乡
书　记： 姚东杰（5月离职）　杨　强（5月任职）
副书记： 张华峰　王国强

裴庄乡
书　记： 丁文斌
副书记： 徐晓凯　寻　耿（5月离职）
李红金（8月任职）

光华乡
书　记： 杨　强（5月离职）　杨晓凯（5月任职）
副书记： 杨晓凯（5月离职）　王世红（5月任职）
张　革

荣河镇
书　记： 廉振虎（5月离职）　裴玉斌（5月任职）
副书记： 裴玉斌（5月离职）　李湘军（5月任职）
吴　雷

万泉乡
书　记： 王　权

副书记：解胜刚　郝文栋（6月离职）
　　　　任晓丽（女，8月任职）

高村乡

书　记：闫世杰（5月离职）　范炎森（5月任职）

副书记：范炎森（5月离职）　尹艳霞（女，5月任职）
　　　　李永强（5月离职）　董　凯（8月任职）

贾村乡

书　记：史旭强

副书记：黄　峰　尹艳霞（女，5月离职）
　　　　郭　峰（8月任职）

王显乡

书　记：闫志宏

副书记：王肖龙　李晓江（5月离职）
　　　　李智勇（8月任职）

汉薛镇

书　记：董志刚（5月离职）　李明凯（5月任职）

副书记：李明凯（5月离职）　谢　增（5月任职）
　　　　卫国威（8月离职）　赵凯峰（10月任职）

皇甫乡

书　记：尉艳梅（女）

副书记：孙红伟　潘海英

中共垣曲县委工作概况

县委书记　侯伟建

全县共有党组织475个，其中，党委22个、党总支17个、党支部436个。2011年，垣曲县委团结带领全县干部群众，坚持以科学发展观为指导，按照抓党建、促经济、谋发展的思路，扎实推进“六大工程”和“三个基地”建设，使全县经济社会呈现出平稳较快发展良好态势。全年地区生产总值32.5亿元，比上年增长14.0%；规模以上工业企业增加值16.7亿元，比上年增长18.3%；财政收入3.3亿元，比上年增长29.99%，城乡居民人均收入分别为15418元和3731元，比上年分别增长17.9%和18.7%。

一、继续深入开展“创先争优”活动

按照“紧扣跨越发展、立足本职岗位、党内带动社会、典型引领示范”的要求，在全县基层党组织和全体党员中继续深入开展以“放胆争先，为党旗增光彩；跨越发展，为垣曲做贡献”为主题的创先争优活动。各级党组织和广大党员干部为农村提供扶持资金800余万元、技术服务650人次，帮助输出劳力3000余人，技能培训3600人次，结成帮扶对子2000余个。

二、切实加强学习型党组织建设

认真制定学习计划，科学确定学习专题，共组织中心组集体学习9次12项内容，每位成员学习笔记都在3万字以上。以学习胡锦涛总书记七一重要讲话、十七届六中全会精神、换届工作纪律、省十次党代会精神和市三次党代会精神等活动为抓手，扎实开展多种形式的主题教育活动。组织全县50岁以下在职在岗近1500名党员干部进行了第一次以考促学理论考试。成立了“青年干部学习互助组”，为青年干部学习交流搭建了平台。

三、圆满完成县乡换届工作

严肃换届工作纪律，坚持民主的广泛性、原则的坚定性、程序的严格性、工作的连续性、公开公平公正性“五项原则”，圆满完成了县乡换届工作。换届后，乡（镇）领导班子年龄、文化等结构进一步优化，整体素质进一步提高。全县共配备女干部22人，党政正职女干部3人。乡（镇）党委书记平均年龄42.7岁，比调整前下降了2.4岁；乡（镇）长平均年龄35.8岁，比调整前下降了1.8岁；乡（镇）党委书记大学学历占100%，乡（镇）长大学学历占90.9%。

四、切实加强领导班子和干部队伍建设

将学习弘扬右玉精神和学习荆保山、陈玉芳等典型人物事迹相结合，使广大党员干部的责任意识、苦干意识、奉献意识和服务意识明显增强。结合实际，将省委提出的“六个一”要求，引深为“十个一”活动，为每个下乡干部制作下发了《工作日志》，全县所有县级领导、300余名县直干部和所有乡镇干部全部下乡包村，深入农户，知民情、解民忧、暖民心，切实帮助解决了一大批关系群众切身利益的实际问题。对《考核方案》进一步修改完善，细化了目标任务，明确了奖惩措施。

五、切实加强农村基层组织建设和党员队伍建设

全县188个村已累计“四议”了963项热点难点问题，并全部通过了决议。制定实施了《大学生村干部管理办法》、《聘期考核实施方案》等一系列制度，对大学生村干部严格管理，严格考核，确保他们充分发挥新农村建设的生力军作用。发展党员354名，全县党员总数达到10869名，党员队伍年龄、文化、性别结构进一步优化，整体素质不断提高。顺利完成了全县188个村的两委换届选举工作。161个村党支部书记和村委会主任“一肩挑”比例占85.6%。符合参选条件的113名大学生村干部，有82人入选村“两委”班子。

六、切实加强党风廉政建设和反腐败工作

坚持以廉政教育基地为依托,对全县党员干部进行廉政警示教育,全年共组织培训57期,3222人次。在全县党员干部中集中开展了一次"讲廉政、树形象"主题教育系列活动,强化了党员领导干部的廉洁自律意识。严格执行"一把手"负总责和班子成员"一岗双责"机制,形成了横向到边、纵向到底的党风廉政建设责任制网络。制定出台了《中共垣曲县关于实行党务公开工作的实施方案》,确定了党务公开目录,建立健全了一系列党务公开工作制度,并聘请7名党务公开监督员,定期对全县党务公开工作进行监督检查。目前,全县489个党组织全部实行了党务公开。集中整治影响和损害经济发展环境的突出问题,发放调查表3000余份,共征求到突出问题56个,县纪委派出5个工作组进驻25个重点单位,认真开展了集中整治,取得了明显效果。以公路"三乱"、大操大办、食品药品安全专项整治为重点,着力解决人民群众反映强烈的突出问题;全年共下发督办卡213件,制作节目32期,群众满意率达95%以上。全县共立案查办各类违纪案件97件,结案84件,处分各类违纪人员65人,其中乡科级干部21人;给予党纪处分59人,政纪处分9人,双重处分3人,追缴违纪款70万元。工程建设领域、煤焦及矿产领域、公务用车问题专项治理深入开展,并坚持边排查、边规范,以查促改、以查促建,形成了长效机制。深入开展阳光农廉网宣传活动,先后培训4万余人,深入全县41296户农户,发放材料4万余份,张贴宣传画2000余张,搭建灯箱标语90个,发送宣传信息5000余条,举办专题节目10期,在全县144个村建立了村级查询室,掀起了"阳光农廉网"宣传高潮。阳光农廉网全年累计接待农民群众咨询327次,受理群众投诉40起,为农民群众解决问题120件,办理实事68件,农村群众通过视频与各职能部门负责人、乡镇领导对话820次,有效维护了农村稳定和发展。

七、切实加强政法和社会稳定工作

制定出台了《关于建立全县重大社会决策风险评估机制的实施意见》,对重点工程项目、重大决策实行风险评估,做到了倾向性、苗头性隐患早发现、早控制。积极构建"大调解"工作格局,坚持把"调解优先"原则贯彻到政法办案全过程,努力实现案结事了,人和气顺。组织了为期一个月的爱民实践"大走访"活动,有力维护了社会和谐稳定。全年共排查各类矛盾纠纷1308起,调处1295起。制定了《垣曲县加强和创新社会管理实施意见》,严厉打击违法犯罪活动,刑事案件和治安案件发案率明显下降,社会治安秩序持续好转。强化对敌斗争,加强重点稳控工作,及时破获3起邪教案件,开展反邪教文化进农村、进社区、进企业、进校园活动,保证了全县政治稳定。建立健全了社会稳定、自然灾害和公共安全应急处置机制,应急管理工作得到全面加强。高度重视对各类重点人口的管理,特殊人群管理机制进一步完善。全面推进建筑领域、民爆物品、公共复杂场所、交通秩序、校园安全、网络舆情等专项综合整治,健全完善综治工作责任体系,综治基层基础进一步巩固,为人民群众创造了一个安居乐业的社会环境。始终把信访工作作为各级领导干部的第一责任来抓,千方百计把各种信访问题解决在基层,消灭在萌芽,形成了信访工作领导重视、部门协调、上下联动、齐抓共管的工作格局。全年收到群众来信66件,接待群众来访104起,624人次,转交有关部门办理93起,办结79起,结案率85%;接受上级交办案件7起,办结7起,结案率100%。信访工作继续保持了小事不出乡、大事不出县、越级上访逐年下降的良好势头。严格落实安全生产责任制,全年没有发生一起重特大安全事故。

八、切实加强精神文明和统战工作

扩大对外宣传,新闻稿件采用在全市排名第五,垣曲在外知名度逐步提高。积极推荐申报一批国家、省、市级精神文明先进典型,城乡文明程度和群众文明意识进一步提高。庆祝建党90周年系列活动主题鲜明,群众性文化活动和公益文化活动丰富多彩,全年放映公益电影2256场,送戏下乡330场,丰富了广大群众的精神文化生活。奇石根雕经营户130余家,从业200余人,奇石根雕产业日益发展壮大。制定了《关于筹建垣曲县帝舜故里文化博览苑的实施方案》,项目地址已选定,测绘已结束。完成4处文物保护单位的勘察设计工作。加强党对统一战线工作的领导,开展了"同心"系列主题教育活动。发挥统一战线联系广泛、人才荟萃、智力密集的优势,围绕转型跨越发展,引导统一战线成员为"十二五"发展献计出力,形成了一批有质量、有深度、有见地的调研成果,促进了转型跨越发展。坚持和完善人民代表大会制度、中国共产党领导的多党合作和政治协商制度以及基层群众自治制度,积极支持人大及其常委会开展视察、评议、审议活动,人民政协在政治协商、民主监督、参政议政等方面的作用充分发挥。党管武装工作进一步加强。

(任健立)

附:一、中共垣曲县委书记、副书记、常委名单

书　记: 侯伟建

副书记: 杨彦康　张登庆(4月任职)

常　委: 刘社院(4月任职)　李　立(4月任职)
李　鹏(4月任职)　裴斌虎
李永辉(4月任职)　刘瑞林

二、乡镇党委书记、副书记名单

毛家镇

书　记: 王　坚

副书记: 郭言民(5月任职)　张慧龙

新城镇

书　记: 庞卫民

副书记: 赵　磊　贾龙龙

皋落乡

书　记：王国平
副书记：郭亚明　王双红
长直乡
书　记：樊赵伟
副书记：杨春霞（女）　王朝阳
王茅镇
书　记：王爱东（5月任职）
副书记：李　明（5月任职）　王亮民
解峪乡
书　记：李海勇（5月任职）
副书记：张建玲（女）　刘向东（5月任职）
古城镇
书　记：狄雷霆（5月任职）
副书记：李　雷（5月任职）　尚　斌
华峰乡
书　记：靳　荣
副书记：韩俊辉　单　兵（5月任职）
英言乡
书　记：张艾红（女，5月任职）
副书记：赵建刚（5月任职）　赵小进
蒲掌乡
书　记：赵王平
副书记：张海岗　王亚军
历山镇
书　记：焦立豹（5月任职）
副书记：郭红云　张俊辉（5月任职）

中共夏县县委工作概况

县委书记　张秀武

夏县共有11个乡镇党委，257个农村党支部，基层党组织594个，其中，党(工)委20个，党总支21个，党支部553个，党员13566人。2011年，在省、市委的正确领导下，县委团结带领广大干部群众，深入学习实践科学发展观，认真贯彻落实党的十七大和十七届六中全会精神，着力完善思路，主动化解矛盾，奋力开拓进取，狠抓工作落实，有力地推进了全县的经济、政治、文化、社会和党的建设，较好地完成了年初确定的各项目标任务，确保了党的路线、方针、政策和省市的决策部署在夏县的全面贯彻落实。

一、紧紧抓住县乡换届这一契机，扎实推进领导班子建设，不断提高各级党组织的引领力和创造力

一是建强班子增活力。为确保换届工作圆满成功，县委和换届领导组先后10余次召开领导组和有关人员会议，研究解决问题，规范工作流程，倒排工作日程。严格按照有关法律法规和民主推荐、民主测评、干部考察、人选酝酿、讨论决定等干部选用程序进行操作。换届后，县委班子平均年龄45.2岁，县政府班子平均年龄42.8岁，乡镇党委班子平均年龄37岁，乡镇政府班子平均年龄36岁，全县上下呈现出了政通人和、团结奋进、干事创业的良好局面。圆满完成村级党组织和第九届村民委员会换届工作，新一届“两委”班子共1039人，其中支委574人，村委450人，交叉任职165人；两委主干304人，一肩挑187人，占72.8%；妇女干部226人，大学生村干部进入“两委”任职的157人，担任“两委”主干的11人，任支部书记2人。

二是下乡住村帮民富。县四大班子领导、县直单位一把手和科级后备干部等500余名干部，深入全县257个村开展结对帮扶，帮助乡村抓班子、保稳定、谋发展，配合搞好“两委”换届、预防各类事故、化解矛盾纠纷、发展“一村一品”、抓好公益事业。各帮扶工作队共为农村解决发展资金200余万元，为群众办实事好事500余件。

三是反腐倡廉保纯洁。首先是坚持抓好作风建设，引导党员干部切实树立“三不四从”（不学习就是失职、不勤政就是腐败、不落实就是无能，从我干起、从现在干起、从项目干起、从实事干起）的理念，大力弘扬求真务实、勤政为民的作风，忠于职守、敢于担当的作风。其次是坚持抓好纠风治理，深入开展经济发展环境专项整治活动、纪律作风集中教育整顿月活动，严查违反“五不准”、纪律涣散、吃拿卡要、办事拖拉、执行不力等不正之风以及乱收费、乱罚款等破坏发展环境等问题。坚持抓好廉政文化建设，到2011年年底，“阳光农廉网”已累计更新公开涉农事项2万条，县乡两级约谈事项37件，接受群众咨询1000余人次，干群视频通话400余人次，答复满意率97%，切实促进了惠农政策的落实。坚持抓好违法违纪案件查处，严查了一批涉及执法程序、安全生产、道路交通、工程领域等各方面的腐败案件。2011年，县纪委共立查案件49件，给予党纪政纪处分38人，其中涉及科级干部12人，一般干部19人。

二、紧紧抓住“增加城乡居民收入和县级财政收入”这一核心，扎实推进“四化”进程，不断提高县域经济科学发展水平

一是以项目建设和招商引资为抓手，强力推进新型工业化。县委坚持把项目建设作为重中之重、把招商引资作为根本动力、把优化环境作为重要保障。2011年全县引进项目17

个,续建项目15个,总投资87.39亿元,目前已到位资金9.7亿元,超额完成了市里下达的9亿元任务。其中规模较大的有:山东名嘉集团有限公司投资53亿元的名嘉广场建设项目,现已到位资金4700万元;北京天润新能投资有限公司投资15亿元的风电场项目,已到位资金1000万元。山西翔天钢铁有限公司投资2亿元的30万吨钢线材和6万吨合金钢项目,已到位资金1.75亿元。

二是以发展“一县一业”、“一村一品”为抓手,强力推进现代农业快速发展。全县新发展温室蔬菜5300亩,建设高标准果园5000亩,目前全县的蔬菜已达到22.8万亩,优质水果达到10.9万亩。通过政策、资金、技术扶持,发展了一批优质菜果、畜牧养殖、药材种植、运输服务、木器加工专业村,对农村经济发展和农民增收起到了较强的引领作用,为推进“一村一品”打下了坚实的基础,全县已初步形成“公司带基地、基地连农户”的产业化发展格局。

三是以建设更加适宜人居新型园林城镇为重点,强力推进特色城镇化。结合地貌特点,县城建设重点是抓了涉及道路、电网、防汛、供热、供排水以及污水垃圾处理等重点城建工程,扩大了城市规模、提高了城市品位。小城镇建设,重点是围绕发展城镇经济、充实城镇功能、改善城镇环境、提升城镇品位和充盈文化内涵,建设一批特色小城镇。特别是确立了把泗交镇建成风景秀丽的生态旅游名镇的定位,把裴介、水头、庙前建设成产业聚集、人口密集的商贸重镇的发展定位。

四是以打造生态经济型林业强县为抓手,强力推进城乡生态化。坚持树立“栽树就是栽历史、栽人文、栽政绩”的科学发展理念,对全县的造林绿化进行重新规划,确立了“平原增景、丘陵增效、山区增色”三区开发战略和生态林业向生态经济型林业转变、传统林业向现代林业转变、生态大县向生态强县转变的林业发展思路。2011年,全县共完成造林绿化4.2万亩,超额完成了省市下达的任务3.8万亩,实现了“十二五”期间绿化覆盖率每年增长两个百分点的目标。同时,还依托生态资源、人文资源,大力发展文化旅游为主的第三产业,确定了司马温公祠4A级景区综合开发、魏国都城国家考古遗址公园、太宽河国家级自然生态区建设三个大型旅游开发工程。

通过不懈努力,全县的经济发展呈现出了稳步攀升、蓄势跨越的良好势头。2011年,全县地区生产总值完成31.9亿元,比上年增长14.1%;财政收入完成1.57亿元,增长19.8%;固定资产投资完成27.3亿元,增长46.8%;规模以上工业增加值5.38亿元,增长23%;城镇居民人均可支配收入14658元,增长18.6%;农民人均纯收入4138元,增长15.3%。

三、紧紧抓住保障民生、改善民生这一根本,扎实推进和谐社会建设,着力解决事关群众利益的热点难点问题

一是认真落实党和国家的惠民政策,着力抓好低保、扶贫和救灾救济工作。截至2011年底,全县农村低保对象12492人,覆盖面达4.71%,城市低保对象4482人,覆盖面达4.45%,按照“广覆盖、保基本、多层次、可持续”的方针基本做到了应保尽保,全县初步建立了覆盖城乡居民的社会保障体系。同时,县上还直接拨付500万资金,用于解决受灾群众生产生活中的困难。

二是坚持以人为本、执政为民,着力解决群众在行路、吃水、用电等方面的困难。重点实施了新的农村“五个全覆盖”工程、农村公路翻新改造工程以及廉租房和经济适用房建设、农村吃水改造、城乡电力改造等工程,尤其是解决了反映10年之久、涉及3万余名群众的山区电价偏高问题,减轻了群众的经济负担,促进了山区经济社会发展。

三是不断创新和加强社会管理,着力加强安全生产和政法稳定工作。对社会治安,认真落实“从优待警、从严治警”要求,创造性地大抓了警力下沉、警务巡逻、设置治安岗亭、推进天眼工程、开展百日会战等工作,切实破获了一批大案要案,较好地预防和打击了违法犯罪,实现了“五上升五下降”的目标;对信访工作,认真落实国家的信访条例和中央、省市关于做好信访工作的部署,大力推行四大班子领导和有关部门负责人集中接访制度、重点案件四大班子领导和单位一把手包案调处制度、干部下访包村排查矛盾纠纷制度,有效化解了一批突出信访矛盾,维护了公平正义,促进了和谐稳定;对安全生产,始终坚持守土有责、生命至上,不断完善应急救援体系,及时应对和处置了去年9月份发生的山体滑坡等强降雨自然灾害,最大限度地保障了人民群众的生命财产安全。

四、紧紧抓住解放思想、开拓创新这一法宝,深入推进思维创新、思路创新、举措创新,积极探索传统农业县转型跨越发展的新路子

县委把中央和省、市的普遍性要求以及发达地区成功经验,与夏县的县情实际紧密结合起来,制定了一系列具有县域特色和适宜传统农业地区发展的针对性举措。特别是确立了“努力把夏县建成在全市乃至黄河金三角地区有较强比较优势和鲜明特色的有机农产品生产基地、承接技术劳动密集型产业转移基地和山青水秀林茂的生态、文化旅游基地”的新定位,为夏县实施新一轮的科学发展指明了方向、奠定了基础。新一届班子提出了“扬三长、补三短”的发展路径,“扬三长”,即扬农业之长、林业之长、历史人文之长,促传统农业向现代农业转变、生态绿化名县向生态经济型林业强县转变、人文旅游资源大县向旅游经济强县转变。“补三短”,即补工业化之短、城镇化之短、发展环境之短,以工业企业快速发展、城镇扩容升级、发展环境改善,提升夏县的影响力、吸引力。

(王文斌)

附:一、中共夏县县委书记、副书记、常委名单

书　记: 苏安乐(2月离职)　张秀武(2月任职)

副书记: 葛作民(4月任职)　薛玉马

常　委: 张　宏(5月离职)　王　钊(4月离职)

李　鹏(5月离职)　王更合(5月离职)
任　刚(4月任职)　翟龙飞
田成贵(5月任职)　张高学(5月任职)
苏丽红(女)　李永林(5月任职)
黄民建(5月任职)

二、乡镇党委书记、副书记名单

瑶峰镇
书　记：李永林
副书记：杨　军　张首华
庙前镇
书　记：武曙光
副书记：张建波　张志久
裴介镇
书　记：杨可隆
副书记：刘宏庆　裴卫平
禹王乡
书　记：吴朝晖
副书记：张瑞芳(女)　李向东
水头镇
书　记：张贵林
副书记：王青会　臧孟义
胡张乡
书　记：黄运生
副书记：高天赐　解利军
尉郭乡
书　记：裴文荣
副书记：张更群　翟红灯
南大里乡
书　记：王继瑞
副书记：樊艺兵　李怀波
埝掌镇
书　记：温建新
副书记：秦晓军　马　峰
洹交镇
书　记：刘　军
副书记：崔晓国　郭伟栋
祁家河乡
书　记：杨海娟(女)
副书记：宁国荣　韩俊峰

中共平陆县委工作概况

县委书记　郭　宏

全县共有14个党委，24个党总支，504个党支部，12595名党员，占全县总人口4.8%，2011年度新发展党员442名。2011年，平陆县委坚持以邓小平理论、"三个代表"重要思想和科学发展观为指导，创新发展思路，加快科学发展、转型发展、跨越发展，全力抓好党的建设，尽力保障经济运行，致力推进项目建设，着力强化安全生产，竭力促进民生改善，全县经济建设、政治建设、文化建设、社会建设和党的建设以及生态文明建设都取到了长足发展。

一、强化党建，全力提供转型跨越发展组织保证

以"创先争优"活动为载体，进一步强化思想政治建设。创先争优活动中，各级领导班子成员累计走访群众2100余人次，形成调研课题5项，调研报告60份，提出转型、跨越发展思路对策500余条。通过多种形式广泛宣传全国优秀共产党员荆保山同志的先进事迹，用身边事教育身边人。在全县深入开展了"五比五看"(比学习，看素质；比服务，看态度；比工作，看成绩；比纪律，看行为；比廉洁，看形象)活动，进一步增强了广大党员立足本职岗位奋勇争先、建功立业的积极性和主动性。在开展调研的基础上，结合各自分管工作，通过党员自评、支部讲评、领导点评、群众测评，认真开展承诺践诺"回头看"，发现问题，逐一完善，及时整改。

以"正风肃纪、创优环境"为目标，进一步加强干部作风建设。开展了为期半年的干部纪律作风大整顿活动，共查处上班时间玩电脑游戏、上QQ聊天、看电影9人；上班时间在"足疗"场所活动的公职人员3人；缺岗脱岗的单位(乡镇)39个，并予以通报批评和党政纪处分。

以县乡村换届工作为契机，进一步强化干部队伍建设。县乡村换届工作在全市率先圆满完成，全省组织工作满意度民意调查，总满意度排名全市第一，选拔任用干部评价、防止和纠正用人不正之风评价、组工干部评价、换届风气评价名列全市第一，组织工作评价名列全市第二。全县228个村全部圆满完成了支部换届和村委换届，其中一肩挑的村194

个,占85.1%,大学生村官担任村"两委"主干的有21人(含3名一肩挑)。

以构建惩治和预防腐败体系为重点,进一步引深党风廉政建设和反腐败斗争。深入开展廉政警示教育活动,组织编排了现代蒲剧《风雨疙瘩岭》廉政戏剧。全年共在廉政警示教育基地举办干部轮训90余次,5400名党员干部接受了教育;着力强化煤焦及矿产领域、工程建设领域、公务用车的专项治理,全力打造"阳光农廉"品牌,阳光农廉网公开各类信息18797条,接待群众咨询3275次,为群众解决问题453件。

二、开拓创新,全面推进经济社会转型跨越发展

工作思路进一步理清,奋斗目标凝聚人心。2011年初,新一届县委班子明确提出了瞄准一个目标(确保在"十二五"末主要经济指标翻一番,力争翻两番);实施"两开"战略(开放促动、开发牵动);大力开展"三整"(整治发展环境、整理开发土地、整顿干部作风);突出"四个重点"(强化基础设施、狠抓项目建设、促进民生改善、注重社会管理);积极推进"五化"(农业精品化、工业集群化、三产规模化、城乡一体化、县域生态化)的"一二三四五"发展思路。

主要经济指标较快增长,县域综合实力不断提升。国内生产总值、财政总收入、全社会固定资产投资、城镇居民人均可支配收入、农民人均纯收入等主要经济指标均实现两位数增长,各项社会事业全面进步。特别是财政总收入达到2.2127亿元,首次突破2亿元大关,县域经济综合实力逐步提升。

项目建设取得新进展,发展后劲日趋增强。全县"十大重点项目"总投资72.4亿元,完成投资16.4亿元;已经竣工项目5个,年可新增产值9.3亿元,税金4000万元。"土地整理项目投资8778万元,新增耕地2000余亩。关系着东部4个乡镇8万人民顺利出行的平曹路升级改造项目,2012年有望动工建设。郑煤80万吨氧化铝项目,已顺利通过国家环保局环评,待国家发改委核准后即可启动实施。经过努力争取,与华润集团签订了总投资25亿元建设平陆大正水泥厂的合作协议;与武汉凯迪公司达成了总投资111亿元的风光互补发电项目开发协议。

精品农业建设步伐加快,农民增收呈现新的亮点。大力发展粮食、苹果、蔬菜、烟叶等主导产业,全县涌现出如圣人涧槐下苹果、常乐平高韭菜、张店风口露地西红柿、张村窑头大棚蔬菜等38个"一村一品"典型示范村。完成郁闭果园间伐改造3万亩;成功申报了中央电视台免费扶贫广告;特别是县财政拿出300万元用于苹果"纸+膜"双套袋技术的推广,实现果业增收1亿元,果农人均增收400元。全县露地西红柿种植面积达到2万亩,其中有机露地西红柿认证面积达2000亩。

各项民生工程全面实施,人民群众得到更多实惠。"十件为民实事"中的7件已经完成:移民直补资金已全部发放到群众手中;农村文化体育场所和农家书屋实现全覆盖;建成农村便民连锁店30个;1848名在校职业高中学生从秋学段开始学杂费全部免除;126351人参加了新型农村社会养老保险,占14.2万适龄参保人员的88.98%,超额完成了市里下达的11.3万人的目标任务,所有60周岁以上农村居民无需缴费便可领取养老金;748套城市保障性住房全面竣工,为936户廉租住房对象发放货币补贴177.8万元;荣获"国家绿色能源示范县"称号。3件实事完成年度计划:投资1100万元,完成了义务教育阶段标准化县建设验收前期各项准备工作;农村街巷硬化全县142个村已全部动工,已完成投资1.5亿元,硬化街巷800余公里;投资1270万元的民政福利中心主体工程已完工。

城乡环境综合整治效果初显,人居环境显著改善。广泛深入地开展了城乡环境卫生综合整治行动,全县城乡居民的生存环境正在变好,平陆的对外形象得到改善。

维稳工作成绩斐然,社会更加和谐稳定。各乡镇都建立了群众诉求、治安防控、便民服务三个中心,扎实推行"五联"工作机制。信访工作始终坚持县领导接待日制度和各部门陪访制度,解决了一大批人民群众反映的热点、难点问题,非正常上访人数逐步减少。安全生产严格落实政府和企业"两个主体"责任,狠抓矿山、消防、食品安全、公共场所等重点领域的安全监督管理,全年没有发生一起重特大事故。

三、总结经验,不断提高转型跨越发展领导水平

千方百计促进农民增收。一是科学制定增收规划。紧密结合县情实际,出台了"十二五"农民增收致富行动规划,对稳粮增产、强果提质、规模养殖、优质烤烟、特色蔬菜、劳务输出、经营体制、创新扶贫开发、"一村一品"建设、产业化提升等十大增收工程作了详细的说明。二是大力发展拳头产业。把果业作为实现农民收入翻番的重中之重、首要之先。三是拓宽农民增收渠道。

强力推进工业强县战略。为深入推进工业强县战略,严格制定了"一二五四"工作方针,即一个责任、两个文件、五项措施和四抓。"一个责任":各级干部都要树立强化工业的责任,帮助企业解决实际问题,推动企业做大做强。"两个文件":研究出台《纠正部门和行业不正之风、优化经济发展环境》、《鼓励中小企业发展的实施意见》两个文件,为企业创优发展环境。"五项措施":一是每月由分管领导牵头召开工业联席会议,及时研究解决企业遇到的难题;二是建立企业对接制度,确保企业能够正常高效运转;三是加大对企业家的培训力度,切实提高企业家的整体素质;四是适时召开产学研对接会,提高企业的科技创新能力;五是充分发挥金融部门和县财鑫担保公司的作用,有效解决企业的融资难题。"四抓":抓大项目、抓大整合、抓大园区、抓大整顿。

着力创新干部选拔工作。积极探索了以"公开竞岗"方式,采取双考、双荐、双差的"三双"办法,公平、公正、公开选拔了5名30岁以下科级干部。"双考"即现场答题面试与考

察组考察相结合的考察方法。“双荐”即会议投票推荐与个别谈话推荐相结合。“双差”即实行部务会与县委常委会两轮差额票决制。（赵怀亮）

附：一、中共平陆县委书记、副书记、常委名单

书　记：郭　宏

副书记：李　旸（4月任职）　廉广锋（4月离职）
石铁吨（4月任职）

常　委：赵建新（4月离职）　吴　宣（4月任职）
罗宏伟　李建刚（4月离职）
王建军（4月任职）　石杜杰（4月离职）
段毅平（4月任职）　范有生（4月离职）
郭淑文（女，4月任职）　庞建军

二、乡镇党委书记、副书记名单

曹川镇

书　记：吕新安（5月离职）　李　波（5月任职）

副书记：李　波（5月离职）　马庆国（5月任职）
臧正午

坡底乡

书　记：宋克宽

副书记：苗顺国　陈卫忠

三门镇

书　记：周春安

副书记：三丽萍（女）　吉永杰

圣人涧镇

书　记：毛兴辉（5月离职）　张俊涛（5月任职）

副书记：张俊涛（5月离职）　马永杰（5月任职）
范效朴（5月离职）　杨泽亮（5月任职）

张店镇

书　记：梁永杰

副书记：何拥军（5月离职）　赵泽红（女，5月任职）
尚保国

部官乡

书　记：吴　彬

副书记：王田野（5月离职）　石培恒（5月任职）
张晋伟

杜马乡

书　记：吕俊刚（5月离职）　毛锐龙（5月任职）

副书记：赵拥军　赵选停（5月离职）
郑大鹏（5月任职）

张村镇

书　记：郑文红（女）

副书记：贾全辉　柴红新

常乐镇

书　记：张福臻

副书记：毛锐龙（5月离职）　马苏义（5月任职）
马庆国（5月离职）　赵选停（5月任职）

洪池乡

书　记：成胜生（5月离职）　何拥军（5月任职）

副书记：仝华斌　王新刚

茅津开发区

书　记：郭淑文（女，5月离职）　员晋杰（5月任职）

副书记：员晋杰（5月离职）　王玉丰（挂职）
赵红雷（5月任职）

中共新绛县委工作概况

县委书记　邓雁平

全县共有22个党总支，453个支部，党员1.188万人，其中2011年度新发展党员309名。2011年，在运城市委、市政府的正确领导下，县委一班人带领全县广大党员干部群众，坚持以科学发展为统领，以转型跨越为目标，以改进作风为抓手，解放思想，振奋精神，创新思路，真抓实干，全县经济社会发展取得了明显成效。

一、凝神聚力抓党建，夯实根基

换届工作圆满顺利。在县、乡、村换届工作中，突出围绕“稳、强、选”来展开。“稳”就是严格程序、稳步推进；“强”就是公道用人、配强班子；“选”就是依法办事、民主选举。整个换届工作平稳有序，风清气正。乡镇党委书记中配备了1名妇女干部，35岁以下占30%；35岁至45岁占70%。村支部书记中，连选连任138人占72.3%；大学生村干部担任支部书记4人。村委会换届选举，连选连任116人，占54.5%。

组织建设不断增强。按照发展党员十六字方针，认真落实“382”工作机制，大力实施村村都有新党员工程。围绕转变经济发展方式、干部选任工作“四项监督”制度和《廉政准则》等系列内容，对县委中心组成员加强学习培训；围绕十七届六中全会、省十次党代会精神和招商引资等，邀请国家、省、市级专家教授，对广大党员干部进行专题培训。在县直机关党组织中，扎实开展了“五型、五好、五满意”创建活动；在大学生村干部中，开展了“五比五争”竞赛活动；在全县窗口单位和服务行业，广泛开展了“三亮三创四争四评”活动。在此基础上，全县各级领导班子围绕全县重点工作承诺事项349件，兑现率达96.3%；各级党组织承诺事项1668件，兑现率达95.1%；全县党员承诺事项20126件，兑现率达97.1%。以

"百局包百村"、"百企帮百村"、"万名干部进农户"、"两代表一委员密切联系群众"等活动为载体,积极开展帮扶活动。一年来,共帮扶资金 217.13 万元,争取项目资金 145 万元,帮扶物资折款 47.34 万元,办好事、实事、解难题 218 个,得到了广大群众的一致好评。

廉政建设不断深入。在全市率先建立"廉政警示教育基地"的同时,着力健全完善教育基地功能,将警示教育的范围,增加为"七个延伸",将廉政谈话和诫勉谈话列入其中,并对特殊群体、特定对象进行主题明确的警示教育,实现了警示教育全覆盖。在创建阳光农廉网的基础上,加强内部管理,创立了全县阳光农廉网络运行监管中心,增设便民查询点,促进农廉网的高效健康运行。建立了招投标中心,形成了一套具有新绛特色的阳光招标新机制,将项目单位、投标企业、监管部门科学分离,做到相互制衡,从机制上解决了领导干部违反规定插手干预工程建设的"顽症"。

二、解放思想抓经济,惠及民生

2011 年,县委提出"以解放思想统领全县经济发展"新思路,经过全县干部群众的共同努力,全县经济社会发展取得了新成效,实现了"十二五"发展良好开局。全年财政总收入完成 4.35 亿元,比上年增长 23.8%;一般预算收入达到 1.46 亿元,比上年增长 22%。城镇居民人均可支配收入达到 16040.6 元,比上年增长 20.4%;农民人均纯收入达到 6164.7 元,比上年增长 17.2%,圆满完成了市下达的各项指标任务。

现代农业蓬勃发展。紧紧抓住"全省设施蔬菜百万棚行动计划"的有利机遇,深入实施蔬菜产业扩规提质工程。全年新建 10 余个设施蔬菜生产基地,新发展日光温室 3500 座,设施蔬菜 1.05 万亩。全县设施蔬菜面积已达到 13 万亩。继续加大蔬菜新品种、新技术的引进和推广,继续实行每株 0.25 元的良种补贴,成功引进蔬菜新品种 30 余个,全年推广蔬菜优种 2300 余万株。建立健全了农产品质量安全检测监督体系、信息咨询服务体系和质量安全追溯体系,我县成为首批国家级无公害标志推广与监管示范县。"绛州绿"蔬菜畅销全国,直接进入港澳及美国市场。全县蔬菜年产量达到 12.4 亿公斤,产值超过 13.5 亿元,蔬菜收入占到了农民年收入的 64%以上。在此带动下,菜、粮、果、畜、药五大主导产业蓬勃发展,农业产业化水平得到有力提升。

新型工业初具规模。煤化工业园产值达到 70 亿元,在"以煤为基,多元发展"上实现了新突破;轻纺工业园突出技术创新,加快改造提升,产品档次节节攀升,发展内涵更加丰富;三泉水西家具园、北张石雕园、万安钻石园等七大农民创业园,集聚产业要素,成为加快县域工业化的支撑板块。依托太原、西安、郑州三小时经济圈,引进了由介休投资商杨建兴总投资 4.8 亿元建设的铝矾土物流及深加工项目;依托煤化工业园产业链条延伸发展,引进了由襄汾客商投资 8.7 亿元建设的 1,4—丁二醇项目;同时,以加快环境保护,减少污染排放为目标,引进了由河北永益生态环保工程有限公司投资 1.1 亿元建设的煤化园污水处理项目等。2011 年全年招商引资到位资金达到 14.4 亿元,完成全年任务的 120%。引导企业采用行业先进技术,支持企业建设节能项目,鼓励企业进行技术创新,使企业既节能降耗又增加了效益。

民生事业稳步推进。教育上,投资 1200 余万元,完成了 30 所寄宿制学校改造工程,投资 1500 万元的新绛县特殊教育学校,如期竣工并投入使用;积极探索教育教学改革,中小学课改叫响全国。2011 年,全县高考达线 1778 人,达线率连续 7 年稳居全市榜首。医疗卫生上,大力实施医药卫生体制综合改革,推进城乡卫生一体化进程,探索和推行了"门诊统筹 + 住院补偿"的新模式,使参合农民得到更多实惠。廉租房建设上,申报了 2 万平方米廉租住房建设工程,争取到中央、省级扶持资金 1100 万元,一期、二期已完成,第三期工程正在开工建设。"五个全覆盖"工程上,全面完成了年度任务,尤其是街巷硬化上,全年共投资 8983 万元,完成了 120 个村、524 公里的街巷硬化任务。

三、与时俱进抓创新,活力显现

积极研究探索,创新党建工作机制。推行"4211"工作法(即"四议两公开一监督一考核")和"双十评选"工作机制(即评选"十佳功勋村官"和"十佳村级班子"),探索推行"242"党建工作新机制("2",就是建立"干部讲学"、"党建论坛"两个平台;"4",就是开展"百局包百村"、"百企帮百村"、"万名干部进农户"和"两代表一委员密切联系群众"四项活动;"2",就是提供制度保障和环境保障两个保障),在农村认真落实"一定三有"工作机制,确保农村"两委"主干岗位报酬和农村离任干部生活补助按时足额发放,解除了他们的后顾之忧。

立足农民增收,大力发展"一村一品"。按照省、市发展"一村一品"的战略部署,依托产业优势,搭建展示平台,培育省级"一村一品"示范村 12 个,省级专业村 12 个,大多数专业村的主导产业都占到 60%以上。新绛县被评为全省首批"一县一业"蔬菜基地县。11 月 5 日至 9 日,成功举办了全省首家县级"一村一品"展示交流会,现场交易额达 1 亿多元,签约项目 16 个,投资意向额达 5 亿多元,进一步扩大了新绛知名度,拓展了市场合作空间,为实现农民收入翻番打下了坚实基础。

立足转型跨越,实施文化强县战略。一是突出资源保护,打好文化强县基础。积极对传统民居街巷、古村落、民间工艺等众多遗产进行挖掘和保护;大力扶持木版年画、文房四宝、仿古青铜、云雕漆器等传统技艺和文化产业发展。二是突出品牌打造,夯实文化强县重点。立足全县文化资源优势,结合产业发展前景,明确重点,倾力扶持,打造品牌,着力壮大全县文化发展实力。绛州鼓乐被联合国教科文组织亚太文化中心列入"世界人类口头和非物质遗产代表作",并登上龙年春晚舞台,成为全省著名文化品牌。绛州澄泥砚三次蝉联文房四宝行业最高荣誉——"国之宝"称号,四度蝉联世界手工艺最高荣誉——联合国教科文组织"世界杰出手工艺品"徽章。三是突出产业发展,提升文化强县能力。一方面,全力建好园区,有序推进文化产业园、演艺园、绛帖园、传统教育园、休闲娱乐园、新绛博物馆等六大产业板块建设。另一方面，积极开发旅游，修缮了绛守居园池、绛州城隍庙、文庙、绛州大堂等一批文物景点，连通县城与白台寺景区的高等级旅游公路正在建设，文化产业正成为新绛转型发展的一张名片。

(张惠明)

附：一、中共新绛县委书记、副书记、常委名单

书　记：邓雁平

副书记：田艺彬(女)　卢天狮(4月离职)
范宽衍(4月离职)　靳国全(4月任职)

常　委：王功成(4月离职)　裴良豪(4月任职)
李铁路(4月离职)　赵高棠(4月任职)
杨云英(女，4月离职)　高　力(4月任职)
韩小青(4月任职)　赵顺太(4月离职)
郝红霞(4月任职)　薛学农(4月离职)
解伟龙(4月任职)　王荣光(5月离职)
刘晓功(5月任职)

二、乡镇党委书记、副书记名单

龙兴镇

书　记：王军胜(5月离职)　孙贵明(5月任职)

副书记：孙贵明(5月离职)　王晓民(5月任职)
王晓明

三泉镇

书　记：许宏立(5月任职)

副书记：席建功(5月离职)　赵　珉
王智海(5月任职)

泽掌镇

书　记：郝红霞(女)

副书记：王红森(5月离职)　吴肖波(5月任职)
段俊杰(5月离职)　朱小龙(5月任职)

北张镇

书　记：董国华

副书记：王　玉(5月离职)　张　芮(5月任职)
李文山(5月离职)　行宗泽(5月任职)

泉掌镇

书　记：许宏立(5月离职)　王会民(5月任职)

副书记：王晓民(5月离职)　高　瞻
赵俊亮(5月任职)

古交镇

书　记：赵秋顺(5月离职)　杨轶群(5月任职)

副书记：唐　勇　李　乾(5月离职)
李小旗(5月任职)

万安镇

书　记：李　雯(女，5月离职)　席建功(5月任职)

副书记：王高林　李小旗(5月离职)
李文龙(5月任职)

阳王镇

书　记：董亚强(5月离职)　史敏胜(5月任职)

副书记：史敏胜(5月离职)　成　俊(5月任职)
文彩平(女)

横桥乡

书　记：黄山石

副书记：王会民(5月离职)　王　玉(5月任职)
成　俊(5月离职)　吉晓民(5月任职)

商贸经济开发区

书　记：杨轶群(5月离职)　李虎杰(5月任职)

副书记：李虎杰(5月离职)　卫奇武(5月任职)
南天明

纪念中国共产党成立九十周年

在山西省纪念建党九十周年暨创先争优表彰大会上的讲话

（2011年6月30日）

袁纯清

同志们：

今天我们在这里隆重集会，热烈庆祝中国共产党成立90周年，深情回顾党90年来的奋斗历程和辉煌成就，深刻领会党带领全国人民创造的宝贵经验，深切感受一代又一代共产党人的高尚情怀，对近年来特别是创先争优活动中涌现出的先进基层党组织、优秀共产党员和党务工作者进行表彰，动员和激励全省共产党员和广大群众投身转型跨越发展大业，在中国特色社会主义道路上阔步前进。首先，我代表中共山西省委，向全省广大共产党员致以亲切问候！向受到表彰的先进集体和个人表示热烈祝贺!向全省广大工人、农民、知识分子，向各民主党派、工商联、无党派人士、各人民团体和社会各界人士，向驻晋部队指战员、武警官兵、公安民警，致以崇高敬意！

回顾党成立90年的光辉历程，我们倍感亲切和自豪。中国共产党始终以实现中华民族伟大复兴为己任，团结带领全国人民不懈奋斗，战胜各种艰难险阻，取得了革命、建设、改革的一个又一个伟大胜利，在马克思主义基本原理同中国实际的结合上，实现了毛泽东思想和包括邓小平理论、“三个代表”重要思想、科学发展观等重大战略思想在内的中国特色社会主义理论体系两次历史性飞跃，始终引领中国人民的前进方向。中国共产党领导革命近30年，同国内外反动势力进行了艰苦卓绝的斗争，推翻了“三座大山”，取得了新民主主义革命的胜利，建立了中华人民共和国，实现了民族独立和人民解放，开启了中华民族发展的新纪元；中国共产党执政60多年，坚持自力更生、艰苦奋斗，在社会主义道路上艰辛探索，确立了社会主义基本制度，建立起独立的比较完整的国民经济体系，实现了中国历史上最广泛最深刻的社会变革，改变了旧中国一穷二白的落后面貌；中国共产党领导改革开放30多年，使我国成功实现了由高度集中的计划经济体制到充满活力的社会主义市场经济体制、从封闭半封闭到全方位开放的伟大历史转折，引领全国人民在中国特色社会主义道路上越走越宽广，人民生活总体达到小康水平，正在迈向全面小康，中国人民的面貌、社会主义中国的面貌、中国共产党的面貌发生了历史性变化。特别是党的十六大以来，我们党团结带领全国人民，在继续解放思想、坚持改革开放、推动科学发展、促进社会和谐上取得显著成就，经济建设、政治建设、文化建设、社会建设以及生态文明建设和党的建设全面推进，顽强战胜重大自然灾害，成功应对国际金融危机，载人航天、北京奥运、上海世博等彰显了大国气派，经济总量跃居世界第二位，中国国际地位和影响力空前提高。

中国共产党成立的90年，是一代又一代共产党人为中华民族的独立、解放、繁荣，为中国人民的自由、民主、幸福不懈奋斗的90年。我们党从一个50多人的小党，发展成为拥有8000多万党员的世界最大执政党，我们国家从内忧外患、积贫积弱到巍然屹立于世界民族之林。我们党波澜壮阔的奋斗史、探索史和自身建设史，赢得全国人民敬仰，也为全世界瞩目。历史雄辩地证明，中国共产党不愧是伟大、光荣、正确的党，不愧是领导中国人民不断开创新事业的核心力量。没有中国共产党就没有新中国，就没有中国特色社会主义。坚持中国特色社会主义道路，推进社会主义现代化，实现中华民族伟大复兴，必须毫不动摇地坚持中国共产党的领导。

山西具有光荣的革命传统，是北方地区最早建立地方党组织的省份之一。1921年太原建立了社会主义青年团，1924年建立了中共太原支部，到1927年5月中共山西省委成立，全省党员发展到1500余人。大革命失败后，山西党组织先后8次遭到破坏，与反动势力进行了不屈不挠的斗争。山西是北方地区创建工农红军最早的省份之一，1931年山西党组织领导创建了中国工农红军晋西游击队，建立了中国工农红军第二十四军，创建了党在北方地区最早的县苏维埃政权。抗日战争时期，山西是华北敌后抗日根据地的中心，是八路军总部及三大主力师、中共中央北方局所在地，是抗击日寇的主战场之一，山西抗日战场歼灭日军人数占侵略华北日军总数的1/3强。山西地方党组织充分发动和依靠人民群众，15万优秀儿女加入中国共产党，60万热血青年参加八路军，铸就了伟大的“太行精神”。解放战争时期，30多万翻身农民参军参战，数十万民工随军支援内外线作战，2万多名根据地干部北上、西进、南下，支援全国解放战争和新区建设，山西成为支援全国解放战争的战略后方。新民主主义革命时期，在山西这块红色的土地上，留下了毛泽东、周恩来、朱德、刘少奇、彭德怀、任弼时、左权、邓小平、叶剑英、杨尚昆、彭真、刘伯承、贺龙、关向应、罗荣桓、聂荣臻、徐向前、薄一波等一大批老一辈无产阶级革命家的光辉足迹。新中国成立后1955年至1965年授衔的将帅中，10大元帅的全部、10位大将中的9位、57位上将中的42位、177位中将中的103位、1360位少将中的838位，共1002名开国将帅曾在山西工作战斗过。在长期革命斗争中，无数山西儿女献出宝贵生命，在册的山西籍革命烈士达10万多名。此时此刻，我们怀着无比崇敬的心情，深切缅怀老一辈无产阶级革命家铸造的丰功伟绩，深切缅怀为了新中国、为了共产主义事业英勇牺牲的共产党人和革命先烈。

新中国成立后，在党的领导下，山西这块地下资源富集、人文资源丰厚的内陆省份，发生了翻天覆地的变化。全省各级党组织团结带领广大人民群众，发扬老区精神，医治战争创伤，开展大规模的社会主义改造和建设，建立了一大批重要工业项目，形成了以煤炭、冶金、电力、机械、化工为主的工业结构。伴随着改革开放的春风，各项事业焕发出新的活力。全省经济总量迅速扩张，在战胜亚洲金融危机和国际金融危机严重冲击的基础上，经济发展逐步走向稳健，保持了平稳持续较快增长，综合实力显著增强。全省生产总值由1952年的16亿元发展到2010年的9088.1亿元，人均生产总值接近4000美元；产业结构不断优化升级，传统产业加快提升，新兴产业发展速度明显加快；固定资产投资快速增长，特别是2009年至2010年的投资总和相当于“七五”至“十五”四个五年计划的总和，以一大批重点工程建设为标志，基础设施水平有了显著改善，全省高速公路突破3000公里，黄河水在先期引入太原的基础上今年将通水到大同、朔州；社会事业蓬勃发展，农村“五个全覆盖”全面完成，社会保障制度不断健全，人口文化素质和健康水平明显提高，生态环境显著改善；城乡居民收入大幅度增长，人民生活迈上新的台阶，正在向全面小康大步前进。作为国家重要的能源基地，山西煤电外调量长期居全国前列，新中国成立60多年来，山西生产煤炭120亿吨，其中外运90亿吨，为国家建设贡献了光和热。近几年成功实施了煤炭资源整合和煤矿兼并重组，扭转了安全生产形势的被动局面，形成4个亿吨级、3个5000万吨级等一批大型煤炭企业集团，电力装机容量接近5000万千瓦，山西能源基地的优势地位日益巩固和彰显。去年以来，全省人民按照省委提出的转型跨越发展、再造一个新山西的发展思路，抓住建设国家资源型经济转型综合配套改革试验区的机遇，坚定信心，埋头苦干，加快推进工业新型化、农业现代化、市域城镇化、城乡生态化，展现出新的精神风貌，在“十一五”规划完满收官的基础上，正在为实现“十二五”规划的目标任务努力奋斗。

90年来，在党中央的领导和关怀下，山西地方党组织和党员队伍由小到大，目前有基层党组织11万个、共产党员224万名。全省党的建设不断加强，阶级基础不断巩固，群众基础不断扩大，党建工作格局不断完善。各级党组织和广大党员充分发挥战斗堡垒作用和先锋模范作用，团结带领人民群众战胜各种困难和风险考验，涌现出李顺达、申纪兰、李双良和大寨、右玉等一大批著名劳动模范和先进典型。他们以崇高的精神、无私的奉献、一流的业绩为党旗增添了光彩，在群众心中树立了光辉形象。特别是去年6月以来，按照党中央的部署和胡锦涛总书记重要讲话精神，全省各级党组织和广大党员开展了以“推动科学发展、促进社会和谐、服务人民群众、加强基层组织”为主要内容的创先争优活动，围绕基层党组织“五个好”和优秀共产党员“五带头”，加强领导、周密部署，坚持标准、扎实推进，深入学习、勇于实践，取得显著成效。一是坚持围绕中心、服务大局，以学习实践科学发展观为主题，以“创先争优我承诺，转型跨越促发展”为载体，立足本职岗位，发挥带头作用，深入调查研究，提高思想认识，努力创科学发展之先，争富民强省之优，建转型跨越之功。二是坚持解决问题、确保实效，在推进重点工程、帮扶重点企业和为群众排忧解难上下功夫，提出合理化建议，开展技术革新，自觉为群众做好事、办实事。三是坚持服务群众、转变作风，省委对学习弘扬右玉精神作出新的部署，组织开展下乡住村“六个一”等活动，促进了领导机关和领导干部与基层群众的密切联系。四是坚持强化功能、扩大覆盖，加强基层党组织建设，完善党员教育培训示范基地，实现村级组织活动场所全覆盖，加强非公有制经济组织和新社会组织的党建工作。五是坚持典型引路、创新制度，选树先进典型，组织巡回报告，健全党内激励关怀帮扶机制，加强服务群众制度建设，建立创先争优长效机制。通过开展创先争优活动，广大党员普遍受到一次深刻的教育，加强了党性锻炼，提高了党性修养，增强了贯彻落实科学发展观、推动转型跨越发展的使命感和责任感，激发出的巨大热情和干劲转化为干事创业的强大动力；各级机关服务基层、服务群众、服务社会的力度进一步加大，一批群众反映强烈的突出问题得到解决，促进了社会和谐稳定；党的基层组织建设得到全面加强，创造力、凝聚力、战斗力明显提高，形成基层党组织争先进、党员干部作表率、人民群众得实惠的生动局面。

注重从党的历史经验中汲取前进的智慧和力量，是我们党的优良传统和政治优势。党90年的奋斗历程和创先争优活动实践启示我们，党要永远保持先进性和纯洁性，永远赢得人民群众的拥护和信赖，第一，必须始终以科学理论为指导。无论什么环境、什么条件，理想信念、科学理论都是激励我们战胜困难的动力，引领我们不断前进的旗帜。面对新形势新任务，必须坚持用马克思主义中国化最新成果武装广大党员，高举中国特色社会主义伟大旗帜，加快建设社会主义核心价值体系，自觉运用党的创新理论解决经济社会发展中的重大问题。越是事业发展的紧要关头，越要针对性地开展集中学习教育活动，使广大党员在新的基础上达到思想统一、认识提高、步调一致。第二，必须始终把解放和发展生产力作为根本任务。我们党成立以来，始终代表中国先进生产力的发展要求。只有促进生产力的不断发展，促进经济实力的不断增强，才能不断满足人民群众日益增长的物质和文化需要。我们必须进一步增强第一要务的意识，增强科学发展的理念，聚精会神搞建设，一心一意谋发展，用发展的办法解决前进中的困难和问题，加快转变经济发展方式，坚定不移而又富有成效地走科学发展之路。第三，必须始终坚持以人为本、人民至上。党的群众路线是党的生命线。在战争年代是这样，在我们党长期执政的今天仍然是这样。我们必须紧紧依靠人民群众，充分尊重群众的首创精神，把为人民谋利益、让群众得实惠作为一切工作的出发点和落脚点，着力解决民生民计问题，让人民群众共享改革发展成果，始终保持同人民群众的血肉联系，从人民群众中汲取前进的不竭力量。第四，必须始终自觉解放思想，坚持改革创新。实践永无止境，创新永无止境。只有把握时代前进的脉搏，勇于进取、勇于突破、勇于创新，靠改革解放生产力、打破传统束缚，靠开放拓展发展空间、增创发展优势，才能使各项事业永远保持生机和活力。第五，必须始终坚持党要管党、从严治党。伟大事业和伟大工程是有机统一的，什么时候党的建设抓得好，什么时候事业就大进步。面对繁重的任务，必须全面推进党的思想、组织、作风、制度和反腐倡廉建设，加强学习型党组织建设，及时研究解决党的建设中面临的新情况新问题，坚持科学执政、民主执政、依法执政，使党始终成为各项事业的坚强领导核心。

抚今追昔，我们倍感自豪和振奋；展望未来，我们深感责任重大。山西正处于加快转型跨越、建设综改试验区的关键时期，机遇前所未有，挑战也前所未有。站在新的历史起点上，我们对中国共产党建党90周年的最好纪念，对革命前辈和革命先烈的最大告慰，就是要把党的光荣历史作为宝贵财富，把党的优良传统作为应对挑战的重要法宝，把党治国理政的成功经验作为推动发展的行动指南，进一步引深创先争优活动，把全省各级党组织和广大党员的智慧凝聚起来、力量调动起来，形成推动转型跨越发展的强大合力，谱写全面建设小康社会和创造人民美好生活的新篇章。

一、回顾党的历程、引深创先争优，就是要牢记理想信念是前进之炬，高举中国特色社会主义伟大旗帜，深入贯彻落实科学发展观，加快推进转型跨越发展

信念坚，事业成。在将近一个世纪的漫漫征程中，我们党历尽磨难走向辉煌，面对坎坷愈挫愈坚，无数共产党人为民族独立、国家富强和人民幸福抛头颅、洒热血，靠的是崇高的理想信念，靠的是科学的理论指导。我们党从诞生之日起，就把马克思主义确立为全党的指导思想，并在长期奋斗中坚持把马克思主义基本原理同中国具体实际和时代特征相结合，坚持以反映时代精神和实践要求的科学理论武装全党、指导实践。特别是坚持和发展马克思列宁主义、毛泽东思想，创造性地探索和回答什么是马克思主义、怎样对待马克思主义，什么是社会主义、怎样建设社会主义，建设什么样的党、怎样建设党，实现什么样的发展、怎样发展等一系列重大理论和实际问题，形成了中国特色社会主义理论体系，奠定了全国各族人民团结奋斗的共同思想基础。今天，坚持中国特色社会主义理论体系，就是真正坚持马克思主义；坚定中国特色社会主义信念，就是真正坚定共产主义理想。我们要保持开阔胸襟，增强党的意识，坚定理想信念，永远做共产主义远大理想和中国特色社会主义共同理想的坚定信仰者、科学发展观的忠实执行者、社会主义荣辱观的自觉实践者、社会和谐的积极促进者。

科学发展观是中国特色社会主义的重要组成部分和马克思主义中国化的最新成果，是马克思主义关于发展的世界观和方法论的集中体现。胡锦涛总书记视察山西时特别强调指出："希望山西的同志们深刻认识树立和落实科学发展观的重大意义，增强运用科学发展观指导实践的自觉性和坚定性，从山西的实际出发，在促进科学发展上下功夫，在构建和谐社会上下功夫，在改进干部作风上下功夫，不断推动全省经济社会发展迈上新的台阶。"对于山西这样的资源型地区和欠发达省份，贯彻落实科学发展观，转型跨越是必由之路。不转型，发展没有出路、不可持续、难以为继；不跨越，我们就会永远落在别人后面。转型跨越实质是又好又快发展，是山西这个能源资源型地区改革创新的脱胎换骨之举，是全省人民共同的事业，是科学发展

观在山西的具体体现。推进转型跨越的过程，既是书写发展的历史，也是山西党的建设的重要篇章。今后五年是实现全面建设小康社会目标的关键时期，更是山西转型跨越发展的关键时期。各级党组织和广大共产党员，要认准目标不动摇，坚定信心不气馁，鼓足干劲不放松，大力弘扬太行精神、吕梁精神和右玉精神，树立转型苦不如战争苦、跨越难不如牺牲难的意识，凝聚全省人民的智慧和力量，只争朝夕、持之以恒、无私奉献，在转型跨越发展中充分发挥战斗堡垒作用和先锋模范作用。要围绕科学发展的主题和加快转变经济发展方式的主线，以建设国家资源型经济转型综合配套改革试验区为统揽，以循环经济为基本路径，加快推进工业新型化、农业现代化、市域城镇化、城乡生态化，加快建设绿化山西、气化山西、净化山西、健康山西，着力推进采掘文明向制造文明转变、资源依赖向创新驱动转变、粗放增长向绿色发展转变，不断取得转型跨越发展的新进展。我们的目标是，在建设国家新型能源和工业基地的基础上，建设全国重要的现代制造业基地、中西部现代物流中心和生产性服务业大省，早日建成中部地区经济强省和文化强省，确保全面完成“十二五”规划，加快实现全面建设小康社会的进程。

二、回顾党的历程、引深创先争优，就是要牢记党的全部奋斗归根到底是为了解放和发展生产力，努力走出资源型地区改革创新、可持续发展的路子

发展是硬道理，是科学发展观的第一要义，更是欠发达地区的首要任务。从推翻“三座大山”到夺取政权，从争取独立到民族解放，从建设国家到改革开放，我们党所有的探索和努力，都是为了打破制约生产力发展的桎梏，在不断解放和发展生产力的过程中让人民过上幸福生活。资源型地区既要不断改革创新，促进生产关系与生产力相适应，又要摆脱对资源的过度依赖，打破资源诅咒。各级党组织和广大党员要有信念、有胆气、有决心，勇敢承担起富民强省的历史责任。我们要以坚忍不拔的毅力加快转型发展，坚持以煤为基、多元发展，着力提高资源就地转化率，破除简单挖煤、卖煤的思维定式，在煤炭资源整合和煤矿兼并重组的基础上，提高煤炭产业规模化、机械化、信息化水平，特别是要把提高资源就地转化能力作为主攻方向，通过对煤、铝、镁等资源的高位谋划、高端开发、高效配置，实现优势资源的最高价值；着力提高传统产业循环率，把循环经济作为基本路径，既要推动企业、行业、区域的循环耦合及动脉、静脉产业的循环结合，建立以循环经济为特征的工业体系，更要加快推进以资源综合利用为重点的循环经济示范项目，推进循环经济向循环发展转变；着力提高新兴产业占有率，大力发展煤化工、装备制造、新能源新材料、节能环保等新兴产业，用现代理念和先进技术挖掘历史人文资源，加快建设文化旅游强省，促进山西产业结构合理化、支柱产业多元化。我们要以敢为人先的精神推进综改试验区建设，借鉴浦东新区、滨海新区等试验区现代管理、产业发展、综合配套改革的经验，利用好中央给予的试验区这个品牌，抓住赋予的先行先试的重大机遇，解放思想，不等不靠，敢闯敢试，重点打好循环经济这张牌，全面推进产业结构转型，统筹推进城乡协调发展，深入推进节能减排和生态环境保护，大力加强区域创新体系建设，在用好政策、引进政策、创新机制、创立范式、高端嫁接、拓展路径上下功夫、求突破，不辜负中央的重托和全省人民的期望。我们要以一往无前的勇气深化改革开放，增强忧患意识、机遇意识和担当意识，始终保持时不我待的紧迫感，紧紧抓住国际国内产业转移的重大机遇，破除制约扩大改革开放的思想藩篱和制度障碍，转变政府职能，提高行政效能，拓宽开放半径，特别要使山西与发达地区由长期以来的资源供需关系、产品买卖关系提升到产业互动关系，打造更广的平台、开拓更多的路径、激发更大的活力，引进更多的大项目、好项目。我们要以扎实举措推进城乡统筹发展，发挥太原都市圈的龙头和示范作用，加快推进“一核一圈三群”建设，提高城市品位和承载功能，建设宜居城市、宜业城市。按照“一村一品”、“一县一业”的思路，大力发展特色农业、高效农业、设施农业和生态农业，大力发展县域经济，加快新农村建设步伐。要把农民收入翻番作为再造一个新山西的关键工程，作为县乡工作的重中之重，多渠道促进农民增收。我们要以坚定意志建设山川秀美的三晋大地，加大节能减排力度，大力淘汰落后生产能力，建立低能耗、低污染、低排放的产业技术体系，深入推进造林绿化工程，提高集中供热覆盖率、气化率和污水处理率，着力改善城乡人居环境，促进生态修复和保护，加快建设资源节约型和环境友好型社会。

三、回顾党的历程、引深创先争优，就是要牢记全心全意为人民服务的根本宗旨，进一步做好保障和改善民生这篇大文章

人民是历史的创造者。我们党的根基在人民、血脉在人民、力量在人民。始终保持党同人民群众的血肉联系，权为民所用、情为民所系、利为民所谋，既是党的性质和宗旨的集中体现，也是党的政治主张和执政理念，更是党能够赢得民心、长期执政的力量源泉和牢固基石。我们要从巩固党的执政地位和确保国家长治久安的高度出发，时刻牢记党的最大政治优势是密切联系群众，党执政后的最大危险是脱离群众，始终把实现好、维护好、发展好最广大人民的根本利益作为一切工作的出发点和落脚点。我们要时刻心系人民。建立健全党员联系群众、服务群众的制度，深入基层、深入群众，问政于民、问计于民，了解民情、反映民意，使各项工作充分反映群众的愿望和利益。坚持发展为了人民、发展依靠人民、发展成果由人民共享，在维护群众利益中增进与群众的感情，在密切联系群众中提升思想境界，坚持把人民群众的积极性作为最大生产力

来激发，把民生工程作为最紧迫的任务来实施，把促进人的全面发展作为第一发展来谋划，把增进人民福祉作为核心目标来追求。我们要倾情改善民生。不断提高群众生活质量，不断提高民生工作的档次和水平，着力提高人民群众的社会保障水平、收入水平、健康水平、科技教育水平，加快推进农村新的“五个全覆盖”，扎实做好就业创业工作，构建覆盖城乡的社会保障体系，解决好涉及人民群众切身利益的困难和问题，高度重视稳定物价水平、建设保障性住房等民生工作，让困难群众感受到党和政府的关怀，让广大群众生活得更有尊严、更有保障、更有希望。我们要全力服务群众。为群众诚心诚意办实事，尽心竭力解难事，坚持不懈做好事。大力开展扶贫济困和困难救助活动，更多关注贫困地区、偏远山区的发展，在农民生活用水基本得到保障的基础上，集中力量解决好生产用水问题，为发展现代农业提供条件。省委已经作出决定，要把下乡住村包村形成制度并坚持下去，从省委常委做起，各地各部门主要领导干部都要包一个低收入村，同时每年都要安排几天到农村与群众同吃同住同劳动，特别是要到最困难的地方去，到群众意见多的地方去，到发展速度慢的地方去，与群众坐下来共同破解难题，帮助群众增收致富。

四、回顾党的历程、引深创先争优，就是要牢记时代发展提出的新课题新使命，切实加强和创新社会管理

我国既处于发展的重要战略机遇期，又处于社会矛盾凸显期，党面临的执政考验、改革开放考验、市场经济考验、外部环境考验更加严峻复杂。加强和创新社会管理，事关国家长治久安和人民安居乐业，体现了我国发展新的阶段性特征，也是我们党执政为民的重要使命和必须解决好的崭新课题。各级党组织和广大党员要紧跟时代要求，学习社会管理知识，把握社会管理规律，积极推进社会管理理念、体制、机制、制度、方法创新，扎实开展社会管理创新综合试点工作，实现管理模式网格化、管理平台信息化、管理手段综合化、重点工作项目化、公众参与制度化，最大限度激发社会创造活力，最大限度增加和谐因素，最大限度减少不和谐因素，为转型跨越发展创造良好社会环境。要不断提高教育引导水平。加强和改进思想政治工作，注重人文关怀和心理疏导，有针对性地做好解疑释惑工作。加强社会公德、职业道德、家庭美德、个人品德建设，引导人们自觉履行法定义务、社会责任、家庭责任。要不断提高科学民主决策水平。从群众的根本利益出发，从群众的呼声、意愿中把握工作的着力点，从基层的实践、需求中寻找发展的突破口，完善党和政府主导的维护群众权益机制、诉求表达机制、矛盾调处机制，建立重大工程项目建设和重大政策制定的社会稳定风险评估机制，坚决制止在征地、拆迁过程中损害群众利益的行为，严肃处置因决策不当造成群众利益受损甚至群体性事件的责任人，维护群众合法权益，保持良好社会秩序。要不断提高管理服务水平。完善党委领导、政府负责、社会协同、公众参与的社会管理格局，健全社会管理网络，充分发挥各类基层组织和群团组织的作用，筑牢加强管理、维护稳定的第一道防线。加强对互联网等新兴媒体的引导、运用和管理，营造良好网络环境。坚持以人为本、服务为先，加强流动人口、下岗失业人群、留守儿童等特殊困难群体的服务管理。要不断提高安全生产水平。时刻绷紧安全生产这根弦，把安全生产作为各级党政一把手的第一要求，严格落实政府和企业安全主体责任，既要确保煤炭生产安全，又要毫不松懈地抓好非煤矿山、尾矿库、危险化学品、道路交通等领域和行业的安全生产工作，建立健全公共安全体系和应急管理体系，巩固全省安全生产的良好形势，在明显好转的基础上实现稳定好转和根本好转。

五、回顾党的历程、引深创先争优，就是要牢记党的领导是从胜利走向胜利的根本保证，不断提高党的建设科学化水平

办好中国的事情，关键在党。坚持用时代发展要求审视自己、以改革创新精神提高和完善自己，不断推进党的建设实践创新、理论创新、制度创新，是党不断发展壮大的重要经验。世界在变化，形势在发展，中国特色社会主义实践在深入。面对复杂形势和繁重任务，我们要坚持党要管党、从严治党，贯彻为民、务实、清廉的要求，不断推进新形势下党的先进性建设，使各级党组织和党员队伍永葆生机和活力。要把理论武装放在首要位置，加强学习型党组织建设，完善和落实党委（党组）中心组学习制度，用发展着的马克思主义指导客观世界和主观世界的改造，引导党员干部进一步把握共产党执政规律、社会主义建设规律、人类社会发展规律，坚定共产主义理想，增强中国特色社会主义信心。结合我省实际，把加强理论学习同研究解决转型跨越发展中的重大问题、群众最关心的现实利益问题、改革发展稳定中的难点问题和党建工作中的突出问题紧密结合起来，掌握和运用新理念、新知识、新经验，提高战略思维、创新思维、辩证思维能力。要把领导班子和干部队伍建设抓紧抓好，坚持德才兼备、以德为先，着眼于坚强有力、奋发有为，深化干部人事制度改革，加大竞争性选拔干部的力度，让肯干事的受尊敬、让能干事的有舞台、让干成事的有位置。要统筹安排、扩大民主、严肃纪律，精心组织好各级换届工作，把那些在转型跨越发展上有真才实学、有突出业绩、有胆识魄力的优秀干部选拔到重要岗位上来。要以换届为动力，推进各项事业的发展，把换届成效体现到转型跨越发展上、体现到增进群众福祉上。要把基层党组织建设作为基础工程，不断创新创先争优活动的方法和途径，巩固和扩大创先争优活动成果，将创先争优活动中的具体经验系统化、感性认识理性化、成功做法制度化，形成创一流、争先进的浓厚氛围和长效机制。全面推进各领域党的基层组织建设，优化组织设置，创新活动方式，提高保障水平，构建城乡统筹的基层党建

工作新格局，使党的基层组织更加健全，功能更加完善，党员推动发展、服务群众的本领进一步增强。要把作风建设持续引向深入，大力弘扬党的优良传统，大力弘扬我省在革命、建设、改革各个时期创造的宝贵精神财富，并不断赋予新的时代内涵，树立为民情怀，多出利民之举，把心思和精力用到察实情、出实招、办实事上，用在为群众解难题、送温暖、谋福祉上。加强干部作风纪律整顿，下大力气治庸治懒，树立求真务实、奋发进取、干事创业的良好作风。要把制度建设落到实处，推进党务公开，保障党员主体地位和民主权利，完善各级党委领导体制和工作机制，认真实施党员领导干部年度目标责任考核制，加强督查考核和结果运用，在转型跨越的实践中培养、考验和锻炼干部。要把反腐倡廉建设抓得更加有效，坚持标本兼治、综合治理、惩防并举、注重预防的方针，严格执行党风廉政建设责任制，加强对党员领导干部廉洁从政的教育，严肃查处各种腐败行为，继续加大对重点领域、行业和部门腐败行为的惩处力度，深入开展煤焦领域反腐败专项斗争，积极构建具有山西特色的惩治和预防腐败体系，以反腐倡廉的新成效取信于民。

同志们，纪念党的90华诞，更增添了我们的信心和力量。山西是一块红色的土地、英雄的土地，在战争年代为新中国的建立作出重大贡献，在社会主义建设时期发挥了能源基地的重要作用，今天我们肩负着探索资源型地区又好又快发展之路的艰巨使命，正在进行转型跨越发展、再造一个新山西的伟大事业。山西各级党组织和山西人民在历史上书写了光辉的篇章，在新的征程中一定能够创造更加辉煌的业绩。让我们更加紧密地团结在以胡锦涛同志为总书记的党中央周围,高举中国特色社会主义伟大旗帜，坚持以邓小平理论和“三个代表”重要思想为指导，深入贯彻落实科学发展观，坚定信心、埋头苦干，开拓创新、顽强拼搏，奋力开创转型跨越发展的新局面，为再造一个新山西、加快实现全面建设小康社会目标努力奋斗！

总结经验　探索规律　加快发展

——在山西省纪念中国共产党成立九十周年理论研讨会上的讲话

（2011年6月27日）

金道铭

这次理论研讨会，由省委宣传部、省委组织部、省委党校、省委党史办、省教育厅、省社科院、省社科联七个单位联合举办，是我省纪念建党90周年系列活动中的一项重要内容。在中国共产党90华诞就要到来的时候，我们隆重举办这次理论研讨会，深情回顾党领导人民进行革命、建设和改革的伟大进程，深刻总结90年的历史经验，深入研究党的事业发展的客观规律，对于加强我省党的建设，推进转型跨越发展，加快全面建设小康社会的进程，具有十分重大的意义。

我们党已经走过了90年波澜壮阔的辉煌历程。自从有了共产党，中国人民的前途命运就发生了根本改变，中国的历史就掀开了崭新的篇章，中国的面貌就随之焕然一新。90年来，我们党紧紧团结和依靠全国各族人民，建立了人民当家作主的新中国，确立了社会主义基本制度，开辟了中国特色社会主义道路，夺取了革命、建设和改革进程中的一个又一个胜利，为实现民族独立和人民解放、国家繁荣富强和人民共同富裕建立了不朽的丰功伟绩。历史雄辩地证明，中国共产党不愧为伟大、光荣、正确的党，不愧为建设和发展中国特色社会主义的坚强领导核心。90年来，我们党之所以能够不断发展壮大，之所以能够带领人民创造举世瞩目的伟大事业，一个根本原因，就在于我们党能够始终坚持科学理论的指导，就在于能够始终坚持把马克思主义基本原理同中国革命、建设、改革的具体实际相结合，就在于能够始终坚持不断推进马克思主义中国化的进程，实现党的指导思想和基本理论的与时俱进。

这些年来，我省社科理论界在省委领导下，在省委宣传部具体指导下，着眼于推动马克思主义中国化，着眼于推动山西转型跨越发展，呕心沥血、潜心钻研、认真攻关，加强对中国特色社会主义理论体系的研究，加强对山西经济社会发展的重大理论和实践问题的研究，加强对省委省政府新决策新部署的研究，加强对广大干部群众关心的热点难点问题的研究，拿出了一大批有价值、有深度、有影响的研究成果，并把理论研究、理论学习、理论宣传结合起来，在统一思想、凝聚共识、启迪智慧、指导实践方面做出了重大贡献，为我省改革发展稳定提供了强有力的智力支持、思想保证和理论支撑，充分发挥了思想库和智囊团的作用。借此机会，我代表省委，向在这次研讨会上获得优秀论文奖的同志们表示热烈祝贺！向长期奋战在社科理论战线的同志们表示亲切问候和崇高敬意！

下面，我讲三点意见：

一、深入研究党90年的光辉历程，进一步坚定走中国特色社会主义道路的信念和信心

中国共产党的90年，是光辉灿烂的90年，也是艰难曲折的90年，既有成功的经验，也有失误的教训，既有在顺境中的前行，也有在逆境中的磨难。如何正确认识和看待党90年的历史，是一个十分重大的政治问题，关系到党的形象和执政地位，关系到干部群众对党的信任、对中国特色社会主义道路的信念和信心。我们一定要把握正确方向、保持清醒头脑，坚持用辩证唯物主义和历史唯物主义的世界观和方法论，研究和看待我们党的历史。

一是要正确把握我们党90年历史的主流和本质。我们要用全面的、历史的、辩证的眼光看我们党的90年，虽然90年有坎坷、有曲折，但是从主流上看、从本质上看，我们党90年的历史是一部团结带领全国各族人民不断为实现民族独立、人民解放和国家富强、人民幸福而不懈奋斗的光荣的可歌可泣的历史。民主革命时期，我们党领导人民经过28年艰苦卓绝的浴血奋斗，推翻了帝国主义、封建主义和官僚资本主义的反动统治，建立了中华人民共和国，开辟了人民当家作主的崭新时代。在社会主义革命和建设时期，党领导人民实现了由新民主主义到社会主义的历史性转变，引领中国人民走上了社会主义道路，取得了社会主义建设的巨大成就。改革开放以来，党领导人民开辟了中国特色社会主义道路，促进了生产力快速发展，人民生活大幅提升，经济总量不断扩大，综合国力显著增强，国际地位明显提高，社会主义中国的面貌、中国人民的面貌、中国共产党的面貌发生了历史性的巨变。我们党之所以具有强大的凝聚力、战斗力，90年的历史之所以如此辉煌，根本在于顺应时代潮流，体现人民意志，不断与时俱进，始终保持了理论路线方针政策的先进性。我们要通过深入细致研究党90年的光辉历史，把党的历史的主流和本质揭示出来，把党的伟大历程和辉煌业绩展现出来，进一步坚定广大干部群众永远跟党走的决心，坚定广大干部群众为中国特色社会主义奋斗的信念和信心。

二是要深刻理解马克思主义中国化的历史进程。中国共产党的90年，是马克思主义基本原理同中国具体实际相结合，不断推进马克思主义中国化、时代化、大众化的90年。90年来，中国共产党人在理论创新和实践创新的双重变奏中，不断推进马克思主义中国化，实现了马克思主义同中国实际相结合的两次历史性飞跃，产生了两大理论成果。第一次飞跃的理论成果是毛泽东思想，是被实践证明了的关于中国革命和建设的正确的理论原则和经验总结。第二次飞跃的理论成果是包括邓小平理论、“三个代表”重要思想以及科学发展观等重大战略思想在内的中国特色社会主义理论体系。我们要通过深入研究马克思主义中国化的历史进程，引导广大干部群众深刻认识科学理论的伟大作用，自觉地学习科学理论、运用科学理论，特别是要引导广大干部群众深刻认识中国特色社会主义理论体系是对马克思主义、毛泽东思想的继承和发展，是马克思主义中国化的最新理论成果，是建设和发展中国特色社会主义的强大思想武器，这是全国各族人民团结奋斗的共同思想基础。在当代中国，坚持中国特色社会主义理论体系，就是坚持马克思主义。

三是要自觉地用中国特色社会主义理论体系武装头脑指导工作。着眼于推进转型跨越发展、再造一个新山西的伟大实践，我们必须真学、真懂、真信、真用中国特色社会主义理论体系，坚定自觉地用中国特色社会主义理论体系指导各项工作，用科学发展观统领经济社会发展全局。在社科理论研究和实际工作中，要突出四个坚持。一是坚持马克思主义的基本原理，坚持用马克思主义的立场、观点和方法研究分析问题。二是坚持理论联系实际的学风，把中国特色社会主义理论体系特别是科学发展观的学习实践同研究解决实际问题结合起来，增强研究工作和实践工作的原则性、系统性、预见性、创造性。三是坚持党的思想路线，从实践出发，从事实出发，大胆探索，勇于创新，深化研究，不断丰富和发展中国特色社会主义理论体系。四是坚持群众观点和群众路线，善于把人民群众的鲜活经验提升为理论，并使理论为群众所掌握，使当代中国马克思主义放射出更加灿烂的真理光芒。

二、大力加强党建理论研究，进一步提升党的先进性建设和执政能力建设的科学化水平

要按照中央精神和省委的部署，紧密结合实际，突出重点，着力创新，加强对党的自身建设的研究，不断提高研究的质量和水平，为促进和保障转型跨越发展提供坚强的组织保证。

第一，坚持把坚定正确的政治方向作为推进党建理论研究的基本前提。要毫不动摇地坚持马克思主义一元化指导思想，用一元化的指导思想引领多样化的社会思潮，划清马克思主义同非马克思主义的界限，勇于同各种反马克思主义的思潮作斗争。要运用马克思主义立场、观点、方法，围绕什么是马克思主义、怎样对待马克思主义，什么是社会主义、怎样建设社会主义，建设什么样的党、怎样建设党，实现什么样的发展、怎样发展等重大问题，深入探索加强保持党的先进性和党的执政能力建设的有效途径、有力举措。

第二，坚持把探求科学的研究方法作为推进党建理论研究的重要原则。要进一步更新研究理念、拓宽研究视野、创新方式方法，以宽广的眼光观察世界局势的发展变化，以真诚的态度总结人民群众创造的新鲜经验，以博大的胸怀借鉴吸收人类文明一切优秀成果。特别是要准确把握社会主义初级阶段基本国情和现阶段省情特点，紧扣党的建设和改革发展稳定实际，敢于探索，勇于创新，善于运用综合对比、实证分析等现代科研方法深入开展研究、提高

研究水平。

第三，坚持把研究现实问题作为推进党建理论研究的重要方向。要紧密联系当今世界的深刻变化和当代中国的深刻变革，紧密联系当今世界政党兴衰的历史和我们党的实际状况，把事关党的建设的重大理论问题和实践问题作为主攻方向，有针对性地精选研究课题，深入研究新形势下党的思想、组织、作风、制度和反腐倡廉建设等方面的重大问题，为加强新形势下党的建设提供强有力的理论支持。

第四，坚持把挖掘山西丰富的党史资源作为推进党建理论研究的重要内容。山西是著名的革命老区，三晋儿女在党的领导下为中国革命、建设、改革做出了重大贡献，党史资源丰富而厚重。我们要增强光荣感和责任感，依托山西丰富的党史资源，深入挖掘、整理、研究、总结其承载的深厚历史信息和丰富历史经验，为推进新时期党的建设提供宝贵借鉴，为推进转型跨越发展增添新的动力。

第五，坚持把建设高素质的理论研究队伍作为推进党建理论研究的重要支撑。要把发现、培养、集聚理论研究人才作为一项重要任务，努力培养政治上靠得住、理论研究有水平、人民群众中有影响的研究领军人才，培养坚持党的立场、维护党和人民的利益、忠于党的事业的学术新秀，支持优秀中青年研究人才脱颖而出，把更多优秀人才吸引到理论研究中来，进一步形成全社会关心、支持理论研究的良好氛围。

三、不断深化山西重大现实问题的研究，进一步破解转型跨越发展的难题

回顾党的历史，总结党的经验，是为了更好地开拓未来。当前，山西正处于发展的关键时期、攻坚时期，转型跨越发展既面临着千载难逢的宝贵机遇，又面临着十分复杂严峻的挑战。全省理论工作者，一定要加强对山西经济社会发展中重大理论问题和实践问题的研究，着力破解改革发展稳定中的重大难题。当前，有五个重要问题特别值得关注和深入研究。

第一，要深入研究干部群众的思想状况，着力破解解放思想方面的难题。改革开放以来，我省干部群众不断更新知识、解放思想、创新观念，有力地推进了各项工作。但是，我们也要看到，受自然经济和计划经济等因素的影响，我们同沿海发达地区相比，同其他一些发展比较快的地区相比，在思想观念方面还有较大的差距，传统的思想观念、思维定势、行为方式还比较普遍地存在，成为制约我省发展的重大障碍。我们要深入研究干部群众特别是领导干部的思想状况,深入研究如何破解不合时宜的思想观念，深入研究如何引导广大干部特别是各级领导干部开阔理论视野、更新知识结构、提升思维能力，使干部群众的思想观念同改革开放的实践相适应，同时代发展的潮流同步伐，为加快我省转型跨越发展提供有力的思想保证。

第二，要深入研究山西经济结构方面的突出问题，着力破解资源型经济转型的难题。目前，我省资源型经济转型正在破题起步，但面临的矛盾和困难错综复杂，需要破解的难题很多、难度很大。各级理论工作者要进一步加强对山西省情实际和经济社会发展阶段性特征的研究，对山西转型跨越发展全局性、战略性和前瞻性问题的研究，特别要加强对转型发展、跨越发展、赶超发展战略方针的研究，对工业新型化、农业现代化、市域城镇化、城乡生态化战略重点的研究，对转型跨越发展的基本路径和实践进程具体问题的研究，为推动我省经济结构调整、加快转变经济发展方式，实现经济社会的可持续发展提供强有力的智力支持。

第三，要深入研究广大人民群众关注的热点难点问题，着力破解改善民生的诸多难题。人民群众关心的热点难点问题，说到底就是民生问题，解决人民群众关心的热点难点问题，就是践行党的宗旨，就是保障和改善民生，这直接关系改革发展稳定的大局。近年来，我省不断加大改善民生的力度，人民群众的生活质量和生活水平得到了普遍提高。但是，制约民生改善的难题还很多，迫切需要各级领导干部、理论工作者运用新的观念、新的思路、新的办法和措施，切实加以研究解决。比如，要认真研究解决教育公平、看病难看病贵、房地产市场健康发展、就业难、诉求难、执法公正等问题。这些问题解决好了，人民就会更加相信党，更加坚定地跟党走，为我省经济社会又好又快发展奠定良好的群众基础。

第四，要深入研究综改试验区建设中的突出问题，着力破解深化改革的难题。经中央研究决定，设立山西国家资源型经济转型综合配套改革试验区，这是我国第一个全省域、全方位、系统性的国家级综合配套改革试验区，是推进转型跨越发展的大品牌、大载体、大平台。综改试验区建设没有现成的模式可借鉴，最大的优势就在于先行先试。在先行先试的过程中，解放思想是前提，打破体制障碍是关键，调整好各种利益关系是保障。对这个问题的研究刚刚起步，有许多未知的领域需要探索，有许多棘手的难题需要破解，有许多运作的流程需要明确，是当前研究山西发展问题的重中之重。各级领导干部和广大理论工作者，要以高度的政治责任感，紧密结合实际，不断拓宽视野，统筹国际国内两个大局，认真研究体制机制改革等方面的难题，不断总结经验，形成理论政策，全力推进先行先试，为进一步解放和发展生产力开辟更加广阔的道路。

第五，要深入研究从严治党的宝贵经验和有效途径，着力破解党风廉政建设和反腐败斗争中的难题。党的作风建设和党风廉政建设直接关系党的生死存亡，关系国家的兴衰成败。我们党历来高度重视作风建设和反腐倡廉建设，始终坚持党要管党、从严治党。在新的形势下，要坚持标本兼治、综合治理、惩防并举、注重预防的战略方针，进一步加大党风廉政建设和反腐败斗争的力度。各级党委和理论工作者要认真总结90年来，特别是改革开放以来党的作风建设、反腐倡廉建设以及党开展群众工作的历史经验，

不断总结群众工作的新特点、新趋势、新要求，对危害党群关系的突出矛盾和问题予以重点研究，对在新的历史条件下如何解决腐败问题进行认真研究，对进一步密切党和人民群众关系进行深入研究，不断提供新的思路和方法，努力提高全省党建工作科学化水平。

认真研究党90年的光辉历史和宝贵经验，深入探索党的事业发展的特点和客观规律，是广大理论工作者和实践工作者的光荣职责和神圣使命。让我们更加紧密地团结在以胡锦涛同志为总书记的党中央周围，高举中国特色社会主义伟大旗帜，深入贯彻落实科学发展观，坚持把握方向、服务大局、潜心钻研、与时俱进，以丰硕的理论成果和实践成果，为提高党的建设科学化水平、促进山西转型跨越发展做出新的更大贡献！

中国共产党山西省第十次代表大会

率先走出资源型地区转型跨越发展新路
为加快实现全面建设小康社会目标努力奋斗

——在中国共产党山西省第十次代表大会上的报告

（2011年10月27日）

袁纯清

同志们：

现在，我代表中国共产党山西省第九届委员会向大会作报告。请各位代表审议，并请列席人员提出意见。

这次大会，是在我省转型跨越发展进入关键时期召开的一次具有全局性和战略性意义的会议。大会的主题是：高举中国特色社会主义伟大旗帜，坚持科学发展，继续解放思想，深化改革开放，加快转型跨越，促进社会和谐，组织和动员全省各级党组织、广大党员和人民群众，同心同德、开拓创新，率先走出资源型地区转型跨越发展新路，为再造一个新山西、加快实现全面建设小康社会目标努力奋斗。

一、过去5年的工作

中国共产党山西省第九次代表大会以来的5年是极不平凡的5年。省委高举中国特色社会主义伟大旗帜，以邓小平理论和“三个代表”重要思想为指导，深入贯彻落实科学发展观，认真落实党的十七大精神，先后召开十三次全体会议，就一系列重大问题作出决定和部署。全省各级党组织团结带领广大党员干部群众，全面推进经济、政治、文化、社会建设以及生态文明建设和党的建设，胜利完成省第九次党代表大会确定的各项任务。省委作出转型跨越发展、再造一个新山西的战略部署，促进了干部群众思想大解放，描绘了科学发展新蓝图，全省呈现出人心思上、干事创业、政通人和的良好局面。

综合经济实力迈上新台阶。有效应对国际金融危机严重冲击，经济保持平稳较快发展，圆满完成“十一五”规划。农业基础地位得到加强，工业质量效益不断提升，城镇化稳步推进。地区生产总值年均增长11.2%，财政总收入年均增长19%。今年地区生产总值突破万亿元、财政总收入超过2000亿元已成定局。

转变经济发展方式取得明显成效。产业结构调整力度加大，主导产业效益大幅提升，循环经济发展加快，新兴产业逐步壮大。煤炭资源整合和煤矿兼并重组取得重大成果，山西结束“小煤窑”历史，进入集约、高效、安全开发煤炭资源的新阶段，产业素质和能源保障能力显著提高，能源基地更加巩固。以有力举措加强安全生产工作，煤炭百万吨死亡率大幅下降，达到历史最好水平和国内先进水平，安全生产形势持续好转。节能减排成效明显，生态环境全面改善，森林覆盖率达到18%。

改革开放实现新突破。煤炭工业可持续发展政策措施试点取得明显成效，国家资源型经济转型综合配套改革试验区全面启动。政府职能进一步转变，国有企业改革和集体林权制度、医药卫生体制等改革取得重大进展。非公有制经济活力增强。“引进来”、“走出去”成效显著，成功举办中博会和能博会，招商引资取得重大成果。

基础设施大为改善。高速公路今年将突破4000公里,铁路项目加快建设，机场建设力度加大。电力装机接近5000万千瓦。建成一批应急水源工程，引黄北干线工程胜利通水，山西“大水网”开工建设。省城十大公益建筑全面建成。

人民生活水平显著提高。就业规模不断扩大，城乡居民收入保持两位数增长。社会保障体系进一步健全，保障水平大幅提高。农村实现村级卫生室、村通广播电视、村通水泥（油）路、中小学校舍安全改造、饮水安全全覆盖，新的“五个全覆盖”推进顺利，全省农村面貌明显改观。扶贫攻坚取得重要进展。

民主法制建设深入推进。坚持人民代表大会制度、中国共产党领导的多党合作和政治协商制度，爱国统一战线巩固壮大。“法治山西”建设扎实推进。国防后备力量全面加强，军民融合式发展、军地“双服务”和双拥共建取得新成效。

文化建设开创新局面。文化体制改革取得重要进展，文艺精品不断涌现，文化产业快速发展。公共文化服务体系进一步健全，群众性精神文明创建活动广泛开展。全民健身和竞技体育取得新成绩。

社会建设与管理进一步加强。教育事业加快发展，科技创新成效明显。公共卫生体系和基本医疗服务不断完善。加强和创新社会管理摆上重要位置，信访工作成效突出，应急管理体系基本形成，社会治安综合治理全面加强。

党的建设扎实推进。理论武装富有成效，干部选学全面推开。深入学习实践科学发展观活动达到预期目标，创先争优活动扎实进行。市县乡三级党委换届圆满完成。深入推进干部人事制度改革，创新干部选拔任用工作，班子结构得到优化。基层党组织建设全面加强，村级组织活动场所基本实现全覆盖，在全国率先实现一村（社区）一名大学生村干部。党务公开全面实施。大力弘扬太行精神、右玉精神，整肃纪律作风，部署开展干部下乡住村包村，干部作风进一步转变。目标责任考核体系进一步完善。人才工作明显加强。煤焦领域反腐败专项斗争成效突出，党风廉政建设和反腐败斗争深入开展。

过去5年，是思想大解放，积极探索山西科学发展新路的5年，全省上下深化了对省情的认识，打开了以转型跨越为核心的发展新境界。过去5年，是全省人民同舟共济、经受考验的5年，在大事多、新事多、难事多的情况下，上下齐心，攻坚克难，扭转了矿难频发的被动局面，摘掉了污染严重的“黑帽子”，遏制了国际金融危机带来的经济下滑态势，实现了持续快速发展，山西步入又好又快发展轨道。过去5年，是综合实力和人民生活迈上新台阶的5年，山西整体形象得到提升，干部群众焕发新的精神风貌。过去5年，是赢得发展大机遇、打造建设大平台的5年，国家赋予山西建设转型综改试验区的政策，为我们推进转型跨越、促进科学发展提供了难得机遇，拉开了山西未来大发展的序幕。实践证明，全省各级党组织、广大党员和干部群众在困难面前毫不畏惧，在关键时刻经得住考验，在逆境中砥砺奋起。我们难以忘怀的是，党中央对山西工作给予高度重视和大力支持，中央领导同志多次来晋视察指导，特别是2008年1月胡锦涛总书记亲临山西视察,给全省干部群众以巨大鼓舞。五年的辉煌成就，是党中央正确领导的结果，是全省各级党组织、广大党员和干部群众团结奋斗的结果，是社会各界积极努力、大力支持的结果。在此，我谨代表中共山西省第九届委员会，向奋战在各条战线的广大共产党员和干部群众，向各民主党派、人民团体和各界人士，向驻晋部队指战员、武警官兵、公安民警，向所有关心、支持山西改革开放和现代化建设事业的同志们、朋友们，表示衷心的感谢和崇高的敬意！

在充分肯定成绩的同时，要正视工作中存在的差距和问题。主要是：经济发展不足和产业结构不优问题突出，新兴产业比重小,农业基础薄弱；自主创新能力不够强，节能减排压力大，加快转变经济发展方式任务十分艰巨；城乡居民收入水平较低，社会事业需要加快发展；一些领域改革滞后，对外开放程度和利用外资水平不高，发展环境有待进一步改善；安全生产基础还不够牢固，社会管理还存在一些薄弱环节，影响社会和谐稳定的因素还有不少；一些领导干部思想解放不够，作风不实、干劲不大、能力不足，一些基层党组织软弱涣散，不正之风和腐败现象在一些领域还比较突出。对此,必须高度重视，切实加以解决。

5年的探索实践，使我们深切认识到：以经济建设为中心是强省之要、富民之本，必须把解决发展不足问题摆在工作首位，紧紧扭住不放；科学发展观是搞好各项工作的强大思想武器，坚持发展是硬道理的本质要求就是坚持科学发展，必须从资源型地区实际出发，走山西特色科学发展之路；解放思想是先导，必须不停歇地推动观念创新，通过打开思想的大门，进而打开发展的大门；改革开放是活力之源，必须以敢为人先的精神破除妨碍科学发展的体制机制弊端，以大开放赢得更为广阔的发展空间；民生为本是我们党的宗旨之要，必须把保障和改善民生作为一切工作的出发点和落脚点，热忱关心群众，全力造福群众,始终把安全生产放在突出位置；统筹兼顾是科学方法，必须正确处理改革、发展、稳定的关系，促进城乡、区域、经济社会协调发展；勇于担当、真抓实干是必备品格，必须弘扬只争朝夕、干事创业的精神，在顽强拼搏中加快改变山西面貌；党的建设是各项事业的根本保证，必须加强党的执政能力建设和先进性建设，用党的建设新成效保障经济社会新发展。

二、坚定转型跨越，加快全面建设小康社会进程

转型跨越发展，实质是又好又快发展，是科学发展观

在山西的具体体现。全面建设小康社会，是实现中华民族伟大复兴的奠基之举，是到建党100周年全国人民共同为之奋斗的总目标。我们所有的努力，转型跨越、再造一个新山西的全部追求，都是为了加快全面建设小康社会。放眼全国，东部发达省份已经或即将率先进入全面小康社会，中西部省份普遍加快全面建设小康社会进程。我省全面建设小康社会取得巨大成绩，但是全面小康实现程度低于全国平均水平5个百分点左右，在全国和中部地区居靠后位置。能不能尽快缩小发展差距，加快全面建设小康社会进程，现实地摆在各级党组织和全省人民面前。我们要凝心聚力，奋勇前行，唱响转型跨越主旋律，打好实现全面小康攻坚战。

在解放思想中打开视野。转型首先思想观念要大转变，跨越首先思想境界要大提升。解放思想要求我们，必须摆脱煤炭依赖、政府依赖、路径依赖的思维惯性，开辟多元发展、全民创业的新天地；必须丢弃自以为是、自我满足、自我封闭的狭隘意识，跳出山西看山西，在追求卓越中发展自己；必须改变坐而论道、空泛议论、眼高手低的行为习惯，勇于破解现实课题和棘手难题；必须摒弃不敢担当、缺乏闯劲、怕当出头鸟的保守思想，敢于走别人没有走过的路；必须跳出求稳守成、小富即安、不富亦安的心理局囿，实现再造一个新山西的历史巨变。

在坚定信心中激发动力。我省作为煤炭大省和老工业基地，转型任务之艰巨世所罕见。面对全国各地竞好争先的发展势头，面对国内外产业转移加快推进、科技进步日新月异的挑战，不进则退，慢进也是退。同时要看到，我国仍处于重要战略机遇期,正从中等收入国家向中等发达国家迈进。我省具有较好产业基础，一大批转型项目陆续建设，发展后劲和协调性增强。基础设施的改善，山西通江达海正在变为现实，不仅延伸了发展半径，而且拉近了与发达地区的空间距离。中央支持中部地区崛起，确定山西为循环经济试点省、生态建设试点省尤其是转型综改试验区，政策效应进入深度显现期和集中释放期。山西资源富集，“有中生有”得天独厚，“无中生有”有势可倚，尤其是转型跨越正在成为全省干部群众的自觉行动，只要我们坚定信心，埋头苦干，就一定能够加快实现全面小康。

在奋力赶超中争先进位。追赶型发展是欠发达地区的不二选择。要以勇于超越的闯劲，人一我十，人十我百，敢与发达地区比肩、发挥后发优势，实现后来居上；以新的理念和机制，激发劳动、知识、资本、管理的活力，让创造财富的源泉充分涌流；跳起来摘桃子，实现超常规发展，每年追赶一个百分点，到2016年有一批市县实现全面小康，全省总体实现程度力争达到全国平均水平。

山西正站在新的历史起点上。今后5年，是大有可为、加快发展的黄金期，转型跨越的机遇期，改革开放的攻坚期，更是全面建设小康社会的关键期。全省工作的指导思想是：高举中国特色社会主义伟大旗帜，以邓小平理论和“三个代表”重要思想为指导，深入贯彻落实科学发展观，紧紧围绕转型跨越发展、再造一个新山西的总体战略，以解放思想为先导，以建设国家资源型经济转型综合配套改革试验区为龙头，深化改革开放，促进创新创业，以煤为基、多元发展，加快推进工业新型化、农业现代化、市域城镇化、城乡生态化，全面加强经济建设、政治建设、文化建设、社会建设和生态文明建设，以改革创新精神加强党的建设，团结带领全省党员干部群众，建设国家新型能源和工业基地，建设全国重要的现代制造业基地、中西部现代物流中心和生产性服务业大省，建设中部地区经济强省和文化强省，率先走出资源型地区转型跨越发展新路，为加快实现全面建设小康社会目标努力奋斗。

——经济总量有新提升。地区生产总值达到2万亿元，财政总收入超过4000亿元，主要经济指标在全国的排位前移。

——产业发展有新体系。在为国家提供能源支持的基础上，新兴产业比重和循环经济水平大幅提升，人才和科技进步对经济增长的贡献率明显提高，文化产业成为新的支柱产业，以煤为基、多元发展的产业格局基本形成。

——区域发展有新格局。“一核一圈三群”城镇体系加快建设，百万人口城市有新的增加，城镇化率接近60%，功能定位和产业分工更加清晰，形成一批优势明显的产业园区和区域发展板块。

——民生福祉有新水准。城乡居民收入分别达到3万元以上和1万元以上，一批县（市、区）农民人均纯收入突破2万元，基本消除农民人均纯收入5000元以下的县，现有贫困人口一半以上实现脱贫。社会保障体系更加健全，社会事业投入明显加大，基本公共服务均等化明显增强，人民群众的社会保障水平、收入水平、健康水平、科技教育水平明显提高。

——社会管理有新作为。民主法制建设全面加强，群众权益得到切实保障，公平正义充分彰显，社会管理体系更加完善，安全生产形势稳定好转，社会总体和谐稳定。

——生态环保有新局面。节能减排幅度高于全国平均水平，确保完成国家下达的节能减排任务，市区和县城环境空气质量达到国家二级标准，森林覆盖率每年提高1个百分点，资源节约型、环境友好型社会建设成效明显。

——发展环境有新气象。市场经济体系进一步完善，政府效能明显提升，全民创业氛围浓厚，人才外流状况得到扭转，非公有制经济比重大幅提高，利用外资规模不断扩大。

实现了上述目标，山西就不再是发展滞后的省份，就为2020年建成惠及全省人民的更高水平的小康社会打下决定性基础，将成为山西历史上划时代的里程碑！

三、抢抓机遇，全力推进转型综改试验区建设

资源型地区转型是一个世界性难题，历届省委、省政府团结带领全省人民在调整结构、促进转型上进行了艰辛

探索。党中央、国务院批准在我省设立国家资源型经济转型综合配套改革试验区，使山西转型发展上升到国家战略层面。以区域为单元寻求突破，是改革开放不断深化的必然选择，综改试验区在一定意义上就是“新特区”。我们要用好这个大平台、大政策、大机遇，在生产力层面优化经济结构、转变发展方式，在生产关系层面深化配套改革、创新体制机制，使山西经济形态、社会形态、自然形态特别是人的全面发展发生显著变化。这是富民、强省、利国之举，是我们赢得主动、赢得优势、赢得未来的关键所在。

核心在转型。以世界眼光和战略思维拓展山西发展的广度和深度，实现以煤为基、以煤兴产、以煤兴业、多元发展。在发展形态上，实现采掘文明向制造文明转变，促进煤炭及其他原材料产业内涵式发展，加快现代制造业发展步伐，使依托煤、延伸煤、超越煤成为新的发展特征，使产业高端化、发展高质化、装备现代化、管理精细化成为新的竞争优势。在发展方式上，实现粗放高耗增长向集约绿色发展转变，强化低碳发展理念，全面实行煤炭等资源的清洁开采和高效利用，建设生态矿山，降低发展的环境生态代价，提升环境容量和生态承载力，构建具有资源型地区特点的人与自然和谐、经济与社会协调的发展模式。在发展定位上，实现煤电基地向综合能源基地和现代产业基地转变，建设一批煤电一体化、多产并举的能源综合企业，把单一优势转化为多个优势。促进产业结构合理化，推动一、二、三产协调发展，特别是大力发展第三产业，使山西成为新兴产业崛起之省。在发展方向上，实现资源大省向经济文化强省转变，统筹开发利用地下地上两种资源，做好煤与非煤两篇文章，实现资源与资本、科技、创意的结合，对矿产资源进行深精加工，对人文历史资源进行高位开发，把优势资源转化为现实生产力。在发展动力上，实现资源依赖向创新驱动转变，坚持人才强省、科教兴省，促进生产要素向创新领域集聚，以技术升级带动产业升级，以自主创新推动发展转型，以劳动者素质提升增强创新能力和发展后劲。

根本在改革。革除阻碍资源价值最大化、影响可持续发展的各种弊端，突破制约科学发展和创业活力的桎梏，搞好顶层设计，加快形成有利于资源型经济转型的体制机制和政策体系。创新产业转型促进机制，理顺煤炭等资源开发利用的体制机制，建立资源型产业与非资源型产业均衡发展机制，推进资源开发收益主要用于发展接替产业、高新技术产业和鼓励类服务业。加快推进资源税改革，按照国家政策规定制定切合山西实际的资源税税率，完善有利于资源综合利用和循环经济发展的税收政策措施。理顺资源型产品价格形成机制，完善节能节水降耗指标体系、监测体系和考核体系。创新土地管理机制，实施城乡建设用地增减挂钩政策，探索建立跨区域耕地占补平衡市场化机制，建立土地利用规划评估修订机制，统筹开发利用成片盐碱地和整合利用工矿废弃用地，大幅提高土地利用效率和产出率，拓展转型和民生项目用地空间。建立生态环境产权制度，建立碳交易和排污权交易市场，完善煤炭开采生态环境综合补偿机制，跳出先污染后治理的窠臼。加快构建与资源型经济转型相适应的资本市场，对转型领域和战略性新兴产业给予信贷倾斜，上市公司数量明显增加，发展壮大地方金融机构，发挥非银行金融机构作用，引进外资金融机构。充分发挥企业转型主体作用，深化国有企业改革，推进兼并重组，加快实施十大企业“双千亿工程”，支持优势大型国有企业尽快跨入世界500强。大力发展专、精、特、新中小企业。加大鼓励、支持和引导非公有制经济发展的力度，凡法律未禁入的行业和领域全部放开，改进对非公有制经济的服务，确保平等使用生产要素，公平参与市场竞争，同等受到法律保护，在全社会形成支持非公有制经济大发展的良好局面。

关键在实践。先行先试是转型综改试验区的最大政策。从每个单位做起，从具体项目开始，大胆探索实践，特别是要抓紧干几件具有全局性、标志性的大事。要在重大转型项目上先行先试。实施煤层气综合利用、煤制油、煤制天然气、煤矸石发电及粉煤灰开发利用、焦炉煤气制甲醇制烯烃、高端装备制造、新能源、新材料、节能环保、新一代信息技术等十大产业工程。只要是资源就地转化项目、循环经济项目、符合科学发展的项目，都要抓紧推进。要在政策创新上先行先试。切实用好现有政策，积极争取新政策，在实践中探索创造性政策，移植推广其他综改区的好政策，学习借鉴国际上资源型地区转型的成功经验，清除不合时宜的条条框框，形成一系列推动山西发展的“晋”字牌政策。对转型综改试验走在前列的地方，给予资金、土地等方面的倾斜。对敢闯敢试、先行先试成绩突出的干部、企业家和各类人才，给予褒扬和重用。要在板块突破上先行先试。推进“一市两县”、“一市两园”、“一县一企”转型综改试点，加快扩权强县步伐，重点在减少管理层次，下放计划、财政、项目、税收、土地管理权限等方面取得突破，打造转型综改试验排头兵，取得经验后全省推广。要在破解发展难题上先行先试。着力破解生产要素过度向资源型产业集中的难题，努力改变一煤独大、结构畸重的产业格局；着力破解资源型经济导致生态大规模破坏的顽症，加快生态修复治理；着力破解环境保护约束机制和利益导向落实难的问题，持续全面改善环境；着力破解资源型经济伴生的社会矛盾，增强发展的协调性。

建设转型综改试验区，今后5年是关键。在国家批准的综改试验区中，山西是唯一的全省域试验区，也是为数不多的资源型试验区。改革开放30多年后，山西这个内陆省份和能源基地站到了改革试验创新的最前沿。“功崇惟志，业广惟勤”。我们要举全省之力、集全民之智，确保今后5年实现转型综改试验的重大突破，在全国率先走出资源型地区加快转变经济发展方式、实现科学发展的成功之路！

四、“四化”引领经济又好又快发展

山西传统产业占主导，农业立地条件差，城镇化滞后，

生态环境脆弱。扎实推进工业新型化、农业现代化、市域城镇化、城乡生态化，是转型跨越的主要任务。

推进工业新型化，加快转变发展方式。一要提升资源就地转化率。在资源原材料深度加工中催生新产业，追求高效益。着力“用”好煤，努力实现全省新增煤炭一半左右就地加工转化。建设大型坑口电厂和资源综合利用电厂，努力建设1亿千瓦级电力强省，外送电装机力争达到5000万千瓦。重点煤炭企业非煤产业比重达到50%以上。推进焦炉煤气、煤焦油、粗苯等深加工，实现“以焦为主”向“焦化并举、上下联产”的转变。提高优势原材料加工能力，巩固不锈钢产业的全球领军地位，打造国家级不锈钢及铝镁合金制品基地。二要提升传统产业循环率。把循环经济作为工业新型化的基本路径，在提高产业集中度的基础上，建立循环经济激励机制，使循环经济成为我省产业的基本模式，推动企业、园区、产业、社会循环发展。五年内基本完成传统产业循环化改造，新项目新产业要把全循环作为准入门槛。构建循环技术体系，实现废物交换利用、废水循环利用、能量梯级利用，重点推进煤矸石、工业固废和废气余热、城市污水垃圾、矿井水等综合回收利用。发展循环型服务业和农业。三要提升新兴产业占比率。打造全国最大、世界知名的煤机制造基地。有重点地发展新能源汽车及零部件产业。创建轨道交通装备生产品牌。建设数个百万吨级节能节水型现代煤化工项目。发展特色食品、生物医药产业。发展节能环保产业，把环境压力变为发展动力。推进风能、太阳能、生物质能等新能源开发利用。发挥军工企业的优势和作用。运用互联网、物联网等现代信息技术提升产业水平，使信息产品和服务更好地与生产、流通、分配和消费融合。注重总体策划，强化创意开发，培育龙头企业，加快旅游资源大省向旅游经济强省迈进。发展以金融、会展、中介等为重点的现代服务业，发展现代物流、交通运输和煤炭交易等生产性服务业。提升房地产与建筑业水平。发展家庭服务业。太原和其他有条件的城市要建立以现代服务业、高新技术产业为主的产业体系。四要提升节能减排率。完善促进节能减排的产业、财税、价格、金融等政策，抑制高耗能、高排放行业过快增长。淘汰落后产能，推广节能减排技术，实施重点行业和领域节能减排工程，加强对重点排污耗能企业的监测监管。推进节能减排市场化进程，提高全民节能减排意识，建立节能减排长效机制。五要提升科技贡献率。大力实施科技创新跨越工程，弘扬创新文化，提高创新指数，加快建立山西特色创新体系。强化产学研合作，提升大中型企业研发创新能力，培育扶持更多科技创新型企业，实施一批对转型发展有引领作用的重大科技专项，促进科技成果转化。加大各级财政科技投入力度，带动全社会研发经费占GDP 比重提高一倍以上。规划发展一批科技创新园区，建设山西省工业技术研究院，启动建设太（原）榆（次）科技创新城，打造以科技为支撑的经济增长极。

推进农业现代化，开创“三农”工作新局面。农业、农村、农民问题事关发展大局，必须始终作为重中之重。一是把确保农民收入翻番作为核心任务。完善强农惠农政策，加大财政支持力度，深化农村改革，调动保护农民生产积极性，严格保护耕地，推进农村土地综合整治，推进农业机械化和科技进步，增强农业综合生产能力，确保粮食安全。组织农民开展多种经营，有序转移富余劳动力，帮助农民扩大资本、积累财富，使农民共享公共财政阳光，确保农民收入持续大幅增加。在山老区实施“一村一井”工程，发展“五小”水利，使农业人口实现人均1亩水浇地。深入推进领导干部包村增收活动，重点解决6000余个低收入村的农民收入翻番问题。二是把“一村一品”、“一县一业”作为主攻方向。深入推进大同、晋中、运城现代农业示范区和雁门关生态畜牧经济区建设。大力发展设施农业，健全土地承包经营权流转市场，建设1万个“一村一品”专业村和60个“一县一业”基地县，深入推进“513工程”，在标准化生产、品牌化经营基础上建设特色农产品强省。健全农村市场和农业服务体系，完善农村金融服务网络，基本实现农民专业合作组织村级全覆盖，农户入社率达到50%以上。加强动植物疫病防控，提高农产品质量安全水平。三是把发展县域经济作为战略举措。针对不同县域特点，制定发展规划和政策措施，一体推进工业化、城镇化和农业现代化，发展强县富民的大项目，每个县都要建成一到两个工业园区或产业集中发展区。强化激励约束机制，引导人才、资金、技术等要素向县域流动，打造20个以上中部和全国百强县。四是把新农村重点村建设作为基础工程。完善以工促农、以城带乡和以煤补农、以矿帮村机制，培育新型农民，在实现新的“五个全覆盖”基础上，健全农村基本公共服务体系。每年推进100个新农村连片示范区、3000个新农村重点村建设，力争到2016年全省农村都达到重点村建设标准。五是把扶持革命老区和贫困地区加快发展作为突破重点。实施以产业开发为核心的扶贫板块推进战略，加大投入和工作力度，确保贫困地区农民人均纯收入年均增幅高于全省平均水平，五年内基本完成山庄窝铺移民搬迁。

推进市域城镇化，让“人”字型城镇框架更加富有活力。围绕“一核一圈三群”城镇化格局，坚持扩容与提质并重，形成梯次明显、优势互补、协调发展的城镇化态势，构筑适宜居住、有利发展的社会体系。一要支持太原率先发展。把太原建设成为科技创新的领先区、高端产业的聚集区、改革开放的先行区、生态文明的示范区、和谐社会的首善区，充分凸显太原都市圈在全国城市群版图中的地位和全省发展龙头作用，成为中部崛起的重要一极。建立领导协调指导机制，坚持一个规划统筹、一个标准建设，实质性推进太原-晋中同城化。太原都市圈的城镇化率、经济发展速度明显高于其他城镇群，经济总量占比明显上升，对忻州、吕梁、阳泉等地的辐射带动作用明显增强。二要加快区域性城市群的建设和融合。全面建设以大同、朔州为核心的晋北城镇群，以临汾、运城为核心的晋南城镇群，以长治、晋城为核心的晋东南城镇群。加快上党等城镇群建设步伐。通过组团式发展，加快城乡统筹，优化全省经济社会发展布局。三要实施“大县城”战略和百镇建设工程。加快县城扩容提质步伐，提高产业和人口吸纳承载力，扩大对农村的辐射力。开展扩权强镇试点，建设一批工业强镇、商贸重镇、历史文化名镇和旅游大镇。依托城镇布局，建设一批产业带、文化带、生态带。四要增强城市综合承载能力。强化规划的前瞻性和建设的创新性，塑造城市精神，推广信息化管理，重视发展公共交通，增强通达性、功能性、服务性、安全性。加快新区开发和旧城区、城中村、棚户区改造。促进“城”、“矿”互动融合，支持资源型老工业城市转型。推行城乡统一的户籍制度，实现基本公共服务由户籍人口向常住人口扩展。

推进城乡生态化，提高环境质量和生活质量。树立“环境就是生产力”的理念，坚持建设与绿化同步、经济与生态并重。致力于建设绿化山西，深入推进造林绿化工程，年完成营造林400万亩以上。建设晋北晋西北防风固沙、吕梁山黄土高原水土保持、太行山土石山区水源涵养和平川盆地防护经济林等生态屏障。实施林业生态建设、林业开发和森林资源保护工程，推广“一矿一企治理一山一沟”等造林绿化模式，完善以煤补林及绿化激励机制，推进煤矿和非煤矿山生态恢复。致力于建设气化山西，推广清洁能源，加大煤层气抽采开发力度，建立“四气”合一体制机制，完善输气管网，推进市、县、重点镇及工业园区气化全覆盖。大力发展农村沼气。致力于建设净化山西，实施“绿色生态工程”和污染减排“4+2工程”，以汾河为龙头的重点区域流域生态治理修复工程，实现每个县城有垃圾无害化处理、集中供热设施和生态公园。致力于建设健康山西，加强城乡环境综合治理，着力解决饮水不安全和空气、土壤污染等损害群众健康的问题。加强食品药品安全监管。广泛开展爱国卫生运动和全民健身运动，完善城乡公共体育设施，倡导健康生活方式。“四个山西”关系人民切身利益和我省整体形象，要扎实有效推进，携手共创更加美好的新生活！

五、以大开放推动大发展

开放水平决定发展水平。晋商纵横欧亚九千里、称雄商界五百年，展示了“货通天下”、“汇通天下”的辉煌。在经济全球化的今天，我们必须也一定能够塑造一个更加开放的新山西。开放即发展、发现即发展，要充分利用两个市场、两种资源，全面推进对内对外开放，提升经济外向度，将山西发展主动融入全国经济大循环中，加快走向世界的步伐。

招商引资引智是首要任务。重视资源的交换价值，利用地下地上优势资源换市场、换技术、换资本、换项目，形成招商引资与招才引智联动机制，“四位一体”抓好项目的储备、签约、落地、建设，吸引更多有利于转型的生产要素进入山西。充分发挥企业招商引资主体作用，推动以企引企、以商招商。大力引进国内知名企业和世界500强，发挥好驻地央企作用，加强与国际友好城市（地区）的交流合作，发展区域总部经济。支持优势企业“走出去”，加大高附加值、自主品牌商品出口，积极引进高新技术、节能环保低碳产品及关键设备。要把招商引资作为考核市县的重要指标。

打造开放平台是关键环节。加快建设内陆口岸和综合保税区，扶持发展具有复合功能的大型物流园区，以优惠的政策、齐全的功能、便捷的通关吸引战略投资者。各类经济开发区、工业园区是开发开放的第一梯队，要理顺体制机制，承接产业转移，发挥引领作用，确保招商引资年均增长30%，发展速度达到20%以上。发展服务贸易，建设服务外包基地。

扩大区域合作是重要突破口。加强与京津冀和中部省份的协作发展，主动融入环渤海经济圈。引深与长三角、珠三角地区的经济合作。我省与发达地区的原料供应、产品供需关系要上升为产业互动关系，实现经济协作联系的提档升级。加大与沿海城市的合作力度，有重点地参与港口建设。加强与呼包鄂经济圈、东北老工业基地、中原经济区、关中-天水经济区的互联互动，推动晋陕豫黄河金三角区域协调发展综合试验区建设。全面完成援疆任务，深化两省区战略合作，开拓与西北乃至欧亚地区的合作领域。

营造良好环境是制胜砝码。下大力气解决投资者反映强烈的软环境不“软”问题。开通项目审批“绿色通道”，建立重大项目跟踪服务制度，创造高效便捷的政务环境。规范行政执法，推进“阳光司法”，创造公平公正的法治环境。建立健全信用激励和惩戒机制，创造诚实守信的信用环境。今后5年乃至整个战略机遇期仍是基础设施攻坚期、完善期，要推进基础设施网络化协调化发展。实现县县通高速公路。建成大西客专、中南部铁路通道。完善机场布局。加快形成现代综合交通运输体系，实现“零距离换乘”和“无缝化衔接”。加快建设“大水网”，用好地表水，保护地下水。加强信息化基础设施建设，推进三网融合。要在全社会培育开放文化，弘扬晋商精神，形成包容开放、互利互惠、共赢发展的人文环境，使三晋大地成为人流、物流、商流、信息流汇集之地、畅通之地、兴旺之地！

六、加强社会主义民主政治建设

坚持党的领导、人民当家作主、依法治国有机统一，进一步增强各项事业活力，充分调动全省人民群众积极性，为全面建设小康社会提供坚强保障。

（一）坚持中国特色社会主义政治发展道路，凝聚各方力量。坚持和完善人民代表大会制度，支持人大及其常委会依法行使职权，围绕转型跨越发展和转型综改试验区建设，完善地方性法规，提高立法质量，增强监督实效，强化对“一府两院”的监督，搞好决定重大事项、人事任免等工作，做好代表工作。坚持和完善中国共产党领导的多党合作和政治协商制度，支持人民政协围绕团结和民主两大主题履行职能，把政治协商纳入决策程序，完善民主监督机制，提高参政议政实效。切实做好人大代表、政协委员议案、提案办理和成果转化工作。壮大爱国统一战线，实施“同心工程”，加强同民主党派和无党派人士团结合作，充分发挥工商联作用，做好侨务工作，促进晋台交流，贯彻民族宗教政策，引导非公有制经济组织和新社会组织健康发展，促进政党关系、民族关系、宗教关系、阶层关系和海内外同胞关系的和谐。支持工会、共青团、妇联等人民团体依照法律和各自章程开展工作。

（二）扩大基层民主，夯实社会主义民主政治的基础。人民依法直接行使民主权利是人民当家作主的重要体现。要健全民主制度，丰富民主形式，完善民主选举、民主决策、民主管理、民主监督机制，依法保障公民的知情权、参与权、表达权、监督权。健全基层党组织领导的充满活力的基层群众自治机制，扩大基层群众自治范围，深入推进“四议两公开”，组织群众管理好基层公共事务和公益事业。全心全意依靠工人阶级，完善以职工代表大会为基本形式的企事业单位民主管理制度，推进厂务公开。发挥社会组织在扩大群众参与、反映群众诉求方面的积极作用，增强社会自治功能。加强基层政权建设，完善政务公开、村务公开等制度。

（三）加快依法治省进程，建设“法治山西”。大力弘扬社会主义法治精神，推进科学立法、严格执法、公正司法、全民守法。各级党组织都要自觉坚持在宪法和法律范围内活动，每一个党员干部都要争当维护宪法和法律的模范，不断提高党委、政府依法执政、依法行政、依法办事的能力和水平。加强宪法和法律实施，坚持公民在法律面前一律平等。深化司法体制和工作机制改革，加强政法队伍建设，扩大司法民主，强化监督制约，切实解决人民群众反映强烈的涉法涉诉问题，严肃惩处徇私枉法、执法犯法、以权压法行为，提升公正廉洁执法水平。抓好“六五”普法，推进地方和行业依法治理，增强人民群众依法办事、依法维权意识。

（四）深化行政管理体制改革，建设服务法治廉洁效能政府。健全政府职责体系，强化社会管理和公共服务，推进政企分开、政资分开、政事分开、政府与市场中介组织分开，规范行政行为。实行流程再造，推行电子政务。落实首问负责制、限时办结制、行政不作为追究制。完善统计机制，加强审计监督，强化绩效考核。精简规范各类议事协调机构，降低行政成本。积极稳妥分类推进事业单位改革。

（五）坚持党管武装原则，加强国防后备力量建设。坚持国防建设与经济建设协调发展，支持国防和驻晋部队现代化建设，深入推进军民融合式发展。增强全民国防观念，提高国防动员能力，抓好民兵预备役工作，加强人民防空建设。扎实开展双拥共建工作，巩固军政军民团结。

七、加快文化强省建设步伐

建设文化强国是党的十七届六中全会确定的宏伟目标。三晋文化是中华文化园中的一朵奇葩，建设文化强省是我们的重要使命。坚持社会主义先进文化前进方向，推动文化大发展大繁荣，把丰富多彩的历史文化、红色文化、民俗文化和现代文化资源，转化为新的发展优势，增进全省人民的文化自觉、文化自信和文化自强，为转型跨越发展提供精神动力和文化支撑。

（一）建设社会主义核心价值体系，打牢全省人民团结奋斗的共同思想基础。社会主义核心价值体系是兴国之魂。巩固马克思主义指导地位，用中国特色社会主义理论体系武装党员、教育人民，做好意识形态工作，有力抵制各种错误和腐朽思想。运用马克思主义中国化最新成果深入回答转型跨越发展、再造一个新山西面临的理论和实践问题。用以爱国主义为核心的民族精神和以改革创新为核心的时代精神鼓舞斗志，大力弘扬太行精神、吕梁精神、右玉精神等山西人民创造的宝贵精神财富。用社会主义荣辱观引领风尚，拓展群众性精神文明创建活动和文化活动，引导培育积极向上、理性平和、宽厚包容的社会心态。加强大学生思想政治教育和未成年人思想道德建设。繁荣发展哲学社会科学，建设重点学科。充分发挥主流媒体引领舆论的重要作用，加强互联网等新兴媒体的建设管理，用先进文化占领舆论阵地。

（二）深入推进文化体制改革和文化创新，进一步解放和发展文化生产力。改革带动文化大发展，创新促进文化大繁荣。着力构建充满活力、富有效率、更加开放、有利于文化科学发展的体制机制，完善扶持公益性文化事业、发展文化产业、鼓励文化创新的政策，实现经济效益和社会效益有机统一，实现文化软实力和硬实力相互支撑。实施文艺创作精品工程，更多更好地出精品。加快推进公益性文化事业单位内部改革和经营性文化单位转企改制。传承优秀传统文化，广泛吸纳有益文明成果，在文化创新中深刻表现山西人民的伟大创造和精神风貌。培养引进一大批文化领军人才，形成与转型跨越发展相适应的文化实力，与文化资源大省地位相匹配的文化优势。

（三）构建公共文化服务体系，推进文化惠民工程。不断满足人民群众日益增长的精神文化需求是我们的基本职责。按照公益性、基本性、均等性、便利性原则，以公共财政为支撑，以公益性文化事业单位为骨干，以社区、农村为重点，提高公共文化服务水平。抓好物质文化遗产和非物质文化遗产的保护开发，建设和完善市县文化馆、博物馆、图书馆、纪念馆，推动文化场馆向社会免费开放。引导鼓励社会力量参与公共文化服务。加强基层文化队伍建设。

（四）加快发展文化产业，打造文化优势企业和品牌。文化产业是建设文化强省的重要支撑，更是促进转型发展的生力军。实施“大作品表现、大集团运作、大景点支撑、大服务引领、大会展集聚”战略，形成文化产业发展新格局。文化与旅游和科技的深度融合是普遍规律，更是山西的优势和潜力所在。按照做大在文化、拓展在旅游的思路，在文化旅游水乳交融、高端嫁接、协同发展的过程中，做好做活山西“地上”这篇灿烂的大文章。制定优惠政策，鼓励资源型企业和资本进军文化产业。鼓励各地发挥优势推动文化振兴，建设文化强市、强县。推动传统文化产业优化升级，发展文化创意、数字出版、网络文化等新型文化业态，做大做强省属重点文化企业。未来5年，文化产业增加值力争超过1000亿元，占地区生产总值6%左右，文化发展主要指标、文化事业整体水平、文化产业综合实力跃居中西部领先水平。着眼对内凝聚力量，对外提升形象，打造具有山西特色、国家水准的文化品牌，推动文化产品走向全国走向世界，使三晋文化的吸引力、传播力、感染力、影响力日益增强，不断扩大！

八、以民生为重点加强社会建设、创新社会管理

空前广泛的社会变革，资源型经济的全面转型，必然会使社会建设和社会管理面临许多新课题。要谋民生之计、解民生之急、办民生之需，把就业和群众收入作为考核各地的最主要指标，推动民生工程由生存型向发展型迈进。最大限度激发社会活力，最大限度增加和谐因素，最大限度减少不和谐因素，建设人民群众安居乐业的幸福家园。

（一）实施创业就业工程，努力增加城乡居民收入。实施更加积极的就业政策，鼓励自主创业、自谋职业，使更多劳动者成为创业者。深入开展创业型城市（县）创建活动，建设市县两级创业孵化基地，推进创业培训、政策扶持、创业服务，突破小额融资和场地提供“瓶颈”，大力扶持微小型企业发展。健全城乡统一的公共就业服务体系，把高校毕业生就业放在首位，完善对就业困难群体的就业援助机制。提高居民收入在国民收入分配中的比重，提高劳动报酬在初次分配中的比重，提高一线职工工资水平，健全企业职工工资正常增长和支付保障机制，逐步提高最低工资标准，提高城乡低收入者收入，扩大中等收入群体，遏制和扭转收入分配差距扩大趋势。

（二）完善社会保障体系，让人民群众共享改革发展成果。加快统筹城乡的社会保障体系建设，两年内基本养老保险、基本医疗保险制度覆盖城乡全体人民，失业、工伤、生育保险制度覆盖所有从业人员，实现人人享有社会保障。稳步提高各项社会保险统筹层次和待遇水平。完善被征地农民社会保障政策。建设县乡两级社保服务平台，推广社会保障“一卡通”。发挥商业保险作用。健全社会救助体系，做好优抚安置工作。建立低收入农户冬季生活用煤补贴供应机制。发展残疾人事业和慈善事业。加强妇女儿童工作和老龄工作。加快保障性住房建设，建立多层次住房保障体系，两年完成城市和国有工矿集中连片棚户区改造，加快农村危房改造步伐。

（三）坚持教育优先发展，办好人民满意的教育。深化教育体制机制改革，促进各级各类教育协调发展，完善山西特色现代教育体系。基本普及学前三年教育。实施义务教育学校标准化建设，促进义务教育均衡发展。推动普通高中优质特色发展。提高高等教育质量，加快新校区建设和老校区改造，扶持对我省支柱产业、新兴产业具有重大支撑作用的优势学科。大力发展职业教育，确保每一个未能进入高中、大学的初高中毕业生都能免费接受中等职业教育。支持特殊教育发展。全面推进素质教育，减轻中小学生课业负担。健全资助体系和奖学金制度。优化结构，提高待遇，建设高素质教师队伍。确保财政教育支出增长明显高于财政经常性收入增长幅度，占GDP的比重达到4%以上，引导社会资金兴教助学。加快发展远程教育和继续教育，支持和引导民办教育，建设全民学习、终身学习的学习型社会。

（四）加快建立基本医疗卫生制度，提高人民健康水平。把5年内全省人均预期寿命达到全国平均水平作为基本目标。深入推进医药卫生体制改革，坚持基本医疗卫生公益性质，坚持政府主导，5年内初步建立起覆盖城乡居民的基本医疗卫生制度，使全省人民人人拥有基本医疗保障，人人享有基本公共卫生服务和医疗服务。全面推进县域医药卫生一体化综合改革，发挥县医院的龙头作用，筑牢农村三级卫生服务网络。加强基层卫生服务体系和能力建设，全面实施基本药物制度。健全妇幼保健网络，健全重大疾病防控体系和卫生监督体系，健全卫生应急机制。稳定人口低生育水平，提高人口素质。

（五）加强和创新社会管理，维护社会和谐稳定。积极应对矛盾凸显期社会管理面临的新情况新问题，把握资源型地区加强和创新社会管理的特点规律，坚持民生为基、服务为先、管理为要，实现权益有保障、诉求有渠道、矛盾能化解、怨气可释放、危机能控制，确保社会既充满活力又和谐稳定。要夯实基层基础。推进社会管理观念、举措、方法创新，把社会管理与各项建设和工作有机结合起来，提高引领社会、组织社会、管理社会、服务社会能力，不断为减少和化解矛盾培植物质基础、增强精神力量、完善政策措施、强化制度保障。精力向基层倾注，资源向基层倾斜，完善基层社会管理和服务体系，强化城乡社区自治和服务功能，确保有人干事、有钱办事、能够办好事。构建和谐劳动关系，依法维护劳动者权益。要健全体制机制。完善党委领导、政府负责、社会协同、公众参与的社会管理格局，形成党委和政府与社会力量互联、互补、互动的社会管理和公共服务体系。完善党和政府主导的维护群众权益机制，以群众工作统揽信访工作，落实领导干部接访、下访、回访制度。完善信息网络管理机制，提高舆情应对处置能力和虚拟社会引导管理水平。要提高防控能力。建立重大工程项目建设和重要政策制定的社会稳定风险评估机制，健全矛盾纠纷排查化解网络，构建人民调解、行政调解、司法调解相互衔接的大调解机制，强化社会矛盾源头治理，认真解决群众反映的问题，及时发现化解苗头性、倾向性、潜在性问题。加强对流动人口的管理和服务，做好农民工权益保护工作。改进特殊人群管理和服务，

加强重点人群心理疏导。提高突发公共事件应急管理能力，有效预防和化解无直接利益冲突。强化防灾减灾工作，健全自然灾害应急救援体系。完善社会治安防控体系，对城乡治安复杂地区进行重点整治，严密防范和依法打击各种违法犯罪活动，广泛开展平安和谐创建活动，建设平安三晋。

（六）坚持不懈狠抓安全生产，树立安全发展新形象。发展是第一要务，安全是第一责任。没有安全保障什么事也干不成，任何时候都要绷紧安全生产这根弦。着眼于全面安全、本质安全、持久安全，始终坚持从零开始，健全安全生产体制机制，落实政府安全监管和企业安全生产主体责任，确保安全生产投入，严格安全生产目标考核和责任追究，推进安全生产标准化建设，弘扬安全文化，提高企业整体安全素质。煤矿全面推行机械化生产、信息化管理，严格落实规章制度，提升安全装备水平，推进煤炭安全生产责任保险，确保煤炭百万吨死亡率稳定在国内先进水平。深入开展交通、消防、非煤矿山、危险化学品、民爆物品等行业和领域的安全生产专项整治。要人人讲安全、时时抓安全、事事重安全，巩固和发展我省来之不易的安全生产良好局面，实现安全生产形势持续稳定好转直至根本好转，为转型跨越发展提供可靠安全保障。

九、着力提高党的建设科学化水平

胡锦涛总书记在庆祝中国共产党成立90周年大会上的重要讲话，为我们加强和改进新形势下党的建设进一步指明了方向。党面对的“四个考验”，是对每个共产党员的考验；党面临的“四种危险”，每个共产党员必须时刻警示在心。山西是北方地区较早建立党组织的省份，有着光荣革命传统和宝贵党建经验。要坚持党要管党、从严治党，完善党建工作格局，以改革创新精神加强党的执政能力建设和先进性建设，充分发挥各级党组织和广大党员在转型跨越中的领导核心、战斗堡垒和先锋模范作用。

（一）加强理论武装，坚定理想信念。我们党是有崇高理想和坚定信念的党，对每个党员来说，理想是前进之炬，信念是力量之源。要从战略高度抓好党员干部教育培训，加强理想信念教育和思想道德建设，引导党员干部把握共产党执政规律、社会主义建设规律、人类社会发展规律，坚定对共产主义远大理想和中国特色社会主义共同理想的信仰，成为践行社会主义核心价值体系的模范。引深学习型党组织建设，创新党委（党组）中心组学习，实施“党员干部读书工程”，工作学习化、学习工作化，在学习中提高理论水平，提升思想境界，增强工作能力，完善综合素质。发挥党校和行政学院主渠道作用，利用红色资源加强党性教育，引深干部选学和在线学习。大力弘扬理论联系实际的学风，使广大党员干部自觉做科学发展观的忠实执行者、转型跨越的积极推进者。

（二）认真执行民主集中制，建设坚强有力、奋发有为的领导班子。把提高领导水平和执政能力作为各级领导班子建设的核心内容，优化班子结构，增强整体功能，坚持和完善集体领导与个人分工负责相结合制度。“一把手”要以身作则、作风民主、正确集中，班子成员要密切配合、相互补台、团结共事，不断增强班子的决策力、执行力、创新力、凝聚力、战斗力。完善党委常委会议事规则和决策程序，建立健全深入了解民情、充分反映民意、广泛集中民智、切实珍惜民力的决策机制，重大决策、重要干部任免实行常委会和全委会票决制。加强市县乡党委书记培养选拔和能力建设，着力提升政治素质和抓班子、带队伍、干事业水平。抓好后备干部队伍建设。积极发展党内民主，尊重党员主体地位，保障党员民主权利，落实党员的知情权、参与权、选举权和监督权，提高党员对党内事务的参与度。落实和完善党代表大会代表任期制，建立党代表大会代表提案制。推进党务公开，健全党内信息公布制度和党委新闻发言人制度。完善党委常委会向全委会定期报告工作并接受监督制度。探索改革党内选举制度，积极稳妥地开展基层党组织领导班子公推直选。党员领导干部要自觉遵守党的政治纪律，确保政令畅通。

（三）创新选人用人机制，打造一支在转型跨越发展上有激情、有能力、有思路、有作为的干部队伍和人才队伍。转型跨越关键在干部。坚持德才兼备、以德为先用人标准，重视选用政治坚定、有真才实学、实绩突出、群众公认的优秀干部。重在“赛场选马”，注重在科学发展主战场，在急难险重任务面前，在应对复杂局面、处置疑难问题的关键时刻，在新形势下群众工作的现实考验中，识别和选拔干部。特别注重培养和选拔适应转型跨越发展要求的干部，长期在基层一线工作的干部，在关键岗位有作为的干部，在艰苦地方和环境默默工作的干部，具有较强潜质的干部，取得突出成绩的干部，让吃苦的人吃香，让有为的人有位。多岗位锻炼干部，推进干部交流。加大培养和选用年轻干部力度，有计划、有重点选用优秀年轻干部到艰苦地方、重要岗位任职。深化干部人事制度改革，健全初始提名制度，增强民主推荐、民主测评的科学性和真实性，完善对干部德的考评办法，探索实行干部实绩公示制度，建立差额选拔干部制度，提高选人用人公信力。加大竞争性选拔领导干部力度，定期面向全国公开选拔省管干部。加强干部选拔任用工作全过程监督，健全选人用人责任追究制度。重视培养选拔女干部、党外干部和少数民族干部。调整不胜任现职干部，完善干部退出机制。做好离退休干部工作。注重从基层和生产一线选拔优秀干部充实各级党政机关。健全干部管理机制，完善谈心谈话制度，对干部存在的苗头性问题早发现、早提醒、早纠正。严格年度目标责任考核。大力实施人才强省战略，树立人人都可以成才的观念，加大人才开发投入，健全人才培养、引进、评价和激励机制，优化人才发展环境。建立引进培育并举、生活补贴和项目资助并重、待遇与贡献挂钩的高层次人才开发使用机制，大力引进转型跨越发展亟需的新兴产业企业家人才和高端创新人才，在引进海外高层次人才上取得突出成效。

统筹抓好党政人才、企业经营管理人才、专业技术人才、高技能人才、农村实用人才以及社会工作人才队伍建设，形成人才集聚、人才辈出、人才大展身手的生动局面。

（四）加强党的基层组织，抓好党员队伍建设。基层扎实，坚如磐石。引深创先争优活动和三级联创活动，引导各级党组织和广大党员立足本职岗位，创科学发展之先、争转型跨越之优。着眼于建设服务型党组织，全面推进农村、企业、城市社区和机关、学校等基层党组织建设。以党的组织和党的工作全覆盖为目标，抓好非公有制经济组织和新社会组织党的建设。符合条件的农村、社区、国有企业党组织书记，可以通过法定程序担任村委会主任、居委会主任、企业董事长。加强和改进流动党员管理。通过联建、帮建和选派干部，实现城乡基层党建资源优化配置，健全城乡一体化党员动态管理机制。加强以党支部为核心的村级组织建设，充分发挥农村干部和党员在新农村建设特别是农民收入翻番中的带动作用。完善选聘高校毕业生到农村（社区）任职工作机制。鼓励机关干部到农村（社区）工作。增强基层组织活动场所功能，健全基层组织工作经费保障机制。推进党群共建，构建党员联系和服务群众工作体系。注重在生产一线培养发展党员，实施村村都有新党员工程、社区入党积极分子队伍扩容工程。以关心帮扶老党员、困难党员和农村基层干部为重点，落实党内激励关怀帮扶机制。严格党内组织生活，坚持民主评议党员制度。

（五）加强作风建设，始终保持与人民群众的血肉联系。人民是我们党生存的根据、力量的根源、执政的根基。越是条件好，越要时刻惦记群众疾苦；越是工作千头万绪，越要把为群众办实事放在第一位；越是担任领导职务，越要主动深入基层，接好“地气”。把学习弘扬右玉精神不断引向深入，教育领导干部树立正确政绩观。深入开展领导干部下乡住村包村活动，县以上领导干部尤其是党政主要领导每年都要到农村、企业住几天，与群众同吃同住同劳动。在广大党员干部中提倡求真务实之风、真抓实干之为，狠刹闲话生非的不良风气，拉拉扯扯的庸俗风气，吃拿卡要的恶劣风气，对效能低下、懒政怠政、不负责任、执行不力、弄虚作假、奢侈浪费的人和事要敢抓敢管。大兴调查研究之风，改进文风会风。广大共产党员特别是领导干部要用真情真干真表率，焕发全省人民的智慧和热情，汇聚再造一个新山西的强大合力。

（六）提高反腐倡廉水平，构建山西特色惩治和预防腐败体系。加强党风廉政建设，坚决同各种消极腐败现象作斗争，是我们党必须始终抓好的生命工程。把反腐倡廉建设摆在更加突出位置，与经济社会发展同部署、同落实、同检查、同考核。加强对转型跨越发展、转型综改试验区建设、重大民生工程落实情况的监督检查，确保中央和省委重大决策部署落到实处。强化廉政教育，建设廉政文化。领导干部要自觉讲党性、重品行、作表率，严格执行《廉政准则》等规定，勤政为民，公道为政，廉洁为官，决不用党和人民赋予的权力谋一己之私，决不在各种考验面前打败仗，决不放任和纵容任何消极腐败现象。深入推进煤焦领域反腐败专项斗争，坚决纠正损害群众利益的不正之风，进一步加强农村基层党风廉政建设。坚决查处违纪违法案件，不论什么人，不论职务高低，只要触犯党纪国法，都要依纪依法惩处，决不姑息。加强制度建设和创新，健全拒腐防变教育长效机制、反腐倡廉制度体系、权力运行监控机制，注重廉政风险防控，铲除滋生腐败的土壤和条件。加强党内监督，完善巡视制度。领导干部要正确对待组织监督、群众监督和舆论监督，自觉在监督下行使权力、开展工作。严格执行党风廉政建设责任制，以更加坚定的信心，更加坚决的态度，更加有力的举措，坚定不移把反腐败斗争进行到底！

同志们，山西有着悠久历史、灿烂文化和光荣传统，山西人民勤劳、智慧、淳朴，特别能吃苦、特别能进取、特别能奉献。山西人民在血与火的战争洗礼中，在建设和改革的伟大实践中，为民族独立、人民解放和国家建设作出巨大贡献，在加快转型跨越、再造一个新山西的征程中，一定会创造新的辉煌。今后5年乃至更长一段时期，我们要办好两件大事：一件是在全面建设小康社会进程中，力争全面小康实现程度五年达到全国平均水平；一件是抓住建设转型综改试验区的机遇，率先走出资源型地区转型跨越发展新路。这两件大事是全省人民的共同事业，是历史赋予我们的崇高使命，是国家对我们的期望和重托！

面向未来，我们必须增强机遇意识，珍惜国家给予我们的政策支持，鼓起时不我待、先行先试的勇气；必须增强忧患意识，适应中部崛起和全国竞相发展的逼人态势，激发负重爬坡、敢创一流的胆气；必须增强创新意识，面对新一轮技术革命、产业升级浪潮，保持奋发图强、勇攀高峰的锐气；必须增强责任意识，不畏任何艰难险阻和风险挑战，树立敢于担当、成事创业的志气，想大发展、谋大发展、干大发展，努力开创转型跨越发展新局面！

同志们，转型跨越使命光荣，全面小康前景灿烂。让我们紧密团结在以胡锦涛同志为总书记的党中央周围，高举中国特色社会主义伟大旗帜，坚持以邓小平理论和“三个代表”重要思想为指导，深入贯彻落实科学发展观，万众一心、励精图治，开拓创新、真抓实干，团结带领3500万三晋儿女，率先走出资源型地区转型跨越发展新路，为加快实现全面建设小康社会目标努力奋斗！

着力提高反腐倡廉建设科学化水平
为转型跨越发展提供坚强纪律保障

——中共山西省纪律检查委员会向中共山西省第十次代表大会的工作报告

（2011年10月27日）

现将中共山西省纪律检查委员会五年来的工作情况和对今后工作的建议，向中共山西省第十次代表大会报告如下，请予审议。

过去5年的工作

省九次党代会以来的5年，是我省深入贯彻落实科学发展观，扎实推进经济社会各项事业蓬勃发展的5年，也是反腐倡廉建设不断实现新突破、不断取得新成效的5年。在中央纪委和省委坚强有力的领导下，省纪委团结带领全省各级纪委始终高举中国特色社会主义伟大旗帜，以邓小平理论和“三个代表”重要思想为指导，深入贯彻科学发展观，坚持标本兼治、综合治理、惩防并举、注重预防的方针，认真贯彻落实中央和省委关于加强反腐倡廉建设的各项部署和要求，全面履行党章赋予的职责，扎实推进党风廉政建设和反腐败斗争各项工作。全省反腐倡廉建设融入全局更加自觉、服务大局更加主动、推进发展更加积极、维护稳定更加有效，为全省经济社会发展提供了有力的纪律保障。

（一）加强监督检查，促进中央和省委、省政府重大决策部署的贯彻落实

全省各级纪委把严明党的政治纪律作为首要任务，切实加强对党的路线方针政策和政治纪律执行情况、重大决策部署落实情况的监督检查，保证政令畅通。开展对扩大内需促进经济增长政策措施以及重点工程建设情况的监督检查，发现和纠正各类问题4000多个，对严重违纪问题进行了立案查处，在保障项目安全、资金安全和干部廉政安全方面发挥了重要作用。组织开展了中央部署的对加快转变经济发展方式和我省促进转型跨越发展的监督检查，并紧密结合山西实际，把煤炭资源整合、综改试验区建设、创优发展环境、发展循环经济也作为监督检查的重点，促进经济发展方式转变取得积极成效。开展安全生产专项执法监察，查处各类安全责任事故859起，安全生产形势持续好转。紧紧围绕节能减排目标任务的落实，加强对淘汰落后产能的专项效能监察。紧密结合今年各级党委换届工作需要，加强换届纪律教育和专项监督检查，对违反换届纪律案件进行了严肃查处。同时，“平安奥运”矛盾排查、援川援疆、“五个全覆盖”等重要工作任务落实情况专项督查也取得了明显成效。省纪委认真履行组织协调职责，充分发挥联席会议成员单位和有关部门的职能作用，健全定期检查、专项督查制度和纪律保障机制，有效推进了中央和省委、省政府重大决策部署的贯彻落实。

（二）深入开展煤焦领域反腐败专项斗争，推进煤焦产业健康发展

按照省委、省政府深入开展煤焦领域反腐败专项斗争的部署要求，全省各级党委、政府和相关职能部门高度重视、大力推进，省纪委和全省各级纪委充分发挥主力军作用，认真履职、攻坚克难，制定实施了“十严禁”、“十严格”、“九条禁令”等纪律规定，组织了8轮监督检查，参与了2428座煤矿的检查验收，推动了各项任务有效落实，取得了“六个一批”的重大阶段性成果。一是教育和挽救了一批党员干部，有4000多名干部主动申报问题；二是清理和收缴了一批违规违纪违法资金，共计361.99亿元；三是揭露和查处了一批违纪违法案件，共立案查处2524件；四是发现和整治了一批突出问题，特别是煤炭资金拨付使用管理、煤炭运销票据和公路站点管理、涉煤涉焦中介组织等方面存在的问题；五是建立和完善了一批制度，初步形成了煤焦领域惩治和预防腐败制度体系；六是实施和推进了一批改革措施，深化公路煤销营业（出省）站点、资源审批、证照办理等关键环节的改革。通过构建监督网络、严肃工作纪律、加强监督检查、查处违纪案件，推动了煤焦领域反腐败专项斗争不断深入，促进了煤炭资源整合、煤矿兼并重组工作顺利进行，为煤焦产业的健康发展创造了良好环境。

（三）加强基层党风廉政建设，维护社会和谐稳定

按照省委《关于建立健全农村惩治和预防腐败体系的实施意见》，积极推进农村惩防体系建设。加强对强农惠农政策落实、涉农资金管理使用和干部廉洁履职的监督检查，严肃查处了一批非法买卖集体土地使用权、截留国家专项补贴、挪用农民征地补偿款等严重损害群众利益的典型案件，纠正了一批农村土地承包、流转、征收和拆迁中违反政策的问题。坚持因地制宜、分类指导，重点解决城中村、矿产资源村、矛盾突出村在党风廉政建设中存在的突出问题。深化乡镇政务公开、村务公开、基层党务公开和民主管理，农村集体资金、资产和资源的管理得到加强。积极

构建省市县乡村五级联网的"阳光农廉网"，充分发挥其公开平台、管理平台、监督平台和服务平台的作用。认真落实《国有企业领导人员廉洁从业若干规定》和国有企业"三重一大"集体决策制度，大力推进国有企业党务公开和厂务公开，国有企业党风建设和反腐倡廉工作得到进一步加强。认真落实《关于加强高等学校反腐倡廉工作的意见》，推动高校党务公开和校务公开，重点解决省属高校中选人用人、工程建设、招生考试、科研资金管理等方面的突出问题。同时，城市社区党风廉政建设取得积极进展，对非公有制经济组织、新社会组织反腐倡廉工作进行了积极探索。

（四）坚持典型引导和集中整治两手抓，加强领导干部作风建设

针对我省干部作风方面暴露出的突出问题，坚持典型引导和集中整治两手抓，促进干部作风转变。深入总结挖掘右玉精神，认真落实省委《关于大力学习弘扬右玉精神的决定》，把学习弘扬右玉精神与凝聚干事创业信心力量、解决干部作风实际问题紧密结合起来，有针对性地对各级领导干部开展政绩观教育，全省近3万名党员干部到右玉参观学习，营造了求真务实、脚踏实地、干事创业的良好氛围。坚持以严明纪律端正风气。按照省委"作风建设年"、"狠抓落实年"等工作部署，以规范干部从政行为、加强机关效能建设为重点，制定出台了严格工作纪律的"五条禁令"，集中开展"整肃工作纪律，狠刹不良风气"专项行动，对党员干部在职不在岗、在岗不尽责以及闲话风、吃喝风、玩乐风等突出问题进行集中整治，对违反工作纪律的国家公职人员给予组织纪律处分，对典型案件公开曝光。坚持以作风建设为突破口优化发展环境，省纪委制定出台了《关于纪检监察机关服务转型跨越发展优化发展环境的若干意见》，对不作为、乱作为、慢作为等损害发展环境的行为进行专项整治，查处了一批利用审批权、执法权吃拿卡要、索贿受贿的典型案件。认真落实领导干部接待群众来访制度，密切了党群干群关系。

（五）坚决贯彻从严治党方针，严肃查处违纪违法案件

坚持把煤焦、工程建设、国有企业等重点领域，人事权、司法权、审批权、管理权、执法权等关键岗位以及重大责任事故涉及的腐败问题作为查办案件的重点。建成信访大厅、开通举报网站、提升12388电话举报功能，进一步畅通群众信访举报渠道。坚持依法依纪、安全文明办案，积极完善案件查处协调机制，健全纪检监察、公安、检察、法院、审计等部门组成的反腐败案件联席会议制度和重大典型案件督办机制，突破大要案件的能力显著提高。在查办大要案件、安全生产责任事故背后腐败案件、国有企业领域案件、"小官大腐败"案件上实现了新突破。五年来，全省纪检监察机关共受理信访举报12.1万件（次），立案34125件，结案34045件，处分违纪党员干部38827人，其中地厅级干部61人、县处级干部1492人，为国家挽回经济损失19.4亿元。严肃查处了省安监局原局长巩安库、大同市委原常委王雁峰、大同市公安局原局长申公元等一批煤焦领域大案要案；配合中央纪委专案组严肃查处了襄汾"9·8"溃坝事故背后的腐败问题，运城市公安局原局长段波、临汾市原副市长周杰、吉县原县委书记张金凤等51人被依法追究刑事责任；严肃查处了省国资委监事会原主席王义堂、省国防工办原副主任王少雄、省水利厅原副厅长孙廷容等工程建设领域腐败案件；严肃查处了同煤集团原副总经理赵生龙、焦煤集团原总经理高玉斌以及省煤销集团原总经理助理王青海等国企领域腐败案件；严肃查处了蒲县煤炭工业局原局长郝鹏俊、运城市交通局运管处原副处长仝霄等一批发生在基层的"小官大腐败"典型案件。加强对重大典型案件的剖析研究，推进体制机制制度创新；通过典型案件通报、以现实案例为教材深入开展警示教育，以及探索相关领导干部参加案件现场听审制度，使查办案件的治本功能得到进一步增强。

（六）扎实开展专项治理，着力解决反腐倡廉建设中人民群众反映强烈的突出问题

坚持以人为本、执纪为民，着力解决反腐倡廉建设中人民群众反映强烈的突出问题。一是深入开展工程建设领域突出问题专项治理。发现和纠正了1.2万个问题，清缴违规违纪违法资金83.6亿元，出台了《关于严禁领导干部违反规定插手干预工程建设的若干纪律》，全省工程建设领域项目信息公开和诚信体系建设初见成效。二是认真开展对公款出国（境）旅游、领导干部大操大办婚丧喜庆事宜、"小金库"、庆典研讨会论坛过多过滥、公务用车等问题专项治理。加大对领导干部大办婚丧喜庆事宜和借机敛财行为的整治力度，对领导干部出国（境）证件进行集中管理，收到了良好效果。三是认真解决涉及群众切身利益的突出问题。切实规范教育和医疗收费行为，大力推行基本药物制度，进一步完善医疗机构药品集中招标采购；严肃查处"问题乳粉"等食品药品安全责任问题，在晋中市开展了纪检监察机关监督食品安全责任试点工作；重点推进解决征地拆迁、住房保障、环境保护、安全生产以及社保基金、住房公积金、扶贫救灾专项资金管理使用等方面的突出问题；有效治理公路"三乱"和车辆非法超限超载问题；进一步拓宽民主评议政风行风工作领域，群众参与度明显提升。四是着力做好基层涉纪信访工作。五年累计解决基层信访问题4500余件。今年组织纪检监察干部开展"千组包千案、百日大会战"活动，集中解决1038件以农村为主的基层涉纪信访突出问题，给予党政纪处分921人，移送司法机关97人，一些涉纪信访难题得到有效解决。

（七）坚持改革创新，加快构建具有山西特色惩治和预防腐败体系

认真落实党风廉政建设责任制，全面贯彻反腐倡廉战略方针，切实抓好中央惩防体系《工作规划》和省委《实施办法》的落实，加快构建具有山西特色的惩治和预防腐败体系。一是大力加强反腐倡廉宣传教育工作。深入开展廉洁从政教育、示范教育、警示教育，集中开展岗位廉政

教育。省纪委组织举办煤焦、工程建设、交通、教育、水利等重点领域、关键环节领导干部岗位廉政教育培训班22期，培训5846人；各级纪委举办岗位廉政教育培训60多期，培训9900多人。全省建成170个廉政教育基地，八路军太行纪念馆、平顺县西沟展览馆成为全国廉政教育基地。学习宣传新修订的《中国共产党党员领导干部廉洁从政若干准则》活动取得实效，廉政文化建设扎实推进。二是积极推进反腐倡廉制度建设。制定反腐倡廉制度建设规划，完善反腐倡廉制度体系，建立制度执行的监督机制和问责机制，着力提高制度执行力。三是积极推进权力制约监督。认真落实党内监督条例，领导干部述职述廉、诫勉谈话、函询、质询、罢免或撤换等监督制度得到较好落实。深入推进基层党务公开和县委权力公开透明运行试点工作。积极推进电子监察系统建设，加强对行政权力运行的监督。各级各部门各单位认真查找廉政风险点，建立健全廉政风险防控机制。四是认真开展巡视工作。贯彻《巡视工作条例（试行）》，加强对市、县以及重点国有企业和高校的巡视监督。通过巡视，发现了一批重要问题和案件线索，推动解决了一批突出问题。五是加大源头治理工作力度。深入推进行政审批制度改革，积极推进行政审批流程再造，行政审批行为进一步规范，行政审批效率明显提高。加强了对产权交易、政府采购、公务员招考的监督。投资体制、干部人事制度、司法体制以及财税、金融、公共资源交易等方面的改革逐步深入。

（八）加强纪检监察机关自身建设，反腐倡廉工作能力不断提升

省纪委领导班子高度重视自身建设，注重政治理论学习，注重履职能力提高，注重工作作风转变；深入开展调查研究，使各项决策更加符合山西实际和群众愿望；认真贯彻民主集中制，严格执行廉洁自律各项规定，自觉接受各方面监督。市、县两级纪委班子建设进一步加强，领导水平和工作能力持续提升。深入开展学习实践科学发展观活动、“创先争优”活动和“做党的忠诚卫士、当群众贴心人”主题实践活动，大力推进“学习型、责任型、廉洁型”机关建设。制定印发《关于进一步加强全省纪检监察干部队伍建设的实施意见》，以反腐蚀、反诱惑为重点，切实加强了对纪检监察干部的教育、管理和监督。积极推进纪检监察体制机制改革，认真贯彻新修订的《行政监察法》，行政监察工作进一步强化、职能作用进一步发挥、工作成效进一步提高。省纪委监察厅派驻机构实行了统一管理，派驻机构履行监督职责的意识不断增强，发挥监督作用的方法不断改进，落实监督要求的实效不断显现。按照中央纪委统一部署要求，大力推进县级纪检监察机关建设，相关人员编制、经费保障、办公办案装备等得到全面改善。贯彻中央纪委《关于加强乡镇纪检组织建设的指导意见》，乡镇纪检组织建设进一步加强。山西省党纪教育基地一期工程建成并投入使用。

过去5年全省反腐倡廉建设取得的积极进展和明显成效，是中央纪委和省委坚强领导的结果，是各级党组织、纪检监察机关和广大纪检监察干部奋发努力的结果，是全省广大党员干部、人民群众和社会各界大力支持的结果。党中央、国务院和中央纪委领导同志对山西工作给予高度关注，先后131次作出重要批示，予以支持和鼓励。贺国强、何勇等领导同志亲临山西视察指导。省委坚持把反腐倡廉建设摆在更加突出的位置，将党风廉政建设和反腐败斗争与经济社会发展同部署、同落实、同检查、同考核；省委、省政府每年都召开全省党风廉政建设干部大会进行专门部署动员，多次对反腐倡廉建设中的重大问题进行专题研究；省委常委带头作出廉政承诺，带队考核党风廉政建设责任制落实和惩防体系建设推进情况，推动了反腐倡廉工作深入有效地开展；省委、省政府在纪检监察机关履行职责、开展工作、队伍建设、经费保障等各个方面给予有力支持。全省各有关部门密切配合，充分发挥职能作用，全面落实党风廉政建设责任制。广大党员和干部群众积极参与、大力支持反腐倡廉建设，形成了全省反腐倡廉建设的强大合力。

5年的探索实践，使我们深切地体会到：反腐倡廉建设，必须始终坚持以中国特色社会主义理论体系为指导，保证正确方向；必须始终坚持围绕党委、政府的中心工作来把握和推进，为改革发展稳定大局提供坚强保障；必须始终坚持党的根本宗旨，切实维护人民群众的根本利益；必须始终坚持实事求是、体系反腐，抓住主要矛盾，以重点工作的成效带动全局工作的发展，以关键环节的突破带动整体建设的推进；必须始终坚持解放思想、与时俱进，积极推进反腐倡廉建设理念思路创新、方式方法创新、体制机制制度创新和实践创新，不断提高反腐倡廉建设的科学化水平。

我们也清醒地看到，当前我省仍处于腐败案件的多发期和爆发期，腐败现象在权力集中、资金密集、资源紧缺领域和监管薄弱环节仍然易发多发，少数领导干部违纪违法现象依然严重，违纪违法行为趋向复杂化、隐蔽化、智能化；一些损害群众切身利益和群众反映强烈的突出问题还没有得到有效解决；个别党员干部行政不作为、慢作为、乱作为的问题还比较严重，干部作风和发展环境问题仍然比较突出；反腐倡廉制度还不够完善，对权力的制约监督还不够有力，有效预防腐败的措施和办法还不多；一些地方和部门党政领导对党风廉政建设重视程度不够；纪检监察队伍适应新形势新任务的能力不够强，特别是服务转型跨越发展能力不足的问题需要引起高度重视。我们必须正视并及时解决存在问题，以更加坚决的态度和更加有力的举措做好党风廉政建设和反腐败工作。

今后工作的建议

今后5年，是我省深入贯彻落实科学发展观，紧紧围绕转型跨越发展、再造一个新山西的总体战略，加快全面建设小康社会进程的重要时期。在世情、国情、党情发生深

刻变化的新形势下，党面对的“四个考验”，是对每个共产党员的考验；党面临的“四种危险”，每个共产党员必须时刻警示在心。落实党要管党、从严治党的任务更为繁重、更为紧迫，反腐败斗争形势依然严峻、任务依然艰巨。我们必须牢固树立大局意识、忧患意识、责任意识，进一步坚定信心、把握规律，着力提高反腐倡廉建设科学化水平，为实现转型跨越发展、再造一个新山西提供坚强纪律保证。

今后5年，全省党风廉政建设和反腐败斗争的总体要求是：高举中国特色社会主义伟大旗帜，深入贯彻落实科学发展观，坚持标本兼治、综合治理、惩防并举、注重预防的方针，围绕中心、服务大局，以改革创新精神不断提高反腐倡廉建设科学化水平，全面加强反腐倡廉建设和作风建设，为我省转型跨越发展、加快实现全面建设小康社会新目标提供坚强有力的纪律保证。

（一）坚持以改革创新精神提高反腐倡廉建设科学化水平

提高反腐倡廉建设科学化水平是我们面临的重大战略课题。要深刻把握和自觉运用反腐倡廉建设规律，以科学的理论指导反腐倡廉建设，以科学的制度保障反腐倡廉建设，以科学的方法推进反腐倡廉建设。

提高反腐倡廉建设科学化水平，关键在于坚持以中国特色社会主义理论体系为指导。要在加强实践探索的同时，切实加强反腐倡廉理论研究和创新，深刻揭示腐败滋生蔓延的根源，把握反腐倡廉建设规律，探寻不同发展阶段腐败现象的特点和防治腐败的有效途径，不断提高防治腐败的全局性和科学性。特别要加强对转型跨越发展中反腐倡廉建设重点课题的研究，加强对全局性和战略性问题、重点领域和关键环节问题、重大政策和现实问题的研究，理清反腐倡廉建设思路，确定反腐倡廉建设任务，制定反腐倡廉建设措施，找准切入点，提高融合度，增强保障力。

提高反腐倡廉建设科学化水平，根本在于构建内容协调、程序严密、配套完备、有效管用的制度体系。要以建立健全惩治和预防腐败体系各项制度为重点，以制约和监督权力为核心，以提高制度执行力为抓手，加强整体规划，抓紧重点突破，按照“三个更加”的要求，既要强化“警戒线”，又要建好“高压线”，实现预防和惩治制度建设有机统一。要以重点领域、关键环节和群众反映强烈的突出问题为切入点，深化体制机制改革，建立健全防止利益冲突制度，完善公共资源配置、公共资产交易、公共产品生产领域市场运行机制和相关制度，特别要注重程序性、监督性、惩治性制度建设。要着力提高制度执行力和约束力，维护制度权威性和严肃性。

提高反腐倡廉建设科学化水平，重点在于改革创新。要坚持把反腐倡廉建设融入经济社会发展和党的建设的全局之中，寓于各项改革和重要政策措施之中。要注重运用改革的办法、民主的方法、经济的手段、市场的机制和科技的成果防治腐败，提高防治腐败的综合效能。要集中抓好牵动全局的重点工作突破，以重点工作的成效带动全局工作的发展。要努力探索运用新学科、新知识以及现代科学技术尤其是信息技术推进反腐倡廉建设，把科技手段融入廉政风险防控、规范权力运行的制度设计和管理流程之中，大力推进电子政务建设，促进权力公开透明运行。要大力推进体制机制创新，进一步健全和完善反腐败领导体制和工作机制，不断形成反腐倡廉的强大合力。

提高反腐倡廉建设科学化水平，必须紧紧依靠人民群众，充分发挥广大党员和人民群众在反腐倡廉建设中的主体地位作用。要尊重基层干部和群众的首创精神，拓宽党员、群众参与渠道，完善参与机制，高度重视网络媒体舆情分析研判和处置工作，逐步完善反腐败信息共享系统，努力使反腐倡廉建设集中群众智慧、凝聚社会共识、体现人民意志。要深入实际、深入群众、深入基层，认真总结实践经验，积极推广有益做法，及时上升到理性思考和规律认识，使反腐倡廉建设获得最广泛最可靠最牢固的群众基础和力量源泉。

（二）坚持以全面推进具有山西特色的惩防体系建设为重点加强反腐倡廉建设

全面贯彻反腐倡廉战略方针，坚持把构建具有山西特色的惩治和预防腐败体系作为反腐倡廉建设的重要任务，整体推进教育、制度、监督、改革、纠风、惩治各项工作。

要注重顶层设计、体系反腐。在全面完成中央惩防体系建设2008—2012年工作规划的基础上，按照中央2013—2017年工作规划总体要求，结合省情实际和发展的阶段性特征，以全局眼光、战略思维、系统方法对惩防体系建设的各方面、各层次、各要素进行统筹谋划，进一步明确总体思路、方向目标、重点任务、关键环节和推进路径。坚持惩防体系建设与转变政府职能、加强政务建设深度契合，与加快转变经济发展方式、推动转型跨越发展、建设综改试验区高度协同。在整体谋划的基础上，分层布局，明确每个地方、每个部门的重点任务、工作举措和实施步骤，体现地域特色和部门实际，切实增强惩防体系建设的整体性、协调性和系统性。

要注重统筹推进、惩防并举。正确处理惩治和预防、治标和治本的关系，坚持“两手抓、两手都要硬”，牢牢把握惩防体系建设的六个环节。要健全拒腐防变教育长效机制，强化廉政教育，把示范教育、警示教育、岗位廉政教育、党风党纪教育结合起来，把党的十七届六中全会精神贯彻落实到促进党员干部坚定理想信念、弘扬优良作风、增强廉洁意识、建设廉政文化的教育长效机制建设中；要完善反腐倡廉制度体系，强化制度创新，提高制度科学性和执行力；要构建权力运行监控机制，加强党内监督，促进党务公开，拓宽监督渠道，增强监督合力，推进权力运行程序化和公开透明；要加强部门和行业作风建设，增强公职人员的责任意识、公仆意识、服务意识；要全面推行廉政风险防控机制建设，深入推进源头治理工作，增强廉政风险排查和防控实效；要完善案件揭露发现、查办惩处、分析研判机制，严肃查处违纪案件，严厉惩治腐败分子。

要在统筹推进惩防体系建设各项工作的基础上，突出重点，突破难点，努力推进重点领域和关键环节改革，最大限度地减少体制障碍和制度漏洞，不断提高预防腐败的能力和水平。

要注重科技支撑、制度防控。运用“制度+科技”、“人控+技控”等有效形式，加快建设惩防体系示范网。坚持把科技理念、科技手段运用到惩防体系建设之中，加快前沿科技成果在反腐倡廉建设中的应用，以现代信息技术为支撑，对公共资源交易、公共资金使用、公共权力运行进行网络化建设和技术化提升，构建前期预防、中期监控、后期处置的廉政风险防控机制。

要注重责任落实、形成合力。以落实党风廉政建设责任制为龙头，充分发挥党委负责、纪委牵头组织协调的作用，健全配套制度、细化工作要求，层层落实责任，把推进惩防体系建设的成效作为衡量各级各部门党政领导班子和领导干部政绩的考核内容，确保惩防体系建设扎实推进。

（三）坚持以密切党同人民群众的血肉联系为重点加强作风建设

推动转型跨越发展的新形势，加快综改试验区建设的新任务，对干部作风提出了新的更高的要求。要按照贺国强同志提出的“六个坚持”的要求和省委的统一部署，全面加强干部队伍作风建设。

要在加强教育上下功夫，进一步凝聚发展合力。深入开展党的优良传统和作风教育，把学习弘扬右玉精神不断引向深入，教育干部树立正确的政绩观。要大力倡导求真务实之风、真抓实干之风，大力倡导令行禁止、雷厉风行的良好风气，大力倡导坚韧不拔、拼搏进取、艰苦奋斗的优良作风，把实现好、维护好、发展好最广大人民的根本利益作为一切工作的出发点和落脚点，把以人为本、执政为民的理念贯穿到各项工作之中，把政治智慧的增长、执政本领的增强深深扎根于群众的创造性实践之中。敢于面对、善于化解工作中出现的困难和问题，使干事创业成为主旋律，使勤政善政廉政成为作风建设的核心要义。

要在正风肃纪上下功夫，进一步解决突出问题。要旗帜鲜明地坚决查处效能低下、懒政怠政、不负责任、执行不力、弄虚作假、奢侈浪费的人和事，狠刹闲话生非的不良风气、拉拉扯扯的庸俗风气、吃拿卡要的恶劣风气。要及时发现和纠正党员干部在思想作风、学风、工作作风、领导作风和生活作风方面存在的突出问题。要积极推进整肃纪律作风常态化，探索健全作风建设的长效机制，以作风建设的实际成效优化发展环境，以良好的作风推进转型跨越发展。

要在深入基层上下功夫，进一步密切党群干群关系。切实加强群众观点、群众立场教育，认真执行领导干部定期接访下访、下乡住村、包村增收等规定，督促领导干部深入基层、深入群众、深入工作一线。要大兴调查研究之风，真诚倾听群众呼声，认真解决实际问题，切实抓好基层涉纪信访工作，加大对损害群众利益行为的问责力度，促进实现基层群众权益有保障、诉求有渠道、矛盾能化解的目标。

（四）坚持以重点突破推动反腐倡廉各项工作落实

紧密结合建设转型综改试验区、加快转型跨越发展的需要，着眼于破解深层次矛盾和问题，加强系统治理，抓紧重点突破，突出抓好以下重点工作任务。

第一，加强对党的政治纪律和重大决策部署贯彻落实情况的监督检查。要把维护党的纪律特别是政治纪律摆在首位，进一步增强各级党委、政府和广大党员干部的政治敏锐性和政治鉴别力。要加强对政治纪律执行情况的监督检查，教育引导广大党员干部坚定政治立场和政治方向，在大是大非面前头脑清醒、在大风大浪面前立场坚定、在关键时刻经得起考验，始终在政治上、思想上、行动上自觉同中央和省委保持高度一致；要加强对中央和省委重大决策部署贯彻执行情况的监督检查，特别是要把保障和促进转型跨越发展作为突出任务，按照省第十次党代会的部署和要求，围绕贯彻实施“十二五”规划、加快转变经济发展方式、深化改革开放、保障和改善民生、加强和创新社会管理、推动社会主义文化大发展大繁荣加强监督检查。要把重点工程建设、煤炭资源整合、推进节能减排、发展循环经济作为重点，加强对转型综改试验区建设以及工业新型化、农业现代化、市域城镇化、城乡生态化推进情况开展监督检查；要进一步健全对中央和省委重大决策部署执行情况定期检查和专项督查制度、纪律保障机制，充分发挥巡视监督作用，在做好对市、县巡视的同时，加强对省直部门、国有企业和高校的巡视；要不断加大监督检查力度，严格执行纪律，坚决纠正有令不行、有禁不止的行为，确保中央和省委政令畅通。

第二，着力优化发展环境。各级纪检监察机关要把优化发展环境作为围绕中心、服务大局、推动转型跨越发展的重要切入点和着力点，推进建设高效便捷的政务环境，推动深化审批改革、实施流程再造、推行电子政务和政务服务绩效考核。坚决整治和严肃查处滥用职权、违法行政、不作为、乱作为、慢作为、刁难投资者等损害发展环境的行为。要旗帜鲜明地支持干事者、保护改革者、警戒懒散者、查处诬告者、惩治腐败者，营造鼓励干事创业、鼓励创新创造、鼓励敢闯敢试的浓厚氛围，创造有利于转型跨越发展和综改试验区建设的良好环境。

第三，继续深入推进煤焦领域反腐败斗争。要按照省委省政府的统一部署和要求，继续抓好煤焦领域反腐败斗争，切实规范全省煤焦产业发展秩序，为全省煤焦产业持续健康发展提供保证。要致力于抓巩固抓深入，切实加强对资源整合矿井升级改造、关闭过渡矿井、打击私挖滥采以及安全生产责任等相关政策、制度、措施落实情况的监督检查。继续推进集中整治工作，进一步畅通信访渠道，认真排查线索，严查采矿许可、资源转让、煤炭运销、物资采购等环节和安全生产事故背后的违纪违法问题；进一步强化预防腐败工作，深化煤焦领域各项改革，建立健全煤焦领域惩防制度体系。

第四，重视解决反腐倡廉建设中人民群众反映强烈的突出问题。要切实推动民生工程建设和民生问题解决，认真监督落实产业发展、扶贫救灾、农田水利建设等专项资金以及村级公益事业财政奖补等政策措施，切实强化对保障性住房建设和分配使用的监管，认真关注解决征地拆迁、矿产资源开发、企业改制中侵害群众利益的问题，以及就业、卫生、教育、环保、安全生产等事关群众切身利益的现实问题，积极推进完善食品药品安全监管体制机制和责任体系建设。要深入开展突出问题专项治理。按照中央和省委统一部署，深入开展矿产资源领域、工程建设领域以及权力集中、资金密集、监管薄弱环节存在的突出问题专项治理。特别是要按照中央纪委统一部署，继续抓好工程建设领域突出问题专项治理，切实解决项目审批、土地和矿业权出让转让、规划调整、招标投标、资金使用、政府采购等环节的突出问题。要严格执行《廉政准则》等规定，认真治理领导干部廉洁自律方面的突出问题，坚决整治领导干部违规收受礼金、利用职权谋取不正当利益等问题。要坚决整治跑官要官、买官卖官、拉票贿选和换届前突击提拔干部等问题，加大选人用人监督检查力度，加强干部选拔廉政考察工作。深入开展庆典、研讨会、论坛过多过滥问题和中介组织违规违纪执业问题以及“小金库”、公务用车问题等专项治理。

第五，深入推进基层党风廉政建设。按照中央统一部署和要求，加强党内监督，推行党务公开，积极推进县委权力公开透明运行试点工作。认真落实省委《关于建立健全农村惩治和预防腐败体系的实施意见》，进一步完善农村惩治和预防腐败体系，切实加强农廉网的建设、应用和管理工作。严格执行《农村基层干部廉洁履行职责若干规定（试行）》，建立村务监督委员会，完善民主决策制度，建立农村集体资金、资产、资源定期清查和动态监管制度，推进农村基层党务公开、乡镇政务公开和村务公开。着力解决侵害农民利益的突出问题，加强对征地补偿、林权流转、强农惠农政策落实情况、涉农资金管理使用情况的监督检查，严肃查处农村基层党员干部违纪违法案件。大力加强国有企业反腐倡廉建设，严格执行《国有企业领导人员廉洁从业若干规定》和“三重一大”集体决策制度，切实解决企业领导人员在投资持股、个人从事营利性活动、兼职取酬、物资购销、对外合作、通过同业经营或关联交易为本人或特定关系人谋取非法利益等突出问题。加大对国有企业纪检监察领导干部的选配和交流力度，积极探索纪检监察工作与巡视工作、监事工作、审计工作形成合力的途径和办法。进一步落实《关于加强高等学校反腐倡廉建设的意见》，健全完善高等学校纪检监察机构，重点解决工程建设、招生考试、科研资金管理等方面的突出问题。加强对城市社区公共资源营业性收入、公共建设投资等资金使用情况的监督检查。进一步探索非公有制经济组织和新社会组织开展反腐倡廉建设的途径和方法。

第六，继续加大查办案件工作力度。要始终保持查办案件强劲势头，集中力量，整合资源，突出查处大案要案，办出一批精品案件。特别是要严肃查处违反党的政治纪律的案件，严肃查处利用人事权、司法权、审批权、管理权、执法权谋取非法利益的案件，严肃查处发生在基层的损害群众切身利益的“小官大腐败”案件，严肃查处群体性事件和重大责任事故涉及的腐败案件，严肃查处失职渎职、滥用职权的案件，严肃查处煤焦、矿产资源、工程建设等腐败现象易发多发领域的案件。要坚持依纪依法、安全文明办案，严把制度程序关、监督管理关、办案纪律关，保障被调查人合法权益，确保每个案件都能经得起历史检验。要高度重视查办案件的治本功能，有针对性地加大预防腐败工作力度。

（五）坚持以加强纪检监察机关自身建设为重点夯实反腐倡廉工作基础

要切实加强纪检监察领导班子建设。教育和引导全省各级纪检监察机关的领导班子，切实把思想理论建设放在首位，坚持用中国特色社会主义理论体系武装头脑，善于从政治上观察、分析和处理问题，始终在政治上清醒坚定、在重大问题上旗帜鲜明、在关键时刻和重大事件中经得起考验，能够坚持原则、不徇私情，不畏艰难、敢于碰硬，坚决同腐败分子和消极腐败现象作斗争，捍卫党纪国法的尊严；切实把提高领导水平和执纪能力作为核心内容，优化班子结构，增强整体功能，坚持和完善集体领导与个人分工负责相结合制度，完善领导班子议事规则和决策程序，不断增强班子决策力和执行力、凝聚力和战斗力，把各级纪检监察领导班子建设成为善于服务科学发展、维护社会稳定、有效惩治和预防腐败的坚强领导集体。完善纪委常委会向全委会定期报告工作并接受监督制度。各级纪检监察领导干部要模范遵守党的纪律和准则，做到政治坚强、公正清廉。

要切实加强纪检监察干部队伍建设。认真贯彻中央纪委关于纪检监察干部队伍建设的部署要求，全面加强思想、组织、作风、制度和反腐倡廉建设，教育引导纪检监察干部把对党负责和对人民负责统一起来，把忠诚于党和服务人民统一起来，以更高的标准落实“四个对”和“五严守、五禁止”要求，自觉接受各方面的监督，真正成为党的忠诚卫士和群众的贴心人。实施干部综合素质和专业技能双提升工程，通过理论学习、教育培训、挂职交流、实践锻炼等途径，使广大纪检监察干部不断提高推动转型跨越发展、促进社会和谐的本领，提高维护群众利益、保障群众权益的本领，提高有效防治腐败、维护公平正义的本领。积极推进纪检监察机关内部管理体制改革和规范化建设，进一步完善纪检监察机关派驻（出）机构统一管理，积极探索推行联组工作机制和交叉办案机制；巩固拓展加强县级纪检监察机关建设成果，积极探索充分发挥乡镇纪律检查机构职能作用的有效方法；积极探索切实加强对纪检监察机关和纪检监察干部实施有效监督的途径和办法，不断提高纪检监察队伍服务转型跨越发展的能力和水平，不断增强纪检监察队伍的战斗力和凝聚力。

围绕党的中心工作和崇高使命，深入开展党风廉政建设和反腐败斗争，任务艰巨，责任重大。我们要在中央纪委和中共山西省委的正确领导下，深入贯彻落实科学发展观，坚定信心、开拓进取，求真务实、扎实工作，不断开创反腐倡廉建设新局面，为实现加快转型跨越发展、再造一个新山西的宏伟目标做出积极贡献！

在中共山西省委十届一次全会上的讲话

（2011年11月1日）

袁纯清

同志们：

省委十届一次全会，选举产生了新一届省委常委和省委书记、副书记，批准了省纪律检查委员会选出的领导成员。作为本届省委的第一次全会，开得圆满成功。在此，我代表十届省委常委会，向全委会同志们的信任和支持表示衷心感谢！

这次全会选举我担任省委书记，深感使命光荣、责任重大。我来山西工作整整17个月了，尽管时间不算很长，但是在全省城乡的考察调研中，在与各级领导干部和广大群众的工作接触中，深深感受到山西悠久而厚重的历史文化，体味到山西人民的勤劳智慧、淳朴热情，对这片浸染着红色的黄土地心怀敬畏和挚爱，更为三晋大地繁荣美好的明天感到振奋。特别是在同班子成员一年多的团结共事、和谐相处中，相互尊重，相互支持，这种同志同行的氛围给我增添了工作的力量。此时此刻，我感到唯有把工作做得更好，才能回报党和人民。我将一如既往地坚持勤政为民、公道为政、廉洁为官，与各位常委、各位委员团结一道，为转型跨越发展、再造一个新山西尽心尽职，为山西人民谋求最大福祉，不辜负党和人民的期望。

省第十次党代表大会对未来5年的发展作出科学谋划和部署，激发出全省上下的巨大创业热情。特别是报告鲜明提出转型跨越、再造一个新山西的宏伟战略，强调要抓好加快全面小康、走出转型新路两件大事，代表了全省人民的共同愿望和根本利益，回答了山西往哪里发展、怎么样发展、有什么作为的问题，标志着我们对山西发展规律的认知和把握达到新的高度，标志着走山西特色科学发展之路的步履更加坚实。落实好大会精神，办好两件大事，是新一届省委肩负的神圣使命，是我们必须要完成好的首要任务。

一、坚定信念

信念、信心讲的是一种精神状态。人是要有信念、信心的。这就是我们常说的精气神。愚公移山、挖山不止展现的是一种信念；星星之火、可以燎原是信念的引领；水滴石穿、众志成城是信念的力量所至；“革命人永远是年轻”，是因为有信念的支撑；以不怕牺牲、艰苦奋斗、敢于胜利为主要内涵的太行精神和吕梁精神是用信念铸造而成；持之以恒、久久为功，把不毛之地变为绿洲的右玉精神更是坚守信念的生动写照。

实践反复证明，信念和信心来自于崇高理想和追求，来自于对所从事事业的执着，来自于对未来的美好愿想。有信念和信心，自然志存高远，直面艰辛，百折不挠，决战决胜。缺乏信念和信心，只能是自甘平庸，得过且过，随波逐流，无所作为。作为共产党人，前者才是我们的工作哲学和人生态度。可以说，一个满怀信念和信心的人，比一个左顾右盼缺乏追求的人要强千百倍。大会报告提出要“跳起来摘桃子”，这是我们对山西未来发展应采取姿态的形象性描述。“跳”是第一关键词，想不想跳、敢不敢跳、能不能跳，首先涉及到采取一种什么样的精神状态，只有对桃子满怀愿景的人、充满了渴求的人，想摘更多更大更好桃子的人，才会想跳、敢跳、跳高一点，相信也会是收获果实最多的人。希望我们面对转型跨越的宏伟事业，都成为跳起来摘桃子的人，辛勤耕耘，艰苦劳作，去收获一个新山西。

我们强调信念、信心，决不是唯意志论者。我们强调的坚定信念和信心，是建立在科学认知和客观把握的基础上的。今后五年，是山西大有可为、加快发展的黄金期，转型跨越的机遇期，改革开放的攻坚期，更是全面建设小康社会的关键期。我们有难得的发展机遇，我国仍处于重要战略机遇期，国家支持中部崛起、在山西建设转型综改试验区，拓宽了我省发展空间。我们有良好的发展态势，转型项目陆续布局建设，煤制烯烃、光伏、云计算、物联网以及文化旅游、现代装备制造、新型材料等新兴产业成为新的投资热点。转型综改试验区总体方案将全面实施。我们有坚实的发展基础，今年全省地区生产总值和财政总收入两大指标分别跃上1万亿和2000亿台阶，城乡居民收入大幅度增长，标志着山西发展进入新的阶段和新的起点。我们有浓厚的发展氛围，从去年“7·29”全省领导干部大会动员起步，到今年省第十次党代表大会全面部署，转型跨越、再造一个新山西的内涵不断拓展和深化，已经成为全省人民的普遍共识和积极行动。我们有坚强的发展保证，全省四级党委换届圆满完成，新的党委班子迸发出干事创业的激情和活力。只要我们把坚定的信念和科学规划有机结合起来，把精神力量和物质力量互动起来，就能产生强大的精神动力和巨大的生产力。

二、狠抓落实

政贵在行，事成于实。从现实性而言，一个行动比一打纲领更重要。省第十次党代表大会报告得到广大代表和全省人民的一致拥护和赞同，现在最关紧要的是抓好落实，简言之，就是一个“干”字。省委常委带头，从省委委员做起，要在全省营造狠抓落实、干事创业的浓厚氛围。

干不干，怎么干，干得怎么样，是对每一个领导干部作风、思想、境界、能力的一种现实检验。干就要“真干”。坚持求真务实的科学态度，开动脑筋创新创造，按照报告提出的各项奋斗目标进行“对标”，制定相应的规划图和时间表，研究制定完成各项任务的举措和办法，明确责任单位责任人。报告中有不少量化的要求，仅在未来5年实现目标任务的“七个新”中就有10个重要指标，各地各相关部门都要一项一项分解落实。要敢于高位求进，精益求精，追求全省一流、全国一流。干就要“实干”。提倡说实话、干实事、求实效，确定下来的事情，就要心无旁骛，雷厉风行，实打实地干起来；部署的工作，要督促检查、一抓到底。干就要“大干”。按部就班不行，小步慢走不行，按常规套路出牌不行，小打小闹更不行。要以人一我十的努力，以只争朝夕的精神，三步并作两步走。对基层、企业、群众亟待解决的问题“马上办”；对涉及面广、情况复杂的问题“主动办”；对引进大项目和战略合作伙伴的问题“抓紧办”，以快节奏赢得高速度，以高效率换来快发展。干就要“苦干”。苦干显精神，苦干有实绩，苦干出境界。要有一点“五加二”“白加黑”的精神和状态，舍得为发展劳心智，为百姓下苦功，为工作多流汗。干就要“持续干”。抓落实，贵在锲而不舍，难在持之以恒。两件大事非一朝一夕之功，转型需要几十年顽强努力。要抓好今后关键的五年，抓好当下每一年、每一件事，坚持不懈地抓下去。总之，我们必须保持爬坡上行的压力感，保持竞位争先的使命感，保持干事创业的责任感。

三、奋力作为

新班子意味着新的使命、新的任务、新的担当。新一届省委要建设一个什么样的班子？我想应当致力于以下四点：

一要成为政治坚强的班子。面对世情、国情、党情的深刻变化，要科学把握共产党执政规律、社会主义建设规律和人类社会发展规律，坚定共产主义远大理想信念，增强中国特色社会主义事业信心，始终保持理论上政治上的清醒和坚定。认真落实中央的大政方针，确保中央政令畅通，在关键时刻和重大问题上保持清醒头脑，始终与党中央保持高度一致。坚持把中央精神与山西实际结合起来，创造性地开展工作。要认识到，对山西来说，一方面要发挥能源基地作用，为国家建设提供坚实的能源支撑；一方面要率先走出资源型地区科学发展新路，实现绿色、清洁、安全、可持续发展。这两方面，既关乎山西人民根本利益，又关乎全国发展大局，也为中央高度关注，我们都要交出满意的答卷，上为中央分忧，下为百姓造福。只有这样，才能说把山西的事情办好了。

二要成为善于学习的班子。科学发展的时代学习者智、学习者强、学习者胜。干在前，必须学在前。只有肯学习，才有更高更强的本领担当其职。只有善于学习，才能一览众山小，跟上时代前进的步伐，才能宽广大气，提升执政能力和战斗力。我们这一届班子要成为一个热爱学习、自觉学习、善于学习的班子，把学习作为自觉行动、工作方法和生活习惯，充分汲取一切有益的知识成果，加强思想理论武装，树立世界眼光，培养战略思维。特别是要看到国内外形势变化对山西发展的影响，看到国内外前沿理念和技术，看到资源型地区转型大势，在谋划工作、制定决策上更具有前瞻性、科学性。需要指出的是，建设转型综改试验区是山西发展的新机遇、新引擎、新优势，把我们推到率先、探路、示范的位置。我们要在思想观念上、精神状态上、办法措施上有大的转变，更需要加强学习，创造新鲜经验，用新的知识、新的思维、新的实践开拓资源型地区新的发展路子。

三要成为群众信赖的班子。对群众有感情、有奉献，自身过得硬，才能赢得群众的信赖。要时刻牢记胡锦涛总书记在“七一”重要讲话中指出的“四个考验”“四种危险”，从多方面修养自己、检点自己、把握自己、提高自己。我们所有奋斗都是为了增进人民福祉，所有决策都是为了人民的根本利益。这次党代表大会报告既是一个强省的报告，更是一个富民的报告，字里行间都流露出对人民的热爱和对民生的关切，提出一系列惠民举措。这是工作部署，更是庄严承诺。要坚持立党为公、执政为民，始终把人民放在心中最高位置，改进工作作风，密切联系群众，凡是关乎民生的事，事事在心；凡是顺乎民情的事，件件落实。要堂堂正正做人、勤勤恳恳干事、清清白白为官，守护好精神家园，做到心有所敬、行有所循，心有所畏、行有所止，正确对待位子、孩子、票子、房子、车子等问题，严格要求自己，在干部群众中树立一个良好的形象。这样，我们才会为人民群众所拥护、所信赖。我希望并且相信省委班子能够是人民群众所信赖的班子，我们每位常委、委员都是人民群众所信赖的人。

四要成为有所作为的班子。一代人有一代人的使命，一届班子有一届班子的责任。加强经济建设、政治建设、文化建设、社会建设以及生态文明建设和党的建设等各项任务现实地摆在我们面前。作为新一届班子，我们一定要努力在山西发展史上留下辉煌业绩，在老百姓心中留下良好口碑。要在党的建设上有所作为，坚持党要管党、从严治党，加强执政能力建设和先进性建设，不断提高党的建设科学化水平；要在班子建设上有所作为，下功夫建设坚强有力、奋发有为的领导集体；要在队伍建设上有所作为，打造一支在转型跨越发展上有激情、有能力、有思路、有作为的干部队伍和人才队伍；要在转型发展上有所作为，奋力攻坚克难，确保转得快、转得好、转得有成效；要在加快全面小康上有所作为，确保全面小康实现程度达到全国平均水平；要在加强和创新社会管理上有所作为，确保社会既充满活力又和谐稳定；要在保障改善民生上有所作为，让老百姓更多地得到实惠，生活得更幸福更有尊严。我们还应铭记，作为一个班子，有作为必须有团结。团结出凝聚力、出战斗力、出生产力，团结也出形象。团结是德，是境界。邓小平同志说过，领导人的度量要大一点。要能容人，要能听得进反面意见，要能用平常态度待人，更能谦虚谨慎。我们要抱着这样的态度，以宽广之怀、公道之心增进团结，用“1+1>2”的思维维护全省大局，推动事业发展，创造新的业绩。

学习宣传贯彻省第十次党代表大会精神是当前的首要任务。要组织全省各级党组织和广大党员干部群众，认真学习、深刻领会、全面落实大会精神，把思想统一到大会精神上来。要加大宣传力度，宣传新闻部门近期要集中宣传、解读大会报告，使省第十次党代表大会精神家喻户晓、深入人心。各级领导干部要深入基层、深入群众、深入到第一线，以切实的行动，推进大会提出的各项任务的落实。

今年还有两个月时间，从前三季度经济运行情况看，实现“十二五”良好开局已成定局。同时也要看到，改革、发展、稳定的任务十分繁重。各级各部门要围绕圆满完成全年目标任务，抓好招商引资和项目建设等工作，及时研究解决经济运行中面临的困难和问题，抓好节能减排，确保全年目标实现得更好一些，并要及早谋划明年工作。要妥善安排群众生产生活，认真落实中央宏观调控和稳定物价政策，对困难群众加大帮扶力度。需要强调的是，冬季用煤高峰期来临，企业生产负荷加大，要切实加强安全生产工作，杜绝重特大事故发生。要做好矛盾排查化解工作，加强社会治安综合治理，维护社会和谐稳定。

同志们，让我们紧密团结在以胡锦涛同志为总书记的党中央周围，以邓小平理论和“三个代表”重要思想为指导，深入贯彻落实科学发展观，认真贯彻落实党的十七届六中全会精神，团结带领全省人民，坚定信心，狠抓落实，开拓进取，为实现省第十次党代表大会描绘的宏伟蓝图，率先走出资源型地区转型跨越发展新路，加快实现全面建设小康社会目标努力奋斗，以优异成绩迎接中国共产党第十八次全国代表大会胜利召开！

中国共产党山西省第十次代表大会关于中共山西省第九届委员会报告的决议

（2011年10月31日中国共产党山西省第十次代表大会通过）

中国共产党山西省第十次代表大会批准袁纯清同志代表九届省委所作的报告。

大会认为，报告高举中国特色社会主义伟大旗帜，以邓小平理论和“三个代表”重要思想为指导，深入贯彻落实科学发展观，全面总结过去五年的工作和宝贵经验，明确了今后5年工作的指导思想、奋斗目标和主要任务，对全省经济、政治、文化、社会建设以及生态文明建设和党的建设作出全面部署，鲜明提出全面小康实现程度达到全国平均水平和率先走出资源型地区转型跨越发展新路两件大事，充分反映了全省人民的共同愿望和根本利益，是指导全省各项工作，加快转型跨越，开创全省科学发展新局面的纲领性文件。

大会对九届省委5年来的工作给予充分肯定，九届省委团结带领全省各级党组织、广大共产党员和人民群众，认真落实党的十七大精神和省第九次党代表大会的部署，开拓创新、攻坚克难、团结奋进、推进思想解放、完善发展思路，全面落实转型跨越发展、再造一个新山西的战略部署，切实加强党的建设，“十一五”规划全面完成，综合实力迈上新台阶，民生显著改善，各项事业取得巨大成就，全省呈现出人心思上、干事创业、政通人和的良好局面。

大会指出，山西正站在新的历史起点上。今后5年，是大有可为、加快发展的黄金期，转型跨越的机遇期，改革开放的攻坚期，全面建设小康社会的关键期。全省各级党组织和干部群众要抓住难得机遇，紧紧围绕转型跨越发展、再造一个新山西的总体战略，以解放思想为先导，以建设国家资源型经济转型综合配套改革试验区为龙头，深化改革开放，促进创新创业，以煤为基、多元发展，加快推进工业新型化、农业现代化、市域城镇化、城乡生态化，全面加强经济建设、政治建设、文化建设、社会建设和生态文明建设，以改革创新精神加强党的建设，建设国家新型能源和工业基地，建设全国重要的现代制造业基地、中西部现代物流中心和生产性服务业大省，建设中部地区经济强省和文化强省。

大会指出，要举全省之力、集全民之智，用好建设国家资源型经济转型综合配套改革试验区这个大平台、大政策、大机遇，坚持核心在转型、根本在改革、关键在实践，大胆进行探索、勇于先行先试，在生产力层面优化经济结构、转变发展方式，在生产关系层面深化配套改革、创新体制机制，确保今后5年实现转型综改试验的重大突破。大会指出，扎实推进工业新型化、农业现代化、市域城镇化、城乡生态化，是转型跨越的主要任务。要加快转变发展方式，把循环经济作为工业新型化的基本路径，着力提升资源就地转化率、传统产业循环率、新兴产业占比率、节能减排率、科技贡献率。要把确保农民收入翻番作为核心任务。努力开创“三农”工作新局面。要围绕“一核一圈三群”城镇化格局，形成梯次明显、优势互补、协调发展的城镇化态势。要加快建设绿化山西、气化山西、净化山西、健康山西，提高环境质量和生活质量。要大力招商引资引智，积极营造良好的发展环境，以大开放推动大发展。

大会指出，要坚持中国特色社会主义政治发展道路，坚持党的领导、人民当家作主、依法治国有机统一，充分调动全省人民群众的积极性。要认真贯彻落实党的十七届六中全会精神，推动文化大发展大繁荣，建设社会主义核心价值体系，把文化资源优势转化为新的发展优势，加快文化强省建设步伐。要以民生为重点加强社会建设、创新社会管理，谋民生之计、解民生之急、办民生之需，最大限度激发社会活力，最大限度增加和谐因素，最大限度减少不和谐因素，确保安全生产形势稳定好转，建设人民群众安居乐业的幸福家园。

大会强调，要坚持党要管党、从严治党，着力提高党的建设科学化水平。加强理论武装，坚定理想信念，建设坚强有力、奋发有为的领导班子，打造一支在转型跨越发展上有激情、有能力、有思路、有作为的干部队伍和人才队伍。加强党的基层组织和党员队伍建设。加强作风建设，始终保持与人民群众的血肉联系。深入推进党风廉政建设和反腐败斗争，构建山西特色惩治和预防腐败体系。广大共产党员特别是领导干部要增强机遇意识、忧患意识、创新意识、责任意识，提倡求真务实之风、真抓实干之为，用真情真干真表率，焕发全省人民的智慧和热情，汇聚再造一个新山西的强大合力。

大会号召，全省各级党组织、广大共产党员和人民群众，要紧密团结在以胡锦涛同志为总书记的党中央周围，高举中国特色社会主义伟大旗帜，坚持以邓小平理论和“三个代表”重要思想为指导，深入贯彻落实科学发展观，万众一心、励精图治、开拓创新、真抓实干，率先走出资源型地区转型跨越发展新路，为加快实现全面建设小康社会目标努力奋斗！

中国共产党山西省第十次代表大会
关于中共山西省纪律检查委员会工作报告的决议

（2011年10月31日中国共产党山西省第十次代表大会通过）

中国共产党山西省第十次代表大会批准省纪律检查委员会的工作报告。

大会认为，过去5年，省纪律检查委员会在中央纪委和省委的领导下，全面履行党章赋予的职责，深入开展党风廉政建设和反腐败斗争，积极构建具有山西特色的惩治和预防腐败体系，为全省经济社会实现又好又快发展提供了有力的纪律保障。报告对今后五年全省党风廉政建设和反腐败斗争提出的建议，符合实际、措施有力、切实可行。

大会要求，全省各级党委和纪委要高举中国特色社会主义伟大旗帜，以邓小平理论和“三个代表”重要思想为指导，深入贯彻落实科学发展观，坚持党要管党、从严治党，坚持标本兼治、综合治理、惩防并举、注重预防的方针，认真落实党风廉政建设责任制，按照省第十次党代表大会的部署，紧紧围绕转型跨越发展、再造一个新山西的宏伟目标，把反腐倡廉建设作为一项重大战略任务抓紧抓好，切实加强以完善惩治和预防腐败体系为重点的反腐倡廉建设，切实加强以密切党同人民群众血肉联系为重点的作风建设，着力提高反腐倡廉建设科学化水平。要全面推进具有山西特色的惩治和预防腐败体系建设，注重顶层设计、统筹推进，不断健全拒腐防变教育长效机制、反腐倡廉制度体系、权力运行监控机制。要全面加强干部作风建设，注重加强教育、典型引导，正风肃纪、健全机制，凝聚转型跨越发展的强大力量。要以重点突破推动各项工作落实，切实加强对党的政治纪律和重大决策部署贯彻落实情况的监督检查，确保政令畅通；着力优化发展环境，营造鼓励干事创业、创新创造、敢闯敢试的浓厚氛围；继续深入推进煤焦领域反腐败斗争，切实规范煤焦产业发展秩序；重视解决反腐倡廉建设中人民群众反映强烈的突出问题，深入推进基层党风廉政建设；继续加大查办案件工作力度，注重发挥查办案件的治本功效，始终保持惩治腐败的高压态势。

大会强调，各级党委要切实加强对纪检监察工作的领导，支持纪检监察机关全面履行职责，不断把党风廉政建设和反腐败斗争引向深入，为我省率先走出资源型地区转型跨越发展新路、加快实现全面建设小康社会宏伟目标提供坚强有力的政治和纪律保障。

中国共产党山西省第十届委员会书记、副书记、常委名单

书　记：袁纯清

副书记：王　君　金道铭(满族)

常　委：李小鹏　胡苏平(女)　高建民　汤　涛　李兆前　陈川平　张少华
王建明　聂春玉　杜善学

中国共产党山西省第十届委员会委员名单

(共72人，按姓氏笔画为序)

马天荣	丰立祥	王　亚	王　君	王　赋	王安庞	王茂设
王建明	王清宪	牛仁亮	左世忠	石扬令	卢晓中	申联彬
田喜荣	白　云(女)	白培中	冯改朵(女)	朱晓明	仲　轩	任润厚
刘传旺	刘向东	汤　涛	杜善学	李　洪	李小鹏	李仁和
李平社	李东福	李永林	李兆前	李建功	李栋梁	李晓波
李高山	李悦娥(女)	李富林	李福明	杨　司	杨森林	杨增武
吴永平	吴清海	张　保	张　健	张　璞	张九萍(女)	张少华
张建欣(女)	张高宏	张瑞鹏	陈川平	陈永奇	罗清宇	金道铭(满族)
周明定	胡苏平(女)	段建国	姜新文	洪发科	袁纯清	耿彦波
聂春玉	高卫东	高建民	郭迎光	郭新民	董洪运	廉毅敏
潘军峰	薛延忠					

中国共产党山西省第十届委员会候补委员名单

(共13人，按得票多少为序，得票相等的按姓氏笔画为序)

王建武	吕伟红(女)	孙跃进	李海渊	张义平	张文栋	张旭光
张志川	张建坤	岳普煜	赵雁峰	贺天才	席小军	

中国共产党山西省第十届纪律检查委员会书记、副书记、常委名单

书　记：李兆前

副书记：杨森林　李正印　冯改朵(女)　贾毓杰

常　委：荀志坚　张秀萍(女)　康建成　孟　萧　因新中　孙兴武

中国共产党山西省第十届纪律检查委员会委员名单

(共45人，按姓氏笔画为序)

于若洁	弓　跃	卫建友	卫洪平	马联社	王　民	王　琦
王玉成	王帅红	石常明	田国仁	冯改朵(女)	边晋南	邢文奇
成振林	因新中	任建平	刘予强	刘国庆	刘冀民	孙兴武
李书凯	李正印	李吉山	李兆前	杨森林	辛旭光	张华龙
张秀萍(女)	张效彪	陈国荣	陈跃钢	林玉平	孟　萧	赵庆华
赵建平	郝耀平	荀志坚	秦文峰	贾毓杰	高建国	郭玉福
常高才	崔国红	康建成				

中共山西省第十届委员会书记、副书记、常委简历

袁纯清同志简历

袁纯清

袁纯清，男，汉族，1952年3月生，湖南省汉寿县人，在职研究生学历，管理学博士学位。1971年10月加入中国共产党，1971年10月参加工作。

参加工作后在湖南省汉寿县公安局、常德地区公安局工作；1977年2月入北京大学法律系法律专业学习，担任校团委副书记、学生会主席；毕业后历任共青团中央学校部干事、副处长，学联办公室主任；1985年5月任共青团中央学校部副部长；1987年3月任共青团中央学校部部长（期间:1987年9月至1990年7月在中国政法大学法律系政治学专业在职研究生学习，获法学硕士学位）；1992年12月任共青团中央书记处书记、全国青联副主席（期间：1994年9月至1997年7月在湖南大学国际商学院管理科学与工程专业在职研究生学习，获管理学博士学位）；1995年2月兼任共青团中央直属机关党委书记；1997年9月任中央纪委常委、秘书长兼中央纪委、监察部机关党委书记（期间：1999年4月至2001年5月在北京大学经济学院理论经济学专业博士后研究工作）；2001年3月任陕西省委副书记；2004年1月任陕西省委副书记、西安市委书记，同年2月兼任西安市人大常委会主任；2006年6月任陕西省委副书记、代省长；2007年2月任陕西省委副书记、省长；2010年5月任山西省委书记，同年7月兼任山西省人大常委会主任；2011年11月1日，在中共山西省第十届委员会第一次全体会议上当选中共山西省委书记。

十五届中央纪委委员，十六届中央候补委员，十七届中央委员，十六大、十七大代表，十届、十一届全国人大代表，八届全国政协委员。

王君同志简历

王　君

王君，男，汉族，1952年3月生，山西省大同市人，中央党校研究生学历，教授级高级工程师。1977年7月加入中国共产党，1971年10月参加工作。

参加工作后在大同青磁窑矿当工人；1974年9月入山西矿业学院采矿系采煤专业学习；毕业后历任大同矿务局晋华宫矿通风区技术员、助理工程师，通风区副区长、区长，晋华宫矿副矿长；1985年4月任大同矿务局党委副书记；1993年2月任大同矿务局副局长；1995年6月任大同矿务局局长（期间：1995年9月至1998年9月在中央党校哲学专业在职研究生学习）；1997年10月任煤炭工业部副部长；1998年3月任国家煤炭工业局副局长（副部长级）；1999年9月任江西省副省长；2001年12月任江西省委副书记、副省长；2002年1月任江西省委副书记、省委党校校长（期间：2003年6月至2006年10月兼任中国井冈山干部学院第一副院长）；2006年10月任全国供销合作总社党组副书记；2007年1月任全国供销合作总社党组副书记、理事会副主任，同年7月任党组书记、理事会副主任；2008年3月任国家安全生产监督管理总局局长、党组书记，同年8月兼任国务院安全生产委员会副主任，同年9月任山西省委副书记、代省长，省政府党组书记；2009年1月任省委副书记、省长，省政府党组书记；2011年11月1日，在中共山西省第十届委员会第一次全体会议上当选中共山西省委副书记。

十六届中央候补委员，十七届中央委员，十六大、十七大代表，十一届全国人大代表。

金道铭同志简历

金道铭

金道铭，男，满族，1953年12月生，北京市人，在职研究生学历，管理学博士学位。1975年9月加入中国共产党，1970年7月参加工作。

参加工作后在北京市东城区城建房管局当工人，后历任北京市东城团区委干部、组织组组长、团区委副书记，北京团市委组织部副部长、部长，青工部部长，监察部办公厅部长办公室主任、外事办主任（期间：1980年4月至1984年8月在东城区职工业余大学中文专业学习，1985 年9月至1988年7月在北京联合大学经济管理学院函授经济法专业学习）；1990年11月任监察部办公厅副司级监察专员兼外事办主任；1993年1月任中央纪委监察综合室副局级检查员、监察专员兼外事办主任，同年4月任监察综合室副主任兼外事办主任；1994年3月任中央纪委外事局局长；1997年1月任中央纪委副秘书长，同年9月兼任五室主任；1998年4月任中央纪委副秘书长兼办公厅主任；2002年2月任中央纪委驻交通部纪检组组长；2003年9月兼任交通部直属机关党委书记（期间：2003年3月至2004年12月在中南财经政法大学工商管理专业在职学习，获工商管理硕士学位）；2006年8月任山西省委常委、省纪委书记（期间：2008年3月至2010年12月在武汉理工大学管理科学与工程专业在职研究生学习，获管理学博士学位）；2010年9月任省委副书记、省纪委书记；2011年1月兼任省委党校校长，同年3月任省委副书记、省委政法委书记；2011年11月1日，在中共山西省第十届委员会第一次全体会议上当选中共山西省委副书记。

十五届、十六届、十七届中央纪委委员，十七大代表。

李小鹏同志简历

李小鹏

李小鹏，男，汉族，1959年6月生，四川省成都市人，大学学历，工学学士学位，高级工程师。1985年5月加入中国共产党，1982年8月参加工作。

1978年10月入华北电力学院电力工程系发电厂及电力系统专业学习，获工学学士学位；参加工作后历任国家电力科学研究院系统所技术员、助理工程师、工程师，计划经营处副处长，电力技术经济研究所所长；华能国际电力开发公司总经理助理、副总经理，华能国际电力股份有限公司副总经理；1995年10月任华能国际电力开发公司副董事长、总经理兼华能国际电力股份有限公司副董事长、总经理；1999年3月任华能国际电力开发公司董事长、总经理、党组书记，同年12月任中国华能集团公司董事、总经理、党组书记兼华能国际电力开发公司董事长、总经理，华能国际电力股份有限公司董事长；2001年12月任国家电力公司副总经理兼中国华能集团公司董事长、总经理；2002年12月任中国华能集团公司总经理、党组书记；2008 年5月任山西省委常委，同年6月任副省长；2010年6月任省委常委、副省长（负责常务工作），省政府党组副书记，山西行政学院院长；2011年11月1日，在中共山西省第十届委员会第一次全体会议上当选中共山西省委常委。

十七大代表，十一届全国人大代表。

胡苏平同志简历

胡苏平

胡苏平，女，汉族，1956年8月生，山西省五台县人，在职研究生学历，管理学博士学位，副教授，博士生导师。1975年4月加入中国共产党，1974年2月参加工作。

参加工作后在忻县播明公社插队；1976年12月入太原工学院半导体器件专业学习；毕业后历任太原工学院电子系分团委副书记、政治辅导员，太原工业大学团委副书记，计算机系副主任、系党总支书记；1992年12月任太原工业大学党委副书记（期间：1993年9月至1996年1月在中央党校在职研究生班经济管理专业学习）；1994年11月任省国防科技工业党委副书记；1998年5月任省国防科技工业党委书记；2001年1月任太原市委副书记（正厅级，期间：2002年4月至2005年11月在南京航空航天大学管理科学与工程专业在职研究生学习，获管理学博士学位）；2004年2月任运城市委副书记、代市长，同年4月任运城市市长；2005年12月任副省长；2008年12月任省委常委、宣传部部长；2011年11月1日，在中共山西省第十届委员会第一次全体会议上当选中共山西省委常委。

十一届全国人大代表。

高建民同志简历

高建民

高建民，男，汉族，1960年11月生，山西省盂县人，在职研究生学历，法学博士学位。1982年12月加入中国共产党，1977年12月参加工作。

参加工作后在盂县建材厂当工人；1978年3月入山西大学中文系汉语言文学专业学习，获文学学士学位；毕业后历任榆次市委办公室干事，榆次团市委副书记，榆次市委副秘书长兼市委办公室主任，晋中团地委副书记（期间：1986年9月至1989年7月在中央党校培训部三年制培训班脱产学习），团省委调研室主任、办公室主任；1993年3月任团省委副书记（期间：1993年10月至1994年10月挂职任团中央宣传部副部长）；1995年3月任团省委副书记、党组副书记，省青联主席；1996年11月任团省委书记、党组书记；2001年1月任晋中市委副书记（正厅级，期间：2001年9月至2004年6月在天津师范大学科学社会主义与国际共运专业在职研究生学习，获法学博士学位）；2006年2月任朔州市委书记，同年10月任省委常委、宣传部部长；2008年12月任省委常委、秘书长；2010年11月任省委常委、副省长；2011年11月1日，在中共山西省第十届委员会第一次全体会议上当选中共山西省委常委。

汤涛同志简历

汤　涛

汤涛，男，汉族，1962年7月生，湖北省英山县人，在职研究生学历，经济学硕士学位。1984年10月加入中国共产党，1981年9月参加工作。

1978年9月入湖北省宜昌市高等工业专科班（现三峡大学）工业微生物专业学习；参加工作后历任湖北省宜昌市三峡制药厂团委书记，宜昌团市委青工部副部长、部长，团市委副书记、书记，市政府办公室主任；1992年10月任湖北团省委副书记；1996年11月任恩施州委副书记、组织部部长；1997年10月任湖北团省委书记（期间：1998年9月至2000年12月在武汉理工大学工商管理学院产业经济学专业在职研究生学习，获经济学硕士学位）；2000年2月任鄂州市委副书记、市长；2002年11月任恩施州委书记（期间：2004年4月至12月挂职任中组部组织局副局长）；2007年1月兼任恩施州人大常委会主任，同年6月任湖北省委常委；2008年1月任湖北省委常委、副省长；2009年6月任山西省委常委、组织部部长；2011年11月1日，在中共山西省第十届委员会第一次全体会议上当选中共山西省委常委。

十七届中央候补委员，十七大代表。

李兆前同志简历

李兆前

李兆前，男，汉族，1962年1月生，山东省胶州市人，研究生学历，工学博士、管理学博士学位，教授，博士生导师。1984年12月加入中国共产党，1985年7月参加工作。

1978年10月入山东工学院第一机械系机械制造工艺及设备专业学习，获工学学士学位；1982年7月入山东工业大学第一机械系机械制造专业研究生学习，获工学硕士学位；参加工作后历任山东工业大学机械制造系教研室副主任（期间：1988年9月至1992年12月入山东工业大学机械制造专业在职研究生学习，获工学博士学位；1990年9月至1992年2月在英国纽卡素理工大学进修），山东工业大学机械工程系副主任、机械工程学院副院长，山东工业大学校长助理（期间：1997年2月至1998年2月美国宾州州立大学访问学者）；1999年3月任山东工业大学副校长；2000年6月任山东省经贸委副主任；2001年2月任山东省经贸委副主任、党组副书记（正厅级），同年6月任山东省日照市委副书记、代市长；2002年2月任日照市市长，同年12月任日照市委书记；2003年2月兼任日照市人大常委会主任（期间：2001年9月至2007年12月在清华大学经济管理学院工商管理专业在职研究生学习，获管理学博士学位）；2008年1月任山东省副省长；2011年2月任山西省委常委、省纪委书记；2011年11月1日，在中共山西省第十届委员会第一次全体会议上当选中共山西省委常委，并在中共山西省第十届纪律检查委员会第一次全体会议上当选中共山西省纪委书记。

十七大代表。

陈川平同志简历

陈川平

陈川平，男，汉族，1962年2月生，山西省平陆县人，在职研究生学历，理学硕士学位，高级工程师。1985年3月加入中国共产党，1982年8月参加工作。

1979年7月入沈阳冶金机械专科学校铸造专业学习；参加工作后历任太原钢铁公司机械厂铸铜工段技术员、副段长，二铸钢车间副主任、主任，机械厂副厂长，第一炼钢厂副厂长、厂长，太原钢铁（集团）公司生产处处长；1995年12月任太原钢铁(集团)公司副总经理；1997年7月任太原钢铁(集团)有限公司常务副总经理、董事、党委常委；2000年2月任太原钢铁(集团)有限公司总经理、董事、党委常委；2001年12月任太原钢铁（集团）有限公司董事长、党委常委（期间：2004年9月至2006年11月在西安交通大学数学专业在职研究生学习，获理学硕士学位）；2008年1月任副省长；2010年9月任省委常委、太原市委书记、副省长，同年11月不再担任副省长职务；2011年11月1日，在中共山西省第十届委员会第一次全体会议上当选中共山西省委常委。

十七届中央候补委员，十七大代表，十届全国人大代表。

张少华同志简历

张少华

张少华，男，汉族，1954年12月生，山西省河曲县人，在职研究生学历。1975年5月加入中国共产党，1972年12月参加工作。

参加工作后在陆军第38军113师步兵第338团一营三连当战士，后历任步兵第338团政治处组织股副连职干事、三营八连指导员，113师政治部组织科正连职干事、坦克团政治处宣传股股长，38军政治部组织处副营职干事、正营职干事，113师政治部组织科科长，总政干部部第二任免局副团职干事、正团职干事（期间：1983年6月至1987年9月在河北大学中文专业学习，1994年9月至1997年7月在南京政治学院经济管理专业学习）；1996年6月任总政干部部第二任免局副师职干事；1999年1月任总政干部部第二任免局副局长；2000年9月任总政干部部老干部局副局长(正师职，期间：2001年9月至2004年6月在解放军军事科学院军事战略学专业在职研究生学习)；2004年5月任总政干部部第二任免局局长；2005年8月任北京卫戍区政治部主任；2008年8月任山西省军区政委；2010年10月任省委常委、省军区政委；2011年11月1日，在中共山西省第十届委员会第一次全体会议上当选中共山西省委常委。

王建明同志简历

王建明

王建明，男，汉族，1962年12月生，福建省漳州市人，在职研究生学历，法学博士学位，二级大检察官。1983年11月加入中国共产党，1984年8月参加工作。

1980年9月入厦门大学法律系法学专业学习，获法学学士学位；参加工作后历任最高人民检察院监所检察厅干部、劳改检察处副处长、监狱（劳改）检察处处长、厅长助理；1997年9月任最高人民检察院监所检察厅副厅长；1999年4月任最高人民检察院审查批捕厅副厅长；2000年9月任最高人民检察院侦查监督厅副厅长；2001年4月任最高人民检察院反贪污贿赂总局副局长（正厅级）；2004年2月任最高人民检察院反贪污贿赂总局局长（期间：2004年9月至2007年7月在中国政法大学刑事司法学院诉讼法学专业在职研究生学习，获法学博士学位）；2005年4月任最高人民检察院检察委员会委员、反贪污贿赂总局局长；2007年11月任最高人民检察院检察委员会副部级专职委员、反贪污贿赂总局局长；2009年6月任山西省人民检察院党组书记，同年7月任省人民检察院代检察长；2010年1月任省人民检察院检察长、党组书记；2011年11月1日，在中共山西省第十届委员会第一次全体会议上当选中共山西省委常委。

聂春玉同志简历

聂春玉

聂春玉，男，汉族，1955年7月生，山西省侯马市人，中央党校研究生学历，研究员。1973年8月加入中国共产党，1976年10月参加工作。

1973年9月入阜新矿业学院地测系测量专业学习；参加工作后历任侯马市委宣传部通讯组干事、市委办秘书，团市委副书记，高村公社党委委员、管委会副主任，省委政策研究室工业处干事、副处长，地县处副处长、处长；1992年9月任省委政策研究室副主任；1997年1月任省委农村工作领导小组办公室副主任兼农业产业化办公室主任；2000年10月任省政府经济研究中心主任、党组书记；2001年6月任省政府改革与发展研究中心主任、党组书记；2003年1月任吕梁地委副书记、行署专员（期间：2003年9月至2006年7月在中央党校函授学院在职研究生班政治学专业学习）；2004年2月任吕梁市委副书记、市长；2006年2月任吕梁市委书记；2011年1月任省委常委、统战部部长；2011年11月1日，在中共山西省第十届委员会第一次全体会议上当选中共山西省委常委。

十七大代表。

杜善学同志简历

杜善学

杜善学，男，汉族，1956年2月生，山西省临猗县人，中央党校研究生学历，哲学硕士学位。1975年3月加入中国共产党，1976年6月参加工作。

参加工作后在临猗县财税局工作；1978年3月入山西财经学院会计系会计学专业学习，获经济学学士学位；毕业后历任省财政贸易委员会财政金融处、省政府办公厅第三办公室干事，省经济开发投资公司副总经理，省财政厅商业企业财务处主任科员、副处长；1990年9月任省财政厅商业企业财务处处长；1993年2月任省财政厅副厅长；2000年5月任省财政厅副厅长、党组副书记（2000年9月山西大学授予哲学硕士学位）；2003年1月任长治市委副书记、代市长，同年4月任长治市市长（期间：2001年3月至2004年1月在中央党校在职研究生班法学理论专业学习）；2008年2月任长治市委书记；2011年1月任吕梁市委书记；2011年11月1日，在中共山西省第十届委员会第一次全体会议上当选中共山西省委常委。

十一届全国人大代表。

坚定转型跨越　加快全面建设小康社会进程

中共山西省第十次代表大会报告学习材料编写组

在全面、系统、客观、深入地总结了前五年工作之后，《报告》第二部分以“坚定转型跨越，加快全面建设小康社会进程”为标题，明确了我省转型跨越发展和全面建设小康社会的总体要求和实现路径，提出未来五年全省工作的指导思想和奋斗目标，勾画出了“新山西”的宏伟蓝图，既充分彰显科学、理性的分析判断，又富有激情和时代的感召力，振奋人心，催人奋进。第二部分浓缩了《报告》整篇的主旨，是《报告》的统领和灵魂所在。

一、关于转型跨越发展

《报告》开宗明义地指出：“转型跨越发展，实质是又好又快发展，是科学发展观在山西的具体体现。”字数虽不多，但点明了转型跨越发展的实质、转型跨越和科学发展观的关系，简明扼要、高度凝练。转型跨越发展像一条红线贯穿《报告》全文，“转型”、“转型跨越”用词出现了70多处，足见省委对转型跨越的高度重视。2010年7月29日，袁纯清同志代表省委在全省领导干部大会上提出“转型发展、跨越发展、再造一个新山西”的宏伟目标，吹响了山西转型跨越的总号角，转型跨越成为三晋大地的主旋律。要深刻理解转型跨越，必须先从二者的内涵入手。所谓转型发展，是指一个国家或地区的经济结构和经济制度在一定时期内发生的根本变化。具体讲，就是经济体制的更新，是经济增长方式的转变，是经济结构的优化，是支柱产业的替换，是国民经济体制和结构发生的一个由量变到质变的过程。所谓跨越发展，是指在一定历史条件下后进者对先行者走过的某个发展阶段的超常规的赶超行为。跨越发展要求突破传统工业化道路中单纯追求速度增长和“单项突进”的发展模式，而追求一种速度与效率并重，当前发展与长远发展兼顾，经济和社会、生态环境协调发展的模式。从二者的关系来看，转型发展是前提、是基础，跨越发展是目标、是结果；转型发展在跨越发展的导向下实施，跨越发展在转型发展的过程中实现；转型发展要求的是质量和效益，跨越发展要求的是速度和效率；转型发展着眼于“好”，跨越发展着眼于“快”；转型跨越发展的实质就是又好又快发展。

坚持以人为本，全面、协调、可持续的发展观，是中国共产党坚持以马克思主义、毛泽东思想、邓小平理论和“三个代表”重要思想为指导，从新世纪新阶段党和国家事业发展全局出发提出的重大战略思想。如何在一个省域范围内深入贯彻落实国家的发展战略、指导方针，必须把科学发展观的深刻内涵、基本要求、根本方法和省情实际相结合，使科学发展观“山西化”。对于山西这样一个内陆资源型省份、老工业基地、欠发达地区来说，突出把“转型”作为基本着力点，就是要转变经济发展方式、调整产业结构，促进资源型经济转型，重在强调破解经济社会发展不够“好”的难题，体现了加快经济发展方式转变和经济结构调整的时代特征和发展潮流；突出把“跨越”作为基本着眼点，就是要解决山西发展滞后、项目储备不足、发展后劲不足、发展进程缓慢的问题，实现加快发展、赶超发展，重在强调破解经济社会发展不够“快”的难题，体现了全省广大人民群众建设美好家园、追求幸福生活的强烈愿望；转型跨越发展战略，突出了以转型促跨越、以跨越带转型的相互联动，重在强调又好又快发展的有机结合，体现了全面协调可持续发展的基本要求，是我省结合省情实际贯彻落实科学发展观的创新之举。

转型跨越发展思路的提出，是省委深刻洞察国际、国内发展现状和趋势的结果。从世情看，人类社会的每一次跨越，都伴随着经济社会的大转型。谁能及时转型、成功转型，谁就能掌握发展的主动权。当前，世界经济发展中的不稳定、不确定因素增多，复苏基础尚不稳固，发展速度明显放缓。世界主要国家纷纷把新能源、新材料、生物医药、节能环保、低碳技术、绿色经济等作为新一轮产业发展的重点，全力抢占世界经济发展的新的制高点。可以说，世界经济增长格局孕育着重大变革，发展模式面临重大转型。

从国情看，我国人均GDP已超过5000美元，加快转型，实现跨越，避免落入“拉美陷阱”，已成为经济社会发展面临的紧迫课题。当前，我国经济结构不合理、自主创新能力不强、城乡区域发展不平衡、资源环境约束强化、社会建设滞后等问题日益突出。我国经济总量占世界的7%左右，但每年煤炭消耗量接近世界的四成，石油对外依存度超过50%。发达国家着力推动形成碳交易、碳关税等国际规则，对我国形成巨大挑战和压力。国际金融危机的影响，表面上是对我国经济增长速度的冲击，实质上是对经济发展方式的冲击。综合判断国际国内经济形势，转变经济发展方式已刻不容缓。如果我们不能加快经济发展方式转变，我国今后发展的代价会越来越大、空间会越来越小、道路会越走越艰难。转型发展已成为我国经济社会发展的基本特征，成为制定政策和布局项目的战略重点。

从与周边省份比较看，激烈的竞争迫使我们跨越发展。近年来，山西经济社会发展取得了显著成就，但在东部地区率先发展、中部地区迅速崛起、西部地区你追我赶的大背景下，我们不得不承认我们的发展落后了，在全国的位次后移了，与兄弟省份的差距拉大了。不管是从目前的经济总量来看，还是从“十一五”期间的增速来看，山西在中部六省和周边省份均排末位。在“十五”末的2005年，山西GDP在全国排第16位，到了2010年，山西GDP在全国排第21位，退了5个位次。数据表明，山西面临的最大问题是发展不足，山西欠发达地区的省情并没有改变。要想在激烈的竞争中站住脚，要想尽快缩小与发达地区的差距，要想在经济总量的排序中“收复失地”，必须以“人一之我十之、人十之我百之”的精神，“三步并作两步跑”，奋起直追。在这个问题上，我们没有更多的选择余地。

从省情看，新中国成立以来，山西累计产煤120亿吨，净调出90亿吨，在享受煤炭红利的同时，也付出了沉重代价。“因煤而兴、因煤而困”的格局不能不引起我们的深思。山西经济增长过度依赖煤炭产能扩张，资源转化主要停留在煤电等初级层面，产业结构明显不合理。1998年，化学工业占全省GDP的比重仅为9.78%，2009年更下降到5.8%；装备制造业发展滞后，2009年产值仅占工业增加值的5.1%；服务业发展不足，2009年产值占三次产业比重为39.2%，低于全国平均水平3.4个百分点。我们要认识到，煤炭产能不可能无限扩张，价格不可能一直上涨，随着国家加大对新能源产业的支持力度，对高耗能行业严格控制，能源需求增长将逐步进入相对平稳期，传统能源份额降低是必然趋势，盈利空间必将逐步减少。同时，在现有增长模式下，经济增速越高，结构重型化、不协调、不安全的问题越突出，发展的成本、代价和难度也越大。2009年山西GDP 占全国的2.2%，能源消耗却占4.3%，万元GDP二氧化硫、COD、烟尘、粉尘排放分别是全国平均值的2.61倍、1.23倍、3.47倍和3.72倍。总体看，山西现有发展模式难以持续，转型发展亟待全面推进。

转型迫在眉睫，跨越时不我待，必须抓住今天，把握明天，否则我们就会犯历史性错误。全面转型是山西的必由之路，加快跨越是山西的必然选择。转型跨越发展战略的提出，是省委深入贯彻落实科学发展观，深刻分析我省实际和阶段性发展特征，科学把握国际国内发展趋势，顺应时代潮流，契合民生意愿，充分吸收历届省委的探索成果，广泛借鉴国内外转型发展的成功经验，经过深入调研、充分论证和反复比较，进行继承和创新的结果。转型跨越的发展思路立足时代的潮头，从中国与世界、历史与未来、理论与实践相结合的高度来谋划山西科学发展全局，打开了山西发展的新视野，开辟了山西发展的新境界，提升了山西发展的新高度。转型跨越发展是科学发展观同山西实际相结合的产物，是科学发展观在山西的具体体现。

二、关于全面建设小康社会的总要求

在阐明转型跨越发展和科学发展观的关系之后，《报告》进一步指出：“全面建设小康社会，是实现中华民族伟大复兴的奠基之举，是到建党100周年全国人民共同为之奋斗的总目标。我们所有的努力，转型跨越、再造一个新山西的全部追求，都是为了加快全面建设小康社会。”这样，就把山西转型跨越发展和全面建设小康社会乃至“三步走”的宏伟战略连接起来，将山西发展置身于全国发展大局中，将山西转型放在全国加快转变经济发展方式的大趋势中，在一个更高远的层面、更宏大的视角、更长久的历史跨度下审视和谋划山西的发展，具有强烈的时代感和巨大的感召力。转型跨越、再造一个新山西，就是要使山西进入全面建设小康社会的“快车道”，就是要把面临的突出问题解决好，把落下的步子赶回来，到2016年，全省全面小康总体实现程度力争达到全国平均水平，进而为2020年与全国同步迈入全面小康打下决定性基础。这也是《报告》最后部分所讲的今后五年乃至更长一段时期，我们要办好的两件大事之一，充分彰显了我们肩负的历史使命、国家重托、人民期望。

如何打好实现全面小康攻坚战，《报告》接下来用三个段落，分别从思想基础、信心来源、赶超模式等三个方面，为山西坚定转型跨越、加快全面建设小康社会进程这个宏伟目标实现的可行性提供了强有力的支撑。

首先，《报告》提出要“在解放思想中打开视野”。在这里，解放思想再一次被响亮地提出。解放思想具有先导性，思想的大门打不开，发展的大门也打不开。山西转型跨越发展，全面建设小康社会，必须再次吹响解放思想的冲锋号，冲破一切影响和制约发展的思想心结、行为习惯和体制障碍。

《报告》指出，转型首先思想观念要大转变，跨越首先思想境界要大提升。解放思想要求我们，必须摆脱煤炭依赖、政府依赖、路径依赖的思维惯性。一是要从煤炭依赖中解放出来。煤是大自然给予山西人民最大的恩惠，但是由于长期挖煤、烧煤、卖煤、炼焦，不知不觉中形成了“推动经济增长依赖煤、提升区域地位依赖煤、干什么都不如挖煤”的思维定势。这种依赖的直接后果就是所谓“资源诅咒”：资源开发对其他产业产生挤出效应、可持续发展能力衰退、社会问题突出、观念封闭保守，最后资源富集地区反倒成为经济滞后地区。在煤上解放思想是山西最大的解放思想。要从新技术的视角看煤炭，既要认识到煤是燃料，更要认识到煤是原料和资本，重新认识煤、科学定位煤、深度利用煤；要从多元优势的视角看煤炭，山西煤炭不仅具有成本优势、品种优势、运距优势，更有转化优势、延伸优势，要学会一生二、二生三，真正实现以煤为基、多元发展；要从立体的视角看煤炭，推进煤炭采掘、煤炭转化、煤炭装备制造、煤转化技术和安全生产设备研发、煤炭相关产品交易、煤炭资本运作和金融服务等产业相互融合、一体化多元发展。二是要从政府依赖中解放出来。长期以来，由于受到计划经济体制的影响和束缚，我们习惯于“下级依赖上级、企业依赖政府”，市场经济的意识不浓、本领不强。各级政府作为施政主体，要摒弃对上级政府的“等”、“靠”、“要”思想，充分发挥主动性、创造性，谋发展、做决策、成大事。应主动给企业松绑，为企业闯占市场搞好服务。要进一步强化企业主体地位，按照产业政策、投融资政策、土地政策指示的方向，在市场中寻找发展机遇，在开拓中创造良好业绩。三是要从路径依赖中解放出来。对于山西这样一个资源型地区，路径依赖突出表现为长期锁定于一种单一的产业结构和企业发展模式，缺乏创新和创造。要着力改变“一煤独大”的产业结构，瞄准国际、国内产业发展的新趋势、新规律，以煤为基、多元发展，打造山西新的产业优势。要努力破除计划经济模式的束缚，特别是改变山西国有企业一股独大、市场运作能力弱的问题，加快健全现代企业制度，完善法人治理结构，丰富市场运作方式，增强闯市场的本领，特别是运用现代金融手段抢占市场经济的制高点。

摆脱了上述思维惯性，才能开辟多元发展、全民创业的新天地。多元发展，不仅包括产业结构的多元，还包括经济结构、社会发展的多元，也只有这样，才能激发全民创业的活力，涌动全社会创造财富的洪流，为全面建设小康社会奠定坚实的基础。

《报告》进一步指出，必须丢弃自以为是、自我满足、自我封闭的狭隘意识，跳出山西看山西，在追求卓越中发展自己；必须改变坐而论道、空泛议论、眼高手低的行为习惯，勇于破解现实课题和棘手难题；必须摒弃不敢担当、缺乏闯劲、怕当出头鸟的保守思想，敢于走别人没有走过的路；必须跳出求稳守成、小富即安、不富亦安的心理局囿，实现再造一个新山西的历史巨变。这就要求我们，必须破除内陆经济的思维定势。内陆经济的思维定势就是出于对改革开放“梯度推进理论”的片面理解，自觉不自觉地跟在沿海发达地区后面亦步亦趋。事实上，随着交通网络和信息化的发展，世界变平、变小了，所有地区发展新兴产业几乎都站在同一起跑线上，内陆地区同样可以弯道超车，山西完全可以走到全国前列。必须改变固有的行为习惯，勇于破解转型跨越发展当中的现实课题和棘手难题，主要包括产业结构，资源税制，产品价格形成机制，土地、环境、人才、技术等瓶颈制约，资金结构性短缺、金融市场不发达，企业转型包袱重、难度大，非公有制经济不发达、活力不足，社会管理和民生领域面临许多新情况新问题，一些干部精神状态不好、改革开放意识不强、能力不足、执行力不够等。必须时刻保持逆水行舟、不进则退的忧患意识，坚决破除守成求稳的保守心态，不能习惯于按部就班，在得过且过中打发时光。特别是要树立“不进则退、慢进亦退”和“无功就是过、发展慢也是过”的理念，强化直接入轨、后来居上、三步并作两步走的紧迫感，以“人一之我十之、人十之我百之”的精神，敢于背水一战、跨越发展。

《报告》将解放思想与打开视野相提并论，凸显后者的重要性。要跳出山西看山西，唯有如此，我们的视野才会宽广，分析问题时才会有理性、客观的视角，才有可能发现差距、正视差距，最终缩小差距，迎头赶上。要具备世界眼光、战略思维，这就要求我们洞悉世界经济的发展现状和发展趋势，把握国家经济发展走向、产业布局变化，以及立足省情，深刻研判山西未来发展的方向和路径。要学会用别人的眼光来开阔延长自己的眼光，用别人的创新来丰富自己的创新，用别人的知识和成就来丰富自己的知识和本领，这样才能把握未来的趋势，才能使我们的发展更科学、更好和更快。世界眼光，既包括立足世界看山西的发展，又包括立足山西看世界的发展，只有这样辩证地看问题，我们才能摆脱路径依赖与守成心态，客观理性地把山西的发展融入全国、世界发展的大格局中。

其次，《报告》提出要“在坚定信心中激发动力”。信心来自对环境、机遇和自身实际的科学认识和理性判断。在这一部分，《报告》从外部环境、产业基础、基础设施、政策效应等方面，对山西未来五年发展的机遇、基础和优势做了阐述，从而坚定信心、激发动力。从外部环境看，后国际金融危机时期，全球经济复苏依然乏力，不确定不稳定因素增多。世界经济结构进入调整期，新兴市场国家和发展中国家继续保持较快增长，国际产业重组和生产要素转移方兴未艾，培育新的经济增长点成为发展大势，特别是能源的低碳绿色应用和科技的创新开发正成为竞相争夺的战略制高点。中国经济保持了30多年的高速增长，已成为世界经济的强力引擎，仍处于发展的重要战略机遇期。国家扩大内需政策的深入实施，转变经济发展方式的加速推进，不仅为能源原材料和新型装备提供了市场空间，而且为改造提升传统产业、发展壮大新兴产业带来了契机。国内外总体环境有利于我省加快发展。从产业基础看，以煤为基、多元发展产业模式正在形成，转变经济发展方式取得新成效。煤炭资源整合和煤矿兼并重组成功收官，资源综合利用能力大幅提高，煤炭工业率先迈进规模化、集约化、机械化、信息化发展阶段，能源基地的地位更加巩固。“全循环、多联产、抓高端”成为企业发展的方向，一批循环经济园区加快建设，一批重大转型项目上马，装备制造、现代煤化工、新能源、新材料等新兴产业增幅高于全省工业平均水平，文化旅游业和现代物流业迅速发展壮大。从基础设施看，五年来全省相继开工建设和建成一批交通、通信、水利、电力等重点基础设施项目，增强了经济社会发展后劲。举全省之力实施兴水战略，大水网建设如火如荼，建成了引黄北干线工程等。公路、铁路、民航综合交通运输体系更趋完备。2011年，全省高速公路通车总里程达到4000公里，一个纵横交错、覆盖全省、东连京冀、西达秦蜀、南通中原、北出长城的高速公路网初具规模；建成了石太客运专线、太中银铁路等，打通了连接西北各省的交通大动脉，改善了路网结构，进一步增强了铁路运力；建成投产了太原机场改扩建工程。山西通江达海正在变为现实，不仅延伸了发展半径，而且拉近了与发达地区的空间距离。从政策效应看，作为全国重要的能源、原材料和工业基地，作为地处中原的交通枢纽和物流大省，山西在中部崛起的国家战略中日益成为举足轻重的增长极之一。2006年以来，山西陆续获批煤炭工业可持续发展政策措施试点省、循环经济试点省、生态建设试点省，特别是2010年12月获批“国家资源型经济转型综合配套改革试验区”，成为全国第一个全省域、全方位、系统性进行资源型经济转型综合配套改革试验的区域，跻身于改革开放的潮头，为山西发展提供了大品牌、大载体、大平台。此外，全省还有50个边远山区县享受西部大开发政策，4个老工业城市享受“振兴东北老工业基地”的政策。政策效应进入深度显现期和集中释放期，山西正面临千载难逢的发展机遇。

山西资源富集，“有中生有”得天独厚，“无中生有”有势可倚。我们要树立“资源有限、创造无限”的理念，既要“有中生有”，用资源换资本、换技术、换市场、换项目、换新兴产业，又要“无中生有”，用胆气和才智把握大势，用发散思维激活要素，在创意中开创产业新天地。要树立“发现即发展”的新理念，认真研究市场经济条件下项目与人才、技术、资金的相互关系，积极发现和设计策划重大项目，包装和推介重大项目，推进和服务重大项目。当前，转型跨越发展的思路和目标得到了全省干部群众的广泛赞同，焕发出干事创业的蓬勃热情，正在成为全省干部群众的自觉行动，只要我们坚定信心，埋头苦干，就一定能够加快实现全面小康。

第三，《报告》提出要“在奋力赶超中争先进位”。这一部分，《报告》对赶超模式进行了总结，并落脚到加快全面建设小康社会的进度指标上。对于欠发达地区来说，追赶型发展是不二选择。欠发达地区与发达地区在经济社会上的巨大差距，决定了前者的发展过程，其实是一个对发达地区的“追赶”过程。实现追赶型发展，就必须以勇于超越的闯劲，敢与发达地区比肩，避免后发劣势，发挥后发优势，实现后来居上；更新发展理念，创新发展机制，激发劳动、知识、资本、管理等一切生产要素的活力，让创造财富的源泉充分涌流；跳起来摘桃子，实现超常规发展，每年追赶一个百分点，到2016年有一批市县实现全面小康，全省总体实现程度力争达到全国平均水平。这一目标的确定，基于科学、理性的判断和把握。2010年，我省全面建设小康社会目标实现程度在75%左右，比全国低5个百分点以上，滞后两至三年。如果到2016年总体实现程度达到95%左右，追上全国平均水平，需要每年比全国缩小1个百分点的差距。这对山西是很大的挑战，但是我们必须勇敢地面对。2000—2009年，山西全面小康建设实现程度提高了15.7个百分点，年均提高1.74个百分点。分时段看，前五年年均提高0.95个百分点，后五年年均提高2.55个百分点，总体进程在加快。如果保持近五年的发展惯性，并且不断补齐自身的短板，加上转型跨越发展、转型综改试验区建设的助推，一大批新兴产业、重点项目即将发挥作用，各项促进翻番、建设综改试验区的部署落实到位，将产生巨大的经济和社会效益，我们完全有可能每年追回一个百分点，到2016年我省全面小康实现程度就能达到全国平均水平。这是一个宏伟、艰巨的目标，同时，也是一个通过努力可以实现的目标。

三、关于“新的历史起点”及未来形势的“四期”判断

《报告》第二部分在深刻分析了我省全面建设小康社会的推进态势，提出了全面建设小康社会总体要求之后，对我省当前所处的历史方位及未来五年的发展形势作出了明确而科学的判断，即“山西正站在新的历史起点上”。“新的历史起点”，既是对我省过去五年的客观总结，又是对我省未来五年乃至更长时期发展形势的基本把握；既有对过去的认识和反思，又有对未来的希望和期盼；既是一个时间节点，更是一个起跑宣言。

只有形势清，才能方向明。基于对未来五年国内外发展大势和山西发展态势的认识和把握，从袁纯清同志2010年以来的一系列讲话到这次党代会报告，进一步明确提出了“未来五年，应是山西加快发展、向好发展的机遇期，是必须紧紧抓好的转型攻坚期，是实现全面建设小康社会目标的关键期，是可以大有作为的发展期”的“四期”判断。这“四期”判断，是未来五年发展战略、基本布局、奋斗目标的出发点和立足点。是省委对未来发展形势认识的不断升华、把握能力不断增强的具体体现，是我们奋斗信心的基本支撑，也是我们团结奋进的动力所在。

“新的历史起点”之所以“新”，是因为我国发展仍处于可以大有作为的重要战略机遇期，工业化、信息化、城镇化、市场化、国际化深入推进，国内外环境总体上有利于我省加快发展。国家扩大内需和促进中部崛起战略深入实施，对能源、材料和装备的需求将持续增加，我省具有明显比较优势。煤炭工业可持续发展试点、循环经济试点省和生态省试点特别是国家资源型经济转型综合配套改革试验区，将为我省提供有力的政策支撑。我省进入工业化跃升期、城镇化加速期、节能环保攻坚期、基础设施建设加大期，将为转型跨越发展提供难得的历史机遇。经过“十一五”的艰苦努力，特别是“7·29”讲话后的一年来的不断探索，我省的发展取得了一定的成绩，但也遇到了许多体制机制方面的障碍和难题，攻克这些障碍，破解这些难题，需要我们以极大的勇气和非凡的胆识继续解放思想、扩大开放，加大体制机制方面的改革力度。对山西来说，未来五年是转型跨越发展和建设转型综改试验区的关键五年，是确保2020年在全面建设小康社会进程中赶上全国平均水平，与全国人民一道步入全面小康社会的关键五年，山西要不拖全国的后腿，完成这一重大任务，就必须举全省之力，集中优势资源，抓住先行先试的政策机遇，大踏步前进。

“新的历史起点”之所以“新”，还因为我们有了一个良好的发展基础和平台。尽管‘十一五’时期是我省发展史上极不平凡的五年，但全省上下还是经受住了多方面的严峻考验，特别是2010年“7·29”讲话之后，全省党员干

部群众砥砺奋进、只争朝夕，胜利完成了“十一五”规划所确定的主要目标任务，经济社会发展和各项工作都取得新的成就。成绩来之不易，经验弥足珍贵，“十一五”时期积累的雄厚物质基础和不断完善的软硬发展环境，为承接国际国内产业转移、加快转型跨越发展创造了良好条件。

“新的历史起点”之所以“新”，是因为我省“十二五”规划开局良好，十次党代会胜利召开，全省上下创先争优、奋力赶超，形成了转型跨越发展的强大合力和浓厚氛围。从“7·29”讲话以来，实现赶超成为全省党员干部群众的广泛共识，着力跨越成为全省党员干部群众的共同追求。全省上下正在以勇于超越的闯劲和人一我十、人十我百的干劲，努力想大发展，谋大发展，干大发展。

与此同时，我们也应清醒地看到，我省发展也面临着外部环境不确定因素增多与我省经济抗风险能力不足的双重压力，煤炭产业边际效益递减与新兴产业竞争力不足的双重压力，加快发展与转型发展的双重压力，保障国家能源供给与生态脆弱、污染较重的双重压力，民生欠账较多与公共服务需求扩张的双重压力。面对这五方面的“双重”压力，我们必须进一步解放思想，转变作风，切实增强机遇意识和忧患意识，准确判断形势变化，科学把握发展规律，抢抓机遇，破解难题，加快推动转型发展、跨越发展。

四、关于指导思想

《报告》提出的全省工作指导思想，共计289个字，文字不算多，但条理清晰，内容丰富，思想深刻，立意高远，既涵盖了方方面面，又突出了工作重点，对今后的发展具有很强的针对性和指导性。具体内容可分为五个层面：

第一个层面是总的遵循，即前三句话，“高举中国特色社会主义伟大旗帜，以邓小平理论和‘三个代表’重要思想为指导，深入贯彻落实科学发展观”。强调了各项事业的遵循原则、推进发展的世界观和方法论、做好各项工作的总体要求。

第二个层面是总的发展思路，即第四至第九句话，内容上与“7·29”、“7·28”讲话及“十二五”规划纲要相衔接。第一点，即“紧紧围绕转型跨越发展、再造一个新山西的总体战略”，强调了新一届省委推进今后发展的总体战略。从山西实际看，转型跨越发展战略是在历届省委对山西发展道路探索基础上的深化，既有继承，也有发展，是科学发展观在山西的具体体现；再造一个新山西是全省人民的共同愿望，也是全面建设小康社会的阶段性目标。转型跨越发展是山西实现全面建设小康社会目标的具体途径，要破解“因煤而兴”又“因煤而困”的世界性难题，走出资源型地区强省富民之路，抢占未来发展的制高点，山西就必须以科学发展为主题，以转变经济发展方式为主线，以转型跨越为主旋律，实现再造一个新山西的宏伟目标。第二点，即“以解放思想为先导，以建设国家资源型经济转型综合配套改革试验区为龙头”。国家资源型经济转型综合配套改革试验区，是我国第一个全省域、全方位、系统性的国家级综合配套改革试验区，也是我省“十二五”期间的两件大事之一，既承载着党和国家的重托，也寄托着全省人民的期望，是转型跨越发展的龙头和总抓手。建设转型综改试验区是认识与实践的互动过程，是发展与改革的互动过程，是探索与政策的互动过程，是上级支持推动与下级积极作为的配合过程，更是山西赢得主动、赢得优势、赢得未来的关键所在。全省必须打开解放思想的总闸门，摈弃等、靠、怕的思维定式，率先在全国走出资源型地区科学发展的路子。第三点，即“深化改革开放，促进创新创业，以煤为基、多元发展”，前两句强调的是推动发展的动力，涵盖改革、开放、创新、创业等，主要是针对如何进一步增强发展活力、加大创新创业步伐而言的。“以煤为基、多元发展”是山西发展的基本取向，是针对产业格局而言的。

第三个层面是工作重点，即第十句话，“加快推进工业新型化、农业现代化、市域城镇化、城乡生态化”。“7·29”讲话中首次明确提出：“工业新型化、农业现代化、市域城镇化、城乡生态化，是转型发展的根本举措，是跨越发展的主要依托。”《报告》不仅将‘四化’引领经济又好又快发展”列为独立的一章加以论述，而且将其上升为今后五年工作的指导思想，足见其地位的重要。具体说，今后五年就是要以“七条路径”为方向，全力推进工业新型化；以“一村一品”、“一县一业”为抓手，加快推进农业现代化；以“一核一圈三群”布局为框架，积极推进市域城镇化；以建设“四个山西”为突破口，稳步推进城乡生态化。

第四个层面是总的工作部署，即第十一和第十二句话，“全面加强经济建设、政治建设、文化建设、社会建设和生态文明建设，以改革创新精神加强党的建设”，突出了党代表大会报告对工作部署的全面性和系统性。这一部署坚持统筹兼顾，既体现了社会主义现代化事业“五位一体”的总体布局，也体现了中国特色社会主义伟大事业与党的建设新的伟大工程紧密相连的理念，与前边的发展思路相呼应，充分体现了整个报告的系统性和指导性。

第五个层面是总的奋斗目标，包括最后六句话，即“团结带领全省党员干部群众，建设国家新型能源和工业基地，建设全国重要的现代制造业基地、中西部现代物流中心和生产性服务业大省，建设中部地区经济强省和文化强省，率先走出资源型地区转型跨越发展新路，为加快实现全面建设小康社会目标努力奋斗”，提出了今后五年总的奋斗目标，也就是“三个建设”、“两件大事”。“团结带领全省党员干部群众”突出强调了全省党员干部群众是推进“三个建设”和做好“两件大事”的主体力量。“三个建设”明确了今后五年全省总的努力方向，第一个建设突出了我省的资源禀赋和发展基础，体现了我省产业的比较优势和主要竞争力，在“新基地”之前特别加上“国家”二字，表明了我省在全国发展格局中的产业分工和战略定位；第二、第三个建设既是我省转型跨越的目标和走向，也是我省转变经济发展方式、加快资源型经济转型的模式和要求。“率先走出资源型地区转型跨越发展新路，为加快实现全面建设小康社会目标努力奋斗”，是全省工作的大局，是今后五年乃至更长时期我省必须做好的两件大事。我省建设转型综改试验区及所有的努力，转型跨越、再造一个新山西的所有追求，都是为了加快全面建设小康社会。

指导思想着眼于走出具有山西特色的科学发展之路，把中央精神和山西实际结合起来，把思想性、系统性、务实性统一起来，把全省人民的共识凝聚起来，是《报告》所有亮点的集中体现。指导思想将山西发展置于重要战略期发展大局中和全面建设小康社会进程中来思考和谋划，将山西转型放在全国加快转变经济发展方式的大趋势中来思考和谋划，顺应了时代潮流和发展大势。指导思想的形成，标志着对山西发展规律的认知和把握已上升到一个新的高度，标志着我省的发展思路已成为一个完整的体系。

五、关于“七个新”发展目标

围绕上述指导思想，《报告》提出了“七个新”的奋斗目标。这一部分清晰勾画了山西未来五年的发展蓝图，具体描绘了新山西的愿景，回答了新山西“新”在哪里的问题，把转型跨越、再造一个新山西的总体战略，变成可感知、看得见、摸得着的东西。“七个新”发展目标，是《报告》的最大亮点，是《报告》最富新意和最为精彩的部分，不仅生动具体，而且具有很强的前瞻性、战略性、指导性和方向性，是一个鼓舞人心且经过努力可以实现的目标。

理解“七个新”发展目标，必须把握以下关系：一是省委任期与“十二五”规划期的关系。从时间跨度讲，新一届省委任期到2016年，“十二五”规划到2015年，需要注重工作的延续和目标的衔接。二是中央要求与山西实际的关系。如节能减排幅度高于全国平均水平等指标，既有中央要求的目标，又有体现山西追赶特点的目标。三是长期目标与短期目标的关系。如“主要经济指标在全国的排位前移”等定性指标。四是转型发展与跨越发展的关系。在提出实现主要经济指标、加快发展速度的同时，高度重视发展的质量和效益问题，使经济结构更趋合理，各方面发展的协调性明显增强，自主创新能力不断提高。五是经济发展与社会事业发展、民生改善的关系。在强调经济发展的同时，更加注重社会事业的发展，特别突出了提高居民收入、基本公共服务均等化等方面的内容。六是人与自然的关系。不仅提出了经济总量有新提升、社会管理有新作为，而且强调了生态环保有新局面。七是发展与环境氛围的关系，就是要为全民创业，引进、利用外资和引进人才创造良好的环境氛围。

为了凸显“七个新”发展指标在整个《报告》中的重要地位，《报告》分别对其进行了阐述，下面加以简要说明。

一是经济总量有新提升。“十二五”规划明确要求，到2015年，全省地区生产总值要达到1.7万亿元以上，财政总收入要达到3640亿元。随着转型跨越发展战略推进效果的逐渐显现，“十二五”乃至“十三五”期间，我省经济社会发展的速度将会进一步加快，到2016年，“地区生产总值达到2万亿元、财政总收入超过4000亿元、主要经济指标在全国的排位前移”的目标完全能够实现。

二是产业发展有新体系。按照以煤为基、多元发展的思路，通过“七条路径”改造提升传统产业，培育壮大新兴产业，加快发展现代服务业，推进工业化与信息化深度融合，发展现代产业体系。改造提升传统产业，即以产业循环化为基本途径，充分利用高新技术和先进适用技术改造提升传统产业，实现传统产业优化升级、产品更新换代。培育壮大新兴产业，即充分发挥资源优势，以重大项目为支撑，以技术研发和品牌建设为重点，大力培育龙头企业。加快以建设生产性服务业大省为目标，以重大项目为抓手，完善服务业发展政策体系，引导服务业向规模化、专业化、现代化发展。大力发展文化事业，即按照体现公益性、基本性、均等性、便利性的要求，以政府为主导，以公共财政为支撑，积极运用市场机制，以全民为服务对象，以基层特别是农村和社区为重点，健全服务网络，基本建成覆盖城乡、惠及全民的公共文化服务体系。

三是区域发展有新格局。按照“空间集聚、组群推进、城乡统筹、协调发展”的原则，吸引人口、产业向发展条件好的6个盆地相对集中，形成“一核一圈三群”城镇空间布局，推进区域性国土开发进程。“一核”即由太原市区、晋中市区、清徐县城、阳曲县城构成的太原都市区，是全省城镇体系的组织核心，经济转型发展的增长极核。“一圈”即太原都市圈，是以太原都市区为核心，太原盆地城镇密集区为主体，辐射阳泉、忻定原、离柳中城镇组群的都市圈，包括太原、晋中、吕梁、阳泉、忻州5市的30个县、市、区。该区域是省域经济与社会事业最为发达的核心区域和最为重要的城镇密集地区。“三群”即以大同、朔州为核心的晋北中部城镇群，以临汾、运城为核心的晋南中部城镇群，以长治、晋城为核心的晋东南中部城镇群。三个城镇群是区域经济发展的核心区域、省域经济持续增长的重要区域，也是人口承载和产业转移的重要增长极。《报告》提出，百万人口城市有新的增加。从目前条件看，未来五年阳泉市最有可能成为新的百万人口城市。目前，阳泉城镇人口为82万，城镇化率为62.1%。未来五年，阳泉将加快百万新城建设，城镇化率将达到70%以上，市区总面积逐步扩展到130平方公里，城镇人口集聚到100万人左右，成为华北区域性大城市。这里需要说明的是，按照“十二五”规划，到2015年，我省的城镇化率要达到55%，考虑到未来五年我省城镇化水平还将进一步加快，达到每年提高2个百分点左右，2016年城镇化率接近60%可以实现。

四是民生福祉有新水准。“十二五”规划明确指出，到2015 年，我省城乡居民收入分别达到3万元和9000元以上。随着我省扶贫攻坚力度的不断加大，贫困地区农民收入将进一步增加。到2016年，“城乡居民收入分别达到3万元以上和1万元以上，一批县(市、区)农民人均纯收入突破2万元，基本消除农民人均纯收入5000元以下的县，现有贫困人口一半以上实现脱贫”能够成为现实。同时，逐步完善符合省情特点、比较完整、覆盖城乡、可持续的基本公共服务体系，推进基本公共服务均等化，大力发展社会事业，着力提高人民群众的社会保障水平、收入水平、健康水平、科技教育水平。

五是社会管理有新作为。主要是完善党委领导、政府负责、社会协同、公众参与的社会管理格局。强化政府社会管理和公共服务职能作用。发挥基层群众性自治组织、各类社会组织和企事业单位的协同作用，推进社会管理和公共服务的规范化、专业化和社会化。培养公民意识，履行公民义务，实现自我管理、自我服务、自我发展。加强源头治理，更加注重民生和制度建设，尽可能防止和减少社会问题产生。加强动态协调，更加注重平等沟通和协商，及时化解社会矛盾。加强应急管理，更加注重应急能力建设，有效应对和妥善处置公共突发事件，化解消极因素，激发社会活力。

六是生态环保有新局面。坚持“绿色、低碳、洁净、健康”的发展理念，以加强节能减排和发展循环经济为重点，积极应对气候变化，加快构建资源节约、环境友好的生产方式和生活方式，努力建设绿化山西、气化山西、净化山西、健康山西。以建设生态省为目标，以造林绿化为重点，努力提高生态空间比重，改善生态空间质量，构建河流、农田、铁路、干线公路绿化带与人工防护林相结合的生态屏障网络格局，增强生态服务功能，保障区域生态安全；坚持科学规划、有序发展、适度竞争、安全高效、加快推进的指导方针，以气源建设和管网建设为重点，以惠及民生为根本，全力推进气化山西建设。到2015年，设区城市燃气普及率达到90%，县城燃气普及率达到80%，建制镇燃气普及率达到30%；坚持经济发展与环境保护协调推进、污染减排与环保设施同步共进，以“节、减、治、创”为路径，大力发展循环经济，实施“蓝天碧水”扩容提质工程，努力为城乡群众创造一个清洁的生产生活环境；树立“以健康为中心”的理念，改善城乡生态环境，不断提高人民群众的生活质量和健康水平，到2015年，全省群众健康素质超过全国平均水平，群众健康保障水平处于中部前列，人均预期寿命超过全国平均水平。

七是发展环境有新气象。按照政企分开、政事分开、政资分开、政府与市场中介组织分开的原则，进一步转变政府职能，强化服务意识，减少政府对微观经济活动的干预，增强经济调节和市场监管能力，提高社会管理和公共服务水平。实施人才资源优先开发、人才结构优先调整、人才投资优先保证、人才制度优先创新的人才优先发展的战略，进一步加大人才引进力度，加快人才培养步伐，为转型跨越发展提供坚强的人才保障。坚持“两个毫不动摇”的方针，促进民营经济健康快速发展。充分利用优势资源换市场、技术、资金、项目，以优惠政策为牵引，以优质服务为支撑，吸引更多有利于转型发展的项目、企业进入山西。完善招商引资政策，充分利用中国(太原)国际能源产业博览会等会展招商引资平台，创新招商引资方式，面向国内外广泛招商。在加强硬环境建设的同时，特别注重优化软环境。全面落实首问负责制、限时办结制、行政不作为和渎职责任追究制，严格执行行政许可公开制度、收费公示制度、政府信息公开制度，切实提高行政效能，创造高效透明的政务环境。

最后，《报告》强调指出，实现了上述目标，山西就不再是发展滞后的省份，就为2020年建成惠及全省人民的更高水平的小康社会打下决定性基础，这将成为山西历史上划时代的里程碑。

抢抓机遇　全力推进转型综改试验区建设

中共山西省第十次代表大会报告学习材料编写组

《报告》把转型综改试验区建设放在十分突出而重要的地位，作为今后五年乃至更长一段时期我省要办好的两件大事之一，在第三部分进行了重点阐述。转型综改试验区建设，是我省率先走出资源型经济转型之路、实现转型跨越发展的总抓手，是做好各项工作的龙头。《报告》在概述转型综改试验区建设对我省转型跨越发展的重要意义之后，提出了转型综改试验区建设“核心在转型、根本在改革、关键在实践”的总体思路和基本遵循，具有强烈的时代感、使命感和责任感，具有鲜明的山西特色。

《报告》开宗明义地指出：“资源型地区转型是一个世界性难题，历届省委、省政府团结带领全省人民在调整结构、促进转型上进行了艰辛的探索。”这个过程，既是一个思想认识不断深化的过程，又是一个产业结构不断调整优化的过程，还是一个对发展战略不断升华的过程。

从20世纪90年代初以来，省委、省政府进一步加大了产业结构调整的力度，2006年10月，省第九次党代表大会，进一步提出了“走出四条路子，实现三个跨越”的发展战略，将建设新型能源和工业基地提高到了一个新水平。袁纯清同志的“7·29”讲话，在深刻分析当前我省经济社会发展面临的形势、实事求是指出存在问题的基础上，进一步阐述了转型发展的必要性，提出了实现工业新型化的“七条路径”，农业现代化的“一个主题、一个核心、一个基础和一个关键”，以及“一核一圈三群”的城镇化和“四个山西”的城乡生态化构想，使山西转型跨越发展的思想进一步得到升华，目标更加明确、办法更加具体、措施更加得力，为实现山西经济社会转型跨越发展指明了方向，是山西发展史上的里程碑。

《报告》用一句话概括了我省转型综改试验区的性质和地位，指出：“党中央、国务院批准在我省设立国家资源型经济转型综合配套改革试验区，使山西转型发展上升到国家战略层面。”这在一定意义上就是“新特区”。新世纪以来，我国一个重要发展趋势是“两化互动”，即国家战略区域化和区域战略国家化相互促进。国家先后批准9个综改试验区，都取得了令人瞩目的成就。资料显示，在获批国家级综合配套改革试验区后，深圳、浦东这些发展较快的区域，经济社会发展成就更为显著；成都、重庆整体发展令人刮目相看，成渝经济区作为我国西部大开发的增长极和经济高地，展示出骄人的前景；天津滨海新区更是利用政策优势乘势发展，2010年GDP增长25.1%，比全国平均增幅10%高15.1个百分点，总量达到5030亿元，一跃成为中国经济增长的第三极。山西成为转型综改试验区，标志着转型跨越发展上升为国家战略，是山西之幸、山西之福。作为国家级综改试验区中唯一的资源型综改试验区，为山西发展提供了难得的改革平台、政策平台、创新平台和发展平台。

《报告》明确指出，转型综改试验区的任务目标是：“在生产力层面优化经济结构、转变发展方式，在生产关系层面深化配套改革、创新体制机制，使山西经济形态、社会形态、自然形态特别是人的全面发展发生显著变化。”这是马克思主义的方法论，也是分析转型综改试验区任务的新视角。具体讲，就是要通过先行先试和全面转型，切实解决好产业结构单一化、生态环境脆弱、城乡区域发展不协调、民生和社会事业欠账较多以及制约转型发展的体制机制等问题，并通过完成上述任务，实现产业结构更趋合理、城乡区域协调发展、生态环境更加优美、社会和谐稳定、体制机制更富有活力，真正实现由资源依赖型经济向创新驱动型经济的全面转型。

《报告》认为，转型综改试验区建设是“富民、强省、利国之举，是我们赢得主动、赢得优势、赢得未来的关键所在”。转型综改试验区是党中央站在全局的高度给予山西的一个重要政策支持，对于山西来讲是一个千载难逢的重大政策机遇，综改试验区建设对于进一步巩固和提升山西作为全国重要的能源基地战略地位，特别是推进山西的经济结构调整和产业转型，促进经济和环境的协调发展，提升区域可持续发展能力，实现城乡统筹发展，促进社会和谐，具有重要的战略意义。转型综改试验区建设的过程，既是我省综合转型的过程，也是为老百姓谋福祉的过程，是全省3500万人民的共同期盼。同时，山西作为我国典型的资源型省份，转型综改试验区建设对同类地区的转型发展具有试标指路、提供经验的借鉴价值。

一、核心在转型

这是对转型综改试验区建设提出的最本质要求。《报告》用了“核心”二字，表明了“转型”在综改转型区建设中的重大作用和重要位置，以及省委、省政府的最新认识。资源型地区转型是一个世界性难题，发达国家在经济发展过程中也遇到过资源型城市转型和发展接续产业、替代产业的现实问题。其中，一些国家和城市实现了成功转型，比较典型的有德国鲁尔、美国西南部的得克萨斯州和英国的曼彻斯特。我国也有辽宁抚顺等成功转型的城市。国内外资源型城市转型的成功实践，为我们提供了有益的借鉴：一是资源单一的城市产业结构转型，需要资金与政策支持；二是产业结构转型，在充分利用外部市场和资源的同时，还需立足基础，因地制宜制定发展战略，以产业链为方向，将产业发展向本地资源的中游和下游产业延伸，或依托自身区位优势再造竞争优势；三是历史悠久，民俗资源丰富，比如我省的晋城，发展观光旅游及休闲度假，也可以作为城市转型发展的一条路径。虽然国内外资源型城市成功转型的案例给我们以重大启示，也增强了我们实现转型的信心，但由此也能感受到山西实现转型任重而道远。转型难，资源型经济转型更难，资源型地区资源型经济转型更是难上加难。不仅要摆脱资源型经济发展的路径依赖，而且必须克服资源型经济的挤出效应，努力摆脱单一的产业结构和过度依赖煤炭产能扩张的增长方式。从目前情况看，山西的转型还不能离开煤这一重要产业和因此而形成的经济格局。煤不仅是山西的支柱产业，也是全国经济发展的重要能源。这就是山西在转型中面临的现实矛盾和必须处理的尖锐问题。山西要立足煤而不困于煤，依靠煤而不依赖煤。这就需要山西必须在转型综改试验区建设中拿出更大气魄，作出深度改革，选择正确路径，完善体制机制，加快产业结构调整步伐，加大传统产业升级改造力度，大力培育发展新兴产业，实现跨越时代的转型。

《报告》在指出要“以世界眼光和战略思维拓展山西发展的广度和深度，实现以煤为基、以煤兴产、以煤兴业、多元发展”之后，提出“五个转变”，这“五个转变”既是我省转型综改试验区建设的核心内容，也是我省实现转型跨越发展的根本要求。

在发展形态上，《报告》提出要“实现采掘文明向制造文明转变”。具体讲，就是“促进煤炭及其他原材料产业内涵式发展，加快现代制造业发展步伐，使依托煤、延伸煤、超越煤成为新的发展特征，使产业高端化、发展高质化、装备现代化、管理精细化成为新的竞争优势”。新中国成立以来，山西生产原煤120多亿吨，外调90多亿吨，为国家建设提供了重要的能源支撑。山西在为国家建设提供能源服务的同时，也付出了生态、安全乃至生命的代价。经济学把资源型地区发展的困境叫做“资源诅咒”。因为资源开发必然带来对生态的破坏、水资源的破坏，导致产业结构单一，使今后的发展空间越来越狭小。同时，资源是有限的，开发资源尤其是高强度地开发资源，是有期限的，是不可持续的。对山西来说，不转型没有出路，只有通过转型，才能开辟一片新的发展空间。要由挖煤、卖煤的粗放型生产方式，转向以煤为基、多元发展，既要挖好煤，又要用好煤，主要是实现清洁挖煤、安全挖煤，提高煤炭产业的整体素质和效益。发挥市场需求较大的优势，加快发展装备制造业，建设具有世界先进水平的煤机生产制造基地。高度发达的装备制造业，是实现工业化的必备条件，是衡量国家国际竞争力的重要标志，是决定国家在经济全球化进程中国际分工地位的关键因素。作为我省重点推进的四大新支柱产业之一，省委、省政府高度重视装备制造业发展。袁纯清同志强调："要推进装备制造业大型化，围绕煤炭等主导产业，积极发展煤机等装备制造业，提高市场占有率。"王君同志在今年的政府工作报告中明确指出："要大力发展新兴产业，装备制造业要重点发展煤机成套设备、铁路装备、重型载重汽车以及汽车零部件等产品。"可以说，实现采掘文明向制造文明转变，不仅是《报告》的一个重要观点，也是新一届省委、省政府一以贯之的思想。

在发展方式上，《报告》提出要"实现粗放高耗增长向集约绿色发展转变"。作为煤炭大省，山西在工业经济发展中，煤、焦、冶、电四大支柱产业占到80%，其中挖煤卖煤又占到60%。在推进工业新型化的过程中，煤炭资源优势不能丢，要以煤为基、以煤兴业、以煤兴产、多元发展。首先要提升煤炭产业整体水平，提高煤炭开采机械化、信息化、智能化水平，实现煤炭本身高效、绿色、安全发展。在此基础上，加快提升焦炭、冶金、电力、建材等传统产业，加快壮大煤化工、装备制造、新型材料、文化旅游、物流会展、特色食品等优势产业，加快发展节能环保、生物医药、信息网络、研发设计、新能源等新兴产业，实现产业结构多元化、合理化、高级化。实现粗放高耗增长向集约绿色发展转变，还有很多发展路径和很大发展空间。比如，可以发挥文化资源丰富的优势，把资源变成资本、变成项目，拉动旅游产业大发展；可以发挥物流大省的优势，用物联网等高科技降低物流成本，提高物流效益；可以发挥特色农产品较多的优势，发展特色农业、现代农业，使山西成为京津地区的农产品供应地……这些都是山西转变经济发展方式的重要内容。

在发展定位上，《报告》提出要"实现煤电基地向综合能源基地和现代产业基地转变，建设一批煤电一体化、多产并举的能源综合企业，把单一优势转化为多个优势。促进产业结构合理化，推动一、二、三产协调发展，特别是大力发展第三产业，使山西成为新兴产业崛起之省"。随着煤炭市场盈利空间逐渐减少，国家快速发展新能源、严控高耗能行业以及经济发展方式的转变需求，煤炭产业单纯靠产能扩张的路子将会越走越窄。面对新形势，山西必须打破"因煤而兴，因煤而困"格局，致力于实施煤炭产业由"量"向"质"的转变。山西提出煤炭不仅作为能源，还将作为化工工业材料和煤炭资本，成为确保全省"十二五"期间年均经济增长13%以上的重要支柱。袁纯清同志在"7·29"讲话中明确指出，山西将实现追赶战略和跨越发展战略，改变经济排位在全国持续下滑，以及单一依靠煤炭的局面。为此，山西将通过"七条路径"努力实现工业新型化：一是围绕传统产业实行循环化，实现高碳产业低碳发展；二是围绕煤炭装备制造业高端化，实现由采掘文明向制造文明的转变，重点建设以太原为中心的世界煤炭机械高端产业基地，实现由煤炭装备买入省向制造省、输出省转变；三是围绕煤炭运销形成的巨大运力发展现代物流业；四是围绕高耗能产业的清洁生产发展节能环保产业，实现环境压力向发展动力的转化；五是围绕能源资源优势做大新能源、新材料产业；六是围绕煤炭产业的升级引进高端人才，提升高新技术产业在经济总量中的比重；七是围绕发挥传统产业优势，加快文化旅游产业转型发展步伐，培育新的经济支撑点。这是一篇山西实现由煤炭大省向以煤为基的现代产业大省的跨越，实现由单一煤电基地向立体能源中心转变的面向全国、面向世界市场的大文章。

在发展方向上，《报告》提出要"实现资源大省向经济文化强省转变"，主要是"统筹开发利用地下地上两种资源，做好煤与非煤两篇文章，实现资源与资本、科技、创意的结合，对矿产资源进行深精加工，对人文历史资源进行高位开发，把优势资源转化为现实生产力"。山西"地下"资源十分丰富，煤炭储量占到全国储量的1／4。山西的"地上"资源同样丰富。山西是中华文明发祥地之一，春秋时为晋国，故简称晋。悠久的历史留下众多的文化遗产，山西现存的古建筑居全国之首，列为国家重点保护的有50处，省级400多处，四大佛教圣地之一的五台山、全国现存三座古城之一的平遥古城和全国三大佛教石窟之一的云冈石窟，被列入世界文化遗产名录，加上名山大川遍布，自然风光丰富优美，旅游资源十分丰富。但长期以来，我省的地上资源开发远远不够，潜力巨大，前景广阔。就山西而言，在煤炭资源整合完成后，煤炭产业得到了升级，实现了煤炭产业的规模化、新型化。在此之后，我们更需要做的是在煤炭产品的升级和升值上下工夫、做文章，也就是延长煤炭产业链，做好煤炭的转化和深加工。同时，更重要的是要发展非煤产业，处理好三次产业发展的关系。巩固发展第一产业，重点发展现代农业；优化提升第二产业，重点用高新技术和先进适用技术改造提升传统产业，拉长产业链，提高附加值，实现传统优势产业和产品的升级换代，同时积极发展新兴产业，培育新的支柱产业；大力发展第三产业，加快发展物流仓储、金融保险、文化旅游等现代服务业。特别是要充分发挥山西丰厚的历史文化资源优势，坚持煤与非煤并重，做好地下、地上两篇文章，实现资源和市场的对接、文化和经济的互动、精神和物质的转化。“对人文历史资源进行高位开发”，就是用市场理念、科技手段，开发建设一批具有示范和带动效应的文化产业项目，把丰富的文化资源优势转化为产业优势，打造具有山西文化特色的文化创意产品，并以创意产业的思维方式和发展模式改造传统产业，实现产业创新。

在发展动力上，《报告》提出要“实现资源依赖向创新驱动转变”，特别是要“坚持人才强省、科教兴省，促进生产要素向创新领域集聚，以技术升级带动产业升级，以自主创新推动发展转型，以劳动者素质提升增强创新能力和发展后劲”。科学技术是第一生产力，是推动人类文明进步的革命性力量。自主创新是科技创新的灵魂，是支撑一个国家和地区崛起的钢筋铁骨。从世界科技创新的形势看，发轫于上世纪中叶的新科技革命迅猛发展，越来越深刻地影响着世界经济格局、利益格局和安全格局，科技竞争越来越成为综合国力竞争的焦点。许多国家特别是发达国家，纷纷把推动科技进步和创新作为基本的国家战略，美国提出科学知识前沿要全面领先，日本提出科技立国、知识产权立国，印度提出通过自主创新把印度打造成世界“创造中心”等等。与此同时，为了抢占科技创新的制高点，各国都在采取各种手段吸引和集聚各类科技人才。对山西这样的能源基地和老工业基地、资源型省份和欠发达地区来说，实现从资源依赖型向创新驱动型转变，任务更为艰巨，要求更为紧迫。要在新的起点上加快推进转型跨越发展，实现全面建设小康社会的目标，就必须把科技创新与资源优势结合起来，大力推进人才强省、科技兴省战略的实施，把经济发展切实转入依靠科技进步和创新以及提高劳动者素质的轨道。

二、根本在改革

《报告》用“革除阻碍资源价值最大化、影响可持续发展的各种弊端，突破制约科学发展和创业活力的桎梏，搞好顶层设计，加快形成有利于资源型经济转型的体制机制和政策体系”这样一段话，对我省转型综改试验区建设的总体改革内容进行了描述。这段话所用的“革除”、“突破”、“加快形成”这样几个词，表明了省委、省政府对转型综改试验区建设的坚强决心，加快转型的责任感、使命感和紧迫意识。改革是转型综改试验过程中始终如一贯穿的主线。长期以来，山西与发达地区最大的差距是改革开放滞后、体制机制不活，很大程度上“体制落差”大于“产业落差”。从这个意义上讲，综合配套改革对山西更具本质意义和针对性。《报告》主要从以下几个方面对转型综改试验区建设工作进行了部署和安排，提出的各项改革内容和办法，体现了“看得见的手”与“看不见的手”的高度统一，处处闪烁着社会主义市场经济的光辉。

关于创新产业转型促进机制，《报告》从三个层次进行了阐述：即“理顺煤炭等资源开发利用的体制机制，建立资源型产业与非资源型产业均衡发展机制，推进资源开发收益主要用于发展接替产业、高新技术产业和鼓励类服务业”。这既提出了山西产业升级、结构优化的主要领域，又指明了山西产业升级、结构优化的动力源泉。由于独特的矿产资源优势，山西长期以来形成了以能源原材料为主导和支柱的产业结构。2010年，全省工业经济占全省生产总值的比重达50.5%，煤炭、焦炭、冶金、电力四大传统产业增加值又占到工业增加值的83%，占全省生产总值比重达41%。相对而言，装备制造业、煤化工、新材料等新兴产业以及物流、旅游为主的现代服务业发展相对不足。我省产业结构不合理，突出表现在能源重、化工轻，采掘重、制造轻，生产重、服务轻，材料重、加工轻。这种产业结构极易造成经济运行的大起大落，更重要的是我省目前的发展模式难以持续，产业高碳特征明显，节能减排压力巨大。因此，“创新产业转型促进机制”成为我省转型发展、跨越发展的必然选择，成为全面推进转型综改试验区建设的重要支撑和主要内容。一定意义上说，能否“创新产业转型促进机制，建立资源型产业与非资源型产业均衡发展机制”，是关系转型综改试验区建设成败的关键。

关于加快推进资源税改革，《报告》表述为“按照国家政策规定制定切合山西实际的资源税税率，完善有利于资源综合利用和循环经济发展的税收政策措施”。资源税是地方收入，进行资源税改革对增加地方财力、完善资源型产品价格形成机制将发挥重要作用。资源税改革的关键之一是将石油、天然气、煤等资源由从量定额计征改为从价定率计征。根据国家现行税收制度改革安排，目前国家已将石油和天然气资源税由从量计征改为从价计征，而煤炭仍为从量计征，只是标准有所提升，即按2011年10月10日国务院修改后公布的《资源税暂行条例》规定，对煤炭仍然实行从量计征的方法，普通煤种仍按0.3～5元/吨进行征收；但对焦煤进行单独列出并上调税率标准至8～20元/吨。我省作为国家资源型经济转型综改试点，在我省先行先试煤炭资源税改革，既有现实性，也有可能性。我省煤炭企业类型全面多样，在全国具有普遍代表性，煤炭资源税改革如果在我省取得突破，不仅可以为全国资源税改革积累一定的经验，有利于在全国顺利推开，而且据测算，实行从价定率征收改革后，我省煤炭资源税收入至少增长一倍，这将对我省经济社会发展提供相当大的支持。

关于理顺资源型产品价格形成机制，《报告》提出要“完善节能节水降耗指标体系、监测体系和考核体系”。这是在充分考虑我省资源经营和管理状况的基础上提出的要求。作为资源型老工业基地的山西，总体来讲，水资源极为缺乏，土地、自然生态的环境承载能力十分脆弱，迫切需要继续加快资源性产品价格改革，建立反映市场供求关系、资源稀缺程度、环境损害成本的生产要素和资源价格形成机制，实行有利于资源节约、环境保护的价格政策，更好地发挥市场配置资源的基础性作用。要全面推进水价改革，合理制定和调整各类用水水资源费征收标准，进一步完善农业用水价格政策，因地制宜推行国有水利工程水费加末级渠系水费的农业用水终端水价制度。简化城市供水价格种类，合理制定用水定额，建立健全城市居民生活用水阶梯价格制度和非居民用水超计划、超定额累进加价制度。建立有利于再生水有效利用的中水价格补贴机制。建立煤矿等资源开采产业水资源恢复补偿机制。建立健全水价成本监审办法，完善水价调整制度。要积极推行电价改革，建立与发电环节竞争相适应的发电价格形成机制，推进竞价上网改革到位，推行煤电一体化体制，探索发电地区发展高载能产业电价优惠政策和发电企业供电与发展其他产业用电电价协调机制，推行工商业用电同价和城乡用电同价，按照保基本、促节约的原则，积极推行居民用电阶梯电价制度。

关于创新土地管理机制，《报告》从山西的实际出发，提出了“实施城乡建设用地增减挂钩政策，探索建立跨区域耕地占补平衡市场化机制，建立土地利用规划评估修订机制，统筹开发利用成片盐碱地和整合利用工矿废弃用地，大幅提高土地利用效率和产出率，拓展转型和民生项目用地空间”。对我省来讲，土地是制约发展的最主要“瓶颈”，土地管理工作的重中之重是保障全省重点工程、资源型经济转型发展配套项目和实现“四化”建设的用地需求。在用地方面，积极向节能环保、生物医药、信息网络、研发设计、新能源、教育科技等新兴产业和惠民工程倾斜。在政策优惠方面，要积极向国家有关部门汇报沟通，争取政策支持，搞好重点工作，通过制订和完善地方法规，采取土地整理等途径，盘活各类闲置建设用地，努力成为城乡建设用地增减挂钩试点省，鼓励煤炭城市在符合土地规划的前提下，利用报废矿区土地建设转型工业园区，对转型工业园区要优先审批用地，对园区内项目优先给予核准；对废弃工矿地和劣质地进行整治利用，在相关财政资金安排上给予倾斜补贴；开展矿业用地改革试点，按照“租地—采矿—复垦—还地”模式，解决矿山建设用地问题；支持同煤、焦煤、阳煤、潞安、晋煤五大国有煤矿集团实施棚户区改造治理，在用地指标上给予倾斜支持。同时，要强化节约土地意识，集约利用土地，优化土地利用结构，不断提高单位土地的利用效率和产出率，使有限的资源发挥无限的价值。

关于建立生态环境产权制度，《报告》创新性地提出了在山西“建立碳交易和排污权交易市场”，重点强调了“煤炭开采生态环境综合补偿机制”问题。所谓碳交易，即碳汇交易，是基于《联合国气候变化框架公约》及《京都议定书》对各国分配二氧化碳排放指标的规定，创设出来的一种虚拟交易。简单地说，就是发达国家、发达地区出钱向发展中国家、欠发达地区购买碳排放指标，是通过市场机制实现森林生态价值补偿的一种有效途径。我们要积极探索适合省情的碳排放市场交易机制，尽快推动碳交易机制的设计，完善交易场所、交易平台和交易产品等。要按照污染者付费的原则，以污水处理收费、垃圾处理收费和排污收费为重点，进一步完善环保收费制度，研究建立危险废物处理保证金制度。建立健全排污权有偿使用和交易制度，完善主要污染物排放总量指标分配与管理体系，建立排污指标交易管理制度，加快形成能够反映环境容量和资源稀缺程度的排污价格体系，建立环境成本合理负担机制和污染减排激励约束机制。煤炭开采中的污染问题是影响我省生态环境质量的最大因素。对此，应以系统的观点，建立采前、采中、采后综合补偿机制，开展矿业开发生态环境损害的综合评估和技术论证，禁止各类可能导致生态功能不可恢复性破坏的资源开发行为，走出具有我省特色的生态环境治理的新路。建立开采过程中的及时修复与补偿制度。监督企业统筹使用企业计提的各类生态环境补偿资金，对矿业开采造成的生态环境损失进行及时修复与治理。建立开采后的矿区生态恢复制度。通过政府财政专项拨款、征收矿业开发生态环境补偿费等途径筹集资金，逐步解决历史上造成的、无法分清责任主体的生态破坏的补偿与修复。按照“谁破坏、谁复垦”的原则，征收矿区土地复垦费，依法落实土地复垦责任。对历史遗留矿山废弃土地，通过政府资金引导，探索建立“谁投资、谁受益”的土地复垦多元化投融资体制，确保土地复垦不欠新账，快还旧账。

“加快构建与资源型经济转型相适应的资本市场”，这是《报告》在分析我省资本市场建设现状与问题的基础上得出的结论，“对转型领域和战略性新兴产业给予信贷倾斜，上市公司数量明显增加，发展壮大地方金融机构，发挥非银行金融机构作用，引进外资金融机构”则是基本的要求。我省是典型的投资主导型经济，投融资的渠道、规模、方向和机制对产业转型起着决定性的作用。因此，必须要通过优化投资结构、拓宽投资渠道、创新投资方式、健全投资机制，实现向转型领域和战略性新兴产业的投资倾斜。要进一步拓宽资金筹措渠道，以资源换资本、换技术、换市场、换项目，加快资产资本化、资产证券化、股权多元化，创新融资理念和途径；采用资本金入股、贷款贴息、特别流转金等多种方式，充分发挥政府投资“四两拨千斤”的杠杆作用；立足我省民间资本充裕的优势，进一步落实财政扶持、统一税费、用地保障等优惠政策，全面激活民间投资；积极争取国际金融组织和外国政府贷款，扩大和提升小额贷款公司的规模和业务水平，用好资本市场，撬动资本杠杆，积极推进企业上市融资，建立资本与企业的对接机制、社会资金向实体经济的转化机制。要优化投资结构，引导投资向第三产业尤其是现代服务业、生产性服务业倾斜，引导投资向技术改造和节能环保等领域倾斜，引导投资向“三农”、基础设施、公共事业、教育卫生文化等民生领域倾斜。

“充分发挥企业转型主体作用”，这是《报告》对企业在我省转型跨越发展中角色进行的重要定位。同时，也是对企业如何在转型综改试验区建设中充分发挥作用的一个新要求。发挥企业主体作用，就必须“深化国有企业改革，推进兼并重组，加快实施十大企业‘双千亿工程’，支持优势大型国有企业尽快跨入世界500强。大力发展专、精、特、新中小企业”。山西作为资源型产业为主导的省份，经济发展更多地靠国内国际大市场的拉动，经济增长的被动性、波动性大，因此无论从加快发展速度看，还是从提高发展质量看，都必须把企业转型，尤其是省属企业转型作为重点。目前，省属企业营业收入、利税总额分别占全省规模以上工业企业的58%、49%，原煤产量、煤炭运销量和不锈钢产量分别占全省的70%、85%和100%。省属企业职工人数占全省国有单位在岗职工总数的1／4，专业技术人员占全省各类专业技术人员的10%。特别是省委、省政府高度重视重点企业的发展，并在政策、资金和资源配置等方面给予了大力支持。企业要倍加珍惜资源，切实用好资源，努力变资源优势为经济优势和发展优势。要按照省“双千亿工程”和“双五百亿工程”的要求，以国际国内一流企业为目标，对标一流、奋力拼搏，努力开创新局面。特别是太钢、焦煤、同煤、晋煤、潞安、煤炭运销等大型国有企业的年营业收入将突破2000亿元，更要发挥优势，积极进取，努力跨入世界500强，真正成为山西的“经济脊梁”。中小企业工作涉及面广，行业跨度大，涉及各类所有制，需要各有关部门的大力支持。要进一步制定财政、金融和市场准入的各项政策并落到实处，更好地为中小企业发展创造良好的法制环境、政策环境和服务机制，大力支持中小企业的发展。

关于对非公有制经济的发展，《报告》提出要“加大鼓励、支持和引导非公有制经济发展的力度”，“凡法律未禁入的行业和领域全部放开，改进对非公有制经济的服务，确保平等使用生产要素，公平参与市场竞争，同等受到法律保护”。这既是对各级党委、政府的要求，同时也是对加快非公有制经济发展的路线图，有很强的现实针对性。目前，非公有制经济在我省经济结构中的地位举足轻重。2010年，非公有制经济单位户数73.2万户(含个体经营户，其中企业7.5万户)，完成增加值4338.6亿元，全省民营经济从业人员464.2万人，约占全省二、三产业从业人员的60%以上。煤、焦、铁等传统主导产业结构进一步优化，节能减排成效显著，形成了一批循环经济产业链和大型企业集团；装备制造、节能环保、电子信息、生物制药、现代农业、文化旅游等新兴产业获得了较大发展，可持续发展能力显著增强。企业发展能力进一步提升，收入亿元以上的民营企业达到570家，10亿元以上的民营企业81家，纳税亿元以上的民营企业54家，其中，科技型企业达到1300多户。产业集群初具规模，各类中小企业、民营经济园区达到145个，入园企业完成的增加值和税金分别占到中小企业、民营经济总量的1／5和1／3。但必须清醒地看到，发展中积累的一些矛盾和问题依然存在：产业结构单一且偏重，产业素质不高；新兴产业比重小，发展缓慢；产业规模化和集约化程度不高；企业自我创新能力不强，要素瓶颈制约严重，项目储备、土地供应、投资信贷、各类人才普遍短缺。同时，还存在政策配套措施缺乏，落实不到位，政府的扶持性资金数量小等问题。因此，加快发展、扩大总量，依靠科技、提升素质，创造环境、增强活力，仍是今后面临的重大任务。

三、关键在实践

《报告》在这一部分的开头就指出“先行先试是转型综改试验区的最大政策”，要“从每个单位做起．从具体项目开始，大胆探索实践，特别是要抓紧干几件具有全局性、标志性的大事”。这不仅是省委对全省党员干部的明确要求，更是对广大人民群众发出的号召。怎样建设转型综改试验区，既是一个理论问题，更是一个实践问题。国家赋予了山西建设转型综改试验区任务，为山西率先走出一条资源型地区科学发展路子提供了前所未有的空间机遇、项目机遇、开放机遇、政策机遇以及发展平台。如何进行转型综改试验区建设，《报告》提出了在四个方面进行先行先试。

一是在重大转型项目上先行先试。《报告》提出要“实施煤层气综合利用、焦炉煤气制甲醇制烯烃、高端装备制造、新能源、新材料、节能环保、新一代信息技术等十大产业工程”，指出了我省先行先试的重点项目和重点产业。国家批复我省为转型综改试验区后，在全国引起了广泛关注，在全省引起了巨大反响。我们必须要趁热打铁，抓紧先干起来，才能积小成而至大胜。重大项目是决定发展速度的重要推动力量，是实现优化提升的重要支撑，也是当前我省转型综改试验区建设的有力抓手。应该看到，重大转型项目建设是推动转型升级、实现可持续发展的重要载体。长期以来，我省过分依赖资源开发形成的经济结构畸重、产业链条短、产品附加值低的粗放增长模式，在政策约束和市场竞争的双重压力下，必将难以为继。实现产业结构调整和发展方式转变，率先走出资源型地区转型跨越发展新路，必须以大项目、新项目、好项目作支撑。通过重大转型项目建设，带动传统产业改造升级、新兴产业发展壮大、高科技产业落地生根。作为能源资源大省和典型的资源型地区，由于历史欠账多，我省在资源利用、循环发展、新兴产业培育等方面总体处于较低发展水平，成为经济进一步发展和人民生活水平进一步提高的根本制约因素。要改变这种状况，非大动作不足以弥补差距，非大项目不足以打破“瓶颈”。因此，必须充分抓住转型综改试验区建设这个机遇，集中力量在重大转型项目建设上实现突破，“只要是资源就地转化项目、循环经济项目、符合科学发展的项目，都要抓紧推进”，通过不懈努力打开转型综改试验区建设的新局面。

二是在政策创新上先行先试。《报告》提出，要“切实用好现有政策，积极争取新政策，在实践中探索创造性政策，移植推广其他综改区的好政策，学习借鉴国际上资源型地区转型的成功经验，清除不合时宜的条条框框，形成一系列推动山西发展的‘晋’字牌政策”。这段话中连续出现了“四个政策”，最后归结为“形成一系列推动山西发展的‘晋’字牌政策”，是对转型综改试验区建设政策体系的一个完整、系统的表述，也是对制定我省转型综改试验政策体系的一个新要求。“用好现有政策”，就是要把已有的政策用足、用尽、用活，分析梳理好现行政策的内容、适用条件和范围，在此基础上对我省落实政策情况进行评估和剖析，从中找出经验和问题，坚持对的，修正错的，真正发挥政策的效力和效用。“积极争取新政策”，就是要充分运用好国家在设立“试验区”时赋予山西的特殊政策待遇，在具体政策领域积极争取国家的支持。“在实践中探索创造性政策”，就是通过研究分析目前条件下不可能、不允许实行的政策所需要的条件或未来发展可能有的政策需求，积极探索试验，不断创造积累条件，努力变不可能为可能，变可能为现实。“移植推广其他综改区的好政策”，就是对国家已经在其他综合配套改革试验区实行的政策，根据我省实际进行适用性分析，并争取国家同意“参照执行”。通过不断把握政策机遇、探寻政策空间，给我省转型发展注入新活力，推动体制、政策创新。

三是在板块突破上先行先试。《报告》重点部署了两个方面的工作：一是推进“一市两县”、“一市两园”、“一县一企”转型综改试点。这是省委、省政府确定的综改试验的一项重要任务。目前，经过省政府审核同意，这项工作已全面展开，省转型综改办已批复太原尖草坪区、大同灵丘县、阳泉郊区、长治潞城市、晋城高平市、朔州平鲁区、临汾侯马市、吕梁孝义市等为省级资源型经济转型综合配套改革试点县，从今年下半年起，省政府将采取调查、督察及考评的办法，推进先行试点工作。同时，各市所选的“一县”市级综改试点也已得到批复，并出台了各自的综改行动方案。二是“加快扩权强县步伐”。《报告》重点强调了要“在减少管理层次，下放计划、财政、项目、税收、土地管理权限等方面取得突破”。通过工作的落实，“打造转型综改试验排头兵”，为全省综改试验摸索可贵的经验，“取得经验后全省推广”。扩权强县试点的推进，首先需要进一步完善、深化县财政省直管改革试点。根据中央的部署，2007年我省在全省35个国家重点扶贫开发县开展了“省直管县”财政管理体制改革试点，并取得了一定成效。其次是在综改试验中选好、做好扩权强县试点，巩固扩大“省直管县”财政管理体制改革成果，深化行政管理体制改革，调整行政管理层级，激活县级管理体制活力，加快县域经济发展。

四是在破解发展难题上先行先试。《报告》提出要“着力破解生产要素过度向资源型产业集中的难题，努力改变一煤独大、结构畸重的产业格局；着力破解资源型经济导致生态大规模破坏的顽症，加快生态修复治理；着力破解环境保护约束机制和利益导向落实难的问题，持续全面改善环境；着力破解资源型经济伴生的社会矛盾，增强发展的协调性”。把产业结构畸重、生态修复治理难、环境保护压力大、资源型经济伴生的社会矛盾写入党代会《报告》并作为综改试验先行先试解决的重要问题，充分说明省委、省政府对这些问题的重视，同时也预示了解决这些问题所面临的困难。山西是典型的资源型经济省份，资源开采为全国经济社会发展作出了巨大贡献，但同时也形成了高度依赖煤炭资源的产业结构，付出了沉重的生态环境代价。山西每采1吨煤破坏2.48吨水，采空区和水土流失面积分别占国土面积的12%和60%以上，固体废弃物排放量全国第一，二氧化碳排放强度居全国之首，单位地区生产总值能耗是全国的两倍以上，安全生产事故长期居全国前列，城乡居民收入长期处于全国下游水平。因此，我们必须要从山西实际出发，进行开创性探索，破解长期积累的深层次矛盾，推进经济结构转型、促进经济发展方式转变，从而为我省实现转型发展、跨越发展，提供有力保障。

《报告》在这部分结束时强调：“建设转型综改试验区，今后五年是关键。”要求我们“要举全省之力、集全民之智，确保今后五年实现转型综改试验的重大突破”。这是抓工作的科学方法，与资源型地区转型的总体部署相一致。国内外资源型地区实现转型的历程，至少需要三四十年的时间。作为全国最为典型的资源型地区，我省完成转型同样需要长期不懈的努力。省委、省政府对转型综改试验区建设已经作了总体安排和部署，转型综改试验区建设按照每十年一个阶段、每五年一大战役、每个战役对应一个五年规划的原则，分为三个阶段、六大战役，力争用30年时间，实现资源型经济全面转型。第一阶段：攻坚期(2011—2020年)。综合配套改革取得重大进展，支撑资源型经济转型的政策体系和体制机制基本建立。第二阶段：加速期(2021—2030年)。综合配套改革深入推进，传统产业新型化、新型产业规模化、支柱产业多元化格局基本形成，综合经济竞争力、人民生活和可持续发展能力接近全国上游水平。第三阶段：提升期(2031—2040年)。综合配套改革效应持续显现，结构合理、新型多元、竞争力强的现代产业体系全面建立，综合经济竞争力、人民生活和可持续发展能力达到全国上游水平。

转型综改试验区建设，最重要的是攻坚期的10年，最关键的是今后5年。要处理好近期入轨与长期目标的关系，把握资源型经济转型的客观规律，紧紧抓住未来五年的关键时期，找准切入点和突破口，在全国率先走出资源型地区加快转变经济发展方式、实现科学发展的成功之路。只要五年真正入轨，三十年转型必定可期!

领导与专家论坛

努力走出资源型地区社会管理的新路子

袁纯清

胡锦涛总书记最近在省部级主要领导干部社会管理及其创新专题研讨班上的重要讲话，把加强和创新社会管理这一重大课题进一步提到战略高度，摆到全党面前。讲话科学阐述了当前国内外形势的新变化新特点，深刻分析了社会管理中存在的突出问题及其原因，对加强和创新社会管理作出全面部署，对推动科学发展、促进社会和谐提出新的要求。我们要结合山西实际认真学习领会，抓好落实。

按照中央要求，着眼发展大局，我们要在社会管理及其创新方面深化认识：

一是深刻认识和科学把握中央分析判断和战略部署的科学性。在国内外形势急剧变化的今天，看不到我国仍处于重要战略机遇期和发展黄金期，会贻误时机；看不到我国正处于矛盾凸显期，会铸成大错。中央从战略和全局出发，立足国情，审时度势，明确了加强和创新社会管理的总目标、总要求、总任务，强调提高社会管理科学化水平、建设中国特色社会主义社会管理体系，确保社会既充满活力又和谐稳定，体现了时代要求，顺应了人民期待。二是深刻认识和科学把握中央提出的重要理念的创新性。随着工业化、信息化、城镇化、市场化、国际化深入发展，经济社会生活发生着广泛、快速、复杂而深刻的变化，社会管理面临许多新课题新挑战。加强社会管理必须认真贯彻中央的部署和要求，把握好新思想、新理念，特别是要坚持服务为先，注重在服务中实施管理、在管理中体现服务，通过强化社会服务提高社会管理实效；坚持公平正义，通过维护社会公正促进社会价值认同，有效防止和控制“无直接利益冲突”；坚持预防为主，预防是成本最低、效果最好的管理，防患于未然是搞好管理必须遵循的原则；坚持综合治理，抓好社会管理这一系统工程，必须更好地做到长期与短期、整体与局部相结合，法律与道德相结合，政府管理服务、中介组织服务与群众自治相结合。三是深刻认识和科学把握坚持以人为本、做好群众工作的根本性。人民群众既是社会管理的对象，也是社会管理的主体。社会管理最终是通过服务人、引导人来实现的，社会管理的成效最终也取决于做群众工作的水平，因而社会管理的本质是以人为本，基本要义是做好新形势下的群众工作，宗旨是增进群众福祉。我们必须把倾听群众呼声、关心群众疾苦、保障群众权益作为基本要求，把激发群众参与社会管理的主体性、积极性、创造性作为基本遵循，让人民群众在参与经济建设和社会管理中共享改革发展成果。四是深刻认识和科学把握加强和创新社会管理的规律性。社会系统的协调运转、社会管理的高效跟进，有其内在的规律性。各项工作要切实把握规律性、体现时代性、富有创造性。既要夯实物质基础，又要创新运作机制；既要协调利益关系，又要加强心理疏导；既要规范管治，又要人性化服务；既要解决现实问题，又要健全治本之策。五是深刻认识和科学把握加强社会管理与提高执政能力、巩固执政基础的关联性。要清醒认识到，人民生活水平长期得不到改善，会失去民心，动摇执政基础；社会管理跟不上，公平正义得不到彰显，同样会失去民心，动摇执政基础。在经济快速发展、利益日益多元的今天，社会总体上正在从生存型向发展型、享受型转变，人们更加关注社会事业、社会服务、社会秩序、社会公平和社会正义，加强和创新社会管理事关人民安居乐业和国家长治久安，已成为我们党执政为民的重要使命和必须解决好的新课题。

山西是资源型地区、老工业基地和欠发达省份，推动和创新社会管理具有特殊的艰巨性和复杂性。同时，山西正处于转型跨越发展期，也是各种社会矛盾叠加期，社会管理面临许多严峻挑战。在看到就业压力大、流动人口管理任务重、农村留守儿童问题多、城乡差距拉大、群众上访多等共性问题的同时，还要看到资源型经济带来的村矿矛盾多、安全隐患多、环境污染严重等社会问题。山西不仅转型跨越发展的任务十分艰巨和紧迫，加强和创新社会管理的任务也十分艰巨和紧迫。

第一，夯实转型这个基础，通过加快转型促进经济社会协调发展。山西发展因煤而兴，许多问题也因煤而生。全省119个县（市、区）中，85个产煤，煤焦冶电等与煤直接相关的产业占到全省经济总量的80%以上。建国以来，山西共生产煤炭110亿吨，外运80亿吨，采空区和采煤影响区2万平方公里，采煤巷道2万多公里，每年因采煤造成水资源流失达10多亿吨，全省因采煤而带来的生态损失高达3000亿元以上。长期以来，因资源配置、利益分配、村矿矛盾等问题造成的上访，成为山西突出的不稳定因素和社会管理难点。煤焦领域腐败案件时有发生，不少案件触目惊心。破解“资源悖论”、加快转型发展，不仅是经济问题，也是社会问题，是搞好社会管理的治本之策和基础工程。为此，我们提出以煤为基、多元发展的整体转型思路，一方面按照集约、清洁、安全的要求“挖好煤”，继续为国家建设提供能源服务；另一方面以循环经济为路径“用好煤”,做好开发地下资源和用好地上资源两篇文章，实现由采掘文明到制造文明的跨越。特别是要抓住建设国家资源型经济转型综合配套改革试验区的机遇，着力解决资源环境生态破坏严重、产煤区和非煤区发展不同步、地区和城乡之间发展不协调的问题，着力解决社会事业欠账较多、社会发育程度较低，经济社会一条腿长、一条腿短的问题，为社会和谐稳定奠定坚实基础。

第二，严守安全这个红线，坚持把安全生产作为社会管理的重中之重抓紧抓好。一段时期，山西煤炭生产事故多发频发，代价沉重，给山西形象带来负面影响，成为严重的社会问题。对山西而言，没有安全就没有发展，就没有社会的和谐稳定。安全既是经济发展的红线，也是社会管理的红线，加强安全生产管理是社会管理的重中之重。因此，必须以壮士断腕的决心狠抓煤炭资源整合和企业兼并重组，为安全生产构建产业和工程基础。现在全省矿井已由2600座减少到1053座，办矿主体由2200多个减少到130个，淘汰落后产能2亿多吨，单体矿井平均规模达到90万吨以上，下一步要全面推进机械化开采、信息化管理。我们切实加强安全生产管理，新出台12个行业118条安全生产具体规定，充实了专门监管队伍，实施严格的责任制度，不间断地开展安全整治和检查，努力把企业安全生产和政府安全监管两个主体责任落到实处。我们深入推进煤焦领域反腐败专项斗争，狠刹要生产不要安全、要钱不要命的恶劣之风。近几年煤焦领域查收的违法违纪资金达322亿元，查处了一批大案要案，健全了规章制度。经过艰苦努力，全省安全生产扭转了被动局面，煤炭生产安全形势明显好转，各类安全生产事故死亡人数在2009年减少1018人的基础上，2010年又减少505人，原煤生产百万吨死亡率从2009年的0.328下降到0.187，比全国的0.749低0.562，创历史最好水平。

第三，突出民生这个根本，切实加强以保障和改善民生为重点的社会建设。山西城乡居民收入不高，社会保障水平较低，社会事业欠账较多。抓保障、惠民生是社会管理的基础工程。前两年，全省投资300多亿元，在农村实现村村通水泥（油）路、中小学校舍安全改造、村村办卫生室、村村通广播电视和安全饮水“五个全覆盖”。“十二五”时期，我们要把建设绿化山西、气化山西、净化山西、健康山西作为推动转型跨越发展的重大举措，作为改善民生的主要任务，努力使转型跨越的过程成为环境更宜人、群众更健康、生活更美好的过程；把提高群众的社会保障水平、收入水平、健康水平、科技教育水平作为民生工程的主攻方向，让人民群众生活得更有质量、更有尊严、更有幸福感。我们确立了城乡居民收入翻番的目标，在农村实施新的“五个全覆盖”，即再用两年时间，实现农村街巷硬化、便民连锁商店、文化体育场所、中等职业教育免费、养老保险全覆盖。特别是实施中等职业教育全覆盖，确保每一个初中升不了高中、高中升不上大学的孩子都可以接受免费职业教育。

第四，抓好基层这个重心，筑牢加强管理、维护稳定的第一道防线。基层稳则全局安。基层是我们党执政的基石，也是社会管理的基础。一要提升基层党组织覆盖面。去年省委成立了非公经济组织党工委，今后要加快在城乡基本单元建立健全党支部，以创先争优活动为抓手，提升基层干部整体素质，组织动员基层党组织和广大党员做好群众工作，在社会管理服务中充分发挥党组织的战斗堡垒作用和党员的先锋模范作用，有效增强党对社会生态链末端的组织领导能力。二要强化基层政权组织的社会管理服务职能。以村委会、社区和基层政法综治维稳中心为依托，整合综治、司法、维稳和信访资源，建立大综治大调解平台，兜底社会治安综合治理、矛盾纠纷排查化解、便民利民服务和信访等工作，使基层社会服务和管理能力全面提升，做到工作有条件，服务有平台，管理有手段。三要让各类社会组织有效汇入社会管理服务大格局。充分发挥工会、共青团、妇联以及其他社会团体、行业组织、中介机构、志愿者团体的作用，支持他们参与社会管理和公共服务。

第五，强化干部这个保证，着力提高干部队伍的社会管理水平。领导干部的素质如何、能力如何、作风如何，直接影响到社会管理的水平和成效。我们要教育引导全省各级领导干部牢固树立抓发展是政绩，抓管理、抓稳定也是政绩的理念，把社会建设和管理放在突出位置，增强工作的科学性和发展的协调性。大力开展社会管理的学习活动，把社会管理列入党委中心组的学习内容，列入各级党校、行政学院等培训机构的课程，尽快使干部学习掌握社会管理服务方面的新知识、新理念、新政策，尤其是做好群众工作的新方法，全面提高做好社会管理工作的本领。切实改进干部作风，严格执行我省严肃工作纪律的“四条禁令”，坚决纠正漠视群众诉求、违背群众意愿、损害群众利益的行为。加大干部人事制度改革力度，加强社会管理人才的培养和引进，把那些发展经济有水平、社会管理能创新的好干部选拔任用到重要岗位上来。同时，完善目标责任考核体系，提高社会管理权重，强化基本公共服务绩效考核和行政问责，以鲜明的导向推动社会管理水平不断迈上新台阶。

（作者为中共山西省委书记，本文原载《求是》杂志2011年第7期）

以循环经济为基本路径　推动山西转型跨越发展

袁纯清

循环经济是资源的高端利用形式，也是资源资本在更高层次融合互动的有效载体。山西作为我国典型的资源型地区，面临着巨大的资源、环境和生态压力，发展循环经济具有战略性、全局性、根本性意义。我们要抓住建设国家资源型经济转型综合配套改革试验区和国家循环经济试点省的机遇，把发展循环经济作为发展的新动力、新模式，贯穿于转型跨越发展全过程，走出资源型地区科学发展的新路子。

一、山西发展循环经济任务紧迫、潜力巨大

循环经济是贯彻落实科学发展观的题中之义。科学发展观是对人类发展认识的一次新飞跃。循环经济体现了科学发展观的本质要求，将全面协调可持续发展的基本内涵转化为具体的行动模式，通过“减量化、再利用、资源化”，实现了资源的高效利用和循环利用，达到了低消耗、低排放、高效率的目的。循环经济不仅体现了“好”与“快”的辩证统一，还蕴含着发展理念、发展路径、发展模式的创新和提升，可以说循环化是科学化的重要特征，是清洁化、低碳化、绿色化的重要基础。

循环经济是加快转变发展方式的必由之路。随着我国经济总量不断扩大和国际竞争不断深化，资源约束日益强化，环境压力持续增大。我国以往过度依赖资源消耗和以环境为代价的发展模式亟待转变。作为重要的能源重化工基地，山西转变经济发展方式的任务更为迫切。山西每开采1 吨煤炭，要损耗2.48吨水资源，并连带7—8吨煤炭及伴生矿产资源，全省万元GDP能耗达全国的2倍。煤炭资源经过几十年的高强度开采，浅层煤炭资源、优质资源、整装资源越来越少，一些矿区的服务年限仅够维持15—20年，以区域生态承载和环境代价换发展的路子难以为继，“大量生产、大量消费、大量废弃”的传统发展方式亟待改变。如果不加快走循环经济的路子，资源难以承受，环境难以承载，发展的代价就会越来越大，发展的空间就会越来越小，发展的道路就会越走越艰难。

循环经济是资源型地区转型发展的基本路径。从现代科技的角度看，废弃物仅仅是放错地方的资源。只要能得到合理有效的处置，废弃物的利用潜力和空间将难以估量。山西每年因煤炭开采排放的6亿多吨矿井水，可供10000万KW新式发电机组使用；每年炼焦排放的150亿立方米煤气和挖煤排放的13万亿立方米煤层气，相当于一个“西气东输”工程；现存的10多亿吨煤矸石，可产生等同于3亿多吨优质动力煤的热能。由此可见，发展循环经济不仅可以降低能耗、控制污染、提高效益，而且可以催生新的产业，创造发展机遇；不仅是传统产业优化提升的推动力，也是新兴产业加快发展的催化剂。顺着循环经济的路径走下去，可以有效激发废弃物资源化的潜能和特质，实现变废为宝、物尽其用，将一种资源优势放大和扩展成几种资源优势，为经济社会发展提供有力的资源保障和产业支撑。

二、把循环化和高端化结合起来，走以煤为基、多元发展的路子

山西要以全局循环、高端循环为着力点，着力推进工业新型化、农业现代化、市域城镇化和城乡生态化，探索一条资源型地区绿色发展、清洁发展、低碳发展的转型跨越之路。

全循环、抓高端，着力推进工业新型化。我们要以循环经济的理念推进工业新型化，明确各个行业的循环经济引导模式，努力实现由单一煤电“基地”向立体能源“中心”的转变，实现由煤炭大省向以煤为基的现代产业大省的跨越，实现高碳产业低碳发展。煤炭产业的基石是集约安全发展。山西的优势在煤，潜力也在煤，发展循环经济必须首先做好煤炭这篇大文章。要在整合、提升、改造中形成一批特大型、大型高产、高效和质量标准化矿井。推广先进工艺，实施安全开采、绿色开采、保水式开采，合理开发和保护有限的煤炭资源。提高煤炭洗选率，加大煤炭资源深加工力度，依托煤炭精深加工形成一系列产业链，做好煤炭生产过程中产生的瓦斯气、矿井水及煤矸石等综

合利用，大力推进煤系高岭土深加工等综合利用项目。传统产业的关键是清洁优化发展。循环经济是一个产业生态化的过程，我们要以煤层气、焦炉煤气、劣质煤为重点，发展新型、节水型煤化工产业，使之成为新的支柱产业。在焦化、冶金、电力等行业，鼓励采用先进技术，加速主要工艺设备的更新换代，安装高温废气回收及余热发电、废水闭环处理等循环装置，加大废渣的综合利用率和废钢、废铜等的回收利用力度，全程实现清洁生产。特别是要在焦炉煤气制甲醇制烯烃，煤矸石发电，粉煤灰提取氧化铝、白炭黑，氧化铝到电解铝，到铝材、铝制品等方面有新的突破、大的突破。新兴产业的重点是高端快速发展。要着眼传统产业的清洁生产发展节能环保产业，依托煤层气、太阳能和铝镁合金、不锈钢、钕铁硼等优势，发展多晶硅、光伏产业、不锈钢加工等新能源新材料产业。要围绕节能环保和循环发展的重点领域，开展科技攻关，引进高端人才，增强自主创新能力，提升高新技术产业在经济总量中的比重，提升循环经济的科技含量。

全循环、抓高效，着力推进农业现代化。通过延长生态链和产业链，把农业生产的各个环节链接起来，提高农业资源利用率，减少农业环境污染，构建生态、绿色、高效的现代农业体系。推进农业副产物高效循环利用。把种植业、养殖业副产物的循环利用作为发展农业循环经济的切入点，推广完善"养殖—沼气—种植"、"农—林—牧"、"种养加互动"等循环农业模式，最大限度地提高农业综合产出效率。推进优质、绿色、安全农产品生产。以促进资源节约为导向，以节地、节肥、节药、节种、节能为重点，把农业投入品减量化、无害化和农业废弃物循环综合利用放在首位，实现农产品优质、绿色、安全生产。推进特色农业集约化规模化发展。要以运城、晋中、大同三大现代农业示范区为依托，提高特色优势农产品聚集度，形成大规模种植养殖基地。延伸特色农产品产业链，扶优扶强龙头企业，推进农产品加工转化。对核桃、红枣、苹果特色优势农产品要制定专项发展规划，实现区域化布局、集约化生产、产业化经营，使农业产业化走上良性循环发展路子。

全循环、抓集约，着力推进市域城镇化。山西已进入城镇化发展的加快期、关键期，要准确把握城镇化演进规律，以发展规划、土地利用规划、产业布局规划"三规合一"为引领，将循环经济的理念贯穿在城市规划和建设的始终，提升城镇化质量和水平，实现区域经济集约、高效、协调发展。构筑城镇组群间循环共生网络。山西将以组群发展的理念，以太原都市圈为核心、以区域性中心城市为节点、以大县城为重点，形成以"一核一圈三群"为主体的城镇空间布局。着力促进中心城市、城镇群、经济圈的良性互促互动，促进生产要素的合理流动与循环。各组群要将自身纳入全域循环体系，以提高社会总效率为导向，以资源禀赋、产业发展优势为基础，以合理布局区域内企业、园区为承载，不断提升产业集中度、增强产业关联度，形成区域大循环局面，推进城镇化走集约之路。统筹建设循环经济基础设施。着眼功能的集聚和完善，统筹城乡之间、城镇之间基础设施建设，如中水回用、生活垃圾无害化处理和集中供热、供气等，降低建设成本、提高使用效率。加快建设立体交通网络，构建高速公路"一小时通达"城市圈，形成有机融合的交通圈、旅游圈、经济圈、生态圈。建立健全静脉产业一体化发展体系。"静脉产业"的实质是运用循环经济理念对城市废弃物进行再生循环利用，实现"城市矿产"变废为宝。要以废旧物资回收为重点，推广应用先进技术和管理手段，培育壮大再生资源回收处理企业。要打破行政区域界限，在理顺管理体制、规范市场秩序的前提下，建立面向城镇组群的开放式再生资源交易市场，实现静脉产业规模化、一体化、集约化发展。

全循环、抓绿色，着力推进城乡生态化。树立循环经济就是"绿色经济"的理念，加快建设绿化山西、气化山西、净化山西、健康山西，突出节能减排、生态治理、绿色创建等重点任务。着力推进节能减排。认清节能减排是循环经济的核心，严把循环经济准入门槛，防止高污染企业扩张，所有新建和改扩建燃煤机组必须同步建设脱硫脱硝设施，大力削减大气污染物排放量。强力推进重点行业和领域节能工作，坚决关闭淘汰落后产能。提高水资源利用效率，开发推广工农业节水技术。完善土地管理使用制度，探索推广节地发展、错位发展、集约发展的土地利用模式。着力推进生态治理。立足自身生态特点，以矿山生态修复、沉陷区治理为基础，实现废弃矿区土地复垦再利用。持之以恒抓好京津风沙源治理工程。继续推进"蓝天碧水"工程和汾河流域、太原西山地区等重点地区环境综合整治。着力推进绿色创建。在广大干部群众中广植循环经济理念，传播循环经济思想，培养循环经济意识。深入开展环境保护模范城市、生态绿色社区、环境优美乡镇、生态文明村等创建活动，倡导生态生产和绿色消费，使循环经济的理念深入人心，使循环之树常青。

三、构建发展循环经济的体制机制和良好氛围

小循环、企业兴，中循环、区域兴，大循环、全省兴。加快推进循环经济发展，要着力强化规划引导、园区承载、项目带动、政策创新和科技进步，形成政府推动、企业实施、全社会共同参与的循环经济发展格局。

规划引导是前提。高度决定视野，角度改变观念。要科学编制实施循环经济规划，将循环经济的理念贯穿在转型跨越发展的全领域、各方面，将"减量化、再利用、资源化"的原则落实到重大产业耦合延链上，落实到区域发展重大布局上，落实到节能减排降耗和生态建设上，落实到静脉产业和动脉产业互补发展上，在全社会形成企业间小循环、行业间中循环和生产、流通、消费间大循环的发展格局。

项目带动是核心。循环经济作为一种先进的理念和模

式，关键是要有项目来承载、来落实。坚持将循环经济作为项目建设的第一道门槛，不上不符合循环经济要求的传统产业项目，对体现“全循环、抓高端、多联产”理念的优势产业和新兴产业项目大开“绿灯”，建立循环经济重大项目“绿色通道”，实行“一对一”的全方位服务模式。建立健全专项目标考核奖惩和淘汰机制，切实抓好协调、引导、调控和考核工作，确保重点循环经济项目建设顺利推进。

园区承载是重点。加快推进“园区循环化、循环扩大化”是循环经济发展的方向和趋势。建设一批重点循环经济园区，通过产业聚集、产业耦合、产业链延伸，在园区企业之间实现资源循环利用，实现能量、物质的合理、高效转换。按照循环经济模式对工业园区进行规划、建设和改造，提出进园企业的土地、能源、水资源利用及污染物排放等综合控制要求。依托园区核心企业的强大辐射作用和明确的功能，吸引企业填补空缺生态位置，使园区内各企业通过物质流、能量流、信息流、价值流的传递和交换，达到信息共享和基础设施共享，降低企业的物耗、能耗和产品成本，实现经济效益和生态效益的最大化。

科技进步是动力。树立“资源有限、创造无限”理念充分发挥大型企业集团的资源优势、资本优势、技术优势和管理优势，把技术链、产品链、资本链、利益链统一起来，构建循环经济关键、共性技术研发体系。围绕循环经济发展的重点产业领域，组织开发、引进和推广减量技术、替代技术、再利用技术、资源化技术、系统优化技术、延长产业链和相关产业链接技术、“零”排放技术以及降低再利用成本的技术等，向资源转化的技术前沿进军，努力突破发展循环经济的技术瓶颈，并在重点市县、重点行业、重点企业组织一批示范工程，加快循环经济先进适用技术的推广应用。

体制创新是保障。按照“循环经济出题目、体制创新做文章”的思路，扎实推进转型综改试验区建设，大胆先行先试，在体制机制创新和重大政策突破上多思量、多谋划、多探索。完善自然资源市场价格形成机制，逐步理顺资源型产品与最终产品的比价关系。理顺采煤采气以及煤炭和伴生资源矿权分置的管理体制，加快推进采煤采气一体化步伐。制定支持循环经济发展的财税和收费政策，调整水、热、电、天然气等价格政策。完善矿产资源补偿费制度，促进资源的合理开发和有效保护。研究建立再生资源回收处理收费制度。拓展和延伸生态补偿机制，建立和完善企业生态恢复、破坏修复责任制度。

（作者为中共山西省委书记）

在武乡县砖壁村住村的调查与思考

——给全省领导干部的一封信

袁纯清

按照省委统一部署，5月30日至6月1日，我到武乡县蟠龙镇砖壁村住村蹲点。这次下乡我只带了秘书，加上新华社山西分社一名同志，并只让镇党委书记做向导随同工作。随着调研深入，后请了省农业厅有关同志参与，5月31日下午请省旅游局负责人到村就该村的红色旅游一同调研。31日晚请武乡县县委书记、县长等几位同志到村一同召开座谈会，商讨有关武乡发展红色旅游问题。6月1日上午请长治市主要领导同志与县乡村干部一同座谈，确定该村下一步如何发展等重要事项。算下来，在村不到整三天时间，先后走访了10余个农户，分别召开了党员代表、村民代表、包村干部等五个座谈会，从村前到村后，从农家到村活动室、便民店、卫生所，都实地进行了考察，还和群众一道下地栽红薯苗近两个小时，特别是参观了八路军总部旧址，缅怀老一辈革命家的丰功伟绩。

砖壁村离武乡县城40多公里，地处太行山腹地，据说，因为该村被三条大沟所阻断，背靠大山，这种易守难攻的独特地形，才被选定作为八路军总部。朱德、彭德怀等八路军领导人曾在此生活战斗达14个月之久，这里还是百团大战指挥部。这些革命旧址，从整体上看，保存完好，成为珍贵革命遗存。我想，从主观的角度讲，这里的老百姓对八路军这段历史引以为自豪，大家自觉地给予了保护；从客观上讲，地处偏远，山沟阻隔，加之干旱少雨，也减少了人为和自然损害。我了解到，这个128户、430口人的山村，尽管土地面积1.2万余亩，但耕地不到1000亩，多在狭窄的台塬山坡上，多种玉米、小米、小麦，基本上是靠天收，好的年景，玉米一亩也不会超过800斤。有的农户也种了一点苹果，全村加起来，不足100亩，管理粗放，我看到不少果园杂草丛生，有的根本无人管理，枯枝败叶不少（据说主人外出打工了），谈不上有可观的收益，近几年因红色旅游，村里陆续办起了30来户农家乐，有几户年收入达到两三万元，但多数还处在起步阶段，年收入几千元。全村一百二三十个劳动力，有60余人断断续续在外打工，多是做粗活，收入水平不高，问起家里的父母或妻室，都讲，外面花销高，能养活自己就不易了，拿回家的钱一年难有上万元的。鉴于以上情况，我相信了村里给我介绍的2010年全村人均纯收入2600元，是一个比较真实可靠的数字。

让我感到振奋的是，村支部书记李同书是一位80年代入党的老基层干部，兢兢业业、勤勤恳恳，在村民中有很高威信。全村30名党员都很纯朴，凡事都能为群众做出个好样子，在村里的口碑好，党支部一直是一个先进支部。村主任李跃军则是一个不到40岁的年轻人，毅然放弃了在太原开出租的赚钱活，回到村上当主任，尽管带头搞过规模养殖亏掉了自己积蓄的几万元，但仍然劲头十足，要带领群众富起来。更让我欣喜的是，这里的群众尽管收入水平不高，但在言谈话语中，对粮食直补、上学免费、村上通上了公路、家家户户用上自来水等，都满怀感激之情，有一种幸福感。对省上提出转型跨越的方略，表示极大的拥护，给你的感觉是言必称转型，从住村干部到党员群众都在思考如何制定好村上"十二五"收入翻番的规划，比如近两年来开始栽种核桃，并规划种到300亩，把农家乐发展到70户，并谋划如何抓住县里在该村后山上建八路军游击战体验园的机遇，改造旧村民居，增加红色旅游景点，等等。给人一种积极向上、热情勃发的感觉，我也因此被感动和激励。

当然，我也了解到，该村收入水平比较低的一些主客观原因。从客观上讲，自然条件较差，主要是缺水，全村没有一亩水浇地，加之无霜期才131天，农作物的品种受到限制，交通不便利，没有矿产资源，资金缺乏，难以发展产业经济，致使该村长期处于自然经济状态。从主观上讲，无论是村干部、党员还是群众，信息较为闭塞，对外面的世界了解少，眼界不开阔，思想不开放，小富即乐，不富也安，对新事物不敏感，宁肯慢半拍，也不敢往前闯一步，从思想上制约了快发展、奔富裕。

正是基于以上的认识和分析，通过多次座谈，尤其是与村里的干部和群众代表面对面做工作和讨论，形成了这样的共识：围绕八路军总部旧址这个红色旅游的独特优势，大力调整产业结构，使农民增收致富有一个大的跨越，力争到"十二五"末全村人均纯收入达到1万元。具体有几个抓手：

1. 立足本地资源抓特色农业。重点发展"三大产业"，即立足本村优势发展特色农产品、以农家乐为主体发展餐饮住宿业、以展现八路军文化为主题发展文化产业。我们算了一笔账：种植500亩核桃（利用300亩耕地，改造200亩荒山荒坡），5年后进入盛果期，每个村民可增收4000元。发展农业观光采摘园300亩，其中杏50亩、桃50亩、大枣50亩、葡萄50亩、梨50亩、大棚蔬菜50亩，延伸搞一个农产品销售中心，人均收入可达5000元。同时，还可发展养鸡等"林下经济"。

2. 完善红色旅游景区建设。依托砖壁村的历史文化资源，恢复老村面貌，再现"家家住过八路军，户户都有子弟兵"的历史场景。同时，把总部旧址前的巨型沟壑（内有八路军电台、地道等遗址）作为一个稀缺资源来整体打造，丰富游客体验内容，加上正在建设的游击战体验园（称为一山），形成"一村一山一沟"的红色旅游格局，把整个砖壁村建造成一个融红色场景、标准服务、农家生活于一体的旅游产品。现在每年来旅游的有一两万人，预计5年后可达80—100万人，旅游收入会有一个大的提高，仅农家乐一项可增加收入200万元，人均4000元。

3. 完善相关配套设施。一是从县城到村的公路实施改造，扩大交通运力；二是建设发展观光农业的水利工程；三是推进便于适度规模经营的土地流转，建立相关的农业专业合作社。

为实现上述设想，确定了政府引导、群众参与、市场运作的基本思路，并要求在省农业厅、省旅游局的指导下，与县一同作好农业产业、红色旅游发展两个规划，一个月后，我再同他们一道确定这些规划。

应该说，这几天是吃在农家、住在农家，朝夕相处的是农民和农村干部，所以问的也是农事，脑子里思考的是农事。不仅对砖壁村的发展、对村里农民如何致富问计于这里的群众和干部，也由此产生了一些想法，而且更对全省农民如何实现收入翻番，有更进一步的思考。

第一，实现农民收入翻番是"十二五"县乡工作的重中之重。说到底，再造一个新山西最关键的是农民收入翻番，农民收入不翻番，谈不上整个经济翻番，更不可能实现转型跨越发展。

第二，山西是欠发达省份，但更大的差距在农村。我省农民人均纯收入目前只占到全国的80.02%，还有相当数量的村人均纯收入在3000元以下。按全省28055个行政村统计，农民人均纯收入在2500元以下的村有6063个，占21.6%；3500元以下的村10768个，占38.4%，增收任务何其繁重！

第三，做不好"三农"的文章，农民增收的问题解决不好，即使工业化、城市化上去了，最终也难以做到强省、强市、强县和富民的统一，难以做到城乡统筹发展、经济社会协调发展。

因此，我想，我们应全面扎实搞好这次下乡住村活动，并且把住村变为包村，作为领导干部的一项经常性的联系群众、解决实际问题的工作，更加鲜明地突出帮助农民收入翻番这个农村工作主题。我找省委组织部了解了一下，全省乡镇书记1190余人，乡镇长1060余人，县级党政班子成员1700余人，市级党政班子近200人，市县正县级领导干部1800余人，加上省级党政班子成员、省直厅局长，总共6000余人。如果这6000多名领导干部每个人包一个农民人均纯收入2500元左右的村子，实地指导帮助那里的农民开辟新的生产门路，扎扎实实干上几年，实现收入翻番，加快整个农村农民致富步伐，这也称得上一项造福于民的大事业、大功德。

感于斯，念于斯。以信的形式写给大家，以期形成共识，进而成为我们共同的行动、共同的作为。

2011年6月6日

加快依法治省进程　保障转型跨越发展

王　君

依法治国是社会主义民主政治的基本要求，法治宣传教育是提高全民法律素质的基础性工作。今天是我国现行宪法颁布实施29周年纪念日，也是全国第11个法制宣传日。全省上下要以开展这次法制宣传日活动为契机，围绕“深入学习宣传宪法，大力弘扬法治精神”这一主题，扎实做好法制宣传教育工作，积极推进依法治省、建设“法治山西”进程，为贯彻落实省第十次党代会精神，走出资源型地区转型跨越发展新路、加快我省全面建设小康社会步伐提供坚强法治保障。

第一，要大力弘扬社会主义法治精神。法治精神是公平、正义、平等、自由、秩序、安全、人权以及权利义务一致性等法治价值观的综合，是法治制度建设的精神支柱，也是法治实践的指导思想和精神源泉。胡锦涛总书记在中央政治局集体学习时强调，“在全社会大力弘扬社会主义法治精神，对全面贯彻落实依法治国基本方略、建设社会主义法治国家具有基础性作用”，“要把深入开展法制宣传教育作为弘扬社会主义法治精神的基础性工作，常抓不懈，抓出实效”。我们要认真贯彻落实胡锦涛总书记重要指示精神，把弘扬社会主义法治精神，与建设社会主义核心价值体系结合起来，在全省广泛开展社会主义法治理念教育，深入传播信仰和崇尚法律的观念，加强对法律法规特别是与人民群众生产生活密切相关的法律法规宣传，努力形成一个学法、尊法、守法、用法的良好法治氛围。

第二，要积极推进依法治省进程。依法治省是推进社会主义民主法制建设的必然要求，是实施依法治国基本方略的重要举措，对于提高党的执政能力、保障经济平稳较快发展、加强和创新社会管理具有重要意义。我们要深入贯彻实施《“法治山西”建设实施纲要》，把科学立法、严格执法、公正司法、全民守法作为依法治省的核心内容，加快建设“法治山西”。要进一步加强地方立法工作，结合山西省情，重点加强转变经济发展方式、保障和改善民生、加强和创新社会管理以及统筹城乡发展等领域的立法，做到科学立法、民主立法，切实提高地方立法质量。要进一步强化依法行政意识，提高各级政府及其工作人员的依法行政能力，认真履行宪法和法律赋予的职责，严格按照法定权限和程序行使权力、履行职责，争当维护宪法和法律尊严的模范。要进一步提升公正司法水平，强化监督制约，切实解决人民群众反映强烈的涉法涉诉问题。要进一步深化依法治理工作，加强和创新社会管理。要进一步推进平安建设活动，建立健全突发公共事件的预警和应急机制，构建完善社会治安防控体系，严厉打击各种刑事犯罪和经济犯罪活动，努力创建“平安三晋”。

第三，要加快法治政府建设步伐。建设法治政府是建设“法治山西”的重要组成部分，推进依法行政则是建设法治政府的核心。各级政府及部门要认真贯彻国务院《全面推进依法行政实施纲要》《关于加强市县政府依法行政的决定》《关于加强法治政府建设的意见》和我省的相关实施意见，切实把推进依法行政的各项工作措施落到实处。要加强依法行政的组织领导，深入开展依法行政示范县（市、区）、示范单位创建活动，建立健全地方政府规章和规范性文件管理的长效机制，通过修改或废止不合时宜的规章和规范性文件，消除不利于转型跨越发展的体制机制弊端。要加强行政决策程序建设，健全重大行政决策规则，推进行政决策的科学化、民主化、法治化。要加强执法人员培训考核，提高执法队伍法律素质和执法水平，努力做到依法、严格、规范、公正、文明执法。要强化行政执法层级监督，严格规范行政执法行为。要加强行政复议与应诉工作，努力将行政争议化解在初发阶段和行政程序之中，维护人民群众合法权益，促进社会和谐稳定。要认真贯彻实施政府信息公开条例，加快电子政务建设，推进政务公开，增强行政透明度，提高行政效率。要自觉接受人大的监督和政协的民主监督、司法监督，加强行政监察和审计监督，严格实行行政问责制，确保行政行为合法、规范、有效。

第四，要努力营造良好法治环境。法治环境是软环境的重要内容。我省作为一个欠发达省份，要在发展中抢占先机、赢得优势，实现转型跨越的宏伟目标，必须大力推进依法治省，加快建设“法治山西”，努力通过加强法治建设来改善发展环境。各级各部门要坚持把法治建设作为一项基础性、全局性工作来抓，自觉养成依法办事的习惯，善于运用法治思维和法律手段解决经济社会发展中的突出矛盾和问题，并使之贯穿于建设资源型经济转型综改试验区的全过程，贯穿于推进工业新型化、农业现代化、市域城镇化、城乡生态化的全过程，贯穿于全省经济建设、政治建设、文化建设、社会建设以及生态文明建设的全过程，积极营造优良有序、公正高效的法治环境，进而推动产业升级、加强社会管理、协调利益关系、化解社会矛盾，使转型跨越发展的各项工作能够有序运行、加速推进。

第五，要全面落实“六五”普法规划。“六五”普法规划是在中国特色社会主义法律体系已经形成，法律实施的任务更加凸显的新形势下制定实施的一个五年普法规划。全面落实“六五”普法规划，对于进一步增强全社会法治观念、推进依法治省进程，为经济社会发展提供良好法治环境和有效法治保障具有十分重要的意义。各地各部门要严格按照“把法制宣传教育与坚持中国特色社会主义道路紧密结合起来、与推动科学发展紧密结合起来、与保障人民合法权益紧密结合起来、与促进社会和谐稳定紧密结合起来”的要求，精心组织，扎实推进，全面落实“六五”普法规划提出的各项任务。要通过开展形式多样、内容丰富、生动活泼的法制宣传教育和法治实践，深入宣传宪法，广泛传播法律知识，进一步明确中国特色社会主义法治建设的方向，努力提高全民的法律意识和法律素质，提高全社会法治化管理水平，促进社会主义法治建设。

“法令兴则国盛，法令弛则国衰”。法治建设既是社会文明进步的重要标志，又是国家和地区兴旺发达的重要保障。我们要紧密团结在以胡锦涛同志为总书记的党中央周围，认真贯彻落实省第十次党代会精神，紧紧围绕省委、省政府工作大局，进一步解放思想，创新观念，恪尽职守，扎实工作，在新的历史起点上大力推进依法治省进程，努力建设“法治山西”，为加快转型跨越发展营造良好的法治环境，提供坚强的法治保障。

（作者为中共山西省委副书记、山西省省长）

以高度的思想自觉推进山西转型跨越发展

胡苏平

省委提出的转型跨越发展战略，以世界眼光和系统思维审视山西现状，深入分析了山西发展中面临的矛盾和问题，深刻论述了山西转型跨越发展的重要性、必要性和紧迫性，明确提出了山西转型跨越发展的基本方针、科学途径和保障措施，为山西科学发展指明了正确方向和基本遵循，开辟了具有山西特色的发展新道路。一年来，转型跨越发展战略在全省上下形成了广泛共识，在实践中取得了显著成效。当前，我们要进一步深化对转型跨越发展战略的研究，深入总结转型跨越发展的实践经验，全面提升对转型跨越发展战略的理性认识，以高度的思想自觉推进山西转型跨越发展。

一、深刻认识转型跨越发展是科学发展观同山西省情实际相结合的产物，坚定不移地走具有山西特色的发展道路

历史证明，一个国家、一个地区能否兴旺发达，最关键的就在于能否准确把握自身实际，找到一条适合自己的发展道路。资源型经济、老工业基地、欠发达地区、内陆省份，是山西的基本省情。“一煤独大”的典型资源型经济，单一化、重型化、初级化的产业结构，浪费资源、污染环境、破坏生态、威胁生命的落后发展方式，成为山西发展的根本制约因素。如何立足山西实际，适应时代和人民的要求，探索出一条具有山西特色的科学发展道路，引导我们从资源型经济的路径依赖中摆脱出来，成为近几届省委面对的重大课题。

为找到一条适合山西省情的科学发展之路，历届省委省政府都进行了艰辛的探索。转型跨越发展战略的提出，就是省委进一步深入分析我省省情实际和阶段性发展特征，科学把握国际国内发展的形势和趋势，充分吸收历届省委的探索成果，广泛借鉴国内外转型发展的成功经验，经过深入调研、充分论证和反复比较，进行继承和创新的结果。

转型就是要转变经济发展方式、调整产业结构，破解山西资源型经济转型的难题，解决山西发展不够“好”的问题；跨越发展就是要解决山西发展滞后、项目储备不足、发展后劲不足、发展进程缓慢的问题，实现加快发展、赶超发展。总而言之，转型跨越就是又好又快发展。

这个发展战略，在理论与实践相结合的层面上，突出了推动经济社会又好又快发展的鲜明主题和实现主要经济指标翻番、再造一个新山西的宏伟目标；突出把“转型”作为基本着力点，重在强调破解经济社会发展不够“好”的难题，体现了加快经济发展方式转变和经济结构调整的时代特征和发展潮流；突出把“跨越”作为基本着眼点，重在强调破解经济社会发展不够“快”的难题，体现了全省广大人民群众建设美好家园、追求幸福生活的强烈愿望；突出了以转型促跨越、以跨越带转型的相互联动，重在强调又好又快发展的有机结合，体现了全面协调可持续发展的基本要求，是我省结合省情实际贯彻落实科学发展观的创新之举。

一年来，转型跨越发展的思路和目标，得到全省广大干部群众的普遍赞成，转型跨越成为全省工作的主题和主旋律，成为全省上下的共同追求，形成了前所未有的发展共识和发展合力，极大地激发了干部群众干事创业的热情和激情。目前，我省转型跨越发展已取得了初步成效，传统产业转型升级加快，新兴产业发展势头强劲，经济社会正在向协调发展迈进，特别是今年上半年经济发展的各项指标持续向好，全省生产总值超过5000亿元，同比增长13%，全年有望突破万亿元大关；财政总收入和一般预算收入同比增长近30%；城镇居民可支配收入和农民人均现金收入同比分别增长14%和20%之多。

事实充分说明，转型跨越战略凝结着全省人民的智慧，饱含着历届省委的探索成果，是历史和人民的选择，是科学发展观在山西的具体化，是具有鲜明山西特色的富民强省道路。这条道路来之不易、弥足珍贵，走好这一道路更为不易、任重道远。我们必须倍加珍惜这一创新成果，统一思想、坚定信心，以奋发有为的精神状态、敢为人先的胆气魄力、真抓实干的工作作风，勇于实践、勇于探索、勇于创新，更加有力地推进山西转型跨越发展的进程，坚定不移地走具有山西特色的科学发展道路，并在实践中不断丰富和完善这条道路。

二、深刻认识转型跨越发展战略思路的丰富内涵，坚定不移地加快山西科学发展的进程

转型跨越发展战略就是山西的科学发展战略，涉及到经济、政治、文化、社会等各个领域，是一个关系到山西经济社会发展全局的系统战略，内涵极为丰富，我们只有深刻认识、全面把握这个战略，增强贯彻落实的坚定性和自觉性，才能扎实有效地加快推进山西科学发展。当前，特别要着力把握好这样几个问题。

一是要把握好转型跨越发展的战略目标。这就是要在建设国家新型能源和工业基地的基础上，努力建设全国重要的现代制造业基地、中西部现代物流中心和生产性服务业大省，早日建成中部地区经济强省和文化强省。这个战略目标，充分考虑了山西的经济基础、产业特点和区位优势，为山西转型跨越发展明确了任务、确定了基调。

二是要把握好转型跨越发展的战略重点。这就是要把握好工业新型化、农业现代化、市域城镇化、城乡生态化这四个战略重点。作为转型跨越发展战略的主体框架，这四个战略重点是相互联系、相辅相成的辩证统一体，既是转型发展的根本举措，也是跨越发展的主要依托。四个战略重点体现了通过整合、提升、深化、创新，对山西发展进行整体上实质性提升，使经济发展实现由低级到高级、由单一到多元、由粗放到集约转变的总体思路，为转型跨越发展指明了战略方向、明确了战略支点。

三是要把握好转型跨越发展的战略途径。战略途径是对战略重点的进一步细化和具体化。工业新型化，就是要以煤为基，多元发展，提升传统产业、壮大优势产业、发展新兴产业；农业现代化，就是要加快农业产业化，走具有山西特色的现代农业发展之路；市域城镇化，就是要形成以“一核一圈三群”为主体的城镇空间布局；城乡生态化，就是要努力建设绿化山西、气化山西、净化山西、健康山西。特别要深刻认识到，对于我省这样一个能源矿产资源大省，发展循环经济对于转型跨越发展具有战略性、全局性、根本性的意义，可以说循环成则转型成，要把循环经济作为转型跨越的基本路径大力发展、全面推进。

四是要把握好转型跨越发展的战略主体。这个战略主体就是山西3500万人民。只有把全省人民的思想和行动、智慧和力量凝聚到转型跨越发展的伟大事业上来，把全省人民的积极性、主动性、创造性充分调动起来，组成转型跨越发展的浩荡大军，才能形成无坚不摧、无往不胜的推进转型跨越的强大力量。

三、深刻认识改革创新在推进转型跨越发展中的决定性作用，坚定不移地做好综改试验区建设

中央把山西确定为国家资源型经济转型综合配套改革试验区，对山西来说，是加快经济转型、实现跨越发展一个难得的历史性机遇。我们必须把推进转型发展同综改试验区建设紧密结合起来，增强机遇意识、改革意识、创新意识，用活用好“先行先试”这个最大的政策，充分发挥好这个大品牌、大载体、大平台的作用，大力倡导和弘扬改革创新精神，把综改试验区建设作为推动转型跨越发展的最重要抓手。当前尤其要注意做好以下几个方面的工作。

一是要加大解放思想的力度。思想的大门打不开，发展的大门也打不开。思想有多远，发展就有多远。一年来，一场新的思想大解放、观念大转变，深刻地改变着我省干部群众的思维方式和行为方式，转型跨越发展的新思想、新理念、新思路在全省上下初步形成。各地各部门解放思想、开拓创新、与时俱进，转型跨越发展取得了明显成效。如果没有新的发展思想、发展理念，就不可能创造新的发展模式和新的发展速度，转型跨越发展就是一句空话，建设国家资源型经济转型综合配套改革试验区的使命就难以完成。为此，我们一定要继续解放思想，以前所未有的政治勇气、理论勇气、实践勇气探索创新，着力使全省干部群众不断从煤炭依赖和政府依赖中解放出来、从内陆经济思维定式和计划经济模式中解放出来、从守成求稳和留有余地的心态中解放出来，为转型跨越发展提供强大的思想保证和精神动力。

二是要增强改革创新的能力。改革创新是推动转型跨越发展的强大动力。山西的落后说到底是改革的落后，山西发展不快说到底是创新不够。为此，在推动转型跨越发展和综改试验区建设中，我们必须高高地举起改革创新的旗帜，善于学习、勇于实践，在学习和实践的互动中提升素质、增强本领，不断提升改革创新的能力。

三是要完善转型发展的体制。山西要卓有成效地推动资源型经济转型，实现转型跨越发展的宏伟目标，必须在改革体制机制、解放生产力上下大功夫、下硬功夫。要不断深化经济体制、政治体制、文化体制、社会管理体制等各个领域的改革，坚决打破转型跨越发展的各种体制机制障碍，不断建立健全保障转型跨越发展的新体制新机制。

四、深刻认识群众是转型跨越发展的主体力量，坚定不移地坚持群众是真正英雄的唯物史观

胡锦涛总书记在“七一”讲话中，反复强调了人民的

地位、人民的作用、人民的力量，重申了人民群众是真正英雄的历史唯物主义观点，告诉我们：中国共产党从诞生之日起，紧紧依靠人民完成了新民主主义革命，实现了民族独立、人民解放；紧紧依靠人民完成了社会主义革命，确立了社会主义制度；紧紧依靠人民进行了改革开放新的伟大革命，开创、坚持、发展了中国特色社会主义。山西要完成转型跨越发展的宏伟大业，必须坚持群众观点和群众路线，紧紧依靠山西3500万人民，把3500万人民放在心中最高位置，充分发挥他们在转型跨越发展中的主体作用。

一是要坚持群众立场。我们只有站在最广大人民利益的立场上推进转型跨越发展，才能使转型跨越发展得到人民群众的支持和拥护，始终保持正确的前进方向。我省去年“五个全覆盖”的民生工程全面完成，今年又启动了新的“五个全覆盖”民生工程，受到了人民群众的普遍欢迎。实践告诉我们，在推进转型跨越发展的过程中，必须坚持群众立场，始终把人民利益放在第一位，把实现好、维护好、发展好最广大人民根本利益作为一切工作的出发点和落脚点，做到权为民所用、情为民所系、利为民所谋，做到发展为了人民、发展依靠人民、发展成果由人民共享，只有这样，才能使转型跨越获得最广泛最可靠最牢固的群众基础和力量源泉。

二是要尊重群众创造。群众是最智慧的，是真正的英雄。在推进转型跨越发展中，我们一定要贴近实际、贴近生活、贴近群众，坚持问政于民、问需于民、问计于民，倾听群众呼声，反映群众愿望，尊重群众创造，集中群众智慧，总结群众经验，拜人民群众为师，把人民群众的实践作为我们探索转型跨越发展规律、获取转型跨越发展智慧的不竭源泉，在不断向人民群众学习的过程中，使我们转型跨越发展的决策、思路、途径、办法更科学、更正确。

三是要发挥人才作用。人才是人民群众中的杰出人物，他们来源于人民群众，服务于人民群众，是推进山西转型跨越发展的骨干和中坚力量。做好转型跨越发展的各项工作，必须要尊重劳动、尊重知识、尊重人才、尊重创造，充分发挥好党政领导人才、企业管理人才和专业技术人才等各类人才的作用。要拓宽眼界，五湖四海用人，以德为先用人，通过政策措施，把省内的显性人才重用起来，潜力人才培养起来，把省外的优秀人才吸引过来，按照不求所有、但求所用的原则，整合海内外的各种优秀人才，为转型跨越发展提供强有力的人才支撑。

五、深刻认识党在转型跨越发展中的核心领导地位，坚定不移地推进党的先进性建设

加强和改进党的领导，是推进转型跨越发展的根本保证。为此，我们必须坚定不移地以党的先进性建设为主线，认真抓好党的思想建设、组织建设、作风建设、制度建设和反腐倡廉建设，确保党在转型跨越发展中的核心领导作用。当前，尤其要抓好这样几项工作。

一是抓学习，打牢转型跨越发展的思想基础。学习的本质是转变观念、创新思维、提升境界。当今时代是一个知识化的时代，更是一个迫切需要学习的时代。学习的工作化，工作的学习化，已经成为一种工作业态。全省党员干部特别是领导干部，必须在转型跨越发展的伟大实践中，像胡锦涛总书记在“七一”讲话中要求的那样，“把学习作为一种精神追求，深入学习和掌握马克思列宁主义、毛泽东思想，深入学习和掌握中国特色社会主义理论体系，牢固树立辩证唯物主义和历史唯物主义世界观和方法论，真正做到学以立德、学以增智、学以创业”。与此同时，要认真学习经济、文化、历史、科技等各种知识，特别是山西转型跨越发展急需的专业知识，真正把学到的知识转化为推进转型跨越发展的自觉行动，转化为分析和解决问题的实际能力，转化为推进转型跨越发展的实践成效。

二是抓基层，夯实转型跨越发展的组织基础。把转型跨越发展的各项任务落到实处，靠的是全省的党员干部，靠的是党的各级组织，特别是党的基层组织。每个共产党员能不能发挥先锋模范作用，每个党的支部能不能发挥战斗堡垒作用，决定着转型跨越发展的成败。因此，加强党的基层组织建设，关系着转型跨越发展的基础和全局。我们一定要以更加自觉的意识、更加有力的措施，提高基层党组织建设的科学化水平，进一步增强基层党组织的创造力、凝聚力和战斗力。

三是抓作风，密切党同人民群众的血肉联系。推动转型跨越发展是一项极为艰巨复杂的系统工程，没有艰苦奋斗、勇于牺牲的奉献精神，没有坚韧不拔、不屈不挠的顽强毅力，没有坚持不懈、久久为功的执着追求，是不可能取得成功的。因此，我们一定要大力弘扬太行精神、吕梁精神、纪兰精神、右玉精神，唱响主旋律，着力解决精神懈怠的危险、能力不足的危险、脱离群众的危险、消极腐败的危险，经受住执政的考验、改革开放的考验、市场经济的考验、外部环境的考验，始终保持党开拓前进的精神动力，始终保持党同人民群众的血肉联系，始终保持党的蓬勃活力，始终保持党的肌体健康。

一年来，在省委的坚强领导下，转型跨越发展战略的实施，给山西带来了生机、带来了活力、带来了新的气象。当前，我省正处于加快发展、全面跨越的关键阶段。我们要认真总结经验，进一步坚定信心、振奋精神，以锐意进取的精神风貌、攻坚克难的工作作风，深入贯彻落实科学发展观，更加扎实有效地推进转型跨越发展，为再造一个新山西、实现全面建设小康社会的宏伟目标做出新的更大的贡献。

（作者为中共山西省委常委、宣传部部长）

转型跨越发展实质是又好又快发展

——学习省第十次党代表大会报告重要观点和部署的几点体会

张瑞鹏

袁纯清同志在省第十次党代表大会上作的《报告》，全面总结了五年来的发展成就和宝贵经验，明确了今后五年全省工作的指导思想、奋斗目标和主要任务。《报告》将中央精神和山西特色紧密结合，将国家战略和山西发展紧密结合，将创新性和务实性紧密结合，将当前工作和长远目标紧密结合，将强省和富民紧密结合，将政治宣言和工作部署紧密结合，是一个求真务实、开拓创新、催人奋进的报告，是指导今后五年全省各项工作的纲领性文件。领会和把握《报告》中的一些重要观点和部署，有利于我们理清思路、搞好工作。

一、关于今后五年全省工作的指导思想

《报告》指出，山西正站在新的历史起点上。今后五年，是大有可为、加快发展的黄金期，转型跨越的机遇期，改革开放的攻坚期，更是全面建设小康社会的关键期。基于此，《报告》提出今后五年全省工作的指导思想：高举中国特色社会主义伟大旗帜，以邓小平理论和“三个代表”重要思想为指导，深入贯彻落实科学发展观，紧紧围绕转型跨越发展、再造一个新山西的总体战略，以解放思想为先导，以建设国家资源型经济转型综合配套改革试验区为龙头，深化改革开放，促进创新创业，以煤为基、多元发展，加快推进工业新型化、农业现代化、市域城镇化、城乡生态化，全面加强经济建设、政治建设、文化建设、社会建设和生态文明建设，以改革创新精神加强党的建设，团结带领全省党员干部群众，建设国家新型能源和工业基地，建设全国重要的现代制造业基地、中西部现代物流中心和生产性服务业大省，建设中部地区经济强省和文化强省，率先走出资源型地区转型跨越发展新路，为加快实现全面建设小康社会目标努力奋斗。

这个指导思想系统科学，标志着对山西发展规律的认知和把握上升到新的高度，标志着我省的发展思路形成了一个完整的体系。第一个层面是工作遵循：中国特色社会主义理论和科学发展观是各项事业的基本遵循,是推进发展的世界观和方法论，是做好一切工作的指南。第二个层面是发展战略：转型跨越发展是科学发展观在山西的具体体现，是解决山西发展问题的关键、基础和“总钥匙”；再造一个新山西是全省人民的共同愿望，也是全面建设小康社会的阶段性目标；转型综改试验区具有龙头地位，是全省工作的统揽，以煤为基、多元发展是山西发展的基本取向。第三个层面是动力所在：解放思想、改革开放、创新创业是一切事业发展的先导和动力。第四个层面是总体部署：“四化”是转型发展的根本举措、跨越发展的主要依托，要以“四化”引领经济社会又好又快发展；坚持统筹兼顾，“五位一体”推进社会主义现代化事业，以改革创新精神加强党的建设，体现了中国特色社会主义伟大事业与党的建设新的伟大工程紧密相连、有机结合的理念。第五个层面是奋斗目标：第一个建设突出了我省的资源禀赋和发展基础，体现了我省产业的比较优势和主要竞争力；第二、第三个建设既是我省转型跨越的目标和走向，也是转变经济发展方式、加快资源型经济转型的必然选择。尤其是“率先走出资源型地区转型跨越发展新路，为加快实现全面建设小康社会目标努力奋斗”，这是全省工作大局，是今后五年乃至更长时期我省必须做好的两件大事。这一指导思想以其科学性、前瞻性、针对性，将对全省工作发挥重要的引领和带动作用。

二、关于转型跨越发展

转型跨越发展像一条红线贯穿《报告》全文。《报告》指出，转型跨越发展，实质是又好又快发展，是科学发展观在山西的具体体现。转型跨越发展、再造一个新山西是袁纯清同志去年“7·29”讲话提出的宏伟目标。所谓转型发展，是指一个国家或地区经济结构在一定时期内的创新、优化、升级和变轨。转型的本质是发展，快转型快发展，大转型大发展。转型是发展的普遍规律，是一个不断优化升级的过程，但不同的地区、不同的产业结构、不同的发展阶段，转型的具体内涵、要求、路径、模式不同。如果说，处于工业化后期的上海等发达地区的转型是要由制造业为支撑转向以服务业为支撑，保持领先地位，处于工业化中期而又是能源基地的山西的转型则是要由能源原材料为支撑转向以现代装备、先进制造等新兴产业为支撑，积极争先进位。所谓跨越发展，是指在某个发展阶段的超常规赶超行为。从二者的关系来看，转型发展更多要求的是质量和效益，跨越发展更多要求的是速度和效率；转型发展主要着眼于“好”，跨越发展主要着眼于“快”。山西不转型，发展不可持续；不跨越，就永远落在别人后面。山西转型和跨越的任务同样艰巨，又好又快发展任重道远，

必须在“好”的基础上力争“快”，在“快”的前提下实现“好”。转型跨越战略一经提出，就引起全省人民的广泛共鸣，展示出强大的生命力、强烈的感召力和持久的带动力。这是因为，转型跨越发展体现了科学发展观与山西省情实际的结合，回答了山西作为资源型省份、欠发达地区如何走科学发展之路、如何加快全面建设小康社会进程的问题；体现了用好资源与超越资源的统一，变重视地下资源为地下地上资源并重，变资源一个优势、单一优势为多个优势、多元优势；体现了促进思想大解放与生产力大发展的互动，打开了山西人民思想的闸门，促进了思想观念的创新和精神状态的振奋，给各项事业发展注入活力；体现了资源型产业转型与资源型地区转型的融合，以产业转型为重点和基础，带动区域和社会的全面转型；体现了发展思路与工作抓手的协调，不仅描绘了美好蓝图，而且明确了路径、提供了抓手。《报告》对转型跨越发展这一主战略作了更加深入的论述和部署，回答了山西为什么要转型、依靠什么样的路径转型、转型的目标是什么、以什么样的精神状态转型以及转型与跨越的关系等重大问题，标志着转型跨越发展进入一个新的阶段。

三、关于两件大事

《报告》将山西发展置身于全国发展大局中和全面建设小康社会进程中来思考和谋划，将山西转型放在全国加快转变经济发展方式以及整个资源型地区转型的大趋势中来思考和谋划，把山西转型跨越发展和全面建设小康社会乃至“三步走”的宏伟战略紧密连接起来，在一个更高远的层面、更宏大的视角、更长久的历史跨度下审视和谋划山西的发展。指出今后五年乃至更长一段时期要办好两件大事：一件是在全面建设小康社会进程中，力争我省实现程度五年达到全国平均水平，也就是每年要追赶一个百分点；一件是抓住建设转型综改试验区的机遇，率先走出资源型地区转型跨越发展新路。前者是加快小康步子，后者是走出转型路子。

两件大事抓住了山西又好又快发展的“牛鼻子”，回答了在可预见的时空里，山西未来向哪里发展、在全国大局中如何定位、作为资源型地区在重要战略期应有什么作为等重大问题。两件大事代表了山西人民认识和践行科学发展观的最新成果，打开了发展的新视野，明确了山西发展的定位和目标，反映了山西发展实际与国家发展大局的有机统一，体现了中央对山西的殷切期望，代表了全省人民的根本利益和共同愿望，具有强烈的时代感和引领力。两件大事不仅是发展问题，也是改革问题；不仅是转型问题，也是跨越问题；不仅是经济问题，也是社会问题；不仅是难得的机遇，更是严峻的挑战。办好这两件大事的过程，就是山西科学发展、强省富民的过程。这两件大事办好之时，就是转型跨越目标实现之日。两件大事的提出，是《报告》最大的贡献，在山西发展史上具有重要意义。

四、关于全面小康实现程度每年追赶一个百分点

全面建设小康社会指标体系由经济发展、社会和谐、生活质量、民主法制、文化教育、资源环境等六个方面23项指标组成。《报告》提出，我省全面小康实现程度五年达到全国平均水平，每年追赶一个百分点。这是因为，我省全面小康实现程度低于全国平均水平5个百分点左右，在全国和中部地区居靠后位置。尤其是R&D经费支出占GDP比重、居民人均可支配收入、单位GDP能耗等实现程度较低。每年追赶一个百分点，既有利于增强山西发展的均衡性，又有利于解决山西发展滞后的问题。

每年追赶一个百分点，有较大难度，但只要把我们的优势发挥好，以人一我十、人十我百的精神和敢为人先、勇于超越的志气去顽强拼搏，是可以实现的。为了实现每年追赶一个百分点的目标，《报告》提出要在解放思想中打开视野，即“五个必须”：必须摆脱煤炭依赖、政府依赖、路径依赖的思维惯性，开辟多元发展、全民创业的新天地；必须丢弃自以为是、自我满足、自我封闭的狭隘意识，跳出山西看山西，在追求卓越中发展自己；必须改变坐而论道、空泛议论、眼高手低的行为习惯，勇于破解现实课题和棘手难题；必须摒弃不敢担当、缺乏闯劲、怕当出头鸟的保守思想，敢于走别人没有走过的路；必须跳出求稳守成、小富即安、不富亦安的心理局囿，实现再造一个新山西的历史巨变。这里对解放思想的论述和要求，更加深刻、具体和可操作，多元发展、全民创业是基础；追求卓越是必备品格；破解现实课题和棘手难题是要害；敢于走前人没有走过的路是关键；跳出心理局囿是根本。特别是强调解放思想不能抽象议论、空泛议论，而要从具体事情抓起。《报告》从外部环境、产业基础、基础设施、政策效应等方面，对山西未来五年发展的机遇、基础和优势做了阐述。尤其是强调政策效应进入深度显现期和集中释放期，做好政策这篇文章至关重要。资源和创意是世界上最重要的两大财富，用好资源和善于创意的人往往是最富有的人。山西资源富集，“有中生有”得天独厚，挖掘资源优势潜力巨大，煤变油、变气、变煤化工前景良好；“无中生有”有势可倚，依托资源、资本等优势，在创新、创意、创造中孕育出更高层次的业态，开辟经济社会发展新天地。为此，《报告》强调，要在坚定信心中激发动力，在奋力赶超中争先进位。

五、关于以煤为基、多元发展

以煤为基、多元发展是《报告》十分重要的一个思想。对煤炭可以有不同的视角：比如，以煤为煤，满足于挖煤、烧煤、卖煤，得到的是初级产品利润，这也是就煤论煤。比如，以煤为主，产业格局一煤独大、一柱擎天，结构畸重，发展代价大、风险大，转变经济发展方式压力大。比如，以煤为惑，经济形势好的时候，煤炭价格上涨，陶醉

于因煤而得的巨大红利，经济形势严峻的时候，煤炭价格滑落，又抱怨“资源诅咒”。而以煤为“基”，是对煤炭在产业发展和山西发展中地位的科学定位，把煤作为基础、作为优势、作为机遇，加快提高资源就地转化率、传统产业循环率、新兴产业占有率、节能减排率、科技贡献率，最终形成多元支柱产业体系，推动经济社会又好又快发展。在煤上解放思想，对山西而言，是最大的解放思想。从以煤为主到以煤为基，是一个思想解放的过程，是一个重大飞跃。我们可以层层推进：把煤炭作为基础战略产业，推进集约、清洁、安全、高效发展；把煤炭作为能源转化对象，加大煤电转化比率；把煤炭作为加工材料，大力发展现代节水煤化工；把煤炭作为资本，用资源换技术、换项目、换人才，换取高端产业；把煤炭作为扩大开放的依托，加强与发达地区的交流合作，使彼此间的传统能源供需关系上升为产业互动关系。为此，《报告》提出一个重要的观点，就是重视煤炭的交换价值，以此为切入点，煤炭的文章就做活了。袁纯清同志“7·29”讲话曾指出，山西的优势在煤，山西的潜力和希望也在煤。煤炭不仅是能源资源，也是碳材料资源，更是发展新兴产业的重要资本。不仅要挖好煤，更要用好煤；不仅要做好煤炭本身的文章，更要做好煤炭延伸发展的文章；不仅要开发好地下资源，更要开发好地上资源。特别是提出的7个路径，今天重温，更加感到深刻、精辟：一是围绕传统产业实行循环化，实现高碳产业低碳发展；二是围绕煤炭装备制造业高端化，实现由采掘文明向制造文明的转变；三是围绕煤炭运销形成的巨大运力发展现代物流业，实现经济运行效率大幅提升；四是围绕煤焦冶电等高耗能产业的清洁生产发展节能环保产业，实现环境压力向发展动力的转化；五是围绕能源资源优势做大新能源新材料产业，把一个优势变成两个乃至多个优势；六是围绕煤炭及关联产业发展高新技术产业，力争在高科技领域占有一席之地；七是围绕发挥传统产业优势加快文化旅游产业转型发展步伐，培育新的经济支撑点。总之，以煤为基、多元发展已经远远超越了工业经济范畴，抓住煤、用好煤、延伸煤、超越煤，以煤兴产、以煤兴业，就可以把山西的事情办好。

六、关于再造一个新山西

再造一个新山西是袁纯清同志在去年“7·29”讲话中提出的宏伟目标，具有动员性、科学性、引领性和描述性，给全省人民以巨大鼓舞。《报告》以“7个新”的奋斗目标勾画了山西未来五年的发展蓝图，具体描绘了新山西的愿景，回答了新山西“新”在哪里，使再造一个新山西可感知、看得见、摸得着。正如袁纯清同志指出的，新山西，“新”在把转型跨越发展作为山西的重大战略和主旋律；“新”在工业新型化、农业现代化、市域城镇化、城乡生态化的新的发展理念；“新”在把循环经济作为基本路径；“新”在安全发展、清洁发展、绿色发展、低碳发展的发展方式；“新”在绿化山西、气化山西、净化山西、健康山西的美好生活；“新”在提高群众社会保障水平、收入水平、健康水平、科技教育水平的惠民举措；“新”在全省人民的精神风貌大为改观，发展活力切实增强。今后五年，在转型跨越发展的基础上再造一个新山西，就是要努力实现经济总量有新提升、产业发展有新体系、区域发展有新格局、民生福祉有新水准、社会管理有新作为、生态环保有新局面、发展环境有新气象。这“7个新”涉及到方方面面，体现了全面协调可持续发展，事关山西人民福祉，既有形象描述，又有量化指标，其中重要的指标有10个，这在党代表大会报告中是不多见的。“新山西”有着特定的含义，不是对过去的否定，也不是从零开始，更不是简单的经济总量的翻番，而是以科学的态度、形象的思维，强调实现一种新的变化、展现一种新的愿景，就像党中央在建国几十年后再提建设社会主义“新农村”一样。当然，基层单位和地方也不必层层套用，不必简单提再造一个新单位和新地方，关键是要在转型跨越中实现事业的新发展。

七、关于建设转型综改试验区的重点和抓手

新世纪以来，我国一个重要发展趋势是“两化互动”，即国家战略区域化和区域战略国家化相互促进。从上海浦东新区开始，国家先后批准的综改试验区都活力勃发，取得了令人瞩目的成就。山西获批为转型综改试验区，体现了党中央、国务院对山西发展的关心、对山西人民的关爱，是山西之幸、山西之福，为山西提供了难得的改革平台、政策平台、创新平台和发展平台。《报告》指出：资源型地区转型是一个世界性难题，历届省委、省政府团结带领全省人民在调整结构、促进转型上进行了艰辛的探索。党中央、国务院批准在我省设立国家资源型经济转型综合配套改革试验区，使山西转型发展上升到国家战略层面。一定意义上讲，转型综改试验区就是“新特区”。这些论述从历史和时代的角度，明确了转型综改试验区的定位和意义。

《报告》指出，转型综改试验区的主要目标是：“在生产力层面优化经济结构、转变发展方式，在生产关系层面深化配套改革、创新体制机制，使山西经济形态、社会形态、自然形态特别是人的全面发展发生显著变化。”具体讲，就是要切实解决好产业结构单一化、生态环境脆弱、城乡区域发展不协调、民生和社会事业欠账较多以及制约转型发展的体制机制等问题。《报告》强调转型综改试验区建设“核心在转型、根本在改革、关键在实践”，用简明的概括为这项十分复杂的工作指出了重点和方向。转型的具体内涵是“五个转变”，这也是《报告》的一大亮点。在发展形态上，实现采掘文明向制造文明转变，这是最有时代感、最重要的转变，是两个产业文明的交融和跨越，对山西发展具有决定性意义。在发展方式上，实现粗放高耗增长向集约绿色发展转变，这是最具革命性的转变，是落实科学发展主题和加快转变经济发展方式主线的具体实践。在发展定位上，实现煤电基地向综合能源基地和现代产业基地转变，这是最具现实意义的转变，为山西经济发展指

明了具体路径。在发展方向上，实现资源大省向经济文化强省转变，这是最具跨越意义的转变，也是我们要实现的宏伟目标。在发展动力上，实现资源依赖向创新驱动转变，这是难度最大和最具有标志意义的转变，鉴于资源型产业较强的吸纳和挤出效应，我们必须拿出百倍勇气、付出百倍努力才能完成。《报告》围绕加快形成有利于资源型经济转型的体制机制和政策体系，着重强调了六个方面的体制创新，并对充分发挥企业转型主体作用作出部署。《报告》指出“先行先试是转型综改试验区的最大政策”。从辩证法的角度看，先行先试虽不是具体政策，但蕴含着无数具体政策和巨大发展潜力。先行先试需要胆魄，也需要智慧。先行先试的过程，就是改革的过程、转型的过程、建立新的政策体系的过程。从一定意义上看，创新性又具有可行性、实效性的做法就是政策，能有多少“晋”字牌政策，是转型综改试验区成效大小的重要标志。只有先行，才能使资金、技术、人才、政策等资源流向新产业、新领域；只有先试，才能在不断总结经验和吸取教训中探索出转型跨越发展的最佳途径。关键是要有会行会试的理念、敢行敢试的勇气、善行善试的担当、能行能试的胆略、快行快试的速度，从每个单位做起，从具体项目开始，将先行先试落实到项目建设、政策创新、板块突破、攻坚克难上。

《报告》强调：“建设转型综改试验区，今后五年是关键”，“要举全省之力、集全民之智，确保今后五年实现转型综改试验的重大突破”。资源型地区实现转型，至少需要数十年时间。我省作为典型的资源型地区，要完成全省域的转型，更需要长期不懈努力，但五年是关键期、入轨期，必须紧紧抓住未来五年的切入点和突破口。也可以说，转型综改试验区成败在前五年。从方法论的角度看，要解决好四个问题：一是在转型的普遍规律和潮流中，如何彰显山西转型综改区的特色；二是在能源价格居高企高的利益格局中，如何引导生产要素投向新型产业和转型发展；三是在几十年的转型历程中，如何抓紧当前、尽快入轨；四是在庞杂繁重、千头万绪的转型任务中，如何明确工作的具体抓手。这四方面的题目破解了，就能确保转型综改试验不断取得阶段性成效，就可以向国家和全省人民交一份满意的答卷。五年真正入轨，转型必定可期。

八、关于支持太原率先发展

《报告》从多个方面对太原发展直接作出重要部署，是历次党代表大会报告对省会着墨最多的一次，反映了省委对太原工作的高度重视和大力支持，也反映了全省人民的期望。《报告》首先鲜明提出支持太原率先发展，然后从发展目标上，提出要把太原建设成为科技创新的领先区、高端产业的聚集区、改革开放的先行区、生态文明的示范区、和谐社会的首善区；从战略定位上，提出充分凸显太原都市圈在全国城市群版图中的地位和全省发展龙头作用，成为中部崛起的重要一极；从产业转型上，提出太原和其他有条件的城市建立以现代服务业、高新技术产业为主的产业体系；从带动作用上，提出太原都市圈的城镇化率、经济发展速度明显高于其他城镇群，经济占比明显上升，对忻州、吕梁、阳泉等地的辐射带动作用明显增强；从区域协调上，提出建立领导协调指导机制，坚持一个规划统筹、一个标准建设，实质性推进太原晋中同城化；启动建设太（原）榆（次）科技创新城等。可以说，从发展的主要方面都对太原提出很明确、很具体，也是很高的要求，指明了太原在全国和中部的定位，在全省工作大局中的定位，在“一核一圈三群”城镇化格局中的定位。值得注意的是，太原晋中同城化，随着时间的推移，已经具有更多内涵。两市连接带有四个开发区，有两个城（正在建设的大学城和太榆科技创新城），有航空、铁路、公路三个枢纽，三条高速公路和四条铁路穿境而过，产业、交通、科教、人才资源如此叠加配置，在全国为数不多，可见不仅太原晋中同城化潜力巨大、势在必行，对全省发展也具有十分重要的意义。太原转型跨越发展的率先作用发挥好了，全省转型跨越发展就会搞得更好。支持太原率先发展，不仅事关太原首位度的巩固和提高，而且符合全省工作大局，有利于山西在中部崛起中赢得主动，在全国提升形象。

九、关于以大开放推动大发展

把开放战略专门作一部分来部署，是《报告》一大特色，具有现实针对性。从规律性上讲，招商引资引智是经济全球化条件下促进一个地方发展最快捷、最现实、最有效的途径，其规模和质量既是对外开放的重要标志，又是扩大开放的中心环节；从现实性上讲，山西这样的内陆省份，要实现转型跨越发展，光凭自身的要素是远远不够的，招商引资引智应该伴随整个转型跨越的过程，作为一项经常性任务和基本功；从客观上讲，引资与引智是密不可分的，山西这两方面的任务都很重，我们不仅要着眼于引资，而且要着力于引智，使经济合作与科技、人才、教育、卫生、文化等方面的交流融为一体。因此，《报告》立足于开放即发展、发现即发展，指出“招商引资引智是首要任务”。《报告》还指出，“打造开放平台是关键环节”。平台坚实，开放有力。这主要是针对我省开放平台建设不足、功能不全、作用有限提出来的，旨在充分发挥其连接政府与企业的纽带作用、助推企业外向发展的桥梁作用、对内对外开放的窗口作用。有了开放平台，就有了开放引进的承载体，就能有力推进大开放和大发展。平台除各类开发区外，加快建设内陆口岸和综合保税区，扶持发展具有复合功能的大型物流园区，至关重要。尤其是要建设好以方略保税物流中心为核心区的山西国际陆港园区和太原综合保税区。《报告》指出，“扩大区域合作是重要突破口”。加强区域合作的过程是解放思想的过程，是提高本领的过程，也是形成开放竞争新优势的根本所在。加强区域合作，我们才能认清自身优势，克服发展劣势，借助外来优势。《报告》指出，“营造良好环境是制胜砝码”。“鱼逐水草而居，禽择良木而栖”。好环境是品牌，是“加油站”；差环境就是短板，是“减速器”。一定程度上讲，对外开放的得失成败在于环境。只有真正使三晋大地成为人流、物流、商流、信息流汇集之地、畅通之地、兴旺之地，山西的转型跨越发展才能富有成效地推进。所以《报告》特别强调，开放水平决定发展水平。

十、关于跳起来摘桃子

“跳起来摘桃子”是《报告》对全省干部群众精神状态的形象描述，也是发出的号召，这是一种与转型跨越相匹配的精神状态。没有这样一种精神状态，再好的思路也难以落到实处。桃子可以坐着摘，一般够不到桃子，而且会坐吃山空、坐失良机；可以站着摘，不去跳，只能摘到别人同样摘得到的桃子，数量当然有限；可以跳起来摘，能够摘到更多更大更好的桃子。不同的状态决定不同的行动，不同的选择决定不同的结果。没有一股跳起来摘桃子的精气神，不仅办不成两件大事，也办不成任何事；只有信心足、信念坚，才能抓住机遇，有所作为。山西在战争年代创造了不畏艰险、艰苦奋斗、敢于胜利、无私奉献的太行精神、吕梁精神，今天虽然面临许多困难和挑战，但转型苦不如战争苦、跨越难不如牺牲难，我们要大力弘扬太行精神、吕梁精神和右玉精神，以坚定的信念和必胜的信心，加快小康步子，走出转型路子。事实上，我们也有跳起来摘到桃子的良好基础。袁纯清同志在省委十届一次全会上，从发展机遇、发展态势、发展基础、发展氛围、发展保证五个方面，全面论证了我省加快推进转型跨越发展的优势和条件，只要我们把坚定信念和科学规划有机结合起来，把精神力量和物质力量互动起来，真干、实干、大干、苦干、持续干，就一定能肩负起转型跨越发展的历史使命，作出无愧于时代、无愧于人民的业绩。

（作者为中共山西省委副秘书长、省委政研室主任）

山西省机关党组织开展创先争优活动的新进展新启示

李仁和

去年以来，我省各级机关党组织，抓住全党深入开展创先争优活动这一重要契机，抓住队伍建设这个着重点，认真贯彻落实《中国共产党党和国家机关基层组织工作条例》，加强和改进各级机关党的组织建设和干部队伍建设，为推进全省科学发展、社会和谐做出了积极贡献。

着力加强机关党的先进性建设，把机关基层组织建设作为“基础工程”扎实推进，在强基固本上狠下功夫

基层组织建设是党的全部工作的基础。遵照胡锦涛同志关于“机关党的建设要走在党的基层组织建设的前头”的指示，省直工委从2010年开始，集中精力，扎实认真地抓了省直机关各级基层党组织的换届及健全强化工作。在逐一摸底掌握情况基础上，专门下发文件、提出质量和时限要求。工委成立了换届工作指导小组，按照不同情况，积极主动与各单位、各部门党组（党委）协调沟通，重点作好对各厅局机关党委换届的督促指导工作，及时调整充实了厅局机关党委班子，充分调动了机关党组织在创先争优活动中的积极性，使省直机关作为地方党的组织和国家行政体系重要组成部分，在引领全省实现转型跨越发展，再造一个新山西的实践中，发挥了坚强有力的保障、带头作用。

2010年9月，省机关党建研究会、省直工委会同晋中市委，在晋中市召开了推广晋中市以创星级机关党组织引深创先争优活动经验的现场会，通过典型引路，现场参观学习晋中市以党组织和党员的模范带头作用，促进经济建设、服务中心工作、服务人民群众的经验和做法。有效推进了全省机关党组织创先争优活动的深入开展。

为把省直机关基层党组织建成具有先进思想引领、富于创新精神、作风求真务实、工作奋发向上的战斗堡垒，省直工委明确提出把建设学习型党组织与创先争优活动紧密结合起来，统一部署，协调推进的工作思路，明确提出先进思想武装、具有改革创新意识和科学发展意识、懂业务有本领是衡量每个党组织和每个党员干部是否先进的首要条件，并贯彻到2011年度推荐、评选、表彰先进党组织、优秀党员、优秀党务工作者的实际工作当中。

2011年9月，第六届中部地区贸易与投资博览会将在我省举行。省直工委及时抓住这个机会，要求省直机关要切实树立为全省经济发展服务的思想，积极开展“迎中博、创环境、争一流”主题活动。首先从环境上积极营造服务经济建设、促进科学发展的氛围，强调各级党组织和广大党员干部都要树立改革开放意识、争先创优意识，树立人人都是软环境的意识，积极为创造山西良好的经贸发展和投资环境做出贡献。同时，在硬环境治理上也开展了热火朝天的比学赶帮热潮，提出营造文明卫生城市的口号，积极督促检查整改在硬环境方面存在的一些脏乱差现象，通过机关党组织和党员带头，动员全省上下以良好的精神状态、崭新的城市面貌，迎接中博会的胜利召开。

着力加强机关党的先进性建设，把建设机关党员干部队伍作为“主体工程”重点营建，在根本性建设上狠下功夫

党员是党的主体。党组织的先进性要通过党员的先进性来体现来发挥。省直工委把抓党员干部队伍建设的重点放在抓处级以上领导干部上。通过严格规范厅局领导班子中心组学习，促进领导班子思想建设。通过把中心组学习纳入省委目标责任制考核范围，制定了严格的科学的考核标准，加大了平时的组织管理和督促检查力度，并通过组织中心组学习成果交流会、定期编发中心组学习成果汇编等形式，明显提升了中心组学习的质量与水平，促进了中心组学习由被动向主动的转化，由脱离实际的泛泛而学向有的放矢地推动工作的实效性转化。特别是通过把中心组学习与建设学习型党组织紧紧结合，从整体上提高了厅局班子应对突发事件、引领科学发展、推进和谐建设的水平和能力。

2010年8月，省委作出学习弘扬右玉精神的决定，省直工委及时组织厅局党员干部分批到右玉实地考察学习，身体力行艰苦奋斗精神，使省直机关广大党员干部接受了一次改革开放新形势下坚持艰苦奋斗作风的教育。在省直机关开展了以学习弘扬右玉精神，爱岗敬业、争创一流，在经济建设中建功立业的主题教育活动，深入推进了省直机关创先争优工作的开展。

2011年，省直工委按照省委的安排部署，组织动员省直机关干部下乡住村包村，践行群众路线，做服务人民群众的表率。主要方法是领导包村，党员包户。具体目标和任务是帮助所住村建设一个坚强有力的基层党组织，开展一次解放思想、加快发展的大讨论，制定一个切合实际的经济发展规划，选定一个农民致富的好项目，解决一些事关农民群众生产生活切身利益方面的迫切问题。通过组织开展这项活动，一是锻炼了机关党员干部，二是开辟了探索构建城乡结合相互促进的基层党建工作新格局的有效途径，三是密切了党和人民群众的血肉联系，转变了机关党员干部的思想作风和工作作风，四是引深了在全省开展的弘扬右玉精神的学习活动。

2011年4月，省直工委召开了省直机关创先争优活动观摩会，宣传推广了省公安厅“一把手”亲自选载体，在全系统开展“阳光行动”，把创先争优活动与带队伍紧密结合起来，扎实推进创先争优活动的经验和作法；省交通厅把创先争优活动与精神文明建设和行业文化建设相结合，更加有力地发挥抓党建促业务的效用，不断引深创先争优活动；大唐集团山西分公司把科学发展上水平与创先争优常态化相结合，支部建在项目上，项目建设创一流等鲜活经验，再次掀起创先争优活动的高潮。引领省直机关创先争优活动从一般性动员部署向真创真争深入发展。

2011年1—7月，全省各级机关党组织，以纪念建党90周年为契机，广泛组织开展践行党的宗旨的各种活动。通过组织实施歌颂党的群众性歌诵活动、党的知识竞赛活动和党员服务群众志愿者活动等凝聚力、向心力工程，强化了党员宗旨意识和责任意识，扎实有效地加强了机关党员干部队伍建设。

着力加强机关党的先进性建设，把建设一支高素质的机关党务干部队伍作为“样板工程”精心打造，在提升能力和水平上狠下功夫

机关党务干部队伍是机关党建工作的领导者和执行者，是机关党建工作的主力军。省直工委在一年多的集中督促指导所属基层党组织换届过程中，积极取得各厅局党组(党委)的支持，坚决克服以往那种把机关党委作为安排老弱病残干部岗位的错误倾向，把机关党委专职书记岗位做为培养优秀干部的阵地，通过履行组织程序，使一批年富力强、在本单位本部门威信较高、党员群众公认的干部充实到机关基层党组织领导岗位。

近两年，省直工委除在省直党校组织对机关党务干部特别是对新任机关党委专职书记集中进行党建业务培训外，还着眼于机关党务干部思想作风建设，组织了省直机关党委专职书记、纪委书记、各地市直机关工委书记参加的井冈山革命传统教育培训和上海改革开放教育培训，增强了广大机关党务干部的能力素质。

《中国共产党党和国家机关基层组织工作条例》重新修订颁发之后，省直工委对所属机关党组织的党务干部全部进行了集中培训，工委领导班子成员分专题进行辅导。在此基础上，召开了两场学习贯彻《条例》精神大讨论。一场由工委各处室负责人作主要发言，谈体会、谈认识、谈贯彻思路和举措，由各厅局机关党委书记作评价。另一场由部分机关党委书记或专职副书记作主要发言，工委领导及各部门负责人参与讨论。从不同的侧重面，讨论对《条例》的贯彻执行。此外，针对当前机关党建中面临的一些重大理论问题和实践问题，拟定了六个专题，由工委班子成员领题调研，做到掌握主动、胸中有数，提高工委领导和指导省直机关和地市工委开展党建工作创新的针对性、实效性。为提高机关党务干部协助经济建设的本领，结合学习“十二五”规划，工委建立了领导干部讲坛，请省直机关主要业务厅局和综合部门主要负责人解读“十二五”规划，使省直机关广大党务干部从了解理解入手，把“十二五”宏伟蓝图变成组织带领机关广大党员干部积极落实的自觉行动。

省直工委作为省直机关基层党组织的领导部门，理应走在所属机关基层党组织的前头。今年年初，工委即提出开展工委机关形象建设年活动，专门召开了动员会，制定了实施方案和措施，明确了目标任务，确立了责任制，通过内强素质、外树形象，真正把工委机关建设成为具有良好干部素质和优良服务水平的领导机关。这一活动加强了工委机关内部建设，有效提升了工委干部工作效率和办事能力。在纪念建党90周年工委组织开展的十大系列活动中，

工委从上到下，齐心合力，埋头苦干，展示了工委的组织能力和工作水平，以出色的工作成绩赢得了省直机关的普遍赞誉和省委领导的高度评价。

新的实践，新的进展，给我们以新的启示：先进性建设是党的建设的永恒主题，而创先争优是保持党的先进性的不竭动力；党的先进性的基础在于基层组织的先进性，而基层党组织的先进性来源于每个党员的先进性，结合机关党建工作的中心任务，加强机关党的建设，重点在于加强队伍建设；面对新形势、新任务、新情况、新问题，加强和改进机关党的建设，关键是要努力提高机关党建科学化水平。

努力提高机关党建科学化水平，就要准确认识党所面临的形势，坚持以科学的指导思想武装广大机关党员干部，始终把握前进的正确方向

胡锦涛同志在庆祝中国共产党成立90周年大会上的讲话指出，新形势下党所面临的“四大考验”和“四种危险”，是党在前进道路上必须克服和解决的主要问题。胡锦涛同志强调，必须以深化改革解决我们所面临的突出问题。指出“要坚持社会主义市场经济的改革方向，提高改革决策的科学性，增强改革措施的协调性，找准深化改革开放的突破口，明确深化改革开放的重点，不失时机地推进重要领域和关键环节改革，继续推进经济体制、政治体制、文化体制、社会体制改革创新，继续解放和发展社会生产力，继续推动我国社会制度自我完善和发展，坚决破除一切妨碍科学发展的思想观念和体制机制弊端，为推进中国特色社会主义事业注入强大动力”。我们要深刻领会胡锦涛同志讲话的精神实质，以此作为当前和今后一个时期全党工作的指导思想，把思想和行动统一到以经济建设为中心、全面深入推进改革开放的工作重心上来。要联系当前机关党建工作实际，进一步明确机关党建工作的目标和方向，提高机关党建工作科学化水平。在深入开展创先争优活动中，坚持以科学发展为主题，以加快转变经济发展方式为主线，及时为基层党组织指出前进的目标和方向，激励基层党组织和党员在深化改革开放、推动科学发展实践中建功立业，在促进社会和谐、保持社会稳定中争先创优，把机关党建工作不断推向前进。

努力提高机关党建科学化水平，就要坚决按照中央领导同志新指示新要求，调整工作思路、找准工作定位、把握工作重点、转变工作作风

胡锦涛同志七一讲话指出，“各级党政机关和干部要坚持工作重心下移，经常深入实际、深入基层、深入群众，做到知民情、解民忧、暖民心。要把基层一线作为培养锻炼干部的基础阵地，引导干部在同群众朝夕相处中增进对群众的思想感情，增强服务群众本领。要把服务群众，做群众工作作为基层党组织的核心任务和基层干部的基本职责，使基层党组织成为推动发展、服务群众、凝聚人心、促进和谐的坚强战斗堡垒”。习近平同志在2011年中央直属机关先进基层党组织、优秀共产党员、优秀党务工作者表彰大会上讲话，要求机关党组织要“努力做落实中央决策的表率、服务人民群众的表率、推进改革创新的表率、注重强基固本的表率、弘扬清风正气的表率”。胡锦涛同志和习近平同志的讲话，都对机关党建提出了新的要求和任务。我们要把学习胡锦涛同志讲话和习近平同志讲话的重点放在具体落实上。结合山西的实际，要把服务人民群众作为创先争优的一个突出重点，推动机关干部到基层去、到群众中去，帮助群众解决实际困难。把干部下乡住村工作进一步抓实抓好，取得实效。

要把机关党建工作纳入本部门本单位工作的总体布局，围绕省委及本单位中心工作，强组织，带队伍。要把开展创先争优作为加强机关党的建设的载体和契机，把心思投入到扎扎实实的机关党建工作实践当中，坚决破除机关党建工作中的“形象工程”，要求和鼓励机关党组织和广大党员多做默默无闻的实际工作，大力树立和弘扬求真务实的工作作风。进一步拓展和推进窗口单位、窗口部门和服务行业的创先争优工作，让广大群众真正感受到创先争优带来的良好风气。

努力提高机关党建科学化水平，就要把思想政治工作摆到突出位置，在注重保障和改善民生的同时，教育机关党员、干部，正确认识和处理改革发展稳定的关系，努力推进和谐社会建设

思想政治工作历来是我们党的政治优势。但由于方法、措施简单、陈旧，不适应新形势、新环境、新任务对思想政治工作的新要求，以至成为我们实际工作中的一个弱点。机关党的基层组织一项重要工作，就是要抓好思想政治工作。在当前形势下，要坚持以人为本方针，以促进人的全面发展为根本目标，以建设社会主义核心价值体系为重大课题，以培养奋发进取、理性平和、开放包容的社会心态为重要任务，以文化建设与思想政治工作高度融合为新型格局，以人文关怀和心理疏导为必要手段，以不断提高科学化水平为价值取向，以新兴媒体拓展覆盖面为有效载体，全面加强和改进新形势下的思想政治工作。

要通过深入推进创先争优活动，充分发挥机关基层党组织和广大党员的先锋模范作用。努力做到一个组织就是一座堡垒，一名党员就是一面旗帜。要着力于把缩短人民群众的期望与现实生活的距离，作为党组织与党员身体力行的实际行动，赢得人民群众的理解、信任与支持。机关党组织要竭尽所能地投入创建和完善党委领导、政府负责、社会协同、公众参与的社会管理新格局，全面提高社会管理科学化水平，确保人民安居乐业、社会和谐稳定，为深

化改革开放，推进科学发展提供坚强的政治保障。

要把保障和改善民生作为机关党建工作一项重要任务，把解决老百姓有工作、有饭吃、有衣穿作为最大的政治。把人民群众学有所教、劳有所得、病有所医、老有所养、住有所居作为我们的工作目标，在实实在在为人民谋福祉上下功夫、办实事、出实招，真正为人民群众的利益办几件实实在在的事情，使中央的声音变为各级党组织的具体行动，做出成绩，赢得民心。

努力提高机关党建科学化水平，就要把贯彻落实《条例》引深到推进机关党建制度化、规范化、程序化上来，努力构建内容协调、程序严密、配套完备、有效管用的机关党建工作制度体系

《中国共产党党和国家机关基层组织工作条例》是机关党的建设的一个带有根本性的制度。要围绕《条例》的贯彻执行，制定好我省的《实施意见》。要进一步完善机关党的工作责任制。按照省委书记袁纯清同志的指示，这项工作已经纳入全省党员领导干部年度目标责任考核范围。要进一步以科学的指标细化量化这个制度，真正起到通过考核促进各级领导重视和支持机关党建工作的作用。要进一步建立健全机关权力运行制约和监督体系建设。省直纪工委制定印发了《省直机关党的基层组织实行党务公开的意见》，今后一个时期内要重点督促这个文件的贯彻执行，以此作为工委实施领导监督的具体举措，保证省直党政机关按照法定权限和程序行使权力，增强各级领导机关和领导干部权为民所用的自觉意识，深入推进省直机关的反腐倡廉建设。

党内民主是激励党组织和党员干劲的有力手段。通过党员先锋模范带头作用，引领广大群众迸发出建设中国特色社会主义的冲天干劲，是我们党发挥领导作用的一条基本经验。要通过畅通党员参与民主决策的有效渠道，把党员的积极性充分调动起来，并以此搭建起党同人民群众密切联系、倾听人民心声的桥梁。尤其要在制度层面健全机关党内民主制度，丰富民主形式，拓宽民主渠道，营造民主氛围，强化党员民主监督、参与民主决策与管理，进一步使机关党内民主制度化、规范化、程序化，使党的这一政治制度的优越性充分发挥出来。

要按照袁纯清同志的要求，把创先争优活动的成功做法制度化。实践证明，在开展创先争优活动中，机关各级党政部门，以及像大唐集团公司、省会计师协会等一些企业及社团组织都积极投入、广泛参与，并取得了显著效果，说明我们党开展这项活动不仅具有深刻的理论基础，而且具有深刻的实践基础和群众基础。我们的任务就是要维护好引导好这个积极性，不断创新创先争优活动的方法和途径，巩固和扩大创先争优活动成果，将创先争优活动中的具体经验系统化、感性认识理性化、成功做法制度化。在省直和市级机关积极推广晋中市直机关和晋城市直机关巩固创先争优成效、建立长效机制的经验和成果，带动各级机关党组织在不断创新载体，引深活动的基础上，总结经验成果，建立长效机制，使之成为能够长期指导全省机关基层党组织和广大党员先进性建设的制度机制，不断提高机关党建工作的科学化水平。

（作者为中共山西省直机关工委书记、山西省机关党建研究会会长）

承担起山西的文化责任

杜学文

11月中旬，新创作的舞剧《粉墨春秋》在北京首演，自然是引起了观众的广泛关注。在随后召开的座谈会上，专家们进行了热烈地讨论，既肯定了成功的努力，也提出了修改的意见。而对我触动颇深的是，他们在肯定山西文化建设努力的同时，提出了一个概念：山西的文化责任。山西的文化责任是什么？这使我深思再三。

山西是一个行政区划概念。从这个意义来看，山西是中国的一个省份。同时，也是一个地域概念，是位于祖国第二台阶黄土高原，由黄河与陕、豫分割的地带。而我更看重的是，山西也是一个文化概念，是被称为“河东”“山右”，有“表里山河”之誉的三晋。在这块土地上上演了我们民族生存、成长、发展的生动历史，也生成了具有独特意义的文化。它与中华民族的发展进步息息相关。而我们的责任也许就在这其中。

一、在山西，特别是汾河与黄河交汇的晋南地区，可以寻找到华夏文明发展演进的完整脉络。今天，我们的责任就是让华夏文明一以继之地延续传承下去

大约180万年前，晋南中条山麓的西侯度人已开始使用石器，并掌握了火的使用。这是人类的一大进步。在距今六七十万年前的匼河，原始人类已经进入旧石器的早期。而据今十几万年的丁村人的存在，填补了我国旧石器时代中期人类化石的缺环。在今沁水县下川遗址和吉县柿子滩

遗址中，发现了我国农业的早期形态，表明在距今2.5万年到1万年间，我们的先人已开始大量地食用粟作植物，原始农业已经形成。山西也是华夏民族人文始祖炎、黄二帝最重要的活动地区。在大约距今五千年左右的时期，炎帝部落、黄帝部落在山西活动频繁，并推动了中国农业由采集向集中耕作的革命，创造了最早的文字，形成了最早的行政构架。尧、舜、禹先后在山西建都。从那以来，历朝历代，山西这块土地上文明不绝，绵延不断。辛亥革命爆发，山西的革命党人迅速响应，史有“南响北应”之称。抗日战争时期，山西成为八路军总部及敌后抗日根据地。新中国成立后，山西作为国家能源基地，保证了国家的发展。在这漫长的发展历程中，在这块黄土高原发生了一幕又一幕事关历史进步的重大事件，涌现出一个又一个具有标志性意义的文化英才，并逐渐形成了我们民族共同遵循的价值观，诸如忠义仁勇、天人合一、爱民爱国、节俭勤奋、包容开放等。

在人类文明发展的进程中，其他地区生成的古文明由于战争、自然灾害、气候变化，以及瘟疫等先后衰落中断。唯一没有发生断裂的文明形态，就是诞生于黄河流域的华夏文明。山西作为华夏文明的重要发祥地之一，就是这种文明延续性的生动证明。因此，这一文明形态能否延续下去，能否继续为人类发展进步作出积极的贡献，不仅是山西的问题，也不再是中国的问题，而是人类的问题。在人类发展面临新的挑战，人类重新审视自身的发展方式、前进道路的今天，我们的努力意义重大，责任非凡。必须在承传先人创造的文明的同时，积极吸纳世界各地文明形态中于我有益的东西，结合我们的历史与实践创造新的文明，使中华文明得以延续、进步、升华。

二、中国正步入改革发展的关键时期。作为中国的缩影，山西具有非常生动的典型性

山西文化的发展进步，可以看做解决我们面临问题的一个典型范例。说我们正处于一个非常关键的历史时期，是因为我们的国家在取得重大进步，迈上崛起复兴之路的同时，还面临着许多急需解决的问题。一方面，我们的经济发展较快，已成为世界第二大经济体，人民的生活得到了极大改善，中国在国际事务中的影响与责任不断扩大，中国的发展道路得到了世界的重视。但不能回避的是，在发展方式上，我们的资源消耗比较大，在全球产业链中处于低段，创新能力还比较薄弱，在国际市场中所占的份额、竞争力等都比较低。转变发展方式，就是要改变这种状态，努力提升我们的创新能力、竞争能力、可持续能力，掌握经济发展的主动权。在社会事业方面，我们还存在许多薄弱环节，如社会管理、社会保障、民生保障等都有许多问题需要解决。

山西作为一个资源型地区、欠发达地区、内陆地区，上述问题都存在。一方面，我省大力推动转型发展、跨越发展，成效明显，势头强劲。另一方面，需要努力解决的问题还很多。其中最核心的问题，是发展方式的问题。在经济结构上，对自然资源的依赖状况还没有得到根本的改变，三次产业结构还不合理，对外部经济的依附性还很明显，创新能力、竞争能力都亟待加强。从这样的角度来看，山西的转型在全国具有代表性、典型性。我们如果能够充分发挥自身优势，用好中央的政策，在解决面临问题上闯出一条路子，创造积极有效的经验，对全国来说意义重大。综观世界各国资源型地区，在转型进程中积累了很多成功的经验。其中一个非常重要的经验，就是对文化的重视。如加大对教育、科技、文化的投入；推动包括文化产业及旅游产业等新兴产业的发展；利用既有的厂区、设备进行改造，使之成为博物馆、创意工作室、旅游景点；重塑区域文化形象，净化、美化、优化市域环境等等。这种努力使资源型地区发展方式得到了转变，对资源的依赖与消耗减弱，创新能力增强，可持续性凸显。就山西而言，文化建设时不我待，机不可失。我们必须发挥好山西文化资源丰富的比较优势，使文化资源的比较优势转化为发展优势。一是要努力改变干部群众的思想观念，从资源依赖中解放出来；二是要强化内容产品的创作生产，不断提供有正确的价值观、积极的社会效益、广阔的市场前景的优秀作品，在凝聚人心、激励士气的同时，为产业发展提供原创力；三是要大力发展文化产业，不断提升文化产业的成长度，形成新的支柱性产业；四是用文化来改造提升传统产业，努力增强传统产业的文化含量，提升文化附加值，形成新的增长点；五是要推动文化与旅游、科技、信息、教育等行业的联动发展，用文化为其他注入发展动力与竞争实力。

三、一个时代有一个时代的文化。在中华民族崛起复兴的历史进程中，必须有代表这一时代的文化出现

综观人类发展的漫长历史，每一个时代都有能够代表这一时代的文化出现。没有文化的民族是不存在的民族，没有文化的时代是没有前途的时代。以欧洲而言，在古希腊时期，出现了亚里士多德、苏格拉底、柏拉图等具有标志意义的文化哲人。他们的思想奠定了欧洲的思想基础。启蒙运动时期，以伏尔泰、狄德罗等为代表的启蒙思想家积极借鉴人类文明中的有益资源，特别是东方中国的思想资源，对封建制度、神权思想进行猛烈批判，开启了欧洲走向近代化的新路。亚当·斯密的《国富论》成为自由资本主义的思想武器，而马克思、恩格斯的著作对资本主义的弊病进行了深刻批判。在中国，以孔子为代表的儒学、老子为代表的道学、韩非子为代表的法学、墨子为代表的墨学等奠定了中华思想的基础。汉代的文赋、唐代的诗歌、明清的小说，作为人类文化宝库中耀眼的明珠，影响着一代又一代的人们。他们既是或一时代文明的标志，又是超越了时空的人类精神力量。而那些没有创造出灿烂文化的时期，就成为人类发展进程中迷茫的时期，也是人类创造

力萎缩、退化的时期。

文化是一个时代进步程度的标志，是引领人民前进的旗帜。中华民族经过一代又一代人的求索、奋斗，终于走上了崛起复兴之路，从近代以来积贫积弱、落后挨打的屈辱中走出。中华民族将重新找回已经失去的荣光，自立于世界民族之林。中国的发展进步，不仅对本民族具有重大意义，对人类的发展进步同样具有非常重大的意义。这就是让人们认识到，人类进步的道路是多样的，人类发展的模式是不同的。任何唯一的、终结的思想，都将被中国发展进步的现实所证明是一种机械的、僵化的、狭隘的错误。这是一个伟大的时代，是一个让世人震惊的时代。我们身处这样一个时代，必须创造属于这一时代的灿烂文化，用我们的文化来武装人们的头脑，教化人们的心灵，启迪人们的智慧，促进社会的进步。山西在中华民族的发展进程中，曾经创造了灿烂的文化。无论是科学技术、思想理论、文学艺术，都涌现出许许多多杰出的、具有标志性意义的成果。在经过30多年的改革开放之后，山西的发展步入一个新的历史时期。山西人民为新中国的发展作出了巨大的贡献，并正以自己的努力不断克服面临的困难，解决存在的问题，创造新的辉煌。在这样的历史背景下，我们的文化不能无语，不能回避，而必须有与这个时代相匹配的文化创造。在上世纪五六十年代，我们出现了以赵树理为代表的文学创作的“山药蛋”派，生动地表现了中国人民在新中国成立后的奋斗历程、思想情怀。在上世纪八九十年代，我们出现了歌舞艺术的“黄河歌舞”，以及文学领域的“晋军崛起”，从文化的深度表达了中国人民的精神与生活。今天，我们拥有了包括文学、电影、电视剧、戏剧，以及其他艺术领域与理论领域的崭新创造，生动地记录了我们人民的奋斗精神。但是，我们的历史使命并没有终结，任务仍然艰巨。推动山西的文化能够持续呈现繁荣发展的态势，为中华文化的发展进步作出更大的贡献，从而为历史留下我们这个时代的文化标志，是我们义不容辞的责任。

四、转型跨越取得了积极成效，社会对山西的文化充满了期待。为人民群众提供更多更好的文化服务，是时代进步的必然要求

改革开放以来，山西在经济社会各个方面都得到了长足的发展。特别是在大力推动转型跨越发展的今天，山西的经济结构向好，发展空间增大，民生问题得到改善，人民群众的收入持续增长，文化产业等新兴产业进入快速发展的新阶段。一方面，随着社会事业的发展，公共文化服务体系进一步健全，基层群众的文化服务得到增强；另一方面，文化体制改革不断深入，文化生产力得到解放，文化产品的创作生产呈现出十分活跃的态势。更重要的是，随着经济的发展，社会保障体系的完善，人民群众的收入得到了明显地增加，参与文化活动、接受文化服务的可能性大大提高，山西的文化需求已进入一个活跃期，居民在文化方面的需要将进一步扩大，投入将进一步增强。这就要求我们要为人民群众提供更多更好的文化服务，创作生产更多更好的文化产品。

山西的文化并不仅仅是为山西人服务的，它是中华民族文化的重要组成部分。随着近年来山西在文化建设中优秀成果的不断出现，逐渐形成了自身的特色，就是在其严肃的价值追求中闪烁着民族文化的魅力，具有比较深刻的精神追求和生动的艺术表达、情感魅力。其他区域的人们对山西及山西文化产品的评价呈正面态势，其期待值逐渐走高。人们希望能够欣赏到山西的作品，也要求我们的创作、生产不断提升境界，表现出能够体现山西特色、民族气派、国家水准的特点。作为山西的文化工作者，责任更重，压力更大，希望更高。人民群众的期待是文化工作者的使命。我们需要用优秀的作品来满足人们日益增长的文化需求，丰富人们的精神生活。首先，要通过思想性、艺术性、观赏性统一的优秀作品来弘扬、传播正确的价值观，让人们在享受文化服务的同时，潜移默化地接受先进文化的熏染、教化，强化我们的核心价值体系。其次，要用文化来提升人们的生活情趣、精神境界、审美水平，在欣赏美、接受美的同时，完善人格、净化心灵，培养高尚的道德情操。再次，人民群众也非常需要在享受文化服务的同时，参与文化创造，表现自己的创造才能，丰富自身的想象力，表达自己对美好事物的热爱与追求。

山西的文化自觉意识与文化自信心不断增强。人们越来越认识到，山西在中华民族发展的进程中曾经创造了灿烂的文明，山西丰富的文化资源必须转化为今天改革发展的动力。人们也越来越相信，文化的力量是无可估量的。它可能解决我们现实生活中面临的诸多问题，同时还具有潜在的无形的力量。而这种力量是非常重要的。如果回避它的作用，无视它的存在，就是回避我们自己，就是无视我们的未来。在转型跨越的历史时期，非常需要发挥好文化的重要作用，用先进的文化来引领社会思潮，统一人们的思想观念，激励人们的奋斗热情，凝聚社会的前进力量。我们必须承担文化的责任，为中华民族的复兴作出应有的贡献。

（作者为中共山西省委宣传部副部长）

认真学习和落实“十二五”规划 大力推动全省转型跨越发展

李旺明

今年是“十二五”的开局之年。目前，大家正在学习和实施我省“十二五”规划。在经济社会发展中，规划是先导，是宏伟蓝图和行动纲领。首先，规划是一种科学预期，规划来自于对现实条件的客观把握，对所处历史方位、发展趋势的深入分析，对发展规律的准确判断，对未来五年发展的理性预期。其次，规划是一个共同愿景，规划描绘一个地方的发展蓝图和宏伟目标，以起到振奋人心、统一思想、凝聚力量的作用。其三，规划是一个行动指南，是大致的时间表和路线图，具有很强的战略性、指导性和可操作性。

《山西省国民经济和社会发展第十二个五年规划纲要》(以下简称《纲要》)已经山西省十一届人大五次会议原则通过，是未来五年我省经济社会发展的路线图，是全省人民共同的行动纲领。《纲要》的主题是科学发展，主线是转变经济发展方式，主旋律是转型跨越发展，总抓手和统揽是转型综改试验区建设，总目标是再造一个新山西。《纲要》准确把握省内外形势，提出了符合我省省情、顺应时代要求、凝聚人民意志的发展目标、指导原则和战略任务。有效实施并完成《纲要》提出的目标和任务，对今后五年我省经济社会又好又快发展，具有十分重大的意义。

学习“十二五”规划，关键要把握《纲要》的精髓。袁纯清书记高屋建瓴地指出，“十二五”规划的精髓和内涵就是“转型跨越发展、再造一个新山西”，并精辟概括了新山西的七个“新”(“新”在把转型跨越发展作为山西的重大战略和主旋律，“新”在工业新型化、农业现代化、市域城镇化、城乡生态化的新的发展理念，“新”在主要经济指标总量翻一番的快速增长，“新”在把循环经济作为基本路径，“新”在安全发展、清洁发展、绿色发展、低碳发展的新的发展方式，“新”在绿化山西、气化山西、净化山西、健康山西的美好生活，“新”在提高群众社会保障水平、收入水平、健康水平、科技教育水平的惠民举措)。把握住这“七个新”，就把握住了“十二五”规划和转型综改试验区的基本内涵。

下面，就学习《纲要》谈一些理解和认识。

一、《纲要》的编制情况和主要框架

我省“十二五”规划工作，以科学规划、民主规划、开门规划为原则，先后经历前期调研、规划思路研究、省委规划《建议》起草、规划《纲要》(草案)起草、《纲要》审议等阶段。省委、省政府对“十二五”规划编制高度重视，袁纯清书记多次就规划编制问题提出重要意见，王君省长亲任规划领导组组长。规划是一个集思广益、群策群力的过程，在省委、省政府的精心安排下，各有关部门为规划编制工作付出了艰辛劳动。规划初稿形成后，充分征询省人大、省政协和各市县、省直各部门的意见，扩大了社会参与，丰富了规划内容，增强了社会共识。

在编制过程中，有这样几个重要的基础。一是7·29讲话。袁纯清书记在全省领导干部大会上，重点对我省“十二五”时期的发展思路、发展目标、发展路径和主攻方向作了重要部署，这成为规划编制的主要依据。二是外省考察和各市观摩成果。去年8月，书记、省长带领省直和市主要负责同志赴四省市区考察学习，11月又对省内11个市进行现场观摩检查，这些成为规划编制的实践基础。三是19个重大调研课题成果。去年7月至9月，由省委常委和副省长亲自领题，对涉及我省经济社会发展全局的19个重大问题进行了广泛调研，课题成果成为规划编制的重要支撑。四是前期课题和专项规划研究成果。全省共确定了46项前期研究课题，并公开征选了课题承担人，省委政研室、省政府研究室、省政府经济研究中心、省社科院、各高校等研究力量全部上手。同时，布置了71个专项规划。此外，省政府邀请省内外专家学者和国家有关部委领导，组织召开了7次9个专题座谈会，广泛听取了各方面的意见。

《纲要》共分14章、59节，整体结构与省委《建议》完全一致。在《纲要》的表达形式上，首次在我省五年规划中采取正文加专栏的形式。这样，既可以使正文的表述更加简洁，也使发展指标、重点工程等有关内容更加突出、清晰，一目了然，同时也有利于凸显落实《纲要》的抓手。《纲要》共30个专栏，对主要指标、专有名词以及重点工程进行了解释性说明。

二、《纲要》提出的总体发展战略

(一)发展回顾。“十一五”时期是我省发展史上极不平凡的五年。《纲要》从经济实力再上新台阶、人民生活显著改善、体制活力不断增强、对外开放不断深化、生态环境明显改善五个方面，对“十一五”时期的工作进行了总结，列举了39项指标的完成情况。全省生产总值从2005年的4230.5亿元增长到2010年的9088.1亿元，按可比价计算，年均递增11.2%，增幅高于全国0.1个百分点。全社会固定资产投资从2005年的1859.4亿元增长到2010年的6352.6亿元，年均增长27.2%，增幅高出全国2个百分点。财政总收入由2005年的758.1亿元增长到2010年的1810.7亿元，年均增长19%；其中一般预算收入从368.3亿元增长到969.7亿元，年均增长21.4%。煤炭资源整合取得了突破性成就，煤炭安全生产形势明显好转，全省各类安全生产事故和死亡人数明显减少，煤炭生产百万吨死亡率由2005年的0.905下降到0.187。

（二）发展形势。《纲要》分析了我省转型跨越发展的五个有利条件。一是国家扩大内需和促进中部崛起战略深入实施，对能源、材料和装备的需求将持续增加，我省仍具有明显比较优势；二是煤炭工业可持续发展试点、循环经济试点省和生态省试点特别是国家资源型经济转型综合配套改革试验区，将为我省提供有力的政策支撑，特别是"试验区"这顶帽子，大大拓展了我省经济发展的政策空间；三是我省进入工业化跃升期、城镇化加速期、节能环保攻坚期、基础设施建设加大期，将为转型跨越发展提供难得的历史机遇；四是"十一五"时期积累的雄厚物质基础和不断完善的软硬发展环境，为承接国际国内产业转移、加快转型跨越发展创造了良好条件；五是全省上下创先争优、奋力赶超，形成了转型跨越发展的强大合力和浓厚氛围。

同时，指出了我省未来五年所面临的挑战，即五大双重压力。一是外部环境不确定因素增多与我省经济抗风险能力不足的双重压力；二是煤炭产业边际效益递减与新兴产业竞争力不足的双重压力；三是加快发展与转型发展的双重压力；四是保障国家能源供给与生态脆弱、污染较重的双重压力；五是民生欠账较多与公共服务需求扩张的双重压力。

（三）指导思想。《纲要》分两个层次提出了我省"十二五"发展的指导思想。第一个层次是，以科学发展为主题，以加快转变经济发展方式为主线，努力做到"五个坚持"，即坚持把经济结构战略性调整作为加快转变经济发展方式的主攻方向，坚持把科技进步和创新作为加快转变经济发展方式的重要支撑，坚持把保障和改善民生作为加快转变经济发展方式的根本出发点和落脚点，坚持把建设资源节约型、环境友好型社会作为加快转变经济发展方式的重要着力点，坚持把改革开放作为加快转变经济发展方式的强大动力。

第二个层次是，从我省实际出发，以解放思想为先导，以转型跨越发展为主旋律，以推进国家资源型经济转型综合配套改革试验区建设为统揽，以安全生产为重要保障，大力推进工业新型化、农业现代化、市域城镇化、城乡生态化，在建设国家新型能源和工业基地的基础上，建设全国重要的现代制造业基地、中西部现代物流中心和生产性服务业大省、中部地区经济强省和文化强省，再造一个新山西。

（四）发展目标。《纲要》综合考虑未来五年我省所处的发展阶段、发展趋势、发展条件和面临的矛盾与挑战，根据实现转型跨越的总体要求，并与全面建设小康社会的目标相衔接，提出了经济快速发展、资源型经济转型取得明显进展、城乡居民收入普遍较快增加、社会建设明显加强、改革开放不断深化五个方面的总体目标。并确定了42项量化指标，其中约束性指标14项，预期性指标28项。"十二五"经济社会发展最显著的特征是主要经济指标翻番以及城乡居民收入与经济增长同步。指标的选择主要体现了以下几方面要求。

一是充分衔接国家《纲要》。国家确定的23项指标（包括12项约束性指标），全部纳入我省规划指标体系。考虑我省安全发展的要求，以及国家对社会保障类指标的要求，我省把安全类指标、农村养老保险人数2项指标增为约束性指标，同时在主要污染物排放减少指标项下增加了降低烟尘、粉尘子项。

二是充分体现跨越发展的战略目标。在指标的选择下，主要是对省委、省政府确定的推进"四化"以及加强民生建设等重要战略进行了具体化。在指标值的确定上，围绕五年再造一个新山西的宏伟目标，提出主要经济指标实现翻番，地区生产总值年均增长13%，达到1.7万亿元以上；财政总收入、一般预算收入年均增长15%，分别达到3640亿元和1950亿元；城镇居民人均可支配收入年均增长13%，由15640元增长为3万元，农民人均纯收入增速高于城镇居民收入增速，由4730元增长到9000元以上。

三是更加注重转型发展。为了推动经济转型，提出3项重要指标：传统产业新型化率大于75%，外商直接投资和外贸进出口总额分别年均增长25%和13%。为了推进发展动力转型，提出研究与试验发展经费支出占地区生产总值的比重（1.5%）、高新技术增加值占地区生产总值比重（11%）、每十万人专利申请量（35件）、每万劳动力中研发人员人数（33人）等4项科技创新指标。为了推进绿色转型，提出单位地区生产总值能源消耗减低、主要污染物排放减少、工业固体废物综合利用率、城市生活垃圾无害化处理率等11项生态环境保护指标。

四是更加注重民生建设。为了体现统筹经济社会发展，强化政府社会建设的责任，规划指标体系中确定了15项民生指标，超过了总指标数的1/3，覆盖了教育、卫生、社保、就业、住房、安全生产、农村用水、残疾事业等涉及群众切身利益的方方面面。

三、关于经济建设的主要任务

重点是在优化生产力布局的基础上，大力推进工业新型化、农业现代化、市域城镇化、城乡生态化，推进转型综改试验区建设，努力走出资源型经济全面转型的新路子。

（一）优化生产力布局。《纲要》提出新时期优化生产力布局的主要任务。

一是实施主体功能区规划。核心是按照优化开发、重点开发、限制开发、禁止开发的不同功能定位要求，调整和完善空间开发结构，优化产业空间、城市空间、生态空间布局，努力形成区域分工合理、区际良性互动、基本公共服务均等化的区域协调发展新格局。

二是优化投资结构，加大投资力度。我省未来五年投资总规模达5万亿元，总体投向是继续加快基础设施建设，扩大新兴产业投资规模。统筹经济、社会、生态建设，引导投资进一步向民生和社会事业、农业农村、科技创新、生态环保、资源节约等领域倾斜，向革命老区和贫困落后地区倾斜。

三是加强基础设施建设。基础设施优先发展是我省重要的发展战略。未来五年的着力点是加快建设综合交通网、水资源综合利用网，提升城市基础设施为经济社会发展的保障力。构建综合交通运输体系。着力打造“一轴两纵三辐射、四网五横六枢纽”的现代综合交通网络构架，实现省会到各地级市高速公路3小时通达、相邻地级市2小时通达、地级市到本行政区各县（市、区）1小时通达和省会到省内主要区域性中心城市航空1小时通达。构筑水资源综合利用网。总体思路是西引黄河、东抓拦蓄、连通互济、节调并举，着力加大利用黄河水，充分拦蓄地表水，有效涵养地下水，努力增加供水量，实现我省由“水瓶颈”向“水支撑”转变。加强城市基础设施建设。要把发展城际轻轨和地铁等轨道交通放在更加突出的位置。同时，推进交通、通信、供电、供排水、供气、供暖等基础设施一体化建设和网络化发展，全面提升城市综合服务功能和承载能力。

（二）推进工业新型化。工业新型化是我省未来五年产业发展的核心战略。《纲要》提出，要按照以煤为基、多元发展的思路，积极推进工业新型化。

一是改造提升传统产业。我省传统产业提升的途径，关键在于“兼并重组、循环发展、技术升级”，这是由我省传统产业发展的现实特征决定的。我省传统产业企业大多数偏小、偏散、集中度不高，很难发挥规模效应，因此兼并重组应是“十二五”传统产业发展的重头戏。同时，还要着力推进循环发展，解决传统产业高排放、高污染的问题，推进技术升级，充分利用高新技术和先进实用技术，提升产业竞争力。

煤炭产业。关键要做好控制总量、资源整合、安全发展、提升技术水平几篇文章。到2015年，要把全省煤炭产量控制在10亿吨／年以内。要千方百计促进煤炭安全生产由初步好转向稳定好转转变。要通过建设晋北动力煤基地、晋中炼焦煤基地和晋东无烟煤基地，探索组建具有国际影响力的大型煤炭企业集团，重点培育4个亿吨级、3个5000万吨级特大型、大型煤炭企业集团，提升我省煤炭产业的市场话语权和竞争力。

焦炭工业。要努力适应钢焦一体化新趋势，把握好“兼并重组、节能减排、总量控制”几个战略重点。我省焦炭产业产能大，开工率低，产业布局分散，全省272户焦化企业，分布在60余个县区内。同时，随着煤炭资源整合的深入推进，大量小煤矿被关停，多年存在的原料成本优势在丧失，造成炼焦行业普遍亏损的尴尬局面。未来五年要以兼并重组为战略重点，以化产精深加工为突破口，加快技术改造和产业集聚，严格控制总量，推动我省由焦化大省向焦化强省转变。到2015年，将全省焦炭总产能动态控制在1.2亿吨/年左右。

冶金工业。要把握兼并重组、淘汰落后、提升装备技术水平几个重点任务。我省冶金中小企业多，布局分散，生产规模小，产业集中度低，目前共有钢铁企业44家，其中钢铁联合企业24家（年产100万吨以上的20家），最大的钢铁生产企业太原钢铁（集团）有限公司生产规模才刚刚超过1000万吨，而国内钢铁龙头企业单体企业规模都在3000万吨以上，差距较大。多数企业技术装备水平较差，初级产品多，落后产能比重大，产能难以有效发挥；多数企业综合配套设施不完善，能耗较高，污染较重，资源综合利用水平较低；企业结构松散，兼并重组进展缓慢。“十二五”期间，要以企业大型化、装备现代化、布局基地化为导向，以控制总量和兼并重组为突破口，以不锈钢材、铝材、铜材、镁合金等产品为重点，加强相关产业的多元化经营，积极推进产业链延伸，全面提升我省冶金行业竞争力。

电力工业。要把握晋电外送、清洁生产、电网建设等战略重点。我省电力产业存在的主要问题表现为，产煤和发电比例不协调。山西煤炭产量约占全国煤炭产量的25%，但发电装机仅占全国（9.5亿千瓦）的4.9%，排名第八，不仅落后于广东、江苏、山东、浙江等东部省市，也落后于河南、内蒙等相邻省份，煤电发展严重失衡。小火电机组数比重大。截至目前，全省10万千瓦及以下小火电机组数占到70%以上，百万千瓦级高参数、大容量超临界机组项目尚属空白。节能减排压力很大。尽管“十一五”我们完成了节能减排指标，但只是低水平的，万元GDP二氧化硫排放是全国平均水平的2.61倍，烟尘排放是全国平均水平的3.47倍，粉尘排放是全国平均水平的3.72倍。《纲要》提出要立足省内、省外用电市场，以建设晋北、晋中、晋东三大煤电基地为重点，推动电力产业优化升级，积极扩大晋电外送规模，实现电力产业跨越式发展。到2015年，电力装机达到0.8亿千瓦至1亿千瓦，其中外送装机容量3000万千瓦至4500万千瓦。

二是培育壮大接续替代产业。培育接替产业，关键要增强产业发展的内生能力，把握住规模化、品牌化、生态化三大战略重点，充分发挥资源优势，以重大项目为支撑，以技术研发和品牌建设为重点，大力培育龙头企业，努力培育壮大新兴产业。

现代煤化工业。国外煤化工产业发展始于20世纪30年代。50年代以后，随着石油化工的兴起，煤化工在化工中的比重逐年下降。70年代末期的石油危机使美国、德国等西方国家重新开始了煤化工技术的研发，开发了一系列煤气化、煤液化、碳一化学等煤化工战略储备技术。与国内其他省份相比，山西省煤化工产业总体表现为装置规模小、气化技术落后、产品成本高、市场竞争力不强。从结构来看，现代煤化工比重偏小，传统煤化工占行业销售收入的70%以上。山西省煤炭企业实力强，但煤化工产业起步晚，未发挥排头兵作用。“十一五”末，山西省煤炭化工转化率仅为2.2%。《纲要》提出要以煤制油、煤制烯烃、煤制天然气、精细化工为承重，大力发展现代煤化工，这是我省发展接续产业的重要战略方向。对于传统煤化工的基本策略是巩固市场，提升技术水平。

装备制造。我省装备制造业传统产业居多，技术改造滞后，缺乏带动性强的整机产品和规模效益突出的产品，产业集中度和专业化水平偏低。《纲要》提出要坚持高端化、系列化、成套化方向，依托大企业大集团，重点发展集采煤、掘进、输煤于一体的煤机成套装备，加快发展煤炭加工洗选和煤化工装备。发展重型卡车、专用车和微型汽车，并提高汽车零部件的技术水平和配套能力。发展动车组轮对总成、高速列车配套装备、电力机车、铁路电机、火车轮轴等现代装备制造业。

新型材料。我省是原材料大省，未来五年关键要把握好高端化、规模化、多元化等战略重点，以资源优势为基础，充分发挥大企业、大集团的平台作用，研发应用前沿技术，加快链群发展，努力实现“材料加工”向“加工材料”转变。延伸煤焦油、焦化苯深加工和煤制烯烃产业链，打造针状焦、超高功率电极、TDI、聚丙烯等拳头产品。发展粉煤灰提取氧化铝和白炭黑，提高粉煤灰综合利用水平。发展高强高韧和专用特种钢材，重点拓展动车、城轨车辆、汽车等领域用大型特种镁铝合金深加工材料。发展低稀土含量永磁材料、高温永磁材料，发展钕铁硼深加工产品。发展电磁防护材料、全息光盘等新材料，建设高性能碳纤维材料项目和PPS长丝高性能纤维材料项目。

特色食品。我省食品产业存在的问题表现为总量偏小，2009年食品工业总产值仅占全省GDP的3.80%。知名品牌少，缺乏在国内国际市场具有竞争优势的名牌产品，缺乏具有龙头带动作用的大型现代化食品企业。《纲要》提出要积极实施品牌战略，着力提升品位，加强市场营销，加快技术改造，着力推进以汾酒集团为龙头的汾酒产业园区建设。认真实施“醋八条”，提升山西陈醋在食醋市场上的品牌地位。以做精做细小杂粮为龙头，着力发展肉类加工、特色食用油、功能食品、干鲜果蔬等特色食品工业。

战略性新兴产业。战略性新兴产业重点强调其高端性和战略性，在国家确定的新能源、节能环保、生物、高端装备制造、新型材料、新一代信息技术和新能源汽车七大产业基础上，充分考虑我省战略性新兴产业发展的独特性，《纲要》增加了煤层气产业和现代煤化工产业，形成独具我省特色7+2战略性新兴产业。

三是加快发展现代服务业。我省服务业的主要问题是发展滞后，总量不足；尤其是生产性服务业不发达,与制造业的关联度低；新兴服务业处于发展的初级阶段，服务产品的数量和质量都不能满足需求。2009年全省服务业的从业人数只占全社会从业人数的34.7%，排在全国第20位之后，尚不及发达国家平均水平的一半，也不及中等收入国家平均水平的六成，与经济发展水平较高的省份相比，低10个左右百分点。第三产业增加值占GDP比重从2000年的43.8%下降至2010年的38%，10年下降了5.8个百分点。《纲要》提出要以建设生产性服务业大省为目标，以重大项目为抓手，完善服务业发展政策体系，引导服务业向规模化、专业化、现代化发展，努力构建与我省现代产业体系相适应的服务业发展体系。

现代物流业。目前我国物流业发展水平还相对滞后，2010年底，全国全社会物流总成本为18%左右，是欧美等发达经济体物流成本的2倍；我省物流总成本为28%左右，比全国高出约10个百分点，造成全省经济社会效益和效率的巨大浪费。《纲要》提出要以综合交通网络为基础，以重点物流工程建设为抓手，以物联网公共信息和保税政策平台为依托，以煤炭物流为重点，有效整合物流资源，积极建设大型物流园区，大力发展第三方物流企业，努力形成专业化、信息化、集约化的现代物流体系。

旅游业。我省旅游业整体发展水平不高，对经济发展贡献率与丰富的文化旅游资源不相称，2009年全省旅游业总收入892.53亿元，在中部六省中排名第五。《纲要》提出要以建设旅游强省为目标，以旅游目的地建设和提升完善精品旅游线路为重点，完善旅游服务体系，加强旅游产业集聚区建设，提升山西旅游产业的核心竞争力。要加强旅游与文化的融合，使旅游线路的“形”与旅游文化的“魂”融为一体。

房地产业。房地产业是大家十分关注的行业，总体看我省房价与周边省份相比还处在适中范围，但近两年增幅有点偏高。未来五年的战略取向是，调整住房供应结构，增加住房有效供应，侧重增加中低价位、中小户型普通商品住房的开发规模，适度开发中、高档住宅。

四是大力发展循环经济。《纲要》把循环经济提升为转型跨越的基本途径，要求按照“多联产、全循环、抓高端”的思路，以循环经济为基本经济形态产业发展模式，大力发展循环型农业、循环型工业、循环型服务业，实现能源原材料基地向循环经济大省跨越。在传统产业领域，积极推进煤炭、冶金、电力、焦炭等产业循环发展，延长煤电材、煤焦化、煤气化、煤液化、煤电铝等资源循环产业链，提高煤矸石、粉煤灰、工业废渣、矿井水、中水等废弃物综合利用水平。在新兴产业领域，要把循环经济作为新产业、新项目的准入门槛，作为资源配置的优先领域。在园区建设方面，要把循环产业园区作为区域经济的主要载体，推动产业循环式组合，构筑纵向延伸、横向耦合、链接循环的产业体系。同时，大力发展生态旅游、生态物流、废品回收等循环型服务业，构建“养殖—沼气—种植、农—林—牧、沼气—发电—生活”等农业循环链。

五是实施大项目、大企业、大园区战略。大项目、大企业、大园区是我省转型跨越发展的重要支撑。一要以大项目为抓手，增强经济发展支撑力。积极围绕推进工业新型化、农业现代化、市域城镇化和城乡生态化，建设一批产业转型升级项目、生态环境项目和公共服务设施项目。推动10户以上重点国有企业在“十二五”期间各自实现“双千亿工程”，即投资1000亿元、新增销售收入1000亿元。二要以大企业建设为重点，优化产业组织结构。集中培育一批以资产和股权为纽带，跨地域、跨行业、跨所有制以及军地融合的大企业。推进煤、焦、化、电、冶等相关产业一体化，建设大型资源型产业基地。三要以大园区建设为载体，加快产业集聚。科学规划、合理布局，有效整合提升已有的各类开发区（园区）。改造提升各类园区的基础设施，完善和创新园区发展政策，形成集群发展产业集聚的突破态势。

六是全面提高信息化水平。主要对建设第三代移动通信系统、电子政务以及开展物联网和云计算等研发应用进行了部署。

（三）推进农业现代化。我省农业农村发展面临的问题：一是农业基础薄弱。人均水资源严重不足，农业生产方式落后，靠天吃饭的局面没有根本改变，提高农业综合生产能力和确保粮食安全任务艰巨。二是农民收入增长缓慢。城乡居民收入差距持续扩大，从1978年的200元扩大至2010年的10911元，相对差距扩大到1：3.3。总体判断，我省目前农民收入水平大体相当于上世纪90年代初的城镇居民收入水平，二者相差10—15年之多。三是农村面貌落后。农村水、路、气（沼气）、电等基础设施不足，义务教育、公共卫生、社会保障等公共服务覆盖面小。70%以上的教育、医疗资源分布在城市，城乡资源配置与人口分布形成倒挂，农民看病难、受教育难问题突出。四是农业产业化步伐较慢，缺乏大型龙头企业带动。《纲要》提出要坚持把“三农”工作作为重中之重，以提高农民收入为主要目标，坚持工业反哺农业、城市支持农村和多予少取放活的方针，进一步加大强农惠农力度，提高农业现代化水平和农民生活水平，加快建设社会主义新农村。

一是加快发展现代农业。战略取向是“稳定粮食、做强畜牧、提高果菜、发展加工”。加快现代农业示范工程建设和特色种植板块、特色养殖板块建设，推进全省农产品加工龙头企业“513”工程。重点培育发展粮食、畜禽、乳品、果品、蔬菜、薯类、油脂、中药材八大特色优势农产品产业链。

二是加强农业社会化服务体系建设。主要对发展农业合作社，建设一批集研发、推广和商贸流通于一体的农科公司、农贸公司进行了部署。

三是努力增加农民收入。主要阐明了我省巩固提高农民经营性收入、努力增加工资性收入、大力增加转移性收入、创造条件增加财产性收入以及推进扶贫纵深化等方面的政策措施。

四是扎实推进新农村建设。《纲要》提出要启动实施新的“五个全覆盖”工程（两年内实现农村街巷硬化、农村便民连锁商店、农村文化体育场、中等职业教育免费、新型农村社会养老保险全覆盖），突出抓好县域乡村道路建设，加快农村供排水体系建设，抓好农村自来水普及。加强农村垃圾处理，开展农村环境连片整治。加快发展农村公益事业，不断提高农村公共服务的能力和水平。

五是大力发展县域经济。按照因地制宜的基本原则，以农业现代化为基础、工业化为支撑、城镇化为载体，推动县域经济快速健康发展，把市场引导和政府推动结合起来，以专业化分工协作为纽带，培育打造一批产品加工度深、企业依存度高、产业关联度大、富有市场竞争力的特色产业集群。

六是深化农村改革，加大“三农”投入。未来五年，我们将继续加大“三农”投入，完善各项政策，全面推进农村经济社会事业发展。继续深化农村综合改革，完善促进“三农”发展的体制机制。继续加大“三农”投入和政策支持力度，建立完善以工补农特别是以煤补农机制。

（四）推进市域城镇化。我省城镇化发展存在的主要问题：一是城镇发展较慢，城镇化水平较低，与周边发展较快省份相比还有一定差距，2010年内蒙古城镇化率已达到55%，我省预计为47%。二是城镇群发展滞后，城镇规模偏小，尚未形成有效推进城镇群发展的体制机制。三是城镇质量不高，人居环境有待进一步改善。四是资源型城镇比例高，对城镇化的带动作用不强。《纲要》提出要抓住国家把太原城市群列入战略性重点发展区域的机遇，加快推进市域城镇化，形成城镇化与工业化、城镇化与新农村建设良性互动的发展格局。

一是加快太原都市圈发展。太原都市圈发展对全省经济社会发展具有举足轻重的作用。《纲要》提出要以太原市区为核心，太原盆地城镇密集区为主体，辐射阳泉、忻定原、离柳中三个城镇组群，构建太原都市圈“一核一区三组群”的城镇空间格局，形成有机融合的交通圈、物流圈、商贸圈、旅游圈和生态圈。支持太原率先发展，把太原建设成为具有国际影响力的区域性现代化大都市，增强省会城市的龙头带动力。把太原榆次同城化作为战略重点，由省级统筹，推进两市互动、互通、互享。

二是发挥区域中心城市和城镇群辐射带动作用。《纲要》提出要加快区域中心城市发展，强化城市间的协作与联系，统筹区域城镇及产业布局、基础设施建设和资源环境保护，构筑跨市域的城镇群。晋北城镇群：以大运、同蒲通道为轴线。以大同、朔州两个中心城市为核心，形成联系紧密的晋北中部带状城镇群。晋南中部城镇群：实施点轴开发，强化临汾、运城、侯马等中心城市的作用，以大运、同蒲综合通道为主轴，侯月—侯西通道为次轴，带动沿线城镇发展，构建节点走廊式的城镇空间格局。晋东南城镇群：以区域协调发展为导向，构建以长治、晋城两个中心城市为核心，太焦综合通道为轴带的城镇空间格局。

三是实施“大县城”战略。加快县城发展是我省城镇化发展的一个重点环节。通过发展县域经济、提升县城公共服务能力、搞好造林绿化等途径，提升县城承载能力。

到2015年，20个县城人口规模达到10万以上，40个县城达到5—10万。

四是实施百镇建设工程。在全省选择基础条件较好、发展潜力较大的建制镇，确定省、市级各100个重点镇，作为统筹城乡发展的突破口，予以重点扶持。到2015年，力争全省建制镇主要基础设施指标达到全国平均水平。

五是推进资源型城市转型。资源型城市转型是我省资源型经济转型发展的重要着力点。要整合“城”“矿”，促进融合互动。加大污染治理和生态修复力度，继续推进太原西山地区、大同矿区、阳泉矿区等工矿地区的综合治理。

六是加强城镇化管理。完善城镇规划，创新城镇建设理念，推进城镇扩容提质，创造发展条件，改善人居环境，提高城市管理水平。加快城镇新区开发和旧区综合整治，提升城镇公共服务水平。大、中、小型城市要差别化推进户籍制度改革。改进大城市落户政策，放宽中小城市落户条件，取消小城镇落户限制，使在城镇稳定就业和居住的农民有序转变为城镇居民。

（五）加快城乡生态化。目前我省的生态环境形势总体有所改善，但形势依然严峻，压力仍然很大。一是环境承载力严重不足。我省有77%的城区或市区和25%的农村地区二氧化硫和总悬浮颗粒已超过或严重超过环境容量；36%的河段化学需氧量和37%的河段氨氮超流域环境容量，严重制约了后续发展和新建项目的落地。二是污染物排放居高不下。到2009年，全省二氧化硫、烟尘、粉尘、固废排放量总量分别位居全国第五、第三、第一、第一。太原市及49个县（市）还没达到国家环境空气质量二级标准。三是水环境质量亟待改善。全省102个地表水断面中，重度污染（劣Ⅴ类）断面仍占53.9%；汾河流域71%断面超过Ⅴ类水质标准；省控断面高锰酸盐指数是全国国控断面浓度的2.7倍。四是水土流失严重。全省水土流失面积占到国土面积的60%以上，荒漠化面积占到国土面积的10.4%，人均森林面积和林地占有率分别只有全国平均水平的50%和38%；年均水资源总量占全国的0.35%，人均占有水资源低于国际公认的严重缺水界限。《纲要》提出，坚持“绿色、低碳、洁净、健康”的发展理念，以加强节能减排和发展循环经济为重点，积极应对气候变化，加快构建资源节约、环境友好的生产方式和生活方式，努力建设绿化山西、气化山西、净化山西、健康山西。

一是建设“绿化山西”。以建设生态省为目标，大力实施造林绿化工程，积极推进四大生态屏障建设、十大林业生态工程、五大林业开发工程和基础工程。实施中小河流治理工程，继续实施国家八大水土保持工程，重点推进省级六大水土保持工程。积极应对气候变化，大力发展绿色经济、循环经济和低碳经济，增强可持续发展能力。

二是建设“气化山西”。以气源建设和管网建设为重点，以惠及民生为根本，全力推进气化山西建设。到2015年，设区城市燃气普及率达到95%，县城燃气普及率达到75%，建制镇燃气普及率达到50%。以理顺产权关系和扩大规模为突破口，形成有利于煤层气、天然气、焦炉煤气、煤制天然气四气合一可持续的气化运行机制。加快我省六大煤层气开发利用基地（开发区）（即沁南、沁北、柳林三交煤层气开发基地，河曲—保德、临兴、大宁—吉县煤层气勘探开发区）、十大焦炉气综合利用园区建设，积极推进LNG储备调峰设施建设。按照“三纵十一横”输气管网总体布局，积极推进管网干线建设。加大农村以沼气为主的新能源建设力度。

三是建设“净化山西”。大力实施污染减排工程，确保完成化学需氧量、氨氮、二氧化硫、氮氧化物、烟尘和粉尘排放总量控制任务。大力实施节能重点工程，限制和改造“两高一资”项目，综合运用经济、技术、管理、法律以及必要的行政手段，强力推进重点行业和重点领域节能工作。继续实施蓝天碧水扩容提质工程，将蓝天碧水工程范围扩大到11市66个县（市），所有市、县（市）建成区环境空气质量稳定达到国家环境空气质量二级以上标准，主要河流水体水质实现明显好转，地表水环境质量稳步提升。继续实施“2+10”生态修复治理工程（汾河流域生态环境治理修复与保护工程、太原西山综合整治工程、10市生态环境综合治理工程），全力推进五台山风景名胜区及清水河流域生态综合治理工程建设。

四是建设“健康山西”。大力实施城乡环境同治工程，推行城市“绿色清洁施工”，控制机动车尾气排放，全面提升空气质量，加强农村环境保护，着力解决农村安全饮水、清洁能源、卫生公厕、污水和垃圾处理等问题，不断改善农村人居环境。大力发展医疗卫生事业，进一步完善疾病预防控制体系，加强重大疾病以及突发公共卫生事件预警和处置能力建设，健全精神卫生服务网络。加强食品药品安全监管，全面落实食品生产企业食品安全主体责任，推进食品生产经营单位诚信体系建设，完善食品安全责任追究制度。积极开展形式多样的全民健身活动和群众性体育比赛，提高竞技体育水平。培养城乡居民崇尚健身、参与健身、科学健身意识。

（六）建设国家资源型经济转型综合配套改革试验区。改革开放30年来，我省共挖煤炭100多亿吨，据测算，每挖1吨煤造成的生态破坏损益达115元，每年损益9775亿元；由于山西是资源型省份，财政收入中有60%左右上缴国家，而非资源型地区的财政收入只有20—30%上缴国家，山西是中西部18个省区唯一净上缴省份。国务院批复我省为国家资源型经济转型综合配套改革试验区，这是我省历史上争取到的最大政策，是我省未来发展的重要机遇。这顶“帽子”含金量极高，赋予我省先行先试的权力，极大地拓展了我省发展空间。

转型综改试验区建设是一项系统工程，内容涵盖方方面面，关键是要把握好“四个关系”：一要把握好长期目标与近期任务的关系。既要着眼长远，更要立足当前，集中精力抓好“十二五”规划的实施；二要把握好争取国家支持和自身努力的关系。在积极争取国家政策支持的同时，立足自身做好工作，敢想敢试敢闯，探索转型跨越发展的新模式新途径；三要把握好借鉴经验和自主探索的关系。在虚心学习借鉴国内外成功经验和做法的同时，立足我省资源型经济转型特点，闯出一条具有山西特色的转型发展之路；四要把握好市场与政府的关系。在按市场经济规律办事的同时，充分发挥政府的推动和引导作用，确保试验区建设各项工作有序推进，取得实效。当前要重点抓好五项工作：一是编制好总体方案和专项方案；二是抓紧做好财税、金融、土地、生态环保等相关政策研究，并做好与国家部门的衔接工作；三是在总体推进的基础上，突出重点市、行业、单位进行先行先试，大胆探索，确保起好步、开好局；四是进一步加强组织领导，省市两级都要成立转型综改试验区领导小组和办事机构；五是切实做好宣传引导工作。

四、关于社会建设的主要任务

构建和谐社会是我省“十二五”重要目标之一。目前，我省社会建设总体形势是好的．但也存在一些影响社会和谐稳定的因素。一是收入差距扩大。从城乡看，城镇居民与农村居民人均收入差距继续扩大，由2005年3.1：1到2010年扩大到3.3：1；资源富集区与非资源富集区，不同社会群体间差距也呈逐渐拉大的趋势。二是就业压力大。近几年，全省城镇每年需要新增就业人数约75-80万人，而全省新增就业岗位仅有约40万个，劳动力供需比为2:1，供需缺口很大。三是社会保障体系不健全。社会保障覆盖面窄，服务能力滞后，矛盾突出；社会救助体系不健全，困难群众的基本医疗、教育和住房需要难以满足。四是公共服务不健全。经济发展与社会发展“一条腿长、一条腿短”的问题没有解决，突出表现在政府提供的公共服务难以满足人民群众的需要，看病难、看病贵和上学难、上学贵等问题日益突出。五是公共安全隐患较多。煤矿等生产安全形势依然严峻；在土地征用、房屋拆迁、企业改制、环境污染等方面的矛盾和冲突时有发生，社会治安形势不容乐观。

《纲要》强调保障和改善民生是一切工作的出发点和落脚点，并从三个方面进行了重点部署。

（一）加强民生建设。《纲要》提出要加大民生工程建设力度，完善就业、收入分配、社会保障、医疗卫生、住房等改善民生的制度，努力使发展成果惠及全省人民。

就业方面，坚持把促进就业放在经济社会发展的优先位置，健全劳动者自主择业、市场调节就业和政府促进就业相结合的机制，创造平等就业机会，努力实现充分就业。着力实施更加积极的就业政策，大力发展就业容量最大的服务业和劳动密集型产业，采取信贷、税收优惠政策扶持小型微型企业发展，千方百计扩大就业创业规模。着力加强公共就业服务，为劳动者提供优质高效的就业创业服务。

调整收入分配方面，坚持和完善按劳分配为主体、多种分配方式并存的分配制度。初次分配和再分配都要处理好效率和公平的关系，再分配更加注重公平，努力提高居民收入在国民收入分配中的比重和劳动报酬在初次分配中的比重。积极创造条件逐步使全省职工收入、城市居民收入和农民收入，与我省地区生产总值水平以及财政收入水平相对应。

健全社会保障体系方面，坚持广覆盖、保基本、多导次、可持续的方针，以社会保险、社会救助、社会福利为基础，以落实基本养老、基本医疗、最低生活保障制度为重点，努力提高城乡社会保障覆盖面和保障水平。重点加快完善社会保险制度，加强城乡社会救助体系建设，积极发展社会福利和慈善事业。

医疗卫生方面，按照保基本、强基层、建机制的要求，深化医药卫生体制机制改革，建立健全基本医疗卫生制度，满足群众基本医疗卫生需求。全面加强公共卫生，加强基层医疗卫生服务体系建设。健全医疗服务体系，新增医疗卫生资源重点向农村和城市社区倾斜。提高医疗保障水平，逐步提高城镇居民医保和新农合的筹资标准及保障水平，提高城镇职工医保、城镇居民医保和新农合的支付限额。推广国家基本药物制度，建立和完善以国家基本药物制度为基础的药品供应保障体系。

提高住房保障方面，坚持政府调控和市场调节相结合，加快完善符合省情的住房政策体系，推进住房供需基本平衡、结构基本合理、房价与居民收入基本适应，实现广大人民群众住有所居。立足保障基本需求、推动合理消费，加快构建以政府为主提供基本保障、以市场为主满足多层次需求的住房供应体系。对城镇低收入住房困难家庭，实行廉租房制度，政府提供基本住房保障。对中等偏低收入住房困难家庭，实行公共租赁住房制度，政府给予适当支持。对中、高收入家庭，实行租赁与购买商品住房相结合的制度。建立健全住房标准体系，倡导租买结合、梯度消费。到2015年，基本解决人均住房建筑面积13平方米以下城市低收入家庭住房困难问题和农村危房改造问题。

（二）创新社会管理。进一步完善党委领导、政府负责、社会协同、公众参与的社会管理格局。加快完善公共财政体制，保障公共教育、就业服务、社会保障、医疗卫生、住房保障、公共文化、基础设施、环境保护等基本公共服务支出，强化基本公共服务政府绩效考核和行政问责。全面开展城镇社区建设，把社区建设成为管理有序、服务完善、文明祥和的社会共同体。坚持培育发展和管理监督并重，推动社会组织健康有序发展。建立健全方式多样、畅通高效的诉求表达机制。整合各方面力量加强信访工作，实现人民调解、行政调解、司法调解联动，及时有效防范和化解各类社会矛盾，努力维护社会稳定。健全社会应急管理体系，不断提高全社会抗御突发事件能力，有效应对地震等自然灾害、事故灾难、公共卫生、社会安全等突发事件，提高危机管理和抗风险能力。

（三）强化安全管理。进一步强化安全发展理念，牢固树立抓好安全生产就是政绩的观念，坚持标本兼治、重在治本的原则，健全完善社会安全管理长效机制，切实解决突出的社会安全问题。以煤炭行业为重点，深入开展覆盖所有领域和行业的安全生产专项整治活动，并使之制度化、常态化。深入推进流动人口动态管理，做好重点人员管理帮教工作，健全网上动态管理机制、网上网下综合打防机制、网上舆情引导处置机制，提高虚拟社会综合管控能力。建立健全现代警务指挥体系、全社会治安防控网络和打防管控疏一体化动作机制，加强社会治安打防管控。

五、关于文化建设的主要任务

我省文化产业和事业发展速度较快，但也存在诸多制约因素。比如，对文化产业潜在的巨大价值认识不清，存在“不敢干”、“不会干”的问题，产业链短，专业化水平低，产业规模偏小，产业格局没有拉开。《纲要》提出，文化发展是我省转型跨越发展的重要内容，要坚持社会主义先进文化的前进方向，充分发挥我省文化资源丰富的优势，全面加强文化建设，满足人民群众日益增长的精神文化需求，增强全省人民的凝聚力和创造力。

（一）深入推进文化体制改革和创新。坚持创新体制、转换机制、面向市场、增强活力的基本原则，推动文化体制改革在重点领域取得进展，创新文化生产和传播方式，增强文化发展活力，稳步推进公益性文化事业单位改革，加快推进经营性文化单位转企改制，加快文化管理体制改革。

（二）大力发展文化事业。按照体现公益性、基本性、均等性、便利性的要求，以政府为主导，以公共财政为支撑，积极运用市场机制，以全民为服务对象，以基层特别是农村和社区为重点，健全服务网络，基本建成覆盖城乡、惠及全民的公共文化服务体系。继续加强文化基础设施建设，实施文化惠民工程和文化精品工程。加强对重要新闻媒体和互联网等新兴媒体的建设管理。

（三）大力发展文化产业。推动经济结构调整，实现我省由人文资源大省向文化强省的跨越。实施“大作品、大集团、大景点、大会展、大服务”战略。重点抓好一批体现山西文化符号和元素的景点和项目，集中进行包装、推介、扩散。推进“一策一业一品一节一剧”工程，形成省、市、县“三级联动、百花竞放”的全方位文化发展新格局。大力发展新型文化业态，加快发展文化创意、动漫、数字立体电影、数字出版等新兴文化业态，发展网络文化、数字娱乐产品等新兴业态。

六、关于“十二五”发展的保障和支撑体系

“十二五”期间，完成上述主要任务，需要人才、科技、体制改革和对外开放的支撑，《纲要》对此进行了重点部署。

（一）实施科教兴省和人才强省战略。加快转变经济增长方式，调整优化产业结构，必须破解科技和人才两个瓶颈。2009 年，全省人才总量占总人口的比例为8.24%，比全国低0.3%。主要劳动年龄人口平均受教育年限为8.75年，比全国平均水平少0.75年。全省高新技术企业不足200家，创新型企业不足百家。《纲要》提出，要全面贯彻国家和我省科技、教育、人才规划纲要，大力实施科教兴省和人才强省战略，努力提升科技创新能力，加快教育改革发展，发挥各类人才作用，为加快转变经济发展方式、实现转型跨越发展目标提供有力的人才保障和智力支撑。

一是推进科技进步和创新。积极实施“科技创新跨越工程”，着力推进科技与经济社会双向融合，全面增强科技研发能力。着力完善科技创新体系，努力形成以企业为主体、市场为导向、产业化为目的、产学研相结合的科技创新体系。建立财政拨款、企业投资、银行贷款、社会投人等相结合的多元化、多渠道科技投人体系。实施重大科技专项，力争在煤炭清洁生产利用、现代煤化工、装备制造、新能源、新材料、生物医药、节能减排、信息网络、新能源汽车等领域取得新突破。

二是加快教育改革发展。按照优先发展、育人为本、改革创新、促进公平、提高质量的要求，推动教育事业科学发展，办好人民满意的教育。完善现代教育体系，积极发展城乡学前教育，巩固提高九年义务教育水平，加快普及高中阶段教育，大力发展职业教育。高等教育要坚持扩大规模与提高质量并重的原则，优化结构，增强实力，加快推进高校新校区建设。树立科学的教育质量观，全面推进素质教育，建立以提高质量为导向的管理机制和工作机制。

三是实施人才强省战略。坚持服务发展、人才优先、以用为本、创新机制、高端引领、整体开发的方针，加大人才引进力度，加快人才培养步伐，创优人才发展环境，为转型发展、跨越发展提供坚强的人才保障。坚持党管人才原则，统筹推进党政人才、企业经营管理人才、专业技术人才、高技能人才、农村实用人才、社会工作人才等各类人才队伍建没。以项目为载体和途径加快引进紧缺人才、高端人才。努力营造尊重人才、见贤思齐、鼓励创新、宽容失败、待遇优良、服务周到、公开平等、竞争择优的良好环境。

（二）加快改革攻坚步伐。改革开放30年来，我省各领域的改革都取得了重大进展，但体制障碍依然不同程度地制约着发展。《纲要》提出，要调动各方面的积极性，以资源型经济转型为导向，尊重群众首创精神，以更大的决心和勇气全面推进各领域改革，为转型跨越发展提供强大动力。主要任务包括：推进行政体制改革、深化国有企业改革、大力发展民营经济、加快财税体制改革、推进金融改革发展、推动资源性产品和要素市场改革、加快社会事业改革等内容。

（三）实施开放引进战略。近年来我省改善投资环境、扩大对外开放取得了积极成效，但和中部地区其他省份相比还有一定差距。2006年至2010年6月，山西省实际利用外资82.33亿美元，仅占中部六省实际利用外资总额的9.26%；

全省共设立外资企业456个，不到中部六省同期设立外资企业总数的4%。《纲要》提出，要充分利用国内外两个市场、两种资源，大力实施开放引进战略，拓展新的开放领域和空间，在更大范围、更广领域和更高层次上参与国际国内合作与竞争，努力实现对外开放的新突破。主要任务包括：加大招商引资力度，提高招商引资质量；转变对外贸易发展方式；深化区域合作；强化与中央企业合作；优化发展软环境等。

此外，《纲要》最后一章提出要“加强规划实施，实现宏伟蓝图”。这里有三点需要大家关注。一是要完善规划体系。建立以规划纲要为统领，以主体功能区规划为基础，以专项规划、区域规划、城市规划和土地利用规划为支撑，各类规划定位清晰、功能互补、统一衔接的规划体系。二是要加强各类规划的衔接。做好各类规划在目标、任务等方面与纲要的衔接是今年规划工作的重点任务。重点领域的专项规划、列入“双千亿工程”企业的规划，一定要在细化项目上下功夫，项目推进要有时间表，增强规划的操作性。市县规划要特别加强与省规划纲要约束性指标的衔接。三是要加强年度计划与规划纲要的衔接。年度计划要服从规划纲要，年度计划报告要分析规划纲要的实施进展情况。

蓝图已经绘就，目标已经明确，关键是要抓好落实。我们要积极行动起来，以干事的劲头，得力的措施，深入的作风，把工作具体化，把规划项目化，把考评科学化，分阶段、分步骤，有条不紊地推进各项任务，确保“十二五”规划圆满完成。

（作者为中共山西省委副秘书长、省委政研室主任）

推动山西省新闻出版业“十二五”时期转型跨越发展的战略思考

林玉平

“十一五”时期，是我省新闻出版业“在改革中持续发展，在创新中稳步提高”的极不平凡的五年。五年来，全省新闻出版工作理论武装不断加强，导向把握更加有力、事业发展更加繁荣、产业实力不断增强、管理体系愈加完善、人才结构逐步优化，为我省新闻出版业在“十二五”时期的转型跨越奠定了坚实的基础。据统计，截至“十一五”末全省共有新闻出版集团组织3家，图书出版社8家，音像电子出版社3家，报纸77种，期刊200种，连续性内部资料性出版物558种，中央新闻单位驻晋记者站78家，省内报刊记者站77家，印刷复制单位3638家，出版物发行网点2579处，直接就业人数6万余人；现已有10家机构获得互联网出版资质。2010年当年，全省新闻出版业资产总额近120亿元，净资产54亿元，营业收入98亿元，总产出首次突破100亿元，利润总额9.24亿元，纳税总额4.58亿元，全省新闻出版产业增加值占同期全省文化产业核心层增加值比重稳步保持在65%左右。

科学谋划实施“十二五”时期全省新闻出版业的转型跨越发展，既是落实中央关于“十二五”时期文化建设战略部署以及我省转型跨越发展、再造一个新山西决策要求的现实需要，更是山西新闻出版工作者义不容辞的责任。

一、科学研判，清醒认识山西省新闻出版业发展所面临的形势

“十二五”时期是全面建设小康社会的关键时期，是深化改革开放、加快转变发展方式的攻坚时期，在建设新闻出版强国和山西文化强省的进程中具有承前启后的历史地位。我省新闻出版业发展，既面临难得的历史性机遇，也面临着复杂多元的严峻挑战。

我省新闻出版业发展具备充分的有利条件。一是国家高度重视包括新闻出版在内的整体文化工作，2010年中央政治局6次开会讨论加强文化工作，党的十七届五中全会提出推动文化产业成为国民经济支柱性产业，新闻出版总署提出了“用10年时间建设新闻出版强国”的宏伟目标，为我省新闻出版业抓住机遇、加快发展提供了难得的契机。二是山西省获批国家资源型经济转型发展综合配套改革试验区，省委、省政府做出了推动山西转型跨越发展和再造一个新山西的战略部署，深入实施文化强省战略，为我省新闻出版产业实施战略转型、结构调整和产业升级提供了良好的政策环境。三是随着社会经济发展，我省城乡居民恩格尔系数下降，消费结构加速升级，人民群众日益增长的精神文化生活需求为我省新闻出版业发展提供了广阔的市场空间。四是新闻出版体制改革不断深化，各市场主体面向市场积极参与竞争的意识大大强化，将进一步激发新闻出版市场主体的活力和发展动力。五是现代出版物市场体系建设逐步完善，金融支持文化产业发展的力度持续加大，为新闻出版企业提供了更多的融资机会，有利于新闻出版业的扩张发展。六是高新技术特别是信息网络技术迅猛发展，生产要素流动和产业转移加快，国内国际两个市场、两种资源相互补充，知识产权保护力度加大，有利于新闻出版业“后发优势”的发挥，将进一步拓宽我省新闻出版业发展空间。

我省新闻出版业发展的制约因素。一是国际国内市场

竞争加速，以行政地域垄断为特征的旧有出版物市场格局正在被打破重组，我省新闻出版业发展水平较低、核心竞争力较弱，面临的发展压力较大。二是随着省外境外新闻出版机构的加速进入，教材教辅的出版发行格局面临新一轮的调整，将对我省出版、印刷、发行单位过度依赖教材教辅的产业结构形成冲击。三是随着高新技术的飞速发展，特别是电子书包、网络媒体等新型传播媒体的日益普及，传统新闻出版业增长乏力，新兴新闻出版业态未能充分发展，产业升级转型面临较多挑战。四是新闻出版产业结构调整不到位，部分行业产品结构趋同、同质化竞争现象较为突出，新闻出版产品和服务的供给还不能满足人民群众的需求。五是新闻出版体制改革刚刚触及到深层次的矛盾和问题，公益性事业和经营性产业体系都还不完善，制约行业发展体制机制性障碍亟待破除。六是行政管理手段还不适应形势发展的需要，制约新闻出版业的健康有序发展。

在机遇与挑战并存的关键时期，要准确判断我省新闻出版业发展面临的形势，牢固树立机遇意识、忧患意识、改革意识、创新意识、发展意识，切实推动全省新闻出版业转型跨越发展，努力为建设新闻出版强国和山西文化强省贡献力量。

二、构建完善的发展体系，不断探索山西省新闻出版业实现转型跨越发展的新路径

综合判断分析我省新闻出版业发展面临的形势，结合2010年全省新闻出版产业统计数据，我省新闻出版业“十二五”时期发展目标已锁定在“五年争三”上，即：全省新闻出版产业增长速度高于同期全省国内生产总值增长速度，保持25%左右的年增速，到“十二五”末，全省新闻出版业实现总产出达到300亿元以上。实现这一奋斗目标的关键，在于全面构建完善我省新闻出版业发展“八大体系”。

（一）构建社会主义先进文化传播体系。坚持围绕中心、服务大局，把弘扬社会主义核心价值体系贯穿到新闻出版工作各个方面。做好党的十八大文献等各类重要政治出版物和通俗政治读物的出版发行工作，深入阐述中国特色社会主义理论体系。立足推动转型跨越发展和再造一个新山西的生动实践，传承发展三晋传统文化，弘扬宣传太行精神、吕梁精神、右玉精神等时代精神，反映山西人民的现实生活，提高新闻出版产品质量。以历史传承、文教、儿童文学理论、中医养生、武术等优势产品门类为重点，紧抓策划、编辑、装帧、印制和营销机制建设，全面加强晋版出版物产品线建设。突出抓好重点出版项目选题，创作生产出更多思想深刻、艺术精湛、群众喜闻乐见的晋版精品，力争列入国家规划的出版工程和国家级、省级重点图书每年不少于新书品种的5%，“三农”图书、未成年人图书品种增加至新书品种的15%，精品图书占新书品种的30%，在国家级评奖中届届榜上有名。整合优质内容资源，将山西出版传媒集团建设成为在全国市场具有影响力的内容提供商和战略投资者。关注以手机、便携电子设备等移动智能终端为载体，以短信、彩信、手机报、手机电视、电子书、微博等为代表的新兴信息传播方式，发展数字报刊综合业务平台。善用新媒体、占领新阵地，在社会热点和重大问题的新闻出版宣传中，牢牢掌握话语权、主动权，进一步提高舆论引导能力。以《山西日报》和各市级党报为主体，加快建设山西新闻网、黄河新闻网等网络媒体，实现由传统媒体为主向传统媒体与新兴媒体融合发展的转变，打造主流媒体在新闻出版多元传播格局中的领导地位。

（二）完善新闻出版公共服务体系。以农家书屋全覆盖和全民阅读“两全”工程为重点，构建形成以政府为主导，以公共财政为支撑，以公益性新闻出版单位为骨干，以全民为服务对象，以基层特别是农村为重点，覆盖城乡、惠及全民、全面均衡的新闻出版公共服务体系。优先安排涉及农村和基层群众切身利益的新闻出版公共服务项目建设，加速推进“农家书屋”工程建设进度，到2012年底实现农家书屋工程覆盖全省所有行政村的建设目标，并以社区书屋、职工书屋等形式逐步向自然村和家庭延伸。积极探索农家书屋长效运行管理机制，初步形成统一规范、合理灵活的书屋管理机制，农家书屋基层阵地作用充分发挥。引导新闻出版资源向中小城市和广大农村倾斜，加强“三农”出版物的选题开发，建设城乡阅报栏（屏）等基础阅读设施，切实解决基层群众尤其是农民看书报刊难的问题。引导出版以“三晋文库”为代表的体现国家意志、传承三晋文明、促进山西文化繁荣、提高山西文化影响力和中华文化“软实力”的公益性重大出版项目。通过举办书市、读书节，开展全民阅读活动，培养城乡居民的阅读兴趣，关注新媒体阅读群体快速增长趋势，倡导绿色、健康的网络阅读，使全民综合阅读率显著提高。配合义务教育阶段中小学教材政府采购、免费提供、循环使用等改革，继续引导组织做好中小学教材出版发行工作。

（三）构建报刊业集约化发展体系。重点是把握集团化、规模化、产业化和信息化的发展方向，整合现有优势报刊出版资源，组建一批定位清晰、多元经营、综合发展的现代传媒集团。以转企到位的《英语周报》、《语文报》等为核心，引导组建山西教辅类传媒集团，争取全媒体出版资格，开展跨行业、跨部门、跨媒体的多元经营，着力打造形成国内领先的，集教学、教研、培训、报刊、图书、音像电子产品和网络出版为一体的现代教育传媒产业集团，推动其上市发展，带动山西教学辅导类报刊的整体转型升级。以山西日报报业集团和太原日报报业集团为龙头，推动党报经营性业务做大做强；扶持山西科技报刊总社以兼并、重组、联合等方式，整合科技类报刊资源，加快组建山西科技传媒集团；以资源整合为主导，优化医药卫生类报刊出版布局结构，推进组建山西医药卫生出版集团。引导支持拥有自主品牌、市场定位清晰、发展潜力大的中小型报刊出版单位走内涵发展道路，培养一批专、精、特、新的现代报刊出版企业，形成富有活力、差异化竞争的优

势报刊产业群。

（四）完善印刷物流现代产业体系。围绕全省“一核一圈三群”城镇化战略，推动形成“一个中心区（太原）、三个产业带（运城，晋中、吕梁，大同）”的印刷复制产业结构布局。积极开展绿色印刷认证，重点推进包装装潢印刷业向减量化、重复化、再循环和可降解方向发展，完善低端落后产能退出机制。通过资源重组、生产联合、业务协作等手段，以山西新华印业、山西人民印业、山西美术印业、山西闻兴印务、臣功印业等为龙头，培育一批年产值超亿元的印刷企业；围绕太原、运城等区域中心城市，培育一批年产值超5亿元的印刷产业园区。

加快构建以省会太原为中心，以大同、长治、侯马等区域出版物销售中心为基点的，北、中、南兼顾，覆盖全省，辐射周边的出版物流通网络。大力发展电子商务、网上书店、移动发行等新型出版物发行流通模式，逐步改造新闻出版产品传统的生产流程和流通方式。以山西新华现代出版物连锁公司为主导，推动出版物发行向现代化物流业转型。以建设内容投送平台为重点，整合内容资源和运营商资源，加快传统发行业向现代信息传输方式转型。

（五）构建新兴业态全媒体发展体系。高度重视网络化、多媒体传播技术影响下的内容产业发展趋势，坚持全媒体打造，加快数字化进程，积极发展数字出版、移动出版、网络出版等新兴新闻出版业态。推动音像电子出版企业向数字化、网络化转型，加快山西科技报刊总社全媒体数字技术平台建设，促进一批有技术、有潜力的报刊单位建设全媒体技术平台。积极拓展行业内涵和外延，依托山西移动、山西联通、山西电信、山西广电网络等运营商，重组出版物运营组织和业务流程，大力发展移动出版、手机阅读。适应电子书包改革的形势需要，支持电子书、阅读器等新闻出版新载体的应用，推动设立1～2家电子书业务资格企业。支持新闻出版企业依托网络平台，以图文、音频、视频等形式，深层次开发利用出版内容资源。完善三晋电子书数据库，推动建立数字出版内容资源库、网上服务站及网络图片库以及网络教育平台等数字化基础建设。以山西问天科技为重点，加快发展山西动漫游戏出版产业，加大对动漫、游戏出版资源的深度开发利用，不断提升其出版产品的附加值。

（六）构建新闻出版信息服务体系。以行业应用和市场需求为导向，发展新闻出版信息服务业，以上下游纵向协作企业、传统产业横向关联企业为主体，促进产业间渗透融合和市场供需双方的沟通衔接。大力发展与编辑出版相对独立的出版策划产业、动漫出版创意设计产业，并形成一定规模，支持有条件的民营企业向集约化、规模化、集团化方向发展；以山西印刷包装机械展等本土展会为平台，大力发展新闻出版会展业。以省政府名义积极申办，并成功组织一届高水平、有特色、能赚钱、影响久的全国图书博览会，以此带动出版、版权中介组织发展，打造固定交易平台，畅通新闻出版发行物流信息流，提高新闻出版产品和服务的市场化程度；以市场运作为主，引导实施优秀晋版新书发布制度和报刊发布推荐制度；支持山西出版集团、山西日报报业集团等介入影视节目制作、演艺会展、旅游开发等相关行业，实现跨媒体发展，打通出版产品关节；完善版权登记服务，推动山西剪纸、上党堆锦、晋南面塑、皮影等山西特色产品在版权登记基础上进行产业化发展；以平遥推光漆器和平遥国际摄影大展版权保护为重点，设立山西平遥“版权兴业示范基地”，带动全省版权相关产业发展。

（七）完善新闻出版市场体系。结合文化体制改革进程，着力打破条块分割、地区封锁、城乡分离的市场格局，加强资本、产权、信息、技术、人才等新闻出版生产要素市场建设，实现生产要素的合理流动和资源的优化配置。鼓励支持新闻出版企业按照政策拓宽融资渠道，支持符合条件的新闻出版企业通过上市融资、发行企业债券等方式筹集资金，做大新闻出版业资本运作平台。建立完善新闻出版业社会信用评价体系，规范市场竞争行为。完善版权工作机制，提升版权的创造、运用、保护和管理能力。深入持久地开展“扫黄打非”斗争，打击侵权盗版和非法出版活动，着力维护新闻出版市场秩序。

（八）完善对外交流与贸易体系。充分利用国内国际两个市场、两种资源，坚持“引进来”和“走出去”相结合，引导新闻出版企业树立并形成新的版贸理念和营销观念。支持新闻出版企业利用日益成熟的海内外销售网络，将对外交流从版权贸易逐步引深到合作出版乃至全球组稿、全球出版的新阶段，逐步提高山西新闻出版业在国内国际市场的美誉度和占有率。鼓励有条件的新闻出版企业采取独资、合资、合作等形式，到省外境外兴办报纸、期刊、出版社、印刷厂、书店等实体，拓展海外和港澳台地区市场，进一步扩大三晋文化的影响力。

三、强化保障措施，奋力开创山西新闻出版业转型跨越发展新局面

“十二五”时期，我省转型跨越发展和再造一个新山西的任务十分艰巨，文化产业作为山西实现转型跨越的七大路径之一所担当的使命也十分重大。新闻出版业作为文化产业的核心层，更应充分发挥自身推动转型跨越发展的生力军作用，努力强化五项保障措施。

（一）以政策引导推动转型跨越发展。紧紧抓住建设资源型经济转型综合配套改革试验区“先试先行”的政策机遇，加大政策创新力度，解放思想，大胆突破。制定公布山西省新闻出版业发展和投资指导目录。鼓励和引导政策性金融机构和商业金融机构对新闻出版业发展的支持。推动建立省署合作机制，争取更多优惠政策和资源。加大政府投入，设立山西出版奖、省级政府出版基金（专项资金）并发挥显著带动作用。发挥政府在完善公共服务方面的主导作用，大力建设和发展农家书屋、社区书屋、职工书屋，丰富基层群众的文化生活。

（二）以改革深化促进转型跨越发展。加大力度、加快进度，扎实推进公益性新闻出版单位改革和经营性新闻出版单位改革。以“增加投入、转换机制、增强活力、改善服务”为方针，继续深化公益性新闻出版单位内部体制机制改革，最大限度地发挥社会效益。全面完成经营性新闻出版单位转制任务，基本完成时政类和非时政类报刊分类改革工作，深化党报党刊宣传和经营业务“两分开”改革。引导已完成转制的新闻出版单位，面向市场，加快产权制度和企业运营机制改革，完善法人治理结构和资本运行机制，着力构建规范的现代企业制度。

（三）以高新技术引领转型跨越发展。认真研究数字技术、现代传播技术以及物联网、移动商务等高新技术在新闻出版领域的应用，努力掌握发展的主动权。推动传统出版业向现代内容产业转变，在多个出版平台上对出版内容进行深度开发和加工，实现一次生产、多元发布、多方受益。支持和引导新闻出版企业利用高新技术和先进适用技术改造传统新闻出版业，鼓励发展新兴新闻出版业态，提高行业科技含量和装备水平，拓展新闻出版业发展的新领域。

（四）以产业结构优化支撑转型跨越发展。进一步加强新闻出版产业结构、产品结构、企业组织结构、所有制结构、区域布局结构、技术结构的调整，建立和完善新闻出版产业体系，全面提升产业发展水平和市场竞争力。实施品牌提升战略，着力打造在业内具有广泛影响的知名山西出版传媒品牌。推动重大项目建设，以项目兴园区、以园区聚产业，不断提高新闻出版产业的集中度，促进产业区域协调发展。鼓励、支持和引导非公有资本以多种形式进入政策许可的新闻出版领域，基本形成以公有制为主体、多种所有制共同发展，传统新闻出版业与新兴新闻出版业融合发展的产业格局。

（五）以行政管理和人才队伍建设保障转型跨越发展。加强对新闻出版活动和出版物市场的监管，强化日常行政管理手段。扎实推进服务型政府建设，创新服务机制，简化办事程序，优化发展环境，增强透明度，提高公信力。牢固树立人才是第一资源的理念，以培养和造就行业领军人才为重点，统筹协调好不同地区、不同层次、不同领域的新闻出版人才发展。大力培养现代高端管理人才、行业领军人才、企业经营管理人才、专业技术人才，有针对性地加强重点领域紧缺急需人才、高技能人才、非公有制单位人才队伍建设。

（作者为山西省新闻出版局党组书记、局长）

传承弘扬吕梁精神　推动转型跨越发展

杜善学

在纪念中国共产党成立90周年之际，回顾我们党走过的光辉历程，我们深深感到，我们党建立丰功伟绩的历程，也是不断培育形成伟大精神的历程。在90年的奋斗历程中，中国共产党培育形成了一系列彰显政党性质、反映民族精神、体现时代要求、凝聚各方力量的伟大精神。这些伟大精神，是党的宝贵精神财富和巨大政治优势，对于推动党所领导的革命、建设和改革事业发挥了无可替代的重要作用，是我们进一步推进中国特色社会主义事业、全面建设小康社会的强大精神动力。

吕梁精神，与井冈山精神、长征精神、延安精神、太行精神等一系列党的伟大精神一脉相承，是中国共产党人革命精神的重要组成部分，是我们共产党人的宝贵财富，也是中华民族的宝贵精神财富。70多年来，吕梁精神始终鼓舞和激励着吕梁人民为加快发展、稳定脱贫、创造幸福美好生活顽强拼搏、奋斗不息，取得了社会主义革命、建设和改革开放的伟大成就。值此中国共产党成立90周年之际，我们重新追寻它的历史轨迹，探究它的深刻内涵，阐释它的时代价值，对于吕梁老区加快科学发展，实现转型跨越，具有十分重要的意义。

一、吕梁精神是宝贵的精神财富

吕梁精神是吕梁人民在特殊的地理环境、特定的历史条件和长期的社会实践中孕育形成的一种精神，是吕梁人民的宝贵精神财富。无论是在革命战争年代，还是社会主义现代化建设时期，吕梁精神都发挥着独特而巨大的作用。

首先，吕梁精神体现了民族精神。每一种精神的产生，都源于一定的历史文化。民族精神是一个民族长期形成的优秀传统文化的结晶。吕梁精神作为吕梁文化的精华，深深植根于吕梁数千年的文化土壤之中。吕梁历史悠久，自古处于胡汉交界，长期的民族纷争，使这块土地打上了深深的民族烙印，民族气节在这里由来已久。在革命战争年代形成的吕梁精神，正是面对民族的独立和解放，吕梁人民迸发出的一种不屈不挠、甘于奉献的精神，是民族精神在吕梁大地的集中体现。

其次，吕梁精神体现了革命精神。吕梁具有光荣的革命传统。革命战争年代，吕梁是红军东征的主战场、晋绥边区首府和中央后委机关所在地，毛泽东、周恩来、邓小平、贺龙、叶剑英、杨尚昆等老一辈无产阶级革命家都在这里留下了光辉的历史足迹。在吕梁这片革命的热土上，吕梁人民曾以“养兵十万、牺牲一万”的豪情与壮志，为中华民族的解放和中国革命的胜利做出了巨大贡献，涌现出了贺昌、张叔平、刘胡兰等一批革命烈士，一部《吕梁英雄传》就是吕梁人民革命精神的真实写照。

第三，吕梁精神体现了时代精神。改革创新是时代精神的核心。面对历史和自然等因素造成的吕梁落后的局面，吕梁人民从来没有气馁，没有安于现状，而是奋起直追，勇于创新。1937年共产党人刘少白创办的兴县农民银行是抗战时期我党创办的第一家银行，也是山西境内革命根据地最早的银行；改革开放时期，离石率先搞起了包产到户的实践，为中国的改革开放进行了开拓性探索；1992年，吕梁率先在全国进行了拍卖“四荒”，开启了山区小流域治理的先河。进入新时期以来，吕梁经济快速发展，成为山西发展最快的地区之一。如今，在实现转型跨越发展的关键时期，吕梁人民继续深化改革、不断创新，全市上下围绕市委确定的“五三发展战略”，为实现“十二五”再造一个新吕梁而奋勇争先。

二、传承具有鲜明特色的吕梁精神

历届吕梁市委都高度重视对吕梁精神的研究。今年以来，为了传承和弘扬吕梁精神，形成推动吕梁转型跨越发展的强大精神力量，市委加大了对吕梁精神的研究工作力度，成立了吕梁精神课题组，专门负责研究提炼吕梁精神。在研究提炼过程中，我们主要把握了以下三个原则：一是注重价值导向，形成推动社会进步的强大精神动力。提炼吕梁精神的基本内涵，目的就是要通过继承与弘扬吕梁精神，形成引领吕梁人民思想的正确价值导向。社会主义核心价值体系是社会主义意识形态的本质体现，是全党全国各族人民团结奋斗的共同思想基础。在提炼吕梁精神过程中，我们坚持以社会主义核心价值体系为指导，充分挖掘吕梁精神中符合社会主义核心价值体系的优秀品质，力求找到其中的结合点，真正形成引领社会思潮、具有顽强生命力的崇高精神，使吕梁精神更符合时代要求，更有利于社会进步。二是注重结合实际，体现吕梁精神的鲜明特色。任何一种精神，都有它的特质和个性。我们挖掘提炼吕梁精神，既注重普遍性，更扎根于吕梁特有的自然、人文环境之中，扎根于吕梁长期积淀的优秀历史文化，扎根于吕梁人民生动的社会实践，在充分尊重吕梁人民勤劳纯朴、不屈不挠，艰苦奋斗、甘于奉献，自强不息、勇于创新的历史基础上，努力把吕梁精神特有的精神实质提炼出来。三是注重与时俱进，着力推动转型跨越发展。发展变化是事物永恒的主题，吕梁精神从产生到现在，不是停滞不变的，同样也是发展变化的，每一步的发展又都是一个与时俱进的过程，都是社会进步和发展的需要。我们提炼和传承吕梁精神，注重从当前经济社会发展的需要出发，着力推动经济社会转型跨越发展，着力提高人民群众的幸福指数。过去吕梁是英雄战斗的土地，今天仍然是英雄创业的热土，我们提炼和传承吕梁精神的目的，就是要在吕梁精神的鼓舞和感召下，把这块英雄的土地建设得更加繁荣、更加秀美。

三、吕梁精神是推动转型跨越发展的不竭动力源泉

我们要以“十二五”再造一个新吕梁为奋斗目标，大力弘扬吕梁精神，以更大的信心和勇气推动吕梁在转型中实现高质量的跨越发展。

一要突出实效性，把弘扬吕梁精神的使命落到实处。要创新载体和形式，开展主题宣传教育，积极传播吕梁精神，大力讴歌吕梁精神，肩负起弘扬吕梁精神的重要使命。要把弘扬吕梁精神与指导工作实践、促进工作落实结合起来，在工作中锤炼坚韧不拔、不屈不挠的品格，始终保持知难而进、奋发有为的精神状态。要把吕梁精神转化为指导工作的科学思维方法和工作方法，转化为切合实际的工作思路，转化为破解发展难题的良策，创新发展理念、完善发展思路、强化发展措施，为转型跨越发展注入新的活力。要以吕梁精神为动力，充分利用国家资源型经济转型综合配套改革试验区的政策优势，先行先试，统筹推进各项改革，完善创新金融、投资、土地管理和行政管理等方面的体制机制，着力破解制约转型跨越的瓶颈。要以吕梁精神引导领导干部自觉抵制形式主义、官僚主义、享乐主义歪风，坚持正确的权力观、地位观、利益观，始终保持艰苦奋斗的优良作风，用自己的模范行动体现吕梁精神，影响和带动广大人民群众，把全市广大干部和人民群众的力量凝聚到保投资、促转型、惠民生的中心工作上来，凝聚到建设富裕文明生态新吕梁的宏伟目标上来，推动我市在转型跨越发展中走在全省前列。

二要突出时代性，不断丰富发展吕梁精神的基本内涵。人类社会是不断向前发展的，民族精神也必须随着时代的发展而不断丰富。吕梁精神要体现时代性，就必须与时俱进，必须在贯彻落实科学发展观，构建和谐社会的伟大实践中传承弘扬和不断升华。要坚持实践第一的观点，按照省委、省政府转型跨越发展、再造一个新山西的战略部署，结合我市实际，大力实施以推进“五个转型”、实现“三大跨越”为主要内容的“五三发展战略”，在实践中不断赋予吕梁精神新的内涵，拓展吕梁精神新的境界。要积极借鉴人类文明发展的新成果，准确地认识和把握时代精神，不断增强吕梁精神的吸引力和感召力。同时，要在理论研究和宣传中，把握新时期吕梁精神发展的新规律，大胆进行理论创新，不断推出新成果，使吕梁精神成为具有深刻思想魅力、丰富时代内涵和持续精神活力的新的革命精神和民族精神。

三要突出实践性，把弘扬吕梁精神贯穿到推动转型跨越发展的各项工作中去。转型跨越发展的伟大实践，使吕梁精神获得了新的表现形式，增添了新的时代内涵，提供了发挥作用的更宽广的舞台。在转型跨越发展新的实践中，我们弘扬吕梁精神，就是要在全市上下牢固树立“三种意

识”。一是知难而进、奋发有为的精神状态。全市广大党员干部要以知难而进、奋发有为的精神破解改革发展稳定中的各种难题，充分展现敢做善成、乘势而上的勇气和豪气，视挑战为机遇，变压力为动力，提高驾驭工作的能力，推动全市经济社会发展再上一个新台阶。二是脚踏实地、埋头苦干的工作作风。全市广大党员干部要倡导树立“一切工作具体化”的工作理念，发扬认真务实、立说立行、团结奋斗的工作作风，把每一项目标任务变为推动发展的具体行动，取得实实在在的效果，让老百姓得到实实在在的好处。三是不屈不挠、奋勇争先的信心和勇气。全市广大党员干部要以非凡的胆识和气魄接受挑战，以科学的态度和方法战胜困难、赢得胜利，不断开创转型跨越发展的新局面。

(作者为中共吕梁市委书记)

大力弘扬太行精神　推进转型跨越发展

田喜荣

中国共产党领导的八路军和太行儿女，在同日本侵略者浴血奋战中，用鲜血和生命铸就了“不怕牺牲、不畏艰险，百折不挠、艰苦奋斗，万众一心、敢于胜利，英勇奋斗、无私奉献”的太行精神。光耀千秋的太行精神是中华民族的宝贵精神财富，是上党老区人民改天换地、奋斗不息的强大精神动力。

新的历史条件下，山西省委高瞻远瞩，吹响了转型跨越发展的进军号，指明了科学发展的正确方向，我们长治要抓住综改机遇、推进“四化”建设、在转型跨越的伟大实践中重振上党雄风、实现再造一个新长治的宏伟目标，必须充分挖掘和弘扬太行精神，将太行精神转化为推进长治转型跨越发展的强大力量。

一、新时期弘扬太行精神，就是要把解放思想体现到具体工作上，破障碍、解难题、闯新路

太行精神的首要内涵是“不怕牺牲、不畏艰险”。在推进转型跨越发展的新形势下，特别是面对国家资源型经济综合配套改革试验区建设的重大历史性机遇，我们更需要拥有这种“不怕牺牲、不畏艰险”的信心和勇气。这种信心和勇气，源于思想的不断解放，体现为工作实践的大胆创新，是思想与行动的结合，是理论与实践的统一。解放思想，不仅仅是解放想法，更重要的是要解放做法。在推进长治转型跨越发展的历史进程中，我们把解放思想体现到按照“三个有利于”开展工作上，要求各级各部门把有利于长治经济社会全面协调可持续发展、有利于长治综合经济实力提高、有利于长治老百姓过上好日子作为开展工作的根本标准。我们把解放思想体现到敢于打破传统、先行先试上，只要符合长治的实际情况、符合长治人民的利益、符合增加长治人民的幸福指数，就要敢于冲破一切束缚发展的条条框框，先行试验、先行突破、先行发展。我们把解放思想体现到努力破解土地、资金、人才等要素制约上，对发展中遇到的各种问题，不怨天尤人，不等待观望，主动想办法、想对策，多角度思考，多渠道化解。我们把解放思想体现到变管理企业为服务企业上，要求各职能执法部门既要发现企业存在的问题，更要帮助企业解决这些问题，决不允许一罚了之、一关了之。今后，不发现问题要追究责任；发现了问题不帮助解决、简单化处理也要追究责任。

二、新时期弘扬太行精神，就是要把项目建设作为“四化”建设的重要抓手，大上项目、上大项目、上好项目

“百折不挠、艰苦奋斗”是太行根据地军民在物质条件困难时期夺取胜利的重要法宝。长治作为经济欠发达地区，在转型跨越发展的进程中，同样需要大力弘扬“百折不挠、艰苦奋斗”精神，牢牢扭住项目建设这个抓手，切实把推进“四化”建设作为加快转型跨越的重要依托。在工业新型化上，我们坚持以煤为基、多元发展，在抓好传统产业改造、提升的基础上，重点培育和发展新兴产业。全市确定并重点推进20个百亿元产值的非煤非电项目，力争到2015年，传统产业和新型产业各占半壁江山。在农业现代化上，重点支持30个龙头企业，带动6大高效特色产业板块建设，力争到2015年，建成100个现代农业科技示范园区，全市农产品加工转化率达到65%以上，50%以上的行政村成为“一村一品”专业村。在市域城镇化上，确定了“一核双圈”城镇空间布局，启动“1+6”上党城镇群路网建设工程，推进主城区旧城改造和新区建设，加快农民变市民城镇化发展步伐，力争到2015年，全市城镇化率达到55%，把上党地区建成全省一流的城镇群，把长治建成中国最宜居城市。在城乡生态化上，主攻荒山、荒坡、荒地绿化，力争每年造林40万亩，到2015年全市森林覆盖率达到37%，建成区绿化覆盖率达到50%。为确保“四化”建设和项目建设的顺利推进，成立了由四大班子领导和相关部门负责人组成的推进“四化”建设领导组，出台了“四化”实施方案和配套措施，实施了项目建设领导承包、工期倒排和

责任追究三项制度，把任务细化落实到了单位、部门和责任人，实现了“四化”建设的具体化、项目化、数量化和责任化。

三、新时期弘扬太行精神，就是要把创优环境、招商引资牢牢抓在手上，天天抓、月月抓、年年抓

当前，在地区竞争日趋激烈的大背景下推进转型跨越、推进“四化”建设，招商引资成为至关重要的一项工作。只有继续发扬“万众一心、敢于胜利”的太行精神，动员男女老少齐上阵、方方面面齐出动，才能打赢这场新时期全民创环境、全员抓招商的“上党新战役”。在创优环境方面，我们明确提出：对吃拿卡要破坏发展环境者，有职务的一律撤职，没有职务的一律开除；凡是外地车辆进入长治市发生违章，只纠错，不罚款。在招商引资方面，我们坚持以商招商、拉长产业链招商、以资源禀赋招商、以情招商，明确要求各级领导要打头阵，要求各级领导干部天天抓、月月抓、年年抓、时时想、事事想、人人想，县市区委书记和县市区长每人每年至少引进一个亿元项目，各县市区、高新技术开发区每年招商引资签约项目不得少于15个，落地率不低于70%。目前，全市上下已经初步形成了领导带头抓招商、万众一心齐招商、瞄准高端招大商、创优环境引外商的浓郁氛围。

四、新时期弘扬太行精神，就是要打造一支干事创业、狠抓落实的干部队伍，苦干、实干、加油干

“英勇奋斗、无私奉献”是太行精神的珍贵本色。当年，八路军将士和各级领导干部冲锋在前、吃苦在先，极大鼓舞了太行军民英勇顽强的斗志和勇气。今天，面对转型跨越发展的历史重任，我们更需要弘扬太行精神，建设一支政治素质高、创新能力强、善于攻关、敢打硬仗的干部队伍，带领广大人民群众艰苦奋斗、无私奉献，苦干、实干、加油干，为加快转型跨越步伐而不懈努力。我们创新干部考评机制，建立了领导干部包项目制度、重点建设项目督查通报制度、“三个三分之一”工作制度、考核奖惩制度和干部召回退回制度等。今后，我们将进一步引导广大党员干部树立和坚持正确的世界观、人生观、价值观和政绩观，以励精图治、奋发有为的精神干事业，以踏石留印、抓铁有痕的狠劲抓落实，在转型跨越的伟大实践中作出新的更大的贡献！

（作者为中共长治市委书记）

做好市域城镇化这篇大文章

董洪运

落实省委、省政府推进转型发展、跨越发展，加快工业新型化、农业现代化、市域城镇化、城乡生态化的部署和要求，把忻州建设成为富裕文明、开放和谐、充满活力的新型工业旅游城市，一项十分重要的任务就是要加快城镇化建设，做好市域城镇化这篇大文章。

第一，要大境界、宽视野，切实把市域城镇化建设作为转型跨越发展的一项战略任务来抓

首先，从历史发展看，城镇化建设是社会发展的重要动力。人类由早期的狩猎、采集文明，过渡到农耕文明，再发展到工业文明，进而进入到后工业文明时代，这是历史的自然过程。在人类社会历史发展的文明进程中，城市的产生与发展，带来许多文明的成果，不仅推动了经济快速发展，也承载了许多在农业文明时代人类无法管理的事情，给人们的生产、生活和交流、创造带来了无限的生机。当今世界，顺应历史发展大趋势，加快城镇化建设，就能在工业化、信息化、城镇化、市场化、国际化发展中赢得主动，抢占先机，走在时代发展前列。这一点，一再为发达国家和我国东部沿海地区的发展实践所证明。其次，从全局发展看，城镇化是关系转型跨越发展和全面建设小康社会的重大战略任务。牢牢把握后金融危机时期经济发展的主动权，积极应对国际经济发展不确定因素，坚持扩大内需方针，保持经济持续较快发展，城镇化建设是现实发展要求。调整经济结构，培育节能环保产业、新一代信息技术产业等战略型新型产业，城镇化建设是主要引擎；保护环境，建设资源节约型、环境友好型社会，转变经济发展方式，推进经济转型升级，城镇化建设是重要载体；发展社会事业，保障和改善民生，全面提高城乡居民生活水平，城镇化建设是重要阵地；扩大对外开放，提升市域形象，提高市域综合竞争力，城镇化建设是主体和龙头。再次，从忻州城乡发展的现状看，加快城镇化建设，势在必行。在忻州，农村发展滞后，城镇发展也滞后。长期以来，城镇化水平低于周边和其他城市。城镇化建设中存在的问题主要是：总规划不大气，详细规划不详细、不严密，执行规划不严格，违规建设不追究；建设主次不太分明，特色不够鲜明，功能不尽健全；管理约束比较弱，粗放、突击式的管理多，正规的、制度化的长效机制建立还不够。这些问题，亟待解决。最后，从面临的机遇看，加快城镇

化建设大有可为。国务院把忻州列入扶持太原城市群建设的四大节点城市之一，省委省政府作出了加快“一核一圈三群”、“扩容提质”、“百镇建设”等市域城镇化建设的重要部署，并把忻定原列入太原都市圈建设。立足忻州，面向全省、全国和全球，抓住全国、全省城镇化建设新一轮大发展的重要机遇期，统筹城乡发展，推进城镇化建设，带动转型跨越，是我们“十二五”期间赶队前行、跨越赶超的迫切要求。历史和现实的发展告诉我们，省委、省政府作出市域城镇化的决策部署，是非常及时的，非常重要的，我们必须不失时机地推进市域城镇化建设，特别是要加大力度推进中心城市建设，以中心城市建设带动城镇化建设大提速、大发展、大提升。

第二，要高起点、高水平、重特色，科学规划和指导城市建设

市域城镇化是统筹城乡经济社会发展的一项系统工程，必须科学规划。这个规划，应该是“十二五”规划的具体化。其中，一项重要的任务是搞好城市建设的规划。城市规划，作为建设的蓝图、管理的依据，关系城市发展水平。一个城市有了好的规划设计，就会越建越好；没有好的规划设计，就会留下历史的败笔和遗憾。要进一步提升城市规划建设理念，科学谋划和布局城市整体功能，提高城镇规划水平。在总体规划上，我们要根据国务院关于太原城市群建设，以及山西省以太原中心城市带动“一核一圈三群”体系建设对忻州发展的区域定位和功能要求，坚持以“忻定原”城市集群为躯干，以东部县城为左翼，以西部县城为右翼，构建展翅腾飞的“大雁形”城镇体系，带动城乡经济社会跨越赶超。一方面，立足忻州资源富集、区位优越、景点众多、文化底蕴深厚的基础，按照富裕文明、开放和谐、充满活力的新型工业旅游城市的发展要求来规划和推进全市的城镇化建设；另一方面，立足忻州城南靠九龙岗、怀抱云中河的山水优势，按照生态良好、绿色亮丽、宜居宜业的生态宜居城市的定位来规划和建设忻州中心城市。在具体规划设计中，要重点把握三个方面：一是高起点。要充分发挥规划的战略性、前瞻性和导向性作用，立足当前、着眼长远、面向未来，体现超前意识、体现战略眼光、体现“大气”，有气派、有品位，不能小家子气、小农经济意识。二要高水平。要高层次的规划设计城市的规划。科学合理地划分好功能区，特别是要记取目前国内一些城市暴露出来的“城市病”的教训，同时也要借鉴国外一些城市好的建设规划，在一个新的起点上完善城市总体规划，体现工业化、信息化、城镇化、市场化、国际化的城市发展方向，坚持以人为本的城市理念，坚持速度、质量、结构相协调，坚持消费、投资、出口相协调，坚持人口、资源、环境相协调，坚持开放、发展、创新相协调，坚持产业布局、社会事业发展、基础设施建设相协调。城市建设的控制性规划、修编详细规划和专项规划都要搞好，力求把城市规划成时代精品，做到百年不落后，不留历史遗憾。三要重特色。文化是城市的灵魂，生态是城市的魅力。规划要突出文化和生态两大特色，牢固树立“大文化、大绿化、大空间”的理念，规划建设一批具有地方文化特色的建筑，在城市建设中注入文化元素，丰富文化内涵，彰显文化特色。儒家文化、北方少数民族游牧文化、佛教文化、革命传统文化是忻州文化的重要特色。要把忻州地域特色传统文化体现到规划当中去，体现到建筑当中去。要按照“引森林进城市、变园林为森林”的思路和绿化、气化、净化、健康等“四项建设”的要求，坚持项目建设到哪里，绿化、美化、亮化、净化、气化就推进到哪里，打造“城在绿中、人在景中”的宜居宜游宜业城市。规划引领建设，建设体现规划，住建局和规划局两个职能部门要进一步密切配合、协调行动，为共同建设美好城市发挥职能优势。

第三，要抓项目、兴产业、夯基础，不断增强城市发展的功能、动力和实力

推进市域城镇化，无论是产业转型升级，还是社会事业繁荣发展，无论是基础设施建设与完善，还是生态环境保护与改善，都离不开项目建设。实践表明，大项目大变化、小项目小变化、无项目没变化。必须大力实施项目带动战略，每年安排建设一批重点城建工程，坚持突出基础设施项目、文化生态项目、民生工程项目三个重点，实施好绿化、亮化、棚户区改造三大工程，不断拉开城市框架、完善城市功能、提升城市品位。今年，忻州市中心城区要以“六路三桥”项目建设为龙头，扎扎实实抓好30项城建工程，改善老城区，发展新城区，进一步拉大城市框架；加快基础设施建设和社会事业发展，进一步完善城市功能；提高道路绿化、亮化和气化水平，进一步改善人居环境；引深创先争优活动和市民素质提升行动，提升软实力，提升中心城市的形象。县（市、区）要适应城镇化建设要求，大力实施大县城战略，全面落实“城镇提质扩容”行动，通过项目建设改善人居环境，提升县城品位，推动开放发展，加快县域经济发展。城市建设要坚持善待群众，做到合理补偿，充分动员群众为拆迁改造和重点项目建设做贡献；坚持依法依规，及时有力解决胡搅蛮缠、漫天要价、阻挠工程建设的问题。要按照绿色、低碳、环保的要求，因地制宜，优势优先，积极抓好循环经济园区、文化产业园区建设和现代物流园区建设，加快推进城市产业的转型升级和开发培育，以城市的新创意、新产业、新品牌、新服务，进一步激发和增强城市发展的新动力、新活力、新实力。

第四，要坚持中心城市、县城、镇同步发展，合力加快市域城镇化进程

一是做大做优市中心城市。根据国务院关于太原城市群节点城市建设和山西省“一核一圈三群”城市体系建设要求，结合自身实际，到2020年，把忻州建设成为80平方

公里、75万人口的区域性中心城市，是第一任务。要统筹规划好老城区、云中新区、开发区建设，进一步拉大城市框架，拓展城市空间，完善城市功能。原平市、定襄县与忻府区一同作为太原都市圈的重要节点城市，都要适应发展新要求，搞好规划，抓好重点，加快建设。二是下大力气提升县城建设规模。要把县城建设与农村扶贫开发结合起来，落实规划，落实政策，落实措施，确保在“十二五”期间，人口不足200人的1544个村庄的16.97万人搬迁到县城，做到搬得出、能致富、不反弹，成为县城扩容的人口支撑。要把县城作为县域经济社会发展的主要载体，积极培育市场，改革户籍管理，引进人才、引进资金、引进技术，引导产业和人口向县城聚集，通过产业发展引导人口集聚，通过人口集聚提升产业规模与层次。坚持产业优化、服务优化、环境优化同步推进，牢记定位，彰显特色，提高标准，提升辐射带动能力，努力把县城建设成为本区域乃至更大区域的经济中心。三是努力发展一批特色建制镇。要选择中心城市周边的卫星镇、县域副中心镇、旅游小城镇和其他有一定产业基础、人口规模、经济实力和发展潜力的小城镇作为示范镇，及时承接“一村一品”、融入“一县一业”发展和县域经济产业布局规划，大力发展农产品加工、工业、商贸、旅游等特色产业，因地制宜发展小城镇特色经济，推进产业、人口向小城镇适度聚集。同时，配套建设中小学、幼儿园、医院、文化设施和敬老院等，推进农村公共服务设施相对集中布局，搞好基础设施建设，增强公共服务功能，吸引农民进镇购房建房，扩大小城镇规模。

第五，要加强领导、创新实践、重视考核，扎扎实实推进市域城镇化建设

市县乡三级领导要站在时代、历史和执政的高度来领导和推进城镇化建设。主要领导既要通晓城市科学和管理科学，更要从实际出发，深刻洞察、准确把握推进新型城镇化和转型跨越发展的大局，专心关注城镇的发展变化，潜力研究城镇的布局谋篇，精心组织城镇的规划、建设和管理。要学会经营城市，创新融资机制，积极开辟出一条适应时代要求、符合城镇发展规律、具有地域文化特色的新型城镇化发展道路。要统筹城镇化建设的各项工作，把城乡的经济建设、社会建设、文化建设、政治文明建设和生态文明建设都搞好，比如，创建环保模范城市、卫生城市、园林城市、生态文明村、生态文明镇、生态文明县市区等工作都要具体抓好，努力创新以城带乡、以工补农、城乡互动的多种实现形式，积极探索城乡一体化发展的新路子。要强化监管，廉洁施政，对城镇建设重大项目的招投标，要规范程序、阳光作业，坚持公开、公平、公正，严禁暗箱操作。对插手建设工程招投标的机关工作人员特别是领导干部，一经发现，立即严肃查处。要把城市建设与发展作为检验领导能力、工作作风的试金石，作为提升干部素能、培养优秀干部的大熔炉。要制定城市发展综合评价体系，对城市的建设与发展进行科学考评，列入年度目标责任考核内容，根据考核结果，及时给予激励和表彰。

（作者为中共忻州市委书记）

以改革创新精神推进社会主义核心价值体系建设

李中元

《中共中央关于深化文化体制改革推动社会主义文化大发展大繁荣若干重大问题的决定》指出：“社会主义核心价值体系是兴国之魂，是社会主义先进文化的精髓，决定着中国特色社会主义发展方向。”那么，在当今国内国际形势下，如何铸创国魂使之深入人心？如何强盛精髓使之化育文明？又如何使之决定方向，引领时代和人民？一个必然的选择就是：始终坚持以改革创新的精神推进社会主义核心价值体系建设，推动社会主义文化大发展大繁荣。

一、以改革创新精神推进社会主义核心价值体系建设，必须站在历史、时代和未来发展的高度，审视社会主义核心价值体系

社会主义核心价值体系是社会主义核心价值要素构成的系统。在其内在规定性上，它的本质特征、基本功能、地位作用和发展演述，是特定历史文化传统和经济社会发展需要、特定时代条件和发展需要、特定族群生存发展及文化心理和思维方式的产物，并且具有指向未来的明显表征。以改革创新精神推进社会主义核心价值体系建设，首先应当从历史、时代和未来发展的高度出发，科学审视并充分认识什么是社会主义核心价值和价值体系，历史、时代、未来发展和国家民族大众需要什么样的核心价值和价值体系。中华民族有着五千多年文明史，创造了灿烂的物质文明和精神文明。当代中国正经历着历史上未曾有过的大变革、大进步。改革开放30多年来，我国社会经济飞速发展，人民生活不断改善，国家面貌日新月异，国际地位不断提升。我们的经济总量已经排名世界第二位，我们的政治和文化影响力日益为世界所瞩目。中国越来越融入世界，世界越来越离不开中国。正是在这样的历史背景、时

代需要和未来发展维度下，《决定》从四个主要方面确定了推进社会主义核心价值体系建设的总体方略。

第一，必须坚持马克思主义指导地位。一个世纪前，十月革命一声炮响，给中国人民和中国革命送来了马克思主义。正是在马克思主义指导下，正是在马克思主义中国化进程中，中国共产党才领导中国人民推翻了三座大山，建立了新中国。正是因为中国化的马克思主义毛泽东思想的指导，中国人民才开始了建设国家的豪迈进程。正是因为在马克思主义中国化进程形成了邓小平理论、“三个代表”重要思想和科学发展观，中国人民才能取得了改革开放的伟大成就。正如《决定》所强调：“马克思主义深刻揭示了人类社会发展规律，坚定维护和发展最广大人民根本利益，是指引人民推动社会进步、创造美好生活的科学理论”。历史和现实都告诉我们，在未来中国，只有毫不动摇地坚持马克思主义基本原理，紧密结合中国实际、深切把握时代特征、认真倾听人民愿望，一如继往地用发展着的马克思主义指导新的实践，我们才能不断取得新成就、不断迈上新台阶。

第二，必须坚定中国特色社会主义共同理想。《决定》指出，中国特色社会主义是当代中国发展进步的根本方向，集中体现了最广大人民根本利益和共同愿望。回顾我们走过的道路和取得的成就，走中国特色社会主义道路是我们的必然选择，以中国特色社会主义为共同理想是我们的不二追求。社会主义是近现代以来世界的新潮流，但是，社会主义国家根据自己的国情，发展自己的特色，才能共同促进社会主义的浩荡洪流。在这个进程中，中国人民毅然走上了自己的发展道路，最终形成中国特色社会主义，铸就了我们的共同理想。正因为我们顺应了历史必然，我们的国家和民族才一步步地走向了繁荣富强，这正是中国特色社会主义的优越性所在。展望未来，我们必须坚定中国特色社会主义共同理想，才能完成社会主义现代化和实现中华民族伟大复兴。

第三，大力弘扬以爱国主义为核心的民族精神和以改革创新为核心的时代精神。爱国主义并不是中华民族所独有，但却是中华民族最深厚的思想传统。纵览世界各民族，没有一个民族能如中华民族这样有着自人类社会出现以来就接续不断的历史脉络。我们这块土地自有文明火种出现以来就是我们的土地，我们的民族自始至终都生活在这块伟大的土地上。早在4000多年前的尧舜时代，我们就有了统一的国家和完整的民族。早在2500多年前的春秋时代，我们就形成了华夏民族。秦汉以降，随着大一统国家的发展，生活在这块土地上的各民族经过千百年的融合，最终形成了今天56个民族大团聚的中华民族。中华民族的形成，是以追求大一统的国家为目标的。没有对国家的热爱，没有爱国主义追求，56个民族是走不到一起来的。所以，爱国主义最能感召中华儿女团结奋斗，是纵贯中华民族生存发展精神纽带，是中华民族之民族精神的核心所在。爱国主义着眼于当代社会，改革创新则是当代中国最鲜明的时代特征。改革创新并不是要割断历史，相反，改革创新是历史发展的新飞跃，是历史在新的起点上的重新出发。中华民族文明史之所以能够实现5000年的康壮发展，最重要的原因就是坚持了“苟日新，日日新”精神。中国近30多年发展变化、硕果累累，无疑是改革创新的结果。推进社会主义核心价值体系建设必须以培育、传承和弘扬这两大精神为重点。

第四，树立和践行社会主义荣辱观。社会核心价值总体上是一种思想要求和道德规范，它不是对人的外在强制性规定，而是一种内在的道德规约。历史和现实都告诉我们，推进社会主义核心价值体系建设，形成基本道德规范的任务具有无可置疑的重要性、必要性和迫切性。在当前推进社会主义核心价值体系建设的进程中，要使马克思主义的核心地位得以保证，要使中国特色社会主义共同理想得以实现，要使爱国主义发扬光大，要使改革创新精神发挥作用，必须有社会主义荣辱观作基础。社会主义荣辱观是社会主义核心价值的具体表征，也是社会主义道德规范的具体要求，人民群众易于理解、乐于接受、方便履行。《决定》指出，“要深入开展社会主义荣辱观宣传教育，弘扬中华传统美德，推进公民道德建设工程，加强社会公德、职业道德、家庭美德、个人品德教育”，进而“引导人民增强道德判断力和道德荣誉感，自觉履行法定义务、社会责任、家庭责任，在全社会形成知荣辱、讲正气、作奉献、促和谐的良好风尚”。我们要用社会主义荣辱观引领时代风尚，巩固全党全国各族人民团结奋斗的共同思想道德基础，以期不断适应新情况，解决新问题，把中国特色社会主义事业不断向前推进。

上述四个方面紧密联系、相辅相成，共同而有力地支撑着中国特色社会主义核心价值体系的宏伟大厦。

二、以改革创新精神推进社会主义核心价值体系建设，必须从实际出发，解放思想、实事求是地总结历史经验教训，正视存在的问题

社会核心价值体系的形成和推进是全社会的自觉行为和必然选择，体现了它的现实针对性和社会主动性。所谓现实针对性，就是要对社会现实和发展形势有着清醒的认识。所谓社会主动性，就是要积极主动地正视现实中存在的问题，以期从问题出发，提出能够引领社会思潮、促进道德进步的社会核心价值体系。

社会发展需要集中人们的集体力量，社会核心价值体系建设更需要集中人们的集体智慧。这个集中的过程，通常需要形成社会发展的核心力量，为社会的不断发展指明方向。在人类历史上，杰出的思想家灿若群星，伟大的思想层出不穷，他们的出现和存在，在不同历史时期表现了人类共同的思想选择和积极的精神追求，表现了一个时代人们的共同理想信念。在当代社会，中国共产党是领导我

们事业的核心力量。中国共产党要领导人民去做什么，还要告诉人们怎么做、为什么这样做。中国共产党要从根本上解决人民的物质需求，还要全面解决人民不断提高的精神文化需求。《决定》做出制定社会主义核心价值体系建设实施纲要的部署，既说明了我们党对于社会核心价值体系建设基本规律的遵循，也体现了我们党勇于承担历史使命的气魄。推进社会主义核心价值体系建设，我们党就是领导建设的主体。这个主体地位，并不是我们党自封的，而是历史发展的必然，是现实选择的唯一。在当代中国，中国共产党是中国社会发展和进步的领导力量，最能够领导中国人民实现其根本利益和共同愿望。只有在中国共产党的领导下，深入开展理想信念教育，引导干部群众深刻认识中国共产党领导和中国特色社会主义制度的历史必然性和优越性，深刻认识中国特色社会主义道路是实现社会主义现代化和中华民族伟大复兴的必由之路，当代中国才会发展进步，未来中国才会屹立于世界民族之林。

在我们已经取得的革命、建设和改革开放的成就中，既有物质成就，也有思想成就。中国化的马克思主义是中国共产党人最伟大的思想成就，历史和现实已经证明，这一思想成就是取得所有成就的根本。在中国化马克思主义指导下推进社会主义核心价值体系建设，我们要做的事情还很多。特别是在解决精神支柱的问题上，我们走过艰苦的弯路，有过失败的教训。我们必须以实事求是的态度面对这些经验教训，以解放思想的品格总结这些经验教训，以改革创新的精神汲取这些经验教训。

中国共产党领导中国人民正在进行的中国特色社会主义的伟大事业是前无古人的，是独树一帜的。一方面，这场伟大事业的不断推进，充分说明我们在解决广大人民的理想追求和道德追求方面是有所为的，是有成就的。另一方面我们也要看到，历史和现实的复杂性、严酷性是不言而喻的，今天和明天的多样性、多变性是必须面对的。在不同历史条件下，道德规范的影响力和约束力必然有所变化。即使是诸多能够被现代社会所接受的传统道德规范，其具体内容和发挥作用的途径和方式，也会在新的时代条件下有所调整。在这样的调整过程中，我们能够感受到，全民族文明素质亟待提高，一些领域道德失范、诚信缺失，一些社会成员人生观、价值观扭曲，在社会管理的某些层面还存在着严重的腐败现象，显现出已经形成的道德规范与现实要求明显不适应的状况。任由这些问题的存在和发展，就会使我们社会的健康机体受到严重侵蚀，就会对我们的事业形成难以估量的危害。我们要对这样的形势有清醒的认识，对于这样的问题予以足够的正视，并针对新情况新问题，形成适应当代社会要求的道德规范体系。

社会主义核心价值体系是我们的兴国之魂，但现实也在告诫我们，如果我们不能及时而全面地在推进社会主义核心价值体系方面大有作为，这个事关成败的兴国之魂，就会有“魂不附体”的危险，所谓“国魂”也有可能成为“游魂”，无所归、无所依，就会影响社会健康机体的生长。我们必须顺应历史和现实的要求，在铸就以爱国主义为核心的民族精神方面，在倡导以改革创新为核心的时代精神方面，不断取得新成果，才能使兴国之魂有所归依、有所安顿，使我们的社会展现出勃勃生机。

社会主义核心价值体系建设必须具有严格的系统性和理论性，否则就没有最起码的说服力。但是，不论它的基础是如何高深的理论，不论它的体系具有如何严密的逻辑性，它的落脚点必须要全面而深刻地回应现实问题，特别是要回答人民群众现实生活中遇到的思想困惑，正确引导全体社会成员的道德和价值取向。社会主义核心价值来自实践，来自最广大人民群众的生产和生活实践，只有这样，它才会有鲜活的生命力。既然来自实践，其价值就应该体现在指导实践方面。实践是检验真理的唯一标准，社会主义核心价值必须接受实践的检验，否则只能被束之高阁。

社会核心价值体系集中体现了社会的道德要求，而社会基本道德规范的形成及其发挥的示范作用，是社会发展进步的长期根本保证。一个繁荣发展的社会，必然是一个基本道德规范齐备、整体性地遵循道德规范约束、风清气正的社会。即使是在一个商品经济发达的社会里，崇高的思想追求、美好的道德情操、可靠的诚信度、积极的人生观，依然是经济发展、社会繁荣、政治文明、生态友好的必要保证。

在漫漫历史长河中，中华民族有着推崇伦理规范、讲求道德修养的优良传统。在社会公德、职业道德、家庭美德、个人品格等诸多方面，传统文明给我们留下许多可以借鉴和接受的优秀思想、良好示范。随着时代的发展和进步，中华民族优秀道德传统中也在不断增添新内容。我们要以世移事易、与时俱进的精神，合理吸收和消化传统道德思想中的精华，以形成适应社会主义核心价值体系要求的基本道德规范。

三、以改革创新精神推进社会主义核心价值体系建设，必须在继承中创新，在改革中发展，尊重人民群众的实践能力和创造精神

社会核心价值体系形成、发展和完善，有其自身的内在规律，社会主义核心价值体系的建设也不例外。在推进社会主义核心价值体系建设的过程中，我们必须遵循社会核心价值体系形成和发展的规律，使其在继承中创新，在改革中发展，真正成为全体社会成员的思想航标和行动指南。

任何一种社会核心价值体系都是一定历史条件下的产物，是顺应时代要求的产物，具有无可争议的历史必然性。我国古代封建社会以“仁义礼智信”为标志的核心价值体系，是在“周礼”崩溃之后，大一统国家趋向稳定时的历史产物。自西汉前期被确定，由于此后两千多年的社会发展并没有实质性的变化，这一核心价值体系也就一直保持到晚清。至于西方近代以来提出的“自由、平等、博爱”，也是在西方工业革命之后，资本主义战胜封建主义的产物。

在现代西方社会，随着资本主义的发展，虽然博爱和平等不断受到挑战，但自由精神依然被信奉。这就说明，无论什么样的社会核心价值体系，其形成和变化都具有历史的必然性。我们正在推进的社会主义核心价值体系建设，之所以在改革开放的今天受到全社会的广泛重视，同样是时势的要求。一方面是我们的未来需要社会核心价值去指导、去引领，另一方面则是现实中的不合理、不如意甚至消极丑恶的东西需要用社会核心价值去矫正、去消除。我们只有顺应这种时代要求，才能建设好社会主义核心价值体系；我们只有建设好社会主义核心价值体系，才能为时代的发展提供正确的目标和方向。

社会核心价值体系是文化发展繁荣到一定历史阶段的产物，是文化发展积聚到一定程度的产物。以上述两种社会核心价值体系为例，只是经过了春秋战国“百家争鸣”的文化积累，出现了各家各派争相为社会提供核心价值以后，到了西汉前期，社会才能够选择以儒家思想为主导的“仁义礼智信”。只是经过了文艺复兴和启蒙运动，经历了宗教改革等文化运动的积累，“自由、平等、博爱”的提出才成为可能。在当代中国，中国共产党从成立之日起，就既是中华优秀传统文化的忠实传承者和弘扬者，又是中国先进文化的积极倡导者和发展者。特别是在马克思主义中国化时代化大众化的思想文化和历史进程中，我们才会重申社会主义核心价值体系的重要性，才会有的放矢地推进社会主义核心价值体系建设。

社会核心价值体系是人民群众社会实践的产物，也是尊重人民群众社会实践和创新能力的产物。社会核心价值的提出，表面上看是社会知识阶层和领导阶层提出和倡导的思想，但其思想基础和精神实质却是人民群众的社会实践。西汉王朝建立，实际是秦汉之际农民起义的果实。正是以农民起义为基础建立的新王朝，才从根本上动摇了“周礼”的地位，为新的社会核心价值的形成铺平了道路。至于西方近代的资产阶级革命，以法国大革命为代表，正是由农民、无产者和资产阶级组成的第三阶级的奋争，才最终推翻了封建君主制，使资本主义的核心价值大行其道。在当代中国，进行革命、建设和改革开放的主体一直是中国共产党领导下的广大人民群众。我们要推进社会主义核心价值体系建设，就是要解决好为了谁、依靠谁、成果如何分享的问题。只有为了人民群众、依靠人民群众、改革开放的成果由人民群众共享，中国共产党的领导才会立于不败之地。为此，我们必须尊重人民群众的实践，实现人民群众的利益，接受人民群众的创造。

社会核心价值体系是改革创新的产物，是社会不断前进、思想不断进步的产物。我们依然以古代中国社会和近现代西方社会为例。在“仁义礼智信”成为社会核心价值之前，西汉王朝尊崇的是黄老之学，讲求无为而治。但是，随着社会的发展和文化的繁荣，黄老之学日益显得不合时宜，而从西汉之初的礼仪之用中就显现出生命力的儒家思想，自然而然就成为思想创新的首选。西汉以后，儒家思想的社会核心价值地位并非没有受到过挑战，而是每逢挑战出现，儒家思想选择的是以改革创新为应对。到了近代，一旦失去改革创新的能力，儒家思想的社会核心价值地位只能宣告完结。西方资本主义社会核心价值体系的形成和发展，同样经历了不断的改革创新。上述文艺复兴、启蒙运动和宗教改革，无一不是改革创新的实践活动。在当代西方社会，随着社会发展的迟滞，当初高举着的“自由、平等、博爱”三面大旗，只有“自由”一面还能勉强举出，这从一个方面说明了西方社会文化创新精神日渐乏力。而在当代中国，以马克思主义中国化为代表的思想创新和文化创新方兴未艾，社会经济发展不断迈上新台阶，人民群众的文化需求、道德需求不断提高，这就为推进社会主义核心价值体系建设提供了最适宜、最便捷的社会和文化条件，社会主义核心价值体系的不断完善理应成为必然。

社会核心价值体系要从人民群众中来，到人民群众中去，使其成为全社会共同的行动目标和行为准则。为使人民群众全面认识和奉行社会核心价值，必须创新宣传思路、创新宣传方式。古代的儒家思想和西方资本主义的核心价值体系从理论上看是非常复杂的，但是，以“仁义礼智信”和“自由、平等、博爱”加以概括，虽然未必全面，但却非常实用，对于以这些观念为代表的社会核心价值的宣传和普及，发挥了不可或缺的作用。在当代中国，改革创新是最鲜明的时代特征，社会核心价值体系是全体社会成员的当然选择，需要在必要的历史条件下，集中全社会的正确认识，适时地加以明确和引导，持久深入地进行宣传和教育，以使社会核心价值体系发挥思想文化的引领作用。同时，我国是一个地域辽阔的多民族国家，各地区的发展不平衡，社会各阶层的文化观念参差不齐，要让我们党所倡导的先进文化深入人心，必须做好文化普及化大众化的工作。特别是社会主义核心价值体系建设的宣传普及，必须注重灵活的宣传方式，选择合适的宣传载体，抓住适当的宣传时机，投入足够的人才财力，以期鼓励广大人民群众的参与，汲取人民群众的实践经验，使社会主义核心价值落实在人民群众的日常生活和工作中。

改革创新是时代精神的核心，是当代中国发展进步必须强调的重中之重。我们全力推进社会主义核心体系建设，就是要最大限度地发挥改革创新精神的强大作用。在当代中国，以改革创新为动力，发展面向现代化、面向世界、面向未来，民族的科学的大众的社会主义文化，必须处理好若干关系。面向现代化，要处理好继承与创新的关系；面向世界，要处理好中国固有优秀文化与国外优秀文化的关系；面向未来，要处理好文化的先进性与大众化的关系。中华民族的伟大复兴，最根本点和最持久处就是复兴中华民族五千年来的传统优秀文化。当代中国要成为文化强国，既要有深厚的文化底蕴，又要有宽广的胸襟。我们要立足当代，扎扎实实地对传统文化下一番去粗取精、去伪存真的功夫，使传统优秀文化彰显无余。我们要坚持以我为主、为我所用，向国外学习借鉴一切有利于加强我国社会主义文化建设的有益经验、一切有利于丰富我国人民文化生活的积极成果、一切有利于发展我国文化事业和文化产业的经营管理理念和机制。我们适逢中华民族大变革、大进步的时代，既要面对自身发展进步的问题，还须面对世界性的挑战。在这种亘古未遇的问题和挑战面前，如果缺乏改革创新的精神准备，就会很容易失却目标、迷失方向，也很容易误判形势、忽视问题。

正如《决定》所断言，中华民族伟大复兴必然伴随着中华文化繁荣兴盛。中华民族伟大复兴，就是要在坚持和发展中国特色社会主义的伟大实践中进行文化创造，努力把我国建设成为社会主义文化强国。历史和现实反复证明并仍将证明，没有强盛的文化作支撑，一个社会的健康发展便无从谈起。没有核心价值体系的建立，一种文化就不能树立起来，也不会强盛起来。没有核心价值体系的不断推进、不断建设，核心价值观就难以确立。没有改革创新的精神，社会核心价值体系建设就不可能不断向前推进。当前，随着改革开放进程的不断深入，我国文化领域也在发生着广泛而深刻的变革，文化改革发展的进程势不可挡。社会主义核心价值体系的建设，直接关系着社会主义文化的大发展大繁荣。建设社会主义核心价值体系，既是文化改革发展的核心内容，也是发展中国特色社会主义文化的根本任务。全体社会成员，既是社会主义文化的创造者，也是社会主义文化的实践者。我们一定要以豪迈的热情加入到文化改革发展的进程中，以改革创新的精神推进社会主义核心价值体系建设，为中国特色社会主义伟大事业的成功贡献出我们的一份力量。

（作者为山西省社会科学院党组书记、院长）

延安学习运动对“学习型政党”建设的历史贡献

秦良玉

重视学习、勤于学习、善于学习是中国共产党的优良传统和制胜法宝。延安时期，我党开展了一场深入持久的学习运动，对全党进行了一次全面系统的马克思主义理论教育，使党在思想上、理论上、政治上和组织上逐步走向成熟，有力地保证了抗日战争和新民主主义革命的胜利。这场学习运动，是中国共产党建设“马克思主义学习型政党”的一次成功实践，也是90年建党历史上一个重要的里程碑。它初步回答了党员干部为什么学、学什么、怎样学等一系列重大问题，对建设学习型政党具有重要的历史贡献和思想启迪。

一、立足于党的事业兴衰存亡的战略高度，延安学习运动论证了全党学习的重要性和紧迫性，回答了党员干部“为什么学”的根本性问题

一个政党的学习能力，直接关系到党的事业兴衰。延安时期是党走向成熟的关键时期，在经历了长征生与死、血与火的洗礼后，延安成为中国共产党的历史新起点；学习则成为这个新起点的内在核心。

1938年中共六届六中全会上，毛泽东向全党发出号召，“来一个全党的学习竞赛，看谁真正的学到了一点东西，看谁学的更多一点，更好一点”，由此揭开了延安学习运动的序幕。1939年2月，中共中央成立了干部教育部，开始有组织地推动全党开展理论学习。在这场学习运动中，上至中央政治局成员，下至县、乡、连队普通干部，全党都投入到了一场轰轰烈烈的“学习竞赛”活动中，延安学习运动的氛围之浓、规模之大、时间之久、意义之深、影响之远，在我党发展历史上都是空前的。

那么，在抗日战争艰苦卓绝的环境下，党为什么要开展这场延安学习运动呢？

首先，学习运动是党自身建设和发展的内在需要，这是由党的历史地位和使命所决定的。中国共产党是中国无产阶级和中华民族的先锋队，只有在学习中不断完善自己，才能始终保持党的先进性，担负起崇高的历史使命。1939年5月20日，毛泽东在延安在职干部教育动员大会上讲：“我们党根据历来的经验以及目前的环境，在最近发起了两个运动，一个是生产运动，一个是学习运动，这两个运动都具有普遍的意义和永久的意义。”他借用古语“人不通古今，马牛而襟裾”，形象地说明了学习对于每一个人特别是每一个共产党员的重要性。“通古今就要学习，不但我们要学习，后人也要学习，所以学习运动也有它的普遍性和永久性。”可以说，从建党开始，中央就把学习作为全党的一项“普遍性和永久性”战略任务，而不是权宜之计。

其次，学习运动是提高全党马克思主义理论水平的战略需要，这是学习运动的深层历史原因。从1921年建党到1938年的17年间，党虽然在领导革命的长期斗争中取得了卓越成绩，积累了丰富经验，但同时也暴露出理论储备不足和马列主义水平不高的弱点。正如毛泽东所说，“我们党的马克思列宁主义修养，现在已较过去有了一些进步，但是还很不普遍，很不深入。”经历了教条主义的历史教训，毛泽东和当时的党中央深刻认识到，作为“指导一个伟大的革命运动的政党，如果没有革命理论，没有历史知识，

没有对于实际运动的深刻的了解，要取得胜利是不可能的。”“马克思列宁主义的伟大力量，就在于它是和各个国家的革命实践相联系的。”早在1930年，毛泽东就指出：“马克思主义的‘本本’是要学的，但是必须同我国的实际情况相结合。”但是，很长一段时间以来，掌握党内理论话语权的，都是来自共产国际“言必称希腊”的理论家们。遵义会议确立了正确的组织路线，恢复了毛泽东的领导地位，但党内对马克思主义教条化、对共产国际指示神圣化的倾向仍然存在。如果不能把党的指导思想从教条主义的束缚中解放出来，党的事业就依然存在遭受挫折的危险。刘少奇也说过，“中国党过去的屡次失败，都是指导上的失败，是在指导的幼稚与错误而引起全党或重要部分的失败，而并不是工作上的失败。”所以，“普遍地深入地研究马克思列宁主义的理论任务，对于我们，是一个亟待解决并须着重地致力才能解决的大问题。”在六中全会上，毛泽东要求，“必须加紧认真地提高全党理论的水平，自上而下一致地努力学习马克思、恩格斯、列宁、斯大林的理论，学会灵活的把马克思列宁主义及国际经验应用到中国每一个实际斗争中来。”

可以说，这场延安学习运动，首先是一个思想解放的运动，其目的在于通过全党的学习和讨论，搞清楚什么是真正的马克思主义，怎么样发展马克思主义这一重大理论问题。正是这次全党的学习和讨论，激发了党自觉的历史主体意识，提高了党的理论思考能力，进而在总结中国革命实践经验的基础上发展了马克思主义，提出了马克思主义中国化的理论命题，最终孕育出了中国化的马克思主义——毛泽东思想这一伟大理论成果。

第三，学习运动是提高党领导革命能力的实践需要，这也是学习运动的直接现实原因。抗日战争爆发后，党面临的国内国际形势更加复杂，党领导革命的任务更加艰巨。其一，学习是领导革命的需要。“共产党在全国的党员过去是几万个，现在有几十万，将来会有几百万，这几十万、几百万共产党员要领导几千万、几万万人的革命，假使没有学问，是不成的，共产党人就应该懂得各种各样的事情，所以，要领导革命必须学习。”其二，学习是改善工作的需要。延安时期，全国革命形势发生深刻变化，但党内许多党员干部的思维方式、工作方式依然停留在土地革命战争阶段，面对层出不穷的新问题，许多党员干部出现“本领恐慌”。“我们队伍里边有一种恐慌，不是经济恐慌，也不是政治恐慌，而是本领恐慌。过去学的本领只有一点点，今天用一些，明天用一些，渐渐告罄了。”所以，“我们的干部要使工作做得好，就要多懂一点，单靠过去懂的一点还不够……无论党、政、军、民、学的干部，都要增加知识，才能把工作做得更好。”其三，学习是建设大党的需要。要领导全国人民实现打倒日本帝国主义、建设新中国的历史任务，就需要我们建设一个大党。而“我们要建设的一个大党，不是一个‘乌合之众’的党，而是一个独立的、有战斗力的党，这样就要有大批的有学问的干部做骨干。”正是基于以上三点，学习运动成为当时党必须开展的一项重要工作。

二、立足于提高党员干部队伍整体素质的理论高度，延安学习运动明晰了全党学习的内容，确立了党员干部“学什么”的方向性问题

政治路线确定之后，干部就是决定性因素。延安时期是中国共产党迅速发展壮大的时期，到1938年底，党员人数已从全国抗战开始的4万多发展到50余万。与此同时，党员干部队伍的成分也变的更加复杂——有经历长征洗礼的红军老干部，有从国统区投奔延安的青年知识分子，也有从苏联回到延安的布尔什维克干部。他们的阶级成分、教育背景、工作经历、思想觉悟、价值观念各不相同，通过系统学习，使他们成长为党的事业的中坚力量，是学习运动的一项重要任务。

在“学什么”的问题上，毛泽东主张古今中外一切好的东西都要学习。“一个革命干部，必须能看能写，又有丰富的社会常识与自然常识，以为从事工作的基础与学习理论的基础，工作才有做好的希望，理论也才有学好的希望。”在《中国共产党在民族战争中的地位》、《改造我们的学习》和《中共中央关于调查研究的决定》等文献中，毛泽东突出强调了三个方面的学习内容。一是学习马克思列宁主义的思想方法。“马克思、恩格斯、列宁、斯大林的理论，是‘放之四海而皆准’的理论。不应当把他们的理论当作教条看待，而应当看作是行动的指南。不应当只是学习马克思列宁主义的词句，而是学习他们观察问题与解决问题的立场与方法。”他认为，马克思主义哲学是基础，学习哲学主要是把思想方法和工作方法搞对头。不重视学习理论，天天搞事务，一定会迷失方向。为提高党内高级干部的理论水平，1941年9月26日，中央决定成立高级学习组，着重学习马恩列斯的思想方法论。二是学习历史。“学习我们的历史遗产，用马克思主义的方法给以批判的总结，是我们学习的另一任务。从孔夫子到孙中山，我们应该给以总结，承继这一份珍贵的遗产。承继遗产，转过来就变为方法，对于指导当前的伟大运动，是有着重要的帮助的。”根据毛泽东的指示，延安中央研究院成立了以范文澜为首的历史研究室，集体编写《中国通史简编》，以备党员干部学习之用。在如何研究历史的问题上，毛泽东提出了著名的“古今中外法”。三是研究现状，对于国内外、省内外、县内外具体情况要进行深入细致的调查与研究。中央要求“一切有相当研究能力的共产党员，都要研究马克思、恩格斯、列宁、斯大林的理论，都要研究我们民族的历史，都要研究当前运动的情况与趋势；并经过他们，去教育那些文化水准较低的党员。”1941年8月中央专门发布了《中共中央关于调查研究的决定》，对全党开展调查研究进行部署并提供方法论指导。

为保证干部学习的针对性和有效性，中央先后出台了

《中央关于延安在职干部学习的决定》(1941年12月1日)、《中央关于延安干部学校的决定》(1941年12月17日)，对干部在职学习和学校教育进行了专门的规定，把延安在职干部分为四类，根据不同干部类型，学习内容各有侧重。针对党内干部多数是工农出身的实际，毛泽东提出，工农干部要学理论必须首先学文化，不同时期学习应有不同的侧重。1942年2月28日，中央发布了《中共中央关于在职干部教育的决定》，总结了六届六中全会以来在职干部教育的经验教训，将教育内容明确规定为业务教育、政治教育、文化教育和理论教育四种。在干部学校教育中，以培养和造就德才兼备、堪当重任的高素质干部队伍为目标，坚持政治理论教育与文化知识教育并重的原则。在职干部教育中，号召"做什么、学什么"，要求一切在职干部都须加强业务学习，都必须精通自己的业务；强调一切在职干部都须给以政治教育，包括时事教育和一般政策教育两项。对于文化程度不高的干部，除业务教育与政治教育外，还要开展文化教育。而对于高中级干部，则强调于业务学习之外均须学习理论，包括政治、经济和历史科学等内容。

通过干部学习分类编组，采取因材施教的办法，较好地解决了干部学习中存在的重点和一般、普及和提高、政治与业务、干与学等方面矛盾，将提高干部的政治思想素质和能力素质有机统一，把提高干部个人素质和干部队伍整体发展有机结合，奠定了党培养干部的基本模式。

三、立足于党的学风建设的政治高度，延安学习运动总结了全党学习的方法论原则，解决了党员干部"怎么学"的方法性问题

在延安学习运动中，毛泽东先后发表《改造我们的学习》、《整顿党的作风》、《反对党八股》和《学习与时局》等一系列重要文章，深刻批判了教条主义、经验主义两种主观主义学风对党的事业的危害，全面阐述了马克思主义学风理论。他指出，"所谓学风，不是学校的学风，而是全党的学风。学风问题是领导机关、全体干部、全体党员的思想方法问题，是我们对待马克思列宁主义的态度问题，是全党同志的工作态度问题。"

针对党内一些干部中学用脱节的现象，毛泽东强调，在学习中必须坚持理论联系实际原则。"对于马克思主义的理论，要能够精通它、应用它，精通的目的全在于应用。""要使马克思列宁主义的理论和中国革命的实际运动结合起来，是为着解决中国革命的理论问题和策略问题而去从它找立场，找观点，找方法的。"在如何实现理论联系实际的问题上，毛泽东同志讲，"马克思列宁主义理论和中国革命实际，怎样互相联系呢?拿一句通俗的话来讲，就是'有的放矢'。"这种态度，就是实事求是的态度，就是党性的表现，就是理论和实际统一的马克思列宁主义的作风。可以说，强调理论联系实际的学风，是延安学习运动的灵魂所在，也是延安学习运动为党的思想建设做出的最突出的理论贡献。

针对党内自足自满的不良学习风气，毛泽东强调，"马克思列宁主义是科学，科学是老老实实的学问，任何一点调皮都是不行的。"他指出，学习的敌人是自己的满足，共产党人要认真学习本领，必须从不自满开始，对学习的渴求永无止境，共产党人对自己要"学而不厌"，对人家，应采取"诲人不倦"的态度。不仅如此，毛泽东身体力行，1933年1月，他在给何干之的信中说"将来拟研究近代史，盼你多多指教"。1944年11月，在给郭沫若的信中说，"你的《甲申三百年祭》，我们把它当做整风文件来看待，小胜即骄傲，大胜更骄傲，一次又一次吃亏，如何避免这种毛病，实在值得注意。"针对部分干部不勤学、不愿学的问题，毛泽东倡导"挤"和"钻"的"钉子精神"。关于"挤"的精神，毛泽东指出："我们现在工作忙得很，也可以叫它让让步，就用'挤'的法子，在每天工作、吃饭、休息中间，挤出两小时来学习，把工作向两方面挤一挤，一个往上一个往下，一定可以挤出两小时来学习的。"关于"钻"的精神，毛泽东说：看不懂的东西我们不要怕，就用"钻"来对付。"在中国，本来读书就叫攻书，读马克思主义就是攻马克思的道理，你要读通马克思的道理，就非攻不可，读不懂的东西要当仇人一样地攻它。现在有些人是不取攻势只取守势，那就不对，马克思主义决不会让步，所以不攻是得不到结果的。马克思主义、列宁主义的理论，固然很难，如果我们以'仇人'的态度不讲感情地攻它，一定是无攻不破的，一定可以把它的堡垒攻下来。"总之，"工作忙就要挤，看不懂就要钻，用这两个法子来对付它，学习是一定可以获胜的。"

四、立足于建设马克思主义学习型政党的时代要求，延安学习运动对我们建设"学习型政党"的历史启迪

第一，建设马克思主义学习型政党，就要在不断增强党员干部学习的主动性和自觉性上狠下功夫。要从思想上解决党员干部"为什么学"的问题。只有明白了为什么，才能有学习的动力，才能有学习的责任感和紧迫感。我们不能简单用西方"学习型组织"理论来理解"学习型政党"建设，而应该把它放到中国共产党90年发展史、马克思主义中国化的历史进程和中国特色社会主义事业发展高度来认识学习的重要性。没有革命的理论就没有革命的胜利，没有科学的理论也就没有发展的方向。中国特色社会主义事业是前无古人的事业，党要领导我们的事业取得不断胜利，就要不断提高全党的理论水平，在学习和实践中发展马克思主义，把党建设成为具有时代特色和中国风格的马克思主义学习型政党。在新的历史条件下，党面临着空前复杂的挑战和考验，应对这些困难和挑战，要求每一名党员干部不仅要有"本领恐慌"的紧迫感，也要有居安思危的责任感。通过学习，不断凝聚和集中全党的智慧和力量，不断提高党的理论创新能力、战略思维能力和驾驭复杂局面能力，我们党才始终能够成为建设中国特色社会主义事

业的坚强领导核心。

第二，建设马克思主义学习型政党，就要在不断提高党员干部的马克思主义理论素养上狠下功夫。建设马克思主义学习型政党，重点在于培养和造就一批具有马克思主义理论修养的学习型的党的干部。现在，我们党已经是拥有7000多万党员的大党，但我们党员干部的马克思主义理论水平是不是提高了呢?当前的干部学习中，还存在着一些重业务轻理论、重形式轻内容、重学历轻学习的不良倾向，这些现象影响着我们干部的学习，客观上制约着干部马克思主义理论水平的提高。要做马克思主义的信仰者，首先要做马克思主义的精通者。所以，对党员干部来说，马克思主义理论是首要的学习内容。延安时期的学习运动有两条原则，一是政治教育，所有干部必须学；二是业务知识，干什么、学什么。借鉴延安学习运动的经验，在干部理论学习中，应该把马克思主义的经典文本、中国历史、党的政策方针、开展调查研究的方法等作为必选课，使他们通过系统的学习，掌握马克思主义的基本立场、观点和方法，提高分析解决实际问题的能力，成为真学真信真懂真用马克思主义的学习型干部。

第三，建设马克思主义学习型政党，就要在不断牢固树立马克思主义学风上狠下功夫。坚持理论联系实际的马克思主义学风，是延安学习运动最重要的经验，也是建设马克思主义学习型政党的关键。学风关系党风，以优良学风建设推动党风建设，是党的先进性建设的重要途径。当前，许多党员干部存在不想学、不勤学、不善学的问题，解决这些问题，必须从改进学风入手。要像在延安时期那样，从制度上落实，把学习作为党员干部的硬指标，建立学习的考核和监督制度，督促干部在学习上下功夫；要始终贯彻理论联系实际的原则，把干部的理论学习和业务工作结合起来，使干部学有所用，用以促学；要坚持有的放矢的学习方法，倡导问题式学习、研究性学习，在学习中提高解决问题的能力；要发扬“挤”和“钻”的钉子精神，在党员干部中开展一场“攻书”的竞赛，在全党营造出浓厚的学习氛围，使学习成为党员干部的一种生活方式。

(作者为山西大学党委书记)

做好“转型综改试验区”这篇大文章

高健生

步入“十二五”经济社会发展时期的山西，在实现科学发展、推进转型跨越成为全省上下共识的关键时期，国务院把山西作为国家资源型经济转型综合配套改革试验区的决定，恰如助推山西加快科学发展的强劲东风，其对山西“十二五”经济社会发展的促进作用，无论怎么估价也不过分。

同时，现实的问题也摆在了我们面前：题目出来了，文章怎么做?

一、资源型经济转型综合配套改革试验区的设立，是我国改革深化的发展要求，它为山西转型跨越提供了前所未有的发展契机

国家设立的综合配套改革试验区，又被称作“新特区”。这里的“新”，表明我国类似的政策选择，经历过两个大的发展阶段，一为改革开放初期的经济特区政策；二则是综合配套改革试验区政策。

经济特区在改革发展中的重要作用已无需赘述。同时，相对凭借区位优势和一定的政策优势实现超速发展的经济特区而言，综合配套改革试验区设立的时候，改革发展已有20多年历史，国门初开时期国家在总体上缺少对外交往经验、法律体系不完善、不健全和政策选择上“摸着石头过河”等问题，在相当大程度上得到了缓解，而踏入“深水区”的改革发展，在继续深化经济改革的同时，政治、文化和社会领域更为复杂的改革，改革成本与发展代价等更为现实的考虑，以及由此牵涉的更深层次的利益关系调整等，使改革深化与发展的系统性、协调性和配套性问题十分现实地提了出来，这是国家设立综合配套改革试验区的客观必然性。

在这样的背景下，2005年，国务院批准上海浦东新区进行社会主义市场经济综合配套改革试点，国家综合配套改革试验区建设的大幕徐徐拉开。在此之后，国家又先后批准天津滨海新区综合配套改革试验区、深圳市综合配套改革试点、武汉城市圈全国资源节约型和环境友好型社会建设综合配套改革试验区、长株潭城市群全国资源节约型和环境友好型社会建设综合配套改革试验区、重庆市全国统筹城乡综合配套改革试验区、成都市全国统筹城乡综合配套改革试验区和沈阳国家新型工业化综合配套改革试验区等8个国家级综合配套改革试验区。这种结合具体区域发展特点，由地方政府对具有国家整体意义的改革措施先行探索、试验，通过综合配套改革推进区域经济发展、为国家层面发展提供示范作用的实践，大大推进和深化了改革开放初期建立经济特区的实践。

而在所有这些试验区的“试验”中，在为国家发展提供长期能源支持而付出资源、安全、生态等方面沉重代价

的资源型经济发展区域，怎样解决自身的配套改革和转型发展问题，成为现实的课题。而在整体上长期作为国家重要能源基地的山西，具有最典型、最具说服力的价值。一方面，山西具有长时期、整体化、全方位、系统性资源型地区经济社会发展的突出特征，具有为全国其他资源型地区转型发展提供示范、积累经验的条件；另一方面，山西在改革发展中，为解决资源型经济的种种弊端，已先后在煤炭工业、可持续发展政策措施试点、循环经济试点和生态省建设试点等方面进行了积极探索，取得了宝贵的经验并得到了中央的充分肯定，这些探索，既涉及产业优化升级问题，也有体制改革创新问题，本身就构成为资源型经济转型的先行试验，等于为资源型地区综合配套改革试验做了前期工作。正是在这样的背景下，2010年12月，国家正式批复设立“山西省国家资源型经济转型综合配套改革试验区”，这是全国设立的第九个综合配套改革试验区。

作为全国9个国家级试验区中最大的、唯一全省域的综合配套改革试验区，山西在推进转型跨越发展的实践中，应当说具备了前所未有的发展契机。

——山西推进转型跨越发展的实践，获得了凝聚人心、增强信心的认知条件和思想基础。经历30多年改革开放，山西经济社会发展正处于全面建设小康社会的关键时期，深化改革开放、加快转变经济发展方式的攻坚时期和实现转型跨越发展的重要时期。正如《中共山西省委关于制定“十二五”规划的建议》所指出的：这样的发展时期，标志“我省进入工业化跃升期、城镇化加速期、节能环保攻坚期、基础设施建设加大期”，这“将为转型跨越发展提供难得的历史机遇，‘十一五’时期积累的雄厚物质基础和不断完善的软硬发展环境，为承接国际国内产业转移、加快转型跨越发展创造了良好条件”。面对这样的发展形势，国家确定山西为资源型经济转型综合配套改革试验区，无疑使“万事俱备、只欠东风”的“东风效应”获得了极大的释放空间。从山西的实践看，改革开放以来，全省经济社会发展实现了历史性的飞跃，但比较发达地区存在着的差距依然明显。围绕缩小发展差距、实现转型跨越，广大干部群众在自励自强、奋力赶超的进程中，对国家层面的政策支持，抱有强烈的期许。从这样的意义上说，资源型经济转型综合配套改革试验区落户山西，不仅有利于全省上下抓住机遇、推进转型跨越发展形成强大合力和浓厚氛围，而且有利于改变一些干部群众对山西实现转型跨越发展心存犹疑、信心不足的心态，为在全省上下统一思想、增强信心提供了重要的思想认识基础。

——山西推进转型跨越发展的实践，获得了大胆探索、先行先试的政策空间和发展可能。2010年7月29日，省委书记袁纯清在全省领导干部大会上的讲话中分析影响山西转型跨越发展的因素时深刻地揭示：“最紧要问题是干部队伍对大发展思想准备不足”。这里的“思想准备不足”，最重要的就是思想解放的勇气不足、大胆探索的胆气不足。怎样解决这样的问题呢？一方面要在思想解放、制度创新、机制约束和注重落实的实践中，以切实有效的措施，解决实际存在的思想固化、观念保守，知识老化、本领不强，情绪畏难、精神疲软，作风不实、干劲不大等问题；另一方面，要借助资源型经济转型综合配套改革试验区强劲东风的冲击，在全省上下形成鼓励探索、勇于创新的发展环境。换言之，资源型经济转型综合配套改革试验区的特点与要求，从根本上说，就是探索创新、先行先试，在涉及生产关系的各个领域与环节进行改革、调整。为此，国家既赋予山西改革“先行先试的试验权”，又优先把全国其他综合配套改革试验区积累的经验、政策和做法，在山西做更大范围的推广。这样广阔开放的探索空间，在山西发展的历史上是少有的，它为破解长期制约山西经济社会发展的瓶颈，实现资源型地区转型跨越和全面协调可持续发展，提供的是施展拳脚、再现辉煌的宏大平台。

——山西推进转型跨越发展的实践，获得了纵横比较、不进则退的衡量标尺和激励机制。分析研究山西经济社会发展状况，是比较而后才能得到的结论。推进山西转型跨越发展的战略，事实上是既注重纵向分析，又特别着意于横向比较后确定的认识。而作为国家级资源型经济转型综合配套改革的试验区，一般意义上的纵横比较，还多了更进一层的含义，即与同样具有国家级综合配套改革试验地位的区域进行比较。资料显示，在获批国家级综合配套改革试验区后，除了像深圳、上海浦东这些发展较快区域，经济社会发展成就更为明显外，成都、重庆市成为全国统筹城乡综合配套改革试验区后，整体发展令人刮目相看，成渝经济区作为我国西部大开发的增长极和经济高地地位，更展示出骄人的前景；天津滨海新区更是利用政策优势乘势发展，2010年前三季度GDP增长在25%以上，总量约为3550亿元，一跃成为中国经济增长的第三极。处于这样一种百舸争流大势下的山西，衡量尺度的提高和不进则退的激励作用，无疑增加了加速发展的动力与压力。同时，山西作为资源型经济转型综合配套改革试验区的原因，在于山西具有资源型经济转型发展的代表性，通过改革试验，可能产生宏观示范效应。因此，山西在享受政策优惠的同时，也肩负着率先示范、不进则退的试验压力。在这样的情况下，压力变动力的效应，会为山西转型跨越发展增加内在的驱动力。

二、资源型经济转型综合配套改革试验区的设立，是推进山西转型跨越发展的契机，更是需要深入理解和把握的全新课题

山西成为国家级资源型地区综合配套改革的试验区，具有了美好的发展前景，但变“白纸”为宏图并进而成为现实的前提，是对资源型地区综合配套改革试验区的特点与要求必须了然于心。

资源型地区综合配套改革的试验的特点与要求，重点包括如下一些基本内容：

一是先行先试，探索创新发展的作用大于经验依赖作

用。从根本上说，资源型地区综合配套改革试验，除去时空差别外，与改革开放开始时的经济特区一样，都是国家为了推动改革发展取得突破性进展而做的某种尝试与试点。这样的性质，使任何被确定为试点的区域，在推进特区或试验区经济社会发展的过程中，都不可能有现成的经验与模式，国家也很难在具体工作要求上给予操作性的指令。山西成为资源型经济转型综合配套改革的试验区，是国家为在全国范围内推动资源型经济转型、实现区域协调发展实施的政策试点，它为山西推动转型跨越发展，提供了重大机遇和重要抓手，但变发展机遇为转型跨越实效，靠得不是其他地区现成的发展经验和措施，而是创新的勇气和大胆的探索，是实践中的先行先试。像当年经济特区通过自己的探索为全国经济体制改革摸索经验一样，国家需要的不是我们伸出来要政策、要办法的手，而是先行先试、大胆探索出来的路子。

二是突出特色，强调转型发展重于传统意义上的一般性发展。国家已经批准的9个综合配套改革试验区，主题都是坚持科学发展、转变经济发展方式。但山西能够在全国9个综合配套改革试验区中占据一席之地，是其资源型经济发展的独特性，走出一条资源型经济转型发展的路径，是试验区最根本的价值所在；实现资源型地区转型跨越，是贯穿综合配套改革试验区建设首尾的一条红线。由此就不难看出，对山西这样一个经济社会发展总体相对落后的省份来说，保持经济平稳较快发展，比较全国其他省份具有更现实的紧迫性，但推动发展的方式必须转变，传统产业的升级换代与新兴产业的开发拓展必须同步进行，这迫使我们必须深刻地认识到，在推进经济社会发展中，资源型区域产业结构如何转型，接续与替代产业如何发展，新兴产业如何壮大，以及如何实现支柱产业由单一向多元、产品由低端向高端的转变等，都不是传统意义上的一般性发展方式可以解答的课题，需要山西这样具有资源型经济发展独特性的区域在先行先试的探索中有所作为。从这样的意义上说，在我国经济社会发展的“十二五”规划中，如果山西能够在自身的发展中更为充分地体现出科学发展的主题和加快经济发展方式转变的主线，那么，其资源型地区综合配套改革试验区的作用就得到了发挥。

三是区域完整，注重整体协调、综合改革胜于单纯经济发展。全面推进资源型经济转型，是一项复杂的系统工程，涉及经济社会发展的各个领域。而在国家确定的9个综合配套改革试验区中，山西既是资源型经济转型试验的典型，又是全国最大的、唯一全省域的综合配套改革试验区。它表明，改革发展在步入“深水区”后，不同层次、不同方面和领域的联动性更为增强，各种矛盾的相互交织在使改革发展难度增加的同时，也使单一性经济发展的可能性越来越小。可以说，经济发展与社会发展是否整体协调，各方面改革能否协同配套，不仅制约着改革的深化和成效，而且也直接影响到经济发展本身，因而必须在全省域这样具有综合性、系统性、整体性区域发展的意义上，对包括统筹推动区域良性互动、统筹城乡一体化发展，统筹经济社会协调发展，统筹当前发展与可持续发展要求，以及统筹人与自然协调发展在内的一系列问题，加以深入分析、探索与回答，由此才能交出一份资源型地区实现发展转型和协调发展的优良答卷。

四是示范带头、关注全局效应，高于关注局部效应。历时30多年的改革开放实践表明，选择具有代表性的典型区域为“样本”，先行试点、总结经验并由点及面逐步推广，对推进改革开放不断取得新的成就，产生了极为重要的作用，也构成了保证改革发展获得成功的重要经验。推进资源型经济转型综合配套改革的道理也如此，局部试点的目的在于破解全局性的难题。山西作为“试验区”进行的“综合配套改革”，无论从寻找发展路径、探索发展方式上说，还是就降低发展风险、节约改革成本而言，都必须站在全局发展的战略高度，把区域发展与整体发展统一于一体，既关注自身实现重点突破可能对山西经济社会发展具有的效应，更要考虑这些效应对全国其他地区发展必须产生的积极示范作用，在保证二者统一的进程中，为全国的发展积累经验。

三、以推进资源型经济转型综合配套改革试验区建设为重要抓手，推动全省的转型跨越发展

省委九届十一次全会审议通过的关于制定我省“十二五”规划的《建议》和今年全省“两会”通过的山西“十二五”经济社会发展规划纲要都明确提出，要“以推进国家资源型经济转型综合配套改革试验区建设为重要抓手”。这一认识，深刻地揭示了推进资源型经济转型综合配套改革试验区建设对山西经济社会发展的深远意义，也对全省上下抓住机遇、利用好、发挥好国家资源型经济转型综合配套改革试验区这个“重要抓手”作用，推动山西转型跨越发展提出了现实要求。

首先，努力提高认识，从事关山西转型跨越发展全局的高度，认识、宣传资源型经济转型综合配套改革试验区建设对山西转型跨越发展的重大意义。资源型经济转型综合配套改革试验区建设，是山西实现转型跨越发展千载难逢的重要机遇，也是助推山西“十二五”经济社会发展的强劲东风。怎样抓住机遇、乘势而上，首要的是对资源型地区综合配套改革试验区本身，要有科学、全面的认识与把握，知之内容，晓之特点，察之要领，明之目标，切实把资源型地区综合配套改革试验区这篇大文章做精做好。同时，加强关于资源型地区综合配套改革试验区的宣传，当前尤为重要。近年来，国家对促进山西资源型经济转型已经推出了一系列政策，包括确定山西为煤炭工业可持续发展政策措施试点省、全国循环经济试点省、生态建设试点省等，这些政策为山西的发展提供了巨大的发展动力，它们与资源型地区综合配套改革试验区政策连在一起，能够产生的振奋效应与实践价值，需要有更大范围和更深层

次的宣传、造势。从实际情况看，资源型地区综合配套改革试验区这篇大文章的题目，已经为多数干部群众所知所晓，但文章的价值、意义和做好它的要求与影响，还需要有更为广泛的宣传效应与舆论氛围，以求深入人心，以求群策群力。只有当全省上下形成浓烈的舆论氛围和强烈的关注气场，资源型地区综合配套改革试验区建设才能够具有逐步推进和快见成效的发展环境。

其次，坚持先行先试，围绕试验区建设的主要任务，大胆探索，尽快为试验区建设提供更多的可行经验与有益做法。资源型地区综合配套改革试验区的建设，总体上要求的是资源型地区的发展转型，其主要任务正如王君省长在关于“十二五”规划建议的说明中所指出的：包括推进产业结构转型，大力发展接续替代产业，构建现代产业体系，实现支柱产业由单一向多元、产品由低端向高端的转变；推动区域协调发展特别是加快资源型城市转型步伐，促进区域的良性互动；统筹城乡发展，形成城乡一体化发展新格局；大力发展社会事业、创新社会管理，促进经济社会协调发展；建立健全生态建设和环境保护的补偿机制，建设资源节约型、环境友好型社会，促进人与自然和谐发展；提高自主创新能力，强化资源型经济转型的技术支撑。完成这些战略任务，没有任何现成的经验，需要在先行先试的实践中积累与完善，这就使解放思想、敢为人先、敢为世范的探索精神显得尤为珍贵。就全省而言，在省委、省政府的领导下，近年来山西在探索资源型地区发展转型的途径上，已经围绕产业结构优化、新型替代产业发展、煤炭行业整合等进行了积极探索，这些探索既为产业优化升级积累了经验，也为体制改革创新进行了试点，在总结这些经验的基础上，怎样进一步解放思想，怎样进一步深化改革，怎样进一步促进发展，是对全省思想解放程度与水平的一次检验，是对全省上下奋力争先勇气与能力的一次考验。只有在实践的验证中经受住了检验和考验，才能说做好了资源型地区综合配套改革试验区这篇大文章。

再次，强化政策支撑，在实现体制机制创新的过程中，为资源型地区综合配套改革试验提供有效支持。资源型地区综合配套改革试验区的政策，一方面使保障试验区建设顺利推进的政策措施进一步得到明确，比如继续实施和完善煤炭工业可持续发展试点政策；加快财税体制改革，引导社会资金参与资源型经济转型发展，积极推进煤炭行业资源税从价征收试点工作，按照国家统一部署开征环境保护税；进一步完善采矿权市场和资源有偿使用机制，建立与资源利用水平和生态环境治理挂钩的浮动费率机制；创新金融体制，加快推进区域金融综合配套改革；实行城乡建设用地增减挂钩政策和创新扩大开放体制机制等。更好地贯彻、利用好这些政策，能够使近年来山西推进资源型地区转型发展的成功经验获得进一步扩大，同时也能够为资源型地区综合配套改革试验不断取得新的经验。另一方面，国家设立综合配套改革试验区，重要的原因是要培育制度创新的“增长极”，借此推动区域乃至全国经济社会的全面协调与可持续发展。由此而言，山西在资源型地区综合配套改革的试验中，必然会提出大量现有制度、政策没有或不可能涉及的问题与矛盾，需要在实践中研究、探索和解决，并在分析研究新情况新问题和大胆进行新尝试新创造的过程中，实现制度和政策创新。这就要求我们在推进资源型地区综合配套改革的试验中，必须致力于经济社会发展的制度创新，着眼于培育体制机制的制度创新“高地”，努力像当年深圳等经济特区为全国经济体制改革提供“样本”一样，创造出既服务于山西经济社会发展，更具有对其他区域起到辐射、扩散作用，特别是通过体制机制创新的示范和传导，促进区域经济社会发展的成功经验。

历史进程重在起步，在“十二五”发展开局之年的实践中，必须迈好资源型地区综合配套改革试验区建设的第一步。2011年，是“十二五”规划的开局之年，也是山西获批国家级资源型地区综合配套改革试验区的第一年。起步之年的工作怎么样，谋划中的宏篇巨作有一个什么样的开头，对以后的深入影响重大。因而，无论从思想认识、实践探索上，还是从先行先试、制度创新上，开局之年都应当有一个好的开端，这样才能为今后的发展奠定良好的基础，保证资源型地区综合配套改革试验区建设这篇大文章做得有声有色，不辜负国家对山西寄予的厚望。

（作者为中共山西省委党校副校长、教授）

坚持“五到位” 选好“领头雁”

王银旺

村级“两委”换届是农村基层政治生活中的一件大事。做好村“两委”换届工作，选出过硬的班子、高素质的干部，对于促进农村改革发展，加快社会主义新农村建设步伐，具有决定性作用。

当前和今后一段时期，是平定县全面落实“十二五”规划、实现转型跨越，富民强县的关键时期，是深化改革开放、加快转变经济发展方式的攻坚时期。平定是一个农业大县，有65%的人口在农村，没有农村的加快发展，就没有全县的转型跨越发展，就不会有富民强县目标的实现。农村工作，归根到底要靠村级组织、要靠村干部去具体落实。当前，农业农村经济已进入一个新的发展阶段，对农村基层组织和干部队伍建设提出了新的更高的要求。只有选出让人民群众满意、上级党委政府放心的“两委”班子，才能更好地组织和带领群众加快农村经济社会发展，促进社会和谐稳定，为全面实施“十二五”规划、推动全县经济社会跨越发展提供强有力的组织保障。

如何高标准高质量地完成村“两委”换届选举工作，选出群众心中的“领头雁”？应在整个换届选举过程中，严格做到“五个到位”。

一、选人用人标准要到位

胡锦涛总书记强调：村民富不富，关键看支部；村子强不强，要看“领头羊”。李源潮部长指出：乡村的改革发展与稳定，关键在党，关键在人，关键在主要干部，关键在带头人。能否选好富民强村的带头人，是衡量村“两委”换届选举工作质量高低的根本标志。

首先，要进一步提高选人标准。要坚持德才兼备原则，适应统筹城乡发展、加快农村社区建设的新形势，顺应农民群众的新期待，把那些政治素质高、群众威信高、文化水平高和发展能力强、服务能力强、协调能力强的“三高三强”型人才选进村级班子。要切实把好村“两委”班子成员候选提名的“入口关”，按照县委组织部提出的标准条件，进一步具体细化，从法律、政策和道德品行等方面提出不宜提名的具体情形；各乡镇街道党委要严格按照相关要求进行资格审查，对政治素质和资格条件符合要求的给予大力支持，不符合的坚决取消资格；要加强宣传引导，让广大党员群众明白该选什么样的人、不该选什么样的人，努力把那些推动科学发展的带头人、带动群众致富的领路人、依法办事的公道人、服务群众的热心人提名为候选人。

其次，要进一步拓宽选人视野。要坚持“就地选才”与“遍地选才”并举，解放思想、放开视野，在更大的范围内发现和选拔优秀人才。要注重从农村民营企业负责人、外出务工经商人员、农村经纪人、专业协会负责人中，发现和使用政治素质好、文化水平高、热心为农民服务的各类能人，要精心组织好大学生村干部参选工作，制定激励政策，强化政策宣传，完善选举方式，引导党员群众提名他们为村“两委”成员候选人，力争使更多政治素质过硬、愿意扎根基层的优秀大学生村干部进入村“两委”班子，担任村党组织书记或村委会主任。

第三，要进一步优化班子结构。要积极鼓励和引导村党组织成员依法参选村委会成员，最大限度地把村委会中的党员，通过党内选举选进村党组织班子，继续提高全县村级“两委”成员交叉任职和村党组织书记、村委会主任“一肩挑”比例。全县大学生村官提任村支部书记、主任的要达到20人以上，符合条件的大学生村官要全部进“两委”，要认真落实各级关于妇女同志进“两委”班子的规定，确保每个村委会中都有妇女干部，进一步提高村党组织中妇女成员的比例。

二、执行政策法规要到位

村级组织换届选举工作的法律性、政策性、程序性都很强，每一步都有严格的程序要求，哪一个环节操作不当，都可能影响整个换届选举工作的质量。本次换届选举与以往相比有许多新要求，群众的关注程度、参与积极性也比过去都更高了，这就要求我们必须更加严格按照法律、政策、程序开展工作，做到法定的程序不变通，规定的步骤不减少，党员群众的权利不截留，确保选举程序的合法性和选举结果的有效性、公正性。

一要科学制定方案，严格执行程序。各乡镇党委要组织人员进村入户开展调研，全面了解村级班子现状、干部威信、重点人选和群众的思想动态，排查影响换届选举的不利因素，对各村换届的难易程度进行论证。在此基础上科学制定换届选举工作方案和流程图，因村制宜，先易后难，压茬进行，稳步推进换届选举工作。在具体实施过程中，要依照法律法规和有关政策，做好“规定动作”，从推选村民选举委员会、选民登记，到推荐提名候选人和大会选举，做到步步衔接、环环紧扣，特别是在管理票箱、委托投票、代写选票和无效票认定等容易出问题的细节上，要加强组织管理，做到不出任何纰漏，确保按时换届率和一次换届选举成功率均达到95%以上。要落实村“两委”班子及成员任期目标承诺制和践诺奖惩制，全面推行公开竞职承诺、竞职演讲制度，引导候选人围绕推动发展、服务群众等进行演讲、公开承诺，承诺内容要经乡镇党委和村民选举委员会审核把关。换届选举结束后，要进一步充实完善任期目标，签订任期目标责任书。

二要把握关键环节，扎实有序推进。要科学确定换届次序，原则上先换村党组织再换村委会。村党组织换届选举，要按照“两推一选”的办法，把握好“分析预测、引导推荐、审查把关、组织选举”四个关键环节，依照“调查摸底、确定初步候选人、组织考察、党内选举、签订目标责任书”五个步骤来进行，确保有序推进；有条件的村可以实行“公推直选”，在党员和群众推荐、乡镇党委考察的基础上，由全体党员大会直接选举产生村党组织成员。村委会换届选举要牢牢抓住“村民选举委员会推选村民代表、选民登记、候选人提名、选举投票”等几个关键节点，依法按章操作，公开、公平、公正、透明地进行换届。

三要充分发扬民主，尊重群众意愿。村“两委”成员绝大多数是土生土长的村民，他们的人品、素质、能力、作风如何，村里的党员群众看得最清楚。一定要充分相信和依靠群众，让群众依法自主选择当家人。要搞好思想发动，加强与外出务工经商党员群众的联系，最大限度地提高党员群众的参选率；要落实好党员群众的知情权、监督权，换届选举的政策规定、工作程序、方法步骤、选举结果，都要及时向党员群众公开，增强换届选举的透明度。

三、教育监督查处要到位

村“两委”换届风气如何，直接关系换届工作质量，关系党和政府在人民群众心目中的形象。各乡镇和有关部门要严肃换届纪律，保证换届风清气正。

一要强化纪律教育。要采取党员群众喜闻乐见的形式，广泛宣传换届的法律、法规、政策，严格按照省委“六个做到、六个严禁”和市委“五个严禁、十个不准和五个一律”的纪律要求，及时召开村党组织严肃换届纪律专题组织生活会，推行乡镇党委和参与竞争人员集体谈话制度，引导他们规范言行、严守纪律，采取合法、正当的方式有序参与竞争。对换届政策和纪律知晓率不高、参选人员公开承诺不认真、党委未进行集体谈话、换届工作指导员未到位、选情复杂不能确保换届选举有序进行的村，不得启动换届工作。

二要加强指导监督。县、乡两级要抽调综合素质高、农村工作经验丰富的同志，组成换届工作指导组，分别派驻各乡镇和每个开展换届的村，全力以赴做好联络、督促、指导工作。

三要加大查处力度。从过去的换届工作来看，拉票、贿选是党员群众和社会反映十分强烈的问题。各级纪检监察、公安、民政部门要严密防范，发现一起、查处一起。对参与或指使他人以暴力、威胁、欺骗或恶意造谣、贿赂、伪造选票、虚报选举票数等手段破坏选举或妨碍选举的，要依法依纪严肃追究责任。对以不正当竞争手段参选的，一经查实立即取消参选资格。对利用宗教、宗族、黑恶势力干扰破坏选举的，要严厉打击、绝不手软。

四、矛盾排查调处要到位

换届选举期间，往往是农村各种矛盾集中爆发、宗族派性斗争相对突出的一个时期。特别是今年，县乡村都进行了换届，维护稳定的任务异常艰巨。各级要充分认识搞好这次村“两委”换届选举的复杂性和艰巨性，正确分析把握面临的新情况和新问题，全力维护社会稳定。

一要加强社会治安管理。各级政法部门要把维护换届期间的社会治安稳定作为一项重大政治任务来抓，成立专门工作机构，研究制定处置各类群体性事件的工作预案，确保出现问题能够快速反应、及时化解。各乡镇街道与政法部门要加强沟通协调，建立配套联动机制，认真排查解决各村的不稳定因素，确保换届选举期间的治安稳定。

二要切实抓好信访工作。县换届选举领导小组各成员单位、各乡镇都要成立专门机构，公开热线电话，及时受理群众来信来访反映的问题。对群众反映的问题，可以解决的，要迅速解决；对群众一时误解的，要耐心细致地做好解释说明工作。对无理取闹、恶意上访的，要依法严厉打击。

三要集中搞好难点村整顿。对党组织软弱涣散、干群矛盾比较突出、以往出问题较多的村，要选派精干力量组建驻村工作组，有效解决群众反映强烈的问题，及时化解矛盾纠纷，再进行换届选举，确保成熟一个、选举一个，选举一个、成功一个。要建立难点村换届选举司法公证制度，对这些村的“两委”换届选举实行全过程司法公证。

五、换届后续工作要到位

选举结束并不意味着换届选举工作完全结束，后续工作很重要，直接关系到新老班子能否顺利交接过渡，关系到农村的和谐稳定与持续发展。一要妥善做好退下来和落选干部的思想政治工作。要在思想上安慰他们，在生活上落实待遇，认真解决离任村干部的生活保障问题，使他们真心实意支持新班子的工作，实现新老村班子的顺利交接。二要抓好新一届村“两委”成员的教育培训。要充分发挥县委党校和各种培训平台的作用，抓好新任村班子成员特别是村党组织书记和村委会主任的集中培训，着重讲政策、教方法、指路子，使他们尽快进入角色，提高履职水平。三要加强基层民主管理制度建设。要继续深入开展创先争优活动，进一步推进基层组织规范化建设，建立健全各项规章制度，扎实推进党务村务公开，认真落实各项激励措施，为新一届村级班子开展工作提供必要的制度保证。四要加强基层后备干部培养工作。要通过换届选举，发现掌握一批年纪轻、文化高、有潜力、有群众基础的后备人才，进行重点培养，保证村级组织后继有人、可持续发展。

（作者为中共平定县委书记）

人 事 变 动

省 委

1月24日 李政文同志任省委秘书长
1月24日 免去高建民同志省委秘书长职务
6月3日 免去李理同志省委副秘书长职务
8月11日 免去李旺明同志省委副秘书长职务
11月1日 袁纯清同志当选为中国共产党山西省第十届委员会书记
11月1日 王君同志当选为中国共产党山西省第十届委员会副书记
11月1日 金道铭同志当选为中国共产党山西省第十届委员会副书记
11月1日 李小鹏同志当选为中国共产党山西省第十届委员会常委
11月1日 胡苏平同志当选为中国共产党山西省第十届委员会常委
11月1日 高建民同志当选为中国共产党山西省第十届委员会常委
11月1日 汤涛同志当选为中国共产党山西省第十届委员会常委
11月1日 李兆前同志当选为中国共产党山西省第十届委员会常委
11月1日 陈川平同志当选为中国共产党山西省第十届委员会常委
11月1日 张少华同志当选为中国共产党山西省第十届委员会常委
11月1日 王建明同志当选为中国共产党山西省第十届委员会常委
11月1日 聂春玉同志当选为中国共产党山西省第十届委员会常委
11月1日 杜善学同志当选为中国共产党山西省第十届委员会常委
12月16日 李体柱、孙毅同志任省委副秘书长
12月16日 免去阎根生同志省委副秘书长职务

省人大专门委员会、工作机构

3月24日 免去张作峰同志省人大常委会研究室巡视员职务，退休
3月30日 高彦斌同志任省人大常委会内务司法委员会副主任委员
3月30日 李留澜同志任省人大常委会财政经济委员会副主任委员
3月30日 邓永明同志任省人大常委会法制工作委员会主任
3月30日 蔡汾湘同志任省人大常委会法制工作委员会副主任
3月30日 施联秀、翁小绵同志任省人大常委会教育科学文化卫生工作委员会副主任
3月30日 李旺明、耿怀英同志任省人大常委会农村工作委员会副主任
3月30日 张崇慧同志任省人大常委会城乡建设环境保护工作委员会主任
3月30日 李战志同志任省人大常委会城乡建设环境保护工作委员会副主任
3月30日 王大高同志任省人大常委会人事代表工作委员会主任
3月30日 李俊峰同志任省人大常委会民族宗教侨务外事工作委员会主任
3月30日 免去杜复新同志省人大常委会财政经济委员会副主任委员职务
3月30日 免去李俊峰、樊吉厚同志省人大常委会教育科学文化卫生工作委员会副主任职务
3月30日 免去牛西午同志省人大常委会农村工作委员会副主任职务
3月30日 免去王晓林同志省人大常委会城乡建设环境保

护工作委员会主任职务

3月30日 免去张凯同志省人大常委会人事代表工作委员会主任职务

3月30日 免去张怀文同志省人大常委会民族宗教侨务外事工作委员会主任职务

3月30日 免去张崇慧同志省人大常委会民族宗教侨务外事工作委员会副主任职务

3月30日 免去蔡汾湘同志省人大常委会研究室副主任职务

5月27日 杜玉林同志任省第十一届人大常委会代表资格审查委员会主任委员

5月27日 王大高同志任省第十一届人大常委会代表资格审查委员会副主任委员

5月27日 邓永明、李永宏、李俊峰、张崇慧同志任省第十一届人大常委会代表资格审查委员会委员

5月27日 免去安焕晓同志省第十一届人大常委会代表资格审查委员会主任委员职务

5月27日 免去张凯同志省第十一届人大常委会代表资格审查委员会副主任委员职务

5月27日 免去王晓林、李顺通、张怀文同志省第十一届人大常委会代表资格审查委员会委员职务

5月27日 张立新同志任省人大常委会财政经济委员会副主任委员

5月27日 张世文同志任省人大常委会法制工作委员会副主任

5月27日 宋伟同志任省人大常委会研究室副主任

8月11日 秦光明同志任省人大常委会城乡建设环境保护工作委员会副巡视员

8月11日 秦钟、郑金龙同志任省人大常委会研究室副巡视员

11月15日 免去刘爱华同志省人大常委会办公厅副巡视员职务，退休

12月1日 王晓勇、王守祯同志任省人大常委会财政经济委员会副主任委员

12月1日 王淑珍同志任省人大常委会民族宗教侨务外事工作委员会副主任

12月16日 冯鲁生、杨振华同志任省人大常委会办公厅副巡视员

省政府

1月24日 任润厚、陈永奇、杨司同志任省政府党组成员

1月24日 免去王清宪同志省政府党组成员职务

2月17日 免去郭慧民同志省政府副秘书长职务

3月1日 郭立同志任省政府副秘书长

3月30日 陈永奇同志任省政府秘书长

3月30日 免去王清宪同志省政府秘书长职务

5月24日 免去王成同志省政府副秘书长职务

8月19日 白秀平同志任省政府副秘书长

9月1日 郭迎光同志任省政府党组成员

9月1日 免去刘维佳同志省政府党组成员职务

9月23日 郭迎光同志任副省长

9月23日 免去刘维佳同志副省长职务

10月25日 免去孙跃进同志省政府副秘书长职务

11月22日 盛佃清同志任省政府副秘书长

省政协

1月11日 免去齐雨生同志省政协港澳台侨和外事委员会副巡视员职务，退休

6月3日 免去焦惠生同志省政协提案委员会副主任职务

8月11日 王建华同志任省政协调研室巡视员

8月11日 穆雯瑛同志任省政协文史资料委员会副巡视员

12月16日 高卫平同志任省政协办公厅副巡视员

12月16日 高称心同志任省政协经济和人口资源环境委员会副巡视员

12月20日 省政协阎沁生同志退休

省纪委

11月1日 李兆前同志当选为中共山西省第十届纪律检查委员会书记

11月1日 杨森林同志当选为中共山西省第十届纪律检查委员会副书记

11月1日 李正印同志当选为中共山西省第十届纪律检查委员会副书记

11月1日 冯改朵同志当选为中共山西省第十届纪律检查委员会副书记

11月1日 贾毓杰同志当选为中共山西省第十届纪律检查委员会副书记

11月1日 荀志坚同志当选为中共山西省第十届纪律检查委员会常委

11月1日 张秀萍同志当选为中共山西省第十届纪律检查委员会常委

11月1日 康建成同志当选为中共山西省第十届纪律检查委员会常委

11月1日 孟萧同志当选为中共山西省第十届纪律检查委员会常委

11月1日 因新中同志当选为中共山西省第十届纪律检查委员会常委

11月1日 孙兴武同志当选为中共山西省第十届纪律检查委员会常委

省纪委工作机构

1月11日 郭晋刚同志任省纪律检查委员会副厅级室主任(试用期一年)
1月11日 段和平同志任省纪律检查委员会副厅级检查员
1月11日 免去于桂林同志省纪律检查委员会副厅级检查员职务，退休
2月28日 赵润喜同志任省纪律检查委员会副厅级室主任(试用期一年)
2月28日 免去卫洪平同志省纪律检查委员会副厅级室主任职务
2月28日 郝权同志任省纪律检查委员会副厅级室主任(正式任职)
4月12日 省纪律检查委员会王俊忠同志退休
5月13日 免去周小林同志省纪律检查委员会副厅级检查员职务，退休
6月3日 免去王晓慧同志省纪律检查委员会副厅级检查员职务，退休
6月30日 李先之同志任省纪律检查委员会副巡视员
11月15日 省纪律检查委员会卢泽民同志退休

省高级人民法院

3月30日 刘润山、白永旺、吉瑞田、翟瑞卿、刘硕才同志任省高级人民法院审判委员会委员
3月30日 免去孙继东同志省高级人民法院审判委员会委员职务
3月30日 免去任连友同志省高级人民法院审判委员会委员、审判员职务
3月30日 免去季玉信、安志民、陈洪昱、张嘉祥同志省高级人民法院审判员职务
6月30日 杨明宏同志任省高级人民法院副巡视员
7月28日 周利文同志任省高级人民法院审判员
7月28日 免去王小霞同志省高级人民法院民事审判第二庭副庭长、审判员职务
7月28日 免去李瑁、郝秉俭、武秀珍、高建中、田新文同志省高级人民法院审判员职务
8月11日 免去徐矿生同志省高级人民法院副巡视员职务，退休
8月11日 张炜同志任省高级人民法院党组成员
9月8日 罗锁堂同志任省高级人民法院党组成员
9月9日 免去王冀波同志省高级人民法院正厅级审判员职务，退休
9月23日 张炜同志任省高级人民法院副院长、审判委员会委员
9月23日 免去徐矿生同志省高级人民法院审判员职务
12月1日 魏世军、李学明、王鹃、王迪、周波、薄玉玺、张林、宋丽蓉、曹志愿、李志成、王荣平同志任省高级人民法院审判员
12月1日 免去王冀波同志省高级人民法院审判委员会委员、审判员职务
12月1日 免去李连生同志省高级人民法院审判员职务

省人民检察院

3月30日 谷仓同志任省人民检察院检察员
3月30日 免去焦铭同志省人民检察院检察员职务
3月30日 免去陈有信同志省人民检察院太原铁路运输分院检察委员会委员、检察员职务
4月8日 免去徐佑同志省人民检察院检察委员会专职委员职务，退休
5月13日 周茂玉同志任省人民检察院反贪污贿赂局局长(试用期一年)
5月13日 周茂玉同志任省人民检察院党组成员
5月27日 周茂玉同志任省人民检察院检察委员会委员
5月27日 免去徐佑同志省人民检察院检察委员会委员职务
6月2日 武传慧同志任省人民检察院党组成员。
6月2日 免去李喜春同志省人民检察院党组成员职务。
7月28日 王小霞同志任省人民检察院检察员
7月28日 免去李喜春同志省人民检察院检察委员会委员、检察员职务
9月9日 免去翟北安同志省人民检察院检察委员会专职委员职务，退休
9月23日 免去翟北安同志省人民检察院检察委员会委员职务
9月23日 免去袁敦明、贾俊花同志省人民检察院检察员职务

省委工作部门

1月24日 聂春玉同志任省委统战部部长
1月24日 免去李政文同志省委统战部部长职务
2月28日 梁丽山同志任省委巡视组副组长
3月16日 金道铭同志兼任省委政法委书记
3月16日 免去杜玉林同志省委政法委书记职务
4月8日 省委统战部武锦福同志退休
4月8日 免去李吉山同志省委巡视组副组长职务
6月3日 李富林同志任省委政法委员会常务副书记
6月3日 免去高彦斌同志省委政法委员会常务副书记职务
6月3日 樊盛武同志任省委统战部副部长
6月3日 王华艳同志任省委组织部副巡视员

6月3日　句铁旺同志任省委政法委员会委员
6月3日　杨绪全同志任省委政策研究室副主任
6月3日　郭忠实同志任省直属机关工作委员会副书记
6月3日　免去贾明建同志省直属机关工作委员会副书记职务
6月3日　史保红同志任省委巡视组副厅级巡视专员（试用期一年）
6月30日　郝光荣同志任省委政策研究室副巡视员
6月30日　王拴兔同志任省直属机关工作委员会副巡视员
6月30日　卢泽民同志任省委巡视组副巡视员
8月11日　景广学同志任省委办公厅副巡视员
8月11日　张瑞鹏同志任省委政策研究室主任
8月11日　霍甫安同志任省委政策研究室巡视员
8月11日　免去李旺明同志省委政策研究室主任职务
8月11日　免去霍甫安同志省委政策研究室副主任职务
11月15日　张晓亚同志任省委巡视组组长
11月15日　免去卢泽民同志省委巡视组副巡视员职务
11月17日　金道铭同志不再兼任省委政法委书记
11月17日　王建明同志任省委政法委书记
12月16日　免去王华艳同志省委组织部副巡视员职务
12月16日　安洋同志任省委政策研究室副主任
12月16日　免去王拴兔同志省直属机关工作委员会副巡视员职务，退休
12月16日　免去王树奇同志省机构编制委员会办公室副巡视员职务
12月16日　王树奇同志任省机构编制委员会办公室副主任（试用期一年），
12月16日　免去丁敬耀同志省委巡视工作办公室副主任职务，退休

省委部门管理机构

6月3日　李富林同志任省社会治安综合治理委员会办公室主任
6月3日　免去高彦斌同志省社会治安综合治理委员会办公室主任职务
6月19日　刘炜东同志任省委保密委员会办公室（省国家保密局）总工程师（试用期一年）
6月30日　张利邦同志任省委老干部局副巡视员
8月11日　巩成同志任省接待办公室主任
8月11日　免去史虹光同志省接待办公室副巡视员职务，退休
8月11日　免去张瑞鹏同志省委保密委员会常务副主任职务
9月28日　赵培明、薛建军同志任省委省政府信访局督查专员（试用期一年）
9月28日　崔义同志任省委省政府信访局副巡视员
12月16日　李体柱同志任省委省政府信访局局长
12月16日　免去阎根生同志省委省政府信访局局长职务

省政府组成部门

1月11日　免去张立光、赵建宏同志省住房和城乡建设厅党组成员职务
1月11日　省文化厅赵晋蓉同志退休
1月14日　李永林同志任省林业厅厅长
1月14日　免去耿怀英同志省林业厅厅长职务
1月24日　陈永奇同志任省政府办公厅党组书记
1月24日　免去王清宪同志省政府办公厅党组书记职务
1月30日　张立光同志任省住房和城乡建设厅巡视员
1月30日　赵建宏同志任省交通运输厅巡视员
1月30日　免去张立光同志省住房和城乡建设厅副厅长职务
1月30日　免去潘爱玲同志省经济和信息化委员会巡视员职务
1月30日　免去赵晋蓉同志省文化厅巡视员职务
2月15日　免去廉毅敏同志省科学技术厅党组书记职务
2月28日　韩和平、郭立同志任省政府办公厅党组成员
2月28日　贺天才同志任省科学技术厅党组书记
2月28日　免去张志川同志省交通运输厅党组成员职务
2月28日　免去贺天才同志省煤炭工业厅党组成员职务
2月28日　张志川同志任省政府外事侨务办公室党组书记
2月28日　免去韩和平同志省政府外事侨务办公室党组书记职务
2月28日　省政府办公厅白卫东同志退休
2月28日　刘予强同志任省监察厅副厅长（正式任职）
3月1日　刘广德同志任省卫生厅巡视员
3月1日　免去白卫东同志省政府办公厅副巡视员职务
3月1日　免去张志川同志省交通运输厅副厅长职务
3月1日　免去郭立同志省文化厅副厅长职务
3月24日　姚逊同志任省人力资源和社会保障厅党组成员
3月24日　常书铭同志任省水利厅党组成员
3月24日　鞠振同志任省政府外事侨务办公室党组成员
3月24日　张云龙同志任省林业厅党组成员
3月30日　贺天才同志任省科学技术厅厅长
3月30日　张志川同志任省政府外事侨务办公室主任
3月30日　免去廉毅敏同志省科学技术厅厅长职务
3月30日　免去韩和平同志省政府外事侨务办公室主任职务
4月8日　免去裴群同志省水利厅党组成员职务
4月8日　免去周洪同志省林业厅党组成员职务
4月8日　省教育厅马世豹同志退休
4月8日　免去马世豹同志省教育厅党组成员职务
4月8日　省发展和改革委员会许福定同志退休

4月8日　省政府办公厅刘俊谦、李顺通同志退休
4月12日　省交通运输厅王晓林同志退休
4月12日　省国土资源厅张怀文同志退休
4月14日　姚逊同志任省人力资源和社会保障厅副厅长（试用期一年）
4月14日　常书铭同志任省水利厅副厅长（试用期一年）
4月14日　鞠振同志任省政府外事侨务办公室副主任（试用期一年）
4月14日　张云龙同志任省林业厅总规划师（试用期一年）
5月3日　裴群同志任省水利厅巡视员
5月3日　周洪同志任省林业厅巡视员
5月3日　免去马世豹同志省教育厅副厅级督学职务
5月3日　免去裴群同志省水利厅副厅长职务
5月3日　免去周洪同志省林业厅副厅长职务
5月3日　免去贾新田同志省文化厅副厅长职务
5月3日　李吉山同志任省监察厅副厅长
5月13日　解放庆同志任省水利厅党组成员
5月13日　免去王成同志省政府办公厅党组成员职务
5月13日　免去常建忠同志省科学技术厅党组成员职务
5月13日　免去冯征同志省司法厅党委委员职务
5月13日　免去潘贤掌同志省财政厅党组成员职务
5月13日　免去刘星同志省卫生厅党组成员职务
5月24日　解放庆同志任省水利厅副厅长（试用期一年）
5月24日　陈志平同志任省水利厅副巡视员
5月24日　免去常建忠同志省科学技术厅副厅长职务
5月24日　免去潘贤掌同志省财政厅副厅长职务
5月24日　免去解放庆同志省水利厅副巡视员职务
5月24日　免去刘星同志省卫生厅副厅长职务
5月24日　免去冯征同志省司法厅副厅长、省监狱管理局局长职务
6月2日　句轶旺同志任省司法厅党委委员
6月2日　梁明虎同志任省卫生厅党组成员
6月2日　杨恩健同志任省人口和计划生育委员会党组成员
6月2日　免去梁明虎同志省人口和计划生育委员会党组成员职务
6月2日　张文同志任省商务厅党组成员
6月2日　免去史贵章、马珩同志省商务厅党组成员职务
6月3日　任鸿太同志任省公安厅党委副书记
6月3日　李喜春同志任省公安厅政治部主任
6月3日　免去李富林同志省公安厅党委副书记职务
6月3日　免去李太平同志省公安厅政治部主任职务
6月3日　雷党辰、李喜春同志任省公安厅党委委员
6月3日　省商务厅史贵章同志退休
6月8日　张文同志任省商务厅副厅长
6月8日　梁明虎同志任省卫生厅副厅长
6月8日　杨恩健同志任省人口和计划生育委员会副主任
6月8日　免去梁明虎同志省人口和计划生育委员会副主任职务
6月8日　免去马珩同志省商务厅总会计师职务
6月8日　雷党辰、李太平同志任省公安厅副厅长
6月8日　免去李富林同志省公安厅常务副厅长职务
6月8日　周培斌同志任省司法厅副厅长
6月8日　武涛同志任省财政厅副厅长
6月8日　赵银邦同志任省文化厅副厅长
6月8日　窦明生同志任省文化厅副厅长（试用期一年）
6月8日　赵克谦同志任省文化厅副巡视员
6月8日　免去武涛同志省财政厅总会计师职务
6月8日　免去史贵章同志省商务厅副厅长职务
6月8日　免去窦明生同志省文化厅副巡视员职务
7月5日　许一青同志任省发展和改革委员会副巡视员
7月5日　王建华、郭效义同志任省经济和信息化委员会副巡视员
7月5日　程映霞同志任省教育厅副巡视员
7月5日　张世新、冯斌、刘秉毅同志任省公安厅副巡视员
7月5日　姚文泽同志任省国家安全厅副巡视员
7月5日　王虎威同志任省民政厅副巡视员
7月5日　赵银德、王永福同志任省财政厅副巡视员
7月5日　温建新、王新峰同志任省人力资源和社会保障厅副巡视员
7月5日　李光明、王立章同志任省国土资源厅副巡视员
7月5日　刘继承、郝增元、刘玉坤同志任省住房和城乡建设厅副巡视员
7月5日　武双海同志任省水利厅副巡视员
7月5日　师佼年同志任省农业厅副巡视员
7月5日　李贵同志任省卫生厅副巡视员
7月5日　夏平同志任省文化厅副巡视员
7月5日　李京生同志任省审计厅副巡视员
7月5日　陈三爱同志任省政府外事侨务办公室副巡视员
8月11日　白秀平同志任省政府办公厅党组成员
8月11日　常国华同志任省财政厅党组成员
8月11日　张晓玲同志任省司法厅纪委书记（试用期一年）
8月11日　张晓玲同志任省司法厅党委委员
8月11日　王来平同志任省商务厅党组成员
8月11日　徐忠和同志任省煤炭工业厅党组成员
8月11日　免去王学军同志省煤炭工业厅党组成员职务
8月11日　免去康有全同志省国土资源厅党组副书记职务
8月11日　省公安厅廉兴有同志退休
8月11日　省文化厅贾茂盛同志退休
8月19日　常国华同志任省财政厅总会计师（试用期一年）
8月19日　王来平同志任省商务厅副厅长（试用期一年）
8月19日　李志胜同志任省商务厅副巡视员
8月19日　免去廉兴有同志省公安厅巡视员职务
8月19日　免去曹慧昌同志省人力资源和社会保障厅副巡视员职务

8月19日　免去康有全同志省国土资源厅副厅长职务
8月19日　免去王来平同志省商务厅副巡视员职务
8月19日　免去贾茂盛同志省文化厅副巡视员职务
8月19日　免去王学军同志省煤炭工业厅副厅长职务
9月9日　免去贾坚毅同志省高等学校工作委员会副书记职务
9月8日　李秋柱同志任省教育厅党组成员
9月8日　免去孙跃进同志省政府办公厅党组成员职务
9月9日　孙跃进同志任省商务厅党组书记
9月9日　免去王淑珍同志省商务厅党组书记职务
9月8日　免去张华龙、杨来栓同志省商务厅党组成员职务
9月9日　吴永平同志任省煤炭工业厅党组书记
9月9日　免去王守祯同志省煤炭工业厅党组书记职务
9月8日　张华龙同志任省经济和信息化委员会党组成员
9月8日　免去刘银才同志省经济和信息化委员会党组成员职务
9月9日　省公安厅刘秉毅同志退休
9月9日　省国家安全厅姚文泽同志退休
9月9日　省国土厅王立章同志退休
9月9日　省商务厅杨来栓同志退休
9月9日　省审计厅王维荣同志退休
9月27日　周际鹏、葛建生同志任省国土资源厅党组成员
9月27日　戴飞、郭贵平同志任省交通运输厅党组成员
10月13日　免去陈国荣同志省农业厅党组成员职务
10月14日　免去陈国荣同志省纪委驻农业厅纪检组组长职务
10月25日　贾坚毅同志任省教育厅正厅长级督学
10月25日　李秋柱同志任省教育厅副厅长级督学（试用期一年）
10月25日　李玉梅同志任省文化厅副巡视员
10月25日　免去贾坚毅同志省教育厅副厅长职务
10月25日　免去张华龙、杨来栓同志省商务厅副厅长职务
10月25日　张华龙同志任省经济和信息化委员会副主任（兼）
10月25日　免去刘银才同志省经济和信息化委员会副主任（兼）职务
10月25日　免去刘秉毅同志省公安厅副巡视员职务
10月25日　免去郇光明同志省公安厅国保总队总队长职务
10月25日　免去姚文泽同志省国家安全厅副巡视员职务
10月25日　免去王立章同志省国土资源厅副巡视员职务
10月25日　免去王维荣同志省审计厅巡视员职务
10月25日　彭东晓同志任省国土资源厅副厅长
10月25日　周际鹏同志任省国土资源厅总经济师（试用期一年）
10月25日　杨云光同志任省国土资源厅副巡视员
10月25日　免去彭东晓同志省国土资源厅总经济师职务
10月25日　戴飞同志任省交通运输厅副厅长
10月25日　刘玉柱同志任省交通运输厅重点公路工程建设办公室（山西省重点公路工程建设领导组办公室）专职副主任
10月25日　免去郭贵平同志省交通运输厅副巡视员职务
11月16日　冯改朵同志任省监察厅厅长
11月16日　免去杨森林同志省监察厅厅长职务
11月15日　盛佃清同志任省政府办公厅党组成员
11月15日　李亚力同志任省公安厅党委委员
11月15日　免去苏浩同志省公安厅党委委员职务
11月15日　苏浩同志任省司法厅党委委员
11月15日　张红星同志任省纪委驻农业厅纪检组组长
11月15日　张红星同志任省农业厅党组成员
11月15日　省教育厅程映霞同志退休
11月22日　马运侠同志任省经济和信息化委员会副巡视员
11月22日　李歆同志任省文化厅副厅长
11月22日　免去程映霞同志省教育厅副巡视员职务
11月22日　李亚力同志任省公安厅副厅长
11月22日　免去苏浩同志省公安厅副厅长职务
11月22日　苏浩同志任省司法厅副厅长
12月1日　孙跃进同志任省商务厅厅长
12月1日　吴永平同志任省煤炭工业厅厅长
12月1日　免去王淑珍同志省商务厅厅长职务
12月1日　免去王守祯同志省煤炭工业厅厅长职务
12月16日　翟新山同志任省司法厅政治部主任（试用期一年）
12月16日　翟新山同志任省司法厅党委委员
12月16日　免去杨凤英同志省司法厅党委委员职务
12月30日　杨凤英同志任省司法厅巡视员
12月30日　免去杨凤英同志省司法厅副厅长职务

省政府直属特设机构

5月13日　免去李东洪同志省政府国有资产监督管理委员会党委委员职务
5月24日　免去李东洪同志省政府国有资产监督管理委员会副主任职务
8月11日　渠性轩同志任省政府国有资产监督管理委员会党委常务副书记
8月11日　田国仁同志任省政府国有资产监督管理委员会党委副书记、纪委书记
8月11日　免去王靖凯同志省政府国有资产监督管理委员会党委副书记职务
8月11日　免去渠性轩同志省政府国有资产监督管理委员会纪委书记职务
8月11日　曹慧昌、马进、张宏永同志任省政府国有资产监督管理委员会党委委员
8月11日　免去王晓勇同志省政府国有资产监督管理委员

会党委委员职务

8月19日 曹慧昌同志任省政府国有资产监督管理委员会副主任（试用期一年）

8月19日 马进同志任省政府国有资产监督管理委员会副主任

8月19日 张宏永同志任省政府国有资产监督管理委员会副主任（挂职）

8月19日 王靖凯同志任省政府国有资产监督管理委员会巡视员

8月19日 免去王晓勇同志省政府国有资产监督管理委员会副主任职务

11月15日 省政府国有资产监督管理委员会李成业同志退休

省政府直属机构

1月11日 狄重阳同志任省安全生产监督管理局党组成员

1月30日 狄重阳同志任省安全生产监督管理局副局长兼总工程师

2月17日 免去王正喜同志省质量技术监督局局长职务

2月17日 免去籍振芳同志省旅游局局长职务

2月17日 免去施联秀同志省文物局局长职务

2月28日 常高才同志任省质量技术监督局党组书记

2月28日 张建华同志任省纪委驻统计局纪检组组长（试用期一年）

2月28日 张建华同志任省统计局党组成员

2月28日 席小军同志任省旅游局党组书记

2月28日 王建武同志任省文物局党组书记

2月28日 韩裕峰同志任省人民防空委员会办公室党组书记

2月28日 免去常高才同志省人民防空委员会办公室党组书记职务

2月28日 免去李秀英同志省工商行政管理局党组副书记职务，退休

3月1日 常高才同志任省质量技术监督局局长

3月1日 席小军同志任省旅游局局长

3月1日 王建武同志任省文物局局长

3月1日 韩裕峰同志任省人民防空委员会办公室主任

3月1日 免去常高才同志省人民防空委员会办公室主任职务

3月1日 免去张明旺同志省新闻出版局（版权局）副局长职务

3月1日 免去梁丽山同志省广播电影电视局副局长职务

3月1日 免去李秀英同志省工商行政管理局巡视员职务

3月24日 王振宇同志任省工商行政管理局党组成员

3月24日 尹乃明同志任省质量技术监督局党组成员

4月8日 杜荣同志任省纪委驻体育局纪检组组长（试用期一年）

4月8日 免去王荣同志省纪委驻体育局纪检组组长职务

4月8日 杜荣同志任省体育局党组成员

4月8日 免去王荣同志省体育局党组成员职务

4月8日 省统计局朱小琪同志退休

4月14日 王振宇同志任省工商行政管理局副局长（试用期一年）

4月14日 尹乃明同志任省质量技术监督局总工程师（试用期一年）

4月14日 李和林同志任省广播电影电视局总工程师（试用期一年）

4月14日 黄继忠同志任省文物局总工程师（试用期一年）

5月3日 王奇英同志任省政府机关事务管理局副巡视员

5月3日 翟振华同志任省地方税务局副巡视员

5月3日 免去朱小琪同志省统计局巡视员职务

5月24日 薛荣同志任省广播电影电视局副局长（试用期一年）

6月2日 免去李太阳同志省旅游局党组成员职务

6月2日 马珩同志任省粮食局党组成员

6月2日 免去张文同志省粮食局党组成员职务

6月8日 免去张文同志省粮食局副局长职务

6月8日 免去李太阳同志省旅游局副局长职务

6月8日 马珩同志任省粮食局副局长

7月5日 牛晋华同志任省地方税务局副巡视员

7月5日 段贵龙同志任省工商行政管理局副巡视员

7月5日 齐炳新同志任省质量技术监督局副巡视员

7月5日 安明亮同志任省新闻出版局（版权局）副巡视员

7月5日 王培英同志任省政府机关事务管理局副巡视员

8月11日 李贵同志任省旅游局党组成员

8月11日 省统计局王义君同志退休

8月11日 相里岩同志任省纪委驻人民防空委员会办公室纪检组组长（试用期一年）

8月11日 相里岩同志任省人民防空委员会办公室党组成员

8月19日 王中一同志任省质量技术监督局副巡视员

8月19日 李贵同志任省旅游局副局长（试用期一年）

8月19日 李刚同志任省旅游局副巡视员

8月19日 免去王义君同志省统计局副巡视员职务

10月25日 李向东同志任省政府机关事务管理局副巡视员

11月15日 免去盛佃清、郑慧敏同志省质量技术监督局党组成员职务

11月15日 省新闻出版局（版权局）安明亮同志退休

11月15日 省文物局赵广荣同志退休

11月22日 免去安明亮同志省新闻出版局（版权局）副巡视员职务

11月22日 免去赵广荣同志省文物局副巡视员职务

11月22日 免去盛佃清同志省质量技术监督局副局长职务
11月22日 免去郑慧敏同志省质量技术监督局副局长（挂职）职务
12月16日 马春生同志任省纪委驻工商行政管理局纪检组组长兼省非公有制经济组织工作委员会纪委书记（试用期一年）
12月16日 免去涂国强同志省纪委驻工商行政管理局纪检组组长兼省非公有制经济组织工作委员会纪委书记职务
12月16日 马春生、胡凤莲同志任省工商行政管理局党组成员
12月16日 免去涂国强同志省工商行政管理局党组成员职务
12月16日 周计伟同志任省纪委驻省政府法制办公室纪检组组长（试用期一年）
12月16日 周计伟同志任省政府法制办公室党组成员
12月16日 王国强同志任省质量技术监督局党组成员
12月30日 胡凤莲同志任省工商行政管理局总会计师（试用期一年）
12月30日 涂国强同志任省工商行政管理局巡视员
12月30日 王国强同志任省质量技术监督局副局长（试用期一年）
12月30日 免去王国强同志省质量技术监督局副巡视员职务

省政府部门管理机构

1月11日 省国防科技工业党委潘爱玲同志退休
1月30日 免去陈永奇同志省政府研究室主任职务
2月28日 免去吕占川同志省扶贫开发办公室党组成员职务
2月28日 免去刘广德同志省纪委驻食品药品监督管理局纪检组组长职务
2月28日 免去刘广德同志省食品药品监督管理局党组成员职务
3月1日 吕占川同志任省扶贫开发办公室副巡视员
5月3日 免去许福定同志省重大项目稽察特派员职务
5月13日 王克信同志任省物价局副局长
5月13日 免去李建国同志省物价局党组成员职务
5月13日 免去王克信同志省纪委驻物价局纪检组组长职务
5月13日 免去冯征同志省监狱管理局党委书记职务
5月24日 陈永奇同志任省政府应急管理办公室主任（兼）
5月24日 胡安平同志任省政府参事室主任（试用期一年）
5月24日 王克信同志任省物价局副局长
5月24日 免去张小杰同志省政府研究室副主任职务
6月2日 免去杨恩健同志省食品药品监督管理局党组成员职务
6月2日 王伟同志任省监狱管理局党委副书记。
6月3日 句铁旺同志任省监狱管理局党委书记
6月3日 王伟同志任省监狱管理局政委（试用期一年）
6月3日 免去句铁旺同志省监狱管理局政委职务
6月7日 免去李建国同志省物价局副局长职务
6月8日 免去杨恩健同志省食品药品监督管理局副局长职务
6月8日 句铁旺同志任省监狱管理局局长
6月19日 柴全管同志任省扶贫开发办公室纪检组组长、党组成员（试用期一年）
6月19日 免去张晓红同志省扶贫开发办公室纪检组组长职务
6月19日 祁晓虎同志任省物价局党组成员
6月19日 武振功同志任省纪委驻物价局纪检组组长、党组成员（试用期一年）
6月19日 徐跃华同志任省纪委驻食品药品监督管理局纪检组组长、党组成员（试用期一年）
6月19日 高建公同志任省监狱管理局纪委书记、党委委员（试用期一年）
6月19日 免去王伟同志省监狱管理局副局长职务
7月4日 祁晓虎同志任省物价局副局长（试用期一年）
7月4日 张晓红同志任省扶贫开发办公室副主任
7月5日 吴又新同志任省国防科学技术工业办公室副巡视员
7月5日 石缠荣、王锐勇同志任省中小企业局副巡视员
7月5日 马晋文、张洪福同志任省监狱管理局副巡视员
8月11日 免去田国仁同志省国防科技工业党委副书记、纪委书记职务
8月11日 刘建国同志任省食品药品监督管理局党组成员
8月29日 刘建国同志任省食品药品监督管理局副局长（试用期一年）
9月9日 张华龙同志任省国防科技工业党委书记
9月9日 免去刘银才同志省国防科技工业党委书记职务
9月27日 王树峰同志任省国防科技工业党委委员
10月21日 王树峰同志任省国防科学技术工业办公室副主任
10月25日 免去刘银才同志省国防科学技术工业办公室主任职务
10月25日 张华龙同志任省国防科学技术工业办公室主任
11月15日 武晨阳同志任省中小企业局副局长（正式任职）
12月16日 免去冯鲁生同志省国防科技工业党委副书记职务
12月16日 李章贺同志任省国防科技工业纪委书记、党委委员（试用期一年）

12月16日　王华艳同志任省监狱管理局党委委员
12月30日　梁敬华同志任省政府研究室副主任

省直属事业单位

1月11日　金道铭同志任省委党校校长（兼）
1月11日　免去薛延忠同志省委党校校长职务
1月20日　苏捧义、张保民同志任省投资促进局党组成员
1月30日　苏捧义、张保民同志任省投资促进局副局长
2月28日　高璋同志任省供销合作社联合社党组书记
2月28日　杨晋生同志任省机械设备成套局党组书记
2月28日　免去王建武同志山西日报报业集团党委副书记、常务副社长、总编辑职务
2月28日　免去贺天才同志煤炭工业太原设计研究院党委书记职务
3月1日　免去贺天才同志煤炭工业太原设计研究院院长职务
3月1日　杨晋生同志任省机械设备成套局局长
3月24日　免去王玉声同志省档案局（馆）副巡视员职务
3月24日　潘海燕同志任省地勘局党委委员
3月24日　省档案局（馆）王玉声同志退休
3月24日　兰炎平同志任山西日报报业集团党委副书记、常务副社长、总编辑
3月24日　丁伟跃同志任山西日报报业集团副总编辑
3月24日　陈忠辉同志任山西社会主义学院副院长（试用期一年）
3月24日　曲剑午同志任中国（太原）煤炭交易中心党组书记
3月24日　张敬平同志任省农科院党委委员
4月12日　省委党史办公室樊吉厚同志退休
4月12日　省引黄管理局王新义同志退休
4月12日　省档案局（馆）卫克兴同志退休
4月12日　山西日报报业集团章勇思同志退休
4月14日　张敬平同志任省农科院副院长（试用期一年）
4月14日　潘海燕同志任省地质勘查开发局副局长（试用期一年）
4月14日　曲剑午同志任中国（太原）煤炭交易中心主任
4月14日　免去王玉声同志省档案局（馆）副巡视员职务
5月13日　李希海同志任中国煤炭博物馆党委书记
5月13日　胡高伟同志任中国煤炭博物馆党委委员
5月24日　李希海同志任中国煤炭博物馆馆长
6月2日　免去胡志勇同志省公路局党委委员职务，退休
6月7日　胡高伟同志任中国煤炭博物馆副馆长
6月19日　免去胡志勇同志省公路局副局长职务
6月19日　曲建蓉同志任省招生考试管理中心纪检组组长、党组成员
6月19日　王双虎同志任省招生考试管理中心党组成员
6月19日　免去任应红同志省招生考试管理中心纪检组长职务
6月30日　免去郭廷荣同志省农机局（省农机发展中心）纪检组长、党组成员职务
6月30日　傅双喜、刘春来同志任省委党校副巡视员
7月4日　任应红、王双虎同志任省招生考试管理中心副主任
7月5日　傅双喜、刘春来同志任山西行政学院副巡视员
7月5日　任根珠同志任省地方志办公室副巡视员
7月5日　郭廷荣同志任省农机局副巡视员
8月11日　齐玉梅同志任省供销合作社联合社巡视员
8月11日　袁清茂、李海同志任省供销合作社联合社党组成员
8月11日　免去齐玉梅同志省供销合作社联合社党组成员职务
8月11日　胡明轩同志任省投资促进局纪检组长、党组成员
8月11日　潘增武同志任省煤炭地质局党委书记
8月11日　王学军同志任省煤炭地质局党委副书记
8月11日　免去白秀平同志省煤炭地质局党委书记职务
8月11日　王岳红同志任省政府发展研究中心纪检组长
8月11日　王岳红同志任省政府发展研究中心党组成员
8月11日　康有全同志任省地质矿产勘查开发局党委书记
8月11日　安俊生同志任省地质矿产勘查开发局党委副书记
8月11日　免去安俊生同志省地质矿产勘查开发局党委书记职务
8月11日　免去高保旺同志省机械设备成套局党组成员职务，退休
8月11日　武建森同志任山西煤炭基本建设局党组书记
8月11日　王振海、温运峰、宋军同志任山西煤炭基本建设局党组成员
8月11日　省地质矿产勘查开发局李日彪同志退休
8月11日　免去胡谷平同志省档案局（馆）党组成员职务，退休
8月11日　免去胡谷平同志省档案局（馆）纪检组长职务
8月11日　省农机局戴建功同志退休
8月11日　徐忠和同志任煤炭工业太原设计研究院党委书记
8月11日　宋建平同志任省社科院纪检组长
8月11日　免去施兆昌同志省民航机场集团公司（管理局）党委副书记、纪委书记职务，退休
8月19日　王学军同志任省煤炭地质局局长
8月19日　韩东娥同志任省社科院能源所所长
8月19日　高专诚同志任省社科院社会学所所长
8月19日　张建武同志任省社科院国际学术交流中心主任
8月19日　徐忠和同志任煤炭工业太原设计研究院院长
8月19日　免去潘增武同志煤炭地质局副局长职务

8月19日　免去高保旺同志省机械设备成套局正局级调研员职务
8月19日　免去戴建功同志省农机局副巡视员职务
8月19日　免去李日彪同志省地质矿产勘查开发局巡视员职务
8月29日　温运峰同志任山西煤炭基本建设局副局长
8月29日　宋军同志任山西煤炭基本建设局总工程师
9月27日　朱娟芳同志任省政府工程建设事务管理局纪检组长、党组成员
9月27日　蔡世军同志任山西省省级政府采购中心纪检组长、党组成员
9月27日　惠高峰同志任省公路局党委副书记
9月27日　免去戴飞同志省公路局党委副书记职务
9月28日　郭贵平同志任省公路局党委书记
10月25日　免去孙丽萍同志省社会科学院副院长职务
10月25日　惠高峰同志任省公路局局长
10月25日　免去戴飞同志省公路局局长职务
11月15日　王沼同志任省机械设备成套局纪检组长
11月15日　王沼同志任省机械设备成套局党组成员
11月15日　免去靳援军同志省地质矿产勘查开发局党委副书记职务
11月15日　岳才、孟国斌、张煜同志任省直机关党校副校长
11月15日　免去张红星同志省供销合作社联合社纪检组长职务
11月15日　免去张红星同志省供销合作社联合社党组成员职务
11月22日　靳援军同志任省地质矿产勘查开发局巡视员
12月8日　岳才、孟国斌、张煜同志任省直机关行政学院副院长
12月16日　尹桂郁、韩晋乐、徐建国、岳才、孟国斌、张煜同志任省直机关党校校委委员

群团组织

1月11日　省科学技术协会牛玉兰同志退休
1月21日　免去刘润民同志共青团山西省委员会书记、党组书记职务
2月28日　张明旺同志任省作家协会党组书记
2月28日　免去翁小绵同志省作家协会党组书记职务
2月28日　杨伟民同志任省科学技术协会党组书记
2月28日　免去韩裕峰同志省科学技术协会党组书记职务
4月8日　贺玉珍同志任省总工会副巡视员
4月8日　王荣同志任省总工会党组成员
4月8日　免去安娜同志省总工会党组成员职务
4月12日　省总工会徐改清同志退休
6月2日　省总工会安娜同志退休
6月2日　免去陈铁鹰同志省贸促会（中国国际商会山西商会）党组成员职务
6月3日　李太阳同志任省文学艺术界联合会党组副书记
6月3日　省贸促会陈铁鹰同志退休
6月30日　刘贵喜同志任省总工会副巡视员
6月30日　李照华同志任省残疾人联合会副巡视员
7月23日　免去高键同志共青团山西省委员会副书记、党组副书记职务
7月23日　郭新民同志任省总工会党组副书记
8月11日　赵雁峰同志任共青团山西省委员会副书记、党组副书记（试用期一年）
8月11日　免去雷健坤同志共青团山西省委员会副书记职务
8月11日　免去雷健坤同志共青团山西省委员会党组成员职务
11月15日　免去李歆同志省作家协会党组副书记职务
12月16日　免去李体柱同志省归国华侨联合会党组书记职务
12月16日　吴刚同志任省法学会党组成员

省管国有企业

1月11日　免去狄重阳同志太原化学工业（集团）有限公司党委书记职务
1月30日　免去狄重阳同志太原化学工业（集团）有限公司董事长职务
1月30日　邓国帅、安小慧、崔元和、琚林勇、李文芳同志任山西出版传媒集团有限责任公司董事
4月8日　李海渊同志任山西广电信息网络（集团）有限责任公司党委书记（兼）
4月8日　刘英魁同志任山西广播电视传媒（集团）有限责任公司党委书记（兼）
4月8日　高晓江同志任山西影视（集团）有限责任公司党委书记
4月8日　贾新田同志任山西演艺（集团）有限责任公司党委书记
4月8日　冯爱民同志任山西日报传媒（集团）有限责任公司党委书记（兼）
4月12日　山西焦煤集团杜复新、薛山同志退休
4月12日　省国信投资集团吴晋安同志退休
5月3日　李海渊同志任山西广电信息网络（集团）有限责任公司董事长（兼）
5月3日　刘英魁同志任山西广播电视传媒（集团）有限责任公司董事长（兼）
5月3日　高晓江同志任山西影视（集团）有限责任公司董事长
5月3日　贾新田同志任山西演艺（集团）有限责任公司董事长
5月3日　冯爱民同志任山西日报传媒（集团）有限责任

公司董事长（兼）

6月8日 李晋平同志任山西潞安矿业（集团）有限责任公司董事长

6月8日 免去任润厚同志山西潞安矿业（集团）有限责任公司董事长职务

6月19日 白小丹同志任山西水务投资集团有限责任公司党委书记

6月19日 姚海平同志任山西水务投资集团有限责任公司党委副书记、纪委书记

6月19日 王琳、张根锁、范世平、凌来文同志任山西水务投资集团有限责任公司党委委员

7月4日 白小丹同志任山西水务投资集团有限公司董事长

7月4日 王琳同志任山西水务投资集团有限公司副董事长

7月4日 姚海平、张根锁、范世平、凌来文同志任山西水务投资集团有限公司董事

9月9日 免去吴永平同志大同煤矿集团有限责任公司党委书记职务

9月28日 张有喜同志任大同煤矿集团有限责任公司党委书记

9月28日 刘建中同志任省煤炭运销集团有限公司党委书记

9月28日 免去赵进明同志省煤炭运销集团有限公司党委书记职务

12月21日 任福耀同志任山西焦煤集团有限责任公司党委书记

12月21日 免去白培中同志山西焦煤集团有限责任公司党委书记职务

12月21日 免去任福耀同志阳泉煤业（集团）有限责任公司党委书记职务

12月30日 任福耀同志任山西焦煤集团有限责任公司董事长

12月30日 免去白培中同志山西焦煤集团有限责任公司董事长职务

12月31日 王良、来惠平、侯百管同志任山西日报传媒（集团）有限责任公司副总经理

12月31日 丁建勤同志任山西广电信息网络（集团）有限责任公司党委副书记、纪委书记

12月31日 高巍同志任山西广播电视传媒（集团）有限责任公司党委副书记、纪委书记

12月31日 常喜刚同志任山西演艺（集团）有限责任公司党委副书记、纪委书记

12月31日 丁泽兴同志任山西影视（集团）有限责任公司党委副书记、纪委书记

高等院校

1月5日 成宏同志任山西建筑职业技术学院院长

1月5日 周尚文同志任山西建筑职业技术学院副院长

1月5日 王世新同志任山西建筑职业技术学院副院级调研员

1月5日 高文宏同志任山西建筑职业技术学院副院级调研员

1月5日 何乔锁同志任山西旅游职业学院院长

1月5日 赵娟同志任山西旅游职业学院副院长

1月5日 免去于世玮同志山西建筑职业技术学院院长职务

1月5日 免去郑子全同志山西旅游职业学院院长职务

1月5日 免去赵贤松同志山西旅游职业学院副院长职务

1月5日 免去王俊刚同志山西青年管理干部学院副院长职务

1月6日 免去丁怀民同志山西职业技术学院院长职务

1月11日 刘玉平同志任山西财经大学党委副书记

1月11日 刘自强同志任运城学院纪委书记

1月11日 刘自强同志任运城学院党委委员

1月11日 闫保平同志任吕梁学院党委书记

1月11日 杨述平、薛东平、杨迎平同志任吕梁学院党委副书记

1月11日 免去刘培荣同志忻州师范学院党委副书记职务，退休

1月11日 免去仝玉才同志山西水利职业技术学院党委委员职务，退休

1月24日 免去仝玉才同志山西水利职业技术学院副院长职务

1月30日 杨述平同志任吕梁学院院长

1月30日 马向东、闫明、高顺有同志任吕梁学院副院长

1月30日 免去杨述平同志中北大学副校长职务

2月28日 张春有同志任吕梁学院纪委书记

2月28日 张春有同志任吕梁学院党委委员

3月24日 免去王建功同志太原理工大学副校级调研员职务

3月24日 谭恩惠同志任省政法管理干部学院党委书记

3月24日 郝晓琴同志任省政法管理干部学院党委副书记

3月24日 太原理工大学王建功同志退休

4月8日 免去王斌同志山西医科大学党委委员职务

4月14日 梁丽萍同志任太原理工大学副校长（试用期一年）

4月14日 王宏伟同志任山西医科大学副校长（试用期一年）

4月14日 张晓永同志任山西大同大学副校长（试用期一年）

4 月14日 免去王建功同志太原理工大学副校级调研员职务
4 月20日 郝晓琴同志任省政法管理干部学院院长
4 月20日 免去谭恩惠同志省政法管理干部学院院长职务
5 月13日 免去张秉让同志省财税专科学校党委书记职务，退休
6 月2日 卫英慧同志任吕梁学院党委委员
6 月2日 免去赵银邦同志山西戏剧职业学院党委副书记职务
6 月2日 晋原平同志任忻州职业技术学院党委书记
6 月2日 免去李家忠同志阳泉市教育学院党委书记职务，退休
6 月3日 贾明建同志任财税专科学校党委书记
6 月3日 李培勇同志任山西戏剧职业学院党委副书记
6 月3日 王守义同志任山西大同大学党委书记
6 月3日 免去张官禄同志山西大同大学党委书记职务
6 月3日 李大公同志任太原理工大学轻纺美院党委书记
6 月8日 张官禄同志任山西财经大学正校级调研员
6 月8日 吕永康同志任太原理工大学副校长
6 月8日 卫英慧同志任吕梁学院副院长
6 月19日 李培勇同志任山西戏剧职业学院院长
6 月19日 刘祁杰同志任忻州职业技术学院院长
6 月19日 免去赵银邦同志山西戏剧职业学院院长职务
6 月19日 免去晋原平同志忻州职业技术学院院长职务
8 月11日 李玉冰同志任长治医学院纪委书记
8 月11日 免去李富德同志长治医学院纪委书记职务
8 月11日 王志连同志任忻州师范学院党委副书记
8 月11日 免去李思殿同志忻州师范学院党委副书记职务
8 月11日 李玉冰同志任长治医学院党委委员
8 月11日 梁家瑞同志任山西警官高等专科学校纪委书记（兼）
8 月11日 白志强、尉安俊同志任山西警官高等专科学校党委委员
8 月11日 刘和同志任山西林业职业技术学院党委委员
8 月11日 王淑彦同志任长治市教育学院党委书记
8 月11日 闫潞平同志任长治职业技术学院党委书记
8 月11日 山西警官职业学院闫效宏同志退休
8 月11日 免去史忠新同志晋中学院党委副书记职务，退休
8 月19日 李思殿同志任山西大学副校长
8 月19日 王志连同志任忻州师范学院院长
8 月19日 张美富同志任忻州师范学院副院长
8 月19日 皇甫志芳、李长江同志任长治学院副院长
8 月19日 柴达同志任晋中学院副院长
8 月19日 免去李思殿同志忻州师范学院院长职务
8 月29日 白志强、尉安俊同志任山西警官高等专科学校副校长
8 月29日 刘和同志任山西林业职业技术学院副院长
8 月29日 焦建中同志任长治市教育学院院长
8 月29日 免去闫效宏同志山西警官职业学院副院级调研员职务
8 月29日 免去王维平同志晋城职业技术学院院长职务
9 月8日 免去李玉梅同志山西戏剧职业学院党委书记职务
9 月8日 王艳芳同志任山西艺术职业学院党委书记
9 月27日 段常喜同志任山西职工医学院纪委书记、党委委员
9 月27日 冯晓中同志任山西林业职业技术学院纪委书记、党委委员
9 月27日 免去索满花同志山西林业职业技术学院纪委书记职务
10 月25日 庞鹏峰同志任吕梁学院副院级调研员
10 月25日 免去王学英同志忻州师范学院正院级调研员职务
11 月15日 刘锐同志任山西管理职业学院党委书记
11 月15日 免去王沼同志山西管理职业学院党委书记职务
11 月15日 岳澎同志任山西水利职业技术学院党委副书记
11 月15日 王启亮同志任山西水利职业技术学院党委委员
11 月15日 免去任绍芳同志忻州师范学院党委副书记职务，退休
12 月8日 岳澎、王启亮同志任山西水利职业技术学院副院长
12 月16日 师帅同志任山西医科大学党委书记
12 月16日 免去王茂林同志山西医科大学党委书记职务
12 月16日 免去吴刚同志山西医科大学党委副书记职务
12 月16日 师帅、王斌全同志任山西医科大学党委委员
12 月16日 免去王茂林、吴刚同志山西医科大学党委委员职务
12 月16日 陶功定同志任中北大学党委书记
12 月16日 免去师谦同志中北大学党委书记职务
12 月16日 陶功定同志任中北大学党委委员
12 月16日 免去师谦同志中北大学党委委员职务
12 月16日 张俊龙同志任山西中医学院党委书记
12 月16日 马存根同志任山西中医学院党委副书记
12 月16日 免去陶功定同志山西中医学院党委书记职务
12 月16日 马存根同志任山西中医学院党委委员
12 月16日 免去陶功定同志山西中医学院党委委员职务
12 月16日 崔克勇同志任运城学院党委书记
12 月16日 免去师帅同志运城学院党委书记职务
12 月16日 崔克勇同志任运城学院党委委员
12 月16日 免去师帅同志运城学院党委委员职务
12 月16日 常乃军同志任山西大同大学党委副书记
12 月16日 常乃军同志任山西大同大学党委委员
12 月16日 免去马存根同志山西大同大学党委委员职务
12 月16日 吴刚同志任太原工业学院党委书记
12 月16日 免去齐存田同志太原工业学院党委书记职务

12月16日 吴刚同志任太原工业学院党委委员

12月16日 免去齐存田同志太原工业学院党委委员职务

12月16日 免去常乃军同志山西师范大学党委委员职务

12月16日 免去崔克勇同志山西农业大学党委委员职务

12月16日 杨小平同志任山西戏剧职业学院党委委员、书记

12月30日 马存根同志任山西中医学院常务副院长

12月30日 常乃军同志任山西大同大学校长

12月30日 免去张俊龙同志山西中医学院常务副院长职务

12月30日 免去王守义同志山西大同大学校长职务

12月30日 免去马存根同志山西大同大学副校长职务

12月30日 免去常乃军同志山西师范大学副校长职务

12月30日 免去崔克勇同志山西农业大学副校长职务

各　市

太原市

2月15日 廉毅敏同志任太原市委委员、常委、副书记

2月15日 免去张兵生同志太原市委副书记、常委、委员职务

3月24日 免去吴清海同志太原市委副书记、常委、委员职务

7月25日 高键同志任太原市委委员、常委

8月29日 荣彤同志任太原市委副书记

大同市

2月28日 卫洪平同志任大同市委委员、常委，市纪委书记

2月28日 免去高璋同志大同市委副书记、常委、委员，市纪委书记职务

7月22日 胡玉亭同志任大同市委委员、常委

9月8日 大同市委孙日兵同志退休

11月15日 大同市委李元宏同志退休

朔州市

1月24日 王茂设同志任朔州市委委员、常委、书记

1月24日 免去田喜荣同志朔州市委书记、常委、委员职务

2月28日 免去杨伟民同志朔州市委副书记、常委、委员职务

3月21日 朔州市委王耀斌同志退休

3月24日 黄跃进同志任朔州市委委员、常委

3月24日 免去陈法印同志朔州市委常委、委员职务

4月25日 免去雷建国同志朔州市委常委、委员职务

5月13日 朔州市委落国和同志退休

7月22日 董一兵同志任朔州市委委员、常委

11月15日 免去冯改朵同志朔州市委副书记、常委、委员职务

忻州市

1月15日 忻州市委郑红光同志退休

5月13日 王成同志任忻州市委委员、常委

6月3日 免去杨绪全同志忻州市委常委、委员职务

9月9日 忻州市委王学英同志退休

吕梁市

1月24日 杜善学同志任吕梁市委委员、常委、书记

1月24日 免去聂春玉同志吕梁市委书记、常委、委员职务

3月24日 吕梁市委李秀峰同志退休

4月25日 雷建国同志任吕梁市委委员、常委

7月22日 陆崇相同志任吕梁市委委员、常委

7月22日 免去常泽春同志吕梁市委常委、委员职务

晋中市

1月21日 刘润民同志任晋中市委委员、常委、副书记

3月24日 张璞同志任晋中市委书记

3月24日 吴清海同志任晋中市委委员、常委、副书记

3月24日 免去李永宏同志晋中市委书记、常委、委员职务

3月24日 晋中市委郝秀珍同志退休

6月3日 丁文禄同志任晋中市委委员、常委

6月3日 免去郭忠实同志晋中市委常委、委员职务

9月8日 晋中市委李儒敏同志退休

阳泉市

3月24日 李定武同志任阳泉市委委员、常委

3月24日 免去宋师璇同志阳泉市委常委、委员职务

4月25日 郭长青同志任阳泉市委委员、常委、副书记

5月13日 刘星同志任阳泉市委委员、常委

6月3日 免去樊盛武同志阳泉市委常委、委员职务

9月8日 阳泉市委宋师璇同志退休

长治市

1月24日 田喜荣同志任长治市委委员、常委、书记

1月24日 免去杜善学同志长治市委书记、常委、委员职

务

2月28日　免去席小军同志长治市委副书记、常委、委员职务

4月25日　免去俞长生同志长治市纪委副书记职务

5月13日　潘贤掌同志任长治市委委员、常委

晋城市

1月24日　王清宪同志任晋城市委委员、常委、副书记

1月24日　免去王茂设同志晋城市委副书记、常委、委员职务

4月25日　免去郭长青同志晋城市委常委、委员职务

5月13日　冯征同志任晋城市委委员、常委

临汾市

3月24日　刘玉温同志任临汾市委委员、常委

3月24日　免去葛中兴同志临汾市委常委、委员职务

5月13日　李东洪同志任临汾市委委员、常委

6月3日　免去丁文禄同志临汾市委常委、委员职务

7月22日　免去郭新民同志临汾市委副书记、常委、委员职务

10月14日　陈国荣同志任临汾市委委员、常委、纪委书记

10月14日　免去沈庆华同志临汾市委常委、委员、纪委书记职务

运城市

5月13日　常建忠同志任运城市委委员、常委

6月2日　运城市委崔长胜同志退休

7月22日　刘桂国同志任运城市委委员、常委

7月22日　免去董一兵、刘哲凝同志运城市委常委、委员职务

9月27日　秦跟安同志任运城市纪委副书记

11月15日　运城市委梁天管同志退休

其他

2月11日　成立山西省援疆工作前方指挥部：

总指挥：

王赋　省发展和改革委员会副主任（新疆自治区昌吉州党委副书记）

副总指挥：

闫晨曦　省住房和城乡建设厅副厅长（新疆生产建设兵团农六师党委常委、副师长）

成　员：

魏茹生　省政府资本市场发展办公室常务副主任（新疆自治区昌吉州发改委副主任）

闫潞平　长治市安全生产监督管理局局长（新疆自治区昌吉州阜康市委副书记）

王剑峰　娄烦县委常委、宣传部长（新疆自治区昌吉州阜康市委常委、副市长）

田兵　太原重型机械集团有限公司党委委员、团委书记（新疆生产建设兵团农六师五家渠市副市长）

贾二元　临汾市委组织部副部长（新疆生产建设兵团农六师党委组织部副部长）

前方指挥部设在新疆自治区昌吉州，下设2个分指挥部。阜康市分指挥部指挥长由闫潞平同志兼任，农六师五家渠市分指挥部指挥长由田兵同志兼任。

5月24日　李宝卿同志任省国家资源型经济转型综合配套改革试验区工作领导组办公室主任（兼）

5月24日　李永平同志任省国家资源型经济转型综合配套改革试验区工作领导组办公室专职副主任

5月24日　李海生同志任省省国家资源型经济转型综合配套改革试验区工作领导组办公室副主任（试用期一年）

（本栏目责编　李水龙）

人　物

一、年度职务变动的省级领导简历

刘维佳

刘维佳

刘维佳，男，汉族，1955年10月出生，山东省龙口市人，在职研究生学历，经济学硕士学位，高级政工师，1981年5月加入中国共产党，1970年12月参加工作。

参加工作后在吉林省辉南县下乡插队，后在吉林省杉松岗煤矿当工人，历任吉林省煤田机械厂团总支书记，吉林省煤田地质公司团委干事、副书记、书记，吉林省委办公厅机关团委副书记、书记，吉林省委办公厅副处级巡视员、机关党委副书记，永吉县副县长，吉林省委办公厅综合处副处长，海南省委办公厅秘书处处长，海南省富南国际信托投资公司副总经理，海南省人大常委会办公厅研究室主任；1995年任海南省人大常委会副秘书长；1998年5月任海南省人大常委会法规室主任，同年8月任海南省委副秘书长（正厅级）；2002年任农业部办公厅副主任（正司局级）；2003年任农业部办公厅主任、新闻发言人；2006年任山西省省长助理、省政府党组成员；2008年任山西省委组织部常务副部长。2009年1月任山西省副省长。2011年8月任云南省委常委、组织部部长。

中共海南省第三次党代会代表、海南省第三届人大代表；中共山西省第九次党代会代表、九届省委委员，山西省第十一届人大代表、省十一届人大常委。

郭迎光

郭迎光

郭迎光，男，汉族，1958年5月生，山西省陵川县人，大学学历，哲学硕士学位。1975年10月参加工作，1982年5月加入中国共产党。

参加工作后在河南省武陟县王伊村插队；1978年入郑州大学哲学系哲学专业学习；1982年毕业后留校任哲学系教师；1983年后任河南省委政研室政治理论处、工业处主任科员，农村处、工业处副处长，工业处正处级研究员，综合处处长；1998年7月任河南省委政研室助理巡视员，同年12月任河南省平顶山市委常委、秘书长（期间：1997年5月至1999年2月在清华大学科学技术哲学专业研究生课程进修班学习，获哲学硕士学位）；2001年3月任河南省委副秘书长；2006年2月任河南省委副秘书长、省委政研室主任；2008年3月任河南省鹤壁市委书记；2009年3月任河南省鹤壁市委书记、市人大常委会主任；2011年9月任山西省副省长、省政府党组成员。

二、年度去世的省级领导生平

安志藩

中国共产党优秀党员，忠诚的共产主义战士，政协山西省第三届、第四届委员会原副主席，省委统战部原部长（享受省长级医疗待遇）安志藩同志，因病医治无效，于2011年4月7日17时42分在太原逝世，享年101岁。

安志藩同志原名安国屏，1911年4月出生于山西省新绛县。1935年3月参加党的秘密外围组织中国互济会（当时为赤色互济会），1936年3月加入中国共产党。历任中共北平市委总交通，山西省委交通，中共北方局交通科长，中央组织部二科干事、副科长，延安马列学院学习，中央农委（即中央机要交通局）干事；1945年11月后任热河省围场县委宣传部长、热西地委秘书长，隆化县委副书记兼工委书记，滦河县委书记兼县大队政委，冀热察区委组织部干部科长，张家口市六区区委书记；1949年3月后任南下区党委、皖南区党委组织部干部处长；1951年后任安徽省委组织部干部处长，中央统战部干部处副处长、处长；1958年11月任山西省委统战部常务副部长；1964年10月任山西省政协副主席、省委统战部长；1967年8月后任省革委会外事办主任，在中央学习班学习、夏县插队劳动，夏县革委会副主任，运城地区革委会副主任；1978年6月任省政协副主席、党组副书记，省委统战部副部长（主持工作）；1984年5月离职休养；2002年1月享受省长级医疗待遇。

安志藩同志是第四届全国政协委员，第二、三届省委委员，第七、八、九次省党代表大会特邀代表。

安志藩同志早年追求进步，在山西大学法学院学习期间参加“读书会”，学习马列著作和进步书籍，树立了共产主义理想。在白色恐怖笼罩的险恶环境中，义无反顾，矢志不渝，加入中国互济会，走上了革命道路。按照组织安排积极工作，资助和营救入狱的党组织的领导同志。地下党组织遭到破坏后，他到北平经李雪峰同志介绍，加入了中国共产党。在抗日运动和抗日战争中，从事党的秘密交通工作，不畏艰险，不怕牺牲，完成了党组织交给的各项任务。在太原从事党的地下工作期间，在家中建立了省委交通站和北方局联络站，刘少奇、彭真、杨尚昆等同志都在此处进行过革命活动。在延安整风运动中曾担任学委办公室负责人，为整风学习的开展做了大量工作。解放战争时期，先后在热河和冀热察区担任地委、县委、区委等领导职务，面对复杂局面，他坚决贯彻党的指示，克服重重困难，组织开展对敌斗争和土地改革，加强党的建设，密切配合部队作战，卓有成效地巩固了解放区的政权建设。随军南下后在南下区党委（皖南区党委）和安徽省委组织部担任干部处长，为新解放区党组织的建立和干部配备发挥了积极作用。

建国后，安志藩同志长期从事党的统战工作和政协工作，为党的统战事业和人民政协事业尽心竭力、忘我工作。在担任中央统战部干部处长和部机关党总支副书记期间，为加强全国统战干部队伍建设和部机关党的建设做了许多开拓性、基础性的工作。在担任山西省委统战部领导期间，按照中央和省委关于统战工作的精神和部署，全面落实党的统战政策，协调关系、化解矛盾，认真做好民主党派、工商联和无党派代表人士的团结、引导工作。他注重调查研究，注重加强统战干部队伍建设，注重加强思想政治工作和代表人士队伍建设，促进了我省统战事业的发展。曾任省委宗教工作领导组副组长兼办公室主任、省委对右派摘帽和改正工作领导组副组长兼办公室主任等专门机构负责人，坚持原则，妥善处理有关问题，加强和推进了全省宗教工作和知识分子工作，得到了省委的充分肯定和广大党外人士的高度评价。“文革”期间受到批斗、下放多年，但始终坚信党的领导，对党和社会主义事业充满信心。在担任省政协副主席期间，忠实贯彻执行中国共产党领导的多党合作和政治协商制度，坚持围绕中心、服务大局，促进了政协参政议政、政治协商、民主监督职能的充分发挥，为我省政协事业的发展作出了重要贡献。

安志藩同志离休后关心党的事业，关心国家大事，关心统战、政协工作。他认真学习邓小平理论、“三个代表”重要思想和科学发展观，撰写了多篇革命回忆录。在纪念省委统战部成立55周年之际，以94岁高龄撰写了《总结经验，改进工作》一文，提出了加强统战干部队伍建设、加强统战理论政策的学习研究、改进工作作风等建议。关心公益事业，参加植树活动，多次向灾区人民捐助，交纳“特殊党费”6000元，长期资助生活困难同志，对子女和身边工作人员严格要求，多次被评为优秀共产党员。

安志藩同志的一生，是为党的事业战斗的一生，全心全意为人民服务的一生，为革命和建设奉献的一生。他具有坚强的党性和组织观念，自觉服从组织安排，牺牲个人利益。在战争年代，他与爱人长期异地工作，无法照料家庭，曾有一个孩子患病夭折，有三个孩子在战乱中离散多年，全国解放后才得以团聚。他顾全大局，淡泊名利，为党和人民的事业鞠躬尽瘁、奋斗不息，在不同岗位上都作出了显著成绩。他忠于党，忠于人民，光明磊落，襟怀坦荡，两袖清风，在生活上艰苦朴素，谦虚谨慎，严于律己，宽以待人，深受群众的尊敬和爱戴。

安志藩同志虽然离开了我们，但他的革命精神和高风亮节永存。我们要学习他坚定的理想信念、崇高的精神境界、高尚的思想品德和优良的工作作风。他永远活在我们心中！

陶鲁笳

原山西省委第一书记、原国家经济体制改革委员会顾问陶鲁笳同志，因病医治无效，于2011年5月21日在北京逝世，享年94岁。

陶鲁笳同志病重期间和逝世后，中央有关领导同志以不同方式表示慰问和哀悼。

陶鲁笳1917年2月出生于江苏省溧阳县。1936年夏在河北石家庄参加革命工作，任中华民族解放先锋队石家庄总队总队长，同年10月加入中国共产党。1937年2月起，任石家庄市委宣传部长，晋冀豫区委组织部干事、组织科科长，昔阳、平定、和顺三县平辽路东中心县委书记，太行第二地委组织部部长、地委副书记兼军分区副政委，太行第五地委书记兼军分区政委，太行区党委组织部部长、副书记，太行区党委书记兼太行军区政委等职。1949年9月后，任山西省委常委兼宣传部部长、省委书记、省委第一书记。1965年8月，任国家经委第一副主任兼中央工业交通政治部主任，“文化大革命”中受到迫害。1973年7月，任国防科委主任、政委。1981年到国家体改委工作，1985年2月任国家体改委顾问。

陶鲁笳是中共第八届中央候补委员、第十届中央委员，政协第七届全国委员会常务委员。

谢振华

原中顾委委员、昆明军区政治委员谢振华同志，因病医治无效，于2011年8月3日在北京逝世，享年95岁。

谢振华同志病重期间及逝世后，中央有关领导同志以不同方式表示慰问和哀悼。

谢振华是江西省崇义县人，1930年参加革命，同年加入中国共产主义青年团，1932年转为中国共产党党员。土地革命战争时期，他历任通讯员、宣传员、连副政治指导员、干事兼队长、营政治委员、团政治委员、营政治教导员、科长、队政治委员等职，参加了中央苏区反"围剿"和湘江、遵义、娄山关、四渡赤水、强渡金沙江、会理、松潘等战役战斗，参加了两万五千里长征。抗日战争时期，他历任科长、团政治委员、副部长、部长、团长兼政治委员、军分区副政治委员等职，参加了反"扫荡"等战役战斗。解放战争时期，他历任军分区兼旅政治委员、旅政治委员，纵队副政治委员、副司令员、代理司令员，军长等职，先后参加了淮海、渡江、上海等战役战斗。新中国成立后，他历任总队政治委员、军事学院基本系一期主任，军长、副军长、副军长兼参谋长，山西省军区司令员、北京军区副司令员兼山西省军区司令员，山西省委第一书记兼革委会主任，山西省军区党委第一书记，沈阳军区副司令员等职，参加了抗美援朝，为部队革命化、现代化、正规化建设作出了贡献。

谢振华是中国共产党第九、第十、第十二、第十三届全国代表大会代表，第十届中央委员会候补委员、第十二届中央委员会委员，第四届全国人民代表大会代表。他1955年被授予少将军衔，曾荣获二级八一勋章、二级独立自由勋章、一级解放勋章和一级红星功勋荣誉章。

三、缅怀文章

情满三晋
——追忆陶鲁笳同志二三事

李玉明

正值庆祝党的90华诞之际，我和三晋文化研究会的同志们一起赴革命圣地——延安，重温毛主席和党中央在延安13年的光辉业绩。在洛川参观时，突然接到太原传来的噩耗：陶鲁笳同志5月21日在北京去世，享年94岁。顿时我心中十分悲痛，不禁回忆起和他在一起的点点滴滴。

大约在1978年秋天，在老陶离开山西十几年的时候，第一次自由自在回到山西。当时我任省政府秘书长，和他比较熟悉，省委决定由我陪同老陶到山西各地参观访问。他对过去的许多同志、部下都想看望一下。他首先看望了"文革"中被迫害致死的省委第一书记卫恒遗孀张坤秀，原省委书记处书记郑林遗孀孙平，还看望了王谦同志夫人葛植青，原太原市老市长、副省长岳维藩，原副省长张天乙、赵力之，省委秘书长(老太行干部)卜虹云，以及"山药蛋派"的老文学艺术家马烽、力群等许多同志，在同他们的交谈叙旧中回忆起许多峥嵘岁月的往事。老陶对我说，和老战友们交谈不仅回忆往事，也了解了许多他不曾知道的人和事。他说，经历是一种鲜活的知识，因而增长了许多为人处事的历练。在晋中、临汾、运城等地，他也都要问一问他记得的老同志、老部下的情况，听到有的同志去世了，他感到悲痛……

那次以及后来多次回山西，他都旧地重游，探寻过许多名胜古迹。记得在太谷广誉远酒厂，杨善奎同志引着他参观了酒厂并在午餐上喝了龟龄集酒，老陶很感兴趣。杨善奎送他一箱酒，他说你收钱我就要，白给我不要，不能破坏老八路的"三大纪律、八项注意"。在看黄河壶口瀑布时，他说这才是真正的黄河景观，令人心潮澎湃；也让他想起了《黄河大合唱》这支著名歌曲，在抗战时期激励起中华民族抗日救亡的伟大胸怀和奋斗精神。在去隰县的路上，老陶说，那年在成都开会，曾向毛主席汇报说，我们有个雄心壮志，想把黄河水引进山西……毛主席听后风趣地说，这算什么雄心壮志，不过是继承古人的遗志而已，汉武帝时代就已有引黄河入晋、入京的打算。我记住了老陶的话。回到家后就在班固著的《汉书·沟洫志》中查到了历史记载。用现在的话说，在汉武帝时就有人建议，从包头附近的山岭开凿一个大洞，引黄河水经山西、北京注入渤海。老陶当时就感慨地说，毛主席真是博学多才，古今中外知道的东西真多！

还有一事值得追忆。大约是2000年秋天，我陪老陶看过不少地方以后，怕他劳累劝他休息。不料，他坚持要到石楼县参观红军东征纪念馆。他问我，你去过红军东征纪念馆没有？我说，在1996年红军东征60周年、纪念馆开馆时我去了，很受教育。他说，这么重要的地方不去看看，会后悔的。于是，我又陪他直接去了石楼县参观东征纪念馆，纪念馆建在县城附近的山坡上，因雨水冲刷，道路坎坷不平，但老陶还是兴致勃勃地坚持参观到底。

红军东征纪念馆院中竖立着一个红军小号兵的大理石雕塑。老陶说，这个小号兵是洪洞县人，就是红军东征时参加革命的，因美国记者埃德加·斯诺写的《西行漫记》一书而闻名，具有亲切感和历史意义。纪念馆分为序厅和四个展厅。序厅正中有巍巍吕梁山巨幅彩照映衬下矗立着的毛泽东同志半身铜像，两侧是陆定一写的《红军东征歌》和毛泽东在东征路上写的《沁园春·雪》，以及东征红军军旗。4个展厅，共分13个单元，老陶看得非常认真、细致。他在毛主席等同志的照片前肃立端详，表达敬意。老陶说，这个展览意义非凡。

老陶在山西工作几十年，深知山西是华夏文明源头的中心区域，五千年文明源远流长。于是在王谦同志首先倡议下，老陶和李雪峰、王大任也积极参加，于1988年8月成立了以弘扬华夏传统文化为宗旨的"三晋文化研究会"，并一直担任顾问、名誉会长。他曾题词："探华夏文明之源，开三晋历史之花。"他是三晋文化研究工作的开拓者和奠基人之一。一至四届理事大会他都亲临参会指导。20多年来，他对三晋文化研究有许多心语，对我们深有启迪，三晋文化研究会成立以来取得了出版图书9000余万字的成果。老陶还积极参与和开展社会活动，广受好评，其中饱含着他的智慧和辛劳，我们大家都铭志不忘。他撰著的《毛主席教我们当省委书记》一书，已经并将成为启迪后人的宝贵精神财富。

大事记要

中共山西省委大事记

1 月

4日 省委下发《关于认真做好市县乡领导班子换届工作的通知》。

4日至7日 省委常委分别带队赴各市出席2010年度目标责任考核大会。

5日 袁纯清同志出席省军区党委九届十七次全体（扩大）会议并讲话，张少华同志作工作报告，刘云海同志主持会议。

7日 袁纯清同志在北京会见中国银行董事长肖钢、交通银行董事长胡怀邦、国家开发银行董事长姚中民、中国工商银行行长张云、中国建设银行行长张建国等，李小鹏同志参加会见。

10日 袁纯清同志会见法国“液空中国”总裁兼首席执行官夏华雄一行，高建民同志参加会见。

同日 省委召开常委会：一、审定中共山西省委常委会2011年工作要点；二、听取中央农村工作会议精神汇报，研究我省贯彻落实意见；三、听取全国宣传部长会议精神汇报，研究我省贯彻落实意见；四、听取全国统战部长会议精神汇报，研究我省贯彻落实意见；五、听取全国政法工作会议精神汇报，研究我省贯彻落实意见；六、听取第十九次全国高校党建工作会议精神汇报，研究我省贯彻落实意见。

同日 省委下发《关于聂春玉等同志任免职务的通知》。

同日 省委向山西省第十一届人民代表大会第五次会议主席团印发《关于推荐山西省副省长候选人的建议》。

同日 省委向省政协党组下发《关于调整山西省政协副主席的建议》。

同日 省委向山西省第十一届人民代表大会第五次会议主席团印发《关于调整山西省第十一届人民代表大会内务司法委员会主任委员的建议》。

11日 省委召开常委会：一、讨论王君同志在省十一届人大五次会议上所作的《政府工作报告》（送审稿）；二、听取省十一届人大五次会议、省政协十届五次会议筹备情况的汇报，研究召开“两会”的有关事宜；三、听取省工会第十二次代表大会筹备情况的汇报；四、听取全省农村党风廉政建设工作情况的汇报；五、听取省纪委关于有关案件审理情况、“9·8”事故相关人员处理情况及“疫苗问题”调查处理情况的汇报；六、干部议题。

同日 袁纯清、王君、李小鹏同志出席太中银铁路通车仪式。

同日 省委向党中央上报《关于我省2010年工作情况的报告》。

12日 省委印发《中共山西省委常委会2011年工作要点》。

13日 省委召开常委会：一、研究讨论《山西省国民经济和社会发展第十二个五年规划纲要》（草案）；二、听取中央纪委六次全会精神及我省贯彻落实意见的汇报。

同日 省委向中央纪委、中央组织部上报《中共山西省委常委2010年度民主生活会情况报告》。

17日 袁纯清、王君、薛延忠、金道铭、张建欣同志出席省武警总队党委全体扩大会议，金道铭同志讲话。会前，省领导接见了省武警总队党委班子成员。

18日至23日 省政协十届四次会议召开。

19日至25日 省十一届人大第五次会议召开。

24日 省委召开常委会：一、讨论国务院《政府工作报告》（征求意见稿）和《国民经济和社会发展第十二个五年规划纲要》（草案）；二、研究《省委常委廉政承诺》和《省委常委作风建设八项承诺》；三、干部议题。

同日 省委召开稳定和信访工作点评会议，袁纯清、高建民、李政文、陈川平、聂春玉、杜玉林同志出席会议。

25日 全省党风廉政建设干部大会召开，省委常委出席会议，袁纯清同志讲话，王君同志主持会议。

同日　全省政法工作会议举行，金道铭同志出席会议并讲话。

26日　省委向党中央上报《关于山西省十一届人大五次会议和山西省政协十届四次会议选举结果的报告》。

26日至28日　省委常委分赴各市慰问困难群众和老劳模、老党员，看望一线职工。

27日　袁纯清同志看望慰问省级老同志，李政文同志陪同看望。

28日　共青团中央书记处第一书记陆昊，共青团中央书记处常务书记、中华全国青年联合会主席王晓率领团中央、全国青联慰问团深入我省厂矿、社区和特殊青少年群体开展慰问活动，袁纯清、金道铭、高建民同志会见陆昊、王晓一行。金道铭、高建民同志陪同慰问。

同日　袁纯清、汤涛同志与新任县委书记进行座谈。

28日至29日　省委常委、副省长分别带队慰问在太原的省级老同志及已故老同志家属。

29日　省委举行省党政军迎春招待会，袁纯清、王君、薛延忠、金道铭、李小鹏等省领导出席招待会，金道铭同志致辞,李小鹏同志主持。

30日　省委常委出席省城各界人士迎春茶话会，王君同志致辞，薛延忠同志主持茶话会。

31日　省委、省政府举行2011年春节团拜会，袁纯清同志讲话，王君同志主持，省党政军领导、法检两长以及省级老同志出席团拜会。

同日　省委办公厅印发《关于调整部分省委领导同志分工的通知》。

2　月

1日　袁纯清、王君、金道铭同志分别带队看望慰问节日期间坚守工作岗位的干部职工，代表省委、省政府向他们及全省广大干部职工致以节日的问候和新春的祝福。

10日至13日　省委、省政府举办“十二五”规划暨转型综改试验区领导干部研讨班，省委常委、副省长，省人大、省政协主要负责同志，省法检两长，各市、省直有关部门和部分企业的主要负责同志出席研讨班。

13日至15日　中共中央政治局委员、国务院副总理回良玉在我省考察指导农业生产和抗旱工作，听取农技专家关于当前旱情及小麦生产形势的分析和我省关于抗旱和农业情况的汇报。袁纯清、王君、刘维佳同志分别陪同考察。

15日　省委召开人才工作领导组第六次会议，袁纯清同志出席会议并讲话，汤涛同志出席会议，牛仁亮同志主持会议。

同日　省委召开常委会：一、研究讨论《山西省中长期教育改革和发展规划纲要（2010—2020）》（送审稿）；二、听取全国防范处理邪教工作情况及全国“1·28”会议精神的汇报；三、听取关于中央纪委、中央组织部严肃换届纪律保证换届风清气正视频会议精神的汇报。

18日　袁纯清、王君、李政文、张平同志看望省老年人体育协会第六届代表大会代表。

24日　山西省——中央企业合作发展恳谈会在北京人民大会堂举行，袁纯清、王君、李小鹏、高建民、李政文同志出席，袁纯清同志讲话，王君同志作主旨推荐，李小鹏同志主持恳谈会。

同日　省委中心组举行学习报告会，邀请国务院发展研究中心副主任卢中原同志作“深入学习贯彻党的十七届五中全会精神，加快转变经济发展方式”学习辅导，胡苏平同志主持。

同日　金道铭同志出席全省关心下一代工作会议并讲话。

同日　金道铭同志会见全国政协副秘书长、全国工商联党组副书记、副主席宋北杉一行，聂春玉、张平、韩儒英同志参加会见。

25日　全省县域经济暨农村工作会议召开，袁纯清同志主持会议并讲话，王君同志作工作报告，金道铭同志作总结讲话，薛延忠、高建民、李政文、陈川平、郭海亮、刘维佳、任润厚同志出席会议。

同日　全省换届工作会议召开，袁纯清、金道铭、汤涛、陈川平、申联彬、郭良孝同志出席会议，袁纯清同志讲话，汤涛同志主持。

27日　省委议军会暨推进国防动员建设军民融合式发展会议召开，袁纯清同志主持会议并讲话，王君同志讲话，金道铭同志宣读表彰决定，刘云海、张少华、李小鹏、李政文、陈川平同志出席会议。

28日　省委召开常委会：一、传达学习中央领导在省部级主要领导干部社会管理及其创新专题研讨班上的讲话精神；二、传达中央对台工作会议精神和中央领导讲话精神，研究我省贯彻落实意见；三、听取关于2010年度目标责任制考核情况的汇报；四、干部议题。

同日　省委向党中央上报《关于我省2010年执行党风廉政建设责任制推进惩治和预防腐败体系建设情况的报告》。

3　月

1日　省文明委举行第十次全体会议，袁纯清同志主持并讲话，王君、胡苏平等出席会议。

同日　出席全国政协十一届四次会议的在晋全国政协委员赴京，金道铭、高建民、李政文、聂春玉等到太原火车站送行。

2日　出席十一届全国人大四次会议的在晋全国人大代表赴京，金道铭、李政文等到太原火车站送行。

同日　省委下发《关于李兆前、金道铭同志任免职务的通知》。

6日　省委印发《纪念中国共产党成立90周年活动实施

方案》。

9日 我省在京举行晋籍和曾在晋工作领导同志座谈会，袁纯清同志主持座谈会，王君同志通报我省经济社会发展情况，薛延忠、李小鹏、胡苏平、李政文、聂春玉等出席座谈会。

同日 省委办公厅、省政府办公厅印发《关于全省2010年度目标责任考核工作情况通报》。

12日 袁纯清、王君、李小鹏、李政文同志在北京与铁道部部长盛光祖就推进山西铁路建设发展举行会谈。

同日 袁纯清、王君、李小鹏、李政文同志在北京与国家电网公司党组书记、总经理刘振亚举行会谈。

15日 省委召开巡视工作会议，金道铭同志主持会议并讲话，汤涛、李兆前同志出席会议。

16日 省委召开常委会：一、传达十一届全国人大四次会议和全国政协十一届四次会议精神及李克强同志参加山西代表团审议时的重要讲话精神，研究我省贯彻落实意见；二、传达李长春同志的谈话要点；三、干部议题。

同日 省委印发《关于成立中共山西省非公有制经济组织工作委员会的通知》。

17日至18日 袁纯清同志赴忻州市调研，李政文同志陪同调研。

20日至22日 中共中央政治局委员、国务委员刘延东同志深入太原、晋中、忻州等地考察调研，22日出席全国中小学校舍安全工程现场会，袁纯清、王君、金道铭、李小鹏、胡苏平、李政文、陈川平、牛仁亮、张平同志分别陪同考察或参加会议。

21日 王君会见国家统计局局长马建堂同志一行，牛仁亮同志参加会见。

23日 金道铭同志赴晋中市调研。

同日 省委、省政府印发《山西省中长期教育改革和发展规划纲要（2010—2020年）》。

24日 省委召开常委会：一、听取关于贯彻全国深化医药卫生体制改革工作会议精神的汇报；二、听取全国加强和改进工商联工作会议精神汇报，研究我省贯彻落实意见；三、研究讨论《贯彻落实〈关于实行党风廉政建设责任制的规定〉的实施办法》（送审稿）；四、干部议题。

25日 省综治委召开2011年第一次全体会议，金道铭同志主持并讲话。

同日 省委办公厅转发《关于协助各民主党派做好市级组织换届工作的意见》。

25日至26日 内蒙古自治区党委书记、自治区人大常委会主任胡春华和内蒙古自治区党委副书记、自治区主席巴特尔率领内蒙古自治区党政考察团在我省太原、晋中学习考察，袁纯清、王君、金道铭、李小鹏、高建民、李政文、陈川平、任润厚同志分别陪同考察或出席座谈会以及合作签字仪式。

27日 袁纯清、王君、金道铭、刘维佳同志与水利部部长陈雷举行座谈并签订省部合作备忘录。

同日 袁纯清同志会见亲民党主席宋楚瑜先生一行，高建民、李政文、聂春玉同志参加会见。

29日 省委中心组举行学习报告会，邀请全国人大常委会法制工作委员会主任、中央机构编制委员会办公室副主任李适时就中国特色社会主义法律体系作辅导报告，袁纯清同志主持并讲话。

同日 省委、省政府印发《关于进一步加快县域经济发展的若干意见》。

30日 袁纯清同志会见德国北威州经济部长翰瑞·库伊特·弗伊格茨伯格先生率领的政府企业高级代表团一行，牛仁亮同志参加会见。

同日 省委、省政府印发《关于加强和改进新形势下工商联工作的实施意见》。

31日 袁纯清同志赴吕梁市调研，刘维佳同志陪同调研。

同日 王君同志会见台湾富士康集团董事长郭台铭一行，李小鹏、高建民、陈川平同志参加会见。

同日 省老促会五届一次理事会召开，金道铭同志出席会议并讲话。

4 月

1日 第九届海峡两岸中华传统文化与现代化研讨会暨第四届中国·介休清明（寒食）文化节开幕，全国政协副主席、民进中央常务副主席罗富和出席开幕式并讲话，十届全国人大常委会副委员长、十一届民进中央主席许嘉璐出席开幕式，金道铭同志出席开幕式并致辞，胡苏平、张平同志出席开幕式。

2日至4日 中共中央政治局常委、国务院总理温家宝同志在吕梁市岚县、兴县、临县调研，袁纯清、王君、金道铭、李小鹏、李政文、刘维佳同志分别陪同调研。调研期间，温家宝同志分别在岚县和临县主持召开座谈会，听取地方关于当前经济工作的汇报和基层干部群众的建议、意见。

5日 第二十一届中国·洪洞大槐树寻根祭祖节祭祖大典举行，亲民党主席宋楚瑜及夫人陈万水、海协会副会长王富卿、聂春玉等出席祭祖大典。

6日 全省重点工程建设总结表彰暨动员大会召开，袁纯清、王君、李小鹏、牛仁亮等省领导在会前接见部分受表彰的先进集体和先进个人代表，王君同志出席大会并讲话，李小鹏同志作动员讲话，牛仁亮同志主持会议。

同日 省委办公厅转发《省委宣传部2011年宣传思想文化工作要点》。

7日 省城举行党政军民义务植树活动，省四大班子领导、武警山西总队和驻太原部队军政负责同志参加植树活动。

同日 王君同志会见亲民党主席宋楚瑜一行，李政文同志参加会见。

8日 省委召开常委会：一、传达中共中央政治局常委、国务院总理温家宝考察山西重要讲话精神，研究部署我省贯彻落实意见；二、听取全国市县乡换届工作座谈会精神汇报。

同日 我省召开山西大水网建设启动动员大会，袁纯清同志出席大会并宣布山西大水网建设全面启动，东山供水、西山引黄两项工程正式开工。王君同志作动员讲话，金道铭同志主持会议，李政文同志出席会议，刘维佳同志介绍大水网工程基本情况。

同日 全国检察机关“惩治和预防渎职侵权犯罪巡回展览·山西太原巡回展”开展，袁纯清、王君、金道铭、李政文等省领导分别参观展览。

9日 省委、省政府召开电视电话会议，传达贯彻温家宝总理考察山西重要讲话精神，省委常委出席会议，袁纯清同志提出贯彻意见，王君同志传达温家宝总理讲话精神，金道铭同志主持会议。

同日 省委、省政府向国务院上报《关于传达贯彻温家宝总理考察山西重要讲话精神情况的报告》。

11日 全省加强和改进工商联工作会议召开，金道铭同志出席并讲话，聂春玉同志主持会议。

同日 省委转发《省人大常委会党组关于做好全省县乡两级人民代表大会换届选举工作的意见》。

同日 省委办公厅、省政府办公厅印发《关于领导干部外出报备有关事项的通知》。

11日至21日 袁纯清同志率山西省代表团赴德国、丹麦、瑞士访问。

12日 王君同志会见波兰西里西亚省省督齐·乌卡什奇克率领的省政府代表团一行，任润厚同志参加会见。

同日 省委办公厅、省政府办公厅印发《关于省直部门贯彻落实2011年反腐倡廉工作任务的分工意见》。

13日 王君同志在省监察厅调研，李小鹏、李兆前同志陪同调研。

同日 省委办公厅、省政府办公厅印发《关于建立健全农村惩治和预防腐败体系的实施意见》。

15日 山西省高校新校区项目建设奠基仪式在晋中市举行，王君同志出席并宣布开工，李小鹏同志讲话，高建民同志出席奠基仪式。

同日 王君同志会见北京军区司令员房峰辉、参谋长王宁一行，金道铭、李小鹏、李政文、张少华、刘云海同志参加会见。

18日 王君同志会见中国医药集团董事长宋志平一行，李小鹏同志参加会见。

同日 省委办公厅、省政府办公厅印发《关于省直和中央驻并单位深入开展“迎中博、创环境、争一流”活动的实施意见》。

19日 省委办公厅、省政府办公厅转发《山西省2011年“扫黄打非”行动方案》。

20日 全省煤炭工作会议召开，王君同志出席会议并讲话，任润厚同志主持会议。

同日 全省保障性住房建设工作会议召开，王君同志出席会议并讲话，李小鹏同志主持会议，高建民同志出席会议并讲话。

22日 全省政法工作汇报会召开，金道铭同志出席会议并讲话。

同日 省委、省政府印发《贯彻落实〈关于实行党风廉政建设责任制的规定〉的实施办法》。

25日 袁纯清同志会见大公报董事长兼社长姜在忠为团长的香港知名媒体高层参访团一行，胡苏平、张平同志参加会见。

同日 袁纯清、王君、胡苏平、张平同志出席省属五大文化企业集团挂牌成立大会。王君同志讲话，胡苏平同志介绍有关情况，张平同志主持会议。

同日 省委召开常委会：一、听取关于全国纪检监察机关查办案件工作座谈会精神的汇报；二、听取关于中央政法委召开的部分地方解决涉法涉诉进京问题汇报会议精神的汇报；三、听取关于全国先进基层党组织、优秀共产党员、优秀党务工作者推荐情况的报告；四、干部议题。

25日至27日 新疆维吾尔自治区党委常委、宣传部长胡伟同志率领的新疆维吾尔自治区党政代表团来我省走访慰问。袁纯清、王君、金道铭、李小鹏、胡苏平、高建民、汤涛、牛仁亮、李潭生同志分别会见代表团一行，高建民、李潭生同志全程陪同。

26日 山西省工会第十二次代表大会开幕，袁纯清、王君、李小鹏、胡苏平、李政文、汤涛、李兆前、陈川平、聂春玉同志出席会议，金道铭同志讲话。

同日 省委办公厅、省政府办公厅印发《山西广播电视台主要职责、内设机构和人员编制规定》。

同日 省委办公厅、省政府办公厅印发《各市和省直部门（单位）2011年度目标责任考核指标》。

26日至29日 袁纯清同志赴运城市调研，李政文同志陪同调研。

27日 袁纯清、李政文、汤涛同志出席市县乡换届工作座谈会，袁纯清同志讲话，汤涛同志主持会议。

28日至29日 王君同志在长治市、临汾市调研。

29日 金道铭同志主持召开全省部分高校党委书记座谈会。

同日 我省举办山西省职工“五一”文艺晚会，金道铭、高建民、李兆前、陈川平、聂春玉等省领导出席文艺晚会。

30日 我省召开“五一”表彰大会，袁纯清、王君、金道铭、李政文等省领导出席会议，金道铭同志讲话。

5 月

1日 袁纯清、王君同志会见解放军总后勤部政委刘源带领的北京知青返乡慰问团一行，李政文、刘云海同志参加会见。

2日 王君同志主持召开专题会议，研究部署森林火灾扑救工作。

4日 山西省纪念五四运动92周年暨“转型跨越”青年群英会召开，袁纯清、王君、金道铭等省领导接见受表彰的青年代表，金道铭同志出席会议并讲话，胡苏平、高建民、李政文、汤涛同志等出席会议。

6日至10日 中共中央政治局常委李长春同志在运城、临汾、晋中、太原等地调研，袁纯清、王君、胡苏平、李政文同志陪同调研。期间，李长春同志主持召开座谈会，听取基层干部群众、专家学者和文化工作者对加强文化建设，推进文化改革发展的意见、建议。

9日 省委、省政府下发《关于加快水利改革发展的实施意见》。

12日 省委、省政府召开会议，安排部署“加强和创新社会管理”大型摸底调研活动，金道铭同志出席会议并讲话。

同日 省委召开常委会：一、传达中共中央政治局常委李长春同志考察山西重要讲话精神，研究部署我省贯彻落实意见；二、讨论中共中央《关于深化文化体制改革、推动社会主义文化大发展大繁荣的意见和建议》（讨论稿）；三、传达部分省市党的十七届四中全会精神贯彻落实情况专题座谈会精神；四、研究讨论中共中央《关于贯彻落实党的十七届四中全会精神、加强和改进新形势下党的建设的报告》（讨论稿）。

13日 省委中心组举行扩大学习报告会，邀请国务院研究室党组副书记、副主任江小涓同志就坚持科学发展、加快经济发展方式转变作辅导报告，袁纯清同志主持会议并讲话，省委常委出席报告会。

同日 省委召开常委会：一、听取关于全国清理和规范庆典、研讨会、论坛活动工作会议精神的汇报，研究我省贯彻落实意见；二、听取关于全国党政机关公务用车问题专项治理工作电视电话会议精神的汇报，研究我省贯彻落实意见；三、听取关于深入推进全省党的基层组织党务公开工作的汇报，研究我省贯彻落实意见；四、听取关于提请命名省级双拥模范城（县）的汇报；五、干部议题。

13日 金道铭同志会见武警部队副司令员薛国强一行。

16日 袁纯清同志赴长治市调研，李政文同志陪同调研。

同日 王君同志主持召开专题会议，研究对口支援茂县灾后恢复重建工作。

同日 湖南省委副书记梅克保同志率领湖南省代表团在我省考察。期间，召开山西—湖南能源合作座谈会，金道铭同志主持座谈会并讲话，任润厚同志介绍相关情况。

16日至17日 全省领导干部包处化解信访积案工作经验交流会在原平市召开，金道铭同志出席并讲话，李政文同志主持会议。

17日至19日 王君、牛仁亮同志赴四川省检查指导对口援建茂县灾后恢复重建工作，看望慰问奋战在一线的援建人员。四川省委书记刘奇葆、省长蒋巨峰会见王君、牛仁亮同志一行。

18日 金道铭同志会见全国“扫黄打非”工作小组专职副组长李长江一行。

同日 全省政法系统主题教育实践活动推进会召开，金道铭同志出席会议并讲话。

18日至20日 袁纯清同志赴临汾市调研，李政文同志陪同调研。

20日 袁纯清同志会见杨善洲同志先进事迹报告团一行，汤涛同志参加会见。

22日 袁纯清、王君、胡苏平、高建民、李政文、汤涛、聂春玉等省领导同省城各界人士一起观看建党90周年名家名曲演唱会。

23日 王君同志会见中国农业银行董事长项俊波一行，出席省政府与中国农业银行推进山西省国家资源型经济转型综改区建设战略合作协议签约仪式，李小鹏同志参加会见并出席签约仪式。

24日 省委办公厅印发《关于在全省党的基层组织实行党务公开的实施意见》。

25日 全省双拥模范城（县）命名暨双拥模范单位和个人表彰大会召开，袁纯清、王君、金道铭、刘云海、张少华、李小鹏、李政文同志出席大会，李小鹏同志主持，金道铭同志讲话。

同日 王君同志会见国家文物局局长单霁翔一行，张平同志参加会见。

26日 袁纯清同志在太原市调研，李政文、陈川平同志陪同调研。

同日 金道铭、刘维佳同志出席全省县域经济汇报会，金道铭同志讲话，刘维佳同志主持。

同日 省委办公厅、省政府办公厅印发《关于开展清理和规范庆典、研讨会、论坛活动工作的实施方案》、《关于开展党政机关公务用车问题专项治理工作的实施方案》。

27日 袁纯清、金道铭、李政文、李兆前等省领导参加太原市迎泽区第四届人民代表大会选举投票。

同日 金道铭、张建欣同志出席全省政法系统领导干部会议，金道铭同志主持会议并讲话。

30日 全省少年儿童庆“六一”红歌传唱活动启动，袁纯清、王君、金道铭、李政文等省领导出席启动仪式。

同日 武警山西总队第三次党代表大会召开，袁纯清、王君、金道铭、李政文、张建欣等省领导接见与会代表。

同日 省委办公厅转发《关于2011—2015年山西省离退休干部工作规划》。

30日至6月1日 袁纯清同志赴武乡县砖壁村下乡住村。王君同志赴榆次区张胡村下乡住村。胡苏平同志赴左权县上武村下乡住村。高建民同志赴原平市东下庄村下乡住村。李政文同志赴襄汾县席村下乡住村。

6 月

1日 金道铭同志出席全省社会管理创新试点工作汇报会并讲话。

2日 省委、省政府召开省属重点企业转型发展座谈会，袁纯清同志出席会议并讲话，王君同志主持会议并讲话，任润厚同志出席会议。

同日 金道铭同志主持召开部分高校思想政治工作座谈会。

同日 省委办公厅、省政府办公厅印发《山西省党政密码工作“十二五”发展规划》。

3日 省委召开常委会：一、传达中央文件；二、听取关于开展加快转变经济发展方式、促进转型跨越发展监督检查工作有关情况的汇报；三、听取关于中纪委、中组部换届风气第三重点督导组对山西省换届风气督导情况反馈的情况汇报；四、干部议题。

7日 金道铭同志会见刘玉美同志先进事迹巡回报告团一行。

8日 袁纯清、汤涛同志会见我省创先争优先进事迹巡回报告团全体成员，金道铭、汤涛同志出席全省创先争优先进事迹巡回报告团首场报告会。

8日至11日 中共中央政治局委员、国务院副总理张德江同志在我省太原、忻州、朔州调研安全生产工作，袁纯清、王君、李政文、陈川平、任润厚同志分别陪同调研。

9日至14日 袁纯清、王君同志率领山西省党政代表团赴浙、沪、苏三省市进行学习考察，李小鹏、高建民、李政文、陈川平、聂春玉同志一同学习考察。代表团先后到杭州、宁波、嘉兴、上海、南京和常州实地考察，与浙、沪、苏三省市分别举行座谈会并在三省市召开了山西省招商推介会。期间，中共中央政治局委员、上海市委书记俞正声会见代表团全体成员并陪同考察，上海市委副书记、市长韩正，浙江省委书记、省人大常委会主任赵洪祝，省委副书记、省长吕祖善，江苏省委书记、省人大常委会主任罗志军，省委副书记、省长李学勇等领导分别参加座谈会或陪同考察。

10日至11日 中共中央政治局常委、国务院副总理李克强同志在山西考察工作，就加快转变经济发展方式和民生工作进行考察调研，并亲切看望慰问革命老区干部群众。袁纯清、王君、金道铭、高建民、李政文、陈川平、任润厚同志分别陪同考察。

11日至13日 李兆前同志赴石楼县薛家垣村下乡住村。

15日 省委召开常委会：一、传达中共中央政治局常委、国务院副总理李克强考察山西重要讲话精神，研究部署我省贯彻落实意见；二、研究提交省委九届十二次全会有关召开省第十次党代表大会的文件；三、审议全省先进基层党组织、优秀共产党员和优秀党务工作者名单；四、审议受北京战区国动委表彰的我省国防建设先进单位和个人名单。

同日 省委办公厅印发《贯彻落实〈2010—2020年党外代表人士教育培训改革和发展纲要〉的实施意见》。

同日 省委办公厅、省政府办公厅印发《关于加快发展“一村一品”、“一县一业”的实施意见》。

16日 中共山西省委九届十二次全体会议在太原召开，全会由省委常委会主持。会议审议通过了关于召开省第十次党代表大会的决议，讨论了关于第十次党代表大会代表名额及构成比例、产生办法、分配原则,讨论了关于第十届省委、省纪委人事安排方案。袁纯清同志作重要讲话，汤涛同志就决议（草案）作了说明。

同日 袁纯清、王君、薛延忠、金道铭、李小鹏、李政文、汤涛、陈川平等省领导出席“夕阳辉映党旗红”演唱会。

同日 袁纯清、王君同志会见海关总署署长于广洲同志一行，出席省署合作备忘录签约仪式，高建民同志参加会见并主持签约仪式，李政文同志参加会见并出席签约仪式。

同日 袁纯清、王君、金道铭、李小鹏、胡苏平、高建民、李政文、汤涛、聂春玉等省领导分别出席省委机关、省政府机关党员重温入党誓词活动。

同日 袁纯清、王君同志会见全国政协副主席张梅颖同志一行。薛延忠、李政文、牛仁亮、郭良孝同志参加会见。

同日 袁纯清、王君、薛延忠、金道铭、李小鹏、胡苏平、李政文、汤涛、聂春玉等省领导出席省直机关歌咏活动汇报演出和颁奖仪式。

17日 省委向党中央报送《关于召开中国共产党山西省第十次代表大会的请示》。

同日 省委办公厅印发《关于成立山西省第十次党代表大会筹备工作机构的通知》。

20日 我省举行纪念建党90周年群众歌咏演唱会，袁纯清、薛延忠、金道铭、李小鹏、胡苏平、李政文、汤涛、李兆前、聂春玉等四大班子负责同志出席演唱会。

20日至22日 汤涛同志赴武乡县行道岭村下乡住村。

20日至29日 王君同志率山西省资源型经济转型考察团赴意大利、法国、荷兰进行访问。

21日至23日 袁纯清同志赴忻州市调研，李政文同志陪同调研。

22日至23日 金道铭同志赴静乐县赤泥洼乡下乡住村。

24日 省委中心组举行专题学习报告会，邀请中央党史研究室副主任李忠杰同志作题为“从党的历史中汲取营养和智慧”的专题辅导报告，袁纯清同志主持报告会并讲话。

27日 省委在中共太原支部旧址举办中共山西历史大型图片展，袁纯清同志为展览揭幕，薛延忠、胡苏平、高建民、汤涛、陈川平、刘云海同志出席开展仪式，金道铭同志主持。

同日 省委办公厅转发《2011—2015年山西党史工作规划》。

27日至30日 省委、省政府领导同志分别看望慰问老党员和生活困难党员。

29日 袁纯清同志观看“纪念建党90周年——山西省反腐倡廉成果展”，金道铭、李政文、汤涛、李兆前同志一同观看。

30日 山西省纪念建党90周年暨创先争优表彰大会召开，袁纯清同志作重要讲话，王君同志主持，金道铭同志宣读表彰决定，省委、省人大、省政府、省政协、省军区党员负责同志，省法、检两长、武警山西总队负责同志和省级老同志出席大会。

同日 山西省举办纪念中国共产党成立90周年电影晚会，省委、省人大、省政府、省政协负责同志以及省级老同志和驻太原部队负责同志观看电影《建党伟业》。

同日 王君、李小鹏、高建民、牛仁亮、张平、刘维佳、张建欣、任润厚同志观看“纪念建党90周年——山西省反腐倡廉成果展”。

同日 省委召开常委会：一、听取关于全国民主党派换届工作座谈会和工商联换届工作会议精神汇报，研究我省贯彻落实意见；二、干部议题。

7 月

1日 省委下发《关于认真学习贯彻胡锦涛总书记在庆祝中国共产党成立90周年大会上重要讲话精神的通知》。

2日 袁纯清同志赴长治市武乡县砖壁村下乡住村。

4日至6日 陈川平同志赴阳曲县北家庄村下乡住村。

5日 金道铭同志会见交通运输部副部长冯正霖一行。

同日 省委办公厅转发《关于工商联（民间商会）换届工作的实施意见》。

5日至6日 李小鹏同志赴左权县柏峪村下乡住村。

6日 王君同志会见澳大利亚驻华大使芮捷锐一行。

8日 袁纯清同志会见铁道部党组书记、部长盛光祖一行，李小鹏同志参加会见。

8日至9日 袁纯清、金道铭、李小鹏、胡苏平、李兆前、陈川平、聂春玉、牛仁亮同志在山西分会场出席中央水利工作会议第一次全体会议，王君、刘维佳同志在北京主会场参加会议。

11日至12日 袁纯清同志赴晋中市调研。

14日 金道铭同志会见澳门特区终审法院院长岑浩辉率领的澳门特区法院代表团一行。

15日 省委召开常委会：一、传达中央水利工作会议精神，研究部署我省贯彻落实意见；二、听取全省加强和创新社会管理工作进展情况的汇报；三、传达全国省区市党委换届工作座谈会议精神，研究部署我省贯彻落实意见。

同日 省委中心组举行学习报告会，邀请国家人口和计划生育委员会党组书记、主任李斌同志作“全面做好人口工作，促进人口长期均衡发展”的辅导报告。袁纯清同志主持并讲话。

同日 省党建研究会第三次会员代表大会召开，袁纯清同志接见与会代表并讲话，汤涛同志出席会议。

17日 纪念中国共产党成立90周年太行精神研讨会在长治市召开，袁纯清同志出席研讨会并致辞，中央党校常务副校长李景田，中央党史研究室主任欧阳淞，中国社科院常务副院长王伟光，金道铭同志，国防大学原校长裴怀亮上将，省级老同志李立功出席研讨会或发言，胡苏平同志主持会议。

同日 晋浙两省交流合作座谈会在太原召开，王君同志看望浙江省代表团一行，李小鹏同志出席座谈会并讲话。

同日 中央党校常务副校长李景田在长治市委党校调研，金道铭同志陪同调研。

19日 省委召开常委会：一、听取省政府关于上半年全省经济形势的汇报，研究部署下半年经济工作；二、听取关于省区市纪委换届工作座谈会会议精神的汇报。

同日 省委、省政府、省军区印发《关于加快推进县（市、区）人武部和预备役团基础设施建设的意见》。

20日 袁纯清同志会见武警部队政委许耀元一行，金道铭、张建欣、仲轩、刘建华参加会见。

21日 袁纯清同志会见日本驻华大使丹羽宇一郎一行，高建民同志参加会见。

22日 省委召开常委会：一、听取省政府关于转型综改试验区先行先试工作推进情况的汇报，研究审定《山西省国家资源型经济转型综合配套改革试验总体方案》；二、干部议题。

同日 省委办公厅、省政府办公厅印发《关于全省上半年经济形势和下半年经济工作的意见》。

26日 省委办公厅转发《关于协助各民主党派做好省级组织换届工作的意见》。

27日至28日 省委、省政府举办全省领导干部加强和创新社会管理专题研讨班，在太原的省四大班子负责同志出席。

28日 袁纯清同志会见全国政协调研组一行，薛延忠、李兆前、聂春玉同志参加会见。

同日 省委召开全省领导干部大会，袁纯清同志讲话，王君同志总结上半年经济工作，部署下半年经济工作，金道铭同志主持会议，省委常委出席会议。

29日 袁纯清、王君、金道铭、李小鹏同志分别带队慰问驻晋部队指战员、武警官兵和民兵预备役人员，代表省委、省政府和全省人民向驻晋官兵致以节日祝贺。

同日 省城举行八一电影晚会，庆祝中国人民解放军建军84周年，薛延忠、金道铭等省领导出席晚会。

同日 全省人民防空会议召开，袁纯清同志出席会议，王君同志出席会议并讲话，高建民同志做工作报告，李政文，刘云海同志出席会议，张少华同志主持会议。

8 月

1日 全省党管武装工作述职会议暨军民联合综合防卫体系建设研究性演练活动在吕梁举行，北京军区司令员房峰辉，袁纯清同志出席演练活动并讲话，王君同志主持党管武装工作述职会议并讲话，薛延忠、金道铭、刘云海、张少华、李小鹏、李政文、陈川平、申联彬等省领导出席会议和演练活动。

2日 省委召开常委会，通报省委、省纪委换届人选考察对象名单。

3日 袁纯清同志会见第四届“我最喜爱的人民警察”先进事迹巡回报告团一行，金道铭、李政文、张建欣同志参加会见。

同日 袁纯清、李政文、汤涛同志与全省乡镇党委书记培训班学员代表进行座谈，袁纯清同志讲话，汤涛同志主持座谈会。

同日 王君、李小鹏、高建民、陈川平同志到中博会场馆建设工地检查指导工作。

5日 袁纯清同志出席全省新任县（市、区）委书记和县（市、区）长培训班开班仪式并讲话，汤涛同志主持，李兆前同志出席开班仪式并作“关于加强党风廉政建设”的辅导报告。

同日 王君同志会见台湾富士康集团董事长郭台铭、保利协鑫集团董事长朱共山一行，李小鹏同志参加会见。

7日 袁纯清同志看望全国政协副主席阿不来提·阿不都热西提一行，薛延忠、李政文同志一同看望。

8日 金道铭、刘维佳同志听取省直有关部门贯彻落实全省县域经济工作会议精神和《关于进一步加快县域经济发展的若干意见》的情况汇报。

8日至10日 袁纯清同志赴大同市调研。

10日 省委办公厅转发《关于加强领导干部反腐倡廉教育的实施意见》。

11日 王君同志会见中国联通集团有限公司董事长常小兵一行。

12日至16日 中共中央政治局常委、中央纪委书记贺国强同志赴我省晋中、长治、忻州、太原等地考察，并在考察期间听取了省委、省政府和省纪委的工作汇报，看望了省纪委监察厅的机关干部。袁纯清、王君、李政文、李兆前同志陪同考察。

15日 全国部分省（区、市）巡视工作座谈会在太原召开，中共中央政治局常委、中央纪委书记、中央巡视工作领导小组组长贺国强同志出席会议并作重要讲话，袁纯清同志致辞。中央纪委副书记张惠新，中央纪委副书记、中央巡视工作领导小组成员干以胜，王君同志，中央纪委常委、中央组织部副部长、中央巡视工作领导小组成员张纪南，中央巡视工作领导小组办公室主任王铁，中央纪委秘书长崔少鹏，汤涛、李兆前同志出席会议。

16日 王君同志会见美国中华总商会主席陈清泉一行，高建民同志参加会见。

17日 袁纯清同志会见世界华商联合促进会会长许荣茂率领的香港商界高层投资考察团，高建民同志参加会见。

18日 省委召开为民服务创先争优会议，袁纯清同志出席会议并讲话，汤涛同志出席会议。

同日 我省与人力资源和社会保障部《共同推进山西省国家资源型经济转型综合配套改革试验区人力资源和社会保障事业发展与改革备忘录》签约仪式在太原举行，中组部副部长、人力资源和社会保障部部长尹蔚民，袁纯清、王君同志，人力资源和社会保障部副部长孙宝树，李政文同志出席签约仪式，牛仁亮同志主持签约仪式。

19日 省委召开常委会，传达贺国强同志考察山西重要讲话精神，研究我省贯彻落实意见。

同日 省委中心组举行学习报告会，邀请中央党校研究生院院长卓泽渊作“推进依法行政和弘扬社会主义法治精神”的辅导报告，袁纯清同志主持并讲话。

同日 省委、省政府召开全省依法治省暨第六个五年法制宣传教育工作会议，袁纯清同志出席会议并颁奖，王君同志讲话，金道铭同志主持会议，胡苏平同志传达第七次全国法制宣传教育工作会议精神，李政文同志宣读表彰通报，张建欣同志作工作报告。

21日 山西省和浙江省经济社会发展交流座谈会在太原召开，袁纯清同志主持并讲话；王君同志，浙江省委副书记、省长吕祖善讲话，李小鹏、高建民、李政文同志以及浙江省代表团成员出席座谈会。

同日 省委、省政府转发《关于在全省开展法制宣传教育的第六个五年规划（2011—2015年）》。

22日 金道铭同志会见中国老促会会长、北京军区原副司令员邱金凯率领的中国老促会考察调研组一行。

同日 省委办公厅、省政府办公厅印发《关于贯彻落实〈评比达标表彰活动管理办法（试行）〉的实施细则》。

23日 省公安厅和省武警总队联合举行处突维稳汇报演练，袁纯清同志出席并为武警总队应急救援队授旗，金道铭同志讲话，张少华、李小鹏、李政文等省领导观摩演练。

23日至25日 袁纯清同志率团赴新疆考察我省对口援疆工作，慰问援疆工作人员，新疆自治区党委书记张春贤、自治区主席努尔·白克力等领导参加会见、座谈或陪同考察，李政文、牛仁亮同志一同考察。

26日 袁纯清同志出席太原市第十次党代表大会并作重要讲话。

27日 王君同志出席晋中市第三次党代表大会并讲话。

同日 省委向党中央上报《关于我省贯彻落实中央决策部署加强和创新社会管理的报告》。

29日 省委召开常委会：一、讨论山西省第十次党代表大会报告稿；二、听取第六届中博会和中部论坛太原会议筹备情况的汇报；三、讨论省十届全委会委员推荐办法；四、听取省纪委关于干部处理情况的报告。

同日 袁纯清同志会见越南富寿省省委书记阮尹庆一行，高建民同志参加会见。

31日 王君同志出席全省造林绿化现场会并讲话。

同日 聂春玉同志赴中阳县南大井村下乡住村。

9 月

1日 省委召开常委会：一、干部议题；二、听取省纪委换届人事安排建议方案的汇报。

同日 王君同志会见国务院台湾事务办公室常务副主任郑立中一行。

同日 金道铭同志主持召开团省委干部座谈会，听取工作汇报。

同日 省委向省政府党组下发《关于提名郭迎光、刘维佳同志职务任免的通知》。

4日至6日 袁纯清同志赴晋城市调研，李政文同志陪同调研。

5日 胡苏平同志出席在台湾高雄举办的台湾——山西2011新闻交流精英论坛。

5日至9日 全国政协副主席、民建中央第一副主席张榕明一行在我省调研。袁纯清、李政文、聂春玉、郭良孝、王宁同志分别看望或陪同调研。

6日至7日 四川省党政代表团在我省参观考察，考察期间，举行了山西——四川经济社会发展情况交流座谈会，考察团由四川省委书记、省人大常委会主任刘奇葆带队，袁纯清、王君、薛延忠、李小鹏、李政文、陈川平、牛仁亮同志分别陪同考察或出席座谈会。

8日 袁纯清同志在太原理工大学看望慰问教师代表并召开调研座谈会，李政文同志主持座谈会，陈川平、张平同志陪同慰问。

同日 袁纯清、金道铭、李政文、李兆前、聂春玉同志参观"全国窃密泄密案例警示教育展"。

同日 省委办公厅下发《关于对省第十次党代表大会报告（征求意见稿）征求意见的通知》。

9日 省委召开常委会：一、听取关于全国构建和谐劳动关系先进表彰暨经验交流会和全国深化创新厂务公开民主管理工作会议有关情况的汇报；二、干部议题。

同日 王君同志在中北大学调研，张平同志陪同调研。

同日 王君、李小鹏、高建民、张建欣同志参观"全国窃密泄密案例警示教育展"。

同日 金道铭同志出席庆祝2011年教师节暨表彰大会并讲话，张平同志出席会议。

9日至11日 九三学社全国社务工作会议在太原召开，全国人大常委会副委员长韩启德出席会议并讲话，袁纯清、王君、李政文、陈川平等省领导看望韩启德副委员长。

13日至17日 袁纯清、王君同志率省观摩检查组赴忻州、朔州、大同、阳泉市就重点工作和项目推进情况进行观摩检查，在各市召开汇报点评会，听取各市汇报并进行点评。薛延忠、金道铭、李小鹏、李政文、陈川平、牛仁亮同志参加观摩和点评会。

16日 袁纯清、王君、薛延忠、李小鹏、李政文、陈川平同志出席引黄入晋北干线工程通水仪式，袁纯清同志宣布北干线正式通水，王君同志致辞，水利部副部长李国英讲话，李小鹏同志主持仪式。

18日 省委召开常委会：一、研究关于省委、省纪委换届人事安排问题的请示；二、听取省第十次党代表大会筹备工作相关事宜的汇报。

19日 袁纯清同志会见哈萨克斯坦前总理谢尔盖·亚历山大维奇·捷列先科一行，高建民、李政文同志参加会见。

同日 省委召开巡视工作会议，听取省委巡视组工作汇报，袁纯清同志出席会议并讲话，李政文、汤涛、李兆前同志出席会议。

同日 2011平遥国际摄影大展开幕，胡苏平同志出席并致辞。

同日 省委办公厅、省政府办公厅印发《关于做好2011年军队转业干部安置工作的通知》。

21日 袁纯清同志会见民政部部长李立国一行，李政文同志参加会见。

同日 袁纯清、李小鹏、李政文、陈川平同志考察中博会场馆和长风商务区。

22日 金道铭同志出席第七届山西省农民运动会开幕式。

23日 省委办公厅、省政府办公厅转发《2011—2015年山西禁毒宣传教育工作规划》。

23日至25日 中共中央政治局委员、国务院副总理王岐山同志在我省大同、朔州、忻州、太原考察。对古城和文物保护工程、旅游景区、装备制造企业、中博会场馆进行实地察看，听取工作汇报。袁纯清、王君、李政文、牛仁亮同志先后陪同考察。

25日 中共中央政治局委员、国务院副总理王岐山，全国人大常委会原副委员长成思危，全国政协原副主席杨汝岱，毛里求斯总统阿内罗德·贾格纳特及夫人，袁纯清、王君同志和中部六省领导以及相关国家部委负责同志一同观看《喝彩中部》文艺晚会，王君同志致辞。

同日 袁纯清同志会见毛里求斯总统阿内罗德·贾格纳特及夫人，金道铭、李政文同志参加会见。

同日 王君同志会见毛里求斯总统阿内罗德·贾格纳特及夫人，李小鹏同志参加会见。

同日 中部论坛太原会议在太原举行，论坛以"深化全面合作，加快转型跨越，促进中部崛起"为主题。袁纯清同志主持会议、致辞并作总结讲话，王君同志，安徽省委书记张宝顺、省长王三运，江西省委书记苏荣、代省长鹿心社，河南省省长郭庚茂，河南省委副书记、省政协主席叶冬松，湖北省省长王国生，湖南省委书记周强，李政文同志，国务院发展研究中心主任李伟，工业和信息化部副部长刘利华，交通运输部党组副书记、副部长翁孟勇，财政部党组成员、部长助理刘红薇，铁道部党组成员、全国铁路总工会主席何玉华，水利部总工程师汪洪，国务院国资委副主任邵宁，国家安监总局副局长赵铁锤，国家能源局副局长吴吟，国家促进中部地区崛起工作办公室副主任，国家发改委地区司司长范恒山等有关负责同志出席论坛。

26日 第六届中国中部投资贸易博览会开幕，中共中央政治局委员、国务院副总理王岐山，全国人大常委会原副委员长成思危，全国政协原副主席杨汝岱，毛里求斯总统阿内罗德·贾格纳特及夫人，中国国民党副主席蒋孝严以及中部六省领导和相关国家部委负责同志等出席开幕式。王岐山同志宣布开幕，袁纯清同志、商务部国际贸易谈判代表兼副部长高虎城致辞，王君同志主持开幕式。约1.5万名境内外知名人士、企业家和专家学者，兄弟省市领导和企业代表出席开幕式。

同日 第六届中国中部投资贸易博览会高峰论坛举行，中共中央政治局委员、国务院副总理王岐山同志出席论坛并发表主旨演讲。全国政协副主席、全国工商联主席黄孟复，袁纯清、王君同志和安徽省、江西省、河南省、湖北省、湖南省省领导、有关国家部委负责人出席论坛，商务部国际贸易谈判副代表崇泉主持论坛。

27日 袁纯清同志会见中央加快转变经济发展方式检查组一行，李政文、牛仁亮同志参加会见。

28日 全国加强和创新社会管理工作电视电话会议召开，袁纯清、王君、金道铭等省领导在山西分会场出席会议。

同日 省委召开常委会：一、听取省检察院关于贯彻中办发37号文件精神，进一步加强我省惩治和预防渎职侵权违法犯罪工作的汇报；二、听取省纪委有关干部处理情况的汇报；三、干部议题。

同日 省委办公厅、省政府办公厅印发《山西省省级党政机关公务用车编制核定办法》、《山西省党政机关公务用车配备使用管理实施办法》。

29日 省城举办庆祝新中国成立62周年电影晚会，袁纯清、薛延忠、金道铭等省四大班子负责同志、部分省级老同志一同观看电影《辛亥革命》。

10 月

8日 省城各界人士举行座谈会，纪念辛亥革命100周年，薛延忠同志主持座谈会，金道铭同志出席座谈会并讲话，聂春玉同志出席座谈会。

8日至10日 袁纯清、王君同志率省观摩检查组赴吕梁、晋中、太原市就重点工程和民生项目推进情况进行观摩检查，在各市召开汇报点评会，听取各市汇报并进行点评。薛延忠、金道铭、李小鹏、高建民、李政文、陈川平、牛仁亮同志参加观摩检查和点评会。

12日 李政文同志出席彭真故居修缮工程奠基仪式并讲话。

14日 省委召开常委会：一、研究讨论省第十次党代表大会议程、日程（草案）和大会秘书处机构设置；二、研究讨论省第十次党代表大会报告；三、研究讨论省纪委向省第十次党代表大会的工作报告；四、听取关于全国惩治和预防腐败体系建设工作会议精神的汇报，研究我省贯彻落实意见；五、听取关于全国老干部工作先进集体和先进工作者表彰大会精神及全国离退休干部工作情况的汇报；六、干部议题。

同日 王君同志会见中央编办副主任张崇和、教育部副部长李卫红率领的教育规划纲要落实检查组一行，张平同志参加会见。

15日至18日 袁纯清、王君、薛延忠、汤涛、陈川平同志在京参加中国共产党第十七届中央委员会第六次全体会议。

17日 省委印发《关于贯彻中国共产党党和国家机关基层组织工作条例的实施意见》。

19日 省委召开常委会：一、听取关于全国加强和创新社会管理工作电视电话会议精神汇报，研究讨论我省《实施意见》（送审稿）；二、听取省第十次党代表大会代表人事工作组关于省第十次党代表大会选举工作和代表资格初步审查的情况汇报。

同日 全省党委政法委书记会议召开，金道铭同志出席会议并讲话。

20日 第二届中国（山西）特色农产品交易博览会在太原开幕，袁纯清、王君、金道铭、李政文、郭迎光等省领导出席开幕式，郭迎光同志致辞。

同日 王君同志会见参加第二届中国（山西）特色农产品交易博览会的企业负责人和客商代表，郭迎光同志参加会见。

同日 省第十次党代表大会秘书处召开全体工作人员大会，金道铭同志出席并讲话，李政文同志主持会议，汤涛同志出席会议。

同日 全省宣传思想文化系统召开会议，胡苏平同志主持会议并讲话。

21日 省委中心组举行“百名法学家百场报告会”山西专场，邀请清华大学法学院院长王振民教授作题为“转型跨越发展的法治保障”的宣讲报告，袁纯清同志主持报告会。报告会前，袁纯清、金道铭、胡苏平、李政文同志会见中央“双百”活动报告团一行。

同日 王君同志参观第二届中国（山西）特色农产品交易博览会农机展区。

22日 高建民同志出席全省保障性安居工程协调会。

同日 汤涛同志出席全省非公经济组织党建工作联系会议。

24日 中共山西省委九届十三次全体会议召开，全会由省委常委会主持，会议讨论通过了袁纯清同志代表九届省委向省第十次党代表大会所作的报告和省纪委工作报告，酝酿了十届省委委员、候补委员和省纪委委员候选人预备人选名单。袁纯清同志作重要讲话，李政文、汤涛同志分别就有关情况作说明。

同日 中共山西省第九届纪律检查委员会第七次全体会议召开。会议审议通过了省纪委向省第十次党代表大会提交的工作报告，李兆前同志主持会议并讲话。

26日 省委办公厅、省政府办公厅印发《关于进一步完善年度目标责任考核办法的意见》。

26日至31日 中国共产党山西省第十次代表大会召开。袁纯清同志代表九届省委向大会作题为《率先走出资源型地区转型跨越发展新路，为加快实现全面建设小康社会目标努力奋斗》的报告，会议审议通过了《关于九届省委报告的决议》和《关于省纪委工作报告的决议》，选举产生中国共产党山西省第十届委员会，选举产生中国共产党山西省第十届纪律检查委员会。

30日 省委办公厅、省政府办公厅印发《关于认真做好第九届村民委员会换届选举工作的意见》。

11 月

1日 中共山西省委十届一次全会召开。会议选举了十届省委常委和书记、副书记，批准省十届纪律检查委员会第一次全体会议选举产生的书记、副书记和常委人选。袁纯清当选为省委书记，王君、金道铭当选为省委副书记，李小鹏、胡苏平、高建民、汤涛、李兆前、陈川平、张少华、王建明、聂春玉、杜善学当选为省委常委。袁纯清同志主持会议并作重要讲话。

同日 中共山西省第十届纪律检查委员会第一次全会召开。会议选举产生了新一届省纪委常务委员、书记、副书记，并经省委十届一次全会通过，李兆前同志当选省纪委书记。会议通过了省纪委十届一次全会决议。李兆前同志主持会议并作重要讲话。

同日 省委召开第九届村民委员会换届选举工作电视电话会议，袁纯清同志出席会议并讲话，李小鹏同志主持会议，汤涛同志做工作部署，陈川平、杜善学等省领导出席会议。

同日 王君同志会见百度公司董事长李彦宏一行，牛仁亮同志参加会见。

同日 省委向党中央上报《关于中国共产党山西省第十次代表大会和省委、省纪委一次全会选举结果的报告》。

2日 袁纯清同志赴武乡县砖壁村下乡住村。

同日 王君同志会见韩国驻华大使李揆亨一行，高建民同志参加会见。

同日 省委办公厅、省政府办公厅印发《关于推进社会管理创新综合试点工作的指导意见》。

4日 中央宣讲团在太原举行报告会，宣讲党的十七届六中全会精神，中央宣讲团成员、文化部副部长杨志今作专题报告，袁纯清同志主持并讲话，省四大班子领导同志及法、检两长出席会议。

5日 省委印发《关于认真学习宣传贯彻省第十次党代表大会精神的通知》。

同日 省委向党中央上报《关于召开中共山西省第十次代表大会的情况报告》。

6日 纪念徐向前元帅诞辰110周年书画展在太原举办，薛延忠、张少华、聂春玉同志出席开展仪式，薛延忠同志讲话。

7日 省委召开党建工作领导小组会议，袁纯清同志主持会议并讲话，金道铭、汤涛、李政文、李兆前同志出席会议。

同日 王君同志会见三一集团有限公司董事长梁稳根一行，陈川平同志参加会见。

同日 省委办公厅、省政府办公厅转发《贯彻落实<关于加大惩治和预防渎职侵权违法犯罪工作力度的若干意见>的实施意见》。

8日 省委向中央纪委、中央组织部上报《关于2011年度民主生活会情况报告》。

8日至12日 袁纯清、王君同志率省观摩检查组赴长治、晋城、临汾、运城市就重点工程和民生项目推进情况进行观摩检查，在各市召开汇报点评会，听取各市汇报并进行点评。薛延忠、金道铭、李小鹏、高建民、陈川平、杜善学、李政文、牛仁亮同志参加观摩和点评会。

9日至14日 中央督查组对我省司法改革决策部署落实情况进行督查，金道铭、王建明同志出席督查反馈会。

12日 全省观摩检查总结座谈会在运城召开，袁纯清同志主持会议并讲话，王君同志讲话，薛延忠、金道铭、高建民、陈川平、杜善学、李政文、牛仁亮同志出席会议。

14日 王君同志会见亚美尼亚洛里州代表团一行并出席签约仪式，高建民同志出席签约仪式并参加会见。

同日 全省文化体制改革检查验收汇报会召开，胡苏平同志听取汇报并讲话。

15日 省委召开常委会：一、听取关于抵御境外利用宗教对高校进行渗透和防范校园传教工作会议精神的汇报，研究我省贯彻意见；二、听取关于评选推荐上报“国防动员建设2011年度人物”的情况汇报；三、听取关于省委应急指挥中心暨公共设施配套服务项目建设的情况汇报；四、研究讨论《中共山西省委关于选举出席党的十八大代表的工作方案》；五、干部议题。

同日 王君同志会见交通银行行长牛锡明一行，李小鹏同志参加会见。

16日 金道铭、胡苏平同志出席徐向前元帅诞辰110周年暨徐向前元帅纪念馆揭牌仪式，金道铭同志讲话，胡苏平同志主持仪式。

17日 省委政法委举行全体干部大会，金道铭同志主持会议并讲话，汤涛、王建明同志出席会议。

17日至18日 袁纯清、王君同志率山西省党政代表团赴北京市学习考察。中共中央政治局委员、北京市委书记刘淇，市委副书记、市长郭金龙，市人大常委会主任杜德印，市委副书记、政协主席王安顺等市领导陪同考察并出席座谈会。李小鹏、高建民、陈川平、杜善学、李政文、牛仁亮、郭迎光同志一同考察。

20日 王君同志会见中国铝业公司党组书记、总经理熊维平一行，李小鹏、郭迎光同志参加会见。

21日 王君、薛延忠、金道铭、陈川平、申联彬、张建欣同志出席山西大医院开业仪式，王君同志宣布山西大医院开业，张建欣同志主持。仪式结束后，王君、金道铭、张建欣同志在山西大医院调研。

22日 省委全委（扩大）会议召开，通报中组部考察组来我省推荐考察省政协一名党员副主席、省检察院检察长有关事宜，袁纯清同志主持会议。

同日 省委办公厅、省政府办公厅印发《关于开展扩权强县试点工作的意见》。

23日 袁纯清同志参加太原市委常委民主生活会，陈川平同志主持会议。

同日 全省领导干部安全生产培训班举行开班仪式，王君同志出席开班仪式并讲话，李小鹏同志主持开班仪式。

同日 全省构建和谐劳动关系深化创新厂务公开民主管理先进表彰暨经验交流会召开，金道铭、高建民同志出席会议，金道铭同志讲话。

同日 省委办公厅印发《关于认真学习宣传贯彻党的十七届六中全会精神的通知》。

24日 袁纯清、汤涛同志与公选副厅级领导干部和部分国有企业负责人进行座谈，袁纯清同志讲话，汤涛同志主持座谈会。

同日 袁纯清、汤涛同志与从省直机关遴选担任市委常委或副市长的8名同志座谈，袁纯清同志讲话，汤涛同志主持座谈会。

同日 王君同志会见中国电力国际有限责任公司党组书记、董事长李小琳一行，杜善学同志参加会见。

25日 第六届中部投资贸易博览会颁奖盛典在太原举行，袁纯清、王君、金道铭、李小鹏、高建民、陈川平、张建欣同志出席。

同日 袁纯清同志参加省经信委党组民主生活会。

同日 王君同志赴晋中市左权县石匣乡竹宁村下乡住村。

同日 省对口支援四川省茂县灾后恢复重建工作领导组召开会议，薛延忠同志主持会议并讲话，牛仁亮同志和领导组成员单位负责同志出席会议。

同日 省青年联合会十届二次常委（扩大）会议召开，金道铭同志出席会议并讲话。

28日 金道铭同志主持召开全省高校党建工作座谈会。

29日至30日 中央扶贫开发工作会议在北京召开，袁纯清、郭迎光同志在北京出席会议。29日上午第一次全体会议以电视电话会议形式召开，王君、金道铭、李小鹏、胡苏平、高建民、陈川平、张少华、王建明、杜善学、牛仁亮、张平、左世忠、刘建华同志在我省分会场出席会议。

30日 王君同志出席省民政厅党组民主生活会。

12 月

1日 金道铭同志主持召开部分国有企业党建工作座谈会。

同日 省委、省政府印发《关于加强和创新社会管理的实施意见》。

2日 省委中心组举行学习报告会，邀请中国社科院党组副书记、副院长王伟光作“世界金融危机与马克思主义、社会主义的历史命运”专题报告，袁纯清同志主持并讲话。

同日 王君同志出席晋中市委常委民主生活会。

4日 省工业经济联合会第三次会员代表大会在太原召开，王君同志发贺信，薛延忠、靳善忠、郭迎光等同志出席会议并讲话。

5日 省委召开常委会，听取中央扶贫开发工作会议精神汇报，研究我省贯彻落实意见。

同日 省委召开常委会：一、听取关于推荐全国双拥模范城（县）、爱国拥军模范单位和个人情况的汇报；二、干部议题。

7日 袁纯清同志与遴选县（市、区）长进行座谈，汤涛同志主持座谈会。

同日 金道铭同志主持召开非公经济组织党建工作座谈会。

8日 袁纯清同志会见中央信访工作督导组一行，李政文同志参加会见。

9日 袁纯清同志与部分县委书记进行谈心，汤涛同志主持谈心会。

同日 省委办公厅、省政府办公厅转发《关于做好抵御境外利用宗教对高校进行渗透和防范校园传教工作的实施意见》。

同日 省委办公厅、省政府办公厅印发《介休市义安经济发达镇行政管理体制改革试点工作方案》。

同日 省委办公厅、省政府办公厅印发《山西省省直机关直属企业脱钩改革实施方案》。

12日 金道铭同志主持召开省委农村工作领导组会议并讲话，郭迎光同志出席会议并讲话。

13日 金道铭、聂春玉、郭迎光同志出席全省抵御境外利用宗教对高校进行渗透和防范校园传教工作会议，金道铭同志讲话，聂春玉同志主持会议。

同日 金道铭同志参加省司法厅党委民主生活会并出席“法治山西网”开通仪式。

15日 省委召开常委会，传达中央经济工作会议精神，研究我省贯彻落实意见。

16日 省委召开常委会：一、研究讨论我省《关于贯彻落实十七届六中全会〈决定〉，加快建设文化强省的实施意见》（讨论稿）；二、传达全国党委秘书长会议精神，研究部署我省贯彻落实意见；三、听取省纪委关于“暖心煤”供应监督检查等有关情况的汇报；四、干部议题。

18日　王君同志会见台湾富士康集团董事长郭台铭一行。

19日　省委召开惩治和预防腐败体系建设领导组会议，传达全国惩治和预防腐败体系建设工作会议精神，研究当前和今后一个时期惩治和预防腐败工作，对加快构建具有山西特色的惩防体系作出部署。袁纯清同志主持会议并讲话，王君、李兆前、左世忠同志出席会议。

20日　省委召开常委会：一、听取关于2011年经济社会发展计划指标完成情况和2012年计划指标安排建议的汇报；二、传达中国文联第九次全国代表大会及中国作家协会第八次全国代表大会精神，研究我省贯彻落实意见；三、传达全国组织部长会议精神，研究我省贯彻落实意见；四、传达全国领导干部接待群众来访工作经验交流现场会精神和中央信访工作督导组反馈意见，研究我省贯彻落实意见。

同日　全省党委秘书长会议在太原召开，袁纯清同志接见会议代表并作重要讲话，李政文同志出席会议并讲话。

21日　全国政法工作电视电话会议在北京召开，袁纯清、李政文同志在运城分会场出席会议，王君、金道铭、张建欣同志在省分会场出席会议，王建明同志在北京主会场出席会议。

同日　袁纯清同志赴运城市调研，李政文同志陪同调研。

23日　省委、省政府召开对口支援四川省茂县灾后恢复重建工作总结表彰大会，袁纯清、王君、薛延忠、申联彬、李政文、牛仁亮、令政策同志出席会议，薛延忠同志讲话，牛仁亮同志主持会议。

同日　省委办公厅印发《关于落实省第十次党代表大会报告的责任分解意见》。

24日　袁纯清同志在北京会见国有商业银行负责人，与中国建设银行董事长王洪章、中国工商银行行长杨凯生、中国农业银行行长张云、中国银行行长李礼辉、交通银行董事长胡怀邦、国家开发银行副行长李吉平等进行友好会商，李小鹏、李政文同志参加会见。

26日至27日　中共山西省委十届二次全体会议暨全省经济工作会议在太原召开，会议由省委常委会主持。会议全面贯彻落实党的十七届六中全会精神和中央经济工作会议精神，听取和讨论了省委常委会工作报告，审议通过了我省《关于贯彻落实十七届六中全会〈决定〉，加快建设文化强省的实施意见》。袁纯清、王君同志出席会议并分别作重要讲话，胡苏平同志就《实施意见》作说明，金道铭、薛延忠、李小鹏、高建民、汤涛、李兆前、陈川平、张少华、王建明、聂春玉、杜善学、申联彬等省领导出席会议。

28日　山西文化强省建设大会在太原举行，会议以电视电话会议形式召开，省四大班子领导在主会场出席会议，袁纯清、王君同志出席会议并讲话，胡苏平同志主持会议。

同日　全省人口和计划生育工作会议在太原召开，袁纯清、王君、薛延忠、金道铭、陈川平、杜善学等省领导出席会议，李政文同志主持会议，张建欣同志做工作报告。

同日　全省金融工作座谈会在太原召开，王君同志出席座谈会并讲话，李小鹏同志出席会议。

同日　省委召开常委会：一、省委常委对部分市委书记、市长人选进行票决；二、干部议题。

29日　袁纯清同志赴阳煤集团、平定县调研，李政文同志陪同调研。

同日　袁纯清同志会见最高人民检察院常务副检察长胡泽君一行，王建明、张建欣同志参加会见。

同日　省委办公厅、省政府办公厅转发《山西省保密工作“十二五”发展规划》。

30日　省城军民迎新年戏曲交响音乐会在太原举行，省四大班子领导和法检两长、驻晋部队代表、省级老同志一同观看演出。

同日　袁纯清、王君、薛延忠、李小鹏、李政文、安焕晓、牛仁亮同志出席忻州——保德高速公路通车仪式，李小鹏同志主持通车仪式，牛仁亮同志致辞。

31日　省委召开常委会：一、传达中央农村工作会议精神，研究我省贯彻落实意见；二、传达全国统战部长会议精神，研究我省贯彻落实意见；三、传达全国政法工作会议精神，研究我省贯彻落实意见；四、听取省十一届人大六次会议和省政协十届五次会议筹备情况的汇报；五、听取关于就落实中央巡视组反馈意见进行整改的情况报告。

（冯德志）

附　录

山西省2011年国民经济和社会发展主要指标完成情况

2011年，在党中央、国务院的正确领导下，全省上下认真贯彻落实中央各项决策部署和省委、省政府的工作要求，围绕科学发展观主题和加快转变经济发展方式主线，全力实施“十二五”规划，着力推动转型跨越发展，山西经济和社会发展取得新的成绩,实现“十二五”良好开局。

一、综　合

全年全省生产总值11100.2亿元，比上年增长13.0%。其中，第一产业增加值641.4亿元，增长5.9%，占生产总值的比重为5.8%；第二产业增加值6577.8亿元，增长16.5%，占生产总值的比重为59.2%；第三产业增加值3880.9亿元，增长8.6%，占生产总值的比重为35.0%。第三产业中，金融保险业增加值489.4亿元，增长6.2%；交通运输、仓储和邮政业增加值736.3亿元，增长7.1%；批发和零售业增加值846.7亿元，增长16.0%。

人均地区生产总值30974元，按2011年平均汇率计算为4796美元。

全年全省财政总收入2260.6亿元，增长24.9%。一般预算收入1213.2亿元，增长25.1%。税收收入872.7亿元，增长26.0%，其中国内增值税、营业税、企业所得税、个人所得税、资源税和城建税共计完成税收775.3亿元，增长25.1%。一般预算支出2368.9亿元，增长22.8%。其中农林水事务支出增长19.7%，教育支出增长29.6%，社会保障和就业支出增长17.5%，医疗卫生支出增长40.7%，文化体育与传媒支出增长56.6%，公共安全支出增长7.1%，节能环保支出下降0.6%。

居民消费价格比上年上涨5.2%，其中，食品价格上涨12.0%。商品零售价格上涨4.9%。固定资产投资价格上涨5.5%。工业生产者出厂价格上涨7.5%，其中生产资料价格上涨7.6%，生活资料价格上涨7.1%。工业生产者购进价格上涨8.1%。农业生产资料价格上涨9.4%。

全年全省城镇新增就业50万人。转移农村劳动力40万人。年末城镇登记失业率3.48%。

二、农　业

全年全省农作物种植面积379.7万公顷，比上年增加3.4万公顷。其中，粮食种植面积328.8万公顷，增加4.9万公顷；油料种植面积15.0万公顷，减少0.7万公顷；棉花种植面积5.3万公顷，减少0.5万公顷。在粮食种植面积中，玉米种植面积164.7万公顷，增加9.8万公顷；小麦种植面积71.0万公顷，减少1.8万公顷。

全年粮食产量1193.0万吨，比上年增加107.9万吨，增产9.9%。其中，夏粮242.2万吨，增产3.4%；秋粮950.8万吨，增产11.7%。

全年完成造林302.5千公顷，增长3.9%。其中，荒山荒地造林面积299.7千公顷，增长6.1%。经济林面积80.7千公顷，增长54.3%。全年木材产量5.4万立方米，增长12.5%。

全年全省猪牛羊肉总产量62.3万吨，比上年减少2.0%。其中，猪肉产量52.2万吨，减少1.7%；牛肉产量4.5万吨，减少8.5%；羊肉产量5.6万吨，减少0.9%。年末生猪存栏446.1万头，生猪出栏672.1万头。牛奶产量74.6万吨，增长1.9%。禽蛋产量71.0万吨，增长0.7%。水产品产量3.5万吨，增长10.1%。

年末全省农业机械总动力2927.3万千瓦，增长4.2%。机械耕地面积252.6万公顷，下降1.3%；机械播种面积230.7万公顷，机械收获面积130.7万公顷，分别增长5.8%和27.3%。全省农机化经营总收入107.4亿元，增长10.0%。

三、工业和建筑业

年末全省规模以上工业企业3532家。全年规模以上工业增加值增长17.9%。

全社会原煤产量8.7亿吨，增长17.7%；发电量2344.3亿千瓦小时，增长9.0%。规模以上工业焦炭产量9047.9万吨，增长8.0%；钢材产量3369.2万吨，增长18.1%。

规模以上工业企业实现主营业务收入16893.4亿元，增长35.2%。其中，煤炭、焦炭、冶金和电力工业分别实现主营业务收入7260.1亿元、1774.3亿元、3407.4亿元和1231.7亿元，分别增长44.8%、27.1%、33.3%和15.5%；化学、建材、装备制造、医药和食品工业分别实现主营业务收入729.1亿元、328.9亿元、1336.6亿元、96.2亿元和531.2亿元，分别增长33.1%、31.7%、27.4%、10.0%和38.1%。

规模以上工业实现利税2268.2亿元，增长34.1%；实现利润1200.6亿元，增长40.4%。

全年全省建筑业实现增加值674.0亿元，比上年增长8.5%。具有建筑业资质等级的总承包和专业承包建筑业企业实现利润51.9亿元，增长7.3%。

四、固定资产投资

全年全社会固定资产投资7373.1亿元（老口径为8084亿元），增长27.3%。其中，国有及国有控股投资3866.8亿元，增长16.2%。

分登记注册类型看，内资企业投资6999.9亿元，增长28.3%；外商及港澳台商企业投资124.0亿元，增长20.0%；个体经营及农户投资249.2亿元，增长8.4%。

分产业看，第一产业投资273.4亿元，增长25.8%；第二产业投资3347.9亿元，增长37.6%；第三产业投资3751.8亿元，增长19.5%。在第二产业中，工业投资3338.3亿元，增长37.9%。其中，煤炭工业投资1241.0亿元，增长42.6%；非煤产业投资2097.3亿元，增长35.2%。传统产业（煤炭、焦炭、冶金、电力）投资合计2081.6亿元，增长33.6%，新兴产业（食品、建材、化工、装备制造）投资合计914亿元，增长49.9%。

全年全省在建固定资产投资项目9936个。其中，5亿元以上项目577个，计划总投资1.1万亿元，完成投资2672.4亿元，占全省固定资产投资的比重37.4%。

全年房地产开发投资789.9亿元，增长33.4%。其中，住宅投资615.0亿元，增长34.5%；办公楼投资17.3亿元，增长38.2%；商业营业用房投资73.2亿元，增长21.2%。

五、能　源

全年全省一次能源生产折标准煤7.5亿吨，增长17.6%；二次能源生产折标准煤3.4亿吨，增长12.9%。

全年全省向省外运输煤炭5.8亿吨，增长13.5%，外运煤炭占原煤产量66.6%。在外运煤炭中，铁路运输4.6亿吨，增长10.6%；公路运输1.2亿吨，增长25.7%。向省外输送电力683.5亿千瓦小时，下降0.3%，外输电量占发电量29.2%；向省外运输焦炭6505.3万吨，增长6.3%，外运焦炭占焦炭产量71.9%。

全年全省全社会用电总量1650.4亿千瓦小时。其中，第一产业用电38.8亿千瓦小时，占全部用电量2.4%；第二产业用电1365.7亿千瓦小时，占全部用电量82.7%，其中工业用电1345.1亿千瓦小时；第三产业用电126.0亿千瓦小时，占全部用电量7.6%；城乡居民生活用电119.9亿千瓦小时，占全部用电量7.3%。

六、国内贸易

全年全省社会消费品零售总额3773.6亿元，增长17.6%。其中，城镇消费品零售额3058.7亿元，增长19.0%；乡村消费品零售额714.9亿元，增长12.0%。

七、对外经济

全年全省海关进出口总额147.6亿美元，增长17.4%。其中，进口额93.3亿美元，增长18.5%；出口额54.3亿美元，增长15.4%。

全年出口煤炭180.3万吨，下降6.1%，出口金额4.2亿美元，增长24.6%；出口焦炭161.4万吨，下降2.3%，出口金额7.6亿美元，增长9.2%；出口镁及其制品9.7万吨，下降0.8%，出口金额3.0亿美元，增长10.2%；出口钢材79.0万吨，增长3.9%，出口金额14.7亿美元，增长21.4%，其中不锈钢27.8万吨，增长1.0%；出口机电产品15.9亿美元，增长31.2%；出口高新技术产品5.6亿美元，增长21.2%。

全年进口铁矿砂2879.0万吨，比上年增长18.2%，进口金额43.0亿美元，增长49.6%；进口机电产品23.8亿美元，增长19.2%。

全年全省新设立外商直接投资企业62家；按全口径统计实际使用外商直接投资金额20.7亿美元，增长37.3%。

第六届中国中部投资贸易博览会在山西太原举行，共吸引来自45个国家和地区的1.6万名嘉宾、2342个代表团参加。中部六省共签订合同、战略性框架协议、意向引资项目2547 个，其中外资项目642个，投资总额566.3亿美元；内资项目1905个，投资总额2.6万亿人民币。

八、交通、邮电和旅游

年末全省公路线路里程13.5万公里，其中高速公路4005.3公里，比上年末增加1002.8公里。

年末全省民用汽车保有量348.6万辆（包括三轮汽车和低速货车55.7万辆），比上年末增长14.3%，其中私人汽车253.3万辆，增长18.7%。本年新注册汽车52.2万辆，增长7.8%。年末轿车保有量151.9万辆，比上年末增长24.7%，其中私人轿车131.7万辆，增长27.8%。

全年全省完成邮电业务总量305.2亿元，增长17.4%。其中，邮政业务总量26.3亿元，增长17.2%；电信业务总量278.9亿元，增长17.4%。新增移动电话用户221.8万户，年末达到2446.9万户，其中，3G移动电话用户达到292.4万户。移动电话普及率68.1部/百人。全省宽带接入用户437.3万户，增长27.8%。

全年全省接待海外旅游者155.3万人次，接待国内旅游者1.5亿人次，分别增长19.2%和19.8%；旅游外汇收入5.7亿美元，国内旅游收入1305.1亿元，旅游总收入1342.6亿元，分别增长22.1%、24.0%和23.9%。

九、金　融

年末全省金融机构本外币各项存款余额21003.2亿元，比年初增加2408.5亿元，比年初增长13.0%。各项贷款余额11265.6亿元，比年初增加1595.1亿元，增长16.5%。

年末全省农村金融合作机构（农村信用社、农村合作银行、农村商业银行）人民币贷款余额2219.4亿元，比年初增加384.2亿元，增长20.9%。

年末全省共有上市公司34家，比上年末增加3家。全省辖区证券市场各类证券成交额9233.1亿元，下降14.3%。其中股票成交额8031.1亿元，下降23.4%；基金成交额69.8亿元，下降10.7%；债券成交额45.0亿元，增长5.7倍。年末投资者资金账户累计开户数155.7万户，比上年末增长8.9%。

全年全省保费收入364.7亿元，增长6.7%。其中，寿险业务保费收入232.9亿元，下降0.3%；健康险业务保费收入12.5亿元，增长19.4%；意外险业务保费收入6.1亿元，增长22.8%；财产险业务保费收入113.3亿元，增长21.9%。全年支付各类赔款及给付103.5亿元，增长33.4%。

十、教育和科学技术

年末全省普通高等学校66所，比上年增加1所；成人高等学校13所，比上年减少1所。全省高等教育毛入学率30.0%，高中阶段毛入学率88.5%。成人技术培训学校培训结业职工和农民共计213.6万人次。

全年专利申请量与授权量分别为12774件和4974件，分别增长61.1%和4.7%，其中发明专利申请量与授权量分别为4602件和1114件，分别增长51.1%和50.7%。全年全省共签订各类技术合同3423项，技术合同成交总额81.4亿元，增长46.4%。全年新登记科技成果568项。获得国家科学技术奖（通用项目）12项。国家认定企业技术中心20家。省级企业技术中心126家。按照国家新的高新技术企业认定办法，年末累计认定高新技术企业248家。

全年全省24个省级以上经济技术开发区和高新技术开发区科工贸总收入3503.2亿元，比上年增长26.6%；区内生产总值1109.8亿元，增长33.2%；税收收入110.2亿元，增长27.0%。

年末全省共有省、市、县产品质量监督检验和计量检定技术机构113个，国家检测中心3个。省授权行业建立的检验所(站)36个，监督抽查了4251家企业26类41种5680批次的产品和商品。全年完成强制检定计量器具58万台件。

全省有气象台站121个。全省气象系统开展人工影响天气业务的单位121个，防雹、增雨累计受益面积117万平方公里。全省有天气预报服务Intel网站30个，卫星云图接收站13个。

山西省地震局在全省有专业综合地震台站10个，省级地震台网中心1个，数字测震地震台网5个，数字测震子台46个，流动地震台网1个。全年M1.0—M1.9级地震125次，M2.0—M2.9级地震22次，M3.0—M3.9级地震6次，M4.0—4.9级地震1次，最大震级M4级。

十一、文化、卫生和体育

年末全省共有群众艺术馆12个，文化馆119个,博物馆89个。全省文化系统共有艺术表演团体291家。全省公共图书馆126个，档案馆131个。全省报纸出版20.4亿份，各类杂志出版200种、3955.8万册，各类图书出版4638种、14852万册。广播电台5座，电视台6座，广播电视台108座。年末有线电视用户462.7万户。山西电影制片厂全年完成故事片（数字电影）8部，科教片4部，电视纪录片1部，完成合作电视剧2部67集。

年末全省共有卫生机构(含诊所)12004个，其中妇幼保健院（所、站）132个。全省卫生机构(含诊所)共有床位15.8万张。全省卫生机构共有卫生技术人员18.9万人。

全年我省运动员在国内外重大比赛中获金、银、铜牌分别为29枚、38枚和45枚（包括非奥运项目比赛）。全省销售中国体育彩票9.62亿元，比上年增长17.0%。

十二、人口、人民生活和社会保障

据2011年人口抽样调查，年末全省常住人口为3593.28万人，比上年末增加19.16万人。全年全省出生人口37.50万人，人口出生率为10.47‰；死亡人口20.10万人，死亡率为5.61‰；自然增长率为4.86‰。出生人口性别比为113.14。

全年城镇居民人均可支配收入18123.9元，比上年增长15.8%；城镇居民人均消费性支出11354.3元，增长15.9%。全年农村居民人均纯收入5601.4元，增长18.3%；农村居民人均生活消费支出4587.0元，增长25.2%。城镇占调查总户数20%的低收入家庭人均可支配收入7551.2元，增长8.3%；农村占人口20%的低收入者收入1797.1元，增长11.2%。城镇居民家庭恩格尔系数（即居民家庭食品消费支出占家庭消费支出的比重）31.3%，农村居民家庭恩格尔系数37.7%。

年末参加城镇基本养老保险623.8万人；参加新型农村社会养老保险1083.7万人；参加城镇基本医疗保险1005.1万人；参加失业保险309.4万人；参加工伤保险348.5万人，其中农民工116.0万人；参加生育保险266.0万人。

全年全省纳入城市最低生活保障的居民91.7万人，发放城市低保资金26.5亿元，比上年增加8.3亿元；纳入农村最低生活保障的居民136.8万人，比上年增加4.7万人，发放农村低保资金19.8亿元，比上年增加8.7亿元。

年末全省各类福利院床位数5.9万张，收养3.8万人。城镇建立各种社区服务设施1681个，其中综合性社区服务中心230个。全年销售社会福利彩票21.4亿元,筹集社会福利资金6.9亿元，接收社会捐赠款0.4亿元。

农村新“五个全覆盖”工程顺利推进，农村街巷硬化行政村累计24628个，全覆盖率88.36%；便民连锁商店累计22812个，全覆盖率95.33%；农家书屋累计21053个，全覆盖率74.66%；农民体育健身场所累计27084个，全覆盖率96.04%；村级文化活动场所累计28200个，全覆盖率100.00%，提前完成两年全覆盖任务；中等职业教育省级免学费补助资金全部下达，资金到位率100.00%；新型农村社会养老保险试点县97个，占到全省115个农业县的84.4%。

十三、资源、环境和安全生产

全年验收耕地占补平衡和土地开发整理项目749个，新增耕地17.97万亩，守住了全省6075万亩耕地红线。全年建设用地供应面积达30.8万亩，比上年增长1.8倍，其中水利、交通等公共基础设施供应土地18.9万亩，占土地供应总量的61.8%。

年末全省8座大型水库蓄水总量8.6亿立方米。

年末全省森林面积282.4万公顷，森林覆盖率18.03%。全省已建成自然保护区46个，其中国家级5个；自然保护区面积116.6万公顷。全省国家级生态示范区16个。

全年全省11个重点城市空气质量二级以上天数平均为347天，与上年持平。

黄河、海河流域山西段共监测97个断面，达到Ⅲ类以上水质标准的断面占45.4%，达到Ⅳ类水质标准的断面占12.4%，达到Ⅴ类水质标准的断面占14.4%，有27.8%的断面超过Ⅴ类水质标准。

全年未发生特别重大事故。全年全省煤炭百万吨死亡率下降到0.085。

全省车辆非法超限超载率控制在0.2%以内，高速公路全部杜绝了非法超限超载车辆，长途运输中的非法超限超载车辆基本消除。全省国省干线没有发生一起因超限超载车辆造成桥涵垮塌事件。全省在运行的155个公路超限检测站全部实现了不停车检测，高速公路匝道入口治超检测全部实现联网管理。经政府公示的9105个货运源头企业、463个车辆维修企业被全部纳入监管范围。

太原市2011年国民经济和社会发展主要指标完成情况

2011年，太原市委、市政府团结带领全市人民，认真贯彻落实中央和省委、省政府的战略部署，紧紧围绕率先转型跨越发展、建设一流省会城市目标，对标赶超、奋力拼搏，全市经济社会发展取得新成绩，实现了“十二五”良好开局。特别是市第十次党代会胜利召开、“中博会”成功举办、以长风商务区为标志的一批城建重点工程相继建成、民生建设力度明显加大、固定资产投资较快增长、发展环境进一步优化、城乡面貌发生新变化，各项社会事业全面进步，为转型跨越发展积蓄了强劲势能。

一、综　　合

经济增长：全市实现地区生产总值（GDP）2080.12亿元，比上年增长9.9%。其中：第一产业增加值33.88亿元，增长3.1%；第二产业增加值949.19亿元，增长11.6%；第三产业增加值1097.05亿元，增长8.7%。第三产业中，交通运输、仓储和邮政业增加值156.87亿元，增长6.5%；批发零售及住宿餐饮业增加值366.94亿元，增长14.1%；金融保险业增加值206.93亿元，增长5.0%。人均地区生产总值49292元，按2011年平均汇率计算达到7632美元。

产业结构：三次产业比重为1.6%、45.6%、52.8%，分别拉动经济增长0.1、5.2和4.6个百分点。与上年相比，第一产业比重下降0.1个百分点，第二产业比重提高0.7个百分点，第三产业比重下降0.6个百分点。

价格：居民消费价格总水平比上年上涨5.4%，商品零售价格总水平上涨4.8%。在居民消费价格中，食品价格上涨14.0%，非食品价格上涨2.1%；服务项目价格上涨3.8%，消费品价格上涨6.2%。工业生产者出厂价格上涨5.5%。工业生产者购进价格上涨14.1%。

就业：全年城镇新增就业11.33万人。5.01万名下岗失业人员实现再就业，其中就业困难人员再就业1.32万人。年末城镇登记失业率3.0%。

二、农　　业

农业产值：全市农林牧渔业总产值63.16亿元，比上年增长3.5%。其中：农业产值37.94亿元，增长5.[illegible]%；林业产值5.41亿元，增长7.3%；牧业产值17.17亿元，下降4.4%；渔业产值0.37亿元，增长19.2%；农林牧渔服务业产值2.27亿元，增长28.8%。

种植面积：全年农作物总播种面积110.04千公顷，比上年减少3.51千公顷。粮食播种面积82.24千公顷，比上年减少2.54千公顷。其中：夏粮播种面积1.23千公顷，秋粮播种面积81.01千公顷。蔬菜种植面积22.05千公顷，药材种植面积1.28千公顷。

造林：全年造林面积19.70千公顷。零星植树1000万株。新增育苗面积1.70千公顷。

畜禽及水产品产量：年末大牲畜存栏4.40万头，猪出栏40.09万头。肉类产量4.65万吨，禽蛋产量2.72万吨，牛奶产量9.74万吨。水产品养殖面积1.28千公顷，水产品产量3334吨。

农机及化肥施用：年末全市农业机械总动力123.16万千瓦。全年农用化肥施用量（折纯）27655吨。

三、工业和建筑业

工业：全部工业增加值708.47亿元，比上年增长11.9%。规模以上工业企业404家。规模以上工业增加值

687.23亿元，增长12.2%。

规模以上工业中：中央企业增加值107.20亿元，增长16.0%；省属企业增加值352.86亿元，增长5.2%；市属企业增加值25.70亿元，增长13.4%；县属及以下和无主管企业增加值201.47亿元，增长30.8%。

占全市规模以上工业增加值84.5%的十大行业中，增加值比上年增长的有9个。

新兴产业增加值127.05亿元，增长27.7%，占全市规模以上工业增加值的18.5%。其中：装备制造业增加值123.93亿元，增长27.8%。煤炭、钢铁、炼焦、化工、电力等五个传统行业占全市规模以上工业增加值的65.2%，增长8.4%。其中：占全市29.8%的煤炭行业增加值增长7.0%；占全市21.5%的钢铁行业增加值增长11.9%；占全市11.3%的炼焦行业增加值增长5.5%；占全市1.7%的化工行业增加值下降3.7%；占全市0.9%的电力行业增长32.3%。

规模以上工业经济效益综合指数196.17，比上年提高10.59点。主营业务收入2540.97亿元，增长24.0%。利税总额177.23亿元，增长7.8%。利润总额61.65亿元，下降13.7%。亏损企业亏损额20.97亿元，下降0.8%。

建筑业：全市建筑业增加值240.72亿元，比上年增长10.7%。具有建筑业资质等级的总承包和专业承包建筑业企业总产值1363.89亿元，增长1.5%；利税总额70.82亿元，增长1.9%；利润总额25.88亿元，增长2.8%；上缴税金44.94亿元，增长1.4%。

建筑业企业房屋建筑施工面积4468.76万平方米，其中：实行招标投标承包工程施工面积4334.62万平方米。房屋建筑竣工面积740.55万平方米。

四、固定资产投资

固定资产投资：全年固定资产投资1024.14亿元，比上年增长25.1%。其中：中央项目投资90.51亿元，增长14.3%；省属项目投资224.37亿元，增长25.1%；市属项目投资709.26亿元，增长26.7%。

分产业看，第一产业投资14.77亿元，增长30.6%；第二产业投资289.08亿元，增长27.4%。其中：工业投资283.73亿元，增长30.2%；第三产业投资720.29亿元，增长24.2%。三次产业投资比重为1.5%、28.2%和70.3%。

工业投资中，新兴产业投资132.49亿元，增长28.6%，增速比上年加快7.4个百分点，占工业投资的比重达到46.7%。

分经济类型看，国有投资524.35亿元，增长34.8%，非国有投资499.79亿元，增长16.4%。

全年在建固定资产投资项目1051个。其中：5亿元以上项目95个，计划总投资1286.87亿元，完成投资248.84亿元，占全市固定资产投资的比重为24.3%。

房地产开发：全年房地产开发投资312.08亿元，比上年增长29.4%。商品住宅投资246.53亿元，增长33.1%，其中：90平方米以下住房投资44.04亿元，占住宅投资的比重为17.9%。

全年商品房竣工面积226.37万平方米，商品房销售额146.51亿元，其中：现房销售额24.41亿元，占16.7%；期房销售额122.10亿元，占83.3%。

五、能　　源

能源生产：全市一次能源生产折标准煤2810.96万吨，比上年增长4.3%；二次能源生产折标准煤4838.75万吨，增长5.1%。

能源投资：能源工业投资104.49亿元，比上年增长32.3%。其中：煤炭工业投资67.13亿元，增长95.3%；焦炭工业投资8.10亿元，下降39.5%；电力工业投资18.50亿元，下降32.5%。

用电：全年全社会用电量243.34亿千瓦时，增长12.0%。其中：农业用电1.77亿千瓦时，增长10.3%；工业用电（含电厂自用电）183.54亿千瓦时，增长12.9%；建筑业用电3.06亿千瓦时，增长27.1%；第三产业用电29.32亿千瓦时，增长8.9%；城乡居民生活用电23.58亿千瓦时，增长11.7%，城乡居民人均生活用电646.01千瓦时。万元GDP电耗1244.87千瓦时。

六、国内贸易

消费品零售：全市社会消费品零售总额973.29亿元，比上年增长17.9%。其中：城镇消费品零售额953.09亿元，增长17.8%；乡村消费品零售额20.20亿元，增长20.5%。

限额以上贸易企业零售额582.14亿元，比上年增长25.9%，占社会消费品零售总额的59.8%，比上年提高12.1个百分点。

七、对外经济

进出口贸易：全市外贸进出口总额85.34亿美元，比上年增长7.9%。其中：出口额35.05亿美元，增长11.9%；进口额50.29亿美元，增长5.4%。

出口商品中，煤炭、焦炭、金属镁分别为4.19亿美元、3.87亿美元、2.02亿美元，占出口额的28.8%。不锈钢材、机电产品、高新技术产品分别为9.33亿美元、8.64亿美元、3.78亿美元，占出口额的62.1%，比上年提高4.2个百分点。

有贸易往来的国家和地区153个。年进出口额在千万美元以上的国家和地区49个，比上年增加2个。

招商引资：全年新设立外商及港澳台商直接投资企业20家。外商及港澳台商直接投资新签合同（协议）20项。合同外资额8.55亿美元，增长24.0%。按全口径统计，实际使用外商直接投资额6.79亿美元，增长16.1%。

第六届“中博会”期间，共签约103个项目，总投资6502.82亿元。其中：签订合同和协议项目95个，总投资2202.46亿元；签订战略合作框架协议项目8个，总投资4300.36亿元。

八、交通、邮电和旅游

交通运输：年末全市公路线路里程累计达到6748公里，其中高速公路288公里。公路密度96.6公里/百平方公里。

年末全市民用汽车保有量71.40万辆（包括三轮汽车和

低速货车9986辆），比上年末增长18.0%，其中私人汽车56.12万辆，增长21.9%。本年新注册汽车11.80万辆，增长14.2%。年末轿车保有量37.83万辆，增长22.3%，其中私人轿车33.03万辆，增长24.9%；本年新注册轿车7.23万辆，增长16.9%。

邮电：全年邮电业务总量（新口径）70.28亿元，比上年增长10.3%，其中：邮政业务总量4.73亿元，下降19.4%；电信业务总量65.55亿元，增长13.3%。年末市话到达142.47万户。农话到达7.13万户。移动电话用户660.88万户，其中：3G移动电话用户89.04万户。全市固定及移动电话用户总数达到810.48万户。每百人拥有电话191部，其中：固定电话和移动电话普及率分别达到35部/百人和156部/百人。计算机互联网用户119.44万户，净增加16.48万户，其中：宽带网用户111.41万户，增加15.50万户。

旅游：全市接待海内外游客2461.96万人次，比上年增长21.7%。其中：国内游客2427.08万人次，增长21.7%；海外游客34.88万人次，增长23.2%。海外游客中：外国人24.46万人次，香港同胞6.03万人次，澳门同胞0.69万人次，台湾同胞3.70万人次。全年旅游总收入276.70亿元，增长20.1%；国内旅游收入263.55亿元，增长20.2%；旅游外汇收入1.98亿美元，增长20.9%。

九、财政、金融和保险

财政：全市财政总收入393.04亿元，比上年增长22.1%。其中：市级财政完成221.68亿元，增长18.8%；县（区）级财政完成171.36亿元，增长26.7%。

全市一般预算收入174.72亿元，增长26.2%。其中：税收收入141.69亿元，增长27.0%，增值税、营业税、资源税、企业所得税、个人所得税共计完成税收98.72亿元。

全年执行一般预算支出239.31亿元，比上年增长26.2%。其中：农林水事务支出11.24亿元，增长27.5%；教育支出44.78亿元，增长24.6%；科学技术支出7.76亿元，增长65.0%；社会保障和就业支出32.26亿元，增长8.9%；医疗卫生支出13.96亿元，增长38.0%；文化体育与传媒支出3.25亿元，增长29.2%；城乡社区事务支出48.17亿元，增长79.2%；一般公共服务支出20.94亿元，增长6.0%。

金融：年末全市金融机构本外币各项存款余额7641.03亿元，比年初增长9.6%；本外币各项贷款余额5731.17亿元，增长13.0%。人民币各项存款余额7585.04亿元，增长9.5%，其中：个人储蓄存款余额2667.11亿元，增长12.9%；人民币各项贷款余额5657.37亿元，增长13.1%。人民币贷款中，中长期贷款余额3913.14亿元，增长11.4%；短期贷款余额1583.01亿元，增长17.5%。

保险：全年原保险保费收入79.10亿元，增长8.0%。其中：寿险业务保费收入47.98亿元，增长0.4%；健康险业务保费收入3.70亿元，增长14.7%；意外伤害险业务保费收入1.63亿元，增长27.2%；财产险业务保费收入25.78亿元，增长23.1%。支付各类赔款及给付20.49亿元，增长32.0%。其中：寿险业务给付7.31亿元，增长31.6%；健康险业务赔款及给付1.91亿元，增长127.5%；意外伤害险业务赔款0.34亿元，增长9.7%；财产险业务赔款10.93亿元，增长24.0%。

十、城市建设

基础设施建设：年内开工建设各类重点工程150项，其中城市基础设施建设项目55项。太原美术馆、太原博物馆、文化岛平台等中博会场馆及配套工程全部完工，省城地标性建筑群初具规模。全年开工建设道桥工程31项，其中滨河西路南延、新晋祠路拓宽改造、奥体片区路网等21项工程全部完工。全年小街巷改造完工47条，完成长风桥至祥云桥段5.1公里的汾河治理美化南延工程。全年完成既有建筑节能改造154.90万平方米，新增可再生能源利用面积174.69万平方米，成功入围全国首批“中德技术合作—公共建筑中小学校节能试点城市”。

年末全市天然气供气总量38670万立方米。集中供热面积9984万平方米，集中供热扩网1323万平方米。新购置公交车600辆，年末城市公交运营车辆2677辆，其中：公共汽车2546辆。公交运营线路网长度3003公里，年客运量6.43亿人次。

城市绿化：建成区开工建设园林绿化工程31项，其中滨河西路南延风景林带绿化工程、奥体片区绿化、新晋祠路林带景观工程等29项工程全面竣工。创建省级园林单位5个，省级园林小区2个，省级园林道路2条。全市共有综合性公园30个，专类公园11个，带状公园4个，街头游园80个，社区游园43个，街旁绿地47块。建成区绿化覆盖面积达到11403公顷，园林绿地面积9948公顷，公园绿地面积3027公顷。建城区绿化覆盖率38.01%，绿地率33.16%，人均公园绿地面积10.09平方米。

十一、教育和科学技术

教育：年末共有普通高等院校43所（其中高职院校24所），普通中等专业学校30所，成人中等专业学校12所，职业高中学校19所，普通中学232所，小学599所，幼儿园796所。全市学前三年毛入园率94.6%；小学学龄儿童入学率，初中生入学率、巩固率均达到国家标准；高中阶段毛入学率99.1%；高考一本、二本达线率和录取率在全省继续名列前茅。

科学技术：年末共有独立科研机构105所，工作人员1.43万人。全年安排科技发展项目242项，技术市场共登记技术合同610项，成交金额10.09亿元。研究与试验发展（R&D）经费支出59.80亿元，比上年增长16.8%，占地区生产总值的比重为2.9%。国家认定企业技术中心6家。省级企业技术中心45家。年末累计认定高新技术企业140家。全年鉴定406项科技成果，获得国家科技奖励5项。科技成果转化率达到55.2%。全年申请专利6525件，比上年增加1506件。每10万人专利申请数154项，比上年增加35项。高新技术产业增加值占地区生产总值的比重为7.3%。

年末高新区、经济区、民营区共有入区企业4451家。全年实现科工贸总收入1760亿元，增长17.7%。

十二、文化、卫生和体育

文化：年末全市共有专业、民营艺术表演团体17个。

群艺文化馆12个，博物馆12个。公共图书馆馆藏图书485.09万册。国家综合档案馆11个，馆藏档案资料65.45万卷（件、册）。广播节目12套，电视节目22套。有线电视用户88.27万户，有线电视入户率84.2%，有线电视数字用户76.07万户。广播人口覆盖率99.4%，电视人口覆盖率99.7%。2011年，新创排演大型组歌《科学发展颂》、晋剧《上马街》、《大红灯笼》、话剧《红色遗言》、《红孩子》、舞剧《千手观音》、山西民歌情景诗《桃花红》等作品。荣获国家级奖9项，省级奖2项。非物质文化遗产保护力度加大，共列入国家级保护项目15项、省级保护项目52项。继续实施农村电影放映工程，全年放映1.2万场次，实现了农村公益电影放映全覆盖。

卫生：年末共有卫生机构2552个（不含村卫生室），医疗床位29876张。每千人拥有医疗床位7张。各类卫生技术人员41505人，其中：执业（助理）医师16797人，注册护士17190人。每千人拥有医生4人。城乡公共卫生体系进一步完善，社区卫生机构标准化建设达标率为92.4%。县乡村三级医疗卫生机构基础设施达标率为93.3%。实际参加新型农村合作医疗的农民102.52万人，参合率99.0%。

体育：全年太原运动员在国内外大赛中，获得12枚金牌、9枚银牌、12枚铜牌、41个第四至第八名。成功举办"2011太原国际马拉松赛"，有13个国家和地区的1.43万人参赛，被评为"全国马拉松优秀赛事"。

十三、环境保护和安全生产

环境质量：全年市区二级以上空气质量天数308天。空气污染综合指数2.19%，下降0.08点。饮用水源地水质达标率保持100%，地表水环境功能区水质达标率62.5%，提高12.5个百分点。市区区域环境噪声年均值53.2分贝、交通噪声年均值67.9分贝，保持全国先进水平。

气温降水和用水量：全年平均气温7.7～10.9℃，降水量384～570mm。地下水水位平均上升2.21米。全社会用水量6.18亿立方米，其中：生活用水1.40亿立方米，生产用水3.97亿立方米，生态用水0.81亿立方米。

安全生产：全年各类安全生产事故发生数比上年下降9.3%，未发生重大事故。煤炭百万吨死亡率0.244。发生火灾1492起，道路交通事故1359起，分别下降1.6%和15.4%。

十四、人口、人民生活和社会保障

人口：据2011年人口抽样调查，年末全市常住人口423.54万人，比上年末增加3.07万人。其中：城镇人口353.02万人，增加5.96万人；乡村人口70.52万人，减少2.89万人。城镇化率83.35%，比上年提高0.81个百分点。男性人口216.29万人，女性人口207.25万人，性别比为104.36：100。

全年出生人口3.78万人，人口出生率8.96‰，比上年下降0.16个千分点；死亡人口1.61万人，死亡率3.82‰；自然增加人口2.17万人，自然增长率5.14‰。

人民生活：全年城镇居民人均可支配收入20149元，比上年增长16.8%；城镇居民人均消费支出13111元，增长8.3%。城镇居民家庭恩格尔系数为32.7%。农民人均纯收入8888元，增长16.8%。城乡居民收入比为2.27：1，与上年持平。

社会保障：城镇社会保险参保率77.1%。全市企业职工参加养老保险75.83万人，参加基本医疗保险220.72万人，参加失业保险80.27万人，参加工伤保险70.50万人（其中参保农民工15.40万人），参加生育保险的职工75.87万人。年末城市低保覆盖人口5.74万人，农村低保覆盖人口4.48万人。全市各类收养类单位41个，床位5197张，收养4387人。救济农村五保户4227户，农村临时救济人员785人次。

农村新"五个全覆盖"工程：完成740个行政村的街巷硬化，覆盖率72.98%；新建成便民连锁店65个，覆盖率100%；农家书屋、村级文化体育场所、农民体育健身设施实现全覆盖；职业高中（含职业中专）学生全部享受免学费全覆盖政策；新型农村社会养老保险参保58.50万人，为符合条件的12.89万名60岁以上农村老年人发放新农保基础养老金，实现新农保全覆盖。（谢　洋）

大同市2011年国民经济和社会发展主要指标完成情况

2011年，全市上下在市委、市政府正确领导下，坚持以邓小平理论和"三个代表"重要思想为指导，以科学发展观为主题，紧紧围绕"转型发展、绿色崛起"发展战略和"三名一强"奋斗目标，不断优化产业结构，转变经济发展方式，实现了"十二五"良好开局。

一、综　　合

经济增长：初步核算，全市实现地区生产总值（GDP）842.59亿元，按可比价格计算，比上年增长13.0%。其中，第一产业增加值46.50亿元，同比增长9.4%；第二产业增加值428.54亿元，同比增长16.1%；第三产业增加值367.55亿元，增长10.3%。第一、二、三产业对GDP增长的贡献率分别为6.9%、61.2%、31.9%。三次产业结构比为5.5：50.9：43.6。人均GDP为25301元，按2011年平均汇率计算达3918美元。

价格水平：居民消费价格总水平比上年上涨4.9%。分类别看，食品类价格上涨12.4%，烟酒及用品类上涨1.7%，居住类上涨2.7%，娱乐教育文化用品及服务类上涨1.1%，医疗保健及个人用品类上涨3.4%，家庭设备用品及维修服务类上涨0.5%，衣着类上涨1.8%，交通和通讯类下降0.4%。全市商品零售价格总水平比上年上涨4.1%。工业品出厂价格总水平上涨5.5%。

就业：全年全市城镇新增就业人数51551人，下岗失业人员再就业26688人，就业困难群体就业人数7231人。转移农村劳动力28320人，创业就业人数14098人。年末城镇登记失业率为3.5%。

二、农　　业

播种面积：全年全市农作物总播面积319.52千公顷，比上年增加0.39千公顷。其中，粮食作物播种面积276.82千公顷，增加1.22千公顷；在粮食作物播种面积中，夏粮播种面积1.98千公顷，减少3.50千公顷；秋粮播种面积274.83千公顷，增加4.72千公顷；全市油料作物种植面积16.21千公顷，比上年减少1.46千公顷；蔬菜面积15.34千公顷，比上年增加0.08千公顷；饲草作物种植面积2.19千公顷，比上年增加0.23千公顷。

粮食产量：全年全市粮食总产量达85.90万吨，比上年增长10.4%。其中，夏粮产量0.21万吨，比上年减少49.3%；秋粮产量85.69万吨，比上年增长10.7%。畜禽产品产量：全年全市生猪出栏84.7万头，比上年增长35.4%；牛出栏8.2万头，增长17.2%；羊出栏115.9万只，增长5.6%；家禽出栏300.5万只,增长106.3%。全市肉类总产量11.8万吨，比上年增长34.1%，其中，猪羊肉产量10.2万吨，比上年增长33.8%；牛奶产量21.4万吨，比上年下降9.5%；禽蛋产量4.1万吨，比上年增长47.0%。年末大牲畜存栏12.4万头，比上年下降5.27%；猪存栏55.4万头，比上年下降3.5%；羊存栏120.4万只，比上年下降8.6%。

农业机械：全年全市农业机械总动力167.05万千瓦，比上年增长4.1%，机械耕地面积180739公顷，下降6.0%；机械播种面积135209公顷，机械收获面积44114 公顷，分别增长3.9%和56.4%。农村用电量30192万千瓦小时，比上年增长2.1%，化肥施用量29.16万吨，比上年增长0.4%。全市有效灌溉面积126.79千公顷，比上年增加2.24千公顷；新增节水灌溉面积3.93千公顷。

三、工业、建筑业

工业：初步统计，全年全市完成全部工业增加值378.24亿元，比上年增长16.1%。其中，规模以上工业企业完成工业增加值351.87亿元，比上年增长18.3%。全年规模以上工业企业产品实现销售产值839.70亿元，比上年增长32.8%；工业产品销售率为89.0%，比上年提高1.77个百分点。

全年全市规模以上工业企业实现产品销售收入1315.04亿元，比上年增长66.8%。实现利税117.92亿元，比上年增长18.8%。其中，国有及国有控股工业企业实现利税103.03亿元，增长18.2%。实现利润40.71亿元，比上年增长16.4%，其中国有及国有控股工业企业实现利润32.30亿元，增长16.2%。

建筑业：全年全市建筑业实现增加值50.3亿元，比上年增长15.8%。全市具有建筑业资质等级的总承包和专业承包建筑业企业完成建筑业总产值108.1亿元，比上年增长11.9%。房屋建筑施工面积683万平方米，比上年增长25.5%，房屋竣工面积202万平方米，比上年下降12.4%。

四、固定资产投资

固定资产投资：全年全市全社会固定资产投资完成664.91亿元，比上年增长36.2%。其中，国有经济单位投资完成320.90亿元，增长7.1%；非国有经济单位投资完成344.01亿元，增长82.5%。

分三次产业看，全年第一产业完成投资31.96亿元，比上年增长116.0%；第二产业完成投资227.34亿元，比上年增长57.2%；第三产业完成投资405.61亿元，比上年增长23.3%。

房地产开发：全年全市房地产业开发投资完成134.18亿元，比上年增长48.1%，其中住宅投资103.4亿元，增长48.2%。全年全市房地产开发施工面积1707.9万平方米，比上年增长54.0%，其中住宅施工面积1520.4万平方米，比上年增长58.3%。竣工面积872.5万平方米，比上年增长8倍，其中住宅竣工面积812.2万平方米，比上年增长10倍。商品房屋销售面积90.2万平方米，比上年增长12.0%。

全市全年固定资产投资施工项目553个，其中新开工361个，全部建成投产项目328个，新增固定资产478.5亿元。

五、能　　源

能源生产、外调：全年全市一次能源生产折标准煤0.74亿吨，比上年增长11.1%；二次能源生产折标准煤0.06亿吨，增长11.1%。全年全市铁路外运煤炭9803.72 万吨，比上年增长39.2%，外运煤炭占原煤产量的比重为91.5%。全年外输电力290.18亿千瓦时，比上年增长10.6%，外输电量占发电量比重为74.3%。全社会用电量136.01亿千瓦时，同比增长12.6%。第一产业用电量2.37亿千瓦时，同比增长19.3%；第二产业用电量109.91亿千瓦时，同比增长15.0%；第三产业用电量13.74亿千瓦时，同比增长5.7%；居民生活用电量10.15亿千瓦时，同比增长11.6%。

能源投资：全年全市能源工业投资完成146.64亿元，比上年增长71.6%。其中煤炭工业投资88.67亿元，增长63.7%；电力工业投资57.97亿元，增长106.0 %。

六、国内贸易

消费品零售：全年全市实现社会消费品零售总额356.57亿元，比上年增长17.7%。其中，城镇消费品零售额296.18亿元，增长17.8%；乡村消费品零售额60.39亿元，增长17.2%。分行业看，全年全市批发业实现零售额53.33亿元，增长13.3%；零售业实现零售额268.82亿元，增长19.2%；住宿和餐饮业实现零售额34.42亿元，增长13.2%。

消费结构：全年全市限额以上批发零售贸易企业零售额中，服装鞋帽、针、纺织品类增长27.0%；石油及制品类增长21.6%；书报杂志类增长20.3%；汽车类增长27.3%。

七、对外经济贸易

进出口贸易：全年全市海关进出口总额完成43123万美

元,比上年下降24.0%。其中出口完成9791万美元，同比下降21.6%；进口完成33332万美元，同比下降24.7%。

招商引资：全年全市新批外商投资企业10家，追加注册资金2家。全年全市合同利用外资1.88亿美元，比上年同期增长25.5%,实际到位外资1.06亿美元。

八、交通、邮电和旅游

交通运输：全年全市公路通车里程达到12394.99公里，其中高速公路达到522.35公里。全市通油路的乡镇99个，通公路的行政村1961个；通油路的行政村1952个，本年新增13个。全市公路密度87.9公里/百平方公里。年末全市民用汽车保有量达到28.88万辆（包括三轮汽车和低速货车3.05万辆），比上年增长16.3%，其中新注册汽车4.89万辆，增长15.6%，私人汽车23.76万辆，增长20.4%。年末载客小型车保有量18.08万辆，比上年增长23.9%，其中私人载客小型车达15.68万辆，增长27.2%。

邮电：全年全市完成邮电业务总量26.2亿元，比上年增长21.6%。其中，电信业务总量23.76亿元，增长25.18%；邮政业务总量2.44亿元，下降4.3%。到2011年底，全市固定及移动电话用户总数达到353.7万户，其中固定电话用户56.01万户；移动电话用户297.7万户。计算机互联网络用户达到33.03万户。邮政局所113个，邮路总长度2851公里，全市订销报纸3765万份，增长8.5%，订销杂志193万份，增长5.5%，收寄国内函件302万件，增长31.3%，收寄国内包裹11万件，增长14.6%，年末拥有邮政储蓄78家，年末储蓄余额达99.2亿元，净增17.4亿元。

旅游：全年全市旅游业务总收入136.6亿元，比上年增长15.6%，其中国内旅游业务收入130.9亿元，增长15.6%，国际旅游创汇8650.9万美元，增长18.3%。全年全市共接待国内、国外旅游者1616.17万人次，比上年增长16.3%。其中接待国内旅游者1592.68万人次，比上年增长16.3%，接待海外旅游者23.49万人次，比上年增长16.1%。

九、财政、金融和保险

财政：全年全市财政总收入完成162.26亿元，比上年增长17.2%。一般预算收入完成64.64亿元，比上年增长17.2%。财政收入中，增值税、个人所得税分别增长15.4%、30.5%；企业所得税、营业税分别增长22.6%和9.8%。

全年全市一般预算支出执行169.37亿元，比上年增长27.6%，其中一般公共服务支出增长4.8%，农林水事务支出增长15.7%，科学技术支出增长14.3%，教育事业支出增长1.8%，城乡社区事务支出增长39.3%，环境保护支出增长13.7%。

金融：年末全市金融机构各项存款余额达到1870.2亿元，比年初增加210.9亿元，比上年同期增长12.76%。其中，储蓄存款余额1077.0亿元，比年初增加131.6亿元，增长13.92%。年末全市金融机构各项贷款余额658.7亿元，比年初增加61.5亿元，比上年同期增长10.3%。其中短期贷款余额239.4亿元，比年初减少8.5亿元，下降4.5%；中长期贷款余额378.2亿元，比年初增加59.7亿元，增长19.8%。

保险：全年全市共有注册保险机构23家。全年全市保费累计收入33.17亿元，比上年增长2.5%。其中寿险业务保费累计收入21.03亿元，下降6.8%；财产险业务保费累计收入12.14亿元，增长23.6%。全市累计支付各类保险赔款及给付12.14亿元，增长16.8%。其中寿险业务给付6.63亿元，增长12.0%；财产险业务赔款5.51亿元，增长23.1%。

十、科学技术和教育

科技：全年全市财政科技投入总额达到8920万元，比去年增长16.43%。全年全市已完成专利申请475件，同比增长194.7%，其中，发明专利197件、实用新型专利221件，外观设计专利57件，分别占全部专利申请的41.5%、46.5%和12%。在全部专利申请中，职务发明338件，非职务发明137件，分别占71%和29%，在338件职务发明中，企业258件、科研单位65件、院校团体15件，分别占职务发明总数的76%、19%和5%。

全年共争取国家、省级各类科技项目47项，争取科技资金1180万元。其中国家级科技项目4项，省级科技项目43项。

教育：全市中等职业学校招生人数达到1.12万人，在校生人数达到3.45万人。其中职业高中招生0.67万人，在校生人数2.22万人。普通中学招生数达7.18万人，在校生数达到22.05万人。其中普通高中招生数达2.56万人，在校生数达7.28万人。全年全市共有市、县产品质量监督检验所5个，监督抽查587家企业8类70种1061个批次产品和商品。全市共有法定计量技术机构14个，全年完成强制检定计量器具10.6万台件。全市有气象台站9个。开展121电话天气自动答询的台站8个，开展人工影响天气业务的单位8个，防雹、增雨累计收益面积1.4万平方公里，增雨量0.55亿立方米，全市有天气预报服务网发射Intel网站1个，卫星云图接收站9个，年降水量340.3毫米，年平均气温6.8摄氏度，无霜期152天。

十一、文化、卫生和体育

文化：成功举办了第十届云冈文化艺术节、2011中国·大同国际雕塑双年展、云冈石窟建窟1600年庆典等文化盛事，开展了非物质文化遗产春节文化庙会和“八音会”比赛等系列文化活动。全年全市共有群众文化艺术馆1个，艺术表演团体10个，文化馆11个，公共图书馆13个，公共图书馆藏书57.9万册，博物馆1个，档案馆13个。全市共有广播电视台10座，电视发射、转播台29座，中波发射台1座，调频发射、转播台14座，微波站14座，有线电视网14个。广播人口覆盖率达93.52%，电视人口覆盖率达97.07%，有线电视用户39.36万户，数字电视用户29.83万户。报纸出版614万份，各类杂志出版2种、54万册。

卫生：全年全市共有卫生机构（含诊所、村卫生室）

3025个，床位15693张，其中医院111个，卫生院145个，床位14333张；社区卫生服务中心（站）101个；疾病预防控制中心23个；妇幼保健机构13个；专科疾病防治机构1个。年末，全市卫生机构共有卫生技术人员18624人，其中执业医师和执业助理医师8318人，注册护士6737人；疾病预防中心卫生技术人员478人；妇幼保健卫生技术人员276人；农村乡镇卫生院卫生技术人员1393人。全年全市11个县（区）全部推进基层医药卫生体制综合改革。99个乡镇卫生院和41个社区卫生服务机构初步建立政府举办的基层医疗卫生机构公益性管理体制，140家政府办基层医疗卫生机构和1810个村卫生室全部实施了国家基本药物制度。

体育： 在第七届城市运动会十五个项目的角逐中共获得2金、2银、7铜的好成绩；在山西省第十四届运动会十六个项目中共取得了123枚金牌、总分3139.5的好成绩。广泛开展了丰富多彩的群众体育活动，举办了“2011年首届山西养生太极国际邀请赛暨传统武术比赛”、“全国第十一届武术学校武术比赛”、“全国协作区四项棋类比赛”和全省跆拳道公开赛。全年完成184个行政村的农村体育健身工程项目，年末人均公共体育场地面积达1.01平方米。

十二、环境保护和安全生产

环境保护： 全年全市二级以上良好天数达到347天，比上年同期增加1天。其中，一级天数123天，比上年同期增加26天。

全市主城区累计供热面积达3792万平方米，其中，热电联产集中供热面积3700万平方米，燃煤锅炉集中供热面积92万平方米。全年新增供热面积800万平方米，城市集中供热率为100%。市区天然气日供气能力达31万立方米，实现年供气量约1.2亿立方米，全年新增天然气用户7496户，累计达35.3万户，城市气化率达到98.2%。市区日供水能力约30万立方米，供水普及率达到99.98%以上，水质合格率达100%。全市年处理城市生活污水2500万吨，污水处理率达到86%；中水回用日处理中水3.56万吨，中水回用率45.1%。

2011年，全市新增绿化面积623万平方米，其中，建成区新增绿化面积约543万平方米，建成区绿化覆盖率、绿地率分别为43.4%、38.6%，人均公共绿地面积达11.89平方米/人。

全年全市共完成造林面积29938公顷，其中人工造林完成19469公顷，飞播造林完成2668公顷。年末实有封山（沙）育林面积7801公顷。

全年全市亿元地区生产总值事故死亡率为0.102，工矿商贸企业就业人员10万人死亡率为0.849，煤矿百万吨死亡率为0.1888，特种设备万台死亡率为零。

十三、人口、人民生活和社会保障

人口： 据2011年人口抽样调查，年末全市常住人口为333.97万人，比上年末增加1.88万人。全年全市出生人口3.74万人，人口出生率为11.22‰；死亡人口1.90万人，死亡率为5.71‰；自然增长率为5.5‰。出生人口性别比为104.02。

人民生活： 全年全市城镇居民人均可支配收入18915元，比上年增长17.5%。城镇居民人均消费性支出12243元，比上年增长20.7%。全年全市农民人均纯收入4936元，比上年增长21.5%；农民人均生活消费支出3740元，增长51.3%。城镇居民人均住房建筑面积24.32平方米，农村居民人均拥有住房面积22.42平方米。

朔州市2011年国民经济和社会发展主要指标完成情况

2011年，全市人民在市委、市政府的领导下，认真贯彻落实科学发展观，全力推动发展方式转变，紧紧围绕转型跨越发展和“三新一城”建设的总体战略部署，加快推进“四化一体”东部新区建设，国民经济和社会事业取得新成就，实现了“十二五”发展良好开局。

一、综　　合

全市地区生产总值855.2亿元，比上年增长15.2%。其中，第一产业增加值45.4亿元，按可比价格计算总量与上年持平；第二产业增加值498.8亿元，增长19.9%；第三产业增加值311.0亿元，增长10.5%。第三产业中，金融保险业增加值17.6亿元，增长11.1%；交通运输、仓储和邮政业增加值92.3亿元，增长9.1%；批发和零售业增加值67.2亿元，增长14.0%；房地产业增加值16.3亿元，增长12.6%。

二、农　　业

种植面积： 全年全市农作物种植面积33.8万公顷，比上年增长1.8%。其中粮食种植面积27.0万公顷，增长1.5%；油料种植面积2.9万公顷，下降4.3%。

粮食产量： 全年粮食总产量97.1万吨，比上年增长12.4%。其中，玉米78.1万吨，增长12.0%。

畜禽产量： 全年全市肉类总产量5.0万吨。其中，猪肉产量1.7万吨；羊肉产量2.1万吨。牛奶产量43.6万吨，禽蛋产量1.7万吨。

农业机械： 年末全市农业机械总动力214.5万千瓦，比上年末增长4.1%。机械耕地面积24.3万公顷，机械播种面积21.7万公顷，机械收获面积9.68万公顷，分别比上年增长2.7%、22.1%和55.4%。

三、工　　业

全年全部工业增加值478.6亿元，比上年增长20.1%。其中规模以上工业企业完成增加值472.0亿元，比上年增长

22.3%。

全年全市原煤产量1.9亿吨，比上年增长16.3%。

全年规模以上工业主营业务收入1085.3亿元，比上年增长44.0%。其中，煤炭、电力工业分别实现主营业务收入867.9亿元和69.4亿元，分别增长43.8%和14.3%。

全年规模以上工业实现利税289.6亿元，比上年增长48.9%；实现利润174.59亿元，增长61.8%。

四、固定资产投资

全年全市固定资产投资474.6亿元，比上年增长33.3%。其中：城镇投资461.9亿元，增长34.6%；农村投资12.7亿元，下降1.14%。按产业分，第一产业投资9.2亿元，下降7.3%；第二产业投资303.6亿元，增长30.7%；第三产业投资161.8亿元，增长42.1%。按登记注册类型分，国有投资272.5亿元，增长30.3%；非国有投资202.1亿元，增长37.6%。

五、能　源

能源生产：全年全市一次能源生产折标准煤1.3亿吨，比上年增长16.7%；二次能源生产折标准煤297.6万吨，下降15.5%。

能源外调：全年全市向省外运输煤炭1.1亿吨（含洗精煤），比上年增长9.1%。

能源投资：城镇投资中，能源工业投资247.1亿元，比上年增长28.0%。其中煤炭工业投资149.6亿元，增长14.1%；电力工业投资82.7亿元，增长46.4%。

六、国内贸易

消费品零售：全年全市社会消费品零售总额164.1亿元，比上年增长17.6%。其中，城镇零售额126.1亿元，增长17.7%；乡村零售额38.0亿元，增长17.3%。

七、对外经济

进出口贸易：全年全市海关进出口总额13942万美元，比上年增长14.0%。其中，进口额12461万美元，增长10.6%；出口额1481万美元，增长53.1%。

招商引资：全年全市新批准外资企业2家，实际利用外资11588万美元，增长76.7%。

八、财政、金融

财政：全年全市财政总收入175.0亿元，比上年增长32.1%。一般预算收入70.9亿元，增长27.2%。其中，税收收入154.8亿元，增长37.0%。

金融：年末全市金融机构本外币各项存款余额914.8亿元，比年初增加137.7亿元，增长17.7%。其中人民币各项存款余额911.8亿元，比年初增加139.8亿元，增长18.1%；全市金融机构本外币各项贷款余额271.9亿元，比年初增加61.7亿元，增长29.4%，其中人民币各项贷款余额262.5亿元，比年初增加64.9亿元，增长32.8%。

忻州市2011年国民经济和社会发展主要指标完成情况

2011年，在市委、市政府的正确领导下，全市上下认真贯彻落实市委、市政府的工作要求，以转型综改试验区建设为契机，在保持经济平稳较快发展的同时，更加注重推动转型、跨越发展，更加注重经济发展方式转变和经济结构调整，全力实施“十二五”规划，经济和社会发展取得明显成绩,实现了“十二五”良好开局。

一、综　合

全年全市生产总值554.5亿元，比上年增长15.0%。其中，第一产业增加值54.8亿元，增长4.3%，占生产总值的比重为9.9%；第二产业增加值286.0亿元，增长25.7%，占生产总值的比重为51.6%；第三产业增加值213.7亿元，增长7.0%，占生产总值的比重为38.5%。第三产业中，金融保险业增加值24.8亿元，增长5.6%；交通运输、仓储和邮政业增加值43.3亿元，增长7.2%；批发和零售业增加值29.3亿元，增长9.3%。

人均地区生产总值18020元，按2011年平均汇率计算达到2860 美元。

全年全市财政总收入122.2亿元，比上年增长35.5%。一般预算收入53.4亿元，增长26.5%。税收收入104.9亿元，增长42.3%，其中国内增值税、营业税、企业所得税、个人所得税、资源税和城建税共计完成税收99.5亿元，增长42.2%。一般预算支出152.2亿元，比上年增长18.4%。其中农林水事务支出增长8.7%，教育支出增长31.7%，社会保障和就业支出增长32.2%，医疗卫生支出增长46.1%，环境保护支出增长0.7%，文化体育与传媒支出增长48.2%，公共安全支出增长13.8%。

居民消费价格比上年上涨5.0%，其中，食品价格上涨9.9%。商品零售价格上涨5.1%。固定资产投资价格上涨5.5%。工业生产者出厂价格上涨9.4%，其中生产资料价格上涨9.6%，生活资料价格上涨0.4%。工业生产者购进价格上涨7.2%。

全年全市城镇新增就业3.5万人，转移农村劳动力4.1万人。年末城镇登记失业率3.3%。

二、农　业

全年全市农作物种植面积47.33万公顷，比上年增长0.7%。其中，粮食种植面积42.25万公顷，增长0.4%；油料种植面积3.47万公顷，下降1.4%。在粮食种植面积中，玉米种植面积24.26万公顷，增长1.95%。

全年粮食产量148.54万吨，比上年增长7.8%。其中，夏粮0.13万吨，增长16.9%；秋粮148.41万吨，增长7.8%。

全年完成造林40032公顷，增长1.6%。其中，经济林面积7639公顷，增长30.4%。全年木材产量11634立方米，增长36.9%。

全年全市猪牛羊肉总产量8.2万吨，比上年增长3.6%。其中，猪肉产量5万吨，增长0.4%；牛肉产量0.6万吨，增长7.5%；羊肉产量2.6万吨，增长9.4%。年末生猪存栏52.2万头，增长7.6%；生猪出栏51万头，增长0.23%。牛奶产量3.8万吨，增长9.9%。禽蛋产量5.4万吨，增长13.2%。水产品产量2065吨，增长10%。

年末全市农业机械总动力225.98万千瓦，比上年增长4.6%。机械耕地面积27.25万公顷，下降2.3%，机械播种面积24.55万公顷，比上年增长12.6%，机械收获面积8.2万公顷，比上年增长60.8%。全市农机化经营总收入87401万元，增长10.8%。

三、工业和建筑业

年末全市规模以上工业企业265家。全年规模以上工业增加值增长28.8%。

全社会原煤产量4625.5万吨，比上年增长44.6%；发电量210.2亿千瓦时，增长23.6%。规模以上工业企业焦炭产量189.4万吨，增长11.8%。

规模以上工业实现主营业务收入573.8亿元，比上年增长51.1%。其中，煤炭、焦炭、冶金和电力工业分别实现主营业务收入166.1亿元、33.6亿元、189.4亿元和62.3亿元，分别增长51.0%、14.4%、59.4%和47.1%；新兴产业中，建材工业、化学工业、装备制造业、医药工业和食品工业分别实现主营业务收入5.5亿元、10.8亿元、86.6亿元、0.7亿元和1.0亿元，分别增长43.0%、36.9%、50.9%、52.4%和54.4%。

规模以上工业实现利税108.1亿元，比上年增长43.4%；实现利润62.2亿元，增长36.0%。

全年全市建筑业实现增加值23.5亿元，比上年增长14.7%。具有建筑业资质等级的总承包和专业承包建筑业企业实现利润0.91亿元，下降28.9%。

四、固定资产投资

全年全社会固定资产投资516亿元（老口径为573.5亿元），增长35.1%。其中，国有及国有控股投资303.7亿元，增长25.1%。

从登记注册类型情况看，内资企业投资510.5亿元，增长34.6%；外商及港澳台商企业投资0.4亿元，增长187.3%；个体经营5.1亿元，增长98.2%。

从产业情况看，第一产业投资16.8亿元，增长92.7%；第二产业投资312.4亿元，增长44.9%；第三产业投资186.9亿元，增长18.5%。在第二产业中，工业投资312.4亿元，增长45.4%。其中，煤炭工业投资140.7亿元，增长155.1%；非煤产业投资171.6亿元，增长7.5%。传统产业（煤炭、焦炭、冶金、电力）投资合计239.8亿元，增长43.6%，新兴产业（食品、建材、化工、装备制造）投资合计55.5亿元，增长49.8%。

全年全市在建固定资产投资项目834个。其中，5亿元以上项目35个，计划总投资720.3亿元，完成投资217.7亿元，占全市固定资产投资的比重42.2%。

全年房地产开发投资24.1亿元，增长32.9%。其中，住宅投资完成19.5亿元，增长21.7%；办公楼投资1.0亿元，增长968.3%；商业营业用房投资2.6亿元，增长60.9%。

五、能　　源

全年全市一次能源生产折标准煤3442.9万吨，比上年增长41.8%；二次能源生产折标准煤917.5万吨，增长26.4%。

全年全市向省外运输煤炭1137.1万吨，比上年增长40.1%，外运煤炭占原煤产量比重24.6%。在外运煤炭中，铁路运输1083.5万吨，增长33.5%；公路运输53.6万吨，增长100%。向市外运输焦炭143.9万吨，增长4.7%，外运焦炭占焦炭产量比重76%。

全年全市全社会用电总量92.0亿千瓦小时。其中，第一产业用电2.1亿千瓦小时，占全部用电量2.3%；第二产业用电63.1亿千瓦小时，占全部用电量68.6%，其中工业用电61.9亿千瓦小时；第三产业用电19.1亿千瓦小时，占全部用电量20.8%；城乡居民生活用电7.8亿千瓦小时，占全部用电量8.5%。

六、国内贸易

全年全市社会消费品零售总额185.5亿元，比上年增长17.4%。其中城镇消费品零售额143.7亿元，增长17.8%；乡村消费品零售额41.8亿元，增长10.5%。

七、对外经济

全年全市海关进出口总额19158万美元，比上年增长51.4%。其中，进口额18万美元，下降85.3%；出口额19140万美元，增长52.7%。

全年出口机电产品15395万美元，增长59.2%；全年进口机电产品7万美元，下降58.5 %。

全年全市新设立外商直接投资企业3家；按全口径统计实际使用外商直接投资金额1677万美元，比上年增长15 %。

八、交通、邮电和旅游

年末全市公路线路里程16892公里，其中高速公路466公里，比上年末增加77公里。

年末全市民用汽车保有量20.8万辆（包括三轮汽车和低速货车2.5万辆），比上年末增长14.9%，其中私人汽车16.2万辆，增长17.4%。本年新注册汽车3.3万辆，比上年下降2.9%。年末轿车保有量7.8万辆，比上年末增长27.9%，其中私人轿车6.9万辆，增长32.7%。

全年全市完成邮电业务总量18亿元，增长12.5%。其中，邮政业务收入1.9亿元，增长26.7%；电信业务收入16.1亿元，增长13.3%。新增移动电话用户38.8万户，年末达到222.3万户，其中，3G移动电话用户11.4万户。移动电话普及率72部/百人。全市宽带接入用户36.8万户，增长22.1%。

全年全市接待海外旅游者17.2万人次，接待国内旅游者1220.4万人次，分别增长18%和16%；旅游外汇收入6152.3万美元，国内旅游收入123.9亿元，旅游总收入127.9亿元，分别增长21.1%、20.2%和20.4%。

九、金　融

年末全市金融机构本外币各项存款余额1135.61亿元，比年初增加166.04亿元，增长17.12%。各项贷款余额410.69亿元，增加58.29亿元，增长16.54%。

年末全市农村金融合作机构（农村信用社、农村合作银行、农村商业银行）人民币贷款余额176.04亿元，比年初增加32.02亿元，增长22.23%。

2011年，全市保费收入21.5亿元，比上年增长2.85%；其中寿险保费收入12.8亿元，较去年同期下降6.63%；其中意外险、健康险业务保费收入0.38亿元，比去年同期下降9.3%。财产险业务保费收入8.7亿元，较去年同期增长20.78%；其中意外险、健康险业务保费收入0.39亿元，比去年同期增长1.4%。寿险赔款0.09亿元，给付2.7亿元，财产险赔款3.83亿元。

十、教育和科学技术

年末全市普通高等学校2所；成人高等学校1所。全市高中阶段毛入学率88%。

全年全市专利申请量与授权量分别为610件和256件，分别增长65.8%和2.4%；其中发明专利申请量与授权量分别为274件和32件，分别增长123.8%和39.1%。全年新登记科技成果3项。省级企业技术中心10家。按照国家高新技术企业认定办法，年末累计认定高新技术企业8家。

全年全市1个省级经济开发区科工贸总收入41.74亿元，比上年增长29.2%；区内生产总值12.52亿元，增长29.2%；税收收入2.29亿元，增长58.48%。

年末全市共有市、县产品质量监督检验和计量检定技术机构14个，监督抽查了109家企业一类一种产品和商品。全年完成强制检定计量器具1.7万台件。

全市有气象台站16个。全市气象系统开展人工影响天气业务的单位16个，防雹、增雨累计受益面积2.5万平方公里。全市有卫星云图接收站16个。

全市有专业综合地震台站2个，市级地震前兆台网中心1个，数字测震台网1个，数字测震子台3个。全年M1.0–M1.9级地震15次，M2.0–M2.9级地震3次，M4.0–M4.9级地震1次，最大震级M 4.5级。

十一、文化、卫生和体育

年末全市共有群众艺术馆1个，文化馆14个，博物馆12个。全市文化系统共有艺术表演团体16个。全市公共图书馆14个，档案馆16个。全市报纸出版1302万份，各类杂志出版1种、3.6万册。广播电台11座，电视台2座，广播电视台1座。年末有线电视用户19.2万户。

年末全市共有卫生机构(含村卫生所) 5046个，其中妇幼保健院（所、站）15个。全市卫生机构(含村卫生所)共有床位11448张。全市卫生机构共有卫生技术人员13836人。

全市有体育馆5个。

十二、人口、人民生活和社会保障

据2011年人口抽样调查，年末全市常住人口为308.5万人，比上年末增加1.5万人。全年全市出生人口3.5万人，人口出生率为11.40‰；死亡人口2万人，死亡率为6.65‰；自然增长率为4.75‰。

全年城镇居民人均可支配收入15924.6元，比上年增长16.4%；城镇居民人均消费性支出9064.9元，增长1.8%。全年农村居民人均纯收入4135元，增长20%；农村居民人均生活消费支出3793元，增长24.72%。城镇占调查总户数20%的低收入家庭人均可支配收入8356.3元，增长28.5%；农村占人口20%的低收入者收入1505元，增长27.1%。城镇居民家庭恩格尔系数（即居民家庭食品消费支出占家庭消费支出的比重）31.6%，农村居民家庭恩格尔系数43.1%。

年末参加城镇基本养老保险35万人；参加农村社会养老保险101万人；参加城镇医疗保险60万人；参加失业保险19万人；参加工伤保险15万人，其中农民工5.9万人；参加生育保险19.6万人。全市共有14个县（市、区）开展了新型农村合作医疗试点工作，208.6万农民参加了合作医疗，参合率98.98%。

全年全市纳入城市最低生活保障的居民11.9万人，发放城市低保资金3亿元，比上年增加0.9亿元；纳入农村最低生活保障的居民21.9万人，比上年增加1.8万人，发放农村低保资金3.3亿元，比上年增加1.9亿元。

年末全市各类福利院床位数262张，收养98人。城镇建立各种社区服务设施4个，其中综合性社区服务中心1个。全年销售社会福利彩票1亿元,筹集社会福利资金0.09亿元，接收社会捐赠款0.03亿元。

十三、资源、环境和安全生产

年末全市7座中型水库蓄水总量20407万立方米，比上年末增加18697万立方米。

全市自然保护区总数2个，自然保护区面积58442公顷。

全年全市14个县城空气质量二级以上天数平均为362天，比上年增加2天。

黄河、海河流域忻州段监测的13个断面中，Ⅰ～Ⅲ类水质断面比例为62%，Ⅳ类水质断面比例为21%，劣Ⅴ类水质断面比例为18%。

年末全市城市污水处理率91.41%，提高11.17个百分点；城市生活垃圾无害化处理率38.23%，提高15.82个百分点；集中供热普及率78.82%，提高7.55个百分点。

全年全市发生森林火灾18起，17起属于荒火，过火面积273.8亩，因森林火灾造成受害森林面积9.4亩。

全年共发生各类安全生产事故460起，同比增长7.2%；安全生产事故死亡163人，下降9.94%；无重大以上事故。全年全市煤炭百万吨死亡率为0.063。

吕梁市2011年国民经济和社会发展主要指标完成情况

2011年，在省委、省政府的正确领导下，全市上下按照"保投资、促转型、惠民生"的基本要求，紧紧抓住全省加快推进转型综改试验区建设的有利时机，强力推进转型跨越发展，国民经济和社会发展呈现良好发展局面,实现了"十二五"的良好开局。

一、综　　合

全年全市生产总值1130.7亿元，比上年增长14%。其中，第一产业增加值47.7亿元，增长4.5%；第二产业增加值834 亿元，增长16.6%；第三产业增加值249亿元，增长9%。第三产业中，金融保险业增加值29.5亿元，增长8.3%；交通运输、仓储和邮政业增加值63.6亿元，增长6.6%；批发和零售业增加值33.8亿元，增长16%。

人均地区生产总值30224元，按2011年平均汇率计算达到4679 美元。

居民消费价格比上年上涨4.6%，其中，食品价格上涨9.8%。商品零售价格上涨4.1%。工业生产者出厂价格上涨8.5%，其中生产资料价格上涨8.4%，生活资料价格上涨10.9%。工业生产者购进价格上涨6.9%。

全年全市下岗失业人员实现再就业15902人；就业困难人员就业3920人；新转移农村劳动力51021人；职业技能鉴定人数8640人。城镇登记失业率为1.9%。

二、农　　业

全年全市农作物种植面积40.78万公顷，比上年增加0.01万公顷。其中，粮食种植面积35.74万公顷，减少0.13万公顷；油料种植面积3.83万公顷，增加250.7公顷；棉花种植面积196.4公顷，减少38.3公顷。在粮食种植面积中，玉米种植面积15.59万公顷，增加0.27万公顷；小麦种植面积1.05万公顷，减少0.19万公顷。

全年粮食总产量106.1万吨，比上年增产9.3%。其中，夏粮4.06万吨，增产21.2%；秋粮102.04万吨，增产1.74%。

全年全市完成造林76.06万亩，其中:完成国家工程41.19万亩、省级工程7.78万亩、矿区造林1.6万亩、市县造林25.49万亩；完成植树1010万株，其中：完成义务植树510万株、通道绿化980公里、交通沿线荒山绿化13.2万亩、村庄绿化320个、环城绿化0.55万亩；完成以核桃为主的经济林栽植59.3万亩，经济林总产量3.45亿公斤，其中红枣3.04亿公斤、核桃0.31亿公斤，林果收入突破16亿元；完成新育苗5.1万亩，年可供应苗木3亿多株，基本上做到了苗木自给有余。

全年全市猪牛羊肉总产量7.59万吨，比上年减少11.67%。其中，猪肉产量5.34万吨，减少9.54%；牛肉产量1.64万吨，减少15.63%；羊肉产量0.58万吨，减少18.55%。年末生猪存栏48.3万头，减少4.79%；生猪出栏68.8万头，减少4.56%。牛奶产量2.32万吨，减少27.25%。禽蛋产量9.4万吨，增长4.70%。水产品产量1433吨，增长10.23%。

年末全市农业机械总动力264.8万千瓦，比上年增长5.34%。机械耕地面积19.4万公顷，机械播种面积17万公顷，机械收获面积7.5万公顷，分别比上年增长8.53%、9.33%和13.33%。全市农机化经营总收入8.8亿元，增长8.8%。

三、工业和建筑业

年末全市规模以上工业企业589家。全年规模以上工业增加值完成811.4，同比增长18.4%。

全社会原煤产量1.1亿吨，比上年增长23.08%；发电量104.7亿千瓦时，增长13.16%。规模以上工业企业焦炭产量1927.5万吨，增长3.14%；钢材产量328.1万吨，增长11.04%。

规模以上工业企业实现主营业务收入1855.3亿元，比上年增长34.7%。

规模以上工业实现利税351.4亿元，比上年增长30.2%；实现利润197.3亿元，增长27.3%。

全年全市建筑业实现增加值20.9亿元，比上年增长19.1%。具有建筑业资质等级的总承包和专业承包建筑业企业实现利润1.0亿元，下降5.2%。

四、固定资产投资

全年固定资产投资完成543.7亿元（全社会为595.0亿元），增长37.5%。其中，国有及国有控股投资179.4亿元，增长28%。

全年全市在建固定资产投资项目739个。其中，5亿元以上项目82个，计划总投资1493.7亿元，完成投资296.2亿元，占全市固定资产投资的比重54.5%。

全年房地产开发投资23亿元，增长16.5%。其中，住宅投资完成16.9亿元，下降0.2%；办公楼投资0.7亿元，增长13 倍；商业营业用房投资2.5亿元，增长30.9%。

五、能　源

全年全市一次能源生产折标准煤8018.85万吨，比上年增长18.55%；二次能源生产折标准煤8341.35万吨，增长32.95%。

全年全市向市外运输煤炭1980.64万吨，比上年增长42.88%，外运煤炭占原煤产量比重17.65%。

全年全市全社会用电总量133.71亿千瓦小时。其中，第一产业用电2.50亿千瓦小时，占全部用电量1.87%；第二产业用电111.76亿千瓦小时，占全部用电量83.58%，其中工业用电108.76亿千瓦小时；第三产业用电8.73亿千瓦小时，占全部用电量6.53%；城乡居民生活用电10.72亿千瓦小时，占全部用电量8.02%。

六、国内贸易

全年全市社会消费品零售总额261.1亿元，比上年增长17.33%。其中城镇消费品零售额203.7亿元，增长16.88%；乡村消费品零售额57.4亿元，增长18.96%。

七、对外经济

全年全市海关进出口总额93199万美元，比上年增长27.8%。其中，进口额64455万美元，增长41.5%；出口额28743万美元，增长5.1%。

八、交通、邮电和旅游

年末全市公路线路里程16260.4公里，其中高速公路332.668公里，比上年末增加8.5公里。

年末全市旅客运输量1865万人，比上年增长0.5%。旅客运输周转量13.42亿人公里，增长0.2%。货物运输量5632万吨，比上年增长10.8%。货物运输周转量114.45亿吨公里，增长6.5%。

年末全市民用汽车保有量23.85万辆（包括三轮汽车和低速货车2.77万辆），比上年末增长12.18%，其中私人汽车19.54万辆，增长15.82%。本年新注册汽车3.66万辆，比上年增长12.59%。年末轿车保有量11.23万辆，比上年末增长22.66%，其中私人轿车9.8万辆，增长24.88%。

全年全市完成邮电业务总量26.04亿元，增长16.97%。其中，邮政业务总量1.87亿元，下降18.01%；电信业务总量24.17亿元，增长20.99%。新增移动电话用户31.6万户，年末达到260.1万户。移动电话普及率69.3部/百人。全市宽带接入用户32.67万户，增长17.98%。

全年全市接待海外旅游者43365人次，接待国内旅游者969.22万人次，分别增长20.08%和48.59%；旅游外汇收入1414.38万美元，国内旅游收入75.74亿元，旅游总收入76.68亿元，分别增长19.17%、48.39%和47.89%。

九、金　融

全年全市金融业实现增加值29.5亿元，同比增长8.3%。

年末全市金融机构本外币各项存款余额1358.4亿元，比年初增加219.1亿元，增长16.1%。各项贷款余额521.5亿元，比年初增加112亿元，增长21.5%。年末全市农村金融合作机构（农业银行、农业发展银行、村镇银行）人民币贷款余额68.3亿元，比年初增加19.8亿元，增长29%。

全年全市保费收入27.2亿元。其中，财产险业务保费收入8.2亿元；寿险业务保费收入17.8亿元；意外伤害险业务保费收入5088万元%；健康险业务保费收入6022万元。

十、教育和科学技术

年末全市各类教育机构在校学生218595人。其中：高中生（包括职业高中）43754人；义务教育阶段学生121982人。

全年全市专利申请量达到922件，专利申请的数量、质量都得到大幅度提高。

全年共争取国家、省级星火、农业攻关项目14项；推荐山西省重大科技成果转化项目14项；争取到省级工业科技计划项目6项。全年有4项科技成果通过省级鉴定并全部进行了登记，其中国际先进1项，国内领先3项。

全年建立科技示范县2个，建立示范乡镇15个，示范村30个。认定省级民营科技企业5家，到2011年底，认定为省级民营科技企业的共有44家；全市创办科技类民办非企业单位共45家。

全年全市3个省级以上经济技术开发区实现工业总产值703.6亿元，增长42%；税收收入66亿元，增长17.9%。

年末全市共有市、县产品质量监督检验和计量检定技术机构16个，国家检测中心8个，省授权行业建立的检验所(站)3 个。全年完成强制检定计量器具22696台件。

全市有气象台站14个。全市气象系统开展人工影响天气业务的单位13个。全市有天气预报服务Intel网站13个，卫星云图接收站4个。

全市有专业综合地震台站1个，省级地震前兆台网中心1个，数字测定台网3个。全年M1.0–M1.9级地震4次，M2.0–M2.9级地震2次，最大震级2.0级，没有3级以上地震发生。

十一、文化、卫生和体育

年末全市共有群众艺术馆14个，文化馆14个。广播电台5 座，电视台13座。年末有线电视用户28万户。

年末全市共有卫生机构(含诊所)709个，其中妇幼保健院（所、站）14个。全市卫生机构(含诊所)共有床位1.09万张。全市卫生机构共有卫生技术人员1.33万人。

全市有体育场7个，体育馆1个。

十二、人口、人民生活和社会保障

据2011年人口抽样调查，年末全市常住人口为375.18万人，比上年末增加2.14万人。全年全市出生人口4.16万人，人口出生率为11.13‰；死亡人口2.09万人，死亡率为5.58‰；自然增长率为5.56‰。出生人口性别比为106.95。

全年全市城镇居民人均可支配收入17428元，比上年增长14.1%；城镇居民人均消费性支出9259元，增长13.7%。全年农村居民人均纯收入4743元，增长21.9%；农村居民人均生活消费支出5767元，增长73.37%。城镇占调查总户数20%的低收入家庭人均可支配收入8323.5元，增长19.77%；农村占人口20%的低收入者收入1418.5元，增长12.4%。城镇居民家庭恩格尔系数（即居民家庭食品消费支出占家庭消费支出的比重）30.84%，农村居民家庭恩格尔系数38.7%。

年末全市企业职工基本养老、机关事业单位养老、医疗、失业、工伤和生育保险参保人数分别达到13.4万人、8.6万人、78万人、16.6万人、18.2万人和7.6万人，全市新型农村社会养老保险和城镇居民养老保险参保人数分别达134万人和14万人。各项社会保险基金征缴率均达到100%以上，基金总收入达到18.4亿元。

全年全市纳入城市最低生活保障的居民10.9万人，发放城市低保资金3.06亿元，比上年增加1.09亿元；纳入农村最低生活保障的居民20.69万人，比上年增加1.08万人，发放农村低保资金3亿元，比上年增加1.44亿元。

年末全市各类福利院床位数320张，收养380多人。城镇建立各种社区服务设施11个，其中综合性社区服务中心7个。全年销售社会福利彩票1.5亿元,筹集社会福利资金1300万元。

十三、资源、环境和安全生产

全年全市新增灌溉面积4.2万亩；完成实灌面积160万亩；解决农村饮水安全人口15.05万人；完成水保初治面积62.6万亩；建设淤地坝158座；全市万元工业增加值用水量下降了22%，区域内地下水位有所回升；水利规费征收完成3.38亿元，其中水资源费征收3亿元，河维费2000万元，水保规费1800万元。

全年全市共实施239个市政公用设施投资项目，总投资达到70.3亿元。其中，新建项目123个，总投资41.4069亿元；改建项目116个，总投资28.8461亿元。开工率95.40%，实际完成投资额58.4亿元。

全年全市共发生各类安全生产事故987起，死亡263人，同比下降21.48%，安全生产形势进一步好转。

全年全市空气质量稳定达到国家二级标准。

（张建梅）

晋中市2011年国民经济和社会发展主要指标完成情况

2011年，全市上下认真贯彻落实中央及省的各项决策部署和晋中市委、市政府的工作要求，围绕科学发展观主题和加快转变经济发展方式主线，全力实施“十二五”规划，着力推动转型跨越发展，经济和社会发展取得新的成绩，实现了“十二五”良好开局。

一、综　　合

全年全市生产总值890.2亿元，比上年增长13.1%。其中，第一产业增加值73.3亿元，增长5.0%，占生产总值的比重为8.2%；第二产业增加值488.7亿元，增长17.6%，占生产总值的比重为54.9%；第三产业增加值328.2亿元，增长9.0%，占生产总值的比重为36.9%。第三产业中，金融保险业增加值29.4亿元，增长13.8%；交通运输、仓储和邮政业增加值90.6亿元，增长6.8%；批发和零售业增加值67.9亿元，增长14.7%。

人均地区生产总值27300元，按2011年平均汇率计算达到4227 美元。

全年全市财政总收入178.1亿元，比上年增长21.1%。其中，国税部门完成87.9亿元，增长21.8%；地税部门完成66.1亿元，增长25.0%；财政部门完成24.2亿元，增长9.4%。全年全市一般预算收入78.0亿元，比上年增长20.5%。一般预算支出154.4亿元，比上年增长28.6%。其中农林水事务支出增长27.9%，教育支出增长43.6%，社会保障和就业支出增长31.2%，医疗卫生支出增长52.6%，环境保护支出增长0.9%，文化体育与传媒支出增长44.7%，公共安全支出增长13.3%。

全年市区居民消费价格比上年上涨4.7%，其中，食品价格上涨12.6%。市区商品零售价格上涨4.6%。全市工业生产者出厂价格上涨5.9%，其中生产资料价格上涨5.8%，生活资料价格上涨7.4%。工业生产者购进价格上涨9.9%。农业生产资料价格上涨5.9%。

全年全市城镇新增就业4.44万人，转移农村劳动力6.8万人。年末城镇登记失业率1.78%。

二、农　　业

全年全市农作物种植面积493.9万亩，比上年减少1.6%。其中，粮食种植面积425.5万亩，减少1.8%；油料种植面积5.8万亩，减少3.0%；棉花种植面积0.4万亩，增长14.7%。在粮食种植面积中，玉米种植面积311.0万亩，减少1.1%；小麦种植面积36.6万亩，减少1.0%。

全年粮食产量158.3万吨，增产5.2%。其中，夏粮10.3万吨，增产12.8%；秋粮148.0万吨，增产4.7%

全年完成造林26.6千公顷，减少6.0%。其中，荒山荒地造林面积26.6千公顷，减少10.7%。经济林面积8.7千公顷，减少84.0%。全年木材产量0.4万立方米，与上年持平。

全年全市猪牛羊肉总产量13.09万吨，比上年增长15.1%。其中，猪肉产量10.42万吨，增长10.5%；牛肉产量1.56万吨，增长45.8%；羊肉产量1.11万吨，增长27.6%。年末生猪存栏90.16万头，增长17.6%；生猪出栏121.56万头，增长4.6%。牛奶产量13.33万吨，减少3.6%。禽蛋产量14.95

万吨，减少21.64%。水产品产量0.19万吨，与上年持平。

年末全市农业机械总动力334.0万千瓦，比上年增长4.0%。机械耕地面积28.6万公顷，机械播种面积24.6万公顷，机械收获面积10.4万公顷，分别比上年增长1.1%、6.5%和16.9%。全市农机化经营总收入17.3亿元，增长10.9%。

三、工　业

年末全市规模以上工业企业460家。全年规模以上工业增加值431.8亿元，同比增长20.3%。

全社会原煤产量7103.1万吨，比上年增长23.3%；发电量108.7亿千瓦时，下降4.4%。规模以上工业企业焦炭产量940.5万吨，增长10.6%；钢材产量91.9万吨，增长90.0%。

规模以上工业实现主营业务收入1346.5亿元，比上年增长32.3%。其中，煤炭、焦炭、冶金和电力工业分别实现主营业务收入759.2亿元、195.4亿元、117.2亿元和26.3亿元，分别增长40.3%、19.6%、39.3%和3.9%；新兴产业中，非金属工业、化学工业、装备制造业、医药工业和食品工业分别实现主营业务收入41.3亿元、42.2亿元、103.6亿元、10.2亿元和42.5亿元，分别增长30.4%、34.2%、17.6%、31.3%和19.3%。

规模以上工业实现利税161.3亿元，比上年增长37.6%；实现利润60.6亿元，增长70.1%。

四、固定资产投资

全年全社会固定资产投资580.2亿元，增长30.2%。其中，国有投资203.6亿元，增长17.8%。

从登记注册类型情况看，内资企业投资570.8亿元，增长41.4%；外商及港澳台商企业投资7.3亿元，减少28.0%；个体经营投资2.0亿元，增长16.5%。

从产业情况看，第一产业投资23.2亿元，下降15.8%；第二产业投资320.2亿元，增长32.2%；第三产业投资236.8亿元，增长34.8%。在第二产业中，工业投资319.3亿元，增长32.2%。其中，煤炭工业投资151.2亿元，增长26.7%；非煤产业投资168.1亿元，增长37.4%。传统产业（煤炭、焦炭、冶金、电力）投资合计209.2亿元，增长18.7%，新兴产业（食品、建材、化工、装备制造）投资合计67.0亿元，增长102.4%。

全年全市在建固定资产投资项目1012个。其中，5亿元以上项目64个，计划总投资915.9亿元，完成投资213.4亿元，占全市固定资产投资的比重36.8%。

全年房地产开发投资32.2亿元，增长8.1%。其中，住宅投资完成25.9亿元，增长11.5%；办公楼投资1.11亿元，下降1.4%；商业营业用房投资3.07亿元，增长83.8%。

五、能　源

全年全市向省外运输原煤4167.7万吨，比上年增长23.1%。其中，通过铁路直接售予外省1510.6万吨，增长36.6%；通过公路运往外省2657.1万吨，增长16.6%。外运原煤占原煤产量的58.7%。全年全市向省外运输焦炭645.0万吨，比上年增长0.1%。其中，通过公路直接售予外省196.9万吨，增长3.7%；通过铁路直接售予外省448.1万吨，下降1.4%。外运焦炭占焦炭产量的比重为68.6%。

全年全市全社会用电总量111.4亿千瓦小时。其中，第一产业用电4.3亿千瓦小时，占全部用电量3.8%；第二产业用电85.9亿千瓦小时，占全部用电量77.1%，其中工业用电83.6亿千瓦小时；第三产业用电9.4亿千瓦小时，占全部用电量8.5%；城乡居民生活用电11.8亿千瓦小时，占全部用电量10.6%。

六、国内贸易

全年全市社会消费品零售总额325.4亿元，比上年增长17.2%。其中城镇消费品零售额229.9亿元，增长18.8%；乡村消费品零售额95.5亿元，增长13.6%。

七、对外经济

全年全市海关进出口总额2.33亿美元，比上年增长2.1%。其中，进口额0.02亿美元，下降66.0%；出口额2.31亿美元，增长4.4%。

全年焦炭出口额4469万美元，同比下降33.6%；玻璃器皿出口额3094万美元，同比下降1.3%；机电产品出口额10557万美元，同比增长26.0%。

全年新签项目（合同）数达10个，比上年增加5个；项目投资总额达70171万美元，当年实际利用外商直接投资金额6507 万美元。

八、交通、邮电和旅游

年末全市公路通车里程14963公里，比上年增加401公里，增长2.8%；其中高速公路455公里，比上年末增加163公里。

年末全市民用汽车保有量33.0万辆（包括三轮汽车和低速货车2.7万辆），比上年末增长18.6%，其中私人汽车27.8万辆，增长20%。本年新注册汽车5.7万辆，比上年增长2.3%。年末轿车保有量15.5万辆，比上年末增长27.6%，其中私人轿车14.1万辆，增长29.3%。

全年全市完成邮电业务总量49.0亿元。其中，邮政业务总量1.9亿元；电信业务总量47.1亿元。固定电话用户年末达到72.3万户。其中，城市电话用户41.6万户，农村电话用户30.7万户。新增移动电话用户20.8万户，年末达到211.7万户。年末全市固定及移动电话用户总数达到284.0万户，比上年末增加16.0万户。全市宽带接入用户达到41.4万户，增长39.4%。

全年全市接待海外旅游者24.8万人次，接待国内旅游者1557.1万人次，分别增长15.6%和15.4%；旅游外汇收入7339.7万美元，国内旅游收入130.6亿元，旅游总收入135.4亿元，分别增长14.9%、19.4%和19.0%。

九、金融和保险

年末全市金融机构本外币各项存款余额1449.1亿元，比年初增加198.9亿元，增长15.9%。各项贷款余额611.3亿元，增加141.6亿元，增长30.2%。

据初步统计数据显示，2011年年末，全市累计保费收入35.8亿元，同比增长7%；累计赔款、给付8.8亿元，同比增长41.2%。

十、教育和科学技术

年末全市普通高等学校 9 所，普通中学 231 所，小学798所，幼儿园464 所。

全年全市专利申请量为759件，比上年增长22.8%，其中发明专利申请量为208件，比上年增长30.0%。全年全市专利授权量为337件，比上年增长4.0%。按照国家高新技术企业认定办法，年末累计认定高新技术企业14家，比上年增加3家，创造高新技术产业总产值23.2亿元。

十一、文化、卫生和体育

年末全市共有群众艺术馆、文化馆12个，艺术表演团体13 个，公共图书馆11个。年末全市公共图书馆图书总藏量达1110千册。全市共有电视台11座，广播电台节目10套。有线电视用户41.5万户。广播人口覆盖率93.02%，电视人口覆盖率98.94%。

年末全市共有卫生机构(含诊所)1102个，其中妇幼保健院（所、站）12个。全市卫生机构(含诊所)共有床位12631张，其中医院床位8244张，卫生院床位3521张。全市卫生机构共有卫生技术人员15819人。

年末全市拥有各级体育机关12个，体育场馆27个。

十二、人口、人民生活和社会保障

据2011年人口抽样调查初步统计，年末全市常住人口为3270025 人，比上年末增加17988人。全年全市出生人口36156人，人口出生率为11.09‰；死亡人口19372人，死亡率为5.94‰；自然增长率为5.15‰。男女性别比为108.57。

全年城镇居民人均可支配收入18918.6元，比上年增长15.5%；城镇居民人均消费性支出11207.0元，增长10.9%。全年农村居民人均纯收入6912.5元，增长19.0%；农村居民人均生活消费支出5351.8元，增长40.8%。城镇占调查总户数20%的低收入家庭人均可支配收入8899.3元，增长14.7%；农村占人口20%的低收入者收入2080.0元，增长19.9%。城镇居民家庭恩格尔系数（即居民家庭食品消费支出占家庭消费支出的比重）31.0%，农村居民家庭恩格尔系数34.7%。

2011年末参加城镇基本养老保险41.9万人；参加农村社会养老保险145.0万人；参加城镇医疗保险78.6万人；参加失业保险24.1万人；参加工伤保险21.3万人；参加生育保险17.5万人。全市共有11个县（市、区）全部开展了新型农村合作医疗试点工作，215.5万农民参加了合作医疗，参合率99.14%。

全年全市纳入城市最低生活保障的居民56651人，比上年增加695人，发放城市低保资金17274万元，比上年增加6172万元；纳入农村最低生活保障的居民97260人，比上年增加6413人，发放农村低保资金12950万元，比上年增加5315万元。

年末全市各类社会福利单位95个，床位数4705张，比上年增加350张，收养3106人。

十三、资源、环境和安全生产

全年全市耕地保有量373.4千公顷。年末全市森林面积253.6千公顷，森林覆盖率20.4%。全市自然保护区总数5个，自然保护区面积127.5千公顷，占全市国土面积的7.8%。

全年全市11个县（区、市）空气质量二级以上天数总计达到3947天，比上年增加47天，增长1.2%。其中，市城区空气质量二级以上天数达到359天。市城区综合污染指数为1.45，比上年下降4.6%。

全年全市河流监测的8个断面中，有2个断面受到重度污染（劣Ⅴ类），占监测断面总数的25%；水质优良（Ⅰ-Ⅲ类）的断面6个，占监测断面总数的75%。其中，水质优（Ⅱ类）的断面4个，水质良好（Ⅲ类）的断面2个。

年末全市城市污水处理率92%，比上年提高2个百分点，其中市区城市污水处理率96%；全市城市生活垃圾无害化处理率41.7%，比上年提高19.2个百分点，其中市区城市生活垃圾无害化处理率33.2%；全市建成区绿化覆盖率38.2%，比上年提高4.4个百分点，其中市区建成区绿化覆盖率41.4%。

全年全市安全生产事故死亡375人，煤炭生产安全事故死亡人数8人。全市亿元GDP生产安全事故死亡率0.42；煤炭生产百万吨死亡率为0.1576；工矿商贸企业就业人员10万人死亡率为2.97；道路交通万车死亡率为8.94；特种设备万台死亡率为0；10万人口火灾死亡率为0。

（王爱婕）

阳泉市2011年国民经济和社会发展主要指标完成情况

2011年，全市上下积极围绕市委、市政府年初确定的各项经济目标，以结构调整为主线，不断加大工业生产的组织力度，合理调整投资结构，积极采取各种有效措施，国民经济整体保持平稳健康运行态势，各项主要经济指标基本达到或超过预期目标，GDP总量突破500亿元大关，各项社会事业取得了新的成就，实现了“十二五”规划完美开局。

一、综　　合

生产总值突破500亿元，综合实力不断增强。初步核算，全年全市地区生产总值528.1亿元，比上年增长12.8%。其中，第一产业增加值8.4亿元，增长10.4%，比上年增幅提高7.3个百分点；第二产业增加值314.0亿元，增长14.6%，比上年增幅回落2.4个百分点；第三产业增加值205.7亿元，增长10.1%，比上年增幅回落0.4个百分点。第三产业中，金融业增加值25.2亿元，增长16.5%；批发和零售业增加值39.8亿元，增长16.0%；住宿和餐饮业增加值20.9亿元，增长12.7%；房地产业增加值16.1亿元，增长4.0%。

人均地区生产总值38500元，按2011年平均汇率计算达到5961美元。

第一、第二和第三产业增加值占全市生产总值的比重分别为1.6%、59.4%和39.0%，对经济增长的贡献率分别为1.2%、67.9%和30.9%。

财政收入、支出同步增长。全年全市财政总收入121.46亿元，比上年增长21.3%。一般预算收入46.64亿元，增长23.7%。其中，税收收入37.79亿元，增长21.0%，国内增值税、营业税、企业所得税、个人所得税、资源税和城建税共计完成税收32.85亿元，分别增长20.1%、22.1%、21.2%、8.9%、22.1%和38.3%。

一般预算支出执行71.04亿元，比上年增长19.2%。其中农林水事务支出增长28.0%，教育支出增长31.9%，科学技术支出增长4.6%，社会保障和就业支出增长14.6%，医疗卫生支出增长40.9%，节能环保支出增长34.2%，文化体育与传媒支出增长36.6%，城乡社区事务支出下降28.0%，公共安全支出增长17.3%。

市场物价高位运行。居民消费价格比上年上涨4.7%，其中食品价格上涨11.2%。商品零售价格上涨4.0%。工业生产者出厂价格上涨11.5%，其中生产资料价格上涨11.4%，生活资料价格上涨16.2%。工业生产者购进价格上涨16.4%。

劳动就业工作状况进一步好转。年末全市就业人员68.58万人，其中城镇就业人员26.04万人。城镇新增就业岗位2.13万个，下岗失业人员再就业人数达到1.31万人，其中就业困难对象再就业人数3500人。年末城镇登记失业率3.71%。

二、农　　业

粮食种植面积继续增加。全年全市农作物种植面积5.9万公顷，比上年增长0.2%。其中粮食种植面积5.6万公顷，增长1.4%；油料种植面积0.04万公顷，下降10.3%。在粮食种植面积中，玉米种植面积4.7万公顷，增长1.4%。

粮食产量创20年来新高。全年粮食总产量25.46万吨，比上年增产22.3%。其中：秋粮总产量25.34万吨，比上年增产22.5%；夏粮总产量为0.12万吨，比上年减产13.5%。在秋粮总产量中，玉米23.7万吨，增产24.0 %。

畜禽及水产品产量继续增长。全年全市肉类总产量1.4万吨，比上年增长1.5%。其中，猪肉产量1.1万吨，下降0.3%；牛肉产量0.03万吨，下降11.6%；羊肉产量0.06万吨，下降10.7%；牛奶产量0.7万吨，下降4.6%；禽蛋产量3.1万吨，增长29.9%；水产品产量0.05万吨，增长13.7%。

林业发展取得新成效。全年完成退耕还林和荒山荒地造林面积1.5万公顷，造林合格面积1.5万公顷。2011年末全市森林覆盖率达26%。

农业生产条件不断改善。年末全市农业机械总动力126.0万千瓦，比上年末增长3.7%。机械耕地面积4.2万公顷，比上年增长3.0%；机械播种面积3.6万公顷，机械收获面积0.3万公顷，分别比上年增长2.4%和0.5%。全市农机化经营总收入达到6.3亿元，同比增长10.9%。

三、工业和建筑业

工业生产高速增长。全年全部工业增加值比上年增长15.1%。其中，全市规模以上工业企业129户，完成工业增加值282.3亿元，同比增长16.6%。

工业经济效益稳健增长。规模以上工业实现主营业务收入1068.6亿元,比上年增长38.8%。其中，四大传统支柱产业实现主营业务收入976.4亿元，增长40.9%，煤炭、焦炭、冶金和电力工业分别实现主营业务收入871.4亿元、10.0亿元、49.6亿元和45.4亿元，分别增长42.6%、17.6%、65.7%和4.8%。新兴产业中，装备制造业实现主营业务收入47.9亿元，增长24.0%。

规模以上工业实现利税132.4亿元，比上年增长20.6%；实现利润49.6亿元，增长7.9%。

建筑业生产稳步增长。全年全市建筑业实现增加值31.42亿元，比上年增长10.4%。具有建筑业资质等级的总承包和专业承包建筑业企业实现利润总额8.24亿元，增长12.9%；上缴税金6.32亿元，增长16.4%。

四、固定资产投资

固定资产投资继续快速增长。全年全社会固定资产投资341.9亿元，比上年增长30.2%。其中：按城乡分，城镇以上投资315.6亿元，增长31.6%；农村投资26.3亿元，增长15.0%。按产业分，第一产业投资9.9亿元，下降24.3%；第二产业投资164.0亿元，增长44.1%；第三产业投资168.0亿元，增长23.8%。按登记注册类型分，国有投资193.2亿元，增长17.2%；非国有投资148.7亿元，增长52.2%。

全年房地产开发投资58.9亿元，比上年增长35.9%。按工程用途分，商品住宅投资46.3亿元，增长33.0%；办公楼投资2.4亿元，增长84.6%；商业营业用房投资6.7亿元，增长21.8%。

重点工程建设取得新进展。2011年，全市254个重点工程项目中，有206个项目开工建设，开工率81.1%，有35个项目竣工，累计完成投资273.9亿元。重点工程项目完成投资占全市全社会投资的比重为80.1%。

五、能　　源

能源工业发展迅速。全年全市一次能源生产折标准煤4357万吨，比上年增长5.1%；二次能源生产折标准煤269万吨，增长2.6%。

能源外输量持续增加。全年全市向省外运输煤炭4854万吨，比上年增长7.5 %，外运煤炭占原煤产量的比重为79.6%；向省外运输焦炭63.6万吨，增长4.1%，外运焦炭占焦炭产量的比重为99.3%。

能源投资不断增加。城镇投资中，能源工业投资完成112.8亿元，比上年增长40.2%。其中煤炭工业投资100.5亿元，增长34.0%，电力工业投资12.3亿元，增长146.0%。

全年全市全社会用电总量89.03亿千瓦小时。其中，第一产业用电0.5亿千瓦小时，占全部用电量0.6%；第二产业用电77.93 亿千瓦小时，占全部用电量87.5%，其中工业用电77.13亿千瓦小时；第三产业用电6.3亿千瓦小时，占全部用电量7.1%；城乡居民生活用电4.3亿千瓦小时，占全部用电量4.8%。

六、国内贸易

国内市场持续升温。全年全市社会消费品零售总额188.35亿元，比上年增长17.4%。分城乡看，城镇消费品零售额136.41亿元，增长19.8%；乡村消费品零售额51.94亿元，增长11.4%。分行业看，批发业零售额33.1亿元，增长76.8%；零售业零售额108.15亿元，增长2.7%；住宿业零售额14.45亿元，增长59.4%；餐饮业零售额32.65亿元，增长19.5%。

七、对外经济

外贸进出口高速增长。全年全市海关进出口总额33345万美元，比上年增长14.4%。其中，出口总额17122万美元，增长30.6%；进口总额16223万美元，增长1.1%。

全年全市新设立外商直接投资企业1家；实际使用外商直接投资金额18134万美元，比上年增长68.1%；其中纳入商务部口径统计的为7146.6万美元。

八、交通、邮电和旅游

交通运输业稳步发展。全年全市交通运输、仓储和邮政业增加值40.4亿元，比上年增长6.7%。公路线路年末里程0.55万公里，其中高速公路186.35公里。

2011年，全市共完成货物运输总量7785.9万吨，同比增长4.3%。其中，铁路完成4142.8万吨，同比增长5.2%；公路完成3643.1万吨，同比增长3.3%。全年全市共完成旅客运输总量2810.6万人次，同比增长2.3%，其中，铁路完成229.6万人次，同比下降7.5%；公路完成2581万人次，同比增长3.3%。

年末全市民用汽车保有量达到13.5万辆（包括三轮汽车和低速货车0.9万辆），比上年末增长14.2%，其中私人汽车9.9万辆，增长20.9%。年末轿车保有量6.4万辆，比上年末增长27.8%，其中私人轿车5.5万辆，增长33.8%。

邮电通信业继续快速增长。全年全市完成邮电业务总量13.0亿元，比上年增长10.1%，其中，邮政业务总量完成1.1亿元，比上年下降22.4%；电信业务总量完成11.9亿元，比上年增长14.8%。局用交换机总容量为26.3万门。固定电话用户年末为29.9万户，其中，城市电话用户23.5万户，农村电话用户6.4万户。新增移动电话用户13.5万户，年末达到116.3万户。年末全市固定及移动电话用户总数达到146.2万户，比上年末增加9.5万户。电话普及率达到106.4部/百人，其中固定电话和移动电话普及率分别达到21.8部/百人和84.6部/百人。全市宽带接入用户达到22.7万户，增长15.9%。

旅游业迅速发展。全年全市接待海外旅游者3.0万人次，接待国内旅游者954.3万人次，分别增长28.5%和16.0%；旅游外汇收入825.4万美元，国内旅游收入75.84亿元，旅游总收入76.34亿元，分别增长20.9%、31.8%和31.6%。

九、金融和保险

金融存贷款不断增加。年末全市金融机构本外币各项存款余额975.51亿元，比年初增长11.4%。各项贷款余额430.26亿元，比年初增长17.6%。其中，城乡居民储蓄存款523.5亿元，比年初增长14.3%。在城乡居民储蓄存款中，人民币存款522.72亿元，比年初增长14.2%。

保险事业发展平稳。全年全市保费收入16.02亿元，比上年下降2.7%；其中，寿险业务保费收入10.14亿元，下降10.6%；健康险和意外伤害险业务保费收入0.46亿元，增长4.3%；财产险业务保费收入5.42亿元，增长16.0%。支付各类赔款及给付4.96亿元，增长39.1%；其中，寿险业务给付2.63亿元，增长64.3%；健康险和意外伤害险业务赔款及给付0.09亿元，下降0.8%；财产险业务赔款2.24亿元，增长19.5%。

十、教育和科学技术

教育事业全面发展。年末全市高等院校达到2所。全市独立设置的高等学校在校学生10147人，中等专业学校在校学生3875人，农村劳动力转移培训3.5万人，农民实用技术培训10万人次。

科学研究和技术创新取得新进展。全年全市共受理各项专利申请654件，比上年增长12.3%。全市技术市场共签订技术合同12份，成交金额4796.5万元。全年有65个项目列入省级科技计划，获得国家资助773万元；有2个项目列入国家级科技计划。全年共取得市级科研成果46项。

十一、文化、卫生和体育

文化事业健康发展。年末全市共有艺术表演团体6个，群众艺术馆1个，文化馆5个，广播电视电台4座，有线电视用户31.9万户，广播人口覆盖率100%，电视人口覆盖率100%。全市共有公共图书馆5个，馆藏图书639千册。年末全市共有档案馆7个。《阳泉日报》发行量为621万份。

卫生条件继续改善。年末全市共有卫生机构(含诊所)460个，其中妇幼保健院（所、站）6个。全市卫生机构(含诊所)共有床位7270张；其中，医院和卫生院床位6485张。卫生技术人员8879人。全市3个农业县（区）全部开展了新型农村合作医疗试点工作，56.47万农民参加了合作医疗，参合率98.58%。

体育事业取得新成绩。全年我市运动员在国内外重大比赛中获金牌9枚、银牌11枚、铜牌5枚（包括非奥运项目比赛）。全年全市销售中国体育彩票2483万元，比上年增长21.8%。

十二、人口、人民生活和社会保障

人口保持低增长水平。据2011年人口抽样调查，年末全市常住人口为137.42万人，比上年末增加5004人。全年全市出生人口12941人，人口出生率为9.44‰；死亡人口8197人，死亡率为5.98‰；自然增长率为3.46‰。人口性别比为106.8 。全市城镇化率达到61.61%。

人民生活不断改善。全年城镇居民人均可支配收入为20253元，比上年增长18.6%；城镇居民人均消费性支出11987元，增长16.9%。农村居民人均纯收入7677元，增长17.0%；农村居民人均生活消费支出5207元，增长28.7%。城镇占调查总户数20%的低收入家庭人均可支配收入8411元，增长0.1%；农村占人口20%的低收入者收入3083元，增长5.8%。城镇居民家庭恩格尔系数（即居民家庭食品消费支出占家庭消费支出的比重）31.84%，农村居民家庭恩格尔系数37.6%。城镇单位在岗职工平均工资48970元，增长15.6%。

社会保障进一步发展。年末参加基本养老保险的人数为23.28万人；参加基本医疗保险的人数为58.22万人；参加失业保险的人数为20万人；参加工伤保险的人数为14.22万人；参加生育保险的人数为12.41万人。

全年全市纳入城市最低生活保障的居民4.4万人，比上年增加0.12万人，发放城市低保资金12424.54万元，比上年增加4252.18万元；纳入农村最低生活保障的居民4.09万人，比上年增加400人，发放农村低保资金6512.61万元，比上年增加3283.61万元。全年全市共发放低保资金18937.15万元，比上年增加7535.79万元。

年末全市各类福利院床位数200张，收养各类人员142人。城镇建立各种社区服务设施69个，城镇便民、利民服务网点数343个。全年销售社会福利彩票13168万元,筹集社会福利资金3572 万元，直接接收社会捐赠款42.1万元。

十三、环境和安全生产

环境工作成绩突出。全年全市环境空气质量Ⅱ级以上天数总计达到336天，保持了国家二级标准。

年末全市城市污水处理率达到85.3%，提高2.31个百分点；城市生活垃圾无害化处理率达到100%；集中供热面积2048.08万平方米，增长12.0%；集中供热普及率达到91.12%，提高0.79个百分点。

全年全市各类自然灾害造成直接经济损失2.03亿元，比上年有较大幅度上升。全年农作物受灾面积3.96万公顷，下降20.7%，其中，绝收0.44万公顷，下降39.2%。

安全生产成效显著。全年全市生产安全事故死亡84人，比上年下降7.7%。地方煤矿百万吨死亡人数为0.26人，下降60%。

（高丽芳）

长治市2011年国民经济和社会发展主要指标完成情况

2011年，全市人民在市委、市政府的正确领导下，坚持以党的十七届六中全会精神为指导，在科学发展观的统领下，围绕建设全国最宜居最宜发展城市目标，着力转型跨越，推进“四化”建设，全市经济社会发展取得全面进步，获得“全国文明城市”荣誉称号，经济保持了较快增长的态势，实现了“十二五”时期良好开局。

一、综　　合

全市生产总值1218.6亿元，比上年增长15.4%。其中，第一产业增加值49亿元，增长7.7%；第二产业增加值827.3亿元，增长18.4%；第三产业增加值342.3亿元，增长10.2%。三次产业比例由上年的4.4：65.4：30.2调整为4.0：67.9：28.1。人均生产总值36425元（按2011年平均汇率折算为5640美元），增长14.9%。

全年实现财政总收入255.5亿元，比上年增长29.1%。一般预算收入104.4亿元，增长34.0%。全市一般预算支出176.1亿元，增长29.6%，其中社会保障和就业支出增长52.6%，医疗卫生支出增长43.9%，科学技术支出增长57.5%，教育支出增长16.8%，农林水事务支出增长35.8%。

全年居民消费价格比上年上涨4.8%，其中食品类价格上涨11.4%。工业品出厂价格上涨6.7%；原材料、燃料、动力购进价格上涨3.1%。

全年新增城镇就业岗位4.8万个，年末城镇登记失业率为1.8%。

二、农林牧渔业

全年粮食种植面积257千公顷，比上年增长0.6%；油料种植面积1.8千公顷，减少10.9%；棉花种植面积0.08千公顷，增长23.5%；蔬菜种植面积19.6千公顷，增长7.8%。

全年粮食产量148.5万吨，比上年增产10.0%。其中，夏粮5.1万吨，增产3.9%；秋粮143.4万吨，增产10.2%。油料产量0.29万吨，减产3.7%。蔬菜产量93.5万吨，增产15.0%。

全年肉类总产量7.42万吨，比上年增长12.1%。其中，猪牛羊肉6.16万吨，增长3.4%。禽蛋产量14.18万吨，增长23.7%。奶产量1.63万吨，增长17.4%。

三、工业和建筑业

全年规模以上工业增加值791亿元,比上年增长23.8%。其中，轻工业增长7.7%，重工业增长24.6%。产品销售率95.9%。

主要工业产品产量中，全社会原煤产量1.04亿吨，比上年增长18.7%；焦炭产量1298.1万吨，增长17.8%；钢材产量408.6万吨，增长7.5%。

全年工业经济效益综合指数为313.8%，比上年提高71.5个百分点。规模以上工业企业主营业务收入1744.7亿元，比上年增长32.1%。实现利税303.2亿元，增长44.1%，其中实现利润192.0亿元，增长54.6%。亏损企业亏损额29.3亿元，比上年下降16.2%。

全年全社会建筑业实现增加值31.8亿元，比上年增长16.9%。全市具有资质等级的总承包和专业承包建筑业企业实现利润1.85亿元，增长9.5%。

四、固定资产投资

全年固定资产投资686.9亿元，比上年增长36.0%。按产业分，第一产业投资29.0亿元，增长32.7%；第二产业投资414.7亿元，增长39.3%；第三产业投资243.2亿元，增长31.2%。按登记注册类型分，国有投资300.2亿元，增长22.7%；非国有投资386.7亿元，增长48.6%。

全年房地产开发投资完成53.8亿元，比上年增长64.1%，其中住宅投资42.5亿元，增长63.5%。商品房销售额42.3亿元，增长32.4%，其中住宅销售额为39.0亿元，增长39.7%。

五、能　　源

城镇能源工业投资中，煤炭工业投资161.6亿元，增长30.6%；电力工业投资37.5亿元，增长71.6%。全年共向省外运输煤炭3309.82万吨，比上年增长4.84%；向省外运输焦炭836.96万吨，下降0.79%。全市采区煤炭资源回采率达到81%。

六、国内外贸易

全年社会消费品零售总额321亿元，比上年增长17.8%。分城乡看，城镇消费品零售额273.5亿元，增长18.8%；乡村消费品零售额47.5亿元，增长12.3%。分行业看，批发和零售业零售额286.6亿元，增长17.9%；住宿和餐饮业零售额34.4亿元，增长16.5%。

在限额以上批发和零售业零售额中，汽车类零售额比上年增长11.5%，粮油、食品、饮料、烟酒类增长29.8%，服装类增长16.7%，家用电器和音像器材类增长34.3%，石油及制品类增长48.9%。

全年进出口总额77881万美元，比上年增长109.9%。其中，出口4809万美元，增长11.8%；进口73073万美元，增长122.7%。

全年新批外商直接投资企业4家；合同利用外商投资2034.71万美元，下降81%；实际利用外商直接投资20716.67万美元，增长49%。

七、交通、邮电和旅游

全年民航客运量41.2万人，比上年增长5.37%，旅客周转量36752万人公里；货邮运输量2900吨，货邮周转量258.68万吨公里，运输总周转量523.29万吨公里。公路客运量3476.21万人，比上年增长1.3%，旅客周转量23.07亿人公里；货运量5598.75万吨，比上年增长2.97%，货物周转量78.84亿吨公里。

年末全市民用汽车保有量达到40.41万辆（包括三轮汽车和低速货车3.53万辆），比上年末增长8.19%，其中年末私人汽车保有量22.36万辆，增长16.94%。民用轿车保有量12.73万辆，增长26.7%，其中私人轿车10.93万辆，增长30.7%。

全年完成邮电业务总量22.42亿元，比上年增长21.8%。其中，邮政业务总量1.52亿元，下降17.23%；电信业务总量20.9亿元，增长26.2%。年末固定电话用户达到62.83万户，其中，城市电话用户44.98万户，农村电话用户17.85万户。年末移动电话用户达到229.68万户。年末全市固定电话、移动电话及小灵通用户总数达到293.33万户。电话普及率达到87.5部/百人。年末全市互联网用户累计达37.13万户，比上年增长24%。

全年共接待国内外游客1280.82万人次，比上年增长20.95%；国内旅游总收入124.8亿元，增长40.59%。全年入境人数10.24万人次，比上年增长21.45%。其中，外国人5.91万人次，增长20.79%；香港、澳门和台湾同胞4.34万人次，增长22.36%。在入境旅游者中，过夜人数10.24万人次，增长21.45%。旅游外汇收入2285.17万美元，增长38.94%。

八、金融和保险

年末全市金融机构本外币各项存款余额1574.2亿元，

比年初增长17.6%；其中人民币存款余额1571.8亿元，增长17.5%。全市金融机构本外币各项贷款余额730.8亿元，比年初增长23.1%；其中个人消费贷款19.8亿元，增长26.2%。

年末全市共有保险公司21家。全年保险公司保费收入29.09亿元，其中寿险业务保费收入19.08亿元；健康险和意外伤害险业务保费收入0.82亿元；财产险业务保费收入1.97亿元；车险业务保费收入7.23亿元。支付各类赔款及给付7.16亿元，其中寿险业务给付2.88亿元；健康险和意外伤害险赔款及给付0.45亿元；财产险业务赔款0.56亿元；车险业务赔款3.27亿元。

九、教育和科学技术

年末全市有独立招生的高等院校6所，全年招收普通高等教育本、专科学生9043人，在校大学生30668人，毕业学生8281人。全市各类中等职业教育学校44所，全年招生13704人，在校学生43680人，毕业学生18827人。全市普通中学228所，其中完全中学29所，普通高中16所，十二年一贯制学校3所，普通初中138所，九年一贯制学校41所，职业初中1所。全年高中招生25731人，在校学生81144人，毕业学生26627人。全年初中招生46626人，在校学生151448人，毕业学生46474人。全市普通小学1339所，全年招生38998人，在校学生238161人，毕业学生45751人。特殊教育在校学生592人。幼儿园在园幼儿80416人。

全年全市共受理各项专利申请1197件，比上年增长55.5%。全年全市科学技术成果120项，其中有51项技术获得省部级以上科学技术成果奖，比上年增加5项。全年签订技术合同61项，成交金额28089.5万元，增长22.5%。

全市共有产品质量检验机构12家。全年对30户企业实施了产品认证，对15种产品进行了监督抽查。全市共有法定计量技术机构12个，全年强制检定计量器具9.5万台件。

十、文化、卫生和体育

年末全市共有艺术表演团体20个，文化馆14个，博物馆1个，公共图书馆14个，公共图书馆藏书量132万册，档案馆7个，已开放各类档案6368卷。全市广播电视台13座，广播、电视综合人口覆盖率分别达到94.68%和97.51%，年末全市有线电视用户达到37.02万户，其中接收数字信号用户25万户。我市组织完成了中央电视台“欢乐中国行--魅力长治”演出活动。

年末全市共有医疗卫生机构5022个，其中医院、卫生院184个，妇幼保健机构14个，疾病预防控制中心（防疫站）15个，卫生监督机构15个。病床位12913张，其中医院、卫生院8739张。卫生技术人员17157人，其中执业医师和执业助理医师7712人，注册护士5984人，药剂人员961人。乡镇卫生院142个，床位2587张，卫生技术人员2206人。全市县乡村三级卫生机构达标率95.52%，全市新型农村合作医疗覆盖率100%。

全市运动员在各类体育比赛中获得全国冠军16个，全省冠军73个。

十一、城市建设、资源、环境和安全生产

年末全市城市建成区面积5930万平方米。年末城市房屋建筑面积6505.69万平方米，比上年末增长9.85%，其中住宅建筑面积4879.27万平方米。年末建成区绿化覆盖率44.91%，下降3.1个百分点。年末城市交通运营车辆678辆，出租汽车1801辆。市区有公园4座，总面积127公顷。

全年城市供水总量8370.55万吨，人均日生活用水量173.35升。全年液化气供气总量5607吨，天然气供应量2841.29万立方米，煤气供气总量1.2亿立方米，其中生活用煤气4766.17万立方米。燃气普及率84%，比上年增长1个百分点。市区集中供热面积2587万平方米，其中住宅供热面积1810万平方米。市区污水处理能力22.5万吨/日，全年污水处理量5495万吨。生活垃圾年清运量19.37万吨，无害化处理率达到100%。

年末全市耕地保有量519.22万亩，其中年内增加耕地面积0.83万亩。本年度检查验收合格造林面积29.5千公顷，其中退耕还林配套荒山荒地造林面积4.2千公顷。义务植树627万株。全市有自然保护区2个，面积46.8千公顷，占全市总面积的3.3%。

年末全市大中型水库蓄水总量2.59亿立方米，比上年增长2400万立方米。全年总用水量5.12亿立方米，比上年增长8.9%。其中，生活用水增长1.2%，工业用水增长10.3%。全年曾有3万人、0.4万头大牲畜因干旱发生临时性饮水困难。

全年全市空气质量Ⅱ级以上天数达357天，比上年增加1天，占全年天数的97.8%。全市达Ⅲ类水质标准的断面比例58.8%。城市集中式饮用水源地辛安泉水质达标率达到100%。

全市亿元GDP生产安全事故死亡人数为0.186人。煤矿百万吨死亡人数为0.06人。全年发生火灾事故182件，直接损失252.5万元。全年共发生道路交通事故347起，造成215人死亡、324人受伤，直接财产损失135.1万元。

十二、人民生活和社会保障

年末全市总人口为335.36万人，比上年增加1.63万人，出生率10.91‰，死亡率6.19‰，人口自然增长率为4.71‰。城镇人口比重达到43.43%，比上年提高1.59个百分点。性别比（女=100）为106.10。

全年农村居民人均纯收入7092元，比上年增长19.0%；城镇居民人均可支配收入20131.1元，比上年增长17.6%。全年全市在岗职工平均工资39296元，较上年增加5878元，增长17.59%。

年末全市城镇居民人均住宅建筑面积达到33.5平方米，农村居民人均住宅面积达到37平方米。

年末城镇参加基本养老保险人数为43.02万人，比上年增加3.59万人。其中，职工32.85万人，离退休人员10.17万

人。参加基本医疗保险职工人数为50.25万人，增加3.65万人。参加失业保险职工人数为26.13万人,全年领取失业保险金6633人。

晋城市2011年国民经济和社会发展主要指标完成情况

2011年，在市委、市政府的正确领导下，全市上下以科学发展观为指导，以转型跨越发展为主线，全力推动经济发展和民生改善，经济建设和社会发展取得新的成绩，实现了“十二五”时期良好开局。

一、综　　合

全年全市生产总值895.0亿元，增长13.6%。其中，第一产业增加值38.8亿元，增长7.7%，占生产总值的比重为4.3%；第二产业增加值585.8亿元，增长16.3%，占生产总值的比重为65.5%；第三产业增加值270.3亿元，增长9.1%，占生产总值的比重为30.2%。第三产业中，金融业增加值30.1亿元，增长6.2%；交通运输、仓储和邮政业增加值63.9亿元，增长8.9%；批发和零售业增加值48.3亿元，增长16.9%；住宿和餐饮业增加值20.8亿元，增长10.0%；营利性服务业增加值29.7亿元，增长10.2%。人均地区生产总值39205元，按2011年平均汇率计算达到6070美元。

全年全市财政总收入完成181.8亿元，增长18.6%，其中增值税完成85.9亿元，增长12.6%；企业所得税43.5亿元，增长24.8%；个人所得税8.5亿元，增长28.9%；营业税13.5亿元，增长21.1%；资源税2.5亿元，增长1.6%。一般预算收入完成67.9亿元，增长22.4%。一般预算支出113.2亿元，增长26.5%。其中农林水事务支出增长22.2%，教育支出增长26.1%，社会保障和就业支出增长19.4%，医疗卫生支出增长47.6%，节能保护支出增长57.7%，文化体育与传媒支出增长38.1%。

全年居民消费价格比上年上涨4.9%，其中，食品价格上涨11.5%，商品零售价格上涨4.4%。工业生产者出厂价格上涨7.5%，工业生产者购进价格上涨7.1%。

全年全市城镇新增就业3.47万人，转移农村劳动力2.52万人。年末城镇登记失业率2.2%。

二、农　　业

全年全市农作物种植面积21.7万公顷，其中，粮食种植面积20.6万公顷，油料种植面积0.34万公顷，棉花种植面积0.04万公顷。在粮食种植面积中，玉米种植面积8.6万公顷，小麦种植面积6.5万公顷。

全年粮食总产量92.0万吨，增加0.6万吨，增产0.6%。其中，夏粮22.9万吨，减产7.0%；秋粮69.1万吨，增产3.4%。

全年完成造林面积1.3万公顷，增长33.8%；经济林面积0.52万公顷，增长7.9倍；全年木材产量8054立方米，增长2.1倍。

全年全市肉类总产量11.3万吨，增长13.5%。其中，猪肉产量10.1万吨，牛肉产量2179吨，羊肉产量4598万吨。年末生猪存栏90.0万头，增长53.3%；生猪出栏144.4万头，增长22.1%。牛奶产量3488.1吨，增长2.3%；禽蛋产量6.5万吨，增长84.2%；水产品产量1375吨，增长11.3%。

年末全市农业机械总动力234.0万千瓦，增长3.9%。机械耕地面积15.5万公顷，下降0.7%；机械播种面积12.2万公顷，下降0.1%；机械收获面积9.9万公顷，增长19.2%。全市农机化经营总收入14.7亿元，增长7.4%。

三、工业和建筑业

2011年末，全市规模以上工业企业216家，全年规模以上工业增加值增长18.0%。

全社会原煤产量9140万吨，增长8.4%；规模以上工业发电量191亿千瓦时，下降5.2%；水泥139万吨，增长22.6%；化肥实物量435万吨，增长17.3%；合成氨267万吨，增长14.8%；钢材205万吨，增长35.4%。

规模以上工业实现主营业务收入1251.5亿元，增长30.7%。其中，煤炭、炼焦、冶铸和电力工业分别实现主营业务收入784.9亿元、15.1亿元、128.7亿元和64.8亿元，分别增长28.1%、5.2%、46.2%和-1.5%；新兴产业中，煤层气开采、建材工业、化学工业、装备制造业、医药工业和食品工业分别实现主营业务收入33.5亿元、8.9亿元、99.4亿元、98.4亿元、1.6亿元和11.1亿元，分别增长34.0%、26.6%、40.2%、63.9%、13.8%和13.1%。

规模以上工业实现利税274.0亿元，增长26%；实现利润180.2亿元，增长26.7%。

年末全市具有资质等级的总承包和专业承包建筑业企业71家，完成总产值43.4亿元，增长27.6%；房屋建筑施工面积212.0万平方米，增长10.8%；签订合同额为67.6亿元，增长41.4%。

四、固定资产投资

全年全市固定资产投资完成504.1亿元，增长29.5%。其中，国有及国有控股投资完成148.9亿元，增长0.4%。

从登记注册类型情况看，内资企业投资484.4亿元，增长31.4%；外商及港澳台商企业投资19.1亿元，增长0.1%。

从产业情况看，第一产业投资14.8亿元，增长89.9%；第二产业投资289亿元，增长41.6%；第三产业投资200.4亿元，增长12.9%。在第二产业中，工业投资289.0亿元，增长41.6%。其中，煤炭工业投资130.4亿元，增长75.5%；非煤产业投资158.5亿元，增长22.2%。传统产业（煤炭、焦炭、冶金、电力）投资合计126.9亿元，增长31.3%，新兴产业（非煤焦冶电行业）投资合计162.1亿元，增长50.8%。

全年全市在建固定资产投资项目851个。其中，5亿元以上项目57个，计划总投资945.0亿元，本年完成投资164.6亿元，占全市固定资产投资的比重为32.6%。

全年房地产开发投资37.5亿元，增长15.9%。其中，住宅投资完成30.0亿元，增长11.2%；商业营业用房投资4.5亿元，增长40.0%。

五、能　源

全年全市一次能源生产折标准煤6678.9万吨，增长8.8%；二次能源生产折标准煤324.3万吨，下降2.3%。

全年全市向省外运输煤炭5711万吨，下降9.2%，外运煤炭占原煤产量的比重为62.5%；向省外输送电力168.5亿千瓦小时，下降5.3%，外输电量占发电量的比重为88%；向省外运输焦炭46万吨，增长41.0%，外运焦炭占焦炭产量的比重为52.5%。

固定资产投资中，能源工业投资完成198.8亿元，增长63.6%。其中煤炭工业投资130.4亿元，增长75.7%；石油和天然气开采业投资40.2亿元，增长160.1%；石油加工、炼焦及核燃料加工业投资0.36亿元，下降49.0%；电力的生产和供应业投资27.8亿元，下降10.4%。

全年全市全社会用电总量136.5亿千瓦小时。其中，第一产业用电1.3亿千瓦小时，占全部用电量1.0%；第二产业用电120.6亿千瓦小时，占全部用电量88.4%，其中工业用电119.8亿千瓦小时；第三产业用电8.5亿千瓦小时，占全部用电量6.2%；城乡居民生活用电6.1亿千瓦小时，占全部用电量4.4%。

六、国内贸易

全年全市社会消费品零售总额224.5亿元，增长17.5%。其中城镇消费品零售额210.4亿元，增长18.2%；乡村消费品零售额14.1亿元，增长7.4%。

七、对外经济

全年全市海关进出口总额11.35亿美元，增长113.4%。其中，进口额8.53亿美元，增长166.3%；出口额2.82亿美元，增长33.2%。

全年出口煤炭19万美元，下降38.2%；出口钢材4234万美元，增长58.1%；出口电器及电子产品19857万美元，增长28.1%；出口计算机及通信技术产品15178万美元，增长30.4%。

全年进口铁矿砂25801万美元；进口集成电路14834万美元，增长66.7%；进口机械设备24945万美元；进口电子技术产品18116万美元，增长49.1%；进口计算机集成制造技术产品17206万美元，增长187.9%。

全年全市新设立外商直接投资企业4家；按全口径统计实际使用外商直接投资金额21798.6万美元，增长66.5%。

八、交通、邮电和旅游

年末全市公路线路里程8599.5公里，其中高速公路286.9公里。各种运输方式的作业量保持稳定增长。

年末全市民用汽车保有量22万辆（包括三轮汽车和低速货车2.7万辆），比上年末增长7.9%，其中私人汽车17.4万辆，增长15.5%。本年新注册汽车3.3万辆，减少19.4%。年末轿车保有量10.9万辆，比上年末增长22.5%，其中私人轿车9.5万辆，增长25%。

全年全市完成邮电业务总量16.4亿元，下降49.6%。其中，邮政业务总量1.2亿元，下降23.3%；电信业务总量15.3亿元，下降50.9%（电信业务总量下降系移动本年扣除折扣和折让费所致）。新增移动电话用户15.7万户，年末达到157.6万户。全市宽带接入用户25.1万户，增长7.3%。

年末全市共有成规模的旅游景区（点）42处，其中有1个国家级5A级景区，6个国家级4A级景区,5个2A级景区，7个国家级工农业旅游示范点。共有星级饭店28家，其中五星级1家、四星级11家、三星级10家、二星级6家。全年全市接待海外旅游者6.8万人次，接待国内旅游者1167.0万人次，分别增长32.7%和11.5%；旅游外汇收入2695.9万美元，增长62.6%；国内旅游收入89.1亿元，增长18.1%；旅游总收入90.9亿元，增长18.9%。

九、金融、证券和保险

年末全市金融机构人民币各项存款余额1498.3亿元，比年初增加172.8亿元，增长13.0%。各项贷款余额633.4亿元，比年初增加110.5亿元，增长21.1%。

年末全市农村金融合作机构（农村信用社、农村合作银行、农村商业银行）人民币贷款余额157.3亿元，比年初增加30.9亿元，增长24.4%。

年末全市共有证券营业部3家，从业人员63人。年末开户数39978户，累计存入资金20.5亿元，下降49.0%，入市资金15.1亿元，下降52.6%。全年营业收入5284.8万元，下降38.2%，利润总额3205.4万元，下降41.4%。

全年全市保费收入29.8亿元，增长6.8%。其中，寿险业务保费收入21.3亿元，增长3.7%；健康险业务保费收入0.75亿元，下降3.8%；意外险业务保费收入0.38亿元，增长15%；财产险业务保费收入8.5亿元，增长14.7%。

十、教育和科学技术

年末全市普通高等学校1所，成人高等学校1所。全市高中阶段毛入学率92.2%。成人技术培训学校培训结业职工和农民共计28.9万人次。

全年全市组织实施各类科技项目260项（其中国家级3项、省级27项、市级230项）。在国家级项目中，列入国家中小创业创新基金项目1项，成果计划1项，星火计划1项；在省级项目中，列入省级国际科技合作项目2项，科技重大专项3项，火炬计划5项，星火计划4项，农业攻关与社会发展1项，成果推广7项，工业攻关2项，软科学及基础平台建设3项。全年全市专利申请量1008件，增长48.2%；其中发明专利申请量269件，增长26.7%。全年新登记科技成果20项。省级企业技术中心2家，按照国家高新技术企业认定办法，2011年末累计认定高新技术企业1家。

十一、文化、卫生和体育

年末全市共有艺术表演团体6个，新创作首演剧目5个；演出场次2093场，演出收入217万元；全市共有艺术表演场馆3个、群众艺术馆1个，文化馆6个，公共图书馆6个，总藏书28万册。

年末全市共有各级医疗卫生机构3098个，医院和卫生院床位8千张，卫生专业技术人员1.2万人，每千人拥有病床3.6张，每千人拥有医生数2.3人。全市6县（市、区）全部开展了新型农村合作医疗试点工作，新型农村合作医疗参合率100%。村卫生室覆盖率100%、县乡村三级医疗机构达标率100%。全年各县（市、区）的儿童“五苗”全程接种率以乡镇为单位均达到了99.9%以上。碘盐覆盖率、合格碘盐食用率均达到100%，各种地方病得到了有效控制。全市乡镇卫生监督站覆盖率达到77.8%。

年末全市拥有各级各类体育场馆4385个，体育锻炼标准达标人数达321260人。全年全市运动员在省级以上重大比赛中获金牌81枚、银牌68枚、铜牌70枚（包括非奥运项目比赛）。全市销售中国体育彩票5043万元，与上年基本持平。

十二、人口、人民生活和社会保障

据2011年人口抽样调查，年末全市常住人口为228.55万人，比上年末增加0.52万人。全年全市出生人口1.88万人，人口出生率为8.23‰；死亡人口1.42万人，死亡率为6.20‰；自然增长率为2.03‰，性别比为101.31（以女性人口为100）。

全年城镇居民人均可支配收入20127元，增长16.0%；城镇居民人均消费性支出12967元，增长22.5%。全年农村居民人均纯收入7043元，增长19.4%；农村居民人均生活消费支出5289元，增长37.3%。城镇占调查总户数20%的低收入家庭人均可支配收入7779元，增长21.9%；农村占人口20%的低收入者收入3769元，增长20.7%。城镇居民家庭恩格尔系数（即居民家庭食品消费支出占家庭消费支出的比重）28.3%，农村居民家庭恩格尔系数36.0%。

年末参加城镇基本养老保险28.6万人；参加农村社会养老保险96.8万人；参加城镇医疗保险54.8万人；参加失业保险21.1万人；参加工伤保险22.2万人；参加生育保险19.3万人。全市共有153.5万农民参加了合作医疗。

年末城镇低保人数31497人，增加253人；农村低保人数79871人，增加776人；农村集中供养五保户1714人，户数1707户；农村医疗救助62214人。优抚对象12849人，享受定期抚恤1969人，享受定期补助7977人。全市收养性单位61个，增加2个，床位数4430张，年在院73.5万人天。社区服务中心1个，社区服务站61个。全市福利企业48个，残疾职工数777人。福利彩票发行单位1个，收入总计686.7万元。全年直接接收捐赠款666.4万元，受益29765人。

十三、资源、环境和安全生产

全市自然保护区总数5个，自然保护区面积达到15.6万公顷，占全市土地面积的16.6%；全市国家级生态示范区2个。

全年市区环境空气质量二级以上天数达到354天，其中一级天数达到112天，增加8天；空气综合污染指数为1.7，较上年下降0.02。

城市污水处理率达到95%；城市生活垃圾无害化处理率达到92.7%；集中供热普及率达到81%。

全年全市共发生各类生产安全事故833起，减少5起，下降0.6%；事故死亡247人，同比增加29人，上升13.3%，占省政府下达我市控制指标256人的96.5%；造成直接经济损失1038.4万元，同比减少428.3万元，下降29.2%。亿元GDP生产安全事故死亡率0.28（省控指标0.293），工矿商贸就业人员10万人生产安全事故死亡率1.875（省控指标2.25），煤矿百万吨死亡率0.078（省控指标0.2310），特种设备万台死亡率0（省控指标0.67），道路交通万车死亡率7.24（省控指标8.04）。

临汾市2011年国民经济和社会发展主要指标完成情况

2011年，全市上下认真贯彻落实中央、省、市各项决策部署和工作要求，围绕科学发展观主题和加快转变经济发展方式主线，全力实施“十二五”规划，着力推动转型跨越发展，全市经济和社会发展取得新的成绩，实现“十二五”良好开局。

一、综　　合

全年全市生产总值1135.1亿元，比上年增长15.3%。其中，第一产业增加值73.9亿元，增长4.1%，占生产总值的比重为6.5%；第二产业增加值716.1亿元，增长19.5%，占生产总值的比重为63.1%；第三产业增加值345.1亿元，增长10.7%，占生产总值的比重为30.4%。第三产业中，交通运输、仓储和邮政业增加值83.3亿元，增长10.8%；批发和零售业增加值64.4亿元，增长13.8%。

人均地区生产总值26199元，按2011年平均汇率计算为4056美元。

全年全市财政总收入188.4亿元，比上年增长17.5%。一般预算收入89.1亿元，增长18.1%。税收收入50亿元，增长19.7%，其中国内增值税、营业税、企业所得税、个人所得税、资源税和城建税共计完成税收42.4亿元，增长21%。一般预算支出187.1亿元，比上年增长17.1%。其中农林水事务支出增长41.8%，教育支出增长18.3%，社会保障和就业支出增长22.1%，医疗卫生支出增长50.6%，节能环保支出增长1.17%，文化体育与传媒支出增长57.4%，公共安全支出增长18.1%。

居民消费价格比上年上涨4.6%，其中食品价格上涨9.2%。工业生产者出厂价格上涨6.22%，其中生产资料价格上涨6.27%，生活资料价格上涨3.44%。工业生产者购进价格上涨7.16%。

2011年末，全市城镇就业人员达50.3万人，城镇新增就业人员4.3万人。年末城镇登记失业率2.8%，控制在4.2%的目标范围之内。

二、农　　业

全年全市农作物种植面积562973.3公顷，比上年增加2774.8公顷，增长0.5%。其中，粮食种植面积511525.5公顷，增加2631.9公顷；油料种植面积12782.2公顷，减少1384公顷；棉花种植面积3842.8公顷，减少208公顷。在粮食种植面积中，玉米种植面积207344.5公顷，增加7854.5公顷；小麦种植面积242379.4公顷，减少4470.9公顷。

全年粮食产量214.6万吨，比上年增加21.5万吨，增产11.2%。其中，夏粮91.2万吨，增产5.1%；秋粮123.4万吨，增产16%。

全年木材产量6466立方米，比上年增长49.4%。全年完成造林42533公顷。退耕还林工程完成配套荒山荒地造林面积4800公顷。全年完成天然林资源保护工程造林面积5600公顷。

全年全市猪牛羊肉总产量100538吨，比上年减少0.1%。其中，猪肉产量88256吨，减少0.3%；牛肉产量5296吨，减少3.4%；羊肉产量6986吨，增长4.8%。牛奶产量27703吨，减少5.8%。禽蛋产量84145吨，增长6.6%。水产品产量5009吨，增长10.1%。

年末全市农业机械总动力423.1万千瓦，比上年增长4.4%。机械耕地面积394367公顷，机械播种面积373812公顷，机械收获面积263078公顷，分别比上年增长9.5%、5.4%和12.1%。全市农机化经营总收入达到11.8亿元，同比增长8.8%。

三、工业和建筑业

年末全市规模以上工业企业380家。全年规模以上工业增加值增长23.6%。

全社会原煤产量4813.08万吨，比上年增长28.7%。规模以上工业企业焦炭产量1920.07万吨，增长7.2%；钢材产量943万吨，增长31.01%；发电量149.29亿千瓦时，增长43.14%。

规模以上工业实现主营业务收入1878.14亿元，比上年增长35.8%；其中煤炭、炼焦、黑色金属冶炼及压延加工、有色金属冶炼及压延加工、化学制品制造五大行业分别实现主营业务收入561.76亿元、388.21亿元、605.77亿元、48.91亿元和85.28亿元，分别增长39.9%、24.2%、33.0%、21.6%和117.0%。装备制造业和食品工业分别实现主营业务收入65.80亿元和10.69亿元，分别增长31.9%和75.6%。

规模以上工业实现利税185.61亿元，增长32.9%；实现利润88.58亿元，增长39.5%。

全年全市建筑业实现增加值54.8亿元，增长14%。具有建筑业资质等级的总承包和专业承包建筑业企业实现利润1.9亿元，下降31.9%；上缴税金4.8亿元，下降4.7%。

四、固定资产投资

全年全社会固定资产投资645亿元，同口径相比，增长35.1%。其中，国有及国有控股投资385.7亿元，增长30.5%。

分产业看，第一产业投资21亿元，增长10.7%；第二产业投资301.54亿元，增长22.3%；第三产业投资322.4亿元，增长52.1%。在第二产业中，工业投资301.49亿元，增长22.3%。其中，煤炭工业投资121亿元，增长47.5%。传统产业（煤炭、焦炭、冶金、电力）投资合计194.9亿元，增长19%，新兴产业（食品、装备制造等）投资合计89.2亿元，增长42%。

全年全市在建固定资产投资项目1047个，投产项目744个。项目建成投产率为71.1%；新增固定资产384.9亿元，固定资产交付使用率为59.7%。

全年房地产开发投资37.4亿元，增长19.2%。其中，住宅投资完成30.2亿元，增长18.1%；办公楼投资1.0亿元，增长341.2%；商业营业用房投资4.9亿元，增长41.6%。

全年全市市级重点建设工程257项，计划总投资2462亿元，其中当年计划投资436.1亿元，全年完成投资464.1亿元，项目开工率87.5%，当年投资计划完成率106.4%。

五、能　　源

全年全市一次能源生产折标准煤3437.98万吨，增长28.67%；二次能源生产折标准煤5804.54万吨，增长20.18%。

全年全市向省外运输煤炭847.69万吨，增长0.07%。其中：向省外运输原煤134.01万吨，下降22.25%；洗精煤591.8万吨，增长8.13%；其他洗煤121.88万吨，下降4.33%。向省外运输焦炭1226.21万吨，增长14.48%。

全市能源工业投资完成185.37亿元，增长16.55%。其中，煤炭工业投资120.99亿元，增长47.5%；电力工业投资34.31亿元，下降46.6%；焦化工业投资20.72亿元，增长307.9%。

全年全市全社会用电总量156.9亿千瓦小时。其中，第一产业用电4.2亿千瓦小时，占全部用电量的2.7%；第二产业用电127.2亿千瓦小时，占全部用电量的81.1%，在第二产业中工业用电123.2亿千瓦小时；第三产业用电11.2亿千瓦小时，占全部用电量的7.1%；城乡居民生活用电14.3亿千瓦小时，占全部用电量的9.1%。

六、国内贸易

全年全市社会消费品零售总额360.7亿元，增长17.7%。其中城镇消费品零售额301.3亿元，增长18.4%；乡村消费品零售额59.4亿元，增长14%。

七、对外经济

全年全市海关进出口总额79596万美元，增长22.4%。其中，进口额58593万美元，增长16%；出口额21003万美元，增长44.3%。

全年出口焦炭11.38万吨，增长54.5%，出口金额5438万美元，增长83.8%；出口钢材1353万美元，增长44%；出口机电产品10314万美元，增长43.2%；出口高新技术产品383万美元，增长122.8%。

全年进口铁矿砂及其精矿365万吨，下降3.9%，进口金额52790万美元，增长11.5%；进口机电产品1668万美元，增长26.7%。

全年全市新设立外商直接投资企业3家；按全口径统计实际使用外商直接投资金额9033万美元，增长16.46%。

全年全市外来投资实际到位248.63亿元人民币，同比增长44.15%，其中省外投资到位金额242.49亿元人民币，同比增长45%。

八、交通、邮电和旅游

年末全市公路线路里程1.739万公里，其中高速公路342公里，比上年末增加134公里。

年末全市民用汽车保有量31万辆（包括三轮汽车和低速货车等2.6万辆），比上年末增长16%，其中私人汽车25.7万辆，增长18.8%。本年新注册汽车5.1万辆，增长16.5%。年末轿车保有量15.4万辆，比上年末增长12.9%，其中私人轿车13.7万辆，增长12.7%。

全年全市完成邮电业务总量32.3亿元，增长28.3%。其中，邮政业务总量2.2亿元，增长3.4%；电信业务总量30.1亿元，增长30.5%。

年末全市固定电话66.5万部，减少4.1万部，下降5.8%；移动电话338.7万部，本年新增48.6万部，增长16.7%；已通电话的行政村达到2866个，占全市行政村的96.6%；全市固定电话和移动电话普及率每百人分别达到15.35部和78.17部。全市宽带接入用户达到43.55万户，增长16%。

全年全市接待海外旅游者12万人次，接待国内旅游者1365.3万人次，分别增长19.23%和16.47%；旅游外汇收入2526.9万美元，国内旅游收入119.8亿元，旅游总收入121.4亿元，分别增长21.65%、24.8%和25%。

九、金　　融

年末全市金融机构本外币各项存款余额1459.02亿元，比年初增加133.2亿元，增长10.05%。各项贷款余额658.58亿元，增加108.65亿元，增长19.76%。

年末全市农村金融合作机构（农村信用社、农村商业银行）人民币存款余额563.05亿元，比年初增加62.77亿元，增长12.55%。人民币贷款余额376.45亿元，比年初增加39.58亿元，增长11.75%。

全年全市辖区证券市场各类证券成交额521.21亿元，下降31.09%。年末股票市场累计开户数8.52万户，比上年末增长9.17%。

全年全市保费收入34.68亿元，增长2.87%。其中，寿险业务保费收入24.87亿元，减少3.43%；财产险业务保费收入9.81亿元，增长23.28%。支付各类赔款及给付5.32亿元，增长30.57%。其中，寿险业务给付0.73亿元，增长19.49%；财产险业务赔款4.58亿元，增长32.54%。

十、教育和科学技术

年末全市普通高等学校4所，高中阶段毛入学率88.49%。学前三年毛入园率80.86%。校舍安全工程进展顺利，安全工程规划改造面积122.47万平方米，改造项目学校562所，总投入资金13.62亿元。

全年全市受理专利申请635件，增长28.3%。全市累计认定高新技术企业达到18家，民营科技企业总数达到88家。培育认定8家科技创新型试点企业，总数达到38家。全市已建立国家级研发中心1家，省级研发中心13家，市级研发中心16家。

年末全市共有市、县产品质量监督检验所17个，市授权行业建立的检定机构5个，监督抽查了163家企业11类产品和商品。全市共有法定计量技术机构17个，全年完成强制检定计量器具70757台件。

全市有气象台（站）17个，开展121电话天气自动答询台（站）17个。全市气象系统开展人工影响天气业务的单位17个，防雹、增雨受益覆盖面积1.5万平方公里。全市有天气预报服务Intel网站17个，卫星云图接收站1个。

全市有专业综合地震台站17个，市级测震台网中心1个，数字测震台网1个，数字测震子台7个。

十一、文化、卫生和体育

年末全市共有群众艺术馆1个，文化馆16个，博物馆14个，文化系统共有艺术表演团体18个。广播电视台17座。年末有线电视用户83.7万户，广播人口覆盖率96.13%，电视人口覆盖率98.09%。全市共有公共图书馆17个，档案馆24个。目前共有5个县级图书馆和8个文化馆达到国家三级标准以上。

全年全市创作编排了现代戏《酸枣岭》、大型古装戏

《屠夫状元》等优秀剧目，再夺全国“小梅花”奖称号，全市大小“梅花”奖总数达到51个，居全国地级市之首。在国家、省非物质文化遗产评选中，全市有10个项目入选国家级名录，43个项目入选省级名录，位居全省前列，霍州威风锣鼓和翼城花鼓获文化部“中国民间文化艺术”称号。

年末全市共有卫生机构(含诊所)1167个，其中妇幼保健院（所、站）18个。全市卫生机构(含诊所)共有床位1.65万张。卫生机构共有卫生技术人员2万人。其中执业医师和执业助理医师9326人。新型农村合作医疗制度全面推开，参合率稳步上升，受益面不断扩大，参合农民298万人，参合率达到97.88%，提高4.41个百分点。

在山西省第十四届运动会上，全市体育代表团共获得金牌30枚、银牌26枚、铜牌28枚、总分1067.5的好成绩。全年全市销售中国体育彩票9442.5万元。

十二、人口、人民生活和社会保障

据2011年人口抽样调查，年末全市常住人口为4344986人，比上年末增加24333人。全年全市出生人口46081人，人口出生率为10.64‰；死亡人口23630人，死亡率为5.45‰；自然增长率为5.19‰。出生人口性别比为104.28。

全年城镇居民人均可支配收入15949.5元，增长15.3%；城镇居民人均消费性支出11025.15元，增长16.5%。全年农村居民人均纯收入6084.05元，增长15.07%；农村居民人均生活消费支出4229.88元，增长25.12%。城镇居民家庭恩格尔系数（即居民家庭食品消费支出占家庭消费支出的比重）28.5%，农村居民家庭恩格尔系数37.9%。

年末参加城镇基本养老保险37.6万人；参加农村社会养老保险159.34万人；参加城镇医疗保险95.56万人；参加失业保险26.01万人；参加工伤保险30.99万人，其中农民工15.55万人；参加生育保险19.68万人。

全年全市纳入城市最低生活保障的居民8.3万人，发放城市低保资金26860.7万元，比上年增加7298.5万元；纳入农村最低生活保障的居民13万人，比上年增加0.1万人，发放农村低保资金21056.2万元，比上年增加6337万元。

年末全市各类福利院床位数3065张，收养2195人。城镇建立各种社区服务设施122个，其中综合性社区服务中心34个。全年销售社会福利彩票2.55亿元。

全年全市共创建了1个国家级生态乡镇、2个国家级生态村、8个省级生态乡镇、52个省级生态村，市区建成区新增绿化面积98.5万平方米，绿化覆盖率达到39.99%。全市建成区新增绿化面积313.06万平方米，绿化覆盖率达到34.79%，人均道路面积达到10.6平方米。

农村新“五个全覆盖”工程顺利推进。农村街巷硬化全覆盖工程开工建设2092个行政村，占年计划的133.9%；完工1868个行政村，占年度任务的119.6%；完成投资19.34亿元，总体覆盖率达到62.9%；农村便民连锁商店已建成756个，完成年度任务的100.8%，全市累计已覆盖2385个行政村；新型农村养老保险全覆盖工程，全市试点县累计已达到12个，覆盖率达到81.9%；农民体育健身设施全覆盖工程累计完成828个，占年任务的100%，村级文化活动场所全覆盖工程共完成500个，完成了年度任务；全市职业高中和职业中专共计招收学生20591人，全部实现免费教育。

十三、资源、环境和安全生产

全年全市实际建设占用耕地566.54公顷。土地整理、复垦、开发补充耕地573.08公顷。当年净增加耕地6.54公顷。年末耕地保有量741.66万亩。

年末全市7座中型水库蓄水总量8382万立方米。

全市森林面积58.5万公顷，森林覆盖率28.9%。全市自然保护区总数3个，自然保护区面积40953公顷。占全市国土面积的2%。

全年市区空气质量好于二级以上天数339天，比上年增加1天，其中一级天数达到108天，比上年增加9天。全市17个县(市、区)均达到空气质量二级标准。

汾河临汾段出境新绛站里断面比入境灵石南关断面COD下降22%、NH4-N下降52%。全市集中式生活饮用水源地水质达标率为100%。

年末全市城市污水处理率80.7%，提高4.09个百分点；全市生活垃圾无害化处理率达到37%，市区生活垃圾无害化处理率达到100%；全市集中供热普及率达到53.82%，提高3.67个百分点。

全年森林火灾受害率控制在0.5‰以内，达到了国家要求标准。全市林业有害生物成灾率仅0.2‰，严格控制在国家要求的5‰以内。

全年共发生各类安全生产事故1009起，同比下降2.8%；安全生产事故死亡306人，比上年减少27人，比上年下降8.1%，比省下达年度控制指标（331人）少25人，低7.5%。全年亿元GDP生产安全事故死亡率0.27人，比省下达的控制指标（0.458）少0.188人。煤炭百万吨死亡率0.1454人，比省年度控制指标（0.2197人）少0.0743人。

运城市2011年国民经济和社会发展主要指标完成情况

2011年，在市委、市政府的正确领导下，全市上下坚持以科学发展观为指导，认真贯彻中央、省委的各项决策部署，积极应对复杂多变的经济形势，着力推动转型跨越发展和“四基地一中心”建设，国民经济保持了平稳较快发展，各项社会事业取得新的进步，人民生活得到明显改善，实现了“十二五”时期良好开局。

一、综　　合

经济增长：全年全市生产总值1016.8亿元，比上年增长14.1%。其中，第一产业增加值164.5亿元，增长8.0%；第二产业增加值494.2亿元，增长19.7%；第三产业增加值358.1亿元，增长10.3%。第三产业中，金融保险业25.0亿元，增长5.0%；交通运输、仓储和邮政业88.9亿元，增长10.1%；批发和零售业74.2亿元，增长14.4%；房地产业24.2亿元，增长6.1%。

人均地区生产总值19732元，按2011年平均汇率计算为3055美元。

第一、第二和第三产业增加值占全市生产总值的比重分别为16.2%、48.6%和35.2%，对经济增长的贡献率分别为9.7%、61.9%和28.4%。

价格：居民消费价格比上年上涨4.3%。其中，食品价格上涨10.9%。商品零售价格上涨4.4%。工业生产者出厂价格上涨5.3%，其中，生产资料价格上涨5.2%，生活资料价格上涨6.0%。工业生产者购进价格上涨7.1%。

就业：全年全市城镇新增就业人员8.7万人。城镇下岗失业人员再就业1.4万人，就业困难人员再就业0.5万人。年末城镇登记失业率2.02%。

二、农　　业

种植面积：全年全市农作物种植面积798.9千公顷，比上年增长1.2%。其中，粮食种植面积660.2千公顷，增长1.2%；棉花种植面积50.1千公顷，下降12.5%；油料种植面积11.3千公顷，下降8.5%。在粮食种植面积中，小麦种植面积342.5千公顷，增长0.9%；玉米种植面积262.8千公顷，增长3.6%。水果种植面积135.9千公顷，增长7.8%。

粮食产量：全年粮食总产量266.5万吨，比上年增产6.5%。其中，小麦121.0万吨，增产11.7%；玉米137.1万吨，增产4.5%。

畜禽及水产品产量：全年全市肉类总产量133172吨，比上年增长15.2%。其中，猪肉产量98771吨，增长17.0%；牛肉产量5545吨，下降11.0%；羊肉产量5243吨，增长7.0%；禽肉产量23498吨，增长14.1%。奶类产量44022吨，下降6.9%。禽蛋产量17.9万吨，增长13.0%。水产品产量13820吨，增长22.8%。

林业生产：全年全市造林合格面积2.26万公顷，比上年增长5.3%。退耕还林工程完成配套荒山荒地造林面积1200公顷。全年完成天然林资源保护工程造林面积1333公顷。年末实有封山育林面积29298公顷，零星（四旁）植树1300万株。

农业机械：年末全市农业机械总动力629.6万千瓦，比上年增长4.0%。机械耕地面积56.5万公顷，机械播种面积55.2万公顷，机械收获面积43.8万公顷，分别比上年增长9.9%、17.9%和28.4%。全市农机化经营总收入10.7亿元，同比增长13.2%。

三、工业和建筑业

工业：全年全部工业增加值434.3亿元，比上年增长20.5%，在二产中所占比重为87.9%，比上年提高1.9个百分点。其中，规模以上工业企业405个，完成工业增加值419.8亿元，比上年增长23.7%。产品销售率93.4%，比上年下降0.5个百分点。

规模以上工业企业焦炭产量1209.6万吨，比上年增长3.3%；水泥725.0万吨，比上年下降1.0%；钢材459.4万吨，比上年增长14.0%；发电量164.5亿千瓦时，比上年下降22.1%；氧化铝178.7万吨，比上年下降0.2%；电解铝70.4万吨，比上年增长14.2%；铝材19.7万吨，比上年增长64.7%；载货汽车2894辆，比上年下降33.7%。

全年全市规模以上工业主营业务收入1590.4亿元，比上年增长40.3%。其中，五大支柱行业实现主营业务收入1078.4亿元，增长32.7%。黑色金属冶炼及压延加工业、有色金属冶炼及压延加工业、炼焦业、化学原料及化学制品制造业、电力热力生产和供应业分别实现主营业务收入348.6亿元、302.2亿元、255.4亿元、140.6亿元和31.6亿元，同比增长36.7%、30.3%、39.0%、40.3%和-24.0%。新兴产业中，机电装备制造业、农副食品加工业、医药制造业分别实现主营业务收入161.2亿元、92.4亿元、25.3亿元，同比增长34.4%、67.6%、22.5%。规模以上工业企业实现利税125.8亿元，比上年增长134.8%；实现利润82.2亿元，增长439.5%。

建筑业：全年全市具有资质等级的建筑企业162个，其中有工作量的建筑企业117个，实现增加值59.8亿元，比上年增长14.9%。具有建筑业资质等级的总承包和专业承包建筑企业上缴税金3.3亿元，增长32.5%；实现利润3.0亿元，增长16.4%。

四、固定资产投资

固定资产投资：全年全市固定资产投资完成664.2亿元，比上年增长26.5%。其中，第一产业投资45.7亿元，增长23.5%；第二产业投资379.4亿元，增长33.2%；第三产业投资239.0亿元，增长17.7%。在固定资产投资中，国有投资140.7亿元，下降18.3%；非国有投资523.5亿元，增长48.4%。

全年全市固定资产投资在建施工项目1822个，增长31.9%；其中，5亿元以上在建项目33个，完成投资99.7亿元，占全市固定资产投资的比重为15.0%。

房地产开发：全年全市房地产开发投资52.6亿元，比上年增长58.3%。其中，住宅投资38.9亿元，增长71.4%；商业营业用房投资8.4亿元，增长74.0%。

五、能　　源

全年全市二次能源生产折标准煤2663.9万吨，比上年增长10.9%。

全年全市规模以上工业消费原煤2964.1万吨，比上年增长7.7%；洗精煤1672.3万吨，增长4.3%；焦炭344.9万吨，增长27.3%；电231.8亿千瓦时，增长3.1%。

全年全市全社会用电总量292.7亿千瓦时。其中，第一产业用电26.0亿千瓦时，占全部用电量8.9%；第二产业用电242.0亿千瓦时，占全部用电量82.7%，其中，工业用电240.6亿千瓦时；第三产业用电7.4亿千瓦时，占全部用电2.5%；城乡居民用电17.3亿千瓦时，占全部用电5.9%。

六、国内贸易

消费品零售：全年全市社会消费品零售总额417.6亿元，比上年增长17.8%。其中，城镇消费品零售额326.3亿元，增长19.5%，乡村消费品零售额91.3亿元，增长12.0%。

七、对外经济

进出口贸易：全年全市海关进出口总额125466万美元，比上年增长19.5%。其中，出口额38964万美元，增长37.5%；进口额86502万美元，增长12.8%。

全年出口焦炭17.0万吨，比上年下降2.3%，出口金额8066万美元，增长14.5%；出口金属镁2.7万吨，增长35.4%，出口金额8674万美元，增长50.5%；出口机电产品4828万美元，增长124.8%；出口高新技术产品93万美元，下降0.8%；出口纺织品6099万美元，增长60.1%；出口玻璃制品1996万美元，增长10.7%；出口农产品2549万美元，下降0.3%。

全年进口铁矿砂318.7万吨，比上年增长31.5%，进口金额55178万美元，增长76.8%；进口铜矿砂2.4万吨，比上年下降81.1%，进口金额7457万美元，下降68.9%；进口铬矿砂21.3万吨，比上年增长50.9%，进口金额5736万美元，增长36.3%；进口锰矿砂17.7万吨，比上年增长153.3%，进口金额4089万美元，增长126.4 %；进口机电产品12239万美元，增长1.6%；进口高新技术产品8365万美元，增长38.9%（注：部分产品在统计口径中，既属于机电产品，又属于高新技术产品）。

利用外资：全年全市新设立外商直接投资企业4家，按全口径统计实际使用外商直接投资金额20089万美元，比上年增长29.2%。

八、交通、邮电和旅游

交通运输：全市公路线路年末里程15305公里，其中，国道、省道1716公里（包括高速公路571公里），县道、乡道、村道及专用道13589公里。公路密度达到107.9公里/百平方公里。全市公路客运量5210万人，比上年下降8.0%；公路货运量5700万吨，比上年增长15.6%。公路旅客运输周转量20.7亿人公里，比上年下降3.7%；公路货物运输周转量146.0亿吨公里，比上年增长12.2%。

运城机场共开通了运城——北京、上海、广州、天津、重庆、深圳、成都、武汉、南京、海口、厦门、三亚、贵阳、福州和太原十五条航线。全年客运量75.7万人，比上年增长22.3%；货运量2357吨，增长40.5%。飞机起降8260架次，增长13.0%。

年末全市民用车辆保有量76.9万辆，比上年末下降3.1%。民用汽车保有量达到33.2万辆（包括三轮汽车和低速货车2.9万辆），比上年末增长6.2%。其中，私人汽车26.8万辆，增长7.8%。本年新注册汽车10.7万辆，比上年下降8.2%。年末轿车保有量15.7万辆，比上年末增长24.1%，其中私人轿车14.0万辆，增长25.5%。年末摩托车保有量32.3万辆，比上年末下降15.5%。年末拖拉机保有量10.0万辆，比上年末增长15.5%。

邮电：全年全市完成邮电业务总量28.5亿元，比上年增长14.0%。其中，邮政业务总量2.2亿元，下降6.6%；电信业务总量26.3亿元，增长16.2%。年末全市固定及移动电话用户总数达到403.6万户，比上年末增加20.5万户。其中，固定电话76.0万户，移动电话327.6万户。电话普及率达到78.3部/百人，其中固定电话和移动电话普及率分别达到14.7部/百人和63.6部/百人。全市宽带接入用户达到47.5万户，增长19.3%。

旅游：全年全市接待海外旅游者13.5万人次，接待国内旅游者1931.5万人次，分别增长12.4%和23.0%；旅游外汇收入3381.3万美元，国内旅游收入123.8亿元，旅游总收入126.0亿元，分别增长22.1%、22.3%和22.3%。

九、财政、金融、证券和保险

财政：全年全市财政总收入87.4亿元，比上年增长8.9%。一般预算收入40.8亿元，增长14.8%。在总收入中，税收收入75.6亿元，增长6.6%。其中，国内增值税、营业税、企业所得税、个人所得税、资源税和城建税共计完成税收66.5亿元，分别增长0.5%、15.6%、11.7%、29.3%、−23.3%和12.4%。

一般预算支出165.5亿元，比上年增长22.8%。其中，农林水事务支出增长38.3%，教育支出增长32.9%，社会保障和就业支出增长24.5%，医疗卫生支出增长57.9%，文化体育与传媒支出增长10.3%，公共安全支出增长20.7%。交通运输支出增长38.1%。

金融：年末全市金融机构本外币各项存款余额1118.2亿元，比年初增长17.0%。各项贷款余额605.3亿元，增长15.8%。人民币各项存款余额1115.1亿元，比年初增长16.9%；各项贷款余额604.4亿元，比年初增长16.0%。

年末全市农村金融合作机构（农村信用社、农村合作银行、村镇银行）人民币贷款余额253.2亿元，增长17.2%。

证券：全年运城辖区证券市场各类证券成交额340.3亿元，比上年下降38.3%。其中股票成交额328.3亿元，下降40.2%；基金成交额1.7亿元，下降24.3%；债券成交额10.3亿元，增长235倍。年末投资者资金账户累计开户数8.6万户，比上年末增长5.1%。

保险：年末全市共有保险公司24家，全年保费收入

39.0亿元，比上年增长7.4%。其中，财产险业务保费收入10.8亿元，增长24.7%。人身险保费收入28.2亿元，增长2.0%。在人身险中，寿险业务保费收入26.5亿元，增长1.2%；健康险和意外伤害险业务保费收入1.7亿元，增长15.3%。支付各类赔款及给付9.4亿元，增长42.0%。其中，人身险业务给付4.5亿元，增长56.7%；财产险业务赔款4.9亿元，增长25.0%。

十、教育和科学技术

教育：年末全市拥有高等院校4所，在校学生28382人。教职工2393人，其中，专任教师1593人。中等职业学校在校学生49195人，普通中学在校学生40.0万人，小学在校学生39.4万人。全市普通中小学专任教师5.6万人。高中阶段毛入学率96.6%。

科学技术：全年全市受理专利申请685件，比上年增长42.4%；其中，受理发明专利申请201件，比上年增长58.3%。全市授予专利权362件，其中，授予发明专利权66件。全年有62个项目列入国家各类科技计划，获得国家资助3291万元。全年共取得18项科技成果，获得省级科技奖励6项，其中省级科技进步二等奖1项，三等奖5项。

全年全市4个省级经济技术开发区实现科工贸总收入404.0亿元，比上年增长17.7%；进出口总额8971.6万美元，同比下降6.5%。

年末全市共有产品质量监督检验机构4个，计量检定技术机构13个，全年完成强制检定计量器具59850台件。

全市有国家基本气象观测站3个，国家一般气象观测站10个，气象咨询服务12121电话14部。全市气象系统开展人工影响天气业务单位13个，防雹、增雨受益覆盖面积1.4万平方公里。全市有天气预报服务网站14个，卫星云图接收站14个。

全市有市级地震台网中心1个，数字测震台网1个，数字测震子台11个。县级地震监测台（站）13个。全年小震活动90次，其中3级以上地震2次。

十一、文化、卫生和体育

文化：年末全市共有艺术表演团体16个，群众艺术馆1个，文化馆13个。公共图书馆13个，馆藏图书118.3万册。博物馆20个，档案馆14个。市级以上重点文物保护单位173处，其中国家级44处，省级92处，市级37处。拥有广播电视台13座，有线电视用户54.7万户。广播人口覆盖率95.7%，电视人口覆盖率97.2%。《河东新秧歌》荣获山西省第七届广场文化艺术节第一名。蒲剧《山村母亲》被文化部作为建党90周年献礼剧目进京参加“七一”献演。蒲剧《祝你幸福》荣获第二届全国戏剧文化奖。

卫生：年末全市共有卫生机构(含诊所)4665个。其中，妇幼保健院14个。全市卫生机构(含诊所)共有床位25750张，卫生技术人员25538人。全市农民新型农村合作医疗参合率达到99.1%。

体育：全年全市运动员在省级重大比赛中获金牌34枚、银牌45枚、铜牌49枚。全年全市销售中国体育彩票1.2亿元，比上年增长16.3%。

十二、人口、人民生活和社会保障

人口：据2011年人口抽样调查，年末全市常住人口为516.68万人，比上年末增加2.75万人。男女性别比为103.53（女性为100）。全年全市出生人口5.51万人，人口出生率为10.70‰；死亡人口2.95万人，死亡率为5.72‰；自然增长率为4.98‰。城镇化率达到39.51%，比上年提高1.95个百分点。

人民生活：全年城镇居民人均可支配收入15937.4元，比上年增长18.0%；城镇居民人均消费性支出10412.5元，增长24.1%;城镇占调查总户数20%的低收入家庭人均可支配收入8751.3元，增长15.2%；城镇居民家庭恩格尔系数（即居民家庭食品消费支出占家庭消费支出的比重）29.0%。中心城市（盐湖区）城镇居民人均可支配收入17345.7元，比上年增长16.0%；城镇居民人均消费性支出11186.3元，增长23.6%;城镇占调查总户数20%的低收入家庭人均可支配收入6403.6元，增长7.5%；城镇居民家庭恩格尔系数28.0%。农村居民人均纯收入5622.1元，增长20.0%；农村居民人均生活消费支出4202.1元，增长37.6%。农村占人口20%的低收入者收入2305.7元，增长21.4%。农村居民家庭恩格尔系数35.9%。全市城镇单位在岗职工平均工资27668元，增长16.8%。

社会保障：年末参加城镇基本养老保险45.8万人，参加新型农村社会养老保险202万人，参加城镇基本医疗保险78.5万人，参加失业保险24.7万人。参加工伤保险24.3万人，其中，农民工7.4万人。参加生育保险13.4万人。

全年全市纳入城市最低生活保障的居民9.1万人，发放城市低保资金2.3亿元。纳入农村最低生活保障的居民17.2万人，发放农村低保资金2.3亿元。

年末全市各类福利院床位数5701张，收养2515人。城镇建立各种社区服务设施128个。全年销售社会福利彩票2.2亿元,筹集社会福利资金2230万元，接收社会捐赠430.2万元。

十三、资源、环境和安全生产

资源：全年全市实际建设占用耕地519.4公顷。土地整理、复垦、开发补充耕地519.5公顷。

年末全市4座中型水库库容量9055万立方米。

全市拥有省级自然保护区1个，自然保护区面积达到86861公顷。

环境：全年市区空气质量二级以上优良天数达到356天。综合污染指数1.51，同比下降2个百分点。全市污染物二氧化硫排放总量控制在15.1万吨，化学需氧量排放总量控制在7.6万吨。

年末全市城市污水处理率达到92.8%，比上年提高2.8

个百分点；城市生活垃圾无害化处理率达到95.0%，与上年持平；集中供热普及率达到89.0%，比上年提高1.0个百分点。

全年全市各类自然灾害造成直接经济损失23.6亿元。

安全生产：全年安全生产事故死亡233人，下降1.3%。其中，道路交通事故造成215人死亡、591人受伤，直接经济损失162.8万元。

（李尚勤）

2011年山西省党组织情况

2011年，按照中央和省委的要求，山西省各级党组织坚持以邓小平理论和“三个代表”重要思想为指导，以巩固党的执政基础，提高党的执政能力，保持党的先进性和纯洁性为目标，以深入开展创先争优活动为抓手，立足山西转型跨越发展实际，全面加强党员队伍建设，发展党员工作稳步推进，党员教育工作不断完善，党员管理工作日趋规范，党员建设机制逐步健全，全省广大党员的先锋模范作用得到进一步发挥,有力促进了全省转型跨越发展。截至2011年底，全省共有党员228.57万名，比上年度增加4.54万名。

近年来，山西省不断强化发展党员宏观指导，党员队伍的结构逐步优化。截至2011年底，全省35岁及以下青年党员50.53万名，占总数的22.1%，比上年提高0.3个百分点；女党员46.58万名，占总数的20.38%，比上年提高2.1个百分点；大专以上学历的党员78.31万名，占总数的34.26%，比上年提高1.38个百分点；初中及以下学历的党员86.67万名，占总数的37.92%，比上年下降1.28个百分点。

党员队伍结构改善的同时，党员的分布和构成更趋合理。全省农牧渔民党员76.77万名，占总数的33.59%；企事业单位管理人员、专业技术人员和工人党员75.75万名，占总数的33.14%；党政机关党员21.16万名，占总数的9.26%；学生党员3.88万名，占总数的1.7%；离退休党员39.73万名，占总数的17.38%；其他党员10.75万名，占总数的4.7%。

发展党员工作是加强党员队伍建设的一项基础性工作。近年来，山西省各级党组织坚持贯彻落实发展党员“十六字”方针，加强发展党员工作宏观指导，不断规范发展程序，严格工作制度，强化民主监督，党员队伍不断壮大，党的阶级基础得到进一步巩固，党组织的凝聚力、战斗力和社会影响力有了新的提高。2011年，全省共发展党员6.6万名，新党员的构成、分布进一步改善。其中，35岁及以下党员5.12万名，占总数的77.62%，比上年提高1.92个百分点；女党员2.47万名，占总数的37.38%，比上年提高3.08个百分点；高中以上学历的5.96万名，占总数的90.3%，比2007年提高3.2个百分点。

在发展党员工作中，各级党组织突出党员质量，坚持慎重发展，强调真正从思想上入党，确保了新发展党员的质量。2011年发展的党员中，各行各业的先进模范人物0.53万人，占总数的8.03%，共青团员2.37万人，占总数的35.87%。入党积极分子队伍不断壮大，2011年全省申请入党人数达90.12万人，其中被党组织确定为入党积极分子的33.12万人，与上年相比，增加1.22万人。

在做好发展党员工作的同时，各级党组织积极贯彻“党要管党，从严治党”的方针，不断加强党员的教育和管理工作。通过积极贯彻落实中央《2009—2013年全国党员教育培训工作规划》和《山西省2009—2013年党员教育培训工作实施意见》，全面加强党员教育培训工作，党员的素质得到明显提升；通过创先争优活动的深入开展，广大党员的先锋模范作用得到充分发挥；通过对先进典型的广泛宣传，在全社会营造出了崇尚先进、学习先进、争当先进的浓厚氛围；通过对右玉精神、吕梁精神和太行精神的大力弘扬，在干部强化服务、转变作风、服务人民群众等方面取得了新成效，为推动我省转型跨越发展做出了积极贡献。

（中共山西省委组织部）

图书在版编目（CIP）数据

中共山西年鉴·2012/中共山西省委主办；中共山西省委党史办公室编. —北京：中央文献出版社，2012.12

ISBN 978-7-5073-3702-0

Ⅰ. ①中… Ⅱ. ①中… Ⅲ. ①中国共产党—工作—山西省—2012—年鉴 Ⅳ. ①D235.25—54

中国版本图书馆CIP数据核字（2012）第295340号

书　　名：**中共山西年鉴（2012）**

主　　办：中共山西省委
编　　者：中共山西省委党史办公室
责任编辑：王春明
出　　版：中央文献出版社
社　　址：北京市西城区前毛家湾1号
邮　　编：100017
印　　刷：山西省煤炭地质制图印务中心
开　　本：1/16
字　　数：2368千字
印　　张：63.25
印　　数：1-3000册
版　　次：2012年12月第1版
印　　次：2012年12月第1次印刷

ISBN 978—7—5073—3702—0
定　　价：350.00元（精装）
